P9-COO-408

LAROUSSE
DE P[O]CHE

DICTIONNAIRE
FRANÇAIS-ESPAGNOL
ESPAGNOL-FRANÇAIS

LAROUSSE

21 RUE DU MONTPARNASSE 75283 PARIS CEDEX 06

Réalisé par / Realizado por
LAROUSSE

© **Larousse, 1994.**
© **Larousse Bordas, 1997.**

Toute représentation ou reproduction intégrale ou partielle, par quelque procédé que ce soit,
du texte et/ou de la nomenclature contenus dans le présent ouvrage, et qui sont la propriété de
l'Éditeur, est strictement interdite.

Esta obra no puede ser reproducida, total o parcialmente, sin la autorización escrita del editor.

ISBN 2-03-401134-1
Larousse, Paris
Distributeur exclusif au Canada : Les Éditions Françaises Inc., Boucherville, Québec

ISBN 84-8016-122-1
Diffusion/Distribución Larousse Planeta, Barcelona

LAROUSSE
POCKET

DICCIONARIO
FRANCÉS-ESPAÑOL
ESPAÑOL-FRANCÉS

LAROUSSE

21 RUE DU MONTPARNASSE 75283 PARIS CEDEX 06

AU LECTEUR

La gamme LAROUSSE DE POCHE est un compagnon idéal pour le travail scolaire, l'auto-apprentissage ou le voyage.

Le POCHE espagnol/français apporte une réponse directe et pratique au plus grand nombre des questions posées par la lecture de l'espagnol d'aujourd'hui. Avec plus de 55 000 mots et expressions éclairés par plus de 80 000 traductions, il permet d'avoir accès à un large éventail de textes, et de traduire l'espagnol courant rapidement et avec précision. De nombreux sigles et noms propres, les termes les plus courants du lexique économique et informatique en font une référence des plus actuelles.

Par le traitement clair et détaillé du vocabulaire fondamental, les exemples de constructions grammaticales, les tournures idiomatiques, les indications de sens soulignant la ou les traductions appropriées, le POCHE permet de s'exprimer dans une langue simple sans risque de contresens et sans hésitation.

Une présentation, une typographie et un format très étudiés concourent à rendre sa consultation plus aisée. Pour tous ceux qui apprennent l'espagnol, qu'ils soient débutants ou d'un niveau déjà plus avancé, ce nouveau dictionnaire constitue un précieux support.

N'hésitez pas à nous faire part de vos observations, questions ou critiques éventuelles, vous contribuerez ainsi à rendre cet ouvrage encore meilleur.

L'ÉDITEUR

A NUESTROS LECTORES

La gama POCKET LAROUSSE es ideal para todas las situaciones lingüísticas, desde el aprendizaje de idiomas en la escuela y en casa hasta los viajes al extranjero.

EL POCKET español/francés resulta muy manejable y está pensado para responder de manera práctica y rápida a los diferentes problemas que plantea la lectura del francés actual. Con sus más de 55 000 palabras y expresiones y por encima de las 80 000 traducciones, este diccionario permitirá al lector comprender con claridad un amplio espectro de textos y realizar traducciones del francés de uso corriente con rapidez y corrección.

De entre las características de esta obra, nueva en su totalidad, cabe destacar el tratamiento totalmente al día de las siglas y abreviaturas, nombres propios y términos comerciales e informáticos más comunes.

A través de un tratamiento claro y detallado del vocabulario básico, así como de los indicadores de sentido que guían hacia la traducción más adecuada, se permite al usuario escribir en francés con precisión y seguridad.

Se ha puesto especial cuidado en la presentación de las entradas, tanto desde el punto de vista de su estructura como de la tipografía empleada. Para aquellos lectores que todavía están en un nivel básico o intermedio en su aprendizaje del francés, el POCKET es el diccionario ideal.

Le invitamos a que se ponga en contacto con nosotros si tiene cualquier observación o crítica que hacer; entre todos podemos hacer del POCKET un diccionario aún mejor.

EL EDITOR

ABREVIATURAS _____ ABRÉVIATIONS

abbreviatura	*abrev/abr*	abréviation
adjetivo	*adj*	adjectif
adjetivo femenino	*adj f*	adjectif féminin
adjetivo masculino	*adj m*	adjectif masculin
adjetivo numeral	*adj num*	adjectif numéral
administración	ADMIN	administration
adverbio	*adv*	adverbe
aeronáutica, aviación	AERON/AÉRON	aéronautique, aviation
agricultura	AGR(IC)	agriculture
americanismo	*Amer/Amér*	américanisme
anatomía	ANAT	anatomie
arquitectura	ARQUIT/ARCHIT	architecture
argot	*arg*	argot
artículo	*art*	article
astrología	ASTROL	astrologie
astronomía	ASTRON	astronomie
automovilismo	AUTOM	automobile
francés belga	*Belg*	belgicisme
biología	BIOL	biologie
botánica	BOT	botanique
francés canadiense	*Can*	canadianisme
química	CHIM	chimie
cine	CIN	cinéma
comercio	COM(M)	commerce
comparativo	*compar*	comparatif
conjunción	*conj*	conjonction
construcción	CONSTR	construction
costura	COUT	couture
cocina	CULIN	art culinaire
definido	*def/déf*	défini
demostrativo	*dem/dém*	démonstratif
deportes	DEP	sports
derecho	DER	droit
despectivo	*despec*	péjoratif
desusado	*desus*	vieilli
economía	ECON/ÉCON	économie
educación	EDUC	éducation
electricidad	ELECTR/ÉLECTR	électricité
español de España	*Esp*	espagnol d'Espagne
sustantivo femenino	*f*	nom féminin
familiar	*fam*	familier
figurado	*fig*	figuré
ferrocarril	FERROC	rail
finanzas	FIN	finances
física	FÍS	physique
fotografía	FOT	photographie
sustantivo femenino plural	*fpl*	nom féminin pluriel
generalmente	*gen/gén*	généralement
geografía	GEOGR/GÉOGR	géographie
geología	GEOL/GÉOL	géologie

geometría	GEOM/GÉOM	géométrie
gramática	GRAM	grammaire
francés suizo	*Helv*	helvétisme
historia	HIST	histoire
humorístico	*hum*	humoristique
impersonal	*impers*	impersonnel
indefinido	*indef/indéf*	indéfini
informática	INFORM	informatique
infinitivo	*infin*	infinitif
interjección	*interj*	interjection
interrogativo	*interr*	interrogatif
invariable	*inv*	invariable
irónico	*irón/iron*	ironique
jurídico	JUR	juridique
lingüística	LING	linguistique
literal	*lit/litt*	littéral
literatura	LITER/LITTÉR	littérature
locución, locuciones	*loc*	locution(s)
locución adjetiva	*loc adj*	locution adjectivale
locución adverbial	*loc adv*	locution adverbiale
locución conjuntiva	*loc conj*	locution conjonctive
locución preposicional	*loc prép*	locution prépositionnelle
sustantivo masculino	*m*	nom masculin
matemáticas	MAT(HS)	mathematiques
medicina	MED/MÉD	médecine
meteorología	METEOR/MÉTÉOR	météorologie
muy familiar	*mfam*	très familier
sustantivo masculino y femenino	*mf*	nom masculin et féminin
– (con una desinencia femenina)	*m, f*	– (avec une désinence féminine)
militar	MIL	domaine militaire
mitología	MITOL	mythologie
sustantivo masculino plural	*mpl*	nom masculin pluriel
música	MÚS/MUS	musique
mitología	MYTH	mythologie
sustantivo	*n*	nom
náutica	NÁUT/NAVIG	navigation
sustantivo femenino	*nf*	nom féminin
sustantivo femenino plural	*nfpl*	nom féminin pluriel
sustantivo masculino	*nm*	nom masculin
sustantivo masculino y femenino	*nmf*	nom masculin et féminin
– (con una desinencia femenina)	*nm, f*	– (avec une désinence féminine)
sustantivo masculino plural	*nmpl*	nom masculin pluriel
número	*núm*	numéro
despectivo	*péj*	péjoratif
personal	*pers*	personnel

fotografía	PHOT	photographie
física	PHYS	physique
plural	*pl*	pluriel
política	POLÍT/POLIT	politique
posesivo	*poses/poss*	possessif
participio pasado	*pp*	participe passé
preposicíon	*prep/prép*	préposition
pronombre	*pron*	pronom
psicología	PSICOL/ PSYCHOL	psychologie
algo	*qqch*	quelque chose
alguien	*qqn*	quelqu'un
química	QUÍM	chimie
religión	RELIG	religion
educación	SCOL	domaine scolaire
singular	*sg*	singulier
culto	*sout*	soutenu
sujeto	*suj*	sujet
superlativo	*superl*	superlatif
sustantivo	*sust*	substantif
tauromaquia	TAUROM	tauromachie
teatro	TEATR	théâtre
tecnología	TECNOL/ TECHNOL	technologie
televisión	TÉLÉ	télévision
telecomunicaciones	TELECOM/ TÉLÉCOM	télécommunications
muy familiar	*tfam*	très familier
televisión	TV	télévision
universidad	UNIV	université
verbo	*v*	verbe
verbo copulativo	*v attr*	verbe suivi d'un attribut
verbo auxiliar	*v aux*	verbe auxiliaire
verbo intransitivo	*vi*	verbe intransitif
verbo impersonal	*v impers*	verbe impersonnel
verbo pronominal	*vp*	verbe pronominal
verbo transitivo	*vt*	verbe transitif
vulgar	*vulg*	vulgaire
zoología	ZOOL	zoologie
equivalente cultural	≈	équivalent culturel

LA ORDENACIÓN ALFABÉTICA EN ESPAÑOL

En este diccionario se ha seguido la ordenación alfabética internacional; por lo tanto, las consonantes **ch** y **ll** no se consideran letras aparte. Esto significa que las entradas con **ch** aparecerán después de **cg** y no al final de **c**; del mismo modo las entradas con **ll** vendrán después de **lk** y no al final de **l**. Adviértase, sin embargo, que la letra **ñ** sí se considera letra aparte y sigue a la **n** en orden alfabético.

L'ORDRE ALPHABÉTIQUE EN ESPAGNOL

Ce dictionnaire respectant l'ordre alphabétique international, les lettres espagnoles **ch** et **ll** ne sont pas traitées comme des lettres à part entière. Le lecteur trouvera donc les entrées comprenant les consonnes **ch** dans l'ordre alphabétique strict c'est à dire après celles comprenant **cg** et non plus à la fin de la lettre **c**. De la même façon, les mots comprenant un **ll** figurent après ceux comprenant **lk** et non à la fin de la lettre **l**. Notons cependant que le **ñ** reste une lettre à part entière et figure donc après le **n** dans l'ordre alphabétique.

MARCAS REGISTRADAS

El símbolo ® indica que la palabra en cuestión se considera marca registrada. Hay que tener en cuenta, sin embargo, que ni la presencia ni la ausencia de dicho símbolo afectan a la situación legal de ninguna marca.

NOMS DE MARQUE

Les noms de marque sont désignés dans ce dictionnaire par le symbole ®. Néanmoins, ni ce symbole ni son absence éventuelle ne peuvent être considérés comme susceptibles d'avoir une incidence quelconque sur le statut légal d'une marque.

TRANSCRIPCIÓN FONÉTICA _____ TRANSCRIPTION PHONÉTIQUE

Vocales españolas	Voyelles françaises
[i] piso, imagen	[i] fille, île
[e] tela, eso	[e] pays, année
[a] pata, amigo	[ɛ] bec, aime
[o] bola, otro	[a] lac, papillon
[u] luz, una	[o] drôle, aube
	[ɔ] botte, automne
	[u] outil, goût
	[y] usage, lune
	[ø] aveu, jeu
	[œ] peuple, bœuf
	[ə] le, je

Diptongos españoles	Nasales françaises
[ei] ley, peine	[ɛ̃] timbre, main
[ai] aire, caiga	[ɑ̃] champ, ennui
[oi] soy , boina	[ɔ̃] ongle, mon
[əʊ] causa, aurora	[œ̃] parfum, brun
[eʊ] Europa, feudal	

Semivocales

Semi-voyelles

hierba, miedo	[j]	yeux, lieu
agua, hueso	[w]	ouest, oui
	[ɥ]	lui, nuit

Consonantes

Consonnes

papá, campo	[p]	prendre, grippe
vaca, bomba	[b]	bateau, robe
curvo, caballo	[ß]	
toro, pato	[t]	théâtre, temps
donde, caldo	[d]	dalle, ronde
que, cosa	[k]	coq, quatre
grande, guerra	[g]	garder, épilogue
aguijón	[ɣ]	
ocho, chusma	[tʃ]	
fui, afable	[f]	physique, fort
	[v]	voir, rive
cera, paz	[θ]	
cada, pardo	[ð]	
solo, paso	[s]	cela, savant
	[z]	fraise, zéro
	[ʃ]	charrue, schéma
	[ʒ]	rouge, jabot
gema, jamón	[x]	
madre, cama	[m]	mât, drame
no, pena	[n]	nager, trône
caña	[ɲ]	agneau, peigner
	[ŋ]	parking
ala, luz	[l]	halle, lit
altar, paro	[r]	arracher, sabre
perro, rosa	[rr]	
llave, collar	[ʎ]	

El símbolo ['] representa la "h aspirada" francesa, por ejemplo **hacher** ['aʃe].

Le symbole ['] représente le "h aspiré" français, par exemple **hacher** ['aʃe].

Ya que la pronunciación del español no presenta irregularidades, las palabras españolas no llevan transcripción fonética en este diccionario. En cambio, todas las palabras francescas llevan transcripción fonética. En el caso de los compuestos franceses (ya sea cuando lleven guiones o no) se proporciona la transcripción fonética de todo aquel elemento que no aparezca en el diccionario como entrada en sí misma.

La prononciation de l'espagnol ne présentant pas d'irrégularités, les mots espagnols ne portent pas de transcription phonétique dans ce dictionnaire. En revanche, tous les mots français sont suivis d'une phonétique. Pour les mots composés français (avec ou sans trait d'union), la transcription phonétique est présente pour ceux des éléments qui n'apparaissent pas dans le dictionnaire en tant que libellé (terme-vedette de l'entrée) à part entière.

Cuadro de Conjugación

Abreviaturas: *pres ind* = presente indicativo, *imperf ind* = imperfecto indicativo, *pret perf sim* = pretérito perfecto simple, *fut* = futuro, *cond* = condicional, *pres subj* = presente subjuntivo, *imperf indic* = imperfecto indicativo, *imperf subj* = imperfecto subjuntivo, *imperat* = imperativo, *ger* = gerundio, *partic* = participio

N.B. Todas las formas del *imperf subj* pueden conjugarse con las terminaciones: -se, -ses, -se, -semos, -seis, -sen

acertar: *pres ind* acierto, acertamos, etc., *pres subj* acierte, acertemos, etc., *imperat* acierta, acertemos, acertad, etc.

adquirir: *pres ind* adquiero, adquirimos, etc., *pres subj* adquiera, adquiramos, etc., *imperat* adquiere, adquiramos, adquirid, etc.

AMAR: *pres ind* amo, amas, ama, amamos, amáis, aman, *imperf ind* amaba, amabas, amaba, amábamos, amabais, amaban, *pret perf sim* amé, amaste, amó, amamos, amasteis, amaron, *fut* amaré, amarás, amará, amaremos, amaréis, amarán, *cond* amaría, amarías, amaría, amaríamos, amaríais, amarían, *pres subj* ame, ames, ame, amemos, améis, amen, *imperf subj* amara, amaras, amara, amáramos, amarais, amaran, *imperat* ama, ame, amemos, amad, amen, *ger* amando, *partic* amado, -da

andar: *pret perf sim* anduve, anduvimos, etc., *imperf subj* anduviera, anduviéramos, etc.

asir: *pres ind* asgo, ase, asimos, etc., *pres subj* asga, asgamos, etc., *imperat* ase, asga, asgamos, asid, etc.

avergonzar: *pres ind* avergüenzo, avergonzamos, etc., *pret perf sim* avergoncé, avergonzó, avergonzamos, etc., *pres subj* avergüence, avergoncemos, etc., *imperat* avergüenza, avergüence, avergoncemos, avergonzad, etc.

caber: *pres ind* quepo, cabe, cabemos, etc., *pret perf sim* cupe, cupimos, etc., *fut* cabré, cabremos, etc., *cond* cabría, cabríamos, etc., *pres subj* quepa, quepamos, etc., *imperf subj* cupiera, cupiéramos, etc., *imperat* cabe, quepa, quepamos, cabed, etc.

caer: *pres ind* caigo, cae, caemos, etc., *pret perf sim* cayó, caímos, cayeron, etc., *pres subj* caiga, caigamos, etc., *imperf subj* cayera, cayéramos, etc., *imperat* cae, caiga, caigamos, caed, etc., *ger* cayendo

conducir: *pres ind* conduzco, conduce, conducimos, etc., *pret perf sim* conduje, condujimos, etc., *pres subj* conduzca, conduzcamos, etc., *imperf subj* condujera, condujéramos, etc., *imperat* conduce, conduzca, conduzcamos, conducid, etc.

conocer: *pres ind* conozco, conoce, conocemos, etc., *pres subj* conozca, conozcamos, etc., *imperat* conoce, conozca, conozcamos, etc.

dar: *pres ind* doy, da, damos, etc., *pret perf sim* di, dio, dimos, etc., *pres subj* dé, demos, etc., *imperf subj* diera, diéramos, etc., *imperat* da, dé, demos, dad, etc.

decir: *pres ind* digo, dice, decimos, etc., *pret perf sim* dije, dijimos, etc., *fut* diré, diremos, etc., *cond* diría, diríamos, etc., *pres subj* diga, digamos, etc., *imperf subj* dijera, dijéramos, etc., *imperat* di, diga, digamos, decid, etc., *ger* diciendo, *partic* dicho, -cha.

discernir: *pres ind* discierno, discernimos, etc., *pres subj* discierna, discernamos, etc., *imperat* discierne, discierna, discernamos, discernid, etc.

dormir: *pres ind* duermo, dormimos, etc., *pret perf sim* durmió, dormimos, durmieron, etc., *pres subj* duerma, durmamos, etc., *imperf subj* durmiera, durmiéramos, etc., *imperat* duerme, duerma, durmamos, dormid, etc., *ger* durmiendo

errar: *pres ind* yerro, erramos, etc., *pres subj* yerre, erremos, etc., *imperat* yerra, yerre, erremos, errad, etc.

estar: *pres ind* estoy, está, estamos, etc., *pret perf sim* estuve, estuvimos, etc., *pres subj* esté, estemos, etc., *imperf subj* estuviera, estuviéramos, etc., *imperat* está, esté, estemos, estad, etc.,

HABER: *pres ind* he, has, ha, hemos, habéis, han, *imperf ind* había, habías, había, habíamos, habíais, habían, *pret perf sim* hube, hubiste, hubo, hubimos, hubisteis, hubieron, *fut* habré, habrás, habrá, habremos, habréis, habrán, *cond* habría, habrías, habría, habríamos, habríais, habrían, *pres subj* haya, hayas, haya, hayamos, hayáis, hayan, *imperf subj* hubiera, hubieras, hubiera, hubiéramos, hubierais, hubieran, *imperat* he, haya, hayamos, habed, hayan, *ger* habiendo, *partic* habido, -da

hacer: *pres ind* hago, hace, hacemos, etc., *pret perf sim* hice, hizo, hicimos, etc., *fut* haré, haremos, etc., *cond* haría, haríamos, etc., *pres subj* haga, hagamos, etc., *imperf subj* hiciera, hiciéramos, etc., *imperat* haz, haga, hagamos, haced, etc., *partic* hecho, -cha

huir: *pres ind* huyo, huimos, etc., *pret perf sim* huyó, huimos, huyeron, etc., *pres subj* huya, huyamos, etc., *imperf subj* huyera, huyéramos, etc., *imperat* huye, huya, huyamos, huid, etc., *ger* huyendo

ir: *pres ind* voy, va, vamos, etc., *pret perf sim* fui, fue, fuimos, etc., *pres subj* vaya, vayamos, etc., *imperf subj* fuera, fuéramos, etc., *imperat* ve, vaya, vayamos, id, etc., *ger* yendo

leer: *pret perf sim* leyó, leímos, leyeron, etc., *imperf subj* leyera, leyéramos, etc., *ger* leyendo

lucir: *pres ind* luzco, luce, lucimos, etc., *pres subj* luzca, luzcamos, etc., *imperat* luce, luzca, luzcamos, lucid, etc.

mover: *pres ind* muevo, movemos, etc., *pres subj* mueva, movamos, etc., *imperat* mueve, mueva, movamos, moved, etc.

nacer: *pres ind* nazco, nace, nacemos, etc., *pres subj* nazca, nazcamos, etc., *imperat* nace, nazca, nazcamos, naced, etc.

oír: *pres ind* oigo, oye, oímos, etc., *pret perf sim* oyó, oímos, oyeron, etc., *pres subj* oiga, oigamos, etc., *imperf subj* oyera, oyéramos, etc., *imperat* oye, oiga, oigamos, oíd, etc., *ger* oyendo

oler: *pres ind* huelo, olemos, etc., *pres subj* huela, olamos, etc., *imperat* huele, huela, olamos, oled, etc.

parecer: *pres ind* parezco, parece, parecemos, etc., *pres subj* parezca, parezcamos, etc., *imperat* parece, parezca, parezcamos, pareced, etc.,

PARTIR: *pres ind* parto, partes, parte, partimos, partís, parten, *imperf ind* partía, partías, partía, partíamos, partíais, partían, *pret perf sim* partí, partiste, partió, partimos, partisteis, partieron, *fut* partiré, partirás, partirá, partiremos, partiréis, partirán, *cond* partiría, partirías, partiría, partiríamos, partiríais, partirían, *pres subj* parta, partas, parta, partamos, partáis, partan, *imperf subj* partiera, partieras, partiera, partiéramos, partierais, partieran, *imperat* parte, parta, partamos, partid, partan, *ger* partiendo, *partic* partido, -da

pedir: *pres ind* pido, pedimos, etc., *pret perf sim* pidió, pedimos, pidieron, etc., *pres subj* pida, pidamos, etc., *imperf subj* pidiera, pidiéramos, etc., *imperat* pide, pida, pidamos, pedid, etc., *ger* pidiendo

poder: *pres ind* puedo, podemos, etc., *pret perf sim* pude, pudimos, etc., *fut* podré, podremos, etc., *cond* podría, podríamos, etc., *pres subj* pueda, podamos, etc., *imperf subj* pudiera, pudiéramos, etc., *imperat* puede, pueda, podamos, poded, etc., *ger* pudiendo

poner: *pres ind* pongo, pone, ponemos, etc., *pret perf sim* puse, pusimos, etc., *fut* pondré, pondremos, etc., *cond* pondría, pondríamos, etc., *pres subj* ponga, pongamos, etc., *imperf subj* pusiera, pusiéramos, etc., *imperat* pon, ponga, pongamos, poned, etc., *partic* puesto, -ta

predecir: se conjuga como **decir** excepto en la segunda persona del singular del *imperat* predice

querer: *pres ind* quiero, queremos, etc., *pret perf sim* quise, quisimos, etc., *fut* querré, querremos, etc., *cond* querría, querríamos, etc., *pres subj* quiera, queramos, etc., *imperf subj* quisiera, quisiéramos, etc., *imperat* quiere, quiera, queramos, quered, etc.

reír: *pres ind* río, reímos, etc., *pret perf sim* rió, reímos, rieron, etc., *pres subj* ría, riamos, etc., *imperf subj* riera, riéramos, etc., *imperat* ríe, ría, riamos, reíd, etc., *ger* riendo

saber: *pres ind* sé, sabe, sabemos, etc., *pret perf sim* supe, supimos, etc., *fut* sabré, sabremos, etc., *cond* sabría, sabríamos, etc., *pres subj* sepa, sepamos, etc., *imperf subj* supiera, supiéramos, etc., *imperat* sabe, sepa, sepamos, sabed, etc.

salir: *pres ind* salgo, sale, salimos, etc., *fut* saldré, saldremos, etc., *cond* saldría, saldríamos, etc., *pres subj* salga, salgamos, etc., *imperat* sal, salga, salgamos, salid, etc.

sentir: *pres ind* siento, sentimos, etc., *pret perf sim* sintió, sentimos, sintieron, etc., *pres subj* sienta, sintamos, etc., *imperf subj* sintiera, sintiéramos, etc., *imperat* siente, sienta, sintamos, sentid, etc., *ger* sintiendo

SER: *pres ind* soy, eres, es, somos, sois, son, *imperf ind* era, eras, era, éramos, erais, eran, *pret perf sim* fui, fuiste, fue, fuimos, fuisteis, fueron, *fut* seré, serás, será, seremos, seréis, serán, *cond* sería, serías, sería, seríamos, seríais, serían, *pres subj* sea, seas, sea, seamos, seáis, sean, *imperf subj* fuera, fueras, fuera, fuéramos, fuerais, fueran, *imperat* sé, sea, seamos, sed, sean, *ger* siendo, *partic* sido, -da

sonar: *pres ind* sueno, sonamos, etc., *pres subj* suene, sonemos, etc., *imperat* suena, suene, sonemos, sonad, etc.

TEMER: *pres ind* temo, temes, teme, tememos, teméis, temen, *imperf ind* temía, temías, temía, temíamos, temíais, temían, *pret perf sim* temí, temiste, temió, temimos, temisteis, temieron, *fut* temeré, temerás, temerá, temeremos, temeréis, temerán, *cond* temería, temerías, temería, temeríamos, temeríais, temerían, *pres subj* tema, temas, tema, temamos, temáis, teman, *imperf subj* temiera, temieras, temiera, temiéramos, temierais, temieran, *imperat* teme, tema, temamos, temed, teman, *ger* temiendo, *partic* temido, -da

tender: *pres ind* tiendo, tendemos, etc., *pres subj* tienda, tendamos, etc., *imperat* tiende, tendamos, etc.

tener: *pres ind* tengo, tiene, tenemos, etc., *pret perf sim* tuve, tuvimos, etc., *fut* tendré, tendremos, etc., *cond* tendría, tendríamos, etc., *pres subj* tenga, tengamos, etc., *imperf subj* tuviera, tuviéramos, etc., *imperat* ten, tenga, tengamos, tened, etc.

traer: *pres ind* traigo, trae, traemos, etc., *pret perf sim* traje, trajimos, etc., *pres subj* traiga, traigamos, etc., *imperf subj* trajera, trajéramos, etc., *imperat* trae, traiga, traigamos, traed, etc., *ger* trayendo

valer: *pres ind* valgo, vale, valemos, etc., *fut* valdré, valdremos, etc., *cond* valdría, valdríamos, etc., *pres subj* valga, valgamos, etc., *imperat* vale, valga, valgamos, valed, etc.

venir: *pres ind* vengo, viene, venimos, etc., *pret perf sim* vine, vinimos, etc., *fut* vendré, vendremos, etc., *cond* vendría, vendríamos, etc., *pres subj* venga, vengamos, etc., *imperf subj* viniera, viniéramos, etc., *imperat* ven, venga, vengamos, venid, etc., *ger* viniendo

ver: *pres ind* veo, ve, vemos, etc., *pret perf sim* vi, vio, vimos, etc., *imperf subj* viera, viéramos, etc., *imperat* ve, vea, veamos, ved, etc., *ger* viendo, etc., *partic* visto, -ta

CONJUGAISONS

Abréviations: *ppr* = participe présent, *pp* = participe passé, *pr ind* = présent de l'indicatif, *imp* = imparfait, *fut* = futur, *cond* = conditionnel, *pr subj* = présent du subjonctif

acquérir: *pp* acquis, *pr ind* acquiers, acquérons, acquièrent, *imp* acquérais, *fut* acquerrai, *pr subj* acquière

aller: *pp* allé, *pr ind* vais, vas, va, allons, allez, vont, *imp* allais, *fut* irai, *cond* irais, *pr subj* aille

asseoir: *ppr* asseyant, *pp* assis, *pr ind* assieds, asseyons, *imp* asseyais, *fut* assiérai, *pr subj* asseye

atteindre: *ppr* atteignant, *pp* atteint, *pr ind* atteins, atteignons, *imp* atteignais, *pr subj* atteigne

avoir: *ppr* ayant, *pp* eu, *pr ind* ai, as, a, avons, avez, ont, *imp* avais, *fut* aurai, *cond* aurais, *pr subj* aie, aies, ait, ayons, ayez, aient

boire: *ppr* buvant, *pp* bu, *pr ind* bois, buvons, boivent, *imp* buvais, *pr subj* boive

conduire: *ppr* conduisant, *pp* conduit, *pr ind* conduis, conduisons, *imp* conduisais, *pr subj* conduise

connaître: *ppr* connaissant, *pp* connu, *pr ind* connais, connaît, connaissons, *imp* connaissais, *pr subj* connaisse

coudre: *ppr* cousant, *pp* cousu, *pr ind* couds, cousons, *imp* cousais, *pr subj* couse

courir: *pp* couru, *pr ind* cours, courons, *imp* courais, *fut* courrai, *pr subj* coure

couvrir: *pp* couvert, *pr ind* couvre, couvrons, *imp* couvrais, *pr subj* couvre

craindre: *ppr* craignant, *pp* craint, *pr ind* crains, craignons, *imp* craignais, *pr subj* craigne

croire: *ppr* croyant, *pp* cru, *pr ind* crois, croyons, croient, *imp* croyais, *pr subj* croie

cueillir: *pp* cueilli, *pr ind* cueille, cueillons, *imp* cueillais, *fut* cueillerai, *pr subj* cueille

devoir: *pp* dû, due, *pr ind* dois, devons, doivent, *imp* devais, *fut* devrai, *pr subj* doive

dire: *ppr* disant, *pp* dit, *pr ind* dis, disons, dites, disent, *imp* disais, *pr subj* dise

dormir: *pp* dormi, *pr ind* dors, dormons, *imp* dormais, *pr subj* dorme

écrire: *ppr* écrivant, *pp* écrit, *pr ind* écris, écrivons, *imp* écrivais, *pr subj* écrive

essuyer: *pp* essuyé, *pr ind* essuie, essuyons, essuient, *imp* essuyais, *fut* essuierai, *pr subj* essuie

être: *ppr* étant, *pp* été, *pr ind* suis, es, est, sommes, êtes, sont, *imp* étais, *fut* serai, *cond* serais, *pr subj* sois, sois, soit, soyons, soyez, soient

faire: *ppr* faisant, *pp* fait, *pr ind* fais, fais, fait, faisons, faites, font, *imp* faisais, *fut* ferai, *cond* ferais, *pr subj* fasse

falloir: *pp* fallu, *pr ind* faut, *imp* fallait, *fut* faudra, *pr subj* faille

FINIR: *ppr* finissant, *pp* fini, *pr ind* finis, finis, finit, finissons, finissez, finissent, *imp* finissais, finissais, finissait, finissions, finissiez, finissaient, *fut* finirai, finiras, finira, finirons, finirez, finiront, *cond* finirais, finirais, finirait, finirions, finiriez, finiraient, *pr subj* finisse, finisses, finisse, finissions, finissiez, finissent

fuir: *ppr* fuyant, *pp* fui, *pr ind* fuis, fuyons, fuient, *imp* fuyais, *pr subj* fuie

haïr: *ppr* haïssant, *pp* haï, *pr ind* hais, haïssons, *imp* haïssais, *pr subj* haïsse

joindre: *comme* **atteindre**

lire: *ppr* lisant, *pp* lu, *pr ind* lis, lisons, *imp* lisais, *pr subj* lise

mentir: *pp* menti, *pr ind* mens, mentons, *imp* mentais, *pr subj* mente

mettre: *ppr* mettant, *pp* mis, *pr ind* mets, mettons, *imp* mettais, *pr subj* mette

mourir: *ppr* mort, *pr ind* meurs, mourons, meurent, *imp* mourais, *fut* mourrai, *pr subj* meure

naître: *ppr* naissant, *pp* né, *pr ind* nais, naît, naissons, *imp* naissais, *pr subj* naisse

offrir: *pp* offert, *pr ind* offre, offrons, *imp* offrais, *pr subj* offre

paraître: *comme* **connaître**

PARLER: *ppr* parlant, *pp* parlé, *pr ind* parle, parles, parle, parlons, parlez, parlent, *imp* parlais, parlais, parlait, parlions, parliez, parlaient, *fut* parlerai, parleras, parlera, parlerons, parlerez, parleront, *cond* parlerais, parlerais, parlerait, parlerions, parleriez, parleraient, *pr subj* parle, parles, parle, parlions, parliez, parlent

partir: *pp* parti, *pr ind* pars, partons, *imp* partais, *pr subj* parte

plaire: *ppr* plaisant, *pp* plu, *pr ind* plais, plaît, plaisons, *imp* plaisais, *pr subj* plaise

pleuvoir: *pp* plu, *pr ind* pleut, *imp* pleuvait, *fut* pleuvra, *pr subj* pleuve

pouvoir: *pp* pu, *pr ind* peux, peux, peut, pouvons, pouvez, peuvent, *imp* pouvais, *fut* pourrai, *pr subj* puisse

prendre: *ppr* prenant, *pp* pris, *pr ind* prends, prenons, prennent, *imp* prenais, *pr subj* prenne

prévoir: *ppr* prévoyant, *pp* prévu, *pr ind* prévois, prévoyons, prévoient, *imp* prévoyais, *fut* prévoirai, *pr subj* prévoie

recevoir: *pp* reçu, *pr ind* reçois, recevons, reçoivent, *imp* recevais, *fut* recevrai, *pr subj* reçoive

RENDRE: *ppr* rendant, *pp* rendu, *pr ind* rends, rends, rend, rendons, rendez, rendent, *imp* rendais, rendais, rendait, rendions, rendiez, rendaient, *fut* rendrai, rendras, rendra, rendrons, rendrez, rendront, *cond* rendrais, rendrais, rendrait, rendrions, rendriez, rendraient, *pr subj* rende, rendes, rende, rendions, rendiez, rendent

résoudre: *ppr* résolvant, *pp* résolu, *pr ind* résous, résolvons, *imp* résolvais, *pr subj* résolve

rire: *ppr* riant, *pp* ri, *pr ind* ris, rions, *imp* riais, *pr subj* rie

savoir: *ppr* sachant, *pp* su, *pr ind* sais, savons, *imp* savais, *fut* saurai, *pr subj* sache

servir: *pp* servi, *pr ind* sers, servons, *imp* servais, *pr subj* serve

sortir: *comme* **partir**

suffire: *ppr* suffisant, *pp* suffi, *pr ind* suffis, suffisons, *imp* suffisais, *pr subj* suffise

suivre: *ppr* suivant, *pp* suivi, *pr ind* suis, suivons, *imp* suivais, *pr subj* suive

taire: *ppr* taisant, *pp* tu, *pr ind* tais, taisons, *imp* taisais, *pr subj* taise

tenir: *pp* tenu, *pr ind* tiens, tenons, tiennent, *imp* tenais, *fut* tiendrai, *pr subj* tienne

vaincre: *ppr* vainquant, *pp* vaincu, *pr ind* vaincs, vainc, vainquons, *imp* vainquais, *pr subj* vainque

valoir: *pp* valu, *pr ind* vaux, valons, *imp* valais, *fut* vaudrai, *pr subj* vaille

venir: *comme* **tenir**

vivre: *ppr* vivant, *pp* vécu, *pr ind* vis, vivons, *imp* vivais, *pr subj* vive

voir: *ppr* voyant, *pp* vu, *pr ind* vois, voyons, voient, *imp* voyais, *fut* verrai, *pr subj* voie

vouloir: *pp* voulu, *pr ind* veux, veux, veut, voulons, voulez, veulent, *imp* voulais, *fut* voudrai, *pr subj* veuille

FRANÇAIS–ESPAGNOL
FRANCÉS–ESPAÑOL

A

a[1], **A** [a] *nm inv* a f, A f; **prouver par a +
b** demostrar matemáticamente; **de a à z**
de pe a pa. ◆ **a** (*abr de* are) a. ◆ **A –1.** (*abr
de* **anticyclone**) A. **–2.** (*abr de* **ampère**) A.
–3. (*abr de* **autoroute**) A.

a[2] [a] → **avoir**.

à [a] *prép* (**au** [o]*, forme contractée de* à+**le**,
aux [o]*, forme contractée de* à+**les**) **–1.** [in-
troduisant un complément d'objet indi-
rect] : **parler à qqn** hablar a alguien; **penser à qqch** pensar en algo; **donner qqch
à qqn** dar algo a alguien. **–2.** [introduisant
un complément de lieu – situation] en; **il a
une maison à la campagne** tiene una
casa en el campo; **il habite à Paris** vive
en París; [– direction] a; **aller à Paris** ir a
París; **un voyage à Londres/aux Sey-
chelles** un viaje a Londres/a las Seychel-
les; **de Paris à Londres** de París a Londres. **–3.** [introduisant un complément de
temps ou de manière] : **à lundi!** ¡hasta el
lunes!; **à plus tard!** ¡hasta luego!; **de 8 à
10 heures** de (las) 8 a (las) 10; **à haute
voix** en voz alta; **au petit matin** de madrugada; **se promener à pied/à cheval**
pasear a pie/a caballo; **se promener à bicyclette** pasear en bicicleta. **–4.** [introdui-
sant un chiffre] : **ils sont venus à dix** han
venido diez; **ils vivent à deux dans un
studio** viven dos en un estudio; **la vitesse est limitée à 50 km/h** velocidad limitada a 50 km/h. **–5.** [indiquant une caractéristique ou l'appartenance] de; **à moi**
mío mía; **un ami à lui** un amigo suyo. **–6.**
[introduit le but – introduisant un nom] de;
[– introduisant un verbe] para. **–7.** [indique
un passage] : **de** (*+ substantif*) **à** de (*+ sustantivo*) a.

AB (*abr de* **assez bien**)≃ B.

abaisser [abese] *vt* **–1.** [rideau, voile] bajar.
–2. [diminuer] reducir. **–3.** *sout* [avilir] degradar. ◆ **s'abaisser** *vp* **–1.** [descendre]
bajar. **–2.** [s'humilier] rebajarse; **s'** ~ **à
faire qqch** rebajarse a hacer algo.

abandon [abɑ̃dɔ̃] *nm* **–1.** [délaissement]
abandono *m*; **à l'**~ abandonado(da); ~ **de
poste** MIL deserción *f*. **–2.** [renonciation]
renuncia *f*. **–3.** [cession] cesión *f*. **–4.**
[confiance] : **avec** ~ con toda confianza.

abandonné, e [abɑ̃dɔne] *adj* abando-
nado(da).

abandonner [abɑ̃dɔne] ◇ *vt* **–1.** [délaisser]
abandonar. **–2.** [renoncer à] renunciar a.
–3. [céder] : ~ **qqch à qqn** ceder algo a
alguien. ◇ *vi* [laisser tomber] rendirse;
j'abandonne! ¡me rindo!

abasourdi, e [abazurdi] *adj* **–1.** [ahuri]
aturdido(da). **–2.** [stupéfait] atónito(ta);
être ~ quedarse atónito.

abat-jour [abaʒur] *nm inv* [en toile, en pa-
pier] pantalla *f*; [en verre] tulipa *f*.

abats [aba] *nmpl* [de volaille] menudillos
mpl; [de bétail] asaduras *fpl*.

abattement [abatmɑ̃] *nm* **–1.** [gén] abatimiento *m*. **–2.** [déduction] deducción *f*; ~
fiscal deducción fiscal.

abattis [abati] *nmpl* despojos *mpl*.

abattoir [abatwar] *nm* matadero *m*.

abattre [abatr] *vt* **–1.** [arbre] talar. **–2.** [tuer]
matar. **–3.** [avion] derribar. **–4.** [épuiser]
agotar. **–5.** [démoraliser] desmoralizar. **–6.**
[détruire] acabar con.

abbaye [abei] *nf* RELIG abadía *f*.

abbé [abe] *nm* RELIG [prêtre séculier] padre
m; [de couvent] abad *m*.

abbesse [abɛs] *nf* abadesa *f.*

abc *nm* abecé *m.*

abcès [apsɛ] *nm* absceso *m.*

abdication [abdikasjɔ̃] *nf* abdicación *f.*

abdiquer [abdike] ◇ *vt* renunciar a. ◇ *vi* -1. [roi] abdicar. -2. [abandonner] claudicar.

abdomen [abdɔmɛn] *nm* abdomen *m.*

abeille [abɛj] *nf* abeja *f.*

aberrant, e [abɛrɑ̃, ɑ̃t] *adj* aberrante.

abîme [abim] *nm* abismo *m.*

abîmer [abime] *vt* estropear. ◆ **s'abîmer** *vp* [se détériorer] estropearse.

abject, e [abʒɛkt] *adj* abyecto(ta).

abnégation [abnegasjɔ̃] *nf* abnegación *f.*

aboiement [abwamɑ̃] *nm* ladrido *m.*

abolir [abɔlir] *vt* abolir.

abominable [abɔminabl] *adj* -1. [fait] abominable. -2. [temps] horrible.

abondance [abɔ̃dɑ̃s] *nf* abundancia *f;* **en** ~ en abundancia.

abondant, e [abɔ̃dɑ̃, ɑ̃t] *adj* -1. [gén] abundante. -2. [végétation] frondoso(sa).

abonder [abɔ̃de] *vi* abundar; **la région abonde en fruits** la fruta es abundante en la región; ~ **dans le sens de qqn** abundar en la misma opinión que alguien.

abonné, e [abɔne] *nm, f* -1. [à un journal] suscriptor *m,* -ra *f.* -2. [à un service, à un théâtre] abonado *m.* -3. [à une bibliothèque] socio *m,* -cia *f.*

abonnement [abɔnmɑ̃] *nm* -1. [à un journal] suscripción *f.* -2. [à un service, un théâtre] abono *m.* -3. [à une bibliothèque] carné *m* de socio.

abonner [abɔne] *vt* : ~ **qqn à qqch** [à un journal] suscribir a alguien a algo; [à un service, un théâtre] abonar a alguien a algo; [à une bibliothèque] hacer socio a alguien de algo. ◆ **s'abonner** *vp* abonarse; **s'** ~ **à qqch** [journal] suscribirse a algo; [service, théâtre] abonarse a algo; [bibliothèque] hacerse socio de algo.

abord [abɔr] *nm* : **être d'un** ~ **difficile/agréable** mostrarse inaccesible/accesible. ◆ **abords** *nmpl* inmediaciones *fpl.* ◆ **d'abord** *loc adv* -1. [en premier lieu] primero. -2. [avant tout] en primer lugar, primero. ◆ **tout d'abord** *loc adv* ante todo.

abordable [abɔrdabl] *adj* -1. [gén] accesible. -2. [prix, produit] asequible.

abordage [abɔrdaʒ] *nm* abordaje *m.*

aborder [abɔrde] ◇ *vi* [arriver] atracar. ◇ *vt* -1. [personne, sujet] abordar. -2. [carrefour, virage] entrar en.

aborigène [abɔriʒɛn] *adj* aborigen.

aboutir [abutir] *vi* -1. [chemin] : ~ **à** OU **dans** desembocar en. -2. [négociation] llegar a un resultado. -3. [déboucher sur] : ~ **à qqch** conducir a algo.

aboyer [abwaje] *vi* -1. [chien] ladrar. -2. *fam* [personne] berrear.

abrasif, ive [abrazif, iv] *adj* abrasivo(va). ◆ **abrasif** *nm* abrasivo *m.*

abrégé, e [abreʒe] *adj* abreviado(da).

abréger [abreʒe] *vt* [durée] acortar; [longueur] resumir; [mot] abreviar.

abreuvoir [abrœvwar] *nm* abrevadero *m.*

abréviation [abrevjasjɔ̃] *nf* abreviatura *f.*

abri [abri] *nm* abrigo *m;* **être à l'** ~ **de qqch** [des intempéries] estar al abrigo de algo; *fig* [de menaces, de soupçons] estar libre de algo; ~ **antiatomique** refugio *m* atómico.

abricot [abriko] *nm* albaricoque *m.*

abricotier [abrikɔtje] *nm* albaricoquero *m.*

abriter [abrite] *vt* -1. [protéger] proteger. -2. [héberger] alojar. ◆ **s'abriter** *vp* resguardarse; **s'** ~ **de qqch** resguardarse de algo.

abrupt, e [abrypt] *adj* -1. [raide] abrupto(ta). -2. [rude] brusco(ca).

abruti, e [abryti] *adj & nm, f fam* estúpido(da).

abrutir [abrytir] *vt* -1. [abêtir] embrutecer. -2. [étourdir] aturdir.

abrutissant, e [abrytisɑ̃, ɑ̃t] *adj* -1. [travail] agotador(ra). -2. [bruit] ensordecedor(ra). -3. [jeu, feuilleton] embrutecedor(ra).

abscisse [apsis] *nf* MATHS abscisa *f.*

absence [apsɑ̃s] *nf* -1. [de personne] ausencia *f;* **en l'** ~ **de qqn/de qqch** en ausencia de alguien/de algo. -2. [carence] falta *f.*

absent, e [apsɑ̃, ɑ̃t] ◇ *adj* -1. [gén] ausente; **être** ~ **de** estar ausente de. -2. [qui manque] : **être** ~ faltar. ◇ *nm, f* ausente *mf.*

absenter [apsɑ̃te] ◆ **s'absenter** *vp* : **s'** ~ **(de)** ausentarse (de).

absinthe [apsɛ̃t] *nf* -1. [plante] ajenjo *m.* -2. [boisson] ajenjo *m,* absenta *f.*

absolu, e [apsɔly] *adj* absoluto(ta).

absolument [apsɔlymɑ̃] *adv* -1. [à tout prix] sin falta; **il faut** ~ **qu'il vienne** tiene que venir sin falta; **il veut** ~ **manger** tiene mucha hambre. -2. [totalement] totalmente; **c'est** ~ **vrai** es totalmente cierto; **vous avez** ~ **raison** tiene usted toda la razón.

absolutisme [apsɔlytism] *nm* absolutismo *m*.

absorbant, e [apsɔrbã, ãt] *adj* absorbente.

absorber [apsɔrbe] *vt* **-1.** [gén] absorber. **-2.** [manger] ingerir.

abstenir [apstənir] ◆ **s'abstenir** *vp* abstenerse; **s'**~ **de qqch/de faire qqch** abstenerse de algo/de hacer algo.

abstention [apstãsjɔ̃] *nf* abstención *f*.

abstentionnisme [apstãsjɔnism] *nm* abstencionismo *m*.

abstenu, e [apstəny] *pp* → **abstenir**.

abstinence [apstinãs] *nf* abstinencia *f*.

abstraction [apstraksjɔ̃] *nf* abstracción *f*.

abstrait, e [apstrɛ, ɛt] *adj* abstracto(ta).

absurde [apsyrd] ◇ *adj* absurdo(da). ◇ *nm* : **l'**~ lo absurdo; **par l'**~ por reducción al absurdo.

absurdité [apsyrdite] *nf* **-1.** [illogisme] absurdo *m*; **l'**~ **de** lo absurdo de. **-2.** [stupidité] disparate *m*.

abus [aby] *nm* abuso *m*; ~ **de confiance** abuso de confianza; ~ **de pouvoir** abuso de poder.

abuser [abyze] *vi* abusar; ~ **de** [user] abusar de. ◆ **s'abuser** *vp* engañarse.

abusif, ive [abyzif, iv] *adj* abusivo(va).

acabit [akabi] *nm* : **de cet** ~**, du même** ~ *péj* de esta calaña, de la misma calaña.

acacia [akasja] *nm* acacia *f*.

académicien, enne [akademisjɛ̃, ɛn] *nm, f* académico *m*, -ca *f*.

académie [akademi] *nf* **-1.** [gén] academia *f*. **-2.** UNIV distrito universitario en Francia.

acajou [akaʒu] *adj & nm* caoba.

acariâtre [akarjatr] *adj* desabrido(da).

acarien [akarjɛ̃] *nm* ácaro *m*.

accablant, e [akablã, ãt] *adj* abrumador(ra).

accabler [akable] *vt* **-1.** [surcharger] : ~ **qqn de qqch** [de travail] agobiar a alguien de algo; [d'injures, de reproches] colmar a alguien de algo. **-2.** [confondre] confundir.

accalmie [akalmi] *nf* calma *f*.

accéder [aksede] ◆ **accéder à** *vi* acceder a.

accélérateur [akseleratœr] *nm* AUTOM acelerador *m*.

accélération [akselerasjɔ̃] *nf* **-1.** [de mécanisme] aceleración *f*. **-2.** [de projet] aceleramiento *m*.

accélérer [akselere] *vt & vi* acelerar.

accent [aksã] *nm* acento *m*; **mettre l'** ~ **sur** *fig* poner énfasis en.

accentuation [aksãtɥasjɔ̃] *nf* acentuación *f*.

accentuer [aksãtɥe] *vt* **-1.** [gén] acentuar. **-2.** [intensifier] aumentar. ◆ **s'accentuer** *vp* acentuarse.

acceptable [aksɛptabl] *adj* aceptable.

acceptation [aksɛptasjɔ̃] *nf* aceptación *f*.

accepter [aksɛpte] *vt* aceptar; ~ **de faire qqch** aceptar hacer algo; ~ **que** (+ *subjonctif*) consentir que (+ *subjuntivo*); **je n'accepte pas que tu me parles ainsi** no consiento que me hables de esta manera.

acception [aksɛpsjɔ̃] *nf* acepción *f*.

accès [aksɛ] *nm* **-1.** [entrée] entrada *f*. **-2.** [voie d'entrée] acceso *m*; **avoir** ~ **à qqch** tener acceso a algo; **donner** ~ **à qqch** dar a algo; **cette porte donne** ~ **au jardin** esta puerta da al jardín; **'**~ **interdit'** 'prohibida la entrada'. **-3.** [crise] acceso; ~ **de colère** acceso de cólera.

accessible [aksesibl] *adj* **-1.** [gén] accesible. **-2.** COMM asequible.

accession [aksɛsjɔ̃] *nf* acceso *m*; ~ **à qqch** acceso a algo.

accessoire [akseswar] ◇ *adj* accesorio(ria). ◇ *nm* **-1.** [de théâtre, de cinéma] atrezo *m*. **-2.** [de machine] accesorio *m*. **-3.** [de mode] complemento *m*. **-4.** [chose peu importante] : **l'**~ lo accesorio.

accident [aksidã] *nm* accidente *m*; ~ **de la circulation** accidente de circulación; ~ **de santé** achaque *m*; ~ **du travail** accidente laboral; ~ **de voiture** accidente de coche. ◆ **par accident** *loc adv* [par hasard] por casualidad.

accidenté, e [aksidãte] *adj & nm, f* accidentado(da).

accidentel, elle [aksidãtɛl] *adj* **-1.** [dû au hasard] accidental, casual. **-2.** [dû à un accident] por accidente.

acclamation [aklamasjɔ̃] *nf* aclamación *f*.

acclamer [aklame] *vt* aclamar.

acclimatation [aklimatasjɔ̃] *nf* aclimatación *f*.

acclimater [aklimate] *vt* **-1.** [animal, végétal] aclimatar. **-2.** [idée] introducir.

accolade [akɔlad] *nf* **-1.** [signe graphique] llave *f*. **-2.** [embrassade] abrazo *m*.

accommodant, e [akɔmɔdɑ̃, ɑ̃t] *adj* **-1.** [personne] complaciente. **-2.** [caractère] conciliador(ra).

accommodement [akɔmɔdmɑ̃] *nm* acomodamiento *m*.

accommoder [akɔmɔde] *vt* **-1.** [viande, poisson] preparar. **-2.** [mettre en accord] : ~ **qqch à qqch** adecuar algo a algo.

accompagnateur, trice [akɔ̃paɲatœr, tris] *nm, f* acompañante *mf*.

accompagnement [akɔ̃paɲmɑ̃] *nm* **-1.** MUS acompañamiento *m*. **-2.** CULIN guarnición *f*. **-3.** [escorte] escolta *f*.

accompagner [akɔ̃paɲe] *vt* acompañar; ~ **qqch de qqch** acompañar algo con algo.

accompli, e [akɔ̃pli] *adj* ideal.

accomplir [akɔ̃plir] *vt* cumplir. ◆ **s'accomplir** *vp* cumplirse.

accomplissement [akɔ̃plismɑ̃] *nm* cumplimiento *m*.

accord [akɔr] *nm* **-1.** [entente, traité] acuerdo *m*. **-2.** [sons] acorde *m*. **-3.** LING concordancia *f*. **-4.** [acceptation] aprobación *f*; **donner son** ~ **à qqch** dar su aprobación a algo. ◆ **d'accord** *loc adv* [marque l'aquiescement] de acuerdo; **être d'**~ **avec qqn/qqch** estar de acuerdo con alguien/algo; **tomber** OU **se mettre d'**~ ponerse de acuerdo.

accordéon [akɔrdeɔ̃] *nm* acordeón *m*.

accorder [akɔrde] *vt* **-1.** [donner] : ~ **qqch à qqn** conceder algo a alguien. **-2.** [attribuer] : ~ **qqch à qqch** conceder algo a algo. **-3.** [harmoniser] combinar. **-4.** GRAM : ~ **qqch avec qqch** concordar algo con... **-5.** [instrument] afinar.

accoster [akɔste] ◇ *vt* **-1.** NAVIG atracar. **-2.** [personne] abordar. ◇ *vi* NAVIG atracar.

accotement [akɔtmɑ̃] *nm* arcén *m* Esp, acotamiento *m* Amér.

accouchement [akuʃmɑ̃] *nm* parto *m*; ~ **sans douleur** parto sin dolor.

accoucher [akuʃe] *vi* dar a luz; ~ **de** dar a luz a. ◇ *vt* asistir en el parto.

accouder [akude] ◆ **s'accouder** *vp* apoyarse; **s'**~ **à** apoyarse en.

accoudoir [akudwar] *nm* brazo *m (de sillón)*.

accouplement [akupləmɑ̃] *nm* **-1.** [d'animaux] apareamiento *m*. **-2.** MÉCANIQUE acoplamiento *m*.

accoupler [akuple] *vt* **-1.** [choses] acoplar. **-2.** [animaux] aparear, acoplar. ◆ **s'accoupler** *vp* [animaux] aparearse.

accourir [akurir] *vi* acudir.

accouru, e [akury] *pp* → accourir.

accoutré, e [akutre] *adj* ataviado(da).

accoutrement [akutrəmɑ̃] *nm* atavío *m*.

accoutumer [akutyme] *vt* : ~ **qqn à qqch/à faire qqch** acostumbrar a alguien a algo/a hacer algo. ◆ **s'accoutumer** *vp* : **s'**~ **à qqn/à qqch** acostumbrarse a alguien/a algo.

accréditation [akreditasjɔ̃] *nf* acreditación *f*.

accréditer [akredite] *vt* acreditar; ~ **qqn auprès de** acreditar a alguien ante.

accroc [akro] *nm* **-1.** [déchirure] desgarrón *m*. **-2.** [incident] contratiempo *m*.

accrochage [akrɔʃaʒ] *nm* **-1.** [mise en place] colocación *f*. **-2.** [accident] choque *m* Esp, estrellón *m* Amér. **-3.** *fam* [dispute] agarrada *f*. **-4.** MIL escaramuza *f*.

accroche [akrɔʃ] *nf* COMM eslogan *m*.

accrocher [akrɔʃe] *vt* **-1.** [suspendre] colgar; ~ **qqch à** colgar algo en. **-2.** [déchirer] enganchar; ~ **qqch à** engancharse algo en OU con. **-3.** [heurter] chocar. **-4.** [attacher] enganchar; ~ **qqch à** enganchar algo a. **-5.** [retenir l'attention de] impactar. ◆ **s'accrocher** *vp* **-1.** [s'agripper] agarrarse; **s'**~ **à qqn/à qqch** agarrarse a alguien/a algo. **-2.** *fam* [se disputer] agarrarse. **-3.** *fam* [persévérer] trabajar duro.

accroissement [akrwasmɑ̃] *nm* incremento *m*.

accroître [akrwatr] *vt* incrementar. ◆ **s'accroître** *vp* incrementarse.

accroupir [akrupir] ◆ **s'accroupir** *vp* ponerse en cuclillas.

accru, e [akry] *pp* → accroître.

accueil [akœj] *nm* **-1.** [lieu] recepción *f*. **-2.** [action] acogida *f*.

accueillant, e [akœjɑ̃, ɑ̃t] *adj* acogedor(ra).

accueillir [akœjir] *vt* **-1.** [recevoir] acoger. **-2.** [héberger] albergar.

accumulateur [akymylatœr] *nm* ÉLECTR acumulador *m*.

accumulation [akymylasjɔ̃] *nf* acumulación *f*.

accumuler [akymyle] *vt* acumular. ◆ **s'accumuler** *vp* acumularse.

accusateur, trice [akyzatœr, tris] *adj & nm, f* acusador(ra).

accusation [akyzasjɔ̃] *nf* acusación *f*.

accusé, e [akyze] *nm, f* acusado *m*, -da *f*. ◆ **accusé de réception** *nm* acuse *m* de recibo.

accuser [akyze] vt **-1.** [porter une accusation contre] acusar; ~ **qqch de qqch** acusar a alguien de algo. **-2.** [dénoter] acusar; [accentuer] resaltar.

acerbe [asɛrb] adj hiriente.

acéré, e [asere] adj **-1.** [lame] acerado(da). **-2.** [esprit] incisivo(va).

achalandé, e [aʃalɑ̃de] adj **-1.** [qui a beaucoup de clients] que tiene mucha clientela. **-2.** [approvisionné] : **bien** ~ bien surtido.

acharné, e [aʃarne] adj **-1.** [combat] encarnizado(da). **-2.** [joueur] empedernido(da). **-3.** [travail] intenso(sa).

acharnement [aʃarnəmɑ̃] nm **-1.** [obstination] empeño m. **-2.** [rage] ensañamiento m.

acharner [aʃarne] ◆ **s'acharner** vp **-1.** [combattre opiniâtrement] : **s'~ contre** OU **après** OU **sur** ensañarse con. **-2.** [s'obstiner à] : **s'~ à** obstinarse en.

achat [aʃa] nm compra f; **faire des** ~**s** ir de compras.

acheminer [aʃmine] vt transportar. ◆ **s'acheminer** vp : **s'** ~ **vers** encaminarse hacia.

acheter [aʃte] vt **-1.** [gén] comprar; ~ **qqch à qqn** OU **pour qqn** comprar algo a OU para alguien. **-2.** [obtenir avec effort] pagar.

acheteur, euse [aʃtœr, øz] nm, f comprador m, -ra f.

achevé, e [aʃve] adj sout rematado(da).

achèvement [aʃevmɑ̃] nm terminación f.

achever [aʃve] vt **-1.** [terminer] acabar. **-2.** [tuer, accabler] acabar con. ◆ **s'achever** vp [se terminer] acabarse.

acide [asid] ◇ adj ácido(da). ◇ nm ácido m.

acidité [asidite] nf **-1.** [gén] acidez f. **-2.** [de propos] acritud f.

acidulé, e [asidyle] adj [saveur] acídulo(la).

acier [asje] nm acero m; ~ **inoxydable** acero inoxidable.

aciérie [asjeri] nf acería f.

acné [akne] nf acné m; ~ **juvénile** acné juvenil.

acolyte [akɔlit] nm péj acólito m.

acompte [akɔ̃t] nm anticipo m.

à-côté (pl **à-côtés**) nm **-1.** [point accessoire] pormenores mpl. **-2.** [gén pl] [gain d'appoint] extras mpl.

à-coup (pl **à-coups**) nm sacudida f; **par** ~**s** a trompicones.

acoustique [akustik] ◇ adj acústico(ca). ◇ nf acústica f.

acquéreur [akerœr] nm adquisidor m, -ra f.

acquérir [akerir] vt **-1.** [gén] adquirir. **-2.** [procurer] granjear. ◆ **s'acquérir** vp granjearse.

acquiescement [akjɛsmɑ̃] nm consentimiento m.

acquiescer [akjese] vi consentir; ~ **à** consentir en.

acquis, e [aki, iz] ◇ pp → **acquérir.** ◇ adj adquirido(da). ◆ **acquis** nm experiencia f.

acquisition [akizisjɔ̃] nf adquisición f.

acquit [aki] nm **-1.** [reconnaissance de paiement] recibo m; **pour** ~ COMM recibí. **-2.** loc : **par** ~ **de conscience** para mayor tranquilidad.

acquittement [akitmɑ̃] nm **-1.** [d'obligation] pago m. **-2.** [d'accusé] absolución f.

acquitter [akite] vt **-1.** [régler] pagar. **-2.** [accusé] absolver.

âcre [akr] adj agrio(gria).

acrobate [akrɔbat] nmf acróbata mf.

acrobatie [akrɔbasi] nf acrobacia f.

acrylique [akrilik] ◇ nm acrílico m. ◇ adj acrílico(ca).

acte [akt] nm **-1.** [action] acto m. **-2.** COMM escritura f. **-3.** JUR acta f; ~ **d'accusation** acta de acusación; ~ **de mariage** certificado m de matrimonio; ~ **de naissance** partida f de nacimiento. **-4.** loc : **faire** ~ **de qqch** dar muestra de algo; **faire** ~ **de présence** hacer acto de presencia; **prendre** ~ **de qqch** tomar nota de algo. ◆ **actes** nmpl actas fpl.

acteur, trice [aktœr, tris] nm, f CIN & THÉÂTRE actor m, -triz f.

actif, ive [aktif, iv] adj activo(va). ◆ **actif** nm FIN activo m; **avoir qqch à son** ~ fig tener algo en su haber.

action [aksjɔ̃] nf acción f; **bonne/mauvaise** ~ buena/mala acción.

actionnaire [aksjɔnɛr] nmf FIN accionista mf.

actionner [aksjɔne] vt accionar.

activement [aktivmɑ̃] adv activamente.

activer [aktive] vt **-1.** [hâter] acelerar. **-2.** [stimuler] alentar. **-3.** [feu] avivar, atizar. ◆ **s'activer** vp [s'affairer] afanarse.

activiste [aktivist] adj & nmf activista mf.

activité [aktivite] nf actividad f; **en** ~ [volcan] en actividad.

actrice → **acteur.**

actualisation [aktɥalizasjɔ̃] *nf* actualización *f*.

actualiser [aktɥalize] *vt* actualizar.

◆ **s'actualiser** *vp* actualizarse.

actualité [actɥalite] *nf* actualidad *f*; **l'** ~ **politique/sportive** la actualidad política/deportiva. ◆ **actualités** *nfpl* : **les** ~**s** el noticiario.

actuel, elle [aktɥɛl] *adj* actual.

actuellement [aktɥɛlmã] *adv* actualmente, en la actualidad.

acuité [akɥite] *nf* -**1**. [intensité] gravedad *f*. -**2**. [sensibilité] agudeza *f*.

acupuncture, acuponcture [akypɔ̃ktyr] *nf* acupuntura *f*.

adage [adaʒ] *nm* adagio *m*.

adaptateur, trice [adaptatœr, tris] *nm, f* [personne] adaptador *m*, -ra *f*. ◆ **adaptateur** *nm* ÉLECTR adaptador *m*.

adaptation [adaptasjɔ̃] *nf* adaptación *f*.

adapter [adapte] *vt* -**1**. [approprier] adaptar. -**2**. [ajuster – à une pièce] acoplar; ~ **qqch à qqch** acoplar algo a algo; [– à une situation] adecuar; ~ **qqch à qqn/à qqch** adecuar algo a alguien/a algo. -**3**. [accorder] adecuar. ◆ **s'adapter** *vp* adaptarse.

additif, ive [aditif, iv] *adj* aditivo(va). ◆ **additif** *nm* -**1**. [annexe] cláusula *f* adicional. -**2**. [substance] aditivo *m*.

addition [adisjɔ̃] *nf* -**1**. [ajout] adición *f*. -**2**. [calcul] suma *f*. -**3**. [note] cuenta *f*.

additionner [adisjɔne] *vt* -**1**. [calculer] sumar. -**2**. [ajouter] añadir; ~ **d'eau** aguar.

adepte [adɛpt] *nmf* adepto *m*, -ta *f*.

adéquat, e [adekwa, at] *adj* adecuado(da).

adéquation [adekwasjɔ̃] *nf* adecuación *f*.

adhérence [aderãs] *nf* adherencia *f*.

adhérent, e [aderã, ãt] ◇ *adj* adherente. ◇ *nm, f* [membre – d'une association] miembro *m*; [– de parti] afiliado *m*, -da *f*.

adhérer [adere] *vi* -**1**. [coller] : ~ **à qqch** adherirse a algo; [à une association] hacerse miembro de algo; [à un parti] afiliarse a algo; [être d'accord avec] adherirse a algo. -**2**. [tenir la route] adherirse.

adhésif, ive [adezif, iv] *adj* adhesivo(va). ◆ **adhésif** *nm* adhesivo *m*.

adhésion [adezjɔ̃] *nf* -**1**. [à une idée] adhesión *f*. -**2**. [à un parti] afiliación *f*.

adieu [adjø] ◇ *interj* ¡adiós!; **dire** ~ **à qqch** despedirse de algo. ◇ *nm* (*gén pl*) adiós *m*; **faire ses** ~**x à** despedirse de.

adipeux, euse [adipø, øz] *adj* adiposo(sa).

adjectif [adʒɛktif] *nm* GRAM adjetivo *m*; ~ **attribut/épithète** adjetivo atributivo/epíteto.

adjoindre [adʒwɛ̃dr] *vt* agregar; ~ **qqn** asignar alguien a alguien.

adjoint, e [adʒwɛ̃, ɛ̃t] ◇ *adj* adjunto(ta). ◇ *nm, f* adjunto *m*, -ta *f*; ~ **au maire** teniente *mf* de alcalde.

adjonction [adʒɔ̃ksjɔ̃] *nf* agregación *f*.

adjudant [adʒudã] *nm* MIL ≃ brigada *m*.

adjuger [adʒyʒe] *vt* -**1**. [aux enchères] adjudicar; **adjugé!** ¡adjudicado! -**2**. [décerner] : ~ **qqch à qqn** otorgar algo a alguien.

admettre [admɛtr] *vt* -**1**. [accepter, recevoir] admitir. -**2**. [supposer] suponer; **admettons que** (+ *subjonctif*) supongamos que (+ *subjuntivo*); **admettons que cela soit vrai** supongamos que sea cierto. -**3**. [autoriser] autorizar; **être admis à faire qqch** ADMIN tener derecho a hacer algo.

administrateur, trice [administratœr, tris] *nm, f* administrador *m*, -ra *f*.

administratif, ive [administratif, iv] *adj* administrativo(va).

administration [administrasjɔ̃] *nf* administración *f*.

administrer [administre] *vt* administrar.

admirable [admirabl] *adj* -**1**. [personne, comportement] admirable. -**2**. [paysage, spectacle] maravilloso(sa).

admiratif, ive [admiratif, iv] *adj* [regard, remarque] de admiración.

admiration [admirasjɔ̃] *nf* admiración *f*.

admirer [admire] *vt* admirar.

admis, e [admi, iz] *pp* → **admettre**.

admissible [admisibl] *adj* -**1**. [chose] admisible. -**2**. SCOL [candidat] *apto para presentarse a la última parte de un examen*.

admission [admisjɔ̃] *nf* admisión *f*.

admonester [admɔnɛste] *vt* *sout* amonestar.

ADN (*abr de* **acide désoxyribonucléique**) *nm* ADN *m*.

ado [ado] *fam abr de* **adolescent**.

adolescence [adɔlesãs] *nf* adolescencia *f*.

adolescent, e [adɔlesã, ãt] *adj & nm, f* adolescente.

adopter [adɔpte] *vt* -**1**. [gén] adoptar. -**2**. [loi] aprobar.

adoptif, ive [adɔptif, iv] *adj* adoptivo(va).

adoption [adɔpsjɔ̃] *nf* -**1**. [d'enfant] adopción *f*; **d'**~ adoptivo(va). -**2**. [de loi] aprobación *f*.

adorable [adɔrabl] *adj* adorable.

adoration [adɔrasjɔ̃] *nf* adoración *f.*

adorer [adɔre] *vt* adorar; ~ **qqch** encantarle a uno algo.

adoucir [adusir] *vt* **-1.** [linge,voix] suavizar. **-2.** [peine] aliviar. **-3.** [eau] descalcificar. ◆ **s'adoucir** *vp* **-1.** [climat] suavizarse. **-2.** [personne] serenarse.

adoucissant, e [adusisɑ̃, ɑ̃t] *adj* suavizante. ◆ **adoucissant** *nm* suavizante *m.*

adoucisseur [adusisœr] ◆ **adoucisseur (d'eau)** *nm* descalcificador *m.*

adresse [adrɛs] *nf* **-1.** [domicile] dirección *f*; **sans laisser d'**~ sin dejar señas. **-2.** [habileté manuelle] maña *f.* **-3.** [finesse, ruse] ingenio *m.* **-4.** INFORM dirección *f.* **-5.** [requête] petición *f*, memorial *m.* **-6.** [destinataire] : **à l'**~ **de qqn** a la atención de alguien. **-7.** [mot] entrada *f.*

adresser [adrese] *vt* **-1.** [lettre] remitir; [parole] dirigir. **-2.** [envoyer] : ~ **qqn à qqn** mandar OU enviar alguien a alguien. ◆ **s'adresser** *vp* : **s'**~ **à qqn** [parler à qqn] dirigirse a alguien; [être destiné à] estar destinado a alguien.

adroit, e [adrwa, at] *adj* **-1.** [habile] diestro(tra). **-2.** [ingénieux] hábil.

adroitement [adrwatmɑ̃] *adv* **-1.** [avec dextérité] con destreza. **-2.** [avec finesse] con habilidad.

aduler [adyle] *vt* adular.

adulte [adylt] *adj & nmf* adulto(ta).

adultère [adyltɛr] ◇ *nm* adulterio *m.* ◇ *adj* adúltero(ra).

advenir [advənir] *vi* pasar; **qu'advient-il/qu'est-il advenu de qqn/qqch?** ¿qué es de/qué ha sido de alguien/algo?

advenu, e [advəny] *pp* → **advenir.**

adverbe [advɛrb] *nm* GRAM adverbio *m.*

adversaire [advɛrsɛr] *nmf* adversario *m*, -ria *f.*

adverse [advɛrs] *adj* **-1.** [ennemi] adverso(sa). **-2.** [opposé] opuesto(ta). **-3.** JUR → **partie.**

adversité [advɛrsite] *nf* adversidad *f.*

advient [advjɛ̃] → **advenir.**

aération [aerasjɔ̃] *nf* [de chose] aireación; [de pièce] ventilación *f.*

aérer [aere] *vt* **-1.** [chose] airear, orear; [pièce] ventilar. **-2.** *fig* [texte] airear.

aérien, enne [aerjɛ̃, ɛn] *adj* aéreo(rea).

aérobic [aerobik] *nm* aerobic *m.*

aérodrome [aerodrom] *nm* aeródromo *m.*

aérodynamique [aerodinamik] ◇ *nf* SCIENCES aerodinámica *f.* ◇ *adj* aerodinámico(ca).

aérogare [aerogar] *nf* **-1.** [aéroport] terminal *f.* **-2.** [gare] *estación de autobuses con destino a un aeropuerto.*

aéroglisseur [aeroglisœr] *nm* aerodeslizador *m.*

aérogramme [aerogram] *nm* aerograma *m.*

aéronautique [aeronotik] TECHNOL ◇ *nf* aeronáutica *f.* ◇ *adj* aeronáutico(ca).

aéronaval, e, als [aeronaval] *adj* aeronaval.

aérophagie [aerofaʒi] *nf* MÉD aerofagia *f.*

aéroport [aeropɔr] *nm* aeropuerto *m.*

aéroporté, e [aeropɔrte] *adj* aerotransportado(da).

aérosol [aerosɔl] ◇ *nm* aerosol *m.* ◇ *adj inv* en aerosol.

aérospatial, e, aux [aerospasjal, o] *adj* aeroespacial. ◆ **aérospatiale** *nf* TECHNOL tecnología *f* aeroespacial.

affable [afabl] *adj* afable.

affaiblir [afeblir] *vt* debilitar. ◆ **s'affaiblir** *vp* debilitarse.

affaire [afɛr] *nf* **-1.** [occupation, problème] asunto *m.* **-2.** [question] cuestión *f.* **-3.** [marché avantageux] ganga *f.* **-4.** [entreprise] negocio *m.* **-5.** [procès] caso *m.* **-6.** *loc* : **avoir** ~ **à qqn** [entrer en relation avec qqn] tener que tratar con alguien; [menacer qqn] vérselas con alguien; **ça fera l'**~ con esto me apaño. ◆ **affaires** *nfpl* **-1.** [activités publiques et privées] asuntos *mpl.* **-2.** [objets personnels] cosas *fpl.* **-3.** COMM negocios *mpl.* ◆ **Affaires étrangères** *nfpl* : **les Affaires étrangères** Asuntos exteriores.

affairé, e [afere] *adj* atareado(da).

affairer [afere] ◆ **s'affairer** *vp* atarearse.

affairisme [aferism] *nm* mercantilismo *m.*

affaisser [afese] ◆ **s'affaisser** *vp* **-1.** [se creuser] hundirse. **-2.** [tomber] desplomarse.

affaler [afale] ◆ **s'affaler** *vp* repantigarse.

affamé, e [afame] *adj* hambriento(ta).

affecté, e [afɛkte] *adj* afectado(da).

affecter [afɛkte] *vt* **-1.** [consacrer] destinar. **-2.** [nommer] : ~ **qqn à qqch** destinar a alguien a algo. **-3.** [feindre] fingir; ~ **d'être heureux** fingir ser feliz.

affectif, ive [afɛktif, iv] *adj* afectivo(va).

affection [afɛksjɔ̃] *nf* **-1.** [sentiment] afecto *m.* **-2.** [maladie] afección *f.*

affectionner [afɛksjɔne] *vt* **-1.** [personne] encariñarse con. **-2.** [chose] ser aficionado(da)a; ~ **l'opéra** ser aficionado a la ópera.

affectueux, euse [afɛktɥø, øz] *adj* afectuoso(sa).

affichage [afiʃaʒ] *nm* **-1.** [action d'afficher] colocación *f* de carteles. **-2.** INFORM visualización *f*; ~ **numérique** visualización numérica.

affiche [afiʃ] *nf* cartel *m* *Esp*, afiche *m* *Amér*.

afficher [afiʃe] *vt* **-1.** [liste, affiche] anunciar. **-2.** [laisser transparaître] hacer alarde de.

affilée [afile] ◆ **d'affilée** *loc adv* de un tirón.

affiler [afile] *vt* afilar.

affiner [afine] *vt* refinar.

affinité [afinite] *nf* afinidad *f*; **avoir des** ~**s avec qqn** tener afinidades con alguien.

affirmatif, ive [afirmatif, iv] *adj* **-1.** [réponse] afirmativo(va). **-2.** [personne] categórico(ca). ◆ **affirmatif** *adv* sí. ◆ **affirmative** *nf* afirmación *f*; **dans l'affirmative** en caso afirmativo; **répondre par l'affirmative** responder afirmativamente.

affirmation [afirmasjɔ̃] *nf* afirmación *f*.

affirmer [afirme] *vt* afirmar.

affleurer [aflœre] *litt* ◇ *vt* rozar. ◇ *vi* aflorar.

affliction [afliksjɔ̃] *nf sout* aflicción *f*.

affligé, e [afliʒe] *adj* **-1.** [attristé] afligido(da). **-2.** [de défaut, de maladie] : ~ **de** aquejado de.

affligeant, e [afliʒɑ̃, ɑ̃t] *adj* **-1.** [désolant] que causa aflicción. **-2.** [lamentable] penoso(sa).

affliger [afliʒe] *vt* **-1.** *sout* [attrister] afligir. **-2.** [maladie] : **être affligé de qqch** estar aquejado de algo. ◆ **s'affliger** *vp* : s'~ **de qqch** *sout* [s'attrister de qqch] afligirse por algo.

affluence [aflyɑ̃s] *nf* afluencia *f*.

affluent [aflyɑ̃] *nm* GÉOGR afluente *m*.

affluer [aflye] *vi* afluir.

afflux [afly] *nm* **-1.** [gén] afluencia *f*. **-2.** MÉD aflujo *m*.

affoler [afɔle] *vt* **-1.** [inquiéter] alarmar. **-2.** [émouvoir] turbar. ◆ **s'affoler** *vp* [paniquer] perder la calma.

affranchir [afrɑ̃ʃir] *vt* **-1.** [timbrer] franquear. **-2.** *arg* [renseigner] poner al corriente. **-3.** [esclave] libertar.

affranchissement [afrɑ̃ʃismɑ̃] *nm* **-1.** [timbrage] franqueo *m*. **-2.** [libération] liberación *f*.

affreux, euse [afrø, øz] *adj* horrible.

affriolant, e [afrijɔlɑ̃, ɑ̃t] *adj* provocativo(va).

affront [afrɔ̃] *nm* afrenta *f*.

affrontement [afrɔ̃tmɑ̃] *nm* enfrentamiento *m*.

affronter [afrɔ̃te] *vt* **-1.** [personne] enfrentarse a OU con. **-2.** [situation] afrontar.

affubler [afyble] *vt* *péj* : ~ **qqn de qqch** ataviar a alguien con algo.

affût [afy] *nm* **-1.** [de canon] cureña *f*. **-2.** CHASSE puesto *m*; **à l'**~ **(de qqch)** *fig* al acecho (de algo).

affûter [afyte] *vt* afilar.

afin [afɛ̃] ◆ **afin de** *loc prép* a fin de, con el fin de; **il étudie beaucoup** ~ **de réussir le concours** estudia mucho con el fin de sacarse las oposiciones. ◆ **afin que** *loc conj* a fin de que; **efforce-toi** ~ **que ce travail s'améliore** esfuérzate a fin de que ese trabajo mejore.

africain, e [afrikɛ̃, ɛn] *adj* africano(na). ◆ **Africain, e** *nm, f* africano m, -na *f*.

Afrique [afrik] *nf* : l' ~ África; l' ~ **noire** el África negra; l' ~ **du Nord** África del Norte; l' ~ **du Sud** Sudáfrica.

afro [afro] *adj inv* afro.

after-shave [aftœrʃev] ◇ *nm inv* after-shave *m*. ◇ *adj inv* para después del afeitado.

AG (*abr de* **assemblée générale**) *nf* J/G *f*.

agaçant, e [agasɑ̃, ɑ̃t] *adj* **-1.** [personne] irritante. **-2.** [attitude] provocador(ra).

agacer [agase] *vt* **-1.** [énerver] poner nervioso. **-2.** [irriter] irritar.

âge [aʒ] *nm* edad *f*; l'~ **ingrat** la edad del pavo; **prendre de l'**~ hacerse mayor; **quel** ~ **as-tu/avez-vous?** ¿cuántos años tienes/tiene?; ~ **d'or** edad de oro; ~ **mental** edad mental; **le troisième** ~ la tercera edad.

âgé, e [aʒe] *adj* mayor; **être** ~ **de 20 ans** tener 20 años.

agence [aʒɑ̃s] *nf* agencia *f*; ~ **immobilière/matrimoniale** agencia inmobiliaria/matrimonial; ~ **de publicité** COMM agencia de publicidad; ~ **de voyages** agencia de viajes.

agencer [aʒɑ̃se] *vt* **-1.** [pièces] montar. **-2.** [appartement] distribuir. **-3.** [parties] ordenar.

agenda [aʒɛ̃da] *nm* agenda *f*.

agenouiller [aʒnuje] ◆ **s'agenouiller** vp arrodillarse.

agent [aʒɑ̃] nm agente mf; ~ **de change** agente de cambio y bolsa; ~ **de police** ≃ guardia m, agente m de policía; ~ **secret** agente secreto.

agglomération [aglɔmerasjɔ̃] nf aglomeración f.

aggloméré [aglɔmere] nm conglomerado m.

agglomérer [aglɔmere] vt aglomerar, conglomerar.

agglutiner [aglytine] vt aglutinar. ◆ **s'agglutiner** vp aglutinarse.

aggraver [agrave] vt agravar. ◆ **s'aggraver** vp agravarse.

agile [aʒil] adj ágil.

agilité [aʒilite] nf agilidad f.

agir [aʒir] vi **-1.** [gén] actuar. **-2.** [se comporter] proceder. ◆ **s'agir** v impers : **il s'agit de faire qqch** se trata de hacer algo; **il s'agit de qqn/de qqch** se trata de alguien/de algo; **de quoi s'agit-il?** ¿de qué se trata?

agissements [aʒismɑ̃] nmpl artimañas fpl.

agitateur, trice [aʒitatœr, tris] nm, f POLIT agitador m, -ra f. ◆ **agitateur** nm CHIM agitador m.

agitation [aʒitasjɔ̃] nf agitación f.

agité, e [aʒite] adj **-1.** [gén] agitado(da). **-2.** [énervé] excitado(da).

agiter [aʒite] vt **-1.** [liquide] agitar. **-2.** [personne] excitar. **-3.** [menace] esgrimir. ◆ **s'agiter** vp moverse.

agneau, x [aɲo] nm **-1.** [animal, viande] cordero m. **-2.** [fourrure] piel f de cordero.

agonie [agɔni] nf **-1.** [de personne] agonía f. **-2.** fig [d'empire] declive m.

agoniser [agɔnize] vi agonizar.

agrafe [agraf] nf grapa f Esp, grampa f Amér.

agrafer [agrafe] vt **-1.** [attacher] abrochar. **-2.** [avec une agrafe] grapar.

agrafeuse [agraføz] nf grapadora f Esp, corchetera f Amér.

agraire [agrɛr] adj agrario(ria).

agrandir [agrɑ̃dir] vt ampliar. ◆ **s'agrandir** vp **-1.** [s'étendre] crecer. **-2.** [se développer] prosperar.

agrandissement [agrɑ̃dismɑ̃] nm ampliación f.

agréable [agreabl] adj agradable.

agréer [agree] vt sout [accepter] : **Veuillez ~ mes salutations distinguées** OU **l'expression de mes sentiments distingués** le saluda atentamente.

agrégation [agregasjɔ̃] nf oposiciones para profesores de enseñanza secundaria y superior.

agrégé, e [agreʒe] nm, f UNIV ≃ catedrático m, -ca f.

agrément [agremɑ̃] nm **-1.** [caractère agréable] encanto m. **-2.** sout [approbation] consentimiento m.

agrès [agrɛ] nmpl SPORT aparatos mpl de gimnasia.

agresser [agrese] vt agredir.

agressif, ive [agresif, iv] adj agresivo(va).

agression [agresjɔ̃] nf agresión f.

agressivité [agresivite] nf agresividad f.

agricole [agrikɔl] adj agrícola.

agriculteur, trice [agrikyltœr, tris] nm, f agricultor m, -ra f.

agriculture [agrikyltyr] nf agricultura f.

agripper [agripe] vt agarrar.

agronome [agrɔnɔm] adj agrónomo(ma).

agrumes [agrym] nmpl cítricos mpl.

aguets [agɛ] ◆ **aux aguets** loc adv al acecho; **être** OU **rester aux** ~ estar al acecho.

aguicher [agiʃe] vt [chercher à séduire] provocar.

ahuri, e [ayri] ◇ adj [abasourdi] asombrado(da). ◇ nm, f [idiot] atolondrado m, -da f.

ahurissant, e [ayrisɑ̃, ɑ̃t] adj pasmoso(sa).

ai [ɛ] → avoir.

aide [ɛd] ◇ nf ayuda f; **venir en ~ à qqn** venir en ayuda de alguien; ~ **sociale** asistencia f social. ◇ nmf ayudante mf. ◆ **à l'aide de** loc prép con ayuda de. ◆ **aide familiale** nf asistenta social que ayuda en las tareas del hogar y a cuidar a los niños de familias de recursos moderados. ◆ **aide ménagère** nf asistenta social que ayuda en las tareas del hogar de personas mayores.

aide-comptable nmf auxiliar mf de contabilidad.

aide-mémoire nm inv cuaderno m de notas.

aider [ede] vt ayudar; ~ **à qqch** ayudar a algo; ~ **qqn à faire qqch** ayudar a alguien a hacer algo. ◆ **s'aider** vp **-1.** [s'assister mutuellement] ayudarse. **-2.** [se servir] : **s'~ de qqch** valerse de algo.

aide-soignant, e [ɛdswaɲɑ̃, ɑ̃t] nm, f auxiliar mf de clínica.

aie, aies etc → avoir.

aïe [aj] *interj* **-1.** [de douleur] ¡ay! **-2.** [de désagrément] ¡vaya!

aient [ɛ] → **avoir.**

aïeul, e [ajœl] *nm, f sout* abuelo *m*, -la *f Esp*, papá grande *m*, mamá grande *f Amér.*

aïeux [ajø] *nmpl sout* antepasados *mpl.*

aigle [ɛgl] *nm* águila *f.*

aigre [ɛgr] *adj* **-1.** [saveur, propos] agrio(gria); **tourner à l'~** [fruit] agriarse; *fig* [discussion, débat] subir de tono. **-2.** [odeur] acre.

aigre-doux, aigre-douce [ɛgrədu, ɛgrədus] *adj* agridulce.

aigrelet, ette [ɛgrəlɛ, ɛt] *adj* **-1.** [vin] ligeramente agrio(gria). **-2.** [voix] agudo(da).

aigreur [ɛgrœr] *nf* **-1.** [d'aliment] agrura *f*. **-2.** [de propos] acritud *f.* ◆ **aigreurs d'estomac** *nfpl* acidez *f* de estómago.

aigri, e [egri] *adj & nm, f* amargado(da).

aigu, uë [egy] *adj* **-1.** [gén] agudo(da). **-2.** [lame] afilado(da) *Esp*, filoso(sa) *Amér.* ◆ **aigu** *nm* MUS agudo *m.*

aiguillage [egɥijaʒ] *nm* RAIL cambio *m* de agujas; **c'est une erreur d'~** *fig* se ha equivocado de camino.

aiguille [egɥij] *nf* **-1.** [gén] aguja *f*; **~ à coudre** aguja de coser; **~ à tricoter** aguja de punto. **-2.** GÉOGR pico *m.* ◆ **aiguille de pin** *nf* aguja *f* de pino.

aiguiller [egɥije] *vt litt & fig* encarrilar.

aiguilleur [egɥijœr] *nm* RAIL guardagujas *m inv.* ◆ **aiguilleur du ciel** *nm* AÉRON controlador aéreo *m*, controladora aérea *f.*

aiguiser [egize] *vt* **-1.** [outil] afilar. **-2.** [sensation] aguzar.

ail [aj] (*pl* **ails** OU **aulx** [o]) *nm* ajo *m.*

aile [ɛl] *nf* **-1.** [gén] ala *f*. **-2.** [de moulin] aspa *f.* **-3.** [de voiture] aleta *f.* ◆ **ailes du nez** *nfpl* aletas *fpl* de la nariz.

aileron [ɛlrɔ̃] *nm* **-1.** [de requin] aleta *f.* **-2.** [d'avion] alerón *m.*

ailier [ɛlje] *nm* SPORT extremo *m.*

aille, ailles *etc* → **aller.**

ailleurs [ajœr] ◇ *adv* en otro lugar, en otra parte. ◇ *nm* otro lugar *m.* ◆ **d'ailleurs** *loc adv* **-1.** [d'un autre endroit] de otra parte. **-2.** [de plus] además; **il ne me plaît pas; d'~, il est blond** no me gusta y además es rubio. **-3.** [du reste] por cierto; **elle est très compétent et très jeune d'~** es muy competente y muy joven, por cierto. ◆ **par ailleurs** *loc adv* [d'autre part] por otro lado, por otra parte.

aimable [ɛmabl] *adj* amable.

aimablement [ɛmabləmɑ̃] *adv* amablemente, con amabilidad.

aimant, e [ɛmɑ̃, ɑ̃t] *adj* cariñoso(sa). ◆ **aimant** *nm* imán *m.*

aimer [eme] *vt* **-1.** [affectionner] querer. **-2.** [apprécier] gustar; **il aime les frites** le gustan las patatas fritas; **~ faire qqch** gustarle a alguien hacer algo; **~ que** (+ *subjonctif*) gustarle a alguien que (+ *subjuntivo*); **j'aime que tu me surprennes** me gusta que me sorprendas; **~ bien qqch/faire qqch** gustarle a alguien algo/hacer algo. **-3.** [préférer] : **~ mieux qqch/faire qqch** preferir algo/hacer algo. ◆ **s'aimer** *vp* **-1.** [s'affectionner] quererse. **-2.** [se plaire] gustarse.

aine [ɛn] *nf* ANAT ingle *f.*

aîné, e [ene] ◇ *adj* mayor. ◇ *nm, f* mayor *mf*; **elle est mon aînée de deux ans** es dos años mayor que yo.

ainsi [ɛ̃si] *adv* **-1.** [de cette manière] así; **~ soit-il** así sea. **-2.** [par conséquent] así; **~ donc** así pues; **pour ~ dire** por así decirlo. ◆ **ainsi que** *loc conj* **-1.** *litt* [comme] como. **-2.** [de même que, et] así como.

air [ɛr] *nm* aire *m*; **avoir l'~ de qqch** parecer algo; **il a l'~ de pleurer** parece que está llorando; **être dans l'~** estar en el ambiente; **en l'~** [paroles, promesses] vano(na); **en plein ~** al aire libre; **prendre l'~** tomar el aire; **regarder en l'~** mirar hacia arriba; **~ conditionné** aire acondicionado. ◆ **airs** *nmpl* : **prendre de grands ~s** darse muchos aires.

aire [ɛr] *nf* **-1.** [gén] área *f*; **~ d'atterrissage** pista *f* de aterrizaje; **~ de jeux/de repos** área de juegos/de descanso. **-2.** [nid] *lugar donde anidan las aves de presa.*

aisance [ɛzɑ̃s] *nf* **-1.** [facilité] facilidad *f.* **-2.** [richesse] desahogo *m*; **vivre dans l'~** vivir desahogadamente.

aise [ɛz] ◇ *nf* : **être à l'~, être à son ~** estar cómodo(da); **mettre qqn mal à l'~** hacer que alguien se sienta a disgusto. ◇ *adj* : **bien ~** *sout* contento(ta). ◆ **aises** *nfpl* : **aimer ses ~s** ser comodón; **prendre ses ~s** instalarse a sus anchas.

aisé, e [eze] *adj* **-1.** [facile] fácil. **-2.** [riche] acomodado(da).

aisément [ezemɑ̃] *adv* fácilmente.

aisselle [ɛsɛl] *nf* axila *f.*

ait [ɛ] → **avoir.**

ajonc [aʒɔ̃] *nm* aulaga *f.*

ajourner [aʒurne] *vt* **-1.** [reporter] aplazar. **-2.** [recaler] suspender.

ajout [aʒu] *nm* añadido *m*.

ajouter [aʒute] *vt* añadir. ~ **à qqch** [augmenter] acrecentar algo; ~ **foi à qqch** *fig* dar crédito a algo. ◆ **s'ajouter** *vp* : **s'~ à qqch** sumarse a algo.

ajuster [aʒyste] *vt* **-1.** [pièce, vêtement] ajustar. **-2.** [arranger] arreglar. **-3.** [tir] apuntar. ◆ **s'ajuster** *vp* adaptarse.

ajusteur [aʒystœr] *nm* ajustador *m*.

alangui, e [alɑ̃gi] *adj* lánguido(da).

alarme [alarm] *nf* **-1.** [alerte] alarma *f*; **donner l'~** dar la alarma. **-2.** [sonnerie d'alarme] (timbre *m* de) alarma.

alarmer [alarme] *vt* alarmar. ◆ **s'alarmer** *vp* alarmarse.

Albanie [albani] *nf* : **l'** ~ Albania.

albâtre [albatr] *nm* alabastro *m*.

albatros [albatros] *nm* albatros *m inv*.

albinos [albinos] *adj inv & nmf* albino(na).

album [albɔm] *nm* álbum *m*; ~ **(de) photos** álbum de fotos.

alchimiste [alʃimist] *nmf* HIST alquimista *mf*.

alcool [alkɔl] *nm* alcohol *m*; ~ **à 90/à brûler** alcohol de 90/de quemar.

alcoolique [alkɔlik] *adj & nmf* alcohólico(ca).

alcoolisé, e [alkɔlize] *adj* alcohólico(ca).

alcoolisme [alkɔlism] *nm* alcoholismo *m*.

Alcootest®, Alcotest® [alkɔtɛst] *nm* alcohómetro *m*; **passer un** ~ pasar la prueba de alcoholemia.

aléatoire [aleatwar] *adj* aleatorio(ria).

alentour [alɑ̃tur] *adv sout* alrededor de; **je ne voyais rien** ~ no veía nada a mi alrededor. ◆ **alentours** *nmpl* [abords] alrededores *mpl*; **aux ~s de** [spatial] cerca de; [temporel] alrededor de.

alerte [alɛrt] ◇ *adj* **-1.** [gén] ágil. **-2.** [esprit] vivo(va). ◇ *nf* alarma *f*; **donner l'~** dar la alarma; ~ **à la bombe** alarma de bomba.

alerter [alɛrte] *vt* **-1.** [gén] alertar. **-2.** [police, pompiers] avisar.

algèbre [alʒɛbr] *nf* álgebra *f*.

Alger [alʒe] *n* Argel.

Algérie [alʒeri] *nf* : **l'** ~ Argelia.

algérien, enne [alʒerjɛ̃, ɛn] *adj* argelino(na). ◆ **Algérien, enne** *nm, f* argelino *m*, -na *f*.

algue [alg] *nf* alga *f Esp*, huiro *m Amér*.

alibi [alibi] *nm* coartada *f*.

aliénation [aljenasjɔ̃] *nf* **-1.** JUR enajenación *f*. **-2.** [asservissement] alienación *f*; ~ **mentale** MÉD enajenación *f* mental.

aliéné, e [aljene] ◇ *adj* **-1.** [asservi] alienado(da). **-2.** JUR & MÉD enajenado(da). ◇ *nm, f* enajenado *m*, -da *f*.

aliéner [aljene] *vt* **-1.** [asservir] alienar. **-2.** [renoncer à] renunciar a. ◆ **s'aliéner** *vp* enajenarse.

alignement [aliɲmɑ̃] *nm* [disposition] alineación *f*.

aligner [aliɲe] *vt* **-1.** [disposer en ligne] alinear. **-2.** [présenter] exponer. **-3.** [adapter] : ~ **qqch sur qqch** ajustar algo a algo. ◆ **s'aligner** *vp* **-1.** [se mettre en ligne] ponerse en fila. **-2.** POLIT : **s'~ sur qqch** alinearse con algo.

aliment [alimɑ̃] *nm* **-1.** [nourriture] alimento *m*. **-2.** *fig & sout* : **fournir un** ~ dar pábulo a.

alimentaire [alimɑ̃tɛr] *adj* **-1.** [qui sert à alimenter] alimenticio(cia). **-2.** [relatif à l'alimentation] alimentario(ria).

alimentation [alimɑ̃tasjɔ̃] *nf* **-1.** [nourriture] alimentación *f*. **-2.** [approvisionnement] abastecimiento *m*, suministro *m*.

alimenter [alimɑ̃te] *vt* **-1.** [nourrir] alimentar. **-2.** [approvisionner] : ~ **qqch en qqch** abastecer algo de algo, suministrar algo a algo. **-3.** [entretenir] dar pie.

alinéa [alinea] *nm* **-1.** [retrait de ligne] sangría *f*. **-2.** [paragraphe] párrafo *m*.

aliter [alite] *vt* : **être alité** guardar cama. ◆ **s'aliter** *vp* encamarse.

allaitement [alɛtmɑ̃] *nm* lactancia *f*.

allaiter [alɛte] *vt* amamantar.

alléchant, e [aleʃɑ̃, ɑ̃t] *adj* **-1.** [gâteau] apetitoso(sa). **-2.** [proposition] tentador(ra).

allécher [aleʃe] *vt* **-1.** [appâter] atraer. **-2.** [séduire] tentar.

allée [ale] *nf* **-1.** [de parc] paseo *m*; [de jardin] camino *m*. **-2.** [passage] pasillo *m (entre sillas o butacas)*. **-3.** [trajet] : ~**s et venues** idas y venidas.

allégé, e [aleʒe] *adj* [aliment] light; [régime] bajo(ja) en calorías.

alléger [aleʒe] *vt* **-1.** [fardeau] aligerar. **-2.** [douleur] aliviar.

allégorie [alegɔri] *nf* alegoría *f*.

allègre [alegr] *adj* vivo(va).

allégresse [alegrɛs] *nf* júbilo *m*.

alléguer [alege] *vt* : ~ **que** alegar que.

Allemagne [almaɲ] *nf* : **l'** ~ Alemania.

allemand, e [almã, ãd] *adj* alemán(ana). ◆ **allemand** *nm* LING alemán *m*. ◆ **Allemand, e** *nm, f* alemán *m*, -ana *f*.

aller [ale] ◇ *nm* ida *f*. ◇ *vi* **-1.** [gén] ir; ~ **avec qqch** [convenir] ir con algo; ~ **faire qqch** ir a hacer algo; ~ **chercher les enfants à l'école** ir a buscar a los niños a la escuela; **allez!** [gén] ¡venga!; [football] ¡aúpa!; **allons-y!** ¡vamos!; **cette robe me va bien** este vestido me va OU sienta bien. **-2.** [indiquant un état] estar, ir; ~ **mieux** estar mejor; **ça va** [réponse] vale; **comment ça va?** ¿cómo estás?; **comment vas-tu?** ¿cómo estás?; **je vais bien** estoy bien. **-3.** *loc*: **cela va de soi** eso cae por su propio peso; **cela va sans dire** no hay ni que decirlo; **il en va de même pour...** pasa lo mismo con...; **il en va de même pour lui que pour elle** lo que vale para él vale para ella; **il y va de...** está en juego...; **il y va de votre vie** su vida está en juego. ◇ *v aux* [exprime le futur proche] : ~ *(+ infinitif)* ir a *(+ infinitivo)*; **je vais arriver en retard** voy a llegar tarde. ◆ **s'en aller** *vp* irse; **allez-vous-en!** ¡iros!, ¡marchaos!

allergie [alɛrʒi] *nf* alergia *f*; ~ **à qqch** alergia a algo.

allergique [alɛrʒik] *adj* alérgico(ca); ~ **à qqch** alérgico a algo.

aller-retour [aleratur] *nm* ida y vuelta *f*.

alliage [aljaʒ] *nm* CHIM aleación *f*.

alliance [aljãs] *nf* **-1.** [union, anneau] alianza *f*. **-2.** [mariage] enlace *m*; **par** ~ [famille] político(ca).

allié, e [alje] *nm, f* aliado *m*, -da *f*.

allier [alje] *vt* [métaux] alear; *fig* [personne, groupe] aliar. ◆ **s'allier** *vp* [s'unir] aliarse; **s'** ~ **à** aliarse con.

alligator [aligatɔr] *nm* ZOOL aligátor *m*.

allô [alo] *interj* [en décrochant] ¿diga?; [sollicitant une réponse] ¿oiga?

allocation [alɔkasjɔ̃] *nf* subsidio *m*; **accorder/verser une** ~ conceder/dar un subsidio; ~ **(de) chômage** subsidio de desempleo; ~**s familiales** prestación *f* familiar; ~**(de) logement** ayuda económica estatal para la vivienda.

allocution [alɔkysjɔ̃] *nf* alocución *f*.

allonger [alɔ̃ʒe] ◇ *vt* **-1.** [rendre ou faire paraître plus long] alargar. **-2.** [étendre – membre] estirar; [– personne] tender. **-3.** *fam* [argent] apoquinar. **-4.** *fam* [coup] largar. **-5.** CULIN [sauce] aclarar. ◇ *vi* [devenir plus long] alargarse. ◆ **s'allonger** *vp* **-1.** [se déployer] extenderse. **-2.** [se

coucher] echarse. **-3.** [devenir plus long] alargarse.

allopathique [alɔpatik] *adj* MÉD alopático(ca).

allumage [alymaʒ] *nm* encendido *m*.

allume-cigares [alymsigar] *nm inv* encendedor *m (de coche)*.

allume-gaz [alymgaz] *nm inv* encendedor *m (de cocina)*.

allumer [alyme] *vt* **-1.** [gén] encender. **-2.** [éclairer] encender la luz. **-3.** *fam* [personne] poner caliente.

allumette [alymɛt] *nf* cerilla *f* Esp, cerillo *m* Amér.

allumeuse [alymøz] *nf fam péj* calientabraguetas *f inv*.

allure [alyr] *nf* **-1.** [vitesse] velocidad *f*; **à toute** ~ a toda marcha. **-2.** [emportement] porte *m*. **-3.** [apparence générale] aspecto *m*; **avoir de l'**~ tener clase.

allusion [alyzjɔ̃] *nf* alusión *f*; **faire** ~ **à qqch/à qqn** referirse a algo/a alguien.

alluvions [alyvjɔ̃] *nfpl* aluviones *mpl*.

almanach [almana] *nm* almanaque *m*.

aloès [alɔɛs] *nm* áloe *m*.

aloi [alwa] *nm* : **de bon/de mauvais** ~ de buen/mal gusto.

alors [alɔr] *adv* **-1.** [gén] entonces; **et** ~ y entonces; **et** ~? ¿y qué?; **ou** ~ o si no. **-2.** [emploi expressif] bueno; **ça** ~! ¡vaya! ◆ **d'alors** *loc adv* desde entonces. ◆ **jusqu'alors** *loc adv* hasta entonces; **il n'avait rien dit jusqu'**~ no había dicho nada hasta entonces. ◆ **alors que** *loc conj* **-1.** [exprimant le temps] *(+ indicatif)* cuando *(+ infinitivo)*; **l'orage éclata** ~ **que nous étions dehors** la tormenta estalló cuando estábamos fuera. **-2.** [exprimant l'opposition] *(+ indicatif)* aunque *(+ indicativo)*; **on m'accuse** ~ **que je suis innocent** me acusan aunque soy inocente.

alouette [alwɛt] *nf* ZOOL alondra *f*.

alourdir [alurdir] *vt* **-1.** [rendre plus lourd] volver pesado(da). **-2.** *fig* [appesantir] entorpecer. **-3.** *fig* [augmenter] incrementar. **-4.** [phrase, style] recargar.

aloyau, x [alwajo] *nm* CULIN solomillo *m*.

Alpes [alp] *nfpl* : **les** ~ los Alpes.

alphabet [alfabɛ] *nm* alfabeto *m*; ~ **braille** alfabeto Braille; ~ **Morse** alfabeto Morse.

alphabétique [alfabetik] *adj* alfabético(ca).

alphabétiser [alfabetize] *vt* alfabetizar.

alpin, e [alpɛ̃, in] *adj* alpino(na).

alpinisme [alpinism] *nm* alpinismo *m*.

alter ego [altɛrego] *nm inv* alter ego *m inv*.

altérer [altere] *vt* **-1.** [gén] alterar. **-2.** *sout* [donner soif] dar sed. ◆ **s'altérer** *vp* alterarse.

alternance [altɛrnɑ̃s] *nf* alternancia *f*; **en** ~ alternativamente.

alternatif, ive [altɛrnatif, iv] *adj* **-1.** [périodique] alterno(na). **-2.** [parallèle] alternativo(va). ◆ **alternative** *nf* alternativa *f*.

alternativement [altɛrnativmɑ̃] *adv* alternativamente.

alterner [altɛrne] ◇ *vt* alternar; **faire** ~ **qqch et qqch** alternar algo con algo. ◇ *vi* [se succéder] alternarse; ~ **à** [se relayer] relevarse en OU a; ~ **avec qqch** alternarse con algo.

altier, ère [altje, ɛr] *adj sout* altanero(ra).

altitude [altityd] *nf* **-1.** [hauteur] altura *f*; **monter en** ~ ganar altura. **-2.** [grande altitude] altitud *f*.

alto [alto] *nm* **-1.** [voix] contralto *m*. **-2.** [instrument] viola *f*.

aluminium [alyminjɔm] *nm* aluminio *m*.

alvéole [alveɔl] *nm* OU *nf* **-1.** [gén] celdilla *f*. **-2.** ANAT alvéolo *m*.

amabilité [amabilite] *nf* amabilidad *f*; **avoir l'**~ **de faire qqch** tener la amabilidad de hacer algo.

amadouer [amadwe] *vt* engatusar.

amaigrir [amegrir] *vt* enflaquecer.

amaigrissant, e [amegrisɑ̃, ɑ̃t] *adj* adelgazante.

amaigrissement [amegrismɑ̃] *nm* adelgazamiento *m*.

amalgame [amalgam] *nm* amalgama *f*; **il ne faut pas faire l'**~ **entre ces deux questions** no hay que mezclar las dos cuestiones.

amalgamer [amalgame] *vt* **-1.** [combiner] amalgamar. **-2.** *fig* [mélanger] fusionar, fundir.

amande [amɑ̃d] *nf* almendra *f*.

amandier [amɑ̃dje] *nm* almendro *m*.

amant [amɑ̃] *nm* amante *m*; **avoir un** ~ tener un amante; **prendre un** ~ echarse un amante.

amarre [amar] *nf* NAVIG amarra *f*.

amarrer [amare] *vt* NAVIG amarrar.

amas [ama] *nm* montón *m*.

amasser [amase] *vt* amontonar *Esp*, arrumar *Amér*.

amateur [amatœr] *nm* **-1.** [par plaisir] aficionado *m*, -da *f*; **en** ~ por afición; **être** ~ **de qqch** ser aficionado a algo. **-2.** SPORT amateur *mf*; **en** ~ amateur. **-3.** *péj* [dilettante] aficionado *m*, -da *f*.

Amazonie [amazoni] *nf* : **l'** ~ la Amazonia.

amazonien, enne [amazɔnjɛ̃, ɛn] *adj* amazónico(ca).

ambassade [ɑ̃basad] *nf* embajada *f*.

ambassadeur, drice [ɑ̃basadœr, dris] *nm, f* embajador *m*, -ra *f*.

ambiance [ɑ̃bjɑ̃s] *nf* ambiente *m*.

ambiant, e [ɑ̃bjɑ̃, ɑ̃t] *adj* ambiente.

ambidextre [ɑ̃bidɛkstr] *adj & nmf* ambidextro(tra).

ambigu, uë [ɑ̃bigy] *adj* ambiguo(gua).

ambiguïté [ɑ̃bigɥite] *nf* ambigüedad *f*.

ambitieux, euse [ɑ̃bisjø, øz] *adj & nm, f* ambicioso(sa).

ambition [ɑ̃bisjɔ̃] *nf* **-1.** [désir de réussite] ambición *f*. **-2.** [souhait] ilusión *f*; **avoir l'**~ **de faire qqch** tener la ilusión de hacer algo.

ambivalent, e [ɑ̃bivalɑ̃, ɑ̃t] *adj* ambivalente.

ambre [ɑ̃br] *nm* ámbar *m*.

ambré, e [ɑ̃bre] *adj* ambarino(na).

ambulance [ɑ̃bylɑ̃s] *nf* ambulancia *f*.

ambulant, e [ɑ̃bylɑ̃, ɑ̃t] *adj* ambulante.

âme [am] *nf* alma *f*; ~ **sœur** alma gemela.

amélioration [ameljɔrasjɔ̃] *nf* mejora *f*.

améliorer [ameljɔre] *vt* mejorar. ◆ **s'améliorer** *vp* mejorarse.

amen [amɛn] *adv* RELIG amén.

aménagement [amenaʒmɑ̃] *nm* **-1.** [de lieu] habilitación *f*, acondicionamiento *m*. **-2.** [de programme] planificación *f*.

aménager [amenaʒe] *vt* **-1.** [lieu] habilitar, acondicionar. **-2.** [programme] planificar.

amende [amɑ̃d] *nf* multa *f*; **mettre à l'**~ imponer una sanción; **faire** ~ **honorable** retractarse.

amendement [amɑ̃dmɑ̃] *nm* **-1.** POLIT enmienda *f*. **-2.** AGRIC abono *m*.

amender [amɑ̃de] *vt* **-1.** POLIT enmendar. **-2.** AGRIC abonar. ◆ **s'amender** *vp* enmendarse.

amène [amɛn] *adj sout* : **peu** ~ desagradable.

amener [amne] *vt* **-1.** [emmener] llevar; [faire venir avec soi] traer. **-2.** [inciter] : ~ **qqn à faire qqch** inducir a alguien a hacer algo. **-3.** [occasionner] acarrear. **-4.** *fig*

[conclusion, dénouement] planificar.
◆ **s'amener** *vp fam* venirse.

aménorrhée [amenɔre] *nf* MÉD amenorrea *f*.

amenuiser [amənɥize] *vt* **-1.** [rendre plus petit] achicar. **-2.** [réduire] disminuir.
◆ **s'amenuiser** *vp* reducirse.

amer, ère [amɛr] *adj* **-1.** [gén] amargo(ga) *Esp*, amargoso(sa) *Amér*. **-2.** *fig* [aigri] agrio(gria).

amèrement [amɛrmɑ̃] *adv* amargamente.

américain, e [amerikɛ̃, ɛn] *adj* americano(na). ◆ **américain** *nm* LING (inglés) americano *m*. ◆ **Américain, e** *nm, f* americano *m*, -na *f*.

Amérique [amerik] *nf* : l' ~ América; l' ~ **centrale** América Central, Centroamérica; l' ~ **du Nord** América del Norte, Norteamérica; l' ~ **du Sud** América del Sur, Sudamérica; l' ~ **latine** Latinoamérica, América Latina.

amerrir [amerir] *vi* AÉRON amerizar.

amertume [amɛrtym] *nf* **-1.** [goût] amargor *m*. **-2.** [rancœur] amargura *f*.

améthyste [ametist] *nf* amatista *f*.

ameublement [amœbləmɑ̃] *nm* mobiliario *m*.

ameublir [amœblir] *vt* [un sol] mullir.

ameuter [amœte] *vt* alborotar.

ami, e [ami] ◇ *adj* amigo(ga) *Esp*, compa *Amér*. ◇ *nm, f* amigo *m*, -ga *f*; **d'enfance** amigo de la infancia; **petit** ~ novio *m*.
◆ **faux ami** *nm* falso amigo *m*.

amiable [amjabl] *adj* : **à l'** ~ JUR amistoso(sa); **régler qqch à l'** ~ solventar algo amistosamente.

amiante [amjɑ̃t] *nm* amianto *m*.

amibe [amib] *nf* ZOOL ameba *f*.

amibien, enne [amibjɛ̃, ɛn] *adj* MÉD provocado(da) por las amebas. ◆ **amibien** *nm* ZOOL amébido *m*.

amical, e, aux [amikal, o] *adj* amistoso(sa).
◆ **amicale** *nf* asociación *f*.

amicalement [amikalmɑ̃] *adv* amistosamente.

amidon [amidɔ̃] *nm* almidón *m*.

amidonner [amidɔne] *vt* almidonar.

amincir [amɛ̃sir] ◇ *vt* [faire paraître plus mince] hacer más delgado. ◇ *vi* [devenir plus mince] adelgazar. ◆ **s'amincir** *vp fig* [diminuer] reducirse, disminuir.

amincissant, e [amɛ̃sisɑ̃, ɑ̃t] *adj* adelgazante.

amiral, aux [amiral, o] *nm* almirante *mf*.

amitié [amitje] *nf* **-1.** [rapports amicaux] amistad *f*. **-2.** [affection] afecto *m*. ◆ **amitiés** *nfpl* : **faire ses** ~**s à qqn** dar recuerdos a alguien.

ammoniac, aque [amɔnjak] *adj* CHIM amoníaco(ca). ◆ **ammoniac** *nm* [gaz] amoníaco *m*. ◆ **ammoniaque** *nf* amoníaco *m*.

amnésie [amnezi] *nf* amnesia *f*.

amniocentèse [amnjɔsɛ̃tɛz] *nf* MÉD amniocentesis *f inv*.

amnistie [amnisti] *nf* amnistía *f*.

amnistier [amnistje] *vt* amnistiar.

amocher [amɔʃe] *vt fam* **-1.** [abîmer] abollar. **-2.** [blesser] magullar. ◆ **s'amocher** *vp fam* magullarse.

amoindrir [amwɛ̃drir] *vt* disminuir.
◆ **s'amoindrir** *vp* reducirse.

amollir [amɔlir] *vt* ablandar. ◆ **s'amollir** *vp* **-1.** [chose] ablandarse. **-2.** [personne] volverse comodón(ona).

amonceler [amɔ̃sle] *vt* amontonar.
◆ **s'amonceler** *vp* amontonarse.

amont [amɔ̃] *nm* GÉOGR curso *m* alto; **en** ~ **de qqch** [sur un cours d'eau] más arriba de algo; *fig* al inicio de algo.

amoral, e, aux [amɔral, o] *adj* **-1.** [qui ignore la morale] amoral. **-2.** [débauché] inmoral.

amorce [amɔrs] *nf* **-1.** [gén] cebo *m*. **-2.** *fig* [commencement] inicio *m*.

amorcer [amɔrse] *vt* **-1.** [gén] cebar. **-2.** *fig* [commencer] iniciar. ◆ **s'amorcer** *vp* iniciarse.

amorphe [amɔrf] *adj* **-1.** PHYS [matériau] amorfo(fa). **-2.** [personne] amuermado(da).

amortir [amɔrtir] *vt* **-1.** [atténuer] amortiguar. **-2.** ÉCON amortizar.

amortissement [amɔrtismɑ̃] *nm* **-1.** [d'un choc] amortiguación *f*. **-2.** ÉCON amortización *f*.

amortisseur [amɔrtisœr] *nm* AUTOM amortiguador *m*.

amour [amur] *nm* **-1.** [gén] amor *m*; ~ **maternel/filial** amor maternal/filial; **pour l'**~ **de qqch/de qqn** por amor a algo/a alguien; **pour l'**~ **du ciel** por el amor de Dios; **j'ai acheté un** ~ **de petite table** he comprado una preciosidad de mesita. **-3.** [personne] : **un** ~ un encanto. ◆ **amours** *nfpl* : **à tes** ~**s!** *fam* ¡a tu salud!

filer le parfait ~ vivir una historia de amor. **-2.** [jolie chose] : **un** ~ **de qqch** una preciosidad de algo;

amouracher [amuraʃe] ◆ **s'amouracher** *vp* : **s'~ de qqn** encapricharse con alguien.

amourette [amurɛt] *nf* amorío *m*.

amoureusement [amurøzmã] *adv* amorosamente.

amoureux, euse [amurø, øz] ◇ *adj* -**1.** [personne] enamorado(da); **tomber ~ de qqn** enamorarse de alguien. -**2.** [geste] amoroso(sa); [regard] de amor. ◇ *nm, f* : **~ de qqch** enamorado(da) de algo. ◆ **amoureux** *nm* novio *m Esp*, enamorado *m Amér*.

amour-propre [amurprɔpr] *nm* amor propio *m*.

amovible [amɔvibl] *adj* amovible.

ampère [ɑ̃pɛr] *nm* ÉLECTR amperio *m*.

amphétamine [ɑ̃fetamin] *nf* anfetamina *f*.

amphi [ɑ̃fi] *nm fam* UNIV anfiteatro *m*.

amphibie [ɑ̃fibi] ◇ *adj* anfibio(bia). ◇ *nm* BIOL anfibio *m*.

amphithéâtre [ɑ̃fiteatr] *nm* anfiteatro *m*.

ample [ɑ̃pl] *adj* amplio(plia); **pour de plus ~s informations** para más información.

amplement [ɑ̃pləmã] *adv* [largement] ampliamente; **~ suffisant** más que suficiente.

ampleur [ɑ̃plœr] *nf* -**1.** [de vêtement] holgura *f*. -**2.** [de mouvement] amplitud *f*. -**3.** [de voix] potencia *f*. -**4.** *fig* [d'événement] importancia *f*.

ampli [ɑ̃pli] *nm fam* ampli *m*.

amplificateur, trice [ɑ̃plifikatœr, tris] *adj* amplificador(ra). ◆ **amplificateur** *nm* amplificador *m*.

amplifier [ɑ̃plifje] *vt* -**1.** [mouvement] ampliar. -**2.** [son, grandeur] amplificar. -**3.** [fait] aumentar. ◆ **s'amplifier** *vp* intensificarse.

amplitude [ɑ̃plityd] *nf* amplitud *f*.

ampoule [ɑ̃pul] *nf* -**1.** [de lampe] bombilla *f Esp*, bombillo *m Amér*. -**2.** [de peau, de médicament] ampolla *f*.

ampoulé, e [ɑ̃pule] *adj* ampuloso(sa).

amputation [ɑ̃pytasjɔ̃] *nf* MÉD amputación *f*.

amputer [ɑ̃pyte] *vt* -**1.** MÉD amputar. -**2.** *fig* [couper] recortar.

Amsterdam [amstɛrdam] *n* Amsterdam.

amulette [amylɛt] *nf* amuleto *m*.

amusant, e [amyzã, ãt] *adj* divertido(da).

amuse-gueule [amyzgœl] *nm inv fam* pinchito *m*.

amusement [amyzmã] *nm* diversión *f*.

amuser [amyze] *vt* -**1.** [distraire] divertir. -**2.** MIL [détourner l'attention] distraer. ◆ **s'amuser** *vp* -**1.** [se distraire] divertirse; **s'~ à faire qqch** pasárselo bien haciendo algo. -**2.** [perdre son temps] distraerse.

amygdale [amidal] *nf* ANAT amígdala *f*.

an [ɑ̃] *nm* año *m*; **avoir 7 ~s** tener 7 años; **l'~ dernier/prochain** el año pasado/que viene; **le nouvel ~** el año nuevo; **le premier (jour) de l'~** el día de año nuevo; **bon ~ mal ~** un año tras otro.

anabolisant [anabɔlizã] *nm* anabolizante *m*.

anachronique [anakrɔnik] *adj* -**1.** [décor] anacrónico(ca). -**2.** *fig* [dépassé] anticuado(da).

anachronisme [anakrɔnism] *nm* anacronismo *m*.

anagramme [anagram] *nf* anagrama *m*.

anal, e, aux [anal, o] *adj* ANAT anal; **stade ~** PSYCHANALYSE fase anal.

analgésique [analʒezik] ◇ *adj* analgésico(ca). ◇ *nm* analgésico *m*.

anallergique [analɛrʒik] *adj* hipoalérgico(ca), hipoalergénico(ca).

analogie [analɔʒi] *nf* analogía *f*.

analogique [analɔʒik] *adj* analógico(ca).

analogue [analɔg] ◇ *nm* equivalente *m*. ◇ *adj* análogo(ga).

analphabète [analfabɛt] *adj & nmf* analfabeto(ta).

analphabétisme [analfabetism] *nm* analfabetismo *m*.

analyse [analiz] *nf* -**1.** [gén] análisis *m inv*; **en dernière ~** en definitiva. -**2.** PSYCHANALYSE psicoanálisis *m inv*.

analyser [analize] *vt* -**1.** [gén] analizar. -**2.** PSYCHANALYSE psicoanalizar. ◆ **s'analyser** *vp* analizarse.

analyste [analist] *nmf* -**1.** [gén] analista *mf*. -**2.** PSYCHANALYSE psicoanalista *mf*.

analyste-programmeur, euse [analist-prɔgramœr, øz] *nm, f* INFORM analista programador *m*, analista programadora *f*.

analytique [analitik] *adj* -**1.** [gén] analítico(ca). -**2.** PSYCHANALYSE psicoanalítico(ca).

ananas [anana(s)] *nm* piña *f*.

anar [anar] *nmf & adj fam* anarco.

anarchie [anarʃi] *nf* anarquía *f*.

anarchique [anarʃik] *adj* anárquico(ca).

anarchiste [anarʃist] *adj & nmf* anarquista.

anathème [anatɛm] *nm* **–1.** RELIG [excommunication] anatema *m.* **–2.** *fig & sout* : jeter l'~ sur qqn lanzar un anatema contra alguien. **–3.** [personne excommuniée] excomulgado *m,* -da *f.*

anatomie [anatɔmi] *nf* anatomía *f.*

anatomique [anatɔmik] *adj* anatómico(ca).

ancestral, e, aux [ãsɛstral, o] *adj* ancestral.

ancêtre [ãsɛtr] *nm* **–1.** [aïeul] antepasado *m.* **–2.** *fig* [initiateur] precursor *m.*

anchois [ãʃwa] *nm* [frais] boquerón *m;* [mariné] anchoa *f.*

ancien, enne [ãsjɛ̃, ɛn] *adj* **–1.** [gén] antiguo(gua). **–2.** [qui a de l'ancienneté] veterano(na); l'~ franc el franco antiguo. ◆ **ancien** *nm* [mobilier] mobiliario *m* antiguo; meublé en ~ amueblado al estilo antiguo; l'~ lo antiguo. ◆ **anciens** *nmpl* [aînés] ancianos *mpl.* ◆ **Ancien Régime** *nm* Antiguo Régimen *m.*

anciennement [ãsjɛnmã] *adv* antiguamente.

ancienneté [ãsjɛnte] *nf* antigüedad *f.*

ancrage [ãkraʒ] *nm* **–1.** NAVIG anclaje *m.* **–2.** *fig* [enracinement] arraigamiento *m.*

ancre [ãkr] *nf* NAVIG ancla *f;* jeter/lever l'~ echar/levar anclas.

ancrer [ãkre] *vt* **–1.** [bateau] anclar. **–2.** [idée] inculcar. ◆ **s'ancrer** *vp* **–1.** NAVIG anclar. **–2.** *fig* [s'enraciner] arraigarse.

Andalousie [ãdaluzi] *nf* : l'~ Andalucía.

Andes [ãd] *nfpl* : les ~ los Andes.

Andorre [ãdɔr] *nf* : (la principauté d')~ (el principado de) Andorra.

andouille [ãduj] *nf* **–1.** [charcuterie] embutido a base de tripas de cerdo. **–2.** *fam* [personne] imbécil *mf Esp,* huevón *m,* -ona *f Amér.*

andouillette [ãdujɛt] *nf* pequeño embutido a base de tripas de cerdo.

androgyne [ãdrɔʒin] *adj & nm* andrógino *m,* -na *f.*

âne [an] *nm* **–1.** ZOOL asno *m,* burro *m.* **–2.** *fam* [personne] burro *m.*

anéantir [aneãtir] *vt* **–1.** [détruire] destruir. **–2.** [démoraliser] anonadar. **–3.** [ruiner] desvanecer. ◆ **s'anéantir** *vp* [disparaître] desvanecerse.

anéantissement [aneãtismã] *nm* **–1.** [destruction] destrucción *f.* **–2.** [abattement] abatimiento *m.* **–3.** [ruine] desmoronamiento *m.*

anecdote [anɛkdɔt] *nf* anécdota *f.*

anecdotique [anɛkdɔtik] *adj* anecdótico(ca).

anémie [anemi] *nf* **–1.** MÉD anemia *f.* **–2.** *fig* [affaiblissement] debilitamiento *m.*

anémier [anemje] *vt* **–1.** MÉD provocar anemia. **–2.** [affaiblir] debilitar.

anémique [anemik] *adj* **–1.** MÉD anémico(ca). **–2.** *fig* [faible] débil.

anémone [anemɔn] *nf* BOT anémona *f.*

ânerie [anri] *nf fam* burrada *f.*

ânesse [anɛs] *mf* asna *f,* burra *f.*

anesthésie [anɛstezi] *nf* MÉD anestesia *f;* sous ~ bajo anestesia; ~ locale/générale anestesia local/general.

anesthésier [anɛstezje] *vt* **–1.** MÉD anestesiar. **–2.** *fig* [opinion publique] neutralizar.

anesthésique [anɛstezik] MÉD ◇ *nm* anestésico *m.* ◇ *adj* anestésico(ca).

anesthésiste [anɛstezist] *nmf* MÉD anestesista *mf.*

aneth [anɛt] *nm* BOT eneldo *m.*

anfractuosité [ãfraktɥozite] *nf* anfractuosidad *f.*

ange [ãʒ] *nm* ángel *m;* ~ gardien ángel de la guarda; être aux ~s *fig* estar en la gloria; un ~ passe *fig* ha pasado un ángel.

angélique [ãʒelik] ◇ *adj* angelical. ◇ *nf* **–1.** BOT angélica *f.* **–2.** [confiserie] hojas de angélica confitadas.

angélus [ãʒelys] *nm* ángelus *m.* ◆ **Angélus** *nm* [prière] Angelus *m.*

angevin, e [ãʒvɛ̃, in] *adj & nm, f* angevino(na).

angine [ãʒin] *nf* MÉD angina *f;* ~ de poitrine angina de pecho.

anglais, e [ãglɛ, ɛz] *adj* inglés(esa). ◆ **anglais** *nm* LING inglés *m.* ◆ **Anglais, e** *nm, f* inglés *m,* -esa *f.* ◆ **à l'anglaise** *loc adv* CULIN al vapor; filer à l'~e despedirse a la francesa. ◆ **anglaises** *nfpl* [cheveux] tirabuzones *mpl.*

angle [ãgl] *nm* **–1.** [gén] ángulo *m;* ~ droit/aigu/obtus ángulo recto/agudo/obtuso; ~ mort ángulo muerto; ~ de braquage ángulo de giro; arrondir les ~s limar asperezas. **–2.** [coin] esquina *f;* voir les choses sous un certain ~ ver las cosas desde un determinado ángulo.

Angleterre [ãglətɛr] *nf* : l'~ Inglaterra.

anglican, e [ãglikã, an] *adj & nm, f* RELIG anglicano(na).

anglophone [ãglɔfɔn] *adj & nmf* anglófono(na).

anglo-saxon, onne [ãglosaksɔ̃, ɔn] *adj* anglosajón(ona). ◆ **anglo-saxon** *nm* LING anglosajón *m*. ◆ **Anglo-Saxon, onne** *nm, f* anglosajón *m*, -ona *f*.

angoissant, e [ãgwasã, ãt] *adj* angustioso(sa).

angoisse [ãgwas] *nf* angustia *f*; **c'est l'~** *fam* es un agobio.

angoissé, e [ãgwase] *adj* angustiado(da).

angoisser [ãgwase] *vt* angustiar. ◆ **s'angoisser** *vp* **-1.** [être gagné par l'anxiété] angustiarse. **-2.** *fam* [s'inquiéter] agobiarse.

Angola [ãgɔla] *nm* : **l'** ~ Angola.

angolais, e [ãgɔlɛ, ɛz] *adj* angoleño(ña). ◆ **Angolais, e** *nm, f* angoleño *m*, -ña *f*.

angora [ãgɔra] ◇ *adj* de angora. ◇ *nm* angora *f*.

anguille [ãgij] *nf* ZOOL anguila *f*; **il y a ~ sous roche** aquí hay gato encerrado.

anguleux, euse [ãgylø, øz] *adj* [visage] anguloso(sa).

anicroche [anikrɔʃ] *nf* obstáculo *m*.

animal, e, aux [animal, o] *adj* **-1.** [propre à l'animal] animal. **-2.** *fig* [instinctif] instintivo(va). ◆ **animal** *nm* **-1.** [bête] animal *m*; ~ **en peluche** peluche *m*; ~ **sauvage/domestique** animal salvaje/doméstico. **-2.** *fam* [personne grossière] animal *mf*.

animateur, trice [animatœr, tris] *nm, f* **-1.** [gén] animador *m*, -ra *f*. **-2.** RADIO & TÉLÉ presentador *m*, -ra *f*.

animation [animasjɔ̃] *nf* **-1.** [entrain] entusiasmo *m*. **-2.** [spectacle] presentación *f*. **-3.** [activités] actividades *fpl*.

animatrice → animateur.

animé, e [anime] *adj* animado(da).

animer [anime] *vt* **-1.** [égayer, organiser] animar. **-2.** [présenter] presentar. ◆ **s'animer** *vp* animarse.

animisme [animism] *nm* RELIG animismo *m*.

animiste [animist] *adj & nmf* RELIG animista.

animosité [animosite] *nf* animosidad *f*.

anis [ani(s)] *nm* anís *m*.

anisette [anizɛt] *nf* anisete *m*.

ankylosé, e [ãkiloze] *adj* anquilosado(da).

ankyloser [ãkiloze] ◆ **s'ankyloser** *vp* anquilosarse.

annales [anal] *nfpl* anales *mpl*; ~ **du bac** *manual que recopila anualmente temas y modelos de ejercicios del examen final del bachillerato francés*; **rester dans les ~** *fig* quedar en los anales.

anneau, x [ano] *nm* **-1.** [pour attacher] anilla *f*. **-2.** [bague, de reptile] anillo *m*. **-3.** [de chaîne] eslabón *m*. ◆ **anneaux** *nmpl* SPORT anillas *fpl*.

année [ane] *nf* año *m*; **d'~ en** ~ año tras año; **souhaiter la bonne** ~ **à qqn** felicitar el año nuevo a alguien; ~ **fiscale/lumière** año fiscal/luz; ~ **scolaire** curso *m* escolar; ~ **sabatique** año sabático.

annexe [anɛks] ◇ *adj* adicional. ◇ *nf* anexo *m*.

annexer [anɛkse] *vt* **-1.** [incorporer] adjuntar; ~ **qqch à qqch** adjuntar algo a algo. **-2.** [pays] anexionar. ◆ **s'annexer** *vp* **-1.** [s'attribuer] apropiarse. **-2.** [s'ajouter] : ~ **à qqch** sumarse a algo.

annexion [anɛksjɔ̃] *nf* anexión *f*.

annihiler [aniile] *vt* aniquilar.

anniversaire [anivɛrsɛr] ◇ *nm* [de naissance] cumpleaños *m inv*; [d'un autre événement] aniversario *m*. ◇ *adj* [de naissance] de cumpleaños; [d'un autre événement] de aniversario.

annonce [anɔ̃s] *nf* anuncio *m*; **passer une** ~ escribir un anuncio; **petite** ~ anuncio por palabras; ~ **commerciale** COMM anuncio (comercial).

annoncer [anɔ̃se] *vt* anunciar. ◆ **s'annoncer** *vp* **-1.** [se présenter] presentarse. **-2.** [apparaître] anunciarse.

annonceur, euse [anɔ̃sœr, øz] *nm, f* anunciante *mf*.

annonciateur, trice [anɔ̃sjatœr, tris] *adj* que presagia.

Annonciation [anɔ̃sjasjɔ̃] *nf inv* RELIG Anunciación *f*.

annoter [anɔte] *vt* anotar.

annuaire [anɥɛr] *nm* anuario *m*; ~ **téléphonique** guía *f* telefónica.

annualisation [anɥalizasjɔ̃] *nf* periodicidad *f* anual.

annuel, elle [anɥɛl] *adj* anual.

annuellement [anɥɛlmã] *adv* anualmente.

annuité [anɥite] *nf* **-1.** [paiement] anualidad *f*. **-2.** [année de service] año *m*.

annulaire [anylɛr] *adj & nm* ANAT anular.

annulation [anylasjɔ̃] *nf* anulación *f*.

annuler [anyle] *vt* anular. ◆ **s'annuler** *vp* anularse.

anoblir [anɔblir] *vt* ennoblecer.

anode [anɔd] *nf* ELECTR ánodo *m*.

anodin, e [anɔdɛ̃, in] *adj* **-1.** [blessure] leve. **-2.** [personne] anodino(na).

anomalie [anɔmali] *nf* anomalía *f.*

ânon [anɔ̃] *nm* ZOOL borriquillo *m*, borriquito *m.*

ânonner [anɔne] ◇ *vi* balbucear. ◇ *vt* murmurar.

anonymat [anɔnima] *nm* anonimato *m*; **garder l'~** conservar el anonimato.

anonyme [anɔnim] *adj* **-1.** [sans nom] anónimo(ma). **-2.** [impersonnel] impersonal.

anorak [anɔrak] *nm* anorak *m.*

anorexie [anɔrɛksi] *nf* MÉD anorexia *f.*

anormal, e, aux [anɔrmal, o] ◇ *adj* **-1.** [gén] anormal. **-2.** [intolérable] : **il est ~ que** no es normal que. ◇ *nm, f fam* anormal *mf.*

anormalement [anɔrmalmɑ̃] *adv* anormalmente.

ANPE (*abr de* **Agence nationale pour l'emploi**) *nf instituto nacional de empleo francés,* ≈ INEM *m*; **s'inscrire à l'~** ≈ darse de alta en el INEM.

anse [ɑ̃s] *nf* **-1.** [d'ustensile] asa *f (de un objeto redondo).* **-2.** GÉOGR ensenada *f.*

antagonisme [ɑ̃tagɔnism] *nm* antagonismo *m.*

antagoniste [ɑ̃tagɔnist] *adj & nmf* antagonista.

antan [ɑ̃tɑ̃] ✦ **d'antan** *loc adj litt* [d'autrefois] de antaño.

antarctique [ɑ̃tarktik] *adj* antártico(ca). ✦ **Antarctique** *nm :* **l' Antarctique** [continent] la Antártida ; [océan] el Antártico.

antécédent [ɑ̃tesedɑ̃] *nm* [passé] antecedente *m*; **~s professionnels** historial *m* profesional.

antédiluvien, enne [ɑ̃tedilyvjɛ̃, ɛn] *adj* antediluviano(na).

antenne [ɑ̃tɛn] *nf* **-1.** [d'insecte, de télévision, de radio] antena *f*; **être à l'~** estar en antena ; **hors ~** fuera de antena ; **avoir des ~s** *fam* tener un sexto sentido. **-2.** [bâtiment] puesto *m*. **-3.** [succursale] delegación *f.*

antépénultième [ɑ̃tepenyltjɛm] ◇ *nf* LING antepenúltima sílaba *f.* ◇ *adj* antepenúltimo(ma).

antérieur, e [ɑ̃terjœr] *adj* anterior.

antérieurement [ɑ̃terjœrmɑ̃] *adv* anteriormente.

antériorité [ɑ̃terjɔrite] *nf* anterioridad *f.*

anthologie [ɑ̃tɔlɔʒi] *nf* antología *f.*

anthracite [ɑ̃trasit] ◇ *nm* [charbon] antracita *f.* ◇ *adj inv* gris antracita.

anthropologie [ɑ̃trɔpɔlɔʒi] *nf* antropología *f.*

anthropométrie [ɑ̃trɔpɔmetri] *nf* antropometría *f.*

anthropophage [ɑ̃trɔpɔfaʒ] *adj & nmf* antropófago(ga).

antiaérien, enne [ɑ̃tiaerjɛ̃, ɛn] *adj* antiaéreo(a).

anti-âge [ɑ̃tiaʒ] → **crème**.

antialcoolique [ɑ̃tialkɔlik] → **ligue**.

antibiotique [ɑ̃tibiɔtik] ◇ *nm* antibiótico *m.* ◇ *adj* antibiótico(ca).

antibrouillard [ɑ̃tibrujar] ◇ *nm* faro *m* antiniebla. ◇ *adj inv* antiniebla.

antibruit [ɑ̃tibrɥi] *adj inv* contra el ruido.

antibuée [ɑ̃tibɥe] → **dispositif**.

antichambre [ɑ̃tiʃɑ̃br] *nf* antecámara *f*; **faire ~** *fig* hacer antesala.

anticipation [ɑ̃tisipasjɔ̃] *nf* anticipación *f*; **régler** OU **payer qqch par ~** pagar algo por adelantado.

anticipé, e [ɑ̃tisipe] *adj* anticipado(da).

anticiper [ɑ̃tisipe] ◇ *vt* anticipar. ◇ *vi :* **~ (sur qqch)** anticiparse (a algo).

anticléricalisme [ɑ̃tiklerikalism] *nm* anticlericalismo *m.*

anticolonialisme [ɑ̃tikɔlɔnjalism] *nm* anticolonialismo *m.*

anticolonialiste [ɑ̃tikɔlɔnjalist] *adj & nmf* anticolonialista.

anticommunisme [ɑ̃tikɔmynism] *nm* anticomunismo *m.*

anticonformiste [ɑ̃tikɔ̃fɔrmist] *adj & nmf* anticonformista.

anticonstitutionnel, elle [ɑ̃tikɔ̃stitysjɔnɛl] *adj* anticonstitucional.

anticorps [ɑ̃tikɔr] *nm* MÉD anticuerpo *m.*

anticyclone [ɑ̃tisiklon] *nm* MÉTÉOR anticiclón *m.*

antidépresseur [ɑ̃tidepresœr] ◇ *nm* antidepresivo *m.* ◇ *adj* antidepresivo(va).

antidérapant, e [ɑ̃tiderapɑ̃, ɑ̃t] *adj* antideslizante. ✦ **antidérapant** *nm* antideslizante *m.*

antidote [ɑ̃tidɔt] *nm* antídoto *m.*

anti-effraction [ɑ̃tiefraksjɔ̃] *adj* [dispositif] antirrobo.

antigang [ɑ̃tigɑ̃g] ◇ *adj* → **brigade**. ◇ *nf brigada de policía encargada de la lucha contra el crimen organizado.*

antigel [ɑ̃tiʒɛl] *adj inv & nm inv* anticongelante.

Antilles [ɑ̃tij] *nfpl :* **les ~** las Antillas.

antilope [ɑ̃tilɔp] *nf* ZOOL antílope *m.*

antimilitarisme [ãtimilitarism] *nm* antimilitarismo *m*.

antimilitariste [ãtimilitarist] *adj & nmf* antimilitarista.

antimite [ãtimit] *adj inv & nm* matapolillas.

antimoine [ãtimwan] *nm* CHIM antimonio *m*.

antinucléaire [ãtinykleɛr] *adj* antinuclear.

antiparasite [ãtiparazit] ◇ *nm* antiparásito *m*, antiparasitario *m*. ◇ *adj inv* antiparasitario(ria).

antipathie [ãtipati] *nf* antipatía *f*.

antipathique [ãtipatik] *adj* antipático(ca).

antiphrase [ãtifraz] *nf* antífrasis *f inv*.

antipode [ãtipɔd] *nm* GÉOGR antípoda *f*; être à l'~, être aux ~s [lieu] estar en las antípodas; *fig* [à l'opposé de] ser el polo opuesto.

antipoison [ãtipwazɔ̃] → **centre**.

antiquaire [ãtikɛr] *nmf* anticuario *m*, -ria *f*.

antique [ãtik] *adj* -1. [de l'Antiquité] antiguo(gua). -2. [vieux] del año de la nana.

antiquité [ãtikite] *nf* antigüedad *f*. ◆ **Antiquité** *nf* : l'**Antiquité** la Antigüedad.

antirabique [ãtirabik] → **vaccin**.

antirides [ãtirid] *adj* antiarrugas.

antirouille [ãtiruj] *adj inv* antioxidante.

antisémite [ãtisemit] *adj & nmf* antisemita.

antisémitisme [ãtisemitism] *nm* antisemitismo *m*.

antiseptique [ãtisɛptik] MÉD ◇ *nm* antiséptico *m*. ◇ *adj* antiséptico(ca).

antisismique [ãtisismik] *adj* antisísmico(ca).

antithèse [ãtitɛz] *nf* antítesis *f inv*.

antiviral, aux [ãtiviral, o] *nm* antiviral *m*.

antivol [ãtivɔl] *adj inv & nm* antirrobo.

antre [ãtr] *nm* -1. [caverne] cueva *f*. -2. *fig* antro *m*.

anus [anys] *nm* ANAT ano *m*.

anxiété [ãksjete] *nf* ansiedad *f*.

anxieux, euse [ãksjø, øz] ◇ *adj* ansioso(sa); être ~ de qqch/de faire qqch estar ansioso por algo/de hacer algo. ◇ *nm, f* ansioso *m*, -sa *f*.

aorte [aɔrt] *nf* ANAT aorta *f*.

août [u(t)] *nm* agosto *m*; *voir aussi* **septembre**.

apaisement [apɛzmã] *nm* -1. [moral] sosiego *m*. -2. [physique] alivio *m*.

apaiser [apeze] *vt* -1. [personne] aplacar, apaciguar. -2. [conscience] acallar. -3. [douleur] calmar. -4. [besoin] aplacar. -5. [passion] apagar. ◆ **s'apaiser** *vp* -1. [personne] apaciguarse. -2. [besoin] aplacarse. -3. [tempête, douleur] calmarse.

apanage [apanaʒ] *nm sout* patrimonio *m*; être l'~ de qqn/de qqch ser atributo de alguien/de algo.

aparté [aparte] *nm* aparte *m*; prendre qqn en ~ coger a alguien aparte.

apartheid [apartɛd] *nm* apartheid *m*.

apathie [apati] *nf* apatía *f*.

apathique [apatik] *adj & nmf* apático(ca).

apatride [apatrid] *adj & nmf* apátrida.

apercevoir [apɛrsəvwar] *vt* divisar. ◆ **s'apercevoir** *vp* : s'~ de qqch/que darse cuenta de algo/de que.

aperçu, e [apɛrsy] *pp* → **apercevoir**. ◆ **aperçu** *nm* idea *f* aproximada.

apéritif, ive [aperitif, iv] *adj* de aperitivo. ◆ **apéritif** *nm* aperitivo *m*; prendre l'~ tomar el aperitivo.

apesanteur [apəsãtœr] *nf* ingravidez *f*.

à-peu-près [apøprɛ] *nm inv* aproximación *f*.

apeuré, e [apœre] *adj* atemorizado(da).

aphasie [afazi] *nf* afasia *f*.

aphone [afɔn] *adj* afónico(ca).

aphrodisiaque [afrɔdizjak] ◇ *nm* afrodisíaco *m*. ◇ *adj* afrodisíaco(ca).

aphte [aft] *nm* afta *f*.

apiculteur, trice [apikyltœr, tris] *nm, f* apicultor *m*, -ra *f*.

apiculture [apikyltyr] *nf* apicultura *f*.

apitoyer [apitwaje] *vt* inspirar compasión. ◆ **s'apitoyer** *vp* apiadarse; s'~ sur qqch/sur qqn apiadarse de algo/de alguien.

aplanir [aplanir] *vt* allanar.

aplati, e [aplati] *adj* achatado(da).

aplatir [aplatir] *vt* -1. [écraser] aplastar. -2. [couture] sentar. -3. [cheveux] alisar.

aplomb [aplɔ̃] *nm* -1. [stabilité] aplomo *m*. -2. [audace] desfachatez *f*. ◆ **d'aplomb** *loc adv* : être d'~ [être stable] ser estable; [être droit] estar derecho(cha).

apocalypse [apɔkalips] *nf* apocalipsis *m inv*; d'~ [scène] apocalíptico.

apogée [apɔʒe] *nm* apogeo *m*.

apolitique [apɔlitik] *adj* apolítico(ca).

apologie [apɔlɔʒi] *nf* apología *f*.

apoplexie [apɔplɛksi] *nf* MÉD apoplejía *f*.

apostrophe [apɔstrɔf] *nf* **-1.** [signe graphique] apóstrofo *m*. **-2.** [interpellation] apóstrofe *m* OU *f*.

apostropher [apɔstrɔfe] *vt sout* increpar.

apothéose [apɔteoz] *nf* apoteosis *f inv*.

apôtre [apotr] *nm* apóstol *m*.

apparaître [aparɛtr] ◇ *vi* **-1.** [se montrer, manifester] aparecer. **-2.** [se dévoiler] salir a la luz. ◇ *v impers* : **il apparaît que** parece ser que.

apparat [apara] *nm* aparato *m*, pompa *f*; **d'~** [dîner, habit] de gala; [discours] solemne.

appareil [aparɛj] *nm* **-1.** [gén] aparato *m*. **-2.** [téléphone] teléfono *m*; **qui est à l'~?** ¿quién es? ◆ **appareil digestif** *nm* aparato digestivo *m*. ◆ **appareil photo** *nm* cámara *f* fotográfica.

appareillage [aparɛjaʒ] *nm* **-1.** [équipement] utillaje *m*. **-2.** [NAVIG – manœuvres] preparativos *mpl* para zarpar; [– départ] salida *f* (de un barco).

appareiller [aparɛje] ◇ *vt* [assortir] emparejar. ◇ *vi* NAVIG zarpar.

apparemment [aparamɑ̃] *adv* aparentemente, al parecer.

apparence [aparɑ̃s] *nf* apariencia *f*; **malgré les** OU **en dépit des ~s** a pesar de las apariencias; **sauver les ~s** guardar las apariencias. ◆ **en apparence** *loc adv* en apariencia.

apparent, e [aparɑ̃, ɑ̃t] *adj* **-1.** [perceptible, illusoire] aparente. **-2.** [visible] visible. **-3.** [couture, poutre] a la vista.

apparenté, e [aparɑ̃te] *adj* : **~ à** [personne, chose] emparentado(da) con; [affilié] afín a.

apparenter [aparɑ̃te] ◆ **s'apparenter** *vp* : **s'~ à qqch/à qqn** [ressembler à] semejarse a algo/a alguien.

appariteur [aparitœr] *nm* bedel *m (de facultad)*.

apparition [aparisjɔ̃] *nf* aparición *f*.

appart [apart] *abr de* **appartement**.

appartement [apartəmɑ̃] *nm* piso *m*.

appartenir [apartənir] *vi* pertenecer; **~ à qqch/à qqn** pertenecer a algo/a alguien; **il ne m'appartient pas de faire qqch** *fig & sout* no me corresponde hacer algo.

appartenu [apartəny] *pp inv* → **appartenir**.

apparu, e [apary] *pp* → **apparaître**.

appât [apa] *nm* **-1.** [pêche] cebo *m*. **-2.** [attrait] afán *m*.

appauvrir [apovrir] *vt* empobrecer. ◆ **s'appauvrir** *vp* empobrecerse.

appel [apɛl] *nm* **-1.** [communication] llamada *f Esp*, llamado *m Amér*; **~ (téléphonique)** llamada (telefónica); **~ en PCV** llamada a cobro revertido; **~ à longue distance** llamada de larga distancia. **-2.** [demande] petición *f*; **faire ~ à qqn** recurrir a alguien; **faire ~ à qqch** [exiger] requerir algo. **-3.** JUR apelación *f*, apelar, recurrir; SCOL presentar un recurso; **sans ~** inapelable. **-4.** SCOL : **faire l'~** pasar lista. **-5.** [signe] : **faire un ~ de phares** dar luces. ◆ **appel d'offre** *nm* COMM licitación *f*.

appeler [aple] *vt* **-1.** [interpeller, téléphoner à, prénommer] llamar. **-2.** [faire appel à] llamar, avisar. **-3.** [exiger] reclamar. **-4.** [entraîner] llevar a. ◆ **s'appeler** *vp* llamarse.

appellation [apɛlasjɔ̃] *nf* denominación *f*.

appendice [apɛ̃dis] *nm* **-1.** [de bâtiment] dependencia *f*. **-2.** ANAT [supplément] apéndice *m*.

appendicite [apɛ̃disit] *nf* MÉD apendicitis *f inv*.

appentis [apɑ̃ti] *nm* cobertizo *m*.

appert [apɛr] ◆ **il appert que** *v impers sout* JUR resulta que.

appesantir [apəzɑ̃tir] *vt* entorpecer. ◆ **s'appesantir** *vp* [bras, jambe] entumecerse; **s'~ sur qqch/sur qqn** [peser sur] pesar sobre algo/sobre alguien; **s'~ sur qqch** [insister sur] pararse en algo.

appétissant, e [apetisɑ̃, ɑ̃t] *adj* **-1.** [nourriture] apetitoso(sa). **-2.** [personne] apetecible.

appétit [apeti] *nm* apetito *m*; **~ de qqch/de faire qqch** ganas de algo/de hacer algo; **bon ~** buen provecho; **couper l'~ à qqn** quitar el apetito a alguien; **manger de bon ~** comer con mucho apetito.

applaudir [aplodir] ◇ *vt* aplaudir. ◇ *vi* : **à qqch** *fig* aplaudir algo.

applaudissements [aplodismɑ̃] *nmpl* aplausos *mpl*.

application [aplikasjɔ̃] *nf* **-1.** [gén] aplicación *f*. **-2.** [pose] colocación *f*.

applique [aplik] *nf* aplique *m*.

appliquer [aplike] *vt* [étaler] aplicar; **~ qqch contre** apoyar algo contra; **~ sur/à** aplicar en. ◆ **s'appliquer** *vp* : **s'~ à faire qqch** esmerarse en hacer algo.

apr.

appoint [apwɛ̃] *nm* **-1.** [monnaie] suelto *m*; **faire l'~** dar cambio. **-2.** [aide] apoyo *m*; **salaire d'~** sobresueldo *m*; **radiateur d'~** estufa *f* adicional.

appointements [apwɛtəmɑ̃] *nmpl* sueldo *m*.

apport [apɔr] *nm* **-1.** FIN aportación *f*. **-2.** [flux] aporte *m*. **-3.** [contribution] contribución *f*. **-4.** JUR bienes *m* *(aportados al matrimonio)*.

apporter [apɔrte] *vt* **-1.** [porter] traer; **~ qqch à qqn** traer algo a alguien. **-2.** [donner] aportar. **-3.** [provoquer] proporcionar; **~ qqch à qqch/à qqn** provocar algo en algo/en alguien.

apposer [apoze] *vt* [affiche] fijar; [signature] firmar.

apposition [apozisjɔ̃] *nf* GRAM aposición *f*; **en ~** en aposición.

appréciable [apresjabl] *adj* **-1.** [notable, important] apreciable. **-2.** [précieux] digno(na)de aprecio.

appréciation [apresjasjɔ̃] *nf* **-1.** [estimation] apreciación *f*. **-2.** [jugement] juicio *m*. **-3.** SCOL opinión *f*.

apprécier [apresje] *vt* **-1.** [gén] apreciar. **-2.** [aimer] : **~ de faire qqch** gustarle a alguien hacer algo.

appréhender [apreɑ̃de] *vt* **-1.** [craindre] temer; **~ de faire qqch** tener miedo de hacer algo. **-2.** [arrêter] aprehender.

appréhension [apreɑ̃sjɔ̃] *nf* [crainte] aprensión *f*.

apprendre [aprɑ̃dr] *vt* **-1.** [acquérir une connaissance] aprender. **-2.** [faire connaître] : **~ qqch à qqn** informar de algo a alguien. **-3.** [être informé de] enterarse de; **~ que** enterarse de que. **-4.** [enseigner] : **~ qqch à qqn** enseñar algo a alguien; **~ à qqn à faire qqch** enseñar a alguien a hacer algo.

apprenti, e [aprɑ̃ti] *nm, f* aprendiz *m*, -za *f*.

apprentissage [aprɑ̃tisaʒ] *nm* aprendizaje *m*.

apprêter [aprete] *vt* preparar. ◆ **s'apprêter** *vp* **-1.** [être sur le point de] : **s'~ à faire qqch** disponerse a hacer algo. **-2.** [s'habiller] : **s'~ pour qqch** arreglarse para algo.

appris, e [apri, iz] *pp* → **apprendre**.

apprivoiser [aprivwaze] *vt* **-1.** [animal] domesticar. **-2.** [personne] domar.

approbateur, trice [aprɔbatœr, tris] *adj* de aprobación.

approbation [aprɔbasjɔ̃] *nf* aprobación *f*.

approche [aprɔʃ] *nf* **-1.** [d'événement] proximidad *f*; [de personne] llegada *f*; **à l'~ de** [lieu] al acercarse a; [événement] al aproximarse. **-2.** [point de vue] enfoque *m*. **-3.** [étude superficielle] aproximación *f*.

approcher [aprɔʃe] ◇ *vt* **-1.** [rapprocher] acercar. **-2.** [aborder] : **~ qqn** acercarse a alguien. ◇ *vi* acercarse; **~ de qqch** acercarse a algo. ◆ **s'approcher** *vp* acercarse; **s'~ de qqn/de qqch** acercarse a alguien/a algo.

approfondir [aprɔfɔ̃dir] *vt* **-1.** [creuser] hacer más profundo. **-2.** [développer] profundizar en.

approprié, e [aprɔprije] *adj* apropiado(da), adecuado(da); **~ à qqch** adecuado a algo.

approprier [aprɔprije] *vt* **-1.** [adapter] acomodar, adaptar. **-2.** *Belg* [nettoyer] limpiar. ◆ **s'approprier** *vp* [s'adjuger] apropiarse de.

approuver [apruve] *vt* **-1.** [être d'accord] estar de acuerdo con. **-2.** [apprécier & JUR] aprobar.

approvisionnement [aprɔvizjɔnmɑ̃] *nm* provisión *f*.

approvisionner [aprɔvizjɔne] *vt* **-1.** [compte en banque] ingresar dinero en. **-2.** [magasin] abastecer.

approximatif, ive [aprɔksimatif, iv] *adj* aproximado(da).

approximation [aprɔksimasjɔ̃] *nf* aproximación *f*.

approximativement [aprɔksimativmɑ̃] *adv* aproximadamente.

appt *abr de* **appartement**.

appui [apɥi] *nm* **-1.** [de fenêtre] antepecho *m*. **-2.** [soutien] apoyo *m*.

appui-tête [apɥitɛt] *(pl* **appuis-tête)** *nm* reposacabezas *m inv*.

appuyé, e [apɥije] *adj* **-1.** [regard] insistente. **-2.** [plaisanterie] pesado(da).

appuyer [apɥije] ◇ *vt* [adosser] apoyar. ◇ *vi* : **~ sur qqch** [reposer sur] apoyarse en algo; [presser sur] apretar algo; [insister sur] hacer hincapié en algo. ◆ **s'appuyer** *vp* **-1.** [se tenir à] : **s'~ sur** OU **contre qqch** apoyarse en OU contra algo; **s'~ contre qqn** apretarse contra alguien. **-2.** [se baser] : **s'~ sur** basarse en. **-3.** [se reposer sur] contar con. **-4.** *fam* [supporter, prendre en charge] : **s'~ qqn/qqch** apechugar con algo/con alguien.

apr. *(abr de* **après)** d.

âpre [apr] *adj* **–1.** [goût, ton] áspero(ra). **–2.** [épreuve, concurrence] duro(ra). **–3.** [combat] cruel. **–4.** [discussion] violento(ta). **–5.** [critique] severo(ra).

apr. J.-C. (*abr de* après Jésus-Christ) d. de JC, d. JC.

après [aprɛ] ◇ *prép* **–1.** [gén] después de; ~ **cela** después de eso; ~ **quoi** después de lo cual. **–2.** [indiquant l'attachement, l'hostilité] : **soupirer** ~ **qqn** suspirar por alguien; **aboyer** ~ **qqn** abroncar a alguien; **se fâcher** ~ **qqn** enfadarse con alguien. ◇ *adv* **–1.** [temps] después; **le mois d'**~ el OU al mes siguiente; **un mois** ~ un mes después. **–2.** [lieu] siguiente; **la rue d'** ~ la calle siguiente. **–3.** [dans un ordre, dans un rang] detrás; **celui qui vient** ~ el que viene detrás. ◆ **et après** *loc adv* **–1.** *(employée interrogativement)* [questionnement sur la suite] ¿y después? **–2.** [exprime l'indifférence] ¿y qué? ◆ **après coup** *loc adv* después. ◆ **après tout** *loc adv* después de todo. ◆ **d'après** *loc prép* según; **d'**~ **lui** según él; **d'**~ **moi** en mi opinión. ◆ **après que** *loc conj* **–1.** (+ *indicatif*) después de que (+ *subjuntivo*); **je le verrai** ~ **qu'il aura fini** lo veré después de que termine. **–2.** (+ *subjonctif*) después de (+ *infinitivo*); ~ **qu'ils aient dîné** después de cenar.

après-demain [apʀɛdmɛ̃] *adv* pasado mañana.

après-midi [apʀɛmidi] *nm inv* OU *nf inv* tarde *f*.

après-rasage [apʀɛʀazaʒ] ◇ *adj inv* para después del afeitado. ◇ *nm* loción *f* para después del afeitado.

après-ski [apʀɛski] (*pl* **après-skis**) *nm* descansos *mpl*, après-ski *m inv*.

après-vente [apʀɛvɑ̃t] → **service**.

apte [apt] *adj* : ~ **à qqch/à faire qqch** apto(ta) para algo/para hacer algo; ~ **(au service)** MIL apto para el servicio militar.

aptitude [aptityd] *nf* aptitud *f*.

aquarelle [akwaʀɛl] *nf* acuarela *f*.

aquarium [akwaʀjɔm] *nm* acuario *m*.

aquatique [akwatik] *adj* acuático(ca).

aqueduc [akdyk] *nm* acueducto *m*.

aqueux, euse [akø, øz] *adj* acuoso(sa).

arabe [aʀab] *adj & nm* árabe. ◆ **Arabe** *nmf* árabe *mf*.

arabesque [aʀabɛsk] *nf* arabesco *m*.

Arabie [aʀabi] *nf* : l' ~ Arabia; l' ~ **Saoudite** Arabia Saudí.

arachide [aʀaʃid] *nf* cacahuete *m Esp*, maní *m Amér*.

araignée [aʀeɲe] *nf* araña *f*. ◆ **araignée de mer** *nf* centolla *f*, centollo *m*.

arbalète [aʀbalɛt] *nf* ballesta *f*.

arbitrage [aʀbitʀaʒ] *nm* arbitraje *m*.

arbitraire [aʀbitʀɛʀ] *adj* arbitrario(ria).

arbitre [aʀbitʀ] *nm* árbitro *m*.

arbitrer [aʀbitʀe] *vt* arbitrar.

arboriculture [aʀbɔʀikyltyʀ] *nf* arboricultura *f*.

arbre [aʀbʀ] *nm* **–1.** [gén] árbol *m*. **–2.** [axe] eje *m*; ~ **de transmission** AUTOM eje de transmisión.

arbrisseau [aʀbʀiso] *nm* arbolillo *m*.

arbuste [aʀbyst] *nm* arbusto *m*.

arc [aʀk] *nm* **–1.** [arme & ARCHIT] arco *m*. **–2.** [courbe] curva *f*; ~ **de cercle** GÉOM arco *m* de circunferencia.

arcade [aʀkad] *nf* [piliers] arcada *f*; [couloir] soportales *mpl*. ◆ **arcade sourcilière** *nf* (arco de la) ceja.

arc-bouter [aʀkbute] ◆ **s'arc-bouter** *vp* apoyarse.

arceau [aʀso] *nm* **–1.** ARCHIT arco *m* de bóveda. **–2.** [objet] aro *m*.

arc-en-ciel [aʀkɑ̃sjɛl] (*pl* **arcs-en-ciel**) *nm* arco iris *m inv*.

archaïque [aʀkaik] *adj* arcaico(ca).

archange [aʀkɑ̃ʒ] *nm* arcángel *m*.

arche [aʀʃ] *nf* ARCHIT arco *m*.

archéologie [aʀkeɔlɔʒi] *nf* arqueología *f*.

archéologique [aʀkeɔlɔʒik] *adj* arqueológico(ca).

archéologue [aʀkeɔlɔg] *nmf* arqueólogo *m*, -ga *f*.

archet [aʀʃɛ] *nm* MUS arco *m*.

archevêque [aʀʃəvɛk] *nm* RELIG arzobispo *m*.

archipel [aʀʃipɛl] *nm* archipiélago *m*.

architecte [aʀʃitɛkt] *nmf* arquitecto *m*, -ta *f*.

architecture [aʀʃitɛktyʀ] *nf* **–1.** ART arquitectura *f*. **–2.** *fig* [structure] estructura *f*.

archives [aʀʃiv] *nfpl* archivo *m Esp*, bibliorato *m Amér*.

archiviste [aʀʃivist] *nmf* archivero *m*, -ra *f*.

arctique [aʀktik] *adj* ártico(ca). ◆ **Arctique** *nm* : l'**Arctique** el Ártico.

ardemment [aʀdamɑ̃] *adv* ardientemente.

ardent, e [aʀdɑ̃, ɑ̃t] *adj* **–1.** [soleil] abrasador(ra). **–2.** [sensation] ardiente. **–3.** [couleur] encendido(da).

ardeur [aʀdœʀ] *nf* **–1.** [gén] ardor *m*. **–2.** [au travail] dinamismo *m*.

ardoise [aʀdwaz] *nf* pizarra *f*.

ardu, e [ardy] *adj* **-1.** [travail, problème] arduo(dua). **-2.** [pente] escarpado(da).

are [ar] *nm* área *f.*

arène [arɛn] *nf* ruedo *m.* ◆ **arènes** *nfpl* plaza *f* de toros.

arête [arɛt] *nf* **-1.** [de poisson] espina *f.* **-2.** [de toit] caballete *m.* **-3.** [de montagne] cresta *f.* **-4.** [du nez] línea *f* de la nariz.

argent [arʒɑ̃] *nm* **-1.** [métal, couleur] plata *f.* **-2.** [monnaie] dinero *m*; ~ **liquide** dinero en metálico; ~ **de poche** propina *f.*

argenté, e [arʒɑ̃te] *adj* plateado(da).

argenterie [arʒɑ̃tri] *nf* (vajilla y cubertería de) plata *f.*

argentin, e [arʒɑ̃tɛ̃, in] *adj* argentino(na). ◆ **Argentin, e** *nm, f* argentino *m*, -na *f.*

Argentine [arʒɑ̃tin] *nf* : l' ~ (la) Argentina.

argile [arʒil] *nf* arcilla *f.*

argileux, euse [arʒilø, øz] *adj* arcilloso(sa).

argot [argo] *nm* **-1.** [jargon] jerga *f.* **-2.** [langue populaire] argot *m.*

argotique [argɔtik] *adj* de argot.

argument [argymɑ̃] *nm* argumento *m.*

argumentaire [argymɑ̃tɛr] *nm* COMM argumentación *f*; ~ **de vente** argumentos *mpl* (de venta).

argumentation [argymɑ̃tasjɔ̃] *nf* argumentación *f.*

argumenter [argymɑ̃te] *vi & vt* argumentar.

argus [argys] *nm* : **être coté à l'**~ *aparecer en la lista oficial de precios de los coches de ocasión.*

aride [arid] *adj* **-1.** [terre, travail] árido(da). **-2.** [cœur, esprit] insensible.

aridité [aridite] *nf* **-1.** [sécheresse, sévérité] aridez *f.* **-2.** [froideur] insensibilidad *f.*

aristocrate [aristɔkrat] *nmf* aristócrata *mf.*

aristocratie [aristɔkrasi] *nf* aristocracia *f.*

aristocratique [aristɔkratik] *adj* aristocrático(ca).

arithmétique [aritmetik] ◇ *nf* aritmética *f.* ◇ *adj* aritmético(ca).

armateur [armatœr] *nm* NAVIG armador *m.*

armature [armatyr] *nf* **-1.** [baguette métallique] varilla *f.* **-2.** CONSTR armazón *m.* **-3.** [base] estructura *f.*

arme [arm] *nf* arma *f*; ~ **à feu/blanche** arma de fuego/blanca. ◆ **armes** *nfpl* **-1.** [armée] milicia *f*; **faire ses premières** ~s *fig* [apprendre] hacer sus pinitos. **-2.** [blason] armas *fpl.*

armée [arme] *nf* **-1.** [troupes] ejército *m*; l'~ **de l'air/de terre** el ejército del aire/de tierra. **-2.** [service militaire] servicio *m* militar; **être à l'**~ hacer la mili. **-3.** [unité militaire] cuerpo *m* de ejército. ◆ **Armée du Salut** *nf* Ejército *m* de Salvación.

armement [armǝmɑ̃] *nm* **-1.** [gén] armamento *m.* **-2.** PHOT arrastre *m.*

Arménie [armeni] *nf* : l' ~ Armenia.

armer [arme] *vt* **-1.** [personne, groupe] armar. **-2.** [fusil] cargar. **-3.** PHOT arrastrar. **-4.** *loc* : **être armé pour qqch/pour faire qqch** estar preparado para algo/para hacer algo.

armistice [armistis] *nm* armisticio *m.*

armoire [armwar] *nf* armario *m*; **être une** ~ **à glace** *fig* [costaud] estar cuadrado(da).

armoiries [armwari] *nfpl* escudo *m* de armas.

armure [armyr] *nf* armadura *f.*

armurier [armyrje] *nm* armero *m.*

arnaque [arnak] *nf fam* estafa *f Esp*, calote *m Amér.*

arnaquer [arnake] *vt fam* estafar.

aromate [arɔmat] *nm* CULIN especia *f.*

arôme [arom] *nm* **-1.** [odeur – de plat] olor *m*; [– du vin] bouquet *m*; [– de fleur] fragancia *f.* **-2.** [goût] gusto *m.*

arpège [arpɛʒ] *nm* MUS arpegio *m.*

arpenter [arpɑ̃te] *vt* **-1.** [marcher] ir y venir *(por una habitación).* **-2.** [mesurer] apear.

arqué, e [arke] *adj* **-1.** [jambes, sourcils] arqueado(da). **-2.** [nez] curvo(va). **-3.** [dos] encorvado(da).

arr. *abr de* **arrondissement.**

arrache-pied [araʃpje] ◆ **d'arrache-pied** *loc adv* sin descanso.

arracher [araʃe] *vt* **-1.** [plante, dent] arrancar; ~ **qqch à qqn** arrancar algo a alguien. **-2.** [déchirer] desgarrar. **-3.** [soustraire] : ~ **qqn à qqch** hacer abandonar algo a alguien.

arrangeant, e [arɑ̃ʒɑ̃, ɑ̃t] *adj* acomodaticio(cia).

arrangement [arɑ̃ʒmɑ̃] *nm* **-1.** [gén] colocación *f.* **-2.** [adaptation musicale, accord] arreglo *m.*

arranger [arɑ̃ʒe] *vt* **-1.** [gén] arreglar. **-2.** [organiser] concertar. **-3.** [convenir de] convenir; **ça ne m'arrange pas** *fam* no me va bien. **-4.** *fam* [battre] zurrar. ◆ **s'arranger** *vp* arreglarse, ponerse de acuerdo; **s'**~ **pour faire qqch** arreglárselas para hacer algo.

arrestation [arɛstasjɔ̃] nf detención f; **être en état d'~** estar detenido(da).

arrêt [arɛ] nm **-1.** [de mouvement, station] parada f; **être à l'~** estar parado(da); **tomber en ~ devant qqch** quedarse parado(da) ante algo. **-2.** [interruption] interrupción f, suspensión f; **sans ~** sin cesar; **~ maladie** baja f por enfermedad; **~ de travail** baja f. **-3.** JUR fallo m. **-4.** [mécanisme] botón m de parada.

arrêté [arete] nm **-1.** [règlement final] liquidación f de deuda. **-2.** ADMIN orden f gubernativa.

arrêter [arete] ◇ vt **-1.** [stopper] parar. **-2.** **on n'arrête pas le progrès** el progreso es imparable. **-3.** [date, regard] fijar. **-4.** [voleur] detener. **-5.** [abandonner] dejar. **-6.** [compte, dette] liquidar. ◇ vi **-1.** [ne plus avancer] pararse. **-2.** [cesser] : **~ de** dejar de. ◆ **s'arrêter** vp pararse; **s'~ à qqch** [prêter attention à] fijarse en algo; **s'~ de faire qqch** dejar de hacer algo; **s'~ quelque part** quedarse en un sitio.

arrhes [ar] nfpl paga y señal f.

arrière [arjɛr] ◇ adj inv trasero(ra); **la marche ~** la marcha atrás; **les roues ~** las ruedas traseras. ◇ nm **-1.** [de véhicule] parte f de atrás; **à l'~** en la parte de atrás, detrás; **assurer ses ~s** protegerse las espaldas. **-2.** SPORT defensa m. ◆ **en arrière** loc adv atrás. ◆ **en arrière de** loc prép detrás de.

arriéré, e [arjere] adj péj **-1.** [personne] anticuado(da). **-2.** [pays, région] atrasado(da). ◆ **arriéré** nm [somme d'argent] atraso m.

arrière-boutique (pl **arrière-boutiques**) nf trastienda f.

arrière-garde (pl **arrière-gardes**) nf retaguardia f.

arrière-goût (pl **arrière-goûts**) nm regusto m.

arrière-grand-mère (pl **arrière-grands-mères**) nf bisabuela f.

arrière-grand-père (pl **arrière-grands-pères**) nm bisabuelo m.

arrière-pensée (pl **arrière-pensées**) nf segunda intención f; **sans ~** de buena fe.

arrière-plan (pl **arrière-plans**) nm segundo plano m.

arrière-saison (pl **arrière-saisons**) nf final m del otoño.

arrière-train (pl **arrière-trains**) nm trasero m.

arrimer [arime] vt estibar.

arrivage [arivaʒ] nm **-1.** [de marchandises] arribada m. **-2.** iron [de touristes] hornada f.

arrivée [arive] nf **-1.** [venue] llegada f. **-2.** TECHNOL entrada f.

arriver [arive] vi **-1.** [venir] : **~ de** [provenance] llegar de; **~ en** OU **par** [moyen] llegar en; [destination] llegar a; [itinéraire] llegar por. **-2.** (emploi impersonnel) [survenir] pasar, suceder; **il arrive à tout le monde de se tromper** todos podemos equivocarnos; **il m'est arrivé une drôle d'aventure** me ha pasado una cosa curiosa; **il arrive qu'en mai il fasse frais** puede suceder que en mayo haga frío; **quoi qu'il arrive** pase lo que pase. **-3.** [réussir] triunfar. ◆ **arriver à** v + prép **-1.** [gén] llegar a, **~ jusqu'à** llegar hasta, alcanzar. **-2.** [réussir à] : **~ à faire qqch** conseguir hacer algo.

arrivisme [arivism] nm péj arribismo m.

arrogance [arɔgɑ̃s] nf arrogancia f.

arrogant, e [arɔgɑ̃, ɑ̃t] adj arrogante.

arroger [arɔʒe] ◆ **s'arroger** vp arrogarse.

arrondi [arɔ̃di] nm redondeo m.

arrondir [arɔ̃dir] vt redondear.

arrondissement [arɔ̃dismɑ̃] nm **-1.** ADMIN distrito m. **-2.** [de somme] redondeo m.

arroser [aroze] vt **-1.** [jardin] regar. **-2.** [suj : rivière] bañar. **-3.** fam [mélanger] : **~ son café** echar unas gotas en el café. **-4.** fam [repas] regar. **-5.** fam [célébrer] remojar; **il faut ~ cela** esto hay que remojarlo. **-6.** fam [donner de l'argent à] untar.

arrosoir [arozwar] nm regadera f.

arsenal, aux [arsənal, o] nm arsenal m.

arsenic [arsənik] nm arsénico m.

art [ar] nm arte m OU f; **avoir l'~ de** iron tener el don de; **le septième ~** el séptimo arte; **~s et métiers** artes y oficios; **~ dramatique** arte dramático; **~s plastiques** artes plásticas.

art. (abr de **article**) art., arto.

artère [artɛr] nf arteria f; **grande ~** [rue] gran arteria f.

artériel, elle [arterjɛl] adj MÉD arterial.

artériosclérose [arterjɔskleroz] nf MÉD arteriosclerosis f inv.

arthrite [artrit] nf MÉD artritis f inv.

arthrose [artroz] nf MÉD artrosis f inv.

artichaut [artiʃo] nm alcachofa f Esp, alcaucil m Amér.

article [artikl] *nm* **-1.** [gén] artículo *m*; ~ **de fond** artículo de fondo. **-2.** INFORM registro *m*. **-3.** *loc* : à l' ~ **de la mort** in artículo mortis.

articulation [artikylasjɔ̃] *nf* **-1.** [gén] articulación *f*. **-2.** JUR exposición *f*. **-3.** [démonstration] estructuración *f*.

articuler [artikyle] *vt* **-1.** [gén] articular; **articulez!** ¡vocalice! **-2.** JUR exponer.

artifice [artifis] *nm* artimaña *f*.

artificiel, elle [artifisjɛl] *adj* artificial.

artificiellement [artifisjɛlmɑ̃] *adv* de manera artificial.

artillerie [artijri] *nf* artillería *f*; ~ **lourde** *iron* artillería pesada.

artilleur [artijœr] *nm* MIL artillero *m*.

artisan, e [artizɑ̃, an] *nm, f* artesano *m*, -na *f*.

artisanal, e, aux [artizanal, o] *adj* artesanal.

artisanat [artizana] *nm* **-1.** [art] artesanía *f*. **-2.** [ensemble des artisans] artesanado *m*.

artiste [artist] ◇ *nmf* artista *mf*; ~ **peintre** pintor *m*, -ra *f*. ◇ *adj* artístico(ca).

artistique [artistik] *adj* artístico(ca).

as¹ [a] → **avoir**.

as² [as] *nm* **-1.** [gén] as *m*; ~ **de pique/de trèfle/de carreau/de cœur** as de picas/de trébol/de diamantes/de corazones. **-2.** [tiercé] uno *m*.

AS *abr de* **association sportive**.

ascendant, e [asɑ̃dɑ̃, ɑ̃t] *adj* ascendente. ◆ **ascendant** *nm* ascendiente *m*.

ascenseur [asɑ̃sœr] *nm* ascensor *m* *Esp*, elevador *m* *Amér*.

ascension [asɑ̃sjɔ̃] *nf* **-1.** [montée] ascensión *f*; ~ **de qqch** ascensión a algo. **-2.** [réussite] ascenso *m*. ◆ **Ascension** *nf* RELIG : **l'Ascension** la Ascensión.

ascète [asɛt] *nmf* asceta *mf*.

aseptisé, e [asɛptize] *adj* aséptico(ca).

aseptiser [asɛptize] *vt* aseptizar.

asiatique [azjatik] *adj* asiático(ca).

Asie [azi] *nf* : **l'** ~ Asia; **l'** ~ **centrale** Asia central; **l'** ~ **du Sud-Est** (el) Sureste asiático.

asile [azil] *nm* **-1.** [refuge] asilo *m*; **offrir un** ~ **à qqn** dar asilo a alguien. **-2.** [psychiatrique] manicomio *m*.

asocial, e, aux [asɔsjal, o] ◇ *adj* **-1.** [personne] inadaptado(da). **-2.** [attitude] antisocial. ◇ *nm, f* inadaptado *m*, -da *f*.

aspect [aspɛ] *nm* aspecto *m*; **à l'** ~ **de qqch** *sout* [vue] por el cariz de algo.

asperge [aspɛrʒ] *nf* espárrago *m*.

asperger [aspɛrʒe] *vt* : ~ **qqn de qqch** salpicar a alguien con algo.

aspérité [asperite] *nf* [du sol] aspereza *f*.

aspersion [aspɛrsjɔ̃] *nf* aspersión *f*.

asphalte [asfalt] *nm* asfalto *m*.

asphyxie [asfiksi] *nf* asfixia *f*.

asphyxier [asfiksje] *vt* asfixiar.

aspic [aspik] *nm* áspid *m*.

aspirant, e [aspirɑ̃, ɑ̃t] *adj* aspirante. ◆ **aspirant** *nm* MIL grado inmediatamente inferior al de alférez en la milicia francesa.

aspirateur [aspiratœr] *nm* aspirador *m*.

aspiration [aspirasjɔ̃] *nf* **-1.** [gén] aspiración *f*. **-2.** [inhalation] inhalación *f*. ◆ **aspirations** *nfpl* aspiraciones *fpl*.

aspirer [aspire] *vt* **-1.** [respirer, ingérer] aspirar. **-2.** [inhaler] inhalar. **-3.** [désirer] : ~ **à qqch/à faire qqch** aspirar a algo/a hacer algo.

aspirine [aspirin] *nf* aspirina® *f*.

assagir [asaʒir] *vt* **-1.** [personne] volver juicioso(sa). **-2.** [passion] moderar. ◆ **s'assagir** *vp* sentar la cabeza.

assaillant, e [asajɑ̃, ɑ̃t] *adj & nm, f* asaltante.

assaillir [asajir] *vt* asaltar; ~ **qqn de qqch** acosar a alguien con algo.

assainir [asenir] *vt* sanear.

assaisonnement [asɛzɔnmɑ̃] *nm* aliño *m*.

assaisonner [asɛzɔne] *vt* **-1.** [salade] aliñar. **-2.** [propos] amenizar; ~ **de** amenizar con. **-3.** *fam* [gronder] reñir.

assassin, e [asasɛ̃, in] *adj* provocativo(va). ◆ **assassin** *nm* asesino *m*, -na *f*.

assassinat [asasina] *nm* asesinato *m*.

assassiner [asasine] *vt* asesinar.

assaut [aso] *nm* asalto *m*; **donner l'** ~ **à** asaltar; **monter à l'** ~ **de** lanzarse al asalto de; **prendre qqch d'** ~ tomar algo por asalto.

assécher [asefe] *vt* **-1.** [terre] desecar. **-2.** [réserve d'eau] desaguar.

ASSEDIC, Assedic [asedik] (*abr de* **Association pour l'emploi dans l'industrie et le commerce**) *nfpl* asociación francesa que asigna los subsidios de desempleo; **toucher les** ~ cobrar el paro.

assemblage [asɑ̃blaʒ] *nm* **-1.** [ensemble d'éléments] combinación *f* *Esp*, fondo *m* *Amér*. **-2.** [montage] montaje *m*. **-3.** TECHNOL & INFORM ensamblaje *m*.

assemblée [asɑ̃ble] *nf* -1. [public] reunión *f*. -2. ADMIN junta *f*. -3. POLIT asamblea *f*. ◆ **Assemblée nationale** *nf* ≃ Congreso *m* de los diputados.

assembler [asɑ̃ble] *vt* -1. [monter] montar. -2. [réunir] reunir. -3. [associer] enlazar. -4. TECHNOL ensamblar. -5. [personne] convocar. ◆ **s'assembler** *vp* congregarse.

assener, asséner [asene] *vt* asestar.

assentiment [asɑ̃timɑ̃] *nm* consentimiento *m*.

asseoir [aswar] *vt* -1. [sur un siège] sentar; **faire ~ qqn** hacer sentar a alguien. -2. [fondations] asentar. -3. [réputation] basar. -4. [impôt] establecer. ◆ **s'asseoir** *vp* sentarse; **s'~ sur qqch** sentarse en algo.

assermenté, e [asɛrmɑ̃te] *adj* -1. [pour exercer une profession] jurado(da). -2. JUR juramentado(da).

assertion [asɛrsjɔ̃] *nf* aserción *f*.

asservir [asɛrvir] *vt* [soumettre] esclavizar.

assesseur [asesœr] *nm* JUR asesor *m*, -ra *f*.

assez [ase] *adv* -1. [suffisamment] suficiente; **~ de** suficiente; **~ de chaises** suficientes sillas; **~ de lait** suficiente leche; **en avoir ~ de qqch/de qqn** estar harto de algo/de alguien. -2. [plutôt] bastante; **il roule ~ vite** conduce bastante rápido.

assidu, e [asidy] *adj* -1. [personne] asiduo(dua). -2. [travail] constante.

assiduité [asidɥite] *nf* -1. [fréquence] asiduidad *f*; **avec ~** con asiduidad, asiduamente. -2. [zèle] perseverancia *f*. ◆ **assiduités** *nfpl péj & sout* atenciones *fpl*.

assiéger [asjeʒe] *vt* asediar.

assiette [asjɛt] *nf* -1. [gén] plato *m*; **~ anglaise** ≃ entremeses *mpl* variados; **~ creuse** ou **à soupe** plato hondo ou sopero; **~ à dessert** plato de postre. -2. [stabilité] equilibrio *m*. -3. [d'impôt] base *f* imponible.

assigner [asiɲe] *vt* -1. [fonds, tâche] asignar. -2. [affecter] : **~ qqn à un poste** designar a alguien para un puesto. -3. JUR : **~ qqn en justice** citar a alguien a juicio.

assimiler [asimile] *vt* -1. [intégrer] integrar. -2. [confondre] confundir; **~ qqch à qqch** confundir algo con algo. -3. [aliment, connaissance] asimilar.

assis, e [asi, iz] *pp* → **asseoir**. *adj* sentado(da). ◆ **assise** *nf* [base] cimientos *mpl*. ◆ **assises** *nfpl* -1. JUR ≃ sala *f* de lo penal. -2. [congrès] congreso *m*.

assistance [asistɑ̃s] *nf* -1. [auditoire] concurrencia *f*. -2. [aide] ayuda *f*. -3. [secours] auxilio *m*; **prêter ~ à qqn** prestar auxilio ou socorro a alguien. ◆ **Assistance publique** *nf* Asistencia *f* social.

assistant, e [asistɑ̃, ɑ̃t] *nm, f* -1. [auxiliaire] ayudante *mf*; **~e sociale** asistenta *f* social. -2. UNIV [enseignant] ayudante *mf*.

assister [asiste] *vi* : **~ à qqch** asistir a algo. *vt* : **~ qqn** [seconder] ayudar a alguien; [porter secours à] socorrer a alguien; [être aux côtés de] estar al lado de alguien.

association [asɔsjasjɔ̃] *nf* asociación *f*.

associé, e [asɔsje] *adj* asociado(da). *nm, f* socio *m*, -cia *f*.

associer [asɔsje] *vt* -1. [personnes, idées] asociar. -2. [faire participer] : **~ qqn à qqch** hacer participar a alguien en algo. ◆ **s'associer** *vp* -1. [participer] : **s'~ à qqch** participar en algo. -2. [collaborer] : **s'~ à** ou **avec qqn** asociarse con alguien. -3. [se combiner] : **s'~ à qqch** combinarse con algo.

assoiffé, e [aswafe] *adj* [d'eau] sediento(ta); [de pouvoir, d'argent] ávido(da).

assombrir [asɔ̃brir] *vt* -1. [plonger dans l'obscurité] oscurecer. -2. *fig* [attrister] ensombrecer. ◆ **s'assombrir** *vp* -1. [devenir sombre] oscurecerse. -2. *fig* [s'attrister] ensombrecerse.

assommer [asɔme] *vt* -1. [frapper] tumbar. -2. *fam* [ennuyer] aburrir. -3. [accabler] agobiar.

Assomption [asɔ̃psjɔ̃] *nf* RELIG : **l'~** la Asunción.

assorti, e [asɔrti] *adj* -1. [coordonné] combinado(da); **~ à** combinado con; **bien/mal ~** bien/mal combinado. -2. [complémentaire] : **ce couple est bien ~** hacen buena pareja. -3. [approvisionné] surtido(da).

assortir [asɔrtir] *vt* -1. [objets] : **~ qqch à qqch** combinar algo con algo. -2. [magasin] surtir.

assoupi, e [asupi] *adj* -1. [endormi] adormilado(da). -2. *litt & fig* [affaibli] adormecido(da).

assoupir [asupir] *vt* adormecer, dormir. ◆ **s'assoupir** *vp* -1. [s'endormir] adormilarse. -2. *fig* [douleur] adormecerse.

assouplir [asuplir] *vt* -1. [corps] dar flexibilidad. -2. [matière] ablandar. -3. [règle] hacer flexible. -4. [caractère] suavizar.

assourdir [asurdir] vt **-1.** [rendre sourd] ensordecer. **-2.** [abrutir] aturdir. **-3.** [amortir] amortiguar.

assouvir [asuvir] vt *sout* **-1.** [appétit] saciar. **-2.** [passions] satisfacer.

assujettir [asyʒetir] vt **-1.** [asservir] someter; ~ **qqn à qqch** someter a alguien a algo. **-2.** [fixer] fijar.

assumer [asyme] vt asumir.

assurance [asyrãs] nf **-1.** [aisance, conviction] seguridad f. **-2.** [promesse] garantía f. **-3.** [contrat] seguro m; ~ **maladie/tous risques/vie** seguro de enfermedad/a todo riesgo/de vida.

assuré, e [asyre] nm, f asegurado m, -da f; ~ **social** beneficiario m de la Seguridad Social.

assurément [asyremã] adv **-1.** [sans doute] seguramente. **-2.** sout [oui] ciertamente.

assurer [asyre] ◇ vt **-1.** [protéger, affirmer] asegurar; ~ **qqch à qqn** asegurar algo a alguien; ~ **à qqn que** asegurar a alguien que. **-2.** [garantir] garantizar; ~ **qqn de qqch** garantizar algo a alguien. ◇ vi *fam* dar la talla. ◆ **s'assurer** vp **-1.** [gén] asegurarse; **s'**~ **de qqch/que** [confirmer] asegurarse de algo/de que; **s'**~ **qqch** [obtenir] asegurarse algo; **s'**~ **contre qqch** asegurarse contra algo. **-2.** [être stable] sostenerse.

astérisque [asterisk] nm asterisco m.

asthme [asm] nm MÉD asma m.

asticot [astiko] nm gusano m blanco.

astiquer [astike] vt sacar brillo.

astre [astr] nm astro m.

astreignant, e [astreɲã, ãt] adj [travail] duro(ra)y absorbente.

astreindre [astrɛ̃dr] vt : ~ **qqn à qqch/à faire qqch** obligar a alguien a algo/a hacer algo.

astreint, e [astrɛ̃, ɛ̃t] pp → astreindre.

astringent, e [astrɛ̃ʒã, ãt] adj astringente. ◆ **astringent** nm astringente m.

astrologie [astrɔlɔʒi] nf astrología f.

astrologue [astrɔlɔg] nmf astrólogo m, -ga f.

astronaute [astronot] nmf astronauta mf.

astronautique [astronotik] nf astronáutica f.

astronome [astronɔm] nmf astrónomo m, -ma f.

astronomie [astronɔmi] nf astronomía f.

astronomique [astronɔmik] adj astronómico(ca).

astuce [astys] nf **-1.** [ingéniosité] astucia f. **-2.** [ruse] truco m. **-3.** [plaisanterie] broma f.

astucieux, euse [astysjø, øz] adj **-1.** [personne] astuto(ta) *Esp*, abusado(da) *Amér.* **-2.** [idée] ingenioso(sa).

asymétrique [asimetrik] adj asimétrico(ca).

atelier [atəlje] nm **-1.** [d'artisan] taller m. **-2.** [de peintre] estudio m.

athée [ate] adj & nmf ateo(a).

athéisme [ateism] nm ateísmo m.

Athènes [atɛn] n Atenas.

athlète [atlɛt] nmf atleta mf.

athlétisme [atletism] nm SPORT atletismo m.

atlantique [atlãtik] adj atlántico(ca). ◆ **Atlantique** nm : **l'Atlantique** el Atlántico.

atlas [atlas] nm atlas m.

atmosphère [atmɔsfer] nf **-1.** [enveloppe gazeuse, unité de mesure] atmósfera f. **-2.** [de pièce] aire m. **-3.** [ambiance] ambiente m.

atmosphérique [atmɔsferik] adj atmosférico(ca).

atome [atom] nm CHIM átomo m; **ne pas avoir un** ~ **de** fig no tener ni pizca de.

atomique [atomik] adj atómico(ca).

atomiseur [atomizœr] nm pulverizador m.

atone [atɔn] adj **-1.** [regard] inexpresivo(va). **-2.** MÉD [intestin] atónico(ca). **-3.** LING [voyelle] átono(na).

atours [atur] nmpl litt atavío m.

atout [atu] nm **-1.** [carte] triunfo m; ~ **cœur/pique/trèfle/carreau** triunfo de corazones/picas/trébol/diamantes. **-2.** fig [ressource] ventaja f.

âtre [atr] nm litt hogar m (chimenea).

atroce [atrɔs] adj **-1.** [crime] atroz. **-2.** [souffrance, temps] espantoso(sa).

atrocité [atrɔsite] nf **-1.** [gén] atrocidad f. **-2.** [calomnie] calumnia f.

atrophie [atrɔfi] nf atrofia f.

atrophier [atrɔfje] vt atrofiar. ◆ **s'atrophier** vp atrofiarse.

attabler [atable] ◆ **s'attabler** vp sentarse a la mesa.

attachant, e [ataʃã, ãt] adj cariñoso(sa).

attache [ataʃ] nf atadura f. ◆ **attaches** nfpl **-1.** [poignets, chevilles] *muñecas y tobillos.* **-2.** [parenté] lazos m. **-3.** [relations] vínculos m.

attaché, e [ataʃe] *nm, f* agregado *m*, -da *f*; ~ **culturel** agregado cultural; ~ **de presse** COMM agregado de prensa.

attaché-case [ataʃekɛz] *nm* maletín *m*.

attachement [ataʃmā] *nm* apego *m*.

attacher [ataʃe] ◇ *vt* **-1.** [animal, paquet] atar; ~ **qqch à qqch** [fixer] sujetar algo a algo; *fig* [associer] atribuir algo a algo. **-2.** [fermer] abrochar. ◇ *vi* pegarse. ◆ **s'attacher** *vp* **-1.** [affection] : **s'~ à qqn/à qqch** encariñarse con alguien/con algo; **s'~ qqn** ganarse la simpatía de alguien. **-2.** [se fermer] : **s'~ avec** OU **par qqch** abrocharse con algo. **-3.** [s'appliquer] : **s'~ à qqch/à faire qqch** dedicarse a algo/ a hacer algo.

attaquant, e [atakā, āt] *adj & nm, f* atacante.

attaque [atak] *nf* ataque *m*; **avoir une ~** tener un ataque.

attaquer [atake] *vt* **-1.** [gén] atacar; ~ **qqn en justice** entablar una acción judicial contra alguien. **-2.** JUR [jugement] impugnar. ◆ **s'attaquer** *vp* **-1.** [combattre] : **s'~ à qqn** atreverse con alguien. **-2.** *fig* [chercher à résoudre] : **s'~ à qqch** enfrentarse a algo.

attardé, e [atarde] ◇ *adj* **-1.** [enfant] retrasado(da). **-2.** [anachronique] anticuado(da). ◇ *nm, f* retrasado *m*, -da *f* (mental).

attarder [atarde] ◆ **s'attarder** *vp* : **s'~ à qqch** detenerse en algo; **s'~ à faire qqch** entretenerse haciendo algo.

atteindre [atɛ̃dr] *vt* **-1.** [toucher, attraper] alcanzar. **-2.** [affecter] afectar. **-3.** [arriver] llegar a. **-4.** [joindre] contactar con.

atteint, e [atɛ̃, ɛ̃t] *adj* **-1.** [malade] afectado(da). **-2.** *fam* [fou] tocado(da). ◆ **atteinte** *nf* **-1.** [préjudice] : **hors d'~** fuera del alcance. **-2.** [effet] ataque *m*.

attelage [atlaʒ] *nm* **-1.** [chevaux] tiro *m*. **-2.** [harnachement] arreos *mpl*.

atteler [atle] *vt* **-1.** [animal] uncir. **-2.** [véhicule] enganchar.

attelle [atɛl] *nf* MÉD tablilla *f*.

attenant, e [atnā, āt] *adj* contiguo(gua); ~ **à qqch** lindante con algo.

attendre [atādr] ◇ *vt* esperar; ~ **que** (+ *subjonctif*) esperar que (+ *subjuntivo*); **j'attends que la pluie cesse** espero que deje de llover; ~ **qqch de qqn/de qqch** esperar algo de alguien/de algo. ◇ *vi* esperar. ◆ **s'attendre** *vp* : **s'~ à qqch** [prévoir] esperarse algo; **s'~ à ce que** (+ *subjonctif*) esperarse que (+ *subjuntivo*); **il**

s'attend à ce qu'elle le quitte se espera que ella lo deje. ◆ **en attendant** *loc adv* de todos modos.

attendrir [atādrir] *vt* **-1.** [viande] macerar. **-2.** [cœur] enternecer, ablandar. ◆ **s'attendrir** *vp* enternecerse; **s'~ sur qqn/sur qqch** enternecerse por alguien/por algo.

attendrissant, e [atādrisā, āt] *adj* **-1.** [personne] enternecedor(ra). **-2.** [geste] conmovedor(ra).

attendu, e [atādy] ◇ *pp* → **attendre**. ◇ *adj* esperado(da). ◆ **attendu** ◇ *nm* JUR considerando *m*. ◆ **attendu que** *loc conj* en vista de que.

attentat [atāta] *nm* atentado *m*; ~ **à la bombe/à la pudeur** atentado con bomba/contra la moral.

attente [atāt] *nf* **-1.** [action d'attendre] espera *f*. **-2.** [espoir] expectativa *f*; **contre toute** ~ contra todo pronóstico; **répondre à l'~ de** responder a las expectativas de.

attenter [atāte] *vt* : ~ **à qqch** atentar contra algo.

attentif, ive [atātif, iv] *adj* atento(ta); ~ **à qqch** litt atento a algo.

attention [atāsjɔ̃] ◇ *nf* **-1.** [concentration] atención *f*; **à l'~ de** a la atención de; **faire ~ que** vigilar que; **faire ~ à qqch** [prudence] tener cuidado con algo. **-2.** [égards] atenciones *fpl*. **-3.** [soin] cuidado *m*. ◇ *interj* ¡cuidado!

attentionné, e [atāsjɔne] *adj* : ~ **avec** OU **auprès de** atento(ta)con alguien.

attentisme [atātism] *nm actitud que consiste en no tomar partido y aplazar las decisiones en espera de los acontecimientos.*

attentivement [atātivmā] *adv* atentamente.

atténuante [atenɥāt] → **circonstance**.

atténuation [atenɥasjɔ̃] *nf* **-1.** [gén] atenuación *f*. **-2.** [de propos] suavización *f*.

atténuer [atenɥe] *vt* **-1.** [gén] atenuar. **-2.** [propos] suavizar. ◆ **s'atténuer** *vp* atenuarse.

atterrir [aterir] *vi* aterrizar; ~ **quelque part** [avion] aterrizar en algún sitio.

atterrissage [aterisaʒ] *nm* aterrizaje *m*.

attestation [atɛstasjɔ̃] *nf* **-1.** [certificat] certificado *m*; ~ **de bonne conduite** certificado de antecedentes penales; ~ **médicale** certificado médico. **-2.** [acte] atestado *m*. **-3.** [preuve] prueba *f*.

attester [atɛste] *vt* **-1.** [confirmer] atestiguar. **-2.** [certifier] testificar.

attique [atik] ◇ *adj* HIST ático(ca). ◇ *nm* ARCHIT ático *m*.

attirail [atiraj] *nm fam* [équipement] trastos *mpl*.

attirance [atirɑ̃s] *nf* atracción *f*.

attirant, e [atirɑ̃, ɑ̃t] *adj* atractivo(va).

attirer [atire] *vt* **-1.** [gén] atraer; ~ **qqn à** OU **vers soi** [amener vers soi] atraer a alguien hacia sí. **-2.** [ennuis, critique] acarrear. ◆ **s'attirer** *vp* ganarse.

attiser [atize] *vt* **-1.** [feu] atizar. **-2.** *fig & sout* [sentiment] avivar.

attitré, e [atitre] *adj* **-1.** [représentant, fournisseur] acreditado(da). **-2.** [officiel] oficial. **-3.** *iron* [habituel] habitual. **-4.** [place] reservado(da).

attitude [atityd] *nf* **-1.** [posture] postura *f*. **-2.** [comportement] actitud *f*.

attouchement [atuʃmɑ̃] *nm* caricia *f*.

attractif, ive [atraktif, iv] *adj* [prix] atractivo(va).

attraction [atraksjɔ̃] *nf* **-1.** [gén] atracción *f*. **-2.** [centre d'intérêt] (centro de) atracción.

attrait [atrɛ] *nm* atracción *f*; **éprouver** OU **sentir un** ~ **pour qqn** sentir atracción por alguien. ◆ **attraits** *nmpl* **-1.** *sout* [de femme] encantos *mpl*. **-2.** [de chose] atractivos *mpl*.

attrape-nigaud [atrapnigo] (*pl* **attrape-nigauds**) *nm* engañabobos *m inv*.

attraper [atrape] *vt* **-1.** [objet, maladie] coger. **-2.** [train, avion] coger por los pelos. **-3.** [prendre au piège] atrapar. **-4.** *fam* [gronder] reñir. **-5.** [surprendre] pillar. **-6.** [percevoir] captar. **-7.** *fam* [tromper] engañar; **il m'a bien attrapé!** ¡me ha engañado!

attrayant, e [atrɛjɑ̃, ɑ̃t] *adj* atrayente.

attribuer [atribɥe] *vt* **-1.** [qualité, mérite] atribuir. **-2.** [prix, privilège] otorgar. ◆ **s'attribuer** *vp* atribuirse.

attribut [atriby] *nm* atributo *m*.

attribution [atribysjɔ̃] *nf* **-1.** [de qualités, de mérite] atribución *f*. **-2.** [de prix, de privilège] concesión *f*. **-3.** [de rôle] adjudicación *f*. ◆ **attributions** *nfpl* [fonctions] atribuciones *fpl*; **ne pas entrer dans les ~s de qqn** no entrar dentro de las atribuciones de alguien.

attrister [atriste] *vt* entristecer. ◆ **s'attrister** *vp* : **s'~ de** entristecerse por.

attroupement [atrupmɑ̃] *nm* **-1.** [de badauds] aglomeración *f*. **-2.** [de manifestants] concentración *f*.

attrouper [atrupe] ◆ **s'attrouper** *vp* aglomerarse.

au → **à**.

aubade [obad] *nf* alborada *f*.

aubaine [obɛn] *nf* ganga *f*.

aube [ob] *nf* alba *f*; **à l'~ de madrugada; à l'~ de** [au matin de] en la madrugada de; [au commencement de] en los albores de.

aubépine [obepin] *nf* espino *m* blanco.

auberge [obɛrʒ] *nf* hostal *m*; ~ **de jeunesse** albergue *m* juvenil.

aubergine [obɛrʒin] ◇ *nf* **-1.** BOT berenjena *f*. **-2.** *péj* [contractuelle] ≃ vigilante *f* de la zona azul. ◇ *adj inv* [couleur] berenjena *(en aposición)*.

aubergiste [obɛrʒist] *nmf* posadero *m*, -ra *f*.

auburn [obœrn] *adj inv* caoba *(en aposición)*.

aucun, e [okœ̃, yn] ◇ *adj* **-1.** [sens négatif] ninguno(na); **il n'y a ~ bus dans la rue** no hay ningún autobus en la calle; **il n'y a aucune boutique ici** no hay ninguna tienda aquí. **-2.** [sens positif] cualquier; **il lit plus qu'aucun autre enfant** lee más que cualquier otro niño. ◇ *pron* **-1.** [sens négatif] ninguno(na); **il n'en veut** ~ no quiere ninguno(na); ~ **de** ninguno(na) de; ~ **des enfants** ninguno de los niños; ~ **d'entre nous** ninguno de nosotros. **-2.** [sens positif] cualquiera; **il parle mieux qu'~ de nous** habla mejor que cualquiera de nosotros; **d'~s** *sout* algunos(nas).

audace [odas] *nf* **-1.** [hardiesse] audacia *f*. **-2.** [insolence] osadía *f*. **-3.** [innovation] atrevimiento *m*.

audacieux, euse [odasjø, øz] ◇ *adj* **-1.** [hardi] audaz. **-2.** [insolent] atrevido(da). ◇ *nm, f* atrevido *m*, -da *f*.

au-dedans [odədɑ̃] *loc adv* dentro, por dentro; ~ **de** dentro de; ~ **de lui-même** en su fuero interno.

au-dehors [odəɔr] *loc adv* (por) fuera; ~ **de** fuera de.

au-delà [odəla] ◇ *loc adv* **-1.** [plus loin] más allá. **-2.** [davantage, plus] mucho más. ◇ *nm* : **l'~** RELIG el más allá. ◆ **au-delà de** *loc prép* más allá de; ~ **du pont** pasado el puente.

au-dessous [odsu] *loc adv* debajo. ◆ **au-dessous de** *loc prép* debajo de; ~ **de zéro** bajo cero.

au-dessus [odsy] *loc adv* encima. ◆ **au-dessus de** *loc prép* por encima de; ~ **de 7 ans** de más de siete años; ~ **de tout** por encima de todo; ~ **de zéro** sobre cero.

au-devant [odəvã] *loc adv* delante; **aller** ~ adelantarse. ◆ **au-devant de** *loc prép* : **aller** ~ **de** ir al encuentro de.

audience [odjãs] *nf* audiencia *f.*

Audimat® [odimat] *nm* TÉLÉ **-1.** [audimètre] *audímetro televisivo francés.* **-2.** [audiométrie] sondeo *m* de audiencia.

audionumérique [odjonymerik] *adj* audionumérico(ca).

audiovisuel, elle [odjovizɥɛl] *adj* audiovisual. ◆ **audiovisuel** *nm* medios *mpl* audiovisuales.

audit [odit] *nm* FIN auditoría *f.*

auditeur, trice [oditœr, tris] *nm, f* [gén] oyente *mf;* [de conférence] asistente *mf;* [de radio] radioyente *mf.* ◆ **auditeur** *nm* FIN auditor *m,* -ra *f.* ◆ **auditeur libre** *nm* UNIV oyente *mf.*

audition [odisjɔ̃] *nf* **-1.** [gén] audición *f;* ~ **de témoins** JUR audición de los testigos. **-2.** THÉÂTRE prueba *f.*

auditionner [odisjɔne] *vt* dar una audición.

auditoire [oditwar] *nm* auditorio *m.*

auditorium [oditɔrjɔm] *nm* auditórium *m,* auditorio *m.*

auditrice → **auditeur.**

auge [oʒ] *nf* [pour animaux] comedero *m.*

augmentation [ogmãtasjɔ̃] *nf* **-1.** [gén] aumento *m.* **-2.** [de taux] incremento *m.* **-3.** [de prix] subida *f.*

augmenter [ogmãte] *vt* **-1.** [en quantité] aumentar. **-2.** [en intensité] agravarse. **-3.** [prix, salaire] subir; ~ **qqn** conceder un aumento (de sueldo) a alguien, subirle el sueldo a alguien.

augure [ogyr] *nm* [présage] augurio *m;* **de bon/mauvais** ~ de buen/mal augurio.

auguste [ogyst] *adj litt* [noble] augusto(ta).

aujourd'hui [oʒurdɥi] *adv* **-1.** [ce jour] hoy. **-2.** [notre époque] hoy (en día).

aulx → **ail.**

aumône [omon] *nf* limosna *f;* **faire l'**~ **à qqn** dar limosna a alguien; **elle lui a fait l'**~ **d'un regard** se dignó mirarle.

auparavant [oparavã] *adv* antes.

auprès [oprɛ] ◆ **auprès de** *loc prép* **-1.** [près de] junto a; **elle est restée** ~ **du malade** se quedó junto al enfermo. **-2.** [comparé à] al lado de; **son travail n'est rien** ~ **du mien** su trabajo no es nada al

lado del mío. **-3.** [dans l'opinion de, en s'adressant à] ante; **il passe pour un idiot** ~ **de ses amis** pasa por un idiota ante sus amigos; **demande** ~ **du ministre** solicitud ante el ministro.

auquel [okɛl] → **lequel.**

aurai, auras *etc* → **avoir.**

auréole [oreɔl] *nf* aureola *f.*

auriculaire [orikylɛr] *adj* auricular.

aurons [orɔ̃] → **avoir.**

aurore [orɔr] *nf* **-1.** [aube] aurora *f.* **-2.** *fig & sout* [commencement] albores *mpl.*

ausculter [oskylte] *vt* MÉD auscultar.

auspice [ospis] *nm* (*gén pl*) **-1.** [signe] auspicio *m;* **sous les** ~**s de qqn** bajo los auspicios de alguien. **-2.** HIST agüero *m.*

aussi [osi] *adv* **-1.** [pareillement, en plus] también; **moi** ~ yo también; **il parle anglais et** ~ **espagnol** habla inglés y también español. **-2.** [dans une comparaison] : ~... **que** tan... como; **il n'est pas** ~ **intelligent que son frère** no es tan inteligente como su hermano; **je n'ai jamais rien vu d'**~ **beau** nunca he visto nada tan bonito; ~... **que** por (muy)... que; ~ **incroyable que cela paraisse** por muy increíble que parezca. **-3.** *sout* [introduisant une explication] por lo tanto. ◆ **(tout) aussi bien** *loc adv* también; **j'aurais pu (tout)** ~ **bien refuser** también habría podido negarme. ◆ **aussi bien... que** *loc conj* tanto... como, tan... como; **cela peut être** ~ **bien lui qu'elle** puede ser tanto él como ella; **tu le sais** ~ **bien que moi** lo sabes tan bien como yo; **on n'est jamais** ~ **bien servi que par soi-même** nunca se está tan bien servido como por uno mismo.

aussitôt [osito] *adv* en seguida. ◆ **aussitôt que** *loc conj* tan pronto como.

austère [ostɛr] *adj* austero(ra).

austérité [osterite] *nf* austeridad *f.*

austral, e [ostral] (*pl* **australs** OU **austraux** [ostro]) *adj* austral.

Australie [ostrali] *nf* : **l'**~ Australia.

australien, enne [ostraljɛ̃, ɛn] *adj* australiano(na). ◆ **Australien, enne** *nm, f* australiano *m,* -na *f.*

autant [otã] *adv* **-1.** [comparatif] : ~ **que** tanto como; **je l'aime** ~ **que toi** lo quiero tanto como tú; ~ **de ... que** tanto... como; **il y a** ~ **de femmes que d'hommes** hay tantas mujeres que de hombres. **-2.** [à un tel point, en si grande quantité] tanto(ta); **je ne pensais pas qu'ils seraient** ~ no pensaba que fueran tantos; ~ **d'hommes**, ~ **d'avis** tantos hombres, tantas opiniones; ~ **de** tanto(ta); ~ **de patience** tanta paciencia; **en dire** ~ decir lo mismo; **en faire** ~ hacer igual. **-3.** [il vaut mieux] mejor; ~ **dire la vérité** mejor decir la verdad. ✦ **autant que** *loc conj* : ~ **que possible** en la medida de lo posible; **(pour)** ~ **que je sache** que yo sepa. ✦ **d'autant** *loc adv* otro tanto; **cela augmente d'**~ **nos intérêts** esto aumenta nuestros intereses otro tanto. ✦ **d'autant que** *loc conj* más aún cuando; **d'**~ **moins que/plus que** menos/más aún cuando. ✦ **d'autant mieux** *loc adv* mucho mejor; **d'**~ **mieux que** tanto más cuanto que. ✦ **pour autant** *loc adv* sin embargo.

autarcie [otarsi] *nf* autarquía *f*.

autel [otɛl] *nm* altar *m*.

auteur [otœr] *nm* autor *m*, -ra *f*.

authentique [otãtik] *adj* **-1.** [document, œuvre] auténtico(ca). **-2.** [sentiment] verdadero(ra). **-3.** [événement] real; **c'est une histoire** ~ es una historia real.

autisme [otism] *nm* autismo *m*.

autistique [otistik] *adj* autista.

auto [oto] *nf* coche *m Esp*, carro *m Amér*.

autobiographie [otobjɔgrafi] *nf* autobiografía *f*.

autobronzant, e [otobrõzã, ãt] *adj* autobronceador(ra). ✦ **autobronzant** *nm* autobronceador *m*.

autobus [otobys] *nm* autobús *m Esp*, camión *m Amér*.

autocar [otokar] *nm* autocar *m*, autobús *m (de línea regular)*.

autochtone [otɔktɔn] *adj & nmf* autóctono(na).

autocollant, e [otɔkɔlã, ãt] *adj* adhesivo(va). ✦ **autocollant** *nm* pegatina *f*.

autocouchettes [otɔkuʃɛt] *adj inv* → **train**.

autocritique [otɔkritik] *nf* autocrítica *f*.

autocuiseur [otɔkɥizœr] *nm* olla *f* a presión.

autodéfense [otodefãs] *nf* autodefensa *f*.

autodétruire [otodetrɥir] ✦ **s'autodétruire** *vp* autodestruirse.

autodidacte [otodidakt] *adj & nmf* autodidacta.

auto-école [otoekɔl] *(pl* **auto-écoles)** *nf* autoescuela *f*.

autofinancement [otofinãsmã] *nm* autofinanciación *f*.

autofocus [otofɔkys] ◇ *adj* autofocus. ◇ *nm* [appareil] autofocus *m*.

autogestion [otoʒɛstjõ] *nf* autogestión *f*.

autographe [otograf] ◇ *adj* autógrafo(fa). ◇ *nm* autógrafo *m*.

automate [otomat] *nm* [robot] robot *m*.

automatique [otomatik] ◇ *adj* automático(ca). ◇ *nm* (pistola) automática *f*.

automatisation [otomatizasjõ] *nf* automatización *f*.

automatiser [otomatize] *vt* automatizar.

automatisme [otomatism] *nm* **-1.** [de machine] automatismo *m*. **-2.** *fig* [réflexe] reflejo *m*.

automne [otɔn] *nm* otoño *m*.

automobile [otomɔbil] *adj & nf* automóvil.

automobiliste [otomɔbilist] *nmf* automovilista *mf*.

autonettoyant, e [otonɛtwajã, ãt] *adj* autolimpiable.

autonome [otonɔm] *adj* [gén] autónomo(ma); [personne] independiente.

autonomie [otonɔmi] *nf* autonomía *f*.

autonomiste [otonɔmist] *adj & nmf* POLIT autonomista.

autopropulsé, e [otopropylse] *adj* TECHNOL autopropulsado(da).

autopsie [otɔpsi] *nf* autopsia *f*.

autoradio [otoradjo] *nm* autorradio *m*.

autorail [otoraj] *nm* autovía *f (tren)*.

auto-reverse [otorivœrs] *adj* auto-reverse, autoreverse.

autorisation [otorizasjõ] *nf* autorización *f*; **avoir l'**~ **de faire qqch** tener la autorización para hacer algo.

autorisé, e [otorize] *adj* autorizado(da).

autoriser [otorize] *vt* **-1.** [donner la permission à] : ~ **qqn à faire qqch** autorizar a alguien a hacer algo. **-2.** [selon un règlement] autorizar.

autoritaire [otoritɛr] *adj & nmf* autoritario(ria).

autorité [otorite] *nf* autoridad *f*; **faire** ~ sentar cátedra; ~ **parentale** patria potestad *f*.

autoroute [otorut] *nf* autopista *f*.

auto-stop [otostɔp] *nm* autostop *m*, autostop *m*; **faire de l'**~ hacer autostop.

auto-stoppeur, euse [otostɔpœr, øz] *nm, f* autostopista *mf*, autoestopista *mf*.

autour [otur] *adv* alrededor. ✦ **autour de** *loc prép* **-1.** [sens spatial] en torno a. **-2.** [sens temporel] alrededor de.

autre [otr] ◇ *adj indéf* otro(tra); **un** ~ **homme** otro hombre; **l'un et l'**~ **projets** uno y otro proyecto; **ni l'une ni l'**~ **mai-**

son ni una casa ni la otra; **c'est un (tout)** ~ **homme que son père** es un hombre totalmente distinto a su padre. ◇ *pron indéf* el otro, la otra; **ce livre ou l'**~ este libro o el otro; **l'un et l'**~ **sont venus** han venido uno y otro; **nul** ~ nadie más; **quelqu'un d'**~ otra persona; **rien d'**~ nada más. ◆ **entre autres** *loc adv* entre otras cosas.

autrefois [otʀəfwa] *adv* en otro tiempo, antes.

autrement [otʀəmɑ̃] *adv* **–1.** [différemment] de otro modo; **je n'ai pas pu faire** ~ **que d'y aller** no tuve más remedio que ir; ~ **dit** dicho de otro modo. **–2.** [sinon] si no. **–3.** *sout* [beaucoup plus] mucho más; **pas** ~ en absoluto.

Autriche [otʀiʃ] *nf* : **l'** ~ Austria.

autrichien, enne [otʀiʃjɛ̃, ɛn] *adj* austríaco(ca). ◆ **Autrichien, enne** *nm, f* austríaco m, -ca f.

autruche [otʀyʃ] *nf* ZOOL avestruz m.

autrui [otʀɥi] *pron* el prójimo; **d'**~ ajeno(na).

auvent [ovɑ̃] *nm* [en toile] toldo m; [en dur] tejadillo m.

aux → **à**.

auxiliaire [oksiljɛʀ] ◇ *adj* **–1.** [qui aide] auxiliar. **–2.** [qui est secondaire] secundario(ria). ◇ *nmf* [assistant] ayudante *mf*. ◇ *nm* GRAM auxiliar m.

auxquelles [okɛl] → **lequel**.

auxquels [okɛl] → **lequel**.

av. (*abr de* avenue) Avda.

avachi, e [avaʃi] *adj* **–1.** [vêtement, chaussure] deformado(da). **–2.** *fam* [personne] molido(da).

avais, avait [avɛ] → **avoir**.

aval [aval] *nm inv* GÉOGR río m abajo; **en** ~ **de qqch** [au-dessous de] más abajo de algo; **être en** ~ **de** *fig* venir después de. ◆ **aval, als** *nm* aval m; **donner son** ~ **à qqn/à qqch** avalar a alguien/a algo.

avalanche [avalɑ̃ʃ] *nf* **–1.** GÉOL alud m. **–2.** *fig* [profusion] : ~ **de qqch** avalancha de algo.

avaler [avale] *vt* **–1.** [manger] engullir. **–2.** *fam* [croire] tragarse. **–3.** *fam* [supporter] tragar.

avance [avɑ̃s] *nf* **–1.** [progression] avance m. **–2.** [distance – dans l'espace] ventaja m; [– dans le temps] adelanto m. **–3.** [somme d'argent] adelanto m, anticipo m. ◆ **avances** *nfpl* : **faire des** ~s **à qqn** hacer proposiciones a alguien. ◆ **à**

l'avance *loc adv* por adelantado; **une heure à l'**~ una hora antes. ◆ **d'avance** *loc adv* **–1.** [avant le temps] de adelanto; **une heure d'**~ una hora de adelanto; **payer d'**~ pagar por adelantado. **–2.** [distance – dans l'espace] de ventaja; **3 km d'**~ 3 km por delante. ◆ **en avance** *loc adv* : **être en** ~ [heure] ir adelantado; **être en** ~ **sur qqch** ir adelantado respecto a algo. ◆ **par avance** *loc adv* sout de antemano.

avancement [avɑ̃smɑ̃] *nm* **–1.** [développement] progreso m. **–2.** [promotion] ascenso m.

avancer [avɑ̃se] ◇ *vt* **–1.** [espace, temps] adelantar. **–2.** [tête, main] alargar. **–3.** [faire progresser] avanzar. **–4.** [argent] : ~ **qqch à qqn** adelantar algo a alguien. ◇ *vi* **–1.** [progresser] avanzar. **–2.** [être placé en avant] sobresalir; ~ **dans/sur qqch** adentrarse en algo. **–3.** [montre, horloge] adelantar. **–4.** [servir] : **ça ne t'avance à rien** con eso no adelantas nada. ◆ **s'avancer** *vp* **–1.** [s'approcher] acercarse; **s'**~ **vers qqn/vers qqch** acercarse a alguien/a algo. **–2.** [prendre de l'avance] adelantarse. **–3.** [s'engager] comprometerse.

avanies [avani] *nfpl* sout vejaciones *fpl*.

avant [avɑ̃] ◇ *prép* antes de, antes que; **les vacances** antes de las vacaciones; ~ **moi** antes que yo. ◇ *adv* antes; **d'**~ anterior; **la semaine d'**~ la semana anterior; **bien** ~ mucho antes. ◇ *adj inv* delantero(ra); **les roues** ~ las ruedas delanteras. ◇ *nm* **–1.** [véhicule] delantera f. **–2.** SPORT delantero m. ◆ **avant de** *loc prép* : ~ **de faire qqch** antes de hacer algo. ◆ **avant que** *loc conj* : ~ **que** (+ *subjonctif*) antes de (+ *infinitif*), antes de que (+ *subjonctif*). ◆ **en avant** *loc adv* hacia adelante. ◆ **en avant de** *loc prép* por delante de. ◆ **avant tout** *loc adv* ante todo.

avantage [avɑ̃taʒ] *nm* **–1.** [gén] ventaja f; **se montrer à son** ~ mostrarse en su mejor aspecto. **–2.** [privilège] beneficio m.

avantager [avɑ̃taʒe] *vt* favorecer.

avantageux, euse [avɑ̃taʒø, øz] *adj* **–1.** [offre, affaire] ventajoso(sa). **–2.** [économique] económico(ca). **–3.** [éclairage, couleur] favorecedor(ra). **–4.** sout [ton] presuntuoso(sa).

avant-bras *nm inv* antebrazo m.

avant-centre *nm* SPORT delantero centro m.

avant-coureur → **signe**.

avant-dernier, ère (*mpl* **avant-derniers,** *fpl* **avant-dernières**) *adj* penúltimo(ma).

avant-garde (*pl* **avant-gardes**) *nf* vanguardia *f*; **d'~** [technique] de vanguardia; [idée] vanguardista.

avant-goût (*pl* **avant-goûts**) *nm* anticipo *m*.

avant-hier [avɑ̃tjɛr] *adv* anteayer.

avant-première (*pl* **avant-premières**) *nf* preestreno *m*.

avant-projet (*pl* **avant-projets**) *nm* anteproyecto *m*.

avant-propos *nm inv* prólogo *m*.

avant-veille (*pl* **avant-veilles**) *nf* antevíspera *f*.

avare [avar] ◇ *adj* **-1.** [pingre] avaro(ra). **-2.** [peu prodigue en] : **être ~ de qqch** ser parco en algo. ◇ *nmf* avaro *m*, -ra *f*.

avarice [avaris] *nf* avaricia *f*.

avarie [avari] *nf* avería *f*.

avatar [avatar] *nm* [transformation] avatar *m*. ◆ **avatars** *nmpl* avatares *mpl*.

Ave (Maria) [ave (marja)] *nm inv* RELIG Avemaría *m*.

avec [avɛk] ◇ *prép* con. ◇ *adv* con él/ella etc; **tiens mon sac, je ne peux pas courir ~** toma mi bolso, no puedo correr con él.

avenant, e [avnɑ̃, ɑ̃t] *adj* **-1.** *sout* [personne] afable. **-2.** [comportement] agradable. **-3.** [maison] bonito(ta). ◆ **avenant** *nm* JUR cláusula *f* adicional. ◆ **à l'avenant** *loc adv* acorde.

avènement [avɛnmɑ̃] *nm* **-1.** [de roi] llegada *f* al trono. **-2.** *fig* RELIG advenimiento *m*.

avenir [avnir] *nm* **-1.** [temps à venir] futuro *m*. **-2.** [de personne] porvenir *m*. ◆ **à l'avenir** *loc adv* en lo sucesivo.

avent [avɑ̃] *nm* RELIG adviento *m*.

aventure [avɑ̃tyr] *nf* aventura *f*.

aventureux, euse [avɑ̃tyrø, øz] *adj* **-1.** [personne, caractère] aventurado(da). **-2.** [projet] arriesgado(da). **-3.** [vie] azaroso(sa).

aventurier, ère [avɑ̃tyrje, ɛr] *nm, f* aventurero(ra).

avenu, e [avny] *adj* : **nul et non ~** JUR nulo y sin valor.

avenue [avny] *nf* avenida *f*.

avéré, e [avere] *adj* probado(da).

avérer [avere] ◆ **s'avérer** *vp* [se révéler] revelarse; **cette affirmation s'est avérée fausse/vraie** la afirmación resultó falsa/verdadera.

averse [avɛrs] *nf* chaparrón *m*.

aversion [avɛrsjɔ̃] *nf* aversión *f*.

averti, e [avɛrti] *adj* **-1.** [personne, critique] sagaz. **-2.** [public] iniciado(da); **être ~ de qqch** [être au courant de] estar al corriente de algo.

avertir [avɛrtir] *vt* **-1.** [mettre en garde] advertir. **-2.** [prévenir] avisar; **~ qqn de qqch** avisar a alguien de algo.

avertissement [avɛrtismɑ̃] *nm* **-1.** [conseil] consejo *m*. **-2.** [signe] advertencia *f*. **-3.** [menace de sanction – au cours d'un match] amonestación *f*; [– à l'école] aviso *m*. **-4.** [préambule] preámbulo *m*. **-5.** [avis] aviso *m*.

avertisseur, euse [avɛrtisœr, øz] *adj* de aviso. ◆ **avertisseur** *nm* claxon *m*. ◆ **avertisseur d'incendie** *nm* alarma *m* de incendios.

aveu, x [avø] *nm* [de crime] confesión *f*; **de l'~ de** según el testimonio de; **faire un ~ à qqn** [confier] confesarle algo a alguien.

aveugle [avœgl] *adj & nmf* ciego(ga).

aveuglement [avœgləmɑ̃] *nm fig* obcecación *f*.

aveuglément [avœglemɑ̃] *adv* ciegamente.

aveugler [avœgle] *vt* **-1.** [personne, fenêtre] cegar. **-2.** [éblouir] deslumbrar. **-3.** *fig* [troubler] ofuscar.

aveuglette [avœglɛt] ◆ **à l'aveuglette** *loc adv* a ciegas.

avez [ave] → **avoir**.

aviateur, trice [avjatœr, tris] *nm, f* aviador *m*, -ra *f*.

aviation [avjasjɔ̃] *nf* aviación *f*.

avide [avid] *adj* ávido(da); **~ de qqch** ávido de algo; **~ de faire qqch** ansioso por hacer algo.

avidité [avidite] *nf* avidez *f*.

avilir [avilir] *vt* **-1.** [personne] envilecer. **-2.** [monnaie, marchandise] depreciar. ◆ **s'avilir** *vp* **-1.** [personne] envilecerse. **-2.** [monnaie, marchandise] depreciarse.

aviné, e [avine] *adj* **-1.** *sout* [personne] achispado(da). **-2.** [haleine] que huele a vino.

avion [avjɔ̃] *nm* avión *m*; **en ~** en avión; **par ~** [courrier] por vía aérea; **~ à réaction** avión a reacción, reactor *m*.

aviron [avirɔ̃] *nm* remo *m*.

avis [avi] *nm* **-1.** [opinion] opinión *f*, parecer *m*; **changer d'~** cambiar de opinión; **donner un ~ défavorable** no dar la aprobación; **donner un ~ favorable** dar el visto bueno; **être d'~ que** ser del parecer OU de la opinión que; **à mon ~** a mi parecer, en mi opinión. **-2.** [annonce, message] aviso *m*; **sauf ~ contraire** salvo objeciones; **~ de décès** notificación *f* de defunción; **~ de virement** aviso *m* de transferencia.

avisé, e [avize] *adj* prudente; **être bien/mal ~ de faire qqch** hacer mal/bien en hacer algo.

aviser [avize] ◇ *vt* : **~ qqn de qqch** informar a alguien de algo. ◇ *vi* decidir. ◆ **s'aviser** *vp* **-1.** *sout* [s'apercevoir] : **s'~ de qqch** percatarse de algo; **s'~ que** percatarse de que. **-2.** [oser] : **s'~ de faire qqch** atreverse a hacer algo; **ne t'avise pas de rentrer tard** no se te ocurra volver tarde.

aviver [avive] *vt* avivar.

av. J.-C. (*abr de* avant Jésus-Christ)a. de JC, a. JC.

avocat, e [avɔka, at] *nm, f* **-1.** JUR abogado *m*, -da *f*; **~ d'affaires/de la défense** abogado de empresa/de la defensa; **~ général** ≃ fiscal *mf* del Tribunal Supremo. **-2.** [défenseur] defensor *m*, -ra *f*. ◆ **avocat** *nm* [fruit] aguacate *m Esp*, palta *f Amér*.

avoine [avwan] *nf* BOT avena *f*.

avoir [avwar] ◇ *nm* haber. ◇ *v aux* haber. ◇ *vt* **-1.** [gén] tener; **il a deux enfants/une belle maison** tiene dos hijos/una bonita casa; **elle a vingt ans** tiene veinte años. **-2.** [éprouver] sentir; **~ du chagrin/de la sympathie** sentir dolor/simpatía; **~ faim** tener hambre. **-3.** [obtenir] obtener; **~ son permis de conduire** sacarse el carnet de conducir; **~ sa licence** licenciarse. **-4.** *loc* : **en ~ après qqn** tener algo contra alguien; **j'en ai pour cinq minutes** sólo serán cinco minutos; **se faire ~** *fam* dejarse engañar; **tu n'as qu'à y aller toi-même** ve tú mismo. ◆ **avoir à** *v* + *prép* [devoir] tener que; **tu n'avais pas à lui parler sur ce ton** no tenías que haberle hablado en este tono; **tu n'avais qu'à me le demander** no tenías más que preguntármelo. ◆ **il y a** *v impers* **-1.** [présentatif] hay; **il y a des problèmes** hay problemas; **qu'est qu'il y a?** ¿qué pasa? **-2.** [temporel] hace; **il y a dix ans** hace diez años.

avoisinant, e [avwazinã, ãt] *adj* **-1.** [lieu, maison] próximo(ma). **-2.** [sens, couleur] parecido(da).

avortement [avɔrtəmã] *nm* **-1.** MÉD aborto *m*. **-2.** [de projet] fracaso *m*.

avorter [avɔrte] *vi* **-1.** MÉD abortar. **-2.** [échouer] fracasar.

avorton [avɔrtɔ̃] *nm* **-1.** *péj* [nabot] engendro *m*. **-2.** [animal, plante] abortón *m*.

avouer [avwe] *vt* **-1.** [confesser] confesar. **-2.** [admettre, reconnaître] reconocer, admitir.

avril [avril] *nm* abril *m*; *voir aussi* **septembre**.

axe [aks] *nm* **-1.** [gén] eje *m*; **dans l'~ de** [prolongement] en la misma línea de/que. **-2.** [de politique] línea *f*.

axer [akse] *vt* **-1.** [orienter] orientar; **~ qqch sur qqch** orientar algo hacia algo. **-2.** *fig* [fonder] centrar; **~ qqch sur/autour de qqch** centrar algo en algo.

axiome [aksjom] *nm* axioma *m*.

ayant [ɛjã] → **avoir**.

ayant droit [ɛjãdrwa] (*pl* **ayants droit**) *nm* JUR derechohabiente *m*.

ayez [ɛje] → **avoir**.

ayons [ɛjõ] → **avoir**.

azalée [azale] *nf* BOT azalea *f*.

azimut [azimyt] *nm* ASTRON acimut *m*, azimut *m*. ◆ **tous azimuts** *loc adv fam* en todos los frentes, a todos los niveles.

azote [azɔt] *nm* nitrógeno *m*.

aztèque [aztɛk] *adj* azteca. ◆ **Aztèque** *nmf* azteca *mf*.

azur [azyr] *nm* azur *m*.

B

b, B [be] *nm inv* b *f*, B *f*. ◆ **B** (*abr de* bien)≃ N.

BA *fam abr de* **bonne action**.

babiller [babije] *vi* [enfant] balbucear.

babines [babin] *nfpl* belfos *mpl*.

bâbord [babɔr] *nm* babor *m*; **à ~** a babor.

babouin [babwɛ̃] *nm* ZOOL zambo *m (mono)*.

baby-sitter [bebisitœr] (*pl* **baby-sitters**) *nmf* canguro *mf*.

baby-sitting [bebisitiŋ] (*pl* **baby-sittings**) *nm* : faire du ~ hacer de canguro.

bac [bak] *nm* **-1.** *fam abr de* **baccalauréat**. **-2.** [bateau] transbordador *m.* **-3.** [de réfrigérateur] bandeja *f*; ~ à glace bandeja para los cubitos de hielo; ~ à légumes verdulero *m.* **-4.** [d'évier] pila *f.*

baccalauréat [bakalɔrea] *nm examen y/o título de enseñanza secundaria que permite el acceso a los estudios superiores.*

bâche [baʃ] *nf* cubierta *f* de lona.

bachelier, ère [baʃəlje, ɛr] *nm, f* persona *que ha aprobado el examen de enseñanza secundaria.*

bachot [baʃo] *nm vieilli abr de* **baccalauréat**.

bacille [basil] *nm* bacilo *m.*

bâcler [bakle] *vt* hacer deprisa y corriendo; **c'est du travail bâclé** es una chapuza.

bactérie [bakteri] *nf* bacteria *f.*

badaud, e [bado, od] *nm, f* curioso *m,* -sa *f,* mirón *m,* -ona *f.*

badge [badʒ] *nm* **-1.** MIL insignia *f.* **-2.** [de fantaisie] chapa *f.* **-3.** [d'identification] tarjeta *f.*

badigeonner [badiʒɔne] *vt* **-1.** [mur] enlucir. **-2.** [plaie] cubrir. **-3.** [tarte, pain] recubrir.

badiner [badine] *vi sout* bromear; **ne pas** ~ **avec qqch** no bromear con algo.

badminton [badmintɔn] *nm* bádminton *m.*

BAFA, Bafa [bafa] (*abr de* **brevet d'aptitude aux fonctions d'animation**) *nm diploma que da acceso a la función de animador.*

baffe [baf] *nf fam* torta *f* (*bofetada*).

baffle [bafl] *nm* bafle *m.*

bafouiller [bafuje] *vi & vt* farfullar.

bâfrer [bafre] *fam* ◇ *vi* engullir. ◇ *vt* zamparse.

bagage [bagaʒ] *nm* **-1.** [valise, sac] equipaje *m*; ~ à main equipaje de mano. **-2.** [connaissances] bagaje *m*; ~ intellectuel/ culturel bagaje intelectual/cultural.

bagagiste [bagaʒist] *nmf* [à la gare] mozo *m* de equipajes.

bagarre [bagar] *nf* pelea *f.*

bagarrer [bagare] *vi* pelear. ◆ **se bagarrer** *vp* pelearse.

bagatelle [bagatɛl] *nf* **-1.** [objet sans valeur] bagatela *f.* **-2.** [petite somme d'argent] cuatro perras *fpl*; **la** ~ **de X FF** *iron* [grosse somme d'argent] la friolera de X pesetas. **-3.** *fig* [chose futile] tontería *f.*

bagnard [baɲar] *nm* presidiario *m.*

bagne [baɲ] *nm* **-1.** [prison] presidio *m.* **-2.** *fig* [situation] muermo *m.*

bagnole [baɲɔl] *nf fam* coche *m.*

bague [bag] *nf* **-1.** [bijou, anneau] anillo *m,* sortija *f*; ~ **de fiançailles** sortija de compromiso. **-2.** [de cigare] vitola *f.* **-3.** TECHNOL manguito *m.* **-4.** [d'oiseau] anilla *f.*

baguer [bage] *vt* anillar.

baguette [bagɛt] *nf* **-1.** [pain] barra *f* (de pan). **-2.** [petit bâton] varilla *f*; ~ **magique** varita *f* mágica. **-3.** [pour manger] palillo *m.* **-4.** [de chef d'orchestre] batuta *f.*

bahut [bay] *nm* **-1.** [buffet] aparador *m.* **-2.** [coffre] arca *f.* **-3.** *arg scol* [lycée] instituto *m.*

baie [bɛ] *nf* **-1.** [fruit] baya *f.* **-2.** GÉOGR bahía *f.* ◆ **baie vitrée** *nf* ventanal *m.*

baignade [beɲad] *nf* **-1.** [action] baño *m*; '~ **interdite**' 'prohibido bañarse'. **-2.** [lieu] *lugar donde uno puede bañarse.*

baigner [beɲe] ◇ *vt* **-1.** [gén] bañar. **-2.** [remplir] : ~ **qqch de qqch** inundar algo de algo. ◇ *vi* [être immergé dans] nadar. ◆ **se baigner** *vp* bañarse.

baigneur, euse [beɲœr, øz] *nm, f* bañista *mf.* ◆ **baigneur** *nm* muñeco *m.*

baignoire [beɲwar] *nf* **-1.** [de salle de bains] bañera *f Esp*, tina *f Amér.* **-2.** THÉÂTRE palco *m* de platea.

bail [baj] (*pl* **baux** [bo]) *nm* JUR arrendamiento *m*; **ça fait un** ~ que *fam fig* hace un siglo que.

bâillement [bajmɑ̃] *nm* bostezo *m.*

bâiller [baje] *vi* **-1.** [personne] bostezar. **-2.** [vêtement] entreabrirse.

bailleur, eresse [bajœr, bajrɛs] *nm, f* JUR arrendador *m,* -ra *f.* ◆ **bailleur de fonds** *nm* socio *m* capitalista.

bâillon [bajɔ̃] *nm* mordaza *f.*

bâillonner [bajɔne] *vt* **-1.** [mettre un bâillon] amordazar. **-2.** *fig* [réduire au silence] acallar.

bain [bɛ̃] *nm* baño *m*; **prendre un** ~ tomar un baño, bañarse; ~ **moussant** baño de espuma; ~ **de mer** baño de mar; **prendre un** ~ **de soleil** tomar el sol.

bain-marie [bɛ̃mari] (*pl* **bains-marie**) *nm* baño María *m*; **au** ~ al baño María.

baïonnette [bajɔnɛt] *nf* bayoneta *f.*

baisemain [bɛzmɛ̃] *nm* besamanos *m inv.*

baiser [beze] ◇ *nm* beso *m.* ◇ *vt* **-1.** [embrasser] besar. **-2.** *vulg* [avoir des relations sexuelles avec] follar. **-3.** *tfam* [tromper] timar. ◇ *vi vulg* follar.

baisse [bɛs] *nf* -1. [gén] bajada *f*; **à la ~** a la baja; **en ~** en baja. -2. [température] descenso *m*.

baisser [bese] ◇ *vt* [descendre, diminuer] bajar. ◇ *vi* -1. [température] descender. -2. [s'affaiblir] debilitarse; **le jour baisse** anochece. ◆ **se baisser** *vp* agacharse.

bajoue [baʒu] *nf* -1. [d'animal] carrillada *f*. -2. *péj* [de personne] moflete *m*.

bal [bal] *nm* baile *m*; **~ populaire** OU **musette** baile popular; **~ masqué** OU **costumé** baile de máscaras OU de disfraces.

balade [balad] *nf fam* paseo *m*.

balader [balade] *vt* -1. *fam* [traîner avec soi] cargar con. -2. [emmener en promenade] pasear. ◆ **se balader** *vp fam* [se promener] darse una vuelta.

baladeur, euse [baladœr, øz] *adj* paseante. ◆ **baladeur** *nm* walkman *m*.

balafre [balafr] *nf* cuchillada *f* (*en la cara*).

balafré, e [balafre] *adj* marcado(da).

balai [balɛ] *nm* -1. [de nettoyage] escoba *f*. -2. [d'essuie-glace] limpiaparabrisas *m inv*. -3. *fam* [an] taco *m*; **il a cinquante ~s** tiene cincuenta tacos.

balai-brosse *nm* cepillo *m* (*para fregar*).

balance [balɑ̃s] *nf* -1. [gén] balanza *f*. -2. [état d'équilibre] equilibrio *m*. -3. *Arg* [dénonciation] chivatazo *m*. ◆ **Balance** *nf* ASTROL Libra *f*.

balancer [balɑ̃se] ◇ *vt* -1. [bouger] balancear. -2. *fam* [lancer] tirar. -3. *fam* [jeter] tirar a la basura. -4. *Arg* [dénoncer] chivar. ◇ *vi sout* -1. [hésiter] vacilar. -2. [osciller] oscilar. ◆ **se balancer** *vp* -1. [se mouvoir] balancearse. -2. [sur une balançoire] columpiarse. -3. *fam* : **se ~ de qqch** [se ficher de] importarle a uno un bledo algo.

balancier [balɑ̃sje] *nm* -1. [de pendule] péndulo *m*. -2. [de funambule] balancín *m*.

balançoire [balɑ̃swar] *nf* columpio *m*.

balayer [baleje] *vt* -1. [nettoyer] barrer. -2. [souci, objection] desechar.

balayette [balɛjɛt] *nf* escobilla *f*.

balayeur, euse [balɛjœr, øz] *nm, f* barrendero *m*, -ra *f*. ◆ **balayeuse** *nf* barredora *f*.

balayures [balɛjyr] *nfpl* basuras *fpl*.

balbutier [balbysje] ◇ *vi* -1. [bafouiller] balbucear. -2. *fig* [débuter] estar en sus primeros balbuceos. ◇ *vt* [bafouiller] balbucear.

balcon [balkɔ̃] *nm* -1. [de maison] balcón *m*. -2. [de théâtre] palco *m*. -3. [de cinéma] anfiteatro *m*.

baldaquin [baldakɛ̃] *nm* baldaquino *m*.

Baléares [balear] *nfpl* : **les ~** (las) Baleares; **aux ~** [direction] a (las) Baleares; [situation] en (las) Baleares.

baleine [balɛn] *nf* ballena *f*.

balise [baliz] *nf* -1. [marque, dispositif] baliza *f*. -2. INFORM etiqueta *f*.

baliser [balize] ◇ *vt* balizar. ◇ *vi fam* [avoir peur] tener canguelo.

baliverne [balivɛrn] *nf* (*gén pl*) pamplina *f*.

Balkans [balkɑ̃] *nmpl* : **les ~** los Balcanes.

ballade [balad] *nf* balada *f*.

ballant, e [balɑ̃, ɑ̃t] *adj* : **les bras ~s** con los brazos colgando. ◆ **ballant** *nm* balanceo *m*.

ballast [balast] *nm* -1. [chemin de fer] balasto *m*. -2. NAVIG lastre *m*.

balle [bal] *nf* -1. [d'arme, de marchandises] bala *f*; **~ perdue** bala perdida. -2. [de jeu, de sport] pelota *f*. -3. *fam* [franc] ≃ pela *f*. -4. *loc* : **la ~ est dans ton camp** *fig* te toca a ti.

ballerine [balrin] *nf* -1. [danseuse] bailarina *f*. -2. [chaussure] zapatilla *f* de ballet.

ballet [balɛ] *nm* -1. [gén] ballet *m*. -2. *fig* [activité intense] baile *m*.

ballon [balɔ̃] *nm* -1. [pour le jeu, le sport] balón *m*; **~ de football/de basket/de rugby** balón de fútbol/de baloncesto/de rugby; **~ d'oxygène** [réservoir] botella *f* de oxígeno; [fig] balón *m* de oxígeno. -2. [jouet, montgolfière] globo *m*. -3. *fam* [verre de vin] vaso *m*.

ballonné, e [balɔne] *adj* hinchado(da); **avoir le ventre ~** tener el vientre hinchado.

ballot [balo] *nm* -1. [de marchandises] fardo *m*. -2. *vieilli* [imbécile] memo *m*, -ma *f*.

ballottage [balɔtaʒ] *nm* POLIT empate entre candidatos en la primera vuelta de una votación; **en ~** que no ha obtenido la mayoría.

ballotter [balɔte] ◇ *vt* sacudir. ◇ *vi* traquetear.

balluchon [balyʃɔ̃] = **baluchon**.

balnéaire [balneɛr] *adj* balneario(ria).

balourd, e [balur, urd] *adj & nm, f* palurdo(da).

balte [balt] *adj* báltico(ca). ◆ **Balte** *nmf* báltico *m*, -ca *f*.

Baltique [baltik] *nf* : **la ~** el Báltico.

baluchon, balluchon [balyʃɔ̃] *nm* petate *m*; **faire son ~** *fam* [partir] liar el petate.

balustrade [balystrad] *nf* -1. ARCHIT balaustrada *f*. -2. [rambarde] barandilla *f*.

barbiche

bambin [bãbɛ̃] *nm* chiquillo *m*, -lla *f*.
bambou [bãbu] *nm* bambú *m*.
ban [bã] *nm* **–1.** HIST nobleza *f* feudal. **–2.** [applaudissements] aplauso *m*. **–3.** *loc* : **mettre qqn au ~ (de la société)** marginar a alguien (de la sociedad). **–4.** [applaudissements] aplauso *m*. ◆ **bans** *nmpl* amonestaciones *fpl*; **publier** OU **afficher les ~s** publicar las amonestaciones.
banal, e, als [banal] *adj* **–1.** [ordinaire] trivial; **c'est pas ~!** ¡es extraordinario! **–2.** [sans originalité] corriente.
banaliser [banalize] *vt* trivializar.
banalité [banalite] *nf* **–1.** [caractère] trivialidad *f*. **–2.** [lieu commun] tópico *m*.
banane [banan] *nf* **–1.** [fruit] plátano *m*. **–2.** [sac] riñonera *f*. **–3.** [coiffure] tupé *m*.
bananier, ère [bananje, ɛr] *adj* bananero(ra). ◆ **bananier** *nm* **–1.** [arbre] plátano *m*. **–2.** [cargo] bananero *m*.
banc [bã] *nm* banco *m*; **le ~ des accusés** JUR el banquillo de los acusados. ◆ **banc d'essai** *nm* banco *m* de pruebas. ◆ **banc de poissons** *nm* banco *m* de peces. ◆ **banc de sable** *nm* banco *m* de arena.
bancaire [bãkɛr] *adj* bancario(ria).
bancal, e, als [bãkal] *adj* **–1.** [personne] patituerto(ta). **–2.** [meuble] cojo(ja). **–3.** *fig* [raisonnement, idée] errado(da). **–4.** *fig* [phrase] mal estructurado *m*, mal estructurada *f*.
bandage [bãdaʒ] *nm* **–1.** [de blessé] vendaje *m*. **–2.** [de roue] llanta *f*.
bande [bãd] *nf* **–1.** [de tissu, de papier] tira *f*. **–2.** [de film, d'enregistrement] cinta *f*; ~ **magnétique/vidéo** cinta magnética/de vídeo. **–3.** [bandage] venda *f*; ~ **Velpeau**® venda *f*. **–4.** [groupe] pandilla *f*; **en ~** en pandilla. **–5.** NAVIG escora *f*. **–6.** [RADIO, de billard] banda *f*; ~ **de fréquence** banda de frecuencia. ◆ **bande dessinée** *nf* cómic *f*. ◆ **bande d'arrêt d'urgence** *nf* carril *m* de emergencia.
bande-annonce *nf* trailer *m*.
bandeau [bãdo] *nm* **–1.** [sur les yeux] venda *f*; **avoir un ~ sur les yeux** tener una venda en los ojos. **–2.** [dans les cheveux] cinta *f*.
bander [bãde] ◇ *vt* **–1.** [plaie] vendar; ~ **les yeux de qqn** vendar los ojos a alguien. **–2.** [arc] tensar. ◇ *vi vulg* [avoir une érection] empalmarse.
banderole [bãdrɔl] *nf* banderola *f*.
bande-son [bãdsɔ̃] (*pl* **bandes-son**) *nf* banda *f* sonora.

bandit [bãdi] *nm* **–1.** [voleur] bandido *m*, -da *f*. **–2.** [personne sans scrupules] estafador *m*, -ra *f*.
bandoulière [bãduljɛr] *nf* bandolera *f*; **en ~** en bandolera.
banlieue [bãljø] *nf* extrarradio *m*, afueras *fpl*; **la proche ~** municipios adjuntos a una ciudad.
banlieusard, e [bãljøzar, ard] *nm, f* habitante de las afueras de París.
bannière [banjɛr] *nf* estandarte *m*.
bannir [banir] *vt* desterrar.
banque [bãk] *nf* **–1.** [établissement, fonds] banco *m*; ~ **d'affaires** banco de negocios; ~ **d'organes/du sang/du sperme** MÉD banco de órganos/de sangre/de esperma. **–2.** [commerce, somme au jeu] banca *f*. ◆ **banque de données** *nf* INFORM base *m* de datos.
banqueroute [bãkrut] *nf* FIN [faillite] bancarrota *f*; **faire ~** quebrar.
banquet [bãkɛ] *nm* banquete *m*.
banquette [bãkɛt] *nf* [siège] banqueta *f*.
banquier, ère [bãkje, ɛr] *nm, f* **–1.** FIN banquero *m*, -ra *f*. **–2.** [au jeu] banca *f*.
banquise [bãkiz] *nf* banco *m* de hielo.
baptême [batɛm] *nm* bautismo *m*; ~ **de l'air** *fig* bautismo del aire.
baptiser [batize] *vt* bautizar.
baquet [bakɛ] *nm* cubeta *f*.
bar [bar] *nm* **–1.** [débit de boissons] bar *m*. **–2.** [poisson] lubina *f*. **–3.** MÉTÉOR bar *m*.
baraque [barak] *nf* **–1.** [cabane] barraca *f*. **–2.** *fam* [maison] casa *f*.
baraqué, e [barake] *adj fam* : **être ~** estar cachas.
baraquement [barakmã] *nm* zona *f* de barracas.
baratin [baratɛ̃] *nm fam* charlatanería *f*.
baratiner [baratine] *fam* ◇ *vt* [personne] camelar. ◇ *vi* [raconter des boniments] contar cuentos.
barbare [barbar] ◇ *adj* **–1.** *péj* [peuplade] bárbaro(ra). **–2.** [crime, mœurs] salvaje. ◇ *nm* bárbaro *m*, -ra *f*.
barbarie [barbari] *nf* barbarie *f*.
barbe [barb] *nf* barba *f*; **quelle** OU **la ~!** *fam fig* ¡qué lata!; **faire qqch au nez et à la ~ de qqn** *fig* hacer algo en las barbas de alguien. ◆ **barbe à papa** *nf* [friandise] algodón *m* (de azúcar).
barbelé, e [barbale] *adj* espinoso(sa). ◆ **barbelé** *nm* alambrada *f* de espino.
barbiche [barbiʃ] *nf* perilla *f*.

barbiturique [barbityrik] *nm* barbitúrico *m*.

barboter [barbɔte] ◇ *vi* chapotear. ◇ *vt fam* [voler] birlar.

barboteuse [barbɔtøz] *nf* pelele *m*.

barbouiller [barbuje] *vt* **-1.** [salir] embadurnar. **-2.** *péj* [peindre, écrire] pintarrajear. **-3.** [donner la nausée à] revolver el estómago.

barbu, e [barby] *adj* barbudo(da). ◆ **barbu** *nm* barbudo *m*.

barder [barde] ◇ *vt* CULIN enalbardar; **être bardé de qqch** *fig* [être couvert de] estar cargado de algo. ◇ *vi fam* : **ça va ~ se va a armar (una).**

barème [barɛm] *nm* baremo *m*.

baril [baril] *nm* barril *m*.

bariolé, e [barjɔle] *adj* abigarrado(da).

barmaid [barmɛd] *nf* camarera *f Esp*, moza *f Amér*.

barman [barman] (*pl* **barmans** OU **barmen** [barmɛn]) *nm* camarero *m Esp*, barman *m Esp*, mozo *m Amér*.

baromètre [barɔmɛtr] *nm* barómetro *m*.

baron, onne [barɔ̃, ɔn] *nm, f* barón *m*, -onesa *f*.

baroque [barɔk] *adj* **-1.** [style] barroco(ca). **-2.** [idée] extravagante.

barque [bark] *nf* barca *f*.

barquette [barkɛt] *nf* **-1.** [de crème glacée] tartaleta *f*. **-2.** [de fruits] cestita *f*. **-3.** [de plats cuisinés] bandeja *f*.

barrage [baraʒ] *nm* **-1.** [de rue] barrera *f*; **~ de police** cordón *m* policial. **-2.** CONSTR presa *f Esp*, represa *f Amér*.

barre [bar] *nf* **-1.** [morceau – de bois] vara *f*; [– de métal, chocolat] barra *f*; **~ fixe** GYM barra fija; **~s parallèles** GYM (barras) paralelas. **-2.** [gouvernail] timón *m*; **être à la ~** NAVIG estar al timón; *fig* [diriger] llevar la batuta. **-3.** [trait] raya *f*; **la ~ du t** el palote de la t. **-4.** JUR barandilla *f*; **appeler à la ~** llamar a declarar. ◆ **barre d'espacement** *nf* INFORM barra *f* de espaciado.

barreau [baro] *nm* **-1.** [de métal, de bois] barrote *m*. **-2.** [profession d'avocat] abogacía *f*.

barrer [bare] *vt* **-1.** [rue, route] cortar. **-2.** [mot, phrase] tachar. **-3.** [chèque] barrar. **-4.** [bateau] llevar el timón de. ◆ **se barrer** *vp fam* [se sauver] abrirse.

barrette [barɛt] *nf* [pince à cheveux] pasador *m*.

barreur, euse [barœr, øz] *nm, f* timonel *mf*.

barricade [barikad] *nf* barricada *f*.

barrière [barjɛr] *nf* barrera *f*; **~ douanière** barrera arancelaria.

barrique [barik] *nf* barrica *f*; **être gros comme une ~** *fig* estar gordo como un tonel.

bar-tabac *nm* bar con estanco.

baryton [baritɔ̃] *nm* MUS barítono *m*.

bas, basse [ba, bas] *adj* bajo(ja). ◆ **bas** ◇ *nm* **-1.** [partie inférieure] parte *f* de abajo, parte *f* inferior. **-2.** [vêtement] media *f*. ◇ *adv* **-1.** [à faible niveau, intensité] bajo; **parler ~** hablar bajo. **-2.** *loc* : **mettre ~** [animal] parir. ◆ **à bas** *loc adv* : **à ~ la dictature!** ¡abajo la dictadura! ◆ **en bas de** *loc prép* abajo; **il l'attend en ~ de chez elle** la espera abajo. ◆ **en bas** *loc adv* abajo; **la voiture est en ~** el coche está abajo.

basalte [bazalt] *nm* basalto *m*.

basané, e [bazane] *adj* moreno(na).

bas-côté *nm* [de route] arcén *m Esp*, acotamiento *m Amér*.

bascule [baskyl] *nf* **-1.** [balance] báscula *f*. **-2.** [balançoire] balancín *m*. **-3.** INFORM biestable *m*.

basculer [baskyle] ◇ *vi* **-1.** [tomber à la renverse] volcar *Esp*, voltear *Amér*. **-2.** *fig* [personne] : **~ dans qqch** caer en algo. ◇ *vt* tumbar.

base [baz] *nf* **-1.** [gén] base *f*; **de ~** básico(ca); **à ~ de qqch** a base de algo; **sur la ~ de 80 F l'heure** a 80 francos la hora. **-2.** [de colonne] basa *f*. ◆ **base de données** *nf* INFORM base *f* de datos.

baser [baze] *vt* MIL : **être basé à** estar destacado en. ◆ **se baser** *vp* : **se ~ sur qqch** basarse en algo.

bas-fond *nm* [de l'océan] bajío *m*, bajo *m*. ◆ **bas-fonds** *nmpl* **-1.** [de société] bajos fondos *mpl*. **-2.** [quartiers pauvres] barrios bajos *mpl*.

basilic [bazilik] *nm* **-1.** [plante] albahaca *f*. **-2.** [animal] basilisco *m*.

basilique [bazilik] *nf* basílica *f*.

basique [bazik] *adj* básico(ca).

basket [baskɛt] *nf* zapatilla *f* de deporte; **lâche-moi les ~s!** *fam fig* ¡déjame en paz!

basket-ball [basketbol] *nm* baloncesto *m*.

basque [bask] ◇ *adj* [du Pays basque] vasco(ca). ◇ *nm* [langue] vasco *m*, euskera *m*. ◇ *nf* [vêtement] faldón *m*; **être toujours pendu aux ~s de qqn** *fam* estar siempre pegado a las faldas de alguien. ◆ **Basque** *nmf* vasco *m*, -ca *f*.

bas-relief *nm* bajorrelieve *m*.

basse [bas] ◇ *adj* → **bas**. ◇ *nf* [MUS – personne, voix] bajo *m*; [– instrument] contrabajo *m*.

basse-cour *nf* **-1.** [volaille] aves *fpl* de corral. **-2.** [partie de ferme] corral *m*.

bassement [basmɑ̃] *adv* vilmente.

bassin [basɛ̃] *nm* **-1.** [cuvette] barreño *m*. **-2.** [pièce d'eau] estanque *m*. **-3.** [de piscine] piscina *f Esp*, pileta *f Amér*; **grand ~** piscina para adultos; **petit ~** piscina para niños. **-4.** ANAT pelvis *f inv*. **-5.** GÉOL cuenca *f*. **-6.** NAVIG dársena *f*. ◆ **Bassin parisien** *nm* depresión *f* parisina.

bassine [basin] *nf* barreño *m*.

bassiste [basist] *nmf* **-1.** [contrebassiste] contrabajo *m*. **-2.** [de rock ou de jazz] bajo *m*.

basson [basɔ̃] *nm* [MUS – instrument] bajón *m*, fagot *m*; [– personne] bajonista *mf*.

bastingage [bastɛ̃gaʒ] *nm* borda *f*.

bastion [bastjɔ̃] *nm* bastión *m*.

baston [bastɔ̃] *nf tfam* palos *mpl*.

bas-ventre *nm* bajo vientre *m*.

bât [ba] *nm* albarda *f*; **c'est là que le ~ blesse** *fig* ese es su punto débil.

bataille [bataj] *nf* **-1.** MIL batalla *f*; en *~ fig* [cheveux] desgreñado *m*, -da *f*. **-2.** [bagarre] riña *f*. **-3.** [jeu de cartes] ≃ guerrilla *f*.

bataillon [batajɔ̃] *nm* batallón *m*; **~ disciplinaire** batallón disciplinario.

bâtard, e [batar, ard] ◇ *adj* **-1.** [gén] bastardo(da). **-2.** *péj* [hybride] híbrido(da). ◇ *nm, f péj* [enfant illégitime] bastardo *m*, -da *f*. ◆ **bâtard** *nm* **-1.** [pain] ≃ barra *f* de cuarto corta. **-2.** [chien] chucho *m*.

bateau [bato] *nm* **-1.** [embarcation – petite] barca *f*; [– grande] barco *m*; **~ à voile** barco de vela; **~ à moteur** [petit] barca a motor; [grand] barco a motor; **~ de pêche** [petit] barca de pesca; [grand] (barco) pesquero *m*; **mener qqn en ~** *fam fig* quedarse con alguien. **-2.** [de trottoir] vado *m*. **-3.** *(en apposition inv)* [encolure] barco *m*. **-4.** [sujet, thème] trillado(da).

bâti, e [bati] *adj* edificado(da); **bien/mal ~** [personne] bien/mal proporcionado *m*, -da *f*. ◆ **bâti** *nm* **-1.** COUT hilván *m*. **-2.** CONSTR armazón *mf*.

batifoler [batifɔle] *vi* retozar.

bâtiment [batimɑ̃] *nm* **-1.** [édifice] edificio; **il est** OU **travaille dans le ~** trabaja en la construcción. **-2.** NAVIG navío *m*.

bâtir [batir] *vt* **-1.** [construire] construir. **-2.** COUT hilvanar. **-3.** [théorie] elaborar; [fortune] labrarse.

bâtisse [batis] *nf* **-1.** [bâtiment] nave *f*. **-2.** CONSTR obra *f* (de albañilería).

bâton [batɔ̃] *nm* **-1.** [canne] bastón *m*. **-2.** [morceau – de bois] palo *m*; [– d'autres matériaux] barra *f*; **~ de réglisse** barra de regaliz; **mettre des ~s dans les roues à qqn** poner trabas a alguien; **à ~s rompus** sin orden ni concierto. **-3.** *fam fig* [million de centimes] suma de dinero equivalente a diez mil francos.

bâtonnet [batɔnɛ] *nm* bastoncillo *m*.

batracien [batrasjɛ̃] *nm* batracio *m*.

battant, e [batɑ̃, ɑ̃t] ◇ *adj* que bate, que golpea; **sous une pluie ~e** bajo un chaparrón; **le cœur ~** con el corazón palpitante. ◇ *nm, f* [personne] hombre emprendedor *m*, mujer emprendedora *f*. ◆ **battant** *nm* **-1.** [de porte, de fenêtre] batiente *m*. **-2.** [de cloche] badajo *m*.

battement [batmɑ̃] *nm* **-1.** [mouvement, bruit] golpeteo *m*; **~ d'ailes** aleteo *m*; **~ de cils** parpadeo *m*; **~ de paupières** parpadeo *m*; **~ de cœur** latido *m*; **~ de tambour** redoble *m* de tambor. **-2.** [intervalle de temps] descanso *m*; **une heure de ~** una hora de descanso.

batterie [batri] *nf* batería *f*; **~ de cuisine** batería de cocina; **recharger ses ~s** *fig* cargar las pilas.

batteur, euse [batœr, øz] *nm, f* **-1.** MUS [personne] batería *mf*. **-2.** AGRIC trillador *m*, -ra *f*. **-3.** SPORT bateador *m*, -ra *f*. ◆ **batteur** *nm* CULIN batidora *f*. ◆ **batteuse** *nf* AGRIC trilladora *f*.

battre [batr] ◇ *vt* **-1.** [frapper – personne] pegar; [– chose] sacudir. **-2.** [remuer, parcourir] batir; **~ en neige** batir a punto de nieve. **-3.** [vaincre – SPORT] ganar [– POLIT] derrotar. **-4.** [cartes] barajar. ◇ *vi* **-1.** [cœur, pouls] latir. **-2.** [frapper, heurter] golpetear; **~ de l'aile** ir OU andar de capa caída; **~ son plein** estar en su apogeo; **~ en retraite** batirse en retirada. **-3.** [tambour] redoblar. ◆ **se battre** *vp* **-1.** [combattre] pelearse; **se ~ contre qqn** pelearse con alguien. **-2.** [s'acharner] luchar; **se ~ pour qqch** luchar por algo; **se ~ contre qqch** luchar contra algo.

battu, e [baty] *pp* → **battre**.

battue [baty] *nf* batida *f*.

baume [bom] *nm* bálsamo *m*; **mettre du ~ au cœur de qqn** *fig* ser (como) un bálsamo para las penas de alguien.

baux → bail.

bavard, e [bavar, ard] *adj & nm, f* charlatán(ana).

bavardage [bavardaʒ] *nm* **-1.** [papotage] charloteo *m*; **puni pour ~** castigado por hablar. **-2.** (*gén pl*) [raconter] habladuría *f*.

bavarder [bavarde] *vi* **-1.** [parler] charlar. **-2.** [jaser] cotillear.

bave [bav] *nf* baba *f*.

baver [bave] *vi* **-1.** [personne, animal] babear; **en ~** *fam fig* pasarlas canutas. **-2.** [stylo] chorrear.

bavette [bavɛt] *nf* **-1.** [bavoir] babero *m*. **-2.** [de tablier] peto *m*. **-3.** [viande] *parte inferior del solomillo.* **-4.** *loc fam* : **tailler une ~ (avec qqn)** pegar la hebra (con alguien), estar de palique (con alguien).

baveux, euse [bavø, øz] *adj* **-1.** [qui bave] baboso(sa). **-2.** [peu cuit] : **une omelette baveuse** una tortilla poco hecha.

bavoir [bavwar] *nm* babero *m*.

bavure [bavyr] *nf* **-1.** [tache] tinta *f* corrida. **-2.** [erreur] error *m*.

bazar [bazar] *nm* **-1.** [boutique] bazar *m*. **-2.** *fam* [attirail] bártulos *mpl*. **-3.** *loc* : **quel ~!** ¡vaya leonera!

bazarder [bazarde] *vt* [se débarrasser de] deshacerse de.

BCBG *abr de* **bon chic bon genre**.

BCG (*abr de* **bacille Calmette-Guérin**) *nm* BCG *f*.

bcp *abr de* **beaucoup**.

bd *abr de* **boulevard**.

BD, bédé [bede] (*abr de* **bande dessinée**) *nf* : **une ~** un tebeo OU cómic; **la ~** el cómic.

béant, e [beã, ãt] *adj* [plaie, gouffre] muy abierto(ta).

béat, e [bea, at] *adj* **-1.** [content de soi] plácido(da). **-2.** [niaisement heureux] beatífico(ca).

beau, belle, beaux [bo, bɛl] *adj* (**bel** [bɛl] *devant voyelle ou h muet*) **-1.** [esthétique – objet] hermoso(sa); [– personne] guapo(pa). **-2.** [joli] bonito(ta). **-3.** [important] imponente. **-4.** [noble] admirable. **-5.** *iron* [mauvais] menudo(da); **j'ai attrapé une belle grippe!** ¡menuda gripe he pillado! **-6.** [à valeur indéfinie] : **un ~ jour** un buen día; **un ~ matin/soir** una buena mañana/noche. **-7.** *loc* : **avoir ~ jeu de faire qqch** resultarle a alguien fácil hacer algo; **c'est la belle vie!** ¡esto es vida! ◆ **beau** ◇ *adv* : **il fait ~** hace buen tiempo; **avoir ~ faire qqch** por más que;

j'ai ~ essayer, je n'y arrive pas por más que lo intento, no lo consigo. ◇ *nm* : **le ~** lo hermoso; **être/rester au ~ fixe** [temps] mantenerse; *fig* [conjoncture] estar en un buen momento; **faire le ~** [chien] ponerse a cuatro patas; [paon, personne] pavonearse. ◆ **belle** *nf* **-1.** [femme] amada *f*. **-2.** [dans un jeu] desempate *m*. **-3.** *loc* : **se faire la belle** tomar las de Villadiego. ◆ **de plus belle** *loc adv* con más fuerza que antes; **je lui ai dit de se taire, mais il a recommencé à crier de plus belle** le he dicho que se callara, pero ha vuelto a gritar con más fuerza que antes.

beaucoup [boku] ◇ *adv* **-1.** [grand nombre, grande quantité] : **~ de** mucho(cha); **~ de gens** mucha gente; **il n'a pas ~ de temps** no tiene mucho tiempo; **~ d'accidents** muchos accidentes. **-2.** [modifiant un verbe, un adjectif comparatif] mucho; **il boit ~** bebe mucho; **c'est ~ mieux** mucho mejor. ◇ *pron inv* muchos(chas); **nous sommes ~ à penser que** somos muchos los que pensamos que. ◆ **de beaucoup** *loc adv* con diferencia.

beauf [bof] *nm péj* **-1.** [français moyen] *ciudadano medio, conservador y sin amplitud de miras.* **-2.** *fam* [beau-frère] cuñado *m*.

beau-fils *nm* **-1.** [gendre] yerno *m*. **-2.** [de remariage] hijastro *m*.

beau-frère *nm* cuñado *m*.

beau-père *nm* **-1.** [père du conjoint] suegro *m*. **-2.** [par remariage] padrastro *m*.

beauté [bote] *nf* belleza *f*; **de toute ~** bellísimo; **en ~** [magnifiquement] triunfalmente; **être en ~** estar guapísima; **se faire une ~** arreglarse.

beaux-arts [bozar] *nmpl* bellas artes *fpl*.

beaux-parents *nmpl* suegros *mpl*.

bébé [bebe] ◇ *nm* **-1.** [enfant] bebé *m*. **-2.** [animal – des mammifères] cachorro *m*; [– des oiseaux] polluelo *m*. **-3.** [personne immature] crío *m*, -a *f*. ◇ *adj inv* crío(a)(*en aposición*).

bébé-éprouvette (*pl* **bébés-éprouvette**) *nm* bebé probeta *m*.

bec [bɛk] *nm* **-1.** [d'oiseau] pico *m*; **ouvrir le ~** *fam* abrir el pico; **clouer le ~ à qqn** *fam* [faire taire] cerrar el pico a alguien. **-2.** [d'instrument de musique] boquilla *f*. **-3.** [d'objet] pitorro *m*; **~ verseur** pitorro *m*. **-4.** GÉOGR lengua *f* de tierra. ◆ **bec de gaz** *nm* farol *m* de gas.

bécane [bekan] *nf fam* **–1.** [bicyclette] bici *f.* **–2.** [machine] máquina *f.* **–3.** [moto] moto *f.* **–4.** [ordinateur] ordenador *m.*

bécarre [bekar] *nm* becuadro *m.*

bécasse [bekas] *nf* **–1.** [oiseau] becada *f.* **–2.** *fam* [femme sotte] pava *f.*

bec-de-lièvre [bɛkdəljɛvr] (*pl* **becs-de-lièvre**) *nm* labio *m* leporino.

bêche [bɛʃ] *nf* laya *f.*

bêcher [beʃe] ◇ *vt* [terrain] layar. ◇ *vi fam* [personne] fardar.

bécoter [bekɔte] *vt fam* [embrasser] besuquear. ◆ **se bécoter** *vp* [s'embrasser] besuquearse.

becquée [beke] *nf* bocado *m*; **donner la ~** dar de comer.

becqueter, béqueter [bɛkte] *vt* picotear.

bedaine [bədɛn] *nf fam* [gros ventre] barrigón *m.*

bédé = BD.

bedonnant, e [bədɔnɑ̃, ɑ̃t] *adj* barrigón(ona).

bée [be] → bouche.

bégayer [begeje] ◇ *vi* tartamudear. ◇ *vt* [excuses] mascullar.

bègue [bɛg] *adj & nmf* tartamudo(da).

béguin [begɛ̃] *nm fam* : **avoir le ~ pour qqn/pour qqch** estar encaprichado(da) con alguien/con algo.

beige [bɛʒ] *adj & nm* beige.

beignet [bɛɲɛ] *nm* CULIN buñuelo *m.*

bel → beau.

bêler [bele] *vi* balar.

belette [bəlɛt] *nf* comadreja *f.*

belge [bɛlʒ] *adj* belga. ◆ **Belge** *nmf* belga *mf.*

Belgique [bɛlʒik] *nf* : **la ~** Bélgica.

Belgrade [bɛlgrad] *n* Belgrado.

bélier [belje] *nm* **–1.** [animal] carnero *m.* **–2.** ASTROL Aries *m.* **–3.** [poutre] ariete *m.*

belle → beau.

belle-famille *nf* familia *f* política.

belle-fille *nf* **–1.** [épouse du fils] nuera *f.* **–2.** [de remariage] hijastra *f.*

belle-mère *nf* **–1.** [mère du conjoint] suegra *f.* **–2.** [de remariage] madrastra *f.*

belle-sœur *nf* cuñada *f.*

belligérant, e [beliʒerɑ̃, ɑ̃t] *adj & nm, f* beligerante.

belliqueux, euse [belikø, øz] *adj* belicoso(sa).

belvédère [bɛlvedɛr] *nm* mirador *m.*

bémol [bemɔl] *adj & nm* MUS bemol.

bénédiction [benediksjɔ̃] *nf* **–1.** RELIG bendición *f.* **–2.** [assentiment] beneplácito *m.*

bénéfice [benefis] *nm* beneficio *m*; **au ~ de** [au profit de] a beneficio de.

bénéficiaire [benefisjɛr] ◇ *adj* [marge] de beneficio. ◇ *nmf* [personne] beneficiario *m*, -ria *f.*

bénéficier [benefisje] *vt* : **~ de qqch** [profiter de] beneficiarse de algo.

bénéfique [benefik] *adj* beneficioso(sa).

Benelux [benelyks] *nm* : **le ~** el Benelux.

benêt [bənɛ] *nm & adj* bendito.

bénévole [benevɔl] ◇ *adj* benévolo(la), benevolente. ◇ *nmf* [personne] voluntario *m*, -ria *f.*

bénin, igne [benɛ̃, iɲ] *adj* **–1.** [maladie, accident] leve. **–2.** [tumeur] benigno(na). **–3.** *sout* [bienveillant] apacible.

bénir [benir] *vt* bendecir.

bénitier [benitje] *nm* pila *f* (del agua bendita).

benjamin, e [bɛ̃ʒamɛ̃, in] *nm, f* benjamín *m*, -ina *f.*

benne [bɛn] *nf* **–1.** [de camion] volquete *m.* **–2.** [de grue] pala *f.* **–3.** [cabine] cabina *f.* **–4.** [wagonnet] vagoneta *f.*

benzine [bɛ̃zin] *nf* bencina *f.*

BEP, Bep (*abr de* **brevet d'études professionnelles**) *nm diploma de estudios profesionales.*

BEPC, Bepc (*abr de* **brevet d'études du premier cycle**) *nm diploma que antiguamente se concedía tras los cuatro primeros años de estudios secundarios.*

béqueter = becqueter.

béquille [bekij] *nf* **–1.** [pour marcher] muleta *f.* **–2.** [de deux-roues] patilla *f.*

berceau, x [berso] *nm* **–1.** [lit d'enfant, lieu d'origine] cuna *f.* **–2.** ARCHIT bóveda *f* de cañón.

bercer [berse] *vt* **–1.** [bébé] acunar; *fig* [barque] mecer. **–2.** *fig* [douleur] aliviar.

berceuse [bersøz] *nf* **–1.** [MUS – chanson] nana *f*, canción *f* de cuna; [– morceau de musique] nana *f.* **–2.** *Can* [fauteuil] mecedora *f.*

béret [berɛ] *nm* boina *f.*

berge [bɛrʒ] *nf* **–1.** [bord] orilla *f.* **–2.** *fam* [année d'âge] taco *m.*

berger, ère [berʒe, ɛr] *nm, f* [personne] pastor *m*, -ra *f.* ◆ **bergère** *nf* [canapé] poltrona *f.* ◆ **berger allemand** *nm* pastor *m* alemán.

bergerie [bɛrʒəri] *nf* [lieu] aprisco *m.*

Berlin [bɛrlɛ̃] *n* Berlín.

berline [bɛrlin] *nf* berlina *f*.

berlingot [bɛrlɛ̃go] *nm* **-1.** [bonbon] *caramelo en forma de rombo*. **-2.** [emballage] bolsa *f*.

berlinois, e [bɛrlinwa, az] *adj* berlinés(esa). ◆ **Berlinois, e** *nm, f* berlinés *m*, -esa *f*.

berlue [bɛrly] *nf* : **avoir la** ~ ver visiones.

bermuda [bɛrmyda] *nm* bermudas *fpl*.

berne [bɛrn] *nf* : **en** ~ a media asta.

berner [bɛrne] *vt* engañar.

besogne [bəzɔɲ] *nf* trabajo *m*.

besoin [bəzwɛ̃] *nm* **-1.** [gén] necesidad; **avoir** ~ **de qqch** necesitar algo; **avoir** ~ **de faire qqch** necesitar hacer algo; **au** ~ en caso de necesidad. **-2.** [dénuement] : **être dans le** ~ estar en la indigencia.

bestial, e, aux [bɛstjal, o] *adj* bestial.

bestiole [bɛstjɔl] *nf* bicho *m*.

bétail [betaj] *nm* ganado *m*.

bête [bɛt] ◇ *adj* **-1.** [stupide] tonto(ta). **-2.** [simple] **c'est tout** ~ es muy sencillo. **-3.** [regrettable] : **c'est** ~ [zut]! ¡qué tonto!, ¡qué tontería! ◇ *nf* bestia *f*.

bêtise [betiz] *nf* **-1.** [gén] tontería *f Esp*, babosada *f Amér*. **-2.** [de personne] necedad *f*.

béton [betɔ̃] *nm* hormigón *m*; ~ **armé** hormigón armado.

betterave [bɛtrav] *nf* remolacha *f*; ~ **fourragère** remolacha forrajera; ~ **sucrière** OU **à sucre** remolacha azucarera.

beugler [bøgle] *vi* **-1.** [bovin] mugir. **-2.** *fam* [personne, radio] berrear.

beurre [bœr] *nm* mantequilla *f*; **au** ~ **noir** [œil] morado(da).

beurrer [bœre] *vt* untar con mantequilla.

beuverie [bœvri] *nf* cogorza *f*.

bévue [bevy] *nf* metedura *f* de pata.

biais [bjɛ] *nm* **-1.** [ligne oblique] sesgo *m*; **de** OU **en** ~ [de manière oblique] en diagonal; **regarder de** ~ mirar de reojo. **-2.** COUT bies *m*. **-3.** [aspect] ángulo *m*. **-4.** [moyen détourné] truco *m*. ◆ **par le biais de** *loc prép* [par l'intermédiaire de] por medio de; **il a obtenu cette promotion par le** ~ **d'un ami** ha conseguido el ascenso por medio de un amigo.

biaiser [bjeze] *vi* **-1.** [changer de cap] virar. **-2.** [être de travers] estar sesgado(da). **-3.** [agir, parler indirectement] andarse con rodeos.

bibelot [biblo] *nm* bibelot *m*.

biberon [bibrɔ̃] *nm* biberón *m Esp*, mamadera *f Amér*.

bibi [bibi] *pron fam* el menda(la menda); **et qui c'est qui a fait la vaisselle? c'est** ~! *fig* ¿y quién ha lavado los platos? ¡el menda!

bible [bibl] *nf* biblia *f*. ◆ **Bible** *nf* : **la Bible** la Biblia.

bibliographie [biblijɔgrafi] *nf* bibliografía *f*.

bibliothécaire [biblijɔtekɛr] *nmf* bibliotecario *m*, -ria *f*.

bibliothèque [biblijɔtɛk] *nf* **-1.** [meuble] librería *f*, biblioteca *f*. **-2.** [édifice, collection] biblioteca *f*.

biblique [biblik] *adj* bíblico(ca).

bicarbonate [bikarbɔnat] *nm* CHIM bicarbonato *m*; ~ **de soude** bicarbonato sódico.

biceps [bisɛps] *nm* bíceps *m inv*.

biche [biʃ] *nf* ZOOL cierva *f*.

bicolore [bikɔlɔr] *adj* bicolor.

bicoque [bikɔk] *nf fam* casa *f*.

bicyclette [bisiklɛt] *nf* bicicleta *f*.

bide [bid] *nm fam* **-1.** [ventre] barriga *f*. **-2.** [échec] fracaso *m*.

bidet [bide] *nm* **-1.** [sanitaire] bidé *m*. **-2.** *hum* [cheval] jamelgo *m*.

bidon [bidɔ̃] *nm* **-1.** [récipient] bidón *m*. **-2.** *fam* [ventre] barriga *f*. **-3.** (*en apposition inv*) [faux] *fam* falso(a).

bidonville [bidɔ̃vil] *nm* barrio *m* de chabolas.

bielle [bjɛl] *nf* biela *f*.

Biélorussie [bjelɔrysi] *nf* : **la** ~ Bielorrusia.

bien [bjɛ̃] ◇ *adj inv* bien; **il est** ~ **ce bureau** está bien este despacho; **il est** ~ **comme prof** es buen profesor. ◇ *nm* bien *m*; **le** ~ **et le mal** el bien y el mal; **dire du** ~ **de qqn/de qqch** hablar bien de alguien/de algo; **en tout** ~ **tout honneur** con buenas intenciones; **faire du** ~ ir bien. ◇ *adv* **-1.** [de manière satisfaisante] bien; **on mange** ~ **ici** se come bien aquí; **c'est** ~ **fait** te lo has merecido. **-2.** [sens intensif] muy, mucho; ~ **de mucho(cha)**; **il a** ~ **de la chance** tiene mucha suerte; ~ **souvent** muy a menudo; **elle est** ~ **jolie** es muy bonita; **en es-tu** ~ **sûr?** ¿estás completamente seguro?; **on a** ~ **ri** nos hemos reído mucho. **-3.** [au moins] : **il y a** ~ **trois heures que j'attends** hace por lo menos tres horas que espero. **-4.** [renforçant un comparatif] mucho; **il est parti** ~ **plus tard** se fue mucho más tarde; **il**

était ~ aussi gentil que... fue tan amable como... **-5.** [servant à conclure ou à introduire] : **~, c'est fini pour aujourd'hui** bueno, se acabó por hoy; **~, je t'écoute** bien ou bueno, te escucho; **très ~, je vais avec toi** muy bien, voy contigo. **-6.** [en effet] : **c'est ~ lui** efectivamente es él; **c'est ~ ce que je disais** es justo lo que yo decía. ◇ *interj* : **eh ~!** ¡(muy) bien!; **eh ~, qu'en penses-tu?** y bien, ¿tú qué opinas? ◆ **biens** *nmpl* bienes *mpl.* ◆ **bien de, bien des** *loc adj* mucho(cha); **il y a ~ du monde** hay mucha gente. ◆ **bien entendu** *loc adv* desde luego, por supuesto. ◆ **bien mieux** *loc adv* es más. ◆ **bien que** *loc conj* (+ *subjonctif*) aunque (+ *subjuntivo*); **~ que qu'il ait terminé son travail, il ne sortira pas** aunque termine su trabajo, no saldrá. ◆ **bien sûr** *loc adv* desde luego, por supuesto.

bien-aimé, e [bjɛ̃neme] *adj* (*mpl* **bien-aimés,** *fpl* **bien-aimées**) ◇ *adj* querido(da). ◇ *nm, f* amado *m,* -da *f.*

bien-être [bjɛ̃netr] *nm inv* bienestar *m.*

bienfaisance [bjɛ̃fəzɑ̃s] *nf* beneficencia *f.*

bienfaisant, e [bjɛ̃fəzɑ̃, ɑ̃t] *adj* beneficioso(sa).

bienfait [bjɛ̃fɛ] *nm* **-1.** [faveur] favor *m.* **-2.** [effet bénéfique] efecto *m.*

bienfaiteur, trice [bjɛ̃fɛtœr, tris] *nm, f* benefactor *m,* -ra *f.*

bien-fondé [bjɛ̃fɔ̃de] (*pl* **bien-fondés**) *nm* pertinencia *f.*

bienheureux, euse [bjɛ̃nørø, øz] ◇ *adj* **-1.** RELIG bienaventurado(da). **-2.** [heureux] dichoso(sa). ◇ *nm, f* RELIG bienaventurado *m,* -da *f.*

bientôt [bjɛ̃to] *adv* pronto; **à ~** hasta pronto.

bienveillance [bjɛ̃vejɑ̃s] *nf* bondad *f.*

bienveillant, e [bjɛ̃vejɑ̃, ɑ̃t] *adj* bondadoso(sa).

bienvenu, e [bjɛ̃vəny] ◇ *adj* [qui arrive à propos] oportuno(na). ◇ *nm, f* : **un café serait le ~** un café sería bienvenido; **soyez la ~e** sea usted bienvenida. ◆ **bienvenue** *f* bienvenida *f;* **souhaiter la ~e à qqn** dar la bienvenida a alguien.

bière [bjɛr] *nf* **-1.** [boisson] cerveza *f;* **~ blonde/brune** cerveza rubia/negra; **~ pression** cerveza de barril. **-2.** [cercueil] ataúd *m.*

bifteck [biftɛk] *nm* bistec *m.*

bifurcation [bifyrkasjɔ̃] *nf* **-1.** [de route, voie ferrée] bifurcación *f.* **-2.** *fig* [nouvelle orientation] giro *m.*

bifurquer [bifyrke] *vi* **-1.** [route, voie ferrée] bifurcarse. **-2.** [tourner] girar. **-3.** [personne] orientarse hacia.

bigamie [bigami] *nf* bigamia *f.*

bigarré, e [bigare] *adj* abigarrado(da).

bigoudi [bigudi] *nm* bigudí *m.*

bijou, x [biʒu] *nm* joya *f.*

bijouterie [biʒutri] *nf* joyería *f.*

bijoutier, ère [biʒutje, ɛr] *nm, f* joyero *m,* -ra *f.*

bikini [bikini] *nm* bikini *m.*

bilan [bilɑ̃] *nm* balance *m;* **déposer son ~** declararse en quiebra; **faire le ~ de qqch** hacer balance de algo.

bilatéral, e, aux [bilateral, o] *adj* **-1.** [gén] bilateral. **-2.** [stationnement] a ambos lados *(de la calzada).*

bile [bil] *nf* bilis *f inv.*

biliaire [biljɛr] *adj* biliar.

bilingue [bilɛ̃g] *adj & nmf* bilingüe.

billard [bijar] *nm* **-1.** [jeu] billar *m.* **-2.** [table de jeu] mesa *f* de billar.

bille [bij] *nf* **-1.** [d'enfant] canica *f Esp,* bolita *f Amér.* **-2.** [de billard] bola *f.* **-3.** *fam* [tête] careto *m.* **-4.** [pièce de bois] madero *m.*

billet [bijɛ] *nm* billete *m;* **~ d'avion/de train** billete de avión/de tren; **~ (de banque)** billete (de banco); **~ de loterie** billete de lotería.

billetterie [bijɛtri] *nf* **-1.** BANQUE cajero *m* automático. **-2.** [à la gare, au théâtre] taquilla *f Esp,* boletería *f Amér.*

billion [biljɔ̃] *nm* [million de millions] billón *m.*

bimensuel, elle [bimɑ̃suɛl] *adj* bimensual. ◆ **bimensuel** *nm* bimensual.

bimoteur [bimɔtœr] *adj & nm* bimotor.

binaire [binɛr] *adj* binario(ria).

biner [bine] *vt* binar.

binocle [binɔkl] *nm* quevedos *mpl.* ◆ **binocles** *nmpl fam* lentes *fpl.*

binôme [binom] *nm* **-1.** MATHS binomio *m.* **-2.** UNIV compañero *m* de estudios.

bio [bjo] *adj inv* natural.

biocarburant [bjɔkarbyrɑ̃] *nm* biocarburante *m.*

biochimie [bjɔʃimi] *nf* bioquímica *f.*

biodégradable [bjɔdegradabl] *adj* biodegradable.

biographie [bjɔgrafi] *nf* biografía *f.*

biologie [bjɔlɔʒi] *nf* biología *f.*

biologique [bjɔlɔʒik] *adj* biológico(ca).

biomasse [bjɔmas] *nf* biomasa *f.*

biopsie [bjɔpsi] *nf* MÉD biopsia *f.*

biorythme [bjɔritm] *nm* biorritmo *m.*

biréacteur [bireaktœr] *nm* birreactor *m.*

bis[1], **e** [bi, biz] *adj* –1. [toile] bazo(za). –2. [pain, teint] moreno(na).

bis[2] [bis] ⬦ *adv* –1. [numéro] bis. –2. [à la fin d'un spectacle] : **crier** ~ gritar ¡otra!; ~! ~! ¡otra! ¡otra! ⬦ *nm* [répétition] bis *m.*

bisannuel, **elle** [bizanɥɛl] *adj* bienal.

biscornu, **e** [biskɔrny] *adj* –1. [difforme] de forma irregular. –2. [bizarre] retorcido(da).

biscotte [biskɔt] *nf* biscote *f.*

biscuit [biskɥi] *nm* –1. [gâteau sec] galleta *f.* –2. [pour animaux] pienso *m.* –3. [porcelaine] porcelana *f* sin esmaltar.

bise [biz] *nf* –1. [vent] cierzo *m.* –2. *fam* [baiser] beso *m.*

biseau, **x** [bizo] *nm* bisel *m*; **en** ~ [obliquement] biselado(da), de bisel.

bison [bizɔ̃] *nm* bisonte *m.*

bisou [bizu] *nm fam* [baiser] besito *m*; **gros** ~ [formule d'adieu] un beso muy grande.

bistouri [bisturi] *nm* MÉD bisturí *m.*

bistrot, **bistro** [bistro] *nm fam* [café] bar *m*; [restaurant] restaurante *m.*

bit [bit] *nm* INFORM bit *m.*

bivouac [bivwak] *nm* MIL vivaque *m.*

bivouaquer [bivwake] *vi* acampar.

bizarre [bizar] *adj* –1. [étrange] extraño(ña). –2. [excentrique] estrafalario(ria).

bizutage [bizytaʒ] *nm* novatada *f.*

black-out [blakaut] *nm* –1. [panne de courant] apagón *m.* –2. *fig* : **faire le** ~ correr un tupido velo.

blafard, **e** [blafar, ard] *adj* pálido(da).

blague [blag] *nf* –1. [plaisanterie] chiste *m.* –2. [farce] broma *f.* –3. [maladresse] metedura *f* de pata.

blaguer [blage] *fam* ⬦ *vi* [plaisanter] bromear. ⬦ *vt* [taquiner] burlarse de.

blagueur, **euse** [blagœr, øz] *adj & nm*, *f fam* bromista.

blaireau [blɛro] *nm* –1. [animal] tejón *m.* –2. [pour le rasage] brocha *f* de afeitar.

blâme [blam] *nm* –1. [désapprobation] censura *f.* –2. [sanction] sanción *f.*

blâmer [blame] *vt* –1. [désapprouver] censurar. –2. [infliger un blâme] sancionar.

blanc, **blanche** [blɑ̃, blɑ̃ʃ] *adj* –1. [gén] blanco(ca). –2. [page, nuit] en blanco. ◆ **blanc** *nm* –1. [couleur, linge] blanco *m.* –2. [sur une page] espacio *m* en blanco. –3. [dans une conversation] silencio *m.* –4. [de volaille] pechuga *f*; [d'œuf] clara *f.* –5. *loc* : **à** ~ [chauffer] al rojo blanco; [tirer] al blanco; **en** ~ [couleur, chèque] en blanco. ◆ **blanche** *nf* MUS blanca *f.*

blanc-bec *nm péj & vieilli* mocoso *m.*

blanche → blanc.

blancheur [blɑ̃ʃœr] *nf* blancura *f.*

blanchir [blɑ̃ʃir] ⬦ *vt* –1. [mur, tissu, argent] blanquear. –2. [linge] lavar. –3. [légumes] escaldar. –4. *fig* [accusé] exculpar. ⬦ *vi* –1. [personne] envejecer. –2. [cheveux] encanecer.

blanchissage [blɑ̃ʃisaʒ] *nm* –1. [du linge] lavado *m.* –2. TECHNOL [du sucre] refinado *m (del azúcar)*.

blanchisserie [blɑ̃ʃisri] *nf* lavandería *f.*

blanchisseur, **euse** [blɑ̃ʃisœr, øz] *nm*, *f* lavandero *m*, -ra *f.*

blasé, **e** [blaze] ⬦ *adj* hastiado(da). ⬦ *nm*, *f* desganado *m*, desganada *f*; **faire le** ~ hacerse el desganado.

blason [blazɔ̃] *nm* [armoiries] blasón *m.*

blasphème [blasfɛm] *nm* blasfemia *f.*

blasphémer [blasfeme] ⬦ *vt* blasfemar contra. ⬦ *vi* blasfemar.

blatte [blat] *nf* cucaracha *f.*

blazer [blazɛr] *nm* blazer *m*, americana *f Esp*, saco *m Amér*.

blé [ble] *nm* –1. [céréale] trigo *m*; ~ **en herbe** trigo en ciernes. –2. *fam* [argent] pasta *f.*

blême [blɛm] *adj* pálido(da).

blennorragie [blenɔraʒi] *nf* MÉD blenorragia *f*, blenorrea *f.*

blessant, **e** [blɛsɑ̃, ɑ̃t] *adj* hiriente.

blessé, **e** [blese] *nm*, *f* herido *m*, -da *f.*

blesser [blese] *vt* –1. [infliger une blessure] herir; **être blessé au bras** ser herido en el brazo. –2. [faire mal] hacer daño. –3. [vexer] ofender.

blessure [blesyr] *nf* herida *f.*

blet, **blette** [blɛ, blɛt] *adj* pasado(da).

bleu, **e** [blø] *adj* –1. [couleur] azul. –2. CULIN poco hecho(cha). ◆ **bleu** *nm* –1. [couleur] azul *m.* –2. [meurtrissure] cardenal *m*, morado *m.* –3. [colorant] azulete *m.* –4. [novice] recluta *m.* –5. [fromage] queso *m* azul. ◆ **bleu de travail** *nm* mono *m* de trabajo.

bleuet [blœɛ] *nm* aciano *m*.

bleuir [blœir] ◇ *vt* **-1.** [chose] azular. **-2.** [partie du corps] amoratarse. ◇ *vi* [devenir bleu] volverse azul.

bleuté, e [blœte] *adj* azulado(da) *Esp*, azuloso(sa) *Amér*.

blindé, e [blɛ̃de] *adj* **-1.** [véhicule, porte] blindado(da). **-2.** *fam fig* [personne] curtido(da). ◆ **blindé** *nm* MIL vehículo *m* blindado.

blinder [blɛ̃de] *vt* **-1.** [véhicule, porte] blindar. **-2.** *fam fig* [personne] curtir.

blizzard [blizar] *nm* ventisca en *América del Norte*.

bloc [blɔk] *nm* **-1.** [masse] bloque *m*; ~ **d'habitations** bloque de viviendas. **-2.** [groupe] coalición *f*; **en** ~ [en totalité] en bloque. **-3.** [assemblage] módulo *m*; ~ **d'alimentation** INFORM bloque de alimentación; ~ **opératoire** quirófano *m*.

blocage [blɔkaʒ] *nm* **-1.** CONSTR cascote *m inv*. **-2.** ÉCON congelación *f*. **-3.** PSYCHOL bloqueo *m* (mental). **-4.** [de roue] bloqueo *m*.

blockhaus [blɔkos] *nm* MIL blocao *m*.

bloc-moteur *nm* AUTOM bloque *m* del motor.

bloc-notes [blɔknɔt] *nm* bloc *m* de notas.

blocus [blɔkys] *nm* bloqueo *m*.

blond, e [blɔ̃, blɔ̃d] ◇ *adj* **-1.** [cheveux, personne] rubio(bia) *Esp*, güero(ra) *Amér*. **-2.** [bois] claro(ra). **-3.** [baguette] poco hecho(poco hecha). ◇ *nm, f* [personne] rubio *m*, -bia *f Esp*, güero *m*, -ra *f Amér*. ◆ **blond** *nm* rubio *m*; ~ **cendré/vénitien/platine** rubio ceniza/bermejo/platino.

blondeur [blɔ̃dœr] *nf* rubio *m*.

bloquer [blɔke] *vt* **-1.** [gén] bloquear. **-2.** ÉCON congelar. **-3.** [regrouper] juntar. ◆ **se bloquer** *vp* bloquearse.

blottir [blɔtir] ◆ **se blottir** *vp* acurrucarse.

blouse [bluz] *nf* **-1.** [de travail, d'écolier] bata *f*. **-2.** [chemisier] blusa *f*.

blouson [bluzɔ̃] *nm* cazadora *f Esp*, campera *f Amér*.

blue-jean [bludʒin] (*pl* **blue-jeans** [bludʒins]) *nm* vaqueros *mpl*.

blues [bluz] *nm inv* **-1.** MUS blues *m inv*. **-2.** *fam* [mélancolie] depre *f*.

bluff [blœf] *nm* fantasmada *f*.

bluffer [blœfe] *fam* ◇ *vi* tirarse un farol. ◇ *vt* embaucar.

blush [blœʃ] *nm* colorete *m*.

boa [bɔa] *nm* boa *f*; ~ **constricteur** boa constrictor.

boat people [botpipœl] *nmpl* boat people *mpl*.

bobard [bɔbar] *nm fam* trola *f*.

bobine [bɔbin] *nf* **-1.** [de fil] bobina *f*; [de ruban] carrete *m*. **-2.** *fam vieilli* [visage] jeta *f*.

bobonne [bɔbɔn] *nf péj* maruja *f*.

bocage [bɔkaʒ] *nm* **-1.** [bois] bosquecillo *m*. **-2.** GÉOGR dehesa *f*.

bocal, aux [bɔkal, o] *nm* tarro *m*.

body-building [bɔdibɥildiŋ] *nm* bodybuilding *m*.

bœuf [bœf, *pl* bø] *nm* **-1.** [animal] buey *m*. **-2.** [viande] vaca *f*.

bof [bɔf] *interj fam* ¡bah!

bohème [bɔɛm] *adj & nmf* bohemio(mia).

bohémien, enne [bɔemjɛ̃, ɛn] ◇ *adj* bohemio(mia)*(de la Bohemia)*. ◇ *nm, f* [gitan] gitano *m*, -na *f*.

boire [bwar] *vt* **-1.** [s'abreuver, être alcoolique] beber. **-2.** [absorber] chupar.

bois [bwa] ◇ *nm* **-1.** [forêt] bosque *m*. **-2.** [matériau - de construction] madera *f*; **en** ~ **de madera**; [- de chauffage] leña *f*. ◇ *nmpl* **-1.** MUS instrumentos *mpl* de viento. **-2.** [cornes] cornamenta *f*.

boisé, e [bwaze] *adj* poblado(da)de árboles.

boiserie [bwazri] *nf* carpintería *f*.

boisson [bwasɔ̃] *nf* bebida; ~ **alcoolisée** bebida alcohólica; **s'adonner à la** ~ darse a la bebida.

boîte [bwat] *nf* **-1.** [récipient] caja *f*; **en** ~ [en conserve] en lata; ~ **de conserves** lata *f* de conservas; ~ **à musique/de vitesses** caja de música/de cambios; ~ **à gants** [de voiture] guantera *f*; ~ **aux lettres** buzón *m*; ~ **postale** apartado *m* de correos. **-2.** *fam* [entreprise] empresa *f*; [discothèque] discoteca *f*.

boîter [bwate] *vi* cojear.

boiteux, euse [bwatø, øz] *adj & nm, f* cojo(ja).

boîtier [bwatje] *nm* **-1.** [gén] caja *f*. **-2.** [d'appareil photographique] cuerpo *m*.

bol [bɔl] *nm* [récipient, contenu] tazón *m*, bol *m*; ~ **alimentaire** bolo *m* alimenticio; **prendre un** ~ **d'air** tomar el aire.

bolet [bɔlɛ] *nm* boleto *m* (seta).

bolide [bɔlid] *nm* bólido *m*.

Bolivie [bɔlivi] *nf* : **la** ~ Bolivia.

bolivien, enne [bɔlivjɛ̃, ɛn] *adj* boliviano(na). ◆ **Bolivien, enne** *nm, f* boliviano *m*, -na *f*.

bombance [bɔ̃bɑ̃s] *nf* : **faire ~** ir de francachela OU de cuchipanda.

bombardement [bɔ̃bardəmɑ̃] *nm* bombardeo *m*.

bombarder [bɔ̃barde] *vt* **-1.** MIL bombardear; **~ qqn/qqch de qqch** [lancer sur] bombardear a alguien/algo con algo. **-2.** *fam fig* [accabler de] : **~ qqn de qqch** bombardear a alguien de algo. **-3.** *fam fig* [nommer] nombrar de sopetón *(para un cargo)*.

bombardier [bɔ̃bardje] *nm* bombardero *m*.

bombe [bɔ̃b] *nf* **-1.** [projectile, scandale] bomba *f*; **~ atomique/incendiaire/à retardement** bomba atómica/incendiaria/de efecto retardado. **-2.** [de cavalier] gorra *f (de jinete).* **-3.** [atomiseur] espray *m*.

bombé, e [bɔ̃be] *adj* abombado(da).

bon, bonne [bɔ̃, bɔn] *(compar & superl* **meilleur)** *adj* **-1.** [gén] bueno(na). **-2.** [dans l'expression d'un souhait] feliz; **~ anniversaire!** ¡feliz cumpleaños!; **bonne année!** ¡feliz año nuevo! **-3.** [sens intensif] largo(ga); **une bonne heure** una hora larga. **-4.** [réponse, solution, etc] correcto(ta). **-5.** *loc* : **être ~ à** servir para; **être ~ pour qqch/pour faire qqch** *fam* no escaparse de algo/de hacer algo. ◆ **bon** ◇ *adv* : **il fait ~** hace buen tiempo; **sentir ~** oler bien; **tenir ~** aguantar. ◇ *interj* [marque de satisfaction] bueno. ◇ *nm* **-1.** [constatant un droit] bono *m*; **~ de commande** COMM nota *f* de pedido, orden *f*; **~ du Trésor** FIN bono del Tesoro. **-2.** *(gén pl)* [personne] los buenos; **les ~s et les méchants** los buenos y los malos.

bonasse [bɔnas] *adj* bonachón(ona).

bonbon [bɔ̃bɔ̃] *nm* **-1.** [friandise] caramelo *m*. **-2.** *Belg* [gâteau sec] galleta *f*.

bonbonne [bɔ̃bɔn] *nf* bombona *f*.

bonbonnière [bɔ̃bɔnjɛr] *nf* bombonera *f*.

bond [bɔ̃] *nm* [saut] brinco *m*; **faire un ~** [bondir] dar un brinco; [progresser] dar un salto.

bonde [bɔ̃d] *nf* **-1.** [d'évier] desagüe *m*. **-2.** [trou] piquera *f*. **-3.** [bouchon] tapón *m*.

bondé, e [bɔ̃de] *adj* abarrotado(da).

bondir [bɔ̃dir] *vi* **-1.** [sauter] brincar; **~ sur qqch/sur qqn** saltar sobre algo/sobre alguien. **-2.** [s'élancer] abalanzarse. **-3.** *fig* [réagir violemment] saltar.

bonheur [bɔnœr] *nm* **-1.** [félicité] felicidad *f*; **faire le ~ de qqn** [rendre heureux] hacer feliz a alguien; [se rendre utile] resolver la papeleta a alguien. **-2.** [chance] suerte *f*; **par ~** [heureusement] por suerte; **porter ~** dar suerte.

bonhomme [bɔnɔm] *(pl* **bonshommes)** ◇ *adj* bonachón(ona). ◇ *nm* **-1.** *fam péj* [homme] tío *m*. **-2.** [petit garçon] hombrecito *m*. **-3.** [représentation] muñeco *m*; **~ de neige** muñeco de nieve.

bonification [bɔnifikasjɔ̃] *nf* **-1.** [de la terre, du vin] mejora *f*. **-2.** SPORT prima *f*.

bonjour [bɔ̃ʒur] *nm* **-1.** [le matin] buenos días *m Esp*, buen día *m Amér.* **-2.** [salut] ¡hola!; **dire ~** saludar.

bonne [bɔn] ◇ *adj* → **bon.** ◇ *nf* criada *f Esp*, mucama *f Amér.*

bonnement [bɔnmɑ̃] *adv* : **tout ~** [tout simplement] lisa y llanamente.

bonnet [bɔnɛ] *nm* **-1.** [coiffure] gorro *m*; **~ de bain** gorro de baño. **-2.** [de soutien-gorge] copa *f*.

bonneterie [bɔnɛtri] *nf* **-1.** [industria] industria *f* de géneros de punto. **-2.** [marchandise] géneros *mpl* de punto. **-3.** [magasin] tienda *f* de géneros de punto, mercería *f*.

bonsoir [bɔ̃swar] *nm* [dans l'après-midi] buenas tardes *fpl*; [de nuit] buenas noches *fpl*.

bonté [bɔ̃te] *nf* **-1.** [bienveillance] bondad *f*; **avoir la ~ de faire qqch** *sout* tener la bondad de hacer algo. **-2.** *(gén pl)* [acte d'amabilité] atención *f*.

bonus [bɔnys] *nm* **-1.** [assurance automobile] bonificación *f*. **-2.** [supplément] plus *m*.

bord [bɔr] *nm* **-1.** [extrémité, côté] borde *m*; **à ras ~s** hasta el borde; **au ~ de** [très près de] al borde de; [sur le point de] a punto de. **-2.** [rivage] orilla *f*; **au ~ de mer** en la playa, en la costa. **-3.** [lisière] lindero *m*. **-4.** [bordure – de vêtement] ribete *m*; [– de chapeau] ala *f*. **-5.** [de moyen de transport] : **à ~ de qqch** a bordo de algo; **de ~** de a bordo; **passer par-dessus ~** [tomber à la mer] caer por la borda.

bordeaux [bɔrdo] ◇ *adj inv* [couleur] burdeos *(en aposición).* ◇ *nm* [vin] burdeos *m inv.*

bordel [bɔrdɛl] *nm tfam* **-1.** [maison close] burdel *m*. **-2.** [désordre] caos *m*.

bordélique [bɔrdelik] *adj fam* caótico(ca).

border [bɔrde] *vt* **-1.** [vêtement] : ~ **qqch de qqch** ribetear algo de algo. **-2.** [être en bordure] bordear. **-3.** NAVIG costear. **-4.** [lit] remeter. **-5.** [personne] arropar.

bordereau [bɔrdəro] *nm* **-1.** [liste] relación *f* detallada. **-2.** [facture] factura *f.*

bordure [bɔrdyr] *nf* **-1.** [bord] borde *m*; **en** ~ **de qqch** al borde de algo. **-2.** [de fleurs] bordura *f.* **-3.** [de vêtement] ribete *m*; **à** ~ **de** con un ribete de, ribeteado(da)de.

borgne [bɔrɲ] ◇ *adj* **-1.** [personne] tuerto(ta). **-2.** *fig* [sordide] de mala muerte. ◇ *nmf* [personne] tuerto *m*, -ta *f.*

borne [bɔrn] *nf* **-1.** [marque] mojón *m.* **-2.** *fam* [kilomètre] kilómetro *m.* **-3.** *fig* [limite] límite *m*; **dépasser les** ~**s** pasarse de la raya; **sans** ~**s** sin límites.

borné, e [bɔrne] *adj* **-1.** [restreint] limitado(da). **-2.** [obtus] corto(ta)de alcances.

borner [bɔrne] *vt* limitar. ◆ **se borner** *vp* : **se** ~ **à faire qqch** [se contenter de] limitarse a hacer algo; **se** ~ **à qqch** [se limiter à] limitarse a algo.

bosniaque [bɔsniak] *adj* bosnio(nia). ◆ **Bosniaque** *nm, f* bosnio *m*, -nia *f.*

Bosnie [bɔsni] *nf* : **la** ~ Bosnia.

bosquet [bɔskε] *nm* bosquecillo *m.*

bosse [bɔs] *nf* **-1.** [enflure] chichón *m.* **-2.** [de bossu] joroba *f.* **-3.** ANAT [du crâne] protuberancia *f.* **-4.** [de chameau, de dromadaire] giba *f*, joroba *f.* **-5.** [de terrain] montículo *m.*

bosser [bɔse] *vi fam* currar.

bossu, e [bɔsy] *adj & nm, f* jorobado(da).

botanique [bɔtanik] ◇ *adj* botánico(ca). ◇ *nf* botánica *f.*

botte [bɔt] *nf* **-1.** [chaussure] bota *f*; ~ **de caoutchouc** bota de goma. **-2.** [de légumes] manojo *m.* **-3.** [d'escrime] estocada *f.*

botter [bɔte] *vt* **-1.** [chausser] calzar. **-2.** *fam* [donner un coup de pied] dar una patada en. **-3.** *fam vieilli* [plaire à] chiflar.

bottier [bɔtje] *nm* zapatero *m.*

Bottin® [bɔtε̃] *nm fam* listín *m* (de teléfonos).

bottine [bɔtin] *nf* botín *m.*

bouc [buk] *nm* **-1.** [animal] macho cabrío *m*; ~ **émissaire** *fig* chivo *m* expiatorio. **-2.** [barbe] perilla *f.*

boucan [bukɑ̃] *nm fam* jaleo *m.*

bouche [buʃ] *nf* boca *f*; **faire du** ~ **à** ~ **à qqn** hacerle el boca a boca a alguien; **rester** ~ **bée** quedarse boquiabierto(ta); ~ **d'incendie/de métro** boca de incendios/ de metro.

bouché, e [buʃe] *adj* **-1.** [obstrué] atascado(da). **-2.** [en bouteille] embotellado(da). **-3.** *fam fig* [personne] duro(ra)de mollera.

bouchée [buʃe] *nf* bocado *m.*

boucher[1] [buʃe] *vt* **-1.** [bouteille, trou] tapar. **-2.** [obstruer – passage] interceptar; [– la vue] tapar.

boucher[2], **ère** [buʃe, εr] *nm, f* carnicero *m*, -ra *f.*

boucherie [buʃri] *nf* carnicería *f.*

bouche-trou [buʃtru] (*pl* **bouche-trous**) *nm* **-1.** [personne] figurante *m*, -ta *f.* **-2.** [objet] relleno *m.*

bouchon [buʃɔ̃] *nm* **-1.** [de bouteille, de flacon] tapón *m Esp*, tapa *f Amér*. **-2.** [de canne à pêche] flotador *m.* **-3.** [embouteillage] atasco *m Esp*, atorón *m Amér.*

boucle [bukl] *nf* **-1.** [de ceinture, de soulier] hebilla *f.* **-2.** [de cheveux, looping] rizo *m.* **-3.** [de fleuve] meandro *m.* ◆ **boucle d'oreille** *nf* pendiente *m Esp*, aro *m Amér.*

bouclé, e [bukle] *adj* **-1.** [cheveux] rizado(da). **-2.** [personne] que tiene el pelo rizado.

boucler [bukle] *vt* **-1.** [attacher] abrocharse. **-2.** *fam* [fermer] cerrar; **boucle-la!** ¡cierra el pico! **-3.** *fam* [enfermer] encerrar. **-4.** [encercler] acordonar. **-5.** [cheveux] rizar *Esp*, enchinar *Amér.* **-6.** *fam* [terminer] acabar.

bouclier [buklije] *nm* escudo *m*; **se faire un** ~ **de qqch** *fig* escudarse en algo.

bouddhiste [budist] *adj & nmf* RELIG budista.

bouder [bude] ◇ *vi* [être renfrogné] enfurruñarse. ◇ *vt* [personne] esquivar; [chose] pasar.

bouderie [budri] *nf* enfurruñamiento *m.*

boudeur, euse [budœr, øz] ◇ *adj* [personne, attitude] enfurruñado(da). ◇ *nm, f* [personne] gruñón *m*, -ona *f.*

boudin [budε̃] *nm* **-1.** CULIN morcilla *f.* **-2.** *fam péj* [personne] feto *m.*

boue [bu] *nf* **-1.** [terre] barro *m.* **-2.** *fig* [fange] lodo *m.*

bouée [bwe] *nf* boya *f*; ~ **de sauvetage** salvavidas *m inv.*

boueux, euse [buø, øz] *adj* fangoso(sa).

bouffe [buf] *nf fam* manduca *f.*

bouffée [bufe] *nf* **-1.** [souffle] bocanada *f*; [odeur] vaharada *f.* **-2.** [aspiration] calada *f.* **-3.** [accès] arrebato *m.*

bouffer [bufe] ◇ *vi* ahuecarse. ◇ *vt fam* papear.

bouffi, e [bufi] *adj* [gonflé] abotargado(da).

bouffon [bufɔ̃] *nm* **-1.** HIST bufón *m*. **-2.** [pitre] payaso *m*.

bouge [buʒ] *nm* **-1.** [taudis] cuchitril *m*. **-2.** [café mal famé] antro *m*.

bougeoir [buʒwar] *nm* palmatoria *f*.

bougeotte [buʒɔt] *nf* : **avoir la ~** *fam* ser (un) culo de mal asiento.

bouger [buʒe] ◇ *vt* [déplacer] mover. ◇ *vi* **-1.** [remuer, sortir] moverse. **-2.** [s'altérer] alterarse, cambiar. **-3.** [s'agiter] agitarse.

bougie [buʒi] *nf* **-1.** [chandelle] vela *f Esp*, veladora *f Amér*. **-2.** [de moteur] bujía *f*.

bougon, onne [bugɔ̃, ɔn] *adj & nm, f* gruñón(ona).

bougonner [bugɔne] *vi fam* refunfuñar.

bouillant, e [bujɑ̃, ɑ̃t] *adj* **-1.** [eau, café] hirviendo, hirviente. **-2.** *fig* [tempérament, personne] ardiente.

bouillir [bujir] *vi* **-1.** [liquide] hervir; **faire ~ qqch** hervir. **-2.** *fig* [personne] : **il bout** está que arde.

bouilloire [bujwar] *nf* hervidora *f*.

bouillon [bujɔ̃] *nm* **-1.** [bouillonnement] borbotón *m*. **-2.** [soupe] caldo *m*.

bouillonner [bujɔne] *vi* **-1.** [liquide, torrent] borbotear, borbollar. **-2.** *fig* [s'agiter] hervir.

bouillotte [bujɔt] *nf* bolsa *f* de agua caliente.

boul. *abr de* **boulevard**.

boulanger, ère [bulɑ̃ʒe, ɛr] *adj & nm, f* panadero(ra).

boulangerie [bulɑ̃ʒri] *nf* panadería *f*.

boule [bul] *nf* [de billard, de pétanque] bola *f*; [de loto] ficha *f*; **se rouler en ~** enroscarse; **~ de neige** bola de nieve; **faire ~ de neige** *fig* hacerse una bola de nieve.

bouleau [bulo] *nm* BOT abedul *m*.

bouledogue [buldɔg] *nm* buldog *m*.

boulet [bulɛ] *nm* **-1.** [de canon] bala *f*. **-2.** [de forçat] grillete *m*. **-3.** *fig* [fardeau] cruz *f*.

boulette [bulɛt] *nf* **-1.** [petite boule] bolita *f*. **-2.** [de viande] albóndiga *f*.

boulevard [bulvar] *nm* **-1.** [rue] bulevar *m*. **-2.** THÉÂTRE comedia *f* ligera.

bouleversant, e [bulvɛrsɑ̃, ɑ̃t] *adj* conmovedor(ra).

bouleversé, e [bulvɛrse] *adj* [en désordre] revuelto(ta); [personne] emocionado(da).

bouleversement [bulvɛrsəmɑ̃] *nm* conmoción *f*; **~ de qqch** alteración de algo.

bouleverser [bulvɛrse] *vt* **-1.** [mettre en désordre] revolver. **-2.** [modifier] conmocionar. **-3.** [personne] emocionar.

boulier [bulje] *nm* ábaco *m*.

boulimie [bulimi] *nf* bulimia *f*.

boulon [bulɔ̃] *nm* perno *m*.

boulonner [bulɔne] ◇ *vt* empernar. ◇ *vi fam* currar.

boulot [bulo] *nm fam* curro *m*.

bouquet [bukɛ] *nm* **-1.** [de fleurs] ramo *m*. **-2.** [crevette] camarón *m*. **-3.** [du vin] buqué *m*. **-4.** [de feu d'artifice] castillo *m* (de fuegos artificiales).

bouquin [bukɛ̃] *nm fam* libro *m*.

bouquiner [bukine] *vt & vi fam* leer.

bouquiniste [bukinist] *nmf* librero de viejo en los muelles del Sena.

bourbier [burbje] *nm* **-1.** [lieu] barrizal *m*. **-2.** *fig* [situation] lodazal *m*.

bourde [burd] *nf* **-1.** [baliverne] bola *f* (mentira). **-2.** *fam* [erreur] : **faire une ~** meter la pata.

bourdon [burdɔ̃] *nm* **-1.** [insecte] abejorro *m*. **-2.** [cloche] campana *f* mayor. **-3.** [ton grave] bordón *m*. **-4.** *loc* : **avoir le ~** *fam* [avoir le cafard] tener morriña.

bourdonnement [burdɔnmɑ̃] *nm* **-1.** [d'insecte, de moteur] zumbido *m*. **-2.** [de voix] murmullo *m*.

bourdonner [burdɔne] *vi* zumbar.

bourgeois, e [burʒwa, az] ◇ *adj* **-1.** [gén] burgués(esa). **-2.** [cuisine] casero(ra). ◇ *nm, f* burgués *m*, -esa *f*.

bourgeoisie [burʒwazi] *nf* burguesía *f*.

bourgeon [burʒɔ̃] *nm* yema *f*.

bourlinguer [burlɛ̃ge] *vi fam fig* correr mundo.

bourrade [burad] *nf* empujón *m*.

bourrage [buraʒ] *nm* [de coussin] relleno *m*.

bourrasque [burask] *nf* borrasca *f*.

bourratif, ive [buratif, iv] *adj fam* pesado(da).

bourreau [buro] *nm* verdugo *m*; **~ des cœurs** rompecorazones *m inv*.

bourrelet [burlɛ] *nm* **-1.** [de porte] burlete *m*. **-2.** [coussinet] rodete *m*. **-3.** [de graisse] michelín *m*.

bourrer [bure] *vt* **-1.** [garnir de bourre] rellenar. **-2.** [valise] abarrotar; [fusil, pipe] cargar. **-3.** *fam* [gaver] atiborrar. **-4.** *fam* [caler – estomac] llenar.

bourrique [burik] *nf* **-1.** [ânesse] burra *f*. **-2.** *fam* [personne] burro *m*, -rra *f*.

bourru, e [bury] *adj fig* [peu aimable] huraño(ña).

bourse [burs] *nf* **-1.** [porte-monnaie] monedero *m*. **-2.** [d'études] beca *f*. **-3.** ANAT bolsa *f*. ◆ **Bourse** *nf* FIN Bolsa *f*; **Bourse de commerce** COMM lonja *f*; **Bourse des valeurs** COMM bolsa de valores.

boursier, ère [bursje, ɛr] ◇ *adj* **-1.** [élève] becario(ria). **-2.** FIN [opération] bursátil. ◇ *nm, f* **-1.** [étudiant] becario *m*, -ria *f*. **-2.** FIN [professionnel de la Bourse] bolsista *mf*.

boursouflé, e [bursufle] *adj* **-1.** [visage] abotargado(da). **-2.** *fig* [style] ampuloso(sa).

boursoufler [bursufle] *vt* abotargar.

bousculade [buskylad] *nf* **-1.** [cohue] avalancha *f*. **-2.** [hâte] prisa *f*.

bousculer [buskyle] *vt* **-1.** [pousser] empujar, dar un empujón. **-2.** [faire tomber] tirar, hacer caer. **-3.** [presser] meter prisa.

bouse [buz] *nf* : ~ **(de vache)** *nf* boñiga *f* de vaca.

bousiller [buzije] *vt fam* **-1.** [bâcler] chapucear. **-2.** [abîmer] cargarse.

boussole [busɔl] *nf* brújula *f*.

bout [bu] *nm* **-1.** [extrémité] punta *f*; ~ **filtre** [de cigarette] boquilla *f*. **-2.** [fin] final *m*; **au** ~ **de qqch** al cabo de algo; **d'un** ~ **à l'autre** de punta a punta, de cabo a rabo. **-3.** [morceau] trozo *m*. **-4.** *loc* : **être à** ~ **d'arguments** quedarse sin argumentos; **pousser qqn à** ~ sacar a alguien de sus casillas; **venir à** ~ **de** acabar con.

boutade [butad] *nf* broma *f*.

boute-en-train [butātrɛ̃] *nm inv* alma *f*; **le** ~ **de la soirée** el alma de la fiesta.

bouteille [butɛj] *nf* botella *f*.

boutique [butik] *nf* tienda *f*.

bouton [butɔ̃] *nm* **-1.** COUT & ÉLECTR botón *m*; ~ **de manchette** gemelo *m*. **-2.** [bourgeon] botón *m*, yema *f*. **-3.** [sur la peau] grano *m*. **-4.** [de porte] tirador *m*.

bouton-d'or [butɔ̃dɔr] *(pl* **boutons-d'or***)* *nm* BOT botón *m* de oro.

boutonner [butɔne] *vt* abotonar.

boutonneux, euse [butɔnø, øz] *adj* lleno(na) de granos.

boutonnière [butɔnjɛr] *nf* ojal *m*.

bouton-pression *(pl* **boutons-pression***)* *nm* COUT cierre *m*, presilla *f*.

bouture [butyr] *nf* BOT esqueje *m*.

bovin, e [bɔvɛ̃, in] *adj* **-1.** [animal] bovino(na), vacuno(na). **-2.** *fig* [regard] bovino(na). ◆ **bovin** *nm* bovino *m*.

bowling [buliŋ] *nm* **-1.** [jeu] bolos *mpl*. **-2.** [lieu] bolera *f*.

box [bɔks] *(pl* **boxes***)* *nm* box *m*; **le** ~ **des accusés** [au tribunal] el banquillo de los acusados.

boxe [bɔks] *nf* SPORT boxeo *m Esp*, box *m Amér*.

boxer[1] [bɔkse] ◇ *vi* boxear. ◇ *vt* dar puñetazos.

boxer[2] [bɔksɛr] *nm* bóxer *m*.

boxeur [bɔksœr] *nm* boxeador *m*.

boyau [bwajo] *nm* **-1.** [intestins] tripas *fpl*. **-2.** [de pneu] neumático *(para bicicletas de carreras)*. **-3.** [corde] cuerda *f (de tripa)*. **-4.** [galerie] galería *f* estrecha.

boycotter [bɔjkɔte] *vt* boicotear.

BP *(abr de* **boîte postale***)* *nf* Apdo.

bracelet [braslɛ] *mm* **-1.** [bijou] pulsera *f*. **-2.** [courroie de montre] correa *f*.

bracelet-montre [braslɛmɔ̃tr] *nm* reloj *m* de pulsera.

braconner [brakɔne] *vi* [chasser] practicar la caza furtiva; [pêcher] practicar la pesca furtiva.

braconnier, ère [brakɔnje, ɛr] *nm* **-1.** [chasseur] cazador furtivo *m*, cazadora furtiva *f*. **-2.** [pêcheur] pescador furtivo *m*, pescadora furtiva *f*.

brader [brade] *vt* **-1.** [solder] liquidar. **-2.** [vendre à un prix dérisoire] malvender.

braderie [bradri] *nf* liquidación *f*.

braguette [bragɛt] *nf* bragueta *f*.

braille [braj] *nm* braille *m*.

braillement [brajmã] *nm péj* berrido *m*.

brailler [braje] ◇ *vi* berrear. ◇ *vt* cantar a grito pelado.

braire [brɛr] *vi* **-1.** [âne] rebuznar. **-2.** *fam* [brailler] berrear.

braise [brɛz] *nf* brasa *f*.

bramer [brame] *vi* bramar.

brancard [brɑ̃kar] *nm* **-1.** [civière] camilla *f*. **-2.** [de charrette] varal *m*.

brancardier [brɑ̃kardje] *nm, f* camillero *m*, -ra *f*.

branchage [brɑ̃ʃaʒ] *nm* ramaje *m*.

branche [brɑ̃ʃ] *nf* **-1.** [d'arbre] rama *f*; **en** ~**s** en rama. **-2.** [pièce – de lunettes] patilla *f*; [– de compas] pierna *f*. **-3.** [de chemin] ramal *m*. **-4.** [de nerfs] ramificación *f*. **-5.** [secteur, discipline] ramo *m*.

branché, e [brɑ̃ʃe] *adj* **-1.** ÉLECTR enchufado(da). **-2.** *fam* [à la mode] moderno(na).

branchement [brɑ̃ʃmɑ̃] *nm* [raccordement] conexión *f*; ~ **de voie** [aiguillage] empalme *m* de vías.

brancher [brɑ̃ʃe] *vt* **-1**. ÉLECTR & INFORM conectar; ~ **qqch sur qqch** ÉLECTR enchufar algo a algo; *fig* [conversation] encarrilar algo hacia algo. **-2**. *fam* [orienter] : ~ **qqn sur qqch** orientar a alguien hacia algo. **-3**. *fam* [plaire] molar.

branchies [brɑ̃ʃi] *nfpl* [de poisson] branquias *fpl*.

brandir [brɑ̃dir] *vt* blandir.

branlant, e [brɑ̃lɑ̃, ɑ̃t] *adj* [meuble] cojo(ja).

branle-bas [brɑ̃lba] *nm inv* [agitation] trajín *m*.

braquage [brakaʒ] *nm* **-1**. AUTOM giro *m* (del volante). **-2**. *fam* [attaque] atraco *m*.

braquer [brake] ◇ *vt* **-1**. [diriger] : ~ **qqch sur qqch/sur qqn** [arme] apuntar a algo/ a alguien con algo; [lorgnette] dirigir algo hacia algo/hacia alguien; [regard] fijar algo en algo/en alguien. **-2**. [contrarier] llevar la contraria a. **-3**. *fam* [attaquer] atracar. ◇ *vi* girar. ◆ **se braquer** *vp* [personne] rebotarse.

bras [brɑ] *nm* brazo *m*; ~ **de mer** brazo de mar; ~ **droit** brazo derecho, mano *f* derecha; ~ **de fer** [jeu] pulso *m*; à ~ **ouverts** con los brazos abiertos; **avoir le ~ long** [avoir de l'influence] tener mucha influencia.

brasier [brɑzje] *nm* hoguera *f*.

bras-le-corps [brɑlkɔr] ◆ **à bras-le-corps** *loc adv* por la cintura.

brassage [brɑsaʒ] *nm* **-1**. [de bière] braceado *m*. **-2**. *fig* [mélange] mezcla *f*.

brassard [brasar] *nm* brazalete *m*.

brasse [brɑs] *nf* [nage] braza *f*; ~ **coulée** braza *f*; ~ **papillon** mariposa *f*.

brassée [brase] *nf* brazada *f*.

brasser [brase] *vt* **-1**. [bière] elaborar cerveza. **-2**. [mélanger - gén] remover; [- des cartes] barajar. **-3**. [manier] manejar.

brasserie [brasri] *nf* **-1**. [usine de bière] cervecería *f*. **-2**. [industrie de la bière] industria *f* cervecera. **-3**. [café-restaurant] café-restaurante *m*.

brasseur, euse [brasœr, øz] *nm, f* **-1**. [de bière] cervecero *m*, -ra *f*. **-2**. [nageur] bracista *mf*. ◆ **brasseur d'affaires** *nm* hombre de negocios *m*.

brassière [brasjɛr] *nf* **-1**. [de bébé] camisita *f*. **-2**. [gilet de sauvetage] chaleco *m* salvavidas. **-3**. *Can* [soutien-gorge] sujetador *m*.

bravade [bravad] *nf* bravata *f*.

brave [brav] ◇ *adj* **-1**. [courageux] valiente. **-2**. [honnête et bon] bueno(na). ◇ *nm* : **mon** ~ amigo mío.

braver [brave] *vt* **-1**. [gén] desafiar. **-2**. [mépriser] afrontar.

bravo [bravo] ◇ *interj* [approbation] ¡bravo! ◇ *nm* [applaudissement] bravo *m*.

bravoure [bravur] *nf* valentía *f*.

break [brɛk] *nm* break *m*.

brebis [brəbi] *nf* oveja *f*; ~ **galeuse** *fig* oveja negra.

brèche [brɛʃ] *nf* brecha *f*.

bredouille [brəduj] *adj* : **être/rentrer** ~ tener/volver con las manos vacías.

bredouiller [brəduje] *vi & vt* balbucear.

bref, brève [brɛf, brɛv] *adj* **-1**. [gén] breve. **-2**. [sec] cortante. ◆ **bref** *adv* resumiendo, en resumen; **en** ~ en pocas palabras. ◆ **brève** *nf* **-1**. MUS breve *f*. **-2**. PRESSE noticia *f* breve.

brème [brɛm] *nf* **-1**. [poisson] brema *f*. **-2**. *fam* [carte à jouer] naipe *m*.

Brésil [brezil] *nm* : **le** ~ (el) Brasil; **au** ~ [direction] a Brasil; [situation] en Brasil.

brésilien, enne [breziljɛ̃, ɛn] *adj* brasileño(ña) *Esp*, brasilero(ra) *Amér*. ◆ **Brésilien, enne** *nm, f* brasileño *m*, -ña *f* *Esp*, brasilero *m*, -ra *f* *Amér*.

Bretagne [brətaɲ] *nf* : **la** ~ (la) Bretaña.

bretelle [brətɛl] *nf* **-1**. [d'autoroute] enlace *m*. **-2**. [de fusil] bandolera *f*. **-3**. *(gén pl)* [vêtement] tirante *m* *Esp*, breteles *mpl* *Amér*.

breton, onne [brətɔ̃, ɔn] *adj* bretón(ona). ◆ **breton** *nm* LING bretón *m*. ◆ **Breton, onne** *nm, f* bretón *m*, -ona *f*.

breuvage [brœvaʒ] *nm* **-1**. [boisson médicinale] pócima *f*. **-2**. [boisson mauvaise] brebaje *m*.

brève → bref.

brevet [brəvɛ] *nm* **-1**. [certificat, diplôme] diploma *m*; ~ **de technicien** diploma técnico. **-2**. [d'invention] patente *f*. **-3**. *fig* [garantie] garantía *f*.

breveter [brəvte] *vt* patentar.

bréviaire [brevjɛr] *nm* RELIG breviario *m*.

bribe [brib] *nf* **-1**. [fragment de conversation] fragmento *m*. **-2**. *(gén pl)* [restes d'un repas] sobras *fpl*.

bric-à-brac [brikabrak] *nm inv* batiburrillo *m.*

bricolage [brikɔlaʒ] *nm* **-1.** [travaux] bricolaje *m.* **-2.** [réparation provisoire] chapuza *f.*

bricole [brikɔl] *nf* **-1.** [babiole] fruslería *f.* **-2.** [chose insignifiante] menudencia *f.*

bricoler [brikɔle] ◇ *vi* **-1.** [faire des travaux] hacer bricolaje. **-2.** [faire toutes espèces de métiers] hacer un poco de todo. ◇ *vt* **-1.** [réparer] arreglar. **-2.** [fabriquer] hacer.

bricoleur, euse [brikɔlœr, øz] ◇ *adj* mañoso(sa). ◇ *nm, f* manitas *mf.*

bride [brid] *nf* **-1.** [de cheval] brida *f.* **-2.** [de chapeau] cinta *f.* **-3.** COUT [boutonnière] presilla *f.* **-4.** TECHNOL brida *f.*

brider [bride] *vt* **-1.** [cheval] embridar. **-2.** *fig* [contenir] refrenar.

bridge [bridʒ] *nm* **-1.** [jeu de cartes] bridge *m.* **-2.** [prothèse dentaire] puente *m.*

briefer [brife] *vt* informar.

briefing [brifiŋ] *nm* briefing *m.*

brièvement [brijɛvmɑ̃] *adv* brevemente.

brièveté [brijɛvte] *nf* brevedad *f.*

brigade [brigad] *nf* **-1.** [gén] brigada *f.* **-2.** [détachement] destacamento *m*; ~ **antigang** unidad de policía encargada de la lucha contra el crimen organizado.

brigand [brigɑ̃] *nm* **-1.** [bandit] bandolero *m.* **-2.** [homme malhonnête] sinvergüenza *mf.*

brillamment [brijamɑ̃] *adv* brillantemente.

brillant, e [brijɑ̃, ɑ̃t] *adj* brillante *Esp*, brilloso(sa) *Amér.* ◆ **brillant** *nm* **-1.** [diamant] brillante *m.* **-2.** [éclat] brillo *m.*

briller [brije] *vi* brillar.

brimer [brime] *vt* humillar.

brin [brɛ̃] *nm* **-1.** [tige, petite quantité] brizna *f*; ~ **d'herbe** brizna de hierba; **faire un** ~ **de toilette** lavarse un poco por encima, **ne pas avoir un** ~ **de jugeotte** no tener dos dedos de frente. **-2.** [fil] hilo *m.*

brindille [brɛ̃dij] *nf* ramita *f.*

bringuebaler, brinquebaler [brɛ̃gbale] *vi* [voiture] bambolearse.

brio [brijo] *nm* **-1.** MUS brío *m.* **-2.** [talent] **avec** ~ con vivacidad.

brioche [brijɔʃ] *nf* **-1.** [pâtisserie] bollo *m.* **-2.** *fam* [gros ventre] barriga *f.*

brioché, e [brijɔʃe] *adj* parecido al bollo.

brique [brik] ◇ *adj inv* [couleur] teja *(en aposición).* ◇ *nf* **-1.** [pierre] ladrillo *m.* **-2.** [emballage] tetrabrik *m.* **-3.** *fam* [un million de centimes] 10.000 francos.

briquer [brike] *vt* dar lustre, sacar brillo.

briquet [brikɛ] *nm* encendedor *m*, mechero *m.*

brisant [brizɑ̃] *nm* [écueil] rompiente *m.* ◆ **brisants** *nmpl* [récif] espuma que se forma en los rompientes.

brise [briz] *nf* brisa *f.*

brise-glace, brise-glaces [brizglas] *nm inv* **-1.** [navire] rompehielos *m inv.* **-2.** [de pont] espolón *m*, tajamar *m.*

brise-jet [brizʒɛ] *nm inv* alcachofa *f (de ducha).*

brise-lames [brizlam] *nm inv* rompeolas *m inv.*

briser [brize] *vt* **-1.** [objet, grève] romper. **-2.** [carrière, espoir] destrozar. **-3.** *sout* [interrompre] cortar. **-4.** [vaincre] vencer. ◆ **se briser** *vp* **-1.** [gén] romperse. **-2.** [espoir] venirse abajo. **-3.** [effort] fracasar.

briseur, euse [brizœr, øz] *nm, f* ~ **de grève** esquirol *m.*

bristol [bristɔl] *nm* **-1.** [papier] bristol *m.* **-2.** *vieilli* [carte de visite] tarjeta *f* (de visita).

britannique [britanik] *adj* británico(ca). ◆ **Britannique** *nmf* británico *m*, -ca *f.*

broc [bro] *nm* jarra *f.*

brocante [brɔkɑ̃t] *nf* antigüedades *fpl.*

brocanteur, euse [brɔkɑ̃tœr, øz] *nm, f* anticuario *m*, -ria *f.*

broche [brɔʃ] *nf* **-1.** [bijou] broche *m.* **-2.** CULIN [viande] **cuire à la** ~ asar en el espetón. **-3.** CHIRURGIE clavo *m.* **-4.** ÉLECTR enchufe *m* macho. **-5.** [de métier à filer] broca *f.*

broché, e [brɔʃe] *adj* **-1.** [tissu] briscado(da). **-2.** [livre] en rústica.

brochet [brɔʃɛ] *nm* lucio *m.*

brochette [brɔʃɛt] *nf* **-1.** [ustensile, couvert] pincho *m.* **-2.** *fam fig* [groupe] ramillete *m.*

brochure [brɔʃyr] *nf* **-1.** [imprimé] folleto *m.* **-2.** [de livre] encuadernación *f (en rústica).* **-3.** [de tissu] briscado *m.*

broder [brɔde] ◇ *vt* **-1.** [tissu] bordar. **-2.** *fig* [histoire] adornar. ◇ *vi fig* [exagérer] exagerar.

broderie [brɔdri] *nf* bordado *m.*

bromure [brɔmyr] *nm* CHIM bromuro *m.*

bronche [brɔ̃ʃ] *nf* ANAT bronquio *m.*

broncher [brɔ̃ʃe] *vi* resistirse; **sans** ~ sin rechistar.

bronchite [brɔ̃ʃit] *nf* bronquitis *f inv*.

bronzage [brɔ̃zaʒ] *nm* bronceado *m*.

bronze [brɔ̃z] *nm* bronce *m*.

bronzé, e [brɔ̃ze] *adj* bronceado(da), moreno(na).

bronzer [brɔ̃ze] *vi* broncearse.

brosse [brɔs] *nf* -1. [ustensile] cepillo *m Esp*, escobilla *f Amér*; ~ **à cheveux/à dents/à habits** cepillo para el pelo/de dientes/para la ropa; **en** ~ [coiffure] al cepillo. -2. [pinceau] brocha *f*.

brosser [brɔse] *vt* -1. [cheveux, habits] cepillar. -2. [paysage, portrait] bosquejar. ◆ **se brosser** *vp* [vêtement] cepillarse; **se** ~ **les cheveux/les dents** cepillarse el pelo/los dientes.

brouette [bruɛt] *nf* carretilla *f*.

brouhaha [bruaa] *nm* guirigay *m*.

brouillard [brujar] *nm* niebla *f*; **être dans le** ~ *fig* estar a oscuras.

brouille [bruj] *nf* desavenencia *f*.

brouillé, e [bruje] *adj* -1. [fâché] : ~ **avec qqn/avec qqch** reñido(da)con alguien/con algo. -2. [altéré] turbado(da).

brouiller [bruje] *vt* -1. [désunir] separar; ~ **qqn avec qqch** hacer odiar a alguien algo; ~ **qqn avec qqn** enfrentar a alguien con alguien. -2. [troubler – sens] nublar; [– teint] turbar. -3. [cartes] barajar. -4. [émission] interferir. -5. [idées] confundir. ◆ **se brouiller** *vp* -1. [se fâcher] pelearse; **se** ~ **avec qqn** pelearse con alguien. -2. [sens] nublarse. -3. [idées] confundirse. -4. [temps] estropearse.

brouillon, onne [brujɔ̃, ɔn] *adj* -1. [élève] desordenado(da). -2. [travail] sucio(cia). ◆ **brouillon** *nm* borrador *m*; **au** ~ en sucio.

broussaille [brusaj] *nf* maleza *f*; **en** ~ [cheveux] enmarañado(da).

brousse [brus] *nf* GÉOGR sabana *f*.

brouter [brute] ◇ *vt* [herbe] pacer. ◇ *vi* -1. [animal] pacer. -2. [frein, embrayage] vibrar.

broutille [brutij] *nf* tontería *f*.

broyer [brwaje] *vt* moler.

bru [bry] *nf* *sout* nuera *f*.

brugnon [brynɔ̃] *nm* nectarina *f*.

bruine [bruin] *nf* llovizna *f Esp*, garúa *f Amér*.

bruissement [bruismã] *nm* murmullo *m*, susurro *m*.

bruit [brui] *nm* -1. [son, vacarme] ruido *m*; ~ **de fond** ruido de fondo; **faire du** ~ hacer ruido; **sans** ~ sin hacer ruido. -2. TECHNOL sonido *m*. -3. [rumeur] rumor *m*. -4. [retentissement] revuelo *m*.

bruitage [bruitaʒ] *nm* THÉÂTRE, CIN & RADIO efectos *mpl* de sonido.

brûlant, e [brylã, ãt] *adj* -1. [objet] ardiendo; [soleil] abrasador(ra). -2. [main, front] que arde. -3. [amour] ardiente. -4. [question] candente.

brûle-pourpoint [brylpurpwɛ̃] ◆ **à brûle-pourpoint** *loc adv* a quemarropa.

brûler [bryle] ◇ *vt* -1. [détruire, altérer par le feu] quemar. -2. [suj : soleil] abrasar. -3. [donner une sensation de brûlure] irritar. -4. [griller] tostar. -5. [passer sans s'arrêter – feu rouge] saltarse; [– étape] quemar. ◇ *vi* -1. [se consumer, flamber] arder; ~ **de** [désir, etc] arder de. -2. [être détruit par le feu, par la chaleur] quemarse. -3. *loc* : ~ **de faire qqch** arder en deseos de hacer algo. ◆ **se brûler** *vp* quemarse.

brûlure [brylyr] *nf* -1. [lésion, marque] quemadura *f*; ~ **au premier/de tercer degré** quemadura de primer/de tercer grado. -2. [sensation] ardor *m*; **avoir des** ~**s d'estomac** tener ardor de estómago.

brume [brym] *nf* bruma *f*.

brumeux, euse [brymø, øz] *adj* -1. [temps] nuboso(sa). -2. *fig* [pensée] sombrío(a).

brun, e [brœ̃, bryn] ◇ *adj* -1. [cheveux] moreno(na) *Esp*, morocho(cha) *Amér*. -2. [bière, tabac] negro(gra). ◇ *nm, f* [personne] moreno *m*, -na *f*. ◆ **brun** *nm* [couleur] castaño *m*. ◆ **brune** *nf* -1. [cigarette] cigarrillo *m* negro. -2. [bière] cerveza *f* negra.

brunir [brynir] ◇ *vt* -1. [peau] tostar. -2. [métal] bruñir. ◇ *vi* [cheveux] oscurecerse; [personne] tostarse.

brushing [brœʃiŋ] *nm* brushing *m*.

brusque [brysk] *adj* -1. [gén] brusco(ca). -2. [départ] precipitado(da).

brusquement [bryskəmã] *adv* -1. [avec brusquerie] bruscamente. -2. [soudainement] precipitadamente.

brusquer [bryske] *vt* -1. [presser] precipitar. -2. [traiter sans ménagement] ser duro(ra)con.

brusquerie [bryskəri] *nf* brusquedad *f*.

brut, e [bryt] *adj* -1. [pétrole, toile] crudo(da). -2. [pierre, minerai] en bruto. -3. *fig* [donnée, fait] desnudo(da). -4. ÉCON

bruto(ta). -5. ◆ brute nf [personne violente] animal mf.

brutal, e, aux [brytal, o] adj **-1.** [violent] brutal, violento(ta); **être ~ avec qqn** comportarse como un animal con alguien. **-2.** [soudain] repentino(na). **-3.** [sans ménagement] brutal.

brutaliser [brytalize] vt maltratar.

brutalité [brytalite] nf **-1.** [violence] brutalidad f. **-2.** [caractère soudain] brusquedad f.

Bruxelles [brysɛl] n Bruselas.

bruyamment [brɥijamɑ̃] adv ruidosamente.

bruyant, e [brɥijɑ̃, ɑ̃t] adj ruidoso(sa).

bruyère [brɥijɛr] nf **-1.** [plante] brezo m. **-2.** [lande] brezal m.

BT abr de **brevet de technicien.**

BTP (abr de **bâtiment et travaux publics**) nm sector de la construcción y obras públicas.

BTS (abr de **brevet de technicien supérieur**) nm diploma de técnico superior que sanciona dos años de estudios después del bachillerato.

bu, e [by] pp → **boire.**

BU (abr de **bibliothèque universitaire**) nf biblioteca f universitaria.

buanderie [byɑ̃dri] nf lavandería f.

Bucarest [bykarɛst] n Bucarest.

buccal, e, aux [bykal, o] adj [cavité] bucal; [voie] oral.

bûche [byʃ] nf **-1.** [bois] tronco m. **-2.** fam [chute] : **prendre** OU **ramasser une ~** pegarse un batacazo. **-3.** fam [personne apathique] pasmarote m, muermo m. ◆ **bûche de Noël** nf dulce en forma de tronco hecho especialmente para las fiestas de Navidad.

bûcher[1] [byʃe] nm **-1.** [supplice] hoguera f. **-2.** [funéraire] pira f.

bûcher[2] [byʃe] vt & vi empollar.

bûcheron, onne [byʃrɔ̃, ɔn] nm, f leñador m, -ra f.

bûcheur, euse [byʃœr, øz] adj & nm, f empollón(ona).

bucolique [bykɔlik] ◇ adj bucólico(ca). ◇ nf poesía f bucólica.

Budapest [bydapɛst] n Budapest.

budget [bydʒɛ] nm presupuesto m.

budgétaire [bydʒetɛr] adj presupuestario(ria).

buée [bɥe] nf vaho m.

Buenos Aires [bɥenozɛr] n Buenos Aires.

buffet [byfɛ] nm **-1.** [meuble] aparador m. **-2.** [réception] bufé m. **-3.** [café-restaurant] bar-restaurante m; **~ de gare** bar-restaurante de estación.

buffle [byfl] nm búfalo m.

buis [bɥi] nm boj m.

buisson [bɥisɔ̃] nm matorral m.

buissonnière [bɥisɔnjɛr] → **école.**

bulbe [bylb] nm BOT & ANAT bulbo m.

bulgare [bylgar] ◇ adj búlgaro(ra). ◇ nm LING búlgaro m. ◆ **Bulgare** nmf búlgaro m, -ra f.

Bulgarie [bylgari] nf : **la ~** Bulgaria.

bulldozer [byldozɛr] nm CONSTR bulldozer m Esp, topadora f Amér.

bulle [byl] nf **-1.** [d'air, espace stérilisé] burbuja f; **~ de savon** pompa f de jabón. **-2.** [dans le verre soufflé] sopladura f. **-3.** [de bande dessinée] bocadillo m. **-4.** RELIG bula f.

bulletin [byltɛ̃] nm **-1.** [gén] boletín m; **~ (de la) météo/de santé** parte m meteorológico/médico. **-2.** [certificat] recibo m; **~ de naissance** partida f de nacimiento; **~ de salaire** OU **de paie** nómina f. ◆ **bulletin de vote** nm papeleta f.

bulletin-réponse (pl **bulletins-réponse**) nm cupón m de respuesta.

buraliste [byralist] nmf estanquero m, -ra f.

bureau, x [byro] nm **-1.** [meuble] mesa f de despacho. **-2.** [pièce] despacho m. **-3.** [office, lieu de travail] oficina f; **~ d'aide sociale** centro m de asistencia social; **~ de poste** oficina de correos; **~ de vote** colegio m electoral. **-4.** [comité] comité m. ◆ **bureau d'études** nm gabinete m de estudios. ◆ **bureau de tabac** nm estanco m.

bureaucrate [byrokrat] nmf péj burócrata mf.

bureaucratie [byrokrasi] nf burocracia f.

bureaucratique [byrokratik] adj péj burocrático(ca).

bureautique [byrotik] nf TECHNOL ofimática f.

burette [byrɛt] nf **-1.** [petit flacon] aceitera f. **-2.** [de chimiste] bureta f. **-3.** [de mécanicien] aceitera f.

burin [byrɛ̃] nm **-1.** [de graveur] buril m. **-2.** [gravure] grabado m con buril.

buriné, e [byrine] adj **-1.** [gravé au burin] grabado(da) con buril. **-2.** fig surcado(da) por las arrugas.

burlesque [byrlɛsk] ◇ *adj* **–1.** [comique, ridicule] grotesco(ca). **–2.** THÉÂTRE burlesco(ca). ◇ *nm* : le ~ el género burlesco.

bus [bys] *nm* bus *m*.

buste [byst] *nm* busto *m*.

bustier [bystje] *nm* sujetador *m* largo.

but [byt] *nm* **–1.** [gén] objetivo *m*, meta *f*; à ~ **non lucratif** con fines no lucrativos; **aller droit au** ~ ir directo al grano; **toucher au** ~ alcanzar la meta. **–2.** [destination] destino *m*. **–3.** [intention] fin *m*; **dans le** ~ **de faire qqch** con el fin de hacer algo. **–4.** SPORT gol *m*; **marquer un** ~ marcar OU meter un gol. **–5.** *loc* : **de** ~ **en blanc** de golpe y porrazo.

butane [bytan] *nm* butano *m*.

buté, e [byte] *adj* **–1.** [attitude, air] obstinado(da). **–2.** [personne] terco(ca).

buter [byte] ◇ *vi* **–1.** [se heurter à] : ~ **sur** OU **contre qqch** tropezar con algo; *fig* [difficulté] encallarse en algo. **–2.** SPORT marcar un gol. ◇ *vt* **–1.** [étayer] apuntalar. **–2.** [braquer] contrariar. **–3.** *tfam* [tuer] cargarse a.

butin [bytẽ] *nm* botín *m*.

butiner [bytine] ◇ *vi* libar. ◇ *vt* **–1.** [suj : abeille] libar. **–2.** *fig* recoger.

butte [byt] *nf* **–1.** [colline] loma *f*. **–2.** *loc* : **être en** ~ **à qqch** ser el blanco de algo. ◆ **butte de tir** *nf* espaldón *m* de tiro.

buvard [byvar] *nm* **–1.** [papier] papel *m* secante. **–2.** [sous-main] secafirmas *m inv*.

buvette [byvɛt] *nf* **–1.** [de gare, théâtre] bar *m*. **–2.** [de station thermale] fuente *f* de aguas termales.

buveur, euse [byvœr, øz] *nm, f* bebedor *m*, -ra *f*.

c, C [se] *nm inv* c *f*, C *f*. ◆ **c'** → **ce**. ◆ **c** (*abr de* **centime**) cent. ◆ **C –1.** (*abr de* **Celsius, centigrade**) C. **–2.** (*abr de* **coulomb**) C. **–3.** (*abr de* **code**) cód.

ça [sa] *pron dém* **–1.** [pour désigner] esto; [plus près] eso. **–2.** [sujet indéterminé] : ~ **ira comme** ~ así está bien; ~ **y est** ya está; ~ **vaut mieux** más vale; **c'est** ~ eso

es; **comment** ~ **va?** ¿qué tal? **–3.** [renforcement expressif] : **où** ~**?** ¿dónde?; **quand** ~**?** ¿cuándo?; **qui** ~**?** ¿quién? ◆ **ça et là** *loc adv* aquí y allá.

cabale [kabal] *nf* **–1.** [science, intrigue] cábala *f*. **–2.** [groupe] camarilla *f*.

caban [kabã] *nm* **–1.** [de marin] impermeable *m*. **–2.** [longue veste] chaquetón *m*.

cabane [kaban] *nf* **–1.** [abri] cabaña *f Esp*, bohío *m Amér*. **–2.** *fam* [prison] chirona *f*. **–3.** [pour les animaux] conejera *f*. **–4.** [remise] caseta *f*.

cabanon [kabanɔ̃] *nm* **–1.** [maison de campagne] *casa de piedra en Provenza*. **–2.** [chalet de plage] chalé *m* en la playa. **–3.** *fam* [asile psychiatrique] manicomio *m*. **–4.** [de rangement] caseta *f*.

cabaret [kabarɛ] *nm* cabaret *m*.

cabas [kaba] *nm* capacho *m*.

cabillaud [kabijo] *nm* bacalao *m* fresco.

cabine [kabin] *nf* **–1.** [de navire] camarote *m*. **–2.** [d'avion, spatiale] cabina *f*. **–3.** [de véhicule] habitáculo *m*. **–4.** [petit réduit] caseta *f*; ~ **d'essayage** probador *m*; ~ **téléphonique** cabina *f* telefónica.

cabinet [kabinɛ] *nm* **–1.** [petite pièce] gabinete *m*; ~ **de toilette** cuarto *m* de baño; ~ **de travail** despacho *m*. **–2.** [toilettes] retrete *m Esp*, excusado *m Amér*. **–3.** [local professionnel] consultorio *m*; ~ **dentaire/médical** consultorio del dentista/del médico; ~ **d'avocat** bufete *m* (de abogado). **–4.** ADMIN despacho *m*.

câble [kabl] *nm* cable *m*.

câblé, e [kable] *adj* TÉLÉ *que dispone de televisión por cable*.

câbler [kable] *vt* TÉLÉCOM & TÉLÉ conectar por cable.

cabosser [kabɔse] *vt* abollar.

cabotage [kabɔtaʒ] *nm* cabotaje *m*.

caboteur [kabɔtœr] *nm* barco *m* de cabotaje.

cabrer [kabre] ◆ **se cabrer** *vp* **–1.** [cheval, avion] encabritarse. **–2.** *fig* [s'irriter] saltar.

cabri [kabri] *nm* cabrito *m*.

cabriole [kabrijɔl] *nf* cabriola *f*; **faire des** ~**s** hacer cabriolas.

cabriolet [kabrijɔlɛ] *nm* cabriolé *m*.

caca [kaka] *nm fam* caca *f*; **faire** ~ hacer caca.

cacahouète [kakawɛt], **cacahuète** [kakaɥɛt] *nf* cacahuete *m Esp*, maní *m Amér*.

cacao [kakao] *nm* cacao *m*.

cachalot [kaʃalo] *nm* cachalote *m*.

cache [kaʃ] ◇ *nf* [cachette] escondite *m*. ◇ *nm* **-1.** [masque] *protector de una superficie sobre la que se pinta*. **-2.** CIN ocultador *m*. **-3.** PHOT palomita *f*.

cache-cache *nm inv* : **jouer à** ~ jugar al escondite.

cachemire [kaʃmir] *nm* cachemira *f*.

cache-nez *nm inv* bufanda *f*.

cache-pot *nm inv* cubretiestos *mpl*.

cacher [kaʃe] *vt* **-1.** [dissimuler, garder secret] esconder; **je ne vous cache pas que** no le niego que. **-2.** [masquer] tapar. ◆ **se cacher** *vp* esconderse; **ne pas se** ~ **de qqch** no ocultar algo.

cachet [kaʃɛ] *nm* **-1.** [sceau, style] sello *m*; **avoir du** ~ tener clase; ~ **de la poste** matasellos *m inv*. **-2.** [rétribution] cachet *m*. **-3.** [comprimé] tableta *f*.

cacheter [kaʃte] *vt* **-1.** [enveloppe] cerrar. **-2.** [bouteille] precintar.

cachette [kaʃɛt] *nf* escondite *m*; **en** ~ (**de qqn**) a escondidas (de alguien).

cachot [kaʃo] *nm* **-1.** [cellule] calabozo *m*. **-2.** [punition] celda *f* de castigo.

cachotterie [kaʃɔtri] *nf* tapujo *m*; **faire des** ~**s** (**à qqn**) andarse con tapujos (con alguien).

cachottier, ère [kaʃɔtje, ɛr] ◇ *adj* que anda con tapujos. ◇ *nm, f* persona que anda con tapujos.

cactus [kaktys] *nm* cactus *m*.

c.-à-d. (*abr de* **c'est-à-dire**) v. g., v. gr.

cadastre [kadastr] *nm* catastro *m*.

cadavérique [kadaverik] *adj* cadavérico(ca).

cadavre [kadavr] *nm* cadáver *m*.

cadeau, x [kado] ◇ *nm* regalo *m*; **faire** ~ **de qqch à qqn** regalar algo a alguien. ◇ *adj inv* de regalo.

cadenas [kadna] *nm* candado *m*.

cadenasser [kadnase] *vt* cerrar con candado.

cadence [kadɑ̃s] *nf* **-1.** [rythme musical] cadencia *f*; **en** ~ al compás. **-2.** [de travail] ritmo *m*.

cadencé, e [kadɑ̃se] *adj* acompasado(da).

cadet, ette [kadɛ, ɛt] ◇ *adj* menor. ◇ *nm, f* **-1.** [plus jeune] menor *mf*; **être le** ~ **de qqn** ser más joven que alguien; **il est de deux ans mon** ~ tiene dos años menos que yo. **-2.** SPORT juvenil *mf*.

cadran [kadrɑ̃] *nm* **-1.** [de montre, de baromètre] esfera *f*; ~ **solaire** reloj *m* de sol. **-2.** [de téléphone] disco *m*. **-3.** [de compteur] frontal *m* de datos y lectura.

cadre [kadr] *nm* **-1.** [bordure, contexte] marco *m*. **-2.** [décor, milieu] ambiente *m*. **-3.** [responsable] ejecutivo *m*; ~ **moyen** cargo *m* intermedio; ~ **supérieur** ejecutivo. **-4.** [sur un formulaire] recuadro *m*. **-5.** *loc* : **être rayé des** ~**s** ser despedido(da).

cadrer [kadre] ◇ *vi* [concorder] concordar; **ne pas** ~ **avec qqch** no concordar con algo. ◇ *vt* PHOT, CIN & TÉLÉ encuadrar.

caduc, caduque [kadyk] *adj* **-1.** [feuille] caduco(ca). **-2.** [qui n'a plus cours] obsoleto(ta).

CAF *abr de* **Caisse d'allocations familiales**.

cafard [kafar] *nm* **-1.** [insecte] cucaracha *f*. **-2.** *fig* [mélancolie] : **avoir le** ~ estar deprimido(da).

café [kafe] ◇ *nm* **-1.** [plante, boisson] café *m*; ~ **crème** cortado; ~ **en grains/moulu** café en grano/molido; ~ **au lait/noir** café con leche/solo; ~ **en poudre/soluble** café molido/soluble. **-2.** [lieu] cafetería *f*, bar *m Esp*, confitería *f Amér*. ◇ *adj inv* [couleur] café (*en aposición*).

caféine [kafein] *nf* cafeína *f*.

cafetière [kaftjɛr] *nf* cafetera *f*.

cafouiller [kafuje] *vi fam* **-1.** [s'embrouiller] no dar pie con bola. **-2.** [moteur] fallar.

cage [kaʒ] *nf* **-1.** [pour animaux] jaula *f*; **mettre en** ~ enjaular. **-2.** [de maison] casco *m*; ~ **d'escalier** hueco *m* de la escalera. ◆ **cage thoracique** *nf* caja *f* torácica.

cageot [kaʒo] *nm* **-1.** [caisse] banasta *f*. **-2.** *péj* [femme] retaco *m*.

cagibi [kaʒibi] *nm* cuartito *m*.

cagneux, euse [kaɲø, øz] *adj* **-1.** [personne, cheval] patizambo(ba). **-2.** [jambes, genoux] torcido(da).

cagnotte [kaɲɔt] *nf* [économies] bote *m*.

cagoule [kagul] *nf* **-1.** [passe-montagne] pasamontañas *m inv*. **-2.** [de moine] capuchón *m*. **-3.** [de pénitent] capirote *m*. **-4.** [de voleur] verdugo *m*.

cahier [kaje] *nm* cuaderno *m*; ~ **de brouillon** borrador *m*; ~ **de textes** cuaderno de ejercicios. ◆ **cahier des charges** *nm* pliego *m* de cargos.

cahin-caha [kaɛ̃kaa] *adv* : **aller** ~ ir tirando.

cahot [kao] *nm* bache *m*.

cahoter [kaɔte] ◇ *vi* renquear. ◇ *vt* **-1.** [secouer] sacudir *Esp*, remecer *Amér*. **-2.** *fig* [malmener] vapulear.

cahute [kayt] *nf* choza *f Esp*, mediagua *f Amér*.

caille [kaj] *nf* codorniz *f*.

caillé, e [kaje] *adj* **-1.** [lait] cuajado(da). **-2.** [sang] coagulado(da). ◆ **caillé** *nm* CULIN requesón *m*.

caillot [kajo] *nm* coágulo *m*.

caillou, x [kaju] *nm* **-1.** [gén] piedra *f*. **-2.** *fam* [crâne] coco *m*.

caillouteux, euse [kajutø, øz] *adj* pedregoso(sa).

caïman [kaimā] *nm* caimán *m*.

caisse [kɛs] *nf* **-1.** [gén] caja *f*; ~ **enregistreuse** caja registradora; ~ **d'épargne/de retraite** caja de ahorros/de pensiones; ~ **à outils** caja de herramientas. **-2.** MUS caja *f*. **-3.** [organisme] : ~ **d'allocations familiales** *organismo francés encargado de las ayudas familiares*; ~ **primaire d'assurance maladie** *organismo francés de gestión de la Seguridad Social*.

caissier, ère [kesje, ɛr] *nm, f* **-1.** [de banque, de magasin] cajero *m*, -ra *f*. **-2.** [au cinéma] taquillero *m*, -ra *f Esp*, boletero *m*, -ra *f Amér*.

caisson [kɛsɔ̃] *nm* **-1.** TECHNOL campana *f*. **-2.** ARCHIT artesón *m*. **-3.** MIL [de munitions] caja *f*.

cajoler [kaʒɔle] *vt* mimar *Esp*, apapachar *Amér*.

cajou [kaʒu] → **noix**.

cake [kɛk] *nm* bizcocho *m*.

cal[1] [kal] *nm* callo *m*.

cal[2] (*abr de* **calorie**) cal.

calamar [kalamar], **calmar** [kalmar] *nm* calamar *m*.

calaminé, e [kalamine] *adj* calaminado(da).

calamité [kalamite] *nf* **-1.** [fléau] catástrofe *f*. **-2.** [malheur] desgracia *f*.

calandre [kalādr] *nf* calandria *f*.

calanque [kalāk] *nf* cala *f*.

calcaire [kalkɛr] ◇ *adj* calcáreo(a). ◇ *nm* caliza *f*.

calciner [kalsine] *vt* **-1.** [brûler] calcinar. **-2.** [soumettre à haute température – bois, charbon] quemar; [– métal] fundir.

calcium [kalsjɔm] *nm* calcio *m*.

calcul [kalkyl] *nm* **-1.** [gén] cálculo *m*; ~ **mental** cálculo mental. **-2.** [plan] intenciones *fpl*; **par** ~ intencionadamente. ◆ **calcul rénal** *nm* MÉD cálculo *m* renal.

calculateur, trice [kalkylatœr, tris] *adj & nm, f* calculador(ra). ◆ **calculateur** *nm* INFORM ordenador *m*. ◆ **calculatrice** *nf* calculadora *f*; **calculatrice de poche** calculadora de bolsillo.

calculer [kalkyle] ◇ *vt* calcular; **mal/bien** ~ **qqch** calcular mal/bien algo. ◇ *vi* **-1.** [faire des calculs] calcular. **-2.** [dépenser avec parcimonie] llevar las cuentas.

calculette [kalkylɛt] *nf* minicalculadora *f*.

cale [kal] *nf* **-1.** [de navire] cala *f*; ~ **sèche dique** *m* seco. **-2.** [pour immobiliser] taco *m*. **-3.** [pour mettre d'aplomb] cuña *f*.

calé, e [kale] *adj fam* **-1.** [personne] fuerte. **-2.** [problème] difícil.

caleçon [kalsɔ̃] *nm* calzoncillos *mpl Esp*, interiores *mpl Amér*.

calembour [kalābur] *nm* retruécano *m*; **faire** OU **dire des** ~**s** hacer juegos de palabras.

calendrier [kalādrije] *nm* **-1.** [système de division du temps] calendario *m*. **-2.** [emploi du temps] agenda *f*. **-3.** [agenda – de poche] agenda *f*; [– à accrocher] almanaque *m*.

cale-pied [kalpje] (*pl* **cale-pieds**) *nm* calapiés *m inv*.

calepin [kalpɛ̃] *nm* bloc *m* de notas.

caler [kale] ◇ *vt* **-1.** [avec une cale] calzar. **-2.** [stabiliser] reposar. **-3.** [mettre] colocar. **-4.** *fam* [estomac] llenar. ◇ *vi* **-1.** [moteur, véhicule] calarse. **-2.** *fam* [ne pas pouvoir] pasar. **-3.** *fam* [ne plus avoir faim] estar lleno(na).

calfeutrer [kalføtre] *vt* [porte, fenêtre] tapar con burletes.

calibre [kalibr] *nm* **-1.** [diamètre, importance] calibre *m*. **-2.** [instrument] calibrador *m*. **-3.** [acabit] calaña *f*; **du même** ~ de la misma calaña.

calibrer [kalibre] *vt* **-1.** [balle, arme] calibrar. **-2.** [classer] clasificar.

califourchon [kalifurʃɔ̃] ◆ **à califourchon** *loc adv* a horcajadas; **à** ~ **sur qqch** a horcajadas en OU sobre algo.

câlin, e [kalɛ̃, in] *adj* **-1.** [personne] mimoso(sa). **-2.** [regard, ton] acariciador(ra). ◆ **câlin** *nm* mimo *m*.

câliner [kaline] *vt* mimar.

calleux, euse [kalø, øz] *adj* calloso(sa).

call-girl [kɔlgœrl] (*pl* **call-girls**) *nf prostituta con quien se concierta una cita por teléfono.*

calligraphie [kaligrafi] *nf* caligrafía *f.*

calmant, e [kalmã, ãt] *adj* **–1.** [infusion] tranquilizante; [piqûre] calmante. **–2.** [paroles] tranquilizador(ra). ◆ **calmant** *nm* [pour la douleur] calmante *m;* [pour l'anxiété] tranquilizante *m.*

calmar = calamar.

calme [kalm] ◇ *adj* tranquilo(la). ◇ *nm* **–1.** [absence d'agitation, immobilité] calma *f.* **–2.** [placidité, silence] tranquilidad *f.* **–3.** [immobilité] calma *f.*

calmer [kalme] *vt* calmar. ◆ **se calmer** *vp* **–1.** [gén] calmarse. **–2.** [s'immobiliser – mer] calmarse; [– vent] amainar.

calomnie [kalɔmni] *nf* calumnia *f.*

calomnier [kalɔmnje] *vt* calumniar.

calorie [kalɔri] *nf* caloría *f.*

calorique [kalɔrik] *adj* calórico(ca).

calot [kalo] *nm* **–1.** [de militaire] gorra *f* militar. **–2.** [bille] canica *f* grande.

calotte [kalɔt] *nf* **–1.** [bonnet] bonete *m.* **–2.** *fam* [gifle] torta *f.* ◆ **calotte crânienne** *nf* bóveda *f* craneal. ◆ **calotte glaciaire** *nf* casquete *m* glaciar.

calque [kalk] *nm* **–1.** [copie] calco *m.* **–2.** [papier] papel *m* de calco. **–3.** [imitation] copia *f;* **il est le ~ de son père** es calcado OU clavado a su padre.

calquer [kalke] *vt* **–1.** [dessin] calcar. **–2.** [imiter] copiar; **~ qqch sur qqch** imitar a alguien en algo.

calvaire [kalvɛr] *nm* calvario *m.*

calvitie [kalvisi] *nf* calvicie *f.*

camaïeu [kamajø] *nm técnica de pintura monocroma con varios tonos.*

camarade [kamarad] *nmf* **–1.** [ami] compañero *m,* -ra *f;* **~ d'école** OU **de classe** compañero de escuela OU de clase. **–2.** POLIT camarada *mf.*

camaraderie [kamaradri] *nf* **–1.** [familiarité, entente] camaradería *f.* **–2.** [solidarité] compañerismo *m.*

Cambodge [kãbɔdʒ] *nm* : **le ~** Camboya; **au ~** [direction] a Camboya; [situation] en Camboya.

cambouis [kãbwi] *nm* grasa *f* de coche.

cambré, e [kãbre] *adj* [dos, reins] arqueado(da); [pieds] con mucho puente.

cambriolage [kãbrijɔlaʒ] *nm* robo *m.*

cambrioler [kãbrijɔle] *vt* [appartement] robar; **être cambriolé** robar en casa de alguien, desvalijarle la casa a alguien.

cambrioleur, euse [kãbrijɔlœr, øz] *nm, f* ladrón *m,* -ona *f.*

camée [kame] *nm* camafeo *m.*

caméléon [kameleɔ̃] *nm* camaleón *m.*

camélia [kamelja] *nm* camelia *f.*

camelote [kamlɔt] *nf péj* [marchandise de mauvaise qualité] baratija *f.*

caméra [kamera] *nf* CIN & TÉLÉ cámara *f.*

cameraman [kameraman] (*pl* **cameramen** [kameramɛn] OU **cameramans**) *nm* cámara *m.*

Caméscope® [kameskɔp] *nm* cámara *f* de vídeo, videocámara *f.*

camion [kamjɔ̃] *nm* camión *m;* **~ de déménagement** camión de mudanzas.

camion-citerne *nm* camión *m* cisterna.

camionnage [kamjɔnaʒ] *nm* camionaje *m.*

camionnette [kamjɔnɛt] *nf* camioneta *f.*

camionneur [kamjɔnœr] *nm* **–1.** [conducteur] camionero *m,* -ra *f.* **–2.** [entrepreneur] transportista *mf.*

camisole [kamizɔl] *nf* : ≈ **de force** camisa *f* de fuerza.

camomille [kamɔmij] *nf* manzanilla *f.*

camouflage [kamuflaʒ] *nm* **–1.** MIL camuflaje *m.* **–2.** [déguisement] disimulo *m.* **–3.** [de faute, d'intentions] ocultación *f.*

camoufler [kamufle] *vt* **–1.** MIL camuflar. **–2.** [déguiser] disimular; **~ un crime en suicide** hacer que un asesinato parezca un suicidio. **–3.** [dissimuler] ocultar.

camp [kã] *nm* **–1.** [lieu où l'on campe] campamento *m.* **–2.** [lieu d'internement] campo *m* de prisioneros; **~ de concentration** campo de concentración. **–3.** SPORT campo *m.* **–4.** [parti] bando *m.*

campagnard, e [kãpaɲar, ard] ◇ *adj* **–1.** [de la campagne] campesino(na). **–2.** [rustique] del campo. ◇ *nm, f* campesino *m,* -na *f.*

campagne [kãpaɲ] *nf* **–1.** [régions rurales] campo *m;* **à la ~** [direction] al campo; [situation] en el campo. **–2.** COMM & POLIT campaña *f;* **faire ~ pour qqch** hacer campaña a favor de algo; **~ d'affichage** COMM campaña de publicidad exterior; **~ de presse** COMM campaña de prensa; **~ de vente** COMM campaña de ventas; **~ électorale/publicitaire** campaña electoral/publicitaria.

campement [kãpmã] *nm* campamento *m.*

camper [kãpe] ◇ *vi* **–1.** [faire du camping] hacer camping. **–2.** *fig* [s'installer provisoirement] estarse, parar. ◇ *vt* **–1.** [poser solidement] **plantar. –2.** *fig* [personnage, scène] describir.

campeur, euse [kɑ̃pœr, øz] *nm, f* campista *mf.*

camphre [kɑ̃fr] *nm* alcanfor *m.*

camping [kɑ̃piŋ] *nm* camping *m*; **faire du** ~ hacer camping.

Canada [kanada] *nm* : **le** ~ (el) Canadá; **au** ~ [direction] al Canadá; [situation] en (el) Canadá.

canadien, enne [kanadjɛ̃, ɛn] *adj* canadiense. ◆ **canadienne** *nf* [veste] *chaqueta forrada de piel.* ◆ **Canadien, enne** *nm, f* canadiense *mf.*

canaille [kanaj] ◇ *adj* **–1.** [coquin] pícaro(ra). **–2.** [vulgaire] hortera. ◇ *nf* [personne malhonnête] canalla *m.*

canal, aux [kanal, o] *nm* **–1.** [gén] canal *m.* **–2.** *loc* : **par le** ~ **de qqn** *fig* por medio de alguien.

Canal + *n* ≃ Canal +.

canalisation [kanalizasjɔ̃] *nf* **–1.** [gén] canalización *f.* **–2.** *fig* [orientation] encauzamiento *m.*

canaliser [kanalize] *vt* **–1.** [gén] canalizar. **–2.** *fig* [orienter] encauzar.

canapé [kanape] *nm* **–1.** [siège] sofá *m.* **–2.** CULIN canapé *m*; **sur** ~ sobre una tostada.

canapé-lit *nm* sofá cama *m.*

canard [kanar] *nm* **–1.** [oiseau] pato *m*; ~ **laqué** CULIN *pato recubierto de una salsa agridulce.* **–2.** *fam* [journal] periodicucho *m.*

canari [kanari] ◇ *nm* canario *m.* ◇ *adj inv* [jaune] canario *(en aposición).*

Canaries *nfpl* : **les** ~ (las) Canarias.

cancan [kɑ̃kɑ̃] *nm* **–1.** [ragot] cotilleo *m*; **dire des** ~**s sur qqn** contar cotilleos de alguien. ◆ **(french) cancan** *nm* cancán *m.*

cancer [kɑ̃sɛr] *nm* cáncer *m.*

cancéreux, euse [kɑ̃serø, øz] *adj & nm, f* canceroso(sa).

cancérigène [kɑ̃seriʒɛn] *adj* cancerígeno(na).

cancérologue [kɑ̃serɔlɔg] *nmf* cancerólogo *m*, -ga *f.*

cancre [kɑ̃kr] *nm fam* mal estudiante *m*, mala estudiante *f.*

cancrelat [kɑ̃krəla] *nm* cucaracha *f.*

candélabre [kɑ̃delabr] *nm* candelabro *m.*

candeur [kɑ̃dœr] *nf* candor *m.*

candidat, e [kɑ̃dida, at] *nm, f* candidato *m*, -ta *f.*

candidature [kɑ̃didatyr] *nf* candidatura *f*; **poser sa** ~ **pour qqch** presentar una candidatura para algo.

candide [kɑ̃did] *adj* cándido(da).

cane [kan] *nf* pata *f (hembra del pato).*

caneton [kantɔ̃] *nm* anadón *m.*

canette [kanɛt] *nf* **–1.** [de machine à coudre] canilla *f.* **–2.** [petite cane] anadina *f.* **–3.** [petite bouteille] botellín *m.*

canevas [kanva] *nm* **–1.** COUT cañamazo *m.* **–2.** [plan] esquema *m.*

caniche [kaniʃ] *nm* caniche *m.*

canicule [kanikyl] *nf* canícula *f.*

canif [kanif] *nm* navaja *f.*

canin, e [kanɛ̃, in] *adj* canino(na).

canine *nf* canino *m.*

caniveau [kanivo] *nm* alcantarilla *f.*

canne [kan] *nf* **–1.** [bâton] bastón *m*; ~ **à pêche** caña *f* de pescar. **–2.** *fam* [jambe] pata *f.* ◆ **canne à sucre** *nf* caña *f* de azúcar.

canné, e [kane] *adj* de rejilla.

cannelle [kanɛl] ◇ *nf* **–1.** [aromate] canela *f.* **–2.** [robinet] canilla *f.* ◇ *adj inv* [couleur] canela *(en aposición).*

cannelure [kanlyr] *nf* [de colonne] acanaladura *f.*

cannibale [kanibal] *adj & nmf* caníbal.

canoë [kanɔe] *nm* canoa *f.*

canoë-kayak *nm* kayak *m.*

canon [kanɔ̃] *nm* **–1.** [obusier, d'arme] cañón *m.* **–2.** *fam* [verre de vin] : **boire un** ~ tomar un chato. **–3.** [règle & MUS] canon *m.*

canoniser [kanɔnize] *vt* RELIG canonizar.

canot [kano] *nm* bote *m*, lancha *f*; ~ **pneumatique** bote neumático, lancha neumática; ~ **de sauvetage** bote salvavidas, lancha salvavidas.

cantatrice [kɑ̃tatris] *nf* cantante *f* (de ópera).

cantine [kɑ̃tin] *nf* **–1.** [réfectoire] comedor *m.* **–2.** [malle] baúl *m.*

cantique [kɑ̃tik] *nm* RELIG cántico *m.*

canton [kɑ̃tɔ̃] *nm* **–1.** [en France] *división administrativa de un distrito, en Francia.* **–2.** [en Suisse] cantón *m.*

cantonade [kɑ̃tɔnad] ◆ **à la cantonade** *loc adv* al foro.

cantonnier [kɑ̃tɔnje] *nm* peón *m* caminero.

canular [kanylar] *nm* broma *f*; **monter un** ~ gastar una broma.

caoutchouc [kautʃu] *nm* **-1.** [plante, substance] caucho *m.* **-2.** [matériau] goma *f.* ◆ **caoutchoucs** *mpl* zapatos *mpl* de goma.

cap [kap] *nm* **-1.** GÉOGR cabo *m*; **passer le** ~ **de qqch** *fig* pasar el umbral de algo. **-2.** [direction] rumbo *m*; **mettre le** ~ **sur** NAVIG poner rumbo a; **changer de** ~ *fig* cambiar de rumbo.

CAP (*abr de* **certificat d'aptitude professionnelle**) *nm* diploma obtenido tras dos años de estudios de formación profesional.

capable [kapabl] *adj* **-1.** [compétent] competente. **-2.** [apte à] : ~ **de faire qqch** capaz de hacer algo; **il est** ~ **de gentillesse** puede ser amable. **-3.** [susceptible de] capaz.

capacité [kapasite] *nf* capacidad *f*; ~ **intellectuelle** capacidad intelectual. ◆ **capacité en droit** *nf* [diplôme] diploma universitario de derecho al que pueden acceder los estudiantes que no aprobaron el examen final del bachillerato.

cape [kap] *nf* capa *f*; **rire sous** ~ *fig* reír para sus adentros.

CAPES, Capes (*abr de* **Certificat d'aptitude au professorat de l'enseignement du second degré**) *nm* título de profesor de enseñanza secundaria obtenido tras un examen del mismo nombre.

capharnaüm [kafarnaɔm] *nm* leonera *f.*

capillaire [kapilɛr] ◇ *adj* capilar. ◇ *nm* **-1.** BOT [fougère] culantrillo *m.* **-2.** ANAT [vaisseau capillaire] capilar *m.*

capillarité [kapilarite] *nf* PHYS capilaridad *f.*

capitaine [kapitɛn] *nm* capitán *m.*

capitainerie [kapitɛnri] *nf* capitanía *f.*

capital, e, aux [kapital, o] *adj* capital. ◆ **capital** *nm* capital *m*; ~ **social** [d'une société] capital social. ◆ **capitaux** *nmpl* capital *m.* ◆ **capitale** *nf* **-1.** [ville] capital *f.* **-2.** [lettre majuscule] mayúscula *f.*

capitaliser [kapitalize] ◇ *vt* **-1.** FIN capitalizar. **-2.** *fig* [accumuler] adquirir. ◇ *vi* [thésauriser] capitalizar.

capitalisme [kapitalism] *nm* capitalismo *m.*

capitaliste [kapitalist] *adj & nmf* capitalista.

capiteux, euse [kapitø, øz] *adj* **-1.** [vin, parfum] embriagador(ra). **-2.** [sensualité, femme] seductor(ra).

capitonner [kapitɔne] *vt* acolchar.

capituler [kapityle] *vi* capitular; ~ **devant qqn/devant qqch** capitular ante algo/ante alguien.

caporal, aux [kapɔral, o] *nm* **-1.** MIL cabo *m.* **-2.** [tabac] tabaco *m.*

capot [kapo] *nm* **-1.** [de voiture] capó *m.* **-2.** [de machine] tapa *f.*

capote [kapɔt] *nf* **-1.** [de voiture, chapeau de femme] capota *f.* **-2.** [manteau] capote *m.* ◆ **capote anglaise** *nf fam* condón *m.*

câpre [kapr] *nf* alcaparra *f.*

caprice [kapris] *nm* capricho *m.*

capricieux, euse [kaprisjø, øz] ◇ *adj* **-1.** [personne] caprichoso(sa). **-2.** *fig* [chose] inestable. ◇ *nm, f* caprichoso *m*, -sa *f.*

capricorne [kaprikɔrn] *nm* ZOOL algavaro *m.* ◆ **Capricorne** *nm* ASTROL Capricornio *m.*

capsule [kapsyl] *nf* **-1.** [gén] cápsula *f.* **-2.** [de bouteille] chapa *f.*

capter [kapte] *vt* captar.

captif, ive [kaptif, iv] ◇ *adj* **-1.** [personne, animal] cautivo(va). **-2.** [chose] sujeto(ta). ◇ *nm, f* prisionero *m*, -ra *f.*

captivant, e [kaptivã, ãt] *adj* cautivador(a).

captiver [kaptive] *vt* cautivar.

captivité [kaptivite] *nf* cautividad *f*; **en** ~ en cautividad.

capture [kaptyr] *nf* **-1.** [action de capturer] captura *f.* **-2.** [prise] presa *f.*

capturer [kaptyre] *vt* capturar.

capuche [kapyʃ] *nf* capucha *f.*

capuchon [kapyʃɔ̃] *nm* capuchón *m.*

capucine [kapysin] *nf* capuchina *f.*

caquet [kakɛ] *nm* **-1.** [de poule] cacareo *m.* **-2.** *péj* [bavardage] parloteo *m*; **rabattre le** ~ **à** OU **de qqn** cerrarle el pico a alguien.

caqueter [kakte] *vi* **-1.** [poule] cacarear. **-2.** *péj* [personne] chismorrear.

car[1] [kar] *nm* autocar *m.*

car[2] [kar] *conj* ya que.

carabine [karabin] *nf* carabina *f.*

Caracas [karakas] *n* Caracas.

caractère [karaktɛr] *nm* **-1.** [tempérament, aspect] carácter *m*; **avoir du** ~ tener carácter; **avoir mauvais** ~ tener mal carácter OU mal genio. **-2.** [cachet] estilo *m.* **-3.** [caractéristique] rasgo *m.* **-4.** [écriture] carácter *m*, letra *f*; **en petits** ~**s** en letra pequeña; **en gros** ~**s** en grandes letras; ~ **d'imprimerie** letra de imprenta.

caractériel, elle [karakterjɛl] PSYCHOL ◇ *adj* caracterial, del carácter. ◇ *nm, f* caracterópata *mf*.

caractérisé, e [karakterize] *adj* evidente.

caractériser [karakterize] *vt* caracterizar.
◆ **se caractériser** *vp* : **se ~ par qqch** caracterizarse por algo.

caractéristique [karakteristik] ◇ *adj* característico(ca); **~ de qqch** característico de algo. ◇ *nf* característica *f*.

carafe [karaf] *nf* [récipient] jarra *f*.

Caraïbes [karaib] *nfpl* : **les ~** el Caribe; **dans les ~** [direction] al Caribe; [situation] en el Caribe.

carambolage [karãbɔlaʒ] *nm* colisión *f* en cadena.

caramel [karamɛl] *nm* **-1.** [sucre fondu] caramelo *m* (líquido). **-2.** [bonbon] caramelo *m* (golosina).

carapace [karapas] *nf* caparazón *m*.

carat [kara] *nm* quilate *m*; **à 18 ~s** de dieciocho quilates.

caravane [karavan] *nf* **-1.** [du camping, du désert] caravana *f*. **-2.** [cortège] comitiva *f*.

caravaning [karavaniŋ] *nm* caravaning *m*; **faire du ~** hacer caravaning.

caravelle [karavɛl] *nf* **-1.** [bateau] carabela *f*. **-2.** [avion] caravelle *m*.

carbone [karbɔn] *nm* CHIM carbono *m*; **(papier) ~** papel *m* carbón.

carbonique [karbɔnik] *adj* CHIM carbónico(ca).

carboniser [karbɔnize] *vt* carbonizar.

carburant [karbyrã] *adj & nm* carburante.

carburateur [karbyratœr] *nm* carburador *m*.

carcan [karkã] *nm* **-1.** [collier de fer] argolla *f*. **-2.** *fig* [ce qui entrave la liberté] cortapisa *f*.

carcasse [karkas] *nf* **-1.** [d'animal] osamenta *f*. **-2.** [épave] esqueleto *m*; **sauver sa ~** *fam fig* salvar el pellejo.

carder [karde] *vt* cardar.

cardiaque [kardjak] ◇ *adj* **-1.** [crise] cardíaco(ca). **-2.** [personne] enfermo(ma) del corazón. ◇ *nmf* enfermo *m*, -ma *f* del corazón.

cardigan [kardigã] *nm* chaqueta *f* de punto, cárdigan *m*.

cardinal, e, aux [kardinal, o] *adj* **-1.** [nombre, point] cardinal. **-2.** [principal] fundamental. ◆ **cardinal** *nm* **-1.** RELIG cardenal *m*. **-2.** [nombre] cardinal *m*.

cardiologue [kardjolɔg] *nmf* cardiólogo *m*, -ga *f*.

cardio-vasculaire [kardjovaskylɛr] *(pl* **cardio-vasculaires)** *adj* cardiovascular.

carême [karɛm] *nm* : **faire ~** hacer ayuno.
◆ **Carême** *nm* RELIG Cuaresma *f*.

carence [karãs] *nf* **-1.** [de débiteu] insolvencia *f*. **-2.** [de personne, de gouvernement] incompetencia *f*. **-3.** [manque] carencia *f*; **~ en qqch** carencia de algo.

carène [karɛn] *nf* carena *f*.

caressant, e [karesã, ãt] *adj* **-1.** [personne] cariñoso(sa). **-2.** *fig* [voix, regard] acariciador(ra).

caresse [karɛs] *nf* caricia *f* Esp, apapachos *mpl Amér*.

caresser [karese] *vt* acariciar.

cargaison [kargɛzɔ̃] *nf* **-1.** TRANSPORT carga *f*. **-2.** *fam* [grande quantité] tropa *f*.

cargo [kargo] *nm* carguero *m*.

caricature [karikatyr] *nf* caricatura *f*.

carie [kari] *nf* MÉD caries *f inv*.

carié, e [karje] *adj* cariado(da).

carillon [karijɔ̃] *nm* **-1.** [de cloche] repique *m*. **-2.** [d'horloge] toque *m*. **-3.** [de porte] timbre *m*.

carlingue [karlɛ̃g] *nf* **-1.** [d'avion] carlinga *f*. **-2.** [de navire] sobrequilla *f*.

carmin [karmɛ̃] *adj inv & nm* carmín.

carnage [karnaʒ] *nm* matanza *f*, masacre *f*.

carnassier [karnasje] *nm* carnívoro *m*.

carnaval [karnaval] *nm* carnaval *m*.

carnet [karnɛ] *nm* **-1.** [petit cahier] cuadernillo *m*, libreta *f*; **~ d'adresses** agenda *f* de direcciones; **~ de notes** boletín *m* (escolar). **-2.** [bloc de feuilles] bloc *m*; **~ de chèques** talonario *m* de cheques; **~ de tickets** bono *m* de metro.

carnivore [karnivɔr] ◇ *adj* carnívoro(ra). ◇ *nm* carnívoro *m*.

carotte [karɔt] ◇ *nf* zanahoria *f*. ◇ *adj inv* [couleur] zanahoria *(en aposición)*.

carpe [karp] ◇ *nf* [poisson] carpa *f*. ◇ *nm* ANAT carpo *m*.

carpette [karpɛt] *nf* **-1.** [petit tapis] alfombrilla *f*. **-2.** *fam fig* [personne servile] gusano *m*.

carquois [karkwa] *nm* aljaba *f*.

carré, e [kare] *adj* **-1.** [gén] cuadrado(da). **-2.** [franc] sincero(ra); **être ~ en affaires** ser honesto en los negocios. ◆ **carré** *nm* **-1.** [quadrilatère] cuadrado *m*; **élever un nombre au ~** MATHS elevar un número al cuadrado; **~ blanc** *cuadrado blanco que* *aparece en la parte inferior de la pantalla del televisor para indicar que una película no está autorizada para todos los públicos.* **-2.** [sur un navire] comedor *m* de oficiales. **-3.** [cartes] póker *m*. **-4.** CULIN cubo *m*. **-5.** [petit terrain] parcela *f*.

carreau, x [kaʀo] *nm* **-1.** [carrelage] azulejo *m*. **-2.** [sol] baldosa *f*. **-3.** [vitre] cristal *m*. **-4.** [motif carré] cuadro *m*; à ~x a cuadros. **-5.** [dans un jeu de cartes] diamante *m*.

carrefour [kaʀfuʀ] *nm* **-1.** [de plusieurs routes] cruce *m*. **-2.** [forum] encuentro *m*. **-3.** *fig* [situation charnière] encrucijada *f*.

carrelage [kaʀlaʒ] *nm* **-1.** [action de carreler] embaldosado *m*. **-2.** [surface carrelée – sur un mur] azulejos *mpl*; [– par terre] baldosas *fpl*.

carrément [kaʀemã] *adv* **-1.** *fam* [franchement] claramente. **-2.** [complètement] totalmente.

carrière [kaʀjɛʀ] *nf* **-1.** [de pierre, de marbre] cantera *f*. **-2.** [profession] carrera *f*; **faire ~ dans qqch** hacer carrera en algo.

carriériste [kaʀjeʀist] *nmf péj* arribista *mf*.

carriole [kaʀjɔl] *nf* **-1.** [petite charrette] carreta *f*. **-2.** *Can* [traîneau] trineo *m*.

carrossable [kaʀɔsabl] *adj* abierto(ta) al tránsito rodado.

carrosse [kaʀɔs] *nm* carroza *f*.

carrosserie [kaʀɔsʀi] *nf* carrocería *f*.

carrossier [kaʀɔsje] *nm* carrocero *m*, -ra *f*.

carrure [kaʀyʀ] *nf* **-1.** [de personne] anchura *f* de espaldas. **-2.** [vêtement] anchura *f* de hombros. **-3.** *fig* [envergure] envergadura *f*.

cartable [kaʀtabl] *nm* cartera *f*.

carte [kaʀt] *nf* **-1.** [de jeu] carta *f*, naipe *m*; **brouiller les ~s** *fig* : **jouer ~s sur table** poner las cartas boca arriba; **tirer les ~s à qqn** CARTOMANCIE echar las cartas a alguien. **-2.** [au restaurant] carta *f*; **à la ~** a la carta; **~ des vins** carta de vinos. **-3.** [document] tarjeta *f*, carné *m*; **~ à mémoire** OU **à puce** tarjeta inteligente; **~ bancaire/de crédit** tarjeta bancaria/de crédito; **~ d'étudiant** carné de estudiante; **~ grise/de séjour** permiso *m* de circulación/de residencia; **~ d'identité** carné de identidad, documento *m* nacional de identidad; **~ graphique** INFORM tarjeta gráfica; **~ mère** INFORM placa *f* madre; **~ orange** abono mensual para los transportes públicos de París; **~ postale** (tarjeta) postal; **~ privative** tarjeta personal; **~ vermeil** *en Francia, carné con el que las personas de la* tercera edad obtienen reducciones en el transporte público, los cines, etc; **donner ~ blanche à qqn** dar carta blanca a alguien.

cartilage [kaʀtilaʒ] *nm* cartílago *m*.

cartomancien, enne [kaʀtɔmãsjɛ̃, ɛn] *nm, f* echador *m*, -ra *f* de cartas.

carton [kaʀtɔ̃] *nm* **-1.** [matière] cartón *m*. **-2.** [emballage] caja *f* de cartón; **~ à chapeaux** sombrerera *f*; **~ à dessin** carpeta *f* de dibujos. **-3.** [cible] blanco *m*; **faire un ~** *fam* [tirer sur une cible en carton] tirar al blanco; *fig* [réussir] sacar muy buena nota en un examen. **-4.** [d'invitation, de sanction] tarjeta *f*.

cartonné, e [kaʀtɔne] *adj* [gén] de cartón; [livre] cartoné.

carton-pâte *nm* cartón *m* piedra; **de** OU **en ~** de cartón piedra.

cartouche [kaʀtuʃ] *nf* **-1.** [de fusil, de dynamite] cartucho *m*. **-2.** [de stylo, de briquet] recambio *m*. **-3.** [de cigarettes] cartón *m*.

cas [kɑ] *nm* caso *m*; **au ~ où** por si acaso; **au ~ où** (*+ conditionnel*) por si (*+ presente indicativo*); **prends un parapluie, au ~ où il pleuvrait** llévate un paraguas, por si llueve; **en aucun ~** en ningún caso; **en ~ de** por si las moscas; **en ~ de qqch** en caso de algo; **en ~ de besoin** en caso de necesidad; **en tout ~** en todo caso; **le ~ échéant** llegado el caso; **~ de conscience** caso de conciencia; **~ social** *persona que vive en un entorno psicológicamente o socialmente desfavorable.*

casanier, ère [kazanje, ɛʀ] *adj & nm, f* hogareño(ña), casero(ra).

casaque [kazak] *nf* casaca *f*.

cascade [kaskad] *nf* **-1.** cascada *f*. **-2.** CIN escena *f* de riesgo.

cascadeur, euse [kaskadœʀ, øz] *nm, f* **-1.** [au cirque] acróbata *mf*. **-2.** CIN doble *mf*, especialista *mf*.

case [kɑz] *nf* **-1.** [habitation] cabaña *f*. **-2.** [compartiment] compartimento *m*. **-3.** [division] casilla *f*; **retourner à la ~ départ** *fig* estar como al principio; **il lui manque une ~** *fig* le falta un tornillo.

caser [kɑze] *vt* **-1.** *fam* [placer] poner. **-2.** [loger] alojar. **-3.** *fam* [trouver un emploi] colocar. **-4.** *fam* [marier] casar. ◆ **se caser** *vp fam* **-1.** [se placer, trouver un emploi] colocarse. **-2.** [se marier] casarse. **-3.** [se loger] alojarse.

caserne [kazɛʀn] *nf* MIL cuartel *m*.

cash [kaʃ] ◇ adv al contado; **payer** ~ pagar al contado. ◇ nm dinero m en metálico.

casier [kazje] nm **-1.** [meuble de rangement] estantería f Esp, librero m Amér. **-2.** [meuble de bureau] casillero m. **-3.** [pour la pêche] nasa f. ◆ **casier judiciaire** nm JUR (certificado m de) antecedentes penales; **avoir un** ~ **judiciaire vierge** no tener antecedentes penales.

casino [kazino] nm casino m.

casque [kask] nm **-1.** [de protection, à écouteurs] casco m. **-2.** [de cheveux] secador m.

casquette [kaskɛt] nf gorra f.

cassant, e [kasɑ̃, ɑ̃t] adj **-1.** [matière] quebradizo(za). **-2.** [voix, ton] tajante.

cassation [kasasjɔ̃] → cour.

casse [kas] ◇ nm fam [cambriolage] robo m (en un establecimiento). ◇ nf **-1.** [action de casser] destrozos mpl. **-2.** fam [violence] : **il va y avoir de la** ~ va a armarse la gorda OU la marimorena. **-3.** [de voitures] desguace m. **-4.** TYPOGRAPHIE caja f.

casse-cou nm inv fam atrevido m -da f.

casse-croûte nm inv tentempié m.

casse-noisettes nm inv cascanueces m inv.

casse-pieds adj & nmf inv peñazo.

casser [kase] ◇ vt **-1.** [gén] romper; **ça ne casse rien** fam no mola. **-2.** JUR anular. ◇ vi romperse.

casserole [kasrɔl] nf CULIN cazo m.

casse-tête nm inv **-1.** [bruit assourdissant] estruendo m. **-2.** [problème] quebradero m de cabeza. **-3.** [jeu] rompecabezas m inv.

cassette [kasɛt] nf **-1.** [de magnétophone, magnétoscope] casete f. **-2.** [coffret] cofrecillo m. ◆ **cassette audionumérique** nf INFORM casete f digital, DAT.

cassis [kasis] nm **-1.** [arbuste] casis m. **-2.** [fruit] grosella f negra. **-3.** [liqueur] licor m de casis. **-4.** [sur la route] bache m.

cassure [kasyr] nf **-1.** [brisure] rotura f. **-2.** GÉOGR falla f. **-3.** fig [rupture] ruptura f.

caste [kast] nf casta f.

casting [kastiŋ] nm CIN & TÉLÉ casting m; THÉÂTRE audición f; **aller à un** ~ presentarse a un casting/a una audición.

castor [kastɔr] nm castor m.

castrer [kastre] vt castrar.

cataclysme [kataklism] nm cataclismo m.

catalan, ane [katalɑ̃, an] adj catalán(ana).

Catalogne [katalɔɲ] nf : **la** ~ Cataluña.

catalogue [katalɔg] nm catálogo m.

cataloguer [katalɔge] vt catalogar; ~ **comme** péj catalogar de.

catalyseur [katalizœr] nm catalizador m.

catalytique [katalitik] → pot.

catamaran [katamarɑ̃] nm catamarán m.

cataplasme [kataplasm] nm MÉD cataplasma f.

catapulter [katapylte] vt catapultar.

cataracte [katarakt] nf **-1.** [chute d'eau & MÉD] catarata f. **-2.** fig [pluie] tromba f de agua.

catarrhe [katar] nm MÉD catarro m.

catastrophe [katastrɔf] nf catástrofe f.

catastrophé, e [katastrɔfe] adj destrozado(da).

catastrophique [katastrɔfik] adj **-1.** [effroyable] catastrófico(ca). **-2.** [très mauvais, dangereux] desastroso(sa).

catch [katʃ] nm lucha f libre.

catéchisme [kateʃism] nm RELIG catecismo m.

catégorie [kategɔri] nf categoría f; ~ **socioprofessionnelle** ÉCON categoría socioprofesional.

catégorique [kategɔrik] adj categórico(ca).

cathédrale [katedral] nf catedral f.

cathode [katɔd] nf cátodo m.

catholicisme [katɔlisism] nm RELIG catolicismo m.

catholique [katɔlik] adj RELIG católico(ca).

catimini [katimini] ◆ **en catimini** loc adv a escondidas, a hurtadillas.

cauchemar [koʃmar] nm pesadilla f.

cauchemardesque [koʃmardɛsk] adj de pesadilla.

cause [koz] nf causa f; **être en** ~ estar en tela de juicio; **pour** ~ **de qqch** por algo; **remettre en** ~ cuestionar. ◆ **à cause de** loc prép a causa de.

causer [koze] vt **-1.** [provoquer, occasionner] causar. **-2.** fam [cancaner] murmurar.

causerie [kozri] nf charla f Esp, conversada f Amér.

caustique [kostik] ◇ adj cáustico(ca). ◇ nm sustancia f cáustica.

cautériser [koterize] vt cauterizar.

caution [kosjɔ̃] nf **-1.** [somme servant de garantie] paga y señal f; **verser une** ~ dejar paga y señal; **sous** ~ en garantía. **-2.** [personne] fiador m, -ra f; **se porter** ~ **pour qqn** salir fiador de alguien. **-3.** [garantie morale] garantía f. **-4.** [soutien] aval m.

cautionner [kosjɔne] *vt* **-1.** JUR [se porter garant] salir fiador(ra) de. **-2.** *fig* [appuyer] avalar.

cavalcade [kavalkad] *nf* **-1.** [de cavaliers] cabalgata *f.* **-2.** [course bruyante] tropel *m.*

cavalerie [kavalri] *nf* **-1.** MIL caballería *f.* **-2.** [au cirque] cuadra *f.*

cavalier [kavalje] *nm* **-1.** [aux échecs] caballo *m.* **-2.** MIL soldado *m* de caballería. **-3.** [pièce] grapa *f (clavo).*

cavalièrement [kavaljɛrmɑ̃] *adv* con insolencia.

cave [kav] *◇ adj* **-1.** [yeux, joues] hundido(da). **-2.** ANAT [veine] cava. *◇ nf* **-1.** [local souterrain] sótano *m.* **-2.** [réserve de vins] bodega *f.* **-3.** [cabaret] cabaret *m.* *◇ nm arg* primo *m,* -ma *f (ingenuo).*

caveau [kavo] *nm* **-1.** [petite cave] bodeguilla *f.* **-2.** [cabaret] cabaret *m.* **-3.** [sépulture] panteón *m.*

caverne [kavɛrn] *nf* caverna *f.*

caviar [kavjar] *nm* caviar *m.*

cavité [kavite] *nf* cavidad *f.*

CB [sibi] *(abr de citizen's band, canaux banalisés) nf* CB *f.*

cc -1. *abr de cuillère à café.* **-2.** *abr de charges comprises.*

CCP *(abr de compte chèque postal, compte courant postal) nm* CCP *f.*

CD *nm* **-1.** *(abr de chemin départemental)* carretera *f* comarcal. **-2.** *(abr de Compact Disc)* CD *m.* **-3.** *(abr de comité directeur)* comité *m* directivo. **-4.** *(abr de corps diplomatique)* CD *m.*

CDD *abr de contrat à durée déterminée.*

CDI *nm* **-1.** *(abr de centre de documentation et d'information)* biblioteca *de un centro* de enseñanza secundaria. **-2.** *abr de contrat à durée indéterminée.*

ce [sə] *◇ adj dém (cet* [sɛt] *devant voyelle ou h muet, f* **cette** [sɛt], *pl* **ces** [se]) este(ta), ese(sa); ~ **mois-ci** este mes; **cette année-là** aquel año. *◇ pron dém (c' devant voyelle) :* **c'est es;** ~ **sont** son; **c'est mon bureau** es mi despacho; ~ **sont mes enfants** son mis hijos; **qui est-ce?** ¿quién es?; ~ **à quoi** o **ou** en lo que; **tu sais** ~ **à quoi je pense** ya sabes en lo que pienso; ~ **dont** aquello de lo que; ~ **dont je me souviens** aquello de lo que me acuerdo; ~ **pour quoi** aquello por lo que; **faites** ~ **pour quoi on vous paye** haga aquello por lo que le pagan; ~ **que/qui** lo que; **ils ont obtenu** ~ **qui leur revenait** han obtenido lo que les correspondía; ~ **qui**

m'inquiète lo que me preocupa; ~ **qui est étonnant** lo asombroso.

CE *◇ nm* **-1.** *abr de comité d'entreprise.* **-2.** *(abr de cours élémentaire) :* **CE1** ≃ 2° de EGB; **CE2** ≃ 3° de EGB. *◇ nf (abr de Communauté européenne)* CE *f.*

ceci [səsi] *pron dém* esto; ~ **(étant) dit** dicho esto; **à** ~ **près que** excepto que.

cécité [sesite] *nf* ceguera *f.*

céder [sede] *◇ vt* **-1.** [donner] ceder; ~ **qqch à qqn** [laisser] ceder algo a alguien; [vendre] vender algo a alguien. **-2.** [revendre] traspasar. *◇ vi* **-1.** [se soumettre, se rompre] ceder; ~ **à qqch** [accepter] ceder a **ou** ante; [succomber à la tentation] caer en algo; [– à la colère] dejarse llevar por algo. **-2.** [s'abandonner] : ~ **à qqn** entregarse a alguien.

CEDEX, Cedex *(abr de courrier d'entreprise à distribution exceptionnelle) nm* correo de empresa con reparto especial.

cédille [sedij] *nf* cedilla *f.*

cèdre [sɛdr] *nm* cedro *m.*

CEE *(abr de Communauté économique européenne) nf* CEE *f.*

CEI *(abr de Communauté des États Indépendants) nf* CEI *f.*

ceinture [sɛ̃tyr] *nf* **-1.** ANAT & COUT cintura *f.* **-2.** [bande & SPORT] cinturón *m;* ~ **à enrouleur** cinturón de seguridad retráctil; ~ **de sécurité** cinturón de seguridad.

ceinturer [sɛ̃tyre] *vt* **-1.** [adversaire] inmovilizar agarrando por la cintura. **-2.** [espace, lieu] rodear.

ceinturon [sɛ̃tyrɔ̃] *nm* cinto *m.*

cela [səla] *pron dém* [servant à désigner un objet éloigné] eso, aquello; **il y a des années de** ~ hace años de aquello; **prenez** ~ coja eso; **après** ~ después de eso; ~ **dit** dicho esto; **malgré** ~ a pesar de eso.

célèbre [selebr] *adj* célebre.

célébrer [selebre] *vt* **-1.** [gén] celebrar. **-2.** [faire la louange de] alabar.

célébrité [selebrite] *nf* **-1.** [renommée] fama *f.* **-2.** [personne] celebridad *f.*

céleri [sɛlri] *nm* apio *m;* ~ **(branche)** apio; ~ **rave** apio-nabo *(raíz).*

célérité [selerite] *nf* celeridad *f.*

céleste [selɛst] *adj* **-1.** [corps] celeste. **-2.** [beauté, musique] celestial.

célibat [seliba] *nm* celibato *m.*

célibataire [selibatɛr] *adj & nmf* soltero(ra).

celle → celui.

celle-ci → celui-ci.

celle-là → celui-là.

celles → celui.

celles-ci → celui-ci.

celles-là → celui-là.

cellier [selje] *nm* bodega *f.*

Cellophane® [selɔfan®] *nf* celofán® *m.*

cellulaire [selylɛr] *adj* celular.

cellule [selyl] *nf* -1. [de prisonnier, de moine] celda *f.* -2. SCIENCES & POLIT célula *f.* -3. [réunion] comisión *f.* ◆ **cellule familiale** *nf* unidad *f* familiar.

cellulite [selylit] *nf* celulitis *f inv.*

celui [səlɥi] (*f* **celle** [sɛl], *mpl* **ceux** [sø], *fpl* **celles** [sɛl]) *pron dém* -1. [suivi d'un complément prépositionnel] el de, la de; **celle de devant** la de delante; **ceux d'entre nous** aquellos de entre nosotros. -2. [suivi d'un pronom relatif] el que, la que; ~ **que vous voyez** el que usted ve; **c'est celle qui te va le mieux** es la que más te sienta; **ceux que je connais** los que conozco. -3. [suivi d'un adjectif, d'un participe] el, la; **celle peinte en rose** la pintada de rosa.

celui-ci [səlɥisi] (*f* **celle-ci** [sɛlsi], *mpl* **ceux-ci** [søsi], *fpl* **celles-ci** [sɛlsi]) *pron dém* éste(ta); ~ **et celui-là** éste y aquél.

celui-là [səlɥila] (*f* **celle-là** [sɛlla], *mpl* **ceux-là** [søla], *fpl* **celles-là** [sɛlla]) *pron dém* ése(sa), aquél(lla).

cendre [sɑ̃dr] *nf* ceniza *f.* ◆ **cendres** *nfpl* [restes des morts] cenizas *fpl*; **renaître de ses ~s** *fig* renacer de sus cenizas. ◆ **Cendres** *nfpl* RELIG : **les Cendres** ceniza *f* (*del Miércoles de Ceniza*).

cendré, e [sɑ̃dre] *adj* ceniciento(ta).

cendrier [sɑ̃drije] *nm* cenicero *m.*

Cène [sɛn] *nf* RELIG Última Cena *f*; **la ~** [peinture biblique] la Última Cena.

censé, e [sɑ̃se] *adj* : **il est ~ faire qqch** se supone que hace algo; **il est ~ être à Paris** se supone que está en París; **elle n'est pas ~e le savoir** no tiene por qué saberlo.

censeur [sɑ̃sœr] *nm* -1. [gén] censor *m*, -ra *f.* -2. [de lycée] ≃ jefe *mf* de estudios.

censure [sɑ̃syr] *nf* censura *f.*

censurer [sɑ̃syre] *vt* censurar.

cent¹ [sɑ̃] ◇ *adj num* cien, ciento; ~ **francs** cien francos; ~**-deux francs** ciento dos francos. ◇ *adj inv* [centième] :

quatre ~ cuatrocientos(tas). ◇ *nm* [chiffre] cien *m*; *voir aussi* **six.**

cent² [sɑ̃] *nm* [monnaie du Canada et des USA] centavo *m.*

centaine [sɑ̃tɛn] *nf* centena *f.*

centenaire [sɑ̃tnɛr] ◇ *adj & nmf* centenario(ria). ◇ *nm* [centième anniversaire] centenario *m.*

centième [sɑ̃tjɛm] ◇ *adj* centésimo(ma). ◇ *nm* centésima parte *f.* ◇ *nf* THÉÂTRE centésima representación *f.*

centigrade [sɑ̃tigrad] → **degré.**

centigramme [sɑ̃tigram] *nm* centígramo *m.*

centilitre [sɑ̃tilitr] *nm* centilitro *m.*

centime [sɑ̃tim] *nm* céntimo *m.*

centimètre [sɑ̃timɛtr] *nm* -1. [mesure] centímetro *m.* -2. [ruban, règle] cinta *f* métrica.

central, e, aux [sɑ̃tral, o] *adj* -1. [au centre – de la terre] central; [– quartier] céntrico(ca). -2. [principal] central. ◆ **central** *nm* -1. [tennis] pista *f* central. -2. [de réseau] central *f*; ~ **téléphonique** central telefónica. ◆ **centrale** *nf* -1. [usine] central *f*; **centrale hydroélectrique/nucléaire** central hidroeléctrica/nuclear; **centrale d'achat** COMM central de compras. -2. [syndicale] central *f* sindical.

centraliser [sɑ̃tralize] *vt* centralizar.

centre [sɑ̃tr] *nm* -1. [gén] centro *m*; ~ **aéré** [pour écoliers] *centro de esparcimiento infantil, gestionado por los ayuntamientos*; ~ **antipoison** servicio de información toxicológica; ~ **commercial/culturel** centro comercial/cultural; ~ **de gravité** centro de gravedad; ~ **hospitalier régional** centro hospitalario provincial; ~ **hospitalo-universitaire** centro hospitalario universitario. -2. *fig* quid *m.*

centrer [sɑ̃tre] *vt* centrar.

centre-ville *nm* centro *m* urbano.

centrifugeuse [sɑ̃trifyʒøz] *nf* -1. TECHNOL centrifugadora *f.* -2. CULIN licuadora *f.*

centuple [sɑ̃typl] *nm* [cent fois plus] céntuplo *m*; **au ~** [beaucoup plus] centuplicado(da).

cep [sɛp] *nm* cepa *f.*

cèpe [sɛp] *nm* BOT seta *f* comestible.

cependant [səpɑ̃dɑ̃] *conj* sin embargo.

céramique [seramik] *nf* cerámica *f.*

cerceau, x [sɛrso] *nm* **–1.** [de tonneau] cerco *m.* **–2.** [jouet] aro *m.* **–3.** [de robe] polisón *m.*

cercle [sɛrkl] *nm* **–1.** [gén] círculo *m.* **–2.** [disposition en cercle] corro *m.* ◆ **cercle vicieux** *nm* círculo *m* vicioso.

cercueil [sɛrkœj] *nm* ataúd *m.*

céréale [sereal] *nf* cereal *m.*

cérémonial, als [seremɔnjal] *nm* ceremonial *m.*

cérémonie [seremɔni] *nf* **–1.** [gén] ceremonia *f.* **–2.** [politesse exagérée] cumplido *m;* **faire des ~s** hacer cumplidos.

cérémonieux, euse [seremɔnjø, øz] *adj* ceremonioso(sa).

cerf [sɛr] *nm* ciervo *m.*

cerfeuil [sɛrfœj] *nm* perifollo *m.*

cerf-volant *nm* **–1.** [jouet] cometa *f.* **–2.** [insecte] ciervo *m* volante.

cerise [sɔriz] ◇ *nf* cereza *f.* ◇ *adj inv* [couleur] cereza *(en aposición).*

cerisier [sɔrisje] *nm* cerezo *m.*

cerne [sɛrn] *nm* **–1.** [sous les yeux] ojera *f.* **–2.** [d'arbre] anillo *m.*

cerner [sɛrne] *vt* **–1.** [encercler] rodear. **–2.** [entourer d'un trait] rodear con un círculo. **–3.** *fig* [problème, question] delimitar, acotar.

certain, e [sɛrtɛ̃, ɛn] ◇ *adj* seguro(ra); **c'est sûr et ~** segurísimo; **être ~ de** estar seguro de; **être ~ que** estar seguro de que. ◇ *adj indéf (avant n)* **–1.** cierto(ta); **dans ~s cas** en ciertos casos; **un ~ temps** algún tiempo; **d'un ~ âge** de cierta edad. **–2.** [devant nom de personne] tal; **un ~ Jean** un tal Juan. ◆ **certains** *(fpl* **certaines)** *pron indéf pl* algunos(nas).

certainement [sɛrtɛnmã] *adv* **–1.** [oui renforcé] por supuesto. **–2.** [assurément] sin duda; **mais ~** pues claro.

certes [sɛrt] *adv* **–1.** [indique une concession] en efecto, claro. **–2.** [en vérité] desde luego.

certificat [sɛrtifika] *nm* **–1.** [attestation] certificado *m.* **–2.** [référence] referencias *fpl.* **–3.** [diplôme] diploma *m;* ~ **d'études** SCOL certificado de estudios primarios.

certifier [sɛrtifje] *vt* **–1.** [assurer] : ~ **qqch à qqn** asegurar algo a alguien. **–2.** [document] compulsar.

certitude [sɛrtityd] *nf* **–1.** [évidence] evidencia *f.* **–2.** [conviction] certeza *f;* **avoir la ~ que** tener la certeza de que.

cerveau [sɛrvo] *nm* cerebro *m.*

cervelle [sɛrvɛl] *nf* **–1.** ANAT & CULIN sesos *mpl.* **–2.** [facultés mentales] cerebro *m.*

cervical, e, aux [sɛrvikal, o] *adj* ANAT cervical.

ces → **ce.**

CES *(abr de* **collège d'enseignement secondaire)** *nm antiguo nombre de los centros de enseñanza secundaria de primer ciclo.*

césarienne [sezarjɛn] *nf* MÉD cesárea *f.*

césium [sezjɔm] *nm* cesio *m.*

cesse [sɛs] *nf* : **n'avoir de ~ que** *(+ subjonctif) sout* no descansar hasta que *(+ subjuntivo);* **je n'aurai de ~ qu'il n'admette à tort** no descansaré hasta que admita que se ha equivocado. ◆ **sans cesse** *loc adv* sin cesar, sin parar.

cesser [sese] ◇ *vi* cesar, terminar; **ne pas ~ de faire qqch** [continuer à] no parar de hacer algo. ◇ *vt* suspender.

cessez-le-feu [seselfø] *nm inv* alto el fuego *m.*

cession [sɛsjɔ̃] *nf* cesión *f.*

c'est-à-dire [sɛtadir] *conj* **–1.** [en d'autres termes] o sea, es decir. **–2.** [introduit une restriction, précision, réponse] (la cosa) es que; **tu es libre ce soir? ~ que je suis déjà invitée ailleurs** ¿tienes la noche libre? (la cosa) es que ya me han invitado.

cet → **ce.**

cétacé [setase] *nm* cetáceo *m.*

cette → **ce.**

ceux → **celui.**

ceux-ci → **celui-ci.**

ceux-là → **celui-là.**

cf. *(abr de* **confer)** cf.

CFDT *(abr de* **Confédération française démocratique du travail)** *nf organización sindical francesa de orientación socialdemócrata.*

CFTC *(abr de* **Confédération française des travailleurs chrétiens)** *nf organización sindical que defiende los principios de la doctrina social cristiana.*

CGC *(abr de* **Confédération générale des cadres)** *nf organización sindical francesa de directivos.*

CGT *(abr de* **Confédération générale du travail)** *nf organización sindical francesa de orientación marxista.*

chacun, e [ʃakœ̃, yn] *pron indéf* cada uno, cada una; ~ **de nous/de vous/d'eux** cada uno de nosotros/de vosotros/de ellos; ~ **pour soi** cada cual a lo suyo; **tout un ~** todos y cada uno.

chagrin, e [ʃagrɛ̃, in] *adj* triste. ◆ **chagrin** *nm* pena *f*; **avoir du** ~ ponerse triste.

chagriner [ʃagrine] *vt* apenar.

chahut [ʃay] *nm* jaleo *m*; **faire du** ~ armar jaleo.

chahuter [ʃayte] ◇ *vi* armar jaleo. ◇ *vt* **-1.** [importuner] abuchear. **-2.** [bousculer] incordiar.

chaîne [ʃɛn] *nf* **-1.** [gén] cadena *f*; **à la** ~ en cadena; ~ **de montagnes** cadena montañosa, cordillera *f*. **-2.** [appareil] equipo *m*, cadena *f*; ~ **hi-fi/stéréo** equipo de alta fidelidad/estéreo. ◆ **chaînes** *nfpl* **-1.** [pour pneus] cadenas *fpl*. **-2.** [servitude] cadenas *fpl*; [liens d'affection] lazos *mpl*.

chaînon [ʃɛnɔ̃] *nm* **-1.** [maillon] eslabón *m*; ~ **manquant** eslabón perdido. **-2.** *fig* [élément] paso *m*.

chair [ʃɛr] ◇ *nf* **-1.** [d'homme & CULIN] carne *f*; **avoir la** ~ **de poule** [de froid] tener la piel de gallina. **-2.** [pulpe] pulpa *f*. ◇ *adj inv* [couleur] carne *(en aposición)*.

chaire [ʃɛr] *nf* **-1.** [estrade – de prédicateur] púlpito *m*; [– de professeur] tarima *f*. **-2.** UNIV [poste de professeur] cátedra *f*.

chaise [ʃɛz] *nf* silla *f*; ~ **électrique** silla eléctrica; ~ **longue** tumbona *f*.

châle [ʃal] *nm* chal *m*, mantón *m*.

chalet [ʃalɛ] *nm* **-1.** [de montagne] chalet *m*, chalé *m*. **-2.** *Can* [maison de campagne] casa *f* de campo.

chaleur [ʃalœr] *nf* **-1.** [température] calor *m*. **-2.** [d'animal] celo *m*. **-3.** *fig* [ardeur] fervor *m*.

chaleureux, euse [ʃalœrø, øz] *adj* caluroso(sa).

chaloupe [ʃalup] *nf* bote *m*, chalupa *f*.

chalumeau, x [ʃalymo] *nm* **-1.** TECHNOL soplete *m*. **-2.** [pour boire] paja *f Esp*, popote *m Amér*.

chalut [ʃaly] *nm* [filet] traíña *f*; **au** ~ [pêche] de arrastre.

chalutier [ʃalytje] *nm* **-1.** [bateau] trainera *f*. **-2.** [pêcheur] pescador *m*, -ra *f* de trainera.

chamailler [ʃamaje] ◆ **se chamailler** *vp fam* pelearse.

chambranle [ʃɑ̃brɑ̃l] *nm* [de porte, de fenêtre] marco *m*; [de cheminée] faldón *m*.

chambre [ʃɑ̃br] *nf* **-1.** [où l'on dort] cuarto *m*, habitación *f*; ~ **d'amis** cuarto de invitados; ~ **à coucher** dormitorio *m*. **-2.** [pièce pour un usage précis] cámara *f*; ~ **à**

gaz cámara de gas; ~ **forte** cámara acorazada; ~ **froide/noire** cámara frigorífica/oscura; ~ **à air/de combustion** cámara de aire/de combustión. **-3.** JUR sala *f*.

chambrée [ʃɑ̃bre] *nf* **-1.** [occupants] ocupantes *mpl* de un dormitorio colectivo. **-2.** [pièce] dormitorio *m* colectivo.

chambrer [ʃɑ̃bre] *vt* **-1.** [vin] poner del tiempo. **-2.** *fam* [se moquer] cachondearse de.

chameau, x [ʃamo] *nm* **-1.** [mammifère] camello *m*. **-2.** *fam péj* [personne] mal bicho *m*.

chamois [ʃamwa] ◇ *nm* gamuza *f*. ◇ *adj inv* [couleur] gamuzado(da).

champ [ʃɑ̃] *nm* campo *m*; ~ **de bataille** campo de batalla; ~ **de courses** hipódromo *m*.

champagne [ʃɑ̃paɲ] *nm* champán *m* francés.

champêtre [ʃɑ̃pɛtr] *adj* campestre.

champignon [ʃɑ̃piɲɔ̃] *nm* **-1.** [végétal] seta *f*. **-2.** MÉD hongo *m*. **-3.** *fam* [accélérateur] acelerador *m*. ◆ **champignon atomique** *nm* hongo *m* atómico.

champion, onne [ʃɑ̃pjɔ̃, ɔn] *nm, f* **-1.** SPORT campeón *m*, -ona *f*. **-2.** [défenseur] paladín *m*. ◆ **champion** *adj inv fam* [personne] campeón(ona).

championnat [ʃɑ̃pjɔna] *nm* campeonato *m*.

chance [ʃɑ̃s] *nf* **-1.** [sort] suerte *f*; **avoir/ne pas avoir de** ~ tener/no tener suerte; **porter** ~ traer suerte, dar (buena) suerte. **-2.** [probabilité, possibilité] posibilidad *f*, probabilidad *f*; **avoir des** ~s **de faire** qqch tener probabilidades de hacer algo.

chanceler [ʃɑ̃sle] *vi* **-1.** [personne, gouvernement] tambalearse. **-2.** [être bancal] cojear.

chancelier [ʃɑ̃səlje] *nm* canciller *m*.

chanceux, euse [ʃɑ̃sø, øz] *adj* afortunado(da).

chancre [ʃɑ̃kr] *nm* **-1.** MÉD chancro *m*. **-2.** BOT cancro *m*.

chandail [ʃɑ̃daj] *nm* jersey *m*.

Chandeleur [ʃɑ̃dlœr] *nf* Candelaria *f*.

chandelier [ʃɑ̃dəlje] *nm* candelabro *m*.

chandelle [ʃɑ̃dɛl] *nf* [bougie] vela *f Esp*, veladora *f Amér*; **dîner aux** ~s cenar a la luz de las velas.

change [ʃɑ̃ʒ] *nm* **-1.** FIN cambio *m*. **-2.** [troc] trueque *m*. **-3.** [couche de bébé] pañal *m*.

changeant, e [ʃãʒã, ãt] *adj* **-1.** [variable – temps] variable; [– humeur] cambiante. **-2.** [couleur, étoffe] tornasolado(da).

changement [ʃãʒmã] *nm* **-1.** [gén] cambio *m*. **-2.** TRANSPORT [correspondance] transbordo *m*, trasbordo *m*.

changer [ʃãʒe] ◇ *vt* **-1.** [gén] cambiar; ~ **qqch en qqch** [monnaie] cambiar algo en algo; ~ **qqch contre qqch** cambiar algo por algo. **-2.** [transformer, muer] convertir. **-3.** [de poste, de bureau] trasladar. ◇ *vi* **-1.** [gén] cambiar. **-2.** [apporter un changement] variar; **pour** ~ *iron* [comme toujours] para variar.

changeur [ʃãʒœr] *nm* FIN [personne] cambista *mf*.

chanson [ʃãsɔ̃] *nf* MUS canción *f*; **c'est toujours la même** ~ *fig* siempre la misma canción OU historia.

chansonnier, ère [ʃãsɔnje, ɛr] *nm, f* humorista *mf*.

chant [ʃã] *nm* **-1.** [gén] canto *m*; **apprendre le** ~ estudiar canto. **-2.** [chanson] canción *f*, canto *m*.

chantage [ʃãtaʒ] *nm* chantaje *m*; **faire du** ~ [extorquer de l'argent] hacer chantaje; *fig* [comédie] hacer comedia, echar teatro.

chanter [ʃãte] ◇ *vt* **-1.** [gén] cantar. **-2.** *fam* [raconter] contar. ◇ *vi* **-1.** [gén] cantar. **-2.** *loc* : **faire** ~ **qqn** hacerle chantaje a alguien.

chanteur, euse [ʃãtœr, øz] *nm, f* cantante *mf*.

chantier [ʃãtje] *nm* **-1.** CONSTR obra *f*; ~ **naval** astillero *m*. **-2.** *fam* [désordre] leonera *f*.

chantonner [ʃãtɔne] ◇ *vt* [air] tararear. ◇ *vi* [personne] canturrear.

chanvre [ʃãvr] *nm* cáñamo *m*.

chaos [kao] *nm* caos *m*.

chap. (*abr de* **chapitre**) C.

chaparder [ʃaparde] *vt* sisar.

chapeau, x [ʃapo] *nm* **-1.** [coiffure] sombrero *m*. **-2.** [texte bref] encabezamiento *m*.

chapeauter [ʃapote] *vt* controlar.

chapelet [ʃaplɛ] *nm* **-1.** RELIG rosario *m*. **-2.** [ensemble – d'aliments] ristra *f*; [– d'injures, d'insultes] retahíla *f*.

chapelle [ʃapɛl] *nf* **-1.** RELIG capilla *f*. **-2.** [clan] camarilla *f*.

chapelure [ʃaplyr] *nf* CULIN pan *m* rallado.

chapiteau, x [ʃapito] *nm* **-1.** [de colonne] capitel *m*. **-2.** [de cirque] carpa *f*.

chapitre [ʃapitr] *nm* **-1.** [de livre] capítulo *m*. **-2.** [de budget] partida *f*, asiento *m*. **-3.** RELIG cabildo *m*. **-4.** [sujet] tema *m*.

chaque [ʃak] *adj indéf* cada; ~ **personne** cada persona.

char [ʃar] *nm* **-1.** [voiture à deux roues, tank] carro *m*; ~ **d'assaut** carro de combate. **-2.** [de carnaval] carroza *f*. **-3.** *Can* [voiture] coche *m*.

charabia [ʃarabja] *nm* galimatías *m inv*.

charade [ʃarad] *nf* charada *f*.

charbon [ʃarbɔ̃] *nm* **-1.** [combustible] carbón *m*; ~ **de bois** carbón de leña. **-2.** [fusain] carboncillo *m*. **-3.** [maladie] carbunco *m*.

charcuterie [ʃarkytri] *nf* **-1.** [magasin] charcutería *f*, tienda *f* de embutidos. **-2.** [produits] embutidos *mpl*.

charcutier, ère [ʃarkytje, ɛr] *nm, f* charcutero *m*, -ra *f*.

chardon [ʃardɔ̃] *nm* **-1.** [plante] cardo *m*. **-2.** [sur un mur] púas *fpl* de hierro.

charge [ʃarʒ] *nf* **-1.** [fardeau, attaque] carga *f*. **-2.** [fonction, accusation, obligation] cargo *m*; **être à la** ~ **de qqn** [devant être payé par] correr a cargo de alguien; [dépendre matériellement de qqn] estar a cargo de alguien; **prendre qqch en** ~ [payer, s'occuper de] hacerse cargo de algo; **prendre qqn en** ~ hacerse cargo de alguien. ◆ **charges** *nfpl* **-1.** [d'appartement] gastos *mpl* de comunidad. **-2.** ÉCON costes *mpl*; ~**s sociales** cargas *fpl* sociales.

chargé, e [ʃarʒe] ◇ *adj* **-1.** [personne, véhicule] cargado(da). **-2.** [responsable] encargado(da). **-3.** [occupé] ocupado(da). ◇ *nm, f* encargado *m*, -da *f*; ~ **d'affaires** encargado de negocios; ~ **de mission** ≃ profesor *m* asociado.

chargement [ʃarʒəmã] *nm* **-1.** [de marchandises] cargamento *m*. **-2.** [d'arme, d'appareil photo] carga *f*.

charger [ʃarʒe] *vt* **-1.** [remplir, emporter] cargar. **-2.** [recouvrir, alourdir] llenar. **-3.** [attaquer] cargar contra. **-4.** [donner une mission] : ~ **qqn de qqch/de faire qqch** encargar a alguien de algo/que haga algo. **-5.** JUR [déposer contre] declarar en contra de. **-6.** [exagérer] exagerar. **-7.** INFORM cargar. ◆ **se charger** *vp* **-1.** [porter une charge] cargarse. **-2.** [s'occuper de qqn] : **se** ~ **de qqn/qqch** ocuparse de alguien/de algo; **se** ~ **de faire qqch** encargarse de hacer algo.

chargeur [ʃarʒœr] *nm* **-1.** [personne] cargador *m*, -ra *f*. **-2.** [de dispositif] cargador *m*.

chariot [ʃarjo] *nm* **-1.** [charrette] carretilla *f*. **-2.** [table roulante] carrito *m*. **-3.** [de machine à écrire] carro *m*.

charisme [karism] *nm* carisma *m*.

charitable [ʃaritabl] *adj* caritativo(va).

charité [ʃarite] *nf* **-1.** [aumône & RELIG] caridad *f*. **-2.** [bonté] bondad *f*.

charlatan [ʃarlatɑ̃] *nm* péj charlatán *m*, -ana *f*.

charmant, e [ʃarmɑ̃, ɑ̃t] *adj* **-1.** [séduisant, ravissant] encantador(ra). **-2.** [agréable] agradable; **c'est ~!** *iron* [désagréable] ¡muy bonito!

charme [ʃarm] *nm* **-1.** [attrait – de chose] atracción *f*; [– de personne] encanto *m*. **-2.** [enchantement] hechizo *m*. **-3.** [beauté] atractivo *m*, encanto *m*. **-4.** [arbre] carpe *m*.

charmer [ʃarme] *vt* cautivar; **être charmé de faire qqch** [être heureux de] estar encantado de hacer algo.

charmeur, euse [ʃarmœr, øz] ◇ *adj* encantador(ra). ◇ *nm, f* seductor *m*, -ra *f*. ◆ **charmeur de serpents** *nm* encantador *m* de serpientes.

charnel, elle [ʃarnɛl] *adj* carnal.

charnier [ʃarnje] *nm* osario *m*.

charnière [ʃarnjɛr] ◇ *nf* bisagra *f*. ◇ *adj inv* decisivo(va).

charnu, e [ʃarny] *adj* carnoso(sa).

charogne [ʃarɔɲ] *nf* **-1.** [d'animal] carroña *f*. **-2.** *tfam* [crapule] crápula *mf*.

charpente [ʃarpɑ̃t] *nf* **-1.** [de bâtiment] armazón *m*. **-2.** [structure] estructura *f*; **avoir une solide ~ hum** [personne] tener una buena osamenta.

charpentier [ʃarpɑ̃tje] *nm* carpintero *m*, -ra *f* de obra, carpintero *m*, -ra *f* de blanco.

charretier, ère [ʃartje, ɛr] ◇ *adj* [chemin] de carro. ◇ *nm, f* carretero *m*, -ra *f*.

charrette [ʃarɛt] *nf* carreta *f*.

charrier [ʃarje] ◇ *vt* **-1.** [entraîner] arrastrar. **-2.** [transporter] acarrear. **-3.** *fam* [se moquer de] pitorrearse de, chotearse de. ◇ *vi fam* [exagérer] pasarse.

charrue [ʃary] *nf* AGRIC arado *m*.

charte [ʃart] *nf* [règle fondamentale] carta *f*.

charter [ʃartɛr] *nm* chárter *m*.

chas [ʃa] *nm* ojo *m* (de aguja).

chasse [ʃas] *nf* **-1.** [action] caza *f*; ~ **à courre** montería *f*. **-2.** [période] temporada *f* de caza. **-3.** [poursuite] caza *f*, persecución *f*; **faire la ~ à qqch** [poursuivre] dar caza a algo; **prendre qqn en ~** [poursuivre] perseguir. **-4.** [des cabinets] cadena *f*; **tirer la ~** tirar de la cadena; ~ **d'eau** cisterna *f*. ◆ **chasse gardée** *nf* **-1.** [terrain] coto *m* privado de caza. **-2.** [sujet réservé] terreno *m* reservado.

chassé-croisé [ʃasekrwaze] *nm* cruce *m*.

chasse-neige *nm inv* **-1.** [véhicule] quitanieves *m inv*. **-2.** [position des skis] cuña *f*.

chasser [ʃase] ◇ *vt* **-1.** [animal] cazar. **-2.** [troupeau] guiar. **-3.** [faire partir] expulsar. **-4.** [employé] despedir. **-5.** [idées noires, souci] desechar. ◇ *vi* **-1.** [aller à la chasse] cazar. **-2.** [roue] patinar. **-3.** [ancre] garrear.

chasseur, euse [ʃasœr, øz] *nm, f* cazador *m*, -ra *f*. ◆ **chasseur** *nm* **-1.** [d'hôtel] botones *mf inv*. **-2.** [avion de chasse] avión *m* de caza. ◆ **chasseur alpin** *nm* MIL cazador *m* de montaña.

châssis [ʃasi] *nm* **-1.** [de fenêtre, de porte] contramarco *m*. **-2.** [de tableau, de machine] bastidor *m*. **-3.** [de véhicule] chasis *m*.

chaste [ʃast] *adj* casto(ta).

chasteté [ʃastəte] *nf* castidad *f*.

chasuble [ʃazybl] *nf* RELIG casulla *f*.

chat, chatte [ʃa, ʃat] *nm, f* gato *m*, -ta *f*.

châtaigne [ʃatɛɲ] *nf* castaña *f*.

châtaignier [ʃatene] *nm* castaño *m*.

châtain [ʃatɛ̃] ◇ *adj* [couleur] castaño(ña). ◇ *nm* castaño *m*.

château, x [ʃato] *nm* **-1.** [forteresse] castillo *m*; ~ **fort** fortaleza *f*. **-2.** [résidence seigneuriale] palacio *m*; ~ **de sable** [sur la plage] castillo de arena. **-3.** [vignobles] viñedo *m*. ◆ **château d'eau** *nm* torre *f* de agua.

châtiment [ʃatimɑ̃] *nm* castigo *m*.

chaton [ʃatɔ̃] *nm* **-1.** [petit chat] gatito *m*. **-2.** BOT amento *m*, candelilla *f*. **-3.** [de bague] engaste *m*. **-4.** [pierre] chatón *m*. **-5.** [de poussière] borreguillo *m*.

chatouiller [ʃatuje] *vt* **-1.** [faire des chatouilles à] hacer cosquillas a. **-2.** *fig* [titiller] cosquillear.

chatoyant, e [ʃatwajɑ̃, ɑ̃t] *adj* tornasolado(da).

châtrer [ʃatre] *vt* castrar, capar.

chatte → **chat**.

chaud, e [ʃo, ʃod] *adj* **–1.** [chose] caliente; [temps, voix] cálido(da); **avoir ~** tener calor; **il fait ~** hace calor. **–2.** [enthousiaste] entusiasta; **ne pas être très ~ pour** *(+ infinitif)* no tener ánimos para *(+ infinitivo)*; **je ne suis pas très ~ pour sortir ce soir** no tengo ánimos para salir esta noche. **–3.** [tempérament] ardiente. **–4.** *fig* [animé] caliente. ◆ **chaud** *nm* [chaleur] calor *m*.

chaudement [ʃodmɑ̃] *adv* **–1.** [pour avoir chaud] : **être vêtu ~** vestirse con ropa de abrigo. **–2.** [chaleureusement] calurosamente.

chaudière [ʃodjɛr] *nf* caldera *f*.

chaudron [ʃodrɔ̃] *nm* caldero *m*.

chauffage [ʃofaʒ] *nm* **–1.** [appareil] calefacción *f*; **~ central** calefacción central. **–2.** [action de chauffer] calentamiento *m*.

chauffant, e [ʃofɑ̃, ɑ̃t] *adj* que calienta.

chauffard [ʃofar] *nm* *péj* dominguero *m*, -ra *f (conductor)*.

chauffe-eau [ʃofo] *nm inv* calentador *m* de agua.

chauffer [ʃofe] ◇ *vt* calentar. ◇ *vi* **–1.** [devenir chaud, s'échauffer] calentarse. **–2.** [produire de la chaleur] calentar. **–3.** *fam* [barder] armarse una buena.

chauffeur [ʃofœr] *nm* conductor *m*, -ra *f Esp*, motorista *mf Amér*.

chaume [ʃom] *nm* paja *f*.

chaumière [ʃomjɛr] *nf* choza *f Esp*, mediagua *f Amér*.

chaussée [ʃose] *nf* calzada *f*.

chausse-pied [ʃospje] *(pl* **chausse-pieds***) nm* calzador *m*.

chausser [ʃose] *vt* **–1.** [chaussures] calzarse. **–2.** [lunettes] calarse. **–3.** [personne, voiture] calzar. ◇ *vi* [aller bien ou mal à – chaussures] : **~ bien/mal/large** irle bien/pequeño/grande. ◆ **se chausser** *vp* calzarse.

chaussette [ʃosɛt] *nf* calcetín *m*.

chausseur [ʃosœr] *nm* zapatero *m*, -ra *f*.

chausson [ʃosɔ̃] *nm* **–1.** [pantoufle, chaussure de danse] zapatilla *f*. **–2.** [de bébé] peúco *m*. **–3.** CULIN [pâtisserie] ≃ empanadilla *f*; **~ aux pommes** ≃ empanadilla de manzana.

chaussure [ʃosyr] *nf* **–1.** [soulier] zapato *m*; **~ basse** zapato plano; **~ montante** botín *m*; **~ de marche** calzado *m* de marcha; **~ de ski** bota *f* de esquí. **–2.** [industrie] industria *f* del calzado.

chauve [ʃov] *adj & nmf* calvo(va).

chauve-souris *nf* murciélago *m*.

chauvin, e [ʃovɛ̃, in] *adj & nm, f* chovinista *mf*.

chauvinisme [ʃovinism] *nm* chovinismo *m*.

chaux [ʃo] *nf* cal *f*; **blanchi à la ~** encalado(da).

chavirer [ʃavire] ◇ *vi* **–1.** [gén] irse a pique. **–2.** *fig* [tourner] dar vueltas. ◇ *vt* **–1.** [bateau] hundir. **–2.** [meuble] poner patas arriba.

chef [ʃɛf] *nm* **–1.** [celui qui dirige] jefe *m*, -fa *f*; **en ~** [gén] jefe; MIL en jefe; **~ d'entreprise** empresario *m*; **~ de famille** cabeza *mf* de familia; **~ de file** [de parti] jefe de filas; **~ de gare** jefe de estación; **~ d'orchestre** director *m*, -ra *f* de orquesta; **~ de service** ADMIN ≃ director *m*, -ra *f* de departamento; [d'hôpital] director *m*, -ra *f* de servicio. **–2.** [cuisinier] jefe *m* de cocina, chef *m*. **–3.** [personne remarquable] autoridad *f*. ◆ **chef d'accusation** *nm* JUR cargo *m*.

chef-d'œuvre [ʃɛdœvr] *(pl* **chefs-d'œuvre***) nm* obra *f* maestra.

chef-lieu [ʃɛfljø] *nm* ADMIN ≃ capital *f* (de provincia).

chemin [ʃəmɛ̃] *nm* camino *m*; **en ~** [en cours de route] en el camino; **se frayer un ~** abrirse camino OU paso; **~ battu** camino trillado; **faire du ~** [progresser] progresar. ◆ **chemin de fer** *nm* ferrocarril *m*.

cheminée [ʃəmine] *nf* **–1.** [gén] chimenea *f*. **–2.** ALPINISME *paso estrecho entre dos peñascos*.

cheminement [ʃəminmɑ̃] *nm* **–1.** [progression – de marcheurs] marcha *f*; [– d'eau] flujo *m*. **–2.** *fig* [d'idée, de pensée] evolución *f*.

cheminer [ʃəmine] *vi* **–1.** [personne] caminar. **–2.** *fig* [idée, pensée] abrirse camino.

cheminot [ʃəmino] *nm* ferroviario *m*.

chemise [ʃəmiz] *nf* **–1.** [vêtement] camisa *f*; **~ de nuit** camisón *m*. **–2.** [dossier] portafolios *m inv*.

chemisette [ʃəmizɛt] *nf* **–1.** [d'homme] camiseta *f*. **–2.** [d'enfant] camisita *f*, camisola *f*.

chemisier [ʃəmizje] *nm* **–1.** [de femme] blusa *f*. **–2.** [marchand, fabricant] camisero *m*.

chenal, aux [ʃənal, o] *nm* canal *m*.

chêne [ʃɛn] *nm* roble *m*.

chenet [ʃənɛ] *nm* morillo *m*.

chenil [ʃənil] *nm* **–1.** [pour chiens] perrera *f*. **–2.** *Helv* [désordre] leonera *f*.

chenille [ʃənij] *nf* [gén] oruga *f*; [passementerie] felpilla *f*.

chèque [ʃɛk] *nm* FIN cheque *m*, talón *m*; ~ **bancaire** cheque OU talón bancario; ~ **barré** cheque OU talón barrado; ~ **au porteur** cheque OU talón al portador; ~ **postal/de voyage** cheque postal/de viaje; ~ **sans provision** cheque OU talón sin fondos.

chèque-restaurant (*pl* **chèques-restaurant**) *nm* ticket-restaurante *m*.

chéquier [ʃekje] *nm* talonario *m* de cheques *Esp*, chequera *f Amér*.

cher, **chère** [ʃɛr] ◇ *adj* **–1.** [aimé] querido(da). **–2.** [coûteux] caro(ra). **–3.** [dans une lettre] estimado(da), querido(da). ◇ *nm, f* : **mon** ~ querido; **ma chère** querida. ◆ **cher** *adv* [à haut prix] caro(ra).

chercher [ʃɛrʃe] *vt* **–1.** [gén] buscar; **aller** ~ **qqn/qqch** ir a buscar a alguien/algo; **venir** ~ **qqn/qqch** venir a buscar a alguien/algo. ◇ *vi* : ~ **à faire qqch** [s'efforcer de] procurar hacer algo. ◆ **se chercher** *vp* buscarse.

chercheur, **euse** [ʃɛrʃœr, øz] ◇ *adj* **–1.** [esprit] curioso(sa). **–2.** TECHNOL [tête] buscador(ra). ◇ *nm, f* [personne] investigador *m*, -ra *f*. ◆ **chercheur d'or** *nm* buscador *m* de oro.

chéri, **e** [ʃeri] ◇ *adj* [aimé] querido(da). ◇ *nm, f* **–1.** [terme d'affection] : **mon** ~, **ma** ~**e** cariño *m*. **–2.** [chouchou] preferido *m*, -da *f*.

chérir [ʃerir] *vt* **–1.** [aimer tendrement] querer. **–2.** [être attaché à] amar.

chétif, **ive** [ʃetif, iv] *adj* **–1.** [enfant] enclenque. **–2.** [arbre] raquítico(ca).

cheval, **aux** [ʃəval, o] *nm* **–1.** [animal] caballo *m*; **être à** ~ **sur qqch** [être assis à califourchon] sentarse a horcajadas en algo; [tenir à] ser estricto(ta)con respecto a OU en algo; **être à** ~ **(sur) deux choses** *fig* [être à l'intersection de] estar a caballo entre dos cosas. **–2.** [équitation] equitación *f*; **faire du** ~ hacer equitación, practicar la equitación. ◆ **cheval d'arçon** *nm* potro *m*.

chevalerie [ʃəvalri] *nf* caballería *f*.

chevalet [ʃəvalɛ] *nm* **–1.** [de peintre] caballete *m*. **–2.** [de violon] puente *m*. **–3.** [de tisserand] bastidor *m*. **–4.** [de menuisier] banco *m*.

chevalier [ʃəvalje] *nm* **–1.** [gén] caballero *m*. **–2.** [oiseau] chorlito *m*.

chevalière [ʃəvaljɛr] *nf* sello *m* (*sortija*).

cheval-vapeur *nm* AUTOM caballo *m* de vapor.

chevauchée [ʃəvoʃe] *nf* cabalgada *f*.

chevaucher [ʃəvoʃe] *vt* sentarse a horcajadas en. ◆ **se chevaucher** *vp* [tuiles, dents] encabalgarse, solaparse.

chevelu, **e** [ʃəvly] *adj* de mucho cabello.

chevelure [ʃəvlyr] *nf* **–1.** [cheveux] cabellera *f*. **–2.** [de comète] cola *f*.

chevet [ʃəvɛ] *nm* cabecera *f*; **être au** ~ **de qqn** estar a la cabecera de alguien.

cheveu, **x** [ʃəvø] *nm* pelo *m*, cabello *m*.

cheville [ʃəvij] *nf* **–1.** ANAT tobillo *m*. **–2.** [pour fixer une vis] clavija *f*. **–3.** *fig* [agent principal] cabecilla *mf*.

chèvre [ʃɛvr] ◇ *nf* cabra *f*. ◇ *nm* queso *m* de cabra.

chevreau [ʃəvro] *nm* **–1.** [animal] cabrito *m*. **–2.** [peau] cabritilla *f*.

chèvrefeuille [ʃɛvrəfœj] *nm* madreselva *f*.

chevreuil [ʃəvrœj] *nm* **–1.** [animal] corzo *m*. **–2.** CULIN ciervo *m*.

chevronné, **e** [ʃəvrɔne] *adj* [expérimenté] veterano(na).

chevrotine [ʃəvrɔtin] *nf* posta *f*.

chewing-gum [ʃwiŋɡɔm] (*pl* **chewing-gums**) *nm* chicle *m*.

chez [ʃe] *prép* **–1.** [dans la demeure de] en casa de; ~ **lui** [situation] en su casa; [direction] a su casa. **–2.** [en ce qui concerne] : ~ **les Anglais** en Inglaterra. **–3.** [au temps de] en la época de; ~ **les Grecs** en la época de los griegos. **–4.** [dans les œuvres de] en la obra de; ~ **Proust** en la obra de Proust. **–5.** [dans la mentalité, le caractère de] : ~ **lui** en él.

chez-soi [ʃeswa] *nm inv* hogar *m*.

chic [ʃik] ◇ *adj* (*inv en genre*) **–1.** [élégant] elegante *Esp*, elegantoso(sa) *Amér*. **–2.** [serviable] amable. ◇ *nm* [élégance, bon goût] : **avoir du** ~ tener estilo. ◇ *interj* : ~ **(alors)!** [exprimant le plaisir] ¡qué bien!

chicorée [ʃikɔre] *nf* **–1.** [racine, boisson] achicoria *f*. **–2.** [salade] escarola *f*.

chien, **chienne** [ʃjɛ̃, ʃjɛn] *nm, f* **–1.** [animal] perro *m*, -rra *f*; ~ **de chasse/de garde** perro de caza/guardián. **–2.** [d'arme à feu] gatillo *m*; **en** ~ **de fusil** acurrucado(da).

chiendent [ʃjɛ̃dɑ̃] *nm* grama *f*.

chien-loup *nm* perro lobo *m*.

chienne → chien.

chiffon [ʃifɔ̃] *nm* trapo *m*. ◆ **chiffons** *nmpl fam* [vêtements] trapos *mpl*.

chiffonné, e [ʃifɔne] *adj* **-1.** [tissu] arrugado(da). **-2.** [air] preocupado(da). **-3.** [mine] cansado(da).

chiffre [ʃifr] *nm* **-1.** [caractère] cifra *f*; ~**s arabes/romains** números *mpl* árabes/romanos. **-2.** [montant] importe *m*; ~ **rond** número *m* redondo. **-3.** [code secret] clave *f*. **-4.** [combinaison] combinación *f*. ◆ **chiffre d'affaires** *nm* volumen *m* de negocios.

chiffrer [ʃifre] ◇ *vt* **-1.** [page] numerar. **-2.** [dépenses] calcular. **-3.** [message] cifrar. **-4.** [linge, couverts] marcar con las iniciales. ◇ *vi* [atteindre un montant importante] subir.

chignole [ʃiɲɔl] *nf* taladradora *f*.

chignon [ʃiɲɔ̃] *nm* moño *m Esp*, chongo *m Amér*.

Chili [ʃili] *nm* : **le** ~ Chile; **au** ~ [direction] a Chile; [situation] en Chile.

chilien, enne [ʃiljɛ̃, ɛn] *adj* chileno(na). ◆ **Chilien, enne** *nm, f* chileno *m*, -na *f*.

chimère [ʃimɛr] *nf* quimera *f*.

chimie [ʃimi] *nf* química *f*.

chimiothérapie [ʃimjɔterapi] *nf* MÉD quimioterapia *f*.

chimique [ʃimik] *adj* químico(ca).

chimiste [ʃimist] *nmf* químico *m*, -ca *f*.

chimpanzé [ʃɛ̃pãze] *nm* chimpancé *m*.

Chine [ʃin] *nf* : **la** ~ China.

chiné, e [ʃine] *adj* de mezclilla.

chiner [ʃine] *vi* buscar gangas.

chinois, e [ʃinwa, az] *adj* chino(na). ◆ **chinois** *nm* LING chino *m*. ◆ **Chinois, e** *nm, f* chino *m*, -na *f*.

chiot [ʃjo] *nm* cachorro *m*.

chipie [ʃipi] *nf fam* arpía *f*.

chips [ʃips] *nfpl* CULIN patatas *fpl* fritas.

chiquenaude [ʃiknod] *nf* capirotazo *m*.

chiquer [ʃike] *vt* mascar tabaco.

chirurgical, e, aux [ʃiryrʒikal, o] *adj* quirúrgico(ca).

chirurgie [ʃiryrʒi] *nf* cirugía *f*.

chirurgien [ʃiryrʒjɛ̃] *nm* cirujano *m*, -na *f*.

chiure [ʃjyr] *nf* : ~ **de mouche** cagada *f* de mosca.

ch.-l. *abr de* chef-lieu.

chlore [klɔr] *nm* CHIM cloro *m*.

chloroforme [klɔrɔfɔrm] *nm* cloroformo *m*.

chlorophylle [klɔrɔfil] *nf* clorofila *f*.

choc [ʃɔk] *nm* **-1.** [coup, conflit] choque *m*. **-2.** *(en apposition)* [prix, mesure] de choque.

chocolat [ʃɔkɔla] ◇ *nm* **-1.** [en tablette] chocolate *m*; ~ **au lait** chocolate a la leche. **-2.** [glace] : ~ **glacé** helado *m* de chocolate. **-3.** [bonbon] bombón *m*. ◇ *adj inv* [couleur] chocolate *(en aposición)*.

chœur [kœr] *nm* **-1.** [gén] coro *m*. **-2.** [groupe de personnes] grupo *m*; **en** ~ [ensemble] a coro.

choisi, e [ʃwazi] *adj* **-1.** [morceau, œuvre] escogido(da). **-2.** [langage, style] rebuscado(da). **-3.** [société] selecto(ta).

choisir [ʃwazir] ◇ *vt* elegir, escoger. ◇ *vi* **-1.** [se prononcer pour] elegir, escoger. **-2.** [décider de] : ~ **de faire qqch** decidir hacer algo.

choix [ʃwa] *nm* **-1.** [décision] elección *f*; **avoir le** ~ poder elegir; **au** ~ a elegir; **laisser le** ~ dejar escoger. **-2.** [d'articles] selección *f*. **-3.** [qualité] : **de premier/second** ~ de primera/segunda calidad.

choléra [kɔlera] *nm* cólera *m*.

cholestérol [kɔlesterɔl] *nm* colesterol *m*.

chômage [ʃomaʒ] *nm* paro *m*, desempleo *m Esp*, cesantía *f Amér*.

chômer [ʃome] ◇ *vt* festejar, celebrar. ◇ *vi* **-1.** [être sans travail] estar en paro. **-2.** [être inactif] descansar.

chômeur, euse [ʃomœr, øz] *nm, f* parado *m*, -da *f*.

chope [ʃɔp] *nf* jarra *f*.

choper [ʃɔpe] *vt fam* **-1.** [voleur, rhume] pescar; **il s'est fait** ~ lo han pescado. **-2.** [voler] mangar, chorizar.

choquant, e [ʃɔkã, ãt] *adj* chocante.

choquer [ʃɔke] *vt* **-1.** [scandaliser] chocar. **-2.** [traumatiser] afectar. **-3.** [verres] entrechocar, chocar.

choral, e [kɔral] *(pl* **chorals** OU **choraux** [kɔro]*) adj* coral. ◆ **choral, als** *nm* [chant liturgique] coral *f*. ◆ **chorale** *nf* coral *f*.

chorégraphie [kɔregrafi] *nf* coreografía *f*.

choriste [kɔrist] *nmf* corista *mf*.

chose [ʃoz] *nf* [gén] cosa *f*; **c'est (bien) peu de** ~ es poca cosa; **de deux** ~**s l'une** una de dos. ◆ **quelque chose** *pron indéf* algo.

chou¹, x [ʃu] *nm* **-1.** [légume] col *f*. **-2.** [pâtisserie] ≃ buñuelo *m*; ~ **à la crème** ≃ buñuelo de crema. ◆ **chou** *adj inv* [mignon] mono(na).

chou², choute [ʃu, ʃut] *nm, f* [mot de tendresse] : **mon** ~ cielito mío.

chouchou, oute [ʃuʃu, ut] *nm, f* [favori] ojito *m* derecho.

choucroute [ʃukrut] *nf* CULIN choucroute *f*.

chouette [ʃwɛt] ◇ nf [oiseau] lechuza f.
◇ adj fam **-1.** [personne] majo(ja). **-2.**
[choses] guapo(pa). ◇ interj ¡(qué) guai!

chou-fleur nm coliflor f.

chou-rave nm colinabo m.

choyer [ʃwaje] vt sout mimar.

CHR abr de **centre hospitalier régional**.

chrétien, enne [kretjẽ, ɛn] adj & nm, f cristiano(na).

chrétienté [kretjẽte] nf RELIG cristiandad f.

christ [krist] nm [crucifix] cristo m.
◆ **Christ** nm [Jésus] Cristo m.

christianisme [kristjanism] nm cristianismo m.

chrome [krom] nm CHIM cromo m.
◆ **chromes** nmpl cromado m.

chromé, e [krome] adj cromado(da).

chromosome [kromozom] nm BIOL cromosoma m.

chronique [kronik] ◇ adj crónico(ca).
◇ nf crónica f.

chronologie [kronolɔʒi] nf cronología f.

chronomètre [kronomɛtr] nm cronómetro m.

chronométrer [kronometre] vt cronometrar.

chrysalide [krizalid] nf crisálida f; **sortir de sa ~** fig salir de su concha.

chrysanthème [krizɑ̃tɛm] nm crisantemo m.

chuchotement [ʃyʃɔtmɑ̃] nm cuchicheo m.

chuchoter [ʃyʃɔte] vt & vi cuchichear.

chut [ʃyt] interj ¡chitón!

chute [ʃyt] nf **-1.** [action de tomber, ruine, dévaluation] caída f; **~ de neige** precipitación f (en forma) de nieve. **-2.** [cascade] catarata f; **~ d'eau** salto m de agua. **-3.** [de température, de tension] bajada f. **-4.** [de toit] vertiente f. **-5.** [de tissu] jirón m.

Chypre [ʃipr] n Chipre; **à ~** [direction] a Chipre; [situation] en Chipre.

ci [si] adv (après un nom) : **cet homme-~** este hombre.

CIA (abr de **Central Intelligence Agency**) nf CIA f.

ci-après loc adv [plus loin] siguiente.

cible [sibl] nf **-1.** [de tir, personne] blanco m. **-2.** [publicité] objetivo m; **groupe ~** target group m.

ciblé [sible] adj COMM dirigido a un sector de población restringido.

cicatrice [sikatris] nf cicatriz f.

cicatriser [sikatrize] vt cicatrizar.

ci-contre loc adv [tout à côté] contiguo(gua).

ci-dessous loc adv más abajo.

ci-dessus loc adv más arriba.

CIDJ (abr de **centre d'information et de documentation de la jeunesse**) nm centro de información y documentación para los jóvenes.

cidre [sidr] nm sidra f.

Cie (abr de **compagnie**) Cª.

ciel, cieux [sjɛl, sjø] nm cielo m; **à ~ ouvert** al aire libre. ◆ **cieux** nmpl [paradis] cielos mpl.

cierge [sjɛrʒ] nm cirio m.

cigale [sigal] nf cigarra f.

cigare [sigar] nm (cigarro) puro m.

cigarette [sigarɛt] nf cigarrillo m.

ci-gît [siʒi] loc adv aquí yace.

cigogne [sigɔɲ] nf cigüeña f.

ciguë [sigy] nf cicuta f.

ci-inclus, e adj adjunto(ta). ◆ **ci-inclus** loc adv adjunto.

ci-joint, e adj adjunto(ta). ◆ **ci-joint** loc adv : **veuillez trouver ~ le adjunto**.

cil [sil] nm ANAT pestaña f. ◆ **cils vibratiles** nmpl cilios mpl vibrátiles.

ciller [sije] vi pestañear.

cime [sim] nf [sommet – d'arbre,] copa f; [– de montagne] cima f.

ciment [simɑ̃] nm **-1.** [matériau] cemento m. **-2.** fig [ce qui lie] cimientos mpl.

cimenter [simɑ̃te] vt **-1.** [avec du ciment] cimentar. **-2.** fig [consolider] consolidar.

cimetière [simtjɛr] nm cementerio m.

ciné [sine] nm fam cine m.

cinéaste [sineast] nmf cineasta mf.

ciné-club (pl ciné-clubs) nm cine-club m.

cinéma [sinema] nm cine m.

cinémathèque [sinematɛk] nf cinemateca f. ◆ **Cinémathèque française** nf : **la Cinémathèque française** la filmoteca francesa.

cinématographique [sinematɔgrafik] adj cinematográfico(ca).

cinéphile [sinefil] nmf cinéfilo m, -la f.

cinglé, e [sɛ̃gle] adj & nm, f fam chiflado(da).

cingler [sɛ̃gle] ◇ vt **-1.** [cheval] fustigar, azotar. **-2.** fig [suj : pluie, vent] azotar. ◇ vi sout [naviguer] navegar con.

cinq [sɛ̃k] adj num inv & nm inv cinco; voir aussi **six**.

cinquantaine [sɛ̃kɑ̃tɛn] nf **-1.** [nombre] cincuentena f. **-2.** [âge] : **la ~** los cincuenta (años).

cinquante [sɛ̃kɑ̃t] *adj num inv & nm inv* cincuenta; *voir aussi* **soixante**.

cinquantième [sɛ̃kɑ̃tjɛm] *adj num & nmf* quincuagésimo(ma); *voir aussi* **sixième**.

cinquième [sɛ̃kjɛm] ◇ *adj num & nmf* quinto(ta). ◇ *nf* SCOL ≈ séptimo *m* de EGB. ◇ *nm* quinta parte *f*; *voir aussi* **sixième**.

cintre [sɛ̃tr] *nm* **-1.** [pour les vêtements] percha *f*. **-2.** ARCHIT cimbra *f*. **-3.** [de théâtre] telar *m*.

cintré, e [sɛ̃tre] *adj* **-1.** COUT entallado(da). **-2.** ARCHIT cimbrado(da).

cirage [siraʒ] *nm* **-1.** [action de cirer] encerado *m*. **-2.** [produit] betún *m*.

circoncis, e [sirkɔ̃si, iz] *adj* circunciso(sa).

circoncision [sirkɔ̃sizjɔ̃] *nf* circuncisión *f*.

circonférence [sirkɔ̃ferɑ̃s] *nf* **-1.** GÉOM circunferencia *f*. **-2.** [pourtour] circunvalación *f*.

circonscription [sirkɔ̃skripsjɔ̃] *nf* ADMIN circunscripción *f*.

circonscrire [sirkɔ̃skrir] *vt* **-1.** GÉOM circunscribir. **-2.** [incendie, épidémie] localizar. **-3.** [sujet] delimitar. ◆ **se circonscrire** *vp* circunscribirse.

circonspect, e [sirkɔ̃spɛ, ɛkt] *adj* circunspecto(ta).

circonstance [sirkɔ̃stɑ̃s] *nf* circunstancia *f*; ~s atténuantes JUR circunstancias atenuantes.

circonstancié, e [sirkɔ̃stɑ̃sje] *adj* detallado(da).

circonstanciel, elle [sirkɔ̃stɑ̃sjɛl] *adj* circunstancial.

circuit [sirkɥi] *nm* **-1.** [gén] circuito *m*; ~ d'alimentation circuito de alimentación. **-2.** [parcours touristique] ruta *f*; **en** ~ **fermé** [en revenant à son point de départ] en circuito cerrado; *fig* [en restant confiné] a puerta cerrada. **-3.** ÉCON canal *m*; ~ **de distribution** canal de distribución.

circulaire [sirkylɛr] *adj & nf* circular.

circulation [sirkylasjɔ̃] *nf* **-1.** [gén] circulación *f*; **mettre en** ~ poner en circulación. **-2.** [trafic] circulación *f*, tráfico *m*.

circuler [sirkyle] *vi* circular.

cire [sir] *nf* cera *f*.

ciré, e [sire] *adj* [parquet] encerado(da). ◆ **ciré** *nm* impermeable *m*.

cirer [sire] *vt* **-1.** [meuble, parquet] encerar. **-2.** [chaussures] embetunar.

cirque [sirk] *nm* **-1.** [gén] circo *m*. **-2.** *fam fig* [désordre, chahut] **campo** *m* de batalla.

cirrhose [siroz] *nf* MÉD cirrosis *f inv*.

cisaille [sizaj] *nf* **-1.** [à métaux] cizalla *f*. **-2.** [de jardinier] podadora *f*, podadera *f*.

cisailler [sizaje] *vt* **-1.** [métal] cizallar. **-2.** [branches] podar.

ciseau, x [sizo] *nm* cincel *m*. ◆ **ciseaux** *nmpl* **-1.** [instrument] tijeras *fpl*. **-2.** SPORT : **faire des** ~x [gymnastique] hacer tijeretas; **sauter en** ~x [en hauteur] saltar de tijeras.

ciseler [sizle] *vt* **-1.** [pierre, métal] cincelar. **-2.** [bijou] tallar. **-3.** *fig* [parfaire] pulir.

citadelle [sitadɛl] *nf* **-1.** [forteresse] ciudadela *f*. **-2.** *fig* [bastion] baluarte *m*.

citadin, e [sitadɛ̃, in] ◇ *adj* urbano(na). ◇ *nm, f* habitante *m* de una ciudad.

citation [sitasjɔ̃] *nf* **-1.** [d'écrit, de propos] cita *f*. **-2.** JUR & MIL citación *f*.

cité [site] *nf* **-1.** [ville] ciudad *f*. **-2.** [lotissement] barrio *m*; ~ **universitaire** [pour étudiants] ciudad *f* universitaria.

citer [site] *vt* JUR & MIL citar.

citerne [sitɛrn] *nf* **-1.** [réservoir d'eau] cisterna *f*, aljibe *m*. **-2.** [cuve] cuba *f*.

cité U [sitey] *fam abr de* **cité universitaire**.

citoyen, enne [sitwajɛ̃, ɛn] *nm, f* ciudadano *m*, -na *f*.

citoyenneté [sitwajɛnte] *nf* ciudadanía *f*.

citron [sitrɔ̃] ◇ *nm* limón *m*; ~ **pressé** zumo *m* de limón natural; ~ **vert** limón verde. ◇ *adj inv* [couleur] amarillo limón *m*, amarilla limón *f*.

citronnade [sitrɔnad] *nf* limonada *f*.

citronnier [sitrɔnje] *nm* limonero *m*.

citrouille [sitruj] *nf* calabaza *f*.

civet [sivɛ] *nm* CULIN encebollado *m*.

civière [sivjɛr] *nf* camilla *f*.

civil, e [sivil] ◇ *adj* civil *mf*; **en** ~ de paisano. ◇ *nm, f* civil *mf*; **dans le** ~ en la vida civil.

civilisation [sivilizasjɔ̃] *nf* civilización *f*.

civilisé, e [sivilize] *adj* civilizado(da).

civiliser [sivilize] *vt* civilizar.

civique [sivik] *adj* cívico(ca).

civisme [sivism] *nm* civismo *m*.

cl (*abr de* **centilitre**) cl.

clair, e [klɛr] *adj* **-1.** [gén] claro(ra); **c'est** ~ **et net** está bien claro. **-2.** [temps] : **il fait** ~ está despejado. ◆ **clair** *adv* : **en** ~ TÉLÉ no codificado(da); **voir** ~ ver claro; **tirer qqch au** ~ sacar algo en claro. ◆ **clair de lune** (*pl* **clairs de lune**) *nm* claro *m* de luna.

clairement [klɛrmɑ̃] *adv* claramente.

claire-voie [klɛrvwa] ◆ **à claire-voie** *loc adj* [persienne, volet] que deja pasar la luz.

clairière [klɛrjɛr] *nf* claro *m*.

clairon [klɛrɔ̃] *nm* corneta *f*, clarín *m*.

claironner [klɛrɔne] ◇ *vi* tocar la corneta, tocar el clarín. ◇ *vt fig* [nouvelle] pregonar.

clairsemé, e [klɛrsəme] *adj* **-1.** [épars – cheveux] ralo(la); [– arbre] poco frondoso(sa). **-2.** *fig* [population] escaso(sa).

clairvoyant, e [klɛrvwajɑ̃, ɑ̃t] *adj* clarividente.

clamer [klame] *vt* proclamar.

clameur [klamœr] *nf* clamor.

clan [klɑ̃] *nm* clan *m*.

clandestin, e [klɑ̃dɛstɛ̃, in] ◇ *adj* clandestino(na). ◇ *nm, f* [résident] ilegal *mf*; [passager] polizón *m*.

clapier [klapje] *nm* conejera *f*.

clapoter [klapɔte] *vi* chapotear.

claquage [klakaʒ] *nm* MÉD distensión *f*.

claque [klak] *nf* **-1.** [gifle] bofetada *f Esp*, cachetada *f Amér*. **-2.** THÉÂTRE claque *f*.

claquer [klake] ◇ *vt* **-1.** [fermer brusquement] cerrar de un golpe; ~ **la porte** dar un portazo; ~ **la porte au nez** dar con la puerta en las narices. **-2.** [provoquer un claquement] : ~ **ses doigts** chasquear los dedos; **faire** ~ **sa langue** chasquear la lengua. **-3.** *fam* [gifler] pegar. **-4.** *fam* [dépenser] pulirse. **-5.** *fam* [fatiguer] reventar. ◇ *vi* **-1.** [porte, volet, fouet] restallar. **-2.** *fam* [mourir] palmarla.

claquettes [klakɛt] *nfpl* claqué *m*.

clarifier [klarifje] *vt* clarificar.

clarinette [klarinɛt] *nf* clarinete *m*.

clarté [klarte] *nf* **-1.** [lumière] luz *f*. **-2.** [transparence] transparencia *f*. **-3.** [netteté] claridad *f*.

classe [klas] *nf* **-1.** [gén] clase *f*; **aller en** ~ ir a clase; **de deuxième** ~ [soldat] raso; **de première** ~ [soldat] de primera; ~ **verte** *colonia escolar en el campo*; ~ **de neige** *colonia escolar en la montaña*; **première/seconde** ~ [train, métro] primera/segunda clase. **-2.** [qualité] categoría *f*. **-3.** MIL [contingent] reemplazo *m*; **faire ses** ~**s** hacer la instrucción militar.

classement [klasmɑ̃] *nm* **-1.** [rangement, classification] clasificación *f*. **-2.** [liste] lista *f*.

classer [klase] *vt* **-1.** [ranger, classifier] clasificar. **-2.** [monument, site] : ~ **qqch** declarar algo monumento nacional.

classeur [klasœr] *nm* **-1.** [meuble] archivador *m*. **-2.** [portefeuille compartimenté] carpeta *f (con separadores)*. **-3.** [d'écolier] carpeta *f* de anillas.

classification [klasifikasjɔ̃] *nf* clasificación *f*.

classique [klasik] ◇ *nm* clásico *m*. ◇ *adj* clásico(ca).

claudication [klodikasjɔ̃] *nf* claudicación *f*.

clause [kloz] *nf* JUR cláusula *f*.

claustrophobie [klostrɔfɔbi] *nf* claustrofobia *f*.

clavecin [klavsɛ̃] *nm* MUS clavicordio *m*.

clavicule [klavikyl] *nf* ANAT clavícula *f*.

clavier [klavje] *nm* teclado *m*.

clé, clef [kle] *nf* **-1.** [de porte, instrument] llave *f*; **mettre qqn sous** ~ encerrar a alguien en la cárcel; **sous** ~ bajo llave; ~ **anglaise** OU **à molette** llave inglesa; ~ **de contact** AUTOM llave de contacto. **-2.** MUS clave *f*; ~ **de sol/de fa** clave de sol/de fa. ◆ **clé de voûte** *nf* clave *f* de bóveda.

clémence [klemɑ̃s] *nf* **-1.** *sout* [indulgence] clemencia *f*. **-2.** *fig* [de climat, de saison] suavidad *f*.

clément, e [klemɑ̃, ɑ̃t] *adj* **-1.** [indulgent] clemente. **-2.** *fig* [climat, saison] suave.

clémentine [klemɑ̃tin] *nf* clementina *f*.

cleptomane = kleptomane.

clerc [klɛr] *nm* **-1.** RELIG clérigo *m*. **-2.** [assistant dans une étude] pasante *m*; ~ **de notaire** pasante de notario.

clergé [klɛrʒe] *nm* clero *m*.

cliché [klife] *nm* **-1.** PHOT negativo *m*, cliché *m*. **-2.** *fig* [lieu commun] cliché *m*.

client, e [kliɑ̃, ɑ̃t] *nm, f* cliente *mf*.

clientèle [kliɑ̃tɛl] *nf* clientela *f*.

cligner [kliɲe] *vi* : ~ **de l'œil** guiñar el ojo.

clignotant, e [kliɲɔtɑ̃, ɑ̃t] *adj* [lumière] parpadeante. ◆ **clignotant** *nm* **-1.** [de voiture] intermitente *m Esp*, direccional *m Amér*. **-2.** [signal de danger & ÉCON] señal *f* de alarma.

clignoter [kliɲɔte] *vi* parpadear.

climat [klima] *nm* clima *m*.

climatisation [klimatizasjɔ̃] *nf* climatización *f*.

climatisé, e [klimatize] *adj* climatizado(da).

clin [klɛ̃] ◆ **clin d'œil** *nm* : **faire un** ~ **d'œil (à qqn)** hacer un guiño (a alguien), guiñar el ojo (a alguien). ◆ **en un clin d'œil** *loc adv* en un abrir y cerrar de ojos.

clinique [klinik] ◇ *nf* clínica *f.* ◇ *adj* clínico(ca).

clip [klip] *nm* **-1.** [vidéo] (video) clip *m.* **-2.** [bijou] broche *m*; [boucle d'oreille] pendiente *m* de clip.

cliquer [klike] *vi* INFORM pulsar.

cliqueter [klikte] *vi* tintinear.

clitoris [klitɔris] *nm* ANAT clítoris *m inv.*

clivage [klivaʒ] *nm* **-1.** GÉOL [fracture] hendidura *f.* **-2.** *fig* [division] división *f.*

clochard, e [klɔʃar, ard] *nm, f* vagabundo *m*, -da *f.*

cloche [klɔʃ] ◇ *nf* **-1.** [d'église] campana *f.* **-2.** [couvercle] tapadera *f.* **-3.** *fam* [personne stupide] idiota *mf.* **-4.** *(en apposition)* [jupe] abombado(da); [chapeau] de campana. ◇ *adj fam* [idiot] idiota.

cloche-pied ✦ à cloche-pied *loc adv* a la pata coja.

clocher [klɔʃe] ◇ *nm* campanario *m.* ◇ *vi* [être bancal] cojear.

clochette [klɔʃɛt] *nf* campanilla *f.*

cloison [klwazɔ̃] *nf* tabique *m.*

cloisonner [klwazɔne] *vt* **-1.** [pièce, maison] tabicar, separar con tabiques. **-2.** *fig* [compartimenter] compartimentar.

cloître [klwatr] *nm* claustro *m.*

clope [klɔp] *nf fam* pito *m (cigarrillo).*

cloporte [klɔpɔrt] *nm* cochinilla *f.*

cloque [klɔk] *nf* **-1.** [ampoule – sur la peau] ampolla *f*; [– de peinture] vejiga *f*; **être en ~** *fam* estar preñada. **-2.** BOT herrumbre *m.*

clore [klɔr] *vt* **-1.** [gén] cerrar. **-2.** [entourer] cercar.

clos, e [klo, kloz] *adj* cerrado(da). **✦ clos** *nm* **-1.** [terrain] cercado *m.* **-2.** [vignoble] viñedo *m.*

clôture [klotyr] *nf* **-1.** [enceinte – haie] valla *f*; [– en fil de fer] alambrada *f.* **-2.** [fermeture – de scrutin] cierre *m*; [– de compte] liquidación *f.* **-3.** [de débat] clausura *f.*

clôturer [klotyre] *vt* **-1.** [enclore] cercar. **-2.** [débat] clausurar.

clou [klu] *nm* **-1.** [pointe] clavo *m*; **~ de girofle** CULIN clavo de especia. **-2.** [de spectacle, de fête] atracción *f* principal.

clouer [klue] *vt* clavar; **cloué sur place** *fig* [stupéfait] clavado en el sitio.

clouté, e [klute] *adj* de clavos.

clown [klun] *nm* payaso *m*; **faire le ~** *fig* hacer el payaso.

club [klœb] *nm* **-1.** [gén] club *m.* **-2.** [de golf] palo *m.*

cm *(abr de* **centimètre)** cm.

CM *(abr de* **cours moyen)** *nm* : **~1** ≃ 4° de EGB; **~2** ≃ 5° de EGB.

CNRS *(abr de* **Centre national de la recherche scientifique)** *nm centro nacional de investigación científica,* ≃ CSIC *m.*

co-actionnaire [kɔaksjɔnɛr] *nmf* accionista *mf.*

coaguler [kɔagyle] ◇ *vt* **-1.** [sang] coagular. **-2.** [lait] cuajar. ◇ *vi* **-1.** [sang] coagularse. **-2.** [lait] cuajarse. **✦ se coaguler** *vp* **-1.** [sang] coagularse. **-2.** [lait] cuajarse.

coaliser [kɔalize] *vt* aliarse. **✦ se coaliser** *vp* **-1.** [s'allier] aliarse. **-2.** [s'unir] unirse.

coalition [kɔalisjɔ̃] *nf* **-1.** MIL alianza *f.* **-2.** POLIT coalición *f.*

coasser [kɔase] *vi* croar.

cobaye [kɔbaj] *nm* **-1.** [animal] cobaya *f*, conejillo *m* de Indias. **-2.** *fig* [sujet d'expérience – personne] conejillo *m* de Indias.

cobra [kɔbra] *nm* ZOOL cobra *f.*

cocaïne [kɔkain] *nf* cocaína *f.*

cocaïnomane [kokainɔman] *nmf* cocainómano *m*, -na *f.*

cocarde [kɔkard] *nf* **-1.** [sur un avion, une voiture] divisa *f.* **-2.** [sur un vêtement] escarapela *f.*

cocardier, ère [kɔkardje, ɛr] ◇ *adj* [propos] chauvinista. ◇ *nm, f* [personne] patriotero *m*, -ra *f.*

cocasse [kɔkas] *adj fam* gracioso(sa).

coccinelle [kɔksinɛl] *nf* **-1.** [insecte] mariquita *f.* **-2.** [voiture] escarabajo *m.*

coccyx [kɔksis] *nm* ANAT coxis *f inv.*

cocher[1] [kɔʃe] *nm* HIST cochero *m.*

cocher[2] [kɔʃe] *vt* marcar con una cruz.

cochon, onne [kɔʃɔ̃, ɔn] ◇ *adj* [obscène] guarro(rra). ◇ *nm, f* **-1.** *péj* [personne sale] cerdo *m*, -da *f* marrano *m* -na *f.* **-2.** [personne déloyale] cerdo *m* -da *f.* **✦ cochon** *nm* cerdo *m.*

cochonnerie [kɔʃɔnri] *nf fam* **-1.** [gén] porquería *f*, guarrería *f.* **-2.** [obscénité] guarrada *f.*

cochonnet [kɔʃɔnɛ] *nm* **-1.** [petit cochon] cochinillo *m.* **-2.** [au jeu de boules] boliche *m.*

cocktail [kɔktɛl] *nm* cóctel *m.*

coco [koko] *nm* **-1.** → **noix. -2.** *fam péj* [individu] tipejo *m.* **-3.** *péj* [communiste] rojo *m.*

cocon [kɔkɔ̃] *nm* ZOOL capullo *m (de gusano)*; *fig* caparazón *m.*

cocorico [kɔkɔriko] *nm* quiquiriquí *m.*

cocotier [kɔkɔtje] *nm* cocotero *m.*

cocotte [kɔkɔt] *nf* **-1.** [marmite] olla *f.* **-2.** [poule] gallina *f.* **-3.** *péj* [courtisane] mujer *f* galante.

Cocotte-minute® *nf* olla *f* a presión.

cocu, e [kɔky] *adj & nm, f fam* cornudo *m*, -da *f.*

code [kɔd] *nm* código *m*; ~ **barres** código de barras; ~ **postal** código postal; ~ **de la route** código de circulación; ~ **secret** código secreto. ◆ **codes** *nmpl* AUTOM luces *fpl* de cruce.

coder [kɔde] *vt* codificar.

coefficient [kɔefisjɑ̃] *nm* **-1.** MATHS coeficiente *m.* **-2.** SCOL *coeficiente por el que se multiplica la nota de cada examen de bachillerato francés según la asignatura de que se trate.*

cœur [kœr] *nm* **-1.** [gén] corazón *m*; au ~ **de** en medio de; **avoir bon** ~ tener buen corazón. **-2.** *loc* : **apprendre/savoir qqch par** ~ aprender/saber algo de memoria; **avoir mal au** ~ estar mareado(da); **faire qqch de bon** ~ hacer algo de buena gana. ◆ **cœur de palmier** *nm* palmito *m.*

coexister [kɔɛgziste] *vi* coexistir.

coffre [kɔfr] *nm* **-1.** [meuble] baúl *m.* **-2.** [de voiture] maletero *m Esp*, cajuela *f Amér.* **-3.** [coffre-fort] caja *f* fuerte.

coffre-fort *nm* caja *f* fuerte.

coffret [kɔfrɛ] *nm* **-1.** [petit coffre] cofrecito *m*; ~ **à bijoux** joyero *m.* **-2.** [boîte] estuche *m.*

cogner [kɔɲe] ◇ *vt fam* [battre] sacudir. ◇ *vi* **-1.** [frapper – suj : personne] llamar; [– suj : chose] golpear contra. **-2.** [donner des coups] sacudir. **-3.** *fam* [soleil] : **ça cogne** (el sol) pica. ◆ **se cogner** *vp* **-1.** [se heurter] darse contra; **se ~ à** OU **contre qqch** darse un golpe contra algo. **-2.** *fam* [se battre] sacudirse.

cohabiter [kɔabite] *vi* **-1.** [habiter ensemble] convivir. **-2.** POLIT cohabitar.

cohérence [kɔerɑ̃s] *nf* coherencia *f.*

cohérent, e [kɔerɑ̃, ɑ̃t] *adj* coherente.

cohésion [kɔezjɔ̃] *nf* cohesión *f.*

cohorte [kɔɔrt] *nf* cohorte *f.*

cohue [kɔy] *nf* **-1.** [foule] tropel *m.* **-2.** [bousculade] barullo *m.*

coi, coite [kwa, kwat] *adj* : **rester ~** *litt* no decir esta boca es mía.

coiffe [kwaf] *nf* [coiffure – régionale] cofia *f*; [– de religieuse] toca *f.*

coiffer [kwafe] *vt* **-1.** [arranger les cheveux] peinar. **-2.** [mettre sur la tête] : ~ **qqn de qqch** poner algo en la cabeza de alguien. **-3.** *sout* [recouvrir] cubrir. **-4.** [diriger] dirigir. ◆ **se coiffer** *vp* **-1.** [arranger ses cheveux] peinarse. **-2.** [mettre sur sa tête] : **se ~ de qqch** tocarse con algo.

coiffeur, euse [kwafœr, øz] *nm, f* peluquero *m*, -ra *f*; **aller chez le ~** ir a la peluquería. ◆ **coiffeuse** *nf* [meuble] tocador *m.*

coiffure [kwafyr] *nf* **-1.** [arrangement des cheveux] peinado *m.* **-2.** [chapeau] sombrero *m.* **-3.** [profession] peluquería *f.*

coin [kwɛ̃] *nm* **-1.** [angle – rentrant] rincón *m*; [– saillant] esquina *f*; **au ~ du feu** junto al fuego. **-2.** [commissure] comisura *f*; ~ **de l'œil** rabillo *m* del ojo. **-3.** [parcelle] trozo *m.* **-4.** [endroit retiré, recoin] rincón *m*; **le petit ~** [les toilettes] el retrete. **-5.** [outil – pour caler] calzo *m*; [– pour fendre] cuña *f.* **-6.** [matrice] troquel *m.*

coincer [kwɛ̃se] *vt* **-1.** [bloquer] atrancar. **-2.** *fam* [mettre en difficulté, retenir] acorralar.

coïncidence [kɔɛ̃sidɑ̃s] *nf* coincidencia *f.*

coïncider [kɔɛ̃side] *vi* coincidir.

coing [kwɛ̃] *nm* [fruit] membrillo *m.*

coït [kɔit] *nm* coito *m.*

coite → **coi.**

col [kɔl] *nm* **-1.** [gén] cuello *m*; ~ **du fémur/de l'utérus** ANAT cuello del fémur/ del útero; ~ **roulé** [de pull] cuello vuelto. **-2.** GÉOGR puerto *m.*

coléoptère [kɔleɔptɛr] *nm* coleóptero *m.*

colère [kɔlɛr] *nf* **-1.** [irritation] cólera *f*, ira *f*; **être/se mettre en ~** estar/ponerse furioso(sa). **-2.** [accès d'humeur] rabieta *f*; **piquer une ~** coger una rabieta.

coléreux, euse [kɔlerø, øz], **colérique** [kɔlerik] *adj* colérico(ca).

colimaçon [kɔlimasɔ̃] ◆ **en colimaçon** *loc adv* de caracol.

colin [kɔlɛ̃] *nm* merluza *f.*

colique [kɔlik] *nf* cólico *m*; **avoir la ~** tener un cólico.

colis [kɔli] *nm* paquete *m Esp*, encomienda *f Amér.*

collaborateur, trice [kɔlabɔratœr, tris] *nm, f* **-1.** [gén] colaborador *m*, -ra *f.* **-2.** HIST [sous l'Occupation] colaboracionista *mf.*

collaboration [kɔlabɔrasjɔ̃] *nf* **-1.** [gén] colaboración *f.* **-2.** HIST [sous l'Occupation] colaboracionismo *m.*

collaborer [kɔlabɔre] *vi* colaborar; ~ **à qqch** colaborar en algo.

collant, e [kɔlɑ̃, ɑ̃t] *adj* **-1.** [étiquette] adhesivo(va). **-2.** [vêtement] ceñido(da). **-3.** *fam* [personne] pesado(da). ◆ **collant** *nm*

–1. [vêtement] malla *f*. **–2.** [sous-vêtement féminin] panty *m Esp*, pantymedias *fpl Amér*.

colle [kɔl] *nf* **–1.** [substance] cola *f*, pegamento *m*. **–2.** [question difficile] pregunta *f* difícil. **–3.** SCOL [interrogation] examen *m*. **–4.** SCOL [retenue] castigo *m*.

collecte [kɔlɛkt] *nf* colecta *f*; ~ **de vêtement** recogida *f* de ropa.

collectif, ive [kɔlɛktif, iv] *adj* colectivo(va). ◆ **collectif** *nm* colectivo *m*. ◆ **collectif budgétaire** *nm* diposiciones *fpl* presupuestarias.

collection [kɔlɛksjɔ̃] *nf* colección *f*.

collectionner [kɔlɛksjɔne] *vt* coleccionar.

collectionneur, euse [kɔlɛksjɔnœr, øz] *nm, f* coleccionista *mf*.

collectivité [kɔlɛktivite] *nf* comunidad *f*; **les ~s locales** ADMIN *las administraciones locales y regionales en Francia*.

collège [kɔlɛʒ] *nm* **–1.** [gén] colegio *m*. **–2.** [établissement scolaire] *colegio donde se imparten los cursos equivalentes a la segunda etapa de EGB*.

collégien, enne [kɔleʒjɛ̃, ɛn] *nm, f* SCOL colegial *m*, -la *f*.

collègue [kɔlɛg] *nmf* colega *mf*.

coller [kɔle] ◇ *vt* **–1.** [fixer avec de la colle, appuyer contre] pegar; ~ **qqch sur qqch** pegar algo en algo. **–2.** *fam* [mettre] aparcar. **–3.** SCOL [punir] castigar. **–4.** [à un examen] : **être collé à** suspender. **–5.** [avec une question] pillar. **–6.** *fam* [suivre partout] : ~ **qqn** pegarse a alguien. **–7.** *fam fig* [donner] : ~ **qqch à qqn** (gifle) soltar algo a alguien. ◇ *vi* **–1.** [adhérer, suivre de près] pegarse. **–2.** [être ajusté] : **à qqch** [robe] ceñirse a algo; [être adapté] adecuarse a algo. **–3.** *fam* [bien se passer] ir bien. ◆ **se coller** *vp* **–1.** *fam* [subir] cargar con. **–2.** [se plaquer] : **se ~ contre qqch/contre qqn** arrimarse a algo/a alguien.

collerette [kɔlrɛt] *nf* **–1.** [de vêtement] cuello *m*. **–2.** [de tuyau] brida *f*.

collet [kɔlɛ] *nm* **–1.** [de vêtement] cuello *m*; **être ~ monté** [affecté, guindé] ser estirado(da). **–2.** [en boucherie] pescuezo *m*. **–3.** [piège] lazo *m*.

collier [kɔlje] *nm* **–1.** [bijou, de chien] collar *m*. **–2.** [barbe] sotabarba *f*.

colline [kɔlin] *nf* colina *f*.

collision [kɔlizjɔ̃] *nf* colisión *f*; **entrer en ~ avec qqch/avec qqn** chocar contra algo/contra alguien.

colloque [kɔlɔk] *nm* coloquio *m*.

colmater [kɔlmate] *vt* **–1.** [fuite] taponar. **–2.** [brèche] tapar.

colombe [kɔlɔ̃b] *nf* paloma *f*.

Colombie [kɔlɔ̃bi] *nf* : **la ~** Colombia.

colombien, enne [kɔlɔ̃bjɛ̃, ɛn] *adj* colombiano(na). ◆ **Colombien, enne** *nm, f* colombiano *m*, -na *f*.

colon [kɔlɔ̃] *nm* colono *m*.

côlon [kolɔ̃] *nm* colon *m*.

colonel [kɔlɔnɛl] *nm* coronel *m*.

colonelle [kɔlɔnɛl] *nf* coronela *f (esposa de coronel)*.

colonial, e, aux [kɔlɔnjal, o] *adj* colonial.

colonialisme [kɔlɔnjalism] *nm* colonialismo *m*.

colonie [kɔlɔni] *nf* colonia *f*. ◆ **colonie de vacances** *nf* colonia *f* de vacaciones.

colonisation [kɔlɔnizasjɔ̃] *nf* colonización *f*.

coloniser [kɔlɔnize] *vt* **–1.** [occuper] colonizar. **–2.** *fig* [envahir] invadir.

colonne [kɔlɔn] *nf* **–1.** [gén] columna *f*. **–2.** [file] fila *f*; **en ~** en fila. ◆ **colonne vertébrale** *nf* columna *f* vertebral.

colorant, e [kɔlɔrɑ̃, ɑ̃t] *adj* colorante. ◆ **colorant** *nm* colorante *m*.

colorer [kɔlɔre] *vt* teñir; ~ **de qqch** teñir de algo.

colorier [kɔlɔrje] *vt* colorear.

coloris [kɔlɔri] *nm* colorido *m*.

colorisation [kɔlɔrizasjɔ̃] *nf* CIN coloración *f*.

coloriser [kɔlɔrize] *vt* CIN colorear.

colossal, e, aux [kɔlɔsal, o] *adj* colosal.

colporter [kɔlpɔrte] *vt* **–1.** [marchandises] vender *(de manera ambulante)*. **–2.** [information] divulgar.

coma [kɔma] *nm* coma *m*; **être dans le ~** estar en coma.

comateux, euse [kɔmatø, øz] ◇ *adj* comatoso(sa). ◇ *nm, f* persona en coma.

combat [kɔ̃ba] *nm* **–1.** [bataille] combate *m*; ~ **de boxe** combate de boxeo. **–2.** [lutte] lucha *f*; **engager le ~ contre qqch** emprender la lucha contra algo.

combatif, ive [kɔ̃batif, iv] ◇ *adj* combativo(va). ◇ *nm, f* luchador *m*, -ra *f*.

combattant, e [kɔ̃batɑ̃, ɑ̃t] ◇ *adj* combatiente. ◇ *nm, f* combatiente *mf*; **ancien ~** ex combatiente.

combattre [kɔ̃batr] ◇ *vt* **–1.** [adversaire] combatir (contra), combatir (con). **–2.** [chose, idée] combatir. ◇ *vi* combatir, luchar. ◆ **se combattre** *vp* vencerse.

combattu, e [kɔ̃baty] *pp* → **combattre**.

combien [kɔ̃bjɛ̃] ◇ *adv* **-1.** [sens exclamatif] cuánto; ~ **cela a changé!** ¡cuánto ha cambiado!; ~ **il est généreux!** ¡cuán generoso es! **-2.** [sens quantitatif] cuánto; ~ **coûte ce livre?** ¿cuánto cuesta este libro?; ~ **de** cuánto(ta); ~ **de temps vous faut-il?** ¿cuánto tiempo necesita?; ~ **de pilules prenez-vous?** ¿cuántas pastillas toma? ◇ *nm inv* : **le** ~? [jour] ¿qué día?; **le** ~ **sommes nous?** ¿a qué día estamos?; **tous les** ~? ¿cada cuánto?

combinaison [kɔ̃binɛzɔ̃] *nf* **-1.** [d'éléments] combinación *f*. **-2.** [sous - vêtement féminin] combinación *f Esp*, fustán *m Amér*. **-3.** [vêtement] mono *m*; ~ **de ski** mono de esquí; ~ **de plongée sous-marine** traje *m* de submarinismo. **-4.** [manœuvre] manejo *m*.

combine [kɔ̃bin] *nf fam* chanchullo *m*.

combiné [kɔ̃bine] *nm* **-1.** [de téléphone] microteléfono *m*. **-2.** [sous-vêtement] conjunto *m* de camisola y calzón. **-3.** [au ski] combinado *m*.

combiner [kɔ̃bine] *vt* combinar. ◆ **se combiner** *vp fam* resolverse.

comble [kɔ̃bl] ◇ *nm* colmo *m*. ◇ *adj* [très plein] abarrotado(da), atestado(da). ◆ **combles** *nmpl* [sous le toit] desván *m*, buhardilla *f*.

combler [kɔ̃ble] *vt* **-1.** [personne] colmar; ~ **qqn de qqch** colmar a alguien de algo. **-2.** [trou, fossé] llenar. **-3.** [déficit, lacune] subsanar.

combustible [kɔ̃bystibl] *adj & nm* combustible.

combustion [kɔ̃bystjɔ̃] *nf* combustión *f*.

comédie [kɔmedi] *nf* THÉÂTRE & CIN comedia *f*; ~ **musicale** comedia musical.

comédien, enne [kɔmedjɛ̃, ɛn] *adj & nm, f* comediante(ta).

comestible [kɔmɛstibl] *adj* comestible. ◆ **comestibles** *nmpl* comestibles *mpl*.

comète [kɔmɛt] *nf* ASTRON cometa *m*.

comique [kɔmik] ◇ *nm* [acteur] cómico *m*, -ca *f*. ◇ *adj* cómico(ca).

comité [kɔmite] *nm* comité *m*; ~ **d'entreprise** comité de empresa.

commandant [kɔmɑ̃dɑ̃] *nm* MIL [dans les armées de terre et de l'air] comandante *m*; [dans la marine] capitán *m*.

commande [kɔmɑ̃d] *nf* **-1.** [de marchandises] pedido *m*; **passer une** ~ pasar un pedido; **sur** ~ por encargo. **-2.** [de machine] mando *m*; **prendre les** ~**s de qqch**

tomar las riendas de algo; ~ **à distance** mando a distancia. **-3.** INFORM orden *f*, comando *f*; ~ **numérique** orden numérica, comando numérico.

commander [kɔmɑ̃de] ◇ *vt* **-1.** [donner des ordres à] mandar; ~ **qqn** dar órdenes a alguien. **-2.** [marchandises] pedir. **-3.** [opération] dirigir. **-4.** [contrôler] controlar. **-5.** [livre] encargar. ◇ *vi* [décider] mandar; ~ **à qqn de faire qqch** mandar a alguien que haga algo.

commanditaire [kɔmɑ̃ditɛr] *adj & nm* JUR comanditario(ria).

commando [kɔmɑ̃do] *nm* comando *m*.

comme [kɔm] ◇ *conj* **-1.** [introduisant une comparaison] como; **il est médecin** ~ **son père** es médico como su padre. **-2.** [exprimant la manière] como; **fais** ~ **il te plaira** haz como te plazca, haz lo que te plazca; **il était** ~ **fou** estaba como loco; ~ **prévu/convenu** como se había acordado/previsto. **-3.** [tel que] como; **les arbres** ~ **le châtaignier** los árboles como el castaño. **-4.** [en tant que] como; ~ **père** como padre. **-5.** [ainsi que] como; **les filles** ~ **les garçons jouent au foot** (tanto) las chicas como los chicos juegan al fútbol. **-6.** [introduisant une clause] como; ~ **il pleuvait nous sommes rentrés** como llovía, hemos vuelto. ◇ *adv* [marquant l'intensité] cómo, qué; ~ **c'est long!** ¡qué largo es!; ~ **il nage bien!** ¡qué bien nada!; ~ **tu as grandi!** ¡cómo has crecido!

commémoration [kɔmemɔrasjɔ̃] *nf* conmemoración *f*.

commémorer [kɔmemɔre] *vt* conmemorar.

commencement [kɔmɑ̃smɑ̃] *nm* principio *m*.

commencer [kɔmɑ̃se] ◇ *vt* empezar, comenzar. ◇ *vi* empezar, comenzar; ~ **à faire qqch** empezar OU comenzar a hacer algo; **ça commence bien!** ¡empezamos bien!; ~ **mal/bien** empezar mal/bien.

comment [kɔmɑ̃] *adv* cómo; ~ **cela?** ¿cómo es eso?; ~ **vas-tu?** ¿cómo estás?

commentaire [kɔmɑ̃tɛr] *nm* comentario *m*. ◆ **commentaires** *nmpl* [commérages] comentarios *mpl*.

commentateur, trice [kɔmɑ̃tatœr, tris] *nm, f* comentarista *mf*.

commenter [kɔmɑ̃te] *vt* comentar.

commérage [kɔmeraʒ] *nm* comadreo *m*, cotilleo *m*.

commerçant, e [kɔmɛrsɑ̃, ɑ̃t] ◇ *adj* comercial. ◇ *nm, f* comerciante *mf*.

commerce [kɔmɛrs] *nm* **-1.** [activité, magasin] comercio *m*. **-2.** [fréquentation] trato *m*.

commercial, e, aux [kɔmɛrsjal, o] *adj & nm, f* comercial.

commercialiser [kɔmɛrsjalize] *vt* comercializar.

commère [kɔmɛr] *nf péj* cotilla *f*.

commettre [kɔmɛtr] *vt* cometer.

commis, e [kɔmi, iz] *pp* → **commettre**.
◆ **commis** *nm* dependiente *m*; ~ **voyageur** viajante *m* (de comercio).

commisération [kɔmizerasjɔ̃] *nf sout* conmiseración *f*.

commissaire [kɔmisɛr] *nm* comisario *m*.

commissaire-priseur [kɔmisɛrprizœr] *nm* (perito) tasador *m*, (perita) tasadora *f*.

commissariat [kɔmisarja] *nm* comisaría *f*.

commission [kɔmisjɔ̃] *nf* **-1.** [délégation, rémunération] comisión *f*; **travailler à la** ~ trabajar a comisión. **-2.** [message] recado *m*. ◆ **commissions** *nfpl* [achats] compra *f*; **faire les** ~**s** hacer la compra.

commissionnaire [kɔmisjɔnɛr] *nm* comisionista *mf*.

commissure [kɔmisyr] *nf* comisura *f*; ~ **des lèvres** comisura de los labios.

commode [kɔmɔd] ◇ *adj* **-1.** [gén] cómodo(da). **-2.** [personne] amable; ~ **à vivre** fácil de llevar; **il n'est pas** ~ no es nada agradable. ◇ *nf* cómoda *f*.

commodité [kɔmɔdite] *nf* comodidad *f*.

commotion [kɔmɔsjɔ̃] *nf* conmoción *f*; ~ **cérébrale** conmoción cerebral.

commun, e [kɔmœ̃, yn] *adj* **-1.** [collectif, semblable] común; **en** ~ [collectivement] en grupo; **mettre en** ~ poner en común. **-2.** [répandu] corriente. **-3.** *péj* [banal] vulgar. **-4.** *péj* [vulgaire] basto(ta). ◆ **commune** *nf* municipio *m*.

communal, e, aux [kɔmynal, o] *adj* municipal.

communauté [kɔmynote] *nf* **-1.** [gén] comunidad *f*; ~ **de bien** comunidad de bienes; ~ **réduite aux acquets** bienes *mpl* gananciales. **-2.** [accord] afinidad *f*. ◆ **Communauté** *nf* : **la Communauté européenne** la Comunidad europea.

communément [kɔmynemɑ̃] *adv* comúnmente.

communiant, e [kɔmynjɑ̃, ɑ̃t] *nm, f* RELIG comulgante *mf*; **premier** ~ niño *que hace la primera comunión*.

communication [kɔmynikasjɔ̃] *nf* **-1.** [gén] comunicación *f*; ~ **d'entreprise** imagen *f* corporativa. **-2.** [message] noticia *f*; **avoir** ~ **de qqch** tener noticia de algo. **-3.** TÉLÉ-COM llamada *f Esp*, llamado *m Amér*; **être en** ~ **avec qqn** estar hablando con alguien por teléfono; **recevoir/prendre une** ~ recibir/aceptar una llamada; ~ **locale** llamada local.

communier [kɔmynje] *vi* **-1.** RELIG comulgar. **-2.** [s'accorder] : ~ **dans qqch** compartir algo.

communion [kɔmynjɔ̃] *nf* comunión *f*; **première** ~ primera comunión; ~ **solennelle** comunión solemne; **être en** ~ **avec qqn** estar en comunión con alguien.

communiqué [kɔmynike] *nm* comunicado *m*; ~ **de presse** comunicado de prensa.

communiquer [kɔmynike] *vt* [gén] comunicar; [chaleur] transmitir; [maladie, sentiment] contagiar.

communisme [kɔmynism] *nm* comunismo *m*.

communiste [kɔmynist] *adj & nmf* comunista.

commutateur [kɔmytatœr] *nm* conmutador *m*.

compact, e [kɔ̃pakt] *adj* compacto(ta). ◆ **compact** *nm* disco *m* compacto, compact *m*.

compagne → **compagnon**.

compagnie [kɔ̃paɲi] *nf* **-1.** [gén] compañía *f*; **en** ~ **de qqn** en compañía de alguien; **tenir** ~ **à qqn** hacer compañía a alguien. **-2.** [assemblée] concurrencia *f*.

compagnon [kɔ̃paɲɔ̃], **compagne** [kɔ̃paɲ] *nm, f* compañero *m*, -ra *f*; ~ **d'infortune** compañero de fatigas. ◆ **compagnon** *nm* [artisan] oficial *m*.

comparable [kɔ̃parabl] *adj* comparable.

comparaison [kɔ̃parɛzɔ̃] *nf* comparación *f*; **en** ~ **de qqch** en comparación con algo; **par** ~ **avec qqch** en comparación con algo.

comparaître [kɔ̃parɛtr] *vi* JUR comparecer.

comparatif, ive [kɔ̃paratif, iv] *adj* comparativo(va). ◆ **comparatif** *nm* GRAM comparativo *m*.

comparé, e [kɔ̃pare] *adj* comparado(da).

comparer [kɔ̃pare] *vt* comparar; ~ **qqn avec qqn** comparar a alguien con alguien; ~ **qqch avec qqch** comparar algo con algo; ~ **qqn à qqn** [assimiler] comparar a alguien con alguien; ~ **qqch à qqch** [assimiler] comparar algo con algo.

comparse [kɔpars] *nmf péj* compinche *mf*.

compartiment [kɔpartimɑ̃] *nm* compartimento *m*.

comparution [kɔparysjɔ̃] *nf* JUR comparecencia *f*.

compas [kɔpa] *nm* compás *m*; **avoir le ~ dans l'œil** *fig* tener buen ojo.

compassion [kɔpasjɔ̃] *nf* compasión *f*; **avoir de la ~ pour qqn** sentir compasión por alguien.

compatible [kɔpatibl] *adj* compatible; **~ avec qqch** compatible con algo.

compatir [kɔpatir] *vt* compadecer; **~ à la douleur de qqn** *iron* compadecer a alguien.

compatriote [kɔpatrijɔt] *nmf* compatriota *mf*.

compensation [kɔpɑ̃sasjɔ̃] *nf* compensación *f*; **par ~** en compensación.

compensé, e [kɔpɑ̃se] *adj* compensado(da).

compenser [kɔpɑ̃se] *vt* compensar.

compère [kɔpɛr] *nm* compinche *m*.

compétence [kɔpetɑ̃s] *nf* competencia *f*.

compétent, e [kɔpetɑ̃, ɑ̃t] *adj* competente.

compétitif, ive [kɔpetitif, iv] *adj* competitivo(va).

compétition [kɔpetisjɔ̃] *nf* SPORT competición *f*; **être en ~** competir.

complainte [kɔplɛ̃t] *nf* endecha *f*.

complaisant, e [kɔplɛzɑ̃, ɑ̃t] *adj* complaciente.

complément [kɔplemɑ̃] *nm* complemento *m*; **~ d'agent** GRAM complemento agente; **~ d'objet direct/indirect** GRAM complemento directo/indirecto.

complémentaire [kɔplemɑ̃tɛr] *adj* **-1.** [caractère, couleur] complementario(ria). **-2.** [clause, couleur] suplementario(ria).

complet, ète [kɔplɛ, ɛt] *adj* **-1.** [rapport, personne, artiste] completo(ta). **-2.** [hôtel, théâtre] lleno(na). ◆ **complet** *nm* traje *m*.

compléter [kɔplete] *vt* completar. ◆ **se compléter** *vp* complementarse.

complexe [kɔplɛks] ◇ *nm* complejo *m*; **~ d'Œdipe** complejo de Edipo; **~ hospitalier/scolaire/sportif** complejo hospitalario/escolar/deportivo. ◇ *adj* complejo(ja).

complexé, e [kɔplɛkse] *adj* acomplejado(da).

complexification [kɔplɛksifikasjɔ̃] *nf* complicación *f*.

complexifier [kɔplɛksifje] *vt* complicar.

complexité [kɔplɛksite] *nf* complejidad *f*.

complication [kɔplikasjɔ̃] *nf* **-1.** [complexité] complejidad *f*. **-2.** [aggravation] complicación *f*.

complice [kɔplis] *adj & nmf* cómplice.

complicité [kɔplisite] *nf* complicidad *f*.

compliment [kɔplimɑ̃] *nm* [louange] cumplido *m*; **faire ses ~s à qqn** [féliciter] felicitar a alguien.

complimenter [kɔplimɑ̃te] *vt* : **~ qqn sur qqch** felicitar a alguien por algo.

compliqué, e [kɔplike] *adj* complicado(da).

compliquer [kɔplike] *vt* complicar.

complot [kɔplo] *nm* complot *m*.

comploter [kɔplɔte] ◇ *vt* [manigancer] tramar. ◇ *vi* **-1.** [conspirer] conspirar. **-2.** *fig* maquinar.

comportement [kɔpɔrtəmɑ̃] *nm* comportamiento *m*.

comportemental, e, aux [kɔpɔrtəmɑ̃tal, o] *adj* de conducta.

comporter [kɔpɔrte] *vt* **-1.** [inclure] conllevar. **-2.** [être composé] constar de. ◆ **se comporter** *vp* **-1.** [se conduire] comportarse. **-2.** [fonctionner] funcionar.

composant, e [kɔpozɑ̃, ɑ̃t] *adj* componente. ◆ **composant** *nm* componente *m*. ◆ **composante** *nf* componente *f*.

composé, e [kɔpoze] *adj* compuesto(ta). ◆ **composé** *nm* **-1.** [mélange] mezcla *f*. **-2.** CHIM & LING compuesto *m*.

composer [kɔpoze] ◇ *vt* **-1.** [gén] componer, formar. **-2.** [numéro de téléphone] marcar *Esp*, discar *Amér*. ◇ *vi* [trouver un compromis] transigir. ◆ **se composer** *vp* [être constitué de] : **se ~ de** componerse de, constar de.

composite [kɔpozit] ◇ *nm* compuesto *m*. ◇ *adj* **-1.** [disparate] heterogéneo(nea). **-2.** [matériau] compuesto(ta).

compositeur, trice [kɔpozitœr, tris] *nm, f* **-1.** MUS compositor *m*, -ra *f*. **-2.** TYPOGRAPHIE cajista *mf*.

composition [kɔpozisjɔ̃] *nf* **-1.** [gén] composición *f*; **être de bonne ~** [personne] ser de buena pasta. **-2.** SCOL redacción *f*.

composter [kɔpɔste] *vt* [billet de train] marcar.

compote [kɔpɔt] *nf* CULIN compota *f*.

compréhensible [kɔpreɑ̃sibl] *adj* comprensible.

compréhensif, ive [kɔpreɑ̃sif, iv] *adj* comprensivo(va).

compréhension [kɔ̃preɑ̃sjɔ̃] *nf* compréhension *f.*

comprendre [kɔ̃prɑ̃dr] ◇ *vt* **–1.** [gén] comprender, entender. **–2.** [comporter, inclure] comprender. ◇ *vi* comprender, entender.

compresse [kɔ̃prɛs] *nf* compresa *f.*

compresseur [kɔ̃prɛsœr] → **rouleau.**

compression [kɔ̃presjɔ̃] *nf* **–1.** [de l'air] compresión *f.* **–2.** *fig* [réduction] reducción *f.*; ~ **de personnel** reducción de plantilla.

comprimé, e [kɔ̃prime] *adj* comprimido(da). ◆ **comprimé** *nm* comprimido *m*; ~ **effervescent** comprimido efervescente.

comprimer [kɔ̃prime] *vt* **–1.** [gaz] comprimir. **–2.** *fig* [dépenses] reducir. **–3.** [serrer] apretar. **–4.** [réprimer] contener.

compris, e [kɔ̃pri, iz] ◇ *pp* → **comprendre.** ◇ *adj* **–1.** [situé] comprendido(da). **–2.** [inclus] incluido(da); **y** ~ incluido(da); **y** ~ **les enfants** incluidos los niños.

compromettre [kɔ̃prɔmɛtr] *vt* comprometer.

compromis, e [kɔ̃prɔmi, iz] *pp* → **compromettre.** ◆ **compromis** *nm* compromiso *m* (*acuerdo*).

compromission [kɔ̃prɔmisjɔ̃] *nf* compromiso *m.*

comptabilité [kɔ̃tabilite] *nf* **–1.** [technique] contabilidad *f.* **–2.** [département] departamento *m* de contabilidad.

comptable [kɔ̃tabl] ◇ *nmf* contable *mf Esp,* contador *m,* -ra *f Amér.* ◇ *adj* : **être** ~ **de qqch** ser responsable de algo.

comptant [kɔ̃tɑ̃] ◇ *adj inv* al contado. ◇ *adv* : **payer** OU **régler** ~ pagar OU abonar al contado. ◇ *nm* : **au** ~ al contado.

compte [kɔ̃t] *nm* **–1.** [gén] cuenta *f*; **être/ se mettre à son** ~ [devenir indépendant] trabajar/establecerse por su cuenta OU por cuenta propia; **faire le** ~ **de qqch** hacer el recuento de algo; **ouvrir un** ~ abrir una cuenta; ~ **bancaire** OU **en banque** cuenta bancaria; ~ **postal** cuenta de la caja postal; ~ **courant/d'épargne** cuenta corriente/de ahorro; ~ **créditeur/débiteur** cuenta acreedora/deudora; ~ **de dépôt** FIN cuenta de depósito; ~ **d'exploitation** FIN cuenta de explotación; ~ **à rebours** cuenta atrás. **–2.** *loc* : **prendre qqch en** ~ OU **tenir** ~ **de qqch** tener en cuenta algo; **rendre** ~ **de qqch** dar cuenta de algo; **se rendre** ~ **de qqch/ que** darse cuenta de algo/de que.

◆ **comptes** *nmpl* [comptabilité] cuentas *fpl*; **faire ses** ~**s** hacer cuentas.

compte-chèques *nm cuenta corriente con talonario.*

compte-gouttes *nm inv* cuentagotas *m inv.*

compter [kɔ̃te] ◇ *vt* **–1.** [dénombrer] contar. **–2.** [avoir l'intention] pensar; **je compte m'installer à Paris** pienso instalarme en París. ◇ *vi* contar; ~ **sur qqn/ sur qqch** contar con alguien/con algo.

compte-rendu *nm* [gén] informe *m*; [de livre, de spectacle] reseña *f*; [de séance] acta *f.*

compte-tours *nm inv* cuentarrevoluciones *m inv.*

compteur [kɔ̃tœr] *nm* contador *m.*

comptine [kɔ̃tin] *nf canción que cantan los niños en algunos juegos para decidir quién la lleva.*

comptoir [kɔ̃twar] *nm* **–1.** [de bar] barra *f.* **–2.** [commercial] mostrador *m.* **–3.** *Helv* [foire] feria *f* de muestras.

compulser [kɔ̃pylse] *vt* consultar.

comte [kɔ̃t], **comtesse** [kɔ̃tɛs] *nm, f* conde *m,* -sa *f.*

con, conne [kɔ̃, kɔn] *tfam péj* ◇ *adj* [personne] gilipollas *Esp,* gil(la) *Amér*; [chose] tonto(ta). ◇ *nm, f* gilipollas *mf inv.*

concave [kɔ̃kav] *adj* cóncavo(va).

concéder [kɔ̃sede] *vt* **–1.** [droit] conceder. **–2.** *sout* : ~ **qqch à qqn** admitir algo ante alguien.

concentration [kɔ̃sɑ̃trasjɔ̃] *nf* concentración *f.*

concentré, e [kɔ̃sɑ̃tre] *adj* **–1.** [gén] concentrado(da). **–2.** [esprit, personne] reconcentrado(da). **–3.** ◆ **concentré** *nm* concentrado *m.*

concentrer [kɔ̃sɑ̃tre] *vt* concentrar.

concentrique [kɔ̃sɑ̃trik] *adj* concéntrico(ca).

concept [kɔ̃sɛpt] *nm* concepto *m.*

conception [kɔ̃sɛpsjɔ̃] *nf* concepción *f*; ~ **assistée par ordinateur** diseño *m* asistido por ordenador.

concerner [kɔ̃sɛrne] *vt* concernir; **être concerné par qqch** concernirle algo a uno; **se sentir concerné par qqch** afectarle algo a uno; **en ce qui concerne** en lo que se refiere a, en lo que concierne a.

concert [kɔ̃sɛr] *nm* concierto *m.*

concertation [kɔ̃sɛrtasjɔ̃] *nf* concertación *f.*

concerter [kɔsɛrte] *vt* concertar. ◆ **se concerter** *vp* ponerse de acuerdo.

concerto [kɔsɛrto] *nm* MUS concerto *m*.

concession [kɔsesjɔ̃] *nf* concesión *f*. ◆ **concession à perpétuité** *nf* concesión *f* a perpetuidad.

concessionnaire [kɔsesjɔnɛr] ◇ *nm* **–1.** AUTOM concesionario *m*, -ria *f*. **-2.** [qui possède une franchise] franquiciado *m*, -da *f*. ◇ *adj* concesionario(ria).

concevable [kɔsəvabl] *adj* concebible; **cela n'est pas** ~ es inconcebible.

concevoir [kɔsəvwar] *vt* concebir.

concierge [kɔsjɛrʒ] *nmf* portero *m*, -ra *f*.

conciliateur, trice [kɔsiljatœr, tris] *nm, f* conciliador *m*, -ra *f*.

conciliation [kɔsiljasjɔ̃] *nf* conciliación *f*.

concilier [kɔsilje] *vt* **-1.** [mettre d'accord] conciliar. **-2.** [trouver un équilibre] : ~ **qqch et** OU **avec qqch** compaginar algo y OU con algo. **-3.** [gagner à sa cause] : ~ **qqn à qqch** granjear a alguien algo; ~ **qqn à qqn** granjear a alguien el apoyo de alguien.

concis, e [kɔsi, iz] *adj* conciso *m*, -sa *f*.

concision [kɔsizjɔ̃] *nf* concisión *f*.

concitoyen, enne [kɔsitwajɛ̃, ɛn] *nm, f* conciudadano *m*, -na *f*.

conclu, e [kɔkly] *pp* → **conclure**.

concluant, e [kɔklyɑ̃, ɑ̃t] *adj* concluyente.

conclure [kɔklyr] ◇ *vt* **-1.** [affaire, marché] cerrar. **-2.** [discours, écrit] concluir. **-3.** [déduire] : **en** ~ **que** deducir que. ◇ *vi* : ~ **à qqch** [aboutir à une conclusion] pronunciarse por algo; JUR decidirse por algo.

conclusion [kɔklyzjɔ̃] *nf* **-1.** [signature] firma *f*. **-2.** [fin, conséquence] conclusión *f*; **en** ~ en conclusión. **-3.** [dénouement] desenlace *m*.

concombre [kɔkɔbr] *nm* pepino *m*.

concordance [kɔkɔrdɑs] *nf* concordancia *f*; ~ **des temps** GRAM concordancia de tiempos.

concorde [kɔkɔrd] *nf* concordia *f*.

concorder [kɔkɔrde] *vi* **-1.** [coïncider] concordar; ~ **avec qqch** [être en accord] concordar con algo. **-2.** [avoir un même but] concurrir.

concourir [kɔkurir] *vi* **-1.** [contribuer] : ~ **à qqch** contribuir a algo. **-2.** [à un concours] presentarse.

concours [kɔkur] *nm* **-1.** [pour un poste de fonctionnaire] oposición *f*. **-2.** [pour l'entrée dans une école] examen *m* de selección. **-3.** [compétition] concurso *m*; ~ **hip-**

pique concurso hípico. **-4.** [collaboration] colaboración *m*. ◆ **concours de circonstances** *nm* cúmulo *m* de circunstancias.

concret, ète [kɔkrɛ, ɛt] *adj* concreto(ta).

concrétiser [kɔkretize] *vt* materializar. ◆ **se concrétiser** *vp* materializarse.

concubinage [kɔkybinaʒ] *nm* concubinato *m*.

concupiscent, e [kɔkypisɑ̃, ɑ̃t] *adj* concupiscente.

concurremment [kɔkyramɑ̃] *adv* conjuntamente.

concurrence [kɔkyrɑs] *nf* [gén] competencia *f*.

concurrent, e [kɔkyrɑ̃, ɑ̃t] *adj & nm, f* competidor(ra).

concurrentiel, elle [kɔkyrɑsjɛl] *adj* competitivo(va).

condamnation [kɔdanasjɔ̃] *nf* **-1.** JUR [décision de justice] condena *f*. **-2.** *fig* [blâme, dénonciation] denuncia *f*.

condamné, e [kɔdane] ◇ *adj* **-1.** JUR condenado(da). **-2.** [malade inguérissable] desahuciado(da). ◇ *nm, f* JUR condenado *m*, -da *f*.

condamner [kɔdane] *vt* **-1.** JUR condenar; ~ **qqn à qqch** condenar a alguien a algo. **-2.** [malade] desahuciar. **-3.** [interdire] prohibir. **-4.** [blâmer, dénoncer] denunciar, condenar. **-5.** [fermer définitivement] condenar, tapiar.

condensateur [kɔdɑsatœr] *nm* ÉLECTR condensador *m*.

condensation [kɔdɑsasjɔ̃] *nf* condensación *f*.

condensé, e [kɔdɑse] *adj* condensado(da). ◆ **condensé** *nm* resumen *m*.

condenser [kɔdɑse] *vt* **-1.** [gaz] condensar. **-2.** [récit, pensé] resumir.

condiment [kɔdimɑ̃] *nm* condimento *m*.

condisciple [kɔdisipl] *nmf* condiscípulo *m*, -la *f*.

condition [kɔdisjɔ̃] *nf* **-1.** [gén] condición *f*; **sans** ~ sin condiciones. **-2.** [état physique] condiciones *fpl* físicas; **être en bonne/mauvaise** ~ estar en buenas/malas condiciones físicas. ◆ **conditions** *nfpl* condiciones *fpl*; ~**s de vie** condiciones de vida; ~**s atmosphériques** condiciones atmosféricas. ◆ **à condition que** *loc conj* a condición de que. ◆ **à condition de** *loc prép* con la condición de, a condición de que.

conditionné, e [kɔ̃disjɔne] *adj* **-1.** [produit] envasado(da). **-2.** → **air**.

conditionnel, elle [kɔ̃disjɔnɛl] *adj* condicional. ◆ **conditionnel** *nm* GRAM condicional *m*.

conditionnement [kɔ̃disjɔnmã] *nm* **-1.** [emballage] envase *m*. **-2.** [opérations d'emballage] envasado *m*. **-3.** PSYCHOL condicionamiento *m*.

conditionner [kɔ̃disjɔne] *vt* **-1.** [influencier & PSYCHOL] condicionar. **-2.** [produit] envasar. **-3.** [local] acondicionar.

condoléances [kɔ̃dɔleãs] *nfpl* pésame *m*; **présenter ses** ~ **à qqn** dar el pésame a alguien.

conducteur, trice [kɔ̃dyktœr, tris] ◇ *adj* ÉLECTR conductor(ra). ◇ *nm, f* [chauffeur] conductor *m*, -ra *f Esp*, motorista *mf Amér*. ◆ **conducteur** *nm* ÉLECTR conductor *m*.

conduire [kɔ̃dɥir] ◇ *vt* **-1.** [gén] conducir. **-2.** [emmener en voiture] llevar en coche. ◇ *vi* : ~ **à qqch** conducir OU llevar a algo. ◆ **se conduire** *vp* conducirse.

conduit, e [kɔ̃dɥi, it] *pp* → **conduire**. ◆ **conduit** *nm* conducto *m*.

conduite [kɔ̃dɥit] *nf* **-1.** [de véhicule] conducción *f*. **-2.** [façon de diriger] dirección *f*. **-3.** [comportement] conducta *f*. ◆ **conduite d'eau** *nf* conducto *m* de agua. ◆ **conduite de gaz** *nf* conducto *m* de gas.

cône [kon] *nm* GÉOM cono *m*.

confection [kɔ̃fɛksjɔ̃] *nf* confección *f*.

confectionner [kɔ̃fɛksjɔne] *vt* confeccionar.

confédération [kɔ̃federasjɔ̃] *nf* confederación *f*.

conférence [kɔ̃ferãs] *nf* conferencia *f*; ~ **de presse** rueda *f* de prensa.

conférencier, ère [kɔ̃ferãsje, ɛr] *nm, f* conferenciante *mf*.

conférer [kɔ̃fere] *vt* : ~ **qqch à qqn** conferir algo a alguien.

confesser [kɔ̃fese] *vt* confesar. ◆ **se confesser** *vp* RELIG confesarse.

confession [kɔ̃fesjɔ̃] *nf* confesión *f*.

confessionnal, aux [kɔ̃fesjɔnal, o] *nm* confesionario *m*.

confetti [kɔ̃feti] *nm* confeti *m*.

confiance [kɔ̃fjãs] *nf* confianza *f*; **avoir** ~ **en qqn/en qqch** tener confianza en alguien/en algo, confiar en alguien/en algo; **avoir** ~ **en soi** tener confianza en uno mismo; **faire** ~ **à qqn/à qqch** fiarse de alguien/de algo.

confiant, e [kɔ̃fjã, ãt] *adj* confiado(da).

confidence [kɔ̃fidãs] *nf* confidencia *f*.

confident, e [kɔ̃fidã, ãt] *nm, f* confidente *mf*.

confidentiel, elle [kɔ̃fidãsjɛl] *adj* confidencial.

confier [kɔ̃fje] *vt* : ~ **qqn/qqch à qqn** [donner à garder] confiar a alguien/algo a alguien; ~ **qqch à qqn** [dire en secret] confiar algo a alguien. ◆ **se confier** *vp* : **se** ~ **à qqn** confiarse a alguien.

confins [kɔ̃fɛ̃] ◆ **aux confins de** *loc prép* en los confines de.

confirmation [kɔ̃firmasjɔ̃] *nf* confirmación *f*.

confirmer [kɔ̃firme] *vt* confirmar; ~ **que** confirmar que; ~ **qqn dans qqch** confirmar a alguien en algo. ◆ **se confirmer** *vp* confirmarse.

confiserie [kɔ̃fizri] *nf* **-1.** [activité, magasin] confitería *f*. **-2.** [sucrerie] dulce *m*.

confiseur, euse [kɔ̃fizœr, øz] *nm, f* confitero *m*, -ra *f*.

confisquer [kɔ̃fiske] *vt* **-1.** [biens] confiscar, decomisar. **-2.** [objet] quitar.

confiture [kɔ̃fityr] *nf* mermelada *f*.

conflit [kɔ̃fli] *nm* conflicto *m*.

confondre [kɔ̃fɔ̃dr] *vt* confundir.

confondu, e [kɔ̃fɔ̃dy] *pp* → **confondre**.

conformation [kɔ̃fɔrmasjɔ̃] *nf* conformación *f*.

conforme [kɔ̃fɔrm] *adj* : ~ **à qqch** conforme a OU con algo.

conformément [kɔ̃fɔrmemã] *adv* : ~ **à qqch** conforme a algo.

conformer [kɔ̃fɔrme] *vt* : ~ **qqch à qqch** ajustar algo a algo. ◆ **se conformer** *vp* : **se** ~ **à qqch** [s'adapter] adaptarse a algo; [obéir] someterse a algo.

conformiste [kɔ̃fɔrmist] *adj & nmf* conformista.

conformité [kɔ̃fɔrmite] *nf* **être en** ~ **avec qqch** [accord] estar en conformidad con algo.

confort [kɔ̃fɔr] *nm* comodidad *f*; **tout** ~ con todas las comodidades.

confortable [kɔ̃fɔrtabl] *adj* **-1.** [fauteuil] cómodo(da), confortable. **-2.** [vie] desahogado(da). **-3.** [avance] cómodo(da).

confrère [kɔ̃frɛr], **consœur** [kɔ̃sœr] *nm, f* colega *mf*.

confrontation [kɔ̃frɔ̃tasjɔ̃] *nf* **-1.** [face à face] careo *m*. **-2.** [comparaison] confrontación *f*, cotejo *m*.

confronter [kɔ̃frɔ̃te] *vt* **-1.** [mettre face à face] carear. **-2.** [comparer] confrontar, cotejar. **-3.** [devoir faire face à] : **être confronté à qqch** enfrentarse a algo.

confus, e [kɔ̃fy, yz] *adj* **-1.** [gén] confuso(sa). **-2.** *sout* [désolé] : **je suis vraiment ~** lo siento mucho; **être ~ de qqch** [gêné] estar abrumado por algo.

confusion [kɔ̃fyzjɔ̃] *nf* confusión *f.*

congé [kɔ̃ʒe] *nm* **-1.** [arrêt de travail] permiso *m* de ausencia; **~ (de) maladie/de maternité** baja *f* por enfermedad/por maternidad. **-2.** [vacances] vacaciones *fpl*; **en ~ de vacaciones. -3.** [renvoi] despido *m*; **donner son ~ à qqn** despedir a alguien; **prendre ~** despedirse.

congédier [kɔ̃ʒedje] *vt sout* despedir *Esp*, cesantear *Amér.*

congé-formation *nm permiso concedido a un empleado para seguir un curso de formación a cargo de la empresa.*

congélateur [kɔ̃ʒelatœr] *nm* congelador *m.*

congeler [kɔ̃ʒle] *vt* congelar.

congénital, e, aux [kɔ̃ʒenital, o] *adj* congénito(ta).

congère [kɔ̃ʒɛr] *nf nieve amontonada por el viento.*

congestion [kɔ̃ʒɛstjɔ̃] *nf* MÉD congestión *f*; **~ pulmonaire** congestión pulmonar.

Congo [kɔ̃go] *nm* : **le ~** el Congo; **au ~** [direction] al Congo; [situation] en el Congo.

congratuler [kɔ̃gratyle] *vt sout* congratular.

congrégation [kɔ̃gregasjɔ̃] *nf* RELIG congregación *f.*

congrès [kɔ̃grɛ] *nm* congreso *m.*

conifère [kɔnifɛr] *nm* BOT conífera *f.*

conjecture [kɔ̃ʒɛktyr] *nf* conjetura *f.*

conjecturer [kɔ̃ʒɛktyre] *vt* : **~ qqch** hacer conjeturas sobre algo.

conjoint, e [kɔ̃ʒwɛ̃, ɛt] ◇ *adj* **-1.** [note] adjunto(ta). **-2.** [demande] conjunto(ta). ◇ *nm, f* cónyuge *mf.*

conjonctif, ive [kɔ̃ʒɔ̃ktif, iv] *adj* GRAM conjuntivo(va).

conjonction [kɔ̃ʒɔ̃ksjɔ̃] *nf* conjunción *f.*

conjonctivite [kɔ̃ʒɔ̃ktivit] *nf* MÉD conjuntivitis *f inv.*

conjoncture [kɔ̃ʒɔ̃ktyr] *nf* ÉCON coyuntura *f.*

conjugaison [kɔ̃ʒygɛzɔ̃] *nf* conjugación *f.*

conjugal, e, aux [kɔ̃ʒygal, o] *adj* conyugal.

conjuguer [kɔ̃ʒyge] *vt* conjugar.

conjuration [kɔ̃ʒyrasjɔ̃] *nf* **-1.** [conspiration] conjura *f.* **-2.** [exorcisme] conjuro *m.*

connaissance [kɔnɛsɑ̃s] *nf* **-1.** [savoir, conscience] conocimiento *m*; **à ma ~** que yo sepa; **en ~ de cause** con conocimiento de causa; **perdre/reprendre ~** perder/recobrar el conocimiento; **prendre ~ de qqch** enterarse de algo. **-2.** [personne] conocido *m*, -da *f*; **faire ~ (avec qqn)** conocerse (con alguien).

connaisseur, euse [kɔnɛsœr, øz] *adj & nm, f* entendido(da).

connaître [kɔnɛtr] *vt* conocer.

connecter [kɔnɛkte] *vt* ÉLECTR conectar.

connexion [kɔnɛksjɔ̃] *nf* conexión *f.*

connu, e [kɔny] ◇ *pp* → **connaître.** ◇ *adj* conocido(da).

conquérant, e [kɔ̃kerɑ̃, ɑ̃t] ◇ *adj* **-1.** [vainqueur, séducteur] conquistador(ra). **-2.** [imposant, prétentieux] triunfador(ra). ◇ *nm, f* conquistador *m*, -ra *f.*

conquérir [kɔ̃kerir] *vt* conquistar.

conquête [kɔ̃kɛt] *nf* conquista *f.*

conquis, e [kɔ̃ki, iz] *pp* → **conquérir.**

consacrer [kɔ̃sakre] *vt* **-1.** [église] consagrar. **-2.** [employer] : **~ qqch à qqch** dedicar algo a algo. ◆ **se consacrer** *vp* : **se ~ à** [se vouer à] consagrarse a; [s'occuper de] dedicarse a.

consanguin, e [kɔ̃sɑ̃gɛ̃, in] *adj & nm, f* consanguíneo(a).

conscience [kɔ̃sjɑ̃s] *nf* **-1.** [gén] conciencia *f*; **avoir bonne ~** tener la conciencia tranquila; **avoir ~ de qqch** tener conciencia de algo, ser consciente de algo; **avoir mauvaise ~** tener mala conciencia; **~ professionnelle** ética *f* profesional. **-2.** [connaissance] : **perdre/reprendre ~** perder/recobrar el conocimiento.

consciencieux, euse [kɔ̃sjɑ̃sjø, øz] *adj* concienzudo(da).

conscient, e [kɔ̃sjɑ̃, ɑ̃t] *adj* consciente; **~ de qqch** consciente de algo.

conscription [kɔ̃skripsjɔ̃] *nf* MIL reclutamiento *m.*

conscrit [kɔ̃skri] *nm* recluta *m.*

consécration [kɔ̃sekrasjɔ̃] *nf* consagración *f.*

consécutif, ive [kɔ̃sekytif, iv] *adj* **-1.** [successif & GRAM] consecutivo(va). **-2.** [résultant] : **~ à qqch** provocado(da) por algo.

conseil [kɔ̃sɛj] *nm* **-1.** [avis, assemblée] consejo *m*; **donner un ~ des ~s** dar un consejo OU (unos) consejos; **~ d'admi-**

nistration JUR consejo de administración; ~ **de classe** ≃ junta *f* de evaluación; ~ **de discipline** consejo de disciplina; ~ **des ministres** consejo de ministros. **-2.** [consultant] asesor *m*, -ra *f*.

conseiller, ère [kɔ̃seje, ɛr] *nm*, *f* consejero(ra); ~ **matrimonial** consejero matrimonial. ◆ **conseiller municipal** *nm* concejal *m*, -la *f*.

consensuel, elle [kɔ̃sɑ̃sɥɛl] *adj* [contrat] consensual; [politique] consensuado(da).

consentement [kɔ̃sɑ̃tmɑ̃] *nm* consentimiento *m*.

consentir [kɔ̃sɑ̃tir] *vi* [accepter] : ~ **à qqch** consentir algo.

conséquence [kɔ̃sekɑ̃s] *nf* consecuencia *f*; **ne pas tirer à ~** no tener importancia.

conservateur, trice [kɔ̃sɛrvatœr, tris] *adj* & *nm, f* conservador(ra). ◆ **conservateur** *nm* conservante *m*.

conservation [kɔ̃sɛrvasjɔ̃] *nf* conservación *f*.

conservatoire [kɔ̃sɛrvatwar] *nm* conservatorio *m*; ~ **d'art dramatique** escuela *f* de arte dramático; ~ **de musique** conservatorio (de música).

conserve [kɔ̃sɛrv] *nf* [d'aliments] conserva *f*; **en ~** en conserva.

conserver [kɔ̃sɛrve] *vt* [préserver, entretenir] conservar.

considérable [kɔ̃siderabl] *adj* considerable.

considération [kɔ̃siderasjɔ̃] *nf* consideración *f*; **en ~ de qqch** en consideración a algo; **prendre qqch en ~** tomar algo en consideración. ◆ **considérations** *nfpl* : **se perdre en ~s** perderse en consideraciones.

considérer [kɔ̃sidere] *vt* **-1.** [examiner] considerar. **-2.** [observer] mirar. **-3.** [estimer] : ~ **que** (+ *indicatif*) considerar que (+ *indicativo*); **il considère qu'il est trop jeune pour se marier** considera que es demasiado joven para casarse. **-4.** [personne] apreciar.

consigne [kɔ̃siɲ] *nf* **-1.** (*gén pl*) [ordre] consigna *f*. **-2.** [entrepôt de bagages] consigna *f*. **-3.** [somme d'argent] *importe del casco de una botella pagado en depósito*. **-4.** *vieilli* SCOL castigo *m*.

consigner [kɔ̃siɲe] *vt* **-1.** [bagage] dejar en consigna. **-2.** [bouteille] *cobrar el importe del casco de una botella*. **-3.** *sout* [relater] anotar. **-4.** MIL [interdire de sortir] acuartelar. **-5.** *vieilli* SCOL castigar.

consistance [kɔ̃sistɑ̃s] *nf* consistencia *f*.

consistant, e [kɔ̃sistɑ̃, ɑ̃t] *adj* consistente.

consister [kɔ̃siste] *vi* **-1.** [se composer de] : ~ **en qqch** constar de algo; [inclure] consistir en algo. **-2.** [comporter] : ~ **à faire qqch** consistir en hacer algo.

consœur → **confrère**.

consolation [kɔ̃sɔlasjɔ̃] *nf* consuelo *m*.

console [kɔ̃sɔl] *nf* **-1.** [table & INFORM] consola *f*. **-2.** ARCHIT ménsula *f*.

consoler [kɔ̃sɔle] *vt* **-1.** [réconforter] : ~ **qqn** of qqch consolar a alguien de algo. **-2.** [sentiment douloureux] aliviar.

consolider [kɔ̃sɔlide] *vt* consolidar.

consommateur, trice [kɔ̃sɔmatœr, tris] *nm, f* **-1.** [acheteur] consumidor *m*, -ra *f*. **-2.** [client] cliente *m*, -ta *f*.

consommation [kɔ̃sɔmasjɔ̃] *nf* **-1.** [utilisation, consummation] consumo *m*. **-2.** [boisson] consumición *f*. **-3.** [accomplissement] consumación *f*.

consommé, e [kɔ̃sɔme] *adj sout* consumado(da). ◆ **consommé** *nm* consomé *m*, caldo *m* (de carne).

consommer [kɔ̃sɔme] ◇ *vt* **-1.** [gén] consumir. **-2.** [accomplir] consumar. ◇ *vi* consumir.

consonance [kɔ̃sɔnɑ̃s] *nf* **-1.** [rime & MUS] consonancia *f*. **-2.** [ensemble de sons] resonancia *f*, sonido *m*.

consonne [kɔ̃sɔn] *nf* consonante *f*.

conspirateur, trice [kɔ̃spiratœr, tris] *nm, f* conspirador *m*, -ra *f*.

conspiration [kɔ̃spirasjɔ̃] *nf* conspiración *f*.

conspirer [kɔ̃spire] ◇ *vt* maquinar. ◇ *vi* conspirar; ~ **contre qqn/contre qqch** conspirar contra alguien/contra algo.

constamment [kɔ̃stamɑ̃] *adv* constantemente.

constant, e [kɔ̃stɑ̃, ɑ̃t] *adj* constante.

constat [kɔ̃sta] *nm* **-1.** [procès-verbal] atestado *m*. **-2.** [entre automobilistes] parte *m*. **-3.** JUR acta *f*. **-4.** [constatation] constatación *f*.

constatation [kɔ̃statasjɔ̃] *nf* constatación *f*.

constater [kɔ̃state] *vt* **-1.** [se rendre compte] constatar. **-2.** [consigner] hacer constar.

constellation [kɔ̃stelasjɔ̃] *nf* constelación *f*.

constellé, e [kɔ̃stele] *adj* : ~ **de** [parsemé de] salpicado(da) de; [maculé de] cubierto(ta) de.

consternation [kɔ̃stɛrnasjɔ̃] *nf* consternación *f*.

consterner [kɔ̃stɛrne] *vt* consternar.

constipation [kɔ̃stipasjɔ̃] *nf* estreñimiento *m*.

constipé, e [kɔ̃stipe] *adj* estreñido(da); **avoir l'air** ~ *fig* tener pinta de estreñido.

constituer [kɔ̃stitɥe] *vt* constituir.

constitution [kɔ̃stitysjɔ̃] *nf* constitución *f*.

constructeur, trice [kɔ̃stryktœr, tris] *nm, f* **-1.** [fabricant] fabricante *mf*. **-2.** [bâtisseur] constructor *m*, -ra *f*.

construction [kɔ̃stryksjɔ̃] *nf* **-1.** [gén] construcción *f*. **-2.** [de roman] creación *f*.

construire [kɔ̃strɥir] *vt* **-1.** [gén] construir. **-2.** [roman] crear.

construit, e [kɔ̃strɥit, it] *pp* → **construire**.

consul [kɔ̃syl] *nm* cónsul *m*.

consultation [kɔ̃syltasjɔ̃] *nf* consulta *f*.

consulter [kɔ̃sylte] ◇ *vt* **-1.** [gén] consultar. **-2.** [rendre visite à un spécialiste – médecin] consultar a; [– avocat] consultar con. ◇ *vi* [médecin] tener consulta, visitar.

contact [kɔ̃takt] *nm* **-1.** [relation, intermédiaire] contacto *m*. **-2.** [toucher] tacto *m*. **-3.** ÉLECTR contacto *m*. **-4.** [abord] trato *m*.

contacter [kɔ̃takte] *vt* ponerse en contacto con, contactar con.

contagieux, euse [kɔ̃taʒjø, øz] ◇ *adj* contagioso(sa). ◇ *nm, f* enfermo contagioso *m*, enferma contagiosa *f*.

contagion [kɔ̃taʒjɔ̃] *nf* contagio *m*.

contaminer [kɔ̃tamine] *vt* **-1.** [infecter] contaminar. **-2.** *fig* [gagner] contagiar.

conte [kɔ̃t] *nm* cuento *m*; ~ **de fées** cuento de hadas.

contemplation [kɔ̃tɑ̃plasjɔ̃] *nf* contemplación *f*.

contempler [kɔ̃tɑ̃ple] *vt* contemplar.

contemporain, e [kɔ̃tɑ̃pɔrɛ̃, ɛn] *adj & nm, f* contemporáneo(a).

contenance [kɔ̃tnɑ̃s] *nf* **-1.** [capacité volumique] capacidad *f*. **-2.** [attitude] compostura *f*; **perdre** ~ perder la compostura.

contenir [kɔ̃tnir] *vt* **-1.** [avoir une capacité de] tener (una) capacidad para. **-2.** [comporter, retenir] contener. ◆ **se contenir** *vp* contenerse.

content, e [kɔ̃tɑ̃, ɑ̃t] *adj* contento(ta); ~ **de qqn/de qqch/de faire qqch** contento con alguien/con algo/de hacer algo.

contentement [kɔ̃tɑ̃tmɑ̃] *nm* contento *m*.

contenter [kɔ̃tɑ̃te] *vt* **-1.** [clientèle] contentar. **-2.** [caprice, besoin] satisfacer. ◆ **se contenter** *vp* : **se** ~ **de qqch/de faire qqch** contentarse con algo/con hacer algo.

contentieux [kɔ̃tɑ̃sjø] *nm* contencioso *m*.

contenu, e [kɔ̃tny] *pp* → **contenir**. ◆ **contenu** *nm* contenido.

conter [kɔ̃te] *vt* contar.

contestable [kɔ̃tɛstabl] *adj* discutible.

contestation [kɔ̃tɛstasjɔ̃] *nf* contestación *f*.

conteste [kɔ̃tɛst] ◆ **sans conteste** *loc adv* sin lugar a dudas.

contester [kɔ̃tɛste] ◇ *vt* discutir. ◇ *vi* protestar.

conteur, euse [kɔ̃tœr, øz] *nm, f* narrador *m*, -ra *f*.

contexte [kɔ̃tɛkst] *nm* contexto *m*.

contigu, uë [kɔ̃tigy] *adj* contiguo(güa); ~ **à qqch** contiguo a algo.

continent [kɔ̃tinɑ̃] *nm* continente *m*.

continental, e, aux [kɔ̃tinɑ̃tal, o] *adj* continental.

contingence [kɔ̃tɛ̃ʒɑ̃s] *nf* (*gén pl*) contingencia *f*.

contingent [kɔ̃tɛ̃ʒɑ̃] *nm* **-1.** MIL contingente *m*. **-2.** [lot] cupo *m*, contingente *m*.

continu, e [kɔ̃tiny] *adj* continuo(nua).

continuation [kɔ̃tinɥasjɔ̃] *nf* continuación *f*; **bonne** ~**!** ¡que la cosa siga bien!

continuel, elle [kɔ̃tinɥɛl] *adj* continuo(nua).

continuer [kɔ̃tinɥe] ◇ *vt* continuar. ◇ *vi* continuar, seguir; ~ **à** OU **de faire qqch** continuar OU seguir haciendo algo. ◆ **se continuer** *vp* seguir.

continuité [kɔ̃tinɥite] *nf* continuidad *f*.

contorsionner [kɔ̃tɔrsjɔne] ◆ **se contorsionner** *vp* contorsionarse.

contour [kɔ̃tur] *nm* **-1.** [limite, silhouette] contorno *m*. **-2.** (*gén pl*) [de route] curva *f*; [de cours d'eau] meandro *m*.

contourner [kɔ̃turne] *vt* **-1.** [obstacle] rodear, salvar. **-2.** *fig* [difficulté] salvar, esquivar.

contraceptif, ive [kɔ̃trasɛptif, iv] *adj* anticonceptivo(va). ◆ **contraceptif** *nm* anticonceptivo *m*.

contraception [kɔ̃trasɛpsjɔ̃] *nf* anticoncepción *f*, contracepción *f*.

contracter [kɔ̃trakte] *vt* contraer.

contraction [kɔ̃traksjɔ̃] *nf* [de muscle] contracción *f*.

contradiction [kɔ̃tradiksjɔ̃] *nf* contradicción *f*.

contradictoire [kɔ̃tradiktwar] *adj* **-1.** [idées] contradictorio(ria). **-2.** [débat] polémico(ca).

contraignant, e [kɔ̃trɛɲɑ̃, ɑ̃t] *adj* [devoir, travail] apremiante; [horaire] exigente.

contraindre [kɔ̃trɛdr] *vt* : ~ qqn à faire qqch/à qqch obligar a alguien a algo/a hacer algo.

contraint, e [kɔ̃trɛ̃, ɛ̃t] *pp* → **contraindre.** ◆ **contrainte** *nf* **-1.** [violence] coacción *f*; [obligation] obligación *f*. **-2.** [embarras] fastidio *m*. **-3.** [effort exercé sur un corps] tensión *f*.

contraire [kɔ̃trɛr] ◇ *nm* contrario *m*. ◇ *adj* **-1.** [gén] contrario(ria); ~ à qqch contrario a algo. **-2.** [nuisible] : ~ à qqch/à qqn perjudicial para algo/para alguien. ◆ **au contraire** *loc adv* al contrario. ◆ **au contraire de** *loc prép* al contrario de.

contrairement [kɔ̃trɛrmɑ̃] ◆ **contrairement à** *loc prép* contrariamente a.

contrarier [kɔ̃trarje] *vt* **-1.** [ennuyer] contrariar. **-2.** [contrecarrer] oponerse a. **-3.** [fâcher, énerver] poner furioso(sa).

contrariété [kɔ̃trarjete] *nf* contrariedad *f*.

contraste [kɔ̃trast] *nm* contraste *m*.

contraster [kɔ̃traste] ◇ *vt* hacer contrastar. ◇ *vi* contrastar; ~ avec qqn/avec qqch contrastar con alguien/con algo.

contrat [kɔ̃tra] *nm* **-1.** [gén] contrato *m*; être sous ~ estar bajo contrato; ~ à durée déterminée/indéterminée contrato temporal/indefinido. **-2.** [promesse] trato *m*.

contravention [kɔ̃travɑ̃sjɔ̃] *nf* multa *f*.

contre [kɔ̃tr] ◇ *prép* **-1.** [gén] contra; **élu à 15 voix** ~ **9** elegido por 15 votos a favor y 9 en contra. **-2.** [comparaison] frente a. **-3.** [échange] por; **troquer une bille** ~ **une gomme** cambiar una canica por una goma. ◇ *adv* **-1.** [juxtaposition] en. **-2.** [opposition] contra. ◆ **par contre** *loc adv* por el contrario.

contre-attaque [kɔ̃tratak] (*pl* **contre-attaques**) *nf* contraataque *m*.

contrebalancer [kɔ̃trəbalɑ̃se] *vt sout* contrarrestar.

contrebande [kɔ̃trəbɑ̃d] *nf* contrabando *m*.

contrebandier, ère [kɔ̃trebɑ̃dje, ɛr] *nm, f* contrabandista *mf*.

contrebas [kɔ̃trəba] ◆ **en contrebas** *loc adv* más abajo. ◆ **en contrebas de** *loc prép* más abajo de.

contrebasse [kɔ̃trəbas] *nf* contrabajo *m*.

contrecarrer [kɔ̃trəkare] *vt* oponerse a.

contrecœur [kɔ̃trəkœr] ◆ **à contrecœur** *loc adv* a regañadientes.

contrecoup [kɔ̃trəku] *nm* consecuencia *f*.

contre-courant [kɔ̃trəkurɑ̃] ◆ **à contre-courant** *loc adv* a contracorriente. ◆ **à contre-courant de** *loc prép* a contracorriente de.

contredire [kɔ̃trədir] *vt* contradecir. ◆ **se contredire** *vp* contradecirse.

contrée [kɔ̃tre] *nf* comarca *f*.

contre-espionnage [kɔ̃trɛspjɔnaʒ] (*pl* **contre-espionnages**) *nm* contraespionaje *m*.

contre-exemple [kɔ̃trɛgzɑ̃pl] (*pl* **contre-exemples**) *nm* excepción *f* a la regla.

contre-expertise [kɔ̃trɛkspɛrtiz] (*pl* **contre-expertises**) *nf* peritaje *m* de comprobación.

contrefaçon [kɔ̃trəfasɔ̃] *nf* **-1.** COMM imitación *f*. **-2.** [de billets, de signature] falsificación *f*.

contrefort [kɔ̃trəfɔr] *nm* contrafuerte *m*.

contre-indication [kɔ̃trɛ̃dikasjɔ̃] (*pl* **contre-indications**) *nf* contraindicación *f*.

contre-jour [kɔ̃trəʒur] (*pl* **contre-jours**) *nm* contraluz *f*. ◆ **à contre-jour** *loc adv* a contraluz.

contremaître [kɔ̃trəmɛtr] *nm* capataz *m*.

contremarque [kɔ̃trəmark] *nf* **-1.** COMM contramarca *f*, contraseña *f*. **-2.** THÉÂTRE & CIN contraseña *f* (tiquet).

contre-offensive [kɔ̃trɔfɑ̃siv] (*pl* **contre-offensives**) *nf* contraofensiva *f*.

contrepartie [kɔ̃trəparti] *nf* **-1.** [échange, compensation] contrapartida *f*. **-2.** [contraire] : **la** ~ lo contrario. ◆ **en contrepartie** *loc adv* en contrapartida.

contre-performance [kɔ̃trəpɛrfɔrmɑ̃s] (*pl* **contre-performances**) *nf* derrota *f* inesperada.

contrepèterie [kɔ̃trəpɛtri] *nf* retruécano *m*.

contre-pied [kɔ̃trəpje] *nm inv* : **prendre le** ~ **de qqch** defender lo contrario de algo.

contreplaqué [kɔ̃trəplake] *nm* contrachapado *m*.

contre-plongée [kɔ̃trəplɔ̃ʒe] (*pl* **contre-plongées**) *nf* CIN & PHOT contrapicado *m*.

contrepoids [kɔ̃trəpwa] *nm* contrapeso *m*.

contre-pouvoir [kɔ̃trəpuvwar] *(pl* **contre-pouvoirs)** *nm* contrapoder *m.*

contrer [kɔ̃tre] ◇ *vt* **-1.** [s'opposer] oponerse a. **-2.** [au jeu] doblar. ◇ *vi* [au jeu] jugar a la contra.

contresens [kɔ̃trəsɑ̃s] *nm* contrasentido *m.*

contresigner [kɔ̃trəsiɲe] *vt* refrendar.

contretemps [kɔ̃trətɑ̃] *nm* contratiempo *m.* ◆ **à contretemps** *loc adv* a destiempo.

contrevenir [kɔ̃trəvnir] *vi* : ~ **à qqch** contravenir algo.

contribuable [kɔ̃tribɥabl] *nmf* contribuyente *mf.*

contribuer [kɔ̃tribɥe] *vi* : ~ **à qqch/à faire qqch** contribuir en algo/a hacer algo.

contribution [kɔ̃tribysjɔ̃] *nf* **-1.** [somme d'argent] contribución *f.* **-2.** *(gén pl)* [impôt] impuesto *m;* ~**s directes/indirectes** impuestos directos/indirectos. **-3.** [collaboration, participation] colaboración *f,* contribución *f;* ~ **à qqch** contribución a algo; **mettre qqn à** ~ recurrir a alguien, echar mano de alguien.

contrit, e [kɔ̃tri, it] *adj sout* contrito(ta).

contrôle [kɔ̃trol] *nm* control *m;* **perdre le** ~ **de qqch** perder el control de algo; ~ **d'identité** control de identidad; ~ **des naissances** control de natalidad.

contrôler [kɔ̃trole] *vt* **-1.** [gén] controlar. **-2.** [vérifier] comprobar.

contrôleur, euse [kɔ̃trolœr, øz] *nm, f* interventor *m,* -ra *f.* ◆ **contrôleur aérien** *nm* controlador *m* aéreo.

contrordre [kɔ̃trɔrdr] *nm* contraorden *f;* **sauf** ~ salvo contraorden.

controverse [kɔ̃trɔvɛrs] *nf* controversia *f.*

controversé, e [kɔ̃trɔvɛrse] *adj* controvertido(da).

contumace [kɔ̃tymas] *nf* JUR : **condamné par** ~ condenado en rebeldía.

contusion [kɔ̃tyzjɔ̃] *nf* contusión *f.*

convaincre [kɔ̃vɛ̃kr] *vt* **-1.** [persuader] : ~ **qqn de qqch/de faire qqch** convencer a alguien de algo/de que haga algo. **-2.** JUR probar la culpabilidad de.

convaincu, e [kɔ̃vɛ̃ky] ◇ *pp* → **convaincre.** ◇ *adj* [fervent] convencido(da); ~ **de qqch** JUR convicto(ta) de algo.

convalescence [kɔ̃valesɑ̃s] *nf* convalecencia *f;* **être en** ~ estar en período de convalecencia.

convalescent, e [kɔ̃valesɑ̃, ɑ̃t] *adj & nm, f* convaleciente.

convenable [kɔ̃vnabl] *adj* **-1.** [approprié] conveniente. **-2.** [tenue] decente. **-3.** [acceptable, normal] aceptable.

convenance [kɔ̃vnɑ̃s] *nf* **-1.** [de goût, de mœurs] conveniencia *f;* **à ma/à sa** ~ **a mi/a su conveniencia. -2.** [affinité] afinidad *f.* ◆ **convenances** *nfpl* reglas *fpl* de urbanidad.

convenir [kɔ̃vnir] *vi* **-1.** [se mettre d'accord] : ~ **de qqch/de faire qqch** convenir en algo/en hacer algo. **-2.** [satisfaire] : ~ **à qqn** convenir a alguien. **-3.** [être approprié] : ~ **à** OU **pour qqch** ser adecuado(da)para algo. **-4.** *sout* [admettre] : ~ **de qqch** admitir OU reconocer algo; ~ **que** admitir OU reconocer que. **-5.** [être nécessaire] : **il convient de faire qqch** hay que hacer algo.

convention [kɔ̃vɑ̃sjɔ̃] *nf* **-1.** [accord] convenio *m;* ~ **collective/réciproque** convenio colectivo/bilateral. **-2.** [assemblée] convención *f.* ◆ **conventions** *nfpl* convencionalismos *mpl;* **les** ~**s sociales** los convencionalismos sociales.

conventionné, e [kɔ̃vɑ̃sjɔne] *adj* [médecin] *que aplica la tarifa establecida por la Seguridad Social en Francia.*

conventionnel, elle [kɔ̃vɑ̃sjɔnɛl] *adj* convencional.

convenu, e [kɔ̃vny] *adj* **-1.** [décidé] convenido(da); **comme** ~ según lo acordado. **-2.** *péj* [stéréotypé] convencional.

convergent, e [kɔ̃vɛrʒɑ̃, ɑ̃t] *adj* convergente.

converger [kɔ̃vɛrʒe] *vi* converger.

conversation [kɔ̃vɛrsasjɔ̃] *nf* conversación *f.*

converser [kɔ̃vɛrse] *vi sout* conversar; ~ **avec qqn** conversar con alguien.

conversion [kɔ̃vɛrsjɔ̃] *nf* **-1.** [gén] conversión *f;* ~ **de qqch en qqch** conversión de algo en algo. **-2.** ASTRON rotación *f.* **-3.** SPORT [demi-tour] medio giro *m.*

converti, e [kɔ̃vɛrti] *nm, f* converso *m,* -sa *f.*

convertir [kɔ̃vɛrtir] *vt* **-1.** [gén] convertir; ~ **qqch en qqch** convertir algo en algo; ~ **qqn à qqch** convertir a alguien a algo. **-2.** [MATHS & mesures] : ~ **qqch en qqch** convertir algo en algo. ◆ **se convertir** *vp* : **se** ~ **à qqch** convertirse a algo.

convexe [kɔ̃vɛks] *adj* convexo(xa).

conviction [kɔ̃viksjɔ̃] *nf* convicción *f.* ◆ **convictions** *nfpl* convicciones *fpl.*

convier [kɔ̃vje] *vt* : ~ qqn à qqch [inviter] convidar a alguien a algo; *fig & sout* [inciter] invitar a alguien a algo.

convive [kɔ̃viv] *nmf* comensal *mf*.

convivial, e, aux [kɔ̃vivjal, o] *adj* –1. [réunion, assemblée] distendido(da). –2. IN-FORM de fácil manejo.

convocation [kɔ̃vɔkasjɔ̃] *nf* convocatoria *f*.

convoi [kɔ̃vwa] *nm* –1. [de véhicules, de train] convoy *m*. –2. [cortège funèbre] cortejo *m*.

convoiter [kɔ̃vwate] *vt* codiciar.

convoitise [kɔ̃vwatiz] *nf* codicia *f*.

convoquer [kɔ̃vɔke] *vt* convocar.

convoyer [kɔ̃vwaje] *vt* escoltar.

convoyeur, euse [kɔ̃vwajœr, øz] ◇ *adj* de escolta. ◇ *nm, f* escolta *mf*; ~ de fonds guardia *mf* de seguridad.

convulsé, e [kɔ̃vylse] *adj* [visage] convulso(sa).

convulsion [kɔ̃vylsjɔ̃] *nf* convulsión *f*.

coopération [kɔɔperasjɔ̃] *nf* cooperación *f*.

coopérer [kɔɔpere] *vi* : ~ à qqch cooperar en algo.

coordination [kɔɔrdinasjɔ̃] *nf* coordinación *f*.

coordonnée [kɔɔrdɔne] *nf* –1. LING coordinada *f*. –2. MATHS coordenada *f*. ✦ **coordonnées** *nfpl* –1. GÉOGR coordenadas *fpl*. –2. [adresse] señas *fpl*.

coordonner [kɔɔrdɔne] *vt* coordinar.

copain [kɔpɛ̃], **copine** [kɔpin] ◇ *adj* amigo(ga). ◇ *nm, f fam* colega *mf Esp*, viejo *m*, -ja *f Amér*.

copeau, x [kɔpo] *nm* viruta *f*.

Copenhague [kɔpɛnag] *n* Copenhague.

copie [kɔpi] *nf* –1. [gén] copia *f*. –2. SCOL ejercicio *m*; **rendre** ~ **blanche** entregar la hoja en blanco.

copier [kɔpje] ◇ *vt* copiar. ◇ *vi* : ~ **sur** qqn copiar de alguien.

copieux, euse [kɔpjø, øz] *adj* copioso(sa).

copilote [kɔpilɔt] *nmf* copiloto *m*.

copine → copain.

coproducteur [kɔprɔdyktœr] *nmf* coproductor *m*, -ra *f*.

coproduction [kɔprɔdyksjɔ̃] *nf* coproducción *f*.

copropriété [kɔprɔprijete] *nf* copropiedad *f*.

copulation [kɔpylasjɔ̃] *nf* cópula *f*.

coq [kɔk] *nm* –1. [mâle de la poule] gallo *m*. –2. CULIN pollo *m Esp*, ave *f Amér*.

coq-à-l'âne [kɔkalan] *nm* : **sauter** OU **passer du** ~ saltar de un tema a otro.

coque [kɔk] *nf* –1. [de fruits, d'œuf] cáscara *f*. –2. [de navire] casco *m*. –3. ZOOL berberecho *m*.

coquelicot [kɔkliko] *nm* [fleur] amapola *f*.

coqueluche [kɔklyʃ] *nf* tos *f* ferina.

coquet, ette [kɔkɛ, ɛt] *adj* –1. [élégant] coqueto(ta). –2. *(avant le nom) hum* [important] bonito(ta). ✦ **coquette** *nf* mantenida *f*.

coquetier [kɔktje] *nm* huevera *f*.

coquetterie [kɔkɛtri] *nf* coquetería *f*.

coquillage [kɔkijaʒ] *nm* –1. [mollusque] marisco *m (que tiene concha)*. –2. [coquille] concha *f*.

coquille [kɔkij] *nf* –1. [du mollusque] concha *f*. –2. [d'œuf, de fruit] cáscara *f*. –3. [typographique] gazapo *m*, errata *f*. ✦ **coquille de noix** *nf* cascarón *m (embarcación)*.

coquin, e [kɔkɛ̃, in] ◇ *adj* pícaro(ra). ◇ *nm, f* –1. [personne malicieuse] pícaro *m*, -ra *f*. –2. [vaurien] tunante *m*, -ta *f*.

cor [kɔr] *nm* –1. [instrument] trompa *f*. –2. [au pied] callo *m*. ✦ **à cor et à cri** *loc adv* a voz en grito.

corail, aux [kɔraj, o] *nm* –1. [animal, calcaire] coral *m*. –2. [couleur] color *m* coral. ✦ **corail** *adj inv* –1. [couleur] de color coral. –2. RAIL [train] estrella *(en aposición)*.

Coran [kɔrɑ̃] *nm* Corán *m*.

corbeau [kɔrbo] *nm* –1. [oiseau] cuervo *m*. –2. [délateur] autor *m*, -ra *f* de anónimos.

corbeille [kɔrbɛj] *nf* –1. [panier] cesta *f*. –2. THÉÂTRE [balcon] palco *m*. –3. FIN [bourse] corro *m*.

corbillard [kɔrbijar] *nm* coche *m* fúnebre.

cordage [kɔrdaʒ] *nm* –1. [de bateau] jarcias *fpl*, cordaje *m*. –2. [de raquette] cordaje *m*.

corde [kɔrd] *nf* cuerda *f*; ~s **vocales** ANAT cuerdas vocales; **être sur la** ~ **raide** estar en la cuerda floja; **toucher la** ~ **sensible** tocar la fibra sensible; [histoire] sobado.

cordée [kɔrde] *nf* –1. [alpinisme] cordada *f*. –2. [pêche] espinel *m*.

cordial, e, aux [kɔrdjal, o] *adj* cordial. ✦ **cordial, aux** *nm vieilli* cordial *m (bebida)*.

cordillère [kɔrdijɛr] *nf* : **la** ~ **des Andes** la cordillera de los Andes.

cordon [kɔrdɔ̃] *nm* –1. [lien] cordón *m*; ~ **ombilical** cordón umbilical; ~ **de police** cordón policial. –2. [insigne] banda *f*.

cordon-bleu *nm* cocinero *m*, -ra *f* excelente.

cordonnerie [kɔrdɔnri] *nf* zapatería *f*.

cordonnier, ère [kɔrdɔnje, ɛr] *nm, f* zapatero *m*, -ra *f*.

Cordoue [kɔrdu] *n* Córdoba.

Corée [kɔre] *nf* Corea; **la ~ du Nord/du Sud** Corea del Norte/del Sur.

coriace [kɔrjas] *adj* **–1.** [viande] correoso(sa). **–2.** *fig* [caractère] tenaz.

cormoran [kɔrmɔrɑ̃] *nm* cormorán *m*.

corne [kɔrn] *nf* **–1.** [gén] cuerno *m*. **–2.** [matière] asta *f*. **–3.** [callosité] callosidad *f*, dureza *f*.

cornée [kɔrne] *nf* MÉD córnea *f*.

corneille [kɔrnɛj] *nf* corneja *f*.

cornemuse [kɔrnəmyz] *nf* gaita *f*.

corner[1] [kɔrne] ◇ *vi* tocar la bocina. ◇ *vt* **–1.** [page] doblar. **–2.** [crier] vocear.

corner[2] [kɔrnɛr] *nm* SPORT córner *m*.

cornet [kɔrnɛ] *nm* cucurucho *m*; **~ à dés** cubilete *m*.

corniche [kɔrniʃ] *nf* cornisa *f*.

cornichon [kɔrniʃɔ̃] *nm* **–1.** [condiment] pepinillo *m*. **–2.** *fam péj* [imbécile] burro *m*, -rra *f*.

corollaire [kɔrɔlɛr] *nm* corolario *m*.

corolle [kɔrɔl] *nf* corola *f*.

coron [kɔrɔ̃] *nm grupo de viviendas para mineros.*

corporation [kɔrpɔrasjɔ̃] *nf* gremio *m*.

corporel, elle [kɔrpɔrɛl] *adj* **–1.** [physique] corporal. **–2.** JUR material.

corps [kɔr] *nm* cuerpo *m*; **~ d'armée** cuerpo de ejército; **~ diplomatique/enseignant/expéditionnaire** cuerpo diplomático/docente/expedicionario; **faire ~ avec** [faire bloc avec] formar cuerpo con.

corpulent, e [kɔrpylɑ̃, ɑ̃t] *adj* corpulento(ta).

correct, e [kɔrɛkt] *adj* correcto(ta).

correcteur, trice [kɔrɛktœr, tris] *adj y nm, f* corrector(ra).

correction [kɔrɛksjɔ̃] *nf* **–1.** [gén] corrección *f*. **–2.** [punition] correctivo *m*.

corrélation [kɔrelasjɔ̃] *nf* correlación *f*.

correspondance [kɔrɛspɔ̃dɑ̃s] *nf* **–1.** [accord, échange de lettres] correspondencia *f*; **lire sa ~** leer la correspondencia; **par ~** por correo. **–2.** TRANSPORT enlace *m*.

correspondant, e [kɔrɛspɔ̃dɑ̃, ɑ̃t] ◇ *adj* [qui s'accorde] correspondiente. ◇ *nm, f* **–1.** [par lettres] correspondiente *mf*. **–2.**

[par téléphone] interlocutor *m*, -ra *f*. **–3.** PRESSE corresponsal *mf*.

correspondre [kɔrɛspɔ̃dr] *vi* **–1.** [être conforme] : **~ à qqch** corresponder a algo. **–2.** [communiquer] comunicarse. **–3.** [par lettres] cartearse; **~ avec qqn** cartearse con alguien.

correspondu, e [kɔrɛspɔ̃dy] *pp* → **correspondre**.

corridor [kɔridɔr] *nm* **–1.** [couloir] pasillo *m*, corredor *m*. **–2.** GÉOGR corredor *m*.

corrigé [kɔriʒe] *nm* corrección *f*.

corriger [kɔriʒe] *vt* corregir; **~ qqn de qqch** corregir algo a alguien.

corroborer [kɔrɔbɔre] *vt* corroborar.

corroder [kɔrɔde] *vt* corroer.

corrompre [kɔrɔ̃pr] *vt* corromper.

corrompu, e [kɔrɔ̃py] ◇ *pp* → **corrompre**. ◇ *adj* corrupto(ta).

corrosion [kɔrozjɔ̃] *nf* **–1.** [des métaux] corrosión *f*. **–2.** [des sols] erosión *f*.

corruption [kɔrypsjɔ̃] *nf* corrupción *f*.

corsage [kɔrsaʒ] *nm* **–1.** [chemisier] blusa *f*. **–2.** [de robe] cuerpo *f*.

corsaire [kɔrsɛr] *nm* **–1.** [marin] corsario *m*. **–2.** HIST [navire] barco *m* corsario. **–3.** [pantalon] pantalón *m* (de) pirata.

corse [kɔrs] ◇ *adj* corso(sa). ◇ *nm* LING corso *m*. ◆ **Corse** ◇ *nmf* corso(sa). ◇ *nf* : **la ~** Córcega; **en ~** [direction] a Córcega; [situation] en Córcega.

corsé, e [kɔrse] *adj* fuerte.

corset [kɔrsɛ] *nm* corsé *m*.

cortège [kɔrtɛʒ] *nm* **–1.** [défilé] cortejo *m*, séquito *m*. **–2.** *fig* [suite] séquito *m*.

corvée [kɔrve] *nf* faena *f*.

cosmétique [kɔsmetik] ◇ *nm* cosmético *m*. ◇ *adj* cosmético(ca).

cosmique [kɔsmik] *adj* cósmico(ca).

cosmonaute [kɔsmɔnot] *nmf* cosmonauta *mf*.

cosmopolite [kɔsmɔpɔlit] *adj* cosmopolita.

cosmos [kɔsmos] *nm* cosmos *m*.

cossu, e [kɔsy] *adj* **–1.** [personne] acomodado(da). **–2.** [maison, intérieur] señorial.

Costa Rica [kɔstarika] *nm* : **le ~** Costa Rica; **au ~** [direction] a Costa Rica; [situation] en Costa Rica.

costaud, e [kɔsto] (*f inv* OU **costaude** [kɔsto]) *adj fam* **–1.** [personne] forzudo(da). **–2.** [chose] recio(cia). ◆ **costaud** *nm* forzudo *m*.

costume [kɔstym] *nm* **-1.** [tenue, vêtement d'homme] traje *m*. **-2.** THÉÂTRE vestuario *m*.

cotation [kɔtasjɔ̃] *nf* FIN cotización *f*.

cote [kɔt] *nf* **-1.** [de livres] signatura *f*. **-2.** FIN cotización *f*. **-3.** [de voiture] valoración *f*. **-4.** [de cheval] apuesta. **-5.** [de niveau, degré d'estime] cota *f*, nivel *m*; ~ **d'alerte** [de cours d'eau] nivel OU cota de alerta; *fig* [de situation] punto *m* crítico; ~ **de popularité** cota OU nivel de popularidad.

côte [kot] *nf* **-1.** ANAT costilla *f*; ~ **à** ~ [l'un à côté de l'autre] uno al lado del otro. **-2.** [en boucherie – de bœuf] costilla *f*; [– d'agneau, de porc] chuleta *f*. **-3.** [pente] cuesta *f*. **-4.** [littoral] costa *f*.

coté, e [kɔte] *adj* **-1.** [estimé] cotizado(da). **-2.** FIN : être ~ **en Bourse** cotizar en Bolsa.

côté [kote] *nm* lado *m*; [partie du corps, d'un véhicule] costado *m*, lado *m*; **sur le** ~ **de** costado OU de lado; **de l'autre** ~ **de qqch** al otro lado de algo; ~ **opposé** lado opuesto OU contrario; **être aux** ~s **de qqn** estar al lado de alguien; **les bons/mauvais** ~s **de qqn** el lado bueno/malo de alguien; **les bons/mauvais** ~s **de qqch** el lado bueno/malo de algo.

coteau [kɔto] *nm* **-1.** [petite colline] cerro *m*. **-2.** [versant] ladera *f*.

Côte-d'Ivoire [kotdivwar] *nf* : la ~ Costa de Marfil.

côtelé, e [kotle] *adj* acanalado(da).

côtelette [kotlɛt] *nf* CULIN chuleta *f*.

coter [kɔte] *vt* **-1.** [livres] numerar, poner la signatura. **-2.** [copie, devoir] poner nota a, calificar. **-3.** FIN cotizar. **-4.** [plan, carte] acotar.

côtier, ère [kotje, ɛr] *adj* costero(ra).

cotisation [kɔtizasjɔ̃] *nf* **-1.** [quote-part – à un club, un parti] cuota *f*; [– à la Securité sociale] cotización *f*. **-2.** [collecte d'argent] colecta *f*.

cotiser [kɔtize] *vi* **-1.** [payer une cotisation – à un club, un parti] pagar una cuota; [– à la Sécurité sociale] cotizar. **-2.** [participer] : ~ **pour qqch** dar dinero para. ◆ **se cotiser** *vp* hacer una colecta.

coton [kɔtɔ̃] *nm* algodón *m*; ~ **à démaquiller** algodón para desmaquillar; ~ **hydrophile** algodón hidrófilo.

Coton-Tige® [kɔtɔ̃tiʒ] *nm* bastoncillo *m* de algodón.

côtoyer [kotwaje] *vt* **-1.** [marcher à côté de] ir junto a. **-2.** [longer] bordear. **-3.** [fréquenter] frecuentar.

cou [ku] *nm* cuello *m*.

couchant, e [kuʃɑ̃, ɑ̃t] *adj* → **soleil**. ◆ **couchant** *nm* poniente *m*.

couche [kuʃ] *nf* **-1.** [de peinture, atmosphérique] capa *f*. **-2.** [de bébé] pañal *m*. **-3.** [classe sociale] clase *f*. ◆ **fausse couche** *nf* aborto *m* natural, aborto *m* espontáneo. ◆ **couches** *nfpl* parto *m*; **être en** ~s ir de parto.

couche-culotte *nf* braga *f* pañal, pañal *m*.

coucher[1] [kuʃe] ◇ *vt* **-1.** [enfant] acostar. **-2.** [objet] tumbar. **-3.** [blessé] tender. **-4.** [sur un testament] incluir. ◇ *vi* **-1.** [dormir, passer la nuit] dormir. **-2.** *fam* [avoir des rapports sexuels] : ~ **avec qqn** acostarse con alguien. ◆ **se coucher** *vp* **-1.** [s'allonger] tumbarse. **-2.** [se mettre au lit] acostarse. **-3.** [se courber] inclinarse. **-4.** [soleil] ponerse.

coucher[2] [kuʃe] *nm* puesta *f*; ~ **de soleil** puesta de sol.

couchette [kuʃɛt] *nf* litera *f*.

coucou [kuku] ◇ *nm* **-1.** [oiseau] cuco *m*, cuclillo *m*. **-2.** [fleur] primavera *f* silvestre. **-3.** [pendule] cucú *m*, reloj *m* de cuco. ◇ *interj* ¡cucú!

coude [kud] *nm* **-1.** [gén] codo *m*. **-2.** [angle – d'objet] codo *m*; [– de chemin, de rivière] recodo *m*.

cou-de-pied [kudpje] (*pl* **cous-de-pied**) *nm* empeine *m*.

coudre [kudr] *vt & vi* coser.

couette [kwɛt] *nf* **-1.** [édredon] funda *f* nórdica, plumón *m*. **-2.** [coiffure] coleta *f*.

couffin [kufɛ̃] *nm* **-1.** [cabas en paille] serón *m*. **-2.** [berceau] cuco *m*, capacho *m*.

couille [kuj] *nf tfam* cojón *m*, huevo *m*.

couiner [kwine] *vi* **-1.** [animal] chillar. **-2.** *péj* [personne] lloriquear. **-3.** [porte, fenêtre] rechinar.

coulant, e [kulɑ̃, ɑ̃t] *adj* **-1.** [matière, style] fluido(da). **-2.** *fam* [personne] : **être** ~ **(avec qqn)** enrollarse bien (con alguien).

coulée [kule] *nf* **-1.** [de lave, de boue] río *m*. **-2.** [de métal] colada *f*.

couler [kule] ◇ *vt* **-1.** [verser – pâte, liquide] verter; [– métal] vaciar, colar. **-2.** [navire, entreprise, personne] hundir. ◇ *vi* **-1.** [liquide] correr. **-2.** [beurre, cire] derretirse. **-3.** [fuir] gotear. **-4.** [bateau, personne] hundir; ~ **à pic** irse a pique. **-5.** [temps] transcurrir.

couleur [kulœr] *nf* **-1.** [gén] color *m*; **en** ~s en color. **-2.** [linge] ropa *f* de color. **-3.** [aux cartes] palo *m*.

couleuvre [kulœvr] *nf* culebra *f.*

coulisse [kulis] *nf* **-1.** [glissière] riel *m.* **-2.** COUT jareta *f.* ◆ **coulisses** *nfpl* **-1.** THÉÂTRE bastidores *mpl.* **-2.** *fig* [dessous] entresijos *mpl.*

coulisser [kulise] ◇ *vt* **-1.** [tiroir, porte] correr. **-2.** COUT enjaretar. ◇ *vi* [porte, tiroir, rideau] correr.

couloir [kulwar] *nm* **-1.** [corridor, passage] pasillo *m.* **-2.** GÉOGR corredor *m.* **-3.** SPORT calle *f.*

coup [ku] *nm* **-1.** [choc, mouvement] golpe; ~ **de coude** codazo *m*; ~ **dur** duro golpe; ~ **franc** SPORT golpe franco; ~ **de marteau** martillazo *m*; ~ **de pied** patada *f*, puntapié *m*; ~ **de poing** puñetazo *m*; **avoir un** ~ **dans l'aile** estar un poco tocado; **à** ~**s redoublés** con violencia; **donner un** ~ **de main à qqn** echar una mano a alguien; **tenir le** ~ aguantar (el tipo). **-2.** [d'instrument, d'arme] : **passer un** ~ **de balai** pasar la escoba; ~ **de ciseaux** tijeretazo *m*; ~ **de crayon** trazo *m*; ~ **de feu** disparo *m*; ~ **de fouet** latigazo *m*; *fig* empujón *m*; ~ **de tonnerre** trueno *m.* **-3.** [fois] vez *f.* **-4.** [manifestation soudaine] acceso *m.* **-5.** [action] jugada *f*; **beau** ~ buena jugada; **sale** ~ golpe bajo; **valoir le** ~ valer la pena. ◆ **après coup** *loc adv* después. ◆ **du coup** *loc adv* de resultas. ◆ **coup sur coup** *loc adv* uno tras otro, una tras otra. ◆ **du premier coup** *loc adv* a la primera. ◆ **tout à coup** *loc adv* de repente. ◆ **à coup sûr** *loc adv* seguro; **il l'aura oublié, à** ~ **sûr** se le habrá olvidado, seguro. ◆ **sous le coup de** *loc prép* **-1.** [sous l'action de] bajo el peso de. **-2.** [sous l'effet de] bajo el efecto de. ◆ **coup d'État** *nm* golpe *m* de Estado. ◆ **coup de fil** *nm* llamada *f*; **passer un** ~ **de fil** dar un telefonazo. ◆ **coup de foudre** *nm* flechazo *m.* ◆ **coup de grâce** *nm* golpe *m* de gracia. ◆ **coup de téléphone** *nm* llamada *f* (telefónica) *Esp*, llamado *m Amér*; **donner** OU **passer un** ~ **de téléphone** llamar por teléfono. ◆ **coup de théâtre** *nm* golpe *m* de efecto.

coupable [kupabl] ◇ *adj* **-1.** [personne] culpable. **-2.** [action, pensée] censurable. ◇ *nmf* culpable *mf.*

coupant, e [kupã, ãt] *adj* cortante.

coupe [kup] *nf* **-1.** [SPORT & verre] copa *f.* **-2.** [COUT & coiffure] corte *m.* **-3.** [d'arbres] tala *f.* **-4.** [plan] sección *f.* **-5.** [aux cartes] acción de cortar la baraja. **-6.** [de phrase] cesura *f.* **-7.** [réduction] recorte *m.*

coupé, e [kupe] *adj* cortado(da). ◆ **coupé** *nm* cupé *m.*

coupe-ongles [kupɔ̃gl] *nm inv* cortauñas *m inv.*

coupe-papier [kuppapje] *(pl* **coupe-papiers** OU *inv)* *nm* abrecartas *m inv.*

couper [kupe] ◇ *vt* **-1.** [gén] cortar. **-2.** [blé, herbe] segar. **-3.** [traverser] cruzar. **-4.** [vin] aguar. **-5.** [aux cartes] matar. **-6.** [au tennis] dar con efecto. ◇ *vi* [gén] cortar.

couperet [kuprɛ] *nm* cuchilla *f.*

couperose [kuproz] *nf* acné *f* rosácea.

couple [kupl] *nm* **-1.** [gén] pareja *f.* **-2.** PHYS & MATHS par *m.*

coupler [kuple] *vt* TECHNOL acoplar.

couplet [kuplɛ] *nm* estrofa *f.*

coupole [kupɔl] *nf* ARCHIT cúpula *f.*

coupon [kupɔ̃] *nm* **-1.** [de tissu] retal *m.* **-2.** [FIN & billet] cupón *m.*

coupon-réponse *(pl* **coupons-réponse)** *nm* cupón *m* de respuesta.

coupure [kupyr] *nf* **-1.** [blessure, suppression] corte *m*; ~ **de courant** ÉLECTR apagón *m*; INFORM corte de corriente. **-2.** [extrait de journal] recorte *m.* **-3.** [billet de banque] billete *m*; **grosses/petites** ~**s** billetes grandes/pequeños. **-4.** [rupture] interrupción *f.*

cour [kur] *nf* **-1.** [espace découvert] patio *m.* **-2.** [entourage du roi, cercle d'admirateurs] corte *f*; **faire la** ~ **à qqn** hacer la pelota a alguien. **-3.** [tribunal] tribunal *m*; ~ **d'assises** ≃ Sala *f* de lo Penal; ~ **martiale** tribunal militar. ◆ **Cour de cassation** *nf* ≃ Tribunal *m* Supremo.

courage [kuraʒ] *nm* **-1.** [bravoure] valor *m*, valentía *f.* **-2.** [énergie] ánimo *m.*

courageux, euse [kuraʒø, øz] *adj* **-1.** [brave] valiente. **-2.** [qui a de l'énergie] animoso(sa). **-3.** [audacieux] audaz.

courant, e [kurã, ãt] *adj* corriente. ◆ **courant** *nm* **-1.** [gén] corriente *f*; ~ **d'air** corriente de aire; ~ **de pensée** corriente de pensamiento. **-2.** [de personnes] movimiento *m.* ◆ **au courant** *loc adv* : **être au** ~ **(de qqch)** estar al corriente (de algo); **mettre/tenir qqn au** ~ **(de qqch)** poner/mantener a alguien al corriente (de algo); **se mettre/se tenir au** ~ **(de qqch)** ponerse/mantenerse al corriente (de algo).

courbature [kurbatyr] *nf* agujetas *fpl.*

courbaturé, e [kurbatyre] *adj* : **être** ~ tener agujetas.

courbe [kurb] ◇ *nf* curva *f*; ~ **de niveau** [sur une carte] curva de nivel. ◇ *adj* curvo(va).

courber [kurbe] ◇ *vt* **-1.** [plier] curvar. **-2.** [pencher] inclinar. ◇ *vi* [ployer] encorvarse. ◆ **se courber** *vp* **-1.** [devenir courbe] curvarse. **-2.** [se baisser] inclinarse.

courbette [kurbɛt] *nf* zalema *f*; **faire des** ~**s à** OU **devant qqn** *fig* hacer zalemas a OU ante alguien.

coureur, euse [kurœr, øz] *nm, f* corredor *m*, -ra *f*; ~ **cycliste** ciclista *mf*.

courge [kurʒ] *nf* **-1.** [légume] calabaza *f*. **-2.** *fam* [imbécile] cabeza hueca *mf*.

courgette [kurʒɛt] *nf* calabacín *m*.

courir [kurir] ◇ *vt* **-1.** [course, risque] correr. **-2.** [parcourir] recorrer. **-3.** [rechercher] buscar. **-4.** [fréquenter] frecuentar. ◇ *vi* correr; ~ **après qqn** correr tras alguien.

couronne [kurɔn] *nf* **-1.** [gén] corona *f*. **-2.** [pain] rosco *m*.

couronnement [kurɔnmɑ̃] *nm* coronación *f*.

couronner [kurɔne] *vt* coronar.

courre [kur] → **chasse**.

courrier [kurje] *nm* correo *m*; ~ **du cœur** consultorio *m* sentimental; ~ **électronique** INFORM correo electrónico.

courroie [kurwa] *nf* correa *f*; ~ **de transmission** TECHNOL correa de transmisión.

courroucé, e [kuruse] *adj sout* enfurecido(da).

courroucer [kuruse] *vt sout* enojar.

cours [kur] *nm* **-1.** [de fleuve, d'astre, du temps] curso *m*; ~ **d'eau** [grand] río *m*; [petit] riachuelo *m*; **en** ~ [année] en curso; [affaire] pendiente; **en** ~ **de route** por el camino; **avoir** ~ [monnaie] tener curso legal; [être utilisé] utilizarse; **donner** OU **laisser libre** ~ **à** *fig* dar rienda suelta a. **-2.** [prix] cotización *f*. **-3.** [leçon] clase *f*; ~ **préparatoire** SCOL ≃ primero de EGB; ~ **élémentaire 1** SCOL ≃ segundo de EGB; ~ **élémentaire 2** SCOL ≃ tercero de EGB; ~ **moyen 1** SCOL ≃ cuarto de EGB; ~ **moyen 2** SCOL ≃ quinto de EGB. **-4.** [établissement] academia *f*. **-5.** [notes de cours] apuntes *mpl*. **-6.** [avenue] paseo *m*.

course [kurs] *nf* **-1.** [action de courir, de circuler, compétition] carrera *f*; ~ **contre la montre** carrera contrarreloj. **-2.** [de projectile] trayectoria *f*. **-3.** [achat] compra *f*; **faire les** ~**s** hacer la compra.

coursier, ère [kursje, ɛr] *nm, f* mensajero(ra).

court, e [kur, kurt] *adj* corto(ta). ◆ **court** *adv* : **être à** ~ **d'argent/d'idées/d'arguments** *fig* andar corto(ta) de dinero/de ideas/de argumentos; **prendre de** ~ *fig* pillar desprevenido(da); **tourner** ~ *fig* interrumpirse bruscamente.

court-bouillon *nm* CULIN caldo a base de agua, vino blanco, especias y cebolla.

court-circuit *nm* ÉLECTR cortocircuito *m*.

courtier, ère [kurtje, ɛr] *nm, f* intermediario.

courtisan, e [kurtizã, an] *nm, f* **-1.** HIST cortesano *m*, -na *f*. **-2.** *fig* [flatteur] adulador *m*, -ra *f*.

courtiser [kurtize] *vt* [flatter] adular; *vieilli* OU *hum* [femme] cortejar.

court-métrage *nm* CIN cortometraje *m*.

courtois, e [kurtwa, az] *adj* cortés.

courtoisie [kurtwazi] *nf* cortesía *f*.

couru, e [kury] ◇ *pp* → **courir**. ◇ *adj* concurrido(da).

cousin, e [kuzɛ̃, in] *nm, f* primo *m*, -ma *f*.

coussin [kusɛ̃] *nm* [de siège] cojín *m*.

cousu, e [kuzy] ◇ *pp* → **coudre**. ◇ *adj* COUT cosido(da).

coût [ku] *nm* coste *m*; ~**s de distribution** COMM costes de distribución.

coûtant [kutɑ̃] → **prix**.

couteau, x [kuto] *nm* **-1.** [pour couper] cuchillo *m*; ~ **à cran d'arrêt** navaja *f* de muelle. **-2.** [outil] espátula *f*. **-3.** [coquillage] navaja *f*.

coûter [kute] ◇ *vi* costar. ◇ *vt* costar; **ça coûte combien?** ¿cuánto cuesta?; **ça coûte combien?** ¿cuánto es? ◆ **coûte que coûte** *loc adv* cueste lo que cueste.

coûteux, euse [kutø, øz] *adj* costoso(sa).

coutume [kutym] *nf* costumbre *f*.

couture [kutyr] *nf* costura *f*.

couturier, ère [kutyrje, ɛr] *nm, f* modisto *m*, -ta *f*.

couvée [kuve] *nf* nidada *f*.

couvent [kuvɑ̃] *nm* convento *m*.

couver [kuve] ◇ *vt* **-1.** [œuf, maladie] incubar. **-2.** [enfant] mimar, *Esp*, papachar *Amér*. ◇ *vi* **-1.** [complot] cocerse. **-2.** [feu] quedar rescoldos.

couvercle [kuvɛrkl] *nm* tapadera *f*.

couvert, e [kuvɛr, ɛrt] ◇ *pp* → **couvrir**. ◇ *adj* **-1.** [habillé] abrigado(da). **-2.** [ciel, temps] nublado(da). **-3.** [plein] : ~ **de qqch** lleno de algo. ◆ **couvert** *nm* **-1.**

[abri] refugio *m*, abrigo *m*; **se mettre à ~** ponerse a cubierto. **-2.** [à table] cubierto *m*; **mettre** OU **dresser le ~** poner la mesa. ◆ **couverts** *nmpl* cubiertos *mpl*.

couverture [kuvɛʀtyʀ] *nf* **-1.** [de lit] manta *f Esp*, cobija *f Amér*; **~ chauffante** manta eléctrica. **-2.** [de livre] encuadernación *f*, cubierta *f*; [de magazine] portada *f*. **-3.** [d'activité secrète] tapadera. **-4.** PRESSE cobertura *f*. **-5.** [toit] cubierta *f*.

couveuse [kuvøz] *nf* **-1.** [pour œuf, bébé] incubadora *f*. **-2.** [poule] clueca *f*.

couvre-chef [kuvʀaʃɛf] (*pl* **couvre-chefs**) *nm* sombrero *m*.

couvre-feu [kuvʀafø] (*pl* **couvre-feux**) *nm* toque *m* de queda.

couvreur [kuvʀœʀ] *nm* techador *m*.

couvrir [kuvʀiʀ] *vt* **-1.** [gén & PRESSE] cubrir; **~ qqn de qqch** [combler de] cubrir a alguien de algo. **-2.** [personne] abrigar. **-3.** [livre] forrar. **-4.** [récipient, bruit] tapar. **-5.** [recouvrir] : **~ qqch de qqch** llenar algo de algo. ◆ **se couvrir** *vp* **-1.** [gén] cubrirse. **-2.** [se vêtir] abrigarse.

CP (*abr de* **cours préparatoire**) *nm* ≃ 1° de EGB.

CPAM (*abr de* **Caisse primaire d'assurance maladie**) *nf* institución pública que reembolsa los gastos médicos del ciudadano, ≃ INSALUD *m*.

cpt *abr de* **comptant**.

crabe [kʀab] *nm* cangrejo *m*.

crachat [kʀaʃa] *nm* escupitajo *m*.

cracher [kʀaʃe] ◇ *vi* **-1.** [personne] escupir; **ne pas ~ sur qqch** *fam fig* no hacer ascos a algo. **-2.** [crépiter] chisporrotear. ◇ *vt* escupir.

crachin [kʀaʃɛ̃] *nm* calabobos *mpl*.

crachoir [kʀaʃwaʀ] *nm* escupidera *f Esp*, salivadera *f Amér*.

craie [kʀɛ] *nf* **-1.** [roche] creta *f*. **-2.** [pour écrire] tiza *f Esp*, gis *m Amér*.

craindre [kʀɛ̃dʀ] *vt* **-1.** [redouter] temer, tener miedo de; **~ de** (+ *infinitif*) temer (+ *infinitivo*), tener miedo de (+ *infinitivo*); **elle craint de prendre froid** teme pasar frío, tiene miedo de pasar frío; **~ que** (+ *subjonctif*) temer que (+ *subjuntivo*), tener miedo de que (+ *subjuntivo*); **elle craint que vous (n')ayez oublié quelque chose** teme que os hayáis olvidado algo, tiene miedo de que os hayáis olvidado algo. **-2.** [être sensible à] alterarse con.

craint, e [kʀɛ̃, ɛ̃t] *pp* → **craindre**.

crainte [kʀɛ̃t] *nf* temor *m*. ◆ **de crainte de** *loc prép* por temor a. ◆ **de crainte que** *loc conj* (+ *subjonctif*) por temor a que (+ *subjuntivo*); **de ~ qu'il (ne) parte** por temor a que se vaya.

craintif, ive [kʀɛ̃tif, iv] *adj* temeroso(sa).

cramoisi, e [kʀamwazi] *adj* [teint, peau] rojo(ja).

crampe [kʀɑ̃p] *nf* calambre *m*; **~ d'estomac** retortijón *m* de estómago.

crampon [kʀɑ̃pɔ̃] *nm* **-1.** [crochet] gancho *m*. **-2.** [de chaussures] taco *m*. **-3.** *fam* [personne] lapa *f*.

cramponner [kʀɑ̃pɔne] ◆ **se cramponner** *vp* **-1.** [s'agripper] : **se ~ (à qqch/à qqn)** agarrarse (a algo/a alguien). **-2.** *fig* aferrarse; **se ~ à qqch** aferrarse a algo.

cran [kʀɑ̃] *nm* **-1.** [de ceinture] agujero *m*. **-2.** [entaille] muesca *f*; **~ d'arrêt** muelle *m*; **~ de sûreté** seguro *m*. **-3.** *fig* [degré] : **baisser/monter d'un ~** bajar/subir un punto. **-4.** *fam* [audace] agallas *fpl*.

crâne [kʀan] *nm* cráneo *m*.

crâner [kʀane] *vi fam* fardar.

crânien, enne [kʀanjɛ̃, ɛn] *adj* craneano(na), craneal.

crapaud [kʀapo] *nm* sapo *m*.

crapule [kʀapyl] *nf* crápula *f*.

craquelure [kʀaklyʀ] *nf* grieta *f*.

craquement [kʀakmɑ̃] *nm* crujido *m*.

craquer [kʀake] ◇ *vi* **-1.** [produire un bruit sec] crujir. **-2.** [se déchirer] reventar. **-3.** [personne] hundirse. **-4.** [être séduit] : **pour qqch/pour qqn** encantar algo/alguien. **-5.** [perdre le contrôle de soi] darle algo a alguien; **il n'en peut plus, il va ~** no puede más, le va a dar algo. ◇ *vt* **-1.** [allumette] frotar. **-2.** [déchirer] desgarrar, romper.

crasse [kʀas] ◇ *nf* **-1.** [saleté] mugre *f*. **-2.** *fam* [mauvais tour] jugarreta *f*. ◇ *adj* [bêtise, ignorance] craso(sa).

crasseux, euse [kʀasø, øz] *adj* mugriento(ta).

cratère [kʀatɛʀ] *nm* cráter *m*.

cravache [kʀavaʃ] *nf* fusta *f*.

cravate [kʀavat] *nf* corbata *f*.

crawl [kʀol] *nm* SPORT crol *m*.

crayon [kʀɛjɔ̃] *nm* lápiz *m*; **~ à bille** bolígrafo *m*; **~ de couleur** lápiz de color.

créancier, ère [kʀeɑ̃sje, ɛʀ] *nm, f* acreedor *m*, -ra *f*.

créateur, trice [kʀeatœʀ, tʀis] *adj & nm, f* creador(ra).

créatif, ive [kreatif, iv] *adj* creativo(va).
◆ **créatif** *nm* creativo *m*, -va *f*.
création [kreasjɔ̃] *nf* creación *f*.
créativité [kreativite] *nf* creatividad *f*.
créatrice [kreatris] → **créateur**.
créature [kreatyr] *nf* criatura *f*.
crécelle [kresɛl] *nf* carraca *f*, matraca *f*.
crèche [krɛʃ] *nf* -1. [garderie] guardería *f* infantil. -2. [de Noël] belén *m*.
crédibiliser [kredibilize] *vt* dar credibilidad a.
crédit [kredi] *nm* crédito *m*; **faire ~ à qqn** dar crédito a alguien; **acheter/vendre (qqch) à ~** comprar/vender (algo) a crédito.
crédit-bail *nm* leasing *m*.
créditeur, trice [kreditœr, tris] *adj & nm, f* acreedor(ra).
crédule [kredyl] *adj* crédulo(la).
crédulité [kredylite] *nf* credulidad *f*.
créer [kree] *vt* [gén] crear; ~ **des ennuis à qqn** [causer] crear problemas a alguien.
crémaillère [kremajɛr] *nf* -1. [de cheminée] llares *fpl*; **pendre la ~** *fig* inaugurar la casa con una fiesta. -2. TECHNOL [tige dentée] cremallera *f*.
crémation [kremasjɔ̃] *nf* cremación *f*.
crème [krɛm] ◇ *nf* -1. [du lait] nata *f*; ~ **fouettée** nata batida; ~ **fraîche** nata *f*. -2. [entremet, liqueur, cosmétique] crema *f*; ~ **anglaise** crema inglesa; ~ **anti-âge** crema *f* anti-edad OU anti-envejecimiento; ~ **hydratante** crema hidratante; ~ **à raser** espuma *f* de afeitar. ◇ *adj inv* [couleur] crema *(en aposición)*.
crémerie [kremri] *nf* mantequería *f*.
crémier, ère [kremje, ɛr] *nm, f* mantequero *m*, -ra *f*.
créneau, x [kreno] *nm* -1. [pour se garer] aparcamiento *m* (en cordón); **faire un ~** aparcar (en cordón). -2. [horaire] hueco *m*. -3. COMM nicho *m* de mercado. -4. [de fortification] almena *f*.
créole [kreɔl] ◇ *nm* LING criollo *m*. ◇ *adj* criollo(lla).
crêpe [krɛp] ◇ *nf* crepe *f*. ◇ *nm* -1. [tissu] crespón *m*. -2. [caoutchouc] crepé *m*.
crêperie [krɛpri] *nf* crepería *f*.
crépi [krepi] *nm* enlucido *m*.
crépir [krepir] *vt* enlucir.
crépiter [krepite] *vi* crepitar.
crépon [krepɔ̃] *nm* crespón *m*.
crépu, e [krepy] *adj* crespo(pa).

crépuscule [krepyskyl] *nm* -1. [tombée du jour] anochecer *m*. -2. *fig & sout* [fin] crepúsculo *m*.
crescendo [kreʃɛndo, kreʃɛ̃do] ◇ *adv* crescendo; **aller ~** ir in crescendo. ◇ *nm inv* crescendo *m*.
cresson [kresɔ̃] *nm* berro *m*.
Crète [krɛt] *nf* : **la ~** Creta.
crête [krɛt] *nf* cresta *f*.
crétin, e [kretɛ̃, in] *adj & nm, f fam* cretino(na).
creuse → **creux**.
creuser [krøze] ◇ *vt* -1. [trou, sol, tunnel] cavar. -2. [sujet, idée] profundizar en, ahondar en. -3. [amaigrir] afilar. -4. [front, visage] : **creusé de rides** lleno de arrugas. ◇ *vi* [donner faim] : **ça creuse!** *fam fig* ¡esto da un hambre de lobo!
creuset [krøzɛ] *nm* crisol *m*.
creux, euse [krø, krøz] *adj* -1. [vide] hueco(ca). -2. [assiette] hondo(da). -3. [période] de poca actividad. -4. [raisonnement] vacío(cía). ◆ **creux** *nm* hueco *m*.
crevaison [krəvɛzɔ̃] *nf* pinchazo *m*.
crevasse [krəvas] *nf* grieta *f*.
crève-cœur [krɛvkœr] *nm inv* desconsuelo *m*.
crever [krəve] ◇ *vi* -1. [éclater] reventar. -2. *fam* [mourir] palmarla; ~ **de qqch** [de jalousie, de rage] reventar de algo. ◇ *vt* reventar. ◆ **se crever** *vp fam* reventarse.
crevette [krəvɛt] *nf* gamba *f Esp*, camarón *m Amér*.
cri [kri] *nm* -1. [gén] grito *m*; **pousser un ~** dar OU pegar un grito; **le dernier ~** *fig* el último grito. -2. [appel] voz *f*.
criant, e [krijɑ̃, ɑ̃t] *adj* [injustice, vérité] patente, flagrante.
criard, e [krijar, ard] *adj* chillón(ona).
crible [kribl] *nm* criba *f*; **passer qqch au ~** *fig* pasar algo por la criba.
criblé, e [krible] *adj* : ~ **de** [troué de] acribillado de; [parsemé de] picado de; **être ~ de dettes** estar acribillado de deudas.
cric [krik] *nm* gato *m* (herramienta).
crier [krije] ◇ *vi* -1. [hurler] gritar. -2. [protester] clamar; ~ **contre** OU **après qqn** clamar contra alguien. ◇ *vt* gritar.
crime [krim] *nm* [homicide, faute blâmable] crimen *m*; JUR [infraction à la loi] delito *m*.
criminalité [kriminalite] *nf* criminalidad *f*.
criminel, elle [kriminɛl] ◇ *adj* criminal. ◇ *nm, f* criminal *mf*; ~ **de guerre** criminal de guerra.

crin [krɛ̃] *nm* crin *f*; **à tous** ~s *fig* de tomo y lomo.

crinière [krinjɛr] *nf* **-1.** [de lion, de personne] melena *f*. **-2.** [de cheval] crines *fpl*.

crique [krik] *nf* cala *f*.

criquet [krikɛ] *nm* [petit] saltamontes *m Esp*, chapulín *m Amér*; [grand] langosta *f Esp*, chapulín *m Amér*.

crise [kriz] *nf* **-1.** [manifestation émotive & MÉD] ataque *m*, crisis *f inv*; ~ **cardiaque/ de foie** ataque cardíaco/hepático, crisis cardíaca/hepática; ~ **de nerfs** ataque de nervios. **-2.** [phase critique] crisis *f inv*.

crispation [krispasjɔ̃] *nf* crispación *f*.

crisper [krispe] *vt* **-1.** [visage] crispar. **-2.** [personne] crisparle los nervios a. ◆ **se crisper** *vp* crisparse.

crisser [krise] *vi* rechinar.

cristal, aux [kristal, o] *nm* cristal *m*; ~ **de roche** cristal de roca.

cristallin, e [kristalɛ̃, in] *adj* cristalino(na). ◆ **cristallin** *nm* ANAT cristalino *m*.

critère [kritɛr] *nm* criterio *m*.

critique [kritik] ◇ *nmf* crítico(ca). ◇ *nf* crítica *f*. ◇ *adj* crítico(ca).

critiquer [kritike] *vt* **-1.** [film, livre] hacer la crítica de. **-2.** [voisin, action] criticar.

croasser [krɔase] *vi* graznar.

croate [krɔat] *adj* croata. ◆ **Croate** *nmf* croata *mf*.

Croatie [krɔasi] *nf* : **la** ~ Croacia.

croc [kro] *nm* **-1.** [crochet] gancho *m*. **-2.** [canine de chien] colmillo *m*.

croche [krɔʃ] *nf* MUS corchea *f*.

croche-pied [krɔʃpje] (*pl* **croche-pieds**) *nm* zancadilla *f*; **faire un** ~ **à qqn** poner la zancadilla a alguien.

crochet [krɔʃɛ] *nm* **-1.** [pièce de métal & BOXE] gancho *m*; **vivre aux** ~**s de qqn** vivir a expensas de alguien. **-2.** [ouvrage de tricot] ganchillo *m*. **-3.** [signe graphique] corchete *m*. **-4.** [détour] rodeo *m*.

crochu, e [krɔʃy] *adj* [doigts, nez, bec] ganchudo(da); [ongle] curvado(da).

crocodile [krɔkɔdil] *nm* cocodrilo *m*.

croire [krwar] ◇ *vt* [gén] creer; ~ **que** [penser] creer que; **je le crois honnête** [estimer] creo que es honrado; **j'ai cru l'apercevoir hier** me pareció verle ayer. ◇ *vi* creer; ~ **à qqch** creer en algo; ~ **en qqn** creer en alguien.

croisade [krwazad] *nf* HIST cruzada *f*.

croisé, e [krwaze] *adj* **-1.** [veste] cruzado(da). **-2.** [rime] alterno(na). ◆ **croisé** *nm* HIST cruzado *m*. ◆ **croisée** *nf* **-1.** [fenêtre] ventana *f*. **-2.** *loc* : **à la** ~**e des chemins** en la encrucijada.

croisement [krwazmɑ̃] *nm* cruce *m*.

croiser [krwaze] ◇ *vt* **-1.** [jambes, bras] cruzar. **-2.** [couper] atravesar. **-3.** [passer à côté de] cruzarse con. **-4.** BIOL cruzar. ◇ *vi* NAVIG patrullar. ◆ **se croiser** *vp* cruzarse.

croisière [krwazjɛr] *nf* crucero *m*; **faire une** ~ hacer un crucero.

croisillons [krwazijɔ̃] *nmpl* celosía *f*; **à** ~ de celosía.

croissance [krwasɑ̃s] *nf* crecimiento *m*; ~ **économique** crecimiento económico.

croissant, e [krwasɑ̃, ɑ̃t] *adj* creciente. ◆ **croissant** *nm* **-1.** [lune] media luna *f*. **-2.** CULIN croissant *m*.

croître [krwatr] *vi* crecer; **ne faire que** ~ **et embellir** *fig & iron* ir de mal en peor.

croix [krwa] *nf* **-1.** [gén] cruz *f*; ~ **de guerre** ≃ medalla *f* al mérito militar. **-2.** [signe graphique] cruz *m*, aspa *f*; **en** ~ en cruz.

Croix-Rouge [krwaruʒ] *nf* : **la** ~ la Cruz Roja.

croquant, e [krɔkɑ̃, ɑ̃t] *adj* crujiente. ◆ **croquant** *nm vieilli* cateto *m*, paleto *m*.

croque-mitaine [krɔkmitɛn] (*pl* **croque-mitaines**) *nm* coco *m* [para asustar].

croque-monsieur [krɔkməsjø] *nm inv* sandwich caliente de jamón y queso, ≃ sandwich mixto.

croque-mort [krɔkmɔr] (*pl* **croque-morts**) *nm fam* enterrador *m*.

croquer [krɔke] ◇ *vt* **-1.** [manger] comer a mordiscos. **-2.** [dessiner] bosquejar. ◇ *vi* crujir.

croquette [krɔkɛt] *nf* croqueta *f*.

croquis [krɔki] *nm* croquis *minv*.

cross [krɔs] *nm* SPORT cross *m*.

crotte [krɔt] *nf* caca *f*.

crottin [krɔtɛ̃] *nm* [de cheval] estiércol *m*.

crouler [krule] *vi* venirse abajo; ~ **sous qqch** [sous un poids] hundirse por algo; *fig* [personne] estar agobiado(da) por algo.

croupe [krup] *nf* grupa *f*; **monter en** ~ ir de paquete.

croupier [krupje] *nm* croupier *m*, crupier *m*.

croupir [krupir] *vi* **-1.** [eaux] estancarse. **-2.** *fig* [personne] pudrirse.

croustillant, e [krustijã, ãt] *adj* **-1.** [biscuit, pain] crujiente. **-2.** [détail] picante.

croustiller [krustije] *vi* crujir.

croûte [krut] *nf* **-1.** [de pain, de fromage] corteza *f*. **-2.** CULIN pastel hojaldrado. **-3.** MÉD costra *f*. **-4.** *fam péj* [tableau] mamarracho *m*. ◆ **croûte terrestre** *nf* corteza *f* terrestre.

croûton [krutɔ̃] *nm* **-1.** [bout du pain] pico *m*. **-2.** [pain frit] picatoste *m*. **-3.** *fam* [personne bornée] bobo *m*, -ba *f*.

croyance [krwajãs] *nf* creencia *f*.

croyant, e [krwajã, ãt] *adj* & *nm, f* creyente.

CRS (*abr de* **Compagnie républicaine de sécurité**) *nm* ≃ antidisturbios *mpl*; **on a fait appel aux** ~ ≃ llamaron a los antidisturbios.

cru, e [kry] ◇ *pp* → **croire**. ◇ *adj* **-1.** [aliment] crudo(da). **-2.** [lumière, couleur] vivo(va). **-3.** [réponse] directo(ta). **-4.** [histoire] verde. ◆ **à cru** *loc adv* : **monter à** ~ montar a pelo.

crû, e [kry] *pp* → **croître**.

cruauté [kryote] *nf* crueldad *f*.

cruche [kryʃ] *nf* **-1.** [objet] cántaro *m*. **-2.** *fam* [personne niaise] zoquete *m*.

crucial, e, aux [krysjal, o] *adj* crucial.

crucifix [krysifi] *nm* RELIG crucifijo *m*.

crudités [krydite] *nfpl* crudités *fpl*.

crue [kry] *nf* crecida *f*.

cruel, elle [kryɛl] *adj* cruel.

crûment [krymã] *adv* crudamente.

crustacé [krystase] *nm* crustáceo *m*.

cs *abr de* **cuillère à soupe**.

Cuba [kyba] *n* Cuba; **à** ~ [direction] a Cuba; [situation] en Cuba.

cubain, e [kybɛ̃, ɛn] *adj* cubano(na). ◆ **Cubain, e** *nm, f* cubano *m*, -na *f*.

cube [kyb] ◇ *nm* cubo *m*. ◇ *adj* cúbico(ca).

cueillette [kœjɛt] *nf* cosecha *f*.

cueillir [kœjir] *vt* **-1.** [fruits, fleurs] coger. **-2.** *fam* [personne] pillar.

cuillère, cuiller [kɥijɛr] *nf* cuchara *f*; ~ **à café** cucharilla *f* de café; ~ **à dessert** cuchara de postre; ~ **à soupe** cuchara sopera; **petite** ~ cucharilla *f*.

cuillerée [kɥijere] *nf* cucharada *f*.

cuir [kɥir] *nm* cuero *m*. ◆ **cuir chevelu** *nm* cuero *m* cabelludo.

cuirasse [kɥiras] *nf* coraza *f*.

cuirassé [kɥirase] *nm* NAVIG acorazado *m*.

cuire [kɥir] ◇ *vt* cocer. ◇ *vi* **-1.** [aliment] cocer. **-2.** [personne] asarse.

cuisine [kɥizin] *nf* **-1.** [gén] cocina *f*; **faire la** ~ cocinar. **-2.** *fam* [combine] artimaña *f*.

cuisiné, e [kɥizine] *adj* cocinado(da).

cuisiner [kɥizine] ◇ *vt* **-1.** [des aliments] cocinar. **-2.** *fam* [personne] tirar de la lengua a. ◇ *vi* cocinar.

cuisinier, ère [kɥizinje, ɛr] *nm, f* cocinero *m*, -ra *f*. ◆ **cuisinière** *nf* [appareil] cocina *f*; **cuisinière électrique/à gaz** cocina eléctrica/de gas.

cuisse [kɥis] *nf* muslo *m*.

cuisson [kɥisɔ̃] *nf* cocción *f*.

cuit, e [kɥi, kɥit] ◇ *pp* → **cuire**. ◇ *adj* cocido(da); **bien** ~ muy hecho(muy hecha).

cuivre [kɥivr] *nm* cobre *m*.

cuivré, e [kɥivre] *adj* cobrizo(za).

cul [ky] *nm fam* culo *m*.

culbute [kylbyt] *nf* **-1.** [saut] voltereta *f*. **-2.** [chute] costalada *f*.

cul-de-sac [kydsak] (*pl* **culs-de-sac**) *nm* callejón *m* sin salida.

culinaire [kylinɛr] *adj* culinario(ria).

culminant [kylminã] → **point**.

culminer [kylmine] *vi* [surplomber] culminar; [atteindre] alcanzar.

culot [kylo] *nm* **-1.** [fond] casquillo *m*. **-2.** [dépôt] residuo *m*. **-3.** *fam* [toupet] morro *m*; **avoir du** ~ tener morro.

culotte [kylɔt] *nf* **-1.** [vêtement d'enfant] pantalón *m*, pantalones *mpl*. **-2.** [sous-vêtement féminin] bragas *fpl*.

culotté, e [kylɔte] *adj* **-1.** *fam* [personne] : **être** ~ tener jeta. **-2.** [pipe] ennegrecido(da).

culpabilité [kylpabilite] *nf* culpabilidad *f*.

culte [kylt] *nm* culto *m*.

cultivateur, trice [kyltivatœr, tris] *nm, f* labrador *m*, -ra *f*.

cultivé, e [kyltive] *adj* **-1.** [plante, terre] cultivado(da). **-2.** [personne] culto(ta), cultivado(da).

cultiver [kyltive] *vt* cultivar.

culture [kyltyr] *nf* **-1.** AGRIC cultivo *m*. **-2.** [savoir, civilisation] cultura *f*. ◆ **culture physique** *nf* cultura *f* física.

culturel, elle [kyltyrɛl] *adj* cultural.

culturisme [kyltyrism] *nm* culturismo *m*.

cumin [kymɛ̃] *nm* comino *m*.

cumuler [kymyle] *vt* acumular.

cupide [kypid] *adj* codicioso(sa).

cure [kyr] *nf* MÉD cura *f*; ~ **de désintoxication/de sommeil** cura de desintoxicación/de sueño; ~ **thermale** cura termal; **faire une** ~ **de qqch** *fig* darse un hartón de algo.

curé [kyre] *nm* cura *m*.

cure-dents [kyrdã] *nm inv* mondadientes *m inv*, palillo *m* (de dientes).

curée [kyre] *nf fig* [lutte] arrebatiña *f*.

curer [kyre] *vt* **-1.** [puits] mondar. **-2.** [pipe] limpiar.

curieux, euse [kyrjø, øz] ◇ *adj* curioso(sa); **être** ~ **de qqch/de faire qqch** tener curiosidad por algo/por hacer algo. ◇ *nm, f* curioso *m*, -sa *f*.

curiosité [kyrjozite] *nf* curiosidad *f*.

curriculum vitae [kyrikylɔmvite] *nm inv* curriculum *m* vitae.

curry [kyri], **carry** [kari], **cari** [kari] *nm* curry *m*.

curseur [kyrsœr] *nm* INFORM cursor *m*.

cutané, e [kytane] *adj* cutáneo(a).

cuti-réaction [kytireaksjɔ̃] *nf* MÉD cutirreacción *f*, dermorreacción *f*.

cuve [kyv] *nf* cuba *f*.

cuvée [kyve] *nf* **-1.** [contenu d'une cuve] cuba *f*. **-2.** [récolte de vin] cosecha *f*.

cuvette [kyvɛt] *nf* **-1.** [récipient] palangana *f*. **-2.** [partie creuse – de lavabo] lavabo *m*; [– de WC] taza *f*. **-3.** GÉOGR depresión *f*.

CV *nm* **-1.** (*abr de* **curriculum vitae**) CV *m*. **-2.** (*abr de* **cheval-vapeur**) [puissance fiscale] CV *m*.

cyanure [sjanyr] *nm* cianuro *m*.

cyclable [siklabl] → **piste**.

cycle [sikl] *nm* ciclo *m*; **premier** ~ SCOL ≃ segunda etapa *f* de EGB; UNIV ≃ primer ciclo *m*; **second** ~ SCOL ≃ BUP *m*; UNIV ≃ segundo ciclo *m*; **troisième** ~ UNIV ≃ tercer ciclo *m*.

cyclique [siklik] *adj* cíclico(ca).

cyclisme [siklism] *nm* SPORT ciclismo *m*.

cycliste [siklist] *adj & nmf* ciclista.

cyclone [siklon] *nm* ciclón *m*.

cygne [siɲ] *nm* cisne *m*.

cylindre [silɛ̃dr] *nm* cilindro *m*.

cymbale [sɛ̃bal] *nf* MUS címbalo *m*, platillo *m*.

cynique [sinik] *adj & nmf* cínico(ca).

cynisme [sinism] *nm* cinismo *m*.

cyprès [siprɛ] *nm* ciprés *m*.

cyrillique [sirilik] *adj* cirílico(ca).

d, D [de] *nm inv* d *f*, D. ◆ **d** (*abr de* **déci**) d. **d'** → **de**.

dactylo [daktilo] ◇ *nmf* [personne] mecanógrafo *m*, -fa *f*. ◇ *nf* [procédé] mecanografía *f*.

dactylographier [daktilɔgrafje] *vt* mecanografiar.

dada [dada] *nm* **-1.** [cheval] caballito *m*. **-2.** *fam* [occupation favorite] hobby *m*. **-3.** *fam* [idée favorite] tema *m* predilecto. **-4.** ART dadaísmo *m*.

daigner [deɲe] *vi sout* : ~ **faire qqch** dignarse a hacer algo.

daim [dɛ̃] *nm* **-1.** [animal] gamo *m*. **-2.** [peau] ante *m*.

dallage [dalaʒ] *nm* embaldosado *m*.

dalle [dal] *nf* losa *f*.

daltonien, enne [daltɔnjɛ̃, ɛn] *adj & nm, f* daltónico(ca).

dame [dam] *nf* **-1.** [femme] señora *f*. **-2.** [de jeu de cartes] reina *f*.

damier [damje] *nm* **-1.** [de jeu de dames] tablero *m* de damas, damero *m*. **-2.** [motif] : **à** ~ de cuadros.

damné, e [dane] ◇ *adj fam* [satané] condenado(da). ◇ *nm, f* RELIG condenado *m*, -da *f*.

damner [dane] *vt* RELIG condenar.

dancing [dãsiŋ] *nm* sala *f* de baile.

dandiner [dãdine] ◆ **se dandiner** *vp* **-1.** [canard] balancearse. **-2.** *péj* [personne] contonearse.

Danemark [danmark] *nm* : **le** ~ Dinamarca; **au** ~ [direction] a Dinamarca; [situation] en Dinamarca.

danger [dãʒe] *nm* peligro *m*; **en** ~ en peligro.

dangereux, euse [dãʒrø, øz] *adj* peligroso(sa).

danois, e [danwa, az] *adj* danés(esa). ◆ **danois** *nm* LING danés *m*. ◆ **Danois, e** *nm, f* danés *m*, -esa *f*.

dans [dã] *prép* **-1.** [dans l'espace] en; ~ **un mois** dentro de un mes. **-2.** [dans l'espace] en; ~ **la chambre** en la habitación. **-3.** [indiquant l'état, la manière] en; **vivre** ~ **la**

misère vivir en la miseria; ~ **une mau-vaise posture** en una mala posición; **il est ~ le commerce** se dedica al comercio. **–4.** [environ] unos(nas); **ça coûte ~ les 100 francs** cuesta unos 100 francos.

dansant, e [dãsã, ãt] *adj* **–1.** [musique, air] para bailar, bailable. **–2.** [soirée, thé] con baile, dansant. **–3.** [chœur] de baile.

danse [dãs] *nf* baile *m.*

danser [dãse] *vi & vt* bailar.

danseur, euse [dãsœr, øz] *nm, f* bailarín *m*, -ina *f.*

dard [dar] *nm* aguijón *m.*

date [dat] *nf* fecha *f*; **à quelle ~?** ¿qué día?; **en ~ du** con fecha de; **~ de naissance** fecha de nacimiento.

dater [date] ◇ *vt* **–1.** [mettre la date] fechar. **–2.** [attribuer une date] datar. ◇ *vi* **–1.** [remonter à] : **~ de** datar de. **–2.** [marquer] ser un hito. **–3.** [être démodé] estar anticuado(da). ◆ **à dater de** *loc prép* a partir de.

datte [dat] *nf* dátil *m.*

dattier [datje] *nm* palmera *f* datilera.

dauphin [dofɛ̃] *nm* delfín *m.*

daurade, dorade [dɔrad] *nf* dorada *f.*

davantage [davãtaʒ] *adv* más; **nous n'attendrons pas ~** no esperaremos más.

DDASS, Ddass [das] (*abr de* **Direction départementale de l'Action sanitaire et sociale**) *nf* organismo que se encarga de la política sanitaria y social provincial y de la protección de la infancia; **un enfant de la ~** un niño abandonado o maltratado recogido por la DDASS.

de [də], **d'** (*devant voyelle ou h muet*) (*contraction de de+le = du* [dy], *contraction de de+les = des* [de]) ◇ *prép* **–1.** [provenance] de; **il est sorti ~ la maison** ha salido de casa; **revenir ~ Paris** volver de París. **–2.** [avec à] : **~... à de...** a; **d'une ville à l'autre** de una ciudad a otra; **du début à la fin** de principio a fin. **–3.** [appartenance] de; **la porte du salon** la puerta del salón. **–4.** [indique la détermination, la qualité] de; **un verre d'eau** un vaso de agua; **une ville ~ 500 000 habitants** una ciudad de 500.000 habitantes. ◇ *art partitif* **–1.** [dans une phrase affirmative] : **je voudrais du vin** quiero vino; **boire ~ l'eau** beber agua. **–2.** [dans une phrase négative ou interrogative] : **ils n'ont pas d'enfants** no tienen hijos; **avez-vous du pain?** ¿tiene pan?

DE *abr de* **diplômé d'État.**

dé [de] *nm* dado *m.* ◆ **dé à coudre** *nm* COUT & *fig* dedal *m.*

DEA (*abr de* **diplôme d'études approfondies**) *nm* diploma de tercer ciclo universitario, ≃ diploma *m* de postgrado.

dealer[1] [dile] *vi* hacer de camello.

dealer[2] [dilœr] *nm* camello *m* (*de droga*).

déambuler [deãbyle] *vi* deambular.

débâcle [debakl] *nf* **–1.** [débandade] desbandada *f.* **–2.** *fig* [ruine] debacle *f.*

déballer [debale] *vt* **–1.** [marchandises] desembalar. **–2.** *fam fig* [suj : personne] desembuchar.

débandade [debãdad] *nf* desbandada *f.*

débarbouiller [debarbuje] *vt* lavar la cara a. ◆ **se débarbouiller** *vp* lavarse la cara.

débarcadère [debarkadɛr] *nm* desembarcadero *m.*

débardeur [debardœr] *nm* **–1.** [ouvrier] descargador *m.* **–2.** [vêtement] camiseta *f* de tirantes.

débarquement [debarkəmã] *nm* desembarco *m.*

débarquer [debarke] ◇ *vt* **–1.** [marchandise, passager] desembarcar. **–2.** *fam* [employé] despachar, echar. ◇ *vi* **–1.** [gén] desembarcar. **–2.** *fam fig* [ne pas être au courant] estar en babia.

débarras [debara] *nm* trastero *m.*

débarrasser [debarase] *vt* **–1.** [endroit] despejar; [table] quitar. **–2.** [de vêtement] : **~ qqn de qqch** ayudar a quitarse algo. ◆ **se débarrasser** *vp* : **se ~ de qqn/de qqch** deshacerse de alguien/de algo.

débat [deba] *nm* debate *m.* ◆ **débats** *nmpl* POLIT debate *m.*

débattre [debatr] ◇ *vt* discutir. ◇ *vi* : **~ de qqch** discutir sobre algo. ◆ **se débattre** *vp* debatirse; **se ~ avec** OU **contre qqch** *fig* luchar contra algo.

débattu, e [debaty] *pp* → **débattre.**

débauche [deboʃ] *nf* [vice] desenfreno *m.*

débauché, e [deboʃe] *adj & nm, f* libertino(na).

débaucher [deboʃe] *vt* **–1.** [corrompre] corromper, pervertir. **–2.** [licencier] despedir. **–3.** *fam* [détourner de son travail] distraer.

débile [debil] ◇ *nmf* **-1.** MÉD retrasado *m*, -da *f*; ~ **mental** débil *mf* mental. **-2.** *fam* [idiot] subnormal *mf*. ◇ *adj fam péj* [personne] subnormal; [film] para subnormales.

débit [debi] *nm* **-1.** [de marchandises] salida *f*. **-2.** [débitage] corte *m*. **-3.** [volume de liquide écoulé] caudal *m*. **-4.** [élocution] modo *m* de hablar. **-5.** [de compte bancaire] débito *m*.

débiter [debite] *vt* **-1.** [marchandises] despachar. **-2.** [couper] cortar. **-3.** [laisser s'écouler] tener un caudal de. **-4.** *fig & péj* [prononcer] soltar. **-5.** [compte bancaire] debitar.

débiteur, trice [debitœr, tris] *adj & nm, f* deudor(ra).

déblaiement [deblɛmã], **déblayage** [deblɛjaʒ] *nm* [de décombres] desescombro *m*; [des obstacles] retirada *f*.

déblayer [debleje] *vt* **-1.** [passage, route] despejar; [décombres] desescombrar; ~ **le terrain** *fig* despejar el terreno. **-2.** [terrain & TECHNOL] nivelar.

débloquer [deblɔke] ◇ *vt* **-1.** [gén] desbloquear. **-2.** [salaire, prix] descongelar. ◇ *vi fam* [perdre la tête] delirar.

déboires [debwar] *nmpl* **-1.** [déception, échec] desengaños *mpl*. **-2.** [ennui] sinsabores *mpl*.

déboiser [debwaze] *vt* talar.

déboîter [debwate] ◇ *vt* **-1.** [porte] desencajar. **-2.** [épaule] dislocar. ◇ *vi* desviarse. ◆ **se déboîter** *vp* **-1.** [porte] desencajarse. **-2.** [épaule] dislocarse.

débonnaire [debɔnɛr] *adj* bonachón(ona).

déborder [debɔrde] *vi* **-1.** [gén] desbordarse. **-2.** *fig* [être plein de] : ~ **de qqch** rebosar de algo.

débouché [debuʃe] *nm* **-1.** [issue – de vallée] desembocadura *f*; [– de rue] salida *f*. **-2.** *(gén pl)* [COMM & de carrière] salida *f*.

déboucher [debuʃe] ◇ *vt* **-1.** [bouteille] destapar, abrir. **-2.** [lavabo, conduite] desatascar. **-3.** [nez] despejar. ◇ *vi* desembocar; ~ **sur qqch** desembocar en algo.

débourser [deburse] *vt* desembolsar.

debout [dəbu] ◇ *adv* **-1.** [position verticale] de pie. **-2.** *loc* : **tenir** ~ [être intact] mantenerse en pie; [cohérent] tener fundamento; **ne pas tenir** ~ no tenerse en pie. ◇ *interj* : ~! ¡arriba!

déboutonner [debutɔne] *vt* desabotonar.

débraillé, e [debraje] *adj* descamisado(da).

débrayage [debrɛjaʒ] *nm* **-1.** AUTOM desembrague *m*. **-2.** [du travail] paro *m* (huelga).

débrayer [debreje] *vi* **-1.** AUTOM desembragar. **-2.** [cesser le travail] hacer un paro.

débris [debri] *nm* **-1.** [fragment] pedazo *m*. **-2.** *sout* [de repas, de plat] restos *mpl*. **-3.** *fig* [d'État, d'armée] vestigios *mpl*.

débrouillard, e [debrujar, ard] *adj & nm, f* espabilado(da).

débrouiller [debruje] *vt* **-1.** [fils, cheveux] desenredar. **-2.** [affaire, mystère] esclarecer. ◆ **se débrouiller** *vp fam* **-1.** [réussir] defenderse, espabilarse. **-2.** [se tirer d'affaire] *fam* arreglárselas; **se** ~ **pour** arreglárselas para.

débroussailler [debrusaje] *vt* **-1.** [terrain] desbrozar. **-2.** *fig* [sujet, problème] preparar.

début [deby] *nm* comienzo *m*, principio *m*. ◆ **au début de** *loc prép* [gén] al principio de; [d'année, de mois, de semaine] a principios de.

débutant, e [debytã, ãt] *adj & nm, f* debutante.

débuter [debyte] *vi* **-1.** [commencer] empezar, comenzar; ~ **par qqch** comenzar OU empezar çon algo. **-2.** [faire ses débuts – dans une activité] dar los primeros pasos; [– dans une carrière] debutar.

deçà [dəsa] ◆ **en deçà de** *loc prép* de este lado de.

décacheter [dekaʃte] *vt* abrir.

décadence [dekadãs] *nf* decadencia *f*.

décadent, e [dekadã, ãt] *adj* decadente.

décaféiné, e [dekafeine] *adj* descafeinado(da). ◆ **décaféiné** *nm* descafeinado *m*.

décalage [dekalaʒ] *nm* **-1.** [spatial] desajuste *m*. **-2.** [temporel] desfase *m*; ~ **horaire** diferencia *f* horaria. **-3.** *fig* [différence] distancia *f*.

décaler [dekale] *vt* **-1.** [dans le temps] aplazar. **-2.** [dans l'espace] desplazar; ~ **qqch d'un mètre** desplazar algo un metro.

décalitre [dekalitr] *nm* decalitro *m*.

décalquer [dekalke] *vt* calcar.

décamper [dekãpe] *vi* salir corriendo.

décapant, e [dekapã, ãt] *adj* **-1.** [gén] decapante. **-2.** *fig* [texte, humour] corrosivo(va). ◆ **décapant** *nm* decapante *m*.

décaper [dekape] *vt* decapar.

décapiter [dekapite] *vt* **-1.** [gén] decapitar. **-2.** [arbre] desmochar.

décapotable [dekapɔtabl] *nf & adj* descapotable.

décapsuler [dekapsyle] *vt* [bouteille] abrir.

décapsuleur [dekapsylœr] *nm* abrebotellas *m inv*, abridor *m* (de botellas).

décati, e [dekati] *adj* decrépito(ta).

décédé, e [desede] *adj* fallecido(da).

décéder [desede] *vi* fallecer.

déceler [desle] *vt* **-1.** [repérer] descubrir. **-2.** [révéler] revelar.

décembre [desãbr] *nm* diciembre *m*; *voir aussi* **septembre**.

décemment [desamã] *adv* **-1.** [convenablement] decentemente; [correctement] correctamente. **-2.** [raisonnablement] razonablemente.

décence [desãs] *nf* decencia *f*.

décennie [deseni] *nf* decenio *m*.

décent, e [desã, ãt] *adj* **-1.** [gén] decente. **-2.** [poli] correcto(ta).

décentralisation [desãtralizasjɔ̃] *nf* descentralización *f*.

décentraliser [desãtralize] *vt* descentralizar.

décentrer [desãtre] *vt* descentrar.

déception [desɛpsjɔ̃] *nf* decepción *f*.

décerner [desɛrne] *vt* conceder.

décès [desɛ] *nm* fallecimiento *m*; JUR defunción *f*.

décevant, e [desəvã, ãt] *adj* decepcionante.

décevoir [desəvwar] *vt* **-1.** [personne] decepcionar. **-2.** [confiance, espérance] frustrar.

déchaîné, e [deʃene] *adj* desatado(da).

déchaîner [deʃene] *vt* desatar. ◆ **se déchaîner** *vp* **-1.** [tempête, cyclone etc] desatarse. **-2.** [personne] enfurecerse *Esp*, enchilarse *Amér*; **se ~ contre qqn/contre qqch** ensañarse con alguien/con algo.

déchanter [deʃãte] *vi* desilusionarse.

décharge [deʃarʒ] *nf* **-1.** [d'arme à feu & ÉLECTR] descarga *f*. **-2.** JUR [action] *retirada de una acusación*. **-3.** [dépotoir] vertedero *m*.

déchargement [deʃarʒəmã] *nm* descarga *f*.

décharger [deʃarʒe] *vt* descargar; [arme] disparar; **~ qqn de qqch** descargar OU eximir a alguien de algo.

déchaussé, e [deʃose] *adj* [dent] descarnado(da).

déchausser [deʃose] *vt* descalzar. ◆ **se déchausser** *vp* **-1.** [personne] descalzarse. **-2.** [dent] descarnarse.

déchéance [deʃeãs] *nf* **-1.** [déclin] decadencia *f*. **-2.** [de souverain] destronamiento *m*. **-3.** JUR [perte d'un droit] privación *f*.

déchet [deʃɛ] *nm* **-1.** [perte] pérdida *f*. **-2.** *fig & péj* [personne] escoria *f*. ◆ **déchets** *nmpl* restos *mpl*, residuos *mpl*.

déchiffrer [deʃifre] *vt* **-1.** [gén] descifrar. **-2.** MUS repentizar.

déchiqueter [deʃikte] *vt* [gén] desmenuzar; [viande] despedazar.

déchirant, e [deʃirã, ãt] *adj* desgarrador(ra).

déchirement [deʃirmã] *nm* **-1.** [trouble] desgarramiento *m*. **-2.** [souffrance morale] amargura *f*, dolor *m*.

déchirer [deʃire] *vt* **-1.** [mettre en morceaux – tissu] desgarrar; [– papier] rasgar. **-2.** [silence] romper. **-3.** [diviser] dividir. **-4.** [causer une douleur à – physique] desgarrar; [– morale] destrozar. ◆ **se déchirer** *vp* **-1.** [s'affronter sans cesse] enfrentarse continuamente. **-2.** [emploi passif] rasgarse. **-3.** MÉD desgarrarse.

déchirure [deʃiryr] *nf* **-1.** [gén] desgarrón *m*. **-2.** *fig* [douleur] dolor *m*.

déchu, e [deʃy] *adj* [ange] caído(da); [souverain] destronado(da).

décibel [desibɛl] *nm* decibelio *m*.

décidé, e [deside] *adj* decidido(da).

décidément [desidemã] *adv* decididamente.

décider [deside] ◇ *vt* **-1.** [gén] decidir; **~ que** decidir que. **-2.** [convaincre] : **~ qqn à faire qqch** convencer a alguien para que haga algo. ◇ *vi* **-1.** [prendre une décision] decidir; **~ de faire qqch** decidir hacer algo. **-2.** [se prononcer] : **~ de qqch** determinar algo. **-3.** [être la cause] : **~ de qqch** decidir algo. ◆ **se décider** *vp* decidirse; **se ~ à faire qqch** decidirse a hacer algo; **se ~ pour qqch** decidirse por algo.

décigramme [desigram] *nm* decigramo *m*.

décilitre [desilitr] *nm* decilitro *m*.

décimal, e, aux [desimal, o] *adj* decimal. ◆ **décimale** *nf* decimal *m*.

décimer [desime] *vt* diezmar.

décimètre [desimɛtr] *nm* **-1.** [dixième de mètre] decímetro *m*. **-2.** [règle] regla *f*; **double ~** *regla de veinte centímetros*.

décisif, ive [desizif, iv] *adj* decisivo(va).

décision [desizjɔ̃] *nf* decisión *f*.

décisionnaire [desizjɔnɛr] *nmf persona que toma decisiones.*

déclamer [deklame] vt **-1.** [texte, vers] declamar. **-2.** péj [dire] soltar.

déclaration [deklarasjɔ̃] nf declaración f; ~ de guerre declaración de guerra; ~ **d'impôts** declaración de la renta.

déclarer [deklare] vt **-1.** [gén] declarar; ~ que declarar que. **-2.** [vol, perte] denunciar. ◆ **se déclarer** vp declararse; se ~ pour/contre qqch declararse a favor/en contra de algo.

déclenchement [deklɑ̃ʃmɑ̃] nm [de mécanisme] activación f; [d'événement, de phénomène] desencadenamiento m.

déclencher [deklɑ̃ʃe] vt [mécanisme] activar; [conflit, crise, grève] desencadenar. ◆ **se déclencher** vp [mécanisme] activarse; [conflit, crise] desencadenarse.

déclic [deklik] nm **-1.** [mécanisme] disparador m. **-2.** [bruit] clic m.

déclin [deklɛ̃] nm **-1.** [de pays] decadencia f. **-2.** [de population] descenso m. **-3.** [de jour, d'âge] ocaso m.

déclinaison [deklinɛzɔ̃] nf GRAM declinación f.

décliner [dekline] ◇ vi **-1.** [pays] estar en decadencia. **-2.** [santé] debilitarse. **-3.** [jour] declinar. ◇ vt **-1.** [gén] declinar. **-2.** [énoncer] decir claramente.

déclouer [deklue] vt desclavar.

décoction [dekɔksjɔ̃] nf decocción f.

décoder [dekɔde] vt descodificar.

décoiffer [dekwafe] vt despeinar.

décoincer [dekwɛ̃se] vt **-1.** [mécanisme] desbloquear. **-2.** fam fig [personne] relajar.

décollage [dekɔlaʒ] nm despegue m.

décollé, e [dekɔle] adj despegado(da).

décoller [dekɔle] vt & vi despegar.

décolleté, e [dekɔlte] adj escotado(da). ◆ **décolleté** nm escote m.

décolonisation [dekɔlɔnizasjɔ̃] nf descolonización f.

décoloration [dekɔlɔrasjɔ̃] nf decoloración f.

décolorer [dekɔlɔre] vt descolorar.

décombres [dekɔ̃br] nmpl escombros m.

décommander [dekɔmɑ̃de] vt cancelar. ◆ **se décommander** vp cancelar una cita.

décomposé, e [dekɔ̃poze] adj descompuesto(ta).

décomposer [dekɔ̃poze] vt **-1.** [gén] descomponer. **-2.** [raisonnement, problème] analizar. ◆ **se décomposer** vp **-1.** [gén]

descomponerse. **-2.** [se diviser] : **se** ~ **en** dividirse en.

décomposition [dekɔ̃pozisjɔ̃] nf **-1.** [gén] descomposición f. **-2.** [de raisonnement, de problème] análisis m inv.

décompresser [dekɔ̃prese] ◇ vt descomprimir. ◇ vi fam relajarse.

décompression [dekɔ̃presjɔ̃] nf descompresión f.

décompte [dekɔ̃t] nm descuento m.

déconcentrer [dekɔ̃sɑ̃tre] vt desconcentrar. ◆ **se déconcentrer** vp desconcentrarse.

déconcerter [dekɔ̃sɛrte] vt desconcertar.

déconfiture [dekɔ̃fityr] nf fam descalabro m.

décongélation [dekɔ̃ʒelasjɔ̃] nf descongelación f.

décongeler [dekɔ̃ʒle] vt descongelar.

décongestionner [dekɔ̃ʒɛstjɔne] vt descongestionar.

déconnecter [dekɔnekte] vt desconectar. ◆ **se déconnecter** INFORM desconectarse.

déconseiller [dekɔ̃seje] vt desaconsejar; ~ à qqn de faire qqch desaconsejar a alguien que haga algo.

déconsidérer [dekɔ̃sidere] vt desacreditar.

décontenancer [dekɔ̃tnɑ̃se] vt confundir.

décontracté, e [dekɔ̃trakte] adj **-1.** [muscle] relajado(da). **-2.** [détendu – personne] tranquilo(la); [– allure, ambiance] distendido(da).

décontracter [dekɔ̃trakte] vt relajar. ◆ **se décontracter** vp relajarse.

déconvenue [dekɔ̃vny] nf desengaño m.

décor [dekɔr] nm **-1.** [cadre] marco m (fondo). **-2.** [ornement] decoración f. **-3.** CIN & THÉÂTRE decorado m.

décorateur, trice [dekɔratœr, tris] nm, f decorador m, -ra f.

décoratif, ive [dekɔratif, iv] adj decorativo(va).

décoration [dekɔrasjɔ̃] nf **-1.** [gén] decoración f. **-2.** [insigne] condecoración f.

décorer [dekɔre] vt **-1.** [pièce] decorar. **-2.** [personne] condecorar.

décortiquer [dekɔrtike] vt **-1.** [fruit] pelar. **-2.** fig [texte] desmenuzar.

découcher [dekuʃe] vi dormir fuera de casa.

découdre [dekudr] vt COUT descoser.

découler [dekule] vi : ~ **de qqch** derivarse de algo.

découpage [dekupaʒ] *nm* **-1.** [action de découper] recorte *m*. **-2.** [jeu d'enfants] recortable *m*. **-3.** CIN guión *m* técnico. ◆ **découpage électoral** *nm* ADMIN división en circunscripciones electorales.

découper [dekupe] *vt* **-1.** [gén] cortar. **-2.** [article, texte] recortar.

découpure [dekupyr] *nf* festón *m*.

découragement [dekuraʒmã] *nm* desaliento *m*, desánimo *m*.

décourager [dekuraʒe] *vt* **-1.** [démoraliser] desalentar, desanimar. **-2.** [dissuader] disuadir; ~ qqn de qqch/de faire qqch disuadir a alguien de algo/de hacer algo. ◆ **se décourager** *vp* desanimarse.

décousu, e [dekuzy] *adj* **-1.** COUT descosido(da). **-2.** *fig* [conversation] deshilvanado(da).

découvert, e [dekuvɛr, ɛrt] ◇ *pp* → découvrir. ◇ *adj* descubierto(ta). ◆ **découvert** *nm* BANQUE descubierto *m*; être à ~ (de) tener un descubierto (de). ◆ **découverte** *nf* descubrimiento *m*.

découvrir [dekuvrir] *vt* **-1.** [trouver, laisser apparent] descubrir. **-2.** [plat] destapar. **-3.** [apercevoir] divisar. **-4.** [projet, plat] revelar.

décrasser [dekrase] *vt fam* quitar la roña a.

décrépitude [dekrepityd] *nf* decrepitud *f*.

décret [dekrɛ] *nm* decreto *m*; ~ **ministériel** decreto ministerial.

décréter [dekrete] *vt* **-1.** ADMIN decretar. **-2.** [décider] : ~ **que** decidir que.

décrire [dekrir] *vt* describir.

décrocher [dekrɔʃe] ◇ *vt* **-1.** [détacher] desenganchar. **-2.** [tableau, téléphone] descolgar. **-3.** *fam* [travail] conseguir. ◇ *vi fam* desconectar.

décroître [dekrwatr] *vi* decrecer.

décru, e [dekry] *pp* → décroître.

décrypter [dekripte] *vt* descifrar.

déçu, e [desy] ◇ *pp* → décevoir. ◇ *adj* **-1.** [personne] decepcionado(da). **-2.** [espoir] frustrado(da).

déculotter [dekylɔte] *vt* : ~ **qqn** quitar los pantalones a alguien.

dédaigner [dedɛɲe] ◇ *vt* [mépriser] desdeñar. ◇ *vi* [refuser] : ~ **de faire qqch** *sout* no dignarse hacer algo; **ne pas** ~ **de faire qqch** no hacerle ascos a hacer algo.

dédaigneux, euse [dedɛɲø, øz] *adj* desdeñoso(sa).

dédain [dedɛ̃] *nm* desdén *m*.

dédale [dedal] *nm* laberinto *m*.

dedans [dədã] ◇ *adv* dentro. ◇ *nm* interior *m*. ◆ **de dedans** *loc adv* de dentro. ◆ **en dedans** *loc adv* por dentro. ◆ **en dedans de** *loc prép* : **en** ~ **de lui-même** en su fuero interno.

dédicace [dedikas] *nf* dedicatoria *f*.

dédicacer [dedikase] *vt* [livre, photo] dedicar.

dédier [dedje] *vt* dedicar.

dédire [dedir] ◆ **se dédire** *vp* desdecirse.

dédommagement [dedɔmaʒmã] *nm* **-1.** [indemnité] indemnización *f*. **-2.** [compensation] compensación *f*.

dédommager [dedɔmaʒe] *vt* **-1.** [indemniser] indemnizar. **-2.** [remercier] compensar.

dédouanement [dedwanmã], **dédouanage** [dedwanaʒ] *nm* despacho *m* de aduanas.

dédoubler [deduble] *vt* desdoblar. ◆ **se dédoubler** *vp* **-1.** PSYCHOL desdoblarse. **-2.** *hum* [être partout] estar en todas partes.

déduction [dedyksjɔ̃] *nf* deducción *f*.

déduire [deduir] *vt* deducir.

déduit, e [dedui, it] *pp* → déduire.

déesse [deɛs] *nf* diosa *f*.

défaillance [defajãs] *nf* **-1.** [incapacité] fallo *m*. **-2.** [malaise] desfallecimiento *m*.

défaillir [defajir] *vi* **-1.** [mémoire] fallar. **-2.** *sout* [s'évanouir] desfallecer.

défaire [defɛr] *vt* **-1.** [gén] deshacer. **-2.** [vaincre] derrotar. ◆ **se défaire** *vp* deshacerse; **se** ~ **de qqn/de qqch** deshacerse de alguien/de algo.

défait, e [defɛ, ɛt] ◇ *pp* → défaire. ◇ *adj* [lit, draps] deshecho(cha); [armée] derrotado(da); [air, mine] descompuesto(ta). ◆ **défaite** *nf* derrota *f*.

défaitiste [defetist] *adj & nmf* derrotista *mf*.

défaut [defo] *nm* **-1.** [imperfection] defecto *m*. **-2.** [manque] falta *f*; **à** ~ **de** a falta de; **faire (cruellement)** ~ hacer (mucha) falta; **par** ~ por defecto.

défaveur [defavœr] *nf* : **être/tomber en** ~ estar/caer en desgracia.

défavorable [defavɔrabl] *adj* desfavorable.

défavoriser [defavɔrize] *vt* desfavorecer.

défection [defɛksjɔ̃] *nf* deserción *f*.

défectueux, euse [defɛktɥø, øz] *adj* **-1.** [machine, produit] defectuoso(sa). **-2.** *f* [raisonnement, démonstration] in~ pleto(ta).

défendre [defãdr] *vt* **-1.** [personne, opinion, accusé] defender. -**2.** [interdire] prohibir; ~ **qqch à qqn** prohibir algo a alguien; ~ **à qqn de faire qqch** prohibir a alguien que haga algo; ~ **que** prohibir que. ◆ **se défendre** *vp* **-1.** [gén] defenderse; **se ~ de** negar que; **il se défend d'être avare** niega que sea avaro. **-2.** [thèse] sostenerse; **ça se défend** parece lógico.

défendu, e [defãdy] *pp* → **défendre**.

défenestrer [defənɛstre] *vt* defenestrar.

défense [defãs] *nf* **-1.** [protection & JUR] defensa *f*; **prendre la ~ de qqn/de qqch** defender a alguien/algo; **légitime ~** JUR legítima defensa. **-2.** [d'éléphant] colmillo *m*. **-3.** [interdiction] prohibición *f*.

défenseur [defãscer] *nm* defensor *m*, -ra *f*.

défensif, ive [defãsif, iv] *adj* defensivo(va). ◆ **défensive** *nf* : **être sur la défensive** estar a la defensiva.

déférence [deferãs] *nf* deferencia *f*.

déferlante [defɛrlãt] → **vague**.

déferlement [defɛrləmã] *nm* **-1.** [des vagues] rompimiento *m*. **-2.** *fig* [d'enthousiasme, de colère] explosión *f*; [de gens] invasión *f*.

déferler [defɛrle] *vi* **-1.** [vagues] romperse. **-2.** *fig* [personnes] invadir.

défi [defi] *nm* desafío *m*, reto *m*.

défiance [defjãs] *nf* desconfianza *f*.

déficit [defisit] *nm* déficit *m*; **être en ~** tener déficit.

déficitaire [defisitɛr] *adj* FIN deficitario(ria).

défier [defje] *vt* **-1.** [gén] desafiar, retar; ~ **qqn de faire qqch** desafiar OU retar a alguien a que haga algo. **-2.** [résister à la comparaison] desafiar. ◆ **se défier** *vp* *sout* : **se ~ de qqn/de qqch** desconfiar de alguien/de algo.

défigurer [defigyre] *vt* **-1.** [blesser] desfigurar. **-2.** [enlaidir] afear. **-3.** [fait, vérité] deformar.

défilé [defile] *nm* **-1.** GÉOL desfiladero *m*. -**2.** [parade] desfile *m*.

défiler [defile] *vi* desfilar. ◆ **se défiler** *vp* *fam* largarse.

défini, e [defini] *adj* definido(da).

définir [definir] *vt* definir.

définitif, ive [definitif, iv] *adj* definitivo(va). ◆ **en définitive** *loc adv* en definitiva.

définition [definisjõ] *nf* definición *f*; **haute ~** alta definición.

définitivement [definitivmã] *adv* definitivamente.

défiscaliser [defiskalize] *vt* eximir de impuestos.

déflation [deflasjõ] *nf* ÉCON deflación *f*.

déflationniste [deflasjɔnist] *adj* deflacionista.

déflecteur [deflɛktœr] *nm* AUTOM deflector *m*.

déflorer [deflɔre] *vt* desflorar.

défoncer [defõse] *vt* [sommier, fauteuil] desfondar; [route, porte] hundir.

déformation [defɔrmasjõ] *nf* deformación *f*; ~ **professionnelle** *fig* deformación profesional.

déformer [defɔrme] *vt* deformar. ◆ **se déformer** *vp* deformarse.

défraîchi, e [defreʃi] *adj* ajado(da).

défrayer [defreje] *vt* **-1.** [payer] : ~ **qqn de qqch** costearle a alguien algo. **-2.** *loc* : ~ **la chronique** ser noticia.

défunt, e [defœ̃, œ̃t] ◇ *adj* **-1.** [personne] difunto(ta). **-2.** *sout* [amour] pasado(da). ◇ *nm, f* difunto *m*, -ta *f*.

dégagé, e [degaʒe] *adj* **-1.** [ciel, nuque] despejado(da). **-2.** [ton, air] desenvuelto(ta).

dégager [degaʒe] ◇ *vt* **-1.** [odeur] desprender, soltar. **-2.** [crédits] liberar. **-3.** [idée, blessé] sacar. **-4.** [partie du corps] dejar libre. **-5.** [pièce, vue] despejar. **-6.** [libérer] : ~ **qqn de qqch** liberar a alguien de algo. ◇ *vi fam* largarse. ◆ **se dégager** *vp* **-1.** [se libérer] : **se ~ de qqch** liberarse de algo. **-2.** [ciel, nez] despejarse. **-3.** [odeur, idée] desprenderse.

dégât [dega] *nm* daño *m*, estrago *m*; **faire des ~s** causar estragos.

dégel [deʒɛl] *nm* **-1.** [fonte des glaces] deshielo *m*. **-2.** ÉCON & POLIT desbloqueo *m*.

dégeler [deʒle] ◇ *vt* **-1.** [produit surgelé, compte] descongelar. **-2.** [atmosphère] caldear. ◇ *vi* descongelarse.

dégénéré, e [deʒenere] *adj & nm, f* degenerado(da).

dégénérer [deʒenere] *vi* degenerar; ~ **en qqch** degenerar en algo.

dégivrer [deʒivre] *vt* descongelar.

dégivreur [deʒivrœr] *nm* [de voiture] luneta *f* térmica; [de réfrigérateur] descongelador *m*.

déglutir [deglytir] *vi* deglutir.

dégonfler [degɔ̃fle] ◇ vt desinflar. ◇ vi desinflarse; **faire ~ qqch** deshinchar algo. ◆ **se dégonfler** vp **-1.** [objet] desinflarse. **-2.** fam [personne] rajarse.

dégouliner [deguline] vi gotear.

dégoupiller [degupije] vt [grenade] quitar el pasador a.

dégourdi, e [degurdi] adj & nm, f despabilado(da).

dégoût [degu] nm **-1.** [gén] asco m; **~ pour qqch** asco por algo; **ravaler son ~** reprimir su asco. **-2.** [lassitude] hastío m; **le ~ de la vie** el hastío de la vida.

dégoûtant, e [degutã, ãt] ◇ adj **-1.** [sale] asqueroso(sa). **-2.** [révoltant, grossier] repugnante. ◇ nm, f asqueroso m, -sa f; **un vieux ~** un viejo verde.

dégoûter [degute] vt dar asco; **~ qqn de qqch** hacer aborrecer a alguien algo.

dégoutter [degute] vi gotear.

dégrader [degrade] vt **-1.** [officier, situation, personne] degradar. **-2.** [édifice] deteriorar. **-3.** [sol] agotar. ◆ **se dégrader** vp **-1.** [situation, personne] degradarse. **-2.** [empirer] empeorar.

dégrafer [degrafe] vt desabrochar.

dégraisser [degrese] ◇ vt **-1.** [nettoyer] limpiar (las manchas de grasa). **-2.** CULIN retirar la capa de grasa. ◇ vi fam [réduire les effectifs] hacer reducción de personal.

degré [dəgre] nm **-1.** [gén] grado m; **~ centigrade** OU **Celsius** grado centígrado OU Celsius; **prendre qqch au premier ~** interpretar algo al pie de la letra. **-2.** sout [marche] peldaño m.

dégressif, ive [degresif, iv] adj decreciente.

dégringoler [degrɛ̃gɔle] fam ◇ vt [escalier] bajar corriendo. ◇ vi **-1.** [personne] caer rodando. **-2.** fig [actions] hundirse.

déguenillé, e [degnije] adj andrajoso(sa).

déguerpir [degɛrpir] vi salir corriendo.

dégueulasse [degœlas] tfam ◇ adj guarro(rra); **c'est ~, ce qu'il t'a fait** ¡vaya putada te ha hecho! ◇ nmf guarro m, -rra f.

dégueuler [degœle] vi tfam echar las papas.

déguisement [degizmã] nm disfraz m.

déguiser [degize] vt **-1.** [personne] disfrazar. **-2.** [voix, écriture] disimular. ◆ **se déguiser** vp : **se ~ en** disfrazarse de.

dégustation [degystasjɔ̃] nf [de mets] degustación f; [de vin] cata f.

déguster [degyste] vt **-1.** [savourer – mets] saborear; [– vin] catar. **-2.** fam [subir] esperar; **qu'est-ce que je vais ~ si je rentre tard!** ¡la que me espera si vuelvo tarde!

déhancher [deɑ̃ʃe] ◆ **se déhancher** vp contonearse.

dehors [dəɔr] ◇ adv fuera; **jeter** OU **mettre qqn ~** echar a alguien. ◇ nm exterior m. ◇ nmpl : **les ~** las apariencias; **les ~ sont souvent trompeurs** las apariencias engañan. ◆ **en dehors** loc adv hacia fuera; **se pencher en ~** asomarse. ◆ **en dehors de** loc prép aparte de.

déjà [deʒa] adv **-1.** [gén] ya. **-2.** [au fait] : **comment tu t'appelles ~?** ¿cómo me has dicho que te llamas?

déjeuner [deʒœne] ◇ vi **-1.** [le matin] desayunar. **-2.** [à midi] comer, almorzar. ◇ nm **-1.** [repas du midi] comida f, almuerzo m. **-2.** Can [dîner] cena f.

déjouer [deʒwe] vt desbaratar.

delà [dəla] ◆ **par-delà** loc prép al otro lado de, más allá de.

délabré, e [delabre] adj ruinoso(sa).

délacer [delase] vt desatar.

délai [delɛ] nm **-1.** [temps accordé] plazo m; **sans ~** sin demora; **~ de livraison** plazo de entrega. **-2.** [sursis] prórroga f.

délaisser [delese] vt abandonar.

délassant, e [delasã, ãt] adj relajante.

délasser [delase] vt relajar. ◆ **se délasser** vp relajarse.

délation [delasjɔ̃] nf delación f.

délavé, e [delave] adj descolorido(da).

délayer [deleje] vt **-1.** [diluer] desleír, diluir. **-2.** fig [exposer longuement] diluir.

délecter [delɛkte] ◆ **se délecter** vp : **se ~ de qqch** deleitarse con algo.

délégation [delegasjɔ̃] nf delegación f.

délégué, e [delege] ◇ adj delegado(da). ◇ nm, f delegado m, -da f.

déléguer [delege] vt delegar.

délester [delɛste] vt **-1.** [navire] deslastrar. **-2.** [circulation] descongestionar. **-3.** fig & hum [voler] : **~ qqn de qqch** aligerar a alguien de algo.

délibération [deliberasjɔ̃] nf [de jury] deliberación f. ◆ **délibérations** nfpl deliberaciones fpl.

délibéré, e [delibere] adj **-1.** [acte, volonté] deliberado(da). **-2.** [air] resuelto(ta).

délibérer [delibere] vi deliberar.

délicat, e [delika, at] adj delicado(da).

délicatement [delikatmɑ̃] *adv* delicada-
mente, con delicadeza.

délicatesse [delikatɛs] *nf* delicadeza *f*.

délice [delis] *nm* delicia *f*.

délicieux, euse [delisjø, øz] *adj* deli-
cioso(sa).

délié, e [delje] *adj* **–1.** [écriture] me-
nudo(da). **-2.** [doigts] ágil.

délier [delje] *vt* [gén] desatar.

délimiter [delimite] *vt* delimitar.

délinquance [delɛ̃kɑ̃s] *nf* delincuencia *f*; ~
juvénile delincuencia juvenil.

délinquant, e [delɛ̃kɑ̃, ɑ̃t] <> *adj* delincuente. <> *nm, f* delincuente *mf*.

délirant, e [delirɑ̃, ɑ̃t] *adj* delirante.

délire [delir] *nm* delirio *m*; **en** ~ delirante;
c'est du ~ *fig* ¡es una locura!

délirer [delire] *vi* delirar.

délit [deli] *nm* JUR delito *m*; **en flagrant** ~
in fraganti.

délivrance [delivrɑ̃s] *nf* **–1.** [de prisonnier]
liberación *f*. **-2.** [soulagement] alivio *m*.
-3. [de passeport, de certificat] expedición
f.

délivrer [delivre] *vt* **–1.** [prisonnier, pays]
liberar; ~ **de** [relâcher] liberar de; *fig* [dé-
barrasser] librar de. **-2.** [certificat, passe-
port] expedir. **-3.** [marchandise] entregar.

déloger [delɔʒe] *vt* desalojar.

déloyal, e, aux [delwajal, o] *adj* desleal.

delta [dɛlta] *nm* GÉOGR delta *m*.

delta-plane (*pl* **delta-planes**), **delta-
plane** [dɛltaplan] *nm* ala *f* delta.

déluge [delyʒ] *nm* diluvio *m*. **◆ Déluge**
nm : **le Déluge** RELIG el Diluvio.

déluré, e [delyre] *adj* **–1.** [malin] avis-
pado(da). **-2.** *péj* [dévergondé] desvergon-
zado(da).

démagogie [demagɔʒi] *nf* demagogia *f*.

démagogique [demagɔʒik] *adj* demagó-
gico(ca).

démagogue [demagɔg] *nmf* demagogo *m*,
-ga *f*.

demain [dəmɛ̃] <> *adv* mañana. <> *nm* **-1.**
[jour suivant] mañana *m*; **à** ~! ¡hasta mañana! **-2.** [avenir] el día de mañana.

demande [dəmɑ̃d] *nf* **–1.** [souhait] petición *f*. **-2.** [démarche, candidature] solicitud *f*; ~ **en mariage** petición de mano; ~
d'emploi solicitud de empleo. **-3.**
[commande] encargo *m*. **-4.** ÉCON & JUR demanda *f*.

demandé, e [dəmɑ̃de] *adj* solicitado(da);
très ~ muy solicitado.

demander [dəmɑ̃de] <> *vt* **-1.** [gén] pedir;
ne pas ~ **mieux** no desear otra cosa. **-2.**
[appeler] llamar. **-3.** [interroger] preguntar.
-4. [nécessiter] requerir. **-5.** [chercher]
buscar. <> *vi* **-1.** [réclamer] : ~ **à qqn de
faire qqch** pedir a alguien que haga algo;
ne ~ **qu'à** sólo pedir que. **-2.** [nécessiter] :
~ **à** requerir. **◆ se demander** *vp* : **se** ~
(qqch) preguntarse (algo); **se** ~ **si** preguntarse si.

demandeur[1], euse [dəmɑ̃dœr, øz] *nm, f*
solicitante *mf*; ~ **d'asile/d'emploi** solicitante de asilo/de empleo.

demandeur[2], eresse [dəmɑ̃dœr, drɛs] *nm,
f* demandante *mf*.

démangeaison [demɑ̃ʒɛzɔ̃] *nf* **–1.** [irrita-
tion] picor *m*. **-2.** *fig* [grande envie] ganas *fpl*.

démanger [demɑ̃ʒe] *vt* **-1.** [gratter] picar.
-2. *fig* [avoir envie] : **ça me démange de**
tengo unas ganas de.

démanteler [demɑ̃tle] *vt* desmantelar.

démaquillant, e [demakijɑ̃, ɑ̃t] *adj* des-
maquillador(ra), desmaquillante. **◆ démaquillant** *nm* desmaquillador *m*, desmaquillante *m*.

démaquiller [demakije] *vt* desmaquillar.
◆ se démaquiller *vp* desmaquillarse.

démarchage [demarʃaʒ] *nm* venta *f* a domicilio.

démarche [demarʃ] *nf* **-1.** [manière de mar-
cher] andares *mpl*. **-2.** [raisonnement] enfoque *m*. **-3.** [requête] gestión *f*, trámite *m*
Esp, tratativas *fpl Amér*.

démarcheur, euse [demarʃœr, øz] *nm, f*
vendedor *m*, -ra *f* a domicilio.

démarque [demark] *nf* rebaja *f*.

démarquer [demarke] *vt* **-1.** [solder] cambiar o quitar la marca de un artículo para ven-
derlo más barato. **-2.** [enlever la marque de]
quitar la marca de. **-3.** SPORT desmarcar.
◆ se démarquer *vp* SPORT desmarcarse;
se ~ **(de)** [se distinguer] desmarcarse (de).

démarrage [demaraʒ] *nm* arranque *m*; ~
en côte arranque en una cuesta.

démarrer [demare] <> *vi* **-1.** [gén] arrancar; **faire** ~ arrancar. **-2.** NAVIG zarpar.
<> *vt* **-1.** [voiture] arrancar. **-2.** [affaire,
projet] poner en marcha.

démarreur [demarœr] *nm* arranque *m* (*mecanismo*).

démasquer [demaske] *vt* desenmascarar.

démêlant, e [demɛlɑ̃, ɑ̃t] *adj* suavizante.

démêlé [demele] *nm* altercado *m*; **avoir
des** ~**s avec la justice** tener líos con la
justicia.

démêler [demele] vt **-1.** [gén] desenredar. **-2.** fig [affaire, mystère] desembrollar. ◆ **se démêler** vp : **se ~ de qqch** desembarazarse de algo.

déménagement [demenaʒmã] nm mudanza f.

déménager [demenaʒe] ◇ vt [meuble] trasladar. ◇ vi [changer d'appartement] mudarse.

déménageur [demenaʒœr] nm [entrepreneur] empresa f de mudanzas; [employé] mozo m de mudanzas.

démence [demãs] nf **-1.** MÉD [folie] demencia f. **-2.** [bêtise] locura f.

démener [demne] ◆ **se démener** vp **-1.** [se débattre] forcejear. **-2.** fig [se dépenser] moverse.

dément, e [demã, ãt] ◇ adj **-1.** MÉD demente. **-2.** fam [incroyable, extravagant] alucinante. ◇ nm, f MÉD demente mf.

démenti [demãti] nm mentís m inv.

démentiel, elle [demãsjɛl] adj demencial.

démentir [demãtir] vt **-1.** [réfuter] desmentir. **-2.** [contredire] contradecir.

démesure [demezyr] nf [excès] desmesura f.

démesuré, e [demezyre] adj **-1.** [excessif] desmesurado(da). **-2.** [énorme] desmesurado(da).

démettre [demɛtr] vt **-1.** MÉD dislocar. **-2.** [destituer] : **~ de** destituir de; JUR desestimar; **~ qqn de sa demande** desestimar la demanda de alguien. ◆ **se démettre** vp **-1.** MÉD dislocarse. **-2.** [démissionner de] : **se ~ de ses fonctions** dimitir (de) su cargo.

demeurant [dəmœrã] ◆ **au demeurant** loc adv por lo demás.

demeure [dəmœr] nf **-1.** sout [domicile] residencia f. **-2.** [belle habitation] mansión f. ◆ **à demeure** loc adv [définitivement] para siempre.

demeuré, e [dəmœre] adj & nm, f retrasado(da) mental.

demeurer [dəmœre] vi **-1.** (aux avoir) [habiter] residir. **-2.** (aux être) [rester] quedarse, permanecer.

demi, e [dəmi] adj **-1.** [qui est la moitié de] medio(dia); **et ~** y medio. **-2.** [incomplet] : **un ~-succès** un éxito a medias. ◆ **demi** nm **-1.** [bière] caña f (de cerveza). **-2.** SPORT medio m. ◆ **demie** nf **-1.** [demiheure] media f; **à la ~e** a la media, a y media. **-2.** [une demi-bouteille] botella f de medio. ◆ **à demi** loc adv **-1.** [à moitié] medio; **à ~ nu** medio desnudo. **-2.** [en partie] a medias; **faire les choses à ~** hacer las cosas a medias.

demi-cercle (pl **demi-cercles**) nm semicírculo m; **en ~** en semicírculo.

demi-douzaine (pl **demi-douzaines**) nf media docena f.

demi-finale (pl **demi-finales**) nf SPORT semifinal f.

demi-frère (pl **demi-frères**) nm hermanastro m.

demi-heure (pl **demi-heures**) nf media hora f.

demi-journée (pl **demi-journées**) nf media jornada f.

démilitariser [demilitarize] vt desmilitarizar.

demi-litre (pl **demi-litres**) nm medio litro m.

demi-mesure (pl **demi-mesures**) nf **-1.** [quantité] media medida f. **-2.** [chose incomplète] parche m.

demi-mot [dəmimo] ◆ **à demi-mot** loc adv : **comprendre à ~** entender sin necesidad de palabras.

déminer [demine] vt retirar las minas de.

demi-pension (pl **demi-pensions**) nf media pensión f.

demi-pensionnaire (pl **demi-pensionnaires**) nmf medio pensionista mf.

démis, e [demi, iz] pp → **démettre**.

demi-saison (pl **demi-saisons**) nf entretiempo m.

demi-sœur (pl **demi-sœurs**) nf hermanastra f.

démission [demisjɔ̃] nf dimisión f.

démissionner [demisjɔne] ◇ vi dimitir. ◇ vt hum [renvoyer] dimitir.

demi-tarif (pl **demi-tarifs**) nm medio billete m.

demi-tour (pl **demi-tours**) nm media vuelta f; **faire ~** dar media vuelta.

démocrate [demokrat] adj & nmf demócrata.

démocratie [demɔkrasi] nf democracia f.

démocratique [demɔkratik] adj democrático(ca).

démocratiser [demɔkratize] vt democratizar.

démodé, e [demɔde] adj **-1.** [vêtement] pasado(da) de moda. **-2.** [technique, théorie] anticuado(da).

démographie [demɔgrafi] nf demografía f.

démographique [demɔgrafik] *adj* demográfico(ca).

demoiselle [dəmwazɛl] *nf* **-1.** [jeune fille] señorita *f*; ~ **d'honneur** dama *f* de honor. **-2.** [libellule] libélula *f*.

démolir [demɔlir] *vt* **-1.** [édifice] demoler. **-2.** [casser] destrozar. **-3.** *fam* [personne] moler a palos. **-4.** *fig* [projet, réputation] arruinar.

démolition [demɔlisjɔ̃] *nf* demolición *f*.

démon [demɔ̃] *nm* **-1.** [diable & MYTH] demonio *m*. **-2.** [enfant] diablo *m*.

démoniaque [demɔnjak] *adj* **-1.** [diabolique] demoníaco(ca). **-2.** [possédé du démon] endemoniado(da).

démonstrateur, trice [demɔ̃stratœr, tris] *nm, f* demostrador *m*, -ra *f*.

démonstratif, ive [demɔ̃stratif, iv] *adj* demostrativo(va). ◆ **démonstratif** *nm* GRAM demostrativo *m*.

démonstration [demɔ̃strasjɔ̃] *nf* demostración *f*.

démonter [demɔ̃te] *vt* **-1.** [appareil] desmontar. **-2.** [troubler] desmoronar.

démontrer [demɔ̃tre] *vt* demostrar.

démoralisant, e [demɔralizã, ãt] *adj* desmoralizador(ra).

démoraliser [demɔralize] *vt* desmoralizar.

démordre [demɔrdr] *vi* : **ne pas** ~ **de qqch** no dar su brazo a torcer en algo.

démordu [demɔrdy] *pp inv* → **démordre**.

démotiver [demɔtive] *vt* desmotivar.

démouler [demule] *vt* [statue] vaciar; [gâteau, pâté] desmoldar.

démunir [demynir] *vt* despojar. ◆ **se démunir** *vp* : **se** ~ **de qqch** despojarse de algo.

démythifier [demitifje] *vt* desmitificar.

dénationaliser [denasjɔnalize] *vt* ÉCON reprivatizar.

dénaturer [denatyre] *vt* **-1.** TECHNOL desnaturalizar. **-2.** [goût] alterar. **-3.** [paroles] deformar.

dénégation [denegasjɔ̃] *nf* **-1.** [négation & PSYCHOL] negación *f*. **-2.** JUR denegación *f*.

dénicher [deniʃe] *vt* **-1.** [trouver] topar con. **-2.** [faire sortir de sa cachette] encontrar.

dénigrer [denigre] *vt* denigrar.

dénivellation [denivɛlasjɔ̃] *nf* **-1.** [de route] desnivel *m*. **-2.** [de montagne] pendiente *f*.

dénombrer [denɔ̃bre] *vt* [compter] contar; [recenser] censar.

dénominateur [denɔminatœr] *nm* MATHS denominador *m*; ~ **commun** denominador común.

dénomination [denɔminasjɔ̃] *nf* denominación *f*.

dénoncer [denɔ̃se] *vt* **-1.** [gén] denunciar. **-2.** *fig* [trahir] revelar.

dénonciation [denɔ̃sjasjɔ̃] *nf* denuncia *f*.

dénoter [denɔte] *vt* denotar.

dénouement [denumã] *nm* desenlace *m*.

dénouer [denwe] *vt* **-1.** [nœud] desanudar. **-2.** *fig* [affaire] desenmarañar.

dénoyauter [denwajote] *vt* [fruit] deshuesar.

denrée [dãre] *nf* comestible *m*; ~**s alimentaires** productos *mpl* alimenticios.

dense [dãs] *adj* denso(sa).

densité [dãsite] *nf* densidad *f*; **double/ haute** ~ INFORM doble/alta densidad.

dent [dã] *nf* **-1.** [gén] diente *m*; ~ **de lait** diente de leche; ~ **de sagesse** muela *f* del juicio. **-2.** GÉOGR pico *m*.

dentaire [dãtɛr] *adj* dental.

dentelé, e [dãtle] *adj* dentado(da).

dentelle [dãtɛl] *nf* encaje *m*.

dentier [dãtje] *nm* dentadura *f* postiza.

dentifrice [dãtifris] *nm* dentífrico *m*.

dentiste [dãtist] *nmf* dentista *mf*.

dentition [dãtisjɔ̃] *nf* **-1.** [ensemble des dents] dentadura *f*. **-2.** [croissance des dents] dentición *f*.

dénuder [denyde] *vt* **-1.** [partie du corps] dejar al descubierto. **-2.** [fil électrique] pelar.

dénué, e [denɥe] *adj* : ~ **de** desprovisto(ta)de.

dénuement [denymã] *nm* indigencia *f*.

déodorant, e [deɔdɔrã, ãt] *adj* desodorante. ◆ **déodorant** *nm* desodorante *m*.

déontologie [deɔ̃tɔlɔʒi] *nf* deontología *f*.

dép. *abr de* **départ, département**.

dépannage [depanaʒ] *nm* reparación *f*.

dépanner [depane] *vt* **-1.** [réparer] reparar *Esp*, refaccionar *Amér*. **-2.** *fam fig* [aider] echar una mano a.

dépareillé, e [depareje] *adj* **-1.** [service] incompleto(ta). **-2.** [chaussettes, gants] desparejado(da).

départ [depar] *nm* **-1.** [de personne] partida *f*. **-2.** [de train, d'avion, de course] salida *f*. **-3.** [d'employé] marcha *f*. **-4.** [début] punto *m* de partida.

départager [departaʒe] *vt* **-1.** [concurrents, candidats] desempatar. **-2.** [opinions] terciar. **-3.** [séparer] dividir.

département [departəmã] *nm* **-1.** [territoire] *división territorial en Francia;* ~ **d'outre-mer** *provincia francesa de ultramar.* **-2.** ADMIN departamento *m.*

dépassé, e [depase] *adj* **-1.** [méthode] anticuado(da). **-2.** [personne] desbordado(da).

dépassement [depasmã] *nm* **-1.** [en voiture] adelantamiento *m.* **-2.** FIN rebasamiento *m.*

dépasser [depase] ◇ *vt* **-1.** [voiture] adelantar. **-2.** [surpasser – en hauteur, importance, temps] sobrepasar; [– en longueur] sobresalir entre; [– en qualité] superar. **-3.** [prévision, attente] superar. **-4.** [limite, cap] rebasar, sobrepasar. ◇ *vi* sobresalir; ~ **de** sobresalir de.

dépaysement [depeizmã] *nm* cambio *m* de aires.

dépayser [depeize] *vt* **-1.** [désorienter] desorientar. **-2.** [changer agréablement] cambiar para mejor.

dépecer [depəse] *vt* **-1.** [volaille] descuartizar. **-2.** [proie] despedazar.

dépêche [depɛʃ] *nf* **-1.** [message diplomatique] despacho *m.* **-2.** [d'agence de presse] comunicado *m;* ~ **d'agence** comunicado de agencia.

dépêcher [depeʃe] *vt litt* [envoyer] mandar. ◆ **se dépêcher** *vp* darse prisa; **se** ~ **de faire qqch** apresurarse a hacer algo.

dépendance [depãdãs] *nf* dependencia *f.* ◆ **dépendances** *nfpl* dependencias *fpl.*

dépendre [depãdr] ◇ *vi* ~ **de** depender de. ◇ *vt* [décrocher] descolgar.

dépendu, e [depãdy] *pp* → **dépendre**.

dépens [depã] *nmpl* JUR costas *fpl;* **aux** ~ **de qqn** a costa de alguien; **à mes** ~ a mi costa.

dépense [depãs] *nf* gasto *m;* **les** ~**s publiques** el gasto público.

dépenser [depãse] *vt* **-1.** [argent] gastar. **-2.** [temps, efforts] dedicar. ◆ **se dépenser** *vp* **-1.** [se fatiguer] cansarse. **-2.** *fig* [s'investir] desvivirse.

dépensier, ère [depãsje, ɛr] *adj* despilfarrador(ra).

déperdition [depɛrdisjɔ̃] *nf* pérdida *f.*

dépérir [deperir] *vi* **-1.** [personne] debilitarse. **-2.** [santé, affaire] decaer. **-3.** [plante] marchitarse.

déphasé, e [defaze] *adj* desfasado(da).

dépilatoire [depilatwar] *adj* depilatorio(ria).

dépistage [depistaʒ] *nm* **-1.** [de maladie] detección *f.* **-2.** [de gibier] rastreo *m.*

dépister [depiste] *vt* **-1.** [maladie] detectar. **-2.** [voleur] descubrir el rastro de. **-3.** [gibier] rastrear. **-4.** [déjouer] despistar.

dépit [depi] *nm* despecho *m.* ◆ **en dépit de** *loc prép* a pesar de.

dépité, e [depite] *adj* disgustado(da).

déplacé, e [deplase] *adj* **-1.** [personne] desplazado(da). **-2.** [remarque, attitude, présence] fuera de lugar.

déplacement [deplasmã] *nm* **-1.** [d'objet] desplazamiento *m.* **-2.** [voyage] desplazamiento *m,* viaje *m.*

déplacer [deplase] *vt* **-1.** [objet, meuble] desplazar. **-2.** [problème] desviar. **-3.** [fonctionnaire] trasladar. ◆ **se déplacer** *vp* desplazarse.

déplaire [deplɛr] *vi* **-1.** [ne pas plaire] desagradar. **-2.** [irriter] disgustar.

déplaisant, e [deplɛzã, ãt] *adj* desagradable.

dépliant [deplijã] *nm* prospecto *m,* folleto *m.*

déplier [deplije] *vt* desplegar, abrir.

déploiement [deplwamã] *nm* despliegue *m.*

déplorer [deplɔre] *vt sout* deplorar.

déployer [deplwaje] *vt* **-1.** [carte, ailes, journal] desplegar, abrir. **-2.** [énergie, efforts, troupes] desplegar. **-3.** [courage] dar muestra de.

déportation [depɔrtasjɔ̃] *nf* deportación *f.*

déporté, e [depɔrte] *nm, f* deportado *m,* -da *f.*

déporter [depɔrte] *vt* **-1.** [personne] deportar. **-2.** [dévier] desviar.

déposé, e [depoze] *adj* [marque] registrado(da); [modèle] patentado(da).

déposer [depoze] ◇ *vt* **-1.** [personne, objet] dejar en. **-2.** [argent, sédiments] depositar. **-3.** [marque] registrar. **-4.** JUR [plainte] presentar; ~ **son bilan** FIN presentar el expediente de suspensión de pagos. **-5.** [monarque] destituir. ◇ *vi* **-1.** JUR deponer. **-2.** [liquide] depositar. ◆ **se déposer** *vp* depositarse.

dépositaire [depozitɛr] *nm* **-1.** [gén] depositario *m.* **-2.** COMM concesionario *m.*

déposition [depozisjɔ̃] *nf* **-1.** JUR declaración *f.* **-2.** [de monarque] deposición *f.* **-3.** RELIG & ART descendimiento *m* de la Cruz.

déposséder [depɔsede] *vt* : ~ qqn de qqch desposeer a alguien de algo.

dépôt [depo] *nm* -1. [gén] depósito *m*; ~ de garantie FIN depósito en garantía; ~ légal depósito legal; ~ d'ordures vertedero *m*. -2. [prison] calabozo *m*.

dépotoir [depɔtwar] *nm* -1. [décharge] vertedero *m*. -2. *péj* [lieu en désordre] leonera *f*. -3. TECHNOL [usine] planta *f* de transformación de residuos.

dépouille [depuj] *nf* piel *f*. ◆ **dépouille mortelle** *nf* restos *mpl* mortales.

dépouillement [depujmã] *nm* -1. [sobriété] austeridad *f*. -2. [examen minutieux] escrutinio *m*.

dépouiller [depuje] *vt* -1. [enlever] : ~ qqn/qqch de qqch despojar a alguien/ algo de algo. -2. [examiner] escrutar.

dépourvu, e [depurvy] *adj* : ~ de desprovisto(ta)de. ◆ **au dépourvu** *loc adv* : prendre qqn au ~ pillar a alguien desprevenido(da).

dépoussiérer [depusjere] *vt* -1. [nettoyer] limpiar el polvo. -2. *fig* [rajeunir] renovar.

dépravation [depravasjɔ̃] *nf* depravación *f*.

dépréciation [depresjasjɔ̃] *nf* depreciación *f*.

dépressif, ive [depresif, iv] *adj & nm, f* depresivo(va).

dépression [depresjɔ̃] *nf* depresión *f*; ~ nerveuse depresión nerviosa.

déprimant, e [deprimã, ãt] *adj* deprimente.

déprime [deprim] *nf fam* depre *f*; faire une ~ tener una depre.

déprimé, e [deprime] *adj* deprimido(da).

déprimer [deprime] ◇ *vt* -1. [personne] deprimir. -2. FIN hundir. ◇ *vi fam* estar depre.

déprogrammer [deprɔgrame] *vt* desprogramar.

dépuceler [depysle] *vt fam* desvirgar.

depuis [dəpɥi] ◇ *prép* -1. [exprimant l'origine temporelle OU spatiale] desde; ~... jusqu'à desde... hasta; ~ une fenêtre desde una ventana; il est parti ~ hier se marchó ayer. -2. [exprimant la durée] desde hace; ~ 10 ans desde hace 10 años; ~ longtemps desde hace tiempo; ~ toujours desde siempre. ◇ *adv* desde entonces; ~, nous ne l'avons pas vu desde entonces no lo hemos visto. ◆ **depuis que** *loc conj* desde que.

député [depyte] *nm* -1. [au Parlement] diputado *m*, -da *f*; ~ européen europarlamentario *m*, -ria *f*. -2. [délégué] delegado *m*, -da *f*.

déraciner [derasine] *vt* -1. [arbre] arrancar de cuajo, arrancar de raíz. -2. [personne] desarraigar.

déraillement [derajmã] *nm* descarrilamiento *m*.

dérailler [deraje] *vi* -1. [train] descarrilar. -2. *fam* [montre] funcionar mal. -3. *fam* [personne] desvariar.

dérailleur [derajœr] *nm* cambio *m* de marchas *(de bicicleta)*.

déraisonnable [derɛzɔnabl] *adj sout* poco razonable.

dérangement [derãʒmã] *nm* -1. [gêne] trastorno *m*. -2. [déplacement] viaje *m*; en ~ averiado(da).

déranger [derãʒe] ◇ *vt* -1. [mettre en désordre] desordenar. -2. [personne] : ça vous dérange si...? ¿le molesta si...? -3. [esprit] perturbar. ◇ *vi* molestar. ◆ **se déranger** *vp* -1. [se déplacer] moverse. -2. [se gêner] molestarse.

dérapage [derapaʒ] *nm* -1. [de voiture] derrapaje *m*. -2. *fig* [en parlant] patinazo *m*.

déraper [derape] *vi* -1. [voiture] derrapar. -2. *fig* [économie, prix] descontrolarse.

déréglé, e [deregle] *adj* [vie, mœurs] desordenado(da).

déréglementer [dereɡləmãte] *vt* desregular, liberalizar.

dérégler [deregle] *vt* -1. [mécanisme] estropear. -2. [pouls, esprit] alterar. ◆ **se dérégler** *vp* -1. [mécanisme] estropearse. -2. *fig* [esprit] alterarse.

dérision [derizjɔ̃] *nf* escarnio *m*; tourner qqch en ~ hacer escarnio de algo.

dérisoire [derizwar] *adj* irrisorio(ria).

dérivatif, ive [derivatif, iv] *adj* LING derivativo(va). ◆ **dérivatif** *nm* : ~ (à qqch) distracción (para algo).

dérive [deriv] *nf* -1. [de bateau] orza *f*. -2. [mouvement] deriva *f*; aller OU être à la ~ *fig* ir a la deriva.

dérivé [derive] *nm* derivado *m*.

dériver [derive] ◇ *vt* -1. [fleuve, rivière] derivar. -2. LING derivar. ◇ *vi* -1. [découler] : ~ de qqch derivar OU provenir de algo. -2. [aller à la dérive] derivar.

dermatologie [dɛrmatɔlɔʒi] *nf* dermatología *f*.

dermatologue [dɛrmatɔlɔg], **dermatologiste** [dɛrmatɔlɔʒist] *nmf* dermatólogo *m*, -ga *f*.

dernier, ère [dɛrnje, ɛr] ◇ *adj* **-1.** [gén] último(ma). **-2.** [jour, semaine, année etc] pasado(da). ◇ *nm, f* **-1.** [dans une série] último *m*, -ma *f*; **ce** ~ [reprend un énoncé] éste, este último. **-2.** [benjamin] pequeño *m*, -ña *f*. ◆ **en dernier** *loc adv* en último lugar.

dernièrement [dɛrnjɛrmā] *adv* últimamente.

dernier-né, dernière-née *nm, f* **-1.** [bébé] hijo *m* menor, hija *f* menor. **-2.** [dernier modèle] último modelo *m*.

dérobade [derɔbad] *nf* espantada *f*.

dérobé, e [derobe] *adj* [escalier, porte] secreto(ta).

dérober [derobe] *vt sout* hurtar. ◆ **se dérober** *vp* [sol] hundirse.

dérogation [derɔgasjɔ̃] *nf* derogación *f*.

déroulement [derulmā] *nm* **-1.** [de bobine] desenrollamiento *m*. **-2.** [d'événement] desarrollo *m*.

dérouler [derule] *vt* desenrollar. ◆ **se dérouler** *vp* [événement] desarrollarse.

déroute [derut] *nf* **-1.** [fuite] espantada *f*; **mettre en** ~ poner en fuga. **-2.** *fig* [débâcle] desastre *m*.

dérouter [derute] *vt* **-1.** [personne] desconcertar. **-2.** [avion, navire] desviar.

derrière [dɛrjɛr] ◇ *prép* **-1.** [en arrière de] detrás de. **-2.** [au-delà de] más allá de, detrás de. ◇ *nm* **-1.** [partie arrière] parte *f* de atrás. **-2.** [partie du corps] trasero *m*.

des [de] ◇ *art indéf* → **un**. ◇ *prép* → **de**.

dès [dɛ] *prép* **-1.** [depuis] desde; ~ **l'enfance** desde niño; ~ **maintenant** desde ahora, a partir de ahora; ~ **demain** a partir de mañana. **-2.** [aussitôt que] en cuanto; ~ **mon retour, j'irai te voir** en cuanto vuelva, iré a verte. ◆ **dès lors** *loc adv* desde entonces. ◆ **dès lors que** *conj* ya que. ◆ **dès que** *loc conj* en cuanto; ~ **que j'arriverai, je l'informerai** en cuanto llegue, le pondré al corriente; ~ **que possible** cuanto antes.

désabusé, e [dezabyze] *adj* desengañado(da).

désaccord [dezakɔr] *nm* desacuerdo *m*, discrepancia *f*.

désaccordé, e [dezakɔrde] *adj* desafinado(da).

désaffecté, e [dezafɛkte] *adj* abandonado(da).

désaffection [dezafɛksjɔ̃] *nf* desafecto *m*.

désagréable [dezagreabl] *adj* desagradable.

désagrément [dezagremā] *nm* disgusto *m*.

désaltérant, e [dezalterā, āt] *adj* que quita la sed.

désaltérer [dezaltere] *vt & vi* quitar la sed. ◆ **se désaltérer** *vp* beber.

désamorcer [dezamɔrse] *vt* **-1.** [arme] descebar. **-2.** *fig* [complot] desarticular.

désappointer [dezapwɛ̃te] *vt* decepcionar.

désapprobation [dezaprɔbasjɔ̃] *nf* desaprobación *f*.

désapprouver [dezapruve] ◇ *vt* desaprobar. ◇ *vi* protestar.

désarmement [dezarməmā] *nm* desarme *m*.

désarmer [dezarme] ◇ *vt* **-1.** [gén] desarmar. **-2.** [fusil] desmontar. ◇ *vi* **-1.** [pays] desarmarse. **-2.** *fig* [tenir bon – personne] rendirse; [– haine] ceder.

désarroi [dezarwa] *nm* angustia *f*.

désarticulé, e [dezartikyle] *adj* **-1.** [pantin] desarticulado(da). **-2.** [corps] descoyuntado(da).

désastre [dezastr] *nm* desastre *m*.

désastreux, euse [dezastrø, øz] *adj* desastroso(sa).

désavantage [dezavātaʒ] *nm* desventaja *f*.

désavantager [dezavātaʒe] *vt* perjudicar.

désavantageux, euse [dezavātaʒø, øz] *adj* desventajoso(sa).

désavouer [dezavue] *vt* **-1.** [renier] negar. **-2.** [désapprouver] desaprobar.

désaxé, e [dezakse] *adj & nm, f* desequilibrado(da).

désaxer [dezakse] *vt* descentrar.

descendance [desādās] *nf* descendencia *f*.

descendant, e [desādā, āt] ◇ *adj* [lignée] descendente. ◇ *nm, f* [héritier] descendiente *mf*.

descendre [desādr] ◇ *vt* (*aux avoir*) **-1.** [gén] bajar. **-2.** *fam* [abattre – homme] liquidar; [– avion] derribar. **-3.** [cours d'eau] bajar por. ◇ *vi* (*aux être*) **-1.** [être en pente] ser empinado(da), estar en cuesta. **-2.** [aller de haut en bas] bajar. **-3.** [de véhicule] bajarse, apearse *Esp*, desembarcarse *Amér*. **-4.** [séjourner] parar, dormir. **-5.** [être issu] : ~ **de** descender de.

descendu, e [desādy] *pp* → **descendre**.

descente [desāt] *nf* **-1.** [action de descendre] descenso *m*, bajada *f*. **-2.** [au ski] descenso *m*. **-3.** [irruption] irrupción *f*.

◆ **descente de lit** *nf* alfombrilla *f* de cama.

descriptif, ive [dɛskriptif, iv] *adj* descriptivo(va). ◆ **descriptif** *nm* documento que contiene una descripción detallada, planos, esquemas, etc.

description [dɛskripsjɔ̃] *nf* descripción *f*.

désemparé, e [dezɑ̃pare] *adj* desamparado(da).

désenchanté, e [dezɑ̃ʃɑ̃te] *adj* desencantado(da).

désendettement [dezɑ̃dɛtmɑ̃] *nm* reducción *f* de una deuda.

désenfler [dezɑ̃fle] *vi* deshincharse, desinflarse.

désensibiliser [desɑ̃sibilize] *vt* insensibilizar.

déséquilibre [dezekilibr] *nm* desequilibrio *m*.

déséquilibré, e [dezekilibre] *nm, f* desequilibrado *m*, -da *f*.

déséquilibrer [dezekilibre] *vt* desequilibrar.

désert, e [dezɛr, ɛrt] *adj* desierto(ta). ◆ **désert** *nm* desierto *m*.

déserter [dezɛrte] ◇ *vt* **-1.** [endroit] abandonar. **-2.** *fig* [cause] desertar de. ◇ *vi* MIL desertar.

déserteur [dezɛrtœr] *nm* desertor *m*.

désertion [dezɛrsjɔ̃] *nf* deserción *f*.

désertique [dezɛrtik] *adj* desértico(ca).

désespéré, e [dezɛspere] ◇ *adj* **-1.** [regard] de desesperación. **-2.** [situation, tentative] desesperado(da). ◇ *nm, f* sout desesperado *m*, -da *f*.

désespérément [dezɛsperemɑ̃] *adv* **-1.** [sans espoir] con desesperación, desesperadamente. **-2.** [avec acharnement] desesperadamente.

désespérer [dezɛspere] ◇ *vt* desesperar; ~ **que qqch arrive** desesperar de que algo pase. ◇ *vi* perder la esperanza; ~ **de qqn/qqch** *sout* perder toda esperanza en alguien/en algo; ~ **de faire qqch** perder toda esperanza de hacer algo. ◆ **se désespérer** *vp* desesperarse.

désespoir [dezɛspwar] *nm* desesperación *f*; **faire le** ~ **de qqn** ser la desesperación de alguien; **en** ~ **de cause** en último extremo.

déshabillé [dezabije] *nm* deshabillé *m*, salto *m* de cama.

déshabiller [dezabije] *vt* desnudar. ◆ **se déshabiller** *vp* desnudarse.

déshabituer [dezabitɥe] *vt* : ~ **qqn de qqch/de faire qqch** hacer perder a alguien la costumbre de algo/de hacer algo.

désherbant, e [dezɛrbɑ̃, ɑ̃t] *adj* herbicida. ◆ **désherbant** *nm* herbicida *m*.

déshérité, e [dezerite] *adj* & *nm, f* desheredado(da).

déshériter [dezerite] *vt* desheredar.

déshonneur [dezɔnœr] *nm* deshonor *m*, deshonra *f*.

déshonorer [dezɔnɔre] *vt* deshonrar.

déshydrater [dezidrate] *vt* deshidratar. ◆ **se déshydrater** *vp* deshidratarse.

designer [dizajnœr] *nm* diseñador *m*, -ra *f*.

désigner [deziɲe] *vt* **-1.** [choisir] designar, nombrar. **-2.** [signaler] señalar. **-3.** [signifier] significar.

désillusion [dezilyzjɔ̃] *nf* desilusión *f*.

désincarné, e [dezɛ̃karne] *adj* desencarnado(da).

désindustrialisation [dezɛ̃dystrijalizasjɔ̃] *nf* desindustrialización *f*.

désinfectant, e [dezɛ̃fɛktɑ̃, ɑ̃t] *adj* desinfectante. ◆ **désinfectant** *nm* desinfectante *m*.

désinfecter [dezɛ̃fɛkte] *vt* desinfectar.

désinflation [dezɛ̃flasjɔ̃] *nf* deflación *f*.

désintégrer [dezɛ̃tegre] *vt* desintegrar. ◆ **se désintégrer** *vp* desintegrarse.

désintéressé, e [dezɛ̃terese] *adj* desinteresado(da).

désintéresser [dezɛ̃terese] ◆ **se désintéresser** *vp* : **se** ~ **de qqch/de qqn** desentenderse de algo/de alguien.

désintoxication [dezɛ̃tɔksikasjɔ̃] *nf* desintoxicación *f*.

désintoxiquer [dezɛ̃tɔksike] *vt* desintoxicar.

désinvolte [dezɛ̃vɔlt] *adj* **-1.** [à l'aise] desenvuelto(ta). **-2.** *péj* [sans gêne] atrevido(da).

désinvolture [dezɛ̃vɔltyr] *nf* atrevimiento *m*.

désir [dezir] *nm* deseo *m*.

désirable [dezirabl] *adj* **-1.** [chose] apetecible. **-2.** [personne] deseable.

désirer [dezire] *vt* desear; **vous désirez?** [dans un magasin] ¿en qué puedo servirle?

désistement [dezistəmɑ̃] *nm* renuncia *f*.

désister [deziste] ◆ **se désister** *vp* : **se** ~ **de qqch** JUR [renoncer] renunciar a algo; [se retirer] retirarse de algo.

désobéir [dezɔbeir] *vi* desobedecer; ~ **à qqch/à qqn** desobedecer algo/a alguien.

désobéissance [dezɔbeisãs] *nf* desobediencia *f*.

désobéissant, e [dezɔbeisã, ãt] *adj* desobediente.

désobligeant, e [dezɔbliʒã, ãt] *adj sout* descortés.

désodorisant, e [dezɔdɔrizã, ãt] *adj* desodorante. ◆ **désodorisant** *nm* desodorante *m*.

désœuvré, e [dezœvre] *adj* ocioso(sa).

désœuvrement [dezœvrəmã] *nm* ociosidad *f*.

désolation [dezɔlasjɔ̃] *nf* desolación *f*.

désolé, e [dezɔle] *adj* **-1.** [contrarié] : être ~ sentirlo (mucho); **je suis ~, mais je dois m'en aller** lo siento (mucho) pero tengo que irme. **-2.** [personne] desconsolado(da). **-3.** [terre, paysage] desolado(da).

désopilant, e [dezɔpilã, ãt] *adj* desternillante.

désordonné, e [dezɔrdɔne] *adj* desordenado(da).

désordre [dezɔrdr] *nm* **-1.** [fouillis] desorden *m*; **en ~** desordenado(da). **-2.** [confusion] confusión *f*. **-3.** *(gén pl)* [trouble] disturbio *m*, desorden *m*.

désorganiser [dezɔrganize] *vt* desorganizar.

désorienté, e [dezɔrjãte] *adj* desorientado(da).

désormais [dezɔrmɛ] *adv* a partir de ahora.

désosser [dezɔse] *vt* **-1.** [viande] deshuesar. **-2.** [mécanisme] desguazar.

despote [dɛspɔt] *adj & nm* déspota.

despotique [dɛspɔtik] *adj* despótico(ca).

despotisme [dɛspɔtism] *nm* despotismo *m*.

desquels, desquelles [dekɛl] → **lequel**.

dessaler [desale] ◇ *vt* **-1.** [poisson] desalar. **-2.** *fam* [personne] espabilar. ◇ *vi fam* NAVIG [chavirer] irse a pique.

dessécher [deseʃe] *vt* **-1.** [peau] resecar. **-2.** *fig* [cœur] endurecer. ◆ **se dessécher** *vp* **-1.** [peau] resecarse. **-2.** [maigrir] secarse. **-3.** *fig* [s'endurcir] endurecerse.

desserrer [desere] *vt* aflojar.

dessert [desɛr] *nm* postre *m*.

desserte [desɛrt] *nf* **-1.** [service] servicio *m* de transporte. **-2.** [meuble] mesa *f* auxiliar.

desservir [desɛrvir] *vt* **-1.** [lieu] comunicar. **-2.** [table] quitar. **-3.** [désavantager] perjudicar.

dessin [desɛ̃] *nm* **-1.** [graphique] dibujo *m*; ~ **animé** dibujo animado. **-2.** *fig* [contour – de chose] contorno *m*; [– de visage] perfil *m*.

dessinateur, trice [desinatœr, tris] *nm, f* dibujante *mf*.

dessiner [desine] ◇ *vt* **-1.** [gén] dibujar. **-2.** [souligner] resaltar. ◇ *vi* dibujar.

dessous [dəsu] ◇ *adv* debajo. ◇ *prép* debajo de; ~ **qqch** debajo de algo. ◇ *nm* **-1.** [partie inférieure] parte *f* de abajo. **-2.** [envers – de tissu] revés *m*; [– de feuille] envés. ◇ *nmpl* [sous-vêtements féminins] ropa *f* interior femenina; **les ~ de qqch** *fig* los entresijos de algo. ◆ **en dessous** *loc adv* abajo; **agir par en ~** actuar de manera subrepticia; **regarder qqn par en ~** mirar a alguien de soslayo OU por el rabillo del ojo. ◆ **en dessous de** *loc prép* debajo de; **en ~ de zéro** bajo cero; **vous êtes très en ~ de la vérité** está usted muy lejos de la verdad.

dessous-de-plat [dəsudpla] *nm inv* salvamantel *m*.

dessus [dəsy] ◇ *adv* encima, arriba; **marcher ~** pisar. ◇ *nm* **-1.** [partie supérieure] parte *f* de encima. **-2.** [étage supérieur] piso *m* de arriba; **les voisins du ~** los vecinos de arriba. **-3.** *loc* : **avoir le ~** ganar; **reprendre le ~** recuperarse. ◆ **en dessus** *loc adv* encima, arriba.

dessus-de-lit [dəsydli] *nm inv* colcha *f*, cubrecama *m*.

déstabilisateur, trice [destabilizatœr, tris] *adj* desestabilizador(ra).

déstabilisation [destabilizasjɔ̃] *nf* desestabilización *f*.

destin [destɛ̃] *nm* destino *m*.

destinataire [destinatɛr] *nmf* destinatario *m*, -ria *f*.

destination [destinasjɔ̃] *nf* destino *m*; **à ~ de** con destino a.

destinée [destine] *nf* destino *m*.

destiner [destine] *vt* : ~ **qqch à qqn/à qqch** destinar algo a alguien/a algo; ~ **qqn à qqch** destinar a alguien a algo.

destituer [destitɥe] *vt* destituir.

destructeur, trice [dɛstryktœr, tris] *adj & nm, f* destructor(ra).

destruction [dɛstryksjɔ̃] *nf* destrucción *f*.

déstructuration [destryktyrasjɔ̃] *nf* desestructuración *f*.

désuet, ète [dezɥɛ, ɛt] *adj* anticuado(da).

désuni, e [dezyni] *adj* desunido(da).

détachable [detaʃabl] *adj* recortable.

détachant, e [detaʃã, ãt] *adj* quitamanchas. ◆ **détachant** *nm* quitamanchas *m inv.*

détaché, e [detaʃe] *adj* **-1.** [feuille] suelto(ta). **-2.** [air] indiferente.

détachement [detaʃmã] *nm* **-1.** [indifférence] indiferencia *f.* **-2.** [mission] destino; **en ~ auprès de qqn** destinado(da)al servicio de alguien. **-3.** MIL destacamento *m.*

détacher [detaʃe] *vt* **-1.** [découper] recortar. **-2.** [tissu, vêtement] quitar las manchas de. **-3.** [cheveux, chien] soltar. **-4.** *fig* [éloigner] : **~ qqn de qqch** apartar a alguien de algo. **-5.** ADMIN [fonctionnaire] destinar provisionalmente. ◆ **se détacher** *vp* **-1.** [se libérer] librarse; **se ~ de** librarse de. **-2.** [ressortir] : **se ~ sur** recortarse en. **-3.** [se désintéresser] : **se ~ de qqn** alejarse de alguien.

détail [detaj] *nm* detalle *m.* ◆ **en détail** *loc adv* con todo detalle. ◆ **au détail** *loc adv* [vente] al por menor, al detalle.

détaillant, e [detajã, ãt] ◇ *adj* al por menor, al detalle. ◇ *nm, f* minorista *mf*, detallista *mf.*

détaillé, e [detaje] *adj* [récit, facture] detallado(da).

détailler [detaje] *vt* **-1.** [récit, facture] detallar. **-2.** [vendre au détail] vender al por menor, vender al detalle.

détaler [detale] *vi* **-1.** [personne] salir pitando, irse por piernas. **-2.** [animal] huir velozmente.

détartrant, e [detartrã, ãt] *adj* antical. ◆ **détartrant** *nm* antical *m.*

détaxe [detaks] *nf* desgravación *f.*

détecter [detɛkte] *vt* detectar.

détecteur, trice [detɛktœr, tris] *adj* detector(ra). ◆ **détecteur** *nm* detector *m.*

détection [detɛksjɔ̃] *nf* detección *f.*

détective [detɛktiv] *nm* detective *mf*; **~ privé** detective privado.

déteint, e [detɛ̃, ɛ̃t] *pp* → déteindre.

déteindre [detɛ̃dr] ◇ *vt* desteñir. ◇ *vi* **-1.** [changer de couleur] desteñir. **-2.** [influencer] contagiar.

détendu, e [detãdy] *adj* **-1.** [corde, ressort] flojo(ja). **-2.** [personne] relajado(da).

détenir [detnir] *vt* **-1.** [objet, record] poseer. **-2.** [secret] guardar. **-3.** [garder en captivité] retener *(en prisión).*

détente [detãt] *nf* **-1.** [de ressort & POLIT] distensión *f.* **-2.** [repos] descanso *m.* **-3.** [d'athlète] estiramiento *m.*

détenteur, trice [detãtœr, tris] *nm, f* poseedor *m*, -ra *f.*

détention [detãsjɔ̃] *nf* **-1.** [possession] posesión *f.* **-2.** [emprisonnement] detención *f.*

détenu, e [detny] ◇ *pp* → détenir. ◇ *adj & nm, f* detenido(da).

détergent, e [detɛrʒã, ãt] *adj* detergente. ◆ **détergent** *nm* detergente *m.*

détérioration [deterjɔrasjɔ̃] *nf* deterioro *m.*

détériorer [deterjɔre] *vt* estropear. ◆ **se détériorer** *vp* deteriorarse.

déterminant, e [detɛrminã, ãt] *adj* determinante. ◆ **déterminant** *nm* determinante *m.*

détermination [detɛrminasjɔ̃] *nf* **-1.** [définition] determinación *f.* **-2.** [résolution, fermeté] determinación *f*, decisión *f.*

déterminé, e [detɛrmine] *adj* **-1.** [quantité, poids] determinado(da). **-2.** [expression, air] determinado(da), decidido(da).

déterminer [detɛrmine] *vt* [gén] determinar. ◆ **se déterminer** *vp* : **se ~ à faire qqch** decidirse a hacer algo.

déterrer [detere] *vt* desenterrar.

détestable [detɛstabl] *adj* odioso(sa), detestable.

détester [detɛste] *vt* odiar, detestar.

détonateur [detɔnatœr] *nm* **-1.** TECHNOL detonador *m.* **-2.** *fig* [de crise] detonante *m.*

détonation [detɔnasjɔ̃] *nf* detonación *f.*

détonner [detɔne] *vi* desentonar.

détour [detur] *nm* **-1.** [déviation] rodeo *m*; **sans ~** sin rodeos. **-2.** [méandre] recodo *m.*

détourné, e [deturne] *adj* indirecto(ta).

détournement [deturnəmã] *nm* [de circulation] desvío *m*; **~ d'avion** secuestro *m* aéreo; **~ de fonds** malversación *f*; **~ de mineur** corrupción *f* de menores.

détourner [deturne] *vt* **-1.** [fleuve, circulation] desviar. **-2.** [avion] secuestrar. **-3.** [écarter] : **~ qqn de** distraer a alguien de. **-4.** [regard] desviar; [tête] volver. **-5.** [fonds] malversar. ◆ **se détourner** *vp* **-1.** [se tourner ailleurs] apartar la vista. **-2.** *fig* : **se ~ de qqn/de qqch** apartarse de alguien/de algo.

détraquer [detrake] *vt* estropear. ◆ **se détraquer** *vp fam* [machine, temps] estropearse *Esp*, descomponerse *Amér.*

détrempe [detrãp] *nf* **-1.** [de l'acier] destemple *m.* **-2.** ART temple *m.*

détresse [detrɛs] *nf* **-1.** [sentiment] desamparo *m.* **-2.** [situation] miseria *f.*

détriment [detrimã] ◆ **au détriment de** *loc prép* en detrimento de.

détritus [detrity(s)] *nm* detritus *m inv*.

détroit [detrwa] *nm* estrecho *m*.

détromper [detrɔpe] *vt* **-1.** [personne] sacar del error. **-2.** [préjugé, idée] echar por tierra.

détrôner [detrone] *vt* destronar.

détruire [detrɥir] *vt* destruir. ◆ **se détruire** *vp* destrozarse.

détruit, e [detrɥi, it] *pp* → **détruire**.

dette [dɛt] *nf* deuda *f*.

DEUG, Deug [dœg] (*abr de* **diplôme d'études universitaires générales**) *nm* diploma que se obtiene tras dos años de estudios universitarios generales.

deuil [dœj] *nm* **-1.** [douleur] duelo *m*. **-2.** [vêtement, période] luto *m*; **en** ~ **de** luto; **porter le** ~ llevar luto. **-3.** [mort] deceso *m*.

DEUST, Deust [dœst] (*abr de* **diplôme d'études universitaires scientifiques et techniques**) *nm* diploma que se obtiene tras cursar dos años de estudios técnicos universitarios.

deux [dø] ◇ *adj num* dos; **tous les** ~ **jours** cada dos días. ◇ *nm* dos *m*; *voir aussi* **six**.

deuxième [døzjɛm] *adj & nmf* segundo(da); *voir aussi* **sixième**.

deux-pièces [døpjɛs] *nm inv* **-1.** [vêtement] dos piezas *m*. **-2.** [appartement] piso *m* con un dormitorio y salón.

deux-roues [døru] *nm inv* vehículo *m* de dos ruedas.

dévaler [devale] ◇ *vt* **-1.** [pente] rodar por. **-2.** [escalier] bajar corriendo por. ◇ *vi* bajar rodando.

dévaliser [devalize] *vt* **-1.** [cambrioler] desvalijar. **-2.** *fig* [prendre d'assaut] saquear.

dévaloriser [devalɔrize] *vt* **-1.** [gén] desvalorizar. **-2.** [personne] menospreciar. ◆ **se dévaloriser** *vp* **-1.** [monnaie] desvalorizarse. **-2.** [personne] menospreciarse.

dévaluation [devalɥasjɔ̃] *nf* devaluación *f*.

dévaluer [devalɥe] ◇ *vt* devaluar. ◇ *vi* devaluar la moneda. ◆ **se dévaluer** *vp* devaluarse.

devancer [dəvãse] *vt* **-1.** [précéder] adelantar. **-2.** [surpasser] aventajar. **-3.** [anticiper] anticiparse a.

devancier, ère [dəvãsje, ɛr] *nm, f* antecesor *m*, -ra *f*.

devant [dəvã] ◇ *prép* **-1.** [en face de, en avant de] delante de; ~ **qqch** delante de algo; ~ **moi/toi** delante de mí/de ti. **-2.** [en présence de, face à] ante. ◇ *adv* delante. ◇ *nm* parte *f* de delante, delantera *f*; **prendre les** ~**s** tomar la delantera, adelantarse. ◆ **de devant** *loc adj* [pattes, roues] de delante.

devanture [dəvãtyr] *nf* escaparate *m*.

dévaster [devaste] *vt* devastar.

développement [devlɔpmã] *nm* **-1.** [gén] desarrollo *m*. **-2.** PHOT revelado *m*. **-3.** [exposé détaillé] exposición *f*. ◆ **développements** *nmpl* consecuencias *fpl*.

développer [devlɔpe] *vt* **-1.** [gén] desarrollar. **-2.** PHOT revelar. ◆ **se développer** *vp* **-1.** [s'épanouir] desarrollarse. **-2.** ÉCON crecer.

devenir [dəvnir] *vi* [changer d'état – sans volonté propre] volverse; **il est devenu sourd** se ha vuelto sordo; [– après des efforts] llegar a ser; **il est devenu président** ha llegado a ser presidente; **que devient-elle?** *fig* ¿qué es de ella?, ¿qué ha sido de ella?

devenu, e [dəvny] *pp* → **devenir**.

dévergondé, e [devɛrgɔ̃de] *adj & nm, f* desvergonzado(da).

déverser [devɛrse] *vt* **-1.** [eaux] verter. **-2.** *fig* [sentiment, humeur] desahogar. **-3.** [ordures, bombes] tirar.

déviation [devjasjɔ̃] *nf* **-1.** [de trajectoire] desviación *f*. **-2.** [de circulation] desvío *m*. **-3.** [de doctrine] desviacionismo *m*.

dévier [devje] ◇ *vi* : ~ **de** [s'écarter de] desviarse de; *fig* apartarse de. ◇ *vt* [détourner] desviar.

devin, devineresse [dəvɛ̃, dəvinrɛs] *nm, f* adivino *m*, -na *f*.

deviner [dəvine] *vt* adivinar.

devinette [dəvinɛt] *nf* adivinanza *f*, acertijo *m*.

devis [dəvi] *nm* presupuesto *m*; **faire un** ~ hacer un presupuesto.

dévisager [devizaʒe] *vt* mirar de hito en hito.

devise [dəviz] *nf* divisa *f*.

dévisser [devise] ◇ *vt* desatornillar, destornillar. ◇ *vi* ALPINISME despeñarse.

dévitaliser [devitalize] *vt* desvitalizar.

dévoiler [devwale] *vt* **-1.** [complot] desvelar. **-2.** [secret, intentions] revelar.

devoir [dəvwar] ◇ *nm* deber *m*. ◇ *vt* **-1.** [argent, respect] deber; ~ **qqch à qqn** deber algo a alguien. **-2.** [être obligé de] deber, tener que. **–3.** [marque la probabilité] deber de; **ça doit coûter cher** esto debe (de) costar caro. **–4.** [marque l'intention] haber de, tener que. **–5.** [marque le futur] : **il doit commencer bientôt** empezará dentro de poco.

dévolu, e [devɔly] *adj sout* correspondiente por derecho. ◆ **dévolu** *nm* : **jeter son ~ sur qqn/sur qqch** echar el ojo a alguien/a algo.

dévorer [devɔre] *vt* devorar.

dévotion [devɔsjɔ̃] *nf* devoción *f*.

dévoué, e [devwe] *adj* abnegado(da).

dévouement [devumã] *nm* abnegación *f*.

dévouer [devwe] ◆ **se dévouer** *vp* **–1.** [se consacrer] : **se ~ à** consagrarse a. **–2.** *fig* [se sacrifier] sacrificarse.

dévoyé, e [devwaje] *adj & nm, f* descarriado(da).

devrai, devras *etc* → **devoir**.

dextérité [dɛksterite] *nf* **–1.** [manuelle] destreza *f*, habilidad *f*. **–2.** [de l'esprit] soltura *f*.

dg (*abr de* **décigramme**) dg.

DGSE (*abr de* **Direction générale de la sécurité extérieure**) *nf* servicio de inteligencia encargado de la seguridad del territorio francés, ≈ CESID *m*.

diabète [djabɛt] *nm* diabetes *f inv*.

diabétique [djabetik] *adj & nmf* diabético(ca).

diable [djabl] *nm* **–1.** [démon, enfant turbulent] diablo *m*. **–2.** [outil] carretilla *f*.

diabolique [djabɔlik] *adj* diabólico(ca).

diadème [djadɛm] *nm* diadema *f*.

diagnostic [djagnɔstik] *nm* diagnóstico *m*.

diagnostiquer [djagnɔstike] *vt* diagnosticar.

diagonal, e, aux [djagɔnal, o] *adj* diagonal. ◆ **diagonale** *nf* diagonal *f*; **en ~e** en diagonal.

dialecte [djalɛkt] *nm* dialecto *m*.

dialogue [djalɔg] *nm* diálogo *m*.

dialoguer [djalɔge] *vi* dialogar.

diamant [djamã] *nm* **–1.** [pierre] diamante *m*. **–2.** [de tête de lecture] aguja *f*.

diamètre [djamɛtr] *nm* diámetro *m*.

diapason [djapazɔ̃] *nm* diapasón *m*.

diapositive [djapozitiv] *nf* diapositiva *f*.

diapré, e [djapre] *adj sout* tornasolado(da).

diarrhée [djare] *nf* diarrea *f*.

dictateur [diktatœr] *nm* dictador *m*.

dictature [diktatyr] *nf* dictadura *f*.

dictée [dikte] *nf* dictado *m*.

dicter [dikte] *vt* dictar.

diction [diksjɔ̃] *nf* dicción *f*.

dictionnaire [diksjɔnɛr] *nm* diccionario *m*.

dicton [diktɔ̃] *nm* dicho *m*, refrán *m*.

dièse [djɛz] ◇ *adj* sostenido(da). ◇ *nm* sostenido *m*.

diesel [djezɛl] *adj inv & nm* diesel.

diète [djɛt] *nf* dieta *f*; **être à la ~** estar a dieta.

diététicien, enne [djetetisjɛ̃, ɛn] *nm, f* dietista *mf*.

diététique [djetetik] *nf* dietética *f*.

dieu, x [djø] *nm* dios *m*. ◆ **Dieu** *nm* Dios *m*.

diffamation [difamasjɔ̃] *nf* difamación *f*.

diffamer [difame] *vt* difamar.

différé, e [difere] *adj* diferido(da). ◆ **différé** *nm* TÉLÉ programa *m* en diferido; **en ~** en diferido.

différence [diferɑ̃s] *nf* diferencia *f*.

différencier [diferɑ̃sje] *vt* : **~ qqch de qqch** diferenciar algo de algo. ◆ **se différencier** *vp* : **se ~ de qqn** diferenciarse de alguien.

différend [diferɑ̃] *nm* diferencia *f (desacuerdo)*; **avoir un ~ avec qqn** tener diferencias con alguien.

différent, e [diferɑ̃, ɑ̃t] *adj* **–1.** [distinct] diferente. **–2.** [divers] vario(ria).

différer [difere] ◇ *vt* [retarder] aplazar. ◇ *vi* **–1.** [être différent]. **–2.** [varier] variar. **–3.** [ne pas être d'accord] : **~ sur** discrepar en.

difficile [difisil] ◇ *adj* difícil. ◇ *nmf* : **faire le/la ~** hacerse el/la difícil.

difficilement [difisilmã] *adv* difícilmente.

difficulté [difikylte] *nf* dificultad *f*; **en ~** en dificultades, en apuros.

difforme [difɔrm] *adj* deforme.

diffuser [difyze] *vt* **–1.** [gén] difundir. **–2.** [émission] emitir.

diffuseur [difyzœr] *nm* difusor *m*.

diffusion [difyzjɔ̃] *nf* **–1.** [gén] difusión *f*. **–2.** [d'émission] emisión *f*.

digérer [diʒere] *vi* digerir.

digestif, ive [diʒestif, iv] *adj* digestivo(va). ◆ **digestif** *nm* digestivo *m*.

digestion [diʒestjɔ̃] *nf* digestión *f*.

digital, e, aux [diʒital, o] *adj* **–1.** [code, affichage] numérique. **–2.** → **empreinte**.

digne [diɲ] *adj* digno(na); **~ de qqn/de qqch** digno de alguien/de algo.

dignité [diɲite] *nf* dignidad *f*.

digression [digresjɔ̃] *nf* digresión *f*.

dilapider [dilapide] *vt* dilapidar.

dilater [dilate] *vt* dilatar.

dilemme [dilɛm] *nm* dilema *m*.

diligence [diliʒɑ̃s] *nf* diligencia *f*.

diluant [dilɥɑ̃] *nm* diluyente *m*.

diluer [dilɥe] *vt* diluir. ◆ **se diluer** *vp* diluirse.

diluvien, enne [dilyvjɛ̃, ɛn] *adj* diluviano(na).

dimanche [dimɑ̃ʃ] *nm* domingo *m*; *voir aussi* **samedi**.

dîme [dim] *nf* HIST diezmo *m*.

dimension [dimɑ̃sjɔ̃] *nf* **-1.** [taille] dimensión *f*. **-2.** [mesure] medida *f*; **prendre les ~s de** tomar las medidas de. **-3.** [importance] magnitud *f*. **-4.** [aspect, composante] aspecto *m*.

diminuer [diminɥe] ◇ *vt* reducir. ◇ *vi* disminuir. ◆ **se diminuer** *vp* rebajarse.

diminutif, ive [diminytif, iv] *adj* LING diminutivo(va). ◆ **diminutif** *nm* diminutivo *m*.

diminution [diminysjɔ̃] *nf* disminución *f*.

dinde [dɛ̃d] *nf* [animal, femme sotte] pava *f*.

dindon [dɛ̃dɔ̃] *nm* pavo *m Esp*, guajolote *m Amér*.

dîner [dine] ◇ *vi* cenar. ◇ *nm* cena *f*.

dingue [dɛ̃g] *fam* ◇ *adj* **-1.** [fou] chalado(da), chiflado(da). **-2.** [incroyable] de locos. ◇ *nmf* chalado *m*, -da *f*, chiflado *m*, -da *f*.

dinosaure [dinozɔr] *nm* dinosaurio *m*.

diphtongue [diftɔ̃g] *nf* diptongo *m*.

diplomate [diplɔmat] ◇ *adj* diplomático(ca). ◇ *nmf* [ambassadeur] diplomático *m*, -ca *f*. ◇ *nm* [gâteau] *pudding a base de bizcochos con licor, frutas confitadas, mermelada y crema inglesa*.

diplomatique [diplɔmatik] *adj* diplomático(ca).

diplôme [diplom] *nm* diploma *m*.

diplômé, e [diplome] ◇ *adj* diplomado(da). ◇ *nm, f* : **~ (d'État)** diplomado *m*, -da *f*.

dire [dir] *vt* **-1.** [exprimer oralement ou par écrit] decir; **~ qqch à qqn** decir algo a alguien; **~ à qqn de** (+ *infinitif*) decirle a alguien que (+ *subjuntivo*); **dis-lui de venir** dile que venga; **on dirait que** parece que; **on dit que** se dice que, dicen que; **que dirais-tu de** (+ *infinitif*)? ¿qué me dices de (+ *infinitivo*)?; **que dirais-tu de déjeuner à la campagne?** ¿qué me dices de una comida en el campo?; **qu'en dis-tu?** ¿qué te parece? **-2.** [signifier] expresar; **vouloir ~** querer decir. **-3.** [plaire] : **ça te dit/dirait de...?** te apetece...?; **ça ne me dit rien** no me apetece nada. **-4.** [rappeler] sonar; **ça te dit qqch?** ¿te suena de algo? ◆ **se dire** *vp* decirse. ◆ **au dire de** *loc prép* al decir de. ◆ **cela dit** *loc adv* dicho esto. ◆ **pour ainsi dire** *loc adv* por así decirlo. ◆ **proprement dit** *loc adj* propiamente dicho. ◆ **à vrai dire** *loc adv* a decir verdad.

direct, e [dirɛkt] *adj* directo(ta). ◆ **direct** *nm* SPORT & TÉLÉ directo *m*; **en ~** en directo.

directement [dirɛktəmɑ̃] *adv* directamente.

directeur, trice [dirɛktœr, tris] ◇ *adj* **-1.** [comité] director(ra). **-2.** [ligne, roue] director(triz). ◇ *nm, f* [responsable] director *m*, -ra *f*; **~ de thèse** UNIV director de tesis.

direction [dirɛksjɔ̃] *nf* [gestion, orientation] dirección *f*; **en ~ de** [train] con destino a; **dans la ~ de** en dirección de; **sous la ~ de** bajo la dirección de; **~ des ressources humaines** dirección de recursos humanos.

directive [dirɛktiv] *nf* directriz *f*.

dirigeable [diriʒabl] *adj & nm* dirigible *m*.

dirigeant, e [diriʒɑ̃, ɑ̃t] ◇ *adj* dirigente. ◇ *nm, f* directivo *m*, -va *f*.

diriger [diriʒe] *vt* **-1.** [entreprise, regard] dirigir. **-2.** [véhicule] conducir. ◆ **se diriger** *vp* [s'orienter] : **se ~ vers** dirigirse hacia.

dis *etc* → **dire**.

disais *etc* → **dire**.

discernement [disɛrnəmɑ̃] *nm* discernimiento *m*.

discerner [disɛrne] *vt* **-1.** [distinguer] discernir. **-2.** [deviner] distinguir.

disciple [disipl] *nm* discípulo *m*, -la *f*.

disciplinaire [disiplinɛr] *adj* disciplinario(ria).

discipline [disiplin] *nf* disciplina *f*.

discipliner [disipline] *vt* disciplinar.

discontinu, e [diskɔ̃tiny] *adj* discontinuo(nua).

discordance [diskɔrdɑ̃s] *nf* discordancia *f*.

discorde [diskɔrd] *nf* discordia *f*.

discothèque [diskɔtɛk] *nf* discoteca *f*.

discourir [diskurir] *vi* extenderse *(hablando)*; **~ sur qqch** extenderse sobre algo.

discours [diskur] *nm* discurso *m*.

discréditer [diskredite] *vt* desacreditar.

discret, ète [diskrɛ, ɛt] *adj* discreto(ta).

discrètement [diskrɛtmã] *adv* discretamente, con discreción.

discrétion [diskresjɔ̃] *nf* discreción *f*.

discrimination [diskriminasjɔ̃] *nf* discriminación *f*.

discriminatoire [diskriminatwar] *adj* discriminatorio(ria).

disculper [diskylpe] *vt* probar la inocencia de. ◆ **se disculper** *vp* probar su inocencia.

discussion [diskysjɔ̃] *nf* **-1.** [conversation] conversación *f*. **-2.** [débat] debate *m*. **-3.** [contestation, altercation] discusión *f*.

discutable [diskytabl] *adj* discutible.

discuté, e [diskyte] *adj* discutido(da).

discuter [diskyte] ◇ *vt* **-1.** [projet de loi, problème] debatir. **-2.** [ordre] discutir. ◇ *vi***-1.** [converser] hablar; ~ **de qqch** hablar de algo. **-2.** [contester] discutir.

disgrâce [disgras] *nf* desgracia *f (pérdida de favor)*.

disgracieux, euse [disgrasjø, øz] *adj* **-1.** [geste, démarche] falto(ta)de gracia. **-2.** [visage] poco agraciado(da).

disjoncteur [disʒɔ̃ktœr] *nm* ÉLECTR disyuntor *m*.

disloquer [dislɔke] *vt***-1.** MÉD dislocar. **-2.** [famille, empire] desmembrar.

disparaître [disparɛtr] *vi* desaparecer; **faire** ~ [gén] hacer desaparecer; [difficulté, obstacle] salvar.

disparate [disparat] *adj* discordante.

disparité [disparite] *nf* disparidad *f*; [d'éléments, de couleurs] discordancia *f*.

disparition [disparisjɔ̃] *nf* desaparición *f*.

disparu, e [dispary] *nm, f* difunto *m*, -ta *f*.

dispatcher [dispatʃe] *vt* repartir, distribuir.

dispensaire [dispãsɛr] *nm* dispensario *m*.

dispense [dispãs] *nf* dispensa *f*.

dispenser [dispãse] *vt* **-1.** *sout* [soin] dispensar. **-2.** [exempter de] : ~ **qqn de qqch** dispensar a alguien de algo; **je te dispense de tes réflexions** puedes ahorrarte tus comentarios.

disperser [dispɛrse] *vt* dispersar. ◆ **se disperser** *vp* dispersarse.

dispersion [dispɛrsjɔ̃] *nf* dispersión *f*.

disponibilité [dispɔnibilite] *nf* **-1.** [de choses, d'esprit] disponibilidad *f*. **-2.** [de fonctionnaire] excedencia *f*.

disponible [dispɔnibl] *adj* **-1.** [qui a du temps] disponible. **-2.** [fonctionnaire] en excedencia, excedente.

disposé, e [dispoze] *adj* dispuesto(ta); **être** ~ **à** estar dispuesto a; **être bien** ~ **envers qqn** tener buena disposición hacia alguien, estar bien dispuesto hacia alguien.

disposer [dispoze] ◇ *vt* [arranger] disponer, poner. ◇ *vi* disponer; ~ **de qqch/de qqn** disponer de algo/de alguien.

dispositif [dispozitif] *nm* dispositivo *m*; ~ **antibuée** dispositivo antivaho; ~ **d'alarme** dispositivo de alarma.

disposition [dispozisjɔ̃] *nf* **-1.** [arrangement] distribución *f*, disposición *f*. **-2.** [disponibilité] : **à la** ~ **de** a la disposición de. **-3.** JUR disposición *f*.

disproportionné, e [dispropɔrsjɔne] *adj* desproporcionado(da).

dispute [dispyt] *nf* disputa *f*, discusión *f*.

disputer [dispyte] *vt* disputar; ~ **qqch à qqn** disputar algo a alguien. ◆ **se disputer** *vp* **-1.** [se quereller] pelearse. **-2.** SPORT disputarse. **-3.** [lutter pour] : **se** ~ **qqch** disputarse algo.

disquaire [diskɛr] *nm* vendedor *m*, -ra *f* de discos.

disqualification [diskalifikasjɔ̃] *nf* SPORT descalificación *f*.

disqualifier [diskalifje] *vt* descalificar.

disque [disk] *nm* disco *m*; ~ **compact** compact disc *m*, disco compacto; ~ **dur** INFORM disco duro; ~ **laser** disco láser.

disquette [diskɛt] *nf* INFORM disquete *m*; ~ **système** disco *m* de sistema.

dissection [disɛksjɔ̃] *nf* disección *f*.

dissemblable [disãblabl] *adj* diferente.

disséminer [disemine] *vt* diseminar.

disséquer [diseke] *vt***-1.** [cadavre, animal] disecar. **-2.** [ouvrage] analizar.

dissertation [disɛrtasjɔ̃] *nf* SCOL disertación *f*.

dissident, e [disidã, ãt] *adj & nm, f* disidente.

dissimulateur, trice [disimylatœr, tris] *adj* disimulador(ra).

dissimulation [disimylasjɔ̃] *nf* **-1.** [de la vérité] ocultación *f*. **-2.** [hypocrisie] disimulo *m*.

dissimuler [disimyle] *vt* **-1.** [tenir caché, masquer] disimular. **-2.** [taire] ocultar. ◆ **se dissimuler** *vp* **-1.** [se cacher] ocultarse, esconderse. **-2.** [refuser de voir] cerrar los ojos a.

dissipation [disipasjɔ̃] *nf* **-1.** [gén] disipación *f.* **-2.** [d'élève, de classe] alboroto *m.*

dissiper [disipe] *vt* **-1.** [gén] disipar. **-2.** [distraire] distraer. **◆ se dissiper** *vp* **-1.** [brouillard, doute] disiparse. **-2.** [être inattentif] distraerse.

dissocier [disɔsje] *vt* disociar.

dissolution [disɔlysjɔ̃] *nf* disolución *f.*

dissolvant, e [disɔlvɑ̃, ɑ̃t] *adj* disolvente. **◆ dissolvant** *nm* [à ongles] quitaesmalte *m.*

dissoudre [disudr] *vt* disolver. **◆ se dissoudre** *vp* disolverse.

dissous, oute [disu, ut] *pp* → **dissoudre**.

dissuader [disɥade] *vt* : ~ **qqn de faire qqch** disuadir a alguien de hacer algo.

dissuasion [disɥazjɔ̃] *nf* disuasión *f.*

distance [distɑ̃s] *nf* distancia *f*; **à** ~ [de loin] a distancia; *fig* [avec du recul] con cierta distancia.

distancer [distɑ̃se] *vt* **-1.** [personne, véhicule] adelantar. **-2.** *fig* [concurrence] dejar atrás.

distant, e [distɑ̃, ɑ̃t] *adj* distante.

distillation [distilasjɔ̃] *nf* destilación *f.*

distillé, e [distile] *adj* destilado(da).

distiller [distile] *vt* destilar.

distinct, e [distɛ̃, ɛ̃kt] *adj* **-1.** [séparé] distinto(ta). **-2.** [forme, voix] claro(ra).

distinctement [distɛ̃ktəmɑ̃] *adv* con claridad.

distinctif, ive [distɛ̃ktif, iv] *adj* distintivo(va).

distinction [distɛ̃ksjɔ̃] *nf* distinción *f.*

distingué, e [distɛ̃ge] *adj* distinguido(da).

distinguer [distɛ̃ge] *vt* distinguir. **◆ se distinguer** *vp* distinguirse.

distraction [distraksjɔ̃] *nf* distracción *f.*

distraire [distrɛr] *vt* distraer. **◆ se distraire** *vp* distraerse *(divertirse)*.

distrait, e [distrɛ, ɛt] *◇ pp* → **distraire**. *◇ adj* distraído(da).

distribuer [distribɥe] *vt* **-1.** [gén] repartir, distribuir. **-2.** [eau, gaz] suministrar. **-3.** [produit, film] distribuir.

distributeur, trice [distribytœr, tris] *nm, f* repartidor *m*, -ra *f.* **◆ distributeur** *nm* **-1.** COMM distribuidor *m*, -ra *f.* **-2.** [machine] máquina *f* expendedora; ~ **automatique** distribuidor automático.

distribution [distribysjɔ̃] *nf* **-1.** [répartition, CIN & THÉÂTRE] reparto *m.* **-2.** [d'eau, gaz] suministro *m.* **-3.** [disposition & COMM] distribución *f.*

district [distrikt] *nm* distrito *m.*

dit, e [di, dit] *◇ pp* → **dire**. *◇ adj* **-1.** [appelé] llamado(da). **-2.** JUR [dont on vient de parler] dicho(cha). **-3.** [heure, jour] previsto(ta).

divagation [divagasjɔ̃] *nf* divagación *f.* **◆ divagations** *nfpl* desvaríos *mpl*, delirio *m.*

divaguer [divage] *vi* divagar.

divan [divɑ̃] *nm* diván *m.*

divergence [divɛrʒɑ̃s] *nf* divergencia *f*, discrepancia *f.*

diverger [divɛrʒe] *vi* **-1.** [lignes, rayons] divergir. **-2.** *fig* [opinions] divergir, discrepar.

divers, e [divɛr, ɛrs] *adj* **-1.** [différent] diverso(sa). **-2.** [varié] variopinto(ta). **-3.** [plusieurs] diversos(sas).

diversifier [divɛrsifje] *vt* diversificar. **◆ se diversifier** *vp* **-1.** [varier] variar. **-2.** COMM diversificarse.

diversion [divɛrsjɔ̃] *nf* diversión *f*; **créer une** OU **faire** ~ crear un divertimiento.

diversité [divɛrsite] *nf* diversidad *f.*

divertir [divɛrtir] *vt* divertir. **◆ se divertir** *vp* divertirse.

divertissement [divɛrtismɑ̃] *nm* **-1.** [passe-temps] diversión *f.* **-2.** MUS intermedio *m.*

divin, e [divɛ̃, in] *adj* divino(na).

divinité [divinite] *nf* divinidad *f.*

diviser [divize] *vt* dividir.

division [divizjɔ̃] *nf* división *f*; ~ **blindée** división blindada.

divorce [divɔrs] *nm* divorcio *m.*

divorcé, e [divɔrse] *adj & nm, f* divorciado(da).

divorcer [divɔrse] *vi* divorciarse.

divulguer [divylge] *vt* divulgar.

dix ([dis] *en fin de phrase,* [di] *devant consonne ou h aspiré,* [diz] *devant voyelle ou h muet*) *◇ adj num* **-1.** [pour compter] diez. **-2.** [nombre indéterminé] cien; **je te l'ai répété dix fois!** ¡te lo he repetido cien veces! *◇ nm* diez *m; voir aussi* **six**.

dixième [dizjɛm] *◇ adj num & nm, f* décimo(ma). *◇ nm* décimo *m*, décima parte *f; voir aussi* **sixième**.

dizaine [dizɛn] *nf* **-1.** MATHS [dix] decena *f.* **-2.** [environ dix] unos diez *m*, unas diez *f.*

dm (*abr de* **décimètre**) dm.

DM *abr de* **deutschemark**.

do [do] *nm inv* MUS do *m inv*.

doc *abr de* **documentation**.

doc. (*abr de* **document**) doc., docum.

docile [dɔsil] *adj* dócil.

dock [dɔk] *nm* **-1.** [bassin] dársena *f.* **-2.** [hangar] almacén *m*, depósito *m*.

docker [dɔkɛr] *nm* descargador *m* de muelle.

docteur [dɔktœr] *nm* doctor *m*, -ra *f*.

doctorat [dɔktɔra] *nm* **-1.** [grade de docteur] doctorado *m*. **-2.** [épreuve] ≈ licenciatura *f* en medicina.

doctrine [dɔktrin] *nf* doctrina *f*.

document [dɔkymã] *nm* documento *m*.

documentaire [dɔkymãtɛr] *adj & nm* documental.

documentation [dɔkymãtasjɔ̃] *nf* **-1.** [gén] documentación *f*. **-2.** [documents] papeles *mpl*.

documenter [dɔkymãte] *vt* documentar. ◆ **se documenter** *vp* documentarse.

dodo [dodo] *nm* [lit] camita *f*; **faire ~** [dormir] mimir.

dodu, e [dɔdy] *adj* **-1.** [animal] cebado(da). **-2.** *fam* [enfant, bras] regordete(ta).

dogme [dɔgm] *nm* dogma *m*.

dogue [dɔg] *nm* dogo *m*.

doigt [dwa] *nm* dedo *m*; **un ~ de** [quantité] un dedo de; **~ de pied** [orteil] dedo del pie; **à deux ~s de** [presque] a un paso de; **avoir les ~s crochus** *fam fig* [être voleur] ser largo(ga) de manos.

dois, doit *etc* → **devoir**.

doive, doives *etc* → **devoir**.

dollar [dɔlar] *nm* dólar *m*.

domaine [dɔmɛn] *nm* **-1.** [propriété] dominio *m*. **-2.** [secteur] campo *m*. **-3.** [compétence] competencia *f*.

dôme [dom] *nm* **-1.** ARCHIT cúpula *f*. **-2.** GÉOGR cerro *m*.

domestique [dɔmɛstik] ◇ *adj* doméstico(ca). ◇ *nmf* criado *m*, -da *f Esp*, mucamo *m*, -ma *f Amér*.

domestiquer [dɔmɛstike] *vt* **-1.** [animal] domesticar. **-2.** [vent, marées] dominar.

domicile [dɔmisil] *nm* domicilio *m*; **à ~ a** domicilio.

domiciliation [dɔmisiljasjɔ̃] *nf* domiciliación *f*; **~ bancaire** domiciliación bancaria.

domicilié, e [dɔmisilje] *adj* domiciliado(da).

dominant, e [dɔminã, ãt] *adj* dominante.

domination [dɔminasjɔ̃] *nf* **-1.** [autorité] dominación *f*. **-2.** [influence] dominio *m*.

dominer [dɔmine] ◇ *vt* dominar. ◇ *vi* **-1.** [régner] dominar. **-2.** [prédominer] predominar. **-3.** [triompher] ganar.

domino [dɔmino] *nm* dominó *m*.

dommage [dɔmaʒ] *nm* **-1.** [préjudice] daño *m*; **~s et intérêts** daños y perjuicios. **-2.** [dégâts] daño *m*, desperfecto *m*.

dompter [dɔ̃te] *vt* **-1.** [animal] domar. **-2.** [éléments] domeñar. **-3.** *sout* [colère] dominar.

dompteur, euse [dɔ̃tœr, øz] *nm, f* domador *m*, -ra *f*.

DOM-TOM [dɔmtɔm] (*abr de* **départements d'outre-mer et territoires d'outre-mer**) *nmpl* provincias y territorios franceses de ultramar.

don [dɔ̃] *nm* **-1.** [cadeau] donación *f*. **-2.** [talent, aptitude] don *m*.

donateur, trice [dɔnatœr, tris] *nm, f* donante *mf*.

donation [dɔnasjɔ̃] *nf* JUR donación *f*.

donc [dɔ̃k] *conj* **-1.** [marque la conséquence] así pues, así que. **-2.** [après une digression, pour renforcer] pues.

donjon [dɔ̃ʒɔ̃] *nm* HIST torreón *m*.

donné, e [dɔne] *adj* **-1.** [lieu, date, distance] dado(da). **-2.** [qui a été donné] donado(da). ◆ **étant donné que** *loc conj* dado que.

donner [dɔne] ◇ *vt* **-1.** [gén] dar; **~ qqch à** (+ *infinitif*) dar algo a alguien para que (+ *subjuntivo*); **elle m'a donné un livre à lire** me ha dado un libro para que lo lea; **ça n'a rien donné** no ha dado resultado. **-2.** [attribuer – nom] poner; [– âge] echar. **-3.** *fam* [complice] delatar. **-4.** [transmettre] : **~ qqch à qqn** contagiar algo a alguien. ◇ *vi* **-1.** [produire] dar fruto. **-2.** [inciter] : **~ à dar que. -3.** [avoir le goût de] : **~ dans qqch** darse a algo.

donneur, euse [dɔnœr, øz] *nm, f* **-1.** [de cartes] repartidor *m*, -ra *f*. **-2.** [d'organe, de sang] donante *mf*.

dont [dɔ̃] *pron rel* **-1.** [complément de verbe ou d'adjectif – relatif à un objet] del que(de la que); **l'accident ~ il est responsable** el accidente del que es responsable; **les corvées ~ il a été dispensé** las faenas de las que se ha liberado; [– relatif à une personne] de quien; **c'est quelqu'un ~ on dit le plus grand bien** es una persona de quien se dicen muchas cosas buenas. **-2.** [complément de nom ou de pronom] cuyo(ya); **un meuble ~ le bois est vermoulu** un mueble cuya madera está carcomida; **c'est quelqu'un ~ j'apprécie l'honnêteté** es alguien cuya honradez admiro; **celui ~ les parents sont divorcés** aquel cuyos padres están divorciados. **-3.** [indiquant la partie d'un tout] de los cuales, de las cuales; **j'ai vu plusieurs films, ~ deux étaient intéressants** he visto varias películas, dos de las cuales eran interesantes. **-4.** [parmi eux] uno de ellos(una de ellas); **plusieurs personnes ont téléphoné, ~ ton frère** han llamado varias personas, una de ellas (era) tu hermano.

dopage [dɔpaʒ] *nm* doping *m*.

doper [dɔpe] *vt* dopar. ◆ **se doper** *vp* doparse.

dorade = **daurade**.

doré, e [dɔre] *adj* dorado(da). ◆ **doré** *nm* dorados *mpl*.

dorénavant [dɔrenavɑ̃] *adv* en adelante, en lo sucesivo.

dorer [dɔre] *vt* dorar.

dorloter [dɔrlɔte] *vt* mimar *Esp*, papachar *Amér*.

dormeur, euse [dɔrmœr, øz] *nm, f* dormilón *m*, -ona *f*.

dormir [dɔrmir] *vi* dormir.

dortoir [dɔrtwar] *nm* dormitorio *m* común.

dorure [dɔryr] *nf* **-1.** [action] doradura *f*, dorado *m*. **-2.** [couche d'or, objet doré] dorados *mpl*.

dos [do] *nm* **-1.** [d'homme, de vêtement] espalda *f*; **de ~** por detrás; **tourner le ~ à** dar la espalda a. **-2.** [de siège] respaldo *m*. **-3.** [de livre, d'animal] lomo *m*. **-4.** [verso] dorso *m*; **voir au ~** véase al dorso.

DOS, Dos [dɔs] (*abr de* **Disc Operating System**) *nm* DOS *m*.

dosage [dozaʒ] *nm* dosificación *f*.

dos-d'âne [dodɑn] *nm* badén *m*.

dose [doz] *nf* **-1.** [de médicament] dosis *f inv*. **-2.** *fam fig* ración *f*, dosis *f inv*.

doser [doze] *vt* dosificar.

dossard [dosar] *nm* SPORT dorsal *m*.

dossier [dosje] *nm* **-1.** [de fauteuil] respaldo *m*. **-2.** [documents] dossier *m*. **-3.** [classeur] carpeta *f*.

dot [dɔt] *nf* dote *f*.

doté, e [dɔte] *adj* : **~ de** dotado(da)de.

doter [dɔte] *vt* dotar.

douane [dwan] *nf* aduana *f*.

douanier, ère [dwanje, ɛr] *adj & nm, f* aduanero(ra).

doublage [dublaʒ] *nm* **-1.** [de vêtement, de paroi] forro *m*. **-2.** CIN doblaje *m*. **-3.** THÉÂTRE & CIN [d'acteur] substitución *f*.

double [dubl] ◇ *adj* doble. ◇ *adv* doble. ◇ *nm* **-1.** [gén] doble *m*. **-2.** [copie] copia *f*.

doublé, e [duble] *adj* **-1.** [vêtement] forrado(da). **-2.** [film] doblado(da). **-3.** [consonne, lettre] doble. ◆ **doublé** *nm* **-1.** [orfèvrerie] chapado *m*. **-2.** [réussite double] doble triunfo *m*. **-3.** [à la chasse] doblete *m*.

doublement [dubləmɑ̃] ◇ *adv* doblemente. ◇ *nm* [de consonne] duplicación *f*.

doubler [duble] ◇ *vt* **-1.** [somme, acteur, film] doblar. **-2.** [vêtement, sac] forrar. **-3.** [véhicule] adelantar. **-4.** *fam* [trahir] engañar. **-5.** [augmenter] redoblar. ◇ *vi* **-1.** [véhicule] adelantar. **-2.** [être multiplié par deux] duplicarse.

doublure [dublyr] *nf* **-1.** [de vêtement, de sac] forro *m*. **-2.** THÉÂTRE & CIN [acteur] doble *mf*.

douce → **deux**.

doucement [dusmɑ̃] *adv* **-1.** [modérément] con suavidad. **-2.** [avec douceur] con dulzura. **-3.** [bas] bajo. **-4.** [lentement] lentamente.

douceur [dusœr] *nf* **-1.** [gén] suavidad *f*. **-2.** [au goût] dulzor *m*. **-3.** [de caractère] dulzura *f*. **-4.** [de vivre, du soir] placeres *mpl*. ◆ **douceurs** *nfpl* [friandises] dulces *mpl*.

douche [duʃ] *nf* ducha *f Esp*, regadera *f Amér*.

doucher [duʃe] *vt* duchar, dar una ducha a. ◆ **se doucher** *vp* ducharse.

doué, e [dwe] *adj* dotado(da); **être ~ pour qqch** estar dotado para algo.

douillet, ette [dujɛ, ɛt] ◇ *adj* **-1.** [lit, canapé] mullido(da). **-2.** [personne] delicado(da). ◇ *nm, f* delicado *m*, -da *f*.

douleur [dulœr] *nf* dolor *m*.

douloureux, euse [dulurø, øz] *adj* **-1.** [blessure, événement] doloroso(sa). **-2.** [partie du corps] dolorido(da). **-3.** [regard, expression] dolorido(da), doliente.

doute [dut] *nm* duda *f*; **sans aucun ~** sin duda alguna, sin ninguna duda. ◆ **sans doute** *loc adv* seguramente.

douter [dute] *vi* dudar; **~ de qqch/de qqn** dudar de algo/de alguien; **~ que** dudar que.

douteux, euse [dutø, øz] *adj* **-1.** [gén] dudoso(sa). **-2.** [sale] sucio(cia).

doux, douce [du, dus] *adj* **–1.** [gén] suave.
-2. [souvenir] grato(ta). **–3.** [personne, caractère] dulce.

douzaine [duzɛn] *nf* **–1.** [douze] docena *f*.
-2. [environ douze] unos doce(unas doce).

douze [duz] *adj num & nm* doce; *voir aussi* **six.**

douzième [duzjɛm] ◇ *adj num* doceavo(va), duodécimo(ma). ◇ *nmf* doceavo *m*, duodécima parte *f*; *voir aussi* **sixième.**

doyen, enne [dwajɛ̃, ɛn] *nm, f* decano *m*, -na *f*.

Dr *(abr de* **docteur)** Dr. *m*, Dra. *f*.

draconien, enne [drakɔnjɛ̃, ɛn] *adj* draconiano(na).

dragée [draʒe] *nf* **-1.** [confiserie] peladilla *f*. **-2.** [comprimé] gragea *f*.

dragon [dragɔ̃] *nm* **-1.** [monstre] dragón *m*.
-2. *péj* [personne autoritaire] sargento *mf*.

draguer [drage] *vt* **-1.** *fam* [personne] ligar con. **-2.** [lac, fleuve] dragar.

dragueur, euse [dragœr, øz] *nm, f fam* [personne] ligón *m*, -ona *f*. ◆ **dragueur de mines** *nm* dragador *m*.

drainage [drɛnaʒ] *nm* drenaje *m*.

drainer [drene] *vt* **-1.** [terrain, plaie, abcès] drenar. **-2.** *fig* [attirer] absorber.

dramatique [dramatik] ◇ *adj* dramático(ca). ◇ *nf* TÉLÉ dramático *m*.

dramatiser [dramatize] *vt* dramatizar.

dramaturge [dramatyrʒ] *nmf* dramaturgo *m*, -ga *f*.

drame [dram] *nm* drama *m*.

drap [dra] *nm* **-1.** [de lit] sábana *f*. **-2.** [étoffe] paño *m*. ◆ **drap de bain** *nm* toalla *f* de baño.

drapeau, x [drapo] *nm* bandera *f*; **être sous les ~x** *fig* servir a la bandera.

draper [drape] *vt* **-1.** [couvrir] cubrir (con un paño). **-2.** [tissu] drapear.

draperie [drapri] *nf* **-1.** [tenture] colgaduras *fpl*. **-2.** [industrie] fábrica *f* de paños.

drapier, ère [drapje, ɛr] ◇ *adj* pañero(ra). ◇ *nm, f* **-1.** [fabricant] fabricante *mf* de paños. **-2.** [marchand] pañero *m*, -ra *f*.

dresser [drese] *vt* **-1.** [tête, échelle, tente] levantar. **-2.** [liste, procès-verbal] elaborar. **-3.** *sout* [statue, monument] erigir. **-4.** [animal, personne] adiestrar; **être bien dressé** estar bien enseñado(da). **-5.** [opposer] : **~ qqn contre qqn** poner a alguien en contra de alguien. ◆ **se dresser** *vp* **-1.** [se mettre debout] levantarse *Esp*, pararse *Amér*. **-2.** [s'élever] erguirse. **-3.** [appa-

raître] surgir. **-4.** *loc* : **se ~ contre qqch** [s'insurger] levantarse contra algo.

dresseur, euse [drɛsœr, øz] *nm, f* domador *m*, -ra *f*.

dribbler [drible] *vt & vi* SPORT regatear, driblar.

drogue [drɔg] *nf* droga *f*.

drogué, e [drɔge] ◇ *adj* drogado(da). ◇ *nm, f* drogadicto *m*, -ta *f*.

droguer [drɔge] *vt* drogar. ◆ **se droguer** *vp* drogarse.

droguerie [drɔgri] *nf* droguería *f*.

droguiste [drɔgist] *nmf* droguero *m*, -ra *f*.

droit, e [drwa, drwat] *adj* **-1.** [situé du côté droit, vertical] derecho(cha). **-2.** [rectiligne, honnête] recto(ta). ◆ **droit** ◇ *adv* **-1.** [selon une ligne droite] recto; **tout ~** todo recto. **-2.** [directement] derecho, directo. ◇ *nm* derecho; **avoir ~ à** tener derecho a; **de ~** comun de derecho común; **être dans son ~** estar en su derecho; **être en ~ de** estar en el derecho de; **~ de vote** derecho al voto. ◆ **droite** *nf* derecha *f*.

droitier, ère [drwatje, ɛr] *adj & nm, f* diestro(tra)*(que usa la mano derecha)*.

drôle [drol] *adj* **-1.** [amusant] divertido(da). **-2.** [bizarre] raro(ra). **-3.** *fam* [remarquable] menudo(da); **elle a fait de ~s de progrès!** ¡menudos progresos ha hecho!

dromadaire [drɔmadɛr] *nm* dromedario *m*.

dru, e [dry] *adj* abundante.

drugstore [drœgstɔr] *nm* drugstore *m*.

D.T.COQ. [detekɔk] *(abr de* **diphtérie, tétanos, coqueluche)** *nm* vacuna *f* triple.

du → de.

dû, due [dy] ◇ *pp →* **devoir.** ◇ *adj* debido(da). ◆ **dû** *nm* lo que se debe.

Dublin [dyblɛ̃] *n* Dublín.

duc [dyk] *nm* duque *m*.

duchesse [dyʃes] *nf* duquesa *f*.

duel [dɥel] *nm* duelo *m*.

dûment [dymã] *adv* debidamente.

dumping [dœmpiŋ] *nm* dumping *m*.

dune [dyn] *nf* duna *f*.

duo [dyo] *nm* dúo *m*.

dupe [dyp] ◇ *adj* engañado(da). ◇ *nf* : **être la ~ de qqn** ser víctima de alguien.

duper [dype] *vt* *sout* embancar.

duplex [dyplɛks] *nm* dúplex *m*.

duplicata [dyplikata] *nm inv* duplicado *m*.

duplicité [dyplisite] *nf* duplicidad *f*.

dupliquer [dyplike] *vt* duplicar.

duquel [dykɛl] → **lequel**.

dur, e [dyr] ◇ *adj* **-1.** [gén] duro(ra). **-2.** [difficile] difícil. ◇ *nm, f* duro *m*, -ra *f*. ◆ **dur** *adv* **-1.** [avec force] fuerte. **-2.** [avec ténacité] duro.

durable [dyrabl] *adj* duradero(ra).

durant [dyrɑ̃] *prép* durante.

durcir [dyrsir] ◇ *vt* endurecer. ◇ *vi* endurecerse. ◆ **se durcir** *vp* endurecerse.

durée [dyre] *nf* duración *f*.

durement [dyrmɑ̃] *adv* **-1.** [violemment] con fuerza. **-2.** [péniblement] con rigor, con crudeza. **-3.** [sévèrement] duramente.

durer [dyre] *vi* durar.

dureté [dyrte] *nf* **-1.** [gén] dureza *f*. **-2.** [d'un exercice] dificultad *f*.

dus, dut *etc* → **devoir**.

DUT (*abr de* **diplôme universitaire de technologie**) *nm* diploma técnico universitario obtenido tras dos años de estudios.

duvet [dyvɛ] *nm* **-1.** [plumes] plumón *m*. **-2.** [sac de couchage] saco *m* de dormir *(de plumón)*. **-3.** [poils fins] bozo *m*.

dynamique [dinamik] ◇ *adj* dinámico(ca). ◇ *nf* dinámica *f*.

dynamisme [dinamism] *nm* dinamismo *m*.

dynamite [dinamit] *nf* dinamita *f*.

dynamiter [dinamite] *vt* dinamitar.

dynastie [dinasti] *nf* dinastía *f*.

e, E [ə] *nm inv* e *f*, E *f*. ◆ **E** (*abr de* **est**) E.

eau, x [o] *nf* agua *f*; ~ **de Cologne** agua de Colonia; ~ **douce/de mer** agua dulce/salada; ~ **gazeuse/plate** agua con gas/sin gas; ~ **minérale** agua mineral; ~ **de toilette** eau *f* de toilette; **tomber à l'**~ irse a pique.

eau-de-vie [odvi] (*pl* **eaux-de-vie**) *nf* aguardiente *m*.

ébahi, e [ebai] *adj* boquiabierto(ta).

ébats [eba] *nmpl sout* retozos *mpl*.

ébauche [eboʃ] *nf* **-1.** [esquisse] boceto *m*. **-2.** *fig* [commencement] esbozo *m*.

ébaucher [eboʃe] *vt* **-1.** [œuvre, plan] bosquejar. **-2.** *fig* [geste, sourire] esbozar.

ébène [ebɛn] *nf* ébano *m*.

ébéniste [ebenist] *nm* ebanista *mf*.

éberlué, e [ebɛrlɥe] *adj* atónito(ta).

éblouir [ebluir] *vt* deslumbrar.

éblouissement [ebluismɑ̃] *nm* **-1.** [gén] deslumbramiento *m*. **-2.** [vertige] mareo *m*.

éborgner [ebɔrɲe] *vt* dejar tuerto(ta).

éboueur [ebwœr] *nm* basurero *m*, -ra *f*.

ébouillanter [ebujɑ̃te] *vt* escaldar.

éboulement [ebulmɑ̃] *nm* desprendimiento *m*.

éboulis [ebuli] *nm* material *m* de desprendimiento.

ébouriffer [eburife] *vt* [cheveux] desordenar.

ébranler [ebrɑ̃le] *vt* **-1.** [faire trembler] estremecer, sacudir. **-2.** [santé, moral] quebrantar. **-3.** [gouvernement] hacer tambalear. **-4.** [opinion, conviction] hacer temblar.

ébrécher [ebreʃe] *vt* **-1.** [verre, assiette] desportillar; [lame, couteau] mellar. **-2.** *fam* [fortune] mermar.

ébriété [ebrijete] *nf* embriaguez *f*.

ébruiter [ebrɥite] *vt* divulgar.

ébullition [ebylisjɔ̃] *nf* ebullición *f*; **en** ~ [en effervescence] en plena ebullición.

écaille [ekaj] *nf* **-1.** [de poisson, de reptile] escama *f*. **-2.** [de plâtre, peinture, vernis] desconchón *m*. **-3.** [matière] concha *f*; **en** ~ **de concha**.

écailler [ekaje] *vt* **-1.** [poisson] escamar. **-2.** [huîtres] abrir. ◆ **s'écailler** *vp* [peinture] desconcharse.

écarlate [ekarlat] *adj & nf* escarlata.

écarquiller [ekarkije] *vt* : ~ **les yeux** abrir los ojos de par en par.

écart [ekar] *nm* **-1.** [dans l'espace] distancia *f*, separación *f*. **-2.** [dans le temps] intervalo *m*. **-3.** [différence] diferencia *f*. **-4.** [déviation] desvío *m*. **-5.** [de cheval] extraño *m*.

écarteler [ekartəle] *vt* **-1.** [torturer] descuartizar. **-2.** *fig* [tirailler] dividir.

écartement [ekartəmɑ̃] *nm* [gén] distancia *f*; [des rails] ancho *m*.

écarter [ekarte] *vt* **-1.** [bras, jambes, rideaux] abrir. **-2.** [éloigner] apartar. **-3.** [obstacle, danger] eliminar; [solution] desechar. ◆ **s'écarter** *vp* apartarse.

ecchymose [ekimoz] *nf* equimosis *f inv*.

ecclésiastique [eklezjastik] ◇ *adj* eclesiástico(ca). ◇ *nm* eclesiástico *m*.

écervelé, e [esɛrvəle] *adj & nm, f* atolondrado(da).

échafaud [eʃafo] *nm* cadalso *m*.

échafaudage [eʃafodaʒ] *nm* **-1.** CONSTR andamio *m*, andamiaje *m*. **-2.** [amas] montón *m*, pila *f*. **-3.** *fig* [de plan] elaboración *f*.

échalote [eʃalɔt] *nf* chalote *m*.

échancrure [eʃɑ̃kryr] *nf* **-1.** [de robe] escote *m*. **-2.** [de côte] ensenada *f*.

échange [eʃɑ̃ʒ] *nm* intercambio *m*; **en ~ (de)** a cambio (de). ◆ **échanges** *nmpl* ÉCON intercambios *mpl*.

échanger [eʃɑ̃ʒe] *vt* **-1.** [troquer] : **~ qqch contre qqch** cambiar algo por algo. **-2.** [sourire, lettres, impressions] intercambiar.

échangisme [eʃɑ̃ʒism] *nm* **-1.** [de partenaire sexuel] intercambio *m* de parejas. **-2.** ÉCON librecambio *mpl*.

échantillon [eʃɑ̃tijɔ̃] *nm* muestra *f*.

échappatoire [eʃapatwar] *nf* escapatoria *f*.

échappement [eʃapmɑ̃] *nm* **-1.** AUTOM escape *m*. **-2.** → **pot**. **-3.** [d'horloge] rueda *f* catalina.

échapper [eʃape] *vi* [gén] : **~ à** escapar OU escaparse de; [détail, nom] escapársele; **laisser ~** [occasion] dejar escapar; [mot] soltar; [erreur, faute] escapársele. ◆ **s'échapper** *vp* : **~ (de)** escaparse (de), escapar (de).

écharde [eʃard] *nf* astilla *f*.

écharpe [eʃarp] *nf* bufanda *f*; **en ~** [bras, poignet] en cabestrillo *mpl*.

écharper [eʃarpe] *vt* despedazar.

échasse [eʃas] *nf* **-1.** [pour marcher] zanco *m*. **-2.** [oiseau] zancuda *f*.

échassier [eʃasje] *nm* zancuda *f (ave)*.

échauffement [eʃofmɑ̃] *nm* **-1.** [de moteur & SPORT] calentamiento *m*. **-2.** [surexcitation] caldeamiento *m*.

échauffer [eʃofe] *vt* **-1.** [gén] calentar. **-2.** [énerver] irritar. ◆ **s'échauffer** *vp* calentarse.

échéance [eʃeɑ̃s] *nf* **-1.** [délai] plazo *m*; **à longue ~** a largo plazo. **-2.** [date de paiement] vencimiento *m*; **arriver à ~** vencer un plazo. **-3.** [somme d'argent due] desembolso *m*; **faire face à une lourde ~** hacer frente a un fuerte desembolso.

échéant [eʃeɑ̃] → **cas**.

échec [eʃɛk] *nm* fracaso *m*. ◆ **échecs** *nmpl* ajedrez *m*; **~ et mat** jaque mate.

échelle [eʃɛl] *nf* **-1.** [objet] escalera *f*. **-2.** [ordre de grandeur, hiérarchie] escala *f*.

échelon [eʃlɔ̃] *nm* **-1.** [barreau] escalón *m*, peldaño *m*. **-2.** *fig* [niveau] grado *m*.

échelonner [eʃlɔne] *vt* escalonar.

écheveau, x [eʃvo] *nm* madeja *f*.

échevelé, e [eʃəvle] *adj* **-1.** [cheveux] despeinado(da). **-2.** [course, rythme] desenfrenado(da).

échine [eʃin] *nf* ANAT espinazo *m*.

échiquier [eʃikje] *nm* **-1.** [jeu] tablero *m* de ajedrez. **-2.** *fig* [scène] tablero *m*.

écho [eko] *nm* eco *m*.

échographie [ekografi] *nf* ecografía *f*.

échoir [eʃwar] *vi* **-1.** [être dévolu] : **~ à qqn** tocarle a alguien. **-2.** [terme] vencer.

échoppe [eʃɔp] *nf* puesto *m*, tenderete *m*.

échouer [eʃwe] *vi* **-1.** [ne pas réussir] fracasar; **~ à qqch** [examen] suspender algo. **-2.** [navire] encallar. **-3.** *fam fig* [aboutir] ir a parar.

échu, e [eʃy] *pp* → **échoir**.

éclabousser [eklabuse] *vt* salpicar.

éclair [eklɛr] *nm* **-1.** [lumière] relámpago *m Esp*, refusilo *m Amér*. **-2.** [bref instant] chispa *f*. **-3.** [gâteau] pastelito alargado relleno de crema de chocolate o de café. ◇ *adj inv* [visite] de médico; [guerre] relámpago *(en aposición)*.

éclairage [eklɛraʒ] *nm* **-1.** [lumière – des rues] alumbrado *m*; [– de local] iluminación *f*. **-2.** *fig* [point de vue] enfoque *m*.

éclairagiste [eklɛraʒist] *nmf* CIN ingeniero *m*, **-ra** *f* de luces.

éclaircie [eklɛrsi] *nf* claro *m (entre nubes)*.

éclaircir [eklɛrsir] *vt* aclarar. ◆ **s'éclaircir** *vp* **-1.** [gén] aclararse. **-2.** [cheveux] enrarecer.

éclaircissement [eklɛrsismɑ̃] *nm* aclaración *f*.

éclairer [eklere] *vt* **-1.** [illuminer] alumbrar, iluminar. **-2.** [expliquer, renseigner] explicar. ◆ **s'éclairer** *vp* **-1.** [avec de la lumière] alumbrarse. **-2.** *fig* [visage] iluminarse. **-3.** [situation, idées] aclararse.

éclaireur, euse [eklerœr, øz] *nm, f* explorador *m*, **-ra** *f*.

éclat [ekla] *nm* **-1.** [de lumière] resplandor *m*. **-2.** [de couleur, des yeux] brillo *m*. **-3.** [de verre, d'os] esquirla *f*. **-4.** [faste] esplendor *m*. **-5.** [bruit] estampido *m*; **~s de voix** gritos *mpl*; **~ de rire** carcajada *f*; **rire aux ~s** reír a carcajadas.

éclatant, e [eklatã, ãt] *adj* **-1.** [lumière, couleur, succès] brillante. **-2.** [beauté] resplandeciente. **-3.** [rire, voix etc] estridente.

éclater [eklate] *vi* **-1.** [bombe, pneu] estallar, explotar; **faire ~ qqch** hacer estallar algo. **-2.** [incendie, guerre] estallar; **laisser ~ qqch** dar rienda suelta a algo. **-3.** [bijou] brillar. **◆ s'éclater** *vp fam* pasárselo de miedo.

éclectique [eklɛktik] *adj & nmf* ecléctico(ca).

éclipse [eklips] *nf* eclipse *m*; **~ de Lune/ Soleil** eclipse lunar/solar.

éclipser [eklipse] *vt* eclipsar. **◆ s'éclipser** *vp fam* eclipsarse.

éclopé, e [eklɔpe] *adj & nm, f* cojo(ja).

éclore [eklɔr] *vi* [fleur, œuf] hacer eclosión; [jour] nacer; **faire ~ qqch** [œuf, fleur] provocar la eclosión de algo; *fig* [vocation] despertar algo.

éclos, e [eklo, oz] *pp* → éclore.

écluse [eklyz] *nf* NAVIG esclusa *f*.

écœurant, e [ekœrã, ãt] *adj* **-1.** [gén] repugnante, asqueroso(sa). **-2.** [démoralisant] asqueroso(sa).

écœurer [ekœre] *vt* **-1.** [dégoûter, indigner] dar asco. **-2.** [décourager] desmoralizar.

école [ekɔl] *nf* **-1.** [gén] escuela *f*, colegio *m*; **~ maternelle** parvulario *m*; **École nationale d'administration** escuela nacional de administración en Francia; **École nationale de la magistrature** escuela nacional de la magistratura en Francia, ≃ escuela universitaria de magisterio; **École normale supérieure** institución de enseñanza superior especializada en humanidades; **~ primaire** ≃ escuela de EGB; **faire ~** hacer OU crear escuela; **faire l'~ buissonnière** hacer novillos. **-2.** [éducation] enseñanza *f*; **~ privée** enseñanza privada.

écolier, ère [ekɔlje, ɛr] *nm, f* **-1.** [élève] escolar *mf*, colegial *m*, -la *f*. **-2.** *fig* [novice] principiante *mf*.

écolo [ekɔlɔ] *nmf fam* ecologista; **les ~s** los verdes.

écologie [ekɔlɔʒi] *nf* ecología *f*.

écologiste [ekɔlɔʒist] *nmf* ecologista *mf*.

éconduire [ekɔ̃dɥir] *vt* [demande, visiteur] rechazar.

économat [ekɔnɔma] *nm* economato *m*.

économe [ekɔnɔm] ◇ *adj* [parcimonieux] ahorrador(ra); **être ~ de qqch** ahorrarse algo. ◇ *nmf* ecónomo *m*, -ma *f*.

économie [ekɔnɔmi] *nf* **-1.** [science & POLIT] economía *f*. **-2.** *fig* [épargne] ahorro *m*; **faire des ~s** ahorrar. **-3.** [pécule] ahorros *mpl*.

économique [ekɔnɔmik] *adj* económico(ca).

économiser [ekɔnɔmize] *vt* ahorrar.

économiste [ekɔnɔmist] *nmf* economista *mf*.

écoper [ekɔpe] ◇ *vt* **-1.** NAVIG achicar. **-2.** *fam* [sanction] : **~ de qqch** cargar con algo. ◇ *vi fam* [recevoir] pagar el pato.

écoproduit [ekɔprɔdɥi] *nm* ecoproducto *m*.

écorce [ekɔrs] *nf* corteza *f*. **◆ écorce terrestre** *nf* corteza *f* terrestre.

écorché [ekɔrʃe] *nm* **-1.** ANAT figura humana o animal sin piel para el estudio de la anatomía. **-2.** [schéma] corte *m*, sección *f*.

écorcher [ekɔrʃe] *vt* **-1.** [lapin] despellejar. **-2.** [égratigner] arañar. **-3.** [langue, nom] destrozar.

écorchure [ekɔrʃyr] *nf* arañazo *m*.

écossais, e [ekɔsɛ, ɛz] *adj* escocés(esa). **◆ écossais** *nm* **-1.** LING escocés *m*. **-2.** [tissu] tela *f* escocesa. **◆ Écossais, e** *nm, f* escocés *m*, -esa *f*.

Écosse [ekɔs] *nf* : **l'~** Escocia.

écosser [ekɔse] *vt* desgranar.

écosystème [ekɔsistɛm] *nm* ecosistema *m*.

écot [eko] *nm* escote *m*.

écouler [ekule] *vt* deshacerse de. **◆ s'écouler** *vp* **-1.** [liquide] escurrirse. **-2.** [temps] pasar. **-3.** [foule] circular.

écourter [ekurte] *vt* [durée] acortar.

écouter [ekute] *vt* escuchar.

écouteur [ekutœr] *nm* auricular *m*.

écoutille [ekutij] *nf* NAVIG escotilla *f*.

écran [ekrã] *nm* pantalla *f*; **le petit ~** la pequeña pantalla.

écrasant, e [ekrazã, ãt] *adj* aplastante.

écraser [ekraze] ◇ *vt* **-1.** [comprimer, vaincre] aplastar. **-2.** [accabler] agobiar, abrumar. **-3.** [piétiner, marcher sur] pisar. **-4.** [renverser] atropellar; **il s'est fait ~ par une voiture** lo ha atropellado un coche. ◇ *vi* **écrase!** *fam* ¡cállate ya! **◆ s'écraser** *vp* **-1.** [avion, véhicule] estrellarse. **-2.** [foule] apiñarse, amontonarse. **-3.** *fam* [personne] morderse la lengua.

écrémer [ekreme] *vt* **-1.** [lait] descremar. **-2.** *fig* [prendre le meilleur] escoger lo mejor de.

écrevisse [ekravis] *nf* cangrejo *m* de río; ~s à la nage CULIN *caldo de cangrejo de río con nata*; **rouge comme une** ~ rojo como una gamba.

écrier [ekrije] ◆ **s'écrier** *vp* exclamar.

écrin [ekrɛ̃] *nm* joyero *m (estuche)*.

écrire [ekrir] *vt* escribir.

écrit, e [ekri, it] ◇ *pp* → **écrire**. ◇ *adj* escrito(ta). ◆ **écrit** *nm* -1. [ouvrage, document] escrito *m*. -2. [examen] examen *m* escrito. ◆ **par écrit** *loc adv* por escrito.

écriteau, x [ekrito] *nm* letrero *m*, cartel *m Esp*, afiche *m Amér*.

écriture [ekrityr] *nf* -1. [système de signes] escritura *f*. -2. [de personne] letra *f*. -3. *sout* [style] estilo *m*. ◆ **écritures** *nfpl* COMM : **tenir les** ~s llevar los libros.

écrivain [ekrivɛ̃] *nm* escritor *m*, -ra *f*.

écrou [ekru] *nm* TECHNOL tuerca *f*.

écrouer [ekrue] *vt* encarcelar.

écrouler [ekrule] ◆ **s'écrouler** *vp* derrumbarse, desplomarse.

écru, e [ekry] *adj* crudo(da).

ecstasy [ɛkstazi] *nm* éxtasis *m inv (droga)*.

ECU, écu [eky] *(abr de European currency unit) nm* ECU *m*, ecu *m*.

écu [eky] *nm* -1. [gén] escudo *m*. -2. = ECU.

écueil [ekœj] *nm* escollo *m*.

écuelle [ekɥɛl] *nf* escudilla *f*.

éculé, e [ekyle] *adj* gastado(da).

écume [ekym] *nf* -1. [de mer, de bière] espuma *f*. -2. [de personne, d'animal] baba *f*, espumarajo *m*. -3. *fig* [rebut] escoria *f*.

écumoire [ekymwar] *nf* espumadera *f*.

écureuil [ekyrœj] *nm* ardilla *f*.

écurie [ekyri] *nf* -1. [bâtiment] cuadra *f*, caballeriza *f*. -2. *fig* [chevaux de courses] cuadra *f*.

écusson [ekysɔ̃] *nm* -1. [d'armoiries] escudo *m*. -2. MIL [tissu] distintivo *m (del cuerpo del ejército)*.

écuyer, ère [ekɥije, ɛr] *nm, f* [de cirque] caballista *mf*. ◆ **écuyer** *nm* [de chevalier] escudero *m*.

eczéma [ɛgzema] *nm* eczema *m*.

éden [edɛn] *nm* edén *m*.

édenté, e [edɑ̃te] *adj* desdentado(da).

EDF, Édf *(abr de Électricité de France) nf* empresa nacional de electricidad francesa.

édifice [edifis] *nm* -1. [construction] edificio *m*. -2. *fig* [ensemble organisé] entramado *m*.

édifier [edifje] *vt* -1. [bâtiment] construir, edificar. -2. [théorie] elaborar. -3. [personne] *iron* edificar.

Édimbourg [edɛ̃bur] *n* Edimburgo.

éditer [edite] *vt* editar.

éditeur, trice [editœr, tris] *nm, f* editor *m*, -ra *f*.

édition [edisjɔ̃] *nf* edición *f*.

éditorial, aux [editorjal, o] *nm* editorial *m*.

édredon [edrədɔ̃] *nm* edredón *m*.

éducateur, trice [edykatœr, tris] ◇ *adj* educador(ra). ◇ *nm, f* educador *m*, -ra *f*; ~ spécialisé *profesor en educación especial*.

éducatif, ive [edykatif, iv] *adj* educativo(va).

éducation [edykasjɔ̃] *nf* educación *f*. ◆ **Éducation nationale** *nf* ≃ Educación *f* Nacional.

édulcorant [edylkorɑ̃] *nm* edulcorante *m*; ~ de synthèse edulcorante sintético.

édulcorer [edylkore] *vt* -1. *sout* [sucrer] endulzar, edulcorar. -2. *fig* [adoucir] suavizar.

éduquer [edyke] *vt* educar.

effacé, e [efase] *adj* -1. [personne, rôle] discreto(ta). -2. [teinte] apagado(da).

effacer [efase] *vt* -1. [gén & INFORM] borrar. -2. [réussite] eclipsar. ◆ **s'effacer** *vp* -1. [s'estomper] borrarse. -2. *sout* [s'écarter] apartarse. -3. *fig* [s'incliner] inclinarse *(en señal de respeto)*.

effarant, e [efarɑ̃, ɑ̃t] *adj* espantoso(sa).

effarer [efare] *vt* espantar, asustar.

effaroucher [efaruʃe] *vt* asustar.

effectif, ive [efɛktif, iv] *adj* efectivo(va). ◆ **effectif** *nm* -1. MIL efectivos *mpl*. -2. SCOL alumnado *m*.

effectivement [efɛktivmɑ̃] *adv* -1. [réellement] realmente. -2. [pour confirmer] efectivamente.

effectuer [efɛktɥe] *vt* efectuar.

efféminé, e [efemine] *adj* afeminado(da).

effervescent, e [efɛrvesɑ̃, ɑ̃t] *adj* efervescente.

effet [efɛ] *nm* -1. [gén] efecto *m*; sous l'~ de bajo el efecto de; ~ de serre efecto (de) invernadero. -2. [impression produite] efecto *m*, impresión *f*. ◆ **en effet** *loc adv* en efecto, efectivamente.

effeuiller [efœje] *vt* deshojar.

efficace [efikas] *adj* -1. [remède, mesure] eficaz. -2. [personne] eficaz, eficiente.

efficacité [efikasite] *nf* eficacia *f*.

effigie [efiʒi] *nf* efigie *f*.

effiler [efile] vt -1. [tissu] deshilachar. -2. [lame, couteau] afilar. -3. [cheveux] atusar.

effilocher [efilɔʃe] vt deshilachar. ◆ **s'effilocher** vp deshilacharse.

efflanqué, e [eflɑ̃ke] adj flaco(ca).

effleurer [eflœre] vt -1. [surface, visage] rozar. -2. [problème, affaire] tratar superficialmente. -3. [suj : idée, pensée] ocurrirse; **cette pensée ne l'a jamais effleuré** nunca se le ha ocurrido esta idea.

effluves [eflyv] nmpl efluvios mpl.

effondrement [efɔ̃drəmɑ̃] nm -1. [de mur, de toit, de projet] hundimiento m, desmoronamiento m. -2. [de personne] desfondamiento m.

effondrer [efɔ̃dre] vt -1. [coffre] desfondar. -2. fig [personne] hundir, desmoronar. ◆ **s'effondrer** vp hundirse, desmoronarse.

efforcer [efɔrse] ◆ **s'efforcer** vp : ∼ de faire qqch esforzarse en hacer algo.

effort [efɔr] nm -1. [de personne] esfuerzo m. -2. PHYS fuerza f.

effraction [efraksjɔ̃] nf JUR fractura f.

effrayant, e [efrɛjɑ̃, ɑ̃t] adj espantoso(sa).

effrayer [efreje] vt asustar. ◆ **s'effrayer** vp asustarse.

effréné, e [efrene] adj desenfrenado(da).

effriter [efrite] vt pulverizar. ◆ **s'effriter** vp -1. [mur, pierre] reducirse a polvo. -2. fig [majorité] desmoronarse.

effroi [efrwa] nm pavor m.

effronté, e [efrɔ̃te] adj & nm, f descarado(da).

effronterie [efrɔ̃tri] nf descaro m.

effroyable [efrwajabl] adj espantoso(sa).

effusion [efyzjɔ̃] nf -1. [de sang] derramamiento m. -2. [de sentiments] efusión f; **avec** ∼ efusivamente.

égal, e, aux [egal, o] ◇ adj -1. [équivalent] igual. -2. [régulier] regular. ◇ nm, f igual mf.

également [egalmɑ̃] adv -1. [avec égalité] con igualdad. -2. [aussi] también.

égaler [egale] vt -1. MATHS ser, dar. -2. [être à la hauteur de] igualar.

égaliser [egalize] vt -1. [rendre égal] igualar. -2. SPORT empatar, igualar.

égalité [egalite] nf -1. [gén] igualdad f. -2. [d'humeur] regularidad f.

égard [egar] nm respeto m. ◆ **à l'égard de** loc adv respecto a.

égarement [egarmɑ̃] nm extravío m.

égarer [egare] vt -1. [gén] extraviar. -2. fig & sout [personne] perder. ◆ **s'égarer** vp -1. [objet, personne] extraviarse. -2. [discussion] desviarse. -3. fig & sout [sortir du bon sens] divagar.

égayer [egeje] vt alegrar, animar.

égide [eʒid] nf égida f; **sous l'**∼ **de** bajo la égida de, bajo los auspicios de.

églantine [eglɑ̃tin] nf gavanza f.

église [egliz] nf [édifice] iglesia f.

égocentrique [egɔsɑ̃trik] adj & nmf egocéntrico(ca).

égoïsme [egɔism] nm egoísmo m.

égoïste [egɔist] adj & nmf egoísta.

égorger [egɔrʒe] vt -1. [animal, personne] degollar. -2. fam fig [faire payer cher] despellejar.

égosiller [egozije] ◆ **s'égosiller** vp desgañitarse.

égout [egu] nm alcantarilla f.

égoutter [egute] vt -1. [linge, vaisselle, légumes] escurrir. -2. [fromage] desuerar. ◆ **s'égoutter** vp escurrirse.

égouttoir [egutwar] nm -1. [à légumes] escurridor m. -2. [à vaisselle] escurridor m, escurreplatos m inv.

égratigner [egratiɲe] vt -1. [érafler] arañar. -2. fig [blesser] afectar. ◆ **s'égratigner** vp [s'érafler] arañarse.

égratignure [egratiɲyr] nf -1. [éraflure] arañazo m, rasguño m. -2. fig [blessure] rasguño m.

égrener [egrəne] vt desgranar.

égrillard, e [egrijar, ard] adj chocarrero(ra).

Égypte [eʒipt] nf : **l'** ∼ Egipto.

égyptien, enne [eʒipsjɛ̃, ɛn] adj egipcio(cia). ◆ **égyptien** nm LING egipcio m. ◆ **Égyptien, enne** nm, f egipcio m, -cia f.

égyptologie [eʒiptɔlɔʒi] nf egiptología f.

eh [e] interj eh; ∼ **bien** bueno.

éhonté, e [eɔ̃te] adj & nm, f sinvergüenza.

éjaculation [eʒakylasjɔ̃] nf eyaculación f; ∼ **précoce** eyaculación precoz.

éjectable [eʒɛktabl] adj eyectable.

éjecter [eʒɛkte] vt -1. [rejeter] eyectar. -2. fam [personne] echar; **il s'est fait** ∼ lo han echado.

élaboration [elabɔrasjɔ̃] nf elaboración f.

élaboré, e [elabɔre] adj elaborado(da) (sofisticado).

élaborer [elabɔre] vt elaborar.

élaguer [elage] vt -1. [arbre] podar. -2. fig [texte, exposé] recortar, expurgar.

élan [elã] *nm* **-1.** ZOOL alce *m.* **-2.** [mouvement physique] impulso *m*; **prendre son ~** coger impulso. **-3.** *fig* [de joie, de générosité] arrebato *m.*

élancé, e [elãse] *adj* esbelto(ta).

élancer [elãse] *vi* MÉD dar punzadas. ◆ **s'élancer** *vp* **-1.** [se précipiter] lanzarse. **-2.** [prendre de l'élan] coger impulso.

élargir [elaʒir] *vt* **-1.** [route, jupe] ensanchar. **-2.** [connaissances] ampliar. ◆ **s'élargir** *vp* **-1.** [route] ensancharse. **-2.** *fam* [personne] engordar. **-3.** *fig* [idées, connaissances] ampliar.

élasticité [elastisite] *nf* elasticidad *f.*

élastique [elastik] ◇ *adj* elástico(ca). ◇ *nm* elástico *m*, goma *f.*

électeur, trice [elɛktœr, tris] *nm, f* elector *m*, -ra *f.*

élection [elɛksjõ] *nf* elección *f*; **d'~** de elección; **~s municipales** elecciones municipales; **~ présidentielle** elecciones presidenciales.

électoral, e, aux [elɛktɔral, o] *adj* electoral.

électricien, enne [elɛktrisjɛ̃, ɛn] *nm, f* electricista *mf.*

électricité [elɛktrisite] *nf* PHYS electricidad *f.*

électrifier [elɛktrifje] *vt* electrificar.

électrique [elɛktrik] *adj* **-1.** PHYS eléctrico(ca). **-2.** *fig* [impression] electrizante.

électroaimant [elɛktroɛmã] *nm* electroimán *m.*

électrocardiogramme [elɛktrokardjɔgram] *nm* electrocardiograma *m.*

électrochoc [elɛktroʃɔk] *nm* electrochoque *m.*

électrocuter [elɛktrɔkyte] *vt* electrocutar.

électrode [elɛktrɔd] *nf* electrodo *m.*

électroencéphalogramme [elɛktroãsefalɔgram] *nm* MÉD electroencefalograma *m.*

électrogène [elɛktrɔʒɛn] *adj* electrógeno(na).

électrolyse [elɛktrɔliz] *nf* electrólisis *f inv.*

électromagnétique [elɛktromaɲetik] *adj* electromagnético(ca).

électron [elɛktrõ] *nm* electrón *m.*

électronicien, enne [elɛktrɔnisjɛ̃, ɛn] *nm, f* especialista *mf* en electrónica.

électronique [elɛktrɔnik] ◇ *adj* electrónico(ca). ◇ *nf* electrónica *f.*

élégance [elegãs] *nf* elegancia *f.*

élégant, e [elegã, ãt] *adj* elegante *Esp*, elegantoso(sa) *Amér.*

élément [elemã] *nm* elemento *m*; **les bons/mauvais ~s** los buenos/malos elementos; **les quatre ~s** los cuatro elementos; **être dans son ~** *fig* estar en su elemento.

élémentaire [elemãtɛr] *adj* elemental.

éléphant [elefã] *nm* elefante *m.*

éléphanteau, x [elefãto] *nm* cría *f* de elefante.

élevage [ɛlvaʒ] *nm* [action] cría *f*; [exploitation] criadero *m.*

élévateur, trice [elevatœr, tris] *adj* elevador(ra).

élève [elɛv] *nmf* **-1.** [gén] alumno *m*, -na *f*. **-2.** MIL [candidat] ≃ cadete *mf.*

élever [ɛlve] *vt* **-1.** [statue, protestations] levantar. **-2.** [à un rang supérieur] ascender. **-3.** [esprit] elevar. **-4.** [prix] subir. **-5.** [enfant] educar. **-6.** [poulets, lapins] criar. ◆ **s'élever** *vp* **-1.** [gén] elevarse. **-2.** [protester] : **s'~ contre qqn/contre qqch** levantarse contra alguien/contra algo.

éleveur, euse [ɛlvœr, øz] *nm, f* criador *m*, -ra *f.*

elfe [ɛlf] *nm* elfo *m.*

éligible [eliʒibl] *adj* POLIT elegible.

élimination [eliminasjõ] *nf* eliminación *f*; **procéder par ~** proceder por eliminación.

éliminer [elimine] *vt* eliminar.

élire [elir] *vt* elegir.

élite [elit] *nf* elite *f*; **d'~** de elite.

élitiste [elitist] *nmf* elitista.

elle [ɛl] *pron pers* ella; **il a fait ça pour ~** lo ha hecho por ella; **~ est jolie, Marie** es guapa, María; **c'est à ~** es suyo/suya. ◆ **elle-même** *pron pers* ella misma.

ellipse [elips] *nf* **-1.** GÉOM elipse *f*. **-2.** LING elipsis *f inv.*

élocution [elɔkysjõ] *nf* elocución *f.*

éloge [elɔʒ] *nm* elogio *m*; **couvrir qqn d'~s** deshacerse en elogios con alguien; **faire l'~ de qqn/de qqch** elogiar a alguien/algo.

élogieux, euse [elɔʒjø, øz] *adj* elogioso(sa).

éloignement [elwaɲmã] *nm* **-1.** [gén] alejamiento *m*. **-2.** [dans le temps] distanciamiento *m.*

éloigner [elwaɲe] *vt* alejar. ◆ **s'éloigner** *vp* alejarse.

élongation [elõgasjõ] *nf* MÉD elongación *f.*

éloquence [elɔkãs] *nf* elocuencia *f.*

éloquent, e [elɔkã, ãt] *adj* elocuente.

élu, e [ely] ◇ *pp* → **élire**. ◇ *adj* POLIT electo(ta). ◇ *nm, f* POLIT & RELIG elegido *m*, -da *f*; **l'~ de son cœur** *sout* OU *hum* su media naranja.

élucider [elyside] *vt* dilucidar.

éluder [elyde] *vt* eludir.

Élysée [elize] *n* : **l'~** el Elíseo *(residencia oficial del presidente de la República Francesa)*.

émacié, e [emasje] *adj sout* demacrado(da).

émail, aux [emaj, emo] *nm* esmalte *m*; **en ~** esmaltado(da).

émaillé, e [emaje] *adj* : **~ de** salpicado(da) de.

émanation [emanasjɔ̃] *nf* emanación *f*.

émancipé, e [emãsipe] *adj* emancipado(da).

émanciper [emãsipe] *vt* emancipar. ◆ **s'émanciper** *vp* -1. [se libérer] emanciparse. -2. *fam* [se dévergonder] espabilarse.

émaner [emane] *vi* emanar.

émarger [emarʒe] *vt* firmar en el margen.

émasculer [emaskyle] *vt* emascular.

emballage [ãbalaʒ] *nm* embalaje *m*.

emballer [ãbale] *vt* -1. [objet, moteur] embalar. -2. *fam* [plaire] entusiasmar. ◆ **s'emballer** *vp* -1. [personne, moteur] embalarse. -2. [cheval] desbocarse.

embarcadère [ãbarkadɛr] *nm* embarcadero *m*.

embarcation [ãbarkasjɔ̃] *nf* embarcación *f*.

embardée [ãbarde] *nf* bandazo *m*; **faire une ~** dar un bandazo.

embargo [ãbargo] *nm* embargo *m*.

embarquement [ãbarkəmã] *nm* -1. [de marchandises] embarque *m*. -2. [de passagers] embarco *m*; **~ immédiat** embarco inmediato.

embarquer [ãbarke] ◇ *vt* -1. [marchandises, passagers] embarcar. -2. *fam* [malfaiteur] trincar. -3. *fam* [emmener] llevarse. -4. *loc* : **~ qqn dans qqch** [engager] *fam* embarcar a alguien en algo. ◇ *vi* : **~ pour** embarcarse para. ◆ **s'embarquer** *vp* embarcarse; **s'~ dans** *fam fig* embarcarse en.

embarras [ãbara] *nm* -1. [incertitude, situation difficile] aprieto *m*, apuro *m*; **avoir l'~ du choix** tener mucho donde escoger; **être dans l'~** estar en un aprieto OU apuro; **mettre qqn dans l'~** poner a alguien en un compromiso; **tirer qqn d'~** sacar a alguien de un aprieto OU apuro. -2. [souci] problema *m*. -3. [gêne] molestia *f*.

embarrassé, e [ãbarase] *adj* -1. [chargé] cargado(da). -2. [perplexe] apurado(da). -3. [timide] apocado(da). -4. [confus] confuso(sa).

embarrasser [ãbarase] *vt* -1. [encombrer] atestar. -2. [gêner] estorbar. -3. [déconcerter] poner en un compromiso, poner en un aprieto. ◆ **s'embarrasser** *vp* -1. [s'encombrer] : **s'~ de qqch** cargar con algo; *fig* [tenir compte de] tener en cuenta algo. -2. *fig* [s'empêtrer] : **s'~ dans** liarse con.

embauche [ãboʃ] *nf* contratación *f*.

embaucher [ãboʃe] *vt* -1. [employer] contratar. -2. *fam* [occuper] reclutar.

embaumer [ãbome] ◇ *vt* embalsamar. ◇ *vi* desprender un olor a.

embellir [ãbelir] ◇ *vt* -1. [agrémenter] embellecer. -2. *fig* [enjoliver] adornar. ◇ *vi* embellecerse.

embellissement [ãbelismã] *nm* embellecimiento *m*.

embêtant, e [ãbetã, ãt] *adj fam* cargante.

embêtement [ãbɛtmã] *nm fam* complicación *f*.

embêter [ãbete] *vt fam* -1. [embarrasser] : **être bien embêté pour** tenerlo difícil para. -2. [importuner, contrarier] molestar. ◆ **s'embêter** *vp fam* aburrirse.

emblée [ãble] ◆ **d'emblée** *loc adv* en seguida.

emblème [ãblɛm] *nm* emblema *m*.

emboîter [ãbwate] *vt* : **~ qqch dans qqch** encajar algo en algo. ◆ **s'emboîter** *vp* encajar.

embonpoint [ãbɔ̃pwɛ̃] *nm* gordura *f*.

embouché, e [ãbuʃe] *adj* **mal ~** *fam* grosero(ra).

embouchure [ãbuʃyr] *nf* -1. [de fleuve] desembocadura *f*. -2. [d'instrument] boquilla *f*, embocadura *f*.

embourber [ãburbe] *vt* encenagar. ◆ **s'embourber** *vp* -1. [s'enliser] encenagarse. -2. *fig* liarse.

embourgeoiser [ãburʒwaze] *vt* aburguesar. ◆ **s'embourgeoiser** *vp* aburguesarse.

embout [ãbu] *nm* contera *f*.

embouteillage [ãbutejaʒ] *nm* -1. [de véhicules] atasco *m*, embotellamiento *m Esp*, atorón *m Amér*. -2. [mise en bouteille] embotellado *m*.

emboutir [ãbutir] *vt* -1. [voiture] embestir. -2. TECHNOL embutir.

embranchement [ābrãʃmã] *nm* **-1.** [de chemins] cruce *m.* **-2.** [d'arbre] ramificación *f.*

embraser [ābraze] *vt* **-1.** [incendier] abrasar. **-2.** [éclairer] incendiar. **-3.** *fig* [d'amour] inflamar. ◆ **s'embraser** *vp* **-1.** [prendre feu] abrasarse. **-2.** *sout* [s'éclairer] incendiarse. **-3.** *fig & sout* [d'amour] inflamarse.

embrassade [ābrasad] *nf* abrazo *m.*

embrasser [ābrase] *vt* **-1.** [donner un baiser à] besar. **-2.** *vieilli* [prendre dans ses bras] abrazar. **-3.** *fig* [du regard] abarcar. **-4.** [religion, carrière] abrazar. ◆ **s'embrasser** *vp* besarse.

embrasure [ābrazyr] *nf* [de fenêtre] vano *m*; [de porte] marco *m.*

embrayage [ābrejaʒ] *nm* embrague *m.*

embrayer [ābreje] *vi* AUTOM embragar.

embrocher [ābrɔʃe] *vt* ensartar.

embrouillamini [ābrujamini] *nm fam* maraña *f*, embrollo *m.*

embrouiller [ābruje] *vt* embrollar.

embruns [ābrœ̃] *nmpl* salpicaduras *fpl (de las olas).*

embryon [ābrijɔ̃] *nm* embrión *m.*

embûches [ābyʃ] *nfpl* obstáculos *mpl.*

embué, e [ābɥe] *adj* empañado(da).

embuer [ābɥe] *vt* empañar.

embuscade [ābyskad] *nf* emboscada *f*; **tomber dans une** ~ caer en una emboscada.

embusquer [ābyske] *vt* MIL emboscar. ◆ **s'embusquer** *vp* emboscarse.

éméché, e [emeʃe] *adj fam* piripi.

émeraude [emrod] *nf* esmeralda *f.*

émerger [emerʒe] *vi* **-1.** [sortir de l'eau] emerger. **-2.** *fig* [sortir] surgir. **-3.** *fig* [dépasser] sobresalir. **-4.** *fam* [se réveiller] despertarse.

émérite [emerit] *adj* emérito(ta).

émerveiller [emɛrveje] *vt* maravillar.

émetteur, trice [emetœr, tris] *adj* emisor(ra). ◆ **émetteur** *nm* emisor *m.*

émettre [emɛtr] *vt* emitir.

émeute [emøt] *nf* motín *m.*

émietter [emjete] *vt* **-1.** [pain] desmigar. **-2.** *fig* [attention, efforts] dispersar.

émigrant, e [emigrã, ãt] *adj & nm, f* emigrante.

émigré, e [emigre] *adj & nm, f* emigrado(da).

émigrer [emigre] *vi* emigrar.

émincé, e [emẽse] *adj* [viande] en lonchas, en lonjas; [légumes] en láminas. ◆ **émincé** *nm* CULIN lonchas de carne asada o hervida, cubiertas de salsa.

éminemment [eminamã] *adv* eminentemente.

éminence [eminãs] *nf* eminencia *f.*

éminent, e [eminã, ãt] *adj* eminente.

émir [emir] *nm* emir *m.*

émirat [emira] *nm* emirato *m.* ◆ **Émirat** *nm* : **les Émirats arabes unis** la Unión de Emiratos Árabes, los Emiratos Árabes Unidos.

émis, e [emi, iz] *pp* → **émettre**.

émissaire [emisɛr] ◇ *nm* emisario *m*, -ria *f.* ◇ *adj* → **bouc**.

émission [emisjɔ̃] *nf* **-1.** [gén] emisión *f.* **-2.** [programme] programa *m.*

emmagasiner [āmagazine] *vt* almacenar.

emmailloter [āmajɔte] *vt* **-1.** [bébé] poner los pañales a. **-2.** [membre blessé] vendar.

emmanchure [āmãʃyr] *nf* sisa *f.*

emmêler [āmele] *vt* **-1.** [fils] enredar. **-2.** *fig* [idées, affaire] embrollar.

emménagement [āmenaʒmã] *nm* mudanza *f.*

emménager [āmenaʒe] *vi* mudarse.

emmener [āmne] *vt* llevar; ~ **qqn à** llevar a alguien a; ~ **qqch** llevarse algo; ~ **qqch à** llevar algo a.

emmerder [āmɛrde] *vt tfam* joder *(molestar).* ◆ **s'emmerder** *vp tfam* aburrirse como una ostra.

emmitoufler [āmitufle] *vt* abrigar. ◆ **s'emmitoufler** *vp* abrigarse.

émoi [emwa] *nm* **-1.** *sout* [agitation] conmoción *f.* **-2.** *vieilli* [émotion] emoción *f.*

émoluments [emɔlymã] *nmpl* emolumentos *mpl.*

émotif, ive [emɔtif, iv] *adj & nm, f* emotivo(va).

émotion [emosjɔ̃] *nf* emoción *f.*

émotionnel, elle [emosjɔnel] *adj* emocional.

émousser [emuse] *vt* embotar.

émouvant, e [emuvã, ãt] *adj* emocionante.

émouvoir [emuvwar] *vt* **-1.** [troubler] emocionar. **-2.** [susciter la sympathie de] conmover. ◆ **s'émouvoir** *vp* conmoverse, emocionarse.

empailler [āpaje] *vt* **-1.** [animal] disecar. **-2.** [chaise] empajar.

empaler [āpale] *vt* : ~ **sur** empalar en.

empaqueter [ɑ̃pakte] *vt* empaquetar.

empâter [ɑ̃pɑte] *vt* **-1.** [visage, traits] abotargar. **-2.** [bouche, langue] ponerse pastoso(sa). ◆ **s'empâter** *vp* engordar.

empêchement [ɑ̃pɛʃmɑ̃] *nm* impedimento *m.*

empêcher [ɑ̃peʃe] *vt* impedir; ~ **que** (+ *subjonctif*) impedir que (+ *subjuntivo*); **j'empêcherai qu'elle sorte** le impediré que salga; ~ **qqn de faire qqch** impedir a alguien que haga algo; ~ **qqch de faire qqch** impedir que algo haga algo; **(il) n'empêche que** eso no impide que.

empereur [ɑ̃prœr] *nm* emperador *m.*

empesé, e [ɑ̃pəze] *adj* **-1.** [linge] almidonado(da). **-2.** *fig* [style] afectado(da).

empester [ɑ̃pɛste] *vt & vi* apestar.

empêtrer [ɑ̃petre] *vt* liar. ◆ **s'empêtrer** *vp* liarse.

emphase [ɑ̃faz] *nf péj* énfasis *m inv.*

empiéter [ɑ̃pjete] *vi* : ~ **sur qqch** [déborder] invadir algo; *fig* [usurper] usurpar algo.

empiffrer [ɑ̃pifre] ◆ **s'empiffrer** *vp fam* atiborrarse.

empiler [ɑ̃pile] *vt* **-1.** [objets] apilar. **-2.** *fam* [personne] timar.

empire [ɑ̃pir] *nm* **-1.** [gén] imperio *m.* **-2.** *sout* [contrôle, emprise] dominio *m.*

empirer [ɑ̃pire] *vi* empeorar.

emplacement [ɑ̃plasmɑ̃] *nm* situación *f (localización).*

emplâtre [ɑ̃platr] *nm* **-1.** [pommade] emplasto *m.* **-2.** *fam péj* [incapable] pasmarote *m.*

emplette [ɑ̃plɛt] *nf (gén pl)* compra *f.*

emplir [ɑ̃plir] *vt* llenar; ~ **qqch de** llenar algo de; ~ **qqn de** *fig* [de sentimients] llenar a alguien de.

emploi [ɑ̃plwa] *nm* empleo *m*; ~ **du temps** horario *m.*

employé, e [ɑ̃plwaje] ⋄ *adj* empleado(da). ⋄ *nm, f* empleado *m,* -da *f*; ~ **de bureau** oficinista *mf.*

employer [ɑ̃plwaje] *vt* **-1.** [utiliser] emplear. **-2.** [salarier] dar empleo, emplear.

employeur, euse [ɑ̃plwajœr, øz] *nm, f* patrono *m,* -na *f.*

empocher [ɑ̃pɔʃe] *vt fam* embolsarse.

empoignade [ɑ̃pwaɲad] *nf fam* agarrada *f.*

empoigner [ɑ̃pwaɲe] *vt* **-1.** [outil] empuñar. **-2.** *fig* [public, audience] meter en un puño. ◆ **s'empoigner** *vp* **-1.** [se battre]

llegar a las manos. **-2.** [se quereller] discutir.

empoisonnement [ɑ̃pwazɔnmɑ̃] *nm* **-1.** [intoxication] envenenamiento *m.* **-2.** *fam fig* [souci] pega *f.*

empoisonner [ɑ̃pwazɔne] *vt* **-1.** [intoxiquer, dégrader] envenenar. **-2.** [empuantir] apestar. **-3.** *fam* [ennuyer] dar la lata.

emporté, e [ɑ̃pɔrte] *adj* iracundo(da).

emportement [ɑ̃pɔrtəmɑ̃] *nm* arrebato *m.*

emporter [ɑ̃pɔrte] *vt* **-1.** [gén] llevarse; **à** ~ [plats] para llevar. **-2.** [entraîner] arrastrar. **-3.** [surpasser] : **l'~ sur** superar a; *fig* prevalecer sobre. ◆ **s'emporter** *vp* dejarse llevar.

empoté, e [ɑ̃pɔte] *adj & nm, f fam* zoquete.

empreint, e [ɑ̃prɛ̃, ɛ̃t] *adj* : ~ **de** impregnado(da) de.

empreinte [ɑ̃prɛ̃t] *nf* huella *f*; ~**s digitales** huellas digitales ou dactilares.

empressement [ɑ̃prɛsmɑ̃] *nm* **-1.** [zèle] diligencia *f.* **-2.** [enthousiasme] alborozo *m.*

empresser [ɑ̃prese] ◆ **s'empresser** *vp* : **s'~ de faire qqch** apresurarse a hacer algo; **s'~ auprès de qqn** mostrarse atento con alguien.

emprise [ɑ̃priz] *nf* influencia *f*; **sous l'~ de** bajo la influencia de.

emprisonnement [ɑ̃prizɔnmɑ̃] *nm* encarcelamiento *m.*

emprisonner [ɑ̃prizɔne] *vt* **-1.** [voleur] encarcelar. **-2.** [partie du corps] aprisionar.

emprunt [ɑ̃prœ̃] *nm* **-1.** [gén & ÉCON] préstamo *m.* **-2.** *fig* [imitation] copia *f,* imitación *f*; ~ **à qqn** copia de alguien.

emprunté, e [ɑ̃prœ̃te] *adj* [gauche] torpe; [artificiel] artificioso(sa).

emprunter [ɑ̃prœ̃te] *vt* **-1.** [objet, argent] pedir prestado(da); ~ **qqch à qqn** [argent] pedir prestado algo a alguien; *fig* [expression] tomar algo de alguien. **-2.** [route] coger, tomar. **-3.** LING : ~ **qqch à** [mot] tomar algo de.

ému, e [emy] ⋄ *pp* → **émouvoir**. ⋄ *adj* emocionado(da).

émulation [emylasjɔ̃] *nf* emulación *f.*

émule [emyl] *nmf* émulo *m,* -la *f.*

émulsion [emylsjɔ̃] *nf* emulsión *f.*

en [ɑ̃] ⋄ *prép* **-1.** [temps, lieu] en; ~ **1992** en 1992. **-2.** [état, forme, manière] : **arbres** ~ **fleur** árboles en flor; **sucre** ~ **morceaux** azúcar en terrones; **lait** ~ **poudre** leche en polvo; **dire qqch** ~ **anglais** decir algo en inglés; ~ **vacances** de vacaciones;

agir ~ **traître** actuar a traición; **il parle** ~ **expert** habla como experto; **je la préfère** ~ **vert** la prefiero (en) verde. **-3.** [moyen] : ~ **avion/bateau/train** en avión/barco/ tren. **-4.** [mesure] : **une robe** ~ **38** un vestido del 38; **compter** ~ **dollars** contar en dólares. **-5.** [matière] de; ~ **métal** de metal; **une théière** ~ **argent** una tetera de plata. **-6.** [devant un participe présent] : ~ **arrivant à Paris** al llegar a París; ~ **mangeant** mientras comía; ~ **faisant un effort** haciendo un esfuerzo; **elle répondit** ~ **souriant** respondió con una sonrisa. ◇ *pron adv* **-1.** [complément de verbe, de nom, d'adjectif] : **nous** ~ **avons déjà parlé** ya hemos hablado (de ello); **j'ai du chocolat, tu** ~ **veux?** tengo chocolate, ¿quieres? **-2.** [provenance] de allí; **j'**~ **viens à l'instant** acabo de llegar de allí. **ENA, Ena** [ena] *abr de* **École nationale d'administration.**

encablure [ãkablyr] *nf* NAVIG cable *m (medida).*

encadrement [ãkadrəmã] *nm* **-1.** [de tableau, de porte] **marco** *m.* **-2.** [responsables – d'entreprise] **directivos** *mpl*; [– de groupe] **responsables** *mpl.* **-3.** ÉCON [des prix] **contención** *f.*

encadrer [ãkadre] *vt* **-1.** [photo, visage] enmarcar. **-2.** [équipe, groupe] dirigir. **-3.** MIL [soldats] encuadrar. **-4.** [détenu] flanquear. **-5.** *loc* : **ne pas pouvoir** ~ **qqn** *fam* no tragar a alguien.

encaissé, e [ãkese] *adj* encajonado(da).

encaisser [ãkese] *vt* **-1.** [de l'argent] cobrar; ~ **un chèque** FIN cobrar OU hacer efectivo un cheque. **-2.** *fam* [critique, coup] encajar.

encanailler [ãkanaje] ◆ **s'encanailler** *vp* encanallarse.

encart [ãkar] *nm* encarte *m.*

encastrer [ãkastre] *vt* empotrar, encajar. ◆ **s'encastrer** *vp* empotrarse.

encaustique [ãkostik] *nf* **-1.** [cire] encáustico *m.* **-2.** [peinture] encausto *m*, encauste *m.*

enceinte [ãsɛ̃t] ◇ *adj* embarazada. ◇ *nf* **-1.** [muraille] muralla *f.* **-2.** [salle] recinto *m.* ◆ **enceinte acoustique** *nf* pantalla acústica *f.*

encens [ãsã] *nm* incienso *m.*

encenser [ãsãse] *vt* incensar.

encensoir [ãsãswar] *nm* incensario *m.*

encercler [ãsɛrkle] *vt* **-1.** [lieu] rodear. **-2.** [avec un stylo] : ~ **qqch** rodear algo con un círculo.

enchaînement [ãʃɛnmã] *nm* **-1.** [gén] encadenamiento *m.* **-2.** [liaison] enlace *m.*

enchaîner [ãʃene] ◇ *vt* **-1.** [gén] encadenar. **-2.** [idées] enlazar. ◇ *vi* : ~ **sur qqch** proseguir con algo. ◆ **s'enchaîner** *vp* enlazarse.

enchanté, e [ãʃãte] *adj* encantado(da); ~ **(de faire votre connaissance)** encantado (de conocerle).

enchantement [ãʃãtmã] *nm* **-1.** [sortilège] encantamiento *m*; **comme par** ~ como por arte de magia. **-2.** *sout* [ravissement] encanto *m.* **-3.** [merveille] maravilla *f.*

enchanter [ãʃãte] *vt* encantar.

enchâsser [ãʃase] *vt* engarzar.

enchère [ãʃɛr] *nf* **-1.** [offre] puja *f.* **-2.** [au jeu] apuesta *f.*

enchevêtrer [ãʃəvɛtre] *vt* [emmêler] enredar.

enclave [ãklav] *nf* enclave *m.*

enclencher [ãklãʃe] *vt* poner en marcha. ◆ **s'enclencher** *vp* **-1.** TECHNOL engranar. **-2.** *fig* [affaire] empezar.

enclin, e [ãklɛ̃, in] *adj* : ~ **à qqch/à faire qqch** proclive a algo/a hacer algo.

enclore [ãklɔr] *vt* cercar.

enclos, e [ãklo, oz] *pp* → **enclore.** ◆ **enclos** *nm* cercado *m.*

enclume [ãklym] *nf* yunque *m.*

encoche [ãkɔʃ] *nf* muesca *f.*

encoignure [ãkɔɲyr, ãkwaɲyr] *nf* **-1.** [coin] rincón *m.* **-2.** [meuble] rinconera *f.*

encolure [ãkɔlyr] *nf* **-1.** [gén] cuello *m.* **-2.** [de vêtement] escote *m.*

encombrant, e [ãkɔ̃brã, ãt] *adj* **-1.** [colis] voluminoso(sa). **-2.** *fig* [personne] cargante *Esp*, cargoso(sa) *Amér.*

encombre [ãkɔ̃br] ◆ **sans encombre** *loc adv* sin tropiezos.

encombré, e [ãkɔ̃bre] *adj* atestado(da).

encombrement [ãkɔ̃brəmã] *nm* **-1.** [d'une pièce] recargamiento *m.* **-2.** [de véhicules] atasco *m*, embotellamiento *m.* **-3.** [volume] volumen *m.* **-4.** *fig* [de marché] saturación *f.*

encombrer [ãkɔ̃bre] *vt* **-1.** [couloir, passage] obstruir. **-2.** [mémoire] : ~ **de qqch** sobrecargar con algo.

encontre [ãkɔ̃tr] ◆ **à l'encontre de** *loc prép* en contra de.

encore [ãkɔr] *adv* **-1.** [toujours] todavía, aún; ~ **un mois** un mes más; **pas** ~ todavía no, aún no. **-2.** [de nouveau] : **tu manges** ~! ¡−estás comiendo otra vez!;

il m'a ~ **menti** ha vuelto a mentirme; **l'ascenseur est** ~ **en panne!** ¡otra vez está el ascensor estropeado!; ~ **une fois** una vez más. **-3.** [marque le renforcement] todavía más, aún más; **réduisez-le** ~ redúzcalo aún más; ~ **mieux/pire** aún mejor/peor. **-4.** [marque une restriction, opposition] : **il ne suffit pas d'être beau,** ~ **faut-il être intelligent** no basta con ser guapo, además hay que ser inteligente. ◆ **et encore** *loc adv* y gracias. ◆ **mais encore?** *loc adv* ¿y qué más? ◆ **si encore** *loc adv* si al menos. ◆ **encore que** *loc conj* aunque.

encouragement [ākuraʒmã] *nm* **-1.** [parole] palabras *fpl* de aliento. **-2.** [action] aliento *m*, apoyo *m*.

encourager [ākuraʒe] *vt* **-1.** [personne] alentar, animar; ~ **qqn à faire qqch** alentar a alguien a hacer algo OU a que haga algo, animar a alguien a hacer algo OU a que haga algo. **-2.** [activité] fomentar.

encourir [ākurir] *vt* *sout* incurrir en.

encouru, e [ākury] *pp* → **encourir**.

encrasser [ākrase] *vt* **-1.** [appareil] atascarse. **-2.** *fam* [salir] ensuciar *Esp*, enchastrar *Amér*.

encre [ākr] *nf* tinta *f*.

encrer [ākre] *vt* entintar.

encrier [ākrije] *nm* tintero *m*.

encroûter [ākrute] *vt* encostrar. ◆ **s'encroûter** *vp* *fig* anquilosarse.

encyclique [āsiklik] *nf* RELIG encíclica *f*.

encyclopédie [āsiklɔpedi] *nf* enciclopedia *f*.

encyclopédique [āsiklɔpedik] *adj* enciclopédico(ca).

endémique [ādemik] *adj* endémico(ca).

endetter [ādete] *vt* endeudar. ◆ **s'endetter** *vp* endeudarse.

endeuiller [ādœje] *vt* enlutar.

endiablé, e [ādjable] *adj* endiablado(da).

endiguer [ādige] *vt* poner un dique a.

endimancher [ādimãʃe] ◆ **s'endimancher** *vp* endomingarse.

endive [ādiv] *nf* endibia *f*, endivia *f*.

endoctriner [ādɔktrine] *vt* adoctrinar.

endolori, e [ādɔlɔri] *adj* dolorido(da).

endommager [ādɔmaʒe] *vt* dañar, deteriorar.

endormi, e [ādɔrmi] *adj* **-1.** [gén] dormido(da). **-2.** *sout* [paysage] silente.

endormir [ādɔrmir] *vt* **-1.** [gén] dormir. **-2.** [ennuyer, affaiblir] adormecer. ◆ **s'endormir** *vp* **-1.** [gén] dormirse; **s'**~ **sur qqch** [se contenter de] dormirse en algo. **-2.** [s'affaiblir] adormecerse.

endosser [ādose] *vt* **-1.** [vêtement] ponerse. **-2.** JUR & BANQUE endosar; ~ **un chèque** FIN endosar un cheque.

endroit [ādrwa] *nm* **-1.** [lieu, point] sitio *m*; **à quel** ~ ¿dónde? **-2.** [côté] derecho *m*; **mettre à l'**~ poner del derecho. ◆ **à l'endroit de** *loc prép* *sout* para con, respecto a.

enduire [ādɥir] *vt* untar; ~ **qqch de** untar algo con. ◆ **s'enduire** *vp* : **s'**~ **de** untarse con.

enduit, e [ādɥi, it] *pp* → **enduire**. ◆ **enduit** *nm* [de peinture] capa *f*, mano *f*.

endurance [ādyrãs] *nf* **-1.** [physique] resistencia *f*. **-2.** [morale] resistencia *f*, aguante *m*.

endurcir [ādyrsir] *vt* **-1.** [rendre dur, moins sensible] curtir. **-2.** [aguerrir] : ~ **qqn à** volver resistente a. ◆ **s'endurcir** *vp* : **s'**~ **(à)** volverse insensible (a).

endurer [ādyre] *vt* aguantar.

énergie [enɛrʒi] *nf* energía *f*; ~ **éolienne/ nucléaire/solaire** energía eólica/nuclear/ solar.

énergique [enɛrʒik] *adj* enérgico(ca).

énergumène [enɛrgymɛn] *nmf* energúmeno *m*, -na *f*.

énerver [enɛrve] *vt* poner nervioso(sa). ◆ **s'énerver** *vp* ponerse nervioso(sa).

enfance [āfãs] *nf* **-1.** [âge] infancia *f*, niñez *f*. **-2.** [enfants] niños *mpl*. **-3.** *fig* [débuts] infancia *f*.

enfant [āfā] *nmf* **-1.** [personne à l'âge de l'enfance] niño *m*, -ña *f*; **attendre un** ~ esperar un hijo. **-2.** [fils ou fille] hijo *m*, -ja *f*.

enfanter [āfāte] *vt* **-1.** *sout* [accoucher] alumbrar, dar a luz. **-2.** *fig* [produire] alumbrar.

enfantin, e [āfātɛ̃, in] *adj* **-1.** [qui se rapporte à l'enfance] infantil. **-2.** [facile] para niños.

enfer [āfer] *nm* RELIG infierno *m*. ◆ **Enfers** *nmpl* MYTH infiernos *mpl*.

enfermer [āferme] *vt* **-1.** [gén] encerrar. **-2.** [ranger] guardar. ◆ **s'enfermer** *vp* encerrarse.

enfilade [āfilad] *nf* fila *f*, hilera *f*.

enfiler [ɑ̃file] vt **-1.** [aiguille] enhebrar; [perles] ensartar. **-2.** fam [vêtement] ponerse. ◆ **s'enfiler** vp fam echarse entre pecho y espalda.

enfin [ɑ̃fɛ̃] adv **-1.** [dans une liste] finalmente, por último; [en dernier lieu] por fin, al fin. **-2.** [pour récapituler] en fin. **-3.** [pour introduire une rectification] en fin, bueno.

enflammer [ɑ̃flame] vt **-1.** [bois] incendiar. **-2.** fig [cœur, esprit] encender. ◆ **s'enflammer** vp **-1.** [bois] incendiarse. **-2.** fig [cœur, esprit] encenderse.

enflé, e [ɑ̃fle] adj hinchado(da).

enfler [ɑ̃fle] ◇ vi hincharse, inflarse. ◇ vt **-1.** [gén] hinchar, inflar. **-2.** [cours d'eau] hacer crecer.

enfoncer [ɑ̃fɔ̃se] vt **-1.** [faire pénétrer] ~ qqch (dans) clavar algo (en). **-2.** [enfouir] ~ qqch dans hundir algo en. **-3.** [défoncer] derribar. **-4.** fam fig [humilier] hundir. ◆ **s'enfoncer** vp **-1.** [entrer] : **s'** ~ dans [eau, boue] hundirse en; [forêt, ville] adentrarse en; [clou] clavarse en. **-2.** [céder] hundirse. **-3.** fig [s'enferrer] enredarse.

enfouir [ɑ̃fwir] vt **-1.** [mettre] meter. **-2.** [mettre en terre] sepultar, enterrar.

enfourcher [ɑ̃furʃe] vt montar (a horcajadas) en.

enfourner [ɑ̃furne] vt **-1.** [pain] hornear. **-2.** fam [avaler] zamparse.

enfreindre [ɑ̃frɛ̃dr] vt infringir.

enfreint, e [ɑ̃frɛ̃, ɛ̃t] pp → enfreindre.

enfuir [ɑ̃fɥir] ◆ **s'enfuir** vp **-1.** [fuir] huir. **-2.** fig [temps] pasar.

enfumer [ɑ̃fyme] vt llenar de humo.

engageant, e [ɑ̃gaʒɑ̃, ɑ̃t] adj atractivo(va).

engagement [ɑ̃gaʒmɑ̃] nm **-1.** [promesse, conscience politique] compromiso m. **-2.** MIL alistamiento m. **-3.** SPORT saque m. **-4.** [entrée] entrada f.

engager [ɑ̃gaʒe] ◇ vt **-1.** [parole] comprometer. **-2.** [employé] contratar. **-3.** [faire entrer] meter. **-4.** [capitaux] invertir. **-5.** [négociation] entablar. **-6.** [inciter] : ~ qqn à invitar a alguien a. **-7.** [encourager] : ~ qqn à faire qqch animar a alguien a hacer algo. ◇ vi SPORT sacar. ◆ **s'engager** vp **-1.** [promettre] : ~ à qqch/à faire qqch comprometerse a algo/a hacer algo. **-2.** MIL: **s'** ~ dans alistarse en. **-3.** [pénétrer] **s'** ~ dans entrar en. **-4.** [commencer] emprender. **-5.** [en politique] comprometerse.

engelure [ɑ̃ʒlyr] nf sabañón m.

engendrer [ɑ̃ʒɑ̃dre] vt sout engendrar.

engin [ɑ̃ʒɛ̃] nm **-1.** [machine] máquina f, aparato m. **-2.** MIL [projectile] misil m. **-3.** péj [objet] trasto m.

englober [ɑ̃glɔbe] vt englobar.

engloutir [ɑ̃glutir] vt **-1.** [gén] engullir. **-2.** [argent] enterrar.

engoncé, e [ɑ̃gɔ̃se] adj : ~ dans embutido(da) en.

engorger [ɑ̃gɔrʒe] vt **-1.** [obstruer] atascar. **-2.** MÉD obstruir. ◆ **s'engorger** vp [s'obstruer] atascarse.

engouement [ɑ̃gumɑ̃] nm **-1.** [enthousiasme] entusiasmo m. **-2.** [hernie] estrangulación f.

engouffrer [ɑ̃gufre] vt **-1.** [enfourner] echar. **-2.** fam [dévorer] devorar. ◆ **s'engouffrer** vp : **s'** ~ dans meterse en.

engourdi, e [ɑ̃gurdi] adj **-1.** [membre] entumecido(da). **-2.** [esprit] aletargado(da).

engourdir [ɑ̃gurdir] vt **-1.** [membre] entumecer. **-2.** fig [esprit] aletargar. ◆ **s'engourdir** vp entumecerse.

engrais [ɑ̃grɛ] nm abono m.

engraisser [ɑ̃grese] ◇ vt **-1.** [animal] cebar. **-2.** [terre] abonar. ◇ vi engordar.

engrenage [ɑ̃grənaʒ] nm engranaje m.

engueulade [ɑ̃gœlad] nf fam bronca f.

engueuler [ɑ̃gœle] vt fam echar una bronca; **si je rentre tard, je vais me faire** ~ **par ma mère** si vuelvo tarde, mi madre me echará una bronca. ◆ **s'engueuler** vp fam abroncarse.

enhardir [ɑ̃ardir] vt animar. ◆ **s'enhardir** vp : **s'** ~ à faire qqch atreverse a hacer algo.

énième [enjɛm], **nième** [njɛm] adj enésimo(ma); **la** ~ **fois** fam la enésima vez.

énigmatique [enigmatik] adj enigmático(ca).

énigme [enigm] nf **-1.** [mystère] enigma f. **-2.** [jeu] adivinanza f.

enivrant, e [ɑ̃nivrɑ̃, ɑ̃t] adj embriagador(ra).

enivrer [ɑ̃nivre] vt embriagar. ◆ **s'enivrer** vp **-1.** [en buvant] embriagarse. **-2.** fig : **s'** ~ de embriagarse con.

enjambée [ɑ̃ʒɑ̃be] nf zancada f.

enjamber [ɑ̃ʒɑ̃be] vt **-1.** [obstacle] pasar por encima de. **-2.** fig [vallée, cours d'eau] atravesar.

enjeu [ɑ̃ʒø] nm **-1.** [but] lo que está en juego. **-2.** [mise] apuesta f.

enjoindre [ãʒwɛ̃dr] vt sout : ~ **à qqn de faire qqch** ordenar a alguien que haga algo.

enjoint [ãʒwɛ̃] pp inv → enjoindre.

enjôler [ãʒole] vt engatusar.

enjoliver [ãʒɔlive] vt adornar.

enjoliveur [ãʒɔlivœr] nm embellecedor m.

enjoué, e [ãʒwe] adj festivo(va) (alegre).

enlacer [ãlase] vt abrazar. ◆ **s'enlacer** vp **-1.** [s'entrelacer] enlazarse. **-2.** [s'embrasser] abrazarse.

enlaidir [ãledir] vt afear.

enlèvement [ãlɛvmã] nm **-1.** [rapt] rapto m. **-2.** [action d'enlever] recogida f.

enlever [ãlve] vt **-1.** [ôter, supprimer] quitar; ~ **qqch à qqn** llevarse algo de alguien. **-2.** [emporter – gén] llevarse; [– ordures] recoger. **-3.** [kidnapper] raptar.

enliser [ãlize] vt atascar. ◆ **s'enliser** vp **-1.** [s'enfoncer] hundirse. **-2.** fig [stagner] estancarse. **-3.** fig [s'embarrasser] enredarse.

enluminure [ãlyminyr] nf iluminación f.

enneigement [ãnɛʒmã] nm : **bulletin d'**~ estado m de la nieve.

ennemi, e [ɛnmi] ◇ adj enemigo(ga). ◇ nm, f enemigo m, -ga f.

ennui [ãnɥi] nm **-1.** [lassitude] aburrimiento m. **-2.** [problème] problema m; **avoir des** ~**s** tener problemas; **créer des** ~**s à qqn** crear problemas a alguien; **l'**~ **c'est que...** el problema es que...

ennuyé, e [ãnɥije] adj molesto(ta).

ennuyer [ãnɥije] vt **-1.** [agacer, lasser] aburrir. **-2.** [contrarier] fastidiar Esp, embromar Amér. **-3.** [inquiéter] preocupar. ◆ **s'ennuyer** vp aburrirse.

ennuyeux, euse [ãnɥijø, øz] adj **-1.** [lassant] aburrido(da). **-2.** [gênant] fastidioso(sa).

énoncé [enõse] nm **-1.** [gén] enunciado m. **-2.** [de jugement] lectura f.

énoncer [enõse] vt **-1.** [proposition, théorème] enunciar. **-2.** [jugement] leer.

enorgueillir [ãnɔrgœjir] vt enorgullecer.

énorme [enɔrm] adj **-1.** [immense] enorme. **-2.** fig [incroyable] exagerado(da).

énormément [enɔrmemã] adv muchísimo; ~ **de** muchísimo(ma); ~ **de gens** muchísima gente.

énormité [enɔrmite] nf **-1.** [gigantisme] enormidad f. **-2.** [absurdité] barbaridad f.

enquête [ãkɛt] nf **-1.** [de police, recherche] investigación f. **-2.** [sondage] encuesta f.

enquêter [ãkete] vi **-1.** [police, chercheur] investigar. **-2.** [sonder] encuestar.

enragé, e [ãraʒe] adj **-1.** [chien] rabioso(sa). **-2.** fig [joueur] empedernido(da).

enrager [ãraʒe] vi : ~ **de faire qqch** dar rabia hacer algo; **faire** ~ **qqn** hacer rabiar a alguien.

enrayer [ãrɛje] vt **-1.** [épidémie] detener. **-2.** [évolution, crise] frenar. ◆ **s'enrayer** vp [arme] encasquillarse.

enregistrement [ãraʒistrəmã] nm **-1.** [de son, d'images] grabación f. **-2.** [à l'aéroport] facturación f; ~ **des bagages** facturación de equipajes. **-3.** [ADMIN – formalité] inscripción f; [– lieu] registro m. **-4.** [consignation] anotación f.

enregistrer [ãraʒistre] vt **-1.** [son, images, information] grabar. **-2.** INFORM grabar. **-3.** [constater & ADMIN] registrar. **-4.** [bagage] facturar.

enregistreur, euse [ãraʒistrœr, øz] adj registrador(ra).

enrhumé, e [ãryme] adj resfriado(da).

enrhumer [ãryme] vt resfriar. ◆ **s'enrhumer** vp resfriarse.

enrichir [ãriʃir] vt enriquecer. ◆ **s'enrichir** vp enriquecerse.

enrobé, e [ãrɔbe] adj **-1.** [bonbon] : ~ **de** bañado(da) de. **-2.** fam [personne] rellenito(ta).

enrober [ãrɔbe] vt **-1.** [recouvrir] : ~ **de** bañar con. **-2.** fig [déguiser] disimular. ◆ **s'enrober** vp [grossir] ensancharse.

enrôler [ãrole] vt **-1.** [dans l'armée] alistar. **-2.** [dans un groupe, un parti] afiliarse. ◆ **s'enrôler** vp alistarse.

enroué, e [ãrwe] adj ronco(ca).

enrouer [ãrwe] vt enronquecer; **être enroué** estar ronco(ca). ◆ **s'enrouer** vp enronquecerse.

enrouler [ãrule] vt enrollar; ~ **qqch autour de qqch** enrollar algo alrededor de algo. ◆ **s'enrouler** vp **-1.** [entourer] : **s'**~ **sur/autour de qqch** enrollarse en/alrededor de algo. **-2.** [se pelotonner] : **s'**~ **dans qqch** envolverse en algo.

ensabler [ãsable] vt encallar. ◆ **s'ensabler** vp encallar; [port] enarenarse.

enseignant, e [ãsɛɲã, ãt] nm, f enseñante mf.

enseigne [ãsɛɲ] nf **-1.** [de commerce] letrero m. **-2.** MIL bandera f, estandarte m.

enseignement [āsɛɲmā] *nm* **-1.** [gén] enseñanza *f*; ~ **primaire/secondaire** enseñanza primaria/secundaria. **-2.** [leçon] lección *f*.

enseigner [āsɛɲe] ◇ *vt* enseñar; ~ **qqch à qqn** enseñar algo a alguien. ◇ *vi* enseñar.

ensemble [āsābl] ◇ *adv* **-1.** [en collaboration] juntos(tas). **-2.** [en même temps] a la vez. **-3.** [en harmonie] : **aller** ~ ir bien, pegar. ◇ *nm* **-1.** [gén] conjunto *m*; **dans l'**~ en conjunto. **-2.** [harmonie] : **avec un bel** ~ al unísono.

ensemblier [āsāblije] *nm* **-1.** [décorateur] decorador *m*, -ra *f*. **-2.** CIN & TÉLÉ ayudante *mf* de decoración.

ensemencer [āəmāse] *vt* **-1.** [terre] sembrar. **-2.** [rivière] repoblar.

enserrer [āsere] *vt* **-1.** [entourer] ceñir. **-2.** *fig* [personne] aprisionar.

ensevelir [āsəvlir] *vt litt & fig* sepultar.

ensoleillé, e [āsɔleje] *adj* soleado(da).

ensoleillement [āsɔlejmā] *nm* insolación *f* *(horas de sol)*.

ensommeillé, e [āsɔmeje] *adj* soñoliento(ta).

ensorceler [āsɔrsəle] *vt* hechizar.

ensuite [āsɥit] *adv* **-1.** [après, plus tard] después. **-2.** [plus loin] a continuación. **-3.** [en second lieu] y además.

ensuivre [āsɥivr] ◆ **s'ensuivre** *vp* : **il s'en est suivi** ha provocado; **il s'ensuit que** se deduce que.

entaille [ātaj] *nf* **-1.** [encoche] muesca *f*. **-2.** [blessure] corte *m*.

entailler [ātaje] *vt* cortar.

entamer [ātame] *vt* **-1.** [consommer, commencer] empezar. **-2.** [réduire, nuire] mermar. **-3.** [couper] cortar. **-4.** [commencer – conversation] entablar; [– travail, rédaction] empezar, comenzar.

entartrer [ātartre] *vt* cubrir de sarro. ◆ **s'entartrer** *vp* cubrirse de sarro.

entassement [ātasmā] *nm* amontonamiento *m*.

entasser [ātase] *vt* **-1.** [objets] amontonar. **-2.** [personnes] apiñar. **-3.** [arguments, citations] acumular. ◆ **s'entasser** *vp* **-1.** [objets] amontonarse. **-2.** [personnes] apiñarse.

entendement [ātādmā] *nm* PHILOSOPHIE raciocinio *m*.

entendre [ātādr] *vt* **-1.** [percevoir] oír; ~ **parler de qqch** oír hablar de algo; **laisser** ~ **que** dar a entender que. **-2.** [écouter]

escuchar. ◆ **s'entendre** *vp* **-1.** [sympathiser] : **s'**~ **avec qqn** entenderse con alguien, llevarse bien con alguien. **-2.** [s'accorder] ponerse de acuerdo. **-3.** [prix, tarifs] incluir.

entendu, e [ātādy] ◇ *pp* → **entendre**. ◇ *adj* **-1.** [compris] claro(ra). **-2.** [sourire, air] cómplice *(en aposición)*.

entente [ātāt] *nf* **-1.** [harmonie] entente *f*. **-2.** [accord] acuerdo *m*.

entériner [āterine] *vt* ratificar.

enterrement [ātermā] *nm* entierro *m*.

enterrer [ātere] *vt* enterrar.

en-tête [ātɛt] *(pl* **en-têtes)** *nm* membrete *m*.

entêté, e [ātete] ◇ *adj* terco(ca). ◇ *nm, f* cabezota *mf*.

entêter [ātete] ◆ **s'entêter** *vp* empeñarse; **s'**~ **à** empeñarse en.

enthousiasme [ātuzjasm] *nm* entusiasmo *m*.

enthousiasmer [ātuzjasme] *vt* entusiasmar. ◆ **s'enthousiasmer** *vp* : **s'**~ **pour** entusiasmarse por.

enticher [ātife] ◆ **s'enticher** *vp* : **s'**~ **de qqch/de qqn** encapricharse por algo/por alguien.

entier, ère [ātje, ɛr] *adj* entero(ra). ◆ **en entier** *loc adv* en su totalidad.

entièrement [ātjermā] *adv* **-1.** [complètement] en su totalidad. **-2.** [pleinement] totalmente.

entité [ātite] *nf* entidad *f*.

entonner [ātɔne] *vt* **-1.** [chant] entonar. **-2.** *fig* [éloge] cantar.

entonnoir [ātɔnwar] *nm* **-1.** [instrument] embudo *m*. **-2.** [cavité] hoyo *m*.

entorse [ātɔrs] *nf* MÉD esguince *m*.

entortiller [ātɔrtije] *vt* enredar.

entourage [āturaʒ] *nm* **-1.** [clôture] cerca *f*, cercado *m*. **-2.** *fig* [milieu – gén] entorno *m*; [– famille] entorno *m* familiar.

entourer [āture] *vt* **-1.** [gén] rodear. **-2.** *fig* [soutenir] apoyar, acompañar.

entourloupette [āturlupɛt] *nf fam* jugarreta *f*.

entracte [ātrakt] *nm* entreacto *m*.

entraide [ātrɛd] *nf* ayuda *f* mutua.

entrailles [ātraj] *nfpl* entrañas *fpl*.

entrain [ātrɛ̃] *nm* ánimo *m*, animación *f*.

entraînement [ātrɛnmā] *nm* **-1.** [mécanisme] arrastre *m*. **-2.** SPORT entrenamiento *m*. **-3.** [préparation] práctica *f*.

entraîner [ātrene] *vt* **-1.** [emmener & TECH-NOL] arrastrar. **-2.** [susciter] comportar. **-3.** SPORT entrenar. ◆ **s'entraîner** *vp* **-1.** SPORT entrenarse. **-2.** [se préparer] practicar; **s'~ à faire qqch** practicar algo.

entraîneur [ātrɛnœr] *nm* SPORT entrenador *m*, -ra *f*.

entrave [ātrav] *nf* traba *f*.

entraver [ātrave] *vt* **-1.** [animal] trabar. **-2.** [action] poner trabas a.

entre [ātr] *prép* entre; **~ nous** entre nosotros.

entrechoquer [ātrəʃɔke] *vt* entrechocar. ◆ **s'entrechoquer** *vp* entrechocarse.

entrecôte [ātrəkot] *nf* entrecot *m*.

entrecouper [ātrəkupe] *vt* entrecortar.

entrecroiser [ātrəkrwaze] *vt* entrecruzar. ◆ **s'entrecroiser** *vp* entrecruzarse.

entre-deux [ātrədø] *nm inv* hueco *m*.

entrée [ātre] *nf* **-1.** [gén] entrada *f*; '~ libre/interdite' 'entrada libre/prohibida'. **-2.** [plat] entrante *m*, primer plato *m*. **-3.** [début] principio *m*.

entrefaites [ātrəfɛt] *nfpl* : **sur ces ~** en esto, en estas.

entrefilet [ātrəfilɛ] *nm* PRESSE suelto *m*.

entrejambe [ātrəʒāb] *nm* entrepierna *f*.

entrelacer [ātrəlase] *vt* entrelazar. ◆ **s'entrelacer** *vp* entrelazarse.

entrelarder [ātrəlarde] *vt* : **~ de** mezclar con.

entremêler [ātrəmele] *vt* entremezclar, mezclar *Esp*, entreverar *Amér*; **~ de** mezclar con.

entremets [ātrəmɛ] *nm* postre *m*.

entremetteur, euse [ātrəmɛtœr, øz] *nm, f* intermediario *m*, -ria *f*.

entremettre [ātrəmɛtr] ◆ **s'entremettre** *vp* intervenir.

entremis, e [ātrəmi, iz] *pp* → **entremettre**.

entremise [ātrəmiz] *nf* mediación *f*; **par l'~ de** por mediación de.

entrepont [ātrəpɔ̃] *nm* NAVIG entrepuente *m*.

entreposer [ātrəpoze] *vt* depositar.

entrepôt [ātrəpo] *nm* almacén *m*.

entreprendre [ātrəprādr] *vt* emprender; **~ de faire qqch** proponerse hacer algo.

entrepreneur, euse [ātrəprənœr, øz] *nm, f* **-1.** [de services] contratista *mf*. **-2.** [patron] empresario *m*, -ria *f*.

entrepris, e [ātrəpri, iz] *pp* → **entreprendre**.

entreprise [ātrəpriz] *nf* empresa *f*.

entrer [ātre] ◇ *vi* **-1.** [pénétrer] entrar; **~ dans** [gén] entrar en; [bain] meterse en; **~ par** entrar por. **-2.** [être admis, devenir membre] : **~ à** [club, parti] entrar en, ingresar en; [affaires, l'enseignement] meterse en. ◇ *vt* introducir; **faire ~ qqch** introducir algo; **faire ~ qqn** hacer entrar a alguien.

entresol [ātrəsɔl] *nm* entresuelo *m*.

entre-temps [ātrətā] *adv* mientras tanto.

entretenir [ātrətnir] *vt* **-1.** [faire durer – paix] mantener; [– feu] alimentar; [– amitié, relation] cultivar. **-2.** [soigner – maison, jardin, etc] mantener; **~ qqn** [personne, famille] mantener a alguien. **-3.** [parler] : **~ qqn de qqch** hablar a alguien de algo. ◆ **s'entretenir** *vp* **-1.** [se parler] : **s'~ (avec qqn)** hablar (con alguien). **-2.** [prendre soin de soi] cuidarse.

entretenu, e [ātrətny] *pp* → **entretenir**.

entretien [ātrətjē] *nm* **-1.** [soins] cuidado *m*, mantenimiento *m*. **-2.** [conversation] conversación *f*.

entre-tuer [ātrətɥe] ◆ **s'entre-tuer** *vp* matarse (unos a otros).

entrevoir [ātrəvwar] *vt* entrever. ◆ **s'entrevoir** *vp* entreverse.

entrevu, e [ātrəvy] *pp* → **entrevoir**.

entrevue [ātrəvy] *nf* entrevista *f*.

entrouvert, e [ātruver, ɛrt] ◇ *pp* → **entrouvrir**. ◇ *adj* entreabierto(ta).

entrouvrir [ātruvrir] *vt* entreabrir. ◆ **s'entrouvrir** *vp* entreabrirse.

énumération [enymerasjɔ̃] *nf* enumeración *f*.

énumérer [enymere] *vt* enumerar.

env. *abr de* **environ**.

envahir [āvair] *vt* **-1.** [gén] invadir. **-2.** [accaparer] absorber.

envahissant, e [āvaisā, āt] *adj* **-1.** [herbes] invasor(ra). **-2.** *fam* [personne] pesado(da).

envahisseur [āvaisœr] *nm* invasor *m*.

enveloppe [āvlɔp] *nf* **-1.** [de lettre] sobre *m*. **-2.** [d'emballage] envoltura *f*. **-3.** [de grains] vaina *f*. **-4.** [budget] suma *f* (de dinero).

envelopper [āvlɔpe] *vt* envolver. ◆ **s'envelopper** *vp* : **s'~ dans** envolverse en.

envenimer [āvnime] *vt* **-1.** [blessure] infectar. **-2.** *fig* [querelle] enconar. ◆ **s'envenimer** *vp* **-1.** [blessure] infectarse. **-2.** *fig* [atmosphère, relations] emponzoñarse.

envergure [āvɛrgyr] *nf* envergadura *f*.

envers[1] [ãvɛr] *prép* [à l'égard de] (para) con; ~ **et contre tout** contra viento y marea.

envers[2] [ãvɛr] *nm* **-1.** [de vêtement] revés *m*. **-2.** [face cachée] cara *f* oculta. ◆ **à l'envers** *loc adv* al revés, del revés.

envi [ãvi] ◆ **à l'envi** *loc adv sout* a porfía.

envie [ãvi] *nf* **-1.** [désir] ganas *fpl*; **avoir** ~ **de qqch/de faire qqch** tener ganas de algo/de hacer algo. **-2.** [jalousie] envidia *f*; **faire** ~ **à qqn** apetecer a alguien.

envier [ãvje] *vt* envidiar.

envieux, euse [ãvjø, øz] *adj & nm, f* envidioso(sa).

environ [ãvirɔ̃] *adv* aproximadamente, alrededor de.

environnement [ãvirɔnmã] *nm* **-1.** [milieu] medio ambiente *m*. **-2.** [entourage] entorno *m*.

environs [ãvirɔ̃] *nmpl* alrededores *mpl*; **aux** ~ **de** [lieu] en los alrededores de; [époque] alrededor de, por; [heure] a eso de.

envisager [ãvizaʒe] *vt* **-1.** [considérer] considerar. **-2.** [projeter] proyectar; ~ **de faire qqch** tener previsto hacer algo.

envoi [ãvwa] *nm* envío *m*.

envol [ãvɔl] *nm* **-1.** [d'oiseau] vuelo *m*; **prendre son** ~ levantar el vuelo. **-2.** [d'avion] despegue *m*. **-3.** *fig* [essor] desarrollo *m*; **prendre son** ~ empezar a desarrollarse.

envolée [ãvɔle] *nf* vuelo *m*.

envoler [ãvɔle] ◆ **s'envoler** *vp* **-1.** [oiseau] echar a volar, levantar el vuelo. **-2.** [avion] despegar. **-3.** *fam* [disparaître].

envoûter [ãvute] *vt* embrujar, hechizar.

envoyé, e [ãvwaje] *◇ adj fam* [remarque] : **bien** ~ bien dirigido. *◇ nm, f* enviado *m*, -da *f*.

envoyer [ãvwaje] *vt* **-1.** [chose] enviar; ~ **qqch à qqn** enviar algo a alguien. **-2.** [personne] : ~ **qqn faire qqch** mandar a alguien a hacer algo. ◆ **s'envoyer** *vp fam* **-1.** [boire] : **s'**~ **qqch** meterse algo entre pecho y espalda. **-2.** [se charger de] cargar con.

épagneul [epaɲœl] *nm* perro *m* de aguas.

épais, aisse [epɛ, ɛs] *adj* **-1.** [chose, personne, plaisanterie] grueso(sa). **-2.** [brouillard, sauce] espeso(sa).

épaisseur [epɛsœr] *nf* **-1.** [de chose] grosor *m*. **-2.** [de feuillage, du brouillard] espesura *f*. **-3.** *fig* [consistance] profundidad *f*.

épaissir [epesir] *◇ vt* espesar. *◇ vi* **-1.** [sauce] espesarse. **-2.** [taille] ensanchar. ◆ **s'épaissir** *vp* **-1.** [liquide, brouillard] espesarse. **-2.** [taille] engordar. **-3.** [mystère] oscurecerse.

épanchement [epãʃmã] *nm* **-1.** [effusion] desahogo *m*. **-2.** MÉD derrame *m*.

épancher [epãʃe] *vt* **-1.** [sentiment] dar rienda suelta a. **-2.** [cœur] desahogar. ◆ **s'épancher** *vp* desahogarse.

épanoui, e [epanwi] *adj* **-1.** [fleur] abierto(ta). **-2.** [expression] risueño(ña), alegre. **-3.** [corps] generoso(sa).

épanouir [epanwir] *vt* **-1.** [fleur] abrir. **-2.** [personne] hacer feliz. ◆ **s'épanouir** *vp* **-1.** [fleur] abrirse. **-2.** [visage] : **s'**~ **de joie** iluminarse de alegría. **-3.** [corps] desarrollarse. **-4.** [personnalité] realizarse. **-5.** [objet] ensancharse.

épanouissement [epanwismã] *nm* **-1.** [de fleur] florecimiento *m*. **-2.** [de visage] felicidad *f*. **-3.** [de corps, de personnalité] plenitud *f*.

épargnant, e [eparɲã, ãt] *◇ adj* ahorrativo(va), ahorrador(ra). *◇ nm, f* ahorrador *m*, -ra *f*.

épargne [eparɲ] *nf* ahorro *m*.

épargner [eparɲe] *vt* **-1.** [argent, explications] ahorrar; ~ **qqch à qqn** ahorrar algo a alguien. **-2.** [personne] perdonar la vida. **-3.** [ne pas détruire] respetar.

éparpiller [eparpije] *vt* dispersar. ◆ **s'éparpiller** *vp* dispersarse.

épars, e [epar, ars] *adj sout* disperso(sa).

épatant, e [epatã, ãt] *adj fam* estupendo(da) *Esp*, padre *Amér*.

épaté, e [epate] *adj* **-1.** [nez] chato(ta) *Esp*, ñato(ta) *Amér*. **-2.** *fam* [personne] pasmado(da).

épater [epate] *vt fam* dejar pasmado(da).

épaule [epol] *nf* **-1.** ANAT hombro *m*. **-2.** CULIN paletilla *f*.

épauler [epole] *vt* **-1.** [fusil] encararse. **-2.** CONSTR contener. **-3.** [personne] respaldar.

épaulette [epolɛt] *nf* **-1.** MIL charretera *f*. **-2.** [rembourrage] hombrera *f*.

épave [epav] *nf* **-1.** [de navire] restos *mpl*. **-2.** [voiture] chatarra *f*. **-3.** *fig* [personne] ruina *f*. **-4.** JUR bien *m* mostrenco.

épée [epe] *nf* espada *f*.

épeler [eple] *vt* deletrear.

éperdu, e [epɛrdy] *adj* [sentiment] loco(ca); **être** ~ **de** [personne] estar loco(ca) de.

éperon [eprɔ̃] *nm* **-1.** [gén] espolón *m*. **-2.** [de cavalier] espuela *f*.

éperonner [epʀɔne] vt espolear.

épervier [epɛʀvje] nm gavilán m.

éphèbe [efɛb] nm efebo m.

éphémère [efemɛʀ] ◇ adj efímero(ra). ◇ nm ZOOL efímera f.

éphéméride [efemeʀid] nf efeméride f.

épi [epi] nm **-1.** BOT espiga f. **-2.** [de cheveux] remolino m.

épice [epis] nf especia f.

épicé, e [epise] adj **-1.** [plat] sazonado(da). **-2.** [récit] picante.

épicéa [episea] nm picea f.

épicer [epise] vt **-1.** [plat] sazonar. **-2.** [récit] salpimentar.

épicerie [episʀi] nf **-1.** [magasin] tienda f de comestibles Esp, abarrotería f Amér. **-2.** [denrées] comestibles mpl.

épidémie [epidemi] nf epidemia f.

épiderme [epidɛʀm] nm epidermis f inv.

épier [epje] vt **-1.** [espionner] espiar. **-2.** [observer] atisbar.

épieu [epjø] nm **-1.** [de guerre] chuzo m. **-2.** [de chasse] venablo m.

épilation [epilasjɔ̃] nf depilación f.

épilepsie [epilɛpsi] nf epilepsia f.

épiler [epile] vt depilar. ◆ **s'épiler** vp depilarse.

épilogue [epilɔg] nm epílogo m.

épiloguer [epilɔge] vi : ∼ **sur** hacer comentarios sobre.

épinard [epinaʀ] nm espinaca f.

épine [epin] nf **-1.** [arbrisseau] espino m. **-2.** [piquant] espina f.

épineux, euse [epinø, øz] adj espinoso(sa).

épingle [epɛ̃gl] nf [gén] alfiler m.

épingler [epɛ̃gle] vt **-1.** [fixer] prender con alfileres. **-2.** fam fig [arrêter] pescar; **il s'est fait ∼ par la police** lo ha pescado la policía.

épinière [epinjɛʀ] → **moelle**.

Épiphanie [epifani] nf Epifanía f.

épique [epik] adj épico(ca).

épiscopal, e, aux [episkɔpal, o] adj RELIG episcopal.

épisode [epizɔd] nm **-1.** [de film] capítulo m. **-2.** [événement] episodio m.

épisodique [epizɔdik] adj episódico(ca).

épistolaire [epistɔlɛʀ] adj epistolar.

épitaphe [epitaf] nf epitafio m.

épithète [epitɛt] adj & nf epíteto m.

épître [epitʀ] nf RELIG epístola f.

éploré, e [eplɔʀe] adj **-1.** [personne] desconsolado(da). **-2.** [visage, air, voix] afligido(da).

épluche-légumes [eplyʃlegym] nm inv pelador m.

éplucher [eplyʃe] vt **-1.** [légumes] pelar. **-2.** [étoffe] desmontar. **-3.** [texte, comptes] espulgar.

épluchure [eplyʃyʀ] nf mondadura f.

éponge [epɔ̃ʒ] nf esponja f.

éponger [epɔ̃ʒe] vt enjugar.

épopée [epɔpe] nf epopeya f.

époque [epɔk] nf época f.

épouiller [epuje] vt despiojar.

époumoner [epumɔne] ◆ **s'époumoner** vp desgañitarse.

épouse → **époux**.

épouser [epuze] vt **-1.** [se marier avec] casarse con. **-2.** [suivre] seguir. **-3.** [suj : vêtement] adaptarse. **-4.** fig [idées, principes] abrazar.

épousseter [epuste] vt quitar el polvo de.

époustouflant, e [epustuflɑ̃, ɑ̃t] adj fam pasmoso(sa).

épouvantable [epuvɑ̃tabl] adj espantoso(sa).

épouvantail [epuvɑ̃taj] nm **-1.** [mannequin, personne] espantajo m. **-2.** fig [chose destinée à faire peur] coco m.

épouvante [epuvɑ̃t] nf terror m.

épouvanter [epuvɑ̃te] vt aterrorizar.

époux, épouse [epu, epuz] nm, f esposo m, -sa f.

éprendre [epʀɑ̃dʀ] ◆ **s'éprendre** vp : s'∼ **de qqn/de qqch** prendarse de alguien/de algo.

épreuve [epʀœv] nf prueba f; **à l'∼ de** prueba de; **faire l'∼ de qqch** probar algo; ∼ **de force** fig prueba de fuerza.

épris, e [epʀi, iz] ◇ pp → **éprendre**. ◇ adj : ∼ **de** [amoureux] prendado(da) de; [passionné] apasionado(da) por.

éprouver [epʀuve] vt **-1.** [tester] probar. **-2.** [faire souffrir] afectar; **être éprouvé par** estar afectado(da) por. **-3.** [ressentir] sentir. **-4.** [difficulté, problème] sufrir.

éprouvette [epʀuvɛt] nf probeta f.

EPS (abr de **éducation physique et sportive**) nf educación física.

épuisé, e [epɥize] adj agotado(da); ∼ **de** agotado de.

épuisement [epɥizmɑ̃] nm agotamiento m.

épuiser [epɥize] vt agotar.

épuisette [epɥizɛt] *nf* salabre *m*, sacadera *f*.

épurer [epyre] *vt* depurar.

équarrir [ekarir] *vt* **-1.** [animal] descuartizar. **-2.** [poutre] escuadrar.

équateur [ekwatœr] *nm* ecuador *m*.

Équateur [ekwatœr] *nm* : **l'** ~ Ecuador.

équation [ekwasjɔ̃] *nf* MATHS ecuación *f*; ~ **du premier/second degré** ecuación de primer/segundo grado.

équatorial, e, aux [ekwatɔrjal, o] *adj* ecuatorial.

équerre [ekɛr] *nf* escuadra *f*.

équestre [ekɛstr] *adj* ecuestre.

équidistant, e [ekɥidistɑ̃, ɑ̃t] *adj* equidistante.

équilatéral, e, aux [ekɥilateral, o] *adj* equilátero(ra).

équilibre [ekilibr] *nm* **-1.** [gén] equilibrio *m*. **-2.** [de situation] balance *m*.

équilibré, e [ekilibre] *adj* equilibrado(da).

équilibrer [ekilibre] *vt* equilibrar. ◆ **s'équilibrer** *vp* equilibrarse.

équilibriste [ekilibrist] *nmf* equilibrista *mf*.

équipage [ekipaʒ] *nm* tripulación *f*.

équipe [ekip] *nf* equipo *m*.

équipé, e [ekipe] *adj* equipado(da). ◆ **equipée** *nf* **-1.** [aventure] aventura *f*. **-2.** *iron* [promenade] escapada *f*.

équipement [ekipmɑ̃] *nm* **-1.** [matériel] equipo *m*. **-2.** [aménagement] equipamiento *m*; ~**s sportifs/scolaires** equipamiento deportivo/escolar.

équiper [ekipe] *vt* equipar; ~ **qqch de qqch** equipar algo con algo. ◆ **s'équiper** *vp* equiparse; **s'**~ **de** equiparse con.

équipier, ère [ekipje, ɛr] *nm, f* SPORT compañero *m*, -ra *f* de equipo.

équitable [ekitabl] *adj* equitativo(va).

équitation [ekitasjɔ̃] *nf* equitación *f*.

équité [ekite] *nf* equidad *f*.

équivalent, e [ekivalɑ̃, ɑ̃t] *adj* equivalente. ◆ **équivalent** *nm* equivalente *m*.

équivaloir [ekivalwar] *vt* equivaler.

équivalu [ekivaly] *pp inv* → **équivaloir**.

équivoque [ekivɔk] ◇ *adj* equívoco(ca). ◇ *nf* [ambiguïté] equívoco *m*; **sans** ~ inequívoco(ca).

érable [erabl] *nm* arce *m*.

éradiquer [eradike] *vt* erradicar.

érafler [erafle] *vt* arañar. ◆ **s'érafler** *vp* arañarse.

éraflure [eraflyr] *nf* arañazo *m*.

éraillé, e [eraje] *adj* **-1.** [voix] cascado(da). **-2.** [œil] enrojecido(da).

ère [ɛr] *nf* era *f*.

érection [erɛksjɔ̃] *nf* erección *f*.

éreintant, e [erɛ̃tɑ̃, ɑ̃t] *adj* extenuante.

éreinté, e [erɛ̃te] *adj* extenuado(da).

éreinter [erɛ̃te] *vt* **-1.** [fatiguer] extenuar. **-2.** [critiquer] vapulear.

ergonomique [ɛrgɔnɔmik] *adj* ergonómico(ca).

ergot [ɛrgo] *nm* **-1.** [de coq, de chien] espolón *m*. **-2.** AGRIC [de blé] tizón *m*.

ériger [eriʒe] *vt* **-1.** [monument] erigir. **-2.** *fig* [tribunal] constituir. **-3.** *fig* [élever] : ~ **qqn en** elevar a alguien a la categoría de.

ermite [ɛrmit] *nm* ermitaño *m*, -ña *f*.

éroder [erɔde] *vt* erosionar.

érogène [erɔʒɛn] *adj* erógeno(na).

érosion [erozjɔ̃] *nf* erosión *f*.

érotique [erɔtik] *adj* erótico(ca).

érotisme [erɔtism] *nm* erotismo *m*.

errance [ɛrɑ̃s] *nf* vagabundeo *m*.

erratum [eratɔm] (*pl* **errata** [erata]) *nm* errata *f*. ◆ **errata** *nm inv* fe *f* de erratas.

errer [ɛre] *vi* errar, vagar.

erreur [ɛrœr] *nf* error *m*, equivocación *f*; **induire en** ~ inducir a error; **par** ~ por error.

erroné, e [ɛrɔne] *adj* erróneo(a).

ersatz [ɛrzats] *nm* sucedáneo *m*.

éructer [erykte] ◇ *vi* eructar. ◇ *vt fig* [injures] proferir.

érudit, e [erydi, it] *adj & nm, f* erudito(ta).

éruption [erypsjɔ̃] *nf* **-1.** [gén] erupción *f*. **-2.** [manifestation] acceso *m*.

es [ɛ] → **être**.

ès [ɛs] *prép* en.

escabeau, x [ɛskabo] *nm* **-1.** [marchepied] escabel *m*. **-2.** [échelle] escalera *f*.

escadre [ɛskadr] *nf* MIL escuadra *f*.

escadrille [ɛskadrij] *nf* MIL escuadrilla *f*.

escadron [ɛskadrɔ̃] *nm* MIL escuadrón *m*.

escalade [ɛskalad] *nf* escalada *f*.

escalader [ɛskalade] *vt* escalar.

escale [ɛskal] *nf* escala *f*; **faire** ~ **à** hacer escala en.

escalier [ɛskalje] *nm* escalera *f*; ~ **roulant** OU **mécanique** escalera mecánica.

escalope [ɛskalɔp] *nf* CULIN filete *m Esp*, bife *m Amér*.

escamotable [ɛskamɔtabl] *adj* plegable.

escamoter [ɛskamɔte] vt **–1.** [gén] escamotear. **–2.** AÉRON replegar. **–3.** [mot, son] comerse.

escapade [ɛskapad] nf escapada f.

escargot [ɛskargo] nm caracol m.

escarmouche [ɛskarmuʃ] nf escaramuza f.

escarpé, e [ɛskarpe] adj escarpado(da).

escarpement [ɛskarpəmã] nm escarpamiento m.

escarpin [ɛskarpɛ̃] nm escarpín m.

escarre [ɛskar] nf MÉD escara f.

escient [ɛsjã] nm : **à bon** ~ oportunamente; **à mauvais** ~ inoportunamente.

esclaffer [ɛsklafe] ◆ **s'esclaffer** vp partirse de risa.

esclandre [ɛsklɑ̃dr] nm sout escándalo m.

esclavage [ɛsklavaʒ] nm esclavitud f.

esclave [ɛsklav] adj & nmf esclavo(va).

escompte [ɛskɔ̃t] nm descuento m.

escompter [ɛskɔ̃te] vt **–1.** [prévoir] contar con. **–2.** BANQUE descontar.

escorte [ɛskɔrt] nf escolta f.

escorter [ɛskɔrte] vt escoltar.

escouade [ɛskwad] nf **–1.** MIL escuadra f. **–2.** [groupe] cuadrilla f.

escrime [ɛskrim] nf SPORT esgrima f.

escrimer [ɛskrime] ◆ **s'escrimer** vp : **s'** ~ **à** empeñarse en.

escroc [ɛskro] nm estafador m.

escroquer [ɛskrɔke] vt **–1.** [personne] estafar. **–2.** [extorquer] : ~ **qqch à qqn** sacar algo a alguien.

escroquerie [ɛskrɔkri] nf estafa f.

eskimo = esquimau.

espace [ɛspas] nm espacio m; ~ **aérien** espacio aéreo; ~ **vert** zona f verde.

espacer [ɛspase] vt espaciar.

espadon [ɛspadɔ̃] nm **–1.** [poisson] pez m espada. **–2.** [épée] espadón m.

espadrille [ɛspadrij] nf alpargata f.

Espagne [ɛspaɲ] nf : **l'** ~ España.

espagnol, e [ɛspaɲɔl] adj español(la). ◆ **espagnol** nm LING español m. ◆ **Espagnol, e** nm, f español m, -la f.

espèce [ɛspɛs] nf **–1.** [minérale, animale, d'arbre] especie f. **–2.** [sorte] clase f; ~ **d'idiot!** péj ¡so imbécil!, ¡pedazo de imbécil!; **une** ~ **de** una especie de. ◆ **espèces** nfpl FIN : **payer en** ~**s** pagar en efectivo OU en metálico.

espérance [ɛsperɑ̃s] nf esperanza f; ~ **de vie** esperanza de vida.

espérer [ɛspere] ◇ vt [souhaiter] esperar; ~ **faire qqch** esperar hacer algo; ~ **que** esperar que. ◇ vi tener confianza; ~ **en qqn/en qqch** confiar en alguien/en algo.

espiègle [ɛspjɛgl] adj & nmf travieso(sa).

espion, onne [ɛspjɔ̃, ɔn] nm, f espía mf.

espionner [ɛspjɔne] vt espiar.

esplanade [ɛsplanad] nf esplanada f.

espoir [ɛspwar] nm **–1.** [gén] esperanza f. **–2.** [personne] promesa f.

esprit [ɛspri] nm **–1.** [aptitude, sens, fantôme] espíritu m; ~ **de compétition** espíritu de competición; ~ **critique** espíritu crítico. **–2.** [entendement, personne] mente f; **reprendre ses** ~s volver en sí. **–3.** [humour] ingenio m.

esquimau, aude [ɛskimo, od], **eskimo** [ɛskimo] adj esquimal. ◆ **esquimau, eskimo** LING esquimal m. ◆ **Esquimau, aude, x** nm, f, **Eskimo** nmf esquimal mf.

Esquimau® [ɛskimo] nm [glace] polo m.

esquinter [ɛskɛ̃te] vt fam **–1.** [voiture] escacharrar. **–2.** [auteur, film] poner de vuelta y media. **–3.** [adversaire] dejar molido(da). ◆ **s'esquinter** vp fam [se fatiguer] matarse; **s'** ~ **à faire qqch** matarse haciendo algo.

esquisse [ɛskis] nf **–1.** [croquis] apunte m, bosquejo m. **–2.** [projet] esbozo m. **–3.** fig [de geste, de sourire] esbozo m, amago m.

esquiver [ɛskive] vt esquivar. ◆ **s'esquiver** vp escabullirse.

essai [ɛsɛ] nm **–1.** [vérification] prueba f; **à l'** ~ a prueba. **–2.** [tentative, effort] intento m. **–3.** [étude & SPORT] ensayo m.

essaim [ɛsɛ̃] nm enjambre m.

essayage [ɛsɛjaʒ] nm prueba f.

essayer [ɛsɛje] vt **–1.** [éprouver, utiliser pour la première fois] probar. **–2.** [tenter] probar (con); ~ **de faire qqch** intentar hacer algo, tratar de hacer algo. **–3.** [vêtement] probarse.

essence [ɛsɑ̃s] nf **–1.** [nature, extrait concentré] esencia f; **par** ~ sout por definición. **–2.** [pour voiture] gasolina f Esp, nafta f Amér. **–3.** [d'arbre] especie f.

essentiel, elle [ɛsɑ̃sjɛl] adj esencial. ◆ **essentiel** nm : **l'** ~ lo esencial.

esseulé, e [ɛsœle] adj sout abandonado(da).

essieu [ɛsjø] nm eje m.

essor [ɛsɔr] nm **–1.** [développement] desarrollo m; **prendre son** ~ desarrollarse. **–2.** [envol] vuelo m; **prendre son** ~ levantar el vuelo.

essorer [esɔre] *vt* [manuellement] escurrir; [à la machine] centrifugar.

essoreuse [esɔrøz] *nf* secadora *f*.

essouffler [esufle] *vt* dejar sin aliento. ◆ **s'essouffler** *vp* **-1.** [être hors d'haleine] perder el aliento. **-2.** *fig* [artiste] perder la inspiración; [industrie, économie] debilitarse.

essuie-glace [esɥiglas] (*pl* **essuie-glaces**) *nm* limpiaparabrisas *m inv*.

essuie-mains [esɥimɛ̃] *nm inv* toalla *f*.

essuie-tout [esɥitu] *nm inv* bayeta *f*.

essuyer [esɥije] *vt* **-1.** [vaisselle, mains] secar. **-2.** [poussière] limpiar. **-3.** [échec] sufrir. ◆ **s'essuyer** *vp* secarse.

est[1] [ɛst] ◇ *adj inv* este. ◇ *nm inv* este *m*; à l'∼ en el este; à l'∼ de al este de. ◆ **Est** *nm* : **l'Est** el Este.

est[2] [ɛ] → **être**.

estafette [ɛstafɛt] *nf* **-1.** [gén] estafeta *f*. **-2.** MIL oficial de enlace encargado de enviar los despachos.

estafilade [ɛstafilad] *nf* chirlo *m*.

estampe [ɛstɑ̃p] *nf* estampa *f*.

estampille [ɛstɑ̃pij] *nf* estampilla *f*.

est-ce que [ɛskə] *loc adv interr* : ∼ **tu viens?** ¿vienes?; **où** ∼ **tu es?** ¿dónde estás?

esthète [ɛstɛt] *adj & nmf* esteta.

esthétique [ɛstetik] ◇ *adj* estético(ca). ◇ *nf* estética *f*.

estimation [ɛstimasjɔ̃] *nf* estimación *f*.

estime [ɛstim] *nf* estima *f*.

estimer [ɛstime] *vt* **-1.** [objet d'art] valorar. **-2.** [nombre] calcular. **-3.** [respecter] apreciar. **-4.** [penser] considerar; ∼ **que** considerar que.

estivant, e [ɛstivɑ̃, ɑ̃t] *nm, f* veraneante *mf*.

estomac [ɛstɔma] *nm* estómago *m*.

estomaqué, e [ɛstɔmake] *adj* pasmado(da).

estomper [ɛstɔ̃pe] *vt* **-1.** [contour] difuminar. **-2.** [douleur] atenuar. ◆ **s'estomper** *vp* **-1.** [contour] difuminarse. **-2.** [douleur] atenuarse.

Estonie [ɛstɔni] *nf* : **l'** ∼ Estonia.

estrade [ɛstrad] *nf* estrado *m*, tarima *f*.

estragon [ɛstragɔ̃] *nm* estragón *m*.

estropié, e [ɛstrɔpje] *adj & nm, f* lisiado(da).

estuaire [ɛstɥɛr] *nm* estuario *m*.

esturgeon [ɛstyrʒɔ̃] *nm* esturión *m*.

et [e] *conj* y, e (*delante de 'i' átona*); ∼ **moi?** ¿y yo?

ét. *abr de* **étage**.

ETA (*abr de* **Euskadi Ta Askatasuna**) *nf* ETA *f*.

étable [etabl] *nf* establo *m*.

établi [etabli] *nm* [table de travail] banco *m*.

établir [etablir] *vt* **-1.** [installer, fonder, initier] establecer. **-2.** [dresser] fijar. **-3.** [faire régner] imponer. **-4.** [asseoir] asentar. ◆ **s'établir** *vp* establecerse.

établissement [etablismɑ̃] *nm* establecimiento *m*; ∼ **hospitalier/public/scolaire** establecimiento hospitalario/público/escolar.

étage [etaʒ] *nm* **-1.** [de bâtiment] piso *m*; **au premier/troisième** ∼ en el primer/tercer piso. **-2.** [de fusée] cuerpo *m*. **-3.** [de terrain] estrato *m*, piso *m*.

étagère [etaʒɛr] *nf* **-1.** [meuble] estantería *f Esp*, librero *m Amér*. **-2.** [rayon] estante *m*.

étain [etɛ̃] *nm* **-1.** [métal] estaño *m*. **-2.** [objet] objeto *m* de estaño.

étais, était *etc* → **être**.

étal [etal] (*pl* **étals** OU **étaux** [eto]) *nm* **-1.** [éventaire] puesto *m*. **-2.** [table de boucher] tabla *f* de carnicero.

étalage [etalaʒ] *nm* **-1.** [marchandises exposées] muestrario *m*. **-2.** [devanture] escaparate *m*. **-3.** [ostentation] alarde *m*; **faire** ∼ **de qqch** hacer alarde de algo.

étalagiste [etalaʒist] *nmf* escaparatista *mf*.

étale [etal] *adj* quieto(ta).

étaler [etale] *vt* **-1.** [marchandises] exponer. **-2.** [papiers, journal] desplegar. **-3.** [peinture] extender. **-4.** [exhiber] ostentar. **-5.** [échelonner] escalonar. **-6.** *fam* [faire tomber] tirar al suelo. ◆ **s'étaler** *vp* **-1.** [peinture, beurre] extenderse. **-2.** [s'étendre dans le temps] escalonarse. **-3.** *fam* [s'avachir] tumbarse. **-4.** *fam* [tomber] caerse al suelo. **-5.** *fam* [échouer] catear.

étalon [etalɔ̃] *nm* **-1.** [cheval] semental *m*. **-2.** [mesure] patrón *m*.

étamine [etamin] *nf* **-1.** [de fleur] estambre *m*. **-2.** [tissu] estameña *f*. **-3.** [filtre] cedazo *m*.

étanche [etɑ̃ʃ] *adj* [cloison] estanco(ca); [toiture] impermeable; [montre] sumergible.

étancher [etɑ̃ʃe] *vt* **-1.** [arrêter – cours d'eau] estancar; [– écoulement de sang] restañar. **-2.** [tonneau] cerrar herméticamente. **-3.** [soif] apagar.

étang [etɑ̃] *nm* estanque *m*.

étape [etap] *nf* **-1.** [distance, phase] etapa *f*. **-2.** [halte] parada *f*; **faire** ∼ **à** parar en.

état [eta] *nm* **–1.** [gén] estado *m*; **en bon/ mauvais** ~ en buen/mal estado; **être en** ~**/hors d'** ~ **de faire qqch** estar/no estar en condiciones de hacer algo; ~ **civil** AD-MIN estado civil; ~ **d'esprit** talante *m*; ~ **des lieux** *en Francia, descripción del estado en que se encuentran los locales en el momento de arrendarlos*. **–2.** *sout* [condition sociale] condición *f*. ◆ **État** *nm* Estado *m*. ◆ **en tout état de cause** *loc adv* en todo caso.

état-major [etamaʒɔr] *nm* estado *m* mayor.

États-Unis [etazyni] *nmpl* **: les** ~ **(d'Amérique)** Estados Unidos (de América); **aux** ~ [direction] a Estados Unidos; [situation] en Estados Unidos.

étau, x [eto] *nm* torno *m*.

étayer [eteje] *vt* **–1.** [mur, plafond] apuntalar. **–2.** *fig* [démonstration] apoyar.

etc. (*abr de* et cætera) etc.

été [ete] ◇ *pp inv* → être. ◇ *nm* verano *m*.

éteindre [etɛ̃dr] *vt* **–1.** [gén] apagar. **–2.** JUR [annuler – droit] anular; [– dette] liquidar. ◆ **s'éteindre** *vp* **–1.** [feu, appareil] apagarse. **–2.** *litt* [bruit, souvenir] extinguirse. **–3.** [mourir] apagarse.

éteint, e [etɛ̃, ɛ̃t] *pp* → éteindre.

étendard [etɑ̃dar] *nm* estandarte *m*.

étendre [etɑ̃dr] *vt* **–1.** [bras, aile, enduit] extender. **–2.** [linge, blessé] tender. **–3.** *fam fig* [élève] catear. **–4.** [influence, vocabulaire, pouvoir] extender, ampliar. **–5.** [diluer] diluir. ◆ **s'étendre** *vp* **–1.** [personne] tenderse. **–2.** [plaine, paysage, épidémie] extenderse. **–3.** [s'attarder] : **s'**~ **sur qqch** extenderse sobre algo *(hablando)*.

étendu, e [etɑ̃dy] ◇ *pp* → étendre. ◇ *adj* **–1.** [bras, aile] extendido(da). **–2.** [plaine, paysage] extenso(sa). **–3.** [personne] tendido(da). ◆ **étendue** *nf* extensión *f*.

éternel, elle [etɛrnɛl] *adj* eterno(na).

éterniser [etɛrnize] *vt* eternizar. ◆ **s'éterniser** *vp* eternizarse.

éternité [etɛrnite] *nf* eternidad *f*.

éternuer [etɛrnɥe] *vi* estornudar.

êtes [ɛt] → être.

étêter [etete] *vt* [arbre] desmochar; [clou, poisson] descabezar.

éther [etɛr] *nm* éter *m*.

Éthiopie [etjɔpi] *nf* : **l'** ~ Etiopía.

éthique [etik] ◇ *nf* ética *f*. ◇ *adj* ético(ca).

ethnie [ɛtni] *nf* etnia *f*.

ethnique [ɛtnik] *adj* étnico(ca).

ethnologie [ɛtnɔlɔʒi] *nf* etnología *f*.

éthylisme [etilism] *nm* MÉD etilismo *m*.

étiez [etje], **étions** [etjɔ̃] → être.

étincelant, e [etɛ̃slɑ̃, ɑ̃t] *adj* **–1.** [couleur] relumbrante. **–2.** [esprit] brillante.

étinceler [etɛ̃sle] *vi* **–1.** [étoile] relumbrar. **–2.** *sout* [yeux, conversation] brillar.

étincelle [etɛ̃sɛl] *nf* **–1.** [gén] chispa *f*. **–2.** *fig* [de regard, d'intelligence] destello *m*.

étioler [etjɔle] *vt* [plante] marchitar; [personne, faculté] debilitar. ◆ **s'étioler** *vp* **–1.** [plante] marchitarse. **–2.** [personne, faculté] debilitarse.

étique [etik] *adj sout* hético(ca) *(débil)*.

étiqueter [etikte] *vt* etiquetar.

étiquette [etikɛt] *nf* etiqueta *f*.

étirer [etire] *vt* estirar. ◆ **s'étirer** *vp* estirarse.

étoffe [etɔf] *nf* **–1.** [tissu] tela *f*. **–2.** [personnalité] : **avoir l'** ~ **de** tener madera de.

étoffer [etɔfe] *vt* dar cuerpo a.

étoile [etwal] *nf* estrella *f*; ~ **filante** estrella fugaz; **à la belle** ~ al raso. ◆ **étoile de mer** *nf* estrella *f* de mar.

étoilé, e [etwale] *adj* estrellado(da).

étole [etɔl] *nf* estola *f*.

étonnant, e [etɔnɑ̃, ɑ̃t] *adj* asombroso(sa).

étonnement [etɔnmɑ̃] *nm* asombro *m*.

étonner [etɔne] *vt* : ~ **qqn** asombrar a alguien. ◆ **s'étonner** *vp* asombrarse; **s'**~ **que** (+ *subjonctif*) extrañarse que *(+ subjuntivo)*; **ça m'étonne qu'elle soit venue** me extraña que haya venido; **rien ne m'étonne** nada me sorprende.

étouffant, e [etufɑ̃, ɑ̃t] *adj* sofocante.

étouffée [etufe] ◆ **à l'étouffée** *loc adv* estofado(da).

étouffer [etufe] ◇ *vt* **–1.** [asphyxier] ahogar. **–2.** [oppresser, éteindre] sofocar. **–3.** [assourdir] amortiguar. **–4.** [faire taire] acallar. **–5.** *fig* [enterrer – affaire] enterrar; [– scandale, révolte] sofocar. ◇ *vi* **–1.** [suffoquer] sofocar. **–2.** [être mal à l'aise] ahogarse. ◆ **s'étouffer** *vp* [s'étrangler] atragantarse.

étourderie [eturdəri] *nf* despiste *m*.

étourdi, e [eturdi] *adj & nm, f* despistado(da).

étourdir [eturdir] *vt* **–1.** [assommer] aturdir. **–2.** [fatiguer] atontar.

étourdissement [eturdismɑ̃] *nm* mareo *m*.

étourneau, x [eturno] *nm* ZOOL estornino *m*.

étrange [etrɑ̃ʒ] *adj* extraño(ña).

étranger, ère [etrãʒe, ɛr] ◇ *adj* **–1.** [personne, langue] extranjero(ra). **–2.** [affaires, politique] exterior. **–3.** [différent, isolé] extraño(ña); **être ~ à qqn** ser desconocido (da) para alguien; **être ~ à qqch** [insensible à] ser insensible a algo; [extérieur à] ser ajeno(na) a algo. ◇ *nm, f* **–1.** [de nationalité autre] extranjero *m*, -ra *f*. **–2.** [inconnu] desconocido *m*, -da *f*. ◆ **étranger** *nm* : **à l'~** en el extranjero.

étrangeté [etrãʒte] *nf* extrañeza *f*.

étranglé, e [etrãgle] *adj* sofocado(da).

étranglement [etrãgləmã] *nm* **–1.** [strangulation] estrangulación *f*. **–2.** [rétrécissement] estrechamiento *m*. **–3.** *sout* [étouffement] atropello *m*.

étrangler [etrãgle] *vt* **–1.** [stranguler, comprimer] estrangular. **–2.** [émouvoir, ruiner] ahogar. **–3.** [presse] amordazar. **–4.** [libertés] atropellar. ◆ **s'étrangler** *vp* **–1.** [s'étouffer] atragantarse. **–2.** [se coincer] quebrarse.

étrave [etrav] *nf* estrave *m*.

être [ɛtr] ◇ *nm* ser; **les ~s vivants/humains** los seres vivos/humanos. ◇ *v aux* **–1.** [pour les temps composés] haber. **–2.** [pour le passif] ser. ◇ *v attr* **–1.** [indique l'état] ser; **il est grand/heureux** es alto/feliz; **il est médecin** es médico; **sois sage!** ¡pórtate bien! **–2.** [appartenir] : **~ à qqn** ser de alguien; **c'est à vous, cette voiture?** ¿es vuestro este coche? ◇ *v impers* **–1.** [exprimant le temps] ser; **quelle heure est-il?** ¿qué hora es?; **il est dix heures dix** son las diez y diez. **–2.** [suivi d'un adjectif] ser; **il est inutile de...** es inútil...; **il serait bon de** (+ *infinitif*) sería conveniente (+ *infinitivo*); **il serait bon que** (+ *subjonctif*) sería conveniente que (+ *subjuntivo*). ◇ *vi* **–1.** [exister] ser; **il n'est plus** *sout* dejar de existir. **–2.** [indique une situation, un état] estar; **il est à Paris** está en París; **nous sommes au printemps/en été** estamos en primavera/en verano; **je suis bien ici** estoy bien aquí. **–3.** [indiquant l'origine] ser; **il est de Paris** es de París. ◆ **être à** *v* + *prép* **–1.** [indique une obligation] : **c'est à vérifier** hay que comprobarlo; **cette chemise est à laver** esta camisa es para lavar; **c'est à voir** habrá que verlo. **–2.** [indique une continuité] : **il est toujours à ne rien faire** está todo el día sin hacer nada.

étreindre [etrɛ̃dr] *vt* **–1.** [serrer, embrasser] abrazar. **–2.** *fig* [tenailler] oprimir, atenazar. ◆ **s'étreindre** *vp* abrazarse.

étreinte [etrɛ̃t] *nf* **–1.** [enlacement] abrazo *m*. **–2.** [pression] asedio *m*.

étrenner [etrene] ◇ *vt* estrenar. ◇ *vi* ser el que paga el pato.

étrier [etrije] *nm* estribo *m*.

étriller [etrije] *vt* **–1.** [cheval] almohazar. **–2.** [adversaire, film] criticar duramente.

étriper [etripe] *vt* destripar. ◆ **s'étriper** *vp fam* destriparse.

étriqué, e [etrike] *adj* [vêtement] apretado(da); [local] exiguo(gua); [esprit] limitado(da).

étroit, e [etrwa, at] *adj* **–1.** [rue, chaussures, amitié] estrecho(cha). **–2.** [sens] estricto(ta). **–3.** *péj* [esprit, vues] limitado(da). **–4.** [nœud] apretado(da); **à l'~** apretado(da).

étroitesse [etrwatɛs] *nf* estrechez *f*.

étude [etyd] *nf* **–1.** [gén] estudio *m*; **à l'~** en estudio; **~ de marché** estudio de mercado. **–2.** [local, charge du notaire] notaría *f*. ◆ **études** *nfpl* estudios *mpl inv*; **faire des ~s** estudiar.

étudiant, e [etydjã, ãt] *adj & nm, f* estudiante.

étudié, e [etydje] *adj* estudiado(da).

étudier [etydje] *vt* estudiar.

étui [etɥi] *nm* estuche *m*; **~ à cigarettes** pitillera *f*; **~ à lunettes** estuche de gafas.

étuve [etyv] *nf* **–1.** [local] sauna *f*. **–2.** [appareil] estufa *f*.

étuvée [etyve] ◆ **à l'étuvée** *loc adv* estofado(da).

étymologie [etimɔlɔʒi] *nf* etimología *f*.

eu, e [y] *pp* → avoir.

É-U, É-U A (*abr de* États-Unis (d'Amérique)) *nmpl* EUA *mpl*, EE UU *mpl*.

eucalyptus [økaliptys] *nm* eucalipto *m*.

euh [ø] *interj* pues; **viendras-tu demain?** **–~, je ne sais pas** ¿vendrás mañana? **–pues no lo sé**.

eûmes [ym] → avoir.

eunuque [ønyk] *nm* eunuco *m*.

euphémisme [øfemism] *nm* eufemismo *m*.

euphorie [øfɔri] *nf* euforia *f*.

eurasien, enne [ørazjɛ̃, ɛn] *adj* eurasiático(ca). ◆ **Eurasien, enne** *nm, f* eurasiático *m*, -ca *f*.

eurent [yr] → avoir.

eurodevise [ørɔdəviz] *nf* eurodivisa *f*.

eurodollar [ørɔdɔlar] *nm* eurodólar *m*.

euromissile [ørɔmisil] *nm* euromisil *m*.

Europe [ørɔp] *nf* : **l'~** Europa.

européen, enne [ørɔpeɛ̃, ɛn] *adj* europeo(a). ◆ **Européen, enne** *nm, f* europeo *m*, -a *f*.

eus, eut *etc* → avoir.

eusse, eussions *etc* → avoir.

eût [y] → avoir.

eûtes [yt] → avoir.

euthanasie [øtanazi] *nf* eutanasia *f*.

eux [ø] *pron pers* **-1.** [sujet] ellos; **ce sont ~ qui me l'ont dit** me lo han dicho ellos. **-2.** [complément] : **je veux les voir, ~** quiero verlos. ◆ **eux-mêmes** *pron pers* ellos mismos.

évacuer [evakɥe] *vt* **-1.** [eau] verter. **-2.** [endroit] despejar. **-3.** MÉD [éliminer] eliminar.

évadé, e [evade] *nm, f* evadido *m*, -da *f*.

évader [evade] ◆ **s'évader** *vp* : **s'~ (de)** evadirse (de).

évaluation [evalyasjɔ̃] *nf* evaluación *f*.

évaluer [evalye] *vt* **-1.** [distance, risque] evaluar. **-2.** [objet d'art] valorar, evaluar.

évangélique [evɑ̃ʒelik] *adj* evangélico(ca).

évangéliser [evɑ̃ʒelize] *vt* evangelizar.

évangile [evɑ̃ʒil] *nm* evangelio *m*.

évanouir [evanwir] ◆ **s'évanouir** *vp* desvanecerse.

évanouissement [evanwismɑ̃] *nm* desvanecimiento *m*.

évaporer [evapɔre] ◆ **s'évaporer** *vp* **-1.** [liquide] evaporarse. **-2.** [disparaître] evaporarse, esfumarse.

évasé, e [evaze] *adj* [vase] de boca ancha; [vêtement] acampanado(da).

évaser [evaze] *vt* ensanchar. ◆ **s'évaser** *vp* ensancharse.

évasif, ive [evazif, iv] *adj* evasivo(va).

évasion [evazjɔ̃] *nf* evasión *f*.

évêché [eveʃe] *nm* obispado *m*.

éveil [evɛj] *nm* despertar *m*; **en ~** en vilo.

éveillé, e [eveje] *adj* **-1.** [qui ne dort pas] desvelado(da). **-2.** [esprit, enfant] despierto(ta).

éveiller [eveje] *vt* **-1.** [gén] despertar. **-2.** *sout* [tirer du sommeil] desvelar. ◆ **s'éveiller** *vp* **-1.** [gén] despertarse. **-2.** *sout* [s'ouvrir à] : **~ à qqch** despertar a algo.

événement [evɛnmɑ̃] *nm* acontecimiento *m*.

événementiel [evɛnmɑ̃sjɛl] *adj* cronológico(ca).

éventail [evɑ̃taj] *nm* abanico *m*; **en ~** en abanico.

éventaire [evɑ̃tɛr] *nm* **-1.** [étalage] puesto *m*. **-2.** [corbeille] cesta *f* de los vendedores ambulantes.

éventer [evɑ̃te] *vt* **-1.** [personne] abanicar. **-2.** [secret] airear. ◆ **s'éventer** *vp* **-1.** [personne] abanicarse. **-2.** [parfum] desvanecerse.

éventrer [evɑ̃tre] *vt* destripar.

éventualité [evɑ̃tɥalite] *nf* eventualidad *f*.

éventuel, elle [evɑ̃tɥɛl] *adj* eventual.

éventuellement [evɑ̃tɥɛlmɑ̃] *adv* eventualmente.

évêque [evɛk] *nm* obispo *m*.

évertuer [evɛrtɥe] ◆ **s'évertuer** *vp* : **~ à faire qqch** esforzarse en hacer algo.

évidemment [evidamɑ̃] *adv* evidentemente.

évidence [evidɑ̃s] *nf* evidencia *f*; **mettre en ~** poner en evidencia.

évident, e [evidɑ̃, ɑ̃t] *adj* evidente.

évider [evide] *vt* [gén] vaciar; [arbre] recortar; [fruit] quitar el corazón a.

évier [evje] *nm* fregadero *m*.

évincer [evɛ̃se] *vt* : **~ qqn (de qqch)** excluir a alguien (de algo).

évocateur, trice [evɔkatœr, tris] *adj* evocador(ra).

évocation [evɔkasjɔ̃] *nf* evocación *f*.

évolué, e [evɔlɥe] *adj* **-1.** [société, pays] evolucionado(da). **-2.** [personne] amplio(plia) de miras.

évoluer [evɔlɥe] *vi* **-1.** [se transformer, exécuter des mouvements] evolucionar. **-2.** [personne] cambiar.

évolution [evɔlysjɔ̃] *nf* evolución *f*. ◆ **évolutions** *nfpl* evoluciones *fpl*.

évoquer [evɔke] *vt* evocar.

ex [ɛks] *nmf fam* ex *mf*.

exacerber [ɛgzasɛrbe] *vt* exacerbar.

exact, e [ɛgzakt] *adj* **-1.** [gén] exacto(ta). **-2.** [ponctuel] puntual.

exactement [ɛgzaktəmɑ̃] *adv* exactamente.

exaction [ɛgzaksjɔ̃] *nf* exacción *f*.

exactitude [ɛgzaktityd] *nf* **-1.** [gén] exactitud *f*. **-2.** [ponctualité] puntualidad *f*.

ex aequo [ɛgzeko] *adj inv & adv* ex aequo.

exagération [ɛgzaʒerasjɔ̃] *nf* exageración *f*.

exagéré, e [ɛgzaʒere] *adj* exagerado(da).

exagérer [ɛgzaʒere] *vt & vi* exagerar.

exalté, e [ɛgzalte] *adj & nm, f* exaltado(da).

exalter [ɛgzalte] *vt* exaltar. ◆ **s'exalter** *vp* exaltarse.

examen [ɛgzamɛ̃] *nm* examen *m*; ~ **médical** examen *m* OU reconocimiento *m* médico.

examinateur, trice [ɛgzaminatœr, tris] *nm, f* examinador *m*, -ra *f*.

examiner [ɛgzamine] *vt* examinar.

exaspération [ɛgzasperasjɔ̃] *nf* exasperación *f*.

exaspérer [ɛgzaspere] *vt* exasperar.

exaucer [ɛgzose] *vt* [personne] oír; [vœu, demande] atender.

excédent [ɛksedɑ̃] *nm* **-1.** [surplus] exceso *m*; **en** ~ en exceso. **-2.** ÉCON superávit *m*.

excéder [ɛksede] *vt* **-1.** [dépasser] exceder a. **-2.** [autorité, pouvoir] excederse en. **-3.** [exaspérer] exasperar.

excellence [ɛkselɑ̃s] *nf* excelencia *f*; **par** ~ por excelencia.

excellent, e [ɛkselɑ̃, ɑ̃t] *adj* excelente.

exceller [ɛksele] *vi* : ~ **en** OU **dans qqch** destacar en algo; ~ **à faire qqch** ser muy bueno(na) haciendo algo.

excentré [ɛksɑ̃tre] *adj* : **c'est très** ~ queda muy a desmano.

excentrique [ɛksɑ̃trik] ◇ *adj* **-1.** [gén] excéntrico(ca). **-2.** [quartier] periférico(ca). ◇ *nmf* excéntrico *m*, -ca *f*.

excepté, e [ɛksɛpte] *adj* exceptuado(da). ◆ **excepté** *prép* excepto.

exception [ɛksɛpsjɔ̃] *nf* excepción *f*; **faire** ~ ser una excepción; **à l'**~ **de** con OU a excepción de.

exceptionnel, elle [ɛksɛpsjɔnɛl] *adj* excepcional.

excès [ɛksɛ] ◇ *nm* exceso *m*; ~ **de vitesse** exceso de velocidad. ◇ *nmpl* excesos *mpl*.

excessif, ive [ɛksesif, iv] *adj* [prix, rigueur] excesivo(va); [personne, caractère] exagerado(da).

excitant, e [ɛksitɑ̃, ɑ̃t] *adj* excitante. ◆ **excitant** *nm* excitante *m*.

excitation [ɛksitasjɔ̃] *nf* excitación *f*.

excité, e [ɛksite] ◇ *adj* excitado(da). ◇ *nm, f* exaltado *m*, -da *f*.

exciter [ɛksite] *vt* **-1.** [gén] excitar; [chien] azuzar. **-2.** [inciter à] : ~ **qqn à qqch/ à faire qqch** incitar a alguien a algo/a hacer algo.

exclamation [ɛksklamasjɔ̃] *nf* exclamación *f*.

exclamer [ɛksklame] ◆ **s'exclamer** *vp* exclamar; **s'**~ **devant qqch** exclamar ante algo.

exclu, e [ɛkskly] ◇ *adj* excluido(da); **c'est** ~! ¡ni hablar!; **il n'est pas** ~ **que...** es posible que... ◇ *nm, f* marginado *m*, -da *f*.

exclure [ɛksklyr] *vt* **-1.** [expulser, être incompatible avec] excluir; ~ **qqn (de qqch)** excluir a alguien (de algo). **-2.** [rejeter] excluir, descartar.

exclusion [ɛksklyzjɔ̃] *nf* exclusión *f*; **à l'**~ **de** con exclusión de.

exclusivement [ɛksklyzivmɑ̃] *adv* **-1.** [uniquement] exclusivamente. **-2.** [non inclus] exclusive.

exclusivité [ɛksklyzivite] *nf* **-1.** [gén] exclusiva *f*; **en** ~ en exclusiva. **-2.** [de sentiment] exclusividad *f*.

excommunier [ɛkskɔmynje] *vt* RELIG excomulgar.

excrément [ɛkskremɑ̃] *nm* (*gén pl*) excremento *m*.

excroissance [ɛkskrwasɑ̃s] *nf* excrecencia *f*.

excursion [ɛkskyrsjɔ̃] *nf* excursión *f*.

excursionniste [ɛkskyrsjɔnist] *nmf* excursionista *mf*.

excuse [ɛkskyz] *nf* excusa *f*.

excuser [ɛkskyze] *vt* **-1.** [gén] disculpar, excusar; **excusez-moi** discúlpeme, perdone. **-2.** [dispenser] excusar. ◆ **s'excuser** *vp* disculparse, excusarse; **s**~ **de qqch/de faire qqch** disculparse OU excusarse por algo/por hacer algo.

exécrable [ɛgzekrabl] *adj* **-1.** [humeur, temps] terrible. **-2.** [crime] execrable.

exécrer [ɛgzekre] *vt* execrar.

exécutant, e [ɛgzekytɑ̃, ɑ̃t] *nm, f* **-1.** [personne] mandado *m*, -da *f*. **-2.** MUS ejecutante *mf*.

exécuter [ɛgzekyte] *vt* **-1.** [projet] llevar a cabo; [tableau] pintar. **-2.** [mettre à mort & MUS] ejecutar. ◆ **s'exécuter** *vp* obedecer.

exécutif, ive [ɛgzekytif, iv] *adj* ejecutivo(va). ◆ **exécutif** *nm* ejecutivo *m*.

exécution [ɛgzekysjɔ̃] *nf* [gén] ejecución *f*; [de promesse] cumplimiento *m*.

exemplaire [ɛgzɑ̃plɛr] ◇ *adj* ejemplar. ◇ *nm* ejemplar *m*; **en trois** ~**s** por triplicado.

exemple [ɛgzɑ̃pl] *nm* ejemplo *m*; **par** ~ por ejemplo.

exempté, e [ɛgzɑ̃(p)te] *adj* exento(ta); **être** ~ **de qqch** estar exento de algo.

exempter [ɛgzɑ̃(p)te] *vt* : ~ **qqn de** eximir a alguien de.

exercer [ɛgzɛrse] vt **-1.** [gén] ejercitar. **-2.** [métier, activité] ejercer. ◆ **s'exercer** vp **-1.** [s'entraîner] ejercitarse; **s'~ à qqch** ejercitarse en algo; **s'~ à faire qqch** ejercitar algo. **-2.** [se manifester] ejercerse.

exercice [ɛgzɛrsis] nm ejercicio m; **en ~** en ejercicio.

exhaler [ɛgzale] vt **-1.** [odeur, soupir] exhalar; [plainte] proferir. **-2.** [sentiment] desahogar. ◆ **s'exhaler** vp [odeur] desprenderse; **s'~ de** sout [soupir] desprenderse de.

exhaustif, ive [ɛgzostif, iv] adj exhaustivo(va).

exhiber [ɛgzibe] vt exhibir. ◆ **s'exhiber** vp exhibirse.

exhibitionniste [ɛgzibisjɔnist] nm, f exhibicionista mf.

exhumer [ɛgzyme] vt **-1.** [déterrer – cadavre] exhumar; [– trésor] desenterrar. **-2.** fig [passé] desenterrar.

exigeant, e [ɛgziʒã, ãt] adj exigente.

exigence [ɛgziʒãs] nf exigencia f.

exiger [ɛgziʒe] vt exigir; **~ que** (+ subjonctif) exigir que (+ subjuntivo); **j'exige que tu rentres tôt** exijo que vuelvas temprano; **~ qqch de qqn** exigir algo de alguien.

exigible [ɛgziʒibl] adj exigible.

exigu, ë [ɛgzigy] adj exiguo(gua).

exil [ɛgzil] nm exilio m; **en ~** en el exilio.

exilé, e [ɛgzile] nm, f exiliado m, -da f.

exiler [ɛgzile] vt exilar. ◆ **s'exiler** vp **-1.** POLIT exiliarse. **-2.** fig [partir] retirarse.

existence [ɛgzistãs] nf existencia f.

exister [ɛgziste] vi existir.

exode [ɛgzɔd] nm éxodo m.

exonération [ɛgzɔnerasjɔ̃] nf exoneración f; **~ d'impôts** exención f tributaria.

exorbitant, e [ɛgzɔrbitã, ãt] adj exorbitante.

exorciser [ɛgzɔrsize] vt exorcizar.

exorde [ɛgzɔrd] nm exordio m.

exotique [ɛgzɔtik] adj exótico(ca).

exotisme [ɛgzɔtism] nm exotismo m.

expansif, ive [ɛkspãsif, iv] adj expansivo(va).

expansion [ɛkspãsjɔ̃] nf expansión f.

expansionniste [ɛkspãsjɔnist] adj & nmf expansionista.

expatrié, e [ɛkspatrije] adj & nm, f expatriado(da).

expatrier [ɛkspatrije] vt expatriar. ◆ **s'expatrier** vp expatriarse.

expédier [ɛkspedje] vt **-1.** [lettre, marchandise, bagage] expedir. **-2.** [personne] librarse de. **-3.** [travail, affaire] despachar.

expéditeur, trice [ɛkspeditœr, tris] ◇ adj expedidor(ra). ◇ nm, f [de lettre] remitente mf.

expéditif, ive [ɛkspeditif, iv] adj expeditivo(va).

expédition [ɛkspedisjɔ̃] nf expedición f.

expérience [ɛksperjãs] nf **-1.** [gén] experiencia f; **avoir de l'~** tener experiencia. **-2.** [essai & SCIENCES] experimento m.

expérimental, e, aux [ɛksperimãtal, o] adj experimental.

expérimenté, e [ɛksperimãte] adj experimentado(da).

expert, e [ɛkspɛr, ɛrt] adj experto(ta). ◆ **expert** nm perito m.

expert-comptable nm ≃ censor m jurado de cuentas.

expertise [ɛkspɛrtiz] nf peritaje m.

expertiser [ɛkspɛrtize] vt peritar.

expier [ɛkspje] vt expiar.

expiration [ɛkspirasjɔ̃] nf **-1.** [d'air] espiración f. **-2.** [de contrat, de bail] expiración f.

expirer [ɛkspire] ◇ vt espirar. ◇ vi expirar.

explicatif, ive [ɛksplikatif, iv] adj explicativo(va).

explication [ɛksplikasjɔ̃] nf **-1.** [gén] explicación f. **-2.** [commentaire] comentario m; **~ de texte** comentario de texto.

explicite [ɛksplisit] adj explícito(ta).

expliciter [ɛksplisite] vt explicitar.

expliquer [ɛksplike] vt **-1.** [gén] explicar. **-2.** [texte] comentar. ◆ **s'expliquer** vp **-1.** [gén] explicarse. **-2.** [devenir compréhensible] explicarse, aclararse.

exploit [ɛksplwa] nm hazaña f.

exploitant, e [ɛksplwatã, ãt] nm, f explotador m, -ra f.

exploitation [ɛksplwatasjɔ̃] nf explotación f; **~ agricole** explotación agrícola.

exploiter [ɛksplwate] vt explotar.

explorateur, trice [ɛksplɔratœr, tris] nm, f explorador m, -ra f.

exploration [ɛksplɔrasjɔ̃] nf exploración f.

explorer [ɛksplɔre] vt explorar.

exploser [ɛksploze] vi **-1.** [bombe, personne] explotar. **-2.** [colère, mécontentement] estallar.

explosif, ive [ɛksplozif, iv] adj explosivo(va). ◆ **explosif** nm explosivo m.

explosion [ɛksplozjɔ̃] *nf* [de bombe] explosión *f*.

exportateur, trice [ɛkspɔrtatœr, tris] *adj & nm, f* exportador(ra).

exportation [ɛkspɔrtasjɔ̃] *nf* exportación *f*.

exporter [ɛkspɔrte] *vt* exportar.

exposé, e [ɛkspoze] *adj* **-1.** [orienté] solanero(ra). **-2.** [vulnérable] expuesto(ta). ◆ **exposé** *nm* **-1.** [compte-rendu] informe *m*. **-2.** SCOL exposición *f*.

exposer [ɛkspoze] *vt* **-1.** [gén] exponer. **-2.** [façade] estar orientado(da) a, dar a. ◆ **s'exposer** *vp* exponerse; **s'~ à qqch** exponerse a algo.

exposition [ɛkspozisjɔ̃] *nf* **-1.** [de peinture, récit] exposición *f*. **-2.** [au soleil, à l'est etc] orientación *f*.

exprès[1], **esse** [ɛksprɛs, ɛs] *adj* expreso(sa). ◆ **exprès** *adj inv* urgente.

exprès[2] *adv* [ɛksprɛ] [à dessein] expresamente; **faire qqch** ~ hacer algo a propósito OU a posta.

express [ɛksprɛs] ◇ *adj inv* [train, voie] exprés. ◇ *nm inv* [train, café] expreso *m*.

expressément [ɛksprɛsemɑ̃] *adv* expresamente.

expressif, ive [ɛkspresif, iv] *adj* expresivo(va).

expression [ɛksprɛsjɔ̃] *nf* expresión *f*.

exprimer [ɛksprime] *vt* expresar. ◆ **s'exprimer** *vp* expresarse.

expropriation [ɛksprɔprijasjɔ̃] *nf* expropiación *f*.

exproprier [ɛksprɔprije] *vt* expropiar.

expulser [ɛkspylse] *vt* [gén] expulsar; [locataire] desahuciar; ~ **qqn (de qqch)** expulsar a alguien (de algo).

expulsion [ɛkspylsjɔ̃] *nf* [gén] expulsión *f*; [de local] desahucio *m*.

expurger [ɛkspyrʒe] *vt* expurgar.

exquis, e [ɛkski, iz] *adj* **-1.** [gén] exquisito(ta). **-2.** [journée] delicioso(sa).

exsangue [ɛksɑ̃g] *adj* exangüe.

extase [ɛkstaz] *nf* éxtasis *m inv*.

extasier [ɛkstazje] ◆ **s'extasier** *vp* extasiarse; **s'~ devant qqn/devant qqch** extasiarse ante alguien/ante algo.

extensible [ɛkstɑ̃sibl] *adj* extensible.

extension [ɛkstɑ̃sjɔ̃] *nf* extensión *f*; **par** ~ por extensión; ~ **de nom de fichier** INFORM extensión del nombre del fichero.

exténuer [ɛkstenɥe] *vt* extenuar.

extérieur, e [ɛksterjœr] *adj* **-1.** [gén] exterior. **-2.** [apparent] aparente. ◆ **extérieur** *nm* [dehors] exterior *m*; **à l'~ de qqch** por fuera de algo.

extérieurement [ɛksterjœrmɑ̃] *adv* **-1.** [à l'extérieur] exteriormente. **-2.** [en apparence] en apariencia.

extérioriser [ɛksterjɔrize] *vt* exteriorizar.

exterminer [ɛkstɛrmine] *vt* exterminar.

externat [ɛkstɛrna] *nm* **-1.** [lycée pour élèves externes] externado *m*. **-2.** [des étudiants en médecine] rotatorio *m*.

externe [ɛkstɛrn] ◇ *adj* [du dehors] externo(na). ◇ *nmf* **-1.** [élève] externo *m*, -na *f*. **-2.** [étudiant en médecine] rotatorio *m*, -ria *f*.

extincteur *nm* [ɛkstɛ̃ktœr] extintor *m*.

extinction [ɛkstɛ̃ksjɔ̃] *nf* extinción *f*. ◆ **extinction de voix** *nf* afonía *f*.

extirper [ɛkstirpe] *vt* **-1.** [plante, secret] arrancar. **-2.** [erreur, préjugé] eliminar. **-3.** MÉD extirpar. **-4.** [sortir avec difficulté] : ~ **qqn/qqch de qqch** sacar a alguien/algo de algo.

extorquer [ɛkstɔrke] *vt* : ~ **qqch à qqn** sacar algo a alguien.

extra [ɛkstra] ◇ *adj inv* **-1.** [de qualité supérieure] extra. **-2.** *fam* [génial] súper. ◇ *nm* **-1.** [service occasionnel] trabajito *m*. **-2.** [chose inhabituelle] extra *m*.

extraction [ɛkstraksjɔ̃] *nf* extracción *f*.

extrader [ɛkstrade] *vt* extraditar.

extradition [ɛkstradisjɔ̃] *nf* extradición *f*.

extraire [ɛkstrɛr] *vt* extraer.

extrait [ɛkstrɛ] *nm* extracto *m*; ~ **de naissance** partida *f* de nacimiento.

extraordinaire [ɛkstraɔrdinɛr] *adj* extraordinario.

extrapoler [ɛkstrapɔle] *vt & vi* extrapolar.

extraterrestre [ɛkstratɛrɛstr] *adj & nmf* extraterrestre.

extravagance *nf* [ɛkstravagɑ̃s] *nf* extravagancia *f*.

extravagant, e [ɛkstravagɑ̃, ɑ̃t] *adj* **-1.** [idée, propos] extravagante. **-2.** [prix, exigence] desorbitado(da).

extraverti, e [ɛkstravɛrti] *adj & nm, f* extrovertido(da), extravertido(da).

extrême [ɛkstrɛm] ◇ *adj* **-1.** [gén] extremo(ma). **-2.** [solution, opinion] extremado(da). ◇ *nm* extremo *m*; **d'un ~ à l'autre** de un extremo al otro.

extrêmement [ɛkstrɛmmɑ̃] *adv* extremadamente.

extrême-onction *nf* extremaunción *f*.
Extrême-Orient [ɛkstrɛmɔrjɑ̃] *nm* : l' ~ el Extremo Oriente.
extrémiste [ɛkstremist] *adj & nmf* extremista.
extrémité [ɛkstremite] *nf* **-1.** [bout] extremidad *f*. **-2.** [situation critique] extremo *m*.
exubérant, e [ɛgzyberɑ̃, ɑ̃t] *adj* exuberante.
exulter [ɛgzylte] *vi* exultar.
eye-liner [ajlajnœr] (*pl* **eye-liners**) *nm* perfilador *m* de ojos.

f, F [ɛf] *nm inv* f *f*, F *f*. ◆ **F -1.** (*abr de* **femme**) M. **-2.** (*abr de* **féminin**) f. **-3.** (*abr de* **Fahrenheit**) F. **-4.** (*abr de* **franc**) F.
fa [fa] *nm inv* MUS fa *m*.
fable [fabl] *nf* fábula *f*.
fabricant, e [fabrikɑ̃, ɑ̃t] *nm, f* fabricante *mf*.
fabrication [fabrikasjɔ̃] *nf* fabricación *f*.
fabrique [fabrik] *nf* fábrica *f*.
fabriquer [fabrike] *vt* **-1.** [confectionner] fabricar. **-2.** *fam* [faire] hacer. **-3.** [inventer] inventar.
fabulation [fabylasjɔ̃] *nf* invención *f*.
fabuleux, euse [fabylø, øz] *adj* fabuloso(sa).
fac [fak] *nf fam* facu *f*.
façade [fasad] *nf* fachada *f*.
face [fas] *nf* **-1.** [de personne, d'objet] cara *f*. **-2.** [aspect] aspecto *m*. **-3.** *loc* : de frente; **d'en** ~ de enfrente; **en** ~ de qqn/de qqch frente a alguien/a algo; ~ **à** ~ cara a cara; **faire** ~ **à qqch** [être situé du côté de] dar a algo; [affronter] hacer frente a algo.
face-à-face *nm inv* debate *m* cara a cara.
facétie [fasesi] *nf* gracia *f* (broma).
facette [faset] *nf* faceta *f*.
fâché, e [faʃe] *adj* **-1.** [gén] enfadado(da). **-2.** [contrarié] disgustado(da).
fâcher [faʃe] *vt* enfadar. ◆ **se fâcher** *vp* enfadarse; **se** ~ **avec** OU **contre qqn** enfadarse con alguien.

fâcheusement [faʃøzmɑ̃] *adv* desagradablemente.
fâcheux, euse [faʃø, øz] *adj* enojoso(sa).
facial, e, aux [fasjal, o] *adj* facial.
faciès [fasjɛs] *nm péj* fisonomía *f*.
facile [fasil] *adj* fácil.
facilement [fasilmɑ̃] *adv* **-1.** [avec facilité] fácilmente. **-2.** [pour le moins] tranquilamente.
facilité [fasilite] *nf* facilidad *f*; **avoir de la** ~ **pour qqch** tener facilidad para algo. ◆ **facilités** *nfpl* [de transport] servicio *m*; ~**s de caisse** FIN crédito *m*; ~**s de paiement** COMM facilidades *fpl* de pago.
faciliter [fasilite] *vt* facilitar.
façon [fasɔ̃] *nf* **-1.** [manière] manera *f*. **-2.** [travail] trabajo *m*. **-3.** [imitation] imitación *f*. ◆ **de façon à** *loc prép* con el fin de. ◆ **de façon à ce que** *loc conj* con el fin de que. ◆ **de toute façon** *loc adv* de todos modos.
fac-similé [faksimile] (*pl* **fac-similés**) *nm* facsímil *m*, facsímile *m*.
facteur [faktœr] *nm* **-1.** [gén] factor *m*; **le** ~ **chance/temps** el factor suerte/tiempo. **-2.** [des postes] cartero *m*, -ra *f*.
factice [faktis] *adj* facticio(cia).
faction [faksjɔ̃] *nf* **-1.** [groupe] facción *f*. **-2.** MIL : **être en** OU **de** ~ estar de guardia.
factotum [faktɔtɔm] *nm* factótum *m*.
facture [faktyr] *nf* factura *f*.
facturer [faktyre] *vt* facturar.
facultatif, ive [fakyltatif, iv] *adj* facultativo(va).
faculté [fakylte] *nf* facultad *f*; ~ **de lettres/de droit/de médecine** facultad de letras/de derecho/de medicina.
fadaises [fadɛz] *nfpl* sandeces *fpl*.
fade [fad] *adj* soso(sa).
fagot [fago] *nm* [de bois] gavilla *f*.
fagoté, e [fagɔte] *adj* mal vestido(da).
faible [fɛbl] ◇ *adj* **-1.** [gén] débil. **-2.** [élève] flojo(ja). **-3.** [quantité] pequeño(ña). ◇ *nmf* débil *mf*; ~ **d'esprit** simple *mf*. ◇ *nm* [préférence] debilidad *f*.
faiblement [fɛbləmɑ̃] *adv* débilmente.
faiblesse [fɛblɛs] *nf* **-1.** [gén] debilidad *f*. **-2.** [petitesse] escasez *f*.
faiblir [feblir] *vi* **-1.** [personne, forces] debilitarse. **-2.** [vent] amainar. **-3.** [monnaie] bajar.
faïence [fajɑ̃s] *nf* loza *f*.
faignant = **feignant**.

faille [faj] v ◇ → **falloir**. ◇ nf **-1.** GÉOL falla f. **-2.** [défaut] fallo m.

faillir [fajir] vi **-1.** [manquer] : ~ **à qqch** faltar a algo. **-2.** [avoir été sur le point de] estar a punto de.

faillite [fajit] nf **-1.** FIN quiebra f; **en** ~ en quiebra; **faire** ~ quebrar. **-2.** [échec] fracaso m.

faim [fɛ̃] nf **-1.** [besoin de manger] hambre f; **avoir** ~ tener hambre. **-2.** [désir] ganas fpl.

fainéant, e [feneã, ãt] adj & nm, f holgazán(ana).

faire [fɛr] ◇ vt **-1.** [fabriquer, préparer, effectuer] hacer; ~ **une maison** hacer una casa; ~ **un gâteau/du café/un film** hacer un pastel/café/una película; ~ **qqch de qqch** hacer algo de algo; ~ **qqch de qqn** fig hacer algo de alguien; **il veut en** ~ **un avocat** quiere hacer de él un abogado; ~ **le ménage** hacer la limpieza; ~ **la lessive** hacer la colada; ~ **la cuisine** cocinar. **-2.** [s'occuper à] hacer; **que fais-tu dimanche?** ¿qué haces este domingo?; **qu'est-ce qu'il fait dans la vie?** ¿a qué se dedica? **-3.** [entreprendre] hacer; **qu'est-ce que je peux** ~ **pour t'aider?** ¿qué puedo hacer para ayudarte? **-4.** [étudier] hacer; ~ **son droit/de l'anglais/des maths** hacer derecho/inglés/matemáticas. **-5.** [pratiquer – sport] jugar; [– musique] tocar. **-6.** [occasionner] : ~ **de la peine** apenar; ~ **du mal à qqn** hacer daño a alguien; ~ **mal** [suj : blessure] doler; ~ **du bruit** hacer ruido; ~ **plaisir** complacer; **ça ne fait rien** no importa. **-7.** [tenir le rôle de] hacer de. **-8.** [imiter] hacerse; ~ **le sourd/l'innocent** hacerse el sordo/el inocente. **-9.** [calcul, mesure] : **un et un font deux** uno y uno son dos; **ça fait combien de kilomètres jusqu'à la mer?** ¿cuántos kilómetros hay hasta el mar?; **la table fait 2 mètres de long** la mesa hace 2 metros de largo. **-10.** loc : **ne** ~ **que** [faire sans cesse] no parar de; [faire juste] no hacer más que; **je ne faisais que jeter un coup d'œil** sólo estaba echando un vistazo. ◇ vi [agir] : **tu ferais bien d'aller voir ce qui se passe** harías bien en ir a ver qué pasa. ◇ v attr [avoir l'air] hacer; **ça fait jeune/vulgaire** hace joven/vulgar. ◇ v substitutif hacer; **je lui ai dit de prendre une échelle mais il ne l'a pas fait** le he dicho que cogiera una escalera pero no lo ha hecho. ◇ v impers **-1.** [climat, temps] : **il fait beau/froid** hace buen tiempo/frío; **il fait jour/nuit** es de día/de noche; **il fait 20 degrés** estamos a 20 grados. **-2.** [exprime la durée, la distance] : **ça fait six mois que...** hace seis meses que...; **ça fait 30 kilomètres que...** hace 30 kilómetros que... ◇ v aux **-1.** [à l'actif] hacer; ~ **démarrer une voiture** hacer arrancar un coche; ~ **tomber qqch** hacer caer algo; ~ **travailler qqn** hacer trabajar a alguien. **-2.** [au passif] hacer; ~ **réparer sa voiture** hacerse arreglar el coche; ~ **nettoyer ses vitres** hacerse limpiar los cristales. ◆ **se faire** vp **-1.** [avoir lieu] hacerse. **-2.** [être à la mode] llevarse. **-3.** [devenir] : **se** ~ **vieux** hacerse viejo. **-4.** [se causer] (+ nom) : **se** ~ **mal** hacerse daño; **se** ~ **des amis** hacerse amigos; **se** ~ **une idée sur qqch** hacerse una idea de algo. **-5.** (+ infinitif) : **il s'est fait écraser** lo han atropellado; **elle s'est fait opérer** la han operado. ◆ **se faire à** vp + prép acostumbrarse a.

faire-part nm inv participación f.

fais, fait etc → **faire**.

faisable [fazabl] adj factible.

faisais, faisions etc → **faire**.

faisan, e [fəzã, an] nm, f faisán m.

faisandé, e [fəzãde] adj [viande] manido(da).

faisceau, x [fɛso] nm **-1.** [fagot] manojo m. **-2.** [rayon] haz m. **-3.** MIL pabellón m.

faisons [fəzɔ̃] → **faire**.

fait, e [fɛ, fɛt] ◇ pp → **faire**. ◇ adj hecho(cha); **bien/mal** ~ bien/mal hecho; **être** ~ **pour** estar hecho para. ◆ **fait** nm [gén] hecho m; **le** ~ **de faire qqch** el hecho de hacer algo; **être au** ~ **de qqch** estar al corriente de algo; **prendre qqn sur le** ~ coger a alguien in fraganti, coger a alguien con las manos en la masa; ~**s et gestes** gestos mpl; ~**s divers** varios mpl, miscelania f. ◆ **au fait** loc adv a propósito. ◆ **en fait** loc adv de hecho. ◆ **en fait de** loc prép en materia de.

faîte [fɛt] nm **-1.** [de toit] techumbre f. **-2.** [d'arbre] copa f. **-3.** fig [sommet] cima f.

faites [fɛt] → **faire**.

fait-tout nm inv, **faitout** [fɛtu] nm olla f.

fakir [fakir] nm faquir m, fakir m.

falaise [falɛz] nf GÉOL acantilado m.

fallacieux, euse [falasjø, øz] adj falaz.

falloir [falwar] v impers **-1.** [exprime une nécessité, obligation] hacer falta, necesitar; **il me faut du temps** necesito tiempo; **il te faut un peu de repos** te hace falta un poco de descanso; **il faut que** (+ subjonctif) tener que (+ infinitivo); **il faut que tu partes** tienes que irte; **il faut** (+ infinitif) hay que (+ infinitivo); **s'il le faut** si no queda más remedio. **-2.** [exprime une supposition] : **il faut que** (+ subjonctif) deber de (+ infinitivo); **il n'est pas venu? il faut qu'il soit malade!** ¿no ha venido? ¡debe de estar enfermo! ◆ **s'en falloir** v impers : **il s'en faut de peu pour qu'il puisse acheter cette maison** no puede comprarse la casa por poco; **il s'en faut de 20 cm pour que cette armoire tienne dans le coin** el armario no cabe en este rincón por 20 centímetros; **il s'en faut de beaucoup pour qu'il puisse passer son examen** le falta mucho para poder aprobar este examen; **peu s'en est fallu qu'il démissionne** ha estado a punto de dimitir.

fallu [faly] pp inv → falloir.

fallut [faly] → falloir.

falot, e [falo, ɔt] adj insulso(sa). ◆ **falot** nm farol m.

falsifier [falsifje] vt **-1.** [document, comptes] falsificar. **-2.** [fait, pensée] falsear.

famé, e [fame] adj : **mal ~ de** mala fama.

famélique [famelik] adj [maigre] famélico(ca).

fameux, euse [famø, øz] adj **-1.** [personne] famoso(sa). **-2.** fam [bon] estupendo(da) Esp, padre Amér. **-3.** fam [remarquable] bestial.

familial, e, aux [familjal, o] adj familiar.

familiariser [familjarize] vt : **~ qqn avec qqch** familiarizar a alguien con algo.

familiarité [familjarite] nf **-1.** [intimité] intimidad f. **-2.** [désinvolture] familiaridad f. ◆ **familiarités** nfpl familiaridades fpl.

familier, ère [familje, ɛr] adj familiar. ◆ **familier** nm parroquiano m.

famille [famij] nf familia f.

famine [famin] nf hambruna f.

fan [fan] nmf fam fan mf.

fanal, aux [fanal, o] nm **-1.** [de phare] faro m. **-2.** [de train, lanterne] farol m.

fanatique [fanatik] adj & nmf fanático(ca).

fanatisme [fanatism] nm fanatismo m.

faner [fane] ◇ vi **-1.** [fleur] marchitarse. **-2.** [personne] ajarse. ◇ vt [décolorer] ajar. ◆ **se faner** vp **-1.** [gén] marchitarse. **-2.** [couleur] ajarse.

fanfare [fɑ̃far] nf fanfarria f.

fanfaron, onne [fɑ̃farɔ̃, ɔn] adj fanfarrón(ona).

fange [fɑ̃ʒ] nf sout fango m.

fanion [fanjɔ̃] nm banderín m.

fantaisie [fɑ̃tezi] nf **-1.** [gén] fantasía f. **-2.** [extravagance] extravagancia f. **-3.** [goût] antojo m.

fantaisiste [fɑ̃tezist] adj & nmf fantasioso(sa).

fantasme, phantasme [fɑ̃tasm] nm fantasía f (ilusión).

fantasque [fɑ̃task] adj **-1.** [personne] lunático(ca). **-2.** [humeur] caprichoso(sa).

fantassin [fɑ̃tasɛ̃] nm MIL infante m, soldado m de infantería.

fantastique [fɑ̃tastik] ◇ adj [surnaturel] fantástico(ca). ◇ nm : **le ~** [ce qui est irréel] lo fantástico; [genre artistique] el fantástico.

fantoche [fɑ̃tɔʃ] ◇ adj POLIT títere. ◇ nm fantoche mf.

fantôme [fɑ̃tom] adj & nm fantasma.

FAO (abr de Food and Agricultural Organisation) nf FAO f.

faon [fɑ̃] nm [de cerf] cervatillo m; [de daim] gamezno m; [de chevreuil] corcino m.

farce [fars] nf **-1.** CULIN relleno m. **-2.** [blague] broma f; **~s et attrapes** artículos mpl de broma. **-3.** [genre littéraire] farsa f.

farceur, euse [farsœr, øz] nm, f bromista mf.

farci, e [farsi] adj **-1.** CULIN relleno(na). **-2.** fig [plein] atiborrado(da).

farcir [farsir] vt **-1.** CULIN rellenar. **-2.** [remplir] : **~ qqch de** atiborrar algo de.

fard [far] nm maquillaje m; **~ à paupières** sombra f de ojos.

fardeau, x [fardo] nm carga f.

farder [farde] vt **-1.** [visage] maquillar. **-2.** [vérité] disfrazar. ◆ **se farder** vp maquillarse.

farfelu, e [farfəly] adj estrafalario(ria).

farfouiller [farfuje] vi fam revolver.

farine [farin] nf harina f.

farouche [faruʃ] adj [animal] salvaje; [personne] arisco(ca).

fart [fart] nm cera f (para los esquíes).

farter [farte] vt encerar (los esquíes).

fascicule [fasikyl] nm fascículo m.

fascination [fasinasjɔ̃] nf fascinación f.

fasciner [fasine] vt fascinar.

fascisme [faʃism] nm fascismo m.

fasciste [faʃist] adj & nmf fascista.

fasse, fasses etc → faire.

fassent [fas] → **faire**.

fassiez [fasje], **fassions** [fasjɔ̃] → **faire**.

faste [fast] ◇ *nm* fasto *m*, fastuosidad *f*. ◇ *adj* [jour] de suerte.

fastidieux, euse [fastidjø, øz] *adj* fastidioso(sa).

fastueux, euse [fastɥø, øz] *adj* fastuoso(sa).

fatal, e [fatal] *adj* **-1.** [coup, erreur] fatal. **-2.** [inévitable] inevitable.

fataliste [fatalist] *adj & nmf* fatalista.

fatalité [fatalite] *nf* fatalidad *f*.

fatigant, e [fatigɑ̃, ɑ̃t] *adj* [activité] cansado(da); [personne] cansino(na).

fatigue [fatig] *nf* cansancio *m*, fatiga *f*.

fatigué, e [fatige] *adj* **-1.** [personne] cansado(da) *Esp*, fané *Amér*; être ~ de qqch [las de] estar cansado de algo. **-2.** [vue] cansado(da). **-3.** [vêtement] gastado(da).

fatiguer [fatige] ◇ *vt* cansar. ◇ *vi* [moteur] resentirse. ◆ **se fatiguer** *vp* cansarse; se ~ de qqch cansarse de algo; se ~ à faire qqch cansarse haciendo algo.

fatras [fatrɑ] *nm* fárrago *m*.

fatuité [fatɥite] *nf* fatuidad *f*.

faubourg [fobur] *nm* barrio *m* periférico.

fauché, e [foʃe] *adj fam* pelado(da).

faucher [foʃe] *vt* **-1.** [couper] segar. **-2.** *fam* [voler] : ~ **qqch à qqn** birlar algo a alguien. **-3.** [renverser] arrollar. **-4.** [atteindre par balle] abatir.

faucille [fosij] *nf* hoz *f*.

faucon [fokɔ̃] *nm* ZOOL halcón *m*.

faudra [fodra] → **falloir**.

faufiler [fofile] *vt* COUT hilvanar. ◆ **se faufiler** *vp* **-1.** [entrer discrètement, passer à travers] colarse. **-2.** [se frayer un chemin] : se ~ **entre** deslizarse entre.

faune [fon] ◇ *nf litt & péj* fauna *f*. ◇ *nm* fauno *m*.

faussaire [foser] *nm* falsificador *m*, -ra *f*.

fausse → **faux**.

faussement [fosmɑ̃] *adv* **-1.** [à tort, de façon erronée] erróneamente. **-2.** [affecté] falsamente.

fausser [fose] *vt* **-1.** [objet] torcer. **-2.** [résultat, calcul] falsear. ◆ **se fausser** *vp* [voix, instrument] destemplarse.

fausseté [foste] *nf* falsedad *f*.

faut [fo] → **falloir**.

faute [fot] *nf* **-1.** [erreur] falta *f*, error *m*; ~ **de calcul/de frappe** error de cálculo/de máquina; ~ **d'orthographe** falta de ortografía. **-2.** [méfait, infraction] falta *f*;

prendre en ~ coger en falta; ~ **professionnelle** falta profesional. **-3.** [responsabilité] culpa *f*; **c'est de sa** ~ es culpa suya; **par la** ~ **de qqn** por culpa de alguien. ◆ **faute de** *loc prép* por falta de. ◆ **faute de mieux** *loc adv* a falta de algo mejor. ◆ **sans faute** *loc adv* sin falta.

fauteuil [fotœj] *nm* **-1.** [siège] sillón *m*, butaca *f*; ~ **roulant** silla *f* de ruedas. **-2.** [de théâtre] butaca *f*; ~ **d'orchestre** butaca de patio OU de platea. **-3.** [d'académicien] silla *f*; ~ **de président** presidencia *f*.

fautif, ive [fotif, iv] ◇ *adj* **-1.** [coupable] culpable. **-2.** [erroné] erróneo(a), equivocado(da). **-3.** [défectueux] defectuoso(sa). ◇ *nm, f* culpable *mf*.

fauve [fov] ◇ *nm* **-1.** [animal] fiera *f*. **-2.** [couleur] leonado *m*. **-3.** ART [peintre] fauvista *mf*. ◇ *adj* **-1.** [cheveux] leonado(da). **-2.** ART fauvista.

fauvette [fovɛt] *nf* curruca *f*.

faux, fausse [fo, fos] *adj* **-1.** [gén] falso(sa). **-2.** [barbe, dent] postizo(za). ◆ **faux** ◇ *adv* : **chanter** ~ desafinar. ◇ *nm* **-1.** [ce qui est faux] falso *m*. **-2.** [contrefaçon, imitation] falsificación *f*. ◇ *nf* [outil] guadaña *f*.

faux-filet *nm* solomillo bajo *m*.

faux-fuyant *nm* evasiva *f*.

faux-monnayeur [fomɔnɛjœr] *nm* falsificador *m* (de dinero).

faux-sens *nm inv* error *m* de interpretación (en un texto).

faveur [favœr] *nf* favor *m*; **avoir la** ~ **du public** gozar del favor del público. ◆ **en faveur de** *loc prép* a favor de. ◆ **à la faveur de** *loc prép* [grâce à] aprovechando.

favorable [favɔrabl] *adj* **-1.** [gén] favorable. **-2.** [personne] : **être** ~ (**à**) estar a favor (de).

favori, ite [favɔri, it] *adj & nm, f* favorito(ta). ◆ **favoris** *nm* HIST valido *m*, privado *m*.

favoriser [favɔrize] *vt* favorecer.

faxer [fakse] *vt* enviar por fax.

FBI [ɛfbiaj] (*abr de* **Federal Bureau of Investigation**) *nm* FBI *m*.

fébrile [febril] *adj* febril.

fécond, e [fekɔ̃, ɔ̃d] *adj* fecundo(da).

fécondation [fekɔ̃dasjɔ̃] *nf* BIOL fecundación *f*; ~ **in vitro** fecundación in vitro.

féconder [fekɔ̃de] *vt* fecundar.

fécondité [fekɔ̃dite] *nf* fecundidad *f*.

fécule [fekyl] *nf* fécula *f*.

féculent, e [fekylã, ãt] *adj* feculento(ta).
◆ **féculent** *nm* alimento *m* feculento.

fédéral, e, aux [federal, o] *adj* federal.

fédération [federasjɔ̃] *nf* federación *f*.

fée [fe] *nf* hada *f*.

féerie [fe(e)ri] *nf* **-1.** THÉÂTRE comedia *f* fantástica. **-2.** [d'un lieu] magia *f*.

féerique [fe(e)rik] *adj* mágico(ca).

feignant, e, faignant, e [fɛɲã, ãt] *nm, f fam* gandul *m*, -la *f*.

feindre [fɛ̃dr] ◇ *vt* fingir. ◇ *vi* fingir; ~ **de faire qqch** fingir hacer algo.

feint, e [fɛ̃, fɛ̃t] *pp* → **feindre**.

feinte [fɛ̃t] *nf* finta *f*.

fêlé, e [fele] ◇ *adj* **-1.** [assiette] resquebrajado(da). **-2.** *fam* [personne] chiflado(da). ◇ *nm, f fam* chiflado *m*, -da *f*.

fêler [fele] *vt* resquebrajar.

félicitations [felisitasjɔ̃] *nfpl* felicitaciones *fpl*.

féliciter [felisite] *vt* felicitar. ◆ **se féliciter** *vp* : **se ~ de qqch** alegrarse de algo.

félin, e [felɛ̃, in] *adj* felino(na). ◆ **félin** *nm* ZOOL felino *m*.

félon, onne [felɔ̃, ɔn] *adj & nm, f sout* felón(ona).

fêlure [felyr] *nf* raja *f*.

femelle [fəmɛl] ◇ *adj* **-1.** [animal & TECHNOL] hembra *(en aposición).* **-2.** BOT femenina. ◇ *nf* ZOOL hembra *f*.

féminin, e [feminɛ̃, in] *adj* femenino(na). ◆ **féminin** *nm* GRAM femenino *m*.

féminisme [feminism] *nm* feminismo *m*.

féministe [feminist] *adj & nmf* feminista.

féminité [feminite] *nf* feminidad *f*.

femme [fam] *nf* mujer *f*; ~ **d'affaires** mujer de negocios; ~ **de chambre** doncella *f*; ~ **de ménage** asistenta *f*.

fémur [femyr] *nm* fémur *m*.

FEN *(abr de Fédération de l'Éducation nationale) nf organización sindical francesa de los profesores y maestros de la enseñanza pública.*

fenaison [fənɛzɔ̃] *nf* siega *f* del heno.

fendre [fãdr] *vt* **-1.** [bois] partir. **-2.** [terre] agrietar. **-3.** *fig* [traverser - foule] abrirse paso entre; [- flots, air] surcar. ◆ **se fendre** *vp* [se fêler] agrietarse.

fendu, e [fãdy] *pp* → **fendre**.

fenêtre [fənɛtr] *nf* [gén & INFORM] ventana *f*; ~ **borgne** claraboya *f*.

fenouil [fənuj] *nm* hinojo *m*.

fente [fãt] *nf* **-1.** [fissure] grieta *f*. **-2.** [interstice] ranura *f*. **-3.** [de vêtement] abertura *f*.

féodal, e, aux [feɔdal, o] *adj* feudal. ◆ **féodal, aux** *nm* señor *m* feudal.

féodalité [feɔdalite] *nf* feudalismo *m*.

fer [fɛr] *nm* [métal] hierro *m*; ~ **à cheval** herradura *f*; ~ **forgé** hierro forjado; ~ **à repasser** plancha *f (para la ropa)*; ~ **à souder** soldador *m*.

ferai, feras *etc* → **faire**.

fer-blanc *nm* hojalata *f*.

ferblanterie [fɛrblãtri] *nf* **-1.** [commerce] hojalatería *f*. **-2.** [ustensiles] objetos *mpl* de hojalata.

férié, e [ferje] *adj* [jour] festivo(va).

ferme[1] [fɛrm] ◇ *adj* **-1.** [gén] firme. **-2.** [consistant] duro(ra). **-3.** [stable] seguro(ra). **-4.** [achat, vente] en firme. ◇ *adv* **-1.** [beaucoup] mucho. **-2.** [définitivement] en firme.

ferme[2] [fɛrm] *nf* granja *f Esp*, chacra *f Amér*.

ferment [fɛrmã] *nm* **-1.** [levure] fermento *m*. **-2.** [germe] germen *m*.

fermentation [fɛrmãtasjɔ̃] *nf* **-1.** CHIM fermentación *f*. **-2.** *fig* [agitation] efervescencia *f*.

fermer [fɛrme] ◇ *vt* **-1.** [gén] cerrar; [rideau] correr; ~ **qqch à qqn** *fig* cerrar las puertas de algo a alguien. **-2.** [vêtement] abrocharse. **-3.** [télévision, radio] apagar. ◇ *vi* **-1.** [gén] cerrar. **-2.** [vêtement] abrocharse. ◆ **se fermer** *vp* **-1.** [gén] cerrarse. **-2.** [vêtement] abrocharse.

fermeté [fɛrməte] *nf* **-1.** [solidité] consistencia *f*, dureza *f*. **-2.** [force, autorité] firmeza *f*.

fermeture [fɛrmətyr] *nf* cierre *m*; '~ **annuelle**' 'cerrado por vacaciones'; ~ **Éclair®** cremallera *f*; ~ **hebdomadaire** cierre semanal.

fermier, ère [fɛrmje, ɛr] ◇ *nm, f* granjero *m*, -ra *f Esp*, chacarero *m*, -ra *f Amér*. ◇ *adj* de granja.

fermoir [fɛrmwar] *nm* cierre *m*.

féroce [ferɔs] *adj* **-1.** [animal] feroz, fiero(ra). **-2.** [personne, appétit, désir] feroz.

ferraille [feraj] *nf* **-1.** [vieux morceaux de fer] chatarra *f Esp*, grisalla *f Amér*; **bon à mettre à la ~** servir sólo para chatarra. **-2.** *fam* [petite monnaie] calderilla *f Esp*, sencillo *m Amér*.

ferronnerie [fɛrɔnri] *nf* **-1.** [objet] objeto *m* de hierro forjado. **-2.** [métier] fabricación *f* de objetos de hierro forjado. **-3.** [atelier] fábrica *f* de objetos de hierro forjado.

ferroviaire [fɛrɔvjɛr] *adj* ferroviario(ria).

ferry-boat [feribot] (*pl* **ferry-boats**) *nm* transbordador *m*, ferry *m*.

fertile [fɛrtil] *adj* **-1.** [gén] fértil. **-2.** *fig* [esprit, imagination] fecundo(da), fértil; ~ **en qqch** rico en algo.

fertiliser [fɛrtilize] *vt* fertilizar.

fertilité [fɛrtilite] *nf* fertilidad *f*.

féru, e [fery] *adj sout* : **être ~ de qqch** ser un apasionado de algo.

fervent, e [fɛrvɑ̃, ɑ̃t] ◇ *adj* ferviente. ◇ *nm, f* entusiasta *mf*.

ferveur [fɛrvœr] *nf* fervor *m*.

fesse [fɛs] *nf* nalga *f*.

fessée [fese] *nf* zurra *f*.

festin [fɛstɛ̃] *nm* festín *m*.

festival [fɛstival] *nm* festival *m*.

festivités [fɛstivite] *nfpl* fiestas *fpl*.

feston [fɛstɔ̃] *nm* festón *m*.

festoyer [fɛstwaje] *vi* ir de parranda.

fêtard, e [fɛtar, ard] *nm, f* juerguista *mf*.

fête [fɛt] *nf* **-1.** [gén] fiesta *f*; ~ **nationale** fiesta nacional; **les ~s (de fin d'année)** las vacaciones de Navidad. **-2.** [kermesse] verbena *f*, fiesta popular; ~ **foraine** feria *f*. **-3.** [jour du saint] santo *m*. **-4.** *loc* : **faire ~ à qqn** hacerle fiestas a alguien; **faire la ~** ir de juerga.

fêter [fete] *vt* **-1.** [événement] celebrar. **-2.** [personne] festejar.

fétiche [fetiʃ] *nm* **-1.** [objet de culte] fetiche *m*. **-2.** [mascotte] mascota *f*.

fétichisme [fetiʃism] *nm* fetichismo *m*.

fétide [fetid] *adj* fétido(da).

fétu [fety] *nm* : ~ **(de paille)** brizna *f* de paja.

feu¹, e [fø] *adj* : ~ **M. X** el difunto señor X.

feu², x [fø] *nm* **-1.** [flammes, décharges] fuego *m* Esp, candela *f* Amér; **à ~ doux/vif** a fuego lento/vivo; **à petit ~** a fuego lento; **au ~!** ¡fuego!; **avez-vous du ~?** ¿tiene fuego?; **être en ~** estar ardiendo; **faire ~** abrir fuego; **mettre le ~ à qqch** prender fuego a algo; **prendre ~** prenderse; ~ **de camp** fuego de campamento; ~ **de cheminée** lumbre *f*. **-2.** [signal lumineux] semáforo *m*; ~ **rouge/vert** luz *f* roja/verde; **~x de position/de croise-**

ment luces *fpl* de posición/de cruce; **~x de route/de stationnement** luces *fpl* de carretera/de emergencia. **-3.** CIN & THÉÂTRE candilejas *fpl*. **-4.** *loc* : **le ~ couve sous la cendre** aún quedan rescoldos; **ne pas faire long ~** no durar mucho.

feuillage [fœjaʒ] *nm* follaje *m*.

feuille [fœj] *nf* hoja *f*; ~ **de soins** impreso para solicitar a la Seguridad Social el reembolso de gastos médicos; ~ **morte** hoja seca; ~ **de papier/de vigne** hoja de papel/de parra.

feuillet [fœjɛ] *nm* hoja *f*.

feuilleté, e [fœjte] *adj* **-1.** CULIN [pâte] de hojaldre. **-2.** GÉOL [roche] estratificado(da).

feuilleter [fœjte] *vt* hojear.

feuilleton [fœjtɔ̃] *nm* **-1.** RADIO serial *m*. **-2.** [dans un journal] folletín *m*.

feutre [føtr] *nm* **-1.** [crayon] rotulador *m*. **-2.** [étoffe] fieltro *m*. **-3.** [chapeau] sombrero *m* de fieltro.

feutré, e [føtre] *adj* **-1.** [garni de feutre] cubierto(ta) con fieltro. **-2.** [qui a l'aspect du feutre] apelmazado(da). **-3.** [bruit, pas] quedo(da), sordo(da).

feutrine [føtrin] *nf* muletón *m*.

fève [fɛv] *nf* haba *f*.

février [fevrije] *nm* febrero *m*; *voir aussi* **septembre**.

fg *abr de* **faubourg**.

fi [fi] *interj sout* : **faire ~ de** desdeñar.

fiable [fjabl] *adj* fiable.

fiacre [fjakr] *nm* simón *m*, coche *m* de punto.

fiançailles [fijɑ̃saj] *nfpl* esponsales *mpl*.

fiancé, e [fijɑ̃se] *nm, f* novio *m*, -via *f*.

fiancer [fijɑ̃se] *vt* conceder la mano de. ◆ **se fiancer** *vp* prometerse.

fibre [fibr] *nf* fibra *f*; ~ **de verre** fibra de vidrio.

ficeler [fisle] *vt* atar.

ficelle [fisɛl] *nf* **-1.** [fil] cordel *m*. **-2.** [pain] barra de pan muy delgada de 125 gramos. **-3.** (*gén pl*) [truc] truco *m*.

fiche [fiʃ] *nf* **-1.** [carte] ficha *f*. **-2.** ÉLECTR enchufe *m*. ◆ **fiche de paie** *nf* nómina *f* (documento).

ficher [fiʃe] *vt* (*pp sens 1 et 2* **fiché**, *pp sens 3, 4, et 5* **fichu**) **-1.** [enfoncer] clavar. **-2.** [inscrire] fichar. **-3.** *fam* [faire] hacer; **ne rien ~** no dar golpe. **-4.** *fam* [mettre] meter. **-5.** *fam* [donner] dar. ◆ **se ficher** *vp* (*pp sens 1* **fiché**, *pp sens 2* **fichu**) **-1.** [s'enfoncer] clavarse. **-2.** [se moquer de] **se ~ de qqn** burlarse de alguien; [ne pas tenir compte de] importarle un pepino a alguien.

fichier [fiʃje] *nm* fichero *m*.

fichu, e [fiʃy] *adj fam* **-1.** [cassé, détruit] escacharrado(da). **-2.** *(avant le nom)* [désagréable] puñetero(ra). **-3.** *loc* : **être mal** ~ estar pachucho; **ne pas être** ~ **de faire qqch** no ser capaz de hacer algo. ◆ **fichu** *nm* pañoleta *f*.

fictif, ive [fiktif, iv] *adj* ficticio(cia).

fiction [fiksjɔ̃] *nf* **-1.** LITTÉRATURE ficción *f*. **-2.** [monde imaginaire] mundo *m* de ficción.

fidèle [fidɛl] ◇ *adj* **-1.** [gén] fiel; ~ **à qqch/ à qqn** fiel a algo/a alguien. **-2.** [client] asiduo(dua). ◇ *nmf* **-1.** RELIG fiel *mf*. **-2.** [adepte] incondicional *mf*.

fidéliser [fidelize] *vt* [clientèle, public] saber conservar.

fidélité [fidelite] *nf* fidelidad *f*.

fief [fjɛf] *nm* feudo *m*.

fiel [fjɛl] *nm* hiel *f*.

fier[1], **fière** [fjɛr] *adj* **-1.** [orgueilleux] orgulloso(sa); ~ **de qqch/de qqn/de faire qqch** orgulloso de algo/de alguien/de hacer algo. **-2.** [allure, âme] noble.

fier[2] [fje] ◆ **se fier** *vp* : **se** ~ **à qqn/à qqch** fiarse de alguien/de algo.

fierté [fjɛrte] *nf* **-1.** [dignité] dignidad *f*. **-2.** [arrogance] arrogancia *f*. **-3.** [satisfaction] orgullo *m*.

fièvre [fjɛvr] *nf* **-1.** [température, maladie] fiebre *f*; **avoir 40 de** ~ tener 40 de fiebre, estar a 40 de fiebre. **-2.** *fig* [excitation] excitación *f*.

fiévreux, euse [fjevrø, øz] *adj* febril.

fig. *abr de* figure.

figer [fiʒe] *vt* paralizar. ◆ **se figer** *vp* **-1.** [s'immobiliser] helarse. **-2.** [se solidifier] cuajarse.

fignoler [fiɲɔle] *vt* perfilar.

figue [fig] *nf* higo *m*; ~ **de Barbarie** higo chumbo.

figuier [figje] *nm* higuera *f*.

figurant, e [figyrã, ãt] *nm, f* CIN extra *mf*; THÉÂTRE figurante *mf*, comparsa *mf*.

figuratif, ive [figyratif, iv] *adj* figurativo(va).

figuration [figyrasjɔ̃] *nf* **-1.** ART figuración *f*. **-2.** CIN extras *mpl*. **-3.** THÉÂTRE figurantes *mpl*, comparsa *f*.

figure [figyr] *nf* **-1.** [gén] figura *f*. **-2.** [visage] cara *f*; **faire** ~ **de** [avoir l'air de] pasar por.

figuré, e [figyre] *adj* **-1.** [art, plan] figurativo(va). **-2.** [sens] figurado(da). ◆ **figuré** *nm* : **au** ~ en sentido figurado.

figurer [figyre] ◇ *vt* representar. ◇ *vi* : ~ **dans** figurar en; ~ **parmi** figurar entre.

figurine [figyrin] *nf* figurilla *f*.

fil [fil] *nm* **-1.** [brin, enchaînement] hilo *m*; ~ **de fer** alambre *m*; ~ **de fer barbelé** alambre *m* de espino; ~ **à plomb** plomada *f*; **perdre le** ~ (**de qqch**) perder el hilo de algo. **-2.** [cours] curso *m*; **au** ~ **de** a lo largo de.

filament [filamã] *nm* **-1.** [gén] filamento *m*. **-2.** [de bave, de colle] rebaba *f*.

filandreux, euse [filãdrø, øz] *adj* [viande] fibroso(sa).

filasse [filas] ◇ *adj inv* de estopa. ◇ *nf* estopa *f*.

filature [filatyr] *nf* **-1.** [usine] fábrica *f* de hilados, hilatura *f*. **-2.** [fabrication] hilado *m*. **-3.** [poursuite] vigilancia *f (de la policía)*.

file [fil] *nf* fila *f*, hilera *f*; **à la** ~ en fila; ~ **d'attente** cola *f*.

filer [file] ◇ *vt* **-1.** [matière textile] hilar; [métal] tirar; [toile d'araignée] tejer. **-2.** [personne] seguir la pista de. **-3.** *fam* [donner] : ~ **qqch à qqn** pasar algo a alguien. ◇ *vi* **-1.** [bas] hacerse una carrera. **-2.** [aller vite – voiture] correr mucho; [– oiseau] volar. **-3.** [temps] pasar volando. **-4.** *fam* [partir] salir pitando. **-5.** [sirop, miel] fluir. **-6.** *loc* : ~ **doux** decir amén.

filet [file] *nm* **-1.** [tissu à larges mailles] red *f*; ~ **à cheveux** redecilla *f*; ~ **de pêche** red de pesca; ~ **à provisions** bolsa *f* de malla. **-2.** *fig* [piège] trampa *f*. **-3.** CULIN & TYPOGRAPHIE filete *m*. **-4.** [petite quantité – de liquide] chorrito *m*; [– de lumière] rayito *m*. **-5.** [nervure – de feuille] nervio *m*; [– de langue] frenillo *m*. **-6.** [de vis] filete *m*, rosca *f*.

filial, e, aux [filjal, o] *adj* filial. ◆ **filiale** *nf* ÉCON filial *f*.

filiation [filjasjɔ̃] *nf* **-1.** [lien de parenté] filiación *f*. **-2.** *fig* [enchaînement] ilación *f*.

filière [filjɛr] *nf* **-1.** [procédure] trámites *mpl*; **passer par la** ~ seguir el escalafón. **-2.** [de trafiquants etc] red *f*. **-3.** SCOL carrera *f*.

filiforme [filifɔrm] *adj* como un palillo.

filigrane [filigran] *nm* filigrana *f*; **en** ~ *fig* con un fondo de; **lire en** ~ *fig* leer entre líneas.

filin [filɛ̃] *nm* cabo *m*.

fille [fij] *nf* **-1.** [enfant] hija *f*; ~ **adoptive** hija adoptiva. **-2.** [femme] chica *f*; ~ **mère** madre *f* soltera; **jeune** ~ chica (joven), muchacha *f*; **petite** ~ niña *f*; **vieille** ~ solterona *f*.

fillette [fijɛt] *nf* chiquilla *f Esp*, chamaca *f Amér*.

filleul, e [fijœl] *nm, f* ahijado *m*, -da *f*.

film [film] *nm* **-1.** [gén] película *f*; ~ **culte** película *f* de culto. **-2.** *fig* [déroulement] transcurso *m*; ~ **catastrophe** película de catástrofes.

filmer [filme] *vt* filmar.

filmographie [filmɔgrafi] *nf* filmografía *f*.

filon [filɔ̃] *nm* **-1.** [de cuivre, d'argent] filón *m*. **-2.** *fam* [situation lucrative] chollo *m*.

fils [fis] *nm* hijo *m*; ~ **cadet** hijo menor; ~ **de famille** niño *m* bien.

filtrant, e [filtrɑ̃, ɑ̃t] *adj* filtrante.

filtre [filtr] *nm* filtro *m*; ~ **à air/à café** filtro de aire/de café.

filtrer [filtre] ◇ *vt* filtrar. ◇ *vi* **-1.** [gén] filtrarse. **-2.** [vérité] triunfar.

fin, fine [fɛ̃, fin] *adj* **-1.** [gén] fino(na). **-2.** [vin, épicerie] selecto(ta). **-3.** [esprit, personne] agudo(da). **-4.** *(avant le nom)* [connaisseur] gran; [gourmet] fino(na). ◆ **fin** ◇ *adv* finamente; **être** ~ **prêt** estar listo. ◇ *nf* **-1.** [terme] fin *m*, final *m*; **mettre** ~ **à qqch** poner fin a algo; **prendre** ~ acabar; **tirer** OU **toucher à sa** ~ tocar a su fin; **au** ~ **fond de** en lo más recóndito de. **-2.** [but] fin *m*; **arriver** OU **parvenir à ses** ~ **s** cumplir sus propósitos. ◆ **fin de série** *nf* restos *mpl* de serie. ◆ **à la fin** *loc adv* al fin, por fin. ◆ **à la fin de** *loc prép* [gén] al final de; [mois, année] a finales de. ◆ **en fin de** *loc prép* al final de. ◆ **sans fin** *loc adj* sin fin.

final, e [final] *(pl* **finals** OU **finaux)** *adj* final. ◆ **final** *nm* [d'opéra] final *m*. ◆ **finale** *nf* **-1.** [dernière épreuve] final *f*. **-2.** [de mot] sílaba *f* final.

finalement [finalmɑ̃] *adv* finalmente.

finaliste [finalist] ◇ *adj* PHILOSOPHIE finalista. ◇ *nmf* SPORT finalista *mf*.

finalité [finalite] *nf* finalidad *f*.

finance [finɑ̃s] *nf* finanzas *fpl*. ◆ **finances** *nfpl* **-1.** [ressources pécuniaires] fondos *mpl*. **-2.** *fam* [situation financière] finanzas *fpl*.

financer [finɑ̃se] *vt* financiar.

financier, ère [finɑ̃sje, ɛr] *adj* financiero(ra). ◆ **financier** *nm* financiero *m Esp*, financista *m Amér*.

finaud, e [fino, od] *adj* ladino(na).

finesse [finɛs] *nf* **-1.** [délicatesse, minceur, légèreté] finura *f*. **-2.** [perspicacité] agudeza *f*. **-3.** [subtilité] sutileza *f*, sutilidad *f*.

fini, e [fini] *adj* **-1.** *péj* [menteur] rematado(da). **-2.** *fam* [acteur, politicien] de pies a cabeza. **-3.** MATHS finito(ta). ◆ **fini** *nm* **-1.** [d'œuvre] acabado *m*. **-2.** [ce qui est limité] finito *m*.

finir [finir] ◇ *vt* **-1.** [gén] acabar. **-2.** [assiette, verre] acabarse. ◇ *vi* **-1.** [gén] acabarse, acabar; **mal** ~ acabar mal; **en** ~ **(avec qqch)** acabar de una vez (con algo). **-2.** [arrêter] : ~ **de faire qqch** dejar de hacer algo. **-3.** [parvenir] : ~ **par faire qqch** acabar OU terminar por hacer algo.

finition [finisjɔ̃] *nf* **-1.** [action] último toque *m*. **-2.** [résultat] acabado *m*.

Finlande [fɛ̃lɑ̃d] *nf* : **la** ~ Finlandia.

fiole [fjɔl] *nf* frasco *m*.

fioriture [fjɔrityr] *nf* floritura *f*.

fioul [fjul] *nm inv* fuel *m*.

firent [fir] → **faire**.

firmament [firmamɑ̃] *nm sout* firmamento *m*.

firme [firm] *nf* firma *f (empresa)*.

fis, fit *etc* → **faire**.

fisc [fisk] *nm* fisco *m*.

fiscal, e, aux [fiskal, o] *adj* fiscal.

fiscalité [fiskalite] *nf* fiscalidad *f*.

fissure [fisyr] *nf* fisura *f*.

fissurer [fisyre] *vt* **-1.** [fendre] agrietar. **-2.** *fig* [groupe] dividir. ◆ **se fissurer** *vp* agrietarse.

fiston [fistɔ̃] *nm fam* crío *m*.

fît *etc* → **faire**.

fixation [fiksasjɔ̃] *nf* fijación *f*.

fixe [fiks] *adj* fijo(ja). ◆ **fixe** *nm* sueldo *m* fijo.

fixement [fiksəmɑ̃] *adv* fijamente.

fixer [fikse] *vt* **-1.** [volet] clavar; [tableau] colgar. **-2.** [date] fijar; ~ **son choix sur qqch** decidirse por algo. **-3.** [regarder] : ~ **qqn/qqch** mirar fijamente a alguien/algo. **-4.** [prix, règle, couleur] fijar. **-5.** [renseigner] : ~ **qqn sur qqch** informar a alguien de algo; **être fixé sur** tener las ideas claras sobre algo. **-6.** [écrire] : ~ **qqch sur papier** poner algo por escrito. ◆ **se fixer** *vp* **-1.** [s'arrêter] : **se** ~ **sur qqn/sur qqch** [choix] decidirse por alguien/por algo; [regard] detenerse en alguien/en algo. **-2.** [s'installer] establecerse.

fjord [fjɔrd] *nm* fiordo *m*.

flacon [flakɔ̃] *nm* frasco *m*.

flageller [flaʒele] *vt* **-1.** [fouetter] azotar. **-2.** *fig* [fustiger] castigar.

flageoler [flaʒɔle] *vi* flaquear.

flageolet [flaʒɔle] *nm* **-1.** [haricot] judía *f* blanca. **-2.** MUS flautín *m*.

flagrant, e [flagrã, ãt] *adj* flagrante; → dé-lit.

flair [flɛr] *nm* olfato *m*.

flairer [flɛre] *vt* **-1.** [odeur] oler. **-2.** *fig* [mensonge] olerse.

flamant [flamã] *nm* ZOOL flamenco *m*; ~ **rose** flamenco rosa.

flambant, e [flãbã, ãt] *adj* : ~ **neuf** flamante.

flambé, e [flãbe] *adj* CULIN flameado(da).

flambeau, x [flãbo] *nm* antorcha *f*.

flamber [flãbe] ◇ *vi* **-1.** [brûler] arder. **-2.** *fam* [dépenser] pulirse. ◇ *vt* **-1.** [crêpe] flamear. **-2.** [volaille] soflamar.

flamboyant, e [flãbwajã, ãt] *adj* **-1.** [brillant, étincelant] brillante *Esp*, brilloso(sa) *Amér*. **-2.** ARCHIT flamígero(ra).

flamboyer [flãbwaje] *vi* **-1.** [incendie] arder. **-2.** *fig* [regard] brillar.

flamingant, e [flamɛ̃gã, ãt] ◇ *adj* **-1.** [de langue] de habla flamenca. **-2.** [nationaliste] nacionalista flamenco(nacionalista flamenca). ◇ *nm, f* **-1.** [de langue] *persona de habla flamenca*. **-2.** [nationaliste] nacionalista flamenco *m*, nacionalista flamenca *f*.

flamme [flam] *nf* **-1.** [de bougie] llama *f*. **-2.** *fig* [ardeur] ardor *m*. **-3.** *iron & vieilli* [amour] pasión *f*. ◆ **flammes** *nfpl* llamas *fpl*.

flan [flã] *nm* CULIN flan *m*.

flanc [flã] *nm* **-1.** [de personne, d'animal] costado *m*. **-2.** [de navire] flanco *m*. **-3.** [de montagne] ladera *f*, falda *f*.

flancher [flãʃe] *vi fam* flaquear.

flanelle [flanɛl] *nf* franela *f*.

flâner [flane] *vi* **-1.** [se promener] callejear. **-2.** [perdre son temps] perder el tiempo.

flâneur, euse [flanœr, øz] *nm, f* paseante *mf*.

flanquer [flãke] *vt* **-1.** *fam* [lancer, jeter] tirar *Esp*, botar *Amér*; ~ **qqn dehors** largar a alguien. **-2.** *fam* [donner – gifle, coup] soltar, arrear; [– frousse] meter. **-3.** [accompagner] flanquear; **être flanqué de qqn** ir flanqueado(da) por alguien; **être flanqué de qqch** estar flanqueado(da) por algo.

flapi, e [flapi] *adj fam* reventado(da).

flaque [flak] *nf* charco *m*.

flash [flaʃ] *nm* **-1.** PHOT flash *m*. **-2.** [publicité] cuña *f*; ~ **d'information** flash *m* informativo.

flash-back [flaʃbak] *nm inv* CIN flash-back *m*.

flasher [flaʃe] *vi* : ~ **sur qqch/sur qqn** flipar con algo/con alguien; **faire** ~ **qqn** alucinar a alguien.

flasque [flask] ◇ *adj* fláccido(da). ◇ *nf* petaca *f*.

flatter [flate] *vt* **-1.** [caresser] acariciar. **-2.** [complimenter, faire plaisir à] halagar. **-3.** *sout* [encourager] fomentar. ◆ **se flatter** *vp* vanagloriarse; **se** ~ **de faire qqch** vanagloriarse de hacer algo.

flatterie [flatri] *nf* halago *m*.

flatteur, euse [flatœr, øz] ◇ *adj* **-1.** [compliment, comparaison] halagüeño(ña). **-2.** [portrait] favorecedor(ra). ◇ *nm, f* adulador *m*, -ra *f*.

fléau, x [fleo] *nm* **-1.** [calamité, personne] plaga *f*. **-2.** [de balance] astil *m*. **-3.** AGRIC mayal *m*.

flèche [flɛʃ] *nf* **-1.** [arme, signe graphique] flecha *f*. **-2.** *fig* [critique] dardo *m*. **-3.** [d'église] aguja *f*.

fléchette [fleʃet] *nf* dardo *m*. ◆ **fléchettes** *nfpl* [jeu] dardos *mpl*.

fléchir [fleʃir] ◇ *vt* **-1.** [membre, articulation] doblar. **-2.** *fig* [personne] ablandar. ◇ *vi* **-1.** [branche, membre] doblarse. **-2.** *fig* [détermination] flaquear, aflojar. **-3.** [Bourse] bajar.

fléchissement [fleʃismã] *nm* **-1.** [de membre] flexión *f*. **-2.** [affaiblissement] aflojamiento *m*. **-3.** [baisse] baja *f*. **-4.** [en Bourse] baja *f*.

flegmatique [flɛgmatik] *adj & nmf* flemático(ca).

flegme [flɛgm] *nm* flema *f*.

flemmard, e [flɛmar, ard] *adj & nm, f fam* vago(ga) *Esp*, atorrante *Amér*.

flemme [flɛm] *nf fam* vagancia *f*, pereza *f*; **avoir la** ~ **de faire qqch** darle pereza a alguien hacer algo.

flétrir [fletrir] *vt* **-1.** [fleur] marchitar. **-2.** *fig* [critiquer] censurar. ◆ **se flétrir** *vp* **-1.** [fleur] marchitarse. **-2.** *fig* [visage] ajarse.

fleur [flœr] *nf* flor *f*; **à ~s** de flores; **en ~**, **en ~s** en flor.

fleuret [flœrɛ] *nm* florete *m*.

fleuri, e [flœri] *adj* **-1.** [jardin, pré, style] florido(da); [vase] con flores. **-2.** [tissu] floreado(da), de flores. **-3.** [table, appartement] adornado(da) con flores.

fleurir [flœrir] ◇ *vi* **-1.** [arbre] florecer. **-2.** *fig* [se multiplier] proliferar. ◇ *vt* adornar con flores.

fleuriste [flœrist] *nmf* florista *mf.*

fleuron [flœrɔ̃] *nm* florón *m.*

fleuve [flœv] *nm* río *m.*

flexible [flɛksibl] *adj* flexible.

flexion [flɛksjɔ̃] *nf* flexión *f.*

flibustier [flibystje] *nm* filibustero *m.*

flic [flik] *nm fam* madero *m*; **les** ~**s** la pasma, los maderos.

flinguer [flɛ̃ge] *vt fam* freír a tiros. ◆ **se flinguer** *vp fam* pegarse un tiro.

flirter [flœrte] *vi* flirtear; ~ **avec qqn** flirtear con alguien; ~ **avec qqch** *fig* coquetear con algo.

flocon [flɔkɔ̃] *nm* copo *m.*

flonflons [flɔ̃flɔ̃] *nmpl* tachín tachín *m.*

flop [flɔp] *nm* [échec] fracaso *m.*

floraison [flɔrɛzɔ̃] *nf* **-1.** [éclosion] floración *f.* **-2.** *fig* [prolifération] proliferación *f.*

floral, e, aux [flɔral, o] *adj* floral.

flore [flɔr] *nf* flora *f.*

Florence [flɔrãs] *n* Florencia.

florissant, e [flɔrisã, ãt] *adj* **-1.** [santé] espléndido(da). **-2.** [économie] floreciente.

flot [flo] *nm* **-1.** *(gén pl)* [vagues] oleaje *m*; **être à** ~ estar a flote. **-2.** *sout* [mer] mar *f.* **-3.** [afflux] raudal *m*; ~ **de gens** multitud *f* de gente.

flottage [flɔtaʒ] *nm* armadía *f.*

flottaison [flɔtɛzɔ̃] *nf* flotación *f.*

flottant, e [flɔtã, ãt] *adj* **-1.** [objet, capitaux, dette] flotante. **-2.** [cheveux] ondeante. **-3.** [robe] con vuelo. **-4.** [esprit] fluctuante.

flotte [flɔt] *nf* **-1.** AÉRON & NAVIG flota *f.* **-2.** *fam* [eau] agua *f.* **-3.** *fam* [pluie] lluvia *f.*

flottement [flɔtmã] *nm* **-1.** [de drapeau] ondeo *m.* **-2.** [relâchement] aflojamiento *m.* **-3.** [indécision] vacilación *f.* **-4.** ÉCON [de monnaie] fluctuación *f.*

flotter [flɔte] *vi* **-1.** [sur l'eau, dans un lieu] flotar; ~ **sur qqch** flotar en algo. **-2.** [drapeau] ondear. **-3.** [dans un vêtement] bailar. **-4.** *fam* [pleuvoir] llover.

flotteur [flɔtœr] *nm* **-1.** [de ligne de pêche] corcho *m.* **-2.** [d'hydravion] flotador *m.* **-3.** [de chasse d'eau] boya *f.*

flou, e [flu] *adj* **-1.** [photo] borroso(sa), desenfocado(da). **-2.** [pensée] confuso(sa), impreciso(sa). ◆ **flou** *nm* imprecisión *f.*

flouer [flue] *vt* timar.

fluctuer [flyktɥe] *vi* fluctuar.

fluet, ette [flyɛ, ɛt] *adj* **-1.** [personne] endeble. **-2.** [voix] débil.

fluide [flɥid] ◇ *adj* **-1.** [gén] fluido(da). **-2.** [matière] elástico(ca). ◇ *nm* fluido *m.*

fluidifier [flɥidifje] *vt* [trafic] dar fluidez.

fluidité [flɥidite] *nf* fluidez *f.*

fluor [flyɔr] *nm* flúor *m.*

fluorescent, e [flyɔresã, ãt] *adj* fluorescente.

flûte [flyt] ◇ *nf* **-1.** MUS flauta *f.* **-2.** [verre] copa *f* alta. **-3.** [pain] flauta *f.* ◇ *interj fam* ¡jolines!

flûtiste [flytist] *nmf* flautista *mf.*

fluvial, e, aux [flyvjal, o] *adj* fluvial.

flux [fly] *nm* flujo *m.*

fluxion [flyksjɔ̃] *nf* MÉD fluxión *f.*

FM *(abr de frequency modulation) nf* FM *f.*

FMI *(abr de Fonds monétaire international) nm* FMI *m.*

FN *(abr de Front national) nm partido francés a la extrema derecha del espectro político.*

FO *(abr de Force ouvrière) nf sindicato obrero francés.*

foc [fɔk] *nm* foque *m.*

focal, e, aux [fɔkal, o] *adj* focal.

fœtal, e, aux [fetal, o] *adj* fetal.

fœtus [fetys] *nm* feto *m.*

foi [fwa] *nf* fe *f*; **avoir** ~ **en qqn/en qqch** tener fe en alguien/en algo; **être de bonne/mauvaise** ~ ser de buena/mala fe.

foie [fwa] *nm* [gén] hígado *m.*

foin [fwɛ̃] *nm* heno *m.*

foire [fwar] *nf* **-1.** [gén] feria *f.* **-2.** *fam* [agitation] guirigay *m.*

fois [fwa] *nf* **-1.** [marque la réitération] vez *f*; **cette** ~ esta vez; **il était une** ~ érase una vez; **une autre** ~ otra vez. **-2.** [marque la multiplication] por; **deux** ~ **trois** dos por tres. ◆ **à la fois** *loc adv* a la vez. ◆ **une fois que** *loc conj* una vez que.

foison [fwazɔ̃] ◆ **à foison** *loc adv* en abundancia.

foisonner [fwazɔne] *vi* abundar; ~ **en** abundar en.

folâtre [fɔlatr] *adj* alegre, festivo(va).

folâtrer [fɔlatre] *vi* juguetear.

folie [fɔli] *nf* locura *f.*

folklore [fɔlklɔr] *nm* [de pays] folklore *m*.

folklorique [fɔlklɔrik] *adj* folklórico(ca).

folle → **fou**.

follement [fɔlmɑ̃] *adv* -**1**. [de manière déraisonnable] alocadamente. -**2**. [extrêmement] muy.

fomenter [fɔmɑ̃te] *vt* fomentar.

foncé, e [fɔ̃se] *adj* oscuro(ra).

foncer [fɔ̃se] ◇ *vt* oscurecer. ◇ *vi* -**1**. [teinte] oscurecerse. -**2**. [se ruer] : ~ **sur qqch/sur qqn** arremeter contra algo/ contra alguien. -**3**. *fam* [se dépêcher] darle caña.

foncier, ère [fɔ̃sje, ɛr] *adj* -**1**. [impôt] territorial; [crédit] hipotecario(ria). -**2**. [fondamental] innato(ta).

foncièrement [fɔ̃sjɛrmɑ̃] *adv* en el fondo.

fonction [fɔ̃ksjɔ̃] *nf* -**1**. [rôle] función *f*; **faire** ~ **de** hacer las veces de. -**2**. [profession] cargo *m*; **entrer en** ~ tomar posesión de un cargo. ◆ **en fonction de** *loc prép* con arreglo a.

fonctionnaire [fɔ̃ksjɔnɛr] *nmf* funcionario *m*, -ria *f*.

fonctionnel, elle [fɔ̃ksjɔnɛl] *adj* funcional.

fonctionnement [fɔ̃ksjɔnmɑ̃] *nm* funcionamiento *m*.

fonctionner [fɔ̃ksjɔne] *vi* funcionar.

fond [fɔ̃] *nm* [gén] fondo *m*. ◆ **au fond de** *loc prép* en el fondo de. ◆ **à fond** *loc adv* a fondo. ◆ **au fond** *loc adv* en el fondo. ◆ **dans le fond** *loc adv* en el fondo. ◆ **fond d'artichaut** *nm* corazón *m* de alcachofa. ◆ **fond de teint** *nm* maquillaje *m*, base *f*.

fondamental, e, aux [fɔ̃damɑtal, o] *adj* fundamental.

fondant, e [fɔ̃dɑ̃, ɑ̃t] *adj* que se derrite. ◆ **fondant** *nm* [bonbon] caramelo *m*.

fondateur, trice [fɔ̃datœr, tris] *nm*, *f* fundador *m*, -ra *f*.

fondation [fɔ̃dasjɔ̃] *nf* fundación *f*. ◆ **fondations** *nfpl* cimientos *mpl*.

fondé, e [fɔ̃de] *adj* [justifié] fundado(da); **non** ~ infundado(da). ◆ **fondé de pouvoir** *nm* apoderado *m*.

fondement [fɔ̃dmɑ̃] *nm* -**1**. [base] cimientos *mpl*. -**2**. [motif] fundamento *m*; **sans** ~ sin fundamento.

fonder [fɔ̃de] *vt* -**1**. [créer] fundar. -**2**. [baser] basar, cimentar; ~ **qqch sur qqch** basar algo en algo; ~ **des espoirs sur qqn** fundar esperanzas en alguien. ◆ **se fonder** *vp* : **se** ~ **sur qqch** basarse en algo.

fonderie [fɔ̃dri] *nf* [usine] fundición *f*.

fondre [fɔ̃dr] ◇ *vt* -**1**. [métaux] fundir; [neige, beurre] derretir; [sucre, sel] disolver. -**2**. [couleurs] mezclar. ◇ *vi* -**1**. [neige, beurre] **derretirse**; [sucre, sel] disolverse. -**2**. [s'attendrir] derretirse. -**3**. [maigrir] adelgazar. -**4**. [argent] irse de las manos. -**5**. [se ruer] : ~ **sur qqch** abatirse sobre algo.

fonds [fɔ̃] ◇ *nm* -**1**. [bien immobilier] finca *f*; ~ **de commerce** comercio *m*. -**2**. [capital placé, ressources] fondo *m*. ◇ *nmpl* fondos *mpl*.

fondu, e [fɔ̃dy] *pp* → **fondre**. ◆ **fondue** *nf* fondue *f*.

font [fɔ̃] → **faire**.

fontaine [fɔ̃tɛn] *nf* fuente *f*.

fonte [fɔ̃t] *nf* -**1**. [de neige] deshielo *m*. -**2**. [de métal] fundición *f*. -**3**. [de statue] vaciado *m*. -**4**. [alliage] hierro *m* colado, fundición *f*.

foot [fut] *nm fam* fútbol *m*.

football [futbol] *nm* fútbol *m*.

footballeur, euse [futbolœr, øz] *nm*, *f* futbolista *mf*.

footing [futiŋ] *nm* footing *m*.

for [fɔr] *nm* : **dans mon** ~ **intérieur** en mi fuero interno.

forage [fɔraʒ] *nm* perforación *f*.

forain, e [fɔrɛ̃, ɛn] *adj* → **fête**. ◆ **forain** *nm* feriante *m*.

forçat [fɔrsa] *nm presidiario condenado a trabajos forzados*.

force [fɔrs] *nf* fuerza *f*; **avoir** ~ **de loi** tener fuerza de ley; **dans toute la** ~ **du terme** en toda la extensión de la palabra; **de toutes mes** ~**s** con todas mis fuerzas; **être de** ~ **à** ser capaz de; ~ **de vente** fuerza *f* de venta. ◆ **à force de** *loc prép* a fuerza de.

forcément [fɔrsemɑ̃] *adv* forzosamente.

forceps [fɔrsɛps] *nm* fórceps *m inv*.

forcer [fɔrse] ◇ *vt* -**1**. [gén] forzar; ~ **qqn à qqch/à faire qqch** forzar a alguien a algo/a hacer algo. -**2**. *fig* [admiration] inspirar. ◇ *vi* -**1**. *fam* [abuser] : ~ **sur qqch** pasarse con algo. -**2**. [insister] forzarse. ◆ **se forcer** *vp* : **se** ~ **à faire qqch** forzarse a hacer algo.

forcir [fɔrsir] *vi* engordar.

forer [fɔre] *vt* perforar.

forestier, ère [fɔrɛstje, ɛr] *adj* forestal. ◆ **forestier** *nm* guarda *mf* forestal.

foret [fɔre] *nm* TECHNOL broca *f*.

forêt [fɔrɛ] nf bosque m; **la ~ amazonienne** la selva amazónica; **~ vierge** selva f virgen; **une ~ de** fig un bosque de.

forfait [fɔrfɛ] nm **-1.** [prix fixe] tanto m alzado. **-2.** sout [crime] crimen m atroz. **-3.** SPORT : **déclarer ~** abandonar.

forge [fɔrʒ] nf fragua f.

forger [fɔrʒe] vt **-1.** [métal, caractère, plan] forjar. **-2.** [excuse] inventar. ◆ **se forger** vp [réputation, idéal] forjarse.

forgeron [fɔrʒərɔ̃] nm herrero m.

formaliser [fɔrmalize] vt formalizar. ◆ **se formaliser** vp : **se ~ (de qqch)** ofenderse (por algo).

formaliste [fɔrmalist] adj formalista.

formalité [fɔrmalite] nf **-1.** ADMIN trámite m, formalidad f. **-2.** [convention] formalidad f.

format [fɔrma] nm formato m.

formatage [fɔrmataʒ] nm INFORM formateado m.

formater [fɔrmate] vt INFORM formatear.

formateur, trice [fɔrmatœr, tris] ◇ adj formativo(va). ◇ nm, f formador m, -ra f.

formation [fɔrmasjɔ̃] nf formación f.

forme [fɔrm] nf forma f; **en ~** en forma; **en ~ de** en forma de. ◆ **formes** nfpl formas fpl.

formel, elle [fɔrmɛl] adj **-1.** [refus] categórico(ca). **-2.** [amabilité, politesse] formal.

former [fɔrme] vt **-1.** [fonder, composer, instruire] formar. **-2.** [plan, projet] concebir. **-3.** [goût, sensibilité] cultivar. ◆ **se former** vp formarse.

Formica® [fɔrmika] nm formica® f.

formidable [fɔrmidabl] adj **-1.** [épatant] formidable, estupendo(da) Esp, chévere Amér. **-2.** [incroyable] increíble.

formol [fɔrmɔl] nm formol m.

formulaire [fɔrmylɛr] nm formulario m Esp, planilla f Amér; **remplir un ~** ADMIN rellenar un formulario.

formule [fɔrmyl] nf fórmula f; **~ de politesse** fórmula de cortesía.

formuler [fɔrmyle] vt formular.

fort, e [fɔr, fɔrt] adj **-1.** [gén] fuerte; **être ~ en qqch** estar fuerte en algo. **-2.** [corpulent] grueso(sa). **-3.** [grand] gran. ◆ **fort** ◇ nm **-1.** [château] fuerte m. **-2.** [personne] forzudo m. ◇ adv **-1.** [avec force, avec intensité] fuerte. **-2.** sout [très] muy. **-3.** sout [beaucoup] mucho.

forteresse [fɔrtərɛs] nf fortaleza f.

fortifiant, e [fɔrtifjɑ̃, ɑ̃t] adj reconstituyente. ◆ **fortifiant** nm reconstituyente m.

fortification [fɔrtifikasjɔ̃] nf fortificación f.

fortifier [fɔrtifje] vt **-1.** [physiquement] fortalecer. **-2.** [opinion] : **~ qqn dans qqch** reafirmar a alguien en algo. **-3.** [ville] fortificar.

fortiori [fɔrsjɔri] ◆ **a fortiori** loc adv con más razón.

fortuit, e [fɔrtɥi, it] adj fortuito(ta).

fortune [fɔrtyn] nf fortuna f.

fortuné, e [fɔrtyne] adj **-1.** [riche] adinerado(da). **-2.** [chanceux] afortunado(da).

forum [fɔrɔm] nm foro m.

fosse [fos] nf fosa f.

fossé [fose] nm **-1.** [ravin] cuneta f. **-2.** fig [écart] abismo m.

fossette [fosɛt] nf hoyuelo m.

fossile [fosil] adj & nm fósil.

fossoyeur, euse [foswajœr, øz] nm, f sepulturero m, -ra f.

fou, folle [fu, fɔl] ◇ adj (**fol** devant voyelle ou h muet) **-1.** [gén] loco(ca). **-2.** [succès, charme] tremendo(da). ◇ nm, f [malade] loco m, -ca f.

foudre [fudr] nf rayo m.

foudroyant, e [fudrwajɑ̃, ɑ̃t] adj fulminante.

foudroyer [fudrwaje] vt fulminar.

fouet [fwɛ] nm **-1.** [en cuir] látigo m. **-2.** CULIN batidor m.

fouetter [fwete] vt **-1.** [gén] azotar; [cheval] fustigar. **-2.** [stimuler] estimular.

fougère [fuʒɛr] nf helecho m.

fougue [fug] nf fogosidad f.

fougueux, euse [fugø, øz] adj fogoso(sa).

fouille [fuj] nf **-1.** [de personne] cacheo m; [de maison] registro m. **-2.** [du sol] excavación f. **-3.** fam [poche] bolsillo m.

fouiller [fuje] ◇ vt **-1.** [maison, bagage] registrar; [personne] cachear, registrar. **-2.** [lieu] excavar, hacer excavaciones en. **-3.** fig [description] detallar. ◇ vi : **dans qqch** hurgar en algo.

fouillis [fuji] nm batiborrillo m.

fouine [fwin] nf garduña f.

fouiner [fwine] vi husmear.

foulard [fular] nm pañuelo m, fular m.

foule [ful] nf **-1.** [de gens] multitud f. **-2.** péj [peuple] masa f.

foulée [fule] nf [de coureur] zancada f.

fouler [fule] vt [raisin] prensar; [sol] pisar. ◆ **se fouler** vp MÉD : **se ~ qqch** torcerse algo.

foulure [fulyr] nf esguince m.

four [fur] nm **-1.** [de cuisson] horno m; **~ électrique/à micro-ondes** horno eléctrico/microondas. **-2.** [échec] fracaso m.

fourbe [furb] adj & nmf sout bribón(ona).

fourbu, e [furby] adj rendido(da).

fourche [furʃ] nf **-1.** [outil, pièce de vélo] horquilla f. **-2.** [de route] bifurcación f. **-3.** [de cheveux] **punta** f abierta. **-4.** Belg SCOL [temps libre] **hora** f libre.

fourchette [furʃet] nf **-1.** [couvert] tenedor m. **-2.** fig [écart] horquilla f. **-3.** [de prix] gama f.

fourgon [furgɔ̃] nm furgón m.

fourgonnette [furgɔnɛt] nf furgoneta f Esp, guayín Amér.

fourmi [furmi] nf [insecte] hormiga f.

fourmilière [furmiljɛr] nf hormiguero m.

fourmiller [furmije] vi **-1.** [pulluler] pulular. **-2.** fig [être nombreux] abundar. **-3.** [être plein] : **~ de qqch** rebosar de algo.

fournaise [furnez] nf **-1.** [feu] hoguera f. **-2.** fig [endroit] horno m.

fourneau, x [furno] nm **-1.** [cuisinière, de fonderie] horno m; **haut-~** alto horno. **-2.** [de mine] hornillo m. **-3.** [de pipe] cazoleta f.

fournée [furne] nf hornada f.

fourni, e [furni] adj **-1.** [barbe, chevelure] poblado(da). **-2.** [magasin] surtido(da).

fournil [furnil] nm amasadero m.

fournir [furnir] ◇ vt **-1.** [procurer] : **~ qqch à qqn** proporcionar algo a alguien. **-2.** [effort] realizar. **-3.** [commerçant, magasin] proveer. ◇ vi [subvenir] : **~ à qqch** [besoins] satisfacer algo.

fournisseur, euse [furnisœr, øz] nm, f proveedor m, -ra f.

fourniture [furnityr] nf **-1.** [approvisionnement] suministro m. **-2.** (gén pl) [matériel] material m.

fourrage [furaʒ] nm forraje m.

fourrager, ère [furaʒe, ɛr] adj forrajero(ra).

fourré [fure] nm espesura f (de arbustos).

fourreau, x [furo] nm **-1.** [de parapluie] funda f; [d'épée] vaina f. **-2.** fig [robe] vestido tubo m.

fourrer [fure] vt **-1.** CULIN rellenar. **-2.** fam [mettre] meter. ◆ **se fourrer** vp meterse.

fourre-tout [furtu] nm inv **-1.** [pièce] trastero m. **-2.** [sac] bolso m. **-3.** fig & péj [d'idées] cajón m de sastre.

fourreur, euse [furœr, øz] nm, f peletero m, -ra f.

fourrière [furjɛr] nf **-1.** [pour chiens] perrera f. **-2.** [pour voitures] depósito m.

fourrure [furyr] nf piel f.

fourvoyer [furvwaje] ◆ **se fourvoyer** vp sout **-1.** [s'égarer] : **se ~ dans qqch** extraviarse en algo. **-2.** [se tromper] equivocarse.

foutre [futr] vt **-1.** tfam [faire] : **ne rien ~** no pegar golpe; **en avoir rien à ~ de qqch** importar un carajo algo; **qu'est-ce que tu veux que ça me foute?** y a mí, ¿qué? **-2.** tfam [mettre] poner. **-3.** fam [donner – baffe] dar; [– trouille] meter. **-4.** loc : **va te faire ~!** vulg ¡vete a la mierda!; **ça la fout mal** tfam queda fatal.

foyer [fwaje] nm **-1.** [cheminée, maison] hogar m. **-2.** [résidence] residencia f. **-3.** [point central] foco m.

fracas [fraka] nm estrépito m.

fracasser [frakase] vt estrellar.

fraction [fraksjɔ̃] nf fracción f.

fractionner [fraksjɔne] vt fraccionar.

fracture [fraktyr] nf MÉD fractura f.

fracturer [fraktyre] vt **-1.** MÉD fracturar. **-2.** [serrure] forzar.

fragile [fraʒil] adj frágil.

fragiliser [fraʒilize] vt debilitar.

fragilité [fraʒilite] nf fragilidad f.

fragment [fragmã] nm fragmento m.

fragmenter [fragmãte] vt fragmentar.

fraîche → **frais**.

fraîcheur [freʃœr] nf **-1.** [d'air] frescor m. **-2.** fig [d'accueil] frialdad f. **-3.** [de teint, d'aliment] frescura f.

frais, fraîche [fre, freʃ] adj **-1.** [gén] fresco(ca). **-2.** fig [accueil] frío(a). **-3.** [teint, couleur] vivo(va). ◆ **frais** ◇ nm : **mettre qqch au ~** poner algo al fresco. ◇ nmpl gastos mpl; **faire des ~** tener muchos gastos.

fraise [frez] nf **-1.** [petite] fresa f Esp, frutilla f Amér; [grande] fresón m Esp, frutilla f Amér. **-2.** [outil – de dentiste] torno m; [– de menuisier] lengüeta f.

fraiser [freze] vt fresar.

fraiseuse [frezøz] nf fresadora f.

fraisier [frezje] nm **-1.** [plante] fresera f. **-2.** [gâteau] bizcocho de dos capas empapadas en kirsch y separadas por crema y fresas.

framboise [frãbwaz] *nf* frambuesa *f*.

framboisier [frãbwazje] *nm* **-1**. [plante] frambueso *m*. **-2**. [gâteau] *bizcocho de dos capas empapadas en kirsch y separadas por crema y frambuesas*.

franc, franche [frã, frãʃ] *adj* franco(ca).
◆ **franc** *nm* franco *m*.

français, e [frãsε, εz] *adj* francés(esa).
◆ **français** *nm* LING francés *m*. ◆ **Française, e** *nm, f* francés *m*, -esa *f*.

France [frãs] *nf* : **la** ~ Francia.

France 2 *n cadena televisiva pública francesa.*

France 3 *n cadena televisiva pública francesa.*

franche → franc.

franchement [frãʃmã] *adv* **-1**. [gén] francamente. **-2**. [carrément] con decisión.

franchir [frãʃir] *vt* **-1**. [gén] salvar. **-2**. [porte] atravesar.

franchise [frãʃiz] *nf* **-1**. [gén] franquicia *f*. **-2**. [sincérité] franqueza *f*.

franciscain, e [frãsiskε̃, εn] *adj & nm, f* franciscano(na).

franciser [frãsize] *vt* afrancesar.

franc-jeu *nm* : **jouer** ~ jugar limpio.

franc-maçon, onne *adj* masónico(ca).
◆ **franc-maçon** *nm* masón *m*, francmasón *m*.

franc-maçonnerie (*pl* **franc-maçonneries**) *nf* **-1**. [association] masonería *f*, francmasonería *f*. **-2**. [solidarité] compañerismo *m*.

franco [frãko] *adv* COMM franco; ~ **de port** franco de porte.

francophone [frãkɔfɔn] *adj & nmf* francófono(na).

francophonie [frãkɔfɔni] *nf* francofonía *f*.

franc-parler *nm* : **avoir son** ~ hablar sin rodeos.

franc-tireur *nm* francotirador *m*.

frange [frãʒ] *nf* **-1**. [de cheveux] flequillo *m Esp*, cerquillo *m Amér*. **-2**. [de vêtement] fleco *m*. **-3**. [bordure, limite] franja *f*.

frangipane [frãʒipan] *nf* crema *f* de almendras.

franglais [frãglε] *nm* lengua francesa que incluye gran cantidad de palabras y construcciones de origen inglés.

franquette [frãkεt] ◆ **à la bonne franquette** *loc adv* sin ceremonia.

frappant, e [frapã, ãt] *adj* impresionante.

frappe [frap] *nf* **-1**. [de monnaie] acuñación *f*. **-2**. [à la machine] tecleo *m*. **-3**. SPORT [de boxeur] golpe *m*. **-4**. *péj* [voyou] golfo *m*, -fa *f*.

frapper [frape] ◇ *vt* **-1**. [cogner] golpear. **-2**. [toucher] afectar. **-3**. [impressionner] impresionar. **-4**. [boisson] enfriar. **-5**. [monnaie] acuñar. ◇ *vi* llamar.

frasques [frask] *nfpl* locuras *fpl*.

fraternel, elle [fratεrnεl] *adj* fraternal.

fraterniser [fratεrnize] *vi* : ~ **avec qqn** fraternizar con alguien.

fraternité [fratεrnite] *nf* fraternidad *f*.

fratricide [fratrisid] *adj & nmf* fratricida.

fraude [frod] *nf* fraude *m*.

frauder [frode] ◇ *vt* defraudar. ◇ *vi* cometer fraude.

frauduleux, euse [frodylø, øz] *adj* fraudulento(ta).

frayer [freje] *vi* : ~ **avec qqn** *litt* [le fréquenter] relacionarse con alguien. ◆ **se frayer** *vp* : **se** ~ **un chemin (à travers)** abrirse camino (a través).

frayeur [frejœr] *nf* espanto *m*.

fredaines [frədεn] *nfpl* locuras *fpl*.

fredonner [frədɔne] ◇ *vt* tararear. ◇ *vi* canturrear.

freezer [frizœr] *nm* congelador *m*.

frégate [fregat] *nf* fragata *f*.

frein [frε̃] *nm* freno *m*.

freinage [frεnaʒ] *nm* frenado *m*.

freiner [frene] *vt & vi* frenar.

frelaté, e [frəlate] *adj* **-1**. [vin] adulterado(da). **-2**. *fig* [personne] corrompido(da).

frêle [frεl] *adj* **-1**. [construction] frágil. **-2**. [personne] endeble. **-3**. *fig* [espoir, voix] débil.

frelon [frəlɔ̃] *nm* abejorro *m*.

frémir [fremir] *vi* **-1**. [personne] estremecerse. **-2**. [eau chaude] romper a hervir.

frémissement [fremismã] *nm* **-1**. [de personne] estremecimiento *m*. **-2**. [des lèvres] temblor *m*. **-3**. [d'eau chaude] borboteo *m*.

frêne [frεn] *nm* fresno *m*.

frénésie [frenezi] *nf* frenesí *m*.

frénétique [frenetik] *adj* frenético(ca).

fréquence [frekãs] *nf* frecuencia *f*.

fréquent, e [frekã, ãt] *adj* frecuente.

fréquentation [frekãtasjɔ̃] *nf* **-1**. [d'endroit] frecuentación *f*. **-2**. [de personne] trato *m*. ◆ **fréquentations** *nfpl* relaciones *fpl*.

fréquenté, e [frekɑ̃te] adj frecuentado(da); **mal** ~ **de** mala fama; **peu/très** ~ poco/ muy frecuentado.

fréquenter [frekɑ̃te] vt frecuentar.

frère [frɛr] ◇ nm hermano m; ~**s siamois** hermanos siameses. ◇ adj [parti, peuple] hermano.

fresque [frɛsk] nf fresco m (pintura).

fret [frɛ(t)] nm flete m.

frétiller [fretije] vi -1. [poisson] colear. -2. fig [personne] : ~ **de qqch** [joie etc] bullir de algo [alegría etc].

fretin [frətɛ̃] nm : **le menu** ~ los peces pequeños.

friable [frijabl] adj desmenuzable.

friand, e [frijɑ̃, ɑ̃d] adj : **être** ~ **de qqch** ser un apasionado de algo. ◆ **friand** nm CULIN empanada hecha con masa de hojaldre.

friandise [frijɑ̃diz] nf golosina f.

fric [frik] nm fam pasta f, pelas fpl.

fric-frac [frikfrak] nm inv fam robo m (con fractura).

friche [friʃ] nf baldío m; **en** ~ [champ] baldío(a); fig [intelligence, capacités] sin cultivar.

friction [friksjɔ̃] nf -1. [massage] friega f. -2. PHYS fricción f. -3. fig [désaccord] roce m, fricción f.

frictionner [friksjɔne] vt friccionar.

Frigidaire® [friʒidɛr] nm nevera f.

frigide [friʒid] adj frígido(da).

frigidité [friʒidite] nf frigidez f.

frigo [frigo] nm fam nevera f.

frigorifié, e [frigɔrifje] adj fam helado(da).

frileux, euse [frilø, øz] adj [craignant le froid] friolero(ra) Esp, friolento(ta) Amér; [prudent] timorato(ta).

frimas [frima] nm sout escarcha f.

frimeur, euse [frimœr, øz] nm, f chulo m, -la f, vacilón m, -ona f.

frimousse [frimus] nf fam carita f.

fringale [frɛ̃gal] nf fam hambre f canina.

fringant, e [frɛ̃gɑ̃, ɑ̃t] adj -1. [cheval] fogoso(sa). -2. [personne] apuesto(ta).

fripes [frip] nfpl ropa f usada.

fripon, onne [fripɔ̃, ɔn] ◇ nm, f fam bribón m, -ona f. ◇ adj pícaro(ra).

fripouille [fripuj] nf péj golfo m, -fa f.

frire [frir] ◇ vt freír. ◇ vi freírse.

frise [friz] nf ARCHIT friso m.

friser [frize] ◇ vt -1. [cheveux] rizar Esp, enchinar Amér. -2. [frôler] rozar. ◇ vi rizarse.

frisson [frisɔ̃] nm -1. [gén] estremecimiento m. -2. [de fièvre] escalofrío m.

frissonner [frisɔne] vi -1. [gén] estremecerse. -2. [de fièvre] tener escalofríos. -3. [surface de l'eau] agitarse.

frit, e [fri, frit] pp → **frire**.

frite [frit] nf patata f frita.

friteuse [fritøz] nf freidora f.

friture [frityr] nf -1. CULIN [à l'huile] fritura f. -2. [poisson] pescado m frito. -3. fam RADIO [interférences] interferencia f.

frivole [frivɔl] adj frívolo(la).

frivolité [frivɔlite] nf frivolidad f.

froid, e [frwa, frwad] adj frío(a). ◆ **froid** ◇ nm -1. [température] frío m; **avoir** ~ tener frío; **prendre** ~ coger frío. -2. [dans les relations] distanciamiento m. ◇ adv frío.

froidement [frwadmɑ̃] adv -1. [gén] fríamente. -2. [sans aucune pitié] a sangre fría.

froisser [frwase] vt -1. [tissu] arrugar. -2. fig [personne] herir. ◆ **se froisser** vp -1. [tissu] arrugarse. -2. fig [muscle] lesionarse. -3. fig [personne] ofenderse.

frôler [frole] vt rozar.

fromage [frɔmaʒ] nm queso m.

fromager, ère [frɔmaʒe, ɛr] adj & nm, f quesero(ra).

fromagerie [frɔmaʒri] nf [local] quesería f; [industrie] industria f quesera.

froment [frɔmɑ̃] nm trigo m candeal.

froncer [frɔ̃se] vt fruncir.

frondaison [frɔ̃dɛzɔ̃] nf -1. [période] época de aparición de las hojas. -2. [feuillage] frondosidad f.

fronde [frɔ̃d] nf -1. [arme] honda f. -2. [lance-pierres] tirador m. -3. [révolte] revuelta f.

front [frɔ̃] nm -1. [gén] frente m. -2. ANAT frente f. -3. fig [audace] cara f.

frontal, e, aux [frɔ̃tal, o] adj frontal.

frontalier, ère [frɔ̃talje, ɛr] ◇ adj -1. [zone] fronterizo(za). -2. [travailleur] que trabaja al otro lado de la frontera. ◇ nm, f persona que trabaja al otro lado de la frontera.

frontière [frɔ̃tjɛr] ◇ adj fronterizo(za). ◇ nf frontera f.

fronton [frɔ̃tɔ̃] nm frontón m.

frottement [frɔtmɑ̃] nm -1. [contact] fricción f. -2. fig [difficulté] roce m.

frotter [frɔte] ◇ vt **-1.** [mettre en contact] frotar. **-2.** [astiquer, enduire] restregar; ~ **qqch de qqch** restregar algo con algo. ◇ vi rozar.

frottis [frɔti] nm **-1.** MÉD frotis m inv; ~ **vaginal** frotis vaginal. **-2.** ART pincelada f.

fructifier [fryktifje] vi fructificar.

fructueux, euse [fryktɥø, øz] adj fructífero(ra).

frugal, e, aux [frygal, o] adj frugal.

fruit [frɥi] nm **-1.** [d'arbre] fruta f. **-2.** [résultat, profit] fruto m. ◆ **fruits de mer** nmpl marisco m.

fruité, e [frɥite] adj afrutado(da).

fruitier, ère [frɥitje, ɛr] ◇ adj [arbre] frutal. ◇ nm, f frutero m, -ra f. ◆ **fruitier** nm **-1.** [local] frutería f. **-2.** Helv [personne] quesero m, -ra f.

fruste [fryst] adj basto(ta).

frustration [frystrasjɔ̃] nf PSYCHOL frustración f.

frustrer [frystre] vt **-1.** [décevoir] frustrar. **-2.** [priver] : ~ **qqn de qqch** privar a alguien de algo.

fuchsia [fyʃja] nm fucsia f.

fugace [fygas] adj fugaz.

fugitif, ive [fyʒitif, iv] ◇ adj fugaz. ◇ nm, f fugitivo m, -va f.

fugue [fyg] nf fuga f.

fui [fɥi] pp inv → **fuir**.

fuir [fɥir] vi **-1.** [personne] huir. **-2.** fig [temps] irse. **-3.** [gaz, eau] escaparse.

fuite [fɥit] nf **-1.** [de personne] huida f. **-2.** [de gaz, d'eau] escape m. **-3.** fig [indiscrétion] filtración f.

fulgurant, e [fylgyrɑ̃, ɑ̃t] adj fulgurante.

fulminer [fylmine] ◇ vi **-1.** [personne] estallar; ~ **contre qqn** revolverse contra alguien. **-2.** CHIM explotar. ◇ vt espetar.

fumé, e [fyme] adj ahumado(da).

fumée [fyme] nf humo m.

fumer [fyme] ◇ vi **-1.** [cheminée, bouilloire, etc] humear. **-2.** fam [personne] echar humo. ◇ vt **-1.** [cigarette] fumar. **-2.** [saumon] ahumar. **-3.** AGRIC abonar.

fûmes [fym] → **être**.

fumeur, euse [fymœr, øz] nm, f fumador m, -ra f.

fumier [fymje] nm **-1.** AGRIC estiércol m. **-2.** vulg [salaud] cabrón m Esp, concha de su madre m Amér.

fumiste [fymist] nmf fam cuentista mf.

fumisterie [fymistəri] nf fam camelo m.

fumoir [fymwar] nm **-1.** [pour poisson] ahumadero m. **-2.** [pièce] fumadero m.

funambule [fynãbyl] nmf funámbulo m, -la f.

funèbre [fynɛbr] adj fúnebre.

funérailles [fyneraj] nfpl funerales mpl.

funéraire [fynerɛr] adj funerario(ria).

funeste [fynɛst] adj funesto(ta).

funiculaire [fynikylɛr] nm funicular m.

fur [fyr] ◆ **au fur et à mesure** loc adv poco a poco. ◆ **au fur et à mesure que** loc conj a medida que, conforme.

furent [fyr] → **être**.

furet [fyrɛ] nm **-1.** [animal] hurón m. **-2.** [personne] fisgón m. **-3.** [jeu] anillito m.

fureter [fyrte] vi **-1.** [fouiller] fisgonear. **-2.** [chasser] huronear.

fureur [fyrœr] nf furor m.

furibond, e [fyribɔ̃, ɔ̃d] adj furibundo(da).

furie [fyri] nf **-1.** [gén] furia f; **mettre qqn en** ~ enfurecer a alguien; **en** ~ enfurecido(da). **-2.** fig [femme] harpía f.

furieux, euse [fyrjø, øz] adj **-1.** [personne, acte, air] furioso(sa). **-2.** [haine, appétit] terrible.

furoncle [fyrɔ̃kl] nm forúnculo m.

furtif, ive [fyrtif, iv] adj furtivo(va).

fus, fut [fy] → **être**.

fusain [fyzɛ̃] nm **-1.** [arbre] bonetero m. **-2.** [crayon] carboncillo m. **-3.** [dessin] dibujo m al carbón.

fuseau, x [fyzo] nm **-1.** [outil] huso m. **-2.** [vêtement] fuseau m. ◆ **fuseau horaire** nm huso m horario.

fusée [fyze] nf **-1.** [gén] cohete m. **-2.** [d'un essieu] mangueta f, manga f.

fuselage [fyzlaʒ] nm fuselaje m.

fuselé, e [fyzle] adj fino(na).

fuser [fyze] vi **-1.** [bougie, cire] derretirse. **-2.** [poudre] deflagrar. **-3.** [rires, applaudissements] surgir.

fusible [fyzibl] nm ÉLECTR fusible m.

fusil [fyzi] nm **-1.** [arme – gén] fusil m; [– de chasse] escopeta f. **-2.** [tireur] tirador m, -ra f. **-3.** [outil] máquina f afiladora.

fusillade [fyzijad] nf **-1.** [combat] tiroteo m Esp, balacera f Amér. **-2.** [exécution] fusilamiento m.

fusiller [fyzije] vt **-1.** [exécuter] fusilar. **-2.** fam [abîmer] cargarse.

fusion [fyzjɔ̃] nf **-1.** [gén & ÉCON] fusión f. **-2.** [de races, de peuples] mezcla f.

fusionner [fyzjɔne] ◇ vt **-1.** ÉCON fusionar. **-2.** POLIT coaligar. ◇ vi **-1.** ÉCON : ~ **(avec qqch)** fusionarse (con algo). **-2.** POLIT coaligarse.

fustiger [fystiʒe] vt sout fustigar.

fût [fy] ◇ v → **être.** ◇ nm **-1.** [d'arbre] tronco m. **-2.** [tonneau] tonel m. **-3.** [d'arme] caja f. **-4.** [de colonne] fuste m.

futaie [fytɛ] nf monte m alto.

fûtes [fyt] → **être.**

futile [fytil] adj **-1.** [insignifiant] fútil. **-2.** [frivole] frívolo.

futon [fytɔ̃] nm futón m.

futur, e [fytyr] ◇ adj futuro(ra). ◇ nm, f [fiancé] futuro m, -ra f. ◆ **futur** nm futuro m.

futuriste [fytyrist] adj & nmf futurista.

fuyant, e [fɥijɑ̃, ɑ̃t] adj **-1.** [perspective] lejano(na); [lignes] de fuga. **-2.** [front, menton] deprimido(da). **-3.** [regard] huidizo(za).

fuyard, e [fɥijar, ard] nm, f fugitivo m, -va f.

g, G [ʒe] nm inv g f, G f. ◆ **g -1.** (abr de gauche) izda., izqda. **-2.** (abr de gramme) g. ◆ **G -1.** (abr de gauss) G. **-2.** (abr de giga) G.

gabardine [gabardin] nf gabardina f.

gabarit [gabari] nm **-1.** [modèle] gálibo m. **-2.** fam [acabit] calaña f.

Gabon [gabɔ̃] nm : **le ~** Gabón; **au ~** [direction] a Gabón; [situation] en Gabón.

gâcher [gaʃe] vt **-1.** [gaspiller – argent, talent] malgastar; [– vie] arruinar; [– occasion] perder. **-2.** [plaisir] estropear. **-3.** [plâtre, mortier] amasar.

gâchette [gaʃɛt] nf gatillo m.

gâchis [gaʃi] nm **-1.** [gaspillage] derroche m. **-2.** [désordre] desastre m. **-3.** CONSTR mortero m.

gadget [gadʒɛt] nm gadget m.

gadoue [gadu] nf fam [boue] barro m.

gaffe [gaf] nf **-1.** [outil] bichero m. **-2.** fam [maladresse] plancha f.

gaffer [gafe] ◇ vt aferrar con el bichero. ◇ vi fam meter la pata.

gag [gag] nm CIN & THÉÂTRE gag m.

gage [gaʒ] nm **-1.** [dépôt] prenda f; **mettre qqch en ~** empeñar algo. **-2.** [assurance, preuve] testimonio m, prueba f. **-3.** [au jeu] prenda f.

gager [gaʒe] vt : ~ **que** apostar que.

gageure [gaʒyr] nf fam apuesta f.

gagnant, e [gaɲɑ̃, ɑ̃t] adj & nm, f ganador(ra).

gagne-pain [gaɲpɛ̃] nm inv sustento m.

gagner [gaɲe] ◇ vt **-1.** [gén] ganar. **-2.** [estime] ganarse. ◇ vi **-1.** [s'améliorer] : ~ **à** ganar al; **ce vin gagne à vieillir** este vino gana al envejecer; ~ **de se reposer** ganarse el descanso; ~ **en** ganar en. **-2.** [feu] extenderse.

gai, e [gɛ] adj alegre.

gaieté [gete] nf alegría f.

gaillard, e [gajar, ard] ◇ adj **-1.** [vieillard] ágil. **-2.** [geste] atrevido(da). ◇ nm, f buen mozo m buena moza f. ◆ **gaillard** nm NAVIG castillo m.

gain [gɛ̃] nm **-1.** [gén] ganancia f. **-2.** [économie] ahorro m.

gaine [gɛn] nf **-1.** [gén] funda f. **-2.** [sous-vêtement] faja f.

gaine-culotte nf faja-pantalón f.

gainer [gene] vt enfundar.

gala [gala] nm gala f.

galant, e [galɑ̃, ɑ̃t] adj galante. ◆ **galant** nm vieilli & hum galán m.

galanterie [galɑ̃tri] nf galantería f.

galaxie [galaksi] nf galaxia f.

galbe [galb] nm línea f (perfil).

gale [gal] nf MÉD sarna f.

galère [galɛr] nf **-1.** NAVIG galera f. **-2.** fam fig [situation désagréable] berenjenal m; **quelle ~!** ¡qué rollo!

galerie [galri] nf **-1.** [gén] galería f. **-2.** [porte-bagages] baca f.

galet [galɛ] nm **-1.** [caillou] canto m rodado, guijarro m. **-2.** [petite roue] ruedecilla f.

galette [galɛt] nf **-1.** CULIN [crêpe] crepe f salada. **-2.** fam [argent] pasta f, pelas fpl.

galipette [galipɛt] nf fam voltereta f.

Galles [gal] → **pays.**

gallicisme [galisism] nm galicismo m.

galon [galɔ̃] nm **-1.** COUT pasamano m. **-2.** MIL galón m.

galop [galo] nm [allure] galope m; **au ~** [cheval] al galope; fig rápido.

galoper [galɔpe] *vi* **-1.** [gén] galopar. **-2.** [personne] trotar.

galopin [galɔpɛ̃] *nm fam* galopín *m*, pilluelo *m*.

galvaniser [galvanize] *vt* galvanizar.

galvauder [galvode] *vt* **-1.** [nom, gloire, réputation] manchar. **-2.** [talent, dons] prostituir.

gambader [gɑ̃bade] *vi* saltar.

gamelle [gamɛl] *nf* [plat] escudilla *f*.

gamin, e [gamɛ̃, in] ◇ *adj* **-1.** [espiègle] travieso(sa). **-2.** [enfant] crío(a). ◇ *nm, f* **-1.** *fam* [enfant] crío *m*, -a *f*. **-2.** [des rues] pilluelo *m*, -la *f*.

gamme [gam] *nf* **-1.** MUS escala *f*, gama *f*. **-2.** [série] gama *f*; ~ **de produits** COMM gama de artículos.

gang [gɑ̃g] *nm* banda *f*.

ganglion [gɑ̃glijɔ̃] *nm* ganglio *m*.

gangrène [gɑ̃grɛn] *nf* gangrena *f*.

gangue [gɑ̃g] *nf* **-1.** [de minerai] ganga *f*. **-2.** *fig* [carcan] tenaza *f*.

gant [gɑ̃] *nm* guante *m*.

garage [garaʒ] *nm* **-1.** [abri] garage *m*. **-2.** [atelier] taller *m Esp*, refaccionaria *f Amér*.

garagiste [garaʒist] *nmf* **-1.** [propriétaire] propietario *m*, -ria *f* de un garage. **-2.** [réparateur] mecánico *m*.

garant, e [garɑ̃, ɑ̃t] *nm, f* **-1.** JUR [responsable] garante *mf*; **se porter ~ de qqn/de qqch** responder de alguien/de algo. **-2.** ÉCON [de dette] avalador *m*, -ra *f*; **se porter ~ de qqn** avalar a alguien. ◆ **garant** *nm* garantía *f*.

garantie [garɑ̃ti] *nf* garantía *f*.

garantir [garɑ̃tir] *vt* **-1.** [gén] garantizar; ~ **à qqn que** garantizar a alguien que. **-2.** [protéger] proteger; ~ **qqch de qqch** proteger algo de algo.

garçon [garsɔ̃] *nm* **-1.** [jeune de sexe masculin] chico *m*, muchacho *m*. **-2.** [assistant] dependiente *m*; ~ **boucher/boulanger** dependiente de carnicería/de panadería. **-3.** [serveur] camarero *m Esp*, mozo *m Amér*.

garçonnet [garsɔnɛ] *nm* niñito *m*.

garçonnière [garsɔnjɛr] *nf* apartamento *m* de soltero.

garde [gard] ◇ *nf* **-1.** [gén] guardia *f*; **monter la ~** montar guardia; **être/se tenir sur ses ~s** estar sobre aviso; **mettre qqn en ~ contre qqch** poner a alguien en guardia contra algo. **-2.** JUR [charge] custodia *f*. ◇ *nm* [gardien] guarda *mf*.

garde-à-vous [gardavu] *nm inv* posición *f* de firmes; **se mettre au ~** ponerse firme.

garde-boue [gardəbu] *nm inv* guardabarros *m inv Esp*, salpicadera *f Amér*.

garde-chasse [gardəʃas] *(pl* **gardes-chasse** OU **gardes-chasses)** *nm* guarda *m* de caza.

garde-fou [gardəfu] *(pl* **garde-fous)** *nm* pretil *m*.

garde-malade [gardmalad] *nmf* enfermero *m*, -ra *f*.

garde-manger [gardəmɑ̃ʒe] *nm inv* despensa *f*.

garde-meuble [gardəmœbl] *(pl* **garde-meubles)** *nm* guardamuebles *m*.

garde-pêche [gardəpɛʃ] *(pl* **gardes-pêche)** *nm* [personne] guarda *m* de pesca. ◆ **garde-pêche** *nm inv* [bateau] guardapesca *m*.

garder [garde] *vt* **-1.** [ne pas divulguer, observer, réserver] guardar. **-2.** [enfant, entrée, porte] vigilar. **-3.** [prisonnier] detener. **-4.** [protéger contre] : ~ **qqn de qqch** guardar a alguien de algo. **-5.** [conserver – denrées] conservar; [– pour soi, sur soi] quedarse con. **-6.** [retenir] retener. **-7.** [tenir] mantener. ◆ **se garder** *vp* **-1.** [se conserver] conservarse. **-2.** [s'abstenir] : **se ~ de faire qqch** guardarse de hacer algo. **-3.** [se méfier] : **se ~ de qqch/de qqn** guardarse de algo/de alguien.

garderie [gardəri] *nf* guardería *f*.

garde-robe [gardərɔb] *(pl* **garde-robes)** *nf* **-1.** [armoire] ropero *m*. **-2.** [vêtements] guardarropa *m*, vestuario *m*.

gardien, enne [gardjɛ̃, ɛn] *nm, f* guardián *m*, -na *f*.

gare¹ [gar] *nf* estación *f*.

gare² [gar] *interj* **-1.** [attention] ¡cuidado!; ~ **à qqn** cuidado con algo. **-2.** [menace] ¡ya verás!

garer [gare] *vt* aparcar *Esp*, parquear *Amér*. ◆ **se garer** *vp* **-1.** [automobiliste] aparcar. **-2.** [se ranger de côté] apartarse. **-3.** [éviter] : **se ~ (de qqch)** protegerse (de algo).

gargariser [gargarize] ◆ **se gargariser** *vp* **-1.** [se rincer] hacer gárgaras. **-2.** *péj* [se délecter] : **se ~ de qqch** regodearse en algo.

gargouiller [garguje] *vi* **-1.** [eau] gorgotear. **-2.** [intestins] hacer ruido.

garnement [garnəmɑ̃] *nm* diablillo *m*.

garnir [garnir] *vt* **-1.** [équiper] equipar. **-2.** [couvrir] : ~ **qqch de** cubrir algo de. **-3.** [orner] : ~ **qqch de** guarnecer algo con. **-4.** [approvisionner, remplir] llenar.

garnison [garnizɔ̃] *nf* guarnición *f.*

garniture [garnityr] *nf* **-1.** [de lit] juego *m.* **-2.** CULIN guarnición *f.* **-3.** AUTOM accesorios *mpl.*

garrigue [garig] *nf* garriga *f.*

garrot [garo] *nm* **-1.** [de cheval] cruz *f.* **-2.** MÉD torniquete *m.* **-3.** [de torture] garrote *m.*

gars [ga] *nm fam* tipo *m.*

Gascogne [gaskɔɲ] → **golfe.**

gas-oil [gazɔjl, gazwal], **gazole** [gazɔl] *nm* gasoil *m.*

gaspillage [gaspijaʒ] *nm* despilfarro *m.*

gaspiller [gaspije] *vt* despilfarrar.

gastrique [gastrik] *adj* gástrico(ca).

gastro-entérite [gastroãterit] *(pl* **gastro-entérites**) *nf* gastroenteritis *f inv.*

gastronome [gastrɔnɔm] *nmf* gastrónomo *m,* -ma *f.*

gastronomie [gastrɔnɔmi] *nf* gastronomía *f.*

gâteau, x [gato] *nm* **-1.** [gén] pastel *m;* ~ **marbré** *pastel de aspecto jaspeado por el contraste entre el chocolate y el bizcocho.* **-2.** AGRIC panal *m.*

gâter [gate] *vt* **-1.** [avarier, gâcher] estropear. **-2.** [affaire] arruinar. **-3.** *iron* [combler] : **on est gâté!** ¡lo que faltaba! **-4.** [enfant] mimar *Esp,* papachar *Amér.* ◆ **se gâter** *vp* **-1.** [gén] estropearse. **-2.** [situation] ponerse feo(a).

gâteux, euse [gatø, øz] ◇ *adj* [vieillard] chocho(cha); ~ **de qqch/de qqn** [fou de] chocho por algo/por alguien. ◇ *nm, f* viejo chocho *m,* vieja chocha *f.*

gauche [goʃ] ◇ *adj* **-1.** [côté] izquierdo(da). **-2.** [personne] torpe. ◇ *nm* OU *nf* SPORT izquierda *f.* ◇ *nf* izquierda *f.*

gaucher, ère [goʃe, ɛr] *adj & nm, f* zurdo(da).

gauchiste [goʃist] *adj & nmf* izquierdista.

gaufre [gofr] *nf* gofre *m.*

gaufrer [gofre] *vt* gofrar.

gaufrette [gofrɛt] *nf* gofre *m* pequeño.

gaule [gol] *nf* **-1.** [perche] vara *f.* **-2.** [canne à pêche] caña *f* (de pescar).

gauler [gole] *vt* varear.

gaulliste [golist] *adj & nmf* gaullista.

gaulois, e [golwa, az] *adj* **-1.** [de Gaule] galo(la). **-2.** [osé] ribald. ◆ **Gaulois, e** *nm, f* galo *m,* -la *f.*

gausser [gose] ◆ **se gausser** *vp sout* : se ~ **de qqn/de qqch** mofarse de alguien/de algo.

gaver [gave] *vt* cebar.

gay [gɛ] *adj inv & nm* gay.

gaz [gaz] *nm inv* gas *m.*

gaze [gaz] *nf* gasa *f.*

gazelle [gazɛl] *nf* gacela *f.*

gazer [gaze] *vt* gasear.

gazette [gazɛt] *nf* gaceta *f.*

gazeux, euse [gazø, øz] *adj* **-1.** CHIM gaseoso(sa). **-2.** [boisson] con gas.

gazoduc [gazɔdyk] *nm* gasoducto *m,* gaseoducto *m.*

gazole = **gas-oil.**

gazon [gazɔ̃] *nm* césped *m;* **sur** ~ SPORT sobre hierba.

gazouiller [gazuje] *vi* **-1.** [oiseau] trinar, gorjear. **-2.** [bébé] balbucear.

GB, G-B *(abr de* **Grande-Bretagne)** *nf* GB *f.*

gd *(abr de* **grand)** g.

geai [ʒɛ] *nm* arrendajo *m.*

géant, e [ʒeã, ãt] ◇ *adj* gigante, gigantesco(ca). ◇ *nm, f* gigante *m,* -ta *f.*

geindre [ʒɛ̃dr] *vi* gemir.

gel [ʒɛl] *nm* **-1.** MÉTÉOR helada *f.* **-2.** [arrêt] congelación *f.* **-3.** [cosmétique] gel *m.*

gélatine [ʒelatin] *nf* gelatina *f.*

gelée [ʒəle] *nf* **-1.** MÉTÉOR helada *f.* **-2.** CULIN [de viandes] gelatina *f;* [de fruits] jalea *f,* gelatina *f.*

geler [ʒəle] ◇ *vt* **-1.** [gén] helar. **-2.** [projet] congelar. ◇ *vi* helarse.

gélule [ʒelyl] *nf* cápsula *f* (medicamento).

Gémeaux [ʒemo] *nmpl* ASTROL Géminis *m inv.*

gémir [ʒemir] *vi* gemir.

gémissement [ʒemismã] *nm* gemido *m.*

gemme [ʒɛm] *nf* gema *f.*

gênant, e [ʒenã, ãt] *adj* molesto(ta).

gencive [ʒãsiv] *nf* encía *f.*

gendarme [ʒãdarm] *nm* gendarme *m (policía francés).*

gendarmerie [ʒãdarməri] *nf* gendarmería *f (comisaría francesa).*

gendre [ʒãdr] *nm* yerno *m.*

gène [ʒɛn] *nm* gen *m.*

gêne [ʒɛn] *nf* [physique, psychologique] molestia *f;* **éprouver de la** ~ **à faire qqch** costarle a uno hacer algo; **mettre qqn dans la** ~ molestar a alguien.

généalogie [ʒenealɔʒi] *nf* genealogía *f.*

généalogique [ʒenealɔʒik] *adj* genealógico(ca).

gêner [ʒene] vt **-1.** [embarrasser, incommoder] molestar. **-2.** [encombrer, entraver] molestar, estorbar.

général, e, aux [ʒeneral, o] adj general; **en ~ en général.** ◆ **général** nm MIL general m. ◆ **générale** nf **-1.** THÉÂTRE ensayo m general. **-2.** MIL generala f.

généralisation [ʒeneralizasjɔ̃] nf generalización f.

généraliser [ʒeneralize] vt generalizar. ◆ **se généraliser** vp generalizarse.

généraliste [ʒeneralist] ◇ adj de medicina general. ◇ nmf médico m, -ca f de medicina general.

généralité [ʒeneralite] nf generalidad f. ◆ **généralités** nfpl generalidades fpl.

générateur, trice [ʒeneratœr, tris] adj generador(ra). ◆ **générateur** nm TECHNOL generador m. ◆ **génératrice** nf ÉLECTR generador m.

génération [ʒenerasjɔ̃] nf generación f; **~ spontanée** SCIENCES generación espontánea.

générer [ʒenere] vt generar.

généreux, euse [ʒenerø, øz] adj generoso(sa).

générique [ʒenerik] ◇ adj LING genérico(ca). ◇ nm títulos mpl de crédito.

générosité [ʒenerozite] nf generosidad f.

genèse [ʒənɛz] nf génesis f inv. ◆ **Genèse** nf : **la Genèse** BIBLE el Génesis.

genêt [ʒənɛ] nm retama f.

génétique [ʒenetik] ◇ adj genético(ca). ◇ nf genética f.

Genève [ʒənɛv] n Ginebra.

génial, e, aux [ʒenjal, o] adj genial.

génie [ʒeni] nm **-1.** [gén] genio m. **-2.** TECHNOL ingeniería f. **-3.** MIL [corps] cuerpo m de ingenieros militares.

genièvre [ʒənjɛvr] nm enebro m.

génisse [ʒenis] nf becerra f.

génital, e, aux [ʒenital, o] adj genital.

génitif [ʒenitif] nm LING genitivo m.

génocide [ʒenɔsid] nm genocidio m.

genou, x [ʒənu] nm ANAT rodilla f; **se mettre à ~x** arrodillarse.

genouillère [ʒənujɛr] nf rodillera f.

genre [ʒɑ̃r] nm **-1.** [gén] género m. **-2.** [de personne] estilo m.

gens [ʒɑ̃] nmpl gente f.

gentiane [ʒɑ̃sjan] nf genciana f.

gentil, ille [ʒɑ̃ti, ij] adj **-1.** [agréable] bueno(na). **-2.** [aimable] amable.

gentillesse [ʒɑ̃tijɛs] nf **-1.** [qualité] amabilidad f. **-2.** [action] atención f.

gentiment [ʒɑ̃timɑ̃] adv **-1.** [gén] tranquilamente. **-2.** [aimablement] amablemente. **-3.** Helv [tranquillement] tranquilamente.

génuflexion [ʒenyfleksjɔ̃] nf RELIG genuflexión f.

géographe [ʒeɔgraf] nmf geógrafo m, -fa f.

géographie [ʒeɔgrafi] nf geografía f.

geôlier, ère [ʒolje, ɛr] nm, f sout carcelero m, -ra f.

géologie [ʒeɔlɔʒi] nf geología f.

géologue [ʒeɔlɔg] nmf geólogo m, -ga f.

géomètre [ʒeɔmɛtr] nmf **-1.** [spécialiste de géométrie] geómetra mf. **-2.** [technicien] topógrafo m, -fa f.

géométrie [ʒeɔmetri] nf geometría f.

géosphère [ʒeɔsfɛr] nf geosfera f.

gérance [ʒerɑ̃s] nf gerencia f.

géranium [ʒeranjɔm] nm geranio m.

gérant, e [ʒerɑ̃, ɑ̃t] nm, f gerente mf.

gerbe [ʒɛrb] nf **-1.** [de fleurs] ramo m; [de blé] gavilla f, haz m. **-2.** [d'étincelles] haz m. **-3.** [d'eau] chorro m.

gercé, e [ʒɛrse] adj cortado(da).

gerçure [ʒɛrsyr] nf grieta f.

gérer [ʒere] vt administrar.

gériatrie [ʒerjatri] nf geriatría f.

germain, e [ʒɛrmɛ̃, ɛn] adj [cousin] hermano(na).

germanique [ʒɛrmanik] adj germánico(ca).

germe [ʒɛrm] nm germen m.

germer [ʒɛrme] vi germinar.

gésier [ʒezje] nm molleja f.

gésir [ʒezir] vi sout yacer.

gestation [ʒɛstasjɔ̃] nf gestación f.

geste [ʒɛst] nm gesto m; **dans un ~ d'abandon** con un gesto de abandono.

gesticuler [ʒɛstikyle] vi gesticular.

gestion [ʒɛstjɔ̃] nf administración f, gestión f.

geyser [ʒezɛr] nm GÉOL géiser m.

Ghana [gana] nm : **le ~** Ghana.

ghetto [geto] nm gueto m.

ghettoïsation [getoizasjɔ̃] nf confinamiento en ghettos.

gibet [ʒibɛ] nm horca f.

gibier [ʒibje] nm caza f.

giboulée [ʒibule] nf chubasco m.

Gibraltar [ʒibraltar] *n* Gibraltar; **à ~** [direction] a Gibraltar; [situation] en Gibraltar.

gicler [ʒikle] *vi* salpicar con fuerza.

gifle [ʒifl] *nf* bofetada *f Esp*, cachetada *f Amér.*

gifler [ʒifle] *vt* **-1.** [suj : personne] dar una bofetada. **-2.** *fig* [suj : vent, pluie] golpear.

gigantesque [ʒigɑ̃tɛsk] *adj* gigantesco(ca).

GIGN (*abr de* Groupe d'intervention de la gendarmerie nationale) *nm cuerpo de elite de la gendarmería francesa,* ≃ GEO *mpl.*

gigolo [ʒigɔlo] *nm* gigoló *m.*

gigot [ʒigo] *nm* CULIN pierna *f.*

gigoter [ʒigɔte] *vi* patalear.

gilet [ʒilɛ] *nm* **-1.** [cardigan] chaqueta *f* de punto. **-2.** [vêtement sans manches] chaleco *m.*

gin [dʒin] *nm* ginebra *f.*

gingembre [ʒɛ̃ʒɑ̃br] *nm* jengibre *m.*

girafe [ʒiraf] *nf* jirafa *f.*

giratoire [ʒiratwar] *adj* giratorio(ria).

girofle [ʒirɔfl] → **clou.**

girouette [ʒirwɛt] *nf* veleta *f.*

gisement [ʒizmã] *nm* yacimiento *m.*

gît [ʒi] → **gésir.**

gitan, e [ʒitã, an] *adj & nm, f* gitano(na). ◆ **Gitane**® *nf* [cigarette] *marca francesa de cigarrillos.*

gîte [ʒit] *nm* **-1.** [du lièvre] madriguera *f.* **-2.** [du bœuf] codillo *m.*

givre [ʒivr] *nm* escarcha *f.*

glabre [glabr] *adj* lampiño(ña).

glace [glas] *nf* **-1.** [eau congelée] hielo *m.* **-2.** [crème glacée] helado *m.* **-3.** [plaque de verre] luna *f.* **-4.** [de voiture – avant et arrière] luna *f*; [– de côté] ventanilla *f.* **-5.** [miroir] espejo *m.*

glacé, e [glase] *adj* **-1.** [gén] helado(da). **-2.** CULIN glaseado(da).

glacer [glase] *vt* **-1.** [gén] helar. **-2.** CULIN glasear.

glacial, e, aux [glasjal, o] *adj* glacial.

glacier [glasje] *nm* **-1.** GÉOGR glaciar *m.* **-2.** [marchand de glaces] vendedor *m* de helados.

glaçon [glasɔ̃] *nm* **-1.** [glace naturelle] témpano *m* (de hielo). **-2.** [cube de glace] cubito *m* de hielo. **-3.** *fig* [personne] témpano *m.*

gladiateur [gladjatœr] *nm* HIST gladiador *m.*

glaïeul [glajœl] *nm* gladiolo *m.*

glaire [glɛr] *nf* flema *f.*

glaise [glɛz] *nf* arcilla *f.*

glaive [glɛv] *nm* espada *f.*

gland [glã] *nm* **-1.** [fruit du chêne] bellota *f.* **-2.** [ornement] borla *f.* **-3.** ANAT glande *f.*

glande [glãd] *nf* ANAT glándula *f.*

glaner [glane] *vt* espigar.

glapir [glapir] *vi* gañir.

glas [gla] *nm* doble *m.*

glauque [glok] *adj* **-1.** [eau, yeux] glauco(ca). **-2.** [regard, air] lúgubre. **-3.** [ambiance] sórdido(da).

glissade [glisad] *nf* deslizamiento *m.*

glissant, e [glisã, ãt] *adj* **-1.** [route, chaussée] resbaladizo(za). **-2.** [savon] escurridizo(za).

glissement [glismã] *nm* **-1.** [action de glisser] deslizamiento *m.* **-2.** *fig* [déplacement] desplazamiento *m*; **~ de sens** LING desplazamiento semántico.

glisser [glise] ◇ *vi* **-1.** [patineur, skieur] deslizarse; **~ sur qqch** [se déplacer] deslizarse sobre algo; [déraper] resbalar sobre algo; *fig* [passer rapidement] tratar por encima OU superficialmente algo. **-2.** [surface] resbalar. **-3.** *fig* [progresser vers] desplazarse hacia; **~ dans qqch** dejarse llevar por algo; **~ vers qqch** desplazarse hacia algo. ◇ *vt* **-1.** [introduire] deslizar. **-2.** [donner] pasar; **~ qqch à qqn** pasar algo a alguien. **-3.** [regard] lanzar; [quelques mots] susurrar. ◆ **se glisser** *vp* [se faufiler] colarse; **se ~ dans qqch** [lit] deslizarse en algo.

glissière [glisjɛr] *nf* corredera *f.*

global, e, aux [glɔbal, o] *adj* global.

globalement [glɔbalmã] *adv* globalmente.

globalisation [glɔbalizasjɔ̃] *nf* [de marché] globalización *f*, internacionalización *f.*

globe [glɔb] *nm* globo *m.*

globule [glɔbyl] *nm* glóbulo *m*; **~ blanc/rouge** glóbulo blanco/rojo.

gloire [glwar] *nf* **-1.** [renommée] gloria *f.* **-2.** [mérite] mérito *m.* **-3.** [fierté] orgullo *m.*

glorieux, euse [glɔrjø, øz] *adj* glorioso(sa).

glossaire [glɔsɛr] *nm* glosario *m.*

glousser [gluse] *vi* **-1.** [poule] cloquear. **-2.** *péj* [personne] reír ahogadamente.

glouton, onne [glutɔ̃, ɔn] *nm, f* glotón *m*, -ona *f.*

glu [gly] *nf* liga *f (cola).*

gluant, e [glyã, ãt] *adj* pegajoso(sa).

glucide [glysid] *nm* glúcido *m.*

glycémie [glisemi] *nf* glucemia *f.*

glycine [glisin] *nf* glicina *f.*

GMT (*abr de* Greenwich Mean Time) GMT.

go [go] ◆ **tout de go** *loc adv* directamente.

goal [gol] *nm* portero *m (en fútbol)*.

gobelet [gɔblɛ] *nm* cubilete *m*.

gober [gɔbe] *vt* **-1.** [avaler] sorber. **-2.** *fam* [croire] tragarse.

godet [gɔdɛ] *nm* **-1.** [récipient] cortadillo *m*. **-2.** COUT pliegue *m*; **à ~s** plegado(da).

godiller [gɔdije] *vi* **-1.** [embarcation] cinglar. **-2.** [skieur] hacer bédel.

goéland [gɔelã] *nm* gaviota *f*.

goélette [gɔelɛt] *nf* goleta *f*.

goguenard, e [gɔgnar, ard] *adj* guasón(ona), burlón(ona).

goinfre [gwɛ̃fr] *nmf fam* tragón *m*, -ona *f*, tragaldabas *mf inv*.

goitre [gwatr] *nm* MÉD bocio *m*.

golf [gɔlf] *nm* golf *m*.

golfe [gɔlf] *nm* golfo *m*; **le ~ de Gascogne** el golfo de Vizcaya; **le ~ Persique** el golfo Pérsico.

gomme [gɔm] *nf* **-1.** [substance, pour effacer] goma *f*. **-2.** [bonbon] pastilla *f* de goma, gominola *f*.

gommer [gɔme] *vt* **-1.** [gén] borrar. **-2.** [enduire] engomar.

gond [gɔ̃] *nm* gozne *m*.

gondole [gɔ̃dɔl] *nf* góndola *f*.

gondoler [gɔ̃dɔle] *vi* combarse.

gonflé, e [gɔ̃fle] *adj* **-1.** [déformé] hinchado(da). **-2.** *fam* [culotté] : **être ~** tener morro.

gonfler [gɔ̃fle] ◇ *vt* **-1.** [distendre] hinchar, inflar. **-2.** [faire augmenter le volume de] hinchar. ◇ *vi* hincharse.

gonflette [gɔ̃flɛt] *nf* : **faire de la ~** *fam* sacar bola.

gong [gɔ̃g] *nm* gong *m*.

gorge [gɔrʒ] *nf* **-1.** [gosier] garganta *f*. **-2.** [cou] cuello *m*. **-3.** *sout* [de femme] pecho *m*. **-4.** [vallée étroite] garganta *f*.

gorgée [gɔrʒe] *nf* trago *m*.

gorger [gɔrʒe] *vt* : **~ qqn de qqch** [gaver] cebar a alguien con algo; [combler] colmar a alguien de algo; **~ qqch de qqch** saturar algo de algo.

gorille [gɔrij] *nm* gorila *m*.

gosier [gozje] *nm* gaznate *m*.

gosse [gɔs] *nmf fam* chaval *m*, -la *f Esp*, chamaco *m*, -ca *f Amér*.

gothique [gɔtik] *adj* gótico(ca).

gouache [gwaʃ] *nf* guache *m*, aguada *f*.

goudron [gudrɔ̃] *nm* alquitrán *m*.

goudronner [gudrɔne] *vt* alquitranar.

gouffre [gufr] *nm* **-1.** [gén] abismo *m*. **-2.** [ruine] pozo *m* sin fondo.

goujat [guʒa] *nm* patán *m*.

goulet [gulɛ] *nm* bocana *f*.

goulot [gulo] *nm* gollete *m*.

goulu, e [guly] *adj & nm, f* tragón(ona).

goupillon [gupijɔ̃] *nm* **-1.** RELIG hisopo *m*. **-2.** [à bouteille] escobilla *f (para limpiar botellas)*.

gourd, e [gur, gurd] *adj* entumecido(da).

gourde [gurd] ◇ *adj fam* zoquete. ◇ *nf* **-1.** *fam* [personne] zoquete *mf*. **-2.** [récipient] cantimplora *f*.

gourdin [gurdɛ̃] *nm* porra *f*.

gourmand, e [gurmã, ãd] ◇ *adj* goloso(sa). ◇ *nm, f* goloso *m*, -sa *f*.

gourmandise [gurmãdiz] *nf* **-1.** [caractère] glotonería *f*. **-2.** [sucrerie] golosina *f*.

gourmet [gurmɛ] *nm* gourmet *m*.

gourmette [gurmɛt] *nf* pulsera *f*.

gousse [gus] *nf* vaina *f*.

goût [gu] *nm* **-1.** [sens, jugement esthétique] gusto *m*. **-2.** [saveur] gusto *m*, sabor *m*. **-3.** [style] estilo *m*. **-4.** [penchant] afición *f*, inclinación *f*.

goûter [gute] ◇ *vt* **-1.** [aliment, boisson] probar. **-2.** [musique, sensation] disfrutar de. **-3.** *sout* [auteur, plaisanterie] apreciar. ◇ *vi* **-1.** [gén] probar. **-2.** [prendre une collation] merendar. **-3.** [faire l'expérience] : **~ à** OU **de qqch** probar algo. ◇ *nm* [de quatre heures] merienda *f*.

goutte [gut] ◇ *nf* **-1.** [gén] gota *f*. **-2.** *fam* [alcool] chupito *m*. ◇ *adv (de négation)* **sout** ni gota. ◆ **gouttes** *nfpl* MÉD gotas *fpl*.

goutte-à-goutte *nm inv* gota a gota *m*.

gouttelette [gutlɛt] *nf* gotita *f*.

gouttière [gutjɛr] *nf* **-1.** CONSTR canalón *m*. **-2.** MÉD entablillado *m*.

gouvernail [guvɛrnaj] *nm* timón *m*.

gouvernante [guvɛrnãt] *nf* **-1.** [d'enfants] aya *f*. **-2.** [de compagnie] ama *f* de llaves, gobernanta *f*.

gouvernement [guvɛrnəmã] *nm* gobierno *m*.

gouverner [guvɛrne] *vt* **-1.** [gén] gobernar. **-2.** GRAM regir.

gouverneur [guvɛrnœr] *nm* gobernador *m*.

grâce [gras] *nf* **-1.** [gén] gracia *f*. **-2.** [gré] grado *m*. ◆ **grâce à** *loc prép* gracias a.

gracier [grasje] *vt* indultar.

gracieusement [grasjøzmɑ̃] adv **-1.** [avec grâce] con gracia. **-2.** [gratuitement] graciosamente.

gracieux, euse [grasjø, øz] adj gracioso(sa).

gradation [gradasjɔ̃] nf gradación f.

grade [grad] nm grado m.

gradé, e [grade] adj & nm, f suboficial.

gradin [gradɛ̃] nm **-1.** [d'amphithéâtre] grada f. **-2.** [de terrain] escalón m.

graduation [graduasjɔ̃] nf graduación f.

graduel, elle [graduɛl] adj gradual.

graduer [gradue] vt graduar.

graffiti [grafiti] nm inv graffiti m.

grain [grɛ̃] nm **-1.** [gén] grano m. **-2.** [averse] chaparrón m.

graine [grɛn] nf semilla f, simiente f.

graisse [grɛs] nf **-1.** [gén] grasa f. **-2.** [pour cuisiner] manteca f.

graisser [grese] vt **-1.** [machine] engrasar. **-2.** [salir] manchar de grasa.

grammaire [gramɛr] nf gramática f.

grammatical, e, aux [gramatikal, o] adj gramatical.

gramme [gram] nm [unité de poids] gramo m.

grand, e [grɑ̃, grɑ̃d] ◇ adj **-1.** [gén] grande, gran; **un ~ volume** un volumen grande, un gran volumen; **~ âge** edad avanzada; **~s mots** palabras mayores; **prendre de ~s airs** adoptar aires de grandeza. **-2.** [en taille] alto(ta). **-3.** [âgé] mayor. ◇ nm, f **-1.** [adulte] persona f mayor. **-2.** [personnage] gran figura f. **-3.** [terme d'affection] grandullón m, -ona f.

grand-angle [grɑ̃tɑ̃gl], **grand-angulaire** [grɑ̃tɑ̃gylɛr] nm gran angular m.

grand-chose pron indéf : **c'est pas ~** no es gran cosa, es poca cosa.

Grande-Bretagne [grɑ̃dbrətaɲ] nf : **la ~** Gran Bretaña.

grandeur [grɑ̃dœr] nf **-1.** [dimensions] tamaño m. **-2.** [apogée] grandeza f. **-3.** fig [morale] grandeza f, magnitud f.

grandir [grɑ̃dir] ◇ vt **-1.** [rehausser] hacer (parecer) más alto. **-2.** fig engrandecer. ◇ vi crecer.

grand-mère (pl **grand-mères** OU **grands-mères**) nf abuela f.

grand-père nm abuelo m Esp, papá grande m Amér.

grands-parents [grɑ̃parɑ̃] nmpl abuelos mpl.

grange [grɑ̃ʒ] nf granero m.

granite, granit [granit] nm granito m.

granuleux, euse [granylø, øz] adj granuloso(sa).

graphique [grafik] ◇ adj gráfico(ca). ◇ nm gráfico m, gráfica f.

graphisme [grafism] nm grafismo m.

graphologie [grafɔlɔʒi] nf grafología f.

grappe [grap] nf racimo m.

grappiller [grapije] ◇ vt **-1.** [fruits] recoger. **-2.** fig [renseignements, argent] sacar. ◇ vi fig rebuscar.

grappin [grapɛ̃] nm rezón m.

gras, grasse [gra, gras] adj **-1.** [corps, aliment] graso(sa). **-2.** [sol] húmedo(da). **-3.** [crayon, toux] blando(da). **-4.** [personne, animal] gordo(da). **-5.** [plaisanterie] grosero(ra). **-6.** [rire] cazalloso(sa). **-7.** [plante] carnoso(sa). ◆ **gras** ◇ nm **-1.** [du jambon] gordo m. **-2.** [de la jambe] pantorrilla f. **-3.** TYPOGRAPHIE negrita f, negrilla f. ◇ adv **-1.** [viande] : **manger ~** comer carne. **-2.** [personne] : **tousser ~** tener la tos blanda.

grassement [grasmɑ̃] adv **-1.** [sans clarté] : **parler/rire ~** hablar/reír con la voz aguardentosa. **-2.** [largement] generosamente.

gratifier [gratifje] vt gratificar; **~ qqn de qqch** [récompenser] gratificar a alguien con algo; iron obsequiar a alguien con algo.

gratin [gratɛ̃] nm **-1.** [plat] gratén m, gratinado m; [fond] pegado m. **-2.** fam fig [haute société] flor y nata f.

gratiné, e [gratine] adj **-1.** CULIN gratinado(da). **-2.** fam [épreuve, examen] de aúpa Esp, de la gran siete Amér. **-3.** fam [plaisanterie, histoire] fuerte.

gratis [gratis] adv gratis.

gratitude [gratityd] nf gratitud f, agradecimiento m.

gratte-ciel [gratsjɛl] nm inv rascacielos m inv.

grattement [gratmɑ̃] nm rascadura f.

gratter [grate] ◇ vt **-1.** [surface, tache, peinture] rascar. **-2.** [suj : vêtement] picar. **-3.** fam [argent] sacar. **-4.** fam [concurrent] ganar. ◇ vi **-1.** fam [écrire] garrapatear. **-2.** fam [travailler] currar. **-3.** [frapper] llamar suavemente. **-4.** [laine] picar. **-5.** fam [instrument] rasgar. ◆ **se gratter** vp rascarse.

gratuit, e [gratɥi, it] adj gratuito(ta).

gratuitement [gratɥitmɑ̃] *adv* **-1.** [sans payer] gratis, gratuitamente. **-2.** [sans raison] gratuitamente.

gravats [grava] *nmpl* escombros *mpl*, cascotes *mpl*.

grave [grav] *adj & nm* grave.

gravement [gravmɑ̃] *adv* **-1.** [parler] con gravedad. **-2.** [blesser] de gravedad, gravemente.

graver [grave] *vt* **-1.** [gén] grabar. **-2.** [papier] imprimir.

gravier [gravje] *nm* grava *f Esp*, pedregullo *m Amér*.

gravillon [gravijɔ̃] *nm* gravilla *f.*

gravir [gravir] *vt* subir dificultosamente.

gravité [gravite] *nf* gravedad *f.*

graviter [gravite] *vi* **-1.** [astre] gravitar. **-2.** [évoluer dans] : ~ **autour de qqn/de qqch** girar alrededor de alguien/de algo.

gravure [gravyr] *nf* grabado *m.*

gré [gre] *nm* [consentement] : **contre mon** ~ **en** contra de mi voluntad; **de** ~ **ou de force** por las buenas o por las malas.

grec, grecque [grɛk] *adj* griego(ga). ◆ **grec** *nm* LING griego *m.* ◆ **Grec, Grecque** *nm, f* griego *m,* -ga *f.*

Grèce [grɛs] *nf* : **la** ~ Grecia.

gréement [gremɑ̃] *nm* NAVIG aparejo *m.*

greffe [grɛf] ◇ *nf* **-1.** MÉD trasplante *m.* **-2.** BOT injerto *m.* ◇ *nm* JUR ≈ secretaría *f* del juzgado.

greffer [grefe] *vt* **-1.** [organe] trasplantar; ~ **qqch à qqn** trasplantar algo a alguien. **-2.** BOT injertar. ◆ **se greffer** *vp* : **se** ~ **sur qqch** sumarse a algo.

greffier [grefje] *nm* JUR ≈ secretario *m,* -ria *f* judicial.

grégaire [gregɛr] *adj* gregario(ria).

grêle [grɛl] ◇ *adj* **-1.** [jambe] delgaducho(cha). **-2.** [son] agudo(da). ◇ *nf* **-1.** [précipitation] granizo *m.* **-2.** *fig* [grande quantité] lluvia *f.*

grêler [grele] ◇ *v impers* granizar; **il grêle** está granizando. ◇ *vt* [suj : orage] dañar.

grêlon [grɛlɔ̃] *nm* granizo *m.*

grelot [grəlo] *nm* cascabel *m.*

grelotter [grəlɔte] *vi* tiritar; ~ **de** tiritar de.

grenade [grənad] *nf* granada *f.*

Grenade [grənad] *nf* [ville] Granada.

grenadier [grənadje] *nm* **-1.** [arbre] granado *m.* **-2.** MIL [soldat] granadero *m.*

grenat [grəna] *adj & nm* granate.

grenier [grənje] *nm* **-1.** [de maison] desván *m.* **-2.** [à foin, région fertile] granero *m.*

grenouille [grənuj] *nf* ZOOL rana *f.*

grès [grɛ] *nm* **-1.** [roche] arenisca *f.* **-2.** [poterie] gres *m.*

grésiller [grezije] *vi* chisporrotear; [grillon] cantar.

grève [grɛv] *nf* **-1.** [protestation] huelga *f;* **faire (la)** ~ hacer huelga. **-2.** [rivage] arenal *m.*

grever [grəve] *vt* gravar; ~ **qqch de qqch** gravar algo con algo.

gréviste [grevist] *adj & nmf* huelguista.

gribouiller [gribuje] *vt* **-1.** [écrire] garabatear. **-2.** [dessiner] garabatear, pintarrajear.

grief [grijɛf] *nm* queja *f;* **faire** ~ **de qqch à qqn** echar en cara algo a alguien.

grièvement [grijɛvmɑ̃] *adv* gravemente.

griffe [grif] *nf* **-1.** [d'animal] garra *f,* zarpa *f.* **-2.** *Belg* [éraflure] arañazo *m.*

griffé, e [grife] *adj* [vêtement] de marca.

griffer [grife] *vt* **-1.** [suj : chat] arañar. **-2.** [suj : créateur] firmar.

grignoter [griɲɔte] ◇ *vt* **-1.** [manger] mordisquear. **-2.** *fam fig* [capital, fortune] pulirse. **-3.** *fam* [avantages, argent] sacar. ◇ *vi* **-1.** [manger] comisquear. **-2.** [salaires, libertés] : ~ **sur qqch** recortar algo.

gril [gril] *nm* parrilla *f.*

grillade [grijad] *nf* CULIN parrillada *f.*

grillage [grijaʒ] *nm* **-1.** [de porte, de fenêtre] rejilla *f.* **-2.** [clôture] alambrada *f.*

grille [grij] *nf* **-1.** [portail] cancela *f.* **-2.** [de fenêtre, d'orifice] reja *f.* **-3.** [de guichet] rejilla *f.* **-4.** [de mots croisés, de loto] encasillado *m.* **-5.** [tableau] cuadro *m.*

grille-pain [grijpɛ̃] *nm inv* tostadora *f,* tostador *m.*

griller [grije] ◇ *vt* **-1.** [viande, marron] asar. **-2.** [pain, café, amande] tostar. **-3.** [végétation, personne, moteur] quemar. **-4.** [ampoule] fundir. **-5.** [fenêtre] enrejar. **-6.** *fam* [cigarette] fumarse. **-7.** *fam* [feu rouge, étape] saltarse. **-8.** *fam* [concurrents] pasar delante de. **-9.** [compromettre] quemar. ◇ *vi* [viande] asarse.

grillon [grijɔ̃] *nm* grillo *m.*

grimace [grimas] *nf* mueca *f.*

grimer [grime] *vt* caracterizar *(maquillar).* ◆ **se grimer** *vp* caracterizarse *(maquillarse).*

grimper [grɛ̃pe] ◇ *vt* trepar a. ◇ *vi* **-1.** [personne, animal, plante] trepar; ~ **à/sur qqch** trepar a algo. **-2.** [côte] estar en cuesta. **-3.** *fig* [prix] subir.

grincement [grɛ̃smɑ̃] *nm* chirrido *m*.

grincer [grɛ̃se] *vi* rechinar, chirriar.

grincheux, euse [grɛ̃ʃø, øz] *adj & nm, f* gruñón(ona).

grippe [grip] *nf* MÉD gripe *f Esp*, gripa *f Amér*.

grippé, e [gripe] *adj* griposo(sa).

gripper [gripe] *vi* atrancarse.

gris, e [gri, griz] *adj* **-1.** [gén] gris. **-2.** [saoul] achispado(da). ◆ **gris** *nm* **-1.** [couleur] gris *m*. **-2.** [tabac] *tabaco picado fuerte que se vende envuelto en un papel de color gris*.

grisaille [grizaj] *nf* **-1.** [du ciel] tono *m* gris. **-2.** *fig* [de vie] monotonía *f*.

grisant, e [grizɑ̃, ɑ̃t] *adj* embriagador(ra).

griser [grize] *vt* embriagar.

grisonner [grizɔne] *vi* encanecerse.

grisou [grizu] *nm* grisú *m*.

grive [griv] *nf* tordo *m*.

grivois, e [grivwa, az] *adj* verde *(picante)*.

Groenland [grɔɛnlɑ̃d] *nm* : **le** ~ Groenlandia; **au** ~ [direction] a Groenlandia; [situation] en Groenlandia.

grog [grɔg] *nm* grog *m*.

grognement [grɔɲmɑ̃] *nm* gruñido *m*.

grogner [grɔɲe] *vi* gruñir.

groin [grwɛ̃] *nm* morro *m (del cerdo)*.

grommeler [grɔmle] *vt & vi* mascullar.

grondement [grɔ̃dmɑ̃] *nm* **-1.** [de tonnerre, de torrent] rugido *m*. **-2.** [d'animal] gruñido *m*.

gronder [grɔ̃de] *vi* **-1.** [canon, tonnerre] rugir. **-2.** [animal] gruñir. ◇ *vt* regañar.

gros, grosse [gro, gros] ◇ *adj (avant le nom)* **-1.** [volumineux, important, grand] gran. **-2.** *(avant ou après le nom)* [corpulent] gordo(da). **-3.** [grossier] grueso(sa). **-4.** [fort, sonore] fuerte. ◇ *nm, f* **-1.** [personne corpulente] gordo *m*, -da *f*. **-2.** [personnage important] pez *m* gordo. ◆ **gros** ◇ *adv* [beaucoup] mucho. ◇ *nm* COMM venta *f* al por mayor *Esp*, mayoreo *m Amér*. ◆ **grosse** *nf* [douze douzaines] gruesa *f*.

groseille [grozɛj] ◇ *nf* grosella *f*. ◇ *adj inv* [couleur] grosella *(en aposición)*.

grosse → **gros**.

grossesse [grosɛs] *nf* embarazo *m*.

grosseur [grosœr] *nf* **-1.** [grandeur, corpulence] tamaño *m*. **-2.** [épaisseur] grosor *m*. **-3.** MÉD bulto *m*.

grossier, ère [grosje, ɛr] *adj* **-1.** [gén] grosero(ra). **-2.** [matière] basto(ta). **-3.** [sommaire] tosco(ca).

grossièrement [grosjɛrmɑ̃] *adv* groseramente.

grossir [grosir] ◇ *vi* **-1.** [prendre du poids] engordar. **-2.** [augmenter, s'intensifier] crecer. ◇ *vt* **-1.** [suj : microscope, verre] agrandar. **-2.** [suj : vêtement] hacer parecer más gordo(da). **-3.** [importance, danger] exagerar. **-4.** [cours d'eau] hacer crecer.

grossissant, e [grosisɑ̃, ɑ̃t] *adj* [verre, lentille] de aumento.

grossiste [grosist] *nmf* COMM mayorista *mf*.

grosso modo [grosomɔdo] *adv* grosso modo.

grotte [grɔt] *nf* gruta *f*.

grouiller [gruje] *vi* hormiguear; ~ **de** hervir de.

groupe [grup] *nm* grupo *m*. ◆ **groupe sanguin** *nm* grupo *m* sanguíneo.

groupement [grupmɑ̃] *nm* agrupación *f*, agrupamiento *m*.

grouper [grupe] *vt* agrupar. ◆ **se grouper** *vp* agruparse.

grue [gry] *nf* **-1.** [appareil de levage] grúa *f*. **-2.** ZOOL grulla *f*. **-3.** *péj* [prostituée] zorra *f*.

grumeau, x [grymo] *nm* grumo *m*.

Guadeloupe [gwadlup] *nf* : **la** ~ Guadalupe; **à la** ~ [direction] a Guadalupe; [situation] en Guadalupe.

Guatemala [gwatemala] *nm* : **le** ~ Guatemala; **au** ~ [direction] a Guatemala; [situation] en Guatemala.

gué [ge] *nm* vado *m*; **traverser à** ~ vadear.

guenille [gənij] *nf* andrajo *m*.

guenon [gənɔ̃] *nf* mona *f*.

guépard [gepar] *nm* guepardo *m*.

guêpe [gɛp] *nf* avispa *f*.

guêpier [gepje] *nm* avispero *m*.

guère [gɛr] *adv* [peu] no mucho; **ne** (+ *verbe*) ~ [peu] no (+ *verbo*) mucho; **elle ne l'aime** ~ no le gusta mucho; **elle n'est** ~ **anxieuse** no está muy preocupada.

guéridon [geridɔ̃] *nm* velador *m*.

guérilla [gerija] *nf* guerrilla *f*.

guérir [gerir] ◇ *vt* curar. ◇ *vi* curarse.

guérison [gerizɔ̃] *nf* curación *f*.

guerre [gɛr] *nf* guerra *f*.

guerrier, ère [gɛrje, ɛr] *adj* guerrero(ra). ◆ **guerrier** *nm* guerrero *m*.

guet-apens [gɛtapɑ̃] *nm* **-1.** [piège] emboscada *f*. **-2.** *fig* [machination] encerrona *f*.

guêtre [gɛtr] *nf* polaina *f*.

guetter [gete] *vt* acechar *Esp*, aguaitar *Amér*.

gueulard, e [gœlar, ard] *adj & nm, f fam* gritón(ona).

gueule [gœl] *nf* **-1.** [bouche des animaux, ouverture] boca *f*. **-2.** *tfam* [bouche de l'homme] pico *m*. **-3.** *fam* [visage] careto *m*.

gueuleton [gœltɔ̃] *nm fam* comilona *f*.

gui [gi] *nm* BOT muérdago *m*.

guichet [giʃɛ] *nm* taquilla *f Esp*, boletería *f Amér*. ◆ **guichet automatique** *nm* cajero *m* automático.

guichetier, ère [giʃtje, ɛr] *nm, f* taquillero *m*, -ra *f*.

guide [gid] ◇ *nm* **-1.** [personne] guía *mf*. **-2.** *fig* [livre] guía *f*. ◇ *nf* [scoutisme] guía *f*.

guider [gide] *vt* guiar.

guidon [gidɔ̃] *nm* manillar *m*.

guignol [giɲɔl] *nm* **-1.** [marionnette] títere *m*. **-2.** [théâtre] guiñol *m*.

guillemet [gijmɛ] *nm* comilla *f*.

guilleret, ette [gijrɛ, ɛt] *adj* vivaracho(cha).

guillotine [gijɔtin] *nf* guillotina *f*.

guindé, e [gɛ̃de] *adj* **-1.** [attitude, personne] estirado(da). **-2.** [style] ampuloso(sa).

Guinée [gine] *nf* : **la** ∼ Guinea.

guirlande [girlɑ̃d] *nf* guirnalda *f*.

guise [giz] *nf* : **à ma** ∼ [selon mon goût] a mi manera.

guitare [gitar] *nf* guitarra *f*.

guitariste [gitarist] *nmf* guitarrista *mf*.

guttural, e, aux [gytyral, o] *adj* gutural.

Guyane [gɥijan] *nf* Guayana.

gymnastique [ʒimnastik] *nf* gimnasia *f*.

gynéco [ʒineko] *nmf fam* ginecólogo *m*, -ga *f*.

gynécologie [ʒinekɔlɔʒi] *nf* ginecología *f*.

gynécologue [ʒinekɔlɔg] *nmf* ginecólogo *m*, -ga *f*.

h, H [aʃ] *nm inv* h *f*, H *f*. ◆ **h -1.** (*abr de* heure) h. **-2.** (*abr de* hecto) h. ◆ **H -1.** (*abr de* homme) H. **-2.** (*abr de* hydrogène) H.

ha (*abr de* hectare) ha.

hab. (*abr de* habitant) hab.

habile [abil] *adj* hábil.

habileté [abilte] *nf* habilidad *f*.

habiller [abije] *vt* **-1.** [gén] vestir; ∼ qqn de qqch vestir a alguien de algo. **-2.** [fauteuil] poner una funda a. ◆ **s'habiller** *vp* vestirse.

habit [abi] *nm* **-1.** [costume] traje *m*. **-2.** RELIG hábito *m*. ◆ **habits** *nmpl* ropa *f*.

habitacle [abitakl] *nm* cabina *f (de avión)*.

habitant, e [abitɑ̃, ɑ̃t] *nm, f* **-1.** [gén] habitante *mf*. **-2.** *Can* [paysan] campesino *m*, -na *f*.

habitation [abitasjɔ̃] *nf* vivienda *f*.

habité, e [abite] *adj* habitado(da).

habiter [abite] ◇ *vt* **-1.** [suj : personne] vivir en. **-2.** [suj : passion, sentiment] embargar. ◇ *vi* vivir.

habitude [abityd] *nf* costumbre *f*; **avoir l'**∼ **de qqch/de faire qqch** tener la costumbre de algo/de hacer algo.

habituel, elle [abitɥɛl] *adj* habitual.

habituer [abitɥe] *vt* : ∼ qqn à qqch/à faire qqch acostumbrar a alguien a algo/a hacer algo. ◆ **s'habituer** *vp* : **s'**∼ **à qqch/à faire qqch** acostumbrarse a algo/a hacer algo.

hache ['aʃ] *nf* hacha *f*.

hacher ['aʃe] *vt* **-1.** [viande] picar. **-2.** *fig* [style, discours] entrecortar.

hachisch, haschich, haschisch ['aʃiʃ] *nm* hachís *m*.

hachoir ['aʃwar] *nm* **-1.** [appareil] picadora *f*. **-2.** [couteau] tajadera *f*. **-3.** [planche] tabla *f* de picar.

hachure ['aʃyr] *nf* (*gén pl*) plumeado *m*.

hagard, e ['agar, ard] *adj* azorado(da).

haï, e ['ai] *pp* → **haïr.**

haie ['ɛ] *nf* **-1.** [d'arbustes] seto *m*. **-2.** [de personnes] fila *f*. **-3.** SPORT [obstacle] obstáculo *m*.

haine ['ɛn] *nf* odio *m*.

haïr ['air] *vt* odiar.

Haïti [aiti] *n* Haití; **à** ∼ [direction] a Haití; [situation] en Haití.

hâle ['al] *nm* tostado *m*.

hâlé, e ['ale] *adj* tostado(da).

haleine [alɛn] *nf* [souffle] aliento *m*.

haleter ['alte] *vi* jadear.

hall ['ol] *nm* vestíbulo *m*, hall *m*.

halle ['al] *nf* mercado *m*.

hallucination [alysinasjɔ̃] *nf* alucinación *f*.

halo ['alo] *nm* halo *m*.

halogène [alɔʒɛn] ◇ adj halógeno(na). ◇ nm CHIM halógeno m.

halte [alt] nf -1. [pause] alto m. -2. [étape] meta f.

halte-garderie ['altəgardəri] nf guardería f infantil.

haltère [altɛr] nm haltera f.

haltérophile [alterɔfil] adj & nmf halterófilo(la).

hamac ['amak] nm hamaca f.

hamburger ['ãburgœr] nm hamburguesa f.

hameau, x ['amo] nm aldea f.

hameçon [amsɔ̃] nm anzuelo m.

hamster ['amstɛr] nm hámster m.

hanche ['ãʃ] nf cadera f.

handball ['ãdbal] nm balonmano m.

handicap ['ãdikap] nm -1. [infirmité] minusvalía f. -2. SPORT handicap m.

handicapé, e ['ãdikape] ◇ adj [physique] minusválido(da). ◇ nm, f minusválido m, -da f.

handicaper ['ãdikape] vt -1. [désavantager] dificultar. -2. SPORT handicapar.

hangar ['ãgar] nm hangar m.

hanneton ['ãtɔ̃] nm abejorro m.

hanter ['ãte] vt -1. [suj : fantôme] aparecerse en. -2. fam [bar, quartier] frecuentar. -3. [obséder] acosar.

happer ['ape] vt -1. [saisir] atrapar de un bocado. -2. [accrocher] arrollar.

haranguer ['arãge] vt arengar.

haras ['ara] nm acaballadero m.

harassant, e ['arasã, ãt] adj agotador(ra).

harceler ['arsəle] vt -1. [gén] acosar. -2. [ne pas cesser d'importuner] : ~ **qqn de qqch** acribillar a alguien a algo.

hardes ['ard] nfpl harapos mpl.

hardi, e ['ardi] adj audaz.

hardware ['ardwɛr] nm hardware m.

harem ['arɛm] nm harén m.

hareng ['arã] nm arenque m.

hargne ['arɲ] nf hosquedad f.

haricot ['ariko] nm judía f Esp, ejote m Amér.

harmonica [armɔnika] nm armónica f.

harmonie [armɔni] nf -1. [gén] armonía f. -2. MUS [fanfare] banda f.

harmonieux, euse [armɔnjø, øz] adj armonioso(sa).

harmoniser [armɔnize] vt armonizar.

harnacher ['arnaʃe] vt [cheval] enjaezar.

harnais ['arnɛ] nm -1. [de cheval] arneses mpl, arreos mpl. -2. SPORT equipo m. -3. TECHNOL tren m de engranajes.

harpe ['arp] nf MUS arpa f.

harpon ['arpɔ̃] nm arpón m.

harponner ['arpɔne] vt -1. [poisson] arponear. -2. fam [personne] echar el guante.

hasard ['azar] nm -1. [événement imprévu] casualidad f. -2. [cause imprévisible] azar m; **au** ~ al azar.

hasarder ['azarde] vt -1. sout [vie, réputation] arriesgar. -2. [conseil] aventurar. ◆ **se hasarder** vp : **se** ~ **à faire qqch** aventurarse a hacer algo.

haschich, haschisch = hachisch.

hâte ['at] nf prisa f.

hâter ['ate] vt -1. [pas] apresurar. -2. [avancer] adelantar. ◆ **se hâter** vp [se dépêcher] darse prisa; **se** ~ **de faire qqch** darse prisa en hacer algo.

hausse ['os] nf alza f; ~ **des températures** subida f de las temperaturas.

hausser ['ose] vt -1. [mur, voix, ton] alzar. -2. [épaules] encoger; [sourcils] enarcar.

haut, e ['o, 'ot] adj alto(ta). ◆ **haut** ◇ adv alto; **parler** ~ hablar alto. ◇ nm -1. [hauteur] alto m; **cette pièce fait deux mètres de** ~ esta habitación tiene dos metros de alto. -2. [sommet] : **le** ~ **de qqch** lo alto de algo. -3. [vêtement] cuerpo m. ◆ **de haut en bas** loc adv de arriba abajo. ◆ **du haut de** loc prép desde lo alto de. ◆ **en haut de** loc prép en lo alto de.

hautain, e ['otɛ̃, ɛn] adj altivo(va), altanero(ra).

hautbois ['obwa] nm oboe m.

haute-fidélité nf alta fidelidad f.

hautement ['otmã] adv altamente.

hauteur ['otœr] nf -1. [gén] altura f. -2. [colline] elevación f.

Haute-Volta [otvɔlta] nf : **la** ~ el Alto Volta.

haut-fourneau nm alto horno m.

haut-parleur ['oparlœr] (pl **haut-parleurs**) nm altavoz m Esp, altoparlante m Amér.

havre ['avr] nm sout remanso m.

hayon ['ajɔ̃] nm puerta f del maletero.

hebdomadaire [ɛbdɔmadɛr] ◇ adj semanal. ◇ nm semanario m, revista f semanal.

héberger [ebɛrʒe] vt alojar, hospedar.

hébété, e [ebete] adj alelado(da).

hébraïque [ebraik] adj hebraico(ca).

hécatombe [ekatɔ̃b] *nf* **-1.** [massacre] hécatombe *f*. **-2.** *fig* [à un examen] escabechina *f*.

hectare [ɛktar] *nm* hectárea *f*.

hectolitre [ɛktɔlitr] *nm* hectolitro *m*.

hégémonie [eʒemɔni] *nf* hegemonía *f*.

hein [ʼɛ̃] *interj fam* **-1.** [indiquant la surprise] ¿qué? **-2.** [indiquant l'incompréhension] ¿eh?, ¿cómo? **-3.** [pour susciter l'approbation] ¿eh?, ¿verdad?

hélas [ʼelas] *interj sout* desgraciadamente.

héler [ʼele] *vt* [taxi, personne] llamar.

hélice [elis] *nf* hélice *f*.

hélicoptère [elikɔptɛr] *nm* helicóptero *m*.

héliport [elipɔr] *nm* helipuerto *m*.

hélium [eljɔm] *nm* helio *m*.

Helsinki [ʼɛlsiŋki] *n* Helsinki.

hématome [ematom] *nm* MÉD hematoma *m*.

hémicycle [emisikl] *nm* hemiciclo *m*; **l'~** POLIT el hemiciclo.

hémisphère [emisfɛr] *nm* hemisferio *m*.

hémophile [emɔfil] *adj & nmf* hemofílico(ca).

hémophilie [emɔfili] *nf* MÉD hemofilia *f*.

hémorragie [emɔraʒi] *nf* **-1.** MÉD hemorragia *f*. **-2.** *fig* [des capitaux] fuga *f*.

hémorroïdes [emɔrɔid] *nfpl* hemorroides *fpl*.

hennir [ʼenir] *vi* relinchar.

hépatite [epatit] *nf* MÉD hepatitis *f inv*; **~ A** hepatitis A.

herbe [ɛrb] *nf* **-1.** [gén] hierba *f*. **-2.** *fam* [marijuana] hierba *f*.

herbicide [ɛrbisid] *adj & nm* herbicida.

herboriste [ɛrbɔrist] *nmf* herborista *mf*.

héréditaire [ereditɛr] *adj* hereditario(ria).

hérédité [eredite] *nf* herencia *f*.

hérésie [erezi] *nf* herejía *f*.

hérisser [ʼerise] *vt* **-1.** [poil] erizar. **-2.** [personne] indignar.

hérisson [ʼerisɔ̃] *nm* erizo *m*.

héritage [eritaʒ] *nm* herencia *f*.

hériter [erite] ◇ *vi* heredar; **~ de qqch** heredar algo. ◇ *vt* : **~ qqch de qqn** heredar algo de alguien.

héritier, ère [eritje, ɛr] *nm, f* heredero *m*, -ra *f*.

hermétique [ɛrmetik] *adj* hermético(ca).

hermine [ɛrmin] *nf* armiño *m*.

hernie [ʼɛrni] *nf* MÉD hernia *f*.

héroïne [erɔin] *nf* [personne, drogue] heroína *f*.

héroïque [erɔik] *adj* heroico(ca).

héroïsme [erɔism] *nm* heroísmo *m*.

héron [ʼerɔ̃] *nm* garza *f*.

héros [ʼero] *nm* héroe *m*; **~ national** héroe nacional.

herse [ʼɛrs] *nf* **-1.** AGRIC rastra *f*. **-2.** [grille] rastrillo *m*.

hésitant, e [ezitã, ãt] *adj* indeciso(sa).

hésitation [ezitasjɔ̃] *nf* indecisión *f*.

hésiter [ezite] *vi* vacilar, dudar; **~ sur qqch/entre qqch et qqch** [ne pouvoir choisir] dudar sobre algo/entre algo y algo; **~ à faire qqch** [craindre de] dudar si hacer algo.

hétéroclite [eterɔklit] *adj* heteróclito(ta).

hétérogène [eterɔʒɛn] *adj* heterogéneo(a).

hétérosexuel, elle [eterɔsɛksɥɛl] *adj & nm, f* heterosexual.

hêtre [ʼɛtr] *nm* haya *f*.

heure [œr] *nf* hora *f*; **c'est l'~** es la hora; **être à l'~** llegar a la hora OU puntual; **faire des ~s supplémentaires** hacer horas extraordinarias; **il est une ~** es la una; **il est deux ~s** son las dos; **quelle ~ est-il?** ¿qué hora es?; **tout à l'~** luego; **~s de bureau** horas OU horario de oficina; **~ de fermeture** hora de cierre.

heureusement [œrøzmã] *adv* **-1.** [favorablement] felizmente. **-2.** [par chance] afortunadamente.

heureux, euse [œrø, øz] *adj* [gén] feliz; **être ~ de faire qqch** estar contento(a) de hacer algo; **~ de faire votre connaissance** encantado(da) de conocerle.

heurt [ʼœr] *nm* **-1.** [choc] choque *m*, golpe *m*. **-2.** [désaccord, friction] choque *m*.

heurté, e [ʼœrte] *adj* entrecortado(da).

heurter [ʼœrte] ◇ *vt* **-1.** [rentrer dans] tropezar con. **-2.** [sentiments, sensibilité] herir. **-3.** [bon sens] ofender; [convenances] desafiar. ◇ *vi* : **~ contre qqch** chocar contra algo. ◆ **se heurter** *vp* **-1.** [s'accrocher] chocar. **-2.** [se cogner à] : **se ~ contre qqch** chocar contra algo. **-3.** [rencontrer] : **se ~ à qqch** enfrentarse a algo.

hexagonal, e, aux [ɛgzagɔnal, o] *adj* [français] francés(esa).

hexagone [ɛgzagɔn] *nm* GÉOM hexágono *m*.

hiatus [jatys] *nm* LING hiato *m*.

hiberner [ibɛrne] *vi* hibernar.

hibou, x [ʼibu] *nm* búho *m Esp*, tecolote *m Amér*.

hideux, euse [ʼidø, øz] *adj* repugnante.

hier [ijɛr] *adv* ayer.

hiérarchie ['jerarʃi] *nf* jerarquía *f*.

hiéroglyphe [jerɔglif] *nm* jeroglífico *m*.

hilare [ilar] *adj* risueño(ña).

hindou, e [ɛ̃du] *adj & nm, f* hindú.

hippie, hippy ['ipi] (*pl* **hippies**) *adj & nmf* hippy.

hippique [ipik] *adj* hípico(ca).

hippodrome [ipɔdrom] *nm* hipódromo *m*.

hippopotame [ipopɔtam] *nm* hipopótamo *m*.

hippy = hippie.

hirondelle [irɔ̃dɛl] *nf* golondrina *f*.

hirsute [irsyt] *adj* hirsuto(ta).

hispanique [ispanik] *adj* **-1.** [gén] hispánico(ca). **-2.** [aux États-Unis] hispano(na). ◆ **Hispanique** *nmf* [aux États-Unis] hispano *m*, -na *f*.

hisser ['ise] *vt* **-1.** [drapeau, voile] izar. **-2.** [personne] subir. ◆ **se hisser** *vp* **-1.** [grimper] : **se ~ (sur qqch)** subirse (a algo). **-2.** *fig* [s'élever] : **se ~ à qqch** ascender a algo.

histoire [istwar] *nf* historia *f*. ◆ **histoires** *nfpl* [ennuis] historias *fpl*, malos rollos *mpl*.

historique [istɔrik] *adj* histórico(ca).

hiver [ivɛr] *nm* invierno *m*.

hl (*abr de* **hectolitre**) hl.

HLM (*abr de* **habitation à loyer modéré**) *nm* OU *nf* ≈ vivienda *f* de protección oficial, ≈ VPO *f*.

hochet ['ɔʃɛ] *nm* sonajero *m*.

hockey ['ɔkɛ] *nm* SPORT hockey *m*.

holding ['ɔldiŋ] *nm* OU *nf* holding *m*.

hold-up ['ɔldœp] *nm inv* atraco *m* a mano armada.

Hollande ['ɔlɑ̃d] *nf* : **la ~** Holanda; **en ~** [direction] a Holanda; [situation] en Holanda.

holocauste [ɔlokost] *nm* holocausto *m*.

homard ['ɔmar] *nm* bogavante *m*.

homéopathe [ɔmeopat] ◇ *nmf* homeópata *mf*. ◇ *adj* homeopático(ca).

homéopathie [ɔmeopati] *nf* homeopatía *f*.

homicide [ɔmisid] ◇ *nm* homicidio *m*. ◇ *adj* homicida.

hommage [ɔmaʒ] *nm* homenaje *m*; **rendre ~ à qqn/à qqch** rendir homenaje a alguien/a algo.

homme [ɔm] *nm* hombre *m*; **~ d'affaires** hombre de negocios; **~ de plume** hombre de letras; **~ lige** vasallo *m*.

homme-grenouille *nm* hombre rana *m*.

homogène [ɔmɔʒɛn] *adj* homogéneo(a).

homologue [ɔmɔlɔg] *adj & nm* homólogo(ga).

homonyme [ɔmɔnim] *nm* homónimo *m*.

homosexualité [ɔmɔsɛksyalite] *nf* homosexualidad *f*.

homosexuel, elle [ɔmɔsɛksyɛl] *adj & nm, f* homosexual.

Honduras ['ɔ̃dyras] *nm* : **le ~** Honduras; **au ~** [direction] a Honduras; [situation] en Honduras.

hondurien, enne ['ɔ̃dyrjɛ̃, ɛn] *adj* hondureño(ña).

Hongkong, Hong Kong ['ɔ̃gkɔ̃g] *n* Hong Kong.

Hongrie ['ɔ̃gri] *nf* : **la ~** Hungría.

honnête [ɔnɛt] *adj* **-1.** [gén] honesto(ta). **-2.** [résultat] satisfactorio(ria).

honnêtement [ɔnɛtmɑ̃] *adv* **-1.** [loyalement] honestamente. **-2.** [convenablement] satisfactoriamente. **-3.** [franchement] sinceramente.

honnêteté [ɔnɛtte] *nf* honestidad *f*.

honneur [ɔnœr] *nm* **-1.** [gén] honor *m*; **à qui ai-je l'~?** *sout* ¿con quién tengo el honor? **-2.** [dignité, fierté] honor *m*, honra *f*; **faire ~ à qqch/à qqn** hacer honor a algo/a alguien; **faire ~ à qqch** [apprécier] hacer los honores a algo.

honorable [ɔnɔrabl] *adj* **-1.** [personne, profession] honorable. **-2.** [somme] razonable.

honorablement [ɔnɔrabləmɑ̃] *adv* honradamente.

honoraire [ɔnɔrɛr] *adj* honorario(ria). ◆ **honoraires** *nmpl* honorarios *mpl*.

honorer [ɔnɔre] *vt* **-1.** [gén] honrar. **-2.** [dette] liquidar; [chèque, paiement] hacer efectivo.

honte ['ɔ̃t] *nf* vergüenza *f Esp*, pena *f Amér*; **avoir ~ de qqch/de faire qqch** tener vergüenza OU avergonzarse de algo/de hacer algo; **avoir ~ de qqn** avergonzarse de alguien.

hôpital, aux [ɔpital, o] *nm* hospital *m*.

hoquet ['ɔkɛ] *nm* hipo *m*.

horaire [ɔrɛr] ◇ *nm* horario *m*. ◇ *adj* [prix] por horas.

horizon [ɔrizɔ̃] *nm* horizonte *m*.

horizontal, e, aux [ɔrizɔ̃tal, o] *adj* horizontal. ◆ **horizontale** *nf* MATHS horizontal *f*.

horloge [ɔrlɔʒ] *nf* reloj *m*.

horloger, ère [ɔrlɔʒe, ɛr] *adj & nm, f* relojero(ra).

hormis [ɔrmi] *prép sout* menos, excepto.

hormone [ɔrmɔn] *nf* hormona *f.*

horodateur [ɔrɔdatœr] *nm* parquímetro *m.*

horoscope [ɔrɔskɔp] *nm* horóscopo *m.*

horreur [ɔrœr] *nf* horror *m*; **avoir ~ de qqch/de qqn/de faire qqch** dar horror algo/alguien/hacer algo. ◆ **horreurs** *nfpl* horrores *mpl.*

horrible [ɔribl] *adj* **–1.** [affreux] horrible. **-2.** *fig* [terrible] terrible.

horrifier [ɔrifje] *vt* horrorizar.

horripiler [ɔripile] *vt* poner los nervios de punta.

hors [ɔr] ◆ **hors de** *loc prép* [à l'extérieur de] fuera de.

hors-bord *nm inv* fueraborda *m.*

hors-d'œuvre *nm inv* entremés *m.*

hors-jeu *nm inv* fuera de juego *m.*

hors-la-loi *nm inv* fuera de la ley *m*, forajido *m.*

hors-piste, hors-pistes *nm inv* esquí *m* fuera de pista.

hortensia [ɔrtãsja] *nm* hortensia *f.*

horticulture [ɔrtikyltyr] *nf* horticultura *f.*

hospice [ɔspis] *nm* hospicio *m.*

hospitalier, ère [ɔspitalje, ɛr] *adj* hospitalario(ria).

hospitalisation [ɔspitalizasjɔ̃] *nf* hospitalización *f.*

hospitaliser [ɔspitalize] *vt* hospitalizar.

hospitalité [ɔspitalite] *nf* hospitalidad *f.*

hostie [ɔsti] *nf* RELIG hostia *f.*

hostile [ɔstil] *adj* hostil; **~ à qqn/à qqch** hostil a alguien/a algo.

hostilité [ɔstilite] *nf* hostilidad *f.* ◆ **hostilités** *nfpl* hostilidades *fpl.*

hôte, hôtesse [ot, otɛs] *nm, f* anfitrión *m*, -ona *f.* ◆ **hôte** *nmf* huésped *mf.* ◆ **hôtesse (de l'air)** *nf* azafata *f.*

hôtel [otɛl] *nm* **–1.** [hébergement] hotel *m.* **-2.** [demeure] palacete *m.*

hôtelier, ère [otəlje, ɛr] *adj & nm, f* hotelero(ra).

hotte [ɔt] *nf* **–1.** [panier] cuévano *m.* **-2.** [d'aération] campana *f.*

houblon [ublɔ̃] *nm* lúpulo *m.*

houille [uj] *nf* hulla *f.*

houiller, ère [uje, ɛr] *adj* hullero(ra). ◆ **houillère** *nf* yacimiento *m* de hulla.

houle [ul] *nf* marejadilla *f.*

houlette [ulɛt] *nf sout* : **sous la ~ de qqn** bajo la dirección de alguien.

houppe [up] *nf* **–1.** [à poudre] borla *f.* **-2.** [de cheveux] tupé *m.*

hourra, hurrah [ˈura] ◇ *nm* hurra *m.* ◇ *interj* ¡hurra!

houspiller [uspije] *vt* reprender.

housse [ˈus] *nf* funda *f.*

houx [ˈu] *nm* acebo *m.*

HS *abr de* **hors service.**

HT ◇ *adj* (*abr de* **hors taxe**) IVA no incluido, sin IVA; **300F ~** 300 F, sin IVA. ◇ *nf* (*abr de* **haute tension**) AT.

hublot [ˈyblo] *nm* **–1.** [de bateau] ojo *m* de buey; [d'avion] ventanilla *f.* **-2.** [de four] puerta *f.*

huche [ˈyʃ] *nf* arca *f.*

huées [ˈye] *nfpl* abucheo *m.*

huer [ˈye] *vt* abuchear.

huile [ɥil] *nf* **–1.** [gén] aceite *m.* **-2.** [peinture] óleo *m.* **-3.** *fam* [personnalité] pez *m* gordo.

huis [ɥi] *nm* : **à ~ clos** a puerta cerrada.

huissier [ɥisje] *nm* **–1.** [appariteur] bedel *m.* **-2.** JUR ≈ alguacil *m* judicial.

huit [ɥit] ◇ *adj num* ocho. ◇ *nm* ocho *m*; *voir aussi* **six.**

huitième [ɥitjɛm] ◇ *adj num & nmf* octavo(va). ◇ *nm* octavo *m*, octava parte *f.* ◇ *nf* **–1.** [championnat] : **~ de finale** octavos *mpl* de final. **-2.** [classe] ≈ cuarto de EGB.; *voir aussi* **sixième.**

huître [ɥitr] *nf* ostra *f.*

humain, e [ymɛ̃, ɛn] *adj* humano(na). ◆ **humain** *nm* humano *m.*

humanitaire [ymanitɛr] *adj* humanitario(ria).

humanité [ymanite] *nf* humanidad *f.*

humble [œbl] *adj* humilde.

humecter [ymɛkte] *vt* humedecer. ◆ **s'humecter** *vp* humedecerse.

humer [ˈyme] *vt* aspirar (*oler*).

humérus [ymerys] *nm* ANAT húmero *m.*

humeur [ymœr] *nf* **–1.** [caractère, disposition] humor *m*; **être d'~ à faire qqch** estar de humor para hacer algo. **-2.** [irritation] mal humor *m.*

humide [ymid] *adj* húmedo(da).

humidité [ymidite] *nf* humedad *f.*

humiliation [ymiljasjɔ̃] *nf* humillación *f.*

humilier [ymilje] *vt* humillar. ◆ **s'humilier** *vp* : **s'~ devant qqn** humillarse ante alguien.

humilité [ymilite] *nf* humildad *f.*

humoristique [ymɔristik] *adj* humorístico(ca).

humour [ymur] *nm* humor *m.*

humus [ymys] *nm* humus *m*, mantillo *m*.
huppé, e ['ype] *adj* de alto copete.
hurlement ['yrləmã] *nm* alarido *m*, aullido *m*.
hurler ['yrle] *vi* **-1.** [crier] aullar. **-2.** [couleurs] darse bofetadas.
hurrah = **hourra**.
hutte ['yt] *nf* choza *f Esp*, mediagua *f Amér*.
hybride [ibrid] *adj & nmf* híbrido(da).
hydratant, e [idratã, ãt] *adj* hidratante.
hydrater [idrate] *vt* hidratar.
hydraulique [idrolik] ◇ *adj* hidráulico(ca). ◇ *nf* SCIENCES hidráulica *f*.
hydravion [idravjɔ̃] *nm* hidroavión *m*.
hydrocarbure [idrokarbyr] *nm* hidrocarburo *m*.
hydrocution [idrokysjɔ̃] *nf* MÉD hidrocución *f*.
hydroélectrique [idroelɛktrik] *adj* hidroeléctrico(ca).
hydrogène [idrɔʒɛn] *nm* hidrógeno *m*.
hydroglisseur [idrogliscer] *nm* hidroplano *m*. ⸱
hydrophile [idrofil] *adj* [absorbant] hidrófilo(la).
hyène [jɛn] *nf* hiena *f*.
hygiène [iʒjɛn] *nf* higiene *f*.
hygiénique [iʒjenik] *adj* higiénico(ca).
hymen [imɛn] *nm* **-1.** ANAT himen *m*. **-2.** *sout* [mariage] himeneo *m*.
hymne [imn] *nm* himno *m*.
hypermarché [ipɛrmarʃe] *nm* hipermercado *m*.
hypermétrope [ipɛrmetrɔp] *adj & nmf* hipermétrope.
hypernerveux, euse [ipɛrnɛrvø, øz] *adj & nm, f* hipernervioso(sa).
hypertendu, e [ipɛrtãdy] *adj & nm, f* hipertenso(sa).
hypertension [ipɛrtãsjɔ̃] *nf* MÉD hipertensión *f*.
hypertrophié, e [ipɛrtrɔfje] *adj* hipertrofiado(da).
hypnotiser [ipnɔtize] *vt* hipnotizar; **être hypnotisé par qqch** estar hipnotizado por algo.
hypocondriaque [ipokɔ̃drijak] *adj & nmf* hipocondríaco(ca).
hypocrisie [ipokrizi] *nf* hipocresía *f*.
hypocrite [ipokrit] *adj & nmf* hipócrita.
hypoglycémie [ipɔglisemi] *nf* hipoglucemia *f*.
hypophyse [ipofiz] *nf* ANAT hipófisis *f inv*.

hypotension [ipotãsjɔ̃] *nf* MÉD hipotensión *f*.
hypothèque [ipotɛk] *nf* JUR hipoteca *f*.
hypothéquer [ipɔteke] *vt* hipotecar.
hypothèse [ipɔtɛz] *nf* hipótesis *f inv*.
hystérie [isteri] *nf* histeria *f*.
hystérique [isterik] *adj & nmf* histérico(ca).

I

i, I [i] *nm inv* i *f*, I *f*.
iceberg [ajsbɛrg] *nm* iceberg *m*.
ici [isi] *adv* **-1.** [lieu, temps] aquí; **d'~ là** para entonces; **il sera revenu d'~ là** para entonces ya habrá vuelto; **par ~** por aquí. **-2.** [au téléphone] : **~ Charles** soy Charles.
icône [ikon] *nf* INFORM & RELIG icono *m*.
iconographie [ikɔnografi] *nf* iconografía *f*.
idéal, e [ideal] *(pl* **idéals** OU **idéaux** [ideo]*) adj* ideal. ◆ **idéal** *nm* ideal *m*.
idéalisme [idealism] *nm* idealismo *m*.
idée [ide] *nf* idea *f*.
identification [idãtifikasjɔ̃] *nf* identificación *f*; **~ à qqn/à qqch** PSYCHOL identificación con alguien/con algo.
identifier [idãtifje] *vt* **-1.** [gén] identificar. **-2.** [assimiler] : **~ qqn à qqch/à qqn** identificar a alguien con algo/con alguien. ◆ **s'identifier** *vp* : **s'~ à qqn/à qqch** identificarse con alguien/con algo.
identique [idãtik] *adj* idéntico(ca); **~ à qqch/à qqn** idéntico a algo/a alguien.
identité [idãtite] *nf* [gén] identidad *f*.
idéologie [ideɔlɔʒi] *nf* ideología *f*.
idiomatique [idjɔmatik] *adj* LING idiomático(ca).
idiot, e [idjo, ɔt] ◇ *nm, f* idiota *mf*, tonto *m*, -ta *f Esp*, sonso *m*, -sa *f Amér*. ◇ *adj* **-1.** [chose] tonto(ta). **-2.** [personne] idiota, tonto(ta) *Esp*, sonso(sa) *Amér*. **-3.** MÉD idiota.
idiotie [idjɔsi] *nf* **-1.** [stupidité & MÉD] idiotez *f*. **-2.** [action, parole] idiotez *f*, tontería *f*.
idolâtrer [idɔlatre] *vt* idolatrar.

idole [idɔl] *nf* ídolo *m*.

idylle [idil] *nf* idilio *m*.

idyllique [idilik] *adj* idílico(ca).

if [if] *nm* tejo *m*.

igloo, iglou [iglu] *nm* iglú *m*.

ignare [iɲar] *adj & nmf* ignorante.

ignoble [iɲɔbl] *adj* **-1.** [abject] innoble. **-2.** [hideux] inmundo(da).

ignominie [iɲɔmini] *nf* **-1.** [gén] ignominia *f*. **-2.** [chose ignoble] infamia *f*.

ignorance [iɲɔrɑ̃s] *nf* [inculture] ignorancia *f*.

ignorant, e [iɲɔrɑ̃, ɑ̃t] ◇ *nm, f* ignorante *mf*. ◇ *adj* [inculte] ignorante.

ignorer [iɲɔre] *vt* ignorar; ~ **que** ignorar que.

il [il] *pron pers* **-1.** [représentant une personne OU une chose] él *(n'est pas toujours exprimé)*; ~ **n'est jamais chez lui** nunca está en casa; ~ **voyage beaucoup** viaja mucho. **-2.** [sujet d'un verbe impersonnel] : ~ **pleut** llueve; ~ **fait beau** hace buen tiempo.

île [il] *nf* isla *f*.

illégal, e, aux [ilegal, o] *adj* ilegal.

illégalité [ilegalite] *nf* **-1.** [fait d'être illégal] ilegalidad *f*. **-2.** [action illégale] : **c'est une** ~ es ilegal.

illégitime [ileʒitim] *adj* **-1.** [union, enfant] ilegítimo(ma). **-2.** [crainte, prétention] infundado(da).

illettré, e [iletre] *adj & nm, f* iletrado(da).

illicite [ilisit] *adj* ilícito(ta).

illimité, e [ilimite] *adj* **-1.** [sans limite] ilimitado(da). **-2.** [indéterminé] indeterminado(da).

illisible [ilizibl] *adj* ilegible.

illogique [ilɔʒik] *adj* ilógico(ca).

illumination [ilyminasjɔ̃] *nf* **-1.** [gén] iluminación *f*. **-2.** [idée soudaine] inspiración *f*.

illuminer [ilymine] *vt* iluminar. ◆ **s'illuminer** *vp* : **s'**~ **de qqch** iluminarse de algo.

illusion [ilyzjɔ̃] *nf* ilusión *f*.

illusoire [ilyzwar] *adj* ilusorio(ria).

illustration [ilystrasjɔ̃] *nf* ilustración *f*.

illustre [ilystr] *adj* ilustre.

illustré, e [ilystre] *adj* ilustrado(da). ◆ **illustré** *nm* revista *f* ilustrada.

illustrer [ilystre] *vt* **-1.** [gén] ilustrar. **-2.** [rendre célèbre] hacer ilustre. ◆ **s'illustrer** *vp* destacar.

îlot [ilo] *nm* **-1.** [petite île] islote *m*. **-2.** [de maisons] manzana *f Esp*, cuadra *f Amér*. **-3.** *fig* [lieu isolé] oasis *m inv*. **-4.** *fig* [groupe isolé] foco *m*.

image [imaʒ] *nf* **-1.** [gén] imagen *f*. **-2.** [reproduction] estampa *f*.

imaginaire [imaʒinɛr] ◇ *adj* imaginario(ria). ◇ *nm* imaginario *m*.

imagination [imaʒinasjɔ̃] *nf* **-1.** [gén] imaginación *f*. **-2.** *(gén pl)* *sout* [chimère] capricho *m*.

imaginer [imaʒine] *vt* **-1.** [gén] imaginar. **-2.** [trouver] idear. ◆ **s'imaginer** *vp* imaginarse.

imam [imam] *nm* RELIG imán *m*.

imbattable [ɛ̃batabl] *adj* **-1.** [champion] invencible. **-2.** [record, prix] insuperable.

imbécile [ɛ̃besil] *adj & nmf* imbécil.

imberbe [ɛ̃bɛrb] *adj* imberbe.

imbiber [ɛ̃bibe] *vt* : ~ **qqch de qqch** empapar algo en algo; **être imbibé** *fam* estar como una cuba.

imbriqué, e [ɛ̃brike] *adj* imbricado(da).

imbroglio [ɛ̃brɔglijo] *nm* enredo *m*.

imbu, e [ɛ̃by] *adj* : **être** ~ **de qqch** [de préjugés] estar lleno(na) de algo; [de sa supériorité] estar convencido(da) de algo; **être** ~ **de soi-même** estar pagado de sí mismo.

imbuvable [ɛ̃byvabl] *adj* **-1.** [eau] no potable. **-2.** *fam* [personne] insoportable.

imitateur, trice [imitatœr, tris] *nm, f* imitador *m*, -ra *f*.

imitation [imitasjɔ̃] *nf* imitación *f*.

imiter [imite] *vt* **-1.** [style, conduite] imitar. **-2.** [signature] falsificar.

immaculé, e [imakyle] *adj* inmaculado(da).

immangeable [ɛ̃mɑ̃ʒabl] *adj* incomible.

immanquable [ɛ̃mɑ̃kabl] *adj* infalible.

immatriculation [imatrikylasjɔ̃] *nf* **-1.** [de personne] matriculación *f*. **-2.** [de véhicule] matrícula *f*.

immédiat, e [imedja, at] *adj* **-1.** [dans le temps] inmediato(ta). **-2.** [dans l'espace] más cercano(na).

immédiatement [imedjatmɑ̃] *adv* inmediatamente.

immense [imɑ̃s] *adj* inmenso(sa).

immerger [imɛrʒe] *vt* sumergir. ◆ **s'immerger** *vp* sumergirse.

immérité, e [imerite] *adj* inmerecido(da).

immeuble [imœbl] *adj & nm* inmueble.

immigration [imigrasjɔ̃] *nf* inmigración *f*.

immigré, e [imigre] *adj & nm, f* inmigrado(da).

immigrer [imigre] *vi* inmigrar.

imminent, e [iminã, ãt] *adj* inminente.

immiscer [imise] ◆ **s'immiscer** *vp* : s'~ **dans qqch** inmiscuirse en algo.

immobile [imɔbil] *adj* **-1.** [personne, mécanisme] inmóvil; [visage] imperturbable. **-2.** *fig* [tradition, institution] arraigado(da).

immobilier, ère [imɔbilje, ɛr] *adj* **-1.** JUR [bien] inmueble. **-2.** [transaction, agent] inmobiliario(ria).

immobiliser [imɔbilize] *vt* inmovilizar. ◆ **s'immobiliser** *vp* **-1.** [personne] quedarse inmóvil. **-2.** [mécanisme] inmovilizarse.

immobilité [imɔbilite] *nf* **-1.** [gén] inmovilidad *f.* **-2.** [de paysage] quietud *f.*

immodéré, e [imɔdere] *adj* **-1.** [dépense] desmesurado(da). **-2.** [désir] desmedido(da).

immoler [im(m)ɔle] *vt* **-1.** RELIG inmolar. **-2.** *sout* [sacrifier] : ~ **qqch à qqn/à qqch** sacrificar algo por alguien/por algo. **-3.** [tuer] : ~ **qqn à qqch** inmolar a alguien en aras de algo. ◆ **s'immoler** *vp* inmolarse.

immonde [im(m)ɔ̃d] *adj* inmundo(da).

immondices [im(m)ɔ̃dis] *nfpl* inmundicias *fpl.*

immoral, e, aux [imɔral, o] *adj* inmoral.

immortaliser [imɔrtalize] *vt* inmortalizar.

immortel, elle [imɔrtɛl] *adj* inmortal.

immuable [im(m)ɥabl] *adj* **-1.** [loi] inmutable. **-2.** [personne, attitude] inflexible.

immuniser [im(m)ynize] *vt* inmunizar; ~ **qqn contre qqch** inmunizar a alguien contra algo.

immunité [im(m)ynite] *nf* inmunidad *f*; ~ **diplomatique/parlementaire** inmunidad diplomática/parlamentaria.

impact [ɛ̃pakt] *nm* [gén & COMM] impacto *m*; **avoir de l'~ sur qqch** tener (un) impacto sobre algo.

impair, e [ɛ̃pɛr] *adj* impar. ◆ **impair** *nm* [faux pas] : **commettre un** ~ cometer una torpeza.

imparable [ɛ̃parabl] *adj* **-1.** [coup] imparable. **-2.** [argument] irrefutable.

impardonnable [ɛ̃pardɔnabl] *adj* imperdonable.

imparfait, e [ɛ̃parfɛ, ɛt] *adj* imperfecto(ta). ◆ **imparfait** *nm* GRAM pretérito *m* imperfecto.

impartial, e, aux [ɛ̃parsjal, o] *adj* imparcial.

impartir [ɛ̃partir] *vt* conceder; ~ **qqch à qqn** conceder algo a alguien.

impasse [ɛ̃pas] *nf* **-1.** [rue, difficulté] callejón *m* sin salida. **-2.** SCOL & UNIV temas que un alumno no ha estudiado de un temario. **-3.** [aux cartes] impasse *m.*

impassible [ɛ̃pasibl] *adj* impasible.

impatience [ɛ̃pasjãs] *nf* impaciencia *f.*

impatient, e [ɛ̃pasjã, ãt] *adj* impaciente.

impatienter [ɛ̃pasjãte] *vt* impacientar. ◆ **s'impatienter** *vp* impacientarse.

impayé, e [ɛ̃peje] *adj* impagado(da). ◆ **impayé** *nm* impagado *m.*

impeccable [ɛ̃pekabl] *adj* impecable.

impénétrable [ɛ̃penetrabl] *adj* impenetrable.

impensable [ɛ̃pãsabl] *adj* impensable.

impératif, ive [ɛ̃peratif, iv] *adj* imperativo(va). ◆ **impératif** *nm* imperativo *m.*

impératrice [ɛ̃peratris] *nf* emperatriz *f.*

imperceptible [ɛ̃pɛrsɛptibl] *adj* imperceptible.

imperfection [ɛ̃pɛrfɛksjɔ̃] *nf* imperfección *f.*

impérialisme [ɛ̃perjalism] *nm* **-1.** POLIT imperialismo *m.* **-2.** *fig* [domination] imperio *m.*

impérieux, euse [ɛ̃perjø, øz] *adj* imperioso(sa).

impérissable [ɛ̃perisabl] *adj* imperecedero(ra).

imperméabiliser [ɛ̃pɛrmeabilize] *vt* impermeabilizar.

imperméable [ɛ̃pɛrmeabl] ◇ *adj* [étanche] impermeable; **être** ~ **à qqch** *fig* [personne] ser insensible a algo. ◇ *nm* impermeable *m.*

impersonnel, elle [ɛ̃pɛrsɔnɛl] *adj* impersonal.

impertinence [ɛ̃pɛrtinãs] *nf* impertinencia *f.*

impertinent, e [ɛ̃pɛrtinã, ãt] *adj & nm, f* impertinente.

imperturbable [ɛ̃pɛrtyrbabl] *adj* imperturbable.

impétueux, euse [ɛ̃petɥø, øz] *adj* impetuoso(sa).

impie [ɛ̃pi] *adj & nmf sout & vieilli* impío(a).

impitoyable [ɛ̃pitwajabl] *adj* despiadado(da).

implacable [ɛ̃plakabl] *adj* implacable.

implanter [ɛ̃plɑ̃te] *vt* implantar. ◆ **s'implanter** *vp* [personne] establecerse; [usine, entreprise] implantarse.

implication [ɛ̃plikasjɔ̃] *nf* implicación *f.*

implicite [ɛ̃plisit] *adj* implícito(ta).

impliquer [ɛ̃plike] *vt* implicar; ~ **qqn dans qqch** implicar a alguien en algo. ◆ **s'impliquer** *vp* : **s'~ dans qqch** implicarse en algo.

implorer [ɛ̃plɔre] *vt sout* implorar.

implosion [ɛ̃plozjɔ̃] *nf* implosión *f.*

impoli, e [ɛ̃pɔli] *adj* **-1.** [personne] mal educado(mal educada). **-2.** [remarque, attitude] descortés.

impopulaire [ɛ̃pɔpylɛr] *adj* impopular.

impopularité [ɛ̃pɔpylarite] *nf* impopularidad *f.*

importance [ɛ̃pɔrtɑ̃s] *nf* importancia *f*; **se donner de l'~** darse importancia.

important, e [ɛ̃pɔrtɑ̃, ɑ̃t] *adj* importante.

importation [ɛ̃pɔrtasjɔ̃] *nf* importación *f.*

importer [ɛ̃pɔrte] ◇ *vt* importar. ◇ *vi* importar; **il importe de** es importante; **il importe que** (+ *subjonctif*) es importante que (+ *subjuntivo*); **il importe qu'il parle espagnol** es importante que hable español; ~ **à qqn** importar a alguien; **n'importe qui** cualquiera; **n'importe quoi** cualquier cosa; **peu importe!** ¡importa poco!, ¡da igual!; **qu'importe!** ¡no importa!, ¡da igual!; **qu'importe que** qué importa que, da igual que.

import-export *nm* importación *f* y exportación.

importuner [ɛ̃pɔrtyne] *vt* importunar.

imposable [ɛ̃pozabl] *adj* imponible.

imposant, e [ɛ̃pozɑ̃, ɑ̃t] *adj* **-1.** [gén] imponente. **-2.** [somme] considerable.

imposé, e [ɛ̃poze] ◇ *adj* **-1.** [revenu] impuesto. **-2.** SPORT [figure, exercice] obligatorio(ria). ◇ *nm, f* [contribuable] contribuyente *mf.*

imposer [ɛ̃poze] ◇ *vt* **-1.** [gén] imponer; ~ **qqch à qqn** imponer algo a alguien. **-2.** [taxer] gravar. ◇ *vi* : **en ~ à qqn** [l'impressionner] imponer a alguien. ◆ **s'imposer** *vp* **-1.** [gén] imponerse. **-2.** [règle] : **s'~ de faire qqch** obligarse a hacer algo.

impossibilité [ɛ̃pɔsibilite] *nf* **-1.** [incapacité] imposibilidad *f*; **être dans l'~ de** encontrarse en la imposibilidad de. **-2.** [chose impossible] imposible *m.*

impossible [ɛ̃pɔsibl] ◇ *adj* imposible. ◇ *nm* : **l'~** lo imposible; **tenter l'~** intentar lo imposible.

imposteur [ɛ̃pɔstœr] *nm* impostor *m*, -ra *f.*

impôt [ɛ̃po] *nm* impuesto *m*; ~ **sur le revenu** impuesto sobre la renta.

impotent, e [ɛ̃pɔtɑ̃, ɑ̃t] *adj* impedido(da).

impraticable [ɛ̃pratikabl] *adj* impracticable.

imprécation [ɛ̃prekasjɔ̃] *nf sout* imprecación *f.*

imprécis, e [ɛ̃presi, iz] *adj* impreciso(sa).

imprégner [ɛ̃preɲe] *vt* impregnar; ~ **de qqch** [imbiber] impregnar algo de algo; ~ **qqn de qqch** *fig* impregnar a alguien de algo. ◆ **s'imprégner** *vp* : **s'~ de qqch** *fig* [s'imbiber] impregnarse de algo.

imprenable [ɛ̃prənabl] *adj* [forteresse] inexpugnable.

imprésario, impresario [ɛ̃presarjo] *nm* agente *m* (de un artista).

impression [ɛ̃presjɔ̃] *nf* **-1.** [gén] impresión *f*; **avoir l'~** que tener la impresión de que; **faire ~** causar impresión. **-2.** [de livre] impresión *f*; [d'étoffe] estampado *m.*

impressionner [ɛ̃presjɔne] *vt* impresionar.

impressionnisme [ɛ̃presjɔnism] *nm* ART impresionismo *m.*

imprévisible [ɛ̃previzibl] *adj* imprevisible.

imprévu, e [ɛ̃prevy] *adj* imprevisto(ta). ◆ **imprévu** *nm* imprevisto *m.*

imprimante [ɛ̃primɑ̃t] *nf* impresora *f.*

imprimer [ɛ̃prime] *vt* **-1.** [gén] imprimir. **-2.** [tissu] estampar. **-3.** *sout* [sentiment] infundir.

imprimerie [ɛ̃primri] *nf* imprenta *f.*

improbable [ɛ̃prɔbabl] *adj* improbable.

improductif, ive [ɛ̃prɔdyktif, iv] *adj & nm, f* improductivo(va).

impromptu, e [ɛ̃prɔ̃pty] *adj* improvisado(da).

impropre [ɛ̃prɔpr] *adj* **-1.** GRAM [mot, tournure] impropio(pia). **-2.** [inadapté] : ~ **à qqch** no apto(ta) para algo.

improvisé, e [ɛ̃prɔvize] *adj* improvisado(da).

improviser [ɛ̃prɔvize] *vt* improvisar. ◆ **s'improviser** *vp* **-1.** [s'organiser] improvisarse. **-2.** [devenir] hacer las veces de.

improviste [ɛ̃prɔvist] ◆ **à l'improviste** *loc adv* de improviso.

imprudence [ɛ̃prydɑ̃s] *nf* imprudencia *f.*

imprudent, e [ɛ̃prydɑ̃, ɑ̃t] *adj & nm, f* imprudente.

impubère [ɛ̃pybɛr] *adj & nmf* impúber.

impudent, e [ɛ̃pydɑ̃, ɑ̃t] *adj & nm, f* impudente.

impudique [ɛ̃pydik] *adj* impúdico(ca).

impuissant, e [ɛ̃pɥisɑ̃, ɑ̃t] *adj* -1. [gén] impotente. -2. [incapable de] : ~ à faire **qqch** incapaz de hacer algo. ◆ **impuissant** *nm* impotente *m*.

impulsif, ive [ɛ̃pylsif, iv] *adj & nm, f* impulsivo(va).

impulsion [ɛ̃pylsjɔ̃] *nf* impulso *m*; **sous l'**~ **de qqch/de qqn** bajo el impulso de algo/de alguien.

impunément [ɛ̃pynemɑ̃] *adv* impunemente.

impunité [ɛ̃pynite] *nf* impunidad *f*; **en toute** ~ con toda impunidad.

impur, e [ɛ̃pyr] *adj* impuro(ra).

impureté [ɛ̃pyrte] *nf* impureza *f*.

imputer [ɛ̃pyte] *vt* : ~ **qqch à qqn** [accuser] imputar algo a alguien; ~ **qqch à qqch** [expliquer par] imputar algo a algo.

imputrescible [ɛ̃pytresibl] *adj* imputrescible.

inabordable [inabɔrdabl] *adj* -1. [prix] prohibitivo(va). -2. [côte, île, personne] inaccesible, inabordable.

inacceptable [inaksɛptabl] *adj* inaceptable.

inaccessible [inaksesibl] *adj* -1. [gén] inaccesible; ~ **à qqn** inaccesible a alguien. -2. [insensible] : ~ **à qqch** insensible a algo.

inaccoutumé, e [inakutyme] *adj* inusual.

inaction [inaksjɔ̃] *nf* inacción *f*.

inactivité [inaktivite] *nf* -1. [oisiveté] inactividad *f*. -2. ADMIN [congé] excedencia *f*.

inadapté, e [inadapte] ◇ *adj* -1. [non propice, inadéquat] : ~ **à qqch** inadecuado(da) para algo. -2. [personne] inadaptado(da). ◇ *nm, f* inadaptado *m*, -da *f*.

inadmissible [inadmisibl] *adj* inadmisible.

inadvertance [inadvɛrtɑ̃s] *nf* sout inadvertencia *f*; **par** ~ por inadvertencia.

inaliénable [inaljenabl] *adj* JUR inalienable.

inaltérable [inalterabl] *adj* inalterable.

inamovible [inamɔvibl] *adj* fijo(ja).

inanimé, e [inanime] *adj* inanimado(da).

inanité [inanite] *nf* inanidad *f*.

inanition [inanisjɔ̃] *nf* : **tomber/mourir d'**~ desfallecer/morirse de inanición.

inaperçu, e [inapɛrsy] *adj* inadvertido(da).

inappliqué, e [inaplike] *adj* -1. [élève] desaplicado(da). -2. [méthode] no aplicado(no aplicada).

inappréciable [inapresjabl] *adj* inapreciable.

inapprochable [inaproʃabl] *adj* inaccesible.

inapte [inapt] *adj* -1. [incapable] : ~ **à qqch/à faire qqch** inepto(ta) para algo/para hacer algo. -2. MIL [réformé] inútil.

inattaquable [inatakabl] *adj* -1. [forteresse] inatacable. -2. [réputation] irreprochable. -3. [argument, preuve] irrefutable.

inattendu, e [inatɑ̃dy] *adj* inesperado(da).

inattention [inatɑ̃sjɔ̃] *nf* falta *f* de atención.

inaudible [inodibl] *adj* inaudible.

inauguration [inogyrasjɔ̃] *nf* inauguración *f*.

inaugurer [inogyre] *vt* inaugurar.

inavouable [inavwabl] *adj* -1. [intention] inconfesable. -2. [avantage] vergonzoso(sa).

inca [ɛ̃ka] *adj* inca.

incalculable [ɛ̃kalkylabl] *adj* incalculable.

incandescence [ɛ̃kɑ̃desɑ̃s] *nf* incandescencia *f*.

incantation [ɛ̃kɑ̃tasjɔ̃] *nf* encantamiento *m*.

incapable [ɛ̃kapabl] ◇ *adj* : ~ **de faire qqch** incapaz de hacer algo. ◇ *nmf* incapaz *m*.

incapacité [ɛ̃kapasite] *nf* incapacidad *f*; ~ **à/de faire qqch** incapacidad para/de hacer algo.

incarcération [ɛ̃karserasjɔ̃] *nf* encarcelamiento *m*.

incarner [ɛ̃karne] *vt* encarnar.

incartade [ɛ̃kartad] *nf* extravagancia *f*.

incassable [ɛ̃kasabl] *adj* irrompible.

incendie [ɛ̃sɑ̃di] *nm* [feu] incendio *m*.

incendier [ɛ̃sɑ̃dje] *vt* -1. [mettre le feu à] incendiar. -2. sout [faire rougir] sonrojar. -3. *fam* [réprimander] abroncar.

incertain, e [ɛ̃sertɛ̃, ɛn] *adj* -1. [pronostic, réussite, durée] incierto(ta). -2. [personne] inseguro(ra). -3. [temps] inestable. -4. [lumière, contour] borroso(sa).

incertitude [ɛ̃sertityd] *nf* -1. [gén] incertidumbre *f*. -2. MATHS & PHYS indeterminación *f*.

incessamment [ɛ̃sesamɑ̃] *adv* inmediatamente.

incessant, e [ɛ̃sesɑ̃, ɑ̃t] *adj* incesante.

inceste [ɛ̃sest] *nm* incesto *m*.

inchangé, e [ɛ̃ʃɑ̃ʒe] *adj* igual *(sin cambiar)*.

incidence [ɛsidɑ̃s] *nf* incidencia *f*.

incident, e [ɛsidɑ̃, ɑ̃t] *adj* **-1.** [gén] incidental. **-2.** PHYS incidente. ◆ **incident** *nm* incidente *m*.

incinérer [ɛsinere] *vt* incinerar.

inciser [ɛsize] *vt* hacer una incisión en.

incisif, ive [ɛsizif, iv] *adj* incisivo(va). ◆ **incisive** *nf* incisivo *m*.

inciter [ɛsite] *vt* : ~ qqn à qqch/à faire qqch incitar a alguien a algo/a hacer algo.

inclassable [ɛklasabl] *adj* inclasificable.

inclinable [ɛklinabl] *adj* abatible.

inclinaison [ɛklinɛzɔ̃] *nf* inclinación *f*.

inclination [ɛklinasjɔ̃] *nf* inclinación *f*.

incliner [ɛkline] *vt* [pencher] inclinar. ◆ **s'incliner** *vp* [se pencher] inclinarse; s'~ devant qqch [respecter, céder] inclinarse ante algo; s'~ devant qqn [se soumettre] inclinarse ante alguien.

inclure [ɛklyr] *vt* incluir; ~ qqch dans qqch incluir algo en algo.

inclus, e [ɛkly, yz] *pp* → **inclure**.

incoercible [ɛkɔɛrsibl] *adj sout* incoercible.

incognito [ɛkɔɲito] ◇ *adv* de incógnito. ◇ *nm* incógnito *m*.

incohérence [ɛkɔerɑ̃s] *nf* incoherencia *f*.

incohérent, e [ɛkɔerɑ̃, ɑ̃t] *adj* incoherente.

incollable [ɛkɔlabl] *adj* **-1.** [riz] que no se pega. **-2.** *fam* [personne] que tiene respuesta para todo.

incolore [ɛkɔlɔr] *adj* incoloro(ra).

incomber [ɛkɔ̃be] *vi* : ~ à qqn incumbir a alguien.

incombustible [ɛkɔ̃bystibl] *adj* incombustible.

incommensurable [ɛkɔmɑ̃syrabl] *adj* [immense] inconmensurable.

incommodant, e [ɛkɔmɔdɑ̃, ɑ̃t] *adj* incómodo(da).

incommoder [ɛkɔmɔde] *vt sout* incomodar.

incomparable [ɛkɔ̃parabl] *adj* **-1.** [sans pareil] incomparable. **-2.** [différent] distinto(ta).

incompatible [ɛkɔ̃patibl] *adj* incompatible.

incompétent, e [ɛkɔ̃petɑ̃, ɑ̃t] *adj* incompetente.

incomplet, ète [ɛkɔ̃plɛ, ɛt] *adj* incompleto(ta).

incompréhensible [ɛkɔ̃preɑ̃sibl] *adj* incomprensible.

incompréhensif, ive [ɛkɔ̃preɑ̃sif, iv] *adj* poco comprensivo(poco comprensiva).

incompris, e [ɛkɔ̃pri, iz] *adj & nm, f* incomprendido(da).

inconcevable [ɛkɔ̃s(ə)vabl] *adj* inconcebible.

inconciliable [ɛkɔ̃siljabl] *adj* irreconciliable.

inconditionnel, elle [ɛkɔ̃disjɔnɛl] ◇ *adj* **-1.** [gén] incondicional. **-2.** BIOL no condicionado(no condicionada). ◇ *nm, f* [personne] incondicional *mf*.

inconfortable [ɛkɔ̃fɔrtabl] *adj* incómodo(da).

incongru, e [ɛkɔ̃gry] *adj* incongruente.

inconnu, e [ɛkɔny] ◇ *adj* desconocido(da); ~ de qqn desconocido para alguien. ◇ *nm, f* desconocido *m*, -da *f*. ◆ **inconnue** *nf fig* MATHS incógnita *f*.

inconsciemment [ɛkɔ̃sjamɑ̃] *adv* inconscientemente.

inconscient, e [ɛkɔ̃sjɑ̃, ɑ̃t] *adj & nm, f* inconsciente. ◆ **inconscient** *nm* PSYCHANALYSE inconsciente *m*.

inconsidéré, e [ɛkɔ̃sidere] *adj* desconsiderado(da).

inconsistant, e [ɛkɔ̃sistɑ̃, ɑ̃t] *adj* inconsistente.

inconsolable [ɛkɔ̃sɔlabl] *adj* inconsolable.

incontestable [ɛkɔ̃tɛstabl] *adj* incontestable.

incontinent, e [ɛkɔ̃tinɑ̃, ɑ̃t] *adj & nm, f* incontinente.

incontournable [ɛkɔ̃turnabl] *adj* ineludible; ce film est ~ esta película hay que verla.

incontrôlable [ɛkɔ̃trolabl] *adj* incontrolable.

inconvenant, e [ɛkɔ̃vnɑ̃, ɑ̃t] *adj* inconveniente.

inconvénient [ɛkɔ̃venjɑ̃] *nm* inconveniente *m*.

incorporé, e [ɛkɔrpɔre] *adj* incorporado(da).

incorporer [ɛkɔrpɔre] *vt* : ~ qqch à qqch [mêler] incorporar algo a algo; ~ qqch dans qqch [insérer] incorporar algo a algo.

incorrect, e [ɛkɔrɛkt] *adj* incorrecto(ta).

incorrectement [ɛkɔrɛktəmɑ̃] *adv* incorrectamente.

incorrection [ɛkɔrɛksjɔ̃] *nf* incorrección *f*.

incorrigible [ɛkɔriʒibl] *adj* incorregible.

incorruptible [ɛkɔryptibl] *adj* incorruptible.

incrédule [ɛkredyl] *adj & nmf* incrédulo(la).

increvable [ɛkrəvabl] *adj* **-1.** [ballon, pneu] que no se pincha. **-2.** *fam fig* [mécanisme] a prueba de bomba. **-3.** *fam fig* [personne] duro(ra) como una roca.

incriminer [ɛkrimine] *vt* incriminar.

incroyable [ɛkrwajabl] *adj* increíble.

incroyant, e [ɛkrwajã, ãt] *adj & nm, f* no creyente.

incruster [ɛkryste] *vt* : ~ **qqch dans qqch** incrustar algo en algo. ◆ **s'incruster** *vp* **-1.** [gén] : **s'~ dans qqch** incrustarse en algo. **-2.** *fam péj* [personne] pegarse.

incubation [ɛkybasjɔ̃] *nf* incubación *f.*

inculpation [ɛkylpasjɔ̃] *nf* inculpación *f*; **sous l'~ de qqch** bajo acusación de algo.

inculpé, e [ɛkylpe] *nm, f* inculpado *m*, -da *f.*

inculper [ɛkylpe] *vt* inculpar; ~ **qqn de qqch** inculpar a alguien de algo.

inculquer [ɛkylke] *vt* : ~ **qqch à qqn** inculcar algo a alguien.

inculte [ɛkylt] *adj* **-1.** [terre, personne] inculto(ta). **-2.** [barbe] descuidado(da).

incurable [ɛkyrabl] ◇ *adj* incurable. ◇ *nmf* desahuciado *m*, -da *f.*

incursion [ɛkyrsjɔ̃] *nf* incursión *f.*

incurvé, e [ɛkyrve] *adj* curvado(da).

Inde [ɛd] *nf* : l' ~ la India.

indéboulonnable [ɛdebulonabl] *adj* : **il est ~ de** ahí no hay quien lo saque.

indécent, e [ɛdesã, ãt] *adj* indecente.

indéchiffrable [ɛdeʃifrabl] *adj* indescifrable.

indécis, e [ɛdesi, iz] ◇ *adj* **-1.** [gén] indeciso(sa). **-2.** [résultat] incierto(ta). ◇ *nm, f* indeciso *m*, -sa *f.*

indécision [ɛdesizjɔ̃] *nf* indecisión *f.*

indécrottable [ɛdekrɔtabl] *adj fam* de tomo y lomo.

indéfendable [ɛdefãdabl] *adj* indefendible.

indéfini, e [ɛdefini] *adj* indefinido(da).

indéfinissable [ɛdefinisabl] *adj* indefinible.

indéformable [ɛdefɔrmabl] *adj* indeformable.

indélébile [ɛdelebil] *adj* indeleble.

indélicat, e [ɛdelika, at] *adj* poco delicado(poco delicada).

indemne [ɛdɛmn] *adj* indemne.

indemniser [ɛdɛmnize] *vt* : ~ **qqn de qqch** indemnizar a alguien por algo.

indemnité [ɛdɛmnite] *nf* indemnización *f.*

indémodable [ɛdemɔdabl] *adj* que no pasa de moda; **c'est un style qui est ~** es un estilo que nunca pasará de moda.

indéniable [ɛdenjabl] *adj* innegable.

indépendance [ɛdepãdãs] *nf* independencia *f.*

indépendant, e [ɛdepãdã, ãt] *adj* **-1.** [gén] independiente; ~ **de qqch** [sans rapport] independiente de algo. **-2.** [travailleur] autónomo(ma).

indéracinable [ɛderasinabl] *adj* que no se puede desarraigar.

indescriptible [ɛdɛskriptibl] *adj* indescriptible.

indestructible [ɛdɛstryktibl] *adj* indestructible.

indéterminé, e [ɛdetɛrmine] *adj* indeterminado(da).

indétrônable [ɛdetronabl] *adj* inamovible.

index [ɛdɛks] *nm* índice *m.*

indexer [ɛdɛkse] *vt* **-1.** [livre] indexar, indizar. **-2.** ÉCON : ~ **qqch sur qqch** ajustar algo a algo.

indicatif, ive [ɛdikatif, iv] *adj* indicativo(va). ◆ **indicatif** *nm* **-1.** RADIO & TÉLÉ sintonía *f.* **-2.** [code] prefijo *m.*

indication [ɛdikasjɔ̃] *nf* indicación *f.*

indice [ɛdis] *nm* **-1.** [gén] índice *m.* **-2.** [signe] indicio *m.*

indicible [ɛdisibl] *adj sout* indecible.

indien, enne [ɛdjɛ̃, ɛn] *adj* indio(dia). ◆ **Indien, enne** *nm, f* indio *m*, -dia *f*; **Indien d'Amérique** indio de América OU americano.

indifféremment [ɛdiferamã] *adv* **-1.** [avec froideur] con indiferencia. **-2.** [sans faire de différence] sin distinción.

indifférent, e [ɛdiferã, ãt] ◇ *adj* : ~ **à qqch** indiferente a algo. ◇ *nm, f* indiferente *mf.*

indigence [ɛdiʒãs] *nf* **-1.** [pauvreté] indigencia *f.* **-2.** *fig* [faiblesse] pobreza *f.*

indigène [ɛdiʒɛn] *adj & nmf* indígena.

indigent, e [ɛdiʒã, ãt] *adj* **-1.** [pauvre] indigente. **-2.** *fig* [intellectuellement] pobre. ◇ *nm, f* indigente *mf.*

indigeste [ɛdiʒɛst] *adj* indigesto(ta).

indigestion [ɛdiʒɛstjɔ̃] *nf* indigestión *f.*

indignation [ɛdiɲasjɔ̃] *nf* indignación *f.*

indigne [ɛdiɲ] *adj* indigno(na).

indigné, e [ɛdiɲe] *adj* indignado(da).

indigner [ɛ̃diɲe] *vt* indignar. ◆ **s'indigner** *vp* : **s'~ de** OU **contre qqch** indignarse por algo; **s'~ que** (+ *subjonctif*) indignar que (+ *subjuntivo*); **il s'indigne qu'on le fasse tant travailler** le indigna que le hagan trabajar tanto.

indigo [ɛ̃digo] *adj & nm* índigo.

indiquer [ɛ̃dike] *vt* indicar, señalar; **~ qqch à qqn** [recommander, dénoter] indicar algo a alguien.

indirect, e [ɛ̃dirɛkt] *adj* indirecto(ta).

indiscipliné, e [ɛ̃disipline] *adj* **-1.** [écolier, soldat] indisciplinado(da). **-2.** *fig* [cheveux] rebelde.

indiscret, ète [ɛ̃diskrɛ, ɛt] *adj & nm, f* indiscreto(ta).

indiscrétion [ɛ̃diskresjɔ̃] *nf* indiscreción *f*.

indiscutable [ɛ̃diskytabl] *adj* indiscutible.

indispensable [ɛ̃dispɑ̃sabl] *adj* indispensable, imprescindible; **~ à qqch/à qqn** indispensable OU imprescindible para algo/para alguien; **il est ~ de faire qqch** es indispensable OU imprescindible hacer algo.

indisponible [ɛ̃dispɔnibl] *adj* que no está disponible.

indisposer [ɛ̃dispoze] *vt* indisponer.

indistinct, e [ɛ̃distɛ̃(kt), ɛ̃kt] *adj* confuso(sa).

individu [ɛ̃dividy] *nm* individuo *m*.

individualisme [ɛ̃dividɥalism] *nm* individualismo *m*.

individuel, elle [ɛ̃dividɥɛl] *adj* individual.

indivisible [ɛ̃divizibl] *adj* indivisible.

indolent, e [ɛ̃dɔlɑ̃, ɑ̃t] *adj* indolente.

indolore [ɛ̃dɔlɔr] *adj* indoloro(ra).

indomptable [ɛ̃dɔ̃tabl] *adj* indomable.

Indonésie [ɛ̃dɔnezi] *nf* : **l'~** Indonesia.

indu, e [ɛ̃dy] *adj* indebido(da).

indubitable [ɛ̃dybitabl] *adj* indudable; **il est ~ que** es indudable que.

induire [ɛ̃dɥir] *vt* **-1.** [gén] inducir; **en ~ que** inducir (de ello) que. **-2.** [entraîner] comportar.

induit, e [ɛ̃dɥi, it] *pp* → **induire.**

indulgence [ɛ̃dylʒɑ̃s] *nf* indulgencia *f*.

indulgent, e [ɛ̃dylʒɑ̃, ɑ̃t] *adj* indulgente; **~ pour** OU **envers** indulgente con.

indûment [ɛ̃dymɑ̃] *adv* indebidamente.

industrialiser [ɛ̃dystrijalize] *vt* industrializar. ◆ **s'industrialiser** *vp* industrializarse.

industrie [ɛ̃dystri] *nf* industria *f*.

industriel, elle [ɛ̃dystrijɛl] *adj* industrial. ◆ **industriel** *nm* industrial *m*.

inébranlable [inebrɑ̃labl] *adj* inquebrantable.

inédit, e [inedi, it] *adj* inédito(ta). ◆ **inédit** *nm* texto *m* inédito.

ineffable [inefabl] *adj* inefable.

ineffaçable [inefasabl] *adj* imborrable.

inefficace [inefikas] *adj* ineficaz.

inefficacité [inefikasite] *nf* ineficacia *f*.

inégal, e, aux [inegal, o] *adj* **-1.** [gén] desigual. **-2.** [surface, rythme] irregular.

inégalé, e [inegale] *adj* inigualado(da).

inégalité [inegalite] *nf* **-1.** [différence] desigualdad *f*. **-2.** [de terrain, de rythme] irregularidad *f*.

inélégant, e [inelegɑ̃, ɑ̃t] *adj* poco elegante.

inéluctable [inelyktabl] *adj* ineluctable.

inénarrable [inenarabl] *adj* inenarrable.

inepte [inɛpt] *adj* **-1.** [personne] inepto(ta). **-2.** [théorie] estúpido(da).

ineptie [inɛpsi] *nf* estupidez *f*.

inépuisable [inepɥizabl] *adj* **-1.** [gén] inagotable. **-2.** [personne] infatigable.

inerte [inɛrt] *adj* inerte.

inertie [inɛrsi] *nf* inercia *f*.

inespéré, e [inɛspere] *adj* inesperado(da) *Esp*, sorpresivo(va) *Amér*.

inesthétique [inɛstetik] *adj* antiestético(ca).

inestimable [inɛstimabl] *adj* **-1.** [valeur] incalculable. **-2.** *fig* [soutien] inestimable.

inévitable [inevitabl] *adj* inevitable.

inexact, e [inɛgza(kt), akt] *adj* **-1.** [faux, incomplet] inexacto(ta). **-2.** [en retard] impuntual.

inexactitude [inɛgzaktityd] *nf* **-1.** [erreur, imprécision] inexactitud *f*. **-2.** [retard] impuntualidad *f*.

inexcusable [inɛkskyzabl] *adj* inexcusable.

inexistant, e [inɛgzistɑ̃, ɑ̃t] *adj* inexistente.

inexorable [inɛgzɔrabl] *adj* inexorable.

inexpérience [inɛksperjɑ̃s] *nf* inexperiencia *f*.

inexplicable [inɛksplikabl] *adj* inexplicable.

inexpliqué, e [inɛksplike] *adj* inexplicado(da).

inexpressif, ive [inɛkspresif, iv] *adj* inexpresivo(va).

inexprimable [inɛksprimabl] *adj* inexpresable.

inexprimé, e [inɛksprime] *adj* inexpresado(da).

inextensible [inɛkstɑ̃sibl] *adj* inextensible.

in extremis [inɛkstremis] *loc adv* [de justesse] in extremis.

inextricable [inɛkstrikabl] *adj* inextricable.

infaillible [ɛ̃fajibl] *adj* infalible.

infâme [ɛ̃fam] *adj* infame.

infanterie [ɛ̃fɑ̃tri] *nf* MIL infantería *f*.

infanticide [ɛ̃fɑ̃tisid] ◇ *adj & nmf* infanticida. ◇ *nm* infanticidio *m*.

infantile [ɛ̃fɑ̃til] *adj* infantil.

infarctus [ɛ̃farktys] *nm* MÉD infarto *m*; ~ **du myocarde** infarto de miocardio.

infatigable [ɛ̃fatigabl] *adj* infatigable, incansable.

infect, e [ɛ̃fɛkt] *adj* infecto(ta).

infectieux, euse [ɛ̃fɛksjø, øz] *adj* infeccioso(sa).

infection [ɛ̃fɛksjɔ̃] *nf* -1. MÉD infección *f*. -2. *péj* [puanteur] peste *f*.

inféoder [ɛ̃feɔde] *vt* -1. *fig* [soumettre] : **être inféodé à qqn/à qqch** estar sometido(da) a alguien/a algo. -2. [adhérer] : **être inféodé à qqch** adherirse a algo.

inférer [ɛ̃fere] *vt sout* : ~ **qqch de qqch** inferir algo de algo.

inférieur, e [ɛ̃ferjœr] ◇ *adj* inferior; ~ **à qqch** inferior a algo. ◇ *nm, f* inferior *mf*.

infériorité [ɛ̃ferjɔrite] *nf* inferioridad *f*.

infernal, e, aux [ɛ̃fɛrnal, o] *adj* infernal.

infester [ɛ̃fɛste] *vt* infestar; **être infesté de qqch** estar infestado(da) de algo.

infidèle [ɛ̃fidɛl] ◇ *adj* infiel; ~ **à qqn** infiel a alguien. ◇ *nmf vieilli* RELIG infiel *mf*.

infidélité [ɛ̃fidelite] *nf* infidelidad *f*.

infiltration [ɛ̃filtrasjɔ̃] *nf* infiltración *f*.

infiltrer [ɛ̃filtre] *vt* infiltrar. ◆ **s'infiltrer** *vp* : **s'~ par/dans qqch** infiltrarse por/en algo.

infime [ɛ̃fim] *adj* ínfimo(ma).

infini, e [ɛ̃fini] *adj* infinito(ta). ◆ **infini** *nm* infinito *m*. ◆ **à l'infini** *loc adv* -1. MATHS al infinito. -2. [indéfiniment, à perte de vue] hasta el infinito.

infiniment [ɛ̃finimɑ̃] *adv* infinitamente.

infinité [ɛ̃finite] *nf* : ~ **de** infinidad de.

infinitif, ive [ɛ̃finitif, iv] *adj* [GRAM – mode] infinitivo(va); [– construction] en infinitivo; [– proposition] de infinitivo. ◆ **infinitif** *nm* infinitivo *m*.

infirme [ɛ̃firm] ◇ *adj* inválido(da). ◇ *nmf* inválido *m*, -da *f*.

infirmer [ɛ̃firme] *vt* invalidar.

infirmerie [ɛ̃firməri] *nf* enfermería *f*.

infirmier, ère [ɛ̃firmje, ɛr] *nm, f* enfermero *m*, -ra *f*.

infirmité [ɛ̃firmite] *nf* invalidez *f*.

inflammable [ɛ̃flamabl] *adj* inflamable.

inflammation [ɛ̃flamasjɔ̃] *nf* MÉD inflamación *f*.

inflation [ɛ̃flasjɔ̃] *nf* inflación *f*.

inflationniste [ɛ̃flasjɔnist] *adj* ÉCON inflacionista.

infléchir [ɛ̃fleʃir] *vt fig* [politique] modificar.

inflexible [ɛ̃flɛksibl] *adj* inflexible.

inflexion [ɛ̃flɛksjɔ̃] *nf* inflexión *f*.

infliger [ɛ̃fliʒe] *vt* : ~ **qqch à qqn** [défaite, punition] infligir algo a alguien; [présence] imponer algo a alguien.

influençable [ɛ̃flyɑ̃sabl] *adj* influenciable.

influence [ɛ̃flyɑ̃s] *nf* influencia *f*.

influencer [ɛ̃flyɑ̃se] *vt* influir en, influenciar.

influer [ɛ̃flye] *vi* : ~ **sur qqch** influir en algo.

infographie [ɛ̃fografi] *nf* infografía *f*.

informaticien, enne [ɛ̃fɔrmatisjɛ̃, ɛn] *nm, f* informático *m*, -ca *f*.

information [ɛ̃fɔrmasjɔ̃] *nf* -1. [gén] información *f*. -2. [nouvelle] noticia *f*. ◆ **informations** *nfpl* TÉLÉ informativo *m*.

informatique [ɛ̃fɔrmatik] ◇ *adj* informático(ca). ◇ *nf* informática *f*.

informatiser [ɛ̃fɔrmatize] *vt* informatizar.

informe [ɛ̃fɔrm] *adj* -1. [sans forme] informe. -2. [projet] sin pies ni cabeza.

informé, e [ɛ̃fɔrme] *adj* informado(da).

informel, elle [ɛ̃fɔrmɛl] *adj* informal.

informer [ɛ̃fɔrme] ◇ *vt* informar; ~ **qqn que** informar a alguien de que; ~ **qqn de** OU **sur qqch** informar a alguien de OU sobre algo. ◇ *vi* JUR : ~ **sur/contre qqch** abrir una instrucción sobre/contra algo. ◆ **s'informer** *vp* informarse; **s'~ de** OU **sur qqch** informarse de OU sobre algo.

infortune [ɛ̃fɔrtyn] *nf* infortunio *m*.

infos [ɛ̃fo] *fam abr de* informations.

infraction [ɛ̃fraksjɔ̃] *nf* : **être en** ~ cometer una infracción.

infranchissable [ɛ̃frɑ̃ʃisabl] *adj* infranqueable.

infrarouge [ɛ̃fraruʒ] ◇ *adj* infrarrojo(ja). ◇ *nm* infrarrojo *m*.

infrastructure [ɛ̃frastryktyr] *nf* infraestructura *f*.

infroissable [ɛ̃frwasabl] *adj* inarrugable.

infructueux, euse [ɛ̃fryktyø, øz] *adj* infructuoso(sa).

infuser [ɛ̃fyze] *vt* hacer una infusión de.

infusion [ɛ̃fyzjɔ̃] *nf* infusión *f*.

ingénier [ɛ̃ʒenje] ◆ **s'ingénier** *vp* : **s'**~ **à faire qqch** ingeniárselas para hacer algo.

ingénieur [ɛ̃ʒenjœr] *nm* ingeniero *m*, -ra *f*.

ingénieux, euse [ɛ̃ʒenjø, øz] *adj* ingenioso(sa).

ingéniosité [ɛ̃ʒenjozite] *nf* ingeniosidad *f*.

ingénu, e [ɛ̃ʒeny] ◇ *adj* ingenuo(a). ◇ *nm, f* ingenuo *m*, -nua *f*.

ingérable [ɛ̃ʒerabl] *adj* imposible de administrar.

ingrat, e [ɛ̃gra, at] ◇ *adj* **-1.** [personne] ingrato(ta), desagradecido(da). **-2.** [métier, sol] ingrato(ta). **-3.** [physique] ingrato(ta), poco agraciado(poco agraciada). ◇ *nm, f* ingrato *m*, -ta *f*.

ingratitude [ɛ̃gratityd] *nf* ingratitud *f*.

ingrédient [ɛ̃gredjɑ̃] *nm* ingrediente *m*.

inguérissable [ɛ̃gerisabl] *adj* incurable.

ingurgiter [ɛ̃gyrʒite] *vt* engullir.

inhabitable [inabitabl] *adj* inhabitable.

inhabité, e [inabite] *adj* deshabitado(da), inhabitado(da).

inhabituel, elle [inabitɥɛl] *adj* raro(ra).

inhalateur, trice [inalatœr, tris] *adj* inhalador(ra). ◆ **inhalateur** *nm* inhalador *m*.

inhalation [inalasjɔ̃] *nf* inhalación *f*.

inhaler [inale] *vt* inhalar.

inhérent, e [inerɑ̃, ɑ̃t] *adj* : ~ **à qqch** inherente a algo.

inhibition [inibisjɔ̃] *nf* inhibición *f*.

inhospitalier, ère [inɔspitalje, ɛr] *adj* **-1.** [personne] poco hospitalario(poco hospitalaria). **-2.** [lieu] inhóspito(ta).

inhumain, e [inymɛ̃, ɛn] *adj* inhumano(na).

inhumation [inymasjɔ̃] *nf* inhumación *f*.

inhumer [inyme] *vt* inhumar.

inimaginable [inimaʒinabl] *adj* inimaginable.

inimitable [inimitabl] *adj* inimitable.

ininflammable [inɛ̃flamabl] *adj* ininflamable.

inintelligible [inɛ̃teliʒibl] *adj* ininteligible.

inintéressant, e [inɛ̃teresɑ̃, ɑ̃t] *adj* sin interés.

ininterrompu, e [inɛ̃terɔ̃py] *adj* ininterrumpido(da).

inique [inik] *adj* sout inicuo(cua).

initial, e, aux [inisjal, o] *adj* inicial. ◆ **initiale** *nf* inicial *f*.

initiateur, trice [inisjatœr, tris] *adj & nm, f* iniciador(ra).

initiation [inisjasjɔ̃] *nf* iniciación *f*; ~ **à qqch** iniciación a algo.

initiative [inisjativ] *nf* iniciativa *f*; **prendre l'**~ **de qqch/de faire qqch** tomar la iniciativa de algo/de hacer algo.

initié, e [inisje] *adj & nm, f* iniciado(da).

initier [inisje] *vt* : ~ **qqn à qqch** iniciar a alguien en algo.

injecté, e [ɛ̃ʒɛkte] *adj* inyectado(da).

injecter [ɛ̃ʒɛkte] *vt* inyectar.

injection [ɛ̃ʒɛksjɔ̃] *nf* inyección *f*.

injoignable [ɛ̃ʒwaɲabl] *adj* ilocalizable.

injonction [ɛ̃ʒɔ̃ksjɔ̃] *nf* conminación *f*.

injure [ɛ̃ʒyr] *nf* **-1.** [mot] insulto *m*. **-2.** [affront] afrenta *f*.

injurier [ɛ̃ʒyrje] *vt* insultar.

injurieux, euse [ɛ̃ʒyrjø, øz] *adj* insultante.

injuste [ɛ̃ʒyst] *adj* injusto(ta); ~ **envers qqn** injusto con alguien.

injustice [ɛ̃ʒystis] *nf* injusticia *f*.

inlassable [ɛ̃lasabl] *adj* **-1.** [patience] infinito(ta). **-2.** [personne] incansable.

inlassablement [ɛ̃lasabləmɑ̃] *adv* incansablemente.

inné, e [ine] *adj* innato(ta).

innocence [inɔsɑ̃s] *nf* inocencia *f*.

innocent, e [inɔsɑ̃, ɑ̃t] ◇ *adj* inocente. ◇ *nm, f* **-1.** [gén] inocente *mf*. **-2.** *vieilli* [idiot] tonto *m*, -ta *f Esp*, sonso *m*, -sa *f Amér*.

innocenter [inɔsɑ̃te] *vt* **-1.** JUR [disculper] declarar inocente. **-2.** *fig* [excuser] justificar.

innombrable [inɔ̃brabl] *adj* innumerable.

innover [inɔve] *vi* innovar.

inobservation [inɔpsɛrvasjɔ̃] *nf* incumplimiento *m*.

inoccupé, e [inɔkype] *adj* desocupado(da).

inoculer [inɔkyle] *vt* inocular.

inodore [inɔdɔr] *adj* inodoro(ra).

inoffensif, ive [inɔfɑ̃sif, iv] *adj* inofensivo(va).

inondable [inɔ̃dabl] *adj* inundable.

inondation [inɔ̃dasjɔ̃] *nf* **-1.** [gén] inundación *f*. **-2.** [de marché] invasión *f*.

inonder [inɔ̃de] *vt* [gén] inundar; ~ **qqch de qqch** [envahir] inundar algo de algo.

inopérable [inɔperabl] *adj* inoperable.

inopérant, e [inɔperã, ãt] *adj* **-1.** [mesure, méthode] inoperante. **-2.** [médicament] ineficaz.

inopiné, e [inɔpine] *adj* inopinado(da).

inopportun, e [inɔpɔrtœ̃, yn] *adj* inoportuno(na).

inoubliable [inublijabl] *adj* inolvidable.

inouï, e [inwi] *adj* increíble.

inoxydable [inɔksidabl] ◇ *adj* inoxidable. ◇ *nm* acero *m* inoxidable.

inqualifiable [ɛ̃kalifjabl] *adj* incalificable.

inquiet, ète [ɛ̃kjɛ, ɛt] ◇ *adj* **-1.** [préoccupé] preocupado(da); ~ **pour qqn/pour qqch** preocupado por alguien/por algo. **-2.** [anxieux de nature] inquieto(ta). **-3.** [amour] atormentado(da). ◇ *nm, f* inquieto *m*, -ta *f*.

inquiéter [ɛ̃kjete] *vt* **-1.** [alarmer] inquietar, preocupar. **-2.** [tourmenter] acosar. ◆ **s'inquiéter** *vp* preocuparse; **s'**~ **de qqch** [s'intéresser] preocuparse por algo; [se soucier de] preocuparse de algo.

inquiétude [ɛ̃kjetyd] *nf* inquietud *f*, preocupación *f*.

insaisissable [ɛ̃sezisabl] *adj* **-1.** JUR [biens] inembargable. **-2.** [nuance, différence] imperceptible. **-3.** [caractère] huidizo(za).

insalubre [ɛ̃salybr] *adj* insalubre.

insanité [ɛ̃sanite] *nf* [déraison, acte] locura *f*.

insatiable [ɛ̃sasjabl] *adj* insaciable.

insatisfait, e [ɛ̃satisfɛ, ɛt] *adj & nm, f* insatisfecho(cha).

inscription [ɛ̃skripsjɔ̃] *nf* **-1.** [gén] inscripción *f*. **-2.** [à un cours] matriculación *f*.

inscrire [ɛ̃skrir] *vt* **-1.** [noter] apuntar. **-2.** [graver] inscribir. **-3.** [personne] : ~ **qqn sur** OU **dans qqch** [sur une liste, dans un registre] inscribir a alguien en algo; ~ **qqn à qqch** [cours] matricular a alguien en algo. **-4.** [dépenses] asentar. ◆ **s'inscrire** *vp* [gén] : **s'**~ **sur** OU **dans qqch** inscribirse en algo.

insecte [ɛ̃sɛkt] *nm* insecto *m*.

insecticide [ɛ̃sɛktisid] *adj & nm* insecticida.

insécurité [ɛ̃sekyrite] *nf* inseguridad *f*.

insémination [ɛ̃seminasjɔ̃] *nf* inseminación *f*; ~ **artificielle** inseminación artificial.

insensé, e [ɛ̃sãse] *adj* **-1.** [personne, propos] insensato(ta). **-2.** [rêve, désir] imposible. **-3.** [incroyable, immense] increíble. **-4.** [architecture, décoration] delirante.

insensibiliser [ɛ̃sãsibilize] *vt* insensibilizar; ~ **qqn à qqch** insensibilizar a alguien a OU contra algo.

insensible [ɛ̃sãsibl] *adj* **-1.** [gén] insensible. **-2.** [progrès] imperceptible.

inséparable [ɛ̃separabl] *adj* inseparable; ~ **de qqch/de qqn** inseparable de algo/de alguien.

insérer [ɛ̃sere] *vt* : ~ **qqch dans qqch** insertar algo en algo. ◆ **s'insérer** *vp* : **s'**~ **dans qqch** [se situer] inscribirse dentro de algo.

insidieusement [ɛ̃sidjøzmã] *adv* insidiosamente.

insidieux, euse [ɛ̃sidjø, øz] *adj* insidioso(sa).

insigne [ɛ̃siɲ] ◇ *adj* insigne. ◇ *nm* insignia *f*.

insignifiant, e [ɛ̃siɲifjã, ãt] *adj* insignificante.

insinuation [ɛ̃sinɥasjɔ̃] *nf* insinuación *f*.

insinuer [ɛ̃sinɥe] *vt* insinuar. ◆ **s'insinuer** *vp* : **s'**~ **dans qqch** [eau, humidité] penetrar en algo; *fig* [personne] insinuarse con algo.

insipide [ɛ̃sipid] *adj* insípido(da).

insistance [ɛ̃sistãs] *nf* insistencia *f*.

insister [ɛ̃siste] *vi* insistir; ~ **sur qqch** insistir en OU sobre algo; ~ **pour faire qqch** insistir en hacer algo.

insolation [ɛ̃sɔlasjɔ̃] *nf* insolación *f*.

insolence [ɛ̃sɔlãs] *nf* insolencia *f*.

insolent, e [ɛ̃sɔlã, ãt] *adj & nm, f* insolente.

insolite [ɛ̃sɔlit] *adj* insólito(ta).

insoluble [ɛ̃sɔlybl] *adj* insoluble.

insolvable [ɛ̃sɔlvabl] *adj & nmf* insolvente.

insomnie [ɛ̃sɔmni] *nf* insomnio *m*.

insondable [ɛ̃sɔ̃dabl] *adj* insondable.

insonore [ɛ̃sɔnɔr] *adj* insonoro(ra).

insonoriser [ɛ̃sɔnɔrize] *vt* insonorizar.

insouciance [ɛ̃susjãs] *nf* despreocupación *f*.

insouciant, e [ɛ̃susjã, ãt] *adj* despreocupado(da).

insoumis, e [ɛ̃sumi, iz] *adj* insumiso(sa).

insoumission [ɛ̃sumisjɔ̃] *nf* **-1.** [gén] insumisión *f*. **-2.** [d'enfant] desobediencia *f*.

insoupçonné, e [ɛ̃supsɔne] *adj* insospechado(da).

insoutenable [ɛ̃sutnabl] *adj* –1. [gén] insostenible. –2. [douleur, violence] insufrible.

inspecter [ɛ̃spɛkte] *vt* inspeccionar.

inspecteur, trice [ɛ̃spɛktœr, tris] *nm, f* inspector *m*, -ra *f*.

inspection [ɛ̃spɛksjɔ̃] *nf* inspección *f*.

inspiration [ɛ̃spirasjɔ̃] *nf* inspiración *f*; **avoir de l'~** tener inspiración.

inspiré, e [ɛ̃spire] *adj* inspirado(da).

inspirer [ɛ̃spire] *vt* –1. [gén] inspirar; **~ qqch à qqn** inspirar algo a alguien. –2. *hum* [plaire à] emocionar. ◆ **s'inspirer** *vp* : **s'~ de qqch/de qqn** inspirarse en algo/en alguien.

instable [ɛ̃stabl] *adj & nmf* inestable.

installation [ɛ̃stalasjɔ̃] *nf* –1. [gén] instalación *f*. –2. [dans une fonction] toma *f* de posesión.

installer [ɛ̃stale] *vt* –1. [gén] instalar. –2. [fonctionnaire, magistrat] dar posesión. ◆ **s'installer** *vp* –1. [gén] instalarse. –2. [médecin, commerçant] establecerse. –3. [maladie, routine] : **s'~ dans qqch** instalarse en algo.

instamment [ɛ̃stamɑ̃] *adv* encarecidamente.

instance [ɛ̃stɑ̃s] *nf* instancia *f*. ◆ **en instance de** *loc adv* pendiente de.

instant, e [ɛ̃stɑ̃, ɑ̃t] *adj sout* apremiante. ◆ **instant** *nm* instante *m*; **à l'~** [il y a peu de temps] hace un momento; [tout de suite] al instante; **à tout ~** [en permanence] en todo momento; [d'un moment à l'autre] en cualquier momento; **pour l'~** por el momento, de momento.

instantané, e [ɛ̃stɑ̃tane] *adj* instantáneo(a). ◆ **instantané** *nm* instantánea *f*.

instar [ɛ̃star] ◆ **à l'instar de** *loc prép* a semejanza de.

instaurer [ɛ̃stɔre] *vt* instaurar.

instigateur, trice [ɛ̃stigatœr, tris] *nm, f* instigador *m*, -ra *f*.

instigation [ɛ̃stigasjɔ̃] *nf* instigación *f*. ◆ **à l'instigation de** *loc prép* a instigación de.

instinct [ɛ̃stɛ̃] *nm* instinto *m*; **~ maternel** instinto maternal.

instinctif, ive [ɛ̃stɛ̃ktif, iv] *adj & nm, f* instintivo(va).

instituer [ɛ̃stitɥe] *vt* instituir.

institut [ɛ̃stity] *nm* instituto *m*.

instituteur, trice [ɛ̃stitytœr, tris] *nm, f* ≈ profesor *m*, -ra *f* de EGB.

institution [ɛ̃stitysjɔ̃] *nf* institución *f*. ◆ **institutions** *nfpl* POLIT instituciones *fpl*.

instructif, ive [ɛ̃stryktif, iv] *adj* instructivo(va).

instruction [ɛ̃stryksjɔ̃] *nf* –1. [gén] instrucción *f*. –2. [enseignement] enseñanza *f*. –3. [directive] orden *f*. ◆ **instructions** *nfpl* instrucciones *fpl*.

instruit, e [ɛ̃strɥi, it] *adj* instruido(da).

instrument [ɛ̃strymɑ̃] *nm* instrumento *m*; **~ de musique** instrumento musical.

insu [ɛ̃sy] ◆ **à l'insu de** *loc prép* a espaldas de; **à mon/son ~** *sout* a mis/a sus espaldas.

insubmersible [ɛ̃sybmɛrsibl] *adj* insumergible.

insubordination [ɛ̃sybɔrdinasjɔ̃] *nf* insubordinación *f*.

insuccès [ɛ̃syksɛ] *nm* fracaso *m*.

insuffisance [ɛ̃syfizɑ̃s] *nf* insuficiencia *f*.

insuffisant, e [ɛ̃syfizɑ̃, ɑ̃t] *adj* insuficiente.

insuffler [ɛ̃syfle] *vt* –1. MÉD [air] insuflar. –2. *fig* [sentiment] : **~ qqch à qqn** infundir algo a alguien.

insulaire [ɛ̃sylɛr] ◇ *adj* insular, isleño(ña). ◇ *nmf* isleño *m*, -ña *f*.

insuline [ɛ̃sylin] *nf* insulina *f*.

insulte [ɛ̃sylt] *nf* insulto *m*.

insulter [ɛ̃sylte] *vt* insultar.

insupportable [ɛ̃sypɔrtabl] *adj* insoportable, inaguantable.

insurgé, e [ɛ̃syrʒe] ◇ *adj* insurrecto(ta), insurgente. ◇ *nm, f* insurrecto *m*, -ta *f*.

insurger [ɛ̃syrʒe] ◆ **s'insurger** *vp* sublevarse; **s'~ contre qqn/contre qqch** sublevarse contra alguien/contra algo.

insurmontable [ɛ̃syrmɔ̃tabl] *adj* –1. [difficulté, obstacle] insalvable. –2. [peur, répulsion] invencible.

insurrection [ɛ̃syrɛksjɔ̃] *nf* insurrección *f*.

intact, e [ɛ̃takt] *adj* –1. [objet] intacto(ta). –2. [réputation] intachable.

intangible [ɛ̃tɑ̃ʒibl] *adj* –1. *litt* [impalpable] intangible. –2. [secret, principe] inviolable.

intarissable [ɛ̃tarisabl] *adj* inagotable.

intégral, e, aux [ɛ̃tegral, o] *adj* –1. [paiement, texte] íntegro(gra). –2. [calcul, bronzage] integral.

intégralement [ɛ̃tegralmɑ̃] *adv* íntegramente.

intégrant, e [ɛ̃tegrɑ̃, ɑ̃t] → **partie**.

intègre [ɛ̃tegr] *adj* –1. [personne] íntegro(gra). –2. [vie] recto(ta).

intégré, e [ɛ̃tegre] *adj* integrado(da).

intégrer [ɛ̃tegre] *vt* **–1.** [incorporer & MATHS] integrar; ~ **qqch à** OU **dans qqch** integrar algo en algo; ~ **qqn dans qqch** integrar a alguien en algo. **–2.** [grande école] ingresar en. ◆ **s'intégrer** *vp* integrarse; **s'** ~ **dans** OU **à qqch** integrarse en algo.

intégrisme [ɛ̃tegrism] *nm* integrismo *m*.

intégriste [ɛ̃tegrist] *adj & nmf* integrista.

intégrité [ɛ̃tegrite] *nf* **–1.** [honnêteté] integridad *f*. **–2.** [totalité] totalidad *f*.

intellectuel, elle [ɛ̃telɛktɥɛl] *adj & nm, f* intelectual.

intelligence [ɛ̃teliʒɑ̃s] *nf* **–1.** [entendement] inteligencia *f*; ~ **artificielle** inteligencia artificial. **–2.** [personne] cerebro *m*. **–3.** [complicité, harmonie] armonía *f*; **vivre en bonne** ~ vivir en armonía; **vivre en mauvaise** ~ vivir en mala armonía. ◆ **intelligences** *nfpl* inteligencia *f*.

intelligent, e [ɛ̃teliʒɑ̃, ɑ̃t] *adj* inteligente.

intelligible [ɛ̃teliʒibl] *adj* inteligible.

intello [ɛ̃telo] *adj péj* intelectualoide.

intempérie [ɛ̃tɑ̃peri] *nf* intemperie *f*.

intempestif, ive [ɛ̃tɑ̃pɛstif, iv] *adj* intempestivo(va).

intenable [ɛ̃tənabl] *adj* **–1.** [chaleur] insoportable. **–2.** [personne] imposible. **–3.** MIL [position] insostenible.

intendance [ɛ̃tɑ̃dɑ̃s] *nf* intendencia *f*.

intendant, e [ɛ̃tɑ̃dɑ̃, ɑ̃t] *nm, f* administrador *m*, -ra *f*. ◆ **intendant** *nm* MIL intendente *m*.

intense [ɛ̃tɑ̃s] *adj* intenso(sa).

intensif, ive [ɛ̃tɑ̃sif, iv] *adj* intensivo(va).

intensité [ɛ̃tɑ̃site] *nf* intensidad *f*.

intenter [ɛ̃tɑ̃te] *vt* : ~ **qqch contre** OU **à qqn** JUR entablar algo contra alguien.

intention [ɛ̃tɑ̃sjɔ̃] *nf* intención *f*; **avoir l'**~ **de faire qqch** tener la intención de hacer algo; **à l'**~ **de** en honor a.

intentionné, e [ɛ̃tɑ̃sjɔne] *adj* : **bien/mal** ~ bien/mal intencionado(da).

interactif, ive [ɛ̃teraktif, iv] *adj* interactivo(va).

intercalaire [ɛ̃terkalɛr] ◇ *adj* **–1.** [feuillet] separador(ra). **–2.** [jour] intercalar. ◇ *nm* [feuillet] separata *f*.

intercaler [ɛ̃terkale] *vt* : ~ **qqch dans qqch** intercalar algo en algo.

intercéder [ɛ̃tersede] *vi* : ~ **pour** OU **en faveur de qqn** interceder en favor de alguien.

intercepter [ɛ̃tersɛpte] *vt* interceptar.

interchangeable [ɛ̃terʃɑ̃ʒabl] *adj* intercambiable.

interclasse [ɛ̃terklas] *nm* *intervalo que separa dos horas de clase*.

interconnexion [ɛ̃terkɔnɛksjɔ̃] *nf* INFORM interconexión *f*.

interdiction [ɛ̃terdiksjɔ̃] *nf* **–1.** [défense] prohibición *f*; '~ **de fumer**' 'prohibido fumar'. **–2.** [de fonctionnaire, de prêtre] suspensión *f*.

interdire [ɛ̃terdir] *vt* **–1.** [défendre, prohiber] prohibir; ~ **qqch à qqn** prohibir algo a alguien; ~ **à qqn de faire qqch** prohibir a alguien hacer algo. **–2.** [empêcher, proscrire] impedir. **–3.** [fonctionnaire, prêtre] suspender.

interdit, e [ɛ̃terdi, it] ◇ *pp* → **interdire**. ◇ *adj* [défendu] prohibido(da).

intéressant, e [ɛ̃teresɑ̃, ɑ̃t] *adj* interesante.

intéressé, e [ɛ̃terese] ◇ *adj* interesado(da). ◇ *nm, f* interesado *m*, -da *f*.

intéresser [ɛ̃terese] *vt* interesar; ~ **qqn à qqch** interesar a alguien en OU por algo. ◆ **s'intéresser** *vp* : **s'** ~ **à qqn/à qqch** interesarse por alguien/por algo.

intérêt [ɛ̃terɛ] *nm* interés *m*; ~ **pour qqn/pour qqch** interés por alguien/por algo; **avoir** ~ **à faire qqch** tener interés en hacer algo. ◆ **intérêts** *nmpl* FIN intereses *mpl*.

interface [ɛ̃terfas] *nf* **–1.** INFORM interfaz *f*, interface *f*; ~ **graphique** interfaz gráfica. **–2.** [intermédiaire] intermediario *m*, -ria *f*.

interférer [ɛ̃terfere] *vi* interferir; ~ **avec** interferir en.

intérieur, e [ɛ̃terjœr] *adj* interior. ◆ **intérieur** *nm* **–1.** [gén] interior *m*; **à l'**~ **(de qqch)** dentro (de algo), en el interior (de algo). **–2.** [foyer] hogar *m*.

intérim [ɛ̃terim] *nm* [travail temporaire] trabajo *m* temporal, trabajo *m* eventual.

intérimaire [ɛ̃terimɛr] ◇ *adj* **–1.** [ministre, directeur] en funciones. **–2.** [employé] temporal. **–3.** [fonction] interino(na). ◇ *nmf* **–1.** [ministre, directeur] interino *m*, -na *f*. **–2.** [employé] substituto *m*, -ta *f*.

intérioriser [ɛ̃terjɔrize] *vt* interiorizar.

interjection [ɛ̃terʒɛksjɔ̃] *nf* **–1.** LING interjección *f*. **–2.** JUR ≃ interposición *f* de un recurso de apelación.

interligne [ɛ̃terliɲ] *nm* interlineado *m*.

interlocuteur, trice [ɛ̃terlɔkytœr, tris] *nm, f* interlocutor *m*, -ra *f*.

interloquer [ɛ̃terlɔke] *vt* desconcertar.

interlude [ɛ̃tɛrlyd] *nm* **–1.** MUS interludio *m.* **–2.** TÉLÉ intermedio *m.*

intermède [ɛ̃tɛrmɛd] *nm* **–1.** THÉÂTRE entremés *m.* **–2.** [interruption] intermedio *m.*

intermédiaire [ɛ̃tɛrmedjɛr] ◇ *nmf* [personne] intermediario *m*, -ria *f.* ◇ *adj* intermedio(dia). ◇ *nm* [entremise] : **par l'~ de qqn/de qqch** a través de alguien/de algo.

interminable [ɛ̃tɛrminabl] *adj* interminable.

intermittence [ɛ̃tɛrmitɑ̃s] *nf* intermitencia *f*; **par ~** con intermitencias.

intermittent, e [ɛ̃tɛrmitɑ̃, ɑ̃t] *adj* intermitente.

internat [ɛ̃tɛrna] *nm* **–1.** [établissement scolaire, système] internado *m.* **–2.** UNIV [concours] ≃ MIR. **–3.** [période de stage & MÉD] internado *m.*

international, e, aux [ɛ̃tɛrnasjɔnal, o] ◇ *adj* internacional. ◇ *nm, f* SPORT internacional *mf.*

interne [ɛ̃tɛrn] ◇ *adj* interno(na). ◇ *nmf* interno *m*, -na *f.*

interner [ɛ̃tɛrne] *vt* **–1.** [dans une prison, un camp] recluir. **–2.** [dans un hôpital psychiatrique] internar.

interpeller [ɛ̃tɛrpəle] *vt* **–1.** [apostropher, interroger] interpelar. **–2.** [susciter l'intérêt de] reclamar.

Interphone® [ɛ̃tɛrfɔn] *nm* interfono *m.*

interposer [ɛ̃tɛrpoze] *vt* **–1.** [placer entre] : **~ qqch entre qqch et qqch** interponer algo entre algo y algo. **–2.** *fig* [faire intervenir] interponer, hacer valer. ◆ **s'interposer** *vp* [intervenir] : **s'~ dans qqch** interponerse en algo; **s'~ entre qqn et qqn** interponerse entre alguien y alguien.

interprétation [ɛ̃tɛrpretasjɔ̃] *nf* interpretación *f*; **~ simultanée** interpretación simultánea.

interprète [ɛ̃tɛrprɛt] *nmf* **–1.** [gén] intérprete *mf.* **–2.** [porte-parole] portavoz *mf.*

interpréter [ɛ̃tɛrprete] *vt* interpretar.

interrogatif, ive [ɛ̃tɛrɔgatif, iv] *adj* interrogativo(va).

interrogation [ɛ̃tɛrɔgasjɔ̃] *nf* **–1.** [pour questionner] interrogación *f.* **–2.** [examen scolaire] examen *m.* **–3.** GRAM oración *f* interrogativa. **–4.** INFORM consulta *f.*

interrogatoire [ɛ̃tɛrɔgatwar] *nm* interrogatorio *m.*

interrogeable [ɛ̃tɛrɔʒabl] → **répondeur.**

interroger [ɛ̃tɛrɔʒe] *vt* **–1.** [témoin, candidat] interrogar; **~ qqn sur qqch** interrogar a alguien sobre algo. **–2.** INFORM [base de données] consultar. **–3.** [conscience, faits] examinar. ◆ **s'interroger** *vp* : **s'~ sur qqch** preguntarse sobre algo.

interrompre [ɛ̃tɛrɔ̃pr] *vt* interrumpir; **~ qqn dans qqch** interrumpir a alguien en algo. ◆ **s'interrompre** *vp* interrumpirse; **s'~ de faire qqch** dejar de hacer algo.

interrompu, e [ɛ̃tɛrɔ̃py] *pp* → **interrompre.**

interruption [ɛ̃tɛrypsjɔ̃] *nf* interrupción *f*; **~ volontaire de grossesse** interrupción *f* voluntaria del embarazo.

intersection [ɛ̃tɛrsɛksjɔ̃] *nf* intersección *f.*

interstice [ɛ̃tɛrstis] *nm* intersticio *m.*

intervalle [ɛ̃tɛrval] *nm* intervalo *m.*

intervenant, e [ɛ̃tɛrvənɑ̃, ɑ̃t] *nm, f* **–1.** [orateur] conferenciante *mf.* **–2.** JUR parte *f* interesada.

intervenir [ɛ̃tɛrvənir] *vi* **–1.** [gén] intervenir; **~ dans qqch** intervenir en algo; **faire ~ qqn** hacer intervenir a alguien. **–2.** [se produire] ocurrir.

intervention [ɛ̃tɛrvɑ̃sjɔ̃] *nf* intervención *f.*

interventionnisme [ɛ̃tɛrvɑ̃sjɔnism] *nm* intervencionismo *m.*

intervenu, e [ɛ̃tɛrvəny] *pp* → **intervenir.**

intervertir [ɛ̃tɛrvɛrtir] *vt* invertir.

interview [ɛ̃tɛrvju] *nf* entrevista *f.*

interviewer[1] [ɛ̃tɛrvjuve] *vt* entrevistar.

interviewer[2] [ɛ̃tɛrvjuvœr] *nm* entrevistador *m*, -ra *f.*

intestinal, e, aux [ɛ̃tɛstinal, o] *adj* intestinal.

intime [ɛ̃tim] *adj & nmf* íntimo(ma).

intimider [ɛ̃timide] *vt* intimidar.

intimiste [ɛ̃timist] *adj* intimista.

intimité [ɛ̃timite] *nf* intimidad *f.*

intitulé [ɛ̃tityle] *nm* título *m.*

intituler [ɛ̃tityle] *vt* titular. ◆ **s'intituler** *vp* titularse.

intolérable [ɛ̃tɔlerabl] *adj* intolerable.

intolérance [ɛ̃tɔlerɑ̃s] *nf* [gén] intolerancia *f.*

intolérant, e [ɛ̃tɔlerɑ̃, ɑ̃t] *adj* intolerante.

intonation [ɛ̃tɔnasjɔ̃] *nf* LING & MUS entonación *f.*

intouchable [ɛ̃tuʃabl] *adj & nmf* intocable.

intoxication [ɛ̃tɔksikasjɔ̃] *nf* **–1.** MÉD [empoisonnement] intoxicación *f.* **–2.** *fig* [propagande] bombardeo *m.*

intoxiquer [ɛ̃tɔksike] *vt* intoxicar. ◆ **s'intoxiquer** *vp* **–1.** MÉD [s'empoisonner] intoxicarse. **–2.** *fig* [de télévision, de publicité] : **s'~ de qqch** dejarse bombardear por algo.

intraduisible [ɛ̃tradɥizibl] *adj* **–1.** [texte] intraducible. **–2.** [sentiment] inexplicable.

intraitable [ɛ̃trɛtabl] *adj* inflexible; être ~ sur qqch ser inflexible en algo.

intransigeance [ɛ̃trāziʒās] *nf* intransigencia *f*.

intransigeant, e [ɛ̃trāziʒā, āt] *adj* intransigente.

intransitif, ive [ɛ̃trāzitif, iv] *adj* GRAM intransitivo(va).

intransportable [ɛ̃trāspɔrtabl] *adj* intransportable.

intraveineux, euse [ɛ̃travɛnø, øz] *adj* MÉD intravenoso(sa).

intrépide [ɛ̃trepid] *adj* **–1.** [soldat] intrépido(da). **–2.** [menteur, bavard] incorregible.

intrigue [ɛ̃trig] *nf* **–1.** [gén] intriga *f*. **–2.** *sout* [liaison amoureuse] aventura *f*.

intriguer [ɛ̃trige] *vt & vi* intrigar.

introduction [ɛ̃trɔdyksjɔ̃] *nf* [gén] introducción *f*; ~ à qqch [préparation] introducción a algo.

introduire [ɛ̃trɔdɥir] *vt* introducir. ◆ **s'introduire** *vp* introducirse.

introduit, e [ɛ̃trɔdɥi, it] *pp* → **introduire**.

introspection [ɛ̃trɔspɛksjɔ̃] *nf* PSYCHOL introspección *f*.

introuvable [ɛ̃truvabl] *adj* **–1.** [personne] en paradero desconocido; [objet] perdido(da). **–2.** [rare] imposible de encontrar.

introverti, e [ɛ̃trɔvɛrti] *adj & nm, f* PSYCHOL introvertido(da).

intrus, e [ɛ̃try, yz] *adj & nm, f* intruso(sa).

intrusion [ɛ̃tryzjɔ̃] *nf* intrusión *f*.

intuitif, ive [ɛ̃tɥitif, iv] *adj & nm, f* intuitivo(va).

intuition [ɛ̃tɥisjɔ̃] *nf* intuición *f*.

inusable [inyzabl] *adj* indestructible.

inusité, e [inyzite] *adj* inusitado(da).

inutile [inytil] *adj* inútil.

inutilisable [inytilizabl] *adj* inservible.

inutilité [inytilite] *nf* inutilidad *f*.

inv. (*abr de* **invariable**) inv., invar.

invaincu, e [ɛ̃vɛ̃ky] *adj* **–1.** [peuple] imbatido(da). **–2.** SPORT invicto(ta).

invalide [ɛ̃valid] ◇ *adj* MÉD inválido(da). ◇ *nmf* inválido *m*, -da *f*.

invalidité [ɛ̃validite] *nf* **–1.** JUR nulidad *f*. **–2.** MÉD invalidez *f*.

invariable [ɛ̃varjabl] *adj* invariable.

invasion [ɛ̃vazjɔ̃] *nf* invasión *f*.

invendable [ɛ̃vādabl] *adj* invendible.

invendu, e [ɛ̃vādy] *adj* sin vender. ◆ **invendu** *nm* artículo *m* sin vender.

inventaire [ɛ̃vātɛr] *nm* inventario *m*.

inventer [ɛ̃vāte] *vt* **–1.** [découvrir] inventar. **–2.** [imaginer] inventarse.

invention [ɛ̃vāsjɔ̃] *nf* **–1.** [découverte, mensonge] invención *f*. **–2.** [imagination] inventiva *f*.

inventorier [ɛ̃vātɔrje] *vt* inventariar.

inverse [ɛ̃vɛrs] ◇ *adj* inverso(sa). ◇ *nm* : l'~ lo contrario.

inversement [ɛ̃vɛrsəmā] *adv* **–1.** [gén] a la inversa. **–2.** MATHS inversamente.

inverser [ɛ̃vɛrse] *vt* invertir.

invertébré, e [ɛ̃vɛrtebre] *adj* invertebrado(da). ◆ **invertébré** *nm* invertebrado *m*.

investigation [ɛ̃vɛstigasjɔ̃] *nf* investigación *f*.

investir [ɛ̃vɛstir] *vt* **–1.** MIL [ville, position militaire] sitiar. **–2.** [fonctionnaire, évêque] investir. **–3.** [argent, efforts] invertir; ~ qqch dans qqch invertir algo en algo.

investissement [ɛ̃vɛstismā] *nm* **–1.** MIL sitio *m*. **–2.** FIN inversión *f*.

investiture [ɛ̃vɛstityr] *nf* investidura *f*.

invétéré, e [ɛ̃vetere] *adj* empedernido(da).

invincible [ɛ̃vɛ̃sibl] *adj* **–1.** [gén] invencible. **–2.** [argument] irrefutable.

inviolable [ɛ̃vjɔlabl] *adj* **–1.** [gén] inviolable. **–2.** [citadelle] inexpugnable.

invisible [ɛ̃vizibl] *adj* **–1.** [impossible à voir] invisible. **–2.** [qui se dérobe] oculto(ta).

invitation [ɛ̃vitasjɔ̃] *nf* invitación *f*.

invité, e [ɛ̃vite] *adj & nm, f* invitado(da).

inviter [ɛ̃vite] *vt* [gén] invitar; ~ qqn à qqch/à faire qqch [inciter] invitar a alguien a algo/a hacer algo.

in vitro [invitro] → **fécondation**.

invivable [ɛ̃vivabl] *adj* **–1.** [personne, situation] insoportable. **–2.** [lieu] inhabitable.

involontaire [ɛ̃vɔlɔ̃tɛr] *adj* involuntario(ria).

invoquer [ɛ̃vɔke] *vt* **–1.** [gén] invocar. **–2.** [excuse] alegar.

invraisemblance [ɛ̃vrɛsāblās] *nf* inverosimilitud *f*.

invulnérable [ɛ̃vylnerabl] *adj* invulnerable.

iode [jɔd] *nm* yodo *m*.

ion [jɔ̃] *nm* PHYS ion *m*.

IRA (*abr de* **Irish Republican Army**) *nf* IRA *m*.

irai, iras *etc* → **aller**.

Irak, Iraq [irak] *nm* : l' ~ Irak, Iraq.

Iran [irɑ̃] *nm* : l' ~ Irán.

Iraq = **Irak**.

irascible [irasibl] *adj* irascible.

iris [iris] *nm* **-1.** BOT lirio *m*. **-2.** ANAT iris *m*.

Irlande [irlɑ̃d] *nf* : l' ~ Irlanda; l' ~ **du Nord** Irlanda del Norte; l'~ **du Sud** República de Irlanda.

ironie [irɔni] *nf* ironía *f*.

ironique [irɔnik] *adj* irónico(ca).

ironiser [irɔnize] *vi* : ~ **sur qqch** ironizar sobre algo.

irradier [iradje] ◇ *vi* **-1.** [se propager] irradiar. **-2.** *fig* [se répandre] manifestarse. ◇ *vt* irradiar.

irraisonné, e [irezɔne] *adj* [crainte] infundado(da); [geste] automático(ca).

irrationnel, elle [irasjɔnɛl] *adj* irracional.

irréalisable [irealizabl] *adj* irrealizable.

irrécupérable [irekyperabl] *adj* irrecuperable.

irrécusable [irekyzabl] *adj* JUR irrecusable.

irréductible [iredyktibl] *adj & nmf* irreductible.

irréel, elle [ireɛl] *adj* irreal.

irréfléchi, e [irefleʃi] *adj* irreflexivo(va).

irréfutable [irefytabl] *adj* irrefutable.

irrégularité [iregylarite] *nf* irregularidad *f*.

irrégulier, ère [iregylje, ɛr] *adj* irregular.

irrémédiable [iremedjabl] *adj* irremediable.

irremplaçable [irɑ̃plasabl] *adj* irremplazable, insustituible.

irréparable [ireparabl] *adj* irreparable.

irrépressible [irepresibl] *adj sout* irreprimible.

irréprochable [ireprɔʃabl] *adj* intachable, irreprochable.

irrésistible [irezistibl] *adj* **-1.** [gén] irresistible. **-2.** [amusant] desternillante.

irrésolu, e [irezɔly] *adj* [personne] irresoluto(ta); [problème] sin resolver.

irrespirable [irɛspirabl] *adj* irrespirable.

irresponsable [irɛspɔ̃sabl] ◇ *adj* **-1.** [gén] irresponsable. **-2.** [non fautif] no responsable. **-3.** JUR no responsable ante la ley. ◇ *nmf* irresponsable *mf*.

irréversible [ireversibl] *adj* irreversible.

irrévocable [irevɔkabl] *adj* irrevocable.

irrigation [irigasjɔ̃] *nf* AGRIC & MÉD irrigación *f*.

irriguer [irige] *vt* AGRIC & MÉD irrigar.

irritation [iritasjɔ̃] *nf* irritación *f*.

irriter [irite] *vt* irritar. ◆ **s'irriter** *vp* irritarse; **s'~ contre qqn** enfadarse con alguien; **s'~ de qqch** irritarse por algo.

irruption [irypsjɔ̃] *nf* **-1.** [invasion, entrée] irrupción *f*. **-2.** [débordement] desbordamiento *m*.

islam [islam] *nm* islam *m*. ◆ **Islam** *nm* : l'Islam el Islam.

islamique [islamik] *adj* islámico(ca).

Islande [islɑ̃d] *nf* : l' ~ Islandia.

isocèle [izɔsɛl] *adj* MATHS isósceles.

isolant, e [izɔlɑ̃, ɑ̃t] *adj* ÉLECTR & CONSTR aislante. ◆ **isolant** *nm* aislante *m*.

isolation [izɔlasjɔ̃] *nf* ÉLECTR & CONSTR aislamiento *m*.

isolé, e [izɔle] *adj* aislado(da).

isolément [izɔlemɑ̃] *adv* aisladamente.

isoler [izɔle] *vt* aislar; ~ **qqch de qqch** aislar algo de algo. ◆ **s'isoler** *vp* aislarse; **s'~ de qqch** aislarse de algo.

isoloir [izɔlwar] *nm* cabina *f* electoral.

isotherme [izotɛrm] ◇ *adj* isotermo(ma). ◇ *nf* MÉTÉOR isoterma *f*.

Israël [israɛl] *n* Israel.

israélite [israelit] *adj* israelita. ◆ **Israélite** *nmf* israelita *mf*.

issu, e [isy] *adj* : ~ **de qqch** [résultat] resultante de algo; [personne] descendiente de algo. ◆ **issue** *nf* **-1.** [sortie] salida *f*; ~**s de secours** salida de emergencia. **-2.** [résultat] resultado *m*; **heureuse** ~**e** desenlace *m* feliz; ~**e fatale** desenlace *m* fatal. **-3.** [terme] final *m*.

Istanbul [istɑ̃bul] *n* Estambul.

isthme [ism] *nm* istmo *m*.

Italie [itali] *nf* : l' ~ Italia.

italien, enne [italjɛ̃, ɛn] *adj* italiano(na). ◆ **italien** *nm* LING italiano *m*. ◆ **Italien, enne** *nm, f* italiano *m*, -na *f*.

italique [italik] *nm* [caractère d'imprimerie] cursiva *f*.

itinéraire [itinerɛr] *nm* itinerario *m*.

itinérant, e [itinerɑ̃, ɑ̃t] *adj* **-1.** [spectacle, troupe] itinerante. **-2.** [ambassadeur] ambulante.

IUFM (*abr de* **institut universitaire de formation des maîtres**) *nm* escuela de prácticas para la formación de profesores.

IUP (*abr de* **institut universitaire profes-sionnel**) *nm* escuela universitaria de formación profesional a la cual se accede tras haber cur-sado un año universitario.

IUT (*abr de* **institut universitaire de tech-nologie**) *nm* escuela técnica universitaria.

IVG *abr de* **interruption volontaire de gros-sesse.**

ivoire [ivwar] *nm* **-1.** [gén] marfil *m.* **-2.** [objeto] objeto *m* de marfil.

ivre [ivr] *adj* borracho(cha).

ivresse [ivrɛs] *nf* embriaguez *f.*

ivrogne [ivrɔɲ] *adj & nmf* borracho(cha).

j, J [ʒi] *nm inv* j *f*, J *f.* ◆ **J -1.** (*abr de* **joule**) J. **-2.** (*abr de* **jour**) d.

j' → **je.**

jabot [ʒabo] *nm* **-1.** [d'oiseau] buche *m.* **-2.** [de chemise] chorrera *f*, pechera *f.*

jacasser [ʒakase] *vi* **-1.** [pie] chirriar. **-2.** *péj* [personne] cotorrear.

jacinthe [ʒasɛ̃t] *nf* jacinto *m.*

jacquard [ʒakar] *nm* jacquard *m.*

Jacuzzi® [ʒakuzi] *nm* jacuzzi® *m.*

jade [ʒad] *nm* jade *m.*

jadis [ʒadis] *adv* en otro tiempo, antigua-mente.

jaguar [ʒagwar] *nm* jaguar *m.*

jaillir [ʒajir] *vi* : ~ **de** [gén] surgir de; [li-quide] brotar de.

jais [ʒɛ] *nm* azabache *m.*

jalon [ʒalɔ̃] *nm* jalón *m.*

jalonner [ʒalɔne] *vt* [chemin, route] jalo-nar, amojonar.

jalousie [ʒaluzi] *nf* **-1.** [envie] envidia *f.* **-2.** [en amour] celos *mpl.* **-3.** [store] celosía *f.*

jaloux, ouse [ʒalu, uz] *adj* ~ **(de)** [envieux] envidioso(sa) (de); [en amour, attaché] ce-loso(sa) (de).

jamais [ʒamɛ] *adv* **-1.** [sens négatif] nunca; **ne... ~** no... nunca; **je ne reviendrai ~** no volveré nunca; **~... ne** nunca...; **~ je ne reviendrai** nunca volveré; **ne... plus ~** no... nunca más; **je ne reviendrai plus**

~ no volveré nunca más; **~ plus... ne** nunca más...; **~ plus je ne viendrai** nunca más vendré; **plus ~!** ¡nunca más!; **sans ~** (+ *infinitif*) sin (+ *infinitivo*); **il tra-vaille sans ~ s'arrêter** trabaja sin parar. **-2.** [sens positif] alguna vez; **as-tu ~ rien vu de pareil?** ¿has visto alguna vez una cosa igual?; **je doute de ~ y parvenir** dudo que lo consiga alguna vez; **si ~** si alguna vez; **si ~ tu le vois** si llegas a verlo. ◆ **à jamais** *loc adv sout* para siem-pre. ◆ **pour jamais** *loc adv sout* para siempre.

jambage [ʒɑ̃baʒ] *nm* palo *m* (*de una letra*).

jambe [ʒɑ̃b] *nf* pierna *f Esp*, canilla *f Amér.*

jambières [ʒɑ̃bjɛr] *nfpl* espinilleras *fpl.*

jambon [ʒɑ̃bɔ̃] *nm* jamón *m.*

jante [ʒɑ̃t] *nf* llanta *f.*

janvier [ʒɑ̃vje] *nm* enero *m*; *voir aussi* **sep-tembre.**

japper [ʒape] *vi* ladrar.

jaquette [ʒakɛt] *nf* **-1.** [vêtement – d'homme] chaqué *m*; [– de femme] cha-queta *f Esp*, saco *m Amér.* **-2.** [de livre] so-brecubierta *f.*

jardin [ʒardɛ̃] *nm* jardín *m*; ~ **d'agrément** jardín.

jardinage [ʒardinaʒ] *nm* jardinería *f.*

jardinier, ère [ʒardinje, ɛr] *nm, f* jardinero *m*, -ra *f.* ◆ **jardinière** *nf* [bac à fleurs] jar-dinera *f.* ◆ **jardinière de légumes** *nf* ≈ menestra *f* de verduras.

jargon [ʒargɔ̃] *nm* jerga *f.*

jarret [ʒarɛ] *nm* **-1.** ANAT corva *f.* **-2.** CULIN jarrete *m.*

jarretelle [ʒartɛl] *nf* liga *f.*

jarretière [ʒartjɛr] *nf* liga *f.*

jars [ʒar] *nm* ganso *m.*

jaser [ʒaze] *vi* cotillear.

jasmin [ʒasmɛ̃] *nm* jazmín *m.*

jaspé, e [ʒaspe] *adj* jaspeado(da).

jatte [ʒat] *nf* cuenco *m.*

jauge [ʒoʒ] *nf* indicador *m.*

jauger [ʒoʒe] *vt* juzgar.

jaune [ʒon] ◇ *adj* amarillo(lla). ◇ *nm* **-1.** [couleur] amarillo *m.* **-2.** *péj* [briseur de grève] esquirol *m.* ◆ **jaune d'œuf** *nm* yema *f* de huevo.

jaunir [ʒonir] ◇ *vi* amarillear. ◇ *vt* poner amarillo.

jaunisse [ʒonis] *nf* MÉD ictericia *f.*

java [ʒava] *nf* [danse] java *f.*

javelot [ʒavlo] *nm* jabalina *f.*

jazz [dʒaz] *nm* jazz *m.*

J.-C. *(abr de* Jésus-Christ) J.C., JC.

je [ʒə], **j'** *(devant voyelle ou h muet) pron pers* yo; ~ **viendrai demain** vendré mañana; **que dois-~ faire?** ¿qué debo hacer?

jean [dʒin], **jeans** [dʒins] *nm* vaqueros *mpl*, tejanos *mpl*.

Jeep® [dʒip] *nf* jeep® *m*.

jérémiades [ʒeremjad] *nfpl* jeremiadas *fpl*.

jerrycan, jerrican [ʒerikan] *nm* jerrycan *m*.

jersey [ʒɛrzɛ] *nm* punto *m* (tela).

Jérusalem [ʒeryzalɛm] *n* Jerusalén.

jésuite [ʒez̧ɥit] ◇ *nm* **-1.** RELIG jesuita *m*. **-2.** *péj* [hypocrite] hipócrita *m*. ◇ *adj* RELIG jesuita.

Jésus-Christ [ʒezykri] *nm* Jesucristo *m*.

jet[1] [ʒɛ] *nm* **-1.** [de javelot] lanzamiento *m*. **-2.** [de vapeur, d'eau] chorro *m*.

jet[2] [dʒɛt] *nm* jet *m*.

jeté [ʒəte] ◆ **jeté de lit** *nm* colcha *f*. ◆ **jeté de table** *nm* tapete *m*.

jetée [ʒəte] *nf* espigón *m*.

jeter [ʒəte] *vt* **-1.** [gén] tirar; ~ **qqch à qqn** tirar algo a alguien. **-2.** [mettre rapidement] echar. ◆ **se jeter** *vp* **-1.** [se précipiter] : **se ~ sur qqn/sur qqch** lanzarse sobre alguien/sobre algo. **-2. se ~ dans** [suj : rivière] desembocar en; [suj : personne] echarse en.

jeton [ʒətɔ̃] *nm* [de jeu, de téléphone] ficha *f*.

jeu, x [ʒø] *nm* **-1.** [gén] juego *m*; **par ~** para divertirse; ~ **de cartes** [divertissement] juego de cartas OU naipes; [paquet] baraja *f*; ~ **de hasard/de l'oie/de société** juego de azar/de la oca/de sociedad; ~ **vidéo** videojuego *m*; **jouer le ~** respetar las reglas *f*. **-2.** MUS ejecución *f*; THÉÂTRE actuación *f*, interpretación *f*.

jeudi [ʒødi] *nm* jueves *m*; *voir aussi* **samedi**.

jeun [ʒœ̃] ◆ **à jeun** *loc adv* en ayunas.

jeune [ʒœn] ◇ *adj* joven. ◇ *nmf* joven *mf*.

jeûne [ʒøn] *nm* ayuno *m*.

jeunesse [ʒœnɛs] *nf* juventud *f*.

JF, jf *(abr de* jeune fille) Srta.

JH *abr de* jeune homme.

jingle [dʒingəl] *nm* jingle *m*.

JO *(abr de* Journal officiel) *nm* ≃ BOE.

joaillier, ère [ʒɔaje, ɛr] *nm, f* joyero *m*, -ra *f*.

job [dʒɔb] *nm fam* curro *m*.

jockey [ʒɔkɛ] *nm* jockey *m*.

jogging [dʒɔgiŋ] *nm* **-1.** [activité] jogging *m*, footing *m*. **-2.** [vêtement] chándal *m* *Esp*, buzo *m* *Amér*.

joie [ʒwa] *nf* alegría *f*.

joindre [ʒwɛ̃dr] *vt* **-1.** [rapprocher] juntar. **-2.** [adjoindre] adjuntar. **-3.** [par téléphone] localizar. ◆ **se joindre** *vp* : **se ~ à qqn** unirse a alguien.

joli, e [ʒɔli] *adj* **-1.** [gén] bonito(ta). **-2.** [enviable] bueno(na).

joliment [ʒɔlimã] *adv* **-1.** [bien] muy bien. **-2.** *iron* [emploi expressif] : **elle les a ~ eus!** ¡qué bien los ha engañado! **-3.** *fam* [beaucoup] maravillosamente.

jonc [ʒɔ̃] *nm* junco *m*.

joncher [ʒɔ̃ʃe] *vt* cubrir; **être jonché de** estar cubierto(ta) de.

jonction [ʒɔ̃ksjɔ̃] *nf* [de routes] confluencia *f*.

jongler [ʒɔ̃gle] *vi* **-1.** [avec des balles] hacer malabarismos. **-2.** *fig* [manier avec adresse] : ~ **avec qqch** reírse de algo.

jongleur, euse [ʒɔ̃glœr, øz] *nm, f* malabarista *mf*.

jonquille [ʒɔ̃kij] *nf* junquillo *m*.

joue [ʒu] *nf* mejilla *f* *Esp*, cachete *m* *Amér*.

jouer [ʒwe] ◇ *vi* **-1.** [s'amuser] jugar; ~ **à qqch** jugar a algo; ~ **avec qqn/avec qqch** jugar con alguien/con algo. **-2.** CIN & THÉÂTRE actuar. **-3.** MUS tocar; ~ **de qqch** [instrument] tocar algo. ◇ *vt* **-1.** [carte] jugar. **-2.** [hasarder, risquer] : ~ **qqch** jugarse algo. **-3.** [personnage, rôle] representar; *fig* hacer el papel de. **-4.** THÉÂTRE representar; CIN dar, poner. ◆ **se jouer** *vp* : **se ~ de qqch/de qqn** reírse de algo/de alguien.

jouet [ʒwɛ] *nm* juguete *m*; **être le ~ de qqn** *fig* ser el juguete de alguien.

joueur, euse [ʒwœr, øz] *nm, f* jugador *m*, -ra *f*.

joufflu, e [ʒufly] *adj* mofletudo(da).

joug [ʒu] *nm* yugo *m*.

jouir [ʒwir] *vi* **-1.** [apprécier, bénéficier] : ~ **de qqch** disfrutar de algo. **-2.** [sexuellement] gozar.

jouissance [ʒwisãs] *nf* **-1.** JUR [de bien] disfrute *m*. **-2.** [sexuelle] goce *m*.

joujou, x [ʒuʒu] *nm* juguete *m*.

jour [ʒur] *nm* día *m*; **au petit ~** al amanecer; **de ~ en ~** de día en día; ~ **après ~** día tras día; ~ **et nuit** día y noche; **le ~ décline** anochece; **le ~ de l'an** el día de Año Nuevo; ~ **de congé/de fête** día de permiso/de fiesta; ~ **férié** día festivo;

de nos ~**s** hoy en día; **être à** ~ estar al día; **mettre qqch à** ~ poner algo al día.

journal, aux [ʒurnal, o] *nm* **–1.** [publication] periódico *m*. **–2.** TÉLÉ telediario *m*; ~ **télévisé** telediario. **–3.** [écrit] diario *m*; ~ **intime** diario íntimo.

journalier, ère [ʒurnalje, ɛr] *adj* diario(ria).

journalisme [ʒurnalism] *nm* periodismo *m*.

journaliste [ʒurnalist] *nmf* periodista *mf*.

journée [ʒurne] *nf* día *m*.

joute [ʒut] *nf* justa *f*.

jovial, e, aux [ʒɔvjal, o] *adj* jovial.

joyau, x [ʒwajo] *nm* joya *f*.

joyeux, euse [ʒwajø, øz] *adj* alegre.

jubilé [ʒybile] *nm* RELIG jubileo *m*.

jubiler [ʒybile] *vi fam* entusiasmarse.

jucher [ʒyʃe] *vt* : ~ **qqn sur qqch** encaramar a alguien a algo. ◆ **se jucher** *vp* : **se** ~ **sur qqch** encaramarse sobre algo.

judaïque [ʒydaik] *adj* judaico(ca).

judaïsme [ʒydaism] *nm* judaísmo *m*.

judas [ʒyda] *nm* mirilla *f*.

judéo-chrétien, enne [ʒydeɔkretjɛ̃, ɛn] (*mpl* **judéo-chrétiens**, *fpl* **judéo-chrétiennes**) *adj* judeocristiano(na).

judiciaire [ʒydisjɛr] *adj* judicial.

judicieux, euse [ʒydisjø, øz] *adj* juicioso(sa).

judo [ʒydo] *nm* judo *m*.

juge [ʒyʒ] *nmf* juez *m*, jueza *f*; ~ **d'instruction/de paix** JUR juez de instrucción/ de paz.

jugé [ʒyʒe] ◆ **au jugé** *loc adv* a ojo de buen cubero.

jugement [ʒyʒmã] *nm* juicio *m*.

jugeote [ʒyʒɔt] *nf fam* coco *m*.

juger [ʒyʒe] ◇ *vt* [gén] juzgar; ~ **que** juzgar que; ~ **qqch inutile/indispensable** [estimer] juzgar algo inútil/indispensable. ◇ *vi* : ~ **de qqch** considerar algo.

juif, juive [ʒɥif, ʒɥiv] *adj* judío(a). ◆ **Juif, Juive** *nm, f* judío *m*, -a *f*.

juillet [ʒɥijɛ] *nm* julio *m*; **la fête du 14 Juillet** fiestas del 14 de julio, día de la República que celebra la Toma de la Bastilla; *voir aussi* **septembre**.

juin [ʒɥɛ̃] *nm* junio *m*; *voir aussi* **septembre**.

juive → **juif**.

juke-box [dʒukbɔks] *nm inv* juke-box *m*.

jumeau, elle, x [ʒymo, ɛl] ◇ *adj* gemelo(la). ◇ *nm, f* gemelo *m*, -la *f*. ◆ **jumelles** *nfpl* [optique] gemelos *mpl*.

jumelage [ʒymlaʒ] *nm* [de villes] hermanamiento *m*.

jumelé, e [ʒymle] *adj* **–1.** [villes] hermanado(da). **–2.** [roues] acoplado(da).

jumeler [ʒymle] *vt* [villes] hermanar.

jumelle → **jumeau**.

jument [ʒymã] *nf* yegua *f*.

jungle [ʒœ̃gl] *nf* jungla *f*.

junior [ʒynjɔr] *adj inv* SPORT júnior.

junte [ʒœ̃t] *nf* junta *f (asamblea)*.

jupe [ʒyp] *nf* falda *f Esp*, pollera *f Amér.*

jupe-culotte *nf* falda *f* pantalón.

jupon [ʒypɔ̃] *nm* enagua *f*.

juré[1] [ʒyre] *nm* JUR jurado *m (individuo)*.

juré[2]**, e** [ʒyre] *adj* [ennemi] jurado(da).

jurer [ʒyre] ◇ *vt* jurar; ~ **(à qqn) que...** jurar (a alguien) que...; ~ **qqch à qqn** jurar algo a alguien; ~ **de faire qqch** jurar hacer algo; **je le jure** lo juro; **je vous jure!** *fam* ¡se lo juro! ◇ *vi* **–1.** [blasphémer] jurar. **–2.** [couleurs] no pegar; ~ **avec qqch** no pegar con algo. ◆ **se jurer** *vp* : **se** ~ **qqch** jurarse algo.

juridiction [ʒyridiksjɔ̃] *nf* jurisdicción *f*.

juridique [ʒyridik] *adj* jurídico(ca).

jurisprudence [ʒyrisprydãs] *nf* jurisprudencia *f*.

juriste [ʒyrist] *nmf* jurista *mf*.

juron [ʒyrɔ̃] *nm* juramento *m*.

jury [ʒyri] *nm* **–1.** JUR jurado *m (asamblea)*. **–2.** SCOL tribunal *m*.

jus [ʒy] *nm* **–1.** [de fruits] zumo *m*; ~ **de raisin** mosto *m*. **–2.** [de légumes, de viande] caldo *m*.

jusque, jusqu' *(devant voyelle ou h muet)* [ʒysk(ə)] ◆ **jusqu'à** *loc prép* **–1.** [sens temporel] hasta; **jusqu'à nouvel ordre** hasta nueva orden; **jusqu'à présent** hasta ahora. **–2.** [sens spatial] hasta; **jusqu'au bout** hasta el final. **–3.** [même] hasta, incluso. ◆ **jusqu'à ce que** *loc conj* hasta que. ◆ **jusqu'en** *loc prép* hasta. ◆ **jusqu'ici** *loc adv* [lieu] hasta aquí; [temps] hasta ahora. ◆ **jusque-là** *loc adv* [lieu] hasta allí; [temps] hasta aquel momento.

justaucorps [ʒystokɔr] *nm* body *m*.

juste [ʒyst] *adj* **–1.** [gén] justo(ta). **–2.** [calcul] exacto(ta).

justement [ʒystəmã] *adv* **–1.** [gén] precisamente. **–2.** [avec raison] con razón.

justesse [ʒystɛs] *nf* precisión *f*. ◆ **de justesse** *loc adv* por poco.

justice [ʒystis] *nf* justicia *f*; **déférer** OU **poursuivre qqn en** ~ llevar a alguien ante la justicia OU a los tribunales; **passer en** ~ ir a juicio.

justicier, ère [ʒystisje, ɛr] *nm, f* justiciero *m*, -ra *f*.

justifiable [ʒystifjabl] *adj* justificable.

justificatif, ive [ʒystifikatif, iv] *adj* justificativo(va), justificante. ◆ **justificatif** *nm* justificante *m*.

justification [ʒystifikasjɔ̃] *nf* justificación *f*.

justifier [ʒystifje] *vt* justificar. ◆ **se justifier** *vp* justificarse.

jute [ʒyt] *nm* yute *m*.

juter [ʒyte] *vi* [fruit] dar jugo.

juteux, euse [ʒytø, øz] *adj* jugoso(sa).

juvénile [ʒyvenil] *adj* juvenil.

juxtaposer [ʒykstapoze] *vt* yuxtaponer.

k, K [ka] *nm inv* k *f*, K *f*.

K7 [kaset] *nf abr de* **cassette**.

kaki [kaki] *adj inv & nm* caqui, kaki.

kaléidoscope [kaleidɔskɔp] *nm* calidoscopio *m*.

kamikaze [kamikaz] *nm* kamikaze *m*.

kangourou [kɑ̃guru] *nm* canguro *m*.

Karaoké® [karaɔke] *nm* karaoke® *m*.

karaté [karate] *nm* kárate *m*.

karting [kartiŋ] *nm* karting *m*.

kasher, casher, cachère [kaʃɛr] *adj inv* permitido por la religión judía (alimento).

kayak [kajak] *nm* kayac *m*.

Kenya [kenja] *nm :* **le** ~ Kenia, Kenya; **au** ~ [direction] a Kenia; [situation] en Kenia.

képi [kepi] *nm* quepis *m inv*.

kératine [keratin] *nf* queratina *f*.

kermesse [kɛrmɛs] *nf* kermesse *f*.

kérosène [kerɔzɛn] *nm* keroseno *m*.

ketchup [kɛtʃœp] *nm* ketchup *m*.

kg (*abr de* **kilogramme**) kg.

KGB (*abr de* Komitet Gossoudarstvennoï Bezopasnosti) *nm* KGB *m*.

kibboutz [kibuts] *nm inv* kibutz *m inv*.

kidnapper [kidnape] *vt* secuestrar *Esp*, plagiar *Amér*.

kilo [kilo] *nm* kilo *m*.

kilogramme [kilogram] *nm* kilogramo *m*.

kilométrage [kilɔmetraʒ] *nm* kilometraje *m*.

kilomètre [kilɔmɛtr] *nm* kilómetro *m*.

kilowatt [kilowat] *nm* kilovatio *m*.

kilt [kilt] *nm* kilt *m*, falda *f* escocesa.

kimono [kimɔno] ◇ *nm* kimono *m*. ◇ *adj inv* japonés(esa).

kinésithérapeute [kineziterapøt] *nmf* kinesiterapeuta *mf*.

kiosque [kjɔsk] *nm* **-1.** [gén] kiosco *m*. **-2.** [de navire] caseta *f*, casetón *m*.

kirsch [kirʃ] *nm* kirsch *m*.

kitchenette [kitʃɛnɛt] *nf* kitchenette *f*.

kitsch [kitʃ] *adj inv* kitsch.

kiwi [kiwi] *nm* kiwi *m*.

Klaxon® [klaksɔn] *nm* claxon *m*, bocina *f*.

klaxonner [klaksɔne] *vi* pitar, tocar el claxon.

kleptomane, cleptomane [klɛptɔman] *adj & nmf* cleptómano(na).

km (*abr de* **kilomètre**) km.

km/h (*abr de* **kilomètre/heure**) km/h.

K.-O. *abr de* **knocked out**.

Koweït [kɔwɛjt] *nm :* **le** ~ Kuwait; **au** ~ [direction] a Kuwait; [situation] en Kuwait.

krach [krak] *nm* crac *m*; ~ **boursier** crac bursátil.

kung-fu [kuŋfu] *nm* kung-fu *m*.

kyrielle [kirjɛl] *nf* sarta *f*.

kyste [kist] *nm* MÉD quiste *m*.

l, L [ɛl] *nm inv* l *f*, L *f*. ◆ **l** (*abr de* **litre**) l.

la¹ [la] *art déf & pron déf* → **le**.

la² [la] *nm inv* la *m*.

là [la] *adv* **-1.** [lieu] allí, ahí; **c'est** ~ **que je travaille** ahí es donde trabajo; **passe par** ~ pasa por allí. **-2.** [temps] entonces; ~, **il a allumé une cigarette** entonces encendió un cigarrillo. **-3.** [dans cela] : ~

est le **vrai problème** ahí está el verdadero problema.

là-bas [laba] *adv* allí.

label [labɛl] *nm* **–1.** [étiquette] etiqueta *f*. **–2.** [commerce] marca *f* de fábrica.

labeur [labœr] *nm sout* labor *f*.

labo [labo] *fam abr de* **laboratoire**.

laborantin, e [labɔrɑ̃tɛ̃, in] *nm, f* auxiliar *mf* de laboratorio.

laboratoire [labɔratwar] *nm* laboratorio *m*.

laborieux, euse [labɔrjø, øz] *adj* **–1.** [travail] laborioso(sa). **–2.** [travailleur] trabajador(ra).

labourer [labure] *vt* **–1.** AGRIC [terre] arar, labrar. **–2.** [sillonner] hacer surcos en. **–3.** *fig* [partie du corps] señalar.

laboureur [laburœr] *nm* labrador *m*.

labyrinthe [labirɛ̃t] *nm* laberinto *m*.

lac [lak] *nm* lago *m*; **le ~ Léman** el lago Leman; **le ~ Majeur** el lago Mayor.

lacer [lase] *vt* atar.

lacérer [lasere] *vt* **–1.** [papier, vêtement] desgarrar. **–2.** [corps] arañar.

lacet [lasɛ] *nm* **–1.** [cordon] cordón *m*. **–2.** [de route] zigzag *m*. **–3.** [piège] lazo *m*.

lâche [laʃ] ◇ *adj* **–1.** [nœud] flojo(ja). **–2.** [personne] cobarde. **–3.** [action] vil. ◇ *nmf* cobarde *mf*.

lâcher [laʃe] ◇ *vt* **–1.** [laisser échapper] soltar. **–2.** [détendre] aflojar. **–3.** [laisser tomber] lanzar; **~ qqch sur qqch** lanzar algo sobre algo. **–4.** *fam* [plaquer] plantar. ◇ *vi* aflojarse.

lâcheté [laʃte] *nf* **–1.** [couardise] cobardía *f*. **–2.** [acte indigne] villanía *f*.

lacis [lasi] *nm* **–1.** ANAT plexo *m*. **–2.** *sout* [labyrinthe] laberinto *m*.

laconique [lakɔnik] *adj* lacónico(ca).

lacrymogène [lakrimɔʒɛn] *adj* lacrimógeno(na).

lacté, e [lakte] *adj* **–1.** [régime, fièvre] lácteo(a). **–2.** [farine] lacteado(da). **–3.** [suc] lechoso(sa).

lacune [lakyn] *nf* **–1.** [manque] laguna *f*. **–2.** BIOL cavidad *f*.

lacustre [lakystr] *adj* lacustre.

lad [lad] *nm* mozo *m* de cuadras.

là-dedans [ladədɑ̃] *adv* **–1.** [gén] ahí dentro. **–2.** [d'affaire] en todo esto.

là-dessous [ladsu] *adv* **–1.** [de lieu] ahí abajo. **–2.** [au-delà de] detrás de esto.

là-dessus [ladsy] *adv* **–1.** [sur ce] en eso, después de eso; **~, il partit** después de eso, se fue. **–2.** [sur cela] sobre esto; **~, je**

n'ai rien à dire sobre esto no tengo nada que decir.

ladite → **ledit**.

lagon [lagɔ̃] *nm* lago *m*.

lagune [lagyn] *nf* laguna *f*.

là-haut [lao] *adv* allí arriba.

La Havane [laavan] *n* La Habana.

La Haye [laɛ] *n* La Haya.

laïc, laïque [laik] *adj & nm, f* laico(ca).

laid, e [lɛ, lɛd] *adj* feo(a).

laideron [lɛdrɔ̃] *nm* callo *m (mujer fea)*.

laideur [lɛdœr] *nf* fealdad *f*.

laie [lɛ] *nf* **–1.** ZOOL jabalina *f*. **–2.** [sentier] vereda *f*.

lainage [lɛnaʒ] *nm* **–1.** [étoffe] lana *f*. **–2.** [vêtement] prenda *f* de lana.

laine [lɛn] *nf* lana *f*.

laineux, euse [lɛnø, øz] *adj* **–1.** [étoffe] lanudo(da). **–2.** [cheveux, plante] lanoso(sa).

laïque → **laïc**.

laisse [lɛs] *nf* **–1.** [corde] correa *f*. **–2.** GÉOGR espacio que el mar deja a descubierto en cada marea.

laisser [lese] ◇ *v aux* (*+ infinitif*) dejar; **~ faire (qqch)** [ne pas intervenir] dejar hacer (algo); **~ faire qqn** [laisser agir] dejar hacer a alguien; **~ tomber qqch** dejar caer algo; **laisse tomber!** *fam* ¡déjalo! ◇ *vt* [gén] dejar; **~ qqch à qqn** [confier, léguer] dejar algo a alguien; **~ qqn à qqn** [confier] dejar a alguien con alguien. ◆ **se laisser** *vp* : **se ~ aller** [se relâcher] dejarse ir; **se ~ aller dans qqch** abandonarse a; **se ~ faire** dejarse manejar.

laisser-aller *nm inv* dejadez *f*.

laisser-faire, laissez-faire *nm inv* ÉCON laisser-faire *m*, laissez-faire *m*.

laissez-passer [lɛsepase] *nm inv* pase *m*.

lait [lɛ] *nm* leche *f*; **~ entier/écrémé/maternel** leche entera/descremada/materna. ◆ **lait de poule** *nm* CULIN yema *f* mejida.

laitage [lɛtaʒ] *nm* producto *m* lácteo.

laiterie [lɛtri] *nf* **–1.** [usine] central *f* lechera. **–2.** [magasin] lechería *f*.

laitier, ère [lɛtje, ɛr] ◇ *adj* **–1.** [produit] lácteo(a). **–2.** [vache] lechero(ra). ◇ *nm, f* [commerçant] lechero *m*, -ra *f*.

laiton [lɛtɔ̃] *nm* latón *m*.

laitue [lɛty] *nf* lechuga *f*.

laïus [lajys] *nm fam* rollo *m (discurso)*; **faire un ~** soltar un rollo.

lambeau, x [lɑ̃bo] *nm* **–1.** [morceau] pedazo *m*. **–2.** *fig* [fragment] fragmento *m*.

lambris [lãbri] *nm* artesonado *m*.

lame [lam] *nf* **-1.** [de métal] lámina *f*, plancha *f*; [de parquet] tabla *f*. **-2.** [d'épée, de couteau] hoja *f*; ~ **de rasoir** hoja OU cuchilla de afeitar. **-3.** [vague] ola *f*.

lamé, e [lame] *adj* laminado(da). ◆ **lamé** *nm* lamé *m*.

La Mecque [lamɛk] *n* La Meca.

lamelle [lamɛl] *nf* **-1.** [de métal, de plastique, de champignon] lámina. **-2.** [de microscope] cubreobjetos *m*.

lamentable [lamɑ̃tabl] *adj* lamentable.

lamentation [lamɑ̃tasjɔ̃] *nf* lamentación *f*, lamento *m*.

lamenter [lamɑ̃te] ◆ **se lamenter** *vp* lamentarse; **se** ~ **de** (+ *infinitif*) lamentarse de (+ *infinitivo*); **se** ~ **d'avoir perdu** lamentarse de haber perdido.

laminer [lamine] *vt* **-1.** [métal] laminar. **-2.** *fig* [santé, espoir, revenus] mermar.

lampadaire [lãpadɛr] *nm* **-1.** [d'intérieur] lámpara *f* de pie. **-2.** [de rue] farola *f Esp*, foco *m Amér*.

lampe [lãp] *nf* **-1.** [d'éclairage] lámpara *f*; ~ **de chevet** lámpara de mesa; ~ **halogène** lámpara halógena; ~ **de poche** linterna *f*. **-2.** [ampoule] bombilla *f*.

lampion [lãpjɔ̃] *nm* farolillo *m*.

lampiste [lãpist] *nm fam* [employé] último mono *m*.

lance [lãs] *nf* **-1.** [arme] lanza *f*. **-2.** [de tuyau] lanza *f*; ~ **à eau** manga de riego; ~ **d'incendie** manga *f* de incendio.

lance-flammes [lãsflam] *nm inv* lanzallamas *m inv*.

lancement [lãsmã] *nm* **-1.** [gén & COMM] lanzamiento *m*. **-2.** [de navire] botadura *f*.

lance-pierres [lãspjɛr] *nm inv* tirachinas *m inv*.

lancer [lãse] ◇ *vt* **-1.** [gén] lanzar; ~ **qqch à qqn** lanzar OU tirar algo a alguien. **-2.** [boutades, cri] soltar. **-3.** [moteur] poner en marcha; INFORM [programme] arrancar. **-4.** [bras, jambes] echar. **-5.** [navire] botar. **-6.** [faire connaître] : ~ **qqn dans qqch** meter a alguien en algo. **-7.** [inciter à parler] : ~ **qqn (sur qqch)** darle rye a alguien (para que hable de algo). ◇ *nm* **-1.** [pêche] : **au** ~ al lanzado. **-2.** SPORT lanzamiento *m*. ◆ **se lancer** *vp* **-1.** [se précipiter] lanzarse. **-2.** [s'engager] meterse.

lancinant, e [lãsinã, ãt] *adj* **-1.** [douleur, souvenir] lancinante. **-2.** [refrain, musique] cargante.

landau [lãdo] *nm* cochecito *m* (*de bebé*).

lande [lãd] *nf* landa *f*.

langage [lãgaʒ] *nm* lenguaje *m*.

lange [lãʒ] *nm* mantilla *f*.

langer [lãʒe] *vt* envolver en una mantilla.

langoureux, euse [lãgurø, øz] *adj* lánguido(da).

langouste [lãgust] *nf* langosta *f*.

langoustine [lãgustin] *nf* cigala *f*.

langue [lãg] *nf* **-1.** [gén] lengua *f*; ~ **maternelle/morte/vivante** lengua materna/muerta/viva. **-2.** [style] lenguaje *m*.

langue-de-chat [lãgdəʃa] (*pl* **langues-de-chat**) *nf* lengua *f* de gato.

languette [lãgɛt] *nf* lengüeta *f*.

langueur [lãgœr] *nf* languidez *f*.

languir [lãgir] *vi* **-1.** *sout* [manquer d'énergie] languidecer; ~ **de qqch** languidecer de algo. **-2.** [attendre] : **faire** ~ **qqn** tener en suspenso.

lanière [lanjɛr] *nf* correa *f*.

lanterne [lãtɛrn] *nf* **-1.** [d'éclairage] farolillo *m*. **-2.** [de voiture] faro *m Esp*, foco *m Amér*. **-3.** [de projection & ARCHIT] linterna *f*.

Laos [laos] *nm* : **le** ~ Laos; **au** ~ [direction] a Laos; [situation] en Laos.

La Paz [lapaz] *n* La Paz.

laper [lape] *vt & vi* beber a lengüetadas.

lapider [lapide] *vt* **-1.** [gén] lapidar. **-2.** *fig* [critiquer sévèrement] vapulear.

lapin, e [lapɛ̃, in] *nm, f* [animal] conejo *m*, -ja *f*. ◆ **lapin** *nm fam* [personne] : **mon** ~! ¡mi vida!

lapsus [lapsys] *nm* lapsus *m*.

laquais [lakɛ] *nm* lacayo *m*.

laque [lak] *nf & vi* laca *f*.

laqué, e [lake] *adj* **-1.** [meuble] lacado(da). **-2.** [cheveux] con laca.

laquelle → **lequel**.

larbin [larbɛ̃] *nm fam péj* **-1.** [domestique] criado *m*. **-2.** [personne servile] esclavo *m*.

larcin [larsɛ̃] *nm* **-1.** *sout* [vol] hurto *m*. **-2.** [butin] botín *m*.

lard [lar] *nm* **-1.** [graisse de porc] tocino *m*. **-2.** [viande] panceta *f*. **-3.** *fam* [graisse de l'homme] : **(se) faire du** ~ echar barriga.

lardon [lardɔ̃] *nm* **-1.** CULIN mecha *f* de tocino. **-2.** *fam* [enfant] mocoso *m*.

large [larʒ] ◇ *adj* **-1.** [de mensuration] ancho(cha); ~ **de qqch** ancho de algo. **-2.** [vêtement] holgado(da). **-3.** [étendu, important, non borné] amplio(plia). **-4.** [généreux] espléndido(da). ◇ *nm* **-1.** [largeur]

le

ancho *m*. **-2.** [mer] : **le** ~ **alta mar** *m*; **au** ~ **de la côte** cerca de la costa. ◇ *adv* [amplement] de sobra.

largement [laʁʒəmɑ̃] *adv* **-1.** [gén] ampliamente; [ouvrir] de par en par. **-2.** [généreusement] generosamente. **-3.** [au moins] con mucho. **-4.** [amplement] de sobra.

largeur [laʁʒœʁ] *nf* **-1.** [dimension] anchura *f*. **-2.** *fig* [ouverture] amplitud *f*.

larguer [large] *vt* **-1.** NAVIG [amarres, voile] largar. **-2.** [bombe, parachutiste] tirar. **-3.** *fam fig* [personne] plantar.

larme [laʁm] *nf* **-1.** [pleur] lágrima *f*; **être en** ~**s** llorar; **les** ~**s lui montèrent aux yeux** se le humedecieron los ojos. **-2.** [de liquide] gota *f*.

larmoyant, e [laʁmwajɑ̃, ɑ̃t] *adj* **-1.** [personne] lloroso(sa). **-2.** [ton, histoire] lacrimógeno(na).

larron [laʁɔ̃] *nm* **-1.** *vieilli* [voleur] ladrón *m*, -ona *f*. **-2.** *fam* [compère] : **le troisième** ~ el tercero en discordia.

larve [laʁv] *nf* **-1.** ZOOL larva *f*. **-2.** *péj* [être inférieur] desecho *m*. **-3.** *fam* [personne molle] muermo *m*.

laryngite [laʁɛ̃ʒit] *nf* MÉD laringitis *f inv*.

larynx [laʁɛ̃ks] *nm* ANAT laringe *f*.

las, lasse [la, las] *adj* **-1.** *sout* [fatigué] fatigado(da). **-2.** *sout* [dégoûté, ennuyé] hastiado(da); ~ **de qqch/de faire qqch** harto de algo/de hacer algo.

lascar [laskaʁ] *nm* **-1.** [homme rusé] zorro *m*. **-2.** *fam* [enfant] golfillo *m*.

lascif, ive [lasif, iv] *adj* lascivo(va).

laser [lazeʁ] ◇ *nm* láser *m*. ◇ *adj inv* láser *(en aposición)*.

lasse → **las**.

lasser [lase] *vt sout* **-1.** [gén] fatigar. **-2.** [patience] colmar. ◆ **se lasser** *vp sout* fatigarse.

lassitude [lasityd] *nf sout* **-1.** [fatigue] lasitud *f*. **-2.** [découragement] hastío *m*.

lasso [laso] *nm* lazo *m*.

latent, e [latɑ̃, ɑ̃t] *adj* latente.

latéral, e, aux [lateʁal, o] *adj* lateral.

latex [latɛks] *nm inv* látex *m inv*.

latin, e [latɛ̃, in] *adj* latino(na). ◆ **Latin, e** *nm*, *f* latino *m*, -na *f*. ◆ **latin** *nm* LING latín *m*.

latiniste [latinist] *nmf* latinista *mf*.

latitude [latityd] *nf* **-1.** GÉOGR latitud *f*. **-2.** [liberté] libertad *f*.

latrines [latʁin] *nfpl* letrinas *fpl*.

latte [lat] *nf* CONSTR listón *m*.

lauréat, e [lɔʁea, at] *adj & nm*, *f* galardonado(da).

laurier [lɔʁje] *nm* BOT laurel *m*. ◆ **lauriers** *nmpl* laureles *mpl*.

lavable [lavabl] *adj* lavable.

lavabo [lavabo] *nm* lavabo *m*. ◆ **lavabos** *nmpl* lavabo *m*.

lavage [lavaʒ] *nm* [nettoyage – gén] lavado *m*; [– des vitres] limpieza *f*.

lavande [lavɑ̃d] ◇ *nf* lavanda *f*. ◇ *adj inv* lavanda *(en aposición)*.

lave [lav] *nf* lava *f*.

lave-glace [lavglas] *(pl* **lave-glaces***) nm* AUTOM limpiaparabrisas *m inv*.

lave-linge [lavlɛ̃ʒ] *nm inv* lavadora *f*.

laver [lave] ◇ *vt* **-1.** [nettoyer – personne, linge] lavar; [– vaisselle] fregar; [– vitres] limpiar. **-2.** *fig* [disculper] : ~ **qqn d'une accusation** desagraviar a alguien. ◇ *vi* lavar. ◆ **se laver** *vp* lavarse; **se** ~ **les mains** lavarse las manos.

laverie [lavʁi] *nf* lavandería *f*; ~ **automatique** lavandería automática.

lavette [lavɛt] *nf* **-1.** [tissu-éponge] bayeta *f*. **-2.** [brosse] cepillo *m*. **-3.** *fam* [homme lâche] pelele *m*.

laveur, euse [lavœʁ, øz] *nm*, *f* limpiador *m*, -ra *f*; ~ **de carreaux** limpiacristales *m*; ~ **de voitures** limpiacoches *m*.

lave-vaisselle [lavvesɛl] *nm inv* lavavajillas *m inv*, lavaplatos *m inv*.

lavoir [lavwaʁ] *nm* **-1.** [lieu] lavadero *m*. **-2.** [bac] pilón *m*.

laxatif, ive [laksatif, iv] *adj* laxante. ◆ **laxatif** *nm* laxante *m*.

laxisme [laksism] *nm* laxismo *m*.

laxiste [laksist] *adj & nmf* laxista.

layette [lɛjɛt] *nf* canastilla *f* *(ropa de bebé)*.

le [lə], **l'** *(devant voyelle ou h muet)* *(f* **la** [la], *pl* **les** [le]*)* ◇ *art déf* **-1.** [gén] el(la); ~ **lac** el lago; **la fenêtre** la ventana; **l'amour** el amor; **les enfants** los niños. **-2.** [devant les noms géographiques] el(la); **la Seine** el Sena; **la France** Francia. **-3.** [temps] : ~ **15 janvier 1993** [date] el 15 de enero de 1993; [dans une lettre] a 15 de enero de 1993. **-4.** [distributif] el(la); **10 francs** ~ **mètre** a 10 francos el metro. ◇ *pron pers* **-1.** [personne, animal, chose] lo(la); **je** ~/ **la/les connais bien** lo/la/los/las conozco bien; **tu dois avoir la clé, donne-la-moi** debes de tener la llave, dámela. **-2.** [représente une proposition] lo; **je** ~ **sais bien** lo sé; **je te l'avais bien dit!** ¡te lo había dicho!

LEA (*abr de* **langues étrangères appliquées**) *nfpl* carrera en la que se compagina el estudio de dos lenguas extranjeras con su aplicación en el campo comercial o de la traducción.

leader [lidœr] *nm* líder *m*.

leadership [lidœrʃip] *nm* liderazgo *m*.

lèche-bottes [lɛʃbɔt] *nm inv fam* pelota *mf*.

lécher [leʃe] *vt* **-1.** [gén] lamer. **-2.** *fam* [fignoler] repulir.

leçon [ləsɔ̃] *nf* **-1.** [gén] lección *f*; **~s particulières** clases particulares. **-2.** [cours] clase *f*; **faire la ~ à qqn** sermonear a alguien.

lecteur, trice [lɛktœr, tris] *nm, f* [de livres & UNIV] lector *m, -ra f*. ◆ **lecteur** *nm* lector *m*; **~ de cassettes/de CD** lector de casetes/de CD; **~ laser universel** lector *m* láser.

lecture [lɛktyr] *nf* lectura *f*.

ledit, ladite, [lədi, ladit] (*mpl* **lesdits** [ledi], *fpl* **lesdites** [ledit]) *adj* el susodicho(la susodicha).

légal, e, aux [legal, o] *adj* legal; [monnaie] de curso legal.

légalement [legalmã] *adv* legalmente.

légaliser [legalize] *vt* legalizar.

légalité [legalite] *nf* legalidad *f*.

légataire [legatɛr] *nmf* legatario *m, -ria f*.

légendaire [leʒɑ̃dɛr] *adj* legendario(ria).

légende [leʒɑ̃d] *nf* **-1.** [fable, explication] leyenda *f*. **-2.** *péj* [invention] cuento *m*.

léger, ère [leʒe, ɛr] *adj* **-1.** [gén] ligero(ra); **à la légère** a la ligera. **-2.** [tabac, alcool] suave. **-3.** [anecdote, histoire] picante.

légèrement [leʒɛrmɑ̃] *adv* **-1.** [peu, délicatement] ligeramente. **-2.** [avec agilité] con ligereza. **-3.** [inconsidérément] a la ligera. **-4.** [sans gravité] levemente.

légèreté [leʒɛrte] *nf* **-1.** [gén] ligereza *f*. **-2.** [de vin, de tabac] suavidad *f*. **-3.** [de blessures, de coup] levedad *f*.

légiférer [leʒifere] *vi* legislar.

légion [leʒjɔ̃] *nf* **-1.** MIL legión *f*. **-2.** *sout* [grand nombre] batallón *m*.

légionnaire [leʒjɔnɛr] *nm* legionario *m*.

législatif, ive [leʒislatif, iv] *adj* legislativo(va). ◆ **législatif** *nm* legislativo *m*. ◆ **législatives** *nfpl* : **les législatives** las legislativas.

législation [leʒislasjɔ̃] *nf* legislación *f*.

légiste [leʒist] ◇ *nm* legista *m*. ◇ *adj* → **médecin**.

légitime [leʒitim] *adj* legítimo(ma).

légitimité [leʒitimite] *nf* legitimidad *f*.

legs [lɛg] *nm* legado *m*.

léguer [lege] *vt* : **~ qqch à qqn** legar algo a alguien.

légume [legym] *nm* verdura *f*; **~ sec** legumbre *f*.

leitmotiv [lajtmɔtif, lɛtmɔtiv] *nm* leitmotiv *m*.

Léman [lemã] → **lac**.

lendemain [lɑ̃dmɛ̃] *nm* **-1.** [jour qui suit] día *m* siguiente; **le ~ de** el día siguiente a. **-2.** [avenir] futuro *m*.

lénifiant, e [lenifjɑ̃, ɑ̃t] *adj* lenitivo(va).

lent, e [lɑ̃, ɑ̃t] *adj* lento(ta). ◆ **lente** *nf* ZOOL liendre *f*.

lenteur [lɑ̃tœr] *nf* lentitud *f*.

lentille [lɑ̃tij] *nf* **-1.** BOT & CULIN lenteja *f*. **-2.** [d'optique] lentilla *f*; **~s de contact** lentes de contacto.

léopard [leɔpar] *nm* leopardo *m*.

LEP, Lep (*abr de* **lycée d'enseignement professionnel**) *nm* antiguo nombre de los institutos de formación profesional.

lèpre [lɛpr] *nf* **-1.** MÉD lepra *f*. **-2.** *fig* [mal] plaga *f*.

lequel [ləkɛl] (*f* **laquelle** [lakɛl], *mpl* **lesquels** [lekɛl], *fpl* **lesquelles** [lekɛl]) (*contraction de à + lequel* = **auquel**, *de + lequel* = **duquel**, *à + lesquels/lesquelles* = **auxquels/auxquelles**, *de + lesquels/lesquelles* = **desquels/desquelles**) ◇ *pron relatif* **-1.** [complément] el cual(la cual). **-2.** [sujet - personne] el cual(la cual), quien; [- chose] el cual(la cual). ◇ *pron interr* cuál.

les → **le**.

lesbienne [lɛsbjɛn] *nf* lesbiana *f*.

léser [leze] *vt* lesionar.

lésiner [lezine] *vi* escatimar; **ne pas ~ sur qqch** no escatimar algo.

lésion [lezjɔ̃] *nf* lesión *f*.

lesquelles → **lequel**.

lesquels → **lequel**.

lessive [lesiv] *nf* **-1.** [produit] detergente *m*. **-2.** [nettoyage] limpieza *f*. **-3.** [linge] colada *f*; **faire la ~** lavar la colada.

lessivé, e [lesive] *adj* hecho(cha) polvo.

lest [lɛst] *nm* lastre *m*.

leste [lɛst] *adj* **-1.** [personne, mouvement] ligero(ra). **-2.** [histoire, propos] picante.

lester [lɛste] *vt* **-1.** [garnir de lest] lastrar. **-2.** [charger] atiborrar.

léthargie [letarʒi] *nf* letargo *m*.

léthargique [letarʒik] *adj* **-1.** [état, sommeil] letárgico(ca). **-2.** *fig* [personne] alelado(da).

Lettonie [lɛtɔni] *nf* : **la ~** Letonia.

lettre [lɛtr] *nf* **-1.** [caractère] letra *f*; **en toutes ~s** con todas las OU sus letras. **-2.** [sens strict] : **à la ~** al pie de la letra. **-3.** carta *f*; **~ d'amour** carta de amor. ◆ **lettres** *nfpl* letras *fpl*; **~s classiques/ modernes** letras clásicas/modernas.

lettré, e [lɛtre] *adj & nm, f* letrado(da).

leucémie [løsemi] *nf* leucemia *f*.

leucocyte [løkɔsit] *nm* leucocito *m*.

leur [lœr] *pron pers inv* les; **je ~ ai donné la lettre** les he dado la carta; **je voudrais ~ parler** desearía hablar con ellos. ◆ **leur** (*pl* **leurs**) *adj poss* su; **ils ont vendu ~ maison** han vendido su casa; **ce sont ~s enfants** son sus hijos. ◆ **le leur** (*f* **la leur**, *pl* **les leurs**) *pron poss* el suyo(la suya); **c'est notre problème, pas le ~** es nuestro problema, no el suyo; **il faudra qu'ils y mettent du ~** tendrán que poner algo de su parte; **être un des ~s** ser uno de los suyos.

leurrer [lœre] *vt* engañar, embaucar. ◆ **se leurrer** *vp* engañarse.

leurs → **leur**.

levain [ləvɛ̃] *nm* CULIN levadura *f*.

levant [ləvɑ̃] ◇ *nm* levante *m*. ◇ *adj* → **soleil**.

lever [ləve] ◇ *vt* **-1.** [gén] levantar *Esp*, parar *Amér*. **-2.** [tirer vers le haut – gén] subir; [– ancre] levar. **-3.** [troupes, armée] reclutar. **-4.** [impôts, taxes] recaudar. ◇ *vi* [fermenter] subir. ◇ *nm* **-1.** [d'astre] salida *f*; **~ de soleil** salida del sol. **-2.** [de personne] : **au ~** a la hora de levantarse. ◆ **se lever** *vp* **-1.** [gén] levantarse *Esp*, pararse *Amér*. **-2.** [astre] salir.

lève-tard [lɛvtar] *nmf inv* dormilón *m*, -ona *f*.

lève-tôt [lɛvto] *nmf inv* madrugador *m*, -ra *f*.

levier [ləvje] *nm* palanca *f*; **~ de vitesses** palanca de cambios.

lévitation [levitasjɔ̃] *nf* levitación *f*.

lèvre [lɛvr] *nf* **-1.** [gén] labio *m*. **-2.** GÉOGR [de faille] pared *f*.

lévrier, levrette [levrije, ləvrɛt] *nm, f* galgo *m*, -ga *f*.

levure [ləvyr] *nf* levadura *f*; **~ de bière** levadura de cerveza; **~ chimique** CULIN levadura química.

lexicographie [lɛksikɔgrafi] *nf* lexicografía *f*.

lexique [lɛksik] *nm* léxico *m*.

lézard [lezar] *nm* lagarto *m*.

lézarder [lezarde] *vt* **-1.** [fissurer] agrietar. **-2.** *fam* [paresser] gandulear. ◆ **se lézarder** *vp* agrietarse.

liaison [ljɛzɔ̃] *nf* **-1.** [jonction] conexión *f*. **-2.** LING en la lengua francesa, acción de pronunciar la consonante final de una palabra unida a la vocal inicial de la palabra siguiente. **-3.** [communication] contacto *m*. **-4.** [d'idées] ilación *f*. **-5.** [relation] relación *f*; **être/entrer en ~ avec qqn** estar en/establecer contacto con alguien. **-6.** [transport] enlace *m*.

liane [ljan] *nf* liana *f*, bejuco *m*.

liant, e [ljɑ̃, ɑ̃t] *adj* comunicativo(va). ◆ **liant** *nm* argamasa *f*.

Liban [libɑ̃] *nm* : **le ~** (el) Líbano; **au ~** [direction] al Líbano; [situation] en el Líbano.

libeller [libele] *vt* **-1.** [chèque] extender. **-2.** [lettre] redactar. **-3.** JUR redactar, formular.

libellule [libelyl] *nf* libélula *f*.

libéral, e, aux [liberal, o] *adj & nm, f* liberal.

libéraliser [liberalize] *vt* liberalizar.

libéralisme [liberalism] *nm* liberalismo *m*.

libération [liberasjɔ̃] *nf* **-1.** [gén] liberación *f*. **-2.** [d'engagement] exención *f*. **-3.** ÉCON [des prix] liberalización *f*.

libérer [libere] *vt* **-1.** [relâcher, délivrer] liberar, libertar; **~ qqn de qqch** liberar OU libertar a alguien de algo. **-2.** [passage] dejar libre. **-3.** [femmes, gaz, passion] liberar. **-4.** [mettre à disposition de] librar. **-5.** [d'engagement, de dette] liberar, librar. ◆ **se libérer** *vp* **-1.** [se rendre disponible] escaparse. **-2.** [se dégager] : **se ~ de qqch** librarse de algo. **-3.** [gaz] liberarse.

liberté [liberte] *nf* **-1.** [gén] libertad *f*; **en ~** en libertad; **~ d'expression/d'opinion** libertad de expresión/de opinión. **-2.** [loisir] tiempo *m* libre.

libertin, e [libertɛ̃, in] *adj & nm, f* libertino(na).

libidineux, euse [libidinø, øz] *adj* libidinoso(sa).

libido [libido] *nf* libido *f*.

libraire [librɛr] *nmf* librero *m*, -ra *f*.

librairie [librɛri] *nf* librería *f*.

libre [libr] *adj* **-1.** [gén] libre; **être ~ de qqch/de faire qqch** ser libre de algo/de hacer algo. **-2.** [école, secteur] privado(da).

libre-échange *nm* librecambio *m*, libre cambio *m*.

librement [librəmɑ̃] *adv* libremente.

libre-service [librəsɛrvis] (*pl* **libres-services**) *nm* autoservicio *m*.

Libye [libi] *nf* : **la** ~ Libia.

licence [lisɑ̃s] *nf* **-1.** [gén] licencia *f*. **-2.** UNIV *diploma universitario que se concede a los alumnos que han aprobado los tres primeros cursos de una carrera universitaria*; ~ **ès lettres/en droit** *diploma universitario que se concede a los alumnos de letras/de derecho que han superado los tres primeros años de la carrera*.

licencié, e [lisɑ̃sje] ⋄ *adj* **-1.** UNIV *que ha superado los exámenes correspondientes al tercer curso de una carrera universitaria*. **-2.** SPORT [autorisé] federado(da). ⋄ *nm, f* **-1.** UNIV *persona que ha superado los exámenes correspondientes al tercer curso de una carrera universitaria*. **-2.** SPORT [personne autorisée] federado *m*, -da *f*.

licenciement [lisɑ̃simɑ̃] *nm* despido *m*.

licencier [lisɑ̃sje] *vt* ÉCON despedir *Esp*, cesantear *Amér*.

lichen [likɛn] *nm* liquen *m*.

licite [lisit] *adj* lícito(ta).

licorne [likɔrn] *nf* unicornio *m*.

lie [li] *nf* **-1.** [de vin] hez *f*, heces *fpl*. **-2.** *fig & sout* hez *m*.

lié, e [lje] *adj* unido(da); **être** ~ **par** estar ligado por.

lie-de-vin [lidvɛ̃] *adj inv* [couleur] burdeos (*en aposición*).

liège [ljɛʒ] *nm* corcho *m*.

lien [ljɛ̃] *nm* **-1.** [sangle] atadura *f*. **-2.** [relation] lazo *m*, vínculo *m*; ~ **de parenté** lazo de parentesco. **-3.** [rapport] relación *f*.

lier [lje] *vt* **-1.** [attacher] atar; ~ **qqch/qqn à qqch** atar algo/a alguien a algo. **-2.** [joindre, unir] unir. **-3.** CULIN [sauce] ligar. **-4.** [relier] relacionar; ~ **qqch à qqch** relacionar algo con algo. **-5.** [commencer] entablar. **-6.** [astreindre] comprometer; ~ **qqch/qqn par qqch** comprometer algo/a alguien por algo. ◆ **se lier** *vp* **-1.** [s'attacher] atarse; **se** ~ **avec qqn** relacionarse con alguien. **-2.** [s'astreindre] ligarse; **se** ~ **par qqch** ligarse por algo.

lierre [ljɛr] *nm* hiedra *f*, yedra *f*.

liesse [ljɛs] *nf* : **en** ~ alborozado(da).

lieu, x [ljø] *nm* lugar *m*, sitio *m*; **en** ~ **sûr** en lugar OU sitio seguro; ~ **de naissance** lugar de nacimiento; **en premier/second/dernier lieu** en primer/segundo/último lugar; **au** ~ **de qqch/de faire qqch** en lugar de algo/de hacer algo;

avoir ~ tener lugar. ◆ **lieux** *nmpl* lugar *m*; **sur les** ~**x de qqch** al lugar de algo. ◆ **lieu commun** *nm* lugar *m* común.

lieu-dit [ljødi] *nm* lugar *m*.

lieue [ljø] *nf* [mesure] legua *f*.

lieutenant [ljøtənɑ̃] *nm* MIL ≃ teniente *m*.

lièvre [ljɛvr] *nm* liebre *f*.

lifter [lifte] *vt* [au tennis] liftar.

lifting [liftiŋ] *nm* lifting *m*.

ligament [ligamɑ̃] *nm* ligamento *m*.

ligaturer [ligatyre] *vt* MÉD ligar.

light [lajt] *adj* light.

ligne [liŋ] *nf* **-1.** [gén] línea *f*; **à la** ~ punto y aparte; **en** ~ **droite** en línea recta; ~ **aérienne** línea aérea; ~ **d'arrivée/de conduite/de démarcation** línea de llegada/de conducta/de demarcación; ~ **de commande** INFORM línea de mandato; ~ **de départ/de flottaison** línea de salida/de flotación; ~**s de la main** líneas de la mano; **dans les grandes** ~**s** a grandes rasgos; **entrer en** ~ **de compte** ser tenido(da) en cuenta; **garder la** ~ guardar la línea; **surveiller sa** ~ vigilar la línea. **-2.** [de pêche] caña *f*; **pêcher à la** ~ pescar con caña. **-3.** [file] fila *f*, hilera *f*; **en** ~ [personnes] en fila; INFORM en línea.

lignée [liŋe] *nf* linaje *m*.

ligoter [ligɔte] *vt* atar; ~ **qqn à qqch** atar a alguien a algo.

ligue [lig] *nf* liga *f*; ~ **antialcoolique** liga antialcohólica.

lilas [lila] ⋄ *nm* BOT lila *f*. ⋄ *adj inv* [couleur] lila (*en aposición*).

limace [limas] *nf* ZOOL babosa *f*.

limaille [limaj] *nf* limaduras *fpl*.

limande [limɑ̃d] *nf* gallo *m* (*pez*).

lime [lim] *nf* lima *f*; ~ **à ongles** lima de uñas.

limer [lime] *vt* limar.

limier [limje] *nm* sabueso *m*.

liminaire [liminɛr] *adj* preliminar, liminar.

limitation [limitasjɔ̃] *nf* limitación *f*, límite *m*; ~ **de vitesse** limitación OU límite de velocidad.

limite [limit] ⋄ *nf* **-1.** [gén] límite *m*. **-2.** [terme, échéance] fecha *f* límite; ~ **d'âge** límite de edad. ⋄ *adj inv* límite (*en aposición*). ◆ **à la limite** *loc adv* en última instancia, en el peor de los casos.

limiter [limite] *vt* limitar. ◆ **se limiter** *vp* **-1.** [se restreindre] : **se** ~ **à qqch/faire qqch** limitarse a algo/a hacer algo. **-2.**

[avoir pour limites] : **se ~ à qqch/à qqn** limitarse a algo/a alguien.

limitrophe [limitʁɔf] *adj* **-1.** [pays] limítrofe; **être ~ de** ser limítrofe de OU con. **-2.** [maison, terre] colindante.

limoger [limɔʒe] *vt* destituir.

limon [limɔ̃] *nm* **-1.** GÉOL limo *m*. **-2.** [citron] limón *m*. **-3.** CONSTR limón *m*.

limonade [limɔnad] *nf* gaseosa *f*.

limpide [lɛ̃pid] *adj* **-1.** [eau, ciel, regard] límpido(da). **-2.** [explication, style] nítido(da).

lin [lɛ̃] *nm* lino *m*.

linceul [lɛ̃sœl] *nm* sudario *m*, mortaja *f*.

linéaire [lineɛʁ] *adj* lineal.

linge [lɛ̃ʒ] *nm* **-1.** [de maison] ropa *f* blanca. **-2.** [sous-vêtements] lencería *f*, ropa *f* interior. **-3.** [lessive] colada *f*. **-4.** [morceau de tissu] trapo *m*.

lingerie [lɛ̃ʒʁi] *nf* **-1.** [local] lavandería *f*. **-2.** [sous-vêtements féminins] lencería *f*.

lingot [lɛ̃go] *nm* lingote *m*; **~ d'or** lingote de oro.

linguistique [lɛ̃gɥistik] ◇ *adj* lingüístico(ca). ◇ *nf* lingüística *f*.

linoléum [linɔleɔm] *nm* linóleo *m*.

lion, lionne [ljɔ̃, ljɔn] *nm, f* ZOOL león *m*, -ona *f*. ◆ **Lion** *nm* ASTROL Leo *m*; **être Lion** ser Leo.

lionceau, x [ljɔ̃so] *nm* cachorro *m* de león.

lipide [lipid] *nm* lípido *m*.

liquéfier [likefje] *vt* licuar, licuefacer. ◆ **se liquéfier** *vp* **-1.** [gaz] licuarse. **-2.** *fig* [personne] morirse de miedo.

liqueur [likœʁ] *nf* licor *m*.

liquidation [likidasjɔ̃] *nf* liquidación *f*.

liquide [likid] ◇ *adj* líquido(da). ◇ *nm* **-1.** [substance] líquido *m*. **-2.** [argent] dinero *m* en efectivo, efectivo *m*; **en ~** en efectivo; **retirer du ~** sacar dinero. ◇ *nf* LING líquida *f*.

liquider [likide] *vt* **-1.** [gén] liquidar. **-2.** *fam* [se débarrasser de] deshacerse de.

liquidité [likidite] *nf* liquidez *f*. ◆ **liquidités** *nfpl* BANQUE liquidez *f*.

lire[1] [liʁ] *vt* leer; **lu et approuvé** ADMIN conforme.

lire[2] [liʁ] *nf* lira *f*.

lis, lys [lis] *nm* BOT lirio *m* blanco, azucena *f*.

Lisbonne [lizbɔn] *n* Lisboa.

liseré [lizʁe], **liséré** [lizere] *nm* ribete *m*.

liseron [lizʁɔ̃] *nm* correhuela *f*.

liseuse [lizøz] *nf* **-1.** [vêtement] mañanita *f*. **-2.** [lampe] lámpara *f* de lectura.

lisible [lizibl] *adj* legible.

lisière [lizjɛʁ] *nf* **-1.** [limite] linde *m*, lindero *m*. **-2.** COUT orilla *f*, orillo *m*.

lisse [lis] *adj* liso(sa).

lisser [lise] *vt* alisar.

liste [list] *nf* lista *f*; **~ électorale** lista electoral; **~ de mariage** lista de boda; **~ rouge** lista de números secretos.

lister [liste] *vt* **-1.** [faire une liste de] hacer una lista de. **-2.** INFORM listar.

listing [listiŋ] *nm* INFORM listado *m*.

lit [li] *nm* **-1.** [meuble] cama *f*; **faire son ~** hacerse la cama; **se mettre au ~** meterse en la cama; **~ de camp** cama de campaña OU de tijera; **~ d'enfant** cama de niño. **-2.** JUR [mariage] matrimonio *m*. **-3.** [couche, cours d'eau] lecho *m*.

litanie [litani] *nf* letanía *f*.

literie [litʁi] *nf* somier, colchón y ropa de cama.

lithographie [litɔgʁafi] *nf* litografía *f*.

litière [litjɛʁ] *nf* **-1.** [paille] jergón *m*. **-2.** [pour chat] lecho *m*. **-3.** HIST [palanquin] litera *f*.

litige [litiʒ] *nm* litigio *m*.

litigieux, euse [litiʒjø, øz] *adj* litigioso(sa).

litre [litʁ] *nm* **-1.** [mesure, contenu] litro *m*. **-2.** [bouteille] botella *f* de litro.

littéraire [liteʁɛʁ] ◇ *adj* literario(ria). ◇ *nmf* hombre de letras *m*, mujer de letras *f*.

littéral, e, aux [literal, o] *adj* literal.

littérature [liteʁatyʁ] *nf* literatura *f*.

littoral, e, aux [litɔʁal, o] *adj* litoral. ◆ **littoral** *nm* litoral *m*.

Lituanie [lityani] *nf* : **la ~** Lituania.

liturgie [lityʁʒi] *nf* RELIG liturgia *f*.

livide [livid] *adj* lívido(da).

livraison [livʁɛzɔ̃] *nf* entrega *f*; **~ à domicile** entrega a domicilio.

livre [livʁ] ◇ *nm* libro *m*; **~ de bord** libro de a bordo; **~ de cuisine** libro de cocina; **~ d'images** álbum *m*; **~ d'or/de poche** libro de oro/de bolsillo; **à ~ ouvert** de corrido. ◇ *nf* libra *f*.

livré, e [livʁe] *adj* : **être ~ à** estar entregado(da) a; **être ~ à soi-même** [abandonné] verse abandonado(da) a su suerte.

livrée [livʁe] *nf* librea *f*.

livrer [livʁe] *vt* **-1.** [gén] entregar; **~ qqch à qqn** [donner, confier] entregar algo a alguien; **~ qqn à qqn** [dénoncer] entregar alguien a alguien. **-2.** [abandonner] : **~**

qqch à qqch librar algo a algo. ◆ **se li-vrer** *vp* [gén] entregarse; **se ~ à qqn** [se rendre, se donner] entregarse a alguien; [se confier à] confiarse a alguien; **se ~ à qqch** [se consacrer] entregarse a algo.

livret [livʀɛ] *nm* **-1.** [carnet] libreta *f*, cartilla *f*; **~ de caisse d'épargne** libreta OU cartilla de ahorros; **~ de famille** libro *m* de familia; **~ scolaire** libro de escolaridad. **-2.** [catalogue] catálogo *m*. **-3.** MUS libreto *m*.

livreur, euse [livʀœr, øz] *nm, f* repartidor *m*, -ra *f*.

lobby [lɔbi] (*pl* **lobbies**) *nm* lobby *m*, grupo *m* de presión.

lobe [lɔb] *nm* ANAT & BOT lóbulo *m*.

lober [lɔbe] *vt* [tennis] hacer un lob.

local, e, aux [lɔkal, o] *adj* local. ◆ **local** *nm* local *m*. ◆ **locaux** *nmpl* [bureaux] locales *mpl*.

localiser [lɔkalize] *vt* localizar.

localité [lɔkalite] *nf* localidad *f*.

locataire [lɔkatɛr] *nmf* inquilino *m*, -na *f*.

location [lɔkasjɔ̃] *nf* **-1.** [gén] alquiler *m*; **~ de voitures/de vélos** alquiler de coches/de bicicletas. **-2.** [maison] casa *f* de alquiler; [appartement] piso *m* de alquiler. **-3.** [réservation] reserva *f*.

location-vente *nf* alquiler *m* con opción a compra.

locomotion [lɔkɔmɔsjɔ̃] *nf* locomoción *f*.

locomotive [lɔkɔmɔtiv] *nf* locomotora *f*.

locution [lɔkysjɔ̃] *nf* locución *f*.

loft [lɔft] *nm* antiguo almacén o taller convertido en vivienda.

logarithme [lɔgaritm] *nm* logaritmo *m*.

loge [lɔʒ] *nf* **-1.** [de concierge] portería *f*. **-2.** [d'acteur] camerino *m*. **-3.** [de spectacle] palco *m*. **-4.** [d'écurie] box *m*. **-5.** [de francs-maçons & ARCHIT] logia *f*.

logement [lɔʒmɑ̃] *nm* vivienda *f*; **~ de fonction** vivienda proporcionada por la administración o por las grandes empresas a sus ejecutivos.

loger [lɔʒe] ◇ *vi* alojarse. ◇ *vt* **-1.** [suj : personne] alojar. **-2.** [introduire] meter. **-3.** [suj : salle, hôtel] albergar. ◆ **se loger** *vp* **-1.** [trouver un logement] encontrar vivienda. **-2.** [balle, ballon] ir a parar.

logiciel [lɔʒisjɛl] *nm* INFORM programa *m*; **~ intégré** programa integrado.

logique [lɔʒik] ◇ *adj* lógico(ca). ◇ *nf* lógica *f*.

logiquement [lɔʒikmɑ̃] *adv* lógicamente.

logis [lɔʒi] *nm* vivienda *f*.

logistique [lɔʒistik] ◇ *adj* logístico(ca). ◇ *nf* logística *f*.

logo [logo] *nm* logo *m*.

loi [lwa] *nf* ley *f*; **nul n'est censé ignorer la ~** la ignorancia de la ley no excusa su cumplimiento; **~ de l'offre et de la demande** ÉCON ley de la oferta y de la demanda.

loin [lwɛ̃] *adv* [dans le temps, l'espace] lejos; **aller ~** [exagérer] ir lejos; [progresser, réussir] llegar lejos. ◆ **au loin** *loc adv* a lo lejos. ◆ **de loin** *loc adv* **-1.** [depuis une grande distance] de lejos. **-2.** [assez peu] poco. **-3.** [de beaucoup] con mucho. ◆ **loin de** *loc prép* [gén] lejos de; **~ de là** ¡ni mucho menos!; **être ~ du compte** estar muy lejos de la realidad.

lointain, e [lwɛ̃tɛ̃, ɛn] *adj* lejano(na). ◆ **lointain** *nm* : **au ~** a lo lejos.

loir [lwar] *nm* lirón *m*.

Loire [lwar] *nf* : **la ~** el Loira.

loisir [lwazir] *nm* ocio *m*. ◆ **loisirs** *nmpl* distracciones *fpl*.

lombago = **lumbago**.

Londres [lɔ̃dr] *n* Londres.

long, longue [lɔ̃, lɔ̃g] *adj* **-1.** [gén] largo(ga). **-2.** [lent] lento(ta); **être ~ à faire qqch** ser lento haciendo algo. ◆ **long** ◇ *nm* **-1.** [longueur] : **de ~** de largo; **(tout) le ~ de qqch** [espace] a lo largo de algo; [temps] durante todo algo; **(tout) le ~ du jour** durante todo el día. **-2.** [vêtements longs] : **le ~** los vestidos largos. ◇ *adv* [beaucoup] mucho; **en dire ~ sur qqch** decir mucho de algo. ◆ **à la longue** *loc adv* a la larga. ◆ **de long en large** *loc adv* de un lado a otro. ◆ **en long, en large et en travers** *loc adv* con pelos y señales.

longe [lɔ̃ʒ] *nf* **-1.** [courroie] cabestro *m*. **-2.** [viande] lomo *m*.

longer [lɔ̃ʒe] *vt* bordear.

longévité [lɔ̃ʒevite] *nf* longevidad *f*.

longiligne [lɔ̃ʒiliɲ] *adj* longilíneo(a).

longitude [lɔ̃ʒityd] *nf* longitud *f*.

longtemps [lɔ̃tɑ̃] *adv* [longuement] mucho tiempo; **depuis ~** desde hace mucho (tiempo); **il y a ~ que** hace mucho (tiempo) que.

longue → **long**.

longueur [lɔ̃gœr] *nf* **-1.** [étendue] longitud *f*, largo *m*; **en ~** de largo. **-2.** [durée] duración *f*; **à ~ de** durante todo(da); **à ~ d'année** durante todo el año; **à ~ de**

temps continuamente. **–3.** SPORT largo *m*.
◆ **longueurs** *nfpl* lentitud *f*.

longue-vue [lɔ̃gvy] *nf* catalejo *m*.

look [luk] *nm* look *m*; **changer de** ~ cambiar de look.

looping [lupiŋ] *nm* looping *m*, rizo *m*.

lopin [lɔpɛ̃] *nm* pedazo *m*; ~ **de terre** parcela *f*.

loquace [lɔkas] *adj* locuaz; **peu** ~ poco locuaz.

loque [lɔk] *nf* andrajo *m*; ~ **humaine** *fig* andrajo humano.

loquet [lɔkɛ] *nm* picaporte *m*.

lorgner [lɔrɲe] *vt fam* **–1.** [observer] mirar de reojo. **–2.** [convoiter] echar el ojo a.

lors [lɔr] *adv* : ~ **de** durante; **pour** ~ de momento, por ahora; **depuis** ~ desde entonces.

lorsque [lɔrsk(ə)] *conj* cuando.

losange [lɔzɑ̃ʒ] *nm* rombo *m*.

lot [lo] *nm* **–1.** [part, stock] lote *m*. **–2.** [prix] premio *m*. **–3.** *fig* [destin] destino *m*.

loterie [lɔtri] *nf* lotería *f*.

loti, e [lɔti] *adj* : **être bien/mal** ~ [par le sort] verse favorecido/desfavorecido.

lotion [lɔsjɔ̃] *nf* loción *f*.

lotir [lɔtir] *vt* parcelar; ~ **qqn de qqch** dotar a alguien de algo.

lotissement [lɔtismɑ̃] *nm* **–1.** [division] parcelación *f*. **–2.** [d'habitations] urbanización *f*.

loto [lɔto] *nm* **–1.** [jeu de société] bingo *m*. **–2.** [loterie] primitiva *f*.

lotte [lɔt] *nf* rape *m*.

lotus [lɔtys] *nm* loto *m*.

louange [lwɑ̃ʒ] *nf* alabanza *f*.

louche [luʃ] ◇ *adj* **–1.** [acte] turbio(bia). **–2.** [individu] sospechoso(sa). ◇ *nf* cucharón *m*.

loucher [luʃe] *vi* **–1.** [être atteint de strabisme] bizquear. **–2.** *fig* [lorgner] : ~ **sur qqch/sur qqn** tener echado el ojo a algo/a alguien.

louer [lwe] *vt* **–1.** [maison, appartement] alquilar *Esp*, rentar *Amér*; ~ **qqch à qqn** alquilar algo a alguien; **à** ~ en alquiler. **–2.** [place] reservar. **–3.** [glorifier] alabar. ◆ **se louer** *vp* **–1.** [maison, appartement] alquilarse. **–2.** *sout* [se féliciter] : **se** ~ **de qqch/de faire qqch** congratularse de algo/de hacer algo.

loufoque [lufɔk] *adj & nm fam* guillado(da).

loup [lu] *nm* **–1.** [mammifère] lobo *m*. **–2.** [poisson] lubina *f*, róbalo *m*. **–3.** [masque] antifaz *m*, máscara *f*.

loupe [lup] *nf* **–1.** [optique] lupa *f*. **–2.** MÉD lupia *f*. **–3.** BOT nudo *m*.

louper [lupe] *vt fam* **–1.** [travail] hacer mal; [examen] catear. **–2.** [train, avion] perder.

loup-garou [lugaru] *nm* hombre *m* lobo.

lourd, e [lur, lurd] *adj* **–1.** [pesant, maladroit] pesado(da). **–2.** [rempli] : ~ **de** cargado(da) de. **–3.** [parfum] fuerte. **–4.** [faute] grave. **–5.** [temps] bochornoso(sa). ◆ **lourd** *adv* : **peser** ~ pesar mucho; **il n'en fait pas** ~ fam no hace gran cosa.

loutre [lutr] *nf* nutria *f*.

louve [luv] *nf* loba *f*.

louveteau, x [luvto] *nm* **–1.** ZOOL lobezno *m*. **–2.** [scout] lobanto *m*.

louvoyer [luvwaje] *vi* **–1.** NAVIG bordear. **–2.** *fig* [biaiser] andar con rodeos.

loyal, e, aux [lwajal, o] *adj* leal.

loyauté [lwajote] *nf* lealtad *f*.

loyer [lwaje] *nm* alquiler *m*.

LP *abr de* lycée professionnel.

LSD (*abr de* **Lyserg Säure Diäthylamid**) *nm* LSD *m*.

lu, e [ly] *pp* → lire.

lubie [lybi] *nf* antojo *m*.

lubrifier [lybrifje] *vt* lubrificar, lubricar.

lubrique [lybrik] *adj* lúbrico(ca).

lucarne [lykarn] *nf* **–1.** [fenêtre] tragaluz *m*. **–2.** FOOTBALL escuadra *f*.

lucide [lysid] *adj* lúcido(da).

lucidité [lysidite] *nf* lucidez *f*.

lucratif, ive [lykratif, iv] *adj* lucrativo(va).

ludique [lydik] *adj* lúdico(ca).

lueur [lɥœr] *nf* **–1.** [lumière] luz *f*, resplandor *m*; **à la** ~ **de** a la luz de. **–2.** *fig* [éclat] chispa *f*; ~ **d'espoir** rayo *m* de esperanza.

luge [lyʒ] *nf* luge *m*; **faire de la** ~ hacer luge.

lugubre [lygybr] *adj* lúgubre.

lui[1] [lɥi] *pp inv* → luire.

lui[2] [lɥi] *pron pers* **–1.** [complément d'objet indirect] le; **je** ~ **ai parlé** le he hablado; **qui le** ~ **a dit?** ¿quién se lo ha dicho? **–2.** [sujet] él. **–3.** [complément d'objet direct] : **elle est plus jeune que** ~ ella es más joven que él. **–4.** [après une préposition] él; **sans/avec** ~ sin/con él. **–5.** [remplaçant soi en fonction de pronom réfléchi] sí mismo; **il est content de** ~ está contento de sí mismo. ◆ **lui-même** *pron pers* él mismo.

luire [lɥir] *vi* **-1.** [soleil, espoir] brillar. **-2.** [objet] relucir.

lumbago [lɛ̃bago], **lombago** [lɔ̃bago] *nm* lumbago *m*.

lumière [lymjɛr] *nf* **-1.** [éclairage] luz *f*. **-2.** TECHNOL [ouverture] orificio *m*. **-3.** [personne] lumbrera *f*.

lumineux, euse [lyminø, øz] *adj* **-1.** [gén] luminoso(sa). **-2.** [visage, regard] resplandeciente.

luminosité [lyminozite] *nf* luminosidad *f*.

lump [lœp] *nm* lumpo *m*.

lunaire [lynɛr] *adj* **-1.** [gén] lunar. **-2.** *fig* [visage] mofletudo(da).

lunatique [lynatik] *adj & nmf* antojadizo(za).

lunch [lœntʃ] *nm* lunch *m*.

lundi [lœdi] *nm* lunes *m inv*; *voir aussi* **samedi**.

lune [lyn] *nf* ASTRON luna *f*; **pleine ~** luna llena; **~ de miel** luna de miel.

lunette [lynɛt] *nf* **-1.** [ouverture] agujero *m*. **-2.** [fenêtre] ventanilla *f*. **-3.** ASTRON anteojo *m*. **-4.** ARCHIT luneta *f*. ◆ **lunettes** *nfpl* gafas *fpl*; **~s de vue** gafas graduadas.

lurette [lyrɛt] *nf* : **il y a belle ~ que** hace un siglo que.

luron, onne [lyrɔ̃, ɔn] *nm, f fam* : **un joyeux ~** un vivalavirgen, un vivales.

lustre [lystr] *nm* **-1.** [éclat, distinction] lustre *m*. **-2.** [luminaire] araña *f Esp*, candil *m Amér*.

lustrer [lystre] *vt* **-1.** [faire briller] dar brillo a. **-2.** [user] deslucir.

luth [lyt] *nm* laúd *m*.

lutin [lytɛ̃] *nm* duende *m*.

lutte [lyt] *nf* lucha *f*; **~ des classes** lucha de clases.

lutter [lyte] *vi* luchar; **~ avec qqch/avec qqn** luchar contra algo/contra alguien; **~ contre qqch/qqn** luchar contra algo/alguien; **~ pour qqch/pour qqn** luchar por algo/por alguien.

lutteur, euse [lytœr, øz] *nm, f* luchador *m*, -ra *f*.

luxation [lyksasjɔ̃] *nf* luxación *f*.

luxe [lyks] *nm* lujo *m*; **de ~** de lujo; **s'offrir** OU **se payer le ~ de** permitirse el lujo de.

Luxembourg [lyksãbur] *nm* **-1.** [pays] : **le ~** Luxemburgo; **au ~** [direction] a Luxemburgo; [situation] en Luxemburgo. **-2.** [ville] : **à ~** [direction] a Luxemburgo; [situation] en Luxemburgo.

luxueux, euse [lyksɥø, øz] *adj* lujoso(sa).

luxure [lyksyr] *nf* lujuria *f*.

luzerne [lyzɛrn] *nf* alfalfa *f*.

lycée [lise] *nm* instituto *m*; **~ technique/professionnel** instituto de enseñanza técnica/profesional.

lycéen, enne [liseɛ̃, ɛn] *nm, f* alumno *m*, -na *f (de instituto)*.

Lycra® [likra] *nm* lycra® *f*.

lymphatique [lɛ̃fatik] *adj* linfático(ca).

lyncher [lɛ̃ʃe] *vt* linchar.

lynx [lɛ̃ks] *nm* lince *m*.

lyophilisé, e [ljofilize] *adj* liofilizado(da).

lyre [lir] *nf* MUS lira *f*.

lyrique [lirik] *adj* **-1.** [gén] lírico(ca). **-2.** [enthousiaste] emocionado(da).

lys = lis.

m, M [ɛm] *nm inv* m *f*, M *f*. ◆ **m -1.** (*abr de* **mètre**) m. **-2.** (*abr de* **milli**) m. ◆ **M -1.** (*abr de* **maxwell**) M. **-2.** (*abr de* **mile** (marin)) m. **-3.** (*abr de* **méga**) M. **-4.** (*abr de* **major**) M. **-5.** (*abr de* **monsieur**) Sr. **-6.** (*abr de* **million**) M. **-7.** (*abr de* **masculin**) m.

m' → **me**.

m² (*abr de* **mètre carré**) m².

m³ (*abr de* **mètre cube**) m³.

ma → **mon**.

macabre [makabr] *adj* macabro(bra).

macadam [makadam] *nm* macadán *m*, macadam *m*.

macaron [makarɔ̃] *nm* **-1.** [pâtisserie] ≃ macarrón *m*. **-2.** [coiffure] rodete *m*. **-3.** [autocollant] *pegatina oficial que se pega en el parabrisas del coche*.

macaroni [makarɔni] *nmpl* CULIN macarrones *mpl*.

macédoine [masedwan] *nf* CULIN macedonia *f*.

macérer [masere] ◇ *vt* macerar. ◇ *vi* macerar; **faire ~** macerar.

mâche [maʃ] *nf* milamores *fpl*.

mâcher [maʃe] *vt* masticar, mascar.

machiavélique [makjavelik] *adj* maquiavélico(ca).

machinal, e, aux [maʃinal, o] *adj* mecánico(ca), maquinal.

machination [maʃinasjɔ̃] *nf* maquinación *f*.

machine [maʃin] *nf* máquina *f*; ~ **à coudre/à écrire** máquina de coser/de escribir; ~ **à laver** lavadora *f*.

machine-outil *nf* máquina *f* herramienta.

machiniste [maʃinist] *nm* **-1.** THÉÂTRE tramoyista *mf*. **-2.** CIN & TRANSPORT maquinista *mf*.

machisme [matʃism] *nm péj* machismo *m*.

mâchoire [maʃwar] *nf* **-1.** ANAT mandíbula *f*. **-2.** [d'étau] mordaza *f*; [de pinces, de tenailles] boca *f*.

mâchonner [maʃɔne] *vt* **-1.** [mâcher lentement] mascar. **-2.** [mordiller] mordisquear. **-3.** *fig* [marmonner] mascullar.

maçon [masɔ̃] *nm* **-1.** [ouvrier] albañil *m*. **-2.** [franc-maçon] masón *m*.

maçonnerie [masɔnri] *nf* **-1.** [travaux] albañilería *f*. **-2.** [construction] obra *f*. **-3.** [franc-maçonnerie] masonería *f*.

macramé [makrame] *nm* macramé *m*.

macrobiotique [makrɔbjɔtik] ◇ *adj* macrobiótico(ca). ◇ *nf* macrobiótica *f*.

macroéconomie [makrɔekɔnɔmi] *nf* macroeconomía *f*.

maculer [makyle] *vt* manchar.

madame [madam] (*pl* **mesdames** [medam]) *nf* señora *f*. ◆ **Madame** *nf* [titre respectueux] : **Madame la Directrice** la señora directora.

madeleine [madlɛn] *nf* [gâteau] magdalena *f*.

mademoiselle [madmwazɛl] (*pl* **mesdemoiselles** [medmwazɛl]) *nf* señorita *f*.

madère [madɛr] *nm* madeira *m*.

madone [madɔn] *nf* madona *f*.

Madrid [madrid] *n* Madrid.

madrier [madrije] *nm* madero *m*.

madrilène [madrilɛn] *adj* madrileño(ña). ◆ **Madrilène** *nmf* madrileño *m*, -ña *f*.

maestria [maɛstrija] *nf* maestría *f*; **avec** ~ con maestría.

mafia, maffia [mafja] *nf* mafia *f*.

magasin [magazɛ̃] *nm* **-1.** [boutique] tienda *f*; **faire les** ~**s** ir de tiendas; **grand** ~ gran almacén *m*. **-2.** [entrepôt] almacén *m*. **-3.** [d'arme à feu] recámara *f*. **-4.** [de machine] almacén *m*. **-5.** [d'appareil photo] carga *f*.

magazine [magazin] *nm* **-1.** [revue] revista *f*. **-2.** TÉLÉ & RADIO magazine *m*.

mage [maʒ] *nm* mago *m*.

magicien, enne [maʒisjɛ̃, ɛn] *nm, f* mago *m*, -ga *f*.

magie [maʒi] *nf* magia *f*.

magique [maʒik] *adj* mágico(ca).

magistral, e, aux [maʒistral, o] *adj* magistral.

magistrat [maʒistra] *nm* magistrado *m*.

magistrature [maʒistratyr] *nf* magistratura *f*; ~ **assise** ≃ jueces y magistrados *mpl*; ~ **debout** ≃ fiscalía *f*.

magma [magma] *nm* magma *m*.

magnanime [maɲanim] *adj sout* magnánimo(ma).

magnat [maɲa] *nm* magnate *m*.

magnésium [maɲezjɔm] *nm* magnesio *m*.

magnétique [maɲetik] *adj* magnético(ca).

magnétisme [maɲetism] *nm* magnetismo *m*.

magnéto [maɲeto] *fam abr de* **magnétophone**.

magnétocassette [maɲetɔkasɛt] *nm* casete *m* (aparato).

magnétophone [maɲetɔfɔn] *nm* magnetófono *m*.

magnétoscope [maɲetɔskɔp] *nm* vídeo *m*.

magnificence [maɲifisɑ̃s] *nf* magnificencia *f*.

magnifique [maɲifik] *adj* magnífico(ca).

magnum [magnɔm] *nm* magnum *m*.

magot [mago] *nm fam* ahorros *mpl*.

mai [mɛ] *nm* mayo *m*; *voir aussi* **septembre**.

maigre [mɛgr] ◇ *nmf* flaco *m*, -ca *f* ◇ *adj* **-1.** [personne, animal] flaco(ca). **-2.** [non gras – laitages] sin grasa; [– viandes] magro(gra). **-3.** [repas, végétation] escaso(sa). **-4.** [salaire, récolte, consolation] pobre.

maigreur [mɛgrœr] *nf* delgadez *f*.

maigrichon, onne [mɛgriʃɔ̃, ɔn] *adj* flacucho(cha).

maigrir [mɛgrir] *vi* adelgazar.

mailing [melin] *nm* mailing *m*.

maille [maj] *nf* **-1.** [de tricot] punto *m*. **-2.** [de filet] malla *f*.

maillet [majɛ] *nm* mazo *m*.

maillon [majɔ̃] *nm* eslabón *m*.

maillot [majo] *nm* [de sport] maillot *m*; ~ **de bain** bañador *m*, traje *m* de baño; ~ **de corps** camiseta *f* (prenda interior).

main [mɛ̃] *nf* mano *f*; **à** ~ **armée** a mano armada; **à la** ~ a mano; **donner la** ~ **à qqn** dar la mano a alguien; **haut les** ~**s!** ¡manos arriba!; **tomber sous la** ~ **de qqn** *fig* ir a parar a manos de alguien. ◆ **main courante** *nf* pasamanos *m inv*.

main-d'œuvre [mɛ̃dœvr] (*pl* **mains-d'œuvre**) *nf* mano *f* de obra.

mainmise [mɛ̃miz] *nf* dominio *m*.

maint, e [mɛ̃, mɛ̃t] *adj sout* : **maintes fois** muchas veces.

maintenance [mɛ̃tnãs] *nf* mantenimiento *m*.

maintenant [mɛ̃tnã] *adv* ahora. ◆ **maintenant que** *loc conj* ahora que.

maintenir [mɛ̃tnir] *vt* mantener; ~ **que** mantener que. ◆ **se maintenir** *vp* mantenerse.

maintenu, e [mɛ̃tny] *pp* → maintenir.

maintien [mɛ̃tjɛ̃] *nm* -1. [conservation] mantenimiento *m*. -2. [tenue] porte *m*.

maire [mɛr] *nm* alcalde *m*, -sa *f Esp*, regente *m Amér*.

mairie [meri] *nf* -1. [bâtiment, administration] ayuntamiento *m*. -2. [poste] alcaldía *f*.

mais [mɛ] ⬦ *conj* -1. [introduisant une opposition] sino. -2. [introduisant une objection, une précision, une restriction] pero; ~ **non!** ¡claro que no!; **non ~!** ¡pero bueno! -3. [introduisant une transition] : ~ **alors** pero (bueno); ~ **alors, tu l'as vu ou non?** pero (bueno) ¿lo has visto o no? -4. [servant à intensifier] : **il a pleuré, ~ pleuré!** lloró y de qué manera. -5. [exprimant la colère, l'indignation, la joie] : ~ **c'est génial!** ¡pero si es genial!; ~ **je vais me fâcher, moi!** ¡ya está bien! ¡me voy a enfadar!; ~ **tu saignes!** ¡pero si estás sangrando! ⬦ *adv* : **vous êtes prêts? – ~ bien sûr!** ¿estáis listos? – ¡pues claro!; ~ **aussi** pero también. ⬦ *nm* pero *m*.

maïs [mais] *nm* maíz *m Esp*, choclo *m Amér*.

maison [mɛzɔ̃] *nf* -1. casa *f*; **être à la ~** estar en casa. -2. *(en apposition)* [artisanal] de la casa.

Maison-Blanche [mɛzɔ̃blɑ̃ʃ] *nf* : **la ~** la Casa Blanca.

maisonnée [mɛzɔne] *nf* habitantes *mpl* (de una casa).

maisonnette [mɛzɔnɛt] *nf* casita *f*.

maître, maîtresse [mɛtr, mɛtrɛs] *nm, f* -1. [professeur] maestro *m*, -tra *f*, profesor *m*, -ra *f*; ~ **auxiliaire** SCOL profesor auxiliar; ~ **de conférence** UNIV ≃ profesor universitario; ~ **d'école** maestro de escuela; ~ **nageur** profesor de natación. -2. [modèle, artiste] maestro *m*, -tra *f*. -3. [d'animal] dueño *m*, -ña *f*. -4. [personne qui a du pouvoir, de l'autorité] dueño y señor *m*, dueña y señora *f*; ~ **de maison** amo *m* de

la casa; **être ~ de soi** ser dueño de sí mismo. -5. *(en apposition)* [principal, essentiel] maestro *m*, -tra *f*. -6. [chef] jefe *m*; ~ **d'hôtel** [au restaurant] jefe de comedor, maître *m*. ◆ **Maître** *nm* [titre] letrado *m*. ◆ **maîtresse** *nf* amante *f*.

maître-assistant, e [mɛtrasistã, ãt] *nm, f* ≃ profesor universitario *m*, profesora universitaria *f*.

maître-autel *nm* altar *m* mayor.

maîtresse → maître.

maîtrise [mɛtriz] *nf* -1. [contrôle, connaissance] dominio *m*. -2. [habileté] habilidad *f*. -3. UNIV diploma obtenido al final del segundo ciclo universitario. -4. [de contremaître] conjunto de maestros de obra.

maîtriser [mɛtrize] *vt* dominar; [dépenses] controlar. ◆ **se maîtriser** *vp* dominarse.

majesté [maʒɛste] *nf* -1. [dignité] majestad *f*. -2. [splendeur] majestuosidad *f*. ◆ **Majesté** *nf* : **Sa/Votre Majesté** Su/Vuestra Majestad.

majestueux, euse [maʒɛstɥø, øz] *adj* majestuoso(sa).

majeur, e [maʒœr] *adj* -1. [personne] mayor de edad. -2. [principal & MUS] mayor. -3. [important] importante. ◆ **majeur** *nm* dedo *m* medio, dedo *m* del corazón.

Majeur [maʒœr] → lac.

major [maʒɔr] *nm* -1. MIL mayor *m*. -2. SCOL primero *m*, -ra *f* de la clase.

majordome [maʒɔrdɔm] *nm* mayordomo *m*.

majorer [maʒɔre] *vt* recargar.

majorette [maʒɔrɛt] *nf* majorette *f*.

majoritaire [maʒɔritɛr] *adj* mayoritario(ria); **être ~** estar en mayoría, ser mayoría.

majorité [maʒɔrite] *nf* -1. [âge] mayoría *f* de edad. -2. [majeure partie & POLIT] mayoría *f*; **en (grande) ~** mayoritariamente; ~ **absolue/relative** mayoría absoluta/relativa.

Majorque [maʒɔrk] *n* Mallorca; **à ~** [direction] a Mallorca; [situation] en Mallorca.

majuscule [maʒyskyl] ⬦ *adj* mayúsculo(la). ⬦ *nf* mayúscula *f*.

mal, maux [mal, mo] *nm* -1. [ce qui est amoral, douleur morale] mal *m*; **être en ~ de qqch** faltarle a uno algo; **faire du ~ (à qqn)** hacer daño (a alguien). -2. [souffrance physique] dolor *m*; **avoir ~ à la tête** OU **des maux de tête** tener dolor de cabeza; **avoir le ~ de mer** estar mareado(da); **faire** ~ **à** qqn hacerle daño a alguien; **se faire** ~ hacerse daño. **-3.** [effort, difficulté] trabajo *m*. ◆ **mal** *adv* mal; **aller** ~ ir mal; **c'est pas** ~ no está mal; **c'est pas** ~ **du tout** no está nada mal; **de** ~ **en pis** de mal en peor; **être au plus** ~ estar fatal; ~ **prendre** qqch tomar algo a mal; ~ **tourner** acabar mal; **pas** ~ **de** bastante; **pas** ~ **de choses** bastantes cosas; **se sentir** ~ encontrarse mal.

malade [malad] ◇ *adj* enfermo(ma). ◇ *nmf* enfermo *m*, -ma *f*; ~ **mental** enfermo mental.

maladie [maladi] *nf* **-1.** MÉD enfermedad *f*. **-2.** [passion, manie] obsesión *f*.

maladresse [maladrɛs] *nf* torpeza *f*.

maladroit, e [maladrwa, at] *adj & nm, f* torpe.

malaise [malɛz] *nm* malestar *m*.

malaisé, e [maleze] *adj* difícil.

Malaisie [malɛzi] *nf* : **la** ~ Malasia; **en** ~ [direction] a Malasia; [situation] en Malasia.

malappris, e [malapri, iz] *adj & nm, f* maleducado(maleducada).

malaria [malarja] *nf* malaria *f*.

malavisé, e [malavize] *adj* imprudente.

malaxer [malakse] *vt* amasar.

malchance [malʃɑ̃s] *nf* **-1.** [mauvaise chance] mala suerte *f*. **-2.** [mésaventure] desgracia *f*.

malchanceux, euse [malʃɑ̃sø, øz] *adj & nm, f* desafortunado(da).

malcommode [malkɔmɔd] *adj* incómodo(da).

mâle [mal] ◇ *adj* **-1.** [masculin – enfant] varón; [– fleur, animal] macho; [– hormone] masculino(na). **-2.** [voix, assurance] varonil, viril. **-3.** TECHNOL [prise] macho. ◇ *nm* [homme, enfant] varón *m*; [animal, végétal] macho *m*.

malédiction [malediksjɔ̃] *nf* maldición *f*.

maléfique [malefik] *adj sout* maléfico(ca).

malencontreux, euse [malɑ̃kɔ̃trø, øz] *adj* poco afortunado(poco afortunada), desafortunado(da).

malentendant, e [malɑ̃tɑ̃dɑ̃, ɑ̃t] *adj & nm, f* sordo(da).

malentendu [malɑ̃tɑ̃dy] *nm* malentendido *m*.

malfaçon [malfasɔ̃] *nf* tara *f*.

malfaiteur, trice [malfɛtœr, tris] *nm, f* malhechor *m*, -ra *f*.

malfamé, e, mal famé, e [malfame] *adj* de mala fama.

malformation [malfɔrmasjɔ̃] *nf* malformación *f*.

malfrat [malfra] *nm fam* maleante *m*.

malgré [malgre] *prép* a pesar de; ~ **moi/ toi/lui** a pesar mío/tuyo/suyo; ~ **tout** a pesar de todo.

malhabile [malabil] *adj* inhábil.

malheur [malœr] *nm* **-1.** [événement pénible, adversité] desgracia *f*; **avoir des** ~**s** tener desgracias. **-2.** [malchance] : **par** ~ por desgracia; **porter** ~ **à** qqn traer mala suerte a alguien.

malheureusement [malœrøzmɑ̃] *adv* desgraciadamente.

malheureux, euse [malœrø, øz] ◇ *adj* **-1.** [vie, victime] desgraciado(da). **-2.** [air, mine] desdichado(da). **-3.** [rencontre, réaction, mot] desafortunado(da); **c'est bien** ~! ¡qué lástima! **-4.** (*avant le nom*) [sans valeur] mísero(ra). ◇ *nm, f* desgraciado *m*, -da *f*.

malhonnête [malɔnɛt] *adj & nmf* deshonesto(ta).

malhonnêteté [malɔnɛtte] *nf* deshonestidad *f*.

Mali [mali] *nm* : **le** ~ Malí; **au** ~ [direction] a Malí; [situation] en Malí.

malice [malis] *nf* malicia *f*.

malicieux, euse [malisjø, øz] *adj & nm, f* malicioso(sa).

malin, igne [malɛ̃, iɲ] ◇ *adj* **-1.** [personne] astuto(ta) *Esp*, abusado(da) *Amér*. **-2.** [regard, sourire] malicioso(sa). **-3.** [plaisir] malévolo(la). **-4.** [difficile] difícil *Esp*, embromado(da) *Amér*. **-5.** MÉD [tumeur] maligno(na). ◇ *nm, f* astuto *m*, -ta *f*.

malingre [malɛ̃gr] *adj* enclenque.

malle [mal] *nf* **-1.** [coffre] baúl *m*. **-2.** [de voiture] maletero *m Esp*, baúl *m Amér*.

malléable [maleabl] *adj* maleable.

mallette [malɛt] *nf* maletín *m*.

mal-logé, e [mallɔʒe] (*mpl* **mal-logés**, *fpl* **mal-logées**) *nm, f* persona que ocupa un alojamiento precario.

malmener [malmǝne] *vt* **-1.** [brutaliser] maltratar. **-2.** [adversaire] poner en apuros.

malnutrition [malnytrisjɔ̃] *nf* desnutrición *f*.

malodorant, e [malɔdɔrɑ̃, ɑ̃t] *adj* maloliente.

malotru, e [malɔtry] *nm, f* grosero *m*, -ra *f Esp*, guarango *m*, -ga *f Amér*.

malpoli, e [malpɔli] *adj & nm, f* maleducado(da).

malpropre [malprɔpr] *adj* **-1.** [gén] sucio(cia). **-2.** [conduite] indecente.

malsain, e [malsɛ̃, ɛn] *adj* malsano(na).

malt [malt] *nm* malta *f.*

Malte [malt] *n* Malta; **à ~** [direction] a Malta; [situation] en Malta.

maltraiter [maltrete] *vt* maltratar.

malus [malys] *nm* malus *m inv.*

malveillant, e [malvɛjɑ̃, ɑ̃t] *adj* malévolo(la).

malversation [malvɛrsasjɔ̃] *nf* malversación *f.*

malvoyant, e [malvwajɑ̃, ɑ̃t] *adj & nm, f* invidente.

maman [mamɑ̃] *nf* mamá *f.*

mamelle [mamɛl] *nf* [de femme] mama *f;* [de vache] ubre *f.*

mamelon [mamlɔ̃] *nm* **-1.** [du sein] pezón *m.* **-2.** [colline] cerro *m.*

mamie, mamy [mami] *nf* abuelita *f Esp,* mamá grande *f Amér.*

mammifère [mamifɛr] *nm* mamífero *m.*

mammographie [mamɔgrafi] *nf* mamografía *f.*

mammouth [mamut] *nm* mamut *m.*

mamy = mamie.

management [manadʒmɛnt] *nm* management *m.*

manager[1] [manadʒœr] *nm* **-1.** [de chanteur] mánager *mf.* **-2.** [d'entreprise] directivo *m,* -va *f,* mánager *mf.*

manager[2] [manadʒe] *vt* gestionar.

Managua [managwa] *n* Managua.

manche [mɑ̃ʃ] ◇ *nf* manga *f;* **~s courtes/longues** mangas cortas/largas. ◇ *nm* **-1.** [d'outil] mango *m;* **~ à balai** palo *m* de escoba. **-2.** [d'instrument de musique] mástil *m.*

Manche [mɑ̃ʃ] *nf* **-1.** [en Normandie, en Espagne] : **la ~** la Mancha. **-2.** [mer] el canal de la Mancha.

manchette [mɑ̃ʃɛt] *nf* **-1.** [de chemise] puño *m.* **-2.** [de boxe] *golpe dado con el antebrazo.* **-3.** [de journal] titular *m.*

manchon [mɑ̃ʃɔ̃] *nm* manguito *m.*

manchot, e [mɑ̃ʃo, ɔt] *adj & nm, f* manco(ca). ◆ **manchot** *nm* ZOOL pájaro *m* bobo.

mandarine [mɑ̃darin] *nf* mandarina *f.*

mandat [mɑ̃da] *nm* **-1.** [procuration] poder *m,* procuración *f.* **-2.** POLIT mandato *m.* **-3.** JUR orden *f;* **~ d'amener/d'arrêt/de per-**quisition orden de comparecencia/de arresto/de registro. **-4.** [titre postal] giro *m;* **~ postal** giro postal.

mandataire [mɑ̃datɛr] *nmf* mandatario *m,* -ria *f.*

mandibule [mɑ̃dibyl] *nf* mandíbula *f.*

mandoline [mɑ̃dɔlin] *nf* mandolina *f.*

manège [manɛʒ] *nm* **-1.** [attraction foraine] tiovivo *m,* caballitos *mpl Esp,* calesitas *fpl Amér.* **-2.** [exercices de chevaux] doma *f.* **-3.** [lieu de dressage des chevaux] picadero *m.* **-4.** *fig* [manœuvre] tejemaneje *m.*

manette [manɛt] *nf* manecilla *f.*

manganèse [mɑ̃ganɛz] *nm* manganeso *m.*

mangeable [mɑ̃ʒabl] *adj* comestible.

mangeoire [mɑ̃ʒwar] *nf* [pour volaille] comedero *m;* [pour bétail] pesebre *m.*

manger [mɑ̃ʒe] ◇ *vt* **-1.** [nourriture] comer. **-2.** [suj : mite, rouille] carcomer, comer. **-3.** [fortune] dilapidar. ◇ *vi* comer.

mangue [mɑ̃g] *nf* mango *m.*

maniable [manjabl] *adj* manejable.

maniaque [manjak] *adj & nmf* **-1.** [fou] maníaco(ca). **-2.** [méticuleux] maniático(ca).

manie [mani] *nf* manía *f;* **avoir la ~ de qqch/de faire qqch** tener la manía de algo/de hacer algo.

maniement [manimɑ̃] *nm* manejo *m.*

manier [manje] *vt* manejar.

manière [manjɛr] *nf* manera *f;* **à la ~ de qqn** a la manera de alguien; **de toute ~** de todas maneras; **d'une ~ générale** en general. ◆ **manières** *nfpl* [façon d'agir en société] modales *mpl.* ◆ **de manière à** *loc prép* para. ◆ **de manière à ce que** *loc conj* de modo (que). ◆ **de manière que** *loc conj* de modo que. ◆ **de telle manière que** *loc conj* de tal modo que, de modo que.

maniéré, e [manjere] *adj* amanerado(da).

manif [manif] *nf fam* mani *f.*

manifestant, e [manifɛstɑ̃, ɑ̃t] *nm, f* manifestante *mf.*

manifestation [manifɛstasjɔ̃] *nf* manifestación *f.*

manifester [manifɛste] ◇ *vt* manifestar. ◇ *vi* manifestarse. ◆ **se manifester** *vp* manifestarse.

manigancer [manigɑ̃se] *vt fam* maquinar.

manioc [manjɔk] *nm* mandioca *f.*

manipuler [manipyle] *vt* manipular.

manivelle [manivɛl] *nf* manivela *f.*

manne [man] *nf* **–1.** RELIG maná *m*. **–2.** *fig & sout* agua *f* de mayo.

mannequin [mankɛ̃] *nm* **–1.** [personne] modelo *mf*. **–2.** [de vitrine] maniquí *m*.

manœuvre [manœvr] ◇ *nf* **–1.** [d'appareil] manejo *m*; [de véhicule] maniobra *f*. **–2.** [exercice militaire, machination] maniobra *f*. ◇ *nm* peón *m*.

manœuvrer [manœvre] ◇ *vi* maniobrar. ◇ *vt* manejar.

manoir [manwar] *nm* casa *f* solariega.

manomètre [manɔmɛtr] *nm* manómetro *m*.

manquant, e [mākā, āt] *adj* que falta.

manque [māk] *nm* **–1.** [absence] falta *f*; [insuffisance] carencia *f*. **–2.** [du toxicomane] abstinencia *f*. **–3.** [lacune] laguna *f*.

manquer [māke] ◇ *vi* **–1.** [gén] faltar; ~ à qqch [ne pas respecter] faltar a algo; ~ à qqn [être insuffisant] faltar a alguien; [regretter] echar de menos a alguien; ~ de qqch carecer de algo, faltarle a uno algo; ~ de faire qqch [faillir] faltarle (a alguien) poco para hacer algo. **–2.** [échouer] fallar. ◇ *vt* **–1.** [ne pas réussir, ne pas atteindre] fallar. **–2.** [personne] no encontrar. **–3.** [transport] perder. **–4.** [occasion] perderse. **–5.** [cours, école] faltar a.

mansarde [māsard] *nf* buhardilla *f*.

mansardé, e [māsarde] *adj* abuhardillado(da).

mansuétude [māsyetyd] *nf sout* mansedumbre *f*.

mante [māt] *nf* **–1.** ZOOL mantis *m*; ~ religieuse mantis religiosa, santateresa *f*. **–2.** HIST [manteau de femme] manto *m*.

manteau, x [māto] *nm* abrigo *m* Esp, tapado *m* Amér.

manucure [manykyr] *nmf* manicuro *m*, -ra *f*.

manuel, elle [manɥɛl] ◇ *adj* manual. ◇ *nm, f* trabajador *m*, -ra *f* manual. ◆ **manuel** *nm* manual *m* (libro).

manufacture [manyfaktyr] *nf* manufactura *f*.

manufacturé, e [manyfaktyre] *adj* manufacturado(da).

manuscrit, e [manyskri, it] *adj* manuscrito(ta). ◆ **manuscrit** *nm* manuscrito *m*.

manutention [manytāsjɔ̃] *nf* logística *f* (de almacenaje).

manutentionnaire [manytāsjɔnɛr] *nmf* encargado *m*, -da *f* de logística.

mappemonde [mapmɔ̃d] *nf* **–1.** [carte] mapamundi *m*. **–2.** [sphère] globo *m* terráqueo.

maquereau, x [makro] *nm* **–1.** ZOOL caballa *f*. **–2.** *fam* macarra *m*.

maquerelle [makrɛl] *nf fam* madame *f*.

maquette [makɛt] *nf* maqueta *f*.

maquignon [makiɲɔ̃] *nm* chalán *m*, -ana *f*.

maquillage [makijaʒ] *nm* maquillaje *m*.

maquiller [makije] *vt* **–1.** [personne] maquillar. **–2.** [voiture volée] maquillar, camuflar; [passeport] falsificar; [chiffres] falsear; [vérité] disfrazar. ◆ **se maquiller** *vp* maquillarse.

maquis [maki] *nm* **–1.** [végétation] monte *m* bajo. **–2.** HIST maquis *m*.

marabout [marabu] *nm* **–1.** ZOOL marabú *m*. **–2.** [guérisseur] morabito *m*.

maraîcher, ère [mareʃe, ɛr] ◇ *adj* relativo al cultivo intensivo de hortalizas. ◇ *nm, f* horticultor *m*, -ra *f*.

marais [marɛ] *nm* pantano *m*.

marasme [marasm] *nm* marasmo *m*.

marathon [maratɔ̃] *nm* maratón *m* o *f*.

marâtre [maratr] *nf* madrastra *f*.

marbre [marbr] *nm* mármol *m*.

marc [mar] *nm* ≈ orujo *m*. ◆ **marc de café** *nm* poso *m* de café.

marcassin [markasɛ̃] *nm* jabato *m*.

marchand, e [marʃā, ād] ◇ *adj* mercantil; [marine] mercante; [galerie, valeur] comercial. ◇ *nm, f* vendedor *m*, -ra *f*; ~ forain feriante *m*; ~ de journaux vendedor de periódicos.

marchander [marʃāde] *vt & vi* regatear.

marchandise [marʃādiz] *nf* mercancía *f*.

marche [marʃ] *nf* **–1.** [gén] marcha *f*; en ~ en marcha; en ~ arrière marcha atrás; (faire) ~ arrière (dar) marcha atrás; se mettre en ~ ponerse en marcha; ~ à pied marcha (a pie). **–2.** [d'astre] movimiento *m*; [du temps] paso *m*. **–3.** [degré d'escalier] peldaño *m*, escalón *m*. **–4.** *fig* [procédé] : **c'est la ~ à suivre** éstos son los pasos que hay que seguir.

marché [marʃe] *nm* **–1.** [gén] mercado *m*; **faire son ~** ir a la compra; **le ~ du travail** el mercado de trabajo; ~ **noir** mercado negro. **–2.** [contrat] trato *m*; **être bon ~** ser barato(ta). ◆ **Marché commun** *nm* : **le Marché commun** el Mercado Común.

marchepied [marʃəpje] *nm* estribo *m*.

marcher [marʃe] *vi* **-1.** [aller à pied] andar.
-2. [poser le pied] pisar; ~ **sur qqch** pisar algo. **-3.** [avancer vers un but] : ~ **sur qqch/sur qqn** marchar sobre algo/hacia alguien. **-4.** [fonctionner, réussir] funcionar. **-5.** *fam* [accepter] conformarse. **-6.** *loc* : **faire** ~ **qqn** *fam* tomar el pelo a alguien.

mardi [mardi] *nm* martes *m inv*; ~ **gras** martes de carnaval; *voir aussi* **samedi**.

mare [mar] *nf* charco *m*.

marécage [mareka3] *nm* pantano *m*.

marécageux, euse [mareka3ø, øz] *adj* **-1.** [terrain] pantanoso(sa). **-2.** [plante] palustre.

maréchal, aux [mareʃal, o] *nm* mariscal *m*.

marée [mare] *nf* **-1.** [mouvement de la mer] marea *f*; **(à)** ~ **basse/haute** (con) marea baja/alta. **-2.** [poissons, fruits de mer frais] *pescado y marisco fresco.* ◆ **marée noire** *nf* marea *f* negra.

marelle [marɛl] *nf* rayuela *f*.

margarine [margarin] *nf* margarina *f*.

marge [mar3] *nf* margen *m*; ~ **d'erreur/de sécurité** margen de error/de seguridad; **vivre en** ~ **de la société** vivir al margen de la sociedad.

margelle [mar3ɛl] *nf* brocal *m*.

marginal, e, aux [mar3inal, o] ◇ *adj* marginal. ◇ *nm, f* marginado *m*, -da *f*.

marginalisation [mar3inalizasjɔ̃] *nf* marginación *f*.

marguerite [margərit] *nf* margarita *f*.

mari [mari] *nm* marido *m*.

mariage [marja3] *nm* **-1.** [union, institution] matrimonio *m*; ~ **blanc/civil/religieux** matrimonio blanco/civil/religioso. **-2.** [cérémonie] boda *f*. **-3.** *fig* [association de choses] combinación *f*.

Marianne [marjan] *n personificación de la República Francesa.*

marié, e [marje] ◇ *adj* casado(da). ◇ *nm, f* novio *m*, -via *f*.

marier [marje] *vt* casar. ◆ **se marier** *vp* **-1.** [personnes] casarse. **-2.** *fig* [couleurs] casar.

marihuana [marirwana], **marijuana** [mari3ɥana] *nf* marihuana *f*.

marin, e [marɛ̃, in] *adj* **-1.** [gén] marino(na). **-2.** [carte] de navegación. ◆ **marin** *nm* marino *m*; ~ **pêcheur** pescador *m*. ◆ **marine** ◇ *adj inv* [bleu] marino(na). ◇ *nf* **-1.** [art de la navigation] marina *f*, náutica *f*. **-2.** [ensemble de navires, peinture] marina *f*; **marine marchande/na-**

tionale marina mercante/nacional. ◇ *nm* **-1.** MIL. marine *m*. **-2.** [couleur] azul *m* marino.

marinier, ère [marinje, ɛr] *adj* marinero(ra). ◆ **marinier** *nm* marinero *m*.

marionnette [marjɔnɛt] *nf* marioneta *f*, títere *m*.

marital, e, aux [marital, o] *adj* marital.

maritime [maritim] *adj* marítimo(ma).

mark [mark] *nm* marco *m*.

marketing [marketiŋ] *nm* marketing *m*; ~ **téléphonique** COMM marketing telefónico.

marmaille [marmaj] *nf fam* chiquillería *f*.

marmelade [marməlad] *nf* mermelada *f*.

marmite [marmit] *nf* olla *f*.

marmonner [marmɔne] *vt & vi* farfullar, mascullar.

marmot [marmo] *nm* chiquillo *m*, -lla *f Esp*, chamaco *m*, -ca *f Amér*.

marmotte [marmɔt] *nf* marmota *f*.

Maroc [marɔk] *nm* : **le** ~ Marruecos; **au** ~ [direction] a Marruecos; [situation] en Marruecos.

maroquinerie [marɔkinri] *nf* marroquinería *f*.

marotte [marɔt] *nf* **-1.** [sceptre] cetro *m* de bufón. **-2.** [dada] monomanía *f*.

marquant, e [markɑ̃, ɑ̃t] *adj* notable.

marque [mark] *nf* **-1.** [gén] marca *f*; ~ **déposée/de fabrique** marca registrada/de fábrica; **à vos** ~**s, prêts, partez!** ¡preparados, listos, ya!; **de** ~ de marca. **-2.** [signe de reconnaissance] marca *f*, señal *f*. **-3.** [témoignage] señal *f*.

marqué, e [marke] *adj* **-1.** [différence, visage] marcado(da). **-2.** [nez] pronunciado(da).

marquer [marke] ◇ *vt* **-1.** [gén] marcar, señalar. **-2.** [noter] apuntar. ◇ *vi* marcar.

marqueur [markœr] *nm* **-1.** SPORT marcador *m*. **-2.** [crayon] rotulador *m* de punta gruesa.

marquis, e [marki, iz] *nm, f* marqués *m*, -esa *f*. ◆ **marquise** *nf* marquesina *f*.

marraine [marɛn] *nf* madrina *f*.

marrant, e [marɑ̃, ɑ̃t] *adj fam* **-1.** [drôle] divertido(da). **-2.** [bizarre] gracioso(sa).

marre [mar] *adv* : **en avoir** ~ (**de qqch/de qqn**) *fam* estar harto(ta) (de algo/de alguien).

marrer [mare] ◆ **se marrer** *vp fam* desternillarse.

marron, onne [marɔ̃, ɔn] adj péj clandestino(na). ◆ **marron** ◇ nm -1. [fruit] castaña f. -2. [couleur] marrón m. -3. fam [coup de poing] castaña f. ◇ adj inv marrón; [cheveux, yeux] castaño(ña).

marronnier [marɔnje] nm castaño m de Indias.

mars [mars] nm marzo; voir aussi **septembre**. ◆ **Mars** n ASTRON & MYTH Marte.

marsouin [marswɛ̃] nm marsopa f.

marteau, x [marto] nm -1. [outil & SPORT] martillo m. -2. MUS macillo m, martinete m. -3. [heurtoir] aldabón m. ◆ **marteau** adj inv fam chiflado(da).

martèlement [martɛlmã] nm martilleo m.

marteler [martəle] vt -1. [avec marteau] martillear, martillar. -2. [frapper fort] golpear. -3. [phrase] recalcar.

martial, e, aux [marsjal, o] adj marcial.

martien, enne [marsjɛ̃, ɛn] adj & nm, f marciano(na).

martinet [martinɛ] nm -1. ZOOL vencejo m. -2. [fouet] látigo m de varios ramales.

martingale [martɛ̃gal] nf martingala f.

Martini® [martini] nm martini® m.

martyr, e [martir] adj & nm, f mártir. ◆ **martyre** nm martirio m.

martyriser [martirize] vt martirizar.

marxisme [marksism] nm marxismo m.

mascarade [maskarad] nf mascarada f.

mascotte [maskɔt] nf mascota f.

masculin, e [maskylɛ̃, in] adj masculino(na). ◆ **masculin** nm GRAM masculino m.

maso [mazo] adj & nmf fam masoca.

masochisme [mazɔʃism] nm masoquismo m.

masque [mask] nm -1. [gén] máscara f; ~ à gaz máscara antigás; ~ **de plongée** gafas fpl de submarinismo. -2. [crème] mascarilla f.

masquer [maske] vt -1. [dissimuler] disfrazar. -2. [cacher à la vue] esconder, tapar.

massacre [masakr] nm -1. [tuerie] masacre f. -2. fig [travail très mal exécuté] estropicio m.

massacrer [masakre] vt -1. [tuer] masacrar. -2. [abimer, mal interpréter] destrozar.

massage [masaʒ] nm masaje m.

masse [mas] nf -1. [gén] masa f; ~ **monétaire** FIN masa monetaria; ~ **salariale** masa salarial. -2. [quantité] : **une ~ de** un montón de; **en ~** [en bloc] en masa; [en

grande quantité] a lo grande. -3. [maillet] mazo m.

masser [mase] vt -1. [assembler] concentrar. -2. [frotter] masajear. ◆ **se masser** vp -1. [s'assembler] concentrarse. -2. [se frotter] masajearse.

masseur, euse [masœr, øz] nm, f masajista mf. ◆ **masseur** nm aparato m de hacer masajes.

massicot [masiko] nm guillotina f.

massif, ive [masif, iv] adj -1. [gén] macizo(za). -2. [en masse] masivo(va). ◆ **massif** nm macizo m.

massue [masy] ◇ adj inv contundente. ◇ nf maza f.

mastic [mastik] nm masilla f.

mastiquer [mastike] vt -1. [mâcher] masticar. -2. [coller avec du mastic] pegar con masilla.

masturbation [mastyrbasjɔ̃] nf masturbación f.

masturber [mastyrbe] ◆ **se masturber** vp masturbarse.

masure [mazyr] nf casa f en ruinas.

mat, e [mat] adj mate. ◆ **mat** adj inv [aux échecs] en posición de (jaque) mate.

mât [ma] nm -1. NAVIG mástil m, palo m. -2. [poteau] poste m.

match [matʃ] (pl matches OU matchs) nm SPORT partido m; **faire ~ nul** empatar; ~ **nul** empate m; ~ **aller/retour** partido de ida/de vuelta.

matelas [matla] nm inv colchón m.

matelot [matlo] nm marinero m.

mater [mate] vt -1. [dompter] domar. -2. [révolte] reprimir. -3. fam [regarder] echar el ojo a.

matérialiser [materjalize] vt materializar. ◆ **se matérialiser** vp materializarse.

matérialiste [materjalist] adj & nmf materialista.

matériau, x [materjo] nm material m. ◆ **matériaux** nmpl -1. CONSTR materiales mpl; ~x **de construction** materiales de construcción. -2. [éléments constitutifs] material m.

matériel, elle [materjɛl] adj -1. [gén] material. -2. [prosaïque] materialista. ◆ **matériel** nm -1. [équipement] material m, equipamiento m. -2. INFORM hardware m. -3. [de sport, de pêche] material m, equipo m.

maternel, elle [maternel] *adj* **–1.** [lait, grand-mère, langue] materno(na). **–2.** [amour, instinct] maternal. ◆ **maternelle** *nf* parvulario *m*.

maternité [maternite] *nf* maternidad *f*.

mathématicien, enne [matematisjẽ, ɛn] *nm, f* matemático *m*, -ca *f*.

mathématique [matematik] *adj* matemático(ca). ◆ **mathématiques** *nfpl* matemáticas *fpl*.

maths [mat] *nfpl fam* mates *fpl*.

matière [matjɛr] *nf* **-1.** [substance, produit, sujet] materia *f*; **en ~ de** en materia de; **~ grasse** materia grasa; **~ grise/plastique** materia gris/plástica; **~s premières** materias primas. **-2.** [discipline] asignatura *f*. **-3.** [motif] pretexto *m*, motivo *m*.

matin [matẽ] *nm* mañana *f*; **le ~** por la mañana; **ce ~** esta mañana; **du ~ au soir** de la mañana a la noche.

matinal, e, aux [matinal, o] *adj* **-1.** [du matin] matinal, matutino(na). **-2.** [personne] madrugador(ra).

matinée [matine] *nf* **-1.** [partie de la journée] mañana *f*. **-2.** [spectacle] matinée *f*.

matou [matu] *nm* gato *m* [no castrado].

matraque [matrak] *nf* porra *f*.

matraquer [matrake] *vt* **-1.** [frapper] aporrear. **-2.** [intoxiquer] bombardear.

matriarcat [matrijarka] *nm* matriarcado *m*.

matrice [matris] *nf* matriz *f*.

matricule [matrikyl] ◇ *nm* número *m* (de registro). ◇ *nf* registro *m*.

matrimonial, e, aux [matrimɔnjal, o] *adj* matrimonial.

matrone [matron] *nf péj* verdulera *f*.

mature [matyr] *adj* maduro(ra).

mâture [matyr] *nf* NAVIG arboladura *f*.

maturité [matyrite] *nf* madurez *f*.

maudire [modir] *vt* maldecir.

maudit, e [modi, it] ◇ *pp* → **maudire**. ◇ *adj & nm, f* maldito(ta).

maugréer [mogree] ◇ *vt* mascullar. ◇ *vi* refunfuñar; **~ contre qqn/contre qqch** echar pestes contra alguien/contra algo.

maure [mor] *adj* moro(ra). ◆ **Maure** *nmf* moro *m*, -ra *f*.

Mauritanie [moritani] *nf* : **la ~** Mauritania.

mausolée [mozɔle] *nm* mausoleo *m*.

maussade [mosad] *adj* **-1.** [personne] alicaído(da). **-2.** [temps] desapacible.

mauvais, e [movɛ, ɛz] *adj* malo(la), mal *(delante de substantivo masculino)*. ◆ **mauvais** *adv* : **il fait ~** hace mal tiempo; **sentir ~** oler mal.

mauve [mov] *nm & adj* malva.

mauviette [movjɛt] *nf fam* **-1.** [personne faible physiquement] alfeñique *m*. **-2.** [poltron] gallina *m*.

maux → **mal**.

max [maks] *(abr de* **maximum**) *nm fam* : **un ~ de fric** una pasta.

maxillaire [maksilɛr] *nm* maxilar *m*.

maxime [maksim] *nf* máxima *f*.

maximum [maksimɔm] *(pl* **maxima** [maksima])* ◇ *adj* máximo(ma). ◇ *nm* : **le ~ de qqch/de personnes** el máximo de algo/de personas; **au ~** como máximo.

mayonnaise [majɔnɛz] *nf* mayonesa *f*.

mazout [mazut] *nm* fuel-oil *m*.

me [mə], **m'** *(devant voyelle ou h muet) pron pers* **-1.** [gén] me. **-2.** [avec un présentatif] : **~ voici/voilà** aquí estoy; **~ voilà prêt** ya estoy listo.

méandre [meɑ̃dr] *nm* **-1.** [de rivière] meandro *m*. **-2.** *fig* [détours sinueux] entresijos *mpl*.

mec [mɛk] *nm fam* tío *m*.

mécanicien, enne [mekanisjẽ, ɛn] ◇ *adj* mecánico(ca). ◇ *nm, f* **-1.** [de garage] mecánico *mf*. **-2.** [conducteur de train] maquinista *mf*.

mécanique [mekanik] ◇ *adj* mecánico(ca). ◇ *nf* **-1.** [gén] mecánica *f*. **-2.** [mécanisme] maquinaria *f*.

mécanisme [mekanism] *nm* mecanismo *m*.

mécène [mesɛn] *nm* mecenas *m inv*.

méchanceté [meʃɑ̃ste] *nf* **-1.** [attitude] maldad *f*. **-2.** [rosserie] : **se dire des ~s** decirse cosas desagradables.

méchant, e [meʃɑ̃, ɑ̃t] ◇ *adj* **-1.** [malveillant, cruel – personne] malo(la); [– animal] peligroso(sa); [– attitude] malévolo(la). **-2.** [désobéissant] malo(la). ◇ *nm, f* malo *m*, -la *f*.

mèche [mɛʃ] *nf* **-1.** [de bougie] mecha *f*, pábilo *m*. **-2.** [de cheveux] mechón *m*. **-3.** [d'arme à feu] mecha *f*. **-4.** [de perceuse] broca *f*.

méchoui [meʃwi] *nm* mechuí *m*.

méconnaissable [mekɔnɛsabl] *adj* irreconocible.

méconnu, e [mekɔny] *adj* desconocido(da).

mécontent, e [mekɔ̃tɑ̃, ɑ̃t] *adj & nm, f* descontento(ta).

mécontenter [mekɔ̃tɑ̃te] *vt* disgustar.

mécréant, e [mekreɑ̃, ɑ̃t] *nm, f* infiel *mf*.

médaille [medaj] *nf* medalla *f*.

médaillon [medajɔ̃] *nm* [bijou & CULIN] medallón *m*.

médecin [medsɛ̃] *nm* médico *m*; ~ **de garde** médico de guardia; ~ **traitant** OU **de famille** médico de cabecera; ~ **légiste** médico forense.

médecine [medsin] *nf* medicina *f*; ~ **générale** medicina general.

média [medja] *nm* : **les ~s** medios *mpl* de comunicación, mass-media *mpl*.

médian, e [medjɑ̃, an] *adj* mediano(na). ◆ **médiane** *nf* **-1.** [ligne] mediana *f*. **-2.** [valeur statistique] media *f*.

médiateur, trice [medjatœr, tris] *adj & nm, f* mediador(ra). ◆ **médiateur** *nm* ADMIN ≃ defensor *m* del pueblo. ◆ **médiatrice** *nf* GÉOM mediatriz *f*.

médiathèque [medjatɛk] *nf* mediateca *f*.

médiatique [medjatik] *adj* [personnage] popular.

médiatiser [medjatize] *vt* mediatizar *f*.

médical, e, aux [medikal, o] *adj* médico(ca).

médicament [medikamɑ̃] *nm* medicamento *m*.

médicinal, e, aux [medisinal, o] *adj* medicinal.

médico-légal, e, aux [medikɔlegal, o] *adj* médico legal.

médiéval, e, aux [medjeval, o] *adj* medieval.

médiocre [medjɔkr] *adj* **-1.** [gén] mediocre. **-2.** [ressources, résultats] escaso(sa). *nmf* mediocre *mf*.

médiocrité [medjɔkrite] *nf* mediocridad *f*.

médire [medir] *vi* hablar mal; ~ **de qqn** hablar mal de alguien.

médisant, e [medizɑ̃, ɑ̃t] *adj* murmurador(ra). *nm, f* mala lengua *mf*.

médit [medi] *pp inv* → **médire**.

méditation [meditasjɔ̃] *nf* meditación *f*.

méditer [medite] *vt* [approfondir] meditar; ~ **qqch/de faire qqch** [projeter] meditar algo/hacer algo. *vi* meditar; ~ **sur qqch** meditar sobre algo.

Méditerranée [mediterrane] *nf* : **la ~** el Mediterráneo.

médium [medjɔm] *nm* **-1.** [personne] médium *mf*. **-2.** MUS registro *m* intermedio de la voz.

médius [medjys] *nm* dedo *m* corazón, dedo *m* medio.

méduse [medyz] *nf* medusa *f*.

méduser [medyze] *vt* dejar pasmado(da).

meeting [mitiŋ] *nm* **-1.** [réunion politique] mitin *m*. **-2.** [réunion sportive] encuentro *m*.

méfait [mefɛ] *nm* **-1.** [acte] mala acción *f*. **-2.** *fig* [conséquence] perjuicio *m*.

méfiance [mefjɑ̃s] *nf* recelo *m*.

méfiant, e [mefjɑ̃, ɑ̃t] *adj* receloso(sa).

méfier [mefje] ◆ **se méfier** *vp* desconfiar; **se ~ de qqn/de qqch** desconfiar de algo/de alguien; **méfie-toi!** ¡ten cuidado!, ¡no te fíes!

méga- [mega] *adv* super-.

mégalo [megalo] *adj & nmf fam* : **il est complètement ~** es un creído.

mégalomane [megalɔman] *adj & nmf* megalómano *m*, -na *f*.

mégapole [megapɔl] *nf* megápolis *f*.

mégarde [megard] ◆ **par mégarde** *loc adv* por descuido.

mégère [meʒɛr] *nf* harpía *f*.

mégot [mego] *nm fam* colilla *f Esp*, pucho *m Amér*.

meilleur, e [mɛjœr] *adj* mejor. *nm, f* mejor *mf*. ◆ **meilleur** *nm* : **le ~** lo mejor; **pour le ~ et pour le pire** en lo bueno y en lo malo.

méjuger [meʒyʒe] *vt* juzgar mal. *vi* : ~ **de qqn/de qqch** subvalorar a alguien/algo.

mélancolie [melɑ̃kɔli] *nf* melancolía *f*.

mélancolique [melɑ̃kɔlik] *adj* melancólico(ca).

mélange [melɑ̃ʒ] *nm* mezcla *f*.

mélanger [melɑ̃ʒe] *vt* mezclar *Esp*, entreverar *Amér*. ◆ **se mélanger** *vp* mezclarse *Esp*, entreverarse *Amér*.

mêlée [mele] *nf* **-1.** [combat] pelea *f*. **-2.** SPORT [rugby] melé *f*.

mêler [mele] *vt* **-1.** [mélanger] mezclar *Esp*, entreverar *Amér*. **-2.** [embrouiller] enredar. **-3.** [impliquer] : ~ **qqn à qqch** meter a alguien en algo. **-4.** [joindre] : ~ **qqch à qqch** unir algo a algo. ◆ **se mêler** *vp* **-1.** [se joindre] : **se ~ à** [groupe] unirse a; [foule] confundirse con. **-2.** [s'ingérer] : **se ~ de qqch** meterse en algo.

mélèze [melɛz] *nm* alerce *m*.

mélo [melo] *nm fam* dramón *m*.

mélodie [melɔdi] *nf* melodía *f*.

mélodieux, euse [melɔdjø, øz] *adj* melodioso(sa).

mélodrame [melɔdram] *nm* melodrama *m*.

mélomane [melɔman] *adj & nmf* melómano(na).

melon [məlɔ̃] *nm* -1. BOT melón *m*. -2. [chapeau] sombrero *m* hongo, bombín *m*.

melting-pot [mɛltiŋpɔt] *nm* amalgama *f*.

membrane [mãbran] *nf* membrana *f*.

membre [mãbr] *nm* -1. [de corps, d'organisation] miembro *m*; ~s antérieurs/postérieurs [des animaux] extremidades anteriores/posteriores; ~s supérieurs/inférieurs [de l'homme] extremidades superiores/inferiores. -2. [partie] elemento *m*.

même [mɛm] ◇ *adj indéf* -1. [gén] mismo(ma). -2. [sert à souligner] : **ce sont ses paroles** ~s son sus propias palabras; **elle est la bonté** ~ es la bondad personificada. ◇ *pron indéf* : **le/la** ~ el mismo/la misma. ◇ *adv* -1. [positif] incluso; **elle est** ~ **riche!** ¡incluso es rica! -2. [négatif] : ~ **pas** ni siquiera. ◆ **à même** *loc adv* : **s'asseoir à** ~ **le sol** sentarse en el mismo suelo. ◆ **de même** *loc adv* del mismo modo; **il en va de** ~ **pour lui** lo mismo le ocurre a él. ◆ **de même que** *loc conj* igual que. ◆ **même quand** *loc conj* incluso cuando. ◆ **même si** *loc conj* aunque.

mémento [memɛ̃to] *nm* -1. [agenda] agenda *f*. -2. [ouvrage] compendio *m*.

mémoire [memwar] ◇ *nf* [gén & INFORM] memoria *f*; **avoir bonne/mauvaise** ~ tener buena/mala memoria; **de** ~ de memoria; **perdre la** ~ perder la memoria; ~ **tampon** INFORM búfer *m*; ~ **virtuelle** INFORM memoria virtual; ~ **vive** INFORM memoria RAM OU volátil; **à la** ~ **de** en memoria de. ◇ *nm* -1. [écrit] memoria *f*. -2. UNIV [dissertation] tesina *f*. ◆ **Mémoires** *nmpl* memorias *fpl*.

mémorable [memɔrabl] *adj* memorable.

mémorandum [memɔrãdɔm] *nm* memorándum *m*.

mémorial, aux [memɔrjal, o] *nm* monumento *m* funerario.

mémorisable [memɔrizabl] *adj* INFORM memorizable.

menaçant, e [mənasã, ãt] *adj* amenazador(ra).

menace [mənas] *nf* amenaza *f*.

menacer [mənase] ◇ *vt* [faire peser une menace sur] amenazar; ~ **qqn de qqch/de faire qqch** amenazar a alguien con algo/con hacer algo. ◇ *vi* : **la pluie menace** está a punto de llover, va a llover.

ménage [menaʒ] *nm* -1. [nettoyage] limpieza *f (de la casa)*; **faire le** ~ hacer la limpieza. -2. [couple] pareja *f*. -3. ÉCON unidad *f* familiar.

ménagement [menaʒmã] *nm* miramientos *mpl*; **sans** ~ sin miramientos.

ménager[1], ère [menaʒe, ɛr] *adj* doméstico(ca). ◆ **ménagère** *nf* -1. [femme] ama *f* de casa. -2. [service d'argenterie] cubertería *f* de plata.

ménager[2] [menaʒe] *vt* -1. [bien traiter – personne] tratar con consideración; [– susceptibilités] no herir. -2. [utiliser avec modération – gén] emplear bien; [– santé] cuidar de. -3. [surprise] preparar. ◆ **se ménager** *vp* cuidarse.

ménagerie [menaʒri] *nf* casa *f* de fieras.

mendiant, e [mãdjã, ãt] *nm, f* mendigo *m*, -ga *f*.

mendier [mãdje] *vt* mendigar.

mener [məne] *vt* -1. [emmener, conduire] llevar. -2. [diriger, être en tête de] dirigir. ◇ *vi* ir ganando.

meneur, euse [mənœr, øz] *nm, f* cabecilla *m*; ~ **d'hommes** líder *mf*.

menhir [menir] *nm* menhir *m*.

méningite [menɛ̃ʒit] *nf* meningitis *f inv*.

ménisque [menisk] *nm* ANAT menisco *m*.

ménopause [menɔpoz] *nf* menopausia *f*.

menotte [mənɔt] *nf* manita *f*. ◆ **menottes** *nfpl* esposas *fpl*; **passer les** ~s **à qqn** poner las esposas a alguien.

mensonge [mãsɔ̃ʒ] *nm* mentira *f*.

menstruel, elle [mãstryɛl] *adj* menstrual.

mensualiser [mãsɥalize] *vt* -1. [salarié] pagar mensualmente. -2. [paiement] mensualizar.

mensualité [mãsɥalite] *nf* mensualidad *f*.

mensuel, elle [mãsɥɛl] ◇ *adj* mensual. ◇ *nm, f* asalariado que cobra un sueldo mensual. ◆ **mensuel** *nm* publicación *f* mensual.

mensuration [mãsyrasjɔ̃] *nf* medida *f*.

mental, e, aux [mãtal, o] *adj* mental.

mentalité [mãtalite] *nf* mentalidad *f*.

menteur, euse [mãtœr, øz] *adj & nm, f* mentiroso(sa).

menthe [mãt] *nf* menta *f*.

menti [mãti] *pp inv* → **mentir**.

mention [mɑ̃sjɔ̃] *nf* **-1.** [citation] mención *f*; **faire ∼ de qqch** hacer mención de algo. **-2.** [note] dato *m*. **-3.** SCOL & UNIV : **avec ∼** con nota.

mentionner [mɑ̃sjɔne] *vt* mencionar.

mentir [mɑ̃tir] *vi* mentir; **∼ à qqn** mentirle a alguien.

menton [mɑ̃tɔ̃] *nm* ANAT barbilla *f*, mentón *m*.

menu, e [məny] *adj* menudo(da). ◆ **menu** *nm* [gén & INFORM] menú *m*.

menuiserie [mənɥizri] *nf* carpintería *f*.

menuisier [mənɥizje] *nm* carpintero *m*.

méprendre [meprɑ̃dr] ◆ **se méprendre** *vp sout* : **se ∼ sur qqch/sur qqn** confundirse respecto a algo/a alguien.

mépris, e [mepri, iz] *pp* → **méprendre**. ◆ **mépris** *nm* **-1.** [dédain] desprecio *m*; **∼ pour qqn/pour qqch** desprecio por alguien/por algo. **-2.** [indifférence] : **∼ de qqch** desprecio de algo. ◆ **au mépris de** *loc prép* sin tener en cuenta.

méprisable [meprizabl] *adj* despreciable.

méprisant, e [meprizɑ̃, ɑ̃t] *adj* despectivo(va).

mépriser [meprize] *vt* despreciar.

mer [mɛr] *nf* mar *mf*; **la ∼ Baltique** el mar Báltico; **la ∼ Méditerranée** el mar Mediterráneo; **prendre la ∼** hacerse a la mar; **haute** OU **pleine ∼** marea *f* alta, pleamar *f*.

mercantile [mɛrkɑ̃til] *adj péj* mercantil.

mercenaire [mɛrsənɛr] ◇ *adj* mercenario(ria). ◇ *nm* mercenario *m*.

mercerie [mɛrsəri] *nf* mercería *f*.

merci [mɛrsi] ◇ *interj* gracias; **∼ beaucoup** muchas gracias. ◇ *nm* gracias *fpl*; **dire ∼ à qqn** darle las gracias a alguien.

mercier, ère [mɛrsje, ɛr] *nm, f* mercero *m*, -ra *f*.

mercredi [mɛrkrədi] *nm* miércoles *m*; *voir aussi* **samedi**.

mercure [mɛrkyr] *nm* mercurio *m*.

merde [mɛrd] *nf tfam* mierda *f*.

mer du Nord [mɛrdynɔr] *nf* : **la ∼** el mar del Norte.

mère [mɛr] *nf* madre *f*; **∼ de famille** madre de familia.

merguez [mɛrgɛz] *nf inv* salchicha de carne de buey o cordero, adobada con pimentón, que acompaña al cuscús.

méridien, enne [meridjɛ̃, ɛn] *adj* meridiano(na). ◆ **méridien** *nm* meridiano *m*. ◆ **méridienne** *nf* tumbona *f* Esp, reposera *f* Amér.

méridional, e, aux [meridjɔnal, o] *adj* **-1.** [du Sud] meridional. **-2.** [du Sud de la France] del sur de Francia.

meringue [mərɛ̃g] *nf* merengue *m*.

merisier [mərizje] *nm* cerezo *m* silvestre.

mérite [merit] *nm* mérito *m*; **avoir du ∼ (à faire qqch)** tener mérito (hacer algo).

mériter [merite] *vt* merecer Esp, ameritar Amér.

merlan [mɛrlɑ̃] *nm* pescadilla *f*.

merle [mɛrl] *nm* mirlo *m*.

mer Morte [mɛrmɔrt] *nf* : **la ∼** el mar Muerto.

mer Noire [mɛrnwar] *nf* : **la ∼** el mar Negro.

merveille [mɛrvɛj] *nf* maravilla *f*; **à ∼ de** maravilla.

merveilleux, euse [mɛrvɛjø, øz] *adj* maravilloso(sa). ◆ **merveilleux** *nm* : **le ∼** lo maravilloso.

mes → **mon**.

mésalliance [mezaljɑ̃s] *nf* mal casamiento *m*.

mésange [mezɑ̃ʒ] *nf* ZOOL paro *m*.

mésaventure [mezavɑ̃tyr] *nf* desventura *f*.

mesdemoiselles → **mademoiselle**.

mésentente [mezɑ̃tɑ̃t] *nf* desacuerdo *m*.

mesquin, e [mɛskɛ̃, in] *adj* mezquino(na).

mesquinerie [mɛskinri] *nf* mezquindad *f*.

mess [mɛs] *nm* comedor *m* (de oficiales y suboficiales).

message [mesaʒ] *nm* mensaje *m*; **laisser un ∼ à qqn** dejarle un mensaje a alguien; **∼ publicitaire** COMM mensaje publicitario.

messager, ère [mesaʒe, ɛr] *nm, f* mensajero *m*, -ra *f*.

messagerie [mesaʒri] *nf* **-1.** [transport de marchandises] mensajería *f*. **-2.** INFORM mensajería *f* electrónica.

messe [mɛs] *nf* RELIG & MUS misa *f*; **aller à la ∼** ir a misa.

messie [mesi] *nm* mesías *m inv*. ◆ **Messie** *nm* : **le Messie** el Mesías.

messieurs → **monsieur**.

mesure [məzyr] *nf* **-1.** [gén] medida *f*; **prendre des ∼s** tomar medidas; **prendre les ∼s de qqch/de qqn** tomarle las medidas a algo/a alguien; **∼ disciplinaire** medida disciplinaria. **-2.** MUS compás *m*; **∼**

à **deux temps** compás *m* de dos por cuatro. **-3.** [modération] mesura *f*, medida *f*. **-4.** *loc* : à **la** ~ **de** a la medida de; **dans la** ~ **du possible** en la medida de lo posible; **être en** ~ **de** estar en condiciones de; **outre** ~ sin medida, desmesurado(da); **sur** ~ a medida. ◆ **à mesure que** *loc conj* a medida que.

mesurer [məzyre] *vt* **-1.** [gén] medir. **-2.** [temps, argent] escatimar. **-3.** [proportionner] : ~ **qqch à qqch** ajustar algo a algo. ◆ **se mesurer** *vp* : **se** ~ **avec** OU **à qqn** medirse con alguien.

métabolisme [metabɔlism] *nm* metabolismo *m*.

métal, aux [metal, o] *nm* metal *m*.

métallique [metalik] *adj* metálico(ca).

métallisé, e [metalize] *adj* metalizado(da).

métallurgie [metalyrʒi] *nf* metalurgia *f*.

métamorphose [metamɔrfoz] *nf* metamorfosis *f inv.*

métaphore [metafɔr] *nf* metáfora *f*.

métaphysique [metafizik] PHILOSOPHIE ◇ *adj* metafísico(ca). ◇ *nf* metafísica *f*.

métastase [metastaz] *nf* metástasis *f inv.*

métayer, ère [meteje, ɛr] *nm, f* aparcero *m*, -ra *f*.

météo [meteo] *nf* : **la** ~ el tiempo.

météore [meteɔr] *nm* ASTRON meteoro *m*.

météorologie [meteɔrɔlɔʒi] *nf* meteorología *f*.

météorologique [meteɔrɔlɔʒik] *adj* meteorológico(ca).

météorologue [meteɔrɔlɔg], **météorologiste** [meteɔrɔlɔʒist] *nmf* meteorólogo *m*, -ga *f*, meteorologista *mf*.

méthane [metan] *nm* metano *m*.

méthode [metɔd] *nf* método *m*.

méthodologie [metɔdɔlɔʒi] *nf* metodología *f*.

méthylène [metilɛn] *nm* metileno *m*.

méticuleux, euse [metikylø, øz] *adj* meticuloso(sa).

métier [metje] *nm* **-1.** [profession] oficio *m*; **avoir du** ~ [expérience] tener oficio; **être du** ~ de profesión; **être du** ~ ser del oficio. **-2.** [machine] bastidor *m*.

métis, isse [metis] *adj & nm, f* mestizo(za). ◆ **métis** *nm* [tissu] mezcla *f*.

métrage [metraʒ] *nm* **-1.** [mesure] medición *f*. **-2.** COUT [coupon] metros *mpl*; **quel** ~ **vous faut-il?** ¿cuántos metros necesita? **-3.** CIN metraje *m*; **court** ~ corto-

metraje *m*; **long** ~ largometraje *m*; **moyen** ~ mediometraje *m*.

mètre [mɛtr] *nm* metro *m*; ~ **carré/cube** metro cuadrado/cúbico.

métro [metro] *nm* metro *m*.

métronome [metrɔnɔm] *nm* metrónomo *m*.

métropole [metrɔpɔl] *nf* metrópoli *f*.

métropolitain, e [metrɔpɔlitɛ̃, ɛn] *adj* ADMIN metropolitano(na).

mets [mɛ] *nm sout* CULIN plato *m*.

metteur [metœr] ◆ **metteur en scène** *nm* THÉÂTRE & CIN director *m*, -ra *f*.

mettre [mɛtr] *vt* **-1.** [gén] poner; ~ **qqch à** *(+ infinitif)* poner a *(+ infinitif)*; ~ **un plat à gratiner** poner un plato a gratinar; **faire** ~ **qqch** hacer instalar algo; **faire** ~ **l'électricité** hacer instalar la electricidad. **-2.** [vêtement, lunettes] ponerse. **-3.** [temps, argent, énergie] emplear. ◆ **se mettre** *vp* [se placer] ponerse; **se** ~ **à faire qqch** [commencer à] ponerse a hacer algo; **se** ~ **d'accord** ponerse de acuerdo; **s'y** ~ ponerse a ello.

meuble [mœbl] ◇ *nm* mueble *m*. ◇ *adj* **-1.** AGRIC & GÉOL blando(da). **-2.** JUR mueble.

meublé, e [mœble] *adj* amueblado(da). ◆ **meublé** *nm* piso *m* amueblado.

meubler [mœble] ◇ *vt* **-1.** [gén] amueblar. **-2.** *fig* [occuper – temps, loisirs] llenar; [– conversation] entretener. ◇ *vi* [orner] adornar, ser decorativo(va). ◆ **se meubler** *vp* poner los muebles.

meugler [møgle] *vi* mugir.

meule [møl] *nf* **-1.** [à moudre, à aiguiser] muela *f*. **-2.** CULIN rueda *f*. **-3.** AGRIC hacina *f*.

meunier, ère [mønje, ɛr] *adj & nm, f* molinero(ra).

meurtre [mœrtr] *nm* asesinato *m*.

meurtrier, ère [mœrtrije, ɛr] ◇ *adj* mortal. ◇ *nm, f* asesino *m*, -na *f*.

meurtrir [mœrtrir] *vt* **-1.** [physiquement] magullar. **-2.** *fig* [moralement] herir.

meute [møt] *nf* jauría *f*.

mexicain, e [mɛksikɛ̃, ɛn] *adj* mejicano(na). ◆ **Mexicain, e** *nm, f* mejicano *m*, -na *f*.

Mexico [mɛksiko] *n* Méjico, México.

Mexique [mɛksik] *nm* : **le** ~ Méjico, México; **au** ~ [direction] a Méjico; [situation] en Méjico.

mezzanine [mɛdzanin] *nf* **-1.** THÉÂTRE principal *m* [palco]. **-2.** ARCHIT tragaluz *m*.

mezzo-soprano [mɛdzosɔprano] *(pl* **mezzo-sopranos**) *nm* OU *nf* mezzo-soprano *mf.*

mg *(abr de* **milligramme**) mg.

Mgr *(abr de* **Monseigneur**) Mons.

mi [mi] *nm* MUS mi *m.*

mi- [mi] ◇ *adj inv* medio(dia); **à la ~jan-vier** a mediados de enero. ◇ *adv* medio; **~mort** medio muerto.

miasme [mjasm] *nm* miasma *m.*

miaulement [mjolmɑ̃] *nm* maullido *m.*

miauler [mjole] *vi* maullar.

mi-bas *nm inv* calcetín *m* de media.

mi-carême *nf* RELIG tercer jueves de cuaresma que se celebra con fiestas.

mi-chemin ◆ à mi-chemin *loc adv* a medio camino, a mitad de camino.

mi-clos, e *adj* entornado(da).

micro [mikro] *nm fam* **-1.** [microphone] micro *m.* **-2.** [micro-ordinateur] microordenador *m.*

microbe [mikrɔb] *nm* microbio *m.*

microbiologie [mikrɔbjɔlɔʒi] *nf* microbiología *f.*

microclimat [mikrɔklima] *nm* microclima *m.*

microcosme [mikrɔkɔsm] *nm* microcosmos *m.*

microfiche [mikrɔfiʃ] *nf* microficha *f.*

microfilm [mikrɔfilm] *nm* microfilm *m.*

micro-ondes [mikrɔɔ̃d] *nm inv* microondas *m inv.*

micro-ordinateur *(pl* **micro-ordinateurs**) *nm* microordenador *m.*

microphone [mikrɔfɔn] *nm* micrófono *m.*

microprocesseur [mikrɔprɔsɛsœr] *nm* microprocesador *m.*

microscope [mikrɔskɔp] *nm* microscopio *m;* **~ électronique** microscopio electrónico.

midi [midi] *nm* **-1.** [période du déjeuner] mediodía *m.* **-2.** [heure] : **il est ~** son las doce *(de la mañana).* **-3.** [sud] sur *m,* mediodía *m.*

mie [mi] *nf* miga *f.*

miel [mjɛl] *nm* miel *f.*

mielleux, euse [mjɛlø, øz] *adj* meloso(sa).

mien [mjɛ̃] **◆ le mien** *(f* **la mienne** [lamjɛn], *mpl* **les miens** [lemjɛ̃], *fpl* **les miennes** [lemjɛn]) *pron poss* el mío(la mía); **j'y mets du ~** yo hago (todo) lo que puedo.

miette [mjɛt] *nf* migaja *f;* **faire des ~s** hacer migas.

mieux [mjø] ◇ *adv* **-1.** [comparatif] mejor; **elle pourrait ~ faire** podría hacerlo mejor; **faire ~ de faire qqch** ser mejor hacer algo, más vale hacer algo; **il ferait ~ de travailler** sería mejor que trabajara, más le valdría trabajar. **-2.** [superlatif] : **il est le ~ payé du service** es el mejor pagado del departamento; **le ~ qu'il peut** lo mejor que puede. ◇ *adj* mejor. ◇ *nm* **-1.** *(sans déterminant)* algo mejor; **j'attendais ~** esperaba algo mejor. **-2.** *(avec déterminant)* : **il y a du** OU **un ~** va mejor; **il fait de son ~** hace (todo) lo que puede mejor. **◆ au mieux** *loc adv* en el mejor de los casos. **◆ de mieux en mieux** *loc adv* cada vez mejor. **◆ pour le mieux** *loc adv* a pedir de boca. **◆ tant mieux** *loc adv* tanto mejor.

mièvre [mjɛvr] *adj* remilgado(da).

mignon, onne [miɲɔ̃, ɔn] ◇ *adj* **-1.** [charmant] mono(na). **-2.** [gentil] bueno(na), amable. ◇ *nm, f* monada *f.* **◆ mignon** *nm* HIST favorito *m.*

migraine [migrɛn] *nf* jaqueca *f,* migraña *f.*

migrant, e [migrɑ̃, ɑ̃t] *adj & nm, f* emigrante.

migrateur, trice [migratœr, tris] *adj* migratorio(ria). **◆ migrateur** *nm* ave *f* migratoria.

migration [migrasjɔ̃] *nf* migración *f.*

mijoter [miʒɔte] ◇ *vt* **-1.** CULIN guisar. **-2.** [tramer] tramar. ◇ *vi* cocer a fuego lento.

mi-journée *nf* : **les informations de la ~** las noticias de mediodía.

mil[1] [mil] *nm* mijo *m.*

mil[2] = **mille.**

milan [milɑ̃] *nm* milano *m.*

milice [milis] *nf* milicia *f.*

milicien, enne [milisjɛ̃, ɛn] *nm, f* miliciano *m,* -na *f.*

milieu, x [miljø] *nm* **-1.** [centre spatial] centro *m.* **-2.** [centre temporel] mitad *f.* **-3.** [intermédiaire] término *m* medio. **-4.** [environnement, groupe social] medio *m.* **-5.** [pègre] : **le ~** el hampa. **◆ au milieu de** *loc prép* **-1.** [spatial] en medio de. **-2.** [temporel] en medio de. **-3.** [parmi] entre. **◆ en plein milieu de** *loc prép* **-1.** [spatial] justo en medio. **-2.** [temporel] en pleno(na); **en plein ~ de la réunion** en plena reunión; **en plein ~ du débat** en pleno debate.

militaire [militɛr] *adj & nm* militar.

militant, e [militɑ̃, ɑ̃t] *adj & nm, f* militante.

militer [milite] *vi* [dans un parti] militar; ~ **pour/contre qqch** *fig* [influer] militar a favor/en contra de algo.

milk-shake [milkʃɛk] (*pl* **milk-shakes**) *nm* batido *m*.

mille, mil [mil] *adj inv* mil. ◆ **mille** *nm inv* **-1.** [unité] millar *m*. **-2.** [de cible] blanco *m*; **dans le** ~ en el blanco. **-3.** NAVIG milla *f*; **un** ~ **marin** una milla marina. **-4.** *Can* [unité de mesure] milla *f*.

mille-feuille (*pl* **mille-feuilles**) ⋄ *nm* CULIN milhojas *m*. ⋄ *nf* BOT milenrama *f*.

millénaire [milenɛr] ⋄ *adj* milenario(ria). ⋄ *nm* milenario *m*.

mille-pattes [milpat] *nm inv* ciempiés *m*.

millésime [milezim] *nm* **-1.** [de pièce] fecha *f* de acuñación. **-2.** [de vin] añada *f*.

millésimé, e [milezime] *adj* que lleva marcada la añada.

millet [mijɛ] *nm* mijo *m*.

milliard [miljar] *nm* [mille millions] : **un** ~ **de** [chiffre] mil millones de; [grand nombre] un millar de.

milliardaire [miljardɛr] *adj & nmf* millonario(ria).

millier [milje] *nm* millar *m*; **par** ~**s** a millares OU miles; **un** ~ **de** un millar de.

milligramme [miligram] *nm* miligramo *m*.

millilitre [mililitr] *nm* mililitro *m*.

millimètre [milimɛtr] *nm* milímetro *m*.

millimétré, e [milimetre] *adj* milimetrado(da).

million [miljɔ̃] *nm* millón *m*; **un** ~ **de** un millón de.

millionnaire [miljɔnɛr] *adj & nmf* millonario(ria).

mime [mim] ⋄ *nm* [spectacle] mimo *m*. ⋄ *nmf* [acteur] mimo *m/f*.

mimer [mime] *vt* **-1.** [exprimer sans parler] expresar con mímica. **-2.** [imiter] imitar.

mimétisme [mimetism] *nm* mimetismo *m*.

mimique [mimik] *nf* **-1.** [grimace] mueca *f*. **-2.** [expression] mímica *f*.

mimosa [mimɔza] *nm* mimosa *f*.

min. (*abr de* **minimum**) mín.

minable [minabl] *adj* miserable, lamentable.

minaret [minarɛ] *nm* minarete *m*, alminar *m*.

minauder [minode] *vi* hacer melindres.

mince [mɛ̃s] *adj* **-1.** [gén] delgado(da). **-2.** *fig* [preuve, revenu] insuficiente.

minceur [mɛ̃sœr] *nf* **-1.** [gén] delgadez *f*. **-2.** *fig* [insuffisance] insuficiencia *f*.

mincir [mɛ̃sir] *vi* adelgazar.

mine [min] *nf* **-1.** [physionomie] cara *f*; **avoir bonne/mauvaise** ~ tener buena/ mala cara; **avoir une** ~ **boudeuse** poner cara larga. **-2.** [apparence] aspecto *m*. **-3.** [de crayon & GÉOL] mina *f*; ~ **de charbon** mina de carbón; **être une** ~ **de** ser una mina de.

miner [mine] *vt* minar.

minerai [minrɛ] *nm* mineral *m*.

minéral, e, aux [mineral, o] *adj* mineral. ◆ **minéral** *nm* mineral *m*.

minéralogie [mineralɔʒi] *nf* mineralogía *f*.

minet, ette [mine, ɛt] *nm, f* **-1.** [chat] minino *m*, -na *f*. **-2.** [personne] bollito *m*, -ta *f*.

mineur, e [minœr] *adj & nm, f* menor. ◆ **mineur** *nm* minero *m*; ~ **de fond** minero de extracción.

mini *abr de* **minimum**.

miniature [minjatyr] ⋄ *nf* ART miniatura *f*. ⋄ *adj* miniatura (en aposición).

miniaturiser [minjatyrize] *vt* miniaturizar.

minibus [minibys] *nm* minibús *m*.

Minicassette® [minikasɛt] *nf & nm* minicasete *mf*.

minichaîne [miniʃɛn] *nf* minicadena *f*.

minier, ère [minje, ɛr] *adj* minero(ra).

mini-golf [minigɔlf] *nm* minigolf *m*.

minijupe [miniʒyp] *nf* minifalda *f*.

minimal, e, aux [minimal, o] *adj* mínimo(ma).

minimaliste [minimalist] *adj* [réforme, mesure] superficial.

minime [minim] ⋄ *nmf* SPORT infantil *mf*. ⋄ *adj* mínimo(ma).

minimiser [minimize] *vt* minimizar.

minimum [minimɔm] *nm* (*pl* **minimums** OU **minima** [minima]) ⋄ *adj* mínimo(ma). ⋄ *nm* mínimo *m*; **au** ~ como mínimo; **le strict** ~ lo mínimo.

ministère [ministɛr] *nm* ministerio *m*.

ministériel, elle [ministerjɛl] *adj* ministerial.

ministre [ministr] *nm* ministro *m*, -tra *f*; ~ **délégué à qqch** ministro delegado de algo; ~ **d'État** ≃ ministro sin cartera; **Premier** ~ Primer ministro.

Minitel® [minitel] *nm* *pequeña terminal de consulta de bancos de datos videotex muy difundida en Francia.*

minitéliste [minitelist] *nmf* usuario *m*, -ria *f* del Minitel®.

minois [minwa] *nm* carita *f*.

minoritaire [minɔritɛr] *adj & nmf* minoritario(ria).

minorité [minɔrite] *nf* minoría *f*; **une** OU **la ~ de qqch** una OU la minoría de algo; **en ~ en** minoría.

Minorque [minɔrk] *n* Menorca *f*; **à ~** [direction] a Menorca; [situation] en Menorca.

minuit [minɥi] *nm* medianoche *f*.

minuscule [minyskyl] ◇ *adj* minúsculo(la). ◇ *nf* minúscula *f*.

minute [minyt] ◇ *nf* **-1.** [gén] minuto *m*; **dans une ~** dentro de un minuto; **d'une ~ à l'autre** de un momento a otro. **-2.** JUR original *m*. ◇ *interj fam* ¡un minuto!

minuter [minyte] *vt* minutar *(cronometrar)*.

minuterie [minytri] *nf* **-1.** [d'horloge] minutero *m*. **-2.** [d'éclairage] interruptor *m* con temporizador.

minuteur [minytœr] *nm* minutero *m*, avisador *m*.

minutie [minysi] *nf* minuciosidad *f*; **avec ~** minuciosamente.

minutieux, euse [minysjø, øz] *adj* minucioso(sa).

mioche [mjɔʃ] *nmf fam* crío *m*, -a *f*.

mirabelle [mirabɛl] *nf* **-1.** [fruit] ciruela *f* mirabel. **-2.** [alcool] aguardiente *m* de ciruela mirabel.

miracle [mirakl] *nm* milagro *m*; **croire aux ~s** creer en milagros; **par ~** de milagro.

miraculeux, euse [mirakylø, øz] *adj* milagroso(sa).

mirador [miradɔr] *nm* **-1.** ARCHIT mirador *m*. **-2.** MIL torre *f* de observación.

mirage [miraʒ] *nm* espejismo *m*.

mire [mir] *nf* **-1.** TÉLÉ carta *f* de ajuste. **-2.** [de nivellement] mira *f*.

mirer [mire] ◆ **se mirer** *vp sout* **-1.** [se regarder] contemplarse. **-2.** [se refléter] reflejarse.

mirifique [mirifik] *adj hum* grandioso(sa).

mirobolant, e [mirɔbɔlɑ̃, ɑ̃t] *adj hum* fantasioso(sa).

miroir [mirwar] *nm* espejo *m*.

miroiter [mirwate] *vi* espejear; **faire ~ qqch à qqn** *fig* tentar a alguien con algo.

mis, e [mi, miz] *pp* → **mettre**.

misanthrope [mizɑ̃trɔp] *adj & nmf* misántropo(pa).

mise [miz] *nf* **-1.** [action de mettre] puesta *f*; **~ à jour** puesta al día; **~ en page** compaginación *f*; **~ au point** PHOT enfoque *m*; TECHNOL puesta a punto; *fig* [rectification] aclaración *f*; **~ en scène** CIN & THÉÂTRE dirección *f*; *fig* [d'événement] escenificación *f*. **-2.** [d'argent] apuesta *f*. **-3.** *sout* [tenue] vestimenta *f*.

miser [mize] *vt* **-1.** [parier] apostar. **-2.** [compter sur] : **~ sur qqch/sur qqn** contar con algo/con alguien.

misérable [mizerabl] *adj & nmf* miserable.

misère [mizɛr] *nf* **-1.** [gén] miseria *f*. **-2.** *fig* [bagatelle] tontería *f*.

miséricorde [mizerikɔrd] ◇ *nf* misericordia *f*. ◇ *interj* ¡piedad!

misogyne [mizɔʒin] *adj & nmf* misógino(na).

missel [misɛl] *nm* misal *m*.

missile [misil] *nm* misil *m*.

mission [misjɔ̃] *nf* misión *f*; **en ~** en misión.

missionnaire [misjɔnɛr] *adj & nmf* misionero(ra).

missive [misiv] *nf* misiva *f*.

mitaine [mitɛn] *nf* mitón *m*.

mite [mit] *nf* polilla *f*.

mité, e [mite] *adj* apolillado(da).

mi-temps ◇ *nf inv* [SPORT – période] tiempo *m*; **première/seconde ~** primer/ segundo tiempo; [– pause] descanso *m*. ◇ *nm* trabajo *m* a media jornada. ◆ **à mi-temps** ◇ *loc adv* : **travailler à ~** trabajar media jornada. ◇ *loc adj* : **travail à ~** trabajo de media jornada.

miteux, euse [mitø, øz] *adj & nm, f fam* miserable.

mitigé, e [mitiʒe] *adj* **-1.** [tempéré] moderado(da). **-2.** [mélangé] mezclado(da).

mitonner [mitɔne] ◇ *vt* **-1.** CULIN cocer a fuego lento. **-2.** *fig* [affaire] madurar. ◇ *vi* CULIN cocer a fuego lento.

mitoyen, enne [mitwajɛ̃, ɛn] *adj* medianero(ra).

mitrailler [mitraje] *vt* **-1.** MIL ametrallar. **-2.** *fam* [photographier] acribillar con los flashes. **-3.** *fig* [assaillir] acosar; **~ qqn de qqch** acribillar a alguien con algo.

mitraillette [mitrajɛt] *nf* metralleta *f*.

mitre [mitr] *nf* RELIG mitra *f*.

mi-voix ◆ **à mi-voix** *loc adv* a media voz.

mixage [miksaʒ] *nm* CIN & RADIO mezcla *f*.

mixer[1] [mikse] vt **–1.** [gén] mezclar. **–2.** CULIN [mélanger, broyer] **triturar.**

mixer[2], **mixeur** [miksœr] nm CULIN batidora f.

mixte [mikst] adj mixto(ta).

mixture [mikstyr] nf mixtura f.

MJC (abr de **maison des jeunes et de la culture**) nf casa de la juventud y la cultura.

ml (abr de **millilitre**) ml.

Mlle (abr de **mademoiselle**) Srta.

mm (abr de **millimètre**) mm.

MM (abr de **messieurs**) Sres., Srs.

Mme (abr de **madame**) Sra.

mn (abr de **minute**) min.

mnémotechnique [mnemotɛknik] adj mnemotécnico(ca).

mobile [mɔbil] ◇ adj **–1.** [gén] móvil. **–2.** [visage, regard] vivaz. ◇ nm móvil m.

mobilier, ère [mɔbilje, ɛr] adj JUR mobiliario(ria). ◆ **mobilier** nm mobiliario m.

mobilisation [mɔbilizasjɔ̃] nf movilización f.

mobiliser [mɔbilize] vt movilizar. ◆ **se mobiliser** vp movilizarse.

mobilité [mɔbilite] nf **–1.** [aptitude à se déplacer] movilidad f. **–2.** [vivacité] expresividad f.

Mobylette® [mɔbilɛt] nf mobylette® f.

mocassin [mɔkasɛ̃] nm **–1.** [gén] mocasín m. **–2.** [de femme] zapato m de salón.

moche [mɔʃ] adj fam **–1.** [laid] feucho(cha). **–2.** [dégoûtant] chungo(ga).

modalité [mɔdalite] nf **–1.** [convention & JUR] modalidad f; **~s de paiement** modalidades fpl de pago. **–2.** GRAM modo m.

mode [mɔd] ◇ nf **–1.** [gén] moda f; **à la ~** de moda; **lancer une ~** lanzar OU sacar una moda. **–2.** [coutume] : **à la ~ de** a la manera. ◇ nm **–1.** [gén] modo m; **~ de vie** modo de vida; **~ majeur/mineur** MUS modo mayor/menor. **–2.** [méthode] método m; **~ d'emploi** modo de empleo.

modèle [mɔdɛl] nm modelo m; **sur le ~ de qqch/de qqn** según el modelo de algo/de alguien; **~ déposé** modelo registrado.

modeler [mɔdle] vt [gén] modelar; **~ qqch sur qqch** fig amoldar algo a algo.

modélisme [mɔdelism] nm modelismo m.

modem [mɔdɛm] nm INFORM modem m.

modération [mɔderasjɔ̃] nf moderación f.

modéré, e [mɔdere] adj & nm, f moderado(da).

modérer [mɔdere] vt moderar. ◆ **se modérer** vp moderarse.

moderne [mɔdɛrn] adj moderno(na).

moderniser [mɔdɛrnize] vt modernizar. ◆ **se moderniser** vp modernizarse.

modeste [mɔdɛst] adj **–1.** [gén] modesto(ta). **–2.** [simple] sencillo(lla).

modestement [mɔdɛstəmɑ̃] adv con modestia, modestamente.

modestie [mɔdɛsti] nf modestia f; **fausse ~** falsa modestia.

modification [mɔdifikasjɔ̃] nf modificación f.

modifier [mɔdifje] vt modificar. ◆ **se modifier** vp modificarse.

modique [mɔdik] adj módico(ca).

modiste [mɔdist] nf sombrerera f.

modulation [mɔdylasjɔ̃] nf modulación f.

module [mɔdyl] nm módulo m.

moduler [mɔdyle] vt **–1.** [chanter & RADIO] modular. **–2.** [adapter] adaptar.

modus vivendi [mɔdysvivɛ̃di] nm inv modus vivendi m inv.

moelle [mwal] nf ANAT médula f; **~ osseuse** médula ósea; **~ épinière** médula espinal.

moelleux, euse [mwalø, øz] adj **–1.** [lit, canapé] blando(da), mullido(da). **–2.** [vin, fromage, voix] suave.

moellon [mwalɔ̃] nm morrillo m.

mœurs [mœr(s)] nfpl **–1.** [usages, habitudes] costumbres fpl; **de ~ légères** de costumbres ligeras. **–2.** [morale] moralidad f. **–3.** ZOOL [mode de vie] comportamiento m.

mohair [mɔɛr] nm mohair m.

moi [mwa] ◇ pron pers **–1.** [avec impératif] me; **aide-~** ayúdame; **donne-le-~** dámelo. **–2.** [sujet, pour renforcer, dans un comparatif] yo; **c'est ~!** ¡soy yo!; **~ aussi/non plus** yo también/tampoco; **plus âgé que ~** mayor que yo. **–3.** [complément d'objet, après une préposition] mí; **avec ~** conmigo; **après ~** después de mí; **pour ~** para mí; **il me l'a dit, à ~** me lo dijo a mí. **–4.** [possessif] : **à ~** mío/(mía). ◇ nm PHILOSOPHIE: **le ~** el yo. ◆ **moi-même** pron pers yo mismo.

moignon [mwaɲɔ̃] nm **–1.** [d'homme, d'animal] muñón m. **–2.** [d'arbre] garrón m.

moindre [mwɛ̃dr] ◇ adj superl : **la/le ~** la/el menor. ◇ adj compar menor.

moine [mwan] nm monje m, fraile m.

moineau, x [mwano] nm gorrión m.

moins [mwɛ̃] ◇ *adv* **–1.** [quantité] menos; ~ **de** menos (de); ~ **de 300 calories** menos de 300 calorías; ~ **de travail/de verres** menos trabajo/vasos. **–2.** [comparatif] : ~ **que** menos que; ~ **il mange,** ~ **il travaille** cuanto menos come, menos trabaja. **–3.** [superlatif] : **le** ~ el menos; **le restaurant le** ~ **cher** el restaurante menos caro; **le** ~ **possible** lo menos posible. ◇ *prép* menos. ◇ *nm* **–1.** [signe] signo *m* menos. **–2.** *loc* : **le** ~ **qu'on puisse dire, c'est que...** lo menos que se puede decir es que... ◆ **à moins de** *loc prép* a no ser que, a menos que. ◆ **à moins que** *loc conj* (+ *subjonctif*) a no ser que (+ *subjuntivo*), a menos que (+ *subjuntivo*). ◆ **au moins** *loc adv* por lo menos. ◆ **de moins en moins** *loc adv* cada vez menos. ◆ **du moins** *loc adv* por lo menos, al menos. ◆ **en moins** *loc adv* (de) menos. ◆ **en moins de** *prép* en menos de. ◆ **on ne peut moins** *loc adv* : **être on ne peut** ~ **...** no poder estar menos... ◆ **pour le moins** *loc adv* por lo menos. ◆ **tout au moins** *loc adv* por lo menos, al menos.

moiré, e [mware] *adj* **–1.** [tissu] de moaré, de muaré. **–2.** [aspect] tornasolado(da).

mois [mwa] *nm* **–1.** [gén] mes *m*; ~ **du blanc** COMM mes blanco. **–2.** [salaire] mensualidad *f*.

moisi, e [mwazi] *adj* mohoso(sa), enmohecido(da). ◆ **moisi** *nm* moho *m*.

moisir [mwazir] *vi* **–1.** [fruit, bois] enmohecerse. **–2.** *fam* [personne] pudrirse. **–3.** *fam* [argent, fortune] cubrirse de moho.

moisissure [mwazisyr] *nf* moho *m*.

moisson [mwasɔ̃] *nf* **–1.** [récolte] siega *f*. **–2.** [travail] : **faire la** ~ OU **les** ~**s** segar. **–3.** *fig* cosecha *f*.

moissonner [mwasɔne] *vt* segar.

moissonneuse-batteuse [mwasɔnøzbatøz] *nf* AGRIC cosechadora *f*.

moite [mwat] *adj* húmedo(da).

moiteur [mwatœr] *nf* humedad *f*.

moitié [mwatje] *nf* [gén] mitad *f*; **à** ~ **fou** *fig* medio loco; **faire qqch à** ~ hacer algo a medias.

moka [mɔka] *nm* **–1.** [café] moka *m*, moca *m*. **–2.** [gâteau] pastel *m* de moka.

mol → **mou**.

molaire [mɔlɛr] *nf* molar *m*.

molécule [mɔlekyl] *nf* molécula *f*.

molester [mɔlɛste] *vt* *sout* maltratar.

molle → **mou**.

mollement [mɔlmɑ̃] *adv* **–1.** [faiblement] débilmente. **–2.** [paresseusement] indolentemente.

mollesse [mɔlɛs] *nf* **–1.** [de chose] blandura *f*. **–2.** [de personne] molicie *f*.

mollet [mɔlɛ] ◇ *nm* pantorrilla *f*. ◇ *adj* → **œuf**.

mollir [mɔlir] *vi* **–1.** [physiquement] flojear. **–2.** [matière] reblandecerse. **–3.** NAVIG amainar. **–4.** [moralement] debilitarse.

mollusque [mɔlysk] *nm* molusco *m*.

molosse [mɔlɔs] *nm* [chien] moloso *m*.

môme [mom] *fam* ◇ *nmf* [enfant] crío *m*, -a *f*. ◇ *nf* [jeune fille] chavala *f*.

moment [mɔmɑ̃] *nm* **–1.** [gén] momento *m*; **à tout** ~ en cualquier momento; **au** ~ **de/où** en el momento de/en que; **à un** ~ **donné** en un momento dado; **ce n'est pas le** ~ **(de faire qqch)** no es el momento (de hacer algo); **dans un** ~ en OU dentro de un momento; **d'un** ~ **à l'autre** de un momento a otro; **en ce** ~ en este momento; **n'avoir pas un** ~ **à soi** no tener ni un momento libre; **par** ~**s** de vez en cuando, a veces; **pour le** ~ de momento, por el momento. **–2.** [durée] rato *m*; **passer un mauvais** ~ pasar un mal rato.

momentané, e [mɔmɑ̃tane] *adj* momentáneo(a).

momentanément [mɔmɑ̃tanemɑ̃] *adv* momentáneamente.

momie [mɔmi] *nf* momia *f*.

mon [mɔ̃] (*f* **ma** [ma], *pl* **mes** [me]) *adj poss* mi.

monacal, e, aux [mɔnakal, o] *adj* monacal.

Monaco [mɔnako] *n* : **(la principauté de)** ~ (el principado de) Mónaco.

monarchie [mɔnarʃi] *nf* monarquía *f*; ~ **absolue/constitutionnelle** monarquía absoluta/constitucional.

monarque [mɔnark] *nm* monarca *m*.

monastère [mɔnastɛr] *nm* monasterio *m*.

monceau, x [mɔ̃so] *nm* montón *m Esp*, ruma *f Amér*.

mondain, e [mɔ̃dɛ̃, ɛn] ◇ *adj* mundano(na). ◇ *nm, f* hombre *m* de mundo, mujer *f* de mundo.

mondanités [mɔ̃danite] *nfpl* **–1.** [événements mondains] ecos *mpl* de sociedad. **–2.** [comportements, paroles] convencionalismos *mpl*.

monde [mɔ̃d] *nm* **–1.** [gén] mundo *m*; **l'autre** ~ RELIG el otro mundo; **le/la plus** (+ *adjectif*) **au** OU **du** ~ el/la más (+ *adje-*

tivo) del mundo; **le plus beau au** OU **du** ~ el más guapo del mundo; **mettre un enfant au** ~ traer al mundo un niño; **pour rien au** ~ por nada del mundo; **venir au** ~ venir al mundo; **quart** ~ cuarto mundo *m.* **-2.** [gens] gente *f;* **beaucoup/ peu de** ~ mucha/poca gente; **tout le** ~ todo el mundo, todos. **-3.** [milieu social] mundillo *m.* **-4.** *loc :* **c'est un** ~! ¡es el colmo!; **noir de** ~ abarrotado(da); **se faire un** ~ **de qqch** hacer una montaña de algo.

mondial, e, aux [mɔ̃djal, o] *adj* mundial.

mondialement [mɔ̃djalmɑ̃] *adv* mundialmente.

mondialisation [mɔ̃djalizasjɔ̃] *nf* universalización *f.*

monétaire [mɔnetɛr] *adj* monetario(ria).

Monétique® [mɔnetik] *nf conjunto de medios informáticos y electrónicos para automatizar las transacciones bancarias.*

mongolien, enne [mɔ̃ɡɔljɛ̃, ɛn] *adj & nm, f* MÉD mongólico(ca).

mongolisme [mɔ̃ɡɔlism] *nm* MÉD mongolismo *m.*

moniteur, trice [mɔnitœr, tris] *nm, f* monitor *m,* -ra *f;* ~ **d'auto-école** profesor *m,* -ra *f* de auto-escuela.

monitorat [mɔnitɔra] *nm* UNIV **-1.** [formation] formación *f* de monitor. **-2.** [fonction] puesto *m* de monitor.

monnaie [mɔnɛ] *nf* **-1.** [argent, devise] moneda *f;* **fausse** ~ moneda falsa. **-2.** [ferraille] suelto *m* Esp, morralla *f* Amér; **avoir de la** ~ tener suelto. **-3.** [appoint, petite unité] cambio *m;* **avoir la** ~ tener cambio; **faire (de) la** ~ cambiar; **rendre la** ~ **à qqn** dar el cambio a alguien.

monnayer [mɔneje] *vt* **-1.** [changer en argent] amonedar. **-2.** [vendre] sacar dinero de. **-3.** *fig* [acheter] comprar.

monochrome [mɔnokrom] *adj* monocromo(ma).

monocle [mɔnɔkl] *nm* monóculo *m.*

monocoque [mɔnɔkɔk] *adj & nm* monocasco.

monocorde [mɔnɔkɔrd] *adj* monocorde.

monoculture [mɔnokyltyr] *nf* monocultivo *m.*

monologue [mɔnɔlɔɡ] *nm* monólogo *m.*

monôme [mɔnom] *nm* monomio *m.*

monoparental, e, aux [mɔnoparɑ̃tal, o] *adj* monoparental.

monoplace [mɔnoplas] *adj & nm* OU *nf* **-1.** monoplaza.

monopole [mɔnɔpɔl] *nm* monopolio *m;* **avoir le** ~ **de qqch** tener el monopolio de algo; ~ **d'État** monopolio del Estado.

monopoliser [mɔnɔpɔlize] *vt* monopolizar.

monoski [mɔnoski] *nm* **-1.** [objet] monoesquí *m.* **-2.** SPORT *esquí acuático con un solo esquí.*

monosyllabe [mɔnosilab] ◇ *adj* monosílabo(ba). ◇ *nm* monosílabo *m.*

monotone [mɔnɔtɔn] *adj* monótono(na).

monotonie [mɔnɔtɔni] *nf* monotonía *f.*

monseigneur [mɔ̃sɛɲœr] *(pl* **messeigneurs** [mesɛɲœr]*) nm* monseñor *m.*

monsieur [məsjø] *(pl* **messieurs** [mesjø]*) nm* señor *m.*

monstre [mɔ̃str] ◇ *nm* monstruo *m.* ◇ *adj fam* [énorme] bárbaro(ra).

monstrueux, euse [mɔ̃stryø, øz] *adj* monstruoso(sa).

monstruosité [mɔ̃stryozite] *nf* **-1.** [sauvagerie] monstruosidad *f.* **-2.** [énormité] barbaridad *f.*

mont [mɔ̃] *nm* monte *m.*

montage [mɔ̃taʒ] *nm* montaje *m.*

montagnard, e [mɔ̃taɲar, ard] *adj & nm, f* montañés(esa).

montagne [mɔ̃taɲ] *nf* montaña *f;* **en/la haute** ~ en alta montaña; **faire de la haute** ~ hacer alta montaña; **vivre à la** ~ vivir en la montaña.

montant, e [mɔ̃tɑ̃, ɑ̃t] *adj* **-1.** [mouvement] creciente; *fig* [phase] creciente, ascendente. **-2.** [col] cerrado(da). ◆ **montant** *nm* **-1.** [d'échelle, de porte] montante *m.* **-2.** [somme] importe *m.*

mont-de-piété [mɔ̃dpjete] *(pl* **monts-de-piété)** *nm* monte *m* de piedad.

monte-charge [mɔ̃tʃarʒ] *nm inv* montacargas *m inv.*

montée [mɔ̃te] *nf* **-1.** [gén] subida *f.* **-2.** [intensification] aumento *m.*

monte-plats [mɔ̃tpla] *nm inv* montaplatos *m inv.*

monter [mɔ̃te] ◇ *vi (gén auxiliaire être)* **-1.** [gén] subir; ~ **à** OU **dans** OU **en qqch** subir a algo; ~ **sur qqch** [grimper] subirse a algo. **-2.** [chevaucher] montar; ~ **à cheval** montar a caballo. **-3.** *fam* [se déplacer] ir. **-4.** [augmenter en intensité] crecer. ◇ *vt (auxiliaire avoir)* **-1.** [gén] montar. **-2.** [gravir, élever, porter] subir. ◆ **se monter** *vp* **-1.** [s'assembler] montarse. **-2.** [atteindre] : **se** ~ **à** ascender a.

monteur, euse [mɔ̃tœr, øz] *nm, f* monta-
dor *m*, -ra *f*.

Montevideo [mɔ̃tevideo] *n* Montevideo.

monticule [mɔ̃tikyl] *nm* montículo *m*.

montre [mɔ̃tr] *nf* reloj *m*; ~ **à quartz** reloj
de cuarzo; **contre la** ~ SPORT contra reloj
f, contrarreloj *f*; ~ **en main** reloj en mano.

montre-bracelet [mɔ̃trəbraslε] *nf* reloj *m*
de pulsera.

montrer [mɔ̃tre] *vt* **-1.** [exhiber, expliquer,
enseigner] enseñar; ~ **qqch à qqn** enseñar algo a alguien. **-2.** [démontrer, dé-
signer] mostrar; ~ **du doigt** señalar con el
dedo. **-3.** [représenter] reflejar. **-4.** [mani-
fester] demostrar. ◆ **se montrer** *vp* **-1.**
[se faire voir] dejarse ver. **-2.** [se présenter,
se révéler] mostrarse.

monture [mɔ̃tyr] *nf* **-1.** [gén] montura *f*.
-2. [de bijou] engaste *m*.

monument [mɔnymɑ̃] *nm* monumento *m*;
~ **à qqch/à qqn** monumento a algo/a alguien; ~ **aux morts** monumento a los soldados muertos durante la Primera y Segunda
Guerra Mundial.

monumental, e, aux [mɔnymɑ̃tal, o] *adj*
-1. [gén] monumental. **-2.** *fig* [impression-
nant] impresionante.

moquer [mɔke] ◆ **se moquer** *vp* **-1.** [rail-
ler, plaisanter] burlarse; **se** ~ **de qqch/de
qqn** burlarse de algo/de alguien. **-2.** [ne
pas se soucier] dar igual, traer sin cuidado;
je m'en moque me da igual.

moquerie [mɔkri] *nf* **-1.** [ironie] guasa *f*.
-2. *sout* [raillerie] broma *f*, mofa *f*.

moquette [mɔkεt] *nf* moqueta *f*.

moquetter [mɔkete] *vt* enmoquetar.

moqueur, euse [mɔkœr, øz] *adj* bur-
lón(ona).

moral, e, aux [mɔral, o] *adj* **-1.** [gén] moral. **-2.** [honnête] ético(ca). ◆ **moral** *nm*
moral *f*; **avoir bon** ~ tener la moral alta;
avoir mauvais ~ tener la moral baja;
avoir/ne pas avoir le ~ tener/no tener
ánimos; **remonter le** ~ **(à qqn)** levantar
la moral OU el ánimo (a alguien). ◆ **mo-
rale** *nf* **-1.** [gén] moral *f*. **-2.** [leçon] moraleja *f*; **faire la** ~**e à qqn** echar un sermón a alguien.

moralisateur, trice [mɔralizatœr, tris] *adj
& nm, f* moralizador(ra).

moralité [mɔralite] *nf* **-1.** [gén] moralidad
f. **-2.** [leçon] moraleja *f*.

moratoire [mɔratwar] ◇ *adj* morato-
rio(ria). ◇ *nm* moratoria *f*.

morbide [mɔrbid] *adj* morboso(sa).

morceau, x [mɔrso] *nm* **-1.** [gén] trozo *m*.
-2. [de poème, de musique] fragmento *m*.

morceler [mɔrsəle] *vt* parcelar. ◆ **se morceler** *vp* dividirse.

mordant, e [mɔrdɑ̃, ɑ̃t] *adj* **-1.** [froid] cortante. **-2.** *fig* [ironie] mordaz. ◆ **mordant**
nm mordacidad *f*.

mordiller [mɔrdije] *vt* mordisquear.

mordoré, e [mɔrdɔre] *adj* doradillo(lla).

mordre [mɔrdr] ◇ *vt* **-1.** [suj : animal, per-
sonne] morder. **-2.** *fig* [suj : froid] cortar.
-3. *fig* [suj : rouille] corroer. ◇ *vi* **-1.** [cro-
quer] : ~ **dans qqch** dar un mordisco a
algo. **-2.** [poisson] picar; ~ **à l'hameçon**
morder el anzuelo. **-3.** SPORT : ~ **sur qqch**
[ligne] pisar algo.

mordu, e [mɔrdy] ◇ *pp* → **mordre.** ◇ *adj*
[amoureux] prendado(da). ◇ *nm, f* [pas-
sionné] forofo *m*, -fa *f*.

morfondre [mɔrfɔ̃dr] ◆ **se morfondre**
vp morirse de aburrimiento.

morgue [mɔrg] *nf* **-1.** [attitude] altivez *f*.
-2. [lieu] morgue *f*, depósito *m* de cadáveres.

moribond, e [mɔribɔ̃, ɔ̃d] *adj & nm, f* mo-
ribundo(da).

morille [mɔrij] *nf* morilla *f*, colmenilla *f*.

morne [mɔrn] *adj* **-1.** [personne] taci-
turno(na), mohíno(na). **-2.** [style, ville]
apagado(da).

morose [mɔroz] *adj* sombrío(a).

morphine [mɔrfin] *nf* morfina *f*.

morphologie [mɔrfɔlɔʒi] *nf* morfología *f*.

mors [mɔr] *nm* bocado *m*.

morse [mɔrs] *nm* **-1.** ZOOL morsa *f*. **-2.**
[code] morse *m*.

morsure [mɔrsyr] *nf* mordedura *f*.

mort, e [mɔr, mɔrt] ◇ *pp* → **mourir.** ◇ *adj*
-1. [gén] muerto(ta); ~ **de peur/de fatigue** muerto de miedo/de cansancio. **-2.**
fam [pile] gastado(da). ◇ *nm, f* muerto *m*,
-ta *f*. ◆ **mort** ◇ *nm* [aux cartes] muerto *m*.
◇ *nf* muerte *f*; **condamner qqn à** ~ JUR
condenar a alguien a muerte; **se donner
la** ~ acabar con su vida.

mortadelle [mɔrtadεl] *nf* mortadela *f*.

mortalité [mɔrtalite] *nf* mortalidad *f*.

mort-aux-rats [mɔrora] *nf inv* matarratas
m inv.

mortel, elle [mɔrtεl] *adj & nm, f* mortal.

morte-saison *nf* temporada *f* baja.

mortier [mɔrtje] *nm* mortero *m* Esp, molcajete *m* Amér.

mortification [mɔrtifikasjɔ̃] *nf* mortificación *f*.

mortuaire [mɔrtɥɛr] *adj* mortuorio(ria).

morue [mɔry] *nf* **-1.** ZOOL bacalao *m*. **-2.** *péj* [prostituée] zorra *f*.

mosaïque [mɔzaik] *nf* mosaico *m*.

Moscou [mɔsku] *n* Moscú.

mosquée [mɔske] *nf* mezquita *f*.

mot [mo] *nm* **-1.** LING palabra *f*; **faire du ~ à ~** traducir literalmente. **-2.** [court énoncé] palabras *fpl*; **dire un ~ à qqn** decirle dos palabras a alguien; **~ de passe** [gén] contraseña *f*, santo y seña *m*; INFORM password *f*, código *m* de acceso. **-3.** [message] nota *f*. **-4.** *loc* : **en un ~** en una palabra.

motard [mɔtar] *nm* **-1.** [motocycliste] motorista *mf*. **-2.** [policier] motorista *mf* (de la policía).

motel [mɔtɛl] *nm* motel *m*.

moteur, trice [mɔtœr, tris] *adj* motor(triz). ◆ **moteur** *nm* motor *m*.

motif [mɔtif] *nm* motivo *m*.

motion [mɔsjɔ̃] *nf* POLIT moción *f*; **~ de censure** moción de censura.

motivation [mɔtivasjɔ̃] *nf* motivación *f*.

motiver [mɔtive] *vt* motivar.

moto [mɔto] *nf* moto *f*.

motocross [mɔtɔkrɔs] *nm* motocross *m*.

motoculteur [mɔtɔkyltœr] *nm* motocultor *m*.

motocycliste [mɔtɔsiklist] *nmf* motociclista *mf*.

motoneige [mɔtɔnɛʒ] *nf* moto *f* de nieve.

motorisé, e [mɔtɔrize] *adj* motorizado(da); **être ~** *fam* ir motorizado.

motrice → **moteur**.

motricité [mɔtrisite] *nf* motricidad *f*.

mou, molle [mu, mɔl] *adj* (**mol** [mɔl] *devant voyelle ou h muet*) **-1.** [pâte, beurre] blando(da). **-2.** [chapeau, col] flexible. **-3.** [jambes, personne] flojo(ja). **-4.** *fam* [sans caractère] blandengue. ◆ **mou** *nm* **-1.** *fam* [personne] blandengue *m*. **-2.** [poumon de bétail] bofe *m*.

mouchard, e [muʃar, ard] *nm, f fam* chivato *m*, -ta *f*. ◆ **mouchard** *nm* [appareil] chivato *m*.

mouche [muʃ] *nf* **-1.** ZOOL mosca *f*; **~ tsé-tsé** mosca tsé-tsé. **-2.** [accessoire féminin] lunar *m* postizo.

moucher [muʃe] *vt* **-1.** [nez, enfant] sonar. **-2.** [chandelle] despabilar, espabilar. **-3.** *fam fig* [réprimander] dar una lección a. ◆ **se moucher** *vp* sonarse.

moucheron [muʃrɔ̃] *nm* mosquilla *f*.

moucheté, e [muʃte] *adj* moteado(da).

mouchoir [muʃwar] *nm* pañuelo *m*.

moudre [mudr] *vt* moler.

moue [mu] *nf* mohín *m* de disgusto; **faire la ~** poner mala cara.

mouette [mwɛt] *nf* gaviota *f*.

moufle [mufl] *nf* manopla *f*.

mouflon [muflɔ̃] *nm* muflón *m*.

mouillage [mujaʒ] *nm* **-1.** [NAVIG – emplacement] fondeadero *m*; [– manœuvre] fondeo *m*. **-2.** [coupage] aguaje *m*.

mouiller [muje] ◇ *vt* **-1.** [humidifier] mojar; **se faire ~** mojarse. **-2.** [vin, lait] aguar. **-3.** CULIN : **~ qqch avec qqch** añadir algo a algo. **-4.** NAVIG [ancre] echar. **-5.** LING palatalizar. ◇ *vi* NAVIG fondear. ◆ **se mouiller** *vp* mojarse.

moulage [mulaʒ] *nm* **-1.** [action] moldeado *m*. **-2.** [objet] molde *m*.

moule [mul] ◇ *nm* molde *m*; **~ à gâteau/à gaufre/à tarte** molde para pastel/para gofre/para tarta. ◇ *nf* ZOOL mejillón *m*.

mouler [mule] *vt* moldear.

moulin [mulɛ̃] *nm* **-1.** [appareil] molinillo *m*; **~ à café/à poivre** molinillo de café/de pimienta. **-2.** [bâtiment] molino *m*.

moulinet [mulinɛ] *nm* **-1.** PÊCHE carrete *m*. **-2.** [mouvement] : **faire des ~s** hacer molinetes.

Moulinette® [mulinɛt] *nf* minipimer® *m*; **passer qqch à la ~** pasar algo por el minipimer.

moulu, e [muly] ◇ *pp* → **moudre**. ◇ *adj* molido(da).

moulure [mulyr] *nf* moldura *f*.

mourant, e [murɑ̃, ɑ̃t] ◇ *adj* **-1.** [personne] moribundo(da). **-2.** *fig* [voix, lumière] languideciente. ◇ *nm, f* moribundo *m*, -da *f*.

mourir [murir] *vi* morir, morirse.

mousquetaire [muskətɛr] *nm* mosquetero *m*.

moussant, e [musɑ̃, ɑ̃t] *adj* espumoso(sa).

mousse [mus] ◇ *nf* **-1.** BOT musgo *m*. **-2.** [de bière, de matelas] espuma *f*; **~ à raser** espuma de afeitar. **-3.** CULIN mousse *f*. ◇ *nm* NAVIG grumete *m*.

mousseline [muslin] *nf* muselina *f*.

mousser [muse] *vi* hacer espuma.

mousseux, euse [musø, øz] *adj* [vin, cidre] espumoso(sa). ◆ **mousseux** *nm* (vino) espumoso *m*.

mousson [musɔ̃] *nf* monzón *m*.

moussu, e [musy] *adj* musgoso(sa).

moustache [mustaʃ] *nf* bigote *m*.

moustiquaire [mustikɛr] *nf* mosquitera *f*.

moustique [mustik] *nm* mosquito *m* *Esp*, zancudo *m* *Amér*.

moutarde [mutard] ◇ *nf* mostaza *f*. ◇ *adj inv* mostaza *(en aposición)*.

mouton [mutɔ̃] *nm* **-1.** ZOOL carnero *m*. **-2.** [viande] cordero *m*. **-3.** *fam* [personne] corderito *m*. **-4.** *fam* [flocon de poussière] pelotilla *f*. **-5.** [vague d'écume] cabrilla *f*.

mouture [mutyr] *nf* **-1.** [de céréales, de café] molienda *f*, moltura *f*. **-2.** [de thème, d'œuvre] refrito *m*.

mouvance [muvɑ̃s] *nf* : **dans la ~ du parti** en la esfera de influencia del partido.

mouvant, e [muvɑ̃, ɑ̃t] *adj* **-1.** [sable] movedizo(za). **-2.** [situation] inestable.

mouvement [muvmɑ̃] *nm* **-1.** [gén] movimiento *m*; **en ~** en movimiento. **-2.** [de colère, de joie] arrebato *m*. **-3.** [d'horloge] mecanismo *m*.

mouvementé, e [muvmɑ̃te] *adj* agitado(da).

mouvoir [muvwar] *vt* mover. ◆ **se mouvoir** *vp* moverse.

moyen, enne [mwajɛ̃, ɛn] *adj* **-1.** [gén] medio(dia). **-2.** [médiocre] mediano(na). ◆ **moyen** *nm* [procédé] medio *m*; **au ~ de** por medio de, mediante; **~ de communication/d'expression** medio de comunicación/de expresión; **~ de locomotion/de transport** medio de locomoción/de transporte. ◆ **moyens** *nmpl* **-1.** [ressources] medios *mpl*. **-2.** [capacités] fuerzas *fpl*. ◆ **moyenne** *nf* media *f*; **en moyenne** por término medio, un promedio de; **la moyenne d'âge** la media de edad.

Moyen Âge [mwajɛnaʒ] *nm* : **le ~** la Edad Media.

Moyen-Orient [mwajɛnɔrjɑ̃] *nm* : **le ~** el Oriente medio; **au ~** [direction] al Oriente medio; [situation] en el Oriente medio.

MST *nf* **-1.** (*abr de* **maladie sexuellement transmissible**) ETS. **-2.** (*abr de* **maîtrise de sciences et techniques**) licenciatura de carreras universitarias técnicas y de ciencias.

mû [my] *pp* → **mouvoir**.

mue [my] *nf* muda *f*.

muer [mɥe] *vi* mudar.

muet, ette [mɥe, ɛt] ◇ *adj* mudo(da); **~ de** mudo de. ◇ *nm, f* mudo *m*, -da *f*.

mufle [myfl] *nm* **-1.** [d'animal] morro *m*, hocico *m*. **-2.** *fig* [goujat] zafio *m*, -fia *f*.

muflerie [myfləri] *nf* zafiedad *f*.

mugir [myʒir] *vi* **-1.** [bovidé] mugir. **-2.** [vent, sirène] bramar.

muguet [mygɛ] *nm* muguete *m*.

mule [myl] *nf* **-1.** [animal] mula *f*. **-2.** [pantoufle] chinela *f*.

mulet [mylɛ] *nm* ZOOL **-1.** [âne] mulo *m*. **-2.** [poisson] mújol *m*.

mulot [mylo] *nm* ratón *m* de campo.

multicolore [myltikɔlɔr] *adj* multicolor.

multifonction [myltifɔ̃ksjɔ̃] *adj inv* multifunción.

multilatéral, e, aux [myltilateral, o] *adj* multilateral.

multinational, e, aux [myltinasjɔnal, o] *adj* multinacional. ◆ **multinationale** *nf* multinacional *f*.

multiple [myltipl] ◇ *nm* múltiplo *m*. ◇ *adj* múltiple.

multiplication [myltiplikasjɔ̃] *nf* multiplicación *f*.

multiplier [myltiplije] *vt* multiplicar; **X multiplié par Y égale Z** MATHS X multiplicado por Y igual a Z. ◆ **se multiplier** *vp* multiplicarse.

multiracial, e, aux [myltirasjal, o] *adj* multirracial.

multirisque [myltirisk] *adj* multirriesgo.

multitude [myltityd] *nf* [foule] multitud *f*; **~ de** [gran nombre de] multitud de.

municipal, e, aux [mynisipal, o] *adj* municipal. ◆ **municipales** *nfpl* : **les ~es** *elecciones municipales francesas*.

municipalité [mynisipalite] *nf* municipio *m*.

munir [mynir] *vt* : **~ qqch de qqch** equipar algo con algo; **~ qqn de qqch** proveer a alguien de algo. ◆ **se munir** *vp* : **se de qqch** proveerse de algo.

munitions [mynisjɔ̃] *nfpl* municiones *fpl*.

muqueuse [mykøz] *nf* mucosa *f*.

mur [myr] *nm* **-1.** [cloison] pared *f*. **-2.** *fig* [obstacle] muro *m*. ◆ **mur du son** *nm* AÉRON barrera *f* del sonido.

mûr, e [myr] *adj* maduro(ra).

muraille [myraj] *nf* muralla *f*.

mûre → **mûr**.

murène [myrɛn] *nf* morena *f*.

murer [myre] *vt* **-1.** [porte, fenêtre] tapiar. **-2.** [personne] dejar encerrado(da). ◆ **se murer** *vp* [s'enfermer] encerrarse; **se ~ dans qqch** *fig* encerrarse en algo.

muret [myrɛ] *nm* murete *m*.

mûrier [myrje] *nm* morera *f*.

mûrir [myrir] *vi* madurar.

murmure [myrmyr] *nm* murmullo *m*, susurro *m*.

murmurer [myrmyre] *vt & vi* murmurar, susurrar.

musaraigne [myzarɛɲ] *nf* musaraña *f*.

musarder [myzarde] *vi fam* callejear.

muscade [myskad] *nf* nuez *f* moscada.

muscadet [myskadɛ] *nm vino blanco seco de la región de Nantes.*

muscat [myska] *nm* moscatel *m*.

muscle [myskl] *nm* músculo *m*.

musclé, e [myskle] *adj* **-1.** [personne] musculoso(sa). **-2.** *fig* [intervention, mesure] enérgico(ca).

muscler [myskle] *vt* desarrollar los músculos de. ◆ **se muscler** *vp* desarrollar los músculos de.

muse [myz] *nf* musa *f*. ◆ **Muse** *nf* MYTH Musa *f*.

museau, x [myzo] *nm* morro *m*, hocico *m*.

musée [myze] *nm* museo *m*.

museler [myzle] *vt* **-1.** [animal] poner un bozal a. **-2.** *fig* [presse, personne] amordazar.

muselière [myzəljɛr] *nf* bozal *m*.

musette [myzɛt] *nf* morral *m*.

musical, e, aux [myzikal, o] *adj* musical.

music-hall [myzikol] (*pl* **music-halls**) *nm* [établissement] music-hall *m*.

musicien, enne [myzisjɛ̃, ɛn] *adj & nm, f* músico(ca).

musique [myzik] *nf* **-1.** ART música *f*; ~ **de chambre/de film** música de cámara/de película; **connaître la** ~ *fam* saberse la canción. **-2.** [harmonie] musicalidad *f*.

musulman, e [myzylmã, an] *adj & nm, f* musulmán(ana).

mutant, e [mytã, ãt] *adj* mutante. ◆ **mutant** *nm* mutante *m*.

mutation [mytasjɔ̃] *nf* **-1.** BIOL mutación *f*. **-2.** *fig* [changement] transformación *f*. **-3.** [déplacement] traslado *m*.

muter [myte] *vt* trasladar.

mutilation [mytilasjɔ̃] *nf* mutilación *f*.

mutilé, e [mytile] *nm, f* mutilado *m*, -da *f*.

mutiler [mytile] *vt* **-1.** [membre, organe] amputar; ~ **qqn de qqch** amputar algo a alguien. **-2.** [statue, texte, vérité] mutilar.

mutin, e [mytɛ̃, in] *adj sout* travieso(sa). ◆ **mutin** *nm* HIST amotinado *m*.

mutiner [mytine] ◆ **se mutiner** *vp* amotinarse.

mutinerie [mytinri] *nf* motín *m*.

mutisme [mytism] *nm* mutismo *m*.

mutualité [mytɥalite] *nf* mutualidad *f*.

mutuel, elle [mytɥɛl] *adj* mutuo(tua). ◆ **mutuelle** *nf* mutua *f*.

mycose [mikoz] *nf* micosis *f inv*.

myocarde [mjɔkard] *nm* miocardio *m*.

myopathie [mjɔpati] *nf* miopatía *f*.

myope [mjɔp] *adj & nmf* miope.

myosotis [mjɔzɔtis] *nm* miosota *f*.

myrtille [mirtij] *nf* arándano *m*.

mystère [mistɛr] *nm* misterio *m*. ◆ **Mystère**® *nm* CULIN *helado cubierto de merengue y praliné.*

mystérieux, euse [misterjø, øz] *adj* misterioso(sa).

mysticisme [mistisism] *nm* misticismo *m*.

mystification [mistifikasjɔ̃] *nf* mistificación *f*.

mystifier [mistifje] *vt* mistificar.

mystique [mistik] *adj & nmf* místico(ca).

mythe [mit] *nm* mito *m*.

mythique [mitik] *adj* mítico(ca).

mytho [mito] *fam abr de* **mythomane**.

mythologie [mitɔlɔʒi] *nf* mitología *f*.

mythomane [mitɔman] *adj & nmf* mitómano(na).

n, N [ɛn] *nm inv* n *f*, N *f*. ◆ **n** (*abr de* **nano**) n. ◆ **N -1.** (*abr de* **newton**) N. **-2.** (*abr de* **nord**) N.

n' → **ne**.

nacelle [nasɛl] *nf* [de montgolfière] barquilla *f*.

nacre [nakr] *nf* nácar *m*.

nage [naʒ] *nf* [natation – action] natación *f*; [– façon] estilo *m* (de natación); **à la** ~ a nado; **être en** ~ estar empapado(da) en sudor.

nageoire [naʒwar] *nf* aleta *f*.

nager [naʒe] ◇ *vi* **-1.** [se déplacer dans l'eau, flotter] nadar. **-2.** *fig*: ~ **dans qqch** [opulence] nadar en algo; [joie] rebosar de algo; *fam* [vêtements] nadar en algo; **je nage** *fam* no me entero de nada. ◇ *vt* nadar.

naguère [nagɛr] *adv sout* hace poco.

naïf, ïve [naif, iv] ◇ *adj* **-1.** [personne, air, remarque] ingenuo(nua). **-2.** ART naif. ◇ *nm, f* **-1.** [niais] ingenuo *m*, -nua *f*. **-2.** [peintre] pintor *m* naif, pintora *f* naif.

nain, e [nɛ̃, nɛn] *adj & nm, f* enano(na).

naissance [nɛsɑ̃s] *nf* nacimiento *m*; **donner ~ à qqch** dar origen a algo.

naissant, e [nɛsɑ̃, ɑ̃t] *adj* naciente.

naître [nɛtr] *vi* **-1.** [enfant] nacer. **-2.** [commencer]: **faire ~ qqch** engendrar algo; **~ de qqch** nacer de algo.

naïve → **naïf**.

naïveté [naivte] *nf* ingenuidad *f*.

nana [nana] *nf fam* [jeune fille] tía *f*.

nanti, e [nɑ̃ti] ◇ *adj* pudiente. ◇ *nm, f* pudiente *mf*.

nantir [nɑ̃tir] *vt sout* : **~ qqn de qqch** proveer a alguien de algo.

nappe [nap] *nf* **-1.** [de table] mantel *m*. **-2.** [étendue, couche] capa *f*.

napper [nape] *vt* CULIN cubrir.

napperon [naprɔ̃] *nm* tapete *m*.

naquis, naquit *etc* → **naître**.

narcisse [narsis] *nm* narciso *m*.

narcissisme [narsisism] *nm* narcisismo *m*.

narcodollars [narkodɔlar] *nmpl* narcodólares *mpl*.

narcotique [narkɔtik] ◇ *adj* narcótico(ca). ◇ *nm* narcótico *m*.

narguer [narge] *vt* burlarse de.

narine [narin] *nf* ventana *f* nasal.

narquois, e [narkwa, az] *adj* socarrón(ona).

narrateur, trice [naratœr, tris] *nm, f* narrador *m*, -ra *f*.

narrer [nare] *vt* narrar.

NASA, Nasa [naza] (*abr de* **National Aeronautics and Space Administration**) *nf* NASA *f*.

nasal, e, aux [nazal, o] *adj* nasal.

naseau, x [nazo] *nm* ollar *m*, ventana *f* (de la nariz).

nasiller [nazije] *vi* ganguear.

nasse [nas] *nf* nasa *f*.

natal, e [natal] *adj* natal.

natalité [natalite] *nf* natalidad *f*.

natation [natasjɔ̃] *nf* natación *f*.

natif, ive [natif, iv] ◇ *adj* **-1.** [originaire] nativo(va), natural; **~ de** natural de. **-2.** *sout* [inné] innato(ta). ◇ *nm, f* nativo *m*, -va *f*.

nation [nasjɔ̃] *nf* nación *f*.

national, e, aux [nasjɔnal, o] *adj* nacional. ◆ **nationale** *nf* nacional *f*.

nationaliser [nasjɔnalize] *vt* nacionalizar.

nationalisme [nasjɔnalism] *nm* nacionalismo *m*.

nationalité [nasjɔnalite] *nf* nacionalidad *f*; **de ~** de nacionalidad.

nativité [nativite] *nf* ART natividad *f*.

natte [nat] *nf* **-1.** [tresse] trenza *f*. **-2.** [tapis] estera *f*.

naturaliser [natyralize] *vt* **-1.** [rendre citoyen, acclimater] naturalizar. **-2.** [animal] disecar.

naturaliste [natyralist] ◇ *adj* naturalista. ◇ *nmf* **-1.** [zoologiste, romancier] naturalista *mf*. **-2.** [empailleur] disecador *m*, -ra *f*.

nature [natyr] ◇ *nf* naturaleza *f*. ◇ *adj inv* **-1.** [personne] natural. **-2.** [café] solo(la).

naturel, elle [natyrɛl] *adj* natural. ◆ **naturel** *nm* **-1.** [tempérament] naturaleza *f*, natural *m*; **être d'un** OU **avoir un ~** ser de OU tener una naturaleza, ser de natural. **-2.** [aisance, simplicité] naturalidad *f*.

naturellement [natyrɛlmɑ̃] *adv* **-1.** [gén] naturalmente. **-2.** [de façon innée] por naturaleza.

naturisme [natyrism] *nm* naturismo *m*.

naturiste [natyrist] *adj & nmf* naturista.

naufrage [nofraʒ] *nm* **-1.** [de navire] naufragio *m*; **faire ~** naufragar. **-2.** *fig* [d'entreprise] hundimiento *m*.

naufragé, e [nofraʒe] *adj & nm, f* náufrago(ga).

nauséabond, e [nozeabɔ̃, ɔ̃d] *adj* nauseabundo(da).

nausée [noze] *nf* náusea *f*; **avoir la ~** tener náuseas.

nautique [notik] *adj* náutico(ca); [ski, sport] acuático(ca).

naval, e [naval] *adj* naval.

navet [navɛ] *nm* **-1.** BOT nabo *m*. **-2.** *péj* [œuvre] birria *f*, churro *m*.

navette [navɛt] *nf* **-1.** TRANSPORT lanzadera *f*; **~ spatiale** AÉRON lanzadera espacial. **-2.** *loc* : **faire la ~** ir y venir.

navigable [navigabl] *adj* navegable.

navigateur, trice [navigatœr, tris] *nm, f* navegante *mf*.

navigation [navigasjɔ̃] *nf* **-1.** [voyage] navegación *f.* **-2.** [science du pilotage] náutica *f*, navegación *f.*

naviguer [navige] *vi* **-1.** [en bateau] navegar. **-2.** [en avion] volar.

navire [navir] *nm* buque *m*, navío *m.*

navrant, e [navrɑ̃, ɑ̃t] *adj* lamentable.

navrer [navre] *vt* afligir; **être navré de qqch/de faire qqch** sentir mucho algo/hacer algo.

nazi, e [nazi] *adj & nm, f* nazi.

nazisme [nazism] *nm* nazismo *m.*

NB (*abr de* nota bene) NB.

nbreuses *abr de* **nombreuses**.

nbrx *abr de* **nombreux**.

NDLR (*abr de* note de la rédaction) NDLR.

ne [nə], **n'** (*devant voyelle ou h muet*) *adv* **-1.** [négation] no; **il ~ veut pas** no quiere. **-2.** [négation implicite] : **il se porte mieux que je ~** (le) **croyais** se porta mejor de lo que (yo) creía. **-3.** [avec verbes ou expressions marquant le doute, la crainte etc] : **je crains qu'il n'oublie** temo que se olvide.

né, e [ne] ◇ *pp* → **naître**. ◇ *adj* **-1.** [venu au monde] nacido(da); **~ le 6 février** nacido el 6 de febrero; **Mme X, ~e Y** la señora X, de soltera Y. **-2.** *fig* [de naissance] nato(ta).

néanmoins [neɑ̃mwɛ̃] *adv* sin embargo.

néant [neɑ̃] *nm* **-1.** [absence de valeur] nulidad *f.* **-2.** [ce qui n'est pas] nada *f*; **réduire à ~** reducir a nada.

nébuleux, euse [nebylø, øz] *adj* nebuloso(sa).

nécessaire [nesesɛr] ◇ *adj* necesario(ria); **~ à qqch** necesario para algo; **il est ~ de faire qqch** es necesario hacer algo; **il est ~ que** (+ *subjonctif*) es necesario que (+ *subjuntivo*); **il est ~ qu'elle aille la voir** es necesario que vaya a verla. ◇ *nm* **-1.** [biens indispensables] : **le ~** lo necesario; **le strict ~** lo estrictamente necesario; **faire le ~** hacer lo necesario. **-2.** [trousse] bolsa *f* de aseo, neceser *m.*

nécessité [nesesite] *nf* necesidad *f*; **être dans la ~ de faire qqch** verse en la necesidad de hacer algo.

nécessiter [nesesite] *vt* exigir.

nec plus ultra [nɛkplysyltra] *nm inv* non plus ultra *m inv.*

nécrologique [nekrɔlɔʒik] *adj* necrológico(ca).

nectar [nɛktar] *nm* néctar *m.*

nectarine [nɛktarin] *nf* nectarina *f.*

nef [nɛf] *nf* **-1.** [d'église] nave *f.* **-2.** *sout* [bateau] nao *f.*

néfaste [nefast] *adj* nefasto(ta).

négatif, ive [negatif, iv] *adj* negativo(va). ◆ **négatif** *nm* PHOT negativo *m.* ◆ **négative** *nf* negativa *f*; **dans la négative** en caso negativo; **répondre par la négative** responder negativamente.

négation [negasjɔ̃] *nf* negación *f.*

négligé, e [negliʒe] *adj* **-1.** [tenue, personne, jardin] descuidado(da), dejado(da). **-2.** [enfant] desatendido(da).

négligeable [negliʒabl] *adj* despreciable.

négligence [negliʒɑ̃s] *nf* negligencia *f*; **par ~** por negligencia.

négliger [negliʒe] *vt* **-1.** [avertissement] desatender. **-2.** [oublier] : **~ de faire qqch** olvidar hacer algo. **-3.** [amis, enfant] desatender. **-4.** [jardin, tenue] descuidar. ◆ **se négliger** *vp* [personne] descuidarse, abandonarse.

négoce [negɔs] *nm* negocio *m.*

négociant, e [negɔsjɑ̃, ɑ̃t] *nm, f* negociante *mf.*

négociateur, trice [negɔsjatœr, tris] *nm, f* negociador *m*, -ra *f.*

négociation [negɔsjasjɔ̃] *nf* negociación *f*; **~s de paix** negociaciones de paz.

négocier [negɔsje] *vt* **-1.** [gén] negociar. **-2.** [virage] tomar bien.

nègre, négresse [nɛgr, negrɛs] *adj & nm, f péj* [noir] negro *m*, -gra *f.* ◆ **nègre** *nm fam* [écrivain anonyme] negro *m*, -gra *f.*

neige [nɛʒ] *nf* nieve *f.*

neiger [neʒe] *vi* nevar; **il neige** nieva, está nevando.

neigeux, euse [nɛʒø, øz] *adj* **-1.** [lieu] nevado(da). **-2.** [temps] nevoso(sa). **-3.** [mousse] espumoso(sa).

nénuphar [nenyfar] *nm* nenúfar *m.*

néologisme [neɔlɔʒism] *nm* LING neologismo *m.*

néon [neɔ̃] *nm* neón *m.*

néophyte [neɔfit] *adj & nmf* neófito(ta).

Népal [nepal] *nm* : **le ~** Nepal; **au ~** [direction] a Nepal; [situation] en Nepal.

nerf [nɛr] *nm* nervio *m.* ◆ **nerfs** *nmpl* nervios *mpl.*

nerveux, euse [nɛrvø, øz] ◇ *adj* **-1.** [gén] nervioso(sa). **-2.** [voiture] con nervio. ◇ *nm, f* nervioso *m*, -sa *f.*

nervosité [nɛrvozite] *nf* nerviosismo *m.*

nervure [nɛrvyr] *nf* nervadura *f.*

n'est-ce pas [nɛspa] *loc adv* ¿verdad?; **delicieux, ~?** delicioso ¿verdad?; **~ que vous vous êtes bien amusés?** ¿a que os habéis divertido?

net, nette [nɛt] *adj* **-1.** [propre, rangé, pur] limpio(pia). **-2.** COMM & FIN neto(ta); **~ d'impôt** libre de impuestos. **-3.** [image, idée] nítido(da). **-4.** [réponse, terme, différence] claro(ra). ◆ **net** *adv* **-1.** [brutalement] : **s'arrêter ~** parar en seco. **-2.** [franchement] **refuser ~** negarse tajantemente.

nettement [nɛtmɑ̃] *adv* **-1.** [clairement] netamente. **-2.** [incontestablement] mucho; **~ plus/moins** mucho más/menos.

netteté [nɛtte] *nf* **-1.** [propreté] limpieza *f*. **-2.** [précision] nitidez *f*.

nettoyage [netwajaʒ] *nm* limpieza *f Esp*, limpia *f Amér*; **~ à sec** limpieza en seco.

nettoyer [netwaje] *vt* limpiar.

neuf¹, neuve [nœf, nœv] *adj* nuevo(va). ◆ **neuf** *nm* : **vêtu de ~** con vestido nuevo; **quoi de ~?** ¿qué hay de nuevo?; **remettre à ~** renovar; **rien de ~** nada nuevo.

neuf² [nœf] *adj num & nm inv* nueve; *voir aussi* **six**.

neurasthénique [nørastenik] *adj & nmf* neurasténico(ca).

neurologie [nørɔlɔʒi] *nf* neurología *f*.

neutraliser [nøtralize] *vt* neutralizar.

neutralité [nøtralite] *nf* neutralidad *f*.

neutre [nøtr] ◇ *adj* **-1.** [gén] neutro(tra). **-2.** [non belligérant] neutral. ◇ *nm* GRAM neutro *m*.

neutron [nøtrɔ̃] *nm* neutrón *m*.

neuve → **neuf**.

neuvième [nœvjɛm] ◇ *adj num & nmf* noveno(na). ◇ *nm* noveno *m*, novena parte *f*. ◇ *nf* SCOL ≃ tercero *m* de EGB.

névé [neve] *nm* nevero *m*, ventisquero *m*.

neveu [nəvø] *nm* sobrino *m*.

névralgie [nevralʒi] *nf* neuralgia *f*.

névrose [nevroz] *nf* neurosis *f inv*.

névrosé, e [nevroze] *adj & nm, f* neurótico(ca).

New York [nujɔrk] *n* Nueva York.

new-yorkais, e [nujɔrkɛ, ɛz] *adj* neoyorquino(na). ◆ **New-Yorkais, e** *nm, f* neoyorquino *m*, -na *f*.

nez [ne] *nm* **-1.** ANAT nariz *f*; **saigner du ~** sangrar por la nariz. **-2.** [odorat] olfato *m*. **-3.** [d'avion, de fusée] morro *m*. **-4.** *loc* : **à ~** cara a cara.

ni [ni] *conj* ni; **je ne peux ~ ne veux venir** no puedo ni quiero venir. ◆ **ni... ni** *loc corrélative* ni... ni; **~ lui ~ moi** ni él ni yo; **~ l'un ~ l'autre** ni el uno ni el otro; **~ plus ~ moins** ni más ni menos.

niais, e [njɛ, njɛz] *adj & nm, f* bobo(ba).

Nicaragua [nikaragwa] *nm* : **le ~** Nicaragua; **au ~** [direction] a Nicaragua; [situation] en Nicaragua.

nicaraguayen, enne [nikaragwajɛ̃, ɛn] *adj* nicaragüense. ◆ **Nicaraguayen, enne** *nm, f* nicaragüense *mf*.

niche [niʃ] *nf* **-1.** [de chien] caseta *f*. **-2.** [de statue] hornacina *f*, nicho *m*. **-3.** *fam* [farce] diablura *f*.

nicher [niʃe] *vi* **-1.** [oiseau] anidar. **-2.** *fam* [personne] vivir. ◆ **se nicher** *vp* meterse.

nickel [nikɛl] ◇ *nm* níquel *m*. ◇ *adj inv fam* impecable.

nicotine [nikɔtin] *nf* nicotina *f*.

nid [ni] *nm* nido *m*.

nid-d'abeilles [nidabɛj] *nm* nido de abeja.

nid-de-poule [nidpul] *nm* bache *m*.

nièce [njɛs] *nf* sobrina *f*.

nième = **énième**.

nier [nje] *vt* negar.

nigaud, e [nigo, od] *adj & nm, f* atontado(da).

Nigeria [niʒerja] *nm* : **le ~** Nigeria; **au ~** [direction] a Nigeria; [situation] en Nigeria.

Nil [nil] *nm* : **le ~** el Nilo.

nippon, one [nipɔ̃, ɔn] *adj* nipón(ona). ◆ **Nippon, one** *nm, f* nipón *m*, -ona *f*.

nirvana [nirvana] *nm* nirvana *m*.

nitrate [nitrat] *nm* nitrato *m*.

nitroglycérine [nitrɔgliserin] *nf* nitroglicerina *f*.

niveau [nivo] *nm* **-1.** [gén] nivel *m*; **au ~ de qqch** al nivel de algo; **de même ~** del mismo nivel; **le ~ de la mer** el nivel del mar; **~ scolaire/de vie** nivel académico/de vida. **-2.** [étage] piso *m*.

niveler [nivle] *vt* nivelar.

n° (*abr de* **numéro**) n°.

noble [nɔbl] *adj & nmf* noble.

noblesse [nɔblɛs] *nf* nobleza *f*.

noce [nɔs] *nf* **-1.** [gén] boda *f*. **-2.** *fam fig* [amusement] juerga *f*. ◆ **noces** *nfpl* bodas *fpl*; **~s d'argent/d'or** bodas de plata/de oro.

nocif, ive [nɔsif, iv] *adj* nocivo(va).

noctambule [nɔktɑ̃byl] *adj & nmf* noctámbulo(la).

nocturne [nɔktyrn] ◇ *adj* nocturno(na). ◇ *nm* **-1.** MUS nocturno *m*. **-2.** ZOOL [rapace] ave *f* nocturna. ◇ *nf* [de magasin] apertura *f* nocturna.

Noël [nɔɛl] *nm* Navidad *f*.

nœud [nø] *nm* **-1.** [gén] nudo *m*; **filer à X ~s** navegar a X nudos; **double ~** doble nudo. **-2.** [ornement, attachement] lazo *m*; **~ de cravate** nudo de corbata; **~ papillon** pajarita *f*. **-3.** ASTRON nodo *m*. **-4.** ANAT nódulo *m*.

noir, e [nwar] *adj* **-1.** [gén] negro(gra); **~ (de qqch)** [sale] negro (de algo). **-2.** [intention, regard] pérfido(da). **-3.** *fam fig* [ivre] ciego(ga). ◆ **Noir, e** *nm, f* negro *m*, -gra *f*. ◆ **noir** *nm* **-1.** [gén] negro *m*; **en ~ et blanc** en blanco y negro; **travailler au ~** trabajar de negro; **~ sur blanc** por escrito. **-2.** [obscurité] oscuridad *f*. ◆ **noire** *nf* MUS negra *f*.

noirceur [nwarsœr] *nf* **-1.** *sout* [couleur] negrura *f*. **-2.** *fig* [méchanceté] perfidia *f*.

noircir [nwarsir] ◇ *vi* ennegrecerse. ◇ *vt* **-1.** [foncer] ennegrecer. **-2.** *sout* [réputation] manchar.

noisetier [nwaztje] *nm* avellano *m*.

noisette [nwazɛt] ◇ *nf* **-1.** [fruit] avellana *f*. **-2.** [petite quantité] nuez *f*. ◇ *adj inv* avellana *(en aposición)*.

noix [nwa] *nf* **-1.** [fruit] nuez *f*; **~ de cajou** anacardo *m*; **~ de coco** nuez de coco; **~ de muscade** nuez moscada; **à la ~** de tres al cuarto. **-2.** *fam* [imbécile] papanatas *mf*.

nom [nɔ̃] *nm* **-1.** [gén] nombre *m*; **~ propre/commun** nombre propio/común. **-2.** [patronyme] apellido *m*; **~ de famille** apellido; **~ de jeune fille** apellido de soltera.

nomade [nɔmad] *adj & nmf* nómada.

nombre [nɔ̃br] *nm* número *m*; **~ pair/impair** número par/impar.

nombreux, euse [nɔ̃brø, øz] *adj* numeroso(sa).

nombril [nɔ̃bril] *nm* ombligo *m*.

nomenclature [nɔmɑ̃klatyr] *nf* nomenclatura *f*.

nominal, e, aux [nɔminal, o] *adj* nominal.

nomination [nɔminasjɔ̃] *nf* nombramiento *m*.

nommé, e [nɔme] ◇ *adj* **-1.** [désigné par son nom] nombrado(da). **-2.** [choisi] designado(da). ◇ *nm, f* mencionado *m*, -da *f*.

nommément [nɔmemɑ̃] *adv* por el nombre.

nommer [nɔme] *vt* **-1.** [appeler, qualifier] llamar. **-2.** [désigner, promouvoir] nombrar. **-3.** [dénoncer] dar el nombre de, decir el nombre de. ◆ **se nommer** *vp* **-1.** [s'appeler] llamarse. **-2.** [se désigner] decir su nombre.

non [nɔ̃] *adv & nm inv* no. ◆ **non (pas)... mais** *loc corrélative* no... sino. ◆ **non (pas) que... mais** *loc corrélative* no es que... sino que. ◆ **non plus** *loc adv* tampoco. ◆ **non plus... mais** *loc corrélative* ya no... sino. ◆ **non sans** *loc prép* no sin; **~ sans mal** no sin dificultad.

nonagénaire [nɔnaʒenɛr] *adj & nmf* nonagenario(ria).

non-agression [nɔnagresjɔ̃] *nf* no agresión *f*.

non-assistance [nɔnasistɑ̃s] *nf* : **~ à personne en danger** omisión de socorro a persona en peligro.

nonchalance [nɔ̃ʃalɑ̃s] *nf* dejadez *f*, indolencia *f*.

non-fumeur, euse [nɔfymœr, øz] *nm, f* no fumador *m*, no fumadora *f*.

non-lieu (*pl* **non-lieux**) *nm* JUR sobreseimiento *m*; **rendre un ~** dictar un auto de sobreseimiento.

nonne [nɔn] *nf* monja *f*.

non-sens *nm inv* **-1.** [absurdité] disparate *m*, absurdo *m*. **-2.** [contresens] contrasentido *m*.

non-violence *nf* no violencia *f*.

non-voyant, e [nɔ̃vwajɑ̃, ɑ̃t] *nm, f* invidente *mf*.

nord [nɔr] ◇ *adj inv* norte. ◇ *nm inv* norte *m*. ◆ **Nord** *nm* norte *m*; **le grand Nord** los países del mar del Norte.

nord-est [nɔrɛst] *adj inv & nm inv* nordeste, noreste.

nordique [nɔrdik] *adj* nórdico(ca). ◆ **Nordique** *nmf* **-1.** [du Nord] nórdico *m*, -ca *f*. **-2.** *Can* del norte de Canadá.

nord-ouest [nɔrwɛst] *adj inv & nm inv* noroeste.

normal, e, aux [nɔrmal, o] *adj* normal. ◆ **normale** *nf* : **la ~e** lo normal.

normalement [nɔrmalmɑ̃] *adv* **-1.** [habituellement] normalmente. **-2.** [selon les prévisions] en circunstancias normales.

normalisation [nɔrmalizasjɔ̃] *nf* normalización *f*.

normaliser [nɔrmalize] *vt* normalizar. ◆ **se normaliser** *vp* normalizarse.

normand, e [nɔrmɑ̃, ɑ̃d] *adj* normando(da).

Normandie [nɔrmādi] *nf* : **la** ~ Normandía.

norme [nɔrm] *nf* norma *f*.

Norvège [nɔrvɛʒ] *nf* : **la** ~ Noruega.

nos → notre.

nostalgie [nɔstalʒi] *nf* **-1.** [mélancolie] nostalgia *f*. **-2.** [mal du pays] morriña *f*.

notable [nɔtabl] *adj & nm* notable.

notaire [nɔtɛr] *nm* notario *m*, -ria *f*.

notamment [nɔtamā] *adv* especialmente, particularmente.

note [nɔt] *nf* **-1.** [gén] nota *f*; **avoir une bonne/mauvaise** ~ tener una buena/mala nota; **prendre des** ~s tomar apuntes. **-2.** [facture] cuenta *f*, nota *f*.

noté, e [nɔte] *adj* : **être bien/mal** ~ estar bien/mal considerado.

noter [nɔte] *vt* **-1.** [marquer] señalar. **-2.** [écrire] anotar, apuntar. **-3.** [constater] notar. **-4.** SCOL & UNIV calificar. **-5.** MUS escribir.

notice [nɔtis] *nf* reseña *f*.

notifier [nɔtifje] *vt* : ~ **qqch à qqn** notificar algo a alguien.

notion [nɔsjɔ̃] *nf* noción *f*.

notoire [nɔtwar] *adj* notorio(ria).

notre [nɔtr] (*pl* **nos** [no]) *adj poss* nuestro(tra).

nôtre [notr] ◆ **le nôtre** (*f* **la nôtre**, *pl* **les nôtres**) *pron poss* el nuestro, la nuestra; **serez-vous des** ~s **demain?** ¿podemos contar con vosotros para mañana?

nouer [nwe] ◇ *vt* **-1.** [corde, lacets] anudar. **-2.** [bouquet] atar. **-3.** *fig* [gorge] hacer un nudo. **-4.** *sout* [alliance, amitié, liens] trabar, entablar. **-5.** [intrigue] tramar, urdir. ◇ *vi* BOT cuajar. ◆ **se nouer** *vp* **-1.** [gorge] hacerse un nudo. **-2.** [alliance, amitié] entablarse. **-3.** [intrigue] tramarse.

noueux, euse [nwø, øz] *adj* **-1.** [bois] nudoso(sa). **-2.** [main, doigt] sarmentoso(sa).

nougat [nuga] *nm* ~ turrón *m* duro.

nouille [nuj] ◇ *nf* **-1.** [pâte] tallarín *m*. **-2.** *fam* [imbécile] lelo *m*, -la *f*. ◇ *adj* [art-déco] modernista.

nourri, e [nuri] *adj* **-1.** [gén] graneado(da). **-2.** [tir] alimentado(da).

nourrice [nuris] *nf* **-1.** [qui allaite] nodriza *f*, ama *f* de cría. **-2.** [garde d'enfant] niñera *f*. **-3.** [réservoir] nodriza *f*.

nourrir [nurir] *vt* **-1.** [gén] alimentar. **-2.** [projet] acariciar. **-3.** [style, récit, esprit] enriquecer. ◆ **se nourrir** *vp* alimentarse; **se** ~ **de qqch** alimentarse de algo.

nourrissant, e [nurisā, āt] *adj* nutritivo(va).

nourrisson [nurisɔ̃] *nm* niño *m* de pecho.

nourriture [nurityr] *nf* alimento *m*.

nous [nu] *pron pers* **-1.** [gén] nosotros(tras). **-2.** [complément d'objet direct, de verbe pronominal] nos; **dépêchons-**~! ¡démonos prisa!; **il** ~ **l'a donné** nos lo ha dado; ~ **devons** ~ **occuper de lui** tenemos que ocuparnos de él. **-3.** [possessif] : **à** ~ nuestro(tra). ◆ **nous-mêmes** *pron pers* nosotros mismos, nosotras mismas.

nouveau, elle, x [nuvo, ɛl] (**nouvel** [nuvɛl] *devant voyelle ou h muet*) ◇ *adj* **-1.** [gén] nuevo(va). **-2.** [récent] recién; **le** ~ **venu** el recién llegado; **les** ~**x mariés** los recién casados. ◇ *nm, f* nuevo *m*, -va *f*. ◆ **nouveau** *nm* novedad *f*. ◆ **nouvelles** *nfpl* noticias *fpl*; **donner de ses nouvelles** dar noticias; **les nouvelles** el telediario, las noticias. ◆ **à nouveau** *loc adv* de nuevo. ◆ **de nouveau** *loc adv* de nuevo.

nouveau-né, e (*mpl* **nouveau-nés**, *fpl* **nouveau-nées**) *adj & nm, f* recién nacido(da).

nouveauté [nuvote] *nf* novedad *f*.

nouvelle → nouveau.

Nouvelle-Calédonie [nuvɛlkaledɔni] *nf* : **la** ~ Nueva Caledonia.

Nouvelle-Guinée [nuvɛlgine] *nf* : **la** ~ Nueva Guinea.

Nouvelle-Zélande [nuvɛlzelād] *nf* : **la** ~ Nueva Zelanda.

novateur, trice [nɔvatœr, tris] *adj & nm, f* innovador(ra).

novembre [nɔvābr] *nm* noviembre *m*; *voir aussi* **septembre**.

novice [nɔvis] ◇ *adj* novato(ta). ◇ *nmf* **-1.** [débutant] novato *m*, -ta *f*. **-2.** RELIG novicio *m*, -cia *f*.

noyade [nwajad] *nf* ahogamiento *m*.

noyau [nwajo] *nm* **-1.** [gén] núcleo *m*. **-2.** [de fruit] hueso *m* *Esp*, carozo *m* *Amér*. ◆ **noyau dur** *nm* los duros *mpl* (*dentro de un grupo*).

noyauter [nwajote] *vt* POLIT infiltrar.

noyé, e [nwaje] ◇ *adj* **-1.** [personne] ahogado(da). **-2.** [inondé] anegado(da); ~ **de qqch** *fig* [yeux] anegado de algo. ◇ *nm, f* ahogado *m*, -da *f*.

noyer [nwaje] *vt* **-1.** [personne, sentiment, moteur] ahogar. **-2.** [terrain] anegar. **-3.** [recouvrir] sumergir. **-4.** [estomper, diluer] difuminar. ◆ **se noyer** *vp* **-1.** [personne] ahogarse. **-2.** [être submergé, se perdre] perderse.

nu, e [ny] *adj* **-1.** [gén] desnudo(da). **-2.** [arbre, paysage, région] yermo(ma). **-3.** [style] escueto(ta). ◆ **nu** *nm* desnudo *m*. ◆ **à nu** *loc adv* [à découvert] : **mettre à ~** dejar al descubierto; **se mettre à ~** *fig* mostrarse al desnudo.

nuage [nɥaʒ] *nm* [gén] nube *f*.

nuageux, euse [nɥaʒø, øz] *adj* **-1.** [temps, ciel] nublado(da). **-2.** *fig* [esprit] confuso(sa).

nuance [nɥɑ̃s] *nf* matiz *m*.

nuancé, e [nɥɑ̃se] *adj* matizado(da).

nubile [nybil] *adj* núbil.

nucléaire [nykleɛr] ◇ *adj* nuclear. ◇ *nm* energía *f* nuclear.

nudisme [nydism] *nm* nudismo *m*.

nudité [nydite] *nf* desnudez *f*.

nue [ny] *nf* (*gén pl*) : **tomber des ~s** quedarse pasmado(da).

nuée [nɥe] *nf* **-1.** [multitude] : **une ~ de** una nube de. **-2.** [gros nuage] nubarrón *m*.

nui [nɥi] *pp inv* → **nuire**.

nuire [nɥir] *vi* : **~ à qqch/à qqn** perjudicar algo/a alguien.

nuisible [nɥizibl] ◇ *adj* dañino(na). ◇ *nm* animal *m* dañino.

nuit [nɥi] *nf* noche *f*; **de ~** de noche; **la ~ des temps** *fig* la noche de los tiempos.

nuitée [nɥite] *nf* noche *f* (*de hotel*).

nul, nulle [nyl] ◇ *adj indéf* (*avant nom*) *sout* ninguno(na); **nulle part** en ninguna parte. ◇ *adj* (*après nom*) [gén] nulo(la); **match ~** SPORT empate *m*; [boxe] combate nulo; **être ~ en qqch** *fam fig* ser negado para algo. ◇ *nm, f péj* inútil *mf*, desastre *m*. ◇ *pron indéf sout* nadie.

nullement [nylmɑ̃] *adv* en absoluto.

nullité [nylite] *nf* nulidad *f*.

numéraire [nymerɛr] ◇ *adj* numerario(ria). ◇ *nm* numerario *m*.

numération [nymerasjɔ̃] *nf* **-1.** MATHS numeración *f*. **-2.** MÉD recuento *m*.

numérique [nymerik] *adj* **-1.** [gén] numérico(ca). **-2.** INFORM digital.

numériser [nymerize] *vt* INFORM digitalizar.

numéro [nymero] *nm* **-1.** [gén] número *m*; **composer un ~** marcar un número; **faux ~** número equivocado; **~** **vert** número telefónico gratuito, en Francia, ≈ 900. **-2.** *fam* [personne] : **c'est un sacré ~!** ¡es una buena pieza!

numéroter [nymerɔte] *vt* numerar.

nu-pieds *nm inv* sandalia *f*.

nuptial, e, aux [nypsjal, o] *adj* nupcial.

nuque [nyk] *nf* nuca *f*.

nurse [nœrs] *nf* nurse *f*.

nutritif, ive [nytritif, iv] *adj* nutritivo(va).

nutritionniste [nytrisjɔnist] *adj & nmf* dietista *mf*.

Nylon® [nilɔ̃] *nm* nylon® *m*, nailon® *m*.

nymphe [nɛ̃f] *nf* ninfa *f*.

nymphomane [nɛ̃fɔman] ◇ *adj* ninfómano(na). ◇ *nf* ninfómana *f*.

o, O [o] *nm inv* o *f*, O *f*. ◆ **O** (*abr de Ouest*) O.

ô [o] *interj sout* ¡oh!

oasis [ɔazis] *nf* oasis *m inv*.

obéir [ɔbeir] *vi* : **~ à qqn/à qqch** obedecer a alguien/a algo.

obéissance [ɔbeisɑ̃s] *nf* obediencia *f*; **devoir ~ à qqn** deber obediencia a alguien.

obélisque [ɔbelisk] *nm* obelisco *m*.

obèse [ɔbɛz] *adj & nmf* obeso(sa).

obésité [ɔbezite] *nf* obesidad *f*.

objecteur [ɔbʒɛktœr] *nm* objetor *m*; **~ de conscience** objetor de conciencia.

objectif, ive [ɔbʒɛktif, iv] *adj* objetivo(va). ◆ **objectif** *nm* objetivo *m*.

objection [ɔbʒɛksjɔ̃] *nf* objeción *f*; **faire ~ à qqch/à qqn** poner objeciones a algo/a alguien.

objectivité [ɔbʒɛktivite] *nf* objetividad *f*.

objet [ɔbʒɛ] *nm* objeto *m*; **~ d'art** objeto de arte.

obligation [ɔbligasjɔ̃] *nf* [gén & FIN] obligación *f*; **être dans l'~ de faire qqch** estar en la obligación de hacer algo. ◆ **obligations** *nfpl* obligaciones *fpl*; **avoir des ~s** tener obligaciones.

obligatoire [ɔbligatwar] *adj* **-1.** [imposé] obligatorio(ria). **-2.** [inéluctable] inevitable.

obligé, e [ɔbliʒe] ◇ *adj sout* agradecido(da). ◇ *nm, f* servidor *m*, -ra *f*.

obligeance [ɔbliʒãs] *nf sout* bondad *f*; **avoir l'~ de faire qqch** tener la bondad de hacer algo.

obliger [ɔbliʒe] *vt* **-1.** [forcer] : ~ **qqn à qqch/à faire qqch** obligar a alguien a algo/a hacer algo; **être obligé de faire qqch** tener que hacer algo. **-2.** JUR [lier] obligar. **-3.** *sout* [rendre service] complacer. ◆ **s'obliger** *vp* : **s'~ à qqch/à faire qqch** obligarse a algo/a hacer algo.

oblique [ɔblik] ◇ *adj* [gén] oblicuo(cua); [regard] de soslayo. ◇ *nf* GÉOM oblicua *f*.

obliquer [ɔblike] *vi* torcer.

oblitérer [ɔblitere] *vt* **-1.** [billet] sellar; [timbre] obliterar. **-2.** MÉD obliterar. **-3.** *sout* [effacer] borrar.

obnubiler [ɔbnybile] *vt* obnubilar; **être obnubilé par qqch/par qqn** estar obnubilado por algo/por alguien.

obole [ɔbɔl] *nf* óbolo *m*.

obscène [ɔpsɛn] *adj* obsceno(na).

obscénité [ɔpsenite] *nf* obscenidad *f*.

obscur, e [ɔpskyr] *adj* oscuro(ra), obscuro(ra).

obscurantisme [ɔpskyrãtism] *nm* oscurantismo *m*, obscurantismo *m*.

obscurcir [ɔpskyrsir] *vt* oscurecer, obscurecer. ◆ **s'obscurcir** *vp* oscurecerse, obscurecerse.

obscurité [ɔpskyrite] *nf* oscuridad *f*, obscuridad *f*.

obsédé, e [ɔpsede] ◇ *adj* obsesionado(da). ◇ *nm, f* obseso *m*, -sa *f*.

obséder [ɔpsede] *vt* obsesionar.

obsèques [ɔpsɛk] *nfpl* funerales *mpl*, exequias *fpl*.

obséquieux, euse [ɔpsekjø, øz] *adj* servil.

observateur, trice [ɔpsɛrvatœr, tris] *adj & nm, f* observador(ra).

observation [ɔpsɛrvasjɔ̃] *nf* **-1.** [gén] observación *f*; **être en ~** estar en observación. **-2.** [conformité] observancia *f*.

observatoire [ɔpsɛrvatwar] *nm* observatorio *m*.

observer [ɔpsɛrve] *vt* **-1.** [gén] observar; ~ **que** observar que; **faire ~ qqch à qqn** advertir algo a alguien. **-2.** [adopter] guardar.

obsession [ɔpsesjɔ̃] *nf* obsesión *f*.

obsolète [ɔpsɔlɛt] *adj* obsoleto(ta).

obstacle [ɔpstakl] *nm* obstáculo *m*; **faire ~ à qqch/à qqn** obstaculizar algo/a alguien; **rencontrer un ~** encontrar un obstáculo.

obstétrique [ɔpstetrik] *nf* obstetricia *f*.

obstination [ɔpstinasjɔ̃] *nf* obstinación *f*.

obstiné, e [ɔpstine] *adj & nm, f* obstinado(da).

obstiner [ɔpstine] ◆ **s'obstiner** *vp* obstinarse; **s'~ à faire qqch** obstinarse en hacer algo; **s'~ dans qqch** obstinarse en algo.

obstruction [ɔpstryksjɔ̃] *nf* obstrucción *f*.

obstruer [ɔpstrye] *vt* obstruir. ◆ **s'obstruer** *vp* obstruirse.

obtempérer [ɔptãpere] *vi* : ~ **à qqch** obedecer algo.

obtenir [ɔptənir] *vt* obtener, conseguir; ~ **qqch de qqn** obtener OU conseguir algo de alguien; ~ **qqch à qqn** OU **pour qqn** conseguir algo a/para alguien.

obtention [ɔptãsjɔ̃] *nf* obtención *f*, consecución *f*.

obtenu, e [ɔptəny] *pp* → **obtenir.**

obturer [ɔptyre] *vt* obturar.

obtus, e [ɔpty, yz] *adj* obtuso(sa).

obus [ɔby] *nm* obús *m*.

occasion [ɔkazjɔ̃] *nf* **-1.** [possibilité, chance] ocasión *f*, oportunidad *f*; **à l'~** en cualquier momento; **rater une ~ de faire qqch** perder la ocasión de hacer algo; **saisir l'~ (de faire qqch)** aprovechar la ocasión (de hacer algo). **-2.** [circonstance, motif] ocasión *f*; **à la première ~** en la primera ocasión; **à l'~ de qqch** con ocasión de algo. **-3.** [seconde main] : **d'~** de ocasión.

occasionnel, elle [ɔkazjɔnɛl] *adj* ocasional.

occasionner [ɔkazjɔne] *vt* ocasionar.

occident [ɔksidã] *nm* [point cardinal] occidente *m*. ◆ **Occident** *nm* : **l'Occident** (el) Occidente.

occidental, e, aux [ɔksidãtal, o] *adj* occidental. ◆ **Occidental, e, aux** *nm, f* occidental *mf*.

occiput [ɔksipyt] *nm* occipucio *m*.

occlusion [ɔklyzjɔ̃] *nf* oclusión *f*.

occulte [ɔkylt] *adj* oculto(ta).

occulter [ɔkylte] *vt* ocultar.

occupation [ɔkypasjɔ̃] *nf* ocupación *f*.

occupé, e [ɔkype] *adj* ocupado(da); **être ~ à qqch** estar ocupado en algo; **c'est ~** [téléphone] está comunicando, comunica.

occuper [ɔkype] *vt* ocupar. ◆ **s'occuper** *vp* ocuparse; **s'~ à qqch/à faire qqch** ocuparse de algo/de hacer algo; **s'~ de**

qqch/de qqn ocuparse de algo/de alguien.

occurrence [ɔkyrɑ̃s] *nf* **-1.** [circonstance] caso *m*; **en l'~** en esta ocasión, en este caso. **-2.** LING ocurrencia *f*.

OCDE (*abr de* **Organisation de coopération et de développement économique**) *nf* OCDE *f*.

océan [ɔseɑ̃] *nm* océano *m*; **un ~ de qqch** *fig* un mar de algo; **l'~ Antarctique** el océano (glacial) Antártico; **l'~ Arctique** el océano (glacial) Ártico; **l'~ Atlantique** el océano Atlántico; **l'~ Indien** el océano Índico; **l'~ Pacifique** el océano Pacífico.

Océanie [ɔseani] *nf* : **l'** ~ Oceanía.

océanique [ɔseanik] *adj* oceánico(ca).

océanographie [ɔseanɔgrafi] *nf* oceanografía *f*.

ocre [ɔkr] *adj inv & nf* ocre.

octave [ɔktav] *nf* **-1.** MUS & RELIG octava *f*. **-2.** ESCRIME octava *f*, posición *f* octava.

octet [ɔktɛ] *nm* INFORM byte *m*, octeto *m*.

octobre [ɔktɔbr] *nm* octubre *m*; *voir aussi* **septembre**.

octogénaire [ɔktɔʒenɛr] *adj & nmf* octogenario(ria).

octogone [ɔktɔgɔn] *nm* octógono *m*.

octroyer [ɔktrwaje] *vt* conceder; **~ qqch à qqn** conceder algo a alguien. **◆ s'octroyer** *vp* concederse.

oculaire [ɔkylɛr] *nm & adj* ocular.

oculiste [ɔkylist] *nmf* oculista *mf*.

ode [ɔd] *nf* oda *f*.

odeur [ɔdœr] *nf* olor *m*.

odieux, euse [ɔdjø, øz] *adj* odioso(sa).

odorant, e [ɔdɔrɑ̃, ɑ̃t] *adj* oloroso(sa).

odorat [ɔdɔra] *nm* olfato *m*.

œdème [edɛm] *nm* edema *m*.

œil [œj] (*pl* **yeux** [jø]) *nm* ojo *m*; **baisser/lever les yeux** bajar/alzar la vista; **écarquiller les yeux** poner unos ojos como platos.

œillade [œjad] *nf* guiño *m*; **lancer une ~ à qqn** guiñar el ojo a alguien.

œillère [œjɛr] *nf* **-1.** [de cheval] anteojera *f*. **-2.** MÉD lavaojos *m inv*.

œillet [œjɛ] *nm* **-1.** BOT clavel *m*. **-2.** COUT ojete *m*.

œnologue [enɔlɔg] *nmf* enólogo *m*, -ga *f*.

œsophage [ezɔfaʒ] *nm* esófago *m*.

œuf [œf] *nm* huevo *m*; **~ à la coque** huevo pasado por agua (*3 minutos*); **~ dur** huevo duro; **~ mollet** huevo pasado por agua (*4 minutos*); **~ au plat** huevo frito; **~ poché** huevo escalfado.

œuvre [œvr] *nf* obra *f*; **mettre tout en ~ pour** poner todos los medios para; **~ d'art** obra de arte.

off [ɔf] *adj inv* CIN en off.

offense [ɔfɑ̃s] *nf* ofensa *f*.

offenser [ɔfɑ̃se] *vt* ofender. **◆ s'offenser** *vp* : **s'~ de qqch** ofenderse por algo.

offensif, ive [ɔfɑ̃sif, iv] *adj* ofensivo(va). **◆ offensive** *nf* **-1.** MIL ofensiva *f*; **passer à l'offensive** pasar a la ofensiva; **prendre l'offensive** tomar la ofensiva. **-2.** *loc* : **l'offensive de l'hiver** los primeros fríos.

offert, e [ɔfɛr, ɛrt] *pp* → **offrir**.

office [ɔfis] *nm* **-1.** [bureau] oficina *f*; **~ du tourisme** oficina de turismo. **-2.** RELIG oficio *m*. **◆ d'office** *loc adv* de oficio; **commis d'~** JUR [avocat] nombrado de oficio.

officialiser [ɔfisjalize] *vt* oficializar, dar carácter oficial.

officiel, elle [ɔfisjɛl] *adj* oficial. **◆ officiel** *nm* : **les ~s** las autoridades.

officier[1] [ɔfisje] *vi* oficiar.

officier[2] [ɔfisje] *nm* MIL oficial *m*.

officieux, euse [ɔfisjø, øz] *adj* oficioso(sa).

offrande [ɔfrɑ̃d] *nf* ofrenda *f*.

offre [ɔfr] *nf* **-1.** [gén & COMM] oferta *f*; **la loi de l'~ et la demande** la ley de la oferta y la demanda; **~ d'emploi** oferta de empleo; **~ d'essai** COMM oferta de prueba. **-2.** POLIT [de paix] propuesta *f*.

offrir [ɔfrir] *vt* **-1.** [donner] : **~ qqch à qqn** regalar algo a alguien. **-2.** [présenter] ofrecer un aspecto. **◆ s'offrir** *vp* **-1.** [se proposer] ofrecerse. **-2.** [se faire un cadeau] regalarse.

offusquer [ɔfyske] *vt* ofender. **◆ s'offusquer** *vp* ofenderse; **s'~ de qqch** ofenderse por algo.

ogre [ɔgr] *nm* ogro *m*.

oh [o] *interj* oh.

ohé [ɔe] *interj* ¡eh!

oie [wa] *nf* **-1.** ZOOL oca *f*. **-2.** *fam péj* [niaise] gansa *f*.

oignon [ɔɲɔ̃] *nm* **-1.** [plante, bulbe] cebolla *f*. **-2.** MÉD juanete *m*.

oiseau, x [wazo] *nm* **-1.** ZOOL ave *f*, pájaro *m*; **~ de proie** ave de rapiña. **-2.** *fam* [individu] : **un drôle d'~** ¡un buen pájaro!; **un ~ rare** un bicho raro.

oisellerie [wazɛlri] *nf* pajarería *f*.

oisif, ive [wazif, iv] *adj & nm, f* ocioso(sa).

oisillon [wazijɔ̃] *nm* cría *f* de pájaro.

oisiveté [wazivte] *nf* ociosidad *f*.

O.K. [ɔke] *interj fam* ¡vale!

oléagineux, euse [ɔleaʒinø, øz] *adj* oleaginoso(sa). ◆ **oléagineux** *nm* planta *f* oleaginosa.

oléoduc [ɔleɔdyk] *nm* oleoducto *m*.

olfactif, ive [ɔlfaktif, iv] *adj* olfativo(va).

oligarchie [ɔligarʃi] *nf* oligarquía *f*.

olive [ɔliv] ◇ *nf* aceituna *f*, oliva *f*. ◇ *adj inv* de color verde oliva.

olivier [ɔlivje] *nm* olivo *m*.

OLP (*abr de* **Organisation de libération de la Palestine**) *nf* OLP *f*.

olympique [ɔlɛ̃pik] *adj* olímpico(ca).

ombilical, e, aux [ɔ̃bilikal, o] *adj* umbilical.

ombrage [ɔ̃braʒ] *nm* enramada *f*.

ombragé, e [ɔ̃braʒe] *adj* umbrío(a).

ombrageux, euse [ɔ̃braʒø, øz] *adj* **-1.** [caractère, esprit] desconfiado(da), receloso(sa). **-2.** [cheval] espantadizo(za).

ombre [ɔ̃br] *nf* sombra *f*; **à l'~ de** [arbre] a la sombra de; *fig* [personne] al amparo de.

ombrelle [ɔ̃brɛl] *nf* sombrilla *f*.

omelette [ɔmlɛt] *nf* tortilla *f*.

omettre [ɔmɛtr] *vt* omitir; **~ de faire qqch** olvidarse de hacer algo.

omis, e [ɔmi, iz] *pp* → **omettre**.

omission [ɔmisjɔ̃] *nf* **-1.** [action] omisión *f*; **par ~** por omisión. **-2.** [oubli] olvido *m*.

omnibus [ɔmnibys] *nm* ómnibus *m*.

omniprésent, e [ɔmniprezɑ̃, ɑ̃t] *adj* omnipresente.

omnivore [ɔmnivɔr] ◇ *adj* omnívoro(ra). ◇ *nm* omnívoro *m*.

omoplate [ɔmɔplat] *nf* omóplato *m*, omoplato *m*.

OMS (*abr de* **Organisation mondiale de la santé**) *nf* OMS *f*.

on [ɔ̃] *pron pers indéf* **-1.** [sujet indéterminé] se; **~ n'a pas le droit de fumer ici** aquí no se puede fumar; **~ ne sait jamais** nunca se sabe. **-2.** [les gens, l'espèce humaine, groupe de personnes] : **en Espagne, ~ se couche tard** en España, la gente se acuesta tarde; **~ raconte/dit que...** dicen que... **-3.** [quelqu'un] : **~ t'a appelé au téléphone ce matin** te ha llamado alguien esta mañana, esta mañana te han llamado; **est-ce qu'~ t'a vu?** ¿te han visto? **-4.** *fam* [nous] nosotros, nosotras; **~ s'en va** nos vamos; **~ se voit demain** ¡nos vemos mañana!, ¡hasta mañana!

oncle [ɔ̃kl] *nm* tío *m*.

onctueux, euse [ɔ̃ktɥø, øz] *adj* untuoso(sa).

onde [ɔ̃d] *nf* **-1.** PHYS onda *f*. **-2.** *sout* [eau] agua *f*. ◆ **ondes** *nfpl* [radio] ondas *fpl*.

ondée [ɔ̃de] *nf* chaparrón *m*, aguacero *m*.

ondoyant, e [ɔ̃dwajɑ̃, ɑ̃t] *adj* **-1.** [blés, démarche] ondulante. **-2.** *sout* [caractère, personne] voluble.

ondoyer [ɔ̃dwaje] ◇ *vi* ondear. ◇ *vt* RELIG dar el agua de socorro.

ondulation [ɔ̃dylasjɔ̃] *nf* **-1.** [mouvement] ondulación *f*. **-2.** [coiffure] ondulado *m*.

onduler [ɔ̃dyle] ◇ *vi* ondear. ◇ *vt* ondular.

ongle [ɔ̃gl] *nm* **-1.** [de personne] uña *f*; **se faire les ~s** arreglarse ou cortarse las uñas; **se ronger les ~s** comerse las uñas. **-2.** [d'animal] garra *f*.

onglet [ɔ̃glɛ] *nm* **-1.** [reliure] cartivana *f*. **-2.** [de lame] muesca *f*. **-3.** BOT uña *f*. **-4.** TECHNOL inglete *m*. **-5.** CULIN carne de buey de *primera categoría*.

onguent [ɔ̃gɑ̃] *nm* *sout* ungüento *m*.

onomatopée [ɔnɔmatɔpe] *nf* onomatopeya *f*.

ont [ɔ̃] → **avoir**.

ONU, Onu [ɔny] (*abr de* **Organisation des Nations unies**) *nf* ONU *f*.

onusien, enne [ɔnyzjɛ̃, ɛn] *adj* de la ONU.

onyx [ɔniks] *nm* ónice *m*.

onze [ɔ̃z] *adj num & nm inv* once; *voir aussi* **six**.

onzième [ɔ̃zjɛm] ◇ *adj num & nmf* undécimo(ma). ◇ *nm* onceavo *m*, onceava *f* parte. ◇ *nf* [classe] ≃ primero *m* de EGB; *voir aussi* **sixième**.

OPA (*abr de* **offre publique d'achat**) *nf* OPA *f*.

opacité [ɔpasite] *nf* opacidad *f*.

opale [ɔpal] ◇ *adj inv* opalino(na). ◇ *nf* ópalo *m*.

opaline [ɔpalin] *nf* opalina *f*.

opaque [ɔpak] *adj* opaco(ca).

OPEP, Opep [ɔpɛp] (*abr de* **Organisation des pays exportateurs de pétrole**) *nf* OPEP *f*.

opéra [ɔpera] *nm* MUS ópera *f*.

opéra-comique *nm* ópera *f* cómica.

opérateur, trice [ɔperatœr, tris] *nm, f* operador *m*, -ra *f*.

opération [ɔperasjɔ̃] *nf* operación *f*.

opérationnel, elle [ɔperasjɔnɛl] *adj* –1.
[gén] operativo(va). **-2.** MIL [base] operacional.

opérer [ɔpere] *vt* –1. [gén] operar. **-2.**
[choix] efectuar. ◆ **s'opérer** *vp* [se produire] operarse.

opérette [ɔperɛt] *nf* opereta *f*.

ophtalmologie [ɔftalmɔlɔʒi] *nf* oftalmología *f*.

ophtalmologiste [ɔftalmɔlɔʒist] *nmf* oftalmólogo *m*, -ga *f*.

Opinel® [ɔpinɛl] *nm* navaja con empuñadura de madera.

opiniâtre [ɔpinjatr] *adj* –1. [caractère, personne] pertinaz; [travail] oneroso(sa). **-2.**
[fièvre, toux] rebelde.

opinion [ɔpinjɔ̃] *nf* opinión *f*; **avoir une bonne/mauvaise ~ de qqch/de qqn** tener (una) buena/mala opinión de algo/de alguien; **donner son ~ sur qqch/sur qqn** dar su opinión sobre algo/sobre alguien; **l'~ publique** la opinión pública.

opium [ɔpjɔm] *nm* opio *m*.

opportun, e [ɔpɔrtœ̃, yn] *adj* oportuno(na).

opportuniste [ɔpɔrtynist] *adj & nmf* oportunista.

opportunité [ɔpɔrtynite] *nf* oportunidad *f*.

opposant, e [ɔposɑ̃, ɑ̃t] ◇ *adj* de la oposición, opositor(ra). ◇ *nm, f* opositor *m*, -ra *f*; **~ à qqch** opositor a algo.

opposé, e [ɔpoze] *adj* –1. [gén] opuesto(ta). **-2.** [hostile] : **~ à qqch/à qqn** contrario a algo/a alguien. ◆ **opposé** *nm* [contraire] opuesto *m*; **à l'~ de** [du côté opposé] en el lado opuesto; [contrairement à] al contrario de.

opposer [ɔpoze] *vt* –1. [objecter] objetar. **-2.** [diviser] separar. **-3.** [faire obstacle à] oponer. **-4.** [confronter] contraponer. **-5.** [faire s'affronter] enfrentar. ◆ **s'opposer** *vp* –1. [faire obstacle, être le contraire] : **s'~ à qqch/à qqn** oponerse a algo/a alguien. **-2.** [se dresser contre] enfrentarse. **-3.** [contraster] contrastar.

opposition [ɔpozisjɔ̃] *nf* –1. [gén] oposición *f*; **faire ~ à qqch** oponerse a algo; **~ à qqch** oposición a algo. **-2.** [conflit] enfrentamiento *m*. **-3.** [contraste] contraste *m*; **par ~ à qqch** en contraste con algo.

oppresser [ɔprese] *vt* [douleur, remords] oprimir; [chaleur] asfixiar.

oppresseur [ɔpresœr] ◇ *adj* opresor(ra). ◇ *nm* opresor *m*.

oppression [ɔpresjɔ̃] *nf* –1. [asservissement] opresión *f*. **-2.** [malaise] ahogo *m*.

opprimé, e [ɔprime] *adj & nm, f* oprimido(da).

opprimer [ɔprime] *vt* –1. [peuple] oprimir. **-2.** [conscience] ahogar. **-3.** [suj : chaleur] asfixiar.

opter [ɔpte] *vi* : **~ pour qqch/pour qqn** optar por algo/por alguien.

opticien, enne [ɔptisjɛ̃, ɛn] *nm, f* óptico(ca).

optimal, e, aux [ɔptimal, o] *adj* óptimo(ma).

optimisation [ɔptimizasjɔ̃] *nf* optimización *f*, optimación *f*.

optimisme [ɔptimism] *nm* optimismo *m*.

optimiste [ɔptimist] *adj & nmf* optimista *m*.

option [ɔpsjɔ̃] *nf* –1. [gén] opción *f*; **prendre une ~ sur qqch** FIN tomar una opción sobre algo; **être en ~** ser opcional. **-2.** UNIV optativa *f* (asignatura).

optionnel, elle [ɔpsjɔnɛl] *adj* opcional.

optique [ɔptik] ◇ *adj* óptico(ca). ◇ *nf* óptica *f*.

opulence [ɔpylɑ̃s] *nf* opulencia *f*.

opulent, e [ɔpylɑ̃, ɑ̃t] *adj* opulento(ta).

or¹ [ɔr] *nm* –1. [gén] oro *m*; **en ~** de oro; **~ blanc/massif** oro blanco/macizo; **être en ~** [personne] ser una joya. **-2.** [dorure] dorado *m*.

or² [ɔr] *conj* ahora bien.

oracle [ɔrakl] *nm* oráculo *m*.

orage [ɔraʒ] *nm* –1. [gén] tormenta *f*. **-2.** *fig* [de la vie, de l'amour] revés *m*.

orageux, euse [ɔraʒø, øz] *adj* –1. [ciel] de tormenta; [saison, région] de tormentas. **-2.** *fig* [vie, époque, séance] tormentoso(sa), tempestuoso(sa).

oraison [ɔrɛzɔ̃] *nf* oración *f*; **~ funèbre** oración fúnebre.

oral, e, aux [ɔral, o] *adj* oral. ◆ **oral** *nm* oral *m* (examen); **~ de rattrapage** oral de repesca; **par ~** oralmente.

oralement [ɔralmɑ̃] *adv* oralmente.

orange [ɔrɑ̃ʒ] ◇ *adj inv* naranja (en aposición). ◇ *nf* [fruit] naranja *f*. ◇ *nm* [couleur] naranja *m*.

orangé, e [ɔrɑ̃ʒe] *adj* anaranjado(da).

orangeade [ɔrɑ̃ʒad] *nf* naranjada *f*.

oranger [ɔrɑ̃ʒe] *nm* naranjo *m*.

orang-outan, orang-outang [ɔrɑ̃utɑ̃] *nm* orangután *m*.

orateur, trice [ɔratœr, tris] *nm, f* orador *m*, -ra *f*.

oratoire [ɔratwar] *nm* oratorio *m*.

orbital, e, aux [ɔrbital, o] *adj* orbital.

orbite [ɔrbit] *nf* órbita *f*; **mettre sur** ~ AÉRON & *fig* poner en órbita.

orchestre [ɔrkɛstr] *nm* **-1.** MUS orquesta *f*. **-2.** CIN & THÉÂTRE patio *m* de butacas.

orchestrer [ɔrkɛstre] *vt* orquestar.

orchidée [ɔrkide] *nf* orquídea *f*.

ordinaire [ɔrdinɛr] ◇ *adj* ordinario(ria). ◇ ~ *nm* **-1.** [moyenne] media *f*. **-2.** [alimentation] comida *f* de todos los días. ◆ **d'ordinaire** *loc adv* generalmente, habitualmente.

ordinal, e, aux [ɔrdinal, o] *adj* ordinal. ◆ **ordinal** *nm* ordinal *m*.

ordinateur [ɔrdinatœr] *nm* ordenador *m*; ~ **personnel** ordenador personal.

ordonnance [ɔrdɔnãs] *nf* **-1.** MÉD [écrit] receta *f*. **-2.** [document – de gouvernement] ordenanza *f*; [– de juge] mandato *m*, mandamiento *m*. **-3.** [agencement] disposición *f*.

ordonné, e [ɔrdɔne] *adj* ordenado(da).

ordonner [ɔrdɔne] *vt* **-1.** [gén] ordenar; ~ **à qqn de faire qqch** [commander] ordenar a alguien que haga algo. **-2.** MÉD [prescrire] : ~ **qqch à qqn** recetar OU prescribir algo a alguien. ◆ **s'ordonner** *vp* ordenarse.

ordre [ɔrdr] *nm* **-1.** [gén] orden *m*; **par** ~ **alphabétique** por orden alfabético; **rétablir l'**~ restablecer el orden; **à l'**~ **du jour** [d'actualité] al orden del día; **en** ~ en orden. **-2.** [corporation] colegio *m*. **-3.** [commandement, décision] orden *f*; **donner à qqn l'**~ **de faire qqch** dar a alguien la orden de hacer algo; **donner un** ~ **à qqn** dar una orden a alguien; **être aux** ~**s de qqn** estar a las órdenes de alguien; **jusqu'à nouvel** ~ hasta nueva orden. **-4.** RELIG orden *f*. ◆ **ordre du jour** *nm* ÉCON orden *m* del día.

ordure [ɔrdyr] *nf* **-1.** *fig* [grossièreté] porquería *f*. **-2.** *péj* [personne] canalla *m*. ◆ **ordures** *nfpl* basura *f*.

ordurier, ère [ɔrdyrje, ɛr] *adj* grosero(ra) *Esp*, guarango(ga) *Amér*.

orée [ɔre] *nf* : **à l'**~ **de qqch** en la linde de algo.

oreille [ɔrɛj] *nf* **-1.** ANAT oreja *f*; **se boucher les** ~**s** taparse los oídos. **-2.** [ouïe] oído *m*. **-3.** [appendice – d'écrou] oreja *f*; [– de marmite, tasse] asa *f*.

oreiller [ɔreje] *nm* almohada *f*.

oreillette [ɔrejɛt] *nf* **-1.** [du cœur] aurícula *f*. **-2.** [de casquette] orejera *f*.

oreillons [ɔrejɔ̃] *nmpl* paperas *fpl*.

ores [ɔr] ◆ **d'ores et déjà** *loc adv* de aquí en adelante.

orfèvre [ɔrfɛvr] *nm* orfebre *m*; **être** ~ **en la matière** *fig* estar ducho en la materia.

orfèvrerie [ɔrfɛvrəri] *nf* orfebrería *f*.

organe [ɔrgan] *nm* **-1.** [gén] órgano *m*. **-2.** *sout* [voix] voz *f*.

organigramme [ɔrganigram] *nm* organigrama *m*.

organique [ɔrganik] *adj* orgánico(ca).

organisateur, trice [ɔrganizatœr, tris] *adj & nm, f* organizador(ra).

organisation [ɔrganizasjɔ̃] *nf* organización *f*.

organisé, e [ɔrganize] *adj* organizado(da); ~ **en qqch** organizado en algo.

organiser [ɔrganize] *vt* organizar. ◆ **s'organiser** *vp* **-1.** [travail, temps] organizarse. **-2.** [se clarifier] arreglarse.

organisme [ɔrganism] *nm* organismo *m*.

organiste [ɔrganist] *nmf* organista *mf*.

orgasme [ɔrgasm] *nm* orgasmo *m*.

orge [ɔrʒ] *nf* cebada *f*.

orgie [ɔrʒi] *nf* orgía *f*.

orgue [ɔrg] *nm* [instrument] órgano *m*.

orgueil [ɔrgœj] *nm* orgullo *m*.

orgueilleux, euse [ɔrgœjø, øz] *adj & nm, f* orgulloso(sa).

orient [ɔrjã] *nm* oriente *m*. ◆ **Orient** *nm* : **l'Orient** (el) Oriente.

oriental, e, aux [ɔrjãtal, o] *adj* oriental.

orientation [ɔrjãtasjɔ̃] *nf* orientación *f*.

orienté, e [ɔrjãte] *adj* tendencioso(sa); ~ **à droite/à gauche** de tendencia derechista/izquierdista.

orienter [ɔrjãte] *vt* orientar. ◆ **s'orienter** *vp* orientarse; **s'**~ **vers qqch** orientarse hacia algo.

orifice [ɔrifis] *nm* orificio *m*.

originaire [ɔriʒinɛr] *adj* : **être** ~ **de** ser natural de.

original, e, aux [ɔriʒinal, o] *adj & nm, f* original. ◆ **original, aux** *nm* original *m*.

originalité [ɔriʒinalite] *nf* originalidad *f*.

origine [ɔriʒin] *nf* origen *m*; **d'**~ de origen; **à l'**~ al principio.

ORL ◇ *nmf* (*abr de* oto-rhino-laryngologiste) ORL *mf*. ◇ *nf* (*abr de* oto-rhino-laryngologie) ORL *f*.

orme [ɔrm] *nm* olmo *m*.

orné, e [ɔrne] *adj* adornado(da); **~ de** adornado de.

ornement [ɔrnəmã] *nm* ornamento *m*.

orner [ɔrne] *vt* adornar; **~ qqch de qqch** adornar algo con OU de algo.

ornière [ɔrnjɛr] *nf* **-1.** [trace] rodada *f*. **-2.** *fig* [habitude] : **sortir de l'~** salir de la rutina.

ornithologie [ɔrnitɔlɔʒi] *nf* ornitología *f*.

orphelin, e [ɔrfəlɛ̃, in] ◇ *adj* huérfano(na). ◇ *nm, f* huérfano *m*, -na *f*.

orphelinat [ɔrfəlina] *nm* orfanato *m*.

orteil [ɔrtɛj] *nm* dedo *m* del pie.

orthodontiste [ɔrtɔdɔtist] *nmf* ortodontista *mf*.

orthodoxe [ɔrtɔdɔks] *adj & nmf* ortodoxo *m*, -xa *f*.

orthographe [ɔrtɔgraf] *nf* ortografía *f*.

orthopédique [ɔrtɔpedik] *adj* ortopédico(ca).

orthophoniste [ɔrtɔfɔnist] *nmf* ortofonista *mf*.

ortie [ɔrti] *nf* ortiga *f*.

os [ɔs, *pl* o] *nm* hueso *m*; **~ à moelle** hueso con tuétano; **tomber sur un ~** *fig* dar con un hueso.

oscillation [ɔsilasjɔ̃] *nf* oscilación *f*.

osciller [ɔsile] *vi* oscilar.

osé, e [oze] *adj* atrevido(da).

oseille [ozɛj] *nf* **-1.** BOT acedera *f*. **-2.** *fam* [argent] guita *f*.

oser [oze] *vt* : **~ qqch/faire qqch** atreverse a algo/a hacer algo; **homme à tout ~** hombre osado.

osier [ozje] *nm* mimbre *m*.

Oslo [ɔslo] *n* Oslo.

ossature [ɔsatyr] *nf* **-1.** ANAT osamenta *f*. **-2.** *fig* [structure] armazón *f*.

ossements [ɔsmã] *nmpl* osamenta *f*.

osseux, euse [ɔsø, øz] *adj* **-1.** ANAT & MÉD óseo(a). **-2.** [maigre] huesudo(da).

ossuaire [ɔsɥɛr] *nm* osario *m*.

ostensible [ɔstãsibl] *adj* ostensible.

ostensoir [ɔstãswar] *nm* custodia *f* (*vaso litúrgico*).

ostentation [ɔstãtasjɔ̃] *nf* ostentación *f*.

ostéopathe [ɔsteɔpat] *nmf* osteópata *mf*.

ostréiculture [ɔstreikyltyr] *nf* ostricultura *f*.

otage [ɔtaʒ] *nm* rehén *mf*; **prendre qqn en ~** tomar como rehén a alguien.

OTAN, Otan [ɔtã] (*abr de* **Organisation du traité de l'Atlantique Nord**) *nf* OTAN *f*.

otarie [ɔtari] *nf* león *m* marino, otaria *f*.

ôter [ote] *vt* **-1.** [enlever] quitarse. **-2.** [soustraire] : **6 ôté de 10 égale 4** 10 menos 6 igual a 4. **-3.** [retirer] : **~ qqch à qqn** quitar algo a alguien.

otite [ɔtit] *nf* otitis *f inv*.

oto-rhino-laryngologie [ɔtɔrinɔlarɛ̃gɔlɔʒi] *nf* otorrinolaringología *f*.

ou [u] *conj* o, u (*delante de o*); **c'est l'un ~ l'autre** o uno u otro. ◆ **ou (bien)... ou (bien)** *loc corrélative* o... o; **~ (bien) c'est elle, ~ (bien) c'est moi!** o ella o yo.

où [u] ◇ *pron rel* **-1.** [spatial – sans mouvement] donde; **la maison ~ j'habite** la casa donde vivo; **~ que vous soyez** allí donde estéis; [– avec mouvement] adonde; **là ~ il allait** allí adonde iba; **~ que vous alliez** vaya adonde vaya. **-2.** [temporel] (en) que; **le jour ~ je suis venue** el día (en) que vine. ◇ *adv* **-1.** [spatial – sans mouvement] donde; **d'~ j'étais** desde donde estaba; [– avec mouvement] adonde; **je vais ~ je veux** voy adonde quiero. **-2.** [temporel] cuando. ◇ *adv interr* [sans mouvement] dónde; **~ étais-tu?** ¿dónde estabas?; [avec mouvement] adónde; **~ vas-tu?** ¿adónde vas? ◆ **d'où** *loc adv* [conséquence] de donde, de lo que; **d'~ on conclut que...** de lo que OU de donde se deduce que...; **d'~ ma surprise** de ahí mi sorpresa.

ouate [wat] *nf* guata *f*.

oubli [ubli] *nm* **-1.** [perte de mémoire, étourderie] olvido *m*; **tomber dans l'~** caer en el olvido. **-2.** [négligence] descuido *m*.

oublier [ublije] *vt* olvidar.

oubliette [ublijɛt] *nf* (*gén pl*) mazmorra *f*; **tomber dans les ~s** *fam fig* caer en el olvido.

ouest [wɛst] ◇ *adj inv* [occidental] oeste. ◇ *nm* oeste *m*. ◆ **Ouest** *nm* : **l'Ouest** el Oeste.

ouf [uf] *interj* [soulagement] ¡uf!

Ouganda [ugãda] *nm* : **l'~** Uganda; **en ~** [direction] a Uganda.

oui [wi] *adv & nm inv* sí.

ouï-dire [widir] *nm inv* rumor *m Esp*, bola *f Amér*; **par ~** de oídas.

ouïe [wi] *nf* oído *m*; **avoir l'~ fine** tener el oído fino. ◆ **ouïes** *nfpl* agallas *fpl*.

ouragan [uʀagɑ̃] *nm* **-1.** MÉTÉOR huracán *m*. **-2.** *fig* [tempête] tormenta *f*; **arriver comme un** ~ *fig* llegar en tromba.

ourlet [uʀlɛ] *nm* **-1.** COUT dobladillo *m*. **-2.** [de gouttière] bordillo *m*. **-3.** [d'oreille] hélice *f*.

ours [uʀs] *nm* **-1.** [peluche & ZOOL] oso *m*. **-2.** *péj* [misanthrope] hurón *m*.

ourse [uʀs] *nf* ZOOL osa *f*.

oursin [uʀsɛ̃] *nm* erizo *m* de mar.

ourson [uʀsɔ̃] *nm* osezno *m*.

outil [uti] *nm* **-1.** [instrument] herramienta *f*, útil *m*. **-2.** *fig* [aide] instrumento *m*.

outillage [utijaʒ] *nm* **-1.** [équipement] utillaje *m*. **-2.** [service de fabrication] *departamento de una empresa encargada del utillaje*.

outrage [utʀaʒ] *nm* [gén] ultraje *m*; ~ **à magistrat** JUR desacato *m* a un magistrado.

outrager [utʀaʒe] *vt* **-1.** [offenser] ultrajar. **-2.** [contrevenir] atentar contra.

outrance [utʀɑ̃s] *nf* exageración *f*; **à** ~ en exceso.

outrancier, ère [utʀɑ̃sje, ɛʀ] *adj* excesivo(va).

outre[1] [utʀ] *nf* odre *m*, pellejo *m*.

outre[2] [utʀ] ◇ *prép* además de. ◇ *adv* : **passer** ~ [aller plus loin] ir más allá; *fig* pasar por alto. ◆ **en outre** *loc adv* además.

outré, e [utʀe] *adj* **-1.** [offusqué] indignado(da). **-2.** [exagéré] exagerado(da).

outre-Atlantique *loc adv* al otro lado del Atlántico.

outre-Manche [utʀəmɑ̃ʃ] *loc adv* más allá de la Mancha.

outremer [utʀəmɛʀ] ◇ *adj inv* [bleu] ultramar. ◇ *nm* [pierre] lapislázuli *m*; [couleur] azul *m* ultramar.

outre-mer [utʀəmɛʀ] *adv* en ultramar.

outrepasser [utʀəpase] *vt* extralimitarse en.

outrer [utʀe] *vt* **-1.** [vérité] exagerar. **-2.** [personne] indignar.

outre-Rhin [utʀəʀɛ̃] *loc adv* más allá del Rin.

outsider [awtsajdœʀ] *nm* outsider *m*.

ouvert, e [uvɛʀ, ɛʀt] ◇ *pp* → **ouvrir**. ◇ *adj* **-1.** [gén] abierto(ta); **grand** ~ abierto de par en par. **-2.** [visage] franco(ca).

ouvertement [uvɛʀtəmɑ̃] *adv* abiertamente.

ouverture [uvɛʀtyʀ] *nf* **-1.** [action & PHOT] abertura *f*. **-2.** [de local, de débat, de relations] apertura *f*. **-3.** [de bâtiment, grotte,

puits] boca *f*. **-4.** MUS obertura *f*. **-5.** [dans un jeu – aux cartes] salida *f*; [– aux échecs] apertura *f*. **-6.** SPORT [rugby] apertura *f*. **-7.** MIL comienzo *m*. **-8.** *fig* [sortie] puerta *f*. ◆ **ouverture d'esprit** *nf* amplitud *f* de miras. ◆ **ouvertures** *nfpl* POLIT propuestas *fpl*.

ouvrable [uvʀabl] *adj* laborable.

ouvrage [uvʀaʒ] *nm* **-1.** [gén] labor *f*. **-2.** *sout* [travail] trabajo *m*; **se mettre à l'**~ ponerse manos a la obra. **-3.** [livre] obra *f*; ~ **de référence** obra de referencia.

ouvre-boîtes [uvʀəbwat] *nm inv* abrelatas *m inv*.

ouvre-bouteilles [uvʀəbutɛj] *nm inv* abrebotellas *m inv*.

ouvreuse [uvʀøz] *nf* acomodadora *f*.

ouvrier, ère [uvʀije, ɛʀ] ◇ *adj* obrero(ra). ◇ *nm, f* obrero *m*, -ra *f* *Esp*, roto *m*, -ta *f* *Amér*; ~ **qualifié/spécialisé** obrero cualificado/especializado. ◆ **ouvrière** *nf* ZOOL obrera *f*.

ouvrir [uvʀiʀ] ◇ *vt* **-1.** [gén] abrir; ~ **qqch à qqn** *fig* abrir algo a alguien. **-2.** *fam* [radio, télé] poner; [électricité] dar. ◇ *vi* **-1.** [donner accès] : ~ **sur qqch** abrirse a. **-2.** [être ouvert] abrir. **-3.** [commencer] : ~ **par** empezar con. **-4.** [aux cartes] : ~ **à** abrir con. ◆ **s'ouvrir** *vp* [gén] abrirse; **s'**~ **à qqn** [se confier] abrirse a OU con alguien; **s'**~ **à qqch** [se sensibiliser] abrirse a algo.

ovaire [ɔvɛʀ] *nm* ovario *m*.

ovale [ɔval] ◇ *adj* oval, ovalado(da). ◇ *nm* óvalo *m*.

ovation [ɔvasjɔ̃] *nf* ovación *f*; **faire une** ~ **à qqn** ovacionar a alguien.

ovationner [ɔvasjɔne] *vt* ovacionar.

overdose [ɔvœʀdoz] *nf* sobredosis *f inv*; ~ **de qqch** *fam fig* sobredosis de algo.

OVNI, ovni [ɔvni] (*abr de* objet volant non identifié) *nm* OVNI *m*.

ovulation [ɔvylasjɔ̃] *nf* ovulación *f*.

oxydation [ɔksidasjɔ̃] *nf* oxidación *f*.

oxyde [ɔksid] *nm* óxido *m*; ~ **de carbone** óxido de carbono.

oxygène [ɔksiʒɛn] *nm* oxígeno *m*.

oxygéné, e [ɔksiʒene] *adj* oxigenado(da).

ozone [ozon] *nm* ozono *m*.

P

p, P [pe] *nm inv* p *f*, P *f*. ◆ **p -1.** (*abr de* **pico**) p. **-2.** (*abr de* **page**) p. **-3.** (*abr de* **passable**) S, Suf. **-4.** (*abr de* **pièce**) h., hab.

pacage [pakaʒ] *nm* pastoreo *m*.

pacemaker [pɛsmekœr] *nm* marcapasos *m inv*.

pacha [paʃa] *nm* **-1.** HIST [gouverneur] pachá *m*; **mener une vie de** ~ *fam* vivir como un pachá. **-2.** *arg* MIL [commandant de navire] *palabra de jerga militar para referirse al comandante de un buque*.

pachyderme [paʃidɛrm] *nm* paquidermo *m*.

pacifier [pasifje] *vt* **-1.** [pays, peuple] pacificar. **-2.** *fig* [esprit] apaciguar.

pacifique [pasifik] *adj* pacífico(ca). ◆ **Pacifique** *nm* GÉOGR : **le Pacifique** el Pacífico.

pacifiste [pasifist] *adj & nmf* pacifista.

pack [pak] *nm* **-1.** [lot de bouteilles] pack *m*. **-2.** SPORT [rugby] delantera *f*.

packaging [pakadʒiŋ] *nm* embalaje *m*.

pacotille [pakɔtij] *nf* pacotilla *f*; **de** ~ de pacotilla.

pacte [pakt] *nm* pacto *m*.

pactiser [paktize] *vi* : ~ **avec qqch/avec qqn** pactar con algo/con alguien.

pactole [paktɔl] *nm* mina *f* (*de dinero*).

pagaie [pagɛ] *nf* zagual *m*.

pagaille, pagaye, pagaïe [pagaj] *nf fam* [désordre] desbarajuste *m*; **en** ~ [quantité] a porrillo; **être en** ~ [chambre] estar manga por hombro.

pagayer [pageje] *vi* remar con zagual.

page [paʒ] ◇ *nf* página *f*; **être à la** ~ *fig* estar al día. ◇ *nm* HIST paje *m*.

pagne [paɲ] *nm* taparrabos *m inv*.

pagode [pagɔd] *nf* pagoda *f*.

paie [pɛ], **paye** [pɛj] *nf* paga *f*.

paiement, payement [pɛmã] *nm* pago *m*.

païen, enne [pajɛ̃, ɛn] *adj & nm, f* pagano(na).

paillard, e [pajar, ard] ◇ *adj* verde (*obsceno*). ◇ *nm, f* vividor *m*, -ra *f*.

paillasse [pajas] ◇ *nf* **-1.** [matelas] jergón *m*. **-2.** [d'évier] escurridero *m*. ◇ *nm* payaso *m*.

paillasson [pajasɔ̃] *nm* **-1.** [gén] felpudo *m*. **-2.** AGRIC pajote *m*.

paille [paj] *nf* paja *f*; **être sur la** ~ *fam fig* estar sin un duro. ◆ **paille de fer** *nf* estropajo *m* metálico.

pailleté, e [pajte] *adj* de lentejuelas.

paillette [pajɛt] *nf* **-1.** [pour vêtements] lentejuela *f*. **-2.** [d'or] chispa *f*. **-3.** [de lessive, de savon] escama *f*.

pain [pɛ̃] *nm* **-1.** [aliment] pan *m*; ~ **au lait** bollo *m* de leche; ~ **d'épice** ≃ alajú *m*; ~ **de mie** pan de molde. **-2.** [masse moulée – gâteau] pudín *m*; [– de poisson, de légumes] pastel *m*; [– de cire] librillo *m*; [– de savon] pastilla *f*. **-3.** [coup] puñetazo *m*. ◆ **Pain de sucre** *nm* GÉOGR Pan *m* de Azúcar.

pair, e [pɛr] *adj* par. ◆ **pair** *nm* igual *m*. ◆ **paire** *nf* **-1.** [de choses] par *m*. **-2.** [d'animaux – gén] pareja *f*; [– de bœufs] yunta *f*. ◆ **au pair** *loc adv* : **travailler au** ~ trabajar au pair. ◆ **de pair** *loc adv* : **aller de** ~ **avec** ir acompañado(da) de.

paisible [pezibl] *adj* apacible.

paître [pɛtr] ◇ *vt* pacer, pastar. ◇ *vi* : **faire** ~ apacentar.

paix [pɛ] *nf* paz *f*; **en** ~ en paz; **avoir la** ~ estar tranquilo(la); **faire la** ~ **avec qqn** hacer las paces con alguien.

Pakistan [pakistã] *nm* : **le** ~ (el) Pakistán.

palace [palas] *nm* hotel *m* de lujo.

palais [palɛ] *nm* **-1.** [gén] palacio *m*. **-2.** ANAT paladar *m*.

palan [palã] *nm* TECHNOL aparejo *m*.

pale [pal] *nf* **-1.** [d'hélice] pala *f*, aspa *f*. **-2.** [de rame] pala *f*.

pâle [pal] *adj* pálido(da).

paléontologie [paleɔ̃tɔlɔʒi] *nf* paleontología *f*.

Palestine [palɛstin] *nf* : **la** ~ Palestina.

palestinien, enne [palɛstinjɛ̃, ɛn] *adj* palestino(na). ◆ **Palestinien, enne** *nm, f* palestino *m*, -na *f*.

palet [palɛ] *nm* tejo *m*.

paletot [palto] *nm* gabán *m*.

palette [palɛt] *nf* **-1.** [de peintre, de chariot élévateur] paleta *f*. **-2.** CULIN [de mouton] paletilla *f*.

pâleur [palœr] *nf* palidez *f*.

palier [palje] *nm* **-1.** [d'escalier] rellano *m*. **-2.** [niveau] escalón *m*. **-3.** TECHNOL [de transmission] palier *m*.

pâlir [palir] ◇ *vt sout* hacer palidecer. ◇ *vi* palidecer.

palissade [palisad] *nf* empalizada *f.*

palissandre [palisɑ̃dr] *nm* palisandro *m.*

palliatif, ive [paljatif, iv] *adj* paliativo(va). ◆ **palliatif** *nm* paliativo *m.*

pallier [palje] *vt* paliar.

Palma [palma] *n* : ~ **(de Majorque)** Palma (de Mallorca).

palmarès [palmarɛs] *nm* palmarés *m inv.*

palme [palm] *nf* **-1.** [feuille, insigne] palma *f.* **-2.** [de nageur] aleta *f.*

palmé, e [palme] *adj* palmeado(da).

palmeraie [palmərɛ] *nf* palmar *m,* palmeral *m.*

palmier [palmje] *nm* palmera *f.*

palmipède [palmipɛd] ◇ *adj* palmípedo(da). ◇ *nm* palmípedo *m.*

palombe [palɔ̃b] *nf* paloma *f* torcaz.

pâlot, otte [palo, ɔt] *adj fam* paliducho(cha).

palourde [palurd] *nf* almeja *f.*

palper [palpe] *vt* **-1.** [toucher] palpar. **-2.** *fam* [argent] embolsarse.

palpitant, e [palpitɑ̃, ɑ̃t] *adj* palpitante.

palpitation [palpitasjɔ̃] *nf* palpitación *f.*

palpiter [palpite] *vi* **-1.** [cœur] palpitar. **-2.** *sout* [flamme] chisporrotear.

paludisme [palydism] *nm* paludismo *m.*

pâmer [pame] ◆ **se pâmer** *vp sout* [s'évanouir] desfallecer.

pamphlet [pɑ̃flɛ] *nm* panfleto *m.*

pamplemousse [pɑ̃pləmus] *nm* pomelo *m.*

pan [pɑ̃] ◇ *nm* **-1.** [de vêtement] faldón *m.* **-2.** [morceau] trozo *m;* ~ **de mur** trozo de pared. **-3.** [face] cara *f.* ◇ *interj* ¡pum!

panache [panaʃ] *nm* **-1.** [de plumes] penacho *m.* **-2.** [de fumée] bocanada *f.* **-3.** [éclat] brillo *m;* **avoir du** ~ estar radiante.

panaché, e [panaʃe] *adj* **-1.** [de couleurs différentes] abigarrado(da). **-2.** [fruits, glace] variado(da). ◆ **panaché** *nm* [bière] clara *f.*

Panama [panama] *nm* [pays] : **le** ~ Panamá.

panaris [panari] *nm* panadizo *m,* uñero *m.*

pancarte [pɑ̃kart] *nf* **-1.** [de manifestant] pancarta *f.* **-2.** [panneau de signalisation] letrero *m.*

pancréas [pɑ̃kreas] *nm* páncreas *m inv.*

pané, e [pane] *adj* CULIN empanado(da).

paner [pane] *vt* CULIN empanar.

panier [panje] *nm* **-1.** [gén] cesta *f;* ~ **à provisions** cesta de la compra. **-2.** [poubelle] : **mettre au** ~ tirar a la basura; **mettre dans le même** ~ *fig* meter en el mismo saco.

panique [panik] ◇ *adj* : **être pris d'une peur** ~ sentir pánico. ◇ *nf* pánico *m.*

paniquer [panike] ◇ *vt* aterrorizar. ◇ *vi* estar aterrorizado(da).

panne [pan] *nf* avería *f* Esp, descompostura *f* Amér; **avoir une** ~ **d'essence** quedarse sin gasolina; **tomber en** ~ tener una avería; ~ **de courant** OU **d'électricité** apagón *m.*

panneau, x [pano] *nm* **-1.** [pancarte] cartel *m* Esp, afiche *m* Amér; ~ **indicateur** señal *f* indicadora; ~ **publicitaire** valla *f* publicitaria. **-2.** [élément] tablero *m.*

panoplie [panɔpli] *nf* **-1.** [jouet] disfraz *m* de niño. **-2.** [d'armes, de mesures] panoplia *f.*

panorama [panɔrama] *nm* **-1.** [vue] panorama *m.* **-2.** *fig* [rétrospective] panorámica *f.*

panoramique [panɔramik] ◇ *adj* panorámico(ca). ◇ *nm* CIN panorámica *f.*

panse [pɑ̃s] *nf* panza *f.*

pansement [pɑ̃smɑ̃] *nm* **-1.** [compresse] venda *f;* ~ **(adhésif)** tirita® *f.* **-2.** [sur une carie dentaire] empaste *m* Esp, emplomadura *f* Amér.

panser [pɑ̃se] *vt* **-1.** [plaie] vendar. **-2.** [cheval] almohazar.

pantalon [pɑ̃talɔ̃] *nm* pantalón *m,* pantalones *mpl.*

pantelant, e [pɑ̃tlɑ̃, ɑ̃t] *adj* palpitante.

panthère [pɑ̃tɛr] *nf* ZOOL pantera *f.*

pantin [pɑ̃tɛ̃] *nm* títere *m.*

pantomime [pɑ̃tɔmim] *nf* pantomima *f.*

pantouflard, e [pɑ̃tuflar, ard] *fam* ◇ *adj* casero(ra). ◇ *nm, f* persona casera.

pantoufle [pɑ̃tufl] *nf* zapatilla *f,* pantufla *f.*

panure [panyr] *nf* CULIN pan *m* rallado.

paon [pɑ̃] *nm* pavo *m* real.

papa [papa] *nm* papá *m.*

papauté [papote] *nf* papado *m.*

pape [pap] *nm* papa *m.*

paperasse [papras] *nf* **-1.** [papier sans importance] papelote *m.* **-2.** *péj* [papiers administratifs] papeleo *m.*

papeterie [papɛtri] *nf* **-1.** [magasin] papelería *f.* **-2.** [fabrique] papelera *f.*

papetier, ère [paptje, ɛr] *nm, f* papelero *m,* -ra *f.*

papier [papje] *nm* **-1.** [gén] papel *m*; ~ **alu(minium)** papel de aluminio; ~ **glacé/ toilette** papel glaseado/higiénico; ~ **à lettres** papel de cartas; ~ **peint** papel pintado. **-2.** [article de journal] artículo *m*.

papier-calque (*pl* **papiers-calque**) *nm* papel *m* de calco.

papille [papij] *nf* papila *f*; ~**s gustatives** papilas gustativas.

papillon [papijɔ̃] ◇ *adj inv* mariposa *(en aposición).* ◇ *nm* **-1.** [insecte, écrou] mariposa *f*. **-2.** [contravention] multa *f*.

papillonner [papijɔne] *vi* mariposear.

papillote [papijɔt] *nf* **-1.** [bonbon] *caramelo envuelto en papel rizado.* **-2.** [pour cheveux] papillote *f*. **-3.** CULIN : **en** ~ a la papillote.

papilloter [papijɔte] *vi* **-1.** [personne, yeux] pestañear, parpadear. **-2.** [lumière] parpadear.

papotage [papɔtaʒ] *nm fam* parloteo *m*.

papoter [papɔte] *vi fam* parlotear.

paprika [paprika] *nm* paprika *f*.

Pâque [pak] *nf* [fête juive] Pascua *f*.

paquebot [pakbo] *nm* paquebote *m*.

pâquerette [pakrɛt] *nf* maya *f*.

Pâques [pak] ◇ *nm* [fête chrétienne] Pascua *f*. ◇ *nfpl* Pascuas *fpl*.

paquet [pakɛ] *nm* paquete *m*. ◆ **paquet-cadeau** *nm* paquete *m* envuelto para regalo.

paquetage [paktaʒ] *nm* impedimenta *f*.

par [par] *prép* **-1.** [spatial] por; ~**-derrière/-devant**; por detrás/delante; ~ **ici/ là** por aquí/allí. **-2.** [temporel] : ~ **un beau jour d'été** en un bonito día de verano. **-3.** [moyen, manière] con; ~ **la douceur** con dulzura. **-4.** [transport] en; ~ **avion/**~ **bateau** en avión/en barco. **-5.** [cause, origine] por; ~ **accident** por accidente. **-6.** [introduisant le complément d'agent] por; **faire faire qqch** ~ **qqn** hacer hacer algo por alguien. **-7.** [sens distributif] : **deux** ~ **deux** de dos en dos; **une heure** ~ **jour** una hora al día. **-8.** [indique motivation] por. ◆ **de par** *loc prép* : **de** ~ **la loi** por ley. ◆ **par-ci par-là** *loc adv* por aquí por allá.

parabole [parabɔl] *nf* parábola *f*.

parabolique [parabɔlik] *adj* parabólico(ca).

parachever [paraʃve] *vt* dar el último toque a.

parachute [paraʃyt] *nm* paracaídas *m inv*.

parachutiste [paraʃytist] *nmf* paracaidista *mf*.

parade [parad] *nf* **-1.** [gén] parada *f*. **-2.** [étalage] ostentación *f*. **-3.** [spectacle] desfile *m*.

paradis [paradi] *nm* paraíso *m*.

paradoxal, e, aux [paradɔksal, o] *adj* paradójico(ca).

paradoxe [paradɔks] *nm* paradoja *f*.

parafe, paraphe [paraf] *nm* rúbrica *f*.

parafer, parapher [parafe] *vt* rubricar.

paraffine [parafin] *nf* parafina *f*.

parages [paraʒ] *nmpl* NAVIG aguas *fpl*.

paragraphe [paragraf] *nm* párrafo *m Esp*, acápite *m Amér*.

Paraguay [paragwɛ] *nm* : **le** ~ Paraguay; **au** ~ [direction] a Paraguay; [situation] en Paraguay.

paraître [parɛtr] *vi* **-1.** [apparaître, se montrer, être publié] aparecer. **-2.** [personne] aparentar. **-3.** [sentiment] manifestarse. **-4.** *loc* : **il paraît** OU **paraîtrait que** parece ser que.

parallèle [paralɛl] ◇ *adj* paralelo(la). ◇ *nm* paralelo *m*. ◇ *nf* MATHS paralela *f*.

parallélépipède [paralelepipɛd] *nm* paralelepípedo *m*.

parallélisme [paralelism] *nm* paralelismo *m*.

parallélogramme [paralelɔgram] *nm* paralelogramo *m*.

paralyser [paralize] *vt* paralizar.

paralysie [paralizi] *nf* parálisis *f inv*.

paramédical, e, aux [paramedikal, o] *adj* paramédico(ca).

paramètre [parametr] *nm* parámetro *m*.

parano [parano] *fam abr de* **paranoïaque**.

paranoïa [paranɔja] *nf* paranoia *f*.

paranoïaque [paranɔjak] *adj & nmf* paranoico(ca).

parapente [parapɑ̃t] *nm* parapente *m*.

parapet [parapɛ] *nm* parapeto *m*.

paraphe = **parafe**.

parapher = **parafer**.

paraphrase [parafraz] *nf* paráfrasis *f inv*.

paraplégique [parapleʒik] *adj & nmf* parapléjico(ca).

parapluie [paraplɥi] *nm* paraguas *m inv*.

parasite [parazit] ◇ *adj* parásito(ta). ◇ *nm* parásito *m*. ◆ **parasites** *nmpl* RADIO parásitos *m inv*.

parasol [parasɔl] *nm* sombrilla *f*, parasol *m*.

paratonnerre [paratɔnɛr] *nm* pararrayos *m inv*.

paravent [paravɑ̃] *nm* biombo *m*.

parc [park] *nm* **–1.** [gén] parque *m*; ~ **aquatique** parque acuático; ~ **d'attraction** parque de atracciones; ~ **national** parque nacional. **–2.** [pour l'élevage] redil *m*. **–3.** [parking] aparcamiento *m Esp*, parqueadero *m Amér*.

parcelle [parsɛl] *nf* **–1.** [terrain] parcela *f*. **–2.** [petite partie] ápice *f*.

parce que [parskə] *loc conj* porque.

parchemin [parʃəmɛ̃] *nm* pergamino *m*.

parcimonie [parsimɔni] *nf* parsimonia *f*.

parcimonieux, euse [parsimɔnjø, øz] *adj* parsimonioso(sa).

parcmètre [parkmɛtr] *nm* parquímetro *m*.

parcourir [parkurir] *vt* **–1.** [région, ville] recorrer. **–2.** [journal] hojear.

parcours [parkur] *nm* **–1.** [itinéraire & SPORT] recorrido *m*. **–2.** *fig* [trajectoire individuelle] trayectoria *f*.

parcouru, e [parkury] *pp* → **parcourir**.

par-dedans *adv* por dentro.

par-dehors *adv* por fuera.

par-derrière *adv* **–1.** [par l'arrière] por detrás. **–2.** [en cachette] a espaldas de uno.

par-dessous ◇ *adv* por debajo. ◇ *prép* por debajo de.

pardessus [pardəsy] *nm* sobretodo *m*.

par-dessus ◇ *adv* por encima. ◇ *prép* por encima de.

par-devant ◇ *adv* por delante. ◇ *prép* por delante de.

pardi [pardi] *interj fam* ¡pues claro!

pardon [pardɔ̃] ◇ *nm* perdón *m*; demander ~ pedir perdón. ◇ *interj* ¡perdón!

pardonner [pardɔne] *vt* perdonar; ~ **qqch à qqn** perdonar algo a alguien; ~ **à qqn** perdonar a alguien.

pare-balles [parbal] ◇ *adj inv* antibalas. ◇ *nm inv* chaleco *m* antibalas.

pare-boue [parbu] *nm inv* guardabarros *m inv*.

pare-brise [parbriz] *nm inv* parabrisas *m inv*.

pare-chocs [parʃɔk] *nm inv* parachoques *m inv*.

pareil, eille [parɛj] ◇ *adj* **–1.** [semblable] : ~ **à qqch** igual a algo; **je n'ai jamais vu une insolence pareille** nunca he visto insolencia igual. **–2.** [tel] semejante. ◇ *nm, f* [semblable] : **ne pas avoir son** ~ no tener igual. ◆ **pareil** *adv fam* igual.

parent, e [parã, ãt] ◇ *adj* [animal, langue] de la misma familia. ◇ *nm, f* pariente *mf*. ◆ **parents** *nmpl* **–1.** [père et mère] padres *mpl*. **–2.** *sout* [ancêtres] antepasados *mpl*.

parenté [parãte] *nf* **–1.** [lien familial, ressemblance] parentesco *m*. **–2.** [ensemble de la famille] parentela *f*.

parenthèse [parãtɛz] *nf* paréntesis *m inv*; **entre** ~**s** entre paréntesis; **ouvrir/fermer la** ~ cerrar/abrir el paréntesis.

parer [pare] ◇ *vt* **–1.** *sout* [orner] engalanar. **–2.** [vêtir avec recherche] : ~ **qqn de qqch** ataviar a alguien con algo; *fig* [attribuer] atribuir a alguien algo. **–3.** [coup] parar. **–4.** NAVIG aparejar. ◇ *vi* [faire face] : ~ **à qqch** precaverse contra algo; ~ **au plus pressé** solucionar lo más urgente. ◆ **se parer** *vp* [se vêtir] ataviarse.

pare-soleil [parsɔlɛj] *nm inv* parasol *m*.

paresse [parɛs] *nf* pereza *f*.

paresser [parese] *vi* holgazanear.

paresseux, euse [paresø, øz] *adj & nm, f* perezoso(sa). ◆ **paresseux** *nm* ZOOL perezoso *m*.

parfaire [parfɛr] *vt* perfeccionar.

parfait, e [parfe, ɛt] *adj* **–1.** [gén] perfecto(ta). **–2.** [calme] absoluto(ta). ◆ **parfait** *nm* **–1.** CULIN [crème glacée] helado *m*. **–2.** GRAM pretérito *m* perfecto.

parfaitement [parfɛtmã] *adv* **–1.** [admirablement] perfectamente. **–2.** [totalement] completamente. **–3.** [certainement] seguro.

parfois [parfwa] *adv* a veces.

parfum [parfœ̃] *nm* **–1.** [gén] perfume *m*. **–2.** [goût aromatisé] gusto *m*, sabor *m*.

parfumé, e [parfyme] *adj* **–1.** [gén] perfumado(da). **–2.** [aromatisé] : ~ **à** con sabor a.

parfumer [parfyme] *vt* **–1.** [gén] perfumar. **–2.** CULIN aromatizar. ◆ **se parfumer** *vp* perfumarse.

parfumerie [parfymri] *nf* perfumería *f*.

pari [pari] *nm* apuesta *f*.

paria [parja] *nm* paria *m*.

parier [parje] *vt* apostar; **je l'aurais parié** [j'en étais sûr] lo habría jurado.

parieur [parjœr] *nm* apostante *mf*.

Paris [pari] *n* París.

parisien, enne [parizjɛ̃, ɛn] *adj* parisino(na). ◆ **Parisien, enne** *nm, f* parisino *m*, -na *f*.

parité [parite] *nf* paridad *f*.

parjure [parʒyr] ◇ *adj & nmf* perjuro(ra). ◇ *nm* perjurio *m*.

parjurer [parʒyre] ◆ **se parjurer** *vp* perjurar.

parka [parka] *nm* OU *nf* parka *f*.

parking [parkiŋ] *nm* parking *m*.

parlant, e [parlã, ãt] *adj* **-1.** [qui parle – horloge, armes] parlante; [– cinéma] sonoro(ra). **-2.** *fig* [chiffre, donnée] elocuente. **-3.** [portrait] vívido(da).

parlé, e [parle] *adj* hablado(da).

parlement [parləmã] *nm* POLIT parlamento *m*. ◆ **Parlement** *nm* : **le Parlement européen** el Parlamento europeo.

parlementaire [parləmãtɛr] *adj & nmf* parlamentario(ria).

parlementer [parləmãte] *vi* parlamentar.

parler [parle] ◇ *vi* hablar; ~ à OU **avec qqn** hablar con alguien OU a alguien; ~ **de faire qqch** hablar de hacer algo; ~ **de qqch/qqn à qqn** hablar de algo/de alguien a alguien; **sans ~ de** sin hablar de, amén de; **n'en parlons plus!** ¡no se hable más!; ~ **pour ne rien dire** hablar por hablar, hablar por no estar callado; **tu parles!** *fam* ¡qué va! ◇ *vt* **-1.** [langue] hablar. **-2.** [discuter de] hablar de. ◇ *nm* **-1.** [manière de parler] manera *f* de hablar. **-2.** LING [patois] habla *m*. ◆ **à proprement parler** *loc adv* propiamente dicho.

parloir [parlwar] *nm* locutorio *m*.

parmi [parmi] *prép* entre; ~ **d'autres** entre otros(entre otras).

parodie [parɔdi] *nf* parodia *f*.

parodier [parɔdje] *vt* parodiar.

paroi [parwa] *nf* **-1.** [cloison, mur] pared *f*. **-2.** [de récipient & GÉOL] pared *f*; ~ **rocheuse** pared rocosa.

paroisse [parwas] *nf* parroquia *f*.

paroissial, e, aux [parwasjal, o] *adj* parroquial.

paroissien, enne [parwasjɛ̃, ɛn] *nm, f* parroquiano *m*, -na *f*, feligrés *m*, -esa *f*.

parole [parɔl] *nf* **-1.** [faculté de parler] habla *m*. **-2.** [propos, discours] palabra *f*; **adresser la** ~ **à qqn** dirigir la palabra a alguien; **couper la** ~ **à qqn** cortar a alguien; **prendre la** ~ tomar la palabra, hacer uso de la palabra. ◆ **paroles** *nfpl* [de chanson] letra *f*.

paroxysme [parɔksism] *nm* paroxismo *m*.

parquer [parke] *vt* **-1.** [animal] encerrar *(en un redil)*. **-2.** [prisonniers] hacinar. **-3.** [voiture] aparcar *Esp*, parquear *Amér*.

parquet [parkɛ] *nm* **-1.** [plancher] parquet *m*, parqué *m*. **-2.** JUR ≃ ministerio *m* fiscal.

parqueter [parkəte] *vt* poner parquet.

parrain [parɛ̃] *nm* padrino *m*.

parrainer [parɛne] *vt* apadrinar.

parricide [parisid] ◇ *adj* parricida. ◇ *nm* [meurtre] parricidio *m*. ◇ *nmf* [assassin] parricida *mf*.

parsemer [parsəme] *vt* **-1.** [terrain] sembrar. **-2.** *sout* [consteller – ciel] constelar; [– texte] salpicar.

part [par] *nf* parte; **c'est de la** ~ **de qui?** ¿de parte de quién?; **faire** ~ **à qqn de qqch** hacer partícipe a alguien de algo; **pour ma** ~ por mi parte; **prendre** ~ **à qqch** tomar parte en algo. ◆ **à part** *loc adv* aparte. ◆ **autre part** *loc adv* [sans mouvement] en otra parte; [avec mouvement] a otra parte. ◆ **d'autre part** *loc adv* por otra parte. ◆ **de part et d'autre** *loc adv* de una y otra parte. ◆ **d'une part..., d'autre part** *loc corrélative* por una parte..., por otra. ◆ **nulle part** *loc adv* [sans mouvement] en ninguna parte; [avec mouvement] a ninguna parte. ◆ **quelque part** *loc adv* [sans mouvement] en alguna parte; [avec mouvement] a alguna parte.

part. *(abr de* **particulier**). part.

partage [partaʒ] *nm* **-1.** [action] reparto *m*, repartición *f*. **-2.** JUR partición *f*.

partagé, e [partaʒe] *adj* dividido(da); **être** ~ **sur** estar dividido sobre.

partager [partaʒe] *vt* **-1.** [héritage] partir. **-2.** *fig* [opinions] dividir; [temps] repartir. **-3.** [pouvoir, joie, repas] : ~ **qqch avec qqn** compartir algo con alguien. ◆ **se partager** *vp* **-1.** [gén] repartirse. **-2.** [personne, groupe] dividirse.

partance [partãs] *nf* : **en** ~ **pour** con destino a.

partant, e [partã, ãt] *adj* : **être** ~ **pour** estar dispuesto a OU para. ◆ **partant** *nm* SPORT participante *mf*.

partenaire [partənɛr] *nmf* **-1.** [gén] pareja *f*. **-2.** COMM *país m* socio.

partenariat [partənarja] *nm* cooperación *f*.

parterre [partɛr] *nm* **-1.** [de fleurs] parterre *m*. **-2.** THÉÂTRE patio *m* de butacas.

parti, e [parti] *pp* → **partir**. ◇ *adj fam* [ivre] piripi. ◆ **parti** *nm* **-1.** POLIT partido *m*. **-2.** *sout* [choix, décision] opción *f*. **-3.** *loc* : **être** ~ **pris** tener prejuicios; **prendre** ~ tomar partido; **avoir un** ~ **pris favorable/défavorable à** tener una opinión favorable/desfavorable a; **prendre le** ~ **de** tomar la decisión de; **tirer** ~ **de** sacar partido de. ✦ **partie** *nf* **-1.** [élément, portion & JUR] parte *f*; **en grande/majeure** ~**e** en gran/su mayor parte; **faire** ~**e (intégrante) de qqch** formar parte de algo; **la** ~**e adverse** la parte contraria. **-2.** [domaine d'activité] especialidad *f*. **-3.** SPORT partido *m*. **-4.** [cartes] partida *f*. **-5.** *loc* : **prendre qqn à** ~**e** tomarla con uno. ✦ **en partie** *loc adv* en parte.

partial, e, aux [parsjal, o] *adj* parcial.

partialité [parsjalite] *nf* parcialidad *f*.

participant, e [partisipã, ãt] ◇ *adj* participante. ◇ *nm, f* **-1.** SPORT [concurrent] participante *mf*. **-2.** [adhérent] miembro *m*.

participation [partisipasjɔ̃] *nf* participación *f*.

participe [partisip] *nm* LING participio *m*; ~ **passé/présent** participio pasado/presente.

participer [partisipe] *vt* : ~ **à qqch** [réunion, fête] asistir a algo; [bénéfices] participar en algo; [frais] compartir algo.

particularisme [partikylarism] *nm* particularismo *m*.

particularité [partikylarite] *nf* particularidad *f*.

particule [partikyl] *nf* partícula *f*.

particulier, ère [partikylje, ɛr] *adj* **-1.** [gén] particular; ~ **à qqn** característico de alguien. **-2.** [qualité] excepcional. **-3.** [soin] especial. ✦ **en particulier** *loc adv* **-1.** [gén] en particular. **-2.** [seul à seul] a solas.

particulièrement [partikyljɛrmã] *adv* **-1.** [surtout] en particular. **-2.** [spécialement] particularmente; **tout** ~ muy particularmente.

partie → **parti.**

partiel, elle [parsjɛl] *adj* parcial. ✦ **partiel** *nm* UNIV parcial *m*.

partir [partir] *vi* **-1.** [personne, tache] marcharse. **-2.** [se mettre en marche – voiture] arrancar; [– train, avion] salir. **-3.** [commencer] partir. **-4.** [bouchon] saltar. **-5.** [coup de feu, éclat de rire] estallar. **-6.** [prendre son point de départ] : ~ **de** partir de. ✦ **à partir de** *loc prép* a partir de.

partisan, e [partizã, an] *adj* partidista. ✦ **partisan** *nm* **-1.** POLIT partidario *m*, -ria *f*. **-2.** [combattant] guerrillero *m*.

partition [partisjɔ̃] *nf* **-1.** [séparation] división *f*. **-2.** MUS partitura *f*.

partout [partu] *adv* en todas partes.

paru, e [pary] *pp* → **paraître.**

parure [paryr] *nf* **-1.** [de bijoux] aderezo *m*. **-2.** [de linge] juego *m* de ropa interior femenina.

parution [parysjɔ̃] *nf* publicación *f*.

parvenir [parvənir] *vi* [réussir] : ~ **à qqch/ à faire qqch** conseguir algo/hacer algo.

parvenu, e [parvəny] ◇ *pp* → **parvenir.** ◇ *nm, f* péj nuevo rico *m*, nueva rica *f*.

pas[1] [pa] *nm* **-1.** [gén] paso *m*; **avancer d'un** ~ avanzar un paso; **faire un** ~ **en avant** dar un paso adelante; **allonger le** ~ alargar el paso; **au** ~ **cadencé** marcando el paso; **le** ~ **de l'oie** el paso de la oca. **-2.** *loc* : **à** ~ **de loup** OU **feutrés** de puntillas; **c'est à deux** ~ **(d'ici)** está a dos pasos (de aquí); **emboîter le** ~ **à qqn** ir tras los pasos de alguien; **faire le premier** ~ dar el primer paso; **faire les cent** ~ pasear arriba y abajo; **faire un faux** ~ dar un paso en falso; **à** ~ **à paso** a paso; **rouler au** ~ circular con precaución; **sauter le** ~ dar el paso; **tirer qqn d'un mauvais** ~ sacar a alguien de un apuro. ✦ **pas de vis** *nm* paso de rosca.

pas[2] [pa] *adv* no; **ne...** ~ no; **il ne mange** ~ no come; **absolument/vraiment** ~ en absoluto; ~ **assez** (+ *adjectif*) no lo suficientemente (+ *adjetivo*), no lo bastante (+ *adjetivo*); ~ **encore** todavía no; ~ **un** de ninguno de; ~ (+ *adjectif*) nada (+ *adjetivo*); ~ **drôle** nada divertido.

pascal, e [paskal] (*pl* **pascals** OU **pascaux** [pasko]) *adj* pascual, de Pascua. ✦ **pascal, als** *nm* PHYS pascal *m*.

pas-de-porte [padpɔrt] *nm inv* traspaso *m*.

passable [pasabl] *adj* pasable, aceptable.

passage [pasaʒ] *nm* **-1.** [gén] paso *m*; **de** ~ de paso; **saisir qqch au** ~ coger algo al vuelo; ~ **à niveau** paso a nivel; ~ **clouté** paso de cebra; ~ **protégé** cruce *m* con prioridad; ~ **souterrain** paso subterráneo. **-2.** [de texte, de musique] pasaje *m*.

passager, ère [pasaʒe, ɛr] ◇ *adj* **-1.** [sentiment] pasajero(ra). **-2.** [hôte] de paso. ◇ *nm, f* pasajero *m*, -ra *f*.

passant, e [pasã, ãt] ◇ *adj* concurrido(da). ◇ *nm, f* transeúnte *mf*. ✦ **passant** *nm* presilla *f*.

passe [pas] *nf* **-1.** ESCRIME pase *m*, finta *f*. **-2.** SPORT pase *m*. **-3.** NAVIG [chenal] pasaje *m*. **-4.** [col de montagne] paso *m*. **-5.** *fam* [de prostituée] casa *f* de citas. **-6.** *loc* : **être en** ~ **de faire qqch** [sur le point de] estar a punto de hacer algo.

passé, e [pase] *adj* pasado(da). ◆ **passé** ◇ *nm* pasado *m*; ~ **antérieur/composé/ simple** GRAM pretérito anterior/perfecto/ indefinido. ◇ *prép* pasado(da).

passe-droit [pasdʀwa] (*pl* **passe-droits**) *nm* favor *m* ilícito.

passe-montagne [pasmɔ̃taɲ] (*pl* **passe-montagnes**) *nm* pasamontañas *m inv*.

passe-partout [paspaʀtu] *nm inv* **-1.** [clé] llave *f* maestra. **-2.** (*en apposition*) [phrase, mot, réponse] comodín *m*. **-3.** [cadre] orla *f*.

passeport [paspɔʀ] *nm* pasaporte *m*.

passer [pase] ◇ *vi* **-1.** [gén] pasar; [changer d'activité] : ~ **de qqch à qqch** cambiar de algo a algo; ~ **sur qqch** [se taire] pasar por alto algo; ~ **pour** pasar por; **se faire** ~ **pour qqn** hacerse pasar por alguien. **-2.** [aller] : ~ **chez** pasar por. **-3.** [être acceptable] : ~ **bien/mal** caer bien/mal; ~ **difficilement** ser difícil de aceptar; **passons...** dejémoslo... **-4.** [perdre son éclat] irse. **-5.** TÉLÉ & CIN dar, poner; **qu'est-ce qui passe, ce soir?** ¿qué dan OU ponen esta noche? ◇ *vt* **-1.** [obstacle, moment, objet] pasar; ~ **qqch à qqn** pasar algo a alguien. **-2.** [mot, ligne] saltar. **-3.** [caprice] : ~ **qqch à qqn** consentir algo a alguien. **-4.** [couche de peinture] dar. **-5.** [café] colar. **-6.** [film, disque] poner. **-7.** [vêtement] ponerse. **-8.** [vitesses] poner, meter. **-9.** [contrat] otorgar. **-10.** [examen] hacer. ◆ **se passer** *vp* **-1.** [gén] pasar; **se** ~ **de qqch/de faire qqch** pasar sin algo/sin hacer algo. **-2.** THÉÂTRE [scène] transcurrir. **-3.** [se mettre] ponerse. ◆ **en passant** *loc adv* **-1.** [au passage] al pasar. **-2.** *fig* [par la même occasion] de paso.

passerelle [pasʀɛl] *nf* **-1.** [gén] pasarela *f*. **-2.** [de bateau] puente *m* de mando.

passe-temps [pastɑ̃] *nm inv* pasatiempo *m*.

passif, ive [pasif, iv] *adj* pasivo(va). ◆ **passif** *nm* **-1.** GRAM pasiva *f*, voz *f* pasiva. **-2.** FIN pasivo *m*.

passion [pasjɔ̃] *nf* pasión *f*; **avoir la** ~ **de qqch** tener pasión por algo. ◆ **Passion** *nf* MUS Pasión *f*.

passionné, e [pasjɔne] ◇ *adj* apasionado(da). ◇ *nm, f* [amoureux] pasional *mf*.

passionnel, elle [pasjɔnɛl] *adj* pasional.

passionner [pasjɔne] *vt* **-1.** [personne] apasionar. **-2.** [débat] animar, dar un tono

apasionado a. ◆ **se passionner** *vp* : **se** ~ **pour qqch** apasionarse por algo.

passivité [pasivite] *nf* pasividad *f*.

passoire [paswaʀ] *nf* colador *m*.

pastel [pastɛl] ◇ *nm* [crayon] pastel *m*. ◇ *adj inv* pastel (*en aposición*).

pastèque [pastɛk] *nf* sandía *f*.

pasteur [pastœʀ] *nm* pastor *m*.

pasteuriser [pastœʀize] *vt* pasteurizar.

pastille [pastij] *nf* **-1.** [bonbon – médicament] pastilla *f*; [– confiserie] caramelo *m*. **-2.** [motif] lunar *m*.

pastis [pastis] *nm* anís *m* (*bebida*).

patate [patat] *nf fam* **-1.** [pomme de terre] patata *f Esp*, papa *f Amér*; ~ **douce** boniato *m*, batata *f*. **-2.** [imbécile] burro *m*, -rra *f*.

patauger [patoʒe] *vi* **-1.** [barboter] chapotear. **-2.** *fam fig* [en parlant] hacerse un taco.

pâte [pat] *nf* **-1.** CULIN masa *f*; ~ **à pain/à tarte** masa de pan/de tarta; ~ **brisée** masa quebrada; ~ **d'amandes** mazapán *m*; ~ **de coings** carne *f* de membrillo; ~ **de fruit** dulce *m* de frutas; ~ **feuilletée** masa de hojaldre. **-2.** [mélange] pasta *f*; ~ **dentifrice** pasta dentífrica. ◆ **pâtes** *nfpl* pasta *f*.

pâté [pate] *nm* **-1.** CULIN paté *m*; ~ **de campagne** paté de campaña; ~ **de foie** paté de hígado; ~ **en croûte** *paté envuelto en hojaldre*. **-2.** [tache] borrón *m*.

patelin [patlɛ̃] *nm fam* pueblucho *m*.

patente [patɑ̃t] *nf* COMM patente *f*.

patère [patɛʀ] *nf* colgador *m*.

paternalisme [patɛʀnalism] *nm* paternalismo *m*.

paternel, elle [patɛʀnɛl] *adj* **-1.** [gén] paternal. **-2.** [autorité, ligne] paterno(na).

paternité [patɛʀnite] *nf* paternidad *f*.

pâteux, euse [patø, øz] *adj* **-1.** [aliment] pastoso(sa). **-2.** [style] pesado(da).

pathétique [patetik] ◇ *adj* patético(ca). ◇ *nm* patético *m*.

pathologie [patɔlɔʒi] *nf* patología *f*.

patibulaire [patibylɛʀ] *adj péj* patibulario(ria).

patience [pasjɑ̃s] *nf* **-1.** [gén] paciencia *f*. **-2.** [jeu de cartes] solitario *m*.

patient, e [pasjɑ̃, ɑ̃t] ◇ *adj* paciente. ◇ *nm, f* MÉD [client] paciente *mf*.

patienter [pasjɑ̃te] *vi* esperar (pacientemente).

patin [patɛ̃] *nm* patín *m*; ~ **à glace** patín de cuchilla; ~ **à roulettes** patín de ruedas.

patinage [patinaʒ] *nm* SPORT patinaje *m*; ~ **artistique/de vitesse** patinaje artístico/de velocidad.

patiner [patine] ◇ *vi* patinar. ◇ *vt* dar pátina a. ◆ **se patiner** *vp* cubrirse de pátina.

patinoire [patinwar] *nf* pista *f* de patinaje.

pâtisserie [patisri] *nf* -1. [gâteau] pastel *m*. -2. [art, métier, industrie] pastelería *f*, repostería *f*. -3. [commerce] pastelería *f*.

pâtissier, ère [patisje, ɛr] *adj & nm, f* pastelero(ra).

patois [patwa] *nm* dialecto *m*.

patriarche [patrijarʃ] *nm* patriarca *m*.

patrie [patri] *nf* patria *f*.

patrimoine [patrimwan] *nm* patrimonio *m*.

patriote [patrijɔt] *adj & nmf* patriota.

patriotique [patrijɔtik] *adj* patriótico(ca).

patron, onne [patrɔ̃, ɔn] *nm, f* -1. [chef d'entreprise] patrón *m*, -ona *f*. -2. [chef] jefe *m*. -3. RELIG patrón *m*, -ona *f*. ◆ **patron** COUT patrón *m*.

patronage [patrɔnaʒ] *nm* -1. [gén] patronato *m*. -2. COMM patrocinio *m*.

patronal, e, aux [patrɔnal, o] *adj* patronal.

patronat [patrɔna] *nm* patronal *f*.

patronyme [patrɔnim] *nm sout* patronímico *m*.

patrouille [patruj] *nf* patrulla *f*.

patte [pat] *nf* -1. [d'animal] pata *f*; **se mettre à quatre ~s devant qqn** *fig* doblegarse ante alguien. -2. *fam* [jambe, pied] pata *f*. -3. *fam* [main] mano *f*. -4. COUT [languette d'étoffe, attache] lengüeta *f*. -5. [favori] patilla *f*.

pâturage [patyraʒ] *nm* pasto *m*.

pâture [patyr] *nf* pasto *m*.

paume [pom] *nf* -1. [intérieur de la main] palma *f*. -2. [jeu] pelota *f* vasca.

paumé, e [pome] *fam* ◇ *adj* perdido(da) (desorientado). ◇ *nm, f* colgado *m*, -da *f*.

paumer [pome] *vt fam* perder. ◆ **se paumer** *vp fam* perderse.

paupière [popjɛr] *nf* párpado *m*.

pause [poz] *nf* pausa *f*.

pauvre [povr] ◇ *adj* [gén] pobre; ~ **en qqch** [insuffisant] pobre en algo. ◇ *nmf* pobre *mf*.

pauvreté [povrəte] *nf* pobreza *f*.

pavaner [pavane] ◆ **se pavaner** *vp* pavonearse.

pavé, e [pave] *adj* pavimentado(da). ◆ **pavé** *nm* -1. [chaussée] adoquinado *m*; **être sur le ~** *fig* estar en la calle. -2. [bloc de pierre] adoquín *m*; **jeter un ~ dans la mare** *fig* caer como una bomba. -3. *fam* [gros livre] tocho *m*. -4. CULIN [bifteck] entrecot *m*. -5. PRESSE recuadro *m*. ◆ **pavé numérique** *nm* INFORM teclado *m* numérico.

pavillon [pavijɔ̃] *nm* -1. [gén] pabellón *m*. -2. [drapeau] bandera *f*.

pavot [pavo] *nm* adormidera *f*.

payant, e [pejã, ãt] *adj* -1. [hôte, spectacle] de pago. -2. *fam* [effort] provechoso(sa).

paye = **paie**.

payement = **paiement**.

payer [peje] ◇ *vt* pagar; ~ **qqch à qqn** pagar algo a alguien. ◇ *vi* compensar.

pays [pei] *nm* -1. [gén] país *m*. -2. [région, province] región *f*; [terre natale] tierra *f*. -3. [village] pueblo *m*. ◆ **pays Baltes** *nmpl*: **les ~ Baltes** los países bálticos. ◆ **pays de Galles** *nm*: **le ~ de Galles** (País de) Gales.

paysage [peizaʒ] *nm* paisaje *m*.

paysagiste [peizaʒist] *adj & nmf* paisajista.

paysan, anne [peizã, an] *adj & nm, f* campesino(na).

Pays-Bas [peiba] *nmpl*: **les ~** los Países Bajos.

Pays basque [peibask] *nm*: **le ~** el País Vasco.

PC *nm* -1. (*abr de* **Parti communiste**) PC *m*. -2. (*abr de* **personal computer**) PC *m*. -3. (*abr de* **prêt conventionné**) préstamo concertado que en general favorece al deudor. -4. (*abr de* **poste de commandement**) PM *m*. -5. (*abr de* **petite ceinture**) línea de autobuses de circunvalación de París.

péage [peaʒ] *nm* peaje *m*.

peau [po] *nf* -1. [gén] piel *f*; ~ **d'orange** MÉD piel de naranja; ~ **de chamois** piel de gamuza; ~ **de vache** *fam fig* hueso *m* (*persona dura*). -2. [de lait] nata *f*.

peccadille [pekadij] *nf sout* pequeñez *m*.

péché [peʃe] *nm* pecado *m*.

pêche [pɛʃ] *nf* -1. [fruit] melocotón *m*. -2. [activité, poissons pêchés] pesca *f*; ~ **à la ligne/sous-marine** pesca con caña/submarina.

pécher [peʃe] *vi* pecar.

pêcher[1] [peʃe] *vt* pescar.

pêcher² [peʃe] *nm* melocotonero *m*.

pécheur, eresse [peʃœr, peʃrɛs] *adj & nm, f* pecador(ra).

pêcheur, euse [pɛʃœr, øz] *nm, f* pescador *m*, -ra *f*.

pectoraux [pɛktɔro] *nmpl* pectorales *mpl*.

pécule [pekyl] *nm* peculio *m*.

pécuniaire [pekynjɛr] *adj* pecuniario(ria).

pédagogie [pedagɔʒi] *nf* pedagogía *f*.

pédagogue [pedagɔg] *adj & nmf* pedagogo(ga).

pédale [pedal] *nf* **-1.** [gén] pedal *m*. **-2.** *vulg péj* [homosexuel] marica *m Esp*, joto *m Amér*.

pédaler [pedale] *vi* **-1.** [à bicyclette] pedalear. **-2.** *fam* [ne rien comprendre] : ~ **dans la choucroute** *fig* no entender ni papa.

pédalo [pedalo] *nm* patín *m (de pedales)*.

pédant, e [pedɑ̃, ɑ̃t] *adj & nm, f* pedante.

pédéraste [pederast] *nm* pederasta *m*.

pédestre [pedɛstr] *adj* pedestre.

pédiatre [pedjatr] *nmf* pediatra *mf*.

pédiatrie [pedjatri] *nf* pediatría *f*.

pédicure [pedikyr] *nmf* pedicuro *m*, -ra *f*, callista *mf*.

pègre [pɛgr] *nf* hampa *f*.

peigne [pɛɲ] *nm* **-1.** [pour cheveux] peine *m*. **-2.** [barrette] peineta *f*. **-3.** [instrument de tissage] carda *f*, rastrillo *m*.

peigner [peɲe] *vt* **-1.** [cheveux] peinar. **-2.** [fibres textiles] cardar.

peignoir [pɛɲwar] *nm* **-1.** [sortie de bain] albornoz *m*. **-2.** [déshabillé] bata *f*.

peindre [pɛ̃dr] *vt* pintar.

peine [pɛn] *nf* **-1.** [châtiment, tristesse] pena *f*; **avoir de la** ~ estar triste; **faire de la** ~ **à qqn** entristecer a alguien; **sous** ~ **de qqch** bajo pena de algo; ~ **capitale** OU **de mort** pena capital OU de muerte; ~ **incompressible** *condena sin remisión posible*. **-2.** [effort] esfuerzo *m*; **se donner de la** ~ esforzarse; **prendre la** ~ **de faire qqch** tomarse la molestia de hacer algo. **-3.** [difficulté] trabajo *m*; **à grand-**~ a duras penas; **sans** ~ sin esfuerzo. ◆ **à peine** *loc adv* apenas.

peint, e [pɛ̃, pɛ̃t] *pp* → **peindre**.

peintre [pɛ̃tr] *nm* pintor *m*, -ra *f*.

peinture [pɛ̃tyr] *nf* pintura *f*; ~ **murale** ART mural *m*.

péjoratif, ive [peʒɔratif, iv] *adj* peyorativo(va).

Pékin [pekɛ̃] *n* Pekín.

pelage [pəlaʒ] *nm* pelaje *m*.

pêle-mêle [pɛlmɛl] *adv* en desorden.

peler [pəle] *vt & vi* pelar.

pèlerin [pɛlrɛ̃] *nm* peregrino *m*, -na *f*.

pèlerinage [pɛlrinaʒ] *nm* peregrinación *f*, peregrinaje *m*.

pélican [pelikɑ̃] *nm* pelícano *m*.

pelle [pɛl] *nf* pala *f*.

pelleter [pɛlte] *vt* remover con la pala.

pellicule [pelikyl] *nf* película *f*. ◆ **pellicules** *nfpl* caspa *f*.

pelote [pəlɔt] *nf* **-1.** [boule de fils] ovillo *m*; ~ **de laine** ovillo de lana. **-2.** COUT [coussinet] acerico *m*. ◆ **pelote basque** *nf* pelota *f* vasca.

peloton [plɔtɔ̃] *nm* **-1.** [de soldats, de concurrents] pelotón *m*; ~ **d'exécution** pelotón de ejecución. **-2.** [de ficelle] ovillejo *m*.

pelotonner [pəlɔtɔne] ◆ **se pelotonner** *vp* arrebujarse, acurrucarse; **se** ~ **contre qqch/contre qqn** acurrucarse contra algo/contra alguien.

pelouse [pəluz] *nf* **-1.** [de jardin] césped *m*. **-2.** [de champ de courses] entrada *f*.

peluche [pəlyʃ] *nf* **-1.** [gén] peluche *m*. **-2.** *(gén pl)* [d'étoffe] bola *f*.

pelure [pəlyr] *nf* **-1.** [de fruit, légume] monda *f*, peladura *f*. **-2.** *fam* [habit] abrigo *m Esp*, tapado *m Amér*.

pénal, e, aux [penal, o] *adj* penal. ◆ **pénal** *nm* JUR penal *m*.

pénaliser [penalize] *vt* penalizar.

penalty [penalti] *(pl* **penaltys** OU **penalties)** *nm* penalty *m*.

penaud, e [pəno, od] *adj* avergonzado(da) *Esp*, apenado(da) *Amér*.

penchant [pɑ̃ʃɑ̃] *nm* inclinación *f*; ~ **pour qqch/pour qqn** [attirance] inclinación por algo/por alguien.

penché, e [pɑ̃ʃe] *adj* inclinado(da).

pencher [pɑ̃ʃe] ◇ *vi* **-1.** [être incliné] estar inclinado(da). **-2.** [préférer] : ~ **pour** inclinarse por. ◇ *vt* inclinar. ◆ **se pencher** *vp* : **se** ~ **sur** OU **vers qqn/qqch** [s'approcher] inclinarse hacia algo/alguien.

pendaison [pɑ̃dɛzɔ̃] *nf* ahorcamiento *m*.

pendant¹, **e** [pɑ̃dɑ̃, ɑ̃t] *adj* **-1.** [bras] colgando; **les bras** ~s con los brazos colgando. **-2.** JUR [question] pendiente. ◆ **pendant** *nm* **-1.** [bijou] colgante *m*. **-2.** [de paire] : **il est le** ~ **de sa sœur** él y su hermana son tal para cual. **-3.** *fig* [équivalent] equivalente *mf*.

pendant[2] [pãdã] *prép* durante. ◆ **pendant que** *loc conj* mientras que; ~ **que j'y suis,...** ya que estoy aquí,...

pendentif [pãdãtif] *nm* colgante *m*.

penderie [pãdri] *nf* ropero *m*.

pendre [pãdr] ◇ *vi* **-1.** [être fixé par le haut] colgar. **-2.** [descendre trop bas] caer. ◇ *vt* **-1.** [rideau, tableau] colgar. **-2.** [personne] ahorcar, colgar. ◆ **se pendre** *vp* **-1.** [s'accrocher] : **se ~ à qqch** colgarse de algo. **-2.** [se suicider] ahorcarse, colgarse.

pendule [pãdyl] ◇ *nm* péndulo *m*. ◇ *nf* reloj *m* de péndulo.

pendulette [pãdylɛt] *nf* reloj *m* pequeño.

pénétrer [penetre] ◇ *vi* **-1.** [chose] penetrar. **-2.** [personne] entrar. ◇ *vt* **-1.** [suj : pluie] calar; [suj : vent] penetrar. **-2.** [mystère, intentions, secret] descubrir. **-3.** [cœur, âme] llegar a.

pénible [penibl] *adj* **-1.** [gén] penoso(sa). **-2.** *fam* [personne] pesado(da).

péniblement [pcniblamã] *adv* **-1.** [avec difficulté] con dificultad. **-2.** [cruellement] gravemente. **-3.** [à peine] apenas.

péniche [peniʃ] *nf* chalana *f*.

pénicilline [penisilin] *nf* penicilina *f*.

péninsule [penɛ̃syl] *nf* península *f*.

pénis [penis] *nm* pene *m*.

pénitence [penitãs] *nf* penitencia *f*.

pénitencier [penitãsje] *nm* penitenciaría *f*.

pénombre [penɔ̃br] *nf* penumbra *f*.

pensant, e [pãsã, ãt] *adj* pensante.

pense-bête [pãsbɛt] (*pl* **pense-bêtes**) *nm* señal *f* (recordatorio).

pensée [pãse] *nf* **-1.** [gén] pensamiento *m*; **en** OU **par la ~** con el pensamiento. **-2.** [opinion] parecer *m*. **-3.** [idée] idea *f*.

penser [pãse] ◇ *vi* pensar; **faire ~ à qqch/à qqn** hacer pensar en algo/en alguien; ~ **à faire qqch/à qqch/à qqn** pensar en hacer algo/en algo/en alguien; **n'y pensons plus!** ¡olvidemos eso! ◇ *vt* pensar; ~ **faire qqch** pensar hacer algo; **il n'en pense pas moins** en realidad lo piensa; **pensez-vous!** ¡qué va!

pensif, ive [pãsif, iv] *adj* pensativo(va).

pension [pãsjɔ̃] *nf* **-1.** [allocation, hébergement] pensión *f*; ~ **alimentaire** pensión alimenticia; ~ **de famille** casa *f* de huéspedes. **-2.** [internat] internado *m*.

pensionnat [pãsjɔna] *nm* internado *m*.

pentagone [pɛ̃tagɔn] *nm* pentágono *m*.

pente [pãt] *nf* pendiente *f*; **en ~** en pendiente.

Pentecôte [pãtkot] *nf* Pentecostés *m*.

pénurie [penyri] *nf* penuria *f*.

pépier [pepje] *vi* piar.

pépin [pepɛ̃] *nm* **-1.** [graine] pepita *f*. **-2.** *fam* [ennui] follón *m*. **-3.** *fam* [parapluie] paraguas *m inv*.

pépinière [pepinjɛr] *nf* vivero *m*.

pépite [pepit] *nf* pepita *f*.

perçant, e [pɛrsã, ãt] *adj* **-1.** [vue, regard, froid] penetrante. **-2.** [son] taladrante.

perce-neige [pɛrsənɛʒ] *nm* OU *nf inv* narciso *m* de las nieves.

percepteur [pɛrsɛptœr] *nm* inspector *m*, inspectora *f* de Hacienda.

perception [pɛrsɛpsjɔ̃] *nf* **-1.** [action, emploi, bureau] inspección *f*. **-2.** [sensation] percepción *f*.

percer [pɛrse] ◇ *vt* **-1.** [mur, planche] taladrar. **-2.** *sout* [blesser] : ~ **qqn de coups** llenar a alguien de golpes. **-3.** [cœur] traspasar. **-4.** [fenêtre, tunnel, rue] abrir. **-5.** [vêtement] calar; [foule, armée ennemie] atravesar. **-6.** [secret, complot] descubrir. ◇ *vi* **-1.** [soleil, abcès] aparecer; [dent] salir. **-2.** [secret, conversation] filtrarse. **-3.** [réussir] calar.

perceuse [pɛrsøz] *nf* taladradora *f*.

percevoir [pɛrsəvwar] *vt* **-1.** [intention, nuance, argent] percibir. **-2.** [impôts] recaudar.

perche [pɛrʃ] *nf* **-1.** [poisson] perca *f*. **-2.** [pièce] pértiga *f*.

percher [pɛrʃe] ◇ *vi* **-1.** [oiseaux] posarse. **-2.** *fam* [personne] vivir. ◇ *vt* encaramar. ◆ **se percher** *vp* posarse.

perchoir [pɛrʃwar] *nm* **-1.** [d'oiseau] palo *m*. **-2.** *fam* [lieu] pedestal *m*. **-3.** [du président de l'Assemblée] *sillón del presidente de la Asamblea Nacional francesa*.

perclus, e [pɛrkly, yz] *adj* : ~ **de qqch** [rhumatisme] baldado de algo; *fig* [crainte] paralizado por algo.

percolateur [pɛrkɔlatœr] *nm* percolador *m*.

perçu, e [pɛrsy] *pp* → percevoir.

percussion [pɛrkysjɔ̃] *nf* percusión *f*.

percutant, e [pɛrkytã, ãt] *adj* **-1.** [obus] percutiente. **-2.** *fig* [argument] contundente.

percuter [pɛrkyte] ◇ *vt* chocar contra. ◇ *vi* : ~ **contre qqch** chocar contra algo.

perdant, e [pɛrdã, ãt] *adj & nm, f* perdedor(ra).

perdition [pɛrdisjɔ̃] *nf* **-1.** [ruine morale] perdición *f.* **-2.** [détresse] : **en ~** en peligro.

perdre [pɛrdr] ◇ *vt* perder. ◇ *vi* perder.
◆ **se perdre** *vp* **-1.** [gén] perderse. **-2.** [fruit] echarse a perder.

perdrix [pɛrdri] *nf* perdiz *f.*

perdu, e [pɛrdy] ◇ *pp* → **perdre.** ◇ *adj* **-1.** [gén] perdido(da). **-2.** [malade] desahuciado(da).

perdurer [pɛrdyre] *vi sout* perdurar.

père [pɛr] *nm* **-1.** [gén] padre *m*; **~ de famille** padre de familia; **de ~ en fils** de padre a hijo. **-2.** *fam* [homme mûr] viejo *m.*
◆ **pères** *nmpl sout* [ancêtres] padres *mpl.*
◆ **père Noël** *nm* Papá Noel *m*; **croire au ~ Noël** creer en Papá Noel.

pérégrination [peregrinasjɔ̃] *nf* (*gén pl*) peregrinación *f.*

péremptoire [perãptwar] *adj* perentorio(ria).

pérennité [perenite] *nf* perennidad *f.*

péréquation [perekwasjɔ̃] *nf* perecuación *f.*

perfection [pɛrfɛksjɔ̃] *nf* perfección *f.*

perfectionné, e [pɛrfɛksjɔne] *adj* perfeccionado(da).

perfectionner [pɛrfɛksjɔne] *vt* perfeccionar.

perfide [pɛrfid] *adj* pérfido(da).

perfidie [pɛrfidi] *nf sout* **-1.** [caractère] perfidia *f.* **-2.** [action, propos] maldad *f.*

perforation [pɛrfɔrasjɔ̃] *nf* perforación *f.*

perforer [pɛrfɔre] *vt* perforar.

perforeuse [pɛrfɔrøz] *nf* perforadora *f.*

performance [pɛrfɔrmãs] *nf* **-1.** [résultat] resultado *m.* **-2.** [exploit] hazaña *f.* **-3.** [possibilités] prestación *f.*

performant, e [pɛrfɔrmã, ãt] *adj* **-1.** [personne] competitivo(va). **-2.** [machine] con buenas prestaciones.

perfusion [pɛrfyzjɔ̃] *nf* perfusión *f.*

péridural, e, aux [peridyral, o] *adj* peridural. ◆ **péridurale** *nf* peridural *f.*

péril [peril] *nm sout* peligro *m.*

périlleux, euse [perijø, øz] *adj* peligroso(sa).

périmé, e [perime] *adj* **-1.** [passeport] caducado(da). **-2.** *fig* [idée] caduco(ca).

périmètre [perimɛtr] *nm* perímetro *m.*

période [perjɔd] *nf* período *m*, periodo *m.*

périodique [perjɔdik] ◇ *adj* periódico(ca). ◇ *nm* periódico *m.*

péripétie [peripesi] *nf* (*gén pl*) peripecia *f.*

périphérie [periferi] *nf* periferia *f.*

périphrase [perifraz] *nf* perífrasis *f inv.*

périple [peripl] *nm* periplo *m.*

périr [perir] *vi sout* **-1.** [mourir] perecer. **-2.** [disparaître] desaparecer. **-3.** [couler] naufragar.

périssable [perisabl] *adj* perecedero(ra).

péritonite [peritɔnit] *nf* MÉD peritonitis *f inv.*

perle [pɛrl] *nf* **-1.** [bille de nacre, goutte] perla *f.* **-2.** [enfiler] cuenta *f.* **-3.** [personne parfaite] perla *f*, joya *f.* **-4.** *fam* [erreur] gazapo *m.*

perlé, e [pɛrle] *adj* **-1.** [tissu] adornado(da) con perlas. **-2.** *fig* [travail] primoroso(sa).

perler [pɛrle] *vi* [suinter] perlar.

permanence [pɛrmanãs] *nf* permanencia *f*; **en ~** permanentemente; **garantir la ~** responsabilizarse de un servicio de guardia.

permanent, e [pɛrmanã, ãt] ◇ *adj* [gén] permanente; [cinéma] de sesión continua. ◇ *nm, f* miembro *m* permanente. ◆ **permanente** *nf* [coiffure] permanente *f.*

perméable [pɛrmeabl] *adj* permeable; **~ à qqch** permeable a algo.

permettre [pɛrmɛtr] *vt* permitir; **~ à qqn de faire qqch** permitir a alguien que haga algo ou hacer algo. ◆ **se permettre** *vp* permitirse; **se ~ de faire qqch** permitirse hacer algo.

permis, e [pɛrmi, iz] *pp* → **permettre.**
◆ **permis** *nm* permiso *m*; **avoir son ~** *fam* sacarse el carné (de conducir); **~ de conduire** carné ou permiso de conducir.

permission [pɛrmisjɔ̃] *nf* permiso *m*; **avoir la ~ de faire qqch** tener permiso para hacer algo.

permuter [pɛrmyte] ◇ *vt* cambiar el orden. ◇ *vi* hacer un cambio.

pernicieux, euse [pɛrnisjø, øz] *adj* pernicioso(sa).

pérorer [perɔre] *vi péj* perorar.

Pérou [peru] *nm* : **le ~** (el) Perú; **au ~** [direction] a Perú; [situation] en Perú; **c'est pas le ~** *fam fig* no es nada del otro jueves.

perpendiculaire [pɛrpãdikylɛr] ◇ *adj* perpendicular. ◇ *nf* perpendicular *f.*

perpète, perpette [pɛrpɛt] ◆ **à perpète** *loc adv fam* [loin] en el quinto pino; [longtemps] toda la vida.

perpétrer [pɛrpetre] *vt* perpetrar.

perpette = **perpète.**

perpétuel, elle [pɛrpetɥɛl] *adj* perpetuo(tua).

perpétuer [pɛrpetɥe] *vt* perpetuar. ◆ **se perpétuer** *vp* perpetuarse.

perpétuité [pɛrpetɥite] *nf sout* perpetuidad *f*; **à** ~ [pour toujours] a perpetuidad; [condamner] a cadena perpetua.

perplexe [pɛrplɛks] *adj* perplejo(ja).

perquisition [pɛrkizisjɔ̃] *nf* registro *m*.

perron [pɛrɔ̃] *nm* escalera *f* de entrada.

perroquet [pɛrɔkɛ] *nm* **-1.** [animal] loro *m*, papagayo *m*. **-2.** NAVIG [voile] juanete *m*.

perruche [pɛryʃ] *nf* cotorra *f*.

perruque [pɛryk] *nf* peluca *f*.

persécuter [pɛrsekyte] *vt* perseguir.

persécution [pɛrsekysjɔ̃] *nf* persecución *f*; **de** ~ PSYCHOL persecutorio(ria).

persévérant, e [pɛrseverɑ̃, ɑ̃t] *adj* perseverante.

persévérer [pɛrsevere] *vi* perseverar.

persienne [pɛrsjɛn] *nf* persiana *f*.

persiflage [pɛrsiflaʒ] *nm* mofa *f*.

persifler [pɛrsifle] *vt sout* mofarse.

persil [pɛrsi] *nm* perejil *m*.

Persique [pɛrsik] → **golfe**.

persistant, e [pɛrsistɑ̃, ɑ̃t] *adj* **-1.** [fièvre, odeur] persistente. **-2.** BOT perenne.

persister [pɛrsiste] *vi* persistir; ~ **à faire qqch** persistir en hacer algo.

personnage [pɛrsɔnaʒ] *nm* **-1.** [gén] personaje *m*. **-2.** [personnalité] imagen *f*.

personnaliser [pɛrsɔnalize] *vt* personalizar.

personnalité [pɛrsɔnalite] *nf* personalidad *f*.

personne [pɛrsɔn] ◇ *nf* persona *f*; **en** ~ [en chair et en os] en persona; [incarné] personificado(da); **par** ~ **interposée** a través de un intermediario; ~ **âgée** persona *f* mayor, mayor *m*; ~ **morale** JUR persona jurídica. ◇ *pron indéf* **-1.** [quelqu'un] alguien. **-2.** [aucune personne] nadie.

personnel, elle [pɛrsɔnɛl] *adj* **-1.** [gén] GRAM personal. **-2.** [personne] egoísta. ◆ **personnel** *nm* personal *m*; ~ **navigant** tripulación *f*.

personnellement [pɛrsɔnɛlmɑ̃] *adv* personalmente.

personnifier [pɛrsɔnifje] *vt* personificar.

perspective [pɛrspɛktiv] *nf* perspectiva *f*; **en** ~ en perspectiva.

perspicace [pɛrspikas] *adj* perspicaz.

persuader [pɛrsɥade] *vt* : ~ **qqn de qqch/de faire qqch** persuadir a alguien de algo/de que haga algo. ◆ **se persuader** *vp* : **se** ~ **de qqch** persuadirse de algo; **se** ~ **que** persuadirse de que.

persuasif, ive [pɛrsɥazif, iv] *adj* persuasivo(va).

persuasion [pɛrsɥazjɔ̃] *nf* persuasión *f*.

perte [pɛrt] *nf* **-1.** [gén & COMM] pérdida *f*. **-2.** [ruine, déchéance] : **à** ~ **de vue** hasta el horizonte, hasta donde abarca la vista. ◆ **pertes** *nfpl* MIL bajas *fpl*.

pertinent, e [pɛrtinɑ̃, ɑ̃t] *adj* pertinente.

perturber [pɛrtyrbe] *vt* perturbar.

pervenche [pɛrvɑ̃ʃ] ◇ *adj inv* [bleu] malva (en aposición). ◇ *nf* **-1.** BOT vincapervinca *f*. **-2.** *fam* [contractuelle] ≃ vigilante *f* de la zona azul.

pervers, e [pɛrver, ɛrs] ◇ *adj* **-1.** [acte, goût] perverso(sa). **-2.** [effet] contrario(ria). ◇ *nm, f* perverso *m*, -sa *f*.

perversion [pɛrvɛrsjɔ̃] *nf* perversión *f*.

perversité [pɛrvɛrsite] *nf* perversidad *f*.

pervertir [pɛrvɛrtir] *vt* pervertir.

pesage [pəzaʒ] *nm* **-1.** [pesée] peso *m*. **-2.** [de jockeys] pesaje *m*.

pesamment [pəzamɑ̃] *adv* [lourdement] pesadamente; [gauchement] torpemente.

pesant, e [pəzɑ̃, ɑ̃t] *adj* pesado(da). ◆ **pesant** *nm* : **valoir son** ~ **d'or** *fig* valer su peso en oro.

pesanteur [pəzɑ̃tœr] *nf* **-1.** PHYS gravedad *f*. **-2.** [lenteur, lourdeur] lentitud *f*.

pèse-bébé [pɛzbebe] (*pl inv* OU **pèse-bébés**) *nm* pesabebés *m inv*.

pesée [pəze] *nf* **-1.** [opération] pesaje *m*. **-2.** [pression] presión *f*.

pèse-lettre [pɛzlɛtr] (*pl inv* OU **pèse-lettres**) *nm* pesacartas *m inv*.

pèse-personne [pɛzpɛrsɔn] (*pl inv* OU **pèse-personnes**) *nm* báscula *f* (*para pesar personas*).

peser [pəze] ◇ *vt* **-1.** [mesurer le poids] pesar. **-2.** [considérer, examiner] sopesar. ◇ *vi* **-1.** [avoir un certain poids] pesar. **-2.** [appuyer] : ~ **sur qqch** hacer fuerza sobre algo.

peseta [pezeta] *nf* peseta *f*.

pessimisme [pesimism] *nm* pesimismo *m*.

pessimiste [pesimist] *adj & nmf* pesimista.

peste [pɛst] *nf* peste *f*; **fuir qqch/qqn comme la** ~ huir de algo/de alguien como de la peste; **craindre qqch/qqn**

pester 256

comme la ~ temer algo/a alguien como la peste.

pester [pɛste] *vi* echar pestes; ~ **contre qqch/contre qqn** echar pestes contra algo/contra alguien.

pestiféré, e [pɛstifere] *adj & nm, f* apestado(da).

pestilentiel, elle [pɛstilɑ̃sjɛl] *adj sout* pestilente.

pet [pɛ] *nm fam* pedo *m.*

pétale [petal] *nm* pétalo *m.*

pétanque [petɑ̃k] *nf* petanca *f.*

pétarader [petarade] *vi* pedorrear.

pétard [petar] *nm* **-1.** [petit explosif] petardo *m.* **-2.** *fam* [bruit] jaleo *m Esp*, despiole *m Amér.* **-3.** *fam* [revolver] pipa *f.* **-4.** *fam* [postérieur] trasero *m.* **-5.** *fam* [cigarette de haschich] petardo *m.*

péter [pete] ◇ *vi tfam* **-1.** [faire un pet] tirarse un pedo. **-2.** [se rompre brusquement] reventar. ◇ *vt fam* cargarse.

pète-sec [pɛtsɛk] *fam* ◇ *adj* mandón(ona). ◇ *nmf* sargento *m.*

pétiller [petije] *vi* **-1.** [feu] chisporrotear. **-2.** [liquide] burbujear. **-3.** [yeux] chispear, brillar.

petit, e [pəti, it] ◇ *adj* **-1.** [jeune, réduit, peu important] pequeño(ña); **une ~e maison** una casita, una casa pequeña. **-2.** [pluie] débil. **-3.** [médiocre - esprit] pobre; [- artiste] de segunda fila. **-4.** [gens] modesto(ta). **-5.** *fam péj* [exprime la familiarité] : **mon ~ monsieur** mi querido señor; **~ crétin!** ¡cretino! ◇ *nm, f* pequeño *m,* -ña *f.* ◆ **petit** ◇ *nm* **-1.** [gén] pequeño *m.* **-2.** [jeune animal] cachorro *m.* ◇ *adv* : **en ~** en pequeño.

petit-beurre [p(ə)tibœr] (*pl* **petits-beurre**) *nm* galletita *f* de mantequilla.

petit-bourgeois, petit-bourgeoise [p(ə)tibuʀʒwa, p(ə)titbuʀʒwaz] (*mpl* **petits-bourgeois**, *fpl* **petites-bourgeoises**) *adj & nm, f* pequeñoburgués(esa).

petit déjeuner [p(ə)tideʒœne] (*pl* **petits déjeuners**) *nm* desayuno *m.*

petite-fille [p(ə)titfij] (*pl* **petites-filles**) *nf* nieta *f.*

petitement [p(ə)titmɑ̃] *adv* **-1.** [à l'étroit] : **être ~ logé** vivir apretados. **-2.** [chichement] con estrecheces. **-3.** [mesquinement] con mezquindad, mezquinamente.

petitesse [p(ə)tites] *nf* **-1.** [taille] pequeñez *f.* **-2.** [modicité] escasez *f.* **-3.** [mesquinerie] : ~ **d'esprit** estrechez *f* de miras.

petit-fils [p(ə)tifis] (*pl* **petits-fils**) *nm* nieto *m.*

petit-four [p(ə)tifur] (*pl* **petits-four**) *nm* galletita *f.*

pétition [petisjɔ̃] *nf* petición *f.*

petit-lait [p(ə)tilɛ] (*pl* **petits-laits**) *nm* suero *m* de la leche.

petit-nègre [p(ə)tinɛgr] *nm inv fam* francés *m* macarrónico.

petits-enfants [p(ə)tizɑ̃fɑ̃] *nmpl* nietos *mpl.*

petit-suisse [p(ə)tisɥis] (*pl* **petits-suisses**) *nm* petit suisse® *m.*

pétri, e [petri] *adj* : ~ **de qqch** hinchado(da) de algo.

pétrifier [petrifje] *vt* **-1.** *fig* [méduser] dejar de piedra. **-2.** [changer en pierre] petrificar.

pétrin [petrɛ̃] *nm* **-1.** [du boulanger] artesa *f.* **-2.** *fam* [situation difficile] berenjenal *m;* **se fourrer/être dans le ~** *fig* meterse/estar en un berenjenal.

pétrir [petrir] *vt* **-1.** [pâte] amasar; [muscle] masajear. **-2.** *fig & sout* [façonner] moldear.

pétrole [petrɔl] *nm* petróleo *m.*

pétrolier, ère [petrɔlje, ɛr] *adj* petrolero(ra). ◆ **pétrolier** *nm* petrolero *m.*

pétrolifère [petrɔlifɛr] *adj* petrolífero(ra).

P et T (*abr de* postes et télécommunications) *nfpl* ≃ CTT *mpl.*

pétulant, e [petylɑ̃, ɑ̃t] *adj* impetuoso(sa).

peu [pø] ◇ *adv* poco; ~ **de travail** poco trabajo; ~ **d'élèves** pocos alumnos; ~ **souvent** de tarde en tarde. ◇ *nm* : **le ~ de qqch** los pocos algo; **le ~ de connaissances que j'ai** los pocos conocimientos que tengo; **le ~ que** lo poco que; **un ~** un poco; **un (tout) petit ~** un poquito. ◆ **avant peu** *loc adv* dentro de poco. ◆ **de peu** *loc adv* por poco. ◆ **depuis peu** *loc adv* desde hace poco. ◆ **peu à peu** *loc adv* poco a poco. ◆ **pour peu que** *loc conj* (+ *subjonctif*) a poco que (+ *subjuntivo*); **pour ~ qu'il mange, il grossit** a poco que coma, engorda. ◆ **pour un peu** *loc adv* casi. ◆ **sous peu** *loc adv* dentro de poco. ◆ **un tant soit peu** *loc adv* un poquito.

peuplade [pœplad] *nf* tribu *f.*

peuple [pœpl] *nm* **-1.** [gén] pueblo *m.* **-2.** *fam* [multitude] mogollón *m* de gente.

peuplement [pœpləmɑ̃] *nm* población *f.*

peupler [pœple] *vt* poblar. ◆ **se peupler** *vp* llenarse de gente.

peuplier [pøplije] *nm* álamo *m.*

peur [pœr] *nf* miedo *m*; avoir ~ de faire **qqch/de qqch/de qqn** tener miedo de hacer algo/de algo/de alguien; avoir ~ **que** *(+ subjonctif)* tener miedo de que *(+ subjuntivo)*; **j'ai ~ qu'il (ne) pleuve** tengo miedo de que llueva; **de** OU **par ~ de qqch** por miedo a OU de algo; **de** OU **par ~ que** *(+ subjonctif)* por miedo a que *(+ subjuntivo)*; **de** OU **par ~ qu'on (ne) le punisse** por miedo a que le castiguen;... **à faire ~...** que asusta; **il est laid à faire ~** es de un feo que asusta.

peureux, euse [pœrø, øz] *adj & nm, f* miedoso(sa).

peut-être [pøtɛtr] *adv* **–1.** [gén] quizás, quizá; ~ **que** quizás, quizá; ~ **qu'elle ne viendra pas, elle ne viendra pas** ~ quizás no venga; ~ **qu'il est malade** quizás está enfermo. **–2.** [alors] acaso; **et moi, je ne suis pas beau, ~?** ¿y yo? ¿acaso no soy guapo?

peux, peut *etc* → **pouvoir.**

p. ex. *(abr de par exemple)* p. ej.

pH *(abr de potentiel hydrogène)* *nm* pH *m*.

phalange [falãʒ] *nf* falange *f*.

phallocrate [falɔkrat] *adj & nmf* falócrata.

phallus [falys] *nm* falo *m*.

phantasme = **fantasme.**

pharaon [faraɔ̃] *nm* faraón *m*.

phare [far] ◇ *nm* faro *m*; ~ **antibrouillard** faro antiniebla. ◇ *adj* emblemático(ca); **une industrie** ~ una industria puntera.

pharmaceutique [farmasøtik] *adj* farmacéutico(ca).

pharmacie [farmasi] *nf* **–1.** [science, magasin] farmacia *f*. **–2.** [armoire, trousse] botiquín *m*.

pharmacien, enne [farmasjɛ̃, ɛn] *nm, f* farmacéutico *m*, -ca *f*.

pharynx [farɛ̃ks] *nm* faringe *f*.

phase [faz] *nf* **–1.** [gén] fase *f*. **–2.** *loc* : **être en ~ avec qqn** estar en la misma onda con alguien.

phénoménal, e, aux [fenɔmenal, o] *adj* fenomenal.

phénomène [fenɔmɛn] *nm* fenómeno *m*.

philanthropie [filɑ̃trɔpi] *nf* filantropía *f*.

philatélie [filateli] *nf* filatelia *f*.

philatéliste [filatelist] *nmf* filatélico *m*, -ca *f*, filatelista *mf*.

philharmonique [filarmɔnik] *adj* filarmónico(ca).

philologie [filɔlɔʒi] *nf* filología *f*.

philosophe [filɔzɔf] *adj & nmf* filósofo *m*, -fa *f*.

philosophie [filɔzɔfi] *nf* filosofía *f*.

phobie [fɔbi] *nf* fobia *f*.

phonétique [fɔnetik] ◇ *adj* fonético(ca). ◇ *nf* fonética *f*.

phonographe [fɔnɔgraf] *nm* fonógrafo *m*.

phoque [fɔk] *nm* foca *f*.

phosphate [fɔsfat] *nm* fosfato *m*.

phosphore [fɔsfɔr] *nm* fósforo *m*.

phosphorescent, e [fɔsfɔresɑ̃, ɑ̃t] *adj* fosforescente.

photo [fɔto] ◇ *adj inv* fotográfico(ca). ◇ *nf* **–1.** [technique] fotografía *f*. **–2.** [image] foto *f*; ~ **d'identité** foto (de tamaño) carné.

photocomposition [fɔtokɔ̃pozisjɔ̃] *nf* fotocomposición *f*.

photocopie [fɔtɔkɔpi] *nf* fotocopia *f*.

photocopier [fɔtɔkɔpje] *vt* fotocopiar.

photocopieur [fɔtɔkɔpjœr] *nm* fotocopiadora *f*.

photocopieuse [fɔtɔkɔpjøz] *nf* fotocopiadora *f*.

photoélectrique [fɔtɔelɛktrik] *adj* fotoeléctrico(ca).

photogénique [fɔtɔʒenik] *adj* fotogénico(ca).

photographe [fɔtɔgraf] *nmf* fotógrafo *m*, -fa *f*.

photographie [fɔtɔgrafi] *nf* fotografía *f*.

photographier [fɔtɔgrafje] *vt* fotografiar.

Photomaton® [fɔtɔmatɔ̃] *nm* fotomatón *m*.

photoreportage [fɔtɔrəpɔrtaʒ] *nm* reportaje *m* fotográfico.

phrase [fraz] *nf* frase *f*.

physicien, enne [fizisjɛ̃, ɛn] *nm, f* físico *m*, -ca *f*.

physiologie [fizjɔlɔʒi] *nf* fisiología *f*.

physiologique [fizjɔlɔʒik] *adj* fisiológico(ca).

physionomie [fizjɔnɔmi] *nf* fisonomía *f*.

physionomiste [fizjɔnɔmist] *adj & nmf* fisonomista.

physique [fizik] ◇ *adj* físico(ca). ◇ *nf* SCIENCES física *f*. ◇ *nm* [constitution] físico *m*.

physiquement [fizikmɑ̃] *adv* físicamente.

piaffer [pjafe] *vi* **–1.** [cheval] piafar. **–2.** [personne] saltar.

piailler [pjaje] *vi* **–1.** [oiseaux] piar. **–2.** *fam* [enfant] chillar.

pianiste [pjanist] *nmf* pianista *mf*.

piano [pjano] ◇ *nm* piano *m*. ◇ *adv* piano.

pianoter [pjanɔte] *vi* **-1.** [jouer du piano] aporrear el piano. **-2.** [tapoter] tamborilear.

piaule [pjol] *nf fam* cuartucho *m*.

PIB (*abr de* produit intérieur brut) *nm* PIB *m*.

pic [pik] *nm* **-1.** [oiseau] pájaro *m* carpintero. **-2.** [outil, montagne] pico *m*. ◆ **à pic** *loc adv* **-1.** [verticalement] en picado; **couler à ∼** irse a pique. **-2.** *fam fig* [à point nommé] : **arriver à ∼** llegar en el momento justo; **tomber à ∼** *fig* venir de perilla.

pichenette [pifnɛt] *nf fam* capirotazo *m*.

pichet [pife] *nm* jarra *f*.

pickpocket [pikpɔkɛt] *nm* carterista *mf*.

pick-up [pikœp] *nm inv* **-1.** *vieilli* [tourne-disque] pick-up *m*. **-2.** AUTOM [camionnette] camioneta *f* descubierta.

picorer [pikɔre] *vt & vi* picotear, picar.

picotement [pikɔtmã] *nm* picor *m*.

pie [pi] ◇ *adj inv* [cheval] pío(a). ◇ *nf* **-1.** [oiseau] urraca *f*. **-2.** *péj* [bavard] loro *m*, cotorra *f*.

pièce [pjɛs] *nf* **-1.** [élément] pieza *f*; **en ∼s détachées** desarmado(da); **∼ détachée** pieza de recambio. **-2.** [unité] unidad *f*; **acheter/vendre qqch à la ∼** comprar/vender algo por unidades; **quinze francs ∼** quince francos la pieza. **-3.** [document] documento *m*; **juger qqn sur ∼s** no hacer juicios precipitados; **∼ d'identité** documento de identidad. **-4.** [œuvre littéraire ou musicale] obra *f*; **∼ de théâtre** obra de teatro. **-5.** [argent] moneda *f*; **∼ de monnaie** moneda. **-6.** [couture] remiendo *m*, pieza *f*.

pied [pje] *nm* **-1.** [gén] pie *m*; **à ∼** a pie; **avoir ∼** hacer pie; **faire du ∼ à qqn** rozar con el pie; **sur ∼** en pie. **-2.** [de mouton, de veau] pata *f*.

pied-à-terre [pjetatɛr] *nm inv* apeadero *m* (*alojamiento de paso*).

pied-de-biche [pjedbif] (*pl* **pieds-de-biche**) *nm* **-1.** [outil] desclavador *m*, sacaclavos *m inv*. **-2.** COUT prensatelas *f inv*.

piédestal, aux [pjedestal, o] *nm* pedestal *m*; **mettre qqn sur un ∼** *fig* poner a alguien en un pedestal.

piedmont = piémont.

pied-noir, e [pjenwar] (*mpl* **pieds-noirs**, *fpl* **pieds-noires**) *nm, f* francés que vivía en Argelia antes de su independencia.

piège [pjɛʒ] *nm* trampa *f*.

piéger [pjeʒe] *vt* **-1.** [animal, personne] pillar OU coger en la trampa; **se trouver piégé dans qqch** estar entrampado en algo. **-2.** [doter d'un explosif] poner un explosivo *m*.

piémont, piedmont [pjemɔ̃] *nm* GÉOGR llanura *f*.

pierraille [pjɛraj] *nf* grava *f Esp*, pedregullo *m Amér*.

pierre [pjɛr] *nf* piedra *f*.

pierreries [pjɛrri] *nfpl* pedrería *f*.

piété [pjete] *nf* **-1.** RELIG piedad *f*. **-2.** *vieilli* [filiale] amor *m*.

piétiner [pjetine] ◇ *vi* estancarse. ◇ *vt* pisotear.

piéton, onne [pjetɔ̃, ɔn] ◇ *adj* peatonal. ◇ *nm, f* peatón *m*, -ona *f*.

piétonnier, ère [pjetɔnje, ɛr] *adj* peatonal.

piètre [pjɛtr] *adj* (*avant le nom*) pobre.

pieu, x [pjø] *nm* **-1.** [poteau] estaca *f*. **-2.** *fam* [lit] sobre *m*.

pieuvre [pjœvr] *nf* pulpo *m*.

pieux, euse [pjø, øz] *adj* **-1.** [personne, livre] piadoso(sa). **-2.** [soins] devoto(ta). **-3.** [silence] respetuoso(sa).

pif [pif] *nm fam* napia *f*, napias *fpl*; **au ∼** *fig* al tuntún.

pigeon [piʒɔ̃] *nm* **-1.** [oiseau] paloma *f*. **-2.** *fam péj* [dupe] primo *m*.

pigeonnier [piʒɔnje] *nm* **-1.** [pour les pigeons] palomar *m*. **-2.** *fig & vieilli* [petit logement] nido *m*.

pigment [pigmã] *nm* pigmento *m*.

pile [pil] ◇ *nf* **-1.** [gén] montón *m*, pila *f Esp*, ruma *f Amér*. **-2.** [électrique] pila *f*. **-3.** [de pièce] cruz *f*; **∼ ou face** cara o cruz. ◇ *adv fam* [heure] en punto; **il est 7 h ∼** son las 7 en punto; **tomber** OU **arriver ∼** [personne] llegar al pelo; [chose] venir al pelo.

piler [pile] ◇ *vt* **-1.** [amandes] machacar. **-2.** *fam fig* [battre] machacar. ◇ *vi fam* frenar en seco.

pileux, euse [pilø, øz] *adj* piloso(sa).

pilier [pilje] *nm* **-1.** [de construction] pilar *m*. **-2.** [soutien & RUGBY] pilar *m*. **-3.** *fig* [habitué] habitual *mf*, asiduo *m*, -dua *f*.

pillard, e [pijar, ard] *adj & nm, f* saqueador(ra).

piller [pije] *vt* **-1.** [ville, magasin] saquear. **-2.** *fig* [ouvrage, auteur] plagiar.

pilon [pilɔ̃] *nm* **–1.** [de mortier] maja *f*. **–2.** [de poulet] **pata** *f*. **–3.** [jambe de bois] **pata** *f* de palo.

pilonner [pilɔne] *vt* **–1.** [écraser] machacar. **–2.** [livre] destruir la edición de. **–3.** MIL [bombarder] bombardear.

pilori [pilɔri] *nm* picota *f*; **clouer** OU **mettre qqn au** ~ *fig* poner a alguien en la picota.

pilotage [pilɔtaʒ] *nm* pilotaje *m*; ~ **automatique** pilotaje automático.

pilote [pilɔt] ◇ *nm* **–1.** [conducteur] piloto *m*; ~ **de chasse/de course/d'essai** piloto de caza/de carreras/de pruebas; ~ **de ligne** piloto civil. **–2.** [poisson] pez *m* piloto. ◇ *adj* piloto *(en aposición).*

piloter [pilɔte] *vt* **–1.** [véhicule, avion] pilotar. **–2.** [personne] guiar.

pilotis [pilɔti] *nm* pilote *m*; **sur** ~ sobre pilotes.

pilule [pilyl] *nf* [gén] píldora *f*; **prendre la** ~ [contraceptif] tomar la píldora.

piment [pimɑ̃] *nm* **–1.** [plante] pimiento *m* *Esp*, ají *m* *Amér*; ~ **rouge** guindilla *f*. **–2.** *fig* [piquant] sabor *m*.

pimpant, e [pɛ̃pɑ̃, ɑ̃t] *adj* peripuesto(ta).

pin [pɛ̃] *nm* pino *m*; ~ **parasol** pino piñonero.

pince [pɛ̃s] *nf* **–1.** [outil, instrument] pinzas *fpl*; ~ **à cheveux** pinza del pelo; ~ **à épiler** pinzas de depilar; ~ **à linge** pinza (de la ropa). **–2.** [de crabe & COUT] pinza *f*. **–3.** *fam* [main] zarpa *f*.

pinceau [pɛ̃so] *nm* **–1.** [pour peindre] pincel *m*. **–2.** *fam* [jambe, pied] pata *f*.

pincée [pɛ̃se] *nf* pellizco *m*; **une** ~ **de sel** un pellizco de sal.

pincer [pɛ̃se] ◇ *vt* **–1.** [entre les doigts] pellizcar; [cordes d'instrument] puntear. **–2.** [lèvres] fruncir. **–3.** *fam fig* [arrêter] pillar; **il s'est fait** ~ lo han pillado. **–4.** [froid] azotar. ◇ *vi fam* : **ça pince drôlement aujourd'hui** [faire froid] hoy hace un frío que pela.

pincettes [pɛ̃set] *nfpl* tenazas *fpl*.

pingouin [pɛ̃gwɛ̃] *nm* pingüino *m*.

ping-pong [piŋpɔ̃g] *(pl* **ping-pongs)** *nm* ping pong *m*.

pinson [pɛ̃sɔ̃] *nm* pinzón *m*.

pintade [pɛ̃tad] *nf* pintada *f*.

pin-up [pinœp] *nf inv* pin-up *f*.

pioche [pjɔʃ] *nf* pico *m*.

piocher [pjɔʃe] ◇ *vt* **–1.** [terre] cavar. **–2.** [au jeu] robar. **–3.** [choisir au hasard] coger al azar. ◇ *vi* **–1.** [creuser] cavar. **–2.** [au jeu] robar. **–3.** [choisir] : ~ **dans qqch** rebuscar en algo; [prendre] echar mano de algo.

pion, pionne [pjɔ̃, pjɔn] *nm, f* SCOL *persona encargada de la disciplina en un colegio.* ◆ **pion** *nm* **–1.** [aux échecs] peón *m*. **–2.** *péj* [personne] peón *m*.

pionnier, ère [pjɔnje, ɛr] *nm, f* pionero *m*, -ra *f*.

pipe [pip] *nf* pipa *f (para fumar).*

pipeline, pipe-line [pajplajn, piplin] *(pl* **pipe-lines)** *nm* [de pétrole] oleoducto *m*; [de gaz] gasoducto *m*.

pipi [pipi] *nm fam* pipí *m*; **faire** ~ hacer pipí.

piquant, e [pikɑ̃, ɑ̃t] *adj* **–1.** [barbe] rasposo(sa). **–2.** [sauce, détail] picante. **–3.** [froid] penetrante. ◆ **piquant** *nm* **–1.** [d'animal] pincho *m*; [de végétal] pincho *m*, espina *f*. **–2.** *fig* [d' histoire] gracia *f*.

pique [pik] ◇ *nf* **–1.** [arme] pica *f*. **–2.** *fig* [mot blessant] puya *f*; **lancer des** ~**s à qqn** *fig* soltar puyas a alguien. ◇ *nm* [aux cartes] picas *fpl*.

piqué, e [pike] *adj* **–1.** [gén] picado(da). **–2.** *fam* [personne] tocado(da) del ala.

pique-assiette [pikasjɛt] *(pl* **pique-assiettes)** *nmf péj* gorrón *m*, -ona *f*, gorrero *m*, -ra *f*.

pique-nique [piknik] *(pl* **pique-niques)** *nm* picnic *m*.

piquer [pike] ◇ *vt* **–1.** [suj : animal, froid, fumée] picar; [suj : barbe, tissu] rascar, picar. **–2.** [suj : aiguille, épine] pinchar. **–3.** [accrocher] prender. **–4.** COUT coser. **–5.** *fam* [voler] birlar, levantar. **–6.** [curiosité] picar. **–7.** *fam* [attraper] pillar. ◇ *vi* **–1.** [plante] pinchar. **–2.** [suj : animal, aliment pimenté] picar. **–3.** COUT coser a máquina. **–4.** *fam* [voler] levantar. **–5.** [avion] bajar en picado.

piquet [pikɛ] *nm* **–1.** [petit pieu] estaca *f*. **–2.** [jeu de cartes] ≃ chinchón *m*.

piqûre [pikyr] *nf* **–1.** [d'insecte, de plante] picadura *f*. **–2.** [injection] pinchazo *m*; **faire une** ~ **de qqch à qqn** poner una inyección de algo a alguien. **–3.** COUT pespunte *m*.

piratage [pirataʒ] *nm* **–1.** [gén] piratería *f*. **–2.** INFORM pirateo *m*.

pirate [pirat] ◇ *adj* pirata. ◇ *nm* pirata *m*; ~ **de l'air** pirata del aire.

pire [pir] ◇ *adj* peor; **c'est** ~ **que jamais** es peor que nunca. ◇ *nm* : **le** ~ lo peor.

pirogue [pirɔg] *nf* piragua *f*.

pirouette [pirwɛt] *nf* **-1.** [gén] pirueta *f*. **-2.** [faux-fuyant] salida *f* por peteneras.

pis [pi] ◇ *adj* peor. ◇ *adv* peor; **de mal en** ~, **de** ~ **en** ~ de mal en peor. ◇ *nm* [de vache] ubre *f*.

pis-aller [pizale] *nm inv* mal *m* menor.

pisciculture [pisikyltyr] *nf* piscicultura *f*.

piscine [pisin] *nf* piscina *f* Esp, alberca *f* Amér; ~ **couverte/découverte/olympique** piscina cubierta/descubierta/olímpica.

pissenlit [pisãli] *nm* diente *m* de león.

pisser [pise] *tfam* ◇ *vt* **-1.** [suj : personne] mear. **-2.** [suj : plaie] : ~ **le sang** sangrar (abundantemente). ◇ *vi* mear.

pissotière [pisɔtjɛr] *nf fam* meadero *m*.

pistache [pistaʃ] ◇ *adj inv* [couleur] pistacho *(en aposición).* ◇ *nf* [fruit] pistacho *m*.

piste [pist] *nf* pista *f*; ~ **d'atterrissage** pista de aterrizaje; ~ **cyclable** carril *m* de bicicletas.

pistil [pistil] *nm* pistilo *m*.

pistolet [pistɔlɛ] *nm* **-1.** [gén] pistola *f*. **-2.** *fam* [urinal] orinal *m* Esp, bacinica *f* Amér.

piston [pistɔ̃] *nm* **-1.** [de moteur, d'instrument] pistón *m*. **-2.** *fig* [appui] enchufe *m* Esp, cuña *f* Amér.

pistonner [pistɔne] *vt fam* enchufar; **se faire** ~ *fig* conseguir un enchufe.

pitance [pitãs] *nf vieilli & péj* pitanza *f*.

piteux, euse [pitø, øz] *adj* penoso(sa).

pitié [pitje] *nf* lástima *f*, piedad *f*; **avoir** ~ **de qqn** sentir lástima por alguien.

piton [pitɔ̃] *nm* **-1.** [de montagne] pico *m*. **-2.** [à anneau] cáncamo *m*; [de crochet] alcayata *f*.

pitoyable [pitwajabl] *adj* penoso(sa).

pitre [pitr] *nm* payaso *m*, indio *m*.

pitrerie [pitrəri] *nf (gén pl)* payasada *f*.

pittoresque [pitɔrɛsk] *adj* pintoresco(ca).

pivot [pivo] *nm* **-1.** [de dent] pivote *m*. **-2.** SPORT [au basket] pívot *mf*. **-3.** *fig* [élément principal] motor *m*.

pivoter [pivɔte] *vi* girar.

pixel [piksɛl] *nm* INFORM pixel *m*.

pizza [pidza] *nf* pizza *f*.

Pl., pl. *(abr de* **place***)* Pza.

placage [plakaʒ] *nm* chapeado *m*, chapado *m*.

placard [plakar] *nm* **-1.** [armoire] armario *m* empotrado; **mettre au** ~ *fig* dejar de lado. **-2.** [affiche] cartel *m* Esp, afiche *m* Amér.

placarder [plakarde] *vt* fijar carteles.

place [plas] *nf* **-1.** [espace] sitio *m*; **prendre de la** ~ coger OU ocupar mucho sitio; **faire** ~ **à qqch** dar paso a algo. **-2.** [emplacement, position] lugar *m*, sitio *m*; **à la** ~ **de qqn** en lugar de alguien; **à ta place** en tu lugar; **changer qqch de** ~ cambiar algo de sitio; **prendre la** ~ **de qqn** coger el sitio de alguien. **-3.** THÉÂTRE localidad *f*, asiento *m*; ~ **assise** plaza *f* sentada. **-4.** [dans un classement] plaza *f*, lugar *f*. **-5.** [de ville, MIL & COMM] plaza *f*; ~ **forte** MIL plaza *f* fuerte. **-6.** [emploi] colocación *f*.

placement [plasmã] *nm* **-1.** [d'argent] inversión *f*. **-2.** [d'employé] empleo *m*, colocación *f*. **-3.** [de malade] internamiento *m*.

placenta [plasɛ̃ta] *nm* ANAT placenta *f*.

placer [plase] *vt* **-1.** [personne] situar, colocar. **-2.** *fig* [dans une situation, chose] poner. **-3.** [situer – gén] poner; [– dans une histoire] situar. **-4.** [mot, plaisanterie] decir. **-5.** [argent] colocar, invertir. ◆ **se placer** *vp* situarse, colocarse.

placide [plasid] *adj* plácido(da).

plafond [plafɔ̃] *nm* techo *m*; **faux** ~ falso techo.

plafonner [plafɔne] ◇ *vt* techar. ◇ *vi* [prix, salaire] alcanzar el techo.

plage [plaʒ] *nf* **-1.** [de sable] playa *f*. **-2.** [ville balnéaire] pueblo *m* de la costa. **-3.** [d'ombre] zona *f*; [de prix] gama *f*. **-4.** [de disque] surco *m*. **-5.** *fig* [horaire] franja *f*. ◆ **plage arrière** *nf* AUTOM bandeja *f*.

plagiat [plaʒja] *nm* plagio *m*.

plagier [plaʒje] *vt* plagiar.

plaider [plede] ◇ *vt* JUR [défendre oralement] informar. ◇ *vi* JUR defender; ~ **contre qqn** pleitear OU litigar contra alguien; ~ **pour qqn** [défendre] defender a alguien; *fig* disculpar a alguien.

plaidoirie [pledwari] *nf* **-1.** JUR [exposé] informe *m*. **-2.** *fig* [art de plaider] alegato *m*.

plaidoyer [pledwaje] *nm* **-1.** JUR informe *m*. **-2.** *fig* [défense] alegato *m*.

plaie [plɛ] *nf* **-1.** [blessure] herida *f*. **-2.** *fig* [morale] llaga *f*. **-3.** *fam* [calamité] murga *f*.

plaindre [plɛ̃dr] *vt* compadecer. ◆ **se plaindre** *vp* quejarse; **se** ~ **de qqch/de qqn** quejarse de algo/de alguien.

plaine [plɛn] *nf* planicie *f*, llanura *f*.

plain-pied [plɛ̃pje] ◆ **de plain-pied** *loc adv* **-1.** [pièce] a la misma altura. **-2.** *fig* [directement] de lleno. **-3.** *fig* [sur le même plan] al mismo nivel.

plaint, e [plɛ̃, plɛ̃t] *pp* → plaindre.

plainte [plɛ̃t] *nf* **-1.** [gémissement] quejido *m*. **-2.** [grief] queja *f*. **-3.** JUR [en justice] denuncia *f*; **porter** ~ denunciar; ~ **contre X** denuncia contra persona o personas desconocidas.

plaintif, ive [plɛ̃tif, iv] *adj* quejumbroso(sa).

plaire [plɛr] *vi* : ~ **à qqn** gustarle a alguien; **ça te plairait d'y aller?** ¿te gustaría ir?; **il me plaît** me gusta; **il plaît beaucoup** gusta mucho; **s'il vous/te plaît** por favor.

plaisance [plɛzɑ̃s] ◆ **de plaisance** *loc adj* [bateau, navigation, port] deportivo(va).

plaisancier, ère [plɛzɑ̃sje, ɛr] *nm, f* aficionado *m*, -da *f* a la navegación.

plaisant, e [plɛzɑ̃, ɑ̃t] *adj* agradable.

plaisanter [plɛzɑ̃te] ◇ *vi* bromear; ~ **de tout** reírse de todo; **tu plaisantes?** ¿estás de broma?, ¿bromeas?; ~ **avec** OU **sur qqch** jugar con algo. ◇ *vt* *sout* tomar el pelo a.

plaisanterie [plɛzɑ̃tri] *nf* **-1.** [gén] broma *f*. **-2.** [raillerie] bromas *fpl*; **c'était une** ~ [bagatelle] era muy fácil.

plaisantin [plɛzɑ̃tɛ̃] *nm* bromista *mf*.

plaisir [plezir] *nm* **-1.** [joie] placer *m*, gusto *m*; **avoir du** ~ **à faire qqch** hacer algo con gusto; **avec** ~ con (mucho) gusto; **faire** ~ **à qqn** complacer a alguien; **j'ai le** ~ **de vous annoncer qqch/que...** tengo el placer de anunciaros algo/que...; **prendre du** ~ **à faire qqch** cogerle el gusto a hacer algo. **-2.** [de la chair] placer *m*. **-3.** *(gén pl)* [distractions] placeres *mpl*.

plan, e [plɑ̃, plan] *adj* plano(na). ◆ **plan** *nm* **-1.** [dessin & CIN] plano *m*; **à l'arrière-** ~ en el fondo; **en premier/second** ~ en primer/segundo plano OU término; **gros** ~ CIN primer plano. **-2.** [projet] plan *m*; **faire des** ~s hacer planes; **avoir un** ~ tener un plan. **-3.** [domaine, aspect] aspecto *m*; **sur tous les** ~s en todos los aspectos. **-4.** [point de vue] : **sur le** ~ **de** desde el punto de vista de. **-5.** [niveau] : **sur le même** ~ al mismo nivel. ◆ **plan d'eau** *nm* estanque *m*. ◆ **plan de travail** *nm* encimera *f*. ◆ **de tout premier plan** *loc adj* excepcional. ◆ **en plan** *loc adv* : **laisser qqn en** ~ dejar a alguien en la estacada; **laisser qqch en** ~ dejar algo colgado.

planche [plɑ̃ʃ] *nf* **-1.** [en bois] tabla *f*; ~ **à dessin** tablero *m* de dibujo; ~ **à repasser** tabla de planchar; **faire la** ~ hacer el muerto *(en el agua)*. **-2.** [d'illustration] lámina *f*. ◆ **planches** *nfpl* **-1.** *fig* [théâtre] tablas *fpl*. **-2.** [skis] esquís *mpl*.

plancher¹ [plɑ̃ʃe] *nm* **-1.** [de maison, de voiture] suelo *m*. **-2.** *fig* [limite] nivel *m* mínimo.

plancher² [plɑ̃ʃe] *vt & vi* : ~ **sur qqch** *fam* [bûcher] currarse algo.

plancton [plɑ̃ktɔ̃] *nm* plancton *m*.

planer [plane] *vi* **-1.** [voler – avion, oiseau] planear; [– feuille] volar. **-2.** [fumée, vapeur] flotar. **-3.** *fig* [danger, mystère] rondar. **-4.** *fam fig* [être dans la lune] estar en las nubes.

planétaire [planetɛr] *adj* planetario(ria).

planétarium [planetarjɔm] *nm* planetario *m*, planetarium *m*.

planète [planɛt] *nf* planeta *m*.

planeur [planœr] *nm* planeador *m*.

planification [planifikasjɔ̃] *nf* ÉCON planificación *f*.

planifier [planifje] *vt* ÉCON planificar.

planning [planiŋ] *nm* **-1.** [d'entreprise] planning *m*, plan *m* de trabajo. **-2.** [de personnel] plan *m*; ~ **familial** planificación *f* familiar.

planque [plɑ̃k] *nf fam* **-1.** [cachette] escondrijo *m*, escondite *m*. **-2.** *fig* [situation privilégiée] chollo *m*.

plant [plɑ̃] *nm* **-1.** [jeune plante] plantón *m*. **-2.** [culture] plantación *f*, plantío *m*.

plantaire [plɑ̃tɛr] *adj* plantar.

plantation [plɑ̃tasjɔ̃] *nf* plantación *f*.

plante [plɑ̃t] *nf* planta *f*; ~ **d'appartement** OU **d'intérieur** OU **verte** planta de interior.

planter [plɑ̃te] *vt* **-1.** [arbre, tente] plantar. **-2.** [clou, couteau, regard] clavar. **-3.** *fig* [décor] situar. **-4.** *fig* [chapeau] plantarse.

plantureux, euse [plɑ̃tyrø, øz] *adj* [repas] copioso(sa); [femme, poitrine] generoso(sa).

plaque [plak] *nf* placa *f*; ~ **chauffante** OU **de cuisson** encimera *f*; ~ **de chocolat** tableta *f* de chocolate; ~ **d'immatriculation** OU **minéralogique** matrícula *f* *(de coche)*; **être à côté de la** ~ *fam* no enterarse (de nada).

plaquer [plake] *vt* **-1.** [bijou] chapar. **-2.** [meuble] contrachapar. **-3.** [cheveux] alisar; ~ **qqch/qqn contre qqch** aplastar algo/a alguien contra algo. **-4.** [au rugby] hacer un placaje a. **–5.** MUS [accord] *tocar simultáneamente*. **–6.** *fam* [abandonner] dejar colgado.

plaquette [plakɛt] *nf* **–1.** [petite plaque] placa *f*. **–2.** CULIN [de beurre, de chocolat] pastilla *f*. **–3.** PHARMACIE [comprimés] blister *m*. **–4.** (*gén pl*) [sanguines] plaqueta *f*. **–5.** [petit livre] folleto *m*.

plasma [plasma] *nm* plasma *m*.

plastifié, e [plastifje] *adj* plastificado(da).

plastique [plastik] ◇ *adj* plástico(ca). ◇ *nf* **–1.** [en sculpture] plástica *f*. **–2.** [beauté] belleza *f*. ◇ *nm* plástico *m*.

plastiquer [plastike] *vt* volar *(con explosivo plástico)*.

plat, e [pla, plat] *adj* **–1.** [relief, terrain, toit] plano(na). **–2.** [assiette] llano(na). **–3.** *fig* [style] soso(sa). ◆ **plat** *nm* **–1.** [de la main] palma *f*. **–2.** [récipient] fuente *f*. **–3.** [mets] plato *m*; ~ **du jour** plato del día; ~ **de résistance** plato fuerte. **–4.** [plongeon] panzada *f*. ◆ **à plat** ◇ *loc adj* **–1.** [pneu, roue] desinflado(da). **–2.** *fam* [personne] reventado(da). ◇ *loc adv* [horizontalement] plano.

platane [platan] *nm* plátano *m* (*árbol*).

plateau, x [plato] *nm* **–1.** [de cuisine] bandeja *f Esp*, charola *f Amér*; ~ **de fromages** tabla *f* de quesos. **–2.** [de balance] platillo *m*. **–3.** GÉOGR meseta *f*. **–4.** [de théâtre] escenario *m*; [de télévision] plató *m*. **–5.** [de vélo] plato *m*.

plateau-repas [platorəpa] *nm* bandeja *f* de comida preparada.

plate-bande [platbɑ̃d] *nf* arriate *m*; **marcher sur les plates-bandes de qqn** meterse en el terreno de alguien.

platée [plate] *nf* **–1.** [contenu d'un plat] plato *m*. **–2.** *fam* [bonne portion] platazo *m*.

plate-forme [platfɔrm] *nf* plataforma *f*; ~ **de forage** plataforma de perforación; ~ **pétrolière** plataforma petrolífera.

platine [platin] ◇ *adj inv* [couleur] platino *(en aposición)*. ◇ *nm* [métal] platino *m*. ◇ *nf* [électrophone] platina *f*; [de tourne-disque] plato *m*; ~ **laser** reproductor *m* de disco compacto.

platonique [platɔnik] *adj* **–1.** [amour, relation] platónico(ca). **–2.** *sout* [protestation, lutte] inútil.

plâtras [platra] *nm* cascote *m*.

plâtre [platr] *nm* **–1.** [de construction] yeso *m*. **–2.** *péj* [nourriture indigeste] bazofia *f*. **–3.** [sculpture, de chirurgie] escayola *f*.

plâtrer [platre] *vt* **–1.** [mur] enyesar. **–2.** MÉD escayolar.

plausible [plozibl] *adj* plausible.

play-back [plɛbak] *nm inv* play-back *m*.

play-boy [plɛbɔj] (*pl* play-boys) *nm* play-boy *m*.

plébiscite [plebisit] *nm* plebiscito *m*.

plein, e [plɛ̃, plɛn] *adj* **–1.** [rempli] lleno(na); **un panier** ~, **un** ~ **panier** una cesta llena; ~ **de qqch** lleno de algo. **–2.** [journée] apretado(da). **–3.** [confiance] total. **–4.** [femelle] preñada. **–5.** [non creux] macizo(za). **–6.** *fam* [ivre] cargado(da). **–7.** [intensif] pleno(na); **en** ~... [au milieu de] en pleno... ◆ **à plein temps** *loc adj* [poste, emploi, employé] a jornada completa. ◆ **plein** ◇ *nm* [d'essence] lleno *m*; **le** ~, **svp** lleno, por favor; **faire le** ~ THÉÂTRE llenar, llenarse. ◇ *adv fam* **elle a de l'encre** ~ **les doigts** tiene los dedos llenos de tinta. ◆ **en plein dans** *loc adv* de lleno en, de pleno en. ◆ **en plein sur** *loc adv* de lleno sobre, de pleno sobre.

plein-temps [plɛ̃tɑ̃] *nm* jornada *f* completa.

plénitude [plenityd] *nf sout* plenitud *f*.

pléonasme [pleɔnasm] *nm* pleonasmo *m*.

pleur [plœr] *nm sout* (*gén pl*) llanto *m*; **être en** ~s estar llorando.

pleurer [plœre] ◇ *vi* llorar; ~ **de qqch** llorar de algo; ~ **sur qqch/sur qqn** llorar por algo/por alguien. ◇ *vt* llorar.

pleuvoir [pløvwar] ◇ *v impers* llover; **il pleut** llueve. ◇ *vi* [coups, insultes, invitations] llover.

Plexiglas® [plɛksiglas] *nm* Plexiglás® *m*.

plexus [plɛksys] *nm* ANAT plexo *m*; ~ **solaire** plexo solar.

pli [pli] *nm* **–1.** COUT [de tissu] pliegue *m*; [de jupe] tabla *f*, pliegue; [de pantalon] raya *f*; **faux** ~ arruga *f*. **–2.** [marque, ride] arruga *f*. **–3.** [forme] caída *f*. **–4.** *fig* [habitude] costumbre *f*. **–5.** [lettre] sobre *m*. **–6.** [aux cartes] baza *f*.

pliant, e [plijɑ̃, ɑ̃t] *adj* plegable.

plier [plije] ◇ *vt* **–1.** [papier, tissu, vêtement] doblar. **–2.** [chaise, lit, tente] plegar. ◇ *vi* **–1.** [lit, table] doblarse. **–2.** *fig* [personne] doblegarse. ◆ **se plier** *vp* **–1.** [lit, table] plegarse. **–2.** [personne] : **se** ~ **à qqch** doblegarse a algo.

plinthe [plɛ̃t] *nf* zócalo *m*.

plissé, e [plise] *adj* **–1.** [jupe] plisado(da). **–2.** [peau] arrugado(da). **–3.** [terrain] plegado(da).

plissement [plismɑ̃] *nm* **-1.** [du front, des yeux] fronce *m*. **-2.** GÉOL plegamiento *m*.

plisser [plise] ◇ *vt* **-1.** COUT [jupe] plisar, tablear. **-2.** [front, yeux, lèvres] fruncir. ◇ *vi* [étoffe] arrugar.

plomb [plɔ̃] *nm* **-1.** [métal] plomo *m*. **-2.** [de chasse] perdigón *m*; **ne pas avoir de ~ dans la tête** *fig* tener cabeza de chorlito. **-3.** *(gén pl)* ÉLECTR : **les ~s** los plomos. **-4.** [de pêche] escandallo *m*. **-5.** ART [de vitrail] emplomado *m*.

plombage [plɔ̃baʒ] *nm* **-1.** [garnissage en plomb] emplomado *m*. **-2.** [scellement] precinto *m*. **-3.** *fam* [de dent] empaste *m*.

plomber [plɔ̃be] *vt* **-1.** [ligne] emplomar. **-2.** [sceller] precintar. **-3.** [dent] empastar *Esp*, emplomar *Amér*.

plombier [plɔ̃bje] *nm* fontanero *m Esp*, plomero *m Amér*.

plonge [plɔ̃ʒ] *nf* : **faire la ~** fregar los platos *(en un restaurante)*.

plongeant, e [plɔ̃ʒɑ̃, ɑ̃t] *adj* **-1.** [vue] desde lo alto. **-2.** [décolleté] escotado(da).

plongée [plɔ̃ʒe] *nf* **-1.** [immersion] zambullida *f*. **-2.** PHOT & CIN picado *m*.

plongeoir [plɔ̃ʒwar] *nm* trampolín *m (de piscina)*.

plongeon [plɔ̃ʒɔ̃] *nm* **-1.** [dans l'eau] zambullida *f*. **-2.** [chute] caída *f*. **-3.** SPORT [au football] estirón *m*.

plonger [plɔ̃ʒe] ◇ *vt* **-1.** [immerger] sumergir. **-2.** [enfoncer] hundir. **-3.** [regard] fijar. ◇ *vi* **-1.** [dans l'eau] zambullirse. **-2.** SPORT [gardien de but] lanzarse. **-3.** *fam fig* [couler] caer. ◆ **se plonger** *vp* **-1.** [s'immerger] sumergirse. **-2.** *fig* [s'adonner à] : **se ~ dans qqch** sumirse en algo.

plongeur, euse [plɔ̃ʒœr, øz] *nm, f* **-1.** SPORT submarinista *mf*. **-2.** [dans un restaurant] lavaplatos *mf*.

ployer [plwaje] ◇ *vt sout* **-1.** [genoux] doblar. **-2.** *fig* [résistance] doblegar. ◇ *vi* **-1.** *sout* [genoux] doblarse. **-2.** *fig & sout* [céder] doblegarse.

plu [ply] *pp inv* → **plaire, pleuvoir.**

pluie [plɥi] *nf* lluvia *f*; **une ~ battante** una lluvia recia; **~s acides** lluvia ácida.

plume [plym] ◇ *nf* pluma *f*. ◇ *nm fam* piltra *f*.

plumeau [plymo] *nm* plumero *m*.

plumer [plyme] *vt* desplumar.

plumier [plymje] *nm* plumier *m*, estuche *f* de lápices.

plupart [plypar] *nf* : **pour la ~** la mayoría; **la ~ de qqch** la mayoría de algo; **la ~ du temps** la mayoría de las veces.

pluriel, elle [plyrjɛl] *adj* **-1.** LING plural. **-2.** [société] pluralista, plural. ◆ **pluriel** *nm* LING plural *m*.

plus [ply(s)] ◇ *adv* **-1.** [quantité] más; **je ne peux pas vous en dire ~** no puedo deciros más; **beaucoup/un peu ~** mucho/un poco más; **il y a (un peu) ~ de 15 ans** hace (poco) más de 15 años; **~ j'y pense, ~ je me dis que...** cuanto más lo pienso, más creo que... **-2.** [comparatif] más; **c'est ~ court par là** es más corto por allí; **viens ~ souvent** ven más a menudo; **~... que más...** que; **il est ~ jeune que moi** es más joven que yo; **c'est ~ simple qu'on (ne) le croit** es más sencillo de lo que se piensa. **-3.** [superlatif] : **le ~** el más; **c'est lui qui travaille le ~** el que más trabaja es él; **un de ses tableaux les ~ connus** uno de sus cuadros más conocidos; **le ~ loin possible** lo más lejos posible. **-4.** [négation] no más; **~ un mot!** ¡ni una palabra más!; **ne... ~** ya no; **il n'y a ~ personne** ya no hay nadie; **il n'a ~ d'amis** ya no tiene amigos. ◇ *nm* **-1.** [signe] más *m*. **-2.** *fig* [atout] punto *m* (a favor). ◇ *prép* más; **trois ~ trois font six** tres más tres igual a seis. ◆ **au plus** *loc adv* como mucho; **tout au ~** como máximo. ◆ **de plus** *loc adv* **-1.** [en supplément, en trop] de más; **elle a cinq ans de ~ que moi** tiene cinco años más que yo. **-2.** [en outre] además. ◆ **de plus en plus** *loc adv* cada vez más. ◆ **en plus de** *loc prép* además de. ◆ **ni plus ni moins** *loc adv* ni más ni menos. ◆ **sans plus** *loc adv* sin más.

plusieurs [plyzjœr] *adj indéf pl & pron indéf mfpl* varios(rias).

plus-que-parfait [plyskəparfɛ] *nm* GRAM pluscuamperfecto *m*.

plus-value [plyvaly] *nf* **-1.** ÉCON [gén] plusvalía *f*. **-2.** FIN [excédent] superávit *m*.

plutôt [plyto] *adv* **-1.** [de préférence, plus exactement] más bien; **~ (+ infinitif)** antes *(+ infinitivo)*; **~ mourir que céder** antes morir que ceder. **-2.** [au lieu de] : **~ que** en vez de; **ou ~** o mejor dicho. **-3.** [assez] bastante.

pluvieux, euse [plyvjø, øz] *adj* lluvioso(sa).

PME *(abr de petite et moyenne entreprise)* *nf* PYME *f*.

PMI *nf* **-1.** (*abr de* **petite et moyenne industrie**) PMI *f.* **-2.** (*abr de* **protection maternelle et infantile**)*servicio de protección a la infancia.*

PMU (*abr de* **Pari mutuel urbain**) *nm quiniela hípica en Francia,* ≃ QH.

pneu [pnø] *nm* **-1.** [de véhicule] neumático *m*; ~ **avant/arrière** rueda delantera/trasera. **-2.** *vieilli* [message] *misiva enviada a través de un tubo de aire comprimido.*

pneumatique [pnømatik] ◇ *adj* neumático(ca). ◇ *nm* **-1.** [de véhicule] neumático *m*. **-2.** *vieilli* [message] *misiva enviada a través de un tubo de aire comprimido.*

pneumonie [pnømɔni] *nf* neumonía *f*, pulmonía *f*.

poche [pɔʃ] *nf* **-1.** [de vêtement, de sac] bolsillo *m*. **-2.** [sac, cavité, déformation] bolsa *f*. ◆ **de poche** *loc adj* de bolsillo.

poché, e [pɔʃe] *adj* CULIN escalfado(da).

pocher [pɔʃe] *vt* CULIN escalfar.

pochette [pɔʃɛt] *nf* **-1.** [d'allumettes] caja *f*. **-2.** [de disque] funda *f*. **-3.** [mouchoir] pañuelo *m* (*para adornar un traje*).

pochoir [pɔʃwar] *nm* plantilla *f* de estarcir.

podium [pɔdjɔm] *nm* podio *m*.

poêle [pwal] ◇ *nf* sartén *f* *Esp*, paila *f* *Amér*; ~ **à frire** sartén. ◇ *nm* estufa *f*.

poème [pɔɛm] *nm* poema *m*.

poésie [pɔezi] *nf* poesía *f*.

poète [pɔɛt] *adj & nm* poeta.

pogrom, pogrome [pɔgrɔm] *nm* pogrom *m*, pogromo *m*.

poids [pwa] *nm* **-1.** [gén] peso *m*; **perdre/prendre du** ~ perder/ganar peso; ~ **lourd** [boxe] peso pesado; [camion] vehículo *m* pesado; **de** ~ [important] de peso. **-2.** [pour peser quelque chose] pesa *f*.

poignant, e [pwaɲɑ̃, ɑ̃t] *adj* desgarrador(ra).

poignard [pwaɲar] *nm* puñal *m*.

poigne [pwaɲ] *nf* **-1.** [force du poignet] fuerza *f* del puño; ~ **de fer** mano *f* de hierro. **-2.** *fig* [autorité] mano *f* férrea.

poignée [pwaɲe] *nf* **-1.** [contenu de la main, petit nombre] puñado *m*. **-2.** [manche d'épée, de sabre] puño *m*; [– de valise, de couvercle, de tiroir] asa *f*; [– de porte, de fenêtre] picaporte *m*. ◆ **poignée de main** *nf* apretón *m* de manos.

poignet [pwaɲɛ] *nm* puño *m*.

poil [pwal] *nm* pelo *m*; **à** ~ *fam* [tout nu] en pelotas.

poilu, e [pwaly] *adj* peludo(da).

poinçon [pwɛ̃sɔ̃] *nm* **-1.** [outil] punzón *m*. **-2.** [sceau] contraste *m*.

poinçonner [pwɛ̃sɔne] *vt* **-1.** [bijou] contrastar. **-2.** [billet] picar. **-3.** [tôle] perforar.

poing [pwɛ̃] *nm* puño *m*.

point [pwɛ̃] ◇ *nm* [gén] punto *m*; **à** ~ [cuisson] a punto; **au** ~ **mort** AUTOM en punto muerto; **être sur le** ~ **de faire qqch** estar a punto de hacer algo; **marquer un** ~ SPORT marcar un tanto; **mettre qqch au** ~ poner algo a punto; ~ **d'appui** punto de apoyo; ~ **de chute** sitio *m* donde parar; ~ **de côté** punzada *f* en el costado; ~ **culminant** [de montagne] cumbre *f*; *fig* punto culminante; ~ **faible** punto débil; ~ **final** punto final; ~ **d'exclamation/d'interrogation** signo *m* de exclamación/de interrogación; ~ **noir** [sur la peau] espinilla *f*, punto negro *m*; *fig* [problème] punto negro; ~ **de non-retour** punto sin retorno; ~ **de repère** punto de referencia; ~**s de suspension** puntos suspensivos; ~**s de suture** MÉD puntos de sutura; ~ **de vente** COMM punto de venta; ~ **de vue** punto de vista; **à ce** ~ (+ *adjectif*) hasta tal punto; **il se sent à ce** ~ **honteux qu'il ne m'appelle plus** se siente avergonzado hasta tal punto que ya no me llama; **à tel** ~ **que, au** ~ **que** hasta el punto de que; **au** ~ **de faire qqch** hasta el punto de hacer algo; **avoir un** ~ **commun avec qqn** tener algo en común con alguien. ◇ *adv vieilli* [pas] : **il n'a** ~ **d'argent** no tiene dinero; **ne vous en faites** ~ no se preocupe. ◆ **à tel point que** *loc conj* hasta tal punto que. ◆ **points cardinaux** *nmpl* puntos *mpl* cardinales.

pointe [pwɛ̃t] *nf* **-1.** [gén] punta *f*; **en** ~ en punta; **faire des** ~s bailar de puntas; **se hausser sur la** ~ **des pieds** ponerse de puntillas; ~ **d'asperge** punta ou cabeza *f* de espárrago; ~ **d'ironie** *fig* punto *m* de ironía. **-2.** [de relief] pico *m*; **à la** ~ **de qqch** a la vanguardia de algo. ◆ **de pointe** *loc adj* punta (*en aposición*).

pointer [pwɛ̃te] ◇ *vt* **-1.** [gén] apuntar. **-2.** [employés] hacer recuento de. **-3.** [arme] : ~ **vers/sur** apuntar a/hacia; [doigt] señalar a/hacia. ◇ *vi* **-1.** [à l'usine] fichar. **-2.** [être en pointe] ser puntiagudo(da). **-3.** [jour] despuntar. **-4.** [sentiment] asomarse. **-5.** [à la pétanque] tirar.

pointillé [pwɛ̃tije] *nm* **-1.** [trait discontinu] punteado *m*; **en** ~ [ligne] de puntos; [par sous-entendus] de manera velada. **-2.** [perforations] línea *f* de puntos.

pointilleux, euse [pwɛ̃tijø, øz] *adj* puntilloso(sa).

pointu, e [pwɛ̃ty] *adj* **-1.** [chose] puntiagudo(da); [nez] afilado(da). **-2.** [voix, ton] agudo(da). **-3.** [très poussé – analyse] detallado(da); [– formation] muy especializado(da). **-4.** [sujet, opération] peliagudo(da).

pointure [pwɛ̃tyr] *nf* [de zapatos, de guantes] número *m*.

point-virgule [pwɛ̃virgyl] (*pl* **points-virgules**) *nm* punto y coma *m*.

poire [pwar] *nf* **-1.** [fruit] pera *f*. **-2.** *fam* [tête] jeta *f*. **-3.** *fam* [naïf] primo *m*, -ma *f*.

poireau, x [pwaro] *nm* puerro *m*.

poirier [pwarje] *nm* [arbre] peral *m*.

pois [pwa] *nm* **-1.** [gén] guisante *m Esp*, arveja *f Amér*; **petit ~** guisante; **~ chiche** garbanzo *m*. **-2.** *fig* [motif] lunar *m*; **à ~ de** lunares.

poison [pwazɔ̃] *nm* veneno *m*; *fig* peste *f*.

poisse [pwas] *nf fam* mala pata *f*; **porter la ~** gafar, ser gafe.

poisseux, euse [pwasø, øz] *adj* pegajoso(sa).

poisson [pwasɔ̃] *nm* [animal] **pez** *m*; [mets] pescado *m*; **~ rouge** ciprino *m*; **~ d'avril** *fig* [poisson en papier] *figura de papel que representa un pez*, ≃ monigote; [calembour] *broma tradicional francesa que se hace el 1 de abril*, ≃ inocentada; **~ d'avril!** ≃ ¡inocente! ◆ **Poissons** *nmpl* ASTROL Piscis *m inv*.

poissonnerie [pwasɔnri] *nf* **-1.** [boutique] pescadería *f*. **-2.** [métier] pesca *f*.

poissonnier, ère [pwasɔnje, ɛr] *nm, f* pescadero *m*, -ra *f*.

poitrine [pwatrin] *nf* **-1.** [gén] pecho *m*. **-2.** [viande] magro *m*.

poivre [pwavr] *nm* pimienta *f*; **~ blanc/gris/noir** pimienta blanca/gris/negra.

poivron [pwavrɔ̃] *nm* pimiento *m Esp*, ají *m Amér*; **~ rouge/vert** pimiento rojo/verde.

poker [pɔkɛr] *nm* póker *m*, póquer *m*.

polaire [pɔlɛr] *adj* polar.

pôle [pol] *nm* polo *m*; **le ~ Nord** el polo norte; **le ~ Sud** el polo sur.

polémique [pɔlemik] ◇ *adj* polémico(ca). ◇ *nf* polémica *f*.

poli, e [pɔli] *adj* **-1.** [personne] educado(da). **-2.** [surface, marbre] pulido(da). ◆ **poli** *nm* [aspect] pulimento *m*.

police [pɔlis] *nf* **-1.** [force publique] policía *f*; **être de** OU **dans la ~** estar en la policía; **~ secours** *policía encargada de socorrer a los*

accidentados y enfermos de gravedad. **-2.** [assurance] póliza *f*. **-3.** TYPOGRAPHIE [fonte] fuente *f*.

polichinelle [pɔliʃinɛl] *nm* polichinela *m*.

policier, ère [pɔlisje, ɛr] *adj* **-1.** [régime, mesure] policial. **-2.** [roman, film] policíaco(ca), policiaco(ca). ◆ **policier** *nm* policía *mf*.

poliomyélite [pɔljɔmjelit] *nf* poliomielitis *f inv*.

polir [pɔlir] *vt* pulir.

polisson, onne [pɔlisɔ̃, ɔn] ◇ *adj* pícaro(ra). ◇ *nm, f* pillo *m*, -lla *f*.

politesse [pɔlitɛs] *nf* **-1.** [courtoisie] cortesía *f*. **-2.** [action] cumplido *m*.

politicien, enne [pɔlitisjɛ̃, ɛn] ◇ *adj* [politique] profesional. ◇ *nm, f* político *m*, -ca *f*.

politique [pɔlitik] ◇ *adj* **-1.** [pouvoir, doctrine, théorie] político(ca). **-2.** [personne] diplomático(ca). ◇ *nf* política *f*. ◇ *nm* político *m*.

politiser [pɔlitize] *vt* politizar.

pollen [pɔlɛn] *nm* polen *m*.

polluer [pɔlɥe] *vt* contaminar.

pollution [pɔlysjɔ̃] *nf* contaminación *f*, polución *f*.

polo [pɔlo] *nm* [vêtement & SPORT] polo *m* (*deporte, camisa*).

Pologne [pɔlɔɲ] *nf*: **la ~** Polonia.

poltron, onne [pɔltrɔ̃, ɔn] *adj & nm, f* cobarde.

polychrome [pɔlikrom] *adj* polícromo(ma), policromo(ma).

polyclinique [pɔliklinik] *nf* policlínica *f*.

polycopier [pɔlikɔpje] *vt* policopiar, multicopiar.

polyester [pɔliɛstɛr] *nm* poliéster *m*.

polygamie [pɔligami] *nf* poligamia *f*.

polyglotte [pɔliglɔt] *adj & nmf* políglota, poliglota.

polygone [pɔligɔn] *nm* polígono *m*.

polymère [pɔlimɛr] ◇ *adj* polímero(ra). ◇ *nm* polímero *m*.

Polynésie [pɔlinezi] *nf*: **la ~** Polinesia; **la ~ française** la Polinesia francesa.

polysémique [pɔlisemik] *adj* polisémico(ca).

polystyrène [pɔlistirɛn] *nm* poliestireno *m*.

polytechnicien, enne [pɔlitɛknisjɛ̃, ɛn] *nm, f* alumno de la Escuela Politécnica de París.

polyvalent, e [pɔlivalɑ̃, ɑ̃t] *adj* polivalente.

pommade [pɔmad] *nf* pomada *f*.

pomme [pɔm] *nf* **-1.** [fruit] manzana *f*; ~ **de pin** piña *f*. **-2.** [pomme de terre] : ~**s allumettes/vapeur** patatas *fpl* paja/al vapor. **-3.** *fam* [tête] : **ma** ~**/ta** ~ mi menda/ tu menda. ◆ **pomme d'Adam** *nf* nuez *f* de Adán.

pomme de terre [pɔmdətɛr] (*pl* **pommes de terre**) *nf* patata *f* *Esp*, papa *f* *Amér*; **pommes de terre frites** patatas fritas.

pommette [pɔmɛt] *nf* pómulo *m*.

pommier [pɔmje] *nm* manzano *m*.

pompe [pɔ̃p] *nf* **-1.** [appareil] bomba *f*; ~ **à essence** surtidor *m* de gasolina. **-2.** [magnificence] pompa *f*. **-3.** *fam* [chaussure] zapato *m*.

pomper [pɔ̃pe] *vt* **-1.** [air, eau] bombear. **-2.** [avec éponge, buvard] chupar. **-3.** *fam* [boire] trincar.

pompeux, euse [pɔ̃pø, øz] *adj* pomposo(sa).

pompiste [pɔ̃pist] *nmf* trabajador *m*, -ra *f* de una gasolinera.

pompon [pɔ̃pɔ̃] *nm* pompón *m*.

poncer [pɔ̃se] *vt* lijar.

ponceuse [pɔ̃søz] *nf* lijadora *f*.

ponction [pɔ̃ksjɔ̃] *nf* **-1.** MÉD punción *f*. **-2.** *fig* [prélèvement] sangría *f*.

ponctualité [pɔ̃ktɥalite] *nf* puntualidad *f*.

ponctuation [pɔ̃ktɥasjɔ̃] *nf* puntuación *f*.

ponctuel, elle [pɔ̃ktɥɛl] *adj* puntual.

pondéré, e [pɔ̃dere] *adj* ponderado(da).

pondérer [pɔ̃dere] *vt* ponderar.

pondre [pɔ̃dr] *vt* **-1.** [œuf] poner. **-2.** *fam* [projet, texte] gestar.

pondu, e [pɔ̃dy] *pp* → **pondre**.

poney [pɔnɛ] *nm* poney *m*.

pont [pɔ̃] *nm* puente *m*; ~ **aérien** puente aéreo *m*. ~**s et chaussées** ADMIN ≃ MOPU *m*.

ponte [pɔ̃t] ◇ *nf* puesta *f (de huevos)*. ◇ *nm* **-1.** [au jeu] punto *m (contra la banca)*. **-2.** *fam* [autorité] eminencia *f*; [de la mafia, du crime] capo *m*.

pont-levis [pɔ̃ləvi] *nm* puente *m* levadizo.

ponton [pɔ̃tɔ̃] *nm* pontón *m*.

pop [pɔp] *adj & nm* pop.

pop-corn [pɔpkɔrn] *nm inv* palomita *f* (de maíz).

populace [pɔpylas] *nf* *péj* populacho *m*.

populaire [pɔpylɛr] *adj* popular.

populariser [pɔpylarize] *vt* popularizar.

popularité [pɔpylarite] *nf* popularidad *f*.

population [pɔpylasjɔ̃] *nf* población *f*; ~ **active** población activa.

porc [pɔr] *nm* **-1.** [animal, viande] cerdo *m* *Esp*, chancho *m* *Amér*. **-2.** *inj* [personne] cochino *m*. **-3.** [peau] piel *f* de cerdo.

porcelaine [pɔrsəlɛn] *nf* **-1.** [matière, objet] porcelana *f*. **-2.** [mollusque] margarita *f*.

porc-épic [pɔrkepik] *nm* puerco *m* espín.

porche [pɔrʃ] *nm* porche *m*.

porcherie [pɔrʃəri] *nf* pocilga *f*.

porcin, e [pɔrsɛ̃, in] *adj* **-1.** [élevage, race] porcino(na). **-2.** [regard, yeux] de cerdo degollado. ◆ **porcin** *nm* porcino *m*.

pore [pɔr] *nm* poro *m*.

poreux, euse [pɔrø, øz] *adj* poroso(sa).

porno [pɔrno] *adj & nm* porno.

pornographie [pɔrnɔgrafi] *nf* pornografía *f*.

port [pɔr] *nm* **-1.** [lieu] puerto *m*; ~ **de commerce/de pêche** puerto comercial/ pesquero. **-2.** [transport, allure] porte *m*; ~ **d'armes** tenencia *f* de armas.

portable [pɔrtabl] ◇ *adj* **-1.** [vêtement] llevable. **-2.** [machine à écrire, ordinateur] portátil. ◇ *nm* INFORM portátil *m*.

portail [pɔrtaj] *nm* pórtico *m*.

portant, e [pɔrtɑ̃, ɑ̃t] *adj* : **être bien/mal** ~ estar en buen/en mal estado de salud. ◆ **portant** *nm* **-1.** THÉÂTRE bastidor *m*. **-2.** [d'ouverture] soporte *m*.

portatif, ive [pɔrtatif, iv] *adj* portátil.

porte [pɔrt] *nf* puerta *f*; **écouter aux** ~**s** escuchar detrás de las puertas; **mettre qqn à la** ~ poner a alguien de patitas en la calle; ~ **de communication** puerta comunicante; ~ **d'entrée/de secours** puerta de entrada/de emergencia.

porte-à-faux [pɔrtafo] *nm inv* voladizo *m*; **en** ~ CONSTR en falso; *fig* a contracorriente.

porte-à-porte [pɔrtapɔrt] *nm inv* puerta a puerta *m*; **faire du** ~ hacer el puerta a puerta.

porte-avions [pɔrtavjɔ̃] *nm inv* portaviones *m inv*, portaaviones *m inv*.

porte-bagages [pɔrtbagaʒ] *nm inv* portaequipajes *m inv*.

porte-bonheur [pɔrtbɔnœr] *nm inv* amuleto *m*.

porte-clefs, porte-clés [pɔrtəkle] *nm inv* llavero *m*.

porte-documents [pɔrtdɔkymɑ̃] *nm inv* portadocumentos *m inv*.

porte-documents [pɔrtdɔkymɑ̃] *nm inv* portadocumentos *m inv*.

portée [pɔrte] *nf* -1. [distance, importance] alcance *m*; à ~ **de qqch** al alcance de algo; à la ~ **de qqn** al alcance de alguien. -2. MUS pentagrama *m*. -3. [de chiots, chatons] camada *f*.

porte-fenêtre [pɔrtfənɛtr] *nf* puerta *f* vidriera.

portefeuille [pɔrtəfœj] *nm* cartera *f*.

porte-jarretelles [pɔrtʒartɛl] *nm inv* liguero *m*.

portemanteau, x [pɔrtmɑ̃to] *nm* perchero *m*.

porte-monnaie [pɔrtmɔnɛ] *nm inv* monedero *m*.

porte-parole [pɔrtparɔl] *nm inv* portavoz *mf*.

porter [pɔrte] ◇ *vt* -1. [gén] llevar. -2. [soutenir] sostener. -3. [inscrire] asentar; **porté disparu** dado por desaparecido. -4. [présenter] presentar. -5. [diriger] dirigir. ◇ *vi* -1. [s'appuyer] : ~ **sur qqch** apoyarse en algo. -2. [avoir un effet] surtir efecto. -3. [voix, tir] alcanzar. ◆ **se porter** *vp* -1. [personne] encontrarse; **bien/ mal se** ~ encontrarse bien/mal. -2. [vêtement] llevarse. -3. [se présenter] presentarse.

porte-savon [pɔrtsavɔ̃] (*pl inv* OU **porte-savons**) *nm* jabonera *f*.

porte-serviettes [pɔrtsɛrvjɛt] *nm inv* toallero *m*.

porteur, euse [pɔrtœr, øz] ◇ *adj* -1. [gén] portador(ra). -2. [marché, créneau] con salida. ◇ *nm, f* -1. [de maladie] portador *m*, -ra *f*. -2. [d'actions] tenedor *m*, -ra *f*. -3. FIN : **au** ~ al portador. ◆ **porteur** *nm* mozo *m* de equipajes.

portier, ère [pɔrtje, ɛr] *nm, f* portero *m*, -ra *f*.

portière [pɔrtjɛr] *nf* [de voiture] portezuela *f*; [de train] puerta *f*.

portion [pɔrsjɔ̃] *nf* -1. [partie] porción *f*. -2. [ration] ración *f*.

portique [pɔrtik] *nm* pórtico *m*.

porto [pɔrto] *nm* oporto *m*.

Porto Rico, [pɔrtoriko], **Puerto Rico** [pɥɛrtoriko] *n* Puerto Rico; à ~ [direction] a Puerto Rico; [situation] en Puerto Rico.

portrait [pɔrtrɛ] *nm* retrato *m*.

portraitiste [pɔrtrɛtist] *nmf* retratista *mf*.

portrait-robot [pɔrtrɛrɔbo] *nm* retrato-robot *m*.

portuaire [pɔrtɥɛr] *adj* portuario(ria).

Portugal [pɔrtygal] *nm* : **le** ~ Portugal.

pose [poz] *nf* -1. [mise en place] colocación *f*. -2. [attitude] pose *f*. -3. PHOT exposición *f*.

posé, e [poze] *adj* pausado(da).

poser [poze] ◇ *vt* -1. [objet] poner. -2. *fig* [principe, hypothèse, problème] plantear. -3. [question] hacer, plantear. ◇ *vi* -1. [modèle] posar. -2. *fig* [avoir une attitude affectée] presumir. ◆ **se poser** *vp* -1. [oiseau, avion] posarse. -2. [objet, main] colocarse. -3. [problème] plantearse; [question] hacerse.

poseur, euse [pozœr, øz] *adj & nm, f* presumido(da).

positif, ive [pozitif, iv] *adj* positivo(va). ◆ **positif** *nm* positivo *m*.

position [pozisjɔ̃] *nf* -1. [gén] posición *f*; **prendre** ~ tomar partido. -2. [du corps] postura *f*; ~ **commune** postura común.

posologie [pozɔlɔʒi] *nf* posología *f*.

posséder [pɔsede] *vt* -1. [gén] poseer. -2. [langue, art] dominar. -3. *fam* [duper] : **il s'est fait** ~ le han dado gato por liebre.

possesseur [pɔsesœr] *nm* poseedor *m*, -ra *f*.

possessif, ive [pɔsesif, iv] *adj* posesivo(va). ◆ **possessif** *nm* GRAM posesivo *m*.

possession [pɔsesjɔ̃] *nf* -1. [gén] posesión *f*; **être en ma** ~ estar en mi posesión. -2. [de soi, de langue] dominio *m*.

possibilité [pɔsibilite] *nf* posibilidad *f*.

possible [pɔsibl] ◇ *adj* -1. [gén] posible; **c'est/ce n'est pas** ~ es/no es posible. -2. *fam* [supportable] soportable; **ce n'est plus** ~ es insoportable. ◇ *nm* posible *m*. ◆ **au possible** *loc adv* a más no poder.

postal, e, aux [pɔstal, o] *adj* postal.

poste [pɔst] ◇ *nf* correos *m inv*; **envoyer/ recevoir par la** ~ enviar/recibir por correo; ~ **restante** lista *f* de correos. ◇ *nm* -1. [emplacement, emploi] puesto; ~ **de police/de secours** puesto de policía/de socorro. -2. [appareil] aparato *m*; ~ **de radio/de télévision** aparato de radio/de televisión.

poster [pɔste] *vt* -1. [lettre] echar al correo. -2. [sentinelle] apostar. ◆ **se poster** *vp* apostarse.

postérieur, e [pɔsterjœr] *adj* posterior. ◆ **postérieur** *nm fam* trasero *m*.

posteriori [pɔsterjɔri] ◆ **a posteriori** *loc adv* a posteriori.

postérité [pɔsterite] *nf* posteridad *f*.

posthume [pɔstym] *adj* póstumo(ma).

postiche [pɔstiʃ] ⬦ *adj* **-1.** [cheveux, mèche] postizo(za). **-2.** [talent] ficticio(cia). ⬦ *nm* postizo *m*.

postier, ère [pɔstje, ɛr] *nm, f* empleado *m*, -da *f* de correos.

postillonner [pɔstijɔne] *vi* echar perdigones.

postmoderne [pɔstmɔdɛrn] *adj* posmoderno(na).

post-scriptum [pɔstskriptɔm] *nm inv* post scriptum *m*, postdata *f*.

postulant, e [pɔstylɑ̃, ɑ̃t] *nm, f* postulante *mf*.

postuler [pɔstyle] ⬦ *vi* : ~ **à qqch** solicitar algo. ⬦ *vt* postular.

posture [pɔstyr] *nf* [position] postura *f*; **être** OU **se trouver en mauvaise** ~ *fig* estar OU hallarse en una mala situación.

pot [po] *nm* **-1.** [récipient] bote *m*; ~ **de chambre** orinal *m*; ~ **de fleurs** maceta *f*. **-2.** *fam* [boisson] copa *f*. **-3.** *fam* [chance] potra *f*; **avoir du** ~ *fam* tener chorra. ◆ **pot catalytique** *nm* AUTOM catalizador *m*. ◆ **pot d'échappement** *nm* AUTOM silenciador *m*.

potable [pɔtabl] *adj* potable.

potache [pɔtaʃ] *nm fam* colegial *m*.

potage [pɔtaʒ] *nm* CULIN sopa *f*.

potager [pɔtaʒe] *nm* huerta *f*, huerto *m*.

potasser [pɔtase] *vt fam* empollar.

potassium [pɔtasjɔm] *nm* potasio *m*.

pot-au-feu [pɔtofø] *nm inv* **-1.** [plat] ≈ cocido *m Esp*, ajiaco *m Amér*. **-2.** [viande] carne *f* del cocido.

pot-de-vin [podvɛ̃] (*pl* **pots-de-vin**) *nm* unto *m*, soborno *m Esp*, mordida *f Amér*.

poteau, x [pɔto] *nm* poste *m*; ~ **indicateur** poste indicador.

potelé, e [pɔtle] *adj* regordete(ta).

potence [pɔtɑ̃s] *nf* **-1.** CONSTR jabalcón *m*. **-2.** [pendaison] horca *f*.

potentiellement [pɔtɑ̃sjɛlmɑ̃] *adv* potencialmente.

poterie [pɔtri] *nf* **-1.** [art] alfarería *f*, cerámica *f*. **-2.** [objet] cerámica *f*, objeto *m* de alfarería.

potiche [pɔtiʃ] *nf* **-1.** [vase] jarrón *m* de porcelana. **-2.** *fam* [personne] hombre *m* de paja.

potier, ère [pɔtje, ɛr] *nm, f* alfarero *m*, -ra *f*.

potin [pɔtɛ̃] *nm fam* **-1.** [bruit] jaleo *m*, alboroto *m Esp*, mitote *m Amér*; **faire du** ~ armar jaleo. **-2.** (*gén pl*) [ragots] chisme *m*, cotilleo *m*.

potion [posjɔ̃] *nf* poción *f*, pócima *f*.

potiron [pɔtirɔ̃] *nm* calabaza *f Esp*, guacal *m Amér*.

pot-pourri [popuri] *nm* **-1.** MUS popurrí *m*. **-2.** [mélange odorant] saquito *m* de olor.

pou, x [pu] *nm* piojo *m*.

poubelle [pubɛl] *nf* cubo *m* de la basura; **mettre à la** ~ tirar a la basura.

pouce [pus] ⬦ *nm* **-1.** [doigt] pulgar. **-2.** [mesure] pulgada *f*. ⬦ *interj* [dans jeu] ≃ no vale!

poudre [pudr] *nf* **-1.** [poussière] polvo *m*. **-2.** [explosif] pólvora *f*. **-3.** [fard] polvos *mpl*.

poudreux, euse [pudrø, øz] *adj* en polvo. ◆ **poudreuse** *nf* nieve *f* en polvo.

poudrier [pudrije] *nm* **-1.** [boîte] polvera *f*. **-2.** [fabricant] fabricante *mf* de pólvora.

poudrière [pudrijɛr] *nf* polvorín *m*.

pouf [puf] ⬦ *nm* puf *m*. ⬦ *interj* ¡paf!

pouffer [pufe] *vi* : ~ **de rire** reventar de risa.

pouilleux, euse [pujø, øz] ⬦ *adj* **-1.** [qui a des poux] piojoso(sa). **-2.** [habitation, vêtement] asqueroso(sa). ⬦ *nm, f* piojoso *m*, -sa *f*.

poulailler [pulaje] *nm* gallinero *m*.

poulain [pulɛ̃] *nm* **-1.** ZOOL potro *m*. **-2.** *fig* [débutant] pupilo *m*.

poule [pul] *nf* **-1.** ZOOL gallina *f*. **-2.** *fam péj* [femme] fulana *f*. **-3.** SPORT liga *f*.

poulet [pulɛ] *nm* **-1.** [animal, viande] pollo *m Esp*, ave *f Amér*. **-2.** *fam* [policier] madero *m*.

pouliche [puliʃ] *nf* potranca *f*.

poulie [puli] *nf* polea *f*.

poulpe [pulp] *nm* pulpo *m*.

pouls [pu] *nm* pulso *m*; **tâter le** ~ tomar el pulso.

poumon [pumɔ̃] *nm* ANAT pulmón *m*.

poupe [pup] *nf* popa *f*; **avoir le vent en** ~ ir viento en popa.

poupée [pupe] *nf* **-1.** [jouet] muñeca *f*. **-2.** [pansement] dedil *m*.

poupon [pupɔ̃] *nm* **-1.** [jouet] pepona *f*. **-2.** [bébé] bebé *m*.

pouponnière [pupɔnjɛr] *nf* guardería *f*.

pour [pur] ◇ *prép* **-1.** [indique le but, la durée, un rapport] para; **acheter un cadeau** ~ **qqn** comprar un regalo para alguien; **partir** ~ **dix jours** irse para diez días; **il faudra finir ce travail** ~ **lundi** habrá que terminar este trabajo para el lunes; ~ **ce qui est de** en lo que se refiere a. **-2.** [indique l'intention] : ~ (+ *infinitif*) para (+ *infinitivo*); **j'ai pris le métro** ~ **aller plus vite** he cogido el metro para ir más deprisa. **-3.** [indique la cause, l'équivalence] por; **il est tombé malade** ~ **avoir mangé trop d'huîtres** se puso enfermo por haber comido demasiadas ostras; **voyager** ~ **son plaisir** viajar por placer. **-4.** [à l'égard de] por, hacia; **son amour** ~ **lui** su amor hacia él. ◇ *adv* a favor; **je suis** ~ estoy a favor; **n'être ni** ~ **ni contre** no estar ni a favor ni en contra. ◇ *nm* : **le** ~ **et le contre** los pros y los contras. ◆ **pour que** *loc conj* (+ *subjonctif*) para que (+ subjuntivo).

pourboire [purbwar] *nm* propina *f*.

pourcentage [pursɑ̃taʒ] *nm* porcentaje *m*.

pourchasser [purʃase] *vt* perseguir.

pourlécher [purleʃe] ◆ **se pourlécher** *vp* relamerse.

pourparlers [purparle] *nmpl* conversaciones *fpl*, negociaciones *fpl*.

pourpre [purpr] *adj & nmf* púrpura.

pourquoi [purkwa] ◇ *adv* **-1.** [en début de phrase] por qué; ~ **es-tu venu?** ¿por qué has venido?; ~ **pas?** ¿por qué no? **-2.** [en milieu de phrase] porque; **je ne comprends pas** ~ **il est venu** no entiendo por qué ha venido; **c'est** ~... por eso... ◇ *nm inv* **-1.** [raison] : **le** ~ **(de)** el porqué (de). **-2.** [questions] : **les** ~ las preguntas.

pourri, e [puri] *adj* **-1.** [fruit, personne, milieu] podrido(da). **-2.** [enfant] mimado(da).

pourrir [purir] ◇ *vt* **-1.** [matière, aliment] pudrir. **-2.** [enfant] mimar. ◇ *vi* pudrirse.

pourrissement [purismɑ̃] *nm* podredumbre *f*.

pourriture [purityr] *nf* **-1.** [gén] podredumbre *f*. **-2.** *péj* [personne] canalla *m*.

poursuite [pursɥit] *nf* **-1.** [de personne] persecución *f*; [d'argent, de vérité] afán *m*. ◆ **poursuites** *nfpl* JUR diligencias *fpl*.

poursuivi, e [pursɥivi] *pp* → **poursuivre**.

poursuivre [pursɥivr] *vt* **-1.** [gén] perseguir; ~ **qqn de** [menaces, assiduités] acosar a uno con. **-2.** [enquête, travail] proseguir; **poursuivez, je vous écoute!** prosiga, ¡le escucho!

pourtant [purtɑ̃] *adv* sin embargo.

pourtour [purtur] *nm* perímetro *m*.

pourvoi [purvwa] *nm* JUR recurso *m*; ~ **en cassation** recurso de casación.

pourvoir [purvwar] *vt* {munir} : ~**qqch/qqn de qqch** dotar algo/a alguien de algo.

pourvu, e [purvy] *pp* → **pourvoir**. ◆ **pourvu que** *loc conj* (+ *subjonctif*) **-1.** [condition] siempre que, con tal que. **-2.** [souhait] ojalá.

pousse [pus] *nf* **-1.** [croissance] crecimiento *m*. **-2.** [bourgeon] brote *m*.

pousse-café [puskafe] *nm inv fam* copa *f* (*después del café*).

poussée [puse] *nf* **-1.** [pression] empuje *m*. **-2.** [de fièvre, de maladie] acceso *m*. **-3.** [de parti politique] subida *f*, ascenso *m*.

pousse-pousse [puspus] *nm inv* **-1.** [voiture] culí *m*. **-2.** *Helv* [poussette] cochecito *m* de niño.

pousser [puse] ◇ *vt* **-1.** [personne, objet] empujar; ~ **qqn à faire qqch/à qqch** empujar a alguien a hacer algo/a algo. **-2.** [moteur, voiture] forzar. **-3.** [recherche, étude] proseguir. **-4.** [cri, soupir] dar, lanzar. ◇ *vi* **-1.** [cheveux, plante, enfant] crecer. **-2.** [poursuivre son chemin] : ~ **jusqu'à/jusqu'en** llegar hasta. **-3.** *fam* [exagérer] pasarse. ◆ **se pousser** *vp* **-1.** [laisser la place] echarse a un lado, apartarse. **-2.** [se donner des coups] empujarse.

poussette [puset] *nf* cochecito *m* de niño.

poussière [pusjer] *nf* polvo *m*; **avoir une** ~ **dans l'œil** tener una mota en el ojo.

poussiéreux, euse [pusjerø, øz] *adj* **-1.** [gén] polvoriento(ta). **-2.** [teint] terroso(sa).

poussif, ive [pusif, iv] *adj* **-1.** [personne] que se ahoga con facilidad. **-2.** [moteur] que se ahoga.

poussin [pusɛ̃] *nm* **-1.** ZOOL polluelo *m*. **-2.** SPORT alevín *m*.

poutre [putr] *nf* **-1.** CONSTR viga *f*. **-2.** SPORT potro *m*.

poutrelle [putrel] *nf* vigueta *f*.

pouvoir [puvwar] ◇ *nm* poder *m*; ~ **d'achat** COMM poder adquisitivo. ◇ *vt* poder; **pouvez-vous/peux-tu faire qqch?** ¿puede/puedes hacer algo?; **je n'en peux plus** no puedo más; **il est on ne peut plus sûr de lui** no puede estar más seguro de sí mismo. ◆ **se pouvoir** *v impers* : **il se peut que** (+ *subjonctif*) puede que (+

subjuntivo); **il se peut qu'il arrive en retard** puede que llegue tarde.

PQ ◇ *nm fam* (*abr de* **papier-cul**) papel *m* de wáter. ◇ **-1.** (*abr de* **province du Québec**) provincia *f* de Quebec. **-2.** (*abr de* **premier quartier (de lune)**) cuarto *m* creciente.

PR ◇ *nm* (*abr de* **Parti républicain**) *partido político francés a la derecha del espectro político*. ◇ *abr de* **poste restante**.

pragmatique [pragmatik] *adj* pragmático(ca).

Prague [prag] *n* Praga.

prairie [preri] *nf* prado *m*, pradera *f*.

praliné [praline] *nm* praliné *m*.

praticable [pratikabl] ◇ *adj* practicable. ◇ *nm* **-1.** THÉÂTRE practicable *m*. **-2.** CIN grúa *f* móvil.

praticien, enne [pratisjɛ̃, ɛn] *nm, f* médico *mf*.

pratiquant, e [pratikɑ̃, ɑ̃t] *adj & nm, f* practicante.

pratique [pratik] ◇ *adj* práctico(ca). ◇ *nf* práctica *f*; **mettre qqch en ~** poner algo en práctica.

pratiquement [pratikmɑ̃] *adv* **-1.** [en fait] en la práctica. **-2.** [quasiment] prácticamente.

pratiquer [pratike] *vt* practicar.

pré [pre] *nm* prado *m*.

préado [preado] *nmf fam* preadolescente *mf*.

préalable [prealabl] ◇ *adj* previo(via). ◇ *nm* condición *f* previa. ◆ **au préalable** *loc adv* previamente.

préambule [preãbyl] *nm* **-1.** [introduction, propos] preámbulo *m*. **-2.** *fig* [prélude] preludio *m*.

préau, x [preo] *nm* patio *m*.

préavis [preavi] *nm* preaviso *m*.

précaire [prekɛr] *adj* precario(ria).

précaution [prekosjɔ̃] *nf* precaución *f*.

précédent, e [presedã, ãt] *adj* anterior. ◆ **précédent** *nm* JUR precedente *m*; **sans ~** sin precedente.

précéder [presede] *vt* **-1.** [gén] preceder. **-2.** [arriver avant] adelantarse.

précepte [presɛpt] *nm* precepto *m*.

précepteur, trice [preseptœr, tris] *nm, f* preceptor *m*, -ra *f*.

prêcher [preʃe] ◇ *vt* RELIG predicar. ◇ *vi* predicar.

précieux, euse [presjø, øz] *adj* **-1.** [objet, pierre, métal] precioso(sa). **-2.** [collaborateur] preciado(da). **-3.** [style] afectado(da). **-4.** LITTÉRATURE preciosista.

précipice [presipis] *nm* precipicio *m*.

précipitation [presipitasjɔ̃] *nf* precipitación *f*. ◆ **précipitations** *nfpl* MÉTÉOR precipitaciones *fpl*.

précipité [presipite] *nm* CHIM precipitado *m*.

précipiter [presipite] *vt* precipitar; **~ qqch/qqn du haut de** precipitar algo/a alguien desde lo alto de. ◆ **se précipiter** *vp* [gén] precipitarse.

précis, e [presi, iz] *adj* **-1.** [rapport, mesure] preciso(sa). **-2.** [heure] fijo(ja); **à 6 heures précises** a las seis en punto. ◆ **précis** *nm* compendio *m*.

précisément [presizemã] *adv* **-1.** [avec précision] con precisión. **-2.** [exactement] exactamente. **-3.** [justement] precisamente.

préciser [presize] *vt* precisar. ◆ **se préciser** *vp* precisarse, concretarse.

précision [presizjɔ̃] *nf* **-1.** [de style, d'explication] precisión *f*. **-2.** [détail] detalle *m*.

précoce [prekɔs] *adj* **-1.** [plante, fruit] precoz, temprano(na). **-2.** [enfant] precoz.

préconçu, e [prekɔ̃sy] *adj* preconcebido(da).

préconiser [prekɔnize] *vt* preconizar; **il préconise que vous pratiquiez un sport** él le aconseja que practique un deporte.

précurseur [prekyrsœr] ◇ *adj m* precursor(ra). ◇ *nm* precursor *m*.

prédateur, trice [predatœr, tris] *adj* depredador(ra), predador(ra). ◆ **prédateur** *nm* depredador *m*.

prédécesseur [predesesœr] *nm* predecesor *m*, antecesor *m*.

prédestination [predɛstinasjɔ̃] *nf* RELIG predestinación *f*.

prédestiner [predɛstine] *vt* predestinar; **être prédestiné à faire qqch/à qqch** estar predestinado a hacer algo/a algo.

prédicateur, trice [predikatœr, tris] *nm, f* predicador *m*, -ra *f*.

prédiction [prediksjɔ̃] *nf* predicción *f*.

prédilection [predilɛksjɔ̃] *nf* predilección *f*; **avoir une ~ pour qqch/pour qqn** tener predilección por algo/por alguien.

prédire [predir] *vt* predecir.

prédisposition [predispozisjɔ̃] *nf* : **~ à qqch** predisposición a algo.

prédit, e [predi, it] *pp* → **prédire.**

prédominer [predɔmine] *vi* predominar.

préencollé, e [preākɔle] *adj* engomado(da).

préfabriqué, e [prefabrike] *adj* **-1.** [maison, immeuble] prefabricado(da). **-2.** [accusation] amañado(da). ◆ **préfabriqué** *nm* construcción *f* prefabricada.

préface [prefas] *nf* prefacio *m*.

préfacer [prefase] *vt* prologar.

préfectoral, e, aux [prefɛktɔral, o] *adj* de la prefectura.

préfecture [prefɛktyr] *nf* prefectura *f*.

préférable [preferabl] *adj* preferible.

préféré, e [prefere] *adj & nm, f* preferido(da).

préférence [preferãs] *nf* **-1.** [prédilection] preferencia *f*; **de** ~ preferentemente, de preferencia. **-2.** [choix] elección *f*.

préférentiel, elle [preferãsjɛl] *adj* preferente.

préférer [prefere] *vt* preferir; ~ **qqch/qqn** preferir algo/a alguien; ~ **qqch/qqn à qqch/à qqn** preferir algo/a alguien a algo/a alguien; **je préfère ça!** ¡eso está mejor!

préfet [prefɛ] *nm* prefecto *m*.

préfixe [prefiks] *nm* prefijo *m*.

préhistoire [preistwar] *nf* prehistoria *f*.

préhistorique [preistɔrik] *adj* prehistórico(ca).

préinscription [preɛ̃skripsjɔ̃] *nf* preinscripción *f*.

préjudice [preʒydis] *nm* perjuicio *m*; **porter** ~ **à qqn** perjudicar a alguien.

préjugé [preʒyʒe] *nm* prejuicio *m*; ~ **contre** OU **sur qqch/contre** OU **sur qqn** prejuicio contra algo/contra alguien.

préjuger [preʒyʒe] *vt* : ~ **de qqch** *sout* prejuzgar algo.

prélasser [prelase] ◆ **se prélasser** *vp* repantigarse.

prélavage [prelavaʒ] *nm* prelavado *m*.

prélèvement [prelɛvmã] *nm* **-1.** MÉD extracción *f*. **-2.** BANQUE [opération] retención *f*; ~ **mensuel/automatique** transferencia *f* mensual/automática. ◆ **prélèvements obligatoires** *nmpl* retenciones *fpl* fiscales.

prélever [prelve] *vt* **-1.** BANQUE retener; ~ **qqch sur qqch** retener algo de algo. **-2.** MÉD extraer.

préliminaire [preliminɛr] *adj* preliminar. ◆ **préliminaires** *nmpl* preliminares *mpl*.

prélude [prelyd] *nm* preludio *m*.

prématuré, e [prematyre] *adj & nm, f* prematuro(ra).

préméditation [premeditasjɔ̃] *nf* premeditación *f*; **avec** ~ con premeditación.

prémices [premis] *nfpl* *sout* primicias *fpl*.

premier, ère [prəmje, ɛr] ◇ *adj* primero(ra), primer *(delante de substantivo masculino)*. ◇ *nm, f* : **le** ~ [le meilleur] el primero; **jeune** ~ THÉÂTRE & CIN galán *m* joven. ◆ **premier** *nm* **-1.** [étage] primero *m*. **-2.** [arrondissement] *distrito 1 de París*. ◆ **première** *nf* **-1.** THÉÂTRE estreno *m*. **-2.** [exploit] innovación *f*. **-3.** [classe, vitesse] primera *f*. **-4.** SCOL ≃ tercero *m* de BUP. ◆ **en premier** *loc adv* en primer lugar.

premièrement [prəmjɛrmã] *adv* primero.

prémonition [premɔnisjɔ̃] *nf* premonición *f*.

prémunir [premynir] ◆ **se prémunir** *vp* prevenirse; **se** ~ **contre qqch** prevenirse contra algo.

prénatal, e [prenatal] *(pl* **prénatals** OU **prénataux** [prenato]*) adj* prenatal.

prendre [prãdr] ◇ *vt* **-1.** [gén] coger *Esp*, agarrar *Amér*; **il s'est fait** ~ lo han cogido. **-2.** [aliment, décision, mesure] tomar; **vous prendrez qqch?** ¿tomará algo? **-3.** [temps] llevar; **ce travail nous a pris une semaine** este trabajo nos ha llevado una semana. **-4.** [aller chercher] recoger. **-5.** [responsabilité] asumir. **-6.** *fam* [se faire réprimander] : **qu'est-ce que j'ai pris quand...** la que me ha caído encima cuando... **-7.** [personne] : ~ **qqn par qqch** ganarse a alguien con algo. **-8.** [problème, question] plantear. **-9.** [interpréter] tomarse. ◇ *vi* **-1.** [sauce, gelée] espesarse; [colle] pegar. **-2.** [sentiment, habitude] calar. **-3.** [feu] prender.

prénom [prenɔ̃] *nm* nombre *m*.

prénuptial, e, aux [prenypsjal, o] *adj* prenupcial.

préoccupation [preɔkypasjɔ̃] *nf* preocupación *f*.

préoccuper [preɔkype] *vt* preocupar. ◆ **se préoccuper** *vp* : **se** ~ **de qqch/de qqn** preocuparse por algo/por alguien.

préparatifs [preparatif] *nmpl* preparativos *mpl*.

préparation [preparasjɔ̃] *nf* **-1.** [activités préparatoires, formation] preparación *f*. **-2.** CHIM preparado *m*. **-3.** [préparatifs] preparativos *mpl*.

préparatoire [preparatwar] *adj* preparatorio(ria).

préparer [prepare] *vt* preparar; ~ qqn à qqch preparar a alguien para algo. ◆ **se préparer** *vp* prepararse; **se** ~ **à faire qqch/à qqch** prepararse para hacer algo/ para algo.

prépondérant, e [prepɔ̃derɑ̃, ɑ̃t] *adj* preponderante.

préposé, e [prepoze] *nm, f* encargado *m*, -da *f*.

préposition [prepozisjɔ̃] *nf* preposición *f*.

préréglé, e [preregle] *adj* presintonizado(da), memorizado(da).

préretraite [preratrɛt] *nf* jubilación *f* anticipada.

prérogative [prerɔgativ] *nf* prerrogativa *f*.

près [prɛ] *adv* cerca. ◆ **de près** *loc adv* de cerca; **regarder qqch de** ~ [à petite distance] mirar algo de cerca; [avec attention] mirar algo detenidamente; **de plus/de très** ~ [regarder] de más/de muy cerca. ◆ **près de** *loc prép* **-1.** [dans l'espace, dans le temps] cerca de; **être** ~ **de qqn** estar junto a alguien. **-2.** [sur le point de] a punto de. **-3.** [presque] casi; **il y** ~ **d'une heure** hace casi una hora. ◆ **à peu près** *loc adv* aproximadamente, poco más o menos. ◆ **à peu de chose(s) près** *loc adv* aproximadamente, poco más o menos. ◆ **à ceci près que, à cela près que** *loc conj* excepto por (el hecho que).

présage [prezaʒ] *nm* presagio *m*.

présager [prezaʒe] *vt* presagiar.

presbyte [presbit] *adj & nmf* présbita, présbite.

presbytère [presbitɛr] *nm* casa *f* parroquial, rectoral *m*.

prescription [preskripsjɔ̃] *nf* prescripción *f*.

prescrire [preskrir] *vt* **-1.** [mesures, conditions] prescribir. **-2.** MÉD recetar, prescribir.

préséance [preseɑ̃s] *nf* prelación *f*.

présélection [preselɛksjɔ̃] *nf* preselección *f*.

présence [prezɑ̃s] *nf* **-1.** [gén] presencia *f*; **en** ~ presente; **en sa** ~ en su presencia; **se trouver en** ~ **de qqch** encontrarse ante OU con algo; **en** ~ **de qqn** en presencia de alguien. **-2.** [compagnie] compañía *f*. **-3.** [assiduité] asistencia *f*. ◆ **présence d'esprit** *nf* presencia *f* de ánimo.

présent, e [prezɑ̃, ɑ̃t] *adj* presente; ~! [lors d'un appel] ¡presente! ◆ **présent** *nm* presente *m*; **à** ~ **(que)** ahora (que); **dès à** ~ desde ahora; **jusqu'à** ~ hasta ahora, hasta el momento; **le** ~ GRAM el presente.

présentable [prezɑ̃tabl] *adj* presentable.

présentateur, trice [prezɑ̃tatœr, tris] *nm, f* presentador *m*, -ra *f*.

présentation [prezɑ̃tasjɔ̃] *nf* **-1.** [gén] presentación *f*; **faire les** ~**s** hacer las presentaciones; **sur** ~ **de qqch** [document, facture] al presentar algo. **-2.** [aspect extérieur] presencia *f*.

présentement [prezɑ̃tmɑ̃] *adv* actualmente.

présenter [prezɑ̃te] *vt* **-1.** [gén] presentar; ~ qqch à qqn [soumettre] presentar algo a alguien. **-2.** [félicitations, condoléances] : ~ qqch à qqn dar algo a alguien. **-3.** [avantages] presentar algo para alguien. ◆ **se présenter** *vp* presentarse; **se** ~ **à qqn** [se faire connaître] presentarse a alguien; **se** ~ **à qqch** [être candidat] presentarse a algo; **se** ~ **bien/mal** [s'annoncer] presentarse bien/mal.

présentoir [prezɑ̃twar] *nm* expositor *m* (objeto).

préservatif [prezɛrvatif] *nm* preservativo *m*.

préserver [prezɛrve] *vt* preservar. ◆ **se préserver** *vp* : **se** ~ **de qqch** preservarse de algo.

présidence [prezidɑ̃s] *nf* presidencia *f*.

président, e [prezidɑ̃, ɑ̃t] *nm, f* presidente *m*, -ta *f*. ◆ **présidente** *nf* presidenta *f*, presidente *f*. ◆ **président de la République** *nm* Presidente *m* de la República (francesa).

présidentiable [prezidɑ̃sjabl] *adj* presidenciable.

présider [prezide] ◇ *vt* presidir. ◇ *vi* : ~ **à qqch** [diriger] dirigir algo; *fig* [régner sur] presidir algo.

présomption [prezɔ̃psjɔ̃] *nf* presunción *f*.

présomptueux, euse [prezɔ̃ptɥø, øz] *adj & nm, f* presuntuoso(sa).

presque [prɛsk] *adv* casi.

presqu'île [prɛskil] *nf* península *f*.

pressant, e [presɑ̃, ɑ̃t] *adj* apremiante.

presse [prɛs] *nf* prensa *f*.

pressé, e [prese] *adj* **-1.** [citron] exprimido(da). **-2.** [urgent] urgente; **être** ~ tener prisa; **être** ~ **de faire qqch** tener prisa por hacer algo.

pressentiment [presɑ̃timɑ̃] *nm* presentimiento *m*, corazonada *f*.

pressentir [presɑ̃tir] *vt* **-1.** [événement] presentir. **-2.** [personne] sondear.

presse-papiers [prɛspapje] *nm inv* pisapapeles *m inv*.

presser [prese] *vt* **-1.** [écraser – agrumes] exprimir; [– olives, raisin, etc] prensar. **-2.** [dans ses bras] apretar. **-3.** [bouton] apretar, pulsar. **-4.** [accélérer – opération] apresurar; [– pas] apretar. **-5.** [disque] prensar. ◆ **se presser** *vp* **-1.** [se dépêcher] darse prisa, apresurarse; **pressons!** ¡deprisa! **-2.** [s'agglutiner, se serrer] apretujarse.

pressing [presiŋ] *nm* tintorería *f*.

pression [presjɔ̃] *nf* **-1.** [gén] presión *f*; **exercer une** ~ **sur qqch** ejercer una presión sobre algo; **sous** ~ bajo presión; **exercer une** ~ **sur qqn** ejercer una presión sobre alguien. **-2.** [bouton] automático *m*. **-3.** [bière] cerveza *f* de barril, cerveza *f* a presión.

pressoir [preswar] *nm* lagar *m*.

pressurer [presyre] *vt* **-1.** [objet] prensar. **-2.** *fig* [contribuable] ahogar.

pressurisé, e [presyrize] *adj* presurizado(da).

prestance [prestɑ̃s] *nf* prestancia *f*; **avoir de la** ~ tener prestancia.

prestataire [prestater] *nmf* suministrador *m*, -ra *f*; ~ **de services** suministrador de servicios.

prestation [prestasjɔ̃] *nf* **-1.** [gén] prestación *f*; ~ **de service** prestación de servicios. **-2.** [d'appartement] equipamiento *m*. ◆ **prestation de serment** *nf* juramento *m*, jura *f*.

preste [prest] *adj* *sout* presto(ta), pronto(ta).

prestidigitateur, trice [prestidiʒitatœr, tris] *nm, f* prestidigitador *m*, -ra *f*.

prestige [prestiʒ] *nm* prestigio *m*.

prestigieux, euse [prestiʒjø, øz] *adj* prestigioso(sa).

présumer [prezyme] ◇ *vt* suponer; **être présumé coupable/innocent** ser presunto culpable/inocente. ◇ *vi* : ~ **de qqch** presumir de algo.

prêt, e [pre, pret] *adj* listo(ta), preparado(da); ~ **à faire qqch** dispuesto a hacer algo, preparado para hacer algo; **être** ~ estar listo; ~**s? partez!** ¿listos? ¡ya! ◆ **prêt** *nm* : **accorder un** ~ FIN conceder un préstamo.

prêt-à-porter [prɛtapɔrte] (*pl* **prêts-à-porter**) *nm* prêt-à-porter *m inv*.

prétendre [pretɑ̃dr] ◇ *vt* **-1.** [affecter] presumir; **toi qui prétends tout connaître** tú que presumes de saberlo todo. **-2.** [affirmer] : ~ **que** asegurar que. **-3.** [exiger] : ~ **faire qqch** querer hacer algo. ◇ *vi* : ~ **à qqch** [aspirer à] pretender algo.

prétendu, e [pretɑ̃dy] ◇ *pp* → **prétendre**. ◇ *adj (avant le nom)* supuesto(ta).

prête-nom [prɛtnɔ̃] (*pl* **prête-noms**) *nm* testaferro *m*.

prétentieux, euse [pretɑ̃sjø, øz] *adj* & *nm, f* pretencioso(sa).

prétention [pretɑ̃sjɔ̃] *nf* pretensión *f*; **avoir la** ~ **de faire qqch** tener la pretensión de hacer algo.

prêter [prete] *vt* : ~ **qqch à qqn** [gén] prestar algo a alguien; [attribuer] atribuir algo a alguien. ◆ **se prêter** *vp* : **se** ~ **à qqch** prestarse a algo.

prétérit [preterit] *nm* GRAM pretérito *m*.

prêteur, euse [pretœr, øz] *adj* generoso(sa). ◆ **prêteur sur gages** *nm* prestamista *mf*.

prétexte [pretɛkst] *nm* pretexto *m*; **sous** ~ **de faire qqch/que** con el OU so pretexto de hacer algo/de que; **sous aucun** ~ bajo ningún pretexto.

prétexter [pretɛkste] *vt* pretextar.

prêtre [pretr] *nm* sacerdote *m*.

preuve [prœv] *nf* prueba *f*; **faire** ~ **de qqch** dar prueba de algo.

prévaloir [prevalwar] *vi* *sout* prevalecer; ~ **sur qqch** prevalecer sobre algo. ◆ **se prévaloir** *vp* : **se** ~ **de** valerse de.

prévalu [prevaly] *pp inv* → **prévaloir**.

prévenance [prevnɑ̃s] *nf* **-1.** [attitude] atención *f (amabilidad)*. **-2.** [action] deferencia *f*.

prévenant, e [prevnɑ̃, ɑ̃t] *adj* atento(ta).

prévenir [prevnir] *vt* **-1.** [personne] prevenir, advertir. **-2.** [police] avisar. **-3.** [danger, maladie] prevenir. **-4.** [désirs] adelantarse a.

préventif, ive [prevɑ̃tif, iv] *adj* preventivo(va).

prévention [prevɑ̃sjɔ̃] *nf* **-1.** [protection] prevención *f*. **-2.** JUR [emprisonnement] prisión *f* preventiva.

prévenu, e [prevny] ◇ *pp* → **prévenir**. ◇ *nm, f* JUR acusado *m*, -da *f*.

prévision [previzjɔ̃] *nf* [gén & FIN] previsión *f*; **les ~s météorologiques** las previsiones meteorológicas. ◆ **en prévision de** *loc prép* en previsión de.

prévoir [prevwar] *vt* prever; **comme prévu** (tal) como estaba previsto.

prévoyant, e [prevwajɑ̃, ɑ̃t] *adj* previsor(ra).

prévu, e [prevy] *pp* → **prévoir**.

prier [prije] ◇ *vt* **-1.** RELIG [Dieu] rezar a; [ciel] rogar a. **-2.** [implorer, demander] rogar; **~ qqn de faire qqch** *sout* rogar a alguien que haga algo; **(ne pas) se faire ~ (pour faire qqch)** (no) hacerse de rogar (para hacer algo). ◇ *vi* RELIG rezar, orar.

prière [prijɛr] *nf* **-1.** RELIG [recueillement, formule] oración *f*. **-2.** [demande] ruego *m*; **~ de faire qqch** se ruega hacer algo.

primaire [primɛr] *adj* **-1.** [gén] primario(ria). **-2.** SCOL [école] ≈ de EGB.

prime [prim] ◇ *nf* prima *f*; **~ d'intéressement** prima de participación en los beneficios; **~ d'objectif** prima de objetivo. ◇ *adj* **-1.** MATHS primo(ma). **-2.** [jeunesse] tierno(na); **de ~ abord** a primera vista.

primer [prime] ◇ *vi* primar; **~ sur qqch** primar sobre algo. ◇ *vt* **-1.** [être supérieur à] primar. **-2.** [récompenser] premiar.

primevère [primvɛr] *nf* primavera *f*, prímula *f*.

primitif, ive [primitif, iv] ◇ *adj* primitivo(va). ◇ *nm, f* hombre primitivo *m*, mujer primitiva *f*. ◆ **primitif** *nm* ART primitivo *m*.

primordial, e, aux [primɔrdjal, o] *adj* primordial.

prince [prɛ̃s] *nm* príncipe *m*.

princesse [prɛ̃sɛs] *nf* princesa *f*.

princier, ère [prɛ̃sje, ɛr] *adj* principesco(ca).

principal, e, aux [prɛ̃sipal, o] ◇ *adj* principal. ◇ *nm, f* SCOL director *m*, -ra *f*. ◆ **principal** *nm* [l'important] : **le ~** lo principal.

principauté [prɛ̃sipote] *nf* principado *m*.

principe [prɛ̃sip] *nm* principio *m*; **par ~** por principio. ◆ **en principe** *loc adv* en principio.

printanier, ère [prɛ̃tanje, ɛr] *adj* primaveral.

printemps [prɛ̃tɑ̃] *nm* primavera *f*.

priori [prijɔri] ◆ **a priori** ◇ *loc adv & loc adj inv* a priori. ◇ *nm inv* primera impresión *f*.

prioritaire [prijɔritɛr] *adj* prioritario(ria).

priorité [prijɔrite] *nf* prioridad *f*, preferencia *f*; **~ à droite** prioridad a la derecha. ◆ **en priorité** *loc adv* en primer lugar; **venir en ~** tener prioridad.

pris, e [pri, priz] ◇ *pp* → **prendre**. ◇ *adj* **-1.** [personne, place] ocupado(da). **-2.** [envahi] : **~ de qqch** presa de algo. **-3.** [nez] tapado(da); [gorge] tomado(da). ◆ **prise** *nf* **-1.** [saisie] agarre *m*; **lâcher ~e** soltar; *fig* ceder. **-2.** [de médicament, de victoire] toma *f*. **-3.** SPORT llave *f*. **-4.** [ce qui permet de saisir] asidero *m*. **-5.** [pêche] presa *f*. **-6.** ÉLECTR enchufe *m*; **~e mâle/femelle** enchufe macho/hembra; **~e multiple** ladrón *m*; **~e de courant** enchufe *m*; **~e de terre** toma *f* de tierra; **~e Péritel®** euroconector *m*. ◆ **prise de conscience** *nf* toma *f* de conciencia. ◆ **prise d'otages** *nf* toma *f* de rehenes. ◆ **prise de sang** *nf* extracción *f* de sangre. ◆ **prise de son** *nf* toma *f* de sonido. ◆ **prise de vues** *nf* CIN toma *f* de vistas.

prisme [prism] *nm* prisma *m*.

prison [prizɔ̃] *nf* cárcel *f*, prisión *f*.

prisonnier, ère [prizɔnje, ɛr] ◇ *adj* prisionero(ra). ◇ *nm, f* **-1.** [détenu] : **faire qqn ~** detener a alguien. **-2.** [captif] prisionero *m*, -ra *f*.

privation [privasjɔ̃] *nf* JUR privación *f*. ◆ **privations** *nfpl* privaciones *fpl*.

privatisation [privatizasjɔ̃] *nf* privatización *f*.

privatiser [privatize] *vt* privatizar.

privé, e [prive] *adj* privado(da). ◆ **privé** *nm* **-1.** ÉCON sector *m* privado; **dans le ~** en el sector privado, en la privada. **-2.** [détective] detective *m* privado. ◆ **en privé** *loc adv* en privado.

priver [prive] *vt* : **~ qqn de qqch** [démunir, déposséder de] privar a alguien de algo; [interdire] castigar a alguien sin algo.

privilège [privilɛʒ] *nm* privilegio *m*.

privilégié, e [privileʒje] *adj & nm, f* [gén] privilegiado(da).

privilégier [privileʒje] *vt* privilegiar.

prix [pri] *nm* **-1.** [coût] precio *m*; **à moitié ~** a mitad de precio; **au ~ fort** al precio normal; **hors de ~** muy caro(muy cara); **~ d'achat** COMM precio de compra; **~ de gros** precio al por mayor; **~ libre** precio libre; **~ net** precio neto; **~ de revient** OU **coûtant** precio de coste. **-2.** [importance] valor *m*; **à aucun ~** a ningún precio; **à tout ~** a cualquier precio; **au ~ de** a costa de. **-3.** [récompense, championnat, lauréat] premio *m*; ~ **de consolation** premio de consolación.

pro [pro] *fam abr de* **professionnel.**

probabilité [probabilite] *nf* probabilidad *f*.

probable [probabl] *adj* probable; **il est ~ que** es probable que.

probant, e [probã, ãt] **-1.** [argument] concluyente, convincente. **-2.** JUR [pièce] concluyente.

probité [probite] *nf* probidad *f*.

problème [problɛm] *nm* problema *m*; **(il n'y a) pas de ~** *fam* no hay (ningún) problema; **est-ce que cela pose un ~ si je passe chez toi vers 22 heures?** ¿hay algún problema si paso por tu casa hacia las 10?

procédé [prosede] *nm* **-1.** [méthode] proceso *m*. **-2.** [conduite] modo *m*. **-3.** *péj* [recette] truco *m*.

procéder [prosede] *vi* proceder; **~ à qqch** [se livrer à] proceder a algo.

procédure [prosedyr] *nf* ADMIN & JUR procedimiento *m*.

procès [prosɛ] *nm* JUR & LING proceso *m*; **intenter un ~ à qqn** emprender un proceso contra alguien; **faire le ~ de qqn** *fig* sentar a alguien en el banquillo; **faire le ~ de qqch** *fig* juzgar algo.

processeur [prosesœr] *nm* INFORM procesador *m*.

procession [prosesjɔ̃] *nf* RELIG procesión *f*; **en ~** en procesión.

processus [prosesys] *nm* proceso *m*.

procès-verbal *nm* **-1.** [contravention] multa *f*. **-2.** [compte rendu] acta *f*.

prochain, e [prɔʃɛ̃, ɛn] *adj* **-1.** [imminent] próximo(ma), cercano(na). **-2.** [suivant] próximo(ma), que viene; **à la ~e!** *fam* ¡hasta otra!, ¡hasta la próxima! ◆ **prochain** *nm sout* prójimo *m*.

prochainement [prɔʃɛnmã] *adv* próximamente.

proche [prɔʃ] *adj* **-1.** [gén] próximo(ma), cercano(na). **-2.** [intime] unido(da). **-3.** [semblable] parecido(da). ◆ **proches** *nmpl* : **les ~s** los parientes cercanos. ◆ **de proche en proche** *loc adv sout* poco a poco.

Proche-Orient [prɔʃɔrjã] *nm* : **le ~** el Próximo Oriente.

proclamation [prɔklamasjɔ̃] *nf* **-1.** [action] proclamación *f*. **-2.** [discours] proclama *f*.

proclamer [prɔklame] *vt* proclamar.

procréer [prɔkree] *vt* procrear.

procuration [prɔkyrasjɔ̃] *nf* procuración *f*, poder *m*; **par ~** por poderes OU procuración.

procurer [prɔkyre] *vt* : **~ qqch à qqn** proporcionar algo a alguien. ◆ **se procurer** *vp* procurarse.

procureur [prɔkyrœr] ◆ **procureur général** *nm* ≃ fiscal *mf* del Tribunal Supremo. ◆ **procureur de la République** *nm* ≃ fiscal *mf*.

prodige [prɔdiʒ] *nm* prodigio *m*.

prodigieux, euse [prɔdiʒjø, øz] *adj* prodigioso(sa).

prodigue [prɔdig] *adj* pródigo(ga).

prodiguer [prɔdige] *vt* prodigar; **~ qqch à qqn** prodigar algo a alguien.

producteur, trice [prɔdyktœr, tris] *adj* & *nm, f* productor(ra).

productif, ive [prɔdyktif, iv] *adj* productivo(va).

production [prɔdyksjɔ̃] *nf* **-1.** [gén] producción *f*. **-2.** [action de montrer] presentación *f*.

productivité [prɔdyktivite] *nf* ÉCON productividad *f*.

produire [prɔdɥir] *vt* **-1.** [gén] producir. **-2.** [montrer] presentar. ◆ **se produire** *vp* **-1.** [événement] producirse. **-2.** [artiste] actuar.

produit, e [prɔdɥi, it] *pp* → **produire.** ◆ **produit** *nm* producto *m*; **~ cartésien** producto cartesiano; **~ de beauté** producto de belleza; **~ de consommation** ÉCON producto de consumo; **~ de grande consommation** ÉCON producto de gran consumo; **~ industriel** ÉCON producto industrial; **~s chimiques** productos químicos; **~s d'entretien** productos de limpieza.

proéminent, e [prɔeminã, ãt] *adj* prominente.

profane [prɔfan] ◇ *adj* **-1.** [laïc] profano(na). **-2.** [ignorant] profano(na), lego(ga). ◇ *nmf* profano *m*, -na *f*.

profaner [prɔfane] *vt* profanar.

proférer [prɔfere] *vt* proferir.

professeur [prɔfesœr] *nm* profesor *m*, -ra *f*.

profession [prɔfesjɔ̃] *nf* profesión *f*; **de ~** de profesión.

professionnel, elle [prɔfesjɔnɛl] ◇ *adj* **-1.** [gén] profesional. **-2.** [lycée] de formación profesional. ◇ *nm, f* profesional *mf Esp*, profesionista *mf Amér*.

professorat [prɔfesɔra] *nm* profesorado *m*.

profil [prɔfil] *nm* perfil *m*; **de ~** de perfil.

profit [prɔfi] *nm* –1. [avantage] provecho *m*; au ~ de qqch en beneficio de algo; tirer ~ de qqch sacar provecho de algo. –2. ÉCON [gain] beneficio *m*.

profitable [prɔfitabl] *adj* provechoso(sa); être ~ à qqn ser provechoso para alguien.

profiter [prɔfite] *vi* : ~ de qqch [jouir de] aprovechar algo; ~ de qqn [abuser de] aprovecharse de alguien; ~ de qqch pour faire qqch [utiliser] aprovechar algo para hacer algo; en ~ [tirer parti] sacar partido.

profond, e [prɔfɔ̃, ɔ̃d] *adj* profundo(da). ◆ **profond** ◇ *nm* : au plus ~ de en lo más profundo de. ◇ *adv* en la profundidad de.

profondeur [prɔfɔ̃dœr] *nf* profundidad *f*; en ~ en profundidad. ◆ **profondeur de champ** *nf* PHOT & CIN profundidad *f* de campo.

profusion [prɔfyziɔ̃] *nf* : une ~ de qqch una gran profusión de algo; qqch à ~ (gran) profusión de algo.

progéniture [prɔʒenityr] *nf* prole *f*.

programmable [prɔgramabl] *adj* programable.

programmation [prɔgramasiɔ̃] *nf* TÉLÉ & INFORM programación *f*.

programme [prɔgram] *nm* TÉLÉ & INFORM programa *m*.

programmer [prɔgrame] *vt & vi* TÉLÉ & INFORM programar.

programmeur, euse [prɔgramœr, øz] *nm, f* INFORM programador *m*, -ra *f*.

progrès [prɔgrɛ] *nm* progreso *m*; faire des ~ hacer progresos, progresar.

progresser [prɔgrese] *vi* –1. [avancer] avanzar. –2. [se développer, s'améliorer] progresar.

progressif, ive [prɔgresif, iv] *adj* progresivo(va).

progression [prɔgresiɔ̃] *nf* –1. [gén] progresión *f*. –2. [avancée & MIL] avance *m*.

prohiber [prɔibe] *vt* prohibir.

proie [prwa] *nf* presa *f*; être en ~ à qqch [sentiment] ser presa de algo; être la ~ de qqch *fig* [des flammes] ser pasto de algo.

projecteur [prɔʒɛktœr] *nm* proyector *m*.

projectile [prɔʒɛktil] *nm* proyectil *m*.

projection [prɔʒɛksiɔ̃] *nf* proyección *f*.

projectionniste [prɔʒɛksjɔnist] *nmf* proyeccionista *mf*.

projet [prɔʒɛ] *nm* proyecto *m*.

projeter [prɔʃte] *vt* [gén] proyectar; ~ qqch/de faire qqch [envisager] proyectar ou planear algo/hacer algo.

prolétaire [prɔletɛr] *adj & nmf* proletario(ria).

prolétariat [prɔletarja] *nm* proletariado *m*.

proliférer [prɔlifere] *vi* proliferar.

prolifique [prɔlifik] *adj* prolífico(ca).

prologue [prɔlɔg] *nm* prólogo *m*.

prolongation [prɔlɔ̃gasiɔ̃] *nf* –1. [continuation] prolongación *f*. –2. SPORT prórroga *f*.

prolongement [prɔlɔ̃ʒmɑ̃] *nm* –1. [allongement] prolongación *f*; dans le ~ de qqch en la prolongación de algo. –2. *(gén pl)* [conséquence] repercusión *f*.

prolonger [prɔlɔ̃ʒe] *vt* prolongar; ~ ses vacances d'une semaine prolongar sus vacaciones una semana.

promenade [prɔmnad] *nf* –1. [balade] paseo *m*; faire une ~ dar un paseo. –2. *fig* [parcours] recorrido *m*.

promener [prɔmne] *vt* pasear. ◆ **se promener** *vp* pasear, pasearse.

promesse [prɔmɛs] *nf* –1. [gén] promesa *f*; faire une ~ hacer una promesa; tenir sa ~ cumplir su promesa. –2. [engagement] compromiso *m*; ~ d'achat/de vente JUR compromiso de compra/de venta.

prometteur, euse [prɔmɛtœr, øz] *adj* prometedor(ra).

promettre [prɔmɛtr] *vt* [s'engager] prometer; ~ qqch à qqn prometer algo a alguien; ~ à qqn de faire qqch prometer a alguien hacer algo; ~ à qqn que [assurer, affirmer] prometer a alguien que; ça promet! *iron* ¡empezamos bien!

promis, e [prɔmi, iz] ◇ *pp* → **promettre**. ◇ *adj* prometido(da); être ~ à qqch [voué] estar destinado a algo. ◇ *nm, f hum* prometido *m*, -da *f*.

promiscuité [prɔmiskɥite] *nf* promiscuidad *f*.

promontoire [prɔmɔ̃twar] *nm* promontorio *m*.

promoteur, trice [prɔmɔtœr, tris] *nm, f* promotor *m*, -ra *f*.

promotion [prɔmɔsiɔ̃] *nf* promoción *f*; en ~ en oferta.

promouvoir [prɔmuvwar] *vt* promover.

prompt, e [prɔ̃, prɔ̃t] *adj* rápido(da); ~ à faire qqch rápido en hacer algo.

promu, e [prɔmy] *pp* → **promouvoir**.

promulguer [prɔmylge] *vt* JUR promulgar.

prôner [prone] *vt sout* preconizar.

pronom [prɔnɔ̃] *nm* GRAM pronombre *m*; ~ **personnel/possessif/relatif** pronombre personal/posesivo/relativo.

pronominal, e, aux [prɔnɔminal, o] *adj* GRAM pronominal.

prononcé, e [prɔnɔ̃se] *adj* marcado(da).

prononcer [prɔnɔ̃se] *vt* pronunciar. ◆ **se prononcer** *vp* pronunciarse.

prononciation [prɔnɔ̃sjasjɔ̃] *nf* **-1.** LING pronunciación *f*. **-2.** JUR lectura *f*.

pronostic [prɔnɔstik] *nm* pronóstico *m*.

propagande [prɔpagɑ̃d] *nf* propaganda *f*.

propane [prɔpan] *nm* propano *m*.

prophète [prɔfɛt], **prophétesse** [prɔfetɛs] *nm, f* profeta *mf*.

prophétie [prɔfesi] *nf* profecía *f*.

prophétiser [prɔfetize] *vt* profetizar.

propice [prɔpis] *adj* propicio(cia).

proportion [prɔpɔrsjɔ̃] *nf* proporción *f*. ◆ **proportions** *nfpl* proporciones *fpl*; **toutes ~s gardées** salvando las distancias.

proportionné, e [prɔpɔrsjɔne] *adj* proporcionado(da); **bien/mal ~** bien/mal proporcionado.

proportionnel, elle [prɔpɔrsjɔnɛl] *adj* proporcional; ~ **à qqch** proporcional a algo. ◆ **proportionnelle** *nf* : **la proportionnelle** POLIT el sistema de representación proporcional.

propos [prɔpo] *nm* **-1.** (*gén pl*) [parole] palabra *f*. **-2.** [but] propósito *m*; **c'est à quel ~?** ¿de qué se trata?; **hors de ~** fuera de lugar. ◆ **à propos** *loc adv* [opportunément] oportunamente; [au fait] por cierto. ◆ **à propos de** *loc prép* a propósito de, con respecto a.

proposer [prɔpoze] *vt* **-1.** [gén] proponer; ~ **qqch à qqn** proponer algo a alguien; ~ **à qqn de faire qqch** proponer a alguien hacer algo. **-2.** [offrir] ofrecer.

proposition [prɔpozisjɔ̃] *nf* **-1.** [offre, suggestion] propuesta *f*, proposición *f*. **-2.** GRAM proposición *f*.

propre [prɔpr] ◇ *adj* **-1.** [gén] limpio(pia). **-2.** *fig & hum* : **nous voilà ~s!** ¡estamos listos! **-3.** [personnel] propio(pia); ~ **à qqn** propio de alguien. **-4.** [mot] apropiado(da). ◇ *nm* **-1.** [propreté] limpieza *f*; **au ~** [net] a limpio. **-2.** [sens] sentido *m* literal.

proprement [prɔprəmɑ̃] *adv* **-1.** [convenablement] decentemente. **-2.** [véritablement] verdaderamente; **à ~ parler** pro-

piamente dicho; ~ **dit** propiamente dicho. **-3.** [exclusivement] propiamente.

propreté [prɔprəte] *nf* limpieza *f*.

propriétaire [prɔprijetɛr] *nmf* propietario *m*, -ria *f*, dueño *m*, -ña *f*; ~ **foncier** propietario de bienes inmuebles; ~ **terrien** terrateniente *m*.

propriété [prɔprijete] *nf* **-1.** [gén] propiedad *f*. **-2.** [domaine, exploitation] finca *f* *Esp*, campito *m* *Amér*; ~ **privée** propiedad privada.

propulser [prɔpylse] *vt* **-1.** [gén] propulsar. **-2.** *fig* [jeter] lanzar. ◆ **se propulser** *vp* propulsarse.

prorata [prɔrata] ◆ **au prorata de** *loc prép* a prorrata de.

prosaïque [prozaik] *adj* prosaico(ca).

proscrit, e [prɔskri, it] *adj & nm, f* proscrito(ta).

prose [proz] *nf* prosa *f*; **en ~** en prosa.

prospecter [prɔspɛkte] *vt* GÉOL & COMM prospectar.

prospection [prɔspɛksjɔ̃] *nf* GÉOL & COMM prospección *f*.

prospectus [prɔspɛktys] *nm* prospecto *m*.

prospère [prɔspɛr] *adj* próspero(ra).

prospérité [prɔsperite] *nf* prosperidad *f*.

prostate [prɔstat] *nf* ANAT próstata *f*.

prosterner [prɔstɛrne] ◆ **se prosterner** *vp* prosternarse; **se ~ devant qqch/devant qqn** prosternarse ante algo/ante alguien.

prostitué, e [prɔstitɥe] *nm, f* prostituta *f*.

prostitution [prɔstitysjɔ̃] *nf* prostitución *f*.

prostré, e [prɔstre] *adj* postrado(da).

protagoniste [prɔtagɔnist] *nmf* protagonista *mf*.

protecteur, trice [prɔtɛktœr, tris] ◇ *adj* **-1.** [gén] protector(ra). **-2.** ÉCON proteccionista. ◇ *nm, f* protector *m*, -ra *f*.

protection [prɔtɛksjɔ̃] *nf* protección *f*; **prendre qqn sous sa ~** tomar a alguien bajo su protección; **se mettre sous la ~ de qqn** ponerse bajo la protección de alguien.

protectionnisme [prɔtɛksjɔnism] *nm* ÉCON proteccionismo *m*.

protégé, e [prɔteʒe] *adj & nm, f* protegido(da).

protège-cahier [prɔtɛʒkaje] (*pl* **protège-cahiers**) *nm* forro *m*.

protéger [prɔteʒe] *vt* proteger.

protège-slip [prɔtɛʒslip] (pl **protège-slips**) nm salvaeslips m inv.

protéine [prɔtein] nf proteína f.

protestant, e [prɔtɛstɑ̃, ɑ̃t] adj & nm, f RELIG protestante.

protestation [prɔtɛstasjɔ̃] nf protesta f.

protester [prɔtɛste] vi protestar; ~ **contre qqch** protestar contra algo.

prothèse [prɔtɛz] nf prótesis f inv; ~ **dentaire** prótesis dental.

protide [prɔtid] nm BIOL prótido m.

protocolaire [prɔtɔkɔlɛr] adj protocolario(ria).

protocole [prɔtɔkɔl] nm protocolo m.

proton [prɔtɔ̃] nm PHYS protón m.

prototype [prɔtɔtip] nm COMM prototipo m.

protubérance [prɔtyberɑ̃s] nf protuberancia f.

proue [pru] nf proa f.

prouesse [pruɛs] nf proeza f.

prouver [pruve] vt -1. [établir, témoigner] demostrar, probar. -2. [reconnaissance] demostrar.

provenance [prɔvnɑ̃s] nf procedencia f; **en ~ de** procedente de.

provenir [prɔvnir] vi : ~ **de** proceder de.

provenu, e [prɔvny] pp → **provenir**.

proverbe [prɔvɛrb] nm proverbio m.

proverbial, e, aux [prɔvɛrbjal, o] adj proverbial.

providence [prɔvidɑ̃s] nf providencia f.

providentiel, elle [prɔvidɑ̃sjɛl] adj providencial.

province [prɔvɛ̃s] nf -1. [gén] provincia f. -2. péj [campagne] pueblo m. -3. Can estado federado dotado de un gobierno propio. -4. Belg unidad territorial dirigida por un gobernador nombrado por el rey.

provincial, e, aux [prɔvɛ̃sjal, o] ◇ adj -1. [personne, vie] de provincias; [administration] provincial. -2. péj [de la campagne] provinciano(na). ◇ nm, f provinciano m, -na f.

proviseur [prɔvizœr] nm director m, -ra f (de un instituto).

provision [prɔvizjɔ̃] nf -1. [réserve] provisión f. -2. BANQUE: **sans** ~ sin fondos.

◆ **provisions** nfpl [ravitaillement] provisiones fpl; **faire ses** ~**s** [achats] hacer la compra.

provisoire [prɔvizwar] ◇ adj provisional. ◇ nm : **le** ~ lo provisional; **vivre dans le** ~ vivir provisionalmente; **c'est du** ~ es provisional.

provocant, e [prɔvɔkɑ̃, ɑ̃t] adj provocador(ra).

provocation [prɔvɔkasjɔ̃] nf provocación f.

provoquer [prɔvɔke] vt provocar.

proxénète [prɔksenɛt] nmf proxeneta mf.

proximité [prɔksimite] nf proximidad f.

◆ **à proximité de** loc prép cerca de.

prude [pryd] adj & nf mojigato(ta).

prudence [prydɑ̃s] nf prudencia f.

prudent, e [prydɑ̃, ɑ̃t] adj prudente.

prune [pryn] ◇ adj inv [couleur] ciruela (en aposición). ◇ nf **-1.** [fruit] ciruela f. **-2.** fam [contravention] multa f.

pruneau, x [pryno] nm **-1.** [fruit] ciruela f pasa. **-2.** arg bala f.

prunelle [prynɛl] nf ANAT pupila f, niña f.

prunier [prynje] nm ciruelo m.

PS[1] (abr de **Parti socialiste**) nm partido político francés a la izquierda del espectro político.

PS[2], **P-S** (abr de **post-scriptum**) nm PD f, PS m.

psalmodier [psalmɔdje] vt & vi salmodiar.

psaume [psom] nm salmo m.

pseudonyme [psødɔnim] nm seudónimo m, pseudónimo m.

psy [psi] fam abr de **psychiatre**.

psychanalyse [psikanaliz] nf psicoanálisis m inv.

psychanalyste [psikanalist] nmf psicoanalista mf.

psychédélique [psikedelik] adj psicodélico(ca).

psychiatre [psikjatr] nmf psiquiatra mf.

psychiatrie [psikjatri] nf psiquiatría f.

psychique [psiʃik] adj psíquico(ca).

psychologie [psikɔlɔʒi] nf psicología f.

psychologique [psikɔlɔʒik] adj psicológico(ca).

psychologue [psikɔlɔg] ◇ adj [compréhensif] inteligente. ◇ nmf psicólogo m, -ga f.

psychose [psikoz] nf psicosis f inv.

psychosomatique [psikosɔmatik] adj psicosomático(ca).

psychothérapie [psikoterapi] nf psicoterapia f.

Pta (abr de **peseta**) Pta.

Pte -1. (abr de **porte**) pta. **-2.** abr de **pointe**.

pu [py] pp inv → **pouvoir**.

puant, e [pɥɑ̃, ɑ̃t] adj **-1.** [odeur] fétido(da). **-2.** fam fig [personne] fantasma.

puanteur [pɥɑ̃tœr] nf peste f.

pub [pyb] *nf fam* anuncio *m*; **la** ~ los anuncios.

pubère [pybɛr] *adj sout* púber.

puberté [pybɛrte] *nf* pubertad *f*.

pubis [pybis] *nm* pubis *m inv*.

public, **ique** [pyblik] *adj* público(ca). ◆ **public** *nm* público *m*; **en** ~ en público; **être bon** ~ ser (un) buen público.

publication [pyblikasjɔ̃] *nf* publicación *f*; ~ **des bans** amonestaciones *fpl* (matrimoniales).

publiciste [pyblisist] *nmf* publicista *mf*.

publicitaire [pyblisitɛr] *adj & nmf* publicitario(ria).

publicité [pyblisite] *nf* -**1.** [gén] publicidad *f*; ~ **comparative** COMM publicidad comparativa; ~ **institutionnelle** COMM publicidad institucional; ~ **mensongère** COMM publicidad engañosa; ~ **excessive** COMM publicidad excesiva; ~ **sur le lieu de vente** COMM publicidad en (el) punto de venta. -**2.** [spot] anuncio *m*.

publier [pyblije] *vt* publicar.

publireportage [pyblirəpɔrtaʒ] *nm* publirreportaje *m*.

puce [pys] *nf* -**1.** [animal] pulga *f*. -**2.** INFORM chip *m*. -**3.** [terme affectueux] enano *m*, -na *f*.

puceau, **x** [pyso] *adj m & nm fam* [garçon] virgen.

pucelle [pysɛl] *adj f & nf fam* [fille] virgen.

pudeur [pydœr] *nf* pudor *m*.

pudibond, **e** [pydibɔ̃, ɔ̃d] *adj sout* pudibundo(da).

pudique [pydik] *adj* púdico(ca).

puer [pɥe] *tfam* ◇ *vi* apestar. ◇ *vt* apestar a.

puéricultrice [pɥerikyltris] *nf* puericultora *f*.

puériculture [pɥerikyltyr] *nf* puericultura *f*.

puéril, **e** [pɥeril] *adj* pueril.

Puerto Rico = **Porto Rico**.

pugilat [pyʒila] *nm* pugilato *m*.

puis[1] [pɥi] → **pouvoir**.

puis[2] [pɥi] *adv* después; **et** ~ y además.

puiser [pɥize] *vt* -**1.** [liquide] sacar. -**2.** *fig* : ~ **qqch dans qqch** [emprunter] sacar algo de algo; [se servir] coger algo de algo.

puisque [pɥiskə], **puisqu'** *(devant voyelle ou h muet)* *conj* -**1.** [gén] ya que. -**2.** [renforce une affirmation] : **mais** ~ **je te dis que je ne veux pas!** ¡ya te he dicho que no quiero!; **tu vas vraiment y aller? –** ~

je te le dis! ¿de veras vas a ir? – ¡no te lo estoy diciendo!

puissance [pɥisɑ̃s] *nf* -**1.** [gén] potencia *f*. -**2.** [pouvoir, force morale] poder *m*. ◆ **en puissance** *loc adv* en potencia.

puissant, **e** [pɥisɑ̃, ɑ̃t] *adj* -**1.** [gén] poderoso(sa). -**2.** [machine, ordinateur] potente. ◆ **puissant** *nm* : **les** ~**s** los poderosos.

puits [pɥi] *nm* pozo *m*.

pull [pyl], **pull-over** [pylɔvɛr] (*pl* **pullovers**) *nm* jersey *m*.

pulluler [pylyle] *vi* -**1.** [proliférer] pulular. -**2.** *péj* [grouiller] : ~ **de** estar plagado(da) de.

pulmonaire [pylmɔnɛr] *adj* pulmonar.

pulpe [pylp] *nf* pulpa *f*.

pulsation [pylsasjɔ̃] *nf* pulsación *f*.

pulsion [pylsjɔ̃] *nf* pulsión *f*.

pulvérisation [pylverizasjɔ̃] *nf* pulverización *f*.

pulvériser [pylverize] *vt* pulverizar.

puma [pyma] *nm* puma *m*.

punaise [pynɛz] *nf* -**1.** [insecte] chinche *m*. -**2.** [clou] chincheta *f*.

punch[1] [pɔ̃ʃ] *nm* [boisson] ponche *m*.

punch[2] [pœnʃ] *nm inv fam* [énergie] marcha *f*.

punching-ball [pœnʃiŋbol] (*pl* **punchingballs**) *nm* punching-ball *m*.

puni, **e** [pyni] *adj* castigado(da).

punir [pynir] *vt* [crime, personne] castigar; ~ **qqn de qqch** [criminel] condenar a alguien a algo.

punition [pynisjɔ̃] *nf* castigo *m*.

pupille [pypij] ◇ *nf* ANAT pupila *f*. ◇ *nmf* pupilo *m*, -la *f*; ~ **de l'État** hospiciano *m*, -na *f*; ~ **de la Nation** huérfano *m*, -na *f* de guerra.

pupitre [pypitr] *nm* -**1.** [support] atril *m*. -**2.** TECHNOL consola *f*. -**3.** SCOL [bureau] pupitre *m*.

pur, **e** [pyr] *adj* puro(ra); ~ **coton** puro algodón; ~**e laine** pura lana; ~ **et simple** puro y duro.

purée [pyre] *nf* puré *m*; ~ **de pommes de terre** puré de patatas.

purement [pyrmɑ̃] *adv* puramente; ~ **et simplement** pura y simplemente.

pureté [pyrte] *nf* pureza *f*.

purgatif, **ive** [pyrgatif, iv] *adj* purgante. ◆ **purgatif** *nm* purgante *m*, purga *f*.

purgatoire [pyrgatwar] *nm* RELIG purgatorio *m*; *fig* [endroit] infierno *m*.

purge [pyrʒ] *nf* purga *f*.

purger [pyrʒe] *vt* purgar.

purifier [pyrifje] *vt* purificar.

purin [pyrɛ̃] *nm* purín *m*.

puritain, e [pyritɛ̃, ɛn] *adj & nm, f* puritano(na).

puritanisme [pyritanism] *nm* puritanismo *m*.

pur-sang [pyrsã] *nm inv* pura sangre *m inv*.

purulent, e [pyrylã, ãt] *adj* purulento(ta).

pus[1], **put** [py] → **pouvoir**.

pus[2] [py] *nm* pus *m*.

pusillanime [pyzilanim] *adj sout* pusilánime.

putain [pytɛ̃] *nf vulg péj* puta *f*.

putréfier [pytrefje] ◆ **se putréfier** *vp* pudrirse.

putsch [putʃ] *nm* golpe *m* de estado.

puzzle [pœzl] *nm* -**1**. [jeu] puzzle *m*. -**2**. *fig* [problème] rompecabezas *m inv*.

pygmée [pigme] *adj* pigmeo. ◆ **Pygmée** *nmf* pigmeo *m*, -mea *f*.

pyjama [piʒama] *nm* pijama *m*.

pylône [pilon] *nm* poste *m*.

pyramide [piramid] *nf* -**1**. GÉOM & ARCHIT pirámide *f*. -**2**. [tas] pila *f*, montón *m Esp*, ruma *f Amér*.

Pyrénées [pirene] *nfpl* : **les ~** los Pirineos.

Pyrex® [pirɛks] *nm* pírex® *m*.

pyromane [pirɔman] *nmf* pirómano *m*, -na *f*.

python [pitɔ̃] *nm* pitón *m*.

Q

q[1], **Q** [ky] *nm inv* q *f*, Q *f*.

q[2] (*abr de* quintal) q.

QCM (*abr de* questionnaire à choix multiple) *nm* examen *m* de tipo test.

QG (*abr de* quartier général) *nm* CG *m*.

QI (*abr de* quotient intellectuel) *nm* CI *m*.

qqch *abr de* quelque chose.

qqn *abr de* quelqu'un.

quadragénaire [kwadraʒenɛr] *adj & nmf* cuadragenario(ria).

quadrangulaire [kwadrãgylɛr] *adj* cuadrangular.

quadrichromie [kwadrikrɔmi] *nf* cuatricromía *f*.

quadrilatère [kwadrilatɛr] *nm* cuadrilátero *m*.

quadrillage [kadrijaʒ] *nm* -**1**. [de papier, de tissu] cuadriculado *m*. -**2**. [policier] peinado *m*.

quadriller [kadrije] *vt* -**1**. [papier] cuadricular. -**2**. [ville] peinar.

quadrimoteur [kwadrimɔtœr] *adj & nm* cuatrimotor, tetramotor.

quadrupède [k(w)adrypɛd] ◇ *adj* cuadrúpedo(da). ◇ *nm* cuadrúpedo *m*.

quadrupler [k(w)adryple] *vt & vi* cuadruplicar.

quadruplés, ées [k(w)adryple] *nm, f pl* cuatrillizos *mpl*, -zas *fpl*.

quai [kɛ] *nm* -**1**. [de port, de rivière] muelle *m*; **être à ~** estar atracado(da). -**2**. [de gare] andén *m*.

qualificatif, ive [kalifikatif, iv] *adj* -**1**. GRAM calificativo(va). -**2**. SPORT [épreuve] puntuable. ◆ **qualificatif** *nm* calificativo *m*.

qualification [kalifikasjɔ̃] *nf* -**1**. [titre, GRAM & SPORT] calificación *f*. -**2**. [compétence] cualificación *f*.

qualifier [kalifje] *vt* -**1**. [caractériser] calificar; **~ qqch/qqn de qqch** calificar algo/a alguien de algo. -**2**. [donner compétences] : **être qualifié pour faire qqch/pour qqch** estar cualificado(da) para hacer algo/para algo. ◆ **se qualifier** *vp* SPORT calificarse.

qualitatif, ive [kalitatif, iv] *adj* cualitativo(va).

qualité [kalite] *nf* -**1**. [gén] calidad *f*; **de bonne/mauvaise ~** de buena/mala calidad; **~ de la vie** calidad de vida. -**2**. [caractéristique, vertu] cualidad *f*.

quand [kã] ◇ *conj* -**1**. [lorsque, alors que] cuando; **pourquoi rester ici ~ on pourrait partir en week-end?** ¿por qué quedarse aquí cuando podríamos irnos de fin de semana? -**2**. *sout* [introduit une hypothèse] aun cuando. ◇ *adv interr* cuándo. ◆ **quand même** ◇ *loc adv* a pesar de todo; **c'était ~ même bien** a pesar de todo estuvo bien; **tu pourrais faire attention ~ même!** ¡podrías tener más cuidado! (¿no?). ◇ *interj* [ça suffit] ¡por favor!; **~ même, à son âge!** ¡a su edad! ◆ **quand bien même** *loc conj sout* aun cuando. ◆ **n'importe quand** *loc adv* : **tu**

peux venir n'importe ~ puedes venir cuando quieras.

quant [kɑ̃] ◆ **quant à** *loc prép* en cuanto a, por lo que se refiere a; ~ **à moi/toi** en cuanto a mí/ti se refiere.

quantifier [kɑ̃tifje] *vt* cuantificar.

quantitatif, ive [kɑ̃titatif, iv] *adj* cuantitativo(va). ◆ **quantitatif** *nm* cuantitativo *m*.

quantité [kɑ̃tite] *nf* **-1.** [mesure, SCIENCES & LING] cantidad *f*. **-2.** [abondance] : **(une)** ~ **de** (una) gran cantidad de; **en** ~ en cantidad.

quarantaine [kaʁɑ̃tɛn] *nf* **-1.** [nombre] unos cuarenta; **une** ~ **de personnes** unas cuarenta personas. **-2.** [âge] : **avoir la** ~ estar en los cuarenta. **-3.** [isolement] cuarentena *f*.

quarante [kaʁɑ̃t] *adj num & nm inv* cuarenta; *voir aussi* **six**.

quarantième [kaʁɑ̃tjɛm] ◇ *adj num & nmf* cuadragésimo(ma). ◇ *nm* cuadragésimo *m*, cuadragésima parte *f*; *voir aussi* **sixième**.

quart [kaʁ] ◇ *adj num* cuarto(ta). ◇ *nm* **-1.** [fraction] cuarto *m*, cuarta parte *f*; **un** ~ **d'heure** un cuarto de hora; **un** ~ **de qqch** una cuarta parte de algo; **moins le** ~ menos cuarto; **de soupir** MUS silencio *m* de semicorchea. **-2.** NAVIG [veille] cuarto *m*. **-3.** [gobelet] tanque *m*.

quartier [kaʁtje] *nm* **-1.** [de ville] barrio *m Esp*, colonia *f Amér*; **de** ~ de barrio. **-2.** [de viande] trozo *m*; [de fruit] gajo *m*. **-3.** ASTRON cuarto *m*. **-4.** [héraldique & MIL] cuartel *m*. **-5.** *Belg* estudio *m*.

quartier-maître *nm* NAVIG ≃ cabo *m* de la marina.

quartz [kwaʁts] *nm* cuarzo *m*; **à** ~ **de** cuarzo.

quasi [kazi] ◇ *adv* cuasi. ◇ *nm* [de veau] trozo *m* de pierna.

quasiment [kazimɑ̃] *adv fam* casi.

quaternaire [kwatɛʁnɛʁ] ◇ *adj* GÉOL cuaternario(ria). ◇ *nm* : **le** ~ el cuaternario.

quatorze [katɔʁz] *adj num & nm inv* catorce; *voir aussi* **six**.

quatrain [katʁɛ̃] *nm* [strophe] ≃ cuarteto *m*.

quatre [katʁ] ◇ *adj num* cuatro; ~ **à** ~ de cuatro en cuatro; **se mettre en** ~ *fig* desvivirse por alguien. ◇ *nm inv* cuatro *m*; *voir aussi* **six**.

quatre-vingt, quatre-vingts [katʁəvɛ̃] *adj num & nm inv* ochenta; *voir aussi* **six**.

quatre-vingt-dix [katʁəvɛ̃dis] *adj num & nm inv* noventa; *voir aussi* **six**.

quatrième [katʁijɛm] ◇ *adj num & nm, f* cuarto(ta). ◇ *nf* **-1.** SCOL ≃ octavo de EGB. **-2.** [danse] cuarta *f*. ◇ *nm* cuarto *m*, cuarta parte *f*; *voir aussi* **sixième**.

quatuor [kwatɥɔʁ] *nm* cuarteto *m*.

que [kə] ◇ *conj* **-1.** [introduit une subordonnée] que; **je sais** ~... sé que...; **je ne tiens pas à ce** ~ **tout le monde le sache** no quiero que todo el mundo se entere. **-2.** [introduisant une hypothèse] tanto si; ~ **vous le vouliez ou non** tanto si quieres como si no. **-3.** [reprend une autre conjonction] : **s'il fait beau et** ~ **nous avons le temps** si hace bueno y tenemos tiempo. **-4.** [indique un ordre, un souhait] que; **qu'il entre** ¡que entre! **-5.** [avec un présentatif] **voilà/voici** ~ **ça recommence!** ¡ya empieza otra vez! ◇ *pron relatif* [chose, animal] que; [personne] al que, a la que; **la femme** ~ **j'aime** la mujer a la que quiero; **ce** ~ lo que. ◇ *pron interr* qué. ◇ *adv exclamatif* qué; ~ **de** cuánto(ta); ~ **de monde!** ¡cuánta gente! ◆ **c'est que** *loc conj* es que; **je vais me coucher, c'est** ~ **j'ai sommeil** si me acuesto es que tengo sueño. ◆ **qu'est-ce que** *pron interr* qué; **qu'est-ce** ~ **tu veux?** ¿qué quieres? ◆ **qu'est-ce qui** *pron interr* qué; **qu'est-ce qui se passe?** ¿qué pasa?

Québec [kebɛk] *nm* **-1.** [province] : **le** ~ (el) Quebec. **-2.** [ville] Quebec.

québécois, e [kebekwa, az] *adj* quebequés(esa). ◆ **québécois** *nm* LING quebequés *m*. ◆ **Québécois, e** *nm, f* quebequés *m*, -esa *f*.

quel [kɛl] (*f* **quelle**, *mpl* **quels**, *fpl* **quelles**) ◇ *adj interr* qué; **quelle heure est-il?** ¿qué hora es?; ~ **homme?** ¿qué hombre? ◇ *adj exclamatif* qué; ~ **dommage!** ¡qué pena! ◇ *adj indéf* : **il se baigne,** ~ **que soit le temps** se baña haga el tiempo que haga; **il refuse de voir les nouveaux arrivants,** ~**s qu'ils soient** se niega a ver a los recién llegados, sean quienes sean. ◇ *pron interr* [chose] cuál; [personne] quién.

quelconque [kɛlkɔ̃k] ◇ *adj indéf* **-1.** (*après le nom*) cualquiera. **-2.** (*avant le nom*) : **un/une** ~ algún(una). ◇ *adj* (*après le nom*) *péj* [ordinaire] del montón.

quelque [kɛlk(ə)] ◇ *adj indéf sout* [un certain, un peu de] algún(una); ~ **peu** algo de; **à ~ distance de là** a poca distancia de allí; **il est allé voir ~ ami du club** ha ido a ver algún amigo del club; ~ **chemin que je prenne** tome el camino que tome. ◇ *adv* [environ] unos(as); ~ **200 francs** unos 200 francos; **il est midi et ~** son las doce y algo; **et ~** *fam* y pico. ◆ **quelques** *adj indéf pl* unos cuantos(unas cuantas); **j'ai ~s lettres à écrire** tengo que escribir unas cuantas OU algunas cartas; **tu n'as pas ~s photos à me montrer?** ¿no tienes fotos que enseñarme?, ¿no tienes ninguna foto que enseñarme?; **les ~s fois que** las pocas veces que; **et ~s** y pico. ◆ **quelque... que** *loc adv sout* [concessif] por muy (+ *adjectif*) que, por mucho(cha) (+ *nom*) que; ~ **amitié qu'il y eût** por mucha amistad que hubiera; ~ **solide que fût notre amitié** por muy sólida que fuera nuestra amistad.

quelque chose [kɛlkəʃoz] *pron indéf* algo.

quelquefois [kɛlkəfwa] *adv* a veces.

quelques-uns, quelques-unes [kɛlkəzœ̃, yn] *pron indéf* algunos(nas); ~ **de** algunos de; ~ **de ces spectateurs** algunos de estos espectadores.

quelqu'un [kɛlkœ̃] *pron indéf m* alguien; ~ **de** (+ *adjectif*) alguien (+ adjetivo); **c'est ~ d'intelligent** es alguien inteligente.

quémander [kemɑ̃de] *vt* mendigar.

qu'en-dira-t-on [kɑ̃diratɔ̃] *nm inv fam*: **se moquer/se soucier/avoir peur du ~** burlarse/preocuparse/tener miedo del qué dirán.

quenelle [kənɛl] *nf especie de croqueta grande de ternera o lucio.*

querelle [kərɛl] *nf* pelea *f*.

querelleur, euse [kərɛlœr, øz] *adj & nm, f* pendenciero(ra).

question [kɛstjɔ̃] *nf* **-1.** [interrogation] pregunta *f*; **poser une ~ à qqn** hacer una pregunta a alguien; ~ **subsidiaire** pregunta de desempate. **-2.** [sujet de discussion] cuestión *f*; **il est ~ de faire qqch** es cuestión de hacer algo; **il n'en est pas ~!** ¡ni hablar!; **mettre qqch/qqn en ~** poner algo/a alguien en cuestión. **-3.** HIST [torture] tormento *m*.

questionnaire [kɛstjɔnɛr] *nm* cuestionario *m*.

questionner [kɛstjɔne] *vt* interrogar.

quête [kɛt] *nf* **-1.** *sout* [recherche] búsqueda *f*; **se mettre en ~ de qqch/de qqn** ir en busca de algo/de alguien. **-2.** [d'aumône] colecta *f*.

quêter [kete] ◇ *vi* colectar. ◇ *vt fig* mendigar.

queue [kø] *nf* **-1.** [d'animal] cola *f*; [des quadrupèdes] rabo *m*. **-2.** [de fruit] rabillo *m*. **-3.** [d'objet] mango *m*. **-4.** [de groupe] cola *f*; **à la ~ leu leu** en fila india; **être à la ~** SCOL estar a la cola; **faire la ~** hacer cola. **-5.** *vulg* [sexe masculin] rabo *m*.

queue-de-cheval [køtʃəval] (*pl* **queues-de-cheval**) *nf* cola *f* de caballo.

queue-de-pie [kødpi] (*pl* **queues-de-pie**) *nf* chaqué *m*.

qui [ki] ◇ *pron rel* **-1.** [sujet] que; **la maison ~ est là** la casa que está allí; **je l'ai vu ~ passait** lo vi pasar; ~ **plus est** lo que es más. **-2.** [complément d'object direct] quien; **invite ~ tu veux** invita a quien quieras. **-3.** [avec une préposition]: **à ~** a quien; **avec ~** con quien. **-4.** [indéfini] quienquiera; ~ **que ce soit ~** quienquiera que sea el que OU quienes. ◇ *pron interr* **-1.** [sujet] quién; ~ **es-tu?** ¿quién eres? **-2.** [complément d'object direct, après une préposition] quién; ~ **préfères-tu?** ¿a quién prefieres?; **à ~?** ¿a quién?; **avec ~?** ¿con quién? **-3.** [remplace que] **ce ~** lo que, qué; **je ne sais plus ce ~ est arrivé** no sé qué pasó. ◆ **qui est-ce qui** *pron interr* quién. ◆ **qui est-ce que** *pron interr* quién. ◆ **n'importe qui** *pron indéf* cualquiera; **ce n'est pas n'importe ~** ¡no es un cualquiera!

quiche [kiʃ] *nf* quiche *f*.

quiconque [kikɔ̃k] ◇ *pron indéf* cualquiera; **sans en avertir ~** sin avisar a nadie. ◇ *pron relatif indéf* quienquiera que; **pour ~** (+ *indicatif*) para quienquiera que (+ *subjonctif*); **pour ~ a l'habitude de lire** para quienquiera que tenga costumbre de leer.

quidam [kidam] *nm fam* quídam *m*.

quiétude [kjetyd] *nf sout* quietud *f*.

quignon [kiɲɔ̃] *nm fam* mendrugo *m*.

quille [kij] *nf* **-1.** [de bateau] quilla *f*. **-2.** [jeu] bolo *m*. ◆ **quilles** *nfpl fam* zancas *fpl*.

quincaillerie [kɛ̃kajri] *nf* **-1.** [ustensiles] quincalla *f*. **-2.** [industrie, commerce, magasin] ferretería *f*. **-3.** *fam fig* [bijoux] quincalla *f*.

quinconce [kɛ̃kɔ̃s] ◆ **en quinconce** *loc adj & loc adv* al trebolillo.

quinine [kinin] *nf* quinina *f*.

quinquagénaire [kɛ̃kaʒenɛr] *adj & nmf* quincuagenario(ria).

quinquennal, e, aux [kɛ̃kenal, o] *adj* quinquenal.

quintal, aux [kɛ̃tal, o] *nm* quintal *m*.

quinte [kɛ̃t] *nf* **-1.** MUS quinta *f*. **-2.** [jeu] escalera *f*. ◆ **quinte de toux** *nf* ataque *m* de tos.

quintuple [kɛ̃typl] ◇ *adj* quíntuplo(pla). ◇ *nm* quíntuplo *m*.

quinzaine [kɛ̃zɛn] *nf* **-1.** [nombre] quincena *f*; **une ~ de** unos quince. **-2.** [deux semaines] dos semanas *fpl*.

quinze [kɛ̃z] ◇ *adj num* quince; **dans ~ jours** dentro de quince días OU dos semanas. ◇ *nm inv* [chiffre] quince *m*; *voir aussi* **six**.

quiproquo [kiprɔko] *nm* quid pro quo *m*.

quittance [kitɑ̃s] *nf* recibo *m*; **~ d'électricité/de loyer** recibo de la luz/del alquiler.

quitte [kit] *adj* : **être ~ (envers qqn)** estar en paz (con alguien); **en être ~ pour faire qqch/pour qqch** librarse con hacer algo/con algo; **il en a été ~ pour une bonne peur** no ha sido más que el susto; **~ à faire qqch** a riesgo de hacer algo.

quitter [kite] *vt* **-1.** [renoncer, abandonner] dejar, abandonar; **'ne quittez pas!'** [au téléphone] 'no cuelgue'. **-2.** [partir de] irse de, marcharse de. **-3.** [vêtement] quitarse. ◆ **se quitter** *vp* separarse.

qui-vive [kiviv] *nm inv* : **être sur le ~** estar sobre aviso.

quoi [kwa] ◇ *pron relatif (après une préposition)* : **ce à ~ je me suis intéressée** aquello por lo que me interesé; **c'est en ~ tu as tort** ahí es donde te equivocas; **après ~** después de lo cual; **avoir de ~ vivre** tener de qué vivir; **avez-vous de ~ écrire?** ¿tiene con qué escribir?; **merci – il n'y a pas de ~** gracias – no hay de qué, gracias – de nada. ◇ *pron interr* qué; **à ~ bon?** ¿para qué?; **à ~ penses-tu?** ¿en qué piensas?; **je ne sais pas ~ dire** no sé qué decir; **~ de neuf?** ¿alguna novedad?; **~?** *fam* ¿qué?;... **ou ~?** *fam* ¿... o no?, ¿... o qué?; **tu viens ou ~?** *fam* ¿vienes o no?; **décide-toi, ~!** *fam* ¿te decides o qué?, ¿te decides o no? ◆ **quoi que** *loc conj (+ subjonctif)* : **~ qu'il arrive** pase lo que pase; **~ qu'il dise** diga lo que diga; **~ qu'il en soit** sea como sea. ◆ **n'importe quoi** *pron indéf* cualquier cosa, lo que sea.

quoique [kwak] *conj* aunque.

quolibet [kɔlibɛ] *nm sout* pulla *f*.

quota [kgwɔɛta] *nm* [gén] cuota *f*; [d'importation] cupo *m*.

quotidien, enne [kɔtidjɛ̃, ɛn] *adj* diario(ria). ◆ **quotidien** *nm* **-1.** [vie quotidienne] cotidiano *m*. **-2.** [journal] diario *m*.

quotient [kɔsjɑ̃] *nm* cociente *m*; **~ intellectuel** coeficiente intelectual OU de inteligencia.

r¹, R [ɛr] *nm inv* r *f*, R *f*.

r² *(abr de* **rue***)* C/.

rabâcher [rabaʃe] *fam* ◇ *vi* machacar; **tu rabâches!** ¡no seas machacón! ◇ *vt* machacar.

rabais [rabɛ] *nm* descuento *m*, rebaja *f*. ◆ **au rabais** ◇ *loc adj* de pacotilla. ◇ *loc adv* por poco dinero.

rabaisser [rabɛse] *vt* rebajar. ◆ **se rabaisser** *vp* rebajarse; **se ~ à faire qqch** rebajarse a hacer algo.

rabat [raba] *nm* **-1.** [col – de magistrat] golilla *f*; [– d'ecclésiastique] alzacuello *m*. **-2.** [partie rabattue] carterilla *f*.

rabat-joie [rabaʒwa] *adj inv & nm inv* aguafiestas.

rabatteur, euse [rabatœr, øz] *nm, f* **-1.** [de gibier] ojeador *m*, -ra *f*. **-2.** *fig & péj* [de clientèle] gancho *m*.

rabattre [rabatr] *vt* **-1.** [somme] rebajar. **-2.** [vers le bas] abatir. **-3.** [col de veste] doblar; [couvercle] cerrar. **-4.** [gibier] ojear. **-5.** [client] captar. ◆ **se rabattre** *vp* **-1.** [siège] abatirse. **-2.** [voiture] cerrarse. **-3.** [se contenter de] : **se ~ sur qqch/sur qqn** conformarse con algo/con alguien.

rabattu, e [rabaty] *pp* → **rabattre**.

rabbin [rabɛ̃] *nm* rabino *m*.

râble [rabl] *nm* **-1.** [outil] hurgón *m*, paleta *f* de fundidor. **-2.** [de lapin] rabadilla *f*.

râblé, e [rable] *adj* fornido(da).

rabot [rabo] *nm* cepillo *m* (de carpintería).

raboter [rabɔte] *vt* cepillar.

rabougri, e [rabugri] *adj* **-1.** [plante] desmedrado(da). **-2.** [personne] canijo(ja).

rabrouer [rabrue] *vt* desairar.

raccommodage [rakɔmɔdaʒ] *nm* compostura *f*.

raccommoder [rakɔmɔde] *vt* **-1.** [vêtement] zurcir. **-2.** *fam* [personnes] : ~ qqn avec qqn hacer que alguien haga las paces con alguien.

raccompagner [rakɔ̃paɲe] *vt* acompañar.

raccord [rakɔr] *nm* **-1.** [liaison] retoque *m*. **-2.** CIN ajuste *m*. **-3.** [pièce] empalme *m*.

raccordement [rakɔrdəmɑ̃] *nm* empalme *m*.

raccorder [rakɔrde] *vt* empalmar; ~ qqch à qqch empalmar algo a algo. ◆ **se raccorder** *vp* : **se** ~ **à qqch** [être relié] conectar con algo.

raccourci [rakursi] *nm* atajo *m*; **prendre un** ~ coger un atajo; **en** ~ *fig* en síntesis.

raccourcir [rakursir] ◇ *vt* [gén] acortar; [texte] abreviar. ◇ *vi* [jour] menguar.

raccrocher [rakrɔʃe] ◇ *vt* volver a colgar. ◇ *vi* **-1.** [au téléphone] colgar. **-2.** *fam* [abandonner] colgar la toalla. ◆ **se raccrocher** *vp* : **se** ~ **à qqch/à qqn** *fig* aferrarse a algo/a alguien.

race [ras] *nf* **-1.** [humaine, animale] raza *f*; **de** ~ de raza. **-2.** *fig* [catégorie] raza *f*, casta *f*.

racé, e [rase] *adj* **-1.** [animal] de raza. **-2.** [voiture] con clase.

rachat [raʃa] *nm* **-1.** [de biens] nueva compra *f*. **-2.** *fig* [de péchés] redención *f*. **-3.** [de prisonniers] rescate *m*.

racheter [raʃte] *vt* **-1.** [acheter à nouveau] volver a comprar. **-2.** [acheter d'occasion] comprar. **-3.** [péché, faute] redimir; [défaut, lapsus] compensar. **-4.** [prisonnier, candidat] rescatar. ◆ **se racheter** *vp* hacer méritos.

rachitique [raʃitik] *adj* raquítico(ca).

racial, e, aux [rasjal, o] *adj* racial.

racine [rasin] *nf* raíz *f*; **prendre** ~ echar raíces.

racisme [rasism] *nm* racismo *m*.

raciste [rasist] *adj & nmf* racista.

racket [raket] *nm* extorsión *f*.

raclée [rakle] *nf* tunda *f*, paliza *f Esp*, golpiza *f Amér*.

raclement [rakləmɑ̃] *nm* carraspeo *m*.

racler [rakle] *vt* rascar. ◆ **se racler** *vp* : **se** ~ **la gorge** rascarse la garganta.

racoler [rakɔle] *vt péj* captar.

racoleur, euse [rakɔlœr, øz] *adj péj* [publicité] facilón(ona); [sourire] baboso(sa).
◆ **racoleur** *nm fam* [de clients] gancho *m*.
◆ **racoleuse** *nf fam péj* buscona *f*.

racontar [rakɔ̃tar] *nm* (*gén pl*) chisme *m*.

raconter [rakɔ̃te] *vt* contar; ~ **qqch à qqn** contar algo a alguien.

racorni, e [rakɔrni] *adj* [gén] reseco(ca); [papier] acartonado(da).

radar [radar] *nm* radar *m*.

rade [rad] *nf* rada *f*.

radeau, x [rado] *nm* **-1.** [embarcation] balsa *f*. **-2.** [train de bois] armadía *f*.

radial, e, aux [radjal, o] *adj* radial.

radiateur [radjatœr] *nm* radiador *m*; ~ **électrique/à gaz** radiador eléctrico/de gas.

radiation [radjasjɔ̃] *nf* **-1.** [rayonnement] radiación *f*. **-2.** [élimination] expulsión *f*.

radical, e, aux [radikal, o] *adj* radical.
◆ **radical** *nm* radical *m*.

radicaliser [radikalize] *vt* radicalizar. ◆ **se radicaliser** *vp* radicalizarse.

radier [radje] *vt* [exclure] excluir; [d'une profession] expulsar.

radieux, euse [radjø, øz] *adj* radiante.

radin, e [radɛ̃, in] *adj & nm, f fam péj* rácano(na).

radio [radjo] ◇ *nf* **-1.** [diffusion, transistor] radio *f*; **allumer/éteindre/mettre la** ~ encender/apagar/poner la radio. **-2.** [rayons X] : **passer une** ~ hacerse una radiografía. ◇ *nm* radio *m*.

radioactif, ive [radjɔaktif, iv] *adj* radiactivo(va), radioactivo(va).

radioactivité [radjɔaktivite] *nf* radiactividad *f*, radioactividad *f*.

radiocassette [radjɔkasɛt] *nm* radiocasete *m*.

radiodiffuser [radjɔdifyze] *vt* radiar.

radiographie [radjɔgrafi] *nf* radiografía *f*.

radiologue [radjɔlɔg], **radiologiste** [radjɔlɔʒist] *nmf* radiólogo *m*, -ga *f*.

radioréveil (*pl* **radioréveils**), **radio-réveil** (*pl* **radios-réveils**) [radjɔrevɛj] *nm* radiodespertador *m*.

radiotélévisé, e [radjɔtelevize] *adj* radiotelevisado(da).

radis [radi] *nm* rábano *m*.

radium [radjɔm] *nm* radio *m* (*elemento radiactivo*).

radius [radjys] *nm* radio *m* (*hueso*).

radoucissement [radusismɑ̃] *nm* mejoramiento *m* (*del tiempo, la temperatura*).

rafale [rafal] *nf* **-1.** [de vent] ráfaga *f*, racha *f*; **souffler en ~** rachear. **-2.** [de coups de feu] ráfaga *f*. **-3.** *fig* [d'applaudissements] salva *f*.

raffinage [rafinaʒ] *nm* refinado *m*.

raffiné, e [rafine] *adj* refinado(da).

raffinement [rafinmã] *nm* refinamiento *m*.

raffiner [rafine] ◇ *vt* refinar. ◇ *vi* : **~ sur qqch** cuidar algo.

raffinerie [rafinri] *nf* refinería *f*.

raffoler [rafɔle] *vi* : **~ de qqch/de qqn** volverse loco(ca) por algo/por alguien.

raffut [rafy] *nm fam* jaleo *m Esp*, despiole *m Amér*; **faire du ~** *fig* armar jaleo.

rafistoler [rafistɔle] *vt fam* remendar.

rafle [rafl] *nf* **-1.** [vol] robo *m*. **-2.** [de police] redada *f*.

rafler [rafle] *vt fam*. **-1.** [s'emparer de] arramblar con. **-2.** [piller, voler] birlar.

rafraîchir [rafreʃir] ◇ *vt* **-1.** [nourriture, vin] enfriar. **-2.** [vêtement, appartement] reformar; [tableau] restaurar; [cheveux] igualar. **-3.** *fig* [mémoire] refrescar. ◇ *vi* enfriar. ◆ **se rafraîchir** *vp* **-1.** [temps] refrescar. **-2.** [personne] refrescarse.

rafraîchissant, e [rafreʃisã, ãt] *adj* refrescante.

rafraîchissement [rafreʃismã] *nm* **-1.** [de climat] enfriamiento *m*. **-2.** [boisson] refresco *m*; **prendre un ~** tomar un refresco. **-3.** [de vêtement, d'appartement] reforma *f*; [de tableau] restauración *f*.

raft [raft], **rafting** [raftiŋ] *nm* rafting *m*.

ragaillardir [ragajardir] *vt fam* entonar.

rage [raʒ] *nf* **-1.** [fureur, maladie] rabia *f*. **-2.** [manie, passion] pasión *f*. **-3.** *loc* : **faire ~** [tempête] causar estragos. ◆ **rage de dents** *nf* dolor *m* de muelas.

rager [raʒe] *vi fam* **~ contre qqch/contre qqn** echar pestes contra algo/contra alguien; **ça me fait ~** me da mucha rabia.

rageur, euse [raʒœr, øz] *adj* **-1.** *fam* [enfant] con malas pulgas. **-2.** [ton] rabioso(sa).

raglan [raglã] ◇ *nm* prenda *f* con mangas raglán. ◇ *adj inv* raglán.

ragot [rago] *nm* jabato *m (de dos a tres años)*.

ragoût [ragu] *nm* ragú *m*.

rai [rɛ] *nm sout* [de lumière] rayo *m*.

raid [rɛd] *nm* **-1.** MIL & SPORT raid *m*. **-2.** AÉRON incursión *f*, raid *m*; **~ aérien** incursión aérea, raid aéreo. **-3.** BOURSE adquisición *f* hostil.

raide [rɛd] ◇ *adj* **-1.** [cheveux] lacio(cia). **-2.** [membre] rígido(da), tieso(sa). **-3.** [pente, escalier] empinado(da). **-4.** [attitude] envarado(da). **-5.** [personne] rígido(da). **-6.** *fam* [incroyable] : **elle est ~!** ¡eso pasa de castaño oscuro! **-7.** *fam* [chanson, propos] verde. **-8.** *fam* [pauvre] : **être ~** estar pelado(da). ◇ *adv* [abruptement] : **grimper ~** ser empinado(da).

raideur [rɛdœr] *nf* **-1.** [physique] rigidez *f*; **~ cadavérique** rigor *m* mortis. **-2.** [morale] rigidez *f*, inflexibilidad *f*.

raidir [rɛdir] *vt* estirar. ◆ **se raidir** [de froid] quedarse tieso(sa).

raie [rɛ] *nf* **-1.** [gén] raya *f*. **-2.** [des fesses] raja *f*.

rail [raj] *nm* **-1.** [de voie ferrée] riel *m*, raíl *m*. **-2.** [chemin de fer] ferrocarril *m*.

railler [raje] *vt sout* burlarse de.

railleur, euse [rajœr, øz] *adj & nm, f sout* burlón(ona).

rainure [rɛnyr] *nf* ranura *f*.

raisin [rɛzɛ̃] *nm* uva *f*.

raison [rɛzɔ̃] *nf* **-1.** [faculté de raisonner, sagesse] razón *f*. **-2.** [justesse] : **avoir ~** tener razón; **avoir ~ de faire qqch** hacer bien en hacer algo; **donner ~ à qqn** dar la razón a alguien; **ramener qqn à la ~** hacer entrar en razón a alguien. **-3.** [santé mentale] juicio *m*. **-4.** [rationalité] raciocinio *m*. **-5.** [motif] razón *f*, motivo *m*; **à plus forte ~ quand** con mayor motivo cuando, máxime cuando; **en ~ de qqch** debido a algo; **~ de plus** razón de más. **-6.** [excuse, fondement] razón *f*, excusa *f*; **~ de vivre** razón de vivir. ◆ **à raison de** *loc prép* a razón de. ◆ **raison sociale** *nf* razón *f* social. ◆ **raison d'État** *nf* razón *f* de Estado.

raisonnable [rɛzɔnabl] *adj* **-1.** [animal] racional. **-2.** [décision, prix] razonable.

raisonné, e [rɛzɔne] *adj* razonado(da).

raisonnement [rɛzɔnmã] *nm* **-1.** [faculté] raciocinio *m*. **-2.** [argumentation] razonamiento *m*.

raisonner [rɛzɔne] ◇ *vi* **-1.** [penser] pensar. **-2.** [discuter] razonar. ◇ *vt* hacer entrar en razón a.

rajeunir [raʒœnir] ◇ *vt* **-1.** [suj : couleur, vêtement, coiffure] rejuvenecer, hacer más joven. **-2.** [suj : personne] echar menos años; **~ qqn de trois ans** echar a alguien tres años menos. **-3.** [décoration, canapé] remozar. **-4.** [population, profession] rebajar la media de edad de. ◇ *vi* rejuvenecer, rejuvenecerse.

rajouter [raʒute] *vt* volver a añadir; **en ~ fam** *fig* [exagérer] cargar las tintas.

rajuster [raʒyste], **réajuster** [reaʒyste] *vt* **-1.** [salaire, prix, tir] reajustar. **-2.** [cravate] retocar. ◆ **se rajuster** *vp* retocarse.

râle [ral] *nm* estertor *m*.

ralenti, e [ralāti] *adj* ralentizado(da). ◆ **ralenti** *nm* ralentí *m*; **au ~ fig** al ralentí.

ralentir [ralātir] ◇ *vt* [allure, expansion, rythme] reducir; [pas] aminorar. ◇ *vi* reducir la velocidad.

ralentissement [ralātismā] *nm* **-1.** [freinage] disminución *f* de la velocidad. **-2.** [embouteillage] retención *f*. **-3.** [diminution] disminución *f*. **-4.** PHYS reducción *f* de velocidad.

râler [rale] *vi* **-1.** [malade] tener estertores. **-2.** *fam* [grogner] refunfuñar.

ralliement [ralimā] *nm* **-1.** MIL concentración *f*. **-2.** [adhésion] adhesión *f*.

rallier [ralje] *vt* **-1.** [hommes] concentrar. **-2.** [troupe] incorporarse a; [parti] adscribirse a; [majorité] sumarse a. **-3.** [suffrages] agrupar. ◆ **se rallier** *vp* **-1.** [troupes, hommes] concentrarse. **-2.** [parti] **se ~ à qqch** adscribirse a algo; [avis, cause] sumarse a.

rallonge [ralɔ̃ʒ] *nf* **-1.** [de table] larguero *m*. **-2.** [électrique] prolongador *m*, alargo *m*. **-3.** *fam* [de crédit] plus *m*.

rallonger [ralɔ̃ʒe] ◇ *vt* alargar. ◇ *vi* alargarse.

rallumer [ralyme] *vt* **-1.** [feu, lampe, cigarette] volver a encender. **-2.** *fig* [querelle] reavivar.

rallye [rali] *nm* rallye *m*.

RAM, ram [ram] (*abr de* **random access memory**) *nf* RAM *m*.

ramadan [ramadā] *nm* RELIG ramadán *m*.

ramassage [ramasaʒ] *nm* recogida *f*; **~ scolaire** transporte *m* escolar.

ramasser [ramase] *vt* **-1.** [gén] recoger. **-2.** [forces] reunir, aunar. **-3.** [champignons, fleurs, etc] coger. **-4.** [personne] levantar del suelo. **-5.** *fam* [voleur, criminel] echar el guante a. **-6.** *fig* [pensée] condensar, resumir. **-7.** *fam* [claque] llevarse. ◆ **se ramasser** *vp* **-1.** [se replier] encogerse. **-2.** *fam* [tomber] medir el suelo. **-3.** *fam fig* [échouer] catear.

rambarde [rābard] *nf* barandilla *f*.

rame [ram] *nf* **-1.** [d'embarcation] remo *m*. **-2.** [de train] tren *m*. **-3.** [de papier] resma *f*. **-4.** [de haricots, de pois] rodrigón *m*.

rameau, x [ramo] *nm* **-1.** [d'arbre, de végétal] ramo *m*. **-2.** [d'un ensemble] rama *f*. **-3.** ANAT ramificación *f*. ◆ **Rameaux** *nmpl* : **les Rameaux** domingo *m* de Ramos.

ramener [ramne] *vt* **-1.** [reconduire] acompañar. **-2.** [amener de nouveau] volver a llevar. **-3.** [rapporter] traer. **-4.** [faire revenir] volver a traer, hacer volver; **~ qqn à qqch** hacer volver a alguien a algo. **-5.** [faire réapparaître – paix, ordre] restablecer; [– inquiétudes, gaieté] hacer renacer. **-6.** [réduire] : **~ qqch à qqch** reducir algo a algo.

ramer [rame] *vi* **-1.** [rameur] remar. **-2.** *fam fig* [peiner] bregar.

rameur, euse [ramœr, øz] *nm, f* remero *m*, -ra *f*.

ramifications [ramifikasjɔ̃] *nfpl* ramificaciones *fpl*.

ramifier [ramifje] ◆ **se ramifier** *vp* ramificarse.

ramolli, e [ramɔli] ◇ *adj* **-1.** [beurre] reblandecido(da). **-2.** *fam fig* [cerveau] seco (ca). ◇ *nm, f fam fig* [personne] flojucho *m*, -cha *f*.

ramollir [ramɔlir] ◇ *vt* **-1.** [matière] reblandecer, ablandar. **-2.** *fam fig* [personne] acabar con. ◇ *vi* reblandecerse, ablandarse. ◆ **se ramollir -1.** [matière] reblandecerse, ablandarse. **-2.** *fam fig* [personne] : **il s'est ramolli** se le ha secado el cerebro.

ramoner [ramɔne] *vt* deshollinar.

ramoneur [ramɔnœr] *nm* deshollinador *m*.

rampant, e [rāpā, āt] *adj* **-1.** [animal, plante] rastrero(ra). **-2.** ARCHIT [arc] por tranquil, rampante. **-3.** *fig* [attitude, caractère] servil.

rampe [rāp] *nf* **-1.** [d'escalier] baranda *f*, barandilla *f*. **-2.** [d'accès] rampa *f*; **~ d'accès** rampa de acceso; **~ de lancement** rampa OU plataforma *f* de lanzamiento. **-3.** THÉÂTRE candilejas *fpl*.

ramper [rāpe] *vi* **-1.** [animal, personne] reptar. **-2.** [plante] trepar.

rance [rās] ◇ *adj* rancio(cia). ◇ *nm* rancio *m*; **ça sent le ~** huele a rancio.

rancir [rāsir] *vi* volverse rancio(cia), enranciarse.

rancœur [rākœr] *nf* rencor *m*.

rançon [rāsɔ̃] *nf* **-1.** [somme d'argent] rescate *m*. **-2.** *fig* [compensation, contrepartie] tributo *m*.

rancune [rākyn] *nf* rencor *m*; **garder** OU **tenir** ~ **à qqn de qqch** guardar rencor a alguien por algo; **sans** ~! ¡sin rencores!

rancunier, ère [rākynje, ɛr] *adj & nm, f* rencoroso(sa).

randonnée [rādɔne] *nf* **-1.** [à pied] marcha *f*, caminata *f*. **-2.** [à bicyclette] paseo *m*, excursión *f*.

randonneur, euse [rādɔnœr, øz] *nm, f* excursionista *mf*.

rang [rā] *nm* **-1.** [d'objets, de personnes & MIL] fila *f*; **se mettre en** ~ **par deux** ponerse en fila de a dos; **se mettre sur les** ~**s** *fig* presentar su candidatura. **-2.** [de perles, de tricot] vuelta *f*. **-3.** [ordre] puesto *m*. **-4.** [hiérarchie, classe sociale] rango *m*. **-5.** *Can* [peuplement rural] *población rural dispersa con explotaciones agrícolas.* **-6.** *Can* [chemin] *camino que comunica las explotaciones agrícolas de una población rural dispersa.*

rangé, e [rāʒe] *adj* [personne] formal; [vie] ordenado(da).

rangée [rāʒe] *nf* : **une** ~ **de qqch** una hilera de algo.

rangement [rāʒmā] *nm* **-1.** [gén] orden *m*; **faire du** ~ poner orden. **-2.** [placard] alacena *f*.

ranger [rāʒe] *vt* **-1.** [élèves, soldats] poner en fila. **-2.** [chambre, objets] ordenar. **-3.** *fig* [livre, auteur] : ~ **parmi** colocar entre. ◆ **se ranger** *vp* **-1.** [élèves, soldats] ponerse en fila; **se** ~ **par deux** ponerse en fila de a dos. **-2.** [voiture] echarse a un lado. **-3.** [piéton] apartarse, dejar paso. **-4.** *fig* [devenir sage] sentar la cabeza. **-5.** *fig* [se placer] : **se** ~ **parmi** situarse entre. **-6.** *fig* [se soumettre, se rallier] : **se** ~ **à** plegarse a.

ranimer [ranime] *vt* **-1.** [personne] reanimar. **-2.** [feu] avivar. **-3.** *fig* [sentiment] despertar.

rapace [rapas] ◇ *adj* codicioso(sa). ◇ *nm* rapaz *m*, ave *f* rapaz.

rapatrier [rapatrije] *vt* repatriar.

râpe [rap] *nf* **-1.** [de cuisine] rallador *m*. **-2.** [de menuisier] escofina *f*. **-3.** *Helv fam* [avare] rácano *m*, -na *f*.

râpé, e [rape] *adj* **-1.** CULIN rallado(da). **-2.** [vêtement] raído(da). **-3.** *fam* [raté] : **c'est** ~! ¡se acabó!, ¡olvídate!

râper [rape] *vt* **-1.** [gén] rallar. **-2.** [bois, métal] limar. **-3.** *fig* [gorge] raspar.

rapide [rapid] ◇ *adj* **-1.** [gén] rápido(da). **-2.** [intelligence] ágil. ◇ *nm* rápido *m*.

rapidement [rapidmā] *adv* rápidamente.

rapidité [rapidite] *nf* [de processus] rapidez *f*; [de véhicule] velocidad *f*.

rapiécer [rapjese] *vt* remendar.

rappel [rapɛl] *nm* **-1.** [de réserviste] retirada *f*. **-2.** [souvenir, vaccin] recuerdo *m*; ~ **à l'ordre** llamada *f* al orden. **-3.** [de paiement] advertencia *f*. **-4.** [au spectacle] llamada *f* a escena. **-5.** SPORT rápel *m*, rappel *m*.

rappeler [raple] *vt* **-1.** [appeler de nouveau] volver a llamar. **-2.** [faire penser à] recordar; ~ **qqch à qqn** recordar algo a alguien. **-3.** [ressembler] recordar a. **-4.** [réservistes] retirar. **-5.** [ambassadeur] llamar. **-6.** [acteurs] llamar a escena. **-7.** *fig* [à la vie] : ~ **qqn à qqch** hacer volver a alguien a algo. ◆ **se rappeler** *vp* acordarse.

rapport [rapɔr] *nm* **-1.** [corrélation] relación *f Esp*, atingencia *f Amér*. **-2.** (*gén pl*) [relation] relación *f*. **-3.** [compte rendu] informe *m*. **-4.** [profit] rendimiento *m*. **-5.** [ratio] razón *f*. ◆ **par rapport à** *loc prép* en relación a, con respecto a.

rapporter [rapɔrte] ◇ *vt* **-1.** [apporter avec soi] traer; ~ **qqch à qqn** traer algo a alguien. **-2.** [apporter de nouveau] volver a traer. **-3.** [rendre] devolver. **-4.** [argent] reportar. **-5.** [fait] relatar, contar. ◇ *vi* **-1.** [être rentable] rendir. **-2.** [enfant] chivarse. ◆ **se rapporter** *vp* : **se** ~ **à** referirse a.

rapporteur, euse [rapɔrtœr, øz] *adj & nm, f* chivato(ta). ◆ **rapporteur** *nm* **-1.** [de commission] ponente *m*. **-2.** GÉOM transportador *m*.

rapproché, e [raprɔʃe] *adj* **-1.** [dans l'espace] cercano(na). **-2.** [dans le temps] seguido(da).

rapprochement [raprɔʃmā] *nm* **-1.** [gén] acercamiento *m*. **-2.** [comparaison] relación *f*.

rapprocher [raprɔʃe] *vt* **-1.** [mettre plus près] : ~ **qqch/qqn de qqch** acercar algo/a alguien a algo. **-2.** *fig* [unir] unir. **-3.** [comparer] cotejar. ◆ **se rapprocher** *vp* **-1.** [gén] : **se** ~ **de qqch/de qqn** acercarse a algo/a alguien. **-2.** [se ressembler] parecerse.

rapt [rapt] *nm* rapto *m*.

raquette [rakɛt] *nf* raqueta *f*.

rare [rar] *adj* **-1.** [peu commun, surprenant] raro(ra). **-2.** [peu fréquent] contado(da). **-3.** [peu nombreux] contado(da), escaso (sa). **-4.** [peu dense] ralo(la).

raréfier [rarefje] *vt* enrarecer. ◆ **se raréfier** *vp* enrarecerse.

rarement [rarmɑ̃] *adv* raramente.

rareté [rarte] *nf* –**1.** [gén] rareza *f*. –**2.** [pénurie] escasez *f*.

ras, e [ra, raz] *adj* –**1.** [herbe, poil, barbe] corto(ta). –**2.** [cheveux] al rape. –**3.** [mesure] raso(sa). ◆ **ras** *adv* al rape. ◆ **à ras de, au ras de** *loc prép* a ras de.

RAS (*abr de* **rien à signaler**) sin novedad.

rasade [razad] *nf* vaso *m* lleno, copa *f* llena.

rasage [razaʒ] *nm* afeitado *m*.

rasant, e [razɑ̃, ɑ̃t] *adj* –**1.** [tir, lumière] rasante. –**2.** *fam* [livre, film, discours] latoso(sa).

rasé, e [raze] *adj* : ~ **de frais** recién afeitado(da); ~ **de près** rapado(da).

raser [raze] *vt* –**1.** [barbe] afeitar; [cheveux] rapar. –**2.** [mur, sol] pasar rozando. –**3.** [village] arrasar. –**4.** *fam* [personne] ser un rollo para. ◆ **se raser** –**1.** [barbe] afeitarse. –**2.** *fam* [s'ennuyer] aburrirse.

ras-le-bol [ralbɔl] *nm inv fam* : **en avoir** ~ estar/hasta las narices ou hasta el moño.

rasoir [razwar] ◇ *nm* navaja *f* de afeitar; ~ **électrique/mécanique** maquinilla *f* eléctrica/mecánica. ◇ *adj inv fam* [ennuyeux] rollo *m*; **qu'est-ce qu'il est** ~, **ce film!** ¡qué rollo de película!

rassasier [rasazje] *vt* hartar, saciar.

rassemblement [rasɑ̃bləmɑ̃] *nm* –**1.** [d'objets] recolección *f*. –**2.** [de personnes] concentración *f*, aglomeración *f*. –**3.** [union, parti] agrupación *f*. –**4.** MIL formación *f*.

rassembler [rasɑ̃ble] *vt* –**1.** [gén] reunir. –**2.** [idées] poner en orden. –**3.** [courage] hacer acopio de. ◆ **se rassembler** *vp* –**1.** [manifestants] concentrarse. –**2.** [famille] reunirse.

rasseoir [raswar] ◆ **se rasseoir** *vp* volver a sentarse.

rasséréner [raserene] *vt sout* devolver la tranquilidad a.

rassis, e [rasi, iz] *adj* –**1.** [pain] duro(ra). –**2.** *sout* [esprit] sereno(na).

rassurant, e [rasyrɑ̃, ɑ̃t] *adj* tranquilizador(ra).

rassuré, e [rasyre] *adj* tranquilo(la); **ne pas être** ~ no estar tranquilo.

rassurer [rasyre] *vt* tranquilizar.

rat [ra] ◇ *nm* rata *f*; **petit** ~ joven bailarina de la escuela de danza de la Ópera de París. ◇ *adj fam* [avare] rata.

ratatiné, e [ratatine] *adj* –**1.** [fruit, personne] arrugado(da). –**2.** *fam* [vélo, voiture] hecho polvo, hecha polvo.

rate [rat] *nf* –**1.** [animal] rata *f*. –**2.** [organe] bazo *m*.

raté, e [rate] *adj & nm, f* fracasado(da). ◆ **raté** *nm* –**1.** (*gén pl*) AUTOM sacudida *f*. –**2.** [difficulté] tropiezo *m*.

râteau, x [rato] *nm* rastrillo *m*.

râter [rate] ◇ *vt* –**1.** [manquer – train, occasion] perder; [– cible] errar; [– gibier] dejar escapar. –**2.** [ne pas réussir – vie] malograr; [– examen] suspender; [– plat] : **j'ai raté le gâteau** me ha salido mal el pastel. ◇ *vi* fracasar.

ratification [ratifikasjɔ̃] *nf* ratificación *f*.

ratifier [ratifje] *vt* ratificar.

ration [rasjɔ̃] *nf* ración *f*; ~ **alimentaire** ración alimenticia.

rationaliser [rasjɔnalize] *vt* racionalizar.

rationnel, elle [rasjɔnɛl] *adj* racional.

rationnement [rasjɔnmɑ̃] *nm* racionamiento *m*.

rationner [rasjɔne] *vt* –**1.** [aliment] racionar. –**2.** [personne] racionar la comida de, racionarle la comida a.

ratissage [ratisaʒ] *nm* –**1.** [de jardin] rastrillado *m*. –**2.** [de zone, de quartier] rastreo *m*.

ratisser [ratise] *vt* –**1.** [jardin] rastrillar. –**2.** [zone, quartier] rastrear. –**3.** *fam* [au jeu] dejar limpio(pia).

raton [ratɔ̃] *nm* ratita *f*; ~ **laveur** mapache *m*.

ratonnade, ratonade [ratɔnad] *nf brutalidad ejercida contra magrebíes.*

RATP (*abr de* **Régie autonome des transports parisiens**) *nf empresa pública autónoma de transportes públicos parisinos*; ≃ EMT *f*.

rattachement [rataʃmɑ̃] *nm* incorporación *f*.

rattacher [rataʃe] *vt* –**1.** [attacher de nouveau] volver a atar. –**2.** [relier] : ~ **qqch à qqch** incorporar algo a algo; *fig* relacionar algo con algo. –**3.** [unir] : ~ **qqn à qqch** unir a alguien a algo. ◆ **se rattacher** *vp* : **se** ~ **à qqch** relacionarse con algo.

rattrapage [ratrapaʒ] *nm* –**1.** SCOL recuperación *f*. –**2.** [de salaires, de prix] reajuste *m*.

rattraper [ratrape] *vt* –**1.** [animal, prisonnier] coger. –**2.** *fig* [temps] recuperar. –**3.** [bus] alcanzar. –**4.** [personne qui tombe] agarrar. –**5.** [erreur, malfaçon] reparar. ◆ **se rattraper** *vp* –**1.** **se** ~ **à qqch/qqn** agarrarse a algo/a alguien. –**2.** [compenser une insuffisance] ponerse al nivel. –**3.** [réparer une erreur] corregirse.

rature [ratyr] *nf* tachadura *f*.

raturer [ratyre] *vt* tachar.

rauque [rok] *adj* ronco(ca).

ravage [ravaʒ] *nm* estrago *m*.

ravagé, e [ravaʒe] *adj* **-1.** [gén] desfigurado(da). **-2.** *fam* [fou] : **être ravagé** estar chalado(da).

ravager [ravaʒe] *vt* asolar.

ravalement [ravalmɑ̃] *nm* revoque *m*.

ravaler [ravale] *vt* **-1.** [façade, immeuble] revocar. **-2.** [salive] tragar. **-3.** *fig* [larmes, colère] tragarse. **-4.** [personne] rebajar.

ravauder [ravode] *vt* remendar, zurcir.

rave [rav] *nf* naba *f*.

ravi, e [ravi] *adj* [personne] encantado(da); [air] radiante; ~ **de vous connaître** encantado de conocerle.

ravier [ravje] *nm* fuente *f (para entremeses)*.

ravigotant, e [ravigɔtɑ̃, ɑ̃t] *adj fam* que entona.

ravigoter [ravigɔte] *vt fam* entonar.

ravin [ravɛ̃] *nm* barranco *m*.

ravioli [ravjɔli] *nm* ravioli *m*.

ravir [ravir] *vt* **-1.** [charmer] encantar; **à** ~ [admirablement] a las mil maravillas, que ni pintado(da); **être ravi de qqch/de** (+ *infinitif*)**/que** (+ *subjonctif*) estar encantado con algo/de (+ *infinitivo*)/de que (+ *subjuntivo*); **être ravi de partir** estar encantado de marcharse; **je suis ravie que tu puisses venir** estoy encantada de que puedas venir. **-2.** *sout* [arracher] : ~ **qqch à qqn** arrebatar algo a alguien.

raviser [ravize] ◆ **se raviser** *vp* echarse atrás.

ravissant, e [ravisɑ̃, ɑ̃t] *adj* encantador(ra).

ravissement [ravismɑ̃] *nm* **-1.** [enchantement] maravilla *f*. **-2.** *sout* [rapt] rapto *m*.

ravisseur, euse [ravisœr, øz] *nm, f* secuestrador *m*, -ra *f*.

ravitaillement [ravitajmɑ̃] *nm* abastecimiento *m*.

ravitailler [ravitaje] *vt* **-1.** [en denrées] abastecer. **-2.** [en carburant] repostar.

raviver [ravive] *vt* reavivar.

ravoir [ravwar] *vt* recuperar.

rayé, e [rɛje] *adj* **-1.** [tissu] a rayas. **-2.** [disque, vitre] rayado(da). **-3.** [strié] estriado(da).

rayer [rɛje] *vt* **-1.** [disque, vitre] rayar. **-2.** [nom, mot] tachar.

rayon [rɛjɔ̃] *nm* **-1.** [de lumière, radiation] rayo *m*; ~ **laser** rayo láser; ~**s X** rayos X. **-2.** *fig* [d'espoir] viso *m*, resquicio *m*. **-3.**

[de roue, de cercle] radio *m*; **dans un** ~ **de** en un radio de; ~ **de braquage** radio de giro. **-4.** [de ruche] panal *m*. **-5.** [étagère] estante *m*. **-6.** [dans un magasin] sección *f*.

rayonnage [rɛjɔnaʒ] *nm* estantería *f*.

rayonnant, e [rɛjɔnɑ̃, ɑ̃t] *adj* radiante; ~ **de qqch** radiante de algo.

rayonne [rɛjɔn] *nf* rayón *m*.

rayonnement [rɛjɔnmɑ̃] *nm* **-1.** [gén] radiación *f*. **-2.** *fig* [éclat] resplandor *m*. **-3.** *fig* [de bonheur] brillo *m*.

rayonner [rɛjɔne] *vi* **-1.** [chaleur] irradiar; [soleil] brillar. **-2.** [culture, visage] resplandecer. **-3.** [avenues, rues] tener una estructura radial.

rayure [rɛjyr] *nf* **-1.** [sur étoffe] raya *f*. **-2.** [sur disque, sur meuble] rayadura *f*. **-3.** [de fusil] estría *f*.

raz [ra] ◆ **raz de marée** *nm* **-1.** [vague] maremoto *m*. **-2.** *fig* [phénomène massif] epidemia *f*, plaga *f*.

razzia [razja] *nf* razia *f*; **faire une** ~ **sur qqch** *fam* arramplar con algo.

RdC (*abr de* rez-de-chaussée) B.

ré [re] *nm inv* MUS re *m*.

réabonnement [reabɔnmɑ̃] *nm* renovación *f* de suscripción.

réac [reak] *adj & nmf fam* facha.

réacteur [reaktœr] *nm* [moteur] reactor *m*; ~ **nucléaire** reactor nuclear.

réactif, ive [reaktif, iv] *adj* reactivo(va). ◆ **réactif** *nm* CHIM reactivo *m*.

réaction [reaksjɔ̃] *nf* reacción *f*; **en** ~ **contre** como reacción contra; ~ **en chaîne** reacción en cadena.

réactionnaire [reaksjɔnɛr] *adj & nmf péj* reaccionario(ria).

réactiver [reaktive] *vt* reactivar.

réactualisation [reaktɥalizasjɔ̃] *nf* actualización *f*.

réactualiser [reaktɥalize] *vt* actualizar.

réadaptation [readaptasjɔ̃] *nf* readaptación *f*.

réadapter [readapte] *vt* **-1.** [adapter de nouveau] readaptar. **-2.** [rééduquer] reeducar. ◆ **se réadapter** *vp* : **se** ~ **à qqch** readaptarse de nuevo a algo.

réaffirmer [reafirme] *vt* ratificar, reafirmar.

réagir [reaʒir] *vi* reaccionar; ~ **à qqch** [médicament] reaccionar a algo; *fig* [à la critique] reaccionar en contra de algo; ~ **contre qqch** reaccionar contra algo; ~ **sur qqch** repercutir en algo.

réajustement [reaʒystəmã] *nm* reajuste *m*.

réajuster = **rajuster**.

réalisable [realizabl] *adj* realizable.

réalisateur, trice [realizatœr, tris] *nm, f* realizador *m*, -ra *f*.

réalisation [realizasjɔ̃] *nf* realización *f*.

réaliser [realize] *vt* **–1.** [effectuer, TÉLÉ & CIN] realizar. **–2.** [rêve] cumplir. **–3.** [se rendre compte de] darse cuenta de. ◆ **se réaliser** *vp* realizarse.

réaliste [realist] *adj & nmf* realista.

réalité [realite] *nf* realidad *f*; **en ~** en realidad.

réaménagement [reamenaʒmã] *nm* **–1.** [projet] reordenación *f* territorial. **–2.** [de taux d'intérêt] reajuste *m*.

réamorcer [reamɔrse] *vt* reactivar.

réanimation [reanimasjɔ̃] *nf* reanimación *f*; **en ~** en reanimación.

réanimer [reanime] *vt* reanimar.

réapparaître [reaparɛtr] *vi* reaparecer.

réassort [reasɔr] *nm* **–1.** [action] renovación *f* de existencias. **–2.** [resultat] mercancía *f* repuesta.

réassortiment [reasɔrtimã] *nm* COMM renovación *f* de existencias.

rébarbatif, ive [rebarbatif, iv] *adj* **–1.** [aspect, personne] poco atractivo, poco atractiva. **–2.** [travail] ingrato(ta).

rebâtir [rəbatir] *vt* reedificar.

rebattu, e [rəbaty] *adj* trillado(da).

rebelle [rəbɛl] *adj* rebelde.

rebeller [rəbɛle] ◆ **se rebeller** *vp* rebelarse; **se ~ contre qqn** rebelarse contra alguien.

rébellion [rebeljɔ̃] *nf* rebelión *f*.

rebiffer [rəbife] ◆ **se rebiffer** *vp* resistirse.

reboiser [rəbwaze] *vt* repoblar *(con árboles)*.

rebond [rəbɔ̃] *nm* rebote *m*.

rebondir [rəbɔ̃dir] *vi* **–1.** [objet] rebotar. **–2.** *fig* [affaire] volver a cobrar actualidad.

rebondissement [rəbɔ̃dismã] *nm* [de crise, d'affaire] resurgimiento *m*.

rebord [rəbɔr] *nm* reborde *m*.

reboucher [rəbuʃe] *vt* volver a tapar.

rebours [rəbur] ◆ **à rebours** ⬦ *loc adj* [brossage, caresse] a contrapelo; [compte] atrás. ⬦ *loc adv* a contracorriente.

reboutonner [rəbutɔne] *vt* volver a abrochar.

rebrousse-poil [rəbruspwal] ◆ **à rebrousse-poil** *loc adv* a contrapelo.

rebrousser [rəbruse] *vt* cepillar a contrapelo.

rébus [rebys] *nm* jeroglífico *m (juego)*.

rebut [rəby] *nm* desecho *m*; **mettre qqch au ~** deshacerse de algo.

rebuter [rəbyte] *vt* repeler.

récalcitrant, e [rekalsitrã, ãt] *adj & nm, f* recalcitrante.

recaler [rəkale] *vt fam* catear.

récapituler [rekapityle] *vt* recapitular.

recel [rəsɛl] *nm* [d'objet volé] receptación *f*; [de personne] encubrimiento *m*.

receleur, euse [rəsəlœr, øz] *nm, f* [d'objet volé] receptador *m*, -ra *f*; [de personne] encubridor *m*, -ra *f*.

récemment [resamã] *adv* recientemente.

recensement [rəsãsmã] *nm* **–1.** [de population] censo *m*. **–2.** [de biens] inventario *m*.

recenser [rəsãse] *vt* **–1.** [population] censar. **–2.** [biens] inventariar.

récent, e [resã, ãt] *adj* reciente.

recentrer [rəsãtre] *vt* recentrar.

récépissé [resepise] *nm* resguardo *m*, recibo *m*.

récepteur, trice [resɛptœr, tris] *adj* receptor(ra). ◆ **récepteur** *nm* receptor *m*.

réception [resɛpsjɔ̃] *nf* **–1.** [gén] recepción *f*; **donner une ~** dar una recepción. **–2.** [dans un cercle, une société] ingreso *m*.

réceptionner [resɛpsjɔne] *vt* **–1.** [marchandises] verificar. **–2.** SPORT recibir.

réceptionniste [resɛpsjɔnist] *nmf* recepcionista *mf*.

récession [resesjɔ̃] *nf* ECON recesión *f*.

recette [rəsɛt] *nf* **–1.** ECON ingresos *mpl*. **–2.** CIN & THÉÂTRE taquilla *f Esp*, boletería *f Amér*. **–3.** [méthode & CULIN] receta *f*.

recevable [rəsəvabl] *adj* **–1.** [offre, excuse] admisible. **–2.** JUR [plainte] admisible, válido(da).

receveur, euse [rəsəvœr, øz] *nm, f* **–1.** ADMIN inspector *m*, -ra *f*; **~ des impôts** ≃ inspector de Hacienda; **~ des postes** administrador *m* de correos, jefe *m* de correos. **–2.** [des transports] cobrador *m*, -ra *f*. **–3.** MÉD [de greffe, de sang] receptor *m*, -ra *f*; **~ universel** receptor universal.

recevoir [rəsəvwar] *vt* **–1.** [gén] recibir. **–2.** [à un examen] **être reçu à qqch** aprobar algo. ◆ **se recevoir** *vp* caer.

rechange [rəʃãʒ] ◆ **de rechange** *loc adj* de recambio, de repuesto.

réchapper [reʃape] *vi* : ~ **de qqch** escapar de algo.

recharge [rəʃarʒ] *nf* recarga *f*.

rechargeable [rəʃarʒabl] *adj* recargable.

réchaud [reʃo] *nm* hornillo *m*, infiernillo *m*.

réchauffé, e [reʃofe] *adj* recalentado(da). ◆ **réchauffé** *nm* refrito *m*.

réchauffement [reʃofmã] *nm* recalentamiento *m*.

réchauffer [reʃofe] *vt* **-1.** [nourriture] recalentar. **-2.** [personne] hacer entrar en calor. ◆ **se réchauffer** *vp* **-1.** [personne] entrar en calor. **-2.** [climat, terre] recalentarse.

rêche [rɛʃ] *adj* áspero(ra).

recherche [rəʃɛrʃ] *nf* **-1.** [quête] búsqueda *f*; **être à la ~ de qqch/de qqn** estar buscando algo/a alguien; **partir à la ~ de qqch/de qqn** ir en busca de algo/de alguien; **se mettre à la ~ de qqch/de qqn** ponerse a buscar algo/a alguien. **-2.** [de police & SCIENCES] investigación *f*; **faire** OU **effectuer des ~s** hacer OU efectuar investigaciones; **~ fondamentale** investigación básica; **faire de la ~** dedicarse a la investigación. **-3.** [raffinement] refinamiento *m*.

recherché, e [rəʃɛrʃe] *adj* [ouvrage] muy buscado, muy buscada.

rechercher [rəʃɛrʃe] *vt* buscar.

rechigner [rəʃiɲe] *vi* : ~ **à faire qqch** hacer algo a regañadientes.

rechute [rəʃyt] *nf* recaída *f*.

récidive [residiv] *nf* **-1.** JUR reincidencia *f*. **-2.** MÉD recaída *f*.

récidiver [residive] *vi* **-1.** JUR reincidir. **-2.** MÉD reaparecer.

récif [resif] *nm* arrecife *m*.

récipient [resipjã] *nm* recipiente *m*.

réciproque [resiprɔk] ◇ *adj* recíproco(ca). ◇ *nf* : **la ~** lo contrario; **rendre la ~** *fig* pagar con la misma moneda.

réciproquement [resiprɔkmã] *adv* [mutuellement] recíprocamente; **et ~** [et inversement] y viceversa.

récit [resi] *nm* relato *m*.

récital, als [resital] *nm* recital *m*.

récitation [resitasjõ] *nf* poesía *f*.

réciter [resite] *vt* recitar.

réclamation [reklamasjõ] *nf* reclamación *f*; **faire une ~** hacer una reclamación.

réclame [reklam] *nf* propaganda *f*; **faire de la ~ pour qqch** hacer propaganda de algo; **être en ~** estar de oferta.

réclamer [reklame] *vt* **-1.** [gén] reclamar; ~ **qqch à qqn** reclamar algo a alguien. **-2.** [nécessiter] exigir, requerir.

reclasser [rəklase] *vt* **-1.** [dossiers, fiches] volver a clasificar. **-2.** [chômeur] reciclar. **-3.** [fonctionnaire] recalificar.

réclusion [reklyzjõ] *nf* reclusión *f*; ~ **à perpétuité** JUR reclusión *f* a perpetuidad.

recoiffer [rəkwafe] *vt* repeinar. ◆ **se recoiffer** *vp* repeinarse.

recoin [rəkwɛ̃] *nm* rincón *m*.

recoller [rəkɔle] *vt* volver a pegar.

récolte [rekɔlt] *nf* cosecha *f*.

récolter [rekɔlte] *vt* **-1.** AGRIC cosechar. **-2.** *fam fig* [recueillir – renseignement, gain, ennui] cosechar; [– punition, gifle] ganarse.

recommandable [rəkɔmãdabl] *adj* recomendable; **peu ~** poco recomendable.

recommandation [rəkɔmãdasjõ] *nf* recomendación *f*.

recommandé, e [rəkɔmãde] *adj* **-1.** [envoi] certificado(da); **envoyer qqch en ~** enviar algo certificado. **-2.** [conseillé] aconsejado(da).

recommander [rəkɔmãde] *vt* recomendar; ~ **à qqn de faire qqch** recomendar a alguien que haga algo; ~ **qqn à qqn** recomendar alguien a alguien.

recommencer [rəkɔmãse] ◇ *vt* **-1.** [refaire] volver a empezar. **-2.** [reprendre] retomar, remprender; ~ **à faire qqch** volver a hacer algo. **-3.** [répéter] repetir. ◇ *vi* **-1.** [récidiver] volver a hacerlo. **-2.** [se produire de nouveau] empezar de nuevo.

récompense [rekõpãs] *nf* recompensa *f*.

récompenser [rekõpãse] *vt* recompensar.

recompter [rəkõte] *vt* volver a contar.

réconciliation [rekõsiljasjõ] *nf* reconciliación *f*.

réconcilier [rekõsilje] *vt* reconciliar.

reconduire [rəkõdɥir] *vt* **-1.** [personne] acompañar. **-2.** [budget, politique] seguir con. **-3.** JUR reconducir.

reconduit, e [rəkõdɥi, it] *pp* → **reconduire**.

réconfort [rekõfɔr] *nm* consuelo *m*.

réconfortant, e [rekõfɔrtã, ãt] *adj* reconfortante *Esp*, papachador(ra) *Amér*.

réconforter [rekõfɔrte] *vt* reconfortar.

reconnaissable [rəkɔnɛsabl] *adj* reconocible.

reconnaissance [rəkɔnɛsãs] *nf* **-1.** [gén] reconocimiento *m*; **aller** OU **partir en ~** ir a reconocer el terreno. **-2.** [gratitude] agradecimiento *m*; **exprimer sa ~ à qqn** expresar su agradecimiento a alguien.

reconnaissant, e [rəkɔnɛsɑ̃, ɑ̃t] *adj* agradecido(da); **je vous serais ~ de faire qqch** le agradecería que hiciese algo.

reconnaître [rəkɔnɛtr] *vt* reconocer; **~ qqn/qqch à** reconocer a alguien/algo por.

reconnecter [rəkɔnɛkte] ◆ **se reconnecter** *vp* volver a conectar.

reconnu, e [rəkɔny] ◇ *pp* → **reconnaître**. ◇ *adj* reconocido(da).

reconquête [rəkɔ̃kɛt] *nf* reconquista *f*.

reconsidérer [rəkɔ̃sidere] *vt* reconsiderar.

reconstituer [rəkɔ̃stitɥe] *vt* reconstruir.

reconstitution [rəkɔ̃stitysjɔ̃] *nf* reconstrucción *f*.

reconstruction [rəkɔ̃stryksjɔ̃] *nf* reconstrucción *f*.

reconstruire [rəkɔ̃strɥir] *vt* [gén] reconstruir; [fortune] rehacer.

reconstruit, e [rəkɔ̃strɥi, it] *pp* → **reconstruire**.

reconversion [rəkɔ̃vɛrsjɔ̃] *nf* reconversión *f*; **~ économique/technique** reconversión económica/técnica.

reconvertir [rəkɔ̃vɛrtir] *vt* [économie] reconvertir; [employé] reciclar. ◆ **se reconvertir** *vp* reciclarse.

recopier [rəkɔpje] *vt* [texte] copiar; [brouillon] pasar a limpio.

record [rəkɔr] ◇ *adj inv* récord *(en aposición)*. ◇ *nm* récord *m*; **battre/détenir un ~** batir/detentar un récord.

recoudre [rəkudr] *vt* recoser.

recoupement [rəkupmɑ̃] *nm* cotejo *m*; **par ~** atando cabos.

recouper [rəkupe] ◇ *vt* [couper de nouveau] volver a cortar; [coïncider avec] coincidir con. ◇ *vi* [aux cartes] cortar. ◆ **se recouper** *vp* **-1.** [ligne, cercle] recortarse. **-2.** [coïncider] coincidir.

recourir [rəkurir] *vi* : **~ à qqch/à qqn** recurrir a algo/a alguien.

recours [rəkur] *nm* recurso *m*; **avoir ~ à qqch/à qqn** recurrir a algo/a alguien; **en dernier ~** como último recurso.

recouru [rəkury] *pp inv* → **recourir**.

recouvert, e [rekuvɛr, ɛrt] *pp* → **recouvrir**.

recouvrir [rəkuvrir] *vt* **-1.** [couvrir à nouveau] volver a tapar. **-2.** [s'appliquer à] abarcar. **-3.** [surface] recubrir, cubrir; **~ de qqch** recubrir de algo. **-4.** [siège] tapizar; [livre] forrar. **-5.** *fig* [masquer] es-

conder. ◆ **se recouvrir** *vp* **-1.** [tuiles] superponerse. **-2.** [surface] recubrirse, cubrirse.

recracher [rəkraʃe] *vt* escupir.

récréatif, ive [rekreatif, iv] *adj* recreativo(va).

récréation [rekreasjɔ̃] *nf* **-1.** [à l'école] recreo *m*. **-2.** [détente] recreación *f*.

recréer [rəkree] *vt* recrear.

récrimination [rekriminasjɔ̃] *nf* recriminación *f*.

récrire [rekrir], **réécrire** [reekrir] *vt* reescribir.

recroqueviller [rəkrɔkvije] ◆ **se recroqueviller** *vp* **-1.** [se replier] : **se ~ sur soi-même** acurrucarse; [s'enfermer] encerrarse en sí mismo. **-2.** [chose] retorcerse.

recrudescence [rəkrydesɑ̃s] *nf* recrudecimiento *m*.

recrutement [rəkrytmɑ̃] *nm* **-1.** MIL reclutamiento *m*. **-2.** [de personnel] contratación *f*.

recruter [rəkryte] *vt* **-1.** MIL reclutar. **-2.** [personnel] contratar.

rectal, e, aux [rɛktal, o] *adj* rectal.

rectangle [rɛktɑ̃gl] *nm* rectángulo *m*.

rectangulaire [rɛktɑ̃gylɛr] *adj* rectangular.

recteur [rɛktœr] *nm* rector *m (de un distrito universitario)*.

rectificatif, ive [rɛktifikatif, iv] *adj* rectificativo(va). ◆ **rectificatif** *nm* rectificativo *m*.

rectification [rɛktifikasjɔ̃] *nf* rectificación *f*.

rectifier [rɛktifje] *vt* rectificar.

rectiligne [rɛktiliɲ] *adj* rectilíneo(a).

recto [rɛkto] *nm* cara *f (de un folio)*, anverso *m*; **~ verso** por las dos caras.

rectorat [rɛktɔra] *nm* rectorado *m*.

rectum [rɛktɔm] *nm* recto *m*.

reçu, e [rəsy] *pp* → **recevoir**. ◆ **reçu** *nm* COMM recibo *m*.

recueil [rəkœj] *nm* selección *f*.

recueillement [rəkœjmɑ̃] *nm* recogimiento *m*.

recueilli, e [rəkœji] ◇ *pp* → **recueillir**. ◇ *adj* recogido(da).

recueillir [rəkœjir] *vt* **-1.** [dons, fonds, enfant] recoger. **-2.** [suffrages] obtener. ◆ **se recueillir** *vp* recogerse.

recul [rəkyl] *nm* **-1.** [gén] retroceso *m*. **-2.** *fig* [distance] distancia *f*.

reculé, e [rəkyle] *adj* **-1.** [endroit] recóndito(ta). **-2.** [époque, temps] remoto(ta).

reculer [rəkyle] ◇ vt **-1.** [véhicule] mover hacia atrás. **-2.** [date] retrasar. ◇ vi retroceder.

reculons [rəkylɔ̃] ◆ **à reculons** loc adv andando hacia atrás.

récupération [rekyperasjɔ̃] nf recuperación f.

récupérer [rekypere] ◇ vt recuperar. ◇ vi recuperarse.

récurer [rekyre] vt restregar.

récuser [rekyze] vt recusar.

recyclage [rəsiklaʒ] nm reciclaje m.

recycler [rəsikle] vt reciclar. ◆ **se recycler** vp reciclarse.

rédacteur, trice [redaktœr, tris] nm, f redactor m, -ra f; ~ **en chef** redactor jefe.

rédaction [redaksjɔ̃] nf redacción f.

redécouvrir [rədekuvrir] vt redescubrir.

redéfinir [rədefinir] vt redefinir.

redéfinition [rədefinisjɔ̃] nf redefinición f.

redemander [rədəmɑ̃de] vt volver a pedir.

rédemption [redɑ̃psjɔ̃] nf redención f.

redescendre [rədesɑ̃dr] vt & vi volver a bajar.

redevable [rədəvabl] adj : être ~ de qqch à qqn deber algo a alguien.

redevance [rədəvɑ̃s] nf **-1.** [taxe] impuesto m. **-2.** [rente] renta f.

rédhibitoire [redibitwar] adj [prix] prohibitivo(va).

rediffusion [rədifyzjɔ̃] nf TÉLÉ repetición f.

rédiger [rediʒe] vt redactar.

redire [rədir] vt repetir; **avoir** OU **trouver à redire à qqch** tener algo que decir sobre algo.

redistribuer [rədistribɥe] vt redistribuir.

redit, e [rədi, it] pp → redire.

redite [rədit] nf repetición f.

redondance [rədɔ̃dɑ̃s] nf redundancia f.

redoublant, e [rədublɑ̃, ɑ̃t] nm, f repetidor m, -ra f (alumno).

redoubler [rəduble] ◇ vt **-1.** [répéter & SCOL] repetir. **-2.** [efforts] redoblar. ◇ vi [augmenter] aumentar; [tempête] arreciar.

redoutable [rədutabl] adj temible.

redouter [rədute] vt temer.

redoux [rədu] nm templanza f.

redressement [rədrɛsmɑ̃] nm recuperación f. ◆ **redressement fiscal** nm rectificación f fiscal.

redresser [rədrɛse] vt **-1.** [gén] enderezar. **-2.** [pays, économie] recuperar, enderezar. ◆ **se redresser** vp **-1.** [personne] en-

derezarse; [dans son lit] incorporarse. **-2.** [pays, économie] recuperarse.

réducteur, trice [redyktœr, tris] adj **-1.** CHIM reductor(ra). **-2.** [limitatif] simplista.

réduction [redyksjɔ̃] nf **-1.** [gén & MÉD] reducción f. **-2.** [rabais] reducción f, rebaja f.

réduire [redɥir] ◇ vt **-1.** [gén & CULIN] reducir. **-2.** Helv [ranger] colocar. ◇ vi CULIN reducirse.

réduit, e [redɥi, ɥit] ◇ pp → réduire. ◇ adj reducido(da). ◆ **réduit** nm **-1.** [local exigu] cuchitril m. **-2.** [renfoncement] rincón m.

rééchelonner [reeʃlone] vt [dette] volver a espaciar el tiempo de pago de.

réécrire = récrire.

réédition [reedisjɔ̃] nf reedición f.

rééducation [reedykasjɔ̃] nf rehabilitación f.

réel, elle [reɛl] adj real.

réélection [reelɛksjɔ̃] nf reelección f.

réellement [reɛlmɑ̃] adv realmente.

rééquilibrer [reekilibre] vt reequilibrar.

réévaluer [reevalɥe] vt revaluar.

réexaminer [reegzamine] vt reexaminar.

réf. (abr de référence) ref.

refaire [rəfɛr] vt rehacer.

refait, e [rəfɛ, ɛt] pp → refaire.

réfection [refɛksjɔ̃] nf reparación f Esp, refacción f Amér.

réfectoire [refɛktwar] nm refectorio m.

référence [referɑ̃s] nf referencia f; **faire ~ à qqch/à qqn** hacer referencia a algo/a alguien.

référendum [referɛ̃dɔm] nm referéndum m.

référer [refere] vi : **en ~ à qqn** consultarlo con alguien.

refermer [rəfɛrme] vt volver a cerrar.

réfléchi, e [refleʃi] adj [gén] reflexivo(va); [action] pensado(da); **c'est tout ~** [c'est décidé] está decidido.

réfléchir [refleʃir] ◇ vt reflejar. ◇ vi **-1.** [méditer] reflexionar. **-2.** [examiner] : ~ **à qqch** pensar en algo; ~ **sur qqch** reflexionar sobre algo. ◆ **se réfléchir** vp reflejarse.

reflet [rəflɛ] nm reflejo m.

refléter [rəflete] vt reflejar. ◆ **se refléter** vp reflejarse.

refleurir [rəflœrir] vi volver a florecer.

réflexe [reflɛks] ◇ adj reflejo(ja). ◇ nm reflejo m.

réflexion [refleksjɔ̃] *nf* **-1.** [gén] reflexión *f.* **-2.** [remarque] observación *f Esp*, atingencia *f Amér.*

refluer [rəflye] *vi* **-1.** [liquide] refluir. **-2.** [foule] retroceder.

reflux [rəfly] *nm* reflujo *m.*

refonte [rəfɔ̃t] *nf* refundición *f.*

reforestation [rəfɔrɛstasjɔ̃] *nf* repoblación *f* forestal.

réformateur, trice [refɔrmatœr, tris] *adj & nm, f* reformador(ra).

réforme [refɔrm] *nf* reforma *f.*

réformé, e [refɔrme] ◇ *adj* **-1.** RELIG reformado(da). **-2.** MIL no apto *(para el servicio militar).* ◇ *nm, f* RELIG reformado *m*, -da *f.* ◆ **réformé** *nm* MIL inútil *m.*

réformer [refɔrme] *vt* **-1.** [améliorer, corriger] reformar. **-2.** MIL declarar inútil.

refoulé, e [rəfule] *adj & nm, f* reprimido(da).

refouler [rəfule] *vt* **-1.** [envahisseur] rechazar. **-2.** [sentiment] reprimir.

réfractaire [refraktɛr] *adj* [gén] refractario(ria).

réfraction [refraksjɔ̃] *nf* PHYS refracción *f.*

refrain [rəfrɛ̃] *nm* **-1.** MUS estribillo *m.* **-2.** *fig* [rengaine] canción *f.*

refréner [rəfrene] *vt* refrenar. ◆ **se refréner** *vp* refrenarse.

réfrigérant, e [refriʒerɑ̃, ɑ̃t] *adj* **-1.** [liquide, fluide] refrigerante. **-2.** *fig* [accueil] glacial.

réfrigérateur [refriʒeratœr] *nm* frigorífico *m.*

refroidir [rəfrwadir] ◇ *vt* **-1.** [rendre froid, décourager] enfriar. **-2.** *arg* [tuer] cargarse. ◇ *vi* enfriar.

refroidissement [rəfrwadismɑ̃] *nm* enfriamiento *m.*

refuge [rəfyʒ] *nm* refugio *m.*

réfugié, e [refyʒje] *adj & nm, f* refugiado(da).

réfugier [refyʒje] ◆ **se réfugier** *vp* [gén] refugiarse; **se ~ dans qqch** *fig* [s'enfermer] refugiarse en algo.

refus [rəfy] *nm inv* rechazo *m.*

refuser [rəfyze] *vt* **-1.** [repousser] rechazar. **-2.** [contester] : **~ qqch à qqn** negar algo a alguien. **-3.** [client, spectateur] dejar fuera. **-4.** [dire non] decir que no; **~ de faire qqch** negarse a hacer algo. **-5.** [candidat] : **être refusé** suspender.

réfuter [refyte] *vt* refutar.

regagner [rəgaɲe] *vt* **-1.** [reprendre] recuperar, recobrar. **-2.** [revenir à un endroit] volver a *Esp*, regresarse a *Amér.*

regain [rəgɛ̃] *nm* **-1.** [retour] : **~ d'énergie** recuperación de energía. **-2.** [herbe] hierba *f* de segunda siega.

régal [regal] *nm* **-1.** [mets] delicia *f.* **-2.** [plaisir] regalo *m.*

régalade [regalad] ◆ **à la régalade** *adv* : **boire à la ~** beber a chorro.

régaler [regale] *vt* obsequiar con *(una comida)*; **c'est moi qui régale!** ¡invito yo! ◆ **se régaler** *vp* **-1.** [manger] relamerse. **-2.** [s'amuser] disfrutar mucho.

regard [rəgar] *nm* mirada *f.*

regardant, e [rəgardɑ̃, ɑ̃t] *adj* mirado(da) con el dinero; **être très/peu ~ sur qqch** ser muy/poco mirado con algo.

regarder [rəgarde] *vt* **-1.** [gén] mirar; **~ qqch/qqn faire qqch** mirar algo/a alguien hacer algo. **-2.** [concerner] concernir, importar.

régate [regat] *nf (gén pl)* regata *f.*

régénérer [reʒenere] *vt* regenerar. ◆ **se régénérer** *vp* regenerarse.

régent, e [reʒɑ̃, ɑ̃t] *nm, f* regente *mf.*

régenter [reʒɑ̃te] *vt péj* dirigir.

reggae [rege] *adj & nm* reggae.

régie [reʒi] *nf* **-1.** [entreprise nationalisée] concesión *f* administrativa; **~ des tabacs** compañía *f* arrendataria de tabacos. **-2.** [de spectacle, de radio, de télévision] servicio *m* de producción.

regimber [rəʒɛ̃be] *vi* **-1.** [cheval, âne] respingar. **-2.** *fig* [personne] : **~ contre** rezongar contra.

régime [reʒim] *nm* **-1.** [gén] régimen *m*; **carcéral** régimen carcelario; **~ de Sécurité sociale** régimen de la Seguridad Social. **-2.** [alimentaire] régimen *m*, dieta *f*; **se mettre au/suivre un ~** ponerse a/seguir un régimen OU una dieta. **-3.** [de bananes, de dattes] racimo *m.*

régiment [reʒimɑ̃] *nm* MIL regimiento *m*; **un ~ de qqch** *fam* un regimiento de algo.

région [reʒjɔ̃] *nf* **-1.** [gén] región *f.* **-2.** [division administrative] ≈ provincia *f.*

régional, e, aux [reʒjɔnal, o] *adj* regional.

régir [reʒir] *vt* regir.

régisseur [reʒisœr] *nm* regidor *m*, -ra *f.*

registre [rəʒistr] *nm* registro *m.*

réglable [reglabl] *adj* **-1.** [siège] regulable. **-2.** [payable] abonable.

réglage [reglaʒ] *nm* regulación *f.*

règle [rɛgl] *nf* regla *f*; **être/se mettre en ~ estar/ponerse en regla; dans les ~s de l'art** con todas las de la ley. ◆ **en règle générale** *loc adv* por regla general. ◆ **règles** *nfpl* [menstruations] regla *f*.

réglé, e [regle] *adj* **-1.** [vie] ordenado(da). **-2.** [papier] pautado(da).

règlement [rɛgləmɑ̃] *nm* **-1.** [d'affaire, de conflit] arreglo *m*; **~ de comptes** ajuste *m* de cuentas. **-2.** [règle] reglamento *m*. **-3.** [paiement] pago *m*.

réglementaire [rɛgləmɑ̃tɛr] *adj* reglamentario(ria).

réglementation [rɛgləmɑ̃tasjɔ̃] *nf* reglamentación *f*.

régler [regle] *vt* **-1.** [détails, question, problème] arreglar. **-2.** [mécanisme, machine] regular. **-3.** [note, commerçant] pagar.

réglisse [reglis] *nf* regaliz *m*.

règne [rɛɲ] *nm* reinado *m*; **sous le ~ de** bajo el reinado de.

régner [reɲe] *vi* reinar.

regonfler [rəgɔ̃fle] *vt* **-1.** [ballon, pneu] volver a hinchar. **-2.** *fam* [personne] levantar el ánimo a.

regorger [rəgɔrʒe] *vi* : **~ de qqch** rebosar (de) algo.

régresser [regrese] *vi* experimentar una regresión.

régression [regresjɔ̃] *nf* regresión *f*.

regret [rəgrɛ] *nm* **-1.** [nostalgie] añoranza *f*; **à ~** a disgusto; **sans ~s** sin (ningún) pesar. **-2.** [remords] arrepentimiento *m*. **-3.** [chagrin] pena *f*, tristeza *f*. **-4.** [excuse] : **tous mes ~s** sintiéndolo mucho.

regrettable [rəgrɛtabl] *adj* **-1.** [incident] lamentable. **-2.** [dommage] : **c'est ~ que...** es una pena que...

regretter [rəgrɛte] *vt* **-1.** [passé] añorar. **-2.** [se repentir de] arrepentirse de. **-3.** [déplorer] sentir, lamentar; **~ que** (+ *subjonctif*) sentir OU lamentar que (+ *subjuntivo*); **il regrette que vous n'ayez pas pu vous rencontrer** siente mucho que no os hayáis podido conocer; **~ de faire qqch** sentir OU lamentar hacer algo.

regrouper [rəgrupe] *vt* **-1.** [grouper à nouveau] reagrupar. **-2.** [réunir] agrupar. ◆ **se regrouper** *vp* agruparse.

régulariser [regylarize] *vt* **-1.** [situation, documents] regularizar. **-2.** [circulation, fonctionnement] regular.

régularité [regylarite] *nf* **-1.** [gén] regularidad *f*. **-2.** [harmonie] proporción *f*.

réguler [regyle] *vt* regular.

régulier, ère [regylje, ɛr] *adj* **-1.** [gén] regular. **-2.** [visage, traits] bien proporcionado, bien proporcionada. **-3.** *fam* [personne] decente.

régulièrement [regyljɛrmɑ̃] *adv* **-1.** [légalement] de forma regular. **-2.** [uniformément, souvent] con regularidad.

réhabilitation [reabilitasjɔ̃] *nf* rehabilitación *f (de una acusación)*.

réhabiliter [reabilite] *vt* rehabilitar.

rehausser [rəose] *vt* **-1.** [gén] levantar. **-2.** [mettre en valeur] realzar.

rein [rɛ̃] *nm* ANAT riñón *m*; **~ artificiel** riñón artificial. ◆ **reins** *nmpl* riñones *mpl*.

réincarnation [reɛ̃karnasjɔ̃] *nf* reencarnación *f*.

reine [rɛn] *nf* reina *f*.

réinsertion [reɛ̃sɛrsjɔ̃] *nf* reinserción *f*.

réintégrer [reɛ̃tegre] *vt* **-1.** [rejoindre] volver a *Esp*, regresarse a *Amér*. **-2.** JUR reintegrar.

rejaillir [rəʒajir] *vi* salpicar.

rejet [rəʒɛ] *nm* **-1.** [refus & MÉD] rechazo *m*. **-2.** BOT [jeune pousse] retoño *m*.

rejeter [rəʒte] *vt* **-1.** [balle] volver a lanzar. **-2.** MÉD [expulser] volver a echar. **-3.** *fig* [faire retomber] : **~ qqch sur qqn** hacer recaer algo sobre alguien. **-4.** [offre, personne, organe] rechazar.

rejeton [rəʒtɔ̃] *nm* retoño *m*.

rejoindre [rəʒwɛ̃dr] *vt* **-1.** [retrouver] reunirse con. **-2.** [regagner] volver a *Esp*, regresarse a *Amér*. **-3.** [s'ajouter à] unirse a. **-4.** [concorder avec] confirmar. **-5.** [rattraper – personne] alcanzar; [– route, sentier] llegar a. ◆ **se rejoindre** *vp* **-1.** [personnes] reunirse, encontrarse. **-2.** [routes, chemins] encontrarse. **-3.** [opinions] coincidir.

rejoint, e [rəʒwɛ̃, ɛt] *pp* → **rejoindre**.

réjoui, e [reʒwi] *adj* alegre.

réjouir [reʒwir] *vt sout* alegrar. ◆ **se réjouir** *vp* alegrarse; **se ~ de qqch** alegrarse de algo.

relâche [rəlaʃ] *nf* descanso *m*; **faire ~** descansar; **sans ~** sin descanso.

relâchement [rəlaʃmɑ̃] *nm* relajación *f*, relajamiento *m*.

relâcher [rəlaʃe] *vt* **-1.** [étreinte, attention, efforts] relajar; [muscle] aflojar. **-2.** [prisonnier, animal] soltar. ◆ **se relâcher** *vp* **-1.** [corde, muscle] aflojarse. **-2.** [discipline, personne] relajarse.

relais [rǝlɛ] *nm* **-1.** [auberge] albergue *m*. **-2.** SPORT relevo *m*. **-3.** TÉLÉ repetidor *m*; **par ~ satellite** vía satélite.

relance [rǝlɑ̃s] *nf* **-1.** [reprise] recuperación *f*. **-2.** [au jeu] envite *m*.

relancer [rǝlɑ̃se] *vt* **-1.** [balle] volver a lanzar. **-2.** [économie, projet] reactivar. **-3.** [personne] acosar. **-4.** [au jeu] hacer un envite a.

relater [rǝlate] *vt sout* relatar.

relatif, ive [rǝlatif, iv] *adj* relativo(va); **~ à qqch** relativo a algo; **tout est ~** todo es relativo. ◆ **relative** *nf* GRAM relativa *f*.

relation [rǝlasjɔ̃] *nf* relación *f*; **mettre qqn en ~ avec qqn** poner en contacto a alguien con alguien. ◆ **relations** *nfpl* relaciones *fpl*; **avoir des ~s** tener relaciones.

relationnel [rǝlasjɔnɛl] *adj* relacional.

relativement [rǝlativmɑ̃] *adv* **-1.** [par comparaison] : **~ à** en relación con. **-2.** [de façon relative] relativamente.

relativiser [rǝlativize] *vt* relativizar.

relativité [rǝlativite] *nf* relatividad *f*.

relax, relaxe [rǝlaks] *adj fam* tranqui.

relaxant, e [rǝlaksɑ̃, ɑ̃t] *adj* relajante.

relaxation [rǝlaksasjɔ̃] *nf* relajación *f*.

relaxe = relax.

relaxer [rǝlakse] *vt* **-1.** [gén] relajar. **-2.** [prévenu] poner en libertad. ◆ **se relaxer** *vp* relajarse.

relayer [rǝlɛje] *vt* relevar. ◆ **se relayer** *vp* turnarse.

relecture [rǝlɛktyr] *nf* relectura *f*.

reléguer [rǝlege] *vt* relegar.

relent [rǝlɑ̃] *nm* tufo *m*.

relevé, e [rǝlve] *adj* [sauce] picante *Esp*, picoso(sa) *Amér*. ◆ **relevé** *nm* [de compteur] lectura *f*; **~ de compte** FIN extracto *m* de cuenta; **~ d'identité bancaire** *certificado del banco donde se especifica el número de cuenta, código de sucursal, etc, del cliente*.

relève [rǝlɛv] *nf* relevo *m*; **prendre la ~** coger OU tomar el relevo.

relever [rǝlve] ◇ *vt* **-1.** [gén] levantar. **-2.** [remettre debout] poner de pie. **-3.** [store, prix, salaire] subir. **-4.** [cahiers, copies] recoger. **-5.** CULIN [mettre en valeur] realzar; [pimenter] sazonar. **-6.** [adresse, recette] anotar, apuntar; [erreur] señalar. **-7.** [compteur] leer. **-8.** [sentinelle, vigile] relevar; **~ qqn de** [fonctions] relevar a alguien de. ◇ *vi* **-1.** [se rétablir] : **~ de qqch** restablecerse OU recuperarse de algo. **-2.** [être du domaine] : **~ de qqch** atañer OU concernir a algo. ◆ **se relever** *vp* [gén] le-

vantarse; [enfant] ponerse de pie *Esp*, pararse *Amér*.

relief [rǝljɛf] *nm* relieve *m*; **mettre qqch en ~** hacer resaltar algo.

relier [rǝlje] *vt* **-1.** [livre] encuadernar. **-2.** [attacher, joindre] unir; **~ qqch à qqch** unir algo a algo. **-3.** *fig* [associer] relacionar.

religieux, euse [rǝliʒjø, øz] *adj & nm, f* religioso(sa). ◆ **religieuse** *nf* RELIG religiosa *f*.

religion [rǝliʒjɔ̃] *nf* religión *f*.

relique [rǝlik] *nf* (*gén pl*) reliquia *f*.

relire [rǝlir] *vt* releer. ◆ **se relire** *vp* releer (*lo que uno ha escrito*).

reliure [rǝljyr] *nf* encuadernación *f*.

reloger [rǝlɔʒe] *vt* alojar.

relu, e [rǝly] *pp* → relire.

reluire [rǝlɥir] *vi* relucir.

reluisant, e [rǝlɥizɑ̃, ɑ̃t] *adj* [gén] reluciente; **peu** OU **pas très ~** *fig* [avenir, acte] poco OU no muy brillante.

reluquer [r(ǝ)lyke] *vt fam* echar el ojo a.

remake [rimɛk] *nm* CIN remake *m*.

remaniement [rǝmanimɑ̃] *nm* remodelación *f*; **~ ministériel** remodelación ministerial.

remanier [rǝmanje] *vt* remodelar.

remarier [rǝmarje] ◆ **se remarier** *vp* volver a casarse.

remarquable [rǝmarkabl] *adj* notable.

remarque [rǝmark] *nf* observación *f*, comentario *m Esp*, atingencia *f Amér*; **faire une ~ à qqn** hacer una observación a alguien.

remarquer [rǝmarke] *vt* **-1.** [noter] notar; **~ que** notar que. **-2.** [signaler] señalar. **-3.** [sauter aux yeux] notar, fijarse en; **se faire ~** *péj* hacerse notar. ◆ **se remarquer** *vp* notarse.

rembarrer [rɑ̃bare] *vt fam* [personne] cortar.

remblai [rɑ̃blɛ] *nm* **-1.** [action] terraplenado *m*. **-2.** [masse de terre] terraplén *m*.

rembobiner [rɑ̃bɔbine] *vt* rebobinar.

rembourrage [rɑ̃buraʒ] *nm* relleno *m*.

remboursement [rɑ̃bursǝmɑ̃] *nm* reembolso *m*.

rembourser [rɑ̃burse] *vt* **-1.** [dette] pagar; [montant] reembolsar. **-2.** [personne] pagar a, devolver el dinero a; **~ qqn de qqch** reembolsar algo a alguien.

rembrunir [rɑ̃brynir] ◆ **se rembrunir** *vp* ensombrecerse (*entristecerse*).

remède [rəmɛd] *nm* remedio *m*.

remédier [rəmedje] *vi* : ~ à qqch remediar algo.

remembrement [rəmɑ̃brəmɑ̃] *nm* concentración *f* parcelaria.

remerciement [rəmɛrsimɑ̃] *nm* agradecimiento *m*; **avec tous mes ~s** con todo mi agradecimiento.

remercier [rəmɛrsje] *vt* **-1.** [exprimer sa gratitude] dar las gracias a, agradecer; ~ **qqn de** OU **pour qqch** agradecer a alguien algo, dar las gracias a alguien por algo; **non, je vous remercie** no, gracias. **-2.** [employé] despedir *Esp*, cesantear *Amér*.

remettre [rəmɛtr] *vt* **-1.** [replacer] volver a poner; ~ **qqch/qqn** à volver a poner algo/a alguien en. **-2.** [vêtement, accessoire] volver a ponerse. **-3.** [ordre] restablecer; [lumière] volver a encender. **-4.** [donner] : ~ **qqch** à **qqn** entregar algo a alguien. **-5.** [réunion, rendez-vous] : ~ **qqch** à aplazar algo hasta. **-6.** *fam* [connaître] situar. **-7.** [malade] reponer. ◆ **se remettre** *vp* **-1.** [recommencer] : **se** ~ à **qqch/à faire qqch** volver a algo/a hacer algo. **-2.** [se rétablir] : **se** ~ **(de qqch)** reponerse (de algo). **-3.** [se mettre à nouveau] volver a ponerse.

réminiscence [reminisɑ̃s] *nf sout* reminiscencia *f*.

remis, e [rəmi, iz] *pp* → remettre.

remise [rəmiz] *nf* **-1.** [réduction] rebaja *f*; ~ **de peine** remisión *f* de condena. **-2.** [de lettre, de colis] entrega *f*. **-3.** [action de remettre] : ~ **en jeu** saque *m*; ~ **en état** revisión *f*, arreglo *m*; ~ **en question** OU **cause** replanteamiento *m*. **-4.** [hangar] cobertizo *m Esp*, galpón *m Amér*.

rémission [remisjɔ̃] *nf* remisión *f*; **sans** ~ irrevocable.

remodeler [rəmɔdle] *vt* remodelar.

remonte-pente [rəmɔ̃tpɑ̃t] *(pl* **remonte-pentes)** *nm* telearrastre *m*.

remonter [rəmɔ̃te] ◇ *vt* **-1.** [escalier, étage, objet] volver a subir. **-2.** [meuble, machine] volver a montar. **-3.** [relever – vitre, store] subir; [– col, chaussettes] subirse. **-4.** [groupe, équipe] rehacer; [garde-robe, ménage] renovar. **-5.** [horloge, montre] dar cuerda a. **-6.** [malade, déprimé] reanimar. ◇ *vi* **-1.** [gén] subir. **-2.** [dater] remontarse; ~ à remontarse a.

remontoir [rəmɔ̃twar] *nm* [de montre] corona *f*.

remontrer [rəmɔ̃tre] *vt* volver a mostrar, volver a enseñar.

remords [rəmɔr] *nm inv* remordimiento *m*.

remorque [rəmɔrk] *nf* remolque *m*.

remorquer [rəmɔrke] *vt* remolcar.

remorqueur [rəmɔrkœr] *nm* remolcador *m*.

remous [rəmu] *nm* **-1.** [tourbillon] remolino *m*. **-2.** *fig* [bouleversement] agitación *f*.

rempailler [rɑ̃paje] *vt* remozar la paja de.

rempart [rɑ̃par] *nm (gén pl)* muralla *f*.

rempiler [rɑ̃pile] ◇ *vt* volver a apilar. ◇ *vi fam* MIL reengancharse.

remplaçant, e [rɑ̃plasɑ̃, ɑ̃t] *nm, f* sustituto *m*, -ta *f*.

remplacement [rɑ̃plasmɑ̃] *nm* sustitución *f*; **faire un ~/des ~s** hacer una sustitución/sustituciones.

remplacer [rɑ̃plase] *vt* **-1.** [gén] sustituir; ~ **qqch/qqn** sustituir algo/a alguien. **-2.** [renouveler] reemplazar, remplazar.

rempli, e [rɑ̃pli] *adj* ocupado(da).

remplir [rɑ̃plir] *vt* **-1.** [gén] llenar; ~ **qqch de qqch** llenar algo de algo; ~ **qqn de qqch** [de sentiment] llenar a alguien de algo. **-2.** [questionnaire] rellenar, completar. **-3.** [fonction, promesse, condition] cumplir (con).

remplissage [rɑ̃plisaʒ] *nm* **-1.** [de récipient] llenado *m*. **-2.** *fig & péj* [texte] : **faire du ~** meter paja.

rempocher [rɑ̃pɔʃe] *vt* volver a embolsar.

remporter [rɑ̃pɔrte] *vt* [prix, coupe] ganar, llevarse; [succès, victoire] conseguir.

remuant, e [rəmɥɑ̃, ɑ̃t] *adj* inquieto(ta).

remue-ménage [rəmymenaʒ] *nm inv* trajín *m*.

remuer [rəmɥe] ◇ *vt* **-1.** [meuble, bras, jambes] mover. **-2.** [terre, café, salade] remover. **-3.** [personne] afectar. ◇ *vi* **-1.** [gesticuler] moverse. **-2.** [bouger] mover. ◆ **se remuer** *vp* moverse.

rémunérer [remynere] *vt* remunerar.

renâcler [rənakle] *vi* refunfuñar; ~ **devant** OU à **qqch** refunfuñar ante OU por algo.

renaissance [rənɛsɑ̃s] *nf* renacimiento *m*.

renaître [rənɛtr] *vi* [gén] renacer.

rénal, e, aux [renal, o] *adj* renal.

renard, e [rənar, ard] *nm, f* zorro *m*, -rra *f*.

renchérir [rɑ̃ʃerir] *vi* **-1.** [surenchérir] : ~ **sur qqch** encarecer algo. **-2.** *sout* [prix] encarecerse.

rencontre [rãkõtr] *nf* encuentro *m*; **aller/ marcher/venir à la ~ de qqn** ir/andar/ venir al encuentro de alguien.

rencontrer [rãkõtre] *vt* **-1.** [tomber sur] encontrarse con, encontrar. **-2.** [voir] reunirse con. **-3.** [faire la connaissance] conocer. **-4.** [heurter] dar contra; *fig* [obstacle, opposition] tropezar con. ◆ **se rencontrer** *vp* **-1.** [se voir] encontrarse. **-2.** [se réunir] reunirse. **-3.** [faire la connaissance de] conocerse. **-4.** [regards, opinions] coincidir.

rendement [rãdmã] *nm* rendimiento *m*.

rendez-vous [rãdevu] *nm inv* **-1.** [rencontre – entre amis, amoureux] cita *f*; [– chez le coiffeur, le médecin] hora *f*; **prendre ~** pedir hora. **-2.** [lieu] lugar *m* de encuentro.

rendormir [rãdɔrmir] *vt* volver a dormir. ◆ **se rendormir** *vp* volver a dormirse.

rendre [rãdr] ◇ *vt* **-1.** [restituer, donner en retour] : **~ qqch à qqn** devolver algo a alguien; [honneurs, hommage] rendir algo a alguien. **-2.** JUR pronunciar. **-3.** (*+ adjectif*) [faire devenir] volver; **~ heureux** hacer feliz; **il me rendra folle** va a volverme loca. **-4.** [exprimer, reproduire] reflejar. **-5.** [regorger de] rebosar; *fig* [produire] aportar. **-6.** [vomir] devolver. **-7.** MIL [céder] rendir. ◇ *vi* **-1.** [produire] rendir. **-2.** [vomir] devolver. ◆ **se rendre** *vp* **-1.** [obéir, capituler] rendirse. **-2.** [aller] : **se ~ à** acudir a; [à l'étranger] irse a. **-3.** (*+ adjectif*) [se faire tel] hacerse; [utile] ser; *fig* [malade, fou] volverse.

rêne [rɛn] *nf (gén pl)* rienda *f*.

renégat, e [rənega, at] *nm, f sout* renegado *m*, -da *f*.

renégocier [rənegɔsje] *vt* renegociar.

renfermé, e [rãferme] *adj* cerrado(da). ◆ **renfermé** *nm* : **ça sent le ~** huele a cerrado.

renfermer [rãferme] *vt* **-1.** [contenir] encerrar. **-2.** [dissimuler] esconder. **-3.** *vieilli* [ranger] guardar. ◆ **se renfermer** *vp* [s'isoler] encerrarse.

renflé, e [rãfle] *adj* [colonne] con éntasis.

renflouer [rãflue] *vt* **-1.** [bateau] desencallar. **-2.** *fig* [entreprise, personne] sacar a flote.

renfoncement [rãfõsmã] *nm* hueco *m*.

renforcer [rãfɔrse] *vt* **-1.** [mur, équipe, armée] reforzar. **-2.** [paix, soupçon] fortalecer. **-3.** [couleur, expression, politique] intensificar.

renfort [rãfɔr] *nm* MIL & TECHNOL refuerzo *m*; **en ~ de** refuerzo.

renfrogner [rãfrɔɲe] ◆ **se renfrogner** *vp* enfurruñarse.

rengaine [rãgɛn] *nf* **-1.** [formule répétée] : **toujours la même ~!** ¡siempre la misma canción! **-2.** [refrain populaire] cancioncilla *f*.

rengorger [rãgɔrʒe] ◆ **se rengorger** *vp* pavonearse.

renier [rənje] *vt* renegar de.

renifler [rənifle] ◇ *vi* sorberse los mocos. ◇ *vt* olfatear.

renne [rɛn] *nm* reno *m*.

renom [rənõ] *nm* renombre *m*; **de grand ~** de gran renombre.

renommé, e [rənɔme] *adj* reputado(da); **~ pour qqch** reputado por algo. ◆ **renommée** *nf* renombre *m*.

renoncement [rənõsmã] *nm* renuncia *f*; **~ à qqch** renuncia a algo.

renoncer [rənõse] ◇ *vt* renunciar; **~ à qqch/à faire qqch** renunciar a algo/a hacer algo. ◇ *vi* renunciar.

renouer [rənwe] ◇ *vt* **-1.** [cravate, lacet] volver a anudar. **-2.** [conversation, liaison] reanudar. ◇ *vi* : **~ avec qqch** restablecer algo; **~ avec qqn** reconciliarse con alguien.

renouveau, x [rənuvo] *nm* **-1.** [transformation] renovación *f*. **-2.** [regain] rebrote *m*.

renouvelable [rənuvlabl] *adj* renovable.

renouveler [rənuvle] *vt* **-1.** [gén] renovar. **-2.** [demande] reiterar. ◆ **se renouveler** *vp* **-1.** [gén] renovarse. **-2.** [recommencer] repetirse.

renouvellement [rənuvɛlmã] *nm* renovación *f*.

rénovation [renɔvasjõ] *nf* reforma *f*.

rénover [renɔve] *vt* reformar.

renseignement [rãsɛɲəmã] *nm* información *f*; **demander un ~** informarse. ◆ **renseignements** *nmpl* **-1.** [service d'information] información *f*. **-2.** [sécurité] servicios *mpl* secretos.

renseigner [rãseɲe] *vt* informar; **~ qqn sur qqch** informar a alguien sobre algo. ◆ **se renseigner** *vp* informarse.

rentabiliser [rãtabilize] *vt* rentabilizar.

rentabilité [rãtabilite] *nf* rentabilidad *f*.

rentable [rãtabl] *adj* **-1.** ÉCON rentable. **-2.** *fam* [payant] productivo(va).

rente [rɑ̃t] *nf* **-1.** [gén] renta *f*; **vivre de ses ~s** vivir de renta. **-2.** [emprunt d'État] renta *f* de la deuda pública.

rentier, ère [rɑ̃tje, ɛr] *nm, f* rentista *mf*.

rentrée [rɑ̃tre] *nf* **-1.** [fait de rentrer] vuelta *f*. **-2.** [reprise des activités] reanudación *f*; **la ~ parlementaire** la reanudación de las tareas parlamentarias; **la ~ des classes** la vuelta al colegio. **-3.** [retour à la scène] reaparición *f*. **-4.** [mise à l'abri] recogida *f*. **-5.** COMM [recette] entrada *f*.

rentrer [rɑ̃tre] ◇ *vi* **-1.** [entrer, pénétrer, être perçu] entrar; **~ dans qqch** : [être compris dans] entrar en algo; [s'emboîter] entrar dentro de algo. **-2.** [revenir] : **~ (à/de)** volver (a/de); **~ (chez soi)** volver (a su casa). **-3.** [élève] reanudar las clases; [employé] volver a trabajar; [tribunal] reanudar las sesiones. **-4.** [frais, droits] : **~ dans qqch** recuperar algo. **-5.** [voiture] : **~ dans qqch/dans qqn** estrellarse contra algo/contra alguien. ◇ *vt* **-1.** [mettre à l'abri] entrar; [foins] recoger. **-2.** [griffes] meter. **-3.** [larmes, colère] tragarse.

renversant, e [rɑ̃vɛrsɑ̃, ɑ̃t] *adj* asombroso(sa).

renverse [rɑ̃vɛrs] *nf* ◆ **à la renverse** *loc adv* de espaldas.

renversement [rɑ̃vɛrsəmɑ̃] *nm* **-1.** [action de mettre à l'envers, changement complet] inversión *f*. **-2.** [de régime] derrocamiento *m*.

renverser [rɑ̃vɛrse] *vt* **-1.** [mettre à l'envers, inverser] invertir. **-2.** [faire tomber – objet] volcar *Esp*, voltear *Amér*; [– piéton] atropellar. **-3.** [liquide] derramar. **-4.** [éliminer – chose] derribar *Esp*, voltear *Amér*; [– personne] destituir; [– régime] derrocar. **-5.** [tête] echar hacia atrás. **-6.** [étonner] asombrar. ◆ **se renverser** *vp* **-1.** [incliner le corps en arrière] echarse hacia atrás. **-2.** [objet] volcar *Esp*, voltearse *Amér*. **-3.** [liquide] derramarse.

renvoi [rɑ̃vwa] *nm* **-1.** [licenciement] despido *m*. **-2.** [retour] devolución *f*. **-3.** [ajournement] aplazamiento *m*. **-4.** [référence] llamada *f*. **-5.** JUR revisión *f*. **-6.** [éructation] : **il a eu des ~s** le ha repetido.

renvoyer [rɑ̃vwaje] *vt* **-1.** [faire retourner qqn] hacer volver. **-2.** [employé] despedir *Esp*, cesantear *Amér*. **-3.** [paquet, balle] devolver. **-4.** [lumière] reflejar. **-5.** [procès] aplazar. **-6.** [référer] : **~ à qqch/à qqn** remitir a algo/a alguien.

réorganisation [reɔrganizasjɔ̃] *nf* reorganización *f*.

réorganiser [reɔrganize] *vt* reorganizar.

réorienter [reɔrjɑ̃te] *vt* reorientar.

réouverture [reuvɛrtyr] *nf* reapertura *f*.

repaire [rəpɛr] *nm* guarida *f*.

répandre [repɑ̃dr] *vt* **-1.** [liquide, larmes] derramar; [graines, substance] esparcir. **-2.** [odeur, chaleur] despedir. **-3.** [bienfaits] prodigar. **-4.** [panique, effroi, terreur] sembrar. **-5.** [mode, doctrine, nouvelle] difundir.

répandu, e [repɑ̃dy] ◇ *pp* → **répandre**. ◇ *adj* extendido(da).

réparable [reparabl] *adj* reparable.

réparateur, trice [reparatœr, tris] *adj & nm, f* reparador(ra).

réparation [reparasjɔ̃] *nf* **-1.** [gén] reparación *f*. **-2.** SPORT [au football] castigo *m*.

réparer [repare] *vt* reparar *Esp*, refaccionar *Amér*.

reparler [rəparle] *vi* [aborder un sujet à nouveau] : **~ de qqch/de qqn** volver a hablar de algo/de alguien.

repartie [rəparti, reparti] *nf* réplica *f*; **avoir de la ~** tener respuesta para todo.

répartir [repartir] *vt* **-1.** [gén] repartir, distribuir. **-2.** [somme] repartir. ◆ **se répartir** *vp* repartirse.

répartition [repartisjɔ̃] *nf* **-1.** [partage] repartición *f*. **-2.** [dans un espace] distribución *f*.

repas [rəpa] *nm* comida *f*; **prendre son ~** comer; **~ d'affaires** comida de negocios.

repassage [rəpasaʒ] *nm* planchado *m*.

repasser [rəpase] ◇ *vi* **-1.** [passer à nouveau] volver a pasar. **-2.** [film] volver a emitirse. ◇ *vt* **-1.** [linge] planchar. **-2.** [leçon] repasar. **-3.** [examen] volver a pasar.

repêchage [rəpeʃaʒ] *nm* **-1.** [de l'eau] rescate *m*. **-2.** *fig* [épreuve de rattrapage] repesca *f*.

repêcher [rəpeʃe] *vt* **-1.** [retirer de l'eau] rescatar. **-2.** *fig* [personne] repescar.

repeindre [rəpɛ̃dr] *vt* repintar.

repeint, e [rəpɛ̃, ɛ̃t] *pp* → **repeindre**.

repenser [rəpɑ̃se] *vt* replantearse.

repentir [rəpɑ̃tir] *nm* arrepentimiento *m*. ◆ **se repentir** *vp* arrepentirse; **se ~ de qqch/d'avoir fait qqch** arrepentirse de algo/de haber hecho algo.

répercussion [repɛrkysjɔ̃] *nf* repercusión *f*; **~ de qqch sur qqch** repercusión de algo en algo.

répercuter [repɛrkyte] vt **-1.** [voix, taxe] repercutir; ~ **qqch sur qqch** FIN repercutir algo en algo. **-2.** [ordre] transmitir. ◆ **se répercuter** vp **-1.** [gén] repercutir; **se ~ sur qqch** repercutir en algo. **-2.** [image, reflet] : **se ~ sur qqch** repetirse en algo.

repère [rəpɛr] nm referencia f.

repérer [rəpere] vt **-1.** [situer] señalar. **-2.** [sous-marin, bateau] localizar. **-3.** fam [apercevoir, remarquer] localizar; **on va se faire ~** fam nos van a calar.

répertoire [repɛrtwar] nm **-1.** [gén] repertorio m. **-2.** [agenda] agenda f. **-3.** INFORM directorio m.

répertorier [repɛrtɔrje] vt inscribir en un repertorio.

répéter [repete] vt **-1.** [gén] repetir; ~ **que** repetir que. **-2.** THÉÂTRE ensayar. ◆ **se répéter** vp repetirse.

répétitif, ive [repetitif, iv] adj repetitivo(va).

répétition [repetisjɔ̃] nf **-1.** [gén] repetición f. **-2.** THÉÂTRE ensayo m; ~ **générale** ensayo general.

repeupler [rəpœple] vt **-1.** [gén] repoblar. **-2.** [forêt] reforestar.

répit [repi] nm respiro m; **sans ~** sin parar.

replacer [rəplase] vt **-1.** [remettre en place] volver a colocar. **-2.** [situer] situar.

replet, ète [rəplɛ, ɛt] adj rechoncho(cha).

repli [rəpli] nm **-1.** [gén] repliegue m. **-2.** (gén pl) sout [partie dissimulée] recoveco m.

réplique [replik] nf **-1.** [gén] réplica f; **sans ~** sin rechistar. **-2.** THÉÂTRE entrada f; **donner la ~ à qqn** dar la entrada a alguien.

répliquer [replike] ◇ vt replicar; ~ **qqch à qqn** replicar algo a alguien. ◇ vi replicar.

replonger [rəplɔ̃ʒe] ◇ vt : ~ **qqch/qqn dans qqch** [plonger à nouveau] volver a sumergir algo/a alguien en algo; fig volver a sumir algo/a alguien en algo. ◇ vi volver a sumergirse. ◆ **se replonger** vp : **se ~ dans qqch** fig volver a sumergirse en algo.

répondeur [repɔ̃dœr] nm contestador m; ~ **téléphonique** OU **automatique** contestador automático; ~ **interrogeable à distance** contestador m con telecomando.

répondeur-enregistreur nm contestador m automático.

répondre [repɔ̃dr] ◇ vi [gén] contestar, responder; ~ **à qqch** [faire écho, correspondre] responder a algo; ~ **à qqch/à**

qqn [donner une réponse] contestar OU responder (a) algo/a alguien; ~ **à qqch (par qqch)** [répliquer à] responder a algo (con algo); ~ **de qqch/de qqn** [se porter garant] responder de OU por algo/de OU por alguien. ◇ vt contestar, responder; ~ **qqch à qqch** contestar OU responder con algo a algo; ~ **qqch à qqn** contestar OU responder algo a alguien.

répondu, e [repɔ̃dy] pp → répondre.

réponse [repɔ̃s] nf **-1.** [action de répondre] respuesta f, contestación f; **en ~ à votre lettre...** en respuesta a su carta... **-2.** [solution, réaction] respuesta f. **-3.** [réfutation, riposte] réplica f.

report [rapɔr] nm **-1.** [renvoi] : ~ **de qqch (à qqch)** aplazamiento de algo (para algo). **-2.** [transcription] transcripción f. **-3.** BOURSE prórroga f.

reportage [rapɔrtaʒ] nm reportaje m Esp, reporte m Amér; **débuter dans le ~** empezar como reportero(ra).

reporter[1] [rapɔrtɛr] nm reportero m, -ra f.

reporter[2] [rapɔrte] vt **-1.** [rapporter] volver a llevar. **-2.** [réunion, cérémonie] aplazar; ~ **qqch à** aplazar algo hasta. **-3.** [recopier, transférer] : ~ **qqch sur qqch/sur qqn** trasladar algo a algo. ◆ **se reporter** vp : **se ~ à qqch** remitirse a algo.

repos [rapo] nm **-1.** [gén] descanso m. **-2.** [immobilité, sommeil] reposo m.

reposé, e [rapoze] adj descansado(da); **à tête ~e** con calma.

reposer [rapoze] ◇ vt **-1.** [poser à nouveau] volver a poner. **-2.** [remettre en place] volver a colocar. **-3.** [question] volver a plantear. **-4.** [appuyer sur] : ~ **qqch sur qqch** apoyar algo sobre algo. **-5.** [délasser] descansar. ◇ vi **-1.** [gén] descansar. **-2.** CULIN reposar. ◆ **se reposer** vp **-1.** [se délasser] descansar. **-2.** [compter sur] : **se ~ sur qqn** contar con alguien.

repoussant, e [rapusã, ãt] adj repulsivo(va).

repoussé, e [rapuse] adj repujado(da).

repousser [rapuse] ◇ vi [barbe, poil] volver a crecer; [végétal] volver a brotar. ◇ vt **-1.** [chaise] empujar. **-2.** [dégoûter] repeler. **-3.** [personne, offre, ennemi] rechazar. **-4.** [date] aplazar.

répréhensible [repreãsibl] adj reprensible.

reprendre [raprãdr] ◇ vt **-1.** [chose] volver a coger; [ce qu'on avait donné] volver a llevarse. **-2.** [revenir chercher] recoger. **-3.** COMM [marchandise] devolver. **-4.** [se resservir, répéter] repetir; ~ **de qqch** repetir de algo. **–5.** [travail, route, lutte] retomar. **–6.** [vêtement] arreglar. **–7.** [corriger] reprender; **on ne l'y reprendra plus** no lo volverá a hacer. **–8.** [haleine, courage, souffle] recobrar. ◇ *vi* **–1.** [retrouver la vie, vigueur] recuperarse. **–2.** [recommencer] reanudarse.

représailles [ʀəpʀezaj] *nfpl* represalias *fpl*.

représentant, e [ʀəpʀezɑ̃tɑ̃, ɑ̃t] *nm, f* representante *mf*.

représentatif, ive [ʀəpʀezɑ̃tatif, iv] *adj* representativo(va); ~ **de qqch** representativo de algo.

représentation [ʀəpʀezɑ̃tasjɔ̃] *nf* representación *f*; **donner une** ~ dar una representación.

représentativité [ʀəpʀezɑ̃tativite] *nf* representatividad *f*.

représenter [ʀəpʀezɑ̃te] *vt* representar. ◆ **se représenter** *vp* **–1.** [s'imaginer] imaginarse. **–2.** [occasion] volver a presentarse. **–3.** [aux élections] : **se ~ à qqch** volver a presentarse a algo.

répression [ʀepʀesjɔ̃] *nf* represión *f*.

réprimande [ʀepʀimɑ̃d] *nf* reprimenda *f*.

réprimander [ʀepʀimɑ̃de] *vt* reprender.

réprimer [ʀepʀime] *vt* reprimir.

repris, e [ʀəpʀi, iz] *pp* → **reprendre**. ◆ **repris de justice** *nm* reincidente *mf*.

reprise [ʀəpʀiz] *nf* **–1.** [recommencement] reanudación *f*. **–2.** [action de reprendre] recogida *f*. **–3.** SPORT asalto *m*. **–4.** [accélération] reprís *m*. **–5.** [raccommodage & COUT] zurcido *m*. **–6.** [des fonds de commerce] traspaso *m*. ◆ **à plusieurs reprises** *loc adv* repetidas veces.

repriser [ʀəpʀize] *vt* zurcir.

réprobateur, trice [ʀepʀɔbatœʀ, tʀis] *adj* reprobador(ra).

réprobation [ʀepʀɔbasjɔ̃] *nf* reprobación *f*.

reproche [ʀəpʀɔʃ] *nm* reproche *m*.

reprocher [ʀəpʀɔʃe] *vt* : ~ **qqch à qqn** reprochar algo a alguien. ◆ **se reprocher** *vp* : **se ~ qqch** reprocharse algo.

reproducteur, trice [ʀəpʀɔdyktœʀ, tʀis] *adj* reproductor(ra).

reproduction [ʀəpʀɔdyksjɔ̃] *nf* reproducción *f*; '**~ interdite**' 'prohibida la reproducción'.

reproduire [ʀəpʀɔdɥiʀ] *vt* reproducir. ◆ **se reproduire** *vp* reproducirse.

reproduit, e [ʀəpʀɔdɥi, it] *pp* → **reproduire**.

réprouver [ʀepʀuve] *vt* reprobar.

reptile [ʀɛptil] *nm* reptil *m*.

repu, e [ʀəpy] *adj* harto(ta).

républicain, e [ʀepyblikɛ̃, ɛn] *adj & nm, f* republicano(na).

république [ʀepyblik] *nf* república *f*. ◆ **République tchèque** *nf* República Checa *f*.

répudier [ʀepydje] *vt* repudiar.

répugnance [ʀepyɲɑ̃s] *nf* **–1.** [répulsion, horreur] repugnancia *f*. **–2.** [manque d'enthousiasme] desgana *f*.

répugnant, e [ʀepyɲɑ̃, ɑ̃t] *adj* repugnante.

répugner [ʀepyɲe] *vi* : ~ **à qqn** repugnarle a alguien; ~ **à qqch/à faire qqch** *sout* odiar algo/hacer algo.

répulsion [ʀepylsjɔ̃] *nf* repulsión *f*.

réputation [ʀepytasjɔ̃] *nf* reputación *f*; **avoir une** ~ **de** tener reputación de; **avoir bonne/mauvaise** ~ tener buena/mala reputación.

réputé, e [ʀepyte] *adj* reputado(da).

requérir [ʀəkeʀiʀ] *vt* **–1.** [gén] requerir. **–2.** JUR [peine] solicitar.

requête [ʀəkɛt] *nf* **–1.** *sout* [prière] petición *f*. **–2.** JUR requerimiento *m*.

requiem [ʀekɥijɛm] *nm inv* réquiem *m*.

requin [ʀəkɛ̃] *nm* tiburón *m*.

requis, e [ʀəki, iz] ◇ *pp* → **requérir**. ◇ *adj* requerido(da).

réquisition [ʀekizisjɔ̃] *nf* **–1.** [ADMIN – de personnes] movilización *f*; [– de biens] requisa *f*. **–2.** JUR requerimiento *m*.

réquisitionner [ʀekizisjɔne] *vt* **–1.** [ADMIN – de personnes] movilizar; [– biens] requisar. **–2.** *fam* [embaucher] reclutar.

réquisitoire [ʀekizitwaʀ] *nm* requisitoria *f*.

RER (*abr de* **réseau express régional**) *nm* red de trenes de cercanías en París.

rescapé, e [ʀɛskape] *adj & nm, f* superviviente.

rescousse [ʀɛskus] ◆ **à la rescousse** *loc adv* en ayuda de; **appeler qqn à la** ~ pedir socorro a alguien.

réseau, x [ʀezo] *nm* red *f*; ~ **ferroviaire** red ferroviaria; ~ **routier** red de carreteras.

réservation [ʀezɛʀvasjɔ̃] *nf* reserva *f*.

réserve [ʀezɛʀv] *nf* **–1.** [gén] reserva *f*; **en** ~ en reserva; **se tenir sur la** ~ estar sobre aviso; **sans** ~ sin reserva; **sous** ~ **de qqch** reservándose el derecho de algo; ~ **indienne/naturelle** reserva india/natural. **–2.** [local] depósito *m*; [garde-manger] despensa *f*.

réservé, e [rezɛrve] *adj* reservado(da); ~ **à qqch/à qqn** reservado a algo/a alguien.

réserver [rezɛrve] *vt* [gén] reservar; ~ **qqch à qqn** [affecter, destiner] reservar algo a alguien; [marchandise] apartar algo para alguien. ◆ **se réserver** *vp* reservarse; **se** ~ **le droit de faire qqch** reservarse el derecho a hacer algo.

réservoir [rezɛrvwar] *nm* **-1.** [d'eau] reserva *f*; [d'essence] depósito *m*. **-2.** *fig* [réceptacle] cantera *f*.

résidence [rezidɑ̃s] *nf* **-1.** [habitation] residencia *f*; ~ **principale** vivienda *f* habitual; ~ **secondaire** segunda residencia. **-2.** [groupe d'habitations] conjunto *m* residencial.

résident, e [rezidɑ̃, ɑ̃t] *nm, f* residente *mf*.

résidentiel, elle [rezidɑ̃sjɛl] *adj* residencial.

résider [rezide] *vi* [habiter] residir.

résidu [rezidy] *nm* [reste] residuo *m*.

résignation [reziɲasjɔ̃] *nf* resignación *f*.

résigné, e [reziɲe] *adj & nm, f* resignado(da).

résigner [reziɲe] *vt sout* renunciar a. ◆ **se résigner** *vp* resignarse; **se** ~ **à qqch/à faire qqch** resignarse a algo/a hacer algo.

résilier [rezilje] *vt* rescindir.

résine [rezin] *nf* resina *f*.

résineux, euse [rezinø, øz] *adj* resinoso(sa). ◆ **résineux** *nm* resinífero *m*.

résistance [rezistɑ̃s] *nf* resistencia *f*; ~ **à qqch** resistencia a algo; **opposer une** ~ oponer resistencia.

résistant, e [rezistɑ̃, ɑ̃t] *adj & nm, f* POLIT resistente.

résister [reziste] *vi* resistir; ~ **à qqch** [ne pas s'altérer, supporter] resistir algo; [lutter contre, s'opposer] resistirse a algo.

résolu, e [rezɔly] ◇ *pp* → **résoudre**. ◇ *adj* resuelto(ta); **être bien** ~ **à faire qqch** estar resuelto a hacer algo.

résolument [rezɔlymɑ̃] *adv* decididamente.

résolution [rezɔlysjɔ̃] *nf* resolución *f*; **prendre de bonnes** ~s tener buenos propósitos; **prendre la** ~ **de faire qqch** tomar la resolución de hacer algo.

résonance [rezɔnɑ̃s] *nf* resonancia *f*.

résonner [rezɔne] *vi* resonar.

résorber [rezɔrbe] *vt* **-1.** [déficit, chômage] reabsorber. **-2.** MÉD [épanchement, abcès] resorber. ◆ **se résorber** *vp* **-1.** [déficit, chômage] desaparecer. **-2.** MÉD [épanchement, abcès] resorberse.

résoudre [rezudr] ◇ *vt* [solutionner] resolver. ◇ *vi* : ~ **de faire qqch** decidir hacer algo. ◆ **se résoudre** *vp* : **se** ~ **à faire qqch** decidirse a hacer algo.

respect [rɛspɛ] *nm* respeto *m*; ~ **de qqch** respeto de algo; **avoir du** ~ **pour qqch/pour qqn** tener respeto por algo/por alguien; **avec tout le** ~ **que je vous dois** con todo el respeto que le debo.

respectable [rɛspɛktabl] *adj* respetable.

respecter [rɛspɛkte] *vt* respetar.

respectif, ive [rɛspɛktif, iv] *adj* respectivo(va).

respectivement [rɛspɛktivmɑ̃] *adv* respectivamente.

respectueux, euse [rɛspɛktɥø, øz] *adj* respetuoso(sa); ~ **de qqch** respetuoso con algo.

respiration [rɛspirasjɔ̃] *nf* respiración *f*; ~ **artificielle** respiración artificial.

respiratoire [rɛspiratwar] *adj* respiratorio(ria).

respirer [rɛspire] *vt & vi* respirar.

resplendissant, e [rɛsplɑ̃disɑ̃, ɑ̃t] *adj* resplandeciente; ~ **de qqch** resplandeciente de algo.

responsabilisation [rɛspɔ̃sabilizasjɔ̃] *nf* responsabilización *f*.

responsabiliser [rɛspɔ̃sabilize] *vt* responsabilizar.

responsabilité [rɛspɔ̃sabilite] *nf* responsabilidad *f*; **assumer toute la** ~ **de qqch** asumir toda la responsabilidad de algo; **avoir la** ~ **de qqch/de faire qqch** tener la responsabilidad de algo/de hacer algo; **rejeter la** ~ **sur qqn** achacar la responsabilidad a alguien.

responsable [rɛspɔ̃sabl] ◇ *adj* responsable; ~ **de qqch** responsable de algo. ◇ *nmf* responsable *mf*.

resquiller [rɛskije] *vi fam* colarse.

resquilleur, euse [rɛskijœr, øz] *nm, f fam* colón *m*, -ona *f (que se cuela)*.

ressac [rəsak] *nm* resaca *f*.

ressaisir [rəsezir] ◆ **se ressaisir** *vp* dominarse.

ressasser [rəsase] *vt* **-1.** [répéter] machacar. **-2.** [remâcher] dar vueltas a.

ressemblance [rəsɑ̃blɑ̃s] *nf* parecido *m*.

ressemblant, e [rəsɑ̃blɑ̃, ɑ̃t] *adj* parecido(da).

ressembler [rəsɑ̃ble] *vi* : ~ **à qqch/à qqn** [gén] parecerse a algo/a alguien; [être conforme à] ser digno(na) de algo/de al-

guien; **cela ne lui ressemble pas** eso no
es normal en él.

ressemeler [rəsəmle] *vt* poner suelas nue-
vas a.

ressentiment [rəsãtimã] *nm* resentimiento *m*.

ressentir [rəsãtir] *vt* sentir, experimentar.

resserrer [rəsere] *vt* **-1.** [ceinture, nœud]
apretar. **-2.** *fig* [liens] estrechar. ◆ **se resserrer** *vp* **-1.** [route, chemin, liens] estrecharse. **-2.** [nœud, étreinte] apretarse.

resservir [rəsɛrvir] ◇ *vt* **-1.** [plat] volver a
servir. **-2.** *fig* [histoire] sacar a colación.
◇ *vi* volver a servir. ◆ **se resservir** *vp* :
se ~ de qqch [ustensile] volver a usar OU
utilizar algo; [plat] servirse más; **se ~ de
viande/de légumes** servirse más carne/
más verdura.

ressort [rəsɔr] *nm* **-1.** [mécanisme] resorte
m, muelle *m*. **-2.** [énergie] energía *f*. **-3.**
(gén pl) sout [cause] resorte *m*. **-4.** [compé-
tence] incumbencia *f*. **-5.** *loc* : **en dernier
~** en última instancia.

ressortir [rəsɔrtir] ◇ *vi* **-1.** [sortir à nou-
veau] volver a salir. **-2.** *fig* [se détacher] resaltar, destacar. **-3.** [résulter] : **de qqch**
resultar OU desprenderse de algo, desprenderse de algo. ◇ *vt* volver a sacar.

ressortissant, e [rəsɔrtisã, ãt] *nm, f* residente *mf (extranjero)*.

ressource [rəsurs] *nf* [recours] recurso *m*.
◆ **ressources** *nfpl* recursos *mpl*; **~s na-
turelles** recursos naturales.

ressusciter [resysite] *vt & vi* resucitar.

restant, e [rɛstã, ãt] *adj* restante; → **poste**.

restaurant [rɛstɔrã] *nm* restaurante *m*; **~
d'entreprise** comedor *m* de empresa.

restaurateur, trice [rɛstɔratœr, tris] *nm, f*
CULIN & ART restaurador *m*, -ra *f*.

restauration [rɛstɔrasjõ] *nf* restauración *f*.

restaurer [rɛstɔre] *vt* ART & POLIT restaurar;
[quartier] remodelar. ◆ **se restaurer** *vp*
comer.

reste [rɛst] *nm* **-1.** [de lait, de temps] resto
m. **-2.** MATHS resta *f*. **-3.** *loc* : **au** OU **du ~**
por lo demás. ◆ **restes** *nmpl* **-1.** [de repas]
sobras *fpl*. **-2.** [de mort] restos *mpl* mortales.

rester [rɛste] *vi* **-1.** [dans un lieu] quedarse;
en ~ à qqch [s'arrêter] quedarse en algo;
en ~ là dejarlo; **y ~** *fam* [mourir] quedarse
en el sitio. **-2.** [dans un état] permanecer.
-3. [durer, subsister] quedar. **-4.** *loc* : **il
reste que, il n'en reste pas moins que...**
eso no impide que.

restituer [rɛstitɥe] *vt* restituir.

restreindre [rɛstrɛ̃dr] *vt* restringir. ◆ **se
restreindre** *vp* restringirse; **se ~ dans
qqch** [dépenses] restringir algo.

restrictif, ive [rɛstriktif, iv] *adj* restric-
tivo(va).

restriction [rɛstriksjõ] *nf* **-1.** [limitation]
restricción *f*. **-2.** [condition] condición *f*;
faire des ~s poner condiciones; **sans ~**
sin condiciones. ◆ **restrictions** *nfpl* res-
tricciones *fpl*.

restructuration [rəstryktyrasjõ] *nf* rees-
tructuración *f*.

restructurer [rəstryktyre] *vt* reestructurar.

résultat [rezylta] *nm* resultado *m*.

résulter [rezylte] *vi* : **il en résulte que** se
deduce que.

résumé [rezyme] *nm* resumen *m*; **en ~** en
resumen, resumiendo.

résumer [rezyme] *vt* resumir. ◆ **se résumer** *vp* **-1.** [personne] resumir. **-2.** [se
réduire] : **se ~ à (faire) qqch** reducirse a
(hacer) algo.

résurgence [rezyrʒãs] *nf* **-1.** GÉOL resur-
gencia *f*. **-2.** *fig* [de doctrine] resurgimiento *m*.

résurrection [rezyrɛksjõ] *nf* resurrección *f*.

rétablir [retablir] *vt* [gén] restablecer;
[texte] restituir. ◆ **se rétablir** *vp* **-1.** [gén]
restablecerse. **-2.** [gymnaste] recuperar el
equilibrio.

rétablissement [retablismã] *nm* restable-
cimiento *m*.

retard [rətar] *nm* **-1.** [gén] retraso *m*; **être
en ~** [sur une heure] llegar tarde; *fig* [sur
l'échéance] llevar retraso; **prendre du ~**
atrasarse. **-2.** [retardement] demora *f*;
sans ~ sin demora.

retardataire [rətardatɛr] ◇ *adj* que llega
tarde. ◇ *nmf* tardón *m*, -ona *f*.

retardement [rətardəmã] *nm* : **à ~** de efectos retardados; **comprendre à ~** ser de
efectos retardados.

retarder [rətarde] ◇ *vt* **-1.** [gén] retrasar.
-2. [montre] atrasar. ◇ *vi* **-1.** [horloge,
montre] atrasar, atrasarse. **-2.** *fam* [ne pas
être au courant] no estar al loro. **-3.** [être
en décalage] : **~ (sur) qqch** no vivir con
algo.

retenir [rətnir] *vt* **-1.** [gén] retener. **-2.**
[objet] sujetar. **-3.** [montant, impôt] deducir, retener. **-4.** [chambre, table] reservar. **-5.** [projet, idée] aceptar. **-6.** MATHS llevar, llevarse. **-7.** [cri, souffle, larmes]
contener, reprimir. **-8.** [attention, regard,

chaleur] mantener. **-9.** [personne] detener; ~ **qqn de faire qqch** impedir a alguien que haga algo. ◆ **se retenir** *vp* **-1.** [s'accrocher] : **se ~ à qqch/à qqn** agarrarse a algo/a alguien. **-2.** [se contenir] aguantarse, contenerse; **se ~ de faire qqch** contenerse de hacer algo.

rétention [retãsjɔ̃] *nf* MÉD retención *f*.

retentir [rətãtir] *vi* **-1.** [son] resonar. **-2.** [fatigue, blessure] : ~ **sur qqch** repercutir en algo.

retentissant, e [rətãtisã, ãt] *adj* **-1.** [sonore] sonoro(ra). **-2.** [déclaration, succès] rotundo(da); [échec] estrepitoso(sa).

retentissement [rətãtismã] *nm* **-1.** [de mesures] repercusión *f*. **-2.** [de spectacle] resonancia *f*.

retenue [rətəny] *nf* **-1.** [prélèvement] deducción *f*; ~ **à la source** retención *f* en origen OU en fuente. **-2.** MATHS cantidad *f* que se lleva; **j'ai oublié la ~** he olvidado la que me llevo. **-3.** SCOL [punition] castigo *m (sin salir)*. **-4.** *fig* [réserve] discreción *f*, reserva *f*; **sans ~** sin reservas.

réticence [retisãs] *nf* [hésitation] reticencia *f*; **avec/sans ~** con/sin reticencias.

réticent, e [retisã, ãt] *adj* reticente.

rétine [retin] *nf* retina *f*.

retiré, e [rətire] *adj* retirado(da).

retirer [rətire] *vt* **-1.** [gén] sacar; [métal] extraer; ~ **qqch/qqn (de qqch)** sacar algo/a alguien (de algo). **-2.** [argent] quitar; ~ **qqch (de qqch)** quitar algo (de algo). **-3.** [vêtement] quitarse. **-4.** [permis, candidature, parole] retirar; ~ **qqch à qqn** retirar algo a alguien. ◆ **se retirer** *vp* retirarse; **se ~ de qqch** retirarse de algo.

retombées [rətɔ̃be] *nfpl* consecuencias *fpl*.

retomber [rətɔ̃be] *vi* **-1.** [tomber de nouveau] volver a caer. **-2.** *fig* [rechuter] recaer; ~ **dans qqch** volver a caer en; ~ **sur qqch** recaer sobre alguien. **-3.** [redescendre, pendre] caer. **-4.** *fig* [colère] aplacarse.

rétorquer [retɔrke] *vt* replicar; ~ **à qqn que** replicar OU contestar a alguien que.

retors, e [rətɔr, ɔrs] *adj* retorcido(da).

rétorsion [retɔrsjɔ̃] *nf* represalia *f*.

retouche [rətuʃ] *nf* retoque *m*.

retoucher [rətuʃe] *vt* retocar.

retour [rətur] *nm* **-1.** [gén] vuelta *f*; ~ **à qqch** [état habituel, antérieur] **vuelta** a algo; **à mon ~** a mi regreso; **être de ~ (de)** estar de vuelta (de); ~ **en arrière** *fig* mirada *f* retrospectiva. **-2.** [mouvement

inverse] retorno *m*. **-3.** [trajet] viaje *m* de vuelta. **-4.** [réexpédition] devolución *f*. **-5.** *loc* : **en ~** a cambio.

retourner [rəturne] ◇ *vt* **-1.** [matelas, carte] dar la vuelta a. **-2.** [terre] remover. **-3.** [poche, pull] volver del revés. **-4.** [compliment, objet prêté, lettre] devolver. **-5.** *fig* [personne] trastornar. ◇ *vi* volver; ~ **à** [lieu] volver a; ~ **faire qqch** volver para hacer algo; ~ **à qqch** [état antérieur] volver a algo; ~ **à qqn** [être restitué] volver a alguien. ◆ **se retourner** *vp* **-1.** [voiture] volcar *Esp*, voltear *Amér*. **-2.** [personne] volverse; **s'en ~** [rentrer] volverse. **-3.** [s'opposer à] : **se ~ contre qqch/qqn** volverse contra algo/contra alguien. **-4.** *fam* [s'adapter] acomodarse.

retracer [rətrase] *vt* **-1.** [ligne] volver a trazar. **-2.** [événement] reconstituir.

rétracter [retrakte] *vt* **-1.** [contracter] retraer. **-2.** *sout* [nier] : ~ **qqch** retractarse de algo. ◆ **se rétracter** *vp* **-1.** [se contracter] retraerse. **-2.** [se dédire] retractarse.

retrait [rətrɛ] *nm* [gén] retirada *f*; [d'argent] reintegro *m*; [de bagages] recuperación *f*. ◆ **en retrait** ◇ *loc adv* [en arrière] hacia atrás; **rester en ~** *fig* quedarse en la retaguardia. ◇ *loc adj* [en arrière] retranqueado(da).

retraite [rətrɛt] *nf* **-1.** [cessation d'activité] jubilación *f*, retiro *m*; **être à la ~** estar jubilado(da) OU retirado(da). **-2.** [revenu] pensión *f*. **-3.** [fuite] retirada *f*. **-4.** RELIG retiro *m*.

retraité, e [rətrete] ◇ *adj* **-1.** [personne] jubilado(da), retirado(da). **-2.** TECHNOL [déchets] reciclado(da). ◇ *nm, f* jubilado *m*, -da *f*, retirado *m*, -da *f*.

retraitement [rətrɛtmã] *nm* TECHNOL recuperación *f*.

retrancher [rətrãʃe] *vt* **-1.** [enlever] suprimir. **-2.** [montant] restar. ◆ **se retrancher** *vp* atrincherarse; **se ~ derrière qqch/derrière qqn** *fig* parapetarse tras algo/tras alguien.

retranscrire [rətrãskrir] *vt* transcribir.

retransmission [rətrãsmisjɔ̃] *nf* retransmisión *f*.

retravailler [rətravaje] *vt & vi* volver a trabajar.

rétrécir [retresir] ◇ *vt* estrechar. ◇ *vi* encoger. ◆ **se rétrécir** *vp* estrecharse.

rétrécissement [retresismã] *nm* **-1.** [de vêtement] estrechamiento *m*; [de tissu] encogimiento *m*. **-2.** MÉD constricción *f*.

rétribution [retribysjɔ̃] *nf* retribución *f*.

rétroactif, ive [retrɔaktif, iv] *adj* retroactivo(va).

rétrograde [retrɔgrad] *adj péj* retrógrado(da).

rétrograder [retrɔgrade] ◇ *vt* degradar. ◇ *vi* **-1.** [gén] retroceder. **-2.** AUTOM reducir la marcha; ~ **de troisième en seconde** reducir de tercera a segunda.

rétroprojecteur [retrɔprɔʒɛktœr] *nm* retroproyector *m*.

rétrospective [retrɔspɛktiv] *nf* retrospectiva *f*.

rétrospectivement [retrɔspɛktivmā] *adv* a posteriori.

retrousser [rətruse] *vt* arremangar, remangar.

retrouvailles [rətruvaj] *nfpl* reencuentro *m*.

retrouver [rətruve] *vt* **-1.** [gén] encontrar. **-2.** [appétit] recobrar. **-3.** [avoir de nouveau] volver a tener. **-4.** [reconnaître] reconocer. **-5.** [ami] : ~ **qqn** encontrarse con alguien. ◆ **se retrouver** *vp* **-1.** [se trouver de nouveau] reencontrarse. **-2.** [être de nouveau] volver a encontrarse. **-3.** [se rejoindre] encontrarse. **-4.** [s'orienter] orientarse. **-5.** [financièrement] : **s'y** ~ *fam* recuperarse.

rétroviseur [retrɔvizœr] *nm* retrovisor *m*.

réunification [reynifikasjɔ̃] *nf* reunificación *f*.

réunifier [reynifje] *vt* reunificar.

réunion [reynjɔ̃] *nf* **-1.** [gén] reunión *f*. **-2.** [jonction] unión *f*.

réunir [reynir] *vt* **-1.** [gén] reunir. **-2.** [joindre] unir. ◆ **se réunir** *vp* **-1.** [gén] reunirse. **-2.** [se joindre] juntarse.

réussi, e [reysi] *adj* logrado(da) *Esp*, exitoso(sa) *Amér*; **c'est** ~! *iron* ¡muy logrado!

réussir [reysir] ◇ *vi* **-1.** [affaire] salir bien. **-2.** [personne] salir adelante; ~ **à faire qqch** conseguir hacer algo; ~ **à qqch** [examen, test] aprobar algo. **-3.** [climat] : ~ **à qqn** sentar bien a alguien. ◇ *vt* **-1.** [portrait, plat] : ~ **qqch** salirle bien a uno algo. **-2.** [examen] aprobar.

réussite [reysit] *nf* **-1.** [succès] éxito *m*. **-2.** [jeu de cartes] solitario *m*.

réutiliser [reytilize] *vt* reutilizar.

revaloriser [rəvalɔrize] *vt* **-1.** [monnaie, salaires] revaluar. **-2.** *fig* [idée, doctrine] revalorizar.

revanche [rəvɑ̃ʃ] *nf* revancha *f*; **prendre sa** ~ tomarse la revancha. ◆ **en revanche** *loc adv* en cambio.

rêvasser [rɛvase] *vi* soñar despierto(ta).

rêve [rɛv] *nm* sueño *m*; **de** ~ de ensueño; **faire un** ~ tener un sueño.

rêvé, e [rɛve] *adj* ideal.

revêche [rəvɛʃ] *adj* arisco(ca).

réveil [revɛj] *nm* **-1.** [de personne, animal, volcan] despertar *m*. **-2.** [pendule] despertador *m*. **-3.** *fig* [retour à la réalité] vuelta *f* a la realidad.

réveiller [reveje] *vt* **-1.** [gén] despertar. **-2.** [courage, cupidité] estimular. ◆ **se réveiller** *vp* despertarse.

réveillon [revejɔ̃] *nm* **-1.** [du 24 décembre] cena *f* de Nochebuena. **-2.** [de la Saint-Sylvestre] cena *f* de Nochevieja.

réveillonner [revejɔne] *vi* cenar el día de Nochebuena o el de Nochevieja.

révélateur, trice [revelatœr, tris] *adj* revelador(ra). ◆ **révélateur** *nm* **-1.** PHOT revelador *m*. **-2.** *fig* [ce qui révèle] dato *m* revelador.

révélation [revelasjɔ̃] *nf* **-1.** [gén] revelación *f*. **-2.** [prise de conscience] conciencia *f*.

révéler [revele] *vt* **-1.** [gén] revelar. **-2.** [artiste] dar a conocer. ◆ **se révéler** *vp* **-1.** [apparaître] revelarse. **-2.** [s'avérer] resultar.

revenant, e [rəvnā, āt] *nm, f* **-1.** [fantôme] aparecido *m*. **-2.** *fam* [personne] resucitado *m*, -da *f*.

revendeur, euse [rəvɑ̃dœr, øz] *nm, f* revendedor *m*, -ra *f*.

revendication [rəvɑ̃dikasjɔ̃] *nf* reivindicación *f*.

revendiquer [rəvɑ̃dike] *vt* [gén] reivindicar; [responsabilité] asumir.

revendre [rəvɑ̃dr] *vt* revender; **avoir qqch à** ~ *fig* tener algo para dar y tomar.

revenir [rəvnir] *vi* **-1.** [gén] volver; ~ **à qqch** volver a algo; ~ **à qqn** volver con alguien; ~ **sur qqch** volver sobre algo. **-2.** [mot, sujet] salir. **-3.** [à l'esprit] : **ça ne me revient pas** no me acuerdo. **-4.** [être rapporté] : ~ **à qqn** llegar a alguien. **-5.** [coûter] : ~ **à** salir por. **-6.** [être équivalent] : **cela revient au même** eso viene a ser lo mismo. **-7.** [honneur, tâche] : ~ **à qqn** corresponder a alguien. **-8.** *fam* [plaire] : **ne pas** ~ **à qqn** no caer bien a alguien.

revente [rəvɑ̃t] *nf* reventa *f*.

revenu [rəvny] *nm* renta *f*. ◆ **revenus** *nmpl* ingresos *mpl*.

rêver [reve] ◇ vi -1. [gén] soñar; ~ à OU de qqch soñar con algo; ~ de qqn soñar con alguien; ~ de qqch/de faire qqch soñar con algo/con hacer algo; ~ que soñar que. -2. [rêvasser] soñar despierto(ta). ◇ vt soñar.

réverbération [reverberasjɔ̃] nf reverberación f.

réverbère [reverber] nm farola f.

révérence [reverãs] nf reverencia f.

révérer [revere] vt sout reverenciar.

rêverie [revri] nf fantasía f, ensueño m.

revers [rəver] nm -1. [de main] dorso m. -2. [de pièce] reverso m. -3. [de vêtement] solapa f. -4. fig [de fortune & TENNIS] revés m.

reverser [rəverse] vt -1. [liquide] volver a verter. -2. FIN transferir.

réversible [reversibl] adj reversible.

revêtement [rəvetmã] nm [de paroi, sol] revestimiento m; [de route] firme m.

revêtir [rəvetir] vt -1. [vêtement] vestir. -2. [mur, surface, caractère] revestir; ~ qqch de qqch revestir algo con algo.

rêveur, euse [revœr, øz] adj & nm, f soñador(ra).

revient [rəvjɛ̃] → prix.

revigorer [rəvigɔre] vt tonificar.

revirement [rəvirmã] nm viraje m.

réviser [revize] vt -1. [gén] revisar. -2. SCOL & UNIV repasar.

révision [revizjɔ̃] nf -1. [gén] revisión f. -2. SCOL & UNIV repaso m.

révisionnisme [revizjɔnism] nm revisionismo m.

revisser [rəvise] vt volver a atornillar.

revivre [rəvivr] ◇ vi revivir; faire ~ qqch à qqn hacer revivir algo a alguien. ◇ vt volver a vivir.

revoici [rəvwasi] prép : me ~! aquí estoy otra vez!

revoir [rəvwar] vt -1. [voir à nouveau] volver a ver. -2. [réviser] repasar. ◆ se revoir vp volver a verse. ◆ au revoir interj ¡adiós!

révoltant, e [revɔltã, ãt] adj indignante.

révolte [revɔlt] nf revuelta f.

révolter [revɔlte] vt sublevar. ◆ se révolter vp -1. [se soulever] rebelarse, sublevarse; se ~ contre qqch/contre qqn rebelarse OU sublevarse contra algo/contra alguien. -2. [s'indigner] sublevarse.

révolu, e [revɔly] adj -1. [époque] pasado(da). -2. [ans] cumplido(da).

révolution [revɔlysjɔ̃] nf revolución f.

révolutionnaire [revɔlysjɔner] adj & nmf revolucionario(ria).

révolutionner [revɔlysjɔne] vt revolucionar.

revolver [revɔlver] nm revólver m.

révoquer [revɔke] vt revocar.

revue [rəvy] nf -1. [gén] revista f; passer qqch en ~ pasar revista a algo; ~ de presse revista de prensa. -2. [défilé] desfile m.

révulsé, e [revylse] adj [yeux] en blanco.

rez-de-chaussée [retʃose] nm inv planta f baja.

rez-de-jardin [redʒardɛ̃] nm inv planta f baja con jardín.

rhabiller [rabije] vt vestir de nuevo. ◆ se rhabiller vp vestirse de nuevo.

rhésus [rezys] nm MÉD Rh m; ~ positif/négatif Rh positivo/negativo.

rhétorique [retɔrik] nf retórica f.

Rhin [rɛ̃] nm : le ~ el Rin.

rhinocéros [rinɔserɔs] nm rinoceronte m.

rhino-pharyngite [rinɔfarɛ̃ʒit] (pl rhino-pharyngites) nf rinofaringitis finv.

Rhône [ron] nm : le ~ el Ródano.

rhubarbe [rybarb] nf ruibarbo m.

rhum [rɔm] nm ron m.

rhumatisme [rymatism] nm reumatismo m.

rhume [rym] nm catarro m, resfriado m Esp, resfrío m Amér; attraper un ~ coger un catarro OU resfriado; ~ des foins fiebre f del heno.

riant, e [rijã, ãt] adj risueño(ña).

RIB, rib [rib] (abr de relevé d'identité bancaire) nm certificado de identificación bancaria que incluye el número de cuenta, la sucursal, etc.

ribambelle [ribãbɛl] nf : ~ de qqch retahíla de algo.

ricaner [rikane] vi reír sarcásticamente.

riche [riʃ] ◇ adj rico(ca). ◇ nmf rico m, -ca f.

richesse [riʃɛs] nf riqueza f; ~ en qqch riqueza en algo. ◆ richesses nfpl -1. [de personne] riquezas fpl. -2. [de pays] riqueza f.

ricochet [rikɔʃɛ] nm rebote m; faire des ~s tirar piedras; par ~ fig por carambola.

rictus [riktys] nm risa f.

ride [rid] nf -1. [de peau] arruga f. -2. [de surface d'eau] onda f.

rideau, x [rido] nm -1. [gén] cortina f. -2. THÉÂTRE telón m.

rider [ride] *vt* **-1.** [peau] arrugar. **-2.** [surface] rizar. ◆ **se rider** *vp* arrugarse.

ridicule [ridikyl] ◇ *adj* ridículo(la). ◇ *nm* : **se couvrir de** ~ hacer el ridículo; **tourner qqch/qqn en** ~ poner algo/a alguien en ridículo.

ridiculiser [ridikylize] *vt* ridiculizar. ◆ **se ridiculiser** *vp* hacer el ridículo.

rien [rjɛ̃] ◇ *pron indéf* nada; **ne... ~** no... nada; **il n'y a** ~ no hay nada; **je n'en sais** ~ no sé nada; **ça ne sert à** ~ no sirve para nada; **c'est ça ou** ~! o eso o nada; **de** ~! ¡de nada!; ~ **à dire!** ¡no hay nada que decir!; ~ **à faire!** ¡no hay nada que hacer!; ~ **d'autre** nada más; ~ **de nouveau** nada nuevo, ninguna novedad; **sans** ~ **dire** sin decir nada; **tout ou** ~ todo o nada; **plus** ~ nada más; **pour** ~ para nada. ◇ *nm* : **pour un** ~ [se fâcher, pleurer] por nada, por una tontería; **en un** ~ **de temps** en un santiamén. ◆ **rien que** *loc adv* sólo : ~ **que l'idée des vacances la rend heureux** sólo con pensar en las vacaciones ya es feliz; **la verité,** ~ **que la verité** la verdad y nada más que la verdad.

rieur, euse [rijœr, øz] *adj* risueño(ña).

rigide [riʒid] *adj* rígido(da).

rigidité [riʒidite] *nf* rigidez *f.*

rigole [rigɔl] *nf* acequia *f.*

rigoler [rigɔle] *vi fam* **-1.** [rire] reírse; ~ **de qqch** reírse de algo. **-2.** [plaisanter] bromear.

rigolo, ote [rigɔlo, ɔt] *fam* ◇ *adj* **-1.** [drôle] cachondo(da). **-2.** [curieux] rarillo(lla). ◇ *nm, f* cachondo *m,* -da *f* (*guasón*).

rigoureux, euse [riɡurø, øz] *adj* riguroso(sa).

rigueur [rigœr] *nf* rigor *m.* ◆ **à la rigueur** *loc adv* en última instancia.

rime [rim] *nf* rima *f.*

rimer [rime] *vi* rimar; ~ **avec qqch** rimar con algo.

rinçage [rɛ̃saʒ] *nm* [de vaisselle] enjuague *m;* [de linge, de cheveux] aclarado *m.*

rincer [rɛ̃se] *vt* [vaisselle] enjuagar; [cheveux, linge] aclarar.

ring [riŋ] *nm* **-1.** [de boxe] ring *m.* **-2.** *Belg* circunvalación *f.*

riposte [ripɔst] *nf* **-1.** [réponse] réplica *f.* **-2.** [contre-attaque] respuesta *f.*

riposter [ripɔste] ◇ *vt* [répondre] : ~ **que** replicar que. ◇ *vi* **-1.** [répondre] replicar. **-2.** [contre-attaquer] responder.

rire [rir] ◇ *nm* risa *f;* **éclater de** ~ echarse a reír; **c'est à mourir de** ~ *fig* es para morirse de risa. ◇ *vi* **-1.** [s'esclaffer] reír; ~ **de qqch/qqn** [se moquer] reírse de algo/de alguien. **-2.** [plaisanter] : **pour** ~ *fam* en broma.

risée [rize] *nf* burla *f;* **être la** ~ **de** ser el hazmerreír de.

risible [rizibl] *adj* risible.

risque [risk] *nm* [danger] riesgo *m;* **à tes** ~s **et périls** por tu cuenta y riesgo; **prendre des** OU **tous les** ~s arriesgarse.

risqué, e [riske] *adj* **-1.** [entreprise, expédition] arriesgado(da). **-2.** [plaisanterie] atrevido(da).

risquer [riske] *vt* **-1.** [gén] arriesgar; ~ **qqch** arriesgarse a algo; ~ **de faire qqch** correr el riesgo de hacer algo. **-2.** [tenter] aventurar. ◆ **se risquer** *vp* arriesgarse; **se** ~ **à (faire) qqch** arriesgarse a (hacer) algo.

rite [rit] *nm* rito *m.*

rituel, elle [ritɥɛl] *adj* ritual. ◆ **rituel** *nm* ritual.

rivage [rivaʒ] *nm* orilla *f,* ribera *f.*

rival, e, aux [rival, o] *adj & nm, f* rival.

rivaliser [rivalize] *vi* : ~ **avec qqch/avec qqn** rivalizar OU competir con algo/con alguien.

rivalité [rivalite] *nf* rivalidad *f.*

rive [riv] *nf* orilla *f,* ribera *f.*

river [rive] *vt* **-1.** [rivet] remachar. **-2.** [fixer] : **être rivé à qqch** *fig* estar pegado(da) a algo.

riverain, e [rivrɛ̃, ɛn] *adj & nm, f* [de rivière] ribereño(ña); [de rue, de route] vecino(na).

rivet [rive] *nm* remache *m.*

rivière [rivjɛr] *nf* río *m.*

rixe [riks] *nf* riña *f.*

riz [ri] *nm* arroz *m.*

rizière [rizjɛr] *nf* arrozal *m.*

RMI (*abr de* **revenu minimum d'insertion**) *nm* ayuda estatal para la inserción social de personas sin ingresos.

RMiste [ɛremist] *nmf persona que cobra el RMI.*

RN (*abr de* **route nationale**) N.

robe [rɔb] *nf* **-1.** [de femme] vestido *m.* **-2.** [de magistrat] toga *f.* **-3.** [de cheval] pelaje *m.* **-4.** [de vin] color *m.*

robinet [rɔbinɛ] *nm* **-1.** [d'eau] grifo *m Esp,* canilla *f Amér;* ~ **mélangeur** grifo monomando. **-2.** [vanne d'eau, de gaz] llave *f.*

robinetterie [rɔbinɛtri] *nf* grifería *f.*

robot [rɔbo] *nm* robot *m*.

robotique [rɔbɔtik] *nf* robótica *f*.

robotisation [rɔbɔtizasjɔ̃] *nf* robotización *f*.

robuste [rɔbyst] *adj* robusto(ta).

robustesse [rɔbystɛs] *nf* robustez *f*.

roc [rɔk] *nm* roca *f*.

rocade [rɔkad] *nf* desvío *m*.

rocaille [rɔkaj] *nf* **-1.** [cailloux] guijarros *mpl*; [terrain] pedregal *m*. **-2.** [dans un jardin] rocalla *f*. **-3.** [style] *estilo Luis XV*.

rocailleux, euse [rɔkajø, øz] *adj* **-1.** [terrain] pedregoso(sa). **-2.** *fig* [voix] ronco(ca).

rocambolesque [rɔkãbɔlɛsk] *adj* rocambolesco(ca).

roche [rɔʃ] *nf* roca *f*.

rocher [rɔʃe] *nm* **-1.** [bloc] peñasco *m*; [de Gibraltar] peñón *m*. **-2.** [matière] roca *f*. **-3.** *fig* [confiserie] *golosina con forma de roca*.

rocheux, euse [rɔʃø, øz] *adj* rocoso(sa).

rock [rɔk] *adj & nm* rock.

rodage [rɔdaʒ] *nm* rodaje *m*; **en ~** en rodaje.

rodé, e [rɔde] *adj* rodado(da).

rodéo [rɔdeo] *nm* **-1.** [jeu] rodeo *m*. **-2.** *fig & iron* [chose difficile] odisea *f*.

rôder [rode] *vi* merodear, rondar.

rôdeur, euse [rodœr, øz] *nm, f* merodeador *m*, -ra *f*.

rogne [rɔɲ] *nf fam* cabreo *m*; **être en ~** estar cabreado(da); **se mettre en ~** cabrearse.

rogner [rɔɲe] *vt* **-1.** [livre, ongles] cortar. **-2.** [montant] recortar; **~ sur qqch** recortar algo.

roi [rwa] *nm* rey *m*; **tirer les ~s** *comer el roscón de reyes el 6 de enero*.

rôle [rol] *nm* papel *m* (*personaje, función*).

rôle-titre *nm* papel *m* protagonista.

ROM, Rom [rɔm] (*abr de* **read only memory**) *nf* ROM *f*.

roman, e [rɔmã, an] *adj* románico(ca). ◆ **roman** *nm* [gén] novela *f*.

romance [rɔmãs] *nf* romanza *f*.

romancier, ère [rɔmãsje, ɛr] *nm, f* novelista *mf*.

romanesque [rɔmanɛsk] *adj* novelesco(ca).

roman-feuilleton *nm* folletín *m*.

roman-photo *nm* fotonovela *f*.

romantique [rɔmãtik] *adj & nmf* romántico(ca).

romantisme [rɔmãtism] *nm* romanticismo *m*.

romarin [rɔmarɛ̃] *nm* romero *m*.

Rome [rɔm] *n* Roma.

rompre [rɔ̃pr] ◇ *vt* **sout** [gén] romper; [pain] partir. ◇ *vi* **-1.** [casser] romperse. **-2.** *fig* [se séparer de] : **~ avec qqn** romper con alguien. ◆ **se rompre** *vp* romperse; **se ~ qqch** romperse algo.

rompu, e [rɔ̃py] *pp* → **rompre**.

ronce [rɔ̃s] *nf* **-1.** [arbuste] zarza *f*. **-2.** [ébénisterie] veta *f*.

rond, e [rɔ̃, rɔ̃d] *adj* **-1.** [gén] redondo(da). **-2.** *fam* [ivre] trompa. ◆ **rond** *nm* **-1.** [cercle] círculo *m*. **-2.** [anneau] aro *m*. **-3.** *fam* [argent] : **ne pas avoir un ~** no tener un duro.

ronde [rɔ̃d] *nf* **-1.** [de surveillance] ronda *f*. **-2.** [danse] corro *m*. **-3.** MUS [note] redonda *f*. ◆ **à la ronde** *loc adv* a la redonda.

rondelle [rɔ̃dɛl] *nf* **-1.** [de saucisson] rodaja *f*. **-2.** [de métal] arandela *f*.

rondement [rɔ̃dmã] *adv* eficazmente.

rondeur [rɔ̃dœr] *nf* **-1.** [forme] redondez *f*. **-2.** [partie charnue] curva *f*. **-3.** [de caractère] franqueza *f*.

rond-point *nm* glorieta *f*.

ronflant, e [rɔ̃flã, ãt] *adj péj* rimbombante.

ronflement [rɔ̃fləmã] *nm* **-1.** [de dormeur] ronquido *m*. **-2.** [de poêle, de moteur] zumbido *m*.

ronfler [rɔ̃fle] *vi* **-1.** [personne] roncar. **-2.** [poêle, moteur] zumbar.

ronger [rɔ̃ʒe] *vt* **-1.** [os] roer; [bois] carcomer. **-2.** [détruire peu à peu, miner] corroer. ◆ **se ronger** *vp* : **se ~ les ongles** morderse las uñas.

ronronner [rɔ̃rɔne] *vi* **-1.** [chat] ronronear. **-2.** [moteur] zumbar.

rosace [rozas] *nf* rosetón *m*.

rose [roz] ◇ *nf* [fleur] rosa *f*. ◇ *nm* [couleur] rosa *m*. ◇ *adj* rosa.

rosé, e [roze] *adj* rosado(da). ◆ **rosé** *nm* [vin] rosado *m*. ◆ **rosée** *nf* rocío *m*.

roseau, x [rozo] *nm* caña *f* (*planta*).

rosier [rozje] *nm* rosal *m*.

rosir [rozir] ◇ *vt* sonrosar. ◇ *vi* sonrosarse.

rosser [rɔse] *vt* vapulear.

rossignol [rɔsiɲɔl] *nm* **-1.** [oiseau] ruiseñor *m*. **-2.** [passe-partout] ganzúa *f*.

rot [ro] *nm* eructo *m*.

rotatif, ive [rɔtatif, iv] *adj* rotativo(va).

rotation [rɔtasjɔ̃] *nf* rotación *f*.

roter [rɔte] *vi fam* eructar.

rôti, e [roti] *adj* CULIN asado(da). ◆ **rôti** *nm* CULIN asado *m*.

rotin [rɔtɛ̃] *nm* mimbre *m*.

rôtir [rotir] ◇ *vt* CULIN asar. ◇ *vi* asarse.

rôtisserie [rotisri] *nf* asador *m (establecimiento)*.

rotonde [rɔtɔ̃d] *nf* rotonda *f*.

rotule [rɔtyl] *nf* rótula *f*.

rouage [rwaʒ] *nm* rueda *f*. ◆ **rouages** *nmpl* engranajes *mpl*.

rouble [rubl] *nm* rublo *m*.

roucouler [rukule] ◇ *vt* tararear. ◇ *vi* arrullarse.

roue [ru] *nf* -1. [gén] rueda *f*; **un deux-~s** un dos ruedas; **~ de secours** rueda de repuesto. -2. [de loterie] ruleta *f*.

rouer [rwe] *vt* : **~ qqn de qqch** moler a alguien a algo.

rouge [ruʒ] ◇ *adj* rojo(ja). ◇ *nm* -1. [couleur] rojo *m*. -2. [émotion] : **le ~ lui monta aux joues** se puso colorado(da). -3. *fam* [vin] tinto *m*. -4. [fard] colorete *m*; **~ à joues** colorete; **~ à lèvres** barra *f* OU lápiz *m* de labios. ◇ *nmf vieilli* [communiste] rojo *m*, -ja *f*.

rougeâtre [ruʒatr] *adj* rojizo(za).

rouge-gorge *nm* petirrojo *m*.

rougeole [ruʒɔl] *nf* sarampión.

rougeoyer [ruʒwaje] *vi* enrojecer.

rougeur [ruʒœr] *nf* [gén] rojez *f*; [de honte] rubor *m*.

rougir [ruʒir] ◇ *vt* enrojecer. ◇ *vi* -1. [arbre, feuille, ciel] enrojecer. -2. [personne] : **~ de qqch** ruborizarse por algo.

rougissant, e [ruʒisã, ãt] *adj* [gén] enrojecido(da); [de honte] ruborizado(da).

rouille [ruj] ◇ *nf* -1. [oxyde] herrumbre *f*, óxido *m*. -2. CULIN *salsa roja a base de guindillas que acompaña la sopa de pescado y la bullabesa*. ◇ *adj inv* [couleur] rojizo(za).

rouiller [ruje] ◇ *vt* oxidar. ◇ *vi* oxidarse. ◆ **se rouiller** *vp* oxidarse.

roulade [rulad] *nf* -1. [galipette] voltereta *f*. -2. [col] rollo *m* de carne.

roulé, e [rule] *adj* -1. [col] vuelto(ta). -2. LING vibrante.

rouleau, x [rulo] *nm* -1. [cylindre] rollo *m*; [de monnaie] cartucho *m*. -2. [de peintre, de pâtissier] rodillo *m*. -3. [bigoudi] rulo *m*. -4. [brisant] rompiente *f*. ◆ **rouleau compresseur** *nm* apisonadora *f*.

roulement [rulmã] *nm* -1. [gén] rodamiento *m*. -2. [de personnel, de hanches]

rotación *f*. -3. [de tambour] redoble *m*. -4. FIN [circulation] circulación *f*. ◆ **roulement de tonnerre** *nm* trueno *m*.

rouler [rule] ◇ *vt* -1. [tonneau] rodar. -2. [tapis] enrollar; [cigarette] liar. -3. LING hacer vibrar. -4. *fig* [projets, pensées] darle vueltas a. -5. *fam* [duper] timar. ◇ *vi* -1. [ballon] rodar. -2. [véhicule, argent] circular. -3. [automobiliste] conducir *Esp*, manejar *Amér.* -4. [bateau] balancearse. -5. [tonnerre] resonar. -6. [conversation] : **~ sur qqch/sur qqn** girar sobre algo/sobre alguien. ◆ **se rouler** *vp* revolcarse.

roulette [rulɛt] *nf* -1. [petite roue] ruedecilla *f*. -2. [de dentiste] torno *m*. -3. [jeu] ruleta *f*.

roulis [ruli] *nm* balanceo *m*.

roulotte [rulɔt] *nf* -1. [de gitan] caravana *f*. -2. [de tourisme] roulotte *f*, caravana *f*.

roumain, e [rumɛ̃, ɛn] *adj* rumano(na). ◆ **roumain** *nm* LING rumano *m*. ◆ **Roumain, e** *nm, f* rumano *m*, -na *f*.

rouquin, e [rukɛ̃, in] *adj & nm, f fam* pelirrojo(ja).

rouspéter [ruspete] *vi fam* refunfuñar.

rousseur [rusœr] *nf* rubicundez *f (del pelo)*.

routage [rutaʒ] *nm* [de journaux] envío *m*, expedición *f*.

route [rut] *nf* -1. [gén] carretera *Esp*, carretero *m Amér.* -2. [des épices, de la soie] ruta *f*. -3. [itinéraire] camino *m*. -4. NAVIG rumbo *m*. -5. *loc* : **en ~!** ¡en marcha!; **mettre en ~** poner en marcha; *fig* tenerse en pie.

routier, ère [rutje, ɛr] *adj* [carte, relais] de carreteras; [circulation] por carretera, viario(a). ◆ **routier** *nm* -1. [chauffeur] camionero *m*, -ra *f*. -2. [restaurant] restaurante *m* de camioneros.

routine [rutin] *nf* rutina *f*.

routinier, ère [rutinje, ɛr] *adj* rutinario(ria).

rouvrir [ruvrir] *vt* [porte] volver a abrir; [débat] reabrir. ◆ **se rouvrir** *vp* volverse a abrir.

roux, rousse [ru, rus] ◇ *adj* -1. [cheveux] pelirrojo(ja). -2. [feuille] rojizo(za). -3. [sucre] moreno(na). ◇ *nm, f* [personne] pelirrojo *m*, -ja *f*. ◆ **roux** *nm* -1. [couleur] rojizo *m*. -2. CULIN *salsa a base de harina y mantequilla muy cocida*.

royal, e, aux [rwajal, o] *adj* -1. [de roi] real. -2. [magnifique] regio(gia).

royaliste [ʀwajalist] *adj & nmf* monárquico(ca).

royaume [ʀwajom] *nm* -1. [gén] reino *m*. -2. *fig* [domaine] reino *m* personal.

Royaume-Uni [ʀwajomyni] *n* : **le** ~ el Reino Unido.

royauté [ʀwajote] *nf* -1. [fonction] realeza *f*. -2. [régime] monarquía *f*.

RPR (*abr de* **Rassemblement pour la République**) *nm* *partido político francés a la derecha del espectro político*.

RSVP (*abr de* **répondez s'il vous plaît**) SRC.

rte (*abr de* **route**) C.

ruade [ʀyad] *nf* coz *f*.

ruban [ʀybɑ̃] *nm* -1. [gén] cinta *f*. -2. [décoration] condecoración *f*.

rubéole [ʀybeɔl] *nf* MÉD rubéola *f*.

rubis [ʀybi] ◇ *adj inv* [couleur] rubí (*en aposición*). ◇ *nm* [gén] rubí *m*.

rubrique [ʀybʀik] *nf* -1. [chronique] sección *f*. -2. [dans un classement] rúbrica *f*.

ruche [ʀyʃ] *nf* -1. [d'abeilles] colmena *f*. -2. *fig* [endroit animé] hormiguero *m*.

rude [ʀyd] *adj* -1. [étoffe, surface] basto(ta). -2. [voix, son] bronco(ca). -3. [personne, mot, manières] brusco(ca). -4. [hiver, épreuve, traits] duro(ra). -5. [appétit] imponente.

rudesse [ʀydɛs] *nf* rudeza *f*.

rudimentaire [ʀydimɑ̃tɛʀ] *adj* rudimentario(ria).

rudoyer [ʀydwaje] *vt* tratar rudamente.

rue [ʀy] *nf* calle *f*.

ruée [ʀɥe] *nf* estampida *f* (*carrera*).

ruelle [ʀɥɛl] *nf* callejón *m*, callejuela *f*.

ruer [ʀɥe] *vi* cocear. ◆ **se ruer** *vp* : **se ~ sur qqch/sur qqn** abalanzarse sobre algo/sobre alguien.

rugby [ʀygbi] *nm* rugby *m*.

rugir [ʀyʒiʀ] ◇ *vi* rugir. ◇ *vt* proferir.

rugissement [ʀyʒismɑ̃] *nm* rugido *m*.

rugosité [ʀygozite] *nf* rugosidad *f*.

rugueux, euse [ʀygø, øz] *adj* rugoso(sa).

ruine [ʀɥin] *nf* ruina *f*.

ruiner [ʀɥine] *vt* arruinar. ◆ **se ruiner** *vp* arruinarse.

ruineux, euse [ʀɥinø, øz] *adj* ruinoso(sa).

ruisseau, x [ʀɥiso] *nm* -1. [cours d'eau] arroyo *m* *Esp*, quebrada *f* *Amér*. -2. *sout* [de larmes] río *m*.

ruisseler [ʀɥisle] *vi* chorrear.

rumeur [ʀymœʀ] *nf* rumor *m* *Esp*, bola *f* *Amér*; ~ **publique** rumor general.

ruminer [ʀymine] *vt* -1. [suj : animal] rumiar. -2. [projet, souvenirs] dar vueltas a.

rupture [ʀyptyʀ] *nf* -1. [cassure, panne] rotura *f*. -2. *fig* [changement, annulation, brouille] ruptura *f*.

rural, e, aux [ʀyʀal, o] ◇ *adj* rural. ◇ *nm, f* campesino *m*, -na *f*.

ruse [ʀyz] *nf* -1. [habileté sournoise] astucia *f*. -2. [subterfuge] ardid *m*.

rusé, e [ʀyze] *adj & nm, f* astuto(ta) *Esp*, abusado(da) *Amér*.

Russie [ʀysi] *nf* : **la** ~ Rusia.

Rustine® [ʀystin] *nf* parche *m* (*para cámara de aire de bicicleta*).

rustique [ʀystik] ◇ *adj* rústico(ca). ◇ *nm* estilo *m* rústico.

rustre [ʀystʀ] *adj & nmf* *péj* patán(ana).

rutilant, e [ʀytilɑ̃, ɑ̃t] *adj* rutilante.

R-V *abr de* **rendez-vous**.

rythme [ʀitm] *nm* ritmo *m*; **en** ~ con ritmo.

rythmique [ʀitmik] *adj* rítmico(ca).

S

s[1], **S** [ɛs] *nm* -1. [lettre] s *f*, S *f*. -2. [forme] : **en** ~ en forma de S. ◆ **S** (*abr de* **sud**) S.

s[2] (*abr de* **seconde**) s.

s' → **se**.

SA (*abr de* **société anonyme**) *nf* SA *f*.

sabbatique [sabatik] *adj* sabático(ca).

sable [sabl] ◇ *nm* arena *f*; ~**s mouvants** arenas movedizas. ◇ *adj inv* [couleur] arena (*en aposición*).

sablé, e [sable] *adj* -1. [route] enarenado(da), arenado(da). -2. CULIN de textura arenosa. ◆ **sablé** *nm* CULIN ≃ polvorón *m*.

sabler [sable] *vt* -1. [route] enarenar, arenar. -2. [façade] arenar.

sablier [sablije] *nm* reloj *m* de arena.

sabot [sabo] *nm* -1. [chaussure] zueco *m*. -2. [d'animal – gén] pezuña *f*; [– de cheval] casco *m*. -3. AUTOM cepo *m*.

sabotage [sabɔtaʒ] *nm* **-1.** [destruction volontaire] sabotaje *m.* **-2.** *fig* [bâclage] chapuza *f.*

saboter [sabɔte] *vt* **-1.** [faire échouer] sabotear. **-2.** *fig* [bâcler] chapucear.

saboteur, euse [sabɔtœr, øz] *nm, f* **-1.** MIL saboteador *m*, -ra *f.* **-2.** [bâcleur] chapucero *m*, -ra *f.*

sabre [sabr] *nm* sable *m.*

sac [sak] *nm* **-1.** [gén] saco *m*; [en papier, en plastique] bolsa *f*; ~ **à main** bolso *m* de mano. **-2.** *fam* [dix francs] diez francos *mpl.* **-3.** *sout* [pillage] saqueo *m.* ◆ **sac de couchage** *nm* saco *m* de dormir *Esp*, bolsa *f Amér.*

saccade [sakad] *nf* sacudida *f.*

saccadé, e [sakade] *adj* [respiration, bruit] entrecortado(da); [geste] brusco(ca).

saccage [sakaʒ] *nm* saqueo *m.*

saccager [sakaʒe] *vt* **-1.** [piller] saquear. **-2.** [dévaster] destrozar.

sacerdoce [saserdɔs] *nm* sacerdocio *m.*

sachet [saʃɛ] *nm* [de bonbons, de thé] bolsita *f*; [de lavande] saquito *m.*

sacoche [sakɔʃ] *nf* **-1.** [d'écolier] cartera *f*; [de médecin] maletín *m.* **-2.** [de cycliste] serón *m.*

sac-poubelle (*pl* **sacs-poubelle**) *nm* bolsa *f* de basura.

sacre [sakr] *nm* **-1.** [de roi, d'empereur] coronación *f.* **-2.** RELIG [d'évêque] consagración *f.*

sacré, e [sakre] *adj* **-1.** [gén] sagrado(da). **-2.** RELIG [art] sacro(cra). **-3.** *fam* [maudit] dichoso(sa).

sacrement [sakramã] *nm* RELIG sacramento *m.*

sacrer [sakre] *vt* **-1.** [roi] coronar. **-2.** [évêque] consagrar. **-3.** *fig* [déclarer] proclamar.

sacrifice [sakrifis] *nm* sacrificio *m*; **faire un** ~/**des** ~**s** hacer un sacrificio/sacrificios.

sacrifié, e [sakrifje] *adj* sacrificado(da).

sacrifier [sakrifje] *vt* sacrificar; ~ **qqch pour faire qqch** sacrificar algo para hacer algo; ~ **qqch/qqn à qqch/à qqn** sacrificar algo/a alguien a algo/a alguien. ◆ **se sacrifier** *vp* : **se** ~ **à** OU **pour qqch** sacrificarse por algo; **se** ~ **pour qqn** sacrificarse por alguien.

sacrilège [sakrilɛʒ] ⋄ *adj & nmf* sacrílego(ga). ⋄ *nm* sacrilegio *m.*

sacristain [sakristɛ̃] *nm* sacristán *m.*

sacristie [sakristi] *nf* sacristía *f.*

sadique [sadik] *adj & nmf* sádico(ca).

sadisme [sadism] *nm* sadismo *m.*

safari [safari] *nm* safari *m.*

safari-photo *nm* safari *m* fotográfico.

saga [saga] *nf* saga *f.*

sage [saʒ] ⋄ *adj* **-1.** [avisé] prudente, sensato(ta). **-2.** [docile] tranquilo(la); **sois** ~! ¡pórtate bien! **-3.** [chaste] decente. **-4.** [discret] sensato(ta). ⋄ *nm* sabio *m*, -bia *f.*

sage-femme *nf* comadrona *f.*

sagesse [saʒɛs] *nf* **-1.** [bon sens] sensatez *f.* **-2.** [docilité] tranquilidad *f.* **-3.** [connaissance] sabiduría *f.*

Sagittaire [saʒiter] *nm* ASTROL Sagitario *m*; **être** ~ ser Sagitario; **être né sous le signe du** ~ haber nacido bajo el signo de Sagitario.

Sahara [saara] *nm* : **le** ~ el Sáhara; **le** ~ **occidental** el Sáhara Occidental.

saignant, e [sɛɲã, ãt] *adj* **-1.** [blessure] sanguinoliento(ta). **-2.** CULIN [viande] poco hecho(cha). **-3.** *fam fig* [critique, discussion] sangriento(ta).

saignement [sɛɲmã] *nm* hemorragia *f.*

saigner [seɲe] ⋄ *vt* **-1.** [financièrement & MÉD] sangrar. **-2.** [animal] degollar. ⋄ *vi* sangrar.

saillant, e [sajã, ãt] *adj* **-1.** [muscle] prominente; [yeux] saltón(ona). **-2.** *fig* [événement] destacado(da).

sain, e [sɛ̃, sɛn] *adj* sano(na); ~ **et sauf** sano y salvo.

saint, e [sɛ̃, sɛ̃t] ⋄ *adj* **-1.** [gén] santo(ta). **-2.** [extrême] imponente, fabuloso(sa). ⋄ *nm, f* santo *m*, -ta *f.* ◆ **Sainte Famille** *nf* : **la Sainte Famille** la Sagrada Familia.

sainteté [sɛ̃tte] *nf* santidad *f.*

Saint-Jacques-de-Compostelle [sɛ̃ʒakdəkɔ̃pɔstɛl] *n* Santiago de Compostela.

Saint-Père [sɛ̃pɛr] *nm* RELIG Santo Padre *m.*

Saint-Pétersbourg [sɛ̃petɛrsbur] *n* San Petersburgo.

saisie [sezi] *nf* **-1.** JUR embargo *m.* **-2.** [de journal] secuestro *m.* **-3.** INFORM grabación *f*, mecanografía *f*; **erreur de** ~ error de mecanografía.

saisir [sezir] *vt* **-1.** [outil, personne] coger. **-2.** *fig* [occasion, prétexte] agarrarse a. **-3.** JUR embargar. **-4.** [journal] secuestrar. **-5.** INFORM grabar. **-6.** [comprendre] captar. **-7.** *sout* [suj : sensation, émotion] invadir. **-8.**

[surprendre] sorprender. **–9.** CULIN cocinar a fuego vivo. ◆ **se saisir** *vp* [prendre] : **se ~ de qqch/de qqn** coger algo/a alguien.

saisissant, e [sezisā, āt] *adj* **–1.** [spectacle, ressemblance] sobrecogedor(ra). **–2.** [froid] penetrante.

saison [sɛzɔ̃] *nf* **–1.** [division de l'année] estación *f*. **–2.** [époque] temporada *f*; **hors ~** fuera de temporada; **la basse** OU **morte ~** la temporada baja OU de calma; **la haute ~** la temporada alta.

saisonnalité [sɛzɔnalite] *nf* estacionalidad *f*.

saisonnier, ère [sezɔnje, ɛr] ◇ *adj* de temporada. ◇ *nm, f* temporero *m*, -ra *f*.

salace [salas] *adj sout* salaz.

salade [salad] *nf* **–1.** [plante] lechuga *f*. **–2.** [plat froid] ensalada *f*. **–3.** *fam* [affaire confuse] follón *m*. **–4.** *fam* [mensonge] bola *f*.

saladier [saladje] *nm* ensaladera *f*.

salaire [salɛr] *nm* **–1.** [rémunération] sueldo *m*, salario *m*; **~ de base** sueldo OU salario base; **~ brut/net** salario bruto/neto. **–2.** [récompense] recompensa *f*, premio *m*.

salant [salā] *adj m* salino(na).

salarial, e, aux [salarjal, o] *adj* salarial.

salarié, e [salarje] ◇ *adj* **–1.** [personne] asalariado(da). **–2.** [travail] remunerado(da). ◇ *nm, f* asalariado *m*, -da *f*.

salaud [salo] *vulg* ◇ *nm péj* cabrón *m Esp*, concha de su madre *m Amér*. ◇ *adj m* : **c'est ~** es una putada.

sale [sal] *adj* **–1.** [gén] sucio(cia). **–2.** [déplaisant] desagradable. **–3.** *péj* [maudit] dichoso(sa), maldito(ta) *Esp*, pinche *Amér*. **–4.** *fam* [détestable] cacho; **un ~ coup** un cacho golpe.

salé, e [sale] *adj* **–1.** [gén] salado(da). **–2.** [histoire] picante. **–3.** *fam* [addition, note] hinchado(da).

saler [sale] *vt* **–1.** [aliment, plat] salar. **–2.** [route] echar sal a. **–3.** *fam* [addition, note] cargar la mano en.

saleté [salte] *nf* **–1.** [gén] porquería *f*; **faire des ~** dejarlo todo hecho una porquería. **–2.** [malpropreté] suciedad *f*. **–3.** [action vile] perrería *f*; **faire une ~ à qqn** hacer una perrería a alguien. **–4.** *fam péj* [salopard] puerco *m*, -ca *f*.

salir [salir] *vt* **–1.** [souiller] ensuciar *Esp*, enchastrar *Amér*. **–2.** *fig* [réputation, honneur, personne] ensuciar, manchar.

salissant, e [salisā, āt] *adj* sucio(cia).

salive [saliv] *nf* saliva *f*.

saliver [salive] *vi* salivar; **il salive d'avance** se le hace la boca agua.

salle [sal] *nf* sala *f*; **~ d'attente** sala de espera; **~ de bains** OU **d'eau** cuarto *m* de baño OU de aseo; **~ de cinéma** sala de cine; **~ d'embarquement** sala de embarque; **~ d'opération** quirófano *m*, sala de operaciones; **~ non-fumeurs** sala para no fumadores.

salon [salɔ̃] *nm* salón *m*.

salope [salɔp] *nf vulg péj* guarra *f*.

saloperie [salɔpri] *nf tfam* guarrada *f*.

salopette [salɔpɛt] *nf* [vêtement] (pantalón de) peto *m*; [de travail] mono *m*.

saltimbanque [saltɛ̃bāk] *nmf* saltimbanqui *mf*.

salubre [salybr] *adj* salubre.

salubrité [salybrite] *nf* salubridad *f*.

saluer [salɥe] *vt* saludar. ◆ **se saluer** *vp* saludarse.

salut [saly] ◇ *nm* **–1.** [geste, révérence] saludo *m*. **–2.** [sauvegarde & RELIG] salvación *f*. ◇ *interj fam* [bonjour] ¡hola!; [au revoir] ¡adiós!

salutaire [salytɛr] *adj* saludable.

salutation [salytasjɔ̃] *nf* RELIG saludo *m*. ◆ **salutations** *nfpl* [formule de politesse] : **veuillez agréer mes ~s distinguées** le saluda atentamente.

Salvador [salvadɔr] *nm* : **le ~** El Salvador.

salvadorien, enne [salvadɔrjɛ̃, ɛn] *adj* salvadoreño(ña). ◆ **Salvadorien, enne** *nm, f* salvadoreño *m*, -ña *f*.

salve [salv] *nf* salva *f*.

samedi [samdi] *nm* [jour] sábado *m*; **~ dernier** el sábado pasado; **~ prochain** el sábado que viene, el próximo sábado.

SAMU, Samu [samy] (*abr de* **service d'aide médicale d'urgence**) *nm* servicio móvil de urgencias médicas.

sanatorium [sanatɔrjɔm] *nm* sanatorio *m* antituberculoso.

sanctifier [sāktifje] *vt* santificar.

sanction [sāksjɔ̃] *nf* **–1.** [gén] sanción *f*; **prendre des ~s contre qqn** sancionar a alguien. **–2.** *fig* [conséquence] castigo *m*.

sanctionner [sāksjɔne] *vt* sancionar.

sanctuaire [sāktɥɛr] *nm* santuario *m*.

sandale [sādal] *nf* sandalia *f*.

sandalette [sādalɛt] *nf* sandalia *f*.

sandwich [sādwitʃ] (*pl* **sandwiches** OU **sandwichs**) *nm* [gén] bocadillo *m*; [de pain de mie] sandwich *m*.

sang [sɑ̃] *nm* [gén] sangre *f.*

sang-froid *nm inv* sangre fría; **de ~** a sangre fría; **conserver** OU **garder son ~** conservar la calma; **perdre son ~** perder los estribos OU la calma.

sanglant, e [sɑ̃glɑ̃, ɑ̃t] *adj* **-1.** [épée, surface] ensangrentado(da). **-2.** [meurtrier, affront] sangriento(ta).

sangle [sɑ̃gl] *nf* [de selle] cincha *f*; [de parachutiste, de siège, de lit] correa *f.*

sangler [sɑ̃gle] *vt* [cheval] cinchar; [colis] atar.

sanglier [sɑ̃glije] *nm* jabalí *m.*

sanglot [sɑ̃glo] *nm* sollozo *m*; **éclater en ~s** romper OU prorrumpir en sollozos.

sangloter [sɑ̃glɔte] *vi* sollozar.

sangsue [sɑ̃sy] *nf* **-1.** ZOOL & *fig* sanguijuela *f.* **-2.** *fam fig* [personne importune] lapa *f.*

sanguin, e [sɑ̃gɛ̃, in] *adj* **-1.** [tempérament & ANAT] sanguíneo(a). **-2.** [visage] colorado(da). **-3.** [orange] sanguino(na).

sanguinaire [sɑ̃ginɛr] *adj* sanguinario(ria).

Sanisette® [sanizɛt] *nf fam aseos públicos automáticos.*

sanitaire [sanitɛr] *adj* sanitario(ria). ◆ **sanitaires** *nmpl* servicios *mpl.*

sans [sɑ̃] ◇ *prép* sin; **être ~...** no tener ningún(ninguna)...; **elle est ~ charme** no tiene ningún encanto; **~** *(+ infinitif)* sin *(+ infinitivo)*; **~ faire un effort** sin hacer ningún esfuerzo. ◇ *adv* : **passe-moi mon manteau, je ne peux pas sortir ~** dame mi abrigo, no puedo salir sin él. ◆ **sans plus** *loc adv* sin más. ◆ **sans quoi** *loc adv* : **prête-moi de l'argent, ~ quoi je ne pourrai pas payer** préstame dinero, si no no podré pagar. ◆ **sans que** *loc conj* : **~ que tu le saches** sin que lo sepas.

sans-abri [sɑ̃zabri] *nmf inv* : **les ~** los sin techo OU hogar.

San Salvador [sɑ̃salvadɔr] *n* San Salvador.

sans-emploi [sɑ̃zɑ̃plwa] *nmf inv* parado *m*, -da *f.*

sans-gêne ◇ *adj inv & nmf inv* descarado(da). ◇ *nm inv* descaro *m inv*; **il est d'un ~!** ¡tiene una cara!

santé [sɑ̃te] *nf* **-1.** [gén] salud *f*; **à ta ~!** ¡a tu salud! **-2.** ADMIN sanidad *f.*

santon [sɑ̃tɔ̃] *nm* figurita *f* del belén.

saoul = soûl.

saouler = soûler.

sapeur-pompier [sapœrpɔ̃pje] *nm* bombero *m.*

saphir [safir] *nm* **-1.** [pierre] zafiro *m.* **-2.** [aiguille de tourne-disque] aguja *f.*

sapin [sapɛ̃] *nm* **-1.** [arbre] abeto *m*; **~ de Noël** árbol de Navidad. **-2.** [bois] pino *m.*

sarabande [sarabɑ̃d] *nf* **-1.** [danse & MUS] zarabanda *f.* **-2.** *fam* [vacarme] estrépito *m.*

sarcasme [sarkasm] *nm* sarcasmo *m.*

sarcastique [sarkastik] *adj* sarcástico(ca).

sarcler [sarkle] *vt* escardar, sachar.

sarcophage [sarkɔfaʒ] *nm* sarcófago *m.*

Sardaigne [sardɛɲ] *nf* : **la ~** Cerdeña *f.*

sardine [sardin] *nf* sardina *f.*

SARL, Sarl (*abr de* **société à responsabilité limitée**) *nf* SL *f*; **Leduc, ~** Leduc, SL.

sarment [sarmɑ̃] *nm* **-1.** [de vigne] sarmiento *m.* **-2.** [tige] zarcillo *m.*

sas [sas] *nm* **-1.** NAVIG & AÉRON compartimiento *m* estanco. **-2.** [d'écluse] cámara *f.* **-3.** [tamis] cedazo *m*, tamiz *m.*

satanique [satanik] *adj* satánico(ca).

satelliser [satelize] *vt* satelizar.

satellite [satelit] *nm* satélite *m*; **par ~** vía satélite.

satiété [sasjete] *nf* : **à ~** hasta la saciedad.

satin [satɛ̃] *nm* satén *m*, raso *m.*

satiné, e [satine] *adj* [tissu] satinado(da), de raso; [peau] terso(sa). ◆ **satiné** *nm* tersura *f.*

satire [satir] *nf* sátira *f.*

satirique [satirik] *adj* satírico(ca).

satisfaction [satisfaksjɔ̃] *nf* satisfacción *f.*

satisfaire [satisfɛr] *vt* satisfacer. ◆ **se satisfaire** *vp* : **~ de qqch** contentarse con algo.

satisfaisant, e [satisfəzɑ̃, ɑ̃t] *adj* satisfactorio(ria).

satisfait, e [satisfɛ, ɛt] *adj* satisfecho(cha); **être ~ de qqch** [être content de] estar satisfecho de algo; [se contenter de] estar satisfecho con algo.

saturation [satyrasjɔ̃] *nf* saturación *f.*

saturé, e [satyre] *adj* saturado(da).

satyre [satir] *nm* sátiro *m.*

sauce [sos] *nf* salsa *f*; **en ~** con salsa, en salsa.

saucisse [sosis] *nf* CULIN salchicha *f.*

saucisson [sosisɔ̃] *nm* CULIN salchichón *m.*

sauf [sof], **sauve** [sof, sov] *adj* **-1.** [personne] ileso(sa). **-2.** *fig* [honneur] intacto(ta).

sauf [sof] *prép* **-1.** [à l'exclusion de] salvo, excepto. **-2.** [sous réserve] salvo; **~ que** salvo OU excepto que.

sauf-conduit (*pl* **sauf-conduits**) *nm* salvoconducto *m*.

sauge [soʒ] *nf* **-1.** CULIN salvia *f*. **-2.** BOT [plante ornementale] salvia *f* de jardín.

saugrenu, e [sogrəny] *adj* descabellado(da).

saule [sol] *nm* sauce *m*; ~ **pleureur** sauce llorón.

saumon [somɔ̃] ◇ *nm* ZOOL salmón *m*. ◇ *adj inv* [couleur] salmón (*en aposición*).

saumoné, e [somɔne] *adj* asalmonado(da), salmonado(da).

sauna [sona] *nm* sauna *f*.

saupoudrer [supudre] *vt* : ~ **qqch de qqch** CULIN espolvorear algo con algo; *fig* [discours] salpicar algo con algo.

saut [so] *nm* salto *m*.

sauté, e [sote] *adj* CULIN salteado(da).

saute-mouton [sotmutɔ̃] *nm inv* : **jouer à** ~ jugar al potro.

sauter [sote] ◇ *vi* **-1.** [personne, plombs, bouchon] saltar. **-2.** [se précipiter – au cou] tirarse; [– dans les bras] echarse. **-3.** [exploser] saltar, estallar. **-4.** [chaîne de vélo] salirse. **-5.** *fam* [employé] saltar. **-6.** [être annulé] suspenderse. ◇ *vt* **-1.** [fossé, obstacle] saltar. **-2.** [page, repas, classe] saltarse.

sauterelle [sotrɛl] *nf* [grande] langosta *f Esp*, chapulín *m Amér*; [petite] saltamonte *m Esp*, chapulín *m Amér*.

sauteur, euse [sotœr, øz] ◇ *adj* [insecte] saltador(ra). ◇ *nm, f* [athlète] saltador *m*, -ra *f Esp*, clavadista *mf Amér*. ◆ **sauteur** *nm* [cheval] caballo *m* de saltos.

sautiller [sotije] *vi* dar saltitos.

sautoir [sotwar] *nm* **-1.** [bijou] collar *m* muy largo. **-2.** SPORT zona *f* de salto.

sauvage [sovaʒ] ◇ *adj* [gén] salvaje; [plante, fleur, fruit] agreste. ◇ *nmf* salvaje *mf*.

sauvagerie [sovaʒri] *nf* **-1.** [férocité] salvajismo *m*. **-2.** [insociabilité] huraña *f*. **-3.** [action] salvajada *f*.

sauve → **sauf**.

sauvegarde [sovgard] *nf* **-1.** [protection] salvaguardia *f*, salvaguarda *f*. **-2.** INFORM copia *f* de seguridad.

sauvegarder [sovgarde] *vt* **-1.** [protéger] salvaguardar. **-2.** INFORM salvar.

sauve-qui-peut [sovkipø] *nm inv* [débandade] desbandada *f*.

sauver [sove] *vt* **-1.** [gén] salvar; ~ **qqch/ qqn de qqch** salvar algo/a alguien de algo. **-2.** [racheter] compensar. ◆ **se sauver** *vp* [fuir] escaparse; **se** ~ **de qqch** [s'échapper] escaparse de algo.

sauvetage [sovtaʒ] *nm* rescate *m*, salvamento *m*; **de** ~ salvavidas.

sauveteur [sovtœr] *nm* salvador *m*.

sauvette [sovɛt] ◆ **à la sauvette** ◇ *loc adv* [à la hâte] deprisa y corriendo. ◇ *loc adj* [vente] callejero(ra).

savamment [savamɑ̃] *adv* **-1.** [avec érudition] sabiamente. **-2.** [avec habileté] hábilmente.

savane [savan] *nf* sabana *f*.

savant, e [savɑ̃, ɑ̃t] *adj* **-1.** [personne] erudito(ta), sabio(bia); [livre] erudito(ta). **-2.** [manœuvre] hábil. **-3.** [animal] amaestrado(da). ◆ **savant** *nm* científico *m*.

saveur [savœr] *nf* sabor.

savoir [savwar] ◇ *vt* **-1.** [gén] saber; **faire** ~ **qqch à qqn** hacer saber algo a alguien; **si j'avais su** si lo hubiera sabido, de haberlo sabido; ~ (+ *infinitif*) [avoir le don, la force de] saber (+ *infinitivo*); **elle sait se faire respecter** sabe hacerse respetar. **-2.** [avoir en mémoire] saberse. **-3.** *loc* : **en** ~ **long sur qqn/sur qqch** saber un rato de alguien/de algo. ◇ *nm* saber *m*. ◆ **à savoir** *loc adv* a saber.

savoir-faire *nm inv* destreza *f*.

savoir-vivre *nm inv* mundo *m*, mundología *f*.

savon [savɔ̃] *nm* **-1.** [matière] jabón *m*. **-2.** [pain] pastilla *f* de jabón. **-3.** *fam* [réprimande] rapapolvo *m*.

savonnette [savɔnɛt] *nf* jaboncillo *m*.

savourer [savure] *vt* saborear.

savoureux, euse [savurø, øz] *adj* sabroso(sa).

saxophone [saksɔfɔn] *nm* saxofón *m*.

saxophoniste [saksɔfɔnist] *nmf* saxofonista *mf*.

scabreux, euse [skabrø, øz] *adj* escabroso(sa).

scalpel [skalpɛl] *nm* escalpelo *m*.

scalper [skalpe] *vt* escalpar.

scandale [skɑ̃dal] *nm* escándalo *m*; **faire du** ~ armar (un) escándalo.

scandaleux, euse [skɑ̃dalø, øz] *adj* escandaloso(sa).

scandaliser [skɑ̃dalize] *vt* escandalizar. ◆ **se scandaliser** *vp* escandalizarse.

scander [skɑ̃de] *vt* [vers] escandir; [slogan] gritar.

scandinave [skãdinav] *adj* escandinavo(va). ◆ **Scandinave** *nmf* escandinavo *m*, -va *f*.

Scandinavie [skãdinavi] *nf* : **la** ∼ Escandinavia.

scanner[1] [skanɛr] *nm* escáner *m*.

scanner[2] [skane] *vt* **-1**. MÉD hacer un escáner a. **-2**. INFORM escanear.

scaphandre [skafãdr] *nm* escafandra *f*.

scarabée [skarabe] *nm* escarabajo *m*.

scatologique [skatɔlɔʒik] *adj* escatológico(ca).

sceau, x [so] *nm* sello *m*.

scélérat, e [selera, at] ◇ *adj* vieilli canallesco(ca). ◇ *nm, f* villano *m*, -na *f*.

sceller [sele] *vt* **-1**. CONSTR empotrar. **-2**. [acte, promesse] sellar. **-3**. JUR precintar. **-4**. [lettre] lacrar.

scénario [senarjo] *nm* **-1**. CIN, THÉÂTRE & LITTÉRATURE argumento *m*. **-2**. CIN [script] guión *m* Esp, libreto *m* Amér. **-3**. *fig* [déroulement prévu] ritual *m*.

scénariste [senarist] *nmf* guionista *mf*.

scène [sɛn] *nf* **-1**. [gén] escena *f*. **-2**. [estrade, décor de théâtre] escenario *m*; ∼ **de ménage** riña *f* conyugal.

scepticisme [sɛptisism] *nm* escepticismo *m*.

sceptique [sɛptik] *adj & nmf* escéptico(ca).

sceptre [sɛptr] *nm* cetro *m*.

schéma [ʃema] *nm* esquema *m*.

schématique [ʃematik] *adj* esquemático(ca).

schématiser [ʃematize] *vt* **-1**. [faire un schéma] hacer un esquema. **-2**. *péj* [généraliser] esquematizar.

schisme [ʃism] *nm* cisma *m*.

schizophrène [skizɔfrɛn] *adj & nmf* esquizofrénico(ca).

schizophrénie [skizɔfreni] *nf* esquizofrenia *f*.

sciatique [sjatik] ◇ *adj* ciático(ca). ◇ *nf* ciática *f*.

scie [si] *nf* **-1**. [outil] sierra *f*. **-2**. [rengaine] cantinela *f*.

sciemment [sjamã] *adv* a sabiendas, conscientemente.

science [sjãs] *nf* ciencia *f*; ∼**s humaines/ sociales** UNIV ciencias humanas/sociales.

science-fiction *nf* ciencia *f* ficción.

scientifique [sjãtifik] *adj & nmf* científico(ca).

scier [sje] *vt* **-1**. [couper] aserrar, serrar. **-2**. *fam* [stupéfier] dejar de una pieza.

scierie [siri] *nf* aserradero *m*, serrería *f*.

scinder [sɛ̃de] *vt* dividir. ◆ **se scinder** *vp* escindirse.

scintillement [sɛ̃tijmã] *nm* centelleo *m*.

scintiller [sɛ̃tije] *vi* centellear.

scission [sisjɔ̃] *nf* escisión *f*.

sciure [sjyr] *nf* serrín *m*.

sclérose [skleroz] *nf* esclerosis *f inv*; ∼ **en plaques** esclerosis múltiple OU en placas.

sclérosé, e [skleroze] *adj* **-1**. MÉD esclerótico(ca). **-2**. *fig* [administration] esclerotizado(da).

scléroser [skleroze] ◆ **se scléroser** *vp* **-1**. MÉD esclerosarse. **-2**. *fig* anquilosarse.

scolaire [skɔlɛr] *adj* escolar.

scolarisable [skɔlarizabl] *adj* en edad escolar.

scolarité [skɔlarite] *nf* **-1**. [études] estudios *mpl*. **-2**. [durée] escolaridad *f*.

scooter [skutœr] *nm* scooter *m* Esp, motoreta *f* Amér.

score [skɔr] *nm* SPORT & POLIT resultado *m*.

scorpion [skɔrpjɔ̃] *nm* ZOOL escorpión *m*, alacrán *m*. ◆ **Scorpion** *nm* Escorpión *m*.

scotch [skɔtʃ] *nm* whisky *m* escocés.

Scotch® [skɔtʃ] *nm* celo *m*.

scotcher [skɔtʃe] *vt* pegar con celo.

scout, e [skut] *adj* scout. ◆ **scout** *nm* scout *nm*.

Scrabble® [skrabl] *nm* scrabble® *m*.

scribe [skrib] *nm* **-1**. HIST escriba *m*. **-2**. *péj* [employé] chupatintas *m inv*.

script [skript] *nm* **-1**. [typo] letra *f* de imprenta. **-2**. CIN [scénario] guión *m* Esp, libreto *m* Amér.

scripte [skript] *nmf* CIN & TÉLÉ script *mf*.

scrupule [skrypyl] *nm* **-1**. [cas de conscience] escrúpulo *m*; **sans** ∼**s** sin escrúpulos. **-2**. [conscience] escrupulosidad *f*.

scrupuleux, euse [skrypylø, øz] *adj* escrupuloso(sa).

scrutateur, trice [skrytatœr, tris] *adj & nm, f* escrutador(ra).

scruter [skryte] *vt* **-1**. [horizon, pénombre] escrutar. **-2**. [motif, intention] indagar.

scrutin [skrytɛ̃] *nm* **-1**. [vote] escrutinio *m*. **-2**. [modalité] sistema *m* de votación; ∼ **majoritaire/proportionnel** sistema mayoritario/(de representación) proporcional.

sculpter [skylte] *vt* esculpir.

sculpteur [skyltœr] *nm* escultor *m*.

sculpture [skyltyr] *nf* escultura *f*.

se [sə], **s'** *(devant voyelle ou h muet) pron pers réfléchi* se; ~ **couper** cortarse.

séance [seās] *nf* **-1.** [gén] sesión *f*. **-2.** *fam* [scène] escena *f*.

seau, x [so] *nm* cubo *m* *Esp*, tacho *m* *Amér*; ~ **à champagne** champañera *f*.

sec, sèche [sɛk, sɛʃ] *adj* **-1.** [gén] seco(ca). **-2.** [raisin, figue] paso(sa). **-3.** [personne] enjuto(ta). ◆ **sec** *nm* [endroit sans humidité] : **tenir au** ~ guardar en un sitio seco; **être à** ~ [sans eau] estar seco(ca); *fam* [sans argent] estar pelado(da).

sécable [sekabl] *adj* divisible.

sécateur [sekatœr] *nm* tijeras *fpl* de podar, podadera *f*.

sécession [sesesjɔ̃] *nf* secesión *f*; **faire** ~ separarse.

sèche [sɛʃ] ◇ *adj* → **sec**. ◇ *nf fam* pitillo *m*.

sèche-cheveux [sɛʃʃəvø] *nm inv* secador *m*.

sèche-mains [sɛʃmɛ̃] *nm inv* secamanos *m inv* automático.

sèchement [sɛʃmā] *adv* secamente.

sécher [seʃe] ◇ *vt* **-1.** [gén] secar. **-2.** SCOL [cours] fumarse. ◇ *vi* **-1.** [gén] secarse. **-2.** SCOL [ne pas savoir répondre] estar pez.

sécheresse [sɛʃrɛs] *nf* **-1.** [gén] sequedad *f*. **-2.** [absence de pluie] sequía *f*.

séchoir [seʃwar] *nm* **-1.** [local] secadero *m*. **-2.** [appareil – tringles] tendedero *m*; [– électrique] secadora *f*; ~ **à cheveux** secador *m* de pelo.

second, e [səgɔ̃, ɔ̃d] *adj num & nm, f* segundo(da). ◆ **seconde** *nf* **-1.** [temps] segundo *m*. **-2.** SCOL [classe] ≃ segundo *m* de BUP. **-3.** [classe de transport & vitesse] segunda *f*.

secondaire [səgɔ̃dɛr] ◇ *adj* secundario(ria). ◇ *nm* : **le** ~ GÉOL & ÉCON el secundario; SCOL la (enseñanza) secundaria.

seconder [səgɔ̃de] *vt* secundar.

secouer [səkwe] *vt* [gén] sacudir *Esp*, remecer *Amér*; [flacon, bouteille] agitar. ◆ **se secouer** *vp fam*: **secoue-toi!** ¡espavila!, ¡muévete!

secourable [səkurabl] *adj* caritativo(va).

secourir [səkurir] *vt* socorrer.

secourisme [səkurism] *nm* socorrismo *m*.

secouriste [səkurist] *nmf* socorrista *mf*.

secours [səkur] *nm* **-1.** [aide] socorro *m*, auxilio *m*; **appeler au** ~ pedir socorro OU auxilio; **au** ~! ¡socorro!, ¡auxilio! **-2.**

[dons, renforts, soins] socorro *m*; **les premiers** ~ los primeros auxilios. ◆ **de secours** *loc adj* [poste] de socorro; [issue, sortie, porte] de emergencia; [roue] de recambio.

secouru, e [səkury] *pp* → **secourir**.

secousse [səkus] *nf* sacudida *f*.

secret, ète [səkrɛ, ɛt] *adj* secreto(ta). ◆ **secret** *nm* **-1.** [gén] secreto *m*; **dont il a le** ~ cuyo secreto sólo él conoce; **dans le plus grand** ~ con el más absoluto secreto. **-2.** [prisonnier] : **mettre au** ~ incomunicar.

secrétaire [səkretɛr] ◇ *nmf* [personne] secretario *m*, -ria *f*. ◇ *nm* [meuble] escritorio *m*, secreter *m*.

secrétariat [səkretarja] *nm* **-1.** [fonction] secretariado *m*, secretaría *f*. **-2.** [bureau, personnel] secretaría *f*. **-3.** [métier] secretariado *m*.

sécréter [sekrete] *vt* **-1.** [substance] secretar, segregar. **-2.** *fig* [ennui] rezumar.

sécrétion [sekresjɔ̃] *nf* secreción *f*.

sectaire [sɛktɛr] *adj & nmf* sectario(ria).

secte [sɛkt] *nf* secta *f*.

secteur [sɛktœr] *nm* **-1.** [gén] sector; **sur** ~ ÉLECTR conectado(da) a la red; ~ **privé/public** ÉCON sector privado/público; ~ **primaire/secondaire/tertiaire** ÉCON sector primario/secundario/terciario. **-2.** *fam* [endroit] zona *f*. **-3.** ADMIN distrito *m*.

section [sɛksjɔ̃] *nf* **-1.** [gén] sección *f*. **-2.** [électorale] distrito *m*.

sectionner [sɛksjɔne] *vt* **-1.** [trancher] seccionar. **-2.** *fig* [diviser] dividir.

Sécu [seky] *fam abr de* **Sécurité sociale**.

séculaire [sekylɛr] *adj* secular.

sécuriser [sekyrize] *vt* tranquilizar.

sécurité [sekyrite] *nf* seguridad *f*; **en toute** ~ con toda tranquilidad; **la** ~ **routière** la seguridad vial. ◆ **Sécurité sociale** *nf* ≃ Seguridad *f* Social.

sédatif [sedatif] *nm* MÉD sedante *m*.

sédentaire [sedātɛr] *adj & nmf* sedentario(ria).

sédentariser [sedātarize] ◆ **se sédentariser** *vp* volverse sedentario(ria).

sédiment [sedimā] *nm* sedimento *m*.

sédition [sedisjɔ̃] *nf sout* sedición *f*.

séduction [sedyksjɔ̃] *nf* seducción *f*.

séduire [seduir] *vt* seducir.

séduisant, e [seduizā, āt] *adj* seductor(ra).

séduit, e [sedui, it] *pp* → **séduire**.

segment [sɛgmā] *nm* segmento *m*.

segmenter [sɛgmɑ̃te] *vt* segmentar.

ségrégation [segregasjɔ̃] *nf* segregación *f.*

seigle [sɛgl] *nm* centeno *m.*

seigneur [sɛɲœr] *nm* HIST señor *m.* ◆ **Seigneur** *nm* : **le Seigneur** el Señor.

sein [sɛ̃] *nm* **-1.** [mamelle] seno *m*, pecho *m*; **donner le** ~ dar el pecho. **-2.** [poitrine, milieu] seno *m.* ◆ **au sein de** *loc prép* en el seno de.

Seine [sɛn] *nf* : **la** ~ el Sena.

séisme [seism] *nm* seísmo *m.*

seize [sɛz] *adj num & nm inv* dieciséis; *voir aussi* **six.**

séjour [seʒur] *nm* **-1.** [durée] estancia *f*; **interdit de** ~ ≈ desterrado(da); ~ **linguistique** estancia en el extranjero *(para aprender una lengua).* **-2.** [pièce] sala *f* de estar.

séjourner [seʒurne] *vi* pasar una temporada.

sel [sɛl] *nm* sal *f.*

sélection [selɛksjɔ̃] *nf* **-1.** [gén] selección *f.* **-2.** SPORT : **de** ~ de clasificación.

sélectionner [selɛksjɔne] *vt* seleccionar.

self-service [sɛlfsɛrvis] *(pl* **self-services)** *nm* selfservice *m*, autoservicio *m.*

selle [sɛl] *nf* **-1.** [de cheval] silla *f.* **-2.** [de bicyclette] sillín *m.* **-3.** CULIN cuarto *m* trasero.

seller [sele] *vt* ensillar.

selon [səlɔ̃] *prép* **-1.** [gén] según. **-2.** *loc* : **c'est** ~ *fam* depende. ◆ **selon que** *loc conj* según, depende de si.

semaine [səmɛn] *nf* **-1.** [période] semana *f*; **à la** ~ semanalmente. **-2.** [salaire] semana *f*, paga *f* semanal.

sémantique [semɑ̃tik] ◇ *adj* semántico(ca). ◇ *nf* semántica *f.*

semblable [sɑ̃blabl] ◇ *adj* **-1.** [analogue] semejante, parecido(da); ~ **à** semejante OU parecido a. **-2.** [tel] semejante. ◇ *nm* **-1.** [de même caractère] igual *m.* **-2.** [prochain] semejante *m.*

semblant [sɑ̃blɑ̃] *nm* : **faire** ~ **de faire qqch** fingir OU simular hacer algo.

sembler [sɑ̃ble] ◇ *vi* parecer. ◇ *v impers* : **il semble (que)** parece (que); **il me/te semble que** me/te parece que.

semelle [səmɛl] *nf* **-1.** [sous la chaussure] suela *f.* **-2.** [à l'intérieur de la chaussure] plantilla *f.* **-3.** CONSTR solera *f.*

semence [səmɑ̃s] *nf* **-1.** [graine] semilla *f.* **-2.** [sperme] semen *m.*

semer [səme] *vt* **-1.** [gén] sembrar. **-2.** [se débarrasser de] dar esquinazo. **-3.** *fam* [perdre] perder.

semestre [səmɛstr] *nm* semestre *m.*

semestriel, elle [səmɛstrijɛl] *adj* semestral.

séminaire [seminɛr] *nm* seminario *m.*

séminariste [seminarist] *nm* seminarista *m.*

semi-remorque [səmir(ə)mɔrk] *(pl* **semi-remorques)** *nm* camión *m* articulado.

semis [səmi] *nm* **-1.** [plant] semillero *m.* **-2.** [méthode] siembra *f.* **-3.** [terrain] sembrado *m.*

semoule [səmul] *nf* sémola *f.*

sempiternel, elle [sɑ̃pitɛrnɛl] *adj* eterno (na).

sénat [sena] *nm* senado *m.* ◆ **Sénat** *nm* **-1.** [en France] senado *m* (francés). **-2.** [aux USA] senado *m* (de los Estados Unidos). **-3.** HIST senado *m* (de Roma).

sénateur [senatœr] *nm* senador *m*, -ra *f.*

Sénégal [senegal] *nm* : **le** ~ Senegal.

sénile [senil] *adj* **-1.** MÉD senil. **-2.** *péj* chocho(cha).

sénilité [senilite] *nf* senilidad *f.*

sens [sɑ̃s] ◇ *nm* [gén] sentido *m*; ~ **figuré/propio** sentido figurado/propio; ~ **interdit** OU **unique** dirección *f* prohibida OU única; **bon** ~ sentido común. ◇ *nmpl* sentidos *mpl.*

sensass [sɑ̃sas] *adj inv fam* [fantastique] guay.

sensation [sɑ̃sasjɔ̃] *nf* sensación *f*; [film] efectista.

sensationnel, elle [sɑ̃sasjɔnɛl] *adj* sensacional. ◆ **sensationnel** *nm* : **le** ~ las sensaciones fuertes.

sensé, e [sɑ̃se] *adj* sensato(ta).

sensibiliser [sɑ̃sibilize] *vt* sensibilizar.

sensibilité [sɑ̃sibilite] *nf* sensibilidad *f.*

sensible [sɑ̃sibl] *adj* [gén] sensible; ~ **à qqch** [qui ressent facilement] sensible a algo; [perceptible] perceptible a algo.

sensiblement [sɑ̃sibləmɑ̃] *adv* **-1.** [quasiment] casi. **-2.** [notablement] sensiblemente.

sensoriel, elle [sɑ̃sɔrjɛl] *adj* sensorial.

sensualité [sɑ̃sɥalite] *nf* sensualidad *f.*

sensuel, elle [sɑ̃sɥɛl] *adj* sensual.

sentence [sɑ̃tɑ̃s] *nf* sentencia *f.*

sentencieux, euse [sɑ̃tɑ̃sjø, øz] *adj péj* sentencioso(sa).

senteur [sɑ̃tœr] *nf sout* fragancia *f.*

sentier [sɑ̃tje] *nm* sendero *m*, senda *f*; ~ **de grande randonnée** sendero *m* largo.

sentiment [sɑ̃timɑ̃] *nm* **-1.** [affection, penchant] sentimiento *m*. **-2.** [opinion] sentir *m*. **-3.** [impression] impresión *f*.

sentimental, e, aux [sɑ̃timɑ̃tal, o] *adj & nm, f* sentimental.

sentinelle [sɑ̃tinɛl] *nf* centinela *m*.

sentir [sɑ̃tir] ◇ *vt* **-1.** [par l'odorat] oler; [par le goût, par le toucher] notar. **-2.** [exhaler] oler a. **-3.** [percevoir, pressentir] sentir; **faire ~ qqch à qqn** hacer entender algo a alguien. **-4.** [apprécier] apreciar. ◇ *vi* oler; **~ bon/mauvais** oler bien/mal. ◆ **se sentir** ◇ *vp* **-1.** [être perceptible] notarse; **se faire ~** [avoir des effets] notarse, hacerse sentir; **ça se sent!** ¡se nota! **-2.** *loc* : **ne pas pouvoir se ~** *fam* no poder (ni) verse. ◇ *v attr* sentirse; **se ~ fatigué/malade/mal** sentirse cansado/enfermo/mal; **se ~ la force/le courage de** sentirse con fuerzas/con ánimos para.

séparation [separasjɔ̃] *nf* separación *f*.

séparatiste [separatist] *nmf* separatista *mf*.

séparé, e [separe] *adj* **-1.** [distinct] distinto(ta); **des intérêts ~s** distintos intereses. **-2.** JUR [couple] separado(da).

séparer [separe] *vt* **-1.** [gén] separar; **~ qqch de qqch** separar algo de algo; **~ qqn de qqn** separar a alguien de alguien. **-2.** [espace, lieu] dividir. ◆ **se séparer** *vp* **-1.** [gén] : **se ~ de qqch** separarse de algo; **se ~ de qqn** [quitter] separarse de alguien. **-2.** [route, fleuve] dividirse.

sept [sɛt] *adj num & nm inv* siete; *voir aussi* **six**.

septembre [sɛptɑ̃br] *nm* setiembre *m*, septiembre *m*; **au mois de** OU **en ~ en** (el mes de) septiembre OU setiembre.

septennat [sɛptena] *nm periodo de siete años correspondiente al mandato de un presidente en Francia.*

septicémie [sɛptisemi] *nf* MÉD septicemia *f*.

sépulcre [sepylkr] *nm sout* sepulcro *m*.

sépulture [sepyltyr] *nf* sepultura *f*.

séquelle [sekɛl] *nf (gén pl)* secuela *f*.

séquence [sekɑ̃s] *nf* **-1.** CIN, TÉLÉ & SCIENCES secuencia *f*. **-2.** [série de cartes] escalera *f*.

séquestrer [sekɛstre] *vt* **-1.** [personne] secuestrar *Esp*, plagiar *Amér*. **-2.** JUR [bien] depositar.

Serbie [sɛrbi] *nf* : **la ~** Serbia.

serein, e [sərɛ̃, ɛn] *adj* sereno(na).

sérénade [serenad] *nf* serenata *f*.

sérénité [serenite] *nf* serenidad *f*.

serf, serve [sɛr(f), sɛrv] HIST ◇ *adj* de servidumbre. ◇ *nm, f* siervo *m*, -va *f*.

sergent [sɛrʒɑ̃] *nm* MIL sargento *m*.

série [seri] *nf* **-1.** [gén] serie *f*; **hors ~** fuera de serie; **~ noire** *fig* sucesión *f* de catástrofes; [littérature] serie *f* negra. **-2.** SPORT categoría *f*. ◆ **en série** *loc adv & loc adj* en serie.

sérieusement [serjøzmɑ̃] *adv* **-1.** [sans plaisanter, avec application] seriamente, en serio. **-2.** [gravement] seriamente.

sérieux, euse [serjø, øz] *adj* serio(ria). ◆ **sérieux** *nm* seriedad *f*; **garder son ~** mantener la seriedad; **prendre qqch/qqn au ~** tomarse algo/a alguien en serio.

serin, e [sərɛ̃, in] *nm, f* **-1.** [oiseau] canario *m*. **-2.** *fam* [niais] merluzo *m*, -za *f*.

seringue [sərɛ̃g] *nf* jeringuilla *f*.

serment [sɛrmɑ̃] *nm* juramento *m*; **faire le ~ de** jurar que; **sous ~** bajo juramento; **~ d'Hippocrate** MÉD juramento de Hipócrates.

sermon [sɛrmɔ̃] *nm* sermón *m*.

séronégatif, ive [seronegatif, iv] *adj* MÉD seronegativo(va).

séropositif, ive [seropozitif, iv] *adj* MÉD seropositivo(va).

séropositivité [seropozitivite] *nf carácter de seropositivo.*

serpe [sɛrp] *nf* podadera *f*.

serpent [sɛrpɑ̃] *nm* serpiente *f*.

serpenter [sɛrpɑ̃te] *vi* serpentear.

serpillière [sɛrpijɛr] *nf* bayeta *f*.

serre [sɛr] *nf* invernadero *m*. ◆ **serres** *nfpl* ZOOL garras *fpl*.

serré, e [sere] *adj* **-1.** [masse, tissu, forêt] tupido(da). **-2.** [style] conciso(sa). **-3.** [vêtement, chaussures] ceñido(da). **-4.** [discussion, match] reñido(da). **-5.** [nœud, poing] apretado(da). **-6.** [café] cargado(da).

serrer [sere] ◇ *vt* **-1.** [personne, main, rangs] estrechar. **-2.** [poing, lèvres, vis] apretar; *fig* [cœur] encoger. **-3.** [suj : vêtement] apretar. **-4.** [se tenir très près de] pegarse a. ◇ *vi* AUTOM mantenerse. ◆ **se serrer** *vp* [cœur] encogerse.

serre-tête [sɛrtɛt] *nm inv* diadema *f*.

serrure [seryr] *nf* cerradura *f Esp*, chapa *f Amér*.

serrurier [seryrje] *nm* cerrajero *m*.

sertir [sɛrtir] *vt* engastar.

sérum [serɔm] *nm* suero *m*.

servage [sɛrvaʒ] *nm* servidumbre *f*.

servante [sɛrvɑ̃t] *nf* sirvienta *f*.

serve → serf.

serveur, euse [sɛrvœr, øz] *nm, f* **-1.** [employé] camarero *m*, -ra *f Esp*, mozo *m*, -za *f Amér*. **-2.** [aux cartes] jugador *m*, -ra *f* que reparte las cartas. **-3.** SPORT servidor *m*, -ra *f*. ◆ **serveur** *nm* INFORM servidor *m*.

servi, e [sɛrvi] *pp* → servir.

serviable [sɛrvjabl] *adj* servicial.

service [sɛrvis] *nm* **-1.** [gén] servicio *m*; **être au** ~ *fam* estar en la mili; **être en** ~ estar en servicio; **être hors** ~ estar fuera de servicio; ~ **compris** servicio incluido; ~ **après vente** COMM servicio posventa; ~ **militaire/public** servicio militar/público. **-2.** [département] departamento *m*. **-3.** [aide] favor *m*; **que puis-je faire pour votre** ~? ¿puedo ayudarle en algo?; **rendre un** ~ **à qqn** hacer un favor a alguien. **-4.** [à café, de porcelaine] juego *m*. **-5.** RELIG oficio *m*.

serviette [sɛrvjɛt] *nf* **-1.** [de table] servilleta *f*. **-2.** [de toilette] toalla *f*. **-3.** [portedocuments] cartera *f*. ◆ **serviette hygiénique** *nf* compresa *f*.

serviette-éponge *nf* toalla *f* de rizo.

servile [sɛrvil] *adj* **-1.** [gén] servil. **-2.** [traduction] literal.

servir [sɛrvir] ◇ *vt* **-1.** [gén] servir; [client] atender; ~ **qqch à qqn** servir algo a alguien. **-2.** [aider, travailler pour] servir a; [suj : circonstances] favorecer. ◇ *vi* servir; ~ **à faire qqch** servir para hacer algo; ~ **de** servir de; **ça peut toujours** OU **encore** ~ aún puede servir; **cela ne sert à rien** no sirve de OU para nada. ◆ **se servir** *vp* servirse; **se** ~ **de qqch/qqn** servirse de algo/de alguien.

serviteur [sɛrvitœr] *nm* servidor *m*, -ra *f*.

servitude [sɛrvityd] *nf* servidumbre *f*.

session [sesjɔ̃] *nf* **-1.** [assemblée] sesión *f*. **-2.** UNIV [examen] convocatoria *f*.

set [sɛt] *nm* **-1.** SPORT set *m*. **-2.** [napperon] mantel *m* individual; ~ **de table** juego *m* de manteles individuales. **-3.** CIN set *m*, plató *m*.

seuil [sœj] *nm* umbral *m*.

seul, e [sœl] *adj* **-1.** [isolé] solo(la); ~ **à** ~ a solas. **-2.** [unique] **le** ~, **la seule** el único, la única; **un** ~, **une seule** un solo, una sola. ◆ **seul** *adv* **-1.** [sans compagnie] solo. **-2.** [sans aide] : **(tout)** ~ por sí solo.

seulement [sœlmã] *adv* **-1.** [pas davantage, exclusivement] solamente, sólo; **non** ~... **mais (encore)** no sólo... sino (también). **-2.** [toutefois] sólo que. **-3.** [pas plus tôt que] : **elle est arrivée** ~ **hier** no llegó hasta ayer; **il vient** ~ **d'arriver** acaba de llegar ahora. **-4.** [même] ni siquiera.

sève [sɛv] *nf* savia *f*.

sévère [sever] *adj* **-1.** [gén] severo(ra). **-2.** [décor, tenue] sobrio(bria).

sévérité [severite] *nf* severidad *f*.

sévices [sevis] *nmpl* sevicia *f*.

Séville [sevij] *n* Sevilla.

sévir [sevir] *vi* **-1.** [punir] castigar duramente; ~ **contre qqn** castigar a alguien. **-2.** [exercer des ravages] hacer estragos.

sevrer [səvre] *vt* **-1.** [enfant, animal] destetar. **-2.** *fig* [priver de] : ~ **qqn de qqch** privar a alguien de algo.

sexe [sɛks] *nm* sexo *m*.

sexiste [sɛksist] *adj & nmf* sexista.

sexologue [sɛksɔlɔg] *nmf* sexólogo(ga).

sex-shop [sɛksʃɔp] (*pl* **sex-shops**) *nm* sex-shop *m*.

sextant [sɛkstã] *nm* NAVIG sextante *m*.

sexualité [sɛksɥalite] *nf* sexualidad *f*.

sexué, e [sɛksɥe] *adj* sexuado(da).

sexuel, elle [sɛksɥɛl] *adj* sexual.

sexy [sɛksi] *adj inv fam* sexy.

seyant, e [sɛjã, ãt] *adj* favorecedor(ra).

shampooing, shampoing [ʃãpwɛ̃] *nm* **-1.** [savon] champú *m*. **-2.** [lavage] : **faire un** ~ **à qqn** lavarle la cabeza a alguien.

shérif [ʃerif] *nm* sherif *m*.

shopping [ʃɔpiŋ] *nm* : **faire du** ~ ir de tiendas OU de compras.

short [ʃɔrt] *nm* shorts *mpl*.

show-business [ʃobiznɛs] *nm inv* show-business *m*.

si [si] ◇ *adv* **-1.** [gén] tan; **elle est** ~ **belle** es tan guapa; **elle était** ~ **émue qu'elle s'est évanouie** estaba tan emocionada que se desmayó; **ce n'est pas** ~ **facile (que ça)** no es tan fácil (como parece). **-2.** [oui] sí; **tu n'aimes pas sa maison? –** ~ ¿no te gusta su casa? – sí. ◇ *conj* si; ~ **tu veux, on y va** si quieres, vamos; **je ne sais pas s'il est parti** no sé si se ha ido; ~ **seulement** si al menos, si por lo menos. ◇ *nm inv* : **il y a toujours des** ~ **et des mais** siempre hay peros. ◆ **si bien que** *loc conj* de modo que. ◆ **si ce n'est** *loc prép* **-1.** [sinon] sino. **-2.** [sauf] excepto. ◆ **si ce n'est que** *loc conj* excepto que. ◆ **si peu que** *loc conj* por poco que, a poco que. ◆ **si tant est que** *loc conj* si es que.

siamois, e [sjamwa, az] *adj* siamés(esa).

Sibérie [siberi] *nf* : **la** ~ Siberia.

sibyllin, e [sibilɛ̃, in] *adj* sibilino(na).

Sicile [sisil] *nf* : **la** ~ Sicilia.

SIDA, sida [sida] (*abr de* **syndrome immunodéficitaire acquis**) *nm* sida *m*.

side-car [sidkar] (*pl* **side-cars**) *nm* sidecar *m*.

sidéré, e [sidere] *adj* pasmado(da).

sidérer [sidere] *vt* dejar pasmado(da).

sidérurgie [sideryrʒi] *nf* siderurgia *f*.

siècle [sjɛkl] *nm* siglo *m*; **la découverte du** ~ el descubrimiento del siglo; **ça fait des** ~**s que...** hace siglos que...

siège [sjɛʒ] *nm* **-1.** [meuble] asiento *m*; ~ **arrière/avant/éjectable** asiento trasero/delantero/eyectable. **-2.** [d'élu] escaño *m*. **-3.** MIL sitio *m*. **-4.** [résidence principale] sede *f*; ~ **social** ÉCON domicilio *m* social. **-5.** [centre] foco *m*. **-6.** MÉD [postérieur] nalgas *fpl*; **se présenter par le** ~ [bébé] venir de nalgas.

siéger [sjeʒe] *vi* **-1.** [faire partie d'une assemblée] ocupar un escaño. **-2.** [tenir séance] reunirse. **-3.** [se situer] tener la sede. **-4.** [résider] residir.

sien [sjɛ̃] ◆ **le sien** (*f* **la sienne** [lasjɛn], *mpl* **les siens** [lesjɛ̃], *fpl* **les siennes** [lesjɛn]) *pron poss* el suyo(la suya); **les** ~**s** [sa famille] los suyos.

sieste [sjɛst] *nf* siesta *f*.

sifflement [sifləmɑ̃] *nm* **-1.** [gén] silbido *m* Esp, chiflido *m* Amér. **-2.** [d'oiseau] canto *m*.

siffler [sifle] ◇ *vi* **-1.** [gén] silbar Esp, chiflar Amér; [avec un instrument] pitar. **-2.** [oiseau] cantar. ◇ *vt* **-1.** [air, chanson] silbar Esp, chiflar Amér. **-2.** [chien] llamar con un silbido. **-3.** *fam* [verre] soplarse.

sifflet [sifle] *nm* **-1.** [instrument] silbato *m*, pito *m*. **-2.** [son] silbido *m*, pitido *m* Esp, chiflido *m* Amér. ◆ **sifflets** *nmpl* silbidos *mpl*, abucheos *mpl*.

siffloter [siflɔte] *vt & vi* silbar Esp, chiflar Amér.

sigle [sigl] *nm* sigla *f*.

signal, aux [siɲal, o] *nm* **-1.** [gén] señal *f*; **donner le** ~ **(de qqch)** dar la señal (de algo); ~ **d'alarme** señal de alarma. **-2.** [geste] seña *f*.

signalement [siɲalmɑ̃] *nm* descripción *f*.

signaler [siɲale] *vt* **-1.** [gén] señalar. **-2.** [à la police] denunciar.

signalétique [siɲaletik] *adj* descriptivo(va).

signalisation [siɲalizasjɔ̃] *nf* señalización *f*.

signataire [siɲatɛr] *nmf* firmante *mf*, signatario *m*, -ria *f*.

signature [siɲatyr] *nf* firma *f*.

signe [siɲ] *nm* **-1.** [indice] señal *f*. **-2.** [geste, trait, signal] seña *f*; ~**s particuliers** señas particulares. **-3.** SCIENCES & ASTROL signo *m*.

signer [siɲe] *vt* firmar. ◆ **se signer** *vp* RELIG persignarse.

signet [siɲɛ] *nm* punto *m* (de libro).

significatif, ive [siɲifikatif, iv] *adj* significativo(va).

signification [siɲifikasjɔ̃] *nf* **-1.** [sens] significado *m*. **-2.** JUR notificación *f*.

signifier [siɲifje] *vt* **-1.** [avoir le sens de] significar. **-2.** [faire connaître & JUR] notificar.

silence [silɑ̃s] *nm* silencio *m*.

silencieux, euse [silɑ̃sjø, øz] *adj* silencioso(sa). ◆ **silencieux** *nm* silenciador *m*.

silex [silɛks] *nm inv* sílex *m inv*.

silhouette [silwɛt] *nf* silueta *f*.

sillage [sijaʒ] *nm* estela *f*; **laisser qqch dans son** ~ *fig* dejar tras de sí una estela de algo.

sillon [sijɔ̃] *nm* surco *m*.

sillonner [sijɔne] *vt* surcar.

silo [silo] *nm* silo *m*.

simagrées [simagre] *nfpl péj* melindres *mpl*.

similaire [similɛr] *adj* similar.

similarité [similarite] *nf* similitud *f*.

similicuir [similikɥir] *nm* polipiel.

similitude [similityd] *nf* **-1.** [analogie] similitud *f*. **-2.** GÉOM semejanza *f*.

simple [sɛ̃pl] ◇ *adj* **-1.** [gén] sencillo(lla), simple; **c'est** ~ **comme bonjour** es coser y cantar. **-2.** CHIM simple. ◇ *nm* simple *m*.

simplicité [sɛ̃plisite] *nf* **-1.** [facilité] sencillez *f*, simplicidad *f*. **-2.** *fig* [modestie, sobriété] sencillez *f*. **-3.** [naïveté] simplicidad *f*.

simplifier [sɛ̃plifje] *vt* simplificar.

simpliste [sɛ̃plist] *adj & nmf péj* simplista.

simulacre [simylakr] *nm* simulacro *m*.

simulateur, trice [simylatœr, tris] *nm, f* farsante *mf*. ◆ **simulateur** *nm* TECHNOL simulador *m*.

simulation [simylasjɔ̃] *nf* simulación *f*.

simuler [simyle] *vt* **-1.** [feindre] simular, fingir. **-2.** TECHNOL simular.

simultané, e [simyltane] *adj* simultáneo(nea).

sincère [sɛ̃sɛr] *adj* sincero(ra).

sincèrement [sɛ̃sɛrmɑ̃] *adv* sinceramente.

sincérité [sɛ̃serite] *nf* sinceridad *f*.

sine qua non [sinekwanɔn] *adj* sine qua non.

Singapour [sɛ̃gapur] *n* Singapur; **à ∼** [direction] a Singapur; [situation] en Singapur.

singe [sɛ̃ʒ] *nm* mono *m*, -na *f*.

singer [sɛ̃ʒe] *vt* **-1.** [imiter] remedar. **-2.** [feindre] fingir, simular.

singerie [sɛ̃ʒri] *nf* **-1.** *(gén pl)* [grimace] mueca *f*. **-2.** [cage] jaula *f* de los monos.

singulariser [sɛ̃gylarize] *vt* singularizar.
◆ **se singulariser** *vp* singularizarse.

singularité [sɛ̃gylarite] *nf* singularidad *f*.

singulier, ère [sɛ̃gylje, ɛr] *adj* singular.
◆ **singulier** *nm* GRAM singular *m*.

singulièrement [sɛ̃gyljɛrmɑ̃] *adv* **-1.** [bizarrement] de forma singular. **-2.** [beaucoup] extraordinariamente. **-3.** [notamment] especialmente.

sinistre [sinistr] ◇ *adj* **-1.** [gén] siniestro(tra). **-2.** [stupide] triste. ◇ *nm* **-1.** [catastrophe] siniestro *m*. **-2.** JUR daño *m*.

sinistré, e [sinistre] *adj & nm, f* siniestrado(da).

sinon [sinɔ̃] *conj* **-1.** [autrement, si ce n'est] si no; **obéis, ∼ je me fâche** obedece, si no me enfado. **-2.** [sauf] sino; **je ne sens rien, ∼ une légère courbature** no siento sino unas ligeras agujetas.

sinueux, euse [sinɥø, øz] *adj* sinuoso(sa).

sinuosité [sinɥozite] *nf* sinuosidad *f*.

sinus [sinys] *nm* ANAT & MATHS seno *m*.

sinusite [sinyzit] *nf* sinusitis *f inv*.

sionisme [sjɔnism] *nm* sionismo *m*.

siphon [sifɔ̃] *nm* sifón *m*.

siphonner [sifɔne] *vt* trasegar con un sifón.

sirène [sirɛn] *nf* sirena *f*.

sirop [siro] *nm* jarabe *m*; **au ∼** en almíbar; **∼ d'érable** jarabe de arce; **∼ de grenadine** granadina *f*; **∼ de menthe** jarabe de menta.

siroter [sirɔte] *vt fam* beber a sorbitos.

sismique [sismik] *adj* sísmico(ca).

sitcom [sitkɔm] *nf* telecomedia *f*.

site [sit] *nm* **-1.** [emplacement] emplazamiento *m*; **∼ archéologique/historique/naturel** emplazamiento arqueológico/

histórico/natural. **-2.** [paysage pittoresque] paraje *m*.

sitôt [sito] *adv* tan pronto como, en cuanto; **∼ dit, ∼ fait** dicho y hecho; **∼ après** inmediatamente después; **il ne reviendra pas de ∼** tardará en volver.
◆ **sitôt que** *loc conj* tan pronto como, en cuanto; **je le lui dirai ∼ qu'il reviendra** se lo diré tan pronto como OU en cuanto vuelva.

situation [sitɥasjɔ̃] *nf* **-1.** [gén] situación *f*; **∼ de famille** estado *m* civil. **-2.** [emploi] puesto *m*.

situé, e [sitɥe] *adj* : **bien/mal ∼** bien/mal situado(da).

situer [sitɥe] *vt* situar.

six [sis] *(en fin de phrase [si] devant consonne ou h aspiré [siz] devant voyelle ou h muet)* ◇ *adj* **-1.** [gén] seis; **il a ∼ ans** tiene seis años; **il est ∼ heures** son las seis; **le ∼ janvier** el seis de enero. **-2.** [roi, pape] sexto(ta). ◇ *nm inv* [gén] seis *m*; **elle habite (au) ∼ rue de Valois** vive en el (número) seis de la calle Valois. ◇ *pron* seis; **∼ par ∼** de seis en seis; **venir à ∼** venir seis.

sixième [sizjɛm] ◇ *adj* [gén] sexto(ta); [siècle] seis; **arriver/se classer ∼** llegar/clasificarse en sexto lugar OU el sexto. ◇ *nmf* sexto *m*, -ta *f*. ◇ *nf* SCOL [classe] ≃ sexto *m* de EGB; **entrer en ∼** ≃ pasar a sexto de EGB; **être en ∼** ≃ estar en sexto de EGB. ◇ *nm* **-1.** [part] : **le** OU **un ∼ de qqch** el OU un sexto de algo, la OU una sexta parte de algo. **-2.** [arrondissement d'une ville] distrito *m* sexto, sexto distrito *m*. **-3.** [étage] sexto *m*.

skateboard [skɛtbɔrd] *nm* monopatín *m*, skateboard *m*.

sketch [skɛtʃ] *(pl* **sketchs** OU **sketches)** *nm* esquech *m*, sketch *m*.

ski [ski] *nm* esquí *m*; **∼ acrobatique/alpin/nautique** esquí acrobático/alpino/náutico; **∼ de fond** esquí de fondo.

skier [sk(i)je] *vi* esquiar.

skieur, euse [sk(i)jœr, øz] *nm, f* esquiador *m*, -ra *f*.

skinhead [skinɛd] *nm* skin head *mf*, cabeza rapada *m*.

skipper [skipœr] *nm* NAVIG **-1.** [de yacht] patrón *m*, capitán *m*. **-2.** [barreur] timonel *m*.

slalom [slalɔm] *nm* **-1.** [de ski] eslálom *m*. **-2.** [virage] zigzag *m*.

slave [slav] *adj* eslavo(va). ◆ **Slave** *nmf* eslavo *m*, -va *f*.

slip [slip] *nm* [d'homme] eslip *m*; [de femme] **bragas** *fpl Esp*, calzones *mpl Amér*.

slogan [slɔgã] *nm* eslogan *m*.

Slovaquie [slɔvaki] *nf* : **la** ~ Eslovaquia.

Slovénie [slɔveni] *nf* : **la** ~ Eslovenia.

slow [slo] *nm* agarrado *m*.

smala, smalah [smala] *nf* **-1.** [de chef arabe] *conjunto formado por la familia, las tiendas, los servidores y el ganado de un jefe árabe*. **-2.** *fam* [famille nombreuse] **tropa** *f*.

smasher [smaʃe] *vi* dar un mate.

SME (*abr de* **Système monétaire européen**) *nm* SME *m*.

SMIC, smic [smik] (*abr de* **salaire minimum interprofessionnel de croissance**) *nm* salario mínimo interprofesional en Francia, ≃ SMI *m*.

smoking [smɔkiŋ] *nm* esmoquin *m*, smoking *m*.

snack-bar [snakbar] (*pl* **snack-bars**), **snack** [snak] *nm* snack-bar *m*.

SNCF (*abr de* **Société nationale des chemins de fer français**) *nf* compañía nacional de ferrocarriles franceses, ≃ RENFE *f*.

snob [snɔb] *adj & nmf* esnob.

snober [snɔbe] *vt* mirar por encima del hombro.

snobisme [snɔbism] *nm* esnobismo *m*.

sobre [sɔbr] *adj* sobrio(bria).

sobriété [sɔbrijete] *nf* sobriedad *f*.

sobriquet [sɔbrikɛ] *nm* apodo *m*.

soc [sɔk] *nm* reja *f* (*del arado*).

sociable [sɔsjabl] *adj* sociable.

social, e, aux [sɔsjal, o] ◇ *adj* social. ◇ *nm* : **le** ~ el ámbito social.

socialisme [sɔsjalism] *nm* socialismo *m*.

socialiste [sɔsjalist] *adj & nmf* socialista.

sociétaire [sɔsjetɛr] ◇ *adj* asociado(da). ◇ *nmf* socio *m*, -cia *f*.

société [sɔsjete] *nf* sociedad *f*; **en** ~ en sociedad.

sociologie [sɔsjɔlɔʒi] *nf* sociología *f*.

sociologue [sɔsjɔlɔg] *nmf* sociólogo *m*, -ga *f*.

socioprofessionnel, elle [sɔsjoprɔfesjɔnɛl] *adj* socioprofesional.

socle [sɔkl] *nm* ARCHIT zócalo *m*.

socquette [sɔkɛt] *nf* calcetín *m* corto.

soda [sɔda] *nm* soda *f*.

sodium [sɔdjɔm] *nm* sodio *m*.

sodomiser [sɔdɔmize] *vt* sodomizar.

sœur [sœr] *nf* hermana *f*; **grande/petite** ~ hermana mayor/pequeña; **~s siamoises** hermanas siamesas.

sofa [sɔfa] *nm* sofá *m*.

SOFRES [sɔfrɛs] (*abr de* **Société française d'enquêtes par sondages**) *nf* : **la** ~ empresa francesa que realiza encuestas y sondeos.

software [sɔftwɛr] *nm* INFORM software *m*.

soi [swa] *pron pers* sí mismo(ma), uno mismo(una misma); **parler de** ~ hablar de sí mismo; **être content de** ~ estar contento con uno mismo; **revenir à** ~ volver en sí; **cela va de** ~ **(que)** ni que decir tiene (que). ◆ **soi-même** *pron pers* uno mismo(una misma).

soi-disant [swadizɑ̃] ◇ *adj inv* supuesto(ta). ◇ *adv fam* se supone que.

soie [swa] *nf* **-1.** [textile] seda *f*. **-2.** [poil] cerda *f*.

soierie [swari] *nf* **-1.** (*gén pl*) [textile] sedas *fpl*. **-2.** [industrie] sedería *f*.

soif [swaf] *nf* sed *f*; **avoir** ~ tener sed.

soigné, e [swaɲe] *adj* **-1.** [gén] cuidado(da). **-2.** *fam* [important] : **on a pris une raclée, quelque chose de** ~! ¡nos han dado una paliza de cuidado!

soigner [swaɲe] *vt* **-1.** [blessure, malade] curar. **-2.** [travail, jardin, invités] cuidar. ◆ **se soigner** *vp* **-1.** [malade] curarse. **-2.** [célibataire, vieillard] cuidarse.

soigneur [swaɲœr] *nm* SPORT cuidador *m*.

soigneusement [swaɲøzmɑ̃] *adv* cuidadosamente.

soigneux, euse [swaɲø, øz] *adj* cuidadoso(sa).

soin [swɛ̃] *nm* **-1.** [application] esmero *m*; **avoir** OU **prendre le** ~ **de** tener el cuidado de; **faire qqch avec** ~ hacer algo con cuidado OU cuidadosamente; **faire qqch sans** ~ hacer algo de cualquier manera. **-2.** [sollicitude] cuidado *m*; **prendre** ~ **de qqch/de qqn** cuidar de algo/de alguien. ◆ **soins** *nmpl* asistencia *f* médica; **être aux petits** ~**s de qqn** colmar de atenciones a alguien.

soir [swar] *nm* [déclin du jour] tarde *f*; [nuit] noche *f*; **le** ~ [au déclin du jour] por la tarde; [la nuit] por la noche.

soirée [sware] *nf* **-1.** [soir] noche *f*; [avec des amis] velada *f*. **-2.** [réception] recepción *f*; **de** ~ de noche. **-3.** [spectacle] función *f* de noche; ~ **de gala** función de gala; **en** ~ por la noche.

sois, soit *etc* → **être**.

soit[1] [swa] *conj* **–1.** [c'est à dire] o sea, es decir. **–2.** MATHS [étant donné] dado(da); ∼ **une droite AB** dada una recta AB. **–3.** *loc* : ∼ **dit en passant** dicho sea de paso. ◆ **soit... soit** *loc corrélative* o... o. ◆ **soit que... soit que...** *loc corrélative* (+ *subjonctif*) tanto si... como si; (+ *subjuntivo*) : ∼ **que tu viennes chez moi,** ∼ **que j'aille chez toi...** tanto si tu vienes a mi casa como si yo voy a la tuya...

soit[2] [swat] *adv* sout de acuerdo.

soixante [swasɑ̃t] *adj num & nm inv* sesenta; *voir aussi* **six.**

soixante-dix [swasɑ̃tdis] *adj num & nm inv* setenta; *voir aussi* **six.**

soixante-dixième [swasɑ̃tdizjɛm] ◇ *adj & nmf* septuagésimo(ma). ◇ *nm* setentavo *m*, setentava parte *f*.

soixantième [swasɑ̃tjɛm] ◇ *adj num & nmf* sexagésimo(ma). ◇ *nm* sesentavo *m*, sesentava parte *f*.

soja [sɔʒa] *nm* soja *f*.

sol [sɔl] ◇ *nm* suelo *m*. ◇ *nm inv* MUS sol *m*.

solaire [sɔlɛr] *adj* solar.

solarium [sɔlarjɔm] *nm* solárium *m*.

soldat [sɔlda] *nm* **–1.** [militaire] soldado *m*; **le** ∼ **inconnu** el soldado desconocido; **simple** ∼ soldado raso. **–2.** [jouet] soldadito *m*.

solde [sɔld] ◇ *nm* **–1.** BANQUE [de compte, facture] saldo *m*; ∼ **créditeur/débiteur** FIN saldo acreedor/deudor. **–2.** COMM [rabais] : **être en** ∼ estar rebajado(da). ◇ *nf* MIL sueldo *m*. ◆ **soldes** *nmpl* COMM rebajas *fpl*.

solder [sɔlde] *vt* saldar. ◆ **se solder** *vp* : **se** ∼ **par qqch** BOURSE saldarse con algo; *fig* [aboutir] acabar en algo.

sole [sɔl] *nf* lenguado *m*.

soleil [sɔlɛj] *nm* **–1.** [gén] sol *m*; **au** ∼ al sol; **en plein** ∼ a pleno sol; ∼ **couchant/levant** sol poniente/naciente. **–2.** BOT [tournesol] girasol *m*. **–3.** SPORT giro *m* de apoyo libre.

solennel, elle [sɔlanɛl] *adj* solemne.

solennité [sɔlanite] *nf* solemnidad *f*.

solfège [sɔlfɛʒ] *nm* solfeo *m*.

solidaire [sɔlidɛr] *adj* solidario(ria); **être** ∼ **de qqn** ser solidario con alguien.

solidarité [sɔlidarite] *nf* solidaridad *f*; **par** ∼ **avec** en solidaridad con.

solide [sɔlid] ◇ *adj* **–1.** [gén] sólido(da). **–2.** [personne] robusto(ta); **ne pas être** ∼ **sur ses jambes** no tenerse en pie. **–3.** [couple, relation] estable, sólido(da). ◇ *nm*

–1. PHYS sólido *m*. **–2.** *fig* [concret] : **c'est du** ∼ es algo tangible.

solidité [sɔlidite] *nf* solidez *f*.

soliloque [sɔlilɔk] *nm sout* soliloquio *m*.

soliste [sɔlist] *nmf* solista *mf*.

solitaire [sɔlitɛr] ◇ *adj & nmf* solitario(ria). ◇ *nm* solitario *m*.

solitude [sɔlityd] *nf* soledad *f*.

sollicitation [sɔlisitasjɔ̃] *nf (gén pl)* súplica *f*.

solliciter [sɔlisite] *vt* **–1.** [audience, entretien] solicitar; ∼ **qqch de qqn** solicitar algo de alguien. **–2.** [personne] : ∼ **qqn pour faire qqch** reclamar a alguien para hacer algo.

sollicitude [sɔlisityd] *nf* solicitud *f* (*atención, amabilidad*).

solo [sɔlo] *nm* MUS solo *m*; **en** ∼ en solitario.

solstice [sɔlstis] *nm* solsticio *m*.

soluble [sɔlybl] *adj* **–1.** [matière] soluble. **–2.** *fig* [problème] : **être** ∼ poder resolverse.

solution [sɔlysjɔ̃] *nf* solución *f*; **chercher/ trouver la** ∼ buscar/encontrar la solución.

solvable [sɔlvabl] *adj* solvente.

solvant [sɔlvɑ̃] *nm* disolvente *m*.

Somalie [sɔmali] *nf* : **la** ∼ Somalia.

sombre [sɔ̃br] *adj* **–1.** [gén] oscuro(ra). **–2.** [avenir, air, pensées] sombrío(a).

sombrer [sɔ̃bre] *vi* **–1.** [bateau] zozobrar. **–2.** *fig* [personne] : ∼ **dans qqch** [folie, oubli, alcoolisme] hundirse en algo; [sommeil] sumergirse en algo.

sommaire [sɔmɛr] ◇ *adj* **–1.** [explication] somero(ra). **–2.** [exécution] sumario(ria). **–3.** [installation] sencillo(lla). ◇ *nm* [de livre] índice *m*.

sommation [sɔmasjɔ̃] *nf* **–1.** JUR [assignation] intimación *f*, requerimiento *m*. **–2.** [ordre] orden *f*; **rendez-vous! dernière** ∼! ¡ríndanse! ¡último aviso!

somme [sɔm] ◇ *nf* suma *f*. ◇ *nm* siesta *f*; **faire un petit** ∼ echar una cabezada. ◆ **en somme** *loc adv* en suma. ◆ **somme toute** *loc adv* después de todo.

sommeil [sɔmɛj] *nm* sueño *m*; **avoir** ∼ tener sueño.

sommeiller [sɔmeje] *vi* **–1.** *sout* [personne] dormitar. **–2.** *fig* [sentiment, qualité] latir, estar latente.

sommelier, ère [sɔmalje, ɛr] *nm, f* sumiller *mf*, sommelier *mf*.

sommes [sɔm] → être.

sommet [sɔmɛ] *nm* **-1.** [gén] cumbre *f*; **au ~ de** en la cumbre de. **-2.** GÉOM vértice *m*.

sommier [sɔmje] *nm* somier *m*.

sommité [sɔmite] *nf* eminencia *f*.

somnambule [sɔmnɑ̃byl] *adj & nmf* sonámbulo(la).

somnifère [sɔmnifɛr] *nm* somnífero *m*.

somnolent, e [sɔmnɔlɑ̃, ɑ̃t] *adj* **-1.** [personne] soñoliento(ta), somnoliento(ta). **-2.** *fig* [économie] aletargado(da).

somnoler [sɔmnɔle] *vi* dormitar.

somptueux, euse [sɔ̃ptɥø, øz] *adj* suntuoso(sa).

somptuosité [sɔ̃ptɥozite] *nf* suntuosidad *f*.

son¹ [sɔ̃] (*f* **sa** [sa], *pl* **ses** [se]) *adj poss* su.

son² [sɔ̃] *nm* sonido *m*; **au ~ de** al son de.

son³ [sɔ̃] *nm* salvado *m*.

sonate [sɔnat] *nf* sonata *f*.

sondage [sɔ̃daʒ] *nm* sondeo *m*; **~ d'opinion** sondeo de opinión.

sonde [sɔ̃d] *nf* sonda *f*.

sondé, e [sɔ̃de] *nm, f* encuestado *m*, -da *f*.

sonder [sɔ̃de] *vt* **-1.** [gén] sondear. **-2.** MÉD sondar.

songe [sɔ̃ʒ] *nm sout* sueño *m*.

songer [sɔ̃ʒe] ◇ *vt* : **~ que** pensar que. ◇ *vi* : **~ à qqch** pensar en algo; **~ à faire qqch** pensar en hacer algo.

songeur, euse [sɔ̃ʒœr, øz] *adj* pensativo(va).

sonnant, e [sɔnɑ̃, ɑ̃t] *adj* en punto.

sonné, e [sɔne] *adj* **-1.** [heure] pasado(da) *Esp*. **-2.** *fam* [ans] cumplido(da). **-3.** [étourdi] atontado(da), ahuevado(da) *Amér*. **-4.** *fam* [fou] sonado(da).

sonner [sɔne] ◇ *vt* **-1.** [cloche, retraite, angélus] tocar. **-2.** [alarme] dar. **-3.** [domestique, infirmière] llamar. **-4.** *fam* [siffler] : **je ne t'ai pas sonné** ¡a ti nadie te ha dicho nada! ◇ *vi* **-1.** [cloche, réveil, téléphone] sonar. **-2.** [personne] llamar.

sonnerie [sɔnri] *nf* **-1.** [de téléphone, de réveil] timbre *m*. **-2.** [de cloche] repique *m*. **-3.** [de clairon] toque *m*.

sonnet [sɔnɛ] *nm* soneto *m*.

sonnette [sɔnɛt] *nf* **-1.** [électrique] timbre *m*; **appuyer sur la ~** pulsar el timbre. **-2.** [clochette] campanilla *f*.

sono [sɔno] *nf fam* sonorización *f*.

sonore [sɔnɔr] *adj* sonoro(ra).

sonorisation [sɔnɔrizasjɔ̃] *nf* sonorización *f*.

sonoriser [sɔnɔrize] *vt* sonorizar.

sonorité [sɔnɔrite] *nf* sonoridad *f*.

sophistiqué, e [sɔfistike] *adj* sofisticado(da).

soporifique [sɔpɔrifik] ◇ *adj* soporífero(ra), soporífico(ca). ◇ *nm* soporífero *m*.

soprano [sɔprano] *nm & nmf* soprano.

sorbet [sɔrbɛ] *nm* sorbete *m*; **~ à la fraise/au citron** sorbete de fresa/de limón.

Sorbonne [sɔrbɔn] *nf* : **la ~** la Sorbona *(universidad)*.

sorcellerie [sɔrsɛlri] *nf* brujería *f*, hechicería *f*.

sorcier, ère [sɔrsje, ɛr] *nm, f* brujo *m*, -ja *f*, hechicero *m*, -ra *f*. ◆ **sorcier** *nm* [guérisseur] brujo *m*. ◆ **sorcière** *nf fam fig* bruja *f*.

sordide [sɔrdid] *adj* sórdido(da).

sornettes [sɔrnɛt] *nfpl* sandeces *fpl*.

sort [sɔr] *nm* **-1.** [maléfice] maldición *f*; **jeter un ~ (à qqn)** echar una maldición (sobre alguien). **-2.** [destinée] destino *m*. **-3.** [condition, hasard] suerte *f*; **tirer au ~** echar a suertes.

sortant, e [sɔrtɑ̃, ɑ̃t] *adj* **-1.** [numéro] premiado(da). **-2.** POLIT saliente.

sorte [sɔrt] *nf* clase *f*; **toute(s) ~(s) de** toda clase de; **une ~ de** una especie de. ◆ **de telle sorte que** *loc conj* de manera que, de modo que.

sortie [sɔrti] *nf* **-1.** [gén] salida *f*; **à la ~** a la salida; **être de ~** salir; **faire une petite ~** salir un poco; **~ de secours** salida de emergencia. **-2.** [de livre] publicación *f*; [de film] estreno *m*. **-3.** INFORM [impression] impresión *f*; **~ papier/imprimante** impresión *f*.

sortilège [sɔrtilɛʒ] *nm* sortilegio *m*.

sortir [sɔrtir] ◇ *vi* **-1.** [gén] salir; **~ de** [d'un endroit] salir de; [table] levantarse de; [famille] venir de; [de la tête] irse de; [l'ordinaire, de la norme, du commun] salir de, salirse de; **sortez!** ¡márchaos!; **sorti de** fuera de; **sorti du football il ne connaît rien** fuera del fútbol no sabe nada. **-2.** [livre] publicarse; [film] estrenarse; [disque] aparecer. ◇ *vt* **-1.** [gén] sacar; *fam* [jeter dehors] echar (fuera). **-2.** [livre] publicar; [film] estrenar; [disque] editar. **-3.** *fam* [dire] soltar. ◆ **se sortir** *vp* [se tirer] salir; **s'en ~** librarse; **ne pas s'en ~** no dar abasto.

S.O.S. (*abr de* save our souls) *nm* S.O.S. *m*; **lancer un ~** lanzar un S.O.S.

sosie [sɔzi] *nm* sosia *m*.

sot, sotte [so, sɔt] *adj & nm, f* tonto(ta) *Esp*, sonso(sa) *Amér.*

sottise [sɔtiz] *nf* tontería *f Esp*, babosada *f Amér.*

sou [su] *nm fam* perra *f (dinero).* ◆ **sous** *nmpl fam* perras *fpl (dinero).*

soubassement [subasmã] *nm* CONSTR basamento *m.*

soubresaut [subrəso] *nm* **-1.** [saccade] sacudida *f.* **-2.** [tressaillement] sobresalto *m.*

souche [suʃ] *nf* **-1.** [d'arbre] tocón *m.* **-2.** [de famille, langue, mot] tronco *m.* **-3.** [talon] matriz *f.*

souci [susi] *nm* **-1.** [tracas, préoccupation] preocupación *f*; **se faire du ~** preocuparse. **-2.** [fleur] caléndula *f*, maravilla *f.*

soucier [susje] ◆ **se soucier** *vp* : **se ~ de qqch/de qqn** preocuparse por algo/por alguien.

soucieux, euse [susjø, øz] *adj* preocupado(da); **être ~ de qqch/de faire qqch** preocuparse por algo/por hacer algo.

soucoupe [sukup] *nf* platillo *m.* ◆ **soucoupe volante** *nf* platillo *m* volante.

soudain, e [sudɛ̃, ɛn] *adj* repentino(na). ◆ **soudain** *adv* de repente.

Soudan [sudã] *nm* : **le ~** (el) Sudán.

soude [sud] *nf* CHIM sosa *f.*

souder [sude] *vt* **-1.** TECHNOL & MÉD soldar. **-2.** *fig* [personnes] unir.

soudoyer [sudwaje] *vt* sobornar.

soudure [sudyr] *nf* TECHNOL & MÉD soldadura *f.*

souffle [sufl] *nm* **-1.** [respiration] respiración *f*; **avoir le ~ coupé** quedarse sin aliento. **-2.** [expiration] soplido *m*, soplo *m.* **-3.** [inspiration] inspiración *f.* **-4.** [de vent & MÉD] soplo *m.* **-5.** [explosion] onda *f* expansiva. **-6.** TECHNOL interferencia *f.*

souffler [sufle] ◇ *vt* **-1.** [bougie, verre] soplar. **-2.** [vitre, fenêtre] pulverizar. **-3.** [chuchoter] : **~ qqch à qqn** susurrar algo a alguien. **-4.** SCOL : **~ qqch à qqn** soplar algo a alguien; THÉÂTRE apuntar algo a alguien. **-5.** [au jeu de dames] comer. ◇ *vi* **-1.** [gén] soplar. **-2.** [respirer] respirar.

soufflet [suflɛ] *nm* **-1.** [gén] fuelle *m.* **-2.** *vieilli* [claque] bofetada *f Esp*, cachetada *f Amér.*

souffleur, euse [suflœr, øz] *nm, f* THÉÂTRE apuntador *m*, -ra *f.* ◆ **souffleur** *nm* soplador *m.*

souffrance [sufrãs] *nf* sufrimiento *m.*

souffrant, e [sufrã, ãt] *adj* indispuesto(ta).

souffre-douleur [sufrədulœr] *nm inv* cabeza de turco *mf.*

souffrir [sufrir] ◇ *vi* sufrir; **~ de qqch** [physiquement] sufrir OU padecer (de) algo; [psychologiquement] sufrir por algo; [économiquement] sufrir de algo. ◇ *vt* **-1.** [ressentir, supporter] sufrir. **-2.** *fam fig* [personne] aguantar, sufrir. ◆ **se souffrir** *vp* sufrirse.

soufre [sufr] *nm* azufre *m.*

souhait [swɛ] *nm* deseo *m*; **à tes/vos ~s!** ¡Jesús!, ¡salud! ◆ **à souhait** *loc adv* a pedir de boca.

souhaiter [swete] ◇ *vt* desear; **~ qqch/ faire qqch** desear algo/hacer algo; **~ qqch à qqn** desear algo a alguien. ◇ *vi* : **~ à qqn de faire qqch** desear a alguien que haga algo.

souiller [suje] *vt* **-1.** *sout* [salir] manchar. **-2.** *fig* [mémoire] mancillar.

souillon [sujɔ̃] *nf péj* fregona *f.*

soûl, e, saoul, e [su, sul] *adj* borracho(cha); **être ~ de qqch** *fig* estar borracho de algo. ◆ **soûl** *nm* : **tout mon/son ~** *fig* cuanto me/le dio la gana.

soulagement [sulaʒmã] *nm* alivio *m.*

soulager [sulaʒe] *vt* **-1.** [gén] aliviar. **-2.** *iron & fig* [voler] sustraer.

soûler, saouler [sule] *vt fam* **-1.** [gén] emborrachar; **~ qqn de qqch** *fig* emborrachar a alguien con algo. **-2.** *fig* [ennuyer] tener harto(ta). ◆ **se soûler** *vp fam* emborracharse; **se ~ de qqch** emborracharse con algo.

soulèvement [sulɛvmã] *nm* levantamiento *m.*

soulever [sulve] *vt* **-1.** [gén] levantar. **-2.** [question] plantear. **-3.** [foule] : **~ qqn contre qqch/contre qqn** sublevar OU levantar a alguien contra algo/contra alguien. **-4.** [exalter] animar. ◆ **se soulever** *vp* **-1.** [s'élever] levantarse. **-2.** [se révolter] sublevarse, levantarse.

soulier [sulje] *nm* zapato *m.*

souligner [suliɲe] *vt* **-1.** [par un trait] subrayar. **-2.** [mettre l'accent] subrayar, recalcar. **-3.** [mettre en valeur] realzar.

soumettre [sumɛtr] *vt* someter; **~ qqch/ qqn à qqch/à qqn** someter algo/a alguien a algo/a alguien. ◆ **se soumettre** someterse; **se ~ à qqch** someterse a algo.

soumis, e [sumi, iz] *adj* sumiso(sa).

soumission [sumisjɔ̃] *nf* **-1.** [obéissance, subordination] sumisión *f.* **-2.** [défaite] rendición *f.*

soupape [supap] *nf* válvula *f*; ~ **de sûreté** TECHNOL válvula de seguridad; *fig* [échappatoire] escapatoria *f*.

soupçon [supsɔ̃] *nm* [gén] sospecha *f*.

soupçonner [supsɔne] *vt* sospechar; ~ **qqn de qqch** sospechar algo de alguien; ~ **qqn de faire qqch** sospechar de alguien que haya hecho algo; ~ **que** sospechar que.

soupçonneux, euse [supsɔnø, øz] *adj* suspicaz.

soupe [sup] *nf* **-1.** [plat] sopa *f*. **-2.** *fam fig* [neige fondue] caldo *m*. ◆ **soupe populaire** *nf* comedor *m* de beneficencia.

souper [supe] ◇ *nm* cena *f*. ◇ *vi* cenar.

soupeser [supəze] *vt* sopesar.

soupière [supjɛr] *nf* sopera *f*.

soupir [supir] *nm* suspiro *m*; **pousser un** ~ lanzar OU dar un suspiro.

soupirail, aux [supiraj, o] *nm* tragaluz *m*, respiradero *m*.

soupirant [supirɑ̃] *nm* pretendiente *m*.

soupirer [supire] ◇ *vi* suspirar. ◇ *vt* replicar suspirando.

souple [supl] *adj* **-1.** [gén] flexible; [cheveux] con volumen. **-2.** [pas, démarche] ligero(ra). **-3.** [consistance, emballage] blando(da).

souplesse [suplɛs] *nf* **-1.** [agilité, flexibilité] flexibilidad *f*; **faire qqch tout en** ~ hacer algo con mucha soltura. **-2.** [habileté] tacto *m*.

source [surs] *nf* **-1.** [gén] fuente *f*. **-2.** [d'eau] fuente *f*, manantial *m Esp*, vertiente *f Amér*; **prendre sa** ~ **à** nacer en.

sourcil [sursi(l)] *nm* ceja *f*; **froncer les** ~**s** fruncir el ceño.

sourciller [sursije] *vi* pestañear; **sans** ~ sin pestañear.

sourcilleux, euse [sursijø, øz] *adj* puntilloso(sa).

sourd, e [sur, surd] ◇ *adj* sordo(da). ◇ *nm, f* sordo *m*, -da *f*.

sourdine [surdin] *nf* sordina *f*; **en** ~ en sordina.

sourd-muet [surmɥɛt], **sourde-muette** [surdmɥɛt] *adj & nm, f* sordomudo(da).

sourdre [surdr] *vi* **-1.** *sout* [eau] manar, brotar. **-2.** *fig* [haine] brotar.

souriant, e [surjɑ̃, ɑ̃t] *adj* sonriente.

souricière [surisjɛr] *nf* ratonera *f*.

sourire [surir] *vi* sonreír; ~ **à qqn** [personne, futur] sonreír a alguien; *fig* [plaire] ilusionar a alguien. ◇ *nm* sonrisa *f*.

souris [suri] *nf* **-1.** [animal & INFORM] ratón *m*; ~ **blanche/grise** ratón blanco/gris. **-2.** [viande] *parte de una pierna de cordero*. **-3.** *fam fig* [fille] chavala *f*.

sournois, e [surnwa, az] ◇ *adj* **-1.** [personne] solapado(da). **-2.** *fig* [maladie, catastrophe] imprevisible. ◇ *nm, f* hipócrita *mf*.

sous [su] *prép* **-1.** [gén] bajo; **nager** ~ **l'eau** nadar bajo el agua; ~ **la pluie** bajo la lluvia; ~ **la responsabilité/les ordres de** bajo la responsabilidad/las órdenes de; ~ **Louis XV** bajo Luis XV. **-2.** [dans un délai de] dentro de. **-3.** [marque la manière] : ~ **cet aspect** OU **angle** desde este punto de vista.

sous-alimenté, e [suzalimɑ̃te] *adj* subalimentado(da).

sous-bois [subwa] *nm* monte *m* bajo.

souscription [suskripsjɔ̃] *nf* subscripción *f*, suscripción *f*.

souscrire [suskrir] ◇ *vt* subscribir, suscribir. ◇ *vi* : ~ **à** subscribirse a, suscribirse a.

sous-développé, e [sudevlɔpe] *adj* ÉCON subdesarrollado(da).

sous-directeur, trice [sudirɛktœr, tris] *nm, f* ADMIN subdirector *m*, -ra *f*.

sous-ensemble [suzɑ̃sɑ̃bl] *nm* subconjunto *m*.

sous-entendu [suzɑ̃tɑ̃dy] *nm* sobreentendido *m*, sobrentendido *m*.

sous-équipé, e [suzekipe] *adj* ÉCON mal equipado(da).

sous-estimer [suzɛstime] *vt* subestimar.

sous-évaluer [suzevalye] *vt* infravalorar.

sous-jacent, e [suʒasɑ̃, ɑ̃t] *adj* subyacente.

sous-louer [sulwe] *vt* realquilar.

sous-marin, e [sumarɛ̃, in] *adj* submarino(na). ◆ **sous-marin** *nm* submarino *m*.

sous-officier [suzɔfisje] *nm* MIL suboficial *m*.

sous-préfecture [suprefɛktyr] *nf* ADMIN subprefectura *f*.

soussigné, e [susiɲe] ◇ *adj* : **je**, ~ yo, el abajo firmante; **nous,** ~**s** nosotros, los abajo firmantes. ◇ *nm, f* : **le** ~ el abajo firmante *m*, la abajo firmante *f*.

sous-sol [susɔl] *nm* **-1.** [naturel] subsuelo *m*. **-2.** [de bâtiment] sótano *m*.

sous-tasse [sutas] *nf* platillo *m*.

sous-titre [sutitr] *nm* subtítulo *m*.

soustraction [sustraksjɔ̃] *nf* MATHS substracción *f*, sustracción *f*.

soustraire [sustrɛr] *vt* substraer, sustraer; MATHS restar; [protéger] : ~ **qqch/qqn à qqch/à qqn** substraer OU sustraer algo/a alguien de algo/de alguien. ◆ **se soustraire** *vp* : **se** ~ **à** substraerse OU sustraerse de OU a.

soustrait, e [sustrɛ, ɛt] *pp* → **soustraire**.

sous-traitance [sutrɛtãs] *nf* ÉCON subcontratación *f*.

sous-traitant, e [sutretã, ãt] *adj* ÉCON subcontratante. ◆ **sous-traitant** *nm* subcontratista *m*.

sous-verre [suver] *nm inv* posavasos *m inv*.

sous-vêtement [suvɛtmã] *nm* prenda *f* interior; **les** ~**s** la ropa interior.

soutane [sutan] *nf* sotana *f*.

soute [sut] *nf* [d'avion] compartimento *m* de equipajes; [de bateau] pañol *m*; ~ **à bagages** bodega *f*.

soutenance [sutnãs] *nf* UNIV defensa *f* (de una tesis).

souteneur [sutnœr] *nm* chulo *m*.

soutenir [sutnir] *vt* -**1.** [immeuble, poutre, infirme] sostener; ~ **que** [affirmer] sostener que. -**2.** *fig* [personne & POLIT] apoyar. -**3.** [effort, intérêt, opinion] mantener. -**4.** UNIV [thèse] defender. -**5.** [regard, assaut] aguantar.

soutenu, e [sutny] *adj* -**1.** [style, langage] elevado(da). -**2.** [attention, rythme] sostenido(da). -**3.** [couleur] subido(da).

souterrain, e [sutɛrɛ̃, ɛn] *adj* -**1.** [sous terre] subterráneo(nea). -**2.** *fig* [organisation] secreto(ta). ◆ **souterrain** *nm* subterráneo *m*.

soutien [sutjɛ̃] *nm* -**1.** [appui] apoyo *m*; **apporter son** ~ **à qqch/à qqn** apoyar OU dar apoyo a algo/a alguien. -**2.** [support, aide] sostén *m*.

soutien-gorge [sutjɛ̃gɔrʒ] *(pl* **soutiens-gorge)** *nm* sujetador *m*, sostén *m Esp*, brasiers *mpl Amér*.

soutirer [sutire] *vt* -**1.** [argent, information] : ~ **qqch à qqn** sonsacar algo a alguien. -**2.** [liquide] trasegar.

souvenir [suvnir] *nm* recuerdo *m*; **en** ~ **de** [pour se rappeler] como recuerdo; **perdre le** ~ **de** olvidar algo. ◆ **se souvenir** *vp* : **se** ~ **de qqch/de qqn** acordarse de algo/de alguien; **se** ~ **que** acordarse que; **je me souviens que c'était en été**

me acuerdo que era en verano; **je m'en souviendrai!** ¡no se me olvidará!

souvent [suvã] *adv* a menudo, con frecuencia.

souverain, e [suvrɛ̃, ɛn] *adj & nm, f* soberano(na).

souveraineté [suvrɛnte] *nf* soberanía *f*.

soyeux, euse [swajø, øz] *adj* sedoso(sa).

SPA (*abr de* **Société protectrice des animaux**) *nf* sociedad *f* protectora de animales.

spacieux, euse [spasjø, øz] *adj* espacioso(sa).

spaghetti [spageti] *nm* espagueti *m*.

sparadrap [sparadra] *nm* esparadrapo *m*.

spartiate [sparsjat] *adj* espartano(na).

spasme [spasm] *nm* espasmo *m*.

spasmodique [spasmɔdik] *adj* espasmódico(ca).

spatial, e, aux [spasjal, o] *adj* espacial.

spatule [spatyl] *nf* -**1.** CULIN paleta *f*. -**2.** SPORT *punta curvada de un esquí*. -**3.** MÉD espátula *m*.

speaker, speakerine [spikœr, spikrin] *nm, f* locutor *m*, -ra *f*.

spécial, e, aux [spesjal, o] *adj* especial.

spécialiser [spesjalize] *vt* especializar. ◆ **se spécialiser** *vp* especializarse; **se** ~ **dans qqch** especializarse en algo.

spécialiste [spesjalist] *nmf* especialista *mf*.

spécialité [spesjalite] *nf* especialidad *f*.

spécificité [spesifisite] *nf* especificidad *f*.

spécifier [spesifje] *vt* especificar.

spécifique [spesifik] *adj* específico(ca).

spécimen [spesimɛn] *nm* espécimen *m*.

spectacle [spɛktakl] *nm* espectáculo *m*.

spectaculaire [spɛktakylɛr] *adj* espectacular.

spectateur, trice [spɛktatœr, tris] *nm, f* espectador *m*, -ra *f*.

spectre [spɛktr] *nm* espectro *m*.

spéculateur, trice [spekylatœr, tris] *nm, f* especulador *m*, -ra *f*.

spéculation [spekylasjɔ̃] *nf* especulación *f*.

spéculer [spekyle] *vi* : ~ **sur qqch** FIN especular con algo; *fig* [miser] especular sobre algo.

speech [spitʃ] *(pl* **speechs** OU **speeches)** *nm* discurso *m*.

spéléologie [speleɔlɔʒi] *nf* espeleología *f*.

spermatozoïde [spɛrmatozɔid] *nm* espermatozoide *m*.

sperme [spɛrm] *nm* esperma *m*.

spermicide [spɛrmisid] *adj & nm* espermicida *m*.

sphère [sfɛr] *nf* esfera *f*.

sphérique [sferik] *adj* esférico(ca).

spirale [spiral] *nf* espiral *f*; **en ~** en espiral.

spiritualité [spiritɥalite] *nf* espiritualidad *f*.

spirituel, elle [spiritɥɛl] *adj* **-1.** [vie, pouvoir] espiritual. **-2.** [personne] ingenioso(sa).

splendeur [splɑ̃dœr] *nf* **-1.** [gén] esplendor *m*. **-2.** [merveille] : **être une ~** ser una maravilla.

splendide [splɑ̃did] *adj* espléndido(da).

spongieux, euse [spɔ̃ʒjø, øz] *adj* esponjoso(sa).

sponsor [spɔ̃nsɔr] *nm* esponsor *m*, patrocinador *m*.

sponsorisation [spɔ̃sɔrizasjɔ̃] *nf* esponsorización *f*, patrocinio *m*.

sponsoriser [spɔ̃sɔrize] *vt* esponsorizar, patrocinar.

spontané, e [spɔ̃tane] *adj* espontáneo(a).

spontanéité [spɔ̃taneite] *nf* espontaneidad *f*.

sporadique [spɔradik] *adj* esporádico(ca).

sport [spɔr] ◇ *nm* deporte *m*; **~s d'hiver** deportes de invierno. ◇ *adj inv* **-1.** [vêtement] de sport; [voiture] deportivo(va). **-2.** [personne] : **être ~** ser deportivo(va).

sportif, ive [spɔrtif, iv] ◇ *adj* **-1.** [gén] deportivo(va). **-2.** [personne] deportista. ◇ *nm, f* deportista *mf*.

spot [spɔt] *nm* **-1.** [lampe] foco *m*. **-2.** [film publicitaire] spot *m*, anuncio *m*; **~ publicitaire** spot publicitario.

sprint [sprint] *nm* esprint *m*.

square [skwar] *nm* plaza *f* ajardinada.

squash [skwaʃ] *nm* squash *m*.

squatter[1] [skwatɛr] *nm* okupa *mf*.

squatter[2] [skwate] *vt* ocupar (*un local vacío*).

squelette [skəlɛt] *nm* esqueleto *m*.

squelettique [skəletik] *adj* **-1.** [corps] esquelético(ca). **-2.** [schématique] escueto(ta). **-3.** *fig* [matériel] escaso(sa).

St (*abr de* saint) S., Sto.

stabiliser [stabilize] *vt* estabilizar. ◆ **se stabiliser** *vp* estabilizarse.

stabilité [stabilite] *nf* estabilidad *f*.

stable [stabl] *adj* estable.

stade [stad] *nm* **-1.** [terrain] estadio *m*. **-2.** [étape] fase *f*; **en être au ~ où** llegar a un punto en que; **il en est au ~ où il refuse toute visite** ha llegado a un punto

en que rechaza cualquier visita; **~ anal/oral** PSYCHOL fase anal/oral.

stage [staʒ] *nm* **-1.** [études pratiques] período *m* de prácticas. **-2.** [d'avocat] pasantía *f*.

stagiaire [staʒjɛr] ◇ *nmf* **-1.** [en classes pratiques] estudiante *mf* en prácticas. **-2.** [en droit] pasante *mf*. **-3.** [en formation intensive] cursillista *mf*. ◇ *adj* **-1.** [en classes pratiques] en prácticas. **-2.** [en formation intensive] cursillista.

stagnant, e [stagnɑ̃, ɑ̃t] *adj* estancado(da).

stagner [stagne] *vi* estancarse.

stalactite [stalaktit] *nf* estalactita *f*.

stalagmite [stalagmit] *nf* estalagmita *f*.

stand [stɑ̃d] *nm* **-1.** [d'exposition] estand *m*, caseta *f*. **-2.** [de fête] barraca *f*.

standard [stɑ̃dar] ◇ *adj inv* estándar. ◇ *nm* **-1.** [téléphonique] centralita *f Esp*, conmutador *m Amér*. **-2.** [norme] : **le ~** el estándar.

standardiste [stɑ̃dardist] *nmf* telefonista *mf*.

standing [stɑ̃diŋ] *nm* estanding *m*.

star [star] *nf* estrella *f* de cine, star.

starter [startɛr] *nm* AUTOM estárter *m*, stárter *m*.

starting-block [startiŋblɔk] (*pl* **starting-blocks**) *nm* SPORT taco *m* de salida.

station [stasjɔ̃] *nf* **-1.** [gén] estación *f*; [d'autobus, de taxi] parada *f Esp*, paradero *m Amér*; **~ balnéaire** pueblo *m* de playa; **~ d'épuration** estación de depuración; **~ de ski** OU **de sports d'hiver** estación de esquí OU de deportes de invierno; **~ de travail** INFORM estación de trabajo; **~ thermale** balneario *m*. **-2.** [halte] parada *f*, alto *m*.

stationnaire [stasjɔnɛr] *adj* estacionario(ria).

stationnement [stasjɔnmɑ̃] *nm* estacionamiento *m*; **'~ interdit'** 'prohibido aparcar'.

stationner [stasjɔne] *vi* **-1.** [voiture] estacionar. **-2.** [troupe] permanecer.

station-service [stasjɔ̃sɛrvis] (*pl* **stations-service**) *nf* estación *f* de servicio.

statique [statik] *adj* estático(ca).

statisticien, enne [statistisjɛ̃, ɛn] *nm, f* estadista *mf*.

statistique [statistik] ◇ *adj* estadístico(ca). ◇ *nf* estadística *f*.

statue [staty] *nf* estatua *f*.

statuer [statɥe] *vi* : ~ **(sur qqch)** decidir sobre algo.

statuette [statɥɛt] *nf* estatuilla *f*.

statu quo [statykwo] *nm inv* statu quo *m*.

stature [statyr] *nf* -**1**. [taille] estatura *f*. -**2**. *fig* [valeur] talla *f*.

statut [staty] *nm* -**1**. [position] estatus *m*. -**2**. JUR estatuto *m*. ◆ **statuts** *nmpl* estatutos *mpl*.

statutaire [statytɛr] *adj* estatutario(ria).

Ste (*abr de* sainte) Sta.

Sté (*abr de* société) Sdad.

steak [stɛk] *nm* bistec *m*.

stèle [stɛl] *nf* estela *f*.

sténo [steno] *nf fam* taquigrafía *f*.

sténodactylo [stenɔdaktilo] *nmf* taquimecanógrafo *m*, -fa *f*.

sténodactylographie [stenɔdaktilɔgrafi] *nf* taquimecanografía *f*.

sténographie [stenɔgrafi] *nf* taquigrafía *f*, estenografía *f*.

steppe [stɛp] *nf* estepa *f*.

stéréo [stereo] ◇ *adj inv* estéreo. ◇ *nf* estereofonía *f*; **en** ~ en estéreo.

stéréotypé, e [stereɔtipe] *adj* estereotipado(da).

stérile [steril] *adj* estéril.

stérilet [sterilɛ] *nm* DIU *m*, dispositivo *m* intrauterino.

stériliser [sterilize] *vt* esterilizar.

stérilité [sterilite] *nf* esterilidad *f*.

sternum [stɛrnɔm] *nm* esternón *m*.

stéthoscope [stetɔskɔp] *nm* estetoscopio *m*.

steward [stiwart] *nm* [d'avion] auxiliar *m* de vuelo; [de bateau] camarero *m*.

stigmates [stigmat] *nmpl* RELIG estigmas *mpl*.

stigmatiser [stigmatize] *vt* estigmatizar.

stimulant, e [stimylɑ̃, ɑ̃t] *adj* estimulante. ◆ **stimulant** *nm* -**1**. [remontant] estimulante *m*. -**2**. [motivation] estímulo *m*.

stimulation [stimylasjɔ̃] *nf* -**1**. [encouragement] estímulo *m*. -**2**. BIOL [excitation] estimulación *f*.

stimuler [stimyle] *vt* estimular.

stipuler [stipyle] *vt* : ~ **qqch/que** estipular algo/que.

stock [stɔk] *nm* -**1**. COMM [de marchandises] estoc *m*, existencias *fpl*; **en** ~ en estoc, en depósito. -**2**. [en entreprise] estoc *m*. -**3**. *fig* [réserve] reserva *f*.

stocker [stɔke] *vt* almacenar.

stoïque [stɔik] ◇ *adj & nmf* estoico(ca).

stomacal, e, aux [stɔmakal, o] *adj* estomacal.

stop [stɔp] ◇ *interj* ¡alto!; **dis-moi** ~ [en servant qqch] dime basta OU estop. ◇ *nm* -**1**. [feux] luz *f* de freno. -**2**. [panneau, signe télégraphique] estop *m*. -**3**. [autostop] autoestop *m*.

stopper [stɔpe] ◇ *vt* detener. ◇ *vi* detenerse.

store [stɔr] *nm* -**1**. [de fenêtre] persiana *f*. -**2**. [de magasin] toldo *m*.

strabisme [strabism] *nm* estrabismo *m*.

strangulation [strɑ̃gylasjɔ̃] *nf* estrangulación *f*.

strapontin [strapɔ̃tɛ̃] *nm* -**1**. [siège] asiento *m* plegable. -**2**. *fig* [position] lugar *m* secundario.

strass [stras] *nm* estrás *m*.

stratagème [strataʒɛm] *nm* estratagema *f*.

stratège [strateʒ] *nm* estratega *m*.

stratégie [strateʒi] *nf* estrategia *f*.

stratégique [strateʒik] *adj* estratégico(ca).

stress [strɛs] *nm* estrés *m*.

stressé, e [strɛse] *adj* estresado(da).

stretching [strɛtʃiŋ] *nm* stretching *m*.

strict, e [strikt] *adj* estricto(ta).

strident, e [stridɑ̃, ɑ̃t] *adj* estridente.

strie [stri] *nf* (*gén pl*) -**1**. [relief] estría *f*. -**2**. [rayures] raya *f*.

strier [strije] *vt* dibujar rayas en.

strip-tease [striptiz] (*pl* strip-teases) *nm* strip-tease *m*.

strophe [strɔf] *nf* LITTÉRATURE estrofa *f*.

structure [stryktyr] *nf* estructura *f*.

structurer [stryktyre] *vt* estructurar.

studieux, euse [stydjø, øz] *adj* -**1**. [personne] estudioso(sa). -**2**. [vacances] dedicado(da) a estudiar.

studio [stydjo] *nm* estudio *m*.

stupéfaction [stypefaksjɔ̃] *nf* estupefacción *f*.

stupéfait, e [stypefɛ, ɛt] *adj* estupefacto(ta), asombrado(da).

stupéfiant, e [stypefjɑ̃, ɑ̃t] *adj* asombroso(sa). ◆ **stupéfiant** *nm* estupefaciente *m*.

stupeur [stypœr] *nf* estupor *m*, asombro *m*.

stupide [stypid] *adj* estúpido(da).

stupidité [stypidite] *nf* estupidez *f*.

style [stil] *nm* estilo *m*; ~ **direct/indirect** estilo directo/indirecto.

styliste [stilist] *nmf* estilista *mf*.

stylo [stilo] *nm* boli *m*; ~ **plume** pluma *f*.

stylo-feutre [stiloføtr] *nm* rotulador *m*.

su, e [sy] *pp* → **savoir.**

suave [sɥav] *adj* suave.

subalterne [sybaltɛrn] *adj & nmf* subalterno(na).

subconscient [sybkɔ̃sjɑ̃] *nm* subconsciente *m*.

subdiviser [sybdivize] *vt* subdividir.

subir [sybir] *vt* **-1.** [gén] sufrir. **-2.** [examen] pasar. **-3.** [personne] soportar.

subit, e [sybi, it] *adj* súbito(ta).

subitement [sybitmɑ̃] *adv* súbitamente.

subjectif, ive [sybʒɛktif, iv] *adj* subjetivo(va).

subjonctif [sybʒɔ̃ktif, iv] *nm* subjuntivo *m*.

subjuguer [sybʒyge] *vt* subyugar.

sublime [syblim] ◇ *adj* sublime. ◇ *nm* : **le** ~ lo sublime.

submergé, e [sybmɛrʒe] *adj* : ~ **de** *fig* inundado de.

submerger [sybmɛrʒe] *vt* **-1.** [inonder] sumergir. **-2.** [déborder] desbordar. **-3.** [envahir] invadir.

subordination [sybɔrdinasjɔ̃] *nf* subordinación *f*.

subordonné, e [sybɔrdɔne] ◇ *adj* GRAM subordinado(da). ◇ *nm, f* subordinado *m*, -da *f*. ◆ **subordonnée** *nf* GRAM subordinada *f*.

subornation [sybɔrnasjɔ̃] *nf* JUR soborno *m*.

subrepticement [sybreptismɑ̃] *adv* subrepticiamente.

subsidiaire [sybzidjɛr] *adj* subsidiario(ria).

subsistance [sybzistɑ̃s] *nf* subsistencia *f*.

subsister [sybziste] *vt* subsistir.

substance [sypstɑ̃s] *nf* sustancia *f*, substancia *f*.

substantiel, elle [sypstɑ̃sjɛl] *adj* **-1.** [repas] substancioso(sa). **-2.** [avantage] substancioso(sa), substancial. **-3.** [essentiel] substancial.

substantif, ive [sypstɑ̃tif, iv] *adj* substantivo(va). ◆ **substantif** *nm* substantivo *m*.

substituer [sypstitɥe] *vt* : ~ **A à B** substituir B por A. ◆ **se substituer** *vp* : se ~ **à qqch/à qqn** substituir algo/a alguien.

substitut [sypstity] *nm* JUR ≃ teniente *mf* fiscal.

substitution [sypstitysjɔ̃] *nf* sustitución *f*, substitución *f*.

subterfuge [sybtɛrfyʒ] *nm* subterfugio *m*.

subtil, e [syptil] *adj* sutil.

subtiliser [syptilize] *vt* sustraer.

subtilité [syptilite] *nf* sutileza *f*, sutilidad *f*.

subvenir [sybvənir] *vi* : ~ **aux besoins de qqn** satisfacer las necesidades de alguien.

subvention [sybvɑ̃sjɔ̃] *nf* subvención *f*.

subventionner [sybvɑ̃sjɔne] *vt* subvencionar.

subversif, ive [sybvɛrsif, iv] *adj* subversivo(va).

succédané [syksedane] *nm* sucedáneo *m*.

succéder [syksede] *vi* : ~ **à qqch** [suivre] suceder algo a algo; ~ **à qqn à qqch** [remplacer] suceder a alguien en algo. ◆ **se succéder** *vp* sucederse.

succès [syksɛ] *nm* **-1.** [réussite, triomphe] éxito *m*; **avec/sans** ~ con/sin éxito; **avoir du** ~ tener éxito. **-2.** [conquête] conquista *f*.

successeur [syksesœr] *nm* sucesor *m*.

successif, ive [syksesif, iv] *adj* sucesivo(va).

succession [syksesjɔ̃] *nf* [suite & JUR] sucesión *f*; **prendre la** ~ **(de)** suceder (a).

succinct, e [syksɛ̃, ɛ̃t] *adj* **-1.** [résumé] sucinto(ta). **-2.** [repas] poco abundante.

succion [sysjɔ̃, syksjɔ̃] *nf* succión *f*.

succomber [sykɔ̃be] *vi* sucumbir; ~ **à qqch** sucumbir a algo.

succulent, e [sykylɑ̃, ɑ̃t] *adj* **-1.** [repas] suculento(ta). **-2.** *fig* [récit] sabroso(sa).

succursale [sykyrsal] *nf* ÉCON sucursal *f*.

sucer [syse] *vt* chupar.

sucette [sysɛt] *nf* pirulí *m*.

sucre [sykr] *nm* [saccharose] azúcar *m* OU *f*; ~ **en morceaux/en poudre** azúcar en terrones/en polvo.

sucrer [sykre] *vt* **-1.** [café, thé] azucarar, echar azúcar en. **-2.** *fam* [supprimer] cargarse.

sucrerie [sykrəri] *nf* **-1.** [friandise] dulces *mpl*. **-2.** [usine] azucarera *f*.

sucrette [sykrɛt] *nf* sacarina *f*; *(en pastillas)*.

sucrier [sykrije] *nm* azucarero *m*.

sud [syd] *adj inv & nm inv* sur. ◆ **Sud** *nm* Sur *m*.

sudation [sydasjɔ̃] *nf* sudación *f*.

sud-est [sydɛst] *adj inv & nm inv* sudeste, sureste.

sud-ouest [sydwɛst] *adj inv & nm inv* sudoeste, suroeste.

Suède [sɥɛd] *nf* : **la** ~ Suecia.

suer [sɥe] ◇ *vi* [transpirer] sudar. ◇ *vt sout* rezumar, destilar.

sueur [sɥœr] *nf* sudor *m*; **avoir des ~s froides** *fig* tener sudores fríos.

Suez [sɥɛz] *n* : **le canal de ~** el canal de Suez.

suffire [syfir] *vi* bastar; **~ à qqch/à qqn** [satisfaire] bastar a algo/a alguien; **~ pour qqch/pour faire qqch** [être assez] bastar para algo/para hacer algo. ◆ **se suffire** *vp* : **se ~ à soi-même** bastarse a sí mismo.

suffisamment [syfizamã] *adv* suficientemente; **avoir ~ pour** tener (lo) suficiente para; **~ de livres** suficientes libros.

suffisant, e [syfizã, ãt] *adj* **-1.** [quantité, somme] suficiente. **-2.** *péj* [air, ton] de suficiencia.

suffixe [syfiks] *nm* sufijo *m*.

suffocation [syfɔkasjɔ̃] *nf* sofocación *f*, sofoco *m*; **avoir des ~s** tener sofocos.

suffoquer [syfɔke] ◇ *vt* **-1.** [suj : chaleur] sofocar. **-2.** [suj : colère] dejar sin respiración. ◇ *vi* **-1.** MÉD asfixiarse. **-2.** *fig* [de colère, d'indignation] : **~ de** encenderse de.

suffrage [syfraʒ] *nm* **-1.** [élection] sufragio *m*; **au ~ indirect/universel** por sufragio indirecto/universal. **-2.** [voix] voto *m*.

suggérer [syɡʒere] *vt* sugerir; **~ de** (+ *infinitif*) sugerir que (+ *subjuntivo*); **je te suggère d'agir rapidement** te sugiero que actúes con rapidez; **~ qqch à qqn** sugerir algo a alguien.

suggestif, ive [syɡʒɛstif, iv] *adj* sugestivo(va), sugerente.

suggestion [syɡʒɛstjɔ̃] *nf* **-1.** [conseil] sugerencia *f*. **-2.** PSYCHOL sugestión *f*.

suicidaire [sɥisidɛr] *adj* suicida.

suicide [sɥisid] ◇ *nm* suicidio *m*. ◇ *adj* suicida.

suicider [sɥiside] ◆ **se suicider** *vp* suicidarse.

suie [sɥi] *nf* hollín *m*.

suinter [sɥɛ̃te] *vi* rezumar; [plaie] supurar.

suis[1] [sɥi] → **être**.

suis[2], **suit** [sɥi] → **suivre**.

suite [sɥit] *nf* **-1.** [ce qui vient après] continuación *f*. **-2.** [série] serie *f*, sucesión *f*; **à la ~ de** después de; **~ à** [gén] como consecuencia de; [lettre] en contestación a. **-3.** [escorte] séquito *m*. **-4.** [appartement & MÚS] suite *f*. ◆ **suites** *nfpl* consecuencias *fpl*. ◆ **par suite de** *loc prép* a consecuencia de; **par ~ des chutes de neige** a consecuencia de las precipitaciones de nieve.

suivant, e [sɥivã, ãt] ◇ *adj* siguiente. ◇ *nm, f* siguiente *mf*; **au ~!** ¡el siguiente!

suivi, e [sɥivi] ◇ *pp* → **suivre**. ◇ *adj* **-1.** [travail, qualité, relation] constante; [visite] regular. **-2.** [raisonnement] estructurado(da). ◆ **suivi** *nm* seguimiento *m*.

suivre [sɥivr] ◇ *vt* **-1.** [gén] seguir; **faire ~** [lettre] remítase a la nueva dirección. **-2.** [succéder à] suceder a; **à ~** [dans un feuilleton] continuará. **-3.** [fleuve, frontière] bordear. **-4.** [malade] atender, llevar. **-5.** [discours, conversation] escuchar; [match] mirar. ◇ *vi* seguir. ◆ **se suivre** *vp* [se succéder – logiquement] seguirse; [– dans le temps] sucederse.

sujet, ette [syʒɛ, ɛt] *nm, f* súbdito *m*, -ta *f*. ◆ **sujet** *nm* **-1.** [question, thème] tema *m*; **à ce ~** al respecto; **au ~ de** a propósito de; **c'est à quel ~?** ¿de qué se trata?; **~ de conversation** tema de conversación. **-2.** [cobaye & GRAM] sujeto *m*.

sulfate [sylfat] *nm* sulfato *m*.

sulfurique [sylfyrik] *adj* sulfúrico(ca).

superbe [sypɛrb] ◇ *adj* **-1.** [femme] despampanante. **-2.** [temps, situation, position] magnífico(ca). ◇ *nf sout* soberbia *f*.

supercherie [sypɛrʃəri] *nf* superchería *f*.

supérette [sypɛrɛt] *nf* supermercado *m* (entre 200 y 400 metros cuadrados).

superficie [sypɛrfisi] *nf* superficie *f*; **en ~** aparentemente.

superficiel, elle [sypɛrfisjɛl] *adj* superficial.

superflu, e [sypɛrfly] *adj* superfluo(flua). ◆ **superflu** *nm* : **le ~** lo superfluo.

supérieur, e [sypɛrjœr] ◇ *adj* **-1.** [gén] superior. **-2.** [air] de superioridad. ◇ *nm, f* superior *m*, -ra *f*.

supériorité [sypɛrjɔrite] *nf* superioridad *f*.

superlatif [sypɛrlatif] *nm* superlativo *m*.

supermarché [sypɛrmarʃe] *nm* supermercado *m*.

superposer [sypɛrpoze] *vt* superponer. ◆ **se superposer** *vp* superponerse.

superproduction [sypɛrprɔdyksjɔ̃] *nf* superproducción *f*.

superpuissance [sypɛrpɥisãs] *nf* superpotencia *f*.

supersonique [sypɛrsɔnik] *adj* supersónico(ca).

superstitieux, euse [sypɛrstisjø, øz] *adj & nm, f* supersticioso(sa).

superstition [sypɛrstisjɔ̃] *nf* **-1.** [croyance] superstición *f*. **-2.** [obsession] obsesión *f*.

superviser [sypɛrvize] *vt* supervisar.

supplanter [syplɑ̃te] *vt* **-1.** [personne] : ~ qqn suplantar a alguien. **-2.** [chose] : ~ qqch substituir a algo.

suppléant, e [sypleɑ̃, ɑ̃t] *adj & nm, f* suplente.

suppléer [syplee] *vt* : ~ qqch/qqn suplir algo/a alguien.

supplément [syplemɑ̃] *nm* suplemento *m*.

supplémentaire [syplemɑ̃tɛr] *adj* suplementario(ria); [train] especial; [heure] extraordinario(ria).

supplication [syplikasjɔ̃] *nf* súplica *f*.

supplice [syplis] *nm* suplicio *m*.

supplier [syplije] *vt* : ~ qqn de faire qqch suplicar a alguien que haga algo; **je t'en/vous en supplie** te/se lo suplico.

support [sypɔr] *nm* soporte *m*; ~ **publicitaire** soporte publicitario.

supportable [sypɔrtabl] *adj* soportable.

supporter¹ [sypɔrte] *vt* **-1.** [gén] soportar; ~ **que** soportar OU aguantar que. **-2.** [soutenir] sostener, soportar que. **-3.** [encourager] apoyar. ◆ **se supporter** *vp* soportarse.

supporter² [sypɔrtɛr] *nm* SPORT hincha *mf*.

supposer [sypoze] *vt* suponer; ~ qqch/que suponer algo/que; **en supposant que** suponiendo que; **à** ~ **que** en el supuesto de que.

supposition [sypozisjɔ̃] *nf* suposición *f*.

suppositoire [sypozitwɑr] *nm* supositorio *m*.

suppression [sypresjɔ̃] *nf* supresión *f*.

supprimer [syprime] *vt* **-1.** [gén] suprimir. **-2.** [douleur, document] eliminar. **-3.** [permis] : ~ qqch à qqn retirar algo a alguien.

suprématie [sypremasi] *nf* supremacía *f*.

suprême [syprɛm] ◇ *adj* supremo(ma). ◇ *nm* CULIN suprema *f*.

sur [syr] *prép* **-1.** [position] en; [au-dessus de] encima de, sobre; **il est assis** ~ **une chaise** está sentado en una silla; ~ **la table** en OU encima de la mesa. **-2.** [dans la direction de] a, hacia; ~ **la droite/gauche** a la derecha/izquierda. **-3.** [distance] en; ~ **10 kilomètres** en 10 kilómetros. **-4.** [temps] : ~ **le tard** bastante tarde. **-5.** [d'après] por; **juger qqn** ~ **les apparences** juzgar a alguien por las apariencias. **-6.** [grâce à] de; **il vit** ~ **les revenus de ses parents** vive del dinero de sus padres. **-7.** [au sujet de] sobre; **débat** ~ **la drogue** debate sobre la droga. **-8.** [proportion] : ~ **douze invités, six sont venus** de doce invitados han venido seis;

un mètre ~ deux un metro por dos; **une fois** ~ **deux** una de cada dos veces. ◆ **sur ce** *loc adv* en esto.

sûr, e [syr] *adj* **-1.** [gén] seguro(ra); [goût, instinct] bueno(na); **être** ~ **de qqch/que** estar seguro de algo/que; **être** ~ **et certain de qqch** estar convencido(da) de algo; ~ **et certain!** ¡segurísimo! **-2.** [personne] de confianza.

surcharge [syrʃarʒ] *nf* **-1.** [excès de poids – de camion] sobrecarga *f*; [– de bagage] exceso *m*, sobrepeso *m*. **-2.** [de travail, de décoration] exceso *m*. **-3.** [rature] enmienda *f*.

surcharger [syrʃarʒe] *vt* **-1.** [véhicule] sobrecargar. **-2.** [d'impôts, de travail] abrumar. **-3.** [texte] enmendar.

surchauffé, e [syrʃofe] *adj fig* excitado(da).

surcroît [syrkrwa] *nm* aumento *m*.

surdité [syrdite] *nf* sordera *f*.

surdoué, e [syrdwe] *adj* superdotado(da).

sureffectif [syrefɛktif] *nm* exceso *m* de efectivos.

surélever [syrelve] *vt* sobrealzar.

sûrement [syrmɑ̃] *adv* **-1.** [certainement, sans doute] seguramente; ~ **pas!** *fam* ¡ni hablar! **-2.** [en sûreté] con seguridad.

surenchère [syrɑ̃ʃɛr] *nf* **-1.** JUR sobrepuja *f*. **-2.** *fig* [électorale] demagogia *f*.

surenchérir [syrɑ̃ʃerir] *vi* **-1.** COMM sobrepujar. **-2.** [renchérir] prometer más que nadie.

surendetté [syrɑ̃dɛte] *adj* sobreendeudado(da).

surendettement [syrɑ̃dɛtmɑ̃] *nm* sobreendeudamiento *m*.

surestimer [syrestime] *vt* sobreestimar. ◆ **se surestimer** *vp* sobreestimarse.

sûreté [syrte] *nf* **-1.** [gén] seguridad *f*; **de** ~ **de seguridad**; **en** ~ a salvo. **-2.** [d'amitié, de renseignement] fiabilidad *f*.

surexposer [syrɛkspoze] *vt* PHOT sobreexponer.

surf [sœrf] *nm* surf *m*.

surface [syrfas] *nf* superficie *f*; **refaire** ~ *fig* [réapparaître] reaparecer; [se remettre] salir a flote; **grande** ~ [magasin] hipermercado *m*.

surfait, e [syrfɛ, ɛt] *adj* sobreestimado(da).

surfer [sœrfe] *vt* hacer surf.

surgelé, e [syrʒəle] *adj* congelado(da). ◆ **surgelé** *nm* congelado *m*.

surgir [syrʒir] *vi* surgir.

surhomme [syrɔm] *nm* superhombre *m*.

surhumain, e [syrymɛ̃, ɛn] *adj* sobrehumano(na).

surimpression [syrɛ̃presjɔ̃] *nf* sobreimpresión *f.*

sur-le-champ [syrləʃɑ̃] *loc adv* en el acto.

surlendemain [syrlɑ̃dmɛ̃] *nm* dos días después, a los dos días.

surligner [syrliɲe] *vt* marcar con rotulador fluorescente.

surligneur [syrliɲœr] *nm* marcador *m*, subrayador *m.*

surmenage [syrmənaʒ] *nm* agotamiento *m*, surmenaje *m.*

surmené, e [syrməne] *adj* agotado(da).

surmener [syrməne] *vt* agotar. ◆ **se surmener** *vp* trabajar demasiado.

surmonter [syrmɔ̃te] *vt* -1. [être placé audessus de] coronar. -2. [obstacle, peur, colère] superar.

surnager [syrnaʒe] *vi* -1. [flotter] sobrenadar. -2. *fig* [subsister] perdurar, pervivir.

surnaturel, elle [syrnatyrɛl] *adj* -1. [phénomène, pouvoir, vie] sobrenatural. -2. [talent] prodigioso(sa). ◆ **surnaturel** *nm* : **le** ~ lo sobrenatural.

surnom [syrnɔ̃] *nm* sobrenombre *m*, apodo *m.*

surnombre [syrnɔ̃br] ◆ **en surnombre** *loc adv* de más.

surpasser [syrpase] *vt* superar. ◆ **se surpasser** *vp* superarse.

surpeuplé, e [syrpœple] *adj* superpoblado(da).

surplomb [syrplɔ̃] *nm* desplome *m*; **en** ~ voladizo(za), salidizo(za).

surplomber [syrplɔ̃be] ◇ *vt* dominar. ◇ *vi* desaplomarse.

surplus [syrply] *nm* -1. [excédent] excedente *m*. -2. [magasin] *tienda de ropa americana de importación.*

surprenant, e [syrprənɑ̃, ɑ̃t] *adj* sorprendente.

surprendre [syrprɑ̃dr] *vt* -1. [gén] sorprender. -2. [secret] descubrir.

surpris, e [syrpri, iz] *pp* → **surprendre.**

surprise [syrpriz] *nf* sorpresa *f*; **faire une** ~ **à qqn** dar una sorpresa a alguien; **par** ~ por sorpresa.

surproduction [syrprɔdyksjɔ̃] *nf* superproducción *f.*

surréalisme [syrrealism] *nm* surrealismo *m.*

sursaut [syrso] *nm* -1. [mouvement brusque] sobresalto *m*; **en** ~ sobresaltado(da). -2. [d'énergie] arranque *m.*

sursauter [syrsote] *vi* sobresaltarse.

sursis [syrsi] *nm* -1. [délai] aplazamiento *m*. -2. JUR ≃ condena *f* condicional; **6 mois avec** ~ pena de 6 meses con remisión condicional.

sursitaire [syrsitɛr] JUR ◇ *nmf* reo en situación de condena condicional. ◇ *adj* en situación de condena condicional.

surtaxe [syrtaks] *nf* sobretasa *f.*

surtout [syrtu] *adv* sobre todo. ◆ **surtout que** *loc conj fam* sobre todo porque.

survécu, e [syrveky] *pp* → **survivre.**

surveillance [syrvɛjɑ̃s] *nf* vigilancia *f*; ~ **médicale** observación *f* médica.

surveillant, e [syrvɛjɑ̃, ɑ̃t] *nm, f* -1. [gardien] vigilante *m Esp*, guachimán *m Amér.* -2. SCOL *persona encargada de la disciplina en un centro escolar.*

surveiller [syrveje] *vt* -1. [enfant, santé, suspect] vigilar. -2. [études, travaux] supervisar. -3. [langage, ligne] cuidar. ◆ **se surveiller** *vp* cuidarse.

survenir [syrvənir] *vi* sobrevenir.

survenu, e [syrvəny] → **survenir.**

survêtement [syrvɛtmɑ̃] *nm* chandal *m.*

survie [syrvi] *nf* -1. [de malade] vida *f*. -2. [d'âme] supervivencia *f.*

survivant, e [syrvivɑ̃, ɑ̃t] *adj & nm, f* superviviente.

survivre [syrvivr] *vi* [continuer à vivre] sobrevivir; ~ **à qqch/à qqn** sobrevivir a algo/a alguien.

survol [syrvɔl] *nm* -1. [de territoire] vuelo *m* sobre. -2. [de texte] : **faire un** ~ **de qqch** echar un vistazo a algo.

survoler [syrvɔle] *vt* -1. [territoire] sobrevolar. -2. [texte] echar un vistazo a.

survolté, e [syrvɔlte] *adj* sobreexcitado(da).

sus [sy(s)] *adv* : **en** ~ **(de)** además (de).

susceptibilité [sysɛptibilite] *nf* susceptibilidad *f.*

susceptible [sysɛptibl] *adj* -1. [ombrageux] susceptible. -2. [capable] : ~ **de qqch/de faire qqch** susceptible de algo/de hacer algo.

susciter [sysite] *vt* suscitar.

suspect, e [syspɛ, ɛkt] ◇ *adj* -1. [personne] sospechoso(sa); ~ **de qqch** sospechoso de algo. -2. [douteux] dudoso(sa). ◇ *nm, f* sospechoso *m*, -sa *f.*

suspecter [syspɛkte] *vt* : sospechar; ~ **qqn de qqch** sospechar algo de alguien; ~ **qqn de faire qqch** sospechar que alguien hace algo.

suspendre [syspãdr] *vt* **–1.** [gén] suspender. **–2.** [accrocher] colgar.

suspendu, e [syspãdy] ◇ *pp* → **suspendre**. ◇ *adj* [tableau, lampe] suspendido(da); [véhicule] : **bien/mal** ~ con buena/mala suspensión.

suspens [syspã] ◆ **en suspens** *loc adv* pendiente.

suspense [syspãs, syspɛns] *nm* suspense *m*.

suspension [syspãsjɔ̃] *nf* **–1.** [gén] suspensión *f*; **en** ~ en suspensión. **–2.** [lustre] lámpara *f* de techo.

suspicion [syspisjɔ̃] *nf* suspicacia *f*.

susurrer [sysyre] *vt & vi* susurrar.

suture [sytyr] *nf* sutura *f*.

svelte [zvɛlt] *adj* esbelto(ta).

SVP *abr de* **s'il vous plaît**.

sweat-shirt [switʃœrt] (*pl* **sweat-shirts**) *nm* sudadera *f*.

syllabe [silab] *nf* sílaba *f*.

symbole [sɛ̃bɔl] *nm* **–1.** [représentation & CHIM] símbolo *m*. **–2.** [personnification] : **être le** ~ **de qqch** ser la viva imagen de algo.

symbolique [sɛ̃bɔlik] ◇ *adj* simbólico(ca). ◇ *nf* simbología *f*.

symboliser [sɛ̃bɔlize] *vt* simbolizar.

symétrie [simetri] *nf* simetría *f*.

symétrique [simetrik] *adj* simétrico(ca).

sympa [sɛ̃pa] *adj inv fam* majo(ja).

sympathie [sɛ̃pati] *nf* **–1.** [entente, amitié] simpatía *f*. **–2.** [bonne disposition] agrado *m*. **–3.** [condoléance] : **témoigner sa** ~ **à qqn** dar el pésame a alguien.

sympathique [sɛ̃patik] *adj* [agréable – personne] simpático(ca); [– soirée, moment] agradable; [– maison, lieu] acogedor(ra).

sympathiser [sɛ̃patize] *vi* simpatizar; ~ **avec qqn** simpatizar con alguien.

symphonie [sɛ̃fɔni] *nf* sinfonía *f*.

symphonique [sɛ̃fɔnik] *adj* sinfónico(ca).

symptomatique [sɛ̃ptɔmatik] *adj* sintomático(ca).

symptôme [sɛ̃ptom] *nm* síntoma *m*.

synagogue [sinagɔg] *nf* sinagoga *f*.

synchroniser [sɛ̃krɔnize] *vt* sincronizar.

syncope [sɛ̃kɔp] *nf* **–1.** [évanouissement] síncope *m*. **–2.** MUS síncopa *f*.

syndic [sɛ̃dik] *nm* ≃ presidente *mf* de la comunidad de propietarios.

syndicaliste [sɛ̃dikalist] *adj & nmf* sindicalista.

syndicat [sɛ̃dika] *nm* sindicato *m*. ◆ **syndicat de communes** *nm* ≃ mancomunidad *f* de municipios. ◆ **syndicat d'initiative** *nm* ≃ oficina *f* de turismo. ◆ **syndicat de copropriétaires** *nm* ≃ comunidad *f* de propietarios.

syndiqué, e [sɛ̃dike] *adj & nm, f* sindicado(da).

syndrome [sɛ̃drom] *nm* síndrome *m*.

synergie [sinɛrʒi] *nf* sinergia *f*.

synonyme [sinɔnim] ◇ *adj* sinónimo(ma). ◇ *nm* sinónimo *m*.

syntaxe [sɛ̃taks] *nf* sintaxis *f inv*.

synthé [sɛ̃te] *nm fam* sintetizador *m*.

synthèse [sɛ̃tɛz] *nf* síntesis *f inv*.

synthétique [sɛ̃tetik] *adj* sintético(ca).

synthétiseur [sɛ̃tetizœr] *nm* sintetizador *m*.

syphilis [sifilis] *nf* sífilis *f inv*.

Syrie [siri] *nf* : **la** ~ Siria.

systématique [sistematik] *adj* sistemático(ca).

systématiser [sistematize] ◇ *vt* sistematizar. ◇ *vi* generalizar.

système [sistɛm] *nm* sistema *m*; ~ **bureautique** INFORM ofimática *f*; ~ **clé en main** INFORM sistema llave en mano; ~ **de conception et de fabrication** INFORM sistema de concepción y de fabricación; ~ **d'exploitation** INFORM sistema de explotación; ~ **de traitement transactionnel** INFORM sistema de transacciones; ~ **expert** INFORM sistema experto; ~ **intégré** INFORM sistema integrado; ~ **intégré de gestion** INFORM sistema integrado de gestión; ~ **nerveux** ANAT sistema nervioso.

t, T [te] *nm inv* [lettre] t *f*, T *f*. ◆ **t** (*abr de* **tonne**) t.

ta → **ton**.

talonner

tabac [taba] *nm* **–1.** [plante] tabaco *m*; ~ **blond/brun/gris** tabaco rubio/negro/barato; ~ **à priser** rapé *m*. **–2.** [magasin] estanco *m*.

tabagisme [tabaʒism] *nm* tabaquismo *m*.

tabernacle [tabɛrnakl] *nm* tabernáculo *m*.

table [tabl] *nf* [meuble] mesa *f*; **à** ~ ¡a la mesa!; **mettre la** ~ poner la mesa; **se mettre à** ~ sentarse a la mesa; ~ **d'opération/de travail** mesa de operaciones/de trabajo. ◆ **table ronde** *nf* mesa *f* redonda. ◆ **table des matières** *nf* índice *m*. ◆ **table de multiplication** *nf* tabla *f* de multiplicar.

tableau [tablo] *nm* **–1.** [gén] cuadro *m*; **noircir le** ~ *fig* pintarlo todo negro. **–2.** [d'école] pizarra *f*, encerado *m*; ~ **noir** pizarra *f*. **–3.** [panneau] tablón *m*, tablero *m*; ~ **d'affichage** [gén] tablón de anuncios; SPORT marcador *m*. ◆ **tableau de bord** *nm* [de voiture] salpicadero *m*; [d'avion] cuadro *m* de instrumentos.

tabler [table] *vi* : ~ **sur qqch** contar con algo.

tablette [tablɛt] *nf* **–1.** [étagère] tabla *f*; [de cheminée, de radiateur, de salle de bains] repisa *f*. **–2.** [de chewing-gum, de chocolat] tableta *f*.

tableur [tablœr] *nm* INFORM hoja *f* de cálculo.

tablier [tablije] *nm* **–1.** [de cuisinière] delantal *m*, mandil *m*. **–2.** [d'écolier] bata *f*; **rendre son** ~ despedirse. **–3.** [de cheminée] pantalla *f*; [de magasin] persiana *f* (metálica). **–4.** CONSTR [de pont] piso *m*.

tabloïde [tablɔid] *nm* tabloide *m*.

tabou, e [tabu] *adj* tabú. ◆ **tabou** *nm* tabú *m*.

tabouret [taburɛ] *nm* taburete *m*.

tabulateur [tabylatœr] *nm* tabulador *m*.

tac [tak] *nm* : **répondre** OU **riposter du** ~ **au** ~ devolver la pelota.

tache [taʃ] *nf* **–1.** [gén] mancha *f*; ~**s de rousseur** OU **de son** pecas *fpl*. **–2.** *sout* [souillure morale] tacha *f*.

tâche [taʃ] *nf* tarea *f*, labor *f*; **faciliter la** ~ **de qqn** ponérselo fácil a alguien.

tacher [taʃe] *vt* manchar.

tâcher [taʃe] ◇ *vi* : ~ **de faire qqch** procurar hacer algo. ◇ *vt* : **tâche que ça ne se reproduise plus** procura que no vuelva a ocurrir.

tacheté, e [taʃte] *adj* : ~ **de** moteado de.

tacheter [taʃte] *vt* motear.

tacite [tasit] *adj* tácito(ta).

taciturne [tasityrn] *adj* taciturno(na).

tact [takt] *nm* tacto *m*; **avoir du/manquer de** ~ tener/no tener tacto; **c'est manquer de** ~ es una falta de tacto.

tactique [taktik] ◇ *adj* táctico(ca). ◇ *nf* táctica *f*.

tag [tag] *nm* tag *m*, graffiti *m*.

tagger[1], **euse** [tagœr, øz] *nm, f* tagger *mf*, grafitero *m*, -ra *f*.

tagger[2] [tage] *vt* hacer tags, hacer grafitis.

taie [tɛ] *nf* **–1.** [enveloppe] funda *f*; ~ **d'oreiller** funda de almohada. **–2.** MÉD nube *f* (en la córnea).

taille [taj] *nf* **–1.** [de pierre, de bois] talla *f*; [d'arbres] tala *f*. **–2.** [de personne] estatura *f*; **quelle est ta** ~? ¿cuánto mides? **–3.** [de vêtement] talla *f*; **à ma** ~ de mi talla. **–4.** [d'objet] tamaño *m*; **de** ~ [erreur] de bulto. **–5.** [milieu du corps] talle *m*.

taillé, e [taje] *adj* **–1.** [coupé] cortado(da). **–2.** [fait pour] : **être** ~ **pour** estar hecho(cha) para.

taille-crayon [tajkrɛjɔ̃] (*pl* **taille-crayons**) *nm* sacapuntas *m inv*.

tailler [taje] *vt* **–1.** [pierre, bois] tallar; [arbres] talar; [crayon] afilar. **–2.** [vêtement] cortar.

tailleur [tajœr] *nm* **–1.** [couturier] sastre *m*. **–2.** [vêtement] traje *m* sastre, traje *m* de chaqueta.

taillis [taji] *nm* monte *m* bajo, bosquecillo *m*.

tain [tɛ̃] *nm* azogue *m*.

taire [tɛr] *vt* callar. ◆ **se taire** *vp* **–1.** [ne pas parler] callarse; **tais-toi!** ¡cállate! **–2.** [bruit, son] dejar de oírse, cesar; [orchestre] dejar de tocar.

Taiwan [tajwan] *n* Taiwan.

talc [talk] *nm* talco *m*.

talent [talɑ̃] *nm* talento *m*; **avoir du** ~ tener talento.

talentueux, euse [talɑ̃tɥø, øz] *adj* talentoso(sa); **être très** ~ tener mucho talento.

talisman [talismɑ̃] *nm* talismán *m*.

talkie-walkie [tɔkiwɔki] *nm* walkie-talkie *m*.

talon [talɔ̃] *nm* **–1.** [du pied, de chaussette] talón *m*. **–2.** [de chaussure] tacón *m Esp*, taco *m Amér*; ~**s hauts/plats/aiguilles** tacones altos/planos/de aguja. **–3.** [de jambon, de fromage] punta *f*. **–4.** [de chèque] matriz *f*. **–5.** [de jeu de cartes] montón *m*.

talonner [talɔne] *vt* **–1.** [suivre de très près] pisar los talones a. **–2.** [harceler] acosar.

talonnette [talɔnɛt] *nf* talonera *f.*

talquer [talke] *vt* espolvorear con talco.

talus [taly] *nm* talud *m.*

tambour [tābur] *nm* **-1.** [de machine à laver & MUS] tambor *m*; **battre le ~** tocar el tambor. **-2.** [d'église, d'hôtel] cancel *m.* **-3.** COUT [pour broder] tambor *m*, bastidor *m.*

tambourin [tāburɛ̃] *nm* MUS **-1.** [cerceau à grelots] pandereta *f.* **-2.** [tambour] tamboril *m.*

tambouriner [tāburine] ◇ *vt* MUS : **~ qqch** tocar algo con el tambor. ◇ *vi* : **~ sur** OU **contre qqch** repiquetear en OU sobre algo.

tamis [tami] *nm* **-1.** [crible] tamiz *m*; **passer au ~** pasar por el tamiz. **-2.** [de raquette de tennis] cordaje *m.*

tamisé, e [tamize] *adj* [lumière] tamizado(da).

tamiser [tamize] *vt* tamizar.

tampon [tāpɔ̃] *nm* **-1.** [masse de tissu] bayeta *f*, paño *m*; **~ à récurer** estropajo *m.* **-2.** [cachet] sello *m*, tampón *m.* **-3.** [bouchon] tapón *m* *Esp*, tapa *f* *Amér*. **-4.** [cheville] taco *m.* **-5.** [de locomotive] tope *m.* **-6.** *fig* [médiateur] : **servir de ~** *fig* servir de colchón. ◆ **tampon hygiénique** OU **périodique** *nm* tampón *m* (higiénico).

tamponner [tāpɔne] *vt* **-1.** [surface] frotar con un paño. **-2.** [plaie] limpiar. **-3.** [facture] sellar. **-4.** [mur] topar con.

tam-tam [tamtam] (*pl* **tam-tams**) *nm* tamtam *m.*

tandem [tādɛm] *nm* tándem *m*; **en ~** en grupos de dos.

tandis [tādi] ◆ **tandis que** *loc conj* mientras que.

tangage [tāgaʒ] *nm* cabeceo *m.*

tangent, e [tāʒā, āt] *adj* **-1.** MATHS tangente. **-2.** [qui se fait de justesse] : **c'était ~** (fue) por los pelos. ◆ **tangente** *nf* MATHS tangente *f.*

tangible [tāʒibl] *adj* tangible.

tango [tāgo] *nm* tango *m.*

tanguer [tāge] *vi* [navire, avion] cabecear.

tanière [tanjɛr] *nf* **-1.** [de bête sauvage] guarida *f*, cubil *m.* **-2.** *fig* [de personne] guarida *f.*

tank [tāk] *nm* tanque *m.*

tanner [tane] *vt* **-1.** [peau] curtir. **-2.** *fam* [personne] dar la tabarra a.

tant [tā] *adv* **-1.** [quantité] : **~ de** tanto(ta); **~ d'élèves** tantos alumnos. **-2.** [tellement] tanto; **il l'aime ~** la quiere tanto. **-3.** [quantité indéfinie] : **~ de** tanto(ta); **~ de grammes** tantos gramos. **-4.** [valeur indéfinie] tanto; **ça coûte ~** esto cuesta tanto. **-5.** [jour indéfini] : **le ~** tal día. **-6.** [comparatif] : **~... que** tanto... como. **-7.** [valeur temporelle] : **~ que** mientras. ◆ **en tant que** *loc conj* como. ◆ **tant bien que mal** *loc adv* más o menos bien, mal que bien. ◆ **tant pis** *loc adv* qué se le va a hacer; **~ pis pour lui** peor para él. ◆ **tant et plus** *loc adv* muchísimo. ◆ **tant qu'à** *loc conj* si, ya que.

tante [tāt] *nf* **-1.** [parente] tía *f.* **-2.** *vulg péj* [homosexuel] maricón *m.*

tantinet [tātinɛ] *nm* : **un ~ radin** un poco tacaño; **un ~ trop long** demasiado largo.

tantôt [tāto] *adv* **-1.** [notion d'alternance] : **~... ~** unas veces... otras; **~ il me déteste, ~ il m'adore** unas veces me odia, otras me adora. **-2.** *vieilli* [après-midi] por la tarde.

tapage [tapaʒ] *nm* **-1.** [bruit] escándalo *m*, alboroto *m.* **-2.** *fig* [battage] : **faire du ~** dar que hablar.

tapageur, euse [tapaʒœr, øz] *adj* **-1.** [hôte, enfant] escandaloso(sa), alborotador(ra). **-2.** [luxe, liaison, publicité] escandaloso(sa).

tape [tap] *nf* cachete *m.*

tape-à-l'œil [tapalœj] ◇ *adj inv* llamativo(va). ◇ *nm inv* fachada *f (apariencia)*; **ce n'est que du ~** es todo pura fachada.

taper [tape] ◇ *vt* **-1.** [donner un coup à] golpear; [à la porte] llamar. **-2.** [texte] pasar a máquina. ◇ *vi* **-1.** [donner un coup] golpear. **-2.** [à la machine] escribir a máquina. **-3.** *fam* [soleil] pegar; [vin] subir. **-4.** *fig* [dire du mal de] : **~ sur qqn** poner como un trapo a alguien.

tapis [tapi] *nm* **-1.** [pour le sol] alfombra *f*; **~ de bain** alfombra de baño. **-2.** [de mur] tapiz *m.* **-3.** [de meuble] tapete *m*; **~ vert** tapete verde. ◆ **tapis roulant** *nm* [de marchandises] cinta *f* transportadora; [de voyageurs] tapiz *m* deslizante.

tapisser [tapise] *vt* **-1.** [couvrir - meuble] tapizar; [- mur] empapelar. **-2.** *fig* [recouvrir] cubrir.

tapisserie [tapisri] *nf* **-1.** [tenture] colgadura *f.* **-2.** [papier peint] empapelado *m.* **-3.** ART [ouvrage] tapiz *m.*

tapissier, ère [tapisje, ɛr] *nm, f* **-1.** [artiste, commerçant] tapicero *m*, -ra *f.* **-2.** [ouvrier] empapelador *m*, -ra *f.*

tapotement [tapotmā] *nm* [petite tape] golpeteo *m.*

tapoter [tapɔte] ◇ *vt* dar golpecitos en. ◇ *vi* : ~ **sur qqch** [donner des petits coups] dar golpecitos en algo; [pianoter] aporrear algo.

taquin, e [takɛ̃, in] *adj & nm, f* guasón(ona).

taquiner [takine] *vt* pinchar.

tarabuster [tarabyste] *vt* **-1.** [suj : personne] dar la tabarra. **-2.** [suj : idée] rondar.

tard [tar] *adv* tarde; **au plus ~** a más tardar; **plus ~** más tarde; **sur le ~** [en fin de journée] al anochecer; [vers la fin de sa vie] demasiado tarde.

tarder [tarde] *vi* : ~ **à faire qqch** tardar en hacer algo; **il me tarde de** (+ *infinitif*), **il me tarde que** (+ *subjonctif*) estoy impaciente por (+ *infinitivo*); **il me tarde de te revoir** estoy impaciente por verte.

tardif, ive [tardif, iv] *adj* tardío(a).

tare [tar] *nf* tara *f*.

tarif [tarif] *nm* **-1.** [prix, tableau des prix] tarifa *f*; ~ **syndical** *tarifa fijada por un sindicato*. **-2.** [douanier] arancel *m*.

tarir [tarir] ◇ *vt* **-1.** [source, ressource] agotar. **-2.** *fig* [larmes] enjugar. ◇ *vi* **-1.** [source, ressources] **agotarse.** **-2.** *fig* [larmes] enjugarse. **-3.** *fig* [personne] : **ne pas ~ d'éloges sur qqch/sur qqn** hacerse lenguas de algo/de alguien. ◆ **se tarir** *vp* agotarse.

tarot [taro] *nm* tarot *m*. ◆ **tarots** *nmpl* : **tirer les ~s** echar las cartas OU el tarot.

tartare [tartar] *adj* tártaro(ra).

tarte [tart] ◇ *nf* **-1.** [gâteau] tarta *f*. **-2.** *fam* [gifle] torta *f*. ◇ *adj fam* [idiot] estúpido(da).

tartine [tartin] *nf* **-1.** [de pain] rebanada *f* de pan con mantequilla. **-2.** *fam fig* [laïus] rollo *m*.

tartiner [tartine] *vt* **-1.** [du pain] untar. **-2.** *fam fig* [pages] llenar.

tartre [tartr] *nm* [du vin, de chaudière, des canalisations] tártaro *m*; [des dents] sarro *m*.

tas [ta] *nm* montón *m Esp*, ruma *f Amér*; **un ~ de** un montón de.

tasse [tas] *nf* taza *f*; ~ **à café/à thé** taza de café/de té; ~ **de café/de thé** taza de café/de té.

tassé, e [tase] *adj* : **bien ~** [fort] bien cargado(da); [âge, ans] bien puesto, bien puesta.

tasseau, x [taso] *nm* CONSTR codal *m*.

tasser [tase] *vt* **-1.** [neige, terre] apisonar. **-2.** [choses, personnes] apretujar. ◆ **se tasser** *vp* **-1.** [mur, terrain] hundirse. **-2.** *fig* [vieillard] achapararse. **-3.** [personnes] apiñarse, apretujarse. **-4.** *fig* [s'arranger] arreglarse.

tâter [tate] *vt* **-1.** [toucher] tentar. **-2.** *fig* [sonder] tantear. ◆ **se tâter** *vp fam fig* [hésiter] pensarlo.

tatillon, onne [tatijɔ̃, ɔn] *adj & nm, f* puntilloso(sa).

tâtonnement [tatɔnmã] *nm* **-1.** [action] marcha *f* a tientas. **-2.** (*gén pl*) [tentative] tanteo *m*.

tâtonner [tatɔne] *vi* **-1.** [pour se diriger] tantear. **-2.** *fig* [chercher] dar palos de ciego.

tâtons [tatɔ̃] ◆ **à tâtons** *loc adv* a tientas.

tatouage [tatwaʒ] *nm* tatuaje *m*.

tatouer [tatwe] *vt* tatuar.

taudis [todi] *nm* **-1.** [logement misérable] tugurio *m*, cuchitril *m*. **-2.** *fig & péj* [maison ou pièce mal tenue] leonera *f*.

taupe [top] *nf* [animal, espion] topo *m*.

taureau, x [tɔro] *nm* [animal] toro *m*. ◆ **Taureau** *nm* ASTROL Tauro *m*; **être Taureau** ser Tauro; **être né sous le signe du Taureau** haber nacido bajo el signo de Tauro.

tauromachie [tɔrɔmaʃi] *nf* tauromaquia *f*.

taux [to] *nm* **-1.** [cours] tasa *f*; ~ **de change/d'escompte** FIN tipo *m* de cambio/de descuento; ~ **d'inflation** tasa de inflación; ~ **d'intérêt** FIN tipo *m* de interés. **-2.** [de cholestérol, d'alcool] índice *m*; ~ **de natalité/de mortalité** índice de natalidad/de mortalidad.

taverne [tavern] *nf* **-1.** [auberge, bar à bière] taberna *f*. **-2.** [restaurant rustique] hostería *f*. **-3.** *Can* [café réservé aux hommes] *café reservado a los hombres*.

taxe [taks] *nf* impuesto *m*, contribución *f*; **hors ~** impuestos no incluidos.

taxer [takse] *vt* **-1.** [produit] tasar. **-2.** [importations] gravar.

taxi [taksi] *nm* **-1.** [voiture] taxi *m*. **-2.** [chauffeur] taxista *mf Esp*, ruletero *m Amér*.

TB, tb (*abr de* **très bien**) ≈ Sob.

Tchad [tʃad] *nm* : **le ~** (el) Chad.

tchadien, enne [tʃadjɛ̃, ɛn] *adj* chadiano(na). ◆ **tchadien** *nm* LING chadiano *m*. ◆ **Tchadien, enne** *nm, f* chadiano *m*, -na *f*.

tchécoslovaque [tʃekɔslɔvak] *adj* checoslovaco(ca). ❖ **Tchécoslovaque** *nmf* checoslovaco *m*, -ca *f.*

tchèque [tʃɛk] ◇ *adj* checo(ca). ◇ *nm* LING checo *m*. ❖ **Tchèque** *nmf* checo *m*, -ca *f.*

te [tə], **t'** *(devant voyelle ou h muet) pron pers* **-1.** [gén] te. **-2.** [avec un présentatif] : ~ **voici/voilà** aquí estás; ~ **voici prêt** ya estás listo.

technicien, enne [tɛknisjɛ̃, ɛn] *nm, f* **-1.** [professionnel] técnico *mf*. **-2.** [spécialiste] especialista *mf.*

technico-commercial, e [tɛknikɔkɔmɛrsjal, o] *(mpl* **technico-commerciaux,** *fpl* **technico-commerciales)** *adj & nm, f* técnico comercial.

technique [tɛknik] ◇ *adj* técnico(ca). ◇ *nf* técnica *f.*

technocrate [tɛknɔkrat] *nm péj* tecnócrata *mf.*

technologie [tɛknɔlɔʒi] *nf* tecnología *f.*

technologique [tɛknɔlɔʒik] *adj* tecnológico(ca).

teckel [tekɛl] *nm* teckel *m.*

tee-shirt *(pl* **tee-shirts),** **T-shirt** *(pl* **T-shirts)** [tiʃœrt] *nm* camiseta *f Esp*, remera *f Amér.*

teigne [tɛɲ] *nf* **-1.** [mite] polilla *f.* **-2.** [du cuir chevelu] tiña *f.* **-3.** *fam* [personne] (mal) bicho *m.*

teindre [tɛ̃dr] *vt* [colorer] teñir.

teint, e [tɛ̃, tɛ̃t] ◇ *pp* → teindre. ◇ *adj* [cheveux] teñido(da). ❖ **teint** *nm* tez *f.* ❖ **teinte** *nf* color *m.*

teinté, e [tɛ̃te] *adj* tintado(da); ~ **de** *fig* teñido(da) de.

teinter [tɛ̃te] *vt* teñir.

teinture [tɛ̃tyr] *nf* **-1.** [action de teindre & BIOL] tintura *f*; ~ **d'iode** [préparation] tintura de yodo. **-2.** [produit] tinte *m.*

teinturerie [tɛ̃tyrri] *nf* tintorería *f*, tinte *m.*

teinturier, ère [tɛ̃tyrje, ɛr] *nm, f* tintorero *m*, -ra *f.*

tel [tɛl] *(f* **telle,** *mpl* **tels,** *fpl* **telles)** ◇ *adj* **-1.** [valeur indéterminée] tal; ~ **ou** ~ tal o cual. **-2.** [semblable] semejante; **de telles personnes** semejantes personas; **je n'ai rien dit de** ~ no he dicho nada semejante; **un** ~ **homme** un hombre semejante; **une telle ocasion** una oportunidad semejante. **-3.** [reprend ce qui a été énoncé] éste(ta); **telle fut l'histoire qu'il nous raconta** ésta fue la historia que nos contó. **-4.** [valeur emphatique ou intensive] tal; **un** ~ **bonheur** una felicidad tal. **-5.**

[introduit un exemple ou une énumération] : ~ **(que)** como; **des métaux** ~**s que le cuivre** metales como el cobre. **-6.** [introduit une comparaison] cual; **il grondait** ~ **un lion** rugía como un león; ~ **que tal** (y) como; **il est** ~ **que je l'avais toujours rêvé** es tal (y) como lo soñé; ~ **quel** tal cual; **tout est resté** ~ **quel depuis son départ** todo ha permanecido tal cual desde que se marchó. ◇ *pron indéf* **-1.** [personnes ou choses indéterminées] : ~**... ~ autre** uno... otro; ~ **veut travailler et** ~ **autre veut dormir** uno quiere trabajar y otro dormir. **-2.** [une personne] : **un** ~ fulano.

tél. *(abr de* **téléphone)** tel., teléf.

télé [tele] *nf fam* tele *f.*

téléachat [teleaʃa] *nm* telecompra *f.*

télécommande [telekɔmɑ̃d] *nf* mando *m* a distancia, telemando *m.*

télécommunication [telekɔmynikasjɔ̃] *nf* telecomunicación *f.*

téléconférence [telekɔ̃ferɑ̃s] *nf* teleconferencia *f.*

télécopie [telekɔpi] *nf* fax *m (documento).*

télécopieur [telekɔpjœr] *nm* INFORM fax *m (aparato).*

télédétection [teledetɛksjɔ̃] *nf* teledetección *f.*

téléfilm [telefilm] *nm* TÉLÉ telefilm *m*, telefilme *m.*

télégramme [telegram] *nm* telegrama *m.*

télégraphe [telegraf] *nm* telégrafo *m.*

télégraphier [telegrafje] *vt* telegrafiar.

téléguider [telegide] *vt* teledirigir.

télématique [telematik] INFORM ◇ *adj* telemático(ca). ◇ *nf* telemática *f.*

téléobjectif [teleɔbʒɛktif] *nm* teleobjetivo *m.*

télépathie [telepati] *nf* telepatía *f.*

téléphérique [teleferik] *nm* teleférico *m.*

téléphone [telefɔn] *nm* teléfono *m*; ~ **à cellules** teléfono celular; ~ **sans fil** teléfono inalámbrico.

téléphoner [telefɔne] ◇ *vt* decir por teléfono. ◇ *vi* llamar (por teléfono); ~ **à qqn** llamar (por teléfono) a alguien.

téléphonique [telefɔnik] *adj* telefónico(ca).

télescope [teleskɔp] *nm* telescopio *m.*

télescopique [teleskɔpik] *adj* telescópico(ca).

téléscripteur [teleskriptœr] *nm* teletipo *m.*

télésiège [telesjɛʒ] *nm* telesilla *f.*

téléski [teleski] *nm* telesquí *m.*

téléspectateur, trice [telespɛktatœr, tris] *nm, f* telespectador *m*, -ra *f.*

télétraitement [teletrɛtmɑ̃] *nm* teleproceso *m.*

télétransmission [teletrɑ̃smisjɔ̃] *nf* teletransmisión *f.*

téléviser [televize] *vt* televisar.

téléviseur [televizœr] *nm* televisor *m.*

télévision [televizjɔ̃] *nf* televisión *f.*

télex [telɛks] *nm* télex *m inv.*

tellement [tɛlmɑ̃] *adv* –1. [si] tan; **elle est ~ gentille!** ¡es tan simpática!; **~ mieux** mucho mejor. –2. [tant de]: **~ de** tanto(ta); **j'ai ~ de choses à faire!** ¡tengo tantas cosas que hacer!; **veux-tu un biscuit? – non, j'en ai mangé ~** ¿quieres una galleta? – ¡no, ya he comido tantas! –3. [tant] tanto; **elle a ~ changé!** ¡ha cambiado tanto!; **je ne comprends rien ~ il parle vite** habla tan de prisa que no entiendo nada; **~... que** tanto... que.

téméraire [temerɛr] *adj & nmf* temerario(ria).

témérité [temerite] *nf* temeridad *f.*

témoignage [temwaɲaʒ] *nm* –1. [récit & JUR] testimonio *m.* –2. [gage] muestra *f*, prueba *f*; **en ~ de** como muestra OU prueba de.

témoigner [temwaɲe] ◇ *vt* –1. [sentiment] mostrar, manifestar. –2. [révéler] demostrar; **~ que** demostrar que. –3. [attester]: **~ que** declarar que. ◇ *vi* JUR declarar, testificar; **en faveur de/contre qqn** declarar a favor/en contra de alguien.

témoin [temwɛ̃] ◇ *nm* testigo *mf*; **être ~ de qqch** ser testigo de algo. ◇ *adj* [appartement] muestra *(en aposición)*, piloto.

tempe [tɑ̃p] *nf* sien *f.*

tempérament [tɑ̃peramɑ̃] *nm* temperamento *m.*

température [tɑ̃peratyr] *nf* –1. [gén] temperatura *f.* –2. [fièvre] fiebre *f*; **avoir de la ~** tener fiebre; **prendre sa ~** tomar la temperatura.

tempéré, e [tɑ̃pere] *adj* –1. [climat] templado(da). –2. [caractère, personne] temperado(da).

tempérer [tɑ̃pere] *vt* temperar.

tempête [tɑ̃pɛt] *nf* –1. MÉTÉOR tormenta *f*; **~ de neige/de sable** tormenta de nieve/de arena. –2. [agitation, déchaînement] tempestad *f.*

tempêter [tɑ̃pete] *vi* vociferar.

temple [tɑ̃pl] *nm* templo *m.*

tempo [tɛmpo] *nm* tempo *m.*

temporaire [tɑ̃pɔrɛr] *adj* temporal.

temporairement [tɑ̃pɔrɛrmɑ̃] *adv* temporalmente.

temporel, elle [tɑ̃pɔrɛl] *adj* temporal.

temps [tɑ̃] *nm* –1. [gén] tiempo *m*; **à mi-~** a media jornada; **à plein ~** a jornada completa; **avoir le ~ de faire qqch** tener tiempo de hacer algo; **ces ~-ci** hoy en día; **ces derniers ~** en estos últimos tiempos; **de mon ~** en mis tiempos OU mi época; **en son ~** en su época; **faire qqch en un ~ record** hacer algo en un tiempo récord; **perdre son ~** perder el tiempo; **un certain ~** un cierto tiempo; **au** OU **du ~ où** en el tiempo en el que; **~ libre** tiempo libre; **avoir tout son ~** tener todo el tiempo del mundo. –2. [saison] época *f.* –3. [moment] momento *m.* ◆ **à temps** *loc adv* a tiempo. ◆ **de temps à autre** *loc adv* de vez en cuando. ◆ **de temps en temps** *loc adv* de vez en cuando. ◆ **en même temps** *loc adv* al mismo tiempo. ◆ **tout le temps** *loc adv* todo el tiempo, todo el rato.

tenable [tənabl] *adj* : **ce n'est pas ~** es insoportable; **ce n'est plus ~** ya es insoportable.

tenace [tənas] *adj* tenaz.

ténacité [tenasite] *nf* tenacidad *f.*

tenailler [tənaje] *vt* atenazar.

tenailles [tənaj] *nfpl* tenazas *fpl.*

tenancier, ère [tənɑ̃sje, ɛr] *nm, f* encargado *m*, -da *f.*

tendance [tɑ̃dɑ̃s] *nf* tendencia *f*; **avoir ~ à qqch/à faire qqch** tener tendencia a algo/a hacer algo.

tendancieux, euse [tɑ̃dɑ̃sjø, øz] *adj péj* tendencioso(sa).

tendeur [tɑ̃dœr] *nm* –1. [appareil] tensor *m.* –2. [courroie élastique] pulpo *m.* –3. [de tente] viento *m.*

tendinite [tɑ̃dinit] *nf* tendinitis *f inv.*

tendon [tɑ̃dɔ̃] *nm* tendón *m.*

tendre[1] [tɑ̃dr] ◇ *adj* –1. [aliment, personne] tierno(na). –2. [bois] blando(da). –3. [couleur] suave. –4. [parole] cariñoso(sa). ◇ *nmf* persona *f* tierna.

tendre[2] [tɑ̃dr] *vt* –1. [corde] tensar. –2. [étendre] tender; **~ qqch à qqn** [donner] tender algo a alguien. ◆ **se tendre** *vp* tensarse.

tendresse [tãdrɛs] *nf* **-1.** [sentiment] ternura *f*, cariño *m*. **-2.** *(gén pl)* [expression] caricia *f Esp*, apapacho *m Amér*. **-3.** [indulgence] simpatía *f*.

tendu, e [tãdy] ◇ *pp* → **tendre.** ◇ *adj* **-1.** [fil, corde] tenso(sa), tirante. **-2.** [pièce] : ~ **de** [velours] tapizado(da) de; [de papier] empapelado(da) con. **-3.** [personne, atmosphère, rapports] tenso(sa). **-4.** [main] tendido(da).

ténèbres [tenɛbr] *nfpl* tinieblas *fpl*.

ténébreux, euse [tenebrø, øz] *adj* tenebroso(sa).

teneur [tãnœr] *nf* **-1.** [de lettre, d'article] contenido *m*. **-2.** [pourcentage] proporción *f*, cantidad *f*; ~ **en** proporción OU cantidad de.

tenir [tãnir] ◇ *vt* **-1.** [gén] tener. **-2.** [retenir] sujetar. **-3.** [promesse, engagement] cumplir. **-4.** [hôtel, commerce, restaurant] llevar. **-5.** [apprendre] : ~ **qqch de qqn** saber algo por alguien. ◇ *vi* **-1.** [être solide] aguantar, resistir. **-2.** [durer] durar; [neige] cuajar; [colle] agarrarse; [couleur] ser sólido(da). **-3.** [pouvoir être contenu] caber. **-4.** [personne] : ~ **à** apreciar a; [privilèges] apegarse a; [vouloir absolument] querer; [avoir pour cause] deberse a. **-5.** [ressembler à] : ~ **de** salir a; [relever de] parecer. **-6.** *loc* : **tiens!** [prends] ¡toma!; [justement] ¡por cierto!; [pour attirer l'attention] ¡mira!; **je n'y tiens pas** no me apetece. ◆ **se tenir** *vp* **-1.** [se trouver] estar; [avoir lieu] tener lugar. **-2.** [se prendre] cogerse. **-3.** [être cohérent] sostenerse. **-4.** [se conduire] portarse, comportarse. **-5.** [s'accrocher] agarrarse. **-6.** [se borner] : **s'en** ~ **à qqch** atenerse a algo; **je m'en tiendrai là** *fig* no iré más allá.

tennis [tenis] ◇ *nm* **-1.** [sport] tenis *m*. **-2.** [terrain] pista *f* de tenis. ◇ *nfpl* zapatillas *fpl* de deporte.

ténor [tenɔr] ◇ *adj* [instrument] tenor. ◇ *nm* **-1.** [chanteur] tenor *m*. **-2.** *fig* [vedette] figura *f*.

tension [tãsjõ] *nf* **-1.** [contraction, MÉD & ÉLECTR] tensión *f*; **avoir de la** ~ tener la tensión alta; **basse/haute** ~ baja/alta tensión; ~ **artérielle** tensión arterial. **-2.** [concentration] concentración *f*; ~ **d'esprit** esfuerzo *m* mental. **-3.** [désaccord] tensión *f*, tirantez *f*.

tentaculaire [tãtakylɛr] *adj* **-1.** ZOOL tentacular. **-2.** *fig* [ville, firme] en expansión.

tentant, e [tãtã, ãt] *adj* **-1.** [alléchant] tentador(ra). **-2.** [situation] envidiable.

tentation [tãtasjõ] *nf* tentación *f*; **résister à la** ~ resistir la tentación.

tentative [tãtativ] *nf* intento *m*, tentativa *f*; ~ **d'homicide** tentativa de homicidio; ~ **de suicide** intento de suicidio.

tente [tãt] *nf* [de camping] tienda *f* de campaña; [de cirque] carpa *f*. ◆ **tente à oxygène** *nf* cámara *f* de oxígeno.

tenter [tãte] *vt* [attirer] tentar; **être tenté de faire qqch** estar tentado de hacer algo; **être tenté par qqch/par qqn** estar tentado por algo/por alguien.

tenture [tãtyr] *nf* colgadura *f*.

tenu, e [tãny] *adj* [en ordre] : **bien/mal** ~ bien/mal atendido(da).

ténu, e [teny] *adj* tenue.

tenue [tãny] *nf* **-1.** [entretien – d'école, d'établissement] dirección *f*; [– de maison] cuidado *m*; [– de comptabilité] teneduría *f*. **-2.** [manières] modales *mpl*; **un peu de** ~! ¡compórtate! **-3.** [rigueur] rigor *m*. **-4.** [maintien du corps] postura *f*. **-5.** [séance] sesión *f*. **-6.** [habillement] vestimenta *f*, MIL uniforme *m*. ◆ **tenue de route** *nf* AUTOM adherencia *f* (a la carretera).

ter [tɛr] ◇ *adj* ter. ◇ *adv* MUS tres veces.

Tergal® [tɛrgal] *nm* tergal® *m*.

tergiverser [tɛrʒivɛrse] *vi* vacilar; **sans** ~ sin vacilar.

terme [tɛrm] *nm* **-1.** [fin, mot, élément] término *m*; **mettre un** ~ **à qqch** [arrêter] poner término a algo. **-2.** [de grossesse] : **arriver à** ~ salir de cuentas. **-3.** [délai] plazo *m*; COMM vencimiento *m*; **à** ~ ÉCON a plazos; **à court/moyen/long** ~ a corto/medio/largo plazo. **-4.** [de loyer] : **à** ~ **échu** a plazo vencido. ◆ **termes** *nmpl* [expression, formule] términos *mpl*.

terminaison [tɛrminɛzõ] *nf* GRAM terminación *f*.

terminal, e, aux [tɛrminal, o] *adj* terminal. ◆ **terminal, aux** *nm* **-1.** INFORM terminal *m*. **-2.** [dock, aérogare] terminal *f*. ◆ **terminale** *nf* SCOL ≃ COU *m*.

terminer [tɛrmine] *vt* terminar, acabar. ◆ **se terminer** *vp* terminarse, acabarse; **se** ~ **par qqch** terminarse OU acabarse con algo.

terminologie [tɛrminɔlɔʒi] *nf* terminología *f*.

terminus [tɛrminys] *nm* término *m*, final *m* (de línea).

termite [tɛrmit] *nm* termita *f*.

terne [tɛrn] *adj* **–1.** [couleur, regard] apagado(da). **–2.** [vie, journée, conversation] monótono(na). **–3.** [gens, personne] insignificante.

ternir [tɛrnir] *vt* empañar.

terrain [tɛrɛ̃] *nm* **–1.** [gén] terreno *m*; **être sur son ∼ fig** estar en su elemento; **∼ à bâtir** solar *m*. **–2.** [de foot, d'aviation] campo *m*; [de camping] terreno *m*. **–3.** MIL campo *m* de batalla.

terrasse [tɛras] *nf* **–1.** [gén] terraza *f*. **–2.** [toit] terraza *f*, azotea *f*.

terrassement [tɛrasmã] *nm* excavación *f*.

terrasser [tɛrase] *vt* **–1.** [adversaire] vencer. **–2.** [suj : maladie] abatir.

terre [tɛr] *nf* **–1.** [gén] tierra *f*; **avoir les pieds sur ∼ fig** tener los pies en el suelo. **–2.** [sol] tierra *f*, suelo *m*; **par ∼** [sans mouvement] en el suelo; [avec mouvement] al suelo; **∼ battue** tierra batida.

terreau [tɛro] *nm* mantillo *m*.

terre-plein [tɛrplɛ̃] (*pl* **terre-pleins**) *nm* terraplén *m*.

terrer [tɛre] ◆ **se terrer** *vp* esconderse.

terrestre [tɛrɛstr] *adj* **–1.** [gén] terrestre; [globe] terráqueo(a). **–2.** [plaisir, paradis, vertu] terrenal.

terreur [tɛrœr] *nf* terror *m*.

terrible [tɛribl] *adj* **–1.** [gén] terrible. **–2.** [appétit, travail] tremendo(da). **–3.** *fam* [étonnant, excellent] bestial.

terriblement [tɛribləmã] *adv* terriblemente.

terrien, enne [tɛrjɛ̃, ɛn] ◇ *adj* rural. ◇ *nm, f* **–1.** [qui vit à l'intérieur des terres] persona *f* de tierra adentro. **–2.** [habitant de la Terre] terrícola *mf*.

terrier [tɛrje] *nm* **–1.** [de lapin] madriguera *f*. **–2.** [chien] terrier *m*.

terrifier [tɛrifje] *vt* aterrorizar.

terrine [tɛrin] *nf* **–1.** [récipient] cazuela *f* de barro. **–2.** CULIN [de pâté] terrina *f*.

territoire [tɛritwar] *nm* territorio *m*.

territorial, e, aux [tɛritɔrjal, o] *adj* **–1.** [intégrité] territorial; [eaux] jurisdiccional. **–2.** MIL [armée] de reserva.

terroir [tɛrwar] *nm* región *f*.

terroriser [tɛrɔrize] *vt* aterrorizar.

terrorisme [tɛrɔrism] *nm* terrorismo *m*.

terroriste [tɛrɔrist] *adj & nmf* terrorista.

tertiaire [tɛrsjɛr] ◇ *adj* terciario(ria). ◇ *nm* sector *m* terciario.

tes → **ton**.

tesson [tɛsɔ̃] *nm* casco *m*; **∼ de bouteille** casco de botella.

test [tɛst] *nm* test *m*; **∼ de grossesse** test OU prueba *f* de embarazo.

testament [tɛstamã] *nm* testamento *m*.

tester [tɛste] ◇ *vt* someter a un test. ◇ *vi* JUR testar.

testicule [tɛstikyl] *nm* testículo *m*.

tétaniser [tetanize] *vt* **–1.** [muscle] tetanizar. **–2.** *fig* [personne, groupe] paralizar.

tétanos [tetanos] *nm* tétanos *m inv*.

têtard [tɛtar] *nm* renacuajo *m*.

tête [tɛt] *nf* **–1.** [gén] cabeza *f*; [d'arbre] copa *f*; [de phrase, de liste] principio *m*; **de la ∼ aux pieds** de la cabeza a los pies; **la ∼ la première** de cabeza; **de ∼** mentalmente; **∼ de lit** cabecera *f*; **∼ de marteau** cotillo *m*. **–2.** [visage] cara *f*. **–3.** [chef] cabecilla *f*.

tête-à-queue [tɛtakø] *nm inv* tornillazo *m*.

tête-à-tête [tɛtatɛt] *nm inv* [entrevue] mano a mano *m*.

tête-bêche [tɛtbɛʃ] *loc adv* pies contra cabeza.

tétée [tete] *nf* mamada *f*.

tétine [tetin] *nf* **–1.** [du biberon] tetina *f*. **–2.** [sucette] chupete *m*. **–3.** [mamelle] teta *f*.

tétraplégique [tetrapleʒik] *adj* tetrapléjico(ca).

têtu, e [tety] *adj* testarudo(da).

texte [tɛkst] *nm* texto *m*.

textile [tɛkstil] ◇ *adj* textil. ◇ *nm* **–1.** [matière] tejido *m*. **–2.** [industrie] textil *m*.

textuel, elle [tɛkstɥɛl] *adj* textual.

texture [tɛkstyr] *nf* textura *f*.

TF1 (*abr de* **Télévision française 1**) *nf* antigua cadena de televisión pública francesa, actualmente cadena privada.

TGV (*abr de* **train à grande vitesse**) *nm* tren de alta velocidad francés, ≃ AVE *m*.

Thaïlande [tajlãd] *nf* : **la ∼** Tailandia.

thalassothérapie [talasɔterapi] *nf* talasoterapia *f*.

thé [te] *nm* té *m*.

théâtral, e, aux [teatral, o] *adj* teatral.

théâtre [teatr] *nm* teatro *m*.

théière [tejɛr] *nf* tetera *f*.

thématique [tematik] ◇ *adj* temático(ca). ◇ *nf* temática *f*.

thème [tɛm] *nm* **–1.** [sujet & MUS] tema *m*. **–2.** [traduction] traducción *f* inversa; **∼ grec** traducción inversa al griego.

théologie [teɔlɔʒi] *nf* teología *f*.

théorème [teɔrɛm] *nm* teorema *m*.

théoricien, enne [teɔrisjɛ̃, ɛn] *nm, f* teórico *m*, -ca *f*.

théorie [teɔri] *nf* teoría *f*; **en ~** en teoría, teóricamente.

théorique [teɔrik] *adj* teórico(ca).

théoriser [teɔrize] *vt & vi* teorizar.

thérapeutique [terapøtik] ◇ *adj* terapéutico(ca). ◇ *nf* terapéutica *f*.

thérapie [terapi] *nf* terapia *f*.

thermal, e, aux [tɛrmal, o] *adj* termal.

thermes [tɛrm] *nmpl* termas *fpl*.

thermique [tɛrmik] *adj* térmico(ca).

thermomètre [tɛrmɔmɛtr] *nm* termómetro *m*.

Thermos® [tɛrmos] *nm* OU *nf* termo *m*.

thermostat [tɛrmɔsta] *nm* termostato *m*.

thèse [tɛz] *nf* tesis *f inv*; **~ de doctorat** tesis doctoral.

thon [tɔ̃] *nm* atún *m*.

thorax [tɔraks] *nm* tórax *m inv*.

thym [tɛ̃] *nm* tomillo *m*.

thyroïde [tirɔid] *nf* tiroides *m inv*.

Tibet [tibɛ] *nm* : **le ~** el Tíbet.

tibia [tibja] *nm* tibia *f*.

tic [tik] *nm* tic *m*.

ticket [tikɛ] *nm* [de métro, de bus, etc] billete *m*.

ticket-repas [tikɛrəpa] *nm* tiquet-restaurante *m*.

tic-tac [tiktak] *nm inv* tictac *m inv*.

tiède [tjɛd] ◇ *adj* **-1.** [boisson, eau] templado(da), tibio(bia). **-2.** [vent] templado(da). **-3.** *fig* [amour, militant] tibio(bia). ◇ *adv* : **boire ~** beber cosas templadas OU tibias.

tiédir [tjedir] ◇ *vt* templar, entibiar. ◇ *vi* templar; **faire ~ qqch** templar algo.

tien [tjɛ̃] ◆ **le tien** (*f* **la tienne** [latjɛn], *mpl* **les tiens** [letjɛ̃], *fpl* **les tiennes** [letjɛn]) *pron poss* el tuyo, la tuya; **à la tienne!** ¡(a tu) salud!

tienne[1] → **tien**.

tienne[2], **tiennes** *etc* → **tenir**.

tiens, tient *etc* → **tenir**.

tierce [tjɛrs] ◇ *nf* **-1.** [à l'escrime & MUS] tercera *f*. **-2.** [aux cartes] escalerilla *f*. **-3.** IMPRIMERIE última prueba *f*. **-4.** RELIG tercia *f*. ◇ *adj* → **tiers**.

tiercé [tjɛrse] *nm apuesta a los tres caballos ganadores de una carrera.*

tiers, tierce [tjɛr, tjɛrs] *adj* : **une tierce personne** una tercera persona. ◆ **tiers** *nm* **-1.** [personne] tercero *m*. **-2.** [troisième partie] tercio *m*, tercera parte *f*; **le ~ provisionnel** ≃ pago *m* fraccionado.

tiers-monde [tjɛrmɔ̃d] *nm* tercer mundo *m*.

tiers-mondisation [tjɛrmɔ̃dizasjɔ̃] *nf* tercermundización *f*.

tige [tiʒ] *nf* **-1.** [de plante] tallo *m*. **-2.** [d'arbre] tronco *m*. **-3.** [de métal] varilla *f*.

tignasse [tiɲas] *nf fam* pelambrera *f*.

tigre, esse [tigr, ɛs] *nm, f* [félin] tigre *m*, -esa *f*. ◆ **tigresse** *nf* [femme jalouse] fiera *f*.

tilleul [tijœl] *nm* [arbre] tilo *m*; [infusion] tila *f*.

timbale [tɛ̃bal] *nf* **-1.** [gobelet] cubilete *m*. **-2.** CULIN [mets] timbal *m*.

timbre [tɛ̃br] *nm* **-1.** [de la poste, tampon] sello *m*; ADMIN sello *m*, timbre *m*. **-2.** [d'instrument, de voix, de bicyclette] timbre *m*.

timbré, e [tɛ̃bre] ◇ *adj* **-1.** [papier, voix] timbrado(da). **-2.** [lettre] sellado(da). **-3.** *fam* [personne] chalado(da). ◇ *nm, f fam* chalado(da).

timbrer [tɛ̃bre] *vt* **-1.** [document] timbrar, sellar. **-2.** [lettre] sellar.

timide [timid] *adj & nmf* tímido(da).

timidité [timidite] *nf* timidez *f*.

timing [tajmiŋ] *nm* timing *m*.

timoré, e [timɔre] *adj* timorato(ta).

tins, tint *etc* → **tenir**.

tintamarre [tɛ̃tamar] *nm fam* guirigay *m*.

tintement [tɛ̃tmɑ̃] *nm* **-1.** [de cloche] tañido *m*; [de clochette] campanilleo *m*. **-2.** [de métal] tintineo *m*.

tinter [tɛ̃te] *vi* **-1.** [cloche] tañer; [horloge, sonnette] sonar. **-2.** [métal] tintinear.

tir [tir] *nm* **-1.** [gén] tiro *m*. **-2.** [salve] disparo *m*.

tirage [tiraʒ] *nm* **-1.** [impression] tirada *f*; **à grand ~** de gran tirada. **-2.** PHOT positivado *m*. **-3.** [du loto] sorteo *m*; **~ au sort** sorteo. **-4.** [de cheminée] tiro *m*. **-5.** TECHNOL [de soie] devanado *m*; [de métal] estirado *m*.

tiraillement [tirajmɑ̃] *nm* **-1.** [d'estomac] retortijón *m*. **-2.** *fig* [conflit] tirantez *f*.

tirailler [tiraje] ◇ *vt* [tirer] tirar de; **être tiraillé entre** debatirse entre. ◇ *vi* [faire feu] tirotear.

tiré, e [tire] *adj* [traits] cansado(da).

tire-bouchon [tirbuʃ5] (*pl* **tire-bouchons**) *nm* sacacorchos *m inv.* ◆ **en tire-bouchon** *loc adj* rizado(da).

tirelire [tirlir] *nf* hucha *f*.

tirer [tire] ◇ *vt* **-1.** [charrette, remorque] tirar de; [porte, tiroir] abrir; [courroie] estirar; [rideaux] correr. **-2.** [plan, trait] trazar. **-3.** [revue, livre] editar. **-4.** [avec une arme, cartes] tirar. **-5.** [faire sortir – langue, de la poche] sacar; [– numéro] sacar, extraer. **-6.** [obtenir – argent, avantage] obtener; [– profit, conclusion] sacar; [– leçon] aprender. **-7.** [chèque] hacer. ◇ *vi* **-1.** [gén] : ~ **sur qqch** [corde] tirar de algo; [couleur] tirar a algo. **-2.** [cheminée] tirar. **-3.** [avec une arme] disparar. ◆ **se tirer** *vp* **-1.** *fam* [s'en aller] abrirse. **-2.** *fam* [prendre fin] : **ça se tire!** ¡esto se acaba! **-3.** [se sortir de] : **se ~ de qqch** salir (bien) de algo; **s'en ~ avec** *fam* salir adelante.

tiret [tire] *nm* guión *m*.

tireur, euse [tirœr, øz] *nm, f* tirador *m*, -ra *f*; ~ **d'élite** tirador de élite.

tiroir [tirwar] *nm* cajón *m*.

tiroir-caisse [tirwarkɛs] *nm* caja *f* registradora.

tisane [tizan] *nf* tisana *f*.

tisonnier [tizɔnje] *nm* atizador *m*.

tissage [tisaʒ] *nm* tejido *m* (acción).

tisser [tise] *vt* tejer.

tissu [tisy] *nm* [étoffe & BIOL] tejido *m*.

titiller [titije] *vt* cosquillear.

titre [titr] *nm* **-1.** [gén] título *m*. **-2.** [de presse] titular *m*; **gros ~** gran titular. **-3.** [de monnaie] título *f*. ◆ **à titre de** *loc prép* a título de. ◆ **titre de transport** *nm* título *m* de transporte.

tituber [titybe] *vi* tambalearse.

titulaire [titylɛr] ◇ *adj* [professeur] titular; ~ **de qqch** [possesseur] titular de algo. ◇ *nmf* [de poste, de chaire] titular *mf*.

titulariser [titylarize] *vt* titularizar.

toast [tost] *nm* **-1.** [pain grillé] tostada *f*. **-2.** [discours] brindis *m*; **porter un ~ à qqch/à qqn** brindar por algo/por alguien.

toboggan [tɔbɔgã] *nm* tobogán *m*.

toc [tɔk] ◇ *interj* : **et ~!** ¡punto! ◇ *nm fam* bisutería *f*; **en ~** de bisutería.

toi [twa] *pron pers* **-1.** [avec impératif] te; **réveille-~!** ¡despiértate! **-2.** [sujet, pour renforcer, dans un comparatif] tú; **c'est ~?** ¿eres tú?; **tu t'amuses bien,** ~! ¡tú sí que te diviertes! **-3.** [complément d'objet, après une préposition] ti; **avec ~** contigo; **après ~** después de ti; **pour ~** para ti; **il**

vous a invités, Pierre et ~ os invitó a Pierre y a ti; **qui te l'a dit, à ~?** ¿quién te lo ha dicho a ti? **-4.** [possessif] : **à ~** tuyo(ya). ◆ **toi-même** *pron pers* tú mismo(misma).

toile [twal] *nf* **-1.** [étoffe] tela *f*; [de lin] hilo *m*; [de bâche] lona *f*. **-2.** [tableau] lienzo *m*. **-3.** NAVIG [voilure] lonas *fpl*. **-4.** *fam* [film] peli *f*. ◆ **toile d'araignée** *nf* telaraña *f*.

toilette [twalɛt] *nf* **-1.** [soins de propreté] aseo *m*; **faire sa ~** lavarse. **-2.** [parure, vêtements] traje *m*. **-3.** [de monument] restauración *f*. **-4.** [meuble] tocador *m*. ◆ **toilettes** *nfpl* servicios *mpl*.

toise [twaz] *nf* talla *f*, marca *f*.

toiser [twaze] *vt* mirar de arriba abajo.

toison [twaz5] *nf* **-1.** [pelage] vellón *m*. **-2.** [chevelure] melena *f*.

toit [twa] *nm* **-1.** [toiture] tejado *m*. **-2.** *fig* [maison] techo *m*. ◆ **toit ouvrant** *nm* AUTOM luneta *f* solar.

toiture [twatyr] *nf* techumbre *f*, techado *m*.

Tokyo [tɔkjo] *n* Tokio.

tôle [tol] *nf* chapa *f*; ~ **ondulée** chapa ondulada.

tolérable [tɔlerabl] *adj* tolerable.

tolérance [tɔlerãs] *nf* tolerancia *f*.

tolérant, e [tɔlerã, ãt] *adj* tolerante.

tolérer [tɔlere] *vt* tolerar; ~ **que** tolerar que. ◆ **se tolérer** *vp* tolerarse.

tollé [tɔle] *nm* clamor *m* de protesta.

tomate [tɔmat] *nf* [fruit] tomate *m*; [plante] tomatera *f*.

tombant, e [t5bã, ãt] *adj* [moustaches, épaules] caído(da).

tombe [t5b] *nf* tumba *f*.

tombeau, x [t5bo] *nm* tumba *f*.

tombée [t5be] *nf* : **à la ~ du jour** al atardecer; **à la ~ de la nuit** a la caída de la noche.

tomber [t5be] ◇ *vi* **-1.** [gén] caer; ~ **sur qqn** [attaquer] caer encima de alguien; **avoir les épaules qui tombent** tener los hombros caídos; [flocons, grêlons] caer; ~ **bien/mal** [fait] venir bien/mal; [personne] caer bien/mal. **-2.** [choir] caer, caerse; **faire ~ qqn** hacer caer OU tirar a alguien; ~ **de qqch** [de sommeil, de fatigue] caerse de algo. **-3.** [décliner – colère, enthousiasme] decaer; [– vent] amainar; [– fièvre] bajar. **-4.** [déboucher] : ~ **sur qqch** dar a algo. **-5.** [rencontrer] : ~ **sur qqch/sur qqn** encontrarse con algo/con alguien. **-6.** [malade] ponerse; ~ **amoureux** ena-

morarse. ◇ *vt fam* **-1.** [femme] conquistar.
-2. [veste] quitarse.

tombola [tɔ̃bɔla] *nf* tómbola *f*.

tome [tɔm] *nm* tomo *m*.

tommette [tɔmɛt] *nf* baldosa *f* hexagonal.

ton[1] [tɔ̃] *nm* tono *m*.

ton[2] [tɔ̃] (*f* **ta** [ta], *pl* **tes** [te]) *adj poss* tu.

tonalité [tɔnalite] *nf* **-1.** MUS tonalidad *f*.
-2. [impression, au téléphone] tono *m*.

tondeuse [tɔ̃døz] *nf* **-1.** [pour gazon] cortacéspedes *m inv*. **-2.** [pour cheveux] maquinilla *f*. **-3.** [pour animaux] esquiladora *f*.

tondre [tɔ̃dr] *vt* **-1.** [gazon] cortar. **-2.** [cheveux] rapar. **-3.** [animal] esquilar.

tondu, e [tɔ̃dy] *adj* **-1.** [gazon] cortado(da). **-2.** [animal] esquilado(da). **-3.** [cheveux] rapado(da).

tonicité [tɔnisite] *nf* tonicidad *f*.

tonifier [tɔnifje] *vt* tonificar.

tonique [tɔnik] ◇ *adj* tónico(ca). ◇ *nm* MÉD tónico *m*. ◇ *nf* MUS tónica *f*.

tonitruant, e [tɔnitryɑ̃, ɑ̃t] *adj* atronador(ra), estruendoso(sa).

tonnage [tɔnaʒ] *nm* tonelaje *m*, arqueo *m*.

tonnant, e [tɔnɑ̃, ɑ̃t] *adj* [voix] de trueno.

tonne [tɔn] *nf* **-1.** [gén] tonelada *f*. **-2.** [tonneau] cuba *f*.

tonneau, x [tɔno] *nm* **-1.** [de vin, acrobatie] tonel *m*. **-2.** [accident] vuelta *f* de campana. **-3.** [de navire] tonelaje *m*.

tonnelle [tɔnɛl] *nf* cenador *m*.

tonner [tɔne] *vi* **-1.** [orage] tronar. **-2.** [canon] retumbar. **-3.** [personne] : ~ **contre qqn** tronar contra alguien.

tonnerre [tɔnɛr] *nm* trueno *m*.

tonte [tɔ̃t] *nf* [d'animal] esquileo *m*; [des cheveux] rapadura *f*; [du gazon] corte *m*.

tonus [tɔnys] *nm* tono *m*.

top [tɔp] *nm* señal *f*.

topographie [tɔpɔgrafi] *nf* topografía *f*.

toque [tɔk] *nf* **-1.** [coiffure] gorro *m*; [de magistrat] birrete *m*, bonete *m*. **-2.** [cuisinier] cocinero *m*, -ra *f*.

torche [tɔrʃ] *nf* antorcha *f*, tea *f*; ~ **électrique** linterna *f*.

torcher [tɔrʃe] *vt fam* **-1.** [essuyer – avec linge, papier] limpiar; [– assiette] rebañar. **-2.** [travail] chapucear. **-3.** [bouteille] apurar.

torchon [tɔrʃɔ̃] *nm* **-1.** [serviette] trapo *m*, paño *m*. **-2.** *péj* [texte] churro *m*. **-3.** *péj* [journal] periodicucho *m*.

tordre [tɔrdr] *vt* **-1.** [gén] retorcer. **-2.** [barre de fer] torcer. **-3.** [visage] desfigurar.

tordu, e [tɔrdy] ◇ *pp* → **tordre**. ◇ *adj fam* [esprit, idée] retorcido(da). ◇ *nm, f péj* chalado *m*, -da *f*.

torero [tɔrero] *nm* torero *m*.

tornade [tɔrnad] *nf* tornado *m*.

torpeur [tɔrpœr] *nf* torpeza *f*.

torpille [tɔrpij] *nf* torpedo *m*.

torpiller [tɔrpije] *vt* torpedear.

torréfaction [tɔrefaksjɔ̃] *nf* torrefacción *f*.

torrent [tɔrɑ̃] *nm* torrente *m*; ~**s de** [de lumière] chorros de; [de larmes] ríos de; [d'injures] lluvia de.

torrentiel, elle [tɔrɑ̃sjɛl] *adj* torrencial.

torride [tɔrid] *adj* tórrido(da).

tors, e [tɔr, tɔrs] *adj* **-1.** [jambes] torcido(da). **-2.** ARCHIT [colonne] salomónico(ca).

torsade [tɔrsad] *nf* **-1.** [de cheveux] trenzado *m*. **-2.** ARCHIT : **à** ~**s** [colonne] salomónico(ca).

torsader [tɔrsade] *vt* retorcer.

torse [tɔrs] *nm* torso *m*.

torsion [tɔrsjɔ̃] *nf* [action] torsión *f*; [résultat] retorcimiento *m*.

tort [tɔr] *nm* **-1.** [erreur] fallo *m*; **avoir** ~ no tener razón; **avoir** ~ **de faire qqch** equivocarse al hacer algo; **à** ~ sin razón; **être dans son** ~ OU **en** ~ tener la culpa. **-2.** [préjudice] perjuicio *m*, daño *m*.

torticolis [tɔrtikɔli] *nm* tortícolis *m inv*.

tortillement [tɔrtijmɑ̃] *nm* retorcimiento *m*; ~ **des hanches** contoneo *m*.

tortiller [tɔrtije] *vt* retorcer. ◆ **se tortiller** *vp* retorcerse.

tortionnaire [tɔrsjɔnɛr] *adj & nmf* torturador(ra).

tortue [tɔrty] *nf* tortuga *f*.

tortueux, euse [tɔrtɥø, øz] *adj* tortuoso(sa).

torture [tɔrtyr] *nf* tortura *f*, tormento *m*.

torturer [tɔrtyre] *vt* torturar, atormentar.

tôt [to] *adv* **-1.** [de bonne heure] temprano. **-2.** [vite] pronto, temprano. ◆ **au plus tôt** *loc adv* como muy pronto.

total, e, aux [tɔtal, o] *adj* total. ◆ **total, aux** *nm* total *m*. ◆ **total** *adv fam* total.

totalement [tɔtalmɑ̃] *adv* totalmente.

totaliser [tɔtalize] *vt* totalizar.

totalitaire [tɔtalitɛr] *adj* totalitario(ria).

totalitarisme [tɔtalitarism] *nm* totalitarismo *m*.

totalité [tɔtalite] *nf* totalidad *f*; **en ~** en total.

totem [tɔtɛm] *nm* tótem *m*.

toubib [tubib] *nmf fam* matasanos *mf*.

touchant, e [tuʃɑ̃, ɑ̃t] *adj* conmovedor(ra).

touche [tuʃ] *nf* **-1.** [de clavier] tecla *f*; **~ alphanumérique** INFORM tecla alfanumérica; **~ de fonction** INFORM tecla de función. **-2.** [de peinture] pincelada *f*. **-3.** *fig* [note] : **une ~ de qqch** un toque de algo. **-4.** *fam* [allure] pinta *f*, facha *f*. **-5.** [à la pêche] picada *f*. **-6.** [au football] banda *f*; [en escrime] toque *m*.

toucher [tuʃe] *vt* **-1.** [gén] tocar. **-2.** [cible, but] dar en. **-3.** [chèque, argent] cobrar. **-4.** [gros lot, tiercé] ganar. **-5.** [personne] emocionar. ◆ **toucher à** *vi* **-1.** [gén] tocar. **-2.** [être proche de] rozar algo. **-3.** [être contigu à] lindar con.

touffe [tuf] *nf* **-1.** [d'herbe] mata *f*. **-2.** [de cheveux] mechón *m*. **-3.** [de fleurs] manojo *m*.

touffu, e [tufy] *adj* **-1.** [barbe, forêt] tupido(da); [arbre] frondoso(sa). **-2.** *fig* [roman, discours] denso(sa).

toujours [tuʒur] *adv* **-1.** [continuité, répétition] siempre; **ils s'aimeront ~** se querrán siempre; **vous êtes ~ en retard** siempre llegáis tarde; **~ moins/plus** cada vez menos/más. **-2.** [encore] todavía; **il n'est ~ pas arrivé** todavía no ha llegado. **-3.** [de toute façon] siempre; **tu peux ~ lui écrire** siempre puedes escribirle. ◆ **de toujours** *loc adj* de siempre. ◆ **pour toujours** *loc adv* para siempre. ◆ **toujours est-il que** *loc conj* pero la verdad es que.

toupet [tupɛ] *nm* **-1.** [de cheveux] tupé *m*. **-2.** *fam fig* [aplomb] caradura *f Esp*, patas *fpl Amér*; **avoir du** OU **ne pas manquer de ~** *fam* tener cara.

toupie [tupi] *nf* peonza *f*, trompo *m*.

tour [tur] ⬦ *nm* **-1.** [périmètre] contorno *m*; **faire le ~ de qqch** [lieu] dar la vuelta a algo; [question, problème] darle vueltas a algo. **-2.** [promenade] paseo *m*; **faire un ~** dar una vuelta. **-3.** [rotation] vuelta *f*; **fermer qqch à double ~** cerrar algo con doble vuelta OU con dos vueltas. **-4.** [attraction, plaisanterie] número *m*; **~ de force** hazaña *f*, proeza *f*. **-5.** [succession, rang] turno *m*, vez *f*; **~ à ~** por turno; **à ~ de rôle** por turno. **-6.** [des événements] giro *m*. **-7.** [machine-outil] torno *m*. **-8.** AUTOM revolución *f*. ⬦ *nf* torre *f*; **~ de**

contrôle AÉRON torre de control; **~ de guet** atalaya *f*.

tourbe [turb] *nf* turba *f*.

tourbillon [turbijɔ̃] *nm* **-1.** [gén] torbellino *m*; **~ de poussière** polvareda *f*. **-2.** [d'eau] remolino *m*.

tourbillonner [turbijɔne] *vi* arremolinarse.

tourelle [turɛl] *nf* [gén] torrecilla *f*; [de char] torreta *f*; [de bateau de guerre] torre *f*.

tourisme [turism] *nm* turismo *m*; **faire du ~** hacer turismo.

touriste [turist] ⬦ *adj inv* turista (*en aposición*). ⬦ *nmf* turista *mf*.

touristique [turistik] *adj* turístico(ca).

tourment [turmɑ̃] *nm* *sout* tormento *m*.

tourmente [turmɑ̃t] *nf* tormenta *f*.

tourmenté, e [turmɑ̃te] *adj* **-1.** [personne] angustiado(da), atormentado(da). **-2.** [mer, période] agitado(da).

tourmenter [turmɑ̃te] *vt* atormentar. ◆ **se tourmenter** *vp* atormentarse.

tournage [turnaʒ] *nm* CIN rodaje *m*.

tournant, e [turnɑ̃, ɑ̃t] *adj* **-1.** [porte, fauteuil] giratorio(ria). **-2.** [mouvement & MIL] envolvente. **-3.** [rue] sinuoso(sa). ◆ **tournant** *nm* **-1.** [virage] curva *f*. **-2.** *fig* [moment décisif] momento *m* crucial.

tourne-disque [turnadisk] (*pl* **tournedisques**) *nm* tocadiscos *m inv*.

tournée [turne] *nf* **-1.** [d'inspecteur] viaje *m* de inspección; [de représentant] viaje *m* de negocios; [de facteur] ronda *f*; [d'artiste] gira *f*. **-2.** *fam* [consommations] ronda *f*.

tournemain [turnəmɛ̃] ◆ **en un tournemain** *loc adv* en un santiamén.

tourner [turne] ⬦ *vt* **-1.** [clé, manivelle, poignée] girar, dar vueltas a; [pages d'un livre] pasar; **'tournez, s'il vous plaît'** 'véase al dorso'. **-2.** [dos, tête] volver *Esp*, voltear *Amér*. **-3.** [pas, pensées] dirigir. **-4.** [transformer] : **~ qqch en** convertir algo en. **-5.** [obstacle] rodear; *fig* [loi] eludir. **-6.** CIN [scène, film] rodar. **-7.** [pièce de bois, ivoire] tornear. ⬦ *vi* **-1.** [terre, roue] girar, dar vueltas; [heure] avanzar; **~ autour de qqch** girar alrededor de algo; **~ autour de qqn** *fig* rondar a alguien. **-2.** [chemin, route] torcer, doblar; [vent] cambiar. **-3.** [lait, crème] cortarse; [vin] avinagrarse. **-4.** *fam* [entreprise] marchar.

tournesol [turnəsɔl] *nm* **-1.** [plante] girasol *m*. **-2.** [colorant] tornasol *m*.

tournevis [turnəvis] *nm* destornillador *m* Esp, desarmador *m* Amér.

tourniquet [turnikɛ] *nm* torniquete *m*.

tournis [turni] *nm* **-1.** *fam* [vertige] : **avoir le** ~ tener vértigo. **-2.** [maladie] modorra *f*.

tournoi [turnwa] *nm* torneo *m*.

tournoyer [turnwaje] *vi* arremolinarse.

tournure [turnyr] *nf* **-1.** [apparence] cariz *m*, sesgo *m*; **prendre mauvaise** ~ tomar mal cariz. **-2.** [formulation] giro *m*.

tourteau, x [turto] *nm* **-1.** [crabe] buey *m* de mar. **-2.** [pour bétail] torta *f* de orujo.

tourterelle [turtərɛl] *nf* tórtola *f*.

tous → tout.

Toussaint [tusɛ̃] *nf* : **la** ~ la Fiesta de Todos los Santos.

tousser [tuse] *vi* toser.

toussotement [tusɔtmã] *nm* tosiguera *f*.

toussoter [tusɔte] *vi* toser.

tout [tu] (*f* **toute** [tut], *mpl* **tous** [tus], *fpl* **toutes** [tut]) ◇ *adj qualificatif* [avec substantif singulier déterminé] todo(da); ~**e la journée** todo el día. ◇ *adj indéf* **-1.** [exprime la totalité] todos(das); **tous les hommes** todos los hombres; **tous les trois** los tres. **-2.** [chaque] cada; **tous les jours** cada día, todos los días. **-3.** [n'importe quel] cualquier; **à** ~**e heure** a cualquier hora; ~ **autre** cualquier otro; ~ **autre que lui** cualquier otro en su lugar. ◇ *pron indéf* [gén] todo; [personnes] todos(das); **je t'ai** ~ **dit** te lo he dicho todo; **ils voulaient tous la voir** todos querían verla; **c'est** ~ (esto) es todo; ~ **est là** todo está ahí. ◇ *adv* **-1.** [entièrement, tout à fait] muy; ~ **jeune/petit/triste** muy joven/pequeño/triste; ~ **nu** completamente desnudo; ~ **seuls** completamente solos; ~ **au début** al principio; ~ **en haut** arriba del todo; ~ **près** muy cerca; ~ **contre** muy OU completamente pegado(da) a. **-2.** [avec un gérondif] : **ils parlaient** ~ **en marchant** [pendant] hablaban mientras andaban; ~ **en reconnaissant son ignorance, il me contredit** [bien que] aunque reconoce su ignorancia, me contradice. ◇ *nm* : **un** ~ un todo. ◆ **du tout au tout** *loc adv* completamente, de cabo a rabo. ◆ **pas du tout** *loc adv* en absoluto; **je n'ai pas du** ~ **peur** no tengo ningún miedo; **il ne fait pas du** ~ **froid** no hace nada de frío. ◆ **tout à fait** *loc adv* **-1.** [complètement] completamente, totalmente. **-2.** [exactement] exactamente. ◆ **tout à l'heure** *loc adv* **-1.** [futur] ahora mismo, dentro de un momento; **à** ~ **à l'heure!** ¡hasta luego! **-2.** [passé] ahora mismo, hace un momento. ◆ **tout de même** *loc adv* de todos modos. ◆ **tout de suite** *loc adv* enseguida, inmediatamente.

tout-à-l'égout [tutalegu] *nm inv* sumidero *m*.

toutefois [tutfwa] *adv* sin embargo, no obstante; **si** ~ (+ *imparfait*) si (es que) (+ *presente*); **si** ~ **tu changeais d'avis** si (es que) cambias de idea.

tout-petit [tup(ə)ti] (*pl* **tout-petits**) *nm* chiquitín *m*, -ina *f*, pequeñín *m*, -ina *f*.

tout-puissant, toute-puissante [tupɥisã, tutpɥisãt] *adj* todopoderoso(sa).

toux [tu] *nf* tos *f*.

toxicité [tɔksisite] *nf* toxicidad *f*.

toxicomane [tɔksikɔman] *nmf* toxicómano *m*, -na *f*.

toxine [tɔksin] *nf* toxina *f*.

toxique [tɔksik] *adj* tóxico(ca).

tps (*abr de* temps) t.

trac [trak] *nm* miedo *m* (antes de examinarse o salir a escena).

tracas [traka] *nm* preocupación *f*.

tracasserie [trakasri] *nf* molestia *f* Esp, vaina *f* Amér.

trace [tras] *nf* **-1.** [empreinte] huella *f*, rastro *m*; **marcher sur les** ~**s de qqn** *fig* seguir las huellas de alguien. **-2.** [marque] huella *f*. **-3.** (*gén pl*) [vestige] huella *f*. **-4.** [très petite quantité] huella *f*, traza *f*.

tracé [trase] *nm* trazado *m*.

tracer [trase] ◇ *vt* trazar. ◇ *vi fam* ir a todo gas.

trachéite [trakeit] *nf* traqueítis *f inv*.

tract [trakt] *nm* octavilla *f*.

tractation [traktasjɔ̃] *nf* (*gén pl*) trato *m*.

tracter [trakte] *vt* remolcar.

tracteur [traktœr] *nm* tractor *m*.

traction [traksjɔ̃] *nf* tracción *f*; ~ **avant** AUTOM tracción delantera.

tradition [tradisjɔ̃] *nf* tradición *f*.

traditionnel, elle [tradisjɔnɛl] *adj* tradicional.

traducteur, trice [tradyktœr, tris] *nm, f* traductor *m*, -ra *f*. ◆ **traducteur** *nm* INFORM traductor *m*.

traduction [tradyksjɔ̃] *nf* traducción *f*.

traduire [tradɥir] *vt* **-1.** [gén] traducir; ~ **en** traducir al. **-2.** JUR : ~ **qqn en justice** llevar a alguien a los tribunales.

trafic [trafik] *nm* tráfico *m*.

trafiquant, e [trafikɑ̃, ɑ̃t] *nm, f* traficante *mf.*

trafiquer [trafike] ◇ *vt* **-1.** [falsifier] falsear; [moteur] trucar. **-2.** *fam* [manigancer] tramar. ◇ *vi* traficar.

tragédie [traʒedi] *nf* tragedia *f.*

tragi-comédie [traʒikɔmedi] (*pl* **tragi-comédies**) *nf* tragicomedia *f.*

tragique [traʒik] ◇ *adj* trágico(ca). ◇ *nm* [auteur tragique] trágico *m*, -ca *f.*

tragiquement [traʒikmɑ̃] *adv* trágicamente.

trahir [trair] *vt* traicionar. ◆ **se trahir** *vp* traicionarse.

trahison [traizɔ̃] *nf* traición *f.*

train [trɛ̃] *nm* **-1.** [chemin de fer & TECHNOL] tren *m*; ~ **autocouchettes** *tren con literas y transporte de coches*; ~ **avant/arrière** tren delantero/trasero; ~ **de pneus** juego *m* de neumáticos; ~ **d'atterrissage** tren de aterrizaje. **-2.** [allure] marcha *f*, paso *m*. **-3.** *fam* [postérieur] trasero *m Esp*, traste *m Amér.* **-4.** *loc* : **aller bon** ~ *fig* ir a buen paso; **être en** ~ *fig* estar en forma; **mettre qqch en** ~ *fig* poner algo en marcha. ◆ **train de vie** *nm* tren *m* de vida. ◆ **en train de** *loc prép* : **être en** ~ **de** (+ *infinitif*) estar (+ *gerundio*); **je suis en** ~ **de lire** estoy leyendo.

traînant, e [trɛnɑ̃, ɑ̃t] *adj* **-1.** [robe] que arrastra. **-2.** [voix] cansino(na), lánguido(da).

traîne [trɛn] *nf* **-1.** [de robe] cola *f*. **-2.** [de pêche] traína *f*; **être à la** ~ [en retard] ir rezagado(da).

traîneau, x [trɛno] *nm* trineo *m.*

traînée [trɛne] *nf* **-1.** [trace] reguero *m*; [de comète] estela *f*. **-2.** *tfam péj* [prostituée] zorra *f.*

traîner [trɛne] ◇ *vt* **-1.** [gén] arrastrar. **-2.** [forcer à aller] llevar a rastras. ◇ *vi* **-1.** [s'attarder] rezagarse. **-2.** [errer] callejear, vagabundear. **-3.** [maladie, affaire] ir para largo; **ça n'a pas traîné!** ¡no ha tardado mucho! **-4.** [durer] : **faire** ~ **qqch** dar largas a algo. **-5.** [manteau, cheveux] colgar. **-6.** [vêtements, livres] estar tirado(da). ◆ **se traîner** *vp* **-1.** [marcher avec peine] arrastrarse. **-2.** [durer] hacerse largo(ga).

train-train [trɛ̃trɛ̃] *nm fam* rutina *f.*

traire [trɛr] *vt* ordeñar.

trait [trɛ] *nm* **-1.** [ligne] trazo *m*; **à grands** ~**s** a grandes rasgos; ~ **d'union** guión *m.* **-2.** [caractéristique, acte révélateur] rasgo *m*; ~ **d'esprit** agudeza *f*. **-3.** [flèche] saeta

f; **partir comme un** ~ *fig* salir como una flecha. ◆ **traits** *nmpl* [du visage] rasgos *mpl*, facciones *fpl*; **avoir les** ~**s tirés** tener la cara cansada.

traitant, e [trɛtɑ̃, ɑ̃t] *adj* **-1.** [shampooing, crème] tratante. **-2.** [médecin] de cabecera.

traite [trɛt] *nf* **-1.** [de vache] ordeño *m.* **-2.** COMM letra *f* de cambio. **-3.** [de personnes] trata *f.* ◆ **d'une seule traite** *loc adv* de un tirón, de una tirada.

traité [trɛte] *nm* tratado *m.*

traitement [trɛtmɑ̃] *nm* **-1.** [gén] tratamiento *m*; ~ **de l'information** INFORM proceso *m* de datos; ~ **de texte** INFORM tratamiento de texto. **-2.** [envers quelqu'un] trato *m.* **-3.** [rémunération] paga *f.*

traiter [trɛte] ◇ *vt* **-1.** [gén] tratar; ~ **qqn de** [qualifier] tratar a alguien de; **bien/mal** ~ **qqn** tratar bien/mal a alguien. **-2.** INFORM [données] procesar. ◇ *vi* : ~ **avec/de** tratar con/de.

traiteur [trɛtœr] *nm cocinero que vende comidas y platos listos para servir.*

traître, esse [trɛtr, ɛs] ◇ *adj* traidor(ra). ◇ *nm, f* traidor *m*, -ra *f*; **en** ~ a traición.

traîtrise [trɛtriz] *nf sout* traición *f.*

trajectoire [traʒɛktwar] *nf* trayectoria *f.*

trajet [traʒɛ] *nm* trayecto *m.*

tralala [tralala] *nm péj* parafernalia *f.*

trame [tram] *nf* trama *f.*

tramer [trame] *vt sout* tramar. ◆ **se tramer** *vp* tramarse.

trampoline [trɑ̃pɔlin] *nm* cama *f* elástica.

tramway [tramwɛ] *nm* tranvía *m.*

tranchant, e [trɑ̃ʃɑ̃, ɑ̃t] *adj* **-1.** [instrument] cortante, afilado(da) *Esp*, filoso(sa) *Amér.* **-2.** [personne] cortante. **-3.** [ton] tajante. ◆ **tranchant** *nm* filo *m.*

tranche [trɑ̃ʃ] *nf* **-1.** [de pain] rebanada *f*; [de jambon] loncha *f*, lonja *f*; [de saucisson] rodaja *f.* **-2.** [de livre, de pièce] canto *m.* **-3.** [de loterie] sorteo *m.* **-4.** [période] tramo *m.* **-5.** [partie] serie *f.*

trancher [trɑ̃ʃe] ◇ *vt* **-1.** [gén] cortar. **-2.** [pain] rebanar. **-3.** *fig* [question, difficulté] zanjar. ◇ *vi* **-1.** *fig* [décider] decidirse. **-2.** [contraster] : ~ **sur** resaltar sobre.

tranquille [trɑ̃kil] *adj* tranquilo(la); **laisser qqch/qqn** ~ dejar algo/a alguien tranquilo ou en paz; **rester** ou **se tenir** ~ quedarse ou estarse tranquilo(la).

tranquillement [trɑ̃kilmɑ̃] *adv* tranquilamente.

tranquillisant, e [trãkilizã, ãt] *adj* **-1.** [nouvelle] tranquilizador(ra). **-2.** [médicament] tranquilizante. ◆ **tranquillisant** *nm* tranquilizante *m*.

tranquilliser [trãkilize] *vt* tranquilizar. ◆ **se tranquilliser** *vp* tranquilizarse.

tranquillité [trãkilite] *nf* tranquilidad *f*; **en toute ~** con toda tranquilidad.

transaction [trãzaksjɔ̃] *nf* transacción *f*.

transat [trãzat] ◇ *nm* tumbona *f* Esp, reposera *f* Amér. ◇ *nf* regata *f* transatlántica.

transatlantique [trãzatlãtik] ◇ *adj* transatlántico(ca). ◇ *nm* transatlántico *m*. ◇ *nf* regata *f* transatlántica.

transcription [trãskripsjɔ̃] *nf* transcripción *f*.

transcrire [trãskrir] *vt* transcribir.

transcrit, e [trãskri, it] *pp* → **transcrire**.

transe [trãs] *nf sout* ansia *f*; **être en ~** *fig* estar fuera de sí.

transférer [trãsfere] *vt* **-1.** [bureaux] transferir. **-2.** [prisonnier, inculpé] trasladar.

transfert [trãsfɛr] *nm* **-1.** [de prisonnier, de population] traslado *m*. **-2.** [de fonds, de marchandises] transferencia *f*. **-3.** [de fonds de commerce] traspaso *m*. **-4.** JUR [de biens immobiliers] transmisión *f*. **-5.** [de personnalité] transferencia *f*.

transfigurer [trãsfigyre] *vt* transfigurar.

transformateur, trice [trãsfɔrmatœr, tris] *adj* transformador(ra). ◆ **transformateur** *nm* transformador *m*.

transformation [trãsfɔrmasjɔ̃] *nf* **-1.** [changement, conversion] transformación *f*. **-2.** RUGBY transformación *f* (de ensayo).

transformer [trãsfɔrme] *vt* : **~ qqch en qqch** transformar algo en algo. ◆ **se transformer** *vp* : **se ~ en** transformarse en.

transfuge [trãsfyʒ] *nmf* tránsfuga *mf*.

transfuser [trãsfyze] *vt* [du sang] hacer una transfusión.

transfusion [trãsfyzjɔ̃] *nf* transfusión *f*; **~ sanguine** transfusión de sangre.

transgresser [trãsgrese] *vt* transgredir, quebrantar.

transhumance [trãzymãs] *nf* trashumancia *f*.

transi, e [trãzi] *adj* : **être ~ de** [froid] estar aterido(da) de; [peur] estar transido(da) de.

transistor [trãzistɔr] *nm* transistor *m*.

transit [trãzit] *nm* tránsito *m*; **en ~** en tránsito.

transiter [trãzite] ◇ *vt* llevar en tránsito. ◇ *vi* estar en tránsito.

transitif, ive [trãzitif, iv] *adj* transitivo(va).

transition [trãzisjɔ̃] *nf* transición *f*; **sans ~** sin transición.

transitivité [trãzitivite] *nf* transitividad *f*.

transitoire [trãzitwar] *adj* transitorio(ria).

translucide [trãslysid] *adj* translúcido(da).

transmettre [trãsmɛtr] *vt* : **~ qqch à qqch/à qqn** transmitir algo a algo/a alguien. ◆ **se transmettre** *vp* transmitirse.

transmis, e [trãsmi, iz] *pp* → **transmettre**.

transmissible [trãsmisibl] *adj* transmisible.

transmission [trãsmisjɔ̃] *nf* transmisión *f*.

transparaître [trãsparɛtr] *vi* transparentarse.

transparence [trãsparãs] *nf* transparencia *f*.

transparent, e [trãsparã, ãt] *adj* transparente. ◆ **transparent** *nm* transparencia *f*.

transpercer [trãspɛrse] *vt* traspasar.

transpiration [trãspirasjɔ̃] *nf* transpiración *f*.

transpirer [trãspire] *vi* transpirar.

transplanter [trãsplãte] *vt* **-1.** [arbre, organe] transplantar. **-2.** *fig* [population, usine] trasladar.

transport [trãspɔr] *nm* [gén] transporte *m*; [de personnes] traslado *m*; **~s en commun** transportes públicos.

transportable [trãspɔrtabl] *adj* **-1.** [marchandise] transportable. **-2.** [blessé] trasladable.

transporter [trãspɔrte] *vt* **-1.** [gén] transportar. **-2.** [personne] trasladar. ◆ **se transporter** *vp* trasladarse.

transporteur [trãspɔrtœr] *nm* **-1.** [personne] transportista *mf*; **~ routier** transportista *(camionero)*. **-2.** [machine] transportador *m*.

transposer [trãspoze] *vt* **-1.** [mots] transponer. **-2.** [situation, intrigue] trasladar. **-3.** [à l'écran] llevar. **-4.** MUS transportar.

transposition [trãspozisjɔ̃] *nf* **-1.** [de mots] transposición *f*. **-2.** [de situation, d'intrigue] traslado *m*. **-3.** [adaptation à l'écran] adaptación *f*. **-4.** MUS transporte *m*.

transsexuel, elle [trãssɛksɥɛl] *adj & nm, f* transexual.

transvaser [trãsvaze] *vt* transvasar, trasegar.

transversal, e, aux [trãsvɛrsal, o] *adj* transversal.

trapèze [trapɛz] *nm* trapecio *m*.

trapéziste [trapezist] *nmf* trapecista *mf*.

trappe [trap] *nf* **-1.** [ouverture] trampa *f*, trampilla *f*. **-2.** [piège] trampa *f*.

trapu, e [trapy] *adj* **-1.** [personne] achaparrado(da). **-2.** [édifice] macizo(za).

traquenard [traknar] *nm* trampa *f*.

traquer [trake] *vt* **-1.** [animal] acorralar. **-2.** [personne] acosar. **-3.** *fig* [rechercher, être à l'affût de] ir a la busca y captura de.

traumatisant, e [tromatizɑ̃, ɑ̃t] *adj* traumatizante.

traumatiser [tromatize] *vt* traumatizar.

traumatisme [tromatism] *nm* **-1.** [psychique] trauma *m*. **-2.** [physique] traumatismo *m*.

travail [travaj] *nm* **-1.** [gén] trabajo *m*; **demander du ~** [projet] dar trabajo; **se mettre au ~** ponerse a trabajar; **~ à la chaîne** producción *f* en cadena; **~ intellectuel** trabajo intelectual; **~ intérimaire** ÉCON trabajo interino; **~ précaire** trabajo precario. **-2.** [de la mémoire, du souvenir] mecanismo *m*. **-3.** [du temps, de la fermentation, etc] obra *f*. ◆ **travaux** *nmpl* **-1.** [gén] trabajos *mpl*; **travaux des champs** faenas *fpl* del campo. **-2.** [d'aménagement] obras *fpl*; **travaux publics** obras públicas.

travaillé, e [travaje] *adj* **-1.** [matériau, style] trabajado(da). **-2.** [tourmenté] : **être ~ par** estar minado(da) por.

travailler [travaje] ◇ *vi* **-1.** [gén] trabajar; **~ chez** OU **dans** trabajar en; **~ sur** OU **à qqch** trabajar en algo. **-2.** [métal, bois] alabearse. **-3.** [vin] fermentar. ◇ *vt* **-1.** [gén] trabajar. **-2.** [tracasser] atormentar.

travailleur, euse [travajœr, øz] ◇ *adj* trabajador(ra). ◇ *nm, f* trabajador *m*, -ra *f*; **~ émigré/indépendant** trabajador emigrante/autónomo.

travelling [travliŋ] *nm* CIN travelling *m*.

travers [travɛr] *nm* defecto *m*. ◆ **à travers** ◇ *loc adv* a través. ◇ *loc prép* : **à ~ qqch** a través de algo. ◆ **au travers** *loc adv* a través. ◆ **au travers de** *loc prép* a través de. ◆ **de travers** *loc adv* **-1.** [marcher] de través. **-2.** [placer] torcido(da). **-3.** [se garer] atravesado(da). **-4.** [comprendre] al revés. **-5.** *loc* : **aller de ~** ir al revés; **avaler de ~** atragantarse; **faire tout de ~** no hacer nada a derechas; **regarder qqn de ~** mirar a alguien con malos ojos. ◆ **en travers** *loc adv* de través. ◆ **en travers de** *loc prép* : **être en ~ de** estar atravesado(da) en.

traverse [travɛrs] *nf* **-1.** [petit chemin] atajo *m*. **-2.** [traversine] travesaño *m*, larguero *m*; [de chemin de fer] traviesa *f*.

traversée [travɛrse] *nf* travesía *f*.

traverser [travɛrse] *vt* [gén] atravesar; [rue] cruzar.

traversin [travɛrsɛ̃] *nm* travesaño *m* (*almohada*).

travestir [travɛstir] *vt* disfrazar. ◆ **se travestir** *vp* **-1.** [pour un bal] disfrazarse. **-2.** [en femme] travestirse.

trébucher [trebyʃe] *vi* **-1.** [tomber] tropezar, dar un traspié; **~ sur** OU **contre qqch** tropezar con OU contra algo. **-2.** *fig* [buter sur] : **~ sur qqch** tropezar con algo.

trèfle [trɛfl] *nm* trébol *m*; **à quatre feuilles** trébol de cuatro hojas.

treille [trɛj] *nf* **-1.** [de vigne] parra *f*. **-2.** [tonnelle] emparrado *m*.

treillis [trɛji] *nm* **-1.** [clôture] enrejado *m*. **-2.** [toile] arpillera *f*. **-3.** MIL [tenue de combat] traje *m* de faena.

treize [trɛz] *adj num & nm* trece; *voir aussi* **six**.

trekking [trɛkiŋ] *nm* trekking *m*.

tréma [trema] *nm* diéresis *f inv*.

tremblant, e [trɑ̃blɑ̃, ɑ̃t] *adj* tembloroso(sa).

tremblement [trɑ̃bləmɑ̃] *nm* temblor *m*; **~ de terre** terremoto *m*; **et tout le ~** *fam fig* y toda la pesca.

trembler [trɑ̃ble] *vi* **-1.** [gén] temblar. **-2.** *fig* [avoir peur] : **~ pour qqch/pour qqn** temblar por algo/por alguien; **~ de faire qqch** temer hacer algo.

trembloter [trɑ̃blɔte] *vi* **-1.** [personne] temblequear. **-2.** [voix, lumière] temblar.

trémousser [tremuse] ◆ **se trémousser** *vp* menearse.

trempe [trɑ̃p] *nf* **-1.** [caractère] temple *m*; **de cette/sa ~** de esta/su temple. **-2.** *fam* [coups] paliza *f Esp*, golpiza *f Amér*.

trempé, e [trɑ̃pe] *adj* [mouillé] calado(da); **~ jusqu'aux os** calado hasta los huesos.

tremper [trɑ̃pe] ◇ *vt* **-1.** [mouiller] mojar. **-2.** [plonger] : **~ qqch dans** remojar algo en. **-3.** [métal] templar. ◇ *vi* [linge] estar en remojo, remojarse; **faire ~** poner en remojo.

tremplin [trɑ̃plɛ̃] *nm* trampolín *m*.

trentaine [trɑ̃tɛn] *nf* **-1.** [nombre] : **une ~ de** una treintena de. **-2.** [âge] : **avoir la ~** tener los treinta.

trente [trɑ̃t] ◇ *adj num* treinta. ◇ *nm* treinta *m*; *voir aussi* **six**.

trentième [trãtjɛm] ◇ adj num & nmf trigésimo(ma). ◇ nm treintavo m, treintava parte f; voir aussi **sixième**.

trépasser [trepase] vi sout fallecer.

trépidant, e [trepidã, ãt] adj trepidante.

trépied [trepje] nm trípode m.

trépigner [trepiɲe] vi patalear.

très [trɛ] adv mucho(cha) (delante de substantivo), muy (delante de adjetivo, adverbio); ~ **malade** muy enfermo; ~ **bien** muy bien; ~ **en retard** muy tarde; ~ **à l'aise** muy a gusto; ~ **envie** muchas ganas; **avoir** ~ **peur/faim** tener mucho miedo/mucha hambre.

trésor [trezɔr] nm tesoro m. ◆ **Trésor** nm : **le Trésor public** el Tesoro Público.

trésorerie [trezɔrri] nf tesorería f.

trésorier, ère [trezɔrje, ɛr] nm, f tesorero m, -ra f.

tressaillement [tresajmã] nm estremecimiento m.

tressaillir [tresajir] vi estremecerse.

tressauter [tresote] vi **-1.** [sursauter] sobresaltarse. **-2.** [bringuebaler] bambolearse.

tresse [trɛs] nf trenza f.

tresser [trese] vt trenzar.

tréteau, x [treto] nm caballete m.

treuil [trœj] nm torno m elevador.

trêve [trɛv] nf tregua f; ~ **de plaisanteries/de sottises** basta de bromas/de tonterías. ◆ **sans trêve** loc adv sin tregua.

tri [tri] nm [de lettres] clasificación f; [de candidats] selección f; **faire le** ~ **dans qqch** fig poner orden en algo.

triage [trijaʒ] nm [de lettres] clasificación f; [de candidats] selección.

triangle [trijãgl] nm triángulo m.

triangulaire [trijãgylɛr] adj triangular.

triathlon [trijatlɔ̃] nm triatlón m.

tribal, e, aux [tribal, o] adj tribal.

tribord [tribɔr] nm estribor m; **à** ~ a estribor.

tribu [triby] nf tribu f.

tribulations [tribylasjɔ̃] nfpl tribulaciones fpl.

tribunal, aux [tribynal, o] nm tribunal m; ~ **correctionnel** ≃ sala f de lo penal; ~ **de grande instance** audiencia f provincial o regional.

tribune [tribyn] nf tribuna f.

tribut [triby] nm sout tributo m.

tributaire [tribytɛr] adj : **être** ~ **de qqch/de qqn** depender de algo/de alguien.

tricher [triʃe] vi **-1.** [au jeu] hacer trampas. **-2.** [à un examen] copiar. **-3.** [mentir] : ~ **sur qqch** engañar sobre algo.

tricherie [triʃri] nf **-1.** [gén] trampa f. **-2.** [tromperie] engaño m.

tricheur, euse [triʃœr, øz] nm, f **-1.** [au jeu] tramposo m, -sa f. **-2.** [à un examen] copión m, -ona f.

tricolore [trikɔlɔr] adj tricolor.

tricot [triko] nm **-1.** [étoffe] punto m; **faire du** ~ hacer punto. **-2.** [vêtement] jersey m.

tricoter [trikɔte] ◇ vt : ~ **qqch** hacer algo de punto, tejer algo. ◇ vi hacer punto, tejer.

tricycle [trisikl] nm triciclo m.

trier [trije] vt **-1.** [classer] clasificar. **-2.** [sélectionner] seleccionar.

trigonométrie [trigɔnɔmetri] nf trigonometría f.

trilingue [trilɛ̃g] adj & nmf trilingüe.

trimestre [trimɛstr] nm trimestre m.

trimestriel, elle [trimɛstrijɛl] adj trimestral.

tringle [trɛ̃gl] nf varilla f; ~ **à rideaux** barra f de cortinas.

Trinité [trinite] nf Trinidad f.

trinquer [trɛ̃ke] vi **-1.** [boire] brindar; ~ **à** [à la santé] beber a. **-2.** fam [personne, voiture] pagar el pato.

trio [trijo] nm trío m.

triomphal, e, aux [trijɔ̃fal, o] adj triunfal.

triomphant, e [trijɔ̃fã, ãt] adj triunfante.

triomphe [trijɔ̃f] nm triunfo m; **porter qqn en** ~ llevar a alguien a hombros.

triompher [trijɔ̃fe] vi **-1.** [gén] triunfar; ~ **de qqch/de qqn** triunfar sobre algo/sobre alguien. **-2.** [crier victoire] cantar victoria.

tripes [trip] nfpl **-1.** [d'animal] tripas fpl. **-2.** CULIN [plat] callos mpl. **-3.** fam [de personne] agallas fpl; **rendre** ~**s et boyaux** echar las tripas.

triple [tripl] adj & nm triple.

triplé [triple] nm **-1.** [au turf] combinación de los tres caballos ganadores. **-2.** SPORT triplete m. ◆ **triplés** nmpl trillizos mpl, -zas fpl Esp, triates mpl Amér.

triste [trist] adj triste; **être** ~ **de qqch/de faire qqch** estar triste por algo/por hacer algo.

tristesse [tristɛs] nf tristeza f.

triturer [trityre] vt triturar.

trivial, e, aux [trivjal, o] *adj* **–1.** [banal] trivial. **–2.** *péj* [expression] grosero(ra) *Esp*, guarango(ga) *Amér*.

troc [trɔk] *nm* trueque *m*.

trois [trwa] ◇ *adj num* [gén] tres. ◇ *nm* tres *m*; *voir aussi* **six**.

troisième [trwazjɛm] ◇ *adj & nmf* tercero(ra). ◇ *nm* tercero *m*, tercera parte *f*. ◇ *nf* **–1.** [classe] ≃ primero de BUP. **–2.** [vitesse] tercera *f*; *voir aussi* **sixième**.

trombe [trɔ̃b] *nf* tromba *f*.

trombone [trɔ̃bɔn] *nm* **–1.** [agrafe] clip *m*. **–2.** MUS trombón *m*.

trompe [trɔ̃p] *nf* trompa *f*.

trompe-l'œil [trɔ̃plœj] *nm inv* **–1.** [peinture] trampantojo *m*; **en ~ de** trampantojo. **–2.** [apparence trompeuse] engañifa *f*.

tromper [trɔ̃pe] *vt* **–1.** [gén] engañar. **–2.** [vigilance] burlar. **–3.** *sout* [espoir] frustrar. ◆ **se tromper** *vp* equivocarse; **se ~ de qqch** equivocarse de algo.

tromperie [trɔ̃pri] *nf* engaño *m*, engañifa *f*.

trompette [trɔ̃pɛt] *nf* trompeta *f*.

trompettiste [trɔ̃petist] *nmf* trompetista *mf*.

trompeur, euse [trɔ̃pœr, øz] ◇ *adj* **–1.** [personne] embustero(ra). **–2.** [chose] engañoso(sa); **être ~** engañar. ◇ *nm, f* embustero *m*, **-ra** *f*.

tronc [trɔ̃] *nm* **–1.** [gén] tronco *m*. **–2.** [d'église] cepillo *m*. ◆ **tronc commun** *nm* tronco *m* común.

tronche [trɔ̃ʃ] *nf fam péj* pinta *f*.

tronçon [trɔ̃sɔ̃] *nm* **–1.** [morceau] trozo *m*. **–2.** [de route, de ligne de chemin de fer] tramo *m*.

tronçonneuse [trɔ̃sɔnøz] *nf* tronzador *m*.

trône [tron] *nm* trono *m*; **monter sur le ~** subir al trono.

trôner [trone] *vi* **–1.** [gén] reinar. **–2.** *hum* [faire l'important] pavonearse.

trop [tro] *adv* **–1.** *(avec adjectif, adverbe et verbe)* demasiado; **~ loin/vieux** demasiado lejos/viejo. **–2.** *(devant un nom)* demasiado(da); **avoir ~ chaud** tener demasiado calor; **avoir ~ faim** tener demasiada hambre. **–3.** *(avec complément)* : **~ de qqch** demasiado(da) algo; **~ d'argent** demasiado dinero; **~ de tristesse** demasiada tristeza. **–4.** *(dans une négation)* : **pas ~** no mucho, no demasiado; **sans ~ savoir pourquoi** sin saber muy bien por qué. ◆ **de trop, en trop** *loc adv*

de más; **être de ~** estar de más. ◆ **par trop** *loc adv sout* en demasía, demasiado.

trophée [trofe] *nm* trofeo *m*.

tropical, e, aux [trɔpikal, o] *adj* tropical.

tropique [trɔpik] *nm* trópico *m*. ◆ **tropiques** *nmpl* trópicos *mpl*.

trop-plein *(pl* **trop-pleins)** *nm* **–1.** [de récipient] sobrante *m*. **–2.** [de barrage] rebosadero *m*. **–3.** [d'énergie] exceso *m*.

troquer [trɔke] *vt* : **~ qqch contre qqch** trocar algo por algo.

trot [tro] *nm* trote *m*.

trotter [trɔte] *vi* trotar.

trotteuse [trɔtøz] *nf* [de montre] segundero *m*.

trottiner [trɔtine] *vi* **–1.** [cheval] trotar corto. **–2.** [enfant] trotar.

trottoir [trɔtwar] *nm* acera *f Esp*, vereda *f Amér*.

trou [tru] *nm* **–1.** [gén] agujero *m*; [dans le sol] hoyo *m*; **~ d'air** bolsa *f* de aire; **boire comme un ~** beber como una esponja. **–2.** [temps libre] hueco *m*; **~ de mémoire** laguna *f*. **–3.** *fam* [prison] trullo *m*.

troublant, e [trublɑ̃, ɑ̃t] *adj* **–1.** [ressemblance, coïncidence] inquietante. **–2.** [femme] turbador(ra).

trouble [trubl] ◇ *adj* turbio(bia). ◇ *nm* **–1.** [désordre] confusión *f*. **–2.** [émotion] turbación *m*, confusión *f*. **–3.** [dérèglement] trastorno *m*. ◆ **troubles** *nmpl* disturbios *mpl*.

trouble-fête [trublfɛt] *nm inv* aguafiestas *m*.

troubler [truble] *vt* **–1.** [gén] turbar. **–2.** [eau] enturbiar. **–3.** [vue] nublar. ◆ **se troubler** *vp* **–1.** [eau] enturbiarse. **–2.** [personne] turbarse.

trouée [true] *nf* **–1.** [large ouverture] boquete *m*. **–2.** MIL & GÉOGR brecha *f*.

trouer [true] *vt* **–1.** [percer] agujerear. **–2.** [faire une trouée dans] horadar. **–3.** MIL abrir una brecha en.

troupe [trup] *nf* **–1.** MIL tropa *f*. **–2.** [d'amis] pandilla *f*. **–3.** THÉÂTRE compañía *f*, troupe *f*.

troupeau, x [trupo] *nm* **–1.** [d'animaux domestiques] rebaño *m*, manada *f*; [de porcs] piara *f*. **–2.** [d'animaux sauvages] manada *f*. **–3.** *péj* [groupe de personnes] manada *f Esp*, titipuchal *m Amér*.

trousse [trus] *nf* estuche *m*; **~ de secours** botiquín *m* de primeros auxilios; **~ de toilette** bolsa *f* de aseo.

trousseau, x [truso] *nm* **-1.** [de mariée] ajuar *m*. **-2.** [de clefs] manojo *m*. **-3.** [de collégien] equipo *m*.

trouvaille [truvaj] *nf* hallazgo *m*.

trouvé, e [truve] *adj* : **bien ~** acertado(da); **tout ~** fácil.

trouver [truve] *vt* encontrar; **~ bon/mauvais que** encontrar mal/bien que; **~ qqch à** encontrar algo que; **il trouve toujours qqch à dire** siempre encuentra algo que decir; **~ qqch à qqn** encontrarle algo a alguien; **~ que** creer que. ◆ **se trouver** ◇ *vp* [gén] encontrarse. ◇ *v impers* : **il se trouve que** resulta que.

truand [tryã] *nm* mafioso *m*.

truc [tryk] *nm fam* **-1.** [combine] truco *m*. **-2.** [chose] chisme *m Esp*, coso *m Amér*.

trucage = **truquage**.

truculent, e [trykylã, ãt] *adj* exuberante.

truelle [tryɛl] *nf* llana *f*.

truffe [tryf] *nf* **-1.** [champignon] trufa *f*. **-2.** [museau] morro *m*.

truffer [tryfe] *vt* trufar; **~ qqch de** trufar algo de.

truie [tryi] *nf* cerda *f*, marrana *f*.

truite [tryit] *nf* trucha *f*.

truquage, trucage [trykaʒ] *nm* [de dés & CIN] trucaje *m*; [d'élections] amaño *m*.

truquer [tryke] *vt* [dés & CIN] trucar; [élections] amañar.

trust [trœst] *nm* trust *m*.

tsar, tzar [tzar] *nm* zar *m*.

tsé-tsé [tsetse] → **mouche**.

tsigane = **tzigane**.

tu¹, e [ty] *pp* → **taire**.

tu² [ty] *pron pers* tú; **dire ~ à qqn** tratarse de tú con alguien, tutear a alguien.

tuba [tyba] *nm* **-1.** MUS tuba *f*. **-2.** [tube respiratoire] tubo *m*.

tube [tyb] *nm* **-1.** [gén] tubo *m*; **~ à essai** tubo de ensayo; **~ cathodique** tubo catódico. **-2.** *fam* [chanson] éxito *m*. ◆ **tube digestif** *nm* tubo *m* digestivo.

tubercule [tybɛrkyl] *nm* tubérculo *m*.

tuberculose [tybɛrkyloz] *nf* tuberculosis *f inv*.

tuciste [tysist] *nmf persona que realiza un trabajo de utilidad pública.*

tue-mouches [tymuʃ] *adj inv* matamoscas.

tuer [tɥe] *vt* matar.

tuerie [tyri] *nf* matanza *f*.

tue-tête [tytɛt] ◆ **à tue-tête** *loc adv* [chanter] a voz en grito; [crier] hasta desgañitarse.

tueur, euse [tɥœr, øz] *nm, f* **-1.** [personne] asesino *m*, -na *f*. **-2.** [dans abattoir] matarife *m*.

tuile [tɥil] *nf* **-1.** [sur toit] teja *f*. **-2.** *fam* [désagrément] marrón *m*.

tulipe [tylip] *nf* **-1.** BOT tulipán *m*. **-2.** [lampe] tulipa *f*.

tulle [tyl] *nm* tul *m*.

tuméfié, e [tymefje] *adj* tumefacto(ta).

tumeur [tymœr] *nf* tumor *m*.

tumulte [tymylt] *nm* tumulto *m*.

tunique [tynik] *nf* túnica *f*.

Tunisie [tynizi] *nf* : **la ~** Tunicia.

tunnel [tynɛl] *nm* túnel *m*.

turban [tyrbã] *nm* turbante *m*.

turbine [tyrbin] *nf* turbina *f*.

turbo [tyrbo] *nm* turbo *m*.

turbulence [tyrbylãs] *nf* turbulencia *f*.

turbulent, e [tyrbylã, ãt] *adj* turbulento(ta).

turnover [tœrnɔvœr] *nm* rotación *f* de la mano de obra.

Turquie [tyrki] *nf* : **la ~** Turquía.

turquoise [tyrkwaz] ◇ *nf* [pierre] turquesa *f*. ◇ *adj inv* [couleur] turquesa *(en aposición)*.

tutelle [tytɛl] *nf* tutela *f*.

tuteur, trice [tytœr, tris] *nm, f* tutor *m*, -ra *f*. ◆ **tuteur** *nm* tutor *m*, rodrigón *m*.

tutoyer [tytwaje] *vt* tutear.

tuyau, x [tɥijo] *nm* **-1.** [conduit] tubo *m*; [de plume, de cheminée, d'orgue] cañón *m*; **~ d'arrosage** manga *f* OU manguera *f* de riego; **~ d'échappement** tubo de escape. **-2.** *fam* [renseignement] soplo *m*.

tuyauterie [tɥijotri] *nf* tubería *f*, cañería *f*.

TV *(abr de télévision) nf* TV *f*.

TVA *(abr de taxe sur la valeur ajoutée) nf* IVA *m*.

tweed [twid] *nm* tweed *m*.

tympan [tɛ̃pã] *nm* ANAT & ARCHIT tímpano *m*.

type [tip] *nm* tipo *m*; **un chic/sale ~** un tipo estupendo/asqueroso.

typhoïde [tifɔid] *nf* tifoidea *f*.

typhon [tifɔ̃] *nm* tifón *m*.

typhus [tifys] *nm* tifus *m*.

typique [tipik] *adj* típico(ca).

typographie [tipɔgrafi] *nf* tipografía *f*.

tyran [tirã] *nm* tirano *m*, -na *f*.

tyrannie [tirani] *nf* tiranía *f*.

tyrannique [tiranik] *adj* tiránico(ca).
tyranniser [tiranize] *vt* tiranizar.
tzar = tsar.
tzigane, tsigane [tsigan] *adj* zíngaro(ra).
◆ **Tzigane, Tsigane** *nmf* gitano *m*, -na *f*.

u, U [y] *nm inv* u *f*, U *f*.
UDF (*abr de* **Union pour la démocratie française**) *nf* partido político francés a la derecha del espectro político.
UER (*abr de* **unité d'enseignement et de recherche**) *nf* denominación de las facultades, institutos y departamentos franceses hasta 1985.
Ukraine [ykrɛn] *nf* : l'~ Ucrania.
ulcère [ylsɛr] *nm* úlcera *f*.
ulcérer [ylsere] *vt* **-1.** MÉD ulcerar. **-2.** *fig* [blesser] afectar.
ULM (*abr de* **ultraléger motorisé**) *nm* ultraligero *m*.
Ulster [ylstɛr] *n* : l'~ el Ulster.
ultérieur, e [ylterjœr] *adj* ulterior.
ultérieurement [ylterjœrmɑ̃] *adv* más tarde.
ultimatum [yltimatɔm] *nm* ultimátum *m*.
ultime [yltim] *adj* último(ma).
ultramoderne [yltramɔdɛrn] *adj* ultramoderno(na).
ultrasensible [yltrasɑ̃sibl] *adj* ultrasensible.
ultrason [yltrasɔ̃] *nm* ultrasonido *m*.
ultraviolet [yltravjɔlɛ] *nm* ultravioleta *m*.
ululement [ylylmɑ̃] *nm* ululación *f*.
un [œ̃] (*f* **une** [yn]) ◇ *art indéf* un(a). ◇ *pron indéf* : l'~ **l'autre** el uno al otro; l'~... **l'autre** (el) uno... (el) otro; l'~ **et/ou l'autre** uno y/o otro. ◇ *adj num* un(a). ◆ **un** *nm* uno *m*; *voir aussi* **six**.
unanime [ynanim] *adj* unánime.
unanimité [ynanimite] *nf* unanimidad *f*; à l'~ por unanimidad.
UNESCO, Unesco [ynɛsko] (*abr de* **United Nations Educational, Scientific and Cultural Organization**) *nf* UNESCO *f*.
unetelle → **untel**.

uni, e [yni] *adj* **-1.** [personnes, famille, couple] unido(da). **-2.** [surface, mer, route] llano(na). **-3.** [de couleur] liso(sa). **-4.** *sout* [vie] monótono(na).
UNICEF, Unicef [ynisɛf] (*abr de* **United Nations International Children's Emergency Fund**) *nf* UNICEF *f*.
unifier [ynifje] *vt* unificar.
uniforme [ynifɔrm] ◇ *adj* uniforme. ◇ *nm* uniforme *m*; **endosser l'~** *fig* abrazar la carrera de las armas.
uniformiser [ynifɔrmize] *vt* uniformar.
unijambiste [yniʒɑ̃bist] ◇ *adj* con una sola pierna. ◇ *nmf* persona *f* con una sola pierna.
unilatéral, e, aux [ynilateral, o] *adj* unilateral.
union [ynjɔ̃] *nf* unión *f*; l'~ **fait la force** la unión hace la fuerza; ~ **conjugale/libre** unión conyugal/libre.
unique [ynik] *adj* único(ca).
uniquement [ynikmɑ̃] *adv* **-1.** [exclusivement] únicamente. **-2.** [seulement] sólo.
unir [ynir] *vt* unir; ~ **qqch à qqch** unir algo a algo. ◆ **s'unir** *vp* unirse.
unitaire [ynitɛr] *adj* unitario(ria).
unité [ynite] *nf* unidad *f*. ◆ **unité centrale** *nf* INFORM unidad *f* central.
univers [ynivɛr] *nm* **-1.** [gén] universo *m*. **-2.** *fig* [milieu] mundo *m*, universo *m*.
universel, elle [ynivɛrsɛl] *adj* universal.
universitaire [ynivɛrsitɛr] ◇ *adj* universitario(ria). ◇ *nmf* profesor *m*, -ra *f* de universidad.
université [ynivɛrsite] *nf* universidad *f*.
untel, unetelle [œ̃tɛl, yntɛl] *nm, f* fulano *m*, -na *f*.
uranium [yranjɔm] *nm* uranio *m*.
urbain, e [yrbɛ̃, ɛn] *adj* **-1.** [de la ville] urbano(na). **-2.** *sout* [personne] cortés.
urbaniser [yrbanize] *vt* urbanizar.
urbanisme [yrbanism] *nm* urbanismo *m*.
urbaniste [yrbanist] *nmf* urbanista *mf*.
urgence [yrʒɑ̃s] *nf* urgencia *f*; **les ~s** MÉD urgencias. ◆ **d'urgence** *loc adv* urgentemente.
urgent, e [yrʒɑ̃, ɑ̃t] *adj* urgente.
urine [yrin] *nf* orina *f*.
uriner [yrine] *vi* orinar.
urinoir [yrinwar] *nm* urinario *m*.
urne [yrn] *nf* urna *f*.

URSSAF, Urssaf [yrsaf] (*abr de* Union pour le recouvrement des cotisations de la Sécurité sociale et des Allocations familiales) *nf organismo encargado de la recaudación de las cotizaciones a la Seguridad Social y los subsidios familiares.*

urticaire [yrtikɛr] *nf* urticaria *f.*

Uruguay [yrygwɛ] *nm* : **l'** ~ Uruguay.

USA (*abr de* United States of America) *nmpl* USA *mpl.*

usage [yzaʒ] *nm* uso *m*; **à** ~ **externe** MÉD de uso tópico; **à** ~ **interne** MÉD vía oral; **faire de l'** ~ durar mucho; **hors d'** ~ inservible.

usagé, e [yzaʒe] *adj* usado(da).

usager [yzaʒe] *nm* usuario *m*, -ria *f.*

usé, e [yze] *adj* **-1.** [vêtement] usado(da); [eaux] residual. **-2.** [personne] estropeado(da). **-3.** [plaisanterie] manido(da).

user [yze] *vt* **-1.** [vêtement, santé, force] gastar. **-2.** [personne] estropear. ◆ **s'user** *vp* **-1.** [chaussures, vêtement] gastarse. **-2.** [personne] agotarse. **-3.** [amour] debilitarse.

usine [yzin] *nf* fábrica *f.*

usiner [yzine] *vt* **-1.** [façonner] mecanizar. **-2.** [fabriquer] fabricar.

usité, e [yzite] *adj* usado(da); **très/peu** ~ muy/poco usado.

ustensile [ystãsil] *nm* utensilio *m.*

usufruit [yzyfrɥi] *nm* usufructo *m.*

usure [yzyr] *nf* **-1.** [détérioration, affaiblissement] desgaste *m.* **-2.** [intérêt de taux excessif] usura *f.*

usurier, ère [yzyrje, ɛr] *nm, f* usurero *m*, -ra *f.*

usurpateur, trice [yzyrpatœr, tris] *adj & nm, f* usurpador(ra).

usurper [yzyrpe] *vt* usurpar.

ut [yt] *nm inv* ut *m.*

utérus [yterys] *nm* útero *m.*

utile [ytil] *adj* útil; **être** ~ **à qqch/à qqn** ser útil para algo/a alguien.

utilisateur, trice [ytilizatœr, tris] *nm, f* usuario *m*, -ria *f.*

utiliser [ytilize] *vt* **-1.** [employer] utilizar. **-2.** [tirer parti de] aprovechar.

utilitaire [ytilitɛr] *adj* utilitario(ria).

utilité [ytilite] *nf* **-1.** [usage] utilidad *f.* **-2.** [intérêt] interés *m*; **d'** ~ **publique** de interés público, de utilidad pública.

utopie [ytɔpi] *nf* utopía *f.*

utopiste [ytɔpist] *nmf* utópico *m*, -ca *f*, utopista *mf.*

UV ◇ *nf* (*abr de* unité de valeur) ≃ asignatura *f.* ◇ *nm* (*abr de* ultraviolet) UVA *m.*

v, V [ve] *nm inv* v *f*, V *f*; **col en V** cuello de pico.

v.[1] **-1.** (*abr de* vers)LITT v. **-2.** (*abr de* verset) v.

v.[2]**, V.** (*abr de* voir) V, v.

va[1]**, vas** [va] → aller.

va[2] [va] *interj* ¡venga! *Esp*, ¡ándele! *Amér*; ~ **pour cette fois** por esta vez pase.

vacance [vakãs] *nf* **-1.** [de poste] vacante *f.* **-2.** [du pouvoir] vacío *m.* ◆ **vacances** *nfpl* vacaciones *fpl*; **être en** ~s estar de vacaciones; **les grandes** ~s las vacaciones de verano.

vacancier, ère [vakãsje, ɛr] ◇ *adj* vacacional, de vacaciones. ◇ *nm, f* persona *f* de vacaciones.

vacant, e [vakã, ãt] *adj* **-1.** [poste, emploi] vacante. **-2.** [logement] desocupado(da), vacío(a).

vacarme [vakarm] *nm* jaleo *m*, estrépito *m Esp*, despídole *m Amér.*

vacataire [vakatɛr] *adj & nmf* substituto(ta).

vacation [vakasjɔ̃] *nf* **-1.** [période] diligencia *f.* **-2.** [honoraires] dietas *fpl.*

vaccin [vaksɛ̃] *nm* MÉD vacuna *f*; ~ **antirabique** vacuna antirrábica.

vaccination [vaksinasjɔ̃] *nf* vacunación *f.*

vacciner [vaksine] *vt* vacunar.

vache [vaʃ] ◇ *nf* **-1.** ZOOL vaca *f*; **manger de la** ~ **enragée** *fig* pasar las de Caín; ~s **grasses/maigres** *fig* vacas gordas/flacas. **-2.** *fam* [personne méchante] hueso *m.* ◇ *adj fam* **-1.** [personne] : **être** ~ ser un hueso. **-2.** [événement] duro(ra). ◆ **vache à eau** *nf* bolsa *f* de agua.

vachement [vaʃmã] *adv fam* tope.

vaciller [vasije] *vi* vacilar.

vadrouiller [vadruje] *vi fam* vagar.

va-et-vient [vaevjɛ̃] *nm inv* **-1.** [gén] vaivén *m.* **-2.** [charnière] muelle *m.*

vagabond, e [vagabɔ̃, ɔ̃d] ◇ *adj* **-1.** [chien, personne] vagabundo(da); [vie] errante. **-2.** [humeur, imagination] errabundo(da). ◇ *nm, f* vagabundo *m*, -da *f*.

vagabondage [vagabɔ̃daʒ] *nm* vagabundeo *m*.

vagin [vaʒɛ̃] *nm* vagina *f*.

vagissement [vaʒismɑ̃] *nm* **-1.** [de nouveau-né] vagido *m*. **-2.** [d'animal] chillido *m*.

vague [vag] ◇ *adj* **-1.** [idée, promesse] vago(ga). **-2.** [vêtement] amplio(plia). **-3.** *(avant le nom)* [cousin] lejano(na). ◇ *nf* **-1.** [gén] ola *f*; ~ **déferlante** ola rompiente. **-2.** [surface ondulée] onda *f*.

vaguement [vagmɑ̃] *adv* vagamente.

vaillant, e [vajɑ̃, ɑ̃t] *adj* **-1.** [vigoureux] fuerte. **-2.** *sout* [plein de bravoure] valeroso(sa).

vaille, vailles *etc* → valoir.

vain, e [vɛ̃, vɛn] *adj* vano(na); **en** ~ en vano.

vaincre [vɛ̃kr] *vt* vencer.

vaincu, e [vɛ̃ky] ◇ *pp* → vaincre. ◇ *adj* vencido(da). ◇ *nm, f* vencido *m*, -da *f*.

vainement [vɛnmɑ̃] *adv* vanamente.

vainqueur [vɛ̃kœr] ◇ *nm* vencedor *m*, -ra *f*. ◇ *adj m* [air] triunfante.

vais [vɛ] → aller.

vaisseau, x [vɛso] *nm* **-1.** NAVIG & ARCHIT nave *f*; ~ **spatial** nave espacial; **brûler ses** ~**x** *fig* quemar sus naves. **-2.** ANAT vaso *m*.

vaisselle [vɛsɛl] *nf* vajilla *f*; **faire la** ~ fregar los platos.

val [val] *(pl* **vals** OU **vaux** [vo]) *nm* valle *m*.

valable [valabl] *adj* **-1.** [carte, excuse, raison] válido(da). **-2.** [œuvre] de valor.

valet [valɛ] *nm* **-1.** [serviteur] sirviente *m*; ~ **d'écurie** mozo *m* de cuadra; ~ **de ferme** gañán *m*. **-2.** *fig* [homme servile] lacayo *m*. **-3.** [aux cartes] ≃ sota *f*. **-4.** [de menuisier] barrilete *m*, siete *m*. ◆ **valet de nuit** *nm* galán *m* de noche.

valeur [valœr] *nf* valor *m*; **de (grande)** ~ de (gran) valor, (muy) valioso(sa); **mettre en** ~ [faire ressortir] poner de relieve.

valide [valid] *adj* válido(da).

valider [valide] *vt* validar.

validité [validite] *nf* validez *f*.

valise [valiz] *nf* maleta *f Esp*, petaca *f Amér*.

vallée [vale] *nf* valle *m*.

vallon [valɔ̃] *nm* pequeño valle *m*.

vallonné, e [valɔne] *adj* ondulado(da).

valoir [valwar] ◇ *vi* **-1.** [gén] valer; **à** ~ **sur** COMM a cuenta de; **faire** ~ [faire ressortir] hacer resaltar; [faire produire] beneficiar; [équivaloir] hacer valer; **ne rien** ~ no valer nada. **-2.** [équivaloir] equivaler a. ◇ *v impers* : **il vaut mieux que** (+ subjonctif) más vale que (+ subjuntivo). ◆ **se valoir** *vp* ser tal para cual.

valse [vals] *nf* **-1.** [danse & MUS] vals *m*. **-2.** *fam* [mouvement de personnel] baile *m*.

valser [valse] *vi* **-1.** [danser] valsear. **-2.** *fam* [être projeté] ir a parar.

valu [valy] *pp inv* → valoir.

valus, valut [valy] *etc* → valoir.

valve [valv] *nf* **-1.** [gén] válvula *f*. **-2.** ZOOL [de mollusque] valva *f*.

vampire [vɑ̃pir] *nm* vampiro *m*.

vandalisme [vɑ̃dalism] *nm* vandalismo *m*.

vanille [vanij] *nf* vainilla *f*.

vanité [vanite] *nf* vanidad *f*.

vaniteux, euse [vanitø, øz] *adj & nm, f* vanidoso(sa).

vanne [van] *nf* **-1.** [d'écluse] compuerta *f*. **-2.** *fam* [remarque] pulla *f*.

vannerie [vanri] *nf* cestería *f*.

vantard, e [vɑ̃tar, ard] *adj & nm, f* jactancioso(sa).

vanter [vɑ̃te] *vt* alabar. ◆ **se vanter** *vp* jactarse *Esp*, compadrear *Amér*; **se** ~ **de qqch/de faire qqch** jactarse de algo/de hacer algo.

va-nu-pieds [vanypje] *nmf inv fam* descamisado *m*, -da *f*.

vapeur [vapœr] ◇ *nf* vapor *m*; **à la** ~ CULIN al vapor; **à toute** ~ *fig* a toda máquina. ◇ *nm* NAVIG vapor *m*.

vapocuiseur [vapokɥizœr] *nm* olla *f* a presión.

vaporisateur [vaporizatœr] *nm* vaporizador *m*.

vaporiser [vaporize] *vt* vaporizar.

vaquer [vake] *vi* : ~ **à qqch** ocuparse de algo.

variable [varjabl] *adj & nf* variable.

variante [varjɑ̃t] *nf* variante *f*.

variateur [varjatœr] *nm* variador *m*.

variation [varjasjɔ̃] *nf* variación *f*.

varice [varis] *nf* variz *f*.

varicelle [varisɛl] *nf* varicela *f*.

varié, e [varje] *adj* variado(da).

varier [varje] *vt & vi* variar.

variété [varjete] *nf* variedad *f*. ◆ **variétés** *nfpl* variedades *fpl*.

variole [varjɔl] *nf* viruela *f*, viruelas *fpl*.

Varsovie [vaʀsɔvi] *n* Varsovia.
vase [vaz] ◇ *nm* florero *m*, jarrón *m*. ◇ *nf* cieno *m*.
vaseline [vazlin] *nf* vaselina *f*.
vaste [vast] *adj* vasto(ta).
Vatican [vatikɑ̃] *nm* : **le** ~ el Vaticano; **l'État de la cité du** ~ la ciudad del Vaticano; **le premier/deuxième concile du** ~ el Concilio Vaticano I/II.
vaudrai, vaudrons *etc* → **valoir**.
vaut [vo] → **valoir**.
vautour [votuʀ] *nm* buitre *m*.
vaux [vo] → **valoir**.
veau, x [vo] *nm* **-1.** [animal] ternero *m*, becerro *m*; **tuer le** ~ **gras** *fig* tirar la casa por la ventana. **-2.** [viande] ternera *f*. **-3.** [peau] becerro *m*. **-4.** *fam péj* [personne] zángano *m*; [voiture] cacharro *m*.
vecteur [vɛktœʀ] *nm* vector *m*.
vécu, e [veky] ◇ *pp* → **vivre**. ◇ *adj* vivido(da).
vedette [vədɛt] *nf* **-1.** NAVIG lancha *f* motora. **-2.** [star] estrella *f*, vedette *f*.
végétal, e, aux [veʒetal, o] *adj* vegetal.
végétarien, enne [veʒetaʀjɛ̃, ɛn] *adj & nm, f* vegetariano(na).
végétation [veʒetasjɔ̃] *nf* BOT vegetación *f*. ◆ **végétations** *nfpl* MÉD vegetaciones *fpl*.
végéter [veʒete] *vi péj & fig* vegetar.
véhémence [veemɑ̃s] *nf* vehemencia *f*.
véhément, e [veemɑ̃, ɑ̃t] *adj* vehemente.
véhicule [veikyl] *nm* vehículo *m*.
veille [vɛj] *nf* **-1.** [jour précédent] víspera *f*. **-2.** [éveil, privation de sommeil] vigilia *f*. **-3.** MIL [garde de nuit] imaginaria *f*.
veillée [veje] *nf* **-1.** [soirée] velada *f*. **-2.** [des morts] velatorio *m*.
veiller [veje] *vi* **-1.** [rester éveillé] velar. **-2.** [être de garde] estar de guardia. **-3.** [rester vigilant] : ~ **à qqch** cuidar de algo; ~ **à faire qqch** procurar hacer algo; ~ **sur qqch/sur qqn** cuidar de algo/de alguien.
veilleur [vejœʀ] *nm* vigilante *m* nocturno *Esp*, nochero *m* *Amér*.
veilleuse [vejøz] *nf* **-1.** [lampe] lamparilla *f*, mariposa *f*. **-2.** [d'allumage] piloto *m*. ◆ **veilleuses** *nfpl* AUTOM luces *fpl* de posición.
veinard, e [vɛnaʀ, aʀd] *adj fam* : **il est** ~ tiene potra.
veine [vɛn] *nf* **-1.** [inspiration & ANAT] vena *f*. **-2.** [marque – du bois] vena *f*; [– des pierres] vena *f*, veta *f*. **-3.** *fam* [chance] potra *f*.

veineux, euse [venø, øz] *adj* **-1.** ANAT venoso(sa). **-2.** [bois] veteado(da).
véliplanchiste [veliplɑ̃ʃist] *nmf* windsurfista *mf*.
velléité [veleite] *nf* veleidad *f*.
vélo [velo] *nm fam* bici *f*.
vélocité [velɔsite] *nf* velocidad *f*.
vélodrome [velɔdʀom] *nm* velódromo *m*.
vélomoteur [velɔmɔtœʀ] *nm* velomotor *m*.
velours [vəluʀ] *nm* terciopelo *m*; ~ **côtelé** pana *f*.
velouté, e [vəlute] *adj* [papier, peau, lumière] aterciopelado(da); [vin] suave; [crème] untuoso(sa). ◆ **velouté** *nm* **-1.** [douceur] terciopelo *m*. **-2.** [potage] crema *f*.
velu, e [vəly] *adj* velludo(da).
vénal, e, aux [venal, o] *adj* venal.
vendange [vɑ̃dɑ̃ʒ] *nf* vendimia *f*.
vendanger [vɑ̃dɑ̃ʒe] *vt & vi* vendimiar.
vendeur, euse [vɑ̃dœʀ, øz] *nm, f* [gén] vendedor *m*, -ra *f*; [employé] dependiente *m*, -ta *f*.
vendre [vɑ̃dʀ] *vt* vender.
vendredi [vɑ̃dʀədi] *nm* viernes *m*; *voir aussi* **samedi**.
vendu, e [vɑ̃dy] ◇ *pp* → **vendre**. ◇ *adj & nm, f* vendido(da).
vénéneux, euse [venenø, øz] *adj* venenoso(sa).
vénérable [veneʀabl] *adj* venerable.
vénération [veneʀasjɔ̃] *nf* veneración *f*.
vénérer [veneʀe] *vt* venerar.
vénérien, enne [veneʀjɛ̃, ɛn] *adj* venéreo(a).
Venezuela [venezɥela] *nm* : **le** ~ Venezuela.
vengeance [vɑ̃ʒɑ̃s] *nf* venganza *f*; **crier** ~ clamar venganza.
venger [vɑ̃ʒe] *vt* vengar. ◆ **se venger** *vp* vengarse; **se** ~ **de qqch/de qqn** vengarse de algo/de alguien.
vengeur, eresse [vɑ̃ʒœʀ, vɑ̃ʒʀɛs] *adj & nm, f* vengador(ra).
venimeux, euse [vənimø, øz] *adj* venenoso(sa).
venin [vənɛ̃] *nm* veneno *m*.
venir [vəniʀ] *vi* **-1.** [gén] venir; [arriver] llegar; **à** ~ venidero(ra); **en** ~ **à qqch** [aux insultes, aux mains] llegar a algo; **si elle venait à mourir...** si ella llegara a morir...; ~ **de** [tenir son origine, se devoir à] venir de; ~ **de faire qqch** acabar de hacer algo; **elle vient d'arriver** acaba de llegar;

vers

où veux-tu en ~? ¿dónde quieres ir a parar? **-2.** [plante, arbre] crecer, desarrollarse. **-3.** *fig* [idée] : **~ (à qqn)** ocurrírsele a alguien.

Venise [vəniz] *n* Venecia.

vent [vã] *nm* **-1.** [air] viento *m*; **bon ~!** ¡buen viaje!; **quel bon ~ vous amène?** ¿qué le trae por aquí? **-2.** [gaz intestinal] ventosidad *f*, gas *m*.

vente [vãt] *nf* venta *f*; **en ~ (libre)** [médicament] sin receta médica.

venteux, euse [vãtø, øz] *adj* ventoso(sa).

ventilateur [vãtilatœr] *nm* ventilador *m*.

ventilation [vãtilasjɔ̃] *nf* **-1.** [de pièce] ventilación *f*. **-2.** FIN desglose *m*.

ventouse [vãtuz] *nf* **-1.** [gén] ventosa *f*. **-2.** TECHNOL [aération] respiradero *m*.

ventre [vãtr] *nm* **-1.** [abdomen] estómago *m*, barriga *f*; ANAT vientre *m*; **à plat ~** boca abajo; **avoir/prendre du ~** tener/echar barriga; **avoir mal au ~** tener dolor de estómago. **-2.** [de bouteille, de cruche] panza *f*.

ventriloque [vãtrilɔk] *adj & nmf* ventrílocuo(cua).

venu, e [vəny] *pp* → **venir.** ◆ **venue** *nf* llegada *f*.

Vénus [venys] *n* ASTRON & MYTH Venus.

vêpres [vɛpr] *nfpl* vísperas *fpl*.

ver [vɛr] *nm* gusano *m*; **~ solitaire** MÉD solitaria *f*; **~s intestinaux** MÉD lombrices *fpl* intestinales.

véracité [verasite] *nf* veracidad *f*.

véranda [verãda] *nf* veranda *f*.

verbal, e, aux [vɛrbal, o] *adj* verbal.

verbaliser [vɛrbalize] ◇ *vt* verbalizar. ◇ *vi* multar.

verbe [vɛrb] *nm* verbo *m*.

verdâtre [vɛrdatr] *adj* verdoso(sa).

verdeur [vɛrdœr] *nf* **-1.** [de fruit, de bois] verdor *m*; [de personne] vigor *m*. **-2.** [crudité] : **la ~** lo verde. **-3.** [du vin] acidez *f*.

verdict [vɛrdikt] *nm* **-1.** JUR sentencia *f*. **-2.** *fig* [jugement] veredicto *m*.

verdir [vɛrdir] ◇ *vt* pintar de verde. ◇ *vi* verdear.

verdoyant, e [vɛrdwajã, ãt] *adj* que verdece.

verdure [vɛrdyr] *nf* **-1.** [végétation, couleur] verdor *m*. **-2.** [plantes potagères] verdura *f*.

véreux, euse [verø, øz] *adj* **-1.** [fruit] agusanado(da). **-2.** *fig* [affaire] sospechoso(sa). **-3.** *fig* [personne] podrido(da).

verge [vɛrʒ] *nf* **-1.** ANAT verga *f*. **-2.** *sout* [baguette] fusta *f*.

verger [vɛrʒe] *nm* vergel *m*.

vergetures [vɛrʒətyr] *nfpl* estrías *fpl*.

verglas [vɛrɡla] *nm* hielo *m (en la calzada)*.

véridique [veridik] *adj* **-1.** [témoignage, récit] verídico(ca). **-2.** *sout* [personne] veraz.

vérification [verifikasjɔ̃] *nf* comprobación *f*, verificación *f*.

vérifier [verifje] *vt* comprobar, verificar.

véritable [veritabl] *adj* **-1.** [gén] verdadero(ra). **-2.** [or, perle] auténtico(ca).

véritablement [veritabləmã] *adv* verdaderamente.

vérité [verite] *nf* **-1.** [gén] verdad *f*. **-2.** [ressemblance – de reproduction] parecido *m*; [– de personnage] credibilidad *f*. ◆ **en vérité** *loc adv* en verdad.

vermeil, eille [vɛrmɛj] *adj* bermejo(ja). ◆ **vermeil** *nm* corladura *f*.

vermicelle [vɛrmisɛl] *nm* fideo *m*; **soupe au ~** sopa de fideos.

vermine [vɛrmin] *nf* **-1.** [parasites] miseria *f*. **-2.** *fig* [canaille] chusma *f*.

vermoulu, e [vɛrmuly] *adj* carcomido(da).

verni, e [vɛrni] *adj fam* : **être ~** tener chiripa.

vernir [vɛrnir] *vt* [gén] barnizar; [cuir] charolar.

vernis [vɛrni] *nm* [gén] barniz *m*; [pour cuir] charol *m*; **~ à ongles** esmalte *m* de uñas.

vernissage [vɛrnisaʒ] *nm* **-1.** [action de vernir] barnizado *m*. **-2.** [d'exposition] vernissage *m*.

vérole [verɔl] *nf* sífilis *f inv*.

verrai, verrons *etc* → **voir.**

verre [vɛr] *nm* **-1.** [matériau] vidrio *m*. **-2.** [récipient, dose] vaso *m*. **-3.** [de vue] cristal *m*; **~s de contact** lentes *mpl* OU *fpl* de contacto. **-4.** [boisson alcoolisée] copa *f*; **boire** OU **prendre un ~** tomar una copa.

verrière [vɛrjɛr] *nf* **-1.** [baie vitrée & ARCHIT] vidriera *f*. **-2.** AÉRON cristalera *f*.

verrou [vɛru] *nm* cerrojo *m*; **être sous les ~s** estar en la cárcel; **mettre qqn sous les ~s** encerrar a alguien (en la cárcel).

verrouillage [vɛrujaʒ] *nm* cierre *m* automático.

verrouiller [vɛruje] *vt* **-1.** [porte] cerrar con cerrojo. **-2.** [prisonnier] encerrar.

verrue [vɛry] *nf* verruga *f*.

vers[1] [vɛr] *nm* verso *m*.

vers[2] [vɛr] *prép* **–1.** [dans la direction de] a, hacia. **–2.** [aux environs de – temporel] hacia, sobre; [– spatial] hacia.

Versailles [vɛrsaj] *n* Versalles; **le château de ~** el palacio de Versalles.

versant [vɛrsã] *nm* vertiente *f*.

versatile [vɛrsatil] *adj* versátil.

verse [vɛrs] ◆ **à verse** *loc adv* : **pleuvoir à ~** llover a cántaros.

Verseau [vɛrso] *nm* ASTROL Acuario *m*; **être ~** ser Acuario; **être né sous le signe du ~** haber nacido bajo el signo de Acuario.

versement [vɛrsəmã] *nm* pago *m*; **~s échelonnés** FIN pago a plazos OU fraccionado.

verser [vɛrse] ◇ *vt* **–1.** [eau, sang, larmes] derramar. **–2.** [vin] echar. **–3.** [payer] pagar. ◇ *vi* volcar *Esp*, voltearse *Amér*.

verset [vɛrsɛ] *nm* versículo *m*.

verseur [vɛrsœr] *adj m* vertedor.

version [vɛrsjɔ̃] *nf* **–1.** [traduction] traducción *f* (directa). **–2.** [interprétation, variante] versión *f*; **~ française/originale** versión francesa/original.

verso [vɛrso] *nm* [de feuille] verso *m*.

vert, e [vɛr, vɛrt] *adj* **–1.** [gén] verde; [vin] agraz, verde. **–2.** [vieillard] lozano(na). **–3.** *(avant le nom)* [réprimande] severo(ra).

vertébral, e, aux [vɛrtebral, o] *adj* vertebral.

vertèbre [vɛrtɛbr] *nf* vértebra *f*.

vertébré, e [vɛrtebre] *adj* vertebrado(da).

vertement [vɛrtəmã] *adv* severamente.

vertical, e, aux [vɛrtikal, o] *adj* vertical. ◆ **verticale** *nf* vertical *f*; **à la ~e** en vertical.

vertige [vɛrtiʒ] *nm* vértigo *m*; **avoir des ~s** tener vértigo; **donner le ~** dar vértigo.

vertigineux, euse [vɛrtiʒinø, øz] *adj* vertiginoso(sa).

vertu [vɛrty] *nf* virtud *f*.

vertueux, euse [vɛrtɥø, øz] *adj* virtuoso(sa).

verve [vɛrv] *nf* elocuencia *f*.

vésicule [vezikyl] *nf* vesícula *f*; **~ biliaire** vesícula biliar.

vessie [vesi] *nf* vejiga *f*.

veste [vɛst] *nf* chaqueta *f Esp*, saco *m Amér*; **~ croisée/droite** chaqueta cruzada/recta.

vestiaire [vɛstjɛr] *nm* **–1.** [gén] guardarropa *m*. **–2.** *(gén pl)* SPORT vestuario *m*.

vestibule [vɛstibyl] *nm* vestíbulo *m*.

vestige [vɛstiʒ] *nm* *(gén pl)* vestigio *m*.

vestimentaire [vɛstimãtɛr] *adj* indumentario(ria).

veston [vɛstɔ̃] *nm* chaqueta *f (de hombre) Esp*, saco *m Amér*.

vêtement [vɛtmã] *nm* prenda *f*, vestido *m*; **les ~s** la ropa.

vétéran [veterã] *nm* veterano *m*.

vétérinaire [veterinɛr] *adj & nmf* veterinario(ria).

vêtir [vetir] *vt* vestir. ◆ **se vêtir** *vp* vestirse.

veto [veto] *nm* POLIT veto *m*; **mettre son ~ à qqch** vetar algo.

vêtu, e [vety] ◇ *pp* → **vêtir**. ◇ *adj* vestido(da); **chaudement ~** bien abrigado.

vétuste [vetyst] *adj* vetusto(ta).

veuf, veuve [vœf, vœv] *adj & nm, f* viudo(da).

veuille, veuilles *etc* → **vouloir**.

veut [vø] → **vouloir**.

veuvage [vœvaʒ] *nm* viudez *f*.

veuve → **veuf**.

veux [vø] → **vouloir**.

vexation [vɛksasjɔ̃] *nf* vejación *f*.

vexer [vɛkse] *vt* herir. ◆ **se vexer** *vp* molestarse.

VF *abr de* **version française**.

via [vja] *prép* vía.

viabiliser [vjabilize] *vt* [entreprise] hacer viable; [terrain] acondicionar.

viable [vjabl] *adj* viable.

viaduc [vjadyk] *nm* viaducto *m*.

viager, ère [vjaʒe, ɛr] *adj* vitalicio(cia). ◆ **viager** *nm* vitalicio *m*; **vendre qqch en ~** ≈ constituir un censo vitalicio.

viande [vjãd] *nf* carne *f*.

vibration [vibrasjɔ̃] *nf* vibración *f*.

vibrer [vibre] *vi* vibrar.

vice [vis] *nm* vicio *m*.

vice-président, e [visprezidã, ãt] *(mpl* **vice-présidents**, *fpl* **vice-présidentes**) *nm, f* vicepresidente *m*, -ta *f*.

vice versa [visvɛrsa] *loc adv* viceversa.

vicié, e [visje] *adj* viciado(da).

vicieux, euse [visjø, øz] *adj* **–1.** [personne, conduite, regard] vicioso(sa). **–2.** [animal] resabiado(da). **–3.** [attaque] traicionero(ra).

victime [viktim] *nf* víctima *f*; **être ~ de** ser víctima de.

victoire [viktwar] *nf* victoria *f*.

victorieux, euse [viktɔrjø, øz] *adj* **–1.** [gén] victorioso(sa). **–2.** [mine, air] triunfante.

victuailles [viktɥaj] *nfpl* vituallas *fpl.*

vidange [vidãʒ] *nf* -**1.** TECHNOL vaciado *m.* -**2.** AUTOM cambio *m* de aceite. -**3.** [contenu] materia *f* fecal. -**4.** [mécanisme] desagüe *m.*

vidanger [vidãʒe] *vt* vaciar.

vide [vid] ◇ *adj* vacío(a). ◇ *nm* vacío *m*; **sous** ~ al vacío.

vidé, e [vide] *adj* reventado(da).

vidéo [video] ◇ *nf* vídeo *m.* ◇ *adj inv* [signal, jeux] de vídeo.

vidéocassette [videokasɛt] *nf* cinta *f* de vídeo, videocasete *m.*

vidéoclub [videoklœb] *nm* videoclub *m.*

vidéodisque [videodisk] *nm* videodisco *m.*

vide-ordures [vidɔrdyr] *nm inv* vertedero *m* de basuras *Esp*, tiradero *m Amér.*

vidéothèque [videotɛk] *nf* videoteca *f.*

vidéotransmission [videotrãsmisjɔ̃] *nf* videotransmisión *f.*

vide-poches [vidpɔʃ] *nm inv* -**1.** [chez soi] bandeja *f (para depositar objetos menudos).* -**2.** [de voiture] guantera *f.*

vider [vide] *vt* -**1.** [sac, poche, verre] vaciar. -**2.** [lieu] abandonar. -**3.** [salle, maison] desalojar. -**4.** CULIN [poulet, poisson] limpiar. -**5.** *fam* [personne – épuiser] agotar; [– expulser] echar *Esp*, botar *Amér.* ◆ **se vider** *vp* -**1.** [gén] vaciarse. -**2.** [eaux] evacuarse.

vie [vi] *nf* vida *f*; **avoir la** ~ **sauve** salir ileso(sa); **être en** ~ estar vivo(va); **gagner sa** ~ ganarse la vida; **avoir la** ~ **dure** *fig* tener siete vidas como los gatos.

vieil → **vieux.**

vieillard [vjɛjar] *nm* anciano *m.*

vieille → **vieux.**

vieillerie [vjɛjri] *nf* antigualla *f.*

vieillesse [vjɛjɛs] *nf* -**1.** [période de la vie] vejez *f.* -**2.** [vieillards] tercera edad *f.*

vieillir [vjejir] ◇ *vi* -**1.** [personne] envejecer. -**2.** [vin] envejecer; [fromage] curarse. -**3.** [tradition, idée, mot] quedarse anticuado(da). ◇ *vt* envejecer.

vieillissement [vjejismã] *nm* -**1.** [de personne] envejecimiento *m.* -**2.** [de vin] envejecimiento *m*; [de fromage] curación *f.* -**3.** [de mot, d'idée, de tradition] caída *f* en desuso.

viendrai, viendrons *etc* → **venir.**

vienne, viennes *etc* → **venir.**

viens, vient *etc* → **venir.**

vierge [vjɛrʒ] ◇ *nf* virgen *f.* ◇ *adj* virgen; [page] en blanco; [casier judiciaire] limpio(pia). ◆ **Vierge** *nf* ASTROL Virgo *m*; **être Vierge** ser Virgo.

Viêt-nam [vjetnam] *nm* : **le** ~ Vietnam.

vieux, vieille [vjø, vjɛj] ◇ *adj (au masculin* **vieil** [vjɛj] *devant une voyelle ou h muet)* -**1.** [gén] viejo(ja); [vin] añejo(ja). -**2.** [habitué, client, connaissance] de toda la vida. -**3.** [meuble, maison, histoire] antiguo(gua). ◇ *nm, f* -**1.** [personne âgée] viejo *m*, -ja *f.* -**2.** *tfam* [parents] viejo *m*, -ja *f.*

vif, vive [vif, viv] *adj* -**1.** [gén] vivo(va); [froid] intenso(sa). -**2.** [reproche, discussion] violento(ta). -**3.** [sensation, émotion] fuerte. ◆ **vif** *nm* -**1.** JUR vivo *m.* -**2.** PÊCHE cebo *m* vivo. ◆ *loc* : **à** ~ [blessure, plaie] en carne viva; *fig* [nerfs] a flor de piel.

vigie [viʒi] *nf* -**1.** NAVIG [personne] vigía *m*; [poste] atalaya *f.* -**2.** [de chemin de fer] garita *f.*

vigilance [viʒilãs] *nf* vigilancia *f.*

vigilant, e [viʒilã, ãt] *adj* vigilante.

vigile [viʒil] *nm* [veilleur] vigilante *m*; [policier privé] guardia *m* jurado.

vigne [viɲ] *nf* -**1.** [plante] vid *f.* -**2.** [vignoble] viña *f*; **être dans les** ~**s du Seigneur** estar borracho(cha) como una cuba. ◆ **vigne vierge** *nf* viña *f* virgen.

vigneron, onne [viɲrɔ̃, ɔn] *nm, f* viñador *m*, -ra *f.*

vignette [viɲɛt] *nf* -**1.** ART [motif] viñeta *f.* -**2.** [de médicament] etiqueta *f.* -**3.** [d'automobile] *adhesivo que se coloca en el parabrisas para probar que se ha pagado el impuesto de circulación.*

vignoble [viɲɔbl] *nm* viñedo *m.*

vigoureux, euse [vigurø, øz] *adj* vigoroso(sa).

vigueur [vigœr] *nf* vigor *m.* ◆ **en vigueur** *loc adj* en vigor; **être en** ~ estar en vigor, estar vigente.

vilain, e [vilɛ̃, ɛn] *adj* -**1.** [mauvais, grossier] malo(la). -**2.** [laid, grave] feo(a).

vilebrequin [vilbrəkɛ̃] *nm* -**1.** [outil] berbiquí *m.* -**2.** AUTOM cigüeñal *m.*

villa [vila] *nf* villa *f.*

village [vilaʒ] *nm* pueblo *m.*

villageois, e [vilaʒwa, az] *adj & nm, f* aldeano(na), lugareño(ña).

ville [vil] *nf* ciudad *f*; ~ **champignon** ciudad hongo; ~ **dortoir** ciudad dormitorio.

villégiature [vileʒjatyr] *nf* veraneo *m*; **aller en** ~ ir de veraneo.

vin [vɛ̃] *nm* **-1.** [de raisin] vino *m*; **cuver son** ~ *fig* dormir la mona; **être entre deux** ~**s** *fig* estar achispado(da). **-2.** [liqueur] licor *m*. ◆ **vin d'honneur** *nm* vino *m* de honor.

vinaigre [vinɛgr] *nm* vinagre *m*.

vinaigrette [vinɛgrɛt] *nf* vinagreta *f*.

vindicatif, ive [vɛ̃dikatif, iv] *adj* vindicativo(va).

vingt [vɛ̃] *adj num & nm* veinte; *voir aussi* **six**.

vingtaine [vɛ̃tɛn] *nf* veintena *f*.

vingtième [vɛ̃tjɛm] ◇ *adj num & nmf* vigésimo(ma). ◇ *nm* vigésimo *m*, veinteava parte *f*; *voir aussi* **sixième**.

vinicole [vinikɔl] *adj* vinícola.

vinification [vinifikasjɔ̃] *nf* vinificación *f*.

vinyle [vinil] *nm* vinilo *m*.

viol [vjɔl] *nm* violación *f*.

violacé, e [vjɔlase] *adj* violáceo(a).

violation [vjɔlasjɔ̃] *nf* violación *f*.

violence [vjɔlɑ̃s] *nf* violencia *f*; **se faire** ~ contenerse.

violent, e [vjɔlɑ̃, ɑ̃t] *adj* violento(ta).

violer [vjɔle] *vt* violar.

violet, ette [vjɔlɛ, ɛt] *adj* violeta. ◆ **violet** *nm* [couleur] violeta *m*.

violette [vjɔlɛt] *nf* violeta *f*.

violeur [vjɔlœr] *nm* violador *m*.

violon [vjɔlɔ̃] *nm* **-1.** MUS violín *m*. **-2.** *arg* [prison] talego *m*.

violoncelle [vjɔlɔ̃sɛl] *nm* violoncelo *m*, violonchelo *m*.

violoniste [vjɔlɔnist] *nmf* violinista *mf*.

vipère [vipɛr] *nf* víbora *f*.

virage [viraʒ] *nm* **-1.** [sur route] curva *f*; '~ **dangereux**' 'curva peligrosa'. **-2.** [changement de direction] viraje *m*. **-3.** MÉD reacción *f* positiva.

viral, e, aux [viral, o] *adj* viral.

virée [vire] *nf fam* vuelta *f*.

virement [virmɑ̃] *nm* **-1.** FIN transferencia *f*; ~ **bancaire** transferencia bancaria; ~ **postal** giro *m* postal. **-2.** NAVIG virada *f*.

virer [vire] ◇ *vi* **-1.** [véhicule] : ~ **de bord** NAVIG virar de bordo. **-2.** [étoffe] cambiar de color. **-3.** PHOT virar. ◇ *vt* **-1.** FIN transferir. **-2.** *fam* [renvoyer] echar *Esp*, botar *Amér*.

virevolter [virvɔlte] *vi* **-1.** [danseuse] hacer piruetas; [cheval] hacer escarceos. **-2.** [papillonner] revolotear.

virginité [virʒinite] *nf* virginidad *f*.

virgule [virgyl] *nf* coma *f*.

viril, e [viril] *adj* viril, varonil.

virilité [virilite] *nf* virilidad *f*.

virtuel, elle [virtɥɛl] *adj* virtual.

virtuose [virtɥoz] *nmf* virtuoso *m*, -sa *f*.

virulence [virylɑ̃s] *nf* virulencia *f*.

virulent, e [virylɑ̃, ɑ̃t] *adj* virulento(ta).

virus [virys] *nm* INFORM & MÉD virus *m inv*.

vis¹, vit [vi] → **vivre**.

vis² [vis] *nf* tornillo *m*; ~ **sans fin** tornillo sin fin.

visa [viza] *nm* [cachet] visado *m*; *fig* [approbation] visto *m* bueno.

visage [vizaʒ] *nm* rostro *m*.

vis-à-vis [vizavi] ◇ *prép* : ~ **de qqch/de qqn** [en face de] enfrente de algo/de alguien; [en comparaison de] en comparación con algo/con alguien; [à l'égard de] con respecto a algo/a alguien. ◇ *nm* **-1.** [personne] vecino *m*, -na *f* de enfrente. **-2.** [tête-à-tête] mano a mano *m*. **-3.** [immeuble] : **sans** ~ sin nada enfrente.

viscéral, e, aux [viseral, o] *adj* visceral.

viscère [visɛr] *nm* (*gén pl*) víscera *f*.

viscose [viskoz] *ı.f* viscosa *f*.

visé, e [vize] *adj* **-1.** [personne] aludido(da). **-2.** [objectif] pretendido(da).

visée [vize] *nf* **-1.** [avec arme] puntería *f*. **-2.** (*gén pl*) *fig* [intention, dessein] intención *f*; **avoir de hautes** ~**s** picar muy alto.

viser [vize] ◇ *vt* **-1.** [cible] apuntar a. **-2.** *fig* [poste] aspirar a; [personne] concernir a. **-3.** *fam* [fille, voiture] echar el ojo a. **-4.** [document] visar. ◇ *vi* **-1.** [pour tirer] apuntar; ~ **à** [arme] apuntar a; [avoir pour but] pretender. **-2.** [avoir des ambitions] : ~ **haut** apuntar alto.

viseur [vizœr] *nm* visor *m*.

visibilité [vizibilite] *nf* visibilidad *f*.

visible [vizibl] *adj* **-1.** [gén] visible. **-2.** [sentiment] patente.

visiblement [vizibləmɑ̃] *adv* visiblemente.

visière [vizjɛr] *nf* visera *f*.

vision [vizjɔ̃] *nf* visión *f*.

visionnaire [vizjɔnɛr] *adj & nmf* visionario(ria).

visionner [vizjɔne] *vt* visionar.

visite [vizit] *nf* **-1.** [gén] visita *f*; ~ **de politesse** visita de cumplido. **-2.** [d'expert, de douane] inspección *f*. ◆ **visite médicale** *nf* MÉD visita *f* médica.

visiter [vizite] *vt* visitar.

visiteur, euse [vizitœr, øz] *nm, f* visitante *mf*.

vison [vizɔ̃] *nm* visón *m*.

visqueux, euse [viskø, øz] *adj* **-1.** [liquide, surface] viscoso(sa). **-2.** *péj* [personne, manières] repulsivo(va).

visser [vise] *vt* **-1.** [avec vis] atornillar. **-2.** [couvercle] apretar. **-3.** *fam* [enfant] apretar los tornillos a.

visu [vizy] ◆ **de visu** *loc adv* con mis/tus/etc propios ojos.

visualiser [vizɥalize] *vt* visualizar.

visuel, elle [vizɥɛl] *adj* visual.

vital, e, aux [vital, o] *adj* vital.

vitalité [vitalite] *nf* vitalidad *f*.

vitamine [vitamin] *nf* vitamina *f*.

vitaminé, e [vitamine] *adj* vitaminado(da).

vite [vit] *adv* **-1.** [rapidement] de prisa, deprisa; **faire** ~ apresurarse; ~! ¡de prisa! **-2.** [tôt] pronto.

vitesse [vites] *nf* **-1.** [gén] velocidad *f*; **à toute** ~ a toda velocidad; **être en perte de** ~ perder velocidad. **-2.** [hâte] rapidez *f*. **-3.** AUTOM : **changer de** ~ cambiar de marcha.

viticole [vitikɔl] *adj* vitícola.

viticulteur, trice [vitikyltœr, tris] *nm, f* viticultor *m*, -ra *f*.

viticulture [vitikyltyr] *nf* viticultura *f*.

vitrail, aux [vitraj, o] *nm* vidriera *f* (*de iglesia*).

vitre [vitr] *nf* **-1.** [carreau] cristal *m*. **-2.** [glace – de voiture] luna *f*; [– de train] ventanilla *f*.

vitreux, euse [vitrø, øz] *adj* **-1.** [vitré] vítreo(a). **-2.** *fig* [œil, regard] vidrioso(sa).

vitrifier [vitrifje] *vt* vitrificar.

vitrine [vitrin] *nf* **-1.** [de boutique] escaparate *m*. **-2.** [meuble] vitrina *f*.

vivable [vivabl] *adj* [appartement] habitable; [situation] soportable.

vivace [vivas] *adj* vivaz.

vivacité [vivasite] *nf* **-1.** [d'esprit, d'enfant] vivacidad *f*. **-2.** [de coloris, de teint] viveza *f*. **-3.** [de propos] violencia *f*.

vivant, e [vivɑ̃, ɑ̃t] *adj* **-1.** [gén] vivo(va). **-2.** [ville, quartier, rue] animado(da). ◆ **vivant** *nm* **-1.** [vie] : **du** ~ **de qqn** en vida de alguien. **-2.** [personne] vivo *m*.

vive[1] [viv] *nf* peje *m* araña.

vive[2] [viv] *interj* viva.

vivement [vivmɑ̃] ◇ *adv* **-1.** [agir] con presteza. **-2.** [répondre, affecter] vivamente. ◇ *interj* [exprimant un souhait] : ~ **qqch!** ¡que llegue pronto algo!; ~ **que** (+ *subjonctif*) *fam* que (+ *subjuntivo*) ya; ~ **qu'il s'en aille!** ¡que se vaya ya!

vivifiant, e [vivifjɑ̃, ɑ̃t] *adj* vivificante.

vivisection [viviseksjɔ̃] *nf* vivisección *f*.

vivre [vivr] ◇ *vi* vivir; **qui vive?** ¿quién vive? ◇ *vt* vivir. ◇ *nm* : **avoir le** ~ **et le couvert** tener casa y comida. ◆ **vivres** *nmpl* víveres *mpl*.

vizir [vizir] *nm* visir *m*.

VO (*abr de* version originale) *nf* VO *f*.

vocable [vɔkabl] *nm* **-1.** LING vocablo *m*. **-2.** RELIG advocación *f*.

vocabulaire [vɔkabylɛr] *nm* vocabulario *m*.

vocal, e [vɔkal] → **corde**.

vocation [vɔkasjɔ̃] *nf* vocación *f*.

vociférations [vɔsiferasjɔ̃] *nfpl* griterío *m*.

vociférer [vɔsifere] ◇ *vi* vociferar; ~ **contre qqn** vociferar contra alguien. ◇ *vt* vociferar.

vodka [vɔtka] *nf* vodka *m*.

vœu, x [vø] *nm* **-1.** [promesse & RELIG] voto *m*. **-2.** [souhait] deseo *m*; **former des** ~**x pour** hacer votos por. **-3.** [requête] petición *f*. ◆ **vœux** *nmpl* felicidades *fpl*.

vogue [vɔg] *nf* fama *f*; **en** ~ en boga.

voguer [vɔge] *vi* *sout* bogar.

voici [vwasi] *prép* **-1.** [pour désigner, introduire] : **le** ~ aquí está; ~ **mon père** éste es mi padre; **le** ~ **qui arrive** míralo, ahora OU aquí llega; **vous cherchiez des allumettes?, en** ~ ¿buscabais cerillas?, aquí hay; **vous vouliez les clefs, les** ~ queríais las llaves, aquí están. **-2.** [introduit ce dont on va parler] he aquí, esto es; ~ **ce qui s'est passé** he aquí lo que pasó, esto es lo que pasó. **-3.** [il y a] hace; ~ **trois mois/quelques années** hace tres meses/varios años.

voie [vwa] *nf* **-1.** [gén] vía *f*; **par** ~ **buccale/rectale** MÉD por vía oral/rectal; ~ **d'eau** NAVIG vía de agua; ~ **ferrée** vía férrea; ~ **de garage** vía muerta; ~ **maritime/navigable** [fleuve, canal] vía marítima/navegable; ~ **respiratoire** vía respiratoria; ~**s de fait** JUR vías de hecho. **-2.** [route] carril *m*; **à plusieurs** ~**s** de varios carriles; **la** ~ **publique** la vía pública. **-3.** *fig* [chemin] camino *m*; **mettre qqn sur la** ~ encaminar a alguien. **-4.** [filière, moyen] medio *m*; **par la ~ hiérarchique** por el conducto reglamentario. ◆ **en voie de** *loc prép* en vías de; **en ~ de développement** en vías de desarrollo. ◆ **Voie lactée** *nf* ASTRON Vía *f* Láctea.

voilà [vwala] *prép* **-1.** [pour désigner] : **le ~** ahí está; **vous cherchiez de l'encre?, en ~ ¿**buscabais tinta?, ahí hay; **vous vouliez les clefs, les ~** queríais las llaves, ahí están. **-2.** [temporel] ya; **le ~ endormi** ya se ha dormido; **nous ~ arrivés** ya hemos llegado. **-3.** [reprend ce dont on a parlé] esto; [introduit ce dont on va parler] he ahí, esto; **~ ce qui s'est passé** esto es lo que pasó. **-4.** [il y a] hace; **~ trois mois/quelques années** hace tres meses/varios años.

voile [vwal] ◇ *nf* **-1.** [de bateau] vela *f*; **mettre à la ~** hacerse a la vela; **toutes ~s dehors** a toda vela. **-2.** SPORT [de planeur] aleta *f*. ◇ *nm* **-1.** [tissu, coiffure] velo *m*; **jeter un ~ sur** correr un tupido velo sobre; **prendre le ~** RELIG tomar el velo. **-2.** [brume] manto *m*. **-3.** PHOT veladura *f*. **-4.** MÉD [au poumon] mancha *f*. ◆ **voile du palais** *nm* ANAT velo *m* del paladar.

voilé, e [vwale] *adj* **-1.** [femme, statue] con velo. **-2.** [allusion, regard, photo] velado(da). **-3.** [ciel] brumoso(sa). **-4.** [métal] torcido(da); [bois] alabeado(da). **-5.** [son, voix] tomado(da).

voiler [vwale] *vt* **-1.** [avec voile] tapar con un velo. **-2.** [vérité, regard, photo] velar. **-3.** [métal] torcer; [bois] alabear. ◆ **se voiler** *vp* **-1.** [femme] ponerse un velo. **-2.** [yeux, voix, astre] velarse. **-3.** [métal] torcerse; [bois] alabearse.

voilier [vwalje] *nm* velero *m*.

voilure [vwalyr] *nf* **-1.** [de bateau] velamen *m*. **-2.** [d'avion] planos *mpl* de sustentación. **-3.** [de parachute] tela *f*. **-4.** [de métal] torcedura *f*; [de bois] alabeo *m*.

voir [vwar] ◇ *vt* **voir; aller ~ qqn** [lui rendre visite] ir a ver a alguien; **faire ~ (qqch à qqn)** [montrer] mostrar OU enseñar (algo a alguien); **je ne la vois pas en secrétaire** no la veo como secretaria; **laisser ~ qqch** dejar ver algo; **~ page...** véase página...; **avoir assez vu qqn** *fam* haber visto bastante a alguien. ◇ *vi* ver. ◆ **se voir** *vp* verse.

voire [vwar] *adv* (e) incluso.

voirie [vwari] *nf* **-1.** ADMIN ≃ ministerio *m* de transportes. **-2.** [décharge] servicios *mpl* municipales de limpieza.

vois, voit [vwa] → **voir.**

voisin, e [vwazɛ̃, in] ◇ *adj* **-1.** [pays, ville, maison] vecino(na). **-2.** [idées] parecido(da). ◇ *nm, f* vecino *m*, -na *f*.

voisinage [vwazinaʒ] *nm* **-1.** [entourage] vecindario *m*. **-2.** [relations] vecindad *f*. **-3.** [environs] cercanía *f*.

voiture [vwatyr] *nf* coche *m* Esp, carro *m* Amér; **~ banalisée** coche camuflado; **~ de dépannage** grúa *f*; **~ de fonction** coche de servicio; **~ de location/d'occasion** coche de alquiler/de segunda mano; **~ de sport** coche deportivo.

voix [vwa] *nf* **-1.** [gén & GRAM] voz *f*; **à mi~** a media voz; **à ~ basse/haute** en voz baja/alta; **de vive ~** de viva voz. **-2.** [suffrage] voto *m*; **mettre aux ~** poner a votación.

vol [vɔl] *nm* **-1.** [d'oiseau, d'avion] vuelo *m*; **au ~** al vuelo; **à ~ d'oiseau** en línea recta; **en plein ~** en pleno vuelo. **-2.** [groupe d'oiseaux] bandada *f*. **-3.** [délit] robo *m*; **à main armée** robo con intimidación.

vol. (*abr de* volume) vol.

volage [vɔlaʒ] *adj sout* voluble, veleidoso(sa).

volaille [vɔlaj] *nf* **-1.** [collectif] aves *fpl* de corral. **-2.** [volatile] ave *f* de corral.

volant, e [vɔlɑ̃, ɑ̃t] *adj* **-1.** [animal, machine] volador(ra). **-2.** [brigade, pont, escalier] volante. **-3.** [page] suelto(ta). ◆ **volant** *nm* volante *m* Esp, timón *m* Amér.

volatil, e [vɔlatil] *adj* volátil.

volatiliser [vɔlatilize] *vt* volatilizar. ◆ **se volatiliser** *vp* volatilizarse.

volcan [vɔlkɑ̃] *nm* volcán *m*.

volcanique [vɔlkanik] *adj* volcánico(ca).

volée [vɔle] *nf* **-1.** [d'oiseau] vuelo *m*; **prendre sa ~** alzar el vuelo; **de haute ~** de altos vuelos. **-2.** [de flèches] ráfaga *f*. **-3.** SPORT volea *f*; **à la ~** a voleo. **-4.** [de coups] paliza *f* Esp, golpiza *f* Amér; *fam* [gifle] torta *f*. **-5.** [de cloches] campanada *f*. **-6.** [d'escalier] tramo *m*. **-7.** [de graines] **semer à la ~** sembrar a voleo.

voler [vɔle] ◇ *vi* **-1.** [oiseau, insecte, avion] volar. **-2.** [personne] correr. ◇ *vt* robar.

volet [vɔlε] *nm* **-1.** [de maison] postigo *m*. **-2.** [de dépliant] hoja *f*; [d'émission] episodio *m*. **-3.** [d'avion] flap *m*.

voleur, euse [vɔlœr, øz] ◇ *adj* ladrón(ona). ◇ *nm, f* ladrón *m*, -ona *f*; **~ à la tire** carterista *m*; **~ de grand chemin** salteador *m* de caminos.

volière [vɔljɛr] *nf* pajarera *f*.

volley-ball [vɔlɛbol] (*pl* **volley-balls**) *nm* balonvolea *m*.

volontaire [vɔlɔ̃tɛr] ◇ *nmf* voluntario *m*, -ria *f*. ◇ *adj* **-1.** [activité, omission] voluntario(ria). **-2.** [enfant] voluntarioso(sa).

volontariat [vɔlɔ̃tarja] *nm* voluntariado *m*.

volonté [vɔlɔ̃te] *nf* voluntad *f*; **à** ~ a voluntad; **bonne/mauvaise** ~ [disposition] buena/mala voluntad.

volontiers [vɔlɔ̃tje] *adv* **-1.** [avec plaisir] con mucho gusto. **-2.** [naturellement, ordinairement] fácilmente.

volt [vɔlt] *nm* voltio *m*.

voltage [vɔltaʒ] *nm* voltaje *m*.

volte-face [vɔltəfas] *nf inv* **-1.** [demi-tour] media vuelta *f*; **faire** ~ dar media vuelta. **-2.** *fig* [revirement] giro *m*.

voltige [vɔltiʒ] *nf* **-1.** [au trapèze] acrobacia *f*; **haute** ~ acrobacia. **-2.** *fam fig* malabarismo *m*. **-3.** [à cheval] volteo *m*. **-4.** [en avion] acrobacia *f* aérea.

voltiger [vɔltiʒe] *vi* **-1.** [acrobate] hacer acrobacias. **-2.** [insectes, oiseaux] revolotear. **-3.** [flotter] flotar.

volubile [vɔlybil] *adj* locuaz.

volume [vɔlym] *nm* volumen *m*.

volumineux, euse [vɔlyminø, øz] *adj* voluminoso(sa).

volupté [vɔlypte] *nf* voluptuosidad *f*.

voluptueux, euse [vɔlyptɥø, øz] *adj & nm, f* voluptuoso(sa).

volute [vɔlyt] *nf* voluta *f*.

vomi [vɔmi] *nm fam* vomitona *f*.

vomir [vɔmir] *vi & vt* vomitar.

vomitif [vomitif] *nm* [médicament] vomitivo *m*.

vorace [vɔras] *adj* voraz.

voracité [vɔrasite] *nf* **-1.** [gloutonnerie] voracidad *f*. **-2.** *fig* [avidité] codicia *f*.

vos → **votre**.

vote [vɔt] *nm* **-1.** [suffrage, voix] voto *m*; ~ **par correspondance** voto por correo. **-2.** [élection] votación *f*.

voter [vɔte] *vi & vt* votar.

votre [vɔtr] (*pl* **vos** [vo]) *adj poss* vuestro(tra).

vôtre [votr] ◆ **le vôtre** (*f* **la vôtre**, *pl* **les vôtres**) *pron poss* el vuestro(la vuestra).

voudrai, voudrons *etc* → **vouloir**.

vouer [vwe] *vt* **-1.** [promettre, jurer] : ~ **qqch à qqn** profesar algo a alguien. **-2.** [employer, consacrer] : ~ **qqch à qqch/à qqn** consagrar algo a algo/a alguien. **-3.**

[condamner] : **être voué à** estar condenado(da) a.

vouloir [vulwar] ◇ *vt* **-1.** [gén] querer; **je veux qu'il parte maintenant** quiero que se vaya ahora; **faire qqch sans le** ~ hacer algo sin querer; ~ **qqch** (**de qqch/de qqn**) querer algo (de algo/de alguien); **Dieu le veuille!** ¡Dios lo quiera! **-2.** [souhaiter] : ~ **qqch à qqn** desearle algo a alguien. **-3.** [marque la résignation] : **que voulez-vous!** ¡qué le vamos a hacer! **-4.** *loc* : **en** ~ **à qqn** estar resentido(da) contra alguien. ◇ *vi* : **ne pas** ~ **de qqch/de qqn** no querer algo/a alguien. ◆ **se vouloir** *vp* : **s'en** ~ **de qqch/de faire qqch** estar avergonzado(da) por algo/de hacer algo. ◆ **bon vouloir** *nm* buena voluntad *f*.

voulu, e [vuly] ◇ *pp* → **vouloir**. ◇ *adj* **-1.** [requis] debido(da). **-2.** [délibéré] deseado(da).

voulus, voulut *etc* → **vouloir**.

vous [vu] *pron pers* **-1.** [plusieurs personnes – gén] vosotros(tras); [– complément d'objet direct, de verbe pronominal] os; **dépêchez-~!** ¡daos prisa!; **il** ~ **l'a donné** os lo ha dado; **je** ~ **aime** os quiero; ~ **devez** ~ **occuper de él**; **à** ~ [possessif] vuestro(tra). **-2.** [une seule personne – gén] usted; [– complément d'objet direct] le(la); [– de verbe pronominal] se; **dépêchez-~!** ¡dese prisa!; **il** ~ **l'a donné** se lo ha dado; **je** ~ **aime** la amo; ~ **devez** ~ **occuper de lui** debe ocuparse de él; **à** ~ [possessif] suyo(ya). ◆ **vous-même** *pron pers* usted mismo(usted misma). ◆ **vous-mêmes** *pron pers* vosotros mismos(vosotras mismas).

voûte [vut] *nf* bóveda *f*; ~ **plantaire** bóveda plantar.

voûter [vute] *vt* abovedar. ◆ **se voûter** *vp* encorvarse.

vouvoyer [vuvwaje] *vt* tratar de usted.

voyage [vwajaʒ] *nm* viaje *m*; ~ **d'affaires/organisé/de noces** viaje de negocios/organizado/de novios.

voyager [vwajaʒe] *vi* **-1.** [gén] viajar. **-2.** [marchandise] : ~ **bien/mal** viajar bien/mal.

voyageur, euse [vwajaʒœr, øz] *nm, f* viajero *m*, -ra *f*; ~ **de commerce** viajante *mf* (de comercio).

voyais, voyions *etc* → **voir**.

voyance [vwajɑ̃s] *nf* videncia *f*.

voyant, e [vwajã, ãt] ◇ *adj* vistoso(sa). ◇ *nm, f* vidente *mf*. ◆ **voyant** *nm* piloto *m*, indicador *m* luminoso; ~ **d'essence/ d'huile** indicador de nivel de gasolina/de aceite.

voyelle [vwajɛl] *nf* vocal *f*.

voyeur, euse [vwajœr, øz] *nm, f* mirón *m*, -ona *f*, voyeur *mf*.

voyou [vwaju] *nm* golfo *m*.

vrac [vrak] ◆ **en vrac** *loc adv* -1. [sans emballage, au poids] a granel. -2. [en désordre] en desorden.

vrai, e [vrɛ] *adj* -1. [gén] verdadero(ra); **c'est** OU **il est** ~ **que** es verdad que. -2. [réel] auténtico(ca). -3. [naturel] natural. ◆ **vrai** *nm* : à ~ **dire, à dire** ~ a decir verdad.

vraiment [vrɛmã] *adv* -1. [véritablement] verdaderamente. -2. [franchement] realmente.

vraisemblable [vrɛsãblabl] *adj* verosímil.

vraisemblance [vrɛsãblãs] *nf* verosimilitud *f*.

vrille [vrij] *nf* -1. BOT tijereta *f*, zarcillo *m*. -2. [outil & AÉRON] barrena *f*. -3. [spirale] caracol *m*.

vrombir [vrɔ̃bir] *vi* zumbar.

vrombissement [vrɔ̃bismã] *nm* zumbido *m*.

VTT (*abr de* vélo tout-terrain) *nm* BTT *f*.

vu, e [vy] ◇ *pp* → **voir**. ◇ *adj* -1. [gén] visto(ta). -2. [compris] : **c'est bien** ~? ¿lo has captado? ◆ **vu** *prép* [en considérant] en vista de. ◆ **vue** *nf* -1. [sens] vista *f*; **de** ~**e** de vista; **à première** ~**e** a primera vista. -2. → **prise**. -3. [idée] visión *f*. ◆ **vu que** *loc conj* dado que. ◆ **en vue de** *loc prép* con vistas a.

vulgaire [vylgɛr] *adj* vulgar.

vulgarisation [vylgarizasjɔ̃] *nf* vulgarización *f*.

vulgariser [vylgarize] *vt* vulgarizar.

vulgarité [vylgarite] *nf* vulgaridad *f*.

vulnérable [vylnerabl] *adj* vulnerable.

vulve [vylv] *nf* vulva *f*.

w, W [dubləve] *nm inv* w *f*, W *f*.

wagon [vagɔ̃] *nm* vagón *m*; ~ **fumeurs/ non-fumeurs** vagón de fumadores/de no fumadores; ~ **de première/de seconde classe** vagón de primera/de segunda clase.

wagon-citerne [vagɔ̃sitɛrn] *nm* vagón *m* cisterna.

wagon-lit [vagɔ̃li] *nm* coche *m* cama *Esp*, carro *m* dormitorio *Amér*.

wagon-restaurant [vagɔ̃rɛstɔrã] *nm* vagón *m* restaurante.

Walkman® [wɔkman] *nm* walkman *m*.

Washington [waʃiŋtɔn] *n* Washington.

water-polo [watɛrpɔlo] *nm* waterpolo *m*.

watt [wat] *nm* vatio *m*.

W.-C. [vese] (*abr de* water closet) *nmpl* WC *m*.

week-end [wikɛnd] (*pl* **week-ends**) *nm* fin *m* de semana.

western [wɛstɛrn] *nm* western *m*, película *f* de vaqueros.

whisky [wiski] (*pl* **whiskys** OU **whiskies**) *nm* whisky *m*.

white-spirit [wajtspirit] (*pl* **white-spirits**) *nm* aguarrás *m*.

WYSIWYG [wiziwig] (*abr de* what you see is what you get) WYSIWYG.

x, X [iks] *nm inv* x *f*, X *f*. ◆ **X** *nf* : **l'X** [École polytechnique] la Escuela Politécnica de París.

xénophobie [gzenɔfɔbi] *nf* xenofobia *f*.

xérès [gzerɛs] *nm* jerez *m*.

xylophone [ksilɔfɔn] *nm* xilófono *m*.

Y

y¹, **Y** [igrɛk] *nm inv* y *f*, Y *f*.

y² [i] ◇ *adv* [lieu] : **j'y vais demain** iré mañana; **mets-y du sel** pon OU ponle sal; **va voir sur la table si les clefs y sont** ve a ver si las llaves están encima de la mesa; **on ne peut pas couper cet arbre, des oiseaux y font leur nid** no podemos talar este árbol porque algunos pájaros anidan en él; **ils ont ramené des vases anciens et y ont fait pousser des fleurs exotiques** trajeron vasijas antiguas y plantaron flores exóticas (en ellas). ◇ *pron (la traduction varie selon la préposition utilisée avec le verbe)* : **pensez-y** piénseselo, piense en ello; **n'y compte pas** no cuentes con ello; **j'y suis!** ¡ya lo tengo!

yacht [jɔt] *nm* yate *m*.

yaourt [jaurt], **yogourt**, **yoghourt** [jɔgurt] *nm* jogurt *m*.

yard [jard] *nm* yarda *f*.

yen [jɛn] *nm* yen *m*.

yeux → œil.

yiddish [jidiʃ] ◇ *adj inv* judeoalemán(ana). ◇ *nm inv* yiddish *m*.

yoga [jɔga] *nm* yoga *m*.

yogourt, **yoghourt** = **yaourt**.

Yougoslavie [jugɔslavi] *nf* : **la ~** Yugoslavia; **l'ex-~** la ex Yugoslavia.

zébrure [zebryr] *nf* **-1.** [de pelage] rayado *m*. **-2.** [marque] varazo *m*.

zébu [zeby] *nm* cebú *m*.

zèle [zɛl] *nm* celo *m*; **faire du ~** *péj & fig* hacer méritos.

zélé, e [zele] *adj* celoso(sa) *(trabajador)*.

zen [zɛn] *adj & nm* zen.

zénith [zenit] *nm* cénit *m*.

zéro [zero] ◇ *nm* **-1.** [gén] cero *m*; **au-dessus/au-dessous de ~** sobre/bajo cero; **deux buts à ~** dos goles a cero; **à ~** [moral] por los suelos; **repartir à** OU **de ~** volver a empezar desde cero. **-2.** *fam* [nul] cero *m* a la izquierda. ◇ *adj* cero *m (en aposición)*.

zeste [zɛst] *nm* piel *f*, cáscara *f (de cítricos)*; **~ de citron** piel de limón.

zézayer [zezeje] *vi* cecear.

zigzag [zigzag] *nm* zigzag *m*; **en ~** en zigzag.

zigzaguer [zigzage] *vi* zigzaguear.

zinc [zɛ̃g] *nm* **-1.** [matière] cinc *m*, zinc *m*. **-2.** *fam* [comptoir] mostrador *m*. **-3.** *fam vieilli* [avion] cacharro *m*.

zizi [zizi] *nm fam* [de garçon] pajarito *m*.

zodiaque [zɔdjak] *nm* zodíaco *m*.

zona [zona] *nm* MÉD zona *f*.

zone [zon] *nf* **-1.** [région] zona *f*. **-2.** *fam* [faubourg] barriada *f*; **c'est la ~!** ¡es un barrio chungo!

zoo [zo(o)] *nm* zoo *m*.

zoologie [zɔ(ɔ)lɔʒi] *nf* zoología *f*.

zoom [zum] *nm* zoom *m*.

zoophile [zɔ(ɔ)fil] *adj & nmf* zoófilo(la).

zut [zyt] *interj fam* ¡jolín!

zygomatique [zigɔmatik] *adj* zigomático(ca).

z, Z [zɛd] *nm inv* z *f*, Z *f*.

Zaïre [zair] *nm* : **le ~** (el) Zaire.

zapper [zape] *vi* hacer zapping.

zapping [zapiŋ] *nm* zapping *m*.

zèbre [zɛbr] *nm* **-1.** [animal] cebra *f*. **-2.** *fam* [individu] elemento *mf*.

zébré, e [zebre] *adj* rayado(da).

ESPAÑOL–FRANCÉS
ESPAGNOL–FRANÇAIS

A

a¹ (*pl* **aes**), **A** (*pl* **Aes**) *f* [letra] a *m inv*, A *m inv*.

a² *prep* (*a* + *el* = *al*) **-1.** [gen] à; **voy ~ Sevilla/África/Japón** je vais à Séville/en Afrique/au Japon; **llegó a Barcelona/la fiesta** il est arrivé à Barcelone/la fête; **a la salida del cine** à la sortie du cinéma; **está a más de cien kilómetros** c'est à plus de cent kilomètres; **está a la derecha/izquierda** c'est à droite/gauche; **a las siete/los once años** à sept heures/onze ans; **dáselo a Juan** donne-le à Juan; **¿a cuánto están las peras?** à combien sont les poires?; **vende las peras a cien pesetas** elle vend les poires à cent pesetas; **ganaron por tres a cero** ils ont gagné trois à zéro; **escribir a máquina/mano** écrire à la machine/la main; **sueldo a convenir** salaire à négocier. **-2.** [cuando] : **al oír la noticia se desmayó** en apprenant la nouvelle il s'est évanoui. **-3.** [período de tiempo] : **a las pocas semanas** quelques semaines après; **al mes de casados** au bout d'un mois de mariage. **-4.** [frecuencia, cantidad] par; **cuarenta horas a la semana** quarante heures par semaine; **a cientos/miles** par centaines/milliers. **-5.** [con complemento directo] : **quiere a su hijo/gato** il aime son fils/chat. **-6.** [modo] à, en; **a la antigua** à l'ancienne; **a lo grande** en grand; **a escondidas** en cachette. **-7.** (*después de verbo y antes de infin*) [finalidad] : **entró a pagar** il entra pour payer; **aprender a nadar** apprendre à nager; **vino a buscar un libro** il est venu chercher un livre. **-8.** (*antes de infin*) [condición] : **a no ser por mí, hubieses fracasado** si je n'avais pas été là, tu aurais échoué. **-9.** [en oraciones imperativas] : **¡a comer!** à table!; **¡niños, a callar!** les enfants, taisez-vous! **-10.** (*antes de 'por'*) [en busca de] : **ir a por pan** aller chercher du pain. **-11.** [indica desafío] : **a que je parie que; ¿a que no lo haces?** je parie que tu ne le fais pas; **¡a que te caes!** tu vas tomber!

abad, **desa** *m, f* abbé *m*, abbesse *f*.

abadía *f* abbaye *f*.

abajo ⬦ *adv* **-1.** [posición] dessous; **vive ~** il habite en dessous; **~ del todo** tout en bas; **más ~** plus bas. **-2.** [dirección] en bas, vers le bas; **mirar hacia ~** regarder en bas; **ir para ~** descendre; **correr escaleras ~** dévaler l'escalier; **calle ~** en descendant la rue; **río ~** en aval. **-3.** [en un texto] ci-dessous. ⬦ *interj* : **¡~ la dictadura!** à bas la dictature! ◆ **de abajo** *loc adj* : **el piso de ~** l'étage en dessous; **la vecina de ~** la voisine du dessous; **el estante de ~** l'étagère du bas; **la tienda de ~** le magasin d'en bas.

abalanzarse *vp* se ruer.

abalear *vt Amer* tirer sur.

abalorio *m* [cuenta] perle *f* de verre; [bisutería] verroterie *f*.

abanderado *m lit & fig* porte-drapeau *m*.

abandonado, **da** *adj* **-1.** [desierto, desamparado] abandonné(e). **-2.** [descuidado – persona] négligé(e); [– jardín, casa] laissé(e) à l'abandon, mal entretenu(e).

abandonar *vt* **-1.** [gen] abandonner; [lugar, profesión, cónyuge] quitter. **-2.** [obligaciones, estudios] négliger. ◆ **abandonarse** *vp* **-1.** [de aspecto] se négliger, se laisser aller. **-2.** **~se a** [desesperación, dolor] s'abandonner à, succomber à; [vicio] sombrer dans.

abandono m **-1.** [acción] abandon m. **-2.** [estado] laisser-aller m inv.

abanicar vt éventer. ◆ **abanicarse** vp s'éventer.

abanico m lit & fig éventail m.

abaratar vt baisser le prix de. ◆ **abaratarse** vp [precio] baisser; [producto] coûter moins cher.

abarcar vt **-1.** [gen] embrasser; [espacio] comprendre; [temas] recouvrir. **-2.** [con los brazos] encercler. **-3.** [con la vista] embrasser du regard.

abarrotado, da adj plein(e) à craquer, bondé(e); [sala] comble; ~ **(de)** [desván, baúl] bourré (de).

abarrotar vt : ~ **algo (de** ○ **con)** remplir qqch (de); [desván, baúl] bourrer qqch (de).

abarrote m Amer épicerie f.

abarrotería f Amer épicerie f.

abarrotero, ra m, f Amer épicier m, -ère f.

abastecer vt approvisionner, ravitailler. ◆ **abastecerse** vp : ~se **(de)** s'approvisionner (de ○ en).

abasto m : **no dar** ~ fig ne pas s'en sortir, être débordé(e).

abatible adj [asiento] inclinable; [mesa] à abattants.

abatido, da adj abattu(e).

abatir vt abattre. ◆ **abatirse** vp : ~se **(sobre)** s'abattre (sur).

abdicación f abdication f.

abdicar vi abdiquer; ~ **de algo** fig renoncer à qqch.

abdomen m abdomen m.

abdominal adj abdominal(e). ◆ **abdominales** mpl abdominaux mpl; **hacer** ~es faire des abdominaux.

abecé m **-1.** [abecedario] alphabet m. **-2.** fig [primeras nociones] B.A.-Ba m inv.

abecedario m **-1.** [alfabeto] alphabet m. **-2.** [libro] abécédaire m.

abedul m bouleau m.

abeja f abeille f.

abejorro m ZOOL bourdon m.

aberración f aberration f.

abertura f ouverture f.

abertzale adj & mf nationaliste basque.

abeto m sapin m.

abierto, ta ◇ pp irreg → **abrir**. ◇ adj **-1.** [gen] ouvert(e); **estar** ~ **a** être ouvert à; ~ **de par en par** grand ouvert. **-2.** fig [liberal] à l'esprit ouvert.

abigarrado, da adj lit & fig bigarré(e).

abismal adj abyssal(e).

abismo m lit & fig abîme m .

ablandar vt **-1.** [material] ramollir. **-2.** fig [persona] attendrir; [carácter] adoucir; [rigor] assouplir; [ira] apaiser. ◆ **ablandarse** vp **-1.** [material] se ramollir. **-2.** fig [persona] s'attendrir; [carácter] s'adoucir; [rigor] s'assouplir; [ira] s'apaiser.

ablativo m GRAM ablatif m .

abnegación f dévouement m.

abnegarse vp se dévouer, se sacrifier.

abochornar vt vexer, faire honte. ◆ **abochornarse** vp rougir de honte.

abofetear vt gifler.

abogacía f barreau m.

abogado, da m, f avocat m, -e f; ~ **defensor** défenseur m; ~ **del estado** avocat représentant les intérêts de l'État; ~ **de oficio** avocat commis d'office; ~ **laboralista** avocat spécialisé en droit du travail; **hacer de** ~ **del diablo** se faire l'avocat du diable.

abogar vi [interceder] : ~ **por algo/alguien** plaider pour qqch/qqn.

abolición f abolition f.

abolir vt abolir.

abolladura f bosse f.

abollar vt bosseler, cabosser. ◆ **abollarse** vp se bosseler, se cabosser.

abombado, da adj bombé(e).

abominable adj abominable.

abominar vt **-1.** [condenar] condamner. **-2.** [detestar] avoir en horreur.

abonado, da m, f abonné m, -e f.

abonar vt **-1.** [factura, deuda] régler; ~ **algo en la cuenta de alguien** verser qqch sur le compte de qqn. **-2.** [tierra] amender. ◆ **abonarse** vp : ~se **(a)** [revista] s'abonner (à); [piscina, teatro] prendre un abonnement (à).

abonero, ra m, f Amer colporteur m, -euse f.

abono m **-1.** [pase] abonnement m, carte f d'abonnement. **-2.** [fertilizante] engrais m. **-3.** [pago] règlement m. **-4.** COM crédit m. **-5.** Amer paiement m; **pagar en** ~s payer par versements échelonnés.

abordar vt aborder.

aborigen adj aborigène. ◆ **aborígenes** mfpl aborigènes mfpl.

aborrecer vt avoir en horreur, détester.

abortar ◇ vi **-1.** [intencionadamente] avorter, se faire avorter; [espontáneamente] faire une fausse couche. **-2.** fig [fracasar] échouer. ◇ *vt fig* [hacer fracasar] faire avorter.

aborto *m* **-1.** [intencionado] avortement *m*; [espontáneo] fausse couche *f*. **-2.** *fam despec* [persona fea] avorton *m*. **-3.** *fam* [cosa mal hecha] : **te ha salido hecho un** ~ tu l'as complètement raté.

abotonar *vt* boutonner. ◆ **abotonarse** *vp* se boutonner.

abovedado, da *adj* ARQUIT voûté(e).

abr. *abrev de* abril.

abrasar ◇ *vt* **-1.** [gen] brûler. **-2.** *fig* [suj : calor, pasión] embraser; [suj : sed, deseo] torturer; [suj : odio, celos] ronger. ◇ *vi* [café etc] être brûlant(e). ◆ **abrasarse** *vp* brûler; [persona] se brûler; [plantas] griller.

abrazadera *f* anneau *m*.

abrazar *vt* **-1.** [con los brazos] serrer dans ses bras. **-2.** *fig* [doctrina] épouser; [profesión] entrer dans.

abrazo *m* accolade *f*; **dar un** ~ **a alguien** embrasser qqn; **un (fuerte)** ~ [en cartas] (très) affectueusement.

abrebotellas *m inv* ouvre-bouteille *m*.

abrecartas *m inv* coupe-papier *m*.

abrelatas *m inv* ouvre-boîte *m*.

abrevadero *m* [construido] abreuvoir *m*; [natural] point *m* d'eau.

abreviar *vt* abréger; [texto] réduire; [viaje, estancia] écourter; [trámites] accélérer.

abreviatura *f* abréviation *f*.

abridor *m* **-1.** [abrebotellas] décapsuleur *m*. **-2.** [abrelatas] ouvre-boîte *m*.

abrigar *vt* **-1.** [arropar – suj : persona] couvrir; [– suj : ropa] tenir chaud. **-2.** *fig* [albergar] nourrir. ◆ **abrigarse** *vp* **-1.** [arroparse] se couvrir. **-2.** [resguardarse] : ~**se de** [lluvia, viento] s'abriter de; [frío] se protéger de.

abrigo *m* **-1.** [prenda] manteau *m*. **-2.** [refugio] abri *m*; **al** ~ **de à l'abri de.**

abril *m* avril *m*; *ver también* **septiembre**. ◆ **abriles** *mpl* [años] : **tiene 14** ~**es** elle a 14 printemps.

abrillantar *vt* faire briller.

abrir ◇ *vt* **-1.** [gen] ouvrir; [alas] déployer; [melón] découper. **-2.** [luz] allumer. **-3.** [agujero, camino, túnel] percer; [canal] creuser; [surco] tracer. **-4.** [piernas] écarter. ◇ *vi* [establecimiento] ouvrir. ◆ **abrirse** *vp* **-1.** [sincerarse] : ~**se a alguien** s'ouvrir o se confier à qqn. **-2.** [comunicarse] : ~**se (con alguien)** être ouvert(e)(avec qqn). **-3.** [cielo] se dégager. **-4.** *mfam* [irse] se casser.

abrochar *vt* fermer; [cinturón, cordones] attacher. ◆ **abrocharse** *vp* [ropa] se fermer; [cinturón] s'attacher; **abróchense los cinturones** attachez vos ceintures.

abroncar *vt fam* . **-1.** [reprender] passer un savon à. **-2.** [abuchear] huer.

abrumar *vt* **-1.** [agobiar] accabler; **el trabajo me abruma** je suis accablé de travail. **-2.** [fastidiar] épuiser.

abrupto, ta *adj* abrupt(e).

absceso *m* MED abcès *m*.

absentismo *m* absentéisme *m*.

ábside *m* o *f* abside *f*.

absolución *f* **-1.** DER acquittement *m*. **-2.** RELIG absolution *f*.

absolutismo *m* absolutisme *m*.

absoluto, ta *adj* absolu(e). ◆ **en absoluto** *loc adv* [en negativas] certainement pas; [tras pregunta] : **¿te gusta? — en** ~ ça te plaît? — pas du tout; **nada en** ~ rien du tout.

absolver *vt* **-1.** DER acquitter; **absolvieron al acusado del delito** ils ont acquitté l'accusé. **-2.** RELIG : ~ **(a alguien de algo)** absoudre (qqn de qqch).

absorbente *adj* **-1.** [material] absorbant(e). **-2.** [persona, carácter] exclusif(ive). **-3.** [actividad] prenant(e).

absorber *vt* absorber; **el trabajo lo absorbe** il est accaparé par son travail.

absorción *f* absorption *f*.

absorto, ta *adj* absorbé(e); ~ **en** plongé(e) dans.

abstemio, mia *adj* : **es** ~ il ne boit pas d'alcool.

abstención *f* abstention *f*.

abstenerse *vp* : ~ **(de algo/de hacer algo)** s'abstenir (de qqch/de faire qqch).

abstinencia *f* abstinence *f*.

abstracción *f* abstraction *f*.

abstracto, ta *adj* abstrait(e); **en** ~ dans l'abstrait.

abstraer *vt* abstraire; ~ **conceptos** conceptualiser.

abstraído, da *adj* absorbé(e).

absuelto, ta *pp irreg* → **absolver.**

absurdo, da *adj* absurde. ◆ **absurdo** *m* absurde *m*.

abuchear *vt* huer.

abuelo, la *m, f* grand-père *m*, grand-mère *f*; [en lenguaje infantil] **papy** *m*, **mamie** *f*; **¡cuéntaselo a tu abuela!** *fam* à d'autres!

abulia *f* apathie *f*.

abúlico, ca *adj* apathique.

abultado, da *adj* volumineux(euse).
abultar ◇ *vt* **-1.** [hinchar – mejillas] gonfler; [– suj : hinchazón] faire enfler. **-2.** [aumentar, exagerar] grossir. ◇ *vi* **-1.** [ser difícil de manejar] prendre de la place. **-2.** [tener forma de bulto] faire une bosse.
abundancia *f* abondance *f*; **en ~** en abondance.
abundante *adj* abondant(e).
abundar *vi* [haber mucho] abonder; **la región abunda en riquezas** la région regorge de richesses.
aburguesarse *vp* s'embourgeoiser.
aburrido, da ◇ *adj* **-1.** [harto, fastidiado] : **estar ~** s'ennuyer; **estar ~ de hacer algo** en avoir assez de faire qqch. **-2.** [que aburre] ennuyeux(euse). ◇ *m, f* : **es un ~** il est ennuyeux, il n'est pas drôle.
aburrimiento *m* ennui *m*.
aburrir *vt* ennuyer. ◆ **aburrirse** *vp* s'ennuyer.
abusado, da *adj Amer* rusé(e).
abusar *vi* abuser; **~ de algo/de alguien** abuser de qqch/de qqn.
abusivo, va *adj* abusif(ive).
abuso *m* [mal uso] : **~ (de)** abus *m* (de).
abusón, ona ◇ *adj* abusif(ive). ◇ *m, f* profiteur *m*, -euse *f*.
abyecto, ta *adj culto* abject(e).
a/c *abrev de* a cuenta.
a. C. (*abrev de* antes de Cristo) av. J.-C.
acá *adv* **-1.** [lugar] ici; **de ~ para allá** ici et là. **-2.** [tiempo] : **de una semana ~** depuis une semaine. **-3.** *Amer* [aquí] ici.
acabado, da *adj* **-1.** [completo] poussé(e), approfondi(e); [perfecto] parfait(e). **-2.** [fracasado] fini(e). ◆ **acabado** *m* finition *f*.
acabar ◇ *vt* finir; [provisiones] épuiser. ◇ *vi* **-1.** [gen] finir; **~ bien/mal** finir bien/mal; **~ por hacer** o **haciendo algo** finir par faire qqch; **~ con algo** [violencia, crimen] venir à bout de, en finir avec; [salud] détruire, ruiner; [juguete, máquina] casser; **~ con la paciencia de alguien** faire perdre patience à qqn, pousser qqn à bout; **~ con alguien** en finir avec o se débarrasser de qqn; *fig* achever qqn; **~ en** finir en; **las palabras que acaban en n** les mots qui finissent en n; **de nunca ~** [cuento, historia] à n'en plus finir, sans fin. **-2. ~ de hacer algo** [haber hecho recientemente] venir de faire qqch; **acabo de llegar ahora mismo** je viens juste d'arriver. **-3.** [volverse] devenir; **~ loco** devenir fou. **-4.** (*en frase negativa antes de in-*

fin) : **no acabo de entender su reacción** je n'arrive pas à comprendre sa réaction. ◆ **acabarse** *vp* **-1.** [agotarse] : **se nos ha acabado la gasolina** nous n'avons plus d'essence; **se ha acabado la comida** il ne reste plus rien à manger; **las vacaciones se han acabado** les vacances sont finies. **-2.** [comida, bebida] : **acábate la sopa** finis ta soupe. **-3.** *loc* : **¡se acabó!** [¡basta ya!, se terminó] c'est fini!; [no hay más] c'est tout!, un point c'est tout!
acacia *f* acacia *m*.
academia *f* **-1.** [gen] école *f*. **-2.** [sociedad] académie *f*. ◆ **Academia** *f* : **Real Academia Española** *académie de la langue espagnole,* ≃ Académie française.
académico, ca ◇ *adj* **-1.** [año, diploma – escolar] scolaire; [– universitario] universitaire. **-2.** [estilo] académique. ◇ *m, f* académicien *m*, -enne *f*.
acaecer *v impers culto* avoir lieu.
acalorado, da *adj* **-1.** [con calor] : **estar ~** avoir chaud. **-2.** [apasionado – persona] emporté(e); [– defensor] ardent(e); [– debate] passionné(e); [– tema] brûlant(e). **-3.** [excitado] échauffé(e).
acalorar *vt* **-1.** [dar calor] donner chaud. **-2.** [excitar] échauffer. ◆ **acalorarse** *vp* **-1.** [coger calor] avoir chaud. **-2.** [excitarse] s'échauffer.
acampada *f* camping *m*; **hacer ~ libre** faire du camping sauvage.
acampar *vi* camper.
acanalar *vt* **-1.** [terreno] sillonner. **-2.** [madera, metal] canneler.
acantilado *m* falaise *f*.
acaparar *vt lit & fig* accaparer, monopoliser.
acápite *m Amer* paragraphe *m*.
acaramelado, da *adj* **-1.** [con caramelo] caramélisé(e). **-2.** *fig* [afectado] tout sucre tout miel. **-3.** [novios] : **estar ~s** *fig* roucouler.
acariciar *vt* caresser. ◆ **acariciarse** *vp* se caresser.
acarrear *vt* **-1.** [transportar] emporter; [suj : agua] charrier. **-2.** *fig* [ocasionar] entraîner; [disgustos] amener; [problemas] poser.
acartonarse *vp fam* se ratatiner.
acaso *adv* peut-être; **~ venga** peut-être viendra-t-il; **vendrá ~** il viendra peut-être; **¿~ no lo sabías?** comme si tu ne le savais pas; **por si ~** au cas où. ◆ **si acaso** ◇ *loc adv* [en todo caso] à la rigueur; **hoy**

no puedo, si ~ **mañana** aujourd'hui je ne peux pas, demain à la rigueur. ◇ *loc conj* [en caso de que] si jamais; **si** ~ **llama** si jamais il appelle.

acatar *vt* observer, respecter.

acatarrarse *vp* s'enrhumer.

acaudalado, da *adj* fortuné(e).

acaudillar *vt* -**1.** [capitanear] commander, diriger. -**2.** *fig* [liderar] prendre la tête de.

acceder *vi* -**1.** [consentir] : ~ **(a algo/a hacer algo)** consentir (à qqch/à faire qqch). -**2.** [tener acceso, alcanzar] : ~ **a** accéder à.

accesible *adj* accessible.

acceso *m* -**1.** [entrada, paso] : ~ **(a)** accès (à). -**2.** [trato] abord *m*. -**3.** *fig* [ataque – de fiebre] accès *m*; [– de tos] quinte *f*.

accesorio, ria *adj* accessoire, secondaire. ◆ **accesorio** *m* (*gen pl*) [del automóvil, de vestir] accessoire *m*; ~**s de cocina** ustensiles *mpl* de cuisine.

accidentado, da ◇ *adj* -**1.** [vida, viaje] mouvementé(e). -**2.** [terreno, camino] accidenté(e). ◇ *m, f* accidenté *m*, -e *f*.

accidental *adj* -**1.** [asunto] secondaire, accessoire. -**2.** [muerte, choque] accidentel(elle); [encuentro] imprévu(e).

accidentarse *vp* avoir un accident.

accidente *m* -**1.** [gen & GEOGR] accident *m*; ~ **laboral/de tráfico** accident du travail/ de la route; ~ **del terreno** accident de terrain. -**2.** GRAM flexion *f*.

acción *f* -**1.** [gen] action *f*; **poner en** ~ mettre en route. -**2.** [hecho] acte; **unir la** ~ **a la palabra** joindre le geste à la parole.

accionar *vt* actionner.

accionista *mf* ECON actionnaire *mf*.

acechar *vt* guetter.

acecho *m* guet *m*; **escapar al** ~ **de** échapper au regard de; **estar al** ~ **(de)** *lit & fig* être à l'affût (de).

aceite *m* huile *f*.

aceitera *f* burette *f* d'huile. ◆ **aceiteras** *fpl* huilier *m*.

aceitoso, sa *adj* huileux(euse), gras(grasse).

aceituna *f* olive *f*; ~ **rellena** olive farcie.

aceleración *f* accélération *f*.

acelerador, ra *adj* d'accélération. ◆ **acelerador** *m* accélérateur *m*.

acelerar *vt & vi* accélérer. ◆ **acelerarse** *vp* [persona] s'activer; [motor] s'emballer; **¡no te aceleres!** *fam fig* du calme!

acelga *f* bette *f*.

acento *m* accent *m* .

acentuación *f* accentuation *f*.

acentuar *vt* *lit & fig* accentuer. ◆ **acentuarse** *vp* *lit & fig* s'accentuer.

acepción *f* acception *f*.

aceptable *adj* acceptable.

aceptación *f* -**1.** [aprobación] acceptation *f*. -**2.** [éxito] succès *m*; **tener buena** ~ être bien reçu(e).

aceptar *vt* accepter.

acequia *f* canal *m* d'irrigation.

acera *f* -**1.** [de la calle] trottoir *m*. -**2.** [lado] côté *m* de la rue. -**3.** *loc* : **de la otra** ~, **de la** ~ **de enfrente** *fam despec* de la pédale.

acerbo, ba *adj* *culto* acerbe.

acerca ◆ **acerca de** *loc adv* au sujet de.

acercar *vt* rapprocher; **¡acércame el pan!** passe-moi le pain. ◆ **acercarse** *vp* -**1.** [aproximarse] se rapprocher, s'approcher. -**2.** [ir, venir] passer. -**3.** [avecinarse] approcher.

acero *m* [aleación] acier *m*; ~ **inoxidable** acier inoxydable.

acérrimo, ma *adj* [defensor] acharné(e); [enemigo] juré(e).

acertado, da *adj* [respuesta, idea] bon(bonne); [disparo] dans le mille; [observación] judicieux(euse).

acertar ◇ *vt* -**1.** [dar en el blanco] mettre dans le mille. -**2.** [adivinar] deviner. -**3.** [elegir bien] bien choisir. ◇ *vi* -**1.** [atinar] bien faire; **acertaste al decírselo** tu as bien fait de le lui dire. -**2.** [conseguir] : ~ **a hacer algo** arriver à faire qqch. -**3.** [hallar] : ~ **con** trouver.

acertijo *m* [enigma] devinette *f*.

acetona *f* acétone *f*.

achacar *vt* : ~ **algo a alguien** [responsabilidad, error] faire retomber qqch sur qqn.

achantar *vt* *fam* [acobardar] flanquer la trouille à. ◆ **achantarse** *vp* *fam* [acobardarse] se dégonfler.

achaque *m* problème *m* de santé.

achatado, da *adj* écrasé(e).

achicar *vt* -**1.** [tamaño] rétrécir. -**2.** [agua – de barco] écoper; [– de terreno] drainer. -**3.** *fig* [acobardar] intimider. ◆ **achicarse** *vp* [acobardarse] se laisser intimider.

achicharrar ◇ *vt* -**1.** [chamuscar] griller, faire brûler. -**2.** *fig* [molestar] : ~ **(a)** harceler ○ accabler (de). ◇ *vi* [sol] être de plomb; [calor] être torride. ◆ **achicha-rrarse** *vp* **-1.** *fig* [de calor] cuire. **-2.** [chamuscarse] griller, brûler.

achicoria *f* chicorée *f.*

achinado, da *adj* **-1.** [ojos] bridé(e). **-2.** [persona] oriental(e). **-3.** *Amer* [persona] d'origine indienne.

achuchado, da *adj fam* **-1.** [difícil] dur(e). **-2.** [escaso] ric-rac.

achuchar *vt fam* **-1.** [abrazar] serrer très fort dans ses bras; [estrujar] écraser. **-2.** *fig* [presionar] tanner.

achuchón *m fam* **-1.** [abrazo] gros câlin *m.* **-2.** [indisposición] malaise *m*; **le dio un** ∼ il s'est senti mal.

acicalar *vt* pomponner. ◆ **acicalarse** *vp* se faire beau(belle); [mujer] se pomponner.

acicate *m* éperon *m.*

acidez *f* **-1.** [cualidad] acidité *f.* **-2.** MED : ∼ **(de estómago)** aigreurs *fpl* (d'estomac).

ácido, da *adj* acide. ◆ **ácido** *m* **-1.** QUÍM acide *m* . **-2.** *fam* [droga] acide *m.*

acierto *m* **-1.** [a pregunta] bonne réponse *f*; [en quinielas] combinaison *f* gagnante. **-2.** [habilidad, tino] discernement *m*; **tuviste mucho** ∼ tu as vu juste. **-3.** [éxito] succès *m*, réussite *f.*

aclamación *f* acclamation *f*; **por** ∼ *fig* par acclamation.

aclamar *vt* **-1.** [ovacionar] acclamer. **-2.** [elegir] proclamer.

aclaración *f* éclaircissement *m.*

aclarar ◇ *vt* **-1.** [gen] éclaircir; [cabello] désépaissir; [salsa] allonger; ∼ **la voz** s'éclaircir la voix. **-2.** [ropa] rincer. ◇ *v impers* **-1.** [amanecer] se lever. **-2.** [despejarse] s'éclaircir. ◆ **aclararse** *vp fam* **-1.** [explicarse] être clair(e). **-2.** [entender] : **ya me aclaro** je vois; **no me aclaro** je n'y comprends rien. **-3.** [organizarse] s'y retrouver.

aclaratorio, ria *adj* explicatif(ive).

aclimatación *f* acclimatation *f.*

aclimatar *vt* **-1.** [gen] acclimater. **-2.** *fig* [a ambiente] habituer. ◆ **aclimatarse** *vp* **-1.** [al clima] : ∼**se (a)** s'acclimater (à). **-2.** [a ambiente] : ∼**se (a)** s'adapter (à).

acné *m* ○ *f* acné *f.*

acobardar *vt* faire peur à. ◆ **acobardarse** *vp* avoir peur; ∼**se ante** se laisser impressionner par.

acogedor, ra *adj* accueillant(e).

acoger *vt* accueillir, recevoir. ◆ **acogerse** *vp* : ∼**se a** [ley, protección institucional] se retrancher derrière, recourir à.

acojonar *vt & vi vulg* **-1.** [asustar] foutre les jetons. **-2.** [impresionar] scier. ◆ **acojonarse** *vp vulg* avoir les jetons.

acolchar *vt* [ropa] matelasser; [pared] capitonner.

acometer ◇ *vt* **-1.** [atacar] attaquer. **-2.** [emprender] se lancer dans. ◇ *vi* [embestir] : ∼ **contra** foncer dans ○ sur.

acometida *f* **-1.** [ataque] assaut *m.* **-2.** [enlace de tuberías] raccordement *m.*

acomodado, da *adj* **-1.** [rico] aisé(e). **-2.** [instalado] calé(e).

acomodador, ra *m, f* ouvreur *m*, -euse *f.*

acomodar *vt* **-1.** [colocar, instalar] faire asseoir. **-2.** [adaptar] ajuster. ◆ **acomodarse** *vp* [instalarse] se mettre à l'aise; ∼**se** en s'installer dans.

acomodaticio, cia *adj* [complaciente] accommodant(e).

acompañamiento *m* **-1.** [comitiva – en entierro] cortège *m*; [– de rey] escorte *f.* **-2.** MÚS accompagnement *m.* **-3.** CULIN garniture *f.*

acompañante *mf* compagnon *m*, compagne *f*; **no tengo** ∼ **para la fiesta** je n'ai personne pour m'accompagner à la fête.

acompañar ◇ *vt* **-1.** [gen] accompagner; ∼ **a alguien** [ir con] accompagner qqn; [a casa] raccompagner qqn. **-2.** ∼**a alguien** [estar con] tenir compagnie à qqn. **-3.** [compartir emociones con] : ∼ **en algo a alguien** partager qqch avec qqn; ∼ **en el sentimiento** présenter ses condoléances. **-4.** [adjuntar] joindre. ◇ *vi* [hacer compañía] tenir compagnie; **la desgracia le acompaña** la malchance le poursuit.

acompasar *vt* rythmer; ∼ **algo (a)** régler qqch (sur).

acomplejar *vt* : ∼ **a alguien** donner des complexes à qqn. ◆ **acomplejarse** *vp* avoir des complexes.

acondicionado, da *adj* aménagé(e); [con material] équipé(e).

acondicionador *m* [aparato] climatiseur *m.*

acondicionar *vt* aménager; [con material] équiper.

acongojar *vt* [angustiar] angoisser. ◆ **acongojarse** *vp* [angustiarse] s'affoler; [atemorizarse] être terrorisé(e).

aconsejar *vt* conseiller; ~ **a alguien que haga algo** conseiller à qqn de faire qqch.

acontecer *v impers* arriver.

acontecimiento *m* événement *m*; **adelantarse** ○ **anticiparse a los** ~**s** devancer les événements.

acopio *m* surabondance *f*; **hacer** ~ **de** [comestibles] faire provision de; [valor, paciencia] s'armer de.

acoplar *vt* **-1.** [encajar] ajuster, raccorder. **-2.** *fig* [adaptar] adapter; [horario] aménager. ◆ **acoplarse** *vp* **-1.** [adaptarse] s'entendre. **-2.** [encajar] s'ajuster.

acorazado, da *adj* blindé(e). ◆ **acorazado** *m* cuirassé *m*.

acordar *vt* : ~ **algo** décider qqch, convenir de qqch, se mettre d'accord sur qqch; ~ **hacer algo** décider ○ convenir de faire qqch, se mettre d'accord pour faire qqch; **según lo acordado** comme convenu. ◆ **acordarse** *vp* : ~**se de algo** se souvenir de qqch, se rappeler qqch; ~**se de hacer algo** penser à faire qqch.

acorde ○ *adj* : ~ **(con)** en accord (avec). ○ *m* MÚS accord *m*.

acordeón *m* accordéon *m*.

acordonar *vt* **-1.** [atar] lacer. **-2.** [cercar] encercler.

acorralar *vt* [perseguir] traquer; *fig* [en una discusión] acculer.

acortar *vt* **-1.** [longitud] raccourcir. **-2.** [tiempo] écourter. ◆ **acortarse** *vp* [días] raccourcir; [reunión] être écourté(e).

acosar *vt* **-1.** [perseguir] traquer. **-2.** [importunar] harceler.

acoso *m* **-1.** [persecución] poursuite *f*. **-2.** [hostigamiento] harcèlement *m*; ~ **sexual** harcèlement sexuel.

acostar *vt* [en la cama] coucher. ◆ **acostarse** *vp* **-1.** [irse a la cama, tumbarse] se coucher. **-2.** *fam* [copular] : ~**se con alguien** coucher avec qqn.

acostumbrado, da *adj* **-1.** [habitual] habituel(elle). **-2.** [habituado] : **estar** ~ **(a)** être habitué (à).

acostumbrar ○ *vt* [habituar] habituer; ~ **a alguien a algo/a hacer algo** habituer qqn à qqch/à faire qqch. ○ *vi* [soler] : ~ **a hacer algo** avoir l'habitude de faire qqch. ◆ **acostumbrarse** *vp* **-1.** [habituarse] : ~**se a algo/a hacer algo** s'habituer à qqch/à faire qqch. **-2.** [adquirir hábito] : ~**se a hacer algo** prendre l'habitude de faire qqch.

acotación *f* **-1.** [nota] annotation *f*. **-2.** TEATR indication *f* scénique.

acotamiento *m* *Amer* bas-côté *m*.

acotar *vt* **-1.** [terreno, campo] délimiter. **-2.** [texto] annoter.

acrecentar *vt* accroître.

acreditado, da *adj* **-1.** [médico, abogado etc] reconnu(e); [marca] réputé(e). **-2.** [embajador, enviado] accrédité(e).

acreditar *vt* **-1.** [certificar] certifier; [autorizar] autoriser. **-2.** [confirmar] attester. **-3.** [embajador, enviado] accréditer.

acreedor, ra ○ *adj* : **hacerse** ~ **de se** montrer digne de. ○ *m, f* créancier *m*, -ère *f*.

acribillar *vt* **-1.** [agujerear, herir] cribler; **me han acribillado los mosquitos** je me suis fait dévorer par les moustiques. **-2.** *fam fig* [molestar] : ~ **a alguien a preguntas** bombarder qqn de questions.

acrílico, ca *adj* acrylique.

acristalar *vt* vitrer.

acrobacia *f* acrobatie *f*.

acróbata *mf* acrobate *mf*.

acromático, ca *adj* achromatique.

acrópolis *f* acropole *f*.

acta *f* (*el*) **-1.** [de junta, reunión] procès-verbal *m*; **levantar** ~ dresser un procès-verbal. **-2.** [de defunción etc] acte *m*. **-3.** ~ **(de nombramiento)** arrêté *m* de nomination. ◆ **actas** *fpl* actes *mpl*.

actitud *f* attitude *f*.

activar *vt* activer; [explosivo, mecanismo] déclencher.

actividad *f* activité *f*.

activismo *m* POLIT action *f* directe.

activo, va *adj* actif(ive); **volcán** ~ volcan en activité; **en** ~ [en funciones] en activité. ◆ **activo** *m* ECON actif *m*.

acto *m* **-1.** [acción & TEATR] acte *m*; **hacer** ~ **de presencia** faire acte de présence; ~ **sexual** [coito] acte sexuel. **-2.** [ceremonia] cérémonie *f*. ◆ **en el acto** *loc adv* sur-le-champ; **fotos de carné en el** ~ photos d'identité minute.

actor, triz *m, f* acteur *m*, -trice *f*.

actuación *f* **-1.** [proceder] conduite *f*, façon *f* d'agir. **-2.** [papel] rôle *m*; [de la policía etc] intervention *f*. **-3.** [interpretación] jeu *m*. **-4.** DER procédure *f*.

actual *adj* actuel(elle).

actualidad *f* actualité *f*; **de** ~ d'actualité; **en la** ~ actuellement, à l'heure actuelle; **ser** ~ faire la une de l'actualité.

actualizar *vt* actualiser; [datos] mettre à jour; [repertorio] renouveler.

actualmente *adv* actuellement.

actuar *vi* **-1.** [gen] agir; ~ **de** [ejercer función] remplir la fonction de. **-2.** [representar] jouer. **-3.** DER instruire un procès.

acuarela *f* aquarelle *f*. ◆ **acuarelas** *fpl* aquarelles *fpl*.

acuario *m* aquarium *m*. ◆ **Acuario** ◇ *m inv* [zodiaco] Verseau *m inv* . ◇ *mf inv* [persona] verseau *m inv*.

acuartelar *vt* MIL [alojar] caserner; [retener] consigner.

acuático, ca *adj* aquatique.

acuchillar *vt* **-1.** [apuñalar] poignarder. **-2.** [mueble, parqué] poncer.

acuciar *vt culto* presser; ~ **con preguntas** presser de questions.

acuclillarse *vp* s'accroupir.

acudir *vi* **-1.** [ir] : ~ **a** [cita] se rendre à; [escuela, iglesia] aller à. **-2.** [venir] arriver; ~ **en auxilio de** venir en aide à. **-3.** [recurrir] : ~ **a** faire appel à.

acueducto *m* aqueduc *m*.

acuerdo *m* accord *m*; **de** ~ d'accord; **de** ~ **con** [conforme a] en accord avec; **estar de** ~ être d'accord; **ponerse de** ~ se mettre d'accord; **llegar a un** ~ parvenir à un accord; ~ **marco** accord-cadre *m*.

acumular *vt* accumuler. ◆ **acumularse** *vp* s'accumuler.

acunar *vt* bercer.

acuñar *vt* [monedas, medallas] frapper; ~ **moneda** battre monnaie.

acuoso, sa *adj* aqueux(euse); [jugoso] juteux(euse).

acupuntura *f* acupuncture *f*.

acurrucarse *vp* se blottir.

acusación *f* [inculpación] accusation *f*.

acusado, da *adj & m, f* accusé(e).

acusar *vt* accuser; ~ **(a alguien de algo)** accuser (qqn de qqch).

acusativo *m* GRAM accusatif *m*.

acuse de recibo *m* accusé *m* de réception.

acusica *adj & mf fam* rapporteur(euse).

acústico, ca *adj* acoustique. ◆ **acústica** *f* acoustique *f*.

a.D. (*abrev de* anno Domini) A.D.

adagio *m* **-1.** [sentencia breve] adage *m*. **-2.** MÚS adagio *m*.

adaptación *f* adaptation *f* .

adaptar *vt* adapter. ◆ **adaptarse** *vp* : ~se (a) s'adapter (à).

adecuado, da *adj* adéquat(e); ~ **para niños** qui convient parfaitement aux enfants.

adecuar *vt* adapter. ◆ **adecuarse** *vp* : ~se a s'adapter à.

adefesio *m fam* horreur *f*.

a. de JC., a. JC. (*abrev de* antes de Jesucristo) av. J.-C.

adelantado, da *adj* avancé(e), en avance; **por** ~ d'avance.

adelantamiento *m* AUTOM dépassement *m*.

adelantar ◇ *vt* **-1.** [gen] avancer; ~ **con** [conseguir] : **¿qué adelantas con eso?** à quoi est-ce que ça t'avance? **-2.** [dejar atrás] dépasser; [coche] doubler. ◇ *vi* **-1.** [progresar] faire des progrès. **-2.** [reloj] avancer. ◆ **adelantarse** *vp* **-1.** [en el tiempo] être en avance; ~se **para hacer algo** s'y prendre à l'avance pour faire qqch; **adelantársele a alguien** devancer qqn. **-2.** [reloj] avancer. **-3.** [en el espacio] s'avancer, avancer.

adelante ◇ *adv* en avant; **de ahora en** ~ dorénavant, à l'avenir; **más** ~ [en el tiempo] plus tard; [en el espacio] plus loin; [en un texto] plus bas; **ir** ~ *fig* aller de l'avant; **salir** ~ *fig* s'en sortir; **seguir** ~ suivre son cours. ◇ *interj* : **¡**~**!** [¡siga!] en avant!; [¡pase!] entrez!

adelanto *m* **-1.** [anticipo] avance *f*. **-2.** [progreso] progrès *m*.

adelgazar ◇ *vi* maigrir. ◇ *vt* [kilos] perdre.

ademán *m* [gesto] geste *m*; **hacer** ~ **de** faire mine de. ◆ **ademanes** *mpl* [modales] manières *fpl*.

además *adv* en plus, de plus, en outre; ~ **de** non seulement, outre que; ~ **de ser caro es malo** non seulement c'est cher, mais en plus c'est mauvais.

adentrarse *vp* : ~ **en** [selva etc] s'enfoncer dans; [tema etc] pénétrer plus avant dans.

adentro *adv* à l'intérieur, dedans; **tierra** ~ à l'intérieur des terres; **mar** ~ au large.

adentros *mpl* : **para mis/tus etc** ~ dans mon/ton etc for intérieur, en moi-même/toi-même etc.

adepto, ta ◇ *adj* [partidario] adepte; **ser** ~ **a** [doctrina, religión] être un adepte de; [partido, política] être partisan de. ◇ *m, f* : ~ **(a)** [doctrina, religión] adepte *mf* (de); [partido, política] partisan *m* (de).

aderezar vt **-1.** [sazonar] assaisonner. **-2.** [adornar] parer.

aderezo m **-1.** [aliño] assaisonnement m. **-2.** [adorno] parure f.

adeudar vt **-1.** [deber dinero] devoir. **-2.** COM débiter.

adherir vt coller. ◆ **adherirse** vp [pegarse] coller.

adhesión f adhésion f.

adhesivo, va adj adhésif(ive). ◆ **adhesivo** m **-1.** [pegatina] autocollant m. **-2.** [sustancia] adhésif m.

adicción f : ~ **(a)** dépendance f (vis-à-vis de).

adición f **-1.** [añadidura] ajout m. **-2.** [suma] addition f.

adicional adj supplémentaire; [cláusula etc] additionnel(elle).

adicto, ta ◇ adj : ~ **(a)** dépendant(e) (de). ◇ m, f fidèle mf; **un** ~ **al alcohol/al tabaco** un alcoolique/fumeur.

adiestrar vt [animal] dresser; [persona] entraîner; [soldado] exercer.

adinerado, da adj nanti(e).

adiós ◇ m adieu m. ◇ interj : ¡~! au revoir!

adiposo, sa adj adipeux(euse).

aditivo m additif m.

adivinanza f devinette f.

adivinar vt deviner.

adivino, na m, f devin m, devineresse f.

adjetivo, va adj adjectival(e). ◆ **adjetivo** m adjectif m.

adjudicación f **-1.** [de premio etc] attribution f. **-2.** DER adjudication f.

adjudicar vt **-1.** [gen] attribuer; [premio] décerner; [pensión] allouer. **-2.** DER adjuger. ◆ **adjudicarse** vp [apropiarse] s'attribuer.

adjuntar vt joindre.

adjunto, ta ◇ adj **-1.** [unido] ci-joint(e); ~ **le remito...** veuillez trouver ci-joint... **-2.** [auxiliar] adjoint(e). ◇ m, f [auxiliar] adjoint m, -e f.

administración f administration f. ◆ **Administración** f [gobierno] Administration f; **Administración pública** service m public.

administrador, ra adj & m, f administrateur(trice), gestionnaire.

administrar vt **-1.** [gen] administrer; [empresa, paga etc] gérer. **-2.** [justicia] rendre. **-3.** [racionar – fuerzas] économiser; [– alimentos] rationner. ◆ **adminis-**

trarse vp [emplear dinero] gérer son budget.

administrativo, va ◇ adj administratif(ive). ◇ m, f employé m, -e f de bureau.

admirable adj admirable.

admiración f **-1.** [sentimiento] admiration f. **-2.** [signo ortográfico] point m d'exclamation.

admirador, ra m, f admirateur m, -trice f.

admirar vt **-1.** [gen] admirer. **-2.** [sorprender] étonner. ◆ **admirarse** vp : ~ **se (de)** [sorprenderse] s'étonner (de); [maravillarse] être en admiration (devant).

admisible adj acceptable.

admisión f **-1.** [de persona] admission f. **-2.** [de solicitudes etc] acceptation f.

admitir vt **-1.** [gen] admettre; ~ **a alguien en** admettre qqn à ◇ dans. **-2.** [aceptar] accepter.

admón. abrev de administración.

ADN (abrev de ácido desoxirribonucleico) m A.D.N. m.

adobar vt faire mariner.

adobe m pisé m (brique).

adobo m **-1.** [acción] marinage m. **-2.** [salsa] marinade f.

adoctrinar vt endoctriner.

adolecer ◆ **adolecer de** vi **-1.** [enfermedad] souffrir de. **-2.** [defecto] pécher par.

adolescencia f adolescence f.

adolescente adj & mf adolescent(e).

adonde adv où; **la ciudad** ~ **vamos** la ville où nous allons.

adónde adv où; ¿~ **vas?** où vas-tu?

adondequiera adv n'importe où; ~ **que vaya** où que j'aille.

adonis m fig adonis m.

adopción f adoption f.

adoptar vt adopter.

adoptivo, va adj adoptif(ive).

adoquín m **-1.** [piedra] pavé m. **-2.** fam [zoquete] cruche f.

adorable adj [persona] adorable; [ambiente etc] merveilleux(euse), délicieux(euse).

adoración f adoration f.

adorar vt adorer.

adormecer vt **-1.** [producir sueño] endormir. **-2.** fig [aplacar] calmer. **-3.** [entumecer – miembros] engourdir; [– encía] insensibiliser. ◆ **adormecerse** vp s'endormir.

adormidera f pavot m.

adormilarse *vp* s'assoupir.

adornar ◇ *vt* [habitación, tienda etc] décorer; [vestido etc] orner. ◇ *vi* être décoratif(ive).

adorno *m* ornement *m*, décoration *f*; de ~ [árbol, figura] décoratif(ive), pour décorer; [persona] inutile.

adosado, da *adj* [casa, chalet] jumeau(elle); [pared] mitoyen(enne).

adquirir *vt* acquérir; [éxito] remporter; [enfermedad, vicio] contracter.

adquisición *f* acquisition *f*.

adquisitivo, va *adj* : **el poder** ~ le pouvoir d'achat.

adrede *adv* exprès; **lo hizo** ~ il l'a fait exprès.

adrenalina *f* adrénaline *f*.

adscribir *vt* **-1.** [asignar] attribuer; [horario] fixer. **-2.** [destinar] rattacher. ✦ **adscribirse** *vp* : ~**se (a)** [grupo, partido] adhérer (à); [ideología] souscrire (à).

adscrito, ta ◇ *pp irreg* → **adscribir.** ◇ *adj* rattaché(e).

aduana *f* douane *f*.

adueñarse *vp* : ~ **de algo** [apoderarse] s'approprier qqch; *fig* [invadir] s'emparer de qqch.

adulación *f* flatterie *f*.

adulador, ra *adj & m, f* flatteur(euse).

adular *vt* flatter.

adulterar *vt* [alimento, hechos] dénaturer; [vino] frelater; [verdad] déformer.

adulterio *m* adultère *m*.

adúltero, ra *adj & m, f* adultère.

adulto, ta *adj & m, f* adulte.

advenedizo, za *adj & m, f* [a un lugar] étranger(ère); [a una posición etc] parvenu(e).

advenimiento *m* avènement *m*.

adverbio *m* adverbe *m* .

adversario, ria *m, f* adversaire *mf*.

adversidad *f* adversité *f*.

adverso, sa *adj* adverse; [circunstancias] défavorable; [destino, viento] contraire.

advertencia *f* avertissement *m*; **servir de** ~ servir de leçon.

advertir *vt* **-1.** [notar] remarquer. **-2.** [prevenir] signaler, faire remarquer. **-3.** [avisar] avertir, prévenir.

adviento *m* Avent *m*.

adyacente *adj* adjacent(e).

aéreo, a *adj* aérien(enne).

aerobic *m* aérobic *m*.

aeroclub (*pl* **aeroclubs**) *m* aéro-club *m*.

aerodeslizador *m* aéroglisseur *m*.

aerodinámico, ca *adj* aérodynamique. ✦ **aerodinámica** *f* aérodynamique *f*.

aeródromo *m* aérodrome *m*.

aeroespacial, aerospacial *adj* aérospatial(e).

aerofagia *f* aérophagie *f*.

aerofaro *m* balise *f* lumineuse *(d'aéroport)*.

aerolínea *f* ligne *f* aérienne.

aerolito *m* aérolithe *m*.

aeromodelismo *m* aéromodélisme *m*.

aeromoza *f* *Amer* hôtesse *f* de l'air.

aeronauta *mf* aéronaute *mf*.

aeronáutico, ca *adj* aéronautique. ✦ **aeronáutica** *f* aéronautique *f*.

aeronaval *adj* aéronaval(e).

aeronave *f* aéronef *m*.

aeroplano *m* aéroplane *m*.

aeropuerto *m* aéroport *m*.

aerosol *m* aérosol *m*.

aerospacial = aeroespacial.

aerostático, ca *adj* aérostatique.

aeróstato *m* aérostat *m*.

aerotaxi *m* avion-taxi *m*.

aerotransportado, da *adj* aéroporté(e).

aerotrén *m* Aérotrain® *m*.

afabilidad *f* affabilité *f*.

afable *adj* affable.

afamado, da *adj* renommé(e).

afán *m* **-1.** [en el trabajo] ardeur *f*. **-2.** [de aventuras] soif *f*; [por aprender] désir *m*.

afanador, ra *m, f* *Amer* homme *m* de peine, femme *f* de service.

afanar *vt* *fam* [robar] piquer. ✦ **afanarse** *vp* [esforzarse] : ~**se (por hacer algo)** s'efforcer (de faire qqch).

afanoso, sa *adj* **-1.** [penoso] laborieux(euse). **-2.** [deseoso] : ~ **por** avide de.

afear *vt* enlaidir.

afección *f* affection *f*.

afectación *f* affectation *f*.

afectado, da ◇ *adj* affecté(e); [por enfermedad] atteint(e). ◇ *m, f* [de accidente] victime *f*; [de siniestro] sinistré *m*, -e *f*; [de enfermedad] malade *mf*.

afectar *vt* **-1.** [afligir, fingir] affecter. **-2.** [atañer, perjudicar] toucher; [suj : enfermedad, desastre] frapper; [suj : decisión, discusión] porter tort à.

afectísimo, ma *adj* [en cartas] : **suyo** ~ bien à vous.

afectivo, va adj **-1.** [emocional] affectif(ive). **-2.** [sensible] sensible.

afecto m affection f; **sentir ~ por alguien, tenerle ~ a alguien** avoir de l'affection pour qqn.

afectuoso, sa adj affectueux(euse).

afeitar vt raser. ◆ **afeitarse** vp se raser.

afelpado, da adj pelucheux(euse).

afeminado, da adj efféminé(e). ◆ **afeminado** m efféminé m.

afeminarse vp être efféminé.

aferrarse vt : **~ (a)** lit & fig s'accrocher (à).

affaire m [negocio] affaire f.

afianzar vt **-1.** [idea] cautionner; [teoría] étayer; [pedido] appuyer; [sospechas] renforcer. **-2.** [pared etc] consolider, renforcer. ◆ **afianzarse** vp se cramponner; **~se con** se raccrocher à; **~se en** [una opinión] être conforté(e) dans.

afiche m Amer affiche f.

afición f **-1.** [inclinación] penchant m; **por ~** par goût, pour le plaisir; **tener ~ a algo** aimer bien qqch. **-2.** [conjunto de aficionados] fans mpl; [al fútbol] supporters mpl; [al arte] amateurs mpl.

aficionado, da ◇ adj : **ser ~ a algo** être un grand amateur de qqch. ◇ m, f amateur mf; **para ser un ~ pinta bien** pour un amateur, il ne peint pas mal.

aficionar vt : **~ a alguien a algo** faire aimer qqch à qqn. ◆ **aficionarse** vp : **~se a algo** prendre goût à qqch, se passionner pour qqch.

afilado, da adj **-1.** [fino] effilé(e); [cuchillo] aiguisé(e); [lápiz] taillé(e). **-2.** fig [mordaz] incisif(ive).

afilador, ra ◇ adj à aiguiser (después de sust). ◇ m, f rémouleur m. ◆ **afiladora** f affûteuse f.

afilalápices m inv taille-crayon m.

afilar vt [cuchillo, tijeras] aiguiser; [lápiz] tailler.

afiliado, da m, f adhérent m, -e f; **~ a** affilié m à.

afiliarse vp : **~ a** [asociación] s'affilier à; [partido] adhérer à.

afín adj voisin(e); [gustos] commun(e); [materias] similaire.

afinar vt **-1.** MÚS [instrumento] accorder; [voz] poser. **-2.** [trabajo] peaufiner; [tiro] ajuster. **-3.** [metal] affiner.

afinidad f **-1.** [semejanza] affinité f. **-2.** [parentesco] : **por ~** par alliance.

afirmación f affirmation f.

afirmar vt **-1.** [decir] affirmer. **-2.** [afianzar] conforter. **-3.** CONSTR renforcer. ◆ **afirmarse** vp **-1.** [asegurarse] se confirmer. **-2.** [ratificarse] : **~se en lo dicho** maintenir ce que l'on a dit.

afirmativo, va adj affirmatif(ive); **en caso ~** dans l'affirmative.

aflicción f peine f profonde.

afligir vt affliger. ◆ **afligirse** vp être affligé(e).

aflojar ◇ vt **-1.** [cinturón, nudo] desserrer; [cuerda] donner du mou. **-2.** fam [dinero] filer. ◇ vi **-1.** [fiebre] baisser; [viento] tomber; [tormenta] se calmer. **-2.** fig [ceder] lâcher du lest.

aflorar vi lit & fig affleurer.

afluencia f affluence f, flot m.

afluente m affluent m.

afluir vi **-1.** [gente, fluido] : **~ a** affluer à. **-2.** [río] : **~ a** se jeter dans.

afonía f extinction f de voix.

afónico, ca adj aphone.

aforo m capacité f d'accueil.

afortunado, da ◇ adj **-1.** [agraciado] chanceux(euse); **es muy ~** il a beaucoup de chance. **-2.** [feliz] heureux(euse). ◇ m, f [en lotería] gagnant m, -e f.

afrancesado, da ◇ adj très français(e); **tiene un estilo ~** il a un style très français. ◇ m, f HIST partisan de Napoléon pendant la guerre d'Espagne.

afrenta f **-1.** [vergüenza] déshonneur m. **-2.** [agravio] affront m.

África Afrique f.

africano, na ◇ adj africain(e). ◇ m, f Africain m, -e f.

afro adj inv [peinado] afro; [música] africain(e).

afroamericano, na adj afro-américain(e).

afrodisíaco, ca, afrodisiaco, ca adj aphrodisiaque. ◆ **afrodisíaco, afrodisiaco** m aphrodisiaque m.

afrontar vt **-1.** [hacer frente] affronter. **-2.** [carear] confronter.

afuera adv dehors, à l'extérieur. ◆ **afueras** fpl : **las ~s** la banlieue, les environs mpl.

afuerita adv Amer fam dehors.

afusilar vt Amer fam fusiller.

agachar vt baisser (la tête etc). ◆ **agacharse** vp se baisser.

agalla f (gen pl) ZOOL ouïe f. ◆ **agallas** fpl fig cran m; **tener ~s** avoir du cran.

agarrada f → agarrado.

agarrado, da adj **-1.** [asido] accroché(e); ~ **(de)** accroché à; ~**s del brazo** bras dessus bras dessous; ~**s de la mano** main dans la main. **-2.** fam [tacaño] radin(e). ◆ **agarrado** m slow m. ◆ **agarrada** f fam prise f de bec.

agarrar ◇ vt **-1.** [asir] saisir. **-2.** [ladrón, enfermedad] attraper; ~**la** fam prendre une cuite. ◇ vi [planta] prendre. ◆ **agarrarse** vp **-1.** [sujetarse] s'accrocher; ~**se de** o **a algo** se raccrocher à qqch; ~**se fuerte** se cramponner. **-2.** [pegarse] attacher. **-3.** fam fig [pelearse] s'accrocher. **-4.** [poner pretexto] : ~**se a algo** prendre qqch pour excuse.

agarrón m **-1.** [tirón] : **dar un** ~ **a alguien** empoigner qqn. **-2.** [altercado] empoignade f.

agarrotar vt [apretar – cuello] serrer; [– garganta] comprimer. ◆ **agarrotarse** vp **-1.** [entumecerse] s'engourdir. **-2.** [atascarse] s'enrayer.

agasajar vt traiter comme un roi(une reine); ~ **a alguien con algo** offrir qqch à qqn.

ágata f (el) agate f.

agazaparse vp **-1.** [esconderse] se tapir. **-2.** [agacharse] se pelotonner.

agencia f **-1.** [empresa] agence f; ~ **de aduanas** bureau m de douane; ~ **de viajes/de publicidad** agence de voyages/de publicité; ~ **inmobiliaria/matrimonial** agence immobilière/matrimoniale. **-2.** ECON succursale f.

agenda f **-1.** [gen] agenda m; ~ **de direcciones** carnet m d'adresses; ~ **de teléfonos** répertoire m téléphonique. **-2.** [de trabajo] programme m.

agente ◇ mf agent m; ~ **comercial** commercial m, -e f; ~ **de aduanas** douanier m; ~ **de cambio (y bolsa)** agent de change; ~ **secreto** agent secret. ◇ m [causa activa] agent m.

ágil adj **-1.** [movimiento, persona] agile. **-2.** [estilo] enlevé(e); [mente] alerte.

agilidad f agilité f.

agilizar vt faciliter.

agitación f agitation f.

agitador, ra ◇ adj violent(e). ◇ m, f agitateur m, -trice f.

agitar vt **-1.** [mover – botella etc] secouer; [– líquido] remuer; [– brazos] agiter. **-2.** [inquietar] agiter. **-3.** [alterar, perturbar] semer le trouble.

aglomeración f agglomération f; [de gente] foule f.

aglomerar vt agglomérer; [datos, pruebas] accumuler. ◆ **aglomerarse** vp s'amasser.

aglutinar vt **-1.** [pegar] agglutiner. **-2.** fig [reunir] regrouper; [esfuerzos] conjuguer; [ideas] rassembler.

agnóstico, ca adj & m, f agnostique.

ago. abrev de agosto.

agobiar vt accabler. ◆ **agobiarse** vp se sentir oppressé(e); **no te agobies** ne t'en fais pas.

agobio m [físico] étouffement m; **es un** ~ [psíquico] c'est pénible.

agolparse vp **-1.** [gente] s'attrouper; [sangre] affluer. **-2.** fig [problemas] s'accumuler.

agonía f **-1.** [gen] agonie f. **-2.** fig [angustia] angoisse f.

agonizante adj agonisant(e).

agonizar vi **-1.** [expirar, extinguirse] agoniser, être à l'agonie. **-2.** fig [sufrir] souffrir le martyre.

agorafobia f agoraphobie f.

agosto m **-1.** [mes] août m; ver también septiembre. **-2.** fig [cosecha] temps m des moissons. **-3.** loc : **hacer su** ~ faire son beurre.

agotado, da adj épuisé(e); ~ **de trabajar** épuisé par le travail.

agotador, ra adj épuisant(e).

agotamiento m épuisement m.

agotar vt épuiser.

agraciado, da ◇ adj **-1.** [atractivo] ravissant(e). **-2.** [afortunado] : ~ **con algo** qui a la chance de gagner qqch. ◇ m, f [afortunado] heureux gagnant m, heureuse gagnante f.

agraciar vt **-1.** [embellecer] embellir. **-2.** [conceder] accorder. **-3.** culto [premiar] : ~ **con** gratifier de.

agradable adj agréable.

agradar vi être agréable.

agradecer vt **-1.** [suj : persona] : ~ **algo a alguien** [dar las gracias] remercier qqn de qqch; [estar agradecido] être reconnaissant(e) à qqn de qqch. **-2.** [suj : cosas] apprécier.

agradecido, da adj reconnaissant(e).

agradecimiento m reconnaissance f.

agrado m **-1.** [gusto] plaisir m. **-2.** [afabilidad] complaisance f.

agrandar vt agrandir.

agrario, ria *adj* [reforma] agraire; [explotación, política] agricole.

agravante ◇ *adj* aggravant(e). ◇ *m* circonstance *f* aggravante.

agravar *vt* **-1.** [empeorar] aggraver. **-2.** [aumentar] augmenter (le poids de). ◆ **agravarse** *vp* s'aggraver.

agraviar *vt* offenser.

agravio *m* **-1.** [ofensa] offense *f*. **-2.** [perjuicio] injustice *f*.

agredir *vt* agresser.

agregado, da ◇ *adj* [añadido] ajouté(e). ◇ *m, f* **-1.** EDUC maître *m* auxiliaire. **-2.** [de embajada] attaché *m*, -e *f*; ~ **cultural** attaché culturel. ◆ **agregado** *m* ajout *m*.

agregar *vt* : ~ **(algo a algo)** ajouter (qqch à qqch). ◆ **agregarse** *vp* : ~**se (a algo)** rejoindre (qqch).

agresión *f* [ataque] agression *f*.

agresividad *f* agressivité *f*.

agresivo, va *adj* **-1.** [ofensivo, provocativo] agressif(ive). **-2.** *fig* [emprendedor] dynamique.

agresor, ra *m, f* agresseur *m*.

agreste *adj* **-1.** [rural] rural(e). **-2.** [abrupto, rocoso] sauvage. **-3.** *fig* [basto, rudo] fruste.

agriar *vt* **-1.** [alimento] rendre aigre. **-2.** *fig* [carácter] aigrir. ◆ **agriarse** *vp* **-1.** [leche] tourner; [vino] devenir aigre. **-2.** *fig* [carácter] s'aigrir.

agrícola *adj* agricole.

agricultor, ra *m, f* agriculteur *m*, -trice *f*.

agricultura *f* agriculture *f*.

agridulce *adj* aigre-doux(aigre-douce).

agrietar *vt* [muro] lézarder; [tierra] crevasser; [labios, manos] gercer. ◆ **agrietarse** *vp* [labios, manos] se gercer.

agrio, gria *adj* **-1.** [ácido] aigre. **-2.** *fig* [desagradable] âpre. ◆ **agrios** *mpl* agrumes *mpl*.

agronomía *f* agronomie *f*.

agropecuario, ria *adj* agricole.

agrupación *f* **-1.** [asociación] groupe *m*. **-2.** [agrupamiento] regroupement *m*.

agrupamiento *m* [concentración] regroupement *m*.

agrupar *vt* grouper, regrouper.

agua *f* (el) eau *f*; ~ **bendita/destilada/dulce/potable** eau bénite/distillée/douce/potable; ~ **mineral** eau minérale; ~ **(mineral) con gas/sin gas** eau gazeuse/plate; **hacer** ~ NÁUT prendre l'eau; *fig* couler. ◆ **aguas** *fpl* **-1.** [manantial, de río, mar] eaux *fpl*; ~**s territoriales** o **jurisdiccionales** eaux territoriales. **-2.** [de tejado] pente *f*. **-3.** [de diamante] eau *f*. ◆ **(agua de) Colonia** *f* eau *f* de Cologne. ◆ **agua oxigenada** *f* eau *f* oxygénée.

aguacate *m* **-1.** [fruto] avocat *m*. **-2.** [árbol] avocatier *m*.

aguacero *m* averse *f*.

aguachirle *m* [café] lavasse *f*.

aguado, da *adj* **-1.** [vino etc] coupé(e); [sopa] trop liquide. **-2.** *fig* [estropeado] gâché(e). ◆ **aguada** *f* ARTE gouache *f*.

aguafiestas *mf inv* rabat-joie *mf inv*.

aguafuerte *m* o *f* eau-forte *f*.

aguamarina *f* aigue-marine *f*.

aguamiel *f* Amer CULIN eau mélangée avec du sucre de canne.

aguanieve *f* neige *f* fondue.

aguantar ◇ *vt* **-1.** [gen] tenir. **-2.** [resistir, tolerar] supporter. **-3.** [contener] retenir. ◇ *vi* résister. ◆ **aguantarse** *vp* **-1.** [contenerse] se retenir. **-2.** [resignarse] faire avec.

aguante *m* **-1.** [paciencia] patience *f*. **-2.** [resistencia] résistance *f*; **tener** ~ être résistant(e).

aguar *vt* **-1.** [mezclar con agua] couper *(avec de l'eau)*. **-2.** *fig* [estropear] gâcher. ◆ **aguarse** *vp* être gâché(e).

aguardar *vt* être dans l'attente de.

aguardiente *m* eau-de-vie *f*.

aguarrás *m* white-spirit *m*.

agudeza *f* **-1.** [delgadez] finesse *f*. **-2.** *fig* [de los sentidos, del ingenio] acuité *f*. **-3.** [dicho ingenioso] mot *m* d'esprit.

agudizar *vt* **-1.** [afilar] aiguiser. **-2.** *fig* [acentuar] accentuer. ◆ **agudizarse** *vp* **-1.** [crisis] devenir plus aigu(uë). **-2.** [ingenio] devenir plus subtil(e).

agudo, da *adj* **-1.** [gen] pointu(e); [crisis, voz, nota] aigu(uë); [problema, enfermedad] grave; [olor, sabor] fort(e). **-2.** *fig* [perspicaz – mente] vif(vive); [– oído] fin(e); [– vista] perçant(e). **-3.** *fig* [ingenioso] spirituel(elle). **-4.** GRAM : **palabra** ~ mot *m* accentué sur la dernière syllabe.

agüero *m* : **de buen/mal** ~ de bon/mauvais augure.

aguijón *m* **-1.** [de insecto] dard *m*. **-2.** [de planta] épine *f*.

aguijonear *vt* **-1.** [espolear – buey] aiguillonner; [– caballo] éperonner. **-2.** *fig* [estimular] titiller.

águila *f* (el) **-1.** [ave] aigle *m*. **-2.** *fig* [persona] lumière *f*.

aguileño, ña adj aquilin; **una nariz aguileña** un nez aquilin.

aguilucho m aiglon m.

aguinaldo m étrennes fpl.

aguja f aiguille f; ~ **hipodérmica** seringue f hypodermique. ◆ **agujas** fpl **-1.** [de res] aiguillettes fpl. **-2.** [de ferrocarril] aiguillage m.

agujerear vt percer un trou. ◆ **agujerearse** vp trouer; ~**se los calcetines** trouer ses chaussettes.

agujero m trou m; ~ **negro** ASTRON trou noir.

agujetas fpl courbatures fpl.

aguzar vt **-1.** [cuchillo, apetito] aiguiser. **-2.** fig [ingenio] affiner; ~ **el oído** tendre l'oreille.

ah interj : ¡~! ah!

ahí adv là; **la solución está** ~ c'est là qu'est la solution; ¡~ **tienes!** voilà!; **está por** ~ [en un lugar indefinido] il est quelque part par là; [fuera] il est sorti; **de** ~ **que** [por eso] d'où le fait que; **por** ~, **por** ~ à peu près; **por** ~ **va la cosa** c'est à peu près ça.

ahijado, da m, f **-1.** [de padrinos] filleul m, -e f. **-2.** fig [protegido] protégé m, -e f.

ahijuna, aijuna interj Amer fam : ¡~! putain!

ahínco m acharnement m.

ahogar vt **-1.** [asfixiar – en el agua] noyer; [– cubriendo boca y nariz] étouffer. **-2.** [estrangular] étrangler. **-3.** [extinguir, dominar] étouffer. ◆ **ahogarse** vp **-1.** [en el agua] se noyer. **-2.** [asfixiarse] s'étouffer. **-3.** fig [sofocarse] étouffer.

ahogo m **-1.** [asfixia] étouffement m. **-2.** fig [angustia] oppression f.

ahondar vi : ~ **(en algo)** [penetrar] s'enfoncer (dans qqch); fig [profundizar] approfondir (qqch).

ahora ◇ adv maintenant; ~ **vive en México** maintenant il vit au Mexique; ~ **nos vemos** on se voit tout à l'heure; ~ **mismo** [enseguida] tout de suite; [hace poco] à l'instant; **ha salido** ~ **mismo** il vient juste de sortir, il est sorti à l'instant; **ven** ~ **mismo** viens tout de suite; **por** ~ pour le moment. ◇ conj **-1.** [ya...ya] : ~ **haga frío,** ~ **calor siempre viste igual** qu'il fasse froid ou qu'il fasse chaud, il s'habille toujours de la même façon. **-2.** [pero] mais; **dámelo,** ~ **no me hago responsable** donne-le moi, mais je n'en

prends pas la responsabilité; ~ **bien** cela dit.

ahorcado, da m, f pendu m, -e f.

ahorcar vt pendre. ◆ **ahorcarse** vp se pendre.

ahorita, ahoritita adv Amer fam tout de suite.

ahorrar vt économiser; [en el banco] épargner. ◆ **ahorrarse** vp [esfuerzos] s'épargner; [problemas] s'éviter.

ahorro m **-1.** [gen] épargne f. **-2.** (gen pl) [cantidad ahorrada] économies fpl. **-3.** fig [de tiempo] gain m.

ahuecar ◇ vt **-1.** [poner hueco] creuser; [tronco] évider; ~ **las manos** tendre le creux de la main. **-2.** [mullir – almohada] retaper; [– vestido] faire bouffer; [– tierra] ameublir. ◇ vi fam [irse] mettre les voiles. ◆ **ahuecarse** vp fam fig boire du petit-lait.

ahuevado, da adj Amer fam abruti(e).

ahumado, da adj fumé(e). ◆ **ahumado** m fumage m.

ahumar vt **-1.** [secar al humo] fumer. **-2.** [llenar de humo] enfumer. ◆ **ahumarse** vp **-1.** [saber a humo] prendre un goût de fumée. **-2.** [ennegrecerse de humo] noircir.

ahuyentar vt **-1.** [espantar, asustar] faire fuir. **-2.** fig [apartar] chasser.

airado, da adj irrité(e).

airar vt exaspérer.

aire m **-1.** [gen] air m; **al** ~ [al descubierto] à l'air; **al** ~ **libre** [en el exterior] en plein air; **estar algo en el** ~ [idea] être dans l'air; [proyecto] être encore vague; [rumor] circuler; **tomar el** ~ prendre l'air. **-2.** [garbo] allure f; [bailarina] grâce f. **-3.** loc : **a mi/tu etc** ~ à ma/ta etc guise. ◆ **aires** mpl [vanidad] airs mpl; **darse** ~**s** fig se donner de grands airs. ◆ **aire (acondicionado)** m air m conditionné.

airear vt **-1.** [ventilar] aérer. **-2.** fig [contar] ébruiter. ◆ **airearse** vp s'aérer.

airoso, sa adj **-1.** [garboso] gracieux(euse). **-2.** [triunfante] : **salir** ~ **de algo** s'en tirer brillamment.

aislado, da adj isolé(e).

aislar vt isoler.

aizkolari m DEP bûcheron participant à des compétitions sportives au Pays basque.

ajá interj **-1.** fam ¡~! [aprobación] voilà! **-2.** ¡~! [sorpresa] ha!

ajardinado, da adj aménagé(e) en espaces verts.

ajedrez m échecs mpl.

ajeno, na adj **-1.** [de otro] d'autrui. **-2.** [extraño] : ~ **a** [negocio] étranger(ère) à; [carácter] **contraire** à; [voluntad] indépendant(e) de. **-3.** fig [libre] : ~ **de** libre de.

ajetreo m **-1.** [tarea] agitation f. **-2.** [animación] effervescence f.

ají m Amer piment m.

ajiaco m Amer CULIN ragoût aux piments.

ajillo ◆ al ajillo loc adj CULIN avec une sauce à base d'huile, d'ail et de piment.

ajo m ail m; **andar** o **estar en el** ~ fig être dans le coup.

ajuar m trousseau m (de mariée).

ajuntarse vp fam vivre ensemble.

ajustado, da adj **-1.** [ceñido – ropa] moulant(e); [– tuerca, resultado] serré(e). **-2.** [justo] correct(e); [precio] raisonnable. **◆ ajustado** m ajustage m.

ajustadores mpl Amer soutien-gorge m.

ajustar vt **-1.** [arreglar] ajuster; [conducta] adapter; [horario] aménager. **-2.** [apretar] serrer. **-3.** [encajar] ajuster; [piezas] façonner; [ventana] calfeutrer. **-4.** [pactar – matrimonio] arranger; [– precio, paz] négocier; [– pleito] conclure. **-5.** loc : ~ **(las) cuentas** fam régler des comptes. **◆ ajustarse** vp : ~**se a** [adaptarse a] s'adapter à; [conformarse con] cadrer avec.

ajuste m ajustage m; [de piezas] façonnage m; [de mecanismo] réglage m; [de salario] ajustement m; ~ **de cuentas** fig règlement m de comptes.

al → **a, el.**

ala f (el) **-1.** [gen] aile f; [de tejado] pente f; [de sombrero] bord m; [de mesa] abattant m. **-2.** DEP ailier m. **-3.** loc : **dar** ~**s a** alguien donner des ailes à qqn. **◆ ala delta** f DEP deltaplane m.

alabanza f louange f.

alabar vt vanter; ~ **algo** faire les louanges de qqch.

alabastro m albâtre m.

alacena f placard m à provisions.

alacrán m ZOOL scorpion m.

alado, da adj [con alas] ailé(e).

alambique m alambic m.

alambrada f grillage m.

alambre m fil m de fer.

alameda f **-1.** [sitio con álamos] peupleraie f. **-2.** [paseo] promenade f (bordée d'arbres).

álamo m peuplier m.

alarde m : ~ **(de)** déploiement m (de); **hacer** ~ **de** faire étalage de.

alardear vi : ~ **de** se targuer de.

alargador, ra adj : **un cable** ~ un prolongateur. **◆ alargador** m rallonge f.

alargar vt **-1.** [mangas, falda etc] rallonger. **-2.** [viaje, plazo, conversación] prolonger. **-3.** [pasar] : ~ **algo a alguien** passer qqch à qqn. **-4.** fig [ampliar – ración] augmenter; [– territorio] étendre. **◆ alargarse** vp **-1.** [hacerse más largo – días] rallonger; [– reunión] se prolonger. **-2.** fig [en comentarios] se répandre.

alarido m hurlement m.

alarma f **-1.** [aparato, inquietud] alarme f; **dar la** ~ sonner l'alarme. **-2.** MIL alerte f.

alarmante adj alarmant(e).

alarmar vt **-1.** [dar la alarma] alerter. **-2.** fig [asustar] alarmer. **◆ alarmarse** vp [asustarse] s'alarmer.

alazán, ana adj alezan(e).

alba f (el) aube f.

albacea mf exécuteur m, -trice f testamentaire.

albahaca f basilic m.

albaicín m quartier d'une ville construit à flanc de colline, en particulier à Grenade (el Albaicín).

Albania Albanie f.

albañil m maçon m.

albañilería f maçonnerie f.

albarán m bon m de livraison.

albaricoque m **-1.** [fruto] abricot m. **-2.** [árbol] abricotier m.

albatros m albatros m.

albedrío m [antojo, elección] guise f; **libre** ~ libre arbitre m.

alberca f **-1.** [gen] bassin m; [artificial] réservoir m d'eau. **-2.** Amer [piscina] piscine f.

albergar vt **-1.** [personas] héberger. **-2.** [sentimientos] nourrir; [esperanzas] caresser. **◆ albergarse** vp loger.

albergue m hébergement m; [de montaña] refuge m; ~ **de juventud** o **juvenil** auberge f de jeunesse.

albino, na adj & m, f albinos.

albis ◆ in albis loc adv : **estar/quedarse in** ~ [ignorancia] ne rien entendre; [distracción] avoir la tête ailleurs.

albóndiga f boulette f (de viande).

albor m **-1.** [blancura] blancheur f. **-2.** [luz del alba] lueur f du jour. **-3.** (gen pl) fig [principio] aube f.

alborada f **-1.** [amanecer] petit matin m. **-2.** LITER & MÚS aubade f.

alborear v impers poindre (le jour).

albornoz m peignoir m (de bain).

alborotar ◇ vi chahuter. ◇ vt **-1.** [perturbar] mettre en émoi. **-2.** [amotinar] ameuter. **-3.** [desordenar] mettre sens dessus dessous. ◆ **alborotarse** vp [perturbarse] s'affoler.

alboroto m **-1.** [ruido] tapage m, vacarme m. **-2.** [jaleo] agitation f. **-3.** [desorden] bazar m.

alborozar vt transporter de joie.

alborozo m débordement m de joie.

albufera f marécage m (du Levant espagnol).

álbum m album m.

albúmina f albumine f.

alcachofa f **-1.** BOT artichaut m. **-2.** [de ducha, regadera] pomme f; [de tubo] crépine f.

alcahuete, ta m, f **-1.** [mediador] entremetteur m, -euse f. **-2.** [chismoso] commère f.

alcalde, desa m, f maire m; **la alcaldesa** [mujer alcalde] Madame le maire; [mujer del alcalde] la femme du maire.

alcaldía f **-1.** [cargo, lugar] mairie f. **-2.** [jurisdicción] commune f.

alcance m portée f; **al ~ de** à portée de; **al ~ de la mano** à la portée de la main; **a mi/a tu etc ~** à ma/à ta etc portée; **dar ~ a alguien** rattraper qqn; **de corto/largo~** [arma] à faible/longue portée; **de pocos ~s** [persona] limité(e) intellectuellement; **fuera de ~** hors d'atteinte, hors de portée.

alcanfor m camphre m.

alcantarilla f égout m.

alcantarillado m : **el ~** les égouts mpl.

alcanzar ◇ vt **-1.** [llegar a, dar en] atteindre. **-2.** [igualarse con] rattraper. **-3.** [coger, agarrar] attraper. **-4.** [entregar] passer. **-5.** [lograr] obtenir. **-6.** [afectar] toucher, frapper. ◇ vi **-1.** [ser suficiente] : **~ para algo/hacer algo** suffire pour qqch/faire qqch. **-2.** [poder] : **~ a hacer algo** arriver à faire qqch.

alcaparra f câpre f.

alcayata f [clavo] piton m.

alcázar m alcazar m.

alce m ZOOL élan m.

alcoba f chambre f à coucher.

alcohol m alcool m .

alcoholemia f taux m d'alcool dans le sang, alcoolémie f.

alcohólico, ca ◇ adj **-1.** [bebida] alcoolisé(e). **-2.** [persona] alcoolique. ◇ m, f alcoolique mf.

alcoholímetro m **-1.** [para bebida] alcoomètre m. **-2.** [para la sangre] Alcootest® m.

alcoholismo m alcoolisme m.

alcohotest m Alcootest® m.

alcornoque m **-1.** [árbol, madera] chêne-liège m. **-2.** fig [persona] empoté(e).

aldaba f **-1.** [llamador] marteau m. **-2.** [pestillo] loquet m.

aldea f petit village m, hameau m.

aldeano, na m, f villageois m, -e f.

ale interj : ¡~! allez!

aleación f alliage m.

aleatorio, ria adj aléatoire.

alebrestarse vp Amer **-1.** [rebelarse] se soulever. **-2.** [ponerse nervioso] s'énerver.

aleccionar vt **-1.** [enseñar] : **~ algo a alguien** apprendre qqch à qqn. **-2.** [corregir] : **~ a alguien** faire la leçon à qqn.

alegación f argument m.

alegar vt [motivos] alléguer, prétexter; [pruebas, argumentos] avancer.

alegato m plaidoyer m.

alegoría f allégorie f.

alegórico, ca adj allégorique.

alegrar vt **-1.** [persona] : **~ a alguien** faire plaisir à qqn. **-2.** fig [habitación etc] égayer. **-3.** fig [achispar] griser. ◆ **alegrarse** vp **-1.** [sentir alegría] se réjouir, être content(e). **-2.** fig [achisparse] être un peu gai(e).

alegre adj **-1.** [gen] gai(e), joyeux(euse); [cara] réjoui(e); [noticia] heureux(euse). **-2.** [que da alegría] réjouissant(e). **-3.** fig [irreflexivo] insouciant(e). **-4.** fam [achispado] gai(e). **-5.** fig [deshonesto – vida] dissolu(e); [– moral] léger(ère); [– mujer] facile.

alegría f **-1.** [sentimiento] joie f; **me da mucha ~ verte** je suis très heureux o cela me fait très plaisir de te voir. **-2.** [calidad] gaieté f. **-3.** fig [irresponsabilidad] légèreté f, insouciance f.

alejamiento m éloignement m.

alejar vt **-1.** [poner más lejos] éloigner, écarter. **-2.** fig [ahuyentar] chasser. ◆ **alejarse** vp s'éloigner, s'écarter.

aleluya ◇ m o f alléluia m. ◇ interj : ¡~! alléluia!

alemán, ana ◇ *adj* allemand(e). ◇ *m, f*
[persona] Allemand *m*, -e *f*. ◆ **alemán** *m*
[idioma] allemand *m*.

Alemania Allemagne *f*.

alentador, ra *adj* encourageant(e).

alentar *vt* encourager.

alergia *f* [*lit & fig*] allergie *f*; **tener** ~ **a algo**
être allergique à qqch.

alérgico, ca *adj lit & fig* : ~ **(a)** allergique
(à).

alero *m* **-1.** [del tejado] auvent *m*. **-2.** DEP
ailier *m*.

alerta ◇ *adv* : **estar** ~ être sur ses gardes,
être sur le qui-vive. ◇ *f* alerte *f*; **dar la voz**
de ~ donner l'alerte. ◇ *interj* : ¡~! alerte!

alertar *vt* alerter.

aleta *f* **-1.** [de pez] nageoire *f*. **-2.** [de
buzo] palme *f*. **-3.** [de nariz, coche] aile *f*.

aletargar *vt* engourdir, donner envie de
dormir à. ◆ **aletargarse** *vp* [animal] hiberner; [persona] s'assoupir.

aletear *vi* battre des ailes.

alevín *m* **-1.** [cría de pez] alevin *m*. **-2.** *fig*
[en una profesión] débutant *m*, -e *f*; DEP
poussin *m*, -e *f*.

alevosía *f* [traición] traîtrise *f*.

alfabetizar *vt* **-1.** [personas] alphabétiser.
-2. [palabras, letras] classer par ordre alphabétique.

alfabeto *m* alphabet *m* .

alfalfa *f* luzerne *f*.

alfarería *f* poterie *f*.

alférez *m* ≃ sous-lieutenant *m*.

alfil *m* fou *m* (aux échecs).

alfiler *m* épingle *f*; ~ **de corbata** épingle
à cravate; ~ **de gancho** *Amer* épingle *f* à
nourrice.

alfombra *f* tapis *m*.

alfombrar *vt* tapisser (le sol).

alfombrilla *f* **-1.** [alfombra pequeña] carpette *f*. **-2.** [felpudo] paillasson *m*. **-3.** [del
baño] tapis *m* de bain.

alforja *f* (gen pl) [de persona] besace *f*; [de
caballo] sacoche *f* (de selle).

alga *f* (el) algue *f*.

algarroba *f* **-1.** [planta] vesce *f*. **-2.** [fruto]
caroube *f*.

algarrobo *m* caroubier *m*.

algazara *f* : **con gran** ~ à grand bruit.

álgebra *f* (el) algèbre *f*.

álgido, da *adj* [punto] culminant(e); [mo-
mento] critique, fort(e).

algo ◇ *pron* quelque chose; **¿tienes** ~
que decir? as-tu quelque chose à dire?;
por ~ **lo habrá dicho** ce n'est pas pour
rien qu'il l'a dit; **por** ~ **será** il y a a certainement une raison; ~ **de** un peu de; ~ **de**
dinero un peu d'argent; ~ **es** ~ c'est
mieux que rien, c'est toujours ça. ◇ *adv*
un peu, légèrement; **es** ~ **presumida** elle
est un peu prétentieuse.

algodón *m* coton *m*; ~ **(hidrófilo)** coton
(hydrophile); **criado entre algodones** *fig*
élevé dans du coton.

algoritmo *m* INFORM algorithme *m*.

alguacil *m* huissier *m*.

alguien *pron* quelqu'un; **¿hay** ~ **en casa?**
il y a quelqu'un?; **llegará a ser** ~ il de-
viendra quelqu'un.

alguno, na ◇ *adj (antes de sust masculino :*
algún) **-1.** [indeterminado] un, une,
quelque; **algún día** un jour; **algún**
tiempo quelque temps; **algunas veces**
quelquefois; **en** ~**s sitio** quelque part;
en ~**s casos** dans certains cas; ~ **que**
otro quelques-uns. **-2.** *(después de sust)*
[ninguno] aucun(e); **no hay mejora al-**
guna il n'y a aucune amélioration. ◇ *pron*
[alguien] quelqu'un; [cosa] : **¿te gustó** ~?
est-ce qu'il y en a un qui t'a plu?; ~**s de,**
~**s (de) entre** certains(es) de, quelques-
uns(quelques-unes) de; ~**s de sus ami-**
gos no vinieron certains de ses amis ne
sont pas venus; ~**s de entre ellos se fue-**
ron a esquiar quelques-uns d'entre eux
sont allés faire du ski.

alhaja *f* **-1.** [joya] bijou *m*. **-2.** [objeto de
valor] joyau *m*.

aliado, da *adj* allié(e).

alianza *f* alliance *f*.

aliar *vt* allier. ◆ **aliarse** *vp* s'allier.

alias ◇ *adv* alias. ◇ *m* surnom *m*; [de es-
critor] pseudonyme *m*.

alicaído, da *adj* **-1.** [triste] abattu(e). **-2.**
fig [débil] affaibli(e).

alicates *mpl* pince *f*.

aliciente *m* **-1.** [incentivo] encouragement *m*. **-2.** [atractivo] attrait *m*.

alienación *f* aliénation *f*.

alienar *vt* **-1.** [enajenar] rendre fou(folle).
-2. FILOSOFÍA aliéner. ◆ **alienarse** *vp* devenir fou(folle).

aliento *m* **-1.** [respiración, hálito] haleine
f; **cobrar** ~ reprendre haleine ○ son
souffle; **quedarse sin** ~ [cortarse la res-
piración] être hors d'haleine, être à bout

de souffle; [sorprender, admirarse] avoir le souffle coupé. **-2.** *fig* [ánimo] courage *m*.

aligerar *vt* **-1.** [peso] alléger. **-2.** [ritmo] accélérer; [paso] hâter. **-3.** *fig* [dolor] soulager.

alijo *m* marchandise *f* de contrebande.

alimaña *f* animal *m* nuisible.

alimentación *f* alimentation *f*.

alimentar ◇ *vt* [persona, animal, sentimiento] nourrir; [fuego, relación etc] entretenir; [máquina etc] alimenter. ◇ *vi* [nutrir] être nourrissant(e). ◆ **alimentarse** *vp* [comer] se nourrir, s'alimenter.

alimenticio, cia *adj* alimentaire; [nutritivo] nourrissant(e).

alimento *m* **-1.** [gen] aliment *m*. **-2.** [comida, fomento] nourriture *f*.

alineación *f* **-1.** [en el espacio] alignement *m*. **-2.** DEP composition *f* (d'une équipe).

aliñar *vt* assaisonner.

aliño *m* assaisonnement *m*.

alioli *m* CULIN aïoli *m*.

alirón *interj* : ¡~!, ¡~! hip, hip, hip, hourra!

alisar *vt* [el pelo] lisser; [papel] défroisser. ◆ **alisarse** *vp* : ~se el pelo se lisser les cheveux.

alistarse *vp* MIL s'engager.

aliviar *vt* **-1.** [calmar – dolor etc] calmer, atténuer; [– ánimo] apaiser. **-2.** [aligerar – persona] soulager; [– carga] alléger.

alivio *m* soulagement *m*.

aljibe *m* **-1.** [de agua] citerne *f*. **-2.** NÁUT bateau-citerne *m*.

allá *adv* **-1.** [espacio] là-bas; ~ **abajo** là en bas; ~ **arriba** là-haut; **más** ~ plus loin; **más** ~ **de** au-delà de. **-2.** [tiempo] : ~ **por los años veinte** autrefois, dans les années vingt; ~ **para Navidad** aux environs de Noël. **-3.** *loc* : ~ **él/ella etc** libre à lui/elle etc. ◆ **el más allá** *m* l'au-delà *m*.

allanamiento *m* : **proceder al** ~ entrer par la force; ~ **de morada** violation *f* de domicile.

allegado, da ◇ *adj* proche. ◇ *m, f* **-1.** [familiar] proche parent *m*, -e *f*; **los** ~**s** les proches *mpl*. **-2.** [amigo] proche *m*.

allí *adv* **-1.** [gen] là, là-bas; ~ **nació** c'est là-bas qu'elle est née; ~ **mismo** à cet endroit-là; **está por** ~ il est quelque part par-là; **voy hacia** ~ j'y vais. **-2.** [entonces] : **hasta** ~ jusqu'alors, jusque-là.

alma *f (el)* **-1.** [gen] âme *f*. **-2.** [núcleo] cœur *m*. **-3.** *loc* : **partir el** ~ **a alguien** briser le cœur de o à qqn; **sentirlo en** o **con el** ~ regretter du fond du cœur; **ser un** ~ **de cántaro** être sans cœur.

almacén *m* magasin *m*. ◆ **(grandes) almacenes** *mpl* grand magasin *m*.

almacenar *vt* **-1.** [guardar] stocker. **-2.** [reunir] collectionner.

almendra *f* amande *f*.

almendrado, da *adj* en amande. ◆ **almendrado** *m* CULIN pâte *f* d'amande; **de** ~ aux amandes.

almendro *m* amandier *m*.

almíbar *m* sirop *m*.

almidón *m* amidon *m*.

almidonar *vt* amidonner, empeser.

almirantazgo *m* amirauté *f*.

almirante *m* amiral *m*.

almohada *f* oreiller *m* .

almohadilla *f* petit coussin *m*, coussinet *m*.

almorrana *f (gen pl)* hémorroïde *f*.

almorzar ◇ *vt* **-1.** [al mediodía] manger au déjeuner. **-2.** [a media mañana] : ~ **un bocadillo** prendre un sandwich. ◇ *vi* **-1.** [al mediodía] déjeuner. **-2.** [a media mañana] prendre un en-cas.

almuerzo *m* **-1.** [al mediodía] déjeuner *m*. **-2.** [a media mañana] *en-cas pris entre le petit déjeuner et le déjeuner*.

aló *interj* Amer : ¿~? allô?

alocado, da *m, f* fou *m*, folle *f*.

alojamiento *m* logement *m* .

alojar *vt* [gen] loger; [hospedar] héberger. ◆ **alojarse** *vp* **-1.** [hospedarse] loger; ~**se en el hotel** descendre à l'hôtel, passer la nuit à l'hôtel. **-2.** [introducirse] se loger.

alondra *f* alouette *f*.

alpaca *f* **-1.** [animal, tejido] alpaga *m*. **-2.** MINERÍA maillechort *m*.

alpargata *f (gen pl)* espadrille *f*.

Alpes *mpl* : **los** ~ les Alpes *fpl*.

alpinismo *m* alpinisme *m*.

alpinista *mf* alpiniste *mf*.

alpino, na *adj* alpin(e).

alpiste *m* **-1.** [planta] alpiste *m*. **-2.** [semilla para aves] millet *m* long.

alquilar *vt* louer. ◆ **alquilarse** *vp* se louer; [casa, oficina] être à louer; **'se alquila'** 'à louer'.

alquiler *m* **-1.** [acción] location *f*; **de** ~ de location; **tenemos pisos de** ~ nous avons des appartements à louer. **-2.** [precio – de casa, oficina] loyer *m*; [– de televisión, coche] location *f*.

alquimia *f* alchimie *f*.

alquitrán *m* goudron *m*.

alrededor *adv* **-1.** [en torno] : ~ **(de)** autour (de); **a tu** ~ autour de toi; **de** ~ environnant(e). **-2.** [aproximadamente] : ~ **de** environ, aux alentours de. ◆ **alrededores** *mpl* environs *mpl*, alentours *mpl*.

alta *f* → **alto**.

altanería *f* morgue *f*, suffisance *f*.

altar *m* autel *m*.

altavoz *m* haut-parleur *m*.

alteración *f* **-1.** [cambio] modification *f*. **-2.** [excitación] agitation *f*. **-3.** [alboroto] trouble *m*.

alterar *vt* **-1.** [cambiar] modifier. **-2.** [perturbar] troubler. **-3.** [estropear] altérer, détériorer; [alimentos] gâter. ◆ **alterarse** *vp* **-1.** [perturbarse] se troubler. **-2.** [estropearse] se détériorer; [alimentos] se gâter.

altercado *m* altercation *f*.

alternador *m* alternateur *m*.

alternar ◇ *vt* faire alterner. ◇ *vi* **-1.** [relacionarse] nouer des relations; ~ **con alguien** fréquenter qqn. **-2.** [sucederse] : ~ **con** alterner avec. ◆ **alternarse** *vp* **-1.** [en el tiempo] se relayer. **-2.** [en el espacio] alterner.

alternativo, va *adj* alternatif(ive). ◆ **alternativa** *f* [opción] alternative *f*.

alterne *m* : **un bar de** ~ un bar à entraîneuses.

alterno, na *adj* **-1.** [corriente] alternatif(ive). **-2.** GEOM alterne.

alteza *f* *fig* [de sentimientos] grandeur d'âme. ◆ **Alteza** *f* [tratamiento] Altesse *f*; **Su Alteza Real** Son Altesse Royale.

altibajos *mpl* **-1.** [del terreno] irrégularités *fpl*. **-2.** *fig* [de vida] : **los** ~ les hauts et les bas *mpl*.

altillo *m* **-1.** [armario] *placard situé en hauteur dans une niche*. **-2.** [cerro] mamelon *m*.

altiplano *m* haut plateau *m*.

altísimo, ma *adj* très haut(e).

altisonante *adj* pompeux(euse).

altitud *f* altitude *f*.

altivez *f* morgue *f*, suffisance *f*.

altivo, va *adj* hautain(e).

alto, ta *adj* **-1.** [gen] haut(e); [persona, árbol] grand(e); [precio] élevé(e); [calidad] supérieur(e). **-2.** [música, voz] fort(e). **-3.** [hora] avancé(e). ◆ **alto** ◇ *m* **-1.** [altura, lugar elevado] hauteur *f*. **-2.** [interrupción]

halte *f*. **-3.** MÚS alto *m*. **-4.** *loc* : **pasar por** ~ passer sous silence; **por todo lo** ~ en grand. ◇ *adv* **-1.** [arriba] haut. **-2.** [en voz fuerte] fort. ◇ *interj* : **¡** ~ **!** halte! ◆ **alta** *f (el)* **-1.** [de enfermedad] *fin de l'arrêt maladie*; **dar de alta** o **el alta** *donner l'autorisation de reprendre le travail*. **-2.** [documento] autorisation *f* de sortie. **-3.** [en organismo] inscription *f*.

altoparlante *m* *Amer* haut-parleur *m*.

altramuz *m* lupin *m*.

altruismo *m* altruisme *m*.

altura *f* **-1.** [gen] hauteur *f*; **tiene dos metros de** ~ [gen] cela a deux mètres de haut; [persona] il mesure deux mètres. **-2.** [en el mar] haute mer *f*; [altitud] altitude *f*. **-3.** [nivel, valor] niveau *m*; **a la** ~ **de** au niveau de. ◆ **alturas** *fpl* **-1.** [el cielo] cieux *mpl*. **-2.** *loc* : **a estas** ~ à cette date.

alubia *f* haricot *m* blanc.

alucinación *f* hallucination *f*.

alucinado, da *adj* **-1.** [que tiene alucinaciones] halluciné(e). **-2.** *fam* *fig* [sorprendido] épaté(e); **estoy** ~ je n'en reviens pas.

alucinante *adj* *lit* & *fig* hallucinant(e).

alucinar ◇ *vi* **-1.** [desvariar] avoir des hallucinations, délirer. **-2.** *fam* [equivocarse] rêver, halluciner. ◇ *vt* *fam* *fig* [seducir] épater.

alucinógeno, na *adj* hallucinogène. ◆ **alucinógeno** *m* hallucinogène *m*.

alud *m* *lit* & *fig* avalanche *f*.

aludido, da *m*, *f* personne *f* visée; **darse por** ~ se sentir visé.

aludir *vi* : ~ **a** [sin mencionar] faire allusion à; [mencionar] évoquer.

alumbrado *m* éclairage *m*.

alumbramiento *m* **-1.** [mediante luz] éclairage *m*. **-2.** [parto] mise *f* au monde.

alumbrar ◇ *vt* **-1.** [iluminar, instruir] éclairer. **-2.** [dar a luz] mettre au monde. ◇ *vi* [iluminar] éclairer.

aluminio *m* aluminium *m*.

alumnado *m* effectif *m* scolaire.

alumno, na *m*, *f* élève *mf*.

alunizar *vi* atterrir sur la Lune.

alusión *f* allusion *f*; **hacer** ~ **a** faire allusion à.

alusivo, va *adj* allusif(ive); ~ **(a)** faisant allusion à.

aluvión *m* **-1.** [inundación] crue *f*. **-2.** [depósito] alluvion *f*. **-3.** *fig* [gran cantidad] flot *m*.

alvéolo, alveolo *m* alvéole *f*.

alza *f (el)* hausse *f*; **en** ~ en hausse.

alzamiento *m* soulèvement *m*.

alzar *vt* **-1.** [levantar] lever; [voz] élever; [tono] hausser. **-2.** [aumentar, enderezar] relever; [edificio] élever. **-3.** [sublevar] soulever. ◆ **alzarse** *vp* **-1.** [levantarse] se lever. **-2.** [sublevarse] se soulever.

a.m. (*abrev de* ante meridiem) a.m.

ama *f* → amo.

amabilidad *f* amabilité *f*.

amabilísimo, ma *superl* → amable.

amable *adj* aimable.

amaestrado, da *adj* dressé(e).

amaestrar *vt* dresser.

amagar ◇ *vt* **-1.** [dar indicios de] annoncer. **-2.** [mostrar intención] esquisser. ◇ *vi* [ser inminente] menacer.

amago *m* **-1.** [indicio] signe *m* avant-coureur. **-2.** [amenaza] menace *f*.

amainar *vi* **-1.** [temporal] se calmer; [viento] faiblir. **-2.** *fig* [enfado] passer.

amalgama *f* amalgame *m*.

amalgamar *vt* amalgamer.

amamantar *vt* allaiter.

amanecer ◇ *m* lever *m* du jour. ◇ *v impers* commencer à faire jour. ◇ *vi* [en un lugar] arriver au lever du jour.

amanerado, da *adj* **-1.** [afeminado] efféminé(e). **-2.** [afectado] maniéré(e).

amansar *vt* **-1.** [animal, pasiones] dompter. **-2.** *fig* [persona] calmer. ◆ **amansarse** *vp* se calmer.

amante *mf* **-1.** [querido] amant *m*, maîtresse *f*. **-2.** *fig* [aficionado] : **ser** ~ **de algo/de hacer algo** aimer qqch/faire qqch.

amañar *vt* [falsear] truquer; [resultado] fausser; [documento] falsifier.

amaño *m* (*gen pl*) [treta] ruse *f*.

amapola *f* **-1.** [flor] coquelicot *m*. **-2.** [semilla] pavot *m*.

amar *vt* aimer.

amaranto *m* amarante *f*.

amargado, da *adj & mf* aigri(e).

amargar *vt* **-1.** [alimento] donner un goût amer à. **-2.** *fig* [comida, día] gâcher; ~ **la vida** gâcher la vie. ◆ **amargarse** *vp* **-1.** [alimento] devenir aigre. **-2.** *fig* [persona] s'aigrir.

amargo, ga *adj lit & fig* amer(ère).

amargor *m* [sabor] amertume *f*.

amargoso, sa *adj Amer* amer(ère).

amargura *f* [sentimiento] amertume *f*.

amarillento, ta *adj* jaunâtre.

amarillo, lla *adj* **-1.** [color] jaune. **-2.** PRENSA à sensation (*después de sust*). ◆ **amarillo** *m* [color] jaune *m*.

amarilloso, sa *adj Amer* jaunâtre.

amarra *f* amarre *f*.

amarrar *vt* **-1.** NÁUT amarrer. **-2.** [sujetar] : ~ **algo/alguien (a algo)** attacher qqch/qqn (à qqch).

amarre *m* amarrage *m*.

amarrete *Amer adj fam* rapiat(e).

amasar *vt* **-1.** [masa] pétrir. **-2.** *fam fig* [riquezas] amasser.

amasia *f Amer* [amante] maîtresse.

amasiato *m Amer* concubinage.

amasijo *m fam fig* [mezcla] ramassis *m*.

amateur *adj & mf* amateur.

amazona *f* **-1.** MITOL amazone *f*. **-2.** *fig* [jinete] cavalière *f*.

Amazonas *m* : **el** ~ l'Amazone.

Amazonia Amazonie *f*.

amazónico, ca ◇ *adj* amazonien(enne). ◇ *m, f* Amazonien *m*, -enne *f*.

ámbar *m* ambre *m*.

ambición *f* ambition *f*.

ambicionar *vt* avoir l'ambition de, désirer.

ambicioso, sa *adj & m, f* ambitieux(euse).

ambidextro, tra *adj & m, f* ambidextre.

ambientación *f* RADIO, CIN & TEATR bruitage *m*.

ambientador *m* désodorisant *m*.

ambiental *adj* **-1.** [físico, atmosférico] ambiant(e). **-2.** ECOLOGÍA de l'environnement, environnemental(e).

ambiente ◇ *adj* ambiant(e). ◇ *m* **-1.** [aire] air *m*, atmosphère *f*. **-2.** [circunstancias] environnement *m*. **-3.** [ámbito] milieu *m*. **-4.** [animación] ambiance *f*.

ambigüedad *f* ambiguïté *f*.

ambiguo, gua *adj* ambigu(uë).

ámbito *m* **-1.** [espacio, límites] enceinte *f*; [de una ley] portée *f*. **-2.** [ambiente] milieu *m*.

ambivalente *adj* ambivalent(e).

ambos, bas ◇ *pron pl* tous les deux(toutes les deux). ◇ *adj pl* les deux.

ambulancia *f* ambulance *f*.

ambulante *adj* ambulant(e).

ambulatorio *m* dispensaire *m*.

ameba, amiba *f* amibe *f*.

amedrentar vt : ~ a effrayer, faire peur à. ◆ **amedrentarse** vp s'effrayer, avoir peur.

amén adv [en plegaria] amen; **en un decir** ~ fig en moins de temps qu'il n'en faut pour le dire.

amenaza f -1. [peligro] menace f; ~ **de muerte** menace de mort. -2. [aviso] alerte f; ~ **de bomba** alerte à la bombe.

amenazar vt menacer; **amenaza lluvia** il menace de pleuvoir; ~ **a alguien con algo/con hacer algo** menacer qqn de qqch/de faire qqch; ~ **a alguien de algo** menacer qqn de qqch.

amenidad f [entretenimiento] entrain m; [agrado] agrément m, charme m.

amenizar vt fig égayer.

ameno, na adj agréable.

América Amérique f; ~ **Central/del Norte/del Sur** Amérique centrale/du Nord/du Sud.

americana f → americano.

americanismo m américanisme m.

americano, na ◇ adj américain(e). ◇ m, f Américain m, -e f. ◆ **americana** f [chaqueta] veste f.

ameritar vt Amer mériter.

amerizar vi amerrir.

ametralladora f mitrailleuse f.

ametrallar vt mitrailler.

amianto m amiante m.

amiba = ameba.

amígdala f amygdale f.

amigdalitis f amygdalite f.

amigo, ga ◇ adj -1. [gen] ami(e); **hacerse** ~ **de** devenir ami avec; **hacerse** ~s devenir amis. -2. [aficionado] : **ser** ~ **de algo** être amateur de qqch. ◇ m, f -1. [gen] ami m, -e f. -2. fam [novio] petit ami m, petite amie f.

amigote, amiguete m fam copain m, pote m.

amiguismo m copinage m.

aminoácido m acide m aminé.

aminorar ◇ vt réduire; [paso etc] ralentir. ◇ vi diminuer.

amistad f lit & fig amitié f; **hacer** o **trabar** ~ **(con)** lier amitié (avec), se lier d'amitié (avec). ◆ **amistades** fpl amis mpl, relations fpl.

amistoso, sa adj amical(e); **consejo** ~ conseil d'ami.

amnesia f amnésie f.

amnistía f amnistie f.

amnistiar vt amnistier.

amo, ama m, f -1. [dueño] maître m, maîtresse f. -2. [propietario] propriétaire mf. -3. [jefe] patron m, -onne f. ◆ **ama de casa** f maîtresse f de maison. ◆ **ama de cría** f nourrice f. ◆ **ama de llaves** f gouvernante f.

amodorrarse vp s'assoupir.

amoldar vt : ~ **algo (a)** adapter o ajuster qqch (à). ◆ **amoldarse** vp [adaptarse] : ~**se a** s'adapter à.

amonestación f -1. [reprimenda] réprimande f. -2. DEP avertissement m. ◆ **amonestaciones** fpl [de boda] bans mpl.

amonestar vt -1. [reprender] réprimander. -2. DEP donner un avertissement à. -3. [anunciar boda] publier les bans de.

amoníaco, amoniaco m -1. [gas] ammoniac m. -2. [disolución] ammoniaque f.

amontonar vt -1. [apilar] entasser. -2. [reunir - pruebas, recuerdos] accumuler; [- riqueza] amasser. ◆ **amontonarse** vp -1. [personas] se masser. -2. [problemas, trabajo] s'accumuler; [ideas, solicitudes] se bousculer.

amor m amour m; **hacer el** ~ faire l'amour; **por** ~ **al arte** pour l'amour de l'art; **¡por el** ~ **de Dios!** pour l'amour de Dieu! ◆ **amor propio** m amour-propre m.

amoral adj amoral(e).

amoratado, da adj violacé(e).

amoratar vt [suj : el frío] rendre violacé(e); [suj : persona] contusionner. ◆ **amoratarse** vp [por el frío] violacer; [por golpes] bleuir.

amordazar vt [persona] bâillonner; [animal] museler.

amorfo, fa adj lit & fig amorphe.

amorío m fam [romance] flirt m; **los** ~s **de su juventud** ses amours de jeunesse.

amoroso, sa adj [persona] aimant(e), affectueux(euse); [ademán, relación] amoureux(euse); [carta] d'amour (después de sust).

amortajar vt [difunto] ensevelir.

amortiguador, ra adj amortisseur(euse). ◆ **amortiguador** m [en automóvil] amortisseur m.

amortiguar vt [ruido, golpe] amortir.

amortización f ECON amortissement m.

amortizar vt amortir.

amotinar *vt* soulever; [muchedumbre] ameuter. ◆ **amotinarse** *vp* [pueblo] se soulever; [presos, soldados] se mutiner.

amparar *vt* protéger. ◆ **ampararse** *vp* **-1.** *fig* [apoyarse] : ~**se en** [ley] s'abriter derrière; [excusas] se retrancher derrière. **-2.** [cobijarse] : ~**se de** o **contra** se protéger de o contre.

amparo *m* **-1.** [protección] protection *f*. **-2.** [refugio] abri *m*; **al** ~ **de** [persona, ley] sous la protection de; [caridad, fortuna] à l'aide de; [lluvia, desastre] à l'abri de.

amperio *m* ampère *m*.

ampliación *f* **-1.** [de foto, local] agrandissement *m*; [de carretera] élargissement *m*; [de plazo] prolongation *f*; [de negocio] développement *m*. **-2.** [de número] augmentation *f*; ~ **de capital** ECON augmentation de capital.

ampliar *vt* **-1.** [foto, local] agrandir; [poderes, carretera] élargir; [plazo] prolonger; [negocio] développer. **-2.** [capital] augmenter. **-3.** [estudios] poursuivre.

amplificación *f* amplification *f*.

amplificador, ra *adj* amplificateur(trice). ◆ **amplificador** *m* amplificateur *m*.

amplificar *vt* amplifier.

amplio, plia *adj* **-1.** [gen] spacieux(euse). **-2.** [mundo] vaste; [sala] grand(e). **-3.** [poderes, conocimientos] étendu(e); [exposición, estudio] approfondi(e).

amplitud *f* **-1.** [gen] largeur *f*; [de sala] grandeur *f*. **-2.** *fig* [extensión – de conocimientos] étendue *f*; [– de catástrofe] ampleur *f*. **-3.** FÍS amplitude *f*.

ampolla *f* [en la piel, medicamento] ampoule *f*.

amputar *vt* amputer.

Amsterdam Amsterdam.

amueblar *vt* meubler.

amuleto *m* amulette *f*.

amurallar *vt* entourer de murailles.

anacronismo *m* anachronisme *m*.

anagrama *m* anagramme *f*.

anal *adj* ANAT anal(e). ◆ **anales** *mpl* *lit & fig* annales *fpl*.

analfabetismo *m* analphabétisme *m*, illettrisme *m*.

analfabeto, ta *adj & m, f* analphabète, illettré(e).

analgésico, ca *adj* analgésique. ◆ **analgésico** *m* analgésique *m*.

análisis *m* analyse *f*; ~ **gramatical** analyse grammaticale.

analista *mf* MED & FIN analyste *mf*; ~ **programador** INFORM analyste-programmeur *m*.

analizar *vt* analyser.

analogía *f* analogie *f*; **por** ~ par analogie; **presentar** ~**s** présenter des similitudes.

analógico, ca *adj* **-1.** [análogo] analogue. **-2.** INFORM & TECNOL analogique.

análogo, ga *adj* analogue; ~ **a** semblable à.

anaranjado, da *adj* orangé(e).

anarquía *f* *lit & fig* anarchie *f*.

anárquico, ca *adj* *lit & fig* anarchique.

anarquista *adj & mf* anarchiste.

anatomía *f* anatomie *f*.

anatómico, ca *adj* anatomique.

anca *f* (el) [de caballo] croupe *f*; [de rana] cuisse *f*.

ancestral *adj* ancestral(e).

ancho, cha *adj* large; **a mis/tus/sus etc anchas** *fig* à mon/ton/son etc aise; **quedarse tan** ~ ne pas être gêné pour autant. ◆ **ancho** *m* largeur *f*; **cinco metros de** ~ cinq mètres de large; **a lo** ~ **(de)** sur (toute) la largeur (de). ◆ **ancho de tela** *m* lé *m*.

anchoa *f* anchois *m*.

anchura *f* largeur *f*.

anciano, na ◇ *adj* âgé(e). ◇ *m, f* personne *f* âgée, vieux monsieur *m*, vieille dame *f*.

ancla *f* (el) ancre *f*.

anclar *vi* jeter l'ancre.

andadas *fpl* : **volver a las** ~ *fam* *fig* rechuter.

andaderas *fpl* [para niños] trotteur *m*.

andadura *f* marche *f*.

ándale, ándele *interj* *Amer fam* : ¡~! allez!

Andalucía Andalousie *f*.

andalucismo *m* **-1.** [doctrina] *doctrine prônant l'autonomie de l'Andalousie*. **-2.** LING *mot ou expression proprement andaloux*.

andaluz, za ◇ *adj* andalou(se). ◇ *m, f* Andalou *m*, -se *f*.

andamio *m* échafaudage *m* (*partie*).

andando *interj* : ¡~! en route!

andante ◇ *adj* [caballero etc] errant(e); [cadáver] ambulant(e). ◇ *adv* MÚS andante.

andanza *f* (*gen pl*) [aventura] aventure *f* (*gen pl*); **mala** ~ mauvaise fortune *f*.

andar[1] ◇ *vi* **-1.** [caminar, funcionar] marcher; **hemos venido andando** nous sommes venus à pied. **-2.** [estar] être; ~ **preocupado** être inquiet; ~ **mal de di-**

nero être à court d'argent; **las cosas an-
dan mal** les choses vont mal; **creo que
anda por ahí** je crois qu'il est quelque
part par-là; ~ **haciendo algo** être en train
de faire qqch; ~ **tras algo/alguien** [bus-
car] être à la recherche de qqch/qqn; [per-
seguir] courir après qqch/qqn; ~ **en** [pa-
peleos, negocios] être dans; [asuntos, líos]
être mêlé(e)à; [pleitos] être en. **-3.** [hur-
gar] : ~ **en fouiller dans. -4.** (antes de 'a' y
de sust pl) [expresa acción] : **andaban a puñetazos** ils se battaient à coups de poing;
andaban a gritos ils se criaient dessus.
-5. [alcanzar, rondar] : **andará por los sesenta años** il doit avoir dans les soixante
ans; **andamos por los mil números
vendidos** nous avons vendu dans les
mille numéros. **-6.** loc : **quien mal anda
mal acaba** on récolte ce que l'on a semé.
◇ vt **-1.** [recorrer] parcourir; **anduvieron
tres kilómetros** ils ont fait trois kilomètres (à pied).**-2.** Amer [llevar puesto]
porter. ◆ **andarse** vp [obrar] : ~**se con
cuidado/misterios** faire attention/des
mystères. ◆ **anda** interj : **¡anda!** [¡vamos!,
¡por favor!] allez!; [sorpresa, desilusión]
non!, sans blague!; **¡anda ya!** [increduli-
dad] c'est pas vrai!

andar[2] m démarche f, allure f. ◆ **andares**
mpl démarche f; **tener ~es de** avoir une
démarche de, marcher comme.

andas fpl brancard m; **llevar a alguien en
~** fig être aux petits soins pour qqn.

ándele = ándale.

andén m quai m (de gare).

Andes mpl : **los ~** les Andes fpl.

andinismo m Amer andinisme m.

andinista mf Amer montagnard m, -e f.

andino, na ◇ adj andin(e); [cordillera] des
Andes. ◇ m, f Andin m, -e f.

Andorra : **(el principado de) ~** (principauté d') Andorre f.

andorrano, na ◇ adj andorran(e). ◇ m, f
Andorran m, -e f.

andrajo m lit & fig loque f.

andrajoso, sa ◇ adj déguenillé(e). ◇ m,
f gueux m, gueuse f.

andrógino, na adj androgyne. ◆ **andrógino** m androgyne m.

androide ◇ adj [masculino] masculin(e).
◇ m [autómata] androïde m.

andurriales mpl coin m perdu.

anécdota f anecdote f.

anecdótico, ca adj anecdotique.

anegar vt **-1.** [inundar] inonder. **-2.** [aho-
gar] noyer. ◆ **anegarse** vp **-1.** [inundarse]
s'inonder; **sus ojos se anegaron en
lágrimas** ses yeux se sont baignés de
larmes. **-2.** [ahogarse] se noyer.

anemia f anémie f.

anémona f anémone f.

anestesia f anesthésie f.

anestésico, ca adj anesthésique, anes-
thésiant(e). ◆ **anestésico** m anesthésique m, anesthésiant m.

anestesista mf anesthésiste mf.

anexar vt [documento] joindre.

anexión f annexion f.

anexionar vt [tierras] annexer.

anexo, xa adj [edificio] annexe; [docu-
mento] joint(e). ◆ **anexo** m annexe f.

anfetamina f amphétamine f.

anfibio, bia adj lit & fig amphibie. ◆ **an-
fibios** mpl amphibiens mpl.

anfiteatro m amphithéâtre m.

anfitrión, ona ◇ adj d'accueil (después de
sust). ◇ m, f hôte m, hôtesse f.

ánfora f (el) amphore f.

ángel m lit & fig ange m; ~ **custodio** ○ **de
la guarda** ange gardien; **tener ~** avoir du
charme.

angelical adj angélique.

angina f (gen pl) angine f; **tener ~s** avoir
une angine. ◆ **angina de pecho** f MED angine f de poitrine.

anglicano, na adj & m, f anglican(e).

anglicismo m anglicisme m.

angloamericano, na ◇ adj anglo-
américain(e). ◇ m, f Anglo-Américain m,
-e f.

anglosajón, ona ◇ adj anglo-
saxon(onne). ◇ m, f Anglo-Saxon m, -
onne f.

Angola Angola m.

angora f angora m; **de ~** [de gato, conejo]
angora; [de cabra] mohair.

angosto, ta adj culto étroit(e).

angostura f **-1.** [de lugar] étroitesse f. **-2.**
[alcohol] angustura f.

anguila f anguille f.

angula f alevin m d'anguille.

angular adj angulaire. ◆ **gran angular**
m FOT objectif m grand-angle, grand-angle
m.

ángulo m angle m .

anguloso, sa adj anguleux(euse).

angustia f angoisse f.

angustiar *vt* angoisser. ✦ **angustiarse** *vp* s'angoisser.

angustioso, sa *adj* angoissant(e).

anhelante *adj* : ~ **(por algo/por hacer algo)** désireux(euse) (de qqch/de faire qqch).

anhelar *vt* [dignidades] briguer; [gloria] aspirer à; ~ **hacer algo** rêver de faire qqch.

anhelo *m* aspiration *f*, désir *m*.

anhídrido *m* anhydride *m*; ~ **carbónico** dioxyde *m* de carbone.

anidar *vi* -1. [pájaro] faire son nid, nicher. -2. *fig* [sentimiento] : ~ **en** habiter.

anilla *f* anneau *m*. ✦ **anillas** *fpl* DEP anneaux *mpl*.

anillo *m* -1. [gen & ASTRON] anneau *m*. -2. [sortija] bague *f*; ~ **de boda** alliance *f*.

animación *f* animation *f*.

animado, da *adj* -1. [gen] animé(e). -2. [persona – con buen ánimo] en pleine forme; [– divertida] drôle.

animador, ra *m, f* animateur *m*, -trice *f*.

animadversión *f* antipathie *f*.

animal ◇ *adj* -1. [especie] animal(e). -2. *fam fig* [persona – basto] brute; [– ignorante] bête. ◇ *mf fam fig* [persona] brute *f*. ◇ *m* animal *m*; ~ **doméstico** o **de compañía** animal domestique o de compagnie.

animalada *f fam fig* ânerie *f*.

animar *vt* -1. [estimular] encourager. -2. [alegrar] : ~ **a alguien** remonter le moral à qqn. -3. [avivar – diálogo, fiesta] animer; [– fuego] activer. ✦ **animarse** *vp* -1. [alegrarse] s'animer. -2. [atreverse] : ~**se (a hacer algo)** se décider (à faire qqch).

ánimo ◇ *m* -1. [energía, valor] courage *m*. -2. [aliento] encouragement *m*; **dar** ~**s a alguien** encourager qqn. -3. [intención] : **con** ~ **de** avec l'intention de; **sin** ~ **de** sans intention de. -4. [talante] humeur *f*; **tener el** ~ **dispuesto para** être d'humeur à. ◇ *interj* [para alentar] : **¡~!** courage!

animoso, sa *adj* [valiente] courageux(euse); [decidido] résolu(e).

aniñado, da *adj* [comportamiento] enfantin(e); [voz, rostro] d'enfant.

aniquilar *vt* anéantir, exterminer.

anís *m* -1. BOT anis *m*. -2. [licor] ≃ pastis *m*.

aniversario *m* anniversaire *m*.

ano *m* anus *m*.

anoche *adv* hier soir, la nuit dernière; **antes de** ~ avant-hier soir.

anochecer ◇ *m* : **al** ~ à la tombée de la nuit. ◇ *v impers* faire nuit; **ya empieza a** ~ la nuit commence à tomber. ◇ *vi* arriver quelque part de nuit.

anodino, na *adj* -1. [sin gracia] quelconque, insipide. -2. [insubstancial] inconsistant(e).

ánodo *m* anode *f*.

anomalía *f* anomalie *f*.

anómalo, la *adj* anormal(e).

anonadado, da *adj* -1. [sorprendido] abasourdi(e). -2. [abatido] anéanti(e).

anonimato *m* anonymat *m* .

anónimo, ma *adj* anonyme. ✦ **anónimo** *m* lettre *f* anonyme.

anorak, anorac *m* anorak *m*.

anorexia *f* anorexie *f*.

anormal *adj & mf* anormal(e).

anotación *f* note *f*, annotation *f*.

anotar *vt* [apuntar] noter; [un libro] annoter.

anquilosamiento *m* -1. [estancamiento – de la economía etc] stagnation *f*; [– de un partido etc] sclérose *f*. -2. MED ankylose *f*.

anquilosarse *vp* -1. [estancarse – economía etc] stagner; [– ideas etc] se scléroser. -2. MED s'ankyloser.

ansia *f (el)* -1. [afán] : ~ **de** soif *f* de; **hacer algo con** ~ faire qqch avec avidité. -2. [ansiedad] anxiété *f*; [angustia] angoisse *f*.

ansiar *vt* : ~ **hacer algo** mourir d'envie de faire qqch; **ansio llegar a casa** il me tarde d'arriver à la maison.

ansiedad *f* anxiété *f*.

ansioso, sa *adj* -1. [impaciente] impatient(e); **estar** ~ **por** o **de hacer algo** mourir d'impatience de faire qqch. -2. [angustiado] anxieux(euse).

antagónico, ca *adj* antagonique; [opiniones] opposé(e).

antagonista *mf* : ~ **de** opposant *m*, -e *f* à.

antaño *adv* autrefois, jadis.

antártico, ca *adj* antarctique. ✦ **Antártico** *m* : **el Antártico** l'Antarctique *m* (océan).

Antártida *f* : **la** ~ l'Antarctique *m* (continent).

ante[1] *m* -1. [piel curtida] daim *m*. -2. [animal] élan *m*.

ante[2] *prep* -1. [gen] devant; ~ **las circunstancias** vu les circonstances; ~ **el juez** par-devant le juge; ~ **notario** par-devant notaire; ~ **los ojos** sous les yeux.

–2. [respecto de] : **su opinión prevaleció ~ la mía** son opinion a prévalu sur la mienne. ◆ **ante todo** *loc adv* avant tout.

anteanoche *adv* avant-hier soir.

anteayer *adv* avant-hier.

antebrazo *m* avant-bras *m*.

antecedente ⋄ *adj* précédent(e). ⋄ *m* **–1.** [precedente] précédent *m*. **–2.** (gen pl) [de persona – pasado] antécédents *mpl*; [– experiencia] bagage *m*; [de asunto] précédents *mpl*; **poner en ~s** [informar] aviser.

anteceder *vt* précéder.

antecesor, ra *m, f* [predecesor] prédécesseur *m*.

antedicho, cha *adj* [cosa] susdit(e), susmentionné(e); [persona] susnommé(e).

antediluviano, na *adj lit & fig* antédiluvien(enne).

antelación *f* : **con ~** à l'avance; **con una hora de ~** avec une heure d'avance.

antemano ◆ **de antemano** *loc adv* d'avance.

antena *f* RADIO, TV & ZOOL antenne *f*.

anteojos *mpl* **–1.** [prismáticos] jumelles *fpl*. **–2.** *desus* [gafas] lunettes *fpl*. **–3.** *Amer* lunettes *fpl*.

antepasado, da *m, f* ancêtre *mf*.

antepenúltimo, ma *adj & m, f* antépénultième.

anteponer *vt* **–1.** [poner delante] : **~ algo a algo** mettre qqch devant qqch. **–2.** [dar preferencia] faire passer avant. ◆ **anteponerse** *vp* : **~se a** passer avant.

anterior *adj* **–1.** [previo] d'avant *(después de sust)*, précédent(e); **~ a** antérieur à. **–2.** [delantero – miembro, fachada] antérieur(e); [– fila etc] de devant *(después de sust)*.

anterioridad *f* : **con ~** à l'avance; **con ~ a** avant.

antes ⋄ *adv* **–1.** [gen] avant; **puede inscribirse si lo desea pero ~ deberá rellenar el cuestionario** vous pouvez vous inscrire si vous le désirez mais auparavant vous devrez remplir ce questionnaire; **mucho/poco ~** longtemps/peu de temps avant; **lo ~ posible** dès que possible. **–2.** [expresa preferencia] : **~... que** plutôt... que; **prefiero el mar ~ que la sierra** je préfère de beaucoup la mer à la montagne; **iría a la cárcel ~ que mentir** j'irais en prison plutôt que de mentir. ⋄ *adj* [anterior] d'avant *(después de sust)*, précédent(e); **el mes ~** le mois d'avant ⋄

précédent. ◆ **antes de** *loc prep* : **~ de hacer algo** avant de faire qqch. ◆ **antes (de) que** *loc conj* avant que; **~ (de) que llegarais** avant que vous n'arriviez.

antesala *f* hall *m*; **estar en la ~ de** *fig* être au seuil de.

antiadherente *adj* antiadhésif(ive).

antiaéreo, a *adj* antiaérien(enne).

antiarrugas *adj inv* antirides.

antibala, antibalas *adj inv* pare-balles.

antibiótico, ca *adj* antibiotique. ◆ **antibiótico** *m* antibiotique *m*.

anticiclón *m* anticyclone *m*.

anticipación *f* avance *f*; **con ~ a** avant; **con ~** à l'avance; **con un mes de ~** avec un mois d'avance.

anticipado, da *adj* anticipé(e); **por ~** par anticipation, d'avance.

anticipar *vt* **–1.** [adelantar] avancer. **–2.** [prever] anticiper. **–3.** [información] : **no te puedo ~ nada** je ne peux encore rien te dire. ◆ **anticiparse** *vp* **–1.** [suceder antes – estación] être en avance; [– fecha] être avancé(e); **~se a su tiempo** être en avance sur son temps. **–2.** [adelantarse] : **~se a alguien** précéder qqn, devancer qqn; **~se a hacer algo** faire qqch plus tôt que prévu.

anticipo *m* **–1.** [de dinero] avance *f*, acompte *m*. **–2.** [presagio] signe *m*.

anticlerical *adj* anticlérical(e).

anticonceptivo, va *adj* [pastilla etc] contraceptif(ive); [métodos] de contraception. ◆ **anticonceptivo** *m* contraceptif *m*.

anticongelante ⋄ *adj* antigivrant(e). ⋄ *m* AUTOM antigel *m*.

anticonstitucional *adj* anticonstitutionnel(elle).

anticorrosivo, va *adj* anticorrosion. ◆ **anticorrosivo** *m* antirouille *m*.

anticuado, da *adj* [objetos, música] démodé(e); [palabras] vieilli(e); [persona] vieux jeu; [ideas] vieillot(otte).

anticuario, ria *m, f* antiquaire *mf*; **en un ~** chez un antiquaire.

anticuerpo *m* anticorps *m*.

antidepresivo, va *adj* antidépresseur. ◆ **antidepresivo** *m* antidépresseur *m*.

antideslizante *adj* antidérapant(e).

antidisturbios *adj inv* → **brigada**.

antidoping *adj* antidoping.

antídoto *m* antidote *m*.

antier *adv Amer fam* l'autre jour.
antiespasmódico, ca *adj* antispasmodique. ◆ **antiespasmódico** *m* antispasmodique *m*.
antiestético, ca *adj* inesthétique.
antifaz *m* [de cara] masque *m*; [de ojos] loup *m*.
antigás *adj inv* à gaz; **una careta** ∼ un masque à gaz.
antigualla *f despec* [cosa] vieillerie *f*; [persona] vieux fossile *m*.
antigubernamental *adj* contre le ○ opposé(e) au gouvernement.
antigüedad *f* –1. [pasado] antiquité *f*. –2. [vejez, veteranía] ancienneté *f*. ◆ **antigüedades** *fpl* [objetos] antiquités *fpl*.
antiguo, gua *adj* –1. [gen] ancien(enne); [viejo] vieux(vieille). –2. [pasado de moda] dépassé(e); **a la antigua** à l'ancienne.
antihéroe *m* antihéros *m*.
antihigiénico, ca *adj* antihygiénique.
antihistamínico, ca *adj* antihistaminique. ◆ **antihistamínico** *m* antihistaminique *m*.
antiinflacionista *adj* anti-inflationniste.
antiinflamatorio, ria *adj* anti-inflammatoire. ◆ **antiinflamatorio** *m* anti-inflammatoire *m*.
antílope *m* [animal] antilope *f*.
antimilitarista *adj & mf* antimilitariste.
antinatural *adj* qui va contre la nature.
antiniebla *adj inv* AUTOM antibrouillard.
antioxidante *adj & m* antirouille.
antipatía *f* [por una persona] antipathie *f*; [por una cosa] répugnance *f*; **tener** ∼ **a alguien** avoir de l'antipathie pour qqn.
antipático, ca ◇ *adj* antipathique. ◇ *m, f* personne *f* désagréable.
antípodas *fpl* : **las** ∼ les antipodes *mpl*.
antiquísimo, ma *adj* très ancien(enne).
antirreflectante *adj* antireflet *(inv)*.
antirrobo ◇ *adj inv* antivol. ◇ *m* [en coche] antivol *m*.
antisemita *adj & mf* antisémite.
antiséptico, ca *adj* antiseptique. ◆ **antiséptico** *m* antiseptique *m*.
antiterrorista *adj* antiterroriste.
antítesis *f inv* antithèse *f*.
antitetánico, ca *adj* [vacuna] antitétanique.
antivirus *m inv* –1. MED antiviral *m*. –2. INFORM antivirus *m*.

antojarse *v impers* –1. [capricho] : **antojársele a alguien algo/hacer algo** avoir envie de qqch/de faire qqch. –2. [posibilidad] : **se me antoja que...** j'ai le sentiment que...
antojitos *mpl Amer* amuse-gueule *mpl*.
antojo *m* envie *f*; **a mi/tu etc** ∼ à ma/ta etc guise.
antología *f* anthologie *f*.
antónimo *m* antonyme *m*.
antonomasia *f* : **por** ∼ par excellence.
antorcha *f* torche *f*; ∼ **olímpica** flambeau *m* olympique.
antracita *f* anthracite *f*.
antro *m despec* boui-boui *m*.
antropófago, ga *adj & m, f* anthropophage.
antropología *f* anthropologie *f*.
anual *adj* annuel(elle).
anualidad *f* annuité *f*.
anuario *m* annuaire *m*.
anudar *vt lit & fig* nouer. ◆ **anudarse** *vp lit & fig* se nouer; **se le anudó la voz** sa gorge se noua.
anulación *f* [gen] annulation *f*; [de ley] abrogation *f*.
anular[1] ◇ *adj* [en forma de anillo] annulaire. ◇ *m* → **dedo**.
anular[2] *vt* –1. [cancelar] annuler; [compromiso] décommander; [ley] abroger. –2. [reprimir – personalidad] étouffer. ◆ **anularse** *vp* : ∼ **se en** [solicitud] passer une annonce dans; [publicidad] faire de la publicité dans.
anuncio *m* –1. [gen] annonce *f*. –2. [publicidad] publicité *f*; ∼ **(publicitario)** message *m* publicitaire; [en televisión] spot *m* publicitaire; [en revista] encart *m* publicitaire; [cartel] affiche *f* (publicitaire); ∼ **por palabras** petites annonces.
anverso *m* [de moneda] face *f*; [de hoja] recto *m*.
anzuelo *m* –1. [para pescar] hameçon *m*. –2. *fam* [señuelo] appât *m*.
añadido, da *adj* : ∼ **(a)** ajouté(e) (à). ◆ **añadido** *m* ajout *m*.

añadidura f complément m; **por ~ en plus,** qui plus est.

añadir vt ajouter.

añejo, ja adj **-1.** [vino, licor] vieux(vieille). **-2.** [costumbre] ancien(enne).

añicos mpl : **hacer ~** [cosa] mettre en pièces; [persona] démolir.

añil m [color] indigo m.

año m **-1.** [gen] année f, an m; **en el ~ 1939** en 1939; **los ~s 30** les années 30; **desde hace tres ~s** depuis trois ans; **~ académico** o **escolar** [de septiembre a junio] année scolaire; **~ bisiesto** [el de 366 días] année bissextile; **~ nuevo** nouvel an; **¡Feliz ~ nuevo!** Bonne année! **-2.** ECON **exercice** m; **~ fiscal** exercice m (annuel). ✦ **años** mpl [edad] âge m; **¿cuántos ~s tienes? — tengo 17 (~s)** quel âge astu? — j'ai 17 ans; **cumplir ~s** fêter son anniversaire. ✦ **año luz** (pl **años luz**) m FÍS année-lumière f; **estar a ~s luz de** fig être à des années-lumière de.

añoranza f [del pasado] nostalgie f; [de una persona] regret m; [de un país] mal m du pays.

añorar vt [pasado] avoir la nostalgie de; **añora su país natal** il a le mal du pays; **añoro a mi hermana** ma sœur me manque.

aorta f ANAT aorte f.

apabullar vt troubler. ✦ **apabullarse** vp se laisser dépasser par les événements.

apacentar vt [suj : pastor] faire paître.

apache ◇ adj apache. ◇ mf Apache mf.

apacible adj **-1.** [agradable] paisible. **-2.** [pacífico] doux(douce).

apaciguar vt apaiser, calmer. ✦ **apaciguarse** vp s'apaiser, se calmer.

apadrinar vt **-1.** [niño] être le parrain de. **-2.** [artista etc] parrainer.

apagado, da adj **-1.** [luz, fuego] éteint(e). **-2.** [persona, color] terne. **-3.** [sonido] étouffé(e); [voz] faible, petit(e).

apagar vt **-1.** [extinguir, desconectar] éteindre. **-2.** [aplacar – dolor etc] calmer; [– sed] étancher; [– ilusiones] faire perdre. **-3.** [rebajar – color] atténuer; [– sonido] étouffer. **-4.** loc : **apaga y vámonos** fig n'en parlons plus. ✦ **apagarse** vp [gen] s'éteindre; [ilusiones] s'envoler.

apagón m coupure f o panne f de courant.

apaisado, da adj oblong(ongue).

apalabrar vt convenir verbalement de.

apalancamiento m fam flemmardise f.

apalancar vt [para abrir] forcer (avec un pied-de-biche); [para mover] soulever (avec un levier). ✦ **apalancarse** vp mfam [apoltronarse] : **se apalancó** il est resté planté là.

apalear vt rouer de coups.

apañado, da adj fam [hábil, mañoso] débrouillard(e).

apañar vt fam . **-1.** [reparar] retaper, rafistoler, raccommoder. **-2.** [amañar] goupiller. ✦ **apañarse** vp fam se débrouiller; **apañárselas (para hacer algo)** fig se débrouiller (pour faire qqch).

apaño m fam **-1.** [reparación] rafistolage m; [de ropa] reprise f. **-2.** [chanchullo] magouille f.

aparador m **-1.** [mueble] buffet m. **-2.** [escaparate] vitrine f.

aparato m **-1.** [gen] appareil m; [de radio, televisión] poste m. **-2.** [ostentación] apparat m, pompe f.

aparatoso, sa adj **-1.** [ostentoso] tape-à-l'œil. **-2.** [espectacular] spectaculaire.

aparcamiento m **-1.** [acción] créneau m; [resultado] stationnement m. **-2.** [parking] parking m; [hueco] place f (de parking).

aparcar ◇ vt **-1.** [estacionar] garer. **-2.** [posponer] suspendre. ◇ vi [estacionar] se garer; **'prohibido ~'** 'défense de stationner'.

aparear vt **-1.** [animales] accoupler. **-2.** [de dos en dos] rassembler par paires; [niños] mettre deux par deux. ✦ **aparearse** vp [animales] s'accoupler.

aparecer vi **-1.** [gen] apparaître; [en una lista] figurer. **-2.** [acudir] arriver; **~ por** venir. **-3.** [encontrarse] être retrouvé(e). **-4.** [publicarse] paraître. ✦ **aparecerse** vp [Virgen etc] apparaître.

aparejador, ra m, f [de arquitecto] métreur m, -euse f.

aparejo m **-1.** [de caballerías] harnais m. **-2.** TECNOL palan m. **-3.** NÁUT gréement m. ✦ **aparejos** mpl matériel m.

aparentar ◇ vt **-1.** [fingir] : **~ algo** feindre o simuler qqch; **~ hacer algo** faire semblant de faire qqch. **-2.** [edad] faire; **no aparenta los años que tiene** il ne fait pas son âge. ◇ vi [presumir] se faire remarquer.

aparente adj **-1.** [gen] apparent(e). **-2.** [llamativo] voyant(e).

aparición f **-1.** [gen] apparition f. **-2.** [publicación] parution f.

apariencia f **-1.** [aspecto exterior] apparence f; **guardar las ~s** sauver les apparences; **las ~s engañan** les apparences sont trompeuses. **-2.** [falsedad] frime f.

apartado, da adj **-1.** [separado] écarté(e). **-2.** [alejado] retiré(e). ◆ **apartado** m **-1.** [de texto] alinéa m. **-2.** [de oficina] section f. ◆ **apartado de correos** m boîte f postale.

apartamento m appartement m.

apartar vt **-1.** [quitar, alejar] écarter; ~ **la vista** détourner les yeux; **no ~ la vista de algo/alguien** ne pas quitter qqch/qqn des yeux. **-2.** [separar] séparer. **-3.** [escoger] mettre de côté. ◆ **apartarse** vp se pousser; ~**se de** [la gente] s'éloigner de; [un tema, camino] s'écarter de; [el mundo] se retirer de.

aparte ◇ adv **-1.** [gen] à part. **-2.** [con omisión de] : ~ **de** mis à part. **-3.** [además de] : ~ **de en plus de**; ~ **de fea...** non seulement elle est laide... ◇ adj inv à part. ◇ m **-1.** [párrafo] alinéa m. **-2.** TEATR aparté m .

apartheid m apartheid m.

apasionado, da adj & m, f passionné(e).

apasionante adj passionnant(e).

apasionar vt [entusiasmar] passionner. ◆ **apasionarse** vp [entusiasmarse] s'enthousiasmer; [ponerse nervioso] s'emporter; ~**se por** o **con** se passionner pour, être passionné(e)de.

apatía f apathie f.

apático, ca ◇ adj apathique. ◇ m, f mou m, molle f.

apátrida adj & mf apatride.

apdo. (abrev de **apartado**)BP.

apeadero m [de tren] halte f.

apear vt **-1.** [bajar] faire descendre. **-2.** fam [disuadir] : ~ **alguien de algo** faire démordre qqn de qqch. **-3.** fam [disuadirse] : **no conseguimos apearle de sus ideas** nous n'avons pas réussi à le faire démordre de ses idées. ◆ **apearse** vp [bajarse] : ~**se (de)** descendre (de).

apechugar vi : ~ **con** [dificultad] faire face à; [consecuencias] assumer.

apedrear ◇ vt lapider. ◇ v impers grêler.

apegarse vp : ~**se (a)** s'attacher (à).

apego m [afecto] attachement m; **tener ~ a** être attaché(e)à; **tomar ~ a** se prendre d'affection pour.

apelación f DER appel m.

apelar vi **-1.** DER faire appel; ~ **ante/contra** se pourvoir en/contre. **-2.** [recurrir] : ~ **a** [persona, violencia etc] avoir recours à; [sentido común, bondad] en appeler à.

apelativo, va adj GRAM appellatif(ive). ◆ **apelativo** m surnom m.

apellidar vt [dar por nombre] baptiser, surnommer. ◆ **apellidarse** vp se nommer, s'appeler.

apellido m nom m (de famille).

apelmazar vt [jersey] feutrer; [arroz] faire coller; [bizcocho] alourdir. ◆ **apelmazarse** vp [jersey] se feutrer; [arroz] coller; [bizcocho] être lourd(e).

apelotonar vt [ropa] mettre en boule; [lana] mettre en pelote. ◆ **apelotonarse** vp s'agglutiner.

apenado, da adj Amer gêné(e).

apenar vt faire de la peine. ◆ **apenarse** vp avoir de la peine.

apenas adv **-1.** [casi no] à peine; ~ **me puedo mover** je peux à peine bouger; ~ **si c'est** à peine si. **-2.** [tan sólo] à peine, tout juste; **hace ~ dos minutos** ça fait à peine o tout juste deux minutes. **-3.** [tan pronto como] à peine, dès que; ~ **llegó, le dieron la mala noticia** il était à peine arrivé qu'on lui annonça la mauvaise nouvelle; ~ **se fueron, me acosté** je me suis couché dès qu'ils sont partis.

apéndice m **-1.** [gen & ANAT] appendice m. **-2.** [de documento] annexe f.

apendicitis f appendicite f.

apercibir vt **-1.** [avisar] prévenir. **-2.** DER sommer. **-3.** [amonestar] mettre en garde. ◆ **apercibirse** vp : ~**se de algo** remarquer qqch.

aperitivo m [bebida] apéritif m; [comida] amuse-gueule m.

apertura f **-1.** [gen] ouverture f; [de calle etc] percement m; [de exposición] vernissage m. **-2.** DEP [en rugby] coup m d'envoi. **-3.** [en ajedrez] entrée f de jeu. **-4.** POLÍT politique d'ouverture, comme celle du régime franquiste à partir de 1970.

aperturista ◇ adj [política] d'ouverture; [tendencia] à l'ouverture. ◇ mf partisan m de l'ouverture.

apesadumbrar vt accabler. ◆ **apesadumbrarse** vp être accablé(e).

apestar ◇ vi [oler mal] : ~ **(a algo)** puer (qqch); **este cuarto apesta a tabaco** cette chambre pue le tabac. ◇ vt **-1.** [hacer que huela mal] empester. **-2.** [contagiar peste] transmettre la peste.

apetecer ◇ *vi* : ¿te apetece un café? tu as envie d'un café?; **me apetece salir** j'ai envie de sortir. ◇ *vt* : **tenían todo cuanto apetecían** ils avaient tout ce dont ils avaient envie.

apetecible *adj* [comida] appétissant(e); [vacaciones etc] tentant(e).

apetito *m* appétit *m*; **abrir el** ~ ouvrir l'appétit; **tener** ~ avoir faim.

apetitoso, **sa** *adj* **-1.** [sabroso] délicieux(euse). **-2.** [deseable – comida] appétissant(e); [– empleo, propuesta] alléchant(e).

apiadar *vt* apitoyer. ◆ **apiadarse** *vp* : ~**se (de)** s'apitoyer (sur).

ápice *m* **-1.** [pizca] iota *m*; **no ceder ni un** ~ ne pas céder d'un pouce. **-2.** [vértice – de montaña] sommet *m*; [– de edificio, hoja] haut *m*; [– de la lengua] bout *m*. **-3.** *fig* sommet *m*.

apicultura *f* apiculture *f*.

apilar *vt* empiler. ◆ **apilarse** *vp* s'empiler.

apiñar *vt* entasser. ◆ **apiñarse** *vp* s'entasser, se serrer les uns contre les autres.

apio *m* céleri *m*.

apisonadora *f* rouleau *m* compresseur.

aplacar *vt* calmer. ◆ **aplacarse** *vp* se calmer.

aplastante *adj* [mayoría etc] écrasant(e); [lógica] implacable.

aplastar *vt* écraser.

aplatanar *vt fam* [calor] abrutir; [gripe] sonner. ◆ **aplatanarse** *vp fam* se ramollir.

aplaudir *vt lit & fig* applaudir.

aplauso *m* **-1.** [con manos] applaudissement *m*. **-2.** *fig* [alabanza] éloge *m*.

aplazamiento *m* report *m*.

aplazar *vt* reporter.

aplicación *f* application *f*.

aplicado, **da** *adj* appliqué(e).

aplicar *vt* appliquer. ◆ **aplicarse** *vp* **-1.** [esmerarse] : ~**se en (hacer) algo** s'appliquer à (faire) qqch. **-2.** [concernir] : ~**se a alguien/a algo** s'appliquer à qqn/à qqch.

aplomo *m* aplomb *m*; **perder el** ~ perdre son aplomb.

apocado, **da** *adj* timide.

apocalipsis *m* ◇ *f* apocalypse *f*. ◆ **Apocalipsis** *m* ◇ *f* Apocalypse *f*.

apocarse *vp* **-1.** [intimidarse] s'effrayer. **-2.** [rebajarse] se rabaisser.

apócope *f* GRAM apocope *f*.

apodar *vt* surnommer. ◆ **apodarse** *vp* être surnommé(e).

apoderado, **da** *m*, *f* **-1.** [representante] fondé *m*, -e *f* de pouvoir. **-2.** TAUROM manager *m*, fondé *m* de pouvoir.

apoderar *vt* [dar poderes] déléguer ses pouvoirs à. ◆ **apoderarse** *vp* : ~**se de** s'emparer de.

apodo *m* surnom *m*.

apogeo *m* apogée *m*; **estar en (pleno)** ~ être à l'apogée.

apolillar *vt* [polillas] faire des trous. ◆ **apolillarse** *vp* être mité(e), se miter.

apolítico, **ca** *adj* apolitique.

apología *f* apologie *f*.

apoplejía *f* apoplexie *f*.

apoquinar *vt & vi* casquer.

aporrear *vt* [golpear] taper.

aportación *f* apport *m*.

aportar *vt* [gen] apporter; [datos, pruebas] fournir; [dinero] faire un apport de.

aposentar *vt* loger. ◆ **aposentarse** *vp* se loger.

aposento *m* **-1.** [habitación] chambre *f*. **-2.** [alojamiento] : **dar** ~, **tomar** ~ loger.

aposición *f* apposition *f*.

aposta *adv* exprès.

apostante *mf* parieur *m*, -euse *f*.

apostar[1] ◇ *vt* [jugarse] parier. ◇ *vi* [en juego] : ~ **(por)** parier ○ miser (sur). ◆ **apostarse** *vp* [jugarse] : ~**se algo con alguien** parier qqch avec qqn; ~**se algo a que** parier qqch que.

apostar[2] *vt* [emplazar] poster. ◆ **apostarse** *vp* [colocarse] se poster.

apostas = aposta.

apostilla *f* annotation *f*.

apóstol *m lit & fig* apôtre *m*.

apostólico, **ca** *adj* apostolique.

apóstrofo *m* GRAM apostrophe *f*.

apoteósico, **ca** *adj* triomphal(e).

apoyar *vt* **-1.** [gen] appuyer. **-2.** *fig* [defender] soutenir. ◆ **apoyarse** *vp* **-1.** [sostenerse] : ~**se en** s'appuyer sur. **-2.** *fig* [basarse] : ~**se en** reposer sur. **-3.** [respaldarse] se soutenir.

apoyo *m* **-1.** [físico] support *m*, appui *m*. **-2.** *fig* [moral] soutien *m*.

apreciable *adj* **-1.** [perceptible] sensible. **-2.** *fig* [estimable] remarquable.

apreciación *f* appréciation *f*.

apreciar vt **-1.** [gen] apprécier. **-2.** [percibir] distinguer. **-3.** [opinar] estimer; ~ que es necesario hacer algo juger nécessaire de faire qqch.

aprecio m estime f.

aprehender vt [coger – persona] appréhender; [– mercancía, sentido] saisir.

aprehensión f [de persona] capture f; [de mercancía] saisie f.

apremiante adj pressant(e), urgent(e).

apremiar ◇ vt **-1.** [meter prisa] presser, bousculer. **-2.** [obligar] : ~ a alguien a hacer algo contraindre qqn à faire qqch. ◇ vi [ser urgente] presser.

apremio m [urgencia] urgence f.

aprender vt **-1.** [gen] apprendre. **-2.** [memorizar] retenir. ✦ **aprenderse** vp apprendre.

aprendiz, za m, f **-1.** [principiante] apprenti m, -e f. **-2.** [novato] débutant m, -e f.

aprendizaje m apprentissage m.

aprensión f : ~ (por) [miedo] appréhension f (de); [escrúpulo] dégoût m (pour).

aprensivo, va adj **-1.** [miedoso] craintif(ive). **-2.** [escrupuloso] délicat(e). **-3.** [hipocondríaco] alarmiste.

apresar vt **-1.** [suj : un animal] saisir. **-2.** [suj : una persona] capturer.

apresurado, da adj pressé(e); [huida, partida] précipité(e).

apresurar vt [trámites etc] activer; [persona] presser. ✦ **apresurarse** vp se dépêcher.

apretado, da adj **-1.** [comprimido] serré(e). **-2.** fig [apurado] critique. **-3.** fig [programa] chargé(e).

apretar ◇ vt **-1.** [gen] serrer; estos zapatos me aprietan ces chaussures me serrent. **-2.** [gatillo, botón] appuyer sur. **-3.** fig [paso, marcha] presser. **-4.** [ropa, objetos] tasser. **-5.** [labios] pincer. **-6.** fig [presionar] : ~ a alguien harceler qqn, faire pression sur qqn. ◇ vi [lluvia, tormenta] redoubler. ✦ **apretarse** vp se serrer; ~se el cinturón se serrer la ceinture.

apretón m bousculade f; ~ de manos poignée f de main.

apretujar vt [objetos] tasser; [persona] écraser. ✦ **apretujarse** vp [gen] se masser; [por frío, miedo] se blottir, se pelotonner.

apretujón m fam dar un ~ a alguien [abrazo] serrer qqn très fort; [empujón] bousculer qqn.

aprieto m fig situation f difficile; poner en un ~ a alguien mettre qqn dans l'embarras; verse en un ~ être très ennuyé(e).

aprisa adv vite.

aprisionar vt **-1.** [gen] emprisonner. **-2.** [atar] immobiliser.

aprobación f approbation f.

aprobado, da adj reçu(e). ✦ **aprobado** m mention f passable.

aprobar vt **-1.** [gen] approuver; [ley] adopter. **-2.** [examen, asignatura] réussir.

apropiación f appropriation f.

apropiado, da adj approprié(e).

apropiar vt : ~ (a) adapter (à). ✦ **apropiarse** vp : ~se de algo s'approprier qqch.

aprovechable adj [objeto] utilisable; [prenda] mettable.

aprovechado, da ◇ adj **-1.** [persona] : es muy ~ c'est un profiteur. **-2.** [tiempo] bien employé(e); [espacio] bien conçu(e); un día bien ~ une journée bien remplie. **-3.** [alumno] appliqué(e). ◇ m, f [sinvergüenza] profiteur m, -euse f.

aprovechamiento m **-1.** [buen uso] utilisation f, exploitation f. **-2.** [en el estudio] assimilation f.

aprovechar ◇ vt **-1.** [gen] : ~ algo profiter de qqch. **-2.** [lo inservible] récupérer, se servir de. ◇ vi [ser provechoso] profiter, être profitable; [mejorar] progresser, faire des progrès; ¡que aproveche! bon appétit! ✦ **aprovecharse** vp : ~se (de) profiter (de), tirer parti (de).

aprovisionamiento m approvisionnement m.

aproximación f **-1.** [gen] rapprochement m. **-2.** [mediante cálculo] approximation f; con ~ approximativement. **-3.** [en lotería] lot m de consolation.

aproximadamente adv approximativement.

aproximado, da adj approximatif(ive).

aproximar vt approcher, rapprocher. ✦ **aproximarse** vp **-1.** [fecha] approcher. **-2.** [persona] s'approcher.

aptitud f aptitude f; tener ~ para algo être doué(e)pour qqch.

apto, ta adj **-1.** [capaz] : ~ (para) apte (à). **-2.** [adecuado] bon(bonne); ~ para el servicio militar bon pour le service. **-3.** CIN : película no apta para menores film interdit aux moins de dix-huit ans.

apuesta f pari m.

apuesto, ta adj fringant(e).

apuntador, ra *m, f* TEATR souffleur *m*, -euse *f*.

apuntalar *vt lit & fig* étayer.

apuntar ◇ *vt* **-1.** [anotar] noter; ~ **a alguien** [en lista] inscrire qqn; **apúntamelo (en la cuenta)** mets-le sur mon compte. **-2.** [dirigir – arma, dedo] pointer; ~ **a alguien (con el dedo)** montrer qqn du doigt; ~ **a alguien (con un arma)** viser qqn. **-3.** TEATR souffler. **-4.** *fig* [sugerir] évoquer. **-5.** *fig* [indicar] signaler; [importancia] souligner. ◇ *vi* [empezar a salir] poindre. ◆ **apuntarse** *vp* **-1.** [en lista, curso] s'inscrire. **-2.** [participar] être partant(e); ~**se (a hacer algo)** se joindre à qqn (pour faire qqch); **yo me apunto** je viens avec vous.

apunte *m* **-1.** [nota escrita] note *f*. **-2.** [boceto] esquisse *f*. ◆ **apuntes** *mpl* EDUC notes *fpl*, cours *mpl*.

apuñalar *vt* poignarder.

apurado, da *adj* **-1.** [necesitado] dans le besoin; ~ **de** à court de. **-2.** [avergonzado] gêné(e). **-3.** [difícil] délicat(e).

apurar *vt* **-1.** [botella, cigarrillo] finir; [existencias] épuiser. **-2.** [meter prisa] bousculer. **-3.** [preocupar] inquiéter. **-4.** [avergonzar] gêner. ◆ **apurarse** *vp* **-1.** [preocuparse] s'inquiéter. **-2.** [darse prisa] se dépêcher.

apuro *m* **-1.** [dificultad] gros ennui *m*; **estar en** ~**s** avoir des problèmes; **sacar de un** ~ **a alguien** tirer qqn d'affaire. **-2.** [escasez] manque *m* (d'argent). **-3.** [vergüenza] gêne *f*; **me da** ~ **decírtelo** ça me gêne ○ ça m'ennuie de te le dire.

aquejado, da *adj* : ~ **de** atteint de.

aquel, aquella (*mpl* **aquellos,** *fpl* **aquellas**) *adj demos* ce, cette; **dame aquellos libros** donne-moi les livres qui sont là-bas; ~ **edificio que se ve a lo lejos es nuevo** le bâtiment qu'on voit là-bas, au loin, est neuf; **en aquella época** à cette époque-là.

aquél, aquélla (*mpl* **aquéllos,** *fpl* **aquéllas**) *pron demos* celui-là, celle-là; **este cuadro me gusta pero** ~ **del fondo no** ce tableau(-ci) me plaît mais pas celui du fond; ~ **fue mi último día en Londres** ce fut mon dernier jour à Londres; **aquéllos que quieran hablar que levanten la mano** que ceux qui veulent parler lèvent la main.

aquelarre *m* [de brujas] sabbat *m*.

aquella → aquel.

aquélla → aquél.

aquello *pron demos (neutro)* cela; ~ **que se ve al fondo es el mar** c'est la mer que l'on voit dans le fond; **no sé si** ~ **lo dijo en serio** je ne sais pas s'il a dit cela sérieusement.

aquellos, aquellas → aquel.

aquéllos, aquéllas → aquél.

aquí *adv* **-1.** [gen] ici; ~ **arriba/abajo** en haut/bas; ~ **cerca** près d'ici; ~ **dentro** dedans; ~ **fuera** dehors; ~ **mismo** ici même; **por** ~ par ici; **de** ~ **a mañana** d'ici demain. **-2.** [en tiempo pasado] : ~ **empezaron los problemas** c'est là que les problèmes ont commencé.

ara *f* (*el*) *culto*. **-1.** [piedra] pierre *f* d'autel. **-2.** [altar] autel *m*. ◆ **en aras de** *loc prep* au nom de.

árabe ◇ *adj* arabe. ◇ *mf* Arabe *mf*. ◇ *m* [lengua] arabe *m*.

Arabia Saudí Arabie Saoudite *f*.

arábigo, ga *adj* **-1.** [de Arabia] arabique. **-2.** [numeración] arabe.

arado *m* charrue *f*.

Aragón Aragon *m*.

aragonés, esa ◇ *adj* aragonais(e). ◇ *m, f* Aragonais *m*, -e *f*.

arancel *m* **-1.** [tarifa] tarif *m* douanier. **-2.** [tasa] droit *m* de douane, taxe *f*.

arancelario, ria *adj* [reforma etc] douanier(ère); [tasa, derechos] de douane.

arándano *m* **-1.** [fruto rojo] airelle *f*. **-2.** [fruto azul] myrtille *f*.

arandela *f* TECNOL rondelle *f*.

araña *f* **-1.** [animal] araignée *f*. **-2.** [lámpara] lustre *m*.

arañar *vt* **-1.** [con las uñas] griffer. **-2.** [raspar] égratigner, érafler. **-3.** *fig* [reunir] grappiller.

arañazo *m* égratignure *f*, éraflure *f*.

arar *vt* labourer.

arbitraje *m* arbitrage *m*.

arbitrar *vt* **-1.** DEP & DER arbitrer. **-2.** [disponer – medidas] prendre; [– recursos] employer.

arbitrariedad *f* **-1.** [cualidad] arbitraire *m*. **-2.** [acción] acte *m* arbitraire; **con** ~ **de** façon arbitraire.

arbitrario, ria *adj* arbitraire.

arbitrio *m* volonté *f*.

árbitro *m* DEP & DER arbitre *m*.

árbol *m* **-1.** [gen] arbre *m*; ~ **de Navidad** sapin *m* de Noël. **-2.** NÁUT [palos] mât *m*. ◆ **árbol genealógico** *m* arbre *m* généalogique.

arbolar vt **-1.** [barco] mâter. **-2.** [bandera] arborer; ~ **la bandera** hisser le pavillon. **-3.** [mar] déchaîner.

arboleda f bois m.

arbusto m arbuste m.

arca f (el) coffre m; ~ **de Noé** arche f de Noé. ◆ **arcas** fpl caisses fpl; ~**s públicas** caisses de l'État.

arcada f **-1.** (gen pl) [de estómago] haut-le-cœur m inv. **-2.** ARQUIT [arco] arcade f. **-3.** [de puente] arche f.

arcaico, ca adj archaïque.

arcángel m archange m.

arce m érable m.

arcén m bas-côté m.

archiconocido, da adj fam archi-connu(e).

archiduque, quesa m, f archiduc m, archiduchesse f.

archipiélago m archipel m.

archivador, ra m, f archiviste mf. ◆ **archivador** m classeur m.

archivar vt **-1.** [cosas] classer. **-2.** fig [pensamientos] enfouir. **-3.** INFORM [fichero] archiver.

archivo m **-1.** [gen] archives fpl. **-2.** INFORM fichier m.

arcilla f argile f.

arcipreste m RELIG archiprêtre m.

arco m **-1.** [gen & GEOM] arc m. **-2.** ARQUIT arche f; ~ **de herradura** arc en fer à cheval; ~ **triunfal** o **de triunfo** arc de triomphe. **-3.** MÚS archet m. ◆ **arco iris** m arc-en-ciel m.

arcón m grand coffre m.

arder vi lit & fig brûler; **está que arde** [lugar o reunión] ça chauffe, ça barde; [persona] il bout de colère.

ardid m ruse f.

ardiente adj brûlant(e); [deseo, defensor, brasa] ardent(e); [admirador] fervent(e).

ardilla f écureuil m.

ardor m **-1.** lit & fig ardeur f. **-2.** [quemazón] brûlure f.

arduo, dua adj ardu(e).

área f (el) **-1.** [gen] zone f. **-2.** GEOM surface f; ~ **de servicio** aire f de service. **-3.** [medida] are m. **-4.** DEP: ~ **(de castigo** o **penalti)** surface f (de réparation).

arena f **-1.** [partícula] sable m; ~**s movedizas** sables mouvants. **-2.** HIST & TAUROM arène f.

arenal m grève f (rivage).

arenga f harangue f.

arenilla f sable m fin; [en el ojo] poussière f.

arenoso, sa adj sablonneux(euse); [playa] de sable.

arenque m hareng m.

aretes mpl Amer boucles fpl d'oreille.

argamasa f CONSTR mortier m.

Argel Alger.

Argelia Algérie f.

argelino, na ◇ adj algérien(enne). ◇ m, f Algérien m, -enne f.

Argentina f : **(la)** ~ **(l')** Argentine f.

argentino, na ◇ adj argentin(e). ◇ m, f Argentin m, -e f.

argolla f **-1.** [gen] anneau m. **-2.** Amer [anillo] alliance f.

argot m (pl **argots**) **-1.** [jerga popular] argot m. **-2.** [jerga técnica] jargon m.

argucia f sophisme m.

argumentación f argumentation f.

argumentar vt **-1.** [teoría, opinión] argumenter. **-2.** [razones, excusas] invoquer.

argumento m **-1.** [razonamiento] argument m. **-2.** [trama] thème m.

aridez f lit & fig aridité f.

árido, da adj [gen] aride; [aburrido] rébarbatif(ive). ◆ **áridos** mpl céréales et légumes secs.

Aries ◇ m inv [zodiaco] Bélier m . ◇ mf inv [persona] bélier m inv.

ariete m **-1.** HIST & MIL bélier m. **-2.** DEP avant-centre m.

arisco, ca adj [huidizo] farouche; [insociable] bourru(e).

arista f ARQUIT arête f.

aristocracia f aristocratie f.

aristócrata mf aristocrate mf.

aritmético, ca adj arithmétique. ◆ **aritmética** f arithmétique f.

arlequín m arlequin m.

arma f (el) arme f; ~ **blanca/de fuego** arme blanche/à feu; ~ **homicida** arme du crime. ◆ **armas** fpl MIL armes fpl .

armada f → armado.

armadillo m tatou m.

armado, da adj armé(e). ◆ **armada** f [marina] marine f; [escuadra] flotte f.

armador, ra m, f armateur m.

armadura f **-1.** [de gafas] monture f; [de tejado] charpente f; [de barco] carcasse f. **-2.** [de guerrero] armure f.

armamentista adj → carrera.

armamento m armement m.

armar vt **-1.** [arma, personas] armer. **-2.** [mueble, tienda de campaña] monter. **-3.** fam fig [provocar] faire; ~ **un escándalo** faire un scandale; ~**la** fam faire des histoires. ◆ **armarse** vp [con armas] s'armer; ~**se de** [de paciencia etc] s'armer de; **se armó la gorda** o **la de San Quintín** o **la de Dios es Cristo** fam ça a bardé.

armario m armoire f; ~ **(empotrado)** placard m.

armatoste m [mueble] mastodonte m; [máquina] engin m.

armazón m o f armature f.

armería f **-1.** [depósito] arsenal m. **-2.** [museo] musée m de l'armée. **-3.** [tienda, arte] armurerie f.

armiño m hermine f.

armisticio m armistice m.

armonía f harmonie f.

armónico, ca adj harmonique. ◆ **armónico** m harmonique m. ◆ **armónica** f harmonica m. ,

armonioso, sa adj harmonieux(euse).

armonizar ◇ vt [gen & MÚS] harmoniser. ◇ vi [concordar] : ~ **con** être en harmonie avec.

arnés m armure f. ◆ **arneses** mpl **-1.** [de animal] harnais m. **-2.** [instrumentos] matériel m.

aro m **-1.** [círculo] cercle m; TECNOL bague f. **-2.** [pendiente, anillo] anneau m; **los ~s olímpicos** les anneaux olympiques. **-3.** [servilletero] rond m de serviette. **-4.** loc : **entrar** o **pasar por el** ~ céder, s'incliner.

aroma m arôme m.

aromático, ca adj aromatique.

aromatizar vt aromatiser.

aros mpl Amer boucles fpl d'oreille.

arpa f (el) harpe f.

arpía f MITOL & fig harpie f.

arpillera f toile f à sac, toile f de jute.

arpón m harpon m.

arquear vt arquer; [cejas] hausser; [espalda] courber; ~ **el lomo** [un gato] faire le gros dos. ◆ **arquearse** vp [por el peso] ployer.

arqueo m **-1.** [curvamiento] courbure f. **-2.** COM caisse f; ~ **de caja** contrôle m o vérification f de caisse.

arqueología f archéologie f.

arqueólogo, ga m, f archéologue mf.

arquero m **-1.** DEP & MIL archer m. **-2.** DEP [portero] gardien m de but.

arquetipo m archétype m.

arquitecto, ta m, f architecte mf.

arquitectura f architecture f.

arrabal m : **los** ~**es** les faubourgs, les quartiers populaires.

arrabalero, ra ◇ adj **-1.** [del arrabal] des faubourgs, des quartiers populaires. **-2.** [barriobajero] populacier(ère); [lenguaje] de charretier. ◇ m, f [barriobajero] zonard m, -e f.

arraigar ◇ vt enraciner. ◇ vi **-1.** [en un lugar] prendre racine, pousser. **-2.** fig [en un tiempo] s'enraciner. ◆ **arraigarse** vp [establecerse] se fixer; ~**se a** s'attacher à.

arraigo m enracinement m; **tener mucho** ~ [una tradición etc] être bien ancré(e).

arrancar ◇ vt **-1.** [gen] arracher; [árbol] déraciner. **-2.** [coche] faire démarrer; [máquina] mettre en marche. **-3.** INFORM [programa] lancer. ◇ vi **-1.** [coche, máquina] démarrer. **-2.** [provenir] : ~ **de** remonter à. **-3.** [partir] partir. ◆ **arrancarse** vp : ~**se a hacer algo** se mettre à faire qqch.

arranque m **-1.** [comienzo] point m de départ, début m. **-2.** AUTOM démarreur m. **-3.** fig [arrebato] accès m; **en un** ~ **de generosidad** dans un élan de générosité.

arras fpl **-1.** [fianza] arrhes fpl. **-2.** [en boda] les treize pièces ou autre cadeau que le jeune marié offre à sa femme pendant la cérémonie du mariage.

arrasar vt ravager, dévaster.

arrastrar ◇ vt **-1.** [gen] traîner; [carro, vagón] remorquer; [suj : corriente, aire] emporter. **-2.** fig [convencer] rallier. **-3.** fig [producir] entraîner; ~ **a alguien a algo/a hacer algo** [impulsar a] pousser qqn à qqch/à faire qqch. ◇ vi traîner (par terre). ◆ **arrastrarse** vp **-1.** [por el suelo] se traîner; [reptil] ramper. **-2.** fig [humillarse] ramper.

arrastre m **-1.** [acarreo] déplacement m. **-2.** [pesca] : **pesca de** ~ pêche f au chalut o à la traîne. **-3.** loc : **estar para el** ~ être au bout du rouleau.

arre interj : ¡ ~! hue!

arrear vt **-1.** [azuzar – animal] stimuler; [– persona] presser. **-2.** fam [un golpe etc] flanquer. **-3.** [poner arreos] harnacher.

arrebatado, da adj **-1.** [impetuoso] emporté(e). **-2.** [ruborizado] tout rouge(toute rouge). **-3.** [iracundo] furieux(euse).

arrebatar vt **-1.** [arrancar] arracher. **-2.** fig [cautivar] fasciner. ◆ **arrebatarse** vp s'emporter.

arrebato *m* [arranque] emportement *m*; [de pasión] extase *f*; ~ **de amor** transport *m* amoureux; ~ **de ira** accès *m* de colère.

arrebujar *vt* **-1.** [sin orden] mettre en vrac. **-2.** [arropar] emmitoufler. ◆ **arrebujarse** *vp* [arroparse] s'emmitoufler.

arreciar *vi* lit & *fig* redoubler.

arreglado, da *adj* **-1.** [reparado] réparé(e); [ropa] retouché(e). **-2.** [ordenado] rangé(e). **-3.** [persona] arrangé(e), soigné(e). **-4.** *fig* [solucionado] réglé(e). **-5.** *fig* [precio] raisonnable.

arreglar *vt* **-1.** [gen & MÚS] arranger; [curar] remettre d'aplomb. **-2.** [ordenar] ranger. **-3.** [solucionar] régler. **-4.** [acicalar] préparer; [mujer] pomponner. **-5.** *fam* [como amenaza] : **¡ya te arreglaré!** tu vas voir! ◆ **arreglarse** *vp* **-1.** [apañarse] s'arranger; **saber arreglárselas** savoir s'y prendre. **-2.** [acicalarse] se préparer; [una mujer] se pomponner.

arreglo *m* arrangement *m*; [de ropa] retouche *f*; **no tiene** ~ cela ne peut pas s'arranger, il n'y a pas de solution; **con** ~ **a** conformément à.

arremangar *vt* retrousser. ◆ **arremangarse** *vp* retrousser ses manches.

arremeter *vi* : ~ **contra** se jeter sur; *fig* s'en prendre à.

arremetida *f* bourrade *f*.

arremolinarse *vp* **-1.** *fig* [personas] se bousculer. **-2.** [cosas] tourbillonner.

arrendamiento *m* , **arriendo** *m* **-1.** [acción] location *f*. **-2.** [precio] loyer *m*.

arrendar *vt* louer.

arrendatario, ria ◇ *adj* de location. ◇ *m, f* locataire *m*; [agrícola] exploitant *m*, -e *f*.

arrepentido, da ◇ *adj* repenti(e), repentant(e); **estar** ~ **de algo** regretter qqch. ◇ *m, f* repenti *m*, -e *f*.

arrepentimiento *m* repentir *m*.

arrepentirse *vp* : ~ **(de algo)** se repentir (de qqch), regretter (qqch).

arrestar *vt* arrêter.

arresto *m* arrestation *f* .

arriar *vt* [velas] amener; [bandera] baisser.

arriba ◇ *adv* **-1.** [posición] au-dessus; **vive (en el piso de)** ~ il habite au-dessus; ~ **del todo** tout en haut; **más** ~ plus haut, au-dessus. **-2.** [dirección] en haut; **mirar hacia** ~ regarder en l'air; **ir para** ~ monter; **calle** ~ en remontant la rue; **río** ~ en amont. **-3.** [en un texto] ci-dessus. **-4.** *loc* : **de** ~ **abajo** [cosa] du début à la fin; [persona] des pieds à la tête; **mirar a alguien de** ~ **abajo** [con desdén] regarder de haut en bas. ◇ *interj* : **¡** ~**!** courage!; **¡**~ **la República!** vive la République!; **¡**~ **las manos!** haut les mains! ◇ *prep* : ~ **(de)** *Amer* [encima de] sur. ◆ **arriba de** *loc prep* plus de. ◆ **de arriba** *loc adj* : **la vecina de** ~ la voisine du dessus; **el estante de** ~ l'étagère du haut.

arribar *vi* [por tierra] parvenir; [por mar] toucher au port.

arribeño, ña *m, f Amer fam* habitant *m*, -e *f* des hauts plateaux.

arribista *adj & mf* arriviste.

arriendo → arrendamiento.

arriesgado, da *adj* **-1.** [peligroso] risqué(e). **-2.** [temerario] audacieux(euse).

arriesgar *vt* risquer. ◆ **arriesgarse** *vp* s'exposer, prendre des risques; ~**se a** se risquer à.

arrimar *vt* **-1.** [acercar] approcher, rapprocher. **-2.** *fig* [arrinconar] mettre dans un coin. ◆ **arrimarse** *vp* **-1.** [en el espacio] s'approcher, se rapprocher; ~**se a algo** s'appuyer sur. **-2.** *fig* [ampararse] : ~**se a alguien** s'en remettre à qqn.

arrinconar *vt* **-1.** [apartar, abandonar] mettre dans un coin. **-2.** *fig* [persona – acorralar] acculer; [– dejar de lado] délaisser, mettre à l'écart.

arrodillarse *vp* [ponerse de rodillas] s'agenouiller.

arrogancia *f* arrogance *f*.

arrogante *adj* arrogant(e).

arrojado, da *adj* courageux(euse), intrépide.

arrojar *vt* **-1.** [lanzar] jeter. **-2.** [despedir – humo, lava] cracher; [– olor] dégager. **-3.** [echar] chasser. **-4.** [resultado] faire apparaître, mettre en évidence. **-5.** [vomitar] rendre. ◆ **arrojarse** *vp* se jeter.

arrojo *m* courage *m*.

arrollador, ra *adj* [fuerza] irrésistible; [éxito] retentissant(e); [belleza] éblouissant(e).

arrollar *vt* **-1.** [enrollar] enrouler. **-2.** [atropellar] renverser. **-3.** [suj : agua, viento] emporter. **-4.** [vencer] mettre en déroute.

arropar *vt* **-1.** [con ropa] couvrir. **-2.** *fig* [con protección] protéger. ◆ **arroparse** *vp* se couvrir.

arroyo *m* **-1.** [riachuelo] ruisseau *m*. **-2.** [de la calle] caniveau *m*.

arroz *m* riz *m*; ~ **blanco** riz nature; ~ **con leche** riz au lait.

arruga *f* -**1**. [de ropa] pli *m*. -**2**. [de piel] ride *f*.

arruinar *vt* lit & fig ruiner. ◆ **arruinarse** *vp* se ruiner.

arrullar *vt* chanter une berceuse à, bercer. ◆ **arrullarse** *vp* lit & fig roucouler.

arrullo *m* -**1**. [de palomas] roucoulement *m*. -**2**. [nana] berceuse *f*. -**3**. fig [susurro] murmure *m*.

arrumar *vt* Amer empiler.

arrume *m* Amer pile *f*.

arsenal *m* -**1**. [de barcos, armas] arsenal *m*. -**2**. [de cosas] stock *m*.

arsénico *m* arsenic *m*.

art. (abrev de **artículo**) art.

arte *m* ○ *f* -**1**. [gen] art *m*. -**2**. [astucia] ruse *f*; **por** ○ **con malas** ~**s** par des moyens pas très catholiques. ◆ **artes** *fpl* arts *mpl*; ~**s gráficas/plásticas** arts graphiques/plastiques; **bellas** ~**s** beaux-arts *mpl*.

artefacto *m* appareil *m*.

arteria *f* artère *f*.

artesanal *adj* artisanal(e).

artesanía *f* artisanat *m*.

artesano, na *m, f* artisan *m*, -e *f*.

Ártico *m* : **el Ártico** l'Arctique *m*.

articulación *f* articulation *f*.

articulado, da *adj* articulé(e).

articular *vt* -**1**. [gen] articuler. -**2**. [plan, proyecto] élaborer.

artículo *m* article *m*; ~ **de fondo** PRENSA article de fond; ~ **de primera necesidad** produit *m* de première nécessité.

artífice *mf* artisan *m*, -e *f*.

artificial *adj* lit & fig artificiel(elle).

artificio *m* -**1**. [aparato] engin *m*. -**2**. fig [artimaña] artifice *m*.

artificioso, sa *adj* fig [engañoso] trompeur(euse).

artillería *f* artillerie *f*.

artillero *m* artilleur *m*.

artilugio *m* -**1**. [mecanismo] engin *m*. -**2**. fig [maña] stratagème *m*.

artimaña *f* (gen pl) ruse *f*, subterfuge *m*.

artista *mf* lit & fig artiste *mf*.

artístico, ca *adj* artistique.

artritis *f* arthrite *f*.

artrosis *f* arthrose *f*.

arz. abrev de **arzobispo**.

arzobispo *m* archevêque *m*.

as *m* as *m* .

asa *f* (el) anse *f* (poignée).

asado *m* rôti *m*.

asador *m* -**1**. [aparato] rôtissoire *f*. -**2**. [varilla] broche *f*.

asaduras *fpl* abats *mpl*.

asalariado, da *m, f* salarié *m*, -e *f*.

asalmonado, da *adj* [color] saumon (inv).

asaltante *mf* assaillant *m*, -e *f*.

asaltar *vt* -**1**. [gen] assaillir; [castillo, ciudad] prendre d'assaut. -**2**. [banco, persona, tren] attaquer; ~ **con** fig assaillir de. -**3**. fig [suj : duda] assaillir; [suj : idea] venir.

asalto *m* -**1**. [de castillo, ciudad] assaut *m*; [de banco] hold-up *m*; [de persona] attaque *f*, agression *f*. -**2**. DEP round *m*.

asamblea *f* [reunión] assemblée *f*.

asar *vt* -**1**. [al horno] rôtir; [a la parrilla] griller. -**2**. fig [importunar] : ~ **a alguien a preguntas** harceler qqn de questions. ◆ **asarse** *vp* fig cuire, étouffer.

ascendencia *f* -**1**. [linaje] ascendance *f*. -**2**. [origen, clase social] : **es de baja/alta** ~ il est de basse/haute extraction. -**3**. fig [influencia] ascendant *m*.

ascendente ◇ *adj* ascendant(e). ◇ *m* ASTROL ascendant *m*.

ascender ◇ *vi* -**1**. [subir] monter. -**2**. [incrementarse] augmenter. -**3**. [progresar – en empleo] être promu(e); [– en deportes] monter dans le classement; ~ **a primera división** monter en première division. -**4**. [suj : factura, cuenta] : ~ **a** s'élever à. ◇ *vt* : ~ **a alguien (a algo)** promouvoir qqn (à qqch).

ascendiente *mf* [antepasado] ancêtre *mf*.

ascensión *f* ascension *f*. ◆ **Ascensión** *f* RELIG Ascension *f*.

ascenso *m* -**1**. [en empleo] avancement *m*, promotion *f*; [en deportes] : **el equipo lucha por el** ~ **a primera** l'équipe fait tout pour monter en première division. -**2**. [a un monte] ascension *f*.

ascensor *m* ascenseur *m*.

ascético, ca *adj* ascétique.

asco *m* [sensación] dégoût *m*; **¡qué** ~ **de tiempo!** quel sale temps!, quel temps pourri!; **¡qué** ~**!** c'est dégoûtant ○ répugnant!; **dar** ~ dégoûter; **hacer** ~**s a algo** faire la fine bouche devant qqch; **estar hecho un** ~ *fam* être vraiment dégoûtant(e); **ser un** ~ *fam* [cosa mala] être nul(nulle); [cosa fea] être une horreur; [cosa sucia] être vraiment dégoûtant(e).

ascua *f* (el) charbon *m* ardent.

aseado, da *adj* **–1.** [limpio – persona] net(nette); [– animal] propre. **–2.** [arreglado] soigné(e).

asear *vt* nettoyer. ◆ **asearse** *vp* **–1.** [lavarse] faire sa toilette. **–2.** [arreglarse] se préparer.

asediar *vt* assiéger; *fig* harceler.

asedio *m* siège *m*; *fig* harcèlement *m*.

asegurado, da *m, f* assuré *m*, -e *f*.

asegurador, ra *m, f* assureur *m*.

asegurar *vt* **–1.** [fijar] assujettir; [tuerca] resserrer. **–2.** [garantizar] assurer. ◆ **asegurarse** *vp* **–1.** [cerciorarse] : ~se de que s'assurer que ; **asegúrate de cerrar la puerta** n'oublie pas de fermer la porte. **–2.** [hacer un seguro] : ~se (contra) s'assurer (contre).

asentamiento *m* **–1.** [de edificio] assise *f*. **–2.** [de personas] colonie *f*.

asentar *vt* **–1.** [instalar – empresa] implanter; [– campamento, pueblo] installer. **–2.** [asegurar – cimientos] asseoir; [– conocimientos] parfaire. ◆ **asentarse** *vp* **–1.** [instalarse] s'établir, se fixer. **–2.** [posarse] se déposer.

asentir *vi* **–1.** [estar conforme] : ~ (a algo) admettre (qqch). **–2.** [afirmar con la cabeza] acquiescer.

aseo *m* **–1.** [acción] toilette *f*; [cualidad] propreté *f*. **–2.** [habitación] salle *f* d'eau. ◆ **aseos** *mpl* toilettes *fpl*.

aséptico, ca *adj* **–1.** MED aseptique. **–2.** *fig* [discurso] aseptisé(e).

asequible *adj* accessible.

aserradero *m* scierie *f*.

asesinar *vt* assassiner.

asesinato *m* assassinat *m*.

asesino, na ◇ *adj* [mano, mirada] assassin(e); [arma, tendencias] meurtrier(ère). ◇ *m, f* assassin *m*, meurtrier *m*, -ère *f*.

asesor, ra *m, f* **–1.** [gen] conseiller *m*, -ère *f*; ~ **de imagen** conseiller en communication; ~ **fiscal** conseiller fiscal. **–2.** ECON consultant *m*, -e *f*.

asesorar *vt* conseiller. ◆ **asesorarse** *vp* : ~se (en algo) se faire conseiller (sur qqch); ~se de ○ con alguien prendre conseil auprès de qqn.

asesoría *f* **–1.** [oficio] conseil *m*. **–2.** [oficina] cabinet *m* de conseil; ~ **jurídica** cabinet juridique.

asestar *vt* [golpe, puñalada] asséner; [tiro] tirer.

asexuado, da *adj* asexué(e).

asfaltado *m* [acción] asphaltage *m*; [asfalto] chaussée *f*.

asfaltar *vt* asphalter.

asfalto *m* asphalte *m*.

asfixia *f* asphyxie *f*.

asfixiante *adj* [gas] asphyxiant(e); [calor] étouffant(e).

asfixiar *vt* **–1.** [ahogar] asphyxier. **–2.** *fig* [agobiar] étouffer, oppresser. ◆ **asfixiarse** *vp* **–1.** [ahogarse] s'asphyxier. **–2.** *fam* [de calor] crever de chaleur. **–3.** *fig* [agobiarse] étouffer.

así ◇ *adv* ainsi; [de este modo] comme ceci; [de ese modo] comme cela; **era ~ de largo** il était long comme ça; ~ **es/era/ fue como** voilà comment, c'est ainsi que; ~, ~ comme ci comme ça, couci couça; **algo ~** qqch comme ça; ~ **como** [igual que] de même que, ainsi que; [del mismo modo] comme; ~ **es** c'est ça; **y ~ todos los días** et c'est comme ça tous les jours; **y ~ sucesivamente** et ainsi de suite. ◇ *conj* **–1.** [de modo que] ainsi; ~ **(es) que** alors; **estoy enferma ~ que no voy** je suis malade, alors je n'y vais pas. **–2.** [aunque] : **no lo haré ~ me paguen** je ne le ferai pas même pour de l'argent. **–3.** *Amer* [aun si] même si. ◇ *adj inv* [como éste] pareil(eille). ◆ **así pues** *loc adv* donc, par conséquent. ◆ **así y todo** *loc adv* malgré tout.

Asia Asie *f*.

asiático, ca ◇ *adj* asiatique. ◇ *m, f* Asiatique *mf*.

asidero *m* **–1.** [agarradero] manche *m*. **–2.** *fig* [apoyo] soutien *m*.

asiduidad *f* assiduité *f*.

asiduo, dua ◇ *adj* assidu(e). ◇ *m, f* habitué *m*, -e *f*.

asiento *m* **–1.** [mueble] siège *m*; **tomar** ~ prendre place. **–2.** [localidad] place *f*. **–3.** [base] assise *f*. **–4.** [emplazamiento] site *m*. **–5.** COM écriture *f*; ~ **contable** écriture comptable.

asignación *f* **–1.** [a una persona] attribution *f*; [a un grupo] répartition *f*; [de fondos, vacante] affectation *f*. **–2.** [sueldo] appointements *mpl*; [de funcionario] traitement *m*.

asignar *vt* **–1.** [atribuir] : ~ **algo a alguien** assigner ○ attribuer qqch à qqn. **–2.** [destinar] : ~ **a alguien a** affecter qqn à.

asignatura *f* matière *f* (d'enseignement).

asilado, da *m, f* réfugié *m*, -e *f*.

asilo m lit & fig asile m; ~ **político** asile politique.

asimilación f **-1**. [gen & LING] assimilation f. **-2**. [comparación] confrontation f.

asimilar vt **-1**. [gen] assimiler. **-2**. [comparar] confronter. ◆ **asimilarse** vp s'assimiler.

asimismo adv aussi, de même; **es** ~ **necesario que...** de même, il est nécessaire que...

asistencia f **-1**. [presencia] présence f. **-2**. [ayuda, público] assistance f; ~ **médica** soins mpl; ~ **técnica** assistance technique. **-3**. [afluencia] fréquentation f. **-4**. DEP passe f.

asistenta f femme f de ménage.

asistente mf **-1**. [ayudante] assistant m,.-e f; ~ **social** assistante sociale. **-2**. [presentes] : **los** ~**s** les personnes présentes.

asistido, da adj AUTOM & INFORM assisté(e).

asistir ◇ vt **-1**. [acompañar] assister. **-2**. [ayudar – a heridos, necesitados] secourir; [– a enfermos] soigner. ◇ vi [presenciar] : ~ **a** assister à.

asma f (el) asthme m.

asno m lit & fig âne m.

asociación f association f; ~ **de consumidores** association de (défense des) consommateurs; ~ **de ideas** association d'idées.

asociado, da ◇ adj associé(e). ◇ m, f **-1**. [miembro] associé m, -e f. **-2**. EDUC maître m de conférences.

asociar vt associer. ◆ **asociarse** vp s'associer.

asolar vt dévaster.

asomar ◇ vi [gen] apparaître; [pañuelo, camisa etc] sortir, dépasser; [sol] poindre. ◇ vt passer; ~ **la cabeza por la ventana** passer la tête par la fenêtre. ◆ **asomarse** vp : ~**se a** se pencher à.

asombrar vt [causar admiración] stupéfier; [causar sorpresa] étonner. ◆ **asombrarse** vp : ~**se (de)** [sentir admiración] être stupéfié(e)(par); [sentir sorpresa] s'étonner (de).

asombro m [admiración] stupéfaction f; [sorpresa] étonnement m.

asombroso, sa adj [sensacional] stupéfiant(e), ahurissant(e); [sorprendente] étonnant(e).

asomo m [gen] pointe f; [de duda] ombre f; [de esperanza] lueur f; **ni por** ~ pas le moins du monde; **no creer algo ni por** ~ ne pas croire une seconde à qqch.

aspa f (el) [de molino] aile f; [de hélice] pale f.

aspaviento m (gen pl) simagrée f; **hacer** ~**s** faire des simagrées.

aspecto m [gen] aspect m, apparence f; [de persona – presencia, pinta] allure f; [– cara, estado físico] mine f; **tener buen/mal** ~ avoir bonne/mauvaise mine; **bajo este** ~ sous cet angle; **en todos los** ~**s** à tous points de vue.

aspereza f **-1**. [de piel etc] rugosité f; [de terreno] aspérité f. **-2**. fig [de carácter] rudesse f.

áspero, ra adj **-1**. [al tacto – piel] rugueux(euse); [– tejido] rêche. **-2**. [al gusto] âpre. **-3**. [terreno] raboteux(euse). **-4**. fig [carácter] revêche.

aspersión f aspersion f.

aspersor m [para jardín] asperseur m; [para cultivos] pulvérisateur m.

aspiración f aspiration f.

aspirador m , **aspiradora** f aspirateur m.

aspirante ◇ adj aspirant(e). ◇ mf candidat m, -e f.

aspirar ◇ vt aspirer. ◇ vi : ~ **a algo** [ansiar] aspirer à qqch.

aspirina® f aspirine f.

asquear vt dégoûter.

asquerosidad f [cosa mala] nullité f; [cosa fea] horreur f; [cosa sucia] : **es una** ~ c'est vraiment répugnant.

asqueroso, sa adj répugnant(e).

asta f (el) **-1**. [de bandera, lanza] hampe f . **-2**. [de pincel] manche m. **-3**. [de toro] corne f.

asterisco m astérisque m.

astigmatismo m astigmatisme m.

astilla f [de piedra, madera] éclat m; [en el dedo] écharde f .

astillero m chantier m naval.

astracán m astrakan m.

astringente adj astringent(e).

astro m **-1**. [cuerpo celeste] astre m. **-2**. fig [persona] vedette f, star f.

astrofísica f astrophysique f.

astrología f astrologie f.

astrólogo, ga m, f astrologue mf.

astronauta mf astronaute m f.

astronomía f astronomie f.

astrónomo, ma m, f astronome mf.

astucia f **-1**. [picardía] astuce f. **-2**. (gen pl) [treta] ruse f.

astuto, ta adj [listo, sagaz] astucieux(euse); [taimado] rusé(e).

asumir *vt* assumer.

Asunción GEOGR Asunción.

asunto *m* **-1.** [gen] sujet *m*. **-2.** [negocio] affaire *f*. **-3.** *fam* [romance] liaison *f*.
◆ **Asuntos Exteriores** *mpl* Affaires *fpl* étrangères.

asustado, da *adj* effrayé(e).

asustar *vt* effrayer, faire peur. ◆ **asustarse** *vp* : ~ **(de)** avoir peur (de); **no se asusta de** ○ **por nada** il n'a peur de rien.

atacante ○ *adj* attaquant(e). ○ *mf* assaillant *m*, -e *f*.

atacar *vt* **-1.** [gen] attaquer; **me ataca los nervios** *fig* il me tape sur les nerfs. **-2.** [sobrevenir] être surpris(e)par; **me atacó el sueño** j'ai été surpris par le sommeil; **le atacó la fiebre** il a eu une poussée de fièvre; **me atacó la risa** j'ai été pris d'un fou rire. **-3.** *fig* [combatir – idea] critiquer, s'en prendre à; [– suj : medicamento] combattre.

atadura *f* **-1.** [ligadura] attache *f*; [sentimental] lien *m*. **-2.** *fig* [obligación] astreinte *f*; [económica] contrainte *f*.

atajar ○ *vi* [acortar] couper, prendre un raccourci. ○ *vt* **-1.** *fig* [interrumpir] : ~ **a alguien** couper la parole à qqn. **-2.** [contener – hemorragia, ofensiva] stopper; [– incendio] maîtriser; [– proceso, epidemia] enrayer.

atajo *m* **-1.** [camino, medio] raccourci *m*. **-2.** *despec* [panda] bande *f*.

atañer *vi* concerner; [asunto] regarder.

ataque *m* **-1.** [gen & DEP] attaque *f*. **-2.** *fig* [de nervios, llanto] crise *f*; ~ **cardíaco** crise cardiaque; ~ **de tos** quinte *f* de toux; ~ **de risa** fou rire *m*.

atar *vt* **-1.** [unir] attacher. **-2.** *fig* [relacionar] relier. **-3.** *fig* [constreñir] astreindre.
◆ **atarse** *vp* **-1.** [anudar] : ~ **se los cordones** nouer ses lacets. **-2.** [comprometerse] prendre des engagements.

atardecer ○ *m* tombée *f* du jour. ○ *v impers* : **atardece** le jour tombe.

atareado, da *adj* occupé(e), pris(e).

atascar *vt* boucher. ◆ **atascarse** *vp* **-1.** [obstruirse] se boucher. **-2.** *fig* [detenerse] s'embourber, s'enliser; [al hablar] bafouiller.

atasco *m* **-1.** [obstrucción] engorgement *m*. **-2.** AUTOM embouteillage *m*. **-3.** [impedimento] entrave *f*.

ataúd *m* cercueil *m*.

ataviar *vt* parer. ◆ **ataviarse** *vp* : ~**se (con)** se parer (de).

ate *m* *Amer* gelée *f* de coing.

atemorizar *vt* effrayer. ◆ **atemorizarse** *vp* s'effrayer, prendre peur.

Atenas Athènes.

atención ○ *f* **-1.** [interés] attention *f*; **llamar la** ~ [atraer] attirer l'attention; [amonestar] rappeler à l'ordre; **poner** ○ **prestar** ~ prêter attention. **-2.** [cortesía] prévenance *f*, égard *m* . ○ *interj* : ¡ ~! votre attention s'il vous plaît! ◆ **atenciones** *fpl* attentions *fpl*.

atender ○ *vt* **-1.** [aceptar – petición, ruego] répondre, accéder à; [– consejo, instrucciones] faire cas de. **-2.** [cuidar de] s'occuper de; [enfermo] soigner; [cliente] servir; **¿le atienden?** on s'occupe de vous? ○ *vi* **-1.** [estar atento] être attentif(ive); ~ **(a algo)** écouter (qqch). **-2.** [responder] répondre; ~ **por** répondre au nom de.

ateneo *m* [asociación] cercle *m*.

atenerse *vp* : ~ **a** [orden, instrucciones] s'en tenir à; [ley] observer; **atente a las consecuencias** tu l'auras voulu.

atentado *m* attentat *m* .

atentamente *adv* **-1.** [con atención] attentivement. **-2.** [con cortesía] poliment. **-3.** [en cartas] : **le saluda muy** ~ veuillez agréer, Madame/Monsieur, mes salutations distinguées.

atentar *vi* : ~ **contra** attenter à.

atento, ta *adj* **-1.** [pendiente] : ~ **(a)** attentif(ive) (à). **-2.** [cortés] attentionné(e).

atenuante *m* DER circonstance *f* atténuante.

atenuar *vt* atténuer.

ateo, a *adj & m, f* athée.

aterrador, ra *adj* terrifiant(e).

aterrar *vt* terrifier.

aterrizaje *m* atterrissage *m*; ~ **forzoso** atterrissage forcé.

aterrizar *vi* **-1.** [avión] atterrir. **-2.** *fig* [persona] débarquer.

aterrorizar *vt* terroriser. ◆ **aterrorizarse** *vp* paniquer.

atesorar *vt* **-1.** [riquezas] amasser. **-2.** *fig* [conocimientos] accumuler; [virtudes] réunir.

atestado *m* constat *m*.

atestar *vt* **-1.** [llenar por completo] remplir, bourrer. **-2.** DER attester.

atestiguar *vt* : ~ **algo** témoigner de qqch.

atiborrar *vt* bourrer. ◆ **atiborrarse** *vp* *fam* *fig* : ~**se (de)** s'empiffrer (de).

ático *m appartement situé au dernier étage d'un immeuble.*

atinar *vi* **-1.** [adivinar] voir juste; ~ **con** [respuesta, camino] trouver. **-2.** [dar en el blanco] viser juste. **-3.** [acertar] : ~ **a hacer algo** réussir à faire qqch.

atingencia *f Amer* [relación] rapport *m*.

atípico, ca *adj* atypique.

atisbar *vt* entrevoir.

atisbo *m* (gen pl) soupçon *m*; [de esperanza] lueur *f*.

atizar *vt* **-1.** [fuego, sentimientos] attiser; [sospechas] éveiller. **-2.** *fam* [bofetada] flanquer. ◆ **atizarse** *vp fam* [comida, bebida] s'envoyer.

atlántico, ca *adj* atlantique. ◆ **Atlántico** *m* : **el Atlántico** l'Atlantique *m*.

atlas *m* atlas *m*.

atleta *mf lit & fig* athlète *mf*.

atlético, ca *adj* athlétique.

atletismo *m* athlétisme *m*.

atmósfera *f lit & fig* atmosphère *f*.

atmosférico, ca *adj* atmosphérique.

atolladero *m fig* [apuro] pétrin *m*, impasse *f*; **sacar del** ~ tirer d'affaire.

atolondrado, da *adj & m, f* étourdi(e).

atolondramiento *m* étourderie *f*.

atómico, ca *adj* atomique.

atomizador *m* atomiseur *m*.

átomo *m lit & fig* atome *m* .

atónito, ta *adj* sans voix; **mirar con ojos** ~**s** regarder avec des yeux ronds.

átono, na *adj* GRAM atone.

atontado, da *adj* **-1.** [aturdido] étourdi(e). **-2.** [tonto] abruti(e).

atontar *vt* **-1.** [aturdir] étourdir. **-2.** [alelar] abrutir.

atormentar *vt lit & fig* torturer.

atornillar *vt* visser.

atorón *m Amer* embouteillage *m*.

atorrante *Amer adj & mf* feignant(e).

atosigar *vt fig* harceler.

atracador, ra *m, f* [de banco] gangster *m*; [en la calle] voleur *m*, -euse *f* (à main armée).

atracar ◇ *vi* NÁUT : ~ **(en)** accoster (à). ◇ *vt* [banco] attaquer; [persona] agresser. ◆ **atracarse** *vp* : ~**se de** se gaver de.

atracción *f* **-1.** [gen] attraction *f*. **-2.** *fig* [atractivo] attrait *m*; [de persona] charme *m*; **sentir** ~ **por** être attiré(e)par.

atraco *m* hold-up *m inv* .

atracón *m fam* darse un ~ **(de)** se goinfrer (de).

atractivo, va *adj* attirant(e). ◆ **atractivo** *m* attrait *m*; [de persona] charme *m*.

atraer *vt* FÍS & *fig* attirer.

atragantarse *vp* : ~ **(con)** s'étrangler (avec); **se me ha atragantado** *fig* je ne peux plus le voir en peinture.

atrancar *vt* **-1.** [cerrar] bloquer (porte, serrure). **-2.** [obturar] boucher. ◆ **atrancarse** *vp* **-1.** [encerrarse] s'enfermer à double tour. **-2.** [atascarse] se boucher. **-3.** *fig* [al hablar] bafouiller.

atrapar *vt* **-1.** [coger, alcanzar] attraper. **-2.** *fam* [conseguir] décrocher. **-3.** *fam* [engañar] rouler.

atrás *adv* **-1.** [detrás – posición] derrière, à l'arrière; **los niños suben** ~ **les enfants montent derrière** ○ à l'arrière; [– movimiento] arrière, en arrière; **hacer marcha** ~ faire marche arrière; **dar un paso** ~ faire un pas en arrière. **-2.** [antes] plus tôt, avant; **(pocos) días** ~ quelques jours plus tôt, il y a quelques jours.

atrasado, da *adj* [gen] en retard; [pago] arriéré(e); **mi reloj está** ~ ma montre retarde.

atrasar ◇ *vt* [reloj] retarder; [acontecimiento] reporter; ~ **el reloj una hora** retarder sa montre d'une heure. ◇ *vi* retarder; **mi reloj atrasa** ma montre retarde. ◆ **atrasarse** *vp* **-1.** [demorarse] s'attarder. **-2.** [quedarse atrás] prendre du retard.

atraso *m* retard *m*. ◆ **atrasos** *mpl* arriérés *mpl*.

atravesar *vt* **-1.** [cruzar, vivir] traverser. **-2.** [interponer] mettre en travers. **-3.** [traspasar – agua] traverser, passer à travers; [– bala, clavo] transpercer. ◆ **atravesarse** *vp* **-1.** [interponerse] se mettre en travers. **-2.** *loc* : **se me ha atravesado** *fig* je ne peux plus le voir.

atrayente *adj* attrayant(e), séduisant(e).

atreverse *vp* : ~ **(a algo/hacer algo)** oser (qqch/faire qqch).

atrevido, da ◇ *adj* **-1.** [descarado] effronté(e); [valiente] intrépide. **-2.** [hecho, dicho] osé(e). ◇ *m, f* effronté m, -e f.

atrevimiento *m* **-1.** [osadía] hardiesse *f*. **-2.** [insolencia] écart *m*.

atribución *f* attribution *f*.

atribuir *vt* [imputar] : ~ **algo a** attribuer qqch à. ◆ **atribuirse** *vp* s'attribuer.

atributo *m* attribut *m*.

atrio *m* **-1.** [de iglesia] portique *m*. **-2.** [de casa] cour *f* intérieure.

atrocidad f **-1.** [crueldad] atrocité f. **-2.** fig [necedad] énormité f.

atropellado, da adj précipité(e).

atropellar vt **-1.** [suj : vehículo] renverser. **-2.** fig [suj : persona] piétiner, marcher sur. ◆ **atropellarse** vp [al hablar] bredouiller.

atropello m **-1.** [por vehículo] accident m; **fue víctima de un** ~ il a été renversé par une voiture. **-2.** fig [moral] violation f.

atroz adj atroce; [comida] infâme.

ATS (abrev de **ayudante técnico sanitario**) mf infirmier m, -ère f.

atte. abrev de **atentamente**.

atuendo m toilette f, tenue f.

atún m thon m.

aturdido, da adj abasourdi(e).

aturdimiento m **-1.** [desconcierto] confusion f. **-2.** [irreflexión] étourderie f.

aturdir vt **-1.** [suj : hecho físico] étourdir. **-2.** fig [suj : hecho moral] abasourdir. ◆ **aturdirse** vp **-1.** [por un hecho físico] être étourdi(e). **-2.** fig [por un hecho moral] être abasourdi(e).

audacia f audace f.

audaz adj audacieux(euse).

audición f audition f.

audiencia f **-1.** [gen] audience f; [en conferencia etc] auditoire m . **-2.** [tribunal] cour f; [edificio] palais m de justice; ~ **pública** audience f publique.

audífono m audiophone m, appareil m acoustique.

audio m son m.

audiovisual adj audiovisuel(elle).

auditivo, va adj auditif(ive).

auditor, ra m, f **-1.** [oyente] auditeur m, -trice f. **-2.** FIN audit m.

auditoría f **-1.** [profesión, balance] audit m. **-2.** [despacho] cabinet m d'audit.

auditorio m **-1.** [público] auditoire m. **-2.** [lugar] auditorium m.

auge m essor m .

augurar vt [suj : persona] prédire; [suj : suceso] présager.

augurio m augure m.

aula f (el) [de escuela] salle f de classe; [de universidad] salle f de cours.

aullar vi hurler.

aullido m hurlement m.

aumentar ◇ vt **-1.** [gen] augmenter; ~ **de peso** prendre du poids. **-2.** [en óptica] grossir. **-3.** [sonido] monter. ◇ vi augmenter.

aumentativo, va adj augmentatif(ive). ◆ **aumentativo** m GRAM augmentatif m.

aumento m **-1.** [de sueldo, tarifas] augmentation f; **ir en** ~ augmenter; [tensión] monter. **-2.** [en óptica] grossissement m; **de** ~ grossissant(e).

aun ◇ adv [hasta, incluso] même; ~ **en pleno invierno...** même en plein hiver... ◇ conj [aunque] bien que; ~ **estando malo, vendrá** il viendra, bien qu'il soit malade; **ni** ~ **puesto de puntillas logra ver** même sur la pointe des pieds, il ne voit pas; ~ **cuando** quand bien même, même si.

aún adv [todavía] encore; ~ **no ha llamado** il n'a pas encore appelé.

aunar vt [ideas, voluntades] rassembler; [esfuerzos] conjuguer, unir. ◆ **aunarse** vp [aliarse] s'unir.

aunque conj **-1.** [a pesar de que] bien que (+ subjuntivo); ~ **está enfermo, sigue viniendo** bien qu'il soit malade, il continue à venir. **-2.** [incluso si] même si (+ indicativo); ~ **esté enfermo seguirá viniendo** même s'il est malade il continuera à venir.

aúpa interj fam ¡~! hop là! [¡levántate!] debout là-dedans!; ¡~ **el Atlético!** allez l'Atlético! ◆ **de aúpa** loc adj fam du tonnerre; **un miedo de** ~ une peur bleue; **un frío de** ~ un froid de canard.

aupar vt **-1.** [persona] hisser; ~**a alguien** faire la courte échelle à qqn. **-2.** fig [animar] encourager. ◆ **auparse** vp [ascender] : ~**se en** s'élever à.

aureola f lit & fig auréole f.

auricular ◇ adj auriculaire. ◇ m [de teléfono] écouteur m. ◆ **auriculares** mpl [de equipo de música] casque m.

aurora f aurore f .

auscultar vt ausculter.

ausencia f [gen] absence; [de glucosa etc] carence f; [de aire] manque m .

ausentarse vp s'absenter.

ausente adj absent(e).

austeridad f austérité f.

austero, ra adj austère; **ser** ~ **en la comida** manger avec modération.

austral adj austral(e).

Australia Australie f.

australiano, na ◇ adj australien(enne). ◇ m, f Australien m, -enne f.

Austria Autriche f.

austríaco, ca ◇ adj autrichien(enne). ◇ m, f Autrichien m, -enne f.

autarquía f autarcie f.

auténtico, ca adj -1. [veraz] authentique. -2. [no falsificado, verdadero] **vrai(e)**; [piel] véritable; **son brillantes** ~s ce sont de vrais diamants; **es un** ~ **cretino** c'est un vrai crétin.

auto m -1. fam [coche] auto f. -2. DER arrêt m . -3. LITER ≃ mystère m (drame religieux XVIᵉ et XVIIᵉ siècles espagnols).

autoadhesivo, va adj autocollant(e).

autobiografía f autobiographie f.

autobús m autobus m.

autocar m autocar m.

autocine m drive-in m inv.

autocontrol m self-control m.

autóctono, na adj & m,f autochtone.

autodefensa f autodéfense f; DEP self-défense f.

autodeterminación f autodétermination f.

autodidacta adj & mf autodidacte.

autoedición f INFORM publication f assistée par ordinateur, microédition f.

autoescuela f auto-école f.

autoestop, autostop m auto-stop m, stop m; **hacer** ~ faire de l'auto-stop o du stop.

autoestopista, autostopista mf auto-stoppeur m, -euse f.

autógrafo m autographe m.

autómata m lit & fig automate m.

automático, ca adj automatique; [gesto] mécanique.

automatización f automatisation f; ~ **de fábricas** robotisation f.

automatizar vt automatiser.

automedicarse vp prendre des médicaments sans avis médical.

automóvil m automobile f .

automovilismo m automobilisme m.

automovilista mf automobiliste mf.

automovilístico, ca adj automobile.

autonomía f -1. [gen] autonomie f . -2. POLÍT Communauté f autonome.

autonómico, ca adj -1. [gen] autonome. -2. POLÍT d'une Communauté autonome.

autónomo, ma ◇ adj -1. [gen] autonome. -2. [trabajador] indépendant(e), à son compte. ◇ m, f travailleur m indépendant.

autopista f autoroute f .

autopsia f autopsie f.

autor, ra m, f auteur m .

autoría f -1. [de obra] paternité f littéraire. -2. [de crimen] perpétration f.

autoridad f -1. [gen] autorité f; **ser una** ~ **en** faire autorité en matière de. -2. [ley] : **la** ~ les autorités fpl.

autoritario, ria adj & m,f autoritaire.

autorización f autorisation f; **dar** ~ **a alguien (para hacer algo)** donner l'autorisation à qqn (de faire qqch).

autorizado, da adj autorisé(e).

autorizar vt autoriser.

autorretrato m autoportrait m.

autoservicio m -1. [tienda] libre-service m. -2. [restaurante] self-service m.

autostop = **autoestop.**

autostopista = **autoestopista.**

autosuficiencia f autosuffisance f.

autosugestión f autosuggestion f.

autovía f route f à quatre voies, quatre-voies f.

auxiliar[1] ◇ adj [gen & GRAM] auxiliaire; [mueble] d'appoint. ◇ mf [ayudante] assistant m, -e f; ~ **administrativo** employé m de bureau; ~ **técnico sanitario** infirmier m, -ère f.

auxiliar[2] vt assister, aider.

auxilio m aide f, secours m, assistance f; **pedir** ~ demander de l'aide, appeler au secours; **primeros** ~s premiers secours.

av., avda. (abrev de avenida) av.

aval m -1. [persona] caution f, garant m. -2. [banca] aval m .

avalancha f lit & fig avalanche f.

avalar vt avaliser, donner son aval à.

avalista mf caution f, garant m, -e f.

avance m -1. [de dinero] avance f; [de tropas] avancée f. -2. [de la ciencia etc] progrès m. -3. RADIO & TV présentation f des programmes; ~ **informativo** flash m d'informations; ~ **meteorológico** prévisions fpl météo.

avanzadilla f MIL avant-garde f.

avanzado, da adj avancé(e); [alumno] en avance. ◆ **avanzada** f MIL avant-garde f.

avanzar ◇ vi avancer. ◇ vt -1. [adelantar] avancer. -2. [anticipar] annoncer.

avaricia f avarice f .

avaricioso, sa adj & m,f intéressé(e).

avaro, ra adj & m,f avare.

avasallar vt -1. [arrollar] accabler. -2. [someter] asservir.

avatar m (gen pl) avatar m; **los** ~**es de la vida** les surprises de la vie.

ave *f (el) lit & fig* oiseau *m*; ~ **de rapiña** oiseau de proie.

AVE *(abrev de de alta velocidad española) m train à grande vitesse espagnol,* ≈ TGV.

avecinarse *vp* [acercarse] approcher, être proche.

avellana *f* noisette *f*.

avemaría *f (el)* [oración] Ave Maria *m inv*, Ave *m inv*.

avena *f* avoine *f*.

avenencia *f* [acuerdo] entente *f*.

avenida *f* avenue *f*.

avenido, da *adj* : **bien/mal** ~s en bons/ mauvais termes.

avenirse *vp* s'entendre; ~ **a algo** s'entendre sur qqch; ~ **a hacer algo** consentir, se résoudre à faire qqch.

aventajado, da *adj* [adelantado] remarquable.

aventajar *vt* [superar] dépasser, devancer; ~ **a alguien en algo** surpasser qqn en qqch, l'emporter sur qqn en qqch.

aventar *vt Amer* [tirar] jeter.

aventón *m Amer* : **dar** ~ déposer qqn *(en voiture)*.

aventura *f* aventure *f*.

aventurado, da *adj* risqué(e); [proyecto, afirmación] hasardeux(euse).

aventurarse *vp* s'aventurer.

aventurero, ra ◇ *adj* [persona, espíritu] aventureux(euse). ◇ *m,f* aventurier *m*, -ère *f*.

avergonzar *vt* faire honte. ◆ **avergonzarse** *vp* : ~**se (de algo/de alguien)** avoir honte (de qqch/de qqn).

avería *f* panne *f*; [de barco] avarie *f*.

averiado, da *adj* en panne.

averiar *vt* endommager. ◆ **averiarse** *vp* tomber en panne.

averiguación *f* recherche *f*, enquête *f*.

averiguar *vt* [indagar] rechercher, chercher à savoir; [enterarse] arriver à savoir, découvrir.

aversión *f* aversion *f*.

avestruz *m* autruche *f*.

aviación *f* aviation *f*.

aviador, ra *m, f* aviateur *m*, -trice *f*.

aviar *vt* **-1.** [maleta] faire; [habitación] mettre en ordre. **-2.** [comida] préparer.

avícola *adj* avicole.

avicultura *f* aviculture *f*.

avidez *f* avidité *f*.

ávido, da *adj* : ~ **de** avide de.

avinagrado, da *adj* **-1.** [sabor, vino] aigre. **-2.** *fig* [persona, carácter] aigri(e); [expresión] renfrogné(e).

avinagrarse *vp* **-1.** [vino] tourner au vinaigre. **-2.** *fig* [persona] s'aigrir.

avío *m* **-1.** [preparativo] : **el** ~ les préparatifs *mpl*. **-2.** [víveres] : **el** ~ les provisions *fpl*. ◆ **avíos** *mpl fam* attirail *m*; ~**s de coser** nécessaire *m* de couture.

avión *m* avion *m*; **en** ~ en avion; **por** ~ par avion; ~ **a reacción** avion à réaction.

avioneta *f* avion *m* de tourisme.

avisar *vt* **-1.** [informar, advertir] prévenir. **-2.** [llamar] appeler.

aviso *m* **-1.** [gen] avertissement *m*; **poner sobre** ~ **a alguien** mettre qqn sur ses gardes; **sin previo** ~ sans préavis. **-2.** [notificación] avis *m*; [en aeropuertos] appel *m*; **hasta nuevo** ~ jusqu'à nouvel ordre.

avispa *f* guêpe *f*.

avispado, da *adj fam fig* futé(e).

avispero *m lit & fig* guêpier *m* .

avituallar *vt* ravitailler.

avivar *vt* raviver.

axila *f* aisselle *f*.

axioma *m* axiome *m*.

ay ◇ *m* plainte *f*. ◇ *interj* : **¡~!** [dolor físico] aïe!; [sorpresa, pena] oh!; **¡~ de ti!** gare à toi!

ayer ◇ *adv lit & fig* hier; ~ **noche** hier soir; ~ **por la mañana** hier matin. ◇ *m fig* : **del** ~ d'antan, du temps jadis.

ayo, ya *m, f* [preceptor] précepteur *m*, -trice *f*; [educadora] gouvernante *f*.

ayuda *f* aide *f*.

ayudante *adj & mf* assistant(e).

ayudar *vt* aider. ◆ **ayudarse** *vp* : ~**se (de ○ con)** s'aider (de); **hacer algo ayudándose de alguien** faire qqch avec l'aide de qqn.

ayunar *vi* jeûner.

ayunas *fpl* : **en** ~ [para análisis] à jeun; **estar en** ~ [sin comer] jeûner; *fig* [sin enterarse] ne rien savoir de qqch.

ayuno *m* jeûne *m*; **hacer** ~ faire maigre.

ayuntamiento *m* **-1.** [corporación] municipalité *f*. **-2.** [edificio] mairie *f*.

azabache *m* jais *m*.

azada *f* houe *f*.

azafata *f* [de avión] hôtesse *f* de l'air; [de exposición etc] hôtesse *f* d'accueil.

azafate *m Amer* [bandeja] plateau *m*.

azafrán *m* safran *m*.

azahar *m* fleur *f* d'oranger.

azar *m* hasard *m*; **al** ~ au hasard; **por (puro)** ~ par (pur) hasard.

azotaina *f fam* raclée *f*; [en el trasero] fessée *f*.

azotar *vt* **-1.** [suj : persona] frapper; [con látigo] fouetter; [en el trasero] : ~ **a alguien** donner une fessée à qqn. **-2.** *fig* [suj : calamidad] s'abattre sur.

azote *m* **-1.** [golpe] coup *m*; [con la mano] gifle *f*; [en el trasero] fessée *f*; [con látigo] coup *m* de fouet. **-2.** *fig* [calamidad] fléau *m*.

azotea *f* **-1.** [de edificio] terrasse *f*. **-2.** *fam fig* [de persona] ciboulot *m*.

azteca ◇ *adj & m* aztèque. ◇ *mf* Aztèque *mf*.

azúcar *m* o *f* sucre *m*; ~ **moreno** sucre roux.

azucarado, da *adj* sucré(e).

azucarero, ra *adj* sucrier(ère). ◆ **azucarero** *m* sucrier *m*.

azucena *f* lis *m*, lys *m*.

azufre *m* soufre *m*.

azul ◇ *adj* bleu(e). ◇ *m* bleu *m*.

azulejo *m* azulejo *m*, carreau *m* de faïence.

B

b, B *f* [letra] b *m inv*, B *m inv*.

baba *f* bave *f*.

babear *vi* baver.

babero *m* bavoir *m*.

babi *m* tablier *m* (d'écolier).

babilónico, ca *adj* **-1.** HIST babylonien(enne). **-2.** [fastuoso] somptueux(euse).

bable *m* dialecte asturien.

babor *m* bâbord *m*; **a** ~ à bâbord.

babosada *f Amer* sottise *f*.

baboso, sa ◇ *adj* **-1.** [gen] baveux(euse). **-2.** *Amer fam* [tonto] crétin(e). ◇ *m,f Amer fam* [tonto] crétin(e). ◆ **babosa** *f* ZOOL limace *f*.

babucha *f* babouche *f*.

baca *f* galerie *f* (de voiture).

bacalao *m* morue *f*; **partir** o **cortar el** ~ *fam fig* mener la barque.

bacanal *f* orgie *f*.

bacarrá, bacará *m* baccara *m*.

bache *m* **-1.** [en carretera] nid-de-poule *m*. **-2.** *fig* [para los negocios, las personas] mauvaise passe *f*, moment *m* difficile. **-3.** [en un vuelo] trou *m* d'air.

bachiller *mf* bachelier *m*, -ère *f*.

bachillerato *m* (ancien) cycle d'études secondaires en Espagne.

bacilo *m* bacille *m*.

bacilón, ona = **vacilón**.

bacinica *f Amer* pot *m* de chambre.

bacon *m inv* bacon *m*.

bacteria *f* bactérie *f*.

bacteriológico, ca *adj* bactériologique.

báculo *m* [de obispo] crosse *f*.

badén *m* **-1.** [bache] cassis *m*. **-2.** [cauce] rigole *f*.

bádminton *m inv* badminton *m*.

bagaje *m* [cultural etc] bagage *m*.

bagatela *f* bagatelle *f*.

bahía *f* baie *f*.

bailaor, ra *m, f* danseur *m*, -euse *f* de flamenco.

bailar ◇ *vt* danser; **que me quiten lo bailado** *fam* c'est toujours ça de pris. ◇ *vi* **-1.** [danzar] danser. **-2.** *fig* [no encajar] jouer; **los pies me bailan en los zapatos** je nage dans mes chaussures.

bailarín, ina *m, f* danseur *m*, -euse *f*.

baile *m* **-1.** [gen] danse *f*. **-2.** [fiesta] bal *m*. ◆ **baile de San Vito** *m* danse *f* de Saint-Guy.

bailotear *vi fam* guincher.

baja *f* → **bajo**.

bajada *f* **-1.** [descenso] descente *f*. **-2.** [pendiente] pente *f*. **-3.** [de aguas, precios etc] baisse *f*. ◆ **bajada de bandera** *f* [en taxi] prise *f* en charge.

bajamar *f* marée *f* basse.

bajar ◇ *vt* **-1.** [gen] baisser; ~ **los precios/el telón/el volumen** baisser les prix/le rideau/le son; ~ **la cabeza** baisser la tête. **-2.** [descender, poner abajo] descendre; ~ **las escaleras** descendre l'escalier; ~ **las maletas del armario** descendre les valises de l'armoire. ◇ *vi* **-1.** [disminuir – fiebre, precio etc] baisser; [– hinchazón] dégonfler. **-2.** [descender] descendre. ◆ **bajarse** *vp* **-1.** [inclinarse] se baisser. **-2.** [apearse] : ~**se (de)** descendre (de); **se bajó a la calle para comprar pan** il est descendu acheter du pain.

bajero, ra *adj* de dessous; **una sábana bajera** un drap de dessous.

bajeza *f* bassesse *f*.

bajial *m Amer* plaine *f*.

bajo, ja *adj* **-1.** [gen] bas(basse); [persona, estatura] petit(e). **-2.** [sonido – grave] grave; [– flojo] faible; **en voz baja** à voix basse. **-3.** [calidad, inclinación] mauvais(e); [instintos] **primaire**; [dichos] ignoble. **-4.** [lenguaje] vulgaire. ◆ **bajo** *m* **-1.** (*gen pl*) [dobladillo] ourlet *m*. **-2.** [piso] rez-de-chaussée *m*. **-3.** MÚS [instrumento, cantante] basse *f*; [instrumentista] bassiste *m*. ◇ *adv* bas; **hablar** ~ parler tout bas. ◇ *prep* **-1.** [gen] sous; ~ **el sol/el puente** sous le soleil/le pont; ~ **los Austrias** sous les Habsbourg; ~ **pena de** sous peine de; ~ **palabra** sur parole. **-2.** [con temperaturas] : **estamos a dos grados** ~ **cero** il fait moins deux. ◆ **baja** *f* **-1.** [descenso] baisse *f*. **-2.** [cese] : **dar de baja a alguien** [en una empresa] licencier qqn; [en un club, sindicato] exclure qqn; **darse de baja (de)** [dimitir] quitter, donner sa démission (de); [salirse] se retirer (de). **-3.** [por enfermedad – permiso] congé *m* maladie; [– documento] arrêt *m* maladie; **estar de baja** être arrêté(e) ○ en congé maladie. **-4.** MIL perte *f*, mort *m*. ◆ **bajos** *mpl* [de una casa] rez-de-chaussée *m*.

bajón *m* chute *f*; **dar un** ~ [temperaturas etc] chuter; [salud] se dégrader.

bajura *f* → **pesca**.

bala *f* balle *f*.

balacear *vt Amer* [tirotear] blesser par balle.

balacera *f Amer* fusillade *f*.

balada *f* **-1.** LITER & MÚS ballade *f*. **-2.** [canción lenta] slow *m*.

balance *m* [gen & COM] bilan *m*; [de discusión, reunión] résultat *m*; **hacer el** ~ **(de)** faire le point (de).

balancear *vt* balancer. ◆ **balancearse** *vp* [gen] se balancer; [un barco] rouler.

balanceo *m* [gen] balancement *m*; [de barco] roulis *m*; [del péndulo] oscillation *f*.

balancín *m* **-1.** [mecedora] fauteuil *m* à bascule, rocking-chair *m*; [en el jardín] balancelle *f*. **-2.** [columpio] bascule *f*. **-3.** AUTOM culbuteur *m*.

balanza *f* [gen & COM] balance *f*; ~ **comercial/de pagos** balance commerciale/des paiements; **se inclinó la** ~ **a nuestro favor** la balance a penché de notre côté.

balar *vi* bêler.

balaustrada *f* balustrade *f*.

balazo *m* [disparo] balle *f*; [herida] blessure *f* par balle.

balbucear, balbucir *vi & vt* balbutier.

balbuceo *m* balbutiement *m*.

balbucir = balbucear.

Balcanes *mpl* : **los** ~ les Balkans *mpl*.

balcón *m* **-1.** [terraza] balcon *m*. **-2.** [mirador] belvédère *m*.

baldado, da *adj* [tullido] impotent(e); [exhausto] éreinté(e).

balde *m* seau *m*. ◆ **en balde** *loc adv* en vain.

baldeo *m* lavage *m* à grande eau.

baldosa *f* [en casa] carreau *m*; [en acera] dalle *f*.

baldosín *m* petit carreau *m*.

balear[1] *vt Amer* transpercer d'une balle.

balear[2] *adj* des Baléares.

Baleares *fpl* : **(las)** ~ les Baléares *fpl*.

baleárico, ca *adj* des Baléares.

baleo *m Amer* coup *m* de feu.

balido *m* bêlement *m*.

balín *m* balle *f* de petit calibre.

baliza *f* balise *f*.

ballena *f* baleine *f*.

ballesta *f* **-1.** [arma antigua] arbalète *f*. **-2.** AUTOM ressort *m* de suspension.

ballet (*pl* **ballets**) *m* ballet *m*.

balneario *m* station *f* thermale, ville *f* d'eaux.

balompié *m* football *m*.

balón *m* **-1.** [pelota, recipiente] ballon *m*. **-2.** [en tebeos] bulle *f*.

baloncesto *m* basket-ball *m*.

balonmano *m* hand-ball *m*.

balonvolea *m* volley-ball *m*.

balsa *f* **-1.** [embarcación] radeau *m*. **-2.** [estanque] étang *m*. **-3.** *loc* : **ser una** ~ **de aceite** *fig* être d'un calme plat.

balsámico, ca *adj* : **una pastilla balsámica** une pastille qui adoucit la gorge.

bálsamo *m lit & fig* baume *m*.

Báltico *m* : **el** ~ la Baltique.

Bálticos *adj* → **países**.

baluarte *m lit & fig* bastion *m*.

bamba *f* [baile] bamba *f*. ◆ **bambas** *fpl* [calzado] tennis *mpl*.

bambalina *f* TEATR frise *f*; **entre** ~**s** *fig* sur les planches.

bambú (*pl* **bambúes** o **bambús**) *m* bambou *m*.

banal *adj* banal(e).

banana *f* banane *f*.

banca *f* -1. [gen] banque *f*, secteur *m* bancaire. -2. [asiento] banc *m*.

bancario, ria *adj* bancaire.

bancarrota *f* faillite *f*; **en ~** en faillite.

banco *m* -1. [asiento, concentración] banc *m*; **~ de peces** banc de poissons; **~ de arena** banc de sable. -2. FIN, INFORM & MED banque *f*; **~ de sangre** banque du sang. -3. [de carpintero] établi *m*. ◆ **Banco Mundial** *m* Banque *f* mondiale.

banda *f* -1. [gen & RADIO] bande *f*; **~ armada** bande armée; **~ magnética** bande magnétique. -2. MÚS fanfare *f*. -3. [faja] écharpe *f*. -4. [cinta] ruban *m*. -5. DEP [en fútbol] touche *f*. -6. *loc* : **se cerró en ~** il n'a rien voulu savoir. ◆ **banda sonora** *f* CIN bande *f* originale.

bandada *f* [de aves] volée *f*; [de peces] banc *m*; [de niños] groupe *m*.

bandazo *m* embardée *f*; **dar ~s** [barco] giter; [borracho] tituber; [persona] *fig* être une vraie girouette.

bandeja *f* plateau *m*; **servir** o **dar algo a alguien en ~** *fig* amener qqch à qqn sur un plateau.

bandera *f* drapeau *m*; **jurar ~** prêter serment au drapeau; **~ blanca** drapeau blanc.

banderilla *f* -1. TAUROM banderille *f*. -2. [aperitivo] mini-brochette *f* (*amuse-gueule*).

banderín *m* -1. [bandera] fanion *m*. -2. MIL porte-drapeau *m*.

bandido, da *m, f* -1. [delincuente] bandit *m*. -2. [granuja] coquin *m*, -e *f*.

bando *m* -1. [facción] camp *m*. -2. [de alcalde] arrêté *m* (*municipal*).

bandolero, ra *m, f* brigand *m*. ◆ **bandolera** *f* [correa] bandoulière *f*; **en bandolera** en bandoulière.

bandurria *f* mandoline *f* espagnole.

banjo *m* banjo *m*.

banquero, ra *m, f* banquier *m*, -ère *f*.

banqueta *f* -1. [gen] banquette *f*. -2. *Amer* [acera] trottoir *m*.

banquete *m* banquet *m*; **darse un ~** *fig* faire un festin.

banquillo *m* -1. [asiento] petit banc *m*. -2. DEP banc *m*. -3. DER banc *m* des accusés.

bañada *f Amer* [acción de bañarse] bain *m*.

bañadera *f Amer* [bañera] baignoire *f*; [autobús] bus *m*.

bañador *m* maillot *m* de bain.

bañar *vt* -1. [gen] baigner. -2. [cubrir] : **~ con** o **de** CULIN enrober de; [con oro] recouvrir de. -3. [mojar] : **~ en** tremper dans. ◆ **bañarse** *vp* se baigner.

bañera *f* baignoire *f*.

bañista *mf* baigneur *m*, -euse *f*.

baño *m* -1. [gen] bain *m*; [en el mar] baignade *f*; **darse un ~** prendre un bain. -2. [pila] baignoire *f*. -3. [cuarto de aseo] salle *f* de bains. -4. [capa] couche *f*. ◆ **baños** *mpl* eaux *fpl*, bains *mpl*. ◆ **baño María** *m* bain-marie *m*.

baobab (*pl* **baobabs**) *m* baobab *m*.

bar *m* bar *m*; **~ musical** bar avec une ambiance de discothèque.

barahúnda *f* [ruido] foire *f*; [desorden] chantier *m*.

baraja *f* jeu *m* de cartes.

barajar *vt* -1. [mezclar cartas] battre (les cartes). -2. [considerar] brasser; [ideas] mettre en avant; [posibilidades] évoquer. ◆ **barajarse** *vp* [nombres, posibilidades] être envisagé(e); [datos, cifras] être examiné(e).

baranda, barandilla *f* [de escalera] rampe *f*; [de balcón] balustrade *f*.

baratija *f* babiole *f*.

baratillo *m* brocanteur *m*.

barato, ta *adj* bon marché, pas cher(ère). ◆ **barato** *adv* (à) bon marché; **comprar ~** acheter à bas prix; **salir ~** ne pas revenir cher.

barba *f* barbe *f*; **dejarse ~** se laisser pousser la barbe; **por ~** par tête.

barbacoa *f* barbecue *m*.

barbaridad *f* -1. [cualidad] atrocité *f*; **¡qué ~!** quelle horreur! -2. [disparate] ineptie *f*. -3. [montón] : **una ~ (de)** des tonnes (de); **comer una ~** manger comme quatre; **gastar una ~** dépenser une fortune.

barbarie *f* barbarie *f*.

barbarismo *m* barbarisme *m*.

bárbaro, ra ◇ *adj* -1. [gen & HIST] barbare; **¡qué ~!** [arrojado] quelle brute!, quel sauvage! -2. [basto] grossier(ère). -3. *fam* [extraordinario] super. ◇ *m, f* HIST Barbare *mf*. ◆ **bárbaro** *adv fam* **pasarlo ~** [magníficamente] s'éclater.

barbecho *m* jachère *f*.

barbería *f* coiffeur *m* (pour hommes) (*salon*).

barbero *m* coiffeur *m* (pour hommes).

barbilampiño ◇ *adj* imberbe. ◇ *m* jeunot *m*.

barbilla *f* menton *m*.

barbo *m* barbeau *m*.

barbudo, da *adj & m, f* barbu(e).

barca *f* barque *f*.

barcaza *f* barcasse *f*; ~ **de desembarque** péniche *f* de débarquement.

Barcelona Barcelone.

barcelonés, esa ◇ *adj* barcelonais(e). ◇ *m, f* Barcelonais *m*, -e *f*.

barco *m* bateau *m*; ~ **de vela/de motor** bateau à voile/à moteur; ~ **mercante** cargo *m*.

baremo *m* [escala] barème *m*.

bario *m* baryum *m*.

barítono *m* baryton *m*.

barman (*pl* **barmans**) *m* barman *m*.

Barna *abrev de* Barcelona.

barniz *m* vernis *m* .

barnizar *vt* vernir.

barómetro *m* baromètre *m*.

barón, onesa *m, f* baron *m*, -onne *f*.

barquero, ra *m, f* passeur *m*, -euse *f*.

barquillo *m* CULIN gaufre *f*.

barra *f* -**1**. [gen] barre *f*; [de oro] lingot *m*; [de hielo] pain *m*; [para cortinas] tringle *f*; ~ **de labios** rouge *m* à lèvres; ~ **de pan** ≃ baguette *f*. -**2**. [de bar] comptoir *m*, bar *m*; ~ **americana** bar à hôtesses; ~ **libre** boisson à volonté.

barrabasada *f fam* -**1**. [tontería] belle bêtise *f*. -**2**. [jugarreta] vacherie *f*.

barraca *f* -**1**. [chabola] baraque *f*. -**2**. [caseta de feria] stand *m*. -**3**. [en Valencia y Murcia] chaumière *f*.

barracón *m* baraquement *m*.

barranco *m* -**1**. [precipicio] précipice *m*. -**2**. [cauce] ravin *m*.

barraquismo *m* : **el** ~ la prolifération *f* des bidonvilles.

barrena *f* mèche *f*; ~ **de mano** vrille *f* .

barrenar *vt* -**1**. [taladrar] forer, perforer. -**2**. [frustrar – leyes] enfreindre; [– principios] manquer à; [– esfuerzos] saboter.

barrendero, ra *m, f* balayeur *m*, -euse *f*.

barreno *m* -**1**. [instrumento] foret *m*. -**2**. [agujero] trou *m* de mine.

barreño *m* bassine *f*.

barrer *vt* -**1**. [gen] balayer. -**2**. *fam* [derrotar] battre à plate couture.

barrera *f* -**1**. [gen] barrière *f*; ~**s arancelarias** barrières douanières. -**2**. DEP [de jugadores] mur *m*.

barriada *f* quartier *m*.

barricada *f* barricade *f*.

barrido *m* [gen & TECNOL] balayage *m*; **dar un** ~ donner un coup de balai.

barriga *f* ventre *m*; **echar** ~ prendre du ventre.

barrigón, ona *adj* [hombre] bedonnant; [mujer] qui a du ventre. ◆ **barrigón** *m* [vientre] (gros) ventre *m*; [persona] gros père *m*.

barril *m* baril *m*; [de madera] tonneau *m*; **de** ~ [cerveza] (à la) pression.

barrio *m* quartier *m*; **mandar a alguien al otro** ~ *fam fig* achever qqn.

barriobajero, ra *despec* ◇ *adj* peuple. ◇ *m, f* zonard *m*, -e *f*.

barrizal *m* bourbier *m*.

barro *m* -**1**. [del campo] boue *f*. -**2**. [de farero] argile *f*. -**3**. [de la piel] acné *f*.

barroco, ca *adj* -**1**. ARTE baroque. -**2**. *fig* [lenguaje, estilo] ampoulé(e); [persona, peinado etc] extravagant(e). ◆ **barroco** *m* ARTE baroque *m*.

barrote *m* barreau *m*.

bartola ◆ **a la bartola** *loc adv fam* tumbarse **a la** ~ flemmarder; **tomar algo a la** ~ prendre qqch à la rigolade.

bártulos *mpl* affaires *fpl*; **liar los** ~ *fam fig* prendre ses cliques et ses claques.

barullo *m fam* -**1**. [ruido] boucan *m*; **armar** ~ faire du boucan. -**2**. [desorden] bazar *m*.

basalto *m* basalte *m*.

basar *vt* [fundamentar] baser. ◆ **basarse** *vp* : ~ **se en** se baser sur.

basca *f* -**1**. *fam* [de amigos] potes *mpl*. -**2**. [náusea] mal *m* au cœur.

báscula *f* bascule *f*. ◆ **báscula de baño** *f* pèse-personne *m*.

bascular *vi* basculer.

base *f* -**1**. [gen, MAT & MIL] base *f*; **a** ~ **de bien** drôlement bien; **de** ~ [de partido, sindicato etc] de la base; **sentar las** ~**s** poser les jalons. -**2**. INFORM base *f*. ◆ **base de datos** *f* INFORM base *f* de données.

baseball *m inv* base-ball *m*.

básico, ca *adj* [fundamental] de base, essentiel(elle).

basílica *f* basilique *f*.

basilisco *m* : **ponerse hecho un** ~ *fam fig* se mettre en rogne.

basta *interj* : ¡~! ça suffit!; ¡~ **de caprichos!** finis les caprices!; ¡~ **de bromas!** trêve de plaisanteries.

bastante ◇ *adv* assez; **no come ~** il ne mange pas assez; **es lo ~ lista para...** elle est assez futée pour...; **gana ~** il gagne bien sa vie. ◇ *adj* assez; **no tengo ~ dinero** je n'ai pas assez d'argent; **tengo ~ frío** j'ai plutôt froid; **éramos ~s** nous étions assez nombreux; **gana ~ dinero** il gagne pas mal d'argent.

bastar *vi* suffire; **basta con decirlo** il suffit de le dire; **basta con que se lo digas** il suffit que tu le lui dises. ◆ **bastarse** *vp* se suffire à soi-même.

bastardo, da ◇ *adj* **-1.** [gen] bâtard(e). **-2.** *despec* [innoble] infâme. ◇ *m, f* [descendiente] bâtard *m*, -e *f*.

bastidor *m* [armazón & AUTOM] châssis *m*. ◆ **bastidores** *mpl* TEATR coulisses *fpl*; **entre ~es** *fig* dans les coulisses.

basto, ta *adj* **-1.** [tosco, grosero] grossier(ère). **-2.** [áspero] rugueux(euse). ◆ **bastos** *mpl* l'une des quatre couleurs du jeu de cartes espagnol.

bastón *m* [para andar] canne *f*; [para esquiar] bâton *m* . ◆ **bastón de mando** *m* MIL bâton *m* de commandement.

basura *f* **-1.** [desperdicios] ordures *fpl*. **-2.** *fig* [de mala calidad] saleté *f*.

basurero *m* **-1.** [persona] éboueur *m*. **-2.** [vertedero] décharge *f*.

bata *f* **-1.** [de casa] robe *f* de chambre. **-2.** [de trabajo] blouse *f*.

batacazo *m* [caída] : **darse** o **pegarse un ~** se casser la figure.

batalla *f* **-1.** [entre ejércitos] bataille *f*; **~ campal** MIL bataille rangée; *fig* foire *f* d'empoigne. **-2.** *fig* [lucha interior] lutte *f*. **-3.** *loc* : **de ~** [de uso diario] de tous les jours.

batallar *vi* [con armas, por una cosa] se battre.

batallón, ona *adj* **-1.** [peleón] bagarreur(euse). **-2.** [revoltoso] turbulent(e). **-3.** *fam* [peliagudo] épineux(euse). ◆ **batallón** *m* MIL & *fig* bataillon *m*.

batata *f* patate *f* douce.

bate *m* DEP batte *f*.

batear ◇ *vt* DEP frapper. ◇ *vi* DEP être à la batte.

batería ◇ *f* **-1.** [gen & MIL] batterie *f*; **~ de cocina** batterie de cuisine. **-2.** TEATR rampe *f*. **-3.** *loc* : **aparcar en ~** se garer en épi. ◇ *m* MÚS batteur *m*.

batido, da *adj* **-1.** [nata] fouetté(e). **-2.** [claras, camino] battu(e). ◆ **batido** *m* **-1.** [acción] battage *m*. **-2.** [bebida] milkshake *m*. ◆ **batida** *f* **-1.** [de caza] battue *f*. **-2.** [de policía] : **dar una batida** ratisser.

batidor *m* **-1.** CULIN batteur *m*. **-2.** [en la caza] rabatteur *m*. **-3.** MIL éclaireur *m*.

batiente *m* **-1.** [de puerta, ventana] battant *m*. **-2.** [de puerto] brise-lames *m*; [natural] brisant *m*.

batín *m* veste *f* d'intérieur.

batir ◇ *vt* **-1.** [gen] battre; [nata] fouetter. **-2.** [zona – suj : policía] ratisser. ◇ *vi* [lluvia] battre. ◆ **batirse** *vp* [luchar] se battre.

baturro, rra ◇ *adj* aragonais(e). ◇ *m, f* **-1.** [campesino aragonés] paysan aragonais(paysanne aragonaise). **-2.** [terco] : **es un ~** il est buté.

batuta *f* MÚS baguette *f* de chef d'orchestre; **llevar uno la ~** *fig* faire la loi.

baúl *m* **-1.** [gen] malle *f*. **-2.** *Amer* [maletero] coffre *m* (de voiture).

bautismo *m* baptême *m* (sacrement).

bautizar *vt* lit & *fig* baptiser.

bautizo *m* baptême *m* (cérémonie).

baya *f* BOT baie *f*.

bayeta *f* **-1.** [tejido] flanelle *f*. **-2.** [para fregar] lavette *f* (carré de tissu-éponge) .

bayoneta *f* MIL baïonnette *f*.

baza *f* **-1.** [en naipes] pli *m*. **-2.** [ventaja] atout *m*. **-3.** *loc* : **meter ~ en** mettre son nez dans.

bazar *m* bazar *m*.

bazo, za *adj* bis(e). ◆ **bazo** *m* ANAT rate *f*.

bazofia *f* lit & *fig* cochonnerie *f*.

bazuca, bazooka *m* bazooka *m*.

be *f* : **~ larga** *Amer* b *m*, lettre b.

beatificar *vt* **-1.** RELIG béatifier. **-2.** *fig* [hacer venerable] ennoblir.

beato, ta *adj & m,f* **-1.** [beatificado] bienheureux(euse). **-2.** [piadoso] dévot(e). **-3.** *fig* [santurrón] bigot(e).

beba *f* *Amer fam* bébé *m*, petite fille *f*.

bebe *m* *Amer fam* bébé *m*, petit garçon *m*.

bebé *m* bébé *m*; **~ probeta** bébé éprouvette.

bebedero *m* **-1.** [de jaula] auget *m*. **-2.** [abrevadero] abreuvoir *m*.

bebedor, ra *m, f* buveur *m*, -euse *f*.

beber ◇ *vt* **-1.** [gen] boire. **-2.** *fig* [conocimientos] puiser. ◇ *vi* boire; **~ a** o **por** [brindar] boire à.

bebida *f* boisson *f* .

bebido, da *adj* gris(e) *(ivre)*.

beca f [subvención] bourse f.

becar vt : ~ **a alguien** attribuer une bourse à qqn.

becario, ria m, f boursier m, -ère f.

becerro, rra m, f veau m, génisse f.

bechamel, besamel f → **salsa**.

bedel m appariteur m.

begonia f bégonia m.

beige adj & m inv beige.

béisbol m base-ball m.

bejuco m Amer [liana] liane f.

belén m -1. [de Navidad] crèche f. -2. fam [desorden] foutoir m. -3. (gen pl) fig [embrollo] histoire f.

belga ◇ adj belge. ◇ mf Belge mf.

Bélgica Belgique f.

Belgrado Belgrade.

bélico, ca adj de guerre; [actitud] guerrier(ère).

belicoso, sa adj belliqueux(euse).

beligerante adj & mf belligérant(e).

bellaco, ca m, f scélérat m, -e f.

belleza f beauté f.

bello, lla adj beau(belle).

bellota f gland m.

bemol ◇ adj bémol. ◇ m MÚS bémol m; **tiene (muchos)** ~**es** [es difícil] ce n'est pas de la tarte; [tiene valor] il en a dans le ventre; [es un abuso] c'est un peu fort.

bendecir vt bénir; [capilla] consacrer.

bendición f bénédiction f.

bendito, ta ◇ adj -1. [santo] bénit(e). -2. [dichoso] bienheureux(euse). -3. [para enfatizar] sacré(e). ◇ m, f simple m d'esprit.

benedictino, na adj & m, f bénédictin(e).

benefactor, ra ◇ adj bienfaisant(e). ◇ m, f bienfaiteur m, -trice f.

beneficencia f -1. [virtud] bienfaisance f. -2. [residencia benéfica] : **la** ~ le bureau d'aide sociale.

beneficiar vt [favorecer] profiter à; **esta actitud no te beneficia** cette attitude te fait du tort. ◆ **beneficiarse** vp gagner; **no se beneficia nadie** personne n'y gagne; ~**se de algo** profiter de qqch.

beneficiario, ria m, f bénéficiaire mf.

beneficio m -1. [bien] bienfait m; **a** ~ **de** [gala, concierto] au profit de; **en** ~ **de todos** dans l'intérêt de tous; **en** ~ **propio** dans son propre intérêt. -2. [ganancia] bénéfice m.

beneficioso, sa adj bienfaisant(e).

benéfico, ca adj -1. [favorable] bienfaisant(e). -2. [función, institución] de bienfaisance.

Benelux el ~ le Benelux.

beneplácito m consentement m.

benevolencia f bienveillance f.

benévolo, la, benevolente adj bienveillant(e).

bengala f -1. [para pedir ayuda] fusée f de détresse. -2. [para fiestas] feu m de Bengale.

benigno, na adj -1. MED bénin(igne). -2. [clima, temperatura] doux(douce).

benjamín, ina m, f benjamin m, -e f.

berberecho m coque f (coquillage).

berenjena f aubergine f.

berenjenal m fam [caos] pagaille f; **meterse en un** ~ se mettre dans de beaux draps.

Berlín Berlin.

berlinés, esa ◇ adj berlinois(e). ◇ m, f Berlinois m, -e f.

bermejo, ja adj vermeil(eille).

bermudas fpl bermuda m.

Berna Berne.

berrear vi [gen] beugler; [niño] brailler.

berrido m [gen] beuglement m; [de niño] braillement m.

berrinche m fam **coger un** ~ piquer une crise.

berro m cresson m.

berza f chou m.

berzotas mf fam **ser un** ~ être bouché.

besamel = **bechamel**.

besar vt embrasser. ◆ **besarse** vp s'embrasser.

beso m baiser m; **comer a** ~**s** couvrir de baisers.

bestia ◇ adj fig : **es muy** ~ c'est une vraie brute. ◇ mf fig [persona] brute f. ◇ f [animal] bête f; ~ **de carga** bête de somme.

bestial adj -1. [brutal] bestial(e). -2. fam [tremendo] terrible. -3. fam [formidable] super.

bestialidad f -1. [brutalidad] brutalité f. -2. fam [tontería] énormité f. -3. fam [montón] : **una** ~ **de** des tonnes de.

best seller (pl **best sellers**) m best-seller m.

besucón, ona ◇ adj : **es muy** ~ il a la manie d'embrasser. ◇ m, f : **es un** ~ il a la manie d'embrasser.

besugo *m* **-1.** [pescado] daurade *f*. **-2.** *fam* [persona] andouille *f*.

besuquear *vt fam* bécoter. ◆ **besuquearse** *vp fam* se bécoter.

bético, ca *adj* de la Bétique *(ancien nom de l'Andalousie)*.

betún *m* **-1.** [para el calzado] cirage *m*. **-2.** QUÍM bitume *m*.

bianual *adj* **-1.** [cada dos años] bisannuel(elle). **-2.** [dos veces al año] semestriel(elle).

biberón *m* biberon *m*.

biblia *f* bible *f*. ◆ **Biblia** *f* : **la** ~ la Bible.

bibliografía *f* bibliographie *f*.

biblioteca *f* bibliothèque *f*.

bibliotecario, ria *m, f* bibliothécaire *mf*.

bicarbonato *m* **-1.** QUÍM bicarbonate *m*. **-2.** FARMACIA bicarbonate *m* (de soude).

bicentenario *m* bicentenaire *m*.

bíceps *m* biceps *m*.

bicharraco *m fam* **-1.** [animal] bestiole *f*. **-2.** [persona] sale type *m*.

bicho *m* **-1.** [animal] bête *f*; [insecto] bestiole *f*. **-2.** [persona mala] : **mal** ~ sale type *m*; ~ **raro** drôle d'oiseau *m*. **-3.** [pillo] peste *f*.

bici *f fam* vélo *m*.

bicicleta *f* bicyclette *f*.

bicoca *f fam* **ser algo una** ~ être une bonne affaire; **una** ~ **de trabajo** une bonne planque.

bicolor *adj* bicolore.

bidé *m* bidet *m*.

bidimensional *adj* en deux dimensions.

bidón *m* bidon *m*.

biela *f* bielle *f*.

Bielorrusia Biélorussie *f*.

bien ◇ *adv* **-1.** [gen] bien; **has hecho** ~ **tu as bien fait; habla** ~ **el inglés** il parle bien l'anglais; ~ **que vendría pero no puede** il viendrait bien ◇ volontiers mais il ne peut pas; **encontrarse** ~ se sentir bien; **estar** ~ [de salud] aller bien, se porter bien; [de aspecto, de calidad, de comodidad] être bien; [ser suficiente] suffire; **está** ~ **que te vayas pero antes despídete de todos** tu peux t'en aller mais avant dis au revoir à tout le monde; **pasarlo** ~ bien s'amuser; **¡muy** ~**!** très bien!; **¡ya está** ~**!** ça suffit!; **tener a** ~ **hacer algo** [culto] bien vouloir faire qqch; **como** ~ **le parezca** comme bon vous semble; **¡** ~ **por el campeón!** bravo pour le champion! **-2.** [de manera agradable]

bon; **oler** ~ sentir bon. **-3.** [de acuerdo] d'accord; **¿nos vamos?** — ~ on y va? — d'accord; **¡está** ~**!** d'accord! ◇ *adj inv* bien. ◇ *m* bien *m*; **el** ~ **y el mal** le bien et le mal; **es por tu** ~ c'est pour ton bien; **hacer el** ~ faire le bien. ◇ *conj* : ~... ~ soit... soit. ◆ **bienes** *mpl* biens *mpl*; ~**es gananciales** DER acquêts *mpl*; ~**es inmuebles** ◇ **raíces** biens immobiliers; ~**es muebles** biens mobiliers. ◆ **más bien** *loc adv* plutôt.

bienal ◇ *adj* biennal(e), bisannuel(elle). ◇ *f* biennale *f*.

bienaventurado, da *m, f* bienheureux *m*, -euse *f*.

bienestar *m* **-1.** [placidez] bien-être *m*. **-2.** [confort económico] confort *m*.

bienhechor, ra *m, f* bienfaiteur *m*, -trice *f*.

bienio *m* **-1.** [período] espace de deux ans. **-2.** [aumento de sueldo] *prime d'ancienneté accordée au bout de deux ans d'activité*.

bienvenido, da *adj* bienvenu(e); **¡** ~**!** soyez le bienvenu! ◆ **bienvenida** *f* bienvenue *f*; **dar la bienvenida** souhaiter la bienvenue.

bies *m inv* biais *m*; **al** ~ [costura] en biais; [sombrero, etc] de biais.

bife *m Amer* bifteck *m*.

bífido, da *adj* bifide.

biftec = bistec.

bifurcación *f* bifurcation *f*.

bifurcarse *vp* bifurquer; [tronco, rama] se diviser en deux.

bigamia *f* bigamie *f*.

bígamo, ma *adj & m, f* bigame.

bigote *m* moustache *f*.

bigotudo, da *adj* moustachu(e).

bikini = biquini.

bilateral *adj* bilatéral(e).

biliar *adj* biliaire.

bilingüe *adj* bilingue.

bilingüismo *m* bilinguisme.

bilis *f lit & fig* bile *f*.

billar *m* billard *m*.

billete *m* billet *m*; **sacar un** ~ prendre un billet; ~ **de ida y vuelta** aller-retour *m*; ~ **sencillo** aller *m* simple.

billetera *f*, **billetero** *m* portefeuille *m*.

billón *m* billion *m*.

bingo *m* **-1.** [juego, premio] bingo *m*. **-2.** [sala] salle *f* de bingo.

binóculo *m* binocle *m*.

biodegradable *adj* biodégradable.

biografía f biographie f.

biográfico, ca adj biographique.

biógrafo, fa m, f biographe mf.

biología f biologie f.

biológico, ca adj biologique.

biólogo, ga m, f biologiste mf.

biombo m paravent m.

biopsia f MED biopsie f.

bioquímico, ca ◇ adj biochimique. ◇ m, f biochimiste mf. ◆ **bioquímica** f biochimie f.

biorritmo m biorythme m.

biosfera f biosphère f.

bipartidismo m bipartisme m.

bipartito, ta adj bipartite, biparti(e).

biplaza adj m & m biplace.

biquini, bikini m bikini m, deux-pièces m.

birlar vt fam [robar] faucher.

birra f mfam [cerveza] mousse f.

birrete m -1. [de clérigo] barrette f. -2. [de catedrático, abogado] bonnet m; [de juez] toque f.

birria f fam -1. [cosa, persona fea] horreur f; [cuadro] croûte f. -2. [cosa sin valor] camelote f.

bis (pl bises) ◇ adj inv bis; **viven en el 15 ~** ils habitent au 15 bis. ◇ m bis m; **pedir un ~** bisser. ◇ adv MÚS [para repetir] bis.

bisabuelo, la m, f arrière-grand-père m, arrière-grand-mère f.

bisagra f charnière f.

biscuit m biscuit m (porcelaine).

bisección f bissection f.

bisector, triz adj bissecteur(trice). ◆ **bisectriz** f bissectrice f.

biselar vt biseauter.

bisexual adj & mf bisexuel(elle).

bisiesto adj → **año**.

bisnieto, ta m, f arrière-petit-fils m, arrière-petite-fille f.

bisonte m bison m.

bisoño, ña ◇ adj novice. ◇ m, f [principiante] débutant m, -e f; MIL jeune recrue f.

bistec, bisté, biftec m bifteck m.

bisturí (pl bisturís) m bistouri m.

bisutería f bijoux mpl fantaisie.

bit (pl bits) m INFORM bit m.

bíter, bitter m bitter m.

bizco, ca ◇ adj : **es ~** il louche. ◇ m, f loucheur m, -euse f.

bizcocho m -1. [postre] gâteau m. -2. [pan ácimo] biscuit m.

bizquear vi -1. [quedarse bizco] loucher. -2. fam fig [asombrarse] être épaté(e).

blablablá m fam bla-bla m.

blanco, ca ◇ adj blanc(blanche). ◇ m, f Blanc m, Blanche f. ◆ **blanco** m -1. [color, espacio] blanc m. -2. [de disparo] cible f; **dar en el ~** mettre dans le mille; **fue el ~ de todas las miradas** tous les regards se sont portés sur lui. -3. fig [objetivo] but m. ◆ **blanca** f MÚS blanche f; **estar** o **quedarse sin blanca** fig ne pas avoir un sou. ◆ **blanco del ojo** m blanc m de l'œil. ◆ **en blanco** loc adv -1. [vacío] : **dejar su hoja en ~** rendre copie blanche. -2. [sin saber] : **quedarse con la mente en ~** avoir un trou de mémoire. -3. [sin dormir] : **pasar la noche en ~** passer une nuit blanche.

blancura f blancheur f.

blandengue ◇ adj lit & fig mollasse. ◇ mf lavette f.

blando, da adj -1. [gen] mou(molle); [carne] tendre. -2. fig [de carácter] faible; **es demasiado ~ con los alumnos** il n'est pas assez sévère avec les élèves.

blandura f -1. [gen] mollesse f. -2. fig [de carácter] faiblesse f.

blanquear vt [dinero] blanchir.

blanquecino, na adj blanchâtre; [tez, luz] blafard(e).

blanqueo m -1. [de ropa] blanchissage m. -2. [de pared, dinero] blanchiment m.

blanquillo m Amer œuf m.

blasfemar vi -1. RELIG blasphémer. -2. [maldecir] jurer.

blasfemia f -1. [contra Dios] blasphème m. -2. [palabrota] juron m. -3. fig [injuria] sacrilège m.

blasfemo, ma ◇ adj blasphématoire; [persona] blasphémateur(trice). ◇ m, f blasphémateur m, -trice f.

blazer (pl blazers) m blazer m.

bledo m : **me importa un ~** fam je m'en fiche comme de l'an quarante.

blindado, da adj blindé(e).

blindar vt blinder.

bloc (pl blocs) m bloc-notes m.

bloque m -1. [gen & INFORM] bloc m. -2. [edificio] immeuble m. ◆ **bloque del motor** m bloc-moteur m.

bloquear vt -1. [gen] bloquer. -2. [bienes] saisir; [cheque] faire opposition à; [cuenta, créditos] geler. ◆ **bloquearse** vp [gen] se bloquer; [persona] faire un blocage.

bloqueo *m* **-1.** [gen] blocage *m*. **-2.** [de país, ciudad] blocus *m*; [de mercancías] embargo *m*; ~ **económico** embargo économique. **-3.** [de bienes] saisie *f*; [de cuenta, créditos] gel *m*.

blues *m inv* MÚS blues *m*.

blusa *f* chemisier *m*.

blusón *m* chemise *f* ample.

bluyín *m*, **bluyines** *mpl* Amer jean *m*.

boa *f* [animal] boa *m* .

bobada *f fam* bêtise *f*; **decir** ○ **hacer** ~**s** dire ○ faire des bêtises.

bobería *f fam* bêtise *f*.

bobina *f* bobine *f*.

bobo, ba *adj & m,f* **-1.** [tonto] idiot(e). **-2.** [ingenuo] niais(e).

boca *f* bouche *f*; **mantener seis** ~**s** avoir six bouches à nourrir; ~ **de metro** bouche de métro; **abrir** ○ **hacer** ~ mettre en appétit; **se me hace la** ~ **agua** j'en ai l'eau à la bouche; **quitar de la** ~ ôter de la bouche. ◆ **boca arriba** *loc adv* sur le dos. ◆ **boca abajo** *loc adv* sur le ventre, à plat ventre. ◆ **boca a boca** *m* bouche-à-bouche *m inv*.

bocacalle *f* rue *f*; **gire a la izquierda en la tercera** ~ prenez la troisième rue à gauche.

bocadillo *m* **-1.** [para comer] sandwich *m*. **-2.** [en cómic] bulle *f*.

bocado *m* **-1.** [gen] bouchée *f*; [un poco] morceau *m*; **no probar** ~ ne rien avaler. **-2.** [mordisco] : **dar un** ~ mordre.

bocajarro ◆ **a bocajarro** *loc adv* **-1.** [decir] à brûle-pourpoint. **-2.** [disparar] à bout portant.

bocanada *f* [de líquido] gorgée *f*; [de humo, aire] bouffée *f*.

bocata *m fam* sandwich *m*.

bocazas *mf fam despec* grande-gueule *f*.

boceto *m* ébauche *f*, esquisse *f*.

bochorno *m* **-1.** [calor] chaleur *f* étouffante. **-2.** [vergüenza] : **pasó un** ~ il est devenu tout rouge.

bochornoso, sa *adj* **-1.** [tiempo] étouffant(e). **-2.** [vergonzoso] honteux(euse).

bocina *f* **-1.** [de coche] Klaxon® *m*. **-2.** [megáfono] porte-voix *m*.

bocinazo *m* coup *m* de Klaxon.

boda *f* mariage *m*; ~**s de oro/plata** noces *fpl* d'or/d'argent.

bodega *f* **-1.** [gen] cave *f* à vin. **-2.** [en buque, avión] cale *f*.

bodegón *m* **-1.** ARTE nature *f* morte. **-2.** [taberna] taverne *f*.

bodrio *m fam despec* horreur *f*; [comida] ragougnasse *f*.

body (*pl* **bodies** ○ **bodys**) *m* body *m*.

BOE (*abrev de* **Boletín Oficial del Estado**) *m* Journal officiel espagnol.

bofetada *f* gifle *f*; **darse de** ~**s con algo** *fig* [no pegar] aller mal avec qqch.

bofetón *m* claque *f*.

bofia *f fam* **la** ~ les poulets *mpl*, les flics *mpl*.

boga *f* [remo] nage *f*; **estar en** ~ être en vogue.

bogavante *m* homard *m*.

Bogotá Bogota.

bogotano, na ◇ *adj* de Bogota. ◇ *m, f* habitant *m*, -e *f* de Bogota.

bohemio, mia ◇ *adj* **-1.** [artista] bohème; [vida] de bohème. **-2.** [de Bohemia] bohémien(enne). ◇ *m, f* **-1.** [artista] bohème *m*. **-2.** [de Bohemia] Bohémien *m*, -enne *f*.

boicot (*pl* **boicots**), **boycot** (*pl* **boycots**) *m* boycott *m*.

boicotear, boycotear *vt* boycotter.

boina *f* béret *m*.

bol *m* bol *m*.

bola *f* **-1.** [gen] boule *f* . **-2.** [canica] bille *f*. **-3.** *fam* [mentira] : **contar** ~**s** raconter des bobards. **-4.** *loc* : **en** ~**s** *fam* à poil.

bolada *f* Amer fam occase *f*.

bolea *f* DEP volée *f*.

bolear *vt* Amer cirer.

bolera *f* boulodrome *m*.

bolería *f* Amer cireur *m* de chaussures (*boutique*).

bolero *m* **-1.** MÚS boléro *m*. **-2.** Amer cireur *m* de chaussures.

boletería *f* Amer guichet *m*.

boletero, ra *m* Amer, *f* Amer guichetier *m*, -ère *f*.

boletín *m* bulletin *m*; ~ **de noticias** ○ **informativo** bulletin d'informations; ~ **de prensa** communiqué *m* de presse; ~ **meteorológico** bulletin météorologique.

boleto *m* [de lotería, rifa] billet *m*; [de quinielas] bulletin *m* .

boli *m fam* stylo *m*, Bic® *m*.

boliche *m* **-1.** [en la petanca] cochonnet *m*. **-2.** [bolera] boulodrome *m*.

bólido *m* bolide *m*.

bolígrafo *m* stylo-bille *m*.

bolillo *m* Amer [panecillo] petit pain *m*.

bolívar *m* bolivar *m*.

Bolivia Bolivie *f*.

boliviano, na ◇ *adj* bolivien(enne). ◇ *m*, *f* Bolivien *m*, -enne *f*.

bollo *m* -1. [de pan] pain *m* au lait; [dulce] : **los ~s** la viennoiserie. -2. [abolladura] coup *m*.

bolo *m* -1. [de juego] quille *f*. -2. *Amer fam* [borracho] poivrot *m*. ❖ **bolos** *mpl* [juego] quilles *fpl*.

bolsa *f* -1. [gen] sac *m*; ~ **de basura** sac-poubelle *m*; ~ **de viaje** sac *m* de voyage. -2. [edificio & FIN] Bourse *f*; **la** ~ **baja/ sube** la Bourse est en baisse/en hausse; **jugar en** ~ jouer en Bourse. -3. [cavidad] poche *f*. -4. *Amer* [bolso] sac *m* (à main); ~ **de dormir** sac *m* de couchage. ❖ **bolsa de agua caliente** *f* bouillotte *f*.

bolsillo *m* poche *f*; **de** ~ [libro etc] de poche; **meterse a alguien en el** ~ se mettre qqn dans la poche.

bolso *m* sac *m* (à main).

boludo, da *m, f Amer mfam* con *m*, conne *f*.

bomba *f* -1. [explosivo] bombe *f*; ~ **atómica** bombe atomique; ~ **de mano** grenade *f*. -2. [máquina] pompe *f*. -3. *fig* [acontecimiento] : **ser una** ~ faire ○ avoir l'effet d'une bombe. -4. *loc* : **pasarlo** ~ *fam* s'éclater. -5. *Amer* [surtidor de gasolina] pompe *f* à essence.

bombachas *fpl Amer* pantalon *m* bouffant.

bombachos *mpl* culotte *f* bouffante.

bombardear *vt lit & fig* bombarder.

bombardeo *m* bombardement *m*.

bombardero, ra *adj* de bombardement. ❖ **bombardero** *m* bombardier *m*.

bombazo *m* -1. [bomba] bombardement *m*. -2. *fig* [noticia] : **ser un** ~ faire l'effet d'une bombe.

bombear *vt* pomper.

bombero, ra *m, f* -1. [gen] pompier *m*. -2. *Amer* [de gasolinera] pompiste *mf*.

bombilla *f* ampoule *f* (électrique).

bombillo *m Amer* ampoule *f* (électrique).

bombín *m* chapeau *m* melon.

bombo *m* -1. [tambor] grosse caisse *f*. -2. [elogio] : **dar mucho** ~ **a** [algo] faire beaucoup de bruit autour de; [alguien] ne pas tarir d'éloges sur. -3. *fig* [ruido] : **con mucho** ~, **a** ~ **y platillo** à grand bruit.

bombón *m* -1. [golosina] chocolat *m* (bonbon). -2. *fam fig* [mujer] : **ser un** ~ être jolie comme un cœur.

bombona *f* bonbonne *f*; ~ **de butano** bouteille *f* de gaz.

bonachón, ona *fam* ◇ *adj* bonhomme. ◇ *m*, *f* brave homme *m*, brave femme *f*.

bonanza *f* -1. [de tiempo, mar] calme *m* plat. -2. [prosperidad] prospérité *f*.

bondad *f* bonté *f*; **tener la** ~ **de hacer algo** avoir la bonté de faire qqch.

bondadoso, sa *adj* bon(bonne); **es** ~ il respire la bonté.

bonete *m* [de eclesiástico] barrette *f*.

boniato *m* patate *f* douce.

bonificar *vt* -1. [descontar] faire une remise de. -2. [el suelo] bonifier.

bonito, ta *adj* joli(e); [bueno] gentil(ille). ❖ **bonito** *m* thon *m*.

bono *m* -1. [vale] bon *m* d'achat. -2. COM [título] obligation *f*; [del Tesoro] bon *m*; ~ **basura** obligation de pacotille.

bonobús *m* coupon d'autobus valable pour 10 trajets.

bonoloto *f* ≈ loto *m*.

bonsai *m* bonsaï *m*.

boñiga *f* bouse *f*.

boom *m* boom *m*.

boomerang = **bumerán**.

boquerón *m* anchois *m (frais)*.

boquete *m* [rotura] brèche *f*.

boquiabierto, ta *adj* : **estar** ~ avoir la bouche ouverte; **quedarse** ~ *fig* rester bouche bée.

boquilla *f* -1. [para fumar] fume-cigarette *m inv*. -2. [de pipa, aparato] tuyau *m*. -3. [de flauta] bec *m*. ❖ **de boquilla** *loc adv fam* [promesas etc] en l'air.

borbotear, borbotar *vi* bouillonner.

borbotón ❖ **a borbotones** *loc adv* à gros bouillons.

borda *f* NÁUT : **por la** ~ par-dessus bord. ❖ **fuera borda** *m* hors-bord *m*.

bordado, da *adj* brodé(e). ❖ **bordado** *m* broderie *f*.

bordar *vt* -1. [gen] broder. -2. [hacer bien] fignoler.

borde ◇ *adj mfam* [antipático] emmerdant(e). ◇ *m*, *f mfam* [antipático] emmerdeur(euse). ◇ *m* bord *m*; **al** ~ **de** *fig* au bord de.

bordear *vt* -1. [estar alrededor de] border; [moverse alrededor de] longer. -2. *fig* [rozar – años] friser; [– éxito] frôler.

bordillo *m* bord *m*; [de acera, andén] bordure *f*.

bordo *m* NÁUT bord *m*. ◆ **a bordo** *loc adv* à bord.

borla *f* **-1.** [adorno] pompon *m*. **-2.** [de licenciado] *pompon du bonnet des diplômés universitaires dont la couleur varie suivant la faculté*.

borrachera *f* **-1.** [embriaguez] : **coger una** ~ se soûler. **-2.** *fig* [emoción] ivresse *f*.

borrachín, ina *m, f fam* poivrot *m*, -e *f*.

borracho, cha ◇ *adj* **-1.** [ebrio] soûl(e). **-2.** *fig* [emocionado] : ~ **de** ivre de. ◇ *m, f* [persona] ivrogne *mf*. ◆ **borracho** *m* [bizcocho] baba *m* au rhum.

borrador *m* **-1.** [escrito] brouillon *m*. **-2.** [de lápiz] gomme *f*; [en pizarra] tampon *m*. **-3.** [cuaderno] cahier *m* de brouillon.

borrar *vt* **-1.** [gen] effacer; [con goma] gommer. **-2.** [tachar] rayer. ◆ **borrarse** *vp* **-1.** [desaparecer] s'effacer. **-2.** [olvidarse] : **se me ha borrado su cara** je ne me souviens plus de son visage.

borrasca *f* tempête *f*.

borrego, ga *m, f* **-1.** [animal] agneau *m*, agnelle *f*. **-2.** *fam despec* [persona] plouc *mf*.

borrón *m* **-1.** [mancha] pâté *m*. **-2.** *loc* : **hacer** ~ **y cuenta nueva** faire table rase.

borroso, sa *adj* [visión, fotografía] flou(e); [escritura, texto] à moitié effacé(e).

Bosnia Bosnie *f*.

bosnio, nia ◇ *adj* bosniaque. ◇ *m, f* Bosniaque *mf*.

bosque *m* [pequeño] bois *m*; [grande] forêt *f*.

bosquejar *vt* ébaucher, esquisser.

bosquejo *m* **-1.** [esbozo] ébauche *f*, esquisse *f*. **-2.** *fig* [de tema, situación] : **hacer un** ~ **de algo** peindre qqch à grands traits.

bostezar *vi* bâiller.

bostezo *m* bâillement *m*.

bota *f* **-1.** [calzado] botte *f*; ~ **de agua** o **lluvia** botte en caoutchouc. **-2.** [de vino] outre *f*.

botafumeiro *m* encensoir *m*.

botana *f* *Amer* amuse-gueule *m*.

botánico, ca ◇ *adj* botanique. ◇ *m, f* botaniste *mf*. ◆ **botánica** *f* botanique *f*.

botar ◇ *vt* **-1.** NÁUT lancer. **-2.** *fam* [despedir] virer. **-3.** [pelota] faire rebondir. **-4.** DEP : **el córner** tirer un coup franc. **-5.** *Amer* [tirar] jeter. ◇ *vi* **-1.** [gen] sauter; [coche] cahoter. **-2.** [pelota] rebondir.

bote *m* **-1.** [tarro] pot *m*. **-2.** [recipiente – lata] boîte *f*; [– de plástico] bouteille *f*. **-3.** [barca] canot *m*; ~ **salvavidas** canot de sauvetage. **-4.** [propina] pourboire *m*. **-5.** [salto] bond *m*; **dar** ~**s de alegría** sauter de joie. **-6.** [de pelota] rebond *m*; **dar** ~ rebondir. **-7.** *loc fam* **chuparse del** ~ s'en mettre plein les poches; **tener en el** ~ **a alguien** avoir qqn dans la poche. ◆ **a bote pronto** *loc adv* à brûle-pourpoint.

botella *f* bouteille *f*; ~ **de oxígeno** MED bouteille d'oxygène; [de submarinista] bouteille de plongée.

botellín *m* canette *f*.

boticario, ria *m, f desus* apothicaire *m*.

botijo *m* cruche *f*.

botín *m* **-1.** [de guerra, atraco] butin *m*. **-2.** [calzado] bottine *f*.

botiquín *m* [mueble] armoire *f* à pharmacie; [maletín] trousse *f* à pharmacie.

botón *m* bouton *m* (de fleur, vêtement). ◆ **botones** *m inv* [de hotel] groom *m*; [de oficinas] garçon *m* de courses.

boutique *f* boutique *f* (de vêtements).

bóveda *f* ARQUIT voûte *f*.

bovino, na *adj* bovin(e). ◆ **bovinos** *mpl* bovins *mpl*.

box (*pl* **boxes**) *m* **-1.** [de caballo] box *m*. **-2.** [de coches] stand *m*. **-3.** *Amer* DEP boxe *f*.

boxeador, ra *m, f* DEP boxeur *m*, -euse *f*.

boxear *vi* boxer.

boxeo *m* boxe *f*.

bóxer (*pl* **bóxers**) *m* [perro] boxer *m*.

boya *f* **-1.** [en el mar] bouée *f*. **-2.** [de red] flotteur *m*.

boyante *adj* [gen] heureux(euse); [negocio, economía] prospère, florissant(e); [situación, posición] brillant(e).

boycot = **boicot**.

boycotear = **boicotear**.

boy scout (*pl* **boy scouts**) *m* boy-scout *m*.

bozal *m* muselière *f*.

bracear *vi* **-1.** [mover los brazos] remuer o agiter les bras. **-2.** [nadar] nager la brasse.

braga *f* (*gen pl*) culotte *f*.

bragueta *f* braguette *f*.

braille *m* braille *m*.

bramar *vi* **-1.** [animal, viento] mugir. **-2.** [persona – de dolor] hurler; [– de ira] rugir.

bramido *m* **-1.** [de animal] mugissement *m*. **-2.** [de dolor] hurlement *m*; [de ira] rugissement *m*.

brandy, **brandi** *m* brandy *m*.

branquia *f (gen pl)* branchie *f*.

brasa *f* braise *f*; **a la ~** CULIN sur la braise.

brasero *m* brasero *m*.

brasier, **brassier** *m Amer* soutien-gorge *m*.

Brasil (el) ~ (le) Brésil.

brasileño, **ña** ◇ *adj* brésilien(enne). ◇ *m, f* Brésilien *m*, -enne *f*.

brasilero, **ra** *adj Amer* brésilien(enne).

braveza *f* bravoure *f*.

bravío, **a** *adj* [animal] sauvage; [persona] indomptable.

bravo, **va** ◇ *adj* **-1.** [persona] brave. **-2.** [animal] sauvage. **-3.** [mar] démonté(e). ◇ *m* [aplauso] bravo *m*. ◇ *interj* : **¡~!** bravo! ◆ **por las bravas** *loc adv* de force.

bravuconear *vi despec* fanfaronner.

bravura *f* **-1.** [de persona] bravoure *f*. **-2.** [de animal] férocité *f*.

braza *f* [DEP & medida] brasse *f*.

brazada *f* brassée *f*, brasse *f*.

brazalete *m* **-1.** [en la muñeca] bracelet *m*. **-2.** [en el brazo] brassard *m*.

brazo *m* **-1.** [gen] bras *m*; **cogidos del ~** bras dessus bras dessous; **llevar en ~s** porter dans ses bras; **quedarse** o **estarse con los ~s cruzados** rester les bras croisés; **ser el ~ derecho de alguien** être le bras droit de qqn. **-2.** [de animal] patte *f* avant; [de caballo] jambe *f*. ◆ **brazo de gitano** *m* CULIN ≃ gâteau *m* roulé. ◆ **brazo de mar** *m* GEOGR bras *m* de mer.

brebaje *m* breuvage *m*.

brecha *f* **-1.** [abertura] brèche *f*. **-2.** *fig* [impresión] : **hacer ~ en alguien** ébranler qqn.

bregar *vi* **-1.** [reñir] se battre. **-2.** [trabajar] trimer. **-3.** *fig* [luchar] se démener.

breva *f* **-1.** [fruta] figue *f*. **-2.** [cigarro] cigare *m* aplati. **-3.** *loc* : **¡no caerá esa ~!** *fam* je n'aurai pas cette veine!

breve *adj* bref(brève); **en ~** [pronto] d'ici peu.

brevedad *f* brièveté *f*; **a** o **con la mayor ~** dans les plus brefs délais.

bribón, **ona** *m, f* vaurien *m*, -enne *f*.

bricolaje, **bricolage** *m* bricolage *m*.

brida *f* bride *f*.

bridge *m* bridge *m (jeu)*.

brigada ◇ *m* MIL ≃ adjudant *m*. ◇ *f* brigade *f*; **~ antidisturbios** ≃ CRS; **~ antidroga** brigade des stupéfiants.

brillante ◇ *adj* **-1.** [gen] brillant(e). **-2.** [sonrisa] radieux(euse). ◇ *m* brillant *m (diamant)*.

brillantez *f fig* splendeur *f*.

brillantina *f* brillantine *f*.

brillar *vi lit & fig* briller.

brillo *m* éclat *m* .

brilloso, **sa** *adj Amer* brillant(e).

brincar *vi* sauter; **~ de alegría** sauter de joie.

brinco *m* [salto] bond *m* .

brindar ◇ *vi* trinquer; **~ por algo/alguien** porter un toast à qqch/qqn; **~ a la salud de alguien** boire à la santé de qqn. ◇ *vt* offrir. ◆ **brindarse** *vp* : **~se a hacer algo** offrir de faire qqch.

brindis *m* toast *m*.

brío *m* [al andar] allant *m*; [al trabajar] entrain *m*.

brioche *m* brioche *f*.

brisa *f* brise *f*.

británico, **ca** ◇ *adj* britannique. ◇ *m, f* Britannique *mf*.

brizna *f* [gen] brin *m*; [de aire] souffle *m*.

broca *f* mèche *f (outil)*.

brocha *f* brosse *f*; **~ de afeitar** blaireau *m*.

brochazo *m* coup *m* de pinceau.

broche *m* **-1.** [cierre – de ropa] agrafe *f*; [– de joya] fermoir *m*. **-2.** [joya] broche *f* .

broker (*pl* **brokers**) *m* FIN agent *m* de change.

broma *f* [ocurrencia, chiste] plaisanterie *f*; [jugarreta] farce *f*; **en ~** pour rire; **gastar una ~ a alguien** faire une farce à qqn; **ni en ~** *fig* jamais de la vie.

bromear *vi* plaisanter.

bromista *adj & mf* farceur(euse).

bromuro *m* QUÍM bromure *m*.

bronca *f* → **bronco**.

bronce *m* bronze *m*.

bronceado, **da** *adj* bronzé(e). ◆ **bronceado** *m* bronzage *m*.

bronceador, **ra** *adj* bronzant(e). ◆ **bronceador** *m* crème *f* solaire.

bronco, **ca** *adj* **-1.** [material] grossier(ère). **-2.** [voz, sonido, tos] rauque. **-3.** *fig* [persona, modales] rustre. ◆ **bronca** *f* **-1.** [riña] bagarre *f*; **buscar bronca** chercher la bagarre. **-2.** [regañina] : **echar una**

bronca a alguien passer un savon à qqn. **-3.** [abucheo] huées *fpl* .

bronquio *m* bronche *f.*

bronquitis *f* bronchite *f.*

brotar *vi* **-1.** [planta] pousser. **-2.** [líquido] jaillir. **-3.** *fig* [sentimiento] naître. **-4.** [granos etc] sortir.

brote *m* **-1.** [yema] bourgeon *m.* **-2.** *fig* [inicios] premiers signes *mpl.*

bruces ◆ de bruces *loc adv* à plat ventre; **caerse de ~** s'étaler de tout son long.

bruja ◇ *adj inv Amer fam* à sec *(sans argent).* ◇ *f →* **brujo.**

brujería *f* sorcellerie *f.*

brujo, ja ◇ *adj* ensorceleur(euse). ◇ *m, f* sorcier *m,* -ère *f.* **◆ bruja** *f* **-1.** [mujer fea] laideron *m;* **estar hecha una bruja** être épouvantable. **-2.** [mujer mala] mégère *f.*

brújula *f* boussole *f.*

bruma *f* [niebla] brume *f.*

bruñido *m* brunissage *m.*

brusco, ca *adj* brusque.

Bruselas Bruxelles.

brusquedad *f* **-1.** [imprevisión] soudaineté *f.* **-2.** [grosería] brusquerie *f;* **con ~** brusquement.

brut *adj inv* [champán] brut.

brutal *adj* **-1.** [violento] brutal(e). **-2.** *fam* [extraordinario] super.

brutalidad *f* **-1.** [brusquedad] brutalité *f.* **-2.** [locura] folie *f.*

bruto, ta ◇ *adj* **-1.** [torpe, bestia] lourdaud(e); [mal educado] rustre. **-2.** [petróleo, sueldo etc] brut(e); **en ~** [diamante] brut(e). ◇ *m, f* [torpe, bestia] brute *f.*

bubónica *adj →* **peste.**

bucal *adj* buccal(e).

Bucarest Bucarest.

bucear *vi* [en el agua] faire de la plongée sous-marine.

buceo *m* plongée *f* (sous-marine).

buche *m* **-1.** [gen] jabot *m.* **-2.** *fam* [de persona] panse *f.*

bucle *m* **-1.** [gen & INFORM] boucle *f.* **-2.** [de carretera] virage *m* en épingle à cheveux.

bucólico, ca *adj* **-1.** [campestre] champêtre. **-2.** LITER bucolique.

Budapest Budapest.

budismo *m* bouddhisme *m.*

buen = **bueno.**

buenaventura *f* **-1.** [adivinación] bonne aventure *f.* **-2.** [suerte] destin *m.*

bueno, na *(compar* **mejor,** *superl* **el mejor, la mejor)** *adj (antes de sust masculino :* **buen)** **-1.** [gen] bon(bonne); **un hombre ~** un homme bon; **un buen cuchillo** un bon couteau; **una buena siesta** une bonne sieste; **ser ~ con alguien** être gentil avec qqn. **-2.** [tranquilo] sage; **un niño ~** un enfant sage. **-3.** [curado, sano] : **estar ~** être en bonne santé. **-4.** [tiempo, clima] : **hace buen día** ○ **tiempo** il fait beau. **-5.** *fam* [atractivo] : **está ~** il est canon. **-6.** [uso enfático] : **ese buen hombre** ce brave homme; **un buen día** un beau jour. **-7. de buenas a primeras** [de repente] tout à coup; [a primera vista] de prime abord; **ser de buen ver** être bien de sa personne; **estar de buenas** être de bonne humeur; **lo ~ es que...** la meilleure c'est que... **◆ bueno** ◇ *adv* bon. ◇ *interj Amer* : **¿~?** [al teléfono] allô? **◆ buenas** *interj* : **¡buenas!** bonjour!

Buenos Aires Buenos Aires.

buey *m* bœuf *m.*

búfalo *m* buffle *m.*

bufanda *f* écharpe *f.*

bufar *vi* **-1.** [toro] souffler; [caballo] s'ébrouer. **-2.** *fig* [persona] fulminer.

bufé *(pl* **bufés),** **buffet** *(pl* **buffets)** *m* buffet *m (de réception).*

bufete *m* cabinet *m* (d'avocat).

buffet = **bufé.**

bufido *m* **-1.** [de animal] soufflement *m.* **-2.** *fam* [de persona] gueulante *f;* **lanzar un ~** pousser une gueulante.

bufón, ona *adj* bouffon(onne). **◆ bufón** *m* bouffon *m.*

bufonada *f* bouffonnerie *f.*

buhardilla *f* **-1.** [desván] mansarde *f.* **-2.** [ventana] lucarne *f.*

búho *m* hibou *m.*

buitre *m* **-1.** [ave] vautour *m.* **-2.** *fig* [persona] requin *m.*

bujía *f* AUTOM bougie *f.*

bulbo *m* BOT & ANAT bulbe *m* .

buldozer *(pl* **buldozers),** **bulldozer** *(pl* **bulldozers)** *m* bulldozer *m.*

bulevar *(pl* **bulevares)** *m* boulevard *m.*

Bulgaria Bulgarie *f.*

búlgaro, ra ◇ *adj* bulgare. ◇ *m, f* Bulgare *mf.* **◆ búlgaro** *m* [lengua] bulgare *m.*

bulín *m Amer* garçonnière *f.*

bulla *f* [jaleo] raffut *m;* **armar ~** faire du raffut.

bulldozer = **buldozer.**

bullicio m [ruido] brouhaha m; [multitud] agitation f.

bullicioso, sa ◇ adj **-1.** [ruidoso, agitado] animé(e). **-2.** [inquieto] turbulent(e). ◇ m, f nerveux m, -euse f.

bullir vi **-1.** [hervir] bouillir; [burbujear] bouillonner. **-2.** fig [multitud] grouiller, fourmiller.

bulto m **-1.** [gen] bosse f; **hacer mucho ~** prendre beaucoup de place. **-2.** [forma imprecisa] masse f; [de persona] silhouette f. **-3.** [equipaje] paquet m; **~ de mano** bagage m à main. **-4.** loc : **escurrir el ~** [trabajo] se dérober; [cuestión] éluder la question.

bumerán (pl **bumerans**), **bumerang** (pl **bumerangs**) m boomerang m.

bungalow (pl **bungalows**) m bungalow m.

búnquer (pl **búnquers**), **bunker** (pl **bunkers**) m **-1.** [refugio] bunker m. **-2.** fig POLÍT faction conservatrice d'un parti.

buñuelo m **-1.** CULIN beignet m; **~ de viento** pet-de-nonne m. **-2.** fig [cosa mal hecha] horreur f.

BUP (abrev de **Bachillerato Unificado Polivalente**) m EDUC scolarité de la troisième à la première en Espagne.

buque m navire m .

burbuja f bulle f.

burbujear vi faire des bulles, pétiller.

burdel m bordel m.

burdo, da adj grossier(ère).

burgués, esa adj & m, f bourgeois(e).

burguesía f bourgeoisie f.

burla f **-1.** [mofa] moquerie f; **hacer ~ de algo/alguien** se moquer de qqch/qqn. **-2.** [broma] plaisanterie f. **-3.** [engaño] escroquerie f.

burlar vt **-1.** [engañar] tromper. **-2.** [esquivar – vigilancia]   déjouer;   [– ley] contourner. ◆ **burlarse** vp : **~se de** se moquer de.

burlesco, ca adj LITER burlesque; [tono] moqueur(euse).

burlón, ona adj moqueur(euse).

buró m Amer [mesilla de noche] table f de nuit.

burocracia f bureaucratie f.

burócrata mf bureaucrate mf.

burrada f **-1.** [dicho] énormité f. **-2.** fam [cantidad] : **hay una ~ de gente** il y a vachement de monde.

burro, rra ◇ adj [necio] bête. ◇ m, f **-1.** [animal, necio] âne m, ânesse f. **-2.** fig [trabajador] : **ser un ~ para el trabajo** être un bourreau de travail. **-3.** loc : **no ver tres en un ~** fam être myope comme une taupe.

bursátil adj boursier(ère).

bus m AUTOM & INFORM bus m.

busca ◇ f recherche f; **en ~ de** [algo] en quête de; [alguien] à la recherche de. ◇ m inv = **buscapersonas**.

buscapersonas, busca m inv bip m.

buscar ◇ vt **-1.** [gen] chercher. **-2.** INFORM rechercher. ◇ vi : **ir/venir/pasar a ~ a alguien/algo** aller/venir/passer chercher qqn/qqch.

buscavidas mf inv fam **-1.** [ambicioso] démerdard(e). **-2.** [entrometido] fouinard(e).

buscón, ona m, f : **es un ~** il vit d'expédients.

búsqueda f recherche f.

busto m buste m.

butaca f **-1.** [mueble] fauteuil m. **-2.** [localidad] place f; **~ (de patio)** fauteuil m d'orchestre.

butano m gaz m (butane).

butifarra f CULIN saucisse catalane.

buzo m **-1.** [buceador] plongeur m. **-2.** [ropa] bleu m de travail. **-3.** Amer [chandal] survêtement m.

buzón m boîte f aux lettres.

byte (pl **bytes**) m INFORM octet m.

C

c, C f [letra] c m inv, C m inv.

c., c/ (abrev de **calle**) R.

c/ abrev de **cuenta**.

cabal adj [persona] accompli(e). ◆ **cabales** mpl : **no estar en sus ~es** fig ne pas avoir toute sa tête.

cabalgar vi chevaucher.

cabalgata f chevauchée f. ◆ **cabalgata de los Reyes Magos** f défilé de chars et de cavaliers déguisés en Rois Mages pour l'Épiphanie.

caballa f ZOOL maquereau m.

caballería f -1. [animal] monture f. -2. MIL cavalerie f. -3. [nobleza] chevalerie f.

caballero ◇ adj [cortés] galant(e). ◇ m -1. [hombre cortés] gentleman m; **ser todo un ~** être un vrai gentleman. -2. [señor] monsieur m; **'~s'** [en aseos] 'messieurs'; **de ~** [ropa] pour homme. -3. [noble] chevalier m.

caballete m -1. [de mesa] tréteau m. -2. [de lienzo] chevalet m. -3. [de nariz] arête f.

caballito m petit cheval m. ◆ **caballitos** mpl manège m (de chevaux de bois). ◆ **caballito de mar** m hippocampe m.

caballo m -1. [animal] cheval m; **montar a ~** faire du cheval. -2. [de ajedrez] cavalier m. -3. [naipe] l'une des cartes du jeu espagnol, ≃ dame f; [tarot] cavalier m. -4. mfam [heroína] héro f. -5. loc : **estar a ~** entre être à cheval sur.

cabaña f -1. [choza] cabane f. -2. [ganado] cheptel m.

cabaret (pl **cabarets**) m cabaret m.

cabecear vi -1. [con la cabeza] hocher la tête. -2. [dormir] dodeliner de la tête. -3. [en fútbol] faire une tête. -4. [vehículo] bringuebaler; [barco] tanguer.

cabecera f -1. [de cama] chevet m. -2. [lugar de preferencia] place f d'honneur. -3. [de texto] tête f de chapitre; [de periódico] manchette f. -4. [de río] source f.

cabecilla mf meneur m, -euse f.

cabellera f chevelure f.

cabello m -1. [pelo] cheveu m. -2. [cabellera] cheveux mpl. ◆ **cabello de ángel** m CULIN cheveu m d'ange.

caber vi -1. [gen] rentrer, tenir; **la maleta no cabe en el armario** la valise ne rentre pas dans l'armoire; **detrás caben tres** on tient à trois derrière; **no cabe nadie más** il n'y a plus de place. -2. [ser bastante ancho] aller; **no me caben los pantalones** ce pantalon est trop petit pour moi. -3. [ser posible] : **cabe la posibilidad de que...** il est possible que...; **cabe preguntarse si...** on peut se demander si... -4. MAT : **diez entre dos caben a cinco** dix divisé par deux égale cinq. -5. loc : **dentro de lo que cabe** [dentro de lo posible] autant que possible; [después de todo] l'un dans l'autre.

cabestrillo ◆ **en cabestrillo** loc adj en écharpe.

cabestro m -1. [cuerda] licou m. -2. [animal] sonnailler m.

cabeza f -1. [gen] tête f; **actuar con ~** agir avec discernement; **a la** ○ **en ~** à la ○ en tête; **de ~** la tête la première; **tirarse de ~** (a) plonger (dans); **~ lectora** tête de lecture. -2. [jefe] chef m; **~ de familia** chef de famille. -3. [ciudad] ville f principale; [de distrito] chef-lieu m. -4. loc : **alzar** ○ **levantar ~** s'en sortir; **andar** ○ **estar mal de la ~** ne pas tourner rond; **sentar la ~** se ranger; **se le subió a la ~** ça lui est monté à la tête; **traer de ~** rendre fou(folle) ○ malade. ◆ **cabeza de ajo** f tête f d'ail. ◆ **cabeza de turco** f tête f de Turc.

cabezada f -1. [de sueño] dodelinement m; **dar ~s** dodeliner de la tête. -2. [de cortesía] signe m de (la) tête. -3. [golpe] coup m de tête.

cabezal m -1. [de aparato] tête f de lecture. -2. [almohada] traversin m.

cabezón, ona ◇ adj -1. [de cabeza grande] qui a une grosse tête. -2. [terco] têtu(e). ◇ m, f [terco] entêté m, -e f.

cabezota ◇ adj fam têtu(e) comme une mule. ◇ mf tête f de mule.

cabezudo, da adj & m, f cabochard(e). ◆ **cabezudo** m déguisement de carnaval en forme de tête gigantesque.

cabida f [de depósito] contenance f; [de teatro etc] capacité f d'accueil.

cabina f cabine f; [en piscina] cabine f de bain; **~ telefónica** cabine téléphonique.

cabinera f Amer hôtesse f de l'air.

cabizbajo, ja adj tête basse; **miraba el suelo, ~** il regardait par terre, la tête basse.

cable m câble m; **echar un ~** fam filer un coup de main.

cabo m -1. GEOGR cap m. -2. NÁUT cordage m. -3. MIL [graduado] brigadier m; [de escuadra] ≃ caporal m. -4. [trozo, punta] bout m; [de lápiz] pointe f. -5. loc : **atar ~s** faire des recoupements; **llevar algo a ~** mener qqch à bien, réaliser qqch. ◆ **al cabo de** loc prep au bout de. ◆ **cabo suelto** m [laguna] point m d'interrogation; **no dejar ningún ~ suelto** ne rien laisser au hasard.

cabra f chèvre f; **estar como una ~** fam [chiflado] être complètement taré(e); [nervioso] être excité(e) comme une puce.

cabrales m inv fromage bleu des Asturies au goût très fort.

cabré → caber.

cabrear vt mfam emmerder. ◆ **cabrearse** vp mfam se foutre en rogne.

cabreo m mfam rogne f; [gritando] gueulante f.

cabría → caber.

cabriola f -1. [de caballo] : **lanzar una** ~ caracoler. -2. [de niño] cabriole f.

cabrita f Amer pop-corn m.

cabrito m -1. [animal] chevreau m. -2. mfam [cabrón] petite ordure f.

cabro, bra m, f Amer fam gamin m, -e f.

cabrón, ona adj & m, f vulg enfoiré(e).
◆ **cabrón** m vulg [cornudo] cocu m.

cabuya f Amer corde f.

caca f fam -1. [excremento] crotte f; [lenguaje infantil] caca m . -2. [cosa sucia] : **es** ~ c'est crade. -3. fig [cosa mala] : **es una** ~ c'est merdique.

cacahuate m Amer cacahouète f.

cacahuete m -1. [fruto] cacahouète f. -2. [planta] arachide f.

cacao m -1. [gen] cacao m. -2. [árbol] cacaoyer m. -3. fam [follón] pagaille f; **tener un** ~ **mental** s'emmêler les pinceaux.

cacarear ◇ vt fam [pregonar] crier sur les toits. ◇ vi [gallina] caqueter, glousser.

cacatúa f -1. [ave] cacatoès m. -2. fam [mujer vieja] vieille sorcière f.

cacería f partie f de chasse.

cacerola f fait-tout m inv.

cacha f fam [muslo] cuisse f. ◆ **cachas** adj inv & m inv fam [persona fuerte] : **está** ~**s** il est baraqué.

cachalote m cachalot m.

cacharrazo m [golpe ruidoso] : **dar** ~**s** taper comme une brute; **pegarse un** ~ fam se faire un gnon.

cacharro m -1. [recipiente] pot m; [de cocina] ustensile m; **fregar los** ~**s** faire la vaisselle. -2. fam [trasto] truc m. -3. [coche] guimbarde f.

cachaza f : **tener** ~ fam être cool.

cachear vt fouiller (une personne).

cachemir m, **cachemira** f cachemire m.

cacheo m fouille f.

cachet (pl cachets) m -1. [distinción] style m. -2. [cotización de artista] cachet m.

cachetada f Amer fam baffe f.

cachete m -1. [moflete] joue f. -2. [bofetada] gifle f; **dar un** ~ donner une gifle.

cachirulo m -1. fam [chisme] bidule m. -2. [de licor etc] flacon m. -3. [pañuelo] foulard du costume traditionnel aragonais que les hommes se mettent sur la tête.

cachivache m fam truc m.

cacho m -1. fam [pedazo] bout m . -2. Amer [asta] corne f.

cachondearse vp fam se marrer; ~ **de** se foutre de.

cachondeo m fam [cosa poco seria] rigolade f.

cachondo, da fam ◇ adj -1. [divertido] marrant(e). -2. [salido] excité(e). ◇ m, f rigolo m, -ote f (qui fait rire) .

cachorro, rra m, f -1. [de perro] chiot m. -2. [de mamífero] petit m.

cacique m -1. [en política] personnage m influent. -2. fig & despec [déspota] tyran m. -3. [jefe indio] cacique m.

caco m fam voleur m.

cacto m, **cactus** m cactus m.

cada adj inv -1. [gen] chaque; **a** ~ **rato** à chaque instant; ~ **cual** chacun; ~ **uno (de)** chacun (de); **una de** ~ **diez personas** une personne sur dix. -2. [con regularidad] tous les, toutes les; ~ **dos días** tous les deux jours. -3. [valor progresivo] : ~ **vez** o **día más** de plus en plus; ~ **vez más largo** de plus en plus long. -4. [valor enfático] : **¡se pone** ~ **sombrero!** elle met de ces chapeaux!

cadáver m cadavre m .

cadavérico, ca adj cadavérique.

cadena f -1. [gen] chaîne f; **en** ~ en chaîne; [trabajo] à la chaîne; ~ **de montaje** ECON chaîne de montage. -2. [de inodoro] chasse f (d'eau). -3. [emisora de radio] station f . -4. [sucesión] enchaînement m . ◆ **cadenas** fpl AUTOM chaînes fpl. ◆ **cadena perpetua** f : **a** ~ **perpetua** à perpétuité.

cadencia f cadence f.

cadera f hanche f.

cadete m MIL cadet m.

Cádiz Cadix.

caducar vi -1. [carnet, pasaporte, ley] expirer. -2. [alimento, medicamento] être périmé(e).

caducidad f -1. [de carnet, pasaporte, ley] expiration f. -2. [de alimento, medicamento] → **fecha**.

caduco, ca adj -1. [gen] périmé(e); [persona] décati(e). -2. [fama, belleza] éphémère. -3. [ley & BOT] caduc(caduque).

caer vi -1. [gen] tomber; ~ **en domingo** tomber un dimanche. -2. [entender] saisir; **¿no caes?** tu ne vois pas? -3. fig [recordar] : ~ **en algo** se rappeler qqch; **¡ya caigo!** j'y suis! -4. fig [aparecer] : **dejarse** ~ **por casa de alguien** passer chez qqn.

–5. *fig* [sentar] : **su cumplido me cayó bien** son compliment m'a fait plaisir ; **el comentario le cayó mal** la remarque ne lui a pas plu ; **me cae bien** je l'aime bien ; **me cae mal, no me cae bien** je ne l'aime pas, il ne me revient pas. **–6.** *fig* [estar situado] se trouver ; **~ lejos** être loin. **–7.** *loc* : **~ bajo** tomber bien bas ; **estar al ~** [persona] être sur le point d'arriver ; [noche] être sur le point de tomber. ◆ **caerse** *vp* tomber ; **~se de** [procedencia] tomber de ; [manera] tomber sur ; **~se del árbol** tomber de l'arbre ; **~se de lado** tomber sur le côté ; **~se de espaldas** tomber à la renverse.

café ◇ *m* **–1.** [gen] café *m* ; **~ con leche** café au lait ; **~ descafeinado** café décaféiné ; **~ instantáneo** ○ **soluble** café instantané ○ soluble ; **~ solo** café noir. **–2.** [planta] caféier *m*. ◇ *adj inv* [color] couleur café.

cafeína *f* caféine *f*.

cafetera *f* → **cafetero**.

cafetería *f* snack-bar *m*.

cafetero, ra *adj* **–1.** [país] producteur(trice) de café. **–2.** [aficionado] amateur de café. ◆ **cafetera** *f* **–1.** [aparato] cafetière *f*. **–2.** *fam* [aparato viejo] vieux machin *m* ; [coche] guimbarde *f*.

cafiche *m Amer fam* maquereau *m*.

cafre ◇ *adj* grossier(ère). ◇ *mf* grossier personnage *m*.

cagada *f* → **cagado**.

cagado, da *m, f vulg* [cobarde] trouillard *m*, -e *f*. ◆ **cagada** *f vulg* **–1.** [equivocación] connerie *f*. **–2.** [excremento] merde *f* ; [de mosca] chiure *f*.

cagar *vulg* ◇ *vi* [defecar] chier. ◇ *vt* [estropear] foutre en l'air ; **la has cagado** *fig* tu t'es foutu dedans. ◆ **cagarse** *vp vulg* **–1.** [defecar] chier dans sa culotte. **–2.** *fig* [insultar] : **¡me cago en tu madre!** putain de ta mère ! **–3.** [acobardarse] chier dans son froc.

caído, da *adj fig* [decaído – persona] abattu(e) ; [moral] bas(basse). ◆ **caído** *m* (*gen pl*) : **los ~s** les morts (*pour la patrie*). ◆ **caída** *f* **–1.** [gen] chute *f*. **–2.** [de precios, paro etc] baisse *f*. **–3.** [de la noche] tombée *f*. **–4.** [de terreno] pente *f*.

caimán *m* **–1.** [animal] caïman *m*. **–2.** *fig* [persona] vieux renard *m*.

caja *f* **–1.** [gen] boîte *f* ; **~ de herramientas** boîte à outils. **–2.** [para transporte, de dinero] caisse *f* ; **~ de ahorros** caisse d'épargne ; **~ registradora** caisse enregis-

treuse. **–3.** [de mecanismos] boîtier *m* . **–4.** [de muerto] cercueil *m*. **–5.** [de dinero] coffre *m* ; **~ fuerte** ○ **de caudales** coffrefort *m*. **–6.** [hueco – de escalera, ascensor] cage *f* ; [– de chimenea] conduit *m* ; **~ torácica** cage thoracique. **–7.** *MÚS* caisse *f* de résonance. ◆ **caja de música** *f* boîte *f* à musique. ◆ **caja negra** *f* boîte *f* noire.

cajero, ra *m, f* caissier *m*, -ère *f*. ◆ **cajero** *m* : **~ (automático)** distributeur *m* (automatique de billets).

cajetilla *f* [de cerillas] boîte *f* ; [de cigarrillos] paquet *m*.

cajón *m* **–1.** [compartimento] tiroir *m*. **–2.** [recipiente] caisse *f*. ◆ **cajón de sastre** *m* fourre-tout *m*.

cajuela *f Amer AUTOM* coffre *m*.

cal *f* chaux *f* .

cala *f* **–1.** [bahía pequeña] crique *f*. **–2.** [del barco] cale *f*. **–3.** [de fruta] morceau *m* (*pour goûter*). **–4.** [planta, flor] arum *m*.

calabacín *m* courgette *f*.

calabaza *f* courge *f* ; [grande] potiron *m*, citrouille *f* ; [planta, recipiente] calebasse *f* ; **dar ~s a alguien** *fam fig* [pretendiente] envoyer promener qqn ; [en un examen] recaler qqn ; **recibir ~s** *fam fig* [en un examen] se faire recaler ; [suj : pretendiente] se faire jeter.

calabozo *m* cachot *m* ; [en comisaría] dépôt *m*.

calada *f* → **calado**.

calado, da *adj* trempé(e). ◆ **calado** *m* **–1.** *NÁUT* [de barco] tirant *m* d'eau ; [de puerto] profondeur *f*. **–2.** [bordado] broderie *f* ajourée. ◆ **calada** *f* **–1.** [inmersión] trempage *m*. **–2.** [de cigarrillo] bouffée *f* .

calamar *m* calmar *m*, calamar *m*.

calambre *m* **–1.** [descarga eléctrica] décharge *f* électrique. **–2.** [contracción muscular] crampe *f*.

calamidad *f* [desgracia] calamité *f* ; **es una ~** c'est une catastrophe. ◆ **calamidades** *fpl* malheurs *mpl*.

calamitoso, sa *adj* désastreux(euse).

calaña *f despec* : **de esa ~** de cet acabit.

calar ◇ *vt* **–1.** [empapar] transpercer, passer au travers de. **–2.** *fig* [persona] percer à jour. **–3.** [tela] ajourer. **–4.** [gorro, sombrero] enfoncer. **–5.** [fruta] entamer. **–6.** [pared, tabla] percer, perforer. ◇ *vi* **–1.** *NÁUT* avoir un tirant d'eau. **–2.** *fig* [ideas, palabras] : **~ en** avoir un impact sur. **–3.** *fig* [en el conocimiento] : **~ en lo más hondo** aller au fond des choses. ◆ **ca-**

larse *vp* **–1.** [persona etc] se faire tremper. **–2.** [motor] caler.

calavera ◇ *f* tête *f* de mort. ◇ *m* *fig* tête *f* brûlée.

calaveras *fpl* Amer AUTOM feux *mpl* arrière.

calcar *vt* **–1.** [dibujo] décalquer; [original] calquer. **–2.** *fig* [imitar – movimientos] reproduire; [– escena] reprendre.

calceta *f* bas *m* (de laine); **hacer** ~ tricoter.

calcetín *m* chaussette *f*.

calcificarse *vp* se calcifier.

calcinar *vt* calciner.

calcio *m* calcium *m*.

calco *m* lit & *fig* calque *m*; **ser un** ~ **de** être calqué(e) sur.

calcomanía *f* décalcomanie *f*.

calculador, ra *adj* lit & *fig* calculateur(trice). ◆ **calculadora** *f* calculatrice *f*.

calcular *vt* **–1.** [cantidades] calculer. **–2.** [suponer] : **le calculo sesenta años** je lui donne soixante ans.

cálculo *m* MAT & MED calcul *m* .

caldear *vt* chauffer; [ánimos] échauffer.

caldera *f* **–1.** [recipiente] fait-tout *m inv*. **–2.** [máquina] chaudière *f* .

calderilla *f* petite monnaie *f*.

caldero *m* chaudron *m*.

caldo *m* **–1.** [sopa] bouillon *m*. **–2.** (*gen pl*) [vino, aceite] cru *m*.

calefacción *f* chauffage *m*; ~ **central** chauffage central.

calefactor *m* radiateur *m*.

calendario *m* calendrier *m*; ~ **de trabajo** planning *m*; ~ **escolar** calendrier scolaire; ~ **laboral** année *f* de travail.

calentador, ra *adj* chauffant(e). ◆ **calentador** *m* [de agua] chauffe-eau *m inv*; [media] guêtre *f*.

calentar *vt* **–1.** [comida] faire chauffer; ~ **agua** faire chauffer de l'eau. **–2.** *fig* [público etc] chauffer. **–3.** *fig* [pegar] frapper. ◆ **calentarse** *vp* **–1.** [suj : persona] se réchauffer; [suj : comida] chauffer. **–2.** [suj : ánimos, deportista] s'échauffer. **–3.** *mfam fig* [sexualmente] bander.

calentura *f* **–1.** [fiebre] température *f*. **–2.** **tener** ~ avoir de la fièvre; [pústula] bouton *m* de fièvre.

calenturiento, ta *adj* **–1.** [con fiebre] fiévreux(euse). **–2.** *fig* [febril] : **una mente calenturienta** une âme exaltée; **una imaginación calenturienta** une imagination débridée.

calesitas *fpl* Amer manège *m* (de chevaux de bois).

calibrado *m* , **calibración** *f* calibrage *m*.

calibrar *vt* **–1.** [medir, dar calibre] calibrer. **–2.** *fig* [juzgar] mesurer.

calibre *m* **–1.** [diámetro, instrumento] calibre *m*; [de alambre] jauge *f*. **–2.** *fig* [tamaño, importancia] taille *f*, importance *f*; **de mucho** ~ de taille.

calidad *f* qualité *f*; **la** ~ **humana** les qualités humaines; **de** ~ de qualité; **en** ~ **de** en qualité de, en tant que.

cálido, da *adj* **–1.** [temperatura, colores] chaud(e). **–2.** [afectuoso] chaleureux(euse).

caliente *adj* **–1.** [gen] chaud(e); **en** ~ *fig* à chaud. **–2.** *fig* [acalorado] passionné(e). **–3.** *mfam* [excitado] : **ponerse** ~ bander.

calificación *f* **–1.** [atributo] qualification *f*. **–2.** EDUC note *f*.

calificar *vt* **–1.** [gen] qualifier. **–2.** EDUC noter.

calificativo, va *adj* qualificatif(ive). ◆ **calificativo** *m* qualificatif *m*.

caligrafía *f* **–1.** [arte] calligraphie *f*. **–2.** [rasgos] écriture *f* .

cáliz *m* calice *m*.

calizo, za *adj* calcaire. ◆ **caliza** *f* calcaire *m*.

callado, da *adj* **–1.** [que no habla] réservé(e). **–2.** [en silencio] silencieux(euse).

callar ◇ *vi* se taire. ◇ *vt* [ocultar] taire, passer sous silence; [secreto] garder. ◆ **callarse** *vp* se taire.

calle *f* **–1.** [gen] rue *f*; ~ **peatonal** rue piétonnière ○ piétonne. **–2.** DEP couloir *m*. **–3.** *loc* : **dejar a alguien en la** ~, **echar a alguien a la** ~ mettre qqn sur le pavé, mettre qqn à la porte.

callejear *vi* flâner.

callejero, ra *adj* **–1.** [escena etc] de la rue; [venta] ambulant(e); **un perro** ~ un chien errant. **–2.** [persona] : **es muy callejera** elle est tout le temps dehors. ◆ **callejero** *m* [guía] répertoire *m* des rues.

callejón *m* ruelle *f*; ~ **sin salida** lit & *fig* impasse *f* .

callejuela *f* ruelle *f*.

callista *mf* pédicure *mf*.

callo *m* **–1.** [dureza] durillon *m*; [en el pie] cor *m*. **–2.** *fam fig* [persona fea] : **es un** ~ il est laid comme un pou. ◆ **callos** *mpl* CULIN tripes *fpl*.

calma *f* calme *m*; **estar en** ~ être calme.

calmante ◇ *adj* calmant(e). ◇ *m* calmant *m*.

calmar *vt* calmer. ◆ **calmarse** *vp* se calmer.

caló *m parler gitan repris dans la langue familière.*

calor *m* chaleur *f*; **entrar en** ~ [persona] se réchauffer; [deportista] s'échauffer; **tener** ~ avoir chaud.

caloría *f* calorie *f*.

calote *m Amer* escroquerie *f*.

calumnia *f* calomnie *f*.

calumniar *vt* calomnier.

calumnioso, sa *adj* calomnieux(euse).

caluroso, sa *adj* **-1.** [con calor] chaud(e). **-2.** *fig* [afectuoso] chaleureux(euse).

calva *f* → calvo.

calvario *m* **-1.** [vía crucis] chemin *m* de croix. **-2.** *fig* [sufrimiento] calvaire *m*.

calvicie *f* calvitie *f*.

calvo, va *adj & m, f* chauve. ◆ **calva** *f* crâne *m* dégarni.

calzada *f* chaussée *f*.

calzado, da *adj* **-1.** [con zapatos] chaussé(e). **-2.** [ave] pattu(e). **-3.** [cuadrúpedo] balzan(e). ◆ **calzado** *m* chaussure *f*.

calzador *m* chausse-pied *m inv*.

calzar *vt* **-1.** [gen] chausser; [guantes] mettre. **-2.** [llevar un calzado] porter; **¿qué número calza?** quelle est votre pointure? **-3.** [poner cuña a] caler. ◆ **calzarse** *vp* se chausser; ~**se unas sandalias** mettre des sandales.

calzo *m* [cuña] cale *f*.

calzón *m (gen pl)* **-1.** *desus* [pantalón] culotte *f*. **-2.** *Amer* [calzoncillos] slip *m*.

calzonarias *fpl Amer* dessous *mpl*, lingerie *f* féminine.

calzoncillos *mpl* [slip] slip *m*; [short] caleçon *m*.

calzones *mpl Amer* slip *m*.

cama *f* lit *m*; **estar en** ○ **guardar** ~ rester au lit, garder le lit; **hacer la** ~ faire son lit; ~ **nido** lit gigogne.

camada *f* [crías] portée *f*.

camafeo *m* camée *m*.

camaleón *m* lit & fig caméléon *m*.

cámara ◇ *f* **-1.** [gen & TECNOL] chambre *f*; ~ **de gas** chambre à gaz; ~ **frigorífica** chambre froide. **-2.** CIN & TV caméra *f*; **a** ~ **lenta** au ralenti. **-3.** FOT : ~ **(fotográfica)** appareil *m* photo. **-4.** [de barco] carré *m* *(des officiers)*. **-5.** [de balón, neumático]

chambre *f* à air. ◇ *mf* [persona] cameraman *m*.

camarada *mf* camarade *mf*.

camaradería *f* camaraderie *f*.

camarero, ra *m, f* **-1.** [de bar, restaurante] serveur *m*, -euse *f*, garçon *m*; [de hotel] garçon *m* d'étage, femme *f* de chambre. **-2.** [de rey etc] chambellan *m*, dame *f* d'honneur.

camarilla *f* bande *f (groupe)*.

camarón *m* crevette *f*.

camarote *m* cabine *f*.

cambalache *m Amer* [chamarileo] brocante *f*.

cambiante *adj* changeant(e).

cambiar ◇ *vt* changer; ~ **algo (por)** échanger qqch (contre). ◇ *vi* **-1.** [gen] : ~ **(de)** changer (de); ~ **de parecer** changer d'avis; ~ **de casa** déménager. **-2.** AUTOM : ~ **(de velocidades)** changer de vitesse. ◆ **cambiarse** *vp* [de ropa] se changer; ~**se de zapatos** changer de chaussures; ~**se de casa** déménager.

cambio *m* **-1.** [variación] changement *m*; **a las primeras de** ~ *fig* tout d'un coup. **-2.** [trueque] échange *m*; **a** ~ en échange. **-3.** [suelto, dinero devuelto] monnaie *f*. **-4.** [de acciones, divisas] change *m*. **-5.** AUTOM : ~ **(de marchas** ○ **velocidades)** changement *m* de vitesse. ◆ **en cambio** *loc adv* **-1.** [por otra parte] en revanche *(lenguaje escrito)*, par contre *(lenguaje hablado)*. **-2.** [en su lugar] à la place, en échange. ◆ **cambio de rasante** *m* sommet *m* de côte. ◆ **libre cambio** *m* libre-échange *m*.

cambista *mf* cambiste *mf*.

cambujo, ja *adj Amer* métis(isse) *(d'Indien et de Noir)*.

camelar *vt fam* embobiner.

camelia *f* camélia *m*.

camello, lla *m, f* [animal] chameau *m*, chamelle *f*. ◆ **camello** *m mfam* [traficante] dealer *m*.

camellón *m Amer* terre-plein *m* central.

camelo *m fam* baratin *m*.

camerino *m* TEATR loge *f*.

camilla ◇ *f* [de ambulancia etc] brancard *m*. ◇ *adj* → **mesa**.

camillero, ra *m, f* brancardier *m*.

caminante *mf* marcheur *m*, -euse *f*.

caminar ◇ *vi* **-1.** [gen] marcher. **-2.** *fig* [ir] : ~ **(hacia)** aller (au-devant de); ~ **hacia su ruina** courir à sa perte. ◇ *vt* [una distancia] parcourir.

caminata *f* trotte *f*.

camino *m* **-1.** [gen] chemin *m*; **de ~ en chemin**; **nos pilla de ~** c'est sur le chemin; **abrirse alguien ~** *fig* faire son chemin; **quedarse alguien a medio ~** *fig* s'arrêter en chemin. **-2.** [viaje] route *f*.

camión *m* **-1.** [gen] camion *m*; **~ cisterna** camion-citerne *m*. **-2.** *Amer* [bus] bus *m*.

camionero, ra *m, f* camionneur *m*, routier *m*.

camioneta *f* camionnette *f*.

camisa *f* **-1.** [prenda] chemise *f*. **-2.** TECNOL manchon *m*. **-3.** ZOOL mue *f*. **-4.** BOT peau *f*. **-5.** *loc* : **se mete en ~ de once varas** il se mêle de ce qui ne le regarde pas; **mudar** ○ **cambiar de ~** retourner sa veste. ◆ **camisa de fuerza** *f* camisole *f* de force.

camiseta *f* **-1.** [ropa interior] tricot *m* de corps. **-2.** [de verano] tee-shirt *m*. **-3.** [de deporte] maillot *m*.

camisola *f* **-1.** [camisón] nuisette *f*. **-2.** *Amer* [prenda femenina] chemise *f*; [camisón] chemise *f* de nuit.

camisón *m* chemise *f* de nuit.

camorra *f* bagarre *f*; **buscar ~** chercher la bagarre.

campal *adj* → **batalla**.

campamento *m* **-1.** [lugar] campement *m*. **-2.** [personas] troupe *f*.

campana *f* **-1.** cloche *f*; [de chimenea] hotte *f*; **doblar las ~s** sonner les cloches; [en entierro] sonner le glas; **~ extractora de humos** hotte *f* aspirante. **-2.** *loc* : **oír ~s y no saber dónde** ne comprendre qu'à moitié.

campanada *f* **-1.** [de campana, reloj] sonnerie *f*. **-2.** *fig* [suceso] : **la ~ del siglo** l'événement *m* du siècle; **ser la ~** faire sensation.

campanario *m* clocher *m*.

campanilla *f* [instrumento, flor] clochette *f*; [de puerta] sonnette *f*.

campanilleo *m* tintement *m*.

campante *adj* **-1.** *fam* [tranquilo] cool; **estar** ○ **quedarse tan ~** *fig* ne pas s'en faire. **-2.** [contento] fier(fière).

campaña *f* campagne *f* (*électorale, publicitaire*).

campechano, na *adj fam* **es un hombre ~** c'est un chic type.

campeón, ona *m, f* champion *m*, -onne *f*.

campeonato *m* championnat *m*; **de ~** *fam fig* d'enfer.

campero, ra *adj* de campagne. ◆ **campera** *f* **-1.** (*gen pl*) [bota] ≈ camarguaise *f*. **-2.** *Amer* [chaqueta] blouson *m*.

campesino, na *adj & m, f* paysan(anne).

campestre *adj* champêtre.

camping *m* camping *m*.

campito *m* *Amer* propriété *f* à la campagne.

campo *m* **-1.** [gen] champ *m*; **~ de batalla/de tiro** champ de bataille/de tir; **dejar el ~ libre** *fig* laisser le champ libre. **-2.** [campiña] campagne *f*. **-3.** DEP & AERON terrain *m*; [de tenis] court *m*. **-4.** *fig* [ámbito] domaine *m*. ◆ **campo de concentración** *m* camp *m* de concentration. ◆ **campo de trabajo** *m* [de vacaciones] chantier *m* de jeunesse; [para prisioneros] camp *m* de travail. ◆ **campo visual** *m* champ *m* visuel.

Campsa (*abrev de* **Compañía Arrendataria del Monopolio de Petróleos, SA**) *f* compagnie pétrolière espagnole semi-publique.

campus *m* campus *m*.

camuflaje *m* camouflage *m*.

camuflar *vt* camoufler.

cana *f* → **cano**.

Canadá (el) ~ (le) Canada.

canadiense ◇ *adj* canadien(enne). ◇ *mf* Canadien *m*, -enne *f*.

canal ◇ *m* **-1.** [gen, GEOGR & ANAT] canal *m*. **-2.** [res] carcasse *f*. **-3.** RADIO & TV chaîne *f*. **-4.** [de agua, gas] conduite *f*. ◇ *m* ○ *f* [de tejado] gouttière *f*.

canalé *m* côtes *fpl* (*d'un tricot*).

canalizar *vt* *lit & fig* canaliser.

canalla *mf* canaille *f*.

canalón *m* **-1.** [de tejado] gouttière *f*. **-2.** CULIN = **canelón**.

canapé *m* canapé *m*.

Canarias *fpl* **(las) ~** (les) Canaries *fpl*.

canario, ria, canariense ◇ *adj* canarien(enne). ◇ *m, f* Canarien *m*, -enne *f*. ◆ **canario** *m* [pájaro] canari *m*.

canasta *f* **-1.** [de mimbre] corbeille *f*. **-2.** [juego de naipes] canasta *f*. **-3.** DEP panier *m*.

canastilla *f* **-1.** [de costura, pan] corbeille *f*. **-2.** [de bebé] layette *f*.

canasto *m* grande corbeille *f*.

cancela *f* grille *f*.

cancelación *f* annulation *f*.

cancelar *vt* **-1.** [gen] annuler; [contrato, suscripción] résilier. **-2.** [deuda] solder; [hipoteca] lever.

cáncer *m* MED & *fig* cancer *m*. ◆ **Cáncer** ◇ *m inv* [zodiaco] Cancer *m inv* . ◇ *mf inv* [persona] cancer *m inv*.

cancerígeno, na *adj* cancérigène.

canceroso, sa *adj* & *m, f* cancéreux(euse).

cancha *f* [de fútbol, golf] terrain *m*; [de tenis] court *m*.

canciller *m* -1. [de gobierno, embajada] chancelier *m*. -2. [de asuntos exteriores] ministre *m* des Affaires étrangères.

canción *f* chanson *f*; ~ **de cuna** berceuse *f*.

cancionero *m* [de canciones] recueil *m* de chansons; [de poesías] recueil *m* de poésies.

candado *m* cadenas *m*.

candela *f* -1. [vela] chandelle *f*. -2. *fam fig* [lumbre] : **dar** ~ donner du feu.

candelabro *m* candélabre *m*.

candelero *m* chandelier *m*; **estar en el** ~ *fig* être très en vue.

candente *adj* -1. [incandescente] incandescent(e). -2. *fig* [tema] brûlant(e).

candidato, ta *m, f* candidat *m*, -e *f*.

candidatura *f* -1. [para un cargo] candidature *f*. -2. [lista] liste *f* (de candidats).

candidez *f* candeur *f*.

cándido, da *adj* candide.

candil *m* -1. [gen] lampe *f* à huile. -2. *Amer* [araña] lustre *m*.

candilejas *fpl* -1. TEATR feux *mpl* de la rampe. -2. *fig* théâtre *m* .

canelo, la *adj* cannelle *(inv)*. ◆ **canela** *f* cannelle *f* .

canelón, canalón *m* CULIN cannelloni *m*.

cangrejo *m* crabe *m* .

canguro ◇ *m* [animal] kangourou *m*. ◇ *mf fam* [persona] baby-sitter *mf*; **hacer de** ~ faire du baby-sitting.

caníbal *adj* & *mf* cannibale.

canibalismo *m* cannibalisme *m*.

canica *f* [pieza] bille *f*. ◆ **canicas** *fpl* [juego] billes *fpl*.

caniche *m* caniche *m*.

canícula *f* canicule *f*.

canijo, ja *despec* ◇ *adj* rachitique. ◇ *m, f* nabot *m*, -e *f* .

canilla *f* -1. ANAT tibia *m*. -2. [bobina] cannette *f*. -3. *Amer* [grifo] robinet *m*. -4. *Amer fam* [pierna] canne *f*.

canillita *m Amer* crieur *m* de journaux.

canino, na *adj* canin(e). ◆ **canino** *m* [diente] canine *f*.

canjear *vt* échanger.

cano, na *adj* [pelo, barba] blanc(blanche). ◆ **cana** *f* cheveu *m* blanc.

canoa *f* canot *m*; [de deporte] canoë *m*.

canódromo *m* cynodrome *m*.

canon *m* -1. [norma & MÚS] canon *m*. -2. [modelo] idéal *m*. -3. [impuesto] redevance *f*.

canónigo *m* chanoine *m*.

canonizar *vt* RELIG canoniser.

canoso, sa *adj* grisonnant(e).

cansado, da *adj* -1. [gen] fatigué(e); **estar** ~ **de algo** *fig* être fatigué de qqch. -2. [pesado, cargante] fatigant(e).

cansador, ra *adj Amer* ennuyeux(euse).

cansancio *m* fatigue *f*.

cansar *vt* & *vi* fatiguer. ◆ **cansarse** *vp* -1. [agotarse] : ~**se (de)** se fatiguer (de). -2. *fig* [hartarse] : ~**se (de algo/de hacer algo)** se lasser de qqch/de faire qqch.

Cantabria Cantabrique.

cantábrico, ca *adj* cantabrique. ◆ **Cantábrico** *m* : **el Cantábrico** le golfe de Gascogne.

cántabro, bra ◇ *adj* cantabre. ◇ *m, f* Cantabre *mf*.

cantaleta *f Amer* rengaine *f*.

cantamañanas *mf inv* baratineur *m*, -euse *f*.

cantante *adj* & *mf* chanteur(euse).

cantaor, ra *m, f* chanteur *m*, -euse *f* de flamenco.

cantar ◇ *vt* -1. [canción] chanter. -2. [bingo, el gordo] annoncer; [horas] sonner. ◇ *vi* -1. [gen] chanter. -2. *fam fig* [confesar] cracher le morceau. -3. *fam fig* [apestar] puer. ◇ *m culto* chant *m* .

cántaro *m* cruche *f* .

cante *m fam* [error] bourde *f* . ◆ **cante jondo** *m* chant *m* flamenco.

cantera *f* -1. [de piedra] carrière *f*. -2. *fig* [de profesionales] vivier *m*.

cantero *m Amer* plate-bande *f*.

cantidad ◇ *f* -1. [número, medida] quantité *f*. -2. [abundancia] : ~ **de beaucoup** de; **hay** ~ **de gente** il y a beaucoup de monde. -3. [de dinero] somme *f*. ◇ *adv fam* vachement; ~ **de bien** vachement bien.

cantilena, cantinela *f* rengaine *f*.

cantimplora *f* gourde *f*.

cantina *f* [de cuartel] popote *f*; [de estación, escuela] cafétéria *f*.

cantinela = cantilena.

canto *m* **-1.** [gen] chant *m*. **-2.** [borde – de mesa etc] arête *f*; [– de moneda, libro] tranche *f*; **de ~** sur le côté; [libro] sur la tranche. **-3.** [de cuchillo] dos *m*. **-4.** [piedra] caillou *m*; **~ rodado** galet *m*.

cantor, ra *adj & m*, *f* chanteur(euse).

canturrear, canturriar *vt & vi* chantonner.

canutas *fpl fam* **pasarlas ~** en baver.

canuto *m* **-1.** [tubo] tube *m*. **-2.** *fam* [porro] pétard *m*.

caña *f* **-1.** [de planta, bota] tige *f*; **~ de azúcar** canne *f* à sucre. **-2.** [de cerveza] demi *m*; **darle** o **meterle ~ a algo** *fam fig* se défoncer pour qqch. ◆ **caña (de pescar)** *f* canne *f* à pêche; **pescar con ~** pêcher à la ligne.

cañabrava *f Amer* bambou *m*.

cáñamo *m* chanvre *m*.

cañería *f* canalisation *f*.

caño *m* tuyau *m*.

cañón *m* **-1.** [gen] canon *m*; [de chimenea] conduit *m*; [de órgano] tuyau *m*. **-2.** GEOGR cañon *m*, canyon *m*.

caoba *f* acajou *m*.

caos *m inv* chaos *m*.

caótico, ca *adj* chaotique.

cap. (*abrev de* **capítulo**) chap.

capa *f* **-1.** [manto & TAUROM] cape *f*. **-2.** [baño, estrato, grupo social] couche *f*; **~ de ozono** couche d'ozone. **-3.** *loc* : **andar de ~ caída** [negocio] battre de l'aile; [persona] être dans une mauvaise passe.

capacidad *f* capacité *f*.

capacitación *f* formation *f*.

capacitar *vt* **-1.** [formar] : **~ a alguien para algo** former qqn à qqch. **-2.** [habilitar] : **~ a alguien para hacer algo** habiliter qqn à faire qqch.

capar *vt* châtrer.

caparazón *m* **-1.** [concha] carapace *f*. **-2.** *fig* [coraza] : **meterse en su ~** rentrer dans sa coquille.

capataz *m* **-1.** [de finca] chef *m* d'exploitation. **-2.** [de obra] chef *m* de chantier.

capaz *adj* : **~ (de algo/de hacer algo)** capable (de qqch/de faire qqch).

capazo *m* cabas *m*.

capear *vt fig* **-1.** [eludir – dificultades] contourner; [– compromisos] se dérober à; [– trabajo] fuir. **-2.** [torear] faire des passes avec la cape.

capellán *m* aumônier *m*.

caperuza *f* capuchon *m*.

capicúa ◇ *adj inv* palindrome. ◇ *m inv* nombre *m* palindrome.

capilar *adj & m* capillaire.

capilla *f* chapelle *f*; **~ ardiente** chapelle ardente.

cápita ◆ **per cápita** *loc adj* par personne; [renta] par habitant.

capital ◇ *adj* capital(e); **lo ~ es...** l'essentiel, c'est... ◇ *m* ECON capital *m* . ◇ *f* [ciudad] capitale *f*.

capitalismo *m* capitalisme *m*.

capitalista *adj & mf* capitaliste.

capitalizar *vt* **-1.** ECON capitaliser. **-2.** *fig* [sacar provecho] : **~ algo** tirer profit de qqch.

capitán, ana *m*, *f* capitaine *m*.

capitanear *vt* **-1.** MIL commander. **-2.** [dirigir] mener. **-3.** [equipo deportivo] être le capitaine de.

capitanía *f* État-major *m*.

capitel *m* ARQUIT chapiteau *m*.

capitoste *mf despec* caïd *m*.

capitulación *f* capitulation *f*.

capitular *vi* capituler.

capítulo *m* lit & *fig* chapitre *m* .

capó, capot *m* capot *m*.

caporal *m* MIL caporal *m*.

capot = **capó**.

capota *f* AUTOM capote *f*.

capote *m* **-1.** [militar etc] capote *f*. **-2.** TAUROM cape *f*.

capricho *m* caprice *m*; **darse un ~** faire un petit plaisir; **por puro ~** par pur caprice.

caprichoso, sa *adj* capricieux(euse).

Capricornio ◇ *m inv* [zodiaco] Capricorne *m inv* . ◇ *mf inv* [persona] capricorne *m inv*.

cápsula *f* **-1.** [gen] capsule *f*. **-2.** [pastilla] gélule *f*.

captar *vt* **-1.** [atraer] gagner. **-2.** [entender] saisir. **-3.** [sintonizar] capter.

captura *f* capture *f*.

capturar *vt* capturer.

capucha *f* [de impermeable etc] capuche *f*; [de bolígrafo] capuchon *m*.

capuchón *m* capuchon *m*.

capullo, lla *adj & m*, *f vulg* con(conne). ◆ **capullo** *m* **-1.** [de flor] bouton *m*. **-2.** [de gusano] cocon *m*. **-3.** *fam* [prepucio] gland *m*.

caqui, kaki ◇ *adj inv* [color] kaki *(inv)*. ◇ *m* **-1.** [planta] plaqueminier *m.* **-2.** [fruto, color] kaki *m.*

cara *f* **-1.** [rostro] visage *m*, figure *f*; ~ a ~ face à face; **de** ~ [sol] dans les yeux. **-2.** [aspecto] tête *f*; **tener buena/mala** ~ avoir bonne/mauvaise mine; **tener** ~ **de enfado** avoir l'air fâché; **tiene** ~ **de ponerse a llover** on dirait qu'il va pleuvoir. **-3.** [lado, superficie, anverso de moneda] face *f*; **a** ~ **o cruz** à pile ou face. **-4.** *fam* [osadía] culot *m*; **tener (mucha)** ~, **tener la** ~ **muy dura** avoir un sacré culot. **-5.** [de edificio] façade *f*. **-6.** *loc* : **cruzar la** ~ **a alguien** gifler qqn; **de** ~ **a** en vue de; **de** ~ **al futuro** face à l'avenir; **decir algo a alguien a la** ○ **en** ~ dire qqch en face à qqn; **echar en** ~ jeter à la figure; **romper** ○ **partir la** ~ **a alguien** casser la figure à qqn; **nos veremos las** ~s on se retrouvera.

carabela *f* caravelle *f*.

carabina *f* **-1.** [arma] carabine *f*. **-2.** *fam fig* [mujer] chaperon *m*.

Caracas Caracas.

caracol *m* **-1.** ZOOL escargot *m*; ~ **de mar** bigorneau *m*. **-2.** [concha] coquillage *m*. **-3.** ANAT limaçon *m*. **-4.** [rizo] accroche-cœur *m*.

caracola *f* conque *f*.

carácter (*pl* **caracteres**) *m* caractère *m*; **(tener) buen/mal** ~ (avoir) bon/mauvais caractère.

característico, ca *adj* caractéristique. ◆ **característica** *f* caractéristique *f*.

caracterización *f* **-1.** [gen] caractérisation *f*. **-2.** [maquillaje] grimage *m*.

caracterizar *vt* **-1.** [definir] caractériser. **-2.** [representar] incarner. **-3.** [maquillar] grimer. ◆ **caracterizarse** *vp* : ~**se por** se caractériser par.

caradura *adj & mf fam* gonflé(e); **es un caradura** il est gonflé.

carajillo *m café arrosé de rhum ou de cognac.*

carajo *m mfam* **¡qué** ~! bordel!

caramba *interj* : **¡**~**!** [sorpresa] ça alors!; [enfado] zut alors!

carambola *f* [en billar] carambolage *m* . ◆ **carambolas** *interj Amer fam* : **¡**~**!** zut!

caramelizar *vt* caraméliser.

caramelo *m* **-1.** [golosina] bonbon *m*. **-2.** [azúcar fundido] caramel *m* .

carantoñas *fpl* : **hacer** ~ faire des mamours; *fig* faire patte de velours.

cárate = **kárate**.

carátula *f* **-1.** [de libro] couverture *f*; [de disco] pochette *f*. **-2.** [careta] masque *m*.

caravana *f* **-1.** [gen] caravane *f*; [de bohemios] roulotte *f* . **-2.** [de coches] bouchon *m*. ◆ **caravanas** *fpl Amer* [pendientes] pendants *mpl* d'oreilles; [cortesía afectada] courbettes *fpl.*

caray *interj* : **¡**~**!** mince!

carbón *m* **-1.** [para quemar] charbon *m* . **-2.** [para dibujar] fusain *m*.

carboncillo *m* fusain *m*.

carbonero, ra *adj & m*, *f* charbonnier(ère). ◆ **carbonera** *f* **-1.** [de carbón] cave *f* à charbon. **-2.** [de leña] pile *f* de bois.

carbonilla *f* **-1.** [ceniza] escarbille *f*. **-2.** [resto de carbón] poussier *m*.

carbonizar *vt* carboniser. ◆ **carbonizarse** *vp* être carbonisé(e).

carbono *m* carbone *m* .

carburador *m* carburateur *m*.

carburante *m* carburant *m*.

carburar ◇ *vt* TECNOL carburer. ◇ *vi fam* gazer.

carca *adj & mf despec* réac.

carcajada *f* éclat *m* de rire; **reír a** ~s rire aux éclats.

carcajearse *vp* rire aux éclats; ~ **de** se moquer de.

carcamal *mf fam despec* vieux croulant *m*.

cárcel *f* prison *f*.

carcelero, ra *m*, *f* gardien *m*, -enne *f* de prison.

carcoma *f* **-1.** [insecto] ver *m* à bois. **-2.** [polvo] vermoulure *f*.

carcomer *vt* **-1.** [gen] ronger. **-2.** [salud] miner.

cardar *vt* **-1.** [lana] carder. **-2.** [pelo] crêper.

cardenal *m* **-1.** RELIG cardinal *m*. **-2.** [hematoma] bleu *m*.

cardiaco, ca, cardíaco, ca *adj* cardiaque.

cárdigan, cardigán *m* cardigan *m*.

cardinal *adj* cardinal(e).

cardiólogo, ga *m*, *f* cardiologue *mf*.

cardiovascular *adj* cardio-vasculaire.

cardo *m* **-1.** [planta] chardon *m* . **-2.** *fam fig* [persona] : **es un** ~ il est aimable comme une porte de prison.

carecer *vi* : ~ **de algo** manquer de qqch.

carena *f* NÁUT carénage *m*.

carencia *f* carence *f*.

carente *adj* : ~ **de** dépourvu(e).

carestía f -1. [escasez] manque m. -2. [encarecimiento] cherté f.

careta f -1. [máscara] masque m; ~ **antigás** masque à gaz. -2. fig [engaño] façade f.

carey m -1. [tortuga] caret m. -2. [material] écaille f.

carga f -1. [gen, MIL & ELECTR] charge f; **volver a la** ~ fig revenir à la charge. -2. [acción] chargement m. -3. [cargamento] cargaison f; **de** ~ [tren, camión] de marchandises. -4. [repuesto] recharge f.

cargado, da adj -1. [gen] chargé(e). -2. [bebida alcohólica] tassé(e); **un café** ~ un café serré. -3. [tiempo, atmósfera] lourd(e); **un cielo** ~ un ciel couvert; **¡qué habitación más cargada!** on étouffe dans cette pièce!

cargador, ra adj chargeur(euse). ◆ **cargador** m -1. [de arma] chargeur m. -2. [persona] débardeur m.

cargamento m chargement m, cargaison f.

cargante adj fam fig assommant(e).

cargar ◇ vt -1. [gen, MIL & ELECTR] charger. -2. [pluma, mechero] recharger. -3. fig [responsabilidad, tarea] repasser. -4. fam fig [molestar] assommer. -5. [suj : humo] : ~ **la cabeza** donner mal à la tête; ~ **el ambiente** enfumer l'atmosphère. -6. [importe, factura, deuda] faire payer; [precio] faire monter. -7. [anotar] : ~ **algo en cuenta** porter qqch sur un compte. ◇ vi -1. [recaer] : ~ **algo sobre alguien** faire retomber qqch sur qqn. -2. ~ **con** [paquete] porter; [costes] prendre à sa charge; fig [responsabilidad, culpa] assumer; fig [consecuencias] accepter. ◆ **cargarse** vp -1. fam [romper] bousiller. -2. fam [suspender] recaler. -3. fam [matar] dégommer. -4. [por el humo] : **se me carga el pecho** j'ai les poumons tout encrassés. -5. loc : **¡te la vas a** ~! fam tu vas voir ce que tu vas voir!

cargo m -1. [gen & DR] charge f; **correr a** ~ **de** être à la charge de; **hacerse** ~ **de** [ocuparse de] se charger de; [asumir el control de] prendre en charge; [comprender] se rendre compte de. -2. [empleo] poste m. -3. ECON débit m.

cargosear vt Amer agacer.

cargoso, sa adj Amer agaçant(e).

carguero m cargo m.

Caribe m : **el** ~ la mer des Caraïbes.

caricatura f caricature f.

caricaturizar, caricaturar vt caricaturer.

caricia f lit & fig caresse f.

caridad f charité f.

caries f inv carie f.

carillón m carillon m.

cariño m -1. [afecto] affection f, tendresse f; **tomar** ~ **a alguien** prendre qqn en affection. -2. [cuidado] soin m. -3. [apelativo] chéri m, -e f.

cariñoso, sa adj affectueux(euse).

carisma m charisme m.

carismático, ca adj charismatique.

Cáritas f Caritas Internationalis (œuvre de charité).

caritativo, va adj [persona] charitable; [asociación] caritatif(ive).

cariz m (sin pl) [de asunto, acontecimiento] tournure f.

carlista adj & mf carliste.

carmesí (pl **carmesíes**) ◇ adj cramoisi(e). ◇ m rouge m cramoisi.

carmín ◇ adj [color] carmin (inv). ◇ m -1. [color] carmin m. -2. [lápiz de labios] rouge m à lèvres.

carnada f lit & fig appât m.

carnal adj -1. [de la carne] charnel(elle). -2. [tío, sobrino] au premier degré; [primo] germain(e).

carnaval m carnaval m.

carnaza f lit & fig appât m.

carne f -1. [de persona, fruta] chair f; **en** ~ **viva** à vif; **ser alguien de** ~ **y hueso** fig être qqn d'humain. -2. [alimento] viande f; ~ **de cerdo/de cordero/de ternera** viande de porc/d'agneau/de veau; ~ **picada** viande hachée. ◆ **carne de gallina** f chair f de poule.

carné (pl **carnés**), **carnet** (pl **carnets**) m -1. [documento] carte f; ~ **de conducir** permis m de conduire; ~ **de identidad** carte d'identité. -2. [agenda] agenda m.

carnicería f -1. [tienda] boucherie f. -2. fig [destrozo, masacre] carnage m.

carnicero, ra ◇ adj [animal] carnassier(ère). ◇ m, f lit & fig [persona] boucher m, -ère f.

cárnico, ca adj [industria] de la viande; [producto] de boucherie.

carnívoro, ra adj carnivore. ◆ **carnívoro** m carnivore m.

carnoso, sa adj charnu(e).

caro, ra adj cher(chère). ◆ **caro** adv : **costar/vender** ~ coûter/vendre cher; **esta tienda vende** ~ ce magasin est cher.

carozo m Amer noyau m (de fruit).

carpa *f* -1. [pez] carpe *f.* -2. [de circo] chapiteau *m*; [para fiestas etc] tente *f.*

carpeta *f* chemise *f (de bureau).*

carpintería *f* [de muebles] menuiserie *f*; [de tejado] charpenterie *f.*

carpintero, ra *m, f* [de muebles] menuisier *m*; [de tejado] charpentier *m.*

carraca *f* -1. [instrumento] crécelle *f.* -2. *fig* [cosa vieja] épave *f.*

carraspear *vi* -1. [hablar ronco] parler d'une voix rauque. -2. [toser] se racler la gorge.

carraspera *f* : tener ~ être enroué(e).

carrera *f* -1. [gen & DEP] course *f*; en una ~ en courant; **tomar** ~ prendre de l'élan; ~ **armamentista** ○ **de armamentos** course aux armements. -2. [trayecto] parcours *m.* -3. [estudios] cursus *m* (universitaire); **hacer la** ~ **de derecho** faire des études de droit. -4. [profesión] carrière *f.* -5. [calle] *nom de certaines rues en Espagne.*

carrerilla *f* : coger ○ tomar ~ prendre de l'élan. ◆ **de carrerilla** *loc adv* [de corrido] d'une seule traite; [de memoria] de A à Z.

carreta *f* charrette *f.*

carretada *f* -1. [carga de carreta] charretée *f.* -2. *fam* [gran cantidad] tonne *f.*

carrete *m* -1. [de hilo, alambre] bobine *f.* -2. FOT pellicule *f.* -3. [para pescar] moulinet *m.* -4. [de máquina de escribir] ruban *m.*

carretero, ra *m, f* [conductor] charretier *m*, -ère *f.*

carretera *f* route *f*; ~ **comarcal/nacional** route départementale/nationale; ~ **de cuota** *Amer* autoroute *f.*

carretilla *f* [carro de mano] brouette *f.*

carril *m* -1. [de carretera] voie *f*; ~ **bus** couloir *m* d'autobus. -2. [de ferrocarril] rail *m.* -3. [huella] ornière *f.*

carrillo *m* joue *f*; comer a dos ~s *fig* manger comme quatre.

carro *m* -1. [gen] chariot *m*; ~ **de combate** char *m* d'assaut; ¡**para el ~!** *fam* [¡basta ya!] eh, mollo! -2. *Amer* [coche] voiture; ~ **comedor** wagon-restaurant *m.*

carrocería *f* -1. [de automóvil] carrosserie *f.* -2. [taller] atelier *m* de carrosserie.

carromato *m* -1. [carro] roulotte *f.* -2. [coche viejo] guimbarde *f.*

carroña *f* charogne *f.*

carroza ◇ *f* [coche] carrosse *m.* ◇ *mf* [viejo] *fam* ringard *m*, -e *f.*

carruaje *m* voiture *f.*

carrusel *m* -1. [tiovivo] manège *m.* -2. [de caballos] carrousel *m.*

carta *f* -1. [escrito] lettre *f*; **echar una** ~ poster une lettre; ~ **de recomendación** lettre de recommandation. -2. [naipe, menú, mapa] carte *f*; **a la** ~ à la carte; **echar las** ~s **a alguien** tirer les cartes à qqn; ~ **verde** *carte verte (délivrée par les assurances automobiles)* . -3. [documento] charte *f* . -4. *loc* : **jugarse todo a una** ~ *fig* mettre tous ses œufs dans le même panier. ◆ **carta de ajuste** *f* TV mire *f.* ◆ **carta blanca** *f* : tener ~ **blanca** avoir carte blanche.

cartabón *m* équerre *f.*

cartapacio *m* -1. [carpeta] cartable *m.* -2. [cuaderno] cahier *m.*

cartearse *vp* s'écrire, échanger des lettres.

cartel *m* -1. [anuncio] affiche *f*; '**prohibido fijar** ~**es**' 'défense d'afficher'. -2. *fig* [fama] : **de** ~ de renom.

cártel *m* cartel *m.*

cárter *m* AUTOM carter *m.*

cartera *f* -1. [gen] portefeuille *m*; ~ **de clientes** fichier *m* de clients; ~ **de pedidos** carnet *m* de commandes. -2. [para documentos] porte-documents *m*; [sin asa] serviette *f*; [de colegial] cartable *m.* -3. *Amer* [bolso] sac *m* à main.

carterista *mf* pickpocket *m.*

cartero, ra *m, f* facteur *m*, -trice *f.*

cartílago *m* cartilage *m.*

cartilla *f* -1. [documento] livret *m*; ~ **ahorros** livret de caisse d'épargne; ~ **de la seguridad social** carte *f* de sécurité sociale; ~ **militar** livret matricule. -2. [para aprender a leer] *premier livre de lecture.*

cartografía *f* cartographie *f.*

cartomancia *f* cartomancie *f.*

cartón *m* -1. [material] carton *m*; ~ **piedra** carton-pâte *m.* -2. [de cigarrillos] cartouche *f.*

cartuchera *f* cartouchière *f.*

cartucho *m* -1. [de arma] cartouche *f.* -2. [de avellanas etc] cornet *m*; [de monedas] rouleau *m.*

cartujo, ja *adj* chartreux(euse). ◆ **cartujo** *m* -1. [religioso] chartreux *m.* -2. *fig* [persona retraída] ermite *m.* ◆ **cartuja** *f* chartreuse *f.*

cartulina *f* bristol *m.*

casa *f* -1. [gen] maison *f*; ~ **adosada/unifamiliar** maison jumelle/individuelle; ~ **de campo** maison de campagne; ~ **de**

huéspedes pension f de famille; ~ **de socorro** poste m de secours. **-2.** [vivienda] logement m. **-3.** [familia] famille f. **-4.** [organismo] : ~ **Consistorial** hôtel m de ville. **-5.** loc : **caérsele a uno la ~ encima** [estar a disgusto] ne plus se supporter chez soi; [tener problemas] avoir le moral à zéro; **echar** ○ **tirar la ~ por la ventana** [derrochar] jeter l'argent par les fenêtres; **ser de andar por ~** ne pas être génial(e).

casaca f casaque f.

casado, da adj & m, f marié(e); **estar ~ con alguien** être marié avec qqn.

casamiento m mariage m.

casar ◇ vt **-1.** [gen] marier. **-2.** [cuentas] enfiler; [trozos] recoller. ◇ vi aller ensemble. ◆ **casarse** vp : ~**se (con)** se marier (avec).

cascabel m grelot m.

cascada f cascade f.

cascado, da adj **-1.** fam [estropeado] nase. **-2.** [ronco] éraillé(e).

cascanueces m inv casse-noix m inv.

cascar ◇ vt **-1.** [huevo, nuez, voz] casser. **-2.** fam [suj : enfermedad] amocher. **-3.** fam [pegar] cogner. ◇ vi fam [hablar] papoter.

cáscara f **-1.** [de huevo, nuez etc] coquille f. **-2.** [de limón, naranja] écorce f; CULIN zeste m; [de plátano] peau f.

cascarilla f [de arroz, maíz] enveloppe f; [de cacao] coque f.

cascarón m coquille f (d'œuf) .

cascarrabias mf inv grincheux m, -euse f.

casco m **-1.** [para la cabeza] casque m. **-2.** [de barco] coque f. **-3.** [de ciudad] : ~ **antiguo** vieille ville f; ~ **urbano** centre-ville m. **-4.** [de caballo] sabot m. **-5.** [envase] bouteille f vide. **-6.** [pedazo] éclat m. ◆ **cascos** mpl fam [cabeza] tête f; **ser alegre** ○ **ligero de ~s** être tête-en-l'air. ◆ **cascos azules** mpl : **los ~s azules** les casques bleus.

caserío m **-1.** [pueblecito] hameau m. **-2.** [casa de campo] ferme f. **-3.** [chalet] maison f de campagne.

caserna f caserne f.

casero, ra ◇ adj **-1.** [de casa – comida] maison; [– trabajos] ménager(ère); [– fiesta, velada] familial(e), de famille. **-2.** [hogareño] casanier(ère). ◇ m, f **-1.** [propietario] propriétaire mf. **-2.** [encargado] intendant m, -e f.

caserón m bâtisse f.

caseta f **-1.** [casa pequeña] maisonnette f. **-2.** [en la playa] cabine f. **-3.** [de tiro] stand m; [de feria] tente installée dans les foires pour danser le flamenco. **-4.** [para perro] niche f.

casete, cassette ◇ m ○ f [cinta] cassette f. ◇ m [magnetófono] magnétophone m.

casi adv presque; ~ **no dormí** je n'ai presque pas dormi; ~ **se cae** il a failli tomber; ~ **nunca** presque jamais.

casilla f **-1.** [de teatro, circo] guichet m. **-2.** [de caja, armario] casier m. **-3.** [de impreso, ajedrez etc] case f.

casillero m casier m.

casino m **-1.** [para jugar] casino m. **-2.** [asociación] cercle m.

caso m **-1.** [gen & GRAM] cas m; **el ~ es que...** le fait est que...; **en el mejor/peor de los ~s** dans le meilleur/pire des cas; ~ **que, dado el ~, en ~ de que** au cas où; **en todo** ○ **cualquier ~** en tout cas. **-2.** DER affaire f. **-3.** loc : **hacer ~ a** prêter attention à; **no hacer** ○ **venir al ~** fam tomber comme un cheveu sur la soupe; **ser un ~** fam être un cas.

caspa f pellicules fpl (de cheveux).

casquete m calotte f.

casquillo m **-1.** [de bala] douille f. **-2.** [de bombilla] culot m. **-3.** [de bastón] manche m.

cassette = casete.

casta f **-1.** [linaje] lignée f. **-2.** [especie, calidad] race f. **-3.** [en la India] caste f.

castaña → castaño.

castañetear ◇ vt : ~ **los dedos** faire claquer ses doigts. ◇ vi claquer des dents.

castaño, ña adj [color] marron; [pelo] châtain. ◆ **castaño** m **-1.** [color] marron m inv; [pelo] châtain m. **-2.** [árbol, madera] châtaignier m . ◆ **castaña** f **-1.** [fruto] châtaigne f; **castañas asadas** marrons mpl chauds. **-2.** fam [puñetazo] châtaigne f. **-3.** fam [borrachera] : **agarrarse una castaña** prendre une cuite.

castañuela f castagnette f.

castellanizar vt hispaniser.

castellano, na ◇ adj castillan(e). ◇ m, f [persona] Castillan m, -e f. ◆ **castellano** m [lengua] castillan m, espagnol m.

castellanoparlante ◇ adj de langue castillane, hispanophone. ◇ mf [persona] hispanophone mf.

castidad f chasteté f.

castigador, ra fam ◇ adj de séducteur(trice). ◇ m, f tombeur m, -euse f.

castigar vt **-1.** [imponer castigo] punir; **le han castigado sin postre** il a été privé de dessert. **-2.** DEP pénaliser. **-3.** [maltratar] endommager, frapper; [el cuerpo] mortifier. **-4.** fig [enamorar] séduire.

castigo m **-1.** [sanción] punition f; **quedar sin** ~ rester impuni(e). **-2.** [sufrimiento] épreuve f. **-3.** DEP penalité f.

Castilla Castille f.

Castilla-La Mancha Castille-La Manche.

Castilla-León Castille-León.

castillo m **-1.** [gen] château m. **-2.** NÁUT : ~ **de popa/de proa** gaillard m d'arrière/d'avant.

castizo, za adj pur(e); [autor] puriste.

casto, ta adj chaste.

castor m castor m.

castrar vt **-1.** [animal, persona] castrer. **-2.** fig [debilitar] : ~ **el entendimiento** ramollir le cerveau.

castrense adj militaire.

casual adj fortuit(e).

casualidad f hasard m; **dio la** ~ **de que...** il s'est trouvé que...; **por** ~ par hasard; **¡qué** ~**!** quelle coïncidence!

casulla f chasuble f.

cataclismo m lit & fig cataclysme m.

catacumbas fpl catacombes fpl.

catador, ra m, f dégustateur m, -trice f; ~ **de vinos** taste-vin m.

catalán, ana ◇ adj catalan(e). ◇ m, f Catalan m, -e f. ◆ **catalán** m [lengua] catalan m.

catalanismo m **-1.** [palabra] catalanisme m. **-2.** POLÍT nationalisme m catalan.

catalejo m longue-vue f.

catalizador, ra adj **-1.** QUÍM catalytique. **-2.** fig [impulsor] : **ser el elemento** ~ **de** être le détonateur de. ◆ **catalizador** m lit & fig catalyseur m.

catalogar vt lit & fig cataloguer; **se le cataloga entre los mejores especialistas** on le classe parmi les meilleurs spécialistes; ~ **a alguien de algo** taxer qqn de qqch.

catálogo m catalogue m.

Cataluña Catalogne f.

catamarán m catamaran m.

cataplasma f **-1.** MED cataplasme m. **-2.** fam fig [pesado] pot m de colle.

catapulta f catapulte f.

catar vt **-1.** [probar] goûter. **-2.** [saborear] déguster.

catarata f **-1.** [de agua] chute f. **-2.** (gen pl) MED cataracte f.

catarro m rhume m.

catarsis f catharsis f.

catastro m cadastre m.

catástrofe f catastrophe f.

catastrófico, ca adj catastrophique.

catch (pl catchs) m DEP catch m.

cátcher (pl catchers) m [béisbol] catcher m inv.

catchup, ketchup m inv ketchup m inv.

cate m fam **dar un** ~ **a alguien** [golpe] flanquer une baffe à qqn; **de** ~ [persona] de haut rang; [cosa] de classe. **-3.** [calidad] : **de primera** ~ de premier choix, de qualité supérieure.

catear vt fam coller, recaler.

catecismo m catéchisme m.

cátedra f chaire f.

catedral f cathédrale f.

catedrático, ca m, f professeur m d'université.

categoría f **-1.** [gen] catégorie f. **-2.** [posición social] rang m; **de** ~ [persona] de haut rang; [cosa] de classe. **-3.** [calidad] : **de primera** ~ de premier choix, de qualité supérieure.

categórico, ca adj catégorique.

catequesis f catéchèse f.

catering m catering m.

cateto, ta adj & m, f despec [palurdo] plouc.

cátodo m cathode f.

catolicismo m catholicisme m.

católico, ca adj & m, f catholique.

catolizar vt convertir au catholicisme.

catorce núm quatorze; ver también **seis**.

catorceavo, va, catorzavo, va núm quatorzième.

catorceno, na núm quatorzième.

catorzavo, va = catorceavo.

catre m fam [cama] pieu m .

catrín, trina adj Amer fam bêcheur(euse).

cauce m **-1.** [procedimiento] cours m. **-2.** [de río] lit m. **-3.** [de riego] canal m.

caucho m caoutchouc m .

caudal m **-1.** [cantidad de agua] débit m. **-2.** [capital] fortune f. **-3.** [abundancia] mine f; **tiene un** ~ **de conocimientos** c'est un puits de science.

caudaloso, sa adj **-1.** [río] à fort débit. **-2.** [persona] fortuné(e).

caudillo m **-1.** [en la guerra] caudillo m, chef m militaire. **-2.** [en una comunidad] chef m de file.

causa *f* cause *f*; **a ~ de** à cause de.

causalidad *f* causalité *f*.

causante ◇ *adj* : **la razón ~ de** la cause de. ◇ *mf* : **ser el ~ de** être à l'origine de.

causar *vt* causer; [placer, víctimas] faire; [enfermedad] provoquer; [perjuicio] porter.

cáustico, ca *adj lit & fig* caustique.

cautela *f* précaution *f*; **con ~** avec précaution.

cauteloso, sa *adj & m, f* prudent(e).

cautivador, ra ◇ *adj* captivant(e); **una mirada cautivadora** un regard charmeur. ◇ *m, f* charmeur *m*, -euse *f*.

cautivar *vt* -1. [apresar] capturer. -2. [seducir] captiver.

cautiverio *m* , **cautividad** *f* captivité *f*.

cautivo, va *adj & m, f* captif(ive).

cauto, ta *adj* prudent(e).

cava ◇ *adj* ANAT cave. ◇ *m* vin catalan fabriqué selon la méthode champenoise. ◇ *f* -1. [bodega] cave *f*. -2. AGR bêchage *m*.

cavar ◇ *vt* creuser. ◇ *vi* [con laya] bêcher; [con azada] biner.

caverna *f* caverne *f*.

cavernícola ◇ *adj* [animales] cavernicole; [personas] des cavernes. ◇ *mf* -1. HIST homme *m* des cavernes. -2. *fig* ours *m*.

caviar *m* caviar *m*.

cavidad *f* cavité *f*.

cavilar *vi* cogiter.

cayado *m* -1. [de pastor] houlette *f*. -2. [de obispo] crosse *f*.

cayo *m* îlot bas et sablonneux.

caza ◇ *f* -1. [acción de cazar] chasse *f*; **salir o ir de ~** aller à la chasse. -2. [animales, carne] gibier *m* . ◇ *m* avion *m* de chasse.

cazabombardero *m* chasseur *m* bombardier.

cazador, ra ◇ *adj* [perro etc] de chasse. ◇ *m, f lit & fig* chasseur *m*, -euse *f*. ◆ **cazadora** *f* [prenda] blouson *m*.

cazadotes *m inv* coureur *m* de dot.

cazalla *f* eau-de-vie anisée.

cazar *vt* -1. [animales] chasser. -2. *fig* [sorprender] attraper; **lo cazaron con las manos en la masa** ils l'ont pris la main dans le sac. -3. *fam* [conseguir] dégoter.

cazo *m* -1. [recipiente] casserole *f*. -2. [utensilio] louche *f*.

cazoleta *f* -1. [recipiente] cassolette *f*. -2. [de pipa] fourneau *m*.

cazuela *f* -1. [recipiente] casserole *en terre cuite*. -2. [guiso] ragoût *m*; **a la ~** à la casserole.

cazurro, rra ◇ *adj* -1. [bruto] abruti(e). -2. [huraño] renfermé(e). ◇ *m, f* [bruto] brute *f*.

c/c *abrev de* **cuenta corriente**.

CC OO (*abrev de* **Comisiones Obreras**) *fpl* syndicat espagnol.

CD *m* -1. (*abrev de* **cuerpo diplomático**) CD *m*. -2. (*abrev de* **compact disc**) CD *m*.

ce *f* c *m inv*; **~ cedilla** c cédille.

CDS (*abrev de* **Centro Democrático y Social**) *m* parti politique espagnol de tendance libérale.

CE ◇ *m* (*abrev de* **Consejo de Europa**) CE *m*. ◇ *f* -1. (*abrev de* **Comunidad Europea**) CE *f*. -2. (*abrev de* **constitución española**) Constitution *f* espagnole.

cebada *f* orge *f*.

cebar *vt* -1. [sobrealimentar] gaver. -2. [máquina] mettre en marche; [arma, anzuelo] amorcer. -3. [fuego, horno] alimenter. ◆ **cebarse** *vp* : **~se en** s'acharner sur.

cebo *m* -1. [para cazar, atraer] appât *m*. -2. [para alimentar] pâtée *f*.

cebolla *f* -1. BOT oignon *m*. -2. [pieza] filtre *m*; [de cañería, tubo] crapaudine *f*.

cebolleta *f* [tallo] ciboulette *f*; [bulbo] petit oignon *m*.

cebollino *m* -1. [planta] ciboule *f*. -2. *fam* [necio] crétin *m*, -e *f*.

cebra *f* zèbre *m*.

cecear *vi* zézayer.

ceceo *m* zézaiement *m* (*prononciation propre à certains parlers andalous et latino-américains*).

cecina *f* viande séchée et salée.

cedazo *m* tamis *m*.

ceder ◇ *vt* céder. ◇ *vi* -1. [gen] céder; **~ a** céder à; **~ en** céder sur; **~ a una propuesta** accepter une proposition; **en sus pretensiones** en rabattre. -2. [destensarse] se détendre. -3. [disminuir – dolor] s'apaiser; [– tiempo] s'adoucir; [– temperatura] baisser.

cedro *m* cèdre *m*.

cédula *f* certificat *m*; **~ de habitabilidad** certificat garantissant l'habitabilité d'un logement; **~ (de identidad)** *Amer* carte *f* d'identité.

CEE (*abrev de* **Comunidad Económica Europea**) *f* CEE *f*.

cegar ◇ *vt* **-1.** [gen] aveugler. **-2.** [tapar – tubo etc] boucher; [– ventana, puerta] murer. ◇ *vi* être aveuglant(e). ◆ **cegarse** *vp lit & fig* être aveuglé(e).

cegato, ta *adj & m, f fam* bigleux(euse).

ceguera *m* **-1.** [de visión] cécité *f.* **-2.** *fig* [de razón] aveuglement *m.*

ceja *f* **-1.** ANAT sourcil *m.* **-2.** [borde] rebord *m.* **-3.** MÚS sillet *m*; [para elevar el tono] capodastre *m.* **-4.** *loc* : **meterse algo entre** ~ **y** ~ *fam fig* se mettre qqch dans la tête.

cejar *vi* : ~ **en** renoncer à, abandonner; **no** ~ **en su empeño** ne pas abandonner la partie.

celar *vt* **-1.** [vigilar] surveiller. **-2.** [ocultar] dissimuler; [ilusión, esperanza] nourrir secrètement.

celda *f* cellule *f (pièce)* .

celebración *f* **-1.** [festejo] célébration *f.* **-2.** [realización] tenue *f.*

celebrar *vt* **-1.** [centenario, misa etc] célébrer; [cumpleaños, buena noticia etc] fêter. **-2.** [reunión, junta] tenir; [partido deportivo] disputer; [elecciones] organiser. **-3.** [alegrarse de] se réjouir de, se féliciter de; [alabar] louer, faire l'éloge de. ◆ **celebrarse** *vp* **-1.** [gen] avoir lieu. **-2.** [centenario, misa etc] être célébré(e).

célebre *adj* [con fama] célèbre.

celebridad *f* célébrité *f.*

celeridad *f* promptitude *f.*

celeste *adj* [bóveda, cuerpos] céleste.

celestial *adj* **-1.** [del cielo] céleste; [gloria] de Dieu. **-2.** *fig* [placer etc] divin(e); [música] céleste.

celestina *f* entremetteuse *f.*

celibato *m* célibat *m.*

célibe *adj & mf* célibataire.

celo *m* **-1.** [esmero] zèle *m.* **-2.** [devoción] ferveur *f.* **-3.** [de animal] amours *fpl*; **en** ~ [hembra] en chaleur; [macho] en rut. **-4.** [cinta adhesiva] Scotch® *m.* ◆ **celos** *mpl* jalousie *f*; **dar** ~**s** rendre jaloux(ouse); **tener** ~**s de alguien** être jaloux(ouse)de qqn.

celofán *m* Cellophane® *f.*

celosía *f* jalousie *f (de fenêtre).*

celoso, sa ◇ *adj* **-1.** [con celos] jaloux(ouse). **-2.** [cumplidor] : ~ **en su trabajo** exigeant dans son travail. ◇ *m, f* [con celos] jaloux *m*, -ouse *f.*

celta ◇ *adj* celte. ◇ *mf* Celte *mf.* ◇ *m* [lengua] celtique *m.*

celtíbero, ra, celtibero, ra ◇ *adj* celtibère. ◇ *m, f* Celtibère *mf.*

céltico, ca *adj* celtique.

célula *f* cellule *f.* ◆ **célula fotoeléctrica** *f* cellule *f* photoélectrique.

celular *adj* cellulaire.

celulitis *f* cellulite *f.*

celulosa *f* cellulose *f.*

cementar *vt* cémenter.

cementerio *m* **-1.** [de muertos] cimetière *m.* **-2.** [de cosas inutilizables] dépotoir *m*; ~ **de automóviles** ○ **coches** casse *f.*

cemento *m* **-1.** [de construcción] ciment *m*; ~ **armado** béton *m* armé. **-2.** [de dientes] cément *m.*

cena *f* dîner *m*; **dar una** ~ avoir du monde à dîner.

cenagal *m* **-1.** [lugar] bourbier *m.* **-2.** *fig* [apuro] : **estar metido en un** ~ être en mauvaise posture.

cenagoso, sa *adj* bourbeux(euse).

cenar ◇ *vt* manger au dîner; **cenó huevos** il a mangé des œufs au dîner. ◇ *vi* dîner.

cencerro *m* sonnaille *f*; **estar como un** ~ *fam fig* avoir un grain.

cenefa *f* **-1.** [de tela] liseré *m.* **-2.** [de pared – abajo] plinthe *f*; [– arriba] frise *f.*

cenicero *m* cendrier *m.*

cenit = **zenit**.

cenizo, za *adj* cendré(e); [tez] cendreux(euse). ◆ **cenizo** *m* **-1.** [mala suerte] poisse *f.* **-2.** [gafe] : **ser un** ~ porter la poisse. **-3.** [en la vid] oïdium *m.* ◆ **ceniza** *f* cendre *f.* ◆ **cenizas** *fpl* [de cadáver] cendres *fpl.*

censar *vt* recenser.

censo *m* **-1.** [de población] recensement *m*; ~ **(electoral)** listes *fpl* électorales. **-2.** [tributo] ≃ taxe *f* d'habitation.

censor, ra *m, f* censeur *m.*

censura *f* **-1.** [gen] censure *f*; [de local] fermeture *f*; [de actividad] interdiction *f.* **-2.** [reprobación] condamnation *f*; **ha sido objeto de** ~ **por...** il a été condamné pour...

censurar *vt* **-1.** [gen] censurer. **-2.** [reprobar] blâmer.

centauro *m* centaure *m.*

centavo, va *núm* centième.

centella *f* **-1.** [rayo] éclair *m.* **-2.** [chispa] étincelle *f.* **-3.** *fig* [cosa, persona] : **ser una** ~ être plus rapide que l'éclair; **como una** ~ comme l'éclair.

centellear *vi* scintiller.

centelleo *m* scintillement *m.*

centena f centaine f.

centenar m centaine f.

centenario, ria adj centenaire. ◆ **centenario** m centenaire m; **quinto** ~ cinq centième anniversaire.

centeno m seigle m.

centésimo, ma núm centième.

centígrado, da adj centigrade. ◆ **centígrado** m degré m centigrade.

centigramo m centigramme m.

centilitro m centilitre m.

centímetro m centimètre m .

céntimo m [moneda] centime m .

centinela m sentinelle f.

centollo m araignée f de mer.

centrado, da adj **-1.** [gen] centré(e); ~ **en** centré o basé sur. **-2.** [persona] équilibré(e).

central ◇ adj central(e). ◇ m DEP arrière m centre. ◇ f **-1.** [oficina] maison f mère. **-2.** [de energía] centrale f; ~ **nuclear** centrale nucléaire.

centralismo m centralisme m.

centralista adj & mf centraliste.

centralita f standard m (téléphonique).

centralización f centralisation f.

centralizar vt centraliser.

centrar vt **-1.** [gen & DEP] centrer; ~ **una novela en cuestiones sociales** axer un roman sur des problèmes sociaux. **-2.** [arma] pointer; [foto] cadrer. **-3.** [persona] stabiliser. **-4.** [mirada] concentrer. **-5.** [atención, interés] capter. ◆ **centrarse** vp **-1.** [concentrarse] : ~**se en** se concentrer sur. **-2.** [equilibrarse] se stabiliser.

céntrico, ca adj central(e); **un piso** ~ un appartement situé en plein centre-ville.

centrifugar vt centrifuger.

centrífugo, ga adj centrifuge.

centrista adj & mf centriste.

centro m **-1.** [gen] centre m; **me voy al** ~ [de ciudad] je vais en ville. **-2.** [de rebelión etc] foyer m; [católico, docente etc] institution f; [de estudios, investigación] institut m. **-3.** [de las miradas] cible f; [de curiosidad] objet m. **-4.** [de problema] cœur m . ◆ **centro comercial** m centre m commercial. ◆ **centro de gravedad** m centre m de gravité. ◆ **centro de mesa** m centre m de table.

centrocampista mf DEP demi m.

céntuplo, pla adj centuple; **la céntupla parte** le centième. ◆ **céntuplo** m centuple m.

centuria f **-1.** culto [siglo] siècle m. **-2.** [división militar] centurie f.

centurión m centurion m.

ceñir vt **-1.** [apretar – ropa] mouler; [– cinturón] serrer. **-2.** [abrazar] : ~ **por la cintura** prendre par la taille. **-3.** fig [amoldar] : ~ **a limiter à, borner à.** ◆ **ceñirse** vp **-1.** [apretarse] serrer; **se ciñó el cinturón** il serra sa ceinture. **-2.** [amoldarse, limitarse] : ~**se a** s'en tenir à.

ceño m : **fruncir el** ~ froncer les sourcils.

CEOE (abrev de **Confederación Española de Organizaciones Empresariales**) f confédération des organisations patronales en Espagne.

cepa f **-1.** [de vid] cep m. **-2.** [de árbol, familia] souche f.

cepillar vt **-1.** [gen] brosser; [caballo] bouchonner. **-2.** [madera] raboter. **-3.** fam [adular] : ~ **a alguien** cirer les pompes à qqn. ◆ **cepillarse** vp **-1.** [pelo, dientes] se brosser. **-2.** fam [comida] s'envoyer; [trabajo] expédier. **-3.** fam [robar] dévaliser. **-4.** fam [suspender] étendre. **-5.** vulg [matar] butter.

cepillo m **-1.** [para limpiar] brosse f. **-2.** [de carpintero] rabot m. **-3.** [de donativos] tronc m.

cepo m **-1.** [para cazar] piège m. **-2.** [para vehículos] sabot m. **-3.** [para sujetar] attache f. **-4.** [para presos] cep m.

CEPSA (abrev de **Compañía Española de Petróleos, SA**) f groupe pétrolier espagnol.

cera f **-1.** [gen] cire f; ~ **depilatoria/virgen** cire dépilatoire/vierge. **-2.** [para esquíes] fart m.

cerámica f céramique f.

ceramista mf ceramiste mf.

cerca ◇ f [valla] clôture f. ◇ adv **-1.** [en el espacio] près; **vive muy** ~ il habite tout près; **por aquí** ~ tout près; **de** ~ de près. **-2.** [en el tiempo] proche; **la Navidad ya está** ~ Noël est proche. ◆ **cerca de** loc prep près de; **vive** ~ **de aquí** il habite près d'ici; **ganó** ~ **de tres millones** il a gagné près de trois millions.

cercado m **-1.** [valla] clôture f. **-2.** [lugar] enclos m.

cercanía f proximité f. ◆ **cercanías** fpl **-1.** [afueras] banlieue f. **-2.** [alrededores] environs mpl.

cercano, na adj : ~ **(a)** proche (de); **vive en un pueblo** ~ il habite un village voisin.

cercar *vt* –**1.** [vallar] clôturer. –**2.** [rodear, acorralar] encercler.

cerciorar *vt* assurer. ◆ **cerciorarse** *vp* : ~**se (de)** s'assurer (de); **me cercioré de que no había nadie** je me suis assuré qu'il n'y avait personne.

cerco *m* –**1.** [gen] cercle *m*; [de herida] cerne *m*; [de mancha] auréole *f*. –**2.** [de puerta, ventana] encadrement *m*. –**3.** [de astro, luz] halo *m*. –**4.** [de soldados] haie *f*; [de policías] cordon *m* .

cerda *f* → **cerdo**.

Cerdeña Sardaigne *f*.

cerdo, da *m, f* –**1.** [animal] porc *m*, truie *f*. –**2.** *fam* *fig* [persona] porc *m*. ◆ **cerdo** *m* [carne] porc *m*. ◆ **cerda** *f* [pelo – de cerdo] soie *f*; [– de caballo] crin *m*.

cereal *m* céréale *f*.

cerebelo *m* cervelet *m*.

cerebral *adj* cérébral(e).

cerebro *m* –**1.** [cabecilla & ANAT] cerveau *m*. –**2.** [inteligencia] cervelle *f*; **utilizar el** ~ faire fonctionner sa cervelle; **tiene** ~ il est loin d'être bête. –**3.** *fig* [eminencia] tête *f*.

ceremonia *f* cérémonie *f* .

ceremonial ◇ *adj* cérémoniel(elle); [traje] de cérémonie. ◇ *m* cérémonial *m*.

ceremonioso, sa *adj* [persona] cérémonieux(euse); [acogida, saludo etc] solennel(elle).

cereza *f* cerise *f*.

cerezo *m* –**1.** [árbol] cerisier *m*. –**2.** [madera] merisier *m*.

cerilla *f* allumette *f*.

cerillo *m* *Amer* allumette *f*.

cerner, cernir *vt* [cribar] tamiser. ◆ **cernerse** *vp* *lit* & *fig* planer.

cernícalo *m* –**1.** [ave] buse *f*. –**2.** *fam* [bruto] mufle *m*.

cernir = **cerner**.

cero *núm* zéro; **hace cinco grados bajo** ~ il fait moins cinq; **ser un** ~ **a la izquierda** *fam* être un zéro; *ver también* **seis**.

cerrado, da *adj* –**1.** [gen] fermé(e). –**2.** [tiempo, cielo] couvert(e); [vegetación, lluvia] dru(e); **hace una noche cerrada** il fait nuit noire. –**3.** [persona, carácter] renfermé(e). –**4.** [sentido, mensaje] caché(e). –**5.** [acento, deje] prononcé(e). –**6.** [corriente, circuito] coupé(e).

cerradura *f* serrure *f*.

cerrajería *f* serrurerie *f*.

cerrajero, ra *m, f* serrurier *m*.

cerrar ◇ *vt* –**1.** [gen] fermer; [agua, gas] couper; [paso, carretera] barrer. –**2.** [agujero, bote etc] boucher. –**3.** *fig* [conversación, contrato etc] clore; [trato] conclure. –**4.** [ir último] : ~ **el desfile** fermer la marche. –**5.** [herida] refermer. ◇ *vi* fermer; ~ **con llave** fermer à clé; ~ **con candado** cadenasser; ~ **con cerrojo** verrouiller. ◆ **cerrarse** *vp* –**1.** [gen] se fermer; ~**se a** être fermé(e)à. –**2.** [herida] se refermer. –**3.** [debate, acto etc] être clos(e).

cerrazón *f* –**1.** [obscuridad] : **había una gran** ~ le ciel s'obscurcissait. –**2.** *fig* [obstinación] entêtement *m*.

cerro *m* colline *f*; **irse por los** ~**s de Úbeda** *fig* s'écarter du sujet.

cerrojo *m* verrou *m*; **echar el** ~ mettre le verrou.

certamen *m* concours *m* (*de poésie etc*).

certero, ra *adj* –**1.** [tiro] précis(e). –**2.** [opinión, juicio etc] sûr(e); [respuesta] juste.

certeza *f* certitude *f*; **tener la** ~ **de que...** être certain(e) que...

certidumbre *f* certitude *f*.

certificación *f* –**1.** [hecho] attestation *f*. –**2.** [documento] certificat *m*.

certificado, da *adj* [carta, paquete] recommandé(e). ◆ **certificado** *m* certificat *m*; ~ **médico** certificat médical.

certificar *vt* –**1.** [gen] certifier. –**2.** *fig* [inocencia] prouver; [sospechas etc] confirmer. –**3.** [carta, paquete] envoyer en recommandé.

cerumen *m* cérumen *m*.

cervato *m* faon *m*.

cervecería *f* brasserie *f*.

cervecero, ra ◇ *adj* [industria etc] de la bière; [ciudad etc] producteur(trice) de bière. ◇ *m, f* brasseur *m*, -euse *f*.

cerveza *f* bière *f*; ~ **de barril** bière (à la) pression; ~ **negra** bière brune.

cervical ◇ *adj* cervical(e). ◇ *f* (*gen pl*) vertèbres *fpl* cervicales.

cesante ◇ *adj* –**1.** [gen] sans emploi. –**2.** *Amer* [en paro] au chômage. ◇ *mf* sansemploi *mf inv*.

cesantear *vt* *Amer* licencier.

cesar ◇ *vt* [destituir] démettre de ses fonctions; [funcionario] révoquer. ◇ *vi* –**1.** [parar] : ~ **(de hacer algo)** cesser (de faire qqch); **sin** ~ sans cesse, sans arrêt. –**2.** [dimitir] démissionner.

cesárea *f* césarienne *f*; **practicar una** ~ faire une césarienne.

cese *m* **-1.** [gen] arrêt *m*; [de la actividad, las hostilidades] cessation *f.* **-2.** [destitución] renvoi *m*; [de funcionario] révocation *f.* **-3.** [documento] ordre *m* de cessation de paiements.

cesión *f* cession *f.*

césped *m* pelouse *f*, gazon *m*; 'prohibido pisar el ~' 'pelouse interdite'.

cesta *f* panier *m.* ◆ **cesta de la compra** *f* panier *m* de la ménagère.

cesto *m* **-1.** [cesta grande] corbeille *f.* **-2.** DEP [baloncesto] panier *m.*

cetro *m* **-1.** [vara, reinado] sceptre *m.* **-2.** *fig* [superioridad] : **ostentar el ~ de** tenir le sceptre de.

cf., cfr. (*abrev de* **confróntese**) cf.

cg (*abrev de* **centigramo**) cg.

ch/ *abrev de* **cheque**.

chabacano, na ◇ *adj* vulgaire. ◇ *m* *Amer* [árbol] abricotier *m*; [fruto] abricot *m.*

chabola *f* baraque *f*; **los barrios de ~s** les bidonvilles.

chacal *m* chacal *m.*

chacarero, ra *m, f* *Amer* fermier *m*, -ère *f.*

chacha *f* *fam* bonne *f.*

chachachá *m* cha-cha-cha *m inv.*

cháchara *f* *fam* papotage *m*; **estar de ~** papoter.

chacolí (*pl* **chacolís**) *m* vin léger du Pays basque.

chacra *f* *Amer* ferme *f.*

chafar *vt* **-1.** [gen] écraser; [peinado] aplatir. **-2.** [ropa] froisser. **-3.** *fig* [plan, proyecto etc] faire tomber à l'eau. **-4.** [suj : enfermedad] mettre à plat; **~ la moral** saper le moral. ◆ **chafarse** *vp* [plan, proyecto etc] tomber à l'eau.

chaflán *m* **-1.** [de edificio] pan *m* coupé; **estar en el ~ entre** être à l'angle de. **-2.** GEOM chanfrein *m.*

chagra *Amer* ◇ *mf* paysan *m*, -anne *f.* ◇ *f* ferme *f.*

chal *m* châle *m.*

chalado, da *adj & m, f fam* dingue.

chaladura *f* *fam* **-1.** [locura] lubie *f.* **-2.** [enamoramiento] béguin *m.*

chalar *vt* rendre fou(folle). ◆ **chalarse** *vp* perdre la tête; **~se por alguien** s'enticher de qqn.

chalé (*pl* **chalés**), **chalet** (*pl* **chalets**) *m* pavillon *m*; [en el campo] maison *f* de campagne; [de alta montaña] chalet *m* .

chaleco *m* gilet *m*; **~ salvavidas** gilet de sauvetage.

chalet = **chalé**.

chalupa *f* NÁUT chaloupe *f.*

chamaco, ca *m, f* *Amer fam* gosse *mf.*

chamarra *f* blouson *m.*

chamba *f* *fam* **tener ~** avoir du pot.

chamiza *f* **-1.** [hierba] chaume *m.* **-2.** [leña] petit bois *m.*

chamizo *m* **-1.** [leña] tison *m.* **-2.** [casa] cahute *f.* **-3.** *fam despec* [lugar] bouge *m.*

champán, champaña *m* champagne *m.*

champiñón *m* champignon *m (de Paris).*

chamuscar *vt* CULIN flamber. ◆ **chamuscarse** *vp* [el bigote] se griller; [el pelo] se brûler.

chamusquina *f* : **oler a ~** *fam fig* sentir le roussi.

chance *f* *Amer* possibilité *f*, occasion *f.*

chanchada *f* *Amer* sale tour *m.*

chancho *m* *Amer* cochon *m.*

chanchullo *m* *fam* magouille *f.*

chancla *f* **-1.** *despec* [calzado viejo] savate *f.* **-2.** [chancleta] sandale *f*; [para playa] tong *f.*

chancleta *f* sandale *f*; [para playa] tong *f.*

chándal (*pl* **chándals**), **chandal** (*pl* **chandals**) *m* survêtement *m.*

changarro *m* *Amer* petit magasin *m.*

chanquete *m* *Amer* alevin d'anchois préparé en friture.

chantaje *m* chantage *m.*

chantajear *vt* faire chanter.

chantajista *mf* maître-chanteur *m.*

chanza *f* plaisanterie *f.*

chao *interj* *fam* : **¡~!** ciao!, tchao!

chapa *f* **-1.** [gen] plaque *f.* **-2.** [tapón] capsule *f.* **-3.** [insignia] badge *m.* **-4.** [del guardarropa] jeton *m.* **-5.** *Amer* [cerradura] serrure *f.* ◆ **chapas** *fpl* : **jugar a las ~s** jouer à pile ou face.

chapado, da *adj* plaqué(e); **~ en oro** plaqué or; **~ a la antigua** *fig* vieux jeu.

chaparro, rra ◇ *adj* boulot(otte). ◇ *m, f* petit gros *m*, petite boulotte *f.* ◆ **chaparro** *m* buisson d'yeuses.

chaparrón *m* **-1.** [de agua] averse *f.* **-2.** *fam fig* [gran cantidad] : **un ~ de** une pluie de. **-3.** *fam* [bronca] : **dar un ~ a alguien** passer un savon à qqn.

chapeado, da *adj* plaqué(e).

chapear *vt* *Amer* [escardar] débroussailler.

chapela *f* béret *m.*

chapista *adj & mf* tôlier *m.*

chapopote *m* *Amer* goudron *m.*

chapotear *vi* barboter.

chapucear *vt* [motor etc] bricoler; [trabajo] bâcler.

chapucería *f* : **es una** ~ ce n'est ni fait ni à faire.

chapucero, ra ◇ *adj* [trabajo] bâclé(e). ◇ *m, f* : **no seas** ~ ne fais pas n'importe quoi.

chapulín *m Amer* sauterelle *f*.

chapurrear, chapurrar *vt fam* baragouiner.

chapuza *f* -1. [trabajo mal hecho] travail *m* de cochon. -2. [trabajo ocasional] bricole *f*.

chapuzón *m* : **darse un** ~ piquer une tête.

chaqué *m* jaquette *f*.

chaqueta *f* -1. [de traje] veste *f*. -2. [de punto] cardigan *m*.

chaquetón *m* trois-quarts *m*.

charada *f* charade *f*.

charanga *f* -1. [banda] fanfare *f*. -2. *fam* [fiesta] bamboula *f*.

charca *f* mare *f*.

charco *m* flaque *f* (d'eau).

charcutería *f* charcuterie *f*.

charla *f* -1. [conversación] discussion *f*. -2. [conferencia] : **dar una** ~ **sobre** faire un exposé sur.

charlar *vi* discuter, bavarder.

charlatán, ana ◇ *adj* bavard(e). ◇ *m, f* -1. [parlanchín] bavard *m*, -e *f*. -2. [embaucador] baratineur *m*, -euse *f*. -3. [vendedor] camelot *m*.

charlestón *m* charleston *m*.

charlotada *f* -1. [payasada] bouffonnerie *f*. -2. TAUROM corrida *f* bouffonne.

charlotear *vi* papoter.

charnego, ga *m, f despec immigrant en Catalogne venant d'une autre région d'Espagne.*

charol *m* -1. [piel] cuir *m* verni; **de** ~ [zapatos] verni(e). -2. [barniz] vernis *m*. -3. *Amer* [bandeja] plateau *m*.

charola *f Amer* plateau *m*.

chárter *adj inv & m inv* charter.

chasca *f Amer* tignasse *f*.

chascar ◇ *vt* [lengua, dedos] faire claquer. ◇ *vi* -1. [lengua] claquer. -2. [madera] craquer.

chasco *m* -1. [decepción] déception *f*; **llevarse un** ~ être très déçu(e). -2. [burla] tour *m*.

chasis *m* -1. AUTOM & FOT châssis *m*. -2. *fam* [de persona] : **quedarse en el** ~ *fig* n'avoir que la peau sur les os.

chasquear ◇ *vt* -1. [látigo, lengua] faire claquer. -2. *fig* [engañar] jouer un tour. ◇ *vi* [madera] craquer.

chasquido *m* -1. [de lengua, látigo] claquement *m*; [de arma] détonation *f*. -2. [de madera] craquement *m*.

chatarra *f* -1. [metal, piezas] ferraille *f*. -2. *fam despec* [bisutería] camelote *f*. -3. *fam* [monedas] ferraille *f*, mitraille *f*.

chatarrero, ra *m, f* ferrailleur *m*.

chateo *m* : **ir de** ~ faire la tournée des bars.

chato, ta ◇ *adj* -1. [nariz] aplati(e); [persona] au nez camus. -2. [aplanado] plat(e). ◇ *m, f fam* [apelativo] mon coco *m*, ma cocotte *f*; **¡chata!** [piropo] ma poule! ◆ **chato** *m* [de vino] petit verre *m*.

chau, chaucito *interj Amer fam* : **¡**~**!** salut!

chauvinista = chovinista.

chava *f Amer fam* nana *f*.

chaval, la *m, f fam* jeune *mf*.

chaveta *f* -1. [clavija] clavette *f*. -2. *fam* [cabeza] boule *f*; **perder la** ~ perdre la boule. -3. *Amer* [navaja] canif *m*.

chavo *m fam* -1. [dinero] : **no tener un** ~ ne pas avoir un radis. -2. *Amer* [hombre] mec *m*.

che, ché *interj Amer fam* : **¡**~**!** eh!

chef (*pl* **chefs**) *m* chef *m*, chef *m* cuisinier.

chelo, la *adj Amer* blond(e).

chepa *f fam* bosse *f*.

cheque *m* chèque *m*; **extender un** ~ faire un chèque; ~ **al portador** chèque au porteur; ~ **cruzado** ○ **barrado/nominativo** chèque barré/nominatif ○ à ordre; ~ **(de) gasolina** chèque *m* essence; ~ **de viaje** chèque de voyage, traveller's cheque.

chequear *vt* -1. MED : ~ **a alguien** faire un bilan de santé à qqn. -2. [comprobar] vérifier.

chequeo *m* -1. MED bilan *m* de santé. -2. [comprobación] vérification *f*.

chequera *f* carnet *m* de chèques.

chévere *adj Amer fam* super.

chic *adj inv* chic.

chica *f* → chico.

chicano, na ◇ *adj* chicano. ◇ *m, f* Chicano *mf*. ◆ **chicano** *m* [lengua] *langue des Mexicains émigrés aux États-Unis.*

chicarrón, ona *m, f* grand garçon *m*, grande fille *f*.

chicha f fam **-1.** [para comer] viande f. **-2.** [de persona] graisse f.

chícharo m Amer petit pois m.

chicharra f cigale f.

chicharro m [pez] chinchard m.

chicharrón m charbon m (viande carbonisée). ◆ **chicharrones** mpl rillons mpl.

chiche ⋄ m Amer [adorno] bibelot m. ⋄ f mfam [pecho de mujer] néné m.

chichón m bosse f.

chicle m chewing-gum m.

chiclé, chicler m AUTOM gicleur m.

chico, ca ⋄ adj [pequeño] petit(e). ⋄ m, f **-1.** [joven] garçon m, fille f. **-2.** [tratamiento] : ¡mira, ∼! fam écoute, mon vieux! ◆ **chico** m [recadero] garçon m de courses. ◆ **chica** f [criada] bonne f.

chicote m Amer fouet m.

chifla f **-1.** [burla] : hacer ∼ a alguien se moquer de qqn. **-2.** [silbido] sifflement m.

chiflado, da adj fam ⋄ adj **-1.** [loco] cinglé(e). **-2.** [apasionado] : ∼ por [afición, persona] dingue de. ⋄ m, f [loco] cinglé m, -e f.

chiflar ⋄ vt fam [encantar] : me chiflan las patatas fritas j'adore les chips. ⋄ vi [silbar] siffler. ◆ **chiflarse** vp : ∼se por algo s'emballer pour qqch; ∼se por alguien s'enticher de qqn.

chiflido m Amer sifflement m.

chilaba f djellaba f.

chile m piment m .

Chile Chili m.

chileno, na ⋄ adj chilien(enne). ⋄ m, f Chilien m, -enne f.

chillar vi **-1.** [gritar] crier. **-2.** [chirriar] grincer. **-3.** fam [reñir] : le chilló il lui a crié dessus.

chillido m **-1.** [grito] cri m. **-2.** [chirrido] grincement m.

chillón, ona ⋄ adj **-1.** [voz, color] criard(e). **-2.** [niños] braillard(e). ⋄ m, f braillard m, -e f.

chilpayate, ta m, f Amer gamin m, -e f.

chimenea f cheminée f.

chimpancé m chimpanzé m.

china f → chino.

China (la) ∼ (la) Chine.

chinchar vt fam taquiner. ◆ **chincharse** vp fam ahora te chinchas maintenant, tant pis pour toi.

chinche ⋄ f punaise f (insecte). ⋄ adj & mf fam fig taquin(e).

chincheta f punaise f (clou).

chinchilla f chinchilla m.

chinchín m **-1.** [ruido] flonflon m. **-2.** fam [brindis] toast m; ¡∼! tchin-tchin!

chinchón m alcool m d'anis.

chingado, da adj Amer vulg [jodido] foutu(e). ◆ **chingada** f Amer vulg ¡vete a la chingada! va te faire foutre!

chingar vulg ⋄ vt **-1.** [molestar] emmerder. **-2.** [estropear] foutre en l'air. **-3.** Amer [joder] baiser. ⋄ vi [fornicar] baiser. ◆ **chingarse** vp vulg [beberse] se bourrer la gueule.

chino, na ⋄ adj chinois(e). ⋄ m, f Chinois m, -e f. ◆ **chino** m [lengua] chinois m. ◆ **china** f **-1.** [piedra] caillou m. **-2.** fam [droga] boulette f. ◆ **chinos** mpl jeu qui consiste à deviner combien de pièces ou de caillou l'autre joueur cache dans sa main.

chip (pl chips) m INFORM puce f.

chipirón m petit calmar m.

Chipre Chypre.

chiquillada f gaminerie f.

chiquillo, lla m, f gamin m, -e f.

chiquito, ta adj tout petit(toute petite). ◆ **chiquito** m [de vino] petit verre m.

chiribita f étincelle f. ◆ **chiribitas** fpl fam los ojos le hacían ∼s fig ses yeux jetaient des étincelles.

chirimbolo m fam truc m.

chirimoya f anone f.

chiringuito m **-1.** fam [bar] buvette f. **-2.** [negocio] affaire f; montarse un ∼ monter une petite affaire.

chiripa f fam fig : tener ∼ avoir du bol; de ○ por ∼ par miracle.

chirla f petite coque f (coquillage).

chirona f fam en ∼ en taule.

chirriar vi grincer.

chirrido m grincement m.

chis = ¡chist!

chisme m **-1.** [cuento] commérage m. **-2.** fam [cosa] truc m.

chismear, chismorrear vi faire des commérages, cancaner.

chismoso, sa adj & m, f cancanier(ère).

chispa f **-1.** [de fuego, electricidad] étincelle f; echa ∼s fam il n'est pas à prendre avec des pincettes. **-2.** [de lluvia] gouttelette f. **-3.** fig [cantidad pequeña] pincée f. **-4.** fig [agudeza] esprit m.

chispazo m **-1.** [salto de la chispa] étincelle f. **-2.** fig [suceso detonante] détonateur m.

chispear ◇ vi –1. [gen] étinceler. –2. fig [ojos – de alegría, malicia] pétiller; [– por enfado, rabia] jeter des étincelles. ◇ v impers [llover] pleuvoter; **apenas chispeaba** il ne tombait que quelques gouttes.

chisporrotear vi [leña] craquer; [fuego] crépiter; [aceite] grésiller.

chist, chis interj : ¡~! chut!

chistar vi : **sin ~** sans broncher.

chiste m histoire f drôle, blague f; **contar ~s** raconter des histoires drôles ○ des blagues; **~ verde** blague cochonne.

chistera f chapeau m haut de forme.

chistorra f saucisson typique d'Aragon et de Navarre.

chistoso, sa ◇ adj –1. [persona] blagueur(euse). –2. [suceso] drôle. ◇ m, f blagueur m, -euse f.

chita ◆ **a la chita callando** loc adv fam [en silencio] doucement; [con disimulo] en douce.

chitón interj : ¡~! chut!

chivar vt fam souffler (la réponse). ◆ **chivarse** vp fam [niños] cafter; [delincuentes] moucharder.

chivatazo m fam mouchardage m; **dar el ~** moucharder.

chivato, ta adj & m, f fam mouchard(e). ◆ **chivato** m [luz] voyant m lumineux; [alarma] sonnerie f.

chivo, va m, f chevreau m, chevrette f; **ser el ~ expiatorio** fig être le bouc émissaire.

choc, shock m choc m (psychologique).

chocante adj choquant(e).

chocar ◇ vi –1. [colisionar] heurter; **~ contra** rentrer dans. –2. fig [discutir] s'accrocher; [pelear] se battre. –3. fig [extrañar] choquer. ◇ vt –1. [manos] taper dans; **¡choca esa mano ○ los cinco!, ¡chócala!** tope là! –2. [copas, vasos] : **chocaron sus copas** ils ont trinqué.

chochear vi –1. [de viejo] être gâteux(euse). –2. fam fig [chiflarse] : **~ por alguien** être gaga devant qqn; **~ por algo** être dingue de qqch.

chocho, cha adj –1. [viejo] gâteux(euse). –2. fam fig [encariñado] gaga.

choclo m Amer maïs m.

chocolate m –1. [para comer, beber] chocolat m; **~ a la taza** chocolat à cuire; **~ blanco/con leche** chocolat blanc/au lait. –2. fam [para fumar] shit m.

chocolatina f barre f chocolatée.

chófer, chofer mf chauffeur m.

chollo m fam [trabajo, situación] bon plan m; [producto, compra] occase f.

chomba, chompa f Amer pull m.

chompipe m Amer dindon m.

chongo m Amer chignon m.

chopo m peuplier m noir.

choque m –1. [impacto] choc m; [de coche, tren etc] collision f. –2. fig [disputa] accrochage m.

chorizar vt fam piquer.

chorizo m –1. CULIN [embutido] chorizo m. –2. fam [ladrón] voleur m.

choro m Amer moule f.

chorra ◇ mf mfam [tonto] : **es un ~** il est nase. ◇ f mfam [suerte] : **tener ~** avoir du pot.

chorrada f fam –1. [regalo] bricole f. –2. [palabras] bêtise f.

chorrear ◇ vi –1. [gotear] goutter. –2. [brotar] couler. ◇ vt ruisseler de; **~ sudor** ruisseler de sueur.

chorro m –1. [de líquido] jet m; **salir a ~s** couler à flots. –2. [hilo] filet m. –3. fig [de luz, gente, dinero] flot m.

choteo m fam blague f; **tomar a ~** prendre à la rigolade.

chotis m danse, musique et chanson typiques de Madrid à la mode au début du siècle.

choto, ta m, f –1. [cabrito] chevreau m, chevrette f. –2. [ternero] veau m.

chovinista, chauvinista adj & mf chauvin(e).

choza f hutte f.

christmas = crismas.

chubasco m averse f.

chubasquero m ciré m.

chúcaro, ra adj Amer fam sauvage.

chuchería f –1. [golosina] friandise f. –2. [baratija] babiole f.

chucho m fam cabot m (chien).

chufa f souchet m (tubercule avec lequel on fait la «horchata»).

chulada f –1. [bravuconada] vantardise f. –2. fam [preciosidad] bijou m; **¡qué ~ de coche tienes!** t'as une belle voiture!

chulear fam ◇ vt : **~ a alguien** se faire entretenir par qqn. ◇ vi frimer; **~ de** se vanter de.

chulería f –1. [descaro] insolence f; [valentonería] vantardise f. –2. [salero] charme m.

chuleta ◇ f –1. [de ternera] côtelette f; [de cerdo] côte f. –2. [en exámenes] antisèche f. ◇ adj & mf fam [chulo] frimeur(euse).

chulo, la ◇ *adj* **-1.** [insolente] : **ponerse** ~ **la** ramener. **-2.** [presumido] crâneur(euse). **-3.** *fam* [bonito] chouette. **-4.** [del Madrid castizo] **typique de Madrid.** ◇ *m, f* **-1.** [presumido] crâneur *m,* -euse *f.* **-2.** [madrileño] *figure typique du peuple madrilène.* ◆ **chulo** *m* [proxeneta] souteneur *m.*

chumbera *f* figuier *m* de Barbarie.

chumbo *adj* → **higo.**

chungo, ga *adj fam* craignos. ◆ **chunga** *f fam* **tomarse algo a chunga** prendre qqch à la rigolade.

chupa *f fam* cuir *m* (blouson).

chupachup® *m* sucette *f* ronde.

chupado, da *adj* **-1.** [delgado] squelettique. **-2.** *fam* [fácil] : **está** ~ c'est du tout cuit. ◆ **chupada** *f* [al fumar] taffe *f.*

chupar *vt* **-1.** [succionar] sucer; [al fumar] tirer sur. **-2.** [absorber] absorber. **-3.** [arruinar] soutirer. ◆ **chuparse** *vp* **-1.** [adelgazar] devenir squelettique. **-2.** *fam* [aguantar] se taper; **se ha chupado siete kilómetros andando** il s'est tapé sept kilomètres à pied.

chupatintas *mf inv despec* gratte-papier *m inv.*

chupe *m Amer* ragoût *m.*

chupete *m* [para bebés] tétine *f.*

chupetón *m fam* suçon *m.*

chupi *adj fam* génial(e).

chupinazo *m* **-1.** [disparo] coup *m* de feu; [cañonazo] coup *m* de canon; [en fiestas] coup d'envoi d'une fête. **-2.** [en fútbol] shoot *m;* **dar un** ~ shooter.

chupón, ona *adj* **-1.** [bebé] qui tète beaucoup. **-2.** *fam fig* [gorrón] parasite. ◆ **chupón** *m Amer* [chupete] tétine *f.*

churrería *f commerce de «churros».*

churro *m* **-1.** CULIN *long beignet cylindrique.* **-2.** *fam* [fracaso] bide *m;* [cosa mal hecha] truc *m* mal foutu. **-3.** *fam* [suerte] pot *m.*

churrusco *m* morceau de pain roussi.

churumbel *m fam* chérubin *m.*

chusco, ca *adj* cocasse. ◆ **chusco** *m fam* quignon *m* (de pain).

chusma *f* racaille *f.*

chut *m* DEP shoot *m.*

chutar *vi* **-1.** [lanzar] shooter. **-2.** *fam* [funcionar] marcher; **esto va que chuta** ça marche comme sur des roulettes. ◆ **chutarse** *vp mfam* se shooter.

chute *m mfam* [de heroína] shoot *m.*

cía., Cía. (abrev de **compañía**) Cie.

CIA *f* (abrev de **Central Intelligence Agency**) CIA *f.*

cianuro *m* cyanure *m.*

ciático, ca *adj* sciatique. ◆ **ciática** *f* sciatique *f.*

cicatero, ra *adj & m,f* pingre.

cicatriz *f lit & fig* cicatrice *f.*

cicatrizar *vt & vi* cicatriser.

cicerone *mf* guide *mf.*

cíclico, ca *adj* cyclique; [enseñanza, aprendizaje] progressif(ive).

ciclismo *m* cyclisme *m.*

ciclista *adj & mf* cycliste.

ciclo *m* cycle *m.*

ciclocrós *m* cyclo-cross *m inv.*

ciclomotor *m* cyclomoteur *m.*

ciclón *m* cyclone *m.*

ciclostil, ciclostilo *m* [técnica] polycopie *f;* [máquina] machine *f* à polycopier.

cicuta *f* ciguë *f.*

ciego, ga ◇ *adj* **-1.** [gen] aveugle; **a ciegas** à l'aveuglette. **-2.** *fig* [de ira, amor] aveuglé(e); ~ **de** aveuglé par, fou de. **-3.** [pozo, tubería] obstrué(e). **-4.** *mfam* [drogado] défoncé(e). ◇ *m, f* [invidente] aveugle *mf* . ◆ **ciego** *m mfam* [borrachera de droga] défonce *f.*

cielo ◇ *m* **-1.** [gen] ciel *m* . **-2.** [nombre cariñoso] : **(mi)** ~ mon ange; **ser un** ~ être un ange. **-3.** [parte superior] plafond *m;* ~ **raso** faux plafond. **-4.** *loc* : **como llovido** ○ **caído del** ~ [oportunamente] à pic; [inesperadamente] comme par miracle; **estar en el séptimo** ~ être au septième ciel; **mover** ~ **y tierra** remuer ciel et terre. ◆ **cielos** *interj* : **¡**~**s!** ciel!

ciempiés, cienpiés *m inv* mille-pattes *m inv.*

cien = **ciento.**

ciénaga *f* marécage *m.*

ciencia *f* science *f.* ◆ **ciencias** *fpl* sciences *fpl.* ◆ **a ciencia cierta** *loc adv* avec certitude. ◆ **ciencia ficción** *f* science-fiction *f.*

cieno *m* **-1.** [fango] vase *f.* **-2.** *fig* [deshonra] boue *f.*

cienpiés = **ciempiés.**

científico, ca *adj & m,f* scientifique.

ciento, cien *núm* cent; **cien mil** cent mille; ~ **cincuenta** cent cinquante; ~**s de miles de pesetas** des centaines de milliers de pesetas; **por** ~ pour cent; **al** ~ **por** ~, **al cien por cien** à cent pour cent;

pura lana al cien por cien cent pour cent pure laine; *ver también* **seis**.

cierne ◆ en cierne(s) *loc adv* en herbe.

cierre *m* **-1.** [gen] fermeture *f*. **-2.** [mecanismo] fermeture *f* Éclair®; ~ **relámpago** *Amer* fermeture *f* Éclair.

cierto, ta *adj* certain(e); **cierta tristeza** une certaine tristesse; **estar en lo** ~ être dans le vrai; **lo** ~ **es que…** c'est un fait que… ◆ **cierto** *adv* certainement. ◆ **por cierto** *loc adv* bien sûr.

ciervo, va *m, f* cerf *m*, biche *f*.

CIF *m abrev de* **código de identificación fiscal**.

cifra *f* [gen] chiffre *m*.

cifrado, da *adj* codé(e).

cifrar *vt* **-1.** [codificar] coder. **-2.** *fig* [centrar] : ~ **en** fonder sur, placer dans. ◆ **cifrarse** *vp* : ~**se en** se chiffrer par ○ en.

cigala *f* langoustine *f*.

cigarra *f* cigale *f*.

cigarrillo *m* cigarette *f*.

cigarro *m* **-1.** [cigarrillo] cigarette *f*. **-2.** [habano] cigare *m*.

cigüeña *f* cigogne *f*.

cigüeñal *m* arbre *m* à cames.

cilicio *m* cilice *m*.

cilindrada *f* cylindrée *f*.

cilíndrico, ca *adj* cylindrique.

cilindro *m* cylindre *m*.

cima *f* **-1.** [punta] cime *f*. **-2.** *fig* [apogeo] sommet *m*.

cimbrear *vt* **-1.** [vara, junco etc] faire vibrer. **-2.** [caderas] balancer.

cimentar *vt* **-1.** [edificio] creuser les fondations de; [ciudad] fonder. **-2.** *fig* [paz, unión] cimenter.

cimiento *m (gen pl)* **-1.** CONSTR : **los** ~**s** les fondations *fpl*. **-2.** *fig* [principio] : **echar los** ~**s de algo** jeter les bases de qqch.

cinc, zinc *m* zinc *m*.

cincel *m* ciseau *m* (*outil*).

cincelar *vt* ciseler.

cincha *f* sangle *f*.

cincho *m* **-1.** [cinturón] *ceinture en tissu*. **-2.** [de tonel] cerceau *m*.

cinco *núm* cinq; **choca esos** ~ *fig* serre-moi la pince; *ver también* **seis**.

cincuenta *núm* cinquante; *ver también* **sesenta**.

cincuentón, ona *m, f* quinquagénaire *mf*.

cine, cinema *m* cinéma *m*.

cineasta *mf* cinéaste *mf*.

cineclub *m* ciné-club *m*.

cinéfilo, la ◇ *adj* de cinéphile. ◇ *m, f* cinéphile *mf*.

cinema = **cine**.

cinemascope *m* CinémaScope® *m*.

cinematografía *f* cinématographie *f*.

cinematográfico, ca *adj* cinématographique.

cinematógrafo *m* cinématographe *m*.

cinerama *m* Cinérama® *m*.

cíngaro, ra, zíngaro, ra ◇ *adj* tsigane. ◇ *m, f* Tsigane *mf*.

cínico, ca *adj & m, f* cynique.

cinismo *m* cynisme *m*.

cinta *f* **-1.** [gen] ruban *m*; ~ **adhesiva** ○ **autoadhesiva** ruban adhésif; ~ **métrica** mètre *m* ruban. **-2.** [de imagen, sonido] cassette *f*; ~ **de vídeo** cassette vidéo; ~ **magnética** ○ **magnetofónica** bande *f* magnétique. **-3.** [mecanismo] : ~ **(transportadora)** transporteur *m* à bande.

cintura *f* **-1.** [de persona] taille *f*. **-2.** [de traje] ceinture *f*.

cinturilla *f* gros grain *m*.

cinturón *m* **-1.** [gen & DEP] ceinture *f*. **-2.** [tipo de vía] périphérique *m*. ◆ **cinturón de seguridad** *m* ceinture *f* (de sécurité).

ciprés *m* cyprès *m*.

circense *adj* de cirque.

circo *m* cirque *m*.

circuito *m* **-1.** [gen, DEP & ELECTR] circuit *m*; [de bicicletas] piste *f*. **-2.** [contorno] périmètre *m*. ◆ **corto circuito** *m* court-circuit *m*.

circulación *f* circulation *f*.

circular[1] *adj & f* circulaire.

circular[2] *vi* **-1.** [gen] circuler; ~ **por** [persona, líquido] circuler dans; [vehículos] circuler sur. **-2.** [monedas] être en circulation.

circulatorio, ria *adj* circulatoire.

círculo *m* **-1.** [gen & GEOM] cercle *m*. **-2.** [corro] attroupement *m*. ◆ **círculo vicioso** *m* cercle *m* vicieux. ◆ **círculos** *mpl* [medios] milieux *mpl*.

circuncisión *f* circoncision *f*.

circundante *adj* environnant(e).

circundar *vt* entourer.

circunferencia *f* GEOM circonférence *f*.

circunscribir *vt* circonscrire. ◆ **circunscribirse** *vp* : ~**se a** s'en tenir à.

circunscripción *f* **-1.** [limitación] étroitesse *f*. **-2.** [distrito] circonscription *f*.

circunscrito, ta ◇ *pp irreg* → **circunscribir.** ◇ *adj* circonscrit(e).

circunstancia *f* **-1.** [gen & DER] circonstance *f*. **-2.** [requisito] condition *f*.

circunstancial *adj* [accidental] fortuit(e).

circunvalar *vt* faire le tour de.

cirio *m* cierge *m*; **ser/montar un ~** *fig* être/faire toute une histoire.

cirrosis *f* cirrhose *f*.

ciruela *f* prune *f*; **~ pasa** pruneau *m*.

cirugía *f* chirurgie *f*; **~ estética** o **plástica** chirurgie esthétique o plastique.

cirujano, na *m*, *f* chirurgien *m*, -enne *f*.

cisco *m* **-1.** [carbón] poussier *m*. **-2.** *fam* [alboroto] grabuge *m*. **-3.** *loc*: **hecho ~** [persona] démoli; [cosa] déglingué; **tener los pies hechos ~** avoir les pieds en compote.

cisma *m* schisme *m*.

cisne *m* cygne *m*.

cisterna *f* **-1.** [de retrete] chasse *f* d'eau. **-2.** [aljibe, tanque] citerne *f*.

cistitis *f inv* cystite *f*.

cisura *f* fissure *f*.

cita *f* **-1.** [entrevista] rendez-vous *m*; **tener una ~** avoir rendez-vous. **-2.** [referencia] citation *f*.

citación *f* citation *f*.

citar *vt* citer. ◆ **citarse** *vp* se donner rendez-vous.

cítara *f* cithare *f*.

citología *f* cytologie *f*.

cítrico, ca *adj* [ácido] citrique; **un fruto ~** un agrume. ◆ **cítricos** *mpl* agrumes *mpl*.

CiU (*abrev de* **Convergència i Unió**) *f* coalition nationaliste catalane.

ciudad *f* **-1.** [localidad] ville *f* . **-2.** [deportiva] village *m* .

ciudadanía *f* **-1.** [nacionalidad] citoyenneté *f*. **-2.** [población] : **la ~** les habitants *mpl*.

ciudadano, na ◇ *adj* citadin(e). ◇ *m*, *f* **-1.** [habitante] citadin *m*, -e *f*. **-2.** [súbdito] citoyen *m*, -enne *f*.

Ciudad de México, Ciudad de Méjico Mexico.

cívico, ca *adj* civique.

civil ◇ *adj lit & fig* courtois(e); **tener un comportamiento ~** se comporter correctement. ◇ *m* **-1.** [no militar] civil *m*. **-2.** *fam* [Guardia Civil] membre de la Guardia Civil.

civilización *f* civilisation *f*.

civilizado, da *adj* civilisé(e).

civilizar *vt* civiliser. ◆ **civilizarse** *vp* apprendre les bonnes manières.

civismo *m* **-1.** [urbanidad] civisme *m*. **-2.** [cortesía] civilité *f*.

cizaña *f* ivraie *f*; **meter** o **sembrar ~** *fig* semer la zizanie.

cl (*abrev de* **centilitro**) cl.

clamar ◇ *vt* clamer, crier; **~ justicia** demander justice. ◇ *vi* **-1.** [implorar] : **~ a** en appeler à. **-2.** [protestar] : **~ contra** crier à; **~ contra la injusticia** crier à l'injustice.

clamor *m* clameur *f*.

clamoroso, sa *adj* retentissant(e).

clan *m* clan *m*.

clandestino, na *adj* clandestin(e).

claqué *m* : **el ~** les claquettes *fpl*.

claqueta *f* CIN clap *m*.

clara *f* → **claro.**

claraboya *f* lucarne *f*.

clarear ◇ *vt* éclairer. ◇ *v impers* **-1.** [amanecer] poindre; **al ~ el día** au point du jour. **-2.** [despejarse] s'éclaircir. ◆ **clarearse** *vp* **-1.** [transparentarse] être transparent(e). **-2.** *fig* [descubrirse] se trahir; **su maldad se clarea en sus palabras** sa méchanceté transparaît dans ses paroles.

claridad *f* **-1.** [gen] clarté *f*; [de agua, diamante] pureté *f*; **me lo dijo con una ~ meridiana** il me l'a dit très clairement. **-2.** [lucidez] lucidité *f*.

clarificar *vt* clarifier; [tema, misterio] éclaircir.

clarín *m* clairon *m*.

clarinete ◇ *m* [instrumento] clarinette *f*. ◇ *mf* [persona] clarinettiste *mf*.

clarividencia *f* clairvoyance *f*.

claro, ra *adj* **-1.** [gen] clair(e); [imagen] net(nette); **tener la mente clara** avoir les idées claires; **una clara victoria** une franche victoire; **~ está que...** il est clair que...; **dejar ~ que...** faire comprendre que...; **a las claras** clairement; **poner** o **sacar en ~** tirer au clair; **pasar una noche en ~** passer une nuit blanche. **-2.** [diluido] léger(ère). **-3.** [poco tupido] clairsemé(e). ◆ **claro** *m* **-1.** [en multitud] vide *m*; [en bosque] clairière *f*. **-2.** METEOR éclaircie *f*. **-3.** [en pintura] clair *m*. ◇ *adv* clairement. ◇ *interj* : **¡~ (está)!** bien sûr! ◆ **clara** *f* **-1.** [de huevo] blanc *m*. **-2.** [bebida] panaché *m*. **-3.** [calvicie] : **tiene unas claras** il se dégarnit.

clase *f* **-1.** [gen] classe *f*; ~ **media/obrera**
o **trabajadora** classe moyenne/ouvrière;
~ **preferente/turista** classe affaires/loi-
sirs; **primera** ~ première classe. **-2.**
[tipo] : **toda** ~ **de** toutes sortes de. **-3.**
[manera de ser] genre *m*. **-4.** [asignatura]
cours *m*; **dar** ~**s** [profesor] donner des
cours; [alumno] suivre des cours; ~**s particulares** cours particuliers.

clásico, ca ◇ *adj* **-1.** [gen] classique. **-2.**
[peculiar] : ~ **de** typique de. ◇ *m, f* classique *m*.

clasificación *f* classement *m*.

clasificar *vt* classer. ◆ **clasificarse** *vp* se
classer; **se clasificó para la final** il s'est
qualifié pour la finale.

clasista *adj & mf* élitiste.

claudicar *vi* **-1.** [someterse] abandonner.
-2. [renunciar] : ~ **de** [deberes, principios]
manquer à; [promesa, compromiso] faillir
à.

claustro *m* **-1.** ARQUIT & RELIG cloître *m*. **-2.**
[asamblea] réunion *f*; ~ **de profesores**
conseil *m* de classe.

claustrofobia *f* claustrophobie *f*.

cláusula *f* **-1.** [artículo] clause *f*. **-2.** GRAM
proposition *f*.

clausura *f* **-1.** [gen & RELIG] clôture *f*. **-2.**
[de local] fermeture *f*.

clausurar *vt* **-1.** [acto] clôturer. **-2.** [local]
fermer.

clavadista *mf Amer* plongeur *m*, -euse *f*.

clavado, da *adj* **-1.** [con clavos] cloué(e).
-2. [en punto] sonnant(e). **-3.** [a la me-
dida] : **ir** ~ aller comme un gant. **-4.** [pa-
recido] : **ser** ~ **a alguien** être la copie
conforme de qqn. **-5.** *fam* [inmóvil]
planté(e); **permanecer** ~ **en la puerta**
rester planté devant la porte.**-6.** *fam* [pas-
mado] : **me dejó** ~ il m'a scié.

clavar *vt* **-1.** [gen] planter; [con clavos]
clouer. **-2.** *fig* [fijar] : ~ **la mirada/la
atención en** fixer son regard/son attention sur. **-3.** *fam fig* [dejar pasmado] : ~ **en
el suelo** clouer sur place. **-4.** *mfam* [co-
brar] faire casquer. ◆ **clavarse** *vp* **-1.**
[hincarse] : **me clavé un cristal en el pie**
je me suis planté un bout de verre dans le
pied. **-2.** *Amer* [bucear] plonger.

clave ◇ *adj inv* clef; **es el punto** ~ c'est
l'élément clef. ◇ *m* MÚS clavecin *m*. ◇ *f*
-1. [código] code *m*; **en** ~ codé(e). **-2.** [MÚS
& solución] clef *f*.

clavel *m* œillet *m*.

clavetear *vt* **-1.** [adornar con clavos] clou-
ter. **-2.** [poner clavos] clouer grossièrement.

clavicémbalo *m* clavecin *m*.

clavicordio *m* clavecin *m*.

clavícula *f* clavicule *f*.

clavija *f* **-1.** TECNOL & MÚS cheville *f*. **-2.**
ELECTR fiche *f*.

clavo *m* **-1.** [pieza metálica] clou *m*; **agarrarse a un** ~ **ardiendo** être prêt(e)à tout
(pour s'en sortir); **como un** ~ pile à l'heure;
dar en el ~ mettre dans le mille. **-2.** BOT
& CULIN clou *m* de girofle. **-3.** MED broche *f*.

claxon *m* Klaxon® *m*.

clemencia *f* clémence *f*.

clemente *adj lit & fig* clément(e).

cleptómano, na *m, f* cleptomane *mf*.

clerical *adj & mf* clérical(e).

clérigo *m* prêtre *m*.

clero *m* clergé *m*.

cliché, clisé *m lit & fig* cliché *m*.

cliente, ta *m, f* client *m*, -e *f*.

clientela *f* clientèle *f*.

clima *m lit & fig* climat *m* .

climatizado, da *adj* climatisé(e).

climatizar *vt* climatiser.

climatología *f* climatologie *f*.

clímax *m* point *m* culminant.

clínico, ca *adj* clinique; [informe, material
etc] médical(e). ◆ **clínica** *f* clinique *f*.

clip *m* **-1.** [para papel] trombone *m*. **-2.**
[para cabello] pince *f*. **-3.** [pendiente, vi-
deoclip] clip *m*.

clisé = **cliché**.

clítoris *m* clitoris *m*.

cloaca *f* égout *m*.

cloquear *vi* glousser.

cloro *m* chlore *m*.

clorofila *f* chlorophylle *f*.

cloroformo *m* chloroforme *m*.

clown *m* clown *m*.

club *(pl* **clubs** o **clubes)** *m* club *m*; ~ **de
fans** fan club; ~ **náutico** yacht-club *m*.

cm *(abrev de* **centímetro)** cm.

CNT *(abrev de* **Confederación Nacional del
Trabajo)** *f syndicat espagnol.*

Co. *(abrev de* **compañía)** Cie.

coacción *f* pression *f*.

coaccionar *vt* : ~ **a alguien** a o **para hacer algo** faire pression sur qqn pour lui
faire faire qqch.

coagular *vt* coaguler; [leche] cailler.
◆ **coagularse** *vp* (se) coaguler; [leche] (se) cailler.

coágulo *m* caillot *m*.

coalición *f* coalition *f*.

coaligar = **coligar**.

coartada *f* alibi *m*.

coartar *vt* entraver; [sentimiento] brider.

coautor, ra *m, f* coauteur *m*.

coba *f* fam [halago] lèche *f*; **dar ~ a alguien** passer de la pommade à qqn.

cobalto *m* cobalt *m*.

cobarde *adj & mf* lâche.

cobardía *f* lâcheté *f*.

cobertizo *m* -1. [tejado adosado] auvent *m*. -2. [barraca] remise *f*.

cobertura *f* couverture *f*; ~ **informativa** PRENSA couverture d'un événement.

cobija *f* Amer [manta] couverture *f*.

cobijar *vt* abriter. ◆ **cobijarse** *vp* -1. [gen] se réfugier. -2. [de las intemperies] s'abriter.

cobijo *m* refuge *m*; [contra las intemperies] abri *m*; **dar ~ a alguien** héberger qqn.

cobra *f* [serpiente] cobra *m*.

cobrador, ra *m, f* [del autobus] receveur *m*, -euse *f*; [de facturas, recibos] encaisseur *m*.

cobrar ◇ *vt* -1. [deuda, cheque] encaisser; [sueldo] toucher; **¿me cobra, por favor?** je vous dois combien s'il vous plaît?; **me han cobrado muy caro** on m'a pris très cher. -2. [adquirir] : ~ **importancia** prendre de l'importance. -3. [sentir] : ~ **afecto a alguien** prendre qqn en affection. ◇ *vi* -1. [en el trabajo] être payé(e). -2. *fam* [recibir paliza] : **¡vas a ~!** tu vas t'en ramasser une! ◆ **cobrarse** *vp* [suj : accidente etc] se solder par.

cobre *m* -1. [gen] cuivre *m*. -2. Amer sou *m*; **no tener un ~** ne pas avoir un sou.

cobrizo, za *adj* -1. [color, piel] cuivré(e). -2. [metal] cuivreux(euse).

cobro *m* encaissement *m*.

coca *f* -1. [planta] coca *f*. -2. *fam* [cocaína] coke *f*.

cocaína *f* cocaïne *f*.

cocción *f* cuisson *f*.

cóccix, coxis *m* coccyx *m*.

cocear *vi* ruer.

cocer *vt* cuire. ◆ **cocerse** *vp* -1. [comida] cuire; **a medio ~se** à mi-cuisson. -2. *fig* [plan] se tramer.

coche *m* voiture *f*; ~ **cama** [de tren] wagon-lit *m*; ~ **celular** fourgon *m* cellulaire; ~ **de alquiler/de bomberos/de carreras** voiture de location/de pompiers/de course; ~ **familiar** break *m*; ~ **restaurante** [de tren] wagon-restaurant *m* . ◆ **coche bomba** *m* voiture *f* piégée.

cochera *f* [de coches] garage *m*; [de autobuses, tranvías] dépôt *m*.

cochinada *f* fam *fig* [porquería, grosería] cochonnerie *f*; [mala jugada] vacherie *f*.

cochinilla *f* -1. [crustáceo] cloporte *m*. -2. [insecto] cochenille *f*.

cochinillo *m* cochon *m* de lait.

cochino, na ◇ *adj* -1. [persona] dégoûtant(e). -2. [tiempo] de cochon; [dinero] : **¡este ~ dinero!** l'argent, toujours l'argent! ◇ *m, f* [animal] cochon *m*, truie *f*.

cocido *m* pot-au-feu *m* .

cociente *m* quotient *m*.

cocina *f* -1. [habitación, arte] cuisine *f*; ~ **de mercado** cuisine du marché. -2. [electrodoméstico] cuisinière *f*.

cocinar ◇ *vt* cuisiner. ◇ *vi* faire la cuisine, cuisiner.

cocinero, ra *m, f* cuisinier *m*, -ère *f*.

cocker *m* cocker *m*.

cocktail = **cóctel**.

coco *m* -1. [árbol] cocotier *m*; [fruto] noix *f* de coco. -2. *fam* [cabeza] caboche *f*; **comerse el ~** *fam* se prendre la tête. -3. *fam* [fantasma] Père *m* fouettard.

cocodrilo *m* crocodile *m*.

cocotero *m* cocotier *m*.

cóctel, coctel, cocktail *m* cocktail *m*. ◆ **cóctel molotov** *m* cocktail *m* Molotov.

coctelera *f* shaker *m*.

codazo *m* coup *m* de coude; **abrirse paso a ~s** jouer des coudes.

codear *vt* pousser du coude. ◆ **codearse** *vp* : **~se (con)** fréquenter.

codera *f* -1. [gen] coude *m* (pièce de cuir). -2. DEP coudière *f*.

codicia *f* -1. [de riqueza] cupidité *f*; **mirar con ~** convoiter du regard. -2. *fig* [de aprender, saber] : ~ **(de)** soif *f* (de).

codiciar *vt* convoiter.

codicioso, sa *adj* avide.

codificar *vt* -1. [gen & INFORM] coder. -2. [ley] codifier.

código *m* -1. [gen] code *m*; ~ **civil/penal** code civil/pénal; ~ **de barras** code-barres *m*; ~ **de circulación** code de la route; ~ **de identificación fiscal** code d'identification fiscale *(attribué aux entreprises en Espagne)*; ~ **postal** code postal. **-2.** INFORM: ~ **máquina** langage *m* machine.

codillo *m* **-1.** [gen & CULIN] épaule *f*. **-2.** [de tubería] coude *m*.

codo *m* **-1.** [en brazo, tubería] coude *m*; **estaba de ~s sobre la mesa** il était accoudé à la table. **-2.** [medida] coudée *f*. **-3.** *loc* : ~ **con ~**, ~ **a ~** coude à coude; **empinar el ~** *fam* lever le coude; **hablar por los ~s** *fam* être un moulin à paroles.

codorniz *f* caille *f*.

COE *(abrev de* **Compañías de Operaciones Especiales)** *fpl* corps d'élite de l'armée espagnole.

coeficiente *m* **-1.** [índice] coefficient *m*. **-2.** [grado, índice] taux *m*; ~ **intelectual** o **de inteligencia** quotient *m* intellectuel.

coercer *vt* limiter.

coetáneo, a *adj* contemporain(e).

coexistir *vi* coexister.

cofia *f* coiffe *f*.

cofradía *f* **-1.** [religiosa] confrérie *f*. **-2.** [no religiosa] corporation *f*.

cofre *m* **-1.** [para joyas] coffret *m*. **-2.** [arca] coffre *m*.

coger ◇ *vt* **-1.** [gen] prendre; ~ **el avión** prendre l'avion; ~ **a alguien de** o **por la mano** prendre qqn par la main; **le fui cogiendo cariño** je me suis pris d'affection pour lui. **-2.** [ladrón, pez, gripe etc] attraper. **-3.** [vehículo, persona] rattraper. **-4.** [frutos, flores] cueillir. **-5.** [suj : coche] renverser; [suj : toro] encorner. **-6.** [entender] saisir; **no cogió el chiste** il n'a pas compris la plaisanterie. **-7.** [sorprender] : **me cogió la lluvia** la pluie m'a surpris. **-8.** [encontrar] : **lo cogí de buen humor** je suis bien tombé, il était de bonne humeur. **-9.** [emisora] capter. **-10.** *Amer vulg* [fornicar] baiser. ◇ *vi* **-1.** [situarse] : ~ **cerca/lejos (de)** être près/loin (de). **-2.** [dirigirse] : ~ **a la derecha/a la izquierda** prendre à droite/à gauche. **-3.** *loc* : **cogió y se fue** il est parti sans faire ni une ni deux. ◆ **cogerse** *vp* **-1.** [agarrarse] s'accrocher; ~**se de** o **a algo** s'accrocher à qqch. **-2.** [pillarse, tomarse] se prendre; ~**se los dedos en la puerta** se prendre les doigts dans la porte.

cogida *f* **-1.** [de torero] coup *m* de corne. **-2.** [de frutos] cueillette *f*.

cognac = **coñá**.

cogollo *m* **-1.** [de lechuga, col etc] cœur *m*. **-2.** [de árbol, planta] bourgeon *m*.

cogorza *f* *fam* cuite *f*.

cogote *m* *fam* [nuca] colback *m*.

cohabitar *vi* : ~ **con alguien** vivre avec qqn.

cohecho *m* corruption *f*.

coherencia *f* cohérence *f*.

coherente *adj* cohérent(e).

cohesión *f* cohésion *f*.

cohete *m* fusée *f*.

cohibido, da *adj* intimidé(e).

cohibir *vt* intimider. ◆ **cohibirse** *vp* se laisser intimider.

COI *(abrev de* **Comité Olímpico Internacional)** *m* CIO *m*.

coima *f* *Amer fam* pot-de-vin *m*.

coincidencia *f* coïncidence *f*.

coincidir *vi* **-1.** [gen] coïncider; [versiones] se recouper; [fechas] concorder. **-2.** [dos personas] se retrouver. **-3.** [estar de acuerdo] être d'accord; **todos coinciden en que...** tout le monde s'accorde à dire que...; **todos coinciden en los gustos** ils ont tous les mêmes goûts.

coito *m* coït *m*.

cojear *vi* **-1.** [persona] boiter. **-2.** [mueble] être bancal(e). **-3.** *fig* [negocio etc] battre de l'aile; ~ **de se** ressentir de.

cojera *f* boiterie *f*.

cojín *m* coussin *m*.

cojinete *m* [en un eje] palier *m*; ~ **de bolas** roulement *m* à billes; [en un riel del ferrocarril] coussinet *m*.

cojo, ja ◇ *adj* **-1.** [persona] boiteux(euse). **-2.** [mueble, razonamiento, frase] bancal(e). ◇ *m, f* boiteux *m*, -euse *f*.

cojón *m* *(gen pl)* *vulg* couille *f*. ◆ **cojones** *interj* *vulg* **¡cojones!** [enfado] bordel!

cojonudo, da *adj* *vulg* super.

cojudez *f* *Amer mfam* connerie *f*.

cojudo, da *adj* *Amer mfam* con *m*, conne *f*.

col *f* chou *m*; ~ **de Bruselas** chou de Bruxelles.

cola *f* **-1.** [gen] queue *f*; **hacer ~** faire la queue; ~ **de caballo** [peinado] queue de cheval. **-2.** [de vestido] traîne *f*. **-3.** [pegamento] colle *f*. **-4.** [bebida] Coca® *m*. **-5.** *loc* : **tener** o **traer ~** avoir des répercussions.

colaboración *f* collaboration *f*.

colaborador, ra ◇ *adj* coopératif(ive). ◇ *m, f* collaborateur *m*, -trice *f*.

colaborar *vi* **-1.** [gen] : ~ **(en/con)** collaborer (à/avec). **-2.** [contribuir] : ~ **a que** contribuer à ce que.

colación f [para comer] collation f; **sacar** o **traer a** ~ fig faire mention de.

colado, da adj **-1.** [líquido] filtré(e). **-2.** fig [enamorado] : **estar ~ por alguien** fam en pincer pour qqn. ◆ **colada** f [ropa] lessive f; **hacer la colada** faire la lessive.

colador m passoire f.

colapsar ◇ vt paralyser. ◇ vi s'effondrer.

colapso m **-1.** MED baisse f de tension. **-2.** [de tráfico] : **provocar el ~ del tráfico** paralyser la circulation. **-3.** [de actividad] effondrement m.

colar ◇ vt **-1.** [un líquido] filtrer; [leche] passer. **-2.** [dinero falso] écouler; [mentira] faire croire à. **-3.** [por sitio estrecho] glisser, introduire. ◇ vi [cosa falsa] prendre; **su mentira no cuela** son mensonge ne prend pas; **esto no cuela** c'est louche. ◆ **colarse** vp **-1.** [líquido] : ~**se (por** o **en)** s'infiltrer (dans). **-2.** [en un sitio] se faufiler; [en una fiesta etc] s'incruster; ~**se en una cola** resquiller. **-3.** fam [por error] se planter.

colateral adj collatéral(e).

colcha f couvre-lit m.

colchón m matelas m.

colchoneta f [para playa] matelas m pneumatique; [en gimnasio] tapis m de sol.

cole m fam bahut m (collège).

colear vi **-1.** [animal] remuer la queue. **-2.** fig : **el asunto todavía colea** l'affaire n'est pas close.

colección f lit & fig collection f.

coleccionable ◇ adj détachable. ◇ m supplément m détachable.

coleccionar vt collectionner.

coleccionista mf collectionneur m, -euse f.

colecta f collecte f.

colectividad f collectivité f; **la ~ agrícola** l'ensemble m des agriculteurs.

colectivo, va adj collectif(ive). ◆ **colectivo** m **-1.** [gen] ensemble m; ~ **médico** profession f médicale. **-2.** [de investigación] groupe m d'étude, comité m.

colector, ra ◇ adj collecteur(trice). ◇ m, f receveur m, -euse f; ~ **de contribuciones** receveur des contributions. ◆ **colector** m collecteur m; ~ **de basuras** videordures m inv.

colega mf **-1.** [compañero profesional] collègue mf; [abogado, médico etc] confrère m, consœur f. **-2.** fam [amigo] pote m.

colegiado, da adj inscrit(e)(à l'ordre professionnel). ◆ **colegiado** m DEP arbitre m.

colegial, la m, f collégien m, -enne f. ◆ **colegial** adj scolaire.

colegio m **-1.** [de niños] école f. **-2.** [de profesionales] corporation f; [de abogados, médicos] ordre m; ~ **profesional** association f professionnelle.

cólera ◇ m MED choléra m. ◇ f [ira] colère f; **montar en** ~ prendre une colère.

colérico, ca adj **-1.** [carácter] coléreux(euse). **-2.** MED cholérique.

colesterol m cholestérol m.

coleta f [de pelo] couette f.

coletilla f [en una carta] petite note f.

colgado, da ◇ adj **-1.** [gen] : ~ **(de)** pendu(e). **-2.** [teléfono] raccroché(e). **-3.** fam fig [abandonado] : **dejar** ~ **a alguien** fam laisser qqn en rade; **estar** ~ fam être taré. ◇ m, f fam **ser un** ~ être nase.

colgador m [para secar la ropa] étendoir m.

colgante ◇ adj suspendu(e). ◇ m [de pulsera, broche etc] breloque f; [de cadena, collar] pendentif m.

colgar ◇ vt **-1.** [gen] pendre; [cuadro] accrocher; [ropa] étendre; ~ **el teléfono** raccrocher. **-2.** [imputar] : ~ **algo a alguien** mettre qqch sur le dos de qqn. **-3.** [ocupación, profesión] laisser tomber. **-4.** [suspender en examen] coller. ◇ vi **-1.** [gen] : ~ **(de)** pendre (à). **-2.** [hablando por teléfono] raccrocher. ◆ **colgarse** vp : ~**se (de)** se suspendre (à), se pendre (à).

colibrí (pl **colibríes**) m colibri m.

cólico m colique f.

coliflor f chou-fleur m.

coligar, coaligar vt rapprocher; ~ **dos países** resserrer les liens entre deux pays.

colilla f mégot m.

colimba f Amer fam service m (militaire).

colina f colline f.

colindante adj [país, pueblo etc] limitrophe; [casa] voisin(e).

colisión f **-1.** [de vehículos] collision f. **-2.** fig [de ideas, personas] affrontement m.

colisionar vi lit & fig : ~ **contra** heurter.

collage m collage m.

collar m collier m.

collarín m minerve f.

colmado, da adj plein(e), rempli(e). ◆ **colmado** m épicerie f.

colmar vt **-1.** [recipiente] remplir à ras bord. **-2.** fig [aspiración, deseo] combler.

colmena f ruche f.

colmillo *m* –1. [de una persona] **canine** *f*. –2. [de animal] **croc** *m*. –3. [de elefante] **défense** *f*.

colmo *m* **comble** *m*.

colocación *f* –1. [gen] **emplacement** *m*. –2. *fig* [contratación] **placement** *m*. –3. [empleo] **place** *f*.

colocado, da *adj* –1. [gen] **placé(e)**; **estar muy bien ~** [en empresa etc] **avoir une bonne place**. –2. *fam* [de alcohol, drogas] **raide**.

colocar *vt* –1. [gen] **placer**; **~ a alguien en...** [dar empleo] **placer qqn chez...** –2. [en una posición] **mettre**; **~ algo al revés** **mettre qqch à l'envers**. ◆ **colocarse** *vp* –1. [en un trabajo] **trouver une place**. –2. *fam* [con drogas] **se défoncer**; [con alcohol] **prendre une cuite**.

colofón *m* –1. [de carrera etc] **couronnement** *m*. –2. [de libro] **achevé** *m* **d'imprimer**.

Colombia **Colombie** *f*.

colombiano, na ◇ *adj* **colombien(enne)**. ◇ *m, f* **Colombien** *m*, **-enne** *f*.

colon *m* **côlon** *m*.

colonia *f* –1. [gen] **colonie** *f*. –2. [de niños] **colonie** *f* **de vacances**. –3. [perfume] **eau** *f* **de Cologne**. –4. *Amer* **quartier** *m*, ≃ **arrondissement** *m*; **~ proletaria** **bidonville** *m*.

colonial *adj* **colonial(e)**.

colonización *f* **colonisation** *f*.

colonizador, ra *adj & m, f* **colonisateur(trice)**.

colonizar *vt* **coloniser**.

colono *m* **colon** *m*.

coloquial *adj* **parlé(e)***(langue)*.

coloquio *m* –1. [conversación] **discussion** *f*. –2. [debate] **colloque** *m*.

color *m* –1. [gen] **couleur** *f*; **de ~** **de couleur**; **en ~** **en couleurs**; **lleno de ~** *fig* [escena] **coloré(e)**. –2. [aspecto] **jour** *m*.

colorado, da *adj* [rojo] **rouge**; **poner ~ a alguien** **faire rougir qqn**; **ponerse ~** **rougir**. ◆ **colorado** *m* [color] **rouge** *m*.

colorante ◇ *adj* **colorant(e)**. ◇ *m* [para teñir] **colorant** *m*.

colorear *vt* **colorier**.

colorete *m* **blush** *m*, **fard** *m* **à joues**.

colorido *m* [de dibujo etc] **coloris** *m*; [de paisaje] **couleur** *f*.

colorista *adj* [gen] **varié(e)**.

colosal *adj* **colossal(e)**.

coloso *m* –1. [estatua] **colosse** *m*. –2. *fig* [cosa, persona] **géant** *m*, **-e** *f*.

columna *f* –1. [gen & ARQUIT] **colonne** *f*. –2. *fig* [pilar] **pilier** *m*. ◆ **columna vertebral** **colonne** *f* **vertébrale**.

columnata *f* **colonnade** *f*.

columnista *mf* **chroniqueur** *m*, **-euse** *f*.

columpiar *vt* **balancer**. ◆ **columpiarse** *vp* **se balancer**.

columpio *m* **balançoire** *f*.

coma ◇ *m* MED **coma** *m*; **en ~** **dans le coma**. ◇ *f* GRAM **virgule** *f*.

comadreja *f* **belette** *f*.

comadrona *f* **sage-femme** *f*.

comandancia *f* –1. [rango] **grade** *m* **de commandant**; [cargo] **charge** *f* **de commandant**. –2. [edificio] **bureau** *m* **du commandant**.

comandante *m* **commandant** *m*.

comandar *vt* MIL **commander**.

comando *m* MIL **commando** *m*.

comarca *f* **région** *f*.

comba *f* **corde** *f* **à sauter**; **jugar a la ~** **sauter à la corde**.

combar *vt* **faire ployer**. ◆ **combarse** *vp* **ployer**.

combate *m* **combat** *m*.

combatiente *mf* **combattant** *m*, **-e** *f*.

combatir ◇ *vi* : **~ (contra)** **combattre (contre)**. ◇ *vt* **combattre**.

combativo, va *adj* **combatif(ive)**.

combi *m* [frigorífico] **réfrigérateur-congélateur** *m*.

combinación *f* –1. [gen, QUÍM & MAT] **combinaison** *f*. –2. [bebida] **cocktail** *m*. –3. [plan] **manœuvre** *f*. –4. [de enlace] : **tener buena ~** **ne pas avoir beaucoup de changements** *(en métro)*.

combinado *m* –1. [bebida] **cocktail** *m*; [helado] **assortiment** *m* **de glaces**. –2. DEP **équipe** *f* **de sélection**. –3. *Amer* [radiograma] **combiné** *m* **(avec radio et platine)**.

combinar *vt* –1. [mezclar] **combiner**. –2. [armonizar] **assortir**. –3. [planificar] **organiser**.

combustible *adj & m* **combustible**.

combustión *f* **combustion** *f*.

comecocos *m inv fam* –1. [convincente] : **ser un ~** **prendre la tête**. –2. [difícil de comprender] **casse-tête** *m*.

comedia *f* –1. [gen] **comédie** *f*. –2. *fig* [engaño] **farce** *f*.

comediante, ta *m, f* **lit & *fig* comédien** *m*, **-enne** *f*.

comedido, da *adj* **réservé(e)**.

comedirse *vp* **être réservé(e)**.

comedor *m* salle *f* à manger; ~ **de empresa** restaurant *m* d'entreprise.

comensal *mf* convive *mf*.

comentar *vt* commenter; **se lo comentaré** je lui en parlerai.

comentario *m* commentaire *m*. ◆ **comentarios** *mpl* [murmuraciones] commentaires *mpl* (malveillants).

comentarista *mf* commentateur *m*, -trice *f*.

comenzar ◇ *vt* commencer; ~ **a hacer algo** commencer à faire qqch; ~ **haciendo algo** commencer par faire qqch. ◇ *vi* commencer.

comer ◇ *vi* manger; [al mediodía] déjeuner; [por la noche] dîner. ◇ *vt* **-1.** [gen] manger. **-2.** [energía etc] consommer; [colores] ternir. **-3.** [en juegos de tablero] prendre. **-4.** *fig* [suj : celos etc] dévorer. ◆ **comerse** *vp* **-1.** [gen] manger. **-2.** [gastar – metal] ronger; [– fortuna] engloutir. **-3.** [en juegos de tablero] prendre. **-4.** *fig* [palabras de alguien] boire. **-5.** *fam* [letras, sílabas] avaler; [líneas, palabras] sauter. **-6.** *Amer vulg* [fornicar] : ~**se a alguien** baiser qqn.

comercial *adj* commercial(e); [zona, calle] commerçant(e).

comercializar *vt* commercialiser.

comerciante *mf* commerçant *m*, -e *f*.

comerciar *vi* commercer; ~ **con** [persona, país, empresa] faire du commerce avec.

comercio *m* commerce *m*; ~ **exterior/interior** commerce extérieur/intérieur.

comestible *adj* comestible. ◆ **comestibles** *mpl* alimentation *f*.

cometa ◇ *m* ASTRON comète *f*. ◇ *f* cerf-volant *m*.

cometer *vt* commettre.

cometido *m* **-1.** [objetivo] objectif *m*. **-2.** [deber] devoir *m*.

comezón *f* **-1.** [picor] démangeaison *f*. **-2.** [sentimiento] : **sentir la ~ de algo** être torturé(e)par qqch; **sentía ~ por hablar** ça le démangeait de parler.

cómic (*pl* **cómics**), **comic** (*pl* **comics**) *m* bande *f* dessinée.

comicidad *f* comique *m*.

comicios *mpl* élections *fpl*.

cómico, ca ◇ *adj* comique. ◇ *m, f* [actor] comique *m*.

comida *f* **-1.** [alimento] nourriture *f*. **-2.** [almuerzo, cena etc] repas *m*; [al mediodía] déjeuner *m*.

comidilla *f fam* **ser la ~** être l'objet de tous les potins.

comienzo *m* commencement *m*, début *m*.

comillas *fpl* guillemets *mpl*; **entre ~** entre guillemets.

comino *m* [planta] cumin *m*; **me importa un ~** *fig* je m'en fiche complètement.

comisaría *f* commissariat *m*.

comisario, ria *m, f* commissaire *m* .

comisión *f* **-1.** [recargo, delegación] commission *f*; **(trabajar) a ~** (travailler) à la commission; ~ **investigadora** commission d'enquête. **-2.** [acción] : **acusado de la ~ de delitos** accusé d'avoir commis des délits.

comisura *f* commissure *f*.

comité *m* comité *m*.

comitiva *f* cortège *m*.

como ◇ *adv* **-1.** [gen] comme; **vive ~ un rey** il vit comme un roi; **lo he hecho ~ es debido** je l'ai fait comme il faut; ~ **te lo decía ayer** comme je te le disais hier; **es tan alto ~ yo** il est aussi grand que moi. **-2.** [en calidad de] comme, en tant que; **asiste a las clases ~ oyente** il assiste aux cours comme auditeur libre; ~ **periodista tengo una opinión muy diferente sobre el tema** en tant que journaliste j'ai un avis très différent sur le sujet. **-3.** [aproximadamente] à peu près, environ; **me quedan ~ mil pesetas** il me reste à peu près mille pesetas. ◇ *conj* **-1.** [ya que] comme; ~ **no llegabas, nos fuimos** comme tu n'arrivais pas, nous sommes partis. **-2.** [si] si; **¡~ vuelvas a hacerlo!** si jamais tu recommences! **-3.** [que] que; **verás ~ vas a ganar** tu vas voir que tu vas gagner. ◆ **como que** *loc conj* [que] que; **le pareció ~ que lloraban** il lui sembla qu'ils pleuraient. ◆ **como quiera que** *loc conj* [de cualquier modo que] de quelque façon que; ~ **quiera que se vista, siempre va bien** quoi qu'elle mette, elle est toujours bien habillée; ~ **quiera que sea** quoi qu'il en soit. ◆ **como si** *loc conj* comme si.

cómo ◇ *adv* **-1.** [de qué modo, por qué motivo] comment; **¿~ lo has hecho?** comment l'as-tu fait?; **¿~ te llamas?** comment t'appelles-tu?; **no sé ~ has podido decir eso** je ne sais pas comment tu as pu dire ça; **¿a ~ están los tomates?** à combien sont les tomates?; **¿~?** [qué dices] comment? **-2.** [exclamativo] comme; **¡~ pasan los años!** comme les années passent!; **¡~ no!** bien sûr! ◇ *m* : **el ~ y el**

porqué le comment et le pourquoi. ◇ *interj* : ¡~! comment!

cómoda *f* commode *f*.

comodidad *f* : **es una gran** ~ c'est très pratique. ◆ **comodidades** *fpl* confort *m*.

comodín *m* **-1**. [naipe] joker *m*. **-2**. [cosa] passe-partout *m*; [persona] homme *m* à tout faire.

cómodo, da *adj* **-1**. [confortable] confortable. **-2**. [fácil, oportuno] pratique. **-3**. [a gusto] : **sentirse** ~ être à l'aise.

comodón, ona *adj & m, f fam* flemmard(e).

comoquiera *adv* [de cualquier manera] n'importe comment; ~ **que...** de quelque façon que...

compa *mf Amer fam* [amigo] copain *m*, copine *f*.

compactar *vt* **-1**. [gen] réduire. **-2**. [lana] faire rétrécir.

compact disc = compact disk.

compact disk, compact disc *m* [disco] Compact Disc® *m*, disque *m* laser; [aparato] platine *f* laser.

compacto, ta *adj* **-1**. [gen] compact(e). **-2**. *fig* [escritura] serré(e).

compadecer *vt* avoir pitié de; **te compadezco** je compatis. ◆ **compadecerse** *vp* : ~**se de alguien** plaindre qqn.

compadrear *vi Amer* se vanter.

compadreo *m Amer* camaraderie *f*.

compaginar *vt* **-1**. [combinar] concilier. **-2**. [en imprenta] mettre en pages. ◆ **compaginarse** *vp* : ~**se con** aller de pair avec.

compañerismo *m* camaraderie *f*.

compañero, ra *m, f* **-1**. [pareja, acompañante] compagnon *m*, compagne *f*. **-2**. [de trabajo] collègue *mf*; [de estudios] camarade *mf*. **-3**. [par] pendant *m*; **he perdido el** ~ **de este guante** j'ai perdu l'autre gant.

compañía *f* **-1**. [gen] compagnie *f*; **en** ~ **de** en compagnie de; **hacer** ~ **a alguien** tenir compagnie à qqn. **-2**. [empresa] société *f*; ~ **multinacional** société multinationale; ~ **de seguros** compagnie *f* d'assurances.

comparación *f* comparaison *f*; **en** ~ **con** par rapport à; **sin** ~ de loin; **es el más fuerte sin** ~ il est de loin le plus fort.

comparar *vt* : ~ **(con)** comparer (à).

comparativo, va *adj* comparatif(ive).

comparecer *vi* **-1**. DER comparaître. **-2**. [aparecer] se présenter.

comparsa ◇ *f* **-1**. TEATR figurants *mpl*. **-2**. [en carnaval] *troupe de compagnons qui chantent pour critiquer les notables de leur ville ou de leur village.* ◇ *mf* **-1**. TEATR figurant *m*, -e *f*. **-2**. *fig* [persona] subalterne *m*.

compartimento, compartimiento *m* compartiment *m*.

compartir *vt* partager.

compás *m* **-1**. [gen & NÁUT] compas *m*. **-2**. [MÚS & período] mesure *f*; [ritmo] rythme *m*; **al** ~ en rythme; **llevar/perder el** ~ tenir/perdre le rythme; **marcar el** ~ battre la mesure.

compasión *f* compassion *f*.

compasivo, va *adj* compatissant(e).

compatibilidad *f* compatibilité *f*.

compatibilizar *vt* rendre compatible.

compatible *adj* [gen & INFORM] compatible.

compatriota *mf* compatriote *mf*.

compendiar *vt* résumer.

compendio *m* **-1**. [libro] précis *m*. **-2**. *fig* [síntesis] : **se considera como un** ~ **de virtudes** à l'entendre, c'est la vertu personnifiée.

compenetración *f* entente *f*.

compenetrarse *vp* se compléter.

compensación *f* **-1**. [contrapartida & BANCA] compensation *f*; **en** ~ **(por)** en échange (de). **-2**. [indemnización] dédommagement *m*.

compensar *vt* **-1**. [valer la pena] : **no me compensa (perder tanto tiempo)** ça ne vaut pas la peine (que je perde tant de temps); **ver a sus hijos sanos le compensaba de tantos sacrificios** voir ses enfants en bonne santé le récompensait de tous ses sacrifices. **-2**. [indemnizar] : ~ **a alguien (de** o **por)** dédommager qqn (de).

competencia *f* **-1**. [gen & ECON] concurrence *f*. **-2**. [incumbencia] : **no es de mi** ~ cela n'est pas de mon ressort. **-3**. [aptitud] compétence *f*. **-4**. [atribuciones] attribution *f*.

competente *adj* compétent(e).

competer *vi* : ~ **a** incomber à.

competición *f* **-1**. [lucha] lutte *f*. **-2**. DEP compétition *f*.

competidor, ra *adj & m, f* concurrent(e).

competir *vi* **-1**. [entre personas] : ~ **(por/con)** concourir (pour/avec), être en compétition (pour/avec). **-2**. [entre empresas, productos] : ~ **(con)** faire concurrence (à).

competitividad *f* compétitivité *f*.

competitivo, va *adj* **-1.** [capaz de competir] compétitif(ive); [donde hay competencias] concurrentiel(elle). **-2.** [de la competición] de compétition.

compilar *vt* [gen & INFORM] compiler; [información] rassembler.

compinche *mf fam* acolyte *m*.

complacencia *f* **-1.** [agrado] plaisir *m*, satisfaction *f*. **-2.** [indulgencia] complaisance *f*.

complacer *vt* **-1.** [dar satisfacción] rendre heureux(euse); **me complace verlo** je suis heureuse de le voir. **-2.** [acceder a los deseos] : ~ **a alguien** faire plaisir à qqn.

complaciente *adj* **-1.** [amable] prévenant(e). **-2.** [indulgente] complaisant(e).

complejo, ja *adj* complexe. ◆ **complejo** *m* complexe *m*; ~ **(industrial)** complexe industriel.

complementar *vt* compléter. ◆ **complementarse** *vp* se compléter.

complementario, ria *adj* complémentaire.

complemento *m* complément *m*.

completar *vt* compléter.

completo, ta *adj* complet(ète); **por** ~ complètement, en entier.

complexión *f* constitution *f*.

complicación *f* **-1.** [gen] complication *f*. **-2.** [complejidad] complexité *f*.

complicado, da *adj* **-1.** [difícil] compliqué(e). **-2.** [comprometido] : ~ **(en)** impliqué (dans).

complicar *vt* **-1.** [dificultar] compliquer. **-2.** [comprometer] : ~ **(en)** impliquer (dans). ◆ **complicarse** *vp* se compliquer.

cómplice *mf* complice *mf*.

complicidad *f* complicité *f*; **de** ~ [mirada] complice.

compló (*pl* **complós**), **complot** (*pl* **complots**) *m* complot *m*.

componente ◇ *adj* composant(e). ◇ *m* **-1.** [gen & ELECTR] composant *m*. **-2.** [persona] membre *m*.

componer *vt* **-1.** [gen] composer. **-2.** [arreglar] arranger; [algo roto] réparer. **-3.** [adornar – cosa] décorer; [– persona] parer. ◆ **componerse** *vp* **-1.** [estar formado] : ~se de se composer de. **-2.** [engalanarse] se parer.

comportamiento *m* comportement *m*.

comportar *vt* impliquer. ◆ **comportarse** *vp* se conduire.

composición *f* composition *f*.

compositor, ra *m, f* compositeur *m*, -trice *f*.

compostura *f* **-1.** [de algo roto] réparation *f*; [de algo descosido] raccommodage *m*. **-2.** [de persona] maintien *m*; [de rostro] expression *f*. **-3.** [en el comportamiento] circonspection *f*.

compota *f* CULIN compote *f*.

compra *f* **-1.** [gen] achat *m*; **ir de** ~s aller faire des courses; ~ **a plazos** COM achat à tempérament. **-2.** [de comestibles] : **hacer la** ~ faire son marché; **ir a la** ~ aller au marché.

comprador, ra *adj & m, f* acheteur(euse).

comprar *vt* acheter.

compraventa *f* achat *m* et vente.

comprender *vt* comprendre. ◆ **comprenderse** *vp* [entre personas] se comprendre.

comprensión *f* compréhension *f*.

comprensivo, va *adj* compréhensif(ive).

compresa *f* **-1.** [para herida] compresse *f*. **-2.** [para menstruación] serviette *f* hygiénique.

comprimido, da *adj* comprimé(e). ◆ **comprimido** *m* comprimé *m*.

comprimir *vt* comprimer.

comprobante *m* **-1.** [documento] pièce *f* justificative. **-2.** [recibo] reçu *m*.

comprobar *vt* vérifier.

comprometer *vt* **-1.** [poner en peligro] compromettre. **-2.** [avergonzar] faire honte. **-3.** [hacer responsable] impliquer; ~ **a alguien (a hacer algo)** engager qqn (à faire qqch). ◆ **comprometerse** *vp* **-1.** [gen] : ~se **(a hacer algo/en algo)** s'engager (à faire qqch/dans qqch). **-2.** [novios] se fiancer.

comprometido, da *adj* **-1.** [con una idea] engagé(e). **-2.** [difícil] délicat(e).

compromiso *m* **-1.** [obligación] engagement *m*; ~ **matrimonial** promesse *f* de mariage. **-2.** [cita] : **tengo un** ~ je suis pris, je ne suis pas libre. **-3.** [acuerdo] compromis *m*. **-4.** [dificultad] embarras *m*.

compuerta *f* vanne *f*.

compuesto, ta ◇ *pp irreg* → **componer**. ◇ *adj* **-1.** [gen] composé(e); ~ **de** composé de. **-2.** [persona] paré(e).

compulsar *vt* **-1.** [cotejar] confronter avec l'original. **-2.** [hacer una copia] faire une copie conforme de.

compungido, da *adj* contrit(e).

computador *m*, **computadora** *f* ordinateur *m*.

computar *vt* **-1.** [calcular] calculer. **-2.** [considerar] prendre en compte.

cómputo *m* calcul *m*.

comulgar *vi* **-1.** RELIG communier. **-2.** *fig* [con ideas etc] : ~ **con algo** partager qqch.

común *adj* **-1.** [gen] commun(e); **hacer algo en** ~ faire qqch ensemble; **tener algo en** ~ avoir qqch en commun; **por lo** ~ en général. **-2.** [frecuente] courant(e). **-3.** [ordinario] ordinaire.

comuna *f* communauté *f*.

comunicación *f* **-1.** [gen] communication *f*; **ponerse en** ~ **con alguien** se mettre en rapport avec qqn. **-2.** [oficial] allocution *f*. ◆ **comunicaciones** *fpl* moyens *mpl* de communication.

comunicado, da *adj* desservi(e); **bien** ~ [lugar] bien desservi. ◆ **comunicado** *m* communiqué *m*.

comunicar ◇ *vt* **-1.** [gen] communiquer. **-2.** [movimiento, virus] transmettre. ◇ *vi* **-1.** [persona] : ~ **con alguien** contacter qqn. **-2.** [dos cosas] communiquer; ~ **con algo** communiquer avec qqch; [dos regiones, ciudades etc] être relié(e)à qqch. **-3.** [teléfono, línea] être occupée(e). ◆ **comunicarse** *vp* **-1.** [persona – hablarse] communiquer; [– relacionarse] se voir. **-2.** [dos habitaciones] communiquer; [dos regiones, ciudades etc] : **Sevilla se comunica con Jerez por autopista** Séville est reliée à Jerez par l'autoroute. **-3.** [el fuego] se propager.

comunicativo, va *adj* communicatif(ive).

comunidad *f* communauté *f*; ~ **autónoma** communauté autonome *(nom donné à chacune des 17 régions d'Espagne, dotées d'un gouvernement et d'institutions propres)*. ◆ **Comunidad Valenciana** communauté *f* autonome de Valence.

comunión *f* *lit* & *fig* communion *f*.

comunismo *m* communisme *m*.

comunista *adj* & *mf* communiste.

comunitario, ria *adj* communautaire.

con *prep* **-1.** [gen] avec; **lo ha conseguido** ~ **su esfuerzo** il y est parvenu grâce à son effort; **una cartera** ~ **varios documentos** un attaché-case contenant plusieurs documents; **para** ~ avec; **es amable para** ~ **todos** il est aimable avec tout le monde. **-2.** [a pesar] bien que; ~ **todo** malgré tout; ~ **todo lo estudioso que es le suspendieron** bien qu'il soit très studieux, il n'a pas été reçu. **-3.** [para

introducir una condición] *(+ infin)* **si** *(+ verbe)*; ~ **salir a las diez vale** si nous partons à dix heures, ça va. **-4.** [a condición de que] : ~ **(tal) que** *(+ subjuntivo)* du moment que; ~ **que llegue a tiempo me conformo** du moment qu'il arrive à l'heure, je ne me plains pas. **-5.** [para expresar queja o decepción] : **¡mira que perder** ~ **lo bien que jugaste!** quel dommage que tu aies perdu, tu avais pourtant si bien joué!

conato *m* **-1.** [intento] tentative *f*; ~ **de robo** tentative de vol. **-2.** [comienzo] début *m*; ~ **de incendio** début d'incendie.

concadenar = concatenar.

concatenar, concadenar *vt* enchaîner.

concavidad *f* **-1.** [cualidad] concavité *f*. **-2.** [lugar] anfractuosité *f*.

cóncavo, va *adj* concave.

concebir *vt* & *vi* concevoir.

conceder *vt* **-1.** [dar] accorder; [premio] décerner. **-2.** [asentir] admettre.

concejal, la *m, f* conseiller *m* municipal, conseillère *f* municipale.

concentración *f* **-1.** [gen] concentration *f*; ~ **parcelaria** ECON remembrement *m*. **-2.** [de gente] rassemblement *m*. **-3.** DEP entraînement *m*.

concentrado *m* concentré *m*.

concentrar *vt* **-1.** [gen] rassembler. **-2.** QUÍM & MIL concentrer. ◆ **concentrarse** *vp* **-1.** [fijar la atención] se concentrer. **-2.** [reunirse] se rassembler.

concéntrico, ca *adj* concentrique.

concepción *f* conception *f*.

concepto *m* **-1.** [idea] concept *m*. **-2.** [opinión] : **tener un gran** ~ **de alguien** avoir une haute idée de qqn. **-3.** [motivo] : **bajo ningún** ~ en aucun cas; **en** ~ **de** au titre de. **-4.** [de cuenta] chapitre *m*.

concernir *v impers* concerner; **en lo que concierne a...** en ce qui concerne...; **por lo que a mí me concierne** en ce qui me concerne.

concertar ◇ *vt* [precio] convenir de; [entrevista, cita] fixer; [pacto etc] conclure. ◇ *vi* [concordar] : ~ **(con)** concorder (avec).

concertina *f* concertina *m*.

concertista *mf* concertiste *mf*.

concesión *f* [gen & COM] concession *f*; [de un premio] remise *f*.

concesionario, ria *adj* & *m, f* concessionnaire.

concha f -1. [de animales] coquille f; [de tortuga] carapace f. -2. [material] écaille f. -3. Amer vulg [coño] chatte f. ◆ **concha de su madre** mf Amer vulg salaud m, salope f.

conchabarse vp fam s'acoquiner.

conchudo, da adj Amer vulg con(conne).

conciencia, consciencia f conscience f; a ~ consciencieusement; **remorderle a alguien la** ~ avoir mauvaise conscience.

concienciar vt faire prendre conscience. ◆ **concienciarse** vp prendre conscience.

concierto m -1. MÚS [obra] concerto m; [función] concert m. -2. [acuerdo] accord m. -3. [orden] ordre m.

conciliar vt -1. [enemigos] réconcilier. -2. [varias actividades, cosas etc] concilier; ~ **el sueño** trouver le sommeil.

concilio m concile m.

concisión f concision f.

conciso, sa adj concis(e).

conciudadano, na m, f concitoyen m, -enne f.

cónclave, conclave m -1. RELIG conclave m. -2. [familiar, entre amigos etc] réunion f.

concluir ◇ vt -1. [finalizar] terminer, finir. -2. [sacar conclusión] conclure. ◇ vi finir; ~ **haciendo** ○ **por hacer algo** finir par faire qqch.

conclusión f -1. [gen] conclusion f; **en** ~ pour conclure. -2. [acuerdo] accord m; **llegar a una** ~ parvenir à un accord.

concluyente adj concluant(e).

concordancia f [gen & GRAM] concordance f; [entre palabras] accord m.

concordar ◇ vt [personas] mettre d'accord; [cosas] accorder. ◇ vi -1. [coincidir] concorder. -2. GRAM s'accorder; ~ **en número y persona** s'accorder en genre et en nombre.

concorde adj : **estar** ~ être d'accord.

concordia f entente f.

concretar vt -1. [precisar] préciser; ~ **una fecha** convenir d'une date. -2. [concretizar] : ~ **un acuerdo** conclure un accord. -3. [reducir a lo esencial] résumer. ◆ **concretarse** vp -1. [limitarse] : ~**se a hacer algo** se borner à faire qqch. -2. [materializarse] se concrétiser.

concreto, ta adj concret(ète); [determinado] précis(e); **en** ~ [en resumen] en bref; [específicamente] précisément; **nada en** ~ rien de précis. ◆ **concreto armado** m béton m armé.

concurrencia f -1. [asistencia] assistance f. -2. [de sucesos] coïncidence f; [de circunstancias] concours m.

concurrido, da adj [lugar] fréquenté(e); [espectáculo] couru(e).

concurrir vi -1. [asistir] : ~ **a** assister à. -2. [influir] : ~ **a** contribuer à. -3. [participar] : ~ **a** participer à.

concursante mf participant m, -e f (à un concours).

concursar vi concourir.

concurso m -1. [gen] concours m; ~ **de televisión** jeu m télévisé. -2. [para una obra] adjudication f; **salir a** ~ être mis(e)en adjudication. -3. [licitación] appel m d'offres; ~ **público** adjudication f.

condado m [territorio] comté m.

condal adj comtal(e); **la Ciudad** ~ Barcelone.

conde, desa m, f comte m, comtesse f.

condecoración f -1. [insignia] décoration f. -2. [acto] remise f de décoration.

condecorar vt décorer (d'une médaille).

condena f peine f.

condenado, da ◇ adj -1. [a una pena] condamné(e). -2. RELIG damné(e). -3. fam fig [maldito] satané(e). ◇ m, f -1. [a una pena] condamné m, -e f. -2. RELIG damné m, -e f.

condenar vt -1. [gen] condamner; ~ **a alguien a algo/a hacer algo** condamner qqn à qqch/à faire qqch. -2. [al fracaso, silencio etc] : ~ **a** vouer à.

condensar vt lit & fig condenser.

condescendencia f -1. [benevolencia] complaisance f. -2. [altivez] condescendance f.

condescender vi : ~ **a** [con amabilidad] consentir à; [con desprecio] condescendre à.

condescendiente adj complaisant(e).

condición f -1. [gen] condition f; **con una sola** ~ à une seule condition; **de** ~ **humilde** de condition modeste. -2. [carácter] caractère m. ◆ **condiciones** fpl -1. [aptitud] dispositions fpl. -2. [circunstancias] conditions fpl; **condiciones atmosféricas/de vida** conditions atmosphériques/de vie. -3. [estado] état m; **estar en condiciones (de** ○ **para hacer algo)** être en état (de faire qqch); **no estar en condiciones, estar en malas condiciones** [alimento] être avarié(e).

condicionado, da adj conditionné(e).

condicional ◇ adj **-1.** [gen & GRAM] conditionnel(elle). **-2.** [con condiciones] sous condition. ◇ m GRAM conditionnel m.

condicionar vt : ~ **(algo a algo)** faire dépendre (qqch de qqch); **condicionará su respuesta al resultado** il donnera sa réponse en fonction du résultat.

condimentar vt assaisonner.

condimento m condiment m.

condolencia f condoléances fpl; **expresar su** ~ **a alguien** présenter ses condoléances à qqn.

condolerse vp : ~ **(de)** compatir (à).

condón m fam capote f, préservatif m.

cóndor m condor m.

conducción f **-1.** [de vehículo, negocio] conduite f. **-2.** FÍS conduction f.

conducir ◇ vt **-1.** [gen] conduire; ~ **una investigación** mener une enquête. **-2.** [líquido] amener. ◇ vi conduire; **tu decisión no nos condujo a nada** ta décision ne nous a menés à rien.

conducta f conduite f (comportement).

conducto m **-1.** [de fluido & ANAT] conduit m. **-2.** fig [camino] voie f.

conductor, ra ◇ adj FÍS conducteur(trice). ◇ m, f [de automóvil] conducteur m, -trice f; [de camion, autobus] chauffeur m. ◆ **conductor** m FÍS conducteur m.

conectado, da adj **-1.** ELECTR branché(e). **-2.** INFORM connecté(e).

conectar ◇ vt **-1.** ELECTR : ~ **algo (a)** brancher qqch (sur). **-2.** [unir] : ~ **algo (con)** raccorder qqch (à). ◇ vi **-1.** RADIO & TV prendre l'antenne. **-2.** [persona] : ~ **con** entrer en contact avec.

conejo, ja m, f lapin m, -e f.

conexión f **-1.** [entre dos cosas] lien m. **-2.** ELECTR branchement m. **-3.** RADIO & TV liaison f.

conexo, xa adj connexe.

confabular vi deviser. ◆ **confabularse** vp se liguer.

confección f **-1.** [de ropa] confection f, prêt-à-porter m. **-2.** [de comida, medicamento] préparation f; [de lista] établissement m .

confeccionar vt **-1.** [gen] confectionner. **-2.** [bebida, preparación] préparer; [lista] dresser, établir.

confederación f confédération f.

confederado, da adj confédéré(e).

confederarse vp se confédérer.

conferencia f **-1.** [gen] conférence f; **dar una** ~ faire une conférence. **-2.** [por teléfono] communication f (longue distance); **poner una** ~ téléphoner (à longue distance).

conferir vt [gen] : ~ **algo a alguien** conférer qqch à qqn; [responsabilidades] confier qqch à qqn.

confesar vt **-1.** [gen] avouer; ~ **su ignorancia** confesser son ignorance. **-2.** RELIG : ~ **a alguien** confesser qqn; ~ **algo** confesser qqch. ◆ **confesarse** vp RELIG : ~**se (de algo)** se confesser (de qqch).

confesión f **-1.** [de culpa, secreto] aveu m. **-2.** RELIG confession f.

confesionario m confessionnal m.

confesor m confesseur m.

confeti mpl confetti m.

confiado, da adj confiant(e).

confianza f **-1.** [fe, seguridad] : ~ **(en algo/alguien)** confiance (en qqch/qqn); **tengo** ~ **en que se arreglarán las cosas** j'ai bon espoir que les choses s'arrangent; **de** ~ de confiance. **-2.** [familiaridad] : **tengo mucha** ~ **con él** nous sommes très intimes; **nos tratamos con mucha** ~ nous sommes très proches; **conmigo hay** ~ nous sommes entre amis; **en** ~ entre nous. ◆ **confianzas** fpl : **tomar** ~**s con alguien** prendre des libertés avec qqn.

confiar ◇ vt : ~ **algo a alguien** confier qqch à qqn. ◇ vi **-1.** [tener fe] : ~ **en** avoir confiance en ◇ dans, compter sur. **-2.** [esperar] : ~ **en/en que** avoir bon espoir de/que; **confío en verle mañana** j'espère le voir demain. ◆ **confiarse** vp [despreocuparse] être sûr(e)de soi.

confidencia f confidence f.

confidencial adj confidentiel(elle).

confidente mf **-1.** [amigo] confident m, -e f. **-2.** [soplón] indicateur m, -trice f.

configurar vt [formar] donner forme à.

confín m (gen pl) confins mpl.

confinar vt **-1.** [detener] interner; ~ **en el domicilio** assigner à résidence. **-2.** [desterrar] exiler.

confirmación f confirmation f.

confirmar vt **-1.** [gen] confirmer. **-2.** [idea] : **confirma la idea que tenía de que...** cela me conforte dans l'idée que...

confiscar vt confisquer.

confitado, da adj confit(e).

confite m sucrerie f.

confitería f **-1.** [gen] confiserie f. **-2.** Amer salon m de thé.

confitura f confiture f.

conflagración f conflagration f.

conflictivo, va adj [situación] conflictuel(elle); [tema, asunto] polémique; [persona] contestataire.

conflicto m conflit m.

confluir vi **-1.** [ríos] confluer; [calles] converger. **-2.** [personas] se rejoindre.

conformar vt [configurar] adapter. ◆ **conformarse** vp : ~se con se contenter de; [suerte, destino] se résigner à.

conforme ◇ adj **-1.** ~ **a** [acorde] conforme à; [adaptado] adapté(e)à. **-2.** ~ **con** [de acuerdo] d'accord avec; [contento] heureux(euse)de. ◇ adv **-1.** [igual, según] tel que(telle que); **te lo cuento** ~ **lo he vivido** je te le raconte tel que je l'ai vécu. **-2.** [a medida que] à mesure que; ~ **envejecía** à mesure qu'il vieillissait. **-3.** [en cuanto] dès que; ~ **amanezca, iré** j'irai dès qu'il fera jour; ~ **a** conformément à.

conformidad f **-1.** [aprobación] consentement m; ~ **con** consentement à. **-2.** [resignación] résignation f.

conformista adj & mf conformiste.

confort m confort m.

confortable adj confortable.

confortar vt réconforter.

confrontar vt confronter; ~ **a los testigos** confronter les témoins.

confundir vt **-1.** [gen] : ~ **una cosa con otra** confondre une chose avec une autre; ~ **algo** [letras, números etc] mélanger; **confundí la receta** je me suis trompé de recette. **-2.** [liar] embrouiller. ◆ **confundirse** vp **-1.** [equivocarse] se tromper; **se ha confundido** [al teléfono] vous faites erreur. **-2.** [liarse] s'embrouiller. **-3.** [no distinguirse] : ~se **en** ○ **entre** se fondre dans.

confusión f **-1.** [gen] confusion f. **-2.** [error] erreur f.

confuso, sa adj confus(e).

congelación f **-1.** [de alimentos] congélation f. **-2.** [de precios, salarios] gel m.

congelador m congélateur m.

congelados mpl surgelés mpl.

congelar vt **-1.** [alimento] congeler; [a temperatura baja] surgeler. **-2.** [precios, salarios etc] geler. ◆ **congelarse** vp lit & fig geler.

congeniar vi : ~ **(con)** sympathiser (avec).

congénito, ta adj **-1.** [malformación] congénital(e); [enfermedad] héréditaire. **-2.** [talento etc] inné(e).

congestión f **-1.** MED congestion f. **-2.** [atasco] : **la** ~ **del tráfico** les encombrements mpl.

congestionar vt bloquer. ◆ **congestionarse** vp **-1.** MED être congestionné(e); **se le congestionó la cara de rabia** son visage est devenu rouge de colère. **-2.** [atascarse] être bloqué(e).

conglomerado m **-1.** GEOL & ECON conglomérat m. **-2.** TECNOL aggloméré m. **-3.** fig [mezcla] groupement m; ~ **urbano** conurbation f.

congoja f angoisse f.

congraciarse vp : ~ **con alguien** s'attirer la sympathie de qqn.

congratular vt : ~ **a alguien por algo** féliciter qqn de ○ pour qqch. ◆ **congratularse** vp : ~se **por algo** se féliciter de qqch; ~se **de que** ○ **que** se féliciter que.

congregación f congrégation f.

congregar vt réunir.

congresista mf **-1.** [en congreso] congressiste mf. **-2.** [político] membre m du Congrès.

congreso m **-1.** [reunión] congrès m. **-2.** POLÍT : ~ **de diputados** [en España] ≃ Chambre f des députés. ◆ **Congreso** m **el Congreso** [en Estados Unidos] le Congrès.

congrio m congre m.

congruente adj : **ser** ~ **(con)** avoir un rapport logique (avec).

cónico, ca adj **-1.** GEOM conique. **-2.** [bonete] pointu(e).

conjetura f conjecture f; **hacerse una** ~ se livrer à des conjectures; **hacer** ~s se perdre en conjectures.

conjugación f **-1.** [GRAM – de un verbo] conjugaison f; [– clase de verbos] groupe m. **-2.** [de cosas] ensemble m.

conjugar vt **-1.** [gen & GRAM] conjuguer. **-2.** [ideas, opiniones] rassembler.

conjunción f lit & fig conjonction f.

conjuntar vt **-1.** [gen] assortir. **-2.** DEP [equipo] souder.

conjuntivo, va adj conjonctif(ive).

conjunto, ta adj conjoint(e); [hechos, acontecimientos] simultané(e). ◆ **conjunto** m **-1.** [gen, MAT & MÚS] ensemble m; [de rock] groupe m; **en** ~ dans l'ensemble; **un** ~ **de circunstancias** un concours m de circonstances. **-2.** [de deporte] tenue f.

conjurar ◇ *vi* [conspirar] conspirer. ◇ *vt*
-1. [exorcizar] conjurer. **-2.** [evitar] parer
à.

conjuro *m* [exorcismo] conjuration *f*; [súplica] exhortation *f*.

conllevar *vt* **-1.** [implicar] impliquer; ~
riesgos comporter des risques. **-2.** [soportar] supporter, endurer.

conmemoración *f* commémoration *f*.

conmemorar *vt* commémorer.

conmigo *pron pers* avec moi; **llevo/tengo
algo** ~ je porte/j'ai qqch sur moi.

conmoción *f* **-1.** [física, psíquica]
commotion *f*; ~ **cerebral** commotion cérébrale. **-2.** [política, social] bouleversement *m*.

conmocionar *vt* **-1.** [física o psíquicamente] commotionner. **-2.** [política o socialmente] bouleverser.

conmovedor, ra *adj* émouvant(e).

conmover *vt* **-1.** [enternecer] émouvoir.
-2. [sacudir] ébranler. ◆ **conmoverse** *vp*
-1. [enternecerse] s'émouvoir. **-2.** [sacudirse] s'ébranler.

conmutador *m* **-1.** ELECTR commutateur
m. **-2.** [centralita] standard *m* téléphonique.

connotación *f* connotation *f*.

cono *m* cône *m*.

conocedor, ra *m, f* connaisseur *m*, -euse
f; **ser un buen** ~ **de...** être un fin connaisseur en...

conocer *vt* **-1.** [gen] connaître; ~ **a alguien de oídas** avoir entendu parler de
qqn; ~ **a alguien de vista** connaître qqn
de vue; **darse a** ~ se faire connaître. **-2.**
[por primera vez] : ~ **a alguien** faire la
connaissance de qqn. **-3.** [reconocer] : ~ **a
alguien (por algo)** reconnaître qqn (à
qqch). ◆ **conocerse** *vp* **-1.** [gen] se
connaître; ~**se de toda la vida** se
connaître depuis toujours. **-2.** [por primera vez] faire connaissance. ◇ *v impers*
[parecer] : **se conoce que...** apparemment...

conocido, da ◇ *adj* connu(e). ◇ *m, f*
connaissance *f*.

conocimiento *m* connaissance *f*; **perder/
recobrar el** ~ MED perdre/reprendre
connaissance. ◆ **conocimientos** *mpl*
connaissances *fpl*; **tener muchos** ~**s** savoir beaucoup de choses.

conque *conj* alors; **está de mal humor,** ~
trátale con cuidado il est de mauvaise
humeur, alors sois gentil avec lui; *¿*~ **nos**

vamos o nos quedamos? alors, on reste
ou on s'en va?

conquista *f lit & fig* conquête *f*.

conquistador, ra ◇ *adj* [seductor] séducteur(trice). ◇ *m, f* **-1.** [de tierras] conquérant *m*, -e *f*. **-2.** HIST conquistador *m*. **-3.**
fig [persona seductora] séducteur *m*, -trice
f.

conquistar *vt lit & fig* conquérir.

consabido, da *adj* [broma etc] classique;
[costumbre, paseo] traditionnel(elle).

consagración *f* consécration *f*; [de
obispo, rey] sacre *m*.

consagrar *vt* consacrer; [obispo, rey] sacrer; ~ **algo a algo/a alguien** consacrer
qqch à qqch/à qqn. ◆ **consagrarse** *vp*
-1. [dedicarse] : ~**se a** se consacrer à. **-2.**
[alcanzar fama] obtenir la consécration.

consciencia = conciencia.

consciente *adj* conscient(e); **ser** ~ **de
algo** être conscient(e)de qqch; **estar** ~
être conscient(e)*(éveillé)*.

consecución *f* [de un deseo, objetivo] réalisation *f*; [de un premio] obtention *f*; [de
un proyecto] réussite *f*.

consecuencia *f* conséquence *f*; **a** ○ **como**
~ **de** à la suite de; **tener** ~**s** avoir des
conséquences.

consecuente *adj* [coherente] conséquent(e).

consecutivo, va *adj* consécutif(ive); **el
número dos es el** ~ **al uno** le chiffre
deux vient immédiatement après le un.

conseguir *vt* obtenir; [un objetivo] atteindre; ~ **hacer algo** réussir à faire qqch.

consejero, ra *m, f* conseiller *m*, -ère *f*;
Juan es un buen ~ Juan est de bon
conseil.

consejo *m* conseil *m*; **dar un** ~ donner un
conseil.

consenso *m* [acuerdo] consensus *m*; [consentimiento] consentement *m*; **de mutuo**
~ d'un commun accord.

consensuar *vt* approuver à la majorité.

consentimiento *m* consentement *m*.

consentir ◇ *vt* **-1.** [gen] permettre; [el
mal, el alboroto] tolérer; **no te consiento
que me repliques así** je ne te permets
pas de me répondre de cette façon. **-2.**
[mimar] gâter; **le consentía todos los caprichos** elle lui passait tous ses caprices.
◇ *vi* : ~ **en algo/en hacer algo** consentir
à qqch/à faire qqch.

conserje *mf* gardien *m*, -enne *f*.

conserjería f -1. [de hotel] réception f. -2. [de edificio] loge f; [de tribunal etc] conciergerie f.

conserva f conserve f; **en ~** en conserve.

conservación f -1. [gen] conservation f. -2. [mantenimiento] entretien m.

conservador, ra adj & m, f conservateur(trice).

conservante m conservateur m (produit).

conservar vt [gen & CULIN] conserver; [cartas, secreto, salud] garder. ◆ **conservarse** vp [persona] être bien conservé(e); **se conserva joven** il reste jeune.

conservatorio m conservatoire m.

considerable adj [enorme] considérable; [importante, eminente] remarquable.

consideración f -1. [valoración] examen m . -2. [respeto] considération f; **en ~ a algo** compte tenu de qqch; **en ~ a alguien** par égard pour qqn; **tratar a alguien con ~** avoir beaucoup d'égards pour qqn. -3. [importancia] : **de ~** grave; **hubo varios heridos de ~** plusieurs personnes ont été grièvement blessées.

considerado, da adj [atento] attentionné(e); [respetado] apprécié(e).

considerar vt considérer; **~ las consecuencias** mesurer les conséquences.

consigna f consigne f.

consignar vt -1. [gen] consigner. -2. [cantidad] allouer. -3. [paquete – enviar] envoyer; [– depositar] laisser à la consigne.

consigo pron pers [con uno mismo] avec soi; [con él, ella] avec lui, avec elle; [con usted] avec vous; **llevar mucho dinero ~ no es prudente** il n'est pas prudent d'avoir beaucoup d'argent sur soi; **lleva siempre la pistola ~** il a toujours son pistolet sur lui.

consiguiente adj résultant(e); **recibimos la noticia con la ~ pena** nous avons appris la nouvelle et en avons été peinés; **por ~** par conséquent.

consistencia f consistance f.

consistente adj consistant(e).

consistir vi -1. [gen] : **~ en** consister en. -2. [deberse a] : **~ en** reposer sur.

consola f [tablero de mandos] console f; **~ de videojuegos** console de jeux (vidéo).

consolación f consolation f.

consolar vt consoler. ◆ **consolarse** vp se consoler.

consolidar vt consolider.

consomé m bouillon m de viande.

consonancia f harmonie f; **en ~ con** en accord avec.

consonante f consonne f.

consorcio m pool m, consortium m.

conspiración f conspiration f.

conspirador, ra m, f conspirateur m, -trice f.

conspirar vi conspirer.

constancia f -1. [perseverancia – en una empresa] **persévérance** f; [– en las ideas, opiniones] **constance** f. -2. [testimonio] preuve f; **dejar ~ de algo** [probar] prouver qqch; [dejar testimonio] laisser un témoignage de qqch; [registrar] inscrire qqch.

constante ◇ adj constant(e). ◇ f constante f.

constar vi -1. [información] : **~ (en)** figurer (dans); **me consta que ha llegado** je suis sûr qu'il est arrivé; **hacer ~** faire observer; **que conste que...** note que..., notez que... -2. [estar constituido por] : **~ de** se composer de.

constatar vt [observar] constater; [comprobar] vérifier.

constelación f constellation f.

consternación f consternation f.

consternar vt consterner.

constipado, da ◇ adj : **estar ~** être enrhumé(e). ◇ m rhume m.

constiparse vp s'enrhumer.

constitución f -1. [gen] constitution f. -2. [composición] composition f. ◆ **Constitución** f [de un Estado] : **la Constitución** la Constitution.

constitucional adj constitutionnel(elle).

constituir vt constituer; **constituye para nosotros un honor...** c'est pour nous un honneur de...

constituyente ◇ adj constituant(e). ◇ m constituant m.

constreñir vt -1. [obligar] : **~ a alguien a hacer algo** contraindre qqn à faire qqch. -2. [oprimir] étouffer.

construcción f -1. [gen] construction f. -2. [arte] bâtiment m.

constructivo, va adj constructif(ive).

constructor, ra adj constructeur(trice). ◆ **constructor** m [de edificios] constructeur m.

construir vt construire.

consuegro, gra m, f : **mis ~s** les beaux-parents de mon fils/ma fille.

consuelo m consolation f, réconfort m.

cónsul *m* consul *m*.

consulado *m* consulat *m*.

consulta *f* –**1.** [petición de parecer] consultation *f*; **hacer una ~ a alguien** consulter qqn. –**2.** [de médico] consultation *f*; [despacho] **cabinet** *m* (médical).

consultar ◇ *vt* [libro, persona] consulter; [dato, fecha] vérifier. ◇ *vi* : ~ **con alguien** consulter qqn.

consultorio *m* –**1.** [de médico] cabinet *m* (de consultation). –**2.** PRENSA courrier *m* des lecteurs. –**3.** RADIO *émission durant laquelle un spécialiste répond aux questions des auditeurs.* –**4.** [oficina] bureau *m*; ~ **jurídico** cabinet *m* (d'avocat).

consumar *vt* consommer *(le mariage)*.

consumición *f* consommation *f*.

consumidor, ra *m, f* consommateur *m*, -trice *f*.

consumir ◇ *vt* –**1.** [gen] consommer. –**2.** [suj : fuego, enfermedad etc] consumer. ◇ *vi* consommer. ◆ **consumirse** *vp* –**1.** [con la enfermedad] être rongé(e). –**2.** [con el fuego] être consumé(e).

consumismo *m* surconsommation *f*.

consumo *m* consommation *f*.

contabilidad *f* COM comptabilité *f*; **llevar la ~** tenir la comptabilité.

contabilizar *vt* COM comptabiliser.

contable *mf* comptable *mf*.

contactar *vi* : ~ **con alguien** contacter qqn.

contacto *m* contact *m*; **perder el ~ con alguien** perdre (le) contact avec qqn.

contado, da *adj* –**1.** [raro] rare; **contadas veces, en contadas ocasiones** rarement. –**2.** [enumerado] compté(e). ◆ **al contado** *loc adv* : **pagar al ~** payer comptant.

contador *m* compteur *m*.

contagiar *vt* [enfermedad] transmettre; [persona] contaminer. ◆ **contagiarse** *vp* [enfermedad] se transmettre; [persona] être contaminé(e); [risa] se communiquer; **~se con algo** attraper qqch.

contagio *m* contagion *f*.

contagioso, sa *adj* contagieux(euse); [risa] communicatif(ive).

container = contenedor.

contaminación *f* [del medio ambiente] pollution *f*; [contagio] contamination *f*.

contaminar *vt* –**1.** [el medio ambiente] polluer; [contagiar] contaminer. –**2.** *fig* [pervertir] donner le mauvais exemple à.

contar ◇ *vt* –**1.** [enumerar, incluir] compter; ~ **a alguien entre** compter qqn parmi. –**2.** [narrar] raconter. ◇ *vi* –**1.** [gen] compter; ~ **con algo/alguien** [confiar en] compter sur qqch/qqn; **no contaba con esto je ne m'attendais pas à ça. –2.** [tener] avoir, disposer de; **cuenta con dos horas para hacerlo** il a deux heures pour le faire.

contemplación *f* contemplation *f*. ◆ **contemplaciones** *fpl* égards *mpl*; **no andarse con contemplaciones** ne pas y aller par quatre chemins.

contemplar *vt* –**1.** [mirar] contempler. –**2.** [considerar] envisager.

contemplativo, va *adj* contemplatif(ive).

contemporáneo, a *adj* contemporain(e).

contención *f* –**1.** CONSTR soutènement *m*. –**2.** [moderación] retenue *f*.

contenedor, ra *adj* qui contient. ◆ **contenedor** *m* container *m*; ~ **de basura** benne *f* à ordures.

contener *vt* contenir; [respiración, risa] retenir. ◆ **contenerse** *vp* se retenir.

contenido *m* contenu *m*.

contentar *vt* faire plaisir à. ◆ **contentarse** *vp* : **~se con algo** se contenter de qqch.

contento, ta *adj* content(e); ~ **con** content de. ◆ **contento** *m* joie *f*.

contestación *f* réponse *f*.

contestador ◆ **contestador (automático)** *m* répondeur *m* (automatique).

contestar *vt* [dar respuesta] répondre.

contestatario, ria *adj* contestataire.

contexto *m* contexte *m*.

contextualizar *vt* replacer dans son contexte.

contienda *f* [competición, combate] combat *m*; [guerra] conflit *m*.

contigo *pron pers* avec toi.

contiguo, gua *adj* contigu(ë); [casa, habitación] voisin(e).

continencia *f* [abstinencia] abstinence *f*; [moderación] modération *f*.

continental *adj* continental(e).

continente *m* –**1.** GEOGR continent *m*. –**2.** [recipiente] contenant *m*.

contingente ◇ *adj* imprévisible. ◇ *m* MIL contingent *m*.

continuación *f* suite *f*; **a ~** ensuite.

continuar ◇ *vt* continuer. ◇ *vi* continuer; ~ **haciendo algo** continuer à faire qqch.

continuidad *f* continuité *f*; [permanencia] maintien *m*.

continuo, nua *adj* **-1.** [gen & ELECTR] continu(e); [movimiento] perpétuel(elle). **-2.** [constante] continuel(elle). **-3.** [persona] persévérant(e).

contonearse *vp* se dandiner.

contorno *m* **-1.** [línea] contour *m*. **-2.** *(gen pl)* [territorio] alentours *mpl*.

contorsionarse *vp* se contorsionner; [de dolor] se tordre.

contorsionista *mf* contortionniste *mf*.

contra ◇ *prep* contre; **en ~** [opuesto] contre; **estar en ~ de algo** être contre qqch; **en ~ de** [a diferencia de] contrairement à. ◇ *m* : **el pro y el ~** le pour et le contre.

contraataque *m* contre-attaque *f*.

contrabajo ◇ *m* **-1.** [instrumento] contrebasse *f*. **-2.** [voz, cantante] basse *f*. ◇ *mf* [instrumentista] contrebassiste *mf*.

contrabandista *mf* contrebandier *m*, -ère *f*.

contrabando *m* contrebande *f*.

contracción *f* contraction *f*.

contraceptivo, va *adj* contraceptif(ive). ◆ **contraceptivo** *m* contraceptif *m*.

contrachapado, da *adj* contreplaqué(e). ◆ **contrachapado** *m* [madera] contreplaqué *m*.

contracorriente *f* contre-courant *m*; **ir a ~** *fig* aller à contre-courant.

contradecir *vt* contredire. ◆ **contradecirse** *vp* se contredire.

contradicción *f* contradiction *f*.

contradicho, cha *pp irreg* → contradecir.

contradictorio, ria *adj* contradictoire.

contraer *vt* **-1.** [reducir el volumen] contracter. **-2.** [coger - acento, deje] prendre; [- enfermedad] attraper. ◆ **contraerse** *vp* se contracter.

contraespionaje *m* contre-espionnage *m*.

contraindicación *f* contre-indication *f*.

contralor *m* *Amer* inspecteur *m* des Finances.

contraloría *f* *Amer* inspection *f* des Finances.

contralto ◇ *m* [voz] contralto *m*. ◇ *mf* [cantante] contralto *mf*.

contraluz *m* contre-jour *m*; **a ~** à contre-jour.

contramaestre *m* **-1.** NÁUT maître *m* d'équipage. **-2.** [capataz] contremaître *m*, -esse *f*.

contrapartida *f* contrepartie *f*; **como ~** en contrepartie.

contrapelo ◆ **a contrapelo** *loc adv* **-1.** [acariciar] à rebrousse-poil. **-2.** *fig* [actuar] à contrecœur.

contrapesar *vt lit & fig* contrebalancer.

contrapeso *m* contrepoids *m*; **servir de ~** faire contrepoids.

contraponer *vt* **-1.** [oponer] opposer. **-2.** [cotejar] confronter. ◆ **contraponerse** *vp* s'opposer.

contraportada *f* [de revista, libro] quatrième *f* de couverture; [de periódico] dernière page *f*.

contraproducente *adj* contre-productif (ive).

contrapuesto, ta *pp irreg* → contraponer.

contrapunto *m* **-1.** MÚS contrepoint *m*. **-2.** *fig* [entre cosas, personas] note *f* d'originalité.

contrariar *vt* contrarier.

contrariedad *f* **-1.** [dificultad] ennui *m*. **-2.** [disgusto] contrariété *f*. **-3.** [oposición] contradiction *f*.

contrario, ria *adj* contraire; [parte] adverse; **ser ~ a algo** [persona] être opposé à qqch; **llevar la contraria** [en lo dicho] contredire; [en lo hecho] contrarier. ◆ **contrario** *m* **-1.** [rival] adversaire *m*. **-2.** [opuesto] contraire *m*; **al** o **por el ~** au contraire; **al ~ de lo que pensaba** contrairement à ce que je pensais; **de lo ~** sinon; **todo lo ~** bien au contraire.

contrarreembolso = contrarrembolso.

contrarreloj *adj* DEP contre la montre.

contrarrembolso, contrarreembolso *m* livraison *f* contre remboursement.

contrarrestar *vt* **-1.** [paliar] neutraliser; [contrapesar] compenser. **-2.** DEP [pelota] retourner.

contrasentido *m* [interpretación] contresens *m*; [absurdidad] non-sens *m inv*.

contraseña *f* [palabra] mot *m* de passe.

contrastar ◇ *vi* contraster. ◇ *vt* **-1.** [comprobar] éprouver. **-2.** [hacer frente] résister à.

contraste *m* contraste *m*; [de caracteres etc] différence *f*.

contratar *vt* **-1.** [personal] embaucher; [detective, deportista] engager. **-2.** [servicio, obra] : **~ algo con alguien** passer un contrat pour qqch avec qqn.

contratiempo *m* contretemps *m*; **tener un** ~ avoir un empêchement; **a** ~ MÚS à contretemps; [demasiado tarde] trop tard.

contratista *mf* entrepreneur *m*, -euse *f*.

contrato *m* contrat *m*.

contribución *f* contribution *f*.

contribuir *vi* -1. [gen] contribuer. -2. [tomar parte] : ~ **a** participer à. -3. [pagar impuestos] payer des impôts.

contribuyente *mf* contribuable *mf*.

contrincante *mf* adversaire *mf*.

control *m* -1. [gen] contrôle *m*. -2. [dispositivo de funcionamiento] commande *f*.

controlador, ra *m*, *f* contrôleur *m*, -euse *f*; ~ **aéreo** aiguilleur *m* du ciel.

controlar *vt* -1. [vigilar, dominar] surveiller. -2. [comprobar] contrôler. -3. [regular] régler. ◆ **controlarse** *vp* se contrôler.

controversia *f* controverse *f*.

contundencia *f* -1. [física] force *f*. -2. *fig* [en el ánimo] : **con** ~ d'un ton tranchant.

contundente *adj* -1. [arma, objeto] tranchant(e). -2. *fig* [razonamiento, argumento] convaincant(e); [lógica] implacable; [prueba] indiscutable.

contusión *f* contusion *f*.

convalecencia *f* convalescence *f*.

convaleciente *adj* convalescent(e).

convalidar *vt* -1. [estudios] homologuer [asignatura], obtenir l'équivalence de. -2. [ratificar] confirmer.

convencer *vt* : ~ **a alguien (de algo)** convaincre qqn (de qqch). ◆ **convencerse** *vp* : ~**se de algo** se convaincre de qqch.

convencimiento *m* conviction *f*.

convención *f* convention *f*.

convencional *adj* conventionnel(elle).

conveniencia *f* -1. [pertinencia – de medida, oferta] opportunité *f*; [– de respuesta] à-propos *m inv*. -2. [interés] convenance *f*; **por su propia** ~ dans son propre intérêt. ◆ **conveniencias** *fpl* convenances *fpl*.

conveniente *adj* [beneficioso] bon (bonne); [pertinente] opportun(e); [correcto] convenable; **sería** ~ **asistir a la reunión** il vaudrait mieux aller à la réunion.

convenio *m* convention *f*.

convenir ◇ *vi* -1. [gen] convenir; **conviene analizar la situación** il serait bon d'analyser la situation; **no te conviene hacerlo** tu ne devrais pas le faire; ~ **en que** [acordar que] convenir que; **conve-**nimos **en reunirnos** nous avons convenu de nous réunir; ~ **en** [un precio etc] convenir de. -2. [asentir] : ~ **en que** admettre que. ◇ *vt* : ~ **algo** convenir de qqch.

convento *m* couvent *m*.

convergencia *f* -1. [de caminos] croisement *m*. -2. *fig* [de intereses etc] convergence *f*.

converger *vi* -1. [físicamente] converger. -2. [dos ideas, dos opiniones] : ~ **en** tendre vers.

conversación *f* conversation *f*. ◆ **conversaciones** *fpl* [negociaciones] pourparlers *mpl*.

conversada *f Amer* conversation *f*.

conversador, ra ◇ *adj* bavard(e). ◇ *m*, *f* : **ser un gran** ~ être volubile.

conversar *vi* : ~ **con alguien** avoir une conversation avec qqn.

conversión *f* conversion *f*.

converso, sa *adj* & *m*, *f* converti(e).

convertir *vt* -1. [dinero, persona] convertir; ~ **a alguien a algo** RELIG convertir qqn à qqch. -2. [transformar] : ~ **algo en** transformer qqch en; **convirtió a su hijo en una estrella** il a fait de son fils une vedette. ◆ **convertirse** *vp* -1. RELIG : ~**se (a)** se convertir (à). -2. [transformarse] : ~**se en** devenir.

convexo, xa *adj* convexe.

convicción *f* conviction *f*; **tener la** ~ **de que...** être convaincu(e) que... ◆ **convicciones** *fpl* convictions *fpl*.

convicto, ta *adj* DER : ~ **de** convaincu(e) de.

convidar ◇ *vt* inviter; ~ **a alguien a tomar algo** offrir un verre à qqn. ◇ *vi* : ~ **a** [incitar] inviter à.

convincente *adj* convaincant(e).

convite *m* -1. [invitación] invitation *f*. -2. [fiesta] banquet *m*.

convivencia *f* vie *f* en commun.

convivir *vi* : ~ **con** vivre avec; **convive con sus hermanos** il vit avec ses frères.

convocar *vt* [asamblea, elecciones] convoquer; [huelga] appeler à.

convocatoria *f* -1. [anuncio, escrito] convocation *f*; [de huelga] appel *m*. -2. [de examen] session *f*.

convoy (*pl* **convoyes**) *m* convoi *m*.

convulsión *f* -1. [de músculos] convulsion *f*. -2. [política, social] agitation *f*. -3. [de tierra, mar] secousse *f*.

convulsionar *vt* convulsionner, convulser.

conyugal *adj* conjugal(e).

cónyuge *mf* conjoint *m*, -e *f*.

coña *f mfam* **-1.** [guasa] connerie *f*; **estar de** ~ déconner. **-2.** [molestia] galère *f*; **dar la** ~ emmerder.

coñá (*pl* **coñás**), **coñac** (*pl* **coñacs**), **cognac** (*pl* **cognacs**) *m* cognac *m*.

coñazo *m mfam* **ser un** ~ [persona, libro etc] être chiant(e).

coño *vulg* ◇ *m* **-1.** [genital] con *m*. **-2.** [para enfatizar] : **¿dónde** ~ **está el jersey?** où est le pull, bordel?; **¿qué** ~ **estás haciendo?** qu'est-ce que tu fais, bordel? ◇ *interj* : **¡**~**!** [enfado] bordel!; [asombro] putain!

cooperación *f* coopération *f*.

cooperar *vi* : ~ **(en algo)** coopérer (à qqch).

cooperativa *f* → **cooperativo**.

cooperativo, va *adj* coopératif(ive). ◆ **cooperativa** *f* coopérative *f*; **cooperativa agrícola** coopérative agricole.

coordinador, ra *adj & m, f* coordinateur(trice).

coordinar *vt* coordonner; [palabras] aligner.

copa *f* **-1.** [vaso] verre *m* (à pied). **-2.** [contenido] verre *m*; **ir de** ~**s** sortir prendre un verre. **-3.** [de árbol] cime *f*. **-4.** [de sombrero] calotte *f*; **de** ~ **(alta)** haut de forme. **-5.** DEP coupe *f*. ◆ **copas** *fpl* [naipes] *l'une des quatre couleurs du jeu de cartes espagnol.*

copar *vt* **-1.** [puestos] accaparer. **-2.** MIL prendre par surprise.

Copenhague Copenhague.

copeo *m* : **ir de** ~ faire la tournée des bars.

copete *m* **-1.** [de ave] huppe *f*. **-2.** [de pelo] houppe *f*. **-3.** *loc* : **de alto** ~ huppé(e).

copia *f* **-1.** [reproducción, acción] copie *f*; [de foto] épreuve *f*; ~ **de seguridad** copie de sauvegarde. **-2.** [persona] : **ser una** ~ **de alguien** être tout le portrait de qqn.

copiar ◇ *vt* copier. ◇ *vi* [en examen] copier.

copiloto *mf* copilote *mf*.

copión, ona *m, f* copieur *m*, -euse *f*.

copioso, sa *adj* [comida] copieux(euse); [lluvia, cabellera] abondant(e).

copla *f* **-1.** [canción] chanson *f* populaire. **-2.** [estrofa] couplet *m*.

copo *m* flocon *m*.

copropiedad *f* copropriété *f*.

copropietario, ria *m, f* copropriétaire *mf*.

copular *vi* copuler.

copulativo, va *adj* copulatif(ive).

coquetear *vi* [tratar de agradar] minauder; [flirtear] aguicher.

coqueto, ta *adj* **-1.** [gen] coquet(ette). **-2.** [que flirtea] aguicheur(euse).

coraje *m* **-1.** [valor] courage *m*. **-2.** [rabia] : **dar** ~ faire rager.

coral ◇ *adj* MÚS choral(e). ◇ *m* [de mar] corail *m*. ◇ *f* **-1.** [coro] chorale *f*. **-2.** [composición] choral *m*.

Corán *m* : **el** ~ le Coran.

coraza *f* **-1.** [gen] carapace *f*. **-2.** [de soldado] cuirasse *f*.

corazón *m* **-1.** [gen] cœur *m*; **no tener** ~ ne pas avoir de cœur, être sans cœur; **ser de buen** ~ avoir bon cœur; **de (todo)** ~ de tout cœur. **-2.** [valor, energía] courage *m*. **-3.** → **dedo**.

corazonada *f* **-1.** [intuición] pressentiment *m*. **-2.** [impulso] coup *m* de tête.

corbata *f* cravate *f*.

corbeta *f* NÁUT corvette *f*.

Córcega Corse *f*.

corchea *f* croche *f*.

corchete *m* **-1.** [de broche] agrafe *f*; [a presión] bouton-pression *m*. **-2.** [signo ortográfico] crochet *m*.

corcho *m* **-1.** [material] liège *m*. **-2.** [tapón] bouchon *m*.

corcholata *f* Amer capsule *f*.

córcholis *interj* : **¡**~**!** nom d'une pipe!

cordel *m* ficelle *f*.

cordero, ra *m, f* *fig* agneau *m*, agnelle *f*.

cordial *adj* cordial(e).

cordialidad *f* cordialité *f*.

cordillera *f* chaîne *f* (de montagnes); [andina] cordillère *f*. ◆ **cordillera Cantábrica** *f* : **la** ~ **Cantábrica** les monts *mpl* Cantabriques.

Córdoba Cordoue.

cordón *m* **-1.** [gen] cordon *m*; [de zapatos] lacet *m*; ~ **umbilical** cordon ombilical. **-2.** [cable eléctrico] fil *m*. **-3.** Amer [de la acera] bordure *f* du trottoir.

cordura *f* [juicio] raison *f*; [prudencia] sagesse *f*.

Corea Corée *f*; ~ **del Norte/Sur** Corée du Nord/Sud.

corear vt **-1.** [canción] reprendre en chœur. **-2.** [decisiones etc] approuver.

coreografía f chorégraphie f.

coreógrafo, fa m, f chorégraphe mf.

corista ◇ mf choriste mf. ◇ f [bailarina] girl f.

cornada f coup m de corne.

cornamenta f **-1.** [de toro] cornes fpl; [de ciervo] bois mpl. **-2.** fam [del cónyuge engañado] cornes fpl.

córnea f cornée f.

córner (pl **córners**) m corner m.

corneta ◇ f [instrumento] cornet m. ◇ mf [instrumentista] cornettiste mf.

cornete m cornet m.

cornetín ◇ m cornet m à piston. ◇ mf [instrumentista] cornettiste mf.

cornisa f corniche f.

cornudo, da ◇ adj **-1.** [animal] à cornes. **-2.** fam fig [cónyuge] cocu(e). ◇ m, f fam fig cocu m, -e f.

coro m chœur m; **a ~** en chœur; **hablar a ~** parler tous en même temps.

corona f **-1.** [gen] couronne f; **~ fúnebre/de laurel** couronne mortuaire/de lauriers. **-2.** [de santos] auréole f.

coronación f lit & fig couronnement m.

coronar vt **-1.** [gen] couronner. **-2.** fig [concluir] achever. **-3.** fig [alcanzar] atteindre.

coronel m colonel m.

coronilla f sommet m du crâne; **estar hasta la ~** fig en avoir par-dessus la tête.

corpiño m bustier m.

corporación f corporation f.

corporal adj corporel(elle).

corporativo, va adj corporatif(ive).

corpóreo, a adj corporel(elle).

corpulencia f corpulence f.

corpulento, ta adj corpulent(e).

corral m **-1.** [para los animales] cour f (de ferme); [para aves] basse-cour f. **-2.** [para teatro] ancien théâtre en plein air.

correa f **-1.** [tira & TECNOL] courroie f; [de reloj] bracelet m; [de perro] laisse f; [de bolso] bandoulière f. **-2.** [cinturón] ceinture f.

corrección f correction f; **con toda ~** parfaitement.

correccional m maison f de redressement.

correctivo, va adj correctif(ive). ◆ **correctivo** m correction f.

correcto, ta adj correct(e).

corrector, ra adj & m, f correcteur(trice).

corredor, ra adj m, f **-1.** [deportista] coureur m, -euse f. **-2.** [intermediario] courtier m, -ère f; **~ de comercio** COM ≃ agent m de change. ◆ **corredor** m corridor m.

corregir vt corriger. ◆ **corregirse** vp se corriger.

correlación f corrélation f.

correlativo, va adj **-1.** [en relación] corrélatif(ive). **-2.** [en consecución] consécutif(ive).

correo ◇ m **-1.** [correspondencia] courrier m; **a vuelta de ~** par retour du courrier; **echar al ~** poster; **~ certificado** courrier recommandé; **~ comercial** prospectus m. **-2.** [servicio] poste f. ◇ adj postal(e). ◆ **Correos** mpl poste f.

correoso, sa adj [sustancia] caoutchouteux(euse); [pan] mou(molle); [carne, persona] coriace.

correr ◇ vi **-1.** [andar deprisa] courir; **a todo ~** à toute vitesse. **-2.** [ir deprisa] aller vite; [coche] rouler vite. **-3.** [pasar por – río, agua del grifo] couler; [– camino] passer. **-4.** [tiempo, horas] passer. **-5.** [propagarse – suceso, noticia] se propager; [– rumor] courir. **-6.** [moneda] avoir cours. **-7.** [pagar] : **~ con** [gastos] prendre à sa charge; [cuenta] régler; **~ a cargo de** être à la charge de. **-8.** [cantidad, sueldo etc] être dû(due). ◇ vt **-1.** [recorrer – distancia] courir; [– lugar] parcourir. **-2.** [deslizar – mesa, silla etc] pousser; [– cortinas] tirer. **-3.** [experimentar – aventuras, vicisitudes] connaître; [– riesgo] courir. ◆ **correrse** vp **-1.** [desplazarse – persona] se pousser; [– cosa] glisser. **-2.** [pintura, colores] couler. **-3.** vulg [tener un orgasmo] jouir.

correría f escapade f.

correspondencia f **-1.** [entre hechos] rapport m. **-2.** [entre estaciones, personas] correspondance f; **mantener una ~ con alguien** entretenir une correspondance avec qqn. **-3.** [correo] courrier m.

corresponder vi **-1.** [pagar, compensar] : **~ a algo** remercier de qqch; **me lo ofreció para corresponderme** il me l'a offert pour me remercier. **-2.** [pertenecer, coincidir] : **~ a algo** rendre (à). **-3.** [tocar] : **te corresponde a ti hacerlo** c'est à toi de le faire; **le corresponde la herencia** l'héritage lui revient. **-4.** [a un sentimiento, favor] rendre; **él la quiere y ella le corresponde** il l'aime et elle le lui rend bien. ◆ **corresponderse** vp **-1.** [escribirse] : ~**se con alguien** correspondre avec qqn. **-2.** [amarse] : ~**se en el amor** s'aimer mutuellement. **-3.** [habitaciones] communiquer.

correspondiente *adj* correspondant(e).

corresponsal *mf* **-1.** PRENSA correspondant *m*, -e *f*. **-2.** COM représentant *m*, -e *f*.

corretear *vi* **-1.** [correr – niños] galoper; [– ratones] trotter. **-2.** *fam* [vagar] traîner.

correveidile *mf* rapporteur *m*, -euse *f*.

corrido, da *adj* **-1.** [pasado] bon(bonne); **un kilo ~ de...** un bon kilo de... **-2.** [avergonzado] gêné(e). ◆ **corrida** *f* TAUROM corrida *f*. ◆ **de corrido** *loc prep* [de memoria] par cœur; [de una vez] d'un trait.

corriente ◇ *adj* **-1.** [gen] courant(e). **-2.** [nada excepcional] ordinaire. ◇ *f* courant *m*; **estar al ~ de** [pagos] être à jour pour; [noticias] être au courant de; **ir contra ~** aller à contre-courant.

corro *m* **-1.** [círculo] cercle *m*; [baile] ronde *f*; **en ~** en rond. **-2.** FIN [en Bolsa] corbeille *f*.

corroborar *vt* corroborer.

corroer *vt* **-1.** [gen] corroder; GEOL éroder. **-2.** *fig* [consumir] ronger.

corromper *vt* corrompre. ◆ **corromperse** *vp* **-1.** [pudrirse] pourrir. **-2.** [pervertirse] se corrompre.

corrosivo, va *adj* **-1.** [que desgasta] corrosif(ive). **-2.** [mordaz] décapant(e).

corrupción *f* corruption *f*.

corrusco *m* quignon *m* de pain.

corsario, ria *adj* pirate; **una nave corsaria** un bateau pirate; **un capitán ~** un corsaire. ◆ **corsario** *m* corsaire *m*.

corsé *m* corset *m*.

cortacésped *m* tondeuse *f* à gazon.

cortado, da *adj* **-1.** [labios, manos] gercé(e). **-2.** [nata, leche] tourné(e). **-3.** *fig* [avergonzado] timide; **quedarse ~** être décontenancé. **-4.** [estilo] haché(e). ◆ **cortado** *m* noisette *f* (café).

cortafuego *m* coupe-feu *m inv*.

cortante *adj* **-1.** [afilado] coupant(e). **-2.** *fig* [tajante] cassant(e); [viento] cinglant(e); [frío] glacial(e).

cortapisa *f* entrave *f*; **le puso ~s** il lui a mis des bâtons dans les roues.

cortar ◇ *vt* **-1.** [gen] couper; [el césped] tondre. **-2.** [interrumpir – abusos, hemorragia] arrêter; [– conversación] interrompre. **-3.** [dar forma – papel] découper; [– tela] tailler. **-4.** [labios, piel] gercer. **-5.** [alterar – leche] faire tourner; [– mayonesa]

faire tomber. **-6.** [gastos] réduire. **-7.** [poner fin a – beca, subvención] retirer; [– abusos] couper court à. **-8.** [aire, olas] fendre. **-9.** *fig* [molestar] gêner; **me corta su seriedad** sa gravité me met mal à l'aise. ◇ *vi* **-1.** [gen] couper. **-2.** *fam* [cesar una relación] rompre. ◆ **cortarse** *vp* **-1.** [gen] se couper. **-2.** [labios, piel] se gercer. **-3.** [alimento – leche] tourner; [– mayonesa] ne pas prendre. **-4.** *fig* [turbarse] se troubler.

cortaúñas *m inv* coupe-ongles *m inv*.

corte ◇ *m* **-1.** [raja – en papel, tela] déchirure *f*; [– en la piel] entaille *f*. **-2.** [de pelo, prenda, esquema] coupe *f*; **~ y confección** confection *f*. **-3.** [herida, pausa, interrupción] coupure *f*. **-4.** [de tela] coupon *m*. **-5.** [estilo de una obra] ton *m*. **-6.** [del cuchillo] fil *m*. **-7.** *fam* [respuesta ingeniosa] vanne *f*. **-8.** *fam* [vergüenza] honte *f*; **me da ~ salir a la calle** j'ai honte de sortir. ◇ *f* cour *f* (du roi). ◆ **Cortes** *fpl* Parlement espagnol.

cortejar *vt* courtiser.

cortejo *m* cortège *m*.

cortés *adj* courtois(e).

cortesía *f* **-1.** [modales] politesse *f*; **de ~** de politesse. **-2.** [favor] gentillesse *f*. **-3.** [regalo] : **el aperitivo es ~ de la casa** l'apéritif vous est offert par la maison.

corteza *f* **-1.** [del árbol] écorce *f*. **-2.** [de pan, queso etc] croûte *f*; [naranja etc] peau *f*; **~ terrestre** croûte terrestre. **-3.** ANAT cortex *m*.

cortijo *m* ferme *f* (andalouse).

cortina *f* rideau *m*.

cortisona *f* cortisone *f*.

corto, ta *adj* **-1.** [en extensión, tiempo] court(e); **una corta espera** une brève attente. **-2.** *fig* [bobo] : **~ (de alcances)** simplet.

cortocircuito *m* court-circuit *m*.

cortometraje *m* court-métrage *m*.

cosa *f* **-1.** [gen] chose *f*; **poca ~** pas grand-chose. **-2.** [pertenencias] (gen pl) affaires *fpl*. **-3.** [instrumentos] (gen pl) matériel *m*; **~s de coser** nécessaire *m* de couture. **-4.** [ocurrencia] (gen pl) truc *m*; **¡qué ~s tienes!** tu as de ces idées! **-5.** [manías] (gen pl) manie *f*. **-6.** *loc* : **como quien no quiere la ~** mine de rien; **como si tal ~** comme si de rien n'était; **eso es ~ mía** c'est mon affaire, cela ne regarde que moi. ◆ **cosa de** *loc adv* environ; **tuvimos que esperar ~ de 10 minutos** on a dû attendre quelque chose comme 10 minutes.

coscorrón *m* coup *m* sur la tête.

cosecha *f* récolte *f*; **de su (propia) ~** de son cru.

cosechar ◇ *vt* **-1.** AGR récolter. **-2.** *fig* [ganar] obtenir. ◇ *vi* faire la récolte.

coseno *m* cosinus *m*.

coser ◇ *vt* **-1.** [con hilo] coudre. **-2.** [con grapas] agrafer. **-3.** *loc* : **ser cosa de ~ y cantar** être simple comme bonjour. ◇ *vi* coudre.

cosido *m* couture *f* (action).

cosmético, ca *adj* cosmétique. ◆ **cosmético** *m* cosmétique *m*. ◆ **cosmética** *f* cosmétique *f*.

cósmico, ca *adj* cosmique.

cosmopolita *adj* & *mf* cosmopolite.

cosmos *m* cosmos *m*.

coso *m* Amer [chisme] truc *m*.

cosquillas *fpl* chatouilles *fpl*; **hacer ~** chatouiller, faire des chatouilles; **tengo ~** ça me chatouille.

cosquilleo *m* **-1.** [agradable] chatouillement *m*. **-2.** *fig* [desagradable] frisson *m*.

costa *f* côte *f*. ◆ **Costa Brava** *f* : **la Costa Brava** la Costa Brava. ◆ **Costa del Sol** *f* : **la Costa del Sol** la Costa del Sol. ◆ **a costa de** *loc prep* **-1.** [a expensas de] aux dépens de. **-2.** [a fuerza de] au prix de. ◆ **a toda costa** *loc prep* à tout prix.

costado *m* flanc *m*; **dormir de ~** dormir sur le côté; **en ambos ~s de la calle** des deux côtés de la rue.

costal *m* sac *m* (de jute).

costanera *f* Amer bord *m* de mer.

costar ◇ *vt* **-1.** [dinero] coûter. **-2.** [tiempo] prendre. ◇ *vi* [ser difícil] coûter.

Costa Rica Costa Rica *m*.

costarricense, costarriqueño, ña ◇ *adj* costaricien(enne). ◇ *m, f* Costaricien *m*, -enne *f*.

coste *m* coût *m*; **~ de la vida** coût de la vie.

costear *vt* **-1.** [pagar] payer, financer; [rentabilizar] couvrir. **-2.** NÁUT longer, côtoyer.

costero, ra ◇ *adj* côtier(ère). ◇ *m, f* habitant *m*, -e *f* du littoral.

costilla *f* **-1.** [de persona] côte *f*. **-2.** [de animal] côtelette *f*. **-3.** [de silla] barreau *m*; [de barco] membrure *f*. **-4.** *fam fig* [cónyuge] moitié *f*.

costo *m* **-1.** [gen] coût *m*. **-2.** *fam* [hachís] hasch *m*.

costoso, sa *adj* **-1.** [precio] coûteux(euse). **-2.** *fig* [trabajo] pénible; [triunfo] difficile.

costra *f* croûte *f*.

costumbre *f* **-1.** [hábito] habitude *f*. **-2.** [práctica] coutume *f*.

costumbrismo *m* peinture *f* des mœurs.

costura *f* couture *f*; **alta ~** haute couture.

costurera *f* couturière *f*.

costurero *m* **-1.** [objeto] corbeille *f* à ouvrage. **-2.** [oficio] couturier *m*.

cota *f* **-1.** [altura, nivel] cote *f*. **-2.** [jubón] cotte *f*; **~ de mallas** cotte de mailles.

cotarro *m* : **alborotar el ~** mettre la pagaille; **dirigir el ~** faire la loi.

cotejar *vt* confronter (comparer).

cotejo *m* confrontation *f*.

cotidiano, na *adj* quotidien(enne).

cotilla *mf fam* commère *f*.

cotillear *vi fam* faire des ragots.

cotilleo *m fam* potin.

cotillón *m* cotillon *m*.

cotización *f* **-1.** [de producto] prix *m*. **-2.** [en Bolsa – precio] cours *m*; [– actividad] cotation *f*.

cotizar ◇ *vt* [valorar] estimer; [en Bolsa] coter. ◇ *vi* [pagar] cotiser, verser une cotisation. ◆ **cotizarse** *vp* **-1.** [bonos, valores etc] : **~se (a)** être coté(e) (à). **-2.** [valorarse] être apprécié(e).

coto *m* **-1.** [terreno] réserve *f*; **~ de caza** chasse *f* réservée. **-2.** *fig* [poner] : **poner ~ a** [impedir algo] mettre le holà à.

cotorra *f* **-1.** [ave] perruche *f*. **-2.** *fam fig* [persona] pie *f*; **hablar como una ~** être un moulin à paroles.

COU (abrev de **curso de orientación universitaria**) *m* EDUC année de préparation à l'entrée à l'université.

cowboy (*pl* cowboys) *m* cow-boy *m*.

coxis = **cóccix**.

coyote *m* coyote *m*.

coyuntura *f* **-1.** [situación] conjoncture *f*; [oportunidad] occasion *f*. **-2.** [unión] jointure *f*.

coz *f* **-1.** [del animal] ruade *f*; [patada] coup *m* de sabot. **-2.** [de arma] recul *m*.

crac (*pl* cracs), **crack** (*pl* cracks) **-1.** [figura] star *f*. **-2.** FIN krach *m*.

crack *m inv* **-1.** [droga] crack *m*. **-2.** → **crac.**

cráneo *m* ANAT crâne *m* .

crápula ◇ *m* débauché *m*. ◇ *f* débauche *f*.

cráter *m* cratère *m*.

crawl = crol.

creación *f* création *f*.

creador, ra *adj & m, f* créateur(trice).

crear *vt* -1. [gen] créer. -2. [desorden, descontento etc] provoquer; [rumores] répandre.

creatividad *f* créativité *f*.

creativo, va *adj & m, f* créatif *m*, -ive *f*.

crecer *vi* -1. [niños, sentimientos] grandir; [plantas, cabello] pousser. -2. [días, noches] allonger. -3. [río] grossir; [marea] monter; [luna] croître. -4. [interés, gusto, afición] être croissant(e). ◆ **crecerse** *vp* prendre de l'assurance.

creces ◆ **con creces** *loc adv* largement.

crecido, da *adj* [cantidad, niño] grand(e). ◆ **crecida** *f* crue *f*.

creciente ◇ *adj* croissant(e). ◇ *m* phase *f* ascendante (de la Lune).

crecimiento *m* croissance *f*; [de precios] augmentation *f*.

credencial *f* [pase] laissez-passer *m*. ◆ **credenciales** *fpl* lettres *fpl* de créance.

credibilidad *f* crédibilité *f*.

crédito *m* -1. [gen] crédit *m*; **a** ~ à crédit; ~ **al consumo** crédit à la consommation. -2. [confianza] confiance *f*; **dar** ~ **a una cosa** croire qqch. -3. [en universidad] ≃ unité *f* de valeur.

credo *m lit & fig* credo *m*.

crédulo, la *adj* crédule.

creencia *f* -1. [de fe] croyance *f*. -2. [de opinión] conviction *f*.

creer ◇ *vt* croire. ◇ *vi* : ~ **en** croire en. ◆ **creerse** *vp* -1. [considerarse] se croire; **¿quién se cree que es?** pour qui se prend-il? -2. [dar por cierto] croire.

creíble *adj* crédible.

creído, da *m, f* prétentieux *m*, -euse *f*.

crema ◇ *f* -1. [gen] crème *f*. -2. [betún] cirage *m*. ◇ *adj inv* crème.

cremallera *f* -1. [para cerrar] fermeture *f* Éclair®. -2. TECNOL crémaillère *f*.

crematístico, ca *adj* financier(ère).

crematorio, ria *adj* crématoire. ◆ **crematorio** *m* crématorium *m*.

cremoso, sa *adj* crémeux(euse).

crepe *f* crêpe *f*.

crepitar *vi* crépiter.

crepúsculo *m lit & fig* crépuscule *m*.

crespo, pa *adj* crépu(e).

cresta *f* -1. [gen] crête *f*; **dar a alguien en la** ~ *fig* rabattre le caquet à qqn. -2. [penacho] huppe *f*.

Creta Crète *f*.

cretino, na *m, f* crétin *m*, -e *f*.

cretona *f* cretonne *f*.

creyente *mf* croyant *m*, -e *f*.

cría *f* → **crío**.

criadero *m* -1. [de plantas] pépinière *f*; [de animales] élevage *m*. -2. [de mineral] gisement *m*.

criadilla *f* testicules d'animal (taureau par exemple) utilisés en cuisine.

criado, da ◇ *adj* élevé(e); **bien** ~ bien élevé. ◇ *m, f* domestique *mf*.

criador, ra ◇ *adj* producteur(trice). ◇ *m, f* éleveur *m*, -euse *f*; ~ **de vino** viticulteur *m*.

crianza *f* -1. [de bebé] allaitement *m*. -2. [de animales, del vino] élevage *m*. -3. [educación] éducation *f*.

criar *vt* -1. [amamantar] allaiter. -2. [cuidar – animales, niños] élever. -3. [plantas] cultiver. ◆ **criarse** *vp* -1. [crecer] grandir. -2. [reproducirse] se reproduire.

criatura *f* -1. [niño] enfant *m*; [bebé] nourrisson *m*. -2. [ser vivo] créature *f*.

criba *f* -1. [tamiz] crible *m*. -2. [selección] passage *m* au crible.

cricket = criquet.

crimen *m* crime *m* .

criminal *adj & m, f* criminel(elle).

crin *f* -1. [material] crin *m*. -2. [pelos] *(gen pl)* crinière *f*.

crío, a *m, f* gamin *m*, -e *f*. ◆ **cría** *f* -1. [hijo del animal] petit *m*. -2. [crianza – de animales] élevage *m*; [– de plantas] culture *f*.

criollo, lla ◇ *adj* créole. ◇ *m, f* Créole *mf*.

cripta *f* crypte *f*.

criquet, cricket *m* cricket *m*.

crisantemo *m* chrysanthème *m*.

crisis *f* -1. [gen] crise *f*. -2. [escasez] pénurie *f*.

crisma *f fam* [cabeza] : **romperle la** ~ **a alguien** casser la figure à qqn.

crismas, christmas, crisma *m* carte *f* de vœux.

crisol *m* -1. [gen] creuset *m*. -2. [prueba] révélateur *m*.

crispar *vt* crisper; ~ **los nervios** taper sur les nerfs. ◆ **crisparse** *vp* se crisper.

cristal *m* -1. [gen] verre *m*; [vidrio fino] cristal *m*. -2. [de ventana] vitre *f*, carreau *m*. -3. *fig* [espejo] glace *f*.

cristalera f [techo] verrière f; [puerta] porte f vitrée; [armario] armoire f à glace.

cristalería f **-1.** [objetos] verrerie f. **-2.** [fábrica, tienda] vitrerie f; **pasar por la** ~ aller chez le vitrier.

cristalino, na adj cristallin(e). ◆ **cristalino** m cristallin m.

cristalizar vt cristalliser. ◆ **cristalizarse** vp [sustancia, sentimiento] se cristalliser; [asunto] se concrétiser; ~**se en** fig aboutir à.

cristiandad f chrétienté f.

cristianismo m **-1.** [religión] christianisme m. **-2.** [fieles] chrétienté f.

cristiano, na adj & m, f chrétien(enne).

cristo m christ m. ◆ **Cristo** m Christ m .

criterio m **-1.** [norma] critère m. **-2.** [juicio] discernement m. **-3.** [opinión] avis m.

crítica f → **crítico**.

criticar vt critiquer.

crítico, ca adj & m, f critique. ◆ **crítica** f critique f.

criticón, ona ◇ adj qui a la critique facile. ◇ m, f critiqueur m, -euse f.

Croacia Croatie f.

croar vi coasser.

croata ◇ adj croate. ◇ mf Croate mf.

croissant (pl **croissants**) m croissant m (pâtisserie).

crol, crawl m crawl m.

cromado m chromage m.

cromatismo m chromatisme m.

cromo m **-1.** [metal] chrome m. **-2.** [estampa] image f.

cromosoma m chromosome m.

crónico, ca adj chronique. ◆ **crónica** f **-1.** [gen] chronique f. **-2.** [de televisión] magazine m d'information.

cronista mf chroniqueur m, -euse f.

cronología f chronologie f.

cronometrar vt chronométrer.

cronómetro m chronomètre m.

croqueta f CULIN croquette f.

croquis m inv croquis m.

cross m inv cross m inv.

cruce m **-1.** [de caminos & BIOL] croisement m; [de carreteras, calles] carrefour m. **-2.** [de teléfono] interférence f. **-3.** [de electricidad] court-circuit m.

crucero m **-1.** [viaje] croisière f. **-2.** [de iglesia] croisée f du transept.

crucial adj crucial(e).

crucificar vt crucifier; fig [atormentar] tourmenter.

crucifijo m crucifix m.

crucifixión f crucifixion f.

crucigrama m mots croisés mpl.

crudeza f **-1.** [del tiempo] rigueur f. **-2.** [de descripción] crudité f. **-3.** [de comportamiento] rudesse f; [de la verdad, realidad] dureté f.

crudo, da adj **-1.** [gen] cru(e); **es la cruda realidad** c'est la dure réalité; **de forma cruda** [tiempo] rude, rigoureux(euse). **-3.** [color] écru(e). ◆ **crudo** m pétrole m brut, brut m.

cruel adj cruel(elle).

crueldad f cruauté f.

cruento, ta adj sanglant(e).

crujido m craquement m; [de dientes] grincement m; [de la seda] crissement m.

crujiente adj craquant(e); [pan, patatas fritas] croustillant(e).

crujir vi craquer; [dientes] grincer; [seda] crisser.

cruz f **-1.** [gen] croix f . **-2.** [de moneda] pile f. **-3.** [de ramas] fourche f. **-4.** fig [aflicción – persona] poids m; [– actividad etc] calvaire m. **-5.** loc : **hacer** ~ **y raya** [con un asunto] tourner la page; [con una persona] couper les ponts. ◆ **Cruz Roja** f : **la Cruz Roja** la Croix-Rouge.

cruza f Amer croisement m.

cruzado, da adj **-1.** [gen & BIOL] croisé(e). **-2.** [atravesado] : ~ **(en)** en travers (de).

cruzar vt **-1.** [poner en cruz, emparejar] croiser. **-2.** [poner de través] mettre en travers. **-3.** [calle] traverser. **-4.** [palabras] échanger. ◆ **cruzarse** vp : ~**se con alguien** croiser qqn; **me crucé con ella je l'ai croisée**; ~**se de brazos/piernas** croiser les bras/les jambes.

CSIC (abrev de **Consejo Superior de Investigaciones Científicas**) m conseil supérieur de la recherche scientifique en Espagne, ≃ CNRS.

cta. abrev de **cuenta**.

cte. abrev de **corriente**.

CTNE (abrev de **Compañía Telefónica Nacional de España**) f compagnie espagnole des télécommunications, ≃ France Télécom.

cuaderno m cahier m.

cuadra f **-1.** [gen] écurie f. **-2.** Amer [manzana] pâté m de maisons.

cuadrado, da adj **-1.** [gen & MAT] carré(e). **-2.** [persona] : **estar cuadrada** fam être un pot à tabac. ◆ **cuadrado** m carré m.

cuadrangular *adj* quadrangulaire.
cuadrante *m* **-1.** GEOGR & GEOM quadrant *m*. **-2.** [reloj] cadran *m*.
cuadrar *vi* **-1.** [información, hechos] concorder; [caracteres, ropa] s'accorder; **su confesión no cuadra con la declaración** ses aveux ne concordent pas avec sa déclaration. **-2.** [números, cuentas] tomber juste. **-3.** [venir a medida] convenir; **le cuadra ese trabajo** ce travail lui convient parfaitement. ◆ **cuadrarse** *vp* **-1.** MIL se mettre au garde-à-vous. **-2.** [mostrar firmeza] durcir le ton.
cuadrícula *f* quadrillage *m*.
cuadrilátero *m* **-1.** GEOM quadrilatère *m*. **-2.** DEP ring *m*.
cuadrilla *f* **-1.** [de amigos, maleantes] bande *f*; [de trabajadores] équipe *f*. **-2.** [de torero] *équipe qui assiste le matador*.
cuadro *m* **-1.** [gen] tableau *m*; ~ **de costumbres** étude *f* de mœurs; ~ **sinóptico** tableau synoptique. **-2.** [escena] spectacle *m*. **-3.** GEOM carré *m*; **a** ~**s** [tela] à carreaux. **-4.** [de personas] équipe *f*; **el** ~ **de dirigentes** la direction. **-5.** [de bicicleta] cadre *m* .
cuádruple *m* quadruple *m*.
cuajar ◇ *vt* **-1.** [leche] cailler; [sangre] coaguler. **-2.** [de adornos] couvrir. ◇ *vi* **-1.** [lograrse – proyecto, acción] aboutir; [– acuerdo] être conclu(e). **-2.** [gustar – persona] être adopté(e); [– moda] prendre; [– nieve] tenir. ◆ **cuajarse** *vp* **-1.** [leche] cailler; [flan, hielo] prendre; [sangre] coaguler. **-2.** [llenarse] se remplir; **se le cuajaron los ojos de lágrimas** ses yeux se sont emplis de larmes.
cuajo *m* **-1.** [fermento] présure *f*. **-2.** *fig* [calma] nonchalance *f*. ◆ **de cuajo** *loc adv* complètement; **arrancar de** ~ [árbol] déraciner; [pie, mano] arracher.
cual *pron relat* : **el/la** ~ lequel/laquelle; **llamé a Juan, el** ~ **dormía** j'ai appelé Juan, qui dormait; **al/a la** ~ auquel/à laquelle; **la película a la** ~ **hago referencia** le film auquel je fais référence; **Ana, a la** ~ **veo a menudo...** Ana, que je vois souvent...; **del/de la** ~ dont; **el libro/el amigo del** ~ **te hablé** le livre/l'ami dont je t'ai parlé; **lo** ~ [sujet] ce qui; [complemento] ce que; **está muy enfadada, lo** ~ **es comprensible/entiendo perfectamente** elle est très fâchée, ce qui est compréhensible/ce que je comprends parfaitement; **sea** ~ **sea** quel que soit,

quelle que soit; **sea** ~ **sea el resultado** quel que soit le résultat.
cuál *pron* **-1.** [interrogativo] quel, quelle; [especificando] lequel, laquelle; **¿**~ **es la diferencia?** quelle est la différence?; **¿**~ **prefieres?** laquelle préfères-tu?; **no sé** ~**es son mejores** je ne sais pas lesquels sont les meilleurs. **-2.** *(en oraciones distributivas)* : **todos han contribuido,** ~ **más,** ~ **menos** ils ont tous participé, certains plus que d'autres.
cualidad *f* qualité *f*.
cualificado, da *adj* qualifié(e).
cualitativo, va *adj* qualitatif(ive).
cualquiera *(pl* **cualesquiera)** ◇ *adj (antes de sust* : **cualquier).** **-1.** [gen] n'importe quel, n'importe quelle; **cualquier día vendré a visitarte** un de ces jour, je viendrai te rendre visite; **en cualquier momento** n'importe quand; **en cualquier lugar** n'importe où. **-2.** [ordinario] *(después de sust)* quelconque; **un sitio** ~ un endroit quelconque. ◇ *pron* n'importe qui; ~ **te lo dirá** n'importe qui te le dira; ~ **que** [persona] quiconque; [cosa] quel que(quelle que); ~ **que te viera** se reiría quiconque te verrait rirait; ~ **que sea la razón** quelle que soit la raison. ◇ *mf* moins *mf* que rien. ◇ *f fam* traînée *f*.
cuan *adv* [gen] : **se desplomó** ~ **largo era** il est tombé de tout son long.
cuando ◇ *adv* : **mañana es** ~ **me voy de vacaciones** c'est demain que je pars en vacances; **de** ~ **en** ~**, de vez en** ~ de temps en temps. ◇ *conj* **-1.** [de tiempo] quand, lorsque; ~ **llegué a París** quand o lorsque je suis arrivé à Paris. **-2.** [si] si; ~ **tú lo dices será verdad** si c'est toi qui le dis, ça doit être vrai.
cuándo ◇ *adv* quand; **¿**~ **vienes?** quand viens-tu?; **le pregunté** ~ **se iba** je lui ai demandé quand il partait. ◇ *m* : **ignora el cómo y el** ~ **de la operación** il ignore comment et quand se déroulera l'opération.
cuantía *f* quantité *f*; [importe] montant *m*.
cuantificar *vt* quantifier.
cuantitativo, va *adj* quantitatif(ive).
cuanto, ta ◇ *adj* **-1.** [todo] tout le, toute la; **despilfarra** ~ **dinero gana** il gaspille tout l'argent qu'il gagne. **-2.** *(antes de adv)* [compara cantidades] : **cuantas más mentiras digas, menos te creerán** plus tu raconteras de mensonges, moins on te croira. ◇ *pron relat (gen pl)* [sujeto] tous

ceux qui, toutes celles qui; [complemento] tous ceux que(toutes celles que); **dio las gracias a todos ~s le ayudaron** il remercia tous ceux qui l'avaient aidé; **me gustaron cuantas vi** toutes celles que j'ai vues m'ont plu. ◆ **cuanto** ◇ *pron relat (neutro)* **-1.** [todo lo que] tout ce que; **comprendo ~ dice** je comprends tout ce qu'il dit; **come ~ quieras** mange autant que tu voudras. **-2.** [compara cantidades] : **~ más se tiene, más se quiere** plus on en a, plus on en veut. ◇ *adv* [compara cantidades] : **~ más gordo está, más come** plus il est gros, plus il mange. ◆ **cuanto antes** *loc adv* le plus vite possible, dès que possible; **~ antes empecemos, antes acabaremos** plus vite nous commencerons, plus vite nous finirons. ◆ **en cuanto** *loc conj* dès que. ◆ **en cuanto a** *loc prep* en ce qui concerne; **en ~ a tu petición** en ce qui concerne ta demande.

cuánto, ta ◇ *adj* **-1.** [interrogativo] combien de; **¿~ pan quieres?** combien de pain veux-tu?; **no sé ~s invitados había** je ne sais pas combien il y avait d'invités. **-2.** [exclamativo] que de; **¡cuánta gente había!** que de gens il y avait là!; **¡~s libros tienes!** tu en as des livres! ◇ *pron (gen pl)* combien; **¿~s son?** combien sont-ils?; **dime cuántas quieres** dis-moi combien tu en veux; **¡~s quisieran conocerte!** combien aimeraient te connaître! ◆ **cuánto** *pron (neutro)* **-1.** [interrogativo] combien; **¿~ quieres?** combien en veux-tu?; **me gustaría saber ~ te costará** j'aimerais savoir combien ça va te coûter. **-2.** [exclamativo] : **¡~ han cambiado las cosas!** comme les choses ont changé!; **¡~ me gusta este cuadro!** que j'aime ce tableau!

cuarenta *núm* quarante; *ver también* **sesenta**.

cuarentena *f* quarantaine *f*; **poner en ~** [enfermo] mettre en quarantaine; [noticia] attendre pour divulguer.

cuaresma *f* carême *m*.

cuartear *vt* [fruta] couper en quartiers; [res] dépecer.

cuartel *m* caserne *f*.

cuartelazo *m Amer* putsch *m*.

cuartelillo *m* [de policía] poste *m*.

cuarteto *m* **-1.** MÚS quatuor *m*; [de jazz] quartette *m*. **-2.** [poema] quatrain *m*. **-3.** [cuatro cosas] ensemble *m* de quatre (éléments).

cuartilla *f* feuille *f* (de papier).

cuarto, ta *núm* quatrième; **una cuarta parte** un quart; *ver también* **sexto**. ◆ **cuarto** *m* **-1.** [parte] quart *m*; **ser tres ~s de lo mismo** *fig* être du pareil au même. **-2.** [sala] pièce *f*; [de dormir] chambre *f*; **~ de baño** salle *f* de bains; **~ de estar** salle *f* de séjour. **-3.** [dinero] *(gen pl)* sou *m*.

cuarzo *m* quartz *m*.

cuate, ta *m, f Amer* ami *m*, -e *f*.

cuatrimestral *adj* **-1.** [en frecuencia] : **una revista ~** un magazine qui sort tous les quatre mois. **-2.** [en duración] de quatre mois.

cuatro ◇ *núm* quatre; *ver también* **seis**. ◇ *adj fig* [poco] : **~ fresones** une poignée de fraises; **parece que pasó hace ~ días** on dirait que c'était hier.

cuatrocientos, tas *núm* quatre cents; *ver también* **seiscientos**.

cuba *f* tonneau *m*; **estar como una ~** *fig* être complètement rond(e).

Cuba Cuba.

cubalibre *m* rhum-Coca *m*, Cuba-libre *m*.

cubano, na ◇ *adj* cubain(e). ◇ *m, f* Cubain *m*, -e *f*.

cubertería *f* ménagère *f* (couverts).

cubeta *f* **-1.** [cuba pequeña] petit tonneau *m*; [de barómetro] cuvette *f*. **-2.** FOT bac *m*.

cúbico, ca *adj* **-1.** [gen & MAT] cubique. **-2.** [para volúmenes] : **metro ~** mètre cube.

cubierto, ta ◇ *pp irreg* → **cubrir**. ◇ *adj* couvert(e); **estar/ponerse a ~** être/se mettre à l'abri. ◆ **cubierto** *m* **-1.** [para comer] couvert *m*. **-2.** [comida] menu *m*. ◆ **cubierta** *f* **-1.** [para tapar – libro] couverture *f*; [– cama] couvre-lit *m*; [– mueble] housse *f*. **-2.** [de neumático] enveloppe *f*. **-3.** [de barco] pont *m*.

cubilete *m* gobelet *m*.

cubismo *m* cubisme *m*.

cubito *m* [de hielo] glaçon *m*.

cubo *m* **-1.** [recipiente] seau *m*; **~ de la basura** poubelle *f*. **-2.** GEOM & MAT cube *m*.

cubrecama *m* couvre-lit *m*.

cubrir *vt* **-1.** [gen] couvrir. **-2.** [disimular] cacher. **-3.** [puesto, vacante] pourvoir; **~ sus necesidades** pourvoir à ses besoins. ◆ **cubrirse** *vp* : **~se (de)** se couvrir (de); **~se de gloria** se couvrir de gloire.

cucaña *f* mât *m* de cocagne.

cucaracha *f* ZOOL cafard *m*.

cuchara *f* **-1.** [para comer] cuillère *f*, cuiller *f*. **-2.** [instrumento] benne *f*.

cucharada f cuillerée f.

cucharilla f petite cuillère f; [en recetas de cocina] cuillère f à café.

cucharón m louche f.

cuchichear vi chuchoter.

cuchilla f [hoja] lame f.

cuchillo m couteau m .

cuchitril m [vivienda] taudis m; [bar] bouiboui m.

cuclillo m coucou m *(oiseau)*.

cuco, ca adj fam **-1.** [bonito] mignon(onne). **-2.** [astuto] futé(e). ◆ **cuco** m coucou m *(oiseau)*.

cucú *(pl* **cucúes)** m coucou m *(chant, pendule)*.

cucurucho m **-1.** [papel] cornet m. **-2.** [gorro] cagoule f *(de pénitent)*.

cuece → cocer.

cuello m **-1.** [del cuerpo] cou m. **-2.** [de prenda, objeto] col m; ~ **de botella** goulot m; [en carretera] goulet m.

cuenca f **-1.** [de río, región minera] bassin m. **-2.** [del ojo] orbite f.

cuenco m terrine f *(plat)*.

cuenta f **-1.** [acción de contar] compte m; **echar** ~**s** faire les comptes; **he perdido la** ~ je ne sais plus où j'en suis; **me lo dijo tantas veces que perdí la** ~ il me l'a dit je ne sais combien de fois; ~ **atrás** compte à rebours. **-2.** BANCA & COM compte m; **abrir una** ~ ouvrir un compte; **pagar a** ~ verser un acompte; ~ **corriente** compte courant; ~ **de ahorros** compte épargne. **-3.** [suma, división etc] opération f. **-4.** [factura] note f; [de restaurante] addition f. **-5.** [obligación, cuidado] charge f; **los gastos corren de mi** ~ je prends les frais à ma charge; **déjalo de mi** ~ laissemoi m'en occuper; **lo haré por mi** ~ je le ferai moi-même. **-6.** [bolita – de collar] perle f; [– de rosario] grain m. **-7.** loc : **a fin de** ~**s** en fin de compte, tout compte fait; **ajustarle a alguien las** ~**s** régler son compte à qqn; **caer en la** ~ comprendre; **darse** ~ **de** se rendre compte de; **más de la** ~ un peu trop; **tener en** ~ **algo** tenir compte de qqch.

cuentarrevoluciones m inv compte-tours m inv.

cuentista mf **-1.** [escritor] conteur m, -euse f. **-2.** [mentiroso] menteur m, -euse f.

cuento m **-1.** [fábula, narración] conte m . **-2.** [mentira] histoire f; **lo que me dices es un** ~ tu me racontes des histoires; ~

chino histoire à dormir debout. **-3.** loc : **tener (mucho)** ~ jouer la comédie; **eso no viene a** ~ cela n'a rien à voir.

cuerda f **-1.** [gen & GEOM] corde f. **-2.** [de reloj] ressort m; **dar** ~ **a un reloj** remonter une montre; **habla como si le hubieran dado cuerda** il ne peut plus s'arrêter de parler. **-3.** loc : **tener mucha** ~, **tener** ~ **para rato** en avoir pour un moment. ◆ **cuerdas vocales** fpl cordes fpl vocales.

cuerdo, da ◇ adj **-1.** [sano de juicio] : **no estás muy** ~ tu ne vas pas bien. **-2.** [sensato] raisonnable, sage. ◇ m, f sage mf.

cueriza f Amer volée f *(de coups)*.

cuerno m **-1.** [gen] corne f. **-2.** MÚS trompe f. ◆ **cuernos** mpl fam cornes fpl.

cuero m **-1.** [gen] cuir m; ~ **cabelludo** cuir chevelu; **en** ~**s, en** ~**s vivos** nu(e) comme un ver. **-2.** Amer vulg [prostituta] pute f.

cuerpo m corps m; **de** ~ **entero** [retrato] en pied; **de** ~ **presente** sur son lit de mort; **en** ~ **y alma** fig corps et âme; **luchar** ~ **a** ~ lutter corps à corps; **tomar** ~ prendre corps.

cuervo m corbeau m.

cuesta f [pendiente] côte f; **ir** ~ **abajo** descendre (la côte); **ir** ~ **arriba** monter (la côte); **llevar a** ~**s** porter sur le dos; **se le hizo** ~ **arriba hacer este trabajo** fig ça lui a été pénible de faire ce travail.

cuestión f question f .

cuestionar vt remettre en question.

cuestionario m questionnaire m.

cueva f GEOL grotte f.

cuicos mpl Amer fam flics mpl.

cuidado ◇ m **-1.** [vigilancia] attention f; **tener** ~ **con** faire attention à. **-2.** [esmero & MED] soin m; ~**s intensivos** soins intensifs; **eso me trae sin** ~ fig je n'en ai rien à faire. ◇ interj : **¡**~**!** attention!

cuidadoso, sa adj soigneux(euse).

cuidar ◇ vt **-1.** [gen] soigner. **-2.** [cosa] prendre soin de. ◇ vi : ~ **de** s'occuper de. ◆ **cuidarse** vp se ménager; ~**se de** s'occuper de.

culata f **-1.** [de arma] culasse f. **-2.** [de animal] croupe f.

culé *(pl* **culés)** DEP fam ◇ adj du football-club de Barcelone. ◇ mf supporter du football-club de Barcelone.

culebra f couleuvre f.

culebrón m TV feuilleton m mélo.

culinario, ria adj culinaire.

culminación f point m culminant.

culminar ◇ *vt :* ~ **(con)** mettre le point final (à). ◇ *vi* culminer; ~ **(con)** *fig* s'achever (par).

culo *m* **-1.** [de personas] derrière *m*, cul *m* (*mfam*). **-2.** [de objetos, líquido] fond *m*; [de botella] cul *m*.

culpa *f* faute *f*; **tiene la** ~ c'est de sa faute; **echar la** ~ **a alguien** rejeter la faute sur qqn; **por** ~ **de** à cause de.

culpabilidad *f* culpabilité *f*.

culpable ◇ *adj :* ~ **(de)** coupable (de); **declarar** ~ **a alguien** déclarer qqn coupable; **declararse** ~ plaider coupable. ◇ *mf* coupable *mf*; **tú eres el** ~ c'est de ta faute.

culpar *vt :* ~ **a alguien de algo** [atribuir la culpa] reprocher qqch à qqn; [acusar] accuser qqn de qqch.

cultismo *m* mot *m* savant.

cultivar *vt* cultiver. ◆ **cultivarse** *vp* se cultiver.

cultivo *m* culture *f* (*des terres*).

culto, ta *adj* [persona] cultivé(e); [lengua] soutenu(e). ◆ **culto** *m* culte *m* .

cultura *f* culture *f*.

cultural *adj* culturel(elle).

culturismo *m* DEP musculation *f*, culturisme *m*.

cumbre *f* sommet *m*; **en el momento** ~ **de su carrera** au faîte de sa carrière.

cumpleaños *m inv* anniversaire *m*.

cumplido, da *adj* **-1.** [completo, amplio] bon(bonne); **un** ~ **vaso de...** un bon verre de...; **una cumplida recompensa** une bonne récompense; **cinco años** ~s cinq ans révolus. **-2.** [perfecto] parfait(e); **es un** ~ **galán** c'est un parfait séducteur. **-3.** [cortés] poli(e). ◆ **cumplido** *m* **-1.** [alabanza] compliment *m*. **-2.** [cortesía] : **sin** ~s sans façons.

cumplidor, ra ◇ *adj* sûr(e), digne de confiance. ◇ *m, f* personne *f* de confiance.

cumplimentar *vt* **-1.** [saludar] accueillir. **-2.** [felicitar] féliciter. **-3.** [cumplir] exécuter.

cumplimiento *m* [de un deber] accomplissement *m*; [de orden, contrato] exécution *f*; [de ley, promesa] respect *m*; [de plazo] échéance *f*.

cumplir ◇ *vt* **-1.** [deber, misión] accomplir; [orden, contrato] exécuter; [promesa, palabra] tenir; [ley] respecter. **-2.** [años] avoir; **ha cumplido 40 años** il a fêté ses 40 ans. **-3.** [condena] purger; [servicio militar] faire. ◇ *vi* **-1.** [plazo, garantía] expi-

rer. **-2.** [persona] faire son devoir; ~ **con alguien** s'acquitter de ses obligations envers qqn; **para** ○ **por** ~ par courtoisie; ~ **con el deber** remplir son devoir; ~ **con la palabra** tenir parole.

cúmulo *m* **-1.** [de papeles, ropa etc] tas *m*. **-2.** [nube] cumulus *m*. **-3.** *fig* [de asuntos, acontecimientos] série *f*.

cuna *f* lit & *fig* berceau *m*.

cundir *vi* **-1.** [propagarse] se répandre; **cunde la voz de que...** le bruit court que... **-2.** [dar de sí] : **esta semana me ha cundido mucho** j'ai bien rempli ma semaine; **este jamón nos ha cundido mucho** avec ce jambon, nous avons eu largement de quoi manger; **me cunde más cuando estudio por la mañana** c'est le matin que je travaille le mieux.

cuneta *f* [de calle] caniveau *m*; [de carretera] fossé *m*.

cuña *f* **-1.** [para sujetar] cale *f*; [para hender] coin *m*; **hacer la** ~ [en esquí] faire du chasse-neige. **-2.** [orinal] urinal *m*.

cuñado, da *m, f* beau-frère *m*, belle-sœur *f*.

cuño *m* poinçon *m* .

cuota *f* **-1.** [contribución – a entidad, club] cotisation *f*; [– a Hacienda] contribution *f*. **-2.** [precio, gasto] frais *mpl*. **-3.** [cupo] quote-part *f*; ~ **de mercado** part *f* de marché.

cupé *m* coupé *m*.

cupido *m fig* coureur *m* de jupons.

cupiera *etc* → **caber**.

cuplé *m* chanson populaire espagnole légèrement satirique et licencieuse.

cupo ◇ *v* → **caber**. ◇ *m* **-1.** [cantidad máxima – de reclutas] contingent *m*; [– de mercancías] quota *m*. **-2.** [cantidad proporcional] quote-part *f*.

cupón *m* **-1.** [de pedido, compra] bon *m*. **-2.** [de lotería] billet *m*. **-3.** [de acciones] coupon *m*.

cúpula *f* **-1.** ARQUIT coupole *f*. **-2.** *fig* [mandos] : **la** ~ les dirigeants *mpl*.

cura ◇ *m* curé *m*. ◇ *f* **-1.** [curación] guérison *f*. **-2.** [tratamiento] soin *m* .

curación *f* guérison *f*.

curado, da *adj* [alimento] sec(sèche); [pescado] salé(e); [carne] séché(e); **estoy** ~ **de espanto** j'en ai vu d'autres. ◆ **curado** *m* séchage *m*; [de pescado] salage *m*.

curandero, ra *m, f* guérisseur *m*, -euse *f*.

curar ◇ *vt* **-1.** [gen] soigner. **-2.** [ali
mento, material] faire sécher. ◇ *vi* guérir.
◆ **curarse** *vp* **-1.** [gen] se soigner; [sa
nar] : ~**se (de)** guérir (de). **-2.** [material,
alimento] sécher. **-3.** *loc* : ~**se en salud**
prendre ses précautions; *fig* parer à toute
éventualité.

curativo, va *adj* curatif(ive).

curcuncho *Amer m* **-1.** [joroba] bosse *f*.
-2. [jorobado] bossu *m*.

curdo, da *Amer fam* ◇ *adj* [borracho]
rond(e). ◇ *m, f* [borracho] soûlard *m*, -e *f*.

curiosear ◇ *vi* [fisgonear] épier; [por una
tienda] fouiner. ◇ *vt* [libros, revistas] par
courir.

curiosidad *f* **-1.** [gen] curiosité *f*. **-2.**
[aseo] soin *m*.

curioso, sa ◇ *adj* **-1.** [gen] curieux(euse).
-2. [cuidadoso] soigneux(euse). **-3.**
[aseado] soigné(e). ◇ *m, f* curieux *m*, -euse
f.

curita *f Amer* pansement *m* adhésif.

currante *adj & mf fam* bosseur(euse).

currar, currelar *vi fam* bosser.

curre = curro.

currelar = currar.

curriculum, currículo *m* curriculum *m*;
~ **vitae** curriculum vitae *m*.

curro, curre *m fam* boulot *m*.

cursar *vt* **-1.** [estudiar] faire des études de;
~ **leyes** faire son droit. **-2.** [enviar] en
voyer. **-3.** [órdenes, instrucciones] donner.
-4. [petición, solicitud] présenter.

cursi *fam* ◇ *adj* [persona, modales] snob;
[objeto, vestido] cucul (la praline). ◇ *mf*
bêcheur *m*, -euse *f*.

cursilería *f* **-1.** [objeto] bibelot *m*; [acto,
comportamiento] : **hacer** ~**s** faire des
chichis. **-2.** [cualidad – de objeto] mauvais
goût *m*; [– de persona] snobisme *m*.

cursillo *m* **-1.** [curso] stage *m*. **-2.** [con
ferencias] cycle *m* de conférences.

cursiva *f* → letra.

curso *m* **-1.** [gen & ECON] cours *m*; **de** ~
legal [moneda] ayant cours légal; **seguir
su** ~ suivre son cours; **en** ~ en cours. **-2.**
[año académico] année *f* scolaire. **-3.** [con
junto de estudiantes] promotion *f*.

cursor *m* INFORM curseur *m*.

curtido, da *adj* tanné(e). ◆ **curtido** *m*
tannage *m*.

curtir *vt* **-1.** [piel] tanner. **-2.** *fig* [persona]
aguerrir. ◆ **curtirse** *vp* **-1.** [pieles] sécher.
-2. [persona] s'aguerrir.

curva *f* → curvo.

curvatura *f* courbure *f*.

curvo, va *adj* courbe. ◆ **curva** *f* **-1.** [gen]
courbe *f*; [de carretera] virage *m*. **-2.** [del
cuerpo] : **las curvas** les formes *fpl*, les ron
deurs *fpl*.

cúspide *f lit & fig* sommet *m*.

custodia *f* **-1.** [vigilancia] garde *f*. **-2.** RELIG
ostensoir *m*.

custodiar *vt* **-1.** [vigilar] garder. **-2.** [pro
teger] veiller sur.

custodio ◇ *adj* → ángel. ◇ *m* gardien *m*.

cutáneo, a *adj* cutané(e).

cutícula *f* cuticule *f*.

cutis *m* peau *f* (du visage).

cutre *adj fam* **-1.** [gen] craignos. **-2.** [ta
caño] radin(e).

cutter (*pl* cutters) *m* cutter *m*.

cuyo, ya *adj* dont le, dont la; **ese es el se
ñor** ~ **hijo viste ayer** c'est le monsieur
dont tu as vu le fils hier; **un equipo cuya
principal estrella...** une équipe dont la
vedette...; **el libro en cuya portada...** le
livre sur la couverture duquel...; **esos son
los amigos en cuya casa nos hospe
damos** ce sont les amis chez qui nous
avons logé.

CV (*abrev de* curriculum vitae) *m* CV *m*.

d, D *f* [letra] d *m inv*, D *m inv*.

D. *abrev de* don.

dactilar *adj* → huella.

dádiva *f* [regalo] présent *m*; [donativo] don
m.

dado, da *adj* donné(e); **en un momento**
~ à un moment donné; **ser** ~ **a** [sentir afi
ción] être féru de; [sentir inclinación] être
enclin à. ◆ **dado** *m* dé *m*. ◆ **dado que** *loc
conj* étant donné que.

daga *f* dague *f*.

daguerrotipo *m* daguerréotype *m*.

dale *interj* : ¡~! allez!, vas-y!

dalia *f* dahlia *m*.

dálmata *mf* [perro] dalmatien *m*, -enne *f*.

daltónico, ca *adj & m, f* daltonien(enne).

daltonismo *m* daltonisme *m*.
dama *f* dame *f*. ◆ **dama de honor** *f* [de novia] demoiselle *f* d'honneur; [de reina] dame *f* d'honneur. ◆ **damas** *fpl* dames *fpl* (jeux).
damisela *f despec & iron* [señorita] donzelle *f*.
damnificado, da *adj & m, f* sinistré(e).
damnificar *vt* endommager.
dandi, dandy *m* dandy *m*.
danés, sa ◇ *adj* danois(e). ◇ *m, f* Danois *m, -e f*. ◆ **danés** *m* [lengua] danois *m*.
danza *f* danse *f*.
danzar *vi* danser; *fig* [ir de un sitio a otro] avoir la bougeotte.
dañar *vt* **-1.** [gen – cosechas etc] endommager; [– vista etc] abîmer. **-2.** *fig* [reputación] porter tort à. ◆ **dañarse** *vp* [persona] se faire mal; [cosa] s'abîmer.
dañino, na *adj* [tabaco, alcohol etc] nocif(ive); [animal] nuisible.
daño *m* **-1.** [dolor] mal *m*; **hacer(se)** ~ **(se)** faire mal. **-2.** [perjuicio] dégât *m*, dommage *m*; **~s y perjuicios** DER dommages et intérêts.
dar ◇ *vt* **-1.** [gen] donner; ~ **algo a alguien** donner qqch à qqn; **dame un caramelo** donne-moi un bonbon; **me dio un consejo/permiso para...** il m'a donné un conseil/la permission de...; **¿podrías ~me un ejemplo?** pourrais-tu me donner un exemple?; **¿te gusta? te lo doy** ça te plaît? je te le donne; **esta fuente ya no da agua** cette source ne donne plus d'eau. **-2.** [producir – beneficios, intereses] rapporter. **-3.** [suj : reloj] sonner; **el reloj ha dado las dos** l'horloge a sonné deux heures. **-4.** [suministrar] : **todavía no nos han dado la luz/el agua** nous n'avons pas encore l'électricité/l'eau. **-5.** [encender] allumer; **da la luz de la cocina** allume la lumière de la cuisine. **-6.** CIN & TV passer; TEATR donner. **-7.** [provocar] : ~ **gusto/miedo/pena** faire plaisir/peur/de la peine; **me da risa** ça me fait rire; ~ **escalofríos** donner des frissons. **-8.** [decir] dire; ~ **los buenos días** dire bonjour; ~ **las gracias** dire merci, remercier. **-9.** [expresa acción] : **voy a** ~ **un paseo** je vais me promener; ~ **un grito** pousser un cri; ~ **un empujón a alguien** bousculer qqn. **-10.** *fam* [fastidiar] : **me dio la tarde con sus preguntas** il m'a enquiquinée tout l'après-midi avec ses questions. **-11.** [considerar] : ~ **algo por** considérer qqch comme; **lo doy por hecho** c'est comme

si c'était fait; **lo dieron por muerto** on l'a tenu pour mort. ◇ *vi* **-1.** [repartir – en naipes] donner. **-2.** [horas] sonner; **acaban de** ~ **las tres** trois heures viennent juste de sonner. **-3.** [golpear] : **la piedra dio contra el cristal** la pierre a heurté la vitre. **-4.** [suceder] : **le dio un mareo/un ataque de nervios** il a eu un malaise/une crise de nerfs. **-5.** [accionar] : ~ **a** [llave de paso] tourner; [botón, timbre] appuyer sur. **-6.** [estar orientado] : ~ **a** [ventana, balcón] donner sur; [puerta] ouvrir sur; [fachada, casa] être orienté(e)à. **-7.** [encontrar] : ~ **con algo/alguien** trouver qqch/qqn; **he dado con la solución** j'ai trouvé la solution; **di con él al salir de aquí** je l'ai rencontré en sortant d'ici. **-8.** ~ **de** [proporcionar] donner à; ~**le de comer a alguien** donner à manger à qqn; **le da de mamar a su hijo** elle allaite son fils. **-9.** ~ **que** [motivar] : ~ **que pensar** donner à penser; **esa historia dio mucho que hablar** cette histoire a fait beaucoup parler les gens. **-10.** [coger costumbre] : **le ha dado por dejarse la barba** il s'est mis dans la tête de se laisser pousser la barbe. **-11.** [ser suficiente] : ~ **para** : **esa tela no da para una falda** il n'y a pas assez de tissu pour faire une jupe. **-12.** *loc* : ~ **de sí** [ropa] se détendre; [calzado] se faire; **esta tarjeta de teléfono no da para más** il n'y a plus d'unités sur cette carte de téléphone; **no doy para más** je suis épuisé; **te digo que peras y tú ¡dale (que dale)!** je te dis d'arrêter et toi tu continues! ◆ **darse** *vp* **-1.** [suceder] arriver; **se ha dado el caso de...** il est arrivé que... **-2.** [entregarse] : ~**se a** se mettre à; ~**se a la bebida** s'adonner à la boisson. **-3.** [golpearse] : ~**se contra** se cogner contre. **-4.** [tener aptitud] : **se me dan bien las matemáticas** je suis bon en mathématiques. **-5.** [considerarse] : **puedes** ~**te por suspendido** tu peux considérer que tu as échoué. **-6.** *loc* : **dársela a alguien** [engañar] rouler qqn; **se las da de listo** il se croit très intelligent; **se las da de valiente** il joue les durs.
dardo *m* **-1.** [de juego] fléchette *f*. **-2.** *fig* [comentario] pique *f*.
dársena *f* NÁUT bassin *m*.
datar ◇ *vt* dater. ◇ *vi* : ~ **de** dater de, remonter à.
dátil *m* datte *f*. ◆ **dátil (de mar)** *m* datte *f* de mer.

dato *m* **-1.** [gen, INFORM & MAT] donnée *f*.
-2. [información] renseignement *m*; ~s
personales coordonnées *fpl*.

dcha. (*abrev de* derecha) dr., dte.

d. de JC., d.JC. (*abrev de* después de Jesucristo) apr. J.-C.

de[1] f d *m inv*.

de[2] *prep* (*de + el =del*) **-1.** [gen] de; **el coche** ~ **mi padre** la voiture de mon père;
bebió un vaso ~ **agua** il a bu un verre
d'eau; **los libros** ~ **historia** les livres
d'histoire; **una bici** ~ **carreras** un vélo de
course; **vengo** ~ **mi casa** je viens de chez
moi; **soy** ~ **Bilbao** je suis de Bilbao; **llorar** ~ **alegría** pleurer de joie; **es** ~ **buena
familia** elle est de bonne famille; ~ **una
sola vez** d'un trait; **el mejor** ~ **todos** le
meilleur de tous; **más/menos** ~ plus/
moins de; ~ **nueve a cinco** de neuf
heures à cinq heures; **a las tres** ~ **la tarde**
à trois heures de l'après-midi. **-2.** [mate-
ria] en; **un reloj** ~ **oro** une montre en or.
-3. [en descripciones] : ~ **fácil manejo** facile à utiliser; **la señora** ~ **verde** la dame
en vert; **un sello** ~ **cincuenta pesetas** un
timbre à cinquante pesetas. **-4.** [en calidad de] comme; **trabaja** ~ **camarero en
un hotel** il travaille comme serveur dans
un hôtel. **-5.** [durante] : **trabaja** ~ **noche
y duerme** ~ **día** il travaille la nuit et dort
le jour; **llegamos** ~ **madrugada** nous
sommes arrivés à l'aube. **-6.** (*antes de infin*)
[condición] si; ~ **querer ayudarme, lo
haría** s'il voulait m'aider il le ferait. **-7.**
[enfatiza la cualidad] : **el idiota** ~ **tu hermano** ton idiot de frère.

dé → **dar**.

deambular *vi* déambuler.

deán *m* doyen *m* (*ecclésiastique*).

debajo *adv* dessous; **por** ~ **de** en dessous
de, au-dessous de; **por** ~ **de la rodilla** au-
dessous du genou; **por** ~ **del puente**
sous le pont; ~ **de** sous; ~ **de la cama**
sous le lit.

debate *m* débat *m*.

debatir *vt* : ~ **algo** débattre de qqch.
◆ **debatirse** *vp* [luchar] se débattre.

debe *m* débit *m*; ~ **y haber** débit et crédit.

deber[1] ◇ *vt* devoir; **debo hacerlo** je dois
le faire; **debes dominar tus impulsos** tu
dois maîtriser tes impulsions; **deberían
abolir esa ley** cette loi devrait être abolie;
~ **algo a alguien** devoir qqch à qqn;
¿cuánto ◇ **qué le debo?** combien je vous
dois? ◇ *vi* : ~ **de** devoir; **deben de ser las
siete** il doit être sept heures; **no debe de**

haber nadie en casa il ne doit y avoir
personne à la maison; **debe de tener
más de sesenta años** elle doit avoir plus
de soixante ans. ◆ **deberse** *vp* : ~**se a**
[ser consecuencia de] être dû(due)à; [dedi-
carse a] se devoir à; **el retraso se debe a
la huelga** le retard est dû à la grève; **dice
que se debe a sus hijos** elle dit qu'elle se
doit à ses enfants.

deber[2] *m* devoir *m*. ◆ **deberes** *mpl* [tra-
bajo escolar] devoirs *mpl*; **hacer los** ~**es**
faire ses devoirs.

debido, da *adj* **-1.** [adeudado] dû(due).
-2. [justo, conveniente] nécessaire; **como
es** ~ [como está mandado] comme il se
doit; [correctamente] comme il faut, correctement. ◆ **debido a** *loc conj* du fait de,
en raison de.

débil ◇ *adj* faible; [tras una enfermedad]
affaibli(e). ◇ *mf* faible *mf*.

debilidad *f* **-1.** [gen] faiblesse *f*. **-2.** [afi-
ción, cariño] : **tener** ◇ **sentir** ~ **por** avoir
un faible pour.

debilitar *vt* affaiblir. ◆ **debilitarse** *vp*
s'affaiblir.

debut (*pl* **debuts**) *m* **-1.** [de artista] débuts
mpl. **-2.** [de película] sortie *f*; [de obra de
teatro] première *f*.

debutar *vi* débuter, faire ses débuts.

década *f* **-1.** [años] décennie *f*. **-2.** [días]
décade *f*.

decadencia *f* décadence *f*.

decadente *adj* décadent(e).

decaer *vi* [gen] décliner; [enfermo] s'affaiblir; [estado de salud] s'aggraver; [calidad]
baisser; [entusiasmo] tomber.

decaído, da *adj* **-1.** [desalentado]
abattu(e). **-2.** [debilitado] affaibli(e).

decaimiento *m* **-1.** [desaliento] abattement *m*. **-2.** [falta de fuerzas] faiblesse *f*.

decálogo *m* **-1.** RELIG décalogue *m*. **-2.** *fig*
[normas] règles *fpl* d'or.

decano, na *m, f* doyen *m*, -enne *f*.

decapitar *vt* décapiter.

decena *f* dizaine *f*.

decencia *f* décence *f*; **con** ~ décemment.

decenio *m* décennie *f*.

decente *adj* décent(e); [precio, propina]
correct(e); **una mujer** ~ une femme qui
se respecte.

decepción *f* déception *f*.

decepcionar *vt* décevoir.

decibelio *m* décibel *m*.

decidido, da *adj* décidé(e).

decidir *vt* décider; ~ **hacer algo** décider de faire qqch; ~ **algo** [determinar] décider de qqch.

décima *f* → décimo.

decimal ◇ *adj* [sistema] décimal(e); **la parte** ~ le dixième. ◇ *m* décimale *f*.

décimo, ma *núm* dixième; *ver también* **sexto.** ◆ **décimo** *m* [fracción, lotería] dixième *m*. ◆ **décima** *f* [en medidas] dixième *m*; **una décima de segundo** un dixième de seconde; **tiene unas décimas (de fiebre)** il a un peu de fièvre.

decimoctavo, va *núm* dix-huitième.

decimocuarto, ta *núm* quatorzième.

decimonoveno, na *núm* dix-neuvième.

decimoquinto, ta *núm* quinzième.

decimoséptimo, ma *núm* dix-septième.

decimosexto, ta *núm* seizième.

decimotercero, ra *núm* treizième.

decir *vt* **-1.** [gen] dire; **¿cómo se dice?** comment dit-on?; ~ **a alguien que haga algo** dire à qqn de faire qqch; ~ **mucho de algo** en dire long sur qqch; **se dice que...** il paraît que...; ~ **que sí/no** dire oui/non; **¿diga?, ¿dígame?** [al teléfono] allô! **-2.** [lección] réciter. **-3.** *loc* : ~ **para sí** se dire;... **y dijo para sí : «ya veremos»**... et il s'est dit : «on verra bien»; **el qué dirán** le qu'en-dira-t-on; **es** ~ c'est-à-dire; **no me dice nada el tenis** le tennis ne me dit rien.

decisión *f* décision *f*.

decisivo, va *adj* décisif(ive).

declamar *vt* déclamer.

declaración *f* **-1.** [gen] déclaration *f*; ~ **del impuesto sobre la renta,** ~ **de renta** déclaration d'impôt sur le revenu, déclaration de revenus. **-2.** [de testigo, reo] déposition *f*.

declarar ◇ *vt* déclarer. ◇ *vi* DER [ante el juez] déposer; [en un juicio] témoigner. ◆ **declararse** *vp* se déclarer; ~**se a favor/en contra de algo** se déclarer pour/contre qqch; ~**se culpable/inocente** plaider coupable/non coupable.

declinar *vt & vi* décliner.

declive *m* **-1.** [decadencia] déclin *m*. **-2.** [cuesta] pente *f*; **en** ~ en pente; *fig* en déclin.

decodificador = descodificador.

decoración *f* **-1.** [gen] décoration *f*. **-2.** TEATR décor *m*.

decorado *m* décor *m*; **el** ~ CIN & TEATR les décors.

decorar *vt* décorer.

decorativo, va *adj* décoratif(ive).

decoro *m* **-1.** [pudor] décence *f*; **vestir con (mucho)** ~ s'habiller (très) convenablement. **-2.** [dignidad] dignité *f*; **vivir con** ~ vivre décemment.

decoroso, sa *adj* convenable.

decrecer *vi* décroître.

decrépito, ta *adj despec* [persona] décrépit(e); [civilización] décadent(e).

decretar *vt* décréter.

decreto *m* décret *m*; ~ **ley** décret-loi *m*.

dedal *m* dé *m* (à coudre).

dedicación *f* **-1.** [de tiempo] : **de** ~ **en exclusiva** à plein temps, à temps complet. **-2.** [entrega] dévouement *m*.

dedicar *vt* **-1.** [tiempo, dinero, energía] consacrer; [palabras] adresser. **-2.** [obra, monumento] dédier. **-3.** [firmar] dédicacer. ◆ **dedicarse** *vp* : ~**se a** [a una profesión] faire; **se dedica a la fotografía** il fait de la photo; [a una actividad, persona] se consacrer à; **¿a qué te dedicas?** qu'est-ce que tu fais dans la vie?; **me dedico a la enseñanza** je suis enseignant.

dedicatoria *f* dédicace *f*.

dedo *m* **-1.** [gen] doigt *m*; **a** ~ au hasard; **elegir a alguien a** ~ désigner qqn; **hacer** ~ *fam* faire du stop; **(~) anular** annulaire *m*; **(~) corazón** majeur *m*; **(~) índice** index *m*; **(~) meñique** petit doigt; **(~) pulgar** pouce *m*. **-2.** [del pie] orteil *m*. **-3.** *loc* : **pillarse** ○ **cogerse los** ~**s** *fig* se brûler les doigts; **poner el** ~ **en la llaga** mettre le doigt sur la plaie.

deducción *f* déduction *f*.

deducir *vt* déduire.

defecar *vi* déféquer.

defecto *m* défaut *m* . ◆ **por defecto** *loc adv* par défaut.

defectuoso, sa *adj* [mercancía] défectueux(euse); [trabajo] mal fait(e).

defender *vt* **-1.** [gen & DER] défendre. **-2.** [resguardar] : ~ **a alguien (de)** protéger qqn (de). ◆ **defenderse** *vp* **-1.** [gen] se défendre. **-2.** [resguardarse] : ~**se (de)** se protéger (de); **se defiende del frío** il se protège du froid; **se defiende en el trabajo** *fig* il se défend bien son travail.

defensa ◇ *f* **-1.** [gen, MIL & DEP] défense *f*; **en** ~ **propia** pour se défendre. **-2.** DER [argumentos] plaidoyer *m*. ◇ *mf* DEP arrière *m*. ◆ **defensas** *fpl* MED défenses *fpl*.

defensivo, va *adj* défensif(ive); [línea] de défense. ◆ **defensiva** *f* : **ponerse/estar a la defensiva** se mettre/être sur la défensive.

defensor, ra ◇ *adj* → **abogado**. ◇ *m, f* [persona] défenseur *m*. ◆ **defensor del pueblo** *m* médiateur *m* (de la République).

deferencia *f* déférence *f*; **por ∼ a** par respect pour.

deficiencia *f* **-1.** [defecto] défaillance *f*. **-2.** [insuficiencia & MED] insuffisance *f*.

deficiente *adj* **-1.** [gen] déficient(e); [alimento] pauvre. **-2.** [alumno] médiocre. ◆ **deficiente (mental)** *mf* arriéré *m*, -e *f*.

déficit *m* **-1.** ECON déficit *m*. **-2.** [falta] manque *m*.

deficitario, ria *adj* déficitaire.

definición *f* **-1.** [gen & TECNOL] définition *f*. **-2.** [descripción] description *f*. **-3.** [resolución] position *f* (idéologique).

definir *vt* définir. ◆ **definirse** *vp* se définir; [en política etc] prendre position.

definitivo, va *adj* définitif(ive); **en definitiva** en définitive.

deforestación *f* déboisement *m*, déforestation *f*.

deformación *f* déformation *f*.

deformar *vt* lit & fig déformer. ◆ **deformarse** *vp* se déformer.

deforme *adj* difforme.

defraudar *vt* **-1.** [decepcionar] décevoir. **-2.** [estafar] frauder; **∼ a Hacienda** frauder le fisc.

defunción *f* décès *m*.

degeneración *f* **-1.** [moral] décadence *f*. **-2.** [física] dégénérescence *f*.

degenerado, da ◇ *adj* décadent(e). ◇ *m, f* dégénéré *m*, -e *f*.

degenerar *vi* : **∼ (en)** dégénérer (en).

deglutir *vt* & *vi* déglutir.

degollar *vt* égorger.

degradar *vt* [moralmente & MIL] dégrader; [de un cargo] destituer. ◆ **degradarse** *vp* **-1.** [gen] se dégrader. **-2.** [caer bajo] se rabaisser.

degustación *f* dégustation *f*.

dehesa *f* pâturage *m*.

dejadez *f* laisser-aller *m*.

dejado, da ◇ *adj* négligent(e); [aspecto] négligé(e). ◇ *m, f* souillon *mf*. ◆ **dejada** *f* DEP amorti *m*.

dejar ◇ *vt* **-1.** [gen] laisser; **deja el libro en la mesa** laisse le livre sur la table; **he dejado el abrigo en el guardarropa** j'ai laissé mon manteau au vestiaire; **deja un poco de café para mí** laisse-moi un peu de café; **dejaré la llave a la portera** je laisserai la clef à la concierge; **su abuelo le dejó mucho dinero** son grand-père lui a laissé beaucoup d'argent; **déjalo, no importa** laisse (tomber), ce n'est pas grave; **¡déjame!, que tengo trabajo** laisse-moi (tranquille), j'ai du travail; **deja que tu hijo venga con nosotros** laisse ton fils venir avec nous; **∼ a alguien en algún sitio** [con el coche] déposer qqn quelque part; **más vale ∼lo correr** il vaut mieux laisser courir. **-2.** [prestar] : **∼ algo a alguien** prêter qqch à qqn. **-3.** [abandonar – familia, trabajo, país] quitter; [– estudios] arrêter, abandonner; **ha dejado la bebida** il a arrêté de boire. **-4.** [causar – efecto] : **me ha dejado los zapatos como nuevos** il a remis mes chaussures à neuf; **me dejaste preocupado** j'étais inquiet pour toi. **-5. no ∼** [impedir] empêcher; **sus gritos no me dejaron dormir** ses cris m'ont empêché de dormir. **-6.** [omitir] oublier; **lo copió todo, sin ∼ una coma** il a tout recopié à la virgule près; **∼ algo por o sin hacer** ne pas faire qqch; **dejó la cama sin hacer** il n'a pas fait son lit; **ha dejado por resolver...** il a laissé en suspens... **-7.** [aplazar] : **dejaremos la fiesta para cuando se encuentre bien** nous attendrons pour faire cette fête. **-8.** [esperar] : **∼ que** attendre que; **dejó que terminara de llover para salir** il a attendu qu'il cesse de pleuvoir pour sortir. ◇ *vi* **-1.** [parar] : **∼ de hacer algo** arrêter o cesser de faire qqch; **deja de gritar** arrête de crier. **-2.** [expresa promesa] : **no dejaremos de venir a verte** nous ne manquerons pas de venir te voir; **¡no dejes de escribirme!** n'oublie pas de m'écrire! **-3.** loc : **∼ (mucho o bastante) que desear** laisser (beaucoup) à désirer. ◆ **dejarse** *vp* **-1.** [olvidar] : **∼se algo en algún sitio** laisser o oublier qqch quelque part. **-2.** [cesar] : **¡déjate de tonterías!** arrête de raconter des bêtises! **-3.** [descuidarse] se laisser aller; **se dejó mucho después del accidente** il s'est beaucoup laissé aller après l'accident. **-4.** loc : **∼se llevar (por)** [lo que uno lee, oye etc] se laisser influencer (par); [por la cólera] se laisser emporter (par).

deje m -1. [tonillo] accent m. -2. fig [sensación] arrière-goût m.

del → de.

delantal m tablier m.

delante adv devant; **pasar** ~ passer devant; **el de** ~ celui de devant. ◆ **delante de** loc prep devant; ~ **de la ventana** devant la fenêtre; ~ **de él** devant lui; ~ **de mi casa** devant chez moi; **por** ~ **de todos** devant tout le monde.

delantero, ra ◇ adj avant, de devant; **las ruedas delanteras** les roues avant. ◇ m, f DEP avant m. ◆ **delantera** f -1. DEP ligne f d'attaque. -2. fam [de mujer] : **¡vaya delantera!** il y a du monde au balcon! -3. loc : **llevar la delantera a alguien** avoir de l'avance sur qqn.

delatar vt dénoncer; fig [suj : ojos, sonrisa etc] trahir. ◆ **delatarse** vp se trahir.

delator, ra m, f délateur m, -trice f.

delegación f -1. [autorización, personas] délégation f. -2. [de empresa privada] filiale f. -3. [de organismo público] office m régional; ~ **de Hacienda** centre m des impôts. -4. [oficina] agence f.

delegado, da m, f -1. [gen] délégué m, -e f. -2. COM représentant m, -e f.

delegar vt : ~ **algo (en** o **a alguien)** déléguer qqch (à qqn).

deleite m délice m.

deletrear vt épeler.

deleznable adj fig [clima, libro, actuación] exécrable; [razón, excusa] minable.

delfín m dauphin m.

delgado, da adj -1. [persona – esbelta] mince; [– flaca] maigre. -2. [cosa] fin(e).

deliberación f délibération f.

deliberar vi délibérer.

delicadeza f délicatesse f.

delicado, da adj délicat(e); [educado] attentionné(e); [debilitado] affaibli(e); **estar** ~ **de salud/del estómago** avoir la santé/l'estomac fragile.

delicia f délice m; **¡qué** ~! quel plaisir!; **estar contigo es una** ~ c'est un vrai plaisir d'être avec toi.

delicioso, sa adj [comida] délicieux(euse); [persona] charmant(e).

delimitar vt délimiter.

delincuencia f délinquance f.

delincuente mf délinquant m, -e f.

delineante mf dessinateur m, -trice f.

delinquir vi commettre un délit.

delirante adj délirant(e).

delirar vi délirer.

delirio m délire m.

delito m délit m; **cometer un** ~ commettre un délit.

delta m delta m.

demacrado, da adj [rostro] émacié(e); [cuerpo] décharné(e).

demagogo, ga m, f démagogue mf.

demanda f -1. [gen & ECON] demande f; ~ **salarial** revendication f salariale. -2. DER action f en justice; **presentar una** ~ **contra alguien** poursuivre qqn en justice.

demandante mf demandeur m, -eresse f.

demandar vt DER : ~ **a alguien (por difamación)** poursuivre qqn (en diffamation).

demarcación f -1. [señalización] démarcation f. -2. [territorio] zone f; ~ **territorial** [jurisdicción] circonscription f.

demás ◇ adj autre; **la** ~ **gente** les autres gens. ◇ pron : **las/los** ~ les autres; **lo** ~ le reste; **por lo** ~ à part ça; **y** ~ et autres.

demasiado, da adj trop de; ~ **pan** trop de pain; **demasiada comida** trop à manger. ◆ **demasiado** adv trop; **habla** ~ il parle trop; **va** ~ **rápido** il va trop vite.

demencia f démence f.

demencial adj démentiel(elle).

demente adj & mf dément(e).

democracia f démocratie f.

demócrata adj & mf démocrate.

democrático, ca adj démocratique.

demografía f démographie f.

demoler vt démolir.

demolición f démolition f.

demonio m -1. RELIG démon m. -2. fig diable m. -3. [para dar énfasis] : **¿ dónde/qué** ~**s...?** bon sang, où/qui ...? ◆ **demonios** interj : **¡** ~**s!** flûte!

demora f retard m.

demorar vt retarder. ◆ **demorarse** vp -1. [ir despacio] s'attarder. -2. [llegar tarde] être en retard.

demostración f -1. [gen] démonstration f. -2. [prueba] **preuve** f; [de dolor, alegría] **manifestation** f. -3. [exhibición – deportiva] **exhibition** f; [– de poder, riqueza] **étalage** m.

demostrar vt -1. [teoría, hipótesis, verdad] démontrer. -2. [alegría, impaciencia, dolor] manifester; [poder, riqueza] **faire étalage de**. -3. [funcionamiento, procedimiento] montrer.

denegar vt rejeter.

denigrante adj [acusación, pena] infamant(e); [trabajo, actividad] dégradant(e); [trato etc] humiliant(e).

denigrar vt [humillar] humilier.

denominación f dénomination f; ~ **de origen** appellation f d'origine.

denominador m dénominateur m; ~ **común** dénominateur commun.

denotar vt témoigner de; **un lenguaje que denota mucha cultura** un langage qui témoigne d'une grande culture.

densidad f [gen & INFORM] densité f; ~ **de población** densité de population; **alta/doble** ~ [disquete] haute/double densité.

denso, sa adj **-1.** [gen & FÍS] dense. **-2.** [líquido] épais(aisse).

dentadura f dentition f; ~ **postiza** dentier m.

dentera f : **dar** ~ faire grincer des dents; fig faire envie.

dentífrico, ca adj dentifrice. ◆ **dentífrico** m dentifrice m.

dentista mf dentiste mf.

dentro adv dedans, à l'intérieur; **quedarse** ~ rester à l'intérieur; **ahí** ~ là-dedans; **el bolsillo de** ~ la poche intérieure; **por** ~ à l'intérieur; fig intérieurement; **hay que lavar el coche por** ~ il faut laver l'intérieur de la voiture. ◆ **dentro de** loc prep **-1.** [gen] dans; ~ **del sobre** dans l'enveloppe; ~ **de un año** dans un an; ~ **de lo posible** dans la mesure du possible; ~ **de poco** d'ici peu. **-2.** [de un espacio imaginario] : ~ **de mi/tu etc alma** en moi/toi etc.

denuncia f **-1.** [a la autoridad] plainte f; **presentar una** ~ **(contra)** déposer une plainte (contre). **-2.** [de delito] dénonciation f.

denunciar vt **-1.** [a la autoridad] signaler. **-2.** [delito] dénoncer.

deparar vt [sorpresa] causer; [placer] procurer; [oportunidad] offrir; **lo que nos depara la vida** ce que la vie nous réserve.

departamento m **-1.** [gen] département m. **-2.** [en grandes almacenes] rayon m. **-3.** [en escuela, universidad] section f. **-4.** [en empresa] service m. **-5.** [de cajón, maleta] compartiment m.

departir vi converser.

dependencia f **-1.** [gen] dépendance f. **-2.** [departamento] service m. ◆ **dependencias** fpl [habitaciones] pièces fpl; [edificios] dépendances fpl.

depender vi dépendre; ~ **de algo/de alguien** dépendre de qqch/de qqn.

dependienta f vendeuse f.

dependiente ◇ adj dépendant(e). ◇ m vendeur m.

depilar vt épiler. ◆ **depilarse** vp s'épiler.

depilatorio, ria adj dépilatoire. ◆ **depilatorio** m dépilatoire m.

deplorable adj déplorable; [persona] lamentable.

deportar vt déporter; [inmigrante] expulser.

deporte m sport m; **hacer** ~ faire du sport; **practicar un** ~ pratiquer un sport.

deportista adj & mf sportif(ive).

deportivo, va adj **-1.** [gen] sportif(ive); **la ropa deportiva** les vêtements de sport. **-2.** [conducta, comportamiento] sport, fair-play. **-3.** NÁUT [barco, puerto] de plaisance. ◆ **deportivo** m voiture f de sport.

deposición f **-1.** [destitución – de ministro, secretario] destitution f; [– de rey] déposition f. **-2.** [defecación] selles fpl.

depositar vt **-1.** [objetos, dinero] déposer. **-2.** fig [sentimientos] : ~ **su confianza en alguien** placer sa confiance en qqn; ~ **ilusiones en alguien** entretenir des illusions sur qqn; ~ **cariño en alguien** donner son affection à qqn. ◆ **depositarse** vp [asentarse] se déposer.

depositario, ria adj & m, f dépositaire.

depósito m **-1.** [gen & COM] dépôt m; ~ **de cadáveres** morgue f; ~ **de muebles** garde-meuble m; ~ **legal** dépôt légal. **-2.** [recipiente] réservoir m; ~ **de gasolina** réservoir d'essence.

depravado, da adj & m, f dépravé(e).

depravar vt dépraver.

depreciar vt déprécier. ◆ **depreciarse** vp se déprécier.

depredador, ra adj **-1.** [animal] prédateur(trice). **-2.** fig [persona] rapace. ◆ **depredador** m prédateur m.

depresión f dépression f; ~ **atmosférica** dépression atmosphérique.

depresivo, va ◇ adj [deprimido] dépressif(ive); [deprimente] déprimant(e). ◇ m, f dépressif m, -ive f.

deprimido, da adj déprimé(e).

deprimir vt **-1.** [desanimar] déprimer. **-2.** fig [empobrecer] appauvrir. ◆ **deprimirse** vp être déprimé(e).

deprisa, de prisa adv vite.

depuración f -1. [de agua, metal, gas] épuration f. -2. fig [de organismo, corporación etc] purge f.

depurar vt -1. [gen] épurer. -2. fig [organismo, corporación etc] purger. -3. [gusto] affiner.

derby (pl **derbys**) m derby m.

derecha f → derecho.

derecho, cha ⋄ adj droit(e); **en la fila derecha** dans la file de droite. ⋄ adv droit; **andar ~ se** tenir droit; **me fui ~ a la cama** je suis allé (tout) droit au lit; **ir ~ al grano** aller droit au but. ◆ **derecho** m -1. [gen & DER] droit m; **¡no hay ~!** ce n'est pas juste!; **'reservado el ~ de admisión'** 'droit d'entrée réservé'; **~ civil/penal** droit civil/pénal; **~s humanos** droits de l'homme. -2. [de tela, prenda] endroit m; **del ~** à l'endroit. ◆ **derecha** f droite f; **a la ~a** à droite; **ser de ~as** être de droite. ◆ **derechos** mpl [tasas] droits mpl; **~s de aduana** droits de douane; **~s de autor** droits d'auteur.

deriva f dérive f; **a la ~** à la dérive.

derivación f dérivation f.

derivado, da adj GRAM dérivé(e). ◆ **derivado** m QUÍM dérivé m.

derivar ⋄ vt dériver; [carretera] dévier; [conversación] détourner. ⋄ vi -1. [desviarse] dériver; [conversación] détourner. -2. [proceder & GRAM] : **~ de** dériver de.

dermatólogo, ga m, f dermatologue mf.

dermis f derme m.

derogación f dérogation f.

derramamiento m écoulement m; **~ de sangre** effusion f de sang.

derramar vt répandre; [por accidente] renverser; **~ lágrimas** verser des larmes. ◆ **derramarse** vp se répandre.

derrame m -1. MED épanchement m; **~ sinovial** épanchement de synovie. -2. [de líquido] déversement m; [de sangre] écoulement m.

derrapar vi déraper.

derretir vt fondre. ◆ **derretirse** vp -1. [gen] fondre. -2. fam fig [enamorarse] : **~se (por alguien)** être fou(folle) (de qqn).

derribar vt -1. [edificio] démolir. -2. [árbol, avión] abattre. -3. fig [gobierno, gobernante] renverser.

derribo m -1. [de edificio] démolition f; [de árbol] abattage m. -2. [material] gravats mpl.

derrocar vt POLÍT renverser.

derrochar vt -1. [malgastar] gaspiller. -2. [rebosar de] déborder de; **derrocha energía** il déborde d'énergie.

derroche m -1. [malgasto] gaspillage m. -2. [abundancia] profusion f; [de alegría] explosion f.

derrota f -1. [fracaso] échec m. -2. MIL & DEP défaite f. -3. NÁUT route f.

derrotar vt -1. [gen & DEP] battre; MIL vaincre. -2. fig [desmoralizar] accabler.

derrotero m -1. [camino] chemin m. -2. NÁUT route f.

derrotista adj & mf défaitiste.

derrumbamiento m effondrement m; [intencionado] démolition f.

derrumbar vt -1. [físicamente] démolir. -2. [moralmente] abattre. ◆ **derrumbarse** vp lit & fig s'effondrer.

desaborido, da fam ⋄ adj rasoir. ⋄ m, f raseur m, -euse f.

desabotonar vt déboutonner. ◆ **desabotonarse** vp se déboutonner; **~se el abrigo** déboutonner son manteau.

desabrochar vt -1. [ropa - con botones] déboutonner; [- con corchetes, broches] dégrafer. -2. [cinturón] défaire. ◆ **desabrocharse** vp se déboutonner; **~se el abrigo** déboutonner son manteau.

desacato m -1. [desobediencia] désobéissance f. -2. [insolencia] manque m de respect. -3. DER outrage m.

desacierto m maladresse f.

desaconsejar vt déconseiller.

desacorde adj [opiniones] discordant(e); **estar ~ con algo** [personas] être en désaccord avec qqch.

desacreditar vt discréditer.

desactivar vt [bomba] désamorcer.

desacuerdo m désaccord m .

desafiante adj provocant(e).

desafinar vi [cantante] chanter faux; [instrumento, instrumentista] jouer faux.

desafío m défi m.

desaforado, da adj -1. [apetito, ambición] démesuré(e). -2. [gritos] épouvantable.

desafortunado, da ⋄ adj -1. [persona] malchanceux(euse); **ser ~** ne pas avoir de chance. -2. [accidente, declaraciones] malheureux(euse). ⋄ m, f : **es un ~ con las mujeres/los coches** il n'a pas de chance avec les femmes/les voitures.

desagradable adj désagréable; [aspecto] déplaisant(e).

desagradar vi déplaire.

desagradecido, da m, f ingrat m, -e f.

desagrado m mécontentement m.

desagraviar vt : ~ **a alguien por algo** [ofensa] se faire pardonner qqch par qqn; [perjuicio] dédommager qqn de qqch.

desagravio m [por un perjuicio] dédommagement m.

desagüe m -1. [cañería] tuyau m d'écoulement. -2. [vaciado] écoulement m.

desaguisado m [destrozo] dégâts mpl.

desahogado, da adj -1. [amplio] spacieux(euse); [vaciado] dégagé(e). -2. [persona] aisé(e); [posición, situación] confortable.

desahogar vt [pena] soulager; [ira] décharger; [pasiones] donner libre cours à. ◆ **desahogarse** vp -1. [contar] s'épancher. -2. [liquidar] se libérer (d'une dette).

desahogo m -1. [moral] soulagement m. -2. [de espacio] : **tener un mayor** ~ avoir plus de place. -3. [económico] aisance f; **vivir con** ~ vivre confortablement.

desahuciar vt -1. [inquilino] expulser. -2. [enfermo] condamner.

desahucio m expulsion f.

desaire m affront m; **hacer un** ~ **a alguien** faire un affront à qqn.

desajuste m -1. [de pieza] jeu m; [de máquina, conducta] dérèglement m. -2. [entre declaraciones] discordance f. -3. [económico etc] déséquilibre m.

desalentar vt décourager. ◆ **desalentarse** vp se décourager.

desaliento m découragement m.

desaliñado, da adj [aspecto] négligé(e); [pelo] ébouriffé(e).

desaliño m négligé m; **un cierto aire de** ~ un petit air négligé.

desalmado, da ◇ adj sans-cœur. ◇ m, f : **es un** ~ il n'a pas de cœur.

desalojar vt -1. [por fuerza, emergencia] (faire) évacuer. -2. [por propia voluntad] quitter.

desambientado, da adj [persona] mal à l'aise; [cosa] déplacé(e).

desamor m -1. [falta – de cariño] manque m d'affection; [– de amor] indifférence f. -2. [odio] aversion f.

desamparado, da ◇ adj abandonné(e) , délaissé(e). ◇ m, f laissé-pour-compte m, laissée-pour-compte f.

desamparar vt abandonner, délaisser.

desamparo m -1. [abandono] abandon m. -2. [aflicción] détresse f.

desangrar vt saigner; fig ruiner. ◆ **desangrarse** vp [mucho] saigner abondamment; [totalmente] perdre tout son sang.

desanimado, da adj -1. [persona] découragé(e). -2. [fiesta, lugar] : **la fiesta estaba muy desanimada** il n'y avait pas d'ambiance à la fête.

desanimar vt décourager. ◆ **desanimarse** vp se décourager.

desánimo m découragement m.

desapacible adj désagréable; [tiempo, día etc] vilain(e).

desaparecer vi disparaître.

desaparecido, da m, f disparu m, -e f.

desaparición f disparition f.

desapego m indifférence f.

desapercibido, da adj : **pasar** ~ passer inaperçu(e).

desaprensivo, va m, f personne f sans scrupules.

desaprobar vt désapprouver.

desaprovechar vt -1. [gen] ne pas profiter de; **he desaprovechado las vacaciones** je n'ai pas profité des vacances. -2. [tiempo, ocasión] perdre. -3. [tela, agua etc] gaspiller.

desarmador m Amer tournevis m.

desarmar vt -1. [gen] désarmer. -2. [desmontar] démonter.

desarme m -1. MIL & POLIT désarmement m . -2. [desarticulación] démontage m.

desarraigar vt -1. [gen] déraciner. -2. [vicio, costumbre] éradiquer.

desarraigo m lit & fig déracinement m.

desarreglar vt -1. [desordenar] déranger. -2. [estropear] dérégler.

desarreglo m -1. [gen] désordre m. -2. [de mecanismo] dérèglement m.

desarrollado, da adj -1. [persona] épanoui(e). -2. [país] développé(e).

desarrollar vt -1. [gen] développer; [planta] faire pousser. -2. [cosa enrollada] dérouler. -3. [actividades, experiencias] avoir. ◆ **desarrollarse** vp -1. [crecer – niño] grandir; [– planta] pousser. -2. [mejorar] se développer. -3. [suceder] se dérouler.

desarrollo m -1. [gen] développement m. -2. [de una planta] croissance f.

desarticular vt -1. [huesos] déboîter. -2. [mecanismo] démonter. -3. fig [organización, banda] démanteler; [plan] déjouer.

desasirse *vp* [librarse] **se dégager;** ~ **de** [costumbre, vicio] **se défaire de.**

desasosegar *vt* **troubler.**

desasosiego *m* **trouble** *m*.

desastre *m* **-1.** [catástrofe, fracaso] **désastre** *m*; ~ **aéreo catastrophe** *f* **aérienne. -2.** *fig* [persona inútil] **calamité** *f*.

desastroso, sa *adj* **-1.** [devastador] **désastreux(euse). -2.** *fam* [inepto] **nul(nulle).**

desatar *vt* **-1.** [gen] **détacher. -2.** *fig* [tormenta, ira, pasiones] **déchaîner;** [lengua] **délier.** ~ **desatarse** *vp* **-1.** [gen] **se détacher. -2.** *fig* [tormenta, violencia] **éclater;** [ira, pasiones] **se déchaîner.**

desatascar *vt* **-1.** [lavabo] **déboucher. -2.** [coche, carreta] **désembourber.**

desatender *vt* **-1.** [obligación, trabajo] **négliger. -2.** [consejos] **ne pas écouter;** [ruegos] **rester sourd à. -3.** [persona] : ~ **a alguien ne pas s'occuper de qqn; le procesaron por** ~ **a una persona il a été condamné pour non-assistance à personne en danger.**

desatino *m* **-1.** [locura] **folie** *f*. **-2.** [desacierto] **bêtise** *f*.

desautorizar *vt* **-1.** [rechazar – persona] **désavouer;** [– noticia, declaración] **démentir;** [– huelga, manifestación] **interdire. -2.** [desacreditar] **discréditer.**

desavenencia *f* [desacuerdo] **désaccord** *m*; [riña] **brouille** *f*.

desavenirse *vp* : ~ **(con) se brouiller (avec).**

desayunar ◇ *vi* **déjeuner, prendre son petit déjeuner.** ◇ *vt* : ~ **algo prendre qqch au petit déjeuner.**

desayuno *m* **petit déjeuner** *m*.

desazón *f* **-1.** [falta de sabor] **fadeur** *f*. **-2.** [desasosiego] **inquiétude** *f*; **causar** ~ **chagriner.**

desazonar *vt* **causer du chagrin à.**

desbancar *vt fig* [ocupar el puesto de] **supplanter.**

desbandada *f* **dispersion** *f*; **a la** ~ **à la débandade.**

desbarajuste *m* **désordre** *m*.

desbaratar *vt* **-1.** [mecanismo] **détraquer. -2.** [conspiración, planes] **faire échouer. -3.** [fortuna] **dilapider.**

desbloquear *vt* **débloquer;** [país] **lever le blocus de.**

desbocado, da *adj* **-1.** [caballo] **emballé(e). -2.** [ropa] : **un jersey** ~ **un pull au col qui bâille.**

desbocarse *vp* [caballo] **s'emballer.**

desbordamiento *m* *lit & fig* **débordement** *m*.

desbordar *vt* **-1.** [cauce, ribera] **déborder. -2.** [límites, línea] **dépasser;** [paciencia] **pousser à bout.** ~ **desbordarse** *vp* **-1.** [líquido, río] : ~**se (de) déborder (de). -2.** *fig* [sentimiento] **se déchaîner.**

descabalgar *vi* **descendre de cheval.**

descabellado, da *adj* **insensé(e).**

descabezar *vt* **-1.** [persona] **décapiter. -2.** [planta, árbol] **étêter.**

descafeinado, da *adj* **-1.** [sin cafeína] **décaféiné(e). -2.** *fig* [sin fuerza] **faiblard(e).** ~ **descafeinado** *m* **décaféiné** *m*.

descalabrar *vt fam* **-1.** [herir] **amocher. -2.** *fig* [perjudicar] **casser.**

descalabro *m* **revers** *m*.

descalcificar *vt* **décalcifier.**

descalificar *vt* **disqualifier.**

descalzar *vt* **déchausser.** ~ **descalzarse** *vp* **se déchausser.**

descalzo, za *adj* **-1.** [pies] **pieds nus, nu-pieds. -2.** RELIG **déchaux(déchaussée).**

descampado *m* **terrain** *m* **vague.**

descansar *vi* **-1.** [reposar, dormir] **se reposer; ¡que descanses! dors bien! -2.** [cadáver, viga, teoría] : ~ **(en) reposer (sur).**

descansillo *m* **palier** *m* **(d'escalier).**

descanso *m* **-1.** [reposo] **repos** *m*; **tomarse un** ~ **se reposer; ¡**~**! MIL repos! -2.** [alivio] **soulagement** *m*. **-3.** [pausa] **pause** *f*; CIN & TEATR **entracte** *m*; DEP **mi-temps** *f*.

descapotable ◇ *adj* **décapotable.** ◇ *m* **décapotable** *f*.

descarado, da ◇ *adj* **effronté(e);** [flagrante] **éhonté(e).** ◇ *m, f* **effronté** *m, -e* *f*.

descarga *f* **-1.** [de mercancías] **déchargement** *m*. **-2.** [de electricidad, arma] **décharge** *f*.

descargar ◇ *vt* **décharger.** ◇ *vi* [tormenta] **s'abattre.** ~ **descargarse** *vp* **-1.** [desahogarse] : ~**se con alguien se défouler sur qqn. -2.** [probar su inocence. -3.** [batería] **se décharger.**

descargo *m* **-1.** [de camión, barco] **déchargement** *m*. **-2.** [excusa] **excuse** *f*; DER **décharge** *f*; **en** ~ **de su conciencia par acquit de conscience. -3.** [de deuda] **acquittement** *m*; [recibo] **reçu** *m*.

descarnado, da *adj* **-1.** [persona, animal] **décharné(e). -2.** [descripción] **cru(e).**

descaro *m* **effronterie** *f*.

descarriarse *vp* **–1.** [ovejas, ganado] s'égarer. **–2.** *fig* [pervertirse] s'écarter du droit chemin.

descarrilamiento *m* déraillement *m*.

descarrilar *vi* dérailler.

descartar *vt* écarter; [ayuda, propuesta] rejeter.

descastado, da *m, f* ingrat *m*, -e *f*.

descendencia *f* **–1.** [hijos] descendants *mpl*; **tener** ~ avoir des enfants. **–2.** [linaje] origine *f*.

descender *vi* **–1.** [en categoría] descendre; ~ **de** [de tren, avión, linaje] descendre de; [derivarse de] découler de. **–2.** [cantidad, valor, nivel] baisser.

descenso *m* **–1.** [gen & DEP] descente *f*. **–2.** [de cantidad, valor, nivel] baisse *f*.

descentrado, da *adj* **–1.** [geométricamente] décentré(e). **–2.** [mentalmente] désaxé(e); [– distraído] déconcentré(e).

descentralizar *vt* décentraliser.

descentrar *vt* **–1.** [geométricamente] décentrer. **–2.** [mentalmente] désaxer.

descifrar *vt* déchiffrer; [misterio] élucider; [problema] démêler.

descodificador, ra, decodificador, ra *adj* de décodage. ◆ **descodificador, decodificador** *m* décodeur *m*.

descolgar *vt* décrocher. ◆ **descolgarse** *vp* **–1.** [caer] se décrocher; ~**se (por algo)** se laisser glisser (le long de qqch). **–2.** DEP : ~**se** de se détacher de.

descolonización *f* décolonisation *f*.

descolorido, da *adj* décoloré(e).

descompasado, da *adj* excessif(ive).

descomponer *vt* **–1.** [pudrir, dividir] décomposer. **–2.** [estropear] détraquer. **–3.** [desordenar] mettre en désordre; [peinado] défaire. **–4.** *fig* [enojar] : **eso le descompuso** ça l'a mis hors de lui. **–5.** *fig* [afectar] bouleverser. ◆ **descomponerse** *vp* **–1.** [pudrirse] se décomposer. **–2.** [irritarse] : **se descompuso** il s'est mis dans tous ses états. **–3.** *Amer* [averiarse] tomber en panne.

descomposición *f* décomposition *f*; [diarrea] : ~ **de vientre** dérangement *m* intestinal.

descompostura *f* **–1.** [de vestimenta] laisser-aller *m*. **–2.** [de comportamiento] grossièreté *f*. **–3.** *Amer* [avería] panne *f*.

descompuesto, ta ◇ *pp irreg* → **descomponer**. ◇ *adj* décomposé(e); [mecanismo, aparato] détraqué(e).

descomunal *adj* énorme.

desconcentrar *vt* déconcentrer.

desconcertante *adj* déconcertant(e).

desconcertar *vt* déconcerter. ◆ **desconcertarse** *vp* être déconcerté(e).

desconchado *m* écaillure *f* (*de peinture*).

desconcierto *m* [desorden] désordre *m*; [desorientación, confusión] confusion *f*.

desconectar *vt* [aparato] débrancher; [línea] couper. ◆ **desconectarse** *vp* se détacher; ~**se de algo** se couper de qqch.

desconfianza *f* méfiance *f*.

desconfiar *vi* : ~ **de** [sospechar de] se méfier de; [no confiar en] **ne pas avoir confiance en**.

descongelar *vt* **–1.** [producto] décongeler; [nevera] dégivrer. **–2.** *fig* [créditos] dégeler; [cuenta] débloquer; [salarios, precios] libérer.

descongestionar *vt* **–1.** [gen & MED] décongestionner. **–2.** *fig* [dejar libre] débloquer.

desconocer *vt* [ignorar] ne pas connaître; **desconozco sus planes** je ne connais pas ses projets.

desconocido, da ◇ *adj* **–1.** [no conocido] inconnu(e). **–2.** [muy cambiado] méconnaissable. ◇ *m, f* inconnu *m*, -e *f*.

desconocimiento *m* méconnaissance *f*.

desconsiderado, da *m, f* malotru *m*, -e *f*.

desconsolar *vt* affliger.

desconsuelo *m* peine *f*, douleur *f*.

descontado, da *adj* déduit(e). ◆ **por descontado** *loc adv* : **dar por** ~ **que** être convaincu(e) que.

descontar *vt* **–1.** [cantidad] : ~ **algo de** déduire qqch de. **–2.** COM [letra, pagaré] escompter.

descontentar *vt* : ~ **a alguien** [medidas, noticias] mécontenter qqn; [actitud] déplaire à qqn.

descontento, ta *adj* mécontent(e). ◆ **descontento** *m* mécontentement *m*, grogne *f* (*fam*).

descontrol *m fam* pagaille *f*.

desconvocar *vt* : ~ **una huelga** annuler un ordre de grève.

descorazonador, ra *adj* décourageant(e).

descorazonar *vt* décourager.

descorchar *vt* [botella] déboucher.

descorrer *vt* tirer (*rideaux, verrou etc*).

descoser *vt* découdre.

descosido, da adj [tela, ropa] décousu(e).
◆ **descosido** m : **como un ~** [beber]
comme un trou; [comer] comme quatre;
[correr] comme un dératé; [gritar] comme
un putois; [reír] comme un bossu; **hablar
como un ~** être un moulin à paroles.

descoyuntar vt déboîter. ◆ **descoyuntarse** vp se déboîter; **se descoyuntó el
hombro** il s'est déboîté l'épaule.

descrédito m discrédit m.

descreído, da adj, f incroyant m, -e f.

descremado, da adj écrémé(e).

describir vt décrire.

descripción f description f.

descrito, ta pp irreg → **describir**.

descuartizar vt dépecer.

descubierto, ta ◇ pp irreg → descubrir.
◇ adj découvert(e). ◆ **descubierto** m [de
cuenta bancaria] découvert m; [de empresa]
déficit m. ◆ **al descubierto** loc adv **-1.** [al
raso] en plein air; [sin protección] à découvert; [sin disfraz] ouvertement. **-2.** BANCA à
découvert.

descubridor, ra m, f découvreur m, -euse
f.

descubrimiento m **-1.** [gen] découverte
f; [de máquina, artefacto] invention f. **-2.**
[estatua, placa] inauguration f.

descubrir vt **-1.** [gen] découvrir; [má-
quina, artefacto] inventer. **-2.** [estatua,
placa] inaugurer. **-3.** [vislumbrar] apperce-
voir. **-4.** [intenciones, secreto] dévoiler;
[culpable] démasquer. ◆ **descubrirse** vp
se découvrir; **~se ante algo** fig être en admiration devant qqch.

descuento m **-1.** [de precio] remise f, réduction f. **-2.** BANCA escompte m.

descuidado, da adj **-1.** [abando-
nado – persona] négligé(e); [– jardín, plan-
tas] mal entretenu(e). **-2.** [despistado] dis-
trait(e).

descuidar ◇ vt [desatender] négliger.
◇ vi [no preocuparse] ne pas s'inquiéter;
descuida, que yo me encargo ne t'inquiète pas, je m'en occupe. ◆ **descuidarse** vp **-1.** [abandonarse] se négliger, se
laisser aller. **-2.** [despistarse] ne pas faire
attention.

descuido m négligence f; [falta de aten-
ción] inattention f.

desde prep **-1.** [tiempo] depuis; **~ el lunes hasta el viernes** du lundi au vendredi; **~ hace mucho/un mes** depuis
longtemps/un mois; **no lo veo ~ el mes
pasado** je ne l'ai pas vu depuis un mois;

~ ahora dès à présent; **~ entonces** depuis; **~ entonces no lo he vuelto a ver**
je ne l'ai plus revu depuis; **~ que** depuis
que; **~ que murió mi madre** depuis que
ma mère est morte. **-2.** [espacio] de; **~
aquí hasta el centro** d'ici au centre-ville.
◆ **desde luego** loc adv **-1.** [para confir-
mar] bien sûr. **-2.** [para reprochar] décidément; **¡~ luego tienes cada idea!** décidément, tu as de ces idées!

desdecir vi : **~ de** [desmerecer de] être indigne de; [desentonar con] ne pas aller
avec. ◆ **desdecirse** vp se dédire; **~se de**
revenir sur.

desdén m dédain m.

desdentado, da adj édenté(e).

desdeñar vt dédaigner.

desdeñoso, sa adj dédaigneux(euse).

desdibujarse vp s'estomper.

desdicha f [desgracia] malheur m.

desdichado, da adj & m, f malheu-
reux(euse).

desdicho, cha pp irreg → desdecir.

desdoblar vt déplier; [duplicar] dédoubler.

desear vt **-1.** [gen] désirer; **desearía estar allí** je voudrais y être; **¿qué desea?** [en
tienda] vous désirez? **-2.** [esperar, felicitar
por] souhaiter; **te deseo un feliz Año
Nuevo** je te souhaite une bonne année.

desecar vt dessécher; [pantano, río] assécher. ◆ **desecarse** vp se dessécher; [pan-
tano, río] s'assécher.

desechable adj jetable.

desechar vt **-1.** [gen] se débarrasser de.
-2. [oferta, ayuda] rejeter; [críticas] passer
outre. **-3.** [idea] chasser; [sospecha] écarter.

desecho m déchet m.

desembalar vt déballer.

desembarazar vt débarrasser; **~ el paso**
dégager le passage. ◆ **desembarazarse**
vp : **~se de** se débarrasser de.

desembarcar ◇ vt débarquer. ◇ vi **-1.**
[gen] débarquer. **-2.** Amer [de autobús,
tren] descendre. ◆ **desembarcarse** vp
Amer descendre.

desembarco m [de pasajeros & MIL] débarquement m.

desembarque m [de mercancías] débarquement m.

desembocadura f [de río] embouchure f.

desembocar *vi* : ~ **en** [río] se jeter dans; [calle] déboucher sur; **la disputa desembocó en drama** la dispute a tourné au drame.

desembolso *m* [de dinero] versement *m*; ~ **inicial** acompte *m*.

desembuchar ◇ *vt* [ave] dégorger. ◇ *vi fam fig* vider son sac.

desempañar *vt* [con trapo] enlever la buée de; [electrónicamente] désembuer.

desempaquetar *vt* [paquete] défaire; [caja] déballer.

desempatar *vi* départager; **jugar para** ~ faire la belle.

desempate *m* résultat *m* final; **el partido de** ~ la belle.

desempeñar *vt* **-1.** [cargo, misión] remplir; [función] exercer. **-2.** [papel] jouer. **-3.** [joyas] récupérer une chose mise en gage. ◆ **desempeñarse** *vp* se libérer de ses dettes.

desempeño *m* **-1.** [de cargo, misión, función] exercice *m*. **-2.** [de papel] interprétation *f*.

desempleado, da *m, f* chômeur *m*, -euse *f*.

desempleo *m* chômage *m*.

desempolvar *vt* **-1.** [muebles] épousseter. **-2.** *fig* [recuerdos] remuer.

desencadenar *vt* **-1.** [preso, perro] détacher. **-2.** *fig* [pasiones, furia] déchaîner; [guerra, conflicto] déclencher; [polémica] engager. ◆ **desencadenarse** *vp* se déchaîner; [guerra, conflicto] se déclencher.

desencajar *vt* déboîter. ◆ **desencajarse** *vp* se déboîter; [rostro] se décomposer.

desencantar *vt* **-1.** [decepcionar] décevoir. **-2.** [romper el hechizo] désenchanter. ◆ **desencantarse** *vp* déchanter.

desencanto *m* désenchantement *m*.

desenchufar *vt* débrancher.

desenfadado, da *adj* [persona, conducta] décontracté(e); [comedia, programa de TV] léger(ère).

desenfado *m* décontraction *f*.

desenfocado, da *adj* [imagen] flou(e); [visión] trouble.

desenfrenado, da *adj* **-1.** [ritmo, carrera] effréné(e); **un baile** ~ une danse endiablée. **-2.** [comportamiento, estilo] débridé(e); [apetito] insatiable.

desenfreno *m* **-1.** [exceso] frénésie *f*. **-2.** [vicio] débordement *m*.

desenfundar *vt* **-1.** [mueble, traje] enlever la housse de. **-2.** [pistola] dégainer.

desenganchar *vt* **-1.** [vagón] décrocher. **-2.** [caballo] dételer. ◆ **desengancharse** *vp* **-1.** [soltarse] décrocher, dégager. **-2.** *fam* [de un vicio] décrocher.

desengañar *vt* **-1.** [a una persona equivocada] : ~ **a alguien** ouvrir les yeux à qqn. **-2.** [a una persona esperanzada] : ~ **a alguien** faire perdre ses illusions à qqn. ◆ **desengañarse** *vp* : **desengáñate** détrompe-toi.

desengaño *m* déception *f*; **llevarse un** ~ **con alguien** être déçu(e) par qqn.

desengrasar *vt* dégraisser.

desenlace *m* dénouement *m*.

desenmarañar *vt* *lit & fig* démêler.

desenmascarar *vt* démasquer.

desenredar *vt* *lit & fig* démêler. ◆ **desenredarse** *vp* : ~**se de algo** bien se tirer de qqch; ~**se el pelo** se démêler les cheveux.

desenrollar *vt* dérouler.

desenroscar *vt* [tornillo, tuerca] dévisser.

desentenderse *vp* [hacerse el desentendido] faire la sourde oreille.

desenterrar *vt* *lit & fig* déterrer.

desentonar *vi* **-1.** MÚS [cantante] chanter faux; [instrumento] jouer faux. **-2.** *fig* [color] détonner; [persona, modales] être déplacé(e).

desentrenado, da *adj* : **estar** ~ manquer d'entraînement.

desentumecer *vt* dégourdir. ◆ **desentumecerse** *vp* se dégourdir.

desenvoltura *f* aisance *f*.

desenvolver *vt* défaire *(un paquet)*. ◆ **desenvolverse** *vp* **-1.** [asunto, proceso] se dérouler. **-2.** [persona] s'en tirer.

desenvuelto, ta ◇ *pp irreg* → **desenvolver**. ◇ *adj* à l'aise; [para arreglárselas] débrouillard(e).

deseo *m* **-1.** [gen] désir *m*. **-2.** [voto] souhait *m*; **buenos** ~**s** meilleurs vœux.

deseoso, sa *adj* : **estar** ~ **de algo/hacer algo** avoir envie de qqch/faire qqch.

desequilibrado, da *adj & m, f* déséquilibré(e).

desequilibrio *m* déséquilibre *m*.

desertar *vi* déserter.

desértico, ca *adj* désertique; [despoblado] désert(e).

desertización *f* désertification *f*.

desertor *m* déserteur *m*.

desesperación *f* désespoir *m;* **causar ~** désespérer; **con ~** désespérément; **ser una ~** être désespérant(e).

desesperado, da *adj* désespéré(e); **actuar a la desesperada** tenter le tout pour le tout.

desesperante *adj* désespérant(e).

desesperar *vt* désespérer. ◆ **desesperarse** *vp* se désespérer; [irritarse, enojarse] s'arracher les cheveux.

desestabilizar *vt* déstabiliser.

desestimar *vt* **-1.** [despreciar] sous-estimer. **-2.** [rechazar] rejeter.

desfachatez *f fam* toupet *m.*

desfalco *m* détournement *m* de fonds.

desfallecer *vi* **-1.** [debilitarse] défaillir; **~ de** [hambre, miedo] mourir de; [cansancio] tomber de. **-2.** [desmayarse] s'évanouir.

desfallecimiento *m* **-1.** [desmayo] évanouissement *m.* **-2.** [debilidad] malaise *m.*

desfase *m* **-1.** [desacuerdo] décalage *m.* **-2.** [desajuste] déphasage *m.*

desfavorable *adj* défavorable.

desfigurar *vt* [rostro] défigurer; [cuerpo, verdad] déformer.

desfiladero *m* défilé *m (en montagne).*

desfilar *vi* **-1.** MIL défiler. **-2.** *fig* [marcharse] se retirer.

desfile *m* défilé *m .*

desfogar *vt* [irritación, mal humor] décharger; [pasiones] donner libre cours à. ◆ **desfogarse** *vp* se défouler.

desgajar *vt* arracher; [naranja] couper en quartiers. ◆ **desgajarse** *vp* **-1.** [gen] être arraché(e); [hojas de un libro] se détacher. **-2.** [abandonar] : **~se de** s'arracher à.

desgana *f* **-1.** [falta de hambre] : **tener ~** manquer d'appétit. **-2.** [falta de ánimo] : **hacer algo con ~** faire qqch à contrecœur.

desganado, da *adj* : **estoy ~** [sin apetito] je n'ai pas faim; [sin ganas] je n'ai envie de rien.

desgarbado, da *adj* dégingandé(e).

desgarrador, ra *adj* déchirant(e).

desgarrar *vt lit & fig* déchirer. ◆ **desgarrarse** *vp* se déchirer; **se me desgarra el corazón** ça me fend le cœur.

desgarro *m* déchirure *f.*

desgastar *vt* user. ◆ **desgastarse** *vp* s'user; *fig* [persona] être fatigué(e).

desgaste *m* usure *f.*

desglosar *vt* **-1.** [gen] découper. **-2.** [impreso] détacher. **-3.** [gastos] ventiler.

desglose *m* découpage *m;* [de gastos] ventilation *f.*

desgracia *f* **-1.** [gen] malheur *m.* **-2.** [mala suerte] malchance *f;* **por ~** malheureusement. **-3.** *loc* : **caer en ~ con** tomber en disgrâce auprès de.

desgraciado, da ◇ *adj* **-1.** [gen] malheureux(euse); [suceso] funeste. **-2.** [sin suerte] : **ser ~** ne pas avoir de chance. ◇ *m, f* **-1.** [gen] malheureux *m,* -euse *f.* **-2.** *fig* [persona insignificante] **pauvre homme** *m,* pauvre femme *f.*

desgraciar *vt* **-1.** [arruinar] abîmer; [afear] gâcher. **-2.** [herir] esquinter.

desgranar *vt* **-1.** [maíz, uva] égrener. **-2.** [insultos, frases] débiter; [ventajas etc] énumérer.

desgravar *vt* dégrever.

desgreñado, da *adj* échevelé(e).

desguace *m* [de coches] casse *f.*

deshabitado, da *adj* inhabité(e).

deshabituar *vt* déshabituer. ◆ **deshabituarse** *vp* se déshabituer.

deshacer *vt* **-1.** [gen] défaire. **-2.** [derretir] faire fondre. **-3.** [poner fin a – pacto, contrato] rompre; [– negocio] annuler; [– plan] déjouer; [– organización] dissoudre. **-4.** [destruir – casa] détruire; [– matrimonio] briser. **-5.** *fig* [afligir] abattre. **-6.** [despedazar – libro] déchirer; [– res] dépecer. ◆ **deshacerse** *vp* **-1.** [desvanecerse] disparaître. **-2.** [afligirse] se désespérer. **-3.** *fig* [librarse] : **~se de** se débarrasser de. **-4.** *fig* [decir] : **~se en** [cumplidos] se répandre en; [elogios] ne pas tarir de; [insultos] couvrir de; [excusas] se confondre en. **-5.** *fig* : **~se por** [desvivirse] se mettre en quatre pour; [estar enamorado] être fou(folle) de.

desharrapado, da ◇ *adj* déguenillé(e). ◇ *m, f* clochard *m,* -e *f.*

deshecho, cha ◇ *pp irreg* → **deshacer.** ◇ *adj* **-1.** [gen] défait(e). **-2.** [derretido] fondu(e). **-3.** [motor, máquina] mort(e). **-4.** *fig* [afligido] abattu(e).

desheredar *vt* déshériter.

deshidratar *vt* déshydrater. ◆ **deshidratarse** *vp* se déshydrater.

deshielo *m* dégel *m.*

deshilachar *vt* effilocher.

deshilvanado, da *adj* **-1.** [tela] débâti(e). **-2.** *fig* [discurso, guión] décousu(e).

deshinchar *vt* **-1.** [globo, neumático] dégonfler. **-2.** [hinchazón] désenfler. ◆ **deshincharse** *vp* **-1.** [hinchazón] désenfler.

-2. [globo, neumático] se dégonfler. **-3.** fam fig [pedante, presumido] s'écraser.

deshojar vt [árbol, flor] effeuiller; [libro] arracher les pages de. ◆ **deshojarse** vp s'effeuiller.

deshollinar vt ramoner.

deshonesto, ta adj **-1.** [sin honradez] malhonnête. **-2.** [sin pudor] indécent(e).

deshonra f déshonneur m.

deshonrar vt déshonorer.

deshora ◆ **a deshora, a deshoras** loc adv [en momento inoportuno] au mauvais moment; [en horas poco habituales] à n'importe quelle heure; **llegar a** ~ rentrer à une heure indue.

deshuesar vt [carne] désosser; [fruta] dénoyauter.

deshumanizar vt déshumaniser. ◆ **deshumanizarse** vp devenir inhumain(e).

desidia f laisser-aller m inv.

desierto, ta adj **-1.** [gen] désert(e). **-2.** [libre] : **la vacante queda desierta** le poste reste à pourvoir; **el premio ha quedado** ~ le prix n'a pas été attribué. ◆ **desierto** m désert.

designar vt **-1.** [nombrar] désigner. **-2.** [fijar, determinar] choisir; [fecha] fixer.

designio m dessein m.

desigual adj **-1.** [gen] inégal(e); [distinto] dépareillé(e); **un terreno** ~ un terrain accidenté. **-2.** [carácter, tiempo] changeant(e).

desilusión f désillusion f; **llevarse una** ~ **con** être très déçu(e) par.

desilusionar vt **-1.** [decepcionar] décevoir. **-2.** [desengañar] désillusionner. ◆ **desilusionarse** vp **-1.** [decepcionarse] être déçu(e). **-2.** [desengañarse] : **¡desilusiónate!** ne te fais pas d'illusions!

desincrustar vt [cañerías] détartrer.

desinfección f désinfection f.

desinfectar vt désinfecter.

desinflamar vt désenflammer.

desinflar vt **-1.** [quitar aire] dégonfler. **-2.** fig [quitar importancia] minimiser. **-3.** [desanimar] démoraliser. ◆ **desinflarse** vp **-1.** [perder aire] se dégonfler. **-2.** [desanimarse] se démoraliser.

desintegración f **-1.** [gen] désintégration f. **-2.** [de grupos, organizaciones] éclatement m.

desintegrar vt désintégrer. ◆ **desintegrarse** vp se désintégrer.

desinterés m **-1.** [indiferencia] manque m d'intérêt, indifférence f. **-2.** [generosidad] désintéressement m.

desinteresado, da adj désintéressé(e).

desinteresarse vp : ~ **de** o **por algo** se désintéresser de qqch.

desintoxicar vt désintoxiquer.

desistir vi : ~ **(de hacer algo)** renoncer (à faire qqch).

desleal adj déloyal(e).

deslealtad f déloyauté f.

desleír vt délayer.

desligar vt **-1.** [desatar] détacher. **-2.** fig [separar] : ~ **algo (de)** dissocier qqch (de). ◆ **desligarse** vp **-1.** [desatarse] se détacher; [de una obligación] se dégager. **-2.** fig [separarse] : ~**se de** se dissocier de; ~**se de un grupo** prendre ses distances à l'égard d'un groupe.

deslindar vt **-1.** [limitar] délimiter. **-2.** fig [separar] cerner.

desliz m impair m.

deslizar vt glisser. ◆ **deslizarse** vp **-1.** [gen] glisser; [serpiente] ramper; [lágrimas] couler. **-2.** [introducirse] se glisser. **-3.** [tiempo] passer.

deslomar vt esquinter. ◆ **deslomarse** vp fam s'esquinter.

deslucido, da adj **-1.** [sin brillo] terni(e). **-2.** [sin gracia] terne.

deslumbrar vt lit & fig éblouir.

desmadejar vt fig affaiblir.

desmadrarse vp fam délirer.

desmadre m fam bazar m.

desmán m **-1.** [abuso] excès m, abus m. **-2.** (gen pl) [desgracia] malheur m.

desmandarse vp **-1.** [desobedecer] n'en faire qu'à sa tête. **-2.** [insubordinarse] se rebeller.

desmantelar vt démanteler; [fábrica] désaffecter; [nave] démâter.

desmaquillador, ra adj démaquillant(e).

desmayar vi faiblir. ◆ **desmayarse** vp s'évanouir.

desmayo m **-1.** [físico] évanouissement m. **-2.** [moral] défaillance f; **sin** ~ sans relâche.

desmedido, da adj démesuré(e).

desmelenado, da adj **-1.** [persona] déchaîné(e). **-2.** [cabello] décoiffé(e).

desmembrar vt démembrer; [disgregar] faire éclater.

desmemoriado, da ◇ *adj* : **estar** ~ ne pas avoir de mémoire. ◇ *m, f* ingrat *m*, -e *f.*

desmentir *vt* démentir.

desmenuzar *vt* -**1.** [trocear] déchiqueter, réduire en charpie; [pan] émietter. -**2.** *fig* [examinar, analizar] éplucher.

desmerecer ◇ *vt* être indigne de, ne pas mériter; **desmerece la recompensa** il ne mérite pas la récompense. ◇ *vi* -**1.** [decaer] perdre. -**2.** [ser inferior] : ~ **de alguien en algo** être inférieur(e)à qqn en qqch.

desmesurado, da *adj* démesuré(e).

desmitificar *vt* démythifier.

desmontar *vt* démonter.

desmoralizar *vt* démoraliser. ◆ **desmoralizarse** *vp* se démoraliser.

desmoronamiento *m* éboulement *m.*

desmoronar *vt* -**1.** [edificio] abattre; [rocas] faire s'ébouler. -**2.** *fig* [a una persona] décourager. ◆ **desmoronarse** *vp* -**1.** [edificio] s'écrouler; [rocas] s'ébouler. -**2.** *fig* [persona, imperio] s'effondrer.

desnatado, da *adj* écrémé(e).

desnaturalizado, da *adj* dénaturé(e).

desnivel *m* -**1.** [cultural, social] clivage *m*, déséquilibre *m.* -**2.** [de terreno] dénivellation *f.*

desnivelar *vt* -**1.** [gen] déséquilibrer; [balanza] dérégler. -**2.** [terreno] déniveler. ◆ **desnivelarse** *vp* -**1.** [gen] être dénivelé(e). -**2.** *fig* [desequilibrarse] basculer.

desnucar *vt* briser la nuque. ◆ **desnucarse** *vp* se rompre le cou.

desnudar *vt* -**1.** [persona] déshabiller. -**2.** *fig* [cosa] dépouiller. ◆ **desnudarse** *vp* se déshabiller.

desnudez *f* nudité *f.*

desnudo, da *adj* nu(e); [árbol, hombro, paisaje] dénudé(e); [decorado] dépouillé(e); **es la verdad desnuda** c'est vérité toute nue. ◆ **desnudo** *m* nu *m.*

desnutrición *f* malnutrition *f.*

desobedecer *vt* désobéir.

desobediencia *f* désobéissance *f.*

desobediente *adj* désobéissant(e).

desocupado, da *adj* -**1.** [ocioso, vacío] inoccupé(e). -**2.** [sin empleo] au chômage.

desocupar *vt* [local – abandonar] évacuer; [– dejar libre] libérer.

desodorante *m* déodorant *m*, désodorisant *m.*

desolación *f* -**1.** [destrucción] dévastation *f*; **causar** ~ dévaster. -**2.** [desconsuelo] désolation *f.*

desolador, ra *adj* [noticia] désolant(e); [espectáculo] affligeant(e).

desolar *vt* -**1.** [destruir] dévaster. -**2.** [afligir] désoler.

desorbitado, da *adj* exorbitant(e); **con los ojos** ~s les yeux exorbités.

desorden *m* désordre *m.*

desordenado, da *adj* -**1.** [persona] désordonné(e); [armario, habitación etc] en désordre. -**2.** *fig* [vida] déréglé(e).

desordenar *vt* mettre en désordre, déranger; [pelo] décoiffer.

desorganización *f* désorganisation *f.*

desorganizar *vt* désorganiser.

desorientar *vt* *lit & fig* désorienter. ◆ **desorientarse** *vp* être désorienté(e).

despabilar *vt* -**1.** [despertar] réveiller. -**2.** *fig* [avivar] dégourdir. ◆ **despabilarse** *vp* -**1.** [despertarse] se réveiller. -**2.** *fig* [salir adelante] se secouer.

despachar ◇ *vt* -**1.** [mercancía, entradas] vendre. -**2.** [cliente] servir. -**3.** *fam fig* [trabajo, discurso, comida] expédier. -**4.** [empleado] congédier. -**5.** [asunto] traiter; [negocio] régler. -**6.** *Amer* [facturar] enregistrer. ◇ *vi* -**1.** [sobre un asunto] : ~ **con alguien** avoir un entretien avec qqn. -**2.** [en tienda] servir. ◆ **despacharse** *vp* [hablar francamente] : ~**se (con alguien)** se soulager (auprès de qqn).

despacho *m* -**1.** [gen] bureau *m.* -**2.** [venta] vente *f*; [local de venta] : ~ **de localidades** [en teatro] guichet *m*; [quiosco] ≃ bureau *m* de location; ~ **de pan** dépôt *m* de pain. -**3.** [comunicación oficial] dépêche *f*; [del juez] mandat *m.*

despacio *adv* lentement.

despampanante *adj fam* [chica] canon.

desparejar *vt* dépareiller.

desparpajo *m fam* sans-gêne *m inv.*

desparramar *vt* -**1.** [líquido] répandre. -**2.** *fig* [dinero] dilapider. ◆ **desparramarse** *vp* [líquido] se répandre; [personas, ganado] se disperser.

despecho *m* dépit *m.*

despectivo, va *adj* -**1.** [despreciativo] méprisant(e); **de manera despectiva** avec mépris. -**2.** GRAM péjoratif(ive). ◆ **despectivo** *m* GRAM forme *f* péjorative.

despedazar *vt* -**1.** [físicamente] dépecer. -**2.** *fig* [moralmente] briser.

despedida f -1. [adiós] : **la** ~ les adieux.
-2. [fiesta] soirée f d'adieux.

despedir vt -1. [decir adiós] faire ses
adieux à; **fuimos a** ~**le a la estación**
nous sommes allés lui dire au revoir à la
gare. -2. [echar – de un club etc] renvoyer;
[– de un empleo] licencier. -3. [lanzar,
arrojar] jeter; [suj : volcán] cracher. -4. fig
[difundir, desprender] dégager. ◆ **despedirse** vp : ~**se (de)** [una persona] dire au
revoir (à); [una cosa] dire adieu (à).

despegado, da adj fig distant(e).

despegar vt & vi décoller. ◆ **despe-
garse** vp -1. [etiqueta, pegatina, sello] se
décoller. -2. [alejarse] : ~**se de alguien** se
détacher de qqn.

despegue m décollage m.

despeinar vt décoiffer. ◆ **despeinarse**
vp se décoiffer.

despejado, da adj -1. [gen] dégagé(e).
-2. fig : **tener la mente despejada** avoir
les idées claires.

despejar vt -1. [gen] dégager; [mesa] débarrasser. -2. MAT [incógnita] déterminer.
◆ **despejarse** vp -1. [espabilarse]
s'éclaircir les idées; [despertarse] se réveiller. -2. [tiempo] s'éclaircir; [cielo] se dégager.

despeje m DEP dégagement m.

despellejar vt -1. [animal] dépouiller. -2.
fig [criticar] : ~ **a alguien** casser du sucre
sur le dos de qqn.

despelotarse vp fam -1. [desnudarse] se
mettre à poil. -2. [mondarse] : ~ **(de risa)**
se tordre de rire.

despensa f garde-manger m.

despeñadero m précipice m.

despeñar vt précipiter, jeter. ◆ **despeñarse** vp se précipiter.

desperdiciar vt gaspiller; [ocasión]
perdre.

desperdicio m -1. [gen] gaspillage m; [de
tiempo] perte f. -2. [residuo] : **los** ~**s** les
déchets.

desperdigar vt disperser.

desperezarse vp s'étirer.

desperfecto m [deterioro] dégât m; [im-
perfección] défaut m; **sufrir** ~**s** être en-
dommagé(e).

despertador m réveil m (objeto).

despertar ◇ vt -1. [gen] réveiller. -2. [in-
terés] éveiller; [admiración] provoquer.
◇ vi se réveiller. ◇ m réveil m (action).
◆ **despertarse** vp se réveiller.

despiadado, da adj impitoyable.

despido m licenciement m.

despiece m dépeçage m.

despierto, ta adj lit & fig éveillé(e).

despilfarrar vt gaspiller.

despilfarro m gaspillage m.

despintar vt délaver.

despiole m Amer fam boucan m.

despistado, da ◇ adj -1. [distraído] tête
en l'air. -2. [confundido] : **estar** ~ être
désorienté(e). ◇ m, f tête f en l'air.

despistar vt -1. [perder] égarer; [a la policía etc] semer. -2. fig [confundir] désorienter, dérouter. ◆ **despistarse** vp -1.
[perderse] s'égarer. -2. fig [distraerse] avoir
un moment d'inattention.

despiste m [distracción] étourderie f;
[error] faute f d'étourderie.

desplante m insolence f (remarque etc).

desplazado, da adj fig : **encontrarse** ~
ne pas se sentir à sa place.

desplazamiento m déplacement m.

desplazar vt -1. [gen] déplacer. -2. fig
[desbancar] : ~ **a alguien/algo** supplanter
qqn/qqch. ◆ **desplazarse** vp [viajar] se
déplacer; **tiene que** ~**se cinco kilómetros** il doit faire cinq kilomètres.

desplegar vt -1. [gen & MIL] déployer. -2.
[tela, periódico etc] déplier.

despliegue m déploiement m.

desplomarse vp lit & fig s'effondrer.

desplumar vt lit & fig plumer.

despoblado, da adj dépeuplé(e).

despojar vt : ~**a alguien de algo** dépouiller qqn de qqch. ◆ **despojarse** vp :
~**se de** [bienes, ropa] se dépouiller de; [co-
mida] se priver de.

despojo m [acción] dépouillement m.
◆ **despojos** mpl -1. [sobras, residuos]
restes mpl. -2. [de animales] **abats** mpl; [de
aves] **abattis** mpl. -3. [restos mortales] dépouille f (mortelle).

desposar vt marier. ◆ **desposarse** vp se
marier.

desposeer vt : ~**a alguien de algo** déposséder qqn de qqch.

déspota mf lit & fig despote m.

despotricar vi : ~ **(contra)** fam déblaté-
rer (contre).

despreciar vt -1. [desdeñar] mépriser. -2.
[rechazar] rejeter.

desprecio m mépris m.

desprender vt -1. [soltar] détacher; [des-
pegar] décoller. -2. [olor] dégager; [luz]
diffuser. ◆ **desprenderse** vp -1. [sol-

tarse] se détacher; [despegarse] se décoller. **-2.** *fig* [deducirse] : **de sus palabras se desprende que...** ses paroles laissent entendre que... **-3.** [librarse, renunciar] : ~**se de** se défaire de.

desprendido, da *adj* [generoso] généreux(euse) , désintéressé(e).

desprendimiento *m* **-1.** [separación] détachement *m*; ~ **de retina** décollement *m* de la rétine. **-2.** *fig* [generosidad] générosité *f*.

despreocupado, da ◇ *adj* [sin preocupaciones] insouciant(e). ◇ *m, f* [sin preocupaciones] insouciant *m*, -e *f*; **es un** ~ **en el vestir** il s'habille n'importe comment.

despreocuparse *vp* : ~ **de** [un asunto] ne plus penser à; [una persona, un negocio] négliger.

desprestigiar *vt* discréditer.

desprevenido, da *adj* : **coger** o **pillar** ~ prendre au dépourvu; **estar** ~ ne pas s'attendre à qqch.

desproporcionado, da *adj* disproportionné(e).

despropósito *m* absurdité *f*, bêtise *f*.

desprovisto, ta *adj* : ~ **de** dépourvu(e) de.

después *adv* **-1.** [gen] après; **poco** ~ peu après; **años** ~ des années après; **el año** ~ l'année d'après. **-2.** [más adelante – en el tiempo] plus tard; **dos días** ~ deux jours plus tard; [– en el espacio] plus loin; **dos filas** ~ deux rangs plus loin; [– en una lista] plus bas. **-3.** [entonces] ensuite, puis; **llamé primero y** ~ **entré** j'ai sonné, puis je suis entré. ◆ **después de** *loc prep* après; **llegó** ~ **de ti** il est arrivé après toi; ~ **de comer** après le déjeuner. ◆ **después de que** *loc conj* après que; ~ **de que lo hice** après que je l'ai fait; ~ **de que hubiese hablado** après qu'il eut parlé. ◆ **después de todo** *loc adv* tout compte fait.

despuntar ◇ *vt* [lápiz etc] épointer. ◇ *vi* **-1.** [planta] bourgeonner; [flor, capullo] éclore. **-2.** *fig* [persona] : ~ **entre/por se distinguer de/par; no despunta por su inteligencia** il ne brille pas par son intelligence. **-3.** [día] poindre.

desquiciar *vt* **-1.** [puerta, ventana] dégonder. **-2.** *fig* [desequilibrar] détraquer, perturber; [sacar de quicio] rendre fou(folle) , faire sortir de ses gonds.

desquite *m* revanche *f*.

destacamento *m* MIL détachement *m*.

destacar ◇ *vt* **-1.** [poner de relieve] souligner, faire remarquer; **cabe** ~ **que...** il convient de souligner que... **-2.** MIL détacher. ◇ *vi* [sobresalir] ressortir. ◆ **destacarse** *vp* : ~**se (de/por)** se distinguer (de/par).

destajo *m* forfait *m* *(contrat)*; **a** ~ [por un tanto] au forfait; *fig* [sin descanso] d'arrache-pied.

destapar *vt* **-1.** [quitar la tapa] ouvrir. **-2.** [quitar la cubierta] découvrir. ◆ **destaparse** *vp* **-1.** [desarroparse] se découvrir. **-2.** *fig* [revelarse] se montrer sous son vrai jour.

destartalado, da *adj* **-1.** [casa, mueble] délabré(e); [coche, aparato] déglingué(e) *fam.* **-2.** [desparejado] dépareillé(e).

destello *m* **-1.** [de luz, brillo] éclat *m*; [de estrella] scintillement *m*. **-2.** *fig* [de alegría, esperanza] étincelle *f*.

destemplado, da *adj* **-1.** [enfermo] fiévreux(euse). **-2.** [instrumento] désaccordé(e). **-3.** [tiempo] maussade. **-4.** [carácter etc] emporté(e). **-5.** [voz, tono] aigre.

desteñir ◇ *vt* faire perdre sa couleur à. ◇ *vi* déteindre.

desternillarse *vp* : ~ **de risa** se tordre de rire.

desterrar *vt* **-1.** [persona] exiler. **-2.** *fig* [idea] chasser. **-3.** *fig* [costumbre, hábito] bannir.

destetar *vt* sevrer.

destiempo ◆ **a destiempo** *loc adv* à contretemps.

destierro *m* exil *m*.

destilación *f* distillation *f*.

destilar ◇ *vt* **-1.** [gen] distiller. **-2.** [pus, sangre] suinter. ◇ *vi* suinter, goutter.

destilería *f* distillerie *f*.

destinar *vt* **-1.** [gen] destiner; [cartas] adresser; [cargo, empleo] affecter. **-2.** [designar] : ~ **a alguien a** [cargo, empleo] affecter qqn à; [lugar] envoyer qqn à.

destinatario, ria *m, f* destinataire *mf*.

destino *m* **-1.** [sino] destin *m*. **-2.** [rumbo, finalidad] destination *f*; **con** ~ **a** à destination de. **-3.** [plaza, empleo] affectation *f*, poste *m*.

destitución *f* destitution *f*.

destituir *vt* destituer.

destornillador *m* tournevis *m*.

destornillar *vt* dévisser.

destreza *f* adresse *f*.

destronar *vt lit & fig* détrôner.

destrozar *vt* **-1.** [romper] mettre en pièces; [estropear] abîmer, détériorer; [destruir] détruire. **-2.** *fig* [persona, carrera] briser.

destrozo *m* dégât *m*; **ocasionar grandes** ~**s** faire de gros dégâts.

destrucción *f* destruction *f*.

destruir *vt* détruire; [argumento, proyecto] démolir.

desvaído, da *adj* **-1.** [color] pâle, passé(e). **-2.** [mirada] vague; [forma, contorno] flou(e).

desvalido, da *adj & m, f* déshérité(e) *(pauvre)*.

desvalijar *vt* dévaliser.

desván *m* grenier *m*.

desvanecer *vt* dissiper. ◆ **desvanecerse** *vp* **-1.** [gen] se dissiper. **-2.** [persona] s'évanouir.

desvanecimiento *m* évanouissement *m*.

desvariar *vi* délirer, divaguer.

desvarío *m* **-1.** [dicho] absurdité *f*; [hecho] folie *f*. **-2.** [estado] délire *m*.

desvelar *vt* **-1.** [persona] empêcher de dormir. **-2.** [secreto] dévoiler. ◆ **desvelarse** *vp* : ~**se por hacer algo** se donner du mal pour faire qqch.

desvelo *m* **-1.** [insomnio] insomnie *f*. **-2.** [esfuerzo] effort *m*.

desventaja *f* désavantage *m*.

desventura *f* malheur *m*.

desvergonzado, da *adj & m, f* effronté(e).

desvergüenza *f* **-1.** [atrevimiento, frescura] effronterie *f*. **-2.** [dicho, hecho] insolence *f*.

desvestir *vt* dévêtir. ◆ **desvestirse** *vp* se dévêtir.

desviación *f* déviation *f*.

desviar *vt* **-1.** [gen] détourner; [pelota, disparo, tráfico] dévier; [barco] dérouter. **-2.** [pregunta] éluder. ◆ **desviarse** *vp* **-1.** [cambiar de dirección – conductor] dévier; [– avión, barco] changer de route. **-2.** [cambiar] : ~**se de tema** faire une digression; ~**se de propósito** changer de cap.

desvincular *vt* : ~ **a alguien de una obligación** dégager qqn d'une obligation. ◆ **desvincularse** *vp* : ~**se de** [amigos] se détacher de; [responsabilidad] se dégager de.

desvío *m* **-1.** [vía] déviation *f*. **-2.** *fig* désaffection *f*, froideur *f*.

desvirtuar *vt* dénaturer.

desvivirse *vp* : ~ **(por alguien/algo)** se dépenser sans compter pour qqn/qqch; ~ **por hacer algo** mourir d'envie de faire qqch.

detallar *vt* détailler.

detalle *m* **-1.** [gen] détail *m*; **con** ~ **en détail; entrar en** ~**s** entrer dans les détails. **-2.** [amabilidad] attention *f*; **tener un** ~ avoir une délicate attention. ◆ **al detalle** *loc adv* COM au détail.

detallista ◇ *adj* pointilleux(euse). ◇ *mf* COM détaillant *m*, -e *f*.

detectar *vt* détecter.

detective *mf* détective *mf*.

detener *vt* **-1.** [arrestar, parar] arrêter. **-2.** [retrasar] retenir. ◆ **detenerse** *vp* **-1.** [pararse] s'arrêter. **-2.** [demorarse] s'attarder.

detenidamente *adv* attentivement.

detenido, da ◇ *adj* **-1.** [detallado] approfondi(e). **-2.** [arrestado] : **estar** ~ être en état d'arrestation. ◇ *m, f* détenu *m*, -e *f*.

detenimiento ◆ **con detenimiento** *loc adv* avec attention.

detergente *m* [para la ropa] lessive *f*; [para el suelo etc] détergent *m*.

deteriorar *vt* détériorer. ◆ **deteriorarse** *vp fig* [empeorar] se détériorer, se dégrader.

deterioro *m* détérioration *f*.

determinación *f* détermination *f*; **tomar una** ~ prendre une résolution.

determinado, da *adj* **-1.** [concreto] certain(e); **en** ~**s casos** dans certains cas. **-2.** [resuelto] déterminé(e).

determinar *vt* **-1.** [gen] déterminer; [fecha] fixer. **-2.** [causar, motivar] être à l'origine de. **-3.** [decidir] : ~ **algo/hacer algo** décider qqch/de faire qqch. ◆ **determinarse** *vp* : ~**se a hacer algo** se résoudre à faire qqch.

detestar *vt* détester.

detractor, ra *adj & m, f* détracteur(trice).

detrás *adv* **-1.** [en el espacio] derrière; **siéntate** ~ assieds-toi derrière; **tus amigos vienen** ~ tes amis nous suivent. **-2.** [en el orden] après, ensuite; **primero entró él y** ~ **ella** il est entré le premier et elle après lui. ◆ **detrás de** *loc prep* **-1.** [gen] derrière; ~ **de la puerta** derrière la porte; **estar** ~ **de algo** être derrière qqch. **-2.** [a espaldas de] par-derrière; **decir algo** ~ **de alguien** dire qqch dans le dos de qqn. ◆ **por detrás** *loc adv* à l'arrière; **ha-**

blar de alguien por ~ parler de qqn par-derrière.

detrimento *m* : **causar** ~ faire des dé-gâts; **en** ~ **de** au détriment de.

detrito *m* détritus *m*. ✦ **detritos** *mpl* [residuos] détritus *mpl*.

deuda *f* dette *f*; ~ **pública** ECON dette publique.

deudor, ra *adj & m, f* débiteur(trice).

devaluación *f* ECON dévaluation *f*.

devaluar *vt* dévaluer.

devanar *vt* dévider.

devaneos *mpl* **-1.** [distracción] divagations *fpl*. **-2.** [amoríos] amourettes *fpl*.

devastar *vt* dévaster.

devoción *f* RELIG & *fig* dévotion *f*.

devocionario *m* missel *m*.

devolución *f* retour *m* à l'expéditeur; [de importe] remboursement *m*.

devolver ◇ *vt* **-1.** [gen] rendre; [importe] rembourser; [carta, paquete] renvoyer, retourner; [brillo] redonner. **-2.** [colocar en su sitio] remettre. ◇ *vi* [vomitar] rendre. ✦ **devolverse** *vp Amer* revenir.

devorar *vt lit & fig* dévorer.

devoto, ta ◇ *adj* **-1.** [beato] dévot(e). **-2.** [admirador] : **ser muy** ~ **(de alguien)** être un fervent admirateur (de qqn). **-3.** [lugar] de dévotion; **una imagen devota** une image pieuse. ◇ *m, f* **-1.** [gen] adepte *mf*. **-2.** [beato] dévot *m*, -e *f*.

devuelto, ta *pp irreg* → **devolver**.

dg (*abrev de* **decigramo**) dg.

di -1. → **dar. -2.** → **decir**.

día *m* **-1.** [gen] jour *m*; **me voy el** ~ **ocho** je pars le huit; **¿a qué** ~ **estamos?** quel jour sommes-nous?; **al** ~ **siguiente** le lendemain; **a plena luz del** ~ à la lumière du jour; ~ **y noche** jour et nuit; **el** ~ **de hoy/de mañana** aujourd'hui/demain; **hoy en** ~ de nos jours; **todos los** ~**s** tous les jours; **un** ~ **sí y otro no** un jour sur deux; **de** ~ **en** ~ de jour en jour; **del** ~ du jour; **menú del** ~ plat du jour; **pan del** ~ du pain frais; ~ **de pago** [de sueldo] jour de paie; ~ **festivo** jour férié; ~ **hábil** ○ **laborable** ○ **de trabajo** jour ouvrable. **-2.** [tiempo, espacio de tiempo] journée *f*; **un** ~ **lluvioso** une journée pluvieuse; **todo el (santo)** ~ toute la (sainte) journée. **-3.** [conmemoración] fête *f*; ~ **de los Inocentes** [28 de diciembre] ≃ 1ᵉʳ avril (*jour de farces traditionnelles*); **el** ~ **de la madre** la fête des Mères; **el** ~ **de San Juan** la Saint-Jean. **-4.** *loc* : **mañana será otro**

~ demain, il fera jour; **poner algo al** ~ mettre qqch à jour; **poner alguien al** ~ mettre qqn au courant; **un** ~ **es un** ~ une fois n'est pas coutume; **vivir al** ~ vivre au jour le jour. ✦ **días** *mpl* **-1.** [vida] vie *f*; **pasar sus** ~**s haciendo algo** passer sa vie à faire qqch. **-2.** [época] époque *f*; **en mis** ~**s** à mon époque, de mon temps. ✦ **buen día** *interj Amer* : **¡buen** ~! bonjour! ✦ **buenos días** *interj* : **¡buenos** ~**s!** bonjour!

diabético, ca *adj & m, f* diabétique.

diablo *m lit & fig* diable *m*. ✦ **diablos** *mpl* [para dar énfasis] : **¿dónde/cómo** ~**s...?** où/comment diable...? ◇ *interj* : **¡**~**s!** diable!

diablura *f* diablerie *f*.

diabólico, ca *adj lit & fig* diabolique.

diadema *f* serre-tête *m*; [joya] diadème *m*.

diáfano, na *adj* **-1.** [transparente] diaphane. **-2.** *fig* [claro] limpide.

diafragma *m* diaphragme *m*.

diagnosticar *vt* diagnostiquer.

diagnóstico *m* diagnostic *m*.

diagonal GEOM ◇ *adj* diagonal(e). ◇ *f* diagonale *f*.

diagrama *m* diagramme *m*.

dial *m* [de teléfono] cadran *m*.

dialecto *m* dialecte *m*.

diálisis *f* dialyse *f*.

dialogar *vi* dialoguer.

diálogo *m* dialogue *m*.

diamante *m* diamant *m*. ✦ **diamantes** *mpl* [palo de baraja] carreau *m*.

diámetro *m* diamètre *m*.

diana *f* **-1.** [en blanco de tiro] : **hacer** ~ faire mouche. **-2.** [en cuartel] réveil *m*.

diapasón *m* diapason *m*.

diapositiva *f* diapositive *f*.

diario, ria *adj* quotidien(enne); [actividad] journalier(ère); **a** ~ tous les jours; **ropa de** ~ vêtements de tous les jours. ✦ **diario** *m* journal *m*.

diarrea *f* diarrhée *f*.

dibujante *mf* dessinateur *m*, -trice *f*.

dibujar *vt & vi* dessiner.

dibujo *m* dessin *m*; ~ **lineal** ○ **técnico** dessin industriel; ~**s animados** dessins animés.

dice → **decir**.

diccionario *m* dictionnaire *m*.

dicha *f* **-1.** [felicidad] bonheur *m*. **-2.** [suerte] chance *f*.

dicho, cha ◇ *pp irreg* → **decir**. ◇ *adj* ce, cette; **o mejor** ~ ou plutôt; ~ **y hecho** aussitôt dit aussitôt fait. ◆ **dicho** *m* dicton *m*.

dichoso, sa *adj* **-1.** [feliz, afortunado] heureux(euse). **-2.** [para enfatizar] maudit(e).

diciembre *m* décembre *m*; *ver también* **septiembre**.

dicotomía *f* dichotomie *f*.

dictado *m* dictée *f*.

dictador, ra *m, f* dictateur *m*.

dictadura *f* dictature *f*.

dictáfono *m* Dictaphone® *m*.

dictamen *m* **-1.** [opinión] opinion *f*; **dar un** ~ donner un avis. **-2.** [informe] rapport *m*.

dictar *vt* **-1.** [gen] dicter. **-2.** [sentencia, fallo] prononcer; [ley, decreto] promulguer.

dictatorial *adj* dictatorial(e).

didáctico, ca *adj* didactique.

diecinueve *núm* dix-neuf; **el siglo** ~ le dix-neuvième siècle; *ver también* **seis**.

dieciocho *núm* dix-huit; **el siglo** ~ le dix-huitième siècle; *ver también* **seis**.

dieciséis *núm* seize; **el siglo** ~ le seizième siècle; *ver también* **seis**.

dieciseisavo, va *núm* seizième.

diecisiete *núm* dix-sept; **el siglo** ~ le dix-septième siècle; *ver también* **seis**.

diente *m* dent *f*; ~ **de leche** dent de lait; **hablar entre** ~s parler entre ses dents. ◆ **diente de ajo** *m* gousse *f* d'ail.

diera → **dar**.

diéresis *f* GRAM tréma *m*.

dieron *etc* → **dar**.

diesel, diésel *adj* diesel.

diestro, tra *adj* adroit(e); **a** ~ **y siniestro** *fig* à tort et à travers.

dieta *f* régime *m*. ◆ **dietas** *fpl* indemnités *fpl*; ~s **por desplazamiento** frais *mpl* de déplacement.

dietario *m* livre *m* de comptes.

dietético, ca *adj* diététique. ◆ **dietética** *f* diététique *f*.

dietista *mf Amer* nutritionniste *mf*.

diez *núm* dix; *ver también* **seis**.

difamar *vt* diffamer.

diferencia *f* **-1.** [gen] différence *f*. **-2.** [de opiniones, punto de vista] différend *m*.

diferencial ◇ *adj* [gen & MAT] différentiel(elle); [rasgo] distinctif(ive). ◇ *m* TECNOL différentiel *m*.

diferenciar *vt* différencier; [los colores, las letras] reconnaître; ~ **lo bueno de lo malo** distinguer le bien et le mal. ◆ **diferenciarse** *vp* **-1.** [ser distinto] se différencier. **-2.** [descollar] se distinguer.

diferente ◇ *adj* différent(e); ~ **de/a** différent de. ◇ *adv* différemment.

diferido ◆ **en diferido** *loc adv* en différé.

diferir *vt & vi* différer.

difícil *adj* difficile; ~ **de hacer** difficile à faire.

dificultad *f* difficulté *f*.

dificultar *vt* rendre difficile.

difuminar *vt* [color] estomper; [olor] dissiper; [sonido] assourdir.

difundir *vt* diffuser; [noticia] répandre. ◆ **difundirse** *vp* **-1.** [gen] se diffuser; [noticia] se répandre; [epidemia] se propager. **-2.** [publicación] être diffusé(e).

difunto, ta *adj & m, f* défunt(e).

difusión *f* diffusion *f*.

diga → **decir**.

digerir *vt* digérer; *fig* [hechos] se faire à.

digestión *f* digestion *f*.

digestivo, va *adj* digestif(ive).

digital *adj* **-1.** [gen] digital(e). **-2.** INFORM numérique.

dígito *m* chiffre *m*.

dignarse *vp* : ~ **hacer algo** daigner faire qqch.

dignidad *f* dignité *f*.

dignificar *vt* rendre digne.

digno, na *adj* digne; ~ **de** digne de.

digo → **decir**.

digresión *f* digression *f*.

dijera *etc* → **decir**.

dilapidar *vt* dilapider.

dilatar *vt* **-1.** [gen] dilater. **-2.** [prolongar] faire durer.

dilema *m* dilemme *m*.

diligencia *f* **-1.** [esmero, cuidado] application *f*. **-2.** [prontitud] : **con** ~ rapidement. **-3.** [trámite, gestión] démarche *f*. **-4.** [vehículo] diligence *f*.

diligente *adj* appliqué(e).

diluir *vt* diluer. ◆ **diluirse** *vp* se diluer.

diluviar *v impers* pleuvoir à torrents.

diluvio *m* déluge *m*.

dimensión *f* dimension *f*.

diminutivo *m* diminutif *m*.

diminuto, ta *adj* tout petit(toute petite), minuscule.

dimisión f démission f; **presentar la** ~ présenter sa démission.

dimitir vi : ~ **(de)** démissionner (de).

dimos → **dar**.

Dinamarca Danemark m.

dinámico, ca adj dynamique.

dinamismo m dynamisme m.

dinamita f dynamite f.

dinamo, dínamo f dynamo f.

dinastía f dynastie f.

dineral m fam fortune f.

dinero m argent m; ~ **negro** ○ **sucio** argent sale; **andar bien de** ~ être en fonds; **un hombre de** ~ un homme riche.

dinosaurio m dinosaure m.

dintel m linteau m.

dio → **dar**.

diócesis f diocèse m.

dioptría f dioptrie f.

dios, sa m dieu m, déesse f; **todo** ~ mfam tout le monde. ◆ **Dios** m Dieu; **a Dios gracias** grâce à Dieu; **a la buena de Dios** au petit bonheur la chance; **¡Dios mío!** mon Dieu!; **¡por Dios!** je t'en/vous en prie!; **¡vaya por Dios!** nous voilà bien!

diploma m diplôme m.

diplomacia f diplomatie f.

diplomado, da adj & m, f diplômé(e).

diplomático, ca ◇ adj diplomatique. ◇ m, f diplomate mf.

diptongo m diphtongue f.

diputación f -1. [corporación] conseil m. -2. [cargo] députation f. -3. institution chargée du gouvernement des provinces d'une communauté autonome en Espagne.

diputado, da m, f député m.

dique m -1. [en río] digue f . -2. [en puerto] dock m .

dirá → **decir**.

dirección f -1. [gen & COM] direction f; [de calle, de las agujas del reloj] sens m; ~ **prohibida** sens interdit; ~ **única** sens unique; ~ **asistida** AUTOM direction assistée; ~ **comercial** direction commerciale; **en** ~ **a** en direction de. -2. [señas] adresse f. ◆ **Dirección** f : **Dirección General de Tráfico** organisme dépendant du ministère de l'Intérieur espagnol chargé de la circulation routière.

directivo, va ◇ adj directeur(trice); [personal] de direction. ◇ m, f dirigeant m, -e f. ◆ **directiva** f -1. [junta] direction f. -2. [norma] directive f.

directo, ta adj direct(e). ◆ **directo** ◇ m [tren] direct m. ◇ adv tout droit, directement. ◆ **directa** f AUTOM cinquième vitesse f (dernière vitesse) . ◆ **en directo** loc adv en direct.

director, ra m, f directeur m, -trice f; ~ **de cine** réalisateur m; ~ **de teatro** metteur m en scène; ~ **de orquesta** chef m d'orchestre; ~ **general** president-directeur m général.

directorio m [gen & INFORM] répertoire m.

directriz f GEOM directrice f. ◆ **directrices** fpl directives fpl.

diría → **decir**.

dirigente adj & mf dirigeant(e).

dirigir vt -1. [gen] diriger. -2. [obra de teatro] mettre en scène; [película] réaliser. -3. [palabra, carta] adresser. -4. [asesorar] guider. -5. [dedicar] : ~ **algo a** consacrer qqch à. ◆ **dirigirse** vp -1. [encaminarse] : ~**se a** ○ **hacia** se diriger vers. -2. [hablar, escribir] : ~**se a alguien** s'adresser à qqn.

discar vt Amer composer (un numéro de téléphone).

discernir vt discerner.

disciplina f discipline f.

discípulo, la m, f disciple mf.

disc-jockey (pl **disc-jockeys**) mf disc-jockey m.

disco m -1. [gen, DEP & INFORM] disque m; ~ **compacto** disque compact; ~ **de larga duración** trente-trois-tours m; ~ **duro/flexible** disque dur/souple. -2. [semáforo] feu m; ~ **rojo** feu rouge.

discografía f discographie f.

disconforme adj : **estar** ~ **con** ne pas être d'accord avec, être en désaccord avec.

disconformidad f désaccord m.

discontinuo, nua adj discontinu(e).

discordante adj discordant(e).

discordia f discorde f.

discoteca f discothèque f.

discreción f discrétion f. ◆ **a discreción** loc adv à volonté.

discrecional adj [servicio de transporte] spécial(e).

discrepancia f divergence f.

discrepar vi diverger; ~ **de** être en désaccord avec.

discreto, ta adj -1. [gen] discret(ète). -2. [cantidad] modéré(e).

discriminación f discrimination f .

discriminar vt discriminer.

disculpa f excuse f; **pedir** ~s présenter ses excuses.

disculpar vt excuser.

discurrir vi **-1.** [tiempo, vida] s'écouler; [acto, sesión] se dérouler. **-2.** [pensar] réfléchir.

discurso m discours m .

discusión f discussion f.

discutible adj discutable.

discutir ◇ vi **-1.** [pelearse] se disputer. **-2.** [conversar] : ~ **de** o **sobre** discuter de. ◇ vt : ~ **algo** discuter de qqch.

disecar vt disséquer.

disección f dissection f.

diseminar vt disséminer.

disentir vi ne pas être d'accord.

diseñar vt **-1.** [gen] dessiner. **-2.** [crear] concevoir.

diseño m **-1.** [gen] dessin m. **-2.** [concepción] conception f; **de** ~ design; ~ **asistido por ordenador** INFORM conception assistée par ordinateur, CAO f; ~ **gráfico** infographie f.

disertación f dissertation f.

disfraz m déguisement m; **de disfraces** [baile, fiesta] costumé(e).

disfrazar vt déguiser. ◆ **disfrazarse** vp : ~**se (de)** se déguiser (en).

disfrutar ◇ vi **-1.** [sentir placer] s'amuser. **-2.** [disponer de] : ~ **de** [comodidades etc] bénéficier de; [buena salud, favor etc] jouir de. ◇ vt : ~ **algo** profiter de qqch.

disgregar vt **-1.** [multitud, manifestación] disperser. **-2.** [roca] désagréger. ◆ **disgregarse** vp **-1.** [familia, manifestación] se disperser. **-2.** [roca] se désagréger. **-3.** [imperio] se morceler.

disgustar vt déplaire. ◆ **disgustarse** vp se fâcher.

disgusto m contrariété f; **dar un** ~ contrarier; **llevarse un** ~ être contrarié(e).

disidente adj & mf dissident(e).

disimular ◇ vt dissimuler, cacher. ◇ vi faire comme si de rien n'était.

disimulo m dissimulation f; **con** ~ en cachette.

disipar vt dissiper. ◆ **disiparse** vp se dissiper.

diskette = **disquete**.

dislexia f dyslexie f.

dislocar vt démettre. ◆ **dislocarse** vp se démettre.

disminución f diminution f; [de temperatura, paga etc] baisse f.

disminuir vt & vi diminuer.

disolución f **-1.** [gen] dissolution f. **-2.** [mezcla] solution f.

disolvente ◇ adj dissolvant(e). ◇ m dissolvant m.

disolver vt dissoudre. ◆ **disolverse** vp se dissoudre; [manifestación] se disperser.

disparar ◇ vt [flecha, dardo] lancer. ◇ vi tirer. ◆ **dispararse** vp **-1.** [arma de fuego] partir. **-2.** [persona] s'emporter. **-3.** [precios] s'envoler.

disparatado, da adj [ilógico] absurde; [raro] extravagant(e); **¡qué ideas más disparatadas!** quelles drôles d'idées!

disparate m **-1.** [comentario, acción] bêtise f; [idea] drôle d'idée f. **-2.** [dineral] fortune f; **costar un** ~ coûter une fortune.

disparidad f disparité f.

disparo m **-1.** [de bala] coup m de feu. **-2.** [de pelota, flecha] tir m.

dispensar ◇ vt **-1.** [disculpar] excuser. **-2.** [honores] rendre; [bienvenida] réserver; [ayuda] donner. ◇ vi [eximir] : ~ **de** dispenser de.

dispensario m dispensaire m.

dispersar vt disperser. ◆ **dispersarse** vp se disperser.

dispersión f **-1.** [gen & FÍS] dispersion f. **-2.** [de objetos] désordre m.

disperso, sa adj dispersé(e).

disponer ◇ vt **-1.** [gen] disposer; ~ **lo necesario para** prendre ses dispositions pour. **-2.** [preceptuar] : ~ **algo** [suj : persona] décider de qqch; [suj : ley] stipuler qqch. ◇ vi : ~ **de** disposer de. ◆ **disponerse** vp : ~**se a** s'apprêter à.

disponibilidad f disponibilité f.

disponible adj disponible.

disposición f **-1.** [gen] disposition f; **a** ~ **de** à la disposition de; **tener** ~ **para** avoir des dispositions pour. **-2.** [estado] : **estar** o **hallarse en** ~ **de** être en état de.

dispositivo m dispositif m; ~ **intrauterino** stérilet m.

dispuesto, ta ◇ pp irreg → **disponer**. ◇ adj **-1.** [listo] prêt(e); **estar** ~ **a algo/hacer algo** être prêt à qqch/faire qqch. **-2.** [capaz] : **ser muy** ~ avoir de bonnes dispositions.

disputa f dispute f.

disputar vt **-1.** [competir] : ~ **algo** se disputer qqch. **-2.** [debatir] : ~ **algo** discuter de qqch.

disquete, diskette *m* INFORM disquette *f*.

disquetera *f* INFORM unité *f* de disquette.

distancia *f* distance *f*; **a ~ à** distance; **se saludaron a ~** ils se sont salués de loin.

distanciar *vt* éloigner; [en competición] distancer. ◆ **distanciarse** *vp* s'éloigner, prendre ses distances.

distante *adj* **-1.** [espacio] éloigné(e); **no está muy ~** ce n'est pas très loin. **-2.** [trato] distant(e).

distar *vi* **-1.** [hallarse a] : **ese sitio dista varios kilómetros de aquí** cet endroit est à plusieurs kilomètres d'ici. **-2.** *fig* [diferir] : **~ de** être loin de.

diste *etc* → dar.

distender *vt* distendre; [ambiente, cuerda] détendre.

distendido, da *adj* [informal] décontracté(e).

distinción *f* distinction *f*; **a ~ de** à la différence de.

distinguido, da *adj* **-1.** [destacado] éminent(e). **-2.** [elegante] distingué(e).

distinguir *vt* **-1.** [gen] distinguer. **-2.** [galardonar] : **~ con** décorer de. ◆ **distinguirse** *vp* se distinguer.

distintivo, va *adj* distinctif(ive). ◆ **distintivo** *m* **-1.** [insignia] badge *m*. **-2.** [característica] signe *m* distinctif.

distinto, ta *adj* [diferente] différent(e). ◆ **distintos, tas** *adj pl* [varios] plusieurs.

distorsión *f* **-1.** [de tobillo, rodilla] entorse *f*. **-2.** [de imágenes, sonidos] distorsion *f*.

distracción *f* distraction *f*.

distraer *vt* distraire. ◆ **distraerse** *vp* **-1.** [entretenerse] se distraire. **-2.** [despistarse] être distrait(e); [del trabajo] se déconcentrer; **~se un momento** avoir un moment d'inattention.

distraído, da ◇ *adj* **-1.** [entretenido] amusant(e). **-2.** [despistado] distrait(e). ◇ *m, f* étourdi *m*, -e *f*.

distribución *f* distribution *f*.

distribuidor, ra ◇ *adj* [entidad] qui distribue; [red] de distribution. ◇ *m, f* [persona] distributeur *m*, -trice *f*; **~ exclusivo** représentant *m* exclusif. ◆ **distribuidor** *m* [aparato] distributeur *m*.

distribuir *vt* distribuer.

distrito *m* district *m*, circonscription *f*; EDUC académie *f*; **~ postal** code *m* postal.

disturbio *m* troubles *mpl*, émeute *f*.

disuadir *vt* dissuader.

disuasión *f* dissuasion *f*.

disuasivo, va *adj* dissuasif(ive).

disuelto, ta *pp irreg* → disolver.

DIU (*abrev de* **dispositivo intrauterino**) *m* stérilet *m*.

diurético, ca *adj* diurétique. ◆ **diurético** *m* FARMACIA diurétique *m*.

diurno, na *adj* diurne.

divagar *vi* **-1.** [delirar] divaguer. **-2.** [desviarse] : **~ sobre** se perdre en considérations sur. **-3.** [deambular] errer.

diván *m* divan *m*.

divergencia *f* lit & fig divergence *f*.

divergir *vi* lit & fig diverger.

diversidad *f* diversité *f*.

diversificar *vt* diversifier. ◆ **diversificarse** *vp* se diversifier.

diversión *f* distraction *f*.

diverso, sa *adj* [diferente] différent(e); [variado] divers(e). ◆ **diversos, sas** *adj pl* [varios] plusieurs.

divertido, da *adj* amusant(e) , drôle.

divertir *vt* amuser. ◆ **divertirse** *vp* s'amuser; [con pasatiempos] se divertir.

dividendo *m* FIN & MAT dividende *m*.

dividir *vt* **-1.** [gen & MAT] diviser. **-2.** [trocear] couper en morceaux. **-3.** [repartir] partager.

divinidad *f* divinité *f*.

divino, na *adj* **-1.** [de dioses] divin(e). **-2.** *fig* [excelente] merveilleux(euse); [gusto, comida] exquis(e).

divisa *f (gen pl)* **-1.** [moneda extranjera] devise *f* (étrangère). **-2.** [distintivo] insigne *m*.

divisar *vt* apercevoir.

división *f* **-1.** [gen, MIL & DEP] division *f*. **-2.** *fig* [de opinión] discorde *f*; **hubo ~ de opiniones** les avis ont été partagés.

divisor *m* MAT diviseur *m* .

divo, va *m, f* **-1.** MÚS chanteur *m* d'opéra, diva *f*. **-2.** *fig* [figura] vedette *f*.

divorciado, da *adj & m, f* divorcé(e).

divorciar *vt* **-1.** [personas] prononcer le divorce de. **-2.** *fig* [cosas] séparer. ◆ **divorciarse** *vp* divorcer.

divorcio *m* lit & fig divorce *m*.

divulgación *f* vulgarisation *f*.

divulgar *vt* **-1.** [difundir – noticia, secreto] divulguer; [– rumor] propager. **-2.** [cultura, ciencia] vulgariser.

dizque *adv Amer* apparemment.

dl (*abrev de* **decilitro**) dl.

dm (*abrev de* decímetro) dm.

DNI (*abrev de* documento nacional de identidad) *m* carte d'identité espagnole.

do *m* do *m* .

dobladillo *m* ourlet *m*.

doblado, da *adj* **-1.** [papel, camisa] plié(e). **-2.** [voz, película] doublé(e).

doblaje *m* doublage *m*.

doblar ◇ *vt* **-1.** [gen, NÁUT & CIN] doubler. **-2.** [plegar] plier. **-3.** [torcer] tordre. **-4.** [girar a] : ~ **la esquina** tourner au coin de la rue. **-5.** *fig* [castigar] : ~ **a alguien a palos** rouer qqn de coups. ◇ *vi* **-1.** [girar] tourner. **-2.** [campanas] : ~ **(a muerto)** sonner le glas. ◆ **doblarse** *vp* [someterse] : ~**se a** o **ante algo** plier sous o se soumettre à qqch; [a una petición] accéder à qqch.

doble ◇ *adj* **-1.** [gen] double; **de** ~ **sentido** à double sens; ~ **«l»** deux «l». **-2.** [cantidad] : **tiene** ~ **número de habitantes** elle a deux fois plus d'habitants; ~ **de ancho que...** deux fois plus large que... ◇ *mf* **-1.** [persona] double *m*. **-2.** CIN doublure *f*. ◇ *m* [duplo, copia] double *m*; **gana el** ~ **que yo** elle gagne deux fois plus que moi. ◇ *adv* double; **ver** ~ voir double; **trabajar** ~ travailler deux fois plus. ◆ **dobles** *m inv* DEP [en tenis] double *m*.

doblegar *vt* **-1.** [torcer] plier. **-2.** [someter] faire fléchir. ◆ **doblegarse** *vp* [someterse] : ~**se a** se plier à; ~**se ante/bajo** fléchir devant/sous.

doblez ◇ *m* [pliegue] pli *m*. ◇ *m* o *f fig* [falsedad] duplicité *f*.

doce ◇ *núm* douze. ◇ *fpl* : **las** ~ [de la mañana] midi; [de la noche] minuit; *ver también* **seis**.

doceavo, va *núm* douzième.

docena *f* douzaine *f*; **por** ~**s** [doce a doce] à la douzaine; [en cantidad] beaucoup.

docencia *f* enseignement *m*.

docente ◇ *adj* [personal] enseignant(e); [centro] d'enseignement. ◇ *mf* enseignant *m*, -e *f*.

dócil *adj* [manso] docile; [niño] facile.

docto, ta *adj & m, f* savant(e).

doctor, ra *m, f* docteur *m*; ~ **en** [en derecho, medicina] docteur en; [en ciencias, letras] docteur ès.

doctorar *vt* : ~ **a alguien** délivrer un doctorat à qqn.

doctrina *f* doctrine *f*.

documentación *f* **-1.** [en archivos] documentation *f*. **-2.** [identificación personal] papiers *mpl*.

documentado, da *adj* **-1.** [informado] documenté(e). **-2.** [con papeles encima] : **ir** ~ avoir ses papiers sur soi.

documental *adj & m* documentaire.

documentar *vt* **-1.** [evidenciar] documenter; [petición] fournir des documents à l'appui de. **-2.** [informar] informer. ◆ **documentarse** *vp* se documenter.

documento *m* **-1.** [escrito] document *m*; ~ **nacional de identidad** carte *f* nationale d'identité. **-2.** [testimonio] témoignage *m*.

dogma *m* dogme *m*.

dogmático, ca *adj* dogmatique.

dólar *m* dollar *m*.

dolencia *f* douleur *f*.

doler *vi* **-1.** [físicamente] faire mal; **me duele la pierna** ma jambe me fait mal; **me duele la cabeza** j'ai mal à la tête. **-2.** [moralmente] faire de la peine, faire du mal; **me duele verte llorar** ça me fait de la peine de te voir pleurer. ◆ **dolerse** *vp* : ~**se de** o **por** [quejarse] se plaindre de; [arrepentirse] regretter de; [apenarse] être affligé(e) par.

dolido, da *adj* meurtri(e).

dolmen *m* dolmen *m*.

dolor *m* douleur *f*; ~ **de muelas** rage *f* de dents; **tener** ~ **de cabeza/de estómago** avoir des maux de tête/d'estomac; **tener** ~ **de barriga/de riñones** avoir mal au ventre/aux reins.

dolorido, da *adj* **-1.** [físicamente] endolori(e). **-2.** [moralmente] peiné(e).

doloroso, sa *adj* douloureux(euse).

domador, ra *m, f* dompteur *m*, -euse *f*.

domar *vt* **-1.** [fieras, pasiones] dompter. **-2.** [persona, animal] dresser.

domesticar *vt* **-1.** [animal] domestiquer. **-2.** [persona] apprivoiser.

doméstico, ca *adj* **-1.** [de casa] ménager(ère). **-2.** [animal] domestique.

domiciliación *f* domiciliation *f*; ~ **bancaria** domiciliation bancaire.

domiciliar *vt* [pago] payer par virement bancaire.

domicilio *m* domicile *m*; ~ **social** siège *m* social.

dominante *adj* dominant(e); [persona] dominateur(trice).

dominar *vt* dominer; [conocer, controlar] maîtriser. ◆ **dominarse** *vp* [contenerse] se dominer, se maîtriser.

domingo *m* dimanche *m*; *ver también* **sábado**.

dominguero, ra *fam* ◇ *adj* du dimanche. ◇ *m, f*: **es un ~** c'est un conducteur du dimanche.

dominical *adj* dominical(e).

dominicano, na ◇ *adj* dominicain(e). ◇ *m, f* Dominicain *m*, -e *f*.

dominio *m* **-1.** [control] domination *f*; **el ~ de los Austrias** l'empire d'Autriche. **-2.** [autoridad] pouvoir *m*; **el ~ de la Iglesia** le pouvoir de l'Église. **-3.** [territorio, ámbito] domaine *m*. **-4.** [conocimiento] maîtrise *f*. ◆ **dominios** *mpl* territoires *mpl*.

dominó *m* **-1.** [juego] dominos *mpl*. **-2.** [ficha] domino *m*.

don *m* **-1.** [tratamiento] : **~ Luis García, ~ Luis** monsieur Luis García, monsieur García. **-2.** [habilidad] don *m*; **tener el ~ de los idiomas** avoir le don des langues; **tener el ~ de los negocios** avoir le sens des affaires.

donaire *m* **-1.** [gen] grâce *f*; [al andar] allure *f*; [al expresarse] esprit *m*. **-2.** [dicho] mot *m* d'esprit.

donante *mf* [de cuadros, bienes] donateur *m*, -trice *f*; [de sangre, órganos] donneur *m*, -euse *f*.

donar *vt* faire don de.

donativo *m* don *m*.

doncella *f* **-1.** LITER damoiselle *f*. **-2.** [criada] bonne *f*.

donde ◇ *adv* où; **el bolso está ~ lo dejaste** le sac est là où tu l'as laissé; **de** ◊ **desde ~** d'où; **pasaré por ~ me manden** je passerai par où on me dira de passer. ◇ *pron* où; **esa es la casa ~ nací** c'est la maison où je suis né; **de ~** d'où; **la ciudad de ~ viene** la ville d'où il vient; **ese es el camino por ~ pasamos** c'est le chemin par lequel nous sommes passés. ◆ **de donde** *loc adv* d'où.

dónde *adv (interrogativo)* où; **¿~ estás?** où es-tu?; **no sé ~ está** je ne sais pas où il est; **¿a ~ vas?** où vas-tu?; **¿de ~ eres?** d'où es-tu?; **¿por ~ se va al teatro?** par où va-t-on au théâtre?

dondequiera ◆ **dondequiera que** *loc adv* où que; ◆ **que estés** ou que tu sois.

doña *f*: **~ Luisa García, ~ Luisa** madame Luisa García, madame García.

dopado, da *adj* dopé(e).

dopaje = doping.

dopar *vt* doper.

doping, dopaje *m* dopage *m*.

doquier ◆ **por doquier** *loc adv* partout.

dorado, da *adj* **-1.** [color, época] doré(e). **-2.** *fig* [edad, siglo] d'or. ◆ **dorada** *f* [pez] daurade *f*.

dorar *vt* **-1.** [gen] dorer. **-2.** [alimento – en la sartén] faire revenir; [– en el horno] faire dorer. **-3.** [verdad, mala noticia] enjoliver. ◆ **dorarse** *vp* dorer.

dormilón, ona *fam* ◇ *adj*: **es un niño ~** c'est un enfant qui dort beaucoup. ◇ *m, f* [persona] marmotte *f*.

dormir ◇ *vt* endormir; **~ la siesta** faire la sieste. ◇ *vi* dormir. ◆ **dormirse** *vp* **-1.** [persona] s'endormir; **~se en los laureles** s'endormir sur ses lauriers. **-2.** [mano, pierna] s'engourdir; **se me ha dormido la mano** j'ai la main tout engourdie.

dormitar *vi* somnoler.

dormitorio *m* chambre *f* (à coucher); [de colegio] dortoir *m*.

dorsal ◇ *adj* dorsal(e). ◇ *m* DEP dossard *m*. ◇ *f* dorsale *f*.

dorso *m* dos *m*; **'véase al ~'** 'voir au dos'.

dos *núm* deux; **cada ~ por tres** à tout bout de champ; *ver también* **seis**.

DOS (*abrev de* **disk operating system**) *m* DOS *m*.

doscientos, tas *núm* deux cents; *ver también* **seiscientos**.

dosificar *vt* **-1.** [gen & QUÍM] doser. **-2.** *fig* [palabras] peser.

dosis *f inv* lit *&* *fig* dose *f*.

dossier *m inv* dossier *m*.

dotación *f* **-1.** [gen] dotation *f*. **-2.** [plantilla] personnel *m*.

dotado, da *adj*: **~ para** [persona] doué pour; **~ de** [instalación, aparato] équipé de.

dotar *vt* **-1.** [gen] doter; **~ algo de** [de material] équiper qqch de; [personas] fournir le personnel nécessaire à. **-2.** *fig* [suj: naturaleza] : **~ a alguien de** douer qqn de.

dote *m o f* [en boda] dot *f*. ◆ **dotes** *fpl* [dones] qualités *fpl*; **tener ~s de** être doué(e) pour.

Dr. (*abrev de* **doctor**) Dr.

Dra. (*abrev de* **doctora**) Dr.

dragar *vt* draguer.

dragón *m* dragon *m*.

drama *m* drame *m*; **hacer un** ~ *fig* faire tout un cirque; **hacer un** ~ **de algo** *fig* faire un drame de qqch.

dramático, ca *adj lit & fig* dramatique.

dramatizar *vt* dramatiser; [obra, poema] adapter.

dramaturgo, ga *m, f* dramaturge *m*.

drástico, ca *adj* **-1.** [efecto, cambio] radical(e). **-2.** [medida] draconien(enne), drastique.

drenar *vt* drainer.

driblar *vt* DEP dribbler.

droga *f* drogue *f*.

drogadicto, ta *adj & m, f* toxicomane.

drogar *vt* droguer. ◆ **drogarse** *vp* se droguer.

droguería *f* droguerie *f*.

dromedario *m* dromadaire *m*.

drugstore (*pl* **drugstores**) *m* drugstore *m*.

dto. *abrev de* **descuento**.

dual *adj* dual(e).

dualidad *f* dualité *f*.

Dublín Dublin.

ducado *m* **-1.** [tierras] duché *m*. **-2.** [moneda] ducat *m*.

ducha *f* douche *f*; **tomar** ○ **darse una** ~ prendre une douche.

duchar *vt* doucher. ◆ **ducharse** *vp* se doucher.

duda *f* doute *m*; **no cabe** ~ il n'y a pas de doute; **salir de** ~s en avoir le cœur net; **sin** ~ sans doute.

dudar ◇ *vi* **-1.** [desconfiar] : ~ **de** douter de. **-2.** [no estar seguro] : ~ **sobre** avoir des doutes sur. **-3.** [vacilar] hésiter. ◇ *vt* douter; **dudo que venga** je doute qu'il vienne; **lo dudo** j'en doute.

dudoso, sa *adj* **-1.** [improbable] : **es** ~ **que...** il n'est pas certain que... **-2.** [vacilante] hésitant(e). **-3.** [sospechoso] douteux(euse).

duelo *m* **-1.** [combate] duel *m*. **-2.** [sentimiento] deuil *m*.

duende *m* **-1.** [personaje] lutin *m*. **-2.** *fig* [encanto] charme *m*.

dueño, ña *m, f* propriétaire *mf*.

Duero *m* : **el** ~ le Douro.

dulce ◇ *adj* doux (douce); [con azúcar] sucré(e). ◇ *m* [pastel] gâteau *m*; [caramelo] bonbon *m*; ~ **de membrillo** pâte *f* de coings. ◆ **dulces** *mpl* sucreries *fpl*, friandises *fpl*.

dulcificar *vt* **-1.** [endulzar] sucrer. **-2.** *fig* [suavizar] adoucir.

dulzura *f* douceur *f*.

duna *f* dune *f*.

dúo *m* duo *m*; **a** ~ en duo.

duodécimo, ma *núm* douzième.

duodeno *m* ANAT duodénum *m*.

dúplex, duplex *m* duplex *m*.

duplicado, da *adj* [documento] en double exemplaire. ◆ **duplicado** *m* duplicata *m*; **por** ~ en double exemplaire.

duplicar *vt* **-1.** [cantidad] doubler. **-2.** [documento] faire un double de. ◆ **duplicarse** *vp* doubler; **se ha duplicado el precio** le prix a doublé.

duque, sa *m, f* duc *m*, duchesse *f*.

duración *f* durée *f*.

duradero, ra *adj* durable.

durante *prep* pendant; ~ **las vacaciones** pendant les vacances; ~ **toda la semana** toute la semaine.

durar *vi* durer; [quedarse, subsistir] persister.

dureza *f* **-1.** [gen] dureté *f*. **-2.** [callosidad] durillon *m*.

duro, ra *adj* dur(e); **ser** ~ **de pelar** être un dur à cuire. ◆ **duro** ◇ *m* **-1.** [moneda] : **un** ~ cinq pesetas. **-2.** [persona] dur *m*. ◇ *adv* dur; **trabajar** ~ travailler dur; **pegar** ~ frapper fort.

d/v *abrev de* **días vista**.

EA (*abrev de* **Eusko Alkartasuna**) *f* parti politique basque né d'une scission du PNV.

ebanista *mf* ébéniste *mf*.

ebanistería *f* **-1.** [oficio] ébénisterie *f*. **-2.** [taller] atelier *m* d'ébéniste.

ébano *m* [madera] ébène *f*.

ebrio, bria *adj lit & fig* ivre.

Ebro *m* : **el** ~ l'Èbre *m*.

ebullición *f* ébullition *f*.

eccema *m* eczéma *m*.

echar ◇ *vt* **-1.** [tirar] lancer; [basura, red etc] jeter. **-2.** [añadir, accionar] mettre; ~ **azúcar en el café** mettre du sucre dans son café; ~ **el freno de mano** mettre le frein à main; ~ **la llave** fermer à clef. **-3.**

[dar] : ~ **comida** [a animales] donner à manger; ~ **de comer** [a personas] servir à manger. **-4.** [salir] : **los rosales echan flores** les rosiers fleurissent; ~ **los dientes** faire ses dents. **-5.** [vapor, chispas] faire; ~ **humo** fumer. **-6.** [carta, postal] poster. **-7.** [expulsar] mettre à la porte. **-8.** [condena] : ~ **diez años de prisión** condamner à dix ans de prison. **-9.** [adivinar] donner; **¿cuántos años le echas?** quel âge tu lui donnes? **-10.** [en televisión, cine] passer; **¿qué echan en el cine de al lado?** qu'est-ce qu'on joue au cinéma d'à côté? **-11.** *loc* : ~ **abajo** [derrumbar] abattre; ~ **cuentas** faire des comptes; **echo de menos a mis hijos** [añorar] mes enfants me manquent; ~ **las cartas** tirer les cartes. ◇ *vi* **-1.** [empezar] : ~ **a hacer algo** se mettre à faire qqch. **-2.** *fam* [dirigirse] prendre; ~ **por el camino** prendre le chemin. ◆ **echarse** *vp* **-1.** [lanzarse] se jeter. **-2.** [acostarse] s'allonger. **-3.** [apartarse] : ~**se a un lado** se pousser; ~**se atrás** [retroceder] reculer; *fig* se raviser. **-4.** *loc* : ~**se a perder** [comida] s'abîmer; [plan, fiesta] mal tourner.

echarpe *m* écharpe *f.*

eclesiástico, ca *adj* ecclésiastique. ◆ **eclesiástico** *m* ecclésiastique *m.*

eclipsar *vt* **-1.** [suj : astro] éclipser. **-2.** *fig* faire de l'ombre à.

eclipse *m* éclipse *f.*

eco *m* écho *m*; **hacerse** ~ **de** se faire l'écho de. ◆ **eco del radar** *m* écho-radar *m.*

ecografía *f* échographie *f.*

ecología *f* écologie *f.*

ecológico, ca *adj* écologique.

ecologista *adj & mf* écologiste.

economato *m* coopérative *f.*

economía *f* économie *f*; ~ **familiar** économie domestique; ~ **sumergida** économie parallèle.

económico, ca *adj* **-1.** [gen] économique; **sirven comidas económicas** on sert des repas à bas prix. **-2.** [persona] économe.

economista *mf* économiste *mf.*

economizar *vt lit & fig* économiser.

ecosistema *m* écosystème *m.*

ecu (*abrev de* **unidad de cuenta europea**) *m* ECU *m*, écu *m.*

ecuación *f* MAT équation *f* .

ecuador *m* [de la tierra] équateur *m.*

Ecuador Équateur *m.*

ecuánime *adj* **-1.** [en el juicio] impartial(e). **-2.** [en el ánimo] serein(e).

ecuatoriano, na ◇ *adj* équatorien(enne). ◇ *m, f* Équatorien *m*, - enne *f.*

ecuestre *adj* équestre.

edad *f* âge *m*; **¿qué** ~ **tienes?** quel âge astu?; **una persona de** ~ une personne âgée; ~ **del pavo** âge ingrat; ~ **escolar** âge scolaire; **Edad Media** Moyen Âge; **tercera** ~ troisième âge.

edelweiss *m inv* edelweiss *m.*

edén *m lit & fig* éden *m.*

edición *f* édition *f*; ~ **de bolsillo** édition de poche.

edicto *m* édit *m.*

edificante *adj* édifiant(e).

edificar *vt* **-1.** [construir] construire. **-2.** [aleccionar] édifier.

edificio *m* bâtiment *m*; [bloque] immeuble *m.*

edil *m* [concejal] conseiller *m* municipal, conseillère *f* municipale.

Edimburgo Édimbourg.

editar *vt* éditer.

editor, ra ◇ *adj* éditeur(trice); **una empresa editora** une maison d'édition. ◇ *m, f* **-1.** [de publicación, disco] éditeur *m*, -trice *f.* **-2.** [de programa de radio, televisión] réalisateur *m*, -trice *f.* ◆ **editor** *m* INFORM éditeur *m* de textes.

editorial ◇ *adj* éditorial(e). ◇ *m* éditorial *m.* ◇ *f* maison *f* d'édition.

edredón *m* édredon *m*; ~ **(nórdico)** couette *f.*

educación *f* éducation *f*; **recibió una buena** ~ **en esa escuela** il a reçu une bonne éducation dans cette école; **¡qué poca** ~**!** qu'il est mal élevé!; ~ **física** éducation physique; **mala** ~ mauvaise éducation.

educado, da *adj* bien élevé(e); **mal** ~ mal élevé.

educador, ra *m, f* éducateur *m*, -trice *f.*

educar *vt* éduquer; [criar] élever.

edulcorante ◇ *adj* édulcorant(e). ◇ *m* édulcorant *m.*

edulcorar *vt* édulcorer.

EE (*abrev de* **Euskadiko Ezkerra**) *m* parti politique basque de gauche.

EE UU (*abrev de* **Estados Unidos**) *mpl* USA *mpl.*

efectivamente *adv* effectivement.

efectividad *f* effet *m.*

efectivo, va adj **-1.** [eficaz] positif(ive). **-2.** [real] réel(elle). **-3. hacer** ~ [promesa, amenaza, plan] mettre à exécution; [sueño] réaliser; [deseo] exaucer; [dinero, crédito] payer. ◆ **efectivo** m [dinero] liquidités fpl, avoirs mpl en liquide; **no tengo** ~ je n'ai pas de liquide; **en** ~ en espèces. ◆ **efectivos** mpl effectifs mpl.

efecto m **-1.** [gen] effet m; ~ **invernadero** effet de serre; ~ **óptico** illusion f d'optique; ~**s especiales** effets spéciaux; ~**s secundarios** effets secondaires. **-2.** [artificio] trucage m. **-3.** [finalidad] but m; **a** ~ **de** dans le but de; **a** ~**s de, para los** ~**s de** pour. ◆ **en efecto** loc adv en effet.

efectuar vt effectuer. ◆ **efectuarse** vp avoir lieu.

efeméride f [suceso notable] date f anniversaire. ◆ **efemérides** fpl [notas, libro de sucesos] éphéméride f.

efervescencia f lit & fig effervescence f.

efervescente adj effervescent(e).

eficacia f efficacité f.

eficaz adj efficace.

eficiencia f efficacité f.

eficiente adj efficace.

efímero, ra adj éphémère.

efusión f effusion f.

efusivo, va adj expansif(ive).

EGB (abrev de enseñanza general básica) f EDUC cycle d'enseignement comprenant l'école primaire et les trois premières années du secondaire.

egipcio, cia ◇ adj égyptien(enne). ◇ m, f Égyptien m, -enne f.

Egipto Égypte f; **el** ~ **antiguo** l'Égypte ancienne.

egocéntrico, ca adj & m, f égocentrique.

egoísmo m égoïsme m.

egoísta adj & mf égoïste.

ególatra adj égotiste.

egresado, da m, f Amer diplômé m, -e f.

egresar vi Amer obtenir son diplôme.

egreso m Amer diplôme m.

eh interj : ¡~! hé!

ej. abrev de ejemplar.

eje m [gen] axe m; [de rotación] arbre m; [de coche] essieu m.

ejecución f exécution f.

ejecutar vt [gen & INFORM] exécuter.

ejecutivo, va ◇ adj exécutif(ive); **la secretaría ejecutiva** le secrétariat de direction. ◇ m, f [profesional] cadre mf;

~ **agresivo** jeune cadre dynamique. ◆ **ejecutivo** m → poder.

ejem interj : ¡~! hum!

ejemplar adj & m exemplaire.

ejemplificar vt [ilustrar] illustrer (par des exemples); [dar ejemplos de] donner des exemples de.

ejemplo m exemple m; **por** ~ par exemple.

ejercer ◇ vt exercer. ◇ vi exercer; ~ **de** exercer la profession de.

ejercicio m exercice m .

ejercitar vt [un derecho] exercer. ◆ **ejercitarse** vp : ~**se (en algo)** s'exercer (à qqch).

ejército m lit & fig armée f.

ejote m Amer haricot m vert.

el, la (mpl **los,** fpl **las**) art ('el' antes de sust femenino que empiece por 'a' o 'ha' tónicas; a + el = al; de + el = del) **-1.** [gen] le, la; ~ **libro/la casa** le livre/la maison; ~ **amor/la vida** l'amour/la vie; **los niños imitan a los adultos** les enfants imitent les adultes; ~ **Sena/Everest** la Seine/l'Everest; **¡ahora con ustedes,** ~ **inigualable Pérez!** et voici l'inégalable Pérez!; **prefiero** ~ **grande** je préfère le grand. **-2.** [indica pertenencia] : **se rompió la pierna** il s'est cassé la jambe; **se quitó los zapatos** il a enlevé ses chaussures. **-3.** [con días de la semana] : **vuelven** ~ **sábado** ils reviennent samedi prochain. **-4.** (con complemento de nombre, especificativo y posesivo) : ~ **de** celui de, celle de; **he perdido** ~ **tren, cogeré** ~ **de las doce** j'ai raté mon train, je prendrai celui de midi; **mi hermano y** ~ **de Juan** mon frère et celui de Juan. **-5.** (antes de frase) : ~ **que** [sujeto] celui qui, celle qui; [complemento] celui que, celle que; ~ **que primero llegue...** celui qui arrivera le premier...; **coge** ~ **que quieras** prends celui que tu voudras.

él, ella pron pers [sujeto] il, elle; [predicado y complemento] lui, elle; ~ **se llama Juan** il s'appelle Juan; **el culpable es** ~ c'est lui le coupable; **díselo a** ~ dis-le-lui; **voy con ella** je vais avec elle; **le hablé de** ~ je lui ai parlé de lui; **de** ~/**ella** [posesivo] à lui/elle.

elaborar vt **-1.** [gen] élaborer, mettre au point. **-2.** [confeccionar] fabriquer.

elasticidad f **-1.** [de músculo, tejido] élasticité f. **-2.** [en deporte, en el carácter] souplesse f.

elástico, ca *adj lit & fig* élastique. ◆ **elástico** *m* élastique *m*. ◆ **elásticos** *mpl* bretelles *fpl*.

elección *f* **-1.** [nombramiento] élection *f*. **-2.** [opción] choix *m*. ◆ **elecciones** *fpl* élections *fpl*.

electo, ta *adj* élu(e).

elector, ra *m, f* électeur *m*, -trice *f*.

electorado *m* électorat *m*.

electoral *adj* électoral(e).

electricidad *f* électricité *f*.

electricista ◇ *adj* : **un ingeniero** ∼ un ingénieur électricien. ◇ *mf* électricien *m*, -enne *f*.

eléctrico, ca *adj* électrique.

electrificar *vt* électrifier.

electrizar *vt lit & fig* électriser.

electrocutar *vt* électrocuter. ◆ **electrocutarse** *vp* s'électrocuter.

electrodoméstico *m (gen pl)* appareil *m* électroménager; **los** ∼**s** l'électroménager *m*.

electromagnético, ca *adj* électromagnétique.

electrón *m* électron *m*.

electrónico, ca *adj* électronique. ◆ **electrónica** *f* électronique *f*.

elefante, ta *m, f* éléphant *m*. ◆ **elefante marino** *m* éléphant *m* de mer.

elegancia *f* élégance *f*.

elegante *adj* élégant(e).

elegantoso, sa *adj Amer* élégant(e).

elegía *f* élégie *f*.

elegir *vt* **-1.** [escoger] choisir. **-2.** [por votación] élire.

elemental *adj* **-1.** [básico] élémentaire. **-2.** [obvio] évident(e).

elemento *m* **-1.** [gen] élément *m* . **-2.** *fam* [persona] numéro *m*; **¡vaya** ∼**!** quel numéro!

elenco *m* **-1.** [de artistas – conjunto] troupe *f*; [– reparto] distribution *f*. **-2.** [catálogo] liste *f*.

elepé *m* trente-trois-tours *m inv*.

elevación *f* **-1.** [gen] élévation *f*. **-2.** TECNOL levage *m* de. **-3.** [aparatos] de levage.

elevado, da *adj* **-1.** [alto] élevé(e). **-2.** *fig* [sublime] noble.

elevador, ra *adj* élévateur(trice). ◆ **elevador** *m* **-1.** [gen] élévateur *m*. **-2.** [ascensor] ascenseur *m*.

elevalunas *m inv* lève-glace *m*, lève-vitre *m* .

elevar *vt* **-1.** [gen] élever; ∼ **al cuadrado/ cubo** élever au carré/cube. **-2.** [material, mercancía] monter. ◆ **elevarse** *vp* : ∼**se (a)** s'élever (à).

elidir *vt* élider.

eliminar *vt* éliminer.

elipse *f* GEOM ellipse *f*.

élite, elite *f* élite *f*.

elitista *adj & mf* élitiste.

elixir, elíxir *m lit & fig* élixir *m*.

ella → **él**.

ellas → **ellos**.

ello *pron pers (neutro)* **-1.** [sujeto] cela; **me es antipático, pero** ∼ **no impide que le hable** il m'est antipathique, mais cela ne m'empêche pas de lui parler. **-2.** *(después de prep)* [complemento] : **de** ∼ en, de cela; **no quiero hablar de** ∼ je ne veux pas en parler; **para** ∼ pour cela; **para** ∼ **tendremos que...** pour cela nous devrons...; **en** ∼ y; **no quiero pensar en** ∼ je ne veux pas y penser.

ellos, ellas *pron pers* [sujeto] ils, elles; [predicado y complemento] eux, elles; ∼ **se llaman Juan y Pepito** ils s'appellent Juan et Pepito; **los culpables son** ∼ ce sont eux les coupables; **díselo a** ∼ dis-le-leur; **voy con ellas** je vais avec elles; **le hablé de** ∼ je lui ai parlé d'eux; **de** ∼**/ellas** [posesivo] à eux/elles.

elocuencia *f* éloquence *f*.

elocuente *adj* éloquent(e).

elogiar *vt* : ∼ **algo/a alguien** faire l'éloge de qqch/qqn.

elogio *m* éloge *m*.

El Salvador Salvador *m*.

elucidar *vt* élucider.

elucubración *f* élucubration *f*.

elucubrar *vt* **-1.** [reflexionar] : ∼ **sobre** méditer sur. **-2.** *despec* [imaginar] échafauder.

eludir *vt* éviter; [pregunta] éluder; [dificultad] contourner; [perseguidores] échapper à.

emanar *vi* : ∼ **de** émaner de.

emancipación *f* **-1.** [gen] émancipation *f*; [de esclavo] affranchissement *m*. **-2.** [de territorio] indépendance *f*.

emancipar *vt* [gen] émanciper; [esclavo] affranchir. ◆ **emanciparse** *vp* s'émanciper.

embadurnar *vt* : ∼ **(de algo)** barbouiller (de qqch). ◆ **embadurnarse** *vp* : ∼**se (de algo)** se barbouiller (de qqch).

embajada *f* ambassade *f*.

embajador, ra *m*, *f* ambassadeur *m*, -drice *f*.

embalaje *m* emballage *m*.

embalar *vt* emballer. ◆ **embalarse** *vp lit & fig* s'emballer.

embalsamar *vt* embaumer.

embalse *m* [construcción] barrage *m*; [lago] réservoir *m*.

embarazada ◇ *adj f* enceinte; **dejar** ∼ mettre enceinte; **(estar)** ∼ **de** (être) enceinte de; **quedarse** ∼ tomber enceinte. ◇ *f* femme *f* enceinte.

embarazar *vt* -**1**. [preñar] faire un enfant à. -**2**. [impedir, molestar] gêner.

embarazo *m* grossesse *f*.

embarazoso, sa *adj* embarrassant(e).

embarcación *f* -**1**. [barco] embarcation *f*. -**2**. [embarque] embarquement *m*.

embarcadero *m* embarcadère *m*.

embarcar ◇ *vt* -**1**. [para viajar] embarquer. -**2**. *fig* : ∼ **a alguien en algo** entraîner qqn dans qqch. ◇ *vi* embarquer. ◆ **embarcarse** *vp* -**1**. [para viajar] s'embarquer. -**2**. *fig* : ∼**se en algo** se lancer dans qqch.

embargar *vt* -**1**. DER saisir. -**2**. [suj : sentimiento] paralyser, saisir.

embargo *m* -**1**. DER saisie *f*. -**2**. ECON embargo *m*.

embarque *m* embarquement *m*.

embarrancar *vi* s'échouer. ◆ **embarrancarse** *vp* s'embourber.

embarullar *vt fam* embrouiller. ◆ **embarullarse** *vp fam* s'embrouiller.

embate *m* -**1**. [de ira, celos] accès *m*. -**2**. [golpe] coup *m*; ∼ **de mar** coup *m* de mer.

embaucar *vt* duper.

embeber *vt* absorber *(un liquide)*. ◆ **embeberse** *vp* -**1**. [ensimismarse] s'absorber. -**2**. *fig* [empaparse] s'imprégner.

embellecedor *m* enjoliveur *m*.

embellecer *vt* embellir.

embestida *f* charge *f (attaque)*.

embestir *vt* charger *(attaquer)*.

emblema *m* emblème *m*.

embobar *vt* ébahir. ◆ **embobarse** *vp* rester bouche bée.

embocadura *f* embouchure *f*.

embolado *m fam* -**1**. [mentira, engaño] bobard *m*. -**2**. [lío, follón] pétrin *m*.

embolia *f* MED embolie *f*.

émbolo *m* piston *m*.

embolsar *vt* mettre dans un sac. ◆ **embolsarse** *vp* empocher.

embonar *vt Amer fam* aller comme un gant à.

emborrachar *vt* soûler. ◆ **emborracharse** *vp* se soûler.

emborronar *vt* -**1**. [garabatear] gribouiller sur. -**2**. [escribir de prisa] griffonner.

emboscada *f lit & fig* embuscade *f*.

embotellado, da *adj* en bouteille. ◆ **embotellado** *m* mise *f* en bouteilles.

embotellamiento *m* -**1**. [de tráfico] embouteillage *m*. -**2**. [de líquidos] mise *f* en bouteilles.

embotellar *vt* -**1**. [tráfico] embouteiller. -**2**. [líquido] mettre en bouteilles.

embozar *vt* -**1**. [conducto] boucher. -**2**. *fig* [disfrazar, encubrir] déguiser. ◆ **embozarse** *vp* -**1**. [persona] se couvrir le visage. -**2**. [conducto] se boucher.

embragar *vi* embrayer.

embrague *m* embrayage *m*.

embriagar *vt* enivrer. ◆ **embriagarse** *vp* s'enivrer.

embriaguez *f* ivresse *f*.

embrión *m lit & fig* embryon *m*.

embrollo *m* -**1**. [enredo] embrouillement *m*. -**2**. *fig* [lío] imbroglio *m*; [embuste] mensonge *m*.

embromado, da *adj Amer fam* casse-pieds.

embromar *vt Amer fam* [fastidiar] casser les pieds à.

embrujar *vt* ensorceler.

embrujo *m* -**1**. [encantamiento] ensorcellement *m*. -**2**. [encanto] charme *m*.

embrutecer *vt* abrutir. ◆ **embrutecerse** *vp* s'abrutir.

embuchado, da *adj* : **carne embuchada** *viande préparée en boyau*.

embuchar *vt* -**1**. *fam* [comer] engloutir. -**2**. [embutir] farcir *(avec de la viande)*.

embudo *m* entonnoir *m*.

embuste *m* mensonge *m*.

embustero, ra *adj & m*, *f* menteur(euse).

embute *m Amer fam* pot-de-vin *m*.

embutido *m* [comida] charcuterie *f*.

embutir *vt* -**1**. [rellenar con carne] farcir. -**2**. *fig* [introducir] bourrer.

emergencia *f* urgence *f*.

emerger *vi* émerger.

emigración *f* -**1**. [de personas] émigration *f*. -**2**. [de aves] migration *f*.

emigrante adj & mf émigrant(e).

emigrar vi **-1.** [persona] émigrer. **-2.** [ave] migrer.

eminencia f [persona] sommité f. ◆ **Eminencia** f : **Su Eminencia** Son Éminence.

eminente adj **-1.** [distinguido] éminent(e). **-2.** [elevado] élevé(e).

emir m émir m.

emirato m émirat m.

Emiratos Arabes Unidos : los ∼ les Émirats arabes unis.

emisión f [puesta en circulación] émission f.

emitir vt & vi émettre.

emoción f émotion f.

emocionante adj **-1.** [conmovedor] émouvant(e), touchant(e). **-2.** [apasionante] palpitant(e).

emocionar vt **-1.** [conmover] émouvoir, toucher. **-2.** [apasionar] enflammer. ◆ **emocionarse** vp **-1.** [conmoverse] être ému(e), être touché(e). **-2.** [apasionarse] s'enflammer.

emotivo, va adj **-1.** [persona] émotif(ive). **-2.** [escena, palabras] émouvant(e).

empachar vt donner une indigestion à. ◆ **empacharse** vp avoir une indigestion.

empacho m indigestion f.

empadronar vt recenser. ◆ **empadronarse** vp se faire recenser.

empalagar vt écœurer.

empalagoso, sa adj écœurant(e).

empalizada f palissade f.

empalmar ⋄ vt **-1.** [cables, tubos] raccorder. **-2.** [planes, ideas] enchaîner. **-3.** [en fútbol] reprendre de volée. ⋄ vi **-1.** [medios de transporte] : ∼ **(con)** assurer la correspondance (avec). **-2.** [autopistas, carreteras] se rejoindre. **-3.** [sucederse] s'enchaîner; **un chiste empalmaba con otro** les blagues n'arrêtaient pas.

empalme m **-1.** [entre cables, tubos] raccordement m. **-2.** [de carreteras] embranchement m.

empanada f chausson fourré à la viande ou autre ingrédient salé.

empanadilla f petit chausson fourré à la viande ou autre ingrédient salé.

empanar vt CULIN paner.

empantanar vt embourber. ◆ **empantanarse** vp s'embourber.

empañar vt **-1.** [cristal] embuer. **-2.** fig [reputación] ternir. ◆ **empañarse** vp être embué(e).

empapar vt tremper; [tierra] détremper. ◆ **empaparse** vp **-1.** [mojarse] être trempé(e); [persona] se faire tremper. **-2.** [enterarse bien] : ∼**se de** s'imprégner de.

empapelar vt **-1.** [pared] tapisser. **-2.** fam fig [procesar] traîner en justice.

empaquetar vt emballer.

emparedado, da adj enfermé(e) entre quatre murs, claquemuré(e). ◆ **emparedado** m sandwich de pain de mie.

emparedar vt **-1.** [ocultar en la pared] emmurer. **-2.** fam [encarcelar] coffrer.

emparejar vt **-1.** [aparejar] assembler par paires; [personas] mettre deux par deux. **-2.** [nivelar] mettre au même niveau. ◆ **emparejarse** vp se mettre en couple.

emparentar vi : ∼ **con** s'apparenter à.

emparrar vt faire grimper (une plante).

empastar vt [muela] plomber.

empaste m [de muela] plombage m.

empatar vi **-1.** DEP égaliser; ∼ **a dos** faire deux partout; ∼ **a cero** faire match nul. **-2.** [en elecciones] être en ballottage.

empate m **-1.** DEP : ∼ **a dos** deux partout; ∼ **a cero** match m nul. **-2.** [en elecciones] ballottage m.

empecinarse vp se buter.

empedernido, da adj invétéré(e); **es un fumador** ∼ c'est un fumeur invétéré.

empedrado m pavement m.

empedrar vt paver.

empeine m **-1.** ANAT cou-de-pied m. **-2.** [de zapato] empeigne f.

empeñado, da adj **-1.** [en préstamo] gagé(e). **-2.** [obstinado] : **estar** ∼ **en hacer algo** s'obstiner à faire qqch.

empeñar vt **-1.** [joyas etc] mettre en gage. **-2.** [palabra] donner; [honor] engager. ◆ **empeñarse** vp **-1.** [obstinarse] : ∼**se en hacer algo** [insistir] s'obstiner à faire qqch; [persistir] s'efforcer de faire qqch. **-2.** [endeudarse] s'endetter.

empeño m **-1.** [de joyas etc] mise f en gage. **-2.** [obstinación] acharnement m; **tener** ∼ **en hacer algo** tenir absolument à faire qqch.

empeorar vi empirer.

empequeñecer vt **-1.** [reducir de tamaño] rapetisser. **-2.** fig [quitar importancia] minimiser.

emperador, triz m, f [persona] empereur m, impératrice f. ◆ **emperador** m [pez] espadon m.

emperifollar *vt fam* pomponner. ◆ **emperifollarse** *vp fam* se mettre sur son trente-et-un; [una mujer] se pomponner.

emperrarse *vp* : ~ **(en hacer algo)** s'entêter (à faire qqch).

empezar ◇ *vt* commencer. ◇ *vi* : ~ **a/por hacer algo** commencer à/par faire qqch; **para** ~ pour commencer.

empinado, da *adj* [en pendiente] escarpé(e).

empinar *vt* **-1.** [vasija, jarro etc] incliner *(pour boire)*; ~ **el codo** lever le coude. **-2.** [levantar] dresser. ◆ **empinarse** *vp* **-1.** [animal] se dresser sur ses pattes de derrière. **-2.** [persona] se mettre sur la pointe des pieds. **-3.** *mfam* [miembro viril] : **se le empina** il bande.

empírico, ca ◇ *adj* empirique. ◇ *m, f* empiriste *mf.*

emplasto *m* FARMACIA emplâtre *m.*

emplazamiento *m* **-1.** [ubicación] emplacement *m.* **-2.** DER assignation *f*, mise *f* en demeure.

emplazar *vt* **-1.** [situar] installer. **-2.** DER assigner en justice.

empleado, da *m, f* employé *m*, -e *f.*

emplear *vt* employer; [tiempo] mettre; **empleó mucho tiempo en hacerlo** il a mis beaucoup de temps à le faire. ◆ **emplearse** *vp* s'employer, s'utiliser.

empleo *m* [trabajo] emploi *m*; **tener un buen** ~ avoir une bonne situation.

emplomadura *f Amer* [de diente] plombage *m.*

emplomar *vt Amer* [diente] plomber.

empobrecer *vt* appauvrir. ◆ **empobrecerse** *vp* s'appauvrir.

empollar ◇ *vt* **-1.** [huevo] couver. **-2.** *fam* [estudiar] potasser. ◇ *vi fam* bûcher. ◆ **empollarse** *vp fam* ~**se las matemáticas** bûcher les maths.

empollón, ona *adj & m, f fam* polard(e).

empolvarse *vp* se poudrer.

emporrarse *vp fam* se défoncer (au haschisch).

empotrado, da *adj* encastré(e).

empotrar *vt* encastrer.

emprendedor, ra *adj* entreprenant(e); **tener espíritu** ~ être entreprenant(e).

emprender *vt* entreprendre; ~ **el vuelo** s'envoler.

empresa *f* [sociedad comercial] entreprise *f*; ~ **de seguridad** société *f* de gardiennage; ~ **privada** entreprise privée; **pequeña y mediana** ~ PME.

empresarial *adj* patronal(e). ◆ **empresariales** *fpl* études *fpl* de commerce.

empresario, ria *m, f* chef *m* d'entreprise.

empréstito *m* emprunt *m.*

empujar *vt* pousser; ~ **a alguien a que haga algo** pousser qqn à faire qqch.

empuje *m* **-1.** [impulso] poussée *f.* **-2.** [energía] entrain *m.*

empujón *m* **-1.** [empellón] grand coup *m*; **abrirse paso a empujones** se frayer un chemin en bousculant tout le monde. **-2.** *fig* [impulso] effort *m.*

empuñadura *f* poignée *f*; [de espada] pommeau *m.*

empuñar *vt* empoigner; [arma] braquer.

emular *vt* : ~ **a alguien** [rivalizar] rivaliser avec qqn; [imitar] imiter qqn.

emulsión *f* émulsion *f.*

en *prep* **-1.** [lugar – en el interior de] **dans**; [– sobre la superficie de] **sur**; [– en un punto concreto de] **à**; **entraron** ~ **la habitación** ils sont entrés dans la pièce; ~ **el plato/la mesa** dans l'assiette/sur la table; **viven** ~ **París** ils vivent à Paris; ~ **casa** à la maison; ~ **el trabajo** au travail. **-2.** [tiempo – momento preciso] **en**, **à**; [– duración] **en**; **llegará** ~ **mayo** il arrivera en mai; **nació** ~ **1940** il est né en 1940; ~ **Navidades/invierno** à Noël/en hiver; ~ **la antigüedad** dans l'Antiquité; **lo hizo** ~ **dos días** il l'a fait en deux jours. **-3.** [medio de transporte] **en**; **ir** ~ **tren/coche/avión/barco** aller en train/voiture/avion/bateau. **-4.** [modo] **en**, **à**; **pagar** ~ **metálico** payer en liquide; ~ **voz baja** à sa voix basse; **todo se lo gasta** ~ **ropa** elle dépense tout son argent en vêtements; **lo conocí** ~ **su forma de hablar** je l'ai reconnu à sa façon de parler. **-5.** [seguido de cifra] : **las ganancias se calculan** ~ **millones** les gains se chiffrent en millions; **te lo dejo** ~ **5.000** je te le laisse à 5 000. **-6.** [tema, cualidad] **en**; **es un experto** ~ **la materia** c'est un expert en la matière; **es doctor** ~ **medicina** il est docteur en médecine.

enagua *f* (gen pl) jupon *m.*

enajenación *f*, **enajenamiento** *m* aliénation *f.*

enajenar *vt* **-1.** [enloquecer] rendre fou(folle). **-2.** [extasiar] ravir; [propiedad] aliéner.

enaltecer *vt* exalter.

enamoradizo, za *adj* : **ser** ~ avoir un cœur d'artichaut.

enamorado, da *adj & m, f* amoureux(euse).

enamorar *vt* séduire. ◆ **enamorarse** *vp* : ~**se (de)** tomber amoureux(euse) (de).

enano, na *adj & m, f* nain(e).

enarbolar *vt* arborer.

enardecer *vt* enflammer; [ánimos] échauffer.

encabezamiento *m* [de carta, escrito] entête *m*; [preámbulo] avant-propos *m inv*.

encabezar *vt* -**1**. [lista, clasificación] être en tête de. -**2**. [texto] mettre l'en-tête à. -**3**. [marcha, expedición] être à la tête de.

encabritarse *vp* -**1**. [caballo, vehículo] se cabrer. -**2**. *fam* [persona] se mettre en boule.

encadenar *vt* enchaîner.

encajar ◇ *vt* -**1**. [meter] emboîter, faire entrer; [meter ajustando] ajuster. -**2**. [hueso dislocado] remettre. -**3**. [soltar – golpe] assener; [– insultos] lancer. -**4**. [recibir] encaisser. ◇ *vi* -**1**. [piezas, objetos] s'emboîter, s'ajuster. -**2**. [declaraciones, hechos, datos] : ~ **(con)** cadrer (avec). -**3**. [ir bien] : ~ **(bien) en/con** aller (bien) dans/avec.

encaje *m* -**1**. [tejido] dentelle *f*. -**2**. [ajuste] emboîtement *m*, ajustement *m*.

encalar *vt* blanchir à la chaux.

encallar *vi* [barco] échouer. ◆ **encallarse** *vp fig* [solicitud] rester lettre morte.

encaminar *vt fig* [conducta, educación] orienter. ◆ **encaminarse** *vp* : ~**se a** ○ **hacia** se diriger vers.

encamotarse *vp Amer fam* s'amouracher (de).

encandilar *vt* éblouir. ◆ **encandilarse** *vp* être ébloui(e).

encantado, da *adj* -**1**. [contento] enchanté(e); ~ **de conocerle** enchanté de faire votre connaissance. -**2**. [hechizado – casa, lugar] hanté(e); [– persona] ensorcelé(e).

encantador, ra *adj* charmant(e).

encantar *vt* -**1**. [gustar] : ~**le a alguien algo/hacer algo** adorer qqch/faire qqch. -**2**. [embrujar] jeter un sort à.

encanto *m* -**1**. [atractivo] charme *m*; **ser un** ~ être adorable. -**2**. [apelativo cariñoso] : **oye**, ~ écoute, mon trésor. ◆ **encantos** *mpl* charmes *mpl*.

encañonar *vt* viser.

encapotado, da *adj* couvert(e) (ciel).

encapotarse *vp* se couvrir *(le ciel)*.

encapricharse *vp* -**1**. [obstinarse] : ~ **con hacer algo** se mettre en tête de faire qqch; **encaprichársele algo a alguien** se mettre qqch en tête. -**2**. [enamorarse] : ~ **con alguien** s'enticher de qqn.

encapuchado, da ◇ *adj* masqué(e). ◇ *m*, *f* homme *m* masqué, femme *f* masquée.

encapuchar *vt* encapuchonner.

encaramar *vt* jucher. ◆ **encaramarse** *vp* : ~**se a** ○ **en** se jucher ○ se percher sur.

encarar *vt* -**1**. [gen & DER] confronter. -**2**. [hacer frente a] affronter, faire face à. ◆ **encararse** *vp* [enfrentarse] : ~**se a** ○ **con** tenir tête à.

encarcelar *vt* emprisonner, écrouer, incarcérer.

encarecer *vt* -**1**. [producto] faire monter les prix de. -**2**. [rogar] : ~ **a alguien que haga algo** supplier qqn de faire qqch. ◆ **encarecerse** *vp* [precio, producto] augmenter.

encarecimiento *m* [de precio, producto] augmentation *f*, hausse *f*; ~ **de la vida** hausse du coût de la vie; **con** ~ instamment.

encargado, da ◇ *adj* : ~ **de algo** responsable de qqch; ~ **de hacer algo** chargé de faire qqch. ◇ *m*, *f* responsable *mf*; [de negocio] gérant *m*, -e *f*.

encargar *vt* -**1**. [poner al cargo] : ~ **a alguien de algo/que haga algo** charger qqn de qqch/de faire qqch. -**2**. [pedir] commander. ◆ **encargarse** *vp* [ocuparse] : ~**se de algo/de hacer algo** se charger de qqch/de faire qqch.

encargo *m* -**1**. [pedido] commande *f*; **hacer un** ~ passer une commande; **por** ~ sur commande. -**2**. [recado] commission *f*.

encariñar *vt* attendrir. ◆ **encariñarse** *vp* : ~**se con** s'attacher à.

encarnación *f* [personificación] incarnation *f*.

encarnado, da *adj* -**1**. [personificado] incarné(e). -**2**. [color] incarnat(e); [de la piel] rouge. ◆ **encarnado** *m* incarnat *m*.

encarnar *vt* incarner.

encarnizado, da *adj* acharné(e).

encarnizarse *vp* : ~ **(con)** s'acharner (sur).

encarrilar *vt* -**1**. [tren] remettre sur les rails. -**2**. *fig* [hacer ir bien] mettre sur la bonne voie.

encasillar vt -1. [clasificar] cataloguer.
-2. [poner en casillas] inscrire sur du papier quadrillé.

encasquetar vt -1. *fam* [imponer] : ~ **algo a alguien** [idea, teoría] enfoncer qqch dans le crâne de qqn; [discurso, lección] assener qqch à qqn; [trabajo, bultos] refiler qqch à qqn. -2. [sombrero] enfoncer sur la tête. ◆ **encasquetarse** vp -1. [sombrero] : **se encasquetó la boina** il a enfoncé son béret sur sa tête. -2. [empeñarse] : **encasquetársele a alguien hacer algo** se mettre en tête de faire qqch.

encasquillarse vp [arma de fuego] s'enrayer.

encauzar vt -1. [corriente] canaliser. -2. [orientar] mener.

encender vt -1. [gen] allumer; ~ **la chimenea** faire du feu dans la cheminée. -2. *fig* [avivar – corazón, discusión] enflammer; [– ira] provoquer. ◆ **encenderse** vp s'allumer.

encendido, da adj -1. [gen] allumé(e). -2. *fig* [deseos, mirada] enflammé(e). -3. [mejillas] en feu. ◆ **encendido** m allumage m.

encerado, da adj ciré(e). ◆ **encerado** m -1. [acción] cirage m. -2. [pizarra] tableau m noir.

encerar vt cirer.

encerrar vt -1. [recluir] enfermer. -2. [contener] renfermer. ◆ **encerrarse** vp s'enfermer; ~**se en sí mismo** se renfermer ○ se replier sur soi-même.

encerrona f -1. [trampa] piège m. -2. TAUROM corrida f privée.

encestar vi DEP marquer un panier.

enceste m DEP panier m.

encharcar vt détremper. ◆ **encharcarse** vp être détrempé(e).

enchilarse vp *Amer fam* se fâcher.

enchironar vt *fam* coffrer.

enchufado, da adj & m, f *fam* pistonné(e).

enchufar vt -1. [aparato] brancher. -2. *fam* [a una persona] pistonner.

enchufe m -1. ELECTR prise f (de courant). -2. *fam* [de persona] piston m.

encía f gencive f.

encíclica f encyclique f.

enciclopedia f encyclopédie f.

encierro m -1. [acción] : **su ~ duró dos días** il s'est enfermé pendant deux jours. -2. [aislamiento] réclusion f. -3. TAUROM mise f au toril; [toril] toril m.

encima adv -1. [arriba] dessus; **ponlo ~** mets-le dessus; **yo vivo ~** je vis audessus; **por ~** par-dessus, au-dessus; *fig* superficiellement; **leer por ~** lire en diagonale. -2. [además] en plus. -3. [sobre sí] : **llevar un abrigo ~** porter un manteau; **llevar dinero ~** avoir de l'argent sur soi. ◆ **encima de** *loc prep* -1. [gen] sur; ~ **de la mesa** sur la table; ~ **de tu casa** au-dessus de chez toi; **estar ~ de alguien** être sur le dos de qqn. -2. [además] : ~ **de ser guapo es gracioso** non seulement il est beau, mais en plus il est drôle. ◆ **por encima de** *loc prep* -1. [gen] au-dessus de; **por ~ de la ciudad** au-dessus de la ville; **por ~ de sus posibilidades** au-dessus de ses moyens. -2. *fig* [más que] plus que; **por ~ de todo** plus que tout.

encina f chêne m vert.

encinta adj : **estar ~** être enceinte.

enclaustrar vt cloîtrer. ◆ **enclaustrarse** vp se cloîtrer.

enclave m enclave f.

enclenque adj malingre.

encoger ◇ vt -1. [ropa] faire rétrécir. -2. [miembro] contracter. ◇ vi rétrécir. ◆ **encogerse** vp [ropa] rétrécir; [miembro] se contracter; ~**se de hombros** hausser les épaules.

encogido, da adj timoré(e); **tener el corazón ~** avoir le cœur serré.

encolar vt coller; [pared] encoller.

encolerizar vt mettre en colère. ◆ **encolerizarse** vp se mettre en colère.

encomendar vt confier; **le encomiendo a Ud mi hijo** je vous confie mon fils. ◆ **encomendarse** vp : ~**se a** s'en remettre à.

encomienda f -1. [encargo] service m. -2. HIST *commission d'Indiens dans les anciennes colonies espagnoles*. -3. *Amer* [paquete] colis m.

encontrado, da adj opposé(e); **ideas encontradas** des idées opposées.

encontrar vt trouver; [persona, dificultades] rencontrer. ◆ **encontrarse** vp -1. [gen] se trouver. -2. [coincidir] : ~**se con alguien** rencontrer qqn, tomber sur qqn. -3. *fig* [de ánimo] se sentir; ~**se mal de salud** être en mauvaise santé.

encorvar vt courber. ◆ **encorvarse** vp [por la edad] se voûter; [por la carga] se courber.

encrespar vt -1. [ánimo] irriter. -2. [agua] déchaîner. -3. [pelo] friser.

encrucijada f croisement m; fig carrefour m.

encuadernación f reliure f.

encuadernador, ra m, f relieur m, -euse f.

encuadernar vt relier; ~ **en rústica** brocher.

encuadrar vt **-1.** [enmarcar] encadrer. **-2.** [enfocar] cadrer.

encubierto, ta ◇ pp irreg → encubrir. ◇ adj caché(e); [palabras etc] couvert(e).

encubridor, ra adj & m, f complice.

encubrir vt **-1.** [persona] couvrir; [delito] être complice de. **-2.** [intenciones] dissimuler.

encuentro m **-1.** [gen & DEP] rencontre f. **-2.** [hallazgo] trouvaille f.

encuesta f **-1.** [de opinión] sondage m. **-2.** [investigación] enquête f.

encuestador, ra m, f enquêteur m, -trice f.

encuestar vt : ~ **a alguien** interroger qqn.

endeble adj faible.

endémico, ca adj MED & fig endémique.

endemoniado, da ◇ adj **-1.** fam fig [niño, vida etc] infernal(e); **un trabajo** ~ un travail ingrat. **-2.** [tiempo, olor] épouvantable. **-3.** [poseído] possédé(e). ◇ m, f possédé m, -e f du démon.

endenantes adv Amer fam avant.

enderezar vt lit & fig redresser. ◆ **enderezarse** vp se redresser.

endeudamiento m endettement m.

endeudarse vp s'endetter.

endiablado, da adj épouvantable.

endibia = endivia.

endiñar vt fam [golpe] flanquer; [trabajo] refiler.

endivia, endibia f endive f.

endomingado, da adj endimanché(e).

endomingar vt endimancher. ◆ **endomingarse** vp s'endimancher.

endosar vt **-1.** fig [tarea, carga] repasser; **me endosó sus maletas** il m'a repassé ses valises. **-2.** COM endosser.

endulzar vt **-1.** [con azúcar] sucrer. **-2.** fig [con dulzura] adoucir.

endurecer vt **-1.** [gen] durcir. **-2.** [músculos etc] raffermir. **-3.** fig [persona] endurcir.

ene. abrev de enero.

enemigo, ga adj & m, f ennemi(e); **ser** ~ **de algo** détester qqch. ◆ **enemigo** m MIL ennemi m.

enemistad f inimitié f.

enemistar vt brouiller. ◆ **enemistarse** vp se brouiller.

energético, ca adj énergétique.

energía f **-1.** FÍS & fig énergie f. **-2.** [fuerza] force f.

enérgico, ca adj énergique.

energúmeno, na m, f fig énergumène mf.

enero m janvier; ver también **septiembre.**

enervar vt **-1.** [debilitar] affaiblir. **-2.** [poner nervioso] énerver.

enésimo, ma adj **-1.** fig énième; **por enésima vez** pour la énième fois. **-2.** MAT : **enésima potencia** puissance n.

enfadar vt fâcher, mettre en colère. ◆ **enfadarse** vp se fâcher, se mettre en colère.

enfado m colère f.

enfangar vt couvrir de boue. ◆ **enfangarse** vp **-1.** [con barro] se couvrir de boue. **-2.** fam fig [en un asunto sucio] tremper.

énfasis m emphase f.

enfático, ca adj emphatique.

enfatizar vt souligner, mettre l'accent sur.

enfermar ◇ vt **-1.** [contagiar] contaminer. **-2.** fig [irritar] rendre malade. ◇ vi [ponerse enfermo] tomber malade.

enfermedad f maladie f; [de la sociedad etc] mal m.

enfermería f infirmerie f.

enfermero, ra m, f infirmier m, -ère f.

enfermizo, za adj **-1.** [gen] maladif(ive). **-2.** [clima] insalubre; [alimento, curiosidad] malsain(e).

enfermo, ma adj & m, f malade.

enfilar ◇ vt **-1.** [dirección] prendre. **-2.** [arma] pointer. ◇ vi : ~ **hacia** aller tout droit vers; **enfiló hacia su casa** il est allé directement chez lui.

enflaquecer ◇ vt amaigrir, faire maigrir. ◇ vi maigrir.

enfocar vt **-1.** [imagen, objetivo] faire la mise au point de. **-2.** [luz, focos] braquer, diriger. **-3.** fig [tema, asunto] aborder.

enfoque m **-1.** [de imagen] mise f au point. **-2.** fig [de asunto] approche f.

enfrascado, da adj : ~ **en** absorbé(e) dans.

enfrascar vt [mermelada, café etc] mettre en pot; [perfume, solución etc] mettre en flacon. ◆ **enfrascarse** vp : ~se en [trabajo, lectura] se plonger dans.

enfrentar vt -1. [hacer frente a] affronter. -2. [poner frente a frente] mettre face à face. -3. [oponer] opposer. ◆ **enfrentarse** vp -1. [luchar] s'affronter. -2. DEP se rencontrer. -3. [hacer frente a] affronter, faire face à; ~se a alguien tenir tête à qqn; ~se con alguien affronter qqn.

enfrente adv en face; **la tienda de** ~ le magasin d'en face; ~ **de mi casa** en face de chez moi.

enfriamiento m refroidissement m.

enfriar vt refroidir. ◆ **enfriarse** vp -1. [sentimientos, tiempo] se refroidir. -2. [café etc] refroidir. -3. [acatarrarse] attraper froid.

enfundar vt [arma] rengainer. ◆ **enfundarse** vp : ~se el abrigo endosser son manteau.

enfurecer vt rendre furieux(euse). ◆ **enfurecerse** vp s'emporter.

enfurruñarse vp fam [gruñir] ronchonner; [poner mala cara] bouder.

engalanar vt décorer. ◆ **engalanarse** vp se faire beau(belle).

enganchar vt -1. [sujetar – remolque, vagones] accrocher; [– caballos] atteler. -2. fam fig [atrapar] : ~ a alguien [atraer] mettre le grappin sur qqn; [apresar] mettre la main sur qqn. -3. fam [pillar – borrachera] prendre; [– empleo] décrocher; [– marido etc] dégoter. ◆ **engancharse** vp -1. [prenderse] s'accrocher. -2. MIL s'engager. -3. fam [hacerse adicto] : ~se a devenir accro à.

enganche m -1. [gen] [de caballos] attelage m. -2. Amer [depósito] acompte m.

engañabobos m inv -1. [cosa] attrape-nigaud m. -2. [persona] charlatan m.

engañar vt tromper; ~ **el hambre** tromper la faim; **las apariencias engañan** les apparences sont trompeuses. ◆ **engañarse** vp -1. [ilusionarse] se leurrer. -2. [confundirse] se tromper.

engañifa f fam **hacerle una** ~ **a alguien** mener qqn en bateau.

engaño m tromperie f .

engañoso, sa adj trompeur(euse).

engarzar vt -1. [perlas, abalorios] enfiler. -2. [diamante] sertir. -3. [ideas, palabras] enchaîner.

engatusar vt fam embobiner.

engendrar vt lit & fig engendrer.

engendro m -1. [obra] horreur f. -2. [ser deforme] monstre m.

englobar vt englober.

engomar vt -1. [pegar] engommer. -2. [dar apresto] apprêter.

engordar ◇ vt -1. [animal] engraisser; [aves] gaver. -2. fig [arcas] remplir; [cuenta] faire fructifier. ◇ vi [persona] grossir; [alimento] faire grossir. ◆ **engordarse** vp engraisser.

engorro m embêtement m; ¡vaya un ~! tu parles d'une partie de plaisir!

engorroso, sa adj pénible; [situación] délicat(e).

engranaje m -1. [gen] engrenage m. -2. fig [de ideas] enchaînement m. -3. fig [funcionamiento] rouages mpl.

engranar vt -1. [piezas] engrener. -2. fig [ideas, palabras] enchaîner.

engrandecer vt -1. fig [enaltecer] exalter. -2. [aumentar] agrandir.

engrasar vt graisser.

engreído, da adj & m, f suffisant(e) (prétentieux).

engrescar vt : ~ **a alguien con** monter qqn contre. ◆ **engrescarse** vp se quereller.

engrosar vt -1. [engordar – persona] faire grossir; [– texto] augmenter. -2. fig [aguas, listas] grossir.

engullir vt engloutir (nourriture).

enhebrar vt enfiler.

enhorabuena ◇ f félicitations fpl. ◇ adv [afortunadamente] heureusement; **lo hiciste tu** as eu raison de le faire; ¡~ (por...)! félicitations (pour...)!

enigma m énigme f.

enigmático, ca adj énigmatique.

enjabonar vt savonner; fig [dar coba] passer de la pommade.

enjambre m -1. [de abejas] essaim m. -2. fig [de personas] foule f.

enjaular vt -1. [en jaula] mettre en cage. -2. fam fig [en prisión] coffrer.

enjoyar vt parer de bijoux. ◆ **enjoyarse** vp se parer de bijoux.

enjuagar vt rincer. ◆ **enjuagarse** vp se rincer.

enjuague m [de ropa] rinçage m; [de boca] bain m de bouche.

enjugar vt -1. [lágrimas] sécher. -2. fig [deudas, déficit] éponger.

enjuiciar *vt* **-1.** [opinar] porter un jugement sur. **-2.** DER [persona] juger; [causa] instruire.

enjuto, ta *adj* [delgado] maigre.

enlace *m* **-1.** [gen & QUÍM] liaison *f.* **-2.** [persona] délégué *m*, -e *f*, responsable *mf*; **servir de** ~ **entre** servir d'intermédiaire entre. **-3.** [casamiento] : ~ **(matrimonial)** union *f.* **-4.** [de trenes, autocares] correspondance *f*; **vía de** ~ voie *f* de raccordement.

enlatar *vt* mettre en boîte; [conservas caseras] mettre en conserve.

enlazar ◇ *vt* : ~ **algo a** o **con** [atar] lier qqch à; [trabar, relacionar] relier qqch à. ◇ *vi* : ~ **(con)** [medios de transporte] assurer la correspondance (avec). ◆ **enlazarse** *vp* s'unir *(par les liens du mariage).*

enloquecer ◇ *vt* **-1.** [volver loco] rendre fou(folle). **-2.** *fig* [gustar mucho] adorer; **me enloquece comer** j'adore manger. ◇ *vi* devenir fou(folle).

enlutado, da *adj* en deuil.

enmarañar *vt* **-1.** [desordenar] emmêler. **-2.** [complicar] embrouiller.

enmarcar *vt* encadrer.

enmascarado, da ◇ *adj* masqué(e). ◇ *m, f* homme *m* masqué, femme *f* masquée.

enmascarar *vt lit & fig* masquer.

enmendar *vt* **-1.** [gen] corriger; [daño] réparer. **-2.** [ley, dictamen] amender. ◆ **enmendarse** *vp* se corriger.

enmicado *m* Amer film *m* plastique.

enmienda *f* **-1.** [gen & POLÍT] amendement *m*; **hacer propósito de** ~ prendre de bonnes résolutions. **-2.** [en escritos] correction *f.*

enmohecer *vt* [alimentos etc] laisser moisir; [metal] rouiller, faire rouiller. ◆ **enmohecerse** *vp* moisir; *fig* [cuerpo, conocimientos] se rouiller.

enmoquetar *vt* moquetter; ~ **una habitación** poser de la moquette dans une pièce.

enmudecer ◇ *vt* faire taire. ◇ *vi* **-1.** [perder el habla] rester muet(ette). **-2.** [callarse] se taire.

ennegrecer *vt* noircir; [suj : nubes] assombrir. ◆ **ennegrecerse** *vp* se noircir; [nublarse] s'assombrir.

ennoblecer *vt* **-1.** [dar un título] anoblir. **-2.** *fig* [dignificar] ennoblir.

enojar *vt* irriter, mettre en colère. ◆ **enojarse** *vp* se mettre en colère.

enojo *m* colère *f*; **causar** ~ [enfadar] irriter; [molestar] agacer, ennuyer.

enojoso, sa *adj* irritant(e); [palabra] déplaisant(e).

enorgullecer *vt* enorgueillir. ◆ **enorgullecerse** *vp* : ~**se de** s'enorgueillir de.

enorme *adj lit & fig* énorme.

enormidad *f lit & fig* énormité *f.*

enrabiar *vt* faire enrager. ◆ **enrabiarse** *vp* se mettre en colère.

enraizar *vi* s'enraciner.

enramada *f* **-1.** [ramaje] ramure *f.* **-2.** [cobertizo] tonnelle *f.*

enrarecer *vt* raréfier. ◆ **enrarecerse** *vp* se raréfier.

enredadera ◇ *adj* grimpant(e). ◇ *f* [gen] plante *f* grimpante; [planta] liseron *m.*

enredar ◇ *vt* **-1.** [gen] emmêler; [situación, asunto] embrouiller. **-2.** *fig* [implicar] : ~ **a alguien en** entraîner qqn dans. ◇ *vi* **-1.** [hacer travesuras] faire des bêtises. **-2.** [hurgar] trafiquer. **-3.** [meter cizaña] intriguer. ◆ **enredarse** *vp* **-1.** [gen] s'emmêler; [asunto] s'embrouiller. **-2.** [suj : plantas] grimper. **-3.** [empezar] : ~**se en algo** se lancer dans qqch. **-4.** *fam* [amancebarse] : ~**se con alguien** se mettre en ménage avec qqn.

enredo *m* **-1.** [maraña] enchevêtrement *m*; [en el pelo] nœud *m.* **-2.** [asunto] imbroglio *m.* **-3.** [amoríos] liaison *f.* ◆ **enredos** *mpl* [trastos] bric-à-brac *m inv.*

enrejado *m* **-1.** [de rejas] grille *f.* **-2.** [de cañas] treillage *m.*

enrevesado, da *adj* compliqué(e).

enriquecer *vt* enrichir. ◆ **enriquecerse** *vp* s'enrichir.

enrojecer ◇ *vt* rougir; [persona] faire rougir. ◇ *vi* rougir. ◆ **enrojecerse** *vp* [persona] rougir; [rostro, mejillas] s'empourprer.

enrolar *vt* enrôler. ◆ **enrolarse** *vp* : ~**se (en)** s'enrôler (dans).

enrollar *vt* **-1.** [arrollar] enrouler. **-2.** *fam* [gustar] brancher. **-3.** *fam* [liar] embobiner. ◆ **enrollarse** *vp fam* **-1.** [ligar] : ~**se (con)** sortir avec. **-2.** [hablar] avoir la langue bien pendue; ~**se por teléfono** rester des heures au téléphone; ~**se con alguien** tenir la jambe à qqn. **-3.** [portarse bien] être sympa; ¡**enróllate!** sois sympa!

enroscar *vt* **-1.** [atornillar] visser. **-2.** [enrollar] enrouler.

ensaimada *f* CULIN *gâteau brioché typique de Majorque.*

ensalada f lit & fig salade f.

ensaladilla f macédoine f; ~ **rusa** salade f russe.

ensalzar vt porter aux nues.

ensambladura f, **ensamblaje** m assemblage m.

ensanchar vt élargir; [ampliar] agrandir.

ensanche m -1. [de calle etc] élargissement m. -2. [en la ciudad] zone f d'extension urbaine, quartiers mpl neufs.

ensangrentar vt ensanglanter.

ensañarse vp : ~ **con** s'acharner contre o sur.

ensartar vt -1. [perlas, aguja] enfiler. -2. [puñal, aguja] planter.

ensayar vt -1. [gen] tester. -2. TEATR répéter.

ensayista mf essayiste mf.

ensayo m -1. [de espectáculo] répétition f. -2. [prueba] test m. -3. LITER & DEP essai m.

enseguida adv -1. [pronto, inmediatamente] tout de suite; ~ **vamos** on arrive tout de suite. -2. [acto continuo] aussitôt; **la reconoció** ~ il la reconnut aussitôt.

ensenada f anse f (de mer).

enseña f enseigne f.

enseñante mf enseignant m, -e f.

enseñanza f enseignement m; ~ **a distancia** enseignement à distance; ~ **superior** enseignement supérieur; **primera** ~, ~ **primaria** enseignement primaire; **segunda** ~, ~ **media** enseignement secondaire.

enseñar vt -1. [gen] apprendre; [dar clases] enseigner. -2. [mostrar, indicar] montrer. -3. [dejar ver] laisser voir.

enseres mpl -1. [personales] effets mpl. -2. [de trabajador] matériel m.

ensillar vt seller.

ensimismarse vp : ~ **en** se plonger dans.

ensombrecer vt assombrir. ◆ **ensombrecerse** vp s'assombrir.

ensoñación f rêverie f.

ensopar vt Amer tremper.

ensordecer ◇ vt -1. [causar sordera] rendre sourd(e). -2. [suj : sonido] assourdir. ◇ vi devenir sourd(e).

ensortijar vt [cabello] boucler.

ensuciar vt lit & fig salir. ◆ **ensuciarse** vp se salir.

ensueño m rêve m.

entablado m [armazón] estrade f; [suelo] plancher m.

entablar vt -1. [suelo] poser un plancher sur. -2. [conversación] engager; [negociaciones] entamer; [amistad] nouer. -3. MED mettre une attelle à.

entallar vt -1. [prenda] ajuster. -2. [madera] sculpter.

entarimado m -1. [suelo] plancher m; [parqué] parquet m. -2. [plataforma] estrade f.

ente m -1. [ser] être m. -2. [corporación] organisme m, société f; ~ **público** service m public. -3. fam [persona ridícula] phénomène m.

entelequia f -1. FILOSOFÍA entéléchie f. -2. [fantasía] vue f de l'esprit.

entendederas fpl fam jugeote f; **ser duro** o **corto de** ~ ne pas avoir la comprenette facile.

entender ◇ vt -1. [gen] comprendre; **¿qué entiendes tú por amistad?** qu'est-ce que tu entends par amitié? -2. [opinar, juzgar] penser; **yo no entiendo las cosas así** je ne vois pas les choses de cette façon-là. ◇ vi [saber] : ~ **de** o **en algo** s'y connaître en qqch. ◇ m : **a mi** ~ à mon sens. ◆ **entenderse** vp -1. [gen] se comprendre. -2. [comunicarse] communiquer. -3. [llevarse bien, ponerse de acuerdo] s'entendre. -4. [tener amores] avoir une liaison.

entendido, da ◇ adj -1. [comprendido] compris(e); ¡~! entendu!; **no darse por** ~ faire comme si de rien n'était. -2. [experto] : **ser** ~ **en** s'y connaître en. ◇ m, f connaisseur m, -euse f. ◆ **bien entendido que** loc adv qu'il soit clair que.

entendimiento m jugement m; **con mucho** ~ avec une grande présence d'esprit.

entente f entente f (commerciale, industrielle).

enterado, da adj averti(e); ~ **en** informé sur; **estar** ~ **de** être au courant de; **no darse por** ~ faire la sourde oreille.

enterar vi : ~ **a alguien de algo** informer qqn de qqch. ◆ **enterarse** vp -1. [saber, descubrir] : ~**se de algo** apprendre qqch.; **me enteré de que te habías mudado** j'ai appris que tu avais déménagé. -2. fam [aclararse] piger; **no me entero je n'y** comprends rien. -3. [informarse] : ~**se de algo** se renseigner sur qqch. -4. [percatarse] : ~**se (de)** se rendre compte (de).

entereza f [firmeza] fermeté f; [serenidad] force f de caractère; [honradez] intégrité f.

enternecer vt attendrir. ◆ **enternecerse** vp s'attendrir.

entero, ra adj –1. [completo] entier(ère); **el pueblo** ~ tout le village; **la casa entera** toute la maison. –2. [sereno] fort(e). –3. [sin daño] intact(e).

enterrador, ra m, f fossoyeur m, -euse f.

enterrar vt enterrer; fig [olvidar] enfouir. ◆ **enterrarse** vp fig s'enterrer.

entibiar vt –1. [bebida etc] faire tiédir. –2. [ánimos, entusiasmo] **freiner**; [cariño, amistad] affaiblir. ◆ **entibiarse** vp –1. [bebida etc] tiedir; [atmósfera, habitación] se réchauffer. –2. [sentimiento] s'affaiblir.

entidad f –1. [organismo] organisme m; ~ **deportiva** club m sportif; ~ **local** collectivité f locale. –2. [empresa] société f; **una** ~ **privada** une société privée; ~ **bancaria** établissement m bancaire. –3. FILOSOFÍA entité f. –4. [importancia] envergure f.

entierro m enterrement m.

entlo. abrev de **entresuelo**.

entoldado m –1. [toldo] store m. –2. [lugar] tente f.

entonación f intonation f; **cantar con buena** ~ chanter dans le ton.

entonar ◇ vt –1. [cantar] entonner. –2. [tonificar] revigorer. ◇ vi –1. [al cantar] chanter juste. –2. [armonizar] : ~ **con** être assorti(e)à.

entonces adv alors; **en** ○ **por aquel** ~ en ce temps-là; **desde** ~ depuis.

entornar vt [puerta] entrebâiller; [ojos, ventana] entrouvrir; **ojos entornados** yeux mi-clos.

entorno m environnement m.

entorpecer vt –1. [debilitar – miembros, mente] engourdir; [– movimientos] entraver. –2. [dificultar – tráfico] gêner; [– proceso, evolución] retarder; [– camino, carretera] encombrer.

entrada f –1. [gen] entrée f; [de hotel] hall m; [de gas, agua] arrivée f. –2. [billete] place f; **sacar una** ~ prendre une place. –3. [pago] apport m initial. –4. [ingreso] recette f; ~ **de dinero** rentrée f d'argent. –5. [en la frente] : **tener** ~**s** avoir les tempes dégarnies.

entramado m lattis m.

entrante ◇ adj [año, mes] prochain(e); [presidente, gobierno] nouveau(elle). ◇ m –1. [plato] entrée f. –2. [hueco] renfoncement m.

entraña f (gen pl) –1. [de persona, animal, Tierra] entrailles fpl. –2. [de asunto, cuestión] cœur m.

entrañable adj [amigo, recuerdos] cher(chère); [amistad] profond(e); [carta, persona, escena etc] attendrissant(e).

entrañar vt comporter.

entrar ◇ vi –1. [gen] : ~ **(en)** entrer (dans); **entró en la casa** il entra dans la maison; **entré por la ventana** je suis entré par la fenêtre; ~ **en el ejército** entrer dans l'armée; **entramos en un período de...** nous entrons dans une période de...; **esto no entraba en mis cálculos** ceci n'entrait pas dans mes calculs; ~ **de** être embauché(e) comme; **entró de telefonista y ahora es director** il a débuté comme standardiste et maintenant il est directeur. –2. [caber] : **este anillo no te entra** cette bague est trop petite pour toi; **no entramos todos en tu coche** nous ne tenons pas tous dans ta voiture. –3. [empezar] : ~ **a hacer algo** commencer à faire qqch; **entró a trabajar aquí** el mes pasado il a commencé à travailler ici le mois dernier. –4. [estado físico o de ánimo] : **le entraron ganas de hablar** il a eu envie de parler; **me está entrando frío** je commence à avoir froid; **le entró pánico** il fut pris de panique. –5. [período de tiempo] commencer; **entró el año con buen tiempo** l'année a commencé avec du beau temps. –6. [cantidad] : **¿cuántas entran en un kilo?** il y en a combien dans un kilo? –7. fam [concepto, asignatura etc] : **no le entra la geometría** la géométrie, ça ne rentre pas. –8. AUTOM passer; **no entra la tercera** la troisième ne passe pas. ◇ vt –1. [meter] rentrer; **entra las sillas porque está lloviendo** rentre les chaises parce qu'il pleut. –2. [prenda de vestir] reprendre. –3. [abordar] aborder; **a ése no sé por dónde** ~**le** celui-là, je ne sais pas comment le prendre.

entre prep –1. [gen] entre; ~ **Barcelona y Madrid** entre Barcelone et Madrid; ~ **la vida y la muerte** entre la vie et la mort; ~ **nosotros** [en confianza] entre nous. –2. [en medio de – muchos] parmi; [– cosas] dans, au milieu de; ~ **los mejores** parmi les meilleurs; ~ **los papeles** dans les papiers; **entre los rosales** au milieu des rosiers. –3. [adición] : ~ **tú y yo lo conseguiremos** à nous deux nous y arriverons; ~ **una cosa y otra, nos salió carísimo** au total, ça nous est revenu très cher.

entreabierto, ta pp irreg → entreabrir.

entreabrir vt entrouvrir.

entreacto m entracte m.

entrecejo *m* : **fruncir el** ~ froncer les sourcils.

entrecomillado, da *adj* entre guillemets.
◆ **entrecomillado** *m* citation *f*.

entrecortado, da *adj* entrecoupé(e).

entrecot, entrecote *m* entrecôte *f*.

entredicho *m* : **estar en** ~ être mis(e) en doute; **poner en** ~ mettre en doute.

entrega *f* **-1.** [de llaves, dinero, premio] remise *f*; [de pedido, paquete] livraison *f*. **-2.** [dedicación] dévouement *m*. **-3.** [fascículo] fascicule *m*.

entregar *vt* **-1.** [llaves, dinero, premio] remettre. **-2.** [pedido, paquete, persona] livrer. ◆ **entregarse** *vp* **-1.** [rendirse] se rendre. **-2.** ~**se a** [familia, amigos, trabajo] se consacrer à; [vicio, bebida] s'adonner à; [pasión, hombre] s'abandonner à.

entreguerras ◆ **de entreguerras** *loc adj* de l'entre-deux-guerres.

entrelazar *vt* entrecroiser.

entremés *m* CULIN hors-d'œuvre *m inv*.

entremeter *vt* insérer. ◆ **entremeterse** *vp* [inmiscuirse] : ~**se en** se mêler de.

entremezclar *vt* mélanger. ◆ **entremezclarse** *vp* se mêler.

entrenador, ra *m, f* entraîneur *m*, -euse *f*.

entrenamiento *m* entraînement *m*.

entrenar ◇ *vt* entraîner. ◇ *vi* s'entraîner. ◆ **entrenarse** *vp* s'entraîner.

entrepierna *f* entrejambe *m*.

entresacar *vt* **-1.** [escoger] sélectionner; [de un texto] tirer. **-2.** [cortar – cabello] désépaissir; [– monte] éclaircir.

entresijos *mpl* [de asunto] dessous *mpl*; [de negocio] ficelles *fpl*; [del poder] arcanes *mpl*.

entresuelo *m* [piso] entresol *m*.

entretanto *adv* pendant ce temps, entre-temps.

entretención *f* Amer loisir *m*.

entretener *vt* **-1.** [divertir] distraire. **-2.** [retrasar – persona] retarder, retenir; [– fecha, resolución] repousser. **-3.** [mantener] entretenir. **-4.** [hacer olvidar – hambre] tromper; [– dolor] calmer. ◆ **entretenerse** *vp* **-1.** [distraerse] : ~**se (con)** être distrait(e) (par). **-2.** [divertirse] se distraire. **-3.** [retrasarse] s'attarder.

entretenido, da *adj* [divertido] distrayant(e); [trabajoso] prenant(e).

entretenimiento *m* **-1.** [diversión, pasatiempo] distraction *f*. **-2.** [mantenimiento] entretien *m*.

entretiempo *m* : **de** ~ [ropa] de demi-saison.

entrever *vt* lit & fig entrevoir.

entrevero *m* Amer confusion *f*.

entrevista *f* **-1.** [de trabajo etc] entretien *m*. **-2.** [de periodista] interview *f*; **hacer una** ~ **a alguien** interviewer qqn.

entrevistar *vt* interviewer. ◆ **entrevistarse** *vp* : ~**se (con)** avoir un entretien (avec).

entrevisto, ta *pp irreg* → **entrever**.

entristecer *vt* [persona] attrister; [cosa] rendre triste. ◆ **entristecerse** *vp* : ~**se (por** ○ **con algo)** s'attrister (de qqch).

entrometerse *vp* : ~ **en** se mêler de; [conversación] s'immiscer dans.

entrometido, da *adj* & *m, f* indiscret(ète).

entroncar *vi* : ~ **con** [familia] être apparenté(e) à; [tren etc] assurer la correspondance avec.

entronizar *vt* introniser.

entubar *vt* **-1.** [cosa] tuber. **-2.** [persona] intuber.

entuerto *m* tort *m*; **deshacer** ~**s** jouer les redresseurs de torts.

entumecer *vt* engourdir. ◆ **entumecerse** *vp* s'engourdir.

entumecido, da *adj* engourdi(e); **los dedos** ~**s** les doigts gourds.

enturbiar *vt* lit & fig troubler. ◆ **enturbiarse** *vp* lit & fig se troubler.

entusiasmar *vt* **-1.** [animar] enthousiasmer, emballer. **-2.** [gustar] : **me entusiasma la música** j'adore la musique. ◆ **entusiasmarse** *vp* : ~**se (con)** s'enthousiasmer (pour), s'emballer (pour).

entusiasmo *m* enthousiasme *m*.

entusiasta ◇ *adj* enthousiaste. ◇ *mf* passionné *m*, -e *f*.

enumeración *f* énumération *f*.

enumerar *vt* énumérer.

enunciado *m* énoncé *m (texte)*.

enunciar *vt* énoncer.

envainar *vt* rengainer.

envalentonar *vt* encourager. ◆ **envalentonarse** *vp* s'enhardir.

envanecer *vt* gonfler d'orgueil. ◆ **envanecerse** *vp* : ~**se de algo** être fier(fière) de qqch; ~**se de hacer algo** s'enorgueillir de faire qqch.

envanecimiento *m* vanité *f*.

envasado *m* [en botellas, paquetes] conditionnement *m*; ~ **en latas** mise *f* en conserve.

envasar vt [en botellas, paquetes] conditionner.

envase m **-1.** [gen] conditionnement m. **-2.** [envoltorio] emballage m; [botella] bouteille f; [lata] boîte f; ~ **desechable** emballage jetable; ~ **sin retorno** emballage non consigné.

envejecer vt & vi vieillir.

envejecimiento m vieillissement m.

envenenamiento m empoisonnement m.

envenenar vt empoisonner.

envergadura f envergure f.

envés m envers m.

enviado, da m, f envoyé m, -e f; ~ **especial** envoyé spécial.

enviar vt envoyer; ~ **a alguien por algo/ a hacer algo** envoyer qqn chercher qqch/ faire qqch; ~ **algo por correo** poster qqch.

envidia f **-1.** [admiración] envie f. **-2.** [celos] jalousie f; **me da** ~ **tu nuevo vestido** je suis jalouse de ta nouvelle robe; **tener** ~ **de** être jaloux(ouse) de.

envidiar vt **-1.** [sentir admiración] envier. **-2.** [sentir celos] être jaloux(ouse) de.

envidioso, sa adj & m, f envieux(euse).

envilecer vt avilir.

envío m **-1.** [gen] envoi m; **el paquete se perdió en el** ~ le paquet s'est perdu pendant le transport. **-2.** [paquete] colis m.

envite m **-1.** [en el juego] mise f. **-2.** fig [ofrecimiento] offre f.

enviudar vi devenir veuf(veuve).

envoltorio m [papel, cartón etc] emballage m.

envoltura f enveloppe f; **poner una** ~ emballer.

envolver vt **-1.** [gen] envelopper; **le envuelve el cariño de su familia** sa famille l'entoure de tendresse. **-2.** [enrollar] enrouler. **-3.** [implicar] : ~ **a alguien en** mêler qqn à. **-4.** [engatusar] enjôler. ◆ **envolverse** vp s'envelopper.

envuelto, ta pp irreg → **envolver**.

enyesar vt plâtrer; **tiene un brazo enyesado** il a un bras dans le plâtre.

enzarzar vt envenimer; ~ **a alguien en** [discusión, pelea] entraîner qqn dans. ◆ **enzarzarse** vp : ~**se en** [pelea, negocio] s'empêtrer dans.

enzima f enzyme f.

epatar vt épater.

e.p.d. (abrev de **en paz descanse**)RIP.

épica f → **épico**.

epicentro m épicentre m.

épico, ca adj épique. ◆ **épica** f poésie f épique.

epicúreo, a adj & m, f épicurien(enne).

epidemia f épidémie f.

epidermis f épiderme m.

epiglotis f épiglotte f.

epígrafe m épigraphe f.

epilepsia f épilepsie f.

epílogo m lit & fig épilogue m.

episcopado m épiscopat m.

episodio m épisode m.

epístola f épître f.

epitafio m épitaphe f.

epíteto m épithète f.

época f époque f; [estación] saison f; **de** ~ [traje, coche] d'époque; [película] historique.

epopeya f lit & fig épopée f.

equidad f équité f.

equidistante adj équidistant(e).

equilátero, ra adj équilatéral(e).

equilibrado, da adj équilibré(e). ◆ **equilibrado** m équilibrage m.

equilibrar vt équilibrer.

equilibrio m équilibre m; **perder el** ~ perdre l'équilibre; **hacer** ~**s** fig ménager la chèvre et le chou.

equilibrista mf équilibriste mf.

equino, na adj chevalin(e).

equinoccio m équinoxe m.

equipaje m bagages mpl; ~ **de mano** bagage m à main.

equipar vt : ~ **(con** o **de)** équiper (en o de). ◆ **equiparse** vp s'équiper.

equiparar vt : ~ **a** o **con** comparer à. ◆ **equipararse** vp se comparer.

equipo m **-1.** [de objetos] matériel m . **-2.** [de novia] trousseau m; [de soldado] paquetage m. **-3.** [de personas, jugadores] équipe f; ~ **de rescate** équipe de secours. **-4.** [de música] chaîne f (hi-fi).

equis ◇ adj inv x, X; **un número** ~ **de personas** un nombre x de personnes. ◇ f inv x m inv.

equitación f équitation f.

equitativo, va adj équitable.

equivalente ◇ adj équivalent(e). ◇ m équivalent m.

equivaler vi : ~ **a** équivaloir à.

equivocación f erreur f.

equivocado, da adj erroné(e).

equivocar *vt* : ~ **algo con algo** confondre qqch avec qqch. ◆ **equivocarse** *vp* : ~**se (de)** se tromper (de); ~**se con alguien** se tromper sur qqn.

equívoco, ca *adj* équivoque. ◆ **equívoco** *m* [error] malentendu *m*.

era ◇ *v* → **ser**. ◇ *f* **-1.** [gen & HIST] ère *f*; [napoleónica, gótica etc] époque *f*; ~ **cristiana** ère chrétienne. **-2.** [para trillar] aire *f*.

erario *m* budget *m* .

ERASMUS *(abrev de European Action Scheme for the Mobility of University Students)* Erasmus.

ERC *(abrev de Esquerra Republicana de Catalunya) f parti nationaliste catalan de gauche.*

erección *f* érection *f*.

erecto, ta *adj* dressé(e); [pene] en érection.

eres → **ser**.

erguido, da *adj* dressé(e).

erguir *vt* dresser. ◆ **erguirse** *vp* se dresser.

erigir *vt* **-1.** [construir] ériger. **-2.** [nombrar] nommer.

erizado, da *adj lit & fig* hérissé(e).

erizar *vt* hérisser. ◆ **erizarse** *vp* se hérisser.

erizo *m* **-1.** [mamífero] hérisson *m*. **-2.** [pez] poisson-globe *m*. ◆ **erizo de mar** *m* oursin *m*.

ermita *f* ermitage *m*.

ermitaño, ña *m, f* ermite *m*. ◆ **ermitaño** *m* bernard-l'ermite *m*.

eros *m* éros *m*.

erosionar *vt* éroder. ◆ **erosionarse** *vp* être érodé(e).

erótico, ca *adj* érotique.

erotismo *m* érotisme *m*.

erradicación *f* éradication *f*; [de locales] suppression *f*.

erradicar *vt* éradiquer.

errante *adj* errant(e); [mendigo] vagabond(e).

errar ◇ *vt* **-1.** [camino, rumbo etc] se tromper de; ~ **la vocación** rater sa vocation. **-2.** [tiro, golpe] manquer. ◇ *vi* **-1.** [equivocarse] se tromper. **-2.** [al disparar] manquer son coup. **-3.** [vagar] errer.

errata *f* erratum *m*, coquille *f*.

erre *f* [letra] r *m inv*; ~ **que** ~ obstinément.

erróneo, a *adj* erroné(e).

error *m* erreur *f*; **estar en un** ~ être dans l'erreur; **salvo** ~ **u omisión** sauf erreur ou omission; ~ **de bulto** grossière erreur.

Ertzaintza *f police autonome basque.*

eructar *vi* faire un rot.

eructo *m* rot *m*.

erudito, ta *adj & m, f* érudit(e).

erupción *f* [de volcán] éruption *f*; **en** ~ en éruption.

es → **ser**.

esa → **ese**.

ésa → **ése**.

esbelto, ta *adj* svelte.

esbozar *vt lit & fig* ébaucher.

esbozo *m* ébauche *f*.

escabechado, da *adj* CULIN mariné(e). ◆ **escabechado** *m* CULIN [proceso] marinage *m*; [salsa] marinade *f*.

escabeche *m* CULIN marinade *f*; [de pescado] escabèche *f*; ~ **de sardina/perdiz** sardines/perdrix marinées.

escabechina *f* massacre *m*.

escabroso, sa *adj* **-1.** [superficie] inégal(e); **un terreno** ~ un terrain accidenté. **-2.** [obsceno] scabreux(euse). **-3.** [espinoso] délicat(e).

escabullirse *vp* **-1.** [escurrirse] filer. **-2.** [escaparse] s'éclipser. **-3.** [escaquearse] se défiler.

escacharrar *vt fam* bousiller; [día, plan] ficher en l'air. ◆ **escacharrarse** *vp fam* se détraquer; [plan] cafouiller.

escafandra *f* scaphandre *m* .

escala *f* **-1.** [gen & FÍS] échelle *f*; **a** ~ **1 :50.000** à l'échelle de 1/50 000; **a** ~ **internacional** à l'échelle internationale; **a gran** ~ à grande échelle. **-2.** [MÚS & de colores] gamme *f*; ~ **musical** gamme. **-3.** [en un viaje] escale *f*; **hacer** ~ faire escale.

escalada *f lit & fig* escalade *f*.

escalador, ra ◇ *adj* qui fait de l'alpinisme. ◇ *m, f* **-1.** [gen] alpiniste *mf*. **-2.** *fam* [de puestos] jeune loup *m*, carriériste *mf*.

escalafón *m* hiérarchie *f*; [en el trabajo] tableau *m* d'avancement.

escalar *vt* escalader *fam fig* [socialmente] : ~ **puestos** grimper dans l'échelle sociale.

escaldado, da *adj* **-1.** CULIN blanchi(e). **-2.** *fig* [persona] échaudé(e).

escaldar *vt* **-1.** CULIN blanchir. **-2.** [metal] chauffer à blanc. **-3.** *fig* [ofender] blesser à vif. ◆ **escaldarse** *vp* s'ébouillanter.

escalera f -1. [gen] escalier m; ~ **de caracol** escalier en colimaçon; ~ **mecánica** o **automática** Escalator® m. -2. [en naipes] quinte f; ~ **de color** quinte flush.

escalfar vt [huevo] pocher.

escalinata f perron m.

escalofriante adj terrifiant(e).

escalofrío m (gen pl) frisson m.

escalón m -1. [peldaño] marche f. -2. fig [grado] échelon m.

escalonar vt échelonner.

escalope m escalope f.

escama f -1. [de pez, reptil, cebolla] écaille f. -2. [de jabón] paillette f. -3. [en la piel] squame f.

escamar vt -1. [quitar escamas] écailler. -2. fam fig [mosquear] mettre la puce à l'oreille.

escamotear vt [estafar] escroquer; [hurtar] subtiliser.

escampar v impers cesser de pleuvoir.

escandalizar vt [indignar] scandaliser; [alborotar] faire du tapage dans. ◆ **escandalizarse** vp se scandaliser; ~**se de** être scandalisé(e) par.

escándalo m -1. [gen] scandale m. -2. [alboroto] tapage m; [en clase] chahut m.

escandaloso, sa ◇ adj -1. [gen] scandaleux(euse). -2. [ruidoso] tapageur(euse); [niños] chahuteur(euse). ◇ m, f : **es un** ~ il est très bruyant.

escáner (pl **escáners**), **scanner** (pl **scanners**) m scanner m.

escaño m siège m (au Parlement).

escapada f -1. [salida rápida] escapade f. -2. DEP échappée f.

escapar vi -1. [huir] : ~ **(de)** [lugar] s'échapper (de). -2. [librarse, quedar fuera del alcance] : ~ **de algo/a alguien** échapper à qqch/à qqn. ◆ **escaparse** vp -1. [huir] s'échapper. -2. [involuntariamente] : **se le escapó la risa/un taco** un rire/un gros mot lui a échappé; **se le escapó el tren/la ocasión** il a manqué son train/l'occasion. -3. [líquido, gas] fuir.

escaparate m vitrine f.

escapatoria f -1. [fuga] évasion f; [escapada] escapade f; **no tener** ~ [persona] être au pied du mur. -2. fam [pretexto] échappatoire f.

escape m [de agua, gas etc] fuite f; [de coche] échappement m; **a** ~ à toute vitesse.

escapulario m scapulaire m.

escaquearse vp fam se défiler; ~ **de hacer algo** s'arranger pour ne pas faire qqch.

escarabajo m -1. ZOOL scarabée m. -2. fam [coche] coccinelle f.

escaramuza f escarmouche f.

escarbar vt [tierra] gratter; fig [vida, pasado] fouiller.

escarceos mpl -1. [tentativas] incursions fpl. -2. [rodeos] divagations fpl.

escarcha f givre m.

escarlata adj & f écarlate.

escarlatina f scarlatine f.

escarmentar vi tirer la leçon (d'une expérience).

escarmiento m leçon f (avertissement).

escarnio m raillerie f humiliante.

escarola f frisée f.

escarpado, da adj escarpé(e).

escasear vi manquer.

escasez f -1. [carestía] pénurie f. -2. [pobreza] indigence f.

escaso, sa adj -1. [insuficiente – recursos, comida] maigre; [– número, cantidad] faible; **andar** ~ **de dinero** être à court d'argent. -2. [poco frecuente] rare. -3. [casi completo] **un metro/kilo** ~ à peine un mètre/kilo; **media hora escasa** une petite demi-heure.

escatimar vt [comida, medios] rogner sur; [esfuerzos] ménager; **no** ~ **algo** ne pas lésiner sur qqch.

escay, scai m Skaï® m.

escayola f plâtre m.

escena f scène f; **poner en** ~ mettre en scène; **hacer una** ~ fig faire une scène.

escenario m -1. [tablas] scène f. -2. CIN & TEATR [lugar de la acción] cadre m. -3. fig [de suceso] théâtre m; **el** ~ **del crimen** le lieu du crime.

escenificar vt mettre en scène.

escenografía f scénographie f.

escepticismo m scepticisme m.

escéptico, ca adj & m, f sceptique.

escindir vt scinder. ◆ **escindirse** vp : ~ **se (en)** [partido político etc] se scinder (en); [átomo] se diviser (en).

escisión f [de partido político etc] scission f; [del núcleo] fission f.

esclarecer vt [asunto] tirer au clair, élucider.

esclarecimiento m élucidation f.

esclava f → esclavo.

esclavitud f lit & fig esclavage m.

esclavizar *vt* réduire en esclavage; **el vino/su trabajo le esclaviza** il est esclave du vin/de son travail.

esclavo, va *adj & m, f lit & fig* esclave. ◆ **esclava** *f* [pulsera] gourmette *f.*

esclerosis *f* sclérose *f.*

esclusa *f* écluse *f.*

escoba *f* balai *m.*

escobilla *f* -1. [escoba] balayette *f.* -2. ELECTR balai *m.*

escocedura *f* -1. [quemadura, escozor] brûlure *f.* -2. [rojez] irritation *f.*

escocer *vi* -1. [suj : herida, condimento] brûler. -2. *fig* [suj : reprimenda] blesser. ◆ **escocerse** *vp* [piel] être meurtri(e).

escocés, esa ◇ *adj* écossais(e). ◇ *m, f* Écossais *m*, -e *f.* ◆ **escocés** *m* [lengua] écossais *m.*

Escocia Écosse *f.*

escoger *vt* choisir.

escogido, da *adj* choisi(e).

escolar ◇ *adj* scolaire. ◇ *mf* écolier *m*, -ère *f.*

escolarizar *vt* scolariser.

escoliosis *f* scoliose *f.*

escollo *m lit & fig* écueil *m.*

escolta *f* escorte *f.*

escoltar *vt* escorter.

escombro *m (gen pl)* décombres *mpl.*

esconder *vt lit & fig* cacher. ◆ **esconderse** *vp* se cacher; ~ **de** [mirada, vista] se dérober à; [curiosos, gente etc] fuir.

escondido, da *adj* caché(e); [lugar] retiré(e). ◆ **a escondidas** *loc adv* en cachette.

escondite *m* -1. [lugar] cachette *f.* -2. [juego] cache-cache *m inv.*

escondrijo *m* cachette *f.*

escopeta *f* fusil *m* (de chasse).

escoria *f fig* rebut *m.*

Escorpio, Escorpión ◇ *m inv* [zodiaco] Scorpion *m inv* . ◇ *mf inv* [persona] scorpion *m inv.*

escorpión *m* scorpion *m.* ◆ **Escorpión** = Escorpio.

escotado, da *adj* décolleté(e).

escotar *vt* décolleter.

escote *m* -1. [de prendas] encolure *f.* -2. [de persona] décolleté *m.* -3. *loc* : **pagar a** ~ partager les frais; **pagamos a** ~ chacun paie sa part.

escotilla *f* écoutille *f.*

escozor *m* brûlure *f*; [de ortiga] piqûre *f.*

escribiente *mf* employé *m*, -e *f* aux écritures.

escribir *vt* écrire. ◆ **escribirse** *vp* s'écrire.

escrito, ta ◇ *pp irreg* → escribir. ◇ *adj* écrit(e); **por** ~ par écrit. ◆ **escrito** *m* écrit *m*; [texto] texte *m.*

escritor, ra *m, f* écrivain *m.*

escritorio *m* -1. [mueble] secrétaire *m.* -2. [habitación] bureau *m.*

escritura *f* -1. [gen] écriture *f.* -2. DER acte *m.* ◆ **La Sagrada Escritura** *f (gen pl)* l'Écriture *f* sainte.

escrúpulo *m* -1. [duda, recelo] scrupule *m* . -2. [cuidado] méticulosité *f.* -3. [aprensión] dégoût *m.*

escrupuloso, sa *adj* scrupuleux(euse); [aprensivo] délicat(e).

escrutar *vt* -1. [mirar] scruter. -2. [computar] : ~ **los votos** dépouiller le scrutin.

escrutinio *m* dépouillement *m* du scrutin.

escuadra *f* -1. GEOM équerre *f.* -2. NÁUT escadre *f.* -3. MIL escouade *f.*

escuadrilla *f* escadrille *f.*

escuadrón *m* escadron *m.*

escuálido, da *adj culto* [persona] décharné(e); **un rostro** ~ un visage émacié.

escucha *f* écoute *f*; ~**s telefónicas** écoutes téléphoniques.

escuchar *vt lit & fig* écouter. ◆ **escucharse** *vp* s'écouter parler.

escudería *f* DEP écurie *f.*

escudo *m* -1. [arma] bouclier *m.* -2. [emblema] blason *m*; [de ciudad, familia] armes *fpl.* -3. [moneda] écu *m.*

escudriñar *vt* [mirar] scruter; [investigar] fouiller dans.

escuela *f* école *f*; ~ **privada/pública** école privée/publique; ~ **universitaria** institut *m* universitaire; **ser de la vieja** ~ être de la vieille école.

escueto, ta *adj* [estilo, imagen] sobre; [respuesta, presentación] succinct(e).

escuincle, cla *m, f Amer* gamin *m*, -e *f.*

esculpir *vt* sculpter.

escultor, ra *m, f* sculpteur *m.*

escultura *f* sculpture *f.*

escupidera *f* crachoir *m.*

escupir *vt & vi* cracher.

escupitajo *m* crachat *m.*

escurreplatos *m inv* égouttoir *m* (à vaisselle).

escurridizo, za *adj* **–1.** [suelo] glissant(e). **–2.** *fig* [persona] fuyant(e); [respuesta] évasif(ive).

escurridor *m* [colador] passoire *f*.

escurrir ◇ *vt* **–1.** [gen] égoutter; [colada] essorer. **–2.** [vaciar] vider jusqu'à la dernière goutte. ◇ *vi* **–1.** [cosa mojada, líquido] goutter. **–2.** [suelo] glisser. ✦ **escurrirse** *vp* **–1.** [cosa mojada] s'égoutter. **–2.** [cosa resbaladiza] glisser.

ese[1] *f* s *m inv*; hacer ~s [persona] tituber; [coche] zigzaguer.

ese[2], **esa** (*mpl* **esos**, *fpl* **esas**) *adj demos* **–1.** [gen] ce, cette, ce...-là, cette...-là; *¿qué es ~ ruido?* qu'est-ce que c'est que ce bruit?; *esa corbata que llevas hoy es muy bonita* la cravate que tu portes aujourd'hui est très belle; *busco precisamente ~ libro* c'est précisément ce livre que je cherche; *prefiero esa casa a ésta* je préfère cette maison-là à celle-ci. **–2.** (*después de sust*) *despec* ce...-là, cette...-là; *el hombre ~ no me inspira confianza* cet homme-là ne m'inspire pas confiance.

ése, ésa (*mpl* **ésos**, *fpl* **ésas**) *pron demos* **–1.** [gen] celui-là, celle-là; *no cojas este diccionario, coge ~* ne prends pas ce dictionnaire-ci, prends celui-là; *dame un vaso - ¿cuál? - ~* que está en la mesa donne-moi un verre - lequel? - celui qui est sur la table; *ésa es mi idea de...* c'est l'idée que je me fais de... **–2.** [mencionado antes] : *entraron Ana y María, ésa con un vestido rojo* Ana et María sont entrées, la première portait une robe rouge. **–3.** *fam* [despectivo] : *¿qué se ha creído ésa?* qu'est-ce qu'elle croit, celle-là?; *~ me ha querido timar* ce type-là a essayé de me rouler.

esencia *f* essence *f*; [lo principal] essentiel *m*; quinta ~ quintessence *f*.

esencial *adj* essentiel(elle).

esfera *f* **–1.** [globo] sphère *f*; [de reloj] cadran *m*; las altas ~s de *fig* les hautes sphères de. **–2.** *fig* [ámbito] domaine *m*.

esférico, ca *adj* sphérique. ✦ **esférico** *m* DEP ballon *m*.

esfinge *f* sphinx *m*.

esfínter *m* sphincter *m*.

esforzar *vt* [voz, vista] forcer. ✦ **esforzarse** *vp* faire des efforts; ~se en ○ por hacer algo s'efforcer de faire qqch.

esfuerzo *m* effort *m*.

esfumar *vt* estomper. ✦ **esfumarse** *vp* *fig* se volatiliser.

esgrima *f* escrime *f*.

esgrimir *vt* **–1.** [arma blanca] manier; [amenazando] brandir. **–2.** *fig* [argumento, hecho, idea] invoquer.

esguince *m* foulure *f*; [con desgarro] entorse *f*.

eslabón *m* chaînon *m*; ~ **perdido** chaînon manquant.

eslip (*pl* **eslips**), **slip** (*pl* **slips**) *m* slip *m*.

eslogan (*pl* **eslóganes**), **slogan** (*pl* **slogans**) *m* slogan *m*.

eslora *f* longueur *f* (*d'un bateau*).

Eslovaquia Slovaquie *f*.

Eslovenia Slovénie *f*.

esmaltar *vt* émailler.

esmalte *m* émail *m*; [arte] émaillerie *f*. ✦ **esmalte (de uñas)** *m* vernis *m* à ongles.

esmerado, da *adj* [persona] soigneux(euse); [trabajo, pronunciación etc] soigné(e).

esmeralda ◇ *f* émeraude *f*. ◇ *adj inv* (vert) émeraude. ◇ *m* vert *m* émeraude.

esmerarse *vp* : ~ **(en algo/en hacer algo)** s'appliquer (dans qqch/à faire qqch).

esmeril *m* émeri *m*.

esmerilar *vt* [pulir] polir à l'émeri.

esmero *m* soin *m*, application *f*.

esmirriado, da *adj* chétif(ive).

esmoquin (*pl* **esmóquines**), **smoking** (*pl* **smokings**) *m* smoking *m*.

esnifar *vt* *fam* sniffer.

esnob (*pl* **esnobs**), **snob** (*pl* **snobs**) *adj & mf* snob.

eso *pron demos* (neutro) cela, ça; *¿le habló usted de ~ en particular?* lui avez-vous parlé de cela en particulier?; *~ me interesa* ça m'intéresse; *~ es la Torre Eiffel* ça, c'est la tour Eiffel; *~ es lo que yo pienso* c'est ce que je pense; *~ de vivir solo no me gusta* je n'aime pas l'idée de vivre seul; *¡~, ~!* c'est ça, c'est ça!; *¿cómo es ~?* comment ça se fait?; *¡~ es!* c'est ça! ✦ **a eso de** *loc prep* vers. ✦ **en eso** *loc adv* sur ce. ✦ **y eso que** *loc conj* et pourtant.

esófago *m* œsophage *m*.

esos, esas → **ese**.

ésos, ésas → **ése**.

esotérico, ca *adj* ésotérique.

espabilar *vt* **–1.** [despertar] réveiller. **–2.** [avispar] : ~ **a alguien** dégourdir qqn. **–3.** [despachar] expédier. ✦ **espabilarse** *vp* **–1.** [despertarse] se réveiller. **–2.** *fam* [darse prisa] se remuer. **-3.** [avisparse] se dé-gourdir.

espachurrar *vt fam* écrabouiller.

espacial *adj* spatial(e).

espaciar *vt* espacer.

espacio *m* **-1.** [gen] espace *m*; **no tengo mucho ~** je n'ai pas beaucoup de place; **por ~ de dos años** pendant deux ans; **~ aéreo** espace aérien; **~ de tiempo** laps *m* de temps. **-2.** RADIO & TV émission *f*; **~ musical** plage *f* musicale. **-3.** [entre líneas] interligne *m f*; **a doble ~** à double interligne.

espacioso, sa *adj* spacieux(euse).

espada *f* épée *f*; **estar entre la ~ y la pared** être pris entre deux feux. ◆ **espadas** *fpl* [naipes] *l'une des quatre couleurs du jeu de cartes espagnol.*

espagueti, spaguetti *m (gen pl)* spaghetti *m*.

espalda *f* **-1.** [gen] dos *m*; **tumbarse de ~s** s'allonger sur le dos; **caerse de ~s** tomber à la renverse; **por la ~** par-derrière. **-2.** DEP dos *m* crawlé. **-3.** *loc* : **cubrirse las ~s** protéger ses arrières; **hablar de uno a sus ~s** parler de qqn dans son dos; **volver la ~ a alguien** tourner le dos à qqn.

espaldarazo *m* : **dar un ~** donner une tape dans le dos; **se pegó un ~** il est tombé sur le dos.

espalderas *fpl* espalier *m* (de gymnastique).

espantadizo, za *adj* craintif(ive).

espantajo *m* épouvantail *m*; [para amenazar a niños] croque-mitaine *m*.

espantapájaros *m inv* épouvantail *m*.

espantar *vt* **-1.** [ahuyentar] faire fuir. **-2.** [asustar] épouvanter. ◆ **espantarse** *vp* s'affoler; **~se de ○ por** être épouvanté(e) de ○ par.

espanto *m* épouvante *f*; **¡qué ~!** quelle horreur!; **estoy curado de ~s** *fig* j'en ai vu d'autres.

espantoso, sa *adj* **-1.** [aterrador] épouvantable. **-2.** *fig* [enorme] terrible. **-3.** [feísimo] horrible.

España Espagne *f*; **la ~ del siglo de oro** l'Espagne du siècle d'or.

español, la ◇ *adj* espagnol(e). ◇ *mf* Espagnol *m*, -e *f*. ◆ **español** *m* [lengua] espagnol *m*.

españolada *f despec* espagnolade *f*.

españolizar *vt* espagnoliser. ◆ **españolizarse** *vp* devenir espagnol(e).

esparadrapo *m* sparadrap *m*.

esparcido, da *adj* éparpillé(e).

esparcir *vt* [aceite, noticia etc] répandre; [papeles, objetos] éparpiller. ◆ **esparcirse** *vp* se répandre.

espárrago *m* asperge *f*.

esparto *m* BOT alfa *m*.

espasmo *m* spasme *m*.

espasmódico, ca *adj* spasmodique.

espatarrarse *vp fam* [en sillón, sofá] s'affaler.

espátula *f* spatule *f*.

especia *f* épice *f*.

especial *adj* spécial(e); [trato] de faveur; **en ~** [sobre todo] particulièrement; **uno en ~** un en particulier.

especialidad *f* spécialité *f*.

especialista ◇ *adj* spécialiste; **un médico ~** un spécialiste. ◇ *mf* **-1.** [experto] spécialiste *mf*. **-2.** CIN cascadeur *m*, -euse *f*.

especializado, da *adj* spécialisé(e).

especializar *vt* spécialiser.

especie *f* **-1.** [gen] espèce *f*. **-2.** [tipo, clase] genre *m*. **-3.** [variedad] sorte *f*. **-4.** **pagar en ○ ~s** payer en nature.

especificar *vt* : **~ algo** spécifier qqch; **~ algo a alguien** préciser qqch à qqn.

específico, ca *adj* spécifique. ◆ **específicos** *mpl* FARMACIA spécialités *fpl*.

espécimen (*pl* **especímenes**) *m* spécimen *m*.

espectacular *adj* spectaculaire.

espectáculo *m* spectacle *m*; **dar el ~** *fig* se donner en spectacle.

espectador, ra *m f* spectateur *m*, -trice *f*.

espectral *adj* spectral(e).

espectro *m* spectre *m*.

especulación *f* spéculation *f*.

especular *vi* **-1.** [mentalmente] : **~ (sobre)** spéculer (sur). **-2.** [comercialmente] : **~ (con ○ en)** spéculer (sur).

espejismo *m lit & fig* mirage *m*.

espejo *m* **-1.** [para mirarse] glace *f*, miroir *m*; **(~) retrovisor** rétroviseur *m*. **-2.** *fig* [imagen] : **ser el ~ de algo** [sociedad, época etc] refléter qqch; [alma] être le miroir de qqch. **-3.** *fig* [dechado] modèle *m*.

espeleología *f* spéléologie *f*.

espeluznante *adj* à donner la chair de poule.

espera *f* **-1.** [acción] attente *f*; **a la ~ de** [acontecimiento] dans l'espoir de; **en ~ de** [carta, paquete etc] dans l'attente de. **-2.** [calma] patience *f*.

esperanto *m* espéranto *m*.

esperanza *f* espoir *m*; **perder la ~** perdre l'espoir; **tener ~ de hacer algo** avoir l'espoir de faire qqch; **~ de vida** espérance *f* de vie.

esperanzar *vt* donner de l'espoir.

esperar *vt* **-1.** [gen] : **~ (algo/a alguien)** attendre (qqch/qqn); **~ algo de alguien** attendre qqch de qqn; **era algo de ~** c'était à prévoir; **como era de ~** comme il fallait s'y attendre. **-2.** [desear] : **~ que** espérer que; **espero que sí** j'espère bien; **~ hacer algo** espérer faire qqch. ◆ **esperarse** *vp* **-1.** [imaginarse] s'attendre à; **no se lo esperaba** il ne s'y attendait pas. **-2.** [aguardar] attendre; **se esperó durante una hora** il a attendu une heure.

esperma ◇ *m* ○ *f* sperme *m*. ◇ *f* *Amer* [vela] bougie *f*.

espermatozoide, espermatozoo *m* spermatozoïde *m*.

esperpento *m* **-1.** [persona] épouvantail *m*. **-2.** [cosa] horreur *f*.

espeso, sa *adj* **-1.** [gen] épais(aisse). **-2.** [tupido – vegetación] dense; [– bosque] touffu(e). **-3.** [difícil de entender] impénétrable.

espesor *m* épaisseur *f*.

espesura *f* **-1.** [vegetación] fourré *m*. **-2.** [espesor] épaisseur *f*.

espía *mf* espion *m*, -onne *f*.

espiar *vt* épier.

espiga *f* **-1.** [de trigo etc] épi *m*. **-2.** [en telas] chevron *m*. **-3.** [de madera, hierro] cheville *f*.

espigado, da *adj* **-1.** *fig* [persona] : **es ~** il est grand et mince. **-2.** [planta] monté(e) en graine.

espigón *m* jetée *f*.

espina *f* **-1.** [pez] arête *f*. **-2.** [de planta] épine *f*. **-3.** *fig* [pena] : **tiene una ~ clavada** il en a gros sur le cœur; **me da mala ~** cela ne me dit rien qui vaille. ◆ **espina dorsal** *f* épine *f* dorsale.

espinaca *f* (*gen pl*) épinard *m*.

espinazo *m* échine *f*.

espinilla *f* **-1.** ANAT tibia *m*. **-2.** [grano] point *m* noir.

espinoso, sa *adj* *lit & fig* épineux(euse).

espionaje *m* espionnage *m*.

espiral *f* spirale *f*; **en ~** en spirale.

espirar ◇ *vi* expirer. ◇ *vt* exhaler.

espiritista ◇ *adj* spirite. ◇ *mf* médium *mf*.

espíritu *m* **-1.** [gen & RELIG] esprit *m* . **-2.** *fig* [ánimo] force *f*. ◆ **Espíritu Santo** *m* Saint-Esprit *m*.

espiritual ◇ *adj* spirituel(elle). ◇ *m* MÚS : **~ (negro)** negro spiritual *m*.

espléndido, da *adj* **-1.** [magnífico] splendide. **-2.** [generoso] prodigue.

esplendor *m* splendeur *f*.

espliego *m* lavande *f*.

espoleta *f* [de proyectil] détonateur *m*.

espolio = **expolio**.

espolvorear *vt* saupoudrer.

esponja *f* éponge *f*.

esponjoso, sa *adj* spongieux(euse).

espontaneidad *f* spontanéité *f*.

espontáneo, a ◇ *adj* spontané(e). ◇ *m*, *f* *spectateur qui saute dans l'arène pour toréer*.

esporádico, ca *adj* sporadique.

esport, sport *adj inv* sport; **un traje ~** un costume sport.

esposar *vt* passer les menottes à.

esposo, sa *m*, *f* époux *m*, -ouse *f*. ◆ **esposas** *fpl* menottes *fpl*.

espot (*pl* **espots**), **spot** (*pl* **spots**) *m* spot *m*.

espray (*pl* **esprays**), **spray** (*pl* **sprays**) *m* spray *m*, aérosol *m*.

esprint (*pl* **esprints**), **sprint** (*pl* **sprints**) *m* sprint *m*.

espuela *f* **-1.** [de jinete] éperon *m*. **-2.** *fig* [estímulo] aiguillon *m*. **-3.** *fam* *fig* [última copa] coup *m* de l'étrier.

espuma *f* **-1.** [de cerveza, jabón] mousse *f*. **-2.** [para pelo] mousse *f* coiffante ○ de coiffage. **-3.** [de olas, caldo] écume *f*.

espumadera *f* écumoire *f*.

espumarajo *m* écume *f* (*bave*).

espumoso, sa *adj* [mar, olas] écumeux(euse); [vino] mousseux(euse); [jabón] moussant(e). ◆ **espumoso** *m* [vino] mousseux *m*.

esputo *m* expectoration *f*.

esquech (*pl* **esquechs**), **esquetch** (*pl* **esquetchs**) *m* sketch *m*.

esqueje *m* bouture *f*.

esquela *f* faire-part *m* de décès.

esquelético, ca *adj* squelettique.

esqueleto *m* squelette *m*; **menear** ○ **mover el ~** *fam* guincher.

esquema *m* schéma *m*.

esquemático, ca *adj* schématique.

esquematizar *vt* schématiser.

esquetch = **esquech**.

esquí (*pl* **esquíes** o **esquís**), **ski** (*pl* **skíes** o **skis**) *m* ski *m*; ~ **naútico** o **acuático** ski nautique.

esquiador, ra *m, f* skieur *m*, -euse *f.*

esquiar *vi* skier.

esquilar *vt* tondre (*les animaux*).

esquimal ◇ *adj* esquimau(aude). ◇ *mf* [persona] Esquimau *m*, -aude *f.* ◇ *m* [lengua] esquimau *m.*

esquina *f* coin *m*; **a la vuelta de la** ~ au coin de la rue; **al doblar la** ~ en tournant au coin de la rue.

esquirol *m fam* jaune *mf* (*briseur de grève*).

esquivar *vt* éviter; [golpe] esquiver.

esquivo, va *adj* farouche.

esquizofrenia *f* schizophrénie *f.*

esta → este.

ésta → éste.

estabilidad *f* stabilité *f.*

estabilizar *vt* stabiliser. ◆ **estabilizarse** *vp* se stabiliser.

estable *adj* stable.

establecer *vt* établir. ◆ **establecerse** *vp* s'établir.

establecimiento *m* établissement *m.*

establo *m* étable *f.*

estaca *f* -1. [palo puntiagudo] pieu *m*. -2. [garrote] gourdin *m.*

estacada *f* [cerco] palissade *f*; **dejar a alguien en la** ~ laisser tomber qqn; **quedar** o **quedarse alguien en la** ~ être abandonné(e)à son triste sort.

estación *f* -1. [gen & INFORM] station *f*; ~ **de esquí** station de ski; ~ **de gasolina** pompe *f* à essence; ~ **de metro** station de métro; ~ **de trabajo** poste *m* de travail; ~ **emisora/meteorológica** station de radio/météo. -2. [de tren] gare *f*; ~ **de autocares** gare routière. -3. [del año, temporada] saison *f.* ◆ **estación de servicio** *f* station-service *f.*

estacionamiento *m* stationnement *m*; '~ **indebido**' 'stationnement interdit'.

estacionar *vt* garer. ◆ **estacionarse** *vp* se garer, stationner.

estacionario, ria *adj* stationnaire.

estadio *m* stade *m.*

estadista *m* homme *m* d'État.

estadístico, ca *adj* statistique. ◆ **estadística** *f* statistique *f.*

estado *m* état *m*; **estar en buen/mal** ~ être en bon/mauvais état; **la carne está en mal** ~ la viande est avariée; ~ **civil** état civil; ~ **de ánimo** humeur *f*; ~ **de ex-** cepción o **emergencia** état d'urgence; ~ **de sitio** état de siège; **estar en** ~ (**de esperanza** o **buena esperanza**) *fig* attendre un heureux événement). ◆ **Estado** *m* [gobierno] État *m*; **Estado Mayor** MIL état-major *m.*

Estados Unidos (de América) les États-Unis (d'Amérique); ~ **salió vencedor** les États-Unis ont gagné.

estadounidense ◇ *adj* américain(e) (*des États-Unis*). ◇ *mf* Américain *m*, -e *f.*

estaf (*pl* **estafs**), **staff** (*pl* **staffs**) *m* [de empresa] staff *m*; [de profesores] équipe *f.*

estafa *f* escroquerie *f.*

estafador, ra *m, f* escroc *m.*

estafar *vt* escroquer.

estafeta *f* bureau *m* de poste.

estalactita *f* stalactite *f.*

estalagmita *f* stalagmite *f.*

estallar *vi* éclater; [bomba] exploser; [cristal] voler en éclats; ~ **en sollozos/en una carcajada** éclater en sanglots/de rire.

estallido *m* explosion *f*; [de guerra, neumático] éclatement *m.*

estambre *m* -1. [hilo] fil *m* de laine. -2. [de flor] étamine *f.*

Estambul Istanbul.

estamento *m* classe *f* (*de la société*).

estampa *f* -1. [imagen impresa] estampe *f.* -2. [tarjeta, retrato] image *f*; **este niño es la** ~ **de su padre** cet enfant est l'image de son père. -3. [aspecto] allure *f.*

estampado, da *adj* -1. [tela] imprimé(e). -2. [firma etc] apposé(e). ◆ **estampado** *m* impression *f.*

estampar *vt* -1. [imprimir – metal] estamper; [– tela] imprimer. -2. [escribir] : ~ **su firma** apposer sa signature. -3. *fig* [arrojar] : ~ **algo contra** fracasser qqch contre; ~ **a alguien contra** précipiter qqn contre. -4. *fam fig* [dar] flanquer.

estampida *f* débandade *f.*

estampido *m* fracas *m.*

estampilla *f* -1. [sello – con firma] cachet *m*; [– con letrero] estampille *f.* -2. *Amer* [de correos] timbre *m.*

estancarse *vp* -1. [líquido] stagner. -2. [situación, proyecto] rester en suspens.

estancia *f* -1. [tiempo] séjour *m*. -2. [habitación] pièce *f.* -3. *Amer* [hacienda] ferme *f* d'élevage.

estanciero *m Amer* fermier *m.*

estanco, ca adj étanche. ◆ **estanco** m bureau m de tabac.

estand (pl **estands**), **stand** (pl **stands**) m stand m.

estándar (pl **estándares**) adj & m standard.

estandarizar vt standardiser.

estandarte m étendard m.

estanding, standing m standing m.

estanque m **-1.** [alberca] étang m. **-2.** Amer [depósito] réservoir m.

estanquero mf buraliste mf.

estante m étagère f (planche).

estantería f étagère f (meuble).

estaño m étain m.

estar ◇ vi **-1.** [gen] être; **la llave está en la cerradura** la clef est dans la serrure; **¿está María?** est-ce que María est là?; **¿a qué estamos hoy?** le combien sommes-nous aujourd'hui?; **hoy estamos a 13 de julio** aujourd'hui nous sommes le 13 juillet; **el dólar está a 95 pesetas** le dollar est à 95 pesetas. **-2.** [quedarse] rester; **estaré un par de horas y me iré** je resterai une heure ou deux et je m'en irai; **estuvo toda la tarde en casa** il est resté chez lui tout l'après-midi. **-3.** [hallarse listo] être prêt; **el almuerzo estará a las tres** le déjeuner sera prêt à trois heures; **~ para** [de humor] être d'humeur à, être disposé(e)à; [en condiciones] être en état de; **no estoy para bromas** je ne suis pas d'humeur à plaisanter; **no estoy para jugar** je ne suis pas en état de jouer; **para eso están los amigos** les amis sont là pour ça; **~ por** [quedar] être à, rester à; [a punto de] être sur le point de; [con ganas de] être tenté(e)de; **esto está por hacer** ceci est à faire; **eso está por ver** ça reste à voir; **estaba por irme cuando llegaste** j'étais sur le point de partir quand tu es arrivé; **estuve por pegarle** j'ai failli le frapper; **estoy por llamarlo** je suis tenté de l'appeler. ◇ v aux **-1.** (antes de gerundio) [expresa duración]: **estoy pintando** je suis en train de peindre, je peins; **estuvieron trabajando día y noche** ils ont travaillé jour et nuit. **-2.** (antes de participio, en construcción pasiva) être; **la exposición está organizada por el ayuntamiento** l'exposition est organisée par la mairie. ◇ v copulativo **-1.** [gen] être; **¿cómo estás?** comment vas-tu?; **esta calle está sucia** cette rue est sale; **estoy a régimen** je suis au régime; **está de** o **como director de la agencia** il est directeur de l'agence; **es-**

tán de viaje ils sont en voyage; **hoy estoy de buen humor** aujourd'hui je suis de bonne humeur; **está que muerde porque ha suspendido** il n'est pas à prendre avec des pincettes parce qu'il a échoué. **-2.** [consistir]: **el problema está en la fecha** c'est la date qui pose problème. **-3.** [sentar] aller; **este traje te está muy bien** cette robe te va très bien. **-4.** **~ en que** [creer que] penser que, croire que; **estoy en que no vendrá** je pense qu'il ne viendra pas. ◆ **estarse** vp [permanecer] rester; **estate quieto** reste tranquille; **puedes ~te unos días aquí** tu peux rester quelques jours ici.

estárter (pl **estárters**), **starter** (pl **starters**) m AUTOM starter m.

estatal adj de l'État; **un representante ~** un représentant de l'État; **un organismo ~** un organisme d'État; **una empresa ~** une entreprise publique.

estático, ca adj **-1.** [FÍS & inmóvil] statique. **-2.** [pasmado]: **se quedó ~ del pavor** il a été saisi d'effroi. ◆ **estática** f statique f.

estatismo m **-1.** POLÍT étatisme m. **-2.** [inmovilidad] statisme m.

estatua f statue f.

estatura f stature f.

estatus, status m inv statut m social.

estatutario, ria adj statutaire.

estatuto m statut m.

este[1] ◇ m est m; **el ~ de Europa** l'est de l'Europe. ◇ adj [zona, frontera] est; [viento] d'est. ◆ **Este** m : **el Este** [punto cardinal] l'Est; **los países del Este** les pays de l'Est.

este[2], **esta** (mpl **estos**, fpl **estas**) adj demos ce, cette, ce...-ci, cette...-ci; **~ hombre** cet homme; **me regaló estos libros** elle m'a offert ces livres; **me gusta más esta casa que ésa** cette maison-ci me plaît plus que celle-là; **esta mañana ha llovido** ce matin il a plu; **no soporto a la niña esta** cette fille, je ne la supporte pas.

éste, ésta (mpl **éstos**, fpl **éstas**) pron demos **-1.** [cercano en el espacio] celui-ci, celle-ci; **aquellos cuadros están bien, aunque éstos me gustan más** ces tableaux-là sont bien mais je préfère ceux-ci; **~ es el modelo más barato** c'est o voici le modèle le moins cher; **~ ha sido el día más feliz de mi vida** ça a été le plus beau jour de ma vie. **-2.** fam despec : **¿qué hace aquí ~?** qu'est-ce qu'il fait ici lui?; **~ es el que me pegó** c'est lui qui m'a frappé.

estela *f* –1. [de barco] sillage *m*; [de estrella fugaz] traînée *f*. –2. *fig* [rastro] : **dejar** ~ laisser des traces.

estelar *adj* –1. ASTRON stellaire. –2. *fig* [más importante] marquant(e); **la figura** ~ la vedette; **el momento** ~ le moment clé.

estelaridad *f Amer* popularité *f*.

estepa *f* steppe *f*.

estera *f* natte *f (en paille)*.

estercolero *m* tas *m* de fumier; *fig* [lugar sucio] porcherie *f*.

estéreo ◇ *adj* stéréo. ◇ *m* [aparato] stéréo *f*.

estereofónico, ca *adj* stéréophonique.

estereotipado, da *adj* stéréotypé(e).

estereotipo *m* stéréotype *m*.

estéril *adj lit & fig* stérile.

esterilete *m* stérilet *m*.

esterilizar *vt* stériliser.

esterilla *f* natte *f (de plage)*.

esterlina, sterling *f* → libra.

esternón *m* sternum *m*.

esteta *mf* esthète *mf*.

esteticista, esthéticienne *f* esthéticienne *f*.

estético, ca *adj* esthétique. ◆ **estética** *f* esthétique *f*.

esthéticienne = esteticista.

estiércol *m* fumier *m*.

estigma *m lit & fig* stigmate *m*.

estilarse *vp fam* se faire, se porter, être à la mode; **ya no se estila ese tipo de pantalones** ce type de pantalon ne se fait plus.

estilete *m* stylet *m*.

estilista *mf* styliste *mf*.

estilístico, ca *adj* stylistique.

estilizar *vt* styliser; ~ **la figura** [un vestido] mettre les formes en valeur.

estilo *m* –1. [gen & GRAM] style *m*; **por el** ~ **de** dans le genre de; ~**de vida** style de vie; ~ **directo/indirecto** style direct/indirect. –2. DEP: ~ **libre** nage *f* libre; ~ **mariposa** nage *f* papillon. –3. *loc* : **algo por el** ~ quelque chose comme ça.

estilográfica *f* → pluma.

estima *f* estime *f*; **tener a alguien en mucha** ~ tenir qqn en grande estime.

estimación *f* –1. [aprecio] estime *f*. –2. [valoración] estimation *f*.

estimar *vt* estimer.

estimulante ◇ *adj* stimulant(e). ◇ *m* stimulant *m*.

estimular *vt* stimuler.

estímulo *m* –1. [aliciente] stimulant *m*; [ánimo] stimulation *f*. –2. [de órgano] stimulus *m*.

estío *m culto* été *m*.

estipendio *m* rétribution *f*.

estipulación *f* –1. [de precios etc] fixation *f*. –2. DER stipulation *f*.

estipular *vt* stipuler.

estirado, da *adj* [afectado] guindé(e); [arrogante] hautain(e).

estirar ◇ *vt* –1. [alargar] étirer. –2. [desarrugar, poner tenso] tendre. –3. *fig* [dinero, conversación] faire durer. ◇ *vi* : ~ **de** tirer sur. ◆ **estirarse** *vp* –1. [desperezarse] s'étirer. –2. [tumbarse] s'étendre. –3. [crecer] pousser.

estirón *m* –1. [acción] saccade *f*; **dar un** ~ **a algo** tirer sur qqch. –2. [al crecer] : **¡vaya** ~ **que ha dado este niño!** qu'est-ce qu'il a poussé ce petit!

estirpe *f* souche *f* (lignée).

estival *adj* estival(e).

esto *pron demos (neutro)* ceci, ça; ~ **es un nuevo producto** ceci est un nouveau produit; ~ **no puede ser** ça n'est pas possible; ~ **que acabas de decir no tiene sentido** ce que tu viens de dire n'a pas de sens; ~ **de trabajar de noche no me gusta** je n'aime pas travailler la nuit; ~ **es** c'est-à-dire; **el precio neto,** ~ **es libre de impuestos, es…** le prix net, c'est-à-dire hors taxe, est de…

estoc (*pl* **estocs**), **stock** (*pl* **stocks**) *m* stock *m*.

Estocolmo Stockholm.

estofa *f* espèce *f*, sorte *f*; **de baja** ~ [gente] de bas étage.

estofado *m* estouffade *f*.

estofar *vt* CULIN cuire à l'étouffée.

estoicismo *m* stoïcisme *m*.

estoico, ca *adj* stoïque.

estomacal ◇ *adj* –1. [del estómago] stomacal(e); **dolencias** ~**es** maux d'estomac. –2. [bebida] digestif(ive). ◇ *m* digestif *m*.

estómago *m* estomac *m*.

Estonia Estonie *f*.

estop = stop.

estorbar ◇ *vt* [obstaculizar, molestar] gêner; **el ruido le estorba** le bruit le gêne; **no quiero** ~ je ne veux pas vous déranger. ◇ *vi* [estar en medio] bloquer le passage.

estorbo m gêne f.

estornudar vi éternuer.

estornudo m éternuement m.

estos, estas → este.

éstos, éstas → éste.

estoy→ estar.

estrabismo m strabisme m.

estrado m [en escuela] estrade f; [en actos solemnes] tribune f.

estrafalario adj saugrenu(e).

estragón m estragon m.

estragos mpl : **causar** ○ **hacer** ~ faire des ravages.

estrambótico adj farfelu(e).

estrangulador, ra m, f étrangleur m, -euse f.

estrangulamiento m étranglement m.

estrangular vt -1. [ahogar] étrangler. -2. MED ligaturer. -3. [proyecto] étouffer dans l'œuf.

estraperlo m marché m noir.

estratagema f stratagème m.

estratega mf stratège m.

estrategia f stratégie f.

estratégico, ca adj stratégique.

estratificar vt stratifier.

estrato m -1. GEOL strate f. -2. fig [social] couche f.

estratosfera f stratosphère f.

estrechamiento m -1. [de tamaño] rétrécissement m. -2. fig [en las relaciones] resserrement m.

estrechar vt -1. [hacer estrecho] rétrécir. -2. fig [relaciones] resserrer. -3. [apretar] serrer; ~ **entre sus brazos** serrer dans ses bras; ~ **la mano a alguien** serrer la main à qqn. ◆ **estrecharse** vp -1. [hacerse estrecho] se rétrécir. -2. [abrazarse] s'étreindre. -3. [apretarse] se serrer.

estrechez f -1. [gen] étroitesse f; ~ **de miras** étroitesse d'esprit. -2. fig [falta de dinero] : **pasar estrecheces** être dans la gêne.

estrecho, cha ◇ adj -1. [gen] étroit(e); **estar muy** ~ être très à l'étroit. -2. fig [rígido] strict(e). ◇ m, f fam bégueule mf; **hacerse el** ~ jouer les prudes; **ser una estrecha** être une sainte-nitouche. ◆ **estrecho** m GEOGR détroit m.

estrella ◇ adj inv [presentador] vedette; [producto] phare. ◇ f -1. [gen] étoile f. -2. fig [celebridad] vedette f. -3. loc : **tener buena/mala** ~ être né(e) sous une

bonne/mauvaise étoile. ◆ **estrella de mar** f étoile f de mer.

estrellado, da adj étoilé(e).

estrellar vt [arrojar] fracasser; [vaso, plato] briser. ◆ **estrellarse** vp -1. [chocar] : ~**se (contra)** se fracasser (contre); [coche, avión] s'écraser (contre). -2. fig [fracasar] s'effondrer.

estrellón m Amer collision f.

estremecer vt -1. [sacudir] ébranler, faire trembler. -2. fig [suj : amenazas etc] faire frémir. ◆ **estremecerse** vp : ~**se (de)** [horror] frémir (de); [miedo, frío] trembler de.

estremecimiento m frémissement m.

estrenar vt -1. [gen] étrenner. -2. TEATR donner la première de; CIN projeter pour la première fois. ◆ **estrenarse** vp -1. [persona] débuter. -2. [película] sortir.

estreno m -1. [de espectáculo] première f; [de película] sortie f. -2. [en un empleo] débuts mpl.

estreñido, da adj constipé(e).

estreñimiento m constipation f.

estrépito m -1. [ruido] fracas m. -2. fig [ostentación] : **con gran** ~ à grand bruit.

estrepitoso, sa adj retentissant(e).

estrés, stress m inv stress m inv.

estresar vt stresser.

estría f vergeture f.

estribar vi : ~ **en** reposer sur.

estribillo m -1. MÚS & LITER refrain m. -2. fam [coletilla] tic m de langage.

estribo m -1. [de montura] étrier m. -2. [de coche, tren] marchepied m. -3. loc : **perder los** ~**s** perdre les pédales.

estribor m tribord m .

estricto, ta adj strict(e).

estridente adj -1. [ruido] strident(e). -2. fig [extravagante] excentrique.

estrofa f strophe f.

estropajo m tampon m à récurer.

estropear vt -1. [averiar] abîmer. -2. [planes, proyecto] faire échouer. ◆ **estropearse** vp -1. [averiarse] tomber en panne. -2. [dañarse] s'abîmer. -3. [planes, proyecto] échouer.

estropicio m casse f (dégâts).

estructura f structure f.

estructurar vt structurer.

estruendo m -1. [ruido] vacarme m; [de trueno] grondement m; [de aplauso] tonnerre m. -2. [confusión] tumulte m.

estrujar *vt* **-1.** [limón, naranja] presser. **-2.** [papel] froisser; [caja, mano] écraser. **-3.** *fig* [sacar partido] exploiter; [sacar dinero] saigner. ◆ **estrujarse** *vp* [apretujarse] se serrer; ~**se la cabeza** se creuser la tête.

estuario *m* estuaire *m*.

estucar *vt* stuquer.

estuche *m* [de gafas, instrumento] étui *m*; [de joyas] coffret *m*. ◆ **estuche de aseo** *m* trousse *f* de toilette.

estuco *m* stuc *m*.

estudiante *mf* étudiant *m*, -e *f*.

estudiantil *adj* estudiantin(e); [equipo, asociación] d'étudiants.

estudiar ◇ *vt* étudier; [lección, idioma] apprendre; ~ **derecho** faire des études de droit. ◇ *vi* étudier; ~ **para médico** faire médecine; **tengo que** ~ **para aprobar** je dois travailler pour être reçu.

estudio *m* **-1.** [trabajo, análisis] étude *f*; **estar en** ~ être à l'étude; ~ **de mercado** étude de marché. **-2.** [local de pintor] atelier *m*. **-3.** [apartamento, local de fotógrafo] studio *m*. **-4.** *(gen pl)* CIN, TV & RADIO studio *m*. ◆ **estudios** *mpl* études *fpl*; **tener** ~**s** avoir fait des études; ~**s primarios/secundarios** études primaires/secondaires.

estudioso, sa ◇ *adj* studieux(euse). ◇ *m*, *f* spécialiste *mf*.

estufa *f* [para calentar] poêle *m*.

estupefaciente *m* stupéfiant *m*.

estupefacto, ta *adj* stupéfait(e).

estupendamente *adv* merveilleusement bien; **encontrarse** ~ être en pleine forme.

estupendo, da *adj* formidable, magnifique.

estupidez *f* stupidité *f*; **decir/hacer una** ~ dire/faire une bêtise.

estúpido, da ◇ *adj* stupide. ◇ *m*, *f* idiot *m*, -e *f*.

estupor *m* stupeur *f*.

esturión *m* esturgeon *m*.

estuviera *etc* → **estar**.

esvástica, svástica *f* svastika *m*.

ETA *(abrev de* **Euskadi ta Askatasuna**) *f* ETA *f*.

etapa *f* étape *f*; **por** ~**s** par étapes.

etarra ◇ *adj* de l'ETA. ◇ *mf* membre *m* de l'ETA.

ETB *(abrev de* **Euskal Telebista**) *f* télévision autonome basque.

etc. *(abrev de* **etcétera**) etc.

etcétera ◇ *m* : ... **y un largo** ~... et bien d'autres. ◇ *adv* et cetera.

éter *m* éther *m*.

etéreo, a *adj* éthéré(e); [vapores] d'éther.

eternidad *f* *lit & fig* éternité *f*.

eterno, na *adj* éternel(elle); *fig* [larguísimo] interminable.

ético, ca ◇ *adj* éthique. ◆ **ética** *f* **-1.** FILOSOFÍA éthique *f*. **-2.** [educación] morale *f*; **ética profesional** déontologie *f*.

etílico, ca *adj* éthylique; **en estado** ~ en état d'ivresse.

etimología *f* étymologie *f*.

Etiopía Éthiopie *f*.

etiqueta *f* **-1.** [gen] étiquette *f*; **de** ~ [cena, traje] habillé(e); [visita, recibimiento] officiel(elle); [traje] de soirée. **-2.** INFORM label *m*.

etiquetar *vt* étiqueter; ~ **a alguien de** *fig* étiqueter qqn comme.

etnia *f* ethnie *f*.

étnico, ca *adj* ethnique.

eucalipto *m* eucalyptus *m*.

eucaristía *f* eucharistie *f*.

eufemismo *m* euphémisme *m*.

euforia *f* euphorie *f*.

eufórico, ca *adj* euphorique.

eunuco *m* eunuque *m*.

eureka *interj* : ¡~! eurêka!

eurocheque *m* eurochèque *m*.

eurocomunismo *m* eurocommunisme *m*.

euroconector *m* prise *f* Péritel®.

eurócrata *mf* eurocrate *mf*.

eurodiputado, da *m*, *f* député *m* européen, députée *f* européenne.

Europa Europe *f*.

europarlamentario, ria ◇ *adj* du Parlement européen. ◇ *m*, *f* parlementaire *m* européen, parlementaire *f* européenne.

europeizar *vt* européaniser.

europeo, a ◇ *adj* européen(enne). ◇ *m*, *f* Européen *m*, -enne *f*.

eurovisión *f* Eurovision® *f*.

Euskadi Euskadi *(Pays basque)*.

euskera ◇ *adj* euskarien(enne). ◇ *mf* Euskarien *m*, -enne *f*. ◇ *m* [lengua] euskera *m*.

eutanasia *f* euthanasie *f*.

evacuación *f* évacuation *f*.

evacuado, da *adj* & *m*, *f* évacué(e).

evacuar *vt* **-1.** [desalojar] évacuer. **-2.** [defecar] : ~ **(el vientre)** aller à la selle.

evadir vt **-1.** [gen] : ~ **(hacer algo)** éviter (de faire qqch). **-2.** [responsabilidades] fuir; [pregunta] éluder. ◆ **evadirse** vp s'évader.

evaluación f **-1.** [gen] évaluation f. **-2.** EDUC [examen] contrôle m des connaissances; [período] trimestre m.

evaluar vt évaluer; EDUC contrôler les connaissances de.

evangélico, ca adj & m, f évangélique.

evangelio m évangile m; [doctrina] Évangile m.

evaporar vt évaporer. ◆ **evaporarse** vp lit & fig s'évaporer.

evasión f **-1.** [gen] évasion f. **-2.** ECON fuite f; ~ **de capitales** o **divisas** fuite des capitaux.

evasivo, va adj évasif(ive). ◆ **evasiva** f échappatoire f; **responder con evasivas** se dérober à une question.

evento m événement m.

eventual adj **-1.** [no fijo] temporaire. **-2.** [posible] éventuel(elle).

eventualidad f **-1.** [temporalidad] précarité f d'une situation. **-2.** [posibilidad] éventualité f.

evidencia f **-1.** [claridad] évidence f; **poner algo en** ~ mettre qqch en évidence; **poner a alguien en** ~ tourner qqn en ridicule. **-2.** [prueba] preuve f.

evidenciar vt mettre en évidence. ◆ **evidenciarse** vp être évident(e).

evidente adj évident(e).

evitar vt éviter.

evocación f évocation f.

evocar vt évoquer.

evolución f évolution f.

evolucionar vi évoluer.

evolucionismo m évolutionnisme m.

evolutivo, va adj évolutif(ive).

ex ◇ mf fam [cónyuge] ex mf. ◇ adj ex; **un** ~ **ministro** un ex-ministre, un ancien ministre.

exacerbar vt **-1.** [agudizar] exacerber. **-2.** [irritar] excéder.

exactitud f exactitude f.

exacto, ta adj exact(e); **3 metros** ~**s** exactement 3 mètres. ◆ **exacto** interj : ¡~! exactement!

exageración f exagération f; **contar exageraciones** exagérer; **ser una** ~ être exagéré(e).

exagerado, da adj exagéré(e); [precio, persona] excessif(ive).

exagerar vt & vi exagérer.

exaltado, da adj & m, f exalté(e).

exaltar vt **-1.** [encumbrar] élever. **-2.** [glorificar] exalter. ◆ **exaltarse** vp s'exalter.

examen m examen m; **hacer un** ~ **de algo** examiner qqch; **presentarse a un** ~ se présenter à un examen; ~ **final** examen final; ~ **oral** épreuve f orale, oral m; ~ **parcial** partiel m.

examinar vt **-1.** [observar] examiner. **-2.** [evaluar, interrogar] faire passer un examen à; ~ **a alguien sobre algo** interroger qqn sur qqch. ◆ **examinarse** vp passer un examen.

exánime adj **-1.** [muerto, desmayado] inanimé(e). **-2.** fig [agotado] éreinté(e); **dejar a alguien** ~ épuiser qqn.

exasperante adj exaspérant(e).

exasperar vt exaspérer. ◆ **exasperarse** vp être exaspéré(e).

excavación f excavation f; [arqueológica] fouille f.

excavador, ra m, f personne f qui fait des fouilles. ◆ **excavadora** f [máquina] pelle f mécanique.

excavar vt creuser; [zona arqueológica] fouiller.

excedencia f [de empleados, embarazadas] congé m; [de funcionarios] disponibilité f.

excedente ◇ adj **-1.** [producción, dinero etc] excédentaire. **-2.** [empleado, embarazada] en congé; [funcionario] en disponibilité. ◇ m excédent m. ◇ mf [empleado] employé m, -e f en congé; [funcionario] fonctionnaire mf en disponibilité.

exceder ◇ vt dépasser; ~ **a alguien** surpasser qqn. ◇ vi : ~ (**a** o **de algo**) dépasser (qqch). ◆ **excederse** vp **-1.** [pasarse de la raya] dépasser les bornes. **-2.** [exagerar] : ~**se (en algo)** exagérer (dans qqch); ~**se en el peso** peser trop lourd.

excelencia f [cualidad] excellence f; **por** ~ par excellence. ◆ **Excelencia** f : **Su Excelencia** Son Excellence.

excelente adj excellent(e).

excelso, sa adj culto. **-1.** [poeta, director] éminent(e). **-2.** [montes] élevé(e).

excentricidad f excentricité f.

excéntrico, ca adj & m, f excentrique.

excepción f exception f; **a** o **con** ~ **de** à l'exception de. ◆ **de excepción** loc adj d'exception.

excepcional adj exceptionnel(elle).

excepto adv excepté, hormis.

exceptuar vt -1. [excluir] excepter; exceptuando a los chicos les garçons exceptés. -2. [eximir] : ~ a alguien (de) [obligación, tarea] dispenser qqn (de).

excesivo, va adj excessif(ive).

exceso m -1. [gen] excès m; ~ de peso [obesidad] excès de poids; [carga de más] surcharge f; ~ de poder abus m de pouvoir. -2. [excedente] excédent m; ~ de equipaje excédent de bagages; ~ de natalidad excédent des naissances.

excipiente m excipient m.

excisión f excision f.

excitación f excitation f.

excitado, da adj excité(e).

excitante ◇ adj excitant(e), palpitant(e). ◇ m excitant m.

excitar vt -1. [inquietar] exciter. -2. [incitar] : ~ a alguien a algo/a hacer algo pousser qqn à qqch/à faire qqch. -3. [activar – apetito] aiguiser; [– deseos] éveiller; [– nervios] taper sur. ◆ **excitarse** vp s'exciter.

exclamación f exclamation f.

exclamar ◇ vt proférer. ◇ vi s'exclamer.

excluir vt exclure; ~ a alguien de exclure qqn de.

exclusión f exclusion f.

exclusiva f → exclusivo.

exclusivo, va adj -1. [único] seul(e). -2. [privilegiado] exclusif(ive). ◆ **exclusiva** f exclusivité f.

Excma. abrev de **Excelentísima.**

Excmo. abrev de **Excelentísimo.**

excombatiente m ancien combattant m.

excomulgar vt excommunier.

excomunión f excommunication f.

excremento m (gen pl) excrément m.

exculpar vt innocenter.

excursión f -1. [viaje] excursion f; ir de ~ partir en excursion. -2. fam [paseo] : darse una ~ faire un tour.

excursionista mf excursionniste mf.

excusa f excuse f.

excusar vt -1. [justificar] excuser. -2. [evitar] : ~ hacer algo s'abstenir de faire qqch. ◆ **excusarse** vp : ~se (con alguien por algo) s'excuser (de qqch auprès de qqn).

exégesis f exégèse f.

exento, ta adj : ~ (de) [curiosidad, errores] exempt(e)(de); [responsabilidades, obligaciones] libéré(e) (de); [servicio militar]

exempté(e) (de); [impuestos] exonéré(e) (de); [clase] dispensé(e) (de).

exequias fpl obsèques fpl.

exhalación f -1. [emanación] exhalaison f; [suspiro] exhalation f. -2. [rapidez] : como una ~ comme l'éclair.

exhalar vt -1. [emanar] exhaler. -2. fig [suspiros] pousser; [reproches] proférer.

exhaustivo, va adj exhaustif(ive).

exhausto, ta adj [cansado] épuisé(e).

exhibición f -1. [de cuadros] exposition f. -2. [de danza, karate etc] exhibition f. -3. [de película] projection f. -4. [de modelos] présentation f. -5. [de fuerza] démonstration f.

exhibicionismo m lit & fig exhibitionnisme m.

exhibir vt -1. [cuadros, fotografías] exposer. -2. [película] projeter. -3. [modelos, productos] présenter. ◆ **exhibirse** vp s'exhiber.

exhortación f exhortation f.

exhortar vt : ~ a alguien a algo/a hacer algo exhorter qqn à qqch/à faire qqch.

exhumar vt lit & fig exhumer.

exigencia f exigence f; ~s del trabajo obligations fpl professionnelles.

exigente ◇ adj exigeant(e). ◇ mf : es un ~ il est exigeant.

exigir ◇ vt exiger. ◇ vi [pedir] être exigeant(e).

exiguo, gua adj minime; [salario] maigre; [habitación] exigu(ë).

exiliado, da adj & m, f exilé(e).

exiliar vt exiler. ◆ **exiliarse** vp s'exiler.

exilio m exil m.

eximir vt : ~ de exempter de.

existencia f existence f. ◆ **existencias** fpl COM stocks mpl.

existencialismo m existentialisme m.

existir vi -1. [gen] exister. -2. [haber] : existe... il y a...; existen varias posibilidades il y a plusieurs possibilités.

éxito m -1. [gen] succès m; [libro] best-seller m; [canción] tube m; **tener** ~ avoir du succès. -2. [de empresa, persona] réussite f.

exitoso, sa adj à succès.

éxodo m exode m.

exorbitante adj exorbitant(e).

exorbitar vt exagérer.

exorcismo m exorcisme m.

exorcizar vt exorciser.

exótico, ca adj exotique.

expandir *vt* **-1.** FÍS dilater. **-2.** [noticia, rumor] répandre. ◆ **expandirse** *vp* [rumor] se répandre.

expansión *f* **-1.** [gen, FÍS & ECON] expansion *f*. **-2.** *fig* [de noticia] propagation *f*. **-3.** [recreo] détente *f*.

expansionarse *vp* **-1.** FÍS se dilater. **-2.** [divertirse] se détendre. **-3.** [desahogarse] : ~ **con alguien** s'épancher auprès de qqn. **-4.** ECON se développer.

expansionismo *m* expansionnisme *m*.

expansivo, va *adj lit & fig* expansif(ive).

expatriar *vt* expatrier. ◆ **expatriarse** *vp* s'expatrier.

expectación *f* **-1.** [espera] attente *f*. **-2.** [interés] curiosité *f*. **-3.** [ansias] impatience *f* générale.

expectativa *f* **-1.** [espera] expectative *f*; **estar a la** ~ être dans l'expectative; **estar a la** ~ **de** être dans l'attente de. **-2.** [posibilidad] perspective *f*.

expedición *f* expédition *f*.

expedicionario, ria ◇ *adj* expéditionnaire. ◇ *m, f* membre *m* d'une expédition.

expediente *m* **-1.** [documentación, historial] dossier *m* . **-2.** [investigación] enquête *f*; **abrir** ~ **a alguien** [castigar] prendre des sanctions contre qqn; [investigar] ouvrir une enquête administrative sur qqn; **cubrir el** ~ *fig* faire acte de présence.

expedir *vt* **-1.** [carta, paquete] expédier. **-2.** [pasaporte, certificado] délivrer. **-3.** [contrato] dresser.

expeditivo, va *adj* expéditif(ive).

expedito, ta *adj* [vía, camino etc] dégagé(e).

expeler *vt* expulser; [humo, calor] dégager.

expendedor, ra ◇ *adj* : **una máquina expendedora de...** un distributeur automatique de... ◇ *m, f* vendeur *m*, -euse *f*; ~ **de tabaco** buraliste *mf*.

expendeduría *f* bureau *m* de tabac.

expensas *fpl* frais *mpl*. ◆ **a expensas de** *loc prep* aux dépens de, aux frais de.

experiencia *f* expérience *f*.

experimentado, da *adj* [persona] expérimenté(e); [método] éprouvé(e).

experimentar *vt* **-1.** [probar] expérimenter. **-2.** [vivir, sentir] connaître; ~ **lo que es el miedo** savoir ce qu'est la peur.

experimento *m* expérience *f* (*expérimentation*).

experto, ta ◇ *adj* expert(e). ◇ *m, f* expert *m*.

expiar *vt* expier.

expirar *vi* expirer.

explanada *f* terrain *m* découvert.

explanar *vt* **-1.** [terreno] aplanir. **-2.** *fig* [asunto] préciser.

explayar *vt* étendre. ◆ **explayarse** *vp* **-1.** [divertirse] se distraire. **-2.** [desahogarse] : ~**se con alguien** s'ouvrir à qqn.

explicación *f* explication *f*.

explicar *vt* expliquer; [asignatura] enseigner. ◆ **explicarse** *vp* s'expliquer.

explicitar *vt* expliciter.

explícito, ta *adj* explicite.

exploración *f* **-1.** [gen] exploration *f*; [de yacimientos] prospection *f*. **-2.** MED examen *m*.

explorador, ra ◇ *adj* de reconnaissance. ◇ *m, f* explorateur *m*, -trice *f*; [scout] scout *m*, -e *f*.

explorar *vt* **-1.** [gen] explorer; [en yacimientos] prospecter. **-2.** MED examiner.

explosión *f* explosion *f*; **hacer** ~ exploser.

explosionar ◇ *vt* faire exploser. ◇ *vi* exploser.

explosivo, va *adj* explosif(ive). ◆ **explosivo** *m* explosif *m*.

explotación *f* [negocio] exploitation *f*; ~ **agrícola** exploitation agricole.

explotar ◇ *vt* exploiter. ◇ *vi* exploser.

expoliar *vt* spolier.

expolio, espolio *m culto* spoliation *f*.

exponente *m* **-1.** MAT exposant *m*. **-2.** *fig* [representante] représentant *m*, -e *f*.

exponer *vt* exposer. ◆ **exponerse** *vp* **-1.** [ponerse a la vista] s'exhiber. **-2.** [arriesgarse] prendre des risques; ~**se a courir le** risque de.

exportación *f* exportation *f*.

exportar *vt* COM & INFORM exporter.

exposición *f* **-1.** [gen] exposition *f*. **-2.** [explicación] exposé *m*. **-3.** [riesgo] risque *m*.

expósito, ta ◇ *adj* [niño] trouvé(e). ◇ *m, f* enfant *m* trouvé, enfant *f* trouvée.

expositor, ra ◇ *adj* [principio] fondamental(e). ◇ *m, f* [que exhibe] exposant *m*, -e *f*; *fig* [que explica] avocat *m*, -e *f*.

exprés ◇ *adj* [tren, café] express. ◇ *m* = expreso.

expresar *vt* exprimer. ◆ **expresarse** *vp* s'exprimer.

expresión f expression f; **reducir a la mínima** ~ réduire à sa plus simple expression.

expresionismo m expressionnisme m.

expresivo, va adj **-1.** [palabras, mirada] expressif(ive). **-2.** [padre, novio] affectueux(euse).

expreso, sa adj [explícito] formel(elle). ◆ **expreso** ◇ m [tren, café] express m. ◇ adv [intencionadamente] exprès.

exprimidor m presse-agrume m.

exprimir vt **-1.** [cítrico] presser. **-2.** fig [persona, noticia] exploiter.

expropiación f **-1.** [acción] expropriation f. **-2.** [terreno] terrain m exproprié.

expropiar vt exproprier.

expuesto, ta ◇ pp irreg → **exponer**. ◇ adj exposé(e); [arriesgado] dangereux(euse).

expulsar vt expulser; [humos, gases] rejeter.

expulsión f expulsion f; [de gases de coche] échappement m.

exquisitez f **-1.** [cualidad] délicatesse f. **-2.** [comida] délice m.

exquisito, ta adj exquis(e).

extasiarse vp : ~ **(ante/con)** s'extasier (devant/sur).

éxtasis ◇ m extase f. ◇ m inv fam [droga] ecstasy m.

extender vt **-1.** [gen] étendre. **-2.** [semillas, azúcar etc] répandre. **-3.** [certificado] délivrer; [cheque] libeller. ◆ **extenderse** vp : ~**se (en/por)** s'étendre (sur/à).

extensión f **-1.** [superficie] étendue f. **-2.** [duración] durée f. **-3.** [acción & INFORM] extension f; **en toda la ~ de la palabra** dans tous les sens du terme. **-4.** TELECOM poste m.

extensivo, va adj extensif(ive); **haz ~s mis saludos a...** transmets mes salutations à...

extenso, sa adj **-1.** [llanura, miembro] étendu(e). **-2.** [discurso, conversación etc] long(longue).

extenuar vt exténuer. ◆ **extenuarse** vp s'exténuer.

exterior ◇ adj extérieur(e). ◇ m extérieur m; [aspecto] apparence f. ◆ **exteriores** mpl extérieurs mpl.

exteriorizar vt extérioriser.

exterminar vt **-1.** [aniquilar] exterminer. **-2.** [devastar] dévaster.

exterminio m extermination f.

externo, na adj externe; [signo, aspecto] extérieur(e).

extinción f extinction f.

extinguir vt éteindre; [raza] exterminer; [afecto, entusiasmo] tuer. ◆ **extinguirse** vp s'éteindre; [afecto, entusiasmo, ruido] cesser.

extintor, ra adj extincteur(trice). ◆ **extintor** m extincteur m.

extirpación f extirpation f; [de órgano, quiste] ablation f; fig [de un mal] éradication f.

extirpar vt extirper; [muela] arracher; fig [mal] éradiquer.

extorsión f **-1.** [molestia] désagrément m, dérangement m. **-2.** [delito] extorsion f.

extorsionar vt **-1.** [molestar] déranger. **-2.** [delinquir] extorquer.

extorsionista mf escroc m.

extra ◇ adj [calidad, producto] supérieur(e); [horas, trabajo, paga, gastos] supplémentaire. ◇ mf CIN [actor – de relleno] figurant m, -e f; [– substituto] doublure f. ◇ m [regalo] extra m; [plato] supplément m. ◇ f → **paga**.

extracción f extraction f.

extracelular adj extracellulaire.

extracto m extrait m; ~ **de cuentas** relevé m de compte.

extractor, ra adj d'extraction; [industria] de l'extraction. ◆ **extractor** m extracteur m; ~ **(de humos)** hotte f (aspirante).

extraditar vt extrader.

extraer vt **-1.** [sacar] extraire; [muela] arracher. **-2.** [conclusiones] tirer.

extralimitarse vp fig aller trop loin.

extranjería f extranéité f.

extranjero, ra adj & m, f étranger(ère). ◆ **extranjero** m : **vivir en el** ~ vivre à l'étranger.

extrañar vt **-1.** [sorprender] étonner; **me extrañó verte aquí** j'ai été étonné de te voir ici. **-2.** [echar de menos] : **extraña a sus padres** ses parents lui manquent. **-3.** [desterrar] exiler. ◆ **extrañarse** vp : ~**se de** [sorprenderse de] s'étonner de.

extrañeza f **-1.** [sorpresa] étonnement m. **-2.** [rareza] extravagance f.

extraño, ña adj **-1.** [raro] étrange. **-2.** [desconocido, ajeno] étranger(ère). **-3.** [sorprendente] étonnant(e).

extraoficial adj officieux(euse).

extraordinario, ria *adj* extraordinaire; [hora, trabajo] supplémentaire; [edición, suplemento] spécial(e). ◆ **extraordinario** *m* -1. CULIN extra *m*. -2. PRENSA número *m* hors série. -3. [correo] pli *m* urgent. ◆ **extraordinaria** *f* → **paga**.

extraparlamentario, ria *adj* extraparlementaire.

extraplano, na *adj* extra-plat(e).

extrapolar *vt* déduire.

extrarradio *m* périphérie *f*.

extraterrestre *adj & mf* extraterrestre.

extravagancia *f* extravagance *f*.

extravagante *adj* extravagant(e).

extraversión = **extroversión**.

extravertido, da = **extrovertido**.

extraviado, da *adj* -1. [perdido] perdu(e). -2. [de vida airada] débauché(e).

extraviar *vt* [perder] égarer; **le extraviaba la mirada** il avait le regard égaré. ◆ **extraviarse** *vp* -1. [perderse] s'égarer. -2. [desenfrenarse] se débaucher.

extravío *m* -1. [pérdida] perte *f*. -2. [desenfreno] débauche *f*; ~ **de juventud** écart *m* de jeunesse.

extremado, da *adj* extrême; [vestido] extravagant(e).

Extremadura Estrémadure *f*.

extremar *vt* pousser à l'extrême; [vigilancia] renforcer. ◆ **extremarse** *vp* donner le meilleur de soi-même.

extremaunción *f* extrême-onction *f*.

extremidad *f* extrémité *f*. ◆ **extremidades** *fpl* [manos, pies] extrémités *fpl*.

extremista *adj & mf* extrémiste.

extremo, ma *adj* extrême; [ideología] extrémiste. ~ **extremo** *m* -1. [en el espacio] extrémité *f*. -2. [límite] : **en último** ~ en dernier recours; **llegar al** ~ **de hacer algo** en arriver à faire qqch. -3. DEP ailier *m*. -4. [en un texto] point *m*.

extrínseco, ca *adj* extrinsèque.

extroversión, extraversión *f* extraversion *f*.

extrovertido, da, extravertido, da *adj & m, f* extraverti(e).

exuberancia *f* lit & fig exubérance *f*.

exuberante *adj* exubérant(e).

exultante *adj* débordant(e).

exvoto *m* ex-voto *m inv*.

eyaculación *f* éjaculation *f*.

eyacular *vi* éjaculer.

f, F *f* [letra] f *m inv*, F *m inv*. ◆ **23 F** *m* date de la tentative de coup d'État perpétrée à la chambre des députés espagnole le 23 février 1981.

fa *m* MÚS fa *m inv*.

fa. *abrev de* **factura**.

fabada *f* CULIN plat asturien comparable au cassoulet.

fábrica *f* -1. [establecimiento] usine *f*. -2. [fabricación] fabrication *f*. -3. *fig* : **es una** ~ **de mentiras** il ment comme il respire. -4. [obra] maçonnerie *f*.

fabricación *f* fabrication *f*; ~ **en serie** fabrication en série.

fabricante ◇ *adj* qui fabrique. ◇ *mf* fabricant *m*, -e *f*.

fabricar *vt* -1. [producir, elucubrar] fabriquer. -2. [construir] construire.

fábula *f* fable *f*.

fabuloso, sa *adj* fabuleux(euse).

facción *f* POLÍT faction *f*. ◆ **facciones** *fpl* traits *mpl* (du visage); **tiene las facciones finas** il a les traits fins.

faccioso, sa *adj & m, f* rebelle.

faceta *f* facette *f*.

facha ◇ *f* allure *f*. ◇ *mf* *fam* facho *mf*.

fachada *f* lit & fig façade *f*.

facial *adj* facial(e).

fácil *adj* -1. [gen] facile; **ser una persona** ~ être facile à vivre. -2. [probable] : **es** ~ **que...** il est probable que...

facilidad *f* facilité *f*. ◆ **facilidades** *fpl* facilités *fpl*; ~**es de pago** facilités de paiement.

facilitar *vt* -1. [simplificar, posibilitar] faciliter; ~ **la vida** faciliter la vie. -2. [proporcionar] fournir; **le facilitó la información** il lui a fourni le renseignement.

facsímil, facsímile *m* fac-similé *m*.

factible *adj* faisable.

factor *m* facteur *m*.

factoría *f* -1. [fábrica] usine *f*. -2. [colonia] comptoir *m*.

factótum (*pl* **factotums**) *mf* factotum *m*.

factura *f* facture *f*; ~ **pro forma** ○ **proforma** facture pro forma.

facturar vt **–1.** [cobrar] facturer. **–2.** [vender] enregistrer un chiffre d'affaires de. **–3.** [consignar] enregistrer.

facultad f faculté f; **tener ~ para** être habilité(e)à.

facultar vt autoriser; [legalmente] habiliter.

facultativo, va ◇ adj **–1.** [opcional] facultatif(ive). **–2.** [médico] médical(e); [parte] de santé. **–3.** [de facultad universitaria] universitaire. ◇ m, f médecin m.

faena f travail m; **~s del campo** travaux des champs; **hacerle una (mala) ~ a alguien** fig jouer un (mauvais) tour à qqn.

faenar vi pêcher (en mer).

fagot ◇ m [instrumento] basson m. ◇ mf [músico] basson m.

faisán m faisan m.

faja f **–1.** [para la cintura] ceinture f. **–2.** [de mujer, terapéutica] gaine f. **–3.** [de libro, terreno] bande f.

fajo m [de billetes] liasse f; [de leña, cañas] fagot m.

FAO (abrev de **Food and Agriculture Organization**) f FAO f.

fakir = **faquir**.

falacia f supercherie f.

falangista adj & mf phalangiste.

falaz adj fallacieux(euse).

falda f **–1.** [prenda] jupe f; **~ pantalón** jupe-culotte f. **–2.** [de montaña] flanc m. **–3.** [regazo] : **en la ~ de alguien** sur les genoux de qqn; **en la ~ materna** dans les jupes m de sa mère. **–4.** [de mesa camilla] tapis m de table; [de mantel] pan m.

faldero, ra adj **–1.** [perro] de compagnie. **–2.** [mujeriego] : **un hombre ~** un coureur de jupons.

faldón m **–1.** [de chaqueta, frac] basque f; [de camisa] pan m. **–2.** [de tejado] pan m.

falla f **–1.** GEOL faille f. **–2.** [defecto, fallo] défaut m. **–3.** [en Valencia] grande figure en carton-pâte brûlée à Valence lors des fêtes de la Saint-Joseph. ◆ **fallas** fpl fêtes de la Saint-Joseph à Valence.

fallar ◇ vt **–1.** [sentenciar] prononcer; [premio] décerner. **–2.** [equivocar] : **~ el tiro** manquer son coup. ◇ vi **–1.** [fracasar] échouer; **falló en el examen** il a échoué à l'examen. **–2.** [flaquear – memoria] défaillir; [– corazón, nervios] lâcher. **–3.** [decepcionar] : **~le a alguien** laisser tomber qqn; **no me falles** je compte sur toi. **–4.** [errar] rater. **–5.** [ceder] céder. **–6.** [senten-

ciar] rendre un jugement; **~ a favor/en contra** se prononcer pour/contre.

fallecer vi décéder.

fallecimiento m décès m.

fallo m **–1.** [equivocación] erreur f. **–2.** [sentencia] jugement m; [de concurso] résultat m. **–3.** [deficiencia] défaillance f.

fallutería f Amer fam hypocrisie f.

falo m phallus m.

falsear vt [resultado] fausser; [hecho, palabra] dénaturer.

falsedad f fausseté f; [mentira] mensonge m.

falsete m fausset m.

falsificación f **–1.** [acción] falsification f. **–2.** [objeto falso] faux m.

falsificar vt falsifier; [firma] contrefaire.

falso, sa adj faux(fausse). ◆ **en falso** loc adv : **dar un paso en ~** faire un faux pas; **declarar en ~** faire une fausse déclaration.

falta f **–1.** [gen] manque m; **hace ~ pan** il faut du pain; **me haces ~** tu me manques; **~ de educación** manque d'éducation. **–2.** [ausencia] absence f; **echar en ~ algo** remarquer l'absence de qqch; **echar en ~ a alguien** regretter qqn. **–3.** [imperfección] défaut m. **–4.** [error & DEP] faute f; **~ de ortografía** faute d'orthographe. ◆ **a falta de** loc prep faute de.

faltar vi **–1.** [gen] manquer; **~ a su palabra** manquer à sa parole; **~ a la confianza** de trahir la confiance de; **~ (el respeto) a alguien** manquer de respect envers qqn. **–2.** [estar ausente] être absent(e); **Pedro falta, creo que está enfermo** Pedro n'est pas là, je crois qu'il est malade; **faltó a la cita** il n'est pas venu au rendez-vous. **–3.** [quedar] rester; **falta un mes para las vacaciones** il reste un mois jusqu'aux vacances; **sólo te falta firmar** il ne te reste plus qu'à signer; **falta mucho por hacer** il y a encore beaucoup à faire; **falta poco para que llegue** il ne va pas tarder à arriver; **faltó poco para que le matase** il s'en est fallu de peu qu'il le tue. **–4.** [morir] disparaître; **cuando sus padres falten** quand ses parents auront disparu. **–5.** loc : **¡no faltaba ○ faltaría más!** [agradecimiento] je vous en prie!; [rechazo] il ne manquait ○ manquerait plus que ça!

falto, ta adj dépourvu(e).

fama f **–1.** [popularidad] célébrité f. **–2.** [reputación] réputation f.

famélico, ca *adj* famélique.

familia *f* famille *f*; **acaba de tener** ~ elle vient d'être mère; **en** ~ en famille.

familiar ◇ *adj* **-1.** [gen & LING] familier(ère). **-2.** [de familia] familial(e). ◇ *m* parent *m*, -e *f*.

familiaridad *f* familiarité *f*.

familiarizar *vt* familiariser. ◆ **familiarizarse** *vp* se familiariser.

famoso, sa ◇ *adj* **-1.** [conocido] célèbre. **-2.** *fam* [bueno, excelente] fameux(euse). ◇ *m, f* célébrité *f*.

fan (*pl* **fans**) *mf* fan *mf*.

fanático, ca *adj & m, f* fanatique.

fanatismo *m* fanatisme *m*.

fandango *m* **-1.** [baile, música] fandango *m*. **-2.** *fam* [lío, jaleo] chambard *m*.

fanfarria *f* **-1.** *fam* [jactancia] fanfaronnade *f*. **-2.** [de música] fanfare *f*.

fanfarrón, ona *adj & m, f* fanfaron(onne).

fango *m* boue *f*.

fantasear ◇ *vi* rêvasser. ◇ *vt* rêver de; **fantasea grandes éxitos** il rêve de grands succès.

fantasía *f* **-1.** [imaginación] imagination *f*; **una joya de** ~ un bijou fantaisie. **-2.** [sueño] chimères *fpl*. **-3.** MÚS fantaisie *f*.

fantasma ◇ *m* [espectro] fantôme *m*. ◇ *mf fam* [persona vanidosa] crâneur *m*, -euse *f*.

fantástico, ca *adj* fantastique.

fantoche *m* **-1.** [títere] fantoche *m*. **-2.** [mamarracho] clown *m*. **-3.** [persona vanidosa] vantard *m*, -e *f*.

faquir, fakir *m* fakir *m*.

faraón *m* pharaon *m*.

fardar *vi fam* frimer.

fardo *m* ballot *m*.

farfullar *vt & vi* bredouiller.

faringe *f* pharynx *m*.

faringitis *f* pharyngite *f*.

farmacéutico, ca ◇ *adj* pharmaceutique. ◇ *m, f* pharmacien *m*, -enne *f*.

farmacia *f* pharmacie *f*; ~ **de turno** o **de guardia** pharmacie de garde.

fármaco *m* médicament *m*.

faro *m* phare *m*; ~ **antiniebla** phare antibrouillard.

farol *m* **-1.** [farola] lampadaire *m*, réverbère *m*; [linterna] lanterne *f*. **-2.** *fam* [mentira] bluff *m*.

farola *f* lampadaire *m*, réverbère *m*.

farra *f fam* bringue *f*.

farragoso, sa *adj* embrouillé(e).

farsa *f* farce *f*.

farsante *adj & mf* comédien(enne) (*hypocrite*).

fascículo *m* fascicule *m*.

fascinante *adj* fascinant(e).

fascinar *vt* fasciner; **me fascinan los coches deportivos** j'adore les voitures de sport.

fascismo *m* fascisme *m*.

fascista *adj & mf* fasciste.

fase *f* phase *f*.

fastidiado, da *adj* [de salud] : **estar** ~ *fam* être mal fichu(e); **estar** ~ **del estómago** avoir l'estomac barbouillé.

fastidiar *vt* **-1.** [estropear – fiesta, plan etc] gâcher; [– máquina, objeto etc] casser. **-2.** [molestar] ennuyer; **¡no (me) fastidies!** *fam* fiche-moi la paix! ◆ **fastidiarse** *vp* **-1.** [estropearse] rater; [plan] tomber à l'eau; [máquina] se casser. **-2.** [aguantarse] : **te fastidias, fastídiate** tant pis pour toi.

fastidio *m* ennui *m*; **ser un** ~ être ennuyeux.

fastidioso, sa *adj* ennuyeux(euse).

fastuoso, sa *adj* fastueux(euse).

fatal ◇ *adj* **-1.** [inevitable, seductor] fatal(e). **-2.** [muy malo] très mauvais(e). ◇ *adv* très mal.

fatalidad *f* **-1.** [destino] fatalité *f*. **-2.** [desgracia] malchance *f*.

fatalismo *m* fatalisme *m*.

fatídico, ca *adj* fatidique.

fatiga *f* fatigue *f*. ◆ **fatigas** *fpl* difficultés *fpl*.

fatigar *vt* fatiguer. ◆ **fatigarse** *vp* se fatiguer.

fatigoso, sa *adj* fatigant(e).

fatuo, tua *adj* **-1.** [tonto] niais(e). **-2.** [presuntuoso] prétentieux(euse).

fauna *f* faune *f*.

favor *m* **-1.** [gen] faveur *f*; **a** ~ **de** en faveur de; **de** ~ de faveur; **tener a** o **en su** ~ avoir en sa faveur. **-2.** [ayuda] service *m*; **hacer un** ~ **a alguien** [ayuda] rendre un service à qqn; *fam* [acostarse con] se faire qqn; **por** ~ s'il vous plaît.

favorable *adj* : ~ **(para)** favorable (à); ~ **para la salud** bon pour la santé.

favorecer *vt* favoriser; [sentar bien] avantager.

favoritismo *m* favoritisme *m*.

favorito, ta *adj & m, f* favori(ite).

fax *m inv* fax *m*; **mandar por** ~ faxer.
fayuquero, ra *m, f Amer* contrebandier *m*, -ère *f*.
faz *f* face *f*.
FBI (*abrev de* Federal Bureau of Investigation) *m* FBI *m*.
fe *f* -1. [gen] foi *f*; **de buena** ~ de bonne foi. -2. [confianza] confiance *f*; **digno de** ~ digne de foi. -3. [documento] certificat *m*; ~ **de erratas** errata *m inv*; ~ **de vida** fiche *f* d'état civil; **dar** ~ **de que** certifier que.
fealdad *f lit & fig* laideur *f*.
feb., febr. (*abrev de* febrero) fév.
febrero *m* février *m*; *ver también* **septiembre**.
febril *adj lit & fig* fébrile.
fecha *f* date *f*; ~ **de caducidad** [de alimentos] date limite de consommation; [de medicamento] date limite d'utilisation; [de pasaporte] date d'expiration; ~ **tope** o **límite** date limite.
fechar *vt* dater.
fechoría *f* méfait *m*.
fécula *f* fécule *f*.
fecundación *f* fécondation *f*; ~ **artificial/in vitro** fécondation artificielle/in vitro.
fecundar *vt* -1. [fertilizar] féconder. -2. [hacer productivo] fertiliser.
fecundo, da *adj* fécond(e).
federación *f* fédération *f*.
federal ◇ *adj* -1. [de federación] fédéral(e). -2. [federalista] fédéraliste. ◇ *mf* fédéraliste *mf*.
federar *vt* fédérer. ◆ **federarse** *vp* se fédérer.
federativo, va *m, f* membre *m* de la fédération.
feedback (*pl* **feedbacks**) *m* feed-back *m*.
fehaciente *adj* [documento] qui fait foi; [prueba] irréfutable.
felicidad *f* bonheur *m*. ◆ **felicidades** *interj* : ¡~**es!** félicitations!; [en cumpleaños] joyeux anniversaire!; [en santo] bonne fête!; [en Año Nuevo] meilleurs vœux!
felicitación *f* -1. (*gen pl*) [congratulación] félicitations *fpl*. -2. [deseo] vœux *mpl*. -3. [postal] carte *f* de vœux.
felicitar *vt* -1. [congratular] féliciter. -2. [desear] : ~ **el cumpleaños/el Año Nuevo/las Navidades** souhaiter un joyeux anniversaire/une bonne année/un joyeux Noël.
feligrés, esa *m, f* paroissien *m*, -enne *f*.

felino, na *adj* félin(e). ◆ **felinos** *mpl* félins *mpl*.
feliz *adj* heureux(euse); [cumpleaños, Navidades] joyeux(euse); [Año Nuevo] bon(bonne).
felpa *f* peluche *f*; [de toalla] tissu-éponge *m*.
felpudo *m* paillasson *m*.
femenino, na *adj* -1. [gen & GRAM] féminin(e). -2. [de hembra] femelle. ◆ **femenino** *m* GRAM féminin *m*.
fémina *f* femme *f*.
feminismo *m* féminisme *m*.
feminista *adj & mf* féministe.
fémur (*pl* **fémures**) *m* fémur *m*.
fénix *m* phénix *m*.
fenomenal *adj* -1. [magnífico] superbe. -2. [de fenómeno] phénoménal(e).
fenómeno ◇ *m* phénomène *m*. ◇ *adv fam* vachement bien.
feo, a ◇ *adj* -1. [gen] laid(e); [nariz, tiempo, acción] vilain(e). -2. [asunto] sale; **ponerse** ~ *fig* mal tourner. ◇ *m, f* : **es un** ~ il est laid comme un pou; **una fea** un laideron. ◆ **feo** *m* [desaire] affront *m*; **hacer un** ~ faire un affront.
féretro *m* cercueil *m*.
feria *f* -1. [mercado] foire *f*. -2. COM : ~ **(de muestras)** salon *m*; ~ **del automóvil/libro** salon de l'automobile/du livre. -3. [fiesta popular] fête *f* foraine.
feriante *mf* [de fiesta popular] forain *m*; [de feria de muestras] exposant *m*, -e *f*.
fermentación *f* fermentation *f*.
fermentar ◇ *vi* fermenter. ◇ *vt* faire fermenter.
ferocidad *f* férocité *f*.
feroz *adj* -1. [animal, bestia] féroce; **el lobo** ~ le grand méchant loup. -2. *fig* [mirada] terrible; [crimen, enfermedad, sufrimiento] atroce; [hambre] de loup.
férreo, a *adj* -1. [línea, vía] ferré(e). -2. *fig* [voluntad, disciplina] de fer.
ferretería *f* quincaillerie *f*.
ferrocarril *m* chemin *m* de fer.
ferroviario, ria ◇ *adj* ferroviaire. ◇ *m, f* cheminot *m*.
ferry (*pl* **ferries**) *m* ferry-boat *m*.
fértil *adj* fertile.
fertilidad *f* fertilité *f*.
fertilizante ◇ *adj* fertilisant(e). ◇ *m* engrais *m*.
fertilizar *vt* fertiliser.
ferviente *adj* fervent(e).

fervor *m* ferveur *f.*

festejar *vt* **-1.** [agasajar] : ~ **a alguien** être aux petits soins pour qqn. **-2.** [celebrar] fêter; **el 10 se festeja el santo patrón** le 10, nous fêtons le patron de notre ville.

festejo *m* [agasajo] petites attentions *fpl.*
◆ **festejos** *mpl* [fiestas] festivités *fpl.*

festín *m* festin *m.*

festival *m* festival *m.*

festividad *f* fête *f.*

festivo, va *adj* **-1.** [de fiesta] de fête; [día] férié(e). **-2.** [alegre] enjoué(e); [chistoso] badin(e).

fetal *adj* fœtal(e).

fetiche *m* fétiche *m.*

fetichista *adj & mf* fétichiste.

fétido, da *adj* fétide; **una bomba fétida** une boule puante.

feto *m* fœtus *m.*

feudal *adj* féodal(e).

feudalismo *m* féodalisme *m.*

FF AA (*abrev de* **Fuerzas Armadas**) *fpl* forces armées espagnoles.

fiable *adj* fiable.

fiador, ra *m, f* garant *m*, -e *f*; **salir** ~ **se** porter garant.

fiambre *m* **-1.** [comida] charcuterie *f.* **-2.** *fam* [cadáver] macchabée *m.*

fiambrera *f* [de metal] gamelle *f*; [de plástico] ≃ Tupperware® *m.*

fianza *f* caution *f.*

fiar ◇ *vt* **-1.** [vender a crédito] faire crédit. **-2.** [hacerse responsable] se porter garant(e) de. ◇ *vi* : ~ **en** avoir confiance en; **ser de** ~ être quelqu'un de confiance. ◆ **fiarse** *vp* : ~**se de algo/alguien** avoir confiance en qqch/qqn, se fier à qqch/ qqn; **¡no te fíes!** méfie-toi!; **se fía demasiado** il est trop naïf.

fiasco *m* fiasco *m.*

FIBA (*abrev de* **Federación Internacional de Baloncesto Amateur**) *f* FIBA *f.*

fibra *f* fibre *f*; ~ **de vidrio** fibre de verre; ~ **sensible** *fig* corde *f* sensible.

fibroma *m* fibrome *m.*

ficción *f* **-1.** [simulación] comédie *f.* **-2.** [invención] fiction *f.*

ficha *f* **-1.** [para clasificar] fiche *f.* **-2.** [contraseña] ticket *m.* **-3.** [de juego, teléfono] jeton *m*; [del dominó] domino *m*; [de ajedrez] pièce *f.* **-4.** DEP contrat *m.*

fichar ◇ *vt* **-1.** [archivar] mettre sur fiche. **-2.** [suj : policía] ficher. **-3.** DEP engager. **-4.** *fam* [calar] classer, repérer. ◇ *vi* **-1.**

[suj : trabajador] pointer. **-2.** DEP : ~ **(por)** signer un contrat (avec).

fichero *m* INFORM fichier *m.*

ficticio, cia *adj* fictif(ive).

ficus *m* ficus *m.*

fidedigno, na *adj* digne de foi; **según fuentes fidedignas...** de source sûre...

fidelidad *f* fidélité *f.*

fideo *m* vermicelle *m.*

fiebre *f* fièvre *f*; ~ **amarilla** fièvre jaune; ~ **del heno** rhume *m* des foins.

fiel *adj & mf* fidèle.

fieltro *m* feutre *m* (*tissu*).

fiero, ra *adj* lit & *fig* féroce. ◆ **fiera** ◇ *f* [animal] fauve *m.* ◇ *m, f* **-1.** [persona] brute *f.* **-2.** *fam* [genio] bête *f*; **es un fiera en física** c'est une bête en physique.

fierro *m* *Amer* **-1.** [hierro] marque *f* au fer rouge. **-2.** [navaja] canif *m.*

fiesta *f* **-1.** [gen] fête *f* . **-2.** [día] jour *m* férié; **hacer** ~ être en congé; ~ **mayor** *fête du saint patron dans une localité*; **la** ~ **nacional** les courses *fpl* de taureaux. ◆ **fiestas** *fpl* fêtes *fpl.*

FIFA (*abrev de* **Federación Internacional de Fútbol Asociación**) *f* FIFA *f.*

figura *f* **-1.** [gen] figure *f.* **-2.** [tipo, físico] silhouette *f.*

figuraciones *fpl* idées *fpl*; **son** ~ **tuyas** tu te fais des idées.

figurado, da *adj* figuré(e).

figurar ◇ *vi* **-1.** [aparecer] figurer. **-2.** [ser importante] être en vue. ◇ *vt* **-1.** [representar] figurer. **-2.** [simular] feindre. ◆ **figurarse** *vp* [imaginarse] se figurer, s'imaginer; **¡ya me lo figuraba yo!** c'est bien ce que je pensais!

figurín *m* dessin *m* de mode.

fijación *f* **-1.** [gen] fixation *f.* **-2.** FOT fixage *m.* ◆ **fijaciones** *fpl* [en esquí] fixations *fpl.*

fijador, ra *adj* fixateur(trice). ◆ **fijador** *m* [líquido] fixateur *m*; ~ **de pelo** [espray] laque *f*; [crema] gel *m.*

fijar *vt* fixer; ~ **carteles** coller des affiches; ~ **(el) domicilio** se fixer; ~ **la mirada/la atención en** fixer son regard/son attention sur. ◆ **fijarse** *vp* **-1.** [prestar atención] faire attention; **no se fijó y se equivocó** il n'a pas fait attention et il s'est trompé; ~**se en algo** [darse cuenta] remarquer qqch; **fíjate lo que me dijo** tu te rends compte de ce qu'elle m'a dit.

fijo, ja *adj* fixe; [cliente] fidèle. ◆ **fijo** *adv fam* sans faute; **mañana voy ~** j'irai demain sans faute.

fila *f* [hilera] rang *m*; [cola] file *f*; **en ~** à la file, en file; **ponerse en ~** se mettre en rang; **en ~ india** en file indienne. ◆ **filas** *fpl* [bando, partido] rangs *mpl*; **cerrar ~s** serrer les rangs.

filamento *m* filament *m*.

filántropo, pa *m, f* philanthrope *mf*.

filarmónico, ca *adj* philharmonique.

filatelia *f* philatélie *f*.

filete *m* bifteck *m*.

filiación *f* **-1.** [datos personales] renseignements *mpl* personnels. **-2.** [parentesco] filiation *f*. **-3.** POLÍT appartenance *f*.

filial ◇ *adj* **-1.** [de hijo] filial(e). **-2.** [de empresa] : **una compañía ~** une filiale. ◇ *f* COM filiale *f*.

filigrana *f* **-1.** [en orfebrería, billetes] filigrane *m*. **-2.** *fig* [acción] prouesse *f*; [objeto] bijou *m*, merveille *f*.

Filipinas : **(las) ~** (les) Philippines *fpl*.

film = **filme**.

filmar *vt* filmer; **~ una película** tourner un film.

filme (*pl* **filmes**), **film** (*pl* **films**) *m* film *m*.

filmoteca *f* cinémathèque *f*.

filo *m* fil *m*; **de doble ~, de dos ~s** *lit & fig* à double tranchant. ◆ **al filo de** *loc prep* sur le coup de.

filología *f* philologie *f*; **estudiar ~ inglesa** faire des études d'anglais.

filón *m* *lit & fig* filon *m*.

filoso, sa, filudo, da *adj Amer* aiguisé(e).

filosofía *f* philosophie *f*.

filósofo, fa *m, f* philosophe *mf*.

filtración *f* **-1.** [de agua] filtrage *m*. **-2.** [de noticia etc] fuite *f*.

filtrar *vt* filtrer. ◆ **filtrarse** *vp* [dato, luz] filtrer; [agua] s'infiltrer.

filtro *m* **-1.** [gen & FOT] filtre *m*. **-2.** [pócima] philtre *m*.

fimosis *f* phimosis *m*.

fin *m* **-1.** [gen] fin *f*; **dar** o **poner ~ a algo** mettre fin à qqch; **~ de semana** weekend *m*; **a ~es de** [semana, año etc] à la fin de; **al** o **por ~** enfin; **a ~ de cuentas, al ~ y al cabo** en fin de compte. **-2.** [objetivo] but *m*. ◆ **a fin de** *loc prep* afin de. ◆ **en fin** *loc adv* enfin.

final ◇ *adj* final(e). ◇ *m* **-1.** [término, muerte] fin *f*; **~ feliz** happy-end *m*. **-2.** [cabo extremo] bout *m*; **a ~es de** [semana, mes etc] à la fin de. ◇ *f* DEP finale *f*.

finalidad *f* but *m*, finalité *f sout*.

finalista *adj & mf* finaliste.

finalizar ◇ *vt* terminer, achever. ◇ *vi* se terminer, prendre fin.

financiación *f* financement *m*.

financiar *vt* financer.

financiero, ra ◇ *adj* financier(ère). ◇ *m, f* financier *m*. ◆ **financiera** *f* société *f* financière.

financista *mf Amer* financier *m*.

finanzas *fpl* finance *f*; **el mundo de las ~** le monde de la finance; **mis ~ están por los suelos** mes finances sont au plus bas.

finca *f* **-1.** [de campo] propriété *f*. **-2.** [de ciudad] immeuble *m*.

fingir ◇ *vt* feindre. ◇ *vi* faire semblant.

finiquito *m* solde *m* (de tout compte).

finito, ta *adj* fini(e).

finlandés, esa ◇ *adj* finlandais(e). ◇ *m, f* Finlandais *m*, -e *f*. ◆ **finlandés** *m* [lengua] finnois *m*.

Finlandia Finlande *f*.

fino, na *adj* **-1.** [gen] fin(e); **tiene el oído ~** elle a l'ouïe fine; **una manta fina** une couverture légère. **-2.** [gusto, modales] raffiné(e); [lenguaje] châtié(e). **-3.** [persona] poli(e).

fino *m* xérès très sec.

finura *f* finesse *f*.

firma *f* **-1.** [gen] signature *f*; **estampar una ~** apposer une signature. **-2.** [empresa] firme *f*.

firmamento *m* firmament *m*.

firmar *vt* signer.

firme ◇ *adj* **-1.** [gen] ferme; **se mantuvo ~ en su posición** il est resté en ses positions. **-2.** [estable] stable. **-3.** [sólido] solide; **un argumento ~** un argument de poids. ◇ *m* [de carretera] revêtement *m*. ◇ *adv* ferme.

firmeza *f* fermeté *f*; [solidez] solidité *f*.

fiscal ◇ *adj* fiscal(e). ◇ *mf* procureur *m* (de la République).

fiscalizar *vt* **-1.** [los impuestos] soumettre à un contrôle fiscal. **-2.** *fig* [controlar] surveiller.

fisco *m* fisc *m*.

fisgar, fisgonear *vi* fouiner; **~ en** fouiller dans.

fisgón, ona *adj & m, f* fouineur(euse).

fisgonear = fisgar.

físico, ca ◇ adj physique. ◇ m, f physicien m, -enne f. ◆ **físico** m [complexión] physique m. ◆ **física** f [ciencia] physique f.

fisiológico, ca adj physiologique.

fisionomía, fisonomía f physionomie f.

fisioterapeuta mf physiothérapeute mf.

fisonomía = fisionomía.

fístula f MED fistule f.

fisura f -1. [grieta] fissure f. -2. fig [defecto] faille f.

flacidez, flaccidez f flaccidité f.

flácido, da, fláccido, da adj flasque.

flaco, ca adj maigre.

flagelar vt flageller.

flagelo m -1. [instrumento] fouet m. -2. BIOL flagelle m.

flagrante adj flagrant(e).

flamante adj -1. [nuevo] flambant neuf. -2. [vistoso] resplendissant(e).

flambear vt CULIN flamber.

flamenco, ca ◇ adj -1. MÚS flamenco(ca). -2. [de Flandes] flamand(e). ◇ m, f -1. MÚS [bailarín] danseur m, -euse f de flamenco; [cantante] chanteur m, -euse f de flamenco. -2. [de Flandes] Flamand m, -e f. ◆ **flamenco** m -1. MÚS flamenco m. -2. [ave] flamant m. -3. [lengua] flamand m.

flan m flan m; **estar hecho** o **como un** ~ fig trembler comme une feuille.

flanco m flanc m.

flanquear vt flanquer.

flaquear vi [piernas] flageoler; [fuerzas, entusiasmo] faiblir.

flaqueza f faiblesse f.

flash (pl **flashes**) m -1. [gen & FOT] flash m; **tener un** ~ fam avoir un flash. -2. fam [impresión fuerte] : **¡qué** ~! c'est dingue!

flato m flatulence f.

flatulento, ta adj [alimento] flatulent(e); [persona] : **es** ~ il a des problèmes intestinaux.

flauta ◇ f flûte f; **de la gran** ~ Amer fam fig d'enfer. ◇ interj : **¡(la gran)** ~! Amer fam purée!

flecha f flèche f.

flechazo m -1. [disparo] coup m de flèche; [herida] blessure f par flèche. -2. fam [de amor] coup m de foudre.

fleco m frange f (textile).

flema f -1. [mucosidad] lymphe f. -2. [tranquilidad] flegme m.

flemático, ca adj -1. [con mucosidad] lymphatique. -2. [tranquilo] flegmatique.

flemón m phlegmon m.

flequillo m frange f (de cheveux).

flete m fret m.

flexibilidad f flexibilité f; [de persona] souplesse f.

flexible adj flexible; [persona] souple.

flexión f flexion f.

flipar fam ◇ vi -1. [disfrutar] : ~ **(cantidad)** s'éclater (un max). -2. [asombrarse] être scié(e). -3. [con droga] planer. ◇ vt brancher.

flirtear vi flirter.

flojear vi -1. [decaer – fuerzas] faiblir; [– memoria] flancher; [disminuir – calor, ventas] baisser. -2. [no ser muy apto] : ~ **en algo** être faible en qqch.

flojera f fam flemme f.

flojo, ja adj -1. [nudo, vendaje] lâche. -2. [bebida, sonido, viento] léger(ère). -3. [malo] faible; [trabajo] médiocre; ~ **en inglés** faible en anglais. -4. fam [persona] mou(molle).

flor f fleur f; **la** ~ **(y nata)** la fine fleur; **en** ~ **de la edad** o **de la vida** dans la fleur de l'âge. ◆ **a flor de** loc adv à fleur de.

flora f flore f.

florecer vi -1. [planta] fleurir. -2. [prosperar] être florissant(e).

floreciente adj florissant(e).

Florencia Florence.

florero m vase m.

florido, da adj fleuri(e).

florista mf fleuriste mf.

floristería f magasin m de fleurs; **voy a la** ~ je vais chez le fleuriste.

flota f flotte f.

flotación f -1. [en el agua] flottaison f. -2. ECON flottement m.

flotador m flotteur m; [para nadar] bouée f.

flotar vi flotter.

flote ◆ **a flote** loc adv [en el mar] à flot; **sacar a** ~ remettre à flot, renflouer; **salir a** ~ se remettre à flot, se renflouer.

flotilla f flottille f.

fluctuar vi -1. [variar] fluctuer. -2. [vacilar] hésiter.

fluidez f -1. [gen & ECON] fluidité f; [de relaciones] harmonie f. -2. fig [en el lenguaje] aisance f.

fluido, da adj fluide. ◆ **fluido** m fluide m; ~ **(eléctrico)** courant m (électrique).

fluir *vi* couler.

flujo *m* [gen & ECON] flux *m*; **un ~ de palabras** un flot de paroles; **~ de caja** marge *f* brute d'autofinancement; **~ de lava** coulée *f* de lave.

flúor *m* fluor *m*.

fluorescente ◇ *adj* fluorescent(e). ◇ *m* néon *m*.

fluvial *adj* fluvial(e).

FM (*abrev de* **frecuencia modulada**) *f* FM *f*.

FMI (*abrev de* **Fondo Monetario Internacional**) *m* FMI *m*.

fo. *abrev de* **folio**.

fobia *f* phobie *f*.

foca *f* phoque *m*.

foco *m* **-1.** [gen & FÍS] foyer *m*. **-2.** [lámpara] projecteur *m*. **-3.** *Amer* [bombilla] ampoule *f*.

fofo, fa *adj* flasque.

fogata *f* flambée *f*.

fogón *m* **-1.** [para cocinar] fourneau *m*. **-2.** [de máquina de vapor] chaudière *f*.

fogoso, sa *adj* fougueux(euse).

foguear *m* : **de ~** [munición, tiro] à blanc.

foie-gras *m* pâté *m* (de foie).

folclore, folclor, folklor *m* folklore *m*.

folículo *m* follicule *m*.

folio *m* [hoja] feuille *f* (de papier); [tamaño] in-folio *m*.

folklore = **folclore**.

follaje *m* feuillage *m*.

folletín *m* feuilleton *m*.

folleto *m* [turístico, publicitario] brochure *f*; [suelto] prospectus *m*; [plegable] dépliant *m*; [explicativo] notice *f*.

follón *m* *fam* **-1.** [alboroto] chahut *m*; [desorden] bazar *m*; **se armó un ~** ça a fait du chahut; **¡vaya ~!** quel bazar! **-2.** [lío] : **tener follones** avoir des histoires. **-3.** [pelea] grabuge *m*.

fomentar *vt* [gen] encourager, développer; [odio, guerra] susciter.

fomento *m* [de producción, industria etc] développement *m*.

fonda *f* auberge *f*.

fondear *vi* NÁUT mouiller. ◆ **fondear** *vt* fouiller.

fondo *m* **-1.** [gen] fond *m*; **al ~ de** [pasillo, sala] au fond de; **emplearse a ~** se donner à fond; **tener buen ~** avoir un bon fond; **tocar ~** toucher le fond; **doble ~** double fond. **-2.** [de dinero, biblioteca, archivo] fonds *m inv*; **a ~ perdido** [pago] à fonds perdu; **~ común** caisse *f* commune;

~ de inversión ECON fonds commun de placement; **~ de pensiones** ECON caisse *f* de retraite. **-3.** DEP [resistencia] endurance *f*. ◆ **a fondo** *loc adv* à fond. ◆ **en el fondo** *loc adv* au fond.

fonema *m* phonème *m*.

fonético, ca *adj* phonétique. ◆ **fonética** *f* phonétique *f*.

fontanería *f* plomberie *f*.

fontanero, ra *m, f* plombier *m*.

football = **fútbol**.

footing *m* footing *m*.

forajido, da *m, f* hors-la-loi *m inv*.

foráneo, a *adj* étranger(ère).

forastero, ra *m, f* étranger *m*, -ère *f*.

forcejear *vi* **-1.** [para soltarse] se débattre. **-2.** [luchar] se démener.

fórceps *m* forceps *m*.

forense *mf* médecin *m* légiste.

forestal *adj* forestier(ère).

forfait (*pl* **forfaits**) *m* forfait *m* .

forja *f* **-1.** [fragua] forge *f*. **-2.** [forjadura] forgeage *m*.

forjar *vt lit & fig* forger. ◆ **forjarse** *vp fig* [labrarse] se forger.

forma *f* **-1.** [gen] forme *f*; **estar en ~** être en forme. **-2.** [manera] façon *f*; **de cualquier ~, de todas ~s** de toute façon; **de ~ que** de façon que; **~ de pago** modalité *f* de paiement. **-3.** RELIG hostie *f*. ◆ **formas** *fpl* [silueta, modales] formes *fpl*.

formación *f* formation *f*; **~ de personal** formation interne; **~ profesional** enseignement technique en Espagne.

formal *adj* **-1.** [educado] bien élevé(e); [de confianza] sérieux(euse). **-2.** [acusación, compromiso] formel(elle); [lenguaje] soutenu(e). **-3.** [de forma] : **un defecto ~** un vice de forme.

formalidad *f* **-1.** [gen] formalité *f*. **-2.** [seriedad] sérieux *m*.

formalizar *vt* [situación] régulariser; [acuerdo] officialiser.

formar *vt* former. ◆ **formarse** *vp* se former; **~se una idea** se faire une idée.

formatear *vt* INFORM formater.

formato *m* [gen & INFORM] format *m*.

fórmica® *f* Formica® *m*.

formidable *adj* formidable.

formol *m* formol *m*.

fórmula *f* formule *f*.

formular ◇ *vt* formuler. ◇ *vi* QUÍM rédiger des formules.

formulario *m* formulaire *m*.

formulismo *m* formalisme *m*.

fornido, da *adj* robuste.

foro *m* **–1.** [tribunal] barreau *m*. **–2.** TEATR fond *m* de la scène. **–3.** [debate] forum *m*.

forofo, fa *m, f fam* DEP supporter *m*.

forraje *m* fourrage *m*.

forrar *vt* [libro, mueble] couvrir; [ropa] doubler. ◆ **forrarse** *vp fam* se remplir les poches.

forro *m* [de libro] couverture *f*; [de mueble] housse *f*; [de ropa] doublure *f*.

fortalecer *vt* [físicamente] fortifier; [moralmente] réconforter.

fortaleza *f* **–1.** [gen] force *f*. **–2.** [recinto] forteresse *f*.

fortificación *f* fortification *f*.

fortuito, ta *adj* fortuit(e).

fortuna *f* **–1.** [suerte] chance *f*; **por** ~ heureusement, par chance. **–2.** [destino] sort *m*. **–3.** [riqueza] fortune *f*.

forúnculo, furúnculo *m* furoncle *m*.

forzado, da *adj* forcé(e).

forzar *vt* **–1.** [gen] forcer. **–2.** [violar] abuser de.

forzoso, sa *adj* [obligatorio] obligatoire; [inevitable] inévitable; **es** ~ **que...** il est nécessaire que...

forzudo, da ◇ *adj* fort(e). ◇ *m, f* costaud *m*.

fosa *f* fosse *f*; ~ **común** fosse commune; ~**s nasales** fosses nasales.

fosfato *m* phosphate *m*.

fosforescente *adj* phosphorescent(e).

fósforo *m* **–1.** QUÍM phosphore *m*. **–2.** [cerilla] allumette *f*.

fósil ◇ *adj* fossile. ◇ *m* **–1.** CIENCIA fossile *m*. **–2.** *fam* [viejo] vieux fossile *m*.

foso *m* **–1.** [gen & DEP] fosse *f*. **–2.** [de fortaleza] fossé *m*. **–3.** [de obras] tranchée *f*. **–4.** TEATR fosse *f* d'orchestre.

foto *f* photo *f*; **sacar una** ~ faire une photo.

fotocomponer *vt* IMPRENTA photocomposer.

fotocopia *f* photocopie *f*.

fotocopiadora *f* photocopieuse *f*.

fotocopiar *vt* photocopier.

fotoeléctrico, ca *adj* photoélectrique.

fotogénico, ca *adj* photogénique.

fotografía *f* photographie *f*.

fotografiar *vt* photographier.

fotógrafo, fa *m, f* photographe *mf*.

fotomatón *m* Photomaton® *m*.

fotonovela *f* roman-photo *m*.

fotorrobot (*pl* **fotorrobots**) *f* portrait-robot *m*.

fotosíntesis *f* photosynthèse *f*.

FP (*abrev de* **formación profesional**) *f* enseignement technique en Espagne.

fra. *abrev de* **factura**.

frac (*pl* **fracs** ○ **fraques**) *m* habit *m*, frac *m*.

fracasar *vi* échouer.

fracaso *m* échec *m*.

fracción *f* fraction *f*.

fraccionamiento *m Amer* [urbanización] lotissement *m*.

fraccionario, ria *adj* MAT fractionnaire; **la moneda fraccionaria** la petite monnaie.

fractura *f* **–1.** MED fracture *f*. **–2.** DER effraction *f*.

fracturarse *vp* se fracturer.

fragancia *f* parfum *m*.

fraganti ◆ **in fraganti** *loc adv* en flagrant délit.

fragata *f* frégate *f*.

frágil *adj* fragile; **una memoria** ~ une mauvaise mémoire.

fragilidad *f* fragilité *f*.

fragmentar *vt* fragmenter.

fragmento *m* fragment *m*.

fragor *m* fracas *m*; [de trueno] grondement *m*.

fragua *f* forge *f*.

fraguar ◇ *vt* **–1.** [hierro] forger. **–2.** *fig* [idea, plan] tramer. ◇ *vi* [cemento, cal] prendre. ◆ **fraguarse** *vp* se tramer.

fraile *m* frère *m* (*religieux*).

frambuesa *f* framboise *f*.

francés, esa ◇ *adj* français(e). ◇ *m, f* Français *m*, -e *f*. ◆ **francés** *m* [lengua] français *m*.

Francia France *f*.

franciscano, na *adj & m, f* franciscain(e).

francmasonería *f* franc-maçonnerie *f*.

franco, ca ◇ *adj* **–1.** [gen] franc(franche); ~ **de porte** franco de port. **–2.** [indudable] net(nette); **una franca mejoría** une nette amélioration. **–3.** HIST franc(franque). ◇ *m, f* HIST Franc *m*, Franque *f*. ◆ **franco** *m* [moneda] franc *m*.

francotirador, ra *m, f* franc-tireur *m*.

franela *f* flanelle *f*.

franja *f* [adorno] frange *f*; [de tierra] bande *f*; [de luz] rai *m*.

franquear *vt* **-1.** [paso, camino] dégager. **-2.** [río, obstáculo] franchir. **-3.** [carta, postal] affranchir.

franqueo *m* affranchissement *m*.

franqueza *f* **-1.** [sinceridad] franchise *f*. **-2.** [confianza] : **tener ~ con alguien** être en confiance avec qqn.

franquicia *f* franchise *f (commerciale)*.

franquismo *m* POLÍT franquisme *m*.

frasco *m* flacon *m*.

frase *f* phrase *f*; **~ hecha** phrase toute faite.

fraternidad *f* fraternité *f*.

fraterno, na *adj* fraternel(elle).

fratricida *adj & mf* fratricide.

fraude *m* fraude *f*; **~ fiscal** fraude fiscale.

fraudulento, ta *adj* frauduleux(euse).

fray *m* : **~ Luis** frère Luis.

frazada *f Amer* couverture *f*; **~ eléctrica** couverture chauffante.

frecuencia *f* fréquence *f*; **~ modulada** modulation *f* de fréquence; **con ~** fréquemment.

frecuentar *vt* fréquenter.

frecuente *adj* fréquent(e).

fregadero *m* évier *m*.

fregado ◇ *m* **-1.** [lavado] lavage *m*; [de ollas] récurage *m*. **-2.** *fam* [lío] sac *m* de nœuds. **-3.** *fam* [pelea] grabuge *m*. ◇ *adj Amer fam* **-1.** [molesto] enquiquinant(e). **-2.** [fastidiado] enquiquiné(e).

fregar *vt* **-1.** [limpiar] laver; [ollas] récurer; **~ los platos** faire la vaisselle. **-2.** [frotar] frotter. **-3.** *Amer fam* [molestar] enquiquiner.

fregona *f* **-1.** *despec* [criada] bonniche *f*. **-2.** *despec* [verdulera] poissarde *f*. **-3.** [utensilio] balai-serpillière *m*.

freidora *f* friteuse *f*.

freír *vt* **-1.** CULIN faire frire. **-2.** *fam* [molestar] enquiquiner; **~ a preguntas** bombarder de questions. **-3.** *fam* [matar] refroidir. ◆ **freírse** *vp* frire; **se fríen las patatas** les pommes de terre sont en train de frire.

frenar ◇ *vt* freiner; [impulso, ira] refréner; **~ el coche** freiner. ◇ *vi* freiner.

frenazo *m* **-1.** AUTOM coup *m* de frein. **-2.** *fig* [parón] coup *m* d'arrêt.

frenesí (*pl* **frenesíes**) *m* **-1.** [exaltación] frénésie *f*. **-2.** [locura] folie *f* furieuse.

frenético, ca *adj* **-1.** [exaltado] frénétique. **-2.** [furioso] fou furieux(folle furieuse).

freno *m* **-1.** [gen & AUTOM] frein *m* . **-2.** [de caballerías] mors *m*.

frente ◇ *f* ANAT front *m*. ◇ *m* **-1.** [gen, METEOR & POLÍT] front *m*; **hacer ~ a** [problema etc] faire face à; [persona] tenir tête à; **~ frío** front froid. **-2.** [parte delantera] devant *m*; **estar al ~ (de)** être à la tête (de). ◆ **de frente** *loc adv* **-1.** [foto] de face; [encuentro] nez à nez; [accidente] de plein fouet. **-2.** [sin rodeos] de front. ◆ **frente a** *loc prep* **-1.** [enfrente de] en face de; **~ a su casa** en face de chez lui. **-2.** [con relación a] par rapport à; [ante] devant. ◆ **frente a frente** *loc adv* face à face.

fresa *f* **-1.** [fruto & TECNOL] fraise *f*. **-2.** [planta] fraisier *m*.

fresco, ca ◇ *adj* **-1.** [gen] frais(fraîche); **su recuerdo permanece ~ en mi memoria** je garde mon souvenir intact. **-2.** [caradura] sans-gêne. ◇ *m*, *f* : **ser un ~** être sans-gêne. ◆ **fresco** *m* **-1.** ARTE fresque *f*; **al ~** à fresque. **-2.** [frío moderado] fraîcheur *f*; **tomar el ~** prendre le frais.

frescor *m* fraîcheur *f*.

frescura *f* **-1.** [gen] fraîcheur *f*. **-2.** [descaro] sans-gêne *m*.

fresno *m* frêne *m*.

fresón *m* fraise *f (de serre)*.

frialdad *f* **-1.** [falta de calor] froid *m*. **-2.** *fig* [indiferencia] froideur *f*.

fricandó *m* CULIN fricandeau *m*.

fricción *f* friction *f*; **hacerse una ~ con** se frictionner à.

friega *f* friction *f (massage)*.

frigidez *f* frigidité *f*.

frigorífico, ca *adj* frigorifique. ◆ **frigorífico** *m* réfrigérateur *m*.

frijol, fríjol *m Amer* haricot *m*.

frío, a *adj* froid(e). ◆ **frío** *m* froid *m*; **en ~** à froid; **la noticia me cogió en ~** la nouvelle m'a pris(e) de court; **hace un ~ que pela** il fait un froid de canard.

friolento, ta *adj Amer* frileux(euse).

friolero, ra *adj & m, f* frileux(euse). ◆ **friolera** *f fam* **costar la friolera de...** coûter la bagatelle de...

frisar *vt* friser; **~ los cincuenta años** friser la cinquantaine.

frito, ta ◇ *pp irreg* → **freír**. ◇ *adj* **-1.** [cocido] frit(e). **-2.** *fig* [exasperado] : **me tiene ~** il me tape sur les nerfs. ◆ **frito** *m (gen pl)* friture *f*.

frívolo, la *adj* frivole.

frondoso, sa *adj* touffu(e).

frontal ◇ *adj* frontal(e). ◇ *m* ANAT frontal *m*.

frontera *f* **-1.** [entre países] frontière *f*. **-2.** *fig* [límite] limite *f*.

fronterizo, za *adj* frontalier(ère).

frontispicio *m* **-1.** ARQUIT [fachada] façade *f*; [remate] fronton *m*. **-2.** [de libro] frontispice *m*.

frontón *m* **-1.** [cancha & ARQUIT] fronton *m*. **-2.** [pelota vasca] pelote *f* basque.

frotar *vt* frotter. ◆ **frotarse** *vp* se frotter.

fructífero, ra *adj* [esfuerzos, resultados] fructueux(euse).

frugal *adj* frugal(e).

fruncir *vt* froncer; ~ **el ceño** froncer les sourcils; ~ **la boca** faire la moue.

fruslería *f* broutille *f*.

frustración *f* frustration *f*; [desilusión] déception *f*.

frustrar *vt* **-1.** [insaciar] frustrer. **-2.** [desilusionar] décevoir; **me frustra ver que no mejoro** ça me déçoit de voir que je ne progresse pas. **-3.** [posibilidades, planes] faire échouer. ◆ **frustrarse** *vp* **-1.** [estar insaciado] être frustré(e); [desilusionarse] être déçu(e). **-2.** [planes, proyectos] tomber à l'eau; [intento] échouer.

fruta *f* fruit *m*; **le gusta mucho la** ~ il aime beaucoup les fruits. ◆ **fruta de sartén** *f* beignet *m*.

frutal ◇ *adj* fruitier(ère). ◇ *m* arbre *m* fruitier.

frutería *f*: **ir a la** ~ aller chez le marchand de fruits.

frutero, ra ◇ *adj* fruitier(ère). ◇ *m, f* [vendedor] marchand *m*, -e *f* de fruits. ◆ **frutero** *m* [recipiente] coupe *f* à fruits.

frutilla *f* Amer fraise *f*.

fruto *m* fruit *m*; **dar** ~ *fig* porter ses fruits; **sacar** ~ **de algo** tirer profit de qqch. ◆ **frutos secos** *mpl* fruits *mpl* secs.

FSLN (*abrev de* Frente Sandinista de Liberación Nacional) *m* Front *m* sandiniste (*mouvement nicaraguayen de gauche qui a renversé la dictature de Somoza en 1979*).

fucsia ◇ *f* [planta] fuchsia *m*. ◇ *adj inv & m inv* [color] fuchsia.

fue -1. → ir. **-2.** → ser.

fuego *m* feu *m*; **pegar** ~ **a** mettre le feu à; ~**s artificiales** feu d'artifice.

fuelle *m* soufflet *m*.

fuente *f* **-1.** [gen] source *f*. **-2.** [construcción] fontaine *f*; ~ **bautismal** fonts *mpl* baptismaux. **-3.** [de vajilla] plat *m*. **-4.**

ELECTR: ~ **de alimentación** source d'alimentation, alimentation *f*.

fuera ◇ *v* **-1.** → ir. **-2.** → ser. ◇ *adv* **-1.** [en el exterior] dehors; **hacia** ~ vers l'extérieur; **por** ~ à l'extérieur; **pintamos la casa por** ~ on a peint l'extérieur de la maison. **-2.** [en otro lugar] ailleurs; **esta semana estaré** ~ cette semaine je ne serai pas là; **de** ~ [extranjero] étranger(ère); [de otro lugar] d'ailleurs. **-3.** *fig* [alejado]: ~ **de hors de**; **eso está** ~ **de mis cálculos** je n'avais pas prévu ça; **estar** ~ **de sí** être hors de soi; ~ **de plazo** hors délai. ◇ *m* DEP: ~ **de juego** hors-jeu *m inv*. ◇ *interj*: ¡~! dehors! ◆ **fuera de** *loc adv* [excepto] en dehors de; ~ **de eso, me puedes pedir lo que quieras** à part ça, tu peux me demander ce que tu veux. ◆ **fuera de serie** ◇ *adj* [publicación] hors série; *fig* [persona] hors pair. ◇ *mf*: **ser un** ~ **de serie** être exceptionnel(elle).

fueraborda *m inv* hors-bord *m inv*.

fuero *m* **-1.** (*gen pl*) [ley especial] privilège *m*; [en la Edad Media] charte *f*. **-2.** [jurisdicción] tribunal *m*.

fuerte ◇ *adj* **-1.** [gen] fort(e); [material, pared, nudo] solide; [frío, calor, color] intense; [pelea, combate] dur(e). **-2.** [malsonante] grossier(ère). ◇ *adv* **-1.** [gen] fort; **trabaja** ~ il travaille dur. **-2.** [en abundancia] beaucoup; **come** ~ il mange beaucoup. ◇ *m* [fortaleza] fort *m*; **ser algo el** ~ **de alguien** être le point fort de qqn.

fuese -1. → ir. **-2.** → ser.

fuerza *f* **-1.** [gen & FÍS] force *f*; **tener** ~**s para** être assez fort(e) pour; **tiene que irse por** ~ il doit absolument partir; ~**s del orden público** forces de l'ordre; **a** ~ **de** à force de; **a la** ~ [contra la voluntad] de force; [por necesidad] forcément; **por la** ~ par la force. **-2.** [electricidad] courant *m*. ◆ **fuerzas** *fpl* [grupo de personas] forces *fpl*.

fuga *f* **-1.** [de presos] évasion *f*. **-2.** [de gas, agua etc] fuite *f*. **-3.** MÚS fugue *f*.

fugarse *vp* [de cárcel] s'évader; **su marido se fugó con otra** son mari est parti avec une autre.

fugaz *adj* fugace.

fugitivo, va ◇ *adj* **-1.** [que huye] en fuite; ~ **de la ley** ○ **justicia** qui fuit la justice. **-2.** *fig* [que dura poco] fugitif(ive). ◇ *m, f* fugitif *m*, -ive *f*.

fui → ir.

fulano, na *m, f* Machin *m*, -e *f*; ~ **de tal** M Untel; **un** ~ un type. ◆ **fulana** *f* prostituée *f*.

fulgor *m* éclat *m*.

fullero, ra *adj & m, f* tricheur(euse).

fulminante *adj* **-1.** [enfermedad, mirada] foudroyant(e); [despido, cese] immédiat(e). **-2.** [explosivo] fulminant(e).

fulminar *vt* foudroyer; ~ **a alguien con la mirada** foudroyer qqn du regard.

fumador, ra *m, f* fumeur *m*, -euse *f*; ~ **pasivo** fumeur passif.

fumar *vt & vi* fumer.

fumigar *vt* désinfecter (par fumigation).

función *f* **-1.** [gen] fonction *f*. **-2.** CIN séance *f*; TEATR représentation *f*; ~ **de tarde** matinée *f*.

funcional *adj* fonctionnel(elle).

funcionalidad *f* fonctionnalité *f*.

funcionamiento *m* fonctionnement *m* .

funcionar *vi* **-1.** [aparato, máquina] fonctionner; ~ **con gasolina** marcher à l'essence; **'no funciona'** 'en panne'. **-2.** [plan, actividad] marcher.

funcionario, ria *m, f* fonctionnaire *mf*.

funda *f* [gen] étui *m*; [de almohada] taie *f*; [de mueble, máquina] housse *f*; [de disco] pochette *f*.

fundación *f* fondation *f*.

fundador, ra *adj & m, f* fondateur(trice).

fundamental *adj* fondamental(e).

fundamentar *vt* : ~ **algo (en)** CONSTR asseoir qqch (sur); *fig* [teoría etc] fonder qqch (sur). ◆ **fundamentarse** *vp* : ~**se (en)** CONSTR être assis(e) (sur); *fig* [teoría etc] se fonder (sur).

fundamento *m* **-1.** *fig* [base] fondement *m*. **-2.** *fig* [motivo] raison *f*; **sin** ~ sans fondement. **-3.** *(gen pl)* [cimientos] fondations *fpl*.

fundar *vt* fonder. ◆ **fundarse** *vp* [teoría, razones etc] : ~**se (en)** se fonder (sur).

fundición *f* **-1.** [fusión] fonte *f*. **-2.** [taller] fonderie *f*.

fundir *vt* **-1.** [gen] fondre; **fundieron sus intereses** ils ont uni leurs intérêts. **-2.** ELECTR [bombilla, aparato] griller; [fusible] faire sauter. ◆ **fundirse** *vp* **-1.** ELECTR [bombilla, aparato] griller; [fusible] sauter. **-2.** [derretirse] fondre. **-3.** *fig* [unirse] se fondre.

fúnebre *adj* funèbre.

funeral *m* *(gen pl)* funérailles *fpl*.

funerario, ria *adj* funéraire; **una empresa funeraria** une entreprise de pompes funèbres. ◆ **funeraria** *f* pompes *fpl* funèbres.

funesto, ta *adj* funeste.

fungicida *adj & m* fongicide.

fungir *vi* *Amer* : ~ **de** faire office de.

funicular ◇ *adj* funiculaire. ◇ *m* **-1.** [por tierra] funiculaire *m*. **-2.** [por aire] téléphérique *m*.

furgón *m* fourgon *m*.

furgoneta *f* fourgonnette *f*.

furia *f* fureur *f*; **ponerse hecho una** ~ devenir fou furieux.

furioso, sa *adj* furieux(euse).

furor *m* fureur *f*; **hacer** ~ *fig* faire fureur.

furtivo, va *adj* furtif(ive); **un cazador** ~ un braconnier.

furúnculo = **forúnculo**.

fusible ◇ *adj* fusible. ◇ *m* ELECTR fusible *m*; **se han quemado los** ~**s** les plombs ont sauté.

fusil *m* fusil *m* *(de guerre)*.

fusilar *vt* **-1.** [ejecutar] fusiller. **-2.** *fam* [plagiar] plagier.

fusión *f* fusion *f* .

fusionar *vt & vi* fusionner. ◆ **fusionarse** *vp* ECON fusionner.

fusta *f* cravache *f*.

fustán *m* *Amer* jupon *m*.

fuste *m* [de columna] fût *m*.

fútbol, futbol, football *m* football *m*; ~ **sala** football en salle.

futbolín *m* baby-foot *m* *inv*.

futbolista *mf* footballeur *m*, -euse *f*.

fútil *adj* futile.

futilidad *f* futilité *f*.

futón *m* futon *m*.

futuro, ra *adj* futur(e). ◆ **futuro** *m* **-1.** [porvenir] avenir *m*. **-2.** GRAM futur. ◆ **futuros** *mpl* ECON opérations *fpl* à terme.

futurología *f* futurologie *f*.

g, G *f* [letra] g *m inv*, G *m inv*.
g *(abrev de* **gramo***)* g.

gabacho, cha *fam despec* ◇ *adj* [francés] franchouillard(e). ◇ *m*, *f* : **no me gustan los ~s** je n'aime pas les Français.

gabán *m* pardessus *m*.

gabardina *f* gabardine *f*.

gabinete *m* **-1.** [gen] cabinet *m*; **~ de estudios** bureau *m* d'études. **-2.** [de dama] boudoir *m*.

gacela *f* gazelle *f*.

gaceta *f* gazette *f*.

gacho, cha *adj* : **con la cabeza gacha** la tête basse. ◆ **gachas** *fpl* CULIN *bouillie à base de pain trempé dans du lait.*

gafar *vt fam* porter la poisse à; **nos has gafado el viaje** tu nous as gâché le voyage.

gafas *fpl* lunettes *fpl*; **~ de sol** lunettes de soleil.

gafe *fam* ◇ *adj* : **ser ~** porter la poisse. ◇ *mf* oiseau *m* de malheur.

gag (*pl* **gags**) *m* gag *m*.

gaita *f* **-1.** MÚS cornemuse *f*. **-2.** *fam* [pesadez] galère *f*.

gajes *mpl* primes *fpl*; **~ del oficio** risques *mpl* du métier.

gajo *m* **-1.** [trozo de fruta] quartier *m*. **-2.** [racimo – de uvas] grappillon *m*; [– de cerezas] bouquet *m*. **-3.** [rama] rameau *m*.

gala *f* **-1.** [gen] gala *m*; **una fiesta de ~** une soirée de gala; **un vestido de ~** une tenue de soirée. **-2.** [ropa] : **con sus mejores ~s** dans ses plus beaux atours. **-3.** *loc* : **hacer ~ de algo** [demostrar] faire étalage de qqch; [preciarse] être fier(ère) de qqch.

galáctico, ca *adj* galactique.

galán *m* **-1.** [hombre atractivo] bel homme *m*. **-2.** TEATR jeune premier *m*. ◆ **galán de noche** *m* [perchero] valet *m* de nuit.

galante *adj* galant(e); **tiene fama de ~** il a une réputation de galant homme.

galantear *vt* : **~ a una mujer** faire la cour à une femme.

galantería *f* galanterie *f*.

galápago *m* tortue *f* d'eau douce.

galardón *m* prix *m* (*récompense*).

galaxia *f* galaxie *f*.

galera *f* galère *f*.

galería *f* galerie *f*; **hacer algo para la ~** *fig* faire qqch pour la galerie. ◆ **galerías (comerciales)** *fpl* galerie *f* marchande.

galés, esa ◇ *adj* gallois(e). ◇ *m*, *f* Gallois *m*, -e *f*. ◆ **galés** *m* [lengua] gallois *m*.

Gales pays *m* de Galles.

Galicia Galice *f*.

galicismo *m* gallicisme *m*.

galimatías *m inv* galimatias *m*.

gallardía *f* **-1.** [valor] bravoure *f*. **-2.** [elegancia] prestance *f*.

gallego, ga ◇ *adj* galicien(enne). ◇ *m*, *f* Galicien *m*, -enne *f*. ◆ **gallego** *m* [lengua] galicien *m*.

galleta *f* biscuit *m*.

gallina ◇ *f* [ave] poule *f*; **~ ciega** colin-maillard *m*. ◇ *mf fam fig* [persona] poule *f* mouillée.

gallinero *m* poulailler *m*.

gallito *m fig* [de un grupo] petit chef *m*; **hacerse el ~ con alguien** jouer les durs avec qqn.

gallo *m* **-1.** [ave] coq *m*. **-2.** *fig* [cabecilla] chef *m*. **-3.** [nota chillona] couac *m*. **-4.** [pez] limande *f*.

galo, la ◇ *adj* HIST gaulois(e); [francés] français(e). ◇ *m*, *f* HIST Gaulois *m*, -e *f*; [francés] Français *m*, -e *f*.

galón *m* **-1.** [distintivo] galon *m*. **-2.** [medida] gallon *m*.

galopar *vi* galoper.

galope *m* galop *m*.

galpón *m Amer* hangar *m*.

gama *f* gamme *f*.

gamba *f* bouquet *m* (*grosse crevette rose*).

gamberrada *f* acte *m* de vandalisme; **hacer ~s** faire des bêtises.

gamberro, rra ◇ *adj* : **un niño ~** un garnement. ◇ *m*, *f* voyou *m*.

gammaglobulina *f* gammaglobuline *f*.

gamo *m* daim *m*.

gamonal *m Amer* cacique *m*, riche propriétaire *m* terrien.

gamuza *f* **-1.** [animal, piel] chamois *m*. **-2.** [paño] peau *f* de chamois.

gana *f* : **~ (de)** envie *f* (de); **lo hago porque me da la (real) ~** je le fais parce que ça me plaît; **no me da la ~ de hacerlo** je n'ai pas envie de le faire; **de buena ~** volontiers; **de mala ~** à contrecœur. ◆ **ganas** *fpl* **-1.** [deseo] envie *f*; **darle a alguien ~s de** avoir envie de; **tener ~s de algo/de hacer algo** avoir envie de qqch/de faire qqch; **quedarse con las ~s** rester sur sa faim. **-2.** [hambre] appétit *m*; **comer con ~s** manger avec appétit.

ganadería f **-1.** [gen] élevage m. **-2.** [de país, región etc] cheptel m.

ganado m bétail m .

ganador, ra adj & m, f gagnant(e).

ganancias fpl bénéfices mpl.

ganancial adj → **bienes.**

ganar ◇ vt **-1.** [gen] gagner; [gloria, fama] atteindre. **-2.** [ciudad, castillo] conquérir. **-3.** [ser superior] : **me ganas en astucia** tu es plus astucieux que moi. ◇ vi gagner; **gana con el trato** il gagne à être connu; **gana para vivir** il gagne juste de quoi vivre; **hemos ganado con el cambio** nous avons gagné au change; **ganamos en espacio** nous y avons gagné en place. ◆ **ganarse** vp : ~**se algo** gagner qqch; [merecer] **bien mériter** qqch; [recibir] recevoir qqch; ~**se a alguien** gagner la faveur de qqn.

ganchillo m crochet m (ouvrage); **hacer** ~ faire du crochet.

gancho m **-1.** [gen & DEP] crochet m. **-2.** [cómplice – de vendedor] rabatteur m; [– de jugador] compère m. **-3.** loc : **tener** ~ fam [mujer] avoir du chien; [vendedor, título etc] être accrocheur(euse).

gandul, la adj & m, f fam feignant(e).

ganga f fam affaire f en or.

ganglio m ganglion m.

gangrena f gangrène f.

gángster (pl **gángsters**) m gangster m.

ganso, sa m, f **-1.** [ave] jars m, oie f. **-2.** fam [persona] abruti m, -e f.

garabatear vt & vi gribouiller.

garabato m gribouillage m .

garaje m garage m.

garante mf garant m, -e f.

garantía f garantie f; **con** ~ sous garantie; **este libro es una** ~ **de éxito** ce livre, c'est le succès assuré.

garantizar vt garantir; ~ **algo a alguien** assurer qqch à qqn.

garapiñar = **garrapiñar.**

garbanzo m pois m chiche.

garbeo m fam balade f; **dar un** ~ faire une balade.

garbo m [de persona] allure f; [de escritura] talent m.

gardenia f gardénia m.

garete m : **ir** ○ **irse al** ~ fam fig se casser la figure.

garfio m crochet m.

gargajo m crachat m.

garganta f gorge f .

gargantilla f ras-du-cou m (collier).

gárgara f (gen pl) gargarisme m; **hacer** ~**s** faire des gargarismes.

gargarismo m gargarisme m.

garita f MIL guérite f.

garito m **-1.** [casa de juego] tripot m. **-2.** despec [establecimiento] boui-boui m.

garra f griffe f; [de ave de rapiña] serre f; **caer en las** ~**s de alguien** tomber entre les griffes de qqn; **tener** ~ être accrocheur(euse).

garrafa f carafe f.

garrafal adj [error, equivocación] monumental(e).

garrapata f tique f.

garrapiñar, garapiñar vt praliner.

garrote m **-1.** [palo] gourdin m. **-2.** [ligadura] garrot m.

garúa f Amer bruine f.

garza f héron m .

gas m gaz m; ~ **butano** gaz butane; ~ **lacrimógeno** gaz lacrymogène; ~ **natural** gaz naturel. ◆ **gases** mpl [en el estómago] gaz mpl. ◆ **a todo gas** loc adv à toute allure.

gasa f gaze f.

gaseoducto m gazoduc m.

gaseoso, sa adj gazeux(euse). ◆ **gaseosa** f limonade f.

gasóleo m gazole m.

gasolina f essence f; **poner** ~ prendre de l'essence; ~ **normal** essence ordinaire; (~) **súper** super m.

gasolinera f pompe f à essence.

gastado, da adj usé(e).

gastar ◇ vt **-1.** [gen] dépenser. **-2.** [desgastar] user. **-3.** [ponerse] porter; **¿qué número de zapatos gastas?** quelle est ta pointure? **-4.** [hacer] : ~ **una broma/cumplidos a alguien** faire une blague/des compliments à qqn. ◇ vi **-1.** [dinero] dépenser. **-2.** [persona] user. ◆ **gastarse** vp **-1.** [por el uso] s'user; [vela] se consumer. **-2.** [dinero] dépenser.

gasto m dépense f; **cubrir** ~**s** couvrir les frais; ~ **público** dépenses fpl publiques.

gastritis f gastrite f.

gastronomía f gastronomie f.

gastrónomo, ma m, f gastronome mf.

gatas ◆ **a gatas** loc adv à quatre pattes.

gatear vi marcher à quatre pattes.

gatillo m gâchette f.

gato, ta *m, f* chat *m*, chatte *f*; **dar ~ por liebre a alguien** *fam* rouler qqn; **buscar tres pies al ~** chercher midi à quatorze heures; **hay ~ encerrado** il y a anguille sous roche. ◆ **gato** *m* AUTOM cric *m*.

gauchada *f Amer* [favor] service *m*.

gaucho, cha *m, f* gaucho *m*.

gavilán *m* épervier *m*.

gavilla *f* -1. [de espigas] gerbe *f*. -2. [de sarmientos] fagot *m*.

gaviota *f* mouette *f*.

gay *adj inv & m* gay.

gazapo *m* -1. [animal] lapereau *m*. -2. [error] lapsus *m*; [imprenta] coquille *f*.

gazpacho *m* CULIN gaspacho *m*.

GB (*abrev de* **Gran Bretaña**) *f* GB *f*.

géiser, géyser (*pl* **géyseres**) *m* geyser *m*.

gel *m* gel *m*.

gelatina *f* [de carne etc] gelée *f*; [ingrediente] gélatine *f*.

gema *f* gemme *f*.

gemelo, la *adj & m, f* jumeau(elle). ◆ **gemelo** *m* mollet *m*. ◆ **gemelos** *mpl* -1. [de camisa] boutons *mpl* de manchette. -2. [prismáticos] jumelles *fpl*.

gemido *m* gémissement *m*.

Géminis ◇ *m inv* [zodiaco] Gémeaux *mpl*. ◇ *mf inv* [persona] gémeaux *m inv*.

gemir *vi* gémir.

gen = **gene**.

gendarme *mf* gendarme *m*.

gene, gen *m* gène *m*.

genealogía *f* généalogie *f*.

generación *f* génération *f*.

generador, ra *adj* générateur(trice). ◆ **generador** *m* ELECTR générateur *m*.

general ◇ *adj* général(e); **en ~, por lo ~** en général; **hablar de algo en términos ~es** parler de qqch en général. ◇ *m* MIL général *m*.

generalidad *f* -1. [mayoría] majorité *f*. -2. [vaguedad] généralité *f*.

generalísimo *m* généralissime *m*.

Generalitat *f* POLIT *nom du gouvernement de Catalogne et de celui de la communauté de Valence.*

generalizar *vt & vi* généraliser. ◆ **generalizarse** *vp* se généraliser.

generar *vt* générer.

genérico, ca *adj* générique.

género *m* -1. [gen & GRAM] genre *m*; **el ~ humano** le genre humain. -2. [productos] marchandise *f*. -3. [tejido] tissu *m*.

generosidad *f* générosité *f*.

generoso, sa *adj* généreux(euse); [comida] copieux(euse).

génesis *f* genèse *f*.

genético, ca *adj* génétique. ◆ **genética** *f* génétique *f*.

genial *adj* génial(e).

genio *m* -1. [temperamento] caractère *m*. -2. [mal carácter] mauvais caractère *m*. -3. [estado de ánimo] humeur *f*; **estar de buen/mal ~** être de bonne/mauvaise humeur. -4. [ser sobrenatural, persona de talento] génie *m*.

genital *adj* génital(e). ◆ **genitales** *mpl* organes *mpl* génitaux.

genocidio *m* génocide *m*.

gente *f* -1. [gen] gens *mpl*; **hay poca ~** il n'y a pas beaucoup de monde; **es buena ~** *fam* il est sympa; **la ~ bien** *fam* les gens bien; **la ~ menuda** les petits *mpl* (*les enfants*). -2. *fam* [familia] : **mi ~** les miens.

gentil *adj* [educado] courtois(e).

gentileza *f* courtoisie *f*; [regalo] attention *f*, cadeau *m*.

gentío *m* foule *f*.

gentuza *f* racaille *f*.

genuflexión *f* génuflexion *f*.

genuino, na *adj* authentique; [piel] véritable.

GEO (*abrev de* **Grupo Especial de Operaciones**) *m* brigade d'intervention spéciale de la police nationale espagnole, ≃ GIGN.

geografía *f* géographie *f*.

geográfico, ca *adj* géographique.

geógrafo, fa *m, f* géographe *mf*.

geología *f* géologie *f*.

geólogo, ga *m, f* géologue *mf*.

geometría *f* géométrie *f*.

geranio *m* géranium *m*.

gerencia *f* gérance *f*.

gerente *mf* gérant *m*, -e *f*.

geriatría *f* gériatrie *f*.

germánico, ca ◇ *adj* HIST germain(e); [alemán] germanique. ◇ *m, f* HIST Germain *m*, -e *f*; [alemán] Allemand *m*, -e *f*. ◆ **germánico** *m* [lengua] germanique *m*.

germen *m* lit & fig germe *m*.

germinar *vi* lit & fig germer.

gerundio *m* gérondif *m*.

gestar *vi* être en gestation. ◆ **gestarse** *vp* [proyecto] être en gestation; [cambio] se préparer; [revolución] couver.

gesticulación f gesticulation f; [gestos] gestes mpl.

gesticular vi gesticuler.

gestión f -1. [diligencia] démarche f. -2. [administración] gestion f; ~ **de cartera** gestion de portefeuille.

gestionar vt -1. [tramitar] faire des démarches pour; **tengo que ~ mis vacaciones** il faut que j'organise mes vacances. -2. [administrar] gérer.

gesto m -1. [gen] geste m. -2. [mueca] grimace f.

gestor, ra ◇ adj gestionnaire. ◇ m, f personne faisant des démarches administratives pour le compte d'un particulier ou d'une entreprise.

gestoría f cabinet m d'affaires.

géyser = géiser.

ghetto = gueto.

giba f bosse f.

Gibraltar Gibraltar.

gigabyte m INFORM gigaoctet m.

gigante, ta m, f géant m, -e f. ◆ **gigante** adj géant(e).

gigantesco, ca adj gigantesque.

gigoló m gigolo m.

gil, la m, f Amer fam empoté m, -e f.

gilipollada, jilipollada f mfam connerie f.

gilipollas, jilipollas adj inv & mf inv mfam con(conne).

gimnasia f gymnastique f.

gimnasio m gymnase m.

gimnasta mf gymnaste mf.

gimotear vi pleurnicher.

gin = ginebra.

gincana, gymkhana f gymkhana m.

ginebra, gin f gin m.

Ginebra Genève.

ginecología f gynécologie f.

ginecólogo, ga m, f gynécologue mf.

gira f tournée f; **estar de ~** être en tournée.

girar ◇ vi -1. [gen] tourner; ~ **en torno a** o **alrededor de** fig tourner autour de. -2. COM: ~ **a sesenta días** payer à soixante jours. ◇ vt -1. [volante, llave etc] tourner; [peonza] faire tourner. -2. [dinero] virer. -3. COM [letra] tirer.

girasol m tournesol m.

giratorio, ria adj [movimiento] giratoire; [mueble, silla] pivotant(e); [placa] tournant(e); [puerta] à tambour.

giro m -1. [movimiento] tour m. -2. [de conversación, asunto, frase] tournure f. -3. COM traite f; [envío] virement m; ~ **postal** virement postal, ≈ mandat m.

gis m Amer craie f.

gitano, na ◇ adj -1. [del pueblo gitano] gitan(e). -2. fam [estafador] roublard(e); ¡**si será ~ el tío este!** quel arnaqueur ce type! ◇ m, f Gitan m, -e f.

glacial adj glaciaire; [viento, acogida] glacial(e).

glaciar ◇ m glacier m. ◇ adj glaciaire.

gladiador m gladiateur m.

gladiolo, gladíolo m glaïeul m.

glándula f glande f.

glasé adj glacé(e).

glicerina f glycérine f.

global adj global(e).

globo m -1. [gen] globe m. -2. [aeróstato, juguete] ballon m.

glóbulo m MED globule m; ~ **blanco/rojo** globule blanc/rouge.

gloria ◇ f -1. [gen] gloire f. -2. [placer] plaisir m; **es una ~ verte** c'est un plaisir de te voir! -3. loc : **saber a ~** être exquis(e). ◇ m gloria m.

glorieta f -1. [plaza] rond-point m. -2. [de casa, jardín] tonnelle f.

glorificar vt glorifier. ◆ **glorificarse** vp : ~**se de** se glorifier de.

glorioso, sa adj -1. [importante] glorieux(euse). -2. RELIG bienheureux(euse).

glosa f glose f.

glosar vt gloser.

glosario m glossaire m.

glotón, na adj & m, f glouton(onne).

glotonería f gloutonnerie f.

glúcido m glucide m.

glucosa f glucose m.

gluten m gluten m.

gnomo, nomo m gnome m.

gobernación f gouvernement m (direction).

gobernador, ra ◇ adj gouvernant(e). ◇ m, f gouverneur m.

gobernanta f gouvernante f.

gobernante ◇ adj gouvernant(e); [partido, persona] au pouvoir. ◇ mf gouvernant m.

gobernar vt -1. [gen & NÁUT] gouverner. -2. [casa] tenir; [negocios] mener, gérer.

gobierno m **-1.** [gen] gouvernement m . **-2.** [edificio] : ~ **civil** préfecture f. **-3.** NÁUT gouverne f; [timón] barre f.

goce m jouissance f, plaisir m.

godo, da ◇ adj des Goths. ◇ m, f : **los ~s** les Goths.

gol m DEP but m.

goleada f carton m.

goleador, ra m, f buteur m.

golear vt marquer de nombreux buts contre; ~ **al equipo contrario** écraser l'adversaire.

golf m golf m.

golfear vi fam [vaguear] glander, glandouiller.

golfista mf golfeur m, -euse f.

golfo, fa adj & m, f voyou. ◆ **golfo** m GEOGR golfe m; **el ~ de León** le golfe du Lion; **el ~ de Vizcaya** le golfe de Gascogne; **el ~ Pérsico** le golfe Persique.

golondrina f **-1.** [ave] hirondelle f. **-2.** [barco] vedette f.

golondrino m ZOOL hirondeau m.

golosina f friandise f.

goloso, sa adj & m, f gourmand(e).

golpe m **-1.** [gen] coup m; [entre coches] accrochage m; ~ **bajo** lit & fig coup bas; ~ **franco** DEP coup franc. **-2.** fam [ocurrencia] : **¡tiene cada ~!** [persona] il en sort de belles!; [película] il y a de ces gags! **-3.** loc : **no dar** o **pegar ~** fam ne pas en ficher une rame. ◆ **de golpe** loc adv [de una vez] d'un seul coup; [con brusquedad] brusquement. ◆ **de golpe y porrazo** loc adv sans crier gare. ◆ **golpe de Estado** m coup m d'État. ◆ **golpe de suerte** m coup m de chance. ◆ **golpe de vista** m coup m d'œil.

golpear vt & vi frapper.

golpista adj & mf putschiste.

golpiza f Amer volée f.

goma f **-1.** [sustancia viscosa, golosina] gomme f . **-2.** [tira elástica] élastique m . **-3.** [caucho] caoutchouc m; ~ **espuma** Caoutchouc Mousse m . **-4.** fam [preservativo] capote f. ◆ **Goma 2** f plastic m.

gomina f gomina f.

góndola f gondole f.

gondolero m gondolier m.

gong m gong m.

gordinflón, ona fam ◇ adj grassouillet(ette). ◇ m, f gros bonhomme m, grosse bonne femme f.

gordo, da ◇ adj gros(grosse); **me cae ~** fam je ne peux pas le sentir. ◇ m, f **-1.** [gen] gros m, grosse f; **armar la gorda** fam fig faire une scène. **-2.** Amer [querido] (mon) coco m, (ma) cocotte f. ◆ **gordo** m [en lotería] gros lot m; **tocarle a alguien el ~** fig fam toucher le gros lot.

gordura f embonpoint m.

gorgorito m MÚS roulade f.

gorila m **-1.** ZOOL gorille m. **-2.** fam [guardaespaldas] gorille m; [en discoteca] videur m.

gorjear vi [pájaros] gazouiller.

gorra ◇ f casquette f; **de ~** fam à l'œil. ◇ m fam parasite m; [para la comida] pique-assiette m.

gorrear fam ◇ vt taper. ◇ vi vivre en parasite.

gorrinada f [lugar] porcherie f; [acción] vacherie f.

gorrino, na m, f **-1.** [animal] goret m. **-2.** fig [persona] cochon m, -onne f.

gorrión m moineau m.

gorro m bonnet m; **estar hasta el ~ (de)** fig en avoir par-dessus la tête (de).

gorrón, ona fam ◇ adj profiteur(euse). ◇ m, f parasite m; [para la comida] pique-assiette mf.

gorronear fam vt & vi taper; ~ **cigarros** taper des cigarettes.

gota f **-1.** [gen & MED] goutte f; **es la ~ que colma el vaso** c'est la goutte d'eau qui fait déborder le vase; **sudar la ~ gorda** fam suer à grosses gouttes; fig suer sang et eau. **-2.** [pizca – de aire] souffle m; [– de sensatez etc] once f; **no me queda ni ~ de harina** il ne me reste pas un gramme de farine. ◆ **gota a gota** m goutte-à-goutte m inv. ◆ **gota fría** f METEOR orage m de chaleur.

gotear ◇ vi **-1.** [líquido] goutter. **-2.** fig [beneficios, ingresos etc] arriver au compte-gouttes. ◇ v impers [chispear] tomber des gouttes.

gotera f **-1.** [filtración] gouttière f. **-2.** [grieta] fuite f. **-3.** [mancha] tache f d'humidité.

gótico, ca adj gothique. ◆ **gótico** m [arte] gothique m.

gourmet → gurmet.

goyesco, ca adj de Goya.

gozada f fam **¡es una ~!** c'est le pied!

gozar *vi* –**1**. [disfrutar] éprouver du plaisir; ~ **con** se réjouir de; [buena comida] se régaler avec; ~ **de** jouir de. –**2**. [sexualmente] jouir.

gozne *m* gond *m*.

gozo *m* plaisir *m*; **ser motivo de** ~ être une occasion de réjouissance; **¡mi** ~ **en un pozo!** *fig* c'est bien ma chance!

gr *abrev de* grado.

grabación *f* enregistrement *m*.

grabado *m* gravure *f*.

grabador, ra *m, f* graveur *m*, -euse *f*. ◆ **grabadora** *f* magnétophone *m*.

grabar *vt* –**1**. [gen] graver. –**2**. [conversación, concierto & INFORM] enregistrer. ◆ **grabarse** *vp* : ~**se en** [recuerdos] se graver dans.

gracia *f* –**1**. [gen] grâce *f*; **no es guapo pero tiene** ~ il n'est pas beau mais il a du charme; **goza de la** ~ **del rey** il jouit de la faveur du roi. –**2**. [humor, chiste] drôlerie *f*; **déjate de** ~**s** assez plaisanté; **caer en** ~ plaire; **hacer** ~ **a alguien** faire rire qqn; **(no) tener** ~ (ne pas) être drôle; **tiene** ~ *irón* c'est drôle. –**3**. [arte] goût *m*; [habilidad] talent *m*. ◆ **gracias** *fpl* merci *m*; **dar las** ~**s** remercier; **muchas** ~**s** merci beaucoup; ~**s a** grâce à.

gracioso, sa ◇ *adj* drôle. ◇ *m, f* –**1**. [persona con gracia] comique *m*; **algún** ~ un petit plaisantin. –**2**. TEATR bouffon *m*.

grada *f* –**1**. [peldaño] marche *f*; **el rey subió a la** ~ le roi gravit les marches du trône. –**2**. [graderío] tribune *f*; TEATR rangée *f*. ◆ **gradas** *fpl* gradins *mpl*.

gradación *f* –**1**. [en retórica] gradation *f*. –**2**. [de colores] dégradé *m*.

gradería *f*, **graderío** *m* tribune *f*.

grado *m* –**1**. [gen, GRAM & GEOM] degré *m*. –**2**. MIL & EDUC grade *m*; **tener el** ~ **de doctor** avoir le titre de docteur. –**3**. [curso escolar] année *f*. –**4**. [voluntad] gré *m*; **de buen/mal** ~ de bon/mauvais gré.

graduación *f* –**1**. [acción] graduation *f*; [de vino, licor etc] titre *m*; ~ **de la vista** mesure *f* de l'acuité visuelle. –**2**. [título – MIL] grade *m* [– EDUC] diplôme *m*.

graduado, da ◇ *adj* –**1**. [gafas, termómetro] gradué(e). –**2**. [universitario] diplômé(e). ◇ *m, f* [persona] diplômé *m*, -e *f*. ◆ **graduado** *m* [título] diplôme *m*; ~ **escolar** certificat *m* d'études.

gradual *adj* graduel(elle).

graduar *vt* –**1**. [medir] mesurer; [vino, licor etc] titrer. –**2**. [regular] régler. –**3**. [escalonar – pago] échelonner; [– termómetro] graduer. –**4**. [licenciar – MIL] promouvoir [– EDUC] diplômer. ◆ **graduarse** *vp* : ~**se (en)** EDUC obtenir son diplôme (de).

grafía *f* graphie *f*.

gráfico, ca *adj* –**1**. [gen] graphique. –**2**. *fig* [expresivo] parlant(e). ◆ **gráfico** *m* graphique *m*. ◆ **gráfica** *f* courbe *f* *(graphique)*.

grafito *m* graphite *m*.

grafología *f* graphologie *f*.

grafólogo, ga *m, f* graphologue *mf*.

gragea *f* dragée *f*.

grajo *m* freux *m* *(corbeau)*.

gral. *(abrev de* general*)* gal.

gramática *f* → gramático.

gramatical *adj* grammatical(e).

gramático, ca ◇ *adj* grammatical(e). ◇ *m, f* [persona] grammairien *m*, -enne *f*. ◆ **gramática** *f* grammaire *f*.

gramo *m* gramme *m*.

gramófono *m* gramophone *m*.

gramola *f* phonographe *m*.

gran *adj* → grande.

granada *f* grenade *f*.

Granada –**1**. [en España] Grenade. –**2**. [en las Antillas] (la) Grenade.

granadina *f* –**1**. [bebida] grenadine *f*. –**2**. [cante] *chanson populaire de Grenade*.

granar *vi* grener.

granate *adj inv* & *m* grenat.

Gran Bretaña Grande-Bretagne *f*.

grande ◇ *adj* *(antes de sust :* gran*)* –**1**. [gen] grand(e). –**2**. *fig & irón :* **es** ~ **que...** [enojoso] c'est un peu fort que... ◇ *m* [noble] grand *m*. ◆ **a lo grande** *loc adv* en grande pompe; **vivir a lo** ~ mener grand train. ◆ **grandes** *mpl* [adultos] grands *mpl*.

grandeza *f* –**1**. [gen] grandeur *f*. –**2**. [dignidad] grandesse *f*; **toda la** ~ **de España** tous les grands d'Espagne.

grandioso, sa *adj* grandiose.

grandullón, ona ◇ *adj* dégingandé(e). ◇ *m, f despec* grande perche *f*.

granel ◆ **a granel** *loc adv* –**1**. [gen] en vrac; [líquido] au litre. –**2**. [en abundancia] à foison.

granero *m* grenier *m*.

granito *m* granit *m*.

granizada f **-1.** METEOR grêle f. **-2.** fig [abundancia] pluie f; **una ~ de golpes** une volée de coups.
granizado m CULIN granité m.
granizar v impers grêler.
granizo m grêle f.
granja f **-1.** [gen] ferme f; **~ de vacas** ferme d'élevage bovin. **-2.** [tienda] crèmerie f.
granjearse vp [admiración, amistad] s'attirer.
granjero, ra m, f fermier m, -ère f.
grano m **-1.** [gen] grain m. **-2.** [en la piel] bouton m; **ir al ~ fig** en venir au fait.
granuja mf canaille f; [niño] garnement m.
granulado, da adj en poudre. ◆ **granulado** m granulés mpl.
grapa f agrafe f.
grapadora f agrafeuse f.
grapar vt agrafer.
GRAPO (abrev de **Grupos de Resistencia Antifascista Primero de Octubre**) mpl groupes terroristes espagnols d'extrême gauche.
grasa f → graso.
grasiento, ta adj graisseux(euse).
graso, sa adj gras(grasse). ◆ **grasa** f graisse f.
gratén m gratin m; **macarrones/patatas al ~** gratin de macaroni/de pommes de terre.
gratificación f gratification f.
gratificante adj gratifiant(e).
gratificar vt récompenser.
gratinado, da adj gratiné(e).
gratinar vt gratiner.
gratis adv **-1.** [sin dinero] gratuitement. **-2.** [sin esfuerzo] sans peine.
gratitud f gratitude f.
grato, ta adj agréable; **nos es ~ comunicarle que...** nous avons le plaisir de vous informer que...
gratuito, ta adj gratuit(e).
grava f gravier m.
gravamen (pl **gravámenes**) m **-1.** ECON [impuesto] taxe f; [carga] charge f. **-2.** fig [deber] obligation f.
gravar vt **-1.** ECON grever; [con un impuesto] taxer. **-2.** fig [empeorar] aggraver.
grave adj **-1.** [gen] grave. **-2.** GRAM : **una palabra ~** un mot accentué sur l'avant-dernière syllabe.
gravedad f gravité f.
gravilla f gravillon m.

gravitar vi **-1.** FÍS graviter. **-2.** fig [suj : amenaza, peligro] : **~ sobre** peser sur.
gravoso, sa adj [caro] onéreux(euse); [molesto] pesant(e).
graznar vi [cuervo, grajo] croasser.
graznido m **-1.** [cuervo, grajo] croassement m. **-2.** fig [de personas] cri m d'orfraie.
Grecia Grèce f.
grecorromano, na adj gréco-romain(e).
gregoriano, na adj grégorien(enne).
gremio m **-1.** [de un oficio] corporation f. **-2.** fam [grupo] camp m.
greña f (gen pl) tignasse f; **andar a la ~** fam fig se crêper le chignon.
gres m grès m.
gresca f **-1.** [ruido, jaleo] chahut m. **-2.** [pelea] bagarre f.
griego, ga ◇ adj grec(grecque). ◇ m, f Grec m, Grecque f. ◆ **griego** m [lengua] grec m.
grieta f fissure f; [en la piel] gerçure f.
grifa f marijuana f.
grifería f robinetterie f.
grifo m robinet m.
grill (pl **grills**) m gril m.
grillado, da adj & m, f fam cinglé(e).
grillete m fers mpl (de prisonnier).
grillo m grillon m.
grima f : **dar ~** [irritar] écœurer; [dar dentera] faire grincer les dents.
gringo, ga ◇ adj des Gringos. ◇ m, f Gringo m.
gripa f Amer grippe f.
gripe f grippe f.
griposo, sa adj grippé(e).
gris ◇ adj **-1.** [color] gris(e). **-2.** fig [triste] morne; **sentirse ~** être morose. ◇ m gris m .
gritar ◇ vi crier. ◇ vt : **~ a alguien** crier après qqn; [a un actor etc] huer qqn.
griterío m cris mpl.
grito m cri m; **dar ○ pegar un ~** pousser un cri; **un ~ de socorro** un appel au secours.
Groenlandia Groenland m.
grogui adj groggy; **la noticia lo dejó ~** fam fig la nouvelle l'a scié.
grosella f groseille f.
grosería f grossièreté f.
grosero, ra ◇ adj grossier(ère). ◇ m, f malotru m, -e f.
grosor m épaisseur f.

grosso ◆ **grosso modo** *loc adv* grosso modo.

grotesco, ca *adj* grotesque.

grúa *f* **-1.** CONSTR grue *f.* **-2.** AUTOM dépanneuse *f;* ~ **(municipal)** (camion de) la fourrière.

grueso, sa *adj* gros(grosse); [tela, tabla] épais(aisse). ◆ **grueso** *m* **-1.** [grosor] épaisseur *f.* **-2.** [la mayor parte] : **el** ~ **de** le gros de.

grulla *f* ZOOL grue *f.*

grumete *m* mousse *m.*

grumo *m* grumeau *m.*

gruñido *m* grognement *m;* **soltar un** ~ **a alguien** *fig* gronder qqn.

gruñir *vi* grogner.

gruñón, ona ◇ *adj fam* grognon. ◇ *m, f* râleur *m,* -euse *f.*

grupa *f* croupe *f.*

grupo *m* groupe *m;* ~ **de empresas** ECON groupement *m* d'entreprises; ~ **profesional** équipe *f.* ◆ **grupo sanguíneo** *m* groupe *m* sanguin.

gruta *f* grotte *f.*

guacal *m Amer* **-1.** [calabaza] calebasse *f.* **-2.** [jaula] cage *f.* **-3.** [caja] cageot *m.*

guacamol, guacamole *m* purée d'avocat épicée typique du Mexique.

guachada *f Amer fam* vacherie *f.*

guachimán *m Amer* veilleur *m* de nuit.

guacho, cha *m, f Amer fam* bâtard *m,* -e *f* (enfant).

Guadalquivir *m* : **el** ~ le Guadalquivir.

guadaña *f* faux *f.*

guagua *f Amer* **-1.** [autobús] bus *m.* **-2.** [niño] bébé *m.*

guajolote *m Amer* dindon *m.*

gualdo, da *adj* jaune d'or.

guampa *f Amer* corne *f.*

guampudo, da *adj Amer* à cornes.

guanajo *m Amer* dindon *m.*

guantazo *m fam* baffe *f.*

guante *m* gant *m;* **echarle el** ~ **a algo/a alguien** mettre le grappin sur qqch/qqn.

guantera *f* boîte *f* à gants.

guapo, pa ◇ *adj* [físicamente] beau(belle). ◇ *m, f* **-1.** [valiente] : **¿quién es el** ~ **que...?** qui a le courage de...? **-2.** [fanfarrón] vantard *m,* -e *f;* **se cree el** ~ **del pueblo** il se prend pour le coq du village.

guarangada *f Amer* grossièreté *f.*

guarda ◇ *mf* gardien *m,* -enne *f;* ~ **de caza** garde-chasse *m;* ~ **jurado** agent *m* de sécurité privé. ◇ *f* garde *f.*

guardabarrera *mf* garde-barrière *mf.*

guardabarros *m inv* garde-boue *m inv.*

guardabosque *mf* garde *m* forestier.

guardacoches *mf inv* gardien *m,* -enne *f* de parking.

guardacostas *m inv* garde-côte *m.*

guardador, ra *m, f* gardien *m,* -enne *f.*

guardaespaldas *mf inv* garde *m* du corps.

guardameta *mf* gardien *m* de but.

guardapolvo *m* [bata] blouse *f.*

guardar *vt* **-1.** [gen] garder; ~ **cama/silencio** garder le lit/le silence; ~ **la palabra** tenir parole; ~ **las formas** *fig* sauver les apparences; ~ **las leyes** observer les lois. **-2.** [proteger] : ~ **(de)** protéger (de). **-3.** [colocar] ranger. ◆ **guardarse** *vp* : ~**se de** se garder de; **guardársela a alguien** *fig* garder à qqn un chien de sa chienne.

guardarropa ◇ *mf* employé *m,* -e *f* de vestiaire. ◇ *m* **-1.** [armario – público] vestiaire *m;* [– particular] penderie *f.* **-2.** [prendas] garde-robe *f.*

guardarropía *f* TEATR [prendas] costumes *mpl;* [lugar] magasin *m* des accessoires.

guardería *f* crèche *f* (établissement).

guardia ◇ *f* garde *f;* **estar de** ~ être de garde; **montar (la)** ~ monter la garde; ~ **montada** police *f* montée; ~ **municipal** o **urbana** police *f* municipale; **la vieja** ~ la vieille garde. ◇ *mf* agent *m;* ~ **de tráfico** agent de police. ◆ **Guardia Civil** *f* Garde *f* civile, ≃ gendarmerie *f.*

guardián, ana *m, f* gardien *m,* -enne *f.*

guarecer *vt* : ~ **(de)** abriter (de), protéger (de). ◆ **guarecerse** *vp* : ~**se (de)** s'abriter (de).

guarida *f* **-1.** [de animales] tanière *f.* **-2.** *fig* [de malhechores] repaire *m.*

guarnecer *vt* [adornar & CULIN] : ~ **(con)** garnir (de).

guarnición *m* **-1.** [adorno & CULIN] garniture *f.* **-2.** MIL garnison *f.*

guarrada *f fam* cochonnerie *f;* [mala jugada] tour *m* de cochon.

guarrería *f fam* **-1.** [suciedad] cochonnerie *f.* **-2.** *fig* [mala acción] crasse *f.*

guarro, rra ◇ *adj* dégoûtant(e). ◇ *m, f* **-1.** [animal] cochon *m,* truie *f.* **-2.** *fam* [persona – sucia] cochon *m,* -onne *f;* [– mala] pourriture *f.*

guarura *m Amer fam* gorille *m (garde du corps)*.

guasa *f fam* **-1.** [gracia] : **déjate de ~s** arrête de rigoler; **estar de ~** être d'humeur à rigoler. **-2.** [pesadez] : **¡ese tío tiene una ~!** quel raseur ce type!; **¡tiene ~ la cosa!** elle est forte, celle-là!

guasearse *vp fam* **~ (de alguien)** mettre (qqn) en boîte.

guasón, ona *adj & m, f* blagueur *m*, -euse *f*.

Guatemala Guatemala *m*.

guatemalteco, ca ◇ *adj* guatémaltèque. ◇ *m, f* Guatémaltèque *mf*.

guateque *m* surprise-partie *f*, boum *f*.

guau *m* ouah *m*.

guay *adj fam* super; **muy ~** génial(e).

guayabo, ba *m, f Amer fam* beau gosse *m*, belle fille *f*. ◆ **guayabo** *m* [árbol] goyavier *m*. ◆ **guayaba** *f* [fruta] goyave *f*.

Guayana Guyane *f*.

guayín *m Amer fam* camionnette *f*.

gubernativo, va *adj* gouvernemental(e); **una orden gubernativa** un arrêté préfectoral.

guepardo *m* guépard *m*.

güero, ra *adj Amer fam* blond(e).

guerra *f* guerre *f*; [de intereses, ideas, opiniones] conflit *m*; **declarar la ~** déclarer la guerre; **~ civil** guerre civile; **~ fría** guerre froide; **~ relámpago** guerre éclair; **dar ~ a alguien** *fam fig* donner du fil à retordre à qqn; **¡mira que das ~!** ce que tu es casse-pieds!

guerrear *vi* faire la guerre; **los dos pueblos guerrean** les deux peuples se font la guerre.

guerrero, ra ◇ *adj* guerrier(ère). ◇ *m, f* guerrier *m*. ◆ **guerrera** *f* [prenda] vareuse *f*.

guerrilla *f* MIL [grupo] groupe *m* de guérilleros; [estrategia] guérilla *f*.

guerrillero, ra *m, f* guérillero *m*.

gueto, ghetto *m* ghetto *m*.

güevón *m Amer vulg* connard *m*.

guía ◇ *mf* [persona] guide *m*; **~ turístico** guide. ◇ *f* **-1.** [gen] guide *m*; **~ de ferrocarriles** indicateur *m* des chemins de fer; **~ telefónica** annuaire *m* (du téléphone); **~ turística** guide *m* touristique. **-2.** [para cortinas] tringle *f* à glissière.

guiar *vt* **-1.** [gen] guider; **el profesor guió el estudio** le professeur a dirigé l'étude. **-2.** AUTOM conduire. **-3.** [plantas, ramas]

tuteurer. ◆ **guiarse** *vp* : **~se (de ○ por)** se guider (sur).

guijarro *m* caillou *m*.

guillado, da *adj fam* timbré(e).

guillotina *f* **-1.** [para decapitar] guillotine *f*. **-2.** [para cortar] massicot *m*.

guillotinar *vt* **-1.** [decapitar] guillotiner. **-2.** [cortar] massicoter.

guinda *f* griotte *f*.

guindilla *f* piment *m* rouge.

Guinea Guinée *f*.

guiñapo *m* loque *f*.

guiñar *vt* : **~ el ojo** faire un clin d'œil.

guiño *m* clin *m* d'œil.

guiñol *m* guignol *m*.

guión *m* **-1.** [esquema] plan *m*. **-2.** CIN & TV scénario *m*. **-3.** GRAM [signo] trait *m* d'union.

guionista *mf* scénariste *mf*.

guiri *adj & mf fam despec* étranger(ère).

guirigay *m* **-1.** *fam* [jaleo] brouhaha *m*. **-2.** [lenguaje ininteligible] charabia *m*.

guirlache *m amandes grillées et caramélisées*.

guirnalda *f* guirlande *f*.

guisa *f* : **a ~ de** en guise de; **de esta ~** de cette façon.

guisado *m* ragoût *m*.

guisante *m* **-1.** [planta] pois *m*. **-2.** [fruto] petit pois *m*.

guisar *vt & vi* cuisiner. ◆ **guisarse** *vp fig* [persona] faire sa petite cuisine.

guiso *m* ragoût *m*.

güisqui, whisky *m* whisky *m*.

guita *f fam* pognon *m*.

guitarra *f* guitare *f*.

guitarrista *mf* guitariste *mf*.

gula *f* gloutonnerie *f*; **con (tanta) ~** (si) goulûment.

gurí, isa *m, f Amer fam* gamin *m*, -e *f*.

guripa *m fam* [guardia municipal] poulet *m*.

gurmet (*pl* **gurmets**), **gourmet** (*pl* **gourmets**) *mf* gourmet *m*.

guru, gurú *m* gourou *m*.

gusanillo *m fam* **sentir un ~ en el estómago** [por el miedo] avoir les tripes nouées; [por el hambre] avoir un petit creux; **tener el ~ de la conciencia** avoir quelque chose sur la conscience; **matar el ~** manger un petit quelque-chose.

gusano *m* **-1.** [animal] ver *m*. **-2.** *fig* [persona] moins-que-rien *m*.

gustar ◇ *vi* [agradar] plaire; **me gusta esa chica** cette fille me plaît; **me gusta el deporte/ir al cine** j'aime le sport/aller au cinéma. ◇ *vt* [probar] goûter.

gustazo *m* **fam** **darse el ~ de** se payer le luxe de; **¡es un ~!** c'est le pied!

gusto *m* **-1.** [gen] goût *m*; **tener buen/mal ~** avoir bon/mauvais goût; **tomar ~ a algo** prendre goût à qqch. **-2.** [agrado] plaisir *m*; **con mucho ~** avec plaisir; **da ~ estar aquí** ça fait plaisir d'être ici; **mucho ○ tanto ~** enchanté(e). ◆ **a gusto** *loc adv* : **estar a ~** être à son aise; **hacer algo a ~** [de buena gana] prendre plaisir à faire qqch; [cómodamente] être à son aise pour faire qqch.

gustoso, sa *adj* **-1.** [sabroso] savoureux(euse). **-2.** [con placer] : **hacer algo ~** faire qqch avec plaisir.

gutural *adj* guttural(e).

gymkhana = **gincana**.

h¹, H *f* [letra] h *m inv*, H *m inv*; **por h o por b** *fig* pour une raison ou pour une autre.

h, h. (*abrev de* hora) h.

ha ◇ *v* → haber. ◇ (*abrev de* hectárea) ha.

haba *f* fève *f*.

habano, na *adj* havanais(e). ◆ **habano** *m* [cigarro] havane *m*.

haber¹ ◇ *v aux* **-1.** (*antes de verbos transitivos*) avoir; **lo he/había hecho** je l'ai/l'avais fait; **los niños ya han comido** les enfants ont déjà mangé. **-2.** (*antes de verbos de movimiento, estado o permanencia*) être; **ha salido** il est sorti; **nos hemos quedado en casa** nous sommes restés à la maison. **-3.** [expresa reproche] : **~ venido a la reunión** tu n'avais qu'à venir à la réunion. **-4.** [expresa obligación] : **~ de hacer algo** devoir faire qqch; **has de trabajar más** tu dois travailler davantage. **-5.** [expresa probabilidad] : **ha de ser su hermano** ce doit être son frère. ◇ *vt* [ocurrir] se produire; **los accidentes habidos este verano** les accidents qui se sont produits cet été. ◇ *v impers* **-1.** [existir, estar] : **hay mucha gente en la calle** il y a beau-coup de monde dans la rue; **había/hubo problemas** il y avait/il y a eu des problèmes; **habrá dos mil personas** [expresa futuro] il y aura deux mille personnes; [expresa hipótesis] il doit y avoir deux mille personnes. **-2.** [expresa obligación] : **~ que hacer algo** falloir faire qqch; **habrá que ir a por ella** il faudra aller la chercher. **-3.** [expresa probabilidad] : **han de ser las tres** il doit être trois heures. **-4.** *loc* : **¡hay que ver qué malo es!** qu'est-ce qu'il est méchant!; **¡hay que ver cómo lo trata!** il faut voir comment il le traite!; **no hay de qué** il n'y a pas de quoi; **¿qué hay?** *fam* ça va? ◆ **haberse** *vp* : **sus padres se han amado toda la vida** ses parents se sont aimés toute leur vie; **como hay pocos** comme il y en a peu; **habérselas con alguien** avoir affaire à qqn.

haber² *m* [en cuentas, contabilidad] crédit *m*; **tener en su ~** avoir à son crédit; *fig* avoir à son actif. ◆ **haberes** *mpl* **-1.** [bienes] avoir *m*. **-2.** [sueldo] appointements *mpl*.

habichuela *f* haricot *m*.

hábil *adj* **-1.** [diestro] habile. **-2.** DER : **~ para** apte à; **días ~es** jours ouvrables; **en tiempo ~** dans le délai requis.

habilidad *f* [destreza] habileté *f*; [aptitud] don *m*; **tener ~ para algo** être doué(e) pour qqch.

habilitar *vt* **-1.** [acondicionar] aménager. **-2.** DER [autorizar] habiliter.

habiloso, sa *adj Amer* intelligent(e).

habitación *f* pièce *f*; [dormitorio] chambre *f*; **~ doble/simple** chambre double/individuelle.

habitáculo *m* réduit *m*; [de coche] habitacle *m*.

habitante *m* habitant *m*.

habitar *vt & vi* habiter.

hábitat (*pl* hábitats) *m* habitat *m*.

hábito *m* **-1.** [costumbre] habitude *f*. **-2.** [traje] habit *m*.

habitual *adj* habituel(elle); [cliente, lector] fidèle.

habituar *vt* : **~ a alguien a** habituer qqn à. ◆ **habituarse** *vp* : **~se a** s'habituer à; [drogas etc] s'accoutumer à.

habla *f* (*el*) **-1.** [idioma] langue *f*. **-2.** [facultad] parole *f*; **quedarse sin ~** rester sans voix. LING parler *m*. ◆ **al habla** *loc adv* : **estar al ~ con alguien** être en communication avec qqn.

hablador, ra *adj & m, f* bavard(e).

habladurías *fpl* commérages *mpl*.

hablar ◇ *vi* : ~ **(con)** parler (à ○ avec); ~ **bien/mal de alguien** dire du bien/du mal de qqn; ~ **de tú/de usted a alguien** tutoyer/vouvoyer qqn; ~ **en voz alta/baja** parler à voix haute/basse; **¡ni ~!** pas question! ◇ *vt* **-1.** [idioma] parler. **-2.** [asunto] : ~ **algo con alguien** discuter de qqch avec qqn. ◆ **hablarse** *vp* se parler; **no ~se con alguien** ne pas se parler; **hace un año que no se hablan** ils ne se parlent plus depuis un an.

habrá *etc* → **haber**.

hacendado, da *m, f* propriétaire *m* terrien.

hacer ◇ *vt* **-1.** [gen] faire; **hizo un vestido/pastel** elle a fait une robe/un gâteau; ~ **planes** faire des projets; ~ **un crucigrama/una fotocopia** faire des mots croisés/une photocopie; **el árbol hace sombra** l'arbre fait de l'ombre; **le hice señas** je lui ai fait des signes; **no hagas ruido/el tonto** ne fais pas de bruit/l'idiot; **debes ~ deporte** tu dois faire du sport; **he hecho la cama** j'ai fait le lit; **me hizo daño/reír** il m'a fait mal/rire; **hizo de ella una buena cantante** il a fait d'elle une bonne chanteuse; **voy a ~ teñir este traje** je vais faire teindre cette robe. **-2.** [dar aspecto] : **este espejo te hace gordo** cette glace te grossit; **este peinado la hace más joven** cette coiffure la rajeunit. **-3.** [convertir] rendre; **te hará feliz** il te rendra heureuse. **-4.** [representar] : ~ **el papel de** jouer le rôle de. **-5.** [suponer] croire; **yo te hacía en París** je te croyais à Paris. ◇ *vi* **-1.** [intervenir] faire; **déjame ~ a mí** laisse-moi faire. **-2.** [actuar] : ~ **de** CIN & TEATR jouer le rôle de; [reemplazar] faire office de. **-3.** [aparentar] : ~ **como si** ○ **como que** faire comme si; **hace como si no nos viera** il fait comme s'il ne nous voyait pas; **hace como que no entiende** il fait semblant de ne pas comprendre. **-4.** *loc* : **¿hace?** *fam* d'accord?; **vamos al cine ¿te hace?** on va au cinéma, ça te dit? ◇ *v impers* **-1.** [tiempo meteorológico] faire; **hace frío** il fait froid; **hace buen tiempo** il fait beau. **-2.** [tiempo transcurrido] : **hace una semana** il y a une semaine; **hace mucho** il y a longtemps; **mañana hará un mes que estoy aquí** demain ça fera un mois que je suis ici. ◆ **hacerse** *vp* **-1.** [guisarse, cocerse] cuire. **-2.** [convertirse] devenir; **se hizo monja** elle est devenue bonne sœur; **se hizo rico** il est devenu riche; ~**se viejo** se faire vieux. **-3.**

[resultar] : **se está haciendo tarde** il se fait tard. **-4.** [imaginar] se faire; **no te hagas ilusiones** ne te fais pas d'illusions. **-5.** [simular] : **se hace el gracioso** il fait le malin; **se hace la atrevida** elle joue les courageuses; **se hace el distraído para no saludar** il fait celui qui ne nous a pas vus pour ne pas nous dire bonjour. **-6.** [obligar a] : **le gusta ~se (de) rogar** elle aime se faire prier. **-7.** [creer] : **se me hace que...** il me semble que..., je crois que... **-8.** [conseguir] : ~**se con algo** [ganar] obtenir qqch.

hacha *f (el)* hache *f*; **ser un ~** *fam fig* être un as.

hachís, haschich, hash *m* haschisch *m*.

hacia *prep* vers; ~ **abajo/arriba** vers le bas/le haut; ~ **aquí/allí** par ici/là; ~ **atrás/adelante** en arrière/avant; ~ **las diez** vers dix heures.

hacienda *f* **-1.** [finca] exploitation *f* agricole. **-2.** [bienes] fortune *f*; ~ **pública** Trésor *m* public.

hada *f (el)* fée *f*.

haga *etc* → **hacer**.

Haití Haïti.

hala *interj* : **¡~!** [para animar] allez!; [para expresar incredulidad] allons donc!; [para expresar sorpresa] ça alors!

halagador, ra *adj & m, f* flatteur(euse).

halagar *vt* flatter.

halago *m* flatterie *f*.

halagüeño, ña *adj* [noticia, perspectiva] encourageant(e).

halcón *m* **-1.** ZOOL faucon *m*. **-2.** (*gen pl*) *Amer fam* mercenaire *m*.

hale *interj* : **¡~!** allez!

hálito *m lit & fig* souffle *m*.

hall (*pl* **halls**) *m* hall *m*.

hallar *vt* trouver. ◆ **hallarse** *vp* se trouver; **se halla enfermo/en reunión** il est malade/en réunion.

hallazgo *m* trouvaille *f*; [descubrimiento] découverte *f*.

halo *m* **-1.** [de astros, objetos etc] halo *m*. **-2.** [de santos] auréole *f*. **-3.** *fig* [fama] auréole *f*, aura *f*.

halógeno, na *adj* QUÍM halogène.

halterofilia *f* haltérophilie *f*.

hamaca *f* **-1.** [para colgar] hamac *m*. **-2.** [tumbona] chaise *f* longue.

hambre *f* faim *f*; **tener ~** avoir faim; **matar el ~** calmer sa faim.

hambriento, ta *adj* affamé(e).

hamburguesa *f* hamburger *m*.
hamburguesería *f* fast-food *m*.
hampa *f* : el ∼ le milieu *(la pègre)*.
hámster *(pl* **hámsters)** *m* hamster *m*.
hándicap *(pl* **hándicaps)** *m* handicap *m*.
hangar *m* hangar *m*.
hará *etc* → hacer.
harapiento, ta *adj* en haillons.
harapo *m* haillon *m*.
hardware *m* INFORM matériel *m*.
harén *m* harem *m*.
harina *f* farine *f*.
harinoso, sa *adj* farineux(euse).
harmonía = armonía.
hartar *vt* **-1.** [atiborrar] gaver. **-2.** *fam* [fastidiar] fatiguer. ◆ **hartarse** *vp* **-1.** [atiborrarrse] se gaver. **-2.** *fam* [cansarse] en avoir marre. **-3.** [excederse] : ∼se de hacer algo faire qqch du matin au soir.
harto, ta *adj* **-1.** [de comida] repu(e). **-2.** *fam* [cansado] fatigué(e); **estar** ∼ **de** en avoir marre de. ◆ **harto** *adv* on ne peut plus; **es** ∼ **evidente** c'est on ne peut plus évident.
hartón *m* indigestion *f*; **darse un** ∼ **de llorar** pleurer toutes les larmes de son corps.
haschich = hachís.
hash = hachís.
hasta ◇ *prep* jusqu'à; **desde aquí** ∼ **allí** d'ici jusque-là; ∼ **ahora** à tout de suite; ∼ **la vista** au revoir; ∼ **luego** à tout à l'heure, à plus tard; [adiós] au revoir; ∼ **mañana** à demain; ∼ **otra** à la prochaine; ∼ **pronto** à bientôt. ◇ *adv* même. ◆ **hasta que** *loc conj* jusqu'à ce que.
hastiar *vt* lasser, excéder. ◆ **hastiarse** *vp* : ∼se de se lasser de.
hastío *m* lassitude *f*; [por la comida] dégoût *m*.
hatajo *m* : ∼ **(de)** ramassis *m* (de).
hatillo *m* balluchon *m*.
haya ◇ *v* → haber. ◇ *f* hêtre *m*.
haz ◇ *v* → hacer. ◇ *m* faisceau *m*; [de mieses] gerbe *f*; [de leña] fagot *m*; [de paja, heno] botte *f*; ∼ **de rayos luminosos** faisceau lumineux.
hazaña *f* exploit *m*.
hazmerreír *m* risée *f*.
HB *(abrev de* **Herri Batasuna)** *f parti indépendantiste basque.*
he → haber.
hebilla *f* boucle *f (de ceinture, de chaussure).*

hebra *f* **-1.** [hilo, tabaco] brin *m*; **de** ∼ [tabaco] à rouler. **-2.** [de hortalizas] fil *m*.
hebreo, a ◇ *adj* hébreu(hébraïque). ◇ *m, f* israélite *mf*. ◆ **hebreo** *m* [lengua] hébreu *m*.
hechicero, ra ◇ *adj* ensorcelant(e) , envoûtant(e). ◇ *m, f* sorcier *m*, -ère *f*.
hechizar *vt* *lit & fig* envoûter.
hechizo *m* *lit & fig* envoûtement *m*.
hecho, cha ◇ *pp irreg* → hacer. ◇ *adj* **-1.** [gen] fait(e); **es un trabajo mal** ∼ c'est un travail mal fait; **está muy bien hecha** *fam* elle est très bien faite; **está** ∼ **todo un padrazo** c'est le père idéal; **ya es un hombre** ∼ **y derecho** il est devenu un homme. **-2.** [comida] cuit(e); **el pastel está muy** ∼ le gâteau est trop cuit; **un filete bien/muy/poco** ∼ un steak à point/bien cuit/saignant. ◆ **hecho** *m* fait *m* . ◆ **de hecho** *loc adv* de fait.
hechura *f* façon *f (forme)*.
hectárea *f* hectare *m*.
heder *vi* [oler mal] empester.
hedor *m* puanteur *f*.
hegemonía *f* hégémonie *f*.
hegemónico, ca *adj* hégémonique.
helada *f* → helado.
heladería *f* magasin *m* de glaces; **lo compré en la** ∼ je l'ai acheté chez le glacier.
helado, da *adj* **-1.** [gen] gelé(e); [postre] glacé(e). **-2.** *fig* [asombrado] : **quedarse** ∼ avoir un choc. ◆ **helado** *m* glace *f*. ◆ **helada** *f* gelée *f*.
helar ◇ *vt* **-1.** [convertir en hielo] geler. **-2.** *fig* [dejar atónito] glacer. ◇ *v impers* geler; **ayer por la noche heló** il a gelé cette nuit. ◆ **helarse** *vp* geler; **se han helado las plantas** les plantes ont gelé; **¡me estoy helando!** je gèle!
helecho *m* fougère *f*.
hélice *f* hélice *f*.
helicóptero *m* hélicoptère *m*.
helio *m* hélium *m*.
helipuerto *m* héliport *m*.
Helsinki Helsinki.
helvético, ca ◇ *adj* helvétique. ◇ *m, f* Helvète *mf*.
hematoma *m* hématome *m*.
hembra *f* **-1.** [animal] femelle *f*. **-2.** [mujer] femme *f*; [niña] fille *f*. **-3.** ELECTR prise *f* femelle.
hemeroteca *f* bibliothèque *f* de périodiques.
hemiciclo *m* hémicycle *m*.

hemisferio *m* hémisphère *m*.

hemofilia *f* hémophilie *f*.

hemorragia *f* hémorragie *f*; ~ **nasal** saignement *m* de nez.

hemorroides *fpl* hémorroïdes *fpl*.

henchir *vt* remplir; ~ **el pecho de aire** remplir ses poumons d'air.

hender, hendir *vt* fendre.

hendidura *f* fente *f*.

hendir = hender.

heno *m* foin *m*.

hepatitis *f* hépatite *f*.

heptágono *m* heptagone *m*.

herbicida *m* désherbant *m*.

herbívoro, ra ◇ *adj* herbivore. ◇ *m, f* herbivore *m*.

herbolario, ria *m, f* herboriste *mf*. ◆ **herbolario** *m* herboristerie *f*.

herboristería *f* herboristerie *f*.

hercio, hertz *m* hertz *m*.

heredar *vt* hériter; **heredó un piso** il a hérité d'un appartement; **heredó una casa de su padre** il a hérité une maison de son père; **ha heredado la nariz de su madre** il a hérité du nez de sa mère.

heredero, ra ◇ *adj* : **el príncipe** ~ le prince héritier. ◇ *m, f* héritier *m*, -ère *f*.

hereditario, ria *adj* héréditaire.

hereje *mf* **-1.** RELIG hérétique *mf*. **-2.** *fig* [malhablado] blasphémateur *m*, -trice *f*.

herejía *f* [doctrina, postura] hérésie *f*.

herencia *f* héritage *m*.

herido, da *adj & m, f* blessé(e). ◆ **herida** *f lit & fig* blessure *f*.

herir *vt lit & fig* blesser.

hermafrodita *adj & mf* hermaphrodite.

hermanado, da *adj* [personas] proche; [ciudades] jumelé(e).

hermanar *vt* **-1.** [esfuerzos] conjuguer. **-2.** [personas] rapprocher. **-3.** [ciudades] jumeler. ◆ **hermanarse** *vp* **-1.** [ciudades] être jumelé(e). **-2.** [ideas, tendencias etc] s'associer.

hermanastro, tra *m, f* demi-frère *m*, demi-sœur *f*.

hermandad *f* **-1.** [asociación] amicale *f*; [RELIG – de hombres] confrérie *f*; [– de mujeres] communauté *f*. **-2.** [amistad] fraternité *f*.

hermano, na ◇ *adj* frère *m*, sœur *f*. ◇ *m, f* frère *m*, sœur *f*.

hermético, ca *adj lit & fig* hermétique.

hermoso, sa *adj* beau(belle).

hermosura *f* beauté *f*.

hernia *f* hernie *f*.

herniarse *vp* **-1.** MED développer une hernie. **-2.** *fam* [esforzarse] : **se hernia a trabajar** il se tue au travail.

héroe *m* héros *m*.

heroico, ca *adj* héroïque.

heroína *f* héroïne *f*.

heroinómano, na *m, f* héroïnomane *mf*.

heroísmo *m* héroïsme *m*.

herpes *m* herpès *m*.

herradura *f* fer *m* à cheval.

herramienta *f* outil *m*.

herrería *f* **-1.** [taller] forge *f*; **en la** ~ chez le forgeron. **-2.** [oficio] forgeage *m*.

herrero *m* forgeron *m*.

herrumbre *f* rouille *f*.

hertz = hercio.

hervidero *m* **-1.** [de sentimientos] bouillonnement *m*; **un** ~ **de intrigas** un foyer d'intrigues. **-2.** [de gente] fourmilière *f*.

hervir ◇ *vt* faire bouillir. ◇ *vi* **-1.** [gen] bouillir. **-2.** *fig* [lugar] : ~ **de** grouiller de.

hervor *m* ébullition *f*; **dar un** ~ **a algo** CULIN blanchir qqch.

heterodoxo *adj & mf* hétérodoxe.

heterogéneo, a *adj* hétérogène.

heterosexual *adj & mf* hétérosexuel(elle).

hexágono *m* hexagone *m*.

hez *f lit & fig* lie *f*. ◆ **heces** *fpl* [excrementos] selles *fpl*.

hibernal *adj* hivernal(e).

hibernar *vi* hiberner.

híbrido, da *adj* hybride. ◆ **híbrido** *m* hybride *m*.

hice *etc* → hacer.

hidalgo, ga ◇ *adj* noble. ◇ *m, f* hidalgo *m*.

hidratación *f* hydratation *f*.

hidratante ◇ *adj* hydratant(e). ◇ *m* produit *m* hydratant.

hidratar *vt* hydrater.

hidrato *m* QUÍM hydrate *m* .

hidráulico, ca *adj* hydraulique.

hidroavión *m* hydravion *m*.

hidroeléctrico, ca *adj* hydroélectrique.

hidrógeno *m* hydrogène *m*.

hidrografía *f* hydrographie *f*.

hidroplano *m* **-1.** [barco] hydroglisseur *m*. **-2.** [avión] hydravion *m*.

hidrostático, ca *adj* hydrostatique.

hiedra f lierre m.

hiel f fiel m.

hielo m glace f; [en carretera] verglas m; **romper el ~** fig rompre la glace.

hiena f hyène f.

hierático, ca adj hiératique.

hierba, yerba f herbe f; **este tipo es mala ~** ce type c'est de la mauvaise graine; **mala ~ nunca muere** mauvaise herbe croît toujours.

hierbabuena f menthe f.

hieroglífico = jeroglífico.

hierro m -1. [gen] fer m; **de ~** [salud, voluntad etc] de fer; **~ forjado** fer forgé. -2. [de puñal, cuchillo] lame f.

HI-FI (abrev de high fidelity) f hi-fi f.

hígado m ANAT foie m .

higiene f hygiène f .

higiénico, ca adj hygiénique.

higienizar vt rendre conforme aux règles d'hygiène.

higo m figue f; **~ chumbo** figue de Barbarie.

higuera f figuier m .

hijastro, tra m, f beau-fils m, belle-fille f (enfants d'un premier mariage).

hijo, ja m, f -1. [descendiente] fils m, fille f; **~ de papá** fam fils à papa. -2. [natural] enfant mf. -3. [vocativo] : **¡ay, hija, qué mala suerte!** ma pauvre, c'est vraiment pas de chance!; **¡pues ~, podrías haber avisado!** dis donc, tu aurais pu prévenir!; **~ mío** mon fils; **¡~ mío, qué tonto eres!** qu'est-ce que tu es bête mon pauvre! ◆ **hijo** m enfant m; **tiene dos ~s** elle a deux enfants. ◆ **hijo político** m gendre m. ◆ **hija política** f belle-fille f (bru).

hilacha f effilochure f.

hilada f rangée f.

hilar vt filer.

hilaridad f hilarité f.

hilatura f filature f.

hilera f rangée f .

hilo m -1. [gen] fil m. -2. fig [de agua, sangre etc] filet m; **~ de voz** filet de voix. -3. loc : **colgar** o **pender de un ~** ne tenir qu'à un fil; **mover los ~s** tirer les ficelles; **perder/seguir el ~** perdre/suivre le fil. ◆ **hilo musical** m fond m musical.

hilván m faufil m.

hilvanar vt -1. [ropa] faufiler. -2. fig [ideas] relier. -3. fig [discurso] improviser.

himen m ANAT hymen m.

himno m hymne m.

hincapié m : **hacer ~ en** mettre l'accent sur.

hincar vt planter.

hincha ◇ mf DEP supporter m. ◇ f : **tener ~ a alguien** prendre qqn en grippe.

hinchado, da adj [de aire] gonflé(e); [inflamado] enflé(e); **~ de orgullo** gonflé d'orgueil.

hinchar vt -1. [inflar] gonfler. -2. [exagerar] grossir. ◆ **hincharse** vp -1. [aumentar de volumen] enfler. -2. fig [persona] : **~ de orgullo** se gonfler d'orgueil. -3. [excederse – en comida] se gaver; [– en trabajo etc] se tuer.

hinchazón f enflure f.

hindú (pl hindúes) ◇ adj -1. [de la India] indien(enne). -2. RELIG hindou(e). ◇ mf -1. [de la India] Indien m, -enne f. -2. RELIG hindou m, -e f .

hinduismo m RELIG hindouisme m.

hinojo m fenouil m.

hipar vi hoqueter.

hiper m fam hypermarché m.

hiperactividad f hyperactivité f.

hipérbaton (pl hipérbatos o hiperbatones) m LITER hyperbate f.

hipérbola f GEOM hyperbole f.

hipermercado m hypermarché m.

hípico, ca adj hippique. ◆ **hípica** f hippisme m.

hipnosis f hypnose f.

hipnótico, ca adj hypnotique.

hipnotismo m hypnotisme m.

hipnotizador, ra ◇ adj -1. [de hipnosis] hypnotique. -2. fig [fascinador] envoûtant(e). ◇ m, f hypnotiseur m, -euse f.

hipnotizar vt lit & fig hypnotiser.

hipo m hoquet m; **quitar el ~** fig couper le souffle.

hipocondriaco, ca adj & m, f hypocondriaque.

hipocresía f hypocrisie f.

hipócrita adj & mf hypocrite.

hipodérmico, ca adj hypodermique.

hipodermis f hypoderme m.

hipódromo m hippodrome m.

hipopótamo m hippopotame m.

hipoteca f hypothèque f .

hipotecar vt lit & fig hypothéquer.

hipotecario, ria adj hypothécaire.

hipotenusa f GEOM hypoténuse f.

hipótesis f hypothèse f.

hipotético, ca adj hypothétique.

hippy (*pl* **hippys**), **hippie** (*pl* **hippies**) *adj* & *mf* hippie.

hiriente *adj* blessant(e).

hirsuto, ta *adj* **-1.** [cabello] hirsute. **-2.** *fig* [persona] revêche.

hispánico, ca ◇ *adj* hispanique. ◇ *m, f* Espagnol *m*, -e *f*.

hispanidad *f* [cultura] hispanité *f*; [pueblos] monde *m* hispanique.

hispanismo *m* **-1.** [palabra] hispanisme *m*. **-2.** [estudio] *étude de la culture espagnole*.

hispanizar *vt* : ~ **a los indígenas** *transmettre la langue, la culture et les coutumes espagnoles aux indigènes*.

hispano, na ◇ *adj* **-1.** [de la lengua] espagnol(e). **-2.** [en Estados Unidos] latino, hispanique. ◇ *m, f* [en Estados Unidos] Latino *mf*, Hispanique *mf*.

Hispanoamérica Amérique *f* latine.

hispanoamericanismo *m* hispano-américanisme *m*.

hispanoamericano, na ◇ *adj* hispano-américain(e). ◇ *m, f* Hispano-Américain *m*, -e *f*.

hispanófono, na *adj* & *m, f* hispanophone.

hispanohablante *adj* & *mf* hispanophone.

histeria *f* hystérie *f*.

histérico, ca *adj* & *m, f* hystérique.

histerismo *m* hystérie *f*.

historia *f* histoire *f*; ~ **del arte** histoire de l'art; **dejarse de** ~**s** arrêter de raconter des histoires; **pasar algo a la** ~ entrer dans l'histoire; **pasar alguien a la** ~ laisser son nom dans l'histoire.

historiador, ra *m, f* historien *m*, -enne *f*.

historial *m* **-1.** [gen] parcours *m*; ~ **médico** ○ **clínico** dossier *m* médical; ~ **profesional** expérience *f* professionnelle. **-2.** DEP palmarès *m*.

histórico, ca *adj* **-1.** [gen] historique. **-2.** [verdadero] véridique.

historieta *f* **-1.** [chiste] histoire *f* drôle. **-2.** [cómic] bande *f* dessinée.

hit (*pl* **hits**) *m* tube *m*.

hitleriano, na *adj* & *m, f* hitlérien(enne).

hito *m* **-1.** [mojón] borne *f*. **-2.** *fig* [hecho importante] événement *m* marquant. **-3.** *loc* : **mirar de** ~ **en** ~ regarder fixement.

hizo → **hacer**.

hl (*abrev de* **hectolitro**) hl.

hmnos. *abrev de* **hermanos**.

hobby (*pl* **hobbys** ○ **hobbies**) *m* hobby *m*.

hocico *m* **-1.** [gen] museau *m*; [de puerco, de jabalí] groin *m*. **-2.** *despec* [de persona] gueule *f*; **romper los** ~**s a alguien** casser la gueule à qqn; **te vas a romper el** ○ **los** ~(**s**) tu vas te casser la gueule.

hockey *m* DEP hockey *m*; ~ **sobre hielo/ hierba/patines** hockey sur glace/gazon/ patins.

hogar *m* foyer *m*.

hogareño, ña *adj* casanier(ère).

hogaza *f* miche *f*.

hoguera *f* bûcher *m*; [de fiesta] feu *m* de joie.

hoja *f* **-1.** [de plantas, papel] feuille *f*. **-2.** [de metal] lame *f*; ~ **de afeitar** lame de rasoir. **-3.** [de puerta, ventana] battant *m*. ◆ **hoja de cálculo** *f* INFORM feuille *f* de calcul, tableur *m*.

hojalata *f* fer-blanc *m*.

hojaldre *m* CULIN pâte *f* feuilletée.

hojarasca *f* **-1.** [hojas secas] feuilles *fpl* mortes. **-2.** [frondosidad] feuillage *m* épais.

hojear *vt* jeter un coup d'œil à; [libro] feuilleter.

hola *interj* : ¡~! bonjour! *fam* salut!

Holanda Hollande *f*.

holandés, sa ◇ *adj* hollandais(e). ◇ *m, f* Hollandais *m*, -e *f*. ◆ **holandés** *m* [lengua] hollandais *m*. ◆ **holandesa** *f* [papel] hollande *m*.

holding *m* holding *m* o *f*.

holgado, da *adj* **-1.** [ancho] ample. **-2.** [situación económica] aisé(e); [victoria] facile.

holgar *vi* être inutile; **huelga decir que...** inutile de dire que...

holgazán, na *adj* & *m, f* fainéant(e).

holgazanear *vi* traîner *(paresser)*.

holgura *f* **-1.** [anchura] ampleur *f*; [distancia] espace *m*. **-2.** [entre piezas] jeu *m*. **-3.** [bienestar] aisance *f*.

hollar *vt* fouler.

hollín *m* suie *f*.

holocausto *m* holocauste *m*.

hombre ◇ *m* homme *m*; **el** ~ **de la calle** ○ **de a pie** l'homme de la rue; **el** ~ **del saco** *fam* le croque-mitaine *m*; **buen** ~ brave homme; ~ **de mundo** homme du monde; ~ **de palabra** homme de parole; **pobre** ~ pauvre homme; **de** ~ **a** ~ d'homme à homme.
◇ *interj* : ¡~! [sorpresa] tiens!; [admiración] ça alors!; [evidencia] et comment!; **ven**

aquí ~, **no llores** viens ici, va, ne pleure pas. ◆ **hombre orquesta** m homme-orchestre m. ◆ **hombre rana** m homme-grenouille m.

hombrear vi jouer les hommes mûrs.

hombrera f épaulette f.

hombría f virilité f.

hombro m épaule f; **a ~s** sur les épaules; **encogerse de ~s** hausser les épaules; **arrimar el ~** fig donner un coup de main.

hombruno, na adj hommasse.

homenaje m hommage m; **en ~ a** en hommage à; **rendir ~ a alguien** rendre hommage à qqn.

homenajeado, da ◇ adj honoré(e). ◇ m, f personne f à laquelle il est rendu hommage.

homenajear vt honorer.

homeopatía f homéopathie f.

homicida adj & mf meurtrier(ère).

homicidio m homicide m.

homilía f homélie f.

homogéneo, a adj homogène.

homologar vt **-1.** [autorizar & DEP] homologuer. **-2.** [equiparar] : ~ **con** aligner sur.

homólogo, ga adj & m, f homologue.

homónimo, ma homonyme. ◆ **homónimo** m GRAM homonyme m.

homosexual adj & mf homosexuel(elle).

homosexualidad f homosexualité f.

hondo, da adj profond(e); **en lo más ~ de** au plus profond de. ◆ **honda** f fronde f.

hondonada f dépression f (du terrain).

hondura f profondeur f.

Honduras Honduras m.

hondureño, ña ◇ adj hondurien(enne). ◇ m, f Hondurien m, -enne f.

honestidad f honnêteté f.

honesto, ta adj honnête.

Hong Kong Hongkong, Hong Kong.

hongo m **-1.** BIOL & MED champignon m. **-2.** [sombrero] chapeau m melon.

honor m honneur m; **en ~ a la verdad** pour être franc(franche); **hacer ~ a** faire honneur à. ◆ **honores** mpl [ceremonial] honneurs mpl.

honorabilidad f honorabilité f.

honorable adj honorable. ◆ **Honorable** adj : **el Honorable Alcalde** monsieur le maire.

honorar vt honorer.

honorario, ria adj honoraire. ◆ **honorarios** mpl honoraires mpl.

honorífico, ca adj honorifique.

honra f honneur m; **tener a mucha ~ algo** se flatter de qqch; **¡claro que soy ecologista, y a mucha ~!** bien sûr que je suis écologiste, et fier de l'être! ◆ **honras fúnebres** fpl honneurs mpl funèbres o suprêmes.

honradez f honnêteté f.

honrado, da adj honnête.

honrar vt : ~ **(con)** honorer (de). ◆ **honrarse** vp : ~**se (con o de o en)** s'honorer (de).

honroso, sa adj honorable.

hora f **-1.** [gen] heure f; **a la ~** à l'heure; **a primera ~** à la première heure; **a primera/última ~ de** en début/fin de; **a última ~** au dernier moment; **dar la ~** sonner l'heure; **de última ~** de dernière heure; [noticia, información] de dernière minute; **en su ~** le moment venu; **¿éstas son ~s de llegar?** c'est à cette heure-ci qu'on rentre?; **trabajar/pagar por ~s** travailler/payer à l'heure; **¿qué ~ es?** quelle heure est-il?; **¡ya era ~!** il était temps!; ~ **oficial** heure légale; ~ **punta** heure de pointe; ~**s de oficina/de trabajo** heures de bureau/de travail; ~**s de visita** heures de consultation; ~**s extraordinarias** heures supplémentaires; **media ~** demi-heure f. **-2.** [cita] rendez-vous m; **dar/pedir ~** donner/prendre rendez-vous; **tener ~ en el dentista** avoir rendez-vous chez le dentiste. **-3.** [muerte] : **llegó su ~** son heure a sonné. **-4.** loc : **a buena ~ me lo dices/lo traes etc** c'est maintenant que tu me le dis/tu me l'apportes etc; **en mala ~ lo creí** mal m'en a pris de le croire; **la ~ de la verdad** la minute de vérité.

horario, ria adj horaire; **tener problemas ~s** avoir des problèmes d'horaire. ◆ **horario** m horaire m; [escolar] emploi m du temps; ~ **comercial** heures fpl d'ouverture; ~ **intensivo** journée f continue; ~ **laboral** horaire de travail.

horca f **-1.** [patíbulo] potence f. **-2.** AGR fourche f.

horcajadas ◆ **a horcajadas** loc adv à califourchon.

horchata f orgeat m.

horizontal adj horizontal(e).

horizonte m **-1.** [gen] horizon m. **-2.** (gen pl) [pensamiento] : **tener amplitud de ~s** avoir l'esprit ouvert.

horma f [molde] forme f; [utensilio] embauchoir m .

hormiga f fourmi f .

hormigón m béton m; ~ **armado** béton armé.

hormigonera f bétonnière f.

hormigueo m : **sentir** ~ **en** avoir des fourmis dans.

hormiguero ◇ adj → **oso**. ◇ m fourmilière f.

hormiguita f : **su mujer es una** ~ sa femme est une vraie petite fourmi.

hormona f hormone f.

hornada f fournée f.

hornear vt enfourner.

hornillo m réchaud m; [de laboratorio] fourneau m.

horno m four m; **alto** ~ haut-fourneau m; ~ **eléctrico/microondas** four électrique/ à micro-ondes.

horóscopo m -1. [signo] signe m (du zodiaque). -2. [predicción] horoscope m.

horquilla f -1. [para el pelo] épingle f à cheveux. -2. [de bicicleta etc] fourche f.

horrendo, da adj -1. [espantoso] horrible. -2. fam [muy malo, feo] atroce.

hórreo m silo en bois sur pilotis en Galice et dans les Asturies.

horrible adj horrible.

horripilante adj -1. fam [muy malo, feo] atroce. -2. [espeluznante] terrifiant(e).

horripilar vt terrifier.

horror m : **los** ~**es de la guerra** les horreurs de la guerre. ◆ **horrores** adv fam **me gusta** ~**es el chocolate** j'adore le chocolat.

horrorizado, da adj épouvanté(e).

horrorizar vt épouvanter. ◆ **horrorizarse** vp être épouvanté(e).

horroroso, sa adj -1. [gen] horrible. -2. fam [enorme] atroce.

hortaliza f légume m.

hortelano, na adj & m, f maraîcher(ère).

hortensia f hortensia m.

hortera adj & mf fam beauf.

horterada f fam ¡**es una** ~! c'est d'un beauf!

horticultor, ra m, f horticulteur m, -trice f.

hosco, ca adj -1. [persona] bourru(e). -2. [lugar] sauvage.

hospedar vtr héberger. ◆ **hospedarse** vp loger; [en un hotel] descendre; **se hospedó en el hotel Miramar** il est descendu à l'hôtel Miramar.

hospicio m [para niños] orphelinat m; [para pobres] foyer m d'accueil.

hospital m hôpital m.

hospitalario, ria adj hospitalier(ère).

hospitalidad f hospitalité f.

hospitalizar vt hospitaliser.

hosquedad f [de persona] air m bourru.

hostal m hôtel m.

hostelería f hôtellerie f.

hostia f -1. RELIG ostie f. -2. vulg [bofetada] : **dar una** ~ **a alguien** foutre son poing dans la gueule à qqn. -3. vulg [accidente] : **pegarse una** ~ se foutre en l'air. ◆ **hostia** interj vulg ¡~!, ¡~s! putain!

hostiar vt vulg ~ **a alguien** péter la gueule à qqn.

hostigar vt harceler.

hostil adj hostile.

hostilidad f hostilité f.

hotel m hôtel m.

hoy adv aujourd'hui; **de** ~ **en adelante** dorénavant; ~ **día**, ~ **en día**, ~ **por** ~ de nos jours.

hoyo m -1. [gen & DEP] trou m. -2. fam [sepultura] tombe f.

hoyuelo m fossette f.

hoz f faucille f .

huacal m Amer -1. [jaula] cage f. -2. [cajón] cageot m.

hubiera etc → **haber**.

hucha f tirelire f.

hueco, ca adj creux(euse); **una cabeza hueca** une tête vide. ◆ **hueco** m -1. [gen] creux m. -2. [espacio vacío] place f.

huelga f grève f; **declararse/estar en** ~ se mettre/être en grève; ~ **de hambre** grève de la faim; ~ **general** grève générale.

huelguista adj & mf gréviste.

huella f -1. [gen] trace f; ~ **digital** o **dactilar** empreinte f digitale. -2. fig [impresión profunda] marque f; **dejar** ~ marquer.

huérfano, na adj & m, f orphelin(e).

huerta f -1. [de verduras] plaine f maraîchère; [de árboles frutales] verger m. -2. [tierra de regadío] plaines maraîchères irriguées de Valence et de Murcie.

huerto m [de verduras] jardin m potager, potager m.

hueso *m* **-1.** [del cuerpo] os *m* . **-2.** [de fruta] noyau *m*. **-3.** *fam* [persona] peau *f* de vache. **-4.** *fam* [asignatura] bête *f* noire. **-5.** *Amer fam* [puesto] planque *f* dans l'Administration.

huésped, da *m, f* hôte *m*, hôtesse *f*; [de un hotel] client *m*, -e *f*.

huesudo, da *adj* osseux(euse).

hueva *f* œufs *mpl (de poisson)*.

huevada *f Amer vulg* connerie *f*.

huevo *m* **-1.** [gen & CULIN] œuf *m*; ~ **a la copa** ○ **tibio** *Amer* œuf à la coque; ~ **duro/frito** œuf dur/sur le plat; ~ **pasado por agua** œuf à la coque; ~**s al plato** *œufs sur le plat accompagnés de chorizo*; ~**s revueltos** œufs brouillés. **-2.** *(gen pl) vulg* [testículos] couilles *fpl*; **¡y un ~!** mon cul!

huevón, huevona *m, f Amer vulg* flemmard *m*, -e *f*. ◆ **huevón** *m Amer vulg* connard *m*.

huida *f* fuite *f*; [de preso] évasion *f*.

huidizo, za *adj* fuyant(e); [animal] farouche.

huir ◇ *vi* **-1.** [escapar] s'enfuir. **-2.** [evitar] fuir; ~ **de algo/alguien** fuir qqch/qqn. ◇ *vt* fuir.

hule *m* toile *f* cirée.

humanidad *f* humanité *f*. ◆ **humanidades** *fpl* sciences *fpl* humaines.

humanismo *m* humanisme *m*.

humanitario, ria *adj* humanitaire.

humanizar *vt* humaniser. ◆ **humanizarse** *vp* s'humaniser.

humano, na *adj* humain(e). ◆ **humano** *m (gen pl)* homme *m*.

humareda *f* nuage *m* de fumée.

humear *vi* fumer.

humedad *f* humidité *f*.

humedecer *vt* humecter. ◆ **humedecerse** *vp* s'humecter.

húmedo, da *adj* humide.

humidificar *vt* humidifier.

humildad *f* humilité *f*.

humilde *adj* humble.

humillación *f* humiliation *f*.

humillado, da *adj* humilié(e).

humillante *adj* humiliant(e).

humillar *vt* humilier. ◆ **humillarse** *vp* s'humilier.

humo *m* fumée *f*. ◆ **humos** *mpl fig* : **tener (unos) ~s** prendre de grands airs; **se le han subido los ~s** ça lui est monté à la tête.

humor *m* **-1.** [gen & ANAT] humeur *f*; **buen/mal** ~ bonne/mauvaise humeur. **-2.** [gracia] humour *m*; **un programa de** ~ une émission humoristique; ~ **negro** humour noir.

humorismo *m* humour *m*; **el mundo del** ~ le monde des comiques.

humorista *mf* comique *m*.

humorístico, ca *adj* humoristique.

hundimiento *m* **-1.** [naufragio] naufrage *m*. **-2.** [ruina] effondrement *m*.

hundir *vt* **-1.** [gen] plonger; [barco] couler; [garras, uñas] planter. **-2.** [terreno] provoquer l'effondrement de. **-3.** *fig* [persona] anéantir. ◆ **hundirse** *vp* **-1.** [objeto] couler; [submarino] plonger. **-2.** [techo, persona] s'effondrer.

Hungría Hongrie *f*.

huracán *m* ouragan *m*.

huraño, ña *adj* farouche.

hurgar *vi* fouiller. ◆ **hurgarse** *vp* : ~**se la nariz** se mettre les doigts dans le nez.

hurón *m* **-1.** [animal] furet *m*. **-2.** *fig* [persona] ours *m*.

hurra *interj* : **¡~!** hourra!

hurtadillas ◆ **a hurtadillas** *loc adv* en cachette.

hurtar *vt* dérober.

hurto *m* larcin *m*.

husmear ◇ *vt* [olfatear] flairer. ◇ *vi* [curiosear] fureter.

huso *m* fuseau *m*.

huy *interj* : **¡~!** [dolor] aïe!; [sorpresa] oh là là!

I

i, I *f* [letra] i *m inv*, I *m inv*.

IAE *(abrev de* **Impuesto sobre Actividades Económicas)** *m impôt des travailleurs indépendants en Espagne*.

iba → **ir**.

ibérico, ca *adj* ibérique.

íbero, ra ◇ *adj* ibère. ◇ *m, f* [habitante] Ibère *mf*. ◆ **íbero, ibero** *m* [lengua] ibère *m*.

iberoamericano, na ◇ *adj* latino-américain(e). ◇ *m, f* Latino-Américain *m, -e f.*

Ibiza Ibiza.

IC (*abrev de* **Iniciativa per Catalunya**) *f parti politique catalan.*

iceberg (*pl* **icebergs**) *m* iceberg *m.*

Icona (*abrev de* **Instituto Nacional para la Conservación de la Naturaleza**) *m organisme espagnol pour la défense de la nature,* ≈ SNPN.

icono *m* icône *f.*

iconoclasta *adj & mf* iconoclaste.

id → **ir.**

ida *f* aller *m;* **un billete de** ~ **y vuelta** un billet aller-retour.

idea *f* **-1.** [gen] idée *f;* ~ **fija** idée fixe. **-2.** [propósito, plan] intention *f;* **cambiar de** ~ changer d'avis; **con la** ~ **de** avec l'intention de. **-3.** [conocimiento] notion *f;* **no tener ni** ~ **de algo** [suceso] ne pas avoir la moindre idée de qqch; [asignatura, tema] ne rien connaître en qqch.

ideal ◇ *adj* idéal(e). ◇ *m* idéal *m.* ◆ **ideales** *mpl* idéaux *mpl.*

idealista *adj & mf* idéaliste.

idealizar *vt* idéaliser.

idear *vt* concevoir.

ideario *m* idéologie *f.*

ídem *pron* idem; ~ **de** ~ *fam* kif kif.

idéntico, ca *adj* identique; ~ **a** identique à.

identidad *f* identité *f.*

identificación *f* identification *f.*

identificar *vt* [reconocer] identifier. ◆ **identificarse** *vp* : ~**se (con)** [personaje] s'identifier (avec).

ideología *f* idéologie *f.*

ideólogo, ga *m, f* idéologue *mf.*

idílico, ca *adj* idyllique.

idilio *m* idylle *f.*

idioma *m* langue *f.*

idiosincrasia *f* idiosyncrasie *f.*

idiota *adj & mf* idiot(e).

idiotez *f* idiotie *f.*

ido, ida *adj* [loco] fou(folle); [abstraído] distrait(e).

idolatrar *vt* idolâtrer.

ídolo *m* idole *f.*

idóneo, a *adj* [persona] indiqué(e); [palabra, respuesta] juste.

iglesia *f* église *f.* ◆ **Iglesia** *f* : **la Iglesia** l'Église *f.*

iglú (*pl* **iglúes**) *m* igloo *m.*

ignorancia *f* ignorance *f.*

ignorante *adj & mf* ignorant(e).

ignorar *vt* ignorer.

igual ◇ *adj* **-1.** [idéntico, parecido] pareil(eille); **dos libros** ~**es** deux livres pareils; **llevan jerseys** ~**es** ils portent le même pull; ~ **que** le même que; **mi lápiz es** ~ **que el tuyo** j'ai le même crayon que toi; **su hija es** ~ **que ella** sa fille est comme elle. **-2.** [liso, constante] égal(e). **-3.** MAT : **A más B es** ~ **a C** A plus B égale C. ◇ *mf* égal *m, -e f;* **sin** ~ sans égal(e). ◇ *adv* **-1.** [de la misma manera] de la même façon; **al** ~ **que** de la même façon que; **por** ~ de la même façon; **repartió el dinero por** ~ il a distribué l'argent à parts égales. **-2.** [posiblemente] peut-être; ~ **viene** il viendra peut-être. **-3.** *loc* : **me da** ~ **salir o quedarme** ça m'est égal de sortir ou de rester là; **es** ~ **a la hora que vengas** tu peux venir à l'heure que tu veux.

igualado, da *adj* : **estar** ~ être à égalité; **están muy** ~**s** ils sont quasiment à égalité.

igualar ◇ *vt* **-1.** [sueldos, terreno etc] égaliser; ~ **algo/a alguien a** ○ **con** mettre qqch/qqn sur le même plan que. **-2.** [persona] : ~ **a alguien en** égaler qqn en; **nadie le iguala en generosidad** personne n'est aussi généreux que lui. ◇ *vt* DEP égaliser. ◆ **igualarse** *vp* **-1.** [gen] être égal(e). **-2.** [a otra persona] : ~**se a** ○ **con alguien** se comparer à qqn.

igualdad *f* égalité *f;* **en** ~ **de condiciones** à conditions égales; ~ **de oportunidades** égalité des chances.

igualitario, ria *adj* égalitaire.

igualmente *adv* **-1.** [también] également. **-2.** [fórmula de cortesía] : **recuerdos a tus padres – gracias,** ~ mon bon souvenir à tes parents – merci, pareillement; **¡que te diviertas mucho! –** ~ amuse-toi bien! – toi aussi.

iguana *f* iguane *m.*

ikurriña *f* drapeau officiel du Pays basque.

ilegal *adj* illégal(e).

ilegible *adj* illisible.

ilegítimo, ma *adj* illégitime.

ileso, sa *adj* indemne; **el conductor salió** ○ **resultó** ~ le conducteur est sorti indemne de l'accident.

ilícito, ta *adj* illicite.

ilimitado, da *adj* illimité(e).

iluminación *f* -1. [gen] éclairage *m*; **esta calle tiene poca** ~ cette rue est peu éclairée; [en fiestas] illuminations *fpl*. -2. RELIG illumination *f*.

iluminar *vt* illuminer; [dar luz] éclairer. ◆ **iluminarse** *vp* [calle] être éclairé(e); [monumento] être illuminé(e); [rostro, mirada etc] s'illuminer.

ilusión *f* -1. [gen] illusion *f*; **hacerse** o **forjarse ilusiones** se faire des illusions; ~ **óptica** illusion d'optique. -2. [confianza] espoir *m*. -3. [emoción] joie *f*; **¡qué ~ verte!** quel plaisir de te voir!; **me hace (mucha)** ~ **que vengas** ça me fait (très) plaisir que tu viennes.

ilusionar *vt* -1. [esperanzar] : ~ **a alguien** donner de faux espoirs à qqn. -2. [emocionar] ravir; **me ilusiona verte** je suis ravi(e) de te voir. ◆ **ilusionarse** *vp* -1. [esperanzarse] : ~**se (con)** se faire des illusions (sur). -2. [emocionarse] : ~**se (con)** se réjouir (de).

ilusionista *mf* illusionniste *mf*.

iluso, sa *adj & m, f* naïf(ïve).

ilusorio, ria *adj* illusoire.

ilustración *f* -1. [estampa] illustration *f*. -2. [cultura] instruction *f*.

ilustrado, da *adj* -1. [publicación] illustré(e). -2. [persona] instruit(e). -3. HIST éclairé(e).

ilustrador, ra *m, f* illustrateur *m*, -trice *f*.

ilustrar *vt* -1. [gen] illustrer. -2. [educar] instruire.

ilustrativo, va *adj* illustratif(ive).

ilustre *adj* -1. [gen] illustre. -2. [título] : **el** ~ **señor alcalde** monsieur le maire.

imagen *f* image *f*; **ser la viva** ~ **de alguien** être tout le portrait de qqn.

imaginación *f* -1. [facultad] imagination *f*; **pasar por la** ~ **de alguien** venir à l'esprit o à l'idée de qqn. -2. (*gen pl*) [idea falsa] idées *fpl*; **son imaginaciones tuyas** tu te fais des idées.

imaginar *vt* imaginer. ◆ **imaginarse** *vp* s'imaginer.

imaginario, ria *adj* imaginaire.

imaginativo, va *adj* imaginatif(ive).

imán *m* -1. [para atraer] aimant *m*. -2. RELIG imam *m*.

imbécil *adj & mf* imbécile.

imbecilidad *f* imbécillité *f*.

imberbe *adj* imberbe.

imborrable *adj* *fig* ineffaçable, indélébile.

imbuir *vt* inculquer; ~ **a alguien ideas falsas** inculquer des idées fausses à qqn.

imitación *f* imitation *f*; [de obra literaria] plagiat *m*; **joya de** ~ bijou fantaisie; **piel de** ~ imitation cuir.

imitador, ra *m, f* imitateur *m*, -trice *f*; **es una imitadora de...** elle imite...

imitar *vt* imiter.

impaciencia *f* impatience *f*.

impacientar *vt* impatienter. ◆ **impacientarse** *vp* s'impatienter.

impaciente *adj* : ~ **(por hacer algo)** impatient(e) (de faire qqch).

impactar *vt* -1. [golpear] frapper. -2. *fig* [afectar] toucher.

impacto *m* impact *m*; [emocional] choc *m*.

impagado, da *adj* impayé(e). ◆ **impagado** *m* impayé *m*.

impar *adj* -1. MAT impair(e). -2. [sin igual] sans pareil(eille).

imparable *adj* imparable.

imparcial *adj* impartial(e).

imparcialidad *f* impartialité *f*.

impartir *vt* donner.

impase, impasse *m* impasse *f*.

impasible *adj* impassible.

impávido, da *adj* impavide.

impecable *adj* impeccable.

impedido, da ◇ *adj* infirme, impotent(e); **estar** ~ **de** avoir perdu l'usage de. ◇ *m, f* infirme *mf*, impotent *m*, -e *f*.

impedimento *m* empêchement *m*.

impedir *vt* -1. [imposibilitar] empêcher; ~ **a alguien hacer algo** empêcher qqn de faire qqch. -2. [dificultar] gêner.

impenetrable *adj* *lit & fig* impénétrable.

impensable *adj* impensable.

impepinable *adj* *fam* **ser** ~ être sûr(e) et certain(e).

imperante *adj* dominant(e).

imperar *vi* régner, dominer.

imperativo, va *adj* impératif(ive). ◆ **imperativo** *m* impératif *m*.

imperceptible *adj* imperceptible.

imperdible *m* épingle *f* à nourrice.

imperdonable *adj* impardonnable.

imperfección *f* imperfection *f*.

imperfecto, ta *adj* imparfait(e). ◆ **imperfecto** *m* GRAM imparfait *m*.

imperial *adj* impérial(e).

imperialismo *m* impérialisme *m*.

impericia *f* incompétence *f*.

imperio *m* **-1.** [gen] empire *m*. **-2.** [mandato] règne *m*.

imperioso, sa *adj* impérieux(euse).

impermeabilizar *vt* imperméabiliser.

impermeable *adj & m* imperméable.

impersonal *adj* impersonnel(elle).

impertinencia *f* impertinence *f*.

impertinente *adj & mf* impertinent(e). ◆ **impertinentes** *mpl* [anteojos] face-à-main *m*.

imperturbable *adj* imperturbable.

ímpetu *m* **-1.** [empuje] force *f*. **-2.** [energía] énergie *f*.

impetuoso, sa ◇ *adj* impétueux(euse). ◇ *m, f* impulsif *m*, -ive *f*.

impío, a *adj* impie.

implacable *adj* implacable.

implantar *vt* **-1.** [gen] implanter. **-2.** MED [prótesis] poser. ◆ **implantarse** *vp* s'implanter; [idea, democracia etc] être implanté(e).

implicación *f* implication *f*.

implicar *vt* impliquer. ◆ **implicarse** *vp* : ~se en intervenir dans, se mêler de.

implícito, ta *adj* implicite.

implorar *vt* implorer.

imponente *adj* [edificio, montaña etc] imposant(e); [obra, espectáculo] impressionnant(e); ¡estás ~ con ese abrigo! tu es superbe dans ce manteau!

imponer ◇ *vt* imposer; ~ respeto/silencio imposer le respect/le silence. ◇ *vi* en imposer. ◆ **imponerse** *vp* s'imposer.

impopular *adj* impopulaire.

importación *f* importation *f*.

importador, ra *adj & m, f* importateur(trice).

importancia *f* importance *f*; **dar** ~ **a algo** accorder de l'importance à qqch; **quitar** ~ **a algo** relativiser; **darse** ~ *fig* faire l'important(e).

importante *adj* important(e).

importar ◇ *vt* **-1.** [gen & INFORM] importer. **-2.** [suj : factura] s'élever à; [suj : artículo, mercancía] valoir. ◇ *vi* **-1.** [preocupar] importer; **eso a ti no te importa** ça ne te regarde pas; **me importas mucho** tu comptes beaucoup pour moi; **no me importa** ça m'est égal; **nos importa saber...** il est important pour nous de savoir...; ¿y a ti qué te importa? qu'est-ce que ça peut te faire? **-2.** [en interrogación] ennuyer; ¿te importa que venga contigo? ça t'ennuie si je viens avec toi? ◇ *v*

impers avoir de l'importance; **no importa** ça ne fait rien; ¡qué importa si llueve! ça ne fait rien s'il pleut!

importe *m* [de factura etc] montant *m*; [de mercancía] prix *m*.

importunar ◇ *vt* importuner. ◇ *vi* être importun(e).

importuno, na = inoportuno.

imposibilidad *f* impossibilité *f*.

imposibilitado, da *adj* infirme; **estar** ~ **para hacer algo** être inapte à faire qqch.

imposibilitar *vt* : ~ **a alguien para hacer algo** empêcher qqn de faire qqch, mettre qqn dans l'impossibilité de faire qqch.

imposible *adj* impossible.

imposición *f* **-1.** [acción de imponer] fait *m* d'imposer. **-2.** [obligación] contrainte *f*. **-3.** [tributo] imposition *f*. **-4.** [banca] dépôt *m*.

impostor, ra ◇ *adj* [suplantador] : **una persona impostora** une personne qui se fait passer pour quelqu'un d'autre. ◇ *m, f* **-1.** [suplantador] imposteur *m*. **-2.** [calumniador] calomniateur *m*, -trice *f*.

impotencia *f* impuissance *f*.

impotente ◇ *adj* impuissant(e). ◇ *m* impuissant *m*.

impracticable *adj* **-1.** [irrealizable] irréalisable; **el buceo es** ~ **sin aletas** on ne peut pas faire de plongée sans palmes. **-2.** [intransitable] impraticable.

imprecisión *f* imprécision *f*.

impreciso, sa *adj* imprécis(e).

impregnar *vt* imprégner. ◆ **impregnarse** *vp* : ~se (de) s'imprégner (de).

imprenta *f* imprimerie *f*.

imprescindible *adj* indispensable.

impresentable *adj* : **estás** ~ tu n'es pas présentable.

impresión *f* **-1.** [gen] impression *f*; **cambiar impresiones** échanger des impressions; **causar (una) buena/mala** ~ faire bonne/mauvaise impression; **dar la** ~ **de** donner l'impression de; **tener la** ~ **de que** ○ **que** avoir l'impression que. **-2.** [huella] marque *f*; [en barro] empreinte *f*; ~ **digital** ○ **dactilar** empreinte *f* digitale.

impresionable *adj* impressionnable.

impresionante *adj* impressionnant(e).

impresionar ◇ *vt* **-1.** [gen & FOT] impressionner. **-2.** [sonidos, discurso etc] enregistrer. ◇ *vi* : **esta película impresiona mucho** ce film est très impressionnant.

◆ **impresionarse** *vp* être impression-né(e).

impresionismo *m* impressionnisme *m*.

impreso, sa ◇ *pp irreg* → **imprimir**. ◇ *adj* imprimé(e). ◆ **impreso** *m* imprimé *m*.

impresor, ra ◇ *adj* imprimant(e) , imprimeur(euse). ◇ *m, f* imprimeur *m*. ◆ **impresora** *f* INFORM imprimante *f*; **impresora de chorro de tinta** imprimante à jet d'encre; **impresora de matriz** o **de agujas** imprimante matricielle o à aiguilles; **impresora láser** imprimante laser.

imprevisible *adj* imprévisible.

imprevisto, ta *adj* imprévu(e). ◆ **imprevisto** *m* imprévu *m*. ◆ **imprevistos** *mpl* [gastos] dépenses *fpl* imprévues.

imprimir *vt & vi* imprimer.

improbable *adj* improbable.

improcedente *adj* **-1.** [fuera de lugar] inopportun(e); [comentario] hors de propos; [petición, reclamación] irrecevable. **-2.** DER infondé(e).

improperio *m* injure *f* .

impropio, pia *adj* **-1.** [inadecuado] inapproprié(e); [vocabulario] impropre. **-2.** [extraño] inhabituel(elle).

improvisación *f* improvisation *f*.

improvisar *vt* improviser.

improviso ◆ **de improviso** *loc adv* à l'improviste.

imprudencia *f* imprudence *f* .

imprudente *adj & mf* imprudent(e).

impúdico, ca *adj* impudique.

impuesto, ta *pp irreg* → **imponer**. ◆ **impuesto** *m* impôt *m*, taxe *f*; ~ **sobre el valor añadido** taxe sur la valeur ajoutée; ~ **sobre la renta** impôt sur le revenu.

impugnar *vt* contester.

impulsar *vt* **-1.** [gen] pousser. **-2.** [promocionar] stimuler, développer.

impulsivo, va *adj & mf* impulsif(ive).

impulso *m* **-1.** [gen] impulsion *f*; **obedecer a sus** ~**s** obéir à ses impulsions. **-2.** [fuerza, arrebato] élan *m*; **tener un** ~ **de generosidad** avoir un élan de générosité; **tomar** ~ prendre de l'élan.

impulsor, ra ◇ *adj* moteur(trice). ◇ *m, f* promoteur *m*, -trice *f*.

impune *adj* impuni(e); **quedar** ~ rester impuni(e).

impunidad *f* impunité *f*; **con la más absoluta** ~ en toute impunité.

impureza *f (gen pl)* impureté *f*.

impuro, ra *adj* impur(e).

imputación *f* imputation *f*.

imputar *vt* imputer.

inabarcable *adj* trop vaste.

inacabable *adj* interminable.

inaccesible *adj* inaccessible.

inaceptable *adj* inacceptable.

inactividad *f* inactivité *f*.

inactivo, va *adj* inactif(ive).

inadaptación *f* inadaptation *f*.

inadaptado, da *adj & m, f* inadapté(e).

inadecuado, da *adj* inadéquat(e).

inadmisible *adj* inadmissible.

inadvertido, da *adj* inaperçu(e); **pasar** ~ passer inaperçu.

inagotable *adj* inépuisable.

inaguantable *adj* insupportable.

inalámbrico *adj* → **teléfono**.

inalcanzable *adj* inaccessible.

inalterable *adj* inaltérable; [carácter] imperturbable.

inamovible *adj* inamovible.

inanimado, da *adj* inanimé(e).

inánime *adj* inanimé(e), sans vie.

inapetencia *f* inappétence *f*.

inapreciable *adj* **-1.** [incalculable] inappréciable, inestimable. **-2.** [nimio] insignifiant(e); [diferencia] imperceptible.

inapropiado, da *adj* inapproprié(e); [comportamiento, actitud] déplacé(e).

inasequible *adj* **-1.** [por el precio] inabordable. **-2.** [inalcanzable] inaccessible.

inaudible *adj* inaudible.

inaudito, ta *adj* inouï(e).

inauguración *f* inauguration *f*; [de congreso etc] cérémonie *f* d'ouverture; [de carretera] mise *f* en service.

inaugurar *vt* inaugurer.

inca ◇ *adj* inca. ◇ *mf* Inca *mf*.

incaico, ca *adj* inca.

incalculable *adj* incalculable.

incalificable *adj* inqualifiable.

incandescente *adj* incandescent(e).

incansable *adj* infatigable.

incapacidad *f* incapacité *f* .

incapacitado, da *adj & m, f* DER incapable.

incapacitar *vt* : ~ **para** empêcher de; [para trabajar etc] rendre inapte à.

incapaz *adj* **-1.** [gen & DER] : ~ **(de)** incapable (de); **es** ~ **de matar una mosca** il ne ferait pas de mal à une mouche; **de-**

clarar ~ **a alguien** DER frapper qqn d'incapacité. **-2.** [sin talento] : **ser** ~ **para** ne pas être doué(e) pour.

incautación f DER saisie f.

incautarse vp : ~ **de** DER saisir; [apoderarse de] s'emparer de.

incauto, ta adj & m, f naïf(ïve).

incendiar vt incendier. ◆ **incendiarse** vp prendre feu.

incendiario, ria adj & m, f incendiaire.

incendio m incendie m.

incentivar vt stimuler.

incentivo m stimulant m; **un trabajo sin** ~**s** un travail peu motivant.

incertidumbre f incertitude f.

incesto m inceste m.

incidencia f **-1.** [repercusión] incidence f. **-2.** [suceso] incident m.

incidente m incident m.

incidir vi **-1.** [incurrir] : ~ **en** [error] tomber dans; ~ **en repeticiones** se répéter. **-2.** [insistir] : ~ **en** [tema] mettre l'accent sur. **-3.** [influir] : ~ **en** avoir une incidence sur. **-4.** [suj : cirujano] : ~ **en** faire une incision dans.

incienso m encens m.

incierto, ta adj **-1.** [dudoso] incertain(e). **-2.** [falso] faux(fausse).

incineración f incinération f

incinerar vt incinérer

incipiente adj naissant(e).

incisión f incision f.

incisivo, va adj lit & fig incisif(ive). ◆ **incisivo** m [diente] incisive f.

inciso, sa adj : **un estilo** ~ un style haché. ◆ **inciso** m **-1.** [en un discurso] parenthèse f. **-2.** GRAM incise f.

incitar vt : ~ **a alguien a algo/a hacer algo** inciter qqn à qqch/à faire qqch.

inclemencia f **-1.** [del clima] rigueur f. **-2.** [de una persona] dureté f.

inclinación f **-1.** [desviación] inclinaison f; [de terreno] pente f. **-2.** [afición, saludo] inclination f; **sentir** ~ **por algo/alguien** avoir un penchant pour qqch/qqn.

inclinar vt **-1.** [gen] incliner; ~ **la cabeza** [para saludar] incliner la tête; [para leer] pencher la tête; [por vergüenza] baisser la tête. **-2.** [influir] : ~ **a alguien a hacer algo** pousser qqn à faire qqch. ◆ **inclinarse** vp **-1.** [doblarse] se pencher. **-2.** [para saludar] : ~**se (ante)** s'incliner (devant). **-3.** fig : ~**se por** [preferir] pencher

pour. **-4.** fig : ~**se a** [tender a] être enclin(e)à.

incluir vt **-1.** [poner dentro] inclure. **-2.** [contener] comprendre.

inclusive adv y compris; **hasta la página 9** ~ jusqu'à la page 9 incluse.

incluso, sa adj inclus(e). ◆ **incluso** adv même; **invitó a todos,** ~ **a tu hermano** il a invité tout le monde, même ton frère; ~ **nos invitó a cenar** il nous a même invités à dîner.

incógnito, ta adj inconnu(e). ◆ **de incógnito** loc adv incognito. ◆ **incógnita** f **-1.** MAT inconnue f. **-2.** [enigma] mystère m.

incoherencia f incohérence f.

incoherente adj incohérent(e).

incoloro, ra adj incolore.

incomible adj immangeable.

incomodar vt [molestar] gêner; [suj : visita, llamada etc] déranger; [suj : situación] mettre mal à l'aise. ◆ **incomodarse** vp [enojarse] : ~**se (por)** se fâcher (à cause de).

incomodidad f : **ser una** ~ [no ser confortable] ne pas être confortable; [no ser adecuado] ne pas être pratique.

incómodo, da adj **-1.** [sin comodidad] : **ser** ~ [no confortable] ne pas être confortable; [inadecuado] ne pas être pratique. **-2.** [molesto] gênant(e); **sentirse** ~ se sentir mal à l'aise.

incomparable adj incomparable.

incompatible adj incompatible.

incompetencia f incompétence f.

incompetente adj incompétent(e).

incomprendido, da ◇ adj **-1.** [mal comprendido] : **su discurso fue** ~ son discours n'a pas été compris. **-2.** [persona] incompris(e). ◇ m, f incompris m, -e f

incomprensible adj incompréhensible.

incomprensión f incompréhension f.

incomunicado, da adj isolé(e).

inconcebible adj inconcevable.

inconcluso, sa adj inachevé(e).

incondicional adj & mf inconditionnel(elle).

inconexo, xa adj décousu(e).

inconformismo m non-conformisme m.

inconfundible adj caractéristique, reconnaissable entre tous(toutes).

incongruente adj incongru(e).

inconsciencia f lit & fig inconscience f.

inconsciente ◇ *adj & mf* inconscient(e). ◇ *m* PSICOL: **el** ~ l'inconscient *m*.

inconsecuente ◇ *adj* inconséquent(e). ◇ *mf*: **ser un** ~ être inconséquent.

inconsistente *adj* inconsistant(e).

inconstancia *f* inconstance *f*.

inconstante *adj* inconstant(e).

inconstitucional *adj* inconstitutionnel(elle).

incontable *adj* **-1.** [cantidad] innombrable; **un número** ~ **de** un nombre incalculable de. **-2.** [hecho, suceso] inracontable.

incontinencia *f* incontinence *f*.

incontrolable *adj* incontrôlable.

inconveniencia *f* **-1.** [falta de conveniencia]: **ser una** ~ être un inconvénient. **-2.** [despropósito] inconvenance *f*.

inconveniente ◇ *adj* [dicho, conducta] déplacé(e); [ropa, estilo] inconvenant(e). ◇ *m* **-1.** [desventaja] inconvénient *m*. **-2.** [pega, obstáculo] problème *m*; **poner** ~**s** faire des difficultés.

incordiar *vt fam* casser les pieds.

incordio *m fam* **-1.** [persona] casse-pieds *mf inv*. **-2.** [situación] corvée *f*.

incorporación *f* incorporation *f*.

incorporar *vt* **-1.** [gen] incorporer; ~ **los huevos a la masa** incorporer les œufs à la pâte. **-2.** [levantar] redresser. ◆ **incorporarse** *vp* **-1.** [gen]: ~**se a algo** [equipo, grupo] intégrer qqch; [trabajo] commencer. **-2.** [levantarse] se redresser.

incorrección *f* incorrection *f*.

incorrecto, ta *adj* incorrect(e).

incorregible *adj* incorrigible.

incorrupto, ta *adj* **-1.** [cadáver] intact(e). **-2.** *fig* [persona] non corrompu(e).

incredulidad *f* incrédulité *f*.

incrédulo, la *adj & m, f* incrédule, sceptique.

increíble *adj* incroyable.

incrementar *vt* accroître. ◆ **incrementarse** *vp* s'accroître, augmenter.

incremento *m* accroissement *m*; [de temperaturas] hausse *f*.

increpar *vt* **-1.** [reprender] blâmer. **-2.** [insultar] injurier.

incriminar *vt* incriminer.

incrustar *vt* incruster. ◆ **incrustarse** *vp* **-1.** [adherirse] s'incruster; [dos objetos, coches etc] s'encastrer. **-2.** *fig* [en la mente] se graver; **aquella imagen se le incrustó**

en la memoria cette image s'est gravée dans sa mémoire.

incubadora *f* couveuse *f*.

incubar *vt* couver.

inculcar *vt*: ~ **algo a alguien** inculquer qqch à qqn.

inculpar *vt*: ~ **a alguien (de)** inculper qqn (de).

inculto, ta ◇ *adj* inculte. ◇ *m, f* ignorant *m*, -e *f*.

incultura *f* inculture *f*.

incumbencia *f* ressort *m*; **no es de mi** ~ ce n'est pas de mon ressort; **eso no es asunto de tu** ~ cela ne te regarde pas.

incumbir *vi*: ~ **(a)** incomber (à).

incumplimiento *m* [de ley, contrato] non-respect *m*; [de orden] non-exécution *f*; ~ **de su palabra/su deber** manquement *m* à sa parole/son devoir.

incumplir *vt* [ley, contrato] ne pas respecter; [orden] ne pas exécuter; [deber, palabra] manquer à; [promesa] ne pas tenir.

incurable *adj* incurable.

incurrir *vi*: ~ **en** [falta, delito] commettre; [desprecio, odio, ira] encourir, s'exposer à.

incursión *f* incursion *f*.

indagación *f* investigation *f*.

indagar ◇ *vt* [orígenes, causas] rechercher. ◇ *vi* investiguer, procéder à des investigations.

indecencia *f* indécence *f*.

indecente *adj* **-1.** [impúdico] indécent(e). **-2.** [indigno] infect(e).

indecible *adj* indicible, inexprimable.

indecisión *f* indécision *f*.

indeciso, sa *adj* indécis(e).

indefenso, sa *adj* sans défense.

indefinido, da *adj* indéfini(e); **un contrato** ~ un contrat à durée indéterminée.

indeleble *adj culto* indélébile.

indemne *adj* indemne.

indemnización *f* indemnisation *f*; [compensación] indemnité *f*.

indemnizar *vt*: ~ **a alguien (por)** indemniser qqn (de).

independencia *f* indépendance *f*.

independentista *adj & mf* indépendantiste.

independiente *adj* indépendant(e).

independizar *vt* rendre indépendant(e); ~ **a un país** accorder son indépendance à un pays. ◆ **independizarse** *vp* [persona] s'émanciper; [país] accéder à l'indépendance; ~**se de** devenir indépendant(e) de.

indeseable *adj* indésirable.

indeterminación *f* indétermination *f*.

indeterminado, da *adj* **-1.** [gen] indéterminé(e); **por un tiempo** ~ pour une durée indéterminée. **-2.** GRAM : **un artículo** ~ un article indéfini.

indexar *vt* INFORM indexer.

India: (la) ~ (l') Inde *f*.

indiano, na ◇ *adj* indien(enne). ◇ *m, f* **-1.** [indígena] Indien *m*, -enne *f*. **-2.** [emigrante] *Espagnol rentré en Espagne après avoir fait fortune en Amérique.*

indicación *f* **-1.** [gen] indication *f*. **-2.** [señal, gesto] signe *m*.

indicador, ra *adj* indicateur(trice) , qui indique. ◆ **indicador** *m* indicateur *m*; ~ **de velocidad** compteur *m* de vitesse.

indicar *vt* **-1.** [gen] indiquer; ~ **algo con la mirada** faire signe du regard. **-2.** [suj : médico] prescrire.

indicativo, va *adj* indicatif(ive). ◆ **indicativo** *m* GRAM indicatif *m*.

índice *m* **-1.** [gen & MAT] indice *m*; [de natalidad, alcohol, incremento] taux *m*; ~ **de precios al consumo** indice des prix à la consommation. **-2.** [alfabético, de autores, obras] index *m*; [de temas, capítulos] table *f* des matières; [de una biblioteca] catalogue *m*. **-3.** → **dedo**.

indicio *m* indice *m* *(signe)*.

Índico *m* → **océano**.

indiferencia *f* indifférence *f*.

indiferente *adj* indifférent(e).

indígena *adj & mf* indigène.

indigencia *f culto* indigence *f*.

indigente *adj & mf* indigent(e).

indigestarse *vp* **-1.** [de comida] avoir une indigestion; ~ **de** se donner une indigestion de. **-2.** *fam fig* : **se me ha indigestado esa chica** je ne peux plus encaisser cette fille; **se me ha indigestado la novela** ce roman me sort par les yeux.

indigestión *f* indigestion *f*.

indigesto, ta *adj lit & fig* indigeste.

indignación *f* indignation *f* .

indignar *vt* indigner. ◆ **indignarse** *vp* : ~**se (por algo/con alguien)** s'indigner (devant qqch/contre qqn).

indigno, na *adj* : ~ **(de)** indigne (de).

indio, dia ◇ *adj* indien(enne). ◇ *m, f* Indien *m*, -enne *f*; **hacer el** ~ *fig* faire le pitre.

indirecto, ta *adj* indirect(e). ◆ **indirecta** *f* sous-entendu *m*; **lanzar una indirecta** [criticar] lancer une pique; [insinuar] glisser une allusion.

indisciplina *f* indiscipline *f*.

indiscreción *f* indiscrétion *f*; **si no es** ~ si cela n'est pas indiscret.

indiscreto, ta *adj* indiscret(ète).

indiscriminado, da *adj* indistinct(e); **de modo** ~ indistinctement.

indiscutible *adj* indiscutable.

indispensable *adj* indispensable.

indisponer *vt* **-1.** [enfermar] indisposer. **-2.** [enemistar] brouiller.

indisposición *f* **-1.** [trastorno] indisposition *f*. **-2.** [reticencia] : **su** ~ **para trabajar era manifiesta** manifestement, il n'était pas disposé à travailler.

indispuesto, ta ◇ *pp irreg* → **indisponer**. ◇ *adj* souffrant(e).

indistinto, ta *adj* **-1.** [gen] indistinct(e). **-2.** [indiferente] : **es** ~ peu importe; **una cuenta indistinta** un compte joint ○ commun.

individual *adj* **-1.** [personal] individuel(elle); [habitación] simple, pour une personne; [cama] à une place. **-2.** [prueba, competición] simple. ◆ **individuales** *mpl* DEP simple *m*; ~**es masculinos/femeninos** simple messieurs/dames

individualismo *m* individualisme *m*.

individualizar *vi* individualiser; **no quiero** ~ je ne veux nommer personne.

individuo, dua *m, f* individu *m*; *despec* type *m*, bonne femme *f*.

indocumentado, da ◇ *adj* **-1.** [sin documentación] : **salió** ~ il est sorti sans ses papiers. **-2.** [ignorante] ignare. ◇ *m, f* [ignorante] ignare *mf*.

índole *f* nature *f*; **ser de** ~ **pacífica** être d'un naturel pacifique.

indolencia *f* indolence *f*.

indoloro, ra *adj* indolore.

indómito, ta *adj* **-1.** [animal] indompté(e). **-2.** *fig* [persona, carácter] indomptable.

Indonesia Indonésie *f*.

inducir *vt* **-1.** [gen & FÍS] induire; ~ **a error** induire en erreur. **-2.** [incitar] : ~ **a alguien a algo/a hacer algo** inciter qqn à qqch/à faire qqch.

inductor, ra ◇ *adj* inducteur(trice). ◇ *m, f* instigateur(trice). ◆ **inductor** *m* inducteur *m*.

indudable *adj* indubitable.

indulgencia *f* indulgence *f*.

indultar *vt* gracier.

indulto *m* [total] grâce *f*; [parcial] remise *f* de peine.

indumentaria *f* costume *m*.

industria *f* industrie *f*.

industrial ◇ *adj* industriel(elle). ◇ *mf* industriel *m*.

industrializar *vt* industrialiser. ◆ **industrializarse** *vp* s'industrialiser.

inédito, ta *adj* inédit(e).

INEF (*abrev de* **Instituto Nacional de Educación Física**) *m institut national espagnol de formation des professeurs d'éducation physique.*

inefable *adj* ineffable.

ineficaz *adj* inefficace.

ineficiente *adj* inefficace.

ineludible *adj* inévitable, incontournable.

INEM (*abrev de* **Instituto Nacional de Empleo**) *m institut national espagnol pour l'emploi,* ≃ ANPE.

ineptitud *f* inaptitude *f*.

inepto, ta ◇ *adj* inepte. ◇ *m, f* incapable *mf*.

inequívoco, ca *adj* évident(e), manifeste.

inercia *f* inertie *f*; **hacer algo por** ∼ *fig* faire qqch par habitude.

inerme *adj* [sin armas, defensa] désarmé(e).

inerte *adj* inerte.

inesperado, da *adj* inespéré(e), inattendu(e).

inestable *adj* instable.

inevitable *adj* inévitable.

inexacto, ta *adj* inexact(e).

inexistencia *f* inexistence *f*.

inexperiencia *f* inexpérience *f*.

inexperto, ta *adj* inexpérimenté(e).

inexpresivo, va *adj* inexpressif(ive).

infalible *adj* infaillible.

infame *adj* infâme.

infamia *f* infamie *f*.

infancia *f* enfance *f*.

infante, ta *m, f* **-1.** [niño] enfant *mf*. **-2.** [hijo del rey] infant *m*, -e *f*. ◆ **infante** *m* [soldado] fantassin *m*.

infantería *f* infanterie *f*.

infanticidio *m* infanticide *m*.

infantil *adj* **-1.** [medicina, comportamiento] infantile. **-2.** [lenguaje, juego] enfantin(e); [programa, libro, calzado] pour enfants.

infarto *m* infarctus *m*.

infatigable *adj* infatigable.

infección *f* infection *f*.

infeccioso, sa *adj* infectieux(euse).

infectar *vt* infecter. ◆ **infectarse** *vp* s'infecter.

infeliz ◇ *adj* **-1.** [desgraciado] malheureux(euse). **-2.** *fig* [ingenuo] brave. ◇ *mf* [ingenuo] : **¡pobre** ∼**!** il est bien brave!

inferior *adj* & *mf* inférieur(e).

inferioridad *f* infériorité *f*.

inferir *vt* **-1.** [deducir] conclure; **infiero que es hora de marcharse** j'en conclus qu'il est temps de partir. **-2.** [ocasional] faire, causer; ∼ **una herida** blesser.

infernal *adj* infernal(e).

infestar *vt* **-1.** [corromper] contaminer. **-2.** [suj : animales dañinos] infester. **-3.** *fig* [suj : anuncios, carteles etc] envahir.

infidelidad *f* infidélité *f*.

infiel *adj* & *mf* infidèle.

infiernillo *m* réchaud *m*.

infierno *m* enfer *m*; **en el quinto** ∼ au diable (vauvert); **¡vete al** ∼**!** va au diable!

infiltrado, da ◇ *adj* infiltré(e). ◇ *m, f* : **los** ∼**s** les espions.

infiltrar *vt* **-1.** [gen & MED] infiltrer. **-2.** *fig* [ideas] inculquer. ◆ **infiltrarse** *vp* : ∼**se (en)** s'infiltrer (dans).

ínfimo, ma *adj* infime.

infinidad *f* : **una** ∼ **de** une infinité de; **en** ∼ **de ocasiones** à maintes reprises.

infinitivo, va *adj* infinitif(ive). ◆ **infinitivo** *m* infinitif *m*.

infinito, ta *adj* infini(e); **infinitas cartas** un nombre infini de lettres. ◆ **infinito** *m* infini *m*.

inflación *f* inflation *f*.

inflamable *adj* inflammable.

inflamación *f* inflammation *f*.

inflamar *vt* lit & *fig* enflammer. ◆ **inflamarse** *vp* s'enflammer.

inflamatorio, ria *adj* inflammatoire.

inflar *vt* **-1.** [con aire] gonfler. **-2.** *fig* [exagerar] grossir. ◆ **inflarse** *vp* : ∼**se (de)** [hartarse] se gaver (de).

inflexible *adj* **-1.** [material] rigide. **-2.** *fig* [carácter, ideas etc] inflexible.

inflexión *f* inflexion *f*.

infligir *vt* infliger.

influencia f influence f; **de** ~ [persona] influent(e).

influenciar vt influencer.

influir vi : ~ **en** influer sur, avoir de l'influence sur.

influjo m influence f.

influyente adj influent(e).

información f **-1.** [conocimiento] information f, renseignement m. **-2.** [noticia] information f; ~ **meteorológica** bulletin m météorologique. **-3.** [oficina] bureau m d'information; [en aeropuerto] comptoir m information; [en tienda] accueil m. **-4.** [telefónica] renseignements mpl.

informal adj **-1.** [irresponsable] peu sérieux(euse). **-2.** [reunión etc] informel(elle); [ropa etc] décontracté(e).

informante mf informateur m, -trice f.

informar vt informer; ~ **a alguien de algo** informer qqn de qqch. ◆ **informarse** vp : ~**se (de)** s'informer (de); ~**se (sobre)** se renseigner (sur).

informático, ca ◇ adj informatique. ◇ m, f [persona] informaticien m, -enne f. ◆ **informática** f [ciencia] informatique f.

informativo, va adj [publicidad] informatif(ive); [boletín, revista] d'information. ◆ **informativo** m RADIO & TV journal m, informations fpl.

informatizar vt INFORM informatiser.

informe ◇ adj informe. ◇ m rapport m. ◆ **informes** mpl renseignements mpl; [de un empleado] références fpl.

infortunio m infortune f.

infracción f infraction f.

infraestructura f infrastructure f.

infrahumano, na adj inhumain(e).

infranqueable adj infranchissable.

infrarrojo, ja adj infrarouge.

infravalorar vt sous-estimer.

infringir vt enfreindre.

infundado, da adj infondé(e).

infundir vt [miedo, temor, etc] inspirer; [valor, ánimos] insuffler.

infusión f infusion f.

infuso, sa adj infus(e).

ingeniar vt inventer. ◆ **ingeniarse** vp : **ingeniárselas (para)** s'arranger (pour).

ingeniería f **-1.** [ciencia] génie m. **-2.** [estudios] : **estudia** ~ il fait des études d'ingénieur.

ingeniero, ra m, f ingénieur m; ~ **de caminos, canales y puertos** ingénieur des ponts et chaussées.

ingenio m **-1.** [inteligencia] esprit m, ingéniosité f. **-2.** [máquina] engin m.

ingenioso, sa adj ingénieux(euse).

ingenuidad f ingénuité f.

ingenuo, nua adj & m, f ingénu(e).

ingerencia = injerencia.

ingerir vt ingérer.

Inglaterra Angleterre f.

ingle f aine f.

inglés, esa ◇ adj anglais(e). ◇ m, f Anglais m, -e f. ◆ **inglés** m [lengua] anglais m.

ingratitud f ingratitude f.

ingrato, ta adj ingrat(e).

ingrávido, da adj [sin gravedad] léger(e); fig aérien(enne); **en estado** ~ en apesanteur.

ingrediente m ingrédient m.

ingresar ◇ vt [cheque] déposer, remettre; [dinero líquido] déposer, verser. ◇ vi : ~ **(en)** être admis(e) (dans o à).

ingreso m **-1.** [en un lugar] admission f. **-2.** [de dinero] dépôt m, versement m; [de cheque] remise f. ◆ **ingresos** mpl [personales] revenus mpl; [comerciales] recettes fpl.

inhabilitar vt **-1.** [incapacitar] déclarer inapte. **-2.** [prohibir] interdire.

inhabitable adj inhabitable.

inhabitado, da adj inhabité(e).

inhalador m inhalateur m.

inhalar vt inhaler.

inherente adj inhérent(e).

inhibir vt **-1.** [gen & MED] inhiber. **-2.** DER dessaisir. ◆ **inhibirse** vp se refréner; ~**se de** [responsabilidades, compromisos] se dérober à.

inhóspito, ta adj inhospitalier(ère).

inhumano, na adj inhumain(e).

INI (abrev de **Instituto Nacional de Industria**) m organisme gouvernemental espagnol pour la promotion de l'industrie.

iniciación f **-1.** [gen] initiation f. **-2.** [de suceso, curso] début m.

inicial ◇ adj initial(e). ◇ f [letra] initiale f.

inicializar vt INFORM initialiser.

iniciar vt [empezar] commencer.

iniciativa f initiative f.

inicio m début m.

inigualable adj inégalable.

ininteligible adj inintelligible.

ininterrumpido, da adj ininterrompu(e).

injerencia, ingerencia f ingérence f.

injerir vt [introducir] insérer. ◆ **injerirse** vp [entrometerse] s'ingérer (dans).

injertar vt greffer.

injerto m greffe f.

injuria f injure f.

injuriar vt injurier.

injurioso, sa adj injurieux(euse).

injusticia f injustice f.

injustificado, da adj injustifié(e).

injusto, ta adj injuste.

inmadurez f immaturité f.

inmaduro, ra adj **-1.** [fruta] pas mûr(e). **-2.** [persona] immature.

inmediaciones fpl abords mpl.

inmediatamente adv immédiatement.

inmediato, ta adj **-1.** [contiguo] adjacent(e); [cercano] voisin(e). **-2.** [instantáneo] immédiat(e); **de** ~ immédiatement.

inmejorable adj exceptionnel(elle).

inmensidad f immensité f; fig multitude f.

inmenso, sa adj immense.

inmersión f immersion f.

inmerso, sa adj [en líquido] immergé(e); [en lectura] plongé(e).

inmigración f immigration f.

inmigrante mf [establecido] immigré m, -e f; [recién llegado] immigrant m, -e f.

inmigrar vi immigrer.

inminente adj imminent(e).

inmiscuirse vp : ~ **(en)** s'immiscer (dans).

inmobiliario, ria adj immobilier(ère). ◆ **inmobiliaria** f société f immobilière.

inmoral adj immoral(e).

inmortal adj immortel(elle).

inmortalizar vt immortaliser.

inmóvil adj immobile.

inmovilizar vt immobiliser.

inmueble adj & m immeuble.

inmundicia f saleté f, crasse f. ◆ **inmundicias** fpl immondices fpl.

inmundo, da adj immonde.

inmune adj **-1.** MED immunisé(e). **-2.** [exento] exempt(e).

inmunidad f immunité f .

inmunizar vt immuniser.

inmutar vt impressionner. ◆ **inmutarse** vp : **no** ~**se** rester imperturbable.

innato, ta adj inné(e).

innecesario, ria adj inutile.

innovación f innovation f.

innovador, ra adj & m, f innovateur(trice), novateur(trice).

innovar vt innover.

innumerable adj innombrable.

inocencia f innocence f.

inocentada f plaisanterie traditionnelle faite le 28 décembre, jour des saints Innocents, ≈ poisson m d'avril.

inocente adj & mf innocent(e).

inodoro, ra adj inodore. ◆ **inodoro** m toilettes fpl.

inofensivo, va adj inoffensif(ive).

inolvidable adj inoubliable.

inoperante adj [medida] inopérant(e); [persona] inefficace.

inoportuno, na, importuno, na adj inopportun(e).

inoxidable adj inoxydable.

inquebrantable adj inébranlable.

inquietar vt inquiéter. ◆ **inquietarse** vp s'inquiéter.

inquieto, ta adj **-1.** [preocupado] inquiet(ète). **-2.** [agitado] agité(e).

inquietud f inquiétude f. ◆ **inquietudes** fpl préoccupations fpl.

inquilino, na m, f locataire mf.

inquirir vt culto s'enquérir de.

inquisición f [indagación] enquête f. ◆ **Inquisición** f : **la Inquisición** HIST l'Inquisition f.

inquisidor, ra adj inquisiteur(trice). ◆ **inquisidor** m inquisiteur m.

inri m : **para más** ~ fam fig pour couronner le tout.

insaciable adj insatiable.

insalubre adj culto insalubre.

Insalud (abrev de **Instituto Nacional de la Salud**) m organisme gouvernemental espagnol de santé, ≈ CPAM.

insatisfacción f insatisfaction f.

insatisfecho, cha adj **-1.** [descontento] insatisfait(e). **-2.** [no saciado] : **está** ~ **con la comida** il n'est pas rassasié.

inscribir vt inscrire; ~ **a alguien en** [escuela, curso etc] inscrire qqn à; [registro civil, lista etc] faire inscrire sur. ◆ **inscribirse** vp s'inscrire; ~**se en** [lista, registro] s'inscrire sur; [escuela, curso] s'inscrire à; [club, asociación] s'inscrire dans.

inscripción f inscription f.

inscrito, ta ◇ pp irreg → **inscribir**. ◇ adj inscrit(e).

insecticida adj & m insecticide.

insecto *m* insecte *m*.

inseguridad *f* insécurité *f*.

inseguro, ra *adj* -1. [persona] peu sûr(e) de soi. -2. [proyecto, resultado, etc] incertain(e). -3. [lugar, artefacto] dangereux(euse).

inseminación *f* insémination *f*; ~ **artificial** insémination artificielle.

insensatez *f* stupidité *f*.

insensato, ta *adj* ridicule.

insensibilidad *f* insensibilité *f*.

insensible *adj* insensible.

inseparable *adj* inséparable.

insertar *vt* insérer.

inservible *adj* inutilisable.

insidioso, sa *adj* insidieux(euse).

insigne *adj* éminent(e).

insignia *f* -1. [distintivo] insigne *m*. -2. [bandera] pavillon *m*.

insignificante *adj* insignifiant(e).

insinuar *vt* insinuer. ◆ **insinuarse** *vp* -1. [declararse] faire des avances. -2. [dejarse ver] poindre.

insípido, da *adj* lit & fig insipide.

insistencia *f* insistance *f*.

insistir *vi* : ~ **(en)** insister (sur).

insociable *adj* insociable.

insolación *f* insolation *f*.

insolencia *f* insolence *f*.

insolente *adj* & *mf* insolent(e).

insolidario, ria *adj* non solidaire.

insólito, ta *adj* insolite.

insoluble *adj* insoluble.

insolvencia *f* insolvabilité *f*.

insolvente *adj* insolvable.

insomnio *m* insomnie *f*.

insondable *adj* insondable.

insonorizar *vt* insonoriser.

insoportable *adj* insupportable.

insostenible *adj* insoutenable.

inspección *f* inspection *f*.

inspeccionar *vt* inspecter.

inspector, ra *m, f* inspecteur *m*, -trice *f*; ~ **de Hacienda** inspecteur des impôts.

inspiración *f* inspiration *f*.

inspirar *vt* inspirer. ◆ **inspirarse** *vp* être inspiré(e); **no escribe si no se inspira** il n'écrit pas s'il n'est pas inspiré; ~**se en** s'inspirer de.

instalación *f* installation *f*. ◆ **instalaciones** *fpl* équipements *mpl*.

instalar *vt* installer. ◆ **instalarse** *vp* : ~**se (en)** s'installer (dans).

instancia *f* -1. [solicitud] requête *f*; **a** ~**s de** sur la requête de; **en última** ~ fig en dernier ressort. -2. DER instance *f*.

instantáneo, a *adj* instantané(e). ◆ **instantánea** *f* FOT instantané *m*.

instante *m* instant *m*; **a cada** ~ à chaque instant; **al** ~ à l'instant; **en un** ~ en un instant.

instar *vt* : ~ **a** o **para** prier instamment de.

instaurar *vt* instaurer.

instigar *vt* inciter.

instintivo, va *adj* instinctif(ive).

instinto *m* instinct *m*.

institución *f* institution *f*. ◆ **instituciones** *fpl* institutions *fpl*.

institucionalizar *vt* institutionnaliser.

instituir *vt* instituer.

instituto *m* -1. [corporación] institut *m*. -2. EDUC lycée *m*; ~ **de Bachillerato** o **Enseñanza Media** établissement *m* d'enseignement secondaire; ~ **de Formación Profesional** ≃ lycée technique. ◆ **instituto de belleza** *m* institut *m* de beauté.

institutriz *f* institutrice *f*.

instrucción *f* instruction *f*. ◆ **instrucciones** *fpl* [de uso] mode *m* d'emploi.

instructivo, va *adj* instructif(ive).

instructor, ra ◇ *adj* DER & MIL instructeur. ◇ *m, f* moniteur *m*, -trice *f*; MIL instructeur *m*.

instruido, da *adj* instruit(e).

instruir *vt* instruire.

instrumental ◇ *adj* instrumental(e). ◇ *m* instruments *mpl*.

instrumentista *mf* instrumentiste *mf*.

instrumento *m* instrument *m* .

insubordinado, da ◇ *adj* insubordonné(e); [niño, actitud] rebelle. ◇ *m, f* rebelle *mf*.

insubordinar *vt* soulever. ◆ **insubordinarse** *vp* se soulever, se rebeller.

insubstancial, insustancial *adj* -1. [insípido] fade. -2. fig [sin interés] creux(euse).

insuficiencia *f* insuffisance *f*.

insuficiente ◇ *adj* insuffisant(e). ◇ *m* [nota] mention *f* insuffisante.

insufrible *adj* fig insupportable.

insular *adj* & *mf* insulaire.

insulina *f* insuline *f*.

insulso, sa *adj* lit & fig fade, insipide.

insultar vt insulter.

insulto m insulte f.

insumiso, sa ◇ adj insoumis(e). ◇ m, f [gen] rebelle mf; MIL insoumis m.

insuperable adj **-1.** [inmejorable] imbattable. **-2.** [sin solución] insurmontable.

insurrección f insurrection f.

insustancial = **insubstancial**.

intachable adj irréprochable.

intacto, ta adj intact(e).

integral ◇ adj [total, sin refinar] intégral(e); [pan, arroz] complet(ète). ◇ f MAT intégrale f.

integrante ◇ adj intégrant(e); **los países ~s de la OTAN** les pays membres de l'OTAN. ◇ mf membre m.

integrar vt **-1.** [gen & MAT] intégrer. **-2.** [componer] composer; **los capítulos que integran el libro** les chapitres qui composent le livre. ◆ **integrarse** vp s'intégrer.

integridad f lit & fig intégrité f.

íntegro, gra adj **-1.** [completo] intégral(e). **-2.** fig [honrado] intègre.

intelecto m intellect m.

intelectual adj & mf intellectuel(elle).

inteligencia f **-1.** [entendimiento] intelligence f; **~ artificial** INFORM intelligence artificielle. **-2.** MIL : **los servicios de ~** les services secrets.

inteligente adj [gen & INFORM] intelligent(e).

inteligible adj intelligible.

intemperancia f intolérance f.

intemperie f intempérie f; **a la ~** à la belle étoile.

intempestivo, va adj [llegada, intervención] intempestif(ive); [proposición, visita] inopportun(e); [comentario] déplacé(e); **a horas intempestivas** à des heures indues.

intemporal adj intemporel(elle).

intención f intention f; **con buena/mala ~** dans une bonne/mauvaise intention.

intencionado, da adj intentionné(e).

intendencia f intendance f.

intensidad f [gen & ELECTR] intensité f.

intensificar vt intensifier. ◆ **intensificarse** vp s'intensifier.

intensivo, va adj intensif(ive); **la jornada intensiva** la journée continue.

intenso, sa adj intense.

intentar vt : **~ hacer algo** essayer ○ tenter de faire qqch.

intento m **-1.** [gen] tentative f. **-2.** DEP essai m.

interactivo, va adj INFORM interactif(ive).

intercalar vt **-1.** [fichas, hojas] intercaler. **-2.** [capítulos, episodios etc] insérer.

intercambio m échange m.

interceder vi intercéder; **~ por alguien** intercéder pour qqn.

interceptar vt **-1.** [carta, conversación etc] intercepter. **-2.** [carretera] barrer.

interés m [gen & BANCA] intérêt m; **tener ~ en algo** tenir à qqch; **tiene ~ en que vengamos** il tient à ce nous venions; **tener ~ por algo** être intéressé(e) par qqch; **tiene ~ por comprar el cuadro** il est intéressé par l'achat du tableau; **intereses creados** intérêts communs.

interesado, da ◇ adj intéressé(e). ◇ m, f personne f intéressée.

interesante adj intéressant(e).

interesar vi intéresser. ◆ **interesarse** vp : **~se (por)** s'intéresser (à); **se interesó por tu salud** il s'est inquiété de ta santé.

interfaz, interface (pl interfaces) m ○ f INFORM interface f.

interferencia f FÍS interférence f.

interferir ◇ vt **-1.** RADIO. TELECOM & TV brouiller. **-2.** fig [interponerse] interrompre. ◇ vi : **~ en** [asuntos, problemas etc] se mêler de; [conversación] intervenir dans.

interfono m interphone m.

interino, na ◇ adj intérimaire; **el presidente ~** le président par intérim. ◇ m, f intérimaire mf. ◆ **interina** f femme f de ménage.

interior ◇ adj intérieur(e); **la ropa ~** les sous-vêtements. ◇ m **-1.** [gen] intérieur m. **-2.** [de persona] : **en mi ~** en ○ dans mon for intérieur.

interiorismo m architecture f d'intérieur.

interiorizar vt intérioriser.

interjección f interjection f.

interlineado m interligne m.

interlocutor, ra m, f interlocuteur m, -trice f.

intermediario, ria adj & m, f intermédiaire.

intermedio, dia adj intermédiaire. ◆ **intermedio** m intermède m; **la película tuvo tres ~s** il y a eu trois coupures publicitaires pendant le film.

interminable adj interminable.

intermitente ◇ *adj* intermittent(e). ◇ *m* clignotant *m*.

internacional *adj* international(e).

internado, da *adj & m, f* interné(e); [en colegio] interne. ◆ **internado** *m* internat *m*.

internar *vt* interner; [en colegio] mettre en pension; [en hospital] hospitaliser. ◆ **internarse** *vp* : ~**se en** [un lugar] s'enfoncer dans; [un tema] se plonger dans.

interno, na ◇ *adj* **-1.** [gen] interne; POLÍT intérieur(e). **-2.** [en colegio] : **los alumnos** ~**s** les internes. ◇ *m, f* **-1.** [alumno] interne *mf.* **-2.** [preso] interné *m,* -e *f.*

interparlamentario, ria *adj* interparlementaire.

interpelación *f* interpellation *f.*

interplanetario, ria *adj* interplanétaire.

Interpol (*abrev de* **International Criminal Police Organization**) *f* Interpol *m.*

interpolar *vt* intercaler.

interponer *vt* **-1.** [gen] interposer. **-2.** DER : ~ **un recurso** interjeter appel. ◆ **interponerse** *vp* [entre dos] s'interposer; ~**se en** [asuntos, vida] se mêler de.

interpretación *f* interprétation *f.*

interpretar *vt* interpréter.

intérprete *mf* interprète *mf.*

interpuesto, ta *pp irreg* → **interponer.**

interrogación *f* interrogation *f.*

interrogante *m* **-1.** [incógnita] interrogation *f.* **-2.** GRAM point *m* d'interrogation.

interrogar *vt* interroger.

interrogatorio *m* interrogatoire *m.*

interrumpir *vt* interrompre. ◆ **interrumpirse** *vp* s'interrompre; **la programación se interrumpió** le programme a été interrompu.

interrupción *f* interruption *f;* ~ **voluntaria del embarazo** interruption volontaire de grossesse.

interruptor *m* interrupteur *m .*

intersección *f* intersection *f.*

interurbano, na *adj* interurbain(e).

intervalo *m* intervalle *m .*

intervención *f* intervention *f;* ~ **quirúrgica** intervention chirurgicale.

intervencionista *adj & mf* interventionniste.

intervenir ◇ *vi* : ~ **(en)** intervenir (dans); ~ **en un debate** participer à un débat. ◇ *vt* **-1.** MED opérer. **-2.** TELECOM mettre sur écoutes. **-3.** DER [armas, droga etc] saisir; [cuentas] contrôler.

interventor, ra *m, f* **-1.** [contable] contrôleur *m* de gestion. **-2.** [revisor] contrôleur *m,* -euse *f.* **-3.** [en elecciones] scrutateur *m,* -trice *f.*

interviú (*pl* **interviús**) *f* interview *m f.*

intestino, na *adj* intestin(e). ◆ **intestino** *m* intestin *m;* ~ **delgado** intestin grêle; ~ **grueso** gros intestin.

intimar *vi* : ~ **(con)** sympathiser (avec).

intimidación *f* intimidation *f.*

intimidad *f* intimité *f;* **en la** ~ dans l'intimité.

intimista *adj* intimiste.

íntimo, ma *adj & m, f* intime.

intolerable *adj* intolérable.

intolerancia *f* intolérance *f.*

intoxicación *f* intoxication *f;* ~ **alimenticia** intoxication alimentaire.

intoxicar *vt* intoxiquer. ◆ **intoxicarse** *vp* s'intoxiquer.

intranquilizar *vt* inquiéter. ◆ **intranquilizarse** *vp* s'inquiéter.

intranquilo, la *adj* **-1.** [preocupado] inquiet(ète). **-2.** [nervioso] agité(e).

intranscendente = **intrascendente**.

intransferible *adj* [derecho, cargo] intransmissible; [cuenta] non transférable.

intransigente *adj* intransigeant(e).

intransitable *adj* impraticable.

intrascendente, intranscendente *adj* sans importance.

intrauterino, na *adj* intra-utérin(e).

intrépido, da *adj* intrépide.

intriga *f* **-1.** [curiosidad] curiosité *f;* **tener** ~ **por** être curieux(euse) de. **-2.** [género] suspense *m;* **de** ~ à suspense. **-3.** [trama, maquinación] intrigue *f.*

intrigar *vt & vi* intriguer.

intrincado, da *adj* inextricable; **un tema** ~ un sujet compliqué.

intríngulis *m fam* hic *m.*

intrínseco, ca *adj* intrinsèque.

introducción *f* introduction *f.*

introducir *vt* : ~ **(en)** introduire (dans). ◆ **introducirse** *vp* : ~**se (en)** s'introduire (dans).

intromisión *f* intrusion *f.*

introspectivo, va *adj* introspectif(ive).

introvertido, da *adj & m, f* introverti(e).

intruso, sa *adj & m, f* intrus(e).

intuición *f* intuition *f.*

intuir *vt* avoir l'intuition de, pressentir.

intuitivo, va *adj* intuitif(ive).

inundación f inondation f.

inundar vt inonder; fig envahir. ◆ **inundarse** vp : ~se (de) être inondé(e) (de); fig être envahi(e) (par).

inusitado, da adj [palabra, lenguaje] inusité(e); [frío, comportamiento etc] inhabituel(elle).

inútil ◇ adj -1. [cosa, acción] inutile. -2. [persona – incapaz] maladroit(e); [– incapacitada] invalide. ◇ mf [incapaz] incapable mf; [incapacitado] invalide mf.

inutilidad f -1. [cualidad] inutilité f. -2. [objeto inservible] : esta máquina es una ~ cette machine ne sert à rien. -3. [incapacidad] invalidité f.

inutilizar vt : ~ algo rendre qqch inutilisable.

invadir vt lit & fig envahir.

invalidez f [incapacidad] invalidité f; ~ permanente/temporal incapacité f permanente/temporaire.

inválido, da adj & m, f invalide.

invariable adj invariable.

invasión f invasion f.

invasor, ra ◇ adj : el país ~ fue sancionado le pays agresseur a été sanctionné. ◇ m, f envahisseur m.

invectiva f invective f.

invención f invention f.

inventar vt inventer. ◆ **inventarse** vp inventer; se inventó una excusa il a inventé une excuse.

inventario m inventaire m.

inventiva f imagination f.

invento m invention f.

inventor, ra m, f inventeur m, -trice f.

invernadero, invernáculo m serre f.

invernar vi [hibernar] hiberner; [pasar el invierno] hiverner.

inverosímil adj invraisemblable.

inversión f -1. [del orden] inversion f. -2. [de dinero, tiempo] investissement m, placement m; una mala ~ un mauvais placement.

inverso, sa adj inverse; a la inversa à l'inverse.

inversor, ra adj & m, f investisseur(euse).

invertebrado, da adj -1. ZOOL invertébré(e). -2. fig [sin organización] non structuré(e). ◆ **invertebrado** m invertébré m.

invertido, da adj & m, f [homosexual] homosexuel(elle).

invertir vt -1. [orden] inverser. -2. [dinero] investir. -3. [tiempo] mettre; invierto mucho tiempo en ir a tu casa je mets beaucoup de temps pour aller chez toi.

investidura f investiture f.

investigación f -1. [estudio] recherche f; [seguimiento] investigation f; ~ y desarrollo recherche-développement. -2. [indagación] enquête f.

investigador, ra ◇ adj -1. [que estudia] : un centro ~ un centre de recherche. -2. [que indaga] : una comisión investigadora une commission d'enquête. ◇ m, f -1. [estudioso] chercheur m, -euse f. -2. [detective] enquêteur m, -euse f.

investigar ◇ vt -1. [estudiar] faire des recherches sur. -2. [indagar] rechercher, enquêter sur. ◇ vi -1. [estudiar] faire de la recherche. -2. [indagar] enquêter.

investir vt : ~ a alguien con algo [cargo] investir qqn de qqch; [grado, título] décerner qqch à qqn; [medalla] décorer qqn de qqch.

inveterado, da adj [costumbre] ancré(e).

inviable adj : tu proyecto es ~ ton projet n'est pas viable.

invidente ◇ adj aveugle. ◇ mf nonvoyant m, -e f.

invierno m hiver m.

invisible adj invisible.

invitación f invitation f.

invitado, da adj & m, f invité(e).

invitar vt inviter; ~ a alguien a (hacer) algo inviter qqn à (faire) qqch; lo invitó a una copa il lui a offert un verre; ~ a fig [incitar] inviter à; el sol invita a pasear le soleil invite à la promenade.

in vitro loc adv -1. [de probeta] in vitro. -2. → fecundación.

invocar vt invoquer.

involución f -1. MED involution f. -2. fig [de situación] régression f.

involucrar vt : ~ en impliquer dans. ◆ **involucrarse** vp : ~se en être impliqué(e) dans.

involuntario, ria adj involontaire.

invulnerable adj invulnérable.

inyección f -1. [acción] injection f. -2. [medicamento] piqûre f.

inyectar vt injecter. ◆ **inyectarse** vp [con drogas] se piquer; [con medicamentos] se faire une piqûre de.

iodo = yodo.

ion *m* ion *m*.

IPC (*abrev de* índice de precios al consumo) *m* IPC *m*.

ir *vi* **-1.** [gen] aller; **voy a Madrid/al cine** je vais à Madrid/au cinéma; **iremos en coche/en tren/andando** nous irons en voiture/en train/à pied; **todavía va al colegio** il va encore à l'école; **nuestra parcela va de aquí hasta el mar** notre terrain va d'ici à la mer; **sus negocios van mal** ses affaires vont mal; **¡vamos!** on y va!; ~ **a mejor/a peor** aller mieux/moins bien. **-2.** (*antes de gerundio*) [expresa duración gradual] : **voy mejorando mi estilo** j'améliore mon style; **su estado va empeorando** son état se dégrade. **-3.** [expresa intención, opinión] : ~ **a hacer algo** aller faire qqch; **voy a llamarlo ahora mismo** je vais l'appeler tout de suite. **-4.** [funcionar] marcher, fonctionner; **tu coche va muy bien** ta voiture marche très bien. **-5.** [vestir] être; ~ **de azul/en camiseta/con corbata** être en bleu/en tee-shirt/en cravate. **-6.** [estar] : **iba hecho un pordiosero** on aurait dit un mendiant; **iba muy borracho** il était complètement soûl. **-7.** [vacaciones, tratamiento] : ~**le bien a alguien** faire du bien à qqn. **-8.** [ropa] : ~**le (bien) a alguien** aller (bien) à qqn; **le va fatal el color negro** le noir ne lui va pas du tout. **-9.** [referirse] : **lo que he dicho no va con ○ por nadie en particular** ce que je viens de dire ne vise personne en particulier. **-10.** [ser correspondiente] : **eso va por lo que tú me hiciste** ça c'est en retour de ce que tu m'as fait. **-11.** [buscar] : ~ **por algo/alguien** aller chercher qqch/qqn. **-12.** [alcanzar] : ~ **por** en être à; **ya va por el cuarto vaso de vino** il en est à son quatrième verre de vin. **-13.** [con valor enfático] : ~ **y hacer algo** aller faire qqch, se mettre à; **fue y se lo contó todo** il est allé tout lui raconter; **fue y se puso a llorar** alors il s'est mis à pleurer. **-14.** [tratar] : ~ **de** être sur; **¿de qué va la película?** de quoi parle le film? **-15.** [presumir] : ~ **de** faire le(la); **va de intelectual cuando en verdad no sabe nada** il fait l'intello alors qu'en réalité il ne sait rien. **-16.** (*en presente*) [apostar] : **van mil pesetas que no lo haces** je te parie mille pesetas que tu ne le fais pas. **-17.** *loc* : **¡qué va!** tu parles!; **es el no va más** c'est le nec plus ultra. ◆ **irse** *vp* s'en aller, partir; **se ha ido de viaje/a comer** il est parti en voyage/manger; **como sigas me voy** si tu conti-

nues je m'en vais; **esta mancha no se va** cette tache ne part pas; **¡vete!** va-t'en!

ira *f* colère *f*.

IRA (*abrev de* Irish Republican Army) *m* IRA *f*.

iracundo, da *adj* coléreux(euse); **se puso** ~ il est devenu furieux.

Irak = Iraq.

irakí = iraquí.

Irán : **(el)** ~ (l') Iran *m*.

Iraq, Irak : **(el)** ~ (l') Irak *m*.

iraquí (*pl* iraquíes), **irakí** (*pl* irakíes) ◇ *adj* irakien(enne). ◇ *mf* Irakien *m*, -enne *f*.

irascible *adj* irascible.

iris *m inv* iris *m*.

Irlanda Irlande *f*; ~ **del Norte** Irlande du Nord.

irlandés, esa ◇ *adj* irlandais(e). ◇ *m, f* Irlandais *m*, -e *f*. ◆ **irlandés** *m* [lengua] irlandais *m*.

ironía *f* ironie *f*; **por una curiosa** ~,... par une curieuse ironie du sort,...

irónico, ca *adj* ironique.

ironizar ◇ *vt* tourner en dérision. ◇ *vi* : ~ **(sobre)** ironiser (sur).

IRPF (*abrev de* Impuesto sobre la Renta de las Personas Físicas) *m* impôt sur le revenu des personnes physiques en Espagne.

irracional *adj* irrationnel(elle).

irradiar *vt* **-1.** [luz, energía] irradier. **-2.** *fig* [alegría, felicidad] rayonner de; [simpatía] déborder de.

irreal *adj* irréel(elle).

irreconocible *adj* méconnaissable.

irrecuperable *adj* irrécupérable.

irreflexión *f* irréflexion *f*.

irreflexivo, va *adj* irréfléchi(e).

irrefutable *adj* irréfutable.

irregular *adj* irrégulier(ère).

irregularidad *f* irrégularité *f*.

irrelevante *adj* insignifiant(e).

irremediable *adj* irrémédiable.

irreparable *adj* irréparable.

irresistible *adj* irrésistible.

irresoluto, ta *adj & m, f culto* irrésolu(e).

irrespetuoso, sa *adj* irrespectueux(euse).

irrespirable *adj* irrespirable.

irresponsable *adj & mf* irresponsable.

irreverente *adj* irrévérencieux(euse).

irreversible *adj* irréversible.

irrevocable *adj* irrévocable.
irrigar *vt* irriguer.
irrisorio, ria *adj* dérisoire.
irritable *adj* irritable.
irritar *vt* irriter. ◆ **irritarse** *vp* s'irriter.
irrompible *adj* incassable.
irrupción *f* irruption *f*.
isla *f* île *f*; **las** ~**s Baleares** les Baléares *fpl*; **las** ~**s Canarias** les îles Canaries; **las** ~**s Malvinas** les îles Malouines.
islam *m* islam *m*.
islamismo *m* –**1.** [religión] islam *m*. –**2.** [movimiento] islamisme *m*.
islandés, esa ◇ *adj* islandais(e). ◇ *m, f* Islandais *m*, -e *f*. ◆ **islandés** *m* [lengua] islandais *m*.
Islandia Islande *f*.
isleño, ña *adj & m, f* insulaire.
islote *m* îlot *m*.
isósceles ◇ *adj inv* isocèle. ◇ *m inv* triangle *m* isocèle.
isótopo ◇ *adj* isotopique. ◇ *m* QUÍM isotope *m*.
Israel Israël.
israelí (*pl* **israelíes**) ◇ *adj* israélien(enne). ◇ *mf* Israélien *m*, -enne *f*.
istmo *m* isthme *m*.
Italia Italie *f*.
italiano, na ◇ *adj* italien(enne). ◇ *m, f* Italien *m*, -enne *f*. ◆ **italiano** *m* [lengua] italien *m*.
item, ítem *m* –**1.** [cosa] objet *m*. –**2.** DER article *m*. –**3.** INFORM élément *m* (d'information).
itinerante *adj* itinérant(e).
itinerario *m* itinéraire *m*.
ITV (*abrev de* **inspección técnica de vehículos**) *f* contrôle technique des véhicules en Espagne.
IVA (*abrev de* **impuesto sobre el valor añadido**) *m* TVA *f*.
izar *vt* hisser.
izda (*abrev de* **izquierda**) gche.
izquierdo, da *adj* gauche; [fila, botón, carril] de gauche. ◆ **izquierda** *f* –**1.** [gen & POLÍT] gauche *f*; **a la izquierda** à gauche; **de izquierdas** de gauche. –**2.** [mano] main *f* gauche; DEP [pie] gauche *m*.

j, J *f* [letra] j *m inv*, J *m inv*.
ja *interj* : ¡~! ha!
jabalí, ina *m, f* sanglier *m*, laie *f*.
jabalina *f* DEP javelot *m*.
jabón *m* savon *m* .
jabonero, ra *adj* savonnier(ère). ◆ **jabonera** *f* porte-savon *m*.
jaca *f* –**1.** [caballo] bidet *m*. –**2.** [yegua] jument *f*.
jacal *m Amer* hutte *f*.
jacinto *m* jacinthe *f*.
jacquard *m inv* jacquard *m*.
jactarse *vp* : ~ **de** se vanter de.
jacuzzi (*pl* **jacuzzis**) *m* Jacuzzi® *m*.
jadeante *adj* haletant(e).
jadear *vi* haleter.
jadeo *m* halètement *m*.
jaguar (*pl* **jaguars**) *m* jaguar *m*.
jaiba *f Amer* crabe *m*.
jaibol *m Amer* whisky allongé avec de l'eau.
jalea *f* gelée *f*; ~ **real** gelée royale.
jalear *vt* encourager (*par des cris, des applaudissements*).
jaleo *m* –**1.** [alboroto] raffut *m* . –**2.** *fam* [lío] histoire *f*; **se ha metido en un** ~ **muy gordo** il s'est embarqué dans une sale histoire. –**3.** *fam* [desorden] pagaille *f*.
jalonar *vt lit & fig* jalonner.
Jamaica Jamaïque *f*.
jamás *adv* jamais; ~ **de los jamases** *fig* jamais, au grand jamais.
jamón *m* jambon *m*; ~ **(de) York** jambon blanc; ~ **(en) dulce** jambon cuit; ~ **serrano** jambon de montagne ○ cru.
Japón : **(el)** ~ (le) Japon.
japonés, esa ◇ *adj* japonais(e). ◇ *m, f* Japonais *m*, -e *f*. ◆ **japonés** *m* [lengua] japonais *m*.
jaque *m* échec *m*; ~ **mate** échec et mat.
jaqueca *f* migraine *f* .
jarabe *m* sirop *m* .
jarana *f* –**1.** [juerga] java *f*; **estar** ○ **irse de** ~ faire la java. –**2.** [alboroto] bagarre *f*.

jaranero, ra ◇ adj : **es tan ~ que sale todas las noches** il aime tellement faire la fête qu'il sort tous les soirs. ◇ m, f noceur m, -euse f.

jardín m jardin m; **~ botánico** jardin botanique. ✦ **jardín de infancia** m jardin m d'enfants.

jardinera f → jardinero.

jardinería f jardinage m.

jardinero, ra m, f jardinier m, -ère f. ✦ **jardinera** f jardinière f.

jarra f [para servir] carafe f; **de ○ en ~s** les poings sur les hanches. ✦ **jarra de cerveza** f [para beber] chope f.

jarro m pichet m .

jarrón m vase m.

jaspeado, da adj jaspé(e).

jauja f fam pays m de cocagne; **¡esto es ~!** c'est Byzance!

jaula f cage f.

jauría f meute f.

jazmín m jasmin m.

jazz m jazz m.

JC (abrev de **Jesucristo**) J-C.

je interj : **¡~!** ha!

jeep (pl **jeeps**) m Jeep® f.

jefatura f direction f.

jefe, fa m, f chef m; **~ de estación** chef de gare; **~ de Estado** chef d'État; **~ de estudios** conseiller m d'éducation; **~ de gobierno** chef de gouvernement.

jengibre m gingembre m.

jerarquía f hiérarchie f; **la alta ~** les hauts dignitaires.

jerárquico, ca adj hiérarchique.

jerez m xérès m .

jerga f jargon m.

jerigonza f **-1.** [galimatías] charabia m. **-2.** [jerga] jargon m.

jeringuilla f seringue f; **~ hipodérmica** seringue hypodermique.

jeroglífico, ca, hieroglífico, ca adj hiéroglyphique. ✦ **jeroglífico, hieroglífico** m **-1.** [carácter] hiéroglyphe m. **-2.** [juego] rébus m.

jerséi (pl **jerséis**), **jersey** m (pl **jerseys**) pull-over m.

Jerusalén Jérusalem.

jesuita adj & m jésuite.

jesús interj : **¡~!** : [tras estornudo] à tes/vos souhaits!; [sorpresa] ça alors!

jet (pl **jets**) ◇ m jet m. ◇ f → jet-set.

jeta mfam ◇ f [cara] gueule f; **tener (mucha) ~** être gonflé(e). ◇ mf : **¡es un ~!** il a un culot monstre!

jet-set, jet f jet-set f.

jijona m touron m (de Jijona).

jilguero m chardonneret m.

jilipollada = gilipollada.

jilipollas = gilipollas.

jinete mf cavalier m, -ère f.

jirafa f girafe f.

jirón m lambeau m; **hecho jirones** en lambeaux.

jitomate m Amer tomate f.

JJ OO (abrev de **juegos olímpicos**) mpl JO mpl.

jockey = yoquey.

jocoso, sa adj cocasse.

joder vulg ◇ vi **-1.** [copular] baiser. **-2.** [fastidiar] faire chier; **¡no jodas!** [incredulidad] tu déconnes! ◇ vt **-1.** [fastidiar] emmerder. **-2.** [estropear] niquer.

jofaina f bassine f.

jogging m jogging m.

jolgorio m fête f.

jolín, jolines interj fam **¡~!** [asombro] la vache!; [fastidio] mince!, flûte!

jondo adj → cante.

Jordania Jordanie f.

jornada f journée f; **~ de trabajo** journée ○ temps m de travail; **~ intensiva** journée continue; **media ~** mi-temps m.

jornal m salaire m journalier.

jornalero, ra m, f journalier m, -ère f.

joroba f bosse f.

jorobado, da ◇ adj **-1.** fam [fastidiado] mal fichu(e); **tengo el estómago ~** j'ai mal à l'estomac. **-2.** [con joroba] bossu(e). ◇ m, f bossu m, -e f.

jorongo m Amer **-1.** [manta] couverture f. **-2.** [poncho] poncho m (mexicain).

jota f **-1.** [letra] j m inv. **-2.** [baile, música] jota f. **-3.** loc : **no entiendo ni ~ ○ una ~ de inglés** fam je ne comprends pas un mot d'anglais.

joto m Amer vulg pédé m.

joven ◇ adj jeune. ◇ mf jeune homme m, jeune fille f; **¡~!** garçon!

jovenzuelo, la m, f gamin m, -e f.

jovialidad f jovialité f.

joya f **-1.** [adorno] bijou m. **-2.** fig [persona] perle f; [cosa] bijou m.

joyería f bijouterie f, joaillerie f.

joyero, ra *m, f* bijoutier *m*, -ère *f*, joaillier *m*, -ère *f*. ◆ **joyero** *m* coffret *m* à bijoux.

Jr. (*abrev de junior*) jr.

juanete *m* MED oignon *m*.

jubilación *f* retraite *f*; ~ **anticipada** retraite anticipée.

jubilado, da *adj & m, f* retraité(e).

jubilar *vt* mettre à la retraite; *fam fig* [empleado, ropa] mettre au placard. ◆ **jubilarse** *vp* prendre sa retraite.

jubileo *m* RELIG jubilé *m*; **su casa es un ~** *fam fig* sa maison est un vrai moulin.

júbilo *m* jubilation *f*.

judía *f* haricot *m*; ~ **verde** o **tierna** haricot vert.

judicial *adj* judiciaire.

judío, a ◇ *adj* juif(ive). ◇ *m, f* Juif *m*, -ive *f*.

judo = yudo.

judoka = yudoka.

juego *m* **-1.** [gen & DEP] jeu *m*; **estar/poner en ~** être/mettre en jeu; **estar (en) fuera de ~** DEP être hors jeu; *fig* être hors circuit; ~ **de azar** jeu de hasard; ~ **de manos** tour *m* de passe-passe; ~ **de palabras** jeu de mots; **juegos olímpicos** jeux *mpl* Olympiques. **-2.** [conjunto] : **hacer ~** aller avec; **zapatos a ~ con...** des chaussures assorties à...; ~ **de café/de té** service *m* à café/à thé; ~ **de sábanas** parure *f* de lit.

juerga *f fam* bringue *f*; **irse** o **estar de ~** faire la bringue.

juerguista *fam* ◇ *adj* : **es muy ~** il aime bien faire la fête. ◇ *mf* fêtard *m*, -e *f*.

jueves *m inv* jeudi *m*; **no es nada del otro ~** *fig* ça n'a rien d'extraordinaire; *ver también* **sábado**. ◆ **Jueves Santo** *m* jeudi *m* saint.

juez, za *m, f* juge *m*; ~ **de línea** [fútbol, rugby] juge de touche; [tenis] juge de ligne; ~ **de paz** juge d'instance.

jugada *f* DEP coup *m*, action *f*; **ha sido una buena ~ de...** quelle belle action de...!; **hacer una mala ~ a alguien** *fig* jouer un mauvais tour à qqn.

jugador, ra *adj & m, f* joueur(euse).

jugar ◇ *vi* jouer; ~ **al balón/a la pelota** jouer au ballon/à la balle. ◇ *vt* **-1.** [partido] faire; ~ **un partido de fútbol** faire un match de foot. **-2.** [dinero, carta] jouer. ◆ **jugarse** *vp* **-1.** [echar a suertes] parier. **-2.** [arriesgar] jouer; **te estás jugando el puesto** tu es en train de jouer ton poste; **se jugó la vida para salvarla** il a risqué sa vie pour la sauver.

jugarreta *f fam* sale coup *m*.

juglar *m* ménestrel *m*.

jugo *m* **-1.** [gen] jus *m*. **-2.** ANAT suc *m*. **-3.** *fig* [interés] : **un artículo con mucho ~** un article très fouillé; **sacar ~ a algo/alguien** tirer parti de qqch/qqn.

jugoso, sa *adj* **-1.** [con jugo] juteux(euse). **-2.** *fig* [interesante] fouillé(e).

juguete *m* jouet *m*; **un coche de ~** une petite voiture; **una vajilla de ~** une dînette.

juguetear *vi* jouer.

juguetería *f* magasin *m* de jouets.

juguetón, ona *adj* joueur(euse).

juicio *m* jugement *m*; **(no) estar en su (sano) ~** (ne pas) avoir toute sa tête; **perder el ~** perdre la raison. ◆ **Juicio Final** *m* : **el Juicio Final** le Jugement *m* dernier.

juicioso, sa *adj* **-1.** [persona] sensé(e). **-2.** [acción] judicieux(euse).

jul. (*abrev de julio*) juil.

julio *m* **-1.** [mes] juillet *m*. **-2.** FÍS joule *m*; *ver también* **septiembre**.

jumbo *m* jumbo-jet *m*.

jun. *abrev de* junio.

junco *m* **-1.** [planta] jonc *m*. **-2.** [embarcación] jonque *f*.

jungla *f* jungle *f*.

junio *m* juin *m*; *ver también* **septiembre**.

júnior (*pl* **juniors**) ◇ *adj* junior. ◇ *mf* DEP junior *mf*.

junta *f* **-1.** [reunión, órgano] assemblée *f*; ~ **de accionistas** assemblée des actionnaires; ~ **directiva** comité *m* directeur; ~ **militar** junte *f* (militaire). **-2.** [unión] joint *m*; ~ **de culata** joint de culasse.

juntar *vt* **-1.** [unir] réunir; [manos] joindre. **-2.** [- personas, fondos] rassembler. ◆ **juntarse** *vp* **-1.** [reunirse – personas] s'assembler; [– ríos, caminos] se rejoindre. **-2.** [convivir] vivre ensemble. **-3.** [arrimarse] : ~**se a** se rapprocher de.

junto, ta *adj* **-1.** [reunido] ensemble; **nunca había visto tanta gente junta** je n'avais jamais vu autant de gens réunis; **rezaba con las manos juntas** elle priait les mains jointes. **-2.** [próximo] côte à côte; **tenía los ojos ~s** il avait les yeux rapprochés. ◆ **junto a** *loc prep* à côté de, près de. ◆ **junto con** *loc prep* avec.

juntura *f* jointure *f*.

jurado, da *adj* **-1.** [declaración etc] juré(e).
-2. [traductor] assermenté(e). **-3.** → **guarda**.
◆ **jurado** *m* [tribunal] jury *m*; [miembro]
juré *m*.

juramento *m* **-1.** [promesa] serment *m*; ∼
hipocrático serment d'Hippocrate. **-2.**
[blasfemia] juron *m*.

jurar ◇ *vt* **-1.** [prometer] jurer; ∼ **por...**
que jurer sur... que; ∼ **por Dios que** jurer
devant Dieu que; **jurársela** o **jurárselas**
a alguien *fam* jurer de se venger de qqn.
-2. [acatar] prêter serment à. ◇ *vi* [blas-
femar] jurer.

jurel *m* chinchard *m*.

jurídico, ca *adj* juridique.

jurisdicción *f* **-1.** [poder, autoridad] autorité *f*; **estar fuera de la** ∼ **de alguien**
ne pas être de la compétence de qqn. **-2.**
DER juridiction *f*.

jurisdiccional *adj* **-1.** [gen] juridiction-
nel(elle). **-2.** → **aguas**.

jurisprudencia *f* jurisprudence *f*.

jurista *mf* juriste *mf*.

justa *f* HIST joute *f*.

justamente *adv* justement; **tienen** ∼ **la**
misma edad ils ont exactement le même
âge.

justicia *f* justice *f*; **hacer** ∼ **a** faire o
rendre justice à; **es de** ∼ **que** c'est justice
que; **tomarse alguien la** ∼ **por su mano**
se faire justice.

justiciero, ra *adj & m, f* justicier(ère).

justificación *f* [gen & INFORM] justification
f.

justificante *m* justificatif *m*.

justificar *vt* justifier; ∼ **a alguien** [excu-
sar] justifier qqn. ◆ **justificarse** *vp* se justifier.

justo, ta *adj* juste; **tendremos la luz**
justa para... nous aurons juste assez de
lumière pour...; **estar** o **venir** ∼ être
juste. ◆ **justo** ◇ *m* RELIG **los** ∼**s** les justes.
◇ *adv* juste; ∼ **ahora iba a llamarte** j'allais justement t'appeler.

juvenil ◇ *adj* **-1.** [de jóvenes] juvénile.
-2. DEP ≈ junior. ◇ *mf (gen pl)* DEP ≈ junior
mf.

juventud *f* **-1.** [gen] jeunesse *f*. **-2.** [con-
junto] : **la** ∼ les jeunes.

juzgado *m* **-1.** [gen] tribunal *m*; ∼ **de**
guardia *tribunal où une permanence est as-
surée*. **-2.** [territorio] juridiction *f*.

juzgar *vt* juger; **a** ∼ **por (como)** à en juger par (la façon dont).

k, K *f* [letra] k *m inv*, K *m inv*.

kafkiano, na *adj* kafkaïen(enne).

kaki = **caqui**.

kárate, cárate *m* karaté *m*.

kart *(pl* **karts)** *m* kart *m*.

katiusca, katiuska *f* botte *f* en caoutchouc.

Kenia Kenya *m*.

ketchup *m* ketchup *m*.

kg *(abrev de* **kilogramo)** kg.

KGB *(abrev de* **Komitet Gosudárstvennoy**
Bezopásnosti) *m* KGB *m*.

kibutz = **quibutz**.

kilo, quilo *m* **-1.** [peso] kilo *m*. **-2.** *fam*
[millón] million *m* de pesetas.

kilogramo, quilogramo *m* kilogramme
m.

kilometraje, quilometraje *m* kilométrage *m*.

kilométrico, ca, quilométrico, ca *adj*
-1. [distancia] kilométrique. **-2.** *fig* [largo]
interminable.

kilómetro, quilómetro *m* kilomètre *m*;
∼**s por hora** kilomètres à l'heure; ∼ **cua-**
drado kilomètre carré.

kimono = **quimono**.

kiosco = **quiosco**.

kit *(pl* **kits)** *m* kit *m*.

kiwi *(pl* **kiwis)** *m* kiwi *m*.

km *(abrev de* **kilómetro)** km.

km² *(abrev de* **kilómetro cuadrado)** km².

km/h *(abrev de* **kilómetro por hora)** km/h.

KO *(abrev de* **knock-out)** *m* KO *m*.

Kuwait -1. [país] Koweït *m*. **-2.** [ciudad]
Koweït City.

L

l, L *f* [letra] l *m inv*, L *m inv*.
l (*abrev de* litro) l.
la¹ *m* MÚS la *m*.
la² ◇ *art* → **el**. ◇ *pron* → **lo**.
laberinto *m* labyrinthe *m*.
labia *f fam* bagou *m*.
labial ◇ *adj* labial(e). ◇ *f* labiale *f*.
labio *m (gen pl)* **-1.** [gen] lèvre *f* . **-2.** *fig* [habla] bouche *f* .
labor *f* **-1.** [trabajo] travail *m*; **profesión : sus ~es** profession : femme au foyer. **-2.** [de costura, punto etc] ouvrages *mpl*; **~ de aguja** travaux *mpl* d'aiguille.
laborable *adj* → **día**.
laboral *adj* [jornada, condiciones] de travail; [accidente, derecho] du travail.
laboratorio *m* laboratoire *m*; **~ de idiomas** ○ **lenguas** laboratoire de langue.
laborioso, sa *adj* **-1.** [difícil] laborieux(euse). **-2.** [trabajador] travailleur(euse).
laborista *adj & mf* travailliste.
labrador, ra *m, f* cultivateur *m*, -trice *f*.
labranza *f* culture *f*; **una casa de ~** une ferme.
labrar *vt* **-1.** [cultivar] cultiver. **-2.** [arar] labourer. **-3.** [grabar] travailler; *fig* [hacer – fortuna] bâtir; [– futuro, porvenir] se préparer; [– desgracia] faire. ◆ **labrarse** *vp* [fortuna] bâtir; [futuro, porvenir] se préparer.
labriego, ga *m, f* cultivateur *m*, -trice *f*.
laca *f* **-1.** [gen] laque *f*. **-2.** [de uñas] vernis *m*. **-3.** [objeto] laque *m*.
lacar *vt* laquer.
lacayo *m* laquais *m*.
lacerar *vt* **-1.** [cuerpo, rostro etc] lacérer. **-2.** *fig* [honor, reputación] salir.
lacio, cia *adj* **-1.** [cabello] raide. **-2.** [piel, planta] flétri(e). **-3.** *fig* [sin fuerza] abattu(e).
lacón *m* épaule de porc salée.
lacónico, ca *adj* laconique.
lacra *f* fléau *m*; **las ~s de la sociedad** les plaies de la société.

lacrar *vt* cacheter à la cire.
lacre *m* cire *f* à cacheter.
lacrimógeno, na *adj* [gas] lacrymogène; *fig* [película, novela etc] à l'eau de rose.
lacrimoso, sa *adj* **-1.** [con lágrimas] larmoyant(e). **-2.** [triste] mélodramatique.
lactancia *f* allaitement *m*.
lactante *mf* nourrisson *m*.
lácteo, a *adj* **-1.** [producto, industria] laitier(ère); [dieta] lacté(e). **-2.** *fig* [piel] laiteux(euse).
lactosa *f* lactose *m*.
ladear *vt* : **~ la cabeza** pencher la tête.
ladera *f* versant *m*.
ladino, na *adj* rusé(e). ◆ **ladino** *m* [dialecto] ladino *m*, judéo-espagnol *m*.
lado *m* **-1.** [gen] côté *m*; **a ambos ~s** des deux côtés; **de ~** de côté; **dormir de ~** dormir sur le côté; **por un ~...**, **por otro ~** d'un côté..., d'un autre côté; **en el ~ (de)** sur le côté (de); **en el ~ de abajo/arriba** en haut/bas. **-2.** [lugar] endroit *m*; **en algún ~** quelque part; **en algún otro ~** ailleurs. **-3.** *loc* : **dejar de ~, dejar a un ~** [prescindir] laisser de côté. ◆ **al lado** *loc adv* [cerca] à côté. ◆ **al lado de** *loc prep* [junto a] à côté de. ◆ **de al lado** *loc adj* d'à côté; **la casa de al ~** la maison d'à côté.
ladrar *vi* **-1.** [suj : perro] aboyer. **-2.** *fig* [suj : persona] brailler.
ladrido *m* **-1.** [de perro] aboiement *m*. **-2.** *fig* [de persona] braillement *m*.
ladrillo *m* **-1.** [de arcilla] brique *f*. **-2.** *fam fig* [aburrimiento] : **ser un ~** être ennuyeux(euse) comme la pluie.
ladrón, ona *adj & m, f* voleur(euse). ◆ **ladrón** *m* ELECTR prise *f* multiple.
lagartija *f* petit lézard *m*.
lagarto, ta *m, f* lézard *m*.
lago *m* lac *m*.
lágrima *f* larme *f*; **llorar a ~ viva** pleurer à chaudes larmes. ◆ **lágrimas** *fpl* peines *fpl*.
lagrimal ◇ *adj* lacrymal(e). ◇ *m* larmier *m*.
laguna *f* **-1.** [de agua] lagune *f*. **-2.** *fig* [omisión, olvido] lacune *f*.
La Habana La Havane.
La Haya La Haye.
laico, ca *adj & m, f* laïque.
lama *m* lama *m*.
La Mancha (la) Manche *(región d'Espagne)*.
lamber *vt Amer fam* lécher les bottes.

lamentable *adj* **-1.** [triste, penoso] regrettable. **-2.** [malo] lamentable.

lamentar *vt* regretter; [víctimas, desgracias etc] déplorer; **lamentamos comunicarle...** nous sommes au regret de vous informer... ◆ **lamentarse** *vp* se lamenter; ~**se de** o **por algo** se lamenter sur qqch.

lamento *m* lamentation *f*.

lamer *vt* lécher. ◆ **lamerse** *vp* se lécher.

lamido, da *adj* décharné(e). ◆ **lamido** *m* coup *m* de langue.

lámina *f* **-1.** [plancha] lame *f*. **-2.** [rodaja] tranche *f*. **-3.** ARTE planche *f*.

laminar[1] *adj* laminaire.

laminar[2] *vt* **-1.** [hacer láminas] laminer. **-2.** [cubrir con láminas] stratifier.

lámpara *f* **-1.** [gen] lampe *f*. **-2.** *fig* [mancha] tache *f*.

lamparón *m* grosse tache *f*.

lampiño, ña *adj* **-1.** [sin barba] imberbe. **-2.** [sin vello] lisse.

lamprea *f* lamproie *f*.

lana ◇ *f* laine *f*; **de** ~ en laine. ◇ *m Amer fam* fric *m*.

lance *m* **-1.** [en juego] coup *m*; [en fútbol] phase *f* de jeu. **-2.** [acontecimiento] circonstance *f*; **un** ~ **difícil** un moment difficile. **-3.** [riña] altercation *f*.

lanceta *f Amer* dard *m*.

lancha *f* **-1.** [embarcación – grande] chaloupe *f*; [pequeña] barque *f* – ~ **salvavidas** canot *m* de sauvetage. **-2.** [piedra] pierre *f* plate.

landó *m* landau *m*.

lanero, ra *adj* lainier(ère).

langosta *f* **-1.** [crustáceo] langouste *f*. **-2.** [insecto] sauterelle *f*.

langostino *m* grosse *crevette*.

languidecer *vi* languir.

languidez *f* **-1.** [debilidad] fragilité *f*. **-2.** [falta de ánimo] langueur *f*.

lánguido, da *adj* **-1.** [débil] fragile. **-2.** [falto de ánimo] alangui(e).

lanilla *f* **-1.** [pelillo] poil *m* (*d'un lainage qui bouloche*). **-2.** [tejido] lainage *m* fin.

lanolina *f* lanoline *f*.

lanza *f* **-1.** [arma] lance *f*. **-2.** [de carruaje] timon *m*.

lanzado, da *adj* [atrevido] intrépide; **ir** ~ *fig* [ir rápido] foncer.

lanzagranadas *m inv* lance-grenades *m*.

lanzamiento *m* **-1.** [gen] lancement *m*. **-2.** DEP lancer *m*; ~ **de peso** lancer du poids. **-3.** [de objeto] lancer *m*.

lanzar *vt* lancer; [suspiro, grito, queja] pousser. ◆ **lanzarse** *vp* **-1.** [tirarse] se jeter. **-2.** [empezar] se lancer. **-3.** [abalanzarse] : ~**se sobre alguien** se précipiter sur qqn.

lapa *f* **-1.** [molusco] patelle *f*. **-2.** *fam* [persona] pot *m* de colle; **pegarse como una** ~ être collant(e).

La Paz La Paz.

lapicera *f Amer* porte-crayon *m*.

lapicero *m* [lápiz] crayon *m*.

lápida *f* ◆ **lápida mortuoria** *f* pierre *f* tombale.

lapidar *vt* lapider.

lapidario, ria *adj* lapidaire.

lápiz *m* crayon *m*; ~ **de labios** crayon à lèvres; ~ **de ojos** crayon pour les yeux; ~ **óptico** INFORM crayon optique.

lapso *m* laps *m*; **en el** ~ **de...** en l'espace de...

lapsus *m* [al hablar] lapsus *m*; [al actuar] impair *m*.

larga *f* → largo.

largar *vt* **-1.** [aflojar] larguer. **-2.** *fam* [dinero, cosa] filer; [bofetada etc] flanquer. **-3.** *fam* [discurso, sermón] débiter; **el acusado lo largó todo** l'accusé a lâché le morceau. ◆ **largarse** *vp fam* ficher le camp.

largavistas *m inv Amer* jumelles *fpl*.

largo, ga *adj* **-1.** [gen] long(longue). **-2.** [y pico] et quelques; **una hora larga** une bonne heure. **-3.** [alto] grand(e). **-4.** *fam* [astuto] futé(e). ◆ **largo** *m* longueur *f*; **siete metros de** ~ sept mètres de long; **pasar de** ~ [en el espacio] passer sans s'arrêter; **a lo** ~ **de** [en el espacio] le long de; [en el tiempo] tout au long de. ◇ *adv* [extensamente] longuement; **hablar** ~ **y tendido de algo** parler en long et en large de qqch. ◇ *interj* : **¡**~ **(de aquí)!** hors d'ici! ◆ **larga** *f* **-1.** TAUROM passe *f* de cape. **-2.** *loc* : **a la larga** à la longue; **está aprendiendo y, a la larga, piensa trabajar** pour le moment il apprend et, à long terme, il pense travailler; **dar largas a algo** faire traîner qqch (en longueur).

largometraje *m* long-métrage *m*.

larguero *m* **-1.** [de cama, puerta etc] montant *m*. **-2.** [de portería] barre *f* transversale.

largura *f* longueur *f*.

laringe f larynx m.

laringitis f laryngite f.

La Rioja la Rioja.

larva f larve f.

las ◇ art → **el**. ◇ pron → **lo**.

lasaña f lasagnes fpl.

lascivo, va ◇ adj lascif(ive). ◇ m, f : **ser un** ~ être sensuel.

láser ◇ adj inv → **rayo**. ◇ m inv laser m.

lástex m inv Lastex® m.

lástima f **-1.** [compasión] pitié f, peine f; **dar** ~ faire de la peine. **-2.** [disgusto] dommage m; **¡qué** ~! quel dommage!; **hecho una** ~ en piteux état.

lastimar vt **-1.** [herir] faire mal à. **-2.** fig [ofender] blesser. ◆ **lastimarse** vp : ~**se (la pierna/el brazo)** se faire mal (à la jambe/au bras).

lastimoso, sa adj déplorable.

lastre m **-1.** [peso] lest m. **-2.** fig [estorbo] fardeau m; **su pasado es un** ~ **para su carrera** son passé fait obstacle à sa carrière.

lata f **-1.** [envase] boîte f (de conserve); **una** ~ **de aceite** un bidon d'huile. **-2.** fam [fastidio] : **es una** ~ [cosa] c'est casse-pieds; [persona] c'est un casse-pieds; **¡qué** ~! quelle barbe!; **dar la** ~ casser les pieds.

latente adj latent(e).

lateral ◇ adj **-1.** [gen] latéral(e). **-2.** DER [sucesión, línea] collatéral(e). ◇ m **-1.** [lado] côté m. **-2.** DEP latéral m.

latido m [palpitación] battement m; [dolor] élancement m.

latifundio m latifundium m (grand domaine agricole).

latifundista mf latifundiste m (grand propriétaire foncier).

latigazo m **-1.** [golpe] coup m de fouet. **-2.** [chasquido] claquement m de fouet. **-3.** fam [trago] : **pegarse un** ~ s'en jeter un (derrière la cravate).

látigo m [para pegar] fouet m.

latín m latin m; **saber (mucho)** ~ fig être malin comme un singe.

latinajo m fam latin m de cuisine.

latinismo m latinisme m.

latino, na ◇ adj latin(e). ◇ m, f Latin m, -e f.

latinoamericano, na ◇ adj latino-américain(e). ◇ m, f Latino-Américain m, -e f.

latir vi **-1.** [palpitar] battre. **-2.** [estar latente] être latent(e).

latitud f GEOGR latitude f.

latón m laiton m.

latoso, sa ◇ adj fam barbant(e). ◇ m, f fam raseur m, -euse f.

laúd m luth m.

laureado, da adj lauréat(e).

laurel m laurier m. ◆ **laureles** mpl lauriers mpl; **dormirse en los** ~**es** fig s'endormir sur ses lauriers.

lava f lave f.

lavabo m **-1.** [objeto] lavabo m. **-2.** [habitación] toilettes fpl.

lavadero m lavoir m.

lavado m lavage m; ~ **de cerebro** fig lavage m de cerveau; ~ **de estómago** lavage m d'estomac.

lavadora f lave-linge m.

lavamanos m inv lave-mains m inv.

lavanda f lavande f.

lavandería f blanchisserie f.

lavaplatos ◇ mf inv [persona] plongeur m, -euse f. ◇ m inv [máquina] lave-vaisselle m inv.

lavar vt laver; ~ **y marcar** un shampooing et un brushing; ~ **su honor** sauver son honneur. ◆ **lavarse** vp se laver.

lavativa f **-1.** [utensilio] poire f à lavement. **-2.** [acción] lavement m.

lavavajillas m inv lave-vaisselle m.

laxante ◇ adj **-1.** MED laxatif(ive). **-2.** [relajante] relaxant(e). ◇ m laxatif m.

laxar vt [vientre] purger.

lazada f nœud m.

lazarillo m **-1.** [persona] guide m d'aveugle. **-2.** [perro] chien m d'aveugle.

lazo m **-1.** [atadura] nœud m; [para el pelo] ruban m. **-2.** [de vaquero] lasso m. **-3.** (gen pl) fig [vínculo] lien m.

Lda. abrev de **licenciada**.

Ldo. abrev de **licenciado**.

le pron pers **-1.** (complemento indirecto) [a él, ella] lui; [a usted, ustedes] vous; ~ **di una manzana** je lui ai donné une pomme; ~ **tengo miedo** j'ai peur de lui/d'elle; ~ **dije que no** [a usted] je vous ai dit non; ~ **gusta leer** il/elle aime lire; **añádele sal a las patatas** rajoute du sel dans les pommes de terre. **-2.** → **se**.

leader = **líder**.

leal ◇ adj loyal(e). ◇ mf loyaliste mf.

lealtad f loyauté f.

leasing m leasing m.

lección f leçon f; **dar a alguien una** ~ **de algo** donner une leçon de qqch à qqn.

lechal ◇ *adj* de lait *(agneau, cochon).* ◇ *m* agneau *m* de lait.

leche *f* **-1.** [gen] lait *m*; ~ **condensada/ descremada** ○ **desnatada/en polvo** lait concentré/écrémé/en poudre; ~ **merengada** *boisson sucrée à base de lait, de blanc d'œuf et de cannelle.* **-2.** *vulg* [semen] foutre *m*; **¡una ~!** mon cul!; **¡eres la ~!** tu te fais pas chier, toi! **-3.** *vulg* [bofetada] : **pegar una ~ a alguien** péter la gueule à qqn. **-4.** *vulg* [accidente] : **pegarse** ○ **darse una ~** se foutre en l'air. **-5.** *vulg* [malhumor] : **estar de mala ~** être d'une humeur de cochon; **tener mala ~** avoir un foutu caractère.

lechera *f* → lechero.

lechería *f* crémerie *f*.

lechero, ra *adj* & *m, f* laitier(ère). ◆ **lechera** *f* [para transportar] bidon *m* de lait; [para servir] pot *m* à lait.

lecho *m* **-1.** [gen] lit *m*; [de mar, lago, canal] fond *m*. **-2.** [capa] couche *f*.

lechón *m* cochon *m* de lait.

lechuga *f* **-1.** [planta] laitue *f*. **-2.** *fam* [billete] *billet de mille pesetas.*

lechuza *f* chouette *f*.

lectivo, va *adj* [día, jornada] de classe; [año] scolaire.

lector, ra *m, f* lecteur *m*, -trice *f*; ~ **óptico** lecteur optique. ◆ **lector** *m* lecteur *m*.

lectorado *m* poste *m* de lecteur.

lectura *f* lecture *f*; [de tesis] soutenance *f*; [de contador] relevé *m*; ~ **óptica** lecture optique.

leer ◇ *vt* lire. ◇ *vi* lire; ~ **de corrido** lire couramment.

legado *m* **-1.** DER legs *m*. **-2.** *fig* [de una generación] héritage *m*. **-3.** [persona] légat *m*. **-4.** [cargo diplomático] légation *f*.

legajo *m* dossier *m*.

legal *adj* **-1.** [gen] légal(e); **un médico ~** un médecin légiste. **-2.** *fam* [persona] réglo.

legalidad *f* légalité *f*.

legalizar *vt* légaliser.

legaña *f* (*gen pl*) chassie *f*.

legañoso, sa *adj* chassieux(euse).

legar *vt* **-1.** [gen] léguer. **-2.** [delegar] déléguer.

legendario, ria *adj* légendaire.

legible *adj* lisible.

legión *f* légion *f*. ◆ **Legión** *f* : **la Legión** la Légion. ◆ **Legión de Honor** *f* Légion *f* d'honneur.

legionario, ria *adj* de la Légion. ◆ **legionario** *m* légionnaire *m*.

legislación *f* législation *f*.

legislar *vi* légiférer.

legislatura *f* [periodo] législature *f*.

legitimar *vt* **-1.** [hacer legal] légitimer. **-2.** [certificar] légaliser.

legítimo, ma *adj* **-1.** [gen] légitime. **-2.** [oro, cuero etc] véritable; [obra] authentique.

lego, ga ◇ *adj* **-1.** [ignorante] profane. **-2.** [seglar] laïque. ◇ *m, f* **-1.** [ignorante] profane *mf*. **-2.** [seglar] laïc *m*, laïque *f*.

legua *f* lieue *f*; ~ **marina** lieue marine; **se ve a la ~** *fig* ça saute aux yeux.

legumbre *f* (*gen pl*) légume *m* sec.

lehendakari, lendakari *m* président du gouvernement autonome du Pays basque espagnol.

leído, da *adj* **-1.** [obra] lu(e). **-2.** [persona] lettré(e). ◆ **leída** *f* lecture *f*.

leitmotiv *m* leitmotiv *m*.

lejanía *f* éloignement *m*; **en la ~** dans le lointain.

lejano, na *adj* **-1.** [gen] lointain(e); **estar ~** être loin; **no está tan ~ el día en que me hartará** je ne vais pas tarder à en avoir marre de lui. **-2.** *fig* [ausente] distrait(e).

lejía *f* [para desinfectar] eau *f* de Javel.

lejos *adv* loin; **a lo ~** au loin; **de** ○ **desde ~** de loin. ◆ **lejos de** *loc conj* loin de; ~ **de mejorar...** loin de s'améliorer...

lelo, la *adj* & *m, f* niais(e).

lema *m* **-1.** [norma] devise *f*. **-2.** [en diccionario] entrée *f*. **-3.** MAT lemme *m*.

lencería *f* **-1.** [de hogar] linge *m*; [de mujer] lingerie *f*. **-2.** [tienda – de ropa de hogar] magasin *m* de blanc; [– de ropa interior] boutique *f* de lingerie.

lendakari = lehendakari.

lengua *f* langue *f*; ~ **de gato** CULIN langue de chat; ~ **de víbora** ○ **viperina** *fig* langue de vipère; ~ **materna** langue maternelle; **írsele a alguien la ~, irse de la ~** *fig* ne pas tenir sa langue; **morderse la ~** *fig* se mordre la langue; **tirar a alguien de la ~** *fig* tirer les vers du nez à qqn.

lenguado *m* sole *f*.

lenguaje *m* langage *m*; ~ **cifrado** langage codé; ~ **coloquial** langue *f* parlée; ~ **corporal** langage du corps; ~ **de programación** langage de programmation; ~ **máquina** langage machine.

lengüeta *f* languette *f*.
lengüetazo *m*, **lengüetada** *f* coup *m* de langue.
lente *f* lentille *f*; ~**s de contacto** verres *mpl* de contact. ◆ **lentes** *mpl* [gafas] lunettes *fpl*.
lenteja *f* (*gen pl*) lentille *f*.
lentejuela *f* (*gen pl*) paillette *f*.
lenticular *adj* lenticulaire.
lentilla *f* (*gen pl*) lentille *f* (*de contact*).
lentitud *f* lenteur *f*; **con** ~ lentement.
lento, ta *adj* lent(e); **a fuego** ~ à feu doux.
leña *f* -1. [madera] bois *m* (*de chauffage*). -2. *fam fig* [golpe] : **dar** ~ **a alguien** flanquer une volée à qqn. -3. *loc* : **echar** ~ **al fuego** jeter de l'huile sur le feu.
leñador, ra *m*, *f* bûcheron *m*, -onne *f*.
leño *m* bûche *f*.
Leo ◇ *m inv* [zodiaco] Lion *m*. ◇ *mf inv* [persona] lion *m inv*.
león, ona *m*, *f* -1. [animal] lion *m*, lionne *f*. -2. *fig* [persona] : **ser una leona** être une tigresse. ◆ **león marino** *m* otarie *f*.
leonera *f* -1. [jaula] cage *f* aux lions. -2. *fam fig* [habitación] bazar *m*.
leonino, na *adj* léonin(e); [piel] de lion.
leopardo *m* léopard *m*.
leotardo *m* -1. (*gen pl*) [medias] collant *m* (*épais*). -2. [de gimnasta] justaucorps *m*.
lépero, ra *adj Amer fam* grossier(ère).
lepra *f* lèpre *f*.
leproso, sa *adj & m*, *f* lépreux(euse).
lerdo, da *adj & m*, *f* empoté(e).
les *pron pers pl* -1. (*complemento indirecto*) [a ellos, ellas] leur; [a ustedes] vous; ~ **he mandado un regalo** je leur ai envoyé un cadeau; ~ **he dicho lo que sé** je vous ai dit ce que je sais; ~ **tengo miedo** j'ai peur d'eux/de vous. -2. ⇒ **se**.
lesbiano, na *adj* lesbien(enne). ◆ **lesbiana** *f* lesbienne *f*.
lesión *f* -1. [herida & DER] lésion *f*. -2. *fig* [perjuicio] **dommage** *m*; [a la honradez] atteinte *f*.
lesionado, da *adj & m*, *f* blessé(e).
lesionar *vt* -1. [cuerpo] blesser; **el alcoholismo lesiona el hígado** l'alcoolisme détériore le foie. -2. *fig* [perjudicar] léser. ◆ **lesionarse** *vp* : ~**se el brazo** se blesser au bras.
letal *adj* mortel(elle).
letanía *f* (*gen pl*) litanie *f*.

letargo *m* -1. [gen & MED] léthargie *f*. -2. [de animales] hibernation *f*.
Letonia Lettonie *f*.
letra *f* -1. [signo, sentido] lettre *f*; **dice mucho más de lo que la** ~ **expresa** cela en dit plus long qu'il n'est écrit. -2. [manera de escribir] écriture *f*. -3. [estilo] caractère *m*; ~ **cursiva/de imprenta** o **molde** caractère *m* italique/d'imprimerie; ~ **mayúscula** lettre majuscule; ~ **negrita** o **negrilla** caractère gras; **a la** ~, **al pie de la** ~ *fig* à la lettre, au pied de la lettre. -4. [de una canción] paroles *fpl*. -5. COM : ~ **(de cambio)** traite *f*, lettre *f* de change; **protestar una** ~ protester une traite. ◆ **letras** *fpl* EDUC lettres *fpl*.
letrado, da ◇ *adj* lettré(e). ◇ *m*, *f* avocat *m*, -e *f*.
letrero *m* écriteau *m*.
letrina *f* latrines *fpl*.
leucemia *f* leucémie *f*.
leucocito *m* (*gen pl*) leucocyte *m*.
leva *f* -1. MIL levée *f*. -2. NÁUT appareillage *m*. -3. TECNOL came *f*.
levadura *f* levure *f*; ~ **de cerveza** levure de bière.
levantamiento *m* -1. [gen] soulèvement *m*; ~ **de pesas** DEP haltérophilie *f*. -2. [supresión] levée *f*.
levantar *vt* -1. [gen] lever; [peso, polvareda] soulever; ~ **el campamento** lever le camp. -2. [retirar – pintura, cal etc] arracher. -3. [desmontar – tienda de campaña, caseta etc] démonter. -4. [erigir, alzar] élever; ~ **el tono** hausser le ton. -5. [empujar – poste, barrera etc] relever; ~ **el ánimo** remonter le moral. -6. [sublevar] : ~ **a alguien contra** monter qqn contre. -7. [redactor – acta, plano] dresser. ◆ **levantarse** *vp* -1. [gen] se lever. -2. [subir, erguirse] s'élever. -3. [sublevarse] se soulever.
levante *m* -1. [este] levant *m*. -2. [viento] vent *m* d'est. ◆ **Levante** *m* Levant *m* (*région d'Espagne*).
levantino, na ◇ *adj* levantin(e). ◇ *m*, *f* Levantin *m*, -e *f*.
levar *vt* : ~ **anclas** lever l'ancre.
leve *adj* léger(ère); [enfermedad] bénin(igne); [delito, pecado] petit(e).
levedad *f* légèreté *f*; [de enfermedad] bénignité *f*; [de delito, pecado] petitesse *f*.
levita *f* redingote *f*.
levitar *vi* léviter.

léxico, ca *adj* lexical(e). ◆ **léxico** *m* lexique *m*.

lexicografía *f* lexicographie *f*.

lexicón *m* lexique *m*.

ley *f* **-1.** [gen] loi *f*; **las ~es del juego** les règles du jeu; **~ de incompatibilidades** loi d'incompatibilité *(réglementant le cumul des fonctions)*; **~ de la oferta y de la demanda** loi de l'offre et de la demande; **con todas las de la ~** en bonne et due forme; **regirse por la ~ del embudo** avoir deux poids, deux mesures. **-2.** [de un metal] titre *m*. ◆ **leyes** *fpl* [derecho] droit *m*.

leyenda *f* légende *f*; **la ~ negra** HIST *vision de la conquête de l'Amérique hostile aux colonisateurs espagnols*.

liar *vt* **-1.** [atar] lier; [paquete] ficeler. **-2.** [envolver] envelopper; [cigarrillo] rouler. **-3.** *fam fig* [enredar] embrouiller; **~ a alguien en un asunto** mêler qqn à une histoire. ◆ **liarse** *vp* **-1.** [enredarse] s'embrouiller. **-2.** [empezar] : **~se en** [una discusión etc] se lancer dans. **-3.** *fam* [sexualmente] : **~se (con alguien)** coucher (avec qqn).

Líbano : **el ~** le Liban.

libélula *f* libellule *f*.

liberación *f* **-1.** [gen] libération *f*. **-2.** [de hipoteca] levée *f*.

liberado, da *adj* libéré(e).

liberal ◇ *adj* libéral(e). ◇ *mf* libéral *m*, -e *f*.

liberalismo *m* libéralisme *m*.

liberar *vt* **-1.** [gen] libérer. **-2.** [eximir] : **~ (de algo a alguien)** dispenser (qqn de qqch). ◆ **liberarse** *vp* : **~se (de algo)** se libérer (de qqch).

libertad *f* liberté *f*; **dejar** *o* **poner a alguien en ~** laisser *o* mettre qqn en liberté; **tener ~ para hacer algo** être libre de faire qqch; **tomarse la ~ de hacer algo** prendre la liberté de faire qqch; **~ bajo fianza** liberté sous caution; **~ condicional** liberté conditionnelle; **~ de expresión** liberté d'expression; **~ de imprenta** *o* **prensa** liberté de la presse.

libertar *vt* libérer.

libertino, na *adj & m*, *f* libertin(e).

Libia Libye *f*.

libido *f* libido *f*.

libio, bia ◇ *adj* libyen(enne). ◇ *m*, *f* Libyen *m*, -enne *f*.

libra *f* livre *f*; **~ esterlina/irlandesa** livre sterling/irlandaise.

Libra ◇ *f inv* [zodiaco] Balance *f*. ◇ *mf inv* [persona] balance *f inv*.

librador, ra *m*, *f* COM tireur *m*.

libramiento *m*, **libranza** *f* COM tirage *m*.

librar ◇ *vt* **-1.** [eximir] dispenser. **-2.** [entablar] livrer. **-3.** COM tirer. ◇ *vi* [no trabajar] être en congé. ◆ **librarse** *vp* : **~se de algo** [obligación] se dispenser de qqch; **como tú fuiste a la reunión, él se libró** comme tu as été à la réunion, lui s'en est dispensé; **~se de alguien** se débarrasser de qqn; **de buena te libraste** tu l'as échappé belle.

libre *adj* libre; **~ de** libre de; [impuestos] exonéré(e) de; **~ de franqueo** franc de port; **~ del servicio militar** dégagé des obligations militaires; **estudiar por ~** être candidat(e) libre.

librecambio *m* libre-échange *m*.

librepensador, ra ◇ *adj* libre-penseur; **una persona librepensadora** un libre-penseur. ◇ *m*, *f* libre-penseur *m*.

librería *f* **-1.** [gen] librairie *f*. **-2.** [mueble] bibliothèque *f*.

librero, ra ◇ *adj* du livre. ◇ *m*, *f* libraire *mf*. ◆ **librero** *m* Amer [mueble] bibliothèque *f*.

libreta *f* **-1.** [para escribir] carnet *m*. **-2.** BANCA livre *m* de comptes. ◆ **libreta de ahorros** *f* BANCA livret *m* de caisse d'épargne.

libreto *m* **-1.** MÚS livret *m*. **-2.** Amer [guión] scénario *m*.

libro *m* livre *m*; **llevar los ~s** tenir les livres; **~ de bolsillo** livre de poche; **~ de escolaridad/de familia** livret *m* scolaire/de famille; **~ de reclamaciones** livre des réclamations; **~ de texto** manuel *m* scolaire.

Lic. *abrev de* **licenciado.**

licencia *f* **-1.** [autorización] permission *f*; COM & DEP licence *f*; **~ de armas** permis *m* de port d'armes; **~ de obras** permis *m* de construire. **-2.** [confianza] liberté *f*.

licenciado, da *adj & m*, *f* **-1.** EDUC licencié(e); **~ en** licencié en; [letras, ciencias] licencié ès. **-2.** MIL libéré.

licenciar *vt* EDUC décerner le diplôme de licence; MIL libérer. ◆ **licenciarse** *vp* **-1.** EDUC : **~se (en)** obtenir sa licence (en); [ciencias, letras] obtenir sa licence (ès). **-2.** MIL être libéré.

licenciatura *f* EDUC licence *f*.

licencioso, sa *adj* licencieux(euse).

liceo *m* **-1.** EDUC lycée *m*. **-2.** [de recreo] club *m*.

lícito, ta *adj* licite.

licor *m* liqueur *f*.

licuadora *f* mixer *m*.

licuar *vt* : ~ **(algo)** passer (qqch) au mixer.

licuefacción *f* liquéfaction *f*.

líder (*pl* **líderes**), **leader** (*pl* **leaders**) ⬦ *adj* qui occupe la première place. ⬦ *mf* leader *m*.

liderato, liderazgo *m* **-1.** DEP première place *f*. **-2.** [dirección] leadership *m*.

lidia *f* combat *m*.

lidiar ⬦ *vi* [luchar] : ~ **(con)** lutter (contre). ⬦ *vt* TAUROM toréer.

liebre *f* lièvre *m*.

lienzo *m* toile *f*.

lifting *m* lifting *m*.

liga *f* **-1.** [de medias] jarretière *f*. **-2.** [de estados, personas] ligue *f*. **-3.** DEP [de fútbol etc] championnat *m*.

ligadura *f* **-1.** [acción & MED] ligature *f*. **-2.** [atadura, vínculo] lien *m*. **-3.** MÚS liaison *f*.

ligamento *m* ANAT ligament *m*.

ligar ⬦ *vt* **-1.** [gen, CULIN & MÚS] lier; [paquete] ficeler. **-2.** MED ligaturer. ⬦ *vi* **-1.** [coincidir] : ~ **con** s'accorder avec. **-2.** *fam* [conquistar] : ~ **(con alguien)** draguer (qqn).

ligazón *f* liaison *f*; [entre dos hechos] rapport *m*.

ligereza *f* **-1.** [gen] légèreté *f*. **-2.** [error] erreur *f*.

ligero, ra *adj* léger(ère); **a la ligera** à la légère.

light *adj inv* [comida] allégé(e); [refresco, tabaco] light.

ligón, ona *adj & m, f fam* dragueur(euse).

liguero, ra *adj* DEP du championnat. ◆ **liguero** *m* porte-jarretelles *m*.

lija *f* **-1.** [pez] roussette *f*. **-2.** [papel] papier *m* de verre.

lila ⬦ *f* [planta] lilas *m*. ⬦ *adj inv* [color] lilas. ⬦ *m* [color] couleur lilas.

liliputiense *adj & mf fam* lilliputien(enne).

lima *f* **-1.** [utensilio] lime *f*. **-2.** BOT [planta] limettier *m*; [fruto] lime *f*.

Lima Lima.

limar *vt* **-1.** [pulir] limer. **-2.** [perfeccionar] polir.

limitación *f* **-1.** [restricción] restriction *f*; ~ **de edad** limite *f* d'âge. **-2.** [distrito] limite *f*.

limitado, da *adj* limité(e).

limitar ⬦ *vt* **-1.** [gen] limiter; [terreno] délimiter. **-2.** [definir] délimiter. ⬦ *vi* confiner. ◆ **limitarse** *vp* ~**se a** se borner à.

límite ⬦ *adj inv* limite. ⬦ *m* limite *f*.

limítrofe *adj* limitrophe.

limón *m* citron *m*.

limonada *f* citronnade *f*; [refresco] rafraîchissement *m*.

limonero, ra *adj* : **la exportación limonera** les exportations de citrons. ◆ **limonero** *m* citronnier *m*.

limosna *f* aumône *f*.

limpia *f* Amer défrichage *m*.

limpiabotas *mf inv* cireur *m* de chaussures.

limpiacristales *m inv* produit *m* pour les vitres.

limpiador, ra *m, f* nettoyeur *m*, -euse *f*.

limpiamente *adv* **-1.** [con destreza] adroitement. **-2.** [honradamente] proprement.

limpiaparabrisas *m inv* essuie-glace *m*.

limpiar *vt* **-1.** [gen] nettoyer. **-2.** *fam* [robar] faucher.

limpieza *f* **-1.** [cualidad] propreté *f*. **-2.** [acción] nettoyage *m*. **-3.** *fig* [destreza] adresse *f*. **-4.** *fig* [honradez] honnêteté *f*.

limpio, pia *adj* **-1.** [sin suciedad, pulcro] propre; **un cielo** ~ un ciel dégagé; **poner en** ~ mettre au propre. **-2.** [neto, claro] net(nette); **sacar en** ~ tir er au clair. **-3.** [honrado] honnête; **un asunto** ~ une affaire claire. **-4.** [sin culpa] : **estar** ~ avoir la conscience nette. **-5.** *fam* [sin dinero] : **dejar** ~ **a alguien** dépouiller qqn. **-6.** [sin mezcla] pur(e); **a grito** ~ *fig* à grands cris; **a puñetazo** ~ *fig* à grands coups de poing. ◆ **limpio** *adv* : **jugar** ~ jouer franc jeu.

linaje *m* lignage *m*.

linaza *f* linette *f*.

lince *m* lynx *m*; **ser un** ~ **para algo** *fig* avoir le génie de qqch.

linchar *vt* lyncher.

lindar *vi* : ~ **con algo** [espacio] être contigu(ë) à qqch; [conceptos] rejoindre qqch; ~ **con el ridículo** friser le ridicule.

linde *m* o *f* limite *f*.

lindero, ra *adj* **-1.** [espacio] contigu(ë). **-2.** [conceptos] qui frise. ◆ **lindero** *m* limite *f*.

lindo, da *adj* joli(e); **de lo ~** *fig* joliment.

línea *f* **-1.** [gen, DEP & MIL] ligne *f*; **cortar la ~ (telefónica)** couper la ligne (téléphonique); **guardar la ~** garder la ligne; **~ continua** ligne blanche; **~ de puntos** pointillé *m*; **~s aéreas** lignes aériennes. **-2.** [fila] rangée *f*; [de personas] file *f*. **-3.** [categoría] rang *m*; **en la misma ~** sur le même plan. **-4.** [relación familiar] lignée *f*. **-5.** *loc* : **en ~s generales** en gros; **leer entre ~s** lire entre les lignes.

linier (*pl* **liniers**) *m* DEP juge *m* de touche.

linfático, ca *adj* & *m, f* lymphatique.

lingote *m* lingot *m*.

lingüista *mf* linguiste *mf*.

lingüístico, ca *adj* linguistique. ◆ **lingüística** *f* linguistique *f*.

linimento *m* liniment *m*.

lino *m* lin *m*.

linterna *f* [de pilas] lampe *f* de poche.

lío *m* **-1.** [paquete] ballot *m*. **-2.** *fam fig* [enredo] embrouillamini *m*; **hacerse un ~** s'embrouiller; **meterse en un ~** se mettre dans une sale histoire. **-3.** *fam fig* [jaleo] vacarme *m* . **-4.** *fam fig* [amorío] aventure *f*.

lipotimia *f* lipothymie *f*.

liquen *m* lichen *m*.

liquidación *f* COM [de factura] règlement *m*; [de existencias] liquidation *f*; [de inversión] réalisation *f*.

liquidar *vt* **-1.** [gen] liquider. **-2.** [gastar rápidamente] engloutir. **-3.** [zanjar] résoudre.

liquidez *f* liquidité *f*.

líquido, da *adj* **-1.** [gen & FÍS] liquide. **-2.** ECON [disponible] liquide; [neto] net(nette). ◆ **líquido** *m* **-1.** [gen, FÍS & MED] liquide *m*. **-2.** ECON [capital] liquidité *f*.

lira *f* **-1.** MÚS lyre *f*. **-2.** [moneda] lire *f*. **-3.** [en poesía] *strophe de cinq ou six vers.*

lírico, ca ◇ *adj* lyrique. ◇ *m, f* LITER lyrique *m*. ◆ **lírica** *f* lyrique *f*.

lirio *m* iris *m*.

lirón *m* ZOOL loir *m*; **dormir como un ~** *fig* dormir comme un loir.

lis (*pl* **lises**) *f* iris *m*.

Lisboa Lisbonne.

lisboeta ◇ *adj* lisbonnais(e). ◇ *mf* Lisbonnais *m*, -e *f*.

lisiado, da *adj* & *m, f* estropié(e).

liso, sa ◇ *adj* **-1.** [gen] lisse; [terreno] plat(e). **-2.** [no estampado] uni(e). **-3.** DEP : **200 metros ~s** 200 mètres plat. ◇ *m, f* Amer effronté *m*, -e *f*.

lisonja *f* flatterie *f*.

lisonjear *vt* flatter.

lista *f* **-1.** [enumeración] liste *f*; **pasar ~** faire l'appel; **~ de boda/de espera** liste de mariage/d'attente; **~ de precios** liste de prix; [en restaurante] carte *f* . **-2.** [de tela, papel] bande *f*; [de madera] latte *f*. **-3.** [de color] rayure *f*. ◆ **lista de correos** *f* poste *f* restante.

listado, da *adj* rayé(e).

listín *m* [de teléfonos] annuaire *m*.

listo, ta *adj* **-1.** [astuto] malin(e); [despabilado] dégourdi(e); **pasarse de ~** vouloir faire le malin. **-2.** [preparado] prêt(e).

listón *m* [para marcos] baguette *f* .

litera *f* **-1.** [cama] lit *m* (superposé); [de tren, barco] couchette *f*. **-2.** [vehículo] litière *f*.

literal *adj* littéral(e).

literario, ria *adj* littéraire.

literato, ta *m, f* écrivain *m*.

literatura *f* littérature *f*.

litigar *vi* être en litige.

litigio *m* litige *m*.

litografía *f* **-1.** [gen] lithographie *f*. **-2.** [taller] atelier *m* de lithographie.

litoral ◇ *adj* littoral(e). ◇ *m* littoral *m*.

litro *m* litre *m*.

Lituania Lituanie *f*.

liturgia *f* liturgie *f*.

liviano, na *adj* léger(ère).

lívido, da *adj* [pálido] livide.

ll *f* l *m* mouillé.

llaga *f* plaie *f*.

llagar *vt* faire une plaie à. ◆ **llagarse** *vp* se couvrir de plaies.

llama *f* **-1.** [gen] flamme *f*. **-2.** ZOOL lama *m*.

llamada *f* **-1.** [gen & TELECOM] appel *m*; **hacer una ~** téléphoner; **~ a cobro revertido** appel en PCV; **~ a larga distancia** o **interurbana** appel longue distance o interurbain; **~ urbana** communication *f* locale. **-2.** [en un libro] renvoi *m*.

llamado *m* Amer [de teléfono] appel *m*.

llamamiento *m* appel *m*.

llamar ◇ *vt* **-1.** [gen] appeler; **~ (por teléfono) a alguien** téléphoner à qqn; **~ de tú/usted a alguien** tutoyer/vouvoyer qqn. **-2.** DER citer; **~ a alguien a juicio** appeler qqn à comparaître. ◇ *vi* **-1.** [a la puerta] frapper; [con timbre] sonner. **-2.** [por teléfono] téléphoner. ◆ **llamarse** *vp* [tener por nombre] s'appeler.

llamarada *f* **-1.** flambée *f*. **-2.** [rubor] rougeur *f*.

llamativo, va *adj* voyant(e).

llamear *vi* flamber.

llaneza *f* simplicité *f*.

llano, na *adj* **-1.** [liso] plat(e). **-2.** [natural, sencillo] simple. **-3.** [sin rango] modeste; **el pueblo** ~ le petit peuple. **-4.** GRAM : **una palabra llana** un paroxyton. **-5.** GEOM plan(e). ◆ **llano** *m* [llanura] plaine *f*.

llanta *f* jante *f*.

llanto *m* pleurs *mpl*, larmes *fpl*.

llanura *f* plaine *f*.

llave *f* **-1.** [gen & DEP] clef *f*; **echar la** ~ fermer à clef; ~ **en mano** COM clef-en-main; ~ **de contacto** clef de contact; ~ **inglesa** clef anglaise; ~ **maestra** passepartout *m*. **-2.** [del gas, agua] robinet *m*; [de la electricidad] interrupteur *m*; ~ **de paso** robinet d'arrêt. **-3.** [signo ortográfico] accolade *f*.

llavero *m* porte-clefs *m*.

llavín *m* petite clef *f*.

llegada *f* arrivée *f*.

llegar *vi* **-1.** [acudir] arriver; ~ **de viaje** rentrer de voyage. **-2.** [sobrevenir] venir; **al** ~ **la noche** à la nuit tombante. **-3.** [durar, alcanzar] : ~ **a** ○ **hasta algo** atteindre qqch, arriver à qqch; **no llegó a la cima** il n'a pas atteint le sommet; **el abrigo le llega hasta la rodilla** son manteau lui arrive au genou; **no llegará a mañana** il ne passera pas la nuit. **-4.** [bastar] suffire; **no me llega para pagar** je n'ai pas assez pour payer. **-5.** [lograr] : ~ **a (ser) algo** devenir qqch; **llegarás a ser presidente** tu deviendras président; **¡si llego a saberlo!** si j'avais su! **-6.** [atreverse] : ~ **a hacer algo** en arriver à faire qqch. ◆ **llegarse** *vp* : ~se a passer par.

llenar *vt* **-1.** ~ **algo (de)** [ocupar, rellenar] remplir qqch (de); [tapizar] couvrir qqch (de). **-2.** [satisfacer] combler. **-3.** [colmar] : ~ **a alguien** [indignación, alegría etc] remplir qqn de; [consejos, alabanzas] abreuver qqn de; [favores] combler qqn de. ◆ **llenarse** *vp* **-1.** ~ **(de algo)** [colmarse] se remplir (de qqch); [cubrirse] se couvrir (de qqch). **-2.** [saciarse] : **ya me he llenado** je n'ai plus faim.

lleno, na *adj* **-1.** [gen] plein(e); **tener la casa llena** avoir beaucoup de monde chez soi; ~ **de** [colmado con] plein de; [cubierto con] couvert de. **-2.** [saciado] repu(e). **-3.** *fam* [regordete] potelé(e). ◆ **de lleno** *loc adv* en plein.

llevadero, ra *adj* supportable.

llevar ◇ *vt* **-1.** [peso, prenda] porter; [carga] transporter; **llevaba un saco en las espaldas** il portait un sac sur le dos; **lleva un traje nuevo/gafas** elle porte une nouvelle robe/des lunettes; **el avión llevaba carga** l'avion transportait des marchandises. **-2.** [acompañar] emmener; **llevo a Juan a su casa** j'emmène Juan chez lui; **nos llevó al teatro** il nous a emmenés au théâtre; **llévenos al hospital** conduisez-nous à l'hôpital. **-3.** [depositar, causar] apporter; **le llevé un regalo** je lui ai apporté un cadeau. **-4.** [coche, caballo] conduire. **-5.** [inducir] : ~ **a alguien a algo/a hacer algo** conduire ○ amener qqn à qqch/à faire qqch; **lo llevaron a la victoria/a dejar la carrera** ils l'ont conduit à la victoire/à abandonner ses études. **-6.** [ocuparse de – cuentas, casa] tenir; [– negocio] diriger, mener. **-7.** [cobrar] prendre; **lleva bastante caro** il prend assez cher. **-8.** [tener] avoir; **llevas las manos sucias** tu as les mains sales; **no llevo dinero** je n'ai pas d'argent sur moi. **-9.** [soportar] supporter; **lleva su enfermedad con resignación** elle le supporte sa maladie avec résignation; **lleva mal la soltería** il vit mal le célibat. **-10.** [mantener] : ~ **el paso** marcher au pas. **-11.** [haber pasado tiempo] : **lleva dos años aquí** ça fait deux ans qu'il est là; **llevo una hora esperándote** ça fait une heure que je t'attends. **-12.** [ocupar tiempo] prendre; **me llevó un día hacer esta tarta** ça m'a pris une journée de faire ce gâteau. **-13.** [sobrepasar en] : **se llevan dos años** ils ont deux ans d'écart; **mi hijo me lleva dos centímetros** mon fils me dépasse de deux centimètres. ◇ *vi* **-1.** [conducir] : ~ **a mener à. -2.** *(antes de participio)* [tener] : **lleva leída media novela** il en est à la moitié du roman. **-3.** *(antes de gerundio)* [estar] : **lleva mucho tiempo saliendo con él** ça fait longtemps qu'elle sort avec lui. ◆ **llevarse** *vp* **-1.** [coger] emporter, prendre; [arrastrar] emporter; **los ladrones se llevaron todo** les voleurs ont tout emporté; **alguien se ha llevado mi bolso** quelqu'un a pris mon sac; **la riada se ha llevado la carretera** la crue a emporté la route. **–2.** [premio] remporter. **–3.** [acercar] porter; **se llevó la copa a los labios** elle porta le verre à ses lèvres. **–4.** [recibir] avoir; **¡me llevé un susto!** j'ai eu une de ces peurs. **–5.** [entenderse] : ~**se bien/mal (con alguien)** s'entendre bien/mal (avec qqn). **-6.** [estar de moda] se porter. **–7.** MAT retenir.

llorar ◇ vi **-1.** [con lágrimas] pleurer. **–2.** fam [quejarse] : ~**le a alguien** pleurnicher. ◇ vt pleurer.

lloriquear vi pleurnicher.

lloro m pleurs mpl.

llorón, ona ◇ adj pleurnicheur(euse); [bebé] pleureur(euse). ◇ m, f pleurnicheur m, -euse f.

lloroso, sa adj [persona] en pleurs; [ojos, voz] larmoyant(e).

llover ◇ v impers pleuvoir. ◇ vi fig pleuvoir; **le llueve el trabajo** il a du travail; **à ne plus savoir qu'en faire.**

llovizna f bruine f.

lloviznar v impers bruiner.

lluvia f pluie f; ~ **ácida** pluies fpl acides.

lluvioso, sa adj pluvieux(euse).

lo, la (mpl **los**, fpl **las**) pron pers (complemento directo) [persona, cosa] le, la, l' (delante de vocal); [fórmula de cortesía] vous; **no** ~/**la conozco personalmente** je ne le/la connais pas personnellement; **la quiere** il l'aime; **los vi** je les ai vus; **la invito a mi fiesta** je vous invite à ma soirée. ◆ **lo** art det (neutro) : ~ **antiguo tiene más valor que** ~ **moderno** les choses anciennes ont plus de valeur que les modernes; ~ **mejor/peor le mieux/pire**; ~ **más gracioso es que...** le plus drôle c'est que... ◆ **lo de** loc prep : **siento** ~ **de ayer** je regrette ce qui s'est passé hier. ◆ **lo que** loc conj ce que; **acepté** ~ **que me ofrecieron** j'ai accepté ce qu'on m'a offert.

loa f **-1.** [alabanza] louange f. **-2.** LITER éloge m.

loable adj louable.

loar vt louer.

lobato = lobezno.

lobby (pl **lobbies** o **lobbys**) m lobby m.

lobezno, lobato m louveteau m.

lobo, ba m, f loup m, louve f. ◆ **lobo de mar** m loup m de mer.

lóbrego, ga adj lugubre.

lóbulo m lobe m.

local ◇ adj local(e). ◇ m **-1.** [edificio] local m. **-2.** [sede] siège m.

localidad f **-1.** [población] localité f. **-2.** [asiento, billete] **place** f.

localismo m **-1.** [sentimiento] esprit m de clocher. **-2.** LING régionalisme m.

localizar vt localiser; [persona, objeto] trouver; [por teléfono] joindre. ◆ **localizarse** vp être localisé(e).

loción f **-1.** [líquido] lotion f. **-2.** [masaje] friction f.

loco, ca ◇ adj fou(folle); **estar** ~ **de** o **por** o **con** être fou de; ~ **de atar** o **de remate** fou à lier; **a lo** ~ [conducir] comme un fou; [responder, trabajar, etc] n'importe comment. ◇ m, f fou m, folle f.

locomoción f locomotion f; **los gastos de** ~ les frais de transport.

locomotor, ra o **triz** adj locomoteur(trice). ◆ **locomotora** f locomotive f.

locuaz adj loquace.

locución f locution f.

locura f folie f; **con** ~ à la folie.

locutor, ra m, f présentateur m, -trice f.

locutorio m **-1.** [en convento, cárcel] parloir m. **-2.** TELECOM cabine f téléphonique. **-3.** RADIO studio m.

lodo m boue f.

logaritmo m logarithme m.

lógico, ca ◇ adj **-1.** [gen] logique. **-2.** [normal] : **es** ~ **que...** c'est normal que... ◇ m, f logicien m, -enne f. ◆ **lógica** f logique f.

logístico, ca adj logistique. ◆ **logística** f logistique f.

logopeda mf orthophoniste mf.

logotipo m logo m.

logrado, da adj réussi(e); [premio, medalla] obtenu(e).

lograr vt : ~ **algo** obtenir qqch; ~ **su objetivo** atteindre ses objectifs; ~ **hacer algo** réussir à faire qqch.

logro m réussite f.

LOGSE (abrev de **Ley Orgánica de Ordenación General del Sistema Educativo**) f réforme de l'enseignement secondaire en Espagne.

loma f colline f.

lombriz f ver m de terre.

lomo m **-1.** [gen] dos m. **-2.** [carne] échine f.

lona f **-1.** [tela] toile f de bâche. **-2.** DEP tapis m.

loncha f tranche f.

londinense ◇ adj londonien(enne). ◇ mf Londonien m, -enne f.

Londres Londres.

longaniza *f* saucisse *f*.

longitud *f* **-1.** [dimensión] longueur *f*; **de 10 metros de** ~ de dix mètres de long; ~ **de onda** FÍS & TELECOM longueur d'onde. **-2.** GEOGR & ASTRON longitude *f*.

longitudinal *adj* longitudinal(e).

lonja *f* **-1.** [loncha] tranche *f*. **-2.** [edificio oficial] bourse *f* de commerce; ~ **de pescado** halle *f* aux poissons. **-3.** ARQUIT parvis *m*.

loro *m* **-1.** [animal] perroquet *m*. **-2.** *fam* [mujer fea] laideron *m*. **-3.** *fam fig* [charlatán] moulin *m* à paroles.

los ◇ *art* → **el**. ◇ *pron* → **lo**.

losa *f* dalle *f*.

loseta *f* carreau *m* *(de céramique)*.

lote *m* **-1.** [gen] lot *m*; [de una herencia] part *f*; ~ **de Navidad** cadeau de Noël offert par les entreprises à leurs employés. **-2.** *fam* [magreo] : **pegarse el** ~ se peloter.

lotería *f* **-1.** [gen] loterie *f*; **jugar a la** ~ jouer à la loterie; **tocarle a alguien la** ~ gagner à la loterie. **-2.** [tienda] *kiosque de billets de loterie*.

loza *f* **-1.** [material] faïence *f*. **-2.** [objetos] vaisselle *f*.

lozanía *f* vigueur *f*, fraîcheur *f*.

lozano, na *adj* vigoureux(euse); [persona] qui respire la santé.

LSD *(abrev de* **lysergic diethylamide)** *m* LSD *m*.

Ltd., ltda. *(abrev de* **limitada)** SARL.

lubina *f* bar *m*, loup *m* de mer.

lubricante, lubrificante ◇ *adj* lubrifiant(e). ◇ *m* lubrifiant *m*.

lubricar, lubrificar *vt* lubrifier.

lucero *m* **-1.** [astro] étoile *f* (brillante). **-2.** *fig* [lustre] éclat *m*; **como un** ~ propre comme un sou neuf.

lucha *f* lutte *f*; ~ **libre** lutte libre; ~ **de clases** lutte des classes.

luchar *vi* lutter, se battre.

lucidez *f* lucidité *f*.

lúcido, da *adj* lucide.

luciérnaga *f* ver *m* luisant.

lucimiento *m* éclat *m*.

lucir ◇ *vi* **-1.** [gen] briller; [estrellas] luire. **-2.** [compensar] profiter; **trabajé mucho pero no me ha lucido** j'ai beaucoup travaillé pour rien. **-3.** [dar prestigio] faire de l'effet. **-4.** *Amer* [parecer] avoir l'air, sembler. ◇ *vt* **-1.** [valor, ingenio] faire preuve de. **-2.** [joyas, ropa] porter; ~ **las piernas** montrer ses jambes. ◆ **lucirse** *vp* **-1.** [so-

bresalir] : ~**se (en)** briller (à). **-2.** *fam fig & irón* [quedar mal] : **¡te has lucido!** tu as bonne mine!

lucrativo, va *adj* lucratif(ive).

lucro *m* gain *m*; **el afán de** ~ l'appât du gain.

lucubrar *vt* **-1.** [reflexionar] : ~ **sobre** méditer sur. **-2.** *despec* [imaginar] échafauder.

lúdico, ca *adj* ludique.

ludopatía *f* dépendance *f* aux jeux.

luego ◇ *adv* **-1.** [justo después] ensuite; **primero aquí y** ~ **allí** d'abord ici et ensuite là-bas; **primero dijo que no, pero** ~ **aceptó** il a d'abord dit non et puis il a accepté; **cenamos y** ~ **nos acostamos** on a dîné et on s'est couchés tout de suite après. **-2.** [más tarde] : **hazlo** ~ fais-le plus tard; **vendré** ~ je viendrai tout à l'heure. **-3.** *Amer* [pronto] tôt. ◇ *conj* [así que] donc; **pienso,** ~ **existo** je pense donc je suis. ◆ **luego luego** *loc adv Amer fam* tout de suite.

lugar *m* **-1.** [gen] lieu *m*; **en el** ~ **del crimen** sur les lieux du crime; **dar** ~ **a** donner lieu à; **fuera de** ~ hors de propos; **no deja** ~ **a dudas** cela ne fait aucun doute; **si ha** ~ s'il y a lieu; **tener** ~ avoir lieu. **-2.** [sitio, emplazamiento] endroit *m*; **en un** ~ **apartado** dans un endroit retiré; **en este** ~ **había una iglesia** à cet endroit, il y avait une église; **la gente del** ~ les gens du coin. **-3.** [posición, puesto] place *f*; **ocupar el segundo** ~ être à la deuxième place; **dejar las cosas en su** ~ laisser les choses à leur place; **en tu** ~**, no lo haría** à ta place, je ne le ferais pas. ◆ **en lugar de** *loc prep* au lieu de. ◆ **lugar común** *m* lieu *m* commun.

lugareño, ña *adj & m, f* villageois(e).

lúgubre *adj* lugubre.

lujo *m* luxe *m*; **con todo** ~ **de detalles** avec un grand luxe de détails; **un piso de** ~ *fig* un splendide appartement.

lujoso, sa *adj* luxueux(euse).

lujuria *f* luxure *f*.

lumbago *m* lumbago *m*.

lumbar *adj* lombaire.

lumbre *f* **-1.** [fuego] feu *m* . **-2.** *fig* [resplandor] éclat *m*.

lumbrera *f fam* **no ser ninguna** ~ ne pas être une lumière.

luminoso, sa *adj lit & fig* lumineux(euse).

luna *f* **-1.** [astro] Lune *f*; ~ **llena** pleine lune; ~ **nueva** nouvelle lune. **-2.** [espejo, cristal] glace *f*. **-3.** *loc* : **estar en la** ~ être dans la lune. ◆ **luna de miel** *f* lune *f* de miel.

lunar ◇ *adj* lunaire. ◇ *m* **-1.** [en la piel] grain *m* de beauté. **-2.** [en telas] pois *m*; **de** ○ **con** ~**es** à pois.

lunático, ca *adj & m, f* désaxé(e).

lunes *m* lundi *m*; *ver también* **sábado**.

lupa *f* loupe *f*.

lustrabotas *m inv* , **lustrador** *m Amer* cireur *m* de chaussures.

lustrar *vt* astiquer; [zapatos] faire briller.

lustre *m lit & fig* éclat *m*.

lustro *m* lustre *m*; **hace** ~**s que no lo veo** il y a des lustres que je ne l'ai pas vu.

lustroso, sa *adj* brillant(e).

luto *m* deuil *m*; **vestir de** ~ porter le deuil.

luxación *f* luxation *f*.

Luxemburgo Luxembourg *m*.

luxemburgués, esa ◇ *adj* luxembourgeois(e). ◇ *m, f* Luxembourgeois *m*, - e *f*.

luz *f* **-1.** [gen] lumière *f*; [electricidad] électricité *f*; **pagar el recibo de la** ~ payer la facture d'électricité; **se ha ido la** ~ il y a une panne de courant; **cortar la** ~ couper le courant; **encender/apagar la** ~ allumer/éteindre la lumière. **-2.** AUTOM phare *m*; **darle luces a alguien** faire un appel de phares à qqn; **luces de carretera** ○ **larga** feux *mpl* de route, phares; **luces de cruce** ○ **cortas** feux *mpl* de croisement, codes *mpl*; **luces de posición** ○ **situación** feux *mpl* de position, veilleuses *fpl* . **-3.** [destello] scintillement *m*; **despedir luces** étinceler. **-4.** ARQUIT ouverture *f*. **-5.** *loc* : **dar a** ~ mettre au monde, accoucher; **sacar a** ~ révéler; [libro] publier.

lycra® *f* Lycra® *m*.

M

m, M *f* [letra] m *m inv*, M *m inv*.

m (*abrev de* **metro**) m.

m² (*abrev de* **metro cuadrado**) m².

m³ (*abrev de* **metro cúbico**) m³.

macabro, bra *adj* macabre.

macana *f Amer fam* [garrote] gourdin *m*; *fig* blague *f*.

macarra *m fam* [granuja] loubard *m*; [de prostitutas] maquereau *m*.

macarrón *m* (*gen pl*) macaroni *m*.

macedonia *f* macédoine *f*.

macerar *vt* CULIN faire macérer.

maceta *f* **-1.** [tiesto] pot *m*; [con planta] pot *m* de fleurs. **-2.** [herramienta] petit maillet *m*.

macetero *m* cache-pot *m*.

machaca *mf fam* **-1.** [pesado] casse-pieds *mf inv*. **-2.** [currante] homme *m* à tout faire.

machacar ◇ *vt* **-1.** [triturar] piler. **-2.** *fam fig* [insistir] rabâcher. **-3.** *fam fig* [empollar] potasser. ◇ *vi fig* [insistir] insister; [sobre un tema] rabâcher; [vencer] écraser.

machete *m* machette *f*.

machista *adj & mf* machiste.

macho ◇ *adj* **-1.** [gen] mâle. **-2.** *fig* [hombre] macho. ◇ *m* **-1.** [gen] mâle *m* . **-2.** *fig* [hombre] macho *m*. **-3.** TECNOL pièce *f* mâle; ELECTR prise *f* mâle. ◇ *interj fam* **¡oye, ~! eh, mon vieux!**

macizo, za *adj* **-1.** [oro, madera] massif(ive). **-2.** *fam fig* [persona] : **estar** ~ être baraqué. ◆ **macizo** *m* massif *m*.

macramé *m* macramé *m*.

macro *f* INFORM macro-instruction *f*.

macrobiótico, ca *adj* macrobiotique. ◆ **macrobiótica** *f* macrobiotique *f*.

mácula *f* **-1.** [gen & ASTRON] tache *f*. **-2.** *fig* [engaño] tromperie *f*.

macuto *m* sac *m* à dos.

madeja *f* pelote *f*; ~ **de lana** pelote de laine.

madera *f* **-1.** [gen] bois *m*; [tabla] planche *f*; **de** ~ en bois. **-2.** *fig* [disposición] : **tener** ~ **de** avoir l'étoffe de.

madero *m* **-1.** [tabla] madrier *m*. **-2.** *fig* [necio] bûche *f*. **-3.** *mfam* [policía] flic *m*.

madrastra *f* belle-mère *f* (*marâtre*).

madrazo *m Amer* grand coup *m*.

madre *f* **-1.** [gen] mère *f*; ~ **de alquiler** mère porteuse; ~ **política** belle-mère *f*; ~ **soltera** mère célibataire; **me vale** ~ *Amer fig* je m'en fous complètement. **-2.** [del vino] lie *f*. **-3.** [de río] lit *m* . ◆ **madre mía** *interj* : **¡~ mía!** sainte Vierge!

Madrid Madrid.

madriguera *f* tanière *f*; [de conejo] terrier *m*.

madrileño, ña ◇ *adj* madrilène. ◇ *m, f* Madrilène *mf*.

madrina f lit & fig marraine f.

madroño m -1. [árbol] arbousier m. -2. [fruto] arbouse f.

madrugada f matin m; **la una de la ~** une heure du matin.

madrugador, ra ◇ adj matinal(e). ◇ m, f : **es un ~** il est matinal.

madrugar vi -1. [levantarse] se lever tôt. -2. fig [anticiparse] prendre les devants.

madrugón, ona adj matinal(e). ◆ **madrugón** m : **darse** o **pegarse un ~** fam se lever aux aurores.

madurar vt & vi mûrir.

madurez f maturité f.

maduro, ra adj -1. [gen] mûr(e). -2. [idea, proyecto, solución] mûrement réfléchi(e).

maestría f [habilidad] maîtrise f.

maestro, tra ◇ adj maître(maîtresse); **una viga maestra** une poutre maîtresse; **una pared maestra** un mur porteur; **un golpe ~** un coup de maître. ◇ m, f [de escuela] maître m, maîtresse f. ◆ **maestro** m -1. [sabio, director] maître m; **~ de ceremonias** maître de cérémonie; **~ de cocina** chef m cuisinier. -2. [compositor, director] maestro m; **~ (de orquesta)** chef m d'orchestre. -3. TAUROM matador m.

mafia f mafia f.

mafioso, sa ◇ adj mafieux(euse). ◇ m, f mafioso m.

magdalena f CULIN madeleine f.

magia f magie f; [de persona] charme m; **~ negra** magie noire.

mágico, ca adj magique.

magisterio m -1. [título] diplôme d'instituteur. -2. [enseñanza] enseignement m primaire. -3. [profesión] corps m des instituteurs.

magistrado, da m, f magistrat m.

magistral adj magistral(e).

magistratura f magistrature f; **~ de trabajo** ≃ conseil des prud'hommes.

magma m magma m.

magnánimo, ma adj magnanime.

magnate m magnat m.

magnesia f magnésie f.

magnético, ca adj magnétique.

magnetismo m magnétisme m.

magnetizar vt magnétiser.

magnetófono m magnétophone m.

magnicidio m meurtre d'un haut personnage.

magnificencia f magnificence f.

magnífico, ca adj magnifique.

magnitud f -1. [medida] grandeur f. -2. ASTRON magnitude f. -3. [importancia] ampleur f.

magnolia f magnolia m.

mago, ga m, f -1. [prestidigitador] magicien m, -enne f. -2. [en cuentos] enchanteur m, -eresse f.

magro, gra adj maigre. ◆ **magro** m [carne] maigre m.

magulladura f meurtrissure f.

magullar vt [la piel] meurtrir; [la fruta] taler.

maharajá = marajá.

mahonesa f → salsa.

maicena f Maïzena® f.

mailing m mailing m.

maillot (pl **maillots**) m DEP maillot m; [de ballet] justaucorps m; [de gimnasia] body m; **~ amarillo** maillot jaune.

maître m maître m d'hôtel.

maíz m maïs m.

majadero, ra m, f idiot m, -e f.

majareta adj & mf fam cinglé(e).

majestad f majesté f.

majestuoso, sa adj majestueux(euse).

majo, ja ◇ adj -1. [simpático] gentil(ille). -2. [bonito] mignon(onne). ◇ m, f HIST nom donné au XVIIIᵉ siècle à un certain type populaire madrilène.

mal ◇ adj → **malo**. ◇ m mal m; **el ~** le mal; **el ~ de ojo** le mauvais œil; **no hay ~ que por bien no venga** à quelque chose malheur est bon. ◇ adv mal; **encontrarse ~** se sentir mal; **oír/ver ~** entendre/voir mal; **oler ~** sentir mauvais; fam fig sembler louche; **saber ~** avoir mauvais goût; fig déplaire; **sentar ~ a alguien** [ropa] aller mal à qqn; [comida] ne pas réussir à qqn; [comentario, actitud] ne pas plaire à qqn; **ir de ~ en peor** aller de mal en pis; **no estaría ~ que...** ça serait bien que...

malabarismo m : **hacer ~s** lit & fig jongler.

malabarista mf jongleur m, -euse f.

malacostumbrado, da adj gâté(e) (enfant).

malacostumbrar vt donner de mauvaises habitudes à.

Málaga Malaga.

malaleche fam f [estado] humeur f de cochon; [genio] foutu caractère m; **tener ~** être une peau de vache.

malapata *fam f* poisse *f*; **has tenido** ~ tu n'as pas eu de pot.

malaria *f* malaria *f*.

malasangre *f* [mala intención] mauvais esprit *m*; **hacerse** ~ *fam* se faire un sang d'encre.

Malasia Malaisie *f*.

malasombra *f fam* [mala suerte] : **tener** ~ avoir la poisse.

malcriado, da *adj & m, f* mal élevé(e).

maldad *f* méchanceté *f*.

maldecir ◇ *vt* maudire. ◇ *vi* médire.

maldición *f* malédiction *f*.

maldito, ta *adj* maudit(e).

maleable *adj* malléable.

maleante *adj & mf* délinquant(e).

malecón *m* jetée *f*.

maleducado, da *adj & m, f* mal élevé(e).

maleficio *m* maléfice *m*.

malentendido *m* malentendu *m*.

malestar *m* **-1.** [dolor físico] douleur *f*; **sentir** ~ **general** avoir mal partout. **-2.** *fig* [molestia] malaise *m*.

maleta *f* valise *f*.

maletero *m* AUTOM coffre *m*.

maletín *m* mallette *f*; [portafolios] attaché-case *m*.

malévolo, la *adj* malveillant(e).

maleza *f* [ycrbajos] mauvaises herbes *fpl*; [espesura] broussailles *fpl*.

malformación *f* malformation *f*.

malgastar *vt* gaspiller.

malhablado, da ◇ *adj* grossier(ère). ◇ *m, f* : **es un** ~ il parle comme un charretier.

malhechor, ra ◇ *adj* malfaisant(e). ◇ *m, f* malfaiteur *m*.

malhumorado, da *adj* de mauvaise humeur.

malicia *f* **-1.** [maldad] méchanceté *f*. **-2.** [picardía] malice *f*.

malicioso, sa *adj* **-1.** [malo, malintencionado] mauvais(e). **-2.** [pícaro] malicieux(euse).

maligno, na *adj* **-1.** [persona] malveillant(e). **-2.** MED malin(igne); **un tumor** ~ une tumeur maligne.

malla *f* **-1.** [tejido] maille *f*. **-2.** [red] filet *m*. **-3.** *Amer* [traje de baño] maillot *m* de bain. ◆ **mallas** *fpl* caleçon *m* (de fille).

Mallorca Majorque.

mallorquín, ina ◇ *adj* majorquin(e). ◇ *m, f* Majorquin *m*, -e *f*.

malo, la ◇ *adj (compar* **peor,** *superl* **el peor***) (antes de sust masculino :* '**mal**'*)* **-1.** [gen] mauvais(e); **una comida mala** un mauvais repas; **un resultado** ~ un mauvais résultat; **pasar un mal rato** passer un mauvais quart d'heure; **es** ~ **para los idiomas** il est mauvais en langues; **ser** ~ **para la salud** être mauvais pour la santé. **-2.** [malicioso] méchant(e); **ser** ~ **con alguien** être méchant avec qqn. **-3.** [difícil] dur(e); **lo** ~ **es que...** le problème, c'est que... **-4.** [enfermo] souffrant(e); **estar** ~ ne pas se sentir bien; **ponerse** ~ tomber malade. **-5.** [travieso] vilain(e). **-6.** *loc* : **estar de malas** être de mauvaise humeur; **por las malas** de force. ◇ *m, f* [de película etc] méchant *m*, -e *f*.

malograr *vt* **-1.** [desaprovechar] gâcher. **-2.** [estropear] endommager. ◆ **malograrse** *vp* [fracasar] tourner court; [morir] mourir prématurément.

malparado, da *adj* mal en point; **salió** ~ **de...** il ne s'est pas bien tiré de...

malpensado, da *m, f* : **ser un** ~ avoir l'esprit mal tourné.

malsonante *adj* grossier(ère).

malta *m* malt *m*.

Malta Malte.

maltratar *vt* **-1.** [pegar, insultar] maltraiter. **-2.** [estropear] abîmer.

maltrato *m* mauvais traitements *mpl*.

maltrecho, cha *adj* en piteux état.

malva ◇ *f* BOT mauve *f*. ◇ *adj inv* mauve. ◇ *m* [color] mauve *m*.

malvado, da *adj & m, f* méchant(e).

malversación *f* [inversión fraudulenta] malversation *f*; ~ **de fondos** détournement *m* de fonds.

malversar *vt* détourner *(de l'argent)*.

Malvinas *fpl* : **las** ~ les Malouines *fpl*.

malvivir *vi* vivre pauvrement.

mama *f* **-1.** [órgano – de animal] mamelle *f*; [– de mujer] sein *m*. **-2.** *fam* [madre] maman *f*.

mamá *(pl* **mamás***) f fam* maman *f*; ~ **grande** *Amer fam* grand-mère *f*.

mamadera *f Amer* **-1.** [biberón] biberon *m*. **-2.** [tetina] tétine *f*.

mamar ◇ *vt* **-1.** [gen] téter. **-2.** *fig* [aprender] apprendre au berceau. ◇ *vi* téter.

mamarracho *m* **-1.** [fantoche] : **estar hecho un** ~ être mal fagoté(e). **-2.** [imbécil] pauvre type *m*. **-3.** [película] navet *m*; [cuadro] croûte *f*.

mambo *m* mambo *m*.

mamífero, ra *adj* mammifère. ◆ **mamífero** *m* mammifère *m*.

mamografía *f* MED mammographie *f*.

mamotreto *m despec* [libro] pavé *m*; [mueble etc] mastodonte *m*.

mampara *f* [de bañera] pare-douche *m*.

mamporro *m fam* gnon *m*; **darse un ~** se cogner.

mamut (*pl* **mamuts**) *m* mammouth *m*.

manada *f* -1. [de caballos, vacas] troupeau *m*; [de lobos] bande *f*; [de ciervos] harde *f*. -2. [de gente] horde *f*.

manager (*pl* **managers**) *m* manager *m*.

Managua Managua.

manantial *m* source *f*.

manazas *adj inv & mf inv* empoté(e).

mancha *f* tache *f*.

manchar *vt fig* [deshonrar] souiller. ◆ **mancharse** *vp* [ensuciarse] se tacher.

manchego, ga *adj* de la Manche. ◆ **manchego** *m* → queso.

mancillar *vt* [el honor etc] souiller.

manco, ca ◇ *adj* -1. [sin brazo, mano] manchot(e). -2. *fig* [incompleto] boiteux(euse). ◇ *m, f* manchot *m*, -e *f*.

mancomunidad *f* association *f*; [de municipios, provincias etc] fédération *f*.

mancorna, mancuerna *f Amer* bouton *m* de manchette.

mandado, da *m, f* envoyé *m*, -e *f*. ◆ **mandado** *m* [recado] commission *f*.

mandamás *mf* -1. [jefe] grand patron *m*. -2. [persona influyente] grand manitou *m*.

mandamiento *m* commandement *m*.

mandar ◇ *vt* -1. [dar órdenes] ordonner; **el profesor mandó un trabajo para casa** le professeur nous a donné un travail à faire à la maison; **~ hacer algo** faire faire qqch. -2. [enviar, encargar] envoyer; **~ a alguien a paseo** o **a la porra** *fam* envoyer balader qqn. -3. [dirigir - ejército] commander; [- país] diriger. ◇ *vi despec* [dar órdenes] commander; **¿mande?** *fam* pardon?

mandarín *m* mandarin *m*.

mandarina *f* mandarine *f*.

mandatario, ria *m, f* mandataire *mf*.

mandato *m* -1. [gen] mandat *m*; **~ judicial** mandat (de justice). -2. [mandamiento] ordre *m*.

mandíbula *f* mâchoire *f*.

mandil *m* tablier *m*.

mando *m* -1. [gen & MIL] commandement *m*; **estar al ~ de** diriger, commander; **los ~s** les dirigeants. -2. [jefe] cadre *m*; **~s intermedios** cadres moyens. -3. [dispositivo] commande *f*; **~ a distancia** télécommande *f*.

mandolina *f* MÚS mandoline *f*.

mandón, ona ◇ *adj* autoritaire. ◇ *m, f* petit chef *m*; **es una mandona** elle veut mener tout le monde à la baguette.

mandril *m* -1. ZOOL mandrill *m*. -2. [pieza] mandrin *m*.

manecilla *f* -1. [del reloj] aiguille *f*. -2. [cierre] fermoir *m*.

manejable *adj* maniable.

manejar *vt* -1. [gen] manier. -2. *fig* [dirigir] mener; [negocios] gérer; **~ a alguien a su antojo** mener qqn par le bout du nez. -3. *Amer* [coche] conduire. ◆ **manejarse** *vp* -1. [moverse] se déplacer. -2. [desenvolverse] se débrouiller.

manejo *m* -1. [gen] maniement *m*. -2. (*gen pl*) *fig* [intriga] manigances *fpl*. -3. *fig* [dirección] conduite *f*; [de negocio, empresa] gestion *f*.

manera *f* -1. [modo] manière *f*; **de cualquier ~** [sin cuidado] n'importe comment; [sea como sea] de toute façon; **de ninguna ~, en ~ alguna** [refuerza una negación] en aucune façon; [respuesta exclamativa] jamais de la vie; **de todas ~s** de toute façon; **en cierta ~** d'une certaine manière; **de ~ que** de telle sorte que; **no hay ~** il n'y a pas moyen. -2. (*gen pl*) [modales] manières *fpl*.

manga *f* -1. [de prenda & DEP] manche *f*; **en ~s de camisa** en manches de chemise; **~ corta/larga** manche courte/longue. -2. [filtro] chausse *f*. -3. [medidor de viento] manche *f* à air. -4. [de pastelería] poche *f* à douille. -5. [manguera] tuyau *m*. -6. *loc* : **ser de ~ ancha, tener ~ ancha** avoir les idées larges.

mangar *vt fam* piquer.

mango *m* -1. [asa] manche *m*. -2. [árbol] manguier *m*. -3. [fruta] mangue *f*.

mangonear *vi fam* -1. [entrometerse] fourrer son nez partout. -2. [mandar] mener tout le monde à la baguette.

manguera *f* tuyau *m* d'arrosage; [de bombero] lance *f* d'incendie.

manía *f* -1. [gen] manie *f*. -2. [afición exagerada] folie *f*; **la ~ de los videojuegos** la folie des jeux vidéo. -3. *fam* [ojeriza] : **coger ~ a alguien** prendre qqn en grippe.

maniaco, ca, maníaco, ca adj & m, f maniaque (malade) .

maniatar vt attacher les mains de.

maniático, ca adj & m, f maniaque; **un ~ del fútbol** fig un fou de football.

manicomio m asile m (d'aliénés).

manicuro, ra m, f manucure mf. ◆ **manicura** f manucure f.

manido, da adj [tema etc] rebattu(e).

manifestación f manifestation f.

manifestar vt **-1.** [gen] manifester. **-2.** [decir] déclarer. ◆ **manifestarse** vp **-1.** [por la calle] manifester. **-2.** [hacerse evidente] se manifester.

manifiesto, ta adj [evidente] manifeste; **poner de ~** mettre en évidence. ◆ **manifiesto** m [escrito] manifeste m.

manillar m guidon m.

maniobra f manœuvre f.

maniobrar vi manœuvrer.

manipulación f manipulation f.

manipular vt manipuler; [información, resultado] trafiquer.

maniquí (pl **maniquíes**) ◇ m [de sastre] mannequin m. ◇ mf **-1.** [modelo] mannequin m. **-2.** fig [títere] pantin m.

manirroto, ta ◇ adj dépensier(ère). ◇ m, f panier m percé.

manitas ◇ adj inv : **es muy ~** il est très habile de ses mains. ◇ mf inv bricoleur m, -euse f; **ser un ~** être bricoleur; **hacer ~** se faire des caresses.

manito, mano m Amer fam pote m.

manivela f manivelle f.

manjar m mets m.

mano f **-1.** [gen] main f; **a ~** [cerca] sous la main; [sin máquina] à la main; **a ~ armada** à main armée; **dar** ◇ **estrechar la ~ a alguien** serrer la main à qqn. **-2.** ZOOL patte f de devant. **-3.** [lado] : **a ~ derecha/izquierda** à droite/gauche. **-4.** [de pintura etc] couche f. **-5.** [destreza] : **tiene buenas ~s para bricolar** c'est un bon bricoleur. **-6.** [capacidad de trabajo] : **necesitamos ~s para descargar** on a besoin de bras pour décharger; **~ de obra** main-d'œuvre f. **-7.** [influencia] : **tiene ~ en el ministerio** il a le bras long au ministère. **-8.** [ayuda, intervención] coup m de main; **echar una ~** donner un coup de main. **-9.** [almirez] pilon m. **-10.** [de juegos] partie f. **-11.** fig [de golpes] volée f. **-12.** loc : **bajo ~** en sous-main; **caer en ~s de alguien** tomber entre les mains de qqn; **con las ~s cruzadas, ~ sobre ~** les

bras croisés; **con las ~s en la masa** la main dans le sac; **de primera ~** de première main; **de segunda ~** d'occasion; **de a ~ en ~** en tête à tête; **¡~s a la obra!** au travail!; **¡~s arriba!, ¡arriba las ~s!** haut les mains!; **tener ~ izquierda** savoir y faire.

manojo m [de espárragos, rábanos] botte f; [de flores] bouquet m; [de pelo] touffe f; [de llaves] trousseau m .

manoletina f **-1.** TAUROM passe inventée par le torero espagnol Manolete. **-2.** [zapato] ballerine f.

manómetro m manomètre m.

manopla f **-1.** [guante] moufle f. **-2.** [de aseo] gant m de toilette.

manosear vt tripoter.

manotazo m claque f.

mansalva ◆ **a mansalva** loc adv [en abundancia] en quantité.

mansedumbre f douceur f; [de animal] docilité f.

mansión f demeure f.

manso, sa adj **-1.** [apacible] paisible, doux(douce). **-2.** [domesticado] docile.

manta ◇ f [abrigo] couverture f; **liarse la ~ a la cabeza** fig sauter le pas. ◇ mf fam [persona] bon m à rien, bonne f à rien.

manteca f **-1.** [grasa animal] graisse f; **~ de cerdo** saindoux m. **-2.** [mantequilla] beurre m; **~ de cacao** beurre de cacao.

mantecado m [de Navidad] gâteau m au saindoux; [helado] glace f à la vanille.

mantel m nappe f.

mantelería f linge m de table.

mantener vt **-1.** [gen] maintenir; **mantengo que...** je maintiens ○ je soutiens que...; **~ la cabeza alta** garder la tête haute. **-2.** [sustentar, tener] entretenir; **~ a una familia** entretenir une famille; **~ relaciones/una conversación** entretenir des relations/une conversation; **~ en buen estado** entretenir. **-3.** [aguantar] soutenir; **~ un edificio** soutenir un bâtiment. ◆ **mantenerse** vp **-1.** [sustentarse] : **~se con** ○ **de** vivre de. **-2.** [permanecer] : **~se derecho/en pie** se tenir droit/debout; **~se joven** rester jeune; **~se en el poder** rester au pouvoir.

mantenimiento m entretien m; [de material] maintenance f.

mantequilla f beurre m.

mantilla f **-1.** [de mujer] mantille f. **-2.** [de bebé] lange m.

manto *m* **-1.** [prenda] grande cape *f*; **el ~ de la Virgen** le manteau de la Vierge. **-2.** *fig* [que oculta] voile *m*. **-3.** [terrestre] manteau *m*.

mantón *m* châle *m* .

manual ◇ *adj* manuel(elle). ◇ *m* [libro] manuel *m*.

manualidad *f (gen pl)* travaux *mpl* manuels.

manubrio *m* manivelle *f*.

manufacturar *vt* manufacturer.

manuscrito, ta *adj* manuscrit(e). ◆ **manuscrito** *m* manuscrit *m*.

manutención *f* [sustento] entretien *m*; [alimento] nourriture *f*; **tener para su ~** avoir de quoi se nourrir.

manzana *f* **-1.** [fruta] pomme *f* . **-2.** [grupo de casas] pâté *m* de maisons.

manzanilla *f* **-1.** [planta, infusión] camomille *f*. **-2.** [vino] manzanilla *m* *(vin doux)*. **-3.** [aceituna] *type de petites olives*.

manzano *m* pommier *m*.

maña *f* **-1.** [destreza] habileté *f*; **darse ~ para** être doué(e) pour. **-2.** *(gen pl)* [astucia] ruse *f*; **darse ~ para** se débrouiller pour.

mañana ◇ *f* **-1.** [gen] matin *m*; **a las dos de la ~** à deux heures du matin; **a la ~ siguiente** le lendemain matin; **por la ~** le matin. **-2.** [período de tiempo] matinée *f*; **toda la ~** toute la matinée. ◇ *m* [futuro] lendemain *m*, avenir *m*. ◇ *adv* demain; **¡hasta ~!** à demain!; **~ por la ~** demain matin; **pasado ~** après-demain.

mañanitas *f Amer chant populaire mexicain à l'occasion d'un anniversaire.*

maño, ña *m, f fam* Aragonais *m*, -e *f*.

mañoso, sa *adj* adroit(e) de ses mains.

mapa *m* carte *f* .

mapamundi *m* mappemonde *f*.

maqueta *f* maquette *f*.

maquillaje *m* maquillage *m*.

maquillar *vt lit & fig* maquiller. ◆ **maquillarse** *vp* se maquiller.

máquina *f* **-1.** [gen] machine *f*; **hecho a ~** fait à la machine; **escribir** ○ **pasar a ~** taper à la machine; **a toda ~** à fond de train; **~ de coser** machine à coudre; **~ de escribir** machine à écrire; **~ de vapor** machine à vapeur; **~ fotográfica** appareil *m* photo; **~ traganíqueles** *Amer* machine à sous; **(~) tragaperras** machine à sous. **-2.** *Amer* [coche] voiture *f*.

maquinación *f* machination *f*.

maquinal *adj* machinal(e).

maquinar *vt* manigancer; **~ algo contra alguien** tramer qqch contre qqn.

maquinaria *f* **-1.** [gen] machinerie *f*; [de reloj] mécanisme *m*; **~ agrícola** matériel *m* agricole. **-2.** *fig* [organismo] machine *f*.

maquinilla *f* : **~ (de afeitar)** rasoir *m*; **~ eléctrica** rasoir électrique.

maquinista *mf* [de tren] mécanicien *m*.

mar *m* ○ *f* mer *f*; **alta ~** haute mer; **~ Báltico** mer Baltique; **el ~ Cantábrico** le golfe de Gascogne *(partie sud)*; **el ~ Caribe** la mer des Caraïbes; **el ~ Mediterráneo** la mer Méditerranée; **la ~ de** drôlement; **es la ~ de inteligente** il est drôlement intelligent.

mar. *abrev de marzo.*

marabunta *f* **-1.** [de hormigas] invasion *f* de fourmis. **-2.** *fig* [muchedumbre] foule *f*.

maraca *f* MÚS : **las ~s** les maracas *fpl*.

marajá, maharajá *m* maharaja *m*.

maraña *f* **-1.** [maleza] broussaille *f*. **-2.** *fig* [enredo] enchevêtrement *m*.

maratón *m* marathon *m*.

maravilla *f* **-1.** [objeto extraordinario] merveille *f*. **-2.** [asombro] émerveillement *m*. **-3.** [planta] souci *m*. **-4.** *loc* : **a las mil ~s, de ~** à merveille; **venir de ~** tomber à pic.

maravillar *vt* **-1.** [gustar] émerveiller. **-2.** [asombrar] stupéfier. ◆ **maravillarse** *vp* **-1.** [admirarse] s'émerveiller. **-2.** [asombrarse] être stupéfait(e).

maravilloso, sa *adj* merveilleux(euse).

marca *f* **-1.** [señal] trace *f*. **-2.** [distintivo] marque *f*; **de ~** de marque; **~ de fábrica** marque; **~ registrada** marque déposée. **-3.** DEP score *m*; **batir una ~** battre un record.

marcado, da *adj* **-1.** [gen] marqué(e). **-2.** [animales] marqué(e) au fer rouge. ◆ **marcado** *m* **-1.** [peinado] mise *f* en plis. **-2.** [señalado] marquage *m*.

marcador, ra *adj* marqueur(euse). ◆ **marcador** *m* [tablero] tableau *m* d'affichage.

marcaje *m* DEP marquage *m*.

marcapasos *m inv* pacemaker *m*.

marcar ◇ *vt* **-1.** [gen] marquer; [indicar] indiquer. **-2.** [resaltar] faire ressortir; **la falda le marca las caderas** sa jupe lui moule les hanches; **~ la diferencia** faire la différence. **-3.** [número de teléfono] composer. **-4.** [cabello] faire une mise en plis. ◇ *vi* marquer.

marcha f -1. [gen] marche f; **dar** ~ **atrás** fig faire marche arrière. -2. [partida] départ m; **en** ~ [máquina] en marche; [asuntos] en cours; **poner en** ~ [máquina] mettre en marche; [negocio] mettre en route; **sobre la** ~ au fur et à mesure. -3. AUTOM vitesse f; ~ **atrás** marche f arrière. -4. fam [animación] ambiance f; **hay mucha** ~ il y a beaucoup d'ambiance; **ir de** ~ faire la bringue.

marchar vi -1. [andar, funcionar] marcher. -2. [irse] partir. ◆ **marcharse** vp s'en aller; **se marchó** il est parti.

marchitar vt faner. ◆ **marchitarse** vp se faner; [perder fuerza] s'étioler.

marchito, ta adj fané(e); [debilitado] étiolé(e).

marcial adj [de la guerra] martial(e).

marco m -1. [gen] cadre m; [de puerta, ventana] encadrement m. -2. [moneda] mark m. -3. DEP [portería] buts mpl.

mar del Norte m mer f du Nord.

marea f lit & fig marée f; ~ **alta/baja** marée haute/basse; ~ **negra** marée noire.

marear vt -1. [causar mareo] faire tourner la tête à. -2. fam [fastidiar] assommer. ◆ **marearse** vp [sentir mareo] avoir la tête qui tourne; [en barco] avoir le mal de mer; [en coche, avión] avoir mal au cœur.

marejada f -1. [en el mar] houle f; **hay** ~ la mer est houleuse. -2. fig [agitación] effervescence f.

maremoto m raz de marée m.

mareo m -1. [malestar] mal m au cœur; [en barco] mal m de mer. -2. fam [fastidio] plaie f.

marfil m ivoire m.

margarina f margarine f.

margarita f marguerite f.

margen m ○ f -1. (gen m) [gen & COM] marge f; **al** ~ en marge; ~ **de error** marge d'erreur. -2. (gen f) [orilla] rive f. -3. (gen m) [ocasión] : **dar** ~ **a alguien para hacer algo** donner à qqn l'occasion de faire qqch.

marginación f marginalisation f.

marginado, da ○ adj marginalisé(e). ○ m, f marginal m, -e f.

maría f Amer fam fille de la campagne qui est partie à la ville.

marica m mfam despec pédale f.

maricón m mfam despec pédé m.

mariconera f fam sac m d'homme.

marido m mari m.

marihuana f marijuana f.

marimacho m fam despec virago f.

marina f → marino.

marinero, ra adj -1. [barrio, pueblo] de marins. -2. [buque] marin(e). ◆ **marinero** m marin m.

marino, na adj [del mar] marin(e). ◆ **marino** m marin m. ◆ **marina** f marine f; **marina mercante** marine marchande.

marioneta f marionnette f. ◆ **marionetas** fpl [teatro] marionnettes fpl.

mariposa f -1. [gen] papillon m. -2. [candela, luz] veilleuse f.

mariposear vi papillonner.

mariquita ○ f [insecto] coccinelle f. ○ m mfam despec [homosexual] tante f.

marisco m : **el** ~, **los** ~**s** les fruits mpl de mer.

marisma f marais m (du littoral).

marisquería f [restaurante] restaurant m de poissons.

marítimo, ma adj maritime.

marketing m marketing m.

mármol m marbre m.

marmota f marmotte f.

mar Muerto m mer f Morte.

mar Negro m mer f Noire.

marqués, esa m, f marquis m, -e f.

marquesina f marquise f (auvent); [de autobús] Abribus® m.

marranada f fam -1. [porquería] cochonnerie f. -2. [mala jugada] saloperie f.

marrano, na m, f -1. [animal] cochon m, truie f. -2. fam [sucio] cochon m, -onne f. -3. fam [sin escrúpulos] salaud m, salope f.

mar Rojo m mer f Rouge.

marrón adj & m marron.

marroquí (pl **marroquíes**) ○ adj marocain(e). ○ mf Marocain m, -e f.

Marruecos Maroc m.

Marte ASTRON & MITOL Mars.

martes m mardi m; ~ **y trece** ≃ vendredi treize; ver también **sábado**.

martillear, martillar vt marteler.

martillo m marteau m.

mártir mf martyr m, -e f.

martirio m martyre m.

martirizar vt lit & fig martyriser.

maruja f fam bobonne f.

marxismo m marxisme m.

marxista adj & mf marxiste.

marzo m mars m; ver también **septiembre**.

mas *conj* mais; **hace mucho tiempo de eso,** ~ **todavía lo recuerdo** il y a bien longtemps de cela, mais je m'en souviens encore.

más ◇ *adv* -1. *(comparativo)* plus; **Juan es** ~ **alto** Juan est plus grand; **necesito** ~ **tiempo** j'ai besoin de plus de temps; ~ **de** plus de; **tengo** ~ **de cien pesetas** j'ai plus de cent pesetas; ~... **que...** plus... que...; **Ana es** ~ **joven que tú** Ana est plus jeune que toi; **tiene dos años** ~ **que yo** elle a deux ans de plus que moi; **de** ~ **de** ○ **en trop**; **hay mil pesetas de** ~ il y a mille pesetas de ○ en trop. -2. *(superlativo)* : **el/la/lo** ~ le/la/le plus; **es la** ~ **lista de la clase** c'est la plus intelligente de la classe. -3. *(en frases negativas)* : **no quiero** ~ je n'en veux plus; **ni un vaso** ~ pas un verre de plus. -4. *(con pron interrogativo e indefinido)* : **¿qué/quién** ~? quoi/qui d'autre?; **no vendrá nadie** ~ personne d'autre ne viendra. -5. [indica repetición] encore; **quiero** ~ **pastel** je veux encore du gâteau. -6. [indica preferencia] mieux; ~ **vale que nos vayamos** il vaut mieux que nous partions. -7. [indica intensidad] : **¡es** ~ **tonto!** il est tellement bête!; **¡qué día** ~ **bonito!** quelle belle journée! -8. MAT plus. -9. *loc* : ~ **y** ~ de plus en plus, toujours plus; **el que** ~ **y el que menos** tout un chacun; **no estaba contento, es** ~, **estaba furioso** il n'était pas content, je dirais même qu'il était furieux; **no trabaja bien, es** ~, **ahora mismo se lo digo** il ne travaille pas bien, d'ailleurs je vais le lui dire tout de suite; ~ **bien** plutôt; ~ **o menos** plus ou moins; **¿qué** ~ **da?** qu'est-ce que ça peut faire?; **sin** ~ **(ni** ~**)** comme ça, sans raison. ◇ *m inv* [MAT & máximo] plus *m*; **es lo** ~ **que puedo hacer** c'est tout ce que je peux faire. ◆ **por más que** *loc conj* avoir beau; **por** ~ **que insistas no te lo diré** tu auras beau insister, je ne te le dirai pas.

masa *f* -1. [gen] masse *f*. -2. CULIN pâte *f*. -3. *Amer* [pastelillo] petit-four *m*; [pasta] *pâte à base de maïs*. ◆ **masas** *fpl* masses *fpl*.

masacre *f* massacre *m*.

masaje *m* massage *m*.

masajista *mf* masseur *m*, -euse *f*.

mascar *vt* mâcher.

máscara *f* masque *m*; ~ **antigás** masque à gaz.

mascarilla *f* masque *m*.

mascota *f* mascotte *f*.

masculino, na *adj* masculin(e).

mascullar *vt* marmonner.

masificación *f* massification *f*.

masilla *f* mastic *m*.

masivo, va *adj* massif(ive).

masón, ona *adj* & *m, f* franc-maçon (onne).

masoquista *adj* & *mf* masochiste.

mass media, mass-media *mpl* mass media *mpl*.

máster *(pl* **másters)** *m* mastère *m*.

masticar *vt* mâcher; *fig* ruminer.

mástil *m* -1. [palo & NÁUT] mât *m*. -2. [de instrumentos de cuerda] manche *m*.

mastodonte *m* mastodonte *m*.

masturbación *f* masturbation *f*.

masturbar *vt* masturber. ◆ **masturbarse** *vp* se masturber.

mata *f* [arbusto] buisson *m*; [matojo] touffe *f*. ◆ **mata de pelo** *f* touffe *f* de cheveux.

matadero *m* abattoir *m*.

matador, ra *adj fam* -1. [feo] monstrueux(euse). -2. [agotador] tuant(e). ◆ **matador** *m* TAUROM matador *m*.

matamoscas *m inv* [raqueta] tapette *f* (à mouches); [papel] papier *m* tue-mouches.

matanza *f* -1. [masacre] tuerie *f*. -2. [del cerdo] abattage *m*.

matar *vt* -1. [gen] tuer. -2. [apagar - cal] éteindre; [- esperanzas etc] briser; [color] adoucir. -3. [redondear] arrondir. -4. *loc* : ~**las callando** agir en douce. ◆ **matarse** *vp* se tuer; [unos a otros] s'entre-tuer.

matarratas *m inv* -1. [veneno] mort-aux-rats *f*. -2. *fig* [bebida] tord-boyaux *m*.

matasellos *m inv* cachet *m*.

mate ◇ *adj inv* mat(e). ◇ *m* -1. [ajedrez] mat *m*. -2. DEP [baloncesto] smash *m*. -3. [planta, bebida] maté *m*.

matemático, ca ◇ *adj* mathématique. ◇ *m, f* mathématicien *m*, -enne *f*. ◆ **matemáticas** *fpl* mathématiques *fpl*.

materia *f* matière *f*; ~ **prima, primera** ~ matière première.

material ◇ *adj* -1. [gen] matériel(elle). -2. [real] véritable. ◇ *m* -1. [materia] matière *f*; **los** ~**es** [de construcción etc] les matériaux *mpl* . -2. [instrumentos] matériel *m* .

materialismo *m* matérialisme *m* .

materialista *adj* & *mf* matérialiste.

materializar *vt* matérialiser. ◆ **materializarse** *vp* se matérialiser.

maternal *adj* maternel(elle).

maternidad f maternité f.

materno, na adj maternel(elle).

matinal adj matinal(e).

matiz m nuance f.

matizar vt **-1.** [gen] nuancer. **-2.** fig [distinguir] détailler. **-3.** fig [dar tono especial] : ~ **con** teinter de.

matojo m buisson m.

matón, ona m, f fam dur m, -e f.

matorral m fourré m.

matraca f [instrumento] crécelle f.

matriarcado m matriarcat m.

matrícula f **-1.** [inscripción] inscription f. **-2.** [documento] certificat m d'inscription. **-3.** [del coche] plaque f d'immatriculation. ◆ **matrícula de honor** f ≃ félicitations fpl du jury.

matricular vt **-1.** [inscribir] inscrire. **-2.** [coche] immatriculer. ◆ **matricularse** vp s'inscrire.

matrimonial adj matrimonial(e).

matrimonio m **-1.** [unión] mariage m; **contraer** ~ se marier. **-2.** [pareja] couple m.

matriz ◇ f **-1.** [gen & MAT] matrice f. **-2.** [de talonario] souche f. ◇ adj mère; **la casa** ~ la maison mère.

matrona f **-1.** [madre] matrone f. **-2.** [comadrona] sage-femme f. **-3.** [de aduanas, cárceles] fouilleuse f.

matutino, na adj matinal(e); [prensa] du matin.

maullar vi miauler.

maullido m miaulement m.

mausoleo m mausolée m.

maxilar adj & m maxillaire.

máxima f → **máximo.**

máxime adv à plus forte raison.

máximo, ma ◇ superl → **grande.** ◇ adj maximal(e); **el** ~ **responsable** le plus haut responsable. ◆ **máximo** m maximum m; **como** ~ au maximum. ◆ **máxima** f **-1.** [sentencia, principio] maxime f. **-2.** [temperatura] température f maximale.

mayo m mai m; ver también **septiembre.**

mayonesa f → **salsa.**

mayor adj **-1.** [comparativo] : ~ **(que)** [de tamaño, importancia] plus grand(e) (que); [de edad] plus âgé(e) (que); [de número] supérieur(e) (à); **su hermano es dos años** ~ **su hermano** a deux ans de plus. **-2.** [superlativo] : **el/la** ~ **...** [de tamaño, importancia] le plus grand.../la plus grande...; **el** ~ **de sus hermanos** le plus âgé de ses

frères; **el** ~ **número de pasajeros** le plus grand nombre de passagers. **-3.** [gran] : **de** ~ **importancia** de la plus haute importance. **-4.** [adulto] grand(e); ~ **de edad** majeur(e). **-5.** [anciano] âgé(e). **-6.** MÚS : **en do** ~ en do majeur. **-7.** loc : **al por** ~ en gros. ◇ mf : **el/la** ~ l'aîné/l'aînée. ◇ m MIL major m. ◆ **mayores** mpl **-1.** [adultos] grandes personnes fpl. **-2.** [antepasados] aïeux mpl.

mayoral m **-1.** [pastor] berger responsable de plusieurs troupeaux. **-2.** [capataz] contremaître m.

mayordomo m majordome m.

mayoreo m Amer vente f en gros.

mayoría f majorité f; **la** ~ **de** la plupart de. ◆ **mayoría de edad** f majorité f.

mayorista ◇ adj de gros. ◇ mf grossiste mf.

mayoritario, ria adj majoritaire.

mayúsculo, la adj [error] monumental(e); [esfuerzo, sorpresa] énorme. ◆ **mayúscula** f majuscule f.

maza f massue f.

mazapán m massepain m.

mazazo m coup m de massue.

mazmorra f : **las** ~**s** les oubliettes fpl.

mazo m **-1.** [martillo] maillet m. **-2.** [conjunto] paquet m; [de billetes, papeles] liasse f.

me pron pers [gen] me, m' (delante de vocal); [en imperativo] moi, me; **viene a verme** il vient me voir; ~ **quiere** il m'aime; ~ **lo dio** il me l'a donné; ~ **tiene miedo** il a peur de moi; ¡**mírame!** regarde-moi!; ¡**no** ~ **digas que no!** ne me dis pas non!; ~ **gusta leer** j'aime lire; ~ **encuentro mal** je me sens mal.

meandro m méandre m.

mear vi vulg pisser. ◆ **mearse** vp vulg pisser.

MEC (abrev de **Ministerio de Educación y Ciencia**) m ministère espagnol de l'Éducation.

mecachis interj fam ¡~! zut!

mecánica f → **mecánico.**

mecánico, ca ◇ adj mécanique. ◇ m, f mécanicien m, -enne f. ◆ **mecánica** f mécanique f.

mecanismo m mécanisme m.

mecanizar vt mécaniser.

mecanografía f dactylographie f.

mecanógrafo, fa m, f dactylo mf.

mecapal m Amer sangle f de porteur.

mecedora f fauteuil m à bascule.

mecenas *mf inv* mécène *m.*

mecer *vt* bercer. ✦ **mecerse** *vp* se balancer.

mecha *f* mèche *f.*

mechero *m* briquet *m.*

mechón *m* mèche *f.*

medalla ◇ *f* médaille *f.* ◇ *mf* médaillé *m,* -e *f;* **fue ~ de oro** il a eu la médaille d'or.

medallón *m* médaillon *m.*

media *f* → **medio.**

mediación *f* médiation *f;* **por ~ de** par l'intermédiaire de.

mediado, da *adj* [recipiente] à moitié plein(e) o vide; [obra, trabajo, noche] au milieu de; **mediada la noche** au milieu de la nuit; **a ~s de** vers le milieu de; **a ~s de enero** vers la mi-janvier.

mediana *f* → **mediano.**

mediano, na *adj* moyen(enne). ✦ **mediana** *f* -1. GEOM médiane *f.* -2. [de una carretera] ligne *f* blanche.

medianoche (*pl* **mediasnoches**) *f* -1. [hora] minuit *m;* **a ~** au milieu de la nuit. -2. [bollo] *petit sandwich rond.*

mediante *prep* grâce à.

mediar *vi* -1. [llegar a la mitad] : **mediaba el mes de julio** c'était la mi-juillet; **mediaba la tarde cuando empezó a llover** il a commencé à pleuvoir en plein après-midi. -2. [existir] : **media un kilómetro entre las dos casas** il y a un kilomètre entre les deux maisons; **entre los dos edificios media un jardín** un jardin sépare les deux maisons. -3. [interceder] : **~ en favor de alguien** intercéder en faveur de qqn. -4. [transcurrir] s'écouler.

mediatizar *vt* avoir une influence sur.

medicación *f* -1. [indicación] prescription *f* (médicale); [administración] administration *f* (de médicaments). -2. [medicamentos] traitement *m.*

medicamento *m* médicament *m.*

medicar *vt* donner des médicaments à. ✦ **medicarse** *vp* prendre des médicaments.

medicina *f* -1. [ciencia] médecine *f* . -2. [medicamento] médicament *m.*

medicinal *adj* médicinal(e).

medición *f* mesure *f (action).*

médico, ca ◇ *adj* médical(e). ◇ *m, f* médecin *m;* **~ de cabecera** o **familia** médecin de famille.

medida *f* mesure *f;* **a (la) ~** [ropa] sur mesure; **a la ~ de** à la mesure de; **en cierta ~** dans une certaine mesure. **tomar la ~ de algo** mesurer qqch; **tomar ~s** [disposiciones] prendre des mesures; **a ~ que** au fur et à mesure que. ✦ **medidas** *fpl* [del cuerpo] mensurations *fpl* .

medieval *adj* médiéval(e).

medievo, medioevo *m* Moyen Âge *m.*

medio, dia *adj* -1. [mitad de] demi(e); **media docena** une demi-douzaine; **un kilo y ~** un kilo et demi. -2. [mediano] moyen(enne); **el español ~** l'Espagnol moyen. -3. *fig* [mucho] : **~ pueblo estaba allí** presque tous les habitants du village étaient là. -4. *fig* [incompleto] : **a media luz** dans la pénombre. ✦ **medio** ◇ *adv* à moitié; **~ borracha** à moitié soûle; **a ~ hacer** à moitié fait(e). ◇ *m* -1. [mitad] moitié *f* . -2. [centro, ambiente social & QUÍM] milieu *m;* **en ~s bien informados** dans les milieux bien informés; **en ~ de** au milieu de; **ponerse por (en) ~** *fig* s'interposer. -3. [sistema, manera] moyen *m;* **por ~ de** [persona] par l'intermédiaire de. -4. DEP demi *m.* -5. *loc* : **quitar de en ~ a alguien** [apartar] écarter qqn; [matar] se débarrasser de qqn. ✦ **medios** *mpl* moyens *mpl;* **~s de comunicación** médias *mpl;* **~s de transporte** moyens de transport. ✦ **media** *f* -1. [promedio] moyenne *f* . -2. [hora] : **al dar la media** à la demie. -3. (*gen pl*) [prenda] bas *m.* -4. DEP demis *mpl.* ✦ **a medias** *loc adv* [pagar] moitié moitié; [hacer, creer] à moitié. ✦ **medio ambiente** *m* environnement *m.*

mediocre *adj* médiocre.

mediodía (*pl* **mediodías**) *m* [hora, sur] midi *m;* **al ~** à midi.

medioevo = **medievo.**

medir *vt* -1. [gen] mesurer. -2. *fig* [sopesar] peser. ✦ **medirse** *vp* se mesurer; **~se al hablar** mesurer ses paroles.

meditar *vt & vi* méditer.

mediterráneo, a ◇ *adj* méditerranéen(enne). ◇ *m, f* Méditerranéen *m,* -enne *f.* ✦ **Mediterráneo** *m* : **el Mediterráneo** la Méditerranée.

médium *mf inv* médium *mf.*

médula *f* -1. ANAT moelle *f;* **~ espinal** moelle épinière. -2. [de un problema, cosa] cœur *m.*

medusa *f* méduse *f.*

megafonía *f* -1. [técnica] sonorisation *f.* -2. [aparatos] haut-parleurs *mpl.*

megáfono *m* haut-parleur *m*.

mejicano = mexicano.

Méjico = México.

mejilla *f* joue *f*.

mejillón *m* moule *f*.

mejor ◇ *adj* **-1.** *(compar y superl)* meilleur(e); **el ~ pianista** le meilleur pianiste; **la ~ alumna** la meilleure élève; **~ que** meilleur(e) que; **estar ~** aller mieux. **-2.** [preferible] : **(es) ~ que...** il vaut mieux que... ◇ *mf* **el ~** le meilleur; **la ~** la meilleure; **lo ~ es que...** la meilleure c'est que... ◇ *adv (compar y superl)* mieux; **ahora veo ~ (que antes)** je vois mieux maintenant (qu'avant); **el que la conoce ~** celui qui la connaît le mieux; **¡~ para ella!** tant mieux pour elle! ◆ **a lo mejor** *loc adv* peut-être; **a lo ~ viene** il viendra peut-être. ◆ **mejor dicho** *loc adv* plus exactement; **tiene dos primos o ~ dicho un primo y una prima** il a deux cousins ou, plus exactement, un cousin et une cousine.

mejora *f* **-1.** [progreso] amélioration *f*. **-2.** [aumento] augmentation *f*.

mejorar ◇ *vt* **-1.** [gen] améliorer; **esta película mejora a las demás** ce film est meilleur que les autres. **-2.** [enfermo] : **este medicamento lo mejoró** ce médicament lui a fait du bien. **-3.** [sueldo, etc] augmenter. ◇ *vi* **-1.** [enfermo] aller mieux. **-2.** [tiempo] s'améliorer. **-3.** [situatión, país] évoluer; **el país ha mejorado mucho** la situation économique du pays s'est beaucoup améliorée. ◆ **mejorarse** *vp* **-1.** [gen] s'améliorer. **-2.** [enfermo] aller mieux; **¡que te mejores!** meilleure santé!

mejoría *f* amélioration *f*.

mejunje *m* lit & fig mixture *f*.

melancolía *f* mélancolie *f*.

melancólico, ca *adj* & *m, f* mélancolique.

melaza *f* mélasse *f*.

melena *f* **-1.** [de persona] longue chevelure *f*. **-2.** [de león] crinière *f*.

melenudo, da *adj despec* chevelu(e).

melindre *m* CULIN beignet au miel.

mellado, da *adj* **-1.** [cuchillo, plato] ébréché(e). **-2.** [boca] édenté(e).

mellizo, za *adj* & *m, f* jumeau(elle).

melocotón *m* pêche *f*.

melodía *f* mélodie *f*.

melódico, ca *adj* mélodique.

melodioso, sa *adj* mélodieux(euse).

melodrama *m* **-1.** TEATR & CIN mélodrame *m*. **-2.** fig drame *m*; **montar un ~** faire un drame.

melómano, na *m, f* mélomane *mf*.

melón *m* **-1.** [fruto] melon *m*. **-2.** fam fig [persona] **cruche** *f*.

melopea *f* fam cuite *f*.

meloso, sa *adj* **-1.** [dulce] sucré(e). **-2.** fig [empalagoso] mielleux(euse).

membrana *f* membrane *f*.

membrete *m* en-tête *m*.

membrillo *m* coing *m*.

memo, ma *adj* & *m, f* niais(e).

memorable *adj* mémorable.

memorándum (*pl* **memorándums**) *m* **-1.** [cuaderno] agenda *m*. **-2.** [nota diplomática] mémorandum *m*.

memoria *f* **-1.** [gen & INFORM] mémoire *f*; **de ~** par cœur; **hacer ~ (de algo)** essayer de se rappeler (qqch); **traer algo a la ~** rappeler qqch; **~ RAM** mémoire RAM. **-2.** [disertación, informe] mémoire *m*; [de empresa] rapport *m*. **-3.** [lista] inventaire *m*. ◆ **memorias** *mpl* Mémoires *mpl*.

memorizar *vt* mémoriser.

menaje *m* [de cocina] utensiles *mpl*.

mención *f* mention *f*.

mencionar *vt* mentionner.

menda ◇ *pron fam* [el que habla] bibi. ◇ *m* [uno cualquiera] type *m*.

mendicidad *f* mendicité *f*.

mendigar *vt* & *vi* mendier.

mendigo, ga *m, f* mendiant *m*, -e *f*.

mendrugo *m* quignon *m* (de pain).

menear *vt* **-1.** [mover] remuer; [cabeza] hocher; [caderas] balancer. **-2.** fig [activar] relancer. ◆ **menearse** *vp* **-1.** [moverse] bouger. **-2.** [darse prisa, espabilarse] se remuer; **se va a llevar un disgusto de no te menees** fam je ne te dis pas la déception qu'il va avoir.

meneo *m* mouvement *m*; [de cabeza] hochement *m*; [de caderas] balancement *m* .

menester *m desus* : **es ~ que** il faut que. ◆ **menesteres** *mpl* occupations *fpl*.

menestra *f* jardinière *f* (de légumes).

mengano, na *m, f* untel *m*, unetelle *f*.

menguante *adj* [gen] décroissant(e).

menguar ◇ *vi* diminuer; [luna] décroître. ◇ *vt* diminuer.

menisco *m* ménisque *m*.

menopausia *f* ménopause *f*.

menor ◇ *adj* **-1.** *(comparativo)* : ~ **(que)** [de tamaño] **plus petit(e) (que)**; [de edad] plus jeune (que); [de número] inférieur(e) (à); **mi hermano** ~ mon petit frère; **es un problema de** ~ **importancia** c'est un problème de moindre importance. **-2.** *(superlativo)* : **el/la** ~ [de tamaño, número] le/la plus petit(e); [de edad] le/la plus jeune; [de importancia] le/la moindre. **-3.** [joven, de poca importancia & MÚS] mineur(e); **ser** ~ **de edad** être mineur(e); **un problema** ~ un problème mineur; **en do** ~ en do mineur. **-4.** *loc* : **al por** ~ au détail. ◇ *mf* **-1.** *(superlativo)* : **el** ~ [hijo, hermano] le cadet; **la** ~ [hija, hermana] la cadette. **-2.** [de edad] mineur *m*, -e *f*.

Menorca Minorque.

menos ◇ *adv* **-1.** *(comparativo)* [cualidad, intensidad] moins; [cantidad] moins de; ~ **gordo** moins gros; **hace** ~ **frío** il fait moins froid; ~ **manzanas** moins de pommes; ~ **de** moins de; ~ **de diez** moins de dix; **~... que...** [cualidad, intensidad] moins... que...; [cantidad] moins de... que...; **hace** ~ **calor que ayer** il fait moins chaud qu'hier; **tiene** ~ **libros que tú** elle a moins de livres que toi; **tengo dos años** ~ **que tú** j'ai deux ans de moins que toi; **de** ~ en moins; **hay cien pesetas de** ~ il y a cent pesetas en moins. **-2.** *(superlativo)* : **el/la/lo** ~ le/la/le moins; **lo** ~ **posible** le moins possible. **-3.** [excepto] sauf; **todo** ~ **eso** tout sauf ça. **-4.** [MAT & en horas] moins; **tres** ~ **dos igual a uno** trois moins deux égale un; **son las dos** ~ **diez** il est deux heures moins dix. **-5.** *fam* [peor] moins bien; **éste es** ~ **coche que el mío** cette voiture est moins bien que la mienne. **-6.** *loc* : **es lo de** ~ ce n'est pas le plus important; **¡** ~ **mal!** heureusement!; **venir a** ~ déchoir. ◇ *m inv* [MAT & mínimo] moins *m*; **es lo** ~ **que puedo hacer** c'est la moindre des choses que je puisse faire. ◆ **al menos, por lo menos** *loc adv* au moins. ◆ **a menos que** *loc conj* à moins que.

menoscabar *vt* [fama, honra] entamer; [derechos, intereses] porter atteinte à.

menospreciar *vt* [despreciar] mépriser; [infravalorar] sous-estimer.

mensaje *m* message *m*.

mensajero, ra ◇ *adj* avant-coureur. ◇ *m, f* **-1.** [de mensajes] messager *m*, -ère *f*. **-2.** [de paquetes] coursier *m*, -ère *f*.

menstruación *f* menstruation *f*.

menstruar *vi* avoir ses règles.

mensual *adj* mensuel(elle).

mensualidad *f* **-1.** [sueldo] mois *m* de salaire. **-2.** [pago] mensualité *f*.

menta *f* menthe *f*; **de** ~ à la menthe.

mental *adj* mental(e).

mentalidad *f* mentalité *f*.

mentalizar *vt* : ~ **a alguien (de que)** convaincre qqn (que). ◆ **mentalizarse** *vp* se préparer psychologiquement.

mentar *vt* mentionner.

mente *f* **-1.** [inteligencia] esprit *m*. **-2.** [propósito] intention *f*.

mentecato, ta *m, f* sot *m*, sotte *f*.

mentir *vi* mentir.

mentira *f* [falsedad] mensonge *m*; **aunque parezca** ~ aussi étrange que cela puisse paraître; **de** ~ faux(fausse); **un reloj de** ~ une fausse montre; **parece** ~ **que...** c'est incroyable que...; **parece** ~ **cómo pasa el tiempo** c'est fou comme le temps passe.

mentirijillas ◆ **de mentirijillas** *loc adv fam* pour rire.

mentiroso, sa *adj & m, f* menteur(euse).

mentón *m* menton *m*.

menú (*pl* **menús**) *m* menu *m*; ~ **del día** menu du jour.

menudencia *f* broutille *f*.

menudeo *m Amer* vente *f* au détail.

menudillos *mpl* [de ave] abattis *mpl*.

menudo, da *adj* **-1.** [pequeño, insignificante] menu(e). **-2.** *(antes de sust)* [para enfatizar] : **¡menuda suerte he tenido!** j'ai eu une de ces chances!; **¡** ~ **lío!** tu parles d'un pétrin!; **¡** ~ **artista!** quel grand artiste! ◆ **a menudo** *loc adv* souvent.

meñique *m* → dedo.

meollo *m* cœur *m*; **el** ~ **del asunto** le cœur du problème.

mercader *mf* marchand *m*, -e *f*.

mercadería *f* marchandise *f*.

mercadillo *m* petit marché *m*.

mercado *m* marché *m*; ~ **bursátil** marché financier; ~ **común** marché commun; ~ **de abastos** marché de gros.

mercancía *f* marchandise *f*.

mercante *adj* marchand(e).

mercantil *adj* commercial(e).

mercenario, ria ◇ *adj* mercenaire. ◇ *m, f* mercenaire *m*.

mercería *f* mercerie *f*.

mercurio *m* mercure *m*.

merecedor, ra *adj* méritant(e); **ser ~ de algo** mériter qqch.

merecer ◇ *vt* mériter; **merece la pena...** ça vaut la peine de... ◇ *vi* faire reconnaître ses mérites.

merecido *m* : **ha recibido su ~** il a eu ce qu'il méritait *(punition)*.

merendar ◇ *vi* goûter *(l'après-midi).* ◇ *vt* : ~ **algo** [bebida] boire qqch au goûter; [comida] manger qqch au goûter.

merendero *m* buvette *f.*

merengue ◇ *m* **-1.** CULIN meringue *f.* **-2.** [baile] merengue *m.* ◇ *adj* DEP *fam* du football-club du Real Madrid. ◇ *mf* DEP *fam* supporter du football-club du Real Madrid.

meretriz *f* prostituée *f.*

meridiano, na *adj* **-1.** [gen] méridien (enne); [exposición] au midi. **-2.** *fig* [claro] : **una verdad meridiana** une vérité éclatante. ◆ **meridiano** *m* méridien *m.*

merienda *f* goûter *m* .

mérito *m* mérite *m*; **de ~** de valeur; **hacer ~s para** faire tout pour.

merluza *f* **-1.** [animal] merlu *m*, colin *m.* **-2.** *fam* [borrachera] cuite *f.*

merma *f* diminution *f.*

mermar ◇ *vi* diminuer; ◇ *vt* réduire; [fortuna] entamer.

mermelada *f* confiture *f.*

mero, ra *adj* (antes de sust) seul(e); **por ~ placer** par pur plaisir; **el ~ hecho de...** le simple fait de... ◆ **mero** *m* mérou *m.*

merodear *vi* marauder.

mes *m* mois *m*; **tener el ~** avoir ses règles.

mesa *f* table *f*; **bendecir la ~** bénir le repas; **poner/quitar la ~** mettre/débarrasser la table; ~ **camilla** *petite table ronde équipée d'un brasero*; ~ **de despacho** o **oficina** bureau *m*; ~ **de mezclas** table de mixage; ~ **directiva** conseil *m* d'administration. ◆ **mesa redonda** *f* table *f* ronde.

mesero, ra *m, f Amer* serveur *m*, -euse *f.*

meseta *f* GEOGR plateau *m.*

mesías *m* messie *m.* ◆ **Mesías** *m* : **el Mesías** le Messie.

mesilla *f* petite table *f*; ~ **de noche** table *f* de nuit.

mesón *m* auberge *f.*

mestizo, za ◇ *adj* métis(isse); [animal, planta] hybride. ◇ *m, f* métis *m*, -isse *f*; [animal, planta] hybride *m.*

mesura *f* mesure *f*; [moderación] : **con ~** avec mesure.

meta *f* **-1.** [gen] but *m*; **fijarse una ~** se fixer un but. **-2.** DEP [llegada] ligne *f* d'arrivée.

metabolismo *m* métabolisme *m.*

metacrilato *m* méthacrylate *m.*

metáfora *f* métaphore *f.*

metal *m* **-1.** [material] métal *m* . **-2.** MÚS cuivres *mpl.*

metálico, ca *adj* métallique. ◆ **metálico** *m* : **pagar en ~** payer en liquide.

metalurgia *f* métallurgie *f.*

metamorfosis *f* métamorphose *f.*

metedura ◆ **metedura de pata** *f* gaffe *f.*

meteorito *m* météorite *f.*

meteoro *m* phénomène *m* atmosphérique.

meteorología *f* météorologie *f.*

meteorológico, ca *adj* météorologique.

meteorólogo, ga *m, f* météorologue *mf.*

meter *vt* **-1.** [gen] mettre; ~ **algo/a alguien en algo** mettre qqch/qqn dans qqch; ~ **la llave en la cerradura** mettre la clef dans la serrure; ~ **dinero en el banco** mettre de l'argent à la banque; **¡en menudo lío nos ha metido!** il nous a mis dans un beau pétrin!; **lo metieron en la cárcel** on l'a mis en prison. **-2.** [hacer participar] : **me metió en la asociación** il m'a fait entrer dans l'association. **-3.** [causar] : **¡no me metas prisa!** ne me bouscule pas!; ~ **miedo a alguien** faire peur à qqn; **no metáis tanto ruido** ne faites pas tant de bruit. **-4.** *fam* [decir] : **nos metió el mismo rollo** il nous a sorti le même baratin. **-5.** *fam* [imponer] : **le han metido diez años de cárcel** il en a pris pour dix ans. **-6.** *fam* [asestar] flanquer; **le metió un puñetazo** il lui a flanqué un coup de poing. **-7.** *fam* [echar] : ~ **una bronca a alguien** engueuler qqn. ◆ **meterse** *vp* **-1.** [ponerse] se mettre; **no sabía dónde ~me** je ne savais plus où me mettre; **me metí en la cama a las diez** je me suis mis au lit à dix heures. **-2.** [entrar] entrer; **se metió en el cine** il entra dans le cinéma. **-3.** *(en frase interrogativa)* [estar] passer; **¿dónde se ha metido?** où est-il passé? **-4.** [dedicarse a] : ~**se a** devenir; **se metió a periodista** il est devenu journaliste. **-5.** [entrometerse] : ~**se en** se mêler de; **¡no te metas!** mêle-toi de ce qui te regarde! **-6.** [empezar] : ~**se a hacer algo** se mettre à faire qqch. **-7.** ~**se con alguien** [atacar] s'en prendre à qqn; [incordiar] taquiner qqn.

meterete, **metete** *adj Amer fam* qui fourre son nez partout.

meticuloso, **sa** *adj* méticuleux(euse).

metido, **da** *adj* **-1.** [envuelto] : **andar** o **estar** ~ **en** [asuntos] être mêlé à; [trabajo] être pris par. **-2.** [abundante] : ~ **en años** d'un âge avancé; ~ **en carnes** bien en chair.

metódico, **ca** *adj* méthodique.

método *m* méthode *f.*

metodología *f* méthodologie *f.*

metomentodo *fam mf* : **ser un** ~ fourrer son nez partout.

metralla *f* mitraille *f.*

metralleta *f* mitraillette *f.*

métrico, **ca** *adj* métrique.

metro *m* **-1.** [gen] mètre *m* . **-2.** [transporte] métro *m.*

metrópoli, **metrópolis** *f inv* métropole *f.*

metropolitano, **na** *adj* métropolitain(e).

mexicano, **na**, **mejicano**, **na** ◇ *adj* mexicain(e). ◇ *m, f* Mexicain *m, -e f.*

México, **Méjico** Mexique *m*; ~ **(distrito federal)** Mexico (DF).

mezcla *f* **-1.** [gen] mélange *m.* **-2.** [de sonido] mixage *m.*

mezclar *vt* **-1.** [gen] : ~ **(con)** mélanger (à). **-2.** *fig* [implicar] : ~ **a alguien en algo** mêler qqn à qqch. ◆ **mezclarse** *vp* **-1.** [gen] : ~**se con** o **entre** se mêler à. **-2.** [intervenir] : ~**se en** se mêler de. **-3.** [combinarse] : ~**se (con)** se mélanger (à).

mezquino, **na** *adj* mesquin(e).

mezquita *f* mosquée *f.*

mg *(abrev de* **miligramo***)* mg.

mi[1] *m* MÚS mi *m.*

mi[2] *(pl* **mis***) adj* poses mon, ma; ~**s libros** mes livres.

mí *pron pers (después de prep)* moi; **no se fía de** ~ il n'a pas confiance en moi; **¡a** ~ **qué!** et alors!; **para** ~ **que...** [yo creo que] à mon avis; **para** ~ **que no viene** je pense qu'il ne viendra pas; **por** ~ s'il ne tient qu'à moi; **por** ~ **no hay inconveniente** en ce qui me concerne, je n'y vois pas d'inconvénient.

mía → **mío.**

miaja *f* miette *f.*

miau *m* miaou *m.*

michelines *mpl fam* bourrelets *mpl.*

mico *m* **-1.** [mono] ouistiti *m.* **-2.** *fam* [persona] macaque *m.*

micro *m fam* [micrófono] micro *m.*

microbio *m* microbe *m.*

microbús *f* minibus *m.*

microfilm *(pl* **microfilms***),* **microfilme** *m* microfilm *m.*

micrófono *m* microphone *m.*

microondas *m inv* → **horno.**

microscópico, **ca** *adj* microscopique.

microscopio *m* microscope *m.*

miedo *m* peur *f*; **dar** ~ faire peur; **le da** ~ **la oscuridad** il a peur du noir; **temblar de** ~ trembler de peur; **tener** ~ **a algo/hacer algo** [asustarse] avoir peur de qqch/faire qqch; **tener** ~ **de** *fig* avoir peur de; **tengo** ~ **de que se entere** j'ai peur qu'il ne l'apprenne; **de** ~ *fam fig* [estupendo] super.

miedoso, **sa** *adj & m, f* peureux(euse).

miel *f* miel *m* .

miembro *m* membre *m*; ~ **(viril)** membre (viril).

mientras ◇ *conj* **-1.** [al tiempo que] pendant que; **puedo leer** ~ **escucho música** je peux lire pendant que j'écoute de la musique; ~ **más ando más sudo** plus je marche plus je transpire. **-2.** [hasta que] : ~ **no se pruebe lo contrario** jusqu'à preuve du contraire; ~ **esté aquí** tant que je serai là. **-3.** [por el contrario] : ~ **que** alors que. ◇ *adv* : **el** ~ **(tanto)** pendant ce temps; **arréglate,** ~ **(tanto), hago las matelas** prépare-toi, pendant ce temps, je fais les valises.

miércoles *m* mercredi *m* ; *ver también* **sábado.**

mierda *vulg f* **-1.** [gen] merde *f.* **-2.** [suciedad] : **hay mucha** ~ **aquí** c'est franchement dégueulasse ici. **-3.** *loc* : **irse a la** ~ [para rechazar] aller se faire foutre; [arruinarse] partir en couilles; **mandar a la** ~ envoyer se faire foutre.

mies *f* moisson *f*; **segar la** ~ moissonner. ◆ **mieses** *fpl* moissons *fpl.*

miga *f* **-1.** [de pan] mie *f.* **-2.** *(gen pl)* [restos] miettes *fpl.* ◆ **migas** *fpl* CULIN pain émietté, imbibé de lait et frit; **hacer buenas/malas** ~**s** *fam* faire bon/mauvais ménage.

migración *f* migration *f.*

migraña *f* migraine *f.*

migrar *vi* migrer.

migratorio, **ria** *adj* migratoire; **un ave migratoria** un oiseau migrateur.

mijo *m* millet *m.*

mil *núm* mille; ~ **gracias** mille fois merci; ~ **excusas** mille excuses; *ver también* **seis.** ◆ **miles** *mpl* [gran cantidad] milliers *mpl* .

milagro *m* miracle *m*; **de** ~ par miracle.

milagroso, sa adj miraculeux(euse).
milenario, ria adj millénaire. ◆ **milenario** m millénaire m.
milenio m millénaire m.
milésimo, ma núm millième. ◆ **milésima** f millième m.
mili f fam service m (militaire); **hacer la ~** faire son service.
milicia f -1. [profesión] carrière f des armes. -2. (gen pl) [gente armada] milice f.
miliciano, na ◇ adj de l'armée. ◇ m, f milicien m, -enne f.
miligramo m milligramme m.
milímetro m millimètre m.
militante ◇ adj militant(e); fig engagé(e). ◇ mf militant m, -e f.
militar[1] adj & mf militaire.
militar[2] vi militer.
militarizar vt militariser.
milla f : **~ (marina)** mille m (marin).
millar m millier m .
millón núm million m; **un ~ de** un million de; fig des milliers de; **un ~ de gracias** mille fois merci. ◆ **millones** mpl : **costar/ganar etc millones** coûter/gagner etc des millions; **tener millones** être riche à millions.
millonario, ria adj & m, f millionnaire.
millonésimo, ma núm millionième; **es la millonésima vez que...** c'est la énième fois que... ◆ **millonésima** f millionième m.
mimado, da adj [niño etc] gâté(e).
mimar vt gâter.
mimbre m osier m.
mímico, ca adj mimique; **un actor ~** un mime. ◆ **mímica** f geste m.
mimo m -1. [cariño] câlin m. -2. [malcrianza] : **con tanto ~, este niño está maleducado** on a tellement gâté cet enfant qu'il est mal élevé. -3. TEATR mime m .
mimosa f BOT mimosa m.
mimoso, sa adj câlin(e).
min (abrev de **minuto**) min.
mina f mine f; fig [persona] perle f; **~ de oro** fig mine d'or.
minar vt miner.
mineral ◇ adj -1. [de la tierra] minéral(e). -2. → **agua**. ◇ m minerai m.
minería f -1. [técnica] extraction f minière. -2. [sector] industrie f minière.
minero, ra ◇ adj minier(ère). ◇ m, f mineur m.

miniatura f -1. [gen] miniature f; **en ~** en miniature. -2. [reproducción] modèle m réduit.
minicadena f minichaîne f.
minifalda f minijupe f.
minigolf (pl **minigolfs**) m minigolf m.
mínima f → **mínimo**.
mínimo, ma adj [muy pequeño] minime; [menor] moindre; **la temperatura mínima** la température minimale; **la más mínima idea** la moindre idée; **como ~** au minimum; **como ~ podrías haber...** tu aurais pu au moins...; **en lo más ~** le moins du monde. ◆ **mínimo** m minimum m . ◆ **mínima** f METEOR température f minimale.
ministerio m ministère m. ◆ **Ministerio** m ministère m.
ministro, tra m, f ministre m; **primer ~** Premier ministre.
minoría f minorité f.
minorista ◇ adj au détail. ◇ mf détaillant m, -e f.
minoritario, ria adj minoritaire.
minucia f [pequeñez] vétille f; [detalle] détail m; **reparar en ~s** se perdre dans les détails.
minuciosidad f minutie f.
minucioso, sa adj minutieux(euse).
minúsculo, la adj minuscule. ◆ **minúscula** f minuscule f.
minusvalía f -1. ECON moins-value f. -2. [física] handicap m.
minusválido, da adj & m, f handicapé(e).
minuta f -1. [factura] honoraires mpl. -2. [menú] carte f.
minutero m aiguille f des minutes.
minuto m minute f .
mío, mía (mpl **míos**, fpl **mías**) ◇ adj poses à moi; **este libro es ~** ce livre est à moi; **un amigo ~** un de mes amis; **no es asunto ~** ça ne me regarde pas; **no es culpa mía** ce n'est pas (de) ma faute. ◇ pron poses -1. (después de art) : **el ~** le mien; **la mía** la mienne; **aquí guardo lo ~** c'est là que je range mes affaires. -2. loc : **ésta es la mía** fam à moi de jouer; **lo ~ es el teatro** fam mon truc c'est le théâtre; **los ~s** [mi familia] les miens.
miope adj & mf myope.
miopía f myopie f.
mira f mire f; **con ~s a** fig en vue de; **tener altas ~s** viser haut.

mirado, da *adj* [prudente] réfléchi(e); **ser ~ en algo** faire attention à qqch; **bien ~** tout bien considéré. ◆ **mirada** *f* regard *m*; **apartar la mirada** détourner les yeux; **dirigir** o **lanzar la mirada** jeter un regard; **fulminar con la mirada** foudroyer du regard; **levantar la mirada** lever les yeux.

mirador *m* **-1.** [balcón] bow-window *m*. **-2.** [para ver un paisaje] belvédère *m*.

miramiento *m* égard *m*; **sin ~s** sans égards.

mirar ◇ *vt* **-1.** [gen] regarder; ¡**mira!** regarde!; **~ de cerca/lejos** regarder de près/de loin; **~ algo por encima** *fig* jeter un coup d'œil à qqch; **de mírame y no me toques** très fragile; **si bien se mira** *fig* si l'on y regarde de près. **-2.** [considerar] penser; **mira bien lo que haces** fais attention à ce que tu fais; **mira si vale la pena** vois si cela vaut la peine; **~ bien/mal a alguien** penser du bien/du mal de qqn. **-3.** *(en imperativo)* [explicación]: **mira, yo creo que...** écoute, je crois que...; **mira, mira** [sorpresa] tiens, tiens. ◇ *vi* **-1.** [gen] regarder. **-2. ~ a** [norte, este etc] être orienté(e) au; [calle, patio etc] donner sur. **-3.** [cuidar]: **~ por alguien/por algo** veiller sur qqn/à qqch. ◆ **mirarse** *vp* se regarder.

mirilla *f* judas *m* *(de porte)*.

mirlo *m* merle *m* .

mirón, ona ◇ *adj fam* curieux(euse); **un tío ~** un voyeur. ◇ *m, f* [voyeur] voyeur *m*, -euse *f*; [curioso] curieux *m*, -euse *f*; [en la calle] badaud *m*, -e *f*.

mirra *f* myrrhe *f*.

misa *f* RELIG messe *f*; **ir a ~** aller à la messe; **esto va a ~** *fam* fig c'est tout vu; **no saber de la ~ la mitad** *fam fig* n'en savoir rien de rien.

misal *m* **-1.** [de fiel] missel *m*. **-2.** [del sacerdote] bréviaire *m*.

misántropo, pa *m, f* misanthrope *mf*.

miscelánea *f* mélange *m*.

miserable ◇ *adj* misérable; **una cantidad ~** une misère; **un sueldo ~** un salaire de misère. ◇ *mf* **-1.** [tacaño] avare *mf*. **-2.** [ruin] misérable *mf*.

miseria *f* **-1.** [gen] misère *f*. **-2.** [tacañería] avarice *f*.

misericordia *f* miséricorde *f*; **pedir ~** demander miséricorde.

mísero, ra *adj* [pobre] misérable; **no nos ofreció ni un ~ café** il ne nous a même pas offert un malheureux café.

mísil, misil *(pl* **misiles***)* *m* missile *m*.

misión *f* mission *f*. ◆ **misiones** *fpl* RELIG missions *fpl*.

misionero, ra *adj & m, f* missionnaire.

misiva *f* culto missive *f*.

mismo, ma ◇ *adj* même; **el ~ piso** le même appartement; **del ~ color** de la même couleur; **en este ~ cuarto** dans cette même chambre; **en su misma calle** dans sa propre rue; **el rey ~** le roi lui-même; **mí/ti etc ~** moi/toi etc même; ¡**tú ~!** à toi de voir! ◇ *pron* : **el ~** le même; **se prohíbe la entrada al edificio al personal ajeno al mismo** accès interdit aux personnes étrangères à l'établissement; **lo ~ (que)** la même chose (que); **dar** o **ser lo ~** être du pareil au même; **me da lo ~** cela m'est égal; **estamos en las mismas** *fig* on n'est pas plus avancés. ◆ **mismo** *adv (después de sust)* : **hoy ~** aujourd'hui même; **encima/detrás ~** juste au-dessus/derrière; **ahora ~** tout de suite; **mañana ~** dès demain.

misógino, na *adj & m, f* misogyne.

misterio *m* mystère *m* .

misterioso, sa *adj* mystérieux(euse).

mística *f* → **místico**.

místico, ca *adj & m, f* mystique. ◆ **mística** *f* mystique *f*.

mitad *f* **-1.** [gen] moitié *f*; **a ~ de precio** à moitié prix; **a ~ del camino** à mi-chemin; **~ hombre, ~ animal** mi-homme, mi-bête; **cortar/partir por la ~** couper/partager en deux; **~ y ~** moitié moitié. **-2.** [medio] milieu *m*; **en ~ de la reunión** au milieu de la réunion.

mítico, ca *adj* mythique.

mitificar *vt* mythifier; *fig* idéaliser.

mitigar *vt* [dolor, frio] calmer.

mitin, mítin *(pl* **mítines***)* *m* meeting *m*.

mito *m* **-1.** [gen] mythe *m*; ¡**es puro ~!** c'est un mythe!; **es un ~ que se ha creado** c'est une invention de toutes pièces. **-2.** [personaje – fabuloso] personnage *m* mythique; [– famoso] figure *f*; **un ~ de la Historia** une figure de l'Histoire.

mitología *f* mythologie *f*.

mitote *m* Amer fam [bulla] grabuge *m*.

mixto, ta *adj* mixte.

ml *(abrev de* **mililitro***)* ml.

mm *(abrev de* **milímetro***)* mm.

mobiliario *m* mobilier *m*.

mocasín *m* mocassin *m*.

mochila *f* sac *m* à dos.

mocho, cha adj [punta] émoussé(e); [árbol] étêté(e); [animal] écorné(e).

mochuelo m **-1.** [ave] hibou m. **-2.** fam [trabajo] corvée f.

moción f **-1.** [proposición] motion f. **-2.** [acción] mouvement m.

moco m morve f; **limpiarse los ~s** se moucher.

mocoso, sa ◇ adj : **estar ~** avoir le nez qui coule. ◇ m, f fam despec morveux m, -euse f.

moda f mode f; **estar de ~** être à la mode; **estar pasado de ~** être démodé.

modal adj modal(e). ◆ **modales** mpl manières fpl.

modalidad f [tipo] forme f.

modelar vt **-1.** [figura, adorno] modeler. **-2.** fig [carácter] former.

modelo ◇ adj & m modèle. ◇ mf **-1.** [de artista] modèle m. **-2.** [de moda, publicidad] mannequin m.

moderación f modération f.

moderado, da adj & m, f modéré(e).

moderador, ra ◇ adj modérateur(trice). ◇ m, f [de debate, reunión] animateur m, -trice f.

moderar vt **-1.** [velocidad, aspiraciones etc] modérer. **-2.** [debate, reunión] animer. ◆ **moderarse** vp se modérer.

modernismo m **-1.** [gen & LITER] modernisme m. **-2.** ARQUIT & ARTE modern style m, ≃ Art m nouveau.

modernizar vt moderniser. ◆ **modernizarse** vp se moderniser.

moderno, na adj moderne.

modestia f modestie f.

modesto, ta ◇ adj modeste. ◇ m, f : **los ~s** les gens modestes.

módico, ca adj modique.

modificar vt modifier.

modista mf **-1.** [que diseña] couturier m. **-2.** [que cose] tailleur m, couturière f.

modisto m **-1.** [diseñador] couturier m. **-2.** [que cose] tailleur m.

modo m **-1.** [gen] façon f, manière f; **el ~ que tienes de comer** ta façon de manger; **hazlo del ~ que quieras** fais-le comme tu veux; **a ~ de** [a manera de] en guise de; **de todos ~s** de toute façon ○ manière; **en cierto ~** d'une certaine façon ○ manière; **de ~ que** [de manera que] de façon que; [así que] alors; **lo hizo de ~ que... il** a fait en sorte que... **-2.** [estilo & GRAM] mode m; **~ de vida** mode de vie; **~ de**

empleo mode d'emploi. ◆ **modos** mpl manières fpl; **buenos/malos ~s** bonnes/mauvaises manières.

modorra f fam **me entra la ~** je ferais bien un petit somme.

modoso, sa adj sage.

modular vt moduler.

módulo m module m.

mofa f raillerie f.

moflete m grosse joue f.

mogollón m **-1.** fam [muchos] : **un ~ de** un tas de. **-2.** mfam [lío] bordel m.

mohair m mohair m.

moho m **-1.** [hongo] moisi m. **-2.** [herrumbre] rouille f.

mohoso, sa adj **-1.** [con hongo] moisi(e). **-2.** [oxidado] rouillé(e).

mojado, da adj mouillé(e).

mojar vt mouiller; [pan] tremper. ◆ **mojarse** vp se mouiller; **el traje no puede ~se** ce costume n'est pas lavable.

mojigato, ta ◇ adj **-1.** [beato] bigot(e). **-2.** [hipócrita] faux(fausse). ◇ m, f **-1.** [beato] bigot m, -e f. **-2.** [hipócrita] petit saint m, petite sainte f.

mojón m borne f.

molar[1] m molaire f.

molar[2] mfam ◇ vt brancher; **¿te molaría ir al cine?** ça te brancherait d'aller au ciné? ◇ vi être vachement classe; **¡cómo me mola ese chico!** ce garçon me plaît vachement.

molcajete m Amer mortier m.

molde m moule m.

moldeado m **-1.** [de pelo] mise f en plis. **-2.** [de figura, cerámica] moulage m.

moldear vt **-1.** [con molde] mouler. **-2.** [escultura, carácter] modeler. **-3.** [cabello] faire une mise en plis.

mole f masse f.

molécula f molécule f.

moler vt **-1.** [grano] moudre. **-2.** fam [cansar] crever.

molestar vt **-1.** [fastidiar] gêner; [distraer] déranger; **me molesta hacer...** ça m'ennuie de faire... **-2.** [doler] faire mal. **-3.** [ofender] vexer. ◆ **molestarse** vp **-1.** [incomodarse] se déranger; **~se por alguien/algo** se déranger pour qqn/qqch; **~se en hacer algo** prendre la peine de faire qqch. **-2.** [ofenderse] se vexer.

molestia f -1. [incomodidad] gêne f, dérangement m; **si no es demasiada** ~ si cela ne vous dérange pas trop. -2. [malestar] ennui m.

molesto, ta adj -1. [incordiante] : **ser** ~ être gênant. -2. [irritado] : **estar** ~ être fâché. -3. [incómodo] gêné(e).

molido, da adj moulu(e); **estar** ~ fam être crevé.

molinero, ra adj & m, f meunier(ère).

molinillo m moulin m (à café).

molino m moulin m .

molla f -1. [parte blanda] chair f. -2. [gordura] graisse f.

molleja f [de res] ris m; [de ave] gésier m.

mollera f -1. fam fig [juicio] : **no le cabe en la** ~ **que...** il n'arrive pas à se mettre dans le crâne que... -2. ANAT fontanelle f.

moluscos mpl mollusques mpl.

momentáneo, a adj momentané(e).

momento m moment m; **no para ni un** ~ il n'arrête pas un instant; **a cada** ~ tout le temps; **al** ~ à l'instant; **de** ~, **por el** ~ pour le moment; **desde el** ~ **(en) que** [tiempo] dès l'instant où; [causa] du moment que; **de un** ~ **a otro** d'un moment à l'autre.

momia f momie f.

mona f → mono.

Mónaco : **(el principado de)** ~ (la principauté de) Monaco.

monada f -1. [preciosidad] : **es una** ~ [persona] elle est mignonne; [cosa] c'est mignon. -2. [gracia] pitrerie f.

monaguillo m enfant m de chœur.

monarca m monarque m.

monarquía f monarchie f .

monárquico, ca ◇ adj monarchique; [partidario] monarchiste. ◇ m, f monarchiste mf.

monasterio m monastère m.

Moncloa f : **la** ~ POLÍT siège de la présidence du gouvernement espagnol.

monda f [acción] épluchage m; [piel] épluchure f; **ser la** ~ fam [gracioso] être tordant(e); [desvergonzado] ne pas s'embêter.

mondadientes m inv cure-dents m.

mondadura f -1. [acción] épluchage m. -2. [piel] épluchure f.

mondar vt éplucher, peler.

moneda f -1. [pieza] pièce f (de monnaie). -2. [divisa] monnaie f; ~ **extranjera** monnaie étrangère.

monedero, ra m, f monnayeur m. ◆ **monedero** m porte-monnaie m.

monegasco, ca ◇ adj monégasque. ◇ m, f Monégasque mf.

monería f [de niño] pitrerie f; [de mono, payaso] singerie f.

monetario, ria adj monétaire.

mongólico, ca ◇ adj -1. [enfermo] mongolien(enne). -2. [de Mongolia] mongol(e). ◇ m, f -1. [enfermo] mongolien m, -enne f. -2. [de Mongolia] Mongol m, -e f.

mongolismo m mongolisme m.

monigote m -1. [muñeco, persona] pantin m. -2. [dibujo] bonhomme m.

monitor, ra m, f moniteur m, -trice f. ◆ **monitor** m INFORM moniteur m .

monja f religieuse f.

monje m moine m.

mono, na ◇ adj mignon(onne). ◇ m, f singe m guenon f; **ser el último** ~ fig être la cinquième roue du carrosse. ◆ **mono** m -1. [prenda – con peto] salopette f; [– con mangas] bleu m de travail; [de esquí] combinaison f. -2. fam [de drogadicto] manque m. ◆ **mona** f -1. fam [borrachera] cuite f . -2. [dulce] : **mona (de Pascua)** gâteau vendu à Pâques, ≃ œuf m de Pâques.

monóculo m monocle m.

monogamia f monogamie f.

monografía f monographie f.

monolingüe ◇ adj monolingue. ◇ m dictionnaire m monolingue.

monólogo m monologue m.

monopatín m skateboard m.

monopolio m monopole m.

monopolizar vt monopoliser.

monosílabo, ba adj monosyllabe. ◆ **monosílabo** m monosyllabe m.

monoteísmo m monothéisme m.

monotonía f monotonie f.

monótono, na adj monotone.

monseñor m monseigneur m.

monserga f fam **no me vengas con** ~s ne me raconte pas d'histoires; **no son más que** ~s ce ne sont que des balivernes.

monstruo ◇ adj inv -1. [grande] énorme. -2. [prodigioso] phénoménal(e). ◇ m monstre m; fig [prodigio] dieu m, génie m.

monstruosidad f monstruosité f.

monstruoso, sa adj monstrueux(euse).

monta f -1. [suma] montant m. -2. [importancia] importance f . -3. [en un caballo] monte f.

montacargas *m inv* monte-charge *m*.

montaje *m* **-1.** [gen] montage *m*. **-2.** TEATR réalisation *f*. **-3.** [farsa] coup *m* monté.

montante *m* montant *m*; ~**s compensatorios** COM montants compensatoires.

montaña *f* montagne *f*; ~ **rusa** montagnes russes.

montañés, esa *adj & m, f* **-1.** [gen] montagnard(e). **-2.** [santanderino] de la région de Santander.

montañismo *m* alpinisme *m*.

montañoso, sa *adj* montagneux(euse).

montar ◇ *vt* **-1.** [gen, TEATR & CIN] monter; ~ **el piso** monter son ménage. **-2.** [mayonesa, clara] monter; [nata] fouetter. ◇ *vi* **-1.** [gen] : ~ **(a)** monter (à); ~ **en** [bicicleta] monter à; [avión] monter en. **-2.** [sumar] : ~ **a** s'élever à. ◆ **montarse** *vp* : ~**se en** [caballo, bicicleta] monter sur; [avión] monter dans; **montárselo** *fam* se débrouiller.

montaraz *adj* sauvage.

monte *m* **-1.** [elevación] mont *m*, montagne *f*. **-2.** [bosque] bois *mpl*. ◆ **monte de piedad** *m* mont-de-piété *m*.

montepío *m* caisse *f* de secours.

montés, esa *adj* sauvage.

Montevideo Montevideo.

montículo *m* monticule *m*.

monto *m* montant *m*.

montón *m* tas *m*; **a** ○ **de** ○ **en** ~ en bloc; **hay de eso a montones** il y en a des tas; **ganar a montones** gagner des mille et des cents; **un hombre del** ~ monsieur tout le monde.

montura *f* **-1.** [gen] monture *f*. **-2.** [arreos] harnais *m*; [silla] selle *f*.

monumental *adj* monumental(e).

monumento *m* monument *m*.

monzón *m* mousson *f*.

moña ◇ *f* **-1.** *fam* [borrachera] cuite *f*. **-2.** [adorno] ruban *m*. ◇ *m* *mfam* pédé *m*.

moño *m* chignon *m*; **estar hasta el** ~ *fig* en avoir ras le bol.

MOPU (*abrev de Ministerio de Obras Públicas y Urbanismo*) *m ministère espagnol des Travaux publics et de l'Urbanisme*.

moquear *vi* [suj : persona] avoir le nez qui coule.

moqueta *f* moquette *f*.

mora *f* mûre *f*.

morada *f culto* demeure *f*.

morado, da *adj* violet(ette); **pasarlas moradas** *fam fig* en voir de toutes les couleurs; **ponerse** ~ *fam fig* s'empiffrer. ◆ **morado** *m* **-1.** [color] violet *m*. **-2.** [cardenal] bleu *m*.

moral ◇ *adj* moral(e); **un ejemplo** ~ un exemple de moralité. ◇ *f* **-1.** [ética] morale *f*. **-2.** [ánimo] moral *m*; **levantar la** ~ remonter le moral. ◇ *m* mûrier *m* noir.

moraleja *f* morale *f* (*d'une fable*).

moralizar *vi* moraliser.

morbo *m* **-1.** *fam* tener ~ être morbide. **-2.** MED maladie *f*.

morboso, sa *adj* morbide.

morcilla *f* CULIN boudin noir; **¡que te/le/etc den** ~! *mfam fig* va te/allez vous/etc faire voir!

mordaz *adj* acerbe.

mordaza *f* bâillon *m*.

mordedura *f* morsure *f*.

morder ◇ *vt* mordre; [fruta] croquer; **estar alguien que muerde** être d'une humeur de chien. ◇ *vi* mordre. ◆ **morderse** *vp* se mordre.

mordida *f Amer fam* bakchich *m*.

mordisco *m* **-1.** [mordedura] morsure *f*; **dar un** ~ **en algo** mordre dans qqch; [fruta] croquer qqch. **-2.** [trozo] morceau *m*.

mordisquear *vt* [objeto] mordiller; [refrigerio] grignoter.

moreno, na ◇ *adj* **-1.** [pelo, piel] brun(e). **-2.** [por el sol] bronzé(e); **ponerse** ~ bronzer. **-3.** [pan, arroz etc] complet(ète); **el azúcar** ~ le sucre roux; **el trigo** ~ le blé noir. ◇ *m, f* brun *m*, -e *f*.

morera *f* mûrier *m* blanc.

moretón *m* bleu *m* (*hématome*).

morfina *f* morphine *f*.

moribundo, da *adj & m, f* moribond(e).

morir *vi* mourir. ◆ **morirse** *vp* : ~**se (de)** mourir (de).

mormón, ona *adj & m, f* mormon(e).

moro, ra ◇ *adj* **-1.** HIST maure. **-2.** *despec* [árabe] arabe. **-3.** *fam* [machista] macho. ◇ *m, f* **-1.** HIST Maure *mf*. **-2.** *despec* [árabe] Arabe *mf*; **hay** ~**s en la costa** les murs ont des oreilles. ◆ **moro** *m fam* [machista] macho *m*. ◆ **Moros y Cristianos** *fête traditionnelle du Levant où est reconstituée l'histoire de la Reconquête de l'Espagne*.

moroso, sa ◇ *adj* : **es un cliente** ~ ce client a un arriéré. ◇ *m, f* mauvais payeur *m*.

morrear *vt & vi mfam* se bécoter. ◆ **mo-rrearse** *vp mfam* se bécoter.

morriña *f* mal *m* du pays.

morro *m* **-1.** [hocico] museau *m*. **-2.** *(gen pl) fam* [labios] lèvres *fpl*; **estar de ~s** bouder. **-3.** *fam* [de coche] avant *m*; [de avión] nez *m*. **-4.** *fam* [caradura] culot *m*; **¡qué ~ tiene!** il a un de ces culots!

morsa *f* ZOOL morse *m*.

morse *m (en aposición inv)* morse *m (code)*.

mortadela *f* mortadelle *f*.

mortaja *f* linceul *m*.

mortal *adj & mf* mortel(elle).

mortalidad *f* mortalité *f*.

mortandad *f* mortalité *f*.

mortero *m* mortier *m*.

mortífero, ra *adj* mortel(elle); [epidemia etc] meurtrier(ère).

mortificar *vt* mortifier; *fig* [torturar] tourmenter. ◆ **mortificarse** *vp* se mortifier; [torturarse] se tourmenter.

mortuorio, ria *adj* mortuaire; [cortejo] funèbre.

mosaico, ca *adj* [de Moisés] mosaïque. ◆ **mosaico** *m* mosaïque *f*.

mosca *f* mouche *f*; **estar ~** *fam* [enfadado] faire la tête; **por si las ~s** au cas où; **¿qué ~ me/te etc ha picado?** quelle mouche m'a/t'a etc piqué? ◆ **mosca muerta** *f* sainte-nitouche *f*.

moscardón *m* **-1.** ZOOL mouche *f* bleue. **-2.** *fam fig* [persona] casse-pieds *m inv*.

moscatel *m* muscat *m (vin doux)*.

moscón *m* **-1.** [insecto] grosse mouche *f*. **-2.** *fam fig* [persona] casse-pieds *m inv*.

moscovita ◇ *adj* moscovite. ◇ *mf* Moscovite *mf*.

Moscú Moscou.

mosquearse *vp fam* [enfadarse] prendre la mouche, se vexer.

mosquete *m* mousquet *m*.

mosquetero *m* mousquetaire *m*.

mosquetón *m* mousqueton *m*.

mosquitero *m* moustiquaire *f*.

mosquito *m* moustique *m*.

mosso d'esquadra *m membre de la police autonome catalane*.

mostacho *m* moustache *f*.

mostaza *f* moutarde *f*.

mosto *m* [zumo] jus *m* de raisin; [residuo] moût *m*.

mostrador *m* comptoir *m*.

mostrar *vt* montrer; [inteligencia, liberalidad] faire preuve de. ◆ **mostrarse** *vp* se montrer.

mota *f* [partícula] poussière *f*; **tener ~s** [jersey] pelucher.

mote *m* sobriquet *m*.

motel *m* motel *m*.

motín *m* émeute *f*; [de soldados, presos] mutinerie *f*.

motivación *f* motivation *f*.

motivar *vt* motiver.

motivo *m* **-1.** [causa] raison *f*, motif *m*; **con ~ de** [para celebrar] à l'occasion de; [a causa de] en raison de; **por este ~** pour cette raison. **-2.** [de obra literaria] sujet *m*; MÚS & ARTE motif *m*.

moto *f* moto *f*.

motocicleta *f* motocyclette *f*.

motociclismo *m* motocyclisme *m*.

motociclista *mf* motocycliste *mf*.

motocross *m* motocross *m*.

motonáutico, ca *adj* motonautique. ◆ **motonáutica** *f* motonautisme *m*.

motoneta *f Amer* scooter *m*.

motor, ra ◇ **triz** *adj* moteur(trice). ◆ **motor** *m* moteur *m* . ◆ **motora** *f* bateau *m* à moteur.

motorismo *m* motocyclisme *m*.

motorista *mf* motocycliste *mf*.

motricidad *f* motricité *f*.

motriz *f* → **motor**.

mountain bike (*pl* **mountain bikes**) *m* DEP mountain bike *m*, VTT *m*.

mousse *m inv* ◇ *f inv* CULIN mousse *f*.

movedizo, za *adj* **-1.** [pieza, panelete] amovible. **-2.** [arena, terreno] mouvant(e).

mover *vt* **-1.** [accionar] faire marcher. **-2.** [cambiar de sitio] déplacer. **-3.** [agitar] remuer; **~ las masas** remuer les foules. **-4.** [suscitar] provoquer; **~ la curiosidad** provoquer la curiosité; **~ a piedad/risa** faire pitié/rire. **-5.** *fig* [incitar] : **~ a alguien a algo/a hacer algo** pousser qqn à qqch/à faire qqch. ◆ **moverse** *vp* **-1.** [ponerse en movimiento, agitarse] bouger. **-2.** [trasladarse] se déplacer. **-3.** [relacionarse] : **~se en/entre** évoluer dans/parmi. **-4.** [darse prisa] se secouer.

movido, da *adj* **-1.** [gen] agité(e); [conversación, viaje] mouvementé(e). **-2.** [foto, imagen] flou(e). ◆ **movida** *f fam* [ambiente] : **aquí hay movida** il y a de l'ambiance ici; **~ (madrileña)** *mouvement col-*

lectif de création et de divertissement né à Madrid à la fin des années 70.

móvil *adj & m* mobile.

movilidad *f* mobilité *f.*

movilizar *vt* mobiliser.

movimiento *m* mouvement *m* .

moviola *f* visionneuse *f.*

moza *f* → mozo.

mozárabe *adj & mf* mozarabe.

mozo, za ◇ *adj* jeune. ◇ *m, f* **-1.** [joven] jeune homme *m,* jeune fille *f;* **es buen ~** il est beau garçon. **-2.** *Amer* [camarero] serveur *m,* -euse *f.* ◆ **mozo** *m* **-1.** [camarero] garçon *m;* [criado] domestique *m* . **-2.** MIL appelé *m.*

mu *m* [mugido] meuh *m;* **no decir ni ~** *fig* ne pas piper mot.

mucamo, ma *m, f Amer* domestique *mf.*

muchachada *f Amer* bande *f* d'enfants.

muchacho, cha *m, f* garçon *m,* fille *f.*

muchedumbre *f* foule *f.*

mucho, cha ◇ *adj* **-1.** [gen] beaucoup de; **mucha gente** beaucoup de gens; **~s meses** plusieurs mois; **~ tiempo** longtemps. **-2.** [sueño, hambre, frío etc] très; **hace ~ calor** il fait très chaud. ◇ *pron* : **~s piensan que...** beaucoup de gens pensent que...; **tener ~ que contar** avoir beaucoup de choses à raconter. ◆ **mucho** *adv* **-1.** [gen] beaucoup; **trabaja ~** il travaille beaucoup; **se divierte ~** il s'amuse bien. **-2.** *(indica comparación)* bien; **~ antes/después** bien avant/après; **~ más/menos** beaucoup plus/moins; **~ mejor** bien mieux. **-3.** [largo tiempo] longtemps; **lo sé desde hace ~** je le sais depuis longtemps. **-4.** [frecuentemente] souvent; **viene ~ por aquí** il vient souvent par ici. **-5.** *loc :* **como ~** [como máximo] (tout) au plus; [en todo caso] à la limite; **con ~** de loin; **ni ~ menos** loin de là. ◆ **por mucho que** *loc conj* : **por ~ que insistas...** tu auras beau insister...

mucosidad *f* mucosité *f.*

muda *f* **-1.** [de plumas, piel, voz] mue *f.* **-2.** [ropa] linge *m* de rechange.

mudanza *f* **-1.** [gen] changement *m;* [de plumas, piel] mue *f.* **-2.** [de casa] déménagement *m;* **estar** ○ **andar de ~** déménager.

mudar ◇ *vt* changer. ◇ *vi* [cambiar] : **~ de** changer de; **~ de casa** déménager; **~de plumas/piel/voz** muer. ◆ **mudarse** *vp* : **~se (de casa)** déménager; **~se (de ropa)** se changer.

mudéjar *adj & mf* mudéjar(e).

mudo, da *adj & m, f* muet(ette).

mueble ◇ *m* meuble *m;* **~ bar** bar *m.* ◇ *adj* → **bien.**

mueca *f* grimace *f;* [de disgusto] moue *f.*

muela *f* **-1.** [diente] dent *f;* [molar] molaire *f;* **tener dolor de ~s** avoir mal aux dents. **-2.** [piedra] meule *f.*

muelle *m* **-1.** [de colchón, reloj] ressort *m.* **-2.** [de puerto] quai *m.*

muérdago *m* gui *m.*

muermo *m fam* [cosa, situación] barbe *f;* [persona] casse-pieds *mf inv;* **tener ~** être ramollo.

muerte *f* **-1.** [gen] mort *f;* **de mala ~** minable. **-2.** [homicidio] meurtre *m.*

muerto, ta ◇ *pp irreg* → **morir.** ◇ *adj* **-1.** [gen] mort(e); **estar ~ de miedo/de frío/de hambre** être mort de peur/de froid/de faim. **-2.** [color] terne. ◇ *m, f* mort *m,* -e *f;* **cargarle a alguien el ~** mettre tout sur le dos de qqn; **hacer el ~** faire la planche.

muesca *f* **-1.** [gen] encoche *f.* **-2.** [corte] entaille *f.*

muestra *f* **-1.** [pequeña cantidad] échantillon *m.* **-2.** [señal, prueba] : **dar ~ de** [inteligencia, prudencia etc] faire preuve de; [cariño, simpatía] donner des marques de; [cansancio] donner des signes de. **-3.** [modelo] modèle *m;* **piso de ~** appartement *m* témoin. **-4.** [exposición] exposition *f.*

muestrario *m* échantillonnage *m;* [de colores] nuancier *m.*

muestreo *m* [para encuesta] échantillonnage *m.*

mugido *m* mugissement *m.*

mugir *vi* mugir; [vaca] meugler.

mugre *f* crasse *f.*

mujer *f* femme *f;* **~ de la limpieza** femme de ménage.

mujeriego *m* coureur *m* de jupons.

mujerzuela *f despec* grue *f.*

mulato, ta *adj & m, f* mulâtre.

muleta *f* **-1.** [para andar] béquille *f; fig* soutien *m.* **-2.** TAUROM muleta *f.*

mullido, da *adj* moelleux(euse).

mulo, la *m, f* mulet *m,* mule *f.* ◆ **mula** *f fam fig* [bruto] brute *f;* [testarudo] tête *f* de mule.

multa *f* amende *f.*

multar *vt* condamner à une amende.

multicopista *f* machine *f* à polycopier.

multimedia *adj inv* INFORM multimédia *(inv)*.

multimillonario, ria *adj & m, f* multimillionnaire.

multinacional *f* multinationale *f*.

múltiple *adj* multiple.

multiplicación *f* multiplication *f*.

multiplicar *vt & vi* multiplier. ◆ **multiplicarse** *vp* -1. [gen] se multiplier. -2. [esforzarse] se mettre en quatre.

múltiplo, pla *adj* : **un número** ~ un multiple. ◆ **múltiplo** *m* multiple *m*.

multitud *f* multitude *f*.

multitudinario, ria *adj* : **una manifestación multitudinaria** une manifestation de masse.

multiuso *adj inv* à usages multiples.

mundanal *adj* de ce monde.

mundano, na *adj* mondain(e); [del mundo] de ce monde.

mundial ◇ *adj* mondial(e). ◇ *m* coupe *f* du monde.

mundo *m* -1. [gen] monde *m*; **el tercer** ~ le tiers monde; **todo el** ~ tout le monde. -2. [experiencia] expérience *f*; **hombre/mujer de** ~ homme/femme du monde.

munición *f* munition *f*.

municipal ◇ *adj* municipal(e). ◇ *mf* → **guardia**.

municipio *m* -1. [división territorial] commune *f*. -2. [habitantes] : **el** ~ les administrés. -3. [ayuntamiento] municipalité *f*.

muñeco, ca *m, f* [juguete] poupée *f*. ◆ **muñeco** *m* fig marionnette *f*. ◆ **muñeca** *f* -1. ANAT poignet *m*. -2. *Amer fam* [enchufe] piston *m*. ◆ **muñeco de nieve** *m* bonhomme *m* de neige.

muñequera *f* DEP poignet *m*.

muñón *m* moignon *m*.

mural ◇ *adj* mural(e). ◇ *m* peinture *f* murale. ◇ *m inv* meuble *m* de rangement mural.

muralla *f* muraille *f*; [defensiva] rempart *m*.

murciélago *m* chauve-souris *f*.

murmullo *m* murmure *m*.

murmuración *f* médisance *f*.

murmurador, ra ◇ *adj* médisant(e). ◇ *m, f* mauvaise langue *f*.

murmurar ◇ *vt* murmurer. ◇ *vi* -1. [gen] murmurer. -2. [criticar] : ~ **de** o **sobre** dire du mal de. -3. *fig* [quejarse] marmonner.

muro *m* mur *m* .

mus *m inv* jeu de cartes espagnol.

musa *f* muse *f*.

musaraña *f* musaraigne *f*; **mirar a las** ~**s** *fig* être dans la lune.

muscular *adj* musculaire.

musculatura *f* musculature *f*.

músculo *m* muscle *m*.

musculoso, sa *adj* -1. ANAT musculeux(euse). -2. [fuerte] musclé(e).

museo *m* musée *m*.

musgo *m* BOT mousse *f*.

música *f* → **músico**.

musical *adj* musical(e); **un instrumento** ~ un instrument de musique.

music-hall *(pl* **music-halls)** *m* music-hall *m*.

músico, ca ◇ *adj* musical(e). ◇ *m, f* musicien *m*, -enne *f*. ◆ **música** *f* musique *f* .

musitar *vt* murmurer.

muslo *m* cuisse *f*.

mustio, tia *adj* -1. [marchito] fané(e). -2. [triste] morne.

musulmán, ana *adj & m, f* musulman(e).

mutación *f* mutation *f*; ~ **de temperaturas** changement *m* de température.

mutante ◇ *adj* mutant(e). ◇ *m* BIOL mutant *m*.

mutar *vt* [funcionarios] muter.

mutilado, da *adj & m, f* mutilé(e).

mutilar *vt* mutiler.

mutismo *m* mutisme *m*.

mutua *f* → **mutuo**.

mutualidad *f* [asociación] mutuelle *f*.

mutuo, tua *adj* mutuel(elle). ◆ **mutua** *f* mutuelle *f*; **mutua de seguros** société *f* d'assurance mutuelle.

muy *adv* très; ~ **cerca/lejos** très près/loin; ~ **de mañana** de très bon matin; **eso es** ~ **de ella** c'est tout elle; **¡el** ~ **tonto!** quel idiot!; **por** ~ **cansado que esté...** il a beau être fatigué...

n, N *f* [letra] n *m inv*, N *m inv*. ◆ **20 N** *m* *20 novembre 1975, date de la mort du général Franco.*

natal

n/ *abrev de* **nuestro.**

n° (*abrev de* **número**) n°.

nabo *m* navet *m*.

nácar *m* nacre *f*.

nacer *vi* **-1.** [gen] naître; **nació en Granada** il est né à Grenade; **ha nacido cantante** c'est un chanteur né; **ha nacido para trabajar** il est fait pour le travail. **-2.** [surgir – río] prendre sa source; [– sol] se lever.

nacido, da ◇ *adj* né(e). ◇ *m, f* : **los ~s en enero/en Valencia** les personnes nées en janvier/à Valence; **un recién ~** un nouveau-né; **ser un mal ~** *fig* être un odieux personnage.

naciente *adj* **-1.** [gen] naissant(e); **el sol ~** le soleil levant. **-2.** [nuevo] jeune; **la república ~** la jeune république.

nacimiento *m* **-1.** [gen] naissance *f*; [de río] source *f*; **de ~** de naissance. **-2.** [belén] crèche *f*.

nación *f* nation *f*; [territorio] pays *m*. ◆ **Naciones Unidas** *fpl* : **las Naciones Unidas** les Nations unies.

nacional ◇ *adj* national(e). ◇ *mf* HIST : **los ~es** les nationalistes (*partisans de Franco*).

nacionalidad *f* nationalité *f*.

nacionalismo *m* nationalisme *m*.

nacionalista *adj & mf* nationaliste.

nacionalizar *vt* **-1.** ECON nationaliser. **-2.** [persona] naturaliser.

nada ◇ *pron* rien; **no quiero ~** je ne veux rien; **antes de ~** avant tout; **de ~** [respuesta a «gracias»] de rien, je t'en/vous en prie; **un regalito de ~** un petit cadeau de rien du tout; **no dijo ~ de** il n'a rien dit du tout; **~ más** c'est tout; **no quiero ~ más** je ne veux rien d'autre; **como si ~** comme si de rien n'était; **¡de eso ~!** pas question! ◇ *adv* **-1.** [en absoluto] du tout; **no me gusta ~** ça ne me plaît pas du tout. **-2.** [poco] peu; **no hace ~ que salió** il est sorti à l'instant même. ◇ *f* : **la ~** le néant. ◆ **nada más** *loc adv* à peine; **~ más irte llamó tu padre** tu étais à peine parti que ton père a appelé.

nadador, ra *adj & m, f* nageur(euse).

nadar *vi* nager; **~ en deudas** être criblé(e) de dettes; **~ en dinero** rouler sur l'or; **~ en la opulencia** nager dans l'opulence.

nadería *f* rien *m*; **se enfada por ~s** un rien l'irrite.

nadie ◇ *pron* personne; **~ más** plus personne; **~ me lo ha dicho** personne ne me l'a dit; **no ha llamado ~** personne n'a téléphoné. ◇ *m* : **ser un ~** être un minable.

nado ◆ **a nado** *loc adv* à la nage.

nafta *f* *Amer* [gasolina] essence *f*.

naftalina *f* naphtaline *f*.

naíf *adj inv* ARTE naïf(ïve).

nailon, nilón, nylon® *m* Nylon® *m*.

naipe *m* carte *f* (à jouer). ◆ **naipes** *mpl* cartes *fpl* (à jouer).

nalga *f* fesse *f*.

nana *f* **-1.** [canción] berceuse *f*. **-2.** *fam* [abuela] mamie *f*.

napa *f* cuir *m* souple.

naranja ◇ *adj inv* orange. ◇ *m* [color] orange *m*. ◇ *f* [fruto] orange *f*. ◆ **media naranja** *f* *fam* *fig* moitié *f* (*épouse*).

naranjada *f* orangeade *f*.

naranjo *m* oranger *m*.

narciso *m* BOT narcisse *m*; **es un ~** il est narcissique.

narcótico, ca *adj* narcotique. ◆ **narcótico** *m* narcotique *m*.

narcotizar *vt* endormir (avec un narcotique).

narcotraficante *mf* trafiquant *m*, -e *f* de drogue.

narcotráfico *m* trafic *m* de stupéfiants.

nardo *m* nard *m*.

narigudo, da *adj* : **¡es tan ~!** il a un si grand nez!

nariz *f* nez *m*; **estar hasta las narices** *fig* en avoir par-dessus la tête; **meter las narices en algo** *fig* fourrer son nez dans qqch.

narración *f* narration *f*; [cuento, relato] récit *m*.

narrador, ra *m, f* narrateur *m*, -trice *f*.

narrar *vt* narrer.

narrativo, va *adj* narratif(ive). ◆ **narrativa** *f* [género literario] roman *m*.

NASA (*abrev de* National Aeronautics and Space Administration) *f* NASA *f*.

nasal *adj* **-1.** [gen & GRAM] nasal(e). **-2.** [voz] nasillard(e).

nata *f* crème *f*; **~ batida** ○ **montada** crème fouettée; **la (flor y) ~ de...** *fig* la fine fleur de...

natación *f* natation *f*.

natal *adj* natal(e).

natalicio *m* **–1.** [día] jour *m* de naissance. **–2.** [cumpleaños] anniversaire *m*.

natalidad *f* natalité *f*.

natillas *fpl* crème *f* (entremet).

nativo, va ◇ *adj* **–1.** [gen] natif(ive); **ser ~ de** être originaire de; **un profesor de inglés ~** un professeur d'anglais langue maternelle. **–2.** [país, ciudad, pueblo] natal(e). ◇ *m, f* natif *m*, -ive *f*.

nato, ta *adj* **–1.** [de nacimiento] né(e); **es un músico ~** c'est un musicien né. **–2.** [cargo, título] de plein droit.

natural ◇ *adj* **–1.** [gen] naturel(elle); **al ~** au naturel; **esa reacción es ~ en él** cette réaction est naturelle chez lui. **–2.** [nativo] : **ser ~ de** être originaire de. ◇ *mf* [persona] natif *m*, -ive *f*. ◇ *m* [índole] naturel *m*.

naturaleza *f* nature *f*; **por ~** par nature.

naturalidad *f* naturel *m*; **con toda ~** tout naturellement.

naturalización *f* naturalisation *f*.

naturalizar *vt* naturaliser. ◆ **naturalizarse** *vp* se faire naturaliser.

naturista *mf* naturiste *mf*.

naufragar *vi* **–1.** [barco, persona] faire naufrage. **–2.** *fig* [negocio] couler; [asunto, proyecto] échouer.

naufragio *m* lit & fig naufrage *m*.

náufrago, ga *adj* & *m, f* naufragé(e).

náusea *f* (gen pl) nausée *f*; **tener ~s** avoir la nausée; **me da ~s** ça me donne la nausée.

nauseabundo, da *adj* **–1.** [olor] nauséabond(e). **–2.** [comportamiento, actitud] écœurant(e).

náutico, ca *adj* nautique. ◆ **náutica** *f* navigation *f*.

navaja *f* **–1.** [cuchillo] couteau *m* (à lame pliante); [pequeño] canif *m* . **–2.** ZOOL couteau *m*.

navajero, ra *m, f* agresseur armé d'un couteau.

naval *adj* naval(e).

Navarra Navarre *f*.

navarro, rra ◇ *adj* navarrais(e). ◇ *m, f* Navarrais *m*, -e *f*.

nave *f* **–1.** [barco] navire *m*. **–2.** [vehículo] vaisseau *m*; **~ espacial** vaisseau spatial. **–3.** [de iglesia] nef *f*. **–4.** [almacén] hangar *m*.

navegación *f* navigation *f* .

navegante ◇ *adj* navigant(e); **un pueblo ~** un peuple de navigateurs. ◇ *mf* navigateur *m*, -trice *f*.

navegar *vi* naviguer.

Navidad *f* Noël *m*; **¡Feliz ~!** joyeux Noël!; **las ~es** les fêtes de Noël.

navideño, ña *adj* de Noël.

naviero, ra *adj* [compañía, empresa] de navigation. ◆ **naviero** *m* armateur *m*. ◆ **naviera** *f* compagnie *f* de navigation.

navío *m* vaisseau *m*.

nazi *adj* & *mf* nazi(e).

nazismo *m* nazisme *m*.

neblina *f* brume *f*.

nebulosa *f* → nebuloso.

nebulosidad *f* nébulosité *f*.

nebuloso, sa *adj* nébuleux(euse). ◆ **nebulosa** *f* ASTRON nébuleuse *f*.

necedad *f* sottise *f*.

necesario, ria *adj* nécessaire; **es ~ hacerlo** il faut le faire; **es ~ que te ayudes** il faut qu'il t'aides.

neceser *m* nécessaire *m* (de toilette).

necesidad *f* **–1.** [imperativo] nécessité *f*; **en caso de ~** en cas de besoin; **por ~** par nécessité. **–2.** [menester] besoin *m*; **sentir la ~ de** éprouver le besoin de. ◆ **necesidades** *fpl* **–1.** [fisiológicas] : **hacer sus ~es** faire ses besoins. **–2.** [estrecheces] : **pasar ~es** être dans le besoin.

necesitado, da *adj* & *m, f* nécessiteux(euse).

necesitar *vt* avoir besoin de; **necesito ayuda/verte** j'ai besoin d'aide/de te voir; **necesito que me digas...** j'ai besoin que tu me dises...; **'se necesita empleada'** 'on demande une employée'.

necio, cia *adj* & *m, f* idiot(e).

necrología *f* nécrologie *f*.

néctar *m* nectar *m*.

nectarina *f* nectarine *f*.

neerlandés, esa ◇ *adj* néerlandais(e). ◇ *m, f* Néerlandais *m*, - e *f*. ◆ **neerlandés** *m* [lengua] néerlandais *m*.

nefasto, ta *adj* néfaste.

negación *f* **–1.** [gen & GRAM] négation *f*. **–2.** [negativa] refus *m*.

negado, da ◇ *adj* inepte; **soy ~ para el latín** je suis nul en latin. ◇ *m, f* incapable *mf*.

negar *vt* **–1.** [desmentir] nier. **–2.** [denegar] refuser; **~ el saludo/la palabra a alguien** refuser de saluer qqn/de parler à qqn.

◆ **negarse** *vp* refuser; **no me pude** ~ je n'ai pas pu refuser; ~**se** a refuser de.
negativo, va *adj* négatif(ive). ◆ **negativo** *m* FOT négatif *m*. ◆ **negativa** *f* -1. [rechazo] refus *m*. -2. [mentís] : **contestar con la negativa** répondre par la négative.
negligencia *f* négligence *f*.
negligente *adj* négligent(e).
negociable *adj* négociable.
negociación *f* négociation *f*.
negociante ◇ *adj* commerçant(e). ◇ *mf* -1. [comerciante] commerçant *m*, -e *f*. -2. *fig* [interesado] **ser un** ~ être personne âpre au gain.
negociar ◇ *vi* -1. [comerciar] faire du commerce. -2. [discutir] : ~ **(con)** négocier (avec). ◇ *vt* négocier.
negocio *m* -1. [gen] affaire *f*; **hacer** ~ gagner de l'argent; ~ **sucio** affaire louche. -2. [establecimiento] commerce *m*.
negra *f* → **negro**.
negrero, ra ◇ *adj* -1. [de esclavos] négrier(ère). -2. *fig* [déspota] tyrannique. ◇ *m*, *f* *lit* & *fig* négrier *m*.
negrita, negrilla *f* → **letra**.
negro, gra ◇ *adj* -1. [gen, CIN & LITER] noir(e); [tabaco, cerveza] brun(e); **el mercado** ~ le marché noir. -2. [futuro, porvenir] sombre. -3. *fam* [furioso] furax. -4. *loc* : **pasarlas negras** *fam* en baver. ◇ *m*, *f* Noir *m*, -e *f*. ◆ **negro** *m* -1. [color] noir *m*. -2. *fig* [trabajador anónimo] larbin *m*; [de escritor] nègre *m*. ◆ **negra** *f* -1. MÚS noire *f*. -2. *loc* : **tener la negra** *fam* avoir la poisse.
negrura *f* noirceur *f*.
nene, na *m*, *f* *fam* bébé *m*.
nenúfar *m* nénuphar *m*.
neocelandés, esa, neozelandés, esa ◇ *adj* néo-zélandais(e). ◇ *m*, *f* Néo-Zélandais *m*, -e *f*.
neoclasicismo *m* néo-classicisme *m*.
neolítico, ca *adj* néolithique. ◆ **neolítico** *m* néolithique *m*.
neologismo *m* néologisme *m*.
neón *m* néon *m*.
neoyorquino, na ◇ *adj* new-yorkais(e). ◇ *m*, *f* New-Yorkais *m*, -e *f*.
neozelandés, esa = **neocelandés**.
Nepal : **el** ~ le Népal.
nervio *m* -1. [gen & ANAT] nerf *m*; **hacer algo con** ~ faire qqch avec énergie; **tener** ~ avoir du nerf. -2. BOT & ARQUIT nervure *f*. ◆ **nervios** *mpl* [nerviosismo] nerfs *mpl*; te-

ner ~**s** être nerveux(euse); **tener un ataque de** ~**s** avoir une crise de nerfs; **poner los** ~**s de punta** porter sur les nerfs; **tener los** ~**s de punta** avoir les nerfs à vif.
nerviosismo *m* nervosité *f*.
nervioso, sa *adj* -1. [gen & ANAT] nerveux(euse). -2. [irritado] énervé(e); **ponerse** ~ s'énerver.
nervudo, da *adj* [cuello, manos] nerveux(euse).
neto, ta *adj* net(nette).
neumático, ca *adj* pneumatique. ◆ **neumático** *m* pneu *m*.
neumonía *f* pneumonie *f*.
neurálgico, ca *adj* névralgique.
neurastenia *f* neurasthénie *f*.
neurología *f* neurologie *f*.
neurólogo, ga *m*, *f* neurologue *mf*.
neurona *f* neurone *m*.
neurosis *f* névrose *f*.
neurótico, ca ◇ *adj* [trastorno, comportamiento] névrotique; [persona] névrosé(e). ◇ *m*, *f* névrosé *m*, -e *f*.
neutral ◇ *adj* neutre. ◇ *mf* : **los** ~ **es** les pays neutres.
neutralidad *f* neutralité *f*.
neutralizar *vt* neutraliser.
neutro, tra *adj* neutre.
neutrón *m* neutron *m*.
nevado, da *adj* enneigé(e). ◆ **nevada** *f* chute *f* de neige.
nevar *v impers* neiger.
nevera *f* réfrigérateur *m*; [portátil] glacière *f*.
nevisca *f* légère chute *f* de neige.
nexo *m* lien *m* (*rapport*).
ni ◇ *conj* ni; ~... ~... ni... ni...; ~ **de día** ~ **de noche** ni le jour ni la nuit; **no canto** ~ **bailo** je ne chante pas et je ne danse pas non plus; ~ **uno/una** ... même pas un/ une ...; **no comió ni una manzana** il n'a même pas mangé une pomme; **no dijo** ~ **una palabra** il n'a pas dit un traître mot; ~ **que**... même si...; **¡**~ **que lo conocieras!** comme si tu le connaissais!; **¡**~ **pensarlo!** pas question! ◇ *adv* même pas; ~ **tiene tiempo para comer** il n'a même pas le temps de manger; **no quiero** ~ **pensarlo** je ne veux même pas y penser.
Nicaragua Nicaragua *m*.
nicaragüense ◇ *adj* nicaraguayen(enne). ◇ *mf* Nicaraguayen *m*, - enne *f*.
nicho *m* niche *f* (*dans un mur*).
nicky = **niqui**.

nicotina f nicotine f.

nido m nid m .

niebla f lit & fig brouillard m.

nieto, ta m, f petit-fils m, petite-fille f.
◆ **nietos** mpl petits-enfants mpl.

nieve f neige f. ◆ **nieves** fpl [nevada] chutes fpl de neige.

NIF (abrev de **número de identificación fiscal**) m numéro d'identification fiscale (attribué à tout détenteur d'un compte bancaire en Espagne).

night-club (pl **night-clubs**) m night-club m.

Nilo m : **el** ~ le Nil.

nilón = nailon.

nimiedad f -1. [cualidad] insignifiance f. -2. [dicho, hecho] vétille f.

nimio, mia adj insignifiant(e).

ninfa f nymphe f.

ninfómana adj & f nymphomane.

ninguno, na ◇ adj (antes de sust masculino : **ningún**) -1. [ni uno] aucun(e); **en ningún lugar** nulle part; **ningún libro** aucun livre; **ninguna mujer** aucune femme; **no tiene ningunas ganas de estudiar** il n'a aucune envie de travailler; **no tiene ninguna gracia** ce n'est pas drôle du tout. -2. [valor enfático] : **no es ningún especialista** ce n'est vraiment pas un spécialiste. ◇ pron : ~ **(de) aucun** (de); ~ **funciona** aucun ne marche; ~ **de ellos lo vio** aucun d'eux ne l'a vu; **ninguna de las calles** aucune des rues.

niña f → niño.

niñería f enfantillage m.

niñero, ra adj : **es muy** ~ il aime beaucoup les enfants. ◆ **niñera** f nourrice f.

niñez f -1. [infancia] enfance f. -2. fig [pequeñez] enfantillage m.

niño, ña ◇ adj -1. [crío] petit(e). -2. [joven] : **ser muy** ~ être très jeune. ◇ m, f -1. [crío] enfant mf, petit garçon m, petite fille f; [bebé] bébé m; **los** ~s les enfants; ~ **bien** enfant de bonne famille; ~ **bonito** fig préféré m; ~ **prodigio** enfant prodige; **estar como un** ~ **con zapatos nuevos** être heureux comme un roi; **¡qué... ni qué** ~ **muerto!** qu'est-ce que c'est que cette histoire de...! -2. [joven] gamin m, -e f. ◆ **niña** f [del ojo] pupille f; **la niña de sus ojos** fig la prunelle de ses yeux.

nipón, ona ◇ adj nippon(onne). ◇ m, f Nippon m, -onne f.

níquel m nickel m.

niquelar vt nickeler.

niqui, nicky m tee-shirt m.

níspero m -1. [fruto] nèfle f. -2. [árbol] néflier m.

nitidez f netteté f.

nítido, da adj net(nette).

nitrato m nitrate m .

nitrógeno m azote m.

nivel m niveau m; **a** ~ **europeo** au niveau européen; **al** ~ **de** à la hauteur de; **al** ~ **del mar** au niveau de la mer; ~ **de vida** niveau de vie.

nivelación f nivellement m.

nivelar vt niveler; [balanza] équilibrer.

no ◇ adv -1. [gen] non; **¿te gusta? –** ~ ça te plaît? – non; **estás de acuerdo ¿** ~**?** tu es d'accord, non? -2. [en forma negativa] **ne... pas;** ~ **tengo hambre** je n'ai pas faim; **¿** ~ **vienes?** tu ne viens pas?; ~ **quiero nada** je ne veux rien; ~ **hemos visto a nadie** nous n'avons vu personne; ~ **fumadores** non-fumeurs; **¿por qué** ~**?** pourquoi pas?; **todavía** ~ pas encore. -3. loc : **¡a que** ~ **te atreves!** je parie que tu ne le fais pas!; **¡cómo** ~**!** bien sûr!; ~ **sólo... sino que** non seulement... mais...; ~ **sólo se equivoca, sino que encima es testarudo** non seulement il a tort mais en plus il s'entête; **pues** ~**, que** ~**, eso sí que** ~ certainement pas. ◇ m non m.

nobiliario, ria adj nobiliaire.

noble adj & mf noble.

nobleza f noblesse f.

noche f [gen] nuit f; [atardecer] soir m; **esta** ~ **ceno en casa** ce soir je dîne à la maison; **de** ~ de nuit; **es de** ~ il fait nuit; **hacer** ~ **en** passer la nuit à; **por la** ~ la nuit; **ayer por la** ~ hier soir; **se ha hecho de** ~ la nuit est tombée; **de la** ~ **a la mañana** du jour au lendemain. ◆ **buenas noches** interj **¡buenas** ~**s!** [despedida] bonne nuit!; [saludo] bonsoir!

Nochebuena f nuit f de Noël.

nochero m Amer -1. [vigilante] veilleur m de nuit. -2. [mesita] table f de nuit.

Nochevieja f nuit f de la Saint-Sylvestre.

noción f notion f. ◆ **nociones** fpl : **tener nociones de...** avoir des notions de...

nocivo, va adj nocif(e).

noctámbulo, la adj & m, f noctambule.

nocturno, na adj nocturne; [clase] du soir; [tren, trabajo etc] de nuit.

nodo m -1. ASTRON & FÍS nœud m. -2. MED nodosité f.

nodriza f nourrice f.

Noël *m* → **papá**.

nogal *m* noyer *m*.

nómada *adj & mf* nomade.

nombramiento *m* nomination *f*.

nombrar *vt* nommer.

nombre *m* **-1.** [gen] nom *m*; ~ **artístico** [de actor] nom de scène; [de escritor] nom de plume; ~ **de soltera** nom de jeune fille; ~ **propio** nom propre; **en** ~ **de** au nom de. **-2.** [antes de apellido] prénom *m*; ~ **de pila** nom *m* de baptême. **-3.** *fig* [fama] renom *m* .

nomenclatura *f* nomenclature *f*.

nómina *f* **-1.** [lista] registre *m* du personnel; **estar en** ~ faire partie du personnel. **-2.** [hoja] feuille *f* de paie. **-3.** [pago] paie *f*.

nominal *adj* nominal(e).

nominar *vt* nommer.

nomo = **gnomo**.

non ◇ *adj* impair(e). ◇ *m* nombre *m* impair. ◆ **nones** *mpl* : **decir que ~es** dire que non.

nonagésimo, ma *núm* quatre-vingt-dixième.

nordeste = **noreste**.

nórdico, ca ◇ *adj* **-1.** [del norte] du nord. **-2.** [escandinavo] nordique. ◇ *m, f* Nordique *mf*.

noreste, nordeste *m* nord-est *m*.

noria *f* **-1.** [para agua] noria *f*. **-2.** [de una feria] grande roue *f*.

norma *f* **-1.** [reglamento] règle *f*; ~ **de conducta** ligne *f* de conduite. **-2.** [industrial] norme *f*.

normal *adj* normal(e).

normalidad *f* normalité *f*; **volver a la** ~ revenir à la normale.

normalizar *vt* normaliser. ◆ **normalizarse** *vp* redevenir normal(e).

normativo, va *adj* normatif(ive). ◆ **normativa** *f* réglementation *f*.

noroeste *m* nord-ouest *m*.

norte ◇ *m* nord *m*. ◇ *adj* [zona, frontera] nord. ◆ **Norte** *m* : **el Norte** [punto cardinal] le nord.

Norteamérica Amérique *f* du Nord.

norteamericano, na ◇ *adj* nord-américain(e), d'Amérique du Nord. ◇ *m, f* Nord-Américain *m*, -e *f*.

Noruega Norvège *f*.

noruego, ga ◇ *adj* norvégien(enne). ◇ *m, f* Norvégien *m*, -enne *f*. ◆ **noruego** *m* [lengua] norvégien *m*.

nos *pron pers* nous; **viene a vernos** il vient nous voir; ~ **lo dio** il nous l'a donné; **vistámonos** habillons-nous; ~ **queremos** nous nous aimons.

nosocomio *m Amer* hôpital *m*.

nosotros, tras *pron pers* nous; **entre** ~ entre nous.

nostalgia *f* nostalgie *f*.

nota *f* [gen & MÚS] note *f*; **sacar buenas ~s** avoir de bonnes notes; **tomar** ~ *lit & fig* prendre note; **dar la** ~ se faire remarquer.

notable ◇ *adj* [meritorio] remarquable; [considerable] notable. ◇ *m* **-1.** [calificación] mention *f* assez bien. **-2.** *(gen pl)* [persona] notable *m*.

notar *vt* **-1.** [advertir] remarquer. **-2.** [sentir] sentir; ~ **calor/frío** avoir chaud/froid. ◆ **notarse** *vp* se remarquer.

notaría *f* **-1.** [profesión] notariat *m*. **-2.** [oficina] étude *f* de notaire.

notario, ria *m, f* notaire *m*.

noticia *f* nouvelle *f* . ◆ **noticias** *fpl* : **las ~s** RADIO & TV les informations.

notificación *f* notification *f*.

notificar *vt* notifier.

notoriedad *f* notoriété *f*.

notorio, ria *adj* notoire.

nov., novbre. *(abrev de* **noviembre)** nov.

novatada *f* **-1.** [broma] bizutage *m*. **-2.** [inexperiencia] erreur *f* de débutant; **pagar la** ~ faire les frais de son inexpérience.

novato, ta *adj & m, f* novice.

novecientos, tas *núm* neuf cents; *ver también* **seiscientos**.

novedad *f* nouveauté *f*; [cambio] nouveau *m*; **sin** ~ rien de nouveau. ◆ **novedades** *fpl* nouveautés *fpl*.

novel *adj* débutant(e).

novela *f* roman *m*; ~ **policíaca** roman policier.

novelar *vt* romancer.

novelesco, ca *adj* romanesque.

novelista *mf* romancier *m*, -ère *f*.

noveno, na *núm* neuvième; *ver también* **sexto**.

noventa *núm* quatre-vingt-dix; *ver también* **sesenta**.

noviazgo *m* fiançailles *fpl*.

noviembre *m* novembre *m*; *ver también* **septiembre**.

novillada *f* TAUROM course de jeunes taureaux.

novillo, lla *m*, *f* jeune taureau *m*, génisse *f*; **hacer ~s** *fam fig* faire l'école buissonnière.

novio, via *m*, *f* **-1.** [amante] copain *m*, copine *f*; [prometido] fiancé *m*, -e *f*. **-2.** [recién casados] jeune marié *m*, jeune mariée *f*.

nubarrón *m* gros nuage *m*.

nube *f* **-1.** [gen] nuage *m*. **-2.** *fig* [multitud] nuée *f*. **-3.** [mancha en el ojo] taie *f*. **-4.** *loc* : **estar en las ~s** [estar distraído] être dans les nuages; **poner algo/a alguien por las ~s** [alabar] porter qqch/qqn aux nues; **por las ~s** [caro] hors de prix.

nublado, da *adj* **-1.** [cielo] nuageux(euse). **-2.** *fig* [mirada] brouillé(e).

nublar *vt* **-1.** [cielo] assombrir. **-2.** *fig* [mente, mirada] troubler. ◆ **nublarse** *vp* **-1.** [tiempo] se couvrir. **-2.** [vista] se brouiller. **-3.** *fig* [persona] : **se le nubló la razón** il a perdu son sang-froid.

nubosidad *f* nébulosité *f*.

nuca *f* nuque *f*.

nuclear *adj* nucléaire.

núcleo *m* noyau *m*.

nudillo *m* jointure *f* (*des doigts*).

nudismo *m* nudisme *m*.

nudo *m* **-1.** [gen] nœud *m*; **hacérsele a alguien un ~ en la garganta** avoir la gorge nouée. **-2.** *fig* [de amistad etc] lien *m*.

nudoso, sa *adj* noueux(euse).

nuera *f* belle-fille *f*.

nuestro, tra ◇ *adj poses* notre; **~s libros** nos livres; **este libro es ~** ce livre est à nous; **un amigo ~** un de nos amis; **no es asunto ~** ça ne nous regarde pas; **no es culpa nuestra** ce n'est pas (de) notre faute. ◇ *pron poses* : **el ~** le nôtre; **la nuestra** la nôtre; **ésta es la nuestra** *fam* à nous de jouer; **lo ~ es el teatro** *fam* notre truc c'est le théâtre; **los ~s** [nuestra familia] les nôtres.

nueva *f* → **nuevo**.

Nueva York New York.

Nueva Zelanda Nouvelle-Zélande *f*.

nueve *núm* neuf; *ver también* **seis**.

nuevo, va ◇ *adj* **-1.** [gen] nouveau(elle); **el año ~** le nouvel an. **-2.** [no usado] neuf(neuve). ◇ *m*, *f* nouveau *m*, -elle *f*. ◆ **buena nueva** *f* bonne nouvelle *f*. ◆ **de nuevo** *loc adv* de ○ à nouveau.

nuez *f* **-1.** [fruto] noix *f*. **-2.** ANAT pomme *f* d'Adam. ◆ **nuez moscada** *f* noix *f* de muscade.

nulidad *f* nullité *f*.

nulo, la *adj* nul(nulle); **es ~ para la música** il est nul en musique.

núm. (*abrev de* **número**) n°.

numeración *f* **-1.** [acción] numérotation *f*. **-2.** [sistema] numération *f*.

numeral *adj* numéral(e).

numerar *vt* numéroter. ◆ **numerarse** *vp* [suj : personas] se compter.

numérico, ca *adj* numérique.

número *m* **-1.** [MAT, GRAM & cantidad] nombre *m*; **un gran ~ de...** un grand nombre de.... **-2.** [en serie, espectáculo, publicación] numéro *m*; **~ de identificación fiscal** numéro d'identification fiscale (*attribué à tout détenteur d'un compte bancaire en Espagne*). **-3.** [cifra] : **~ redondo** chiffre *m* rond. **-4.** [talla – de ropa] taille *f*; [– de zapatos] pointure *f*. **-5.** [billete] billet *m* (*de loterie*). **-6.** MIL membre *m* (*de la garde civile etc*). **-7.** *loc* : **en ~s rojos** en rouge; **hacer ~s** faire les comptes; **montar el ~** faire son numéro.

numerología *f* numérologie *f*.

numeroso, sa *adj* nombreux(euse).

nunca *adv* jamais; **no llamó ~** il n'a jamais appelé; **~ jamás** ○ **más** jamais plus.

nuncio *m* nonce *m*.

nupcial *adj* nuptial(e); [tarta] de mariage.

nupcias *fpl* noces *fpl*.

nurse *f* nurse *f*.

nutria *f* loutre *f*.

nutrición *f* nutrition *f*.

nutrido, da *adj* **-1.** [alimentado] nourri(e). **-2.** *fig* [numeroso] nombreux(euse).

nutrir *vt* **-1.** [gen] nourrir. **-2.** *fig* [suministrar] alimenter; **la presa nutre de agua a la ciudad** le barrage alimente la ville en eau. ◆ **nutrirse** *vp* **-1.** [alimentarse] : **~se de** ○ **con** se nourrir de. **-2.** *fig* [proveerse] : **~se de** ○ **con** se fournir en.

nutritivo, va *adj* nutritif(ive).

nylon® = **nailon**.

ñ, Ñ *f* [letra] ñ *m inv*, Ñ *m inv* (*15ème lettre de l'alphabet espagnol*).

ñoñería, ñoñez f niaiserie f.
ñoño, ña adj **-1.** [recatado] timoré(e). **-2.** [soso – estilo] mièvre; [– apariencia] cucul.
ñudo Amer ◆ **al ñudo** loc adv fam pour rien.

o¹, O (pl oes) f [letra] o m inv, O m inv.
o² conj ('u' en vez de 'o' antes de palabras que empiezan por 'o' u 'ho') ou; **rojo o verde** rouge ou vert; **25 o 30 personas** 25 ou 30 personnes; **uno u otro** l'un ou l'autre. ◆ **o sea (que)** loc conj autrement dit.
o/ abrev de orden.
oasis m inv lit & fig oasis f.
obcecar vt aveugler. ◆ **obcecarse** vp **-1.** [empeñarse] s'obstiner. **-2.** [cegarse] : ∼**se con** être aveuglé(e) par.
obedecer ◇ vt obéir à. ◇ vi obéir; **calla y obedece** tais-toi et obéis; ∼ **a** [estar motivado por] être dû(due)à.
obediencia f obéissance f.
obediente adj obéissant(e).
obertura f MÚS ouverture f.
obesidad f obésité f.
obeso, sa adj & m, f obèse.
obispo m évêque m.
objeción f objection f; ∼ **de conciencia** objection de conscience.
objetar vt objecter.
objetividad f objectivité f.
objetivo, va adj objectif(ive). ◆ **objetivo** m objectif m.
objeto m objet m; **ser** ∼ **de** faire l'objet de. ◆ **objetos perdidos** mpl objets mpl trouvés.
objetor, ra m, f : **fue el único** ∼ **a mi solicitud** c'est le seul qui se soit opposé à ma demande; ∼ **de conciencia** objecteur m de conscience.
oblicuo, cua adj oblique.
obligación f [gen & COM] obligation f.
obligado, da adj obligatoire; **es** ∼ **llevar corbata** le port de la cravate est obligatoire.

obligar vt : ∼ **a alguien a hacer algo** obliger qqn à faire qqch. ◆ **obligarse** vp : ∼**se a hacer algo** s'engager à faire qqch.
obligatorio, ria adj obligatoire.
oboe ◇ m [instrumento] hautbois m. ◇ mf [persona] hautboïste mf.
obra f **-1.** [gen] œuvre f; ∼ **de caridad** œuvre de charité; ∼**s completas** œuvres complètes; ∼ **maestra** chef-d'œuvre m; **por** ∼ **de, por** ∼ **y gracia de** grâce à; **por** ∼ **y gracia del Espíritu Santo** par l'opération du Saint-Esprit. **-2.** CONSTR [lugar] chantier m; [reforma] travaux mpl; ∼**s públicas** travaux mpl publics.
obrar vi **-1.** [gen] agir. **-2.** [estar en poder] : ∼ **en manos de** être entre les mains de.
obrero, ra adj & m, f ouvrier(ère).
obscenidad f obscénité f.
obsceno, na adj obscène.
obscurecer ◇ vt **-1.** [gen] assombrir. **-2.** fig [mente] troubler. **-3.** fig [deslucir] faire de l'ombre à. ◇ v impers [anochecer] faire nuit. ◆ **obscurecerse** vp s'assombrir.
obscuridad f obscurité f.
obscuro, ra adj **-1.** [gen] obscur(e); **a obscuras** dans le noir. **-2.** [color] foncé(e). **-3.** [cielo] sombre.
obsequiar vt offrir; ∼ **a alguien con algo** offrir qqch à qqn.
obsequio m cadeau m.
observación f observation f; [advertencia] remarque f.
observador, ra adj & m, f observateur(trice).
observancia f observance f.
observar vt observer; [advertir] remarquer. ◆ **observarse** vp : **se observa una cierta mejora** on observe une légère amélioration.
observatorio m observatoire m.
obsesión f obsession f.
obsesionar vt obséder. ◆ **obsesionarse** vp : ∼**se con** être obsédé(e) par.
obsesivo, va adj obsédant(e), obsessionnel(elle).
obseso, sa adj & m, f obsédé(e).
obstaculizar vt **-1.** [obstruir] gêner. **-2.** fig [impedir] faire obstacle à.
obstáculo m obstacle m.
obstante ◆ **no obstante** loc adv néanmoins.
obstetricia f obstétrique f.
obstinado, da adj obstiné(e).

obstinarse *vp* s'obstiner; ~ **en** [idea etc] s'obstiner (dans qqch); ~ **en hacer algo** s'obstiner à faire qqch.

obstrucción *f* obstruction *f*.

obstruir *vt* -**1**. [bloquear] obstruer. -**2**. *fig* [obstaculizar] empêcher. ✦ **obstruirse** *vp* se boucher.

obtener *vt* obtenir. ✦ **obtenerse** *vp* s'obtenir.

obturar *vt* obturer.

obtuso, sa ◇ *adj* -**1**. [gen] obtus(e). -**2**. [sin punta] émoussé(e). ◇ *m, f fig* : **es un** ~ **il est obtus.**

obús (*pl* **obuses**) *m* -**1**. [cañón] obusier *m*. -**2**. [proyectil] obus *m*.

obviar *vt* [inconveniente, problema] parer à; [dificultad, obstáculo] contourner.

obvio, via *adj* évident(e).

oca *f* -**1**. [animal] oie *f*. -**2**. [juego] jeu *m* de l'oie.

ocasión *f* occasion *f*; **con** ~ **de** à l'occasion de; **de** ~ d'occasion; **en alguna** ○ **cierta** ~ une fois.

ocasional *adj* occasionnel(elle).

ocasionar *vt* causer.

ocaso *m* -**1**. [anochecer] crépuscule *m*. -**2**. *fig* [decadencia] déclin *m*.

occidental ◇ *adj* occidental(e). ◇ *mf* Occidental(e).

occidente *m* occident *m*. ✦ **Occidente** *m* [bloque de países] Occident *m*.

OCDE (*abrev de* **Organización para la Cooperación y el Desarrollo Económico**) *f* OCDE *f*.

Oceanía Océanie *f*.

oceánico, ca *adj* -**1**. [del océano] océanique. -**2**. [de Oceanía] océanien(enne).

océano *m* océan *m*; **el** ~ **(Glacial) Antártico** l'océan Antarctique; **el** ~ **Atlántico** l'océan Atlantique; **el** ~ **(Glacial) Ártico** l'océan Arctique; **el** ~ **Índico** l'océan Indien; **el** ~ **Pacífico** l'océan Pacifique.

ochenta *núm* quatre-vingts; **página** ~ page quatre-vingt; *ver también* **sesenta**.

ocho *núm* huit; *ver también* **seis**.

ochocientos, tas *núm* huit cents; *ver también* **seiscientos**.

ocio *m* loisirs *mpl*; **el tiempo de** ~ le temps libre.

ocioso, sa *adj* oisif(ive); [inútil] oiseux(euse); **el miércoles es un día** ~ le mercredi, repos.

ocluir *vt* MED occlure; [cañería] boucher. ✦ **ocluirse** *vp* MED se fermer; [cañería] se boucher.

ocre ◇ *m* -**1**. [color] ocre *m*. -**2**. [mineral] ocre *f*. ◇ *adj inv* [color] ocre.

octágono, na *adj* octogonal(e). ✦ **octágono** *m* octogone *m*.

octano *m* octane *m*.

octava *f* → octavo.

octavilla *f* -**1**. [de propaganda] tract *m*. -**2**. [tamaño] in-octavo *m inv*.

octavo, va *núm* huitième; *ver también* **sexto**. ✦ **octavo** *m* huitième *m*; ~**s de final** DEP huitième de finale. ✦ **octava** *f* MÚS octave *f*.

octeto *m* INFORM octet *m*.

octogenario, ria *adj & m, f* octogénaire.

octubre *m* octobre *m*; *ver también* **septiembre**.

ocular *adj* oculaire.

oculista *mf* oculiste *mf*.

ocultar *vt* cacher. ✦ **ocultarse** *vp* se cacher.

ocultismo *m* occultisme *m*.

oculto, ta *adj* -**1**. [gen] caché(e). -**2**. *fig* [poderes, ciencias] occulte.

ocupación *f* -**1**. [gen] occupation *f*. -**2**. [empleo] profession *f*.

ocupado, da *adj* occupé(e).

ocupante *adj & mf* occupant(e).

ocupar *vt* -**1**. [gen] occuper. -**2**. [dar trabajo] employer.

ocurrencia *f* -**1**. [idea] idée *f*. -**2**. [dicho gracioso] trait *m* d'esprit.

ocurrente *adj* spirituel(elle).

ocurrir *vi* arriver; **aquí ocurre algo extraño** il se passe quelque chose de bizarre ici; **¿qué te ocurre?** qu'est-ce qui t'arrive? ✦ **ocurrirse** *vp* [venir a la cabeza] : **no se me ocurre ninguna solución** je ne vois aucune solution; **¡ni se te ocurra!** tu n'as pas intérêt; **se me ocurre que podríamos salir** et si on sortait?

oda *f* ode *f*.

odiar *vt & vi* haïr.

odio *m* haine *f*; **tener** ~ **a algo/alguien** haïr qqch/qqn.

odioso, sa *adj* odieux(euse); [lugar, tiempo] détestable.

odisea *f* odyssée *f*.

odontología *f* odontologie *f*.

oeste ◇ *m* -**1**. [gen] ouest *m*; **el** ~ **de Europa** l'Ouest de l'Europe. -**2**. [viento] vent *m* d'ouest. ◇ *adj* [zona, frontera] ouest; [viento] d'ouest. ◆ **Oeste** *m* : **el Oeste** [punto cardinal] l'ouest.

ofender ◇ *vt* offenser. ◇ *vi* faire offense. ◆ **ofenderse** *vp* se vexer.

ofensa *f* **-1.** [gen] offense *f*. **-2.** DER outrage *m*.

ofensivo, va *adj* **-1.** [injurioso] offensant(e). **-2.** [de ataque] offensif(ive). ◆ **ofensiva** *f* offensive *f*.

oferta *f* **-1.** [gen & ECON] offre *f*; ~ **pública de adquisición** offre publique d'achat. **-2.** [rebaja] promotion *f*; **de** ~ **en** promotion.

ofertar *vt* faire une promotion sur.

office *m inv* office *m* (*d'une cuisine*).

oficial, la *m, f* [obrero] apprenti *m* qualifié, apprentie *f* qualifiée. ◆ **oficial** ◇ *adj* officiel(elle). ◇ *m* **-1.** MIL officier *m*. **-2.** [funcionario] employé *m* (administratif).

oficialismo *m* Amer soutien inconditionnel du parti au pouvoir.

oficiar ◇ *vt* célébrer. ◇ *vi* **-1.** [sacerdote] officier. **-2.** [actuar de] : ~ **de** faire office de.

oficina *f* bureau *m*; ~ **de empleo** agence *f* nationale pour l'emploi, ≃ ANPE; ~ **de turismo** office *m* du tourisme.

oficinista *mf* employé *m*, -e *f* de bureau.

oficio *m* **-1.** [gen] métier *m*. **-2.** RELIG office *m*.

oficioso, sa *adj* officieux(euse).

ofimática *f* bureautique *f*.

ofrecer *vt* offrir; ~ **perspectivas** ouvrir des perspectives; ~ **una particularidad/ un aspecto** présenter une particularité/ un aspect. ◆ **ofrecerse** *vp* : ~**se a** ○ **para hacer algo** s'offrir pour faire qqch.

ofrecimiento *m* offre *f*; ~ **de** ○ **para** offre de.

ofrenda *f* offrande *f*.

ofrendar *vt* : ~ **algo a alguien** faire offrande de qqch à qqn.

oftalmología *f* ophtalmologie *f*.

ofuscar *vt lit & fig* aveugler. ◆ **ofuscarse** *vp* : ~**se con** être obsédé(e) par.

ogro, gresa *m, f* ogre *m*, ogresse *f*.

oh *interj* : ¡~! oh!

oída ◆ **de oídas** *loc adv* par ouï-dire.

oído *m* **-1.** [órgano] oreille *f*. **-2.** [sentido] ouïe *f*. **-3.** *loc* : **de** ~ d'oreille; **hacer** ~**s sordos** faire la sourde oreille; **ser duro de** ~ être dur d'oreille; **ser todo** ~**s** être tout ouïe; **tener (buen)** ~ avoir de

l'oreille; **tener mal** ~, **no tener** ~ ne pas avoir d'oreille.

oír *vt* **-1.** [gen] entendre. **-2.** [atender] écouter; **oiga, por favor!** votre attention s'il vous plaît!; ¡**oiga!** [al teléfono] allô! qui est à l'appareil?; ¡**oye!** *fam* écoute!

OIT *f* **-1.** (*abrev de* **Organización Internacional del Trabajo**) OIT *f*. **-2.** (*abrev de* **Oficina Internacional del Trabajo**) BIT *m*.

ojal *m* boutonnière *f*.

ojalá *interj* **-1.** [esperanza] : ¡~ **lo haga!** pourvu qu'il le fasse! **-2.** [añoranza] : ¡~ **estuviera aquí!** si seulement il était là!

ojeada *f* coup *m* d'œil; **echar** ○ **dar una** ~ jeter un coup d'œil.

ojear *vt* regarder.

ojera *f* (*gen pl*) cerne *m*; **tener** ~**s** avoir des cernes ○ les yeux cernés.

ojeriza *f fam* **tener** ~ **a alguien** avoir une dent contre qqn.

ojeroso, sa *adj* : **estar** ~ avoir les yeux cernés.

ojete *m* **-1.** [para cordones] œillet *m*. **-2.** *vulg* trou *m* de balle.

ojo ◇ *m* **-1.** [órgano] œil *m*; *fig.* **-2.** [de aguja] chas *m*; [de cerradura] trou *m*. **-3.** *loc* : **abrir los** ~**s a alguien** ouvrir les yeux à qqn; **andar con (mucho)** ~ faire (bien) attention; **a** ~ **(de buen cubero)** à vue de nez; **comerse con los** ~**s a alguien** *fam* dévorer qqn des yeux; **echar el** ~ **a algo** jeter son dévolu sur qqch; **en un abrir y cerrar de** ~**s** en un clin d'œil; **mirar** ○ **ver con buenos/malos** ~**s** voir d'un bon/mauvais œil; **no pegar** ~ ne pas fermer l'œil; **no ~s ven, corazón que no siente** loin des yeux, loin du cœur; **tener (buen)** ~ avoir le coup d'œil. ◇ *interj* : ¡~! attention! ◆ **ojo de buey** *m* œil-de-bœuf *m*.

OK *interj* : ¡~! OK!

okupa *mf mfam* squatter *m*.

ola *f* vague *f*.

ole, olé *interj* : ¡~! olé!

oleada *f lit & fig* vague *f*.

oleaje *m* houle *f*.

óleo *m* ARTE huile *f*.

oleoducto *m* oléoduc *m*.

oler ◇ *vt* sentir. ◇ *vi* sentir; **huele a lavanda/tabaco etc** ça sent la lavande/le tabac etc; **huele a mentira** ça sent le mensonge. ◆ **olerse** *vp* [sospechar] : ~**se algo** flairer qqch.

olfatear *vt lit & fig* flairer.

olfato *m* **-1.** [sentido] odorat *m*. **-2.** *fig* [sagacidad] flair *m*.

oligarquía *f* oligarchie *f*.

olimpiada, olimpíada *f* olympiade *f*; **las ~s** les JO.

olímpicamente *adv fam* **pasar ~ de algo** se ficher royalement de qqch.

olisquear *vt* renifler.

oliva *f* olive *f*.

olivar *m* oliveraie *f*.

olivo *m* olivier *m*.

olla *f* marmite *f*; **~ a presión** o **exprés** autocuiseur *m*, Cocotte-Minute® *f*; **~ podrida** CULIN ≃ pot-au-feu *m*.

olmo *m* orme *m*.

olor *m* odeur *f*; **~ a** odeur de.

oloroso, sa *adj* odorant(e). ◆ **oloroso** *m* grand cru de Jerez.

OLP (*abrev de* **Organización para la Liberación de Palestina**) *f* OLP *f*.

olvidadizo, za *adj* : **ser ~** ne pas avoir de mémoire.

olvidar *vt* oublier. ◆ **olvidarse** *vp* : **~se (algo/de hacer algo)** oublier (qqch/de faire qqch).

olvido *m* oubli *m*; **caer en el ~** tomber dans l'oubli.

ombligo *m* nombril *m*.

omisión *f* omission *f*.

omitir *vt* omettre.

ómnibus *m inv* omnibus *m* (*autobus*).

omnipotente *adj* omnipotent(e).

omnipresente *adj* omniprésent(e).

omnívoro, ra *adj & m*, *f* omnivore.

omoplato, omóplato *m* omoplate *f*.

OMS (*abrev de* **Organización Mundial de la Salud**) *f* OMS *f*.

once *núm* onze; *ver también* **seis**.

ONCE (*abrev de* **Organización Nacional de Ciegos Españoles**) *f* association nationale espagnole d'aide aux aveugles et aux handicapés qui organise notamment une loterie.

onceavo, va *núm* onzième; **la onceava parte** un onzième.

onda *f* **-1.** FÍS & RADIO onde *f*; **~ corta** ondes courtes; **~ larga** grandes ondes; **~ media** ondes moyennes. **-2.** [del pelo, tela etc] ondulation *f*.

ondear *vi* ondoyer.

ondulación *f* ondulation *f*.

ondulado, da *adj* ondulé(e).

ondular *vt & vi* onduler.

ónice, ónix *m* o *f* onyx *m*.

ónix = **ónice**.

on-line *adj inv* INFORM en ligne.

onomástico, ca *adj culto* onomastique. ◆ **onomástica** *f culto* [día del santo] fête *f*; [ciencia] onomastique *f*.

onomatopeya *f* onomatopée *f*.

ONU (*abrev de* **Organización de las Naciones Unidas**) *f* ONU *f*.

onza *f* **-1.** [unidad de peso] once *f*. **-2.** [de chocolate] carré *m*.

OPA *f* (*abrev de* **oferta pública de adquisición**) OPA *f*.

opaco, ca *adj* opaque.

ópalo *m* opale *f*.

opción *f* **-1.** [elección] choix *m*. **-2.** [derecho] : **dar ~ a algo** donner droit à qqch; **tener ~ a algo** avoir droit à qqch. **-3.** COM option *f*; **~ de compra/de venta** option d'achat/de vente.

opcional *adj* optionnel(elle); **la radio es ~** la radio est en option.

OPEP (*abrev de* **Organización de Países Exportadores de Petróleo**) *f* OPEP *f*.

ópera *f* opéra *m*.

operación *f* opération *f*; **~ retorno** opération de régulation de la circulation routière en période de retour de vacances.

operador, ra *m*, *f* INFORM opérateur *m*, -trice *f*. ◆ **operador turístico** *m* tour-opérateur *m*.

operar ◇ *vt* opérer; **~ de** [enfermo] opérer de. ◇ *vi* **-1.** [gen] opérer. **-2.** COM réaliser une opération. **-3.** MAT faire une opération. ◆ **operarse** *vp* **-1.** [gen] : **~se (de)** se faire opérer (de). **-2.** [producirse] s'opérer.

operario, ria *m*, *f* ouvrier *m*, -ère *f*.

operativo, va *adj* opérationnel(elle).

opereta *f* opérette *f*.

opinar ◇ *vt* penser. ◇ *vi* donner son avis o son opinion; **~ bien de alguien** penser du bien de qqn.

opinión *f* **-1.** [parecer] opinion *f*; **expresar** o **dar su ~** donner son opinion; **~ pública** opinion publique. **-2.** [reputación] réputation *f*.

opio *m* opium *m*.

opíparo, ra *adj* : **una comida opípara** un festin.

oponente *mf* opposant *m*, -e *f*; DEP adversaire *mf*.

oponer *vt* opposer. ◆ **oponerse** *vp* **~se (a)** s'opposer (à).

oporto *m* porto *m*.

oportunidad f -1. [ocasión] occasion f; aprovechar la ~ profiter de l'occasion. -2. [conveniencia] opportunité f.

oportunismo m opportunisme m.

oportunista adj & mf opportuniste.

oportuno, na adj opportun(e); es ~ decírselo ahora il convient de le lui dire maintenant.

oposición f -1. [gen & POLÍT] opposition f. -2. [obstáculo] résistance f. -3. (gen pl) concours m; ~ a concours de recrutement de; ~ a cátedra ≃ concours d'agrégation.

opositor, ra m, f -1. [a un cargo] candidat m, -e f (à un concours). -2. [oponente] opposant m, -e f.

opresión f -1. [represión, ahogo] oppression f. -2. [de un botón] pression f.

opresivo, va adj oppressif(ive).

opresor, ra ◇ adj oppresseur; una política opresora une politique d'oppression. ◇ m, f oppresseur m.

oprimir vt -1. [botón] presser. -2. [reprimir] opprimer. -3. fig [ahogar] oppresser.

optar vi -1. [escoger] : ~ por algo choisir qqch; ~ por hacer algo choisir de faire qqch. -2. [aspirar] : ~ a aspirer à.

optativo, va adj optionnel(elle).

óptico, ca ◇ adj optique. ◇ m, f opticien m, -enne f. ◆ **óptica** f -1. [gen] optique f. -2. [tienda] : en la óptica chez l'opticien.

optimismo m optimisme m.

optimista adj & mf optimiste.

óptimo, ma ◇ superl → **bueno**. ◇ adj optimal(e); [temperatura] optimum.

opuesto, ta ◇ pp irreg → **oponer**. ◇ adj opposé(e).

opulencia f opulence f.

opulento, ta adj opulent(e).

oración f -1. [rezo] prière f. -2. GRAM proposition f.

oráculo m oracle m.

orador, ra m, f orateur m, -trice f.

oral ◇ adj oral(e). ◇ m → **examen**.

órale interj Amer fam allez!

orangután m orang-outan m.

orar vi prier.

oratorio, ria adj oratoire. ◆ **oratoria** f art m oratoire.

órbita f -1. [gen] orbite f. -2. fig [ámbito] sphère f d'influence.

orca f orque f.

orden (pl **órdenes**) ◇ m ordre m; en ~ en ordre; por ~ par ordre; ~ **público** ordre public. ◇ f ordre m; ¡a la ~! MIL à vos ordres!; por ~ de par ordre de; ~ de arresto mandat m d'arrêt; estar a la ~ del día être monnaie courante. ◆ **del orden de** loc prep de l'ordre de. ◆ **orden del día** m ordre m du jour.

ordenado, da adj ordonné(e).

ordenador m INFORM ordinateur m; ~ **personal** ordinateur personnel; ~ **portátil** ordinateur portable.

ordenanza ◇ m -1. [empleado] garçon m de bureau. -2. MIL ordonnance f. ◇ f (gen pl) règlement m.

ordenar vt -1. [poner en orden] ranger; [ideas, cifras] ordonner; ~ **alfabéticamente** classer par ordre alphabétique. -2. [mandar & RELIG] ordonner. ◆ **ordenarse** vp RELIG : ~**se sacerdote** être ordonné prêtre.

ordeñar vt traire.

ordinal adj ordinal(e).

ordinariez f [cualidad] vulgarité f; [acción, expresión] grossièreté f.

ordinario, ria ◇ adj -1. [gen] ordinaire. -2. [vulgar] grossier(ère), vulgaire. ◇ m, f : **ser un** ~ être vulgaire.

orégano m origan m.

oreja f oreille f; **con las** ~**s gachas** la queue entre les jambes.

orejera f oreillette f.

orfanato, orfelinato m orphelinat m.

orfandad f -1. [estado] : **estar en** ~ être orphelin(e). -2. [internado] orphelinat m. -3. fig [desamparo] désarroi m.

orfebre mf orfèvre mf.

orfebrería f orfèvrerie f.

orfelinato = orfanato.

orgánico, ca adj organique.

organigrama m organigramme m.

organillo m orgue m de Barbarie.

organismo m organisme m.

organista mf organiste mf.

organización f organisation f.

organizar vt organiser. ◆ **organizarse** vp s'organiser.

órgano m -1. [gen] organe m. -2. MÚS orgue m.

orgasmo m orgasme m.

orgía f orgie f.

orgullo m -1. [satisfacción] fierté f. -2. [soberbia] orgueil m.

orgulloso, sa ◇ adj -1. [satisfecho] fier(fière); **estar** ~ **de** être fier de. -2. [soberbio] orgueilleux(euse). ◇ m, f orgueilleux m, -euse f.

orientación f -1. [gen] orientation f. -2. fig [información] indication f.

oriental ◇ adj oriental(e). ◇ mf Oriental m, -e f.

orientar vt orienter. ◆ **orientarse** vp s'orienter.

oriente m est m, orient m; **el sol sale por ~** le soleil se lève à l'est. ◆ **Oriente** m (el) Oriente l'Orient m; **Oriente Medio** Moyen-Orient m; **Oriente Próximo** Proche-Orient m; **Lejano** o **Extremo Oriente** Extrême-Orient m.

orificio m orifice m.

origen m origine f; **de ~ español** d'origine espagnole.

original ◇ adj -1. [gen] original(e). -2. [del origen] originel(elle); **el pecado ~** le péché originel. ◇ m original m.

originalidad f originalité f.

originar vt provoquer, être à l'origine de. ◆ **originarse** vp [incendio] se déclarer; [tormenta] éclater.

originario, ria adj -1. [procedente] : **ser ~ de** être originaire de. -2. [inicial, primitivo] original(e).

orilla f -1. [gen] bord m. -2. [de campo, bosque] lisière f.

orín m rouille f. ◆ **orines** mpl urines fpl.

orina f urine f.

orinal m pot m de chambre.

orinar vt & vi uriner. ◆ **orinarse** vp : ~**se en la cama/encima** faire pipi au lit/dans sa culotte.

oriundo, da ◇ adj : ~ **de** originaire de. ◇ m, f DEP sportif dont l'un des parents est espagnol.

orla f -1. [gen] bordure f; [de cuadro] passe-partout m. -2. [fotografía] tableau comportant les photos des étudiants et des professeurs d'une même promotion.

ornamentación f ornementation f.

ornamento m ornement m.

ornar vt ornementer.

ornitología f ornithologie f.

ornitólogo, ga m, f ornithologue mf.

oro m or m; **estar cargado de ~** fig être riche comme Crésus; **un corazón de ~** un cœur d'or; **un marido de ~** un mari en or; **hacerse de ~** faire fortune; **pedir el ~ y el moro** demander une fortune. ◆ **oros** mpl l'une des quatre couleurs du jeu de cartes espagnol. ◆ **oro negro** m [petróleo] or m noir.

orografía f orographie f.

orquesta f orchestre m.

orquestar vt lit & fig orchestrer.

orquestina f orchestre m de danse.

orquídea f orchidée f.

ortiga f ortie f.

ortodoncia f orthodontie f.

ortodoxia f orthodoxie f.

ortodoxo, xa adj & m, f orthodoxe.

ortografía f orthographe f.

ortopedia f orthopédie f.

ortopédico, ca ◇ adj orthopédique. ◇ m, f orthopédiste mf.

oruga f chenille f.

orujo m marc m (de raisin, d'olives).

orzuelo m orgelet m.

os pron pers vous; **viene a veros** il vient vous voir; ~ **lo dio** il vous l'a donné; **levantaos** levez-vous; **no ~ peleéis** ne vous disputez pas.

osa f → oso.

osadía f audace f.

osado, da adj audacieux(euse).

osamenta f ossature f.

osar vi oser.

oscilación f oscillation f.

oscilar vi osciller.

oscurecer = obscurecer.

oscuridad = obscuridad.

oscuro, ra = obscuro.

óseo, a adj osseux(euse).

Oslo Oslo.

oso, osa m, f ours m, ourse f; ~ **de felpa** o **de peluche** ours en peluche; ~ **hormiguero** fourmilier m; (~) **panda** panda m; ~ **polar** ours polaire.

ostensible adj ostensible; **hicieron ~ su desacuerdo** ils ont manifesté leur désaccord.

ostentación f ostentation f.

ostentar vt -1. [poseer – récord] détenir; [- título] porter. -2. [exhibir] arborer.

ostentoso, sa adj somptueux(euse).

ostra f huître f; **aburrirse como una ~** fam fig s'ennuyer comme un rat mort. ◆ **ostras** interj fam ¡~s! la vache!

OTAN (abrev de **Organización del Tratado del Atlántico Norte**) f OTAN f.

OTI (abrev de **Organización de Televisiones Iberoamericanas**) f association regroupant toutes les chaînes de télévision de langue espagnole.

otitis f otite f.

otoñal adj automnal(e).

otoño *m lit & fig* automne *m*.

otorgamiento *m* **-1.** [de privilegio] octroi *m*; [de premio] attribution *f*. **-2.** DER [de contrato] passation *f*.

otorgar *vt* [privilegio] octroyer; [premio] attribuer; [poderes] conférer; ~ **su apoyo/el perdón** accorder son soutien/son pardon.

otorrino, na *m, f fam* oto-rhino *mf*.

otorrinolaringología *f* oto-rhino-laryngologie *f*.

otro, tra ◇ *adj* autre; ~ **chico** un autre garçon; **la otra calle** l'autre rue; ~**s tres goles** trois autres buts; **el** ~ **día** l'autre jour. ◇ *pron* un autre, une autre; **dame** ~ donne-m'en un autre; **el** ~, **la otra** l'autre; **no fui yo, fue** ~ ce n'était pas moi, c'était quelqu'un d'autre; ~**s habrían abandonado** d'autres auraient abandonné.

output (*pl* **outputs**) *m* INFORM sortie *f*.

ovación *f* ovation *f*.

ovacionar *vt* ovationner.

oval *adj* ovale.

ovalado, da *adj* ovale.

ovario *m* ovaire *m*.

oveja *f* brebis *f*. ◆ **oveja negra** *f* brebis *f* galeuse.

overbooking *m* surréservation *f*; [en aviones] surbooking *m*.

ovillo *m* pelote *f*; **hacerse un** ~ *fig* se pelotonner.

ovino, na ◇ *adj* ovin(e). ◇ *m, f*: **los** ~**s** les ovins *mpl*.

ovíparo, ra *adj & m, f* ovipare.

ovni (*abrev de* objeto volador no identificado) *m* ovni *m*.

ovulación *f* ovulation *f*.

ovular¹ *adj* ovulaire.

ovular² *vi* ovuler.

óvulo *m* ovule *m*.

oxidación *f* oxydation *f*.

oxidar *vt* rouiller; QUÍM oxyder. ◆ **oxidarse** *vp* rouiller, se rouiller; QUÍM s'oxyder.

óxido *m* **-1.** QUÍM oxyde *m*. **-2.** [herrumbre] rouille *f*.

oxigenado, da *adj* oxygéné(e).

oxigenar *vt* oxygéner. ◆ **oxigenarse** *vp* s'oxygéner.

oxígeno *m* oxygène *m*.

oyente *mf* **-1.** RADIO auditeur *m*, -trice *f*. **-2.** [alumno] auditeur *m* libre.

ozono *m* ozone *m*.

P

p, P *f* [letra] p *m inv*, P *m inv*.

p. = **pág.**

pabellón *m* [gen] pavillon *m*.

pacer *vi* paître.

pachá (*pl* **pachaes** ○ **pachás**) *m* pacha *m*; **vivir como un** ~ *fam fig* vivre comme un pacha.

pachanga *f fam* java *f*.

pacharán *m* prunelle *f* (liqueur).

pachorra *f fam* **tener** ~ être pépère.

pachucho, cha *adj fam* **estar** ~ être mal fichu(e).

paciencia *f* patience *f*; **perder la** ~ perdre patience.

paciente *adj & mf* patient(e).

pacificación *f* pacification *f*.

pacificar *vt* pacifier.

pacífico, ca *adj* **-1.** [gen] pacifique. **-2.** [tranquilo] paisible. ◆ **Pacífico** *m*: **el Pacífico** le Pacifique.

pacifismo *m* pacifisme *m*.

pacifista *adj & mf* pacifiste.

pack (*pl* **packs**) *m* pack *m*.

paco, ca *m, f Amer fam* flic *m*.

pacotilla *f* pacotille *f*; **de** ~ de pacotille.

pactar ◇ *vt* négocier. ◇ *vi*: ~ **con el enemigo/el diablo** pactiser avec l'ennemi/le diable.

pacto *m* pacte *m*; **hacer/romper un** ~ conclure/rompre un pacte.

padecer ◇ *vt* **-1.** [sufrir – enfermedad, frío etc] souffrir de; [injusticias, abusos] subir; ~ **un cáncer** souffrir d'un cancer; **ha padecido un infarto** il a eu un infarctus. **-2.** [aguantar] supporter; **padeció todas sus impertinencias** elle a supporté toutes ses impertinences. ◇ *vi* souffrir; ~ **de** [enfermedad] souffrir de.

padecimiento *m* souffrance *f*.

padrastro *m* **-1.** [pariente] beau-père *m* (second mari de la mère). **-2.** [pellejo] envies *fpl* (autour des ongles).

padrazo *m fam* papa *m* gâteau.

padre ◇ *m* père *m*; **de** ~ **y muy señor mío** *fam* de tous les diables. ◇ *adj fam* terrible; **un susto** ~ une peur bleue. ◆ **pa**-

dres *mpl* **–1.** [padre y madre] parents *mpl.*
–2. [antepasados] pères *mpl.*

padrenuestro (*pl* **padrenuestros**) *m*
Notre Père *m.*

padrino *m* **–1.** [de bautismo] parrain *m.*
–2. [en acto solemne] témoin *m.* **–3.** *fig*
[protector] protecteur *m.* ◆ **padrinos** *mpl*
[padrino y madrina] parrains *mpl.*

padrísimo *adj Amer fam* génial(e).

padrón *m* [censo] recensement *m*; [para
votar] registre *m* électoral.

padrote *m Amer fam* maquereau *m.*

paella *f* CULIN paella *f.*

paellera *f* poêle *f* à paella.

pág., p. (*abrev de* **página**) p.

paga *f* paie *f*; ~ **extra** ○ **extraordinaria**
≈ treizième mois.

pagadero, ra *adj* payable.

pagano, na ○ *adj* païen(enne). ○ *m, f* **–1.**
[no cristiano] païen *m*, -enne *f.* **–2.** *fam* [pa-
gador] : **siempre soy yo el** ~ [de factura,
cuenta etc] c'est toujours pour ma
pomme; [de culpas ajenas] c'est toujours
moi le dindon de la farce.

pagar ○ *vt* **–1.** [gen] payer; ~ **con su vida**
payer de sa vie. **–2.** *fig* [corresponder]
rendre, payer de retour. **–3.** *loc* : **me las
pagarás** *fam* tu me le paieras; **el que la
hace la paga** qui casse les verres les paie.
○ *vi* payer. ◆ **pagarse** *vp* se payer; ~**se
unas vacaciones** se payer des vacances.

pagaré *m* COM billet *m* à ordre; ~ **del Tesoro** bon *m* du Trésor.

página *f* page *f*; **las** ~**s amarillas** les
pages jaunes.

pago *m* **–1.** [dinero] paiement *m*; **de** ~
payant(e). **–2.** *fig* [recompensa] : **¿éste es
el** ~ **que me das?** c'est comme ça que tu
me remercies?; **en** ~ **de** en remerciement
de. ◆ **pagos** *mpl* [lugar] : **por estos** ~**s**
par ici.

pagoda *f* pagode *f.*

paila *f Amer* [sartén] poêle *f*; **a la** ~ [hue-
vos] au plat.

paipai (*pl* **paipais**), **paipay** (*pl* **paipays**) *m*
éventail *m* en palme.

pair ◆ **au pair** *f* jeune fille *f* au pair.

país *m* pays *m*; ~**es desarrollados/sub-
desarrollados** pays développés/sous-
développés. ◆ **países Bálticos** *mpl* : **los**
~**es Bálticos** les pays *mpl* Baltes.

paisaje *m* paysage *m.*

paisajista *adj & mf* paysagiste.

paisano, na ○ *adj* [de país] du même
pays. ○ *m, f* compatriote *mf.* ◆ **paisano**
m civil *m*; **de** ~ en civil.

País Vasco *m* : **el** ~ le Pays basque.

Países Bajos *mpl* : **los** ~ les Pays-Bas
mpl.

paja *f* **–1.** [gen] paille *f.* **–2.** *fig* [relleno]
remplissage *m.* **–3.** *vulg* [masturbación] :
hacerse una ~ se branler.

pajar *m* grenier *m* à paille.

pájara *f fig* garce *f.*

pajarería *f* oisellerie *f*; **en la** ~ chez l'oi-
selier.

pajarita *f* **–1.** [de tela] nœud *m* papillon.
–2. [de papel] cocotte *f* en papier.

pájaro *m* **–1.** [ave] oiseau *m*; ~ **bobo**
manchot *m*; ~ **carpintero** pivert *m.* **–2.** *fig*
[hombre astuto] vieux renard *m.*

paje *m* page *m.*

pajilla, pajita *f* paille *f* (*pour boire*).

Pakistán, Paquistán Pakistan *m.*

pala *f* **–1.** [herramienta] pelle *f*; ~ **mecánica** ○ **excavadora** pelle mécanique. **–2.**
[raqueta – de ping-pong] raquette *f*; [– de
béisbol] batte *f.* **–3.** [de remo, hélice] pale
f. **–4.** [de calzado] empeigne *f.*

palabra *f* **–1.** [gen] mot *m*; **de** ~ de vive
voix; **tomar** ○ **coger la** ~ **a alguien** prendre qqn au mot; **en una/dos** ~**(s)** en un/
deux mot(s). **–2.** [aptitud, derecho, pro-
mesa] parole *f*; **dar/quitar la** ~ **a alguien**
donner/couper la parole à qqn; **no tener**
~ ne pas avoir de parole; ~ **de honor** parole d'honneur.

palabrería *f fam* baratin *m.*

palabrota *f* gros mot *m.*

palacete *m* petit palais *m*; [en ciudad] hôtel *m* particulier.

palacio *m* palais *m*; ~ **de congresos** palais des congrès.

palada *f* **–1.** [cantidad] pelletée *f.* **–2.** [mo-
vimiento – de pala] coup *m* de pelle; [– de
hélice] tour *m* d'hélice; [– de remo] coup *m*
de rame.

paladar *m* palais *m.*

paladear *vt* savourer.

palanca *f* **–1.** [barra, mando] levier *m*; ~
de cambio levier de (changement de) vi-
tesse(s); ~ **de mando** manche *m* à balai.
–2. [trampolín] plongeoir *m.*

palangana *f* bassine *f.*

palangre *m* palangre *f.*

palco *m* TEATR loge *f.*

paleografía *f* paléographie *f.*

paleolítico, ca adj paléolithique. ◆ **paleolítico** m paléolithique m.

Palestina Palestine f.

palestino, na ◇ adj palestinien(enne). ◇ m, f Palestinien m, -enne f.

paleta f -1. [instrumento] petite pelle f; [de albañil] truelle f. -2. CULIN spatule f. -3. ARTE palette f. -4. [de hélice, remo] pale f.

paletilla f -1. [anat] omoplate f. -2. CULIN [de cerdo, cordero] épaule f.

paleto, ta adj & m, f plouc.

paliar vt -1. [dolor, pena] apaiser. -2. [error, problema] pallier.

palidecer vi pâlir.

palidez f pâleur f.

pálido, da adj pâle.

palillero m porte-cure-dents m.

palillo m -1. [mondadientes] cure-dents m. -2. [para tambor, arroz] baguette f. -3. fig [persona delgada] : **estar hecho un ~** être maigre comme un clou.

palique m fam causette f; **tener ~** avoir la tchatche.

paliza f fam -1. [golpes, derrota] raclée f. -2. fig [esfuerzo] : **el viaje en coche fue una ~** le voyage en voiture a été crevant. -3. [rollo] plaie f.

palma f -1. [de mano] paume f. -2. [palmera] palmier m. -3. [hoja, triunfo] palme f. ◆ **palmas** fpl [aplausos] applaudissements mpl; **batir ~s** applaudir.

palmada f -1. [golpe] tape f (de la main). -2. [aplauso] applaudissement m; [para llamar] : **dar ~s** frapper dans ses mains.

Palma de Mallorca Palma (de Majorque).

palmar[1] ◇ adj [de mano] palmaire. ◇ m palmeraie f.

palmar[2] vt & vi fam : **~(la)** crever (mourir).

palmarés m palmarès m.

palmear ◇ vt -1. [representación] applaudir. -2. [persona] : **~ en la espalda** donner des tapes amicales dans le dos de. ◇ vi applaudir.

palmera f palmier m.

palmito m -1. [árbol] palmier m nain. -2. CULIN cœur m de palmier. -3. fam fig [rostro] minois m; **tener ~** [atractivo] avoir du charme.

palmo m [medida] empan m; fig : **un ~ de** un bout de; **estamos a un ~ de casa** nous sommes à deux pas de la maison; **~ a ~** point par point, minutieusement; dejar a alguien/quedarse con un ~ de narices laisser qqn/rester le bec dans l'eau.

palmotear vi applaudir.

palmoteo m applaudissement m.

palo m -1. [gen] bâton m; [de escoba] manche m. -2. [DEP – de portería] poteau m; [– de golf] club m. -3. [madera & BOT] bois m. -4. [golpe] coup m de bâton. -5. fam [decepción] : **llevarse un ~** [en examen] se ramasser; [con alguien] se prendre une baffe; **dar un ~ a alguien** [decepcionar] décevoir qqn; [criticar] descendre qqn. -6. [mástil] mât m. -7. [de baraja] couleur f. -8. [de letra] jambage m. -9. fam fig [pesadez] galère f; **es un ~** c'est la galère. -10. loc : **a ~ seco** [bebida] pur(e); [comida] sans rien, tout seul(toute seule).

paloma f → palomo.

palomar m pigeonnier m.

palomilla f -1. [insecto] teigne f. -2. [tornillo] papillon m. -3. [armazón] équerre f.

palomita f pop-corn m inv.

palomo, ma m, f pigeon m, pigeonne f; **paloma mensajera** pigeon voyageur. ◆ **paloma** f colombe f.

palote m [trazo] bâton m (pour apprendre à écrire).

palpable adj lit & fig palpable.

palpar ◇ vt -1. [tocar] palper. -2. fig [percibir] sentir. ◇ vi tâtonner.

palpitación f palpitation f.

palpitante adj palpitant(e).

palpitar vi -1. [corazón] palpiter. -2. fig [emoción, nerviosismo etc] : **en sus palabras palpitaba su emoción** ses paroles trahissaient son émotion.

palta f Amer avocat m (fruit).

paludismo m paludisme m.

palurdo, da adj & m, f fam balourd(e).

pamela f capeline f.

pampa f pampa f.

Pampa f : **la ~** la Pampa.

pamplina f (gen pl) fam fig : **no hace más que contar ~s** il ne raconte que des histoires.

pan m -1. [gen] pain m; **~ de molde** o inglés pain de mie; **~ integral** pain complet; **~ rallado** chapelure f; **a ~ y agua** au pain sec et à l'eau; **estar a ~ y agua de dinero** fig être à court d'argent; **estar a ~ y cuchillo** être logé(e) et nourri(e). -2. [de oro, plata] feuille f. -3. loc : **contigo ~ y cebolla** avec toi jusqu'au bout du monde; **llamar al ~ ~ y al vino vino** appeler un chat un chat; **ser el**

~ **nuestro de cada día** être monnaie courante; **es ~ comido** c'est du gâteau; **ser más bueno que el ~** être la bonté même.

pana f velours m côtelé.

panacea f panacée f.

panadería f boulangerie f.

panadero, ra m, f boulanger m, -ère f.

panal m rayon m (d'une ruche).

Panamá Panama m.

panameño, ña ◇ adj panaméen(enne). ◇ m, f Panaméen m, -enne f.

pancarta f pancarte f.

panceta f lard m.

pancho, cha adj fam pépère; **se quedó tan ~** ça ne lui a fait ni chaud ni froid.

páncreas m pancréas m.

panda ◇ m → **oso**. ◇ f bande f (d'amis).

pandereta f tambour m de basque.

pandero m -1. MÚS tambour m de basque. -2. fam [trasero] popotin m.

pandilla f bande f (d'amis).

panecillo m petit pain m.

panegírico, ca adj : **un discurso ~** un panégyrique m. ◆ **panegírico** m panégyrique m.

panel m -1. [gen] panneau m. -2. [de coche] tableau m de bord.

panera f corbeille f à pain.

pánfilo, la ◇ adj niais(e). ◇ m, f idiot m, -e f.

panfleto m pamphlet m.

pánico m panique f.

panificadora f boulangerie f industrielle.

panocha f épi m (de maïs).

panorama m panorama m.

panorámico, ca adj panoramique. ◆ **panorámica** f -1. [vista] vue f panoramique. -2. CIN panoramique m.

pantaletas fpl Amer [bragas] culotte f.

pantalla f -1. [gen & INFORM] écran m; **la pequeña ~** le petit écran; **~ de cristal líquido** écran à cristaux liquides. -2. [de lámpara] abat-jour m.

pantalón m (gen pl) pantalon m; **llevar pantalones azules** porter un pantalon bleu; **pantalones cortos** culottes fpl courtes; **~ pitillo** fuseau m; **~ tejano** o **vaquero** jean m.

pantano m -1. [ciénaga] marais m. -2. [embalse] retenue f d'eau.

pantanoso, sa adj -1. [con pantanos] marécageux(euse). -2. fig [difícil] épineux(euse).

panteísmo m panthéisme m.

panteón m panthéon m.

pantera f panthère f.

pantimedias fpl Amer collants mpl.

pantorrilla f mollet m.

pantufla f (gen pl) pantoufle f.

panty (pl **pantys**) m collant m.

panza f panse f.

panzada f -1. [golpe] : **darse una ~** s'étaler de tout son long; [en el agua] faire un plat. -2. fam [hartura] : **darse una ~ de comer** s'en mettre plein la panse; **darse una ~ de reír** mourir de rire.

pañal m couche f. ◆ **pañales** mpl -1. [de niño] langes mpl. -2. fig [inicios] : **en ~es** à ses débuts.

pañería f draperie f; **fuimos a la ~** nous sommes allés chez le drapier.

paño m -1. [tela] drap m. -2. [trapo] chiffon m; **~ de cocina** torchon m (de cuisine). -3. [lienzo] pan m de mur. ◆ **paños** mpl -1. [ropaje] drapé m; **estar en ~s menores** être en petite tenue. -2. MED compresse f; **venir con ~s calientes** fig prendre des gants.

pañoleta f fichu m.

pañuelo m -1. [de nariz] mouchoir m; **~ de papel** mouchoir en papier. -2. [de adorno] foulard m.

papa f pomme de terre f; **ni ~** fam fig rien du tout; **no sé ni ~ de cocina** je n'y connais rien en cuisine. ◆ **Papa** m pape m.

papá (pl **papás**) m fam papa m. ◆ **papás** mpl : **mis ~s** mon papa et ma maman. ◆ **Papá Noel** m père m Noël.

papachador, ra adj Amer réconfortant(e).

papachar vt Amer cajoler.

papada f -1. [de persona] double menton m. -2. [de animal] fanon m.

papagayo m perroquet m.

papalote m Amer cerf-volant m.

papamoscas m inv gobe-mouches m inv.

papanatas m inv ◇ f inv fam ballot m.

papaya f [fruta] papaye f.

papel m -1. [material, documento] papier m; **~ carbón** papier carbone; **~ celofán** Cellophane f; **~ continuo** INFORM papier continu; **~ de embalar** o **de embalaje** papier d'emballage; **~ de aluminio** o **de plata** papier d'aluminium; **~ de fumar**

papier à cigarettes; ~ **de lija** papier de verre; ~ **higiénico** papier toilette; ~ **pintado** papier peint; ~ **secante** papier buvard. **-2.** CIN & TEATR rôle *m*; **desempeñar** o **hacer el** ~ **de** jouer le rôle de. **-3.** FIN valeur *f*; ~ **moneda** papier-monnaie *m*. ◆ **papeles** *mpl* [documentos] papiers *mpl*.

papela *f mfam* [de heroína] dose *f*.

papeleo *m* paperasserie *f*.

papelera *f* → **papelero**.

papelería *f* papeterie *f*.

papelero, ra *adj* papetier(ère). ◆ **papelera** *f* **-1.** [cesto, cubo] corbeille *f* à papier. **-2.** [fábrica] papeterie *f*.

papeleta *f* **-1.** [boleto] billet *m*; [de votación] bulletin *m* de vote. **-2.** EDUC bulletin *m* de notes. **-3.** *fig* [situación engorrosa] : **¡vaya ~!** quelle tuile!

papera *f* [bocio] goitre *m*. ◆ **paperas** *fpl* oreillons *mpl*.

papi *m fam* papa *m*.

papilla *f* **-1.** [alimento infantil] bouillie *f*. **-2.** *loc* : **hecho** ~ [cansado] à ramasser à la petite cuillère; [destrozado] réduit(e) en bouillie.

papiro *m* papyrus *m*.

paquete *m* **-1.** [gen & INFORM] paquet *m*; ~ **bomba** colis *m* piégé; ~ **postal** colis *m* postal. **-2.** [en moto] : **ir de** ~ monter derrière. **-3.** [conjunto] train *m*; **un** ~ **de medidas** un train de mesures; ~ **turístico** voyage *m* organisé. **-4.** *fam* [pañales] couches *fpl*. **-5.** *fam* [no apto] : **ser un** ~ être nul(nulle). **-6.** *fam* [cosa fastidiosa] : **me ha tocado el** ~ **de...** c'est moi qui me suis tapé la corvée de...

paquidermo *m* pachyderme *m*.

Paquistán = Pakistán.

par ◇ *adj* **-1.** [gen] pair(e). **-2.** [igual] égal(e); **sin** ~ hors pair. ◇ *m* **-1.** [pareja – de zapatos etc] paire *f*. **-2.** [dos] : **un** ~ **de ojos** deux yeux. **-3.** [número indeterminado] : **tomar un** ~ **de copas** prendre quelques verres. **-4.** [título] pair *m*. ◆ **a la par** *loc adv* **-1.** [simultáneamente] en même temps. **-2.** [a igual nivel] à égalité. **-3.** FIN au pair. ◆ **de par en par** *loc adj* : **abierto de** ~ **en** ~ grand ouvert.

PAR (*abrev de* Partido Aragonés Regionalista*) m parti régionaliste aragonais.

para *prep* **-1.** [gen] pour; **es** ~ **ti** c'est pour toi; **es malo** ~ **la salud** c'est mauvais pour la santé; **sale** ~ **distraerse** elle sort pour se distraire; **te lo digo** ~ **que lo sepas** je te le dis pour que tu le saches; **está**

muy espabilado ~ **su edad** il est très éveillé pour son âge; **¿~ qué?** pourquoi?; **lo he hecho** ~ **agradarte** je l'ai fait pour te faire plaisir. **-2.** [dirección] : **vete** ~ **casa** rentre à la maison; **salir** ~ **Madrid** partir pour Madrid; **échate** ~ **el lado** mets-toi sur le côté. **-3.** [tiempo] : **tiene que estar hecho** ~ **mañana** ça doit être fait pour demain; **queda leche** ~ **dos días** il reste du lait pour deux jours. **-4.** *(después de adj y antes de infin)* [inminencia] : **la cena está lista** ~ **servir** le dîner est prêt à être servi.

parabién (*pl* **parabienes**) *m* félicitations *fpl*.

parábola *f* parabole *f*.

parabólico, ca *adj* parabolique.

parabrisas *m inv* pare-brise *m inv*.

paracaídas *m inv* parachute *m*.

paracaidista *mf* parachutiste *mf*.

parachoques *m inv* pare-chocs *m inv*.

parada *f* → **parado**.

paradero *m* **-1.** [de persona] : **desconozco su** ~ j'ignore où il se trouve; **dieron con su** ~ ils ont trouvé où il était. **-2.** *Amer* [parada] arrêt *m*.

paradisiaco, ca, paradisíaco, ca *adj* paradisiaque.

parado, da ◇ *adj* **-1.** [inmóvil] arrêté(e). **-2.** [pasivo] qui manque d'initiative. **-3.** *fam* [sin empleo] au chômage. **-4.** *loc* : **salir mal/bien** ~ **de algo** se tirer mal/bien de qqch; **salió bien** ~ il s'en est bien tiré; **quedarse** ~ rester interdit. ◇ *m, f fam* [desempleado] chômeur *m*, -euse *f*. ◆ **parada** *f* **-1.** [gen] arrêt *m*; ~ **de autobús** arrêt d'autobus; ~ **de taxis** station *f* de taxis; ~ **discrecional** arrêt facultatif. **-2.** MIL parade *f*.

paradoja *f* paradoxe *m*.

paradójico, ca *adj* paradoxal(e).

parador *m* [mesón] relais *m*. ◆ **Parador Nacional** *m* monument historique aménagé en hôtel.

parafernalia *f* [de persona] attirail *m*; [de acto, ceremonia] mise *f* en scène.

parafrasear *vt* paraphraser.

paráfrasis *f* paraphrase *f*.

paraguas *m inv* parapluie *m*.

Paraguay : **(el)** ~ le Paraguay.

paraguayo, ya ◇ *adj* paraguayen(enne). ◇ *m, f* Paraguayen *m*, -enne *f*.

paragüero *m* porte-parapluie *m*.

paraíso *m* paradis *m*.

paraje *m* contrée *f*.

paralela → paralelo.

paralelismo *m* parallélisme *m*.

paralelo, la *adj* parallèle. ◆ **paralelo** *m* parallèle *m*; **en ~** ELECTR en parallèle. ◆ **paralela** *f* GEOM parallèle *f*. ◆ **paralelas** *fpl* barres *fpl* parallèles.

parálisis *f* paralysie *f*.

paralítico, ca *adj & m, f* paralytique.

paralizar *vt* paralyser. ◆ **paralizarse** *vp* [extremidades] être paralysé(e); [obra] être arrêté(e).

parámetro *m* paramètre *m*.

páramo *m* -1. [terreno yermo] désert *m*. -2. [lugar solitario] endroit *m* isolé.

parangón *m* comparaison *f*; **sin ~** sans commune mesure.

paranoia *f* paranoïa *f*.

paranormal *adj* paranormal(e).

parapente *m* DEP parapente *m*.

parapetarse *vp* : **~ (tras)** se retrancher (derrière).

parapeto *m* -1. [gen] parapet *m*. -2. [barricada] barricade *f*.

parapléjico, ca *adj & m, f* paraplégique.

parapsicología, parasicología *f* parapsychologie *f*.

parar ◇ *vi* -1. [gen] arrêter; [viento] tomber; [lluvia, ruido] cesser; [tren etc] s'arrêter; **sin ~** sans arrêt. -2. [acabar] finir; **¿en qué parará todo esto?** comment tout cela va-t-il finir?; **ir a ~ a manos de** tomber entre les mains de. -3. [alojarse] descendre. ◇ *vt* -1. [gen] arrêter; [golpe] parer. -2. [trampa etc] tendre. -3. *Amer* [levantar] lever. ◆ **pararse** *vp* -1. [gen] s'arrêter. -2. *Amer* [ponerse de pie] se lever.

pararrayos *m inv* paratonnerre *m*.

parasicología = parapsicología.

parásito, ta *adj* parasite. ◆ **parásito** *m* parasite *m*. ◆ **parásitos** *mpl* [interferencias] parasites *mpl*.

parasol *m* parasol *m*.

parcela *f* parcelle *f*.

parche *m* -1. [para tapar – en tejido] pièce *f*; [– en neumático] Rustine® *f*; [– en ojo] bandeau *m*. -2. [emplasto] emplâtre *m*. -3. [chapuza] rafistolage *m*. -4. [arreglo provisional] expédient *m*.

parchís *m inv* ≈ petits chevaux *mpl*.

parcial ◇ *adj* -1. [no total] partiel(elle). -2. [no ecuánime] partial(e). ◇ *m* [examen] partiel *m*.

parcialidad *f* -1. [tendenciosidad] partialité *f*. -2. [bando] faction *f*.

parco, ca *adj* -1. [persona] sobre; **~ en** avare de. -2. [sueldo, comida etc] maigre.

pardillo, lla *adj & f fam* [ingenuo] poire.

pardo, da *adj* brun(e); **nubes pardas** des nuages sombres. ◆ **pardo** *m* brun *m*.

parecer ◇ *m* -1. [opinión] avis *m*. -2. [apariencia] apparence *f*; **es de buen ~** elle a un physique agréable. ◇ *vi* ressembler à; **un perro que parece un lobo** un chien qui ressemble à un loup. ◇ *v copulativo* avoir l'air, paraître; **pareces cansado** tu as l'air fatigué; **parece más grande** elle paraît plus grande. ◇ *v impers* -1. [opinar, creer] : **me/te etc parece** il me/te etc semble; **¿qué te parece?** qu'en penses-tu?; **me parece que...** j'ai l'impression que...; **me parece muy bien** je trouve ça très bien; **¿te parece?** ça te va? -2. [ser posible] : **parece que...** on dirait que...; **al ~** apparemment. ◆ **parecerse** *vp* se ressembler; **se parecen en los ojos** ils ont les mêmes yeux; **~se a alguien** ressembler à qqn.

parecido, da *adj* [semejante] : **~ (a)** semblable (à); **los gemelos son ~s** les jumeaux se ressemblent. ◆ **parecido** *m* ressemblance *f*.

pared *f* -1. [gen & DEP] mur *m*. -2. [ANAT & montaña etc] paroi *f*.

paredón *m* gros mur *m*; [de fusilamiento] mur *m* des fusillés.

parejo, ja *adj* pareil(eille). ◆ **pareja** *f* -1. [par] paire *f*. -2. [de novios] couple *m*. -3. [miembro del par] partenaire *mf*; [– en baile] cavalier *m*, -ère *f*; [– ropa] : **la pareja de este calcetín** la deuxième chaussette.

parentela *f* parenté *f* (famille).

parentesco *m* lien *m* de parenté.

paréntesis *m inv* parenthèse *f*; **entre ~** entre parenthèses.

pareo *m* pareo *m*.

paria *mf lit & fig* paria *m*.

parida *f fam* **no dice más que ~s** il ne raconte que des bêtises.

pariente, ta *m, f* -1. [familiar] parent *m*, -e *f*. -2. *fam* [cónyuge] moitié *f* (la femme pour son mari), homme *m* (le mari pour sa femme).

parietal *m* pariétal *m*.

parir ◇ *vi* [animal] mettre bas; [mujer] accoucher. ◇ *vt* [animal] mettre bas; [mujer] accoucher de.

París Paris.

parisino, na ◇ *adj* parisien(enne). ◇ *m, f* Parisien *m*, -enne *f*.

parking *m* parking *m*.

parlamentar *vi* parlementer.

parlamentario, ria *adj & m, f* parlementaire.

parlamento *m* -1. [gen] parlement *m*. -2. TEATR tirade *f*.

parlanchín, ina *adj & m, f* bavard(e).

parlante *adj* parlant(e).

parlotear *vi fam* papoter.

paro *m* -1. [gen] chômage *m*. -2. [parada] arrêt *m*; ~ **cardiaco** arrêt cardiaque; ~ **de imagen** [vídeo] arrêt sur image.

parodia *f* parodie *f*.

parodiar *vt* parodier.

parpadear *vi* -1. [pestañear] cligner des yeux, battre des paupières. -2. [centellear – luz] clignoter; [– estrella] scintiller.

párpado *m* paupière *f*.

parque *m* parc *m*; ~ **acuático** parc aquatique; ~ **de atracciones** parc d'attractions; ~ **nacional** parc national; (~) **zoológico** parc zoologique, zoo *m*; ~ **de bomberos** caserne *f* de pompiers.

parqué (*pl* **parqués**), **parquet** (*pl* **parquets**) *m* parquet *m*.

parqueadero *m Amer* parking *m*.

parquear *vt Amer* garer.

parquet = **parqué**.

parquímetro *m* parcmètre *m*.

parra *f* treille *f*.

parrafada *f* -1. [entre amigos etc] : **tuvieron una ~ de media hora** ils ont discuté pendant une demi-heure. -2. [monólogo] laïus *m*.

párrafo *m* paragraphe *m*.

parranda *f* -1. *fam* [juerga] virée *f*. -2. [banda] troupe *f* de musiciens et de chanteurs.

parricidio *m* parricide *m*.

parrilla *f* -1. [utensilio] gril *m*; **a la ~** au gril. -2. [sala de restaurante] grill-room *m*. -3. DEP : ~ **(de salida)** grille *f* de départ.

parrillada *f* CULIN assortiment de viandes ou de poissons grillés.

párroco *m* curé *m* (de la paroisse).

parroquia *f* -1. [gen] paroisse *f*. -2. [clientela] clientèle *f*.

parroquiano, na *m, f* -1. [feligrés] paroissien *m*, -enne *f*. -2. [cliente] client *m*, -e *f*.

parsimonia *f* -1. [calma] lenteur *f*. -2. [moderación] parcimonie *f*.

parte ◇ *m* [informe] rapport *m*; **dar ~** informer; ~ **facultativo** ○ **médico** bulletin *m* de santé; ~ **meteorológico** bulletin *m* météorologique. ◇ *f* -1. [trozo & DER] partie *f*; **en ~** en partie; **por ~s** peu à peu; **vayamos por ~s** procédons par ordre. -2. [porción, lugar] part *f*; **la mayor ~ de la gente** la plupart des gens; **por ninguna ~** nulle part. -3. [lado] côté *m*; **estar** ○ **ponerse de ~ de alguien** être ○ se mettre du côté de qqn; **por ~ de madre/padre** du côté maternel/paternel. -4. TEATR rôle *m*. -5. *loc* : **de ~ de** de la part de; **¿de ~ de quién?** c'est de la part de qui?; **por mi ~** pour ma part; **por otra ~** d'autre part; **tener** ○ **tomar ~ en algo** prendre part à qqch. ◆ **partes** *fpl* [genitales] parties *fpl* intimes.

partera *f* sage-femme *f*.

parterre *m* parterre *m*.

partición *f* partage *m*; [de territorio] partition *f*.

participación *f* -1. [colaboración] participation *f*. -2. [de lotería] billet *m*. -3. [comunicación] faire-part *m*.

participante *adj & mf* participant(e).

participar ◇ *vi* -1. [colaborar] : ~ **(en)** participer (à). -2. [beneficiar] : ~ **de** ○ **en** participer à. -3. [compartir] : ~ **de algo** partager qqch; **participo de tus ideas** je partage tes idées. ◇ *vt* : ~ **algo a alguien** faire part de qqch à qqn.

partícipe ◇ *adj* : **hacer ~ de algo a alguien** [comunicar] faire part de qqch à qqn. ◇ *mf* participant *m*, -e *f*.

partícula *f* particule *f*.

particular ◇ *adj* -1. [gen] particulier(ère); **en ~** en particulier. -2. [no público] privé(e). ◇ *mf* particulier *m*. ◇ *m* [asunto] sujet *m*.

particularizar ◇ *vt* [caracterizar] particulariser. ◇ *vi* -1. [pormenorizar] entrer dans les détails. -2. [personalizar] : ~ **en alguien** viser qqn en particulier.

partida *f* → **partido**.

partidario, ria ◇ *adj* partisan; **es partidaria de...** elle est partisan ○ pour...; **es ~ de cerrar la fábrica** il est pour la fermeture de l'usine. ◇ *m, f* partisan *m*.

partidista *adj* partisan(e).

partido, da *adj* -1. [roto] cassé(e). -2. [rajado] fendu(e). ◆ **partido** *m* -1. [gen] parti *m*; **buen/mal ~** [novio] bon/mauvais parti. -2. DEP match *m*; ~ **amistoso** match amical. -3. *loc* : **sacar ~ de** tirer parti de; **tomar ~ por** prendre parti pour. ◆ **par-**

tida *f* –**1.** [marcha] départ *m*. –**2.** [en juego] partie *f*. –**3.** [documento] acte *m*. –**4.** COM [mercancía] lot *m*.

partir ◇ *vt* –**1.** [romper] casser. –**2.** [cortar] couper. –**3.** [repartir] partager. ◇ *vi* –**1.** [marchar] : ~ **(hacia)** partir (pour). –**2.** [basarse en] : ~ **de** partir de. ◆ **partirse** *vp* se casser. ◆ **a partir de** *loc prep* à partir de.

partitura *f* partition *f*.

parto *m* [animal] mise *f* bas; [humano] accouchement *m*; **estar de** ~ être en travail.

parvulario *m* école *f* maternelle.

pasa *f* [fruta] raisin *m* sec.

pasable *adj* acceptable.

pasacalle *m* MÚS marche *f*.

pasada *f* → pasado.

pasadizo *m* passage *m*.

pasado, da *adj* –**1.** [anterior] dernier(ère); **el año** ~ l'année dernière; ~ **un año** un an plus tard; **lo** ~, **está** le passé c'est le passé. –**2.** [podrido] périmé(e); [fruta] blet(ette). ◆ **pasado** *m* passé *m*. ◆ **pasada** *f* –**1.** [mano] : **dar una pasada de pintura** donner un coup de peinture. –**2.** *fam* [cosa extraordinaria] : **tu coche nuevo es una pasada** ta nouvelle voiture est vraiment géniale. ◆ **de pasada** *loc adv* en passant. ◆ **mala pasada** *f* mauvais tour *m*.

pasador *m* –**1.** [cerrojo] verrou *m*. –**2.** [para el pelo] barrette *f*.

pasaje *m* –**1.** [gen] passage *m*. –**2.** [pasajeros] passagers *mpl*. –**3.** [de barco, avión] billet *m*.

pasajero, ra *adj & m, f* passager(ère).

pasamano *f*, **pasamanos** *f inv* –**1.** [adorno] galon *m*. –**2.** [barandilla] main *f* courante.

pasamontañas *m inv* passe-montagne *m*.

pasaporte *m* passeport *m*.

pasapuré, pasapurés *m inv* presse-purée *m*.

pasar ◇ *vt* –**1.** [gen] passer; **pásame la sal** passe-moi le sel; ~ **la frontera** passer la frontière; **me ha pasado su catarro** il m'a passé son rhume; **pasó dos años en Roma** elle a passé deux années à Rome; **lo pasó muy mal** il a passé un mauvais moment; ~ **droga** passer de la drogue; ~ **una película** passer un film; ~ **la harina por el tamiz** passer la farine au tamis; **ya hemos pasado las Navidades** Noël est déjà passé. –**2.** [llevar adentro] : ~ **a alguien** faire entrer qqn. –**3.** [cruzar] traverser. –**4.** [trasladar] : ~ **algo de un sitio a otro** déménager qqch d'un endroit à un autre. –**5.** [admitir] tolérer. –**6.** [consentir] : ~ **algo a alguien** passer qqch à qqn; **le pasa todos sus caprichos** elle lui passe tous ses caprices. –**7.** [padecer] : **está pasando una depresión** elle fait une dépression; **están pasando problemas económicos** ils ont des problèmes financiers en ce moment; ~ **frío/hambre** avoir faim/froid. –**8.** [aprobar] réussir. –**9.** [sobrepasar] : **ya ha pasado los treinta** il a plus de trente ans. –**10.** [coche] dépasser. ◇ *vi* –**1.** [gen] passer; **pasé por la oficina** je suis passé au bureau; **pasan los días y...** les jours passent et...; **pasó el frío** le froid est passé; ~ **de... a...** passer de... à...; **pasó de la alegría a la tristeza** il est passé de la joie à la tristesse; **ha pasado de presidente a secretario** de président, il est passé secrétaire; ~ **a** passer à; **pasemos a otra cosa** passons à autre chose; ~ **de largo** passer sans s'arrêter. –**2.** [entrar] entrer; **¡pase! entrez!** –**3.** [suceder] se passer, arriver; **cuéntame lo que pasó** raconte-moi ce qui s'est passé; **¿cómo pasó?** comment est-ce arrivé?; **pase lo que pase** quoi qu'il arrive. –**4.** [conformarse] : ~ **sin algo** se passer de qqch. –**5.** *fam* [prescindir] : **paso de ir al cine** je n'ai aucune envie d'aller au cinéma; ~ **de algo** n'en avoir rien à faire de qqch; **paso de política** la politique, j'en ai rien à faire; **pasa de él** elle ne l'aime pas. –**6.** [tolerar] : ~ **por algo** supporter qqch. ◆ **pasarse** *vp* –**1.** [acabarse, emplear tiempo] passer; **¿se te ha pasado el dolor?** est-ce que la douleur est passée?; **se pasaron el día hablando** ils ont passé la journée à parler. –**2.** [oportunidad, ocasión] laisser passer. –**3.** [estropearse – comida natural] se gâter; [– comida envasada, medicamentos] être périmé(e). –**4.** [cambiar de bando] : ~**se** a passer à; ~**se al otro bando** changer de camp. –**5.** [olvidar] oublier; **se me pasó decirle que...** j'ai oublié de lui dire que... –**6.** [no fijarse] : **no se le pasa nada** rien ne lui échappe. –**7.** *fam* [propasarse] aller trop loin. –**8.** [divertirse o aburrirse] : **¿qué tal te lo estás pasando?** alors, tu t'amuses?; **pásárselo bien** bien s'amuser; **se lo pasó muy mal en la fiesta** elle ne s'est pas amusée du tout à la soirée.

pasarela *f* –**1.** [de embarque] passerelle *f*. –**2.** [de desfile] podium *m*.

pasatiempo *m* passe-temps *m*. ◆ **pasatiempos** *mpl* PRENSA rubrique *f* jeux.

patente

Pascal *m* INFORM Pascal *m*.

Pascua *f* **-1.** [de judíos] Pâque *f*. **-2.** [de cristianos] Pâques *fpl*; **... y santas ~s ...** un point c'est tout. ◆ **Pascuas** *fpl* [Navidad] Noël *m*; **¡felices Pascuas!** joyeux Noël!; **de ~ a Ramos** tous les trente-six du mois.

pase *m* **-1.** [permiso] laissez-passer *m*. **-2.** [de película, diapositivas etc] projection *f*. **-3.** [de modelos] défilé *m*. **-4.** DEP passe *f*.

pasear ◇ *vi* se promener. ◇ *vt* promener. ◆ **pasearse** *vp* se promener.

paseo *m* promenade *f*; **dar un ~, ir de ~** faire une promenade, aller se promener.

pasillo *m* couloir *m*.

pasión *f* passion *f*. ◆ **Pasión** *f* RELIG Passion *f*.

pasividad *f* passivité *f*.

pasivo, va *adj* passif(ive). ◆ **pasivo** *m* passif *m*.

pasmado, da ◇ *adj* **-1.** [asombrado] stupéfait(e). **-2.** [atontado] hébété(e). ◇ *m, f* endormi *m*, -e *f*.

pasmar *vt* stupéfier. ◆ **pasmarse** *vp* s'étonner.

pasmo *m* stupéfaction *f*.

pasmoso, sa *adj* stupéfiant(e).

paso *m* **-1.** [gen] passage *m*; **abrir** ○ **abrirse ~** se frayer un chemin; **¡abran ~!** laissez passer!; **ceder el ~** céder le passage; **'prohibido el ~'** 'défense d'entrer'; **~ a nivel** passage à niveau; **~ del ecuador** EDUC fête ou voyage organisé par les étudiants parvenus à la moitié de leurs études universitaires; **~ (de) cebra** passage clouté; **~ elevado** CONSTR passerelle *f*; **~ obligado** *fig* passage obligé; **~ peatonal** ○ **de peatones** passage (pour) piétons. **-2.** [forma de andar] pas *m*. **-3.** (*gen pl*) [gestión] démarche *f*. **-4.** [mal momento]: **(mal) ~** mauvais pas *m*. **-5.** [en procesiones] char *m*. **-6.** *loc* : **a cada ~** à tout moment; **a dos** ○ **cuatro ~s** à deux pas; **~ a ~** pas à pas; **salir del ~** se tirer d'affaire. ◆ **de paso** *loc adv* au passage.

pasodoble *m* paso doble *m inv*.

pasota *adj & mf fam* je-m'en-foutiste.

pasta *f* **-1.** [masa] pâte *f*; **~ dentífrica** ○ **de dientes** dentifrice *m*. **-2.** [CULIN – espagueti etc] pâtes *fpl*; [– pastelillo] petit gâteau *m* sec. **-3.** *fam* [dinero] fric *m*.

pastar *vi* paître.

pastel *m* **-1.** CULIN [dulce] gâteau *m*; [salado – de carne, verduras] tourte *f*; [– de pescado] pain *m*, terrine *f*; **repartirse el ~**

fig se partager le gâteau. **-2.** [lápiz] pastel *m*.

pastelería *f* pâtisserie *f*.

pasteurizado, da *adj* pasteurisé(e).

pastiche *m* pastiche *m*.

pastilla *f* **-1.** [gen] pastille *f*; [de chocolate] tablette *f*; MED pilule *f*; **~ de jabón** savonnette *f*. **-2.** AUTOM plaquette *f*. **-3.** INFORM puce *f*. **-4.** *loc* : **a toda ~** *fam* à toute pompe.

pasto *m* **-1.** [acción, lugar] pâturage *m*. **-2.** [alimento] pâture *f*. **-3.** [motivo]: **ser ~ para la crítica** alimenter la critique.

pastón *m mfam* **valer un ~** valoir un fric fou.

pastor, ra *m, f* berger *m*, -ère *f*. ◆ **pastor** *m* **-1.** [sacerdote] pasteur *m*. **-2.** [perro] chien *m* de berger.

pastoso, sa *adj* pâteux(euse).

pata *f* **-1.** [de animal, persona] patte *f*; **a cuatro ~s** à quatre pattes; **a la ~ coja** *fam* à cloche-pied. **-2.** [de mueble] pied *m*. **-3.** *loc* : **meter la ~** faire une gaffe; **poner/estar ~s arriba** mettre/être sens dessus dessous; **tener mala ~** avoir la poisse. ◆ **pata de gallo** *f* **-1.** [arrugas] patte-d'oie *f*. **-2.** [tejido] pied-de-poule *m*. ◆ **pata negra** *m* jambon de pays de première qualité.

patada *f* coup *m* de pied; **tratar a alguien a ~s** *fam fig* traiter qqn à coups de pied dans le derrière.

patalear *vi* gigoter; [en el suelo] trépigner.

pataleo *m* **-1.** [movimiento] gesticulation *f*. **-2.** [en el suelo] trépignement *m*.

pataleta *f fam* cirque *m*; **armó una ~** il a fait tout un cirque.

patán *adj m & m* **-1.** [ignorante] plouc. **-2.** [grosero] goujat.

patata *f* pomme de terre *f*; **~s fritas** frites *fpl*; [de bolsa] chips *fpl*.

patatús *m inv fam* **le dio un ~** ça lui a fichu un coup.

paté *m* pâté *m*.

patear ◇ *vt* **-1.** [dar un puntapié a] donner un coup de pied à. **-2.** [pisotear] piétiner. **-3.** [recorrer – ciudad] faire à pied. ◇ *vi* **-1.** [patalear] trépigner. **-2.** *fam fig* [andar] se démener. ◆ **patearse** *vp* **-1.** [recorrer] **se ha pateado la ciudad** il a fait toute la ville à pied. **-2.** *fam* [malgastar] claquer.

patentado, da *adj* breveté(e).

patente ◇ *adj* manifeste. ◇ *f* **-1.** [de invento] brevet *m*. **-2.** [autorización] patente *f*.

paternal *adj* paternel(elle).

paternalismo *m* paternalisme *m*.

paternidad *m* paternité *f*.

paterno, na *adj* paternel(elle).

patético, ca *adj* pathétique.

patetismo *m* pathétisme *m*; **escenas de gran** ~ des scènes d'un grand pathétique.

patidifuso, sa *adj fam* soufflé(e).

patilla *f* **-1.** [de pelo – corta] patte *f*; [– larga] favoris *mpl*. **-2.** [de gafas] branche *f*.

patín *m* **-1.** [calzado] patin *m*; ~ **de cuchilla** patin à glace; ~ **de ruedas** patin à roulettes. **-2.** [juguete] trottinette *f*. **-3.** [embarcación] pédalo *m*.

pátina *f* patine *f*.

patinaje *m* patinage *m*.

patinar *vi* **-1.** [gen] patiner. **-2.** *fam fig* [meter la pata] gaffer.

patinazo *m* **-1.** [resbalón] glissade *f*; [de coche] dérapage *m*. **-2.** *fam fig* [planchazo] bourde *f*.

patinete *m* trottinette *f*.

patio *m* **-1.** [gen] cour *f*; [de casa española] patio *m*; ~ **interior** cour intérieure; ~ **de recreo** cour de récréation. **-2.** TEATR: ~ **(de butacas)** orchestre *m*.

patitieso, sa *adj fam* **-1.** [de frío] frigorifié(e). **-2.** [de sorpresa] baba *(inv)*.

pato, ta *m, f* canard *m*, cane *f*; **pagar el** ~ *fig* payer les pots cassés.

patológico, ca *adj* pathologique.

patoso, sa *adj & m, f fam* pataud(e).

patria *f* → **patrio**.

patriarca *m* patriarche *m*.

patrimonio *m* patrimoine *m*.

patrio, tria *adj* de la patrie. ◆ **patria** *f* patrie *f*.

patriota *adj & mf* patriote.

patriotismo *m* patriotisme *m*.

patrocinador, ra ◇ *adj* : **la empresa patrocinadora** le sponsor. ◇ *m, f* sponsor *m*.

patrocinar *vt* **-1.** [en publicidad] sponsoriser. **-2.** [respaldar – proyecto] parrainer; [– candidatura] appuyer.

patrocinio *m* **-1.** [en publicidad] parrainage *m*; **bajo el** ~ **de** sous le patronage de. **-2.** [respaldo] appui *m*.

patrón, ona *m, f* patron *m*, -onne *f*. ◆ **patrón** *m* **-1.** [de barco, costurera] patron *m*. **-2.** [referencia] étalon *m*; ~ **monetario** ECON étalon *m* monétaire; ~ **oro** ECON étalon-or *m*.

patronal ◇ *adj* patronal(e). ◇ *f* **-1.** [de empresa] direction *f*. **-2.** [de país] patronat *m*.

patronato *m* patronage *m*; [de beneficiencia] fondation *f*.

patrono, na *m, f* patron *m*, -onne *f*.

patrulla *f* patrouille *f*; ~ **urbana** ≃ îlotiers *mpl*.

patrullar ◇ *vt* patrouiller dans. ◇ *vi* patrouiller.

patuco *m* (*gen pl*) chausson *m* (*de bébé*).

paulatino, na *adj* **-1.** [lento] lent(e). **-2.** [gradual] progressif(ive).

pausa *f* pause *f*.

pausado, da *adj* calme; [modales, voz] posé(e).

pauta *f* **-1.** [gen] règle *f*. **-2.** [en papel] ligne *f*.

pavimentación *f* revêtement *m*.

pavimento *m* revêtement *m*; [con adoquines] pavé *m*.

pavo, va ◇ *adj fam despec* godiche. ◇ *m, f* **-1.** [ave] dindon *m*, dinde *f*; ~ **real** paon *m*. **-2.** *fam despec* [tonto] godiche *f*.

pavonearse *vp despec* prendre de grands airs; ~**se de** se vanter de.

pavor *m* épouvante *f*; [colectivo] panique *f*.

paya *f Amer poème accompagné à la guitare.*

payasada *f* [de payaso] clownerie *f*; [de niño etc] pitrerie *f*; **hacer** ~**s** faire le pitre.

payaso, sa ◇ *adj* : **es tan** ~ **que...** il fait tellement le clown que... ◇ *m, f* clown *m*.

payés, esa *m, f* paysan *m*, -anne *f* (*en Catalogne et aux Baléares*).

payo, ya *m, f* gadjo *mf*.

paz *f* paix *f*; **¡déjame en** ~! laisse-moi tranquille!; **estar** ○ **quedar en** ~ être quitte; **hacer las paces** faire la paix; **que en** ~ **descanse, que descanse en** ~ qu' il/elle repose en paix; **tu hermana, que en** ~ **descanse, era...** ta sœur, paix à son âme, était...

pazo *m* manoir *m* (*en Galice*).

PC *m* **-1.** (*abrev de* **personal computer**) PC *m*. **-2.** (*abrev de* **Partido Carlista**) parti carliste *(droite catholique espagnole)*.

p/cta *abrev de* **por cuenta**.

PD, PS (*abrev de* **posdata**) PS *m*.

pdo. *abrev de* **pasado**.

peaje *m* péage *m*.

peana *f* socle *m*.

peatón *m* piéton *m*, -onne *f*.

peca *f* tache *f* de rousseur.

pecado *m* péché *m*; **sería un ~ tirar toda esa comida** ce serait un crime de jeter toute cette nourriture.

pecador, ra ◇ *adj* : **los hombres ~es** les pécheurs. ◇ *m, f* pécheur *m*, -eresse *f*.

pecaminoso, sa *adj* condamnable.

pecar *vi* pécher; **pecó de prudente** il a péché par excès de prudence.

pecera *f* aquarium *m*; [redonda] bocal *m* (à poissons).

pecho *m* -1. [gen] poitrine *f*. -2. [de animal] poitrail *m*. -3. [mama] sein *m*; **dar el ~** donner le sein. -4. *fig* [interior] cœur *m*. -5. *loc* : **a lo hecho, ~** ce qui est fait est fait; **tomarse algo a ~** prendre qqch à cœur.

pechuga *f* -1. [de ave] blanc *m*. -2. *mfam* [de mujer] nichons *mpl*.

pecoso, sa *adj* : **ser ~** avoir des taches de rousseur.

pectoral ◇ *adj* pectoral(e). ◇ *m* FARMACIA sirop *m* pectoral.

peculiar *adj* particulier(ère).

peculiaridad *f* particularité *f*.

pedagogía *f* pédagogie *f*.

pedagogo, ga *m, f* pédagogue *mf*.

pedal *m* pédale *f*.

pedalear *vi* pédaler.

pedante *adj & mf* pédant(e).

pedantería *f* pédanterie *f*.

pedazo *m* morceau *m*; **hacer ~s** [romper] mettre en morceaux; *fig* briser.

pedestal *m* [base] piédestal *m*.

pedestre *adj* pédestre.

pediatra *mf* pédiatre *mf*.

pedicuro, ra *m, f* pédicure *mf*.

pedido *m* commande *f*; **hacer un ~** passer une commande.

pedigrí (*pl* pedigríes ○ pedigrís), **pedigree** (*pl* pedigrees) *m* pedigree *m*.

pedir ◇ *vt* -1. [solicitar] demander; **~ a alguien que haga algo** demander à qqn de faire qqch; **~ a alguien (en matrimonio)** demander qqn en mariage; **~ prestado** emprunter. -2. [requerir] avoir besoin de; **esta planta pide sol** cette plante a besoin de soleil. ◇ *vi* [mendigar] mendier.

pedo ◇ *m* -1. [ventosidad] pet *m*; **tirarse un ~** *vulg* péter. -2. *mfam* [borrachera] cuite *f*; **cogerse un ~** prendre une cuite. ◇ *adj inv mfam* **estar ~** être bourré(e).

pedrada *f* : **a ~s** à coups de pierres.

pedrea *f* -1. [premio menor] *plus petit prix de la loterie nationale espagnole*. -2. [lucha] bataille *f* à coups de pierres.

pedregullo *m Amer* gravier *m*.

pedrería *f* pierres *fpl* précieuses.

pedrusco *m* grosse pierre *f*.

peeling *m* peeling *m*.

pega *f* [obstáculo] difficulté *f*; **poner ~s (a)** mettre des obstacles (à).

pegadizo, za *adj* -1. [música] que l'on retient facilement. -2. *fig* [contagioso] contagieux(euse).

pegajoso, sa *adj lit & fig* collant(e).

pegamento *m* colle *f*.

pegar ◇ *vt* -1. [adherir, arrimar] coller; **~ un botón** coudre un bouton. -2. [golpear] frapper; [dar una paliza] battre. -3. [dar – golpe, bofetada] donner; [– grito] pousser; **~ un susto** faire peur; **~ saltos** faire des bonds; **~ tiros** tirer des coups de feu. -4. [contagiar – enfermedad] : **~ algo a alguien** passer qqch à qqn. ◇ *vi* -1. [adherir] coller. -2. [golpear] frapper contre. -3. [armonizar] : **~ con algo** aller avec qqch; **el naranja y el rosa no pegan** le orange et le rose ne vont pas ensemble. -4. [sol] taper. ◆ **pegarse** *vp* -1. [adherirse] coller; [arroz, guiso etc] attacher. -2. [chocar] : **~se (un golpe) con/contra algo** se cogner contre qqch. -3. [pelearse] se battre. -4. [darse – golpes, puñetazos etc] se donner. -5. *fig* [contagiarse] s'attraper; **se me pegó su acento** j'ai attrapé son accent; **esta música se pega muy fácilmente** c'est un air que l'on retient très facilement. -6. *despec* [engancharse] : **~se a alguien** coller qqn, se coller à qqn.

pegatina *f* autocollant *m*.

pegote *m fam* -1. [masa pegajosa] emplâtre *m*. -2. [chapucería] bricolage *m*.

peinado *m* coiffure *f*.

peinar *vt* -1. [desenredar] peigner; [arreglar] coiffer. -2. [registrar] ratisser. ◆ **peinarse** *vp* [desenredarse] se peigner; [arreglarse] se coiffer.

peine *m* peigne *m*.

peineta *f* peigne *m* (de mantille).

p.ej. (*abrev de* por ejemplo) p. ex.

Pekín Pékin.

pela *f fam* [dinero] peseta *f*; **no tengo ni una ~** je n'ai pas un rond.

peladilla *f* dragée *f*.

pelado, da *adj* -1. [cabeza] tondu(e). -2. [montaña, fruta] pelé(e); [verdura, patata] épluché(e); **tengo la espalda pelada** j'ai le dos qui pèle. **–3.** [árbol, habitación, campo] **dénudé(e). –4.** *fam* [sin dinero] **fauché(e). –5.** [número] : **quinientos ~s** cinq cents tout rond. ◆ **pelado** *m* coupe *f* de cheveux.

pelagatos *mf inv fam despec* pauvre type *m*.

pelaje *m* pelage *m*.

pelar *vt* **–1.** [pelo] tondre. **–2.** [fruta] peler; [verduras, patatas] éplucher. **–3.** [aves] plumer. **–4.** *fam fig* [dejar sin dinero] plumer. ◆ **pelarse** *vp* **–1.** [piel] peler. **–2.** [persona] se faire couper les cheveux.

peldaño *m* marche *f*; [de escalera de mano] échelon *m*.

pelea *f* **–1.** [a golpes] bagarre *f*; [boxeo] combat *m*. **–2.** [riña] dispute *f*.

pelear *vi* **–1.** [gen] se battre. **–2.** [reñir] se disputer. ◆ **pelearse** *vp* **–1.** [a golpes] se battre. **–2.** [reñir] se disputer.

pelele *m* **–1.** *fam despec* [persona] marionnette *f*. **–2.** [prenda de bebé] grenouillère *f*. **–3.** [muñeco] pantin *m*.

peletería *f* **–1.** [oficio] pelleterie *f*. **–2.** [tienda] : **en la ~** chez le fourreur.

peliagudo, da *adj fig* épineux(euse).

pelicano, pelícano, *m* pélican *m*.

película *f* **–1.** CIN film *m*; **~ del Oeste** western *m*; **~ de terror** o **miedo** film d'épouvante; **de ~** *fig* du tonnerre. **–2.** [capa fina & FOT] pellicule *f*. **–3.** *fam* [historia increíble] film *m*.

peligro *m* danger *m*; **correr ~** courir un danger; **correr ~ de** courir le risque de; **fuera de ~** hors de danger; **~ de muerte** danger de mort.

peligroso, sa *adj* dangereux(euse).

pelín *m fam* un petit peu; **es un ~ largo** c'est un poil trop long.

pelirrojo, ja *adj & m, f* roux(rousse).

pellejo, ja *m* **–1.** [gen] peau *f*; **expuso su ~** *fam* il a risqué sa peau. **–2.** [padrastro] envie *f* (*des ongles*).

pellizcar *vt* **–1.** [gen] pincer. **–2.** [pan etc] grignoter.

pellizco *m* **–1.** [en la piel – acción] pincement *m*; [– marca] pinçon *m*. **–2.** [un poco] : **un ~ de sal** une pincée de sel.

pelma, pelmazo, za ◇ *adj fam despec* lourd(e). ◇ *m, f fam despec* casse-pieds *mf inv*.

pelo *m* poil *m*; [cabello] cheveu *m*; **el ~** [de persona] les cheveux; [de animal] le pelage; **con ~s y señales** dans les moindres détails; **montar a caballo a ~** monter à cru; **no tener ~s en la lengua** *fam* ne pas mâcher ses mots; **no verle el ~ a alguien** *fam* ne pas voir qqn; **se le pusieron los ~s de punta** *fam* ses cheveux se sont dressés sur sa tête; **por los ~s** de justesse; **no se mató por un ~** il s'en est fallu d'un cheveu qu'il ne se tue; **ser (un) hombre de ~ en pecho** être un homme, un vrai; **tomar el ~ a alguien** *fam* [burlarse de] se payer la tête de qqn; [dar a creer] faire marcher qqn. ◆ **a contra pelo** *loc adv* à rebrousse-poil.

pelota ◇ *f* **–1.** [gen] ballon *m*; [pequeña] balle *f*; **~ vasca** pelote *f* basque. **–2.** [esfera] boule *f*. **–3.** *loc* : **hacer la ~** *fam* cirer les bottes. ◇ *mf fam* lèche-bottes *mf inv*.

pelotera *f fam* engueulade *f*.

pelotón *m* **–1.** MIL & DEP peloton *m*. **–2.** [de gente] horde *f*.

pelotudo, da *adj Amer fam* crétin(e).

peluca *f* perruque *f*.

peluche *m* peluche *f*.

peludo, da *adj* poilu(e).

peluquería *f* **–1.** [establecimiento] salon *m* de coiffure; **ir a la ~** aller chez le coiffeur. **–2.** [oficio] coiffure *f*.

peluquero, ra *m, f* coiffeur *m*, -euse *f*.

peluquín *m* postiche *m*.

pelusa *f* **–1.** [vello] duvet *m*. **–2.** [de tela] peluche *f*.

pelvis *f inv* bassin *m*.

pena *f* **–1.** [gen] peine *f*; **dar ~** faire de la peine; **(no) valer** o **merecer la ~ (hacer algo)** (ne pas) valoir la peine (de faire qqch); **no vale la ~ molestarse** ce n'est pas la peine de se déranger; **~ capital** o **de muerte** peine capitale/de mort. **–2.** [lástima] : **es una ~** c'est dommage; **¡qué ~!** quel dommage! **–3.** *Amer* [vergüenza] honte *f*; **me da ~** j'ai honte.

penacho *m* **–1.** [de pájaro] huppe *f*. **–2.** [adorno] aigrette *f*.

penal ◇ *adj* pénal(e). ◇ *m* maison *f* d'arrêt.

penalidad *f* (*gen pl*) peine *f*.

penalización *f* pénalité *f*.

penalti (*pl* **penaltis**), **penalty** (*pl* **penaltys**) *m* penalty *m*; **casarse de ~** *fam* faire un mariage précipité.

penar ◇ *vt* [suj : la ley] punir; [suj : el juez] condamner à. ◇ *vi* [sufrir] peiner.

pender *vi* **–1.** [colgar] : **~ (de)** pendre (à). **–2.** *fig* [amenaza etc] : **~ sobre** peser sur. **–3.** *fig* [sentencia etc] être en suspens.

pendiente ◇ adj **-1.** [sin hacer] en suspens; **tengo una asignatura** ~ j'ai une matière à rattraper; **tenemos una cuenta** ~ *fig* nous avons une affaire à régler; **estar** ~ **de** [juicio, respuesta etc] être dans l'attente de. **-2.** [atento] : **está muy** ~ **de sus hijos** elle s'occupe beaucoup de ses enfants. ◇ *m* boucle *f* d'oreille. ◇ *f* pente *f*.

pendón, ona *m, f fam* [vago] glandeur *m*, -euse *f*; **estar hecho un** ~ passer sa vie dehors. ◆ **pendón** *m fam* [mujer] traînée *f*.

péndulo *m* pendule *m*; [de reloj] balancier *m*.

pene *m* pénis *m*.

penene *mf* ≃ maître *m* auxiliaire.

penetración *f* pénétration *f*.

penetrante *adj* pénétrant(e); [voz, grito] perçant(e); **un dolor** ~ une douleur aiguë.

penetrar ◇ *vi* : ~ **(en)** pénétrer (dans); **el frío penetra en los huesos** le froid pénètre les os. ◇ *vt* pénétrer.

penicilina *f* pénicilline *f*.

península *f* péninsule *f*; [pequeña] presqu'île *f*.

Península Ibérica *f* : **la** ~ la péninsule Ibérique.

peninsular ◇ *adj* péninsulaire. ◇ *mf* : **los** ~**es** les Espagnols du continent.

penitencia *f* pénitence *f*.

penitenciaría *f* pénitencier *m*.

penoso, sa *adj* **-1.** [trabajo] pénible. **-2.** [acontecimiento] douloureux(euse). **-3.** [espectáculo] affligeant(e).

pensador, ra *m, f* penseur *m*, -euse *f*.

pensamiento *m* **-1.** [gen & BOT] pensée *f*. **-2.** [mente] esprit *m*.

pensar ◇ *vi* penser; [reflexionar] réfléchir; ~ **en** penser à; **dar que** ~ donner à réfléchir. ◇ *vt* **-1.** [gen] penser. **-2.** [reflexionar] réfléchir à; **piensa lo que te he dicho** réfléchis à ce que je t'ai dit. ◆ **pensarse** *vp* : **tengo que pensármelo** je dois y réfléchir.

pensativo, va *adj* pensif(ive).

pensión *f* pension *f*; **media** ~ demi-pension *f*; ~ **completa** pension complète; ~ **(de jubilación)** retraite *f*.

pensionista *mf* **-1.** [minusválido] pensionné *m*, -e *f*; [jubilado] retraité *m*, -e *f*. **-2.** [en pensión, colegio] pensionnaire *mf*.

pentágono *m* pentagone *m*.

pentagrama *m* MÚS portée *f*.

penúltimo, ma *adj & m, f* avant-dernier(ère).

penumbra *f* pénombre *f*; **en** ~ dans la pénombre.

penuria *f* pénurie *f*.

peña *f* **-1.** [roca] rocher *m*. **-2.** [grupo de personas] bande *f* (d'amis); [asociación] club *m*.

peñasco *m* rocher *m*.

peñón *m* rocher *m*. ◆ **Peñón** *m* : **el Peñón (de Gibraltar)** le rocher de Gibraltar.

peón *m* **-1.** [obrero] manœuvre *m*, ouvrier *m* agricole. **-2.** [en ajedrez] pion *m*. **-3.** [juguete] toupie *f*.

peonza *f* toupie *f*.

peor ◇ *adj* **-1.** (*comparativo*) : ~ **(que)** pire (que); **tú eres malo pero él es** ~ tu es méchant mais il est pire; **su letra es** ~ **que la tuya** son écriture est pire que la tienne; **soy** ~ **alumno que mi hermano** je suis plus mauvais élève que mon frère. **-2.** (*superlativo seguido de substantivo*) : **el** ~ le plus mauvais; **la** ~ la plus mauvaise; **el** ~ **alumno de la clase** le plus mauvais élève de la classe; **los** ~**es recuerdos de su vida** les plus mauvais souvenirs de sa vie. ◇ *mf* : **el/la** ~ le/la pire; **lo** ~ **es que...** le pire c'est que...; **Juan es el** ~ **del equipo** Juan est le plus mauvais de l'équipe. ◇ *adv* (*compar y superl*) : **es** ~ **todavía** c'est encore pire; **es cada vez** ~ c'est de pire en pire; **cada día escribe** ~ il écrit de plus en plus mal; **hoy ha dormido** ~ **que ayer** aujourd'hui il a dormi moins bien qu'hier; **si se lo dices será mucho** ~ si tu le lui dis ce sera bien pire; ~ **que nunca** pire que jamais; **estar** ~ [enfermo] aller plus mal.

pepinillo *m* cornichon *m*.

pepino *m* **-1.** BOT concombre *m*. **-2.** *loc* : **importarle algo a alguien un** ~ *fam* se ficher de qqch comme de l'an quarante.

pepita *f* **-1.** [de fruta] pépin *m*. **-2.** [de oro] pépite *f*.

peppermint = pipermín.

pequeñez *f* **-1.** [cualidad] petitesse *f*. **-2.** *fig* [insignificancia] broutille *f*.

pequeño, ña ◇ *adj* petit(e). ◇ *m, f* [niño] petit *m*, -e *f*; **de** ~ quand il était petit. ◆ **pequeños** *mpl* : **los** ~**s** les petits.

pequinés *m* [perro] pékinois *m*.

pera ◇ *f* poire *f*; **pedir** ~**s al olmo** *fig* demander la lune; **¡este tío es la** ~**!** *fam fig* c'est quelque chose ce type! ◇ *adj inv fam*

[pijo] snobinard(e); **un niño** ~ un fils à papa.

peral *m* poirier *m*.

percance *m* incident *m*.

percatarse *vp* : ~ **(de algo)** s'apercevoir (de qqch).

percebe *m* -1. ZOOL pouce-pied *m*. -2. *fam* [persona] cloche *f*.

percepción *f* perception *f*.

perceptible *adj* -1. [por los sentidos] perceptible. -2. [que se puede cobrar] recouvrable.

percha *f* -1. [de armario] cintre *m*. -2. [de pared, perchero] portemanteau *m*. -3. [para pájaros] perchoir *m*.

perchero *m* portemanteau *m*.

percibir *vt* percevoir.

percusión *f* percussion *f*.

percutor, percusor *m* percuteur *m*.

perdedor, ra *adj & m, f* perdant(e).

perder ◇ *vt* -1. [gen] perdre; ~ **el conocimiento** perdre connaissance; ~ **el juicio** perdre la tête; ~ **el tiempo** perdre son temps; ~ **la esperanza** perdre espoir; **sus malas compañías le perderán** ses mauvaises fréquentations le perdront. -2. [tren, autobús, ocasión] rater, manquer. ◇ *vi* -1. [gen] perdre. -2. [decaer] baisser. -3. [dejar escapar aire, agua] fuir. ◆ **perderse** *vp* -1. [gen] se perdre; **se me han perdido las gafas** j'ai perdu mes lunettes. -2. [desorientarse] s'y perdre. -3. [desaprovechar] : **¡tú te lo pierdes!** tant pis pour toi! -4. [anhelar] : **se pierde por ella** il ferait n'importe quoi pour elle.

perdición *f* perte *f*; **eso fue su** ~ ça l'a mené à sa perte.

pérdida *f* -1. [gen] perte *f*. -2. [escape] fuite *f*. ◆ **pérdidas** *fpl* -1. MIL, FIN & MED pertes *fpl*; ~**s y ganancias** pertes et profits. -2. [daños] dégâts *mpl*.

perdidamente *adv* éperdument.

perdido, da ◇ *adj* -1. [gen] perdu(e). -2. *fam* [sucio] : **ponerse** ~ se salir; ~ **de barro** couvert de boue. -3. *fam* [de remate] : **loco** ~ fou à lier; **tonto** ~ bête comme ses pieds. ◇ *m, f* débauché *m*, -e *f*.

perdigón *m* -1. [munición] plomb *m* (de chasse). -2. [pájaro] perdreau *m*.

perdiz *f* perdrix *f*.

perdón *m* pardon *m*; **no tener** ~ être impardonnable; **¡**~**!** pardon!

perdonar *vt* -1. [gen] pardonner; **te perdono tus críticas** je te pardonne tes critiques; **¡perdona!** excuse-moi!, pardon!;

perdone que le moleste excusez-moi o pardon de vous déranger. -2. [eximir de] : ~ **algo a alguien** faire grâce de qqch à qqn; [deuda, obligación] libérer qqn de qqch.

perdonavidas *mf inv fam* ir de ~ faire le matamore.

perdurable *adj* -1. [que dura siempre] éternel(elle). -2. [que dura mucho] durable.

perdurar *vi* -1. [durar mucho – tiempo, efecto] durer; [– recuerdo, idea, tradición] persister. -2. [perseverar] : ~ **en** persister dans.

perecedero, ra *adj* périssable.

perecer *vi* périr.

peregrinación *f* -1. RELIG pèlerinage *m*. -2. *fig* [con idas y venidas] pérégrination *f*.

peregrino, na ◇ *adj* -1. [ave] migrateur(trice). -2. *fig* [extraño, extraordinario] étonnant(e). ◇ *m, f* [persona] pèlerin *m*.

perejil *m* persil *m*.

perenne *adj* -1. [gen] vivace; [follaje, hoja] persistant(e); **una planta** ~ une plante vivace. -2. [continuo] perpétuel(elle).

pereza *f* paresse *f*.

perezoso, sa *adj & m, f* paresseux(euse).

perfección *f* perfection *f*.

perfeccionar *vt* perfectionner. ◆ **perfeccionarse** *vp* se perfectionner.

perfeccionista *adj & mf* perfectionniste.

perfecto, ta *adj* parfait(e).

perfidia *f* perfidie *f*.

perfil *m* -1. [gen & GEOM] profil *m*; **de** ~ de profil. -2. [característica] trait *m*.

perfilar *vt* -1. [dibujar] profiler. -2. *fig* [detallar] affiner. ◆ **perfilarse** *vp* se profiler.

perforación *f* -1. [gen & MED] perforation *f*. -2. [de pozo] forage *m*.

perforar *vt* perforer; [pozo] forer.

perfume *m* parfum *m*.

perfumería *f* parfumerie *f*.

pergamino *m* parchemin *m*. ◆ **pergaminos** *mpl* titres *mpl* de noblesse.

pérgola *f* pergola *f*.

pericia *f* habileté *f*.

periferia *f* périphérie *f*.

periférico, ca *adj* périphérique.

perifollos *mpl fam* fanfreluches *fpl*.

perífrasis *f* périphrase *f*.

perilla *f* [barba] bouc *m*.

perímetro *m* périmètre *m*.

periódico, ca adj périodique. ◆ **periódico** m journal m.

periodismo m journalisme m.

periodista mf journaliste mf.

periodo, período m -1. [gen & MAT] période f. -2. [menstrual] règles fpl.

peripecia f péripétie f.

peripuesto, ta adj fam tiré(e)à quatre épingles.

periquete m : **en un ~** fam en un clin d'œil.

periquito m perruche f.

peritaje m expertise f.

peritar vt expertiser.

perito m -1. [experto] expert m; **~ mercantil** expert-comptable m; **~ tasador** commissaire-priseur m. -2. [ingeniero técnico] ingénieur m technique.

perjudicar vt nuire à; [moralmente] porter préjudice à; **~ la salud** nuire à la santé.

perjudicial adj : **~ (para)** nuisible (à).

perjuicio m [moral] préjudice m; [material] dégât m; **ir en ~ de** porter préjudice à.

perjurar vi -1. [jurar mucho] : **jurar y ~** jurer ses grands dieux. -2. [jurar en falso] se parjurer.

perla f perle f; **venir de ~s** fig bien tomber.

perlado, da adj -1. [con perlas] perlé(e). -2. [con gotas] : **tenía la frente perlada de sudor** des gouttes de sueur perlaient sur son front.

perlé m coton m perlé.

permanecer vi rester, demeurer; **~ despierto/mudo** rester éveillé/muet.

permanencia f -1. [en un lugar] : **su ~ en el país...** votre séjour dans le pays...; **la ~ de las tropas en...** le maintien des troupes dans... -2. [duración] permanence f.

permanente ◇ adj permanent(e). ◇ f permanente f.

permeable adj perméable.

permisible adj tolérable; **el rechazo es ~** il est permis de refuser.

permisivo, va adj permissif(ive).

permiso m -1. [gen & MIL] permission f; **con ~, ¿me deja pasar?** pardon, pouvez-vous me laisser passer? -2. [documento] permis m; **~ de conducir** permis de conduire.

permitir vt permettre; **¿me permite?** vous permettez? ◆ **permitirse** vp se permettre; **no poder ~se algo** ne pas pouvoir se permettre qqch.

permuta, permutación f permutation f.

pernicioso, sa adj pernicieux(euse).

pero conj mais; **un alumno inteligente ~ vago** un élève intelligent mais paresseux; **~ ¿cómo quieres que yo lo sepa?** mais, comment veux-tu que je le sache? ◆ **pero** m mais m; **no hay ~ que valga** il n'y a pas de mais qui tienne; **poner ~s a** trouver à redire à.

perol m marmite f.

peroné m péroné m.

perorata f laïus m.

perpendicular adj & f perpendiculaire.

perpetrar vt perpétrer.

perpetuar vt perpétuer. ◆ **perpetuarse** vp se perpétuer.

perpetuo, tua adj perpétuel(elle); [amor, nieves] éternel(elle).

perplejo, ja adj perplexe.

perra f -1. → perro. -2. fam [rabieta] colère f; **coger una ~** faire une colère. -3. fam [dinero] : **no tener (ni) una ~** ne pas avoir un rond. -4. fam [idea fija] : **está con la ~ de irse** il n'a qu'une idée en tête, c'est de partir.

perrera f → perrero.

perrería f fam : **¡no le hagas ~s al niño!** n'embête pas le petit!; **¡han hecho una ~ contigo!** ils t'ont bien arrangé!

perrero, ra adj m, f [persona] employé m, -e f de la fourrière (pour chiens). ◆ **perrera** f -1. [lugar] chenil m. -2. [vehículo] fourgon m de la fourrière (pour chiens).

perro, rra ◇ m, f -1. ZOOL chien m, chienne f; **~ callejero** chient errant; **(~) lazarillo** chien d'aveugle; **~ lobo** chien-loup m; **~ pastor** chien de berger; **~ policía** chien policier. -2. fam despec [malvado] peau f de vache. -3. loc : **andar como el ~ y el gato** s'entendre comme chien et chat; **ser ~ viejo** être un vieux renard. ◇ adj fam [muy malo] de chien; **¡qué vida más perra!** quelle chienne de vie! ◆ **perro caliente** m hot-dog m.

perruno, na adj canin(e).

persecución f -1. [seguimiento] poursuite f. -2. [acoso] persécution f.

perseguir vt -1. [gen] poursuivre; fig [felicidad etc] rechercher. -2. [atormentar] : **~ a alguien** persécuter qqn.

perseverante adj persévérant(e).

perseverar *vi* : ~ **(en)** persévérer (dans).

persiana *f* persienne *f.*

persistente *adj* persistant(e); [persona] tenace.

persistir *vi* : ~ **(en algo)** persister (dans qqch.); ~ **en hacer algo** persister à faire qqch.

persona *f* personne *f*; **en** ~ en personne; ~ **mayor** grande personne.

personaje *m* personnage *m.*

personal ◇ *adj* personnel(elle). ◇ *m* **-1.** [trabajadores] personnel *m.* **-2.** *fam* [gente] : **¡cuánto** ~! quel peuple! ◇ *f* DEP faute *f* personnelle.

personalidad *f* personnalité *f.*

personalizar *vi* viser quelqu'un en particulier; **sin** ~ sans citer de nom.

personarse *vp* se présenter.

personificar *vt* personnifier.

perspectiva *f* [gen] perspective *f*; **en** ~ en perspective.

perspicacia *f* perspicacité *f.*

perspicaz *adj* perspicace.

persuadir *vt* persuader; ~ **a alguien para que haga algo** persuader qqn de faire qqch. ◆ **persuadirse** *vp* : ~**se (de/ de que)** se persuader (de/que).

persuasión *f* persuasion *f.*

persuasivo, va *adj* persuasif(ive). ◆ **persuasiva** *f* pouvoir *m* de persuasion.

pertenecer *vi* : ~ **a** appartenir à; **no me pertenece hacerlo** il ne m'appartient pas de le faire.

perteneciente *adj* : ~ **a** appartenant à; **ser** ~ **a** appartenir à.

pertenencia *f* appartenance *f.* ◆ **pertenencias** *fpl* [enseres] biens *mpl.*

pértiga *f* **-1.** [vara] perche *f.* **-2.** DEP saut *m* à la perche.

pertinaz *adj* **-1.** [terco] obstiné(e). **-2.** [persistente] persistant(e).

pertinente *adj* **-1.** [adecuado] pertinent(e). **-2.** [relativo] approprié(e).

pertrechos *mpl* **-1.** MIL équipement *m.* **-2.** *fig* [utensilios] attirail *m.*

perturbación *f* **-1.** [gen & METEOR] perturbation *f.* **-2.** [emoción, alteración] trouble *m*; **perturbaciones respiratorias** troubles respiratoires.

perturbado, da *adj & m, f* déséquilibré(e).

perturbador, ra *adj & m, f* perturbateur(trice).

perturbar *vt* **-1.** [gen] perturber. **-2.** [impresionar, conmover, alterar] troubler; ~ **el orden público** troubler l'ordre public.

Perú : **(el)** ~ **(le)** Pérou.

peruano, na ◇ *adj* péruvien(enne). ◇ *m, f* Péruvien *m*, -enne *f.*

perversión *f* perversion *f.*

perverso, sa *adj* pervers(e).

pervertido, da *m, f* pervers *m*, -e *f.*

pervertir *vt* pervertir. ◆ **pervertirse** *vp* se pervertir.

pesa *f* **-1.** [gen] poids *m.* **-2.** *(gen pl)* DEP haltère *m.*

pesadez *f* **-1.** [gen] lourdeur *f.* **-2.** [aburrimiento, fastidio] ennui *m*; **¡qué** ~ **de película!** quel ennui ce film!; **es una** ~ c'est pénible.

pesadilla *f* cauchemar *m*; **tener** ~**s** faire des cauchemars.

pesado, da ◇ *adj* **-1.** [gen] lourd(e). **-2.** [trabajoso] pénible. **-3.** [aburrido] ennuyeux(euse). **-4.** [molesto] assommant(e). ◇ *m, f* casse-pied *mf inv.*

pesadumbre *f* chagrin *m.*

pésame *m* condoléances *fpl*; **dar el** ~ présenter ses condoléances.

pesar ◇ *m* **-1.** [tristeza] chagrin *m.* **-2.** [arrepentimiento] regret *m.* ◇ *vt* peser. ◇ *vi* **-1.** [gen] peser; **este paquete pesa** ce paquet pèse lourd; **le pesa tanta responsabilidad** toutes ces responsabilités lui pèsent. **-2.** [causar tristeza] causer du chagrin; [causar arrepentimiento] regretter; **me pesa haberlo hecho** je regrette de l'avoir fait. **-3.** [loc] : **mal que le pese** qu'il le veuille ou non. ◆ **pesarse** *vp* se peser. ◆ **a pesar de** *loc prep* malgré; **a** ~ **de todo** malgré tout; **a** ~ **mío** malgré moi. ◆ **a pesar de que** *loc conj* bien que; **saldré a** ~ **de que llueve** je sortirai bien qu'il pleuve. ◆ **pese a** *loc prep* malgré; **es muy activo pese a su edad** il est très actif malgré son âge.

pesca *f* pêche *f*; **ir de** ~ aller à la pêche; ~ **de altura/de bajura** pêche hauturière/ côtière.

pescadería *f* poissonnerie *f.*

pescadilla *f* merlan *m.*

pescado *m* poisson *m*; ~ **azul/blanco** poisson gras/maigre.

pescador, ra *m, f* pêcheur *m*, -euse *f.*

pescar *vt* **-1.** [peces] pêcher. **-2.** *fam fig* [enfermedad] attraper. **-3.** *fam fig* [empleo] dégoter. **-4.** *fam fig* [ladrón] cueillir. **-5.** *fam fig* [entender] piger.

pescuezo *m* cou *m*.

pesebre *m* **-1**. [para animales] mangeoire *f*. **-2**. [de Navidad] crèche *f*.

pesero *m Amer* taxi *m* collectif.

peseta *f* [unidad] peseta *f*. ◆ **pesetas** *fpl* [dinero] argent *m*.

pesetero, ra *adj* rapiat *(inv)*.

pesimismo *m* pessimisme *m*.

pesimista *adj & mf* pessimiste.

pésimo, ma ◇ *superl* → **malo**. ◇ *adj* très mauvais(e).

peso *m* **-1**. [gen & DEP] poids *m*; **tiene un kilo de** ~ ça pèse un kilo; **campeón en diferentes** ~**s** champion dans différentes catégories; **de** ~ [importante] de poids; ~ **bruto/neto** poids brut/net; ~ **muerto** poids mort. **-2**. [moneda] peso *m*. **-3**. [balanza] balance *f*. **-4**. *loc* : **pagar algo a** ~ **de oro** payer qqch à prix d'or.

pespunte *m* bâti *m (en couture)*.

pesquero, ra *adj* [barco etc] de pêche; [industria] de la pêche. ◆ **pesquero** *m* bateau *m* de pêche.

pesquisa *f* recherche *f*, enquête *f*.

pestaña *f* **-1**. [de párpado] cil *m*. **-2**. [saliente] bord *m*; [de papel] languette *f*.

pestañear *vi* cligner des yeux; **sin** ~ *fig* sans broncher.

peste *f* **-1**. [enfermedad] peste *f*; ~ **bubónica** peste bubonique. **-2**. *fam* [mal olor] infection *f*. **-3**. [plaga] invasion *f*. **-4**. [molestia] : **ser la** ~ être infernal.

pesticida *adj & m* pesticide.

pestilencia *f* [mal olor] odeur *f* pestilentielle.

pestillo *m* verrou *m*; **correr** ○ **echar el** ~ mettre le verrou.

petaca *f* **-1**. [para tabaco] blague *f* (à tabac). **-2**. [para bebidas] flasque *f*. **-3**. *Amer* [maleta] malle *f*; [joroba] bosse *f*. ◆ **petacas** *fpl Amer fam* fesses *fpl*.

pétalo *m* pétale *m*.

petanca *f* pétanque *f*.

petardo ◇ *m* **-1**. [cohete] pétard *m*. **-2**. *fam* [aburrimiento] : **un** ~ **de película** un film rasoir. **-3**. *fam* [porro] pétard *m*. ◇ *mf fam* [persona fea] : **ser un** ~ être moche comme un pou.

petate *m* balluchon *m*.

petición *f* **-1**. [acción] demande *f*; **a** ~ **de** à la demande de. **-2**. [escrito] pétition *f*.

petiso, sa, petizo, za *adj Amer fam* court(e) sur pattes.

peto *m* **-1**. [gen] plastron *m*. **-2**. [de prenda] bavette *f*. **-3**. [prenda] salopette *f*.

petrificar *vt lit & fig* pétrifier.

petrodólar *m* pétrodollar *m*.

petróleo *m* pétrole *m*.

petrolero, ra *adj* pétrolier(ère). ◆ **petrolero** *m* pétrolier *m*.

petrolífero, ra *adj* pétrolifère.

petulante *adj* outrecuidant(e).

peúco *m* (gen pl) chausson *m* (de bébé).

peyorativo, va *adj* péjoratif(ive).

pez ◇ *m* poisson *m*; ~ **espada** espadon *m*; **estar** ~ **(en algo)** *fig* nager complètement (en qqch). ◇ *f* poix *f*. ◆ **pez gordo** *m fam* gros bonnet *m*.

pezón *m* **-1**. [de pecho] mamelon *m*. **-2**. BOT queue *f*.

pezuña *f* **-1**. [de animal] sabot *m*. **-2**. *fam* [pie] panard *m*.

piadoso, sa *adj* **-1**. [compasivo] : **ser** ~ avoir bon cœur. **-2**. [religioso] pieux(euse).

pianista *mf* pianiste *mf*.

piano *m* piano *m*; ~ **de cola** piano à queue.

pianola *f* piano *m* mécanique.

piar *vi* piailler.

PIB *(abrev de **producto interior bruto**)* *m* PIB *m*.

pibe, ba *m, f Amer fam* gamin *m*, -e *f*.

pica *f* [lanza & TAUROM] pique *f*. ◆ **picas** *fpl* [palo de baraja] pique *m*.

picadero *m* [de caballos] manège *m*.

picadillo *m* [de carne] hachis *m*; [de verdura] julienne *f*.

picado, da *adj* **-1**. [gen] piqué(e); **un cutis** ~ **de...** un visage marqué par...; ~ **de polilla** mangé aux mites. **-2**. [triturado – carne, verdura] haché(e); [– hielo] pilé(e). **-3**. [muela] carié(e). **-4**. *fig* [enfadado] vexé(e). ◆ **picado** *m* **-1**. AERON : **descender en** ~ descendre en piqué; **caer en** ~ *fig* [ventas precios] chuter. **-2**. CULIN hachis *m*.

picador, ra *m, f* **-1**. TAUROM picador *m*. **-2**. [domador] dresseur *m*, -euse *f* de chevaux. **-3**. [minero] piqueur *m*.

picadora *f* hachoir *m*.

picadura *f* **-1**. [gen] piqûre *f*. **-2**. [marca] marque *f*. **-3**. [de diente] : **tener una** ~ **en un diente** avoir une dent cariée. **-4**. [de tabaco] tabac *m* haché.

picante ◇ *adj* **-1.** [comida] piquant(e). **-2.** *fig* [chiste, historia] grivois(e). ◇ *m* cuisine *f* épicée.

picantería *f Amer* petit restaurant *m*.

picapica *m* ○ *f bonbon pétillant;* **polvos de** ~ poil *m* à gratter.

picaporte *m* [pestillo] loquet *m*.

picar ◇ *vt* **-1.** [gen & TAUROM] piquer; **me picó una avispa** une guêpe m'a piqué; ~ **la curiosidad** piquer la curiosité. **-2.** [escocer] gratter. **-3.** CULIN hacher. **-4.** [comer – suj : ave] picorer; [– suj : persona] grignoter. **-5.** [piedra] concasser; [hielo] piler. **-6.** *fig* [enojar] titiller; [ofender] vexer. **-7.** [billete – suj : revisor] poinçonner; [– en el aparato] composter. **-8.** [texto] saisir. ◇ *vi* **-1.** [gen] piquer. **-2.** [pez] mordre; **¿pican?** ça mord? **-3.** [escocer] gratter. **-4.** [comer – ave] picorer; [– persona] grignoter. **-5.** [sol] brûler. **-6.** *fig* [dejarse engañar] se faire avoir. **-7.** *loc :* ~ **(muy) alto** viser (très) haut. ◆ **picarse** *vp* **-1.** [ropa] se miter. **-2.** [vino] se piquer. **-3.** *fig* [enfadarse] se fâcher; [ofenderse] se vexer. **-4.** [el mar] s'agiter. **-5.** [oxidarse] se rouiller. **-6.** [cariarse] : **se me ha picado una muela** j'ai une dent gâtée. **-7.** *fam* [inyectarse droga] se piquer.

picardía *f* **-1.** [astucia] malice *f*. **-2.** [travesura] espièglerie *f*. **-3.** [atrevimiento] effronterie *f*. ◆ **picardías** *m inv* [prenda] nuisette *f*.

pícaro, ra *m, f* **-1.** [astuto] malin *m,* -igne *f*. **-2.** [travieso] coquin *m,* -e *f*. **-3.** [obsceno] : **ser un** ~ être grivois. **-4.** LITER *héros de la littérature espagnole des XVIᵉ et XVIIᵉ siècles caractérisé par son espièglerie.*

picatoste *m* croûton *m (pour la soupe etc)*.

pichichi *mf* DEP *meilleur buteur d'un championnat de football.*

pichincha *f Amer fam* occase *f*.

pichón *m* **-1.** [paloma joven] pigeonneau *m*. **-2.** *fam fig* [apelativo cariñoso] : **oye,** ~ **dis, mon lapin.**

picnic (*pl* **picnics**) *m* pique-nique *m*.

pico *m* **-1.** [gen] bec *m*. **-2.** [saliente] coin *m;* [punta] pointe *f*. **-3.** [herramienta, montaña] pic *m*. **-4.** *fam* [boca] caquet *m;* **cerrar el** ~ fermer son caquet, la fermer. **-5.** [cantidad indeterminada] : **y** ~ et quelques; **a las cinco y** ~ à cinq heures et quelques.

picor *m* démangeaison *f*.

picoso, sa *adj Amer* piquant(e).

picotear *vt* **-1.** [suj : ave] picorer. **-2.** *fig* [comer] grignoter.

pictórico, ca *adj* pictural(e).

pie *m* **-1.** [gen] pied *m;* **a** ~ à pied; **de** ○ **en** ~ debout; **de** ~s **a cabeza** des pieds à la tête. **-2.** [de escrito] bas *m;* **al** ~ **de la página** au bas de la page. **-3.** TEATR : **dar** ~ donner la réplique. **-4.** *loc :* **al** ~ **de la letra** au pied de la lettre; **andar con** ~s **de plomo** y aller doucement; **buscarle (los) tres** ~**s al gato** chercher midi à quatorze heures; **con buen** ~ du bon pied; **dar** ~ **a alguien para que haga algo** donner l'occasion à qqn de faire qqch; **en** ~ **de guerra** sur le pied de guerre; **levantarse con el** ~ **izquierdo** se lever du pied gauche; **no tener ni** ~**s ni cabeza** n'avoir ni queue ni tête; **pararle los** ~**s a alguien** remettre qqn à sa place; **seguir en** ~ [oferta, proposición] être encore valable; [edificio] être toujours debout.

piedad *f* **-1.** [compasión] pitié *f*. **-2.** [religiosidad] piété *f*.

piedra *f* pierre *f;* ~ **pómez** pierre ponce; ~ **preciosa** pierre précieuse; **quedarse de** ~ rester pétrifié(e).

piel *f* **-1.** [gen] peau *f;* ~ **roja** Peau-Rouge *m;* **la** ~ **de toro** *fig* l'Espagne *f*. **-2.** [cuero] cuir *m;* **una cazadora de** ~ un blouson en cuir. **-3.** [pelo] fourrure *f;* **un abrigo de** ~**es** un manteau de fourrure.

pierna *f* **-1.** [de persona] jambe *f*. **-2.** [de ave, perro etc] patte *f*. **-3.** CULIN [de cordero] gigot *m*.

pieza *f* [gen] pièce *f;* ~ **de recambio** ○ **repuesto** pièce détachée; **dejar/quedarse de una** ~ *fig* laisser/rester sans voix.

pifiar *vt :* ~**la** *fam* gaffer.

pigmentación *f* pigmentation *f*.

pigmento *m* pigment *m*.

pijama *m* pyjama *m*.

pijo, ja *fam* ◇ *adj* bon chic bon genre. ◇ *m, f* minet *m*.

pila *f* **-1.** [gen & ARQUIT] pile *f*. **-2.** [fregadero] évier *m*.

pilar *m* lit & *fig* pilier *m*.

píldora *f* pilule *f;* **tomar la** ~ [anticonceptivo] prendre la pilule; **dorar la** ~ **a alguien** dorer la pilule à qqn.

pileta *f Amer* **-1.** [fregadero] évier *m*. **-2.** [piscina] piscine *f*.

pillaje *m* pillage *m*.

pillar ◇ *vt* **-1.** [gen] attraper. **-2.** [atropellar] renverser. **-3.** *fam* [sorprender] surprendre; **me pilló en pijama** il m'a surpris en pyjama. **-4.** [aprisionar] coincer; [dedos] pincer. **-5.** [chiste, explicación] sai-

piojo

sir. ◇ *vi* [hallarse] : **me pilla de paso** c'est sur mon chemin. ◆ **pillarse** *vp* se coincer; [un dedo] se pincer.

pillo, lla *adj & m, f fam* coquin(e).

pilotar *vt* piloter.

piloto ◇ *m* -1. [conductor] pilote *m*; ~ **automático** pilote automatique. -2. [indicador luminoso – de aparato] voyant *m* lumineux; [– de vehículo] feu *m*. ◇ *adj inv* [granja, instituto etc] pilote; [piso] témoin.

piltrafa *f* -1. *(gen pl)* [resto] restes *mpl*. -2. *fam* [persona débil] loque *f*.

pimentón *m* piment *m* rouge moulu.

pimienta *f* poivre *m*.

pimiento *m* piment *m*; ~ **morrón** poivron *m*.

pimpollo *m* -1. [de planta] rejeton *m*; [de flor] bouton *m*; [de rosa] bouton *m* de rose. -2. *fam fig* [persona atractiva] : **¡vaya ~!** quel beau brin de fille!; **está hecho un ~** il est devenu beau gosse.

pinacoteca *f* -1. [museo] pinacothèque *f*. -2. [galería] galerie *f (de peinture)*.

pinar *m* pinède *f*.

pinaza *f* aiguille *f (de pin)*.

pincel *m* -1. [instrumento] pinceau *m*. -2. *fig* [estilo] touche *f*.

pinchadiscos *mf inv* disc-jockey *mf*.

pinchar ◇ *vt* -1. [gen] piquer. -2. [rueda, globo] crever. -3. [fijar] : ~ **algo en la pared** accrocher qqch au mur. -4. *fam fig* [irritar] asticoter. -5. *fam fig* [incitar] tanner. -6. *fam* [teléfono] mettre sur écoutes. ◇ *vi* -1. [rueda] crever. -2. [barba] gratter. ◆ **pincharse** *vp* -1. [gen] se piquer. -2. [rueda] crever. -3. [inyectarse] se faire faire une piqûre. -4. *fam* [droga] se piquer.

pinchazo *m* -1. [gen] piqûre *f*. -2. [de neumático] crevaison *f*.

pinche ◇ *mf* marmiton *m*. ◇ *adj Amer fam* satané(e).

pinchito *m* mini-brochette de viande servie comme «tapa».

pincho *m* -1. [espina] épine *f*. -2. [varilla] pique *f*. -3. CULIN portion servie comme «tapa» dans les bars; ~ **moruno** brochette de viande de porc.

pinga *f Amer vulg* quéquette *f*.

pingajo *m fam despec* : **ir hecho un** ~ être tout déguenillé.

pingo *m despec fam* [persona despreciable] : **estar hecho un** ~ mener une vie de bâton de chaise; **estar de** ~ [viajar continuamente] être toujours par monts et par vaux; [salir de fiesta] être de sortie.

pingüino *m* pingouin *m*.

ping-pong *m* DEP ping-pong *m*.

pinitos *mpl* : **hacer sus** ~ *lit & fig* faire ses premiers pas.

pino *m* pin *m*; **en el quinto** ~ *fam fig* à perpète.

pinta *f* → **pinto**.

pintado, da *adj* -1. [coloreado] peint(e); '**recién** ~' 'peinture fraîche'. -2. [moteado] tacheté(e). -3. [maquillado] maquillé(e). ◆ **pintada** *f* -1. [escrito] graffiti *m*. -2. [ave] pintade *f*.

pintalabios *m inv* rouge *m* à lèvres.

pintar ◇ *vt* -1. [gen] peindre. -2. *fig* [describir] dépeindre. ◇ *vi* -1. [significar, importar] : **aquí yo no pinto nada** je n'ai rien à faire ici; **¿qué pinto yo en este asunto?** qu'est-ce que j'ai à voir dans cette affaire? -2. [bolígrafo, rotulador] : ~ **bien/mal** écrire bien/mal. ◆ **pintarse** *vp* -1. [maquillarse] se maquiller. -2. [manifestarse] se voir; **el miedo se pintaba en su cara** la peur se lisait sur son visage. -3. *loc* : **pintárselas uno solo para algo** ne pas avoir son pareil pour qqch.

pinto, ta *adj* tacheté(e). ◆ **pinta** *f* -1. [lunar] : **con pintas blancas** tacheté de blanc. -2. *fig* [aspecto] air *m*; **la comida tiene buena pinta** le repas a l'air bon; **¡vaya pintas que lleva!** il a une de ces allures! -3. [unidad de medida] pinte *f*. -4. *Amer* [pintada] graffiti *m*. ◆ **pintas** *mf fam* **estar hecho un pintas** avoir une de ces touches.

pintor, ra *m, f* peintre *m*.

pintoresco, ca *adj* pittoresque; *fig* [extravagante] haut(e) en couleur.

pintura *f* -1. [gen & ARTE] peinture *f*; ~ **al óleo** peinture à l'huile. -2. *fig* [descripción] tableau *m*.

pinza *f (gen pl)* pince *f*.

piña *f* -1. [tropical] ananas *m*. -2. [del pino] pomme *f* de pin. -3. *fig* [conjunto de gente] : **reaccionar en** ~ faire bloc. -4. *fam* [golpe] : **dar una** ~ **a alguien** flanquer un coup à qqn.

piñata *f récipient suspendu que des enfants aux yeux bandés brisent à coups de bâton pour y récupérer des friandises.*

piñón *m* pignon *m*.

pío, a *adj* pieux(euse); [obra] pie. ◆ **pío** *m* pépiement *m*; **no decir ni** ~ *fig* ne pas piper.

piojo *m* pou *m*.

piola adj Amer fam **-1.** [astuto] malin (maligne). **-2.** [estupendo] super.

pionero, ra m, f pionnier m, -ère f.

pipa f **-1.** [para fumar] pipe f. **-2.** [semilla] pépin m. **-3.** [de girasol] graine f de tournesol. **-4.** [tonel] tonneau m. **-5.** loc : pasarlo ◇ **pasárselo** ~ fam s'éclater.

pipermint, peppermint m peppermint m, menthe f.

pipí m fam pipi m; **hacer** ~ faire pipi.

pique m **-1.** [enfado] : **tener un** ~ **con alguien** être en froid avec qqn. **-2.** [rivalidad] concurrence f; **irse a** ~ lit & fig couler.

piquete m **-1.** [gen] piquet m. **-2.** [grupo armado] peloton m; ~ **de ejecución** peloton d'exécution.

pirado, da adj fam cinglé(e).

piragua f pirogue f; DEP canoë m.

piragüismo m canoë-kayak m (discipline).

pirámide f pyramide f.

piraña f piranha m.

pirarse vp fam se casser.

pirata ◇ adj lit & fig pirate. ◇ mf pirate m.

piratear vt & vi pirater.

pírex, pyrex® m Pyrex® m.

pirindolo m machin m.

Pirineos mpl : **los** ~ les Pyrénées fpl.

piripi adj fam pompette.

piro m : **darse el** ~ fam mettre les voiles.

pirómano, na m, f pyromane mf.

piropear vt fam ~ **a alguien** faire du plat à qqn.

piropo m fam compliment m.

pirotecnia f pyrotechnie f.

pirrarse vp fam ~ **por algo** être fana de qqch; ~ **por alguien** s'enticher de qqn.

pirueta f pirouette f; fig [esfuerzo] : **hacer** ~**s con** jongler avec.

piruleta f sucette f (plate et ronde).

pirulí (pl **pirulís**) m sucette f.

pis (pl **pises**) m fam pipi m.

pisada f pas m.

pisapapeles m inv presse-papiers m inv.

pisar vt **-1.** [con el pie] marcher sur; [pedal, acelerador] appuyer sur; ~ **a alguien** lit & fig marcher sur les pieds de qqn. **-2.** [uvas] fouler. **-3.** fig [ir a] mettre les pieds à. **-4.** fig [anticiparse] : ~ **una idea a alguien** couper l'herbe sous le pied de qqn.

piscina f piscine f.

Piscis ◇ m inv [zodiaco] Poissons mpl. ◇ mf inv [persona] poissons m inv.

piscolabis m fam **tomarse un** ~ casser une petite croûte.

piso m **-1.** [vivienda] appartement m. **-2.** [planta] étage m. **-3.** [suelo] revêtement m. **-4.** [capa] couche f.

pisotear vt **-1.** [con el pie] piétiner. **-2.** fig [humillar] bafouer; ~ **a alguien** rabaisser qqn.

pisotón m fam **me dieron un** ~ quelqu'un m'a marché sur le pied.

pista f piste f; ~ **de esquí** piste de ski; ~ **de tenis** court m de tennis.

pistacho m pistache f.

pisto m CULIN ≃ ratatouille f.

pistola f **-1.** [arma, pulverizador] pistolet m. **-2.** [herramienta] : ~ **(de grapas)** agrafeuse f.

pistolero, ra m, f tueur m, -euse f. ◆ **pistolera** f étui m de revolver.

pistón m piston m.

pitada f Amer fam taffe f.

pitar ◇ vt **-1.** [gen] siffler. **-2.** Amer fam [dar una calada a] tirer sur. ◇ vi **-1.** [tocar el pito] siffler; [del coche] klaxonner. **-2.** fam [funcionar] rouler. **-3.** loc : **salir/irse/venir pitando** sortir/partir/venir en quatrième vitesse.

pitido m coup m de sifflet; [del coche] coup m de klaxon.

pitillera f porte-cigarette m.

pitillo m cigarette f.

pito m **-1.** [silbato] sifflet m; [del coche] klaxon m. **-2.** fam [cigarrillo] clope f. **-3.** fam [pene] zizi m.

pitón m **-1.** [cuerno] corne f. **-2.** [pitorro] bec m (verseur).

pitonisa f voyante f.

pitorrearse vp fam ~ **(de algo/alguien)** se moquer (de qqch/qqn).

pitorreo m fam rigolade f.

pitorro f bec m (verseur).

pívot = pivote.

pivote (pl **pivotes**), **pívot** (pl **pívots**) mf DEP pivot m.

pizarra f **-1.** [gen] ardoise f. **-2.** [encerado] tableau m.

pizca f **-1.** [gen] fam : **una** ~ **de** un petit peu de; **una** ~ **de sal** une pincée de sel; **no veo ni** ~ je n'y vois rien du tout; **no me gusta ni** ~ je n'aime pas ça du tout. **-2.** Amer [cosecha] récolte f.

pizza f pizza f.

pizzería f pizzeria f.

placa f -**1**. [gen] plaque f; ~ **solar** panneau m solaire. -**2**. ELECTR carte f.

placenta f placenta m.

placentero, ra adj plaisant(e).

placer m plaisir m.

plácido, da adj placide.

plafón m [lámpara] plafonnier m.

plaga f fléau m. -**1**. [de peste etc] épidémie f. -**2**. fig [gran cantidad] invasion f.

plagado, da adj rempli(e); ~ **de deudas** criblé de dettes.

plagar vt : ~ **de** remplir de; [paredes] couvrir de.

plagiar vt plagier.

plagio m plagiat m.

plan m -**1**. [gen] plan m. -**2**. [para pasar el tiempo] : **¿que ~es tienes?** qu'est-ce que tu comptes faire?; **¡menudo ~!** fam tu parles d'un amusement! -**3**. fam [ligue] : **salirle un ~ a alguien** se faire draguer. -**4**. fam [modo, forma] : **lo dijo en ~ serio** il a dit ça sérieusement; **lo dijo en ~ (de) broma** il a dit ça pour rire.

plancha f -**1**. [para planchar] fer m à repasser. -**2**. [para cocinar] gril m; **a la ~** grillé(e). -**3**. [placa] plaque f; [de madera] planche f. -**4**. fam [metedura de pata] gaffe f. -**5**. DEP [fútbol] tacle m. -**6**. [acción] repassage m. -**7**. [carrocería] tôle f. -**8**. IMPRENTA planche f.

planchado m repassage m.

planchar vt repasser.

planchista mf tôlier m.

plancton m plancton m.

planeador m planeur m.

planear ◇ vt [hacer planes] projeter; [preparar] planifier. ◇ vi -**1**. [hacer planes] faire des projets. -**2**. [en el aire] planer.

planeta m planète f.

planetario, ria adj planétaire.

planicie f plaine f.

planificación f planification f; ~ **familiar** planning m familial.

planificar vt planifier.

planilla f Amer panneau m d'affichage.

planisferio m planisphère f.

plano, na adj -**1**. GEOM plan(e). -**2**. [llano] plat(e). ◆ **plano** m plan m; **primer ~** premier plan; **de ~** fig [de lleno] en plein; **el sol da de ~ en la terraza** le soleil donne en plein sur la terrasse. ◆ **plana** f -**1**. [página] page f; **una ilustración a toda**

plana une illustration pleine page. -**2**. [llanura] plaine f.

planta f -**1**. [BOT & del pie] plante f. -**2**. [piso] étage m; ~ **baja** rez-de-chaussée m. -**3**. [fábrica] usine f; ~ **depuradora** station f d'épuration.

plantación f plantation f.

plantado, da adj planté(e); **dejar ~ a alguien** fam fig laisser tomber qqn; **ser bien ~** fig être bien de sa personne.

plantar vt -**1**. [gen] planter. -**2**. fam [asestar, poner] flanquer. -**3**. fam [decir con brusquedad] : **le plantó cuatro frescas** il lui a sorti ses quatre vérités. -**4**. fam [despedir] flanquer dehors. -**5**. fam [abandonar] plaquer. ◆ **plantarse** vp -**1**. [gen] se planter. -**2**. [llegar] : **en cinco minutos te plantas ahí** tu y es en cinq minutes. -**3**. [en una actitud] : **~se en algo** ne pas démordre de qqch. -**4**. [en naipes] : **me planto** servi(e).

planteamiento m exposé m.

plantear vt [problema, cuestión etc] poser; [posibilidad, cambio] envisager. ◆ **plantearse** vp [problema, cuestión etc] se poser; [posibilidad, cambio] envisager.

plantel m -**1**. [criadero] pépinière f. -**2**. fig [conjunto] groupe m.

plantilla f -**1**. [de una empresa] personnel m. -**2**. [suela interior] semelle f. -**3**. [modelo] patron m.

plantón m fam **dar un ~** poser un lapin; **estar de ~** poireauter.

plañidero, ra adj fam geignard(e).

plañir ◇ vt [pérdida] pleurer. ◇ vi gémir.

plaqueta f plaquette f.

plasmar vt -**1**. fig [reflejar] exprimer. -**2**. [modelar] façonner. ◆ **plasmarse** vp se concrétiser.

plasta ◇ adj & mf raseur(euse). ◇ f [cosa blanda] bouillie f.

plástica f → **plástico**.

plástico, ca adj -**1**. [gen] plastique. -**2**. [expresivo] éloquent(e). ◆ **plástico** m plastique m. ◆ **plástica** f plastique f.

plastificar vt plastifier.

plastilina f pâte f à modeler.

plata f -**1**. [metal] argent m; ~ **de ley** argent m titré; **hablar en ~** fam parler franchement. -**2**. [objetos de plata] argenterie f. -**3**. Amer [dinero] argent m.

plataforma f -**1**. [gen] plate-forme f. -**2**. fig [punto de partida] tremplin m.

platal m Amer fam **un ~** une fortune.

plátano *m* **–1.** [fruta] banane *f.* **–2.** [árbol – tropical] bananier *m;* [– de sombra] platane *m.*

platea *f* TEATR parterre *m.*

plateado, da *adj* argenté(e).

plática *f Amer* conversation *f.*

platicar *vi Amer* converser.

platillo *m* **–1.** [plato pequeño] soucoupe *f.* **–2.** [de balanza] plateau *m.* **–3.** *(gen pl)* MÚS cymbale *f.* ◆ **platillo volante** *m* soucoupe *f* volante.

platina *f* platine *f.*

platino *m* platine *m.* ◆ **platinos** *mpl* vis *fpl* platinées.

plato *m* **–1.** [gen] assiette *f;* **lavar los ∼s** faire la vaisselle; **pagar los ∼s rotos** payer les pots cassés. **–2.** [comida] plat *m;* **∼ combinado** plat garni; **primer ∼** entrée *f;* **segundo ∼, ∼ fuerte** plat de résistance; **el ∼ fuerte de la historia** *fig* le meilleur de cette histoire. **–3.** [de tocadiscos] platine *f.* **–4.** [de balanza, bicicleta] plateau *m.*

plató *m* CIN plateau *m.*

platónico, ca *adj* platonique.

platudo, da *adj Amer fam* friqué(e).

plausible *adj* plausible.

playa *f* **–1.** [gen] plage *f.* **–2.** *Amer* [aparcamiento] : **∼ de estacionamiento** parking *m.*

play-back *(pl* **play-backs)** *m* play-back *m.*

play-boy *(pl* **play-boys)** *m* play-boy *m.*

playero, ra *adj* de plage. ◆ **playera** *f (gen pl)* **–1.** [de deporte] tennis *f.* **–2.** [sandalia] sandale *f* de plage.

plaza *f* **–1.** [gen] place *f.* **–2.** [puesto de trabajo] poste *m.* **–3.** [mercado] marché *m.* **–4.** TAUROM arène *f;* **∼ de toros** arènes *fpl.* **–5.** COM [zona, población] zone *f.* **–6.** [fortificación] place *f* forte.

plazo *m* **–1.** [de tiempo & COM] délai *m;* **a corto/largo ∼** à court/long terme. **–2.** [de dinero] versement *m;* **a ∼s** à crédit.

plazoleta *f* petite place *f.*

plebe *f* plèbe *f.*

plebeyo, ya *adj & m, f* plébéien(enne).

plebiscito *m* plébiscite *m.*

plegable *adj* pliant(e).

plegar *vt* plier.

plegaria *f* prière *f.*

pleito *m* DER procès *m.*

plenario, ria *adj* plénier(ère).

plenilunio *m* pleine lune *f.*

plenitud *f* plénitude *f.*

pleno, na *adj* plein(e); **en ∼** [en medio de] en plein; **en ∼ día** en plein jour; **en plena forma** en pleine forme. ◆ **pleno** *m* **–1.** [reunión] séance *f* plénière. **–2.** [en juego de azar] : **acertar el ∼** avoir tous les bons numéros.

pletórico, ca *adj* : **∼ de** plein de.

pliego *m* **–1.** [hoja] feuille *f* (de papier). **–2.** [documento] pli *m;* **∼ de condiciones** cahier *m* des charges. **–3.** IMPRENTA cahier *m.*

pliegue *m* pli *m* (document).

plisado *m* [acción] plissage *m;* [resultado] plissé *m.*

plomería *f Amer* plomberie *f.*

plomero *m Amer* plombier *m.*

plomizo, za *adj* plombé(e).

plomo *m* **–1.** [gen] plomb *m;* **caer a ∼** *fam* tomber comme une masse. **–2.** *fam* [pelmazo] casse-pieds *mf inv.*

plotter *(pl* **plotters)** *m* INFORM traceur *m.*

pluma *f* **–1.** [gen] plume *f;* **(∼) estilográfica** stylo *m* (à) plume. **–2.** *fig* [escritor] homme *m* de plume.

plum-cake *(pl* **plum-cakes)** *m* cake *m.*

plumero *m* plumeau *m;* **vérsele a alguien el ∼** *fam fig* voir venir qqn.

plumier *(pl* **plumiers)** *m* plumier *m.*

plumilla *f* plume *f (de stylo).*

plumón *m* **–1.** [de ave] duvet *m.* **–2.** [anorak] doudoune *f.*

plural ◇ *adj* pluriel(elle). ◇ *m* pluriel *m.*

pluralidad *f* pluralité *f.*

pluralismo *m* pluralisme *m.*

pluralizar *vi* généraliser.

pluriempleo *m* cumul *m* d'emplois.

plus *(pl* **pluses)** *m* prime *f (gratification).*

pluscuamperfecto *m* plus-que-parfait *m.*

plusmarca *f* DEP record *m.*

plusvalía *f* plus-value *f.*

pluvial *adj* pluvial(e).

p.m. *(abrev de post meridiem)* p.m.

PM *(abrev de policía militar) f* police militaire espagnole.

PNB *(abrev de producto nacional bruto) m* PNB *m.*

PNV *(abrev de Partido Nacionalista Vasco) m parti nationaliste basque.*

población *f* **–1.** [gen] population *f.* **–2.** [acción] peuplement *m.* **–3.** [ciudad pequeña] localité *f.*

poblado, da *adj* **–1.** [habitado] peuplé(e).
–2. *fig* [lleno] rempli(e). ◆ **poblado** *m* village *m*.

poblador, ra ◇ *adj* : **los indios ~es de América** les Indiens qui peuplent l'Amérique. ◇ *m, f* habitant *m*, -e *f*.

poblar *vt* peupler. ◆ **poblarse** *vp* se peupler.

pobre ◇ *adj* pauvre; **¡~ hombre!** pauvre homme!; **¡~ de mí/ti etc!** pauvre de moi/toi etc! ◇ *mf* pauvre *mf*.

pobreza *f* pauvreté *f*; **~ de** [de cosas materiales] manque de.

pochismo *m* Amer fam spanglish *m*.

pocho, cha *adj* **–1.** [persona] patraque. **–2.** [fruta] blet(ette). **–3.** Amer fam américanisé(e) *(se dit de Mexicains)*.

pocilga *f* porcherie *f*.

pocillo *m* Amer chope *f*.

pócima *f* **–1.** [brebaje] potion *f*. **–2.** despec [bebida de mal sabor] : **este cóctel es una ~** ce cocktail est imbuvable.

poción *f* potion *f*.

poco, ca ◇ *adj* peu de; **~ trabajo** peu de travail; **de poca importancia** de peu d'importance; **dame unos ~s días** donne-moi quelques jours; **las vacantes son pocas** les places sont rares. ◇ *pron* peu; **han aprobado ~s** il y en a peu qui ont réussi; **tengo muy ~s** j'en ai très peu; **tengo amigos, pero ~s** j'ai des amis, mais j'en ai peu; **unos ~s** quelques-uns; **un ~ (de)** un peu (de); **un ~ de paciencia** un peu de patience. ◆ **poco** *adv* **–1.** [con escasez] peu; **come ~** il ne mange pas beaucoup; **está ~ salado** ce n'est pas très salé; **por ~** pour un peu; **por ~ lo consigo** j'ai failli réussir; **por ~ se desmaya** pour un peu, il s'évanouissait. **–2.** [tiempo corto] : **tardaré ~** je ne serai pas long; **al ~ de llegar** peu après son arrivée; **dentro de ~** sous peu; **llegará dentro de ~** il arrivera bientôt ○ sous peu; **hace ~ (tiempo)** il n'y a pas longtemps; **~ a ~** peu à peu; **¡~ a ~!** doucement!

podar *vt* [árboles] élaguer; [vides, rosales] tailler.

poder[1] ◇ *vt* **–1.** [gen] pouvoir; **puedo pagarme el viaje** je peux me payer le voyage; **puede ejercer su carrera** il peut exercer son métier; **no podemos abandonarlo** nous ne pouvons pas l'abandonner; **puede estallar la guerra** la guerre peut éclater; **podías habérmelo dicho** tu aurais pu me le dire. **–2.** [tener más fuerza que] battre; **a mí no hay quien me**

pueda je suis le plus fort. ◇ *vi* **–1.** [ser capaz de dominar] : **~ con algo/con alguien** venir à bout de qqch/qqn. **–2.** [ser capaz de realizar] : **ella sola no podrá con la corrección de pruebas** elle ne pourra pas corriger les épreuves toute seule. **–3.** [soportar] : **no ~ con algo/con alguien** ne pas supporter qqch/qqn. **–4.** *loc* : **no puedo más** je n'en peux plus; **¿se puede?** on peut entrer? ◇ *v impers* [ser posible] : **puede que llueva** il va peut-être pleuvoir; **¿vendrás mañana? – puede** tu viendras demain? – peut-être.

poder[2] *m* **–1.** [gen] pouvoir *m*; **estar en el/hacerse con el ~** être au/prendre le pouvoir; **~ adquisitivo** pouvoir d'achat; **~ ejecutivo** pouvoir exécutif; **~ judicial** pouvoir judiciaire; **~ legislativo** pouvoir législatif. **–2.** [capacidad] puissance *f*; **un detergente de un gran ~ limpiador** un détergent très puissant. **–3.** [posesión] : **estar en ~ de alguien** être entre les mains de qqn. ◆ **poderes** *mpl* **–1.** POLÍT : **~es públicos** pouvoirs publics. **–2.** [autorización] pouvoir *m*, procuration *f*; **dar ~es a alguien** donner procuration à qqn; **por ~es** par procuration.

poderío *m* **–1.** [poder] puissance *f*. **–2.** [territorio] domaine *m*.

poderoso, sa *adj* puissant(e).

podio, podium *m* podium *m*.

podólogo, ga *m, f* podologue *mf*.

podrá → poder.

podría → poder.

podrido, da ◇ *pp irreg* → pudrir. ◇ *adj* pourri(e).

poema *m* poème *m*.

poesía *f* poésie *f*.

poeta *m* poète *m*.

poético, ca *adj* poétique.

poetisa *f* poétesse *f*.

póker = póquer.

polaco, ca ◇ *adj* polonais(e). ◇ *m, f* Polonais *m*, -e *f*. ◆ **polaco** *m* [lengua] polonais *m*.

polar *adj* polaire.

polarizar *vt* **–1.** [atención & FÍS] polariser. **–2.** *fig* [asunto, cuestión etc] centrer. ◆ **polarizarse** *vp* : **~se en** se polariser sur; [asunto, cuestión etc] être centré(e) sur.

polaroid® *f inv* Polaroid® *m*.

polca *f* polka *f*.

polea *f* poulie *f*.

polémico, ca *adj* polémique. ◆ **polémica** *f* polémique *f*.

polemizar *vi* : ~ **(sobre)** polémiquer (sur).

polen *m* pollen *m*.

poleo *m* menthe *f*.

poli *fam* ◇ *mf* flic *m*. ◇ *f* : **la** ~ les flics.

poliamida *f* polyamide *m*.

polichinela *f* polichinelle *m*.

policía ◇ *mf* policier *m*, femme *f* policier. ◇ *f* police *f*.

policiaco, ca, **policíaco, ca** *adj* policier(ère).

policial *adj* policier(ère); [furgón, redada etc] de police.

polideportivo, va *adj* omnisports. ◆ **polideportivo** *m* club *m* omnisports.

poliedro *m* polyèdre *m*.

poliéster *m inv* polyester *m*.

polietileno *m* polyéthylène *m*.

polifacético, ca *adj* éclectique.

poligamia *f* polygamie *f*.

polígamo, ma *adj & m, f* polygame.

poligloto, ta, **políglota, ta** *adj & m, f* polyglotte.

polígono *m* –**1**. GEOM polygone *m*. –**2**. [superficie de terreno] zone *f*; ~ **industrial** zone industrielle.

polilla *f* mite *f*.

poliomielitis, polio *f inv* poliomyélite *f*.

polipiel *f* cuir *m* synthétique.

pólipo *m* polype *m*.

Polisario (*abrev de* **Frente Popular para la Liberación de Sakiet el Hamra y Río de Oro**) *m* Front Polisario (*mouvement armé pour la création d'un État sahraoui indépendant dans le Sáhara occidental*).

politécnico, ca *adj* polytechnique.

politeísmo *m* polythéisme *m*.

política *f* → político.

político, ca *adj* –**1**. [gen] politique. –**2**. [pariente] : **el hermano** ~ le beau-frère; **la familia política** la belle-famille. ◆ **político** *m* homme *m* politique. ◆ **política** *f* politique *f*.

politizar *vt* politiser. ◆ **politizarse** *vp* [debate, conflicto] se politiser; [persona] participer à la vie politique.

polivalente *adj* polyvalent(e).

póliza *f* –**1**. [de seguros] police *f*. –**2**. [sello] timbre *m* fiscal.

polizón *m* passager *m* clandestin.

polla *f* → pollo.

pollera *f* Amer jupe *f*.

pollería *f* : **en la** ~ chez le volailler.

pollito *m* poussin *m*.

pollo, lla *m, f* –**1**. [cría de la gallina] poussin *m*. –**2**. (*gen m*) [joven] *fam* jeunot *m*. ◆ **pollo** *m* poulet *m*. ◆ **polla** *f* vulg bite *f*.

polo *m* –**1**. [gen] pôle *m*; ~ **negativo/positivo** pôle négatif/positif; ~ **norte/sur** pôle Nord/Sud. –**2**. [helado] Esquimau® *m*. –**3**. [camisa] polo *m*. –**4**. [DEP – con caballos] polo *m*; [– acuático] water-polo *m*.

pololo, la *m, f* Amer fam mec *m*, nana *f*.

Polonia Pologne *f*.

poltrona *f* bergère *f* (*fauteuil*).

polución *f* pollution *f*.

polvareda *f* nuage *m* de poussière.

polvera *f* poudrier *m*.

polvo *m* –**1**. [partículas en el aire] poussière *f*; **limpiar** O **quitar el** ~ épousseter. –**2**. [de producto pulverizado] poudre *f*; **en** ~ en poudre. –**3**. vulg [coito] : **echar un** ~ tirer un coup. –**4**. loc : **estar hecho** ~ *fam* être vanné; **hacer** ~ **algo** *fam* bousiller qqch. ◆ **polvos** *mpl* poudre *f* (*cosmétique*).

pólvora *f* poudre *f*.

polvoriento, ta *adj* poussiéreux(euse).

polvorín *m* poudrière *f*.

polvorón *m petit gâteau fait de pâte sablée, que l'on mange à Noël*.

pomada *f* pommade *f*.

pomelo *m* –**1**. [árbol] pamplemoussier *m*. –**2**. [fruto] pamplemousse *m*.

pómez *adj* → piedra.

pomo *m* [de puerta, cajón etc] bouton *m*.

pompa *f* pompe *f* (*cérémonial*). ◆ **pompa de jabón** *f* (*gen pl*) bulle *f* de savon. ◆ **pompas fúnebres** *fpl* pompes *fpl* funèbres.

pompis *m* fam derrière *m*.

pompón *m* pompon *m*.

pomposo, sa *adj* pompeux(euse).

pómulo *m* [mejilla] pommette *f*.

ponchar *vt* Amer crever (*pneu*). ◆ **poncharse** *vp* Amer crever.

ponche *m* punch *m* (*boisson*).

poncho *m* poncho *m*.

ponderar *vt* –**1**. [alabar] vanter. –**2**. [considerar] examiner. –**3**. [en estadística] pondérer.

ponedor, ra *adj* pondeur(euse).

ponencia *f* –**1**. [conferencia] communication *f*; [informe] rapport *m*. –**2**. [cargo] : **ocupa la** ~ **de la mesa sobre...** il est le rapporteur de la table ronde sur... **-3.** [comisión] commission *f*.

poner ◇ *vt* **-1.** [gen] mettre; *¿dónde has puesto el libro?* où as-tu mis le livre?; **pon vinagre en la ensalada** mets du vinaigre dans la salade; **lo pones de mal humor** tu le mets de mauvaise humeur; ~ **impedimentos** mettre des bâtons dans les roues; **puso toda su voluntad en ello** il y a mis toute sa volonté; **pon la radio** mets la radio; ~ **a régimen** mettre au régime. **-2.** [vestir] : ~ **algo a alguien** mettre qqch à qqn. **-3.** [cambiar el humor de] rendre; ~ **triste** rendre triste. **-4.** [mostrar] faire; *¡no pongas esa cara!* ne fais pas cette tête. **-5.** [contribuir] : **ya he puesto mi parte** j'ai déjà payé ma part; ~ **algo de su parte** y mettre du sien. **-6.** [calificar, tratar] : ~ **a alguien de** traiter qqn de. **-7.** [deberes] donner. **-8.** [telegrama, fax] envoyer; ~ **una conferencia** faire un appel à l'étranger; *¿me pones con él?* tu me le passes? **-9.** CIN & TV passer; TEATR donner. **-10.** [instalar] : **están poniendo el gas y la luz** on installe le gaz et l'électricité; **han puesto su casa con mucho gusto** ils ont arrangé leur maison avec beaucoup de goût. **-11.** [montar] ouvrir; **han puesto una tienda** ils ont ouvert un magasin. **-12.** [llamar] appeler; **le pusieron Mario** ils l'ont appelé Mario. **-13.** [suponer] : **pon, pongamos que...** mettons, admettons que... **-14.** [suj : ave] pondre. ◇ *vi* [ave] pondre. ◆ **ponerse** *vp* **-1.** [colocarse] se mettre; ~ **se de pie** se mettre debout. **-2.** [ropa, galas, maquillaje] mettre. **-3.** [estar de cierta manera] devenir; **se puso rojo de ira** il est devenu rouge de colère. **-4.** [iniciar acción] : ~ **se a hacer algo** se mettre à faire qqch. **-5.** [de salud] : ~ **se bien** se rétablir; ~ **se malo** o **enfermo** tomber malade. **-6.** [llenarse] : **se ha puesto de barro hasta las rodillas** il s'est couvert de boue jusqu'aux genoux. **-7.** [suj : astro] se coucher. **-8.** *Amer fam* [parecer] : **se me pone que...** je crois que...

poni, poney *m* poney *m*.

poniente *m* **-1.** [occidente] ouest *m*. **-2.** [viento] vent *m* d'ouest.

pontífice *m* pontife *m*; **sumo** ~ souverain *m* pontife.

pop *adj* pop.

popa *f* poupe *f*.

popote *m* *Amer* paille *f (pour boire)*.

populacho *m* *despec* populace *f*.

popular *adj* populaire.

popularidad *f* popularité *f*.

popularizar *vt* populariser. ◆ **popularizarse** *vp* devenir populaire.

popurrí (*pl* **popurrís**) *m* pot-pourri *m*.

póquer, póker *m* poker *m*.

por *prep* **-1.** [causa] à cause de; **se enfadó** ~ **tu culpa** elle s'est fâchée à cause de toi. **-2.** [finalidad] pour; **lo hizo** ~ **complacerte** il l'a fait pour te faire plaisir; **lo hizo** ~ **ella** il l'a fait pour elle. **-3.** [medio, modo, agente] par; ~ **escrito** par écrit; ~ **mensajero/fax** par coursier/fax; **lo cogieron** ~ **el brazo** ils l'ont pris par le bras; **el récord fue batido** ~ **el atleta** le record a été battu par l'athlète. **-4.** [tiempo aproximado] : ~ **abril** en avril, dans le courant du mois d'avril. **-5.** [tiempo concreto] : ~ **la mañana/tarde/noche** le matin/l'après-midi/la nuit; ~ **unos días** pour quelques jours. **-6.** [lugar] : **había papeles** ~ **el suelo** il y avait des papiers par terre; *¿~ dónde vive?* où habite-t-il?; **entramos en África** ~ **Tánger** nous sommes entrés en Afrique par Tanger; **pasar** ~ **la aduana** passer la douane. **-7.** [a cambio de] : **lo ha comprado** ~ **poco dinero** il l'a acheté pour une petite somme; **cambió el coche** ~ **la moto** il a échangé sa voiture contre une moto. **-8.** [en lugar de] pour; **él lo hará** ~ **mí** il le fera pour moi; **tocan a dos** ~ **cabeza** [distribución] il y en a deux par personne; **huevos** ~ **docenas** des œufs à la douzaine; **la velocidad era de 20 km** ~ **hora** la vitesse était de 20 km à l'heure. **-9.** [elección] pour; **votó** ~ **mí** elle a voté pour moi. **-10.** MAT fois; **tres** ~ **tres...** trois fois trois... **-11.** [en busca de] : **baja** ~ **tabaco** descends chercher des cigarettes; **vino a** ~ **los libros** il est venu chercher les livres. **-12.** [aún sin] : **la mesa está** ~ **poner** la table n'est pas (encore) mise. **-13.** [a punto de] : **estar** ~ **hacer algo** être sur le point de faire qqch; **estuvo** ~ **llamarte** elle a failli t'appeler. **-14.** [concesión] : ~ **mucho que llores, no arreglarás nada** tu auras beau pleurer, cela ne changera rien.

porcelana *f* porcelaine *f*.

porcentaje *m* pourcentage *m*.

porche *m* porche *m*.

porcino, na *adj* porcin(e).

porción *f* portion *f*; [de botín, pastel etc] part *f*.

pordiosero, ra ◇ *adj* qui demande l'aumône. ◇ *m, f* mendiant *m*, -e *f*.

porfía *f* -1. [disputa] discussion *f*. -2. [insistencia] obstination *f*.

porfiar *vi* -1. [disputar] : **siempre está porfiando** il faut toujours qu'il discute. -2. [empeñarse] : ~ **en** s'obstiner à.

pormenor *m (gen pl)* détail *m*.

porno *adj fam* porno.

pornografía *f* pornographie *f*.

pornográfico, ca *adj* pornographique.

poro *m* pore *m*.

poroso, sa *adj* poreux(euse).

porque *conj* -1. [ya que] parce que. -2. [para que] pour que.

porqué *m* : **el** ~ **de...** le pourquoi de...

porquería *f* cochonnerie *f*.

porra ◇ *f* -1. [palo] massue *f*; [de policía] matraque *f*. -2. CULIN ≃ beignet *m*. -3. *loc* : **irse** ○ **mandar a la** ~ *fam* envoyer balader. ◇ *interj (gen pl)* : **¡~s!** *fam* mince!, nom d'un chien!

porrada *f fam* **una** ~ **de** un tas de.

porrazo *m* coup *m*.

porro *m fam* joint *m*.

porrón *m* récipient en verre pour boire le vin à la régalade.

portaaviones = portaviones.

portada *f* -1. [de libro, revista] couverture *f*; [de periódico] une *f*. -2. ARQUIT façade *f*.

portador, ra ◇ *adj* porteur(euse). ◇ *m, f* porteur *m*, -euse *f*; **al** ~ au porteur.

portaequipajes *m inv* coffre *m* à bagages.

portafolios *m inv*, **portafolio** *m* porte-documents *m*.

portal *m* -1. [entrada] entrée *f*. -2. [belén] crèche *f*.

portalámparas *m inv* douille *f*.

portamaletas *m inv* coffre *m* à bagages.

portamonedas *m inv* porte-monnaie *m inv*.

portar *vt* porter. ◆ **portarse** *vp* se comporter; **¡pórtate bien!** sois sage!; **los niños se han portado bien** les enfants se sont bien tenus; **siempre se ha portado bien conmigo** il a toujours été très correct avec moi.

portátil *adj* portable.

portaviones, portaaviones *m inv* porte-avions *m inv*.

portavoz *mf* porte-parole *m inv*.

portazo *m* : **dar un** ~ claquer la porte.

porte *m* -1. *(gen pl)* [transporte] port *m*; ~**(s) debido(s)/pagado(s)** port dû/payé. -2. [prestancia] allure *f*.

portento *m* prodige *m*.

portentoso, sa *adj* prodigieux(euse).

portería *f* -1. [de edificio] loge *f (de concierge)*; **se ocupa de la** ~ c'est la gardienne de l'immeuble. -2. DEP buts *mpl*.

portero, ra *m, f* -1. [de edificio] gardien *m*, -enne *f*; ~ **electrónico** interphone *m*. -2. DEP gardien *m* de but.

pórtico *m* portique *m*.

portillo *m* -1. [abertura] brèche *f*. -2. [puerta pequeña] guichet *m*.

portuario, ria *adj* portuaire.

Portugal Portugal *m*.

portugués, esa ◇ *adj* portugais(e). ◇ *m, f* Portugais *m*, -e *f*. ◆ **portugués** *m* [lengua] portugais *m*.

porvenir *m* avenir *m*.

posada *f* -1. [fonda] auberge *f*. -2. [hospedaje] : **dar** ~ héberger.

posaderas *fpl fam* fesses *fpl*.

posar *vt & vi* poser. ◆ **posarse** *vp* -1. [pájaro, insecto, avión] se poser. -2. [partículas, polvo etc] se déposer.

posavasos *m inv* dessous *m* de verre.

posdata, postdata *f* post-scriptum *m inv*.

pose *f* pose *f (attitude)*.

poseedor, ra ◇ *adj* : **ser** ~ **de algo** posséder qqch. ◇ *m, f* possesseur *m*; [de récord, armas etc] détenteur *m*, -trice *f*.

poseer *vt* posséder.

poseído, da *adj & m, f* possédé(e).

posesión *f* possession *f*.

posesivo, va *adj* possessif(ive).

poseso, sa *adj & m, f* possédé(e).

posgraduado, da, postgraduado, da *adj & m, f* titulaire *mf* d'un diplôme de troisième cycle.

posguerra, postguerra *f* après-guerre *m* ○ *f*.

posibilidad *f* possibilité *f*; **hay** ~**es de que...** il est possible que...; **tiene** ~**es de éxito** il a des chances de réussir.

posibilitar *vt* permettre.

posible *adj* possible; **hacer** ~ rendre possible; **haré/harás etc (todo) lo** ~ je ferai/tu feras (tout) mon/ton etc possible; **lo antes** ~ le plus tôt possible.

posición *f* position *f*; **tiene una buena** ~ il a une belle situation.

posicionarse *vp* se prononcer; ~ **a favor del aborto** se prononcer en faveur de l'avortement.

positivo, va *adj* positif(ive).

posmoderno, na *adj & m, f* postmoderne.

poso *m* dépôt *m* (*d'un liquide*); ~ **de café** marc *m* de café.

posponer *vt* **-1.** [relegar] faire passer après. **-2.** [aplazar] reporter.

pospuesto, ta *pp irreg* → **posponer**.

posta ◆ **a posta** *loc adv* exprès.

postal ◇ *adj* postal(e). ◇ *f* carte *f* postale.

postdata = **posdata**.

poste *m* poteau *m*.

póster (*pl* **pósters**) *m* poster *m*.

postergar *vt* **-1.** [retrasar] repousser. **-2.** [relegar] reléguer; [en empresa] rétrograder.

posteridad *f* postérité *f*.

posterior *adj* **-1.** [en el espacio] arrière; **la puerta** ~ la porte de derrière. **-2.** [en el tiempo] ultérieur(e).

posteriori ◆ **a posteriori** *loc adv* a posteriori.

posterioridad *f* : **con** ~ **par la suite**.

postgraduado, da = **posgraduado**.

postguerra = **posguerra**.

postigo *m* **-1.** [contraventana] volet *m*. **-2.** [puerta pequeña] guichet *m*.

postín *m* ostentation *f*; **de** ~ luxueux(euse).

postizo, za *adj* faux(fausse). ◆ **postizo** *m* postiche *m*.

postor, ra *m, f* enchérisseur *m*, -euse *f*.

postrar *vt* abattre. ◆ **postrarse** *vp* se prosterner.

postre ◇ *m* dessert *m*. ◇ *f loc* : **a la** ~ *fig* en définitive.

postrero, ra *adj* dernier(ère).

postrimerías *fpl* fin *f*; **en las** ~ **de** à la fin de.

postulado *m* postulat *m*.

postular *vt* [exigir] réclamer; [donativos, fondos] collecter.

póstumo, ma *adj* posthume.

postura *f* **-1.** [posición] posture *f*; **en una** ~ **incómoda** en mauvaise posture. **-2.** [actitud] attitude *f*. **-3.** [en subasta] offre *f*; [en ruleta etc] mise *f*.

potable *adj* potable.

potaje *m* **-1.** [caldo] potage *m*. **-2.** [guiso] plat *m* de légumes secs.

potasio *m* potassium *m*.

pote *m* marmite *f*.

potencia *f* puissance *f*.

potencial ◇ *adj* potentiel(elle). ◇ *m* **-1.** [gen & ELECTR] potentiel *m*. **-2.** GRAM conditionnel *m*.

potenciar *vt* favoriser; **el clima potencia la agricultura** le climat est favorable à l'agriculture.

potentado, da *m, f* potentat *m*.

potente *adj* puissant(e).

potra *f* → **potro**.

potrero *m* Amer [finca] pré *m*.

potro, tra *m, f* poulain *m*. ◆ **potro** *m* cheval-d'arçons *m inv*. ◆ **potra** *f mfam* pot *m*; **tener potra** avoir de la veine o du pot.

pozo *m* [hoyo] puits *m*.

PP (*abrev de* **Partido Popular**) *m* parti politique espagnol de droite.

práctica *f* → **práctico**.

practicante ◇ *adj* pratiquant(e). ◇ *mf* **-1.** RELIG pratiquant *m*, -e *f*. **-2.** [auxiliar médico] aide-soignant *m*, -e *f*.

practicar ◇ *vt* DEP faire; ~ **la natación** faire de la natation. ◇ *vi* s'exercer.

práctico, ca *adj* pratique. ◆ **práctico** *m* NÁUT pilote *m*. ◆ **práctica** *f* **-1.** [gen] pratique *f*; **en la práctica** dans la pratique. **-2.** [no teoría] : **las prácticas** les travaux pratiques. **-3.** [en empresa] stage *m*.

pradera *f* prairie *f*.

prado *m* pré *m*.

Praga Prague.

pragmático, ca *adj* pragmatique.

pral. *abrev de* **principal**.

praliné *m* [bombón] chocolat *m* praliné; [crema] praliné *m*.

preacuerdo *m* accord *m* de principe.

preámbulo *m* préambule *m*.

precalentar *vt* **-1.** CULIN préchauffer. **-2.** DEP s'échauffer.

precario, ria *adj* précaire.

precaución *f* précaution *f*; **tomar precauciones** prendre des précautions.

precaver *vt* prévenir.

precavido, da *adj* prévoyant(e).

precedente ◇ *adj* précédent(e). ◇ *m* précédent *m*.

preceptivo, va *adj* obligatoire. ◆ **preceptiva** *f* précepte *m*.

precepto *m* **-1.** [norma] précepte *m*. **-2.** [mandato] disposition *f*.

preciado, da *adj* précieux(euse).

preciar *vt* apprécier. ◆ **preciarse** *vp* se vanter; **para cualquier médico que se precie...** pour un médecin qui se respecte...

precintar *vt* sceller.

precinto *m* DER scellé *m*; [acción] pose *f* des scellés; **un ~ de garantía** un sceau de garantie.

precio *m lit & fig* prix *m*; **al ~ de** au prix de; **~ de fábrica** ◇ **coste** prix coûtant; **~ de venta (al público)** prix de vente (au public).

preciosidad *f* -1. [cualidad] beauté *f.* -2. [cosa o persona] merveille *f.*

precioso, sa *adj* -1. [valioso] précieux(euse). -2. [bonito] ravissant(e), adorable.

precipicio *m* précipice *m.*

precipitación *f* précipitation *f.*

precipitado, da *adj* précipité(e).

precipitar *vt* précipiter. ◆ **precipitarse** *vp* se précipiter.

precisar *vt* -1. [determinar] préciser. -2. [necesitar] avoir besoin de; **precisa tu colaboración** il a besoin de ta collaboration.

precisión *f* précision *f.*

preciso, sa *adj* -1. [determinado, conciso] précis(e). -2. [necesario]: **es ~ que vengas** il faut que tu viennes.

precocinado, da *adj* précuit(e); **un plato ~** un plat cuisiné.

preconcebido, da *adj* préconçu(e).

preconcebir *vt* concevoir à l'avance.

preconizar *vt* préconiser.

precoz *adj* précoce.

precursor, ra ◇ *adj* précurseur; **un signo ~** un signe avant-coureur. ◇ *m, f* précurseur *m.*

predecesor, ra *m, f* prédécesseur *m.*

predecir *vt* prédire.

predestinado, da *adj* prédestiné(e).

predestinar *vt* prédestiner.

predeterminación *f* prédétermination *f.*

predeterminar *vt* prédéterminer.

prédica *f* prêche *m.*

predicado *m* GRAM prédicat *m.*

predicador, ra *m, f* prédicateur *m,* -trice *f.*

predicar *vt & vi* prêcher.

predicción *f* prédiction *f*; **la ~ del tiempo** les prévisions météorologiques.

predicho, cha *pp irreg* → **predecir**.

predilección *f* prédilection *f.*

predilecto, ta *adj* préféré(e).

predisponer *vt* prédisposer.

predisposición *f*: **~ (a)** prédisposition (à).

predispuesto, ta ◇ *pp irreg* → **predisponer**. ◇ *adj* prédisposé(e); **ser ~ a** avoir une prédisposition à.

predominante *adj* prédominant(e).

predominio *m* prédominance *f.*

preelectoral *adj* préélectoral(e).

preeminente *adj* prééminent(e).

preescolar ◇ *adj* préscolaire. ◇ *m* maternelle *f (cycle).*

prescrito, ta *pp irreg* → **prescribir**.

prefabricado, da *adj* préfabriqué(e).

prefabricar *vt* préfabriquer.

prefacio *m* préface *f.*

preferencia *f* -1. [predilección] préférence *f.* -2. [ventaja] priorité *f*; **tener ~** [vehículos] avoir (la) priorité.

preferente *adj* préférentiel(elle).

preferible *adj* préférable.

preferir *vt* préférer; **~ algo a algo** préférer qqch à qqch; **prefiere el calor al frío** elle préfère la chaleur au froid; **prefiero aburrirme a salir con ella** je préfère m'ennuyer plutôt que de sortir avec elle.

prefijo *m* -1. GRAM préfixe *m.* -2. TELECOM: **~ (telefónico)** indicatif *m* (téléphonique).

pregón *m* -1. [discurso] discours *m.* -2. [anuncio] avis *m* (au public).

pregonar *vt* -1. [anunciar] rendre public. -2. *fig* [contar] crier sur les toits.

pregunta *f* question *f*; **hacer una ~** poser une question.

preguntar ◇ *vt* demander. ◇ *vi*: **~ por alguien** [interesarse] demander des nouvelles de qqn; **~ por algo/alguien** [solicitar] demander qqch/qqn. ◆ **preguntarse** *vp* se demander.

prehistoria *f* préhistoire *f.*

prehistórico, ca *adj* préhistorique.

prejuicio *m* préjugé *m.*

preliminar *adj & m* préliminaire.

preludio *m* prélude *m.*

prematrimonial *adj* prénuptial(e).

prematuro, ra *adj* prématuré(e).

premeditación *f* préméditation *f.*

premeditar *vt* préméditer.

premiar *vt* récompenser.

premier (*pl* **premiers**) *m* Premier ministre *m* britannique.

premio *m* **-1**. [recompensa] prix *m*. **-2**. [en lotería] lot *m*; ~ **gordo** gros lot.

premisa *f* [supuesto] hypothèse *f*.

premonición *f* prémonition *f*.

premura *f* **-1**. [urgencia] : **con** ~ d'urgence. **-2**. [escasez] manque *m*.

prenatal *adj* prénatal(e).

prenda *f* **-1**. [vestido] vêtement *m*; ~ **de abrigo** vêtement chaud. **-2**. [garantía] gage *m*. **-3**. *(gen pl)* [virtud] qualité *f*; **la generosidad es una de sus ~s** la générosité est une de ses qualités. **-4**. [apelativo cariñoso] : **este niño es una** ~ cet enfant est un amour.

prendar *vt* charmer. ◆ **prendarse** *vp* : ~**se de** s'éprendre de.

prender ◇ *vt* **-1**. [objeto, brazo etc] saisir; [persona] arrêter. **-2**. [sujetar] accrocher, attacher; [con alfiler] épingler. **-3**. [encender] allumer; ~ **fuego a** mettre le feu à. ◇ *vi* **-1**. [gen] prendre. **-2**. *fig* [propagarse] : ~ **en** gagner; **el desaliento prendió en el equipo** le découragement a gagné l'équipe. ◆ **prenderse** *vp* prendre feu.

prendido, da *adj* accroché(e); **quedar** ~ **de** être sous le charme de.

prensa *f* presse *f*; ~ **del corazón** presse *f* du cœur.

prensar *vt* presser.

preñado, da *adj fig* [lleno] rempli(e); ~ **de** rempli de. ◆ **preñada** *adj f fam* [mujer] enceinte; [hembra] pleine.

preocupación *f* souci *m*.

preocupado, da *adj* : ~ **(por)** inquiet (de).

preocupar *vt* **-1**. [inquietar] inquiéter. **-2**. [importar] : **no le preocupa lo que piensen los demás** il se moque de ce que pensent les autres. ◆ **preocuparse** *vp* **-1**. [inquietarse] s'inquiéter; ~**se por** se préoccuper o s'inquiéter de; **no te preocupes** ne t'en fais pas. **-2**. [encargarse] : ~**se de** veiller à.

preparación *f* **-1**. [gen] préparation *f*. **-2**. [conocimientos, cultura] bagage *m*.

preparado, da *adj* **-1**. [dispuesto] prêt(e). **-2**. [entendido] compétent(e). ◆ **preparado** *m* FARMACIA préparation *f*.

preparar *vt* préparer. ◆ **prepararse** *vp* : ~**se (a** o **para)** se préparer (à).

preparativo, va *adj* préparatoire. ◆ **preparativo** *m* *(gen pl)* préparatifs *mpl*.

preparatorio, ria *adj* préparatoire.

preponderar *vi* prédominer.

preposición *f* préposition *f*.

prepotente *adj* **-1**. [engreído] arrogant(e). **-2**. [poderoso] tout-puissant(toute-puissante).

prerrogativa *f* prérogative *f*.

presa *f* **-1**. [gen] proie *f*. **-2**. [dique] barrage *m*.

presagiar *vt* [futuro, felicidad] prédire; [tormenta, problemas] présager.

presagio *m* présage *m*.

presbítero *m* prêtre *m*.

prescindir *vi* : ~ **de** [renunciar a] se passer de; [omitir] faire abstraction de.

prescribir ◇ *vt* prescrire. ◇ *vi* DER se prescrire.

prescripción *f* DER prescription *f*; MED ordonnance *f*.

presencia *f* **-1**. [gen] présence *f*; **en** ~ **de** en présence de. **-2**. [aspecto] allure *f*. ◆ **presencia de ánimo** *f* présence *f* d'esprit.

presenciar *vt* assister à; [crimen, delito] être témoin de.

presentación *f* présentation *f*; **tiene buena** ~ [comida] c'est bien présenté; [persona] il présente bien.

presentador, ra *m, f* présentateur *m*, -trice *f*.

presentar *vt* présenter; **me presentó sus excusas** il m'a présenté ses excuses; ~ **a alguien** présenter qqn. ◆ **presentarse** *vp* se présenter.

presente ◇ *adj* présent(e); **el** ~ **mes** le mois courant; **tener algo** ~ ne pas oublier qqch. ◇ *mf* [en un lugar] personne *f* présente. ◇ *m* présent *m*. ◇ *f* [carta] présente *f*.

presentimiento *m* pressentiment *m*.

presentir *vt* pressentir.

preservar *vt* préserver.

preservativo, va *adj* de protection. ◆ **preservativo** *m* préservatif *m*.

presidencia *f* présidence *f*.

presidente, ta *m, f* président *m*, -e *f*.

presidiario, ria *m, f* prisonnier *m*, -ère *f*.

presidio *m* prison *f*.

presidir *vt* **-1**. [ser presidente] présider. **-2**. *culto* [predominar] : **la bondad preside todos sus actos** la bonté préside à tous ses actes.

presión *f* pression *f*; **hacer ~ sobre** faire pression sur; **a ~** [envase, spray etc] sous pression; **~ fiscal** pression fiscale, poids *m* de l'impôt; **~ sanguínea** pression artérielle.

presionar *vt* -1. [apretar] : **~ algo** appuyer sur qqch. -2. *fig* [coaccionar] : **~ a alguien** faire pression sur qqn.

preso, sa *adj & m, f* prisonnier(ère).

prestación *f* prestation *f*. ◆ **prestaciones** *fpl* [de coche, máquina etc] performances *fpl*.

prestado, da *adj* prêté(e); **de ~** [ropa] emprunté(e); [situación] précaire; **pedir** o **tomar ~ algo** emprunter qqch.

prestamista *mf* prêteur *m*, -euse *f* (sur gages).

préstamo *m* prêt *m*; **pedir un ~** faire un emprunt.

prestar *vt* prêter; **~ crédito a** croire à; **~ oídos** prêter l'oreille; **~ servicio** rendre service. ◆ **prestarse** *vp* -1. [ofrecerse] se proposer; **se prestó a ayudarme** il s'est proposé pour m'aider. -2. [participar] : **~se a** se prêter à. -3. [dar motivo] : **esto se presta a confusión** cela prête à confusion.

presteza *f* : **con ~** promptement.

prestidigitador, ra *m, f* prestidigitateur *m*, -trice *f*.

prestigio *m* prestige *m*.

prestigioso, sa *adj* prestigieux(euse).

presto, ta *adj* -1. [dispuesto] prêt(e). -2. [rápido] prompt(e).

presumible *adj* : **es ~ que...** il est probable que...

presumido, da *adj & m, f* prétentieux(euse).

presumir ◇ *vt* [suponer] présumer. ◇ *vi* -1. [jactarse] se donner de grands airs; **presume de guapa** elle se croit belle. -2. [ser vanidoso] être prétentieux(euse).

presunción *f* présomption *f*.

presunto, ta *adj* présumé(e); **el ~ asesino** l'assassin présumé.

presuntuoso, sa *adj & m, f* prétentieux(euse).

presuponer *vt* présupposer.

presupuesto, ta *pp irreg* → **presuponer**. ◆ **presupuesto** *m* -1. [estimación] devis *m*; [de costo] budget *m*. -2. [suposición] présupposé *m*.

pretencioso, sa, pretensioso, sa *adj & m, f* prétentieux(euse).

pretender *vt* -1. [intentar] : **~ hacer algo** chercher à faire qqch. -2. [aspirar a] : **~ algo** aspirer à qqch; **~ hacer algo** avoir l'intention de faire qqch. -3. [afirmar] prétendre. -4. [solicitar – plaza, cargo etc] postuler à o pour. -5. [cortejar] faire la cour à.

pretendido, da *adj* prétendu(e).

pretendiente ◇ *mf* -1. [aspirante] candidat *m*, -e *f*. -2. [a un trono] prétendant *m*, -e *f*. ◇ *m* [de una mujer] prétendant *m*.

pretensión *m* prétention *f*; **sus pretensiones son excesivas** ses prétentions sont exagérées.

pretensioso, sa = **pretencioso**.

pretérito, ta *adj* passé(e). ◆ **pretérito** *m* GRAM passé *m*; **~ indefinido** passé simple; **~ perfecto** passé composé.

pretexto *m* prétexte *m*.

prevalecer *vi* : **~ (sobre)** l'emporter (sur).

prevaler *vi* : **~ (sobre)** prévaloir (sur).

prevención *f* -1. [impedimento] prévention *f*. -2. [medida] disposition *f*; **la policía tomó las calles en ~ de disturbios** la police était dans la rue pour prévenir les troubles.

prevenido, da *adj* -1. [previsor] : **ser ~** être prévoyant; **hombre ~ vale por dos** un homme averti en vaut deux. -2. [avisado] : **estar ~** être prévenu.

prevenir *vt* prévenir; **~ a alguien contra algo/alguien** prévenir qqn contre qqch/qqn.

preventivo, va *adj* préventif(ive).

prever *vt* prévoir.

previo, via *adj* préalable; **previa consulta del médico** après consultation du médecin.

previsible *adj* prévisible.

previsión *f* prévision *f*.

previsor, ra *adj* prévoyant(e).

previsto, ta ◇ *pp irreg* → **prever**. ◇ *adj* prévu(e).

prieto, ta *adj* -1. [gen] serré(e). -2. *Amer fam* [moreno] brun(e).

prima → **primo**.

primacía *f* -1. [superioridad] suprématie *f*. -2. [prioridad] priorité *f*.

primar ◇ *vi* : **~ (sobre)** primer (sur). ◇ *vt* primer.

primario, ria *adj* primaire.

primate *m* ZOOL **los ~s** les primates *mpl*.

primavera *f lit & fig* printemps *m*.

primaveral *adj* printanier(ère).

primer = primero.

primera f → primero.

primerizo, za ◇ adj **-1.** [principiante] débutant(e). **-2.** [embarazada] : **ser primeriza** attendre son premier enfant. ◇ m, f débutant m, -e f.

primero, ra ◇ núm adj (antes de sust masculino sg : **primer**) premier(ère); **lo ~** le plus important; **lo ~ es lo ~** procédons par ordre. ◇ núm m, f premier m, -ère f; **es el ~ de la clase** c'est le premier de la classe; **a ~s de** au début de. ◆ **primero** ◇ adv **-1.** [en primer lugar] d'abord; **~ acaba y luego ya veremos** finis d'abord et on verra après. **-2.** [antes] : **~... que... plutôt... que...; ~ morir que traicionar** plutôt mourir que trahir. ◇ m **-1.** [piso] premier (étage) m. **-2.** [curso] première année f. ◆ **primera** f **-1.** [velocidad, clase] première f. **-2.** loc : **de primera** fam de première; **en este restaurante se come de primera** on mange super bien dans ce restaurant.

primicia f [de noticia] exclusivité f.

primitivo, va adj primitif(ive).

primo, ma m, f **-1.** [pariente] cousin m, -e f. **-2.** fam [tonto] poire f; **hacer el ~** se faire avoir. ◆ **prima** f [gen] prime f. ◆ **prima dona** f prima donna f.

primogénito, ta adj & m, f aîné(e).

primor m [niño] merveille f; **¡tu bebé es un ~!** ton bébé est un amour!

primordial adj primordial(e).

primoroso, sa adj **-1.** [delicado] ravissant(e). **-2.** [diestro] habile.

princesa f princesse f.

principado m [territorio] principauté f.

principal ◇ adj principal(e). ◇ m **-1.** [piso] étage situé entre le rez-de-chaussée et le premier. **-2.** [jefe] chef m.

príncipe m prince m. ◆ **príncipe azul** m prince m charmant.

principiante, ta adj & m, f débutant(e).

principio m **-1.** [comienzo] début m; **a ~s de** au début de; **en un ~** à l'origine. **-2.** [fundamento, ley] principe m; **en ~** en principe. **-3.** [origen] : **la falta de organización fue el ~ de la quiebra** le manque d'organisation est à l'origine de la faillite. ◆ **principios** mpl principes mpl.

pringar ◇ vt **-1.** [ensuciar] tacher (de graisse). **-2.** fam fig [comprometer] : **~ a alguien** en faire tremper qqn dans. ◇ vi fam trimer. ◆ **pringarse** vp **-1.** [ensu-

ciarse] se tacher (de graisse). **-2.** fig [comprometerse] se salir les mains.

pringoso, sa adj graisseux(euse).

pringue m **-1.** [grasa] graisse f. **-2.** [suciedad] crasse f.

priorato m **-1.** RELIG prieuré m. **-2.** [vino] vin du Priorat (Tarragone).

priori ◆ **a priori** loc adv a priori.

prioridad f priorité f.

prioritario, ria adj prioritaire.

prisa f hâte f; **a o de ~** vite; **darse ~** se dépêcher; **meter ~ a alguien** faire se dépêcher o bousculer qqn; **tener ~** être pressé(e).

prisión f **-1.** [cárcel] prison f. **-2.** [encarcelamiento] emprisonnement m.

prisionero, ra m, f prisonnier m, -ère f.

prisma m **-1.** GEOM & FÍS prisme m. **-2.** fig [punto de vista] angle m.

prismático, ca adj GEOM prismatique. ◆ **prismáticos** mpl jumelles fpl.

privación f privation f.

privado, da adj privé(e); **en ~** en privé.

privar ◇ vt **-1.** [quitar] : **~ a alguien/ algo de algo** priver qqn/qqch de qqch. **-2.** [prohibir] : **~ a alguien de hacer algo** interdire à qqn de faire qqch. ◇ vi **-1.** [gustar] raffoler de; **le privan los bombones** il raffole des chocolats. **-2.** [estar de moda] être à la mode. **-3.** fam [beber] picoler. ◆ **privarse** vp : **~se de** se priver de.

privativo, va adj DER privatif(ive).

privilegiado, da ◇ adj **-1.** [favorecido] privilégié(e). **-2.** [extraordinario] exceptionnel(elle). ◇ m, f **-1.** [afortunado] privilégié m, -e f. **-2.** [muy dotado] surdoué m, -e f.

privilegiar vt privilégier.

privilegio m privilège m.

pro ◇ prep pour. ◇ m pour m; **el ~ y el contra, los ~s y los contras** le pour et le contre; **en ~ de** pour, en faveur de.

proa f **-1.** NÁUT proue f. **-2.** AERON nez m.

probabilidad f probabilité f.

probable adj probable.

probador m cabine f d'essayage.

probar ◇ vt **-1.** [demostrar, indicar] prouver. **-2.** [ensayar] essayer. **-3.** [degustar, catar] goûter. ◇ vi : **~ a hacer algo** essayer de faire qqch. ◆ **probarse** vp [ropa] essayer.

probeta f éprouvette f.

problema m problème m.

problemático, ca *adj* problématique.
◆ **problemática** *f* problématique *f.*

procedencia *f* -1. [origen] origine *f.* -2. [punto de partida] provenance *f.* -3. [pertinencia] bien-fondé *m.*

procedente *adj* -1. [originario] : ~ de en provenance de. -2. [oportuno] : **no ser** ~ être malvenu(e); [comentario] être déplacé(e).

proceder ◇ *m* comportement *m.* ◇ *vi* -1. [derivarse] : ~ **de** venir de. -2. [tener origen] : ~ **de** [persona] être originaire de; [cosas] provenir de. -3. [actuar] : ~ (**con**) procéder (avec). -4. [empezar] commencer; ~ **a** procéder à. -5. [ser oportuno] convenir.

procedimiento *m* -1. [método] procédé *m.* -2. DER procédure *f.*

procesado, da *m, f* accusé *m,* -e *f.*

procesador *m* INFORM processeur *m,* système *m* de traitement; ~ **de textos** système de traitement de texte.

procesar *vt* -1. DER poursuivre. -2. INFORM traiter.

procesión *f* -1. RELIG & *fig* procession *f.* -2. [transcurso] : **la** ~ **de los días** les jours qui s'écoulent.

proceso *m* -1. [desarrollo] processus *m.* -2. [método] procédé *m.* -3. [intervalo] espace *m;* **en el** ~ **de** en l'espace de. -4. DER procédure *f.*

proclama *f* proclamation *f.*

proclamar *vt* proclamer. ◆ **proclamarse** *vp* -1. [nombrarse] se proclamer. -2. [conseguir un título] être proclamé(e).

proclive *adj* : ~ **a** enclin(e)à.

procreación *f* procréation *f.*

procrear ◇ *vi* se reproduire. ◇ *vt* engendrer.

procurador, ra *m, f* DER procureur *m.*

procurar *vt* -1. [intentar] s'efforcer de. -2. [proporcionar] procurer. ◆ **procurarse** *vp* [conseguir] se procurer.

prodigar *vt* prodiguer. ◆ **prodigarse** *vp* -1. [exhibirse] se montrer. -2. [excederse] : ~**se en** [atenciones, regalos etc] se répandre en.

prodigio *m* prodige *m.*

prodigioso, sa *adj* prodigieux(euse).

pródigo, ga *adj & m, f* prodigue.

producción *f* production *f;* ~ **en serie** ECON production en série.

producir *vt* produire. ◆ **producirse** *vp* [ocurrir] se produire.

productividad *f* productivité *f.*

productivo, va *adj* productif(ive).

producto *m* produit *m.*

productor, ra *adj & m, f* producteur(trice). ◆ **productora** *f* CIN maison *f* de production.

proeza *f* prouesse *f.*

prof. (*abrev de* **profesor**) Pr.

profanar *vt* profaner.

profano, na *adj & m, f* profane.

profecía *f* prophétie *f.*

proferir *vt* proférer.

profesar ◇ *vt* professer; RELIG pratiquer. ◇ *vi* RELIG prononcer ses vœux.

profesión *f* profession *f.*

profesional *adj & mf* professionnel(elle).

profesionalizar *vt* professionnaliser.

profesionista *mf* *Amer* professionnel *m,* -elle *f.*

profesor, ra *m, f* professeur *m.*

profesorado *m* -1. [conjunto] corps *m* enseignant. -2. [cargo] professorat *m.*

profeta *m* prophète *m.*

profetisa *f* prophétesse *f.*

profetizar *vt* prophétiser.

prófugo, ga *adj & m, f* fugitif(ive).

profundidad *f* profondeur *f.*

profundizar ◇ *vt* approfondir. ◇ *vi* : ~ **en algo** [cuestión, tema] approfondir qqch.

profundo, da *adj* profond(e).

profusión *f* profusion *f.*

progenitor, ra *m, f* géniteur *m,* -trice *f.* ◆ **progenitores** *mpl* géniteurs *mpl.*

programa *f* -1. [gen & INFORM] programme *m.* -2. TV émission *f.*

programación *f* programmation *f.*

programador, ra *m, f* INFORM programmeur *m,* -euse *f.* ◆ **programador** *m* programmateur *m.*

programar *vt* programmer.

progre *adj & mf fam* progressiste.

progresar *vi* progresser.

progresión *f* -1. [gen & MAT] progression *f.* -2. [mejora] progrès *m;* **su** ~ **en matemáticas...** ses progrès en mathématiques...

progresista *adj & mf* progressiste.

progresivo, va *adj* progressif(ive).

progreso *m* progrès *m;* **hacer** ~**s** faire des progrès.

prohibición *f* interdiction *f.*

prohibido, da *adj* interdit(e).

prohibir *vt* interdire; '**se prohibe el paso**' 'entrée interdite'.

prohibitivo, va *adj* -**1**. [señal etc] d'interdiction. -**2**. [precio etc] prohibitif(ive).

prójimo *m* prochain *m*.

prole *f* progéniture *f*.

proletariado *m* prolétariat *m*.

proletario, ria *adj & m, f* prolétaire.

proliferación *f* prolifération *f*.

proliferar *vi* proliférer.

prolífico, ca *adj* prolifique.

prolijo, ja *adj* [persona] prolixe; [explicación, descripción etc] interminable.

prólogo *m* prologue *m*; [de una obra] préface *f*.

prolongación *f* prolongation *f*; DER prorogation *f*; [de carretera, calle etc] prolongement *m*.

prolongado, da *adj* prolongé(e).

prolongar *vt* prolonger.

promedio *m* moyenne *f*.

promesa *f* -**1**. [compromiso] promesse *f*. -**2**. *fig* [persona] espoir *m*.

prometer ◇ *vt* promettre; **prometió venir** il a promis de venir. ◇ *vi* promettre. ◆ **prometerse** *vp* se fiancer.

prometido, da ◇ *m, f* fiancé *m*, -e *f*. ◇ *adj* [dicho] : **lo ~ ma/ta** etc promesse *f*.

prominente *adj* -**1**. [abultado] proéminent(e). -**2**. *fig* [ilustre] éminent(e).

promiscuo, cua *adj* dissolu(e).

promoción *f* -**1**. [gen] promotion *f*. -**2**. DEP : **de ~** [partido] de barrage.

promocionar *vt* -**1**. [en publicidad] faire la promotion de. -**2**. [en empresa] promouvoir. ◆ **promocionarse** *vp* se faire valoir.

promotor, ra ◇ *adj* : **la empresa promotora** le sponsor. ◇ *m, f* promoteur *m*, -trice *f*.

promover *vt* -**1**. [iniciar] promouvoir. -**2**. [ocasional] être à l'origine de.

promulgar *vt* promulguer.

pronombre *m* pronom *m*.

pronosticar *vt* pronostiquer; [el tiempo] prévoir.

pronóstico *m* -**1**. [gen & MED] pronostic *m*; **~ reservado** pronostic réservé. -**2**. [del tiempo] prévision *f*.

pronto, ta *adj* prompt(e); **una pronta curación** un prompt rétablissement. ◆ **pronto** ◇ *adv* -**1**. [rápidamente] vite; [dentro de poco] bientôt; **ven ~** viens vite; **¡hasta ~!** à bientôt!; **tan ~ como** dès que. -**2**. [temprano] tôt; **salimos ~** nous sommes partis tôt. ◇ *m fam* saute *f* d'humeur. ◆ **de pronto** *loc adv* soudain. ◆ **por lo pronto** *loc adv* pour le moment.

pronunciación *f* prononciation *f*.

pronunciado, da *adj* prononcé(e).

pronunciamiento *m* -**1**. [sublevación] putsch *m*. -**2**. DER prononcé *m*.

pronunciar *vt* -**1**. [gen & DER] prononcer. -**2**. [realzar] souligner. ◆ **pronunciarse** *vp* -**1**. [definirse] : **~se (sobre)** se prononcer (sur). -**2**. [sublevarse] se soulever.

propagación *f* propagation *f*.

propaganda *f* -**1**. [gen] propagande *f*. -**2**. [prospectos, anuncios] publicité *f*.

propagar *vt* propager. ◆ **propagarse** *vp* se propager.

propalar *vt* divulguer.

propano *m* propane *m*.

propasarse *vp* -**1**. [excederse] dépasser les bornes. -**2**. [faltar al respeto] : **~ (con alguien)** profiter de qqn.

propensión *f* tendance *f*; [a enfermar] prédisposition *f*.

propenso, sa *adj* : **~ a** [enfermedad] sujet à; **ser ~ a creer que...** être porté à croire que...

propiciar *vt* favoriser.

propicio, cia *adj* propice.

propiedad *f* -**1**. [gen] propriété *f*; **~ privada** propriété privée; **~ pública** propriété de l'État. -**2**. [exactitud] justesse *f*; **con ~** correctement.

propietario, ria *m, f* -**1**. [de bienes] propriétaire *mf*. -**2**. [de cargo] titulaire *mf*.

propina *f* pourboire *m*.

propinar *vt* [golpes, paliza] administrer.

propio, pia *adj* -**1**. [gen & GRAM] propre; **tiene coche ~** il a sa propre voiture; **por tu ~ bien** pour ton bien; **~ de** propre à; **no es ~ de él** ça ne lui ressemble pas. -**2**. [apropiado] : **~ para** approprié à. -**3**. [natural] vrai(e). -**4**. [mismo] : **el garaje está en la propia casa** le garage est dans la maison même. -**5**. [en persona] lui-même, elle-même; **el ~ compositor** le compositeur lui-même. -**6**. [semejante] ressemblant(e); **es el ~ retrato de su padre** c'est tout le portrait de son père.

proponer *vt* proposer. ◆ **proponerse** *vp* se proposer.

proporción *f* proportion *f*.

proporcionado, da *adj* proportionné(e).

proporcionar vt **-1.** [ajustar] proportionner. **-2.** [información, datos etc] fournir. **-3.** [alegría, tristeza] apporter, donner.

proposición f proposition f.

propósito m **-1.** [intención] intention f; **tener el ~ de** avoir l'intention de. **-2.** [objetivo] but m. ◆ **a propósito** ◇ loc adj [adecuado] approprié(e). ◇ loc adv **-1.** [adrede] exprès. **-2.** [por cierto] à propos. ◆ **a propósito de** loc prep à propos de.

propuesta f proposition f.

propuesto, ta pp irreg → **proponer**.

propugnar vt soutenir, défendre; **~ una reforma** défendre une réforme.

propulsar vt **-1.** [impeler] propulser. **-2.** fig [promover] encourager.

propulsión f propulsion f.

propulsor, ra ◇ adj AERON [hélice, rueda] propulsif(ive); [gas, mecanismo] propulseur; [fuerza] de propulsion. ◇ m, f promoteur m, -trice f. ◆ **propulsor** m AERON propulseur m.

prórroga f **-1.** [gen] prorogation f; [de servicio militar] report m d'appel. **-2.** DEP prolongation f.

prorrogar vt [contrato, término] proroger; [plazo, decisión] reporter.

prorrumpir vi : **~ en** [sollozos] éclater en; [lágrimas] fondre en.

prosa f **-1.** LITER prose f. **-2.** fig [aspecto aburrido] monotonie f.

proscrito, ta adj & m, f proscrit(e).

prosecución f poursuite f.

proseguir ◇ vt poursuivre. ◇ vi continuer.

proselitismo m prosélytisme m.

prospección f prospection f.

prospecto m prospectus m; [de medicamento] notice f.

prosperar vi **-1.** [mejorar] prospérer; [en el trabajo] réussir. **-2.** [propuesta, idea] être retenu(e).

prosperidad f prospérité f; [éxito] réussite f.

próspero, ra adj prospère.

próstata f prostate f.

prostíbulo m maison f close.

prostitución f prostitution f.

prostituir vt prostituer. ◆ **prostituirse** vp se prostituer.

prostituta f prostituée f.

protagonismo m rôle m principal.

protagonista mf **-1.** [gen] protagoniste mf. **-2.** LITER héros m, héroïne f; TEATR & CIN acteur m principal, actrice f principale; [papel] personnage m principal.

protagonizar vt **-1.** [obra, película] jouer le rôle principal dans. **-2.** fig [suceso] faire la une de; [personas] être l'acteur(trice) de.

protección f protection f.

proteccionismo m protectionnisme m.

protector, ra adj & m, f protecteur(trice). ◆ **protector** m DEP protège-dents m inv.

proteger vt protéger. ◆ **protegerse** vp se protéger.

protege-slips m inv protège-slip m.

protegido, da adj & m, f protégé(e).

proteína f protéine f.

prótesis f MED prothèse f.

protesta f protestation f.

protestante adj & mf protestant(e).

protestar vi : **~ (contra** o **por)** protester (contre); **~ una letra** COM dresser un protêt.

protocolo m **-1.** [gen] protocole m. **-2.** DER : **~ (notarial)** minute f.

prototipo m **-1.** [modelo] archétype m. **-2.** [primer ejemplar] prototype m.

protuberancia f protubérance f.

provecho m **-1.** [gen] profit m; **¡buen ~!** bon appétit!; **de ~** [persona] valable; [lectura, consejo] utile; **sacar ~** tirer profit, profiter. **-2.** [rendimiento] efficacité f.

provechoso, sa adj profitable.

proveedor, ra m, f fournisseur m, -euse f.

proveer vt **-1.** [gen] fournir. **-2.** [puesto, vacante] pourvoir. ◆ **proveerse** vp : **~se de** se fournir en; [de víveres] s'approvisionner en.

provenir vi provenir;.**~ de** [en el espacio] provenir de; [en el tiempo] dater de.

proverbial adj proverbial(e).

proverbio m proverbe m.

providencia f **-1.** (gen pl) [medida] dispositions fpl. **-2.** DER décision f judiciaire; [orden] ordonnance f. ◆ **Providencia** f Providence f.

providencial adj lit & fig providentiel(elle).

provincia f [división administrativa] province f. ◆ **provincias** fpl [campo] province f.

provinciano, na despec adj & m, f provincial(e).

provisión f **-1.** (gen pl) [suministro] provision f. **-2.** [disposición] mesure f.

provisional *adj* provisoire; [presidente, alcalde] par intérim.

provisto, ta *pp irreg* → proveer.

provocación *f* -1. [hostigamiento] provocation *f*. -2. [ocasionamiento] déclenchement *m*.

provocar *vt* -1. [gen] provoquer. -2. *Amer fig* [apetecer] : ¿te provoca hacerlo? ça te dit de le faire?

provocativo, va *adj* provocant(e).

proximidad *f* proximité *f*. ◆ **proximidades** *fpl* environs *mpl*.

próximo, ma *adj* -1. [gen] proche. -2. [siguiente] prochain(e); **el domingo** ~ dimanche prochain; **el** ~ **año** l'année prochaine.

proyección *f* projection *f*; *fig* [alcance, trascendencia]. rayonnement *m*; **de** ~ **internacional** d'envergure internationale.

proyectar *vt* projeter.

proyectil *m* projectile *m*.

proyecto *m* projet *m*; ~ **de investigación** [de un grupo] projet de recherche; [de una persona] mémoire *m*.

proyector, ra *adj* [aparato] de projection. ◆ **proyector** *f* projecteur *m*.

prudencia *f* prudence *f*; **con** ~ [comer, beber] avec modération.

prudente *adj* prudent(e); **a una hora** ~ à une heure raisonnable.

prueba *f* -1. [demostración, manifestación] preuve *f*. -2. [trance, examen & DEP] épreuve *f*; **a** ~ **de** à l'épreuve de; **a toda** ~ à toute épreuve; **poner a** ~ [persona] mettre à l'épreuve; [cosa] tester; ~ **de acceso a la universidad** examen *m* d'entrée à l'université. -3. TECNOL essai *m*. -4. MED analyse *f*; ~ **del embarazo/del sida** test *m* de grossesse/du sida.

PS = PD.

PSC (*abrev de* **Partit dels Socialistes de Catalunya**) *m parti socialiste catalan.*

pseudónimo, seudónimo *m* pseudonyme *m*.

psicoanálisis *m* psychanalyse *f*.

psicoanalista *mf* psychanalyste *mf*.

psicodélico, ca *adj* psychédélique.

psicología *f* psychologie *f*.

psicológico, ca *adj* psychologique.

psicólogo, ga *m, f* psychologue *mf*.

psicomotor, ra *adj* psychomoteur(trice).

psicópata *mf* psychopathe *mf*.

psicosis *f inv* psychose *f*.

psicosomático, ca *adj* psychosomatique.

psicotécnico, ca ⋄ *adj* psychotechnique. ⋄ *m, f* psychotechnicien *m*, -enne *f*. ◆ **psicotécnico** *m* [prueba] test *m* psychotechnique.

psiquiatra *mf* psychiatre *mf*.

psiquiátrico, ca *adj* psychiatrique. ◆ **psiquiátrico** *m* hôpital *m* psychiatrique.

psíquico, ca *adj* psychique.

PSOE (*abrev de* **Partido Socialista Obrero Español**) *m* PSOE *m*.

pta. (*abrev de* **peseta**) pta.

púa *f* -1. [de planta, erizo] piquant *m*. -2. [de peine] dent *f*. -3. MÚS mediator *m*.

pub (*pl* **pubs**) *m* bar *m*.

pubertad *f* puberté *f*.

pubis *m* pubis *m*.

publicación *f* publication *f*.

publicar *vt* publier.

publicidad *f* publicité *f*.

publicitario, ria *adj & m, f* publicitaire.

público, ca *adj* public(ique); **en** ~ en public; **hacer** ~ [escándalo, noticia] rendre public. ◆ **público** *m* public *m*.

publirreportaje *m* [anuncio de televisión] film *m* publicitaire; [en una revista] publireportage *m*.

pucha *interj Amer* : ¡~ (s)! punaise!

puchero *m* -1. [para guisar] marmite *f*. -2. [comida] ≈ pot-au-feu *m*. ◆ **pucheros** *mpl* : **hacer** ~s faire la moue.

pucho *m Amer* mégot *m*.

pudding = pudin.

púdico, ca *adj* pudique.

pudiente *adj & mf* nanti(e).

pudin (*pl* **púdines**), **pudding** *m* (*pl* **puddings**) pudding *m*.

pudor *m* pudeur *f*; [timidez] retenue *f*.

pudoroso, sa *adj* pudique; [tímido] réservé(e).

pudrir *vt* pourrir. ◆ **pudrirse** *vp* pourrir.

pueblerino, na *adj & m, f* [de pueblo] villageois(e); *despec* [paleto] plouc.

pueblo *m* -1. [población] village *m*. -2. [nación, proletariado] peuple *m*.

pueda *etc* → poder.

puente *m* -1. [gen & ARQUIT] pont *m*; **hacer** ~ faire le pont (*congé*). -2. [aparato dental] bridge *m*. ◆ **puente aéreo** *m* pont *m* aérien.

puenting *m* DEP saut *m* à l'élastique.

puerco, ca ◇ *adj* dégoûtant(e). ◇ *m, f* **-1.** [animal] porc *m*, truie *f*. **-2.** *fam fig* [persona – sucia] cochon *m*, -onne *f*; [– malintencionada] goujat *m*.

puercoespín *m* porc-épic *m*.

puericultor, ra *m, f* puériculteur *m*, -trice *f*.

pueril *adj fig* puéril(e).

puerro *m* poireau *m*.

puerta *f* **-1.** [gen] porte *f*; **de ~ en ~** de porte en porte; **~ giratoria** porte à tambour. **-2.** DEP buts *mpl*. **-3.** *loc* : **a las ~s de** à deux doigts de; **a ~ cerrada** à huis clos.

puerto *m* **-1.** [gen & INFORM] port *m*; **~ deportivo** port de plaisance. **-2.** [de montaña] col *m*.

Puerto Rico Porto Rico *m*, Puerto Rico *m*.

pues *conj* **-1.** [dado que, porque] car. **-2.** [así que] donc; **te decía, ~, que...** je te disais donc que... **-3.** [enfático] eh bien; **¡~ ya está!** eh bien voilà!; **¡~ claro!** mais bien sûr!

puesto, ta ◇ *pp irreg* → **poner**. ◇ *adj* : **ir muy ~** être bien habillé. ◆ **puesto** *m* **-1.** [gen & MIL] poste *m*; **~ (de trabajo)** poste (de travail). **-2.** [en fila, clasificación] place *f*. **-3.** [tenderete] étal *m*; **~ de periódicos** kiosque *m* à journaux. ◆ **puesta** *f* **-1.** [acción] mise *f*; **puesta al día/a punto/en marcha** mise à jour/au point/en marche; **puesta en escena** mise en scène. **-2.** [de ave] ponte *f*. ◆ **puesta de sol** *f* coucher *m* de soleil. ◆ **puesto que** *loc conj* puisque.

puf (*pl* **pufs**) *m* pouf *m*.

púgil *m* pugiliste *m*.

pugna *f* lit & fig lutte *f*.

pugnar *vi* lit & fig se battre.

puja *f* [en subasta – acción] enchère *f*; [– cantidad] mise *f*.

pujar *vi* **-1.** [subastar] enchérir. **-2.** *fig* [esforzarse] lutter.

pulcro, cra *adj* soigné(e).

pulga *f* puce *f*.

pulgada *f* pouce *m* (*mesure*).

pulgar *m* → **dedo**.

pulgón *m* puceron *m*.

pulimentar *vt* polir.

pulir *vt* **-1.** [alisar] polir. **-2.** [perfeccionar] peaufiner. ◆ **pulirse** *vp* [gastarse] engloutir.

pulmón *m* poumon *m*. ◆ **pulmones** *mpl fam fig* : **tener pulmones** avoir du coffre.

pulmonía *f* pneumonie *f*.

pulpa *f* pulpe *f*.

púlpito *m* chaire *f*.

pulpo *m* **-1.** [animal] poulpe *m*. **-2.** *fam* [persona] : **ser un ~** avoir les mains baladeuses. **-3.** [correa elástica] tendeur *m*.

pulque *m* Amer eau sucrée fermentée.

pulsación *f* pulsation *f*.

pulsador *m* bouton *m* (*de mécanisme, appareil*).

pulsar *vt* **-1.** [botón, tecla etc] appuyer sur; [cuerdas] gratter. **-2.** [asunto, opinión etc] sonder.

pulsera *f* bracelet *m*.

pulso *m* **-1.** [latido] pouls *m*. **-2.** [de fuerza] bras *m* de fer. **-3.** [firmeza] : **tener buen ~** avoir la main sûre; **a ~** à la force du poignet. **-4.** *fig* [prudencia] doigté *m*.

pular *vi* pulluler.

pulverizador, ra *adj* : **un aparato ~** un pulvérisateur. ◆ **pulverizador** *m* pulvérisateur *m*.

pulverizar *vt lit & fig* pulvériser.

puma *m* puma *m*.

punción *f* ponction *f*.

punición *f* punition *f*.

punk (*pl* **punks** ○ **punkis**) *adj & mf* punk.

punta *f* **-1.** [gen & GEOGR] pointe *f*; **sacar ~ a un lápiz** tailler un crayon. **-2.** [de lengua, dedos] bout *m*; [del pan] croûton *m*; **a ~ de pistola** sous la menace du revolver. **-3.** *loc* : **a ~ pala** *fam* à la pelle; **tener algo en la ~ de la lengua** avoir qqch sur le bout de la langue.

puntada *f* **-1.** [pespunte] point *m*. **-2.** [agujero] trou *m* (*d'aiguille*).

puntal *m* **-1.** [madero] étai *m*. **-2.** *fig* [apoyo] soutien *m*; **~ de familia** soutien de famille.

puntapié *m* coup *m* de pied.

puntear *vt* MÚS : **~ la guitarra** pincer les cordes de la guitare.

puntera *f* → **puntero**.

puntería *f* **-1.** [destreza] adresse *f* (*au tir*). **-2.** [orientación] ligne *f* de tir.

puntero, ra ◇ *adj* : **~ en** spécialisé dans. ◇ *m, f* leader *m*; **ser el ~** être en tête. ◆ **puntera** *f* [de zapato, calcetín] bout *m*.

puntiagudo, da *adj* pointu(e).

puntilla *f* dentelle *f* rapportée. ◆ **de puntillas** *loc adv* sur la pointe des pieds.

puntilloso, sa *adj* pointilleux(euse).

punto *m* **-1.** [gen] point *m*; **dar unos ~s a** [en costura] faire un point à; **~ cardinal** point cardinal; **~ culminante** point culminant; **~ de confluencia** point de rencontre; **~ (de sutura)** point (de suture); **~ de venta** point de vente; **~ y coma** point-virgule *m*; **~s suspensivos** points de suspension. **-2.** [lugar] lieu *m*; **~ de reunión** lieu de rencontre; [en aeropuerto, estación] point de rencontre. **-3.** [momento] instant *m*; **estar a ~** être prêt(e); **llegar a ~** arriver à point, tomber à pic. **-4.** [estado] stade *m*; **estando las cosas en este ~...** les choses en étant arrivées là... **-5.** [grado de color] nuance *f*. **-6.** [tejido] : **hacer ~** tricoter. **-7.** [pizca, toque] **pointe** *f*. **-8.** [objetivo] but *m*. **loc** : **poner ~ final** mettre un point final. ◆ **en punto** *loc adv* pile; **a las cinco en ~** à cinq heures pile. ◆ **hasta cierto punto** *loc adv* jusqu'à un certain point. ◆ **punto de partida** *m* point *m* de départ. ◆ **punto de vista** *m* point *m* de vue. ◆ **punto muerto** *m* point *m* mort.

puntuación *f* **-1.** [calificación] note *f*; [en concurso, competiciones] classement *m*. **-2.** [ortográfica] ponctuation *f*.

puntual *adj* **-1.** [gen] ponctuel(elle). **-2.** [exacto, detallado] circonstancié(e).

puntualidad *f* **-1.** [en el tiempo] ponctualité *f*. **-2.** [exactitud] précision *f*.

puntualizar *vt* préciser.

puntuar ◇ *vt* **-1.** [calificar] noter. **-2.** [escrito] ponctuer. ◇ *vi* **-1.** [calificar] noter. **-2.** [entrar en el cómputo] : **~ (para)** compter (pour).

punzada *f* **-1.** [pinchazo] piqûre *f*; **darse una ~** se piquer. **-2.** [dolor intenso] élancement *m*.

punzante *adj* **-1.** [objeto] pointu(e). **-2.** [dolor, herida] lancinant(e). **-3.** *fig* [humor, broma etc] caustique.

punzar *vt* **-1.** [pinchar] piquer. **-2.** [doler] lanciner; **~ el corazón** pincer le cœur.

punzón *m* poinçon *m*.

puñado *m* poignée *f*.

puñal *m* poignard *m*.

puñalada *f* coup *m* de poignard.

puñeta ◇ *f* **-1.** *mfam* [tontería] connerie *f*. **-2.** [bocamanga] manchette *f*. **-3.** *loc* : **mandar a hacer ~s** *fam* envoyer balader. ◇ *interj* *fam* ¡~! crotte!

puñetazo *m* coup *m* de poing.

puñetero, ra ◇ *adj* *fam* [persona, cosa] fichu(e); **tu ~ marido** ton fichu mari. ◇ *m*, *f* *mfam* emmerdeur *m*, -euse *f*.

puño *m* **-1.** [mano cerrada] poing *m*. **-2.** [de manga] poignet *m*. **-3.** [empuñadura] poignée *f*. **-4.** *loc* : **de su ~ y letra** de sa propre main; **morderse los ~s de hambre** avoir l'estomac dans les talons; **morderse los ~s de rabia** écumer de rage.

pupa *f* **-1.** [erupción] bouton *m*. **-2.** [daño] : **hacerse ~** se faire bobo.

pupila *f* pupille *f*.

pupilaje *m* [de alumnos] pension *f*; [de coche] location *f* d'un box.

pupilo, la *m*, *f* **-1.** [discípulo] élève *mf*. **-2.** [huérfano] pupille *mf*.

pupitre *m* pupitre *m*.

puré *m* purée *f*.

pureza *f* **-1.** [gen] pureté *f*. **-2.** [integridad] droiture *f*.

purga *f* *lit & fig* purge *f*.

purgante ◇ *adj* purgatif(ive). ◇ *m* purgatif *m*.

purgar *vt* purger; [alma] purifier; [pecados] expier. ◆ **purgarse** *vp* se purger.

purgatorio *m* purgatoire *m*.

purificar *vt* purifier.

puritano, na *adj & m*, *f* puritain(e).

puro, ra *adj* **-1.** [gen] pur(e). **-2.** [íntegro] droit(e). ◆ **puro** *m* cigare *m*.

púrpura *adj inv & m* pourpre.

purpúreo, a *adj* culto pourpré(e).

purpurina *f* paillettes *fpl (poudre)*.

purria *f* *fam* [escoria] racaille *f*.

pus *m* pus *m*.

pusilánime *adj* pusillanime.

putear *vulg* ◇ *vt* [fastidiar] faire chier. ◇ *vi* [ir de putas] aller voir les putes.

puto, ta *vulg* ◇ *adj* : **este ~...** ce putain de... ◇ *m*, *f* pute *f*.

puzle = **puzzle**.

puzzle, puzle *m* puzzle *m*.

PVP (*abrev de* precio de venta al público) *m* ppv.

PYME (*abrev de* **Pequeña y Mediana Empresa**) *f* PME *f*.

pyrex® = **pírex**.

pza. (*abrev de* **plaza**) Pl., pl.

q, Q *f* [letra] q *m inv*, Q *m inv*.

q.e.p.d. (*abrev de* que en paz descanse) RIP.

que ◇ *pron relat* **-1.** [sujeto] qui; **ese hombre es el ~ me lo compró** c'est cet homme qui me l'a acheté; **la moto ~ me gusta es muy cara** la moto qui me plaît est très chère. **-2.** [complemento directo] que; **el hombre ~ conociste ayer...** l'homme que tu as rencontré hier...; **no ha leído el libro ~ le regalé** il n'a pas lu le livre que je lui ai offert. **-3.** [complemento indirecto] : **ese es el chico al ~ hablé** c'est le jeune homme à qui j'ai parlé; **la señora a la ~ fuiste a ver** la dame que tu es allé voir. **-4.** [complemento circunstancial] : **la playa a la ~ fui de vacaciones es preciosa** la plage où j'ai passé mes vacances est très belle; **(en) que** où; **el día en ~ fui era soleado** il faisait beau le jour où j'y suis allé. ◇ *conj* **-1.** [gen] que; **es importante ~ me escuches** il est important que tu m'écoutes; **me ha confesado ~ me quiere** il m'a avoué qu'il m'aime; **es más rápido ~ tú** il est plus rapide que toi; **me lo pidió tantas veces ~ se lo di** il me l'a demandé tant de fois que je le lui ai donné; **ven aquí ~ te vea** viens ici que je te vois; **espero ~ te diviertas** j'espère que tu t'amuses; **quiero ~ lo hagas** je veux que tu le fasses. **-2.** [expresa causa] : **déjalo ~ está durmiendo** laisse-le, il dort. **-3.** [en oraciones exclamativas] : **¡~ te diviertas!** amuse-toi bien! **-4.** [expresa hipótesis] : **~ no quieres, pues no pasa nada** si tu ne veux pas, ce n'est pas grave. **-5.** [expresa reiteración] : **estaban charla ~ charla** ils ne faisaient que bavarder.

qué ◇ *adj* quel, quelle; **¿~ hora es?** quelle heure est-il?; **¿~ libros?** quels livres?; **¡~ día!** quelle journée! ◇ *pron* que; **¿~ quieres?** que veux-tu?; **no sé ~ hacer** je ne sais pas quoi faire; **¿~ te dijo?** qu'est-ce qu'il t'a dit?; **¿~?** [¿cómo?] quoi? ◇ *adv* que; **¡~ tonto eres!** que tu es bête!; **¡y ~!** et alors! [expresa gran cantidad] : **~ de gente hay aquí!** que de monde il y a ici!

quebradero de cabeza *m (gen pl)* tracas *m*.

quebradizo, za *adj* cassant(e); *fig* [débil] fragile.

quebrado, da *adj* **-1.** [camino, terreno] accidenté(e); **la voz quebrada** la voix cassée; **una línea quebrada** une ligne brisée. **-2.** MAT [número] fractionnaire. **-3.** LITER : **un verso de pie ~** un vers court.

quebrantahuesos *m inv* gypaète *m*.

quebrantar *vt* **-1.** [incumplir – ley] enfreindre; [– palabra, compromiso] ne pas tenir; [– obligación] ne pas remplir. **-2.** [romper] casser. **-3.** *fig* [debilitar] briser. ◆ **quebrantarse** *vp* **-1.** [romperse] se casser. **-2.** [debilitarse] décliner.

quebranto *m* **-1.** [pérdida] perte *f*. **-2.** [debilitamiento] affaiblissement *m*. **-3.** [pena] détresse *f*.

quebrar ◇ *vt* **-1.** [romper] casser. **-2.** [color] pâlir. ◇ *vi* ECON faire faillite. ◆ **quebrarse** *vp* **-1.** [romperse] se casser; **~se una pierna** se casser une jambe. **-2.** [color] pâlir. **-3.** [voz] se briser; **se le quebró la voz** il avait la voix brisée.

quechua ◇ *adj* quechua. ◇ *mf* : **los ~s** les Quechuas. ◇ *m* [lengua] quechua *m*.

quedar ◇ *vi* **-1.** [permanecer, haber aún, faltar] rester; **el cuadro quedó sin acabar** le tableau est resté inachevé; **quedan tres manzanas** il reste trois pommes; **nos quedan dos días para...** il nous reste deux jours pour...; **queda mucho por hacer** il reste beaucoup à faire. **-2.** [mostrarse] : **quedó como un imbécil** il s'est comporté comme un imbécile; **~ bien/mal (con alguien)** faire bonne/mauvaise impression (à qqn); **~ en ridículo** se ridiculiser. **-3.** [llegar a ser, resultar] : **la fiesta ha quedado perfecta** la fête a très bien tourné. **-4.** [sentar] : **~ bien/mal a alguien** aller bien/mal à qqn. **-5.** [citarse] : **~ con alguien** prendre rendez-vous avec qqn; **hemos quedado para el lunes** nous nous sommes mis d'accord pour lundi. **-6.** *fam* [estar situado] : **¿por dónde queda eso?** ça se trouve où ça? **-7.** [acordar] : **~ en convenir de; ~ en que** convenir que; **¿en qué quedamos?** alors, qu'est-ce qu'on décide? ◇ *v impers* : **por mí que no quede** je ferai tout mon possible; **que no quede por falta de dinero** il ne faut pas que l'argent soit un problème. ◆ **quedarse** *vp* **-1.** [permanecer] rester. **-2.** [llegar a ser] devenir; **se quedó ciego** il est devenu aveugle. **-3.** [retener]

garder; **quédese con el cambio** gardez la monnaie.

quedo, da *adj* tranquille; **con voz queda** à voix basse. ◆ **quedo** *adv* doucement; **hablar** ~ parler tout bas.

quehacer *m (gen pl)* travail *m*; ~**es domésticos** travaux *mpl* ménagers.

queja *f* plainte *f*.

quejarse *vp* : ~**se (de/a)** [lamentarse] se plaindre (de/à).

quejica *adj & mf despec* râleur(euse).

quejido *m* gémissement *m*.

quejoso, sa *adj* mécontent(e); **estar** ~ **de** se plaindre de.

quemado, da *adj* **-1.** [gen] brûlé(e). **-2.** [fusible] grillé(e). **-3.** *loc* : **estar** ~ [harto] en avoir assez; [agotado] être mort de fatigue.

quemador *m* brûleur *m*.

quemadura *f* brûlure *f*.

quemar ◇ *vt* **-1.** [gen] brûler; [comida] faire brûler. **-2.** [fusible] fondre; [motor] griller. **-3.** *fig* [malgastar] dilapider. ◇ *vi* **-1.** [tener fiebre] brûler. **-2.** *fig* [desgastar] user. ◆ **quemarse** *vp* **-1.** [gen] brûler; **se le quemó el arroz** il a fait brûler le riz. **-2.** [persona] se brûler; [por el sol] prendre un coup de soleil; [fusible] être grillé(e). **-3.** *fig* [hartarse] en avoir assez. **-4.** *fig* [desgastarse] s'user.

quemarropa ◆ a quemarropa *loc adv* **-1.** [disparar] à bout portant. **-2.** [preguntar, contestar] à brûle-pourpoint.

quemazón *f* brûlure *f*; [picor] démangeaison *f*.

quepa → caber.

quepo → caber.

querella *f* **-1.** DER [acusación] plainte *f*; **presentar una** ~ déposer une plainte. **-2.** [discordia] querelle *f*.

querer ◇ *vt* **-1.** [gen] vouloir; **quiero pan** je veux du pain; **quiere hacerse abogado** il veut devenir avocat; **¿cuánto quiere por el coche?** combien voulez-vous pour la voiture?; **¿tú quieres que me enfade?** tu veux vraiment que je me fâche; ~ **que alguien haga algo** vouloir que qqn fasse qqch. **-2.** [amar] aimer. **-3.** *loc* : **queriendo** [con intención] exprès; **sin** ~ sans faire exprès; ~ **es poder** vouloir c'est pouvoir. ◇ *v impers* [haber atisbos] : **hace días que quiere llover** depuis plusieurs jours, on dirait qu'il va pleuvoir. ◇ *m* amour *m*. ◆ **quererse** *vp* s'aimer.

querido, da ◇ *adj* cher(ère). ◇ *m, f* amant *m*, maîtresse *f*; **¡ven querida!** viens, chérie!

quesera *f* → quesero.

quesería *f* fromagerie *f*.

quesero, ra *adj & m, f* fromager(ère). ◆ **quesera** *f* cloche *f* à fromage.

queso *m* fromage *m*; ~ **de bola** fromage de Hollande; **(~) manchego** manchego *m* *(fromage de brebis de la Manche)*; ~ **rallado** fromage râpé.

quibutz *(pl quibutzs)*, **kibutz** *(pl kibutzs)* *m* kibboutz *m*.

quicio *m* encadrement *m* *(de porte, fenêtre)*; **estar fuera de** ~ *fig* être hors de soi; **sacar de** ~ **a alguien** *fig* mettre qqn hors de lui, faire sortir qqn de ses gonds.

quiebra *f* **-1.** [ruina] faillite *f*. **-2.** *fig* [pérdida] effondrement *m*.

quiebro *m* **-1.** [ademán] écart *m*; DEP feinte *f*. **-2.** MUS trille *m*.

quien ◇ *pron relat* **-1.** [sujeto] qui; **fue mi hermano** ~ **me lo explicó** c'est mon frère qui me l'a expliqué; **eran sus hermanas** ~**es le ayudaron** ce sont ses sœurs qui l'ont aidé. **-2.** [complemento] : **son ellos a** ~**es quiero conocer** ce sont eux que je voudrais connaître; **era de Pepe de** ~ **no me fiaba** c'est à Pepe que je ne me fiais pas confiance. ◇ *pron indef* **-1.** [sujeto] celui qui, celle qui; ~ **lo quiera que luche por ello** que celui qui le veut se batte pour l'avoir; ~**es quieran verlo que se acerquen** que ceux qui veulent le voir s'approchent. **-2.** [complemento] : **apoyaré a** ~**es considere oportuno** je soutiendrai ceux que je jugerai bon de soutenir; **vaya con** ~ **quiera** allez avec qui bon vous semble. **-3.** *loc* : ~ **más** ~ **menos** tout un chacun.

quién *pron* **-1.** [interrogativo] qui; **¿** ~ **es ese hombre?** qui est cet homme?; **no sé** ~ **viene** je ne sais pas qui vient; **¿a** ~**es has invitado?** qui as-tu invité?; **dime con** ~ **vas a ir** dis-moi avec qui tu vas y aller; **¿** ~ **es?** [en la puerta] qui est là?; [al teléfono] qui est à l'appareil? **-2.** [exclamativo] : **¡** ~ **pudiera verlo!** si seulement je pouvais le voir!

quienquiera *(pl quienesquiera)* *pron* quiconque; ~ **que venga...** quiconque viendra...

quieto, ta *adj* tranquille; **¡estate** ~**!** tienstoi tranquille!; **¡** ~ **todo el mundo!** que personne ne bouge!

quietud f tranquillité f; [sosiego] quiétude f.

quijada f mâchoire f.

quijote m despec doux rêveur m.

quijotesco, ca adj chimérique.

quilate m carat m.

quilla f -1. NÁUT quille f. -2. [de ave] bréchet m.

quilo = kilo.

quilogramo = kilogramo.

quilometraje = kilometraje.

quilométrico, ca = kilométrico.

quilómetro = kilómetro.

quimbambas fpl : **vete a las ~** va voir ailleurs si j'y suis.

quimera f chimère f.

quimérico, ca adj chimérique.

químico, ca ◇ adj chimique. ◇ m, f chimiste mf. ◆ **química** f chimie f.

quimono, kimono m kimono m.

quina f quinquina m; **tragar ~** fig avaler des couleuvres.

quincalla f quincaillerie f (objets).

quince núm quinze; **el siglo ~** le quinzième siècle; ver también **seis**.

quinceañero, ra ◇ adj : **un chico ~** un garçon de quinze ans. ◇ m, f adolescent m, -e f (de quinze ans).

quinceavo, va núm quinzième.

quincena f quinzaine f.

quincenal adj bimensuel(elle).

quiniela f -1. [boleto] bulletin m (de loterie). -2. [combinación] combinaison f (au loto); **la ~** ≃ le loto m sportif. ◆ **quiniela hípica** f ≃ PMU m.

quinientos, tas núm cinq cents; ver también **seiscientos**.

quinina f quinine f.

quinqué m lanterne f.

quinquenio m -1. [periodo] quinquennat m. -2. [paga] augmentation de salaire quinquennale.

quinqui mf fam loubard m.

quinta f → quinto.

quintaesencia f inv quintessence f.

quintal m quintal m.

quinteto m -1. MÚS quintette m; [de jazz] quintet m. -2. LITER strophe de cinq vers.

quinto, ta núm cinquième; ver también **sexto**. ◆ **quinto** m -1. [parte] cinquième m. -2. MIL appelé m. ◆ **quinta** f -1. [finca] maison f de campagne. -2. MIL promotion f; [curso, edad] : **somos de la misma** quinta nous sommes de la même année. -3. Amér [chalet] villa f.

quintuplicar vt [multiplicar] quintupler; [rebasar] être cinq fois supérieur(e)à. ◆ **quintuplicarse** vp quintupler.

quiosco, kiosco m kiosque m; **~ de periódicos** kiosque à journaux.

quiosquero, ra m, f marchand m, -e f de journaux.

quiquiriquí (pl **quiquiriquíes**) m cocorico m.

quirófano m bloc m opératoire.

quiromancia f chiromancie f.

quiromasaje m chiropractie f, chiropraxie f.

quirúrgico, ca adj chirurgical(e).

quisque m fam **cada** o **todo ~** chacun(e); **que cada ~ se las arregle** que chacun se débrouille.

quisquilloso, sa adj -1. [detallista] pointilleux(euse). -2. [susceptible] chatouilleux(euse).

quiste m kyste m.

quitaesmalte m dissolvant m (pour ongles).

quitamanchas m inv détachant m.

quitanieves m inv chasse-neige m inv (machine).

quitar vt -1. [gen] enlever; [desconectar] éteindre; **~ algo a alguien** [despojar, robar] prendre qqch à qqn; **~ tiempo** prendre du temps; **de quita y pon** amovible. -2. [impedir] empêcher; **~ el sueño** empêcher de dormir; **esto no quita que...** il n'empêche que... -3. [exceptuar] : **quitando el queso me gusta todo** à part le fromage, j'aime tout. ◆ **quitarse** vp -1. [apartarse] se pousser. -2. [ropa] enlever, retirer; **me quito la chaqueta** j'enlève ma veste. -3. [suj : mancha] partir.

quitasol m parasol m.

quite m DEP [en esgrima] parade f; **estar al ~** fig se tenir prêt(e) (à aider qqn).

Quito Quito.

quizá, quizás adv peut-être; **~ llueva mañana** peut-être pleuvra-t-il demain; **~ no lo sepas** tu ne le sais peut-être pas; **~ sí/no** peut-être que oui/non.

r, R *f* [letra] r *m inv*, R *m inv*.
rábano *m* radis *m*; **importar un** ~ *fig* s'en
ficher comme de l'an quarante.
rabí (*pl inv* o **rabíes**) *m* rabbin *m*.
rabia *f* rage *f*; **me da** ~ **m'énerve; te-**
nerle ~ **a alguien** *fig* en vouloir à qqn.
rabiar *vi* **-1.** [sufrir] souffrir le martyre.
-2. [enfadarse] enrager, se mettre en colère; **no me hagas** ~ ne m'oblige pas à
me mettre en colère.
rabieta *f fam* **tener una** ~ piquer une
crise.
rabillo *m* : **mirar con el** ~ **del ojo** *fig* regarder du coin de l'œil.
rabioso, sa *adj* **-1.** [gen] enragé(e); [tono,
voz] rageur(euse). **-2.** [excesivo] fu-
rieux(euse). **-3.** [chillón] criard(e).
rabo *m* queue *f*.
rácano, na *adj & m*, *f* pingre.
RACE (*abrev de* **Real Automóvil Club de**
España) *m club automobile espagnol*.
racha *f* **-1.** [ráfaga] rafale *f*. **-2.** [época]
vague *f*; **estar de** ~ avoir la chance de son
côté; **mala** ~ mauvaise passe *f*; **a** ~**s** *fig*
par à-coups.
racial *adj* racial(e).
racimo *m* [de uva] grappe *f*; [de dátiles,
plátanos] régime *m*.
raciocinio *m* **-1.** [facultad] raison *f*. **-2.**
[razonamiento] raisonnement *m*.
ración *f* **-1.** [porción] part *f*; [cantidad fija]
ration *f*. **-2.** [en bar, restaurante] *assiette de
«tapas»*.
racional *adj* **-1.** [ser] raisonnable. **-2.**
[método, número] rationnel(elle).
racionalizar *vt* rationaliser.
racionar *vt* rationner.
racismo *m* racisme *m*.
racista *adj & mf* raciste.
radar (*pl* **radares**) *m* radar *m*.
radiación *f* **-1.** FÍS radiation *f*. **-2.** [acción]
rayonnement *m*.
radiactividad, radioactividad *f* radioactivité *f*.
radiactivo, va, radioactivo, va *adj* ra-
dioactif(ive).

radiador *m* radiateur *m*.
radiante *adj* **-1.** [sol, persona] ra-
dieux(euse); ~ **de alegría** rayonnant(e)
de joie. **-2.** FÍS radiant(e).
radiar *vt* **-1.** [luz, calor] émettre (par ra-
diations). **-2.** FÍS irradier. **-3.** [noticias etc]
radiodiffuser.
radical ◇ *adj* radical(e). ◇ *m* radical *m*.
radicalizar *vt* radicaliser. ◆ **radicali-**
zarse *vp* se radicaliser.
radicar *vi* : ~ **en** [problema, dificultad etc]
résider dans.
radio ◇ *m* **-1.** [rayo & GEOM] rayon *m*. **-2.**
ANAT radius *m*. **-3.** QUÍM radium *m*. **-4.** *Amer*
radio *f*. ◇ *f* radio *f*.
radioactividad = **radiactividad**.
radioactivo, va = **radiactivo**.
radioaficionado, da *m*, *f* radioamateur
m.
radiocasete, radiocassette *m* radiocassette *f*.
radiocontrol *m* radiocommande *f*.
radiodespertador *m* radioréveil *m*.
radiodifusión *f* radiodiffusion *f*.
radioescucha *mf inv* auditeur *m*, -trice *f*;
[en barco etc] radio *m*.
radiofónico, ca *adj* radiophonique.
radiografía *f* radiographie *f*.
radionovela *f* feuilleton *m* radiodiffusé.
radiorreloj *m* radioréveil *m*.
radiotaxi *m* radio-taxi *m*.
radioteléfono *m* radiotéléphone *m*.
radioterapia *f* radiothérapie *f*.
radioyente *mf* auditeur *m*, -trice *f*.
RAE (*abrev de* **Real Academia Española**) *f*
Académie de la langue espagnole, ≃ Académie française.
raer *vt* racler.
ráfaga *f* rafale *f*; [con los faros] appel *m* de
phares.
rafting *m* DEP rafting *m*.
raído, da *adj* râpé(e) (*vêtement*).
raigambre *f* **-1.** [tradición] tradition *f*; **de**
profunda ~ profondément ancré(e). **-2.**
[estirpe] souche *f*; **de mucha** ~ fortement
enraciné(e). **-3.** BOT racines *fpl*.
raíl, rail *m* rail *m*.
raíz (*pl* **raíces**) *f* **-1.** [gen, MAT & GRAM] racine *f*; ~ **cuadrada** racine carrée. **-2.**
[causa] origine *f*; **a** ~ **de** à la suite de;
echar raíces prendre racine.

raja *f* **-1.** [de melón, sandía etc] tranche *f*; [de limón, salchichón] rondelle *f*. **-2.** [grieta – en madera, pared] fissure *f*; [– en cristal etc] fêlure *f*.

rajado, da *adj & m, f fam* dégonflé(e).

rajar *vt* **-1.** [partir – madera, pared] fissurer; [– cristal etc] fêler; **el mármol está rajado** le marbre est fendu; **tiene el labio rajado** il a la lèvre fendue. **-2.** *mfam* [apuñalar] étriper. ◆ **rajarse** *vp* **-1.** [partirse – madera, pared] se fissurer; [– cristal etc] se fêler; [– mármol] se fendre. **-2.** *fam* [echarse atrás] se dégonfler.

rajatabla ◆ **a rajatabla** *loc adv* à la lettre.

ralea *f despec* engeance *f*; **de su misma ~** du même acabit.

ralentí *m* ralenti *m*.

rallado, da *adj* râpé(e). ◆ **rallado** *m* râpage *m*.

rallador *m* râpe *f*.

ralladura *f* (*gen pl*) râpure *f*.

rallar *vt* râper.

rally (*pl* **rallys**) *m* rallye *m*.

RAM (*abrev de* **random access memory**) *f* RAM *f*.

rama *f* branche *f*.

ramaje *m* branchage *m*.

ramal *m* [de carretera] embranchement *m*; [de cordillera] ramification *f*; [de escalera] volée *f*.

ramalazo *m* **-1.** *fam* [afeminamiento] : **se le ve el ~** il refile de la bagouse. **-2.** [ataque] crise *f*.

rambla *f* **-1.** [avenida] cours *m*. **-2.** [río] torrent *m*.

ramera *f* prostituée *f*.

ramificación *f* ramification *f*.

ramificarse *vp* : **~ (en)** se ramifier (en).

ramillete *m* bouquet *m*.

ramo *m* **-1.** [de flores] bouquet *m*. **-2.** [rama cortada] branche *f*; [de palmera] rameau *m*. **-3.** [de actividad, ciencia etc] branche *f*.

rampa *f* **-1.** [para subir y bajar] rampe *f*. **-2.** [cuesta] côte *f*. **-3.** [calambre] crampe *f*.

rana *f* grenouille *f*.

ranchero, ra *m, f* fermier *m*, -ère *f*. ◆ **ranchera** *f* **-1.** *Amer* MÚS *chanson populaire mexicaine*. **-2.** AUTOM break *m*.

rancho *m* **-1.** [comida] gamelle *f*. **-2.** [granja] ranch *m*.

rancio, cia *adj* **-1.** [pasado – gen] rance; [– vino] aigre. **-2.** [antiguo] ancien(enne); **de ~ abolengo** de vieille souche.

rango *m* rang *m*.

ranking *m* classement *m*.

ranura *f* rainure *f*; [para monedas] fente *f*.

rapar *vt* raser.

rapaz, za *m, f desus* garçonnet *m*, fillette *f*. ◆ **rapaz** *adj* [que roba] voleur(euse). ◆ **rapaces** *fpl* ZOOL rapaces *mpl*.

rape *m* **-1.** [pez] baudroie *f*; CULIN lotte *f*. **-2.** [corte de pelo] : **al ~** (à) ras.

rapé *m* (*en aposición inv*) tabac *m* à priser.

rapidez *f* rapidité *f*.

rápido, da *adj* rapide. ◆ **rápido** ◇ *adv* vite; **¡no tan ~!** pas si vite! ◇ *m* [tren] rapide *m*. ◆ **rápidos** *mpl* [de río] rapides *mpl*.

rapiña *f* **-1.** [robo] rapine *f*. **-2.** → **ave**.

rappel (*pl* **rappels**) *m* **-1.** COM rabais *m*. **-2.** DEP rappel *m*.

rapsodia *f* rhapsodie *f*.

raptar *vt* enlever (*personne*).

rapto *m* **-1.** [secuestro] enlèvement *m*. **-2.** [ataque] accès *m*.

raqueta *f* **-1.** [gen] raquette *f*. **-2.** [de croupier] râteau *m*.

raquítico, ca ◇ *adj* **-1.** MED rachitique. **-2.** [sueldo etc] maigre. ◇ *m, f* MED rachitique *mf*.

rareza *f* **-1.** [cosa poco común, poco frecuente] rareté *f*. **-2.** [curiosidad] curiosité *f*. **-3.** [extravagancia] bizarrerie *f*.

raro, ra *adj* **-1.** [extraño, extravagante] bizarre; **¡qué animal más ~!** quel drôle d'animal! **-2.** [excepcional, escaso] rare; **lo veo rara vez** je le vois rarement.

ras *m* : **a** ○ **al ~** à ras bord; **a ~ de** au ras de; **a ~ de tierra** à ras de terre.

rasante ◇ *adj* [luz, tiro] rasant(e); [vuelo] en rase-mottes. ◇ *f* inclinaison *f*; **en cambio de ~** en haut d'une côte.

rascacielos *m inv* gratte-ciel *m inv*.

rascador *m* **-1.** [herramienta] grattoir *m*. **-2.** [para cerillas] frottoir *m*.

rascar ◇ *vt* **-1.** [gen] gratter; **rasca un poco la guitarra** *fam* il gratte un peu. **-2.** [con espátula] racler. ◇ *vi* gratter. ◆ **rascarse** *vp* se gratter.

rasera *f* écumoire *f*.

rasgar *vt* déchirer. ◆ **rasgarse** *vp* se déchirer.

rasgo *m* -**1**. [gen] trait *m*. -**2**. [de heroísmo etc] acte *m*. ◆ **rasgos** *mpl* [de rostro, letra] traits *mpl*.

rasguear *vt* gratter *(la guitare)*.

rasguñar *vt* égratigner; [con uñas] griffer. ◆ **rasguñarse** *vp* s'égratigner; [con uñas] se griffer.

rasguño *m* égratignure *f*.

raso, sa *adj* -**1**. [mano] plat(e); **en campo ~ en** rase campagne. -**2**. [lleno] plein(e); [cucharada etc] ras(e). -**3**. [cielo] dégagé(e). -**4**. [vuelo] en rase-mottes; **muy ~** très bas. -**5**. MIL ◆ **soldado**. ◆ **raso** *m* satin *m*.

raspa *f* arête *f*.

raspadura *f* -**1**. *(gen pl)* [brizna] raclure *f*. -**2**. [señal] éraflure *f*. -**3**. [acción] raclage *m*.

raspar ◇ *vt* -**1**. [rascar] racler; [suj : vino] râper. -**2**. [rasar] frôler. ◇ *vi* gratter.

rasposo, sa *adj* râpeux(euse); [piel, prenda] rêche.

rastras ◆ **a rastras** *loc adv* : **llevar algo/ a alguien a ~** *lit & fig* traîner qqch/qqn.

rastreador, ra *adj* : **un perro ~** un limier.

rastrear ◇ *vt* -**1**. [seguir las huellas de] suivre à la trace. -**2**. *fig* [buscar pistas en – suj : persona] ratisser; [– suj : reflector, foco] balayer. ◇ *vi fig* [indagar] enquêter.

rastrero, ra *adj* vil(e).

rastrillo *m* -**1**. [en jardinería] râteau *m*. -**2**. [mercado] petit marché *m* aux puces; [benéfico] vente *f* de charité.

rastro *m* -**1**. [gen] trace *f*; **sin dejar ~** sans laisser de traces. -**2**. [mercado] marché *m* aux puces.

rastrojo *m* chaume *m*.

rasurar *vt* raser. ◆ **rasurarse** *vp* se raser.

rata ◇ *adj & mf fam* radin(e). ◇ *f* rat *m* .

ratero, ra *m, f* chapardeur *m*, -euse *f*.

ratificar *vt* ratifier. ◆ **ratificarse** *vp* : **~se en** s'en tenir à.

rato *m* moment *m*; **al (poco) ~ (de)** juste après; **hace un ~** ça fait un moment; **mucho ~** longtemps; **pasar el ~** passer le temps; **pasar un mal ~** passer un mauvais moment; **a ~s** *fig* par moments.

ratón *m* souris *f*.

ratonera *f* -**1**. [gen] souricière *f*. -**2**. [madriguera] trou *m* de souris.

raudal *m* -**1**. [de agua] torrent *m*. -**2**. *fig* [montón] flot *m*; **correr a ~es** couler à flots; **gana dinero a ~es** il gagne énormément d'argent.

ravioli *m (gen pl)* ravioli *m*.

raya *f* -**1**. [gen & ZOOL] raie *f*; [raspadura, de color] rayure *f*; [de animal] zébrure *f*; **a ~s** à rayures. -**2**. [de pantalón] pli *m*. -**3**. *fig* [límite] limite *f*; **pasarse de la ~** dépasser les bornes. -**4**. [guión] tiret *m*.

rayado, da *adj* rayé(e). ◆ **rayado** *m* -**1**. [rayas] rayures *fpl*. -**2**. [acción] tracé *m*.

rayar ◇ *vt* -**1**. [gen] rayer. -**2**. [trazar rayas] tirer des traits sur. ◇ *vi* -**1**. [aproximarse] : **~ en algo** friser qqch. -**2**. [amanecer] : **al ~ el alba** à l'aube. ◆ **rayarse** *vp* se rayer.

rayo *m* -**1**. [gen & FÍS] rayon *m*; **~ láser/X** rayon laser/X; **~s infrarrojos/ultravioleta** rayons infrarouges/ultraviolets; **~s uva** U.V. *mpl*. -**2**. METEOR foudre *f*.

rayón *m* rayonne *f*.

rayuela *f* marelle *f*.

raza *f* -**1**. [gen] race *f*; **de ~** de race. -**2**. *Amer fam* [cara] culot *m*.

razón *f* -**1**. [gen & MAT] raison *f*; **dar la ~ a alguien** donner raison à qqn; **en ~ de** ○ **a** en raison de; **tener ~** avoir raison; **y con ~** non sans raison; **~ de ser** raison d'être. -**2**. [información] renseignements *mpl*; **'~ aquí'** 'renseignements'. ◆ **a razón de** *loc adv* à raison de.

razonable *adj* raisonnable.

razonamiento *m* raisonnement *m*.

razonar ◇ *vt* [argumentar] justifier. ◇ *vi* [pensar] raisonner.

re *m* ré *m*.

reacción *f* réaction *f*.

reaccionar *vi* réagir.

reaccionario, ria *adj & m, f* réactionnaire.

reacio, cia *adj* réticent(e); **~ a algo** réfractaire à; **~ a** ○ **en hacer algo** peu enclin à faire qqch; **un caballo ~** un cheval rétif.

reactivación *f* réactivation *f*; ECON relance *f*.

reactor *m* -**1**. [propulsor] réacteur *m*. -**2**. [avión] avion *m* à réaction.

readmitir *vt* réadmettre; [a despedidos] reprendre.

reafirmar *vt* réaffirmer. ◆ **reafirmarse** *vp* s'affirmer; **~se en** [opinión, creencia] être conforté(e) dans.

reajuste *m* -**1**. [cambio] réaménagement *m*; **~ ministerial** remaniement *m* ministériel. -**2**. ECON rajustement *m*.

real *adj* -**1**. [verdadero] réel(elle). -**2**. [de monarquía] royal(e).

realce *m* **-1.** [esplendor] éclat *m*; **dar** ~ **a** donner de l'éclat à. **-2.** [en pintura] rehaut *m*. **-3.** [en arquitectura, escultura] relief *m*.

realeza *f* **-1.** [monarcas] royauté *f*. **-2.** [magnificencia] faste *m*.

realidad *f* réalité *f*; **en** ~ en réalité; ~ **virtual** réalité virtuelle.

realista *adj & mf* réaliste.

realización *f* réalisation *f*.

realizador, ra *m, f* CIN & TV réalisateur *m*, -trice *f*.

realizar *vt* réaliser; [esfuerzo, inversión] faire. ◆ **realizarse** *vp* **-1.** [gen] se réaliser. **-2.** [en un trabajo] s'épanouir.

realmente *adv* réellement; **está** ~ **enfadado** il est vraiment fâché.

realquilado, da ◇ *adj* sous-loué(e). ◇ *m, f* sous-locataire *mf*.

realquilar *vt* sous-louer.

realzar *vt* rehausser.

reanimar *vt* **-1.** [físicamente] revigorer. **-2.** [moralmente] réconforter. **-3.** MED réanimer.

reanudar *vt* [amistad, conversación] renouer; [trabajo, clases] reprendre. ◆ **reanudarse** *vp* [amistad] se renouer; [trabajo, clases] reprendre.

reaparición *f* réapparition *f*.

rearme *m* réarmement *m*.

reaseguro *m* COM réassurance *f*.

reavivar *vt* raviver.

rebaja *f* réduction *f*. ◆ **rebajas** *fpl* soldes *mpl*; **comprar algo de** ~**s** acheter qqch en soldes; **estar de** ~**s** solder; **ir de** ~**s** faire les soldes.

rebajado, da *adj* **-1.** [precio] réduit(e); [mercancía] soldé(e), en solde. **-2.** [humillado] rabaissé(e). **-3.** ARQUIT surbaissé(e).

rebajar *vt* **-1.** [precio] réduire; [mercancía] solder; **le rebajo 100 pesetas** je vous fais une réduction de 100 pesetas. **-2.** [persona] rabaisser. **-3.** [intensidad] atténuer. **-4.** [altura] abaisser. ◆ **rebajarse** *vp* se rabaisser; ~**se a hacer algo** s'abaisser à faire qqch.

rebanada *f* tranche *f (de pain)*; [con mantequilla etc] tartine *f*.

rebanar *vt* **-1.** [pan] couper (en tranches). **-2.** [cortar] sectionner.

rebañar *vt* [con pan] saucer; **siempre rebaña la cazuela** il finit toujours les restes dans la casserole.

rebaño *m* troupeau *m*.

rebasar *vt* dépasser.

rebatir *vt* réfuter.

rebeca *f* cardigan *m*.

rebelarse *vp* se rebeller.

rebelde ◇ *adj* [gen] rebelle. ◇ *mf* **-1.** [sublevado] rebelle *mf*. **-2.** DER condamné(e) par contumace.

rebeldía *f* **-1.** [gen] révolte *f*. **-2.** DER : **en** ~ par contumace.

rebelión *f* rébellion *f*.

rebenque *m Amer* fouet *m*.

reblandecer *vt* ramollir. ◆ **reblandecerse** *vp* se ramollir.

rebobinar *vt* rembobiner.

rebosante *adj* : ~ **(de)** débordant(e) (de).

rebosar ◇ *vt* [abundar] déborder. ◇ *vi* déborder; ~ **de** déborder de.

rebotar *vi* rebondir.

rebote *m* rebond *m*; **de** ~ par ricochet.

rebozado, da *adj* CULIN pané(e).

rebozar *vt* CULIN paner.

rebuscado, da *adj* **-1.** [complicado] recherché(e). **-2.** [fingido] affecté(e).

rebuznar *vi* braire.

recabar *vt* **-1.** [pedir] réclamer. **-2.** [conseguir] obtenir.

recadero, ra *m, f* coursier *m*, -ère *f*.

recado *m* **-1.** [mensaje] message *m*. **-2.** [encargo, diligencia] course *f*.

recaer *vi* **-1.** [gen] retomber. **-2.** [enfermo] rechuter; ~ **en** [vicio, error etc] retomber dans; ~ **sobre** [suj : culpa, responsabilidad etc] retomber sur.

recaída *f* rechute *f*.

recalcar *vt* insister sur; **no hace falta que me lo recalques...** tu n'as pas besoin de me le répéter...

recalcitrante *adj* récalcitrant(e).

recalentar *vt* **-1.** [volver a calentar] réchauffer. **-2.** [motor] surchauffer.

recámara *f* **-1.** [habitación] dressing *m*. **-2.** [de arma de fuego] magasin *m*. **-3.** *Amer* [dormitorio] chambre *f*.

recamarera *f Amer* bonne *f* à tout faire.

recambio *m* pièce *f* de rechange; **de** ~ de rechange; **una rueda de** ~ une roue de secours.

recapacitar *vi* réfléchir.

recapitulación *f* récapitulation *f*.

recapitular *vt* récapituler.

recargado, da *adj* surchargé(e).

recargar *vt* **-1.** [gen] : ~ **(algo/a alguien de algo)** surcharger (qqch/qqn de qqch); ~ **el café de azúcar** mettre trop de sucre dans le café. **-2.** [volver a cargar] recharger. **-3.** [aumentar] majorer.

recargo *m* [de deuda, impuesto etc] majoration *f.*

recatado, da *adj* [decente] honnête; [pudoroso] réservé(e).

recato *m* **-1.** [decencia] pudeur *f.* **-2.** [miramiento] prudence *f*; **no tener ~ en** n'avoir aucun scrupule à.

recauchutar *vt* rechaper.

recaudación *f* **-1.** [acción] recouvrement *m.* **-2.** [cantidad] recette *f.*

recaudador, ra *m, f* receveur *m*, -euse *f*; [de impuestos] percepteur *m.*

recaudar *vt* [impuestos, pagos] recouvrer; [donativos] collecter.

recelar *vi* : **~ (de)** se méfier (de).

recelo *m* [suspicacia] méfiance *f.*

receloso, sa *adj* [suspicaz] méfiant(e).

recepción *f* réception *f.*

recepcionista *mf* réceptionniste *mf.*

receptáculo *m* réceptacle *m.*

receptivo, va *adj* réceptif(ive).

receptor, ra ◇ *adj* récepteur(trice). ◇ *m, f* receveur *m*, -euse *f.* ◆ **receptor** *m* [aparato] récepteur *m.*

recesión *f* ECON récession *f.*

receta *f* **-1.** CULIN & *fig* recette *f.* **-2.** MED ordonnance *f.*

rechazar *vt* **-1.** [gen & MIL] repousser. **-2.** [propuesta, petición & MED] rejeter.

rechazo *m* **-1.** [negativa] refus *m.* **-2.** MED & *fig* rejet *m.*

rechinar *vi* grincer.

rechistar *vi* rechigner.

rechoncho, cha *adj fam* rondouillard(e).

rechupete ◆ **de rechupete** *loc adv fam* [comida] : **está de ~** on s'en lèche les babines.

recibidor *m* [vestíbulo] entrée *f.*

recibimiento *m* accueil *m.*

recibir *vt* **-1.** [gen] recevoir; **~ una carta/ invitados** recevoir une lettre/des invités. **-2.** [dar la bienvenida, acoger] accueillir; **el médico recibe los lunes** le médecin reçoit le lundi.

recibo *m* **-1.** [acción] réception *f.* **-2.** [documento] reçu *m*; [de alquiler, luz etc] quittance *f.*

reciclaje *m* recyclage *m.*

reciclar *vt* recycler.

recién *adv* récemment; **~ edificado** récemment construit; **los ~ casados** les jeunes mariés; **los ~ llegados** les nou-

veaux venus; **un ~ nacido** un nouveau-né.

reciente *adj* **-1.** [gen] récent(e). **-2.** [pan, pintura, sangre etc] frais(fraîche).

recinto *m* enceinte *f.*

recio, cia *adj* **-1.** [persona] robuste. **-2.** [viga, pared etc] solide; [voz, tela] fort(e); **un tiempo ~** un temps rigoureux.

recipiente *m* récipient *m.*

reciprocidad *f* réciprocité *f*; **en ~ a** en remerciement de.

recíproco, ca *adj* réciproque.

recital *m* récital *m*; [de rock] concert *m.*

recitar *vt* réciter.

reclamación *f* réclamation *f.*

reclamar ◇ *vt* réclamer. ◇ *vi* [protestar] : **~ (contra)** déposer une réclamation (contre).

reclamo *m* **-1.** [publicidad] réclame *f.* **-2.** [ave, pito] appeau *m.*

reclinar *vt* [asiento] incliner; **~ algo contra** appuyer qqch contre. ◆ **reclinarse** *vp* : **~se sobre** s'appuyer sur.

recluir *vt* enfermer. ◆ **recluirse** *vp* s'enfermer, se cloîtrer.

reclusión *f* **-1.** [encarcelamiento] réclusion *f.* **-2.** *fig* [encierro] prison *f.*

recluso, sa *m, f* prisonnier *m*, -ère *f.*

recluta *m* recrue *f.*

reclutamiento *m* recrutement *m*; **~ (obligatorio)** conscription *f.*

recobrar *vt* [dinero, salud] recouvrer; **~ el aliento/conocimiento** reprendre haleine/connaissance. ◆ **recobrarse** *vp* récupérer; **~se de** se remettre de.

recochineo *m fam* me roba y encima, con **~** il me vole, et par-dessus le marché, il se fiche de moi.

recodo *m* [de camino] détour *m*; [de río] coude *m.*

recogedor *m* pelle *f* (à poussière).

recoger *vt* **-1.** [gen] ramasser; [habitación] ranger; **~ la mesa** débarrasser la table. **-2.** [reunir, albergar] recueillir. **-3.** [ir a buscar] : **pasó a ~me** il est passé me prendre. **-4.** [cosechar, obtener] récolter. **-5.** [acortar – falda, vestido etc] retrousser. ◆ **recogerse** *vp* **-1.** [retirarse] aller se coucher. **-2.** [meditar] se recueillir. **-3.** [cabello] attacher.

recogido, da *adj* **-1.** [lugar] tranquille. **-2.** [cabello] attaché(e). ◆ **recogida** *f* [de frutas, cereales] récolte *f*; [de basuras] ramassage *m.*

recogimiento *m* **-1.** [concentración] recueillement *m*. **-2.** [retiro] retraite *f*; **vivir en total ~** vivre complètement retiré(e).

recolección *f* **-1.** [de frutas, cereales] récolte *f*. **-2.** [de fondos] collecte *f*.

recolector, ra ◇ *adj* : **país ~** pays producteur *(de fruits, céréales)*. ◇ *m, f* cueilleur *m*, -euse *f*.

recomendación *f* **-1.** [gen] recommandation *f*. **-2.** *(gen pl)* [informes] références *fpl*.

recomendado, da *m, f* : **es un ~ de** il a été recommandé par.

recomendar *vt* recommander.

recompensa *f* récompense *f*.

recompensar *vt* récompenser.

recomponer *vt* réparer.

recompuesto, ta *pp irreg* → recomponer.

reconciliación *f* réconciliation *f*.

reconciliar *vt* réconcilier. ◆ **reconciliarse** *vp* se réconcilier.

reconcomerse *vp* : **~ de** être rongé(e) de.

recóndito, ta *adj* **-1.** [escondido] retiré(e). **-2.** [íntimo] : **lo más ~ de** le tréfonds de.

reconfortar *vt* réconforter.

reconocer *vt* **-1.** [gen] reconnaître. **-2.** MED examiner. ◆ **reconocerse** *vp* se reconnaître.

reconocido, da *adj* **-1.** [admitido] reconnu(e). **-2.** [agradecido] reconnaissant(e).

reconocimiento *m* **-1.** [gen & MIL] reconnaissance *f*. **-2.** MED : **~ (médico)** examen *m* médical.

reconquista *f* reconquête *f*. ◆ **Reconquista** *f* HIST Reconquista *f*, Reconquête *f*.

reconstituyente *m* reconstituant *m*.

reconstruir *vt* **-1.** [gen] reconstruire. **-2.** [suceso] reconstituer.

reconversión *f* reconversion *f*.

recopilación *f* **-1.** [de documentos] compilation *f*; [de datos] rassemblement *m*. **-2.** [libro] recueil *m*.

recopilar *vt* [documentos] compiler; [datos] rassembler.

récord *(pl* **récords)** *m* record *m*; **batir un ~** battre un record.

recordar *vt* **-1.** [gen] rappeler; **te recuerdo que tienes que madrugar** je te rappelle que tu dois te lever tôt; **me recuerda a un amigo mío** il me rappelle un ami à moi. **-2.** [acordarse de] se rappeler, se souvenir de; **recuerdo mis primeras vacaciones** je me rappelle mes premières vacances; **si mal no recuerdo** si je me souviens bien.

recordatorio *m* **-1.** [aviso] rappel *m*. **-2.** [estampa] image *f* commémorative.

recordman *(pl* **recordmen** ○ **recordmans)** *m* recordman *m*.

recorrer *vt* parcourir.

recorrida *f Amer* parcours *m*.

recorrido *m* [trayecto] parcours *m*.

recortado, da *adj* découpé(e).

recortar *vt* **-1.** [cortar – lo que sobra] couper; [– figura] découper. **-2.** *fig* [sueldo, presupuesto etc] réduire. ◆ **recortarse** *vp* [perfilarse] se découper.

recorte *m* **-1.** [pieza cortada] coupure *f*; **~ de prensa** coupure de presse. **-2.** *fig* [de presupuesto, gastos etc] réduction *f*. **-3.** DEP dribble *m*; **hacer un ~** dribbler.

recostar *vt* appuyer. ◆ **recostarse** *vp* [en sillón, cama etc] se caler.

recoveco *m* **-1.** [rincón] recoin *m*. **-2.** [curva] détour *m*. **-3.** *fig* [del alma, corazón] repli *m*.

recrear *vt* **-1.** [entretener] amuser, distraire. **-2.** [reproducir] recréer. ◆ **recrearse** *vp* **-1.** [entretenerse] se distraire. **-2.** [regodearse] se délecter.

recreativo, va *adj* [velada, momento] agréable; [sociedad, centro] de loisirs; **una máquina recreativa** un jeu d'arcade.

recreo *m* **-1.** [entretenimiento] loisir *m*. **-2.** EDUC récréation *f*.

recriminar *vt* [acusar] récriminer; [reprender] : **~ a alguien por algo** reprocher qqch à qqn.

recrudecer *vi* redoubler. ◆ **recrudecerse** *vp* s'intensifier.

recta *f* → recto.

rectal *adj* rectal(e).

rectángulo, la *adj* rectangle. ◆ **rectángulo** *m* rectangle *m*.

rectificar *vt* rectifier; [enmendar] corriger.

rectitud *f* rectitude *f*; *fig* [moral] droiture *f*.

recto, ta *adj* **-1.** [gen] droit(e). **-2.** [justo, verdadero] juste. **-3.** [no figurado] propre. ◆ **recto** ◇ *m* ANAT rectum *m*. ◇ *adv* tout droit. ◆ **recta** *f* droite *f*; **la recta final** la dernière ligne droite.

rector, ra ◇ *adj* directeur(trice). ◇ *m, f* EDUC recteur *m*. ◆ **rector** *m* RELIG recteur *m*.

recuadro *m* encadré *m*.

recubrir *vt* recouvrir.

recuento m dénombrement m, décompte m; ~ **de votos** dépouillement m du scrutin.

recuerdo m souvenir m. ◆ **recuerdos** mpl : ¡(dale) ~s **a tu hermano!** bien des choses à ton frère!

recular vi **-1.** [retroceder] reculer; ~ **un metro** reculer d'un mètre. **-2.** fam fig [ceder] se dégonfler.

recuperable adj récupérable.

recuperación f **-1.** [de lo perdido] récupération f; [de la salud] **guérison** f; [de la economía] **redressement** m. **-2.** MED rééducation f. **-3.** EDUC rattrapage m.

recuperar vt récupérer; [horas de trabajo, examen] rattraper; ~ **fuerzas** reprendre des forces. ◆ **recuperarse** vp **-1.** [enfermo] se remettre. **-2.** [de una crisis] se relever.

recurrente adj **-1.** DER appelant(e). **-2.** [repetido] récurrent(e).

recurrir vi **-1.** [buscar ayuda] : ~ **a algo/alguien** avoir recours à qqch/qqn. **-2.** DER faire appel.

recurso m **-1.** [medio] recours m. **-2.** DER pourvoi m; ~ **(de apelación)** appel m. ◆ **recursos** mpl ressources fpl; ~**s propios** ECON fonds mpl propres.

red f **-1.** [gen & INFORM] réseau m; ~ **de carreteras** o **viaria** réseau routier; ~ **de tiendas** chaîne f de magasins; ~ **de ventas** réseau commercial. **-2.** [malla] filet m.

redacción f rédaction f.

redactar vt rédiger.

redactor, ra m, f rédacteur m, -trice f.

redada f coup m de filet.

redención f **-1.** [rescate] rachat m. **-2.** RELIG rédemption f.

redil m enclos m.

redimir vt **-1.** [gen & RELIG] racheter. **-2.** [librar] libérer. ◆ **redimirse** vp [de un castigo] se racheter; [de una obligación] se dispenser.

rédito m ECON intérêt m.

redoblar ◇ vt redoubler; ~ **la vigilancia** redoubler d'attention. ◇ vi battre le tambour; [campanas] sonner.

redomado, da adj fieffé(e); **un mentiroso** ~ un fieffé menteur.

redondear vt **-1.** [gen] arrondir. **-2.** [rematar] : ~ **con** achever par.

redondel m rond m; TAUROM arène f.

redondo, da adj **-1.** [circular, esférico] rond(e); **a la redonda** à la ronde. **-2.** [ventajoso] en or. **-3.** [rotundo] **catégorique**. **-4.** [cantidad] tout rond.

reducción f réduction f.

reducido, da adj réduit(e); [rendimiento] faible; [casa, espacio] petit(e).

reducir ◇ vt **-1.** [gen] réduire. **-2.** [tropas, rebeldes etc] soumettre. ◇ vi AUTOM ralentir. ◆ **reducirse** vp **-1.** [limitarse] : ~**se a** se réduire à. **-2.** [equivaler] : **tanta palabrería se reduce a que...** tout ce verbiage revient à dire que...

reducto m fig [refugio] bastion m.

redundancia f redondance f.

redundante adj redondant(e).

redundar vi : ~ **en beneficio/perjuicio de alguien** tourner à l'avantage/au désavantage de qqn.

reeditar vt rééditer.

reelección f réélection f.

reembolsar, rembolsar vt rembourser. ◆ **reembolsarse** vp être remboursé(e).

reembolso, rembolso m remboursement m.

reemplazar, remplazar vt remplacer.

reemplazo, remplazo m MIL contingent m.

reemprender vt reprendre.

reencarnación f réincarnation f.

reencuentro m retrouvailles fpl.

reestreno m TEATR & CIN reprise f.

reestructurar vt restructurer.

refacción f (gen pl) Amer **-1.** [reparación] réparation f. **-2.** [recambio] pièce f détachée.

refaccionar vt Amer réparer.

refaccionaria f Amer magasin m de pièces détachées.

referencia f référence f; [a una palabra] renvoi m; **con** ~ **a** en ce qui concerne. ◆ **referencias** fpl [informes] références fpl.

referéndum (pl **referéndums**) m référendum m.

referente adj : ~ **a algo** concernant qqch.

referir vt [narrar] rapporter. ◆ **referirse** vp : ~**se a** [aludir] parler de; [remitirse] se référer à; [relacionarse] se rapporter à; **¿a qué te refieres?** de quoi parles-tu?; **por lo que se refiere a...** en ce qui concerne...

refilón ◆ **de refilón** *loc adv* **-1.** [de lado] de biais; **dar de** ~ frôler. **-2.** *fig* [de pasada] en passant.

refinado, da *adj* raffiné(e).

refinamiento *m* raffinement *m*.

refinar *vt* raffiner.

refinería *f* raffinerie *f*.

reflejar *vt lit & fig* refléter. ◆ **reflejarse** *vp lit & fig* se refléter.

reflejo, ja *adj* **-1.** [gen & FÍS] réfléchi(e). **-2.** [dolor, movimiento] réflexe. ◆ **reflejo** *m* **-1.** [gen] reflet *m*. **-2.** [reacción & MED] réflexe *m*. ◆ **reflejos** *mpl* [tinte de pelo] balayage *m*.

reflexión *f* réflexion *f*.

reflexionar *vi* réfléchir.

reflexivo, va *adj* réfléchi(e).

reflujo *m* reflux *m*.

reforma *f* **-1.** [gen] réforme *f*; ~ **agraria** réforme agraire. **-2.** [de local, habitación etc] rénovation *f*; **'cerrado por ~s'** 'fermé pour travaux'. ◆ **Reforma** *f* : **la Reforma** RELIG la Réforme.

reformar *vt* **-1.** [gen] réformer. **-2.** [local, casa etc] rénover. ◆ **reformarse** *vp* changer *(de comportement)*.

reformatorio *m* centre *m* d'éducation surveillée.

reforzar *vt* renforcer.

refractario, ria *adj* réfractaire.

refrán *m* proverbe *m*.

refregar *vt* **-1.** [frotar] frotter; [cacerolas, cacharros] récurer. **-2.** *fig* [restregar] narguer. **-3.** *fig* [reprochar] : ~ **algo a alguien por las narices** jeter qqch à la figure de qqn.

refrescante *adj* rafraîchissant(e).

refrescar ◇ *vt* rafraîchir. ◇ *vi* se rafraîchir. ◆ **refrescarse** *vp* [beber, mojarse] se rafraîchir; [salir] prendre le frais.

refresco *m* [bebida] rafraîchissement *m*.

refriega *f* [pelea] bagarre *f*; MIL échauffourée *f*.

refrigeración *f* **-1.** [de alimentos] réfrigération *f*; [de máquinas] refroidissement *m*. **-2.** [aire acondicionado] climatisation *f*.

refrigerador, ra *adj* réfrigérant(e). ◆ **refrigerador** *m* **-1.** [de alimentos] réfrigérateur *m*. **-2.** [de máquinas] refroidisseur *m*.

refrigerar *vt* **-1.** [alimentos] réfrigérer. **-2.** [máquina] refroidir. **-3.** [local] climatiser.

refrigerio *m* **-1.** [refresco] rafraîchissement *m*. **-2.** [tentempié] collation *f*.

refrito, ta *adj* réchauffé(e). ◆ **refrito** *m* CULIN : **hacer un** ~ **de algo** faire revenir qqch.

refuerzo *m* **-1.** [pieza] renfort *m*. **-2.** [acción] renforcement *m*. ◆ **refuerzos** *mpl* MIL renforts *mpl*.

refugiado, da *adj & m, f* réfugié(e).

refugiar *vt* donner refuge à. ◆ **refugiarse** *vp* se réfugier; ~**se de** se mettre à l'abri de.

refugio *m* refuge *m*; ~ **atómico** abri *m* antiatomique.

refulgir *vi* resplendir.

refunfuñar *vi* ronchonner.

refutar *vt* réfuter.

regadera *f* **-1.** [gen] arrosoir *m*. **-2.** *Amer* [ducha] douche *f*.

regadío *m* terres *fpl* irrigables.

regalado, da *adj* **-1.** [barato] donné(e); **tener un precio** ~ être donné(e). **-2.** [agradable] agréable.

regalar *vt* [dar, deleitar] offrir; **le regaló flores** il lui a offert des fleurs; **nos regaló con sus últimos poemas** il nous a offert ses derniers poèmes. ◆ **regalarse** *vp* : ~**se con algo** s'offrir qqch.

regaliz *m* réglisse *f*.

regalo *m* **-1.** [obsequio] cadeau *m*. **-2.** [placer] régal *m*.

regalón, ona *adj Amer fam* gâté(e).

regañadientes ◆ **a regañadientes** *loc adv fam* en rechignant.

regañar ◇ *vt* [reprender] gronder. ◇ *vi* [pelearse] se disputer.

regañina *f* **-1.** [reprensión] réprimande *f*. **-2.** [enfado] dispute *f*.

regañón, ona *adj & m, f* ronchonneur(euse).

regar *vt lit & fig* arroser.

regata *f* **-1.** NÁUT régate *f*. **-2.** [reguera] rigole *f*.

regatear ◇ *vt* **-1.** [mercancía] marchander. **-2.** DEP dribbler. ◇ *vi* **-1.** [discutir el precio] marchander. **-2.** NÁUT participer à une régate.

regateo *m* marchandage *m*.

regazo *m* giron *m*.

regeneración *f* **-1.** [de tejido, órgano] régénération *f*. **-2.** [de persona] transformation *f (morale)*.

regenerar *vt* **-1.** [tejido, órgano] régénérer. **-2.** [persona] transformer.

regentar *vt* diriger; [almacén, café etc] tenir.

regente ◇ *adj* régent(e). ◇ *mf* **-1.** [de un país] régent *m*, -e *f*. **-2.** [administrador] gérant *m*, -e *f*. ◇ *m Amer* [alcalde] maire *m*.

reggae *m* reggae *m*.

regidor, ra *m, f* **-1.** [concejal] conseiller *m* municipal, conseillère *f* municipale. **-2.** TEATR & CIN & TV régisseur *m*.

régimen (*pl* **regímenes**) *m* régime *m*; [de colegio, instituto etc] règlement *m*; **Antiguo** ~ Ancien Régime; **estar a** ~ être au régime.

regimiento *m* régiment *m*.

regio, gia *adj lit & fig* royal(e).

región *f* région *f*.

regir ◇ *vt* **-1.** [gen] régir. **-2.** [país, nación] diriger; [negocio] tenir. ◇ *vi* **-1.** [ley] être en vigueur. **-2.** *fig* [persona] : ~ **muy bien** avoir toute sa tête. ◆ **regirse** *vp* : ~**se por** se fier à, suivre.

registrado, da *adj* **-1.** [grabado] enregistré(e). **-2.** [patentado] déposé(e).

registrador, ra ◇ *adj* enregistreur(euse). ◇ *m, f* préposé *m*, -e *f* à un registre.

registrar ◇ *vt* **-1.** [gen] enregistrer; [nacimiento, defunción etc] déclarer; [patente] déposer. **-2.** [inspeccionar] fouiller. ◇ *vi* fouiller. ◆ **registrarse** *vp* [matricularse] s'inscrire; [suceder] se produire.

registro *m* **-1.** [gen, INFORM & MÚS] registre *m*; **inscribir en el** ~ **civil** inscrire à l'état civil. **-2.** [inspección] fouille *f*. **-3.** [señal] signet *m*.

regla *f* **-1.** [gen] règle *f*; **en** ~ en règle; **por** ~ **general** en règle générale. **-2.** MAT opération *f*. **-3.** *fam* [menstruación] règles *fpl*.

reglamentación *f* réglementation *f*.

reglamentar *vt* réglementer.

reglamentario, ria *adj* réglementaire.

reglamento *m* règlement *m*.

reglar *vt* régler.

regocijar *vt* réjouir. ◆ **regocijarse** *vp* : ~**se (con** ○ **de)** se réjouir (de).

regocijo *m* joie *f*.

regodeo *m* délectation *f*.

regordete *adj* rondelet(ette).

regresar ◇ *vi* rentrer. ◇ *vt Amer* [devolver] rendre. ◆ **regresarse** *vp Amer* [volver] rentrer.

regresión *f* régression *f*; [de exportaciones, ventas] recul *m*.

regresivo, va *adj* régressif(ive).

regreso *m* retour *m*.

reguero *m* [de agua, sangre] flot *m*; [de pólvora] traînée *f*.

regulación *f* contrôle *m*; [de mecanismo, reloj] réglage *m*.

regulador, ra *adj* régulateur(trice).

regular[1] ◇ *adj* **-1.** [reglado, uniforme] régulier(ère). **-2.** [mediocre] moyen(enne). **-3.** [moderado] raisonnable. ◇ *adv* [de salud] comme ci comme ça. ◆ **por lo regular** *loc adv* habituellement.

regular[2] *vt* **-1.** [gen] régler. **-2.** [reglamentar] contrôler.

regularidad *f* régularité *f*; **con** ~ régulièrement.

regularizar *vt* régulariser. ◆ **regularizarse** *vp* se mettre en règle.

regusto *m* arrière-goût *m*; *fig* [semejanza] air *m*.

rehabilitación *f* **-1.** [gen] réhabilitation *f*. **-2.** MED rééducation *f*.

rehabilitar *vt* **-1.** [gen] réhabiliter. **-2.** MED rééduquer.

rehacer *vt* refaire. ◆ **rehacerse** *vp* [recuperarse] se remettre.

rehén (*pl* **rehenes**) *m* otage *m*.

rehogar *vt* CULIN faire revenir.

rehuir *vt* fuir; **rehuyó contestarme** il a refusé de me répondre.

rehusar *vt* refuser.

reimpresión *f* réimpression *f*.

reina *f* **-1.** [monarca] reine *f*. **-2.** [en naipes] ≃ dame *f*.

reinado *m* règne *m*.

reinante *adj* **-1.** [persona, monarquía] régnant(e). **-2.** *fig* [frío, calor] qui règne.

reinar *vi* régner.

reincidir *vi* récidiver; ~ **en** [falta, error] retomber dans.

reincorporar *vt* [MIL & puesto] réintégrer. ◆ **reincorporarse** *vp* : ~**se a** [servicio militar] être réincorporé dans; [trabajo] reprendre.

reino *m* **-1.** [gen] royaume *m*. **-2.** BIOL règne *m*.

Reino Unido *m* : **el** ~ le Royaume-Uni.

reinserción *f* réinsertion *f*.

reintegrar *vt* **-1.** [dinero] restituer. **-2.** [timbrar] mettre un timbre fiscal sur. ◆ **reintegrarse** *vp* : ~**se a** [puesto] réintégrer; [sociedad] se réinsérer dans.

reintegro *m* **-1.** [reincorporación] réintégration *f*. **-2.** [en lotería] remboursement *m* du billet. **-3.** [póliza] timbre *m* fiscal.

reír ◇ *vi* rire. ◇ *vt* rire de; **le ríe todas las gracias** il rit de toutes ses plaisanteries. ◆ **reírse** *vp* rire; ~**se con** o **de algo** rire de qqch.; ~**se de alguien** se moquer de qqn.

reiterar *vt* réaffirmer; [solicitud] réitérer.

reiterativo, va *adj* répétitif(ive); **un discurso** ~ un discours plein de répétitions.

reivindicación *f* revendication *f*.

reivindicar *vt* revendiquer.

reivindicativo, va *adj* revendicatif(ive).

reja *f* grille *f*.

rejego, ga *adj Amer fam* têtu(e) comme une mule.

rejilla *f* –1. [enrejado] grillage *m*; [de cocina, horno] grille *f*. –2. [de silla] cannage *m*.

rejoneador, ra *m, f* TAUROM rejoneador *m*, -ra *f (torero à cheval)*.

rejoneo *m* TAUROM corrida *f* à cheval.

rejuntarse *vp fam* se mettre à la colle.

rejuvenecer *vt & vi* rajeunir. ◆ **rejuvenecerse** *vp* rajeunir.

relación *f* –1. [gen] relation *f*; **con** ~ **a, en** ~ **con** en ce qui concerne; **tener** ~ **con alguien** fréquenter qqn; ~ **precio-calidad** rapport *m* qualité-prix; **relaciones públicas** relations publiques. –2. [enumeración] liste *f*. –3. [descripción] récit *m*. –4. [informe] rapport *m*. ◆ **relaciones** *fpl* [contactos] relations *fpl*.

relacionar *vt* –1. [vincular] mettre en relation. –2. [relatar] rapporter. ◆ **relacionarse** *vp* se faire des relations; ~**se con alguien** fréquenter qqn.

relajación *f* –1. [reposo] relaxation *f*. –2. *fig* [depravación] relâchement *m*.

relajar *vt* –1. [músculo] décontracter. –2. *fig* [depravar] relâcher. ◆ **relajarse** *vp* [descansar] se détendre.

relajo *m Amer fam* [alboroto] foire *f*.

relamer *vt* lécher. ◆ **relamerse** *vp* –1. [los labios] se pourlécher. –2. *fig* [deleitarse] se réjouir.

relamido, da *adj* –1. [artificial] affecté(e). –2. [pulcro] soigné(e).

relámpago *m* éclair *m*.

relampaguear *vi fig* lancer des éclairs.

relatar *vt* [suceso] relater; [historia] raconter.

relatividad *f* relativité *f*.

relativo, va *adj* relatif(ive).

relato *m* [exposición] rapport *m*; [narración] récit *m*.

relax *m inv* –1. [relajación] relaxation *f*. –2. [bienestar] détente *f*. –3. [sección de periódico] petites annonces *fpl* spécialisées.

relegar *vt* : ~ **(a)** reléguer (à).

relente *m* fraîcheur *f* nocturne.

relevante *adj* éminent(e); [información] important; **de importancia** ~ de première importance.

relevar *vt* –1. [eximir] : ~ **a alguien de** [trabajo, obligación] dispenser qqn de; ~ **a alguien de su cargo** relever qqn de ses fonctions. –2. [sustituir & DEP] relayer.

relevo *m* –1. MIL relève *f*. –2. DEP [acción] relais *m*. ◆ **relevos** *mpl* DEP [carrera] course *f* de relais.

relieve *m* relief *m*; **bajo** ~ bas-relief *m*; **poner de** ~ *fig* mettre en relief.

religión *f* religion *f*.

religioso, sa *adj & mf* religieux(euse).

relinchar *vi* hennir.

reliquia *f* relique *f*; *fig* [recuerdo] souvenir *m*.

rellano *m* [de escalera] palier *m*.

rellenar *vt* –1. [gen] remplir; [agujeros] boucher. –2. CULIN farcir.

relleno, na *adj* CULIN [aceituna, pimiento] farci(e); [tarta, pastel] fourré(e); **estar** ~ [persona] être enveloppé. ◆ **relleno** *m* CULIN farce *f*; [de tarta, pastel] garniture *f*; *fig* remplissage *m*.

reloj *m* horloge *f*; [de pulsera] montre *f*; ~ **de arena** sablier *m*; ~ **(de pared)** pendule *f*; ~ **de pulsera** montre-bracelet *f*; **(~) despertador** réveil *m*; **hacer algo contra** ~ *fig* faire qqch dans l'urgence.

relojería *f* horlogerie *f*.

relojero, ra *m, f* horloger *m*, -ère *f*.

reluciente *adj* brillant(e).

relucir *vi* briller; **sacar algo a** ~ *fam fig* remettre qqch sur le tapis.

remachar *vt* –1. [machacar] river. –2. *fig* [recalcar] appuyer.

remache *m* –1. [remachado] rivetage *m*. –2. [roblón] rivet *m*.

remanente *m* reste *m*; [de cuenta bancaria] solde *m* positif.

remangar = **arremangar**.

remanso *m* nappe *f* d'eau dormante.

remar *vi* ramer.

rematado, da *adj* –1. [acabado] achevé(e). –2. *fig* [incurable] fini(e); **ser un loco** ~ être fou à lier.

rematar ◇ *vt* **-1.** [acabar, matar] achever. **-2.** [adjudicar] adjuger. **-3.** [vender] liquider. **-4.** DEP: ~ **el pase** tirer au but. ◇ *vi* DEP tirer au but.

remate *m* **-1.** [fin] fin *f.* **-2.** *fig* [colofón] couronnement *m.* **-3.** [adjudicación] adjudication *f.* **-4.** DEP tir *m* au but. ◆ **de remate** *loc adv* complètement; **loco de** ~ fou à lier.

rembolsar = reembolsar.

rembolsarse = reembolsarse.

rembolso = reembolso.

remedar *vt* [imitar] imiter; *fig* [por burla] singer.

remediar *vt* **-1.** [mal, problema] remédier à; [daño] réparer. **-2.** [peligro] éviter.

remedio *m* **-1.** [gen] solution *f*; **como último** ~ en dernier recours; **no hay** ◇ **queda más** ~ **que...** il n'y a pas d'autre solution que de...; **no tiene más** ~ il n'a pas le choix; **sin** ~ [inevitablemente] forcément. **-2.** [consuelo] réconfort *m.* **-3.** [medicina] remède *m.*

rememorar *vt* remémorer.

remendar *vt* racommoder; [con parches] rapiécer; [con parches] rapiécer.

remero, ra *m, f* rameur *m*, -euse *f.* ◆ **remera** *f Amer* [prenda] T-shirt *m.*

remesa *f* [envío] livraison *f.*

remeter *vt* remettre; ~ **las sábanas** border le lit.

remezón *m Amer* tremblement *m* de terre.

remiendo *m* **-1.** [parche] pièce *f.* **-2.** *fam* [apaño] rafistolage *m*; **hacer un** ~ **en algo** rafistoler qqch.

remilgado, da *adj* minaudier(ère); **ser** ~ **comiendo** faire la fine bouche.

remilgo *m* minauderie *f.*

reminiscencia *f* réminiscence *f.*

remiso, sa *adj* : **ser** ~ **a hacer algo** n'avoir guère envie de faire qqch.

remite *m* : **el** ~ le nom et l'adresse de l'expéditeur.

remitente *mf* expéditeur *m*, -trice *f.*

remitir ◇ *vt* **-1.** [enviar] expédier. **-2.** [perdonar] remettre. **-3.** [traspasar] transmettre. ◇ *vi* **-1.** [en texto] : ~ **a** renvoyer à. **-2.** [disminuir] s'apaiser; [fiebre] baisser. ◆ **remitirse** *vp* : ~**se a** [atenerse a] s'en remettre à; [referirse a] se reporter à.

remo *m* **-1.** [pala] rame *f.* **-2.** DEP aviron *m.* **-3.** (*gen pl*) [extremidad – de hombre] membres *mpl*; [– de cuadrúpedo] pattes *fpl*; [– de ave] ailes *fpl.*

remoción *f Amer* destitution *f.*

remodelar *vt* [ley, gabinete] remanier; [edificio] rénover.

remojar *vt* **-1.** [humedecer] faire tremper; [pan] tremper. **-2.** *fam* [festejar] arroser.

remojo *m* : **poner en** ~ faire tremper.

remolacha *f* betterave *f.*

remolcador, ra *adj* remorqueur(euse); **un barco** ~ un remorqueur; **un coche** ~ une dépanneuse. ◆ **remolcador** *m* remorqueur *m.*

remolcar *vt* remorquer.

remolino *m* **-1.** [gen] tourbillon *m*; [de agua] remous *m*; *fig* [de gente] foule *f.* **-2.** [de pelo] épi *m.*

remolón, ona ◇ *adj* lambin(e). ◇ *m, f* : **hacerse el** ~ lambiner.

remolque *m* **-1.** [acción] remorquage *m.* **-2.** [vehículo] remorque *f.*

remontar *vt* **-1.** [pendiente, montaña] gravir; [río, posiciones] remonter. **-2.** [obstáculo, desgracia] surmonter. **-3.** [elevar en el aire] faire monter. ◆ **remontarse** *vp* **-1.** [aves, aviones] s'élever; ~**se a** [gastos] s'élever à. **-2.** *fig* [datar] : ~**se a** remonter à.

remonte *m* remontée *f* mécanique.

rémora *f fam fig* [obstáculo] handicap *m.*

remorder *vt fig* [atormentar, inquietar] : ~**le algo a alguien** ronger qqn; **me remuerde haberle reprendido** je m'en veux de l'avoir grondé.

remordimiento *m* remords *m.*

remoto, ta *adj* **-1.** [en el tiempo, espacio] lointain(e). **-2.** *fig* [improbable] minime; **no tengo ni la más remota idea de ello** je n'en ai pas la moindre idée.

remover *vt* **-1.** [gen] remuer. **-2.** [muebles, objetos] déplacer. **-3.** [pasado] fouiller dans. **-4.** *Amer* [despedir] destituer. ◆ **removerse** *vp* s'agiter.

remplazar = reemplazar.

remplazo = reemplazo.

remuneración *f* rémunération *f.*

remunerar *vt* **-1.** [pagar] rémunérer. **-2.** [recompensar] récompenser.

renacer *vi* renaître.

renacimiento *m* renaissance *f.* ◆ **Renacimiento** *m* : **el Renacimiento** la Renaissance.

renacuajo *m* **-1.** ZOOL têtard *m.* **-2.** *fam fig* [niño] bout-de-chou *m.*

renal *adj* rénal(e).

rencilla *f* querelle *f.*

rencor *m* rancune *f.*

rencoroso, sa *adj & m, f* rancunier(ère).

rendición *f* reddition *f.*

rendido, da *adj* **-1.** [agotado] épuisé(e). **-2.** *fig* [sumiso] : **caer ~ ante** tomber à genoux devant; **un ~ admirador** un fervent admirateur.

rendija *f* fente *f.*

rendimiento *m* [gen] rendement *m.*

rendir ◇ *vt* **-1.** [vencer] soumettre. **-2.** [ofrecer] rendre; **~ homenaje/culto a** rendre hommage/un culte à. **-3.** [cansar] épuiser. ◇ *vi* [tener rendimiento] être performant(e); [negocio] être rentable. ◆ **rendirse** *vp* **-1.** [gen] : **~se (a)** se rendre (à); **~se ante la evidencia** se rendre à l'évidence. **-2.** [desanimarse] abandonner.

renegado, da ◇ *adj* apostat(e). ◇ *m, f* renégat *m,* -e *f.*

renegar ◇ *vt* : **negar y ~ algo** nier fermement qqch. ◇ *vi* **-1.** [repudiar & RELIG] : **~ de algo/alguien** renier qqch/qqn. **-2.** *fam* [gruñir] ronchonner.

Renfe (*abrev de* **Red Nacional de los Ferrocarriles Españoles**) *f réseau public espagnol des chemins de fer,* ≃ SNCF.

renglón *m* [línea] ligne *f;* [del presupuesto] poste *m.*

reno *m* renne *m.*

renombrar *vt* INFORM renommer.

renombre *m* renom *m.*

renovación *f* **-1.** [gen] renouvellement *m.* **-2.** [reforma, actualización] rénovation *f.*

renovar *vt* **-1.** [gen] renouveler; [carné, pasaporte] faire renouveler. **-2.** [reformar, actualizar] rénover. **-3.** [innovar] donner une nouvelle dimension à.

renquear *vi* clopiner; *fig* vivoter.

renta *f* **-1.** [ingresos] revenu *m;* **~ fija/variable** FIN revenu fixe/variable; **~ per cápita** ○ **por habitante** revenu par habitant. **-2.** [pensión] rente *f;* **vivir de las ~s** vivre de ses rentes. **-3.** [alquiler] loyer *m.* ◆ **renta pública** *f* dette *f* publique.

rentable *adj* rentable.

rentar ◇ *vt* **-1.** [rendir] rapporter. **-2.** *Amer* [alquilar] louer. ◇ *vi* rapporter.

rentista *mf* rentier *m,* -ère *f.*

renuncia *f* renoncement *m.*

renunciar *vi* renoncer; **~ a algo** [gen] renoncer à qqch; [rechazar] refuser qqch.

reñido, da *adj* **-1.** [desavenido] brouillé(e). **-2.** [batalla, lucha] serré(e). **-3.** [opuesto] : **estar ~ con** être incompatible avec.

reñir ◇ *vt* **-1.** [persona, perro] gronder. **-2.** [batalla, combate] livrer. ◇ *vi* [enfadarse] se disputer.

reo, a *m, f* inculpé *m,* -e *f.*

reojo *m* : **mirar de ~** regarder du coin de l'œil.

repantingarse *vp* se vautrer *(dans un fauteuil).*

reparación *f* réparation *f.*

reparador, ra *adj* [descanso, sueño] réparateur(trice).

reparar ◇ *vt* réparer. ◇ *vi* [advertir] : **~ en algo** remarquer qqch; **no ~ en gastos** ne pas regarder à la dépense.

reparo *m* **-1.** [pega] objection *f.* **-2.** [apuro] : **no tener ~s en** ne pas hésiter à.

repartición *f* répartition *f.*

repartidor, ra ◇ *adj* distributeur(trice). ◇ *m, f* livreur *m,* -euse *f.*

repartir *vt* **-1.** [dividir] partager. **-2.** [entregar] livrer; [correo, cartas, órdenes] distribuer; **~ justicia** rendre la justice. **-3.** [esparcir] étaler. **-4.** [asignar] répartir.

reparto *m* **-1.** [gen, CIN & TEATR] distribution *f.* **-2.** [división] partage *m.* **-3.** [de mercancía] livraison *f;* **~ de beneficios** ECON participation *f* aux bénéfices. **-4.** [asignación] répartition *f.*

repasador *m Amer* torchon *m.*

repasar *vt* **-1.** [revisar] réviser, revoir. **-2.** [recoser] recoudre.

repaso *m* **-1.** [revisión] révision *f.* **-2.** *fam* [reprimenda] savon *m.*

repatear *vt fam* **me repatea...** ça me dégoûte...

repatriar *vt* rapatrier.

repecho *m* raidillon *m.*

repelente *adj* repoussant(e); [niño] odieux(euse).

repeler *vt* **-1.** [rechazar] repousser. **-2.** [repugnar] dégoûter.

repelús *m* : **dar ~** donner le frisson.

repente ◆ **de repente** *loc adv* tout à coup.

repentino, na *adj* soudain(e).

repercusión *f* répercussion *f;* **su película tuvo gran ~ en el público** son film a eu un grand retentissement dans le public.

repercutir *vi* : **~ en** se répercuter sur.

repertorio *m* répertoire *m.*

repesca *f* EDUC repêchage *m*.

repetición *f* répétition *f*.

repetidor, ra ◇ *adj* : **un alumno** ~ **un redoublant**. ◇ *m, f* EDUC redoublant *m*, -e *f*. ◆ **repetidor** *m* ELECTR relais *m*.

repetir ◇ *vt* **-1.** [gen] répéter. **-2.** EDUC : ~ **curso** redoubler. **-3.** [en comida] : ~ **algo** reprendre de qqch. ◇ *vi* **-1.** EDUC redoubler. **-2.** [alimento] donner des renvois. **-3.** [comensal] reprendre de. ◆ **repetirse** *vp* se répéter.

repicar ◇ *vt* [campanas] faire sonner; [tambor] battre. ◇ *vi* [campanas] carillonner; [tambor] battre.

repique *m* [de campanas] carillon *m*.

repiqueteo *m* **-1.** [de campanas, timbre] carillon *m*; [de tambor] roulement *m*. **-2.** *fig* [de dedos, lluvia] tambourinement *m*.

repisa *f* **-1.** [estante] tablette *f*. **-2.** ARQUIT console *f*.

replantear *vt* [tema, problema] reposer.

replegar *vt* replier. ◆ **replegarse** *vp* MIL se replier.

repleto, ta *adj* : ~ **de** plein de; **estoy** ~ je suis repu; **el autobús estaba** ~ l'autobus était plein à craquer.

réplica *f* **-1.** [gen] réplique *f*. **-2.** [respuesta] réponse *f*; **el derecho de** ~ le droit de réponse.

replicar *vt* répliquer.

repliegue *m* repli *m*.

repoblación *f* repeuplement *m*; ~ **forestal** reboisement *m*.

repoblar *vt* repeupler.

repollo *m* chou *m* pommé.

reponer *vt* **-1.** [volver a poner] remettre; [en empleo, cargo] rétablir. **-2.** [sustituir] remplacer. **-3.** TEATR & CIN reprendre. **-4.** [replicar] répondre. ◆ **reponerse** *vp* : ~**se (de)** se remettre (de); **tardó en** ~**se** il a mis du temps à s'en remettre.

reportaje *m* reportage *m*.

reportar *vt* **-1.** [gen] apporter. **-2.** ECON rapporter. **-3.** *Amer* [informar] faire un rapport à.

reporte *m* *Amer* rapport *m*.

reportero, ra, **repórter** *m, f* reporter *m*.

reposado, da *adj* posé(e); [decisión] réfléchi(e).

reposar *vi* **-1.** [gen] reposer. **-2.** [descansar] se reposer.

reposera *f* *Amer* chaise *f* longue.

reposición *f* TEATR, CIN & TV reprise *f*.

reposo *m* repos *m*.

repostar *vt* : ~ **combustible** [suj : avión] se ravitailler en carburant; ~ **gasolina** [suj : coche] prendre de l'essence; **el avión hizo escala para** ~ **l'avion** a fait une escale technique.

repostería *f* pâtisserie *f*.

reprender *vt* réprimander.

reprensión *f* réprimande *f*.

represa *f* *Amer* [presa] barrage *m*.

represalia *f* (*gen pl*) représailles *fpl*.

representación *f* représentation *f*; **en** ~ **de** en tant que représentant de.

representante ◇ *adj* : **ser** ~ **de algo** être représentatif(ive) de qqch. ◇ *mf* **-1.** [gen & COM] représentant *m*, -e *f*. **-2.** [de artista] agent *m*.

representar *vt* **-1.** [gen & COM] représenter. **-2.** [aparentar] paraître; **no** ~ **su edad** ne pas faire son âge. **-3.** TEATR [obra] jouer.

representativo, va *adj* **-1.** [gen] : ~ **(de)** représentatif(ive) de. **-2.** [que simboliza] : **ser** ~ **de algo** représenter qqch.

represión *f* **-1.** [política] répression *f*. **-2.** [psicológica] refoulement *m*.

reprimenda *f* réprimande *f*.

reprimir *vt* réprimer; [grito] retenir. ◆ **reprimirse** *vp* réprimer ses envies.

reprobar *vt* réprouver.

reprochar *vt* reprocher. ◆ **reprocharse** *vp* se reprocher.

reproche *m* reproche *m*.

reproducción *f* reproduction *f*.

reproducir *vt* reproduire; [discurso] restituer. ◆ **reproducirse** *vp* se reproduire.

reproductor, ra *adj* BIOL reproducteur(trice).

reptil *m* reptile *m*.

república *f* république *f*. ◆ **República Checa** *f* République *f* tchèque. ◆ **República Dominicana** *f* République *f* Dominicaine.

republicano, na *adj & m, f* républicain(e).

repudiar *vt* repousser; [suj : marido] répudier.

repudio *m* répudiation *f*.

repuesto, ta ◇ *pp irreg* → **reponer**. ◇ *adj* remis(e) (*d'une maladie etc*). ◆ **repuesto** *m* pièce *f* de rechange.

repugnancia *f* répugnance *f*.

repugnante *adj* répugnant(e).

repugnar *vt* : **este olor me repugna** cette odeur me répugne; **me repugna este tipo de película** j'ai horreur de ce genre de film.

repujar *vt* repousser *(graver)*.

repulsa *f* : ~ **ante algo** [medidas, política] rejet *m*; [violencia, crimen] réprobation *f*.

repulsión *f* [aversión] répulsion *f*.

repulsivo, va *adj* repoussant(e).

reputación *f* réputation *f*; **tener buena/mala** ~ avoir bonne/mauvaise réputation.

requemado, da *adj* brûlé(e).

requerimiento *m* **-1.** [demanda] requête *f*. **-2.** DER [orden] sommation *f*; [aviso] mise *f* en demeure.

requerir *vt* [necesitar] exiger. ◆ **requerirse** *vp* [ser necesario] falloir; **se requiere la nacionalidad española** la nationalité espagnole est exigée.

requesón *m* sorte de fromage frais.

requisa *f* **-1.** [requisición] réquisition *f*. **-2.** [inspección] : **pasar** ~ a faire l'inspection de.

requisito *m* condition *f* requise.

res *f* tête *f* de bétail.

resabio *m* **-1.** [sabor] arrière-goût *m*. **-2.** *fig* [costumbre] mauvaise habitude *f*.

resaca *f* **-1.** *fam* [de borrachera] gueule *f* de bois. **-2.** [de las olas] ressac *m*.

resalado, da *adj fam* qui a du piquant; [niño] très gracieux(euse).

resaltar *vi* **-1.** [destacar] ressortir; [persona] se distinguer. **-2.** [balcón, cornisa etc] faire saillie. ◇ *vt* [destacar] faire ressortir.

resarcir *vt* : ~ **a alguien (de algo)** dédommager qqn (de qqch). ◆ **resarcirse** *vp* : ~ **se de** se dédommager de.

resbalada *f Amer fam* glissade *f*.

resbaladizo, za *adj* **-1.** [gen] glissant(e). **-2.** *fig* [asunto, cuestión etc] délicat(e).

resbalar *vi* glisser; [suelo, calzada] être glissant(e). ◆ **resbalarse** *vp* glisser.

resbalón *m* : **dar** ○ **pegar un** ~ glisser.

rescatar *vt* sauver; [rehén, secuestrado] délivrer; [mediante pago] racheter.

rescate *m* **-1.** [de persona en peligro] sauvetage *m*. **-2.** [de rehén, secuestrado] délivrance *f*, libération *f*. **-3.** [dinero] rançon *f*.

rescindir *vt* résilier.

rescisión *f* résiliation *f*.

rescoldo *m* **-1.** [brasa] dernières braises *fpl*. **-2.** *fig* [de un sentimiento] restes *mpl*.

resecar *vt* dessécher. ◆ **resecarse** *vp* se dessécher.

reseco, ca *adj* desséché(e); [piel, pan] très sec(sèche).

resentido, da ◇ *adj* : **estar** ~ **con alguien** en vouloir à qqn. ◇ *m, f* : **es un** ~ il est aigri.

resentimiento *m* ressentiment *m*.

resentirse *vp* **-1.** [debilitarse – salud] se dégrader; [– cimientos] être ébranlé(e). **-2.** [sentir molestias] : ~ **de** se ressentir de. **-3.** [ofenderse] s'offenser.

reseña *f* compte rendu *m*.

reseñar *vt* faire le compte rendu de.

reserva ◇ *f* **-1.** [gen, MIL & ECON] réserve *f*; **con** ~**s** [objeción] avec quelques réserves; ~ **natural** réserve naturelle. **-2.** [de hotel, tren etc] réservation *f*. **-3.** [discreción] discrétion *f*. ◇ *mf* DEP remplaçant *m*, -e *f*. ◇ *m* [vino] : **un** ~ **del 81** un millésime 81. ◆ **reservas** *fpl* réserves *fpl*.

reservado, da *adj* réservé(e). ◆ **reservado** *m* [en tren] compartiment *m* réservé; [en restaurante] salon *m* particulier.

reservar *vt* réserver. ◆ **reservarse** *vp* se réserver; **me reservo para el postre** je me réserve pour le dessert.

resfriado, da *adj* enrhumé(e). ◆ **resfriado** *m* rhume *m*.

resfriar *vt* refroidir. ◆ **resfriarse** *vp* [constiparse] prendre froid.

resfrío *m Amer* rhume *m*.

resguardar *vt* : ~ **de** protéger de. ◆ **resguardarse** *vp* : ~ **se de** se mettre à l'abri de.

resguardo *m* **-1.** [documento] reçu *m*; [de envío certificado] récépissé *m*. **-2.** [protección] abri *m*.

residencia *f* **-1.** [lugar] lieu *m* de résidence. **-2.** [casa, establecimiento] résidence *f*; ~ **universitaria** résidence universitaire. **-3.** [hospital] hôpital *m*. **-4.** [periodo de formación] internat *m*. **-5.** [permiso para extranjeros] permis *m* de séjour.

residencial *adj* résidentiel(elle).

residente ◇ *adj* : **los extranjeros** ~**s en España** les étrangers résidant en Espagne. ◇ *mf* **-1.** [gen] résident *m*, -e *f*. **-2.** [médico] interne *m*.

residir *vi* **-1.** [vivir] : ~ **en** [país] résider en; [ciudad] résider à; **reside en la calle Sargenta, número 1** il réside au número 1 de la rue Sargenta. **-2.** [radicar] : ~ **en** résider dans.

residuo *m* résidu *m*; ~**s radiactivos** déchets *m* radioactifs.

resignación *f* résignation *f*.

resignarse *vp* : ~ **(a hacer algo)** se résigner (à faire qqch).

resina f résine f.

resistencia f résistance f; **oponer gran ~ a** opposer une grande résistance à.

resistente adj résistant(e).

resistir ◇ vt **-1.** [gen] : ~ **(algo)** résister (à qqch); **precio que resiste toda competencia** prix qui défie toute concurrence. **-2.** [tolerar] supporter. ◇ vi : ~ **(a)** résister (à). ◆ **resistirse** vp : ~**se (a)** résister (à).

resma f rame f (de papier).

resol m réverbération f du soleil.

resollar vi souffler.

resolución f **-1.** [gen] résolution f; **para la ~ de algo** pour résoudre qqch. **-2.** [firmeza] détermination f; **de mucha ~** résolu(e). **-3.** DER décision f.

resolver vt **-1.** [solucionar] résoudre; **con ese gol el partido estaba resuelto** avec ce but le match était gagné. **-2.** [decidir] : ~ **hacer algo** résoudre de faire qqch. ◆ **resolverse** vp **-1.** [solucionarse] être résolu(e). **-2.** [decidirse] : ~**se a hacer algo** se résoudre à faire qqch.

resonancia f **-1.** [gen & FÍS] résonance f. **-2.** fig [de una noticia etc] retentissement m.

resonar vi résonner.

resoplar vi [por enfado] grogner.

resoplido m : **dar ~s** grogner.

resorte m ressort m; **los ~s del poder** les rênes du pouvoir.

respaldar vt soutenir, appuyer. ◆ **respaldarse** vp : ~**se en** [un asiento] s'adosser à; fig [apoyarse] reposer sur.

respaldo m **-1.** [de asiento] dossier m. **-2.** fig [apoyo] soutien m.

respectar v impers : **por lo que respecta a alguien/a algo, en lo que respecta a alguien/a algo** en ce qui concerne qqn/qqch.

respectivo, va adj respectif(ive); **sus ~s padres** leurs parents respectifs.

respecto m : **al ~, a este ~** à ce sujet; **(con) ~ a, ~ de** au sujet de.

respetable adj respectable.

respetar vt respecter.

respeto m respect m; **por ~ a** par respect pour.

respetuoso, sa adj respectueux(euse).

respingo m [de animal] : **dar un ~** ruer.

respingón, ona adj : **una nariz respingona** un nez en trompette.

respiración f respiration f; **~ asistida** respiration artificielle.

respirar ◇ vt respirer. ◇ vi respirer; **no dejar ~ a alguien** fig ne pas laisser qqn souffler.

respiratorio, ria adj respiratoire.

respiro m **-1.** [descanso] répit m; **necesitar un ~** avoir besoin de souffler. **-2.** [alivio] soulagement m.

resplandecer vi **-1.** [brillar] resplendir. **-2.** fig [destacar] briller.

resplandeciente adj resplendissant(e).

resplandor m éclat m.

responder ◇ vt [contestar] : ~ **a alguien** répondre à qqn; [pregunta, cuestión etc] répondre à. ◇ vi [un negocio] marcher; ~ **a** répondre à; [tratamiento] réagir à; ~ **de algo/de alguien** répondre de qqch/de qqn.

respondón, ona adj & m, f insolent(e).

responsabilidad f responsabilité f.

responsabilizar vt faire porter la responsabilité à. ◆ **responsabilizarse** vp : ~**se de algo** assumer la responsabilité de.

responsable ◇ adj : ~ **(de)** responsable (de). ◇ mf responsable mf.

respuesta f réponse f; **en ~ a** en réponse à.

resquebrajar vt fendiller; [vajilla, hielo etc] fêler. ◆ **resquebrajarse** vp se fendiller; [vajilla, hielo etc] se fêler.

resquicio m **-1.** [abertura] fente f; [de puerta] entrebâillement m. **-2.** fig [de esperanza] lueur f.

resta f soustraction f.

restablecer vt rétablir. ◆ **restablecerse** vp **-1.** [curarse] se rétablir. **-2.** [reimplantarse] être rétabli(e).

restallar ◇ vt faire claquer. ◇ vi claquer.

restante adj restant(e); **los ~s años de mi vida** les années qu'il me reste à vivre; **lo ~** le reste.

restar ◇ vt **-1.** MAT soustraire. **-2.** fig [disminuir – importancia, méritos] **enlever**; [– autoridad] affaiblir; ~ **dramatismo** dédramatiser. **-3.** [en tenis] retourner. ◇ vi [faltar] rester.

restauración f restauration f.

restaurante m restaurant m.

restaurar vt restaurer.

restitución f restitution f.

restituir vt **-1.** [devolver] restituer; ~ **la salud** remettre sur pied. **-2.** [restaurar] : ~ **algo a** rétablir qqch dans.

resto m reste m. ◆ **restos** mpl restes mpl.

restregar vt frotter. ◆ **restregarse** vp [manos] se frotter; ~**se por el suelo** se traîner par terre.

restricción f -1. [reducción] restriction f. -2. (gen pl) [de agua, alimentos etc] rationnement m.

restrictivo, va adj restrictif(ive).

restringir vt restreindre; [agua, alimentos etc] rationner.

resucitar vt & vi ressusciter.

resuello m souffle m.

resulta ◆ **de resultas de** loc adv à la suite de.

resuelto, ta ◇ pp irreg → **resolver**. ◇ adj résolu(e).

resultado m résultat m.

resultante ◇ adj : ~ **de** qui résulte de. ◇ f FÍS résultante f.

resultar ◇ vi -1. [tener como consecuencia] résulter; **¿qué resultará de todo esto?** que ressortira-t-il de tout cela? -2. [ser] : **nuestro equipo resultó vencedor** finalement, notre équipe a gagné; **el viaje resultó largo** le voyage a été long; **resultó ser su primo** il s'est avéré que c'était son cousin; **resultó ser inexacto** on a découvert que c'était faux; **me resulta difícil** ça m'est difficile; **dos personas resultaron heridas** deux personnes ont été blessées; ~ **un éxito** être réussi(e). -3. [salir bien] réussir; **el experimento ha resultado** l'expérience a réussi. -4. [costar] revenir; **nos resultó caro** ça nous est revenu cher. ◇ v impers [suceder] : **resulta que...** il se trouve que...

resumen m résumé m.

resumir vt résumer. ◆ **resumirse** vp : ~**se en** se résumer à.

resurgir vi [economía] reprendre.

resurrección f résurrection f.

retablo m retable m.

retaguardia f [tropa] arrière-garde f; [parte trasera] arrière m.

retahíla f kyrielle f.

retal m coupon m (de tissu).

retar vt lancer un défi à; ~ **a alguien a hacer algo** défier qqn de faire qqch.

retardar vt retarder.

rete adv Amer fam très.

retén m piquet m (de pompiers, soldats).

retención f -1. [gen & MED] rétention f. -2. [en el sueldo] retenue f. -3. (gen pl) [en el tráfico] embouteillage m.

retener vt retenir; **la empresa me retiene parte del salario** l'entreprise me retient une partie de mon salaire; **los piratas del aire retienen a 24 pasajeros** les pirates de l'air retiennent 24 passagers en otage.

reticente adj réticent(e).

retina f rétine f.

retintín m -1. [ironía] ton m moqueur. -2. [ruido] tintement m.

retirado, da ◇ adj -1. [gen] retiré(e). -2. [jubilado] retraité(e). ◇ m, f [jubilado] retraité m, -e f. ◆ **retirada** f retrait m; [de ejército vencido] retraite f.

retirar vt -1. [gen] retirer; ~ **su candidatura** retirer sa candidature; **retiro lo dicho** je retire ce que j'ai dit. -2. [jubilar] mettre à la retraite. ◆ **retirarse** vp -1. [aislarse, marcharse] se retirer. -2. [jubilarse] prendre sa retraite. -3. [de campo de batalla] battre en retraite. -4. [apartarse] s'écarter.

retiro m retraite f.

reto m défi m.

retocar vt -1. [gen] retoucher. -2. [dar el último toque a] mettre la dernière main à.

retoño m rejeton m.

retoque m retouche f.

retorcer vt -1. [torcer] tordre. -2. fig [tergiversar] déformer. ◆ **retorcerse** vp [contraerse] : ~**se (de)** se tordre (de).

retorcido, da adj -1. [torcido] tordu(e). -2. fig [rebuscado] alambiqué(e). -3. fig [malintencionado] retors(e).

retórico, ca adj rhétorique; **una figura retórica** une figure de rhétorique.

retornar ◇ vt [devolver] rendre. ◇ vi [regresar] : ~ **a** retourner à.

retorno m [gen & INFORM] retour m; ~ **de carro** retour chariot.

retortijón m (gen pl) crampe f (d'estomac).

retozar vi batifoler.

retractarse vp se rétracter; ~ **de** [lo dicho] revenir sur.

retraer vt [encoger] rétracter. ◆ **retraerse** vp -1. [encogerse] se rétracter. -2. [aislarse, apartarse] : ~**se** se retirer de, s'écarter de. -3. [retroceder] se replier.

retraído, da adj [tímido] renfermé(e).

retransmisión f retransmission f.

retransmitir vt retransmettre.

retrasado, da ◇ *adj* **–1.** [gen] en retard. **–2.** [mental] attardé(e). ◇ *m, f* attardé *m,* **-e** *f.*

retrasar ◇ *vt* **–1.** [gen] retarder. **–2.** [aplazar – hora, fecha] reculer; [– viaje, proyecto etc] repousser. ◇ *vi* [reloj] retarder. ◆ **retrasarse** *vp* **–1.** [llegar tarde] être en retard. **–2.** [no estar al día] prendre du retard. **–3.** [aplazarse] être retardé(e). **–4.** [reloj] retarder.

retraso *m* retard *m;* **llegar con** ~ arriver en retard.

retratar *vt* **–1.** [fotografiar] photographier. **–2.** [dibujar] faire le portrait de. **–3.** *fig* [reflejar] dépeindre.

retrato *m* **–1.** [gen] portrait *m;* ~ **robot** portrait-robot *m;* **ser alguien el vivo** ~ **de alguien** être le portrait vivant de qqn. **–2.** *fig* [reflejo] : **su novela es un** ~ **de la sociedad de la época** son roman est une photographie de la société de l'époque.

retrete *m* toilettes *fpl.*

retribución *f* rétribution *f.*

retribuir *vt* rétribuer.

retro *adj* rétro.

retroactivo, va *adj* rétroactif(ive).

retroceder *vi* reculer; **no retrocede ante nada** il ne recule devant rien; ~ **en el tiempo** remonter dans le temps.

retroceso *m* **–1.** [gen] recul *m.* **–2.** [en enfermedad] aggravation *f.*

retrógrado, da ◇ *adj* rétrograde. ◇ *m, f* : **es un** ~ il est rétrograde.

retrospectivo, va *adj* rétrospectif(ive). ◆ **retrospectiva** *f* rétrospective *f.*

retrotraer *vt* [relato] faire remonter.

retrovisor ◇ *adj* → **espejo.** ◇ *m* rétroviseur *m.*

retumbar *vi* **–1.** [hacer ruido] retentir; [trueno] gronder; [cañón] tonner. **–2.** [resonar] résonner.

reuma, reúma *m* o *f* rhumatisme *m.*

reumatismo *m* rhumatisme *m.*

reunificación *f* réunification *f.*

reunificar *vt* réunifier. ◆ **reunificarse** *vp* être réunifié(e).

reunión *f* réunion *f.*

reunir *vt* réunir. ◆ **reunirse** *vp* [congregarse] se réunir.

revalidar *vt* DEP : ~ **su título** confirmer son titre.

revalorar = revalorizar.

revalorizar, revalorar *vt* revaloriser. ◆ **revalorizarse, revalorarse** *vp* **–1.** [aumentarse el valor] prendre de la valeur. **–2.** [restituirse el valor] reprendre de la valeur.

revancha *f* revanche *f.*

revelación *f* révélation *f;* **es el cantante** ~ **del año** ce chanteur est la révélation de l'année.

revelado *m* FOT développement *m.*

revelador, ra *adj* révélateur(trice).

revelar *vt* **–1.** [gen] révéler. **–2.** FOT développer. ◆ **revelarse** *vp* se révéler; **se reveló como un gran músico** il s'est révélé être un grand musicien.

reventa *f* revente *f.*

reventar ◇ *vt* **–1.** [explotar] faire éclater, crever; [pantalones etc] faire craquer. **–2.** [con explosivos] faire sauter. **–3.** *fam* [causar] crever; **estoy reventado** je suis crevé. **–4.** *fam* [destrozar] démolir. **–5.** *fam* [fastidiar] : **su manera de hablar me revienta** il a une façon de parler qui me tue. ◇ *vi* **–1.** [explotar] éclater. **–2.** [desear] : ~ **por hacer algo** mourir d'envie de faire qqch. **–3.** *fam fig* [estallar] exploser. **–4.** *fam* [morir] crever. ◆ **reventarse** *vp* **–1.** [explotar] éclater. **–2.** *fam* [cansarse] se crever.

reventón *m* éclatement *m;* **tuve un reventón** mon pneu a éclaté.

reverberar *vi* **–1.** [luz, calor] : ~ **sobre** se réverbérer sur. **–2.** [sonido] résonner.

reverdecer *vi* **–1.** [planta, campo] reverdir. **–2.** *fig* [renacer] se ranimer.

reverencia *f* révérence *f.*

reverenciar *vt* révérer.

reverendo, da *adj* : ~ **padre** mon révérend père. ◆ **reverendo** *m* révérend *m.*

reverente *adj* révérencieux(euse); **un** ~ **silencio** un silence recueilli.

reversible *adj* réversible.

reverso *m* revers *m;* **el** ~ **de la hoja** le verso.

revertir *vi* **–1.** [devolver] restituer. **–2.** [resultar] : ~ **en beneficio de** être à l'avantage de.

revés *m* revers *m;* [de papel] dos *m;* [de tela] envers *m;* **los reveses de la vida** les revers de fortune; **al** ~ [de manera opuesta] à l'envers; [en sentido inverso] dans le sens contraire; **lo entiende todo al** ~ il comprend tout de travers; **al** ~ **de lo que piensas...** contrairement à ce que tu penses...; **del** ~ à l'envers.

revestimiento *m* revêtement *m*.

revestir *vt* -1. [gen] revêtir; ~ **importancia** revêtir de l'importance. -2. *fig* [falta, defecto etc] camoufler.

revisar *vt* réviser; [cuentas] vérifier; [salud, vista] faire un bilan de.

revisión *f* révision *f*; [de cuentas] vérification *f*; ~ **médica** visite *f* médicale.

revista *f* -1. [gen & TEATR] revue *f*; **pasar** ~ **a algo** passer qqch en revue; ~ **del corazón** presse *f* du cœur. -2. [sección de periódico] rubrique *f*; ~ **de libros/música** rubrique littéraire/musicale.

revistero, ra *m, f* chroniqueur *m*, -euse *f*. ◆ **revistero** *m* porte-revues *m inv*.

revivir ◇ *vi* -1. [resucitar] revivre. -2. *fig* [sentimiento] se ranimer. ◇ *vt* [recordar] revivre.

revocar *vt* DER révoquer; [sentencia] casser.

revolcar *vt* rouler; **el niño revolcó sus juguetes en el barro** l'enfant a traîné ses jouets dans la boue. ◆ **revolcarse** *vp* se rouler.

revolotear *vi* [pájaro] voleter; [hoja, papel etc] voltiger.

revoltijo, revoltillo *m* fouillis *m*.

revoltoso, sa *adj* turbulent(e).

revolución *f* -1. [gen, ASTRON & GEOM] révolution *f*. -2. TECNOL tour *m*.

revolucionar *vt* -1. [perturbar] bouleverser. -2. [transformar] révolutionner.

revolucionario, ria *adj & m, f* révolutionnaire.

revolver ◇ *vt* -1. [dar vueltas a] remuer. -2. [desorganizar] mettre sens dessus dessous. -3. *fig* [irritar] : ~ **el estómago** ○ **las tripas** soulever le cœur; ~ **la sangre** retourner les sangs. ◇ *vi* : ~ **en** fouiller dans.

revólver *m* revolver *m*.

revuelo *m* -1. [de ave] : **mirar el** ~ **de los gorriones** regarder les moineaux voleter. -2. *fig* [agitación] trouble *m*.

revuelto, ta ◇ *pp irreg* → **revolver**. ◇ *adj* -1. [desordenado] sens dessus dessous. -2. [alborotado] troublé(e). -3. [clima] instable. -4. [aguas, mar] agité(e). -5. [alterado] : **tengo el estómago** ~ j'ai l'estomac barbouillé. ◆ **revuelta** *f* -1. [disturbio] révolte *f*. -2. [curva] détour *m*.

revulsivo, va *adj fig* stimulant(e). ◆ **revulsivo** *m fig* : **servir de** ~ **a** donner un coup de fouet à.

rey *m* roi *m*. ◆ **Reyes Magos** *mpl* : **los Reyes Magos** les Rois mages.

reyerta *f* rixe *f*.

rezagado, da ◇ *adj* : **andar** ○ **ir** ~ être à la traîne. ◇ *m, f* retardataire *mf*.

rezar ◇ *vt* réciter, dire; ~ **su oración** faire sa prière. ◇ *vi* [orar] prier.

rezo *m* prière *f*.

rezumar ◇ *vt* -1. [transpirar] laisser filtrer. -2. *fig* [manifestar] déborder de. ◇ *vi* suinter.

ría *f* ria *f*.

riachuelo *m* ruisseau *m*.

riada *f* -1. [inundación] inondation *f*. -2. *fig* [multitud] flot *m*.

ribera *f* rive *f*; [de mar] rivage *m*.

ribete *m* liseré *m*; *fig* touche *f*.

ricino *m* ricin *m*.

rico, ca ◇ *adj* -1. [gen] : ~ **(en)** riche (en). -2. [sabroso] délicieux(euse). -3. [simpático] adorable. -4. *fam* [apelativo] : **¡oye** ~**!** écoute, mon vieux! ◇ *m, f* riche *mf*; **los** ~**s** les riches.

rictus *m* rictus *m*.

ridiculez *f* -1. [tontería] chose *f* ridicule. -2. [nimiedad] rien *m*.

ridiculizar *vt* ridiculiser.

ridículo, la *adj* ridicule. ◆ **ridículo** *m* ridicule *m*; **hacer el** ~ se ridiculiser.

riego *m* arrosage *m*; [de campos] irrigation *f*.

riel *m* rail *m*.

rienda *f* -1. [de caballería] rêne *f*; **dar** ~ **suelta a** *fig* laisser libre cours à. -2. [moderación] retenue *f*. ◆ **riendas** *fpl fig* [dirección] rênes *fpl*.

riesgo *m* risque *m*; **a todo** ~ [seguro, póliza] tous risques.

rifa *f* tombola *f*.

rifar *vt* tirer au sort. ◆ **rifarse** *vp* : **se rifan su amor** ils se disputent son amour.

rifle *m* fusil *m*.

rigidez *f* -1. [gen] rigidité *f*. -2. [severidad] rigueur *f*. -3. [inexpresividad] impassibilité *f*.

rígido, da *adj* -1. [gen] rigide; **volverse** ~ [cera, sustancia etc] se solidifier. -2. [inexpresivo] figé(e).

rigor *m* rigueur *f*. ◆ **de rigor** *loc adj* de rigueur.

riguroso, sa *adj* rigoureux(euse).

rimar ◇ *vi* rimer. ◇ *vt* faire rimer.

rimbombante *adj* **–1.** [grandilocuente] ronflant(e). **–2.** [ostentoso] tapageur(euse).

rímel, rimmel *m* Rimmel® *m*.

rincón *m* **–1.** [gen] coin *m*. **–2.** [lugar alejado] recoin *m*.

rinconera *f* meuble *m* d'angle.

ring *m* ring *m*.

rinoceronte *m* rhinocéros *m*.

riña *f* dispute *f*.

riñón *m* rein *m*.

riñonera *f* [pequeño bolso] banane *f*.

río *m* **–1.** [con desembocadura – en mar] fleuve *m*; [– en río] rivière *f*. **–2.** *fig* [abundancia] flot *m*.

rioja *m* vin de la région espagnole de la Rioja.

riojano, na ◇ *adj* de la Rioja. ◇ *m, f* habitant *m*, -e *f* de la Rioja.

riqueza *f* richesse *f*; **tener ~ vitamínica** être riche en vitamines.

risa *f* rire *m*.

risotada *f* éclat *m* de rire.

ristra *f* chapelet *m*.

risueño, ña *adj* **–1.** [alegre] rieur(euse). **–2.** [próspero] souriant(e).

ritmo *m* rythme *m*.

rito *m* rite *m*.

ritual ◇ *adj* rituel(elle). ◇ *m* rituel *m*.

rival *adj & mf* rival(e).

rivalidad *f* rivalité *f*.

rivalizar *vi* : **~ con alguien** rivaliser avec qqn; **~ en algo** [generosidad, belleza etc] rivaliser de qqch.

rizado, da *adj* **–1.** [pelo] frisé(e). **–2.** [mar] moutonneux(euse). ◆ **rizado** *m* : **hacerse un ~** se faire friser les cheveux.

rizar *vt* **–1.** [pelo] friser. **–2.** [mar] faire moutonner. ◆ **rizarse** *vp* [pelo] se faire friser.

rizo, za *adj* [pelo] frisé(e). ◆ **rizo** *m* **–1.** [de pelo] boucle *f*; **tener ~s en el pelo** avoir les cheveux frisés. **–2.** [tela] : **~ (esponjoso)** tissu-éponge *m*. **–3.** AERON looping *m*.

RNE (*abrev de* Radio Nacional de España) *f* radio nationale espagnole.

robar *vt* **–1.** [hurtar] voler. **–2.** [embelesar] ravir. **–3.** [en cartas, dominó, damas] piocher. **–4.** [cobrar caro] : **en ese restaurante te roban** ce sont des voleurs dans ce restaurant.

roble *m* chêne *m* rouvre; *fig* : **estar hecho un ~** être fort comme un chêne.

robo *m* vol *m*.

robot *m* [gen & INFORM] robot *m*.

robótica *f* INFORM robotique *f*.

robustecer *vt* fortifier. ◆ **robustecerse** *vp* [persona] prendre des forces.

robusto, ta *adj* robuste.

roca *f* [piedra] roche *f*.

rocalla *f* rocaille *f*.

roce *m* **–1.** [rozamiento] frottement *m*; [ligero] frôlement *m*. **–2.** [trato] : **~ (entre)** fréquentation (de). **–3.** [desavenencia] heurt *m*.

rociar ◇ *vt* **–1.** [con gotas] asperger. **–2.** [con cosas] arroser. ◇ *v impers* : **ha rociado** il y a eu de la rosée.

rocío *m* rosée *f*.

rock (*pl* **rocks**), **rock and roll** (*pl* **rocks and roll**) *m* rock *m*.

rockero, ra, roquero, ra ◇ *adj* rock. ◇ *m, f* rockeur *m*, -euse *f*.

rocoso, sa *adj* rocheux(euse).

rodaballo *m* turbot *m*.

rodado, da *adj* **–1.** [tráfico, tránsito] routier(ère). **–2.** [piedra] → **canto**.

rodaja *f* tranche *f*; [de limón, salchichón] rondelle *f*.

rodaje *m* **–1.** [gen & AUTOM] rodage *m*; **en ~** en rodage. **–2.** CIN tournage *m*.

rodapié *m* plinthe *f*.

rodar ◇ *vi* **–1.** [gen] rouler. **–2.** CIN tourner. **–3.** [caer] : **rodó escaleras abajo** il a dégringolé l'escalier. **–4.** [deambular] : **~ por** errer dans; **~ por medio mundo** rouler sa bosse. ◇ *vt* **–1.** CIN tourner. **–2.** AUTOM roder.

rodear *vt* **–1.** [gen] : **~ (con)** entourer (de). **–2.** [con tropas, policías etc] cerner. **–3.** [dar la vuelta a] faire le tour de. **–4.** [eludir] : **~ un tema** tourner autour du sujet. ◆ **rodearse** *vp* : **~se de** s'entourer de.

rodeo *m* **–1.** [gen] détour *m*; **no andar** ○ **ir con ~s** ne pas y aller par quatre chemins; **dar ~s** *fig* tergiverser. **–2.** [espectáculo, reunión de ganado] rodéo *m*.

rodilla *f* genou *m*; **de ~s** à genoux.

rodillera *f* genouillère *f*.

rodillo *m* rouleau *m*.

rodríguez *m* *fam* homme resté en ville pendant que sa femme et ses enfants sont en vacances.

roedor, ra *adj* rongeur(euse). ◆ **roedores** *mpl* rongeurs *mpl*.

roer vt **-1.** [con dientes] ronger. **-2.** fig [atormentar] : **le roe el remordimiento** il est rongé de remords.

rogar vt : ~ **a alguien (que) haga algo** prier qqn de faire qqch.

rogativa f (gen pl) rogations fpl.

rojizo, za adj rougeâtre.

rojo, ja ◇ adj [gen & POLÍT] rouge; **el color** ~ le rouge. ◇ m, f POLÍT rouge mf. ◆ **rojo** m [color] rouge m; **al** ~ **vivo** [incandescente] chauffé(e) au rouge; fig [ánimos, persona] très échauffé(e).

rol (pl **roles**) m **-1.** [papel] rôle m. **-2.** NÁUT rôle m d'équipage.

rollizo, za adj potelé(e).

rollo m **-1.** [cilindro] rouleau m. **-2.** CIN bobine f. **-3.** fam [discurso] baratin m, tchatche f; **cascar** ○ **soltar un** ~ **a alguien** tenir la jambe à qqn; **tener mucho** ~ être un moulin à paroles; **cortar el** ~ **a alguien** couper le sifflet à qqn. **-4.** fam [embuste] bobard m. **-5.** fam [pelmazo] casse-pieds m inv. **-6.** fam [asunto] : **no sé de qué va el** ~ je ne sais pas de quoi ça cause. **-7.** fam [ambiente] : **hay buen** ~ **aquí** c'est sympa ici; **meterse en el** ~ se mettre dans le coup. **-8.** fam [pesadez] : **ser un** ~ être gonflant(e); **¡qué** ~! quelle barbe!

roll-on m inv déodorant m à bille.

ROM (abrev de **read-only memory**) f ROM f.

Roma Rome.

romance ◇ adj roman(e). ◇ m **-1.** LING roman m. **-2.** [aventura] idylle f.

románico, ca adj roman(e). ◆ **románico** m roman m.

romano, na ◇ adj romain(e). ◇ m, f Romain m, -e f.

romanticismo m romantisme m.

romántico, ca adj romantique.

rombo m losange m.

romería f **-1.** [peregrinación] pèlerinage m. **-2.** [fiesta] fête f patronale. **-3.** fig [multitud] procession f.

romero, ra m, f pèlerin m. ◆ **romero** m BOT romarin m.

romo, ma adj **-1.** [punta] émoussé(e). **-2.** [de nariz] : **ser** ~ avoir un nez camus.

rompecabezas m inv **-1.** [juego] puzzle m. **-2.** fig [problema] casse-tête m inv.

rompeolas m inv brise-lames m inv.

romper ◇ vt **-1.** [partir] casser; fig briser; ~ **el hielo** briser la glace. **-2.** [papel, tela] déchirer. **-3.** [desgastar – zapato] abîmer;

[– camisa] user. **-4.** [relaciones, compromiso, contrato] rompre; **¡rompan filas!** rompez les rangs!; ~ **el silencio** rompre le silence. ◇ vi **-1.** [terminar relación] : ~ **(con alguien)** rompre (avec qqn). **-2.** [olas] se briser. **-3.** [empezar] : ~ **a hacer algo** se mettre à faire qqch; ~ **a llorar** éclater en sanglots. ◆ **romperse** vp **-1.** [partirse] se casser; **se ha roto una pierna** il s'est cassé une jambe; **se rompió el jarrón** le vase s'est cassé. **-2.** [desgastarse – ropa] s'user.

rompimiento m rupture f.

ron m rhum m.

roncar vi ronfler.

roncha f [en la piel] bouton m; [de insecto] piqûre f.

ronco, ca adj **-1.** [afónico] enroué(e); **me he quedado** ~ je me suis cassé la voix. **-2.** [bronco] rauque.

ronda f **-1.** [vigilancia] ronde f. **-2.** [calle] boulevard m périphérique. **-3.** fam [de consumiciones] tournée f. **-4.** [en el juego] tour m.

rondar ◇ vt **-1.** [vigilar] faire une ronde dans. **-2.** [desgracia, enfermedad etc] guetter. **-3.** [rayar en] avoisiner. **-4.** [cortejar] faire la cour à. ◇ vi [dar vueltas, vagar] rôder.

ronquera f enrouement m.

ronquido m ronflement m.

ronronear vi ronronner.

ronroneo m ronronnement m.

roña ◇ adj & mf fam radin(e). ◇ f **-1.** [suciedad] crasse f. **-2.** fam [tacañería] radinerie f. **-3.** [del ganado] gale f.

roñoso, sa ◇ adj **-1.** [sucio] crasseux(euse). **-2.** [tacaño] radin(e). ◇ m, f radin m, -e f.

ropa f vêtements mpl; ~ **blanca** blanc m, linge m; ~ **interior** sous-vêtements mpl; [femenina] dessous mpl; ~ **sucia** linge m sale; **quitarse la** ~ se déshabiller.

ropaje m [vestidura] tenue f.

ropero m penderie f.

roquero, ra = rockero.

rosa ◇ f [flor] rose f; **estar fresco como una** ~ être frais comme une rose. ◇ adj inv [color] rose. ◇ m [color] rose m. ◆ **rosa de los vientos** f rose f des vents.

rosado, da adj **-1.** [gen] rose. **-2.** → vino. ◆ **rosado** m rosé m.

rosal m rosier m.

rosario m **-1.** [gen] chapelet m; [de desgracias] suite f. **-2.** [rezo] rosaire m.

rosca f **-1.** [de tornillo] filet m. **-2.** [forma cilíndrica] anneau m. **-3.** CULIN couronne f. **-4.** loc : **pasarse de** ~ fig dépasser les bornes.

rosco m couronne f *(de pain, brioche etc)*.

roscón m brioche f en couronne; ~ **de Reyes** *brioche aux fruits que l'on mange pour la fête des Rois*, ≃ galette f des Rois.

rosetón m rosace f.

rosquilla f gimblette f *(petit gâteau sec)*.

rostro m visage m .

rotación f **-1.** [giro] rotation f. **-2.** [alternancia] roulement m.

rotativo, va adj rotatif(ive). ◆ **rotativo** m journal m. ◆ **rotativa** f rotative f.

roto, ta ◇ pp irreg → **romper**. ◇ adj **-1.** [gen] cassé(e); [tela, papel] déchiré(e). **-2.** fig [vida, corazón] brisé(e). **-3.** fig [exhausto] éreinté(e). ◇ m, f Amer homme m, femme f du peuple. ◆ **roto** m [en tela] accroc m.

rotonda f ARQUIT rotonde f; [plaza] rond-point m.

rotoso, sa adj Amer fam déguenillé(e).

rótula f rotule f.

rotulador m feutre m; [grueso] marqueur m; [fluorescente] surligneur m.

rótulo m [letrero] écriteau m; [comercial] enseigne f.

rotundo, da adj **-1.** [gen] catégorique. **-2.** [fracaso, éxito] total(e).

roulotte f caravane f.

rozadura f **-1.** [señal] éraflure f. **-2.** [herida] écorchure f.

rozamiento m **-1.** [fricción] frottement m. **-2.** fig [enfado] friction f.

rozar ◇ vt **-1.** [tocar] frôler. **-2.** [raspar] érafler. **-3.** fig [aproximarse a] friser. ◇ vi : ~ **con** toucher; **esa cuestión roza con lo jurídico** fig cette question touche au juridique. ◆ **rozarse** vp **-1.** [gen] se frôler. **-2.** [herirse] s'écorcher. **-3.** fig [tener trato] : ~**se con alguien** fréquenter qqn.

r.p.m. *(abrev de revoluciones por minuto)* fpl .

Rte. *(abrev de remitente)* exp.

RTVE *(abrev de Radiotelevisión Española)* f *organisme public de radiodiffusion et de télévision d'Espagne*.

rubeola, rubéola f rubéole f.

rubí *(pl rubís o rubíes)* m rubis m.

rubio, bia adj & m, f blond(e).

rubor m **-1.** [vergüenza] honte f; **causar** ~ faire rougir. **-2.** [sonrojo] rougeur f; **el** ~ **encendió su rostro** son visage s'empourpra.

ruborizar vt faire rougir. ◆ **ruborizarse** vp rougir.

rúbrica f **-1.** [de firma] paraphe m. **-2.** [título] rubrique f. **-3.** fig [final] conclusion f; **poner** ~ **a algo** conclure qqch.

rubricar vt **-1.** [firmar] parapher. **-2.** fig [confirmar] confirmer. **-3.** fig [finalizar] conclure.

rudeza f **-1.** [tosquedad] rudesse f. **-2.** [grosería] grossièreté f.

rudimentario, ria adj rudimentaire.

rudimentos mpl rudiments mpl.

rudo, da adj **-1.** [tosco, brusco] rude. **-2.** [grosero] grossier(ère).

rueda f **-1.** [pieza] roue f; ~ **delantera/ trasera** roue avant/arrière; ~ **de repuesto** roue de secours. **-2.** [corro] cercle m; [para bailar] ronde f. **-3.** [rodaja] tranche f; [de limón, salchichón] rondelle f. ◆ **rueda de prensa** f conférence f de presse. ◆ **rueda de reconocimiento** f *présentation de suspects en vue d'identification*.

ruedo m TAUROM arène f.

ruego m prière f *(demande)*.

rufián m [bribón] crapule f.

rugby m rugby m.

rugido m rugissement m; fig [de persona] hurlement m.

rugir vi rugir.

rugoso, sa adj **-1.** [áspero] rugueux(euse). **-2.** [con arrugas] fripé(e).

ruido m bruit m .

ruidoso, sa adj bruyant(e); fig tapageur(euse).

ruin adj **-1.** [vil] vil(e). **-2.** [avaro] pingre.

ruina f **-1.** [gen] ruine f; **dejar en la** ~ ruiner; **estar en la** ~ être ruiné(e). **-2.** [perdición] : **ser la** ~ **de alguien** mener qqn à sa perte. **-3.** [desastre – persona] : **estar hecho una** ~ être une loque. ◆ **ruinas** fpl [históricas] ruines fpl; [escombros] décombres mpl.

ruinoso, sa adj **-1.** [poco rentable] ruineux(euse). **-2.** [edificio] en ruine.

ruiseñor m rossignol m.

ruleta f roulette f *(jeu)*.

ruletear vi Amer conduire un taxi.

ruletero m Amer chauffeur m de taxi.

rulo m [para el pelo] bigoudi m.

ruma f Amer tas m.

Rumanía Roumanie *f.*
rumano, na ◇ *adj* roumain(e). ◇ *m, f* Roumain *m*, -e *f.* ◆ **rumano** *m* [lengua] roumain *m.*
rumba *f* rumba *f.*
rumbo *m* **-1.** NÁUT cap *m*; **ir con** ~ **a** faire route vers. **-2.** *fig* [orientación] direction *f*; [de los acontecimientos] cours *m.*
rumiante ◇ *adj* ruminant(e). ◇ *m* ruminant *m.*
rumiar *vt & vi* ruminer.
rumor *m* **-1.** [chisme] rumeur *f*; **circula el** ~ **de que...** le bruit court que... **-2.** [ruido – de voces] brouhaha *m*; [– de agua] grondement *m.*
rumorearse *v impers* : **se rumorea que...** le bruit court que...
runrún *m* **-1.** [ruido] ronflement *m.* **-2.** [chisme] bruit *m.*
rupestre *adj* rupestre.
ruptura *f* rupture *f.*
rural *adj* rural(e); [médico, cura] de campagne.
Rusia Russie *f.*
ruso, sa ◇ *adj* russe. ◇ *m, f* Russe *mf.* ◆ **ruso** *m* [lengua] russe *m.*
rústico, ca *adj* **-1.** [del campo] de campagne; [finca, propiedad] rural(e); [mobiliario] rustique. **-2.** [tosco] fruste. ◆ **en rústica** *loc adj* broché(e).
ruta *f* route *f*; *fig* chemin *m.*
rutina *f* routine *f.*
rutinario, ria *adj* routinier(ère).

S

s¹, S *f* [letra] s *m inv*, S *m inv.*
s² *(abrev de* **segundo)** s.
s., sig. *abrev de* **siguiente.**
S *(abrev de* **san)** St.
SA *(abrev de* **sociedad anónima)** *f* SA *f.*
sábado *m* samedi *m*; **¿qué día es hoy? (es)** ~ quel jour sommes-nous, aujourd'hui? (nous sommes) samedi; **cada dos** ~**s, un** ~ **sí y otro no** un samedi sur deux; **cada** ~, **todos los** ~**s** tous les samedis; **caer en** ~ tomber un samedi; **te**

llamo el ~ je t'appelle samedi; **el próximo** ~, **el** ~ **que viene** samedi prochain; **el** ~ **pasado** samedi dernier; **el** ~ **por la mañana/la tarde/la noche** samedi matin/après-midi/soir; **en** ~ le samedi; **nací en** ~ je suis né un samedi; **este** ~ [pasado] samedi dernier; [próximo] samedi prochain; **¿trabajas los** ~**s?** tu travailles le samedi?; **trabajar un** ~ travailler un samedi; **un** ~ **cualquiera** n'importe quel samedi.
sábana *f* drap *m* .
sabandija *f* **-1.** [animal] bestiole *f.* **-2.** *fam fig* [persona] minable *mf.*
sabañón *m* engelure *f.*
sabático, ca *adj* sabbatique.
saber ◇ *m* savoir *m.* ◇ *vt* **-1.** [gen] savoir; **ya lo sé** je le sais bien; **lo supe ayer** je l'ai su hier; ~ **hacer algo** savoir faire qqch; **sabe hablar inglés/montar en bici** il sait parler anglais/faire du vélo; **hacer** ~ **algo a alguien** faire savoir qqch à qqn; **a** ~ à savoir. **-2.** [entender de] s'y connaître en; **sabe mucha física** il s'y connaît en physique. **-3.** *loc* : **que sepa yo** que je sache; **¡vete a** ~**!** *fam* va savoir!; **¡y yo que sé!** je n'en sais rien, moi! ◇ *vi* **-1.** [tener sabor] : ~ **a** avoir un goût de; **no** ~ **a nada** n'avoir aucun goût; ~ **bien/mal** avoir bon/mauvais goût; ~ **mal a alguien** *fig* [disgustar] ne pas plaire à qqn; [entristecer] faire de la peine à qqn. **-2.** [entender] : ~ **de algo** s'y connaître en qqch. **-3.** [tener noticias] : ~ **de alguien** avoir des nouvelles de qqn; ~ **de algo** être au courant de qqch. **-4.** [parecer] : **eso me sabe a disculpa** j'ai l'impression que c'est une excuse. **-5.** *Amer fam* [soler] : ~ **hacer algo** faire souvent qqch. ◆ **saberse** *vp* savoir; **me lo sé de memoria** je le sais par cœur.
sabiduría *f* **-1.** [conocimientos] savoir *m.* **-2.** [prudencia] sagesse *f.*
sabiendas ◆ **a sabiendas** *loc adv* sciemment.
sabihondo, da, sabiondo, da ◇ *adj* pédant(e). ◇ *m, f* grosse tête *f.*
sabio, bia *adj & m, f* savant(e); **una sabia decisión** une sage décision.
sabiondo, da = sabihondo.
sablazo *m* **-1.** [gen] coup *m* de sabre. **-2.** *fam fig* [de dinero] : **dar un** ~ **a alguien** taper qqn.
sable *m* sabre *m.*
sablear *vi fam* taper *(de l'argent).*
sabor *m* **-1.** [gusto] goût *m*; **un** ~ **a** un goût de. **-2.** *fig* [estilo] saveur *f.*

saborear *vt* savourer.

sabotaje *m* sabotage *m*.

sabotear *vt* saboter.

sabrá *etc* → **saber**.

sabroso, sa *adj* **-1.** [gustoso] délicieux(euse). **-2.** *fig* [propuesta, negocio] intéressant(e); [cantidad] substantiel(elle). **-3.** *fig* [malicioso] savoureux(euse).

sabueso *m lit & fig* limier *m*.

saca *f* [de correos] sac *m*.

sacacorchos *m inv* tire-bouchon *m*.

sacapuntas *m inv* taille-crayon *m*.

sacar ◇ *vt* **-1.** [gen] sortir; [lengua, conclusión] tirer; **sacó el coche del garaje** il a sorti la voiture du garage; **nos sacó algo de comer** il nous a donné quelque chose à manger; ~ **a bailar** inviter à danser; ~ **adelante** [hijos] assurer l'éducation de; [negocio] faire prospérer; ~ **el pecho** bomber le torse. **-2.** [quitar] enlever, retirer; ~ **una muela** arracher une dent. **-3.** [obtener – buenas notas] avoir; [– premio] gagner; [– foto, billete] prendre; [– dinero] retirer; [– copia] faire; [– carné, pasaporte] se faire faire. **-4.** [sonsacar] soutirer. **-5.** [extraer – aceite, vino] tirer. **-6.** [resolver – ecuación etc] résoudre. **-7.** [deducir] déduire, conclure; ~ **en claro** ◇ **limpio** tirer au clair. **-8.** [mostrar] : **lo sacaron en televisión** il est passé à la télévision. **-9.** [prenda – de largo] rallonger; [– de ancho] élargir. **-10.** [aventajar] : **sacó tres minutos a su rival** il a pris une avance de trois minutes sur son rival. **-11.** DEP lancer; ~ **de banda** remettre en touche. ◇ *vi* DEP lancer; [con la raqueta] servir. ◆ **sacarse** *vp* [conseguir] avoir; ~**se el carné (de conducir)** passer son permis (de conduire).

sacarina *f* saccharine *f*.

sacerdote, tisa *m, f* [pagano] prêtre *m*, prêtresse *f*. ◆ **sacerdote** *m* [cristiano] prêtre *m*.

saciar *vt* assouvir; [aspiraciones] répondre à; ~ **la sed** étancher sa soif.

saco *m* **-1.** [gen] sac *m*; ~ **de dormir** sac de couchage. **-2.** *Amer* [chaqueta] veste *f*.

sacramento *m* sacrement *m*.

sacrificar *vt* **-1.** [gen] sacrifier. **-2.** [animal] abattre. ◆ **sacrificarse** *vp* : ~**se (por alguien)** se sacrifier (pour qqn).

sacrificio *m lit & fig* sacrifice *m*.

sacrilegio *m lit & fig* sacrilège *m*.

sacristán, ana *m, f* sacristain *m*, sacristine *f*.

sacristía *f* sacristie *f*.

sacro, cra *adj* [sagrado] sacré(e).

sacudida *f* secousse *f*; *fig* choc *m*.

sacudir *vt* **-1.** [gen] secouer. **-2.** *fam* [pegar] donner une rouste à. ◆ **sacudirse** *vp fig* [librarse] se débarrasser de.

sádico, ca *adj & m, f* sadique.

sadismo *m* sadisme *m*.

sadomasoquismo *m* sadomasochisme *m*.

saeta *f* **-1.** [arma] flèche *f*. **-2.** [de reloj] aiguille *f*. **-3.** MUS *courte pièce chantée lors des processions de la semaine sainte*.

safari *m* **-1.** [expedición] safari *m*. **-2.** [parque] zoo *m* (*d'animaux sauvages*).

saga *f* saga *f*.

sagacidad *f* sagacité *f*.

sagaz *adj* sagace.

Sagitario ◇ *m inv* [zodiaco] Sagittaire *m inv*. ◇ *mf inv* [persona] sagittaire *m inv*.

sagrado, da *adj* sacré(e).

Sahara *m* : **el (desierto del)** ~ le Sahara.

sal *f* **-1.** [gen] sel *m*. **-2.** *fig* [garbo] charme *m*; [en el habla] piquant *m*. ◆ **sales** *fpl* sels *mpl*.

sala *f* **-1.** [gen] salle *f*; ~ **de audio** auditorium *m*; ~ **de espera** salle d'attente; ~ **de estar** salle de séjour; ~ **de fiestas** salle de bal; [en ayuntamiento] salle des fêtes. **-2.** [salón] salon *m*. **-3.** [DER – lugar] salle *f* (*d'audience*); [– conjunto de magistrados] chambre *f*.

salado, da *adj* **-1.** [con sal] salé(e); [con demasiada sal] trop salé(e). **-2.** *fig* [gracioso] drôle. **-3.** *Amer* [desgraciado] malchanceux(euse).

salamandra *f* salamandre *f*.

salami, salame *m* salami *m*.

salar *vt* saler.

salarial *adj* salarial(e); [aumento] de salaire.

salario *m* salaire *m*; ~ **mínimo (interprofesional)** ECON salaire minimum, ≃ SMIC.

salchicha *f* saucisse *f*.

salchichón *m* saucisson *m*.

saldar *vt* **-1.** [cuenta, producto] solder. **-2.** [deuda] s'acquitter de. **-3.** *fig* [diferencias, cuestión] régler. ◆ **saldarse** *vp* [acabar] : ~**se con** se solder par.

saldo *m* **-1.** [de cuenta] solde *m*; [de deudas] acquittement *m*; ~ **acreedor/deudor** COM solde créditeur/débiteur. **-2.** (*gen* *pl)* [restos de mercancías] **soldes** *mpl.* **-3.** *fig* [resultado] **bilan** *m.*

saledizo, za *adj* ARQUIT en saillie; **un techo** ~ un auvent.

salero *m* **-1.** [recipiente] **salière** *f.* **-2.** *fig* [gracia] **charme** *m.*

salida *f* **-1.** [gen] **sortie** *f;* [del sol] **lever** *m;* ~ **de emergencia** ○ **de incendios sortie de secours. -2.** [acción de partir & DEP] **départ** *m.* **-3.** [de carrera & COM] **débouchés** *mpl;* **tener mucha** ~ [productos] **s'écouler facilement. -4.** [solución] **issue** *f.* **-5.** [pretexto] **échappatoire** *f.* **-6.** [ocurrencia] **trait** *m* **d'esprit.**

salido, da ◇ *adj* **-1.** [saliente] **saillant(e); tener los ojos** ~**s** avoir les yeux globuleux. **-2.** [animal] **en chaleur.** ◇ *m, f fam* [persona] **obsédé** *m,* **-e** *f.*

saliente ◇ *adj* **-1.** [que sobresale] **saillant(e);** *fig* **principal(e). -2.** POLÍT **sortant(e).** ◇ *m* ARQUIT **saillie** *f.*

salino, na *adj* **salin(e).**

salir *vi* **-1.** [gen] **sortir; salió a la calle** il sortit dans la rue; **Juan sale mucho con sus amigos** Juan sort souvent avec ses amis; ~ **de sortir de; hoy salgo del hospital** je sors de l'hôpital aujourd'hui; ~ **de la crisis sortir de la crise. -2.** [tren, barco] **partir;** [avión] **décoller. -3.** [marcharse] : ~ **(de/para) partir (de/pour). -4.** [ser novios] : ~ **con alguien sortir avec qqn; María y Pedro están saliendo** María et Pedro sortent ensemble. **-5.** [resultar] : **salió elegida mejor actriz** elle a été élue meilleure actrice; ~ **bien/mal algo** réussir/échouer; **el pastel te ha salido muy bien** il est vraiment réussi ton gâteau; **les ha salido mal el plan** leur plan a échoué; **el postre ha salido mal** j'ai raté le dessert; ~ **ganando** bien s'en tirer; [con dinero] y gagner; ~ **perdiendo** être désavantagé(e); [con dinero] y perdre. **-6.** [en sorteo] être tiré. **-7.** [resolver] : **el problema no me sale** je n'arrive pas à résoudre ce problème; **nunca me salen los crucigramas** je n'arrive jamais à faire les mots croisés. **-8.** [proceder] : **de la uva sale el vino** le raisin donne le vin. **-9.** [surgir – sol] **se lever;** [– planta, diente] **pousser. -10.** [aparecer – publicación] **paraître;** [– producto] **sortir. -11.** [en imagen, prensa] : **¡qué bien sales en la foto!** tu es très bien sur la photo!; **mi vecina salió en la tele** ma voisine est passée à la télé; **la noticia sale en los periódicos** la nouvelle est dans les journaux. **-12.** [presentarse – ocasión, oportunidad] **se présenter.**

-13. [costar] : ~ **(a** ○ **por) revenir (à);** ~ **caro** revenir cher; *fig* **coûter cher. -14.** INFORM [de un programa] **quitter. -15.** [decir inesperadamente] : **nunca se sabe por dónde va a** ~ on ne sait jamais ce qu'il va sortir. **-16.** [parecerse] : ~ **a alguien** ressembler à qqn. **-17.** [sobresalir] **ressortir. -18.** *loc* : ~ **adelante** [persona] se tirer d'affaire; [empresa] s'en sortir; [proyecto] aboutir, se réaliser. ◆ **salirse** *vp* **-1.** [marcharse] : ~**se (de)** [lugar] **sortir (de);** [asociación] **quitter. -2.** [gas, líquido] : ~**se (por)** s'échapper (par). **-3.** [rebosar] déborder; **el agua se salió de la bañera** la baignoire a débordé. **-4.** [tener un escape] **fuir. -5.** [desviarse] : ~**se de** [vía] **dérailler;** [carretera] **quitter;** ~**se del tema** s'écarter du sujet. **-6.** *loc* : ~**se con la suya** arriver à ses fins.

salitre *m* **salpêtre** *m.*

saliva *f* **salive** *f.*

salmo *m* **psaume** *m.*

salmón ◇ *m* [pez] **saumon** *m.* ◇ *adj & inv* [color] (rose) **saumon.**

salmonete *m* **rouget** *m.*

salmuera *f* **saumure** *f.*

salobre *adj* **saumâtre.**

salón *m* **-1.** [gen] **salon** *m;* ~ **de belleza** salon de beauté; ~ **de masaje** institut *m* de massage. **-2.** [local] **salle** *f;* ~ **de actos** salle des fêtes; [en escuela] **salle polyvalente.**

salpicadera *f Amer* **garde-boue** *m inv.*

salpicadero *m* **tableau** *m* **de bord.**

salpicadura *f* [mancha] **éclaboussure** *f.*

salpicar *vt* **-1.** [rociar] **éclabousser. -2.** *fig* [diseminar] **parsemer.**

salpimentar *vt* **saupoudrer de sel et de poivre.**

salpullido = **sarpullido.**

salsa *f* **-1.** CULIN **sauce** *f;* ~ **bechamel** ○ **besamel** sauce béchamel; ~ **mayonesa** ○ **mahonesa** sauce mayonnaise; ~ **rosa** sauce cocktail. **-2.** *fig* [interés] **attrait** *m.* **-3.** MÚS **salsa** *f.*

salsera *f* **saucière** *f.*

saltamontes *m inv* **sauterelle** *f* (verte).

saltar ◇ *vt* **-1.** [gen & DEP] **sauter. -2.** [hacer estallar] **faire sauter.** ◇ *vi* **-1.** [gen & DEP] **sauter;** [botón] **tomber;** ~ **sobre algo/alguien** [abalanzarse] **sauter sur qqch/qqn;** ~ **de un tema a otro** passer d'un sujet à l'autre. **-2.** [arrojarse, caer] : ~ **de 10 metros** faire un saut de 10 mètres. **-3.** [levantarse, reaccionar bruscamente] **bon-**

dir. **-4.** [desparramarse] jaillir. **-5.** [estallar] exploser. **-6.** [romperse] se casser. **-7.** [salir] : ~ **a** [terreno, pista etc] arriver sur. ◆ **saltarse** *vp* **-1.** [gen] sauter; **se me ha saltado un botón** j'ai perdu un bouton. **-2.** [no respetar] ignorer; [semáforo, stop] brûler.

salteado, da *adj* **-1.** CULIN sauté(e). **-2.** [espaciado] : **la falda tiene lunares ~s** la jupe est parsemée de pois.

salteador, ra *m, f* : ~ **(de caminos)** bandit *m* (de grand chemin).

saltear *vt* **-1.** [asaltar] attaquer. **-2.** CULIN faire sauter.

saltimbanqui *mf* saltimbanque *m*.

salto *m* **-1.** [gen & DEP] saut *m*; **dar** o **pegar un** ~ faire un saut; *fig* [asustarse, progresar] faire un bond; ~ **de altura/de longitud** saut en hauteur/en longueur. **-2.** [obstáculo] obstacle *m*. **-3.** *fig* [diferencia] écart *m*. **-4.** *fig* [omisión] trou *m*. **-5.** [despeñadero] précipice *m*. **-6.** *loc* : **vivir a** ~ **de mata** vivre au jour le jour. ◆ **salto de agua** *m* chute *f* d'eau.

saltón, ona *adj* [diente] en avant; **tener los ojos saltones** avoir les yeux globuleux.

salubre *adj* salubre.

salud ◇ *f* santé *f*; **estar bien/mal de** ~ être en bonne/mauvaise santé; **beber a la** ~ **de alguien** boire à la santé de qqn. ◇ *interj* : **¡~!** [para brindar] à la tienne/vôtre!; [tras estornudo] à tes/vos souhaits!

saludable *adj* **-1.** [gen] sain(e). **-2.** *fig* [provechoso] salutaire.

saludar *vt* [a una persona] saluer; **saluda a Ana de mi parte** dis bonjour à Ana de ma part; **le saluda atentamente** recevez l'expression de mes sentiments distingués. ◆ **saludarse** *vp* se saluer; **no ~se** [estar enemistados] ne plus se dire bonjour.

saludo *m* salut *m*; **Ana te manda ~s** [en cartas] je te transmets le bonjour d'Ana; [al teléfono] tu as le bonjour d'Ana; **dirigir un ~ a alguien** saluer qqn; **un ~ afectuoso** [en cartas] affectueusement.

salva *f* MIL salve *f*; **una ~ de aplausos** *fig* une salve d'applaudissements.

salvación *f* **-1.** [remedio] : **no tener ~** [enfermo] être perdu(e); [enfermedad] être incurable. **-2.** [rescate] secours *m*. **-3.** RELIG salut *m*.

salvado *m* BOT son *m*.

salvador, ra ◇ *adj* salvateur(trice). ◇ *m, f* sauveur *m*.

salvadoreño, ña ◇ *adj* salvadorien(enne). ◇ *m, f* Salvadorien *m*, -enne *f*.

salvaguardar *vt* sauvegarder.

salvaje ◇ *adj* **-1.** [gen] sauvage. **-2.** [brutal] violent(e). ◇ *mf* sauvage *mf*.

salvamanteles *m inv* dessous-de-plat *m inv*.

salvamento *m* sauvetage *m*.

salvar *vt* **-1.** [gen] sauver. **-2.** [superar – obstáculo] franchir; [– dificultad] surmonter. **-3.** [exceptuar] : **salvando algunos detalles...** excepté quelques détails... **-4.** INFORM [un fichero] sauvegarder. ◆ **salvarse** *vp* **-1.** [librarse] en réchapper. **-2.** RELIG sauver son âme.

salvavidas ◇ *adj inv* de sauvetage. ◇ *m inv* bouée *f* de sauvetage.

salvedad *f* exception *f*; **con la ~ de los enfermos** excepté les malades.

salvia *f* sauge *f*.

salvo, va *adj* sauf(sauve); **estar a ~** être en sûreté; **su honor está a ~** son honneur est sauf; **poner algo a ~** mettre qqch à l'abri. ◆ **salvo** *adv* sauf; ~ **que llueva** sauf s'il pleut; **hablaron todos, ~ él** ils ont tous parlé sauf lui.

salvoconducto *m* sauf-conduit *m*.

samba *f* samba *f*.

san *adj* saint; ~ **José** saint Joseph.

sanar ◇ *vt* guérir. ◇ *vi* guérir; **no he sanado del todo** je ne suis pas totalement guéri.

sanatorio *m* clinique *f*.

sanción *f* sanction *f*.

sancionar *vt* sanctionner.

sandalia *f* sandale *f*.

sándalo *m* santal *m*.

sandez *f* sottise *f*.

sandía *f* pastèque *f*.

sándwich (*pl* **sándwiches** o **sandwichs**) *m* sandwich *m* (de pain de mie).

saneamiento *m* assainissement *m*.

sanear *vt* assainir.

sangrar ◇ *vi* saigner; ~ **por la nariz** saigner du nez. ◇ *vt* **-1.** [gen] saigner. **-2.** [árbol] gemmer. **-3.** IMPRENTA renfoncer.

sangre *f* sang *m* . **llevar algo en la** ~ avoir qqch dans le sang; **no llegó la ~ al río** ça n'a pas été plus loin. ◆ **sangre fría** *f* sang-froid *m*.

sangría *f* **-1.** [gen] saignée *f*. **-2.** [bebida] sangria *f*. **-3.** IMPRENTA alinéa *m*.

sangriento, ta *adj* **-1.** [gen] sanglant(e). **-2.** [despiadado, cruel] sanguinaire.

sanguijuela f [gusano] sangsue f; **ser una ~ para alguien** fam fig saigner qqn à blanc.

sanguinario, ria adj sanguinaire.

sanguíneo, a adj sanguin(e).

sanidad f -1. [salubridad] hygiène f. -2. [servicio] : **trabajar en ~** travailler dans le secteur médical; **el ministerio de ~** le ministère de la Santé.

sanitario, ria ◇ adj sanitaire. ◇ m, f professionnel m, -elle f de la santé. ◆ **sanitarios** mpl sanitaires mpl.

San Juan San Juan.

sano, na adj -1. [gen] sain(e); **~ y salvo** sain et sauf. -2. [entero] intact(e).

San Salvador San Salvador.

Santiago de Chile Santiago (du Chili).

Santiago de Compostela Saint-Jacques -de-Compostelle.

santiamén ◆ **en un santiamén** loc adv fam en un clin d'œil.

santidad f sainteté f; **una vida de ~** une vie de saint(e).

santificar vt sanctifier.

santiguar vt faire le signe de la croix sur. ◆ **santiguarse** vp se signer.

santo, ta ◇ adj -1. [gen] saint(e); **todo el ~ día** toute la sainte journée; **hace su santa voluntad** il fait ses quatre volontés. -2. fam [beneficioso] miraculeux(euse). ◇ m, f lit & fig saint m, -e f. ◆ **santo** m -1. [onomástica] fête f. -2. fam fig [ilustración, foto] image f. -3. loc : **¿a ~ de qué?** en quel honneur?; **írsele a alguien el ~ al cielo** perdre le fil (de ses pensées). ◆ **santo y seña** m MIL mot m de passe.

Santo Domingo Saint-Domingue.

santoral m -1. [libro de vidas de santos] recueil sur la vie des saints. -2. [onomástica] martyrologe m.

Santo Tomé y Príncipe São Tomé et Príncipe.

santuario m sanctuaire m.

saña f -1. [furor] rage f. -2. [insistencia] acharnement m.

sapo m crapaud m .

saque m DEP coup m d'envoi; [en tenis, bádminton etc] service m .

saquear vt -1. [rapiñar] mettre à sac. -2. fam [vaciar] faire une razzia sur.

saqueo m pillage m.

sarampión m rougeole f.

sarao m [fiesta] fête f.

sarcasmo m sarcasme m.

sarcástico, ca ◇ adj sarcastique. ◇ m, f : **es un ~** il est sarcastique.

sarcófago m sarcophage m.

sardana f sardane f.

sardina f sardine f; **ir como ~s en canasta** o **en lata** fig être serrés comme des sardines.

sardónico, ca adj sardonique.

sargento ◇ mf -1. MIL sergent m. -2. despec [persona autoritaria] gendarme m. ◇ m [herramienta] serre-joint m.

sarna f gale f; **~ con gusto no pica** fig quand on aime ça... (on n'en voit pas les inconvénients).

sarpullido, salpullido m éruption f cutanée.

sarro m tartre m.

sarta f chapelet m (d'objets); [de desdichas] série f.

sartén f -1. [utensilio] poêle f; **tener la ~ por el mango** tenir la barre. -2. [cantidad] poêlée f.

sastre, tra m, f tailleur m, couturière f.

sastrería f : **ir a la ~** aller chez le tailleur.

Satanás m Satan m.

satélite adj & m satellite m .

satén m satin m.

satinado, da adj satiné(e).

sátira f satire f.

satírico, ca ◇ adj satirique. ◇ m, f persifleur m, -euse f; [escritor] satiriste mf.

satirizar vt railler, faire la satire de.

satisfacción f -1. [gen] satisfaction f; **tener cara de ~** avoir un air satisfait. -2. fig [gustazo] luxe m; **darse la ~ de** s'offrir le luxe de.

satisfacer vt -1. [gen] satisfaire. -2. [deuda] honorer. -3. [pregunta] répondre à; **~ una duda** lever un doute. -4. [requisitos] remplir.

satisfactorio, ria adj satisfaisant(e).

satisfecho, cha ◇ pp irreg → satisfacer. ◇ adj -1. [complacido] satisfait(e); [al comer] repu(e); **darse por ~** s'estimer heureux. -2. [engreído] fier(fière) de soi.

saturar vt saturer. ◆ **saturarse** vp être saturé(e); **~se de trabajo** travailler comme un fou.

sauce m saule m; **~ llorón** saule pleureur.

sauna f sauna m.

savia f -1. BOT sève f. -2. fig [de juventud, amor] fougue f.

saxofón, saxófono, saxo ◇ *m* saxophone *m*. ◇ *mf* saxophoniste *mf*.

saxofonista *mf* saxophoniste *mf*.

saxófono = saxofón.

sazón *f* -**1**. [madurez] maturité *f*; **estar en** ~ être mûr(e). -**2**. [sabor] goût *m*. ◆ **a la sazón** *loc adv* à ce moment-là.

sazonado, da *adj* assaisonné(e).

sazonar *vt* assaisonner.

scanner = escáner.

scout (*pl* **scouts**) *m* scout *m*, -e *f*.

se *pron pers* -**1**. [reflexivo] se, s' *(delante de vocal)*; [usted mismo, ustedes mismos] vous; ~ **pasea** il se promène; ~ **divierte** il s'amuse; ~ **están bañando, están bañándose** ils se baignent; **hay que lavar**~ **todos los días** il faut se laver tous les jours; **siénte**~ asseyez-vous; **¡que** ~ **diviertan!** amusez-vous bien!. -**2**. [recíproco] se, s'; *(delante de vocal)* : ~ **tutean** ils se tutoient; ~ **quieren** ils s'aiment. -**3**. [construcción pasiva] : ~ **ha suspendido la reunión** la réunion a été suspendue. -**4**. [impersonal] on; '~ **habla inglés'** 'on parle anglais'; **desde aquí** ~ **ve bien** on voit bien d'ici; '~ **prohíbe fumar'** 'interdiction de fumer'. -**5**. *(en vez de 'le' o 'les' antes de 'lo', 'la', 'los' o 'las')* [complemento indirecto – a él, ella] lui; [– a ellos, ellas] leur; [– a usted, ustedes] vous; **cómpraselo** achète-le-lui; ~ **lo dije, pero no me hicieron caso** je le leur ai dit, mais ils ne m'ont pas écouté; **si usted quiere, yo** ~ **las mandaré** si vous voulez, je vous les enverrai.

sé -**1**. → saber. -**2**. → ser.

sebo *m* graisse *f*; [para jabón, velas] suif *m*.

secador *m* séchoir *m*; ~ **(de pelo)** sèche-cheveux *m*.

secadora *f* séchoir *m*; ~ **de ropa** sèche-linge *m*.

secante ◇ *adj* -**1**. [secador] siccatif(ive); **el papel** ~ le papier buvard. -**2**. GEOM sécant(e). ◇ *f* GEOM sécante *f*.

secar *vt* -**1**. [ropa, lágrimas] sécher; [planta, piel] dessécher. -**2**. [enjugar] essuyer. ◆ **secarse** *vp* sécher; [río, fuente] s'assécher; [planta, piel] se dessécher; ~**se el pelo** se sécher les cheveux.

sección *f* -**1**. [departamento – en almacén] rayon *m*; [– en empresa] service *m*. -**2**. MIL & GEOM section *f*. -**3**. [dibujo] coupe *f*.

seccionar *vt* sectionner.

secesión *f* sécession *f*.

seco, ca *adj* -**1**. [gen] sec(sèche). -**2**. [río, lago] à sec; **lavar en** ~ nettoyer à sec. -**3**. *loc* : **parar en** ~ s'arrêter net. ◆ **a secas** *loc adv* tout court; **se llama Juan a secas** il s'appelle Juan tout court.

secretaría *f* secrétariat *m* .

secretariado *m* -**1**. [gen] secrétariat *m*. -**2**. POLÍT secrétariat m d'État.

secretario, ria *m, f* secrétaire *mf* .

secreto, ta *adj* secret(ète); **en** ~ en secret. ◆ **secreto** *m* secret *m* .

secta *f* secte *f*.

sector *m* secteur *m*; [de partido] courant *m*; **un** ~ **de la opinión pública** une partie de l'opinion publique.

secuaz *mf despec* acolyte *m*.

secuela *f* séquelle *f*.

secuencia *f* séquence *f*; [de temas] série *f*.

secuestrador, ra *m, f* ravisseur *m*, -euse *f*; [de avión] pirate *m* de l'air.

secuestrar *vt* -**1**. [persona] enlever. -**2**. [barco, avión] détourner. -**3**. [periódico, publicación] saisir.

secuestro *m* -**1**. [de persona] enlèvement *m*. -**2**. [de avión, barco] détournement *m*. -**3**. [de periódico, publicación] saisie *f*.

secular ◇ *adj* -**1**. [seglar] séculier(ère). -**2**. [centenario] séculaire. ◇ *m* séculier *m*.

secundar *vt* [respaldar] appuyer, soutenir; ~ **a alguien** seconder qqn.

secundario, ria *adj* secondaire.

sed ◇ *v* → ser. ◇ *f* lit & fig soif *f*.

seda *f* soie *f*; **ir como una** ~ aller comme sur des roulettes.

sedal *m* ligne *f* *(pour pêcher)*.

sedante ◇ *adj* apaisant(e); MED sédatif(ive). ◇ *m* sédatif *m*.

sede *f* siège *m* *(résidence, diocèse)*. ◆ **Santa Sede** *f* : **la Santa Sede** le Saint-Siège.

sedentario, ria *adj* sédentaire.

sedición *f* sédition *f*.

sediento, ta *adj* assoiffé(e).

sedimentar *vt* déposer. ◆ **sedimentarse** *vp* se déposer.

sedimento *m* -**1**. [poso] dépôt *m*. -**2**. GEOL sédiment *m*. -**3**. *(gen pl)* fig [huella] traces *fpl*.

sedoso, sa *adj* soyeux(euse).

seducción *f* séduction *f*.

seducir *vt* -**1**. [atraer] séduire. -**2**. [persuadir] enjôler.

seductor, ra ◇ *adj* séduisant(e). ◇ *m, f* séducteur *m*, -trice *f*.

segador, ra *m, f* [agricultor] moissonneur *m*, -euse *f*. ◆ **segadora** *f* [máquina] moissonneuse *f*; [herramienta] faucheuse *f*.

segar *vt* **-1.** AGR [mieses] moissonner; [hierba] faucher. **-2.** *fig* [cortar – cabezas] couper; [– vidas] faucher; [– ilusiones] briser.

seglar *adj & m* laïque.

segmentar *vt* segmenter.

segmento *m* segment *m*.

Segovia Ségovie.

segregación *f* **-1.** [separación] séparation *f*. **-2.** [discriminación] ségrégation *f*. **-3.** [secreción] sécrétion *f*.

segregar *vt* **-1.** [separar] séparer. **-2.** [discriminar] discriminer. **-3.** [secretar] sécréter.

seguidilla *f* **-1.** LITER *strophe de quatre ou sept vers, utilisée dans les chansons populaires.* **-2.** MÚS séguedille *f*.

seguido, da *adj* [continuo] continu(e); [consecutivo] de suite, d'affilée; **diez años** ~**s** dix ans de suite; **se comió 15 pasteles** ~**s** il a mangé 15 gâteaux d'affilée; **tener hijos** ~**s** avoir des enfants rapprochés. ◆ **seguido** *adv* tout droit. ◆ **en seguida** *loc adv* tout de suite.

seguidor, ra *m, f* adepte *mf*; DEP supporter *m*.

seguimiento *m* suivi *m*.

seguir ◇ *vt* **-1.** [gen] suivre; **alguien nos seguía** quelqu'un nous suivait; **seguí tus instrucciones** j'ai suivi tes instructions; **sigue unos cursos de...** elle suit des cours de...; **la enfermedad sigue su curso** la maladie suit son cours. **-2.** [reanudar, continuar] poursuivre. ◇ *vi* **-1.** [sucederse] : ~ **a algo** suivre qqch; **la primavera sigue al invierno** le printemps suit l'été. **-2.** [continuar] continuer; **sigue por este camino** continue dans cette voie; **sigue haciendo frío** il continue à faire froid. **-3.** [estar todavía] : **sigue enferma/soltera** elle est toujours malade/célibataire. ◆ **seguirse** *vp* [deducirse] s'ensuivre.

según ◇ *prep* **-1.** [una persona] selon, d'après; ~ **ella, ha sido un éxito** selon elle, ça a été un succès; ~ **yo/tú etc** d'après moi/toi etc. **-2.** [ley, norma etc] selon. **-3.** [dependiendo de] suivant, selon; ~ **la hora que sea** suivant l'heure (qu'il sera); ~ **los casos** selon les cas. ◇ *adv* **-1.** [como] comme; **sigue permanecía** ~ **lo había dejado** tout était comme il l'avait laissé. **-2.** [a medida que] (au fur et à me-

sure que; ~ **nos acercábamos, el ruido aumentaba** à mesure que nous approchions, le bruit s'amplifiait. **-3.** [dependiendo] : **¿te gusta la música? –** ~ **tu** aimes la musique? – ça dépend; **lo intentaré** ~ **esté de tiempo** j'essaierai en fonction du temps que j'aurai; ~ **parece** à ce qu'il paraît.

segunda *f* → segundo.

segundero *m* trotteuse *f* (*d'une montre*).

segundo, da *núm* deuxième, second(e); **primos** ~**s** cousins au second degré; *ver también* sexto. ◆ **segundo** *m* seconde *f*. ◆ **segunda** *f* [velocidad, clase] seconde *f*. ◆ **con segundas** *loc adv* : **ir con segundas** [discurso, palabras etc] être plein(e) de sous-entendus.

seguramente *adv* probablement.

seguridad *f* **-1.** [protección] sécurité *f*; [fiabilidad] sûreté *f*; **de** ~ de sûreté; **un cinturón de** ~ une ceinture de sécurité. **-2.** [certidumbre, confianza] assurance *f*; **con** ~ avec certitude; **tener** ~ **en sí mismo** être sûr(e) de soi. ◆ **Seguridad Social** *f* Sécurité *f* sociale.

seguro, ra *adj* sûr(e); **tener por** ~ **que** être sûr(e) ◇ certain(e) que. ◆ **seguro** ◇ *m* **-1.** [contrato] assurance *f*; ~ **de vida** assurance-vie *f*. **-2.** [dispositivo] sûreté *f*; [de pistola] cran *m* de sûreté. **-3.** [Seguridad Social] Sécurité *f* sociale. **-4.** *Amer* [imperdible] épingle *f* à nourrice. ◇ *adv* sûrement.

seis ◇ *núm adj inv* six; ~ **personas** six personnes; **tiene** ~ **años** il a six ans; **página** ~ page six; **estamos a día** ~ nous sommes le six. ◇ *núm m inv* six; ~ **por** ~ [en multiplicación] six fois six; **el** ~ **de agosto** le six août; **calle Mayor (número)** ~ six, calle Mayor; **el** ~ **de diamantes** le six de carreau. ◇ *núm pron* six; **somos** ~ nous sommes six; **vinieron** ~ ils sont venus à six; **los** ~ tous les six. ◇ *núm fpl* : **las** ~ six heures; **son las** ~ il est six heures.

seiscientos, tas *núm adj* **-1.** [para contar] six cents; ~ **hombres** six cents hommes; ~ **veinte** six cent vingt. **-2.** [para ordenar] six cent; **página** ~ page six cent. ◆ **seiscientos** *núm m* six cent *m inv*.

seísmo *m* séisme *m*.

selección *f* **-1.** [gen] sélection *f*; [de personal] recrutement *m*. **-2.** DEP équipe *f*.

seleccionador, ra ◇ *adj* de sélection. ◇ *m, f* DEP sélectionneur(euse).

seleccionar *vt* sélectionner.

selectividad *f* EDUC *examen d'entrée à l'université.*

selectivo, va *adj* sélectif(ive).

selecto, ta *adj* **-1.** [excelente] de choix. **-2.** [escogido] choisi(e); **la gente selecta** le gratin.

selfservice (*pl* **selfservices**) *m* self-service *m.*

sellar *vt* **-1.** [timbrar] timbrer. **-2.** [lacrar, precintar] sceller. **-3.** [estampar] tamponner.

sello *m* **-1.** [de correos] timbre *m.* **-2.** [tampón] tampon *m.* **-3.** [sortija] chevalière *f.* **-4.** [lacre, impresión] sceau *m.* **-5.** *fig* [carácter] : **tener un ~ personal** avoir un certain cachet; **tener el ~ de** porter la marque de.

selva *f* jungle *f*; [bosque] forêt *f.*

semáforo *m* [de tráfico urbano] feu *m.*

semana *f* semaine *f*; **entre ~** en semaine. ◆ **Semana Santa** *f* : **la Semana Santa** la Semaine *f* sainte.

semanal *adj* hebdomadaire.

semanario, ria *adj* hebdomadaire. ◆ **semanario** *m* [publicación semanal] hebdomadaire *m.*

semántico, ca *adj* sémantique. ◆ **semántica** *f* sémantique *f.*

semblante *m* visage *m.*

semblanza *f* [descripción] portrait *m*; [reseña] notice *f* biographique.

sembrado, da *adj fig* [lleno] : **~ de trampas** semé d'embûches. ◆ **sembrado** *m* semis *m.*

sembrador, ra ◇ *adj* [técnica, procedimiento] d'ensemencement; **una máquina sembradora** un semoir. ◇ *m, f* semeur *m*, -euse *f.* ◆ **sembradora** *f* semoir *m.*

sembrar *vt* **-1.** [gen] semer. **-2.** *fig* [llenar] : **~ (de ○ con)** couvrir (de).

semejante ◇ *adj* **-1.** [parecido] semblable; **dos casos ~s** deux cas semblables. **-2.** [tal] pareil(eille); **nunca ha habido ~ cola** il n'y a jamais eu une queue pareille. ◇ *m* (*gen pl*) semblable *m.*

semejanza *f* ressemblance *f.*

semejar *vi* ressembler ◆ **semejarse** *vp* se ressembler.

semen *m* sperme *m.*

semental ◇ *adj* : **un toro/burro ~** un taureau/âne étalon; **un caballo ~** un étalon. ◇ *m* étalon *m.*

semestral *adj* semestriel(elle).

semestre *m* semestre *m.*

semidirecto ◇ *adj* semi-direct(e). ◇ *m* semi-direct *m.*

semifinal *f* demi-finale *f.*

semilla *f* **-1.** [simiente] graine *f.* **-2.** *fig* [motivo] : **ser la ~ de algo** être à l'origine de qqch; **ser la ~ de la discordia** semer la discorde.

seminario *m* séminaire *m.*

semita ◇ *adj* sémite. ◇ *mf* Sémite *mf.*

sémola *f* semoule *f.*

Sena *m* : **el ~** la Seine.

senado *m* sénat *m.* ◆ **Senado** *m* : **el Senado** le Sénat *m.*

senador, ra *m, f* sénateur *m.*

sencillez *f* simplicité *f.*

sencillo, lla *adj* simple. ◆ **sencillo** *m* *Amer fam* [cambio] petite monnaie *f.*

senda *f* **-1.** [camino] sentier *m.* **-2.** [medio, método] voie *f.*

sendero *m* sentier *m.*

sendos, das *adj* chacun un, chacun une, chacune un, chacune une; **Pedro y Juan llevaban ~ paquetes** Pedro et Juan portaient chacun un paquet.

senectud *f* *culto* vieillesse *f.*

Senegal : **(el) ~** (le) Sénégal.

senil *adj* sénile.

sénior (*pl* **séniors**) ◇ *adj* **-1.** [mayor de dos] : **¿está el Señor López ~?** monsieur López père est-il là? **-2.** DEP senior. ◇ *m* senior *mf.*

seno *m* **-1.** [gen] sein *m*; **tiene grandes ~s** elle a une poitrine opulente; **en el ~ de** *fig* au sein de. **-2.** [concavidad] poche *f.* **-3.** MAT & ANAT sinus *m.*

sensación *f* **-1.** [física] sensation *f.* **-2.** [efecto, premonición] impression *f.*

sensacional *adj* sensationnel(elle).

sensacionalista *adj* à sensation.

sensatez *f* bon sens *m.*

sensato, ta *adj* sensé(e).

sensibilidad *f* sensibilité *f.*

sensibilizar *vt* sensibiliser.

sensible *adj* **-1.** [gen & FOT] sensible. **-2.** [delicado] délicat(e).

sensiblero, ra *adj despec* mièvre; [persona] trop sensible.

sensitivo, va *adj* sensitif(ive).

sensor *m* capteur *m.*

sensorial *adj* sensoriel(elle).

sensual *adj* sensuel(elle).

sentado, da *adj* [prudente] réfléchi(e); **dar algo por** ~ considérer qqch comme acquis.

sentar ◇ *vt lit & fig* asseoir. ◇ *vi* **-1.** [ropa, peinado] aller; **ese vestido te sienta bien** cette robe te va bien; **el negro te sienta fatal** le noir ne lui va pas du tout. **-2.** [comida]: ~ **bien/mal** a réussir/ne pas réussir à. **-3.** [vacaciones, clima]: **un descanso te sentará muy bien** ça te fera beaucoup de bien de te reposer; **el clima húmedo me sienta mal** le climat humide ne me réussit pas. **-4.** [comentario, acción]: ~ **bien** plaire; ~ **mal** déplaire. ◆ **sentarse** *vp* [en asiento] s'asseoir.

sentencia *f* sentence *f*.

sentenciar *vt* **-1.** DER condamner. **-2.** *fig* [juzgar de antemano]: **antes de entrar al examen ya estaba sentenciado** avant même de passer l'examen il était recalé; **estar sentenciado al fracaso** être voué à l'échec.

sentido, da *adj* [sentimiento] sincère. ◆ **sentido** *m* **-1.** [gen] sens *m*; **no tiene** ~ **que...** ça ne sert à rien de...; **de** ~ **único** à sens unique; **doble** ~ double sens; ~ **común** sens commun; ~ **del humor** sens de l'humour; **sexto** ~ sixième sens. **-2.** [conocimiento] connaissance *f*; **quedarse sin** ~ perdre connaissance.

sentimental *adj* sentimental(e).

sentimentaloide ◇ *adj* à l'eau de rose. ◇ *mf* : **ser un** ~ être fleur bleue.

sentimiento *m* (*gen pl*) **-1.** [gen] sentiment *m*. **-2.** [pena]: **acompañar a alguien en el** ~ partager la douleur de qqn.

sentir ◇ *vt* **-1.** [percibir, apreciar] sentir; [ruido] entendre. **-2.** [experimentar – hambre, calor] avoir; [– cariño, lástima etc] éprouver, ressentir; ~ **vergüenza** éprouver de la honte. **-3.** [lamentar] regretter; **lo siento (mucho)** je suis (vraiment) désolé(e). **-4.** [creer] penser; **te lo digo como lo siento** je te le dis comme je le pense. ◇ *m* sentiment *m*. ◆ **sentirse** *vp* se sentir; ~**se cansado** se sentir fatigué; ~**se superior** se croire supérieur(e); ~**se forzado a hacer algo** se sentir obligé de faire qqch.

seña *f* **-1.** [gesto] signe *m*; **hacer(le)** ~**s (a alguien)** faire des signes (à qqn). **-2.** [contraseña] consigne *f*. ◆ **señas** *fpl* [dirección] adresse *f*; ~**s personales** adresse personnelle.

señal *f* **-1.** [gen] signe *m*; **dar** ~**es de vida** *fig* donner signe de vie; **en** ~ **de** en signe de. **-2.** [aviso] signal *m*; [del teléfono] tonalité *f*; ~ **sonora** signal sonore. **-3.** [huella, cicatriz] marque *f*. **-4.** [adelanto] acompte *m*. **-5.** AUTOM : ~ **(de tráfico)** panneau *m* (de signalisation); **la** ~ **de stop** le stop.

señalado, da *adj* important(e); **un día** ~ un grand jour.

señalar *vt* **-1.** [marcar, decir] signaler. **-2.** [apuntar] montrer; **no señales al señor con el dedo** ne montre pas le monsieur du doigt. **-3.** [indicar, anunciar] indiquer. **-4.** [determinar] fixer; **hemos señalado la fecha de...** nous avons fixé la date de...

señalización *f* signalisation *f*; **las señalizaciones son poco claras** la signalisation n'est pas très claire.

señalizar *vt* signaliser.

señor, ra *adj* **-1.** [refinado] distingué(e). **-2.** (*en aposición*) *fam* [gran] beau(belle). ◆ **señor** *m* **-1.** [tratamiento] monsieur *m*; **el** ~ **Pérez** monsieur Pérez; **el** ~ **presidente** monsieur le président; **¿qué desea el** ~? monsieur désire?; **Muy** ~ **mío** [en cartas] cher monsieur; ~**es siéntense** messieurs, asseyez-vous. **-2.** [hombre] monsieur *m*. **-3.** [caballero] gentleman *m*; **es todo un** ~ c'est un vrai gentleman. **-4.** [de feudo] seigneur *m*. **-5.** [amo]: **el** ~ **no está** monsieur n'est pas là; **el** ~ **de la casa** le maître de maison. ◆ **señora** *f* **-1.** [tratamiento] madame *f*; **la señora Pérez** madame Pérez; **la señora presidenta** madame le Président; **¿qué desea la señora?** madame désire?; **¡señoras y** ~**es!** mesdames, mesdemoiselles, messieurs; **Estimada señora** [en cartas] chère madame; **¿señora o señorita?** madame ou mademoiselle? **-2.** [esposa] femme *f*. **-3.** [ama]: **la señora no está** madame n'est pas là; **la señora de la casa** la maîtresse de maison.

señorial *adj* **-1.** [majestuoso] majestueux(euse). **-2.** [del señorío] seigneurial(e).

señorío *m* **-1.** [dominio] autorité *f*. **-2.** [distinción] distinction *f*.

señorito, ta *adj despec* : **es muy** ~ il aime bien se faire servir; **el** ~ monsieur, la señorita mademoiselle. ◆ **señorito** *m* **-1.** *desus* [hijo del amo] *fils de propriétaires terriens*. **-2.** *fam despec* [niñato] fils *m* à papa. ◆ **señorita** *f* **-1.** [soltera] demoiselle *f*. **-2.** [tratamiento] mademoiselle *f*; **la señorita**

Pérez mademoiselle Pérez. **–3.** [maestra] : **la señorita** la maîtresse.

señuelo m **–1.** [reclamo] appeau m. **–2.** fig [trampa] leurre m.

sep., sept. (abrev de **septiembre**) sept.

sepa → **saber**.

separación f **–1.** [gen] séparation f. **–2.** [espacio] écart m.

separado, da ◇ adj **–1.** [alejado] : **estar ~ de** être loin de. **–2.** [divorciado] séparé(e). ◇ m, f personne f séparée.

separar vt **–1.** [gen] séparer; **los pantalones están separados por tallas** les pantalons sont rangés par taille. **–2.** [apartar] : **~ algo de** éloigner qqch de. **–3.** [reservar] mettre de côté. ◆ **separarse** vp : **~se (de)** [gen] se séparer (de); [apartarse] s'éloigner (de).

separatismo m séparatisme m.

separo m Amer cellule f (de prison).

sepelio m obsèques fpl.

sepia f [molusco] seiche f.

septentrional ◇ adj septentrional(e). ◇ mf habitant m, -e f du nord.

septiembre, setiembre m septembre m; **el 1 de ~** le 1er septembre; **uno de los ~s más lluviosos de la última década** l'un des mois de septembre les plus pluvieux de la dernière décennie; **a mediados de ~** à la mi-septembre; **a principios/finales de ~** au début/à la fin du mois de septembre; **el pasado/próximo (mes de) ~** en septembre dernier/prochain; **en pleno ~** en plein mois de septembre; **en ~** en septembre; **este ~ (pasado/próximo)** en septembre (dernier/prochain); **para ~** en septembre; **entrará en el colegio para ~** il fera sa rentrée scolaire en septembre; **lo quiero para ~** je le veux pour le mois de septembre.

séptimo, ma, sétimo, ma núm septième m; ver también **sexto**.

sepulcral adj **–1.** [del sepulcro] funéraire. **–2.** fig [voz, silencio] d'outre-tombe.

sepulcro m tombeau m.

sepultar vt ensevelir.

sepultura f **–1.** [enterramiento] inhumation f; **dar ~** inhumer; **recibir ~** être inhumé(e). **–2.** [fosa] sépulture f.

sepulturero, ra m, f fossoyeur m.

sequedad f sécheresse f.

sequía f sécheresse f.

séquito m **–1.** [comitiva] suite f. **–2.** [secuela] conséquence f.

ser ◇ v aux (antes de participio forma la voz pasiva) être; **fue visto por un testigo** il a été vu par un témoin. ◇ v copulativo **–1.** [gen] être; **es muy guapo** il est très beau; **soy abogado** je suis avocat; **es un amigo** c'est un ami; **es de la familia** il est de la famille; **él es del Consejo Superior** il est membre du Conseil supérieur. **–2.** [servir, ser adecuado] : **este trapo es para limpiar los cristales** c'est le chiffon qui sert à nettoyer les vitres; **este libro no es para niños** ce n'est pas un livre pour les enfants. **–3.** **~ de** [estar hecho de] être en; [ser originario de] être de; [pertenecer a] être à; **el reloj es de oro** la montre est en or; **yo soy de Madrid** je suis de Madrid; **es de mi hermano** c'est à mon frère. ◇ vi **–1.** [gen] être; **¿cuánto es?** c'est combien?; **somos tres** nous sommes trois; **lo importante es decidirse** l'important c'est de se décider; **es la tercera vez que...** c'est la troisième fois que...; **hoy es martes** aujourd'hui on est mardi; **mañana es 15 de julio** demain c'est le 15 juillet; **¿qué hora es?** quelle heure est-il?; **son las tres de la tarde** il est trois heures de l'après-midi. **–2.** [evolucionar] devenir; **¿qué es de ti?** qu'est-ce que tu deviens? **–3.** [suceder, ocurrir] être, avoir lieu; **la conferencia era esta mañana** la conférence a eu lieu ce matin; **¿cómo fue el accidente?** comment l'accident est-il arrivé?; **allí fue donde nació** c'est là qu'il est né. **–4.** MAT : **dos y dos son cuatro** deux et deux font quatre. **–5.** loc : **no es nada** ce n'est rien; **se ha dado un golpe, pero no es nada** il s'est cogné, mais ce n'est rien; **no es para menos** il y a de quoi; **pinchamos y por si fuera poco nos quedamos sin gasolina** nous avons crevé et comme si ça ne suffisait pas nous sommes tombés en panne d'essence. ◇ v impers **–1.** [expresa tiempo] : **es de día** il fait jour; **es muy tarde** il est très tard. **–2.** (antes de infin) [expresa necesidad, posibilidad] : **es de desear que...** il est souhaitable que...; **era de esperar** on pouvait s'y attendre; **es de suponer que...** on peut supposer que... **–3.** (antes de 'que') [expresa motivo] : **es que ayer no vine porque estaba enfermo** je ne suis pas venu hier parce que j'étais malade. **–4.** loc : **a no ~ que** à moins que; **como sea** coûte que coûte; **de no ~ por ti me hubiera ahogado** si tu n'avais pas été là je me serais noyé. ◇ m [ente] être m.

SER *(abrev de* **Sociedad Española de Radiodifusión**) *f société espagnole de radiodiffusion.*

Serbia Serbie *f.*

serbio, bia ◇ *adj* serbe. ◇ *m, f* Serbe *mf.*

serenar *vt* [persona] apaiser. ◆ **serenarse** *vp* se calmer; [tiempo] s'améliorer.

serenata *f* **-1.** MÚS sérénade *f.* **-2.** [fastidio] : **dar la ~** casser les pieds.

serenidad *f* **-1.** [de persona] sérénité *f.* **-2.** [de noche, mar etc] calme *m.*

sereno, na *adj* **-1.** [persona] serein(e). **-2.** [atmósfera, cielo] clair(e). **-3.** [mar] calme. ◆ **sereno** *m* [vigilante] *personne qui était chargée de surveiller les rues la nuit.*

serial *m* feuilleton *m.*

serie *f* série *f*; **fuera de ~** hors série; **ser un fuera de ~** être un as. ◆ **en serie** *loc adv* en série.

seriedad *f* sérieux *m*; **con ~** sérieusement.

serio, ria *adj* **-1.** [gen] sérieux(euse). **-2.** [color] sévère; [ropa] strict(e). ◆ **en serio** *loc adv* sérieusement.

sermón *m* sermon *m.*

seropositivo, va *adj & m, f* MED séropositif(ive).

serpentear *vi* serpenter.

serpentina *f* serpentin *m.*

serpiente *f* serpent *m* .

serranía *f* région *f* montagneuse.

serrano, na ◇ *adj* **-1.** [de la sierra] montagnard(e); **una tierra serrana** un pays montagneux. **-2.** → **jamón.** ◇ *m, f* montagnard *m,* -e *f.*

serrar *vt* scier.

serrín *m* sciure *f.*

serrucho *m* scie *f* (égoïne).

servicial *adj* serviable.

servicio *m* **-1.** [gen, DEP & MIL] service *m*; **prestar un ~** rendre un service; **~ de té/ de mesa** service à thé/de table; **~ de urgencias** service des urgences; **~ militar** service militaire; **~ público** service public. **-2.** [servidumbre] domestiques *mpl .* **-3.** [turno] garde *f .* **-4.** *(gen pl)* [aseos] toilettes *fpl.*

servidor, ra ◇ *m, f* **-1.** [yo] : **este pastel lo ha hecho una ~** a ce gâteau c'est moi qui l'ai fait. **-2.** [en cartas] : **su seguro ~** votre dévoué. ◇ *interj* : **¡~!** présent! *(à l'appel).* ◆ **servidor** *m* INFORM serveur *m.*

servidumbre *f* **-1.** [criados] domestiques *mpl.* **-2.** [de vicio, pasión etc] dépendance *f.*

servil *adj* servile.

servilleta *f* serviette *f (de table).*

servilletero *m* porte-serviettes *m inv*; [aro] rond *m* de serviette.

servir ◇ *vt* **-1.** [comida, bebida] servir; **sírvanos dos cervezas** deux bières s'il vous plaît; **¿te sirvo más?** je t'en ressers? **-2.** [ser útil a] être utile à; **¿en qué puedo ~le?** en quoi puis-je vous être utile? ◇ *vi* **-1.** [gen, DEP & MIL] servir; **una tabla le servía de mesa** une planche lui servait de table; **~ para** servir à; **no sirve para estudiar** il n'est pas fait pour les études. **-2.** [como criado] être au service de. ◆ **servirse** *vp* **-1.** [comida, bebida] se servir; **sírvete...** sers-toi... **-2.** [aprovecharse] : **~se de** se servir de. **-3.** [fórmula de cortesía] : **sírvase sentarse** veuillez vous asseoir.

sésamo *m* sésame *m.*

sesenta *núm* soixante; **los (años) ~** les années soixante.

sesentavo, va *núm* soixantième.

sesera *f* **-1.** *fam* [cabeza] caboche *f.* **-2.** *fam fig* [inteligencia] jugeote *f.*

sesión *f* séance *f*; [en teatro] représentation *f*; **un cine de ~ continua** un cinéma permanent.

seso *m (gen pl)* **-1.** [gen & CULIN] cervelle *f .* **-2.** *fam* [sensatez] jugeote *f*; **sorber el ~** o **los ~s a alguien** *fam* **es ~** c'est une tête.

sesudo, da *adj fam* **es ~** c'est une tête.

set *(pl* **sets**) *m* DEP set *m.*

seta *f* champignon *m.*

setecientos, tas *núm* sept cents; *ver también* **seiscientos.**

setenta *núm* soixante-dix; *ver también* **sesenta.**

setentavo, va *núm* soixante-dixième; *ver también* **sexto.**

setiembre = septiembre.

sétimo = séptimo.

seto *m* haie *f (clôture).*

seudónimo = pseudónimo.

Seúl Séoul.

severidad *f* sévérité *f.*

severo, ra *adj* sévère.

Sevilla Séville.

sevillano, na ◇ *adj* sévillan(e). ◇ *m, f* Sévillan *m,* -e *f.* ◆ **sevillana** *f* danse populaire andalouse.

sex-appeal *m inv* sex-appeal *m inv.*

sexi *(pl* **sexis**)**, sexy** *(pl* **sexys**) *adj* sexy.

sexista *adj & mf* sexiste.

sexo *m* sexe *m .*

sexólogo, ga *m, f* sexologue *mf.*

sex-shop (*pl* **sex-shops**) *m* sex-shop *m.*

sexteto *m* -1. MÚS sextuor *m.* -2. LITER sizain *m.*

sexto, ta *núm* sixième; **Carlos** ~ Charles six; **el** ~ **piso** le sixième étage; **el** ~ **de la clase** le sixième de la classe; **llegó el** ~ il est arrivé sixième.

sexual *adj* sexuel(elle).

sexualidad *f* sexualité *f.*

sexy = **sexi**.

sha *m* chah *m.*

shetland (*pl* **shetlands**) *m* shetland *m inv.*

shock = **choc**.

shorts *mpl* short *m.*

show (*pl* **shows**) *m* show *m*; **montar un** ~ *fam* faire tout un cirque.

si[1] *m* (*pl* **sís**) MÚS si *m.*

si[2] *conj* -1. [gen] si; s' *(delante de 'i')*; ~ **viene, me voy** s'il vient je m'en vais; **me pregunto** ~ **lo sabe** je me demande s'il le sait; **¿y** ~ **fuéramos a verlo?** et si on allait le voir. -2. [expresa insistencia]: **¡pero** ~ **no he hecho nada!** mais je n'ai rien fait!; ~ **ya sabía yo que...** je savais bien que...

sí[1] (*pl* **síes**) *m* oui *m*; **dar el** ~ donner son approbation.

sí[2] ◇ *adv* -1. [afirmación] oui; *(tras pregunta negativa)* si; **¿vendrás?** – ~, **iré tu viendras?** – oui, je viendrai; **¿no te lo dijo?** – ~, **acaba de hacerlo** il ne te l'a pas dit? – si, il vient de le faire; **¡claro que** ~! mais bien sûr! -2. [uso enfático]: ~ **que me gusta** elle me plaît vraiment. -3. *loc*: **¡a que no lo haces!** – **¡a que** ~! je parie que tu ne le fais pas! – chiche!; **¿por qué lo quieres?** – **porque** ~ pourquoi tu le veux? – parce que; **me voy de viaje** – **¡(ah)** ~...! je pars en voyage – ah bon! ◇ *pron pers* [él] lui; [ella] elle; [ellos] eux; [ellas] elles; [usted, ustedes] vous; **cuando uno piensa en** ~ **mismo** quand on pense à soi; **decir para** ~ **(mismo)** se dire; **de por** ~ en soi.

siamés, esa ◇ *adj* siamois(e). ◇ *m, f* -1. [de Siam] Siamois *m*, -e *f.* -2. [gemelo] siamois *m*, -e *f.* ◆ **siamés** *m* [gato] siamois *m.*

sibarita *adj & mf* sybarite.

Siberia Sibérie *f.*

Sicilia Sicile *f.*

sicoanálisis = **psicoanálisis**.

sicoanalista = **psicoanalista**.

sicodélico = **psicodélico**.

sicología = **psicología**.

sicológico = **psicológico**.

sicólogo = **psicólogo**.

sicomotor = **psicomotor**.

sicópata = **psicópata**.

sicosis = **psicosis**.

sicosomático = **psicosomático**.

sicotécnico = **psicotécnico**.

sida (*abrev de* **síndrome de inmunodeficiencia adquirida**) *m* sida *m.*

sidecar *m* side-car *m.*

siderurgia *f* sidérurgie *f.*

siderúrgico, ca *adj* sidérurgique.

sidra *f* cidre *m.*

siega *f* moisson *f.*

siembra *f* semailles *fpl.*

siempre *adv* -1. [gen] toujours; **como/desde** ~ comme/depuis toujours; **de** ~ habituel(elle); **lo de** ~ comme d'habitude; **somos amigos de** ~ nous sommes amis depuis toujours; **para** ~ pour toujours; **para** ~ **jamás** à jamais. -2. *Amer* [sin duda] vraiment. ◆ **siempre que** *loc conj* -1. [cada vez que] chaque fois que; ~ **que vengo** chaque fois que je viens. -2. [con tal de que] pourvu que, à condition que; ~ **que seas bueno** à condition que tu sois gentil. ◆ **siempre y cuando** *loc adv* pourvu que.

sien *f* tempe *f.*

sierra *f* -1. [herramienta] scie *f.* -2. GEOGR sierra *f.* -3. [región montañosa] montagne *f*; **en la** ~ à la montagne.

siervo, va *m, f* -1. [esclavo] serf *m*, serve *f.* -2. RELIG serviteur *m*, servante *f.*

siesta *f* sieste *f.*

siete ◇ *núm* sept; *ver también* **seis**. ◇ *f*: **la gran** ~! *Amer fam fig* purée!; **de la gran** ~ *Amer fam fig* d'enfer.

sífilis *f* syphilis *f.*

sifón *m* -1. [gen] siphon *m.* -2. [agua carbónica] eau *f* de Seltz.

sig. = **s**.

sigilo *m* discrétion *f*; **con mucho** ~ [en secreto] en secret; [en silencio] très discrètement.

sigiloso, sa *adj* discret(ète).

sigla *f* sigle *m.*

siglo *m* siècle *m*; **hace** ~**s que no te veo** ça fait des siècles que je ne t'ai pas vu.

signatura *f* [en biblioteca] cote *f.*

significación *f* -1. [gen] signification *f.* -2. [importancia] portée *f.*

significado, da *adj* important(e). ◆ **significado** *m* [sentido] signification *f*.

significar ◇ *vt* signifier. ◇ *vi* (tener importancia) : **significa mucho para mí** cela représente beaucoup pour moi.

significativo, va *adj* **-1.** [revelador] significatif(ive); [mirada, gesto etc] éloquent(e). **-2.** [importante] important(e).

signo *m* signe *m*; ~ **de exclamación/de interrogación** point *m* d'exclamation/ d'interrogation.

siguiente ◇ *adj* suivant(e); **a la mañana** ~ le lendemain matin; **al día** ~ le lendemain. ◇ *mf* suivant *m*, -e *f*; ¡**el** ~! au suivant!; **lo** ~ la chose suivante.

sílaba *f* syllabe *f*.

silabear ◇ *vt* épeler syllabe par syllabe; [un verso] scander. ◇ *vi* prononcer en détachant les syllabes.

silbar *vt & vi* siffler.

silbato *m* sifflet *m*.

silbido, silbo *m* **-1.** [gen] sifflement *m*. **-2.** [para abuchear] sifflet *m*. **-3.** [con silbato] coup *m* de sifflet.

silenciador *m* silencieux *m*.

silenciar *vt* passer sous silence.

silencio *m* silence *m*; **estar en** ~ être silencieux(euse); **guardar** ~ **(sobre algo)** garder le silence (sur qqch); **romper el** ~ rompre le silence.

silencioso, sa *adj* silencieux(euse).

silicona *f* silicone *f*.

silicosis *f* silicose *f*.

silla *f* **-1.** [asiento] chaise *f*; ~ **de ruedas** fauteuil *m* roulant; ~ **eléctrica** chaise électrique. **-2.** [de caballo] : ~ **(de montar)** selle *f*. **-3.** [de prelado] siège *m*.

sillín *m* selle *f* (de bicyclette etc).

sillón *m* fauteuil *m*.

silueta *f* silhouette *f*.

silvestre *adj* sauvage (plante etc).

simbólico, ca *adj* symbolique.

simbolizar *vt* symboliser.

símbolo *m* symbole *m*.

simetría *f* symétrie *f*.

simiente *f culto* semence *f*.

símil *m* similitude *f*.

similar *adj* : ~ **(a)** semblable (à).

similitud *f* similitude *f*.

simio, mia *m, f* singe *m*, guenon *f*.

simpatía *f* sympathie *f*; **tener** ○ **sentir** ~ **por** avoir de la sympathie pour.

simpático, ca *adj* sympathique.

simpatizante *adj & mf* sympathisant(e).

simpatizar *vi* sympathiser; ~ **con** [persona] sympathiser avec; [teoría etc] adhérer à; **enseguida simpaticé con ellos** nous avons tout de suite sympathisé.

simple ◇ *adj* **-1.** [gen] simple. **-2.** [bobo] simplet(ette). ◇ *mf* niais *m*, -e *f*. ◇ *m* DEP simple *m*.

simplemente *adv* simplement.

simpleza *f* bêtise *f*.

simplicidad *f* simplicité *f*.

simplificar *vt* simplifier.

simplista *adj* simpliste.

simposio, simposium *m* symposium *m*.

simulacro *m* simulacre *m*.

simulador, ra *adj* simulateur(trice). ◆ **simulador** *m* simulateur *m*.

simular *vt* simuler; ~ **hacer algo** feindre de faire qqch.

simultáneo, a *adj* simultané(e).

sin *prep* sans; ~ **sal** sans sel; ~ **parar** sans arrêt; ~ **alcohol** non alcoolisé(e); **estamos** ~ **vino** nous n'avons plus de vin; **está** ~ **terminar/hacer etc** ce n'est pas fini/fait etc; ~ **que nadie se enterara** sans que personne ne le sache. ◆ **sin embargo** *conj* cependant.

sinagoga *f* synagogue *f*.

sincerarse *vp* : ~ **(con)** se confier (à).

sinceridad *f* sincérité *f*; **con** ~ sincèrement.

sincero, ra *adj* sincère.

síncope *m* syncope *f*.

sincronía *f* **-1.** [simultaneidad] synchronisme *m*; [sincronización] synchronisation *f*. **-2.** LING synchronie *f*.

sincronización *f* synchronisation *f*.

sincronizar *vt* synchroniser.

sindical *adj* syndical(e).

sindicalismo *m* syndicalisme *m*.

sindicalista *adj & mf* syndicaliste.

sindicato *m* syndicat *m* .

síndrome *m* syndrome *m*; ~ **de abstinencia** syndrome de sevrage; ~ **de Down** trisomie *f* 21.

sinfín *m* : **un** ~ **de** une infinité de; **un** ~ **de problemas** des problèmes à n'en plus finir.

sinfonía *f* symphonie *f*.

sinfónico, ca *adj* symphonique.

Singapur Singapour.

singladura *f* **-1.** [NÁUT & rumbo] route *f*; [distancia] *parcours d'un bateau en 24 heures.* **-2.** *fig* [desarrollo] : **empezar la ~ de algo** [curso, año] entamer qqch.

single *m* quarante-cinq-tours *m inv.*

singular ◇ *adj* **-1.** [gen & GRAM] singulier(ère). **-2.** [único] unique. ◇ *m* GRAM singulier *m*; **en ~** au singulier.

singularidad *f* singularité *f*; **tener la ~ de** avoir la particularité de.

singularizar *vt* singulariser; **no quiero ~ je ne veux nommer personne.** ◆ **singularizarse** *vp* se singulariser.

siniestro, tra *adj* **-1.** [perverso] sinistre. **-2.** [desgraciado] funeste. ◆ **siniestro** *m* sinistre *m*.

sinnúmero *m* : **un ~ de** une foule de.

sino *conj* **-1.** [para contraponer] mais; **no es azul, ~ verde** ce n'est pas bleu mais vert; **no sólo es listo, ~ también trabajador** non seulement il est intelligent, mais en plus il est travailleur. **-2.** [para exceptuar] sauf; **nadie lo sabe ~ él** personne ne le sait sauf lui; **no podemos hacer nada ~ esperar** nous ne pouvons rien faire d'autre que d'attendre; **no hace ~ hablar** il ne fait que parler; **no quiero ~ que se haga justicia** je veux seulement que justice soit faite.

sinónimo, ma *adj* synonyme. ◆ **sinónimo** *m* synonyme *m*.

sinopsis *f inv* résumé *m*; [de película] synopsis *m*.

sinóptico, ca *adj* synoptique.

síntesis *f inv* synthèse *f*; **en ~** en résumé.

sintético, ca *adj* synthétique.

sintetizador, ra *adj* de synthèse. ◆ **sintetizador** *m* synthétiseur *m*.

sintetizar *vt* synthétiser.

síntoma *m* symptôme *m*.

sintonía *f* **-1.** [música] indicatif *m*. **-2.** [de radio – ajuste] réglage *m*; [– estación] fréquence *f*. **-3.** *fig* [compenetración] entente *f*.

sintonizar ◇ *vt* : **sintoniza Radio Nacional** mets Radio Nacional. ◇ *vi* **-1.** [conectar] : **sintonizan con Radio Nacional** vous écoutez Radio Nacional. **-2.** *fig* [compenetrarse] être sur la même longueur d'onde; **~ con alguien en algo** s'entendre avec qqn sur qqch.

sinuoso, sa *adj* **-1.** [camino etc] sinueux(euse). **-2.** *fig* [maniobras, conducta] tortueux(euse).

sinvergüenza ◇ *adj* effronté(e). ◇ *mf* crapule *f*.

sionismo *m* sionisme *m*.

siquiatra = psiquiatra.

siquiátrico, ca = psiquiátrico.

síquico, ca = psíquico.

siquiera ◇ *conj* [aunque] même si; **hazme este favor, ~ sea el último** rends-moi ce service, même si c'est le dernier; **ven ~ por pocos días** viens ne serait-ce que quelques jours. ◇ *adv* [por lo menos] au moins; **dime ~ su nombre** dis-moi au moins son nom. ◆ **ni (tan) siquiera** *loc conj* même pas; **ni (tan) ~ me saludaron** ils ne m'ont même pas dit bonjour.

sirena *f* sirène *f*.

Siria Syrie *f*.

sirimiri *m* bruine *f*.

sirviente, ta *m, f* domestique *mf*.

sisa *f* **-1.** [de dinero] : **hacer ~** grappiller. **-2.** [de prenda] emmanchure *f*.

sisar ◇ *vt* **-1.** [dinero] grappiller. **-2.** [prenda] échancrer. ◇ *vi* grappiller.

sisear *vt & vi* siffler.

siseo *m* [abucheo] sifflets *mpl*.

sísmico, ca *adj* sismique.

sistema *m* [gen & INFORM] système *m*; **proceder/trabajar con ~** procéder/travailler avec méthode; **~ operativo** système d'exploitation; **~ planetario** o **solar** système solaire. ◆ **por sistema** *loc adv* systématiquement.

Sistema Ibérico *m* : **el Sistema Ibérico** les chaînes Ibériques.

sistemático, ca *adj* systématique.

sistematizar *vt* systématiser.

sitiar *vt* **-1.** [cercar] assiéger. **-2.** *fig* [acorralar] traquer.

sitio *m* **-1.** [lugar] endroit *m*. **-2.** [asiento, hueco] place *f*; **hacer ~ a alguien** faire de la place à qqn. **-3.** [cerco] siège *m*.

situación *f* situation *f*.

situado, da *adj* **-1.** [ubicado] situé(e). **-2.** [acomodado] : **estar bien ~** avoir une bonne situation.

situar *vt* **-1.** [gen] situer. **-2.** [colocar] placer. ◆ **situarse** *vp* **-1.** [gen] se situer. **-2.** [colocarse] se placer. **-3.** [enriquecerse] se faire une situation.

skateboard (*pl* **skateboards**) *m* skateboard *m*.

skay = escay.

ski = esquí.

skin head (*pl* **skin heads**) *mf* skinhead *mf*.

SL (*abrev de* sociedad limitada) *f* SARL *f*.

slip = eslip.

slogan = eslogan.

SME (*abrev de* sistema monetario europeo) *m* SME *m*.

smoking = esmoquin.

s/n *abrev de* sin número.

snack-bar *m inv* snack-bar *m*.

snob = esnob.

so ◇ *prep* : ~ **pena/pretexto de** sous peine/prétexte de. ◇ *adv fam* : ¡~ **tonto!** espèce d'idiot! ◇ *interj* : ¡~! ho! *(pour arrêter un cheval)*.

sobaco *m* aisselle *f*.

sobado, da *adj* **-1.** [ropa, tejido] élimé(e). **-2.** *fig* [tema, argumento etc] rebattu(e). **-3.** CULIN [bollo] à l'huile. ◆ **sobado** *m* CULIN brioche à l'huile.

sobar ◇ *vt* **-1.** [gen] tripoter. **-2.** [ablandar – masa] pétrir; [– pieles] fouler. ◇ *vi mfam* pioncer.

soberanía *f* souveraineté *f*.

soberano, na ◇ *adj* souverain(e); *fig* magistral(e). ◇ *m, f* souverain *m*, -e *f*.

soberbio, bia ◇ *adj* **-1.** [arrogante] prétentieux(euse). **-2.** *fig* [magnífico] superbe. **-3.** *fig* [grande] énorme. ◇ *m, f* prétentieux *m*, -euse *f*. ◆ **soberbia** *f* **-1.** [arrogancia] orgueil *m*. **-2.** [magnificencia] splendeur *f*.

sobón, ona *adj fam* collant(e).

sobornar *vt* soudoyer.

soborno *m* **-1.** [acción] subornation *f*. **-2.** [dinero, regalo] pot-de-vin *m*.

sobra *f* excédent *m*; **estar de** ~ être en trop; **lo sabes de** ~ tu le sais parfaitement; **tengo motivos de** ~ **para** je n'ai que trop de raisons de. ◆ **sobras** *fpl* restes *mpl*.

sobrado, da *adj* en trop; **tener sobrada paciencia** avoir de la patience à revendre; **tener tiempo** ~ avoir largement le temps; **andar** ○ **estar** ~ **(de dinero)** être très à l'aise financièrement.

sobrante ◇ *adj* restant(e). ◇ *m* excédent *m*.

sobrar *vi* **-1.** [gen] rester; **nos sobra comida** il nous reste à manger. **-2.** [haber de más] : **sobra algo** il y a quelque chose en trop. **-3.** [estar de más] être de trop; **tu te callas porque aquí sobras** toi tais-toi parce que tu es de trop ici.

sobrasada *f* CULIN saucisson pimenté typique de Majorque.

sobre¹ *m* **-1.** [para cartas] enveloppe *f*. **-2.** [de alimentos] sachet *m*. **-3.** *fam* [cama] pieu *m*; **irse al** ~ se pieuter.

sobre² *prep* **-1.** [encima de, acerca de] sur; **el libro estaba** ~ **la mesa** le livre était sur la table; **una conferencia** ~ **el desarme** une conférence sur le désarmement; **fracaso** ~ **fracaso** échec sur échec. **-2.** [por encima de] au-dessus de; **el pato vuela** ~ **el lago** le canard vole au-dessus du lac. **-3.** [alrededor de] vers; **llegarán** ~ **las diez** ils arriveront vers dix heures.

sobreático *m* [piso] ≃ chambre *f* de bonne.

sobrecarga *f* surcharge *f*.

sobrecargar *vt* surcharger.

sobrecargo *m* NÁUT subrécargue *m*.

sobrecoger *vt* saisir d'effroi. ◆ **sobrecogerse** *vp* être saisi(e) d'effroi.

sobredosis *f inv* overdose *f*.

sobreentender = sobrentender.

sobremesa *f temps passé à bavarder à table après le repas*; **en la** ~ après le repas.

sobrenatural *adj* surnaturel(elle).

sobrenombre *m* surnom *m*.

sobrentender *vt* sous-entendre. ◆ **sobrentenderse** *vp* être sous-entendu(e).

sobrepasar *vt* dépasser.

sobrepeso *m* excédent *m* de bagages.

sobreponer *vt* superposer; **la estantería está sobrepuesta** l'étagère n'est pas fixée; ~ **a** *fig* [anteponer] faire passer avant. ◆ **sobreponerse** *vp* : ~**se a** *fig* [dificultad etc] surmonter.

sobreproteger *vt* surprotéger.

sobrepuesto, ta *pp irreg* → sobreponer.

sobresaliente ◇ *adj* saillant(e); *fig* [destacado] remarquable. ◇ *m* mention *f* très bien.

sobresalir *vi* **-1.** [en tamaño] dépasser. **-2.** *fig* [en importancia] : ~ **(entre los demás)** se distinguer (des autres). **-3.** ARQUIT faire saillie.

sobresaltar *vt* : ~ **a alguien** faire sursauter qqn. ◆ **sobresaltarse** *vp* sursauter.

sobresalto *m* sursaut *m* .

sobrestimar *vt* surestimer.

sobresueldo *m* : **sacar un** ~ arrondir ses fins de mois.

sobretodo *m* pardessus *m*.

sobrevenir *vi* survenir.

sobrevivir *vi* : ~ **(a)** survivre (à).

sobrevolar vt survoler.
sobriedad f sobriété f.
sobrino, na m, f neveu m, nièce f.
sobrio, bria adj sobre; [comida] frugal(e).
socarrón, ona adj sournois(e); [cara, sonrisa] narquois(e).
socavar vt [excavar] creuser; fig [debilitar] saper.
socavón m [en la carretera] nid-de-poule m.
sociable adj sociable.
social adj social(e).
socialdemócrata adj & mf social-démocrate(sociale-démocrate).
socialismo m socialisme m.
socialista adj & mf socialiste.
sociedad f société f; de ~ mondain(e); ~ de consumo société de consommation; ~ anónima société anonyme; ~ (de responsabilidad) limitada société à responsabilité limitée.
socio, cia m, f -1. COM associé m, -e f; ~ capitalista commanditaire m. -2. [de club, asociación] membre m.
sociología f sociologie f.
sociólogo, ga m, f sociologue mf.
socorrer vt secourir.
socorrismo m secourisme m.
socorrista mf secouriste mf.
socorro ◇ m secours m; venir en ~ de venir au secours de. ◇ interj : ¡~! au secours!
soda f soda m.
sodio m sodium m.
soez adj grossier(ère).
sofá (pl **sofás**) m canapé m; ~ cama canapé-lit m.
sofisticación f sophistication f.
sofisticado, da adj sophistiqué(e).
sofocar vt -1. [gen] étouffer. -2. fig [avergonzar] faire rougir. ◆ **sofocarse** vp -1. [ahogarse] étouffer. -2. fig [avergonzarse] rougir; [irritarse] être rouge de colère.
sofoco m -1. [ahogo] étouffement m. -2. fig [vergüenza] honte f. -3. fig [disgusto] : se llevó un ~ il était vert de rage.
sofreír vt faire revenir.
sofrito, ta pp irreg → sofreír. ◆ **sofrito** m friture d'oignons et de tomates.
software m inv INFORM logiciel m.
soga f corde f.
sois → ser.
soja f soja m.

sol[1] m MÚS sol m.
sol[2] m -1. [gen] soleil m; hace ~ il fait beau; tomar el ~ prendre le soleil; de ~ a ~ du matin au soir; no dejar a alguien ni a ~ ni a sombra suivre qqn comme son ombre. -2. fig [ángel, ricura] amour m. -3. TAUROM place côté soleil dans l'arène. -4. [moneda] sol m.
solamente adv seulement.
solapa f -1. [de prenda] revers m. -2. [de sobre, libro] rabat m.
solapar vt fig dissimuler.
solar ◇ adj solaire. ◇ m terrain m (à bâtir).
solario, solárium (pl **solariums**) m solarium m.
solaz m -1. [recreo] distraction f. -2. [alivio] soulagement m.
solazar vt -1. [divertir] distraire. -2. [aliviar] soulager.
soldada f MIL solde f.
soldado m soldat m; ~ raso simple soldat.
soldador, ra m, f soudeur m, -euse f. ◆ **soldador** m fer m à souder.
soldar vt souder.
soleado, da adj ensoleillé(e).
soledad f solitude f.
solemne adj -1. [gen] solennel(elle). -2. fig [enorme] monumental(e).
solemnidad f solennité f.
soler vi : suele cenar tarde en général il dîne tard; aquí suele hacer mucho frío il fait généralement très froid ici; solíamos ir a la playa todos los días nous allions à la plage tous les jours.
solera f -1. [tradición] cachet m. -2. [del vino] lie f; de ~ élevé en fût.
solfeo m solfège m.
solicitar vt -1. [pedir] demander; [por escrito] solliciter. -2. [persona] : estar muy solicitado être très sollicité.
solícito, ta adj prévenant(e).
solicitud f -1. [gen] demande f; [de admisión, inscripción] dossier m. -2. [atención] empressement m.
solidaridad f solidarité f.
solidario, ria adj solidaire.
solidarizarse vp se solidariser.
solidez f solidité f.
solidificar vt solidifier. ◆ **solidificarse** vp se solidifier.
sólido, da adj solide. ◆ **sólido** m solide m.

soliloquio m soliloque m.

solista adj & mf soliste.

solitario, ria adj & m, f solitaire. ◆ **solitario** m **-1.** [diamante] solitaire m. **-2.** [juego de naipes] réussite f.

sollozar vi sangloter.

sollozo m sanglot m.

solo, la adj seul(e); **lo haré yo ~** je le ferai tout seul; **un café ~** un café noir; **a solas** tout seul(toute seule). ◆ **solo** ◇ m MÚS solo m. ◇ adv = **sólo**.

sólo adv seulement; **~ te pido que me ayudes** je te demande seulement de m'aider; **~ quiere verte a ti** il ne veut voir que toi; **no ~... sino (también)...** non seulement... mais encore...; **quisiera ir, ~ que no puedo** j'aimerais y aller, seulement je ne peux pas.

solomillo m filet m (viande).

soltar vt **-1.** [gen] lâcher; **no sueltes la cuerda** ne lâche pas la corde; **~ un perro** lâcher un chien; **suelta cada palabrota...** il lâche de ces gros mots...; **no suelta ni un duro** fam il ne lâche pas un centime; **~ las amarras** lâcher les amarres. **-2.** [dejar libre – pájaro] libérer; [– preso] relâcher. ◆ **soltarse** vp **-1.** [de la mano] : **el niño se soltó de la mano de su madre** l'enfant a lâché la main de sa mère. **-2.** [desatarse] se détacher. **-3.** [adquirir habilidad] : **~se en** se débrouiller en; **se va soltando en inglés** il commence à se débrouiller en anglais. **-4.** (antes de infin) [empezar] : **~se a hacer algo** commencer à faire qqch.

soltero, ra adj & m, f célibataire.

solterón, ona ◇ adj : **es un viejo ~** il est vieux garçon. ◇ m, f vieux garçon m, vieille fille f.

soltura f aisance f; **hablar con ~** s'exprimer avec aisance.

soluble adj soluble.

solución f solution f.

solucionar vt résoudre.

solvencia f [económica] solvabilité f.

solventar vt **-1.** [pagar] acquitter. **-2.** [resolver] venir à bout de.

solvente adj [económicamente] solvable.

Somalia Somalie f.

sombra f **-1.** [gen] ombre f; **dar ~** faire de l'ombre; **no hay ni ~ de...** fig il n'y a pas l'ombre de...; **permanecer en la ~** fig rester dans l'ombre. **-2.** [suerte] : **buena ~ chance** f; **mala ~ malchance** f. **-3.** [genio] : **tener buena ~** être avenant(e); **te-**

ner mala ~ avoir mauvais esprit. **-4.** TAUROM place située à l'ombre dans l'arène.

◆ **sombras** fpl [inquietudes] : **sólo ve ~s y problemas** il ne voit que le mauvais côté des choses.

sombrero m chapeau m .

sombrilla f [grande] parasol m; **me vale ~** Amer fig ça m'est complètement égal.

sombrío, a adj sombre.

somero, ra adj sommaire.

someter vt soumettre. ◆ **someterse** vp se soumettre.

somier (pl **somieres** o **somiers**) m sommier m.

somnífero, ra adj somnifère. ◆ **somnífero** m somnifère m.

somos → ser.

son ◇ v → ser. ◇ m **-1.** [sonido] son m. **-2.** [estilo] façon f; **a su ~** comme ça lui chante; **vengo con ~ de paz** fig je ne suis pas là pour me battre.

sonado, da adj **-1.** [éxito, escándalo] retentissant(e); **un evento muy ~** un événement dont on a beaucoup parlé.- fam [loco] timbré(e). **-2.** [atontado] sonné(e).

sonajero m hochet m.

sonambulismo m somnambulisme m.

sonámbulo, la adj & m, f somnambule.

sonar[1] m sonar m.

sonar[2] ◇ vi **-1.** [gen] sonner; **así como suena, como suena, tal como suena** comme je vous le dis. **-2.** [letra] se prononcer; **tal como suena** comme ça se prononce. **-3.** [ser conocido] être connu(e). **-4.** fam [parecer] avoir l'air; **suena raro** ça a l'air bizarre. **-5.** [ser familiar] dire quelque chose; **no me suena su nombre** son nom ne me dit rien. **-6.** [rumorearse] : **suena por ahí que...** le bruit court que... ◇ vt [niños etc] moucher. ◆ **sonarse** vp se moucher.

sonda f sonde f .

sondear vt sonder.

sondeo m sondage m.

sonido m son m.

sonoridad f sonorité f.

sonoro, ra adj sonore.

sonreír vi sourire. ◆ **sonreírse** vp sourire; [dos personas] se sourire.

sonriente adj souriant(e).

sonrisa f sourire m.

sonrojar vt faire rougir. ◆ **sonrojarse** vp rougir.

sonrojo m honte f.

sonrosado, da adj [mejilla] rose.

sonsacar vt **-1.** [conseguir] soutirer. **-2.** [hacer decir] faire avouer.

sonso, sa, zonzo, za adj Amer fam crétin(e).

soñador, ra adj & m, f rêveur(euse).

soñar ◇ vt rêver; **soñé que te ibas** j'ai rêvé que tu t'en allais; **¡ni ~lo!** aucune chance! ◇ vi : ~ **(con)** rêver (de).

soñoliento, ta adj somnolent(e).

sopa f **-1.** [guiso] soupe f. **-2.** [pedazo de pan en sopa] morceau de pain que l'on trempe dans la soupe; [en huevo] mouillette f. **-3.** loc : **encontrarse a alguien hasta en la ~** tomber sur qqn à tous les coins de rue; **estar como una ~** être trempé(e) comme une soupe.

sopapo m fam claque f.

sopero, ra adj **-1.** [cuchara] à soupe; [plato] creux(euse). **-2.** fig [persona] : **ser muy ~** aimer beaucoup la soupe. ◆ **sopero** m assiette f à soupe. ◆ **sopera** f soupière f.

sopesar vt **-1.** [calcular el peso de] soupeser. **-2.** fig [valorar] peser.

sopetón ◆ **de sopetón** loc adv brutalement; [decir, contestar] de but en blanc.

soplar ◇ vt **-1.** [gen] souffler. **-2.** [apartar] souffler sur. **-3.** [hinchar] gonfler. **-4.** fam fig [denunciar] donner. **-5.** fam fig [hurtar] faucher. ◇ vi **-1.** [gen] souffler. **-2.** fam [beber] s'enfiler. ◆ **soplarse** vp fam s'enfiler.

soplete m chalumeau m.

soplido m souffle m.

soplo m **-1.** [gen & MED] souffle m. **-2.** fig [instante] : **en un ~** en un instant. **-3.** fam [chivatazo] : **dar el ~** vendre la mèche.

soplón, ona m, f fam mouchard m, -e f.

soponcio m fam **le ha dado un ~** elle a eu une attaque.

sopor m torpeur f.

soporífero, ra adj soporifique.

soportar vt supporter. ◆ **soportarse** vp se supporter.

soporte m **-1.** [apoyo & INFORM] support m. **-2.** fig soutien m .

soprano mf soprano mf.

sor f RELIG : ~ **Ana** sœur Ana.

sorber vt **-1.** [gen] boire; ~ **las palabras de alguien** fig boire les paroles de qqn. **-2.** [tragar] absorber.

sorbete m sorbet m.

sorbo m gorgée f; **(beber) a ~s** (boire) à petites gorgées.

sordera f surdité f.

sórdido, da adj sordide.

sordo, da ◇ adj sourd(e). ◇ m, f sourd m, -e f; **no hay peor ~ que el que no quiere oír** il n'est pire sourd que celui qui ne veut pas entendre.

sordomudo, da adj & m, f sourd-muet(sourde-muette).

sorna f : **con ~** sur un ton goguenard.

sorprendente adj surprenant(e).

sorprender vt surprendre; **me sorprende que...** ça m'étonne que...; **lo sorprendimos robando** on l'a surpris en train de voler. ◆ **sorprenderse** vp être surpris(e); **no se sorprende con nada** elle ne s'étonne de rien.

sorpresa f surprise f; **de ○ por ~** par surprise.

sorpresivo, va adj Amer inattendu(e).

sortear vt **-1.** [rifar] tirer au sort. **-2.** fig [obstáculo] éviter; [dificultad] surmonter.

sorteo m tirage m au sort.

sortija f bague f.

sortilegio m sortilège m.

SOS (abrev de **save our souls**) m SOS m.

sosa f soude f .

sosegado, da adj calme.

sosegar vt calmer. ◆ **sosegarse** vp se calmer.

soseras mf fam godichon m, -onne f.

sosería f gaucherie f.

sosias m inv sosie m.

sosiego m calme m.

soslayo ◆ **de soslayo** loc adv de biais, de côté; [mirar] du coin de l'œil.

soso, sa adj **-1.** [sin sal] fade. **-2.** [sin gracia] insipide.

sospecha f soupçon m.

sospechar ◇ vt : ~ **(que)** soupçonner (que); ~ **algo** se douter de qqch. ◇ vi : ~ **de alguien** soupçonner qqn.

sospechoso, sa adj & m, f suspect(e).

sostén m **-1.** [gen] soutien m. **-2.** [sujetador] soutien-gorge m.

sostener vt soutenir; [conversación] tenir; [familia, correspondencia] entretenir. ◆ **sostenerse** vp se tenir; ~**se en pie** tenir debout.

sostenido, da adj **-1.** [persistente] soutenu(e). **-2.** MÚS dièse.

sota f ≃ valet m (carte à jouer).

sotabarba f double menton m.

sotana f soutane f.

sótano m [piso] sous-sol m; [pieza] cave f.

soterrar vt lit & fig enterrer, enfouir.

soufflé (pl **soufflés**) m soufflé m.

soviético, ca ◇ adj soviétique. ◇ m, f Soviétique mf.

soy → ser.

spaghetti = espagueti.

sport = esport.

spot = espot.

spray = espray.

sprint = esprint.

squash m inv squash m.

Sr. (abrev de señor) M.

Sra. (abrev de señora) Mme.

Sres. (abrev de señores) MM.

Srta. (abrev de señorita) Melle.

s.s.s. abrev de su seguro servidor.

Sta. (abrev de santa) Ste.

staff = estaf.

stand = estand.

standarizar = estandarizar.

standing = estanding.

starter = estárter.

status = estatus.

sterling = esterlina.

Sto. (abrev de santo) St.

stock = estoc.

stop, estop m stop m.

stress = estrés.

strip-tease m inv strip-tease m.

su (pl **sus**) adj poses [de él, de ella] son, sa; [de ellos, de ellas] leur; [de usted, de ustedes] votre; ~s libros [de él, ella] ses livres; [de ellos, ellas] leurs livres; [de usted, ustedes] vos livres.

suave adj doux(douce).

suavidad f douceur f.

suavizante ◇ adj adoucissant(e). ◇ m [de ropa] adoucissant m; [de pelo] après-shampooing m.

suavizar vt adoucir.

subacuático, ca adj sous-marin(e).

subalquilar vt sous-louer.

subalterno, na adj & m, f subalterne.

subasta f -1. [venta pública] vente f aux enchères. -2. [contrata pública] appel m d'offres.

subastar vt vendre aux enchères.

subcampeón, ona adj & m, f second(e).

subconsciente ◇ adj subconscient(e). ◇ m subconscient m.

subcutáneo, a adj sous-cutané(e).

subdesarrollado, da adj sous-développé(e).

subdesarrollo m sous-développement m.

subdirector, ra m, f sous-directeur m, -trice f.

subdirectorio m INFORM sous-répertoire m.

súbdito, ta m, f -1. [subordinado] sujet m, -ette f. -2. [ciudadano] ressortissant m, -e f.

subdividir vt subdiviser. ✦ **subdividirse** vp se subdiviser.

subestimar vt sous-estimer. ✦ **subestimarse** vp se sous-estimer.

subido, da adj -1. [fuerte – sabor, olor] fort(e); [– color] vif(vive). -2. fam [en cantidad] : **estar de un imbécil** ~ avoir de la bêtise à revendre; **tener el guapo** ~ être en beauté; irón se croire beau(belle). -3. fam [atrevido] osé(e). ✦ **subida** f -1. [gen] montée f. -2. [ascensión] ascension f. -3. [aumento] hausse f.

subir ◇ vi -1. [gen] monter; ~ **a** monter à; [montaña] faire l'ascension de; [avión, coche] monter dans. -2. [cuenta, importe] s'élever à. ◇ vt -1. [gen] monter; ~ **el tono** hausser le ton. -2. [aumentar – precio, peso etc] augmenter. -3. [alzar, levantar] remonter. ✦ **subirse** vp -1. [montarse] : ~**se a** [caballo, silla etc] monter sur; [árbol] grimper à; [coche, tren, avión] monter dans; **el taxi paró y me subí** le taxi s'est arrêté et je suis monté. -2. fam [emborrachar] monter à la tête. -3. [alzarse – calcetines, pantalones etc] remonter; [– jersey, camisa] relever.

súbito, ta adj soudain(e).

subjetividad f subjectivité f.

subjetivo, va adj subjectif(ive).

subjuntivo, va adj subjonctif(ive). ✦ **subjuntivo** m subjonctif m.

sublevación f, **sublevamiento** m soulèvement m.

sublevar vt -1. [amotinar] soulever. -2. [indignar] révolter. ✦ **sublevarse** vp [amotinarse] se soulever.

sublimación f sublimation f.

sublimar vt sublimer; [exaltar] encenser.

sublime adj sublime.

submarinismo m plongée f sous-marine.

submarinista ◇ *adj* [técnica, lenguaje] de plongée sous-marine. ◇ *mf* plongeur *m* (sous-marin), plongeuse *f* (sous-marine).

submarino, na *adj* sous-marin(e). ◆ **submarino** *m* sous-marin *m*.

subnormal *adj & mf fig & despec* débile.

suboficial *m* sous-officier *m*.

subordinado, da *adj & m, f* subordonné(e).

subordinar *vt* subordonner. ◆ **subordinarse** *vp* se subordonner.

subproducto *m* sous-produit *m*.

subrayar *vt* souligner.

subsanar *vt* -1. [solucionar] résoudre. -2. [corregir] réparer.

subscribir *vt* -1. [gen] souscrire. -2. [acuerdo, pacto] souscrire à. ◆ **subscribirse** *vp* : ~se a [publicación] s'abonner à; COM souscrire à.

subscripción *f* -1. [a publicación] abonnement *m*. -2. COM souscription *f*.

subscriptor, ra *m, f* -1. [de publicación] abonné *m*, -e *f*. -2. COM souscripteur *m*.

subsecretario, ria *m, f* -1. [de secretario] secrétaire *m* adjoint, secrétaire *f* adjointe. -2. [de ministro] sous-secrétaire *m*.

subsidiario, ria *adj* -1. [ayuda] subventionnel(elle); [medida] complémentaire. -2. DER subsidiaire.

subsidio *m* subvention *f*; [de desempleo, familiar] allocation *f*.

subsiguiente *adj* : ~ a consécutif(ive)à.

subsistencia *f* -1. [vida] subsistance *f*. -2. [conservación] survie *f*. ◆ **subsistencias** *fpl* -1. [medios] moyens *mpl* de subsistance. -2. [reservas] vivres *mpl*.

subsistir *vi* subsister.

substancia *f* substance *f*. ◆ **substancia gris** *f* matière *f* grise.

substancial *adj* substantiel(elle); [medidas, cambio] important(e).

substancioso, sa *adj* substantiel(elle).

substantivo, va *adj* GRAM nominal(e). ◆ **substantivo** *m* GRAM substantif *m*.

substitución *f* [cambio] remplacement *m*.

substituir *vt* : ~ (por) remplacer (par).

substituto, ta *m, f* remplaçant *m*, -e *f*.

substracción *f* -1. [robo] vol *m*. -2. MAT soustraction *f*.

substraer *vt* -1. [gen & MAT] soustraire. -2. [robar] voler, subtiliser. ◆ **substraerse** *vp* : ~se (a ○ de) se soustraire (à).

substrato *m* substrat *m*.

subsuelo *m* sous-sol *m*.

subterráneo, a *adj* souterrain(e). ◆ **subterráneo** *m* souterrain *m*.

subtítulo *m* (gen pl) sous-titre *m*.

suburbio *m* banlieue *f* (défavorisée).

subvencionar *vt* subventionner.

subversión *f* subversion *f*.

subversivo, va *adj* subversif(ive).

subyacer *vi* être sous-jacent(e).

subyugar *vt* -1. [someter] soumettre. -2. *fig* [cautivar] subjuguer.

succionar *vt* [suj : raíces] absorber; [suj : bebé] sucer.

sucedáneo, a *adj* succédané(e). ◆ **sucedáneo** *m* succédané *m*.

suceder ◇ *v impers* [ocurrir] arriver; ¿qué le sucede? qu'est-ce qu'il vous arrive? ◇ *vi* [venir después] : ~ a succéder à; a la guerra sucedieron años terribles des années terribles suivirent la guerre.

sucesión *f* -1. [gen] succession *f*. -2. MAT suite *f*.

sucesivamente *adv* sucessivement; y así ~ et ainsi de suite.

sucesivo, va *adj* successif(ive); en lo ~ à l'avenir.

suceso *m* -1. [acontecimiento] événement *m*. -2. (gen pl) [hecho delictivo] fait *m* divers.

sucesor, ra *m, f* successeur *m*.

suciedad *f* saleté *f*.

sucinto *adj* -1. [explicación, relato etc] succinct(e). -2. *fam fig* [taparrabos, biquini] riquiqui.

sucio, cia *adj* -1. [gen] sale. -2. [color, trabajo] salissant(e).

suculento, ta *adj* succulent(e).

sucumbir *vi* : ~ (a) succomber (à).

sucursal *f* succursale *f*.

sudadera *f* -1. [sudor] : le ha entrado una ~ il a pris une suée. -2. [prenda] sweat-shirt *m*.

Sudáfrica Afrique *f* du Sud.

sudafricano, na ◇ *adj* sud-africain(e), d'Afrique du Sud. ◇ *m, f* Sud-Africain *m*, -e *f*.

sudamericano, na, suramericano, na ◇ *adj* sud-américain(e) , d'Amérique du Sud. ◇ *m, f* Sud-Américain *m*, -e *f*.

Sudán Soudan *m*.

sudar ◇ *vi* -1. [transpirar] suer. -2. [pared] suinter. ◇ *vt* -1. [empapar] tremper de sueur. -2. *fam* [trabajar mucho] : para ganar esta carrera, vas a tener que ~la tu vas en baver pour gagner cette course.

sudeste, sureste adj & m sud-est.

sudoeste, suroeste adj & m sud-ouest.

sudor m **-1.** [transpiración] sueur f . **-2.** fam [trabajo] : **le costó muchos ~es** il en a bavé.

sudoroso, sa adj en sueur.

Suecia Suède f.

sueco, ca ◇ adj suédois(e). ◇ m, f Suédois m, -e f. ◆ **sueco** m [lengua] suédois m.

suegro, gra m, f beau-père m, belle-mère f. ◆ **suegros** mpl beaux-parents mpl.

suela f semelle f.

sueldo m salaire m; [de funcionario] traitement m; **a ~** [asesino] à gages.

suelo m **-1.** [gen] sol m; **caer al ~** tomber par terre; **por el ~** par terre. **-2.** loc : **echar por el ~** faire tomber à l'eau; **estar por los ~s** fam [producto] être donné(e); [persona] avoir le moral à zéro; **poner o tirar a alguien por los ~s** traîner qqn dans la boue.

suelto, ta adj **-1.** [no sujeto – pelo] détaché(e); [cordones] défait(e); **andar ~** [fiera] être en liberté; [ladrón, preso] courir. **-2.** [dinero] : **¿tienes algo ~?** est-ce que tu as de la monnaie? **-3.** [separado] à l'unité, à la pièce; **la chaqueta y la falda se venden sueltas** la veste et la jupe sont vendues séparément; **tengo unos ejemplares ~s de la revista** j'ai quelques numéros de cette revue. **-4.** [no pegado] : **el arroz salió ~** le riz n'a pas collé. **-5.** [nudo] lâche. **-6.** [estilo] qui coule; [lenguaje] : **está muy ~ en el inglés** il se débrouille bien en anglais. **-7.** [con diarrea] : **tener el estómago ~** avoir la courante. ◆ **suelto** m [calderilla] monnaie f.

sueño m **-1.** [gen] sommeil m; **coger el ~** s'endormir; **tener ~** avoir sommeil. **-2.** [fantasía, ambición] rêve m; **en ~s** en rêve; **tener un ~** faire un rêve. **-3.** fam [cosa bonita] bijou m.

suero m sérum m; [de la leche] petit-lait m.

suerte f **-1.** [fortuna] chance f; **por ~** heureusement; **tener ~** avoir de la chance. **-2.** [azar] hasard m; **de ~ par** hasard. **-3.** [destino] sort m . **-4.** culto [clase, manera] sorte f; **de esa ~** de la sorte; **de ~ que** de sorte que. **-5.** TAUROM nom donné aux actions exécutées au cours des «tercios» ou étapes de la corrida.

suéter (pl **suéteres**), **sweater** (pl **sweaters**) m pull m.

suficiencia f **-1.** [capacidad] aptitude f. **-2.** [presunción] suffisance f.

suficiente ◇ adj suffisant(e). ◇ m [nota] mention f passable.

sufragar vt [gastos] supporter; [campaña] financer.

sufragio m suffrage m .

sufrido, da adj **-1.** [resignado] : **hacerse el ~** faire le martyr. **-2.** [tejido] résistant(e); [color] peu salissant(e).

sufrimiento m souffrance f.

sufrir ◇ vt **-1.** [padecer – enfermedad] souffrir de; [– accidente, heridas] être victime de. **-2.** [penalidades, desgracias] supporter; **tengo que ~ sus manías** je dois supporter ses manies. **-3.** [operación, pérdida] subir. ◇ vi [padecer] : **~ (de)** souffrir (de); **~ del corazón** être malade du cœur.

sugerencia f suggestion f.

sugerente adj suggestif(ive).

sugerir vt suggérer.

sugestión f suggestion f.

sugestionar vt **-1.** [influir] persuader. **-2.** [obsesionar] faire peur à. ◆ **sugestionarse** vp **-1.** [obsesionarse] prendre peur. **-2.** PSICOL faire de l'autosuggestion.

sugestivo, va adj suggestif(ive); [atractivo] séduisant(e).

suich m Amer interrupteur m.

suicida ◇ adj suicidaire; **una operación ~** une opération suicide. ◇ mf suicidaire mf.

suicidarse vp se suicider.

suicidio m suicide m.

suite f suite f (d'hôtel).

Suiza Suisse f.

suizo, za ◇ adj suisse. ◇ m, f Suisse mf (le féminin est aussi Suissesse).

sujeción f **-1.** [atadura] fixation f. **-2.** [sometimiento] assujettissement m.

sujetador m soutien-gorge m.

sujetar vt **-1.** [gen] tenir; [sostener] retenir. **-2.** [someter] assujettir, soumettre; [dominar] maîtriser. **-3.** [atar] attacher. ◆ **sujetarse** vp **-1.** [agarrarse] : **~se de o a se tenir à. -2.** [someterse] : **~se a se soumettre à; [dieta] s'astreindre à.

sujeto, ta adj **-1.** [agarrado] fixé(e). **-2.** [expuesto] : **~ a exposé à.** ◆ **sujeto** m **-1.** [gen & GRAM] sujet m. **-2.** [persona] individu m.

sulfamida f sulfamide m.

sulfatar vt sulfater.

sulfato m sulfate m.

sulfurar *vt* [encolerizar] mettre hors de soi. ◆ **sulfurarse** *vp* être hors de soi.

sulfuro *m* sulfure *m*.

sultán *m* sultan *m*.

sultana *f* sultane *f*.

suma *f* **-1.** [gen] somme *f*; **en ~ en somme. -2.** MAT addition *f*.

sumamente *adv* extrêmement.

sumando *m* terme *m (d'une addition)*.

sumar *vt* **-1.** MAT additionner; **tres y dos suman cinco** trois plus deux font cinq. **-2.** [costar] s'élever à. ◆ **sumarse** *vp* **-1.** [añadirse] s'ajouter. **-2.** [incorporarse] : ~**se a** se joindre à.

sumario, ria *adj* sommaire. ◆ **sumario** *m* **-1.** DER instruction *f*. **-2.** [índice] sommaire *m*. **-3.** [resumen] résumé *m*.

sumergible *adj* submersible; [reloj, cámara] étanche.

sumergir *vt* submerger; [con fuerza] plonger. ◆ **sumergirse** *vp* **-1.** [hundirse] plonger. **-2.** *fig* [sumirse] : ~**se en** se plonger dans.

sumidero *m* orifice *m* d'écoulement; [de alcantarilla] bouche *f* d'égout.

suministrador, ra *adj & m, f* fournisseur(euse).

suministrar *vt* fournir.

suministro *m* fourniture *f*; [de agua, electricidad] distribution *f*.

sumir *vt* plonger. ◆ **sumirse** *vp* : ~**se en** se plonger dans.

sumisión *f* soumission *f*.

sumiso, sa *adj* soumis(e).

sumo, ma *adj* **-1.** [supremo] suprême. **-2.** [gran] extrême; **con ~ cuidado** avec le plus grand soin.

suntuoso, sa *adj* somptueux(euse).

supeditar *vt* faire dépendre de; **estar supeditado a** dépendre de. ◆ **supeditarse** *vp* : ~**se a** se soumettre à.

súper ◇ *adj fam* super. ◇ *m fam* supermarché *m*. ◇ *f* [gasolina] super *m*.

superar *vt* **-1.** [aventajar] surpasser. **-2.** [adelantar] dépasser. **-3.** [problema, dificultad] surmonter. ◆ **superarse** *vp* [mejorar] se surpasser; [lucirse] se dépasser.

superávit *m inv* excédent *m*.

superdotado, da *adj & m, f* surdoué(e).

superficial *adj* superficiel(elle).

superficie *f* **-1.** [gen & GEOM] surface *f*. **-2.** [extensión, apariencia] superficie *f*.

superfluo, a *adj* superflu(e).

superior, ra ◇ *adj* RELIG supérieur(e). ◇ *m, f* RELIG père supérieur *m*, mère supérieure *f*. ◆ **superior** ◇ *adj* **-1.** [gen] supérieur(e). **-2.** *fig* [excelente] de premier ordre. ◇ *m (gen pl)* [jefe] supérieur *m* (hiérarchique).

superioridad *f* supériorité *f*.

superlativo, va *adj* **-1.** [belleza, grado] extrême. **-2.** GRAM superlatif(ive).

supermercado *m* supermarché *m*.

superpoblación *f* surpeuplement *m*.

superponer *vt* superposer. ◆ **superponerse** *vp* se superposer.

superpotencia *f* superpuissance *f*.

superpuesto, ta *pp irreg* → superponer.

superrealismo = surrealismo.

supersónico, ca *adj* supersonique.

superstición *f* superstition *f*.

supersticioso, sa *adj* superstitieux(euse).

supervisar *vt* superviser; [empresa, cuentas] contrôler, inspecter.

supervisor, ra *m, f* [que supervisa] superviseur *m*; [que inspecciona] inspecteur *m*, -trice *f*.

supervivencia *f* survie *f*; [de usos y costumbres] survivance *f*.

superviviente *adj & mf* survivant(e), rescapé(e).

suplementario, ria *adj* supplémentaire.

suplemento *m* **-1.** [gen & PRENSA] supplément *m*. **-2.** [en el vestir] accessoire *m*.

suplente ◇ *adj* suppléant(e); **un jugador ~** DEP un remplaçant. ◇ *mf* suppléant *m*, -e *f*; TEATR doublure *f*; DEP remplaçant *m*, -e *f*.

supletorio, ria *adj* supplémentaire. ◆ **supletorio** *m* [teléfono] poste *m* supplémentaire.

súplica *f* **-1.** [ruego] supplication *f*. **-2.** [escrito & DER] requête *f*.

suplicar *vt* **-1.** [rogar] supplier; ~ **a alguien que haga algo** supplier qqn de faire qqch. **-2.** DER : ~ **(a un tribunal)** se pourvoir (devant un tribunal).

suplicio *m lit & fig* supplice *m*; **su vida es un ~** sa vie est un calvaire.

suplir *vt* **-1.** [substituir] remplacer. **-2.** [compensar] suppléer à; **su generosidad suple su mal genio** sa générosité compense son mauvais caractère.

supo → saber.

suponer ◇ *vt* **-1.** [gen] supposer; **supongamos que...** supposons ○ admettons que... **-2.** [significar] représenter. **-3.** [conjeturar] imaginer; **lo suponía** je m'en doutais; **le supongo 50 años** je lui donne 50 ans. ◇ *m* : **es un ~** c'est une simple supposition. ◆ **suponerse** *vp* s'imaginer, supposer.

suposición *f* supposition *f*.

supositorio *m* suppositoire *m*.

supremacía *f* suprématie *f*.

supremo, ma *adj* **-1.** [gen] suprême. **-2.** *fig* [momento, situación etc] décisif(ive).

supresión *f* suppression *f*.

suprimir *vt* supprimer.

supuesto, ta ◇ *pp irreg* → suponer. ◇ *adj* prétendu(e); [culpable, asesino] présumé(e); **un nombre ~** un faux nom; **por ~** bien sûr. ◆ **supuesto** *m* hypothèse *f*; **en el ~ de que...** en supposant ○ admettant que...

supurar *vi* suppurer.

sur ◇ *m* sud *m*; **el ~ de Europa** le Sud de l'Europe. ◇ *adj* [zona, frontera etc] sud; [viento] du sud. ◆ **Sur** *m* : **el Sur** [punto cardinal] le sud.

suramericano = sudamericano.

surcar *vt* **-1.** [recorrer] sillonner. **-2.** [tierra] creuser des sillons dans.

surco *m* **-1.** [gen & MÚS] sillon *m*. **-2.** [en camino] ornière *f*. **-3.** [en piel] ride *f*.

sureño, ña ◇ *adj* du sud. ◇ *m, f* HIST sudiste *mf*.

sureste = sudeste.

surf, surfing *m* surf *m*.

surgir *vi* **-1.** [gen] surgir. **-2.** [brotar] jaillir.

suroeste = sudoeste.

surrealismo, superrealismo *m* surréalisme *m*.

surtido, da *adj* **-1.** [abastecido] approvisionné(e); **~ en** qui offre un grand choix de. **-2.** [variado] : **unas pastas surtidas** un assortiment de petits gâteaux. ◆ **surtido** *m* [de prendas, tejidos] choix *m*; [de pastas, bombones] assortiment *m*.

surtidor *m* [de fuente] jet *m* d'eau; **~ (de gasolina)** pompe *f* (à essence).

surtir ◇ *vt* [proveer] : **~ a alguien en** fournir qqn en; **~ efecto** avoir de l'effet. ◇ *vi* jaillir. ◆ **surtirse** *vp* [proveerse] : **~se de** se fournir en.

susceptible *adj* susceptible.

suscitar *vt* susciter.

suscribir = subscribir.

suscripción = subscripción.

suscriptor = subscriptor.

susodicho, cha *adj* susdit(e).

suspender *vt* **-1.** [gen] suspendre. **-2.** EDUC : **~ a alguien en un examen** refuser qqn à un examen; **~ un examen** rater un examen.

suspense *m* suspense *m*.

suspensión *f* [gen & AUTOM] suspension *f*; **~ de empleo** mise *f* à pied.

suspenso, sa *adj* **-1.** [colgado] : **~ de** suspendu à. **-2.** [no aprobado] refusé(e). **-3.** *fig* [desconcertado] perplexe. ◆ **en suspenso** *loc adv* en suspens. ◆ **suspenso** *m* EDUC : **tener un ~** ne pas avoir la moyenne.

suspensores *mpl Amer* bretelles *fpl*.

suspicacia *f* méfiance *f*.

suspicaz *adj* méfiant(e).

suspirar *vi* soupirer; **~ por** *fig* [persona] soupirer après; [coche, viaje etc] avoir une folle envie de.

suspiro *m* **-1.** [aspiración] soupir *m* . **-2.** [instante] : **en un ~** en un clin d'œil.

sustancia = substancia.

sustancial = substancial.

sustancioso = substancioso.

sustantivo = substantivo.

sustentar *vt* **-1.** [gen] soutenir. **-2.** [persona, familia] nourrir.

sustento *m* **-1.** [alimento] nourriture *f* . **-2.** [apoyo] soutien *m*.

sustitución = substitución.

sustituir = substituir.

sustituto, ta = substituto.

susto *m* peur *f*.

sustracción = substracción.

sustraer = substraer.

sustrato = substrato.

susurrar ◇ *vt* chuchoter. ◇ *vi* *fig* [viento, agua] murmurer.

susurro *m* chuchotement *m*.

sutil *adj* subtil(e); [tejido, línea] fin(e).

sutileza *f* subtilité *f*.

sutura *f* suture *f*.

suyo, ya ◇ *adj poses* [de él] à lui; [de ella] à elle; [de ellos] à eux; [de ellas] à elles; [de usted, de ustedes] à vous; **este libro es ~** ce livre est à lui/à elle etc; **un amigo ~** un de ses/vos etc amis; **no es asunto ~** ça ne le/la etc regarde pas; **no es culpa suya** ce n'est pas (de) sa/votre etc faute; **es**

muy ~ *fam fig* il est spécial. ◇ *pron poses*
-1. *(después de art)* : **el** ~ [de él, de ella] le
sien; [de usted] le vôtre; [de ellos, de ellas]
le leur; **la suya** [de él, de ella] la sienne; [de
usted] la vôtre; [de ellos, de ellas] **la leur.**
-2. *loc* : **de** ~ en soi; **hacer de las suyas**
fam faire des siennes; **hacer** ~**/suya** faire
sien/sienne; **lo** ~ **es el teatro** *fam* son
truc c'est le théâtre; **los** ~**s** [su familia] les
siens.

svástica = esvástica.

sweater = suéter.

t, T *f* [letra] t *m inv*, T *m inv.*

t -1. *(abrev de* **tonelada)** t. **-2.** *abrev de*
tomo.

tabacalero, ra *adj* du tabac; **un estable-**
cimiento ~ un magasin d'articles pour
fumeurs. ◆ **Tabacalera** *f régie espagnole*
des tabacs.

tabaco ◇ *m* **-1.** [gen] tabac *m* . **-2.** [ciga-
rrillos] cigarettes *fpl*; **¿tienes** ~**?** tu as une
cigarette? ◇ *adj inv* [color] tabac.

tábano *m* taon *m.*

tabarra *f fam* barbe *f*; **dar la** ~ **a alguien**
tanner qqn.

taberna *f* bistrot *m.*

tabernero, ra *m, f* patron *m*, -onne *f* de
bistrot.

tabique *m* cloison *f.*

tabla *f* **-1.** [de madera & NÁUT] planche *f*;
[de metal etc] plaque *f*; [de estantería] étagère *f*; ~ **de planchar** planche à repasser.
-2. [de falda, camisa] pli *m*. **-3.** [esquema,
gráfico] tableau *m*; [lista, catálogo] table *f*;
~ **de materias** table des matières. **-4.** CU-
LIN *assiette de charcuterie ou de fromages.*
◆ **tablas** *fpl* **-1.** [en ajedrez] : **quedar en**
○ **hacer** ~ faire partie nulle. **-2.** TEATR
planches *fpl* . **-3.** TAUROM barrières *fpl.*

tablado *m* TEATR scène *f*; [de baile] plancher *m*; [tarima] estrade *f.*

tablao *m* cabaret *m* andalou.

tablero *m* **-1.** [tabla] planche *f*; ~ **de**
anuncios tableau *m* d'affichage. **-2.** [de
juego] : ~ **(de ajedrez)** échiquier *m*; ~ **(de**
damas) damier *m*. **-3.** DEP panneau *m*. **-4.**
AVIAC & AUTOM : ~ **(de mandos)** tableau *m*
de bord.

tableta *f* **-1.** [de chocolate] tablette *f*. **-2.**
MED comprimé *m.*

tablón *m* planche *f*; ~ **(de anuncios)** tableau *m* d'affichage.

tabú *(pl* **tabúes** ○ **tabús)** ◇ *adj* tabou(e).
◇ *m* tabou *m.*

tabulador *m* tabulateur *m.*

tabular ◇ *vt* **-1.** [valores, cifras etc] disposer en tableau. **-2.** [texto] tabuler. ◇ *vi*
[con máquina, ordenador] mettre des ta-
bulations.

taburete *m* tabouret *m.*

tacañería *f* avarice *f.*

tacaño, ña *adj & m, f* avare.

tacha *f* **-1.** [defecto] défaut *m*; **sin** ~ irréprochable. **-2.** [clavo] punaise *f.*

tachar *vt* **-1.** [lo escrito] barrer; ~ **lo que**
no proceda rayer la mention inutile. **-2.**
fig [acusar] : ~ **a alguien de algo** taxer
qqn de qqch.

tacho *m Amer* chaudron *m.*

tachón *m* **-1.** [tachadura] rature *f*. **-2.**
[clavo] clou *m* de tapissier.

tachuela *f* punaise *f.*

tácito, ta *adj* tacite.

taciturno, na *adj* taciturne.

taco *m* **-1.** [espiche] taquet *m*. **-2.** [cuña]
cale *f*. **-3.** *fam fig* [palabrota] gros mot *m*.
-4. [de billar] queue *f*. **-5.** [de papel etc]
pile *f*. **-6.** [de jamón, de queso] cube *m*. **-7.**
Amer [tacón] talon *m*. ◆ **tacos** *mpl mfam*
[años] : **tiene treinta** ~**s** il a trente balais.

tacón *m* talon *m (de chaussure).*

táctico, ca ◇ *adj* tactique. ◇ *m, f* tacti-
cien *m*, -enne *f*. ◆ **táctica** *f* tactique *f.*

táctil *adj* tactile.

tacto *m* **-1.** [gen] toucher *m*. **-2.** *fig* [deli-
cadeza] tact *m.*

tafetán *m* taffetas *m.*

Tailandia Thaïlande *f.*

taimado, da *adj* rusé(e).

Taiwán Taiwan.

tajada *f* **-1.** [rodaja] tranche *f*. **-2.** *fam fig*
[borrachera] cuite *f.*

tajante *adj fig* [tono, decisión etc] catégorique.

tajar *vt* couper.

tajo *m* **-1.** [corte, herida] estafilade *f*. **-2.**
fam [trabajo] turbin *m*. **-3.** [acantilado] ravin *m.*

Tajo *m* : **el** ~ le Tage.

tal ◇ *adj* **-1.** [gen] tel, telle. **-2.** [seme-jante] tel, telle, pareil, pareille; ~ **cosa ja-más se ha visto** on n'a jamais vu une chose pareille; ~**es condiciones** de telles conditions; **lo dijo con ~ seguridad que...** il l'a dit avec une telle assurance que...; **mañana a ~ hora** demain à telle heure. **-3.** [poco conocido] : **te ha lla-mado un ~ Pérez** un certain o dénommé Pérez t'a appelé. ◇ *pron* **que si ~ que si cual, ~ y cual, ~ y ~** ceci, cela; **ser ~ para cual** être faits l'un pour l'autre; **y ~** [coletilla] et ainsi de suite. ◇ *adv* : **¿qué ~?;** comment ça va?; ~ **cual** tel quel(telle quelle). ◆ **con tal (de) que** *loc conj* pourvu que, du moment que; **con ~ de que volvamos pronto** pourvu qu'on re-vienne tôt. ◆ **tal (y) como** *loc conj* comme.

tala *f* [de árboles] élagage *m*.

taladradora *f* perceuse *f*.

taladrar *vt* percer.

taladro *m* **-1.** [taladradora] perceuse *f*. **-2.** [agujero] trou *m*.

talante *m* **-1.** [humor] humeur *f*. **-2.** [dis-posición] : **de buen ~** de bonne grâce.

talar *vt* [árboles] élaguer.

talco *m* talc *m*.

talego *m* **-1.** [de tela] sac *m*. **-2.** *mfam* [di-nero] 1 000 pesetas. **-3.** *vulg* [cárcel] tôle *f*.

talento *m* talent *m*.

Talgo (*abrev de* **tren articulado ligero de Goicoechea Oriol**) *m* train de luxe espagnol.

talismán *m* talisman *m*.

talla *f* **-1.** [gen & ARTE] taille *f*; **¿qué ~ usas?** quelle taille fais-tu?; *fig* [importancia] envergure *f*; **dar la ~** être à la hau-teur.

tallado, da *adj* [madera] sculpté(e); [pie-dras preciosas] taillé(e).

tallar *vt* **-1.** [esculpir – piedra] tailler; [– madera] sculpter. **-2.** [persona] mesurer.

tallarín *m* (*gen pl*) nouille *f*.

talle *m* **-1.** [cintura] taille *f*. **-2.** [figura, cuerpo] silhouette *f*.

taller *m* **-1.** [gen] atelier *m*. **-2.** AUTOM ga-rage *m*; **llevar el coche al ~** amener la voiture au garage.

tallo *m* tige *f*; [brote] pousse *f*.

talón *m* **-1.** [gen & ANAT] talon *m*; **un za-pato sin ~** une chaussure ouverte; ~ **de Aquiles** *fig* talon d'Achille. **-2.** [cheque] chèque *m*; ~ **bancario/conformado** chèque bancaire/certifié; ~ **en blanco** chèque en blanc.

talonario *m* [de cheques] carnet *m* de chèques, chéquier *m*.

tamaño, ña *adj* [semejante] pareil(eille); **nunca he visto ~ atrevimiento** je n'ai jamais vu (une) pareille audace. ◆ **ta-maño** *m* taille *f*.

tambalearse *vp* chanceler; [borracho] ti-tuber; [barco] tanguer.

también *adv* aussi.

tambor *m* [gen] tambour *m*; [de pistola] barillet *m*.

tamiz *m* tamis *m* .

tamizar *vt* **-1.** [cribar] tamiser. **-2.** *fig* [se-leccionar] trier.

tampoco *adv* non plus; **no quiere salir, yo ~** il ne veut pas sortir, moi non plus; **no quiere ir al cine ni ~ comer fuera** il ne veut ni aller au cinéma ni aller au res-taurant.

tampón *m* tampon *m*.

tan *adv* **-1.** [mucho] si; ~ **grande/deprisa** si grand/vite; **¡qué película ~ larga!** qu'est-ce qu'il est long ce film!; ~**... que...** tellement... que...; **es ~ tonto que no se entera** il est tellement bête qu'il ne comprend rien. **-2.** [en comparaciones] : ~**... como...** aussi... que...; **es ~ listo como su hermano** il est aussi intelligent que son frère. **-3.** = **tanto.** ◆ **tan sólo** *loc adv* seulement.

tanda *f* **-1.** [grupo] groupe *m*; [de trabajo] équipe *f*. **-2.** [serie] série *f*; ~ **de palos** vo-lée *f* de coups.

tándem (*pl* **tándemes**) *m* **-1.** [bicicleta] tandem *m*. **-2.** [pareja – de actores etc] duo *m*; [– de bueyes] paire *f*.

tanga *m* string *m*.

tangente ◇ *adj* tangent(e). ◇ *f* GEOM tan-gente *f*.

tangible *adj* tangible.

tango *m* tango *m*.

tanque *m* **-1.** MIL tank *m*. **-2.** [vehículo cis-terna] citerne *f*. **-3.** [depósito] réservoir *m*.

tantear ◇ *vt* **-1.** [sopesar] évaluer; [pro-yectos, soluciones] examiner de près; ~ **el terreno** tâter le terrain. **-2.** *fig* [persona] sonder. **-3.** [contrincante, rival] mesurer. ◇ *vi* **-1.** [andar a tientas] tâtonner. **-2.** [en juego] compter les points.

tanteo *m* **-1.** [prueba] essai *m* . **-2.** [pun-tuación] score *m*.

tanto, ta ◇ *adj* **-1.** [gran cantidad, canti-dad indeterminada] tant de, tellement de; **¡tiene ~s libros!** il a tant de livres!; **tiene tantas ganas de verte que...** il a tellement envie de te voir que...; **nos daban tantas pesetas al día** on nous donnait tant de pesetas par jour; **y ~s** et quelques; **tiene cincuenta y ~s años** elle a cinquante ans et quelques. **-2.** [en comparaciones] : **~... como...** autant de... que... ◇ **pron -1.** [gran cantidad] autant; **tienes muchos vestidos, yo no ~s** tu as beaucoup de robes, moi je n'en ai pas autant; **había mucha gente aquí, allí no tanta** il y avait beaucoup de monde ici, il n'y en avait pas autant là-bas; **otro ~** autant; **le ocurrió otro ~** il lui est arrivé la même chose. **-2.** [cantidad por determinar] tant; **supongamos que vengan ~s...** supposons qu'il en vienne tant...; **a ~s de** [mes] le tant; **ser uno de ~s** être un parmi tant d'autres. ◆ **tanto** ◇ *m* **-1.** **marcar un ~** [punto] marquer un point; [gol] marquer un but. **-2.** *fam fig* [situación favorable] avantage *m*; **es un ~ a su favor** c'est un avantage qu'il a; **apuntarse un ~ (a favor)** marquer des points; **márcate un ~ y déjame salir** sois sympa et laisse-moi sortir. **-3.** [cantidad indeterminada] : **un ~ por página** tant par page; **~ por ciento** pourcentage *m*. **-4.** *loc* : **estar al ~** [al corriente] être au courant; [atento] surveiller. ◇ *adv* **-1.** [gran cantidad] autant; **no me sirvas ~** ne m'en sers pas autant; **~ que** tant que, tellement que; **lo quiere ~ que...** elle l'aime tant que...; **de eso hace ~ que...** il y a si longtemps de cela... **-2.** [en comparaciones] : **~ como** autant que. **-3.** *loc* : **¡y ~!** et comment! ◆ **tantas** *fpl fam* **llegar a las tantas** arriver très tard. ◆ **en tanto (que)** *loc conj* pendant que. ◆ **por (lo) tanto** *loc conj* par conséquent. ◆ **tanto (es así) que** *loc conj* tant et si bien que. ◆ **un tanto** *loc adv* quelque peu.

tañido *m* MÚS son *m*; [de campana] tintement *m*.

tapa *f* **-1.** [para cerrar] couvercle *m*. **-2.** CULIN *petite quantité d'olives, d'anchois, de «tortilla» etc servie en apéritif*. **-3.** [portada – de libro] couverture *f*. **-4.** [de tacón] talon *m*. **-5.** *Amer* [de botella] bouchon *m*.

tapadera *f* **-1.** [tapa] couvercle *m*. **-2.** *fig* [para encubrir] couverture *f*.

tapar *vt* **-1.** [gen] couvrir. **-2.** [cerrar – botella, agujero] boucher; [– baúl, boca] fermer. **-3.** [no dejar ver] cacher. ◆ **taparse** *vp* se couvrir; **~se la boca** mettre la main devant sa bouche.

taparrabos, taparrabo *m inv* cache-sexe *m*.

tapete *m* napperon *m*; [de juegos] tapis *m*.

tapia *f* mur *m* (de clôture).

tapiar *vt* **-1.** [obstruir] murer. **-2.** [cercar] clôturer.

tapicería *f* **-1.** [tela, oficio] tapisserie *f*. **-2.** [tienda] : **en la ~** chez le tapissier. **-3.** [tapices] tapisseries *fpl*.

tapiz *m* [para la pared] tapisserie *f*; [para el suelo] tapis *m*.

tapizado *m* revêtement *m*.

tapizar *vt* **-1.** [mueble] recouvrir. **-2.** [pared] tapisser.

tapón *m* **-1.** [gen] bouchon *m* . **-2.** *fam* [persona] nabot *m*, -e *f*. **-3.** DEP lancer *m* tapé.

taponar *vt* boucher. ◆ **taponarse** *vp* se boucher.

tapujo *m* : **sin ~s** sans faire de mystères.

taquicardia *f* tachycardie *f*.

taquigrafía *f* sténographie *f*.

taquilla *f* **-1.** [ventanilla] guichet *m*. **-2.** [casillero] casier *m*. **-3.** [recaudación] recette *f*.

taquillero, ra ◇ *adj* [artista, espectáculo] qui fait recette; [película] qui fait beaucoup d'entrées. ◇ *m, f* guichetier *m*, -ère *f*.

tara *f* tare *f*.

tarado, da ◇ *adj* **-1.** [defectuoso] défectueux(euse). **-2.** [tonto] taré(e). ◇ *m, f* taré *m*, -e *f*.

tarántula *f* tarentule *f*.

tararear *vt* fredonner.

tardanza *f* retard *m*.

tardar *vi* **-1.** [llevar tiempo] : **~ en hacer algo** mettre du temps à faire qqch; **tardó un año en hacerlo** il a mis un an à le faire; **tardo dos minutos** j'en ai au pour deux minutes. **-2.** [retrasarse] : **~ en hacer algo** tarder à faire qqch; **no tardaron en venir** ils n'ont pas tardé à venir.

tarde ◇ *f* [hasta las siete] après-midi *m* o *f*; [después de las siete] soir *m*; **vendré por la ~** [hasta las siete] je viendrai dans l'après-midi; [después de las siete] je viendrai dans la soirée. ◇ *adv* **-1.** [gen] tard; **hoy saldré ~** aujourd'hui, je sortirai tard; **~ o temprano** tôt ou tard. **-2.** [en demasía] trop tard; **ya es ~ para...** il est trop tard pour... ◆ **buenas tardes** *interj* **¡buenas ~s!** [hasta las siete] bonjour!; [después de las siete] bonsoir! ◆ **de tarde en tarde** *loc adv* de temps à autre; **muy de ~ en ~** très rarement.

tardío, a *adj* tardif(ive).

tarea f **-1.** [trabajo] travail m; [misión] tâche f; ~**s domésticas** tâches ménagères. **-2.** EDUC devoirs mpl.

tarifa f tarif m; ~ **de precios** tarif; ~ **nocturna** tarif de nuit.

tarima f estrade f.

tarjeta f carte f; ~ **de crédito** carte de crédit; ~ **postal** carte postale.

tarot m tarot m.

Tarragona Tarragone.

tarrina f barquette f.

tarro m **-1.** [recipiente] pot m. **-2.** mfam [cabeza] : **estar mal del** ~ disjoncter.

tarta f gâteau m; [plana] tarte f; **una** ~ **de chocolate** un gâteau au chocolat.

tartaleta f tartelette f.

tartamudear vi bégayer.

tartamudeo m bégaiement m.

tartamudo, da adj & m, f bègue.

tartana f fam [coche] guimbarde f.

tartera f [fiambrera] gamelle f.

tarugo m **-1.** fam [necio] abruti m. **-2.** [de madera] gros morceau m de bois; [de pan] quignon m de pain.

tarumba adj fam **estar** ~ être dingue.

tasa f **-1.** [índice] taux m; ~ **de desempleo** taux de chômage. **-2.** [precio, impuesto] taxe f; ~ **de importación** taxe à l'importation; ~**s académicas** droits mpl d'inscription à l'université. **-3.** [tasación] taxation f.

tasación f taxation f.

tasar vt **-1.** [valorar] estimer. **-2.** [fijar precio] taxer.

tasca f bistrot m .

tatarabuelo, la m, f trisaïeul m, -e f.

tatuaje m tatouage m.

tatuar vt & vi tatouer. ◆ **tatuarse** vp se faire tatouer.

taurino, na adj taurin(e).

Tauro m inv [zodiaco] Taureau m inv. ◇ mf inv [persona] taureau m inv.

tauromaquia f tauromachie f.

TAV (abrev de **tren de alta velocidad**) m train à grande vitesse espagnol, ≃ TGV m.

taxativo, va adj strict(e).

taxi m taxi m.

taxidermista mf taxidermiste mf.

taxímetro m compteur m (de taxi).

taxista mf chauffeur m de taxi.

taza f **-1.** [para beber] tasse f. **-2.** [de retrete] cuvette f.

tazón m bol m.

te[1] f [letra] t m inv.

te[2] pron pers **-1.** [gen] te, t' (delante de vocal) : **vengo a verte** je viens te voir; ~ **quiero** je t'aime; ~ **lo dio** il te l'a donné; ~ **tiene miedo** il a peur de toi; ¡**mírate!** regarde-toi!; ¡**no** ~ **pierdas!** ne te perds pas!; ~ **gusta leer** tu aimes lire; ~ **crees muy listo** tu te crois très malin. **-2.** fam [impersonal] on; **si** ~ **dejas pisar, estás perdido** si on se laisse marcher sur les pieds, on est perdu.

té m thé m.

tea f torche f.

teatral adj théâtral(e).

teatro m **-1.** [gen] théâtre m . **-2.** [fingimiento] : **es todo** ~ c'est de la comédie.

tebeo® m bande f dessinée.

techo m **-1.** [cara interior, tope] plafond m; ~ **artesonado** plafond à caissons. **-2.** [tejado, hogar] toit m; **bajo** ~ sous un toit; ~ **corredizo** toit ouvrant.

techumbre f toiture f.

tecla f [gen & INFORM] touche f .

teclado m [gen & INFORM] clavier m; ~ **expandido** clavier étendu; ~ **numérico** pavé m numérique.

teclear vi taper (à la machine etc).

tecleo m [en máquina etc] frappe f.

técnico, ca ◇ adj technique. ◇ m, f technicien m, -enne f. ◆ **técnica** f technique f.

Tecnicolor® m Technicolor® m.

tecnócrata ◇ adj technocratique. ◇ mf technocrate mf.

tecnología f technologie f; ~ **punta** technologie de pointe.

tecnológico, ca adj technologique.

tecolote m Amer hibou m.

tedio m ennui m.

tedioso, sa adj ennuyeux(euse).

Tegucigalpa Tegucigalpa.

Teide m : **el** ~ le pic de Teide.

teja f tuile f.

tejado m toit m.

tejano, na adj [tela] en jean. ◆ **tejanos** mpl [pantalones] jean m.

tejemaneje m fam **-1.** [maquinación] manigance f . **-2.** [ajetreo] remue-ménage m inv.

tejer ◇ vt **-1.** [gen] tisser; [labor de punto] tricoter; [labor de ganchillo] faire au crochet. **-2.** [mimbre, esparto] tresser. **-3.** fig [idear] tramer. ◇ vi [hacer punto] tricoter; [hacer ganchillo] faire du crochet.

tejido *m* tissu *m*.

tejo *m* **-1.** [disco] palet *m*. **-2.** BOT if *m*.

tejón *m* ZOOL blaireau *m*.

tel., teléf. *(abrev de teléfono)* tél.

tela *f* **-1.** [gen] tissu *m*; ~ **metálica** grillage *m*. **-2.** [tejido basto, cuadro] toile *f*. **-3.** *loc* : **tener (mucha)** ~ *fam* [ser difícil] donner du fil à retordre; **tener ~ de trabajo** *fam* avoir du pain sur la planche; **poner en ~ de juicio** remettre en cause; **¡vaya ~!** *fam* c'est coton!

telar *m* [máquina] métier *m* à tisser. ◆ **telares** *mpl* [fábrica] usine *f* textile.

telaraña *f* toile *f* d'araignée.

tele *f fam* télé *f*.

telearrastre *m* remonte-pente *m*.

telecabina *f* télécabine *f*.

telecomedia *f* sitcom *m* o *f*.

telecomunicación *f* télécommunication *f*. ◆ **telecomunicaciones** *fpl* télécommunications *fpl*.

telediario *m* journal *m* télévisé.

teledirigido, da *adj* téléguidé(e).

teléf. = tel.

telefax *m* télécopieur *m*.

teleférico *m* téléphérique *m*.

telefilme, telefilm *(pl* **telefilms)** *m* téléfilm *m*.

telefonear *vi* téléphoner. ◆ **telefonearse** *vp* s'appeler *(au téléphone)*.

telefonía *f* téléphonie *f*.

telefónico, ca *adj* téléphonique.

telefonista *mf* standardiste *mf*.

teléfono *m* téléphone *m*; **colgar el** ~ raccrocher le téléphone; **hablar a alguien por** ~ avoir qqn au téléphone; **llamar por** ~ téléphoner; **(~) inalámbrico** téléphone sans fil; ~ **móvil** téléphone portable; ~ **público** téléphone public; ~ **sin manos** appareil *m* «mains-libres».

telegrafía *f* télégraphie *f*.

telegráfico, ca *adj* télégraphique.

telégrafo *m* télégraphe *m*.

telegrama *m* télégramme *m*.

telejuego *m* jeu *m* vidéo.

telele *m fam* **darle a alguien un** ~ [desmayarse] tourner de l'œil; [enfadarse] piquer une crise.

telemando *m* télécommande *f*.

telemática *f* INFORM télématique *f*.

telenovela *f* feuilleton *m* télévisé.

telepatía *f* télépathie *f*.

telescópico, ca *adj* télescopique.

telescopio *m* télescope *m*.

telesilla *m* télésiège *m*.

telespectador, ra *m, f* téléspectateur *m*, -trice *f*.

telesquí *(pl* **telesquís** o **telesquíes)** *m* téléski *m*.

teletexto *m* télétexte *m*.

teletipo *m* Télétype® *m*.

televenta *f* téléachat *m*.

televidente *mf* téléspectateur *m*, -trice *f*.

televisar *vt* téléviser.

televisión *f* télévision *f*; **ver la** ~ regarder la télévision; ~ **en color** télévision en couleurs.

televisor *m* téléviseur *m*.

télex *m* télex *m*.

telón *m* TEATR & CIN rideau *m*; ~ **de fondo** *fig* toile *f* de fond.

telonero, ra *adj* : **ser** ~ passer en première partie *(d'un spectacle, concert)*.

tema *m* **-1.** [gen] sujet *m* . **-2.** MÚS thème *m*.

temario *m* EDUC programme *m*.

temático, ca *adj* thématique. ◆ **temática** *f* thème *m*.

temblar *vi* trembler; ~ **de frío/de miedo** trembler de froid/de peur.

tembleque *m* tremblement *m*.

temblor *m* tremblement *m*.

tembloroso, sa *adj* tremblant(e).

temer ◇ *vt* : ~ **(algo/a alguien)** craindre (qqch/qqn); **teme el agua/a su madre** il a peur de l'eau/de sa mère; **temo que se vaya** je crains qu'il ne s'en aille. ◇ *vi* avoir peur, craindre; **teme por sus hijos** il a peur pour ses enfants; **no temas** ne crains rien. ◆ **temerse** *vp* craindre; **me temo lo peor** je crains le pire.

temerario, ria *adj* téméraire; [juicio, acusación] hâtif(ive).

temeridad *f* **-1.** [valor] témérité *f*. **-2.** [insensatez] : **es una** ~ c'est de l'inconscience.

temeroso, sa *adj* **-1.** [receloso] peureux(euse). **-2.** [temible] effrayant(e).

temible *adj* redoutable.

temor *m* crainte *f*; **por** ~ **a** o **de** par crainte de.

temperamental *adj* **-1.** [con carácter] qui a du tempérament. **-2.** [cambiante] lunatique.

temperamento *m* tempérament *m*.

temperatura *f* température *f*; **tomar la** ~ prendre la température.

tempestad f tempête f.

tempestuoso, sa adj orageux(euse).

templado, da adj **-1.** [tibio – agua, bebida, comida] tiède. **-2.** GEOGR [clima, zona] tempéré(e). **-3.** [persona, carácter – moderado] modéré(e); [– sereno] calme.

templanza f **-1.** [moderación] tempérance f; [serenidad] : **tener** ~ **savoir garder son calme. -2.** [del clima] douceur f.

templar ◇ vt **-1.** [entibiar] faire tiédir. **-2.** [calmar – ánimos, nervios] calmer. **-3.** TECNOL [metal etc] tremper. **-4.** [café, whisky etc] couper. **-5.** MÚS accorder. **-6.** [tornillo, bisagra etc] resserrer. ◇ vi [tiempo, temperatura] s'adoucir. ◆ **templarse** vp [tiempo, temperatura] se radoucir; [líquido] tiédir.

temple m **-1.** [serenidad] : **tener** ~ **savoir garder son calme. -2.** ARTE détrempe f.

templete m kiosque m (à musique).

templo m temple m; [católico] église f.

temporada f **-1.** [gen] saison f; [de exámenes] période f; **de** ~ [fruta] de saison; [trabajo, actividad] saisonnier(ère); ~ **alta/baja** haute/basse saison; ~ **media** intersaison f. **-2.** [periodo indefinido] : **una** ~ un certain temps, quelque temps.

temporal ◇ adj **-1.** [gen & RELIG] temporel(elle). **-2.** [provisional] temporaire. ◇ m [tormenta] tempête f.

temporero, ra ◇ adj temporaire. ◇ m, f travailleur m temporaire, travailleuse f temporaire.

temporizador m minuterie f.

temprano, na adj précoce; **a horas tempranas** de bonne heure; **frutas/verduras tempranas** primeurs fpl. ◆ **temprano** adv tôt.

ten → tener. ◆ **ten con ten** m fam doigté m.

tenacidad f ténacité f.

tenacillas fpl pincettes fpl; [para el pelo] fer m à friser; [para el azúcar] pince f à sucre.

tenaz adj tenace.

tenaza f (gen pl) **-1.** [herramienta] tenailles fpl. **-2.** [de crustáceos] pince f.

tendedero m étendoir m.

tendencia f tendance f.

tendencioso, sa adj tendancieux(euse).

tender ◇ vt **-1.** [gen] étendre; ~ **la ropa** étendre le linge. **-2.** [extender, tramar] tendre; ~ **la mano** tendre la main; ~ **una trampa** tendre un piège. **-3.** [puente, vía

férrea] construire. ◇ vi : ~ **a** tendre à; [color] tirer sur. ◆ **tenderse** vp s'étendre.

tenderete m étalage m.

tendero, ra m, f petit commerçant m, petite commerçante f; [de comestibles] épicier m, -ère f.

tendido, da adj **-1.** [gen] étendu(e). **-2.** [extendido] tendu(e). ◆ **tendido** m **-1.** [instalación] pose f. **-2.** TAUROM gradins mpl.

tendón m tendon m.

tendrá etc → tener.

tenebroso, sa adj sombre; fig ténébreux(euse).

tenedor[1] m fourchette f.

tenedor[2]**, ra** m, f COM détenteur m, -trice f; ~ **de libros** comptable m.

teneduría f COM comptabilité f.

tenencia f détention f; ~ **ilícita de armas** détention d'armes.

tener ◇ v aux **-1.** (antes de participio) [haber] avoir; **teníamos pensado ir al teatro** nous avions pensé aller au théâtre; **tengo leído medio libro** j'ai lu la moitié du livre. **-2.** (antes de participio o adj) [mantener] : **me tuvo despierto** ça m'a tenu éveillé; **eso la tiene entretenida** ça l'occupe. **-3.** (antes de infin) [expresa obligación] : ~ **que** devoir; **tengo que irme** je dois partir, il faut que je parte. **-4.** [expresa propósito] : **tenemos que salir a cenar juntos** il faut que nous allions dîner ensemble. ◇ vt **-1.** [gen] avoir; **tiene mucho dinero** il a beaucoup d'argent; **tiene dolor de cabeza** il a mal à la tête; **tengo un hermano mayor** j'ai un frère aîné; **¿cuántos años tienes?** quel âge as-tu?; **tengo hambre** j'ai faim; **tiene buen corazón** il a bon cœur; **le tiene lástima** il a pitié de lui; **tendrá una sorpresa** il aura une surprise; ~ **un niño** avoir un enfant; ~ **huéspedes** avoir des invités; **hoy tengo clase** j'ai cours aujourd'hui; **esto tiene influencia en la temperatura** ceci a une incidence sur la température; **tiene algo que decirnos** il a quelque chose à nous dire. **-2.** [medir] faire; **la sala tiene cuatro metros de largo** la salle fait quatre mètres de long. **-3.** [sujetar, coger] tenir. **-4.** [estar] : **aquí tiene su cambio** voici votre monnaie; **aquí me tienes** me voici. **-5.** [para desear] : **¡que tengas un buen viaje!** bon voyage!; **que tengan unas felices Navidades** joyeux Noël! **-6.** [valorar, considerar] : ~ **a alguien por** o **como** prendre qqn pour; ~ **algo por** o

como considérer qqch comme; **ten por seguro que lloverá** tu peux être sûr qu'il pleuvra. **-7.** loc : **conque ¿esas tenemos?**
¿te niegas a hacerlo? alors comme ça, tu ne veux pas le faire?; **no las tiene todas consigo** il n'en mène pas large; **no ~ donde caerse muerto** n'avoir plus que les yeux pour pleurer; **le ruego tenga a bien mandarme...** je vous prie de bien vouloir m'envoyer...; **~ lugar** avoir lieu; **~ presente algo/alguien** se souvenir de qqch/qqn; **~ que ver con algo/alguien** avoir à voir avec qqch/qqn. ◆ **tenerse** vp **-1.** [sostenerse] : **~se de pie** [borracho] tenir debout; [niño] se tenir debout. **-2.** [considerarse] : **~se por algo/alguien** se croire qqch/qqn.

Tenerife Tenerife, Ténériffe.

tenia f ténia m.

teniente m MIL lieutenant m .

tenis m tennis m; **~ de mesa** tennis de table.

tenista mf joueur m, -euse f de tennis.

tenor m MÚS ténor m. ◆ **a tenor de** loc prep compte tenu de.

tensar vt tendre.

tensión f tension f; **alta ~** haute tension; **~ (arterial)** tension (artérielle).

tenso, sa adj tendu(e).

tensor, ra adj ANAT : **los músculos tensores** les muscles tenseurs.

tentación f tentation f; **ser una ~** être tentant(e); **tener la ~ de** être tenté(e) de.

tentáculo m tentacule m.

tentador, ra adj tentant(e).

tentar vt **-1.** [gen] tenter. **-2.** [tocar] tâter.

tentativa f tentative f; DEP essai m; **~ de asesinato** tentative de meurtre.

tentempié m en-cas m.

tenue adj [lluvia, tela] fin(e); [voz] faible; [dolor] léger(ère); [hilo, luz] ténu(e).

teñir vt : **~** (de rojo etc) teindre (en rouge etc). ◆ **teñirse** vp : **~se el pelo** se teindre les cheveux; **~se de rubio/moreno etc** se teindre en blond/brun etc.

teología f théologie f .

teólogo, ga m, f théologien m, -enne f.

teorema m théorème m.

teoría f théorie f; **en ~** en théorie.

teórico, ca ◇ adj théorique. ◇ m, f [persona] théoricien m, -enne f. ◆ **teórica** f [teoría] théorie f; [del examen de conducir] code m.

teorizar vi théoriser.

tequila m o f tequila f.

terapéutico, ca adj thérapeutique.

terapia f thérapie f .

tercer → tercero.

tercera f → tercero.

tercermundista adj du tiers-monde; [política, actitud] tiers-mondiste.

tercero, ra núm (antes de sust masculino sg : **tercer**) troisième; ver también **sexto**. ◆ **tercero** m **-1.** [piso] troisième m. **-2.** [curso – escolar] ≃ quatrième f; [– universitario] troisième année f. **-3.** [mediador] tiers m . ◆ **tercera** f AUTOM troisième f.

terceto m MÚS trio m.

terciar ◇ vt **-1.** [colocar en diagonal] mettre en travers; [arma] mettre en bandoulière. **-2.** [dividir] couper en trois. ◇ vi **-1.** [mediar] intervenir, s'interposer. **-2.** [participar] : **~ (en)** prendre part (à). ◆ **terciarse** vp se présenter; **si se tercia** si l'occasion se présente.

terciario, ria adj tertiaire. ◆ **terciario** m tertiaire m.

tercio m **-1.** [tercera parte] tiers m. **-2.** TAUROM nom donné à chacune des trois étapes de la corrida.

terciopelo m velours m.

terco, ca adj & m, f entêté(e).

tergal® m Tergal® m.

tergiversación f déformation f (de propos).

tergiversar vt [palabras, declaraciones etc] déformer.

termal adj thermal(e).

termas fpl thermes mpl.

termes = termita.

térmico, ca adj thermique.

terminación f **-1.** [finalización] achèvement m. **-2.** [parte final] extrémité f. **-3.** GRAM terminaison f.

terminal ◇ adj final(e); **en fase ~** en phase terminale. ◇ m INFORM terminal m. ◇ f [de aeropuerto] terminal m; [de autobuses] terminus m. ◆ **terminal videotex** m terminal m vidéotex.

terminante adj **-1.** [tajante] catégorique formel(elle). **-2.** [concluyente] concluant(e).

terminar ◇ vt terminer, finir; **~ un trabajo** terminer un travail; **~ la carrera** finir ses études. ◇ vi **-1.** [acabar] se terminer, finir; **las vacaciones terminan** les vacances se terminent; **~ con** en finir avec; **terminó de conserje en...** il a fini concierge dans...; ~ **de/por hacer algo** finir de/par faire qqch; ~ **en pelea** se terminer en bagarre. **-2.** [pareja] rompre. ◆ **terminarse** *vp* **-1.** [finalizarse] se terminer. **-2.** [agotarse] : **se ha terminado el butano** il n'y a plus de gaz.

término *m* **-1.** [fin] fin *f*; **poner ~ a algo** mettre un terme à qqch. **-2.** [territorio] : ~ **(municipal)** ≃ commune *f*. **-3.** [plazo] : **en el ~ de** dans un délai de; **por ~ medio** en moyenne. **-4.** [lugar, posición] plan *m*; **en primer ~** ARTE & FOT au premier plan; **en último ~** *fig* en dernier recours. **-5.** [elemento] : **considerar algo ~ por ~** étudier qqch point par point; ~ **medio** juste milieu *m*. **-6.** LING & MAT terme *m*. **-7.** [de transportes] : **la estación de ~** le terminus. ◆ **términos** *mpl* termes *mpl*; **los ~s del contrato** les termes du contrat; **en ~s generales** en règle générale.

terminología *f* terminologie *f*.

termita *f*, **termes** *m inv* termite *m*.

termo *m* Thermos® *f*.

termómetro *m* thermomètre *m*.

termostato *m* thermostat *m*.

terna *f* POLÍT groupe de trois candidats.

ternasco *m* agneau *m* de lait.

ternero, ra *m*, *f* [animal] veau *m*, génisse *f*. ◆ **ternera** *f* [carne] veau *m*.

terno *m* **-1.** *fam* [trío] : **son el ~ infernal** c'est le trio infernal. **-2.** [traje] complet *m*.

ternura *f* tendresse *f*.

terquedad *f* entêtement *m*.

terracota *f* terre *f* cuite.

terrado *m* terrasse *f (toit)*.

terral, tierral *m* *Amer* nuage *m* de poussière.

terraplén *m* terre-plein *m*.

terráqueo, a *adj* [globo] terrestre.

terrateniente *mf* propriétaire *m* terrien, propriétaire *f* terrienne.

terraza *f* terrasse *f*; [balcón] balcon *m*.

terremoto *m* tremblement *m* de terre.

terrenal *adj* terrestre.

terreno, na *adj* terrestre. ◆ **terreno** *m* **-1.** [gen & DEP] terrain *m*. **-2.** *fig* [ámbito] domaine *m*.

terrestre ◇ *adj* terrestre. ◇ *mf* [habitante] terrien *m*, -enne *f*.

terrible *adj* terrible.

territorial *adj* territorial(e).

territorio *m* territoire *m*.

terrón *m* **-1.** [de tierra] motte *f*. **-2.** [de azúcar] morceau *m*.

terror *m* terreur *f*; CIN horreur *f*; **dar ~** terrifier.

terrorífico, ca *adj* terrifiant(e).

terrorismo *m* terrorisme *m*.

terrorista *adj & mf* terroriste.

terroso, sa *adj* terreux(euse).

terso, sa *adj* [piel, superficie] lisse.

tersura *f* [de piel] douceur *f*.

tertulia *f* réunion informelle au cours de laquelle un thème particulier est abordé.

tesina *f* EDUC mémoire *m (de maîtrise)*.

tesis *f inv* thèse *f*.

tesón *m* persévérance *f*.

tesorería *f* ECON trésorerie *f*.

tesorero, ra *m*, *f* trésorier *m*, -ère *f*.

tesoro *m* **-1.** [gen] trésor *m*; **ven aquí, ~** viens ici, mon trésor. **-2.** [persona valiosa] perle *f*. ◆ **Tesoro Público** *m* Trésor *m* public.

test *(pl tests)* *m* test *m*.

testamentario, ria ◇ *adj* testamentaire. ◇ *m*, *f* exécuteur *m*, -trice *f* testamentaire.

testamento *m* testament *m*. ◆ **Antiguo Testamento** *m* Ancien Testament *m*. ◆ **Nuevo Testamento** *m* Nouveau Testament *m*.

testar *vi* DER faire un testament.

testarudo, da *adj & m*, *f* têtu(e).

testículo *m* testicule *m*.

testificar ◇ *vt* témoigner; **su contestación testifica su buena fe** sa réponse témoigne de sa bonne foi. ◇ *vi* témoigner.

testigo ◇ *mf* témoin *m*; ~ **ocular** o **presencial** témoin occulaire. ◇ *m* DEP témoin *m*.

testimonial *adj* [documento, prueba etc] faisant preuve de.

testimoniar *vt & vi* témoigner.

testimonio *m* témoignage *m*; **como ~ de** *fig* en témoignage de; **dar ~ de algo** témoigner de qqch.

teta *f* **-1.** *fam* [de mujer] nichon *m* . **-2.** [de hembra] tétine *f*.

tétanos *m inv* tétanos *m*.

tetera *f* théière *f*.

tetilla *f* **-1.** [de macho] mamelon *m*. **-2.** [de biberón] tétine *f*.

tetina *f* tétine *f (de biberon)*.

tetrapléjico, ca *adj & m*, *f* tétraplégique.

tétrico, ca *adj* lugubre.

textil *adj & m* textile.

texto *m* texte *m*.

textual *adj* textuel(elle).

textura f texture f.

tez f teint m.

ti pron pers (después de prep) toi; **pienso en** ~ je pense à toi; **me acordaré de** ~ je me souviendrai de toi.

tianguis m Amer marché m.

Tibet m : **el** ~ le Tibet.

tibia f tibia m.

tibieza f tiédeur f; fig froideur f.

tibio, bia adj **-1.** [agua, infusión etc] tiède. **-2.** fig [relaciones, sentimiento etc] froid(e).

tiburón m **-1.** ZOOL requin m. **-2.** FIN raider m.

tic m tic m.

ticket = tíquet.

tictac m tic-tac m inv.

tiempo m **-1.** [gen] temps m; **al poco** ~ peu de temps après; **a** ~ à temps; **aún estás a** ~ **de hacerlo** tu as encore le temps de le faire; **a un** ~ cn même temps; **con el** ~ avec le temps; **con** ~ à l'avance; **del** ~ [fruta] de saison; [bebida] à température; **fuera de** ~ trop tard; **ganar** ~ gagner du temps; **perder el** ~ perdre son temps; **hace buen/mal** ~ il fait beau/mauvais; **hace** ~ **que** il y a longtemps que; **tener** ~ **para** avoir le temps de; **todo el** ~ tout le temps; **tomarse alguien su** ~ prendre son temps; ~ **libre** temps libre. **-2.** [edad] âge m; **¿qué** ~ **tiene tu hijo?** quel âge a ton fils? **-3.** DEP mi-temps f.

tienda f **-1.** [establecimiento] magasin m. **-2.** [para acampar] tente f; ~ **(de campaña)** tente (de camping).

tiene → tener.

tierno, na adj tendre; **pan** ~ pain frais.

tierra f **-1.** [gen & ELECTR] terre f; **caer a** ~ tomber par terre; **tomar** ~ atterrir; ~ **firme** terre ferme. **-2.** [patria] pays m, terre f natale. ◆ **Tierra** f : **la Tierra** la Terre. ◆ **Tierra del Fuego** Terre de Feu f.

tierral = terral.

tieso, sa adj **-1.** [gen] raide. **-2.** fig [engreído] guindé(e).

tiesto m **-1.** [maceta] pot m; [con flores] pot de fleurs. **-2.** [trasto] vieillerie f.

tifoideo, a adj typhoïde.

tifón m typhon m.

tifus m inv typhus m.

tigre m tigre m.

tigresa f tigresse f.

tijera f (gen pl) ciseaux mpl; **unas** ~s une paire de ciseaux.

tijereta f **-1.** ZOOL perce-oreille m. **-2.** DEP saut m en ciseaux.

tila f [infusión] tilleul m.

tildar vt : ~ **de** taxer de.

tilde f **-1.** [signo ortográfico] tilde m. **-2.** [acento gráfico] accent m écrit.

tiliches mpl Amer attirail m.

tilín m : ~ ~ dring dring; **hacer** ~ fam fig taper dans l'œil.

tilo m BOT tilleul m.

timar vt **-1.** [estafar] : ~ **diez mil pesetas** escroquer de dix mille pesetas. **-2.** fam [engañar] rouler.

timbal m [de orquesta] timbale f.

timbrar vt timbrer.

timbre m **-1.** [aparato] sonnette f; **tocar el** ~ sonner. **-2.** [de documentos, voz] timbre m; [de impuestos] timbre m fiscal.

timidez f timidité f.

tímido, da adj & m, f timide.

timo m **-1.** [estafa] escroquerie f. **-2.** fam [engaño] arnaque f.

timón m **-1.** NÁUT & AERON gouvernail m; [del piloto] manche m (à balai). **-2.** fig [gobierno] : **llevar el** ~ **de** diriger. **-3.** Amer [volante] volant m.

timonel, timonero m timonier m.

timorato, ta adj timoré(e).

tímpano m ANAT & ARQUIT tympan m.

tina f **-1.** [tinaja] jarre f. **-2.** [recipiente grande] bac m. **-3.** Amer [bañera] baignoire f.

tinaja f jarre f.

tinglado m **-1.** [cobertizo] hangar m. **-2.** [armazón] estrade f. **-3.** fig [lío] pagaille f; **armar un** ~ fam faire la fête.

tinieblas fpl ténèbres fpl; **estar en las** ~ être dans le noir; fig être dans le brouillard.

tino m **-1.** [puntería, abilidad] adresse f; **tener** ~ avoir l'œil. **-2.** fig [moderación] modération f; **sin** ~ sans mesure. **-3.** fig [juicio] discernement m.

tinta f encre f; ~ **china** encre de Chine. ◆ **medias tintas** fpl fig demi-mesures fpl.

tinte m **-1.** [gen] teinture f. **-2.** [tintorería] teinturerie f. **-3.** fig [tono] teinte f.

tintero m encrier m.

tintinear vi tinter.

tinto, ta adj fig [teñido] : ~ **en sangre** taché de sang. ◆ **tinto** m [vino] rouge m.

tintorera f requin m bleu.

tintorería f teinturerie f.

tiña f MED teigne f.

tío, a m, f -**1**. [familiar] oncle m, tante f. -**2**. fam [individuo] mec m, nana f; **oye, ~, ¿tienes un cigarro?** eh, t'aurais pas une cigarette?

tiovivo m manège m.

tipazo m fam **¡vaya ~ que tiene!** elle est sacrément bien foutue!

típico, ca adj typique; **el ~ español** l'Espagnol type.

tipificar vt -**1**. [normalizar] classer. -**2**. [simbolizar] être caractéristique de; **esa chica tipifica la mujer moderna** cette fille est le type même de la femme moderne.

tiple mf [cantante] soprano mf.

tipo, pa m, f mfam type m, nana f. ◆ **tipo** m -**1**. [clase] type m; **todo ~ de** toute(s) sorte(s) de. -**2**. [cuerpo] : **tener buen ~** être bien fait(e). -**3**. ECON taux m; **~ de interés** taux d'intérêt. -**4**. IMPRENTA caractère m.

tipografía f [procedimiento] typographie f.

tipográfico, ca adj typographique.

tipógrafo, fa m, f typographe mf.

tíquet (pl **tíquets**), **ticket** (pl **tickets**) m ticket m; [de espectáculo] billet m.

tiquismiquis ◇ adj & mf fam [maniático] pinailleur(euse). ◇ mpl [bagatelas] broutilles fpl.

TIR (abrev de **transport international routier**) m TIR m.

tira f -**1**. [banda] bande f; [de cuero] lanière f. -**2**. [de viñetas] bande f dessinée. -**3**. loc : **la ~ de** fam une tripotée de.

tirabuzón m -**1**. [rizo] anglaise f. -**2**. [sacacorchos] tire-bouchon m.

tirachinas m inv lance-pierre m.

tiradero m Amer -**1**. [vertedero] décharge f publique. -**2**. fig [desorden] bazar m.

tirado, da adj fam -**1**. [barato] donné(e). -**2**. [fácil] fastoche. ◆ **tirada** f -**1**. [lanzamiento] lancer m. -**2**. IMPRENTA tirage m. -**3**. [de versos] tirade f. -**4**. [distancia] : **hay una tirada** ça fait un bout de chemin; **de** O **en una tirada** d'une (seule) traite.

tirador, ra m, f [persona] tireur m, -euse f. ◆ **tirador** m [de cajón, puerta] poignée f; [de campanilla] cordon m. ◆ **tiradores** mpl Amer [tirantes] bretelles fpl.

tiranía f tyrannie f.

tirano, na ◇ adj tyrannique. ◇ m, f tyran m.

tirante ◇ adj tendu(e); **estar ~s** [personas] être en froid. ◇ m -**1**. [de delantal, vestido] cordon m. -**2**. ARQUIT tirant m. ◆ **tirantes** mpl [de pantalones] bretelles fpl.

tirantez f tension f.

tirar ◇ vt -**1**. [gen] jeter; [lanzar] lancer; **~ papeles al suelo/a la basura** jeter des papiers par terre/à la poubelle; **~ cohetes/piedras** lancer des pétards/des pierres. -**2**. [dejar caer] faire tomber; [líquido] renverser. -**3**. [malgastar – dinero] dilapider. -**4**. [disparar, DEP & IMPRENTA] tirer; **~ un cañonazo** tirer un coup de canon. -**5**. [derribar] abattre; **~ abajo** [edificio] abattre; [puerta] enfoncer. -**6**. [atraer] attirer; **me tira la vida en el campo** j'irais bien vivre à la campagne. ◇ vi -**1**. [gen] tirer; **~ del pelo** tirer les cheveux; **~ de la cuerda** tirer sur la corde; **el ciclista tiraba del pelotón** le cycliste menait le peloton; **la chaqueta me tira de la manga** cette veste me serre aux manches; **el juego del tira y afloja** le marchandage. -**2**. [gustar] : **la patria/familia tira mucho** on aime toujours son pays/sa famille. -**3**. [funcionar] marcher; **el coche no tira** la voiture n'avance pas. -**4**. [dirigirse] : **~ a la derecha** prendre à droite; **tira por este camino** prends ce chemin. -**5**. fam [apañárselas] : **¡vamos tirando!** on fait aller! -**6**. [parecerse] : **tira a su abuela** elle ressemble à sa grand-mère; **un marrón tirando a gris** un marron qui tire sur le gris. -**7**. [tender] : **este programa tira a hortera** cette émission est un peu ringarde; **el tiempo tira a mejorar** le temps semble s'améliorer. -**8**. DEP shooter. ◆ **tirarse** vp -**1**. [lanzarse, arrojarse] se jeter; **~se de cabeza al agua** plonger la tête la première; **se tiró del cuarto piso** il a sauté du quatrième étage. -**2**. [tumbarse] s'étendre. -**3**. [el tiempo] passer; **se tiró el día leyendo** il a passé sa journée à lire.

tirita® f pansement m.

tiritar, titiritar vi grelotter.

tiritera, tiritona f grelottement m.

tiro m -**1**. [acción & DEP] tir m; **~ al blanco** tir à la cible; **pegar un ~ a alguien** tirer sur qqn. -**2**. [disparo, estampido] coup m de feu; **un fusil de cinco ~s** un fusil à cinq coups. -**3**. [balazo, herida] balle f; **un ~ en el corazón** une balle dans le cœur; **pegarse un ~** se tirer une balle. -**4**. [alcance] portée f; **a ~ de bala** à portée de tir. -**5**. [de chimenea] tirage m. -**6**. [de pantalón] entrejambe m. -**7**. [de caballos] attelage *m.* **-8.** *loc* : **ni a ~s** pour rien au monde; **vestirse** o **ponerse de ~s largos** se mettre sur son trente-et-un.

tiroides *m* thyroïde *f*.

tirón *m* **-1.** [estirón] : **dar un ~** tirer; **dar tirones** [en el pelo] tirer les cheveux. **-2.** [muscular] crampe *f*. **-3.** [robo] vol *m* à l'arraché. ◆ **de un tirón** *loc adv* d'un trait.

tirotear ◇ *vt* tirer sur. ◇ *vi* tirailler.

tiroteo *m* fusillade *f*.

tirria *f fam* **tenerle ~ a alguien** ne pas pouvoir blairer qqn.

tisana *f* tisane *f*.

titánico, ca *adj* [trabajo] de titan.

títere *m* **-1.** [marioneta] marionnette *f*. **-2.** *fig* [monigote] pantin *m*. ◆ **títeres** *mpl* spectacle *m* de marionnettes.

titilar, titilear *vi* **-1.** [temblar] trembloter. **-2.** [estrella, luz] scintiller.

titipuchal *m Amer fam* ribambelle *f*.

titiritar = tiritar.

titiritero, ra *m, f* **-1.** [de títeres] marionnettiste *mf*. **-2.** [de circo] acrobate *mf*.

titubeante *adj* hésitant(e).

titubear *vi* [dudar] hésiter; [al hablar] bafouiller.

titubeo *m (gen pl)* hésitation *f*; **sin ~s** sans hésiter.

titulado, da *adj & m, f* diplômé(e); **~ en** diplômé en.

titular[1] ◇ *adj & mf* titulaire. ◇ *m (gen pl)* PRENSA gros titres *mpl*.

titular[2] *vt* [llamar] intituler. ◆ **titularse** *vp* **-1.** [llamarse] s'intituler. **-2.** [licenciarse] : **~se (en)** obtenir un diplôme (de).

título *m* **-1.** [gen, DER & ECON] titre *m*; **a ~** Je à titre de. **-2.** EDUC diplôme *m*; **~ de bachillerato** ≃ baccalauréat *m*.

tiza *f* craie *f*; [de billar] bleu *m*.

tiznar *vt* tacher de noir. ◆ **tiznarse** *vp* se tacher de noir.

tizne *m* o *f* suie *f*.

tizón *m* tison *m*.

tlapalería *f Amer* quincaillerie *f*.

toalla *f* serviette *f (de toilette, de plage)*; [tejido] tissu-éponge *m*.

toallero *m* porte-serviette *m*.

tobillera *f* chevillère *f*.

tobillo *m* cheville *f*.

tobogán *m* toboggan *m*.

toca *f* [de monja] coiffe *f*.

tocadiscos *m inv* tourne-disque *m*.

tocado, da *adj* **-1.** [chiflado] timbré(e). **-2.** [fruta] gâté(e). ◆ **tocado** *m* coiffure *f*.

tocador *m* **-1.** [mueble] coiffeuse *f*. **-2.** [habitación] cabinet *m* de toilette.

tocar ◇ *vt* **-1.** [gen] toucher; **no toques eso** ne touche pas à ça. **-2.** MÚS jouer de; **toca la guitarra/el piano** il joue de la guitare/du piano. **-3.** [campana, hora] sonner; **el reloj tocó las doce** midi a sonné à l'horloge. **-4.** [asunto, tema etc] aborder. **-5.** *fig* [dignidad, honor] porter atteinte à; **~ el amor propio de alguien** blesser qqn dans son amour-propre. ◇ *vi* **-1.** [estar próximo] : **~ a** o **con (algo)** toucher qqch. **-2.** [corresponder - en reparto] revenir; [- obligación] : **te toca hacerlo** c'est à toi de le faire. **-3.** [concernir] : **por lo que a mí me toca** en ce qui me concerne. **-4.** [caer en suerte] gagner; **le ha tocado la lotería** il a gagné à la loterie; **le ha tocado sufrir mucho** il a beaucoup souffert. **-5.** [llegar el momento] : **hemos comido y ahora nos toca pagar** maintenant que nous avons mangé, il faut payer. ◆ **tocarse** *vp* se toucher.

tocayo, ya *m, f* homonyme *mf*.

tocho *m* **-1.** [de hierro] lingot *m*. **-2.** *fam* [libro] pavé *m*.

tocinería *f* charcuterie *f*.

tocino *m* lard *m*. ◆ **tocino de cielo** *m* CULIN flan riche en jaunes d'œuf.

todavía *adv* **-1.** [aún] encore; **~ no** pas encore; **~ no lo sabe** il ne le sait pas encore. **-2.** [con todo, encima] pourtant; **es malo y ~ le quiere** il est méchant et pourtant elle l'aime; ... **y ~ se queja** ... et par-dessus le marché, il se plaint.

todo, da ◇ *adj* **-1.** [gen] tout(e); **~ el mundo** tout le monde; **toda España** toute l'Espagne; **~ el día** toute la journée; **~s los días/los lunes** tous les jours/les lundis; **un vestido ~ sucio** une robe toute sale; **está ~ preocupado** il est très inquiet. **-2.** [para enfatizar] : **es ~ un hombre** c'est un homme, un vrai; **ya es toda una mujer** c'est une vraie femme maintenant; **es ~ un éxito** c'est un vrai succès. ◇ *pron* **-1.** [todas las cosas] tout; **lo ha vendido ~** il a tout vendu; **~ es culpa mía** c'est entièrement ma faute; **no del ~** pas tout à fait. **-2.** *(gen pl)* [todas las personas] tous(toutes); **han venido todas** elles sont toutes venues; **~s me lo dicen** tout le monde me le dit. ◆ **todo** ◇ *m* tout *m*. ◇ *adv* tout, entièrement; **~ lana** pure laine. ◆ **ante todo** *loc adv* avant tout.

◆ **con todo** *loc adv* malgré tout, néanmoins. ◆ **después de todo** *loc adv* tout compte fait. ◆ **sobre todo** *loc adv* surtout. ◆ **todo terreno** *m* véhicule *m* tout-terrain.

todopoderoso, sa *adj* tout-puissant (toute-puissante).

toga *f* -1. [gen] toge *f*. -2. [en el pelo] : **hacerse la** ~ se faire un tourbillon.

Tokio Tokyo.

toldo *m* store *m*; [entoldado] bâche *f*.

Toledo Tolède.

tolerancia *f* tolérance *f*.

tolerante *adj* tolérant(e).

tolerar *vt* tolérer.

toma *f* -1. [gen] prise *f*. -2. CIN prise *f* de vues. ◆ **toma de posesión** *f* [de cargo] prise *f* de possession; [de gobierno, presidente] investiture *f*.

tomadura *f* : **es una** ~ **de pelo** *fam* on se fout de nous.

tomar ◇ *vt* prendre; **¿qué quieres** ~? qu'est-ce que tu prends?; ~ **por imbécil** prendre pour un imbécile; **me tomó por mi hermano** il m'a pris pour mon frère; ~ **cariño a alguien** prendre qqn en affection; ~ **prestado** emprunter; **¡toma!** [al dar algo] tiens!; [expresa sorpresa] ah, bon!; ~**la** o ~**las con alguien** *fam* prendre qqn en grippe. ◇ *vi* [encaminarse] : ~ **a la derecha/izquierda** prendre à droite/ à gauche. ◆ **tomarse** *vp* prendre; ~**se una cerveza** prendre une bière.

tomate *m* -1. [fruto] tomate *f*. -2. [en calcetín] trou *m*. -3. *fam* [jaleo] pagaille *f*.

tómbola *f* tombola *f*.

tomillo *m* thym *m*.

tomo *m* [volumen] tome *m*.

ton ◆ **sin ton ni son** *loc adv* sans rime ni raison.

tonada *f* MÚS air *m*.

tonalidad *f* -1. MÚS tonalité *f*. -2. [de color] teinte *f*.

tonel *m* [recipiente] tonneau *m*.

tonelada *f* tonne *f*.

tonelaje *m* [de buque] tonnage *m*.

tónico, ca *adj* tonique. ◆ **tónico** *m* -1. [reconstituyente] fortifiant *m*. -2. [cosmético] lotion *f* tonique. ◆ **tónica** *f* -1. [tendencia] ton *m*; **marcar la tónica** donner le ton. -2. MÚS tonique *f*. -3. [bebida] ≃ Schweppes® *m*.

tonificador, ra, tonificante *adj* tonifiant(e).

tonificar *vt* tonifier.

tono *m* -1. [gen & MÚS] ton *m*. -2. MED tonus *m*. -3. *loc* : **darse** ~ *fam* rouler des mécaniques; **fuera de** ~ hors de propos.

tonsura *f* tonsure *f*.

tontear *vi* -1. [hacer el tonto] faire l'idiot(e). -2. [coquetear] : ~ **(con alguien)** flirter (avec qqn).

tontería *f* -1. [estupidez] bêtise *f*; **decir cuatro** ~s dire trois mots; **hacer una** ~ faire une bêtise. -2. [cosa sin valor] bricole *f*.

tonto, ta ◇ *adj* bête, idiot(e). ◇ *m, f* imbécile *mf*; **hacer el** ~ faire l'idiot; **hacerse el** ~ faire l'innocent; **ser un** ~ être bête. ◆ **a tontas y a locas** *loc adv* à tort et à travers.

tontorrón, ona *adj & m, f* bêta(asse).

top (*pl* **tops**) *m* [prenda de vestir] haut *m*.

topacio *m* topaze *f*.

topadora *f* *Amer* bulldozer *m*.

topar *vi* [encontrarse] : ~ **con** tomber sur.

tope ◇ *adj inv* [límite] maximal(e); **la fecha** ~ la date butoir. ◇ *adv* *mfam* [muy] super. ◇ *m* -1. [pieza] butoir *m*. -2. [punto máximo] limite *f*. -3. [obstáculo] frein *m*; **poner** ~ **a algo** mettre un frein à qqch. ◆ **a tope** *loc adv* -1. [de velocidad, intensidad] à fond. -2. *fam* [lleno – lugar] plein(e) à craquer.

topetazo *m* [colisión] choc *m* .

tópico, ca *adj* -1. [manido] banal(e). -2. MED topique, à usage local. ◆ **tópico** *m* cliché *m* (*lieu commun*).

topo *m* lit & *fig* taupe *f*.

topografía *f* topographie *f*.

topógrafo, fa *m, f* topographe *mf*.

topónimo *m* toponyme *m*.

toque *m* -1. [gen] coup *m*; ~ **de diana** coup de clairon; ~ **de difuntos** glas *m*; ~ **de queda** couvre-feu *m* inv. -2. [matiz] touche *f*; **dar los últimos** ~s **a algo** mettre la dernière main à qqch. -3. [aviso] mise *f* en garde; **dar un** ~ **a alguien** *fam* [llamar] appeler qqn; [por teléfono] passer un coup de fil à qqn; [amonestar] mettre qqn en garde.

toquetear *vt* *fam* [manosear] tripoter.

toquilla *f* châle *m*.

torácico, ca *adj* thoracique.

tórax *m* thorax *m*.

torbellino *m* tourbillon *m*.

torcedura *f* -1. [torsión] torsion *f*. -2. MED entorse *f*.

torcer ◇ vt **-1.** [doblar] tordre. **-2.** [girar] : ~ **la esquina** tourner au coin de la rue. ◇ vi [girar] tourner. ◆ **torcerse** vp **-1.** [dislocarse] se tordre; **me torcí el dedo** je me suis tordu le doigt; **me tuerzo al escribir** je n'écris pas droit. **-2.** [ir mal] mal tourner.

torcido, da adj [doblado] tordu(e); [mal colocado] de travers.

tordo, da ◇ adj pommelé(e). ◇ m, f cheval m pommelé, jument f pommelée. ◆ **tordo** m [ave] grive f.

torear ◇ vt **-1.** [lidiar] combattre. **-2.** fig [eludir - persona] éviter; [- peligro] esquiver. **-3.** fig [burlarse de] : ~ **a alguien** taquiner qqn. ◇ vi [lidiar] toréer.

toreo m [arte] tauromachie f.

torero, ra m, f [persona] torero m; **saltarse algo a la torera** fig faire fi de qqch. ◆ **torera** f [prenda] boléro m.

tormenta f orage m; **acabar en** ~ fig mal tourner.

tormento m **-1.** [congoja] tourment m. **-2.** [castigo] torture f.

tormentoso, sa adj orageux(euse).

tornado m tornade f.

tornar culto. ◇ vt [convertir] transformer. ◇ vi [regresar] : ~ **a** retourner à. ◆ **tornarse** vp [convertirse] devenir.

torneado, da adj **-1.** [cerámica] fait(e) au tour. **-2.** [forma] bien fait(e); **tener las piernas torneadas** avoir les jambes galbées. ◆ **torneado** m [de cerámica] tournage m.

torneo m tournoi m.

tornillo m vis f; **le falta un** ~ fam fig il lui manque une case.

torniquete m **-1.** MED garrot m. **-2.** [en entrada] tourniquet m.

torno m **-1.** [de alfarero] tour m. **-2.** [de carpintero] toupie f. **-3.** [de dentista] roulette f. **-4.** [para pesos] treuil m. ◆ **en torno a** loc prep **-1.** [alrededor de] autour de. **-2.** [aproximadamente] environ.

toro m taureau m. ◆ **toros** mpl [lidia] corrida f.

toronja f pamplemousse m.

torpe adj **-1.** [gen] maladroit(e). **-2.** [poco hábil] : **ser** ~ **para algo** ne pas être très doué pour qqch. **-3.** [necio] lent(e).

torpedear vt torpiller.

torpedero m torpilleur m.

torpedo m torpille f.

torpeza f **-1.** [gen] maladresse f. **-2.** [necedad] lenteur f.

torre f **-1.** [gen] tour f; [de iglesia] clocher m; ~ **de control** tour de contrôle. **-2.** [chalé] maison f de campagne.

torrefacto, ta adj torréfié(e).

torrencial adj torrentiel(elle).

torrente m torrent m; fig [de gente, palabras] flot m.

torreta f **-1.** MIL tourelle f. **-2.** ELECTR pylône m.

torrezno m lardon m.

tórrido, da adj torride.

torrija f CULIN pain m perdu.

torsión f torsion f.

torso m culto torse m.

torta f **-1.** CULIN galette f. **-2.** fam [bofetada] baffe f; **dar** ○ **pegar una** ~ **a alguien** donner une baffe à qqn. ◆ **ni torta** loc adv fam que dalle; **no veo ni** ~ j'y vois que dalle.

tortazo m fam **-1.** [bofetada] baffe f. **-2.** [golpe] : **darse** ○ **pegarse un** ~ se casser la figure.

tortícolis f inv torticolis m.

tortilla f omelette f; ~ **a la española** ○ **de patatas** omelette espagnole; ~ **a la francesa** omelette nature.

tórtola f tourterelle f.

tortolito, ta m, f **-1.** [inexperto] novice mf. **-2.** (gen pl) fam [enamorado] tourtereau m.

tortuga f tortue f.

tortuoso, sa adj tortueux(euse).

tortura f torture f.

torturar vt torturer. ◆ **torturarse** vp se tourmenter.

tos f toux f; ~ **ferina** = tosferina.

tosco, ca adj **-1.** [basto] grossier(ère). **-2.** fig [inculto] rustre.

toser vi tousser.

tosferina f coqueluche f.

tostada f → tostado.

tostado, da adj grillé(e); [color] foncé(e); [tez] hâlé(e). ◆ **tostada** f toast m.

tostador m , **tostadora** f grille-pain m.

tostar vt **-1.** [dorar, calentar] faire griller. **-2.** [broncear] brunir. ◆ **tostarse** vp se faire bronzer.

tostón m **-1.** CULIN [picatoste] croûton m frit. **-2.** fam fig [aburrimiento, rollo] plaie f.

total ◇ adj total(e). ◇ m **-1.** [suma] total m; **en** ~ au total. **-2.** [totalidad, conjunto] totalité f; **el** ~ **del grupo** la totalité du groupe. ◇ adv fam [en conclusión] bref; [de todas formas] de toute manière; ~ **que me fui** bref, je suis parti; ~ **no podemos ha-**

cer nada de toute manière, on ne peut rien y faire.

totalidad f totalité f.

totalitario, ria adj totalitaire.

totalizar vt faire le total de, totaliser.

tótem (pl **tótems** o **tótemes**) m totem m.

tóxico, ca adj toxique. ◆ **tóxico** m toxique m.

toxicómano, na adj & m, f toxicomane.

toxina f toxine f.

tozudo, da adj & m, f têtu(e).

traba f fig [estorbo] obstacle m; **poner ~s a alguien** mettre des bâtons dans les roues à qqn.

trabajador, ra ◇ adj travailleur(euse). ◇ m, f travailleur m, -euse f; **~ eventual/temporal** travailleur occasionnel/temporaire.

trabajar ◇ vi -1. [gen] travailler; **trabaja de** o **como camarero** il est garçon de café. -2. CIN & TEATR jouer. ◇ vt travailler.

trabajo m -1. [gen] travail m; [empleo] emploi m; **hacer un buen ~** faire du bon travail; **~s manuales** travaux manuels. -2. fig [esfuerzo] efforts mpl; **costar mucho ~** demander beaucoup d'efforts.

trabajoso, sa adj -1. [difícil] laborieux(euse). -2. [molesto] pénible.

trabalenguas m inv mot ou phrase difficile à prononcer.

trabar vt -1. [sujetar] attacher; [unir] assembler. -2. [iniciar – lucha, conversación] engager; **~ amistad con** se lier d'amitié avec. -3. [obstaculizar] entraver. -4. CULIN [salsa] lier. ◆ **trabarse** vp -1. [enredarse] s'emmêler. -2. loc : **se le trabó la lengua** sa langue a fourché.

trabazón f fig [conexión, enlace] enchaînement m.

traca f chapelet m de pétards.

tracción f traction f; **~ delantera** traction avant.

tractor, ra adj moteur(trice). ◆ **tractor** m tracteur m.

tradición f tradition f.

tradicional adj traditionnel(elle); [persona] traditionaliste.

tradicionalismo m traditionalisme m.

traducción f traduction f; **~ automática** traduction automatique.

traducir vt traduire; **~ (de/a)** traduire (de/en). ◆ **traducirse** vp [a otro idioma] : **~se (por)** se traduire (par).

traductor, ra m, f traducteur m, -trice f.

traer vt -1. [trasladar – cosa] apporter; [– persona] amener; [de un sitio – cosa] rapporter; [– persona] ramener. -2. [provocar] causer. -3. [incluir] : **el periódico trae un artículo interesante** il y a un article intéressant dans le journal. -4. [llevar puesto] porter. -5. loc : **~ algo entre manos** manigancer qqch; **~ de cabeza a alguien** mener la vie impossible à qqn. ◆ **traerse** vp : **traérselas** fam fig ne pas être piqué(e) des vers.

traficar vi : **~ (con** o **en algo)** faire du trafic (de qqch).

tráfico m -1. [circulación] circulation f. -2. [comercio ilegal] trafic m.

tragaluz m lucarne f.

traganíqueles f inv Amer fam → **máquina**.

tragaperras f inv machine f à sous.

tragar vt -1. [ingerir, creer] avaler. -2. [absorber] engloutir. -3. fam fig [soportar – cosa] se taper; [– persona] : **no (poder) ~ a alguien** ne pas pouvoir voir qqn. -4. fam [consumir mucho – coche] pomper; [– persona] avaler. ◆ **tragarse** vp -1. [ingerir, creer] avaler. -2. [absorber] engloutir. -3. fam fig [soportarse] : **no se tragan** ils ne peuvent pas se voir. -4. [orgullo, lágrimas] ravaler.

tragedia f tragédie f.

trágico, ca ◇ adj tragique. ◇ m, f [autor] tragique m; [actor] tragédien m, -enne f.

trago m -1. [de líquido] gorgée f; **de un ~** d'un trait. -2. fam [copa] verre m . -3. fam fig [disgusto] : **pasar un mal ~** passer un mauvais quart d'heure.

tragón, ona adj & m, f fam goinfre.

traición f trahison f.

traicionar vt trahir.

traicionero, ra adj & m, f traître(esse).

traidor, ra adj & m, f traître(esse).

tráiler (pl **trailers**) m -1. CIN bande-annonce f. -2. AUTOM semi-remorque m.

traje m -1. [vestido] robe f. -2. [prenda] costume m, habit m; **~ de baño** maillot m de bain; **~ (de chaqueta)** [de mujer] tailleur m; [de hombre] costume m; **~ de luces** TAUROM habit de lumière.

trajeado, da adj -1. [vestido] habillé(e). -2. fam [arreglado] sapé(e).

trajín m fam fig [ajetreo] remue-ménage m.

trajinar vi fam fig s'activer.

trama f -1. [de hilos, obra literaria] trame f. -2. fig [confabulación] machination f.

tramar vt tramer.

tramitar *vt* : ~ **algo** [pasaporte, permiso, solicitud] **faire des démarches pour obtenir qqch.**

trámite *m* [diligencia] **démarche** *f*; [papeleo] **formalité** *f*; **de** ~ **de routine.**

tramo *m* [de carretera] **tronçon** *m*; [de pared] **pan** *m*; [de escalera] **volée** *f*.

tramoya *f* TEATR **machinerie** *f*.

trampa *f* -1. [gen] **piège** *m*; **hacer** ~**s tricher.** -2. [en suelo] **trappe** *f*. -3. *fig* [deuda] **dette** *f*.

trampear *vi fam* -1. [estafar] **magouiller.** -2. [ir tirando] **vivoter.**

trampilla *f* **trappe** *f*.

trampolín *m* **tremplin** *m*; [de piscina] **plongeoir** *m*.

tramposo, sa *adj & m, f* -1. [en el juego] **tricheur(euse).** -2. [moroso] **mauvais payeur(mauvaise payeuse).**

tranca *f* -1. [de puerta, ventana] **barre** *f* de fer. -2. [palo] **trique** *f*. -3. *fam* [borrachera] **cuite** *f*. -4. *loc* : **a** ~**s y a barrancas** tant bien que mal.

trance *m* -1. [apuro] **mauvais pas** *m*; **pasar (por) un mal** ~ **passer un mauvais moment.** -2. [estado hipnótico] **transe** *f*.

tranquilidad *f* **tranquillité** *f*, **calme** *m*.

tranquilizante ◇ *adj* -1. [relajante] **apaisant(e).** -2. FARMACIA **tranquillisant(e).** ◇ *m* FARMACIA **tranquillisant** *m*.

tranquilizar *vt* -1. [calmar] **tranquilliser, calmer.** -2. [dar confianza] **rassurer.** ◆ **tranquilizarse** *vp* -1. [calmarse] **se tranquilliser.** -2. [tomar confianza] **se rassurer.**

tranquillo *m fam* **coger el** ~ **a algo attraper le coup.**

tranquilo, la *adj* -1. [gen] **tranquille;** [mar, viento, negocio] **calme;** **(tú)** ~ *fam* **(ne) t'inquiète pas.** -2. [despreocupado] **insouciant(e).**

transacción *f* **transaction** *f*.

transar *vi Amer* **aboutir à un compromis.**

transatlántico, ca *adj* **transatlantique.** ◆ **transatlántico** *m* NÁUT **transatlantique** *m*.

transbordador *m* -1. NÁUT **ferry** *m*. -2. AERON : ~ **(espacial) navette** *f* **spatiale.**

transbordar ◇ *vt* **transborder.** ◇ *vi* **changer** *(de train etc)*.

transbordo *m* : **hacer** ~ **changer** *(de train etc)*.

transcendencia *f fig* **importance** *f*; **tener una gran** ~ **être d'une grande importance.**

transcendental *adj* -1. [importante] **très important(e).** -2. [meditación] **transcendantal(e).**

transcendente *adj* **très important(e).**

transcender *vi* -1. [extenderse] **se propager.** -2. [oler] : ~ **a exhaler une odeur de.**

transcribir *vt* **transcrire.**

transcurrir *vi* -1. [tiempo] **s'écouler.** -2. [ocurrir] **se passer.**

transcurso *m* : **en el** ~ **de** [cena, reunión] **au cours de;** [día, año] **dans le courant de.**

transeúnte *mf* -1. [paseante] **passant** *m*, -e *f*. -2. [transitorio] **personne** *f* **de passage.**

transexual *adj & mf* **transsexuel(elle).**

transferencia *f* -1. BANCA **virement** *m*. -2. [cesión] **transfert** *m*.

transferir *vt* -1. BANCA **virer.** -2. [ceder] **transférer.**

transfigurar *vt* **transfigurer.**

transformación *f* **transformation** *f*.

transformador, ra *adj* **transformateur(trice);** [industria, sistema] **de transformation.** ◆ **transformador** *m* ELECTR **transformateur** *m*.

transformar *vt* : ~ **algo/alguien en transformer qqch/qqn en.** ◆ **transformarse** *vp* -1. [cambiar] **se transformer.** -2. [mejorar] **être transformé(e).**

tránsfuga *mf* **transfuge** *mf*.

transfusión *f* **transfusion** *f*.

transgredir *vt* **transgresser.**

transgresor, ra *m, f* **contrevenant** *m*, -e *f*.

transición *f* -1. [gen] **transition** *f*. -2. POLÍT *nom donné à la période de l'histoire espagnole qui a suivi le franquisme.*

transido, da *adj* [de frío] **transi(e);** [de dolor, pena] **accablé(e).**

transigente *adj* **tolérant(e).**

transigir *vi* : ~ **(con) transiger (sur).**

transistor *m* **transistor** *m*.

transitar *vi* **passer;** [coche] **circuler.**

tránsito *m* -1. [circulación] **circulation** *f*, **passage** *m*. -2. [transporte] **transit** *m*.

transitorio, ria *adj* **transitoire.**

translúcido, da *adj* **translucide.**

transmisible *adj* **transmissible.**

transmisión *f* **transmission** *f*.

transmisor, ra *adj* **de transmission.** ◆ **transmisor** *m* RADIO **émetteur** *m*.

transmitir *vt* **transmettre.** ◆ **transmitirse** *vp* **se transmettre.**

transoceánico, ca *adj* **transocéanique.**

transparencia *f* **-1.** [claridad] transparence *f.* **-2.** [para una exposición] transparent *m.*

transparentarse *vp* **-1.** [gen] être transparent(e). **-2.** *fig* [manifestarse] transparaître.

transparente *adj* **-1.** [gen] transparent(e). **-2.** *fig* [manifiesto, evidente] clair(e).

transpiración *f* transpiration *f.*

transpirar *vi* transpirer.

transplantar *vt* transplanter.

transplante *m* greffe *f.*

transponer *vt* [cambiar] déplacer. ◆ **transponerse** *vp* [adormecerse] s'assoupir.

transportador, ra *adj* [cinta] roulant(e). ◆ **transportador** *m* **-1.** [para transportar] transporteur *m.* **-2.** [para medir ángulos] rapporteur *m.*

transportar *vt* transporter. ◆ **transportarse** *vp* [embelesarse] : ~**se (con)** être transporté(e) (de).

transporte *m* transport *m*; ~ **público** o **colectivo** transports en commun.

transportista *mf* transporteur *m.*

transvase *m* **-1.** [de líquido] transvasement *m.* **-2.** [de río] dérivation *f.*

transversal ◇ *adj* transversal(e). ◇ *f* GEOM transversale *f.*

tranvía *m* tramway *m.*

trapecio *m* trapèze *m.*

trapecista *mf* trapéziste *mf.*

trapero, ra *m, f* chiffonnier *m*, -ère *f.*

trapío *m* **-1.** TAUROM fougue *f.* **-2.** *culto* [garbo] allure *f.*

trapisonda *f fam* [enredo] embrouille *f.*

trapo *m* **-1.** [gen] chiffon *m*; ~ **(de cocina)** torchon *m.* **-2.** TAUROM muleta *f.* **-3.** *loc* : **poner a alguien como un** ~ traiter qqn de tous les noms. ◆ **trapos** *mpl fam* [ropa] : **hablar de** ~**s** parler chiffons.

tráquea *f* trachée *f.*

traqueteo *m* [de tren] secousses *fpl.*

tras *prep* **-1.** [después de] après. **-2.** [detrás de, en pos de] derrière; **andar** ~ **algo** être à la recherche de qqch.

trasatlántico = transatlántico.

trasbordador = transbordador.

trasbordar = transbordar.

trasbordo = transbordo.

trascendencia = transcendencia.

trascendental = transcendental.

trascendente = transcendente.

trascender = transcender.

trascribir = transcribir.

trascurrir = transcurrir.

trascurso = transcurso.

trasegar *vt* **-1.** [desordenar] déranger. **-2.** [transvasar] transvaser.

trasero, ra *adj* de derrière; [asiento, rueda etc] arrière. ◆ **trasero** *m fam* derrière *m.*

trasferencia = transferencia.

trasferir = transferir.

trasfigurar = transfigurar.

trasfondo *m* [de palabras, obra] sens *m* profond.

trasformación = transformación.

trasformador = transformador.

trasformar = transformar.

trásfuga = tránsfuga.

trasfusión = transfusión.

trasgredir = transgredir.

trasgresor = transgresor.

trashumante *adj* transhumant(e).

trasiego *m* [movimiento] remue-ménage *m.*

traslación *f* **-1.** ASTRON translation *f.* **-2.** [cambio de lugar] déplacement *m.*

trasladar *vt* **-1.** [desplazar] déplacer; [viajeros, herido etc] transporter. **-2.** [empleado, funcionario] muter; [empresa, local] transférer. **-3.** [reunión, fecha] reporter. ◆ **trasladarse** *vp* **-1.** [desplazarse] se déplacer; [empresa, local] être transféré(e). **-2.** [mudarse] : ~**se (de piso)** déménager.

traslado *m* **-1.** [desplazamiento] déplacement *m*; [de viajeros, herido etc] transport *m.* **-2.** [mudanza] déménagement *m.* **-3.** [de empleado, funcionario] mutation *f.*

traslúcido = translúcido.

trasluz *m* : **al** ~ par transparence.

trasmisión = transmisión.

trasmisor = transmisor.

trasmitir = transmitir.

trasnochar *vi* passer une nuit blanche.

trasoceánico = transoceánico.

traspapelar *vt* égarer *(papier)*. ◆ **traspapelarse** *vp* s'égarer *(papier)*.

trasparencia = transparencia.

trasparentarse = transparentarse.

trasparente = transparente.

traspasar *vt* **-1.** [atravesar] transpercer. **-2.** [cruzar – camino, río] traverser; [– puerta] franchir. **-3.** [negocio] céder; **'se traspasa'** 'bail à céder'. **-4.** DEP [jugador]

transférer. **-5.** *fig* [límite] **dépasser;** [ley, precepto] **transgresser.**

traspaso *m* **-1.** [de negocio] **cession** *f.* **-2.** [precio] **reprise** *f;* [de un comercio] **pas-de-porte** *m inv.* **-3.** DEP [de jugador] **transfert** *m.*

traspié *m* **faux pas** *m;* **dar un ~** *lit & fig* **faire un faux pas.**

traspiración = transpiración.

traspirar = transpirar.

trasplantar = transplantar.

trasplante = transplante.

trasponer = transponer.

trasportador = transportador.

trasportar = transportar.

trasporte = transporte.

trasportista = transportista.

trasquilar *vt* **-1.** [esquilar] **tondre.** **-2.** [el pelo] **mal couper les cheveux de.**

trastabillar *vi Amer* **chanceler.**

trastada *f* [faena] **mauvais coup** *m;* [travesura] **mauvais tour** *m.*

traste *m* MÚS [de guitarra] **touchette** *f;* **irse al ~** *fig* **tomber à l'eau.**

trastero *m* **débarras** *m.*

trastienda *f* **arrière-boutique** *f.*

trasto *m* **-1.** [utensilio inútil] **vieillerie** *f.* **-2.** *fam fig* [persona traviesa] **polisson** *m.* ◆ **trastos** *mpl* **-1.** [pertenencias] **affaires** *fpl;* **tirarse los ~s a la cabeza** *fam* **s'engueuler.** **-2.** [equipo] **matériel** *m;* [– de torero] **accessoires** *mpl.*

trastocar *vt* [desordenar] **déranger** *(papiers etc).* ◆ **trastocarse** *vp* [enloquecer] **perdre la tête.**

trastornado, da *adj* **bouleversé(e); tener la mente trastornada** **être dérangé(e).**

trastornar *vt* **-1.** [volver loco] **faire perdre la tête à.** **-2.** [inquietar] **tourmenter;** [alterar] **bouleverser.** **-3.** [molestar] **déranger.** ◆ **trastornarse** *vp* [volverse loco] **perdre la tête.**

trastorno *m* **-1.** [gen] **trouble** *m.* **-2.** [alteración] **bouleversement** *m.* **-3.** [molestia] **dérangement** *m.*

trastrocar *vt* **-1.** [cambiar de orden] **mélanger.** **-2.** [cambiar de sentido] **déformer.**

trasvase = transvase.

trasversal = transversal.

tratable *adj* **aimable.**

tratado *m* **traité** *m.*

tratamiento *m* **-1.** [gen, MED & INFORM] **traitement** *m;* **~ de textos** INFORM **traitement de texte.** **-2.** [título] **titre** *m.*

tratar ◇ *vt* **-1.** [gen, MED & INFORM] **traiter.** **-2.** [dirigirse a] : **~ a alguien de tú tutoyer** qqn; **~ a alguien de usted vouvoyer** qqn. **-3.** [discutir – convenio, acuerdo] **négocier.** ◇ *vi* **-1.** [versar] : **~ de o sobre traiter de.** **-2.** [tener relación] : **~ con alguien fréquenter** qqn. **-3.** [intentar] : **~ de hacer algo essayer de faire qqch.** **-4.** [utilizar] : **~ con algo manipuler** qqch. ◆ **tratarse** *vp* **-1.** [relacionarse] **se fréquenter;** **~se con alguien fréquenter** qqn. **-2.** [versar] : **¿de qué se trata?** **de quoi s'agit-il?;** **se trata de...** **il s'agit de...**

tratativas *fpl Amer* **formalités** *fpl.*

trato *m* **-1.** [comportamiento, conducta] **traitement** *m;* **de ~ agradable** (d'un commerce) **agréable.** **-2.** [relación] **fréquentation** *f;* **no quiero ~s con ellos je ne veux pas avoir affaire à eux.** **-3.** [acuerdo] : **cerrar o hacer un ~ conclure un marché;** **¡~ hecho!** **marché conclu!** **-4.** [tratamiento] : **dar un ~ a alguien s'adresser à qqn.**

trauma *m* **traumatisme** *m.*

traumatizar *vt* **traumatiser.** ◆ **traumatizarse** *vp* **se tourmenter.**

través ◆ **a través de** *loc prep* **-1.** [de un lado a otro de] **en travers de.** **-2.** [por entre] **à travers, au travers de.** **-3.** [por medio de] **par l'intermédiaire de.** ◆ **de través** *loc adv* **de travers.**

travesaño *m* **-1.** [pieza] **traverse** *f.* **-2.** DEP **barre** *f* **transversale.**

travesía *f* **-1.** [viaje] **traversée** *f.* **-2.** [calle] **passage** *m.*

travestido, da, travestí (*pl* **travestís**) *mf* **travesti** *m.*

travesura *f* **espièglerie** *f.*

traviesa *f* **traverse** *f.*

travieso, sa *adj* **espiègle.**

trayecto *m* **trajet** *m.*

trayectoria *f* **trajectoire** *f.*

traza *f* **-1.** [aspecto] **air** *m.* **-2.** [habilidad] : **darse buenas/malas ~s (para algo) être/ne pas être doué(e) (pour qqch).**

trazado *m* **tracé** *m.*

trazar *vt* **-1.** [dibujar] **tracer.** **-2.** [indicar, describir] **évoquer.** **-3.** [idear] **concevoir.**

trazo *m* **trait** *m.*

trébol *m* **trèfle** *m.* ◆ **tréboles** *mpl* [palo de baraja] **trèfle** *m.*

trece *núm* **treize;** *ver también* **seis.**

treceavo, va *núm* **treizième;** *ver también* **sexto.**

trecho *m* : **un buen** ~ [espacio] un bon bout de chemin; [tiempo] un bon bout de temps.

tregua *f* trêve *f*.

treinta *núm* trente; *ver también* **sesenta**.

tremendo, da *adj* terrible.

tremolar *vi culto* ondoyer *(drapeau)*.

trémulo, la *adj* : **una luz trémula** une lumière vacillante; **una voz trémula** une voix chevrotante.

tren *m* **-1.** FERROC & TECNOL train *m*; ~ **de alta velocidad** train à grande vitesse; ~ **de aterrizaje** train d'atterrissage; ~ **de lavado** portique *m* de lavage automatique; ~ **expreso/semidirecto** train express/semi-direct. **-2.** [estilo] : ~ **(de vida)** train *m* de vie. **-3.** *loc* : **estar como un** ~ *mfam* être canon.

trenza *f* tresse *f*.

trenzar *vt* tresser.

trepa *mf fam* **ser un** ~ avoir les dents qui rayent le parquet.

trepador, ra ◇ *adj* : **una planta trepadora** une plante grimpante. ◇ *m, f fam* **ser un** ~ avoir les dents longues.

trepar *vi* **-1.** [subir] grimper; ~ **a los árboles** grimper aux arbres. **-2.** *fam fig* [medrar] grimper dans l'échelle sociale.

trepidar *vi* trépider.

tres *núm* trois; **ni a la de** ~ *fig* pour rien au monde; *ver también* **seis**. ◆ **tres cuartos** *m inv* [abrigo] trois-quarts *m*. ◆ **tres en raya** *m* marelle *f*.

trescientos, tas *núm* trois cents; *ver también* **seiscientos**.

tresillo *m* **-1.** [sofá] *salon comprenant un canapé et deux fauteuils assortis*. **-2.** MÚS triolet *m*.

treta *f* [engaño] ruse *f*.

trial *m inv* trial *m*.

triangular *adj* triangulaire.

triángulo *m* GEOM & MÚS triangle *m*.

triates *mpl Amer* triplés *mpl*.

tribu *f* **-1.** [de pueblos] tribu *f*. **-2.** *fam fig* [familia numerosa] smala *f*; ~ **urbana** faune *f*.

tribulación *f* tribulation *f*.

tribuna *f* tribune *f*.

tribunal *m* **-1.** [gen] tribunal *m*; [de orden superior] cour *f*; **llevar a alguien a los** ~**es** traîner qqn devant les tribunaux. **-2.** [de examen] jury *m*.

tributar *vt* [respeto, admiración] témoigner; ~ **un homenaje** rendre hommage.

tributo *m* **-1.** [impuesto] contribution *f*. **-2.** *fig* [contrapartida] tribut *m*. **-3.** [sentimiento favorable] : **dedicar un** ~ **de admiración etc a alguien** témoigner de l'admiration etc à qqn.

triciclo *m* tricycle *m*.

tricornio *m* tricorne *m*.

tricot *m inv* tricot *m*.

tricotar *vt & vi* tricoter.

tricotosa *f* machine *f* à tricoter.

tridimensional *adj* tridimensionnel(elle).

trifulca *f fam* bagarre *f*.

trigésimo, ma *núm* trentième; *ver también* **sexto**.

trigo *m* blé *m*.

trigonometría *f* trigonométrie *f*.

trillado, da *adj fig* rebattu(e).

trillar *vt* AGR battre.

trillizo, za *m, f* triplés *mpl*, -ées *fpl*.

trilogía *f* trilogie *f*.

trimestral *adj* trimestriel(elle).

trimestre *m* trimestre *m*.

trinar *vi* faire des trilles; **está que trina** *fig* il est fou furieux.

trincar ◇ *vt fam* [detener] pincer. ◇ *vi fam* [beber] picoler.

trincha *f* patte *f (de vêtement)*.

trinchante *m* [cuchillo] couteau *m* à découper; [tenedor] fourchette *f* à découper.

trinchar *vt* découper.

trinchera *f* tranchée *f*.

trineo *m* [pequeño] luge *f*; [grande] traîneau *m*.

Trinidad *f* RELIG : **la (Santísima)** ~ la (Sainte) Trinité.

Trinidad y Tobago Trinité-et-Tobago.

trío *m* **-1.** [gen & MÚS] trio *m*. **-2.** [de naipes] brelan *m*.

tripa *f* **-1.** [intestino] tripes *fpl*. **-2.** *fam* [barriga] ventre *m*. ◆ **tripas** *fpl fig* [de máquina, objeto] intérieur *m*.

triple *adj & m* triple; **el** ~ **de gente** trois fois plus de gens.

triplicado *m* triplicata *m*; **por** ~ en triple exemplaire.

triplicar *vt* tripler. ◆ **triplicarse** *vp* tripler.

trípode *m* trépied *m*.

tríptico *m* **-1.** ARTE triptyque *m*. **-2.** [folleto] dépliant *m*.

tripulación *f* équipage *m*.

tripulante *mf* membre *m* de l'équipage.

tripular *vt* [conducir] piloter.

tris *m inv* : **estar en un ~ de** *fig* être à deux doigts de.

triste *adj* **-1.** [gen] triste. **-2.** *(antes de sust)* [humilde – persona] **pauvre;** [– sueldo] maigre. **-3.** [menor] : **ni un ~ regalo** même pas un malheureux cadeau.

tristeza *f* tristesse *f*.

triturador *m* [de basura] broyeur *m*; [de papeles] déchiqueteuse *f* (de bureau).

triturar *vt* broyer.

triunfador, ra ◇ *adj* victorieux(euse). ◇ *m, f* **-1.** [en competición] vainqueur *m*. **-2.** [en la vida] gagneur *m*, -euse *f*.

triunfal *adj* triomphal(e).

triunfar *vi* **-1.** [vencer] : **~ (sobre)** triompher (de). **-2.** [tener éxito] réussir.

triunfo *m* **-1.** [gen] triomphe *m*; [en encuentro, elecciones] victoire *f*; [en la vida] réussite *f*. **-2.** [en juegos de naipes] atout *m*.

trivial *adj* banal(e).

trivialidad *f* banalité *f*.

trivializar *vt* banaliser.

triza *f (gen pl)* morceau *m*; **hacer ~s** [cosa] casser en mille morceaux; [persona] mettre dans tous ses états.

trocar *vt* **-1.** [intercambiar] échanger. **-2.** [transformar] : **~ algo en algo** transformer qqch en qqch.

trocear *vt* couper en morceaux.

troche ◆ **a troche y moche** *loc adv* [sin orden] à tort et à travers; [en abundancia] généreusement.

trofeo *m* trophée *m*.

troglodita *mf* **-1.** [cavernícola] troglodyte *mf*. **-2.** *fam* [bárbaro, tosco] ours *m* mal léché.

trola *f fam* **meter ~s** raconter des salades.

trolebús *m* trolleybus *m*.

trolero, ra *m, f fam* menteur *m*, -euse *f*.

tromba *f* trombe *f*; **~ de agua** trombe d'eau.

trombón *m* trombone *m*.

trombosis *f* thrombose *f*.

trompa *f* **-1.** [gen, MÚS & ANAT] trompe *f*. **-2.** *fam* [borrachera] cuite *f*; **coger** o **pillar una ~** prendre une cuite.

trompazo *m* coup *m*.

trompear *Amer fam vt* cogner. ◆ **trompearse** *vp Amer fam* se bagarrer.

trompeta *f* trompette *f*.

trompetista *mf* trompettiste *mf*.

trompicón *m* [tropezón] faux pas *m*; **a trompicones** *fig* par à-coups.

trompo *m* toupie *f*.

tronado, da *adj fam* [persona] cinglé(e); [radio, télé] pété(e). ◆ **tronada** *f* coups *mpl* de tonnerre.

tronar ◇ *v impers* tonner. ◇ *vi* [resonar] tonner; [gritos] résonner. ◆ **tronarse** *vp Amer fam* flinguer.

tronchar *vt* casser; *fig* briser. ◆ **troncharse** *vp fam* **~se (de risa)** être plié(e) en quatre.

tronco, ca *m, f fam* pote *m*.

tronco *m* tronc *m*; **dormir como un ~, estar hecho un ~** dormir comme une souche.

tronera ◇ *f* **-1.** ARQUIT embrasure *f*. **-2.** [en billar] blouse *f*. ◇ *mf fam* noceur *m*, -euse *f*.

trono *m* trône *m*.

tropa *f* **-1.** MIL troupe *f*. **-2.** *fig* [multitud] armée *f*.

tropel *m* **-1.** [de personas] cohue *f*. **-2.** [de cosas] tas *m*.

tropero *m Amer* gardien *m* de vaches.

tropezar *vi* [al caminar] trébucher. ◆ **tropezarse** *vp fam* [encontrarse] se retrouver; **~se con alguien** tomber sur qqn.

tropezón *m* faux pas *m*. ◆ **tropezones** *mpl* CULIN morceaux de viande, pain, fromage etc mélangés à la soupe.

tropical *adj* tropical(e).

trópico *m* tropique *m*; **~ de Cáncer/de Capricornio** tropique du Cancer/du Capricorne.

tropiezo *m* **-1.** [tropezón, falta] faux pas *m*. **-2.** *fig* [impedimento] difficulté *f*, embûche *f*.

troquel *m* **-1.** [molde] coin *m*, étampe *f*. **-2.** [cuchilla] massicot *m*.

trotamundos *mf inv* globe-trotter *mf*.

trotar *vi* **-1.** [caballo] trotter. **-2.** *fam fig* [andar mucho] cavaler.

trote *m* **-1.** [de caballo] trot *m*. **-2.** *fam* [actividad intensa] : **ya no estoy para (esos) ~s** j'ai passé l'âge.

troupe *f* TEATR troupe *f*.

trovador *m* troubadour *m*.

trozo *m* bout *m*; **cortar algo en ~s** couper qqch en morceaux.

trucar *vt* truquer; [motor, mecanismo] trafiquer.

trucha *f* [pez] truite *f*.

truco *m* truc *m*; **coger el** ~ prendre le coup.

truculento, ta *adj* terrifiant(e).

trueno *m* METEOR tonnerre *m*; [estampido] coup *m* de tonnerre.

trueque *m* troc *m*.

trufa *f* truffe *f*.

truhán, ana *mf* truand *m*, -e *f*.

truncar *vt* **-1.** *fig* [carrera, ilusiones] briser; [planes] faire échouer. **-2.** [frase, texto etc] tronquer.

trusa *f* *Amer* maillot *m* de bain.

tu (*pl* **tus**) *adj poses* ton, ta; ~**s libros** tes livres.

tú *pron pers* [sujeto] tu; [predicado] toi; ~ **te llamas Juan** tu t'appelles Juan; **el culpable eres** ~ c'est toi le coupable; **de** ~ **a** ~ d'égal à égal; **hablar** O **tratar de** ~ **a alguien** tutoyer qqn.

tubérculo *m* tubercule *m*.

tuberculosis *f* tuberculose *f*.

tubería *f* **-1.** [cañerías] tuyauterie *f*. **-2.** [tubo] conduite *f*.

tubo *m* **-1.** [tubería] tuyau *m*; ~ **de escape** AUTOM pot *m* d'échappement. **-2.** [recipiente] tube *m*; ~ **de ensayo** tube à essai; ~ **digestivo** tube digestif.

tuerca *f* écrou *m*.

tuerto, ta *adj & m, f* borgne.

tuétano *m* **-1.** ANAT moelle *f*. **-2.** *fig* [meollo] : **hasta los** ~**s** jusqu'au fond de l'âme.

tufillo *m* mauvaise odeur *f*.

tufo *m* **-1.** [mal olor] puanteur *f*. **-2.** [emanación] relent *m*.

tugurio *m* boui-boui *m*; [vivienda] taudis *m*.

tul *m* tulle *m*.

tulipa *f* tulipe *f (lampe)*.

tulipán *m* tulipe *f (fleur)*.

tullido, da *adj & m, f* [viejo] impotent(e); [minusválido] infirme.

tumba *f* tombe *f*; **ser una** ~ *fig* être muet(ette) comme une tombe.

tumbar *vt* **-1.** [derribar] faire tomber. **-2.** *fam fig* [en un examen] coller. **-3.** *fam fig* [perturbar, atontar] faire tomber à la renverse. **◆ tumbarse** *vp* s'allonger.

tumbo *m* cahot *m*; **dando** ~**s** *fig* cahincaha.

tumbona *f* [de colchoneta] transat *m*; [de tela] chaise *f* longue.

tumor *m* tumeur *f*.

tumulto *m* **-1.** [disturbio] tumulte *m*. **-2.** [alboroto] cohue *f*.

tumultuoso, sa *adj* **-1.** [conflictivo] tumultueux(euse). **-2.** [turbulento] houleux(euse).

tuna *f* → **tuno**.

tunante, ta *m, f* canaille *f*.

tunda *f* *fam* raclée *f*; *fig* galère *f*.

tunecino, na ◇ *adj* tunisien(enne). ◇ *m, f* Tunisien *m*, -enne *f*.

túnel *m* tunnel *m*. **◆ túnel de lavado** *m* AUTOM station *f* de lavage automatique.

Túnez **-1.** [capital] Tunis. **-2.** [país] Tunisie *f*.

túnica *f* tunique *f*.

tuno, na *m, f* filou *m*. **◆ tuna** *f* orchestre *m* d'étudiants.

tuntún ◆ al (buen) tuntún *loc adv* au petit bonheur.

tupé *m* toupet *m*; [de roquero] banane *f*.

tupido, da *adj* [bosque, follaje] touffu(e).

turba *f* **-1.** [carbón] tourbe *f*. **-2.** *despec* [muchedumbre] peuple *m*.

turbación *f* **-1.** [desconcierto] trouble *m*. **-2.** [azoramiento] embarras *m*.

turbante *m* turban *m*.

turbar *vt* troubler. **◆ turbarse** *vp* se troubler.

turbina *f* turbine *f*.

turbio, bia *adj* **-1.** [gen] trouble. **-2.** *fig* [negocio etc] louche.

turbulencia *f* **-1.** [gen] turbulence *f*. **-2.** [alboroto] tumulte *m*.

turbulento, ta *adj* **-1.** [gen] turbulent(e). **-2.** [confuso] agité(e).

turco, ca ◇ *adj* turc(turque). ◇ *m, f* Turc *m*, Turque *f*. **◆ turco** *m* [lengua] turc *m*.

turismo *m* tourisme *m*; AUTOM voiture *f* de tourisme.

turista *mf* touriste *mf*.

turístico, ca *adj* touristique.

turnarse *vp* se relayer.

turno *m* **-1.** [tanda] tour *m*. **-2.** [de trabajo] équipe *f*.

turquesa ◇ *f* [mineral] turquoise *f*. ◇ *adj inv* [color] turquoise. ◇ *m* [color] turquoise *m*.

Turquía Turquie *f*.

turrón *m* *sucrerie de Noël semblable au nougat*.

tururú *interj* *fam* ¡~! taratata!

tute *m* **-1.** [juego de naipes] *jeu semblable au whist*. **-2.** *fam fig* [trabajo] boulot *m*; **darse un** ~ donner un coup de collier.

tutear *vt* tutoyer. ◆ **tutearse** *vp* se tutoyer.

tutela *f* tutelle *f*; **tener la ~ de** avoir sous
sa tutelle.

tutelar ◇ *adj* tutélaire. ◇ *vt* [persona]
prendre sous sa tutelle; [obra etc] encourager.

tutor, ra *m, f* **-1.** [gen & DER] tuteur *m*,
-trice *f*. **-2.** [profesor – privado] précepteur
m, -trice *f*; [– de un curso] professeur *m*
principal.

tutoría *f* tutelle *f*.

tutti frutti, tuttifrutti *m* tutti frutti *m*.

tutú (*pl* tutús) *m* tutu *m*.

tuviera *etc* → tener.

TV (*abrev de* televisión) *f* TV *f*.

TV3 (*abrev de* Televisión de Cataluña, SA)
f chaîne régionale de télévision catalane.

TVE (*abrev de* Televisión Española) *f* chaîne
de télévision publique espagnole.

TVG (*abrev de* Televisión de Galicia) *f*
chaîne régionale de télévision de Galice.

TVV (*abrev de* Televisión Valenciana, SA)
f chaîne régionale de télévision de Valence.

tuyo, ya ◇ *adj poses* à toi; **este libro es ~**
ce livre est à toi; **un amigo ~** un de tes
?mis; **no es asunto ~** ça ne te regarde
pas; **no es culpa tuya** ce n'est pas (de) ta
faute◇ *pron poses* **-1.** (*después de art*) : **el ~**
le tien; **la tuya** la tienne. **-2.** *loc* : **ésta es
la tuya** *fam* à toi de jouer; **lo ~ es el teatro** *fam* ton truc c'est le théâtre; **tú a lo ~**
occupe-toi de tes affaires; **los ~** [tu fami-
lia] les tiens.

U

u[1] (*pl* úes), **U** *f* [letra] u *m inv*, U *m inv*.
u[2] *conj* ou; *ver también* o[2].

ubicación *f* emplacement *m*.

ubicar *vt* placer; [edificio etc] situer.
◆ **ubicarse** *vp* se situer.

ubre *f* mamelle *f*; [de vaca] pis *m*.

Ucrania Ukraine *f*.

Ud., Vd. *abrev de* usted.

Uds., Vds. *abrev de* ustedes.

UEFA (*abrev de* Unión de Asociaciones Eu-
ropeas de Fútbol) *f* UEFA *f*.

uf *interj* : ¡~! oh là là!

ufanarse *vp* : ~ **de** se vanter de.

ufano, na *adj* **-1.** [persona] fier(ère). **-2.**
[planta] beau(belle).

Uganda Ouganda *m*.

UGT (*abrev de* Unión General de los Tra-
bajadores) *f* syndicat espagnol proche du
PSOE.

ujier *m* huissier *m*.

újule *interj* Amer : ¡~! c'est malin!

UK (*abrev de* United Kingdom) *m* UK.

úlcera *f* ulcère *m*.

ulcerar *vt* MED ulcérer. ◆ **ulcerarse** *vp*
s'ulcérer.

ulterior *adj* ultérieur(e).

ultimador, ra *m, f* Amer assassin *m*.

ultimar *vt* **-1.** [preparativos etc] mettre la
dernière main à. **-2.** [tratado etc] conclure.
-3. Amer [matar] assassiner.

ultimátum (*pl* ultimátums ◇ ultimatos) *m*
ultimatum *m*.

último, ma ◇ *adj* dernier(ère); **su última
película** son dernier film; **el ~ piso** le
dernier étage. ◇ *m, f* : **el ~** le dernier; **la
última** la dernière; **llegar el ~** arriver dernier. ◆ **última** : **estar en las últimas**
[muriéndose] être à l'article de la mort; [de
dinero, provisiones] ne plus avoir beaucoup de...; **ir a la última** *fam* être à la dernière mode. ◆ **por último** *loc adv* enfin,
finalement.

ultra ◇ *adj* d'extrême droite. ◇ *mf* POLÍT :
es un ~ il est d'extrême droite.

ultraderecha *f* extrême droite *f*.

ultraizquierda *f* extrême gauche *f*.

ultrajar *vt* outrager.

ultraje *m* outrage *m*.

ultramar *m* : **de ~** d'outre-mer.

ultramarino, na *adj* d'outre-mer. ◆ **ul-
tramarinos** *mpl* épicerie *f*.

ultranza ◆ **a ultranza** ◇ *loc adj* con-
vaincu(e). ◇ *loc adv* à outrance.

ultrarrojo = infrarrojo.

ultrasonido *m* ultrason *m*.

ultratumba *f* : **de ~** d'outre-tombe.

ultravioleta *adj inv* ultraviolet(ette).

ulular *vi* [búho] ululer; [viento] hurler.

umbilical *adj* ombilical(e).

umbral *m* seuil *m*; **en el ~ ◇ los ~es de**
au seuil de.

un, una ◇ *art (antes de sust femenino que empiece por 'a' o 'ha' tónica :* un) : ~ **hombre/amor** un homme/amour; **una mujer/mesa** une femme/table; ~ **águila** un aigle; ~ **hacha** une hache. ◇ *adj* → **uno**.

unánime *adj* unanime.

unanimidad *f* unanimité *f*; **por** ~ à l'unanimité.

unción *f* onction *f*.

undécimo, ma *núm* onzième; *ver también* **sexto**.

UNED (*abrev de* **Universidad Nacional de Educación a Distancia**) *f université nationale espagnole d'enseignement à distance.*

Unesco (*abrev de* **United Nations Educational, Scientific and Cultural Organization**) *f* Unesco *f*.

ungüento *m* onguent *m*.

únicamente *adv* uniquement.

Unicef (*abrev de* **United Nations Children's Fund**) *m* Unicef *m*.

único, ca *adj* **-1.** [solo] seul(e); **es lo** ~ **que deseo** c'est la seule chose que je souhaite; **es hijo** ~ il est fils unique. **-2.** [excepcional] unique.

unicornio *m* licorne *f*.

unidad *f* unité *f*; ~ **central** unité centrale; ~ **de disco** lecteur *m* de disquette.

unido, da *adj* uni(e).

unifamiliar *adj* [empresa] familial(e); [vivienda] individuel(elle).

unificar *vt* **-1.** [juntar] unir. **-2.** [equiparar] unifier.

uniformar *vt* **-1.** [igualar] uniformiser. **-2.** [poner un uniforme] pourvoir d'un uniforme.

uniforme *adj & m* uniforme.

uniformidad *f* uniformité *f*.

uniformizar *vt* uniformiser.

unión *f* **-1.** [gen] union *f*. **-2.** [suma, adherimiento] jonction *f*.

unir *vt* **-1.** [gen] unir. **-2.** [juntar] joindre. **-3.** [comunicar - ciudades etc] relier. **-4.** [salsa] lier. ◆ **unirse** *vp* **-1.** [gen] s'unir. **-2.** [carreteras, ríos] se rejoindre. **-3.** [amigo, invitado] : ~**se a** se joindre à.

unisexo, unisex *adj inv* unisexe.

unísono ◆ **al unísono** *loc adv* à l'unisson.

unitario, ria *adj* unitaire.

universal *adj* universel(elle).

universidad *f* université *f*.

universitario, ria ◇ *adj* universitaire. ◇ *m, f* [estudiante] étudiant *m*, -e *f* à l'université; [graduado] diplômé *m*, -e *f* de l'université.

universo *m* univers *m*.

unívoco, ca *adj* univoque.

uno, una ◇ *adj* (*antes de sust masculino sg :* un) **-1.** [indefinido] un, une; **un día volveré** je reviendrai un jour; **había** ~**s coches mal aparcados** il y avait des voitures mal garées; **me voy** ~**s días a Madrid** je vais passer quelques jours à Madrid; **vinieron unas 10 personas** une dizaine de personnes sont venues. **-2.** (*sólo en sg*) [numeral] un, une; [hora] un; **un voto** un homme, une voix. ◇ *pron* **-1.** [indefinido] un, une; **coge** ~ prends-en un; **tienes muchas manzanas, dame unas** tu as beaucoup de pommes, donnem'en quelques-unes; ~**/una de** l'un/l'une de; ~ **de ellos** l'un d'eux; **unas son buenas, otras malas** certaines sont bonnes, d'autres mauvaises. **-2.** *fam* [cierta persona] : **ayer hablé con** ~ **que te conoce** hier j'ai parlé à un type qui te connaît; **lo sé porque me lo han contado** ~**s** je le sais parce que certaines personnes me l'ont raconté. **-3.** [yo] on; **entonces es cuando se da** ~ **cuenta de...** c'est alors qu'on se rend compte de... **-4.** *loc* : **a una** [en armonía] comme un seul homme; [a la vez] en chœur; **de** ~ **en** ~, ~ **por** ~ un par un; ~ **a** ~ un à un; **más de** ~ plus d'un; **una de dos** de deux choses l'une; ~ **a otro** l'un l'autre; ~ **de tantos** un parmi tant d'autres; **como** ~ **más** comme tout le monde; **una que otra vez** de temps à autre; ~**s cuantos** quelques-uns; ~ **tras otro** l'un après l'autre. ◆ **uno** *núm* un *m*; *ver también* **seis.** ◆ **una** *f* : [hora] **la una** une heure.

untar *vt* **-1.** [gen] : ~ **con** [pan, tostadas etc] tartiner de; [cuerpo] enduire de. **-2.** *fam fig* [sobornar] graisser la patte à.

untuoso, sa *adj* **-1.** [graso] gras(grasse). **-2.** [cremoso] onctueux(euse).

uña *f* **-1.** [de persona] ongle *m*; **ser** ~ **y carne** *fig* être comme les deux doigts de la main. **-2.** [de animal] griffe *f*. **-3.** [de caballo] sabot *m*.

UPG (*abrev de* **Unión del Pueblo Gallego**) *f parti nationaliste galicien.*

UPN (*abrev de* **Unión del Pueblo Navarro**) *f parti nationaliste navarrais.*

uralita® *f* Fibrociment®.

uranio *m* uranium *m*.

urbanidad *f* courtoisie *f*.

urbanismo *m* urbanisme *m*.

urbanización *f* -1. [acción] urbanisation *f*. -2. [zona residencial] lotissement *m*.

urbanizar *vt* urbaniser.

urbano, na ◇ *adj* urbain(e). ◇ *m, f* agent *m* de police.

urbe *f* grande ville *f*.

urdir *vt* tramer.

urgencia *f* urgence *f*; **con** ~ d'urgence; **una** ~ **de** un besoin urgent de. ◆ **urgencias** *fpl* urgences *fpl*.

urgente *adj* urgent(e).

urgir *vi* : **urge que** il est urgent que; **me urge hacerlo** il faut que je le fasse rapidement.

urinario, ria *adj* urinaire. ◆ **urinario** *m* toilettes *fpl*.

urna *f* urne *f*; [de museo etc] vitrine *f*.

urólogo, ga *m, f* urologue *mf*.

urraca *f* pie *f*.

urticaria *f* urticaire *f*.

Uruguay : **(el)** ~ (l') Uruguay *m*.

uruguayo, ya ◇ *adj* uruguayen(enne). ◇ *m, f* Uruguayen *m*, -enne *f*.

USA (*abrev de* **United States of America**) *mpl* USA *mpl*.

usado, da *adj* -1. [utilizado] usagé(e); [coche] d'occasion; [palabra] usité(e). -2. [gastado] usé(e).

usar *vt* -1. [gen] utiliser. -2. [prenda, gafas] porter; **en invierno usa medias** en hiver elle porte des collants. ◆ **usarse** *vp* -1. [palabra, expresión etc] s'employer. -2. [prenda] se porter.

uso *m* -1. [gen & LING] usage *m*. -2. [empleo] utilisation *f*. -3. (*gen pl*) [costumbre] : ~s y costumbres les us et coutumes.

usted *pron pers* vous; **me gustaría hablar con** ~ j'aimerais vous parler; **¿cómo están** ~**es?** comment allez-vous?; **de** ~, **de** ~**es** [posesivo] à vous; **hablar** ○ **tratar de** ~ **a alguien** vouvoyer qqn.

usual *adj* habituel(elle).

usuario, ria *m, f* [de transportes, servicios etc] usager *m*; [de máquina, ordenador etc] utilisateur *m*, -trice *f*.

usufructo *m* usufruit *m*.

usufructuario, ria *adj & m, f* usufruitier(ère).

usura *f* usure *f*.

usurero, ra *m, f* usurier *m*, -ère *f*.

usurpar *vt* usurper.

utensilio *m* ustensile *m*.

útero *m* utérus *m*.

útil ◇ *adj* utile. ◇ *m* (*gen pl*) outils *mpl*.

utilidad *f* -1. [cualidad] utilité *f*. -2. [beneficio] profit *m*.

utilitario, ria *adj* AUTOM utilitaire. ◆ **utilitario** *m* AUTOM véhicule *m* utilitaire.

utilización *f* utilisation *f*.

utilizar *vt* utiliser.

utopía *f* utopie *f*.

utópico, ca *adj* utopique.

uva *f* raisin *m*; **tener mala** ~ *fig* avoir mauvais caractère. ◆ **uvas** *fpl* : ~**s de la suerte** *tradition selon laquelle avaler 12 grains de raisin au moment des 12 coups de minuit le 31 décembre porte chance*.

UVI (*abrev de* **unidad de vigilancia intensiva**) *f* unité *f* de soins intensifs.

uy *interj* : ¡~! [dolor] aïe!; [sorpresa] oh!

v, V *f* [letra] v *m inv*, V *m inv*. ◆ **v doble** *f* [letra] w *m inv*.

v. = **vid.**

va → **ir**.

vaca *f* -1. [animal] vache *f*. -2. [carne] bœuf *m*.

vacaciones *fpl* vacances *fpl*; **estar/irse de** ~ être/partir en vacances.

vacante ◇ *adj* vacant(e). ◇ *f* poste *m* vacant.

vaciar *vt* -1. [recipiente] vider. -2. [dejar hueco] évider.

vacilación *f* -1. [duda] hésitation *f*. -2. [oscilación, tambaleo] vacillement *m*.

vacilante *adj* -1. [que duda] hésitant(e). -2. [luz] vacillant(e); [paso] chancelant(e).

vacilar ◇ *vi* -1. [dudar] hésiter. -2. [luz] vaciller. -3. [tambalearse] chanceler. -4. *fam* [chulear] crâner. ◇ *vt fam* [tomar el pelo a] : **¡no me vaciles!** ne te fiche pas de moi!

vacilón, ona *adj & m, f fam* -1. [chulo] crâneur(euse). -2. [bromista] farceur(euse). ◆ **vacilón** *m Amer* [fiesta] fête *f*.

vacío, a adj vide; [frase, discurso etc] creux(euse); [persona] superficiel(elle). ◆ **vacío** m vide m; **al ~** sous vide.

vacuna f vaccin m.

vacunar vt vacciner. ◆ **vacunarse** vp se faire vacciner.

vacuno, na adj bovin(e). ◆ **vacuno** m : **el ~ les bovins** mpl.

vadear vt [río, arroyo etc] passer à gué.

vado m -1. [en acera] bateau m; '**~ permanente**' 'sortie de garage'. -2. [de río] gué m.

vagabundear vi vagabonder; **~ (por)** errer (dans).

vagabundo, da m, f [persona] vagabond m, -e f.

vagancia f -1. [holgazanería] fainéantise f. -2. [vagabundeo] vagabondage m.

vagar vi -1. [errar] : **~ (por)** errer (dans). -2. [pasear] : **~ (por)** flâner (dans).

vagina f vagin m.

vago, ga ◇ adj -1. [holgazán] feignant(e). -2. [impreciso] flou(e) , vague. ◇ m, f [holgazán] feignant m, -e f.

vagón m wagon m.

vagoneta f wagonnet m.

vaguedad f -1. [imprecisión] imprécision f. -2. [divagación] : **responder con ~es** rester dans le vague.

vahído m étourdissement m.

vaho m [vapor] vapeur f; [en cristales] buée f.

vaina f -1. [funda] étui m; [de espada, sable] fourreau m. -2. BOT [envoltura] cosse f. -3. Amer fam [molestia] hic m.

vainilla f -1. [planta] vanillier m. -2. [fruto] vanille f.

vaivén m -1. [balanceo] va-et-vient m inv. -2. [altibajo] : **los vaivenes** les hauts et les bas.

vajilla f vaisselle f.

vale ◇ m -1. [gen] bon m. -2. [entrada gratuita] billet m gratuit. -3. [comprobante] reçu m. ◇ interj ⇒ **valer**.

valedero, ra adj valable.

Valencia Valence.

valenciano, na ◇ adj valencien(enne). ◇ m, f Valencien m, -enne f.

valentía f -1. [valor] courage m. -2. [hazaña] haut fait m.

valer ◇ vi -1. [gen] valoir; [precio] coûter; **¿cuánto vale?** combien ça coûte?; **no vale nada** ça ne vaut rien; **este libro vale por mil** ce livre en vaut mille; **más vale que te vayas** il vaut mieux que tu t'en ailles; **hacerse ~** se faire valoir; **es un chico que vale** c'est un garçon bien. -2. [servir, ser útil] : **~ para algo** servir à qqch; **¿para qué vale?** à quoi ça sert? -3. [ser válido] être valable; **eso aún vale** encore valable. -4. loc : **¿vale?** d'accord?; **¡vale!** d'accord!, OK! ◇ vt valoir. ◆ **valerse** vp -1. [servirse] : **~se de algo/de alguien** se servir de qqch/de qqn. -2. [desenvolverse] : **~se por sí mismo** se débrouiller tout seul.

valeroso, sa adj courageux(euse).

valía f valeur f.

validar vt valider.

validez f validité f; **dar ~ a algo** valider qqch.

válido, da adj valable.

valiente ◇ adj -1. [valeroso] courageux(euse). -2. irón [menudo] : **¡~ jefe!** tu parles d'un chef! ◇ mf [valeroso] brave mf.

valija f valise f; **~ diplomática** valise diplomatique.

valioso, sa adj précieux(euse).

valla f -1. [cerca] clôture f. -2. DEP haie f.

vallar vt clôturer (un terrain).

valle m vallée f.

valor m -1. [gen] valeur f. -2. [valentía] courage m. -3. fam [promesa] : **un joven ~** un jeune talent. ◆ **valores** mpl valeurs fpl.

valoración f évaluation f; **proceder a la ~ de algo** évaluer qqch.

valorar vt -1. [gen] évaluer; **estar valorado en** être estimé(e) à. -2. [mérito, cualidad] apprécier.

vals (pl **valses**) m valse f.

valuar vt évaluer.

válvula f -1. [gen & ELECTR] valve f . -2. AUTOM soupape f. ◆ **válvula de escape** f fig soupape f de sécurité.

vampiresa f fam vamp f.

vampiro m vampire m.

vanagloriarse vp : **~ (de)** se vanter (de).

vandalismo m vandalisme m.

vanguardia f avant-garde f.

vanidad f vanité f.

vanidoso, sa adj & m, f vaniteux(euse).

vano, na adj -1. [gen] vain(e); **en ~** en vain. -2. [presuntuoso] vaniteux(euse).

vapor m -1. [gen] vapeur f; **al ~** CULIN à la vapeur; **de ~** [máquina, barco] à vapeur; [baño] de vapeur. -2. [barco] bateau m à vapeur.

vaporizador *m* vaporisateur *m*.

vaporoso, sa *adj* **-1.** [fino] vaporeux(euse). **-2.** [baño etc] de vapeur.

vapulear *vt* **-1.** [azotar] flageller. **-2.** [reñir, criticar] fustiger.

vaquero, ra ◇ *adj* [ropa] en jean. ◇ *m, f* vacher *m*, -ère *f*. ◆ **vaqueros** *mpl* [pantalón] jean *m*.

vara *f* **-1.** [gen] bâton *m*. **-2.** [tallo] tige *f*. **-3.** MÚS [de trombón] coulisse *f*. **-4.** TAUROM pique *f*.

variable *adj* variable; [carácter, humor] changeant(e).

variación *f* variation *f*.

variante ◇ *adj* variable. ◇ *f* **-1.** [diferencia, versión] variante *f*. **-2.** [de carretera etc] itinéraire *m* bis. **-3.** [en quiniela] *pari sur un match nul ou sur la victoire de l'équipe adverse.*

variar ◇ *vt* **-1.** [modificar] changer. **-2.** [dar variedad] varier. ◇ *vi* [cambiar] : **para** ∼ **irón** pour changer.

varicela *f* varicelle *f*.

varicoso, sa *adj* variqueux(euse).

variedad *f* variété *f*. ◆ **variedades** *fpl* variétés *fpl*.

varilla *f* **-1.** [barra larga] baguette *f*; AUTOM jauge *f*. **-2.** [tira larga – de paraguas, corsé] baleine *f*.

varillaje *m* [de paraguas, corsé] baleines *fpl*.

vario, ria *adj* [variado] varié(e). ◆ **varios, rias** ◇ *adj pl* **-1.** [diferente] divers(es). **-2.** [algunos] plusieurs. ◇ *pron pl* [algunos] plusieurs.

variopinto, ta *adj* bigarré(e); *fig* varié(e).

varita *f* baguette *f*; ∼ **mágica** baguette magique.

variz *f* (gen pl) varice *f*.

varón *m* [hombre] homme *m*; [chico] garçon *m*.

varonil *adj* viril(e); [prenda, colonia] pour homme.

Varsovia Varsovie.

vasallaje *m* vassalité *f*.

vasallo, lla *m, f* vassal *m*, -e *f*.

vasco, ca ◇ *adj* basque. ◇ *m, f* Basque *mf*. ◆ **vasco, vascuence** *m* [lengua] basque *m*.

vascular *adj* vasculaire.

vasectomía *f* vasectomie *f*.

vaselina *f* vaseline *f*.

vasija *f* pot *m*.

vaso *m* **-1.** [gen] verre *m* . **-2.** ANAT & BOT vaisseau *m*; ∼**s capilares/sanguíneos** vaisseaux capillaires/sanguins.

vástago *m* **-1.** [descendiente] rejeton *m*. **-2.** [brote] rejet *m*. **-3.** [varilla] tige *f*.

vasto, ta *adj* vaste.

váter = **wáter**.

vaticano, na *adj* du Vatican. ◆ **Vaticano** *m* : **el Vaticano** le Vatican.

vaticinar *vt* prédire.

vatio, watio *m* watt *m*.

vaya ◇ *v* → **ir**. ◇ *interj* **-1.** [sorpresa] : ¡∼! ça alors! **-2.** [énfasis] : ¡∼ **moto!** ouah! la moto!

VB *abrev de* **visto bueno**.

Vd. = **Ud.**

Vda. (*abrev de* **viuda**) vve.

Vds. = **Uds.**

ve → **ir**.

véase → **ver**.

vecinal *adj* [relaciones, trato etc] de voisinage; **un camino** ∼ un chemin vicinal.

vecindad *f* voisinage *m*.

vecindario *m* **-1.** [vecindad] voisins *mpl*, voisinage *m*. **-2.** [habitantes] habitants *mpl*.

vecino, na ◇ *adj* **-1.** [gen] voisin(e). **-2.** [habitante] : **ser** ∼ **de** être domicilié(e) à. ◇ *m, f* **-1.** [de casa, calle] voisin *m*, -e *f*. **-2.** [de barrio, localidad] habitant *m*, -e *f*.

vector *m* vecteur *m*.

vectorial *adj* vectoriel(elle).

veda *f* fermeture *f* (*de la chasse, pêche*); **levantar la** ∼ [de caza] déclarer l'ouverture de la chasse; [de pesca] déclarer l'ouverture de la pêche.

vedado, da *adj* interdit(e). ◆ **vedado** *m* [de caza] réserve *f* de chasse.

vedar *vt* interdire.

vedette *f* vedette *f*.

vega *f* vallée *f* fertile.

vegetación *f* végétation *f*.

vegetal ◇ *adj* végétal(e). ◇ *m* végétal *m*.

vegetar *vi* végéter.

vegetariano, na *adj & mf* végétarien(enne).

vehemencia *f* **-1.** [pasión] véhémence *f*. **-2.** [irreflexión] impulsion *f*.

vehemente *adj* **-1.** [apasionado] véhément(e). **-2.** [irreflexivo] impulsif(ive).

vehículo *m* véhicule *m*.

veinte *núm* vingt; **el siglo** ∼ le vingtième siècle; *ver también* **sesenta**.

veinteavo, va *núm* vingtième.
veintena *f* vingtaine *f*.
veinticinco *núm* vingt-cinq.
veinticuatro *núm* vingt-quatre.
veintidós *núm* vingt-deux.
veintinueve *núm* vingt-neuf.
veintiocho *núm* vingt-huit.
veintiséis *núm* vingt-six.
veintisiete *núm* vingt-sept.
veintitrés *núm* vingt-trois.
veintiuno, na ◇ *núm adj (antes de sust :*
veintiún) vingt et un(e); **el siglo** ~ le
vingt et unième siècle. ◇ *núm m* vingt et
un *m*.
vejación *f* , **vejamen** *m* humiliation *f*.
vejestorio *m despec* vieux fossile *m*.
vejez *f* vieillesse *f*.
vejiga *f* vessie *f*.
vela *f* -1. [para dar luz] bougie *f*. -2. [de
barco & DEP] voile *f* . -3. [vigilia] veille *f*;
estar en ~ veiller; **pasar la noche en** ~
passer une nuit blanche. ◆ **velas** *fpl fam*
[mocos] chandelles *fpl*; **estar a dos** ~**s** *fig*
être fauché(e).
velada *f* soirée *f*.
velado, da *adj* voilé(e).
velar ◇ *vi* : ~ **(por)** veiller (sur). ◇ *vt* -1.
[enfermo, muerto] veiller. -2. [ocultar &
FOT] voiler. ◆ **velarse** *vp* FOT être voilé(e).
veleidad *f* -1. [inconstancia] inconstance
f. -2. [antojo, capricho] velléité *f*.
velero, ra *adj* à voiles. ◆ **velero** *m* voilier
m.
veleta ◇ *f* girouette *f*. ◇ *mf fam* girouette
f.
vello *m* duvet *m*.
velloso, sa *adj* poilu(e).
velo *m* voile *m*. ◆ **velo del paladar** *m*
voile *m* du palais.
velocidad *f* vitesse *f*; ~ **punta** vitesse de
pointe.
velódromo *m* vélodrome *m*.
veloz *adj* rapide.
ven → venir.
vena *f* veine *f*; **tener** ~ **de pintor** avoir
des dispositions pour la peinture; **si le da
la** ~ **lo hará** si ça lui chante, il le fera.
vencedor, ra ◇ *adj* victorieux(euse).
◇ *m, f* vainqueur *m*.
vencer ◇ *vt* -1. [gen] vaincre; ~ **la tentación** résister à la tentation. -2. [aven-
tajar] battre; ~ **a alguien a algo** battre
qqn à qqch. ◇ *vi* [terminar – contrato,

plazo] expirer; [– deuda, pago] arriver à
échéance. ◆ **vencerse** *vp* : ~**se (con el
peso)** s'affaisser (sous le poids).
vencido, da ◇ *adj* -1. [derrotado]
vaincu(e); **darse por** ~ s'avouer vaincu.
-2. [caducado] périmé(e). ◇ *m, f* vaincu *m*,
-e *f*.
vencimiento *m* -1. [término – contrato, plazo] expiration *f*; [– de pago,
deuda] échéance *f*. -2. [inclinación] affais-
sement *m*.
venda *f* bandage *m* .
vendaje *m* bandage *m*.
vendar *vt* bander.
vendaval *m* grand vent *m*.
vendedor, ra *m, f* vendeur *m*, -euse *f*.
vender *vt* vendre. ◆ **venderse** *vp* se
vendre; **'se vende'** 'à vendre'.
vendimia *f* vendanges *fpl*.
vendrá *etc* → venir.
Venecia Venise.
veneno *m* poison *m*; [de animales] venin
m.
venenoso, sa *adj* [seta] vénéneux(euse);
[serpiente] venimeux(euse).
venerable *adj* vénérable.
veneración *f* vénération *f*.
venerar *vt* vénérer.
venéreo, a *adj* vénérien(enne).
venezolano, no ◇ *adj* vénézué-
lien(enne). ◇ *m, f* Vénézuélien *m*, -enne *f*.
Venezuela Venezuela *m*.
venga → venir.
venganza *f* vengeance *f*.
vengar *vt* venger. ◆ **vengarse** *vp* : ~**se
(de)** se venger (de).
vengativo, va *adj* vindicatif(ive).
vengo → venir.
venia *f* -1. [permiso] autorisation *f* . -2.
DER permission *f*.
venial *adj* [pecado] véniel(elle); [falta, de-
lito] mineur(e).
venida *f* venue *f*.
venidero, ra *adj* à venir.
venir ◇ *vi* -1. [gen] venir; **vino a las
doce** il est venu à midi; **esta palabra
viene del latín** ce mot vient du latin; **no
me vengas con historias** ne viens pas
me raconter d'histoires. -2. [llegar] arriver; **ya vienen los turistas** les touristes
arrivent. -3. [seguir en el tiempo] : **el año
que viene** l'année prochaine. -4. [ha-
llarse, estar] être; **su foto viene en primera página** sa photo est en première

page; **el texto viene en inglés** le texte est en anglais. **-5.** [acometer] : **me viene sueño** je commence à avoir sommeil; **le vinieron ganas de reír** il eut envie de rire. **-6.** [ropa, zapato] : ~ **a alguien** aller à qqn; **¿qué tal te viene?** comment ça te va?; **el abrigo le viene pequeño** ce manteau est trop petit pour lui; ~ **clavado a alguien** aller comme un gant à qqn. **-7.** *(antes de adv)* [convenir] : **me viene bien/mal** ça m'arrange/ne m'arrange pas; **me viene mejor mañana** ça m'arrange mieux demain. **-8.** *(antes de infin)* [aproximarse] : **viene a ser lo mismo** ça revient au même; **nos vino a costar/salir...** ça nous est revenu à... **-9.** *loc* : **¿a qué viene esto?** qu'est-ce que c'est que ça?; ~ **al pelo** *fam* tomber à pic; ~ **a menos** [negocio] couler; [persona] déchoir; ~ **a parar en** se solder par; ~ **a ser** revenir à. ◇ *v aux* **-1.** *(antes de gerundio)* [persistir] : **las peleas vienen sucediéndose desde hace tiempo** les bagarres se succèdent depuis un certain temps déjà. **-2.** *(antes de participio)* [estar] : **los cambios vienen motivados por la presión de la oposición** les changements sont dus aux pressions exercées par l'opposition. ◆ **venirse** *vp* **-1.** [llegar] venir; **se ha venido solo** il est venu tout seul. **-2.** *loc* : ~**se abajo** [edificio] s'écrouler; [negocio] couler; [proyectos] tomber à l'eau.

venta *f* **-1.** [gen] vente *f*; **estar a la** ○ **en** ~ être en vente; ~ **a plazos/al contado** vente à tempérament/au comptant. **-2.** [posada] auberge *f*.

ventaja *f* avantage *m*; **llevar** ~ **a alguien** avoir de l'avance sur qqn.

ventajoso, sa *adj* avantageux(euse).

ventana *f* **-1.** [gen & INFORM] fenêtre *f*. **-2.** ANAT : **las** ~**s (de la nariz)** les narines.

ventanal *m* baie *f* vitrée.

ventanilla *f* **-1.** [de tren, sobre] fenêtre *f*; [de coche] vitre *f*; [de avión] hublot *m*. **-2.** [taquilla] guichet *m*.

ventilación *f* ventilation *f*.

ventilador *m* ventilateur *m*.

ventilar *vt* **-1.** [airear] ventiler. **-2.** [resolver] tirer au clair. ◆ **ventilarse** *vp* **-1.** [airearse] être aéré(e). **-2.** *fam* [terminarse] liquider.

ventisca *f* tempête *f* de 739neige.

ventolera *f* [viento] vent *m (violent)*.

ventosa *f* ventouse *f*.

ventosidad *f (gen pl)* vents *mpl*.

ventoso, sa *adj* venteux(euse).

ventrílocuo, cua *m, f* ventriloque *mf*.

ventura *f* **-1.** [suerte] chance *f*. **-2.** [casualidad] hasard *m*; **a la (buena)** ~ au hasard.

Venus ASTRON & MITOL Vénus.

ver ◇ *vi* voir; **¿a** ~? [mirar con interés] fais/faites voir?; **¡a** ~! [llamar la atención] allez!; [confirmación] évidemment!; **a** ~ **qué pasa** on verra; **¿has visto?** *fam* se non; **eso está por** ~ ça reste à voir; **ya veremos** on verra. ◇ *vt* **-1.** [gen] voir; **desde casa vemos el mar** depuis chez nous on voit la mer; **¿has visto esa película?** as-tu vu ce film?; **fue a** ~ **a unos amigos** il est allé voir des amis; **ya veo que estás de mal humor** je vois bien que tu es de mauvaise humeur; **ya veo lo que quieres decir** je vois ce que tu veux dire; **veo que tendré que irme sola** je vois qu'il faudra que je parte seule; **cada cual tiene su manera de** ~ **las cosas** chacun a sa façon de voir les choses; **esto lo veremos más adelante** nous verrons ça plus tard. **-2.** [televisión] regarder. **-3.** *loc* : **¡hay que** ~ **lo tonto que es!** qu'est-ce qu'il peut être bête!; **no poder** ~ **algo/a alguien (ni en pintura)** *fam* ne pas pouvoir voir qqch/qqn (en peinture); **por lo visto** ○ **que se ve** apparemment; ~ **venir a alguien** voir venir qqn. ◇ *m* : **estar de buen** ~ avoir belle allure. ◆ **verse** *vp* **-1.** [gen] se voir; **nos vemos a veces** on se voit de temps en temps; **ya me veo haciendo su maleta** je me vois déjà en train de faire sa valise; **él ya se ve en la cumbre de su carrera** il se voit déjà au sommet de sa carrière. **-2.** [percibir, suceder] voir; **nunca se ha visto nada igual** on n'a jamais vu une chose pareille; **véase anexo 1** voir annexe 1.

vera *f* **-1.** [orilla] bord *m*. **-2.** *fig* [lado] : **a la** ~ **de** à côté de.

veracidad *f* véracité *f*.

veraneante ◇ *adj* en vacances. ◇ *mf* estivant *m*, -e *f*.

veranear *vi* : ~ **(en)** passer ses grandes vacances (à).

veraneo *m* grandes vacances *fpl*.

veraniego, ga *adj* [clima, temporada etc] estival(e); [vestido, traje] d'été.

verano *m* été *m*.

veras *fpl* : **de** ~ [verdaderamente] vraiment; [en serio] sérieusement.

veraz *adj* véridique.

verbal *adj* verbal(e).

verbena f -1. [fiesta] *fête populaire nocturne*; **la ~ de San Juan** la fête de la Saint-Jean. -2. [planta] verveine f.

verbo m verbe m .

verdad f vérité f; **a decir ~, la ~ es que** à vrai dire; **es ~ que... c'est vrai que...; está bueno, ¿~?** c'est bon, n'est-ce pas? ◆ **verdades** fpl vérité f; **cantarle** o **decirle a alguien cuatro ~es** fig dire ses quatre vérités à qqn. ◆ **de verdad** ◇ loc adv -1. [en serio] sérieusement. -2. [realmente] vraiment. ◇ loc adj [auténtico] vrai(e).

verdadero, ra adj -1. [gen] vrai(e); **un suceso ~** un fait réel. -2. [auténtico] véritable.

verde ◇ adj -1. [gen] vert(e). -2. fig [obsceno] osé(e). -3. fig [inexperto] jeune. -4. loc : **poner ~ a alguien** descendre qqn (en flammes). ◇ m [color] vert m. ◆ **Verde** m : **los Verdes** [partido] les Verts mpl.

verdor m -1. [color] verdure f. -2. [vigor] verdeur f.

verdoso, sa adj verdâtre.

verdugo m -1. [gen] bourreau m. -2. [pasamontañas] cagoule f.

verdulería f : **ir a la ~** aller chez le marchand de légumes.

verdulero, ra m, f marchand m, -e f de légumes. ◆ **verdulero** m [de nevera] bac m à légumes.

verdura f légume m.

vereda f -1. [sendero] sentier m . -2. Amer [acera] trottoir m.

veredicto m verdict m.

vergonzoso, sa ◇ adj -1. [deshonroso] honteux(euse). -2. [tímido] timide. ◇ m, f timide mf.

vergüenza f -1. [gen] honte f; **sentir ~ ajena** avoir honte pour qqn; **¿no te da ~ hacer eso?** tu n'as pas honte de faire cela?; **me da ~ cantar** j'ai honte de chanter. -2. [dignidad] dignité f. ◆ **vergüenzas** fpl parties fpl honteuses.

verídico, ca adj -1. [cierto] véridique. -2. fig [verosímil] réel(elle).

verificar vt -1. [gen] vérifier. -2. [aparato, máquina etc] tester. ◆ **verificarse** vp [tener lugar] avoir lieu; [resultar cierto – predicción etc] se réaliser.

verja f grille f.

vermú (pl **vermús**), **vermut** (pl **vermuts**) m -1. [licor] vermouth m. -2. [aperitivo] apéritif m. -3. Amer CIN & TEATR matinée f.

vernáculo, la adj vernaculaire.

verosímil adj vraisemblable.

verruga f verrue f.

versado, da adj : **~ (en)** versé(e) (dans).

versar vi : **~ sobre** porter sur.

versátil adj -1. [persona] versatile. -2. [máquina] multifonction.

versículo m -1. RELIG verset m. -2. LITER vers m libre.

versión f version f; **~ original** CIN version originale.

verso m -1. [género] vers m . -2. [poema] poème m. -3. [reverso] verso m.

vértebra f vertèbre f.

vertebrado, da adj vertébré(e). ◆ **vertebrados** mpl vertébrés mpl.

vertebral adj vertébral(e).

vertedero m [de basura] décharge f; [de agua, pantano] déversoir m.

verter ◇ vt -1. [derramar] renverser. -2. [vaciar] verser. -3. †[traducir] : **~ (a)** traduire (en). -4. fig [decir – ideas, pensamientos] exprimer; [– calumnias, infundios] débiter. ◇ vi : **~ a** se jeter dans (rivière). ◆ **verterse** vp [derramarse] se renverser.

vertical ◇ adj vertical(e). ◇ f verticale f.

vértice m sommet m.

vertido m déchet m.

vertiente f -1. [de montaña] versant m; [de tejado] pente f. -2. fig [de problema etc] aspect m.

vertiginoso, sa adj vertigineux(euse).

vértigo m -1. [mareo] vertige m; **dar ~** lit & fig donner le vertige. -2. fig [de ciudad, vida etc] rythme m effréné.

vesícula f vésicule f.

vespertino, na adj vespéral(e).

vestíbulo m -1. [de edificio, hotel] hall m. -2. [de oficina] entrée f.

vestido, da adj habillé(e). ◆ **vestido** m -1. [indumentaria] vêtement m. -2. [prenda femenina] robe f.

vestidura f (gen pl) vêtement m; RELIG habit m; **rasgarse las ~s** fam fig en faire tout un plat.

vestigio m -1. [resto, señal] vestige m. -2. fig [indicio] indice m.

vestimenta f vêtements mpl.

vestir ◇ vt -1. [gen] habiller. -2. [llevar puesto] porter. -3. fig [sentimiento, defecto] : **vestía su maldad de ingenuidad** il cachait sa méchanceté sous le masque de l'innocence. ◇ vi -1. [llevar ropa] : **~**

(de) être habillé(e) (en). **-2.** [ser elegante] : ~ **mucho** faire très habillé. **-3.** *fig* [estar bien visto] faire bien. ◆ **vestirse** *vp* [gen] s'habiller.

vestuario *m* **-1.** [gen] vestiaire *m*; [de actores] loge *f*. **-2.** [vestimenta] garde-robe *f*; TEATR costumes *mpl*.

veta *f* veine *f* (*filon, marbrure*).

vetar *vt* mettre son veto à.

veteranía *f* ancienneté *f* (*d'une personne*).

veterano, na ◇ *adj* [periodista, soldado etc] vieux(vieille). ◇ *m, f* MIL & DEP vétéran *m*.

veterinario, ria *adj & m, f* vétérinaire. ◆ **veterinaria** *f* médecine *f* vétérinaire.

veto *m* veto *m*; **poner** ~ **a algo** mettre son veto à qqch.

vez *f* **-1.** [gen] fois *f*; **¿has estado allí alguna** ~? as-tu déjà été là-bas?; **a la** ~ **(que)** en même temps (que); **cada** ~ **(que)** chaque fois (que); **cada** ~ **más** de plus en plus; **cada** ~ **menos** de moins en moins; **cada** ~ **la veo más feliz** je la trouve de plus en plus heureuse; **de una** ~ d'un seul coup; **de una** ~ **para siempre** ○ **por todas** une (bonne) fois pour toutes; **muchas veces** [repetidamente] plusieurs fois; [con frecuencia] souvent; **otra** ~ encore une fois; **pocas veces, rara** ~ rarement; **por última** ~ une dernière fois; **una** ~ une fois; **una** ~ **más** une fois de plus; **una y otra** ~ à plusieurs reprises; **érase una** ~**...** il était une fois... **-2.** [turno] tour *m*; **pedir la** ~ demander son tour. ◆ **a veces** *loc adv* parfois. ◆ **de vez en cuando** *loc adv* de temps en temps. ◆ **en vez de** *loc prep* au lieu de. ◆ **tal vez** *loc adv* peut-être. ◆ **una vez que** *loc conj* une fois que.

VHF (*abrev de* **very high frequency**) *f* VHF *f*.

VHS (*abrev de* **video home system**) *m* VHS *m*.

vía ◇ *f* voie *f*; **por** ~ **aérea** par avion; **por** ~ **marítima** par bateau; **por** ~ **terrestre** par voie de terre; ~ **de comunicación** voie de communication; ~ **férrea** voie ferrée; ~ **pública** voie publique; ~**s respiratorias** voies respiratoires; **dar** ~ **libre** laisser le champ libre. ◇ *prep* **-1.** [pasando por] via. **-2.** [por] par; **fax** par fax. ◆ **Vía Láctea** *f* Voie *f* lactée. ◆ **en vías de** *loc prep* [de desarrollo, extinción] en voie de; [de negociación etc] en cours de.

viabilidad *f* viabilité *f*.

viable *adj fig* [posible] viable.

viaducto *m* viaduc *m*.

viajante *mf* voyageur *m* de commerce.

viajar *vi* voyager.

viaje *m* **-1.** [gen] voyage *m*; **¡buen** ~! bon voyage!; **ir de** ~ partir en voyage; ~ **de ida** aller *m*; ~ **de vuelta** retour *m*; ~ **de ida y vuelta** voyage aller-retour; ~ **de novios** voyage de noces. **-2.** *fam fig* [golpe] beigne *f*.

viajero, ra ◇ *adj* : **una persona viajera** un grand voyageur; **un ave viajera** un oiseau migrateur. ◇ *m, f* voyageur *m*, -euse *f*; **¡~s al tren!** en voiture!

vial *adj* routier(ère).

viario, ria *adj* routier(ère).

víbora *f* vipère *f*.

vibración *f* vibration *f*.

vibrante *adj* **-1.** [oscilante] vibrant(e). **-2.** *fig* [escena, espectáculo] émouvant(e); [voz, público] ému(e).

vibrar ◇ *vt* [oscilar] vibrer. ◇ *vi* vibrer.

vibratorio, ria *adj* vibratoire.

vicaría *f* **-1.** [gen] vicariat *m*. **-2.** [residencia] presbytère *m*.

vicario *m* **-1.** [cura] curé *m*. **-2.** [substituto] vicaire *m*.

vicepresidente, ta *m, f* vice-président *m*, -e *f*.

viceversa *adv* vice versa.

viciado, da *adj* [aire, atmósfera etc] vicié(e).

viciar *vt* **-1.** [pervertir] corrompre; [niño] gâter. **-2.** *fig* [adulterar – texto, aire] vicier; [– alimento] frelater. **-3.** [deformar] déformer. ◆ **viciarse** *vp* **-1.** [habituarse] : ~**se (con algo)** être dépendant(e) (de qqch). **-2.** [deformarse] se déformer.

vicio *m* **-1.** [perversión & DER] vice *m*; [mala costumbre] manie *f*. **-2.** [defecto físico] défaut *m*. **-3.** *fam fig* [mimo] : **tener mucho** ~ être très gâté(e).

vicioso, sa ◇ *adj* **-1.** [defectuoso] défectueux(euse). **-2.** [pervertido] vicieux(euse). ◇ *m, f* vicieux *m*, -euse *f*.

vicisitud *f* instabilité *f*. ◆ **vicisitudes** *fpl* vicissitudes *fpl*.

víctima *f* victime *f*; **ser** ~ **de** être victime de.

victoria *f* victoire *f*; **cantar alguien** ~ *fig* crier victoire.

victorioso, sa *adj* victorieux(euse).

vid *f* vigne *f*.

vid., v. *abrev de* **véase**.

vida f -1. [gen] vie f; **de por** ~ à vie; **en** ~ **de** du vivant de; **en mi** ~ **he visto cosa igual** de ma vie je n'ai vu une chose pareille; **estar con** ~ être en vie; **ganarse la** ~ gagner sa vie; **pasar a mejor** ~ quitter ce monde; **perder la** ~ perdre la vie; **¡así es la** ~! c'est la vie!; **darse** o **pegarse la buena** ~ mener la belle vie. -2. [duración] durée f de vie.

vidente mf voyant m, -e f.

vídeo, video ◇ m -1. [técnica] vidéo f. -2. [aparato – reproductor] magnétoscope m; [– filmador] caméra f vidéo. -3. [cinta] bande f vidéo. ◇ adj inv vidéo.

videocámara f Camescope® m.

videocasete m cassette f vidéo.

videoclip m vidéo-clip m.

videoclub (pl **videoclubs** o **videoclubes**) m vidéoclub m.

videojuego m jeu m vidéo.

videotex m INFORM vidéotex m.

videotexto, videotex m inv vidéotex m.

vidriero, ra m, f vitrier m. ◆ **vidriera** f vitrage m; [de iglesia] vitrail m.

vidrio m -1. [material] verre m. -2. [cristal] carreau m; [de coche] vitre f.

vidrioso, sa adj -1. [material, aspecto] fragile. -2. fig [tema, asunto] épineux(euse). -3. fig [ojos] vitreux(euse).

vieira f coquille f Saint-Jacques.

viejo, ja ◇ adj vieux(vieille); **un hombre** ~ un vieil homme; **hacerse** ~ se faire vieux. ◇ m, f -1. fam [padres] : **mis** ~**s** mes vieux. -2. [anciano] personne f âgée; ~ **verde** vieux cochon m. -3. Amer fam [amigo] pote m. ◆ **Viejo de Pascua** m Amer Père m Noël.

Viena Vienne.

viene → venir.

viento m -1. [aire] vent m; **hace** ~ il y a du vent. -2. [cuerda] câble m. -3. loc : **beber los** ~**s por** brûler de désir pour; **contra** ~ **y marea** contre vents et marées; **gritar algo a los cuatro** ~**s** crier qqch sur tous les toits; **irse** o **largarse con** ~ **fresco** fam débarrasser le plancher; **mis esperanzas se las llevó el** ~ mes espoirs se sont envolés; ~ **en popa** merveilleusement bien.

vientre m ventre m.

viera → ver.

viernes m inv vendredi m; ver también **sábado**. ◆ **Viernes Santo** m Vendredi m saint.

Vietnam : **(el)** ~ (le) Viêt-nam.

viga f poutre f.

vigencia f validité f (d'une loi etc).

vigente adj en vigueur.

vigésimo, ma núm vingtième.

vigía ◇ f tour f de guet. ◇ mf vigile m; NAUT vigie f.

vigilancia f -1. [cuidado] surveillance f. -2. [servicio] service m de surveillance.

vigilante ◇ mf surveillant m, -e f; ~ **nocturno** veilleur m de nuit. ◇ adj vigilant(e).

vigilar ◇ vt surveiller; [banco, museo etc] assurer la surveillance de. ◇ vi faire attention.

vigilia f -1. [gen] veille f; **las preocupaciones lo tienen en continua** ~ les soucis l'empêchent de dormir. -2. RELIG vigile f; **comer de** ~ faire maigre.

vigor m -1. [gen] vigueur f; **en** ~ [ley etc] en vigueur. -2. [fuerza – moral] courage m; [– física] énergie f.

vigorizar vt -1. [fortalecer] fortifier. -2. fig [animar] réconforter.

vigoroso, sa adj vigoureux(euse).

vikingo, ga ◇ adj viking. ◇ m, f Viking mf.

vil adj -1. [despreciable] méprisable. -2. [sin valor] vil(e).

vileza f bassesse f.

villa f -1. [población] ville f. -2. [casa] villa f.

villancico m chant m de Noël.

villano, na m, f -1. [plebeyo] roturier m, -ère f. -2. [malvado] scélérat m, -e f.

vilo ◆ **en vilo** loc adv : **estar en** ~ être sur des charbons ardents; **estar en** ~ **por saber algo** mourir d'impatience de savoir qqch; **pasar la noche en** ~ ne pas fermer l'œil de la nuit.

vinagre m vinaigre m.

vinagrera f vinaigrier m (flacon). ◆ **vinagreras** fpl huilier m.

vinagreta f CULIN vinaigrette f.

vinculación f lien m.

vincular vt -1. [enlazar] lier. -2. DER rendre inaliénable. ◆ **vincularse** vp se lier.

vínculo m [lazo] lien m.

vinícola adj vinicole.

vinicultura f viniculture f.

viniera etc → venir.

vino ◇ v → venir. ◇ m vin m; ~ **blanco/rosado/tinto** vin blanc/rosé/rouge; ~ **dulce** vin doux.

viña f vigne f.

viñedo m vignoble m.

viñeta f -1. [de tebeo] dessin m. -2. [de libro] illustration f.

viola f viole f.

violación f -1. [de ley, derechos] violation f. -2. [abuso sexual] viol m.

violador, ra m, f violeur m, -euse f.

violar vt violer.

violencia f -1. [agresividad, fuerza] violence f. -2. [incomodidad] : **me causa ~ pedirle dinero** cela me gêne de lui demander de l'argent.

violentar vt [incomodar] gêner. ◆ **violentarse** vp [incomodarse] être gêné(e).

violento, ta adj -1. [gen] violent(e). -2. [incómodo] : **estar/sentirse ~** être/se sentir gêné; **ser ~** être gênant.

violeta ◇ f [flor] violette f. ◇ adj inv [color] violet(ette). ◇ m [color] violet m.

violín m [instrumento] violon m.

violinista mf violoniste mf.

violón m [instrumento] contrebasse f.

violoncelista = violonchelista.

violoncelo = violonchelo.

violonchelista, violoncelista mf violoncelliste mf.

violonchelo, violoncelo m [instrumento] violoncelle m.

viperino, na adj de vipère; [crítica, comentario] venimeux(euse).

viraje m virage m; fig tournant m.

virar vt & vi virer.

virgen adj & f vierge. ◆ **Virgen** f : **la Virgen** la Vierge.

virginidad f virginité f.

virgo m [virginidad] virginité f. ◆ **Virgo** ◇ m inv [zodiaco] Vierge f inv. ◇ mf inv [persona] vierge f inv.

virguería f fam **ser una ~** être génial(e).

viril adj viril(e).

virilidad f virilité f.

virrey m vice-roi m.

virtual adj virtuel(elle); **es el ~ campeón** c'est le vainqueur assuré.

virtud f vertu f; **tener la ~ de** [capacidad] avoir la vertu de; [don] avoir le don de. ◆ **en virtud de** loc prep en vertu de.

virtuoso, sa ◇ adj [honrado] vertueux(euse). ◇ m, f [genio] virtuose mf.

viruela f -1. [enfermedad] variole f. -2. [pústula] pustule f.

virulé ◆ **a la virulé** loc adj [torcido] de travers; **ojo a la ~** œil au beurre noir.

virulencia f virulence f.

virus m inv [gen & INFORM] virus m.

viruta f copeau m.

visado m visa m.

víscera f viscère m.

visceral adj viscéral(e); [carácter] impulsif(e).

viscoso, sa adj visqueux(euse). ◆ **viscosa** f viscose f.

visera f -1. [gen] visière f. -2. [de automóvil] pare-soleil m.

visibilidad f visibilité f.

visible adj visible.

visigodo, da ◇ adj wisigothique. ◇ m, f Wisigoth m, -e f.

visillo m (gen pl) rideau m.

visión f -1. [gen] vision f; [de santo, Virgen etc] apparition f; **ver visiones** avoir des visions. -2. [vista] vue f. -3. [lucidez] sens m.

visionar vt visionner.

visionario, ria adj & m, f visionnaire.

visita f -1. [gen] visite f; **tener ~s** avoir de la visite. -2. [visitante] visiteur m. -3. [de médico] consultation f; **pasar ~** examiner (les malades).

visitante adj & mf visiteur(euse).

visitar vt -1. [amigo, pariente etc] rendre visite à; [cliente, lugar] visiter. -2. [suj : médico] examiner.

vislumbrar vt lit & fig entrevoir.

vislumbre m ◇ f -1. [de luz] lueur f. -2. [indicio] signe m.

visón m vison m.

visor m viseur m.

víspera f -1. [día anterior] veille f; **en ~s de** à la veille de. -2. (gen pl) RELIG vêpres fpl.

visto, ta ◇ pp irreg → ver. ◇ adj : **estar bien/mal ~** être bien/mal vu . ◆ **vista** f -1. [gen] vue f; [ojos] yeux mpl; **a primera** ◇ **simple vista** à première vue; **estar a la vista** être en vue; **operar a alguien de la vista** opérer qqn des yeux. -2. [mirada] regard m; **fijar la vista en** fixer son regard sur. -3. DER audience f. -4. loc : **conocer a alguien de vista** connaître qqn de vue; **hacer la vista gorda** fig fermer les yeux; **¡hasta la vista!** à la prochaine!; **perder de vista** perdre de vue; **saltar a la vista** sauter aux yeux. ◆ **vistas** fpl [panorama] vue f; **con vistas al mar** avec vue sur la mer. ◆ **visto bueno** m : '**~ bueno (y conforme)**' 'lu et approuvé'. ◆ **a la vista** loc adv BANCA à vue. ◆ **con vistas a** loc prep dans l'intention de; **una reforma con**

vistas a une réforme visant à. ◆ **en vista de** loc prep vu, compte tenu de. ◆ **en vista de que** loc conj étant donné que. ◆ **por lo visto** loc adv apparemment. ◆ **visto que** loc conj puisque.

vistazo m coup m d'œil; **echar** o **dar un ~** jeter un coup d'œil.

vistoso, sa adj voyant(e).

visual ◇ adj visuel(elle). ◇ f ligne f de mire.

visualizar vt -1. [gen] visualiser. -2. IN-FORM afficher. -3. [imaginar] imaginer.

vital adj vital(e).

vitalicio, cia adj [renta, pensión] via-ger(ère); [cargo etc] à vie. ◆ **vitalicio** m -1. [pensión] viager m. -2. [seguro de vida] assurance-vie f.

vitalidad f vitalité f.

vitamina f vitamine f.

vitaminado, da adj vitaminé(e).

vitamínico, ca adj : **un complejo ~** un cocktail de vitamines.

viticultor, ra m, f viticulteur m, -trice f.

viticultura f viticulture f.

vitorear vt acclamer.

vítreo, a adj vitreux(euse) (matière).

vitrina f vitrine f (meuble).

vitro ◆ **in vitro** loc adv in vitro.

vituperar vt blâmer; [obras etc] décrier.

viudedad f -1. [viudez] veuvage m. -2. [pensión] pension f de veuve.

viudo, da adj & m, f veuf(veuve).

viva ◇ m vivat m . ◇ interj : ¡~ **España!** vive l'Espagne!

vivac = vivaque.

vivacidad f vivacité f.

vivales mf inv petit malin m, petite ma-ligne f.

vivamente adv vivement.

vivaque, vivac m bivouac m.

vivaz adj -1. [despierto] vif(vive). -2. [planta] vivace.

vivencia f (gen pl) expérience f (vécue).

víveres mpl vivres mpl.

vivero m -1. [de plantas] pépinière f. -2. [de peces, moluscos] vivier m.

viveza f vivacité f.

vividor, ra m, f despec profiteur m, -euse f.

vivienda f logement m.

viviente adj vivant(e).

vivir ◇ vt [experimentar] vivre. ◇ vi -1. [gen] vivre. -2. [residir] habiter; **vivo en Barcelona** j'habite à Barcelone. -3. loc : **~ para ver** qui vivra verra.

vivito adj : **estar ~ y coleando** fam fig se porter comme un charme.

vivo, va ◇ adj -1. [gen] vif(vive); **un olor ~** une odeur forte; **una ciudad viva** une ville pleine de vie. -2. [existente, ex-presivo] vivant(e); **estar ~** être en vie. ◇ m, f (gen pl) vivant m. ◆ **en vivo** loc adv [en directo] en direct, sur le vif. [sin anes-tesia] à froid.

vizconde, desa m, f vicomte m, vicom-tesse f.

vocablo m vocable m.

vocabulario m vocabulaire m.

vocación f vocation f.

vocacional adj : **ser ~** être une vocation.

vocal ◇ adj vocal(e). ◇ mf [de junta, con-sejo etc] membre m. ◇ f [letra] voyelle f.

vocalizar vi -1. [al hablar] articuler. -2. MÚS faire des vocalises.

vocativo m vocatif m.

vocear ◇ vt -1. [gritar] crier; [anunciar] proclamer. -2. [pregonar] raconter. ◇ vi [gritar] crier.

vociferar vi vociférer.

vodka m o f vodka f.

vol. (abrev de **volumen**) vol.

volado, da adj fam **estar ~** être dingue. ◆ **volada** f [de ave] vol m.

volador, ra adj volant(e).

volandas ◆ **en volandas** loc adv en l'air.

volante ◇ adj volant(e). ◇ m -1. [gen] volant m; **estar** o **ir al ~** être au volant. -2. [del médico] lettre f.

volar ◇ vt [hacer explotar] faire sauter. ◇ vi -1. [gen] voler; **~ a** [una altura] voler à; [un lugar] voler vers; **echar(se) a ~** s'envoler. -2. fam [desaparecer] s'évapo-rer. -3. fig [correr] se dépêcher; **me voy volando** je me dépêche; **hacer algo vo-lando** faire qqch en vitesse. ◆ **volarse** vp s'envoler.

volátil adj -1. [inconstante] versatile. -2. [que vuela] qui vole. -3. [que se mueve] mobile. -4. [que se evapora] volatil(e).

volatilizar vt volatiliser. ◆ **volatilizarse** vp se volatiliser.

vol-au-vent = **volován**.

volcán m volcan m.

volcánico, ca adj volcanique.

volcar ◇ *vt* renverser. ◇ *vi* [vehículo] se retourner. ◆ **volcarse** *vp* **-1.** [caerse] se renverser. **-2.** [esforzarse] se démener; **~se con** o **en** se dévouer à.

volea *f* DEP volée *f*.

voleibol *m* volley-ball *m*.

voleo *m* volée *f*; **a** o **al ~** DEP à la volée; *fam* [arbitrariamente] au pif.

volován, vol-au-vent (*pl* **vol-au-vents**) *m* vol-au-vent *m*.

volquete *m* camion *m* à benne.

voltaje *m* voltage *m*.

voltear *vt* **-1.** [gen] retourner. **-2.** [campanas] sonner à toute volée. **-3.** *Amer* [derribar] renverser. ◆ **voltearse** *vp Amer* **-1.** [volverse] se retourner. **-2.** [volcarse] se renverser.

voltereta *f* culbute *f*; [en gimnasia] roulade; **dar ~s** faire des galipettes.

voltio *m* volt *m*.

voluble *adj* inconstant(e).

volumen *m* volume *m*; **subir/bajar el ~** monter/baisser le son; **~ de negocios** o **ventas** chiffre *m* d'affaires.

voluminoso, sa *adj* volumineux(euse).

voluntad *f* volonté *f*; **a ~** à volonté; **buena/mala ~** bonne/mauvaise volonté; **contra la ~ de alguien** contre la volonté de qqn; **por mi/tu etc propia ~** de mon/ton etc plein gré; **por ~ propia** selon sa volonté; **~ de hierro** volonté de fer.

voluntariado *m* volontariat *m*.

voluntario, ria *adj & m, f* volontaire. ◆ **voluntario** *m* MIL volontaire *m*.

voluntarioso, sa *adj* : **ser ~** avoir de la volonté.

voluptuoso, sa *adj* voluptueux(euse).

volver ◇ *vt* **-1.** [dar la vuelta a] retourner. **-2.** [cabeza, espalda] tourner. **-3.** [convertir] rendre; **lo volvió loco** il l'a rendu fou. ◇ *vi* **-1.** [regresar] revenir; **vuelve, no te vayas** reviens, ne t'en vas pas; **volvamos a nuestro tema** revenons à notre sujet; **~ en sí** revenir à soi. **-2.** [ir de nuevo] retourner; **no pienso ~ allí** je n'ai pas l'intention de retourner là-bas. **-3.** [hacer otra vez] : **~ a hacer/leer etc** refaire/relire etc; **vuelve a llover** il recommence à pleuvoir; **no vuelvas a pronunciar esa palabra** ne prononce plus jamais ce mot. ◆ **volverse** *vp* **-1.** [darse la vuelta] se retourner. **-2.** [ir de vuelta] : **~se a** retourner à. **-3.** [venir de vuelta] : **~se de** revenir de. **-4.** [convertirse en] devenir; **se ha vuelto muy cursi** elle est devenue très snob. **-5.**

loc : **~se atrás** [desdecirse] faire machine arrière; **~se contra** o **en contra de alguien** *fig* se retourner contre qqn.

vomitar *vt & vi* vomir.

vomitera *f* vomi *m*; **entrarle a alguien una ~** avoir des vomissements.

vómito *m* **-1.** [acción] vomissement *m*. **-2.** [substancia] vomi *m*.

voraz *adj* vorace.

vos ◇ *pron pers Amer* [tú] tu. ◇ *pron desus* vous.

vosotros, tras *pron pers* vous.

votación *f* **-1.** [acción] vote *m*; **por ~** par voie de scrutin. **-2.** [efecto] élection *f*.

votante *mf* votant *m*, -e *f*.

votar ◇ *vt* voter. ◇ *vi* voter; **~ en blanco** voter blanc; **~ por** [emitir un voto] voter pour; [estar a favor] être pour.

voto *m* **-1.** [sufragio] voix *f*; [consulta] vote *m*; **contar los ~s** faire le décompte des voix; **~ de censura/de confianza** vote de censure/de confiance; **tiene mi ~ de confianza** j'ai toute confiance en lui. **-2.** [derecho a votar] droit *m* de vote. **-3.** [ruego & RELIG] vœu *m*.

voy → **ir**.

vóytelas *interj Amer fam* : ¡**~**! pas possible!

voz *f* **-1.** [gen & GRAM] voix *f*; **alzar** o **levantar la ~ a alguien** élever sa voix devant qqn; **a media ~** à mi-voix; **en ~ alta/baja** à voix haute/basse; **no tener ni ~ ni voto** ne pas avoir voix au chapitre; **~ en off** voix off; **~ de la conciencia** voix de la conscience. **-2.** [grito] cri *m*; **a voces** en criant; **dar voces** pousser des cris. **-3.** [rumor] rumeur *f*; **corre la ~ de que...** le bruit court que... **-4.** [vocablo] mot *m*. **-5.** *loc* : **llevar la ~ cantante** mener la danse.

vudú *m* (*en aposición inv*) vaudou *m*.

vuelco *m* revirement *m*; **dar un ~** [coche] se retourner; **le dio un ~ el corazón** *fig* son cœur a fait un bond.

vuelo *m* **-1.** [gen & AERON] vol *m*; **al ~** [en el aire] au vol; *fig* [rápido] du premier coup; **alzar** o **emprender** o **levantar el ~** [despegar] s'envoler; *fig* [independizarse] voler de ses propres ailes; **~ chárter/regular** vol charter/régulier; **~ libre/sin motor** vol libre/sans moteur. **-2.** [de vestido] : **una falda con (mucho) ~** une jupe (très) large.

vuelta *f* **-1.** [gen & DEP] tour *m*; **dar media ~** faire demi-tour; **dar(se) la ~** se retourner; **dar una ~** faire un tour; **~ ciclista**

tour cycliste. **-2.** [regreso] retour *m*; **a la ~** au retour; **estar de ~** être de retour. **-3.** [dinero sobrante] monnaie *f*; **dar la ~** rendre la monnaie. **-4.** [curva] tournant *m*. **-5.** [cara opuesta] dos *m*; **dar la ~ a algo** retourner qqch; **darle la ~ a la página** tourner la page. **-6.** [cambio, avatar] : **las ~s de la vida** les vicissitudes de la vie. **-7.** [de pantalón etc] revers *m*. **-8.** *loc* : **a la ~ de la esquina** au coin de la rue; **a ~ de correo** par retour du courrier; **dar la ~ a la tortilla** *fam* renverser la vapeur; **darle ~s a algo** tourner et retourner qqch dans sa tête; **dar dos ~s de campana** [coche] faire deux tonneaux; **no tiene ~ de hoja** c'est comme ça et pas autrement; **poner a alguien de ~ y media** [insultar] traiter qqn de tous les noms; [reñir] sonner les cloches à qqn.

vuelto, ta ◇ *pp irreg* → volver. ◇ *adj* : **de cuello ~** [jersey etc] à col roulé. ◆ **vuelto** *m Amer* [vuelta] monnaie *f*.

vuestro, tra ◇ *adj poses* votre; **~s libros** vos livres; **un amigo ~** un de vos amis; **no es asunto ~** ça ne vous regarde pas; **no es culpa vuestra** ce n'est pas (de) votre faute. ◇ *pron poses* : **el ~** le vôtre; **la vuestra** la vôtre; **ésta es la vuestra** *fam* à vous de jouer; **lo ~ es le teatro** *fam* votre truc c'est le théâtre; **los ~s** [vuestra familia] les vôtres.

vulgar *adj* **-1.** [gen] vulgaire. **-2.** [común] banal(e); [día, objeto] ordinaire.

vulgaridad *f* vulgarité *f*; **decir ~es** dire des grossièretés.

vulgarizar *vt* vulgariser.

vulgo *m despec* : **el ~** [plebe] le peuple; [no expertos] le commun des mortels.

vulnerable *adj* vulnérable.

vulnerar *vt* **-1.** [nombre, reputación etc] porter atteinte à. **-2.** [ley, norma etc] violer.

vulva *f* vulve *f*.

VV *abrev de* ustedes.

w, W *f* [letra] w *m inv*, W *m inv*.

walkie-talkie (*pl* **walkie-talkies**) *m* talkie-walkie *m*.

walkman® (*pl* **walkmans**) *m* Walkman® *m*.

Washington Washington.

wáter (*pl* **wáteres**), **váter** (*pl* **váteres**) *m* W-C *mpl*.

waterpolo *m* water-polo *m*.

watio = vatio.

WC (*abrev de* water closet) *m* W-C *mpl*.

whisky = güisqui.

windsurf, windsurfing *m* : **hacer ~** faire de la planche à voile.

x, X *f* [letra] x *m inv*, X *m inv*. ◆ **X** *f* X *m*; **la señora X** madame X.

xenofobia *f* xénophobie *f*.

xilófon, xilófono *m* xylophone *m*.

y¹, Y *f* [letra] y *m inv*, Y *m inv*.

y² *conj* [gen] et; **un café y un pastel** un café et un gâteau; **sabía que no lo conseguiría y seguía intentándolo** il savait qu'il n'y parviendrait pas et pourtant il continuait à essayer; **¡hay restaurantes y restaurantes!** il y a restaurant et restaurant!; **tras horas y horas de espera** après des heures et des heures d'attente; **¿y tu mujer? ¿dónde está?** et ta femme, où est-elle?

ya ◇ *adv* **-1.** [denota pasado] déjà; **~ en 1950** en 1950, déjà; **~ me lo habías contado** tu me l'avais déjà raconté. **-2.** [ahora] maintenant; [inmediatamente] tout de suite; **¿nos vamos ~ o dentro de un rato?** on part tout de suite ou dans un moment?; **hay que hacer algo ~** il faut faire quelque chose tout de suite; ~ **no plus maintenant. –3.** [denota futuro] : ~ **te llamaré** je t'appellerai; ~ **nos habremos ido** nous serons déjà partis. **–4.** [finalmente] : ~ **hay que hacer algo** il est temps de faire quelque chose. **–5.** [refuerza al verbo] : ~ **entiendo** je comprends; ~ **lo sé** je sais bien; ~ **era hora** il était temps. ◇ *conj* [distributiva] : ~ **llegue tarde,** ~ **llegue temprano...** que j'arrive tôt ou que j'arrive tard... ◇ *interj* : ¡~! [asentimiento] je sais; [es suficiente] merci; ¡~, ~! bon, bon! ◆ **ya que** *loc conj* puisque; ~ **que has venido...** puisque tu es venu...

yacer *vi* **–1.** [estar tumbado] être étendu(e). **–2.** [estar enterrado] gésir; **aquí yace** ci-gît.

yacimiento *m* **–1.** [minero] gisement *m*. **–2.** [histórico] : ~ **(arqueológico)** site *m* archéologique.

yanqui ◇ *adj* **–1.** HIST yankee. **–2.** *fam* amerloque. ◇ *mf* **–1.** HIST Yankee *mf*. **–2.** *fam* Amerloque *mf*.

yate *m* yacht *m*.

yegua *f* jument *f*.

yema *f* **–1.** [de huevo] jaune *m*. **–2.** [de planta] bourgeon *m*. **–3.** [de dedo] bout *m*. **–4.** CULIN *confiserie au jaune d'œuf et au sucre.*

Yemen : **(el)** ~ **(le)** Yémen.

yen *m* yen *m*.

yerba = hierba.

yerbatero *m Amer* guérisseur *m*.

yermo, ma *adj* **–1.** [estéril] inculte. **–2.** [despoblado] désert(e).

yerno *m* gendre *m*.

yeso *m* **–1.** [mineral] gypse *m*. **–2.** [polvo, escultura] plâtre *m*.

yeyé *(pl yeyés) adj* yé-yé.

yo ◇ *pron pers* [sujeto] je, j' *(delante de vocal)*; [predicado] moi; ~ **me llamo Juan** je m'appelle Juan; **el culpable soy** ~ c'est moi le coupable; ~ **que tú/él/etc** à ta/sa/etc place. ◇ *m* PSICOL : **el** ~ le moi.

yodo, iodo *m* iode *m*.

yoga *m* yoga *m*.

yogur, yogurt *(pl yogurts) m* yaourt *m*.

yogurtera *f* yaourtière *f*.

yonqui *mf fam* junkie *mf*.

yoquey *(pl yoqueys)*, **jockey** *(pl jockeys) m* jockey *mf*.

yoyó *m* Yo-Yo® *m inv*.

yuca *f* **–1.** [planta] yucca *m*. **–2.** [mandioca] manioc *m*.

yudo, judo *m* judo *m*.

yudoka, judoka *mf* judoka *mf*.

yugo *m* joug *m*.

Yugoslavia Yougoslavie *f*; **la ex** ~ l'ex-Yougoslavie *f*.

yugular *adj & f* jugulaire.

yunque *m* enclume *f*.

yuppie *(pl yuppies) mf* yuppie *mf*.

yuxtaponer *vt* juxtaposer.

yuxtaposición *f* juxtaposition *f*.

yuxtapuesto, ta *pp irreg* → yuxtaponer.

z, Z *f* [letra] z *m inv*, Z *m inv*.

zafarrancho *m* NÁUT branle-bas *m inv*; ~ **de combate** MIL branle-bas de combat.

zafiro *m* saphir *m*.

zaga *f* DEP arrières *mpl*; **ir a la** ~ être à la traîne; **no irle a la** ~ **a alguien** *fig* n'avoir rien à envier à qqn.

zaguán *m* entrée *f*.

Zaire Zaïre *m*.

zalamería *f (gen pl)* flatterie *f*.

zalamero, ra *adj & m, f* enjôleur(euse).

zamarra *f* blouson *m* fourré.

zambo, ba *adj & m, f* cagneux(euse).

zambomba *f* MÚS *tambour percé d'une baguette.*

zambullir *vt* plonger. ◆ **zambullirse** *vp* : ~**se en** [agua] plonger dans; [actividad] se plonger dans.

zampar *vt fam* bouffer. ◆ **zamparse** *vp fam* s'enfiler.

zanahoria *f* carotte *f*.

zanca *f* [de ave] patte *f*.

zancada *f* enjambée *f*.

zancadilla *f* : **poner una** ○ **la** ~ **a alguien** [hacer tropezar] faire un croche-pied à qqn; *fig* [engañar] tendre un piège à qqn.

zancadillear *vt* : ~ **a alguien** faire un croche-pied à qqn; *fig* tirer dans les pattes de qqn.

zanco *m* échasse *f*.

zancudo, da adj –1. [persona] qui a de longues jambes. –2. [animal] haut(e) sur pattes; **un ave zancuda** un échassier.
◆ **zancudo** m Amer moustique m.

zángano, na m, f fam flemmard m, -e f.
◆ **zángano** m [abeja] faux bourdon m.

zanja f tranchée f.

zanjar vt [asunto, discusión] trancher; [dificultad, problema] résoudre.

zapallo m Amer courgette f.

zapata f –1. [cuña] taquet m. –2. [de freno] mâchoire f.

zapateado m danse espagnole rythmée par des coups de talon.

zapatear vi MÚS marquer le rythme en donnant des coups de talon.

zapatería f –1. [taller] cordonnerie f. –2. [tienda] magasin m de chaussures.

zapatero, ra m, f –1. [fabricante, vendedor] chausseur m. –2. [reparador] : ~ **(de viejo** o **remendón)** cordonnier m, -ère f.

zapatilla f –1. [gen] chausson m. –2. [de deporte] chaussure f de sport, tennis m o f.

zapato m chaussure f.

zapping m inv zapping m; **hacer** ~ zapper.

zar m tsar m.

zarandear vt [sacudir] secouer.

zarcillo m (gen pl) boucle f d'oreille.

zarina f tsarine f.

zarpa f patte f griffue.

zarpar vi appareiller.

zarpazo m coup m de griffe.

zarza f ronce f.

zarzal m ronces fpl.

zarzamora f [fruto] mûre f.

zarzuela f –1. MÚS zarzuela f (opérette espagnole). –2. CULIN plat de poisson et coquillages en sauce.

zas interj : ¡~! vlan!

zenit, cenit m –1. ASTRON zénith m. –2. fig [apogeo] : **en el** ~ **de** au sommet de.

zepelín m zeppelin m.

zigzag (pl **zigzags** o **zigzagues**) m zigzag m.

zigzaguear vi zigzaguer.

zinc = cinc.

zíngaro = cíngaro.

zíper m Amer fermeture f Éclair®.

zipizape m fam grabuge m.

zócalo m –1. [de pared] plinthe f. –2. [de pedestal] socle m. –3. [de edificio] soubassement m.

zoco m souk m.

zodiacal adj zodiacal(e).

zodiaco, zódiaco m zodiaque m.

zombi, zombie mf lit & fig zombie m.

zona f zone f; ~ **azul** AUTOM zone bleue; ~ **verde** espace m vert.

zonzo = sonso.

zoo m zoo m.

zoología f zoologie f.

zoológico, ca adj zoologique; [tratado, tema] de zoologie. ◆ **zoológico** m → parque.

zoólogo, ga m, f zoologiste mf.

zopenco, ca adj & m, f idiot(e).

zoquete ◇ adj & mf idiot(e). ◇ m Amer [calcetín] chaussette f.

zorro, rra ◇ adj : **ser** ~ être rusé comme un renard. ◇ m, f renard m, -e f; **un** ~ **viejo** fig un vieux renard. ◆ **zorro** m [piel] renard m.

zozobra f fig angoisse f.

zozobrar vi –1. NÁUT sombrer, faire naufrage. –2. fig [fracasar] échouer; [negocio] couler.

zueco m [zapato] sabot m.

zulo m planque f, cache f.

zulú (pl **zulúes**) ◇ adj zoulou(e). ◇ mf Zoulou m, -e f.

zumbar ◇ vi –1. [abeja] bourdonner; [motor] ronfler. –2. fam fig [correr] filer. ◇ vt fam [pegar] : ~ **a alguien** flanquer une raclée à qqn.

zumbido m [de abeja] bourdonnement; [de motor] ronflement m.

zumo m jus m.

zurcido m –1. [acción] reprisage m. –2. [remiendo] reprise f.

zurcir vt repriser.

zurdo, da ◇ adj –1. [mano, ojo etc] gauche. –2. [persona] gaucher(ère). ◇ m, f [persona] gaucher m, -ère f. ◆ **zurda** f –1. [mano] main f gauche. –2. [pie] pied m gauche.

zurra f fam raclée f.

zurrar vt [pegar] : ~ **a alguien** donner une raclée à qqn.

zurrón m gibecière f.

zutano, na m, f untel m, untelle f.

Achevé d'imprimer par l'Imprimerie
Maury-Eurolivres à Manchecourt
Février 1998 – N° d'éditeur : 19414
Dépôt légal : Mai 1994 – N° d'imprimeur : 61722
Imprimé en France – (Printed in France)